中国统计年鉴

CHINA STATISTICAL YEARBOOK

2013

（总第 32 期 No.32）

中华人民共和国国家统计局　编

Compiled by

National Bureau of Statistics of China

图书在版编目 (CIP) 数据

中国统计年鉴 . 2013 = China Statistical Yearbook : 2013 : 汉英对照 / 中华人民共和国国家统计局编 . －北京 : 中国统计出版社 , 2013.9
ISBN 978-7-5037-6963-4

Ⅰ . ①中… Ⅱ . ①中… Ⅲ . ①统计资料－中国－2013 －年鉴－汉、英 Ⅳ . ① C832-54

中国版本图书馆 CIP 数据核字 (2013) 第 215664 号

中国统计年鉴 -2013

作　　者 / 中华人民共和国国家统计局
责任编辑 / 郭　栋　李　冲
E-mail: yearbook@gj.stats.cn
Address: No.57 Yuetan Nanjie, Sanlihe, Beijing 100826
封面设计 / 张　冰
出版发行 / 中国统计出版社
通信地址 / 北京市西城区月坛南街 57 号　邮政编码 / 100826
办公地址 / 北京市丰台区西三环南路甲 6 号
电　　话 / (010)63376898、63376907（发行部）、63376877（编辑部）
印　　刷 / 河北天普润印刷厂
经　　销 / 新华书店
开　　本 / 890 × 1240 毫米　1/16
字　　数 / 2000 千字
印　　张 / 63
版　　别 / 2013 年 9 月第 1 版
版　　次 / 2013 年 9 月第 1 次印刷
定　　价 / 498.00 元　Price: 498.00 yuan (RMB)

本书附同版本 CD-ROM 一张，光盘内容以书面文字为准。
如有印装错误，本社发行部负责调换。

《中国统计年鉴－2013》

编委会和编辑出版人员

China Statistical Yearbook - 2013

EDITORIAL BOARD AND EDITORIAL STAFF

编 者 说 明

一、《中国统计年鉴—2013》系统收录了全国和各省、自治区、直辖市2012年经济、社会各方面的统计数据，以及多个重要历史年份和近年全国主要统计数据，是一部全面反映中华人民共和国经济和社会发展情况的资料性年刊。

二、本年鉴正文内容分为25个篇章，即：1.综合；2.国民经济核算；3.人口；4.就业人员和工资；5.固定资产投资；6.对外经济贸易；7.资源和环境；8.能源；9.财政；10.价格指数；11.人民生活；12.城市概况；13.农业；14.工业；15.建筑业；16.运输和邮电；17.批发和零售业；18.住宿、餐饮业和旅游；19.金融业；20.教育和科技；21.卫生和社会服务；22.文化和体育；23.公共管理、社会保障及其他；24.香港特别行政区主要社会经济指标；25.澳门特别行政区主要社会经济指标。同时附录两个篇章：台湾省主要社会经济指标;我国经济、社会统计指标同世界主要国家和地区比较。为方便读者使用，各篇章前设有《简要说明》，对本篇章的主要内容、资料来源、统计范围、统计方法以及历史变动情况予以简要概述，篇末附有《主要统计指标解释》。

三、本年鉴所涉及的全国性统计数据，除行政区划、土地面积和森林资源外，均未包括香港、澳门特别行政区和台湾省数据。根据中华人民共和国"香港特别行政区基本法"和"澳门特别行政区基本法"的有关原则，香港、澳门与内地是相对独立的统计区域，依据各自不同的统计制度和法律规定，独立进行统计工作，本年鉴中有关统计资料分别由香港特别行政区政府统计处、澳门特别行政区政府统计暨普查局提供，国家统计局进行编辑。

四、本年鉴所涉及东部、中部、西部和东北地区的具体划分为:

东部10省（市）包括北京、天津、河北、上海、江苏、浙江、福建、山东、广东和海南;

中部6省包括山西、安徽、江西、河南、湖北和湖南;

西部12省（区、市）包括内蒙古、广西、重庆、四川、贵州、云南、西藏、陕西、甘肃、青海、宁夏和新疆;

东北3省包括辽宁、吉林和黑龙江。

五、本年鉴所使用的度量衡单位均采用国际统一标准计量单位，并统一使用最新颁布实施的产品目录。

六、本年鉴中涉及到的历史数据，均以最新出版的本年鉴数据为准；本年鉴中部分数据合计数或相对数由于单位取舍不同而产生的计算误差，均未做机械调整。

七、符号使用说明:年鉴各表中的"空格"表示该项统计指标数据不足本表最小单位数、数据不详或无该项数据；"#"表示其中的主要项；"*"或"①"表示本表下有注解。香港及澳门部分的符号使用方法具体见其篇章说明。

八、与2012年版《中国统计年鉴》相比较，本年鉴在篇章结构和内容上主要做了如下修订：将原"就业人员和职工工资"篇章名称修改为"就业人员和工资"；将原十二章"资源和环境"篇章提前至第七章；对个别过时及重复指标进行了删减，对部分篇幅进行了压缩整合；根据部门报表制度对个别专业内容进行了调整；行业分类除基本单位、核算、能源、价格等专业及特殊注明以外，均采用2011年版最新行业分类标准。

EDITOR'S NOTES

I. *China Statistical Yearbook 2013* is an annual statistical publication, which reflects comprehensively the economic and social development of China. It covers data for 2012 and key statistical data in recent years and some historically important years at the national level and the local levels of province, autonomous region and municipality directly under the Central Government.

II. The Yearbook contains twenty-five chapters : 1. General Survey; 2. National Accounts; 3. Population; 4. Employment and Wages; 5. Investment in Fixed Assets; 6. Foreign Trade and Economic Cooperation; 7. Resources and Environment; 8. Energy; 9. Government Finance; 10. Price Indices; 11. People's Living Conditions; 12. General Survey of Cities; 13. Agriculture; 14. Industry; 15. Construction; 16. Transport, Postal and Telecommunication Services; 17. Wholesale and Retail Trades; 18. Hotels, Catering Services and Tourism; 19. Financial Intermediation; 20. Education, Science and Technology; 21. Public Health and Social Services; 22. Culture and Sports; 23. Public Management, Social Security and Others; 24. Main Social and Economic Indicators of Hong Kong Special Administrative Region (SAR); 25. Main Social and Economic Indicators of Macao Special Administrative Region (SAR). Two chapters listed as Appendices are Main Social and Economic Indicators of Taiwan Province and A Comparison of Indicators of Economy and Society among the People's Republic of China and Other Countries/Regions. To facilitate readers, the Brief Introduction at the beginning of each chapter provides a summary of the main contents of the chapter, data sources, statistical scope, statistical methods and historical changes. At the end of each chapter, Explanatory Notes on Main Statistical Indicators are included.

III. The national data in this book do not include those of the Hong Kong Special Administrative Region, the Macao Special Administrative Region and Taiwan Province, except for the divisions of administrative areas, the area of the national territory and forest resources. In accordance with the principles set down in the *Basic Law of Hong Kong Special Administrative Region*, and the *Basic Law of Macao Special Administrative Region*, statistically Hong Kong, Macao and the mainland of China are three mutually independent regions, each following its own and different statistical systems and legal provisions in conducting statistical operations independently. Statistics on the Hong Kong Special Administrative Region and the Macao Special Administrative Region as included in this yearbook are provided by the Census and Statistics Department of the Government of Hong Kong Special Administrative Region and the Statistics and Census Services of the Government of Macao Special Administrative Region respectively; and are edited by the National Bureau of Statistics.

IV. Eastern region, central region, western region and northeastern region in the Yearbook are divided as following:

Eastern 10 provinces (municipalities) include: Beijing, Tianjin, Hebei, Shanghai, Jiangsu, Zhejiang, Fujian, Shandong, Guangdong and Hainan;

Central 6 provinces include: Shanxi, Anhui, Jiangxi, Henan, Hubei and Hunan;

Western 12 provinces (autonomous regions and municipalities) include: Inner Mongolia, Guangxi, Chongqing, Sichuan, Guizhou, Yunnan, Tibet, Shaanxi, Gansu, Qinghai, Ningxia and Xinjiang;

Northeastern 3 provinces include: Liaoning, Jilin and Heilongjiang.

V. The units of measurement used in the Yearbook are internationally standard measurement units, and newly published and implemented Product Categories are uniformly used.

VI. Please refer to the newly published version for more precise historical data. Statistical discrepancies on totals and relative figures due to rounding are not adjusted in the Yearbook.

VII. Notations used in the Yearbook：(blank space) indicates that the figure is not large enough to be measured with the smallest unit in the table, or data are unknown, or are not available; "#" indicates a major breakdown of the total; and "*"or "①"indicates footnotes at the end of the table. About the notations in the chapters of Hong Kong SAR and Macao SAR, please refer to the brief introduction in relevant chapters.

VIII. In comparison with *China Statistical Yearbook 2012*, following revisions have been made in this new version in terms of the statistical contents and in editing: The original chapter of "Resources and Environment" moves to Chapter 7; Some obsolete or duplicate indicators have been deleted, and some tables have been integrated; According to departmental reporting system, some professional contents have been adjusted; Classification for national standard of industry classification is implementing new version of 2011 except legal entities, national accounts, energy, prices and others notified.

目 录

CONTENTS

一、综 合
General Survey

二、国民经济核算
National Accounts

三、人 口
Population

四、就业人员和工资
Employment and Wages

五、固定资产投资
Investment in Fixed Assets

六、对外经济贸易
Foreign Trade and Economic Cooperation

七、资源和环境
Resources and Environment

八、能　源
Energy

九、财 政
Government Finance

十、价格指数
Price Indices

十一、人民生活
People's Living Conditions

十二、城市概况
General Survey of Cities

十三、农 业
Agriculture

十五、建筑业
Construction

十六、运输和邮电
Transport, Postal and Telecommunication Services

十九、金融业
Financial Intermediation

二十、教育和科技
Education, Science and Technology

二十一、卫生和社会服务
Public Health and Social Services

二十二、文化和体育
Culture and Sports

二十四、香港特别行政区主要社会经济指标
Main Social and Economic Indicators of Hong Kong Special Administrative Region

二十五、澳门特别行政区主要社会经济指标
Main Social and Economic Indicators of Macao Special Administrative Region

附录一、台湾省主要社会经济指标
APPENDIX I. Main Social and Economic Indicators of Taiwan Province

附录二、我国经济、社会统计指标同世界主要国家和地区比较
APPENDIX II. A Comparison of Indicators of Economy and Society Among the People's Republic of China and Other Countries/Regions

1

综　合

General Survey

简 要 说 明

本篇章主要内容和资料来源

一、综合资料主要包括我国行政区划、国民经济和社会发展综合资料以及民族自治地方社会经济发展情况资料三部分。分别由民政部、国家统计局和国家民族事务委员会编辑整理。

二、"全国行政区划"资料，由民政部根据国务院批准的、截止到上一年末全国行政区划变更情况汇总整理并提供。

三、国民经济综合资料是抽取全书的精华，通过对各篇章主要统计指标及其速度、结构、比例和效益等的加工计算，来反映国民经济和社会发展的总体情况。

四、基本单位统计资料填报范围为所有法人单位和产业活动单位，来源是各部门的单位审批登记资料和经常性统计调查中查到的新增、变动和消亡单位情况。

五、民族自治地方及少数民族统计资料根据国家民委和国家统计局联合布置的民族自治地方国民经济和社会发展统计报表制度，由有民族自治地方的20个省、自治区、直辖市民委和统计局共同组织实施。统计范围是5个民族自治区、30个自治州、120个自治县（旗）辖区内的全部单位，全国汇总时不重复计算。统计调查方法为全面调查。另外，全国民族自治地方卫生情况由卫生部提供。民族自治地方行政区划资料是根据民政部编辑的《行政区划简册》汇总整理。

Brief Introduction

Main Contents and Sources of Data

I. This chapter consists of three parts: divisions of administrative areas, summary data on the national economy and social development and data on the social and economic development of the ethnic minority autonomous regions, which are compiled by the Ministry of Civil Affairs, the Department of Comprehensive Statistics of the National Bureau of Statistics and Department of Economic Development of the State Commission on Ethnic Affairs respectively.

II. Data on divisions of administrative areas in China are prepared and provided by the Ministry of Civil Affairs on the basis of the changes in the divisions of administrative areas as approved by the State Council at the end of the previous year.

III. The summary data on the national economy reflect the overall situation of the economic and social development by presenting further processed statistics including growth, structure, ratio, and efficiency data derived from other chapters.

IV. Statistical coverage of basic units is all legal entities and industrial active entities. Data come from unit (entity) examination and registration department, and units of newly increased, changed and died out during regular statistical survey.

V. Data on the ethnic minority autonomous regions and the ethnic minorities are collected from the surveys conducted by areas. A statistical reporting form system on the economic and social development in the ethnic minority autonomous regions has been established jointly by the State Commission on Ethnic Affairs and the National Bureau of Statistics and implemented by the ethnic affairs commissions and the statistical bureaus of 20 provinces and autonomous regions. The reporting form system covers all units under the jurisdiction of the 5 ethnic minority autonomous regions, 30 autonomous prefectures and 120 autonomous counties. Duplicated counts are excluded in the national tabulation. Methodology of data collection is complete enumeration. In addition, data on the public health of the ethnic minority autonomous regions are provided by the Ministry of Health, and data on the divisions of administrative areas of the ethnic minority autonomous regions are tabulated and prepared in accordance with the *Concise Edition of the Divisions of Administrative Areas* compiled by the Ministry of Civil Affairs.

1-1 全国行政区划（2012年底）
Divisions of Administrative Areas in China (End of 2012)

单位：个 (unit)

省级区划名称 Provinces, Autonomous Regions and Municipalities	地级区划数 Number of Regions at Prefecture Level	#地级市 Cities at Prefecture Level	县级区划数 Number of Regions at County Level	#市辖区 Districts under the Jurisdiction of Cities	#县级市 Cities at County Level	#县 Counties	#自治县 Autonomous Counties	乡镇级区划数 Number of Regions at Townships Level	#镇 Towns	#乡级 Towns	#街道办事处 Street Communities
全　国 National Total	**333**	**285**	**2852**	**860**	**368**	**1453**	**117**	**40446**	**19881**	**13281**	**7282**
北京市 Beijing			16	14		2		325	144	38	143
天津市 Tianjin			16	13		3		245	123	11	111
河北省 Hebei	11	11	172	37	22	107	6	2234	1019	940	274
山西省 Shanxi	11	11	119	23	11	85		1397	564	632	201
内蒙古自治区 Inner Mongolia	12	9	101	21	11	17		1010	490	277	243
辽宁省 Liaoning	14	14	100	56	17	19	8	1515	615	270	630
吉林省 Jilin	9	8	60	20	20	17	3	895	429	189	277
黑龙江省 Heilongjiang	13	12	128	64	18	45	1	1278	485	409	384
上海市 Shanghai			17	16		1		208	108	2	98
江苏省 Jiangsu	13	13	102	55	23	24		1281	836	96	349
浙江省 Zhejiang	11	11	90	32	22	35	1	1341	650	279	412
安徽省 Anhui	16	16	105	43	6	56		1509	923	334	252
福建省 Fujian	9	9	85	26	14	45		1104	609	320	175
江西省 Jiangxi	11	11	100	19	11	70		1540	802	596	142
山东省 Shandong	17	17	138	48	30	60		1824	1094	113	617
河南省 Henan	17	17	159	50	21	88		2399	1014	827	558
湖北省 Hubei	13	12	103	38	24	38	2	1232	746	188	298
湖南省 Hunan	14	13	122	35	16	64	7	2388	1131	952	305
广东省 Guangdong	21	21	121	56	23	39	3	1586	1131	11	444
广西壮族自治区 Guangxi	14	14	109	34	7	56	12	1243	715	411	117
海南省 Hainan	3	3	20	4	6	4	6	222	183	21	18
重庆市 Chongqing			38	19		15	4	1012	604	220	188
四川省 Sichuan	21	18	181	45	14	118	4	4660	1831	2549	280
贵州省 Guizhou	9	6	88	13	7	56	11	1518	729	710	79
云南省 Yunnan	16	8	129	13	11	76	29	1365	659	584	122
西藏自治区 Tibet	7	1	74	1	1	72		693	140	543	10
陕西省 Shaanxi	10	10	107	24	3	80		1418	1136	80	202
甘肃省 Gansu	14	12	86	17	4	58	7	1345	470	758	117
青海省 Qinghai	8	1	43	4	2	30	7	396	138	228	30
宁夏回族自治区 Ningxia	5	5	22	9	2	11		237	101	92	44
新疆维吾尔自治区 Xinjiang	14	2	101	11	22	62	6	1026	262	601	162
香港特别行政区 Hong Kong Special Administrative Region											
澳门特别行政区 Macao Special Administrative Region											
台湾省 Taiwan											

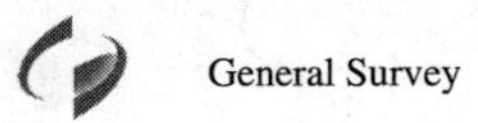

1-2 国民经济和社会发展总量与速度指标

指 标	Item	1978
人口与就业	**Population and Employment**	
人口 （万人）	**Population** (10 000 persons)	
总人口（年末）	Population at Year-end	96259
男性人口	Male	49567
女性人口	Female	46692
城镇人口	Urban	17245
乡村人口	Rural	79014
就业 （万人）	**Employment** (10 000 persons)	
就业人员数	Employment	40152
城镇登记失业人数	Registrated Unemployment in Urban Areas	530
宏观经济	**Macro Economy**	
国民经济核算 （亿元）	**National Accounting** (100 million yuan)	
国民总收入	Gross National Income	3645.2
国内生产总值	Gross Domestic Product	3645.2
第一产业	Primary Industry	1027.5
第二产业	Secondary Industry	1745.2
第三产业	Tertiary Industry	872.5
支出法国内生产总值	Gross Domestic Product by Expenditure Approach	3605.6
最终消费支出	Final Consumption Expenditure	2239.1
居民消费	Household Consumption Expenditures	1759.1
政府消费	Government Consumption Expenditure	480.0
资本形成总额	Gross Capital Formation	1377.9
固定资本形成总额	Gross Fixed Capital Formation	1073.9
存货增加	Changes in Inventories	304.0
货物和服务净出口	Net Export of Goods and Services	-11.4
固定资产投资	**Investment in Fixed Assets**	
全社会固定资产投资总额 （亿元）	Total Investment in Fixed Assets (100 million yuan)	
城 镇	Urban	
#房地产开发	Real Estate Development	
全社会房屋施工面积 （万平方米）	Floor Space of Buildings under Construction (10 000 sq.m)	
全社会房屋竣工面积 （万平方米）	Floor Space of Buildings Completed (10 000 sq.m)	
消费	**Consumption**	
社会消费品零售总额 （亿元）	Total Retail Sales of Consumer Goods (100 million yuan)	1559
对外贸易 （亿美元）	**Foreign Trade** (USD 100 million)	
货物进出口总额	Total Value of Imports and Exports	206.4
出口额	Exports	97.5
进口额	Imports	108.9
实际利用外资额 （亿美元）	**Actually Utilization of Foreign Capital** (USD 100 million)	
外商直接投资	Foreign Direct Investments	
外商其他投资	Other Foreign Investments	
财政 （亿元）	**Government Finance** (100 million yuan)	
国家财政收入	Government Revenue	1132.3
中 央	Central Government	175.8
地 方	Local Governments	956.5
国家财政支出	Government Expenditure	1122.1
中 央	Central Government	532.1
地 方	Local Governments	590.0

Principal Aggregate Indicators on National Economic and Social Development and Growth Rates

总量指标	Aggregate Data			指数(%) Index (%) (2012为以下各年) (2012 as Percentage of the Following Years)				平均增长速度(%) Average Annual Growth Rate (%)		
1990	2000	2011	2012	1978	1990	2000	2011	1979–2012	1991–2012	2001–2012
114333	126743	134735	135404	140.7	118.4	106.8	100.5	1.0	0.8	0.6
58904	65437	69068	69395	140.0	117.8	106.0	100.5	1.0	0.7	0.5
55429	61306	65667	66009	141.4	119.1	107.7	100.5	1.0	0.8	0.6
30195	45906	69079	71182	412.8	235.7	155.1	103.0	4.3	4.0	3.7
84138	80837	65656	64222	81.3	76.3	79.4	97.8	-0.6	-1.2	-1.9
64749	72085	76420	76704	191.0	118.5	106.4	100.4	1.9	0.8	0.5
383	595	922	917	173.0	239.4	154.1	99.5	1.6	4.0	3.7
18718.3	98000.5	468562.4	516282.1	2410.3	853.3	321.1	108.1	9.8	10.2	10.2
18667.8	99214.6	473104.0	518942.1	2422.7	860.0	318.8	107.7	9.8	10.3	10.1
5062.0	14944.7	47486.2	52373.6	456.6	239.5	164.8	104.5	4.6	4.0	4.3
7717.4	45555.9	220412.8	235162.0	3806.6	1251.7	351.9	107.9	11.3	12.2	11.1
5888.4	38714.0	205205.0	231406.5	3272.0	903.5	342.2	108.1	10.8	10.5	10.8
19347.8	98749.0	472619.2	529238.4							
12090.5	61516.0	232111.5	261832.8							
9450.9	45854.6	168956.6	190423.8							
2639.6	15661.4	63154.9	71409.0							
6747.0	34842.8	228344.3	252773.2							
4827.8	33844.4	215682.0	241756.8							
1919.2	998.4	12662.3	11016.4							
510.3	2390.2	12163.3	14632.4							
4517.0	32917.7	311485.1	374694.7		8295.2	1138.3	120.3		22.4	22.6
3274.4	26221.8	302396.1	364834.1		11142.6	1391.4	120.7		23.9	24.5
253.3	4984.1	61796.9	71803.8		28352.9	1440.7	116.2		30.5	25.4
137171	265294	1035519	1167238		850.9	440.0	112.7		10.2	13.1
107952	181974	329073	335504		310.8	184.4	102.0		5.3	5.2
8300	39106	183919	210307	13493.3	2533.8	537.8	114.3	15.5	15.8	15.0
1154.4	4742.9	36418.6	38671.2	18736.0	3349.9	815.3	106.2	16.6	17.3	19.1
620.9	2492.0	18983.8	20487.1	21012.5	3299.6	822.1	107.9	17.0	17.2	19.2
533.5	2250.9	17434.8	18184.1	16697.9	3408.4	807.9	104.3	16.2	17.4	19.0
34.9	407.2	1160.1	1117.2		3203.8	274.4	96.3		17.1	8.8
2.7	86.4	16.9	15.8		588.8	18.3	93.5		8.4	-13.2
2937.1	13395.2	103874.4	117253.5	10355.7	3992.2	875.3	112.9	14.6	18.2	19.8
992.4	6989.2	51327.3	56175.2	31959.5	5660.4	803.7	109.4	18.5	20.1	19.0
1944.7	6406.1	52547.1	61078.3	6385.7	3140.8	953.4	116.2	13.0	17.0	20.7
3083.6	15886.5	109247.8	125953.0	11224.9	4084.6	792.8	115.3	14.9	18.4	18.8
1004.5	5519.9	16514.1	18764.6	3526.4	1868.1	339.9	113.6	11.0	14.2	10.7
2079.1	10366.7	92733.7	107188.3	18168.4	5155.5	1034.0	115.6	16.5	19.6	21.5

1-2 续表 1

指　标	Item	1978
物价总指数　(上年=100)	**Price Indices　(preceding year=100)**	
居民消费价格指数	Consumer Price Index	100.7
商品零售价格指数	Retail Price Index	100.7
农产品生产价格指数	Price Indices for Farm Products	103.9
工业生产者出厂价格指数	Producer Price Indices for Industrial Products	100.1
工业生产者购进价格指数	Purchasing Price Indices for Industrial Producers	
固定资产投资价格指数	Investment in Fixed Assets Price Indices	
能源生产与消费　(万吨标准煤)	**Production and Consumption of Energy　(10 000 tons of SCE)**	
能源生产总量	Total Energy Production	62770
能源消费总量	Total Energy Consumption	57144
产　业	**Industry**	
农业	**Agriculture**	
农林牧渔业总产值　(亿元)	Gross Output Value of Agriculture, Forestry, Animal Husbandry and Fishery　(100 million yuan)	1397.0
主要农产品产量　(万吨)	Output of Major Farm Products　(10 000 tons)	
粮　食	Grain	30476.5
棉　花	Cotton	216.7
油　料	Oil-bearing Crops	521.8
甘　蔗	Sugar Cane	2111.6
甜　菜	Beet Roots	270.2
茶　叶	Tea	26.8
水　果	Fruits	657.0
肉　类	Meat	
奶　类	Milk	
水产品	Aquatic Products	465.4
工业	**Industry**	
主要工业产品产量	Output of Major Industrial Products	
原　煤　(亿吨)	Coal　(100 million tons)	6.18
原　油　(万吨)	Crude Oil　(10 000 tons)	10405
天然气　(亿立方米)	Natural Gas　(100 million cu.m)	137
成品糖　(万吨)	Refined Sugar　(10 000 tons)	227
布　(亿米)	Cloth　(100 million m)	110
水　泥　(万吨)	Cement　(10 000 tons)	6524
粗　钢　(万吨)	Crude Steel　(10 000 tons)	3178
钢　材　(万吨)	Rolled Steel　(10 000 tons)	2208
汽　车　(万辆)	Motor Vehicles　(10 000 units)	14.9
家用电冰箱　(万台)	Household Refrigerators　(10 000 units)	2.8
房间空气调节器　(万台)	Air Conditioners　(10 000 units)	0.02
家用洗衣机　(万台)	Household Washing Machines　(10 000 units)	0.04
彩色电视机　(万台)	Colour Television Sets　(10 000 units)	0.38
发电量　(亿千瓦小时)	Electricity　(100 million kwh)	2566
规模以上工业企业主要指标　(亿元)	Principal Indicators of Industrial Enterprises above Designated Size　(100 million yuan)	
资产总计	Original Value of Fixed Assets	
主营业务收入	Revenue from Principal Business	
利润总额	Total Profits	
建筑业	**Construction**	
建筑业企业从业人员　(万人)	Number of Employed Persons　(10 000 persons)	
建筑业总产值　(亿元)	Gross Output Value　(100 million yuan)	

continued

总量指标	Aggregate Data			指数(%) Index (%) (2012为以下各年) (2012 as Percentage of the Following Years)				平均增长速度(%) Average Annual Growth Rate (%)		
1990	2000	2011	2012	1978	1990	2000	2011	1979-2012	1991-2012	2001-2012
103.1	100.4	105.4	102.6							
102.1	98.5	104.9	102.0							
97.4	96.4	116.5	102.7							
104.1	102.8	106.0	98.3							
105.6	105.1	109.1	98.2							
108.0	101.1	106.6	101.1							
103922	135048	317987	331848	528.7	319.3	245.7	104.4	5.0	5.4	7.8
98703	145531	348002	361732	633.0	366.5	248.6	103.9	5.6	6.1	7.9
7662.1	24915.8	81303.9	89453.0	700.6	343.6	178.9	104.9	5.9	5.8	5.0
44624.3	46217.5	57120.8	58958.0	193.5	132.1	127.6	103.2	2.0	1.3	2.0
450.8	441.7	659.8	683.6	315.5	151.6	154.8	103.6	3.4	1.9	3.7
1613.2	2954.8	3306.8	3436.8	658.6	213.0	116.3	103.9	5.7	3.5	1.3
5762.0	6828.0	11443.5	12311.4	583.0	213.7	180.3	107.6	5.3	3.5	5.0
1452.5	807.3	1073.1	1174.0	434.5	80.8	145.4	109.4	4.4	-1.0	3.2
54.0	68.3	162.3	179.0	667.8	331.4	261.9	110.3	5.7	5.6	8.4
1874.4	6225.1	22768.2	24056.8	3661.8	1283.4	386.4	105.7	11.2	12.3	11.9
	6013.9	7965.1	8387.2			139.5	105.3			2.8
	919.1	3810.7	3875.4			421.6	101.7			12.7
1237.0	3706.2	5603.2	5907.7	1269.5	477.6	159.4	105.4	7.8	7.4	4.0
10.80	13.84	35.20	36.50	590.6	338.0	263.7	103.7	5.4	5.7	8.4
13831	16300	20288	20748	199.4	150.0	127.3	102.3	2.1	1.9	2.0
153	272	1027	1072	780.4	700.4	393.9	104.3	6.2	9.3	12.1
582	700	1187	1409	620.9	242.2	201.4	118.7	5.5	4.1	6.0
189	277	814	849	769.7	449.7	306.5	104.3	6.2	7.1	9.8
20971	59700	209926	220984	3387.2	1053.8	370.2	105.3	10.9	11.3	11.5
6635	12850	68528	72388	2277.8	1091.0	563.3	105.6	9.6	11.5	15.5
5153	13146	88620	95578	4328.7	1854.8	727.0	107.9	11.7	14.2	18.0
51	207	1842	1928	12928.4	3750.2	931.2	104.7	15.4	17.9	20.4
463	1279	8699	8427	300964	1819.9	658.9	96.9	26.6	14.1	17.0
24	1827	13913	13281	66405500	55177.0	727.1	95.5	48.3	33.2	18.0
663	1443	6716	6791	16977800	1024.8	470.6	101.1	42.5	11.2	13.8
1033	3936	12231	12824	3374610.5	1241.3	325.8	104.8	35.9	12.1	10.3
6212	13556	47130	49876	1943.7	802.9	367.9	105.8	9.1	9.9	11.5
	126211	675797	768421			608.8	113.7			16.2
	84152	841830	929292			1104.3	110.4			22.2
	4393	61396	61910			1409.1	100.8			24.7
1011	1994	3852	4267		422.2	214.0	110.8		6.8	6.5
1345	12498	116463	137218		10202.0	1098.0	117.8		23.4	22.1

1-2 续表 2

指 标	Item	1978
交通运输业	**Transportation**	
客运量 (万人)	Passenger Traffic (10 000 persons)	253993
铁 路	Railways	81491
公 路	Highways	149229
水 运	Waterways	23042
民 航	Civil Aviation	231
货运量 (万吨)	Freight Traffic (10 000 tons)	248946
铁 路	Railways	110119
公 路	Highways	85182
水 运	Waterways	43292
民 航	Civil Aviation	6
管 道	Pipelines	10347
沿海规模以上港口货物吞吐量 (万吨)	Volume of Freight Handled at Coastal Ports above Designated Size (10 000 tons)	19834
邮电通信业	**Postal and Telecommunication Services**	
邮电业务总量 (亿元)	Business Volume of Postal and Telecommunication Services(100 million yuan)	34.1
函 件 (亿件)	Number of Letters Delivered (100 million pieces)	28.4
报刊期发数 (万份)	Number of Newspapers and Magazines Distributed (10 000 copies)	11250
移动电话年末用户 (万户)	Number of Mobile Telephone Subscribers at Year-end(10 000 subscribers)	
固定电话年末用户 (万户)	Number of Fixed Telephone Subscribers at Year-end (10 000 subscribers)	192.5
城市	Urban Telephone Subscribers	119.2
农村	Rural Telephone Subscribers	73.4
公用电话 (万户)	Public Telephone (10 000 subscribers)	1.2
局用交换机容量 (万门)	Capacity of Local Telephone Exchanges (10 000 lines)	405.9
旅游业	**Tourism**	
入境旅游过夜游客 (万人次)	Number of Tourists (Overnight Visitors) (10 000 person-times)	71.6
国际旅游外汇收入 (亿美元)	Foreign Exchange Earnings from International Tourism (USD 100 million)	2.6
金融业 (亿元)	**Financial Intermediation (100 million yuan)**	
金融机构人民币各项存款余额	Deposits of National Banking System	1155
金融机构人民币各项贷款余额	Loans of National Banking System	1890
股票筹资额	Raised Capital of Listed Companies	
保险公司保费金额	Insurance Premium of Insurance Companies	
保险公司赔款及给付金额	Indemnity Expenditure and Payment of Insurance Companies	
教育、科技、文化	**Education, Science and Technology and Culture**	
教育	**Education**	
专任教师数 (万人)	Full-time Teachers (10 000 persons)	
#普通高等学校	Regular Institutions of Higher Education	20.6
普通中学	Secondary Schools	318.2
普通小学	Primary Schools	522.6
在校学生数 (万人)	Students Enrollment (10 000 persons)	
#普通本专科	Regular Undergraduates and College Students	85.6
普通中学	Secondary Schools	6548.3
普通小学	Primary Schools	14624.0
教育经费支出 (亿元)	Government Expenditures on Education (100 million yuan)	
科技 (亿元)	**Science and Technology (100 million yuan)**	
研究与试验发展经费支出	Expenditures on Research and Development	
技术市场成交额	Volume of Transaction in Technical Markets	
文化	**Culture**	
图书出版总印数 (亿册、亿张)	Number of Books Published (100 million copies)	37.7
电视节目制作时间 (万小时)	Time for TV Programs Production (10 000 hours)	
故事片产量 (部)	Production of Feature Films (film)	46

continued

总量指标		Aggregate Data		指数(%) Index (%) (2012为以下各年) (2012 as Percentage of the Following Years)				平均增长速度(%) Average Annual Growth Rate (%)		
1990	2000	2011	2012	1978	1990	2000	2011	1979-2012	1991-2012	2001-2012
772682	1478573	3526319	3804035	1497.7	492.3	257.3	107.9	8.3	7.5	8.2
95712	105073	186226	189337	232.3	197.8	180.2	101.7	2.5	3.1	5.0
648085	1347392	3286220	3557010	2383.6	548.8	264.0	108.2	9.8	8.0	8.4
27225	19386	24556	25752	111.8	94.6	132.8	104.9	0.3	-0.3	2.4
1660	6722	29317	31936	13825.1	1923.9	475.1	108.9	15.6	14.4	13.9
970602	1358682	3696961	4099400	1646.7	422.4	301.7	110.9	8.6	6.8	9.6
150681	178581	393263	390438	354.6	259.1	218.6	99.3	3.8	4.4	6.7
724040	1038813	2820100	3188475	3743.1	440.4	306.9	113.1	11.2	7.0	9.8
80094	122391	425968	458705	1059.6	572.7	374.8	107.7	7.2	8.3	11.6
37	197	557	545	8516.2	1473.1	277.1	97.8	14.0	13.0	8.9
15750	18700	57073	61238	591.8	388.8	327.5	107.3	5.4	6.4	10.4
48321	125603	616292	665245	3354.1	1376.7	529.6	107.9	10.9	12.7	14.9
155.5	4792.7	13333.5	15019.3	164889.0	36137.1	1172.8	112.6	24.3	30.7	22.8
54.9	77.7	73.8	70.7	249.5	128.9	91.0	95.9	2.7	1.2	-0.8
20078	20090	15008	15402	136.9	76.7	76.7	102.6	0.9	-1.2	-2.2
1.8	8453.3	98625.3	111215.5		6071047.4	1315.6	112.8		65.0	24.0
685.0	14482.9	28509.8	27815.3	14446.2	4060.4	192.1	97.6	15.8	18.3	5.6
538.4	9311.6	19121.7	18893.4	15856.8	3508.9	202.9	98.8	16.1	17.6	6.1
146.6	5171.3	9388.1	8921.9	12156.1	6086.7	172.5	95.0	15.2	20.5	4.6
4.6	352.0	2468.3	2347.1	201661.9	50973.9	666.8	95.1	25.1	32.8	17.1
1231.8	17825.6	43428.4	43749.3	10778.9	3551.6	245.4	100.7	14.8	17.6	7.8
1048.4	3122.9	5758.1	5772.5	8062.1	550.6	184.8	100.3	13.8	8.1	5.3
22.2	162.2	484.6	500.3	19022.1	2255.5	308.4	103.2	16.7	15.2	9.8
13943	123804	809368	917555	79442.0	6580.8	741.1	113.4	21.7	21.0	18.2
17511	99371	547947	629910	33328.6	3597.2	633.9	115.0	18.6	17.7	16.6
	2103	5814	4134			196.6	71.1			5.8
	1598	14339	15400			969.2	108.0			20.8
	526	3929	4716			896.6	120.0			20.1
39.5	46.3	139.3	144.0	699.2	364.6	311.2	103.4	5.9	6.1	9.9
303.2	400.6	508.0	509.8	160.2	168.1	127.3	100.4	1.4	2.39	2.0
558.2	586.0	560.5	558.5	106.9	100.1	95.3	99.7	0.2	0.003	-0.4
206.3	556.1	2308.5	2391.3	2793.6	1159.1	430.0	103.6	10.3	11.8	12.9
4586.0	7368.9	7519.0	7228.4	110.4	157.6	98.1	96.1	0.3	2.1	-0.2
12241.4	13013.3	9926.4	9695.9	66.3	79.2	74.5	97.7	-1.2	-1.1	-2.4
	3849.1	23869.3								
	895.7	8687.0	10298.4			1149.8	118.5			22.6
75.1	650.8	4764.0	6437.1		8571.3	989.2	135.1		22.4	21.0
56.4	62.7	77.1	79.2	210.0	140.6	126.3	102.9	2.2	1.6	2.0
9.2	58.5	295.0	343.6		3751.4	587.4	116.5		17.9	15.9
134	91	558	745	1619.6	556.0	818.7	133.5	8.5	8.1	19.1

1-2 续表 3

指　标	Item	1978
家庭生活	**Family and People's Living Conditions**	
规模　（人）	**Size　(person)**	
城镇居民平均每户家庭人口	Average Household Size in Urban Areas	
农村居民平均每户常住人口	Average Household Size in Rural Areas	
婚姻　（万对）	**Marriages and Divorces　(10 000 couples)**	
结婚登记总数	Registered Number of Marriages	597.8
离婚数	Number of Divorces	28.5
居住　（平方米）	**Housing　(sq.m)**	
城镇人均住房建筑面积	Per Capita Gross Living Space in Cities	
农村人均住房面积	Per Capita Net Floor Space of Rural Residents	8.1
生活		
城镇居民人均可支配收入　(元)	Per Capita Annual Disposable Income of Urban Households(yuan)	343
农村居民人均纯收入　(元)	Per Capita Net Income of Rural Residents　(yuan)	134
城乡人民币储蓄存款余额　(亿元)	Outstanding Amount of Saving Deposits in Urban and Rural Areas　(100 million yuan)	211
社会保险　（亿元）	**Welfare and Social Insurance　(100 million yuan)**	
社会保险基金收入	Revenue of Social Insurance Fund	
社会保险基金支出	Expenses of Social Insurance Fund	
卫生	**Health Care**	
医院　(个)	Number of Hospitals　(unit)	9293
执业(助理)医师　(万人)	Number of Licensed (Assistant) Doctors　(10 000 persons)	97.8
医院床位数　(万张)	Number of Beds of Hospitals　(10 000 units)	110.0
城市市政建设	**Municipal Works**	
年供水总量　(亿吨)	Annual Supply of Tap Water　(100 million tons)	78.8
人工煤气供气量　(亿立方米)	Volume of Coal Gas Supply　(100 million cu.m)	
天然气供气量　(亿立方米)	Volume of Natural Gas Supply　(100 million cu.m)	
年末实有道路长度　(万公里)	Length of Paved Roads at Year-end　(10 000 km)	2.7
排水管道长度　(万公里)	Length of Sewer Pipelines　(10 000 km)	2.0
年末公共交通车辆运营数　(万辆)	Number of Public Vehicles in Operation at Year-end　(10 000 units)	2.6
城市绿地面积　(万公顷)	Areas of Green Land　(10 000 hectare)	8.2
环境、灾害	**Environment and Disaster**	
废水中化学需氧量排放量　(万吨)	COD Discharge of Waste Water　(10 000 tons)	
废气中二氧化硫排放量　(万吨)	Sulphur Dioxide Emission of Waste Gas　(10 000 tons)	
交通事故发生数　(起)	Number of Traffic Accidents　(unit)	
交通事故直接财产损失　(万元)	Loss of Traffic Accidents　(10 000 yuan)	
火灾发生数　(起)	Number of Fire Disasters　(unit)	
火灾直接经济损失　(万元)	Direct Economic Losses of Fire　(10 000 yuan)	

注：1.本表价值指标除邮电业务总量按不变价格计算外，其余均按当年价格计算。邮电业务总量2000年及以前按1990年不变价格计算，2001-2010年按2000年不变价格计算，2011年起按2010年不变价格计算。

2.本表速度指标中，国民总收入、国内生产总值及三次产业增加值、农林牧渔业总产值、邮电业务总量和城乡居民收入指标均按可比价格计算。固定资产投资平均增长速度按累计法计算。

3.2011年起，固定资产投资除房地产投资、农村个人投资外，统计起点由50万元提高至500万元，城镇固定资产投资数据发布口径改为固定资产投资(不含农户)。固定资产投资(不含农户)等于原口径的城镇固定资产投资加上农村企事业组织的项目投资。

4.全国规模以上工业企业统计范围1998年至2006年为全部国有及年主营业务收入在500万元及以上非国有工业企业；2007年至2010年为年主营业务收入在500万元及以上的工业企业；2011年及以后年份为年主营业务收入在2000万元及以上的工业企业。

continued

总量指标	Aggregate Data			指数(%) Index (%) (2012为以下各年) (2012 as Percentage of the Following Years)				平均增长速度(%) Average Annual Growth Rate (%)		
1990	2000	2011	2012	1978	1990	2000	2011	1979–2012	1991–2012	2001–2012
3.50	3.13	2.87	2.86		81.7	91.4	99.7		-0.9	-0.7
4.80	4.20	3.90	3.88		80.9	92.4	99.5		-1.0	-0.7
951.1	848.5	1302.4	1323.6	221.4	139.2	156.0	101.6	2.4	1.5	3.8
80.0	121.3	287.4	310.4	1089.1	388.0	255.9	108.0	7.3	6.4	8.1
		32.7	32.9				100.8			
17.8	24.8	36.2	37.1	457.9	208.3	149.5	102.3	4.6	3.4	3.4
1510	6280	21810	24565	1146.7	578.8	298.9	109.6	7.4	8.3	9.6
686	2253	6977	7917	1176.9	378.2	243.5	110.7	7.5	6.2	7.7
7120	64332	343636	399551	189720.3	5611.8	621.1	116.3	24.9	20.1	16.4
187	2645	24043	28910		15476.9	1093.0	120.2		25.8	22.1
152	2386	18055	22182		14605.0	929.8	122.9		25.4	20.4
14377	16318	21979	23170	249.3	161.2	142.0	105.4	2.7	2.2	3.0
176.3	207.6	246.6	261.6	267.4	148.4	126.0	106.1	2.9	1.8	1.9
186.9	216.7	370.5	416.1	378.3	222.7	192.1	112.3	4.0	3.7	5.6
382.3	469.0	513.4	523.0	663.7	136.8	111.5	101.9	5.7	1.4	0.9
174.7	152.4	84.7	77.0		44.1	50.5	90.8		-3.7	-5.5
64.2	82.1	678.8	795.0		1238.4	968.4	117.1		12.1	20.8
9.5	16.0	30.9	32.7	1212.9	344.3	204.4	105.9	7.6	5.8	6.1
5.8	14.2	41.4	43.9	2245.2	757.0	309.2	106.0	9.6	9.6	9.9
6.2	22.6	41.3	43.2	1672.0	696.8	191.2	104.7	8.6	9.2	5.5
47.5	86.5	224.3	236.8	2897.0	498.5	273.7	105.6	10.4	7.6	8.8
		2500	2424				97.0			
		2218	2118				95.5			
250244	616971	219521	204196		81.6	33.1	93.0		-0.9	-8.8
35362	263290	92634	117490		332.3	44.6	126.8		5.6	-6.5
57302	189185	132497	152157		265.5	80.4	114.8		4.5	-1.8
51182	152217	195945	217716		425.4	143.0	111.1		6.8	3.0

a) Figures in value terms in this table are at current prices, except that on the business volume of postal and telecommunication services which is at 1990 constant prices before 2000 and at 2000 constant prices since 2000.Since 2011, it was calculated at 2010 constant prices.

b) The indices and growth rates of the follow indicators are calculated at constant prices: gross national income, gross domestic product, value-added of the three strata of industry, gross output value of agriculture, forestry, animal husbandry and fishery, business volume of postal and telecommunication services, per capita income of urban and rural residents. The average annual growth rate of total investment in fixed assets is calculated at the accumulate method.

c) Since 2011, the cut-off point of projects of investment has changed from 500 000 yuan to 5 million yuan, published coverage of investment in fixed assets in urban area changed into investment in fixed assets (excluding rural households) which included investment in urban area and investment in rural enterprises(units).

d) Industrial enterprises above designated size are all state-owned enterprises and non-state owned enterprises with annual revenue from principal business over 5 million yuan from 1998 to 2006, and are industrial enterprise with annual revenue from principal business over 5 million yuan from 2007 to 2010, and are industrial enterprise with annual revenue from principal business over 20 million yuan since 2011. The same applies to the tables following.

1-3 国民经济和社会发展结构指标
Composition Indicators on National Economic and Social Development

单位：% (%)

指　标	Item	1978	1990	2000	2012
人口与就业	**Population and Employment**				
人口	**Population**				
性别结构	Sexual Composition				
男	Male	51.5	51.5	51.6	51.3
女	Female	48.5	48.5	48.4	48.7
城乡结构	Urban and Rural Composition				
城镇	Urban	17.9	26.4	36.2	52.6
乡村	Rural	82.1	73.6	63.8	47.4
就业	**Employment**				
产业结构	Industrial Composition				
第一产业	Primary Industry	70.5	60.1	50.0	33.6
第二产业	Secondary Industry	17.3	21.4	22.5	30.3
第三产业	Tertiary Industry	12.2	18.5	27.5	36.1
宏观经济	**Macro Economy**				
国民经济核算	**National Accounting**				
国内生产总值产业结构	Industrial Composition				
第一产业	Primary Industry	28.2	27.1	15.1	10.1
第二产业	Secondary Industry	47.9	41.3	45.9	45.3
第三产业	Tertiary Industry	23.9	31.5	39.0	44.6
固定资产投资	**Investment in Fixed Assets**				
实际到位资金结构	Composition of Actual Funds for Investment				
国家预算资金	State Budget		8.7	6.4	4.6
国内贷款	Domestic Loans		19.6	20.3	12.6
利用外资	Foreign Investment		6.3	5.1	1.1
自筹和其他投资	Self-raising Funds and Other Investments		65.4	68.2	81.7
货物进出口	**Imports and Exports of Goods**				
出口货物结构	Composition of Exports				
初级产品	Primary Goods		25.6	10.2	4.9
工业制成品	Manufactured Goods		74.4	89.8	95.1
进口货物结构	Composition of Imports				
初级产品	Primary Goods		18.5	20.8	34.9
工业制成品	Manufactured Goods		81.5	79.2	65.1
利用外资	**Utilization of Foreign Capital**				
实际利用外资结构	Composition of Foreign Capital Actually Utilized				
外商直接投资	Foreign Direct Investment		33.9	68.6	98.6
外商其他投资	Other Foreign Investment		2.6	14.6	1.4
财政	**Government Finance**				
财政收入结构	Composition of Government Revenue				
中央	Central Government	15.5	33.8	52.2	47.9
地方	Local Governments	84.5	66.2	47.8	52.1
财政支出结构	Composition of Government Expenditure				
中央	Central Government	47.4	32.6	34.7	14.9
地方	Local Governments	52.6	67.4	65.3	85.1
能源	**Energy**				
能源生产总量结构	Composition of Total Energy Production				
原煤	Coal	70.3	74.2	73.2	76.5
原油	Crude Oil	23.7	19.0	17.2	8.9
天然气	Natural Gas	2.9	2.0	2.7	4.3
水电、核电、风电	Hydro-power, Nuclear Power, Wind Power	3.1	4.8	6.9	10.3

1-3 续表 1 continued

单位：% (%)

指 标	Item	1978	1990	2000	2012
能源消费总量结构	Composition of Total Energy Consumption				
煤炭	Coal	70.7	76.2	69.2	66.6
石油	Petroleum	22.7	16.6	22.2	18.8
天然气	Natural Gas	3.2	2.1	2.2	5.2
水电、核电、风电	Hydro-power, Nuclear Power, Wind Power	3.4	5.1	6.4	9.4
产 业	**Industry**				
农业	**Agriculture**				
农林牧渔业产值结构	Composition of Gross Output Value of Agriculture				
#农业	Farming	80.0	64.7	55.7	52.5
林业	Forestry	3.4	4.3	3.8	3.9
牧业	Animal Husbandry	15.0	25.7	29.7	30.4
渔业	Fishery	1.6	5.4	10.9	9.7
工业	**Industry**				
工业企业资产结构	Composition of Capital of Industrial Enterprises				
大型企业	Large Enterprises			56.3	49.4
中型企业	Medium-sized Enterprises			12.9	24.0
小型企业	Small Enterprises			30.8	26.6
建筑业	**Construction**				
建筑业总产值结构	Composition of Gross Output Value of Construction Industry				
国有企业	State-owned Enterprise		69.5	40.4	16.7
集体企业	Collective-owned Enterprises		30.5	32.3	3.6
港澳台商投资企业	Enterprises with Funds from Hong Kong, Macao & Taiwan			0.8	0.5
外商投资企业	Foreign Funded Enterprises			0.5	0.3
其他	Other Enterprises			25.9	78.9
交通运输业	**Transportation**				
货运量结构	Composition of Freight Traffic				
铁 路	Railways	44.2	15.5	13.1	9.5
公 路	Highways	34.2	74.6	76.5	77.8
水 运	Waterways	17.4	8.3	9.0	11.2
民 航	Civil Aviation	0.003	0.004	0.014	0.013
管道输油(气)	Pipelines	4.2	1.6	1.4	1.5
旅游业	**Tourism**				
来华旅游人数结构	Composition of Tourists Visiting China				
外国人	Foreigners	12.7	6.4	12.2	20.5
港澳同胞	Hong Kong and Macao Compatriots	} 86.3	89.9	84.0	75.4
台湾同胞	Taiwan Compatriots		3.5	3.7	4.0
金融业	**Financial Intermediation**				
金融机构资金来源结构	Composition of Sources of Funds in Financial Institutions				
各项存款	Deposits				89.6
金融债券	Financial Bonds				0.8
流通中货币	Currency in Circulation				5.3
对国际金融机构负债	Liability to International Financial Institutions				0.1
其他	Others				4.2
金融机构资金运用结构	Composition of Fund Uses in Financial Institutions				
各项贷款	Total Loans				61.5
有价证券	Portfolio Investments				10.9
股权及其他投资	Shares and Other Investments				2.1
黄金占款	Position for Bullion Purchase				0.1
外汇占款	Position for Foreign Exchanges Purchase				25.2
在国际金融机构资产	Assets with International Financial Institutions				0.2

1-3 续表 2 continued

单位：%

(%)

指标	Item	1978	1990	2000	2012
教育、科技、卫生	**Education, Science and Health Care**				
教育	**Education**				
普通学校专任教师结构	Composition of Full-time Teachers in Regular Schools				
大学	Colleges and Universities	2.4	4.4	4.5	11.9
中学	Secondary Schools	36.9	33.7	38.8	42.1
小学	Primary Schools	60.7	62.0	56.7	46.1
普通学校在校学生结构	Composition of Student Enrollment in Regular Schools				
大学生	College and University Students	0.4	1.2	2.7	12.4
中学生	Secondary School Students	30.8	26.9	35.2	37.4
小学生	Primary School Students	68.8	71.9	62.2	50.2
科技	**Science and Technology**				
研究与试验发展经费内部支出结构	Composition of Intramural Expenditure on R&D				
基础研究	Basic Research			5.2	4.8
应用研究	Applied Research			17.0	11.3
试验发展	Experimental Development			77.8	83.9
卫生	**Health Care**				
卫生技术人员结构	Composition of Medical Technical Personnel				
#执业(助理)医师	Licensed (Assistant) Doctors	39.7	45.2	46.2	39.2
注册护士	Registered Nurses	16.4	25.0	28.2	37.4
药师(士)	Pharmacist	10.8	10.4	9.2	5.7
人民生活	**People's Living Conditions**				
城镇居民现金消费结构	**Cash Consumption Composition of Urban Residents**				
食 品	Food		54.2	39.4	36.2
衣 着	Clothing		13.4	10.0	10.9
居 住	Residence		4.8	11.3	8.9
家庭设备及用品	Household Facilities and Articles		8.5	7.5	6.7
交通通信	Transport and Communications		3.2	8.5	14.7
文教娱乐	Education, Culture and Recreation		8.8	13.4	12.2
医疗保健	Health Care and Medical Services		2.0	6.4	6.4
其他	Others		5.2	3.4	3.9
农村居民消费结构	**Consumption Composition of Rural Residents**				
食 品	Food		58.8	49.1	39.3
衣 着	Clothing		7.8	5.7	6.7
居 住	Residence		17.3	15.5	18.4
家庭设备及用品	Household Facilities and Articles		5.3	4.5	5.8
交通通信	Transport and Communications		1.4	5.6	11.0
文教娱乐	Education, Culture and Recreation		5.4	11.2	7.5
医疗保健	Health Care and Medical Services		3.3	5.2	8.7
其他	Others		0.7	3.1	2.5
环境保护	**Environmental Protection**				
工业污染治理投资结构	**Composition of Investment in the Treatment of Industrial Pollution**				
治理废水	Waste Water Treatment			46.7	28.0
治理废气	Waste Gas Treatment			38.7	51.5
治理固体废物	Solid Waste Treatment			4.9	4.9
治理噪声	Noise Abatement			0.6	0.2
其他	Others			9.1	15.3

1-4 国民经济和社会发展比例和效益指标
Indicators on National Economic and Social Development

指 标		Item		1978	1990	2000	2012
人口与就业		**Population and Employment**					
出生率	(‰)	Birth Rate	(‰)	18.25	21.06	14.03	12.10
死亡率	(‰)	Death Rate	(‰)	6.25	6.67	6.45	7.15
自然增长率	(‰)	Natural Growth Rate	(‰)	12.00	14.39	7.58	4.95
城镇登记失业率	(%)	Registered Unemployment Rate in Urban Areas	(%)	5.3	2.5	3.1	4.1
国民经济核算		**National Accounting**					
人均国内生产总值	(元)	Per Capita GDP	(yuan)	381	1644	7858	38420
固定资产投资		**Investment in Fixed Assets**					
全社会固定资产投资相当于国内生产总值比例	(%)	Proportion of Investment in Fixed Assets to GDP	(%)		24.2	33.2	72.2
全社会房屋建筑面积竣工率	(%)	Rate of Total Floor Space of Buildings Completed	(%)		78.7	68.6	28.7
消费		**Consumption**					
人均社会消费品零售额	(元)	Per Capita Retail Sales of Consumer Goods	(yuan)	163	731	3097	15570
对外贸易		**Foreign Trade**					
进出口总额相当于国内生产总值比例(按人民币计算)	(%)	Proportion of Total Value of Imports & Exports to GDP (calculated by Renminbi)	(%)	9.7	29.8	39.6	47.0
财政		**Government Finance**					
国家财政收入相当于国内生产总值比例	(%)	Proportion of Government Revenue to GDP	(%)	31.1	15.7	13.5	22.6
国家财政支出相当于国内生产总值比例	(%)	Proportion of Government Expenditure to GDP	(%)	30.8	16.5	16.0	24.3
外债		**Foreign Debts**					
偿债率	(%)	Debt Service Ratio	(%)		8.7	9.2	1.6
负债率	(%)	Liability Ratio	(%)		13.6	12.2	9.0
债务率	(%)	Foreign Debt Ratio	(%)		91.6	52.1	32.8
能源		**Energy**					
能源生产弹性系数		Elasticity Ratio of Energy Production			0.58	0.28	0.57
电力生产弹性系数		Elasticity Ratio of Electricity Production			1.63	1.12	0.75
能源消费弹性系数		Elasticity Ratio of Energy Consumption			0.47	0.42	0.51
电力消费弹性系数		Elasticity Ratio of Electricity Consumption			1.63	1.13	0.77
单位国内生产总值能耗	(吨标准煤/万元)	Energy Consumption per Unit of GDP	(ton of SCE/ 10 000 yuan)				0.77
农业		**Agriculture**					
每公顷播种面积农产品产量	(公斤)	Output of Farm Crops per Hectare of Sown Area	(kg)				
粮食		Grain		2527	3933	4261	5302
棉花		Cotton		445	807	1093	1458
油料		Oil-bearing Crops		839	1480	1919	2467
工业		**Industry**					
总资产贡献率	(%)	Ratio of Total Assets to Industrial Output Value	(%)			9.00	15.11
资产负债率	(%)	Assets-Liability Ratio	(%)			60.81	57.96
流动资产周转次数	(次/年)	Turnover of Working Capital	(times/year)			1.62	2.57
成本费用利润率	(%)	Ratio of Profits to Industrial Cost	(%)			5.56	7.11
产品销售率	(%)	Proportion of Products Sold	(%)			97.67	98.00

注：计算单位能耗的国内生产总值按2005年不变价计算。

a) The national energy consumption for unit GDP is calculated at the 2005 constant price.

1-4 续表 continued

指 标	Item	1978	1990	2000	2012
建筑业	**Construction**				
建筑业劳动生产率 (元／人)(按增加值计算)	Overall Labor Productivity (yuan/person) (in terms of value-added per employee)			15929	57427
技术装备率 (元／人)	Value of Machinery per Laborer (yuan/person)		2467	6304	13374
产值利税率 (%)	Ratio of Pre-tax Profits to Gross Output Value (%)		5.1	4.6	6.7
交通运输业	**Transportation**				
铁路网密度 (公里／万平方公里)	Railway Density (km/10 000 sq.km)	53.9	60.3	71.6	101.7
公路网密度 (公里／万平方公里)	Highway Density (km/10 000 sq.km)	927	1071	1750	4414
邮电通信业	**Postal and Telecommunication Services**				
电话普及率(含移动电话)(部/百人)	Access to Telephones (include mobile phone) (set/100 persons)	0.4	1.1	19.1	103.1
移动电话普及率 (部/百人)	Access to Mobile Phones (set/100 persons)			6.7	82.5
旅游业	**Tourism**				
每一来华游客花费 (美元)	Expenditure per International Tourist in China(USD)		81	194	378
国内旅游人均花费 (元)	Expenditure per Domestic Tourist (yuan)			427	768
金融业	**Financial Intermediation**				
金融机构存款相当于国内生产总值比例 (%)	Deposits of Financial Institutions as Percentage of GDP (%)	31.7	74.7	124.8	176.8
金融机构贷款相当于国内生产总值比例 (%)	Loans of Financial Institutions as Percentage of GDP (%)	51.9	93.8	100.2	121.4
教育	**Education**				
高中升学率 (%)	Promotion Rate from Senior Secondary Schools to Higher Education (%)		27.3	73.2	87.0
初中升学率 (%)	Promotion Rate from Junior Secondary Schools to Senior Secondary Schools (%)	40.9	40.6	51.2	88.4
小学升学率 (%)	Promotion Rate from Primary Schools to Junior Secondary Schools (%)	87.7	74.6	94.9	98.3
学龄儿童净入学率 (%)	Net Enrollment Ratio of Primary Schools (%)	95.5	97.8	99.1	99.9
科技	**Science and Technology**				
研究与试验发展经费内部支出相当于国内生产总值比例 (%)	R&D Expenditure as Percentage of GDP (%)			0.90	1.98
卫生	**Health Care**				
每万人口执业(助理)医师数 (人)	Number of Licensed (Assistant) Doctors per 10 000 Population (person)	10.8	15.6	16.8	19.4
每万人口医院、卫生院床位数(张)	Number of Beds of Hospitals and Health Centers per 10 000 Population (bed)	19.3	23.2	23.8	39.0
医疗机构病床使用率 (%)	Beds Utilization Rate of Medical Organizations (%)		80.9	60.8	82.8
城市市政建设	**Municipal Works**				
用水普及率 (%)	Percentage of Population with Access to Tap Water (%)		48.0	63.9	97.2
燃气普及率 (%)	Percentage of City Population with Access to Gas(%)		19.1	45.4	93.2
人均公园绿地面积 (平方米)	Per Capita Public Green Area (sq.m)		1.8	3.7	12.3

1-5 平均每天主要社会经济活动
Selected Indicators on Average Daily Social and Economic Activities

指 标	Item	1978	1990	2000	2011	2012
国民总收入 (亿元)	Gross National Income (100 million yuan)	10.0	51.3	268.5	1283.7	1414.5
国内生产总值 (亿元)	Gross Domestic Product (100 million yuan)	10.0	51.1	271.8	1296.2	1421.8
第一产业	Primary Industry	2.8	13.9	40.9	130.1	143.5
第二产业	Secondary Industry	4.8	21.1	124.8	603.9	644.3
第三产业	Tertiary Industry	2.4	16.1	106.1	562.2	634.0
全社会固定资产投资总额(亿元)	Total Investment in Fixed Assets (100 million yuan)		12.4	90.2	853.4	1026.6
社会消费品零售总额 (亿元)	Total Retail Sales of Consumer Goods (100 million yuan)	4.3	22.7	107.1	503.9	576.2
货物进出口总额 (亿美元)	Total Value of Imports and Exports (USD 100 million)	0.6	3.2	13.0	99.8	105.9
出口额	Exports	0.3	1.7	6.8	52.0	56.1
进口额	Imports	0.3	1.5	6.2	47.8	49.8
外商直接投资 (亿美元)	Foreign Direct Investments (USD 100 million)		0.1	1.1	3.2	3.1
国家财政收入 (亿元)	Government Revenue (100 million yuan)	3.1	8.0	36.7	284.6	321.2
国家财政支出 (亿元)	Government Expenditure (100 million yuan)	3.1	8.4	43.5	299.3	345.1
能源生产总量 (万吨标准煤)	Total Energy Production (10 000 tons of SCE)	172.0	284.7	370.0	871.2	909.2
能源消费总量 (万吨标准煤)	Total Energy Consumption (10 000 tons of SCE)	156.6	270.4	398.7	953.4	991.0
主要农产品产量 (万吨)	Output of Major Farm Products (10 000 tons)					
粮 食	Grain	83.5	122.3	126.6	156.5	161.5
棉 花	Cotton	0.6	1.2	1.2	1.8	1.9
油 料	Oil-bearing Crops	1.4	4.4	8.1	9.1	9.4
肉 类	Meat			16.5	21.8	23.0
奶 类	Milk			2.5	10.4	10.6
水产品	Aquatic Products	1.3	3.4	10.2	15.4	16.2
主要工业产品产量	Output of Major Industrial Products					
原 煤 (万吨)	Coal (100 million tons)	169.3	295.9	379.2	964.4	1000.0
原 油 (万吨)	Crude Oil (10 000 tons)	28.5	37.9	44.7	55.6	56.8
天然气 (亿立方米)	Natural Gas (100 million cu.m)	0.4	0.4	0.7	2.8	2.9
水 泥 (万吨)	Cement (10 000 tons)	17.9	57.5	163.6	575.1	605.4
粗 钢 (万吨)	Crude Steel (10 000 tons)	8.7	18.2	35.2	187.7	198.3
钢 材 (万吨)	Rolled Steel (10 000 tons)	6.0	14.1	36.0	242.8	261.9
发电量 (亿千瓦小时)	Electricity (100 million kwh)	7.0	17.0	37.1	129.1	136.6
客运量 (万人)	Passenger Traffic (10 000 persons)	695.9	2116.9	4050.9	9661.1	10422.0
货运量 (万吨)	Freight Traffic (10 000 tons)	682.0	2659.2	3722.4	10128.7	11231.2
沿海规模以上港口货物吞吐量 (万吨)	Volume of Freight Handled at Coastal Ports above Designated Size (10 000 tons)	54.3	132.4	344.1	1688.5	1822.6
邮电业务总量 (亿元)	Business Volume of Postal and Telecommunication Services (100 million yuan)	0.1	0.4	13.1	36.5	41.1
入境旅游过夜游客 (万人次)	Number of Tourists (Overnight Visitors)(10 000 person-times)	0.2	2.9	8.6	15.8	15.8
国际旅游外汇收入 (亿美元)	Foreign Exchange Earnings from International Tourism (USD 100 million)	0.01	0.1	0.4	1.3	1.4
出生 (万人)	Birth (10 000 persons)	4.8	6.6	4.9	4.4	4.5
死亡 (万人)	Death (10 000 persons)	1.6	2.1	2.2	2.6	2.7
结婚登记总数 (万对)	Registered Number of Marriages (10 000 couples)	1.6	2.6	2.3	3.6	3.6
离婚数 (万对)	Number of Divorces (10 000 couples)	0.1	0.2	0.3	0.8	0.9

注：本表价值指标除邮电业务总量按不变价格计算外，其余均按当年价格计算。

a) Figures in value terms in this table are at current prices, except that on the business transaction of postal and telecommunication services.

1-6 按区域分的国民经济和社会发展主要指标（2012年）

指　　标	Item	全国总计 National Total
自然资源	**Natural Resources**	
土地面积　（万平方公里）	Area of Land　(10 000 sq.km)	960.0
人口	**Population**	
年底总人口　（万人）	Population at Year-end　(10 000 persons)	135404.0
劳动就业	**Employment**	
城镇单位就业人员　（万人）	Number of Employed Persons in Urban Units (10 000 persons)	15236.4
城镇登记失业率　（%）	Registered Unemployment Rate in Urban Area　(%)	4.1
国民经济核算	**National Accounting**	
国内(地区)生产总值　（亿元）	Gross Domestic Product　(100 million yuan)	518942.1
第一产业	Primary Industry	52373.6
第二产业	Secondary Industry	235162.0
#工业	Industry	199670.7
第三产业	Tertiary Industry	231406.5
人均国内(地区)生产总值　（元）	Per Capita Gross Domestic Product　(yuan)	38420
固定资产投资	**Investment in Fixed Assets**	
全社会固定资产投资总额（亿元）	Total Investment in Fixed Assets　(100 million yuan)	374694.7
#房地产开发	Real Estate Development	71803.8
国内商业	**Domestic Trade**	
社会消费品零售总额　（亿元）	Total Retail Sales of Consumer Goods (100 million yuan)	210307.0
对外贸易	**Foreign Trade**	
货物进出口总额　（亿美元）	Total Value of Imports and Exports(100 million USD)	38671.2
出口额	Exports	20487.1
进口额	Imports	18184.1
财政	**Government Finance**	
地方财政收入　（亿元）	Local Governments Revenue　(100 million yuan)	61078.3
地方财政支出　（亿元）	Local Governments Expenditure　(100 million yuan)	107188.3
物价	**Price Indices**	
居民消费价格指数　（上年=100）	Consumer Price Index　(preceding year=100)	102.6
农业	**Agriculture**	
主要农产品产量　（万吨）	Output of Major Farm Products　(10 000 tons)	
粮食	Grain	58958.0
棉花	Cotton	683.6
油料	Oil-bearing Crops	3436.8

Main Indicators of National Economic and Social Development by Eastern, Central, Western and Northeastern Provinces (2012)

东部地区 Eastern Provinces		中部地区 Central Provinces		西部地区 Western Provinces		东北地区 Northeastern Provinces	
绝对数 Absolute Figures	占全国比重 (%) As Percentage of National Total	绝对数 Absolute Figures	占全国比重 (%) As Percentage of National Total	绝对数 Absolute Figures	占全国比重 (%) As Percentage of National Total	绝对数 Absolute Figures	占全国比重 (%) As Percentage of National Total
91.6	9.5	102.8	10.7	686.7	71.5	78.8	8.2
51460.9	38.2	35926.7	26.7	36427.5	27.0	10973.4	8.1
7225.3	47.4	3305.3	21.7	3350.6	22.0	1355.2	8.9
3.0		3.5		3.5		3.8	
295892.0	51.3	116277.7	20.2	113904.8	19.8	50477.3	8.8
18339.6	35.0	14019.8	26.8	14332.6	27.4	5681.6	10.8
141448.8	49.5	61450.7	21.5	57104.2	20.0	25644.9	9.0
125944.7	50.4	53768.8	21.5	47811.9	19.1	22428.2	9.0
136103.6	57.1	40807.2	17.1	42468.0	17.8	19150.8	8.0
57722		32427		31357		46014	
151922.4	41.2	86614.8	23.5	89008.6	24.1	41042.6	11.1
35085.5	48.9	12917.0	18.0	15499.6	21.6	8301.7	11.6
110666.7	52.6	42670.6	20.3	37359.1	17.8	19610.5	9.3
32710.8	84.6	1933.9	5.0	2364.0	6.1	1662.4	4.3
17010.4	83.0	1205.5	5.9	1487.4	7.3	783.8	3.8
15700.4	86.3	728.4	4.0	876.6	4.8	878.7	4.8
32679.1	53.5	10326.6	16.9	12762.8	20.9	5309.8	8.7
42093.1	39.3	22624.9	21.1	32269.1	30.1	10201.3	9.5
102.7		102.5		102.9		102.8	
14553.3	24.7	17734.9	30.1	15494.7	26.3	11175.0	19.0
157.5	23.0	154.6	22.6	370.7	54.2	0.9	0.1
817.7	23.8	1461.3	42.5	933.6	27.2	224.1	6.5

1-6 续表

指　标	Item	全国总计 National Total
工业	**Industry**	
主要工业产品产量	Output of Major Industrial Products	
原油 (万吨)	Crude Oil (10 000 tons)	20747.8
水泥 (万吨)	Cement (10 000 tons)	220984.1
粗钢 (万吨)	Crude Steel (10 000 tons)	72388.2
发电量 (亿千瓦小时)	Electricity (100 million kwh)	49875.5
交通运输业	**Transportation**	
铁路营业里程 (公里)	Length of Railways in Operation (km)	97625
公路里程 (公里)	Length of Highways (km)	4237508
#高速公路	Expressways	96200
旅客周转量 (亿人公里)	Total Passenger-kilometer (100 million person-km)	33383.1
货物周转量 (亿吨公里)	Total Freight Ton-kilometer (100 million ton-km)	173770.7
邮电通信业	**Postal and Telecommunication Services**	
邮电业务总量 (亿元)	Total Business Revenue (100 million yuan)	15019.3
教育	**Education**	
普通高等学校	Regular Institutions of Higher Education	
学校数 (个)	Number of Institutions (unit)	2442
本专科招生数 (万人)	New Enrollment of Undergraduates and College Students (10 000 persons)	688.8
本专科在校学生数 (万人)	Total Enrollment of Undergraduates and College Students(10 000 persons)	2391.3
本专科毕业生数 (万人)	Graduates of Undergraduates and College Students (10 000 persons)	624.7
卫生	**Health Care**	
卫生机构数 (个)	Number of Health Care Institutions (unit)	950297
#医院	Hospitals	23170
卫生技术人员 (万人)	Medical Technical Personnel (10 000 persons)	667.6
#执业(助理)医师	Licensed (Assistant) Doctors	261.6
医疗机构床位数 (万张)	Number of Hospital Beds (10 000 beds)	572.5
#医院	Hospitals	416.1
人民生活	**People's Living Conditions**	
城镇居民人均可支配收入(元)	Per Capita Disposable Income of Urban Households (yuan)	24565
农村居民人均纯收入 (元)	Per Capita Net Income of Rural Households (yuan)	7917

注：本表中涉及分地区数据相加不等于全国总计的指标，在计算东、中、西和东北地区占全国的比重时，分母为31个省(区、市)相加的合计数。

continued

东部地区 Eastern Provinces		中部地区 Central Provinces		西部地区 Western Provinces		东北地区 Northeastern Provinces	
绝对数 Absolute Figures	占全国比重 (%) As Percentage of National Total	绝对数 Absolute Figures	占全国比重 (%) As Percentage of National Total	绝对数 Absolute Figures	占全国比重 (%) As Percentage of National Total	绝对数 Absolute Figures	占全国比重 (%) As Percentage of National Total
7885.1	38.0	555.5	2.7	6495.3	31.3	5811.9	28.0
80010.1	36.2	59490.8	26.9	68751.5	31.1	12731.7	5.8
39958.6	55.2	15085.6	20.8	10294.7	14.2	7049.3	9.7
19784.1	39.7	11324.4	22.7	15785.2	31.6	2981.8	6.0
22457	23.0	22402	22.9	37340	38.2	15427	15.8
1038592	24.5	1155363	27.3	1685719	39.8	357833	8.4
30518.0	31.7	26243	27.3	29190	30.3	10248	10.7
11040.5	38.9	8286.2	29.2	6957.8	24.5	2072.8	7.3
82974.5	52.3	34499.5	21.8	25968.5	16.4	15162.1	9.6
7948.8	52.9	2730.0	18.2	3231.7	21.5	1108.8	7.4
955	39.1	644	26.4	595	24.4	248	10.2
267.8	38.9	189.0	27.4	169.7	24.6	62.4	9.1
948.8	39.7	653.9	27.3	566.9	23.7	221.8	9.3
253.6	40.6	175.5	28.1	137.0	21.9	58.6	9.4
307272	32.3	266086	28.0	300255	31.6	76684	8.1
8105	35.0	5426	23.4	7207	31.1	2432	10.5
273.1	41.0	163.0	24.4	171.6	25.7	59.2	8.9
107.3	41.0	64.0	24.5	66.2	25.3	24.1	9.2
209.3	36.6	148.5	25.9	161.0	28.1	53.7	9.4
158.7	38.1	101.7	24.4	113.0	27.2	42.7	10.3
29622		20697		20600		20759	
10817		7435		6027		8846	

a) As the sum of some indicators by region is different from the national total, while calculating the percentage of eastern, central, western and northeastern provinces to all country, the denominator is the sum of 31 provinces, autonomous regions and municipalities.

1-7 人均主要工农业产品产量
Per Capita Output of Major Industrial and Agricultural Products

年 份 Year	粮 食 (公斤) Grain (kg)	棉 花 (公斤) Cotton (kg)	油 料 (公斤) Oil-bearing Crops (kg)	糖 料 (公斤) Sugar Crops (kg)	茶 叶 (公斤) Tea (kg)	水 果 (公斤) Fruits (kg)	猪牛羊肉 (公斤) Pork, Beef and Mutton (kg)	水产品 (公斤) Aquatic Products (kg)
1978	318.74	2.27	5.46	24.91	0.28	6.87	9.05	4.87
1980	326.69	2.76	7.84	29.67	0.31	6.92	12.28	4.58
1985	360.70	3.95	15.02	57.53	0.41	11.07	16.75	6.71
1990	393.10	3.97	14.21	63.55	0.48	16.51	22.14	10.90
1991	378.26	4.93	14.24	73.16	0.47	18.91	23.67	11.74
1992	379.97	3.87	14.09	75.61	0.48	20.95	25.24	13.37
1993	387.37	3.17	15.31	64.70	0.51	25.55	27.37	15.47
1994	373.46	3.64	16.69	61.63	0.49	29.36	30.98	17.98
1995	387.28	3.96	18.68	65.90	0.49	34.98	34.02	20.89
1996	414.39	3.45	18.16	68.66	0.49	38.21	30.35	27.01
1997	401.74	3.74	17.54	76.31	0.50	41.37	34.55	25.35
1998	412.50	3.62	18.63	78.83	0.54	43.91	37.02	27.24
1999	405.82	3.06	20.76	66.53	0.54	49.79	38.02	28.50
2000	366.04	3.50	23.40	60.47	0.54	49.30	37.57	29.35
2001	355.89	4.19	22.53	68.05	0.55	52.35	37.99	29.85
2002	356.96	3.84	22.63	80.39	0.58	54.30	38.49	30.89
2003	334.29	3.77	21.82	74.83	0.60	112.68	39.50	31.64
2004	362.22	4.88	23.66	73.84	0.64	118.36	40.39	32.76
2005	371.26	4.38	23.60	72.50	0.72	123.65	41.98	33.90
2006	379.89	5.75	20.14	79.78	0.78	130.45	42.65	34.96
2007	380.61	5.78	19.49	92.48	0.88	137.62	40.09	36.02
2008	399.13	5.66	22.29	101.31	0.95	145.10	42.38	36.96
2009	398.74	4.79	23.69	92.22	1.02	153.20	44.43	38.43
2010	408.52	4.46	24.15	89.77	1.10	159.99	45.79	40.17
2011	424.97	4.91	24.60	93.12	1.21	169.39	45.41	41.69
2012	436.50	5.09	25.58	99.84	1.33	178.11	47.43	43.74

注：本表计算中所使用的人口数字为年平均人口数（下表同）；2003年起水果产量含果用瓜。

a) Population data calculated in the table refer to the annual average population. The same applies to the tables following. Since 2003, the output of fruits includes that of fruit melons.

1-7 续表 continued

年 份 Year	原 煤 (吨) Coal (ton)	原 油 (公斤) Crude Oil (kg)	纱 (公斤) Yarn (kg)	布 (米) Cloth (m)	机制纸及纸板 (公斤) Machine-made Paper and Paperboard (kg)	水 泥 (公斤) Cement (kg)	粗 钢 (公斤) Crude Steel (kg)	发电量 (千瓦小时) Electricity (kwh)
1978	0.65	108.82	2.49	11.54	4.59	68.23	33.24	268.36
1980	0.63	107.98	2.98	13.73	5.45	81.39	37.83	306.35
1985	0.83	118.83	3.36	13.96	8.67	138.86	44.52	390.76
1990	0.95	121.84	4.08	16.63	12.09	184.74	58.45	547.22
1991	0.94	122.52	4.00	15.79	12.85	219.51	61.70	588.73
1992	0.96	121.98	4.31	16.37	14.81	264.57	69.48	647.14
1993	0.98	123.25	4.26	17.23	16.24	312.18	76.00	712.38
1994	1.04	122.57	4.11	17.73	17.94	353.39	77.70	778.72
1995	1.13	124.54	4.50	21.59	23.34	394.74	79.15	835.81
1996	1.15	129.22	4.21	17.17	21.67	403.42	83.15	888.10
1997	1.13	130.68	4.55	20.23	22.22	416.02	88.57	923.16
1998	1.07	129.64	4.36	19.41	17.12	431.58	93.07	939.66
1999	1.09	127.72	4.53	19.96	17.24	457.40	99.19	989.28
2000	1.10	129.09	5.20	21.94	19.70	472.82	101.77	1073.62
2001	1.16	128.91	5.98	22.80	29.70	519.75	119.22	1164.29
2002	1.21	130.43	6.64	25.18	36.45	566.23	142.43	1291.78
2003	1.42	131.64	7.63	27.44	37.64	669.11	172.57	1482.91
2004	1.64	135.70	9.96	37.20	41.77	745.96	218.28	1699.99
2005	1.80	139.10	11.13	37.15	47.60	819.84	270.95	1917.79
2006	1.93	140.93	13.29	45.66	52.35	943.36	319.71	2185.88
2007	2.04	141.38	14.86	51.24	59.13	1032.85	371.27	2490.01
2008	2.12	143.76	15.52	54.58	63.45	1074.66	379.76	2639.00
2009	2.23	142.34	17.02	56.59	67.34	1234.90	429.81	2790.33
2010	2.42	151.31	19.23	59.80	73.50	1406.82	476.36	3145.06
2011	2.62	150.93	20.22	60.57	81.92	1561.80	509.83	3506.37
2012	2.70	153.61	22.09	62.85	81.12	1636.08	535.93	3692.58

1-8 按主要行业分法人单位数
Number of Legal Entities by Sector

单位：个 (unit)

年 份 Year 地 区 Region		合 计 Total	农、林、牧、渔业 Agriculture, Forestry, Animal Husbandry and Fishery	采矿业 Mining	制造业 Manufacturing	电力、燃气及水的生产和供应业 Production and Supply of Electricity, Gas and Water	建筑业 Construction	交通运输、仓储和邮政业 Transport, Storage and Post
1996		4402276	148029	100362	1256323	30543	126710	63808
1997		4344278	148269	99578	1221878	29864	125476	62871
1998		4417508	147656	102265	1290304	30299	125541	62941
1999		4221995	142055	91026	1192280	30031	112973	57772
2000		4366141	142140	90484	1243607	30841	118240	59711
2001		5107015	171526	71409	1220587	36982	123187	82162
2002		5170849	170953	70851	1239549	37136	129062	83489
2003		5214144	156033	72538	1298870	33570	132059	85991
2004		5168303	1835	82353	1328964	39830	128193	80375
2005		5647823	68800	89430	1451556	43148	149471	91565
2006		6068912	78205	93967	1579406	45922	170180	104635
2007		6495064	98546	97678	1702455	49052	190517	117228
2008		7098765	2023	97315	1818370	57923	226768	157589
2009		8003868	184764	103403	1959254	62038	261694	175914
2010		8754588	242429	104065	2098370	64151	302232	195829
2011		9593729	321086	105490	2240315	66652	346026	219630
2012		10616530	440853	107596	2380759	69947	391392	249832
北 京	Beijing	404907	3143	189	35495	471	13102	8098
天 津	Tianjin	207512	2939	100	47162	472	10078	9726
河 北	Hebei	387093	17972	8200	94883	1591	10562	7754
山 西	Shanxi	244262	34118	7595	26189	1241	7433	5382
内蒙古	Inner Mongolia	155136	8928	4740	18085	1425	4674	4267
辽 宁	Liaoning	453601	14181	6091	93851	1973	21772	13580
吉 林	Jilin	131947	6096	1532	23580	1252	5218	2959
黑龙江	Heilongjiang	189208	6102	2432	31205	1279	8118	4271
上 海	Shanghai	455055	3769	4	92397	305	22208	16219
江 苏	Jiangsu	1096912	26265	1076	375128	2798	55105	25751
浙 江	Zhejiang	865140	38278	1508	324348	4057	24059	15490
安 徽	Anhui	324622	14004	3096	71928	2319	15424	9761
福 建	Fujian	399091	19288	3127	97279	6570	12856	9333
江 西	Jiangxi	249278	14632	4144	50775	4063	8698	8396
山 东	Shandong	906064	29760	5183	228076	2528	40418	21757
河 南	Henan	425276	15825	7882	119630	1627	13132	6302
湖 北	Hubei	435964	15682	5384	71998	3167	21804	11904
湖 南	Hunan	343869	14280	7685	62901	5255	8132	4965
广 东	Guangdong	1008447	15611	3235	287010	8522	26249	25569
广 西	Guangxi	274666	23041	3656	27725	2771	5713	6107
海 南	Hainan	49117	2964	264	2991	327	3729	1059
重 庆	Chongqing	274165	35984	3085	42225	2061	8959	5431
四 川	Sichuan	403208	21429	5724	56827	5863	10965	8394
贵 州	Guizhou	133415	10244	5630	14905	1403	2845	1946
云 南	Yunnan	214490	19175	5801	17663	2351	8603	4201
西 藏	Tibet	16664	42	129	394	95	451	188
陕 西	Shaanxi	255333	10266	4203	32873	1495	12822	4785
甘 肃	Gansu	124734	7064	2091	13585	1146	3204	2046
青 海	Qinghai	33425	2509	822	3157	393	1077	524
宁 夏	Ningxia	43820	2489	682	5624	273	1502	784
新 疆	Xinjiang	110109	4773	2306	10870	854	2480	2883

注：1.2004年和2008年农、林、牧、渔业法人单位数为兼营第二、三产业的农、林、牧、渔业法人单位(下同)。
2.2004年及以后各年份数据不包括国际组织法人单位数。

a) Number of legal entities of agriculture, forestry, animal husbandry and fishery in 2004 and 2008 refers to those also engaged in the secondary and tertiary industries at part time. The same applies to the tables following.

b) Number of legal entities does not include international organizations since 2004.

1-8 续表 1 continued

单位：个 (unit)

年份 Year 地区 Region		信息传输、计算机服务和软件业 Information Transmission, Computer Services and Software	批发和零售业 Wholesale and Retail Trades	住宿和餐饮业 Hotels and Catering Services	金融业 Financial Intermediation	房地产业 Real Estate	租赁和商务服务业 Leasing and Business Services	科学研究、技术服务和地质勘查业 Scientific Research, Technical Services, and Geological Prospecting
	1996	20381	681853	81444	73824	39693	96609	42048
	1997	18545	678488	71835	74054	40903	109537	41299
	1998	22141	668847	79270	73941	44606	100411	43264
	1999	22826	654887	78804	69029	44051	97410	42608
	2000	25425	693108	83014	70228	48363	107229	45003
	2001	57420	807454	100768	63996	92417	234265	75666
	2002	59368	829029	102244	64806	96795	242109	78356
	2003	58307	840241	103537	64802	98943	219567	110685
	2004	72913	883653	92869	23793	129197	249192	136555
	2005	85499	994953	101853	26828	148059	291498	153076
	2006	100614	1122489	109892	29201	165865	331904	166240
	2007	115101	1246042	118173	31815	187444	368763	176677
	2008	153290	1403141	145297	28668	214391	427001	201689
	2009	176326	1670315	154895	36907	244043	511666	233221
	2010	191182	1965118	164762	45512	284726	590478	256865
	2011	208867	2276295	172070	55513	323985	687575	283777
	2012	245669	2630690	186837	67554	356717	813851	324932
北京	Beijing	22151	121945	13252	1794	14661	77035	38136
天津	Tianjin	3452	64701	3118	1876	5913	21553	10795
河北	Hebei	5106	91157	4233	2597	11472	15638	6478
山西	Shanxi	3691	53059	3664	1785	6364	11201	5449
内蒙古	Inner Mongolia	2196	38712	3449	1816	6293	8901	4258
辽宁	Liaoning	12119	122551	7575	3615	17678	36142	16450
吉林	Jilin	2207	29292	1714	1007	4498	7395	5116
黑龙江	Heilongjiang	3387	48109	2491	1624	6918	11772	6843
上海	Shanghai	14029	150676	11590	1479	14202	63975	22603
江苏	Jiangsu	23021	303339	12019	5700	30017	81495	27367
浙江	Zhejiang	19949	196797	9072	3065	20423	68184	22256
安徽	Anhui	7572	74576	5414	3069	13254	24754	8913
福建	Fujian	8875	100295	6455	3535	12038	30609	9824
江西	Jiangxi	3182	46982	3404	2300	9260	16335	5479
山东	Shandong	18621	252083	16993	6168	24972	53847	17830
河南	Henan	6434	67285	8671	2033	11360	16271	7005
湖北	Hubei	9085	106428	8594	3238	17674	31783	15165
湖南	Hunan	10525	63606	7023	1989	10734	15525	9677
广东	Guangdong	25038	285282	18283	4759	46107	96324	30938
广西	Guangxi	6952	67375	3466	1643	11034	22108	9959
海南	Hainan	1319	10842	1457	347	5586	5357	1478
重庆	Chongqing	6721	70126	10019	1525	9341	21127	5409
四川	Sichuan	12209	63642	8006	2585	12171	24629	11851
贵州	Guizhou	2425	19843	2144	1062	5658	6576	3368
云南	Yunnan	5021	54080	3498	2607	9013	14924	6656
西藏	Tibet	162	1085	326	117	108	292	187
陕西	Shaanxi	5088	61041	6064	1764	10340	15511	7580
甘肃	Gansu	1629	24181	2299	928	3275	4798	2483
青海	Qinghai	481	5500	653	263	992	1337	962
宁夏	Ningxia	811	11300	756	399	1299	2408	835
新疆	Xinjiang	2211	24800	1135	865	4062	6045	3582

1-8 续表 2 continued

单位：个 (unit)

年 份 地 区	Year Region	水利、环境和公共设施管理业 Management of Water Conservancy, Environment and Public Facilities	居民服务和其他服务业 Services to Households and Other Services	教 育 Education	卫生、社会保障和社会福利业 Health, Social Securities and Social Welfare	文化、体育和娱乐业 Culture, Sports and Entertainment	公共管理和社会组织 Public Management and Social Organizations	国际组织 International Organizations
	1996	29508	52677	215358	112326	41064	1185790	3926
	1997	28661	45707	219281	112810	36522	1174810	3890
	1998	30273	51786	215530	112695	41388	1170475	3875
	1999	29315	48898	214042	112375	40094	1137752	3767
	2000	30189	54366	218304	114388	41060	1146645	3796
	2001	51007	94655	307817	200360	57410	1254546	3381
	2002	51426	96244	308320	200761	57891	1250166	2294
	2003	47847	64391	304056	198879	77717	1243967	2144
	2004	44352	83606	299418	181877	64741	1244587	
	2005	46847	93947	305446	183760	69490	1252597	
	2006	48811	102228	308760	185014	72873	1252706	
	2007	50953	110525	312339	187376	76430	1257950	
	2008	57553	120467	335065	206480	81878	1363857	
	2009	61740	141936	342003	209016	90891	1383842	
	2010	64794	158152	342408	205778	95633	1382104	
	2011	69186	175813	346390	205173	102775	1387111	
	2012	75981	196880	355072	206885	121126	1393957	
北 京	Beijing	2488	14788	8304	3084	12754	14017	
天 津	Tianjin	1458	7457	3467	1508	1863	9874	
河 北	Hebei	2315	5088	17885	6554	2675	74933	
山 西	Shanxi	2369	4840	8990	5217	3398	52277	
内蒙古	Inner Mongolia	1878	2787	5673	4486	1900	30668	
辽 宁	Liaoning	3665	9661	13499	11123	4880	43195	
吉 林	Jilin	1342	2157	5251	3271	1844	26216	
黑龙江	Heilongjiang	1666	3707	7780	4896	2026	34582	
上 海	Shanghai	2127	13307	5760	2983	4941	12481	
江 苏	Jiangsu	6750	18805	17764	11288	9065	64159	
浙 江	Zhejiang	4969	9572	17736	7144	7218	71015	
安 徽	Anhui	2654	5033	12597	5158	3204	41392	
福 建	Fujian	2923	5919	12618	6127	5082	46338	
江 西	Jiangxi	2164	4751	9436	7351	2899	45027	
山 东	Shandong	4213	17604	21213	15981	6234	122583	
河 南	Henan	2592	4790	23071	25235	4574	81557	
湖 北	Hubei	4644	9659	17743	11243	5913	64856	
湖 南	Hunan	3227	5675	14873	8263	4998	84536	
广 东	Guangdong	5406	18981	32611	9397	9290	59835	
广 西	Guangxi	2748	4093	17788	6644	3489	48354	
海 南	Hainan	387	892	2358	812	832	6116	
重 庆	Chongqing	1868	6844	8815	6409	3156	25060	
四 川	Sichuan	3510	5066	21254	14881	6505	107697	
贵 州	Guizhou	1258	2072	9821	4159	1765	36291	
云 南	Yunnan	2210	3381	8203	4517	3393	39193	
西 藏	Tibet	43	110	1046	505	173	11211	
陕 西	Shaanxi	2464	5372	12248	10492	3231	47694	
甘 肃	Gansu	1014	1776	9225	3550	1775	38665	
青 海	Qinghai	345	370	1320	789	457	11474	
宁 夏	Ningxia	309	740	1425	830	368	10986	
新 疆	Xinjiang	975	1583	5298	2688	1224	31475	

1-9 分地区按三次产业和机构类型分法人单位数(2012年)

Number of Legal Entities by Three Strata of Industry and Type of Institutions and Region (2012)

单位：个 (unit)

地 区	Region	法人单位数 Number of Legal Entities	按三次产业分 Grouped by Three Strata of Industry				按机构类型分 By Type of Institutions				
			第一产业 Primary Industry	第二产业 Secondary Industry	#工业 Industry	第三产业 Tertiary Industry	企业法人 Business Entity	事业法人 Institution Entity	机关法人 Government Entity	社会团体 Social Organization	其他 Others
全 国	**National Total**	**10616530**	**440853**	**2949694**	**2558302**	**7225983**	**8286654**	**729718**	**250271**	**215597**	**1134290**
北 京	Beijing	404907	3143	49257	36155	352507	374051	11173	2092	4193	13398
天 津	Tianjin	207512	2939	57812	47734	146761	187579	6396	1873	1769	9895
河 北	Hebei	387093	17972	115236	104674	253885	278564	31640	11802	5028	60059
山 西	Shanxi	244262	34118	42458	35025	167686	159461	24571	8898	5616	45716
内蒙古	Inner Mongolia	155136	8928	28924	24250	117284	105156	17426	7677	5834	19043
辽 宁	Liaoning	453601	14181	123687	101915	315733	370163	29385	9763	9152	35138
吉 林	Jilin	131947	6096	31582	26364	94269	90302	16970	5631	3494	15550
黑龙江	Heilongjiang	189208	6102	43034	34916	140072	134426	19808	9919	6198	18857
上 海	Shanghai	455055	3769	114914	92706	336372	427928	8463	1892	3330	13442
江 苏	Jiangsu	1096912	26265	434107	379002	636540	977842	37704	9997	17886	53483
浙 江	Zhejiang	865140	38278	353972	329913	472890	739030	27797	7720	15431	75162
安 徽	Anhui	324622	14004	92767	77343	217851	254386	21297	9352	7922	31665
福 建	Fujian	399091	19288	119832	106976	259971	319214	26005	8032	11200	34640
江 西	Jiangxi	249278	14632	67680	58982	166966	176556	25521	9366	6315	31520
山 东	Shandong	906064	29760	276205	235787	600099	722344	36366	12085	13545	121724
河 南	Henan	425276	15825	142271	129139	267180	283009	40960	11827	5568	83912
湖 北	Hubei	435964	15682	102353	80549	317929	322331	39425	10520	11374	52314
湖 南	Hunan	343869	14280	83973	75841	245616	221798	40452	12832	8043	60744
广 东	Guangdong	1008447	15611	325016	298767	667820	884679	41463	11781	12675	57849
广 西	Guangxi	274666	23041	39865	34152	211760	180309	41667	11034	8645	33011
海 南	Hainan	49117	2964	7311	3582	38842	37505	3535	1386	909	5782
重 庆	Chongqing	274165	35984	56330	47371	181851	224487	17062	4403	4939	23274
四 川	Sichuan	403208	21429	79379	68414	302400	230936	54562	20076	17127	80507
贵 州	Guizhou	133415	10244	24783	21938	98388	76025	21701	7211	3785	24693
云 南	Yunnan	214490	19175	34418	25815	160897	150093	20855	10902	7808	24832
西 藏	Tibet	16664	42	1069	618	15553	3434	2168	4124	566	6372
陕 西	Shaanxi	255333	10266	51393	38571	193674	176977	26461	8948	3710	39237
甘 肃	Gansu	124734	7064	20026	16822	97644	66817	18485	7065	5635	26732
青 海	Qinghai	33425	2509	5449	4372	25467	17567	3735	2777	1683	7663
宁 夏	Ningxia	43820	2489	8081	6579	33250	28802	2842	1490	2300	8386
新 疆	Xinjiang	110109	4773	16510	14030	88826	64883	13823	7796	3917	19690

1-10 按地区和控股情况分企业法人单位数(2012年)

Numbers of Corporate Enterprises by Region and the Status of Holdings (2012)

单位：个 (unit)

地 区	Region	企业单位数 Numbers of Enterprises	国有控股 State-holding	集体控股 Collective-holding	私人控股 Private-holding	港、澳、台商控股 Hong Kong, Macao and Taiwan-holding	外商控股 Foreign-holding	其 他 Others
全 国	**National Total**	**8286654**	**278479**	**271295**	**6552049**	**101518**	**109103**	**974210**
北 京	Beijing	374051	17337	20676	302438	5363	9663	18574
天 津	Tianjin	187579	8635	6214	130302	1621	4423	36384
河 北	Hebei	278564	8895	10851	220456	551	1016	36795
山 西	Shanxi	159461	9148	7942	122687	154	195	19335
内蒙古	Inner Mongolia	105156	4702	2558	80739	153	210	16794
辽 宁	Liaoning	370163	15384	21707	289252	2032	6095	35693
吉 林	Jilin	90302	4875	2714	69471	159	515	12568
黑龙江	Heilongjiang	134426	8916	5603	94640	259	413	24595
上 海	Shanghai	427928	12962	12431	348584	14293	25150	14508
江 苏	Jiangsu	977842	15381	17314	852185	10453	15933	66576
浙 江	Zhejiang	739030	10950	19496	685161	7893	9910	5620
安 徽	Anhui	254386	9916	6810	197796	840	1038	37986
福 建	Fujian	319214	11333	8819	239343	8338	4349	47032
江 西	Jiangxi	176556	9078	4487	133072	1278	666	27975
山 东	Shandong	722344	16925	16929	541701	2237	8030	136522
河 南	Henan	283009	10255	10604	236769	565	552	24264
湖 北	Hubei	322331	13698	9424	220335	1010	992	76872
湖 南	Hunan	221798	9522	8831	177969	868	581	24027
广 东	Guangdong	884679	21074	36040	661733	39703	15234	110895
广 西	Guangxi	180309	8029	6214	134578	788	533	30167
海 南	Hainan	37505	2361	1220	26096	407	260	7161
重 庆	Chongqing	224487	6524	4234	170026	632	640	42431
四 川	Sichuan	230936	9627	7209	183839	742	1030	28489
贵 州	Guizhou	76025	5577	3129	56056	175	185	10903
云 南	Yunnan	150093	6565	5762	112255	328	454	24729
西 藏	Tibet	3434	745	331	1803	5	23	527
陕 西	Shaanxi	176977	7901	7159	129007	371	638	31901
甘 肃	Gansu	66817	4233	3451	46060	103	97	12873
青 海	Qinghai	17567	1460	886	12125	40	56	3000
宁 夏	Ningxia	28802	1427	574	23992	34	58	2717
新 疆	Xinjiang	64883	5044	1676	51579	123	164	6297

1-11 按地区和登记注册类型分企业法人单位数(2012年)
Number of Business Entities by Region and Status of Registration (2012)

单位：个 (unit)

地 区	Region	企 业 单位数 Number of Enterprises	内资企业 Domestic Funded Enterprises	#国有企业 State-owned Enterprises	#集体企业 Collective-owned Enterprises	#股份合作企 业 Cooperative Enterprises	#联 营 Joint Ownership
全 国	**National Total**	**8286654**	**8043201**	**159644**	**183870**	**74697**	**13585**
北 京	Beijing	374051	358611	7211	11718	15286	426
天 津	Tianjin	187579	179987	4336	5399	1055	313
河 北	Hebei	278564	276110	5795	7418	2369	382
山 西	Shanxi	159461	158984	6005	5813	1178	305
内蒙古	Inner Mongolia	105156	104608	2590	1482	1177	107
辽 宁	Liaoning	370163	359978	10093	16006	3934	503
吉 林	Jilin	90302	89393	3057	2141	532	199
黑龙江	Heilongjiang	134426	133460	5880	4382	1989	344
上 海	Shanghai	427928	385872	5371	8747	2443	867
江 苏	Jiangsu	977842	946809	7389	11850	4101	854
浙 江	Zhejiang	739030	714953	5438	10253	6529	502
安 徽	Anhui	254386	252032	5791	5032	2324	399
福 建	Fujian	319214	304682	6768	7551	2583	726
江 西	Jiangxi	176556	174324	6277	2948	2204	637
山 东	Shandong	722344	708791	9421	10648	2652	850
河 南	Henan	283009	281524	6450	7717	1761	462
湖 北	Hubei	322331	319584	8266	7025	2657	823
湖 南	Hunan	221798	219881	5857	5487	1816	607
广 东	Guangdong	884679	825438	11903	22205	6657	1485
广 西	Guangxi	180309	178658	5362	5062	1470	412
海 南	Hainan	37505	36664	1563	835	385	101
重 庆	Chongqing	224487	222968	3126	2779	1538	326
四 川	Sichuan	230936	228721	5505	5535	2682	566
贵 州	Guizhou	76025	75609	3729	2250	909	255
云 南	Yunnan	150093	149102	3748	3719	1273	307
西 藏	Tibet	3434	3396	595	245	55	45
陕 西	Shaanxi	176977	175877	5303	5172	1722	400
甘 肃	Gansu	66817	66535	2575	2640	891	211
青 海	Qinghai	17567	17432	968	499	201	47
宁 夏	Ningxia	28802	28668	729	363	148	29
新 疆	Xinjiang	64883	64550	2543	949	176	95

1-11 续表 continued

单位：个 (unit)

地 区	Region	#有限责任公司 Limited Liability Corporations	#股份有限公司 Share-holding Corporations Ltd.	#私营 Private	港、澳、台商投资企业 Enterprises with Funds from Hong Kong, Macao and Taiwan	外商投资企业 Enterprises with Foreign Investment
全 国	**National Total**	**1090375**	**138698**	**5917718**	**112602**	**130851**
北 京	Beijing	65821	5096	252528	5578	9862
天 津	Tianjin	24533	2136	133282	1997	5595
河 北	Hebei	44066	7491	188109	782	1672
山 西	Shanxi	21840	4301	93984	191	286
内蒙古	Inner Mongolia	25601	2936	64180	186	362
辽 宁	Liaoning	51278	5814	252708	2380	7805
吉 林	Jilin	16781	2407	58010	202	707
黑龙江	Heilongjiang	24990	5073	80634	326	640
上 海	Shanghai	26507	1942	337337	15114	26942
江 苏	Jiangsu	54046	11355	817146	11984	19049
浙 江	Zhejiang	53964	4959	612077	10662	13415
安 徽	Anhui	38520	5361	178484	942	1412
福 建	Fujian	44991	5155	217870	9083	5449
江 西	Jiangxi	31035	4662	110394	1387	845
山 东	Shandong	70728	11288	530778	2954	10599
河 南	Henan	46833	6986	197686	675	810
湖 北	Hubei	68608	6784	196856	1302	1445
湖 南	Hunan	18780	4531	160456	1133	784
广 东	Guangdong	136879	11373	606355	41500	17741
广 西	Guangxi	21479	4183	132977	903	748
海 南	Hainan	15367	1122	15682	475	366
重 庆	Chongqing	23067	4068	166614	679	840
四 川	Sichuan	45826	7368	147137	829	1386
贵 州	Guizhou	19651	1924	43166	193	223
云 南	Yunnan	18527	3373	103651	403	588
西 藏	Tibet	539	182	1617	5	33
陕 西	Shaanxi	52125	3287	95997	384	716
甘 肃	Gansu	11211	1990	41476	116	166
青 海	Qinghai	2600	429	11026	57	78
宁 夏	Ningxia	3553	421	21928	46	88
新 疆	Xinjiang	10629	701	47573	134	199

1-12 民族自治地方行政区划和人口（2012年）
Administrative Division and Population of Ethnic Minority Autonomous Areas(2012)

省级单位名称	Provinces and Autonomous Regions	地级区划数（个）Number of Regions at Prefecture Level (unit)	#地级市 Cities at Prefecture Level	#自治州 Autonomous Prefecture	县级区划数（个）Number of Regions at County Level (unit)	#县级市 Cities at County Level	#自治县(旗) Autonomous Counties(Qi)	总人口（万人）Total Population in Minority Areas (10 000 persons)	#少数民族人口 Ethnic Minority Population	少数民族人口占自治地方总人口比重(%) Ethnic Minority Population as Percentage to Total Population in Minority Areas(%)
全　国	**National Total**	**77**	**31**	**30**	**702**	**68**	**120**	**18762.34**	**9003.47**	**47.99**
河　北	Hebei				6		6	207.62	124.10	59.77
内蒙古	Inner Mongolia	12	9		101	11	3	2489.85	542.24	21.78
辽　宁	Liaoning				8		8	332.33	167.35	50.36
吉　林	Jilin	1		1	11	6	3	333.29	114.20	34.27
黑龙江	Heilongjiang				1		1	25.22	5.25	20.82
浙　江	Zhejiang				1		1	17.31	1.91	11.06
湖　北	Hubei	1		1	10	2	2	464.22	264.16	56.90
湖　南	Hunan	1		1	15	1	7	520.65	401.09	77.04
广　东	Guangdong				3		3	49.56	18.25	36.82
广　西	Guangxi	14	14		109	7	12	5240.00	1988.00	37.94
海　南	Hainan				6		6	179.36	91.51	51.02
重　庆	Chongqing				4		4	273.79	194.52	71.05
四　川	Sichuan	3		3	51	1	4	759.54	460.50	60.63
贵　州	Guizhou	3		3	46	4	11	1712.86	1008.02	58.85
云　南	Yunnan	8		8	78	7	29	2249.73	1272.70	56.57
西　藏	Tibet	7	1		74	1		308.00	282.84	91.83
甘　肃	Gansu	2		2	21	2	7	352.29	207.81	58.99
青　海	Qinghai	6		6	35	2	7	366.53	238.50	65.07
宁　夏	Ningxia	5	5		21	2		647.19	235.03	36.32
新　疆	Xinjiang	14	2	5	101	22	6	2233.00	1385.49	62.05

注：民族自治地方是指5个民族自治区、30个民族自治州和120个民族自治县（旗）的全部民族自治范围，不重复计算。

a) Ethnic minority autonomous areas refer to the areas of 5 ethnic minority autonomous regions, 30 ethnic minority autonomous prefectures, and 120 ethnic minority autonomous counties(Qi), and without repetitive computation.

1-13 少数民族分布的主要地区及人口
Geographic Distribution and Population of Ethnic Minorities

人口数为2010年人口普查机器汇总数据。

Figures of population are obtained from the Population Census in 2010.

民 族	Ethnic Name	分布的主要地区	Main Geographic Distribution	人口数(人) Population (person)
蒙古族	Mongolian	内蒙古、辽宁、吉林、河北、黑龙江、新疆	Inner Mongolia, Liaoning, Jilin, Hebei, Heilongjiang and Xinjiang	5981840
回族	Hui	宁夏、甘肃、河南、新疆、青海、云南、河北、山东、安徽、辽宁、北京、内蒙古、天津、黑龙江、陕西、贵州、吉林、江苏、四川	Ningxia, Gansu, Henan, Xinjiang, Qinghai, Yunnan, Hebei, Shandong, Anhui, Liaoning, Beijing, Inner Mongolia, Tianjin, Heilongjiang, Shaanxi, Guizhou, Jilin, Jiangsu and Sichuan	10586087
藏族	Tibetan	西藏、四川、青海、甘肃、云南	Tibet, Sichuan, Qinghai, Gansu and Yunnan	6282187
维吾尔族	Uygur	新疆	Xinjiang	10069346
苗族	Miao	贵州、湖南、云南、广西、重庆湖北、四川	Guizhou, Hunan, Yunnan, Guangxi, Chongqing, Hubei and Sichuan	9426007
彝族	Yi	云南、四川、贵州	Yunnan, Sichuan and Guizhou	8714393
壮族	Zhuang	广西、云南、广东	Guangxi, Yunnan and Guangdong	16926381
布依族	Bouyei	贵州	Guizhou	2870034
朝鲜族	Korean	吉林、黑龙江、辽宁	Jilin, Heilongjiang and Liaoning	1830929
满族	Manchu	辽宁、河北、黑龙江、吉林、内蒙古、北京	Liaoning, Hebei, Heilongjiang, Jilin, Inner Mongolia and Beijing	10387958
侗族	Dong	贵州、湖南、广西	Guizhou, Hunan and Guangxi	2879974
瑶族	Yao	广西、湖南、云南、广东	Guangxi, Hunan, Yunnan and Guangdong	2796003
白族	Bai	云南、贵州、湖南	Yunnan, Guizhou and Hunan	1933510
土家族	Tujia	湖南、湖北、重庆、贵州	Hunan, Hubei, Chongqing and Guizhou	8353912
哈尼族	Hani	云南	Yunnan	1660932
哈萨克族	Kazak	新疆	Xinjiang	1462588
傣族	Dai	云南	Yunnan	1261311
黎族	Li	海南	Hainan	1463064
傈僳族	Lisu	云南、四川	Yunnan and Sichuan	702839
佤族	Va	云南	Yunnan	429709
畲族	She	福建、浙江、江西、广东	Fujian, Zhejiang, Jiangxi and Guangdong	708651
高山族	Gaoshan	台湾、福建	Taiwan and Fujian	4009
拉祜族	Lahu	云南	Yunnan	485966
水族	Shui	贵州、广西	Guizhou and Guangxi	411847
东乡族	Dongxiang	甘肃、新疆	Gansu and Xinjiang	621500
纳西族	Naxi	云南	Yunnan	326295
景颇族	Jingpo	云南	Yunnan	147828
柯尔克孜族	Kirgiz	新疆	Xinjiang	186708
土族	Tu	青海、甘肃	Qinghai and Gansu	289565
达斡尔族	Daur	内蒙古、黑龙江	Inner Mongolia and Heilongjiang	131992
仫佬族	Mulam	广西	Guangxi	216257
羌族	Qiang	四川	Sichuan	309576
布朗族	Blang	云南	Yunnan	119639
撒拉族	Salar	青海	Qinghai	130607
毛南族	Maonan	广西	Guangxi	101192
仡佬族	Gelao	贵州	Guizhou	550746
锡伯族	Xibe	辽宁、新疆	Liaoning and Xinjiang	190481
阿昌族	Achang	云南	Yunnan	39555
普米族	Pumi	云南	Yunnan	42861
塔吉克族	Tajik	新疆	Xinjiang	51069
怒族	Nu	云南	Yunnan	37523
乌孜别克族	Ozbek	新疆	Xinjiang	10569
俄罗斯族	Russian	新疆、黑龙江	Xinjiang and Heilongjiang	15393
鄂温克族	Ewenki	内蒙古	Inner Mongolia	30875
德昂族	De'ang	云南	Yunnan	20556
保安族	Bonan	甘肃	Gansu	20074
裕固族	Yugur	甘肃	Gansu	14378
京族	Jing	广西	Guangxi	28199
塔塔尔族	Tatar	新疆	Xinjiang	3556
独龙族	Drung	云南	Yunnan	6930
鄂伦春族	Oroqen	黑龙江、内蒙古	Heilongjiang and Inner Mongolia	8659
赫哲族	Hezhen	黑龙江	Heilongjiang	5354
门巴族	Moinba	西藏	Tibet	10561
珞巴族	Lhoba	西藏	Tibet	3682
基诺族	Jino	云南	Yunnan	23143

1-14 民族自治地方国民经济与社会发展主要指标

指　标	Item	总量指标 1990	1995	2000
人口与就业	**Population and Employment**			
人口　（万人）	**Population　(10 000 persons)**			
年底总人口	Population at Year-end	15296	16044	16818
#少数民族人口	Ethnic Minority Population	6880	7232	7767
就业	**Employment**			
单位从业人员数　（万人）	Persons Employed in Various Units　(10 000 persons)	1543	1672	1733
宏观经济	**Macro Economy**			
地区生产总值　（亿元）	**Gross Regional Product　(100 million yuan)**		**4901**	**7486**
第一产业	Primary Industry		1629	2022
第二产业	Secondary Industry		1747	2834
第三产业	Tertiary Industry		1526	2629
人均地区生产总值　（元）	**Per Capita Gross Regional Product　(yuan)**		**3055**	**4451**
固定资产投资　（亿元）	**Fixed Assets　(100 million yuan)**			
全社会固定资产投资总额	Total Investment in Fixed Assets		1444	2477
#国有单位	State-owned Units	259.4	983	1553
财政　（亿元）	**Government Finance　(100 million yuan)**			
公共财政预算收入	Revenue of Local Governments	166.7	248	476
公共财政预算支出	Expenditure of Local Governments	304.4	595	1173
产　业	**Industry**			
农业	**Agriculture**			
耕地面积　（万公顷）	Cultivated Area　(10 000 hectares)	1763	1508	2086
灌溉面积　（万公顷）	Irrigated Areas　(10 000 hectares)	764	838	936
农林牧渔总产值　（亿元）	Gross Output Value of Agriculture, Forestry, Animal Husbandry and Fishery　(100 million yuan)		2537	3200
主要农产品产量	Output of Major Farm Products			
粮食产量　（万吨）	Grain Output　(10 000 tons)	5373	5801	6381
棉花产量　（万吨）	Cotton Output　(10 000 tons)	47	95	146
油料产量　（万吨）	Oil-bearing Crops Output　(10 000 tons)	208	264	353
大牲畜年底头数(万头)	Number of Large Domestic Animals (year-end)(10 000 heads)	5286	5618	5566
羊年底头数　（万只）	Goats and Sheep　(10 000 heads)	11362	11906	13076
猪年底头数　（万头）	Hogs (year-end)　(10 000 heads)	5668	7240	8201
工业	**Industry**			
主要工业产品产量	Output of Major Industrial Products			
布　（亿米）	Cloth　(100 million m)	7.4	6.9	5.0
机制纸及纸板　（万吨）	Machine-made Paper and Paperboard　(10 000 tons)	94	191	175
成品糖　（万吨）	Refined Sugar　(10 000 tons)	223	240	498
原煤　（亿吨）	Coal　(100 million tons)	1.2	1.7	1.5
原油　（万吨）	Crude Oil　(10 000 tons)	1265	1610	2292
发电量　（亿千瓦小时）	Amount of Electric Power Generation　(100 million kwh)	739	1187	1712
粗钢　（万吨）	Crude Steel　(10 000 tons)	368	700	647
生铁　（万吨）	Pig Iron　(10 000 tons)	417	555	725
水泥　（万吨）	Cement　(10 000 tons)	1958	4296	5703

Principal Aggregate Indicators on National Economic and Social Development in Ethnic Minority Autonomous Regions

Aggregate Data				指数(%) Index (%) (2012为以下各年) (2012 as Percentage of the Following Years)						平均增长速度(%) Average Annual Growth Rate (%)		
2005	2010	2011	2012	1990	1995	2000	2005	2010	2011	1991-2012	1996-2012	2001-2012
17311	18531	18656	18762	122.7	116.9	111.6	108.4	101.2	100.6	0.9	0.9	0.9
8239	8814	8914	9003	130.9	124.5	115.9	109.3	102.2	101.0	1.2	1.3	1.2
1202	1297	1383	1449	93.9	86.6	83.6	120.5	111.7	104.8	-0.3	-0.8	-1.5
15706	**38989**	**47916**	**54080**		**666.7**	**432.3**	**248.4**	**127.2**	**112.0**		**11.8**	**13.0**
3300	6198	7243	8146		256.8	195.5	148.3	112.2	106.1		5.7	5.7
6419	18809	23885	26550		1104.3	655.9	314.7	134.1	114.5		15.2	17.0
5987	13982	16788	19384		641.6	399.0	232.5	124.6	111.0		11.6	12.2
8991	**22060**	**27401**	**30862**		**1010.3**	**693.3**	**343.2**	**139.9**	**112.6**		**14.6**	**17.5**
8358	29876	38325	43549		3015.9	1758.1	521.1	145.8	113.6		22.2	27.0
3767	12046	12437	14664	5653.2	1492.4	944.5	389.2	121.7	117.9	20.1	17.2	20.6
1026	3257	4276	5220	3131.6	2104.1	1097.8	508.6	160.3	122.1	16.9	19.6	22.1
3050	10512	13589	16049	5272.4	2696.9	1368.3	526.1	152.7	118.1	19.7	21.4	24.4
2033	2380	2376	2363	134.1	156.7	113.3	116.2	99.3	99.5	1.3	2.7	1.0
1027	1156	1186	1242	162.5	148.2	132.7	120.9	107.4	104.7	2.2	2.3	2.4
5349	10374	12126	13613	3950.3	283.3	215.8	158.4	113.6	106.6	18.2	6.3	6.6
7187	8308	8691	9036	168.2	155.8	141.6	125.7	108.8	104.0	2.4	2.6	2.9
188	248	290	355	754.3	374.8	242.4	188.7	142.7	122.1	9.6	8.1	7.7
372	422	417	455	218.6	172.2	128.7	122.2	107.6	109.1	3.6	3.2	2.1
6153	6068	6024	5493	103.9	97.8	98.7	89.3	90.5	91.2	0.2	-0.1	-0.1
16391	14885	14668	15163	133.5	127.4	116.0	92.5	101.9	103.4	1.3	1.4	1.2
8526	8141	8099	8500	150.0	117.4	103.7	99.7	104.4	105.0	1.9	0.9	0.3
3.5	3.6	3.7	2.2	29.4	31.6	43.5	62.2	60.0	58.3	-5.4	-6.6	-6.7
273	385	437	486	516.9	254.4	277.2	178.2	126.3	111.2	7.8	5.6	8.9
678	907	935	1102	495.2	460.3	221.2	162.6	121.5	117.8	7.5	9.4	6.8
3.8	10.4	10.8	13.6	1125.6	820.4	931.4	358.4	131.1	126.3	11.6	13.2	20.4
2833	3059	3186	3230	255.3	200.6	140.9	114.0	105.6	101.4	4.4	4.2	2.9
3052	6730	7131	8989	1216.8	757.6	524.9	294.5	133.6	126.1	12.0	12.7	14.8
1846	4005	3240	4019	1091.2	574.5	621.1	217.7	100.4	124.0	11.5	10.8	16.4
2087	4447	4799	5140	1232.7	926.7	709.2	246.3	115.6	107.1	12.1	14.0	17.7
10156	21653	23235	31595	1613.8	735.5	554.0	311.1	145.9	136.0	13.5	12.5	15.3

1-14 续表

指　标	Item	总量指标		
		1990	1995	2000
建筑业	**Construction**			
建筑业企业人数　(万人)	Number of Employed Persons (10 000 persons)			132
建筑业总产值　(亿元)	Gross Output Value of Construction (100 million yuan)			754
施工房屋面积　(万平方米)	Floor Space of Buildings under Construction (10 000 sq.m)			9232
竣工房屋面积　(万平方米)	Floor Space of Buildings Completed (10 000 sq.m)			5326
运输邮电	**Transportation, Postal and Telecommunication Services**			
铁路营业里程　(万公里)	Length of Railways in Operation (10 000 km)	1.31	1.70	1.43
公路通车里程　(万公里)	Highways (10 000 km)	29	33	42
邮电业务总量　(亿元)	Business Volume of Postal and Telecommunication Services (100 million yuan)	9	78	297
邮路及农村投递线路总长度　(万公里)	Total Length of Postal Routes and Rural Delivery Routes (10 000 km)	88	107	110
国内商业	**Domestic Trade**			
社会消费品零售总额(亿元)	Total Retail Sales of Consumer Goods (100 million yuan)	682	1692	2570
对外经济贸易	**Foreign Trade**			
进出口总额　(亿美元)	Total Value of Imports and Exports (100 million USD)			86
出口额	Exports			50
进口额	Imports			36
国际旅游	**International Tourism**			
国际旅游人数　(万人次)	Number of International Tourists (10 000 person-times)			269
旅游外汇收入　(亿美元)	Foreign Exchange Earnings from International Tourism (100 million USD)			8
金融	**Finance**			
金融机构各项存款　(亿元)	Deposits of National Banking System (100 million yuan)			7906
金融机构各项贷款　(亿元)	Loans of National Banking System (100 million yuan)			6548
教育、文化、卫生	**Education, Culture and Public Health**			
教育	**Education**			
在校学生数　(万人)	Number of Students (10 000 persons)			
普通高等学校	Regular Institutions of Higher Education	13.6	18.6	34.2
普通中学	Regular Secondary Schools	610	632	873
普通小学	Regular Primary Schools	1853	1889	1886
专任教师数　(万人)	Full-time Teachers (10 000 persons)			
普通高等学校	Regular Institutions of Higher Education	2.8	3.7	3.6
普通中学	Regular Secondary Schools	41.5	41.5	47.9
普通小学	Regular Primary Schools	84.8	85.8	89.9
文化	**Culture**			
出版数量	Publications			
图书　(万册)	Books Published (10 000 copies)	30166	42275	42310
杂志　(万册)	Number of Magazines Issued (10 000 copies)	7866	7881	8332
报纸　(万份)	Number of Newspapers (10 000 copies)	79120	94985	123277
卫生	**Public Health**			
医院、卫生院数　(万个)	Number of Hospitals and Health Centers (10 000 ports)	1.06	1.23	1.25
医院、卫生院床位　(万张)	Number of Beds of Hospitals and Health Centers(10 000 beds)	33.2	35.7	36.1
社会服务	**Social Services**			
福利类收养单位床位数(万张)	Beds on Social Welfare Institutions (10 000 beds)			
城镇社区服务设施数　(个)	Number of Urban Community Services Facilities (unit)			
城乡最低生活保障人数(万人)	Number of Persons Receiving Minimum Living Allowance in Urban and Rural Areas (10 000 persons)			

continued

Aggregate Data				指数(%) Index (%) (2012为以下各年) (2012 as Percentage of the Following Years)						平均增长速度(%) Average Annual Growth Rate (%)		
2005	2010	2011	2012	1990	1995	2000	2005	2010	2011	1991–2012	1996–2012	2001–2012
142	194	190	197			149.5	138.8	101.3	103.4			3.4
1656	5203	6392	6800			901.4	410.6	130.7	106.4			20.1
15964	35052	42753	49835			539.8	312.2	142.2	116.6			15.1
8072	15418	17483	19446			365.1	240.9	126.1	111.2			11.4
1.69	2.12	2.30	2.37			165.9	140.1	111.5	102.9			4.3
59	91	96	102	348.7	308.3	241.7	173.7	112.3	106.5	5.8	6.8	7.6
892	2456	1192	1332						111.8			
110	127	139	161	183.2	151.0	147.2	147.0	127.2	115.8	2.8	2.5	3.3
4874	11685	13781	15914	2334.1	940.4	619.2	326.5	136.2	115.5	15.4	14.1	16.4
222	533	698	832			971.9	375.8	156.1	119.2			20.9
126	331	426	514			1034.8	406.7	155.1	120.8			21.5
95	202	273	318			884.8	334.6	157.7	116.7			19.9
467	820	867	959			356.6	205.4	117.0	110.6			11.2
13	30	36	46			605.1	356.9	152.3	125.6			16.2
16324	46622	54672	64052			810.2	392.4	137.4	117.2			19.0
11300	30579	37299	44431			678.5	393.2	145.3	119.1			17.3
100.0	161.9	165.9	167.6	1232.7	901.3	490.2	167.6	103.6	101.0	12.1	13.8	14.2
1082	1050	1040	1021	167.5	161.6	117.0	94.4	97.2	98.2	2.4	2.9	1.3
1668	1536	1484	1479	79.8	78.3	78.4	88.7	96.2	99.6	-1.0	-1.4	-2.0
6.3	9.5	9.7	10.1	359.4	272.0	276.5	159.7	106.3	103.8	6.0	6.1	8.8
61.1	67.4	69.9	69.5	167.4	167.5	145.0	113.7	103.0	99.4	2.4	3.1	3.1
88.1	90.7	89.4	88.9	104.9	103.7	98.9	101.0	98.0	99.5	0.2	0.2	-0.1
41958	43099	49303	54793	181.6	129.6	129.5	130.6	127.1	111.1	2.8	1.5	2.2
10280	8276	11088	12119	154.1	153.8	145.4	117.9	146.4	109.3	2.0	2.6	3.2
169518	174848	171833	187018	236.4	196.9	151.7	110.3	107.0	108.8	4.0	4.1	3.5
1.18	1.20	1.20	1.23	115.9	99.4	98.1	103.5	102.5	101.7	0.7	0.0	-0.2
38.4	55.7	60.1	65.9	198.4	184.5	182.3	171.3	118.2	109.5	3.2	3.7	5.1
	27.3	29.8	33.9					124.2	113.8			
	6188.0	9798.0	8829.0					142.7	90.1			
	1907.4	1960.4	2012.3					105.5	102.6			

主要统计指标解释

行政区划 指国家对行政区域的划分。根据有关法规规定，我国的行政区域划分如下：(1)全国分为省、自治区、直辖市；(2)省、自治区分为自治州、县、自治县、市；(3)自治州分为县、自治县、市；(4)县、自治县分为乡、民族乡、镇；(5)直辖市和较大的市分为区、县；(6)国家在必要时设立的特别行政区。

平均增长速度 平均增长速度表明社会经济现象在一个较长的时期内逐期平均增长变化的程度，它不能根据各个环比增长速度直接求得，但与平均发展速度之间存在着一定的数量关系：平均增长速度＝平均发展速度－1。

平均发展速度是一种根据环比发展速度计算的序时平均数，由于各时期对比的基础不同，所以计算平均发展速度不能采用一般的序时平均数的计算方法，计算方法分为水平法和累计法。水平法，又称几何平均法，即将环比发展速度按连乘法用几何平均数公式计算。累计法，也称方程法，根据一段时期内各年发展水平总和与基期水平的关系，列出方程式计算平均发展速度。水平法着重考虑最后一年所达到的发展水平；累计法着重考虑整个时期累计发展水平的总量。

本《年鉴》内所列的平均增长速度，除固定资产投资用“累计法”计算外，其余均用“水平法”计算。从某年到某年平均增长速度的年份，均不包括基期年在内。如建国四十三年以来的平均增长速度是以 1949 年为基期计算的，则写为 1950-1992 年平均增长速度，其余类推。

国民经济行业分类 自 2012 年定期报表开始使用新的《国民经济行业分类》(GB/T4754-2011)。该分类是由国家统计局组织修订，国家质量监督检验检疫总局和中国国家标准化管理委员会于 2011 年 4 月 29 日发布。这次修订是在 2002 年分类标准的基础上，参照联合国《全部经济活动的国际标准产业分类》(ISIC/Rev.4) 进行的。修订后的《国民经济行业分类》(GB/T4754-2012) 共有门类 20 个，大类 96 个，中类 432 个，小类 1094 个。

企业(单位)登记注册类型 是以在工商行政管理机关登记注册的各类企业为划分对象，以工商行政管理部门对企业登记注册的类型为依据，将企业登记注册类型分为内资企业、港澳台商投资企业和外商投资企业三大类。内资企业包括国有企业、集体企业、股份合作企业、联营企业、有限责任公司、股份有限公司、私营企业和其他企业；港澳台商投资企业和外商投资企业分别包括合资经营企业、合作经营企业、独资经营企业和股份有限公司等。对不在工商行政管理部门进行登记注册的行政机关、事业单位和社会团体，主要按其经费来源和管理方式进行划分。

国有企业 指企业全部资产归国家所有，并按《中华人民共和国企业法人登记管理条例》规定登记注册的非公司制的经济组织。不包括有限责任公司中的国有独资公司。

集体企业 指企业资产归集体所有，并按《中华人民共和国企业法人登记管理条例》规定登记注册的经济组织。

股份合作企业 指以合作制为基础，由企业职工共同出资入股，吸收一定比例的社会资产投资组建，实行自主经营，自负盈亏，共同劳动，民主管理，按劳分配与按股分红相结合的一种集体经济组织。

联营企业 指两个及两个以上相同或不同所有制性质的企业法人或事业单位法人，按自愿、平等、互利的原则，共同投资组成的经济组织。联营企业包括国有联营企业、集体联营企业、国有与集体联营企业和其他联营企业。

有限责任公司 指根据《中华人民共和国公司登记管理条例》规定登记注册，由两个以上、五十个以下的股东共同出资，每个股东以其所认缴的出资额对公司承担有限责任，公司以其全部资产对其债务承担责任的经济组织。有限责任公司包括国有独资公司以及其他有限责任公司。

股份有限公司 指根据《中华人民共和国公司登记管理条例》规定登记注册，其全部注册资本由等额股份构成并通过发行股票筹集资本，股东以其认购的股份对公司承担有限责任，公司以其全部资产对其债务承担责任的经济组织。

私营企业 指由自然人投资设立或由自然人控股，以雇佣劳动为基础的营利性经济组织。包括按照《公司法》、《合伙企业法》、《私营企业暂行条例》规定登记注册的私营有限责任公司、私营股份有限公司、私营合伙企业和私营独资企业。

其他企业 指上述企业之外的其他内资经济组织。

合资经营企业（港或澳、台资） 指港澳台地区投资者与内地企业依照《中华人民共和国中外合资经营企业法》及有关法律的规定，按合同规定的比例投资设立、分享利润和分担风险的企业。

合作经营企业（港或澳、台资） 指港澳台地区投资者与内地企业依照《中华人民共和国中外合作经营企业法》及有关法律的规定，依照合作合同的约定进行投资或提供条件设立、分配利润和分担风险的企业。

港澳台商独资经营企业 指依照《中华人民共和国外资企业法》及有关法律的规定，在内地由港澳台地区投资者全额投资设立的企业。

港澳台商投资股份有限公司 指根据国家有关规定，经原外经贸部依法批准设立，其中港、澳、台商的股本占公司注册资本的比例达 25% 以上的股份有限公司。凡其中港、澳、台商的股本占公司注册资本的比例小于 25%的，属于内资企业中的股份有限公司。

其他港澳台商投资企业 指在中国境内参照《外国企业

或个人在中国境内设立合伙企业管理办法》和《外商投资合伙企业登记管理规定》，依法设立的港、澳、台商投资合伙企业等。

中外合资经营企业 指外国企业或外国人与中国内地企业依照《中华人民共和国中外合资经营企业法》及有关法律的规定，按合同规定的比例投资设立、分享利润和分担风险的企业。

中外合作经营企业 指外国企业或外国人与中国内地企业依照《中华人民共和国中外合作经营企业法》及有关法律的规定，依照合作合同的约定进行投资或提供条件设立、分配利润和分担风险的企业。

外资企业 指依照《中华人民共和国外资企业法》及有关法律的规定，在中国内地由外国投资者全额投资设立的企业。

外商投资股份有限公司 指根据国家有关规定，经原外经贸部依法批准设立，其中外资的股本占公司注册资本的比例达 25% 以上的股份有限公司。凡其中外资股本占公司注册资本的比例小于 25%的，属于内资企业中的股份有限公司。

其他外商投资企业 指在中国境内依照《外国企业或个人在中国境内设立合伙企业管理办法》和《外商投资合伙企业登记管理规定》，依法设立的外商投资合伙企业等。

行政机关、事业单位和社会团体 参照企业登记注册类型，主要按其经费来源和管理方式划分。具体规定如下：

⑴行政机关：包括国家机关和政党机关，原则上均列为“国有”。但有特殊规定的，如供销社等，则列为“集体”。

⑵事业单位：包括经国家机构编制部门和有关业务主管部门批准成立的各类事业单位，不包括实行企业化管理的事业单位。事业单位的划分办法如下：

①由国家财政预算拨款或列入财政预算外资金管理以及经费主要来源于国有主管部门或国有上级单位的事业单位，列为“国有”。

②经费主要来源于集体单位的事业单位，列为“集体”。

③公民个人(或个人合伙)开办的事业单位，列为“私营”。

④上述以外的其他事业单位，如果其经费来源不明确，按管理方式进行归类。

⑶社会团体：包括经民政部门批准成立以及未纳入社会团体管理条例范围的工会、妇联等各类社会团体。社会团体的划分办法如下：

①未纳入民政部社会团体管理条例范围的工会、妇联、共青团、青联、工商联、科协、侨联等社会团体，国家拨款设立的基金会或基金管理组织以及经费主要来源于国有业务主管部门或国有上级单位的社会团体，列为“国有”。

②经费主要来源于集体单位的社会团体，列为“集体”。

③公民个人(或个人合伙)开办的社会团体，划为“私营”。

④上述以外的其他社会团体，如果其经费来源不明确，改按管理方式进行归类。

Explanatory Notes on Main Statistical Indicators

Divisions of Administrative Areas refer to the division of administrative areas by the State. The relative laws stipulate that 1) the whole country is divided into provinces, autonomous regions and municipalities directly under the Central Government; 2) provinces and autonomous regions are further divided into autonomous prefectures, counties, autonomous counties and cities; 3) autonomous prefectures are further divided into counties, autonomous counties and cities; 4) counties and autonomous counties are further divided into townships, ethnic townships and towns; 5) municipalities directly under the Central Government and large cities are divided into districts and counties, 6) the State shall, when necessary, establish special administrative regions.

Average Annual Growth Rate shows the average growth rate of social and economic development during a longer period. It can not be directly calculated by chain based growth rate. The relation is:

Average Annual Growth Rate = Average Speed of Development – 1

Average speed of development is the time series average of speed which calculated by chain based. Because the reference bases during the different periods are not same, average speed of development can not be calculated by the general method. Level approach and accumulative approach for calculating average speed of development rate are applied. The "level approach", or the method of calculating the geometric average, is derived by the formula of geometric average of the chain-based speeds of development, or comparing the level of the last year of the interval with that of the beginning year; the other is called the "accumulative approach" or the "algebraic average", "equation" method, which is derived by the summation of the actual figure of each year in the interval divided by the figure in the base year. The level approach focuses on the level of the last year, while the accumulative approach emphasizes the aggregate development in the duration.

The average annual growth rates listed in the Yearbook are calculated by the level approach except for the growth rate of investment in fixed assets. The base year is not listed in the duration for which average annual growth rates are computed. For instance, the average annual growth rate of the 43 years since 1949 is shown as the average annual growth rate of 1950-1992 without showing the base year 1949.

Industrial Classification of the National Economy The new *Industrial Classification of the National Economy* (GB/T 4754-2011) is introduced starting from the compilation of 2012 annual statistics. The revision, based on the 2002 classification, was organized by the National Bureau of Statistics taking into consideration of the *International Standards of the Industrial Classification of All Economic Activities* (ISIC/Rev.4) of the United Nations. The new *Classification* was promulgated by the National Administration of Quality Supervision, Inspection and Quarantine and the Standardization Administration of the People's Republic of China on April 29, 2011. The revised version of the *Industrial Classification of the National Economy* (GB/T 4754-2012) is composed of 20 sections, 96 divisions, 432 groups and 1094 classes.

Registration Status of Enterprises (Units) Enterprises are classified into 3 categories, namely domestic-funded enterprises, enterprises with investment from Hong Kong, Macao and Taiwan, and enterprises with foreign investment, according to the registration status of an enterprise in industrial and commercial administration agencies. Domestic-funded enterprises include State-owned enterprises, collective-owned enterprises, cooperative enterprises, joint ownership enterprises, limited liability corporations, share-holding corporations Ltd., private enterprises and other enterprises. Included in the enterprises with investment from Hong Kong, Macao and Taiwan and enterprises with foreign investment are joint-venture enterprises, cooperative enterprises, sole investment enterprises and share-holding corporations Ltd. For government agencies, institutions and social organizations which are not registered in industrial and commercial administration agencies, they are classified mainly by their sources of funding and manner of management.

State-owned Enterprises refer to non-corporation economic units where the entire assets are owned by the State and which have been registered in accordance with the *Regulation of the People's Republic of China on the Management of Registration of Corporate Enterprises.* Not included from this category are solely State-funded corporations in the limited liability corporations.

Collective-owned Enterprises refer to economic units where the assets are owned collectively and which have been registered in accordance with the *Regulation of the People's Republic of China on the Management of Registration of Corporate Enterprises.*

Cooperative Enterprises refer to a form of collective economic units (enterprises) where capitals come mainly from employees as their shares, with certain proportion of capital from the outside, where production is organized on the basis of independent operation, independent accounting for profits and losses, joint work, democratic management, and a distribution system that integrates remuneration according to work with dividend according to capital share.

Joint Ownership Enterprises refer to economic units established by two or more corporate enterprises or corporate institutions of the same or different ownership, through joint investment on the basis of voluntary participation, equality, and mutual benefits. They include State joint ownership enterprises; collective joint ownership enterprises; joint State-collective enterprises; and other joint ownership enterprises.

Limited Liability Corporations refer to economic units established with investment from 2-50 investors and registered in accordance with the *Regulation of the People's Republic of China on the Management of Registration of Corporations*, each investor bearing limited liability to the corporation depending on its share of investment, and the corporation bearing liability to its debt to the maximum of its total assets. Limited liability corporations include solely State-funded limited liability corporations and other limited liability corporations.

Share-holding Corporations Ltd. refer to economic units registered in accordance with the *Regulation of the People's Republic of China on the Management of Registration of Corporations*, with total registered capital divided into equal shares and raised through issuing stocks. Each investor bears limited liability to the corporation depending on the holding of shares, and the corporation bears liability to its debt to the maximum of its total assets.

Private Enterprises refer to profit-making economic units invested and established by natural persons, or controlled by natural persons using employed labour. Included in this category are private limited liability corporations, private share-holding corporations Ltd., private partnership enterprises and private-funded enterprises registered in accordance with the *Company Law*, *the Law on Partnership Business* and *Interim Regulations on Private Enterprises*.

Other Domestic-funded Enterprises refer to domestic-funded economic units other than those mentioned above.

Joint Venture Enterprises(Funds are from Hong Kong, Macao or Taiwan.) are enterprises established by investors from Hong Kong, Macao and Taiwan with enterprises in the mainland of China in accordance with the *Law of the People's Republic of China on Sino-foreign Equity Joint Ventures* and other relevant laws, where the establishment of the investment and the sharing of profits and risks are stipulated under joint venture contracts.

Cooperative Enterprises(Funds are from Hong Kong, Macao or Taiwan.) established by investors from Hong Kong, Macao and Taiwan with enterprises in the mainland of China in accordance with the *Law of the People's Republic of China on Sino-foreign Contractual Joint Venture* and other relevant laws, where the investment or provision of facilities and the sharing of profits and risks are stipulated under cooperative contracts.

Enterprises with Sole (exclusive) Investment from Hong Kong, Macao and Taiwan refer to enterprises established in the mainland of China with exclusive investment from investors from Hong Kong, Macao and Taiwan in accordance with the *Law of the People's Republic of China on Wholly Foreign-owned Enterprises* and other relevant laws.

Share-holding Corporations Ltd. with Investment from Hong Kong, Macao and Taiwan refer to share-holding corporations Ltd. established with the approval from the former Ministry of Foreign Trade and Economic Relations in line with relevant State regulations, where the share of investment from Hong Kong, Macao or Taiwan businessmen exceeds 25% of the total registered capital of the corporation. In case the share of investment from Hong Kong, Macao or Taiwan is less than 25% of the total registered capital, the enterprise is to be classified as domestic-funded share-holding corporation Ltd.

Other Enterprises with Funds From Hong Kong, Macao and Taiwan refer to partnership enterprises with investments from Hong Kong, Macao and Taiwan established within the territory of China in accordance with Administrative Measures on the Establishment of Partnership Enterprises in China by Foreign Enterprises or Foreign Individuals and Regulations for the Administration of the Registration of Foreign-invested Partnership Enterprises.

Joint Venture Enterprises with Foreign Investment refer to enterprises jointly established by foreign enterprises or foreigners with enterprises in the mainland of China in accordance with the *Law of the People's Republic of China on Sino-foreign Equity Joint Ventures* and other relevant laws, where the sharing of investment, profits and risks is stipulated under contract.

Cooperative Enterprises with Foreign Investment refer to enterprises jointly established by foreign enterprises or foreigners with enterprises in the mainland of China in accordance with the *Law of the People's Republic of China on Sino-foreign Contractual Joint Venture* and other relevant laws, where the investment or provision of facilities and the sharing of profits and risks are stipulated under cooperative contracts.

Enterprises with Sole (exclusive) Foreign Investment refer to enterprises established in the mainland of China with exclusive investment from foreign investors in accordance with the *Law of the People's Republic of China on Wholly Foreign-owned Enterprises* and other relevant laws.

Share-holding Corporations Ltd. with Foreign Investment refer to share-holding corporations Ltd. established with the approval from the former Ministry of Foreign Trade and Economic Relations in line with relevant State regulations, where the share of investment from foreign investors exceeds 25% of the total registered capital of the corporation. In case the share of foreign investment is less than 25% of the total registered capital, the enterprise is to be classified as domestic-funded share-holding corporation Ltd.

Other Enterprises with Foreign Funds refer to partnership enterprises established within the territory of China in accordance with Administrative Measures on the Establishment of Partnership Enterprises in China by Foreign Enterprises or Foreign Individuals and Regulations for the Administration of the Registration of Foreign-invested Partnership Enterprises.

Government Agencies, Institutions and Social Organizations are classified into the following categories by source of funds and manner of management taking reference of the registration status of enterprises:

(1) Government agencies: include State and party agencies, classified in principle as State-owned. There are exceptions, such as supply and marketing cooperatives which are classified as collective-owned.

(2) Institutions: include institutions of various types established with the approval by organization and staffing departments of the government, but exclude institutions where enterprise management system is introduced. Institutions are further classified as follows:

(a) Institutions for which their main budgets are from government budget appropriations or extra-budget funds, or allocated from the budget of their competent government agencies. Such institutions are classified as state-owned.

(b) Institutions for which their budget mainly come from collective units. Such institutions are classified as collective-owned.

(c) Social institutions established by individual or a group of citizens, which are classified as private.

(d) Institutions other than those mentioned above for which their sources of budget are not clear. Such institutions are classified by the manner of management.

(3) Social organizations: include social organizations established with the approval from the Ministry of Civil Affairs, and organizations that are not covered by social organization management regulations such as trade unions, women's federations etc.. Social organizations are further classified as follows:

(a) Social organizations that are not covered by social organization management regulations of the Ministry of Civil Affairs such as trade unions, women federations, communist youth leagues, youth associations, industrial and commerce associations, scientist associations, overseas Chinese associations, etc., foundations and fund management organizations established with funds from the state, and social organizations whose funds mainly come from the budget of their competent government agencies. Such institutions are classified as State-owned.

(b) Social organizations for which their budget mainly come from collective units. Such institutions are classified as collective-owned.

(c) Social organizations established by individual or a group of citizens, which are classified as private.

(d) Social organizations other than those mentioned above for which their sources of budget are not clear. Such organizations are classified by the manner of management.

2 国民经济核算

National Accounts

简 要 说 明

本篇章的主要内容和资料来源

国民经济核算资料主要包括国内生产总值、投入产出表、资金流量表及国际收支平衡表四个部分。

一、国内生产总值

国内生产总值数据是由国家统计局国民经济核算司根据不同产业部门、不同支出构成的特点和资料来源情况而采用不同方法计算的。国民总收入是在国内生产总值的基础上加上来自国外的净要素收入求得的。

本年鉴公布的国内生产总值以及与之有关的指标数据，最后一年数据不是最终数，还会在获得更多的财务和行政记录等资料后发生变动。如果遇到普查，在能够获得更详细的基础资料的情况下，国内生产总值的历史数据还会发生变动。

国内生产总值是一个价值量指标，其价值的变化受价格变化和物量变化两大因素影响。不变价国内生产总值是把按当期价格计算的国内生产总值换算成按某个固定期（基期）价格计算的价值，从而使两个不同时期的价值进行比较时，能够剔除价格变化的影响，以反映物量变化，反映生产活动成果的实际变动。国内生产总值指数就是根据两个时期不变价国内生产总值计算得到的。随着经济的不断发展，各行业的价格结构也会不断发生变化，为了更好的反映这种变化对于经济的影响，计算不变价国内生产总值需要每隔若干年调整一次基期。我国自开始核算国内生产总值以来，共有1952年、1957年、1970年、1980年、1990年、2000年、2005年、2010年8个不变价基期，目前的基期是2010年。也就是说，2011年的不变价国内生产总值是按照2010年价格计算的。由于计算不变价国内生产总值采用按不同基期分段计算，因此本年鉴中的不变价国内生产总值数据也按分段方式公布。

本年鉴所列分地区的数据来自各省、自治区、直辖市统计局的国民经济核算资料。由于采取分级核算，各地区数据相加不等于全国总计。

二、投入产出表

投入产出表也称部门联系平衡表或产业关联表，它是根据国民经济各部门生产中的投入来源和使用去向纵横交叉组成的一张棋盘式平衡表。它可以用来揭示部门间经济技术的相互依存、相互制约的数量关系。投入产出表由国家统计局国民经济核算司编制。

三、资金流量表

我国资金流量表表式与国际上通用的表式相似，是机构部门与交易项目的矩阵表式。主栏为交易项目，主要反映分配方式和融资工具；宾栏按机构部门分类。机构部门分类是根据机构单位具有的基本特征所进行的部门分类。资金流量表把参与资金活动的主体分为非金融企业、金融机构、政府、住户和国外五个部门。每一部门下设资金来源与资金运用两栏。现行的资金流量表分为两大部分，上半部分为实物交易部分，由国家统计局国民经济核算司编制；下半部分为金融交易部分，由中国人民银行调查统计司编制。

四、国际收支平衡表

国际收支平衡表由国家外汇管理局国际收支司依据国际货币基金组织编写的《国际收支统计手册》第五版编制。

Brief Introduction

Statistics on national accounts include mainly four parts, namely, gross domestic product, input-output table, flow of funds table and balance of payments table.

I. Gross Domestic Product

Data on GDP are computed by the Department of National Accounts of the National Bureau of Statistics (NBS) based on different approaches in the light of the different features of various sectors, various expenditure structures and different data sources. Gross National Income (GNI) can be calculated on the basis of GDP on top of which is added the net factor income from the rest of the world.

Data on GDP and related indicators of the most recent year published in the Yearbook are not final and are subject to changes when more information from financial data and administrative records become available. Where a census has been conducted, historical data of GDP of the previous years may also undergo change. Gross Domestic Product (GDP) is a measurement of value which changes depending on changes of price and production. GDP at constant prices converts the gross domestic product based on the current price into a value based on the price of the base period. When adjusted for price changes, the values of two different periods can be compared to reflect changes of both products and production activities. GDP index is derived from the constant-price GDPs of the two periods. As economy grows, changes will take place in the price structures of various industries, and the base period for the measurement of constant-price GDP thus needs to be adjusted every few years in order to better reflect the impact of price change on the economy. Since China started GDP calculation, eight constant-price base periods have been used, i.e., 1952, 1957, 1970, 1980, 1990, 2000, 2005, and 2010 and the current base period is 2010. That is to say, the 2011 GDP is calculated on the basis of the 2010 prices. As the calculation of constant-price GDP is based on different base periods, the constant-price GDP data in this yearbook shall also be announced in accordance with various periods.

Regional data in this Yearbook are prepared from the national accounts data provided by the statistical bureaus of the provinces, autonomous regions and municipalities. The sum of the regional data is not equal to the national total due to the decentralized accounting approach.

II. Input-output Table

The Input-output table may be viewed as a table showing sector relationships and balances or one showing sector output relationships. Reflecting the sources of the input into, and the utilization of the output from, the production by various industries of the national economy, the input-output table takes the form of a chess-board shaped matrix format , and is used to reveal, in quantitative terms, the interrelated and mutually dependent economic and technological relationships among industries. The input-output table of China is compiled by the Department of National Accounts of the National Bureau of Statistics.

III. Flow of Funds Table

Similar to internationally accepted format, the Flow of Funds table of China constitutes a matrix of institutional sectors by transaction items. Items of transactions are expressed as row headings representing forms of distribution and methods of financing. Institutional sectors are shown as column headings, grouped by the characteristics of the transactors. There are 5 groups of institutional sectors in the flow of funds table, namely, non-financial corporations, financial institutions, general governments, households, and the rest of the world. Under each sector there are 2 headings: sources of funds and uses of funds. The current flow of funds table is composed of two parts: the first part, comprising the physical (real) transactions, is compiled by the Department of National Accounts of the National Bureau of Statistics; and the second part, comprising financial transactions, is compiled by the Research and Statistics Department of the People's Bank of China.

IV. Balance of Payments Table

The Balance of Payments Table is compiled by the Balance of Payments Department of the State Administration of Foreign Exchanges in accordance with the 5th edition of the *Manual on Balance of Payments* prepared by the International Monetary Fund.

2-1 国内生产总值
Gross Domestic Product

本表按当年价格计算。
Data in this table are calculated at current prices.

单位：亿元 (100 million yuan)

年份 Year	国民总收入 Gross National Income	国内生产总值 Gross Domestic Product	第一产业 Primary Industry	第二产业 Secondary Industry	工业 Industry	建筑业 Construction	第三产业 Tertiary Industry	人均国内生产总值(元) Per Capita GDP (yuan)
1978	3645.2	3645.2	1027.5	1745.2	1607.0	138.2	872.5	381
1979	4062.6	4062.6	1270.2	1913.5	1769.7	143.8	878.9	419
1980	4545.6	4545.6	1371.6	2192.0	1996.5	195.5	982.0	463
1981	4889.5	4891.6	1559.5	2255.5	2048.4	207.1	1076.6	492
1982	5330.5	5323.4	1777.4	2383.0	2162.3	220.7	1163.0	528
1983	5985.6	5962.7	1978.4	2646.2	2375.6	270.6	1338.1	583
1984	7243.8	7208.1	2316.1	3105.7	2789.0	316.7	1786.3	695
1985	9040.7	9016.0	2564.4	3866.6	3448.7	417.9	2585.0	858
1986	10274.4	10275.2	2788.7	4492.7	3967.0	525.7	2993.8	963
1987	12050.6	12058.6	3233.0	5251.6	4585.8	665.8	3574.0	1112
1988	15036.8	15042.8	3865.4	6587.2	5777.2	810.0	4590.3	1366
1989	17000.9	16992.3	4265.9	7278.0	6484.0	794.0	5448.4	1519
1990	18718.3	18667.8	5062.0	7717.4	6858.0	859.4	5888.4	1644
1991	21826.2	21781.5	5342.2	9102.2	8087.1	1015.1	7337.1	1893
1992	26937.3	26923.5	5866.6	11699.5	10284.5	1415.0	9357.4	2311
1993	35260.0	35333.9	6963.8	16454.4	14188.0	2266.5	11915.7	2998
1994	48108.5	48197.9	9572.7	22445.4	19480.7	2964.7	16179.8	4044
1995	59810.5	60793.7	12135.8	28679.5	24950.6	3728.8	19978.5	5046
1996	70142.5	71176.6	14015.4	33835.0	29447.6	4387.4	23326.2	5846
1997	78060.9	78973.0	14441.9	37543.0	32921.4	4621.6	26988.1	6420
1998	83024.3	84402.3	14817.6	39004.2	34018.4	4985.8	30580.5	6796
1999	88479.2	89677.1	14770.0	41033.6	35861.5	5172.1	33873.4	7159
2000	98000.5	99214.6	14944.7	45555.9	40033.6	5522.3	38714.0	7858
2001	108068.2	109655.2	15781.3	49512.3	43580.6	5931.7	44361.6	8622
2002	119095.7	120332.7	16537.0	53896.8	47431.3	6465.5	49898.9	9398
2003	134977.0	135822.8	17381.7	62436.3	54945.5	7490.8	56004.7	10542
2004	159453.6	159878.3	21412.7	73904.3	65210.0	8694.3	64561.3	12336
2005	183617.4	184937.4	22420.0	87598.1	77230.8	10367.3	74919.3	14185
2006	215904.4	216314.4	24040.0	103719.5	91310.9	12408.6	88554.9	16500
2007	266422.0	265810.3	28627.0	125831.4	110534.9	15296.5	111351.9	20169
2008	316030.3	314045.4	33702.0	149003.4	130260.2	18743.2	131340.0	23708
2009	340320.0	340902.8	35226.0	157638.8	135239.9	22398.8	148038.0	25608
2010	399759.5	401512.8	40533.6	187383.2	160722.2	26661.0	173596.0	30015
2011	468562.4	473104.0	47486.2	220412.8	188470.2	31942.7	205205.0	35198
2012	516282.1	518942.1	52373.6	235162.0	199670.7	35491.3	231406.5	38420

注：1.1980年以后国民总收入(原称国民生产总值)与国内生产总值的差额为国外净要素收入。
2.2012年为初步核实数据(以下相关表同)。

a) Since 1980, the difference between the Gross Domestic Product and the Gross National Income (formerly, the Gross National Product) is the net factor income from the rest of the world.

b) Data of 2012 were preliminary verification. The same applies to the relevant tables following.

2-2 国内生产总值构成
Composition of Gross Domestic Product

本表按当年价格计算。
Data in this table are calculated at current prices.

单位：% (%)

年 份 Year	国内生产总值 Gross Domestic Product	第一产业 Primary Industry	第二产业 Secondary Industry			第三产业 Tertiary Industry
				工 业 Industry	建筑业 Construction	
1978	100.0	28.2	47.9	44.1	3.8	23.9
1979	100.0	31.3	47.1	43.6	3.5	21.6
1980	100.0	30.2	48.2	43.9	4.3	21.6
1981	100.0	31.9	46.1	41.9	4.2	22.0
1982	100.0	33.4	44.8	40.6	4.1	21.8
1983	100.0	33.2	44.4	39.8	4.5	22.4
1984	100.0	32.1	43.1	38.7	4.4	24.8
1985	100.0	28.4	42.9	38.3	4.6	28.7
1986	100.0	27.1	43.7	38.6	5.1	29.1
1987	100.0	26.8	43.6	38.0	5.5	29.6
1988	100.0	25.7	43.8	38.4	5.4	30.5
1989	100.0	25.1	42.8	38.2	4.7	32.1
1990	100.0	27.1	41.3	36.7	4.6	31.5
1991	100.0	24.5	41.8	37.1	4.7	33.7
1992	100.0	21.8	43.5	38.2	5.3	34.8
1993	100.0	19.7	46.6	40.2	6.4	33.7
1994	100.0	19.9	46.6	40.4	6.2	33.6
1995	100.0	20.0	47.2	41.0	6.1	32.9
1996	100.0	19.7	47.5	41.4	6.2	32.8
1997	100.0	18.3	47.5	41.7	5.9	34.2
1998	100.0	17.6	46.2	40.3	5.9	36.2
1999	100.0	16.5	45.8	40.0	5.8	37.8
2000	100.0	15.1	45.9	40.4	5.6	39.0
2001	100.0	14.4	45.2	39.7	5.4	40.5
2002	100.0	13.7	44.8	39.4	5.4	41.5
2003	100.0	12.8	46.0	40.5	5.5	41.2
2004	100.0	13.4	46.2	40.8	5.4	40.4
2005	100.0	12.1	47.4	41.8	5.6	40.5
2006	100.0	11.1	47.9	42.2	5.7	40.9
2007	100.0	10.8	47.3	41.6	5.8	41.9
2008	100.0	10.7	47.4	41.5	6.0	41.8
2009	100.0	10.3	46.2	39.7	6.6	43.4
2010	100.0	10.1	46.7	40.0	6.6	43.2
2011	100.0	10.0	46.6	39.8	6.8	43.4
2012	100.0	10.1	45.3	38.5	6.8	44.6

2-3 不变价国内生产总值
Gross Domestic Product at Constant Prices

单位：亿元 (100 million yuan)

年 份 Year	国内生产总值 Gross Domestic Product	第一产业 Primary Industry	第二产业 Secondary Industry	工 业 Industry	建筑业 Construction	第三产业 Tertiary Industry
		按1970年价格计算		Price Base Year=1970		
1978	3548.2	936.0	1766.2	1644.8	121.4	846.0
1979	3816.9	993.5	1911.0	1787.2	123.8	912.4
1980	4116.2	978.7	2170.3	2013.4	156.9	967.2
		按1980年价格计算		Price Base Year=1980		
1980	4567.9	1371.6	2213.4	2017.9	195.5	982.9
1981	4807.4	1467.4	2254.7	2053.0	201.7	1085.3
1982	5242.8	1636.5	2380.1	2171.5	208.6	1226.2
1983	5811.8	1772.8	2626.8	2382.6	244.2	1412.2
1984	6693.8	2001.1	3007.2	2736.5	270.7	1685.5
1985	7595.2	2038.0	3565.6	3234.8	330.8	1991.6
1986	8267.1	2105.7	3930.0	3546.7	383.3	2231.4
1987	9224.7	2204.7	4468.2	4016.4	451.8	2551.8
1988	10265.3	2260.8	5116.9	4629.0	487.9	2887.6
1989	10682.4	2330.3	5309.7	4863.0	446.7	3042.4
1990	11092.5	2501.1	5478.0	5026.0	452.0	3113.4
		按1990年价格计算		Price Base Year=1990		
1990	18547.9	5062.0	7717.4	6858.0	859.4	5768.5
1991	20250.4	5183.5	8786.6	7845.0	941.6	6280.3
1992	23134.2	5427.1	10645.3	9505.7	1139.6	7061.8
1993	26364.7	5682.3	12760.1	11415.4	1344.7	7922.3
1994	29813.4	5909.6	15102.8	13574.2	1528.6	8801.0
1995	33070.5	6205.2	17198.4	15480.3	1718.1	9667.0
1996	36380.4	6521.7	19280.5	17416.2	1864.3	10578.2
1997	39762.7	6749.9	21300.9	19387.8	1913.1	11711.9
1998	42877.4	6986.1	23198.9	21113.3	2085.6	12692.4
1999	46144.6	7181.7	25086.3	22911.4	2174.9	13876.6
2000	50035.2	7354.1	27451.7	25153.5	2298.2	15229.4
		按2000年价格计算		Price Base Year=2000		
2000	99214.6	14944.7	45555.9	40033.6	5522.3	38714.0
2001	107449.7	15363.2	49401.5	43504.6	5896.9	42685.0
2002	117208.3	15808.7	54257.3	47842.2	6415.1	47142.3
2003	128958.9	16203.9	61132.7	53942.5	7190.2	51622.2
2004	141964.5	17224.8	67926.1	60151.3	7774.8	56813.6
2005	158020.7	18125.8	76133.1	67114.7	9018.4	63761.8
		按2005年价格计算		Price Base Year=2005		
2005	184937.4	22420.0	87598.1	77230.8	10367.3	74919.3
2006	208381.0	23541.0	99328.5	87175.1	12153.4	85511.6
2007	237892.8	24422.4	114290.6	100170.1	14120.5	99179.7
2008	260812.9	25735.9	125579.7	110117.4	15462.2	109497.4
2009	284844.8	26812.6	138062.7	119731.4	18331.3	119969.4
2010	314602.5	27957.8	154975.8	134175.5	20800.3	131668.9
		按2010年价格计算		Price Base Year=2010		
2010	401512.8	40533.6	187383.2	160722.2	26661.0	173596.0
2011	438853.0	42256.5	206655.1	177403.6	29251.5	189941.4

注：1.更换基期的年份有两个不变价数据，一个按上一基期价格计算，一个按新基期价格计算。
2.有关不变价国内生产总值的解释见简要说明。

a) There are two figures at the base switching year, one at the former base year prices, another at the latter.
b) Please refer to the brief introduction for the defination of gross domestic product at constant prices.

2-4 国内生产总值指数
Indices of Gross Domestic Product

本表按不变价格计算。
Data in this table are calculated at constant prices.

(上年=100) (preceding year=100)

年份 Year	国民总收入 Gross National Income	国内生产总值 Gross Domestic Product	第一产业 Primary Industry	第二产业 Secondary Industry	工业 Industry	建筑业 Construction	第三产业 Tertiary Industry	人均国内生产总值 Per Capita GDP
1978	111.7	111.7	104.1	115.0	116.4	99.4	113.8	110.2
1979	107.6	107.6	106.1	108.2	108.7	102.0	107.9	106.1
1980	107.8	107.8	98.5	113.6	112.7	126.7	106.0	106.5
1981	105.2	105.2	107.0	101.9	101.7	103.2	110.4	103.9
1982	109.2	109.1	111.5	105.6	105.8	103.4	113.0	107.5
1983	111.1	110.9	108.3	110.4	109.7	117.1	115.2	109.3
1984	115.3	115.2	112.9	114.5	114.9	110.9	119.3	113.7
1985	113.2	113.5	101.8	118.6	118.2	122.2	118.2	111.9
1986	108.5	108.8	103.3	110.2	109.6	115.9	112.0	107.2
1987	111.5	111.6	104.7	113.7	113.2	117.9	114.4	109.8
1988	111.3	111.3	102.5	114.5	115.3	108.0	113.2	109.5
1989	104.2	104.1	103.1	103.8	105.1	91.6	105.4	102.5
1990	104.1	103.8	107.3	103.2	103.4	101.2	102.3	102.3
1991	109.1	109.2	102.4	113.9	114.4	109.6	108.9	107.7
1992	114.1	114.2	104.7	121.2	121.2	121.0	112.4	112.8
1993	113.7	114.0	104.7	119.9	120.1	118.0	112.2	112.7
1994	113.1	113.1	104.0	118.4	118.9	113.7	111.1	111.8
1995	109.3	110.9	105.0	113.9	114.0	112.4	109.8	109.7
1996	110.2	110.0	105.1	112.1	112.5	108.5	109.4	108.9
1997	109.6	109.3	103.5	110.5	111.3	102.6	110.7	108.2
1998	107.3	107.8	103.5	108.9	108.9	109.0	108.4	106.8
1999	107.9	107.6	102.8	108.1	108.5	104.3	109.3	106.7
2000	108.6	108.4	102.4	109.4	109.8	105.7	109.7	107.6
2001	108.1	108.3	102.8	108.4	108.7	106.8	110.3	107.5
2002	109.5	109.1	102.9	109.8	110.0	108.8	110.4	108.4
2003	110.5	110.0	102.5	112.7	112.8	112.1	109.5	109.3
2004	110.5	110.1	106.3	111.1	111.5	108.1	110.1	109.4
2005	110.8	111.3	105.2	112.1	111.6	116.0	112.2	110.7
2006	113.3	112.7	105.0	113.4	112.9	117.2	114.1	112.0
2007	114.6	114.2	103.7	115.1	114.9	116.2	116.0	113.6
2008	110.1	109.6	105.4	109.9	109.9	109.5	110.4	109.1
2009	108.3	109.2	104.2	109.9	108.7	118.6	109.6	108.7
2010	110.2	110.4	104.3	112.3	112.1	113.5	109.8	109.9
2011	108.7	109.3	104.3	110.3	110.4	109.7	109.4	108.8
2012	108.1	107.7	104.5	107.9	107.7	109.3	108.1	107.1

2-5 国内生产总值指数
Indices of Gross Domestic Product

本表按不变价格计算。
Data in this table are calculated at constant prices.

(1978年=100) (year of 1978=100)

年 份 Year	国 民 总收入 Gross National Income	国内生产 总 值 Gross Domestic Product	第一产业 Primary Industry	第二产业 Secondary Industry	工 业 Industry	建筑业 Construction	第三产业 Tertiary Industry	人均国内 生产总值 Per Capita GDP
1978	100.0	100.0	100.0	100.0	100.0	100.0	100.0	100.0
1979	107.6	107.6	106.1	108.2	108.7	102.0	107.9	106.1
1980	116.0	116.0	104.6	122.9	122.4	129.2	114.3	113.0
1981	122.0	122.1	111.9	125.2	124.5	133.3	126.2	117.5
1982	133.3	133.1	124.8	132.1	131.7	137.9	142.6	126.2
1983	148.2	147.6	135.1	145.8	144.5	161.4	164.3	137.9
1984	170.8	170.0	152.6	166.9	166.0	179.0	196.0	156.8
1985	193.4	192.9	155.4	197.9	196.2	218.7	231.7	175.5
1986	209.9	210.0	160.5	218.2	215.2	253.4	259.6	188.2
1987	234.1	234.3	168.1	248.1	243.6	298.7	296.8	206.6
1988	260.6	260.7	172.3	284.1	280.8	322.5	335.9	226.3
1989	271.4	271.3	177.6	294.8	295.0	295.3	353.9	231.9
1990	282.5	281.7	190.7	304.1	304.9	298.8	362.1	237.3
1991	308.2	307.6	195.2	346.3	348.8	327.4	394.3	255.6
1992	351.5	351.4	204.4	419.5	422.6	396.2	443.3	288.4
1993	399.6	400.4	214.0	502.8	507.5	467.5	497.4	324.9
1994	452.0	452.8	222.6	595.2	603.5	531.5	552.5	363.3
1995	494.2	502.3	233.7	677.7	688.2	597.4	606.9	398.6
1996	544.5	552.6	245.6	759.8	774.3	648.2	664.1	433.9
1997	596.9	603.9	254.2	839.4	861.9	665.2	735.3	469.4
1998	640.6	651.2	263.1	914.2	938.6	725.2	796.8	501.4
1999	691.5	700.9	270.5	988.6	1018.6	756.2	871.2	534.9
2000	750.6	759.9	277.0	1081.8	1118.3	799.1	956.1	575.5
2001	811.1	823.0	284.8	1173.1	1215.2	853.3	1054.2	618.7
2002	888.5	897.8	293.0	1288.4	1336.4	928.3	1164.2	670.4
2003	981.6	987.8	300.3	1451.7	1506.8	1040.4	1274.9	733.1
2004	1084.5	1087.4	319.3	1613.0	1680.2	1125.0	1403.1	802.2
2005	1201.7	1210.4	336.0	1807.9	1874.7	1305.0	1574.7	887.7
2006	1361.2	1363.8	352.8	2050.0	2116.1	1529.8	1797.3	994.7
2007	1560.5	1557.0	366.0	2358.8	2431.5	1777.4	2084.6	1129.6
2008	1717.8	1707.0	385.6	2591.8	2673.0	1946.3	2301.4	1232.1
2009	1861.1	1864.3	401.8	2849.4	2906.4	2307.4	2521.5	1339.0
2010	2050.0	2059.0	418.9	3198.4	3257.0	2618.2	2767.5	1471.7
2011	2228.9	2250.5	436.8	3527.4	3595.0	2872.6	3028.0	1600.9
2012	2410.3	2422.7	456.6	3806.6	3871.3	3140.5	3272.0	1715.1

2-6 第三产业增加值
Value-added of the Tertiary Industry

本表按当年价格计算。
Data in this table are calculated at current prices.

单位：亿元 (100 million yuan)

年 份 Year	第三产业 Tertiary Industry	交通运输、仓储和邮政业 Transport, Storage and Post	批发和零售业 Wholesale and Retail Trades	住宿和餐饮业 Hotels and Catering Services	金融业 Financial Intermediation	房地产业 Real Estate	其他 Others
1978	872.5	182.0	242.3	44.6	68.2	79.9	255.6
1979	878.9	193.7	200.9	44.0	66.9	86.3	287.1
1980	982.0	213.4	193.8	47.4	75.0	96.4	356.0
1981	1076.6	220.7	231.1	54.1	79.8	99.9	390.9
1982	1163.0	246.9	171.4	62.3	114.8	110.8	456.8
1983	1338.1	274.9	198.7	72.5	149.0	121.8	521.2
1984	1786.3	338.5	363.5	96.8	203.9	162.3	621.2
1985	2585.0	421.7	802.4	138.3	259.9	215.2	747.5
1986	2993.8	498.8	852.6	163.2	356.4	298.1	824.6
1987	3574.0	568.3	1059.6	187.1	450.0	382.6	926.3
1988	4590.3	685.7	1483.4	241.4	585.4	473.8	1120.6
1989	5448.4	812.7	1536.2	277.4	964.3	566.2	1291.6
1990	5888.4	1167.0	1268.9	301.9	1017.5	662.2	1470.9
1991	7337.1	1420.3	1834.6	442.3	1056.3	763.7	1819.9
1992	9357.4	1689.0	2405.0	584.6	1306.2	1101.3	2271.3
1993	11915.7	2174.0	2816.6	712.1	1669.7	1379.6	3163.7
1994	16179.8	2787.9	3773.4	1008.5	2234.8	1909.3	4465.8
1995	19978.5	3244.3	4778.6	1200.1	2798.5	2354.0	5602.9
1996	23326.2	3782.2	5599.7	1336.8	3211.7	2617.6	6778.3
1997	26988.1	4148.6	6327.4	1561.3	3606.8	2921.1	8423.0
1998	30580.5	4660.9	6913.2	1786.9	3697.7	3434.5	10087.3
1999	33873.4	5175.2	7491.1	1941.2	3816.5	3681.8	11767.7
2000	38714.0	6161.0	8158.6	2146.3	4086.7	4149.1	14012.4
2001	44361.6	6870.3	9119.4	2400.1	4353.5	4715.1	16903.3
2002	49898.9	7492.9	9995.4	2724.8	4612.8	5346.4	19726.7
2003	56004.7	7913.2	11169.5	3126.1	4989.4	6172.7	22633.9
2004	64561.3	9304.4	12453.8	3664.8	5393.0	7174.1	26571.2
2005	74919.3	10666.2	13966.2	4195.7	6086.8	8516.4	31488.0
2006	88554.9	12183.0	16530.7	4792.6	8099.1	10370.5	36579.1
2007	111351.9	14601.0	20937.8	5548.1	12337.5	13809.7	44117.7
2008	131340.0	16362.5	26182.3	6616.1	14863.3	14738.7	52577.1
2009	148038.0	16727.1	28984.5	7118.2	17767.5	18654.9	58785.9
2010	173596.0	19132.2	35746.1	8068.5	20980.6	22782.0	66886.6
2011	205205.0	22432.8	43445.2	9172.8	24958.3	26783.9	78412.0
2012	231406.5	24959.8	49394.4	10464.2	28722.7	29005.5	88859.9

2-7 第三产业增加值构成
Composition of Value-added of the Tertiary Industry

本表按当年价格计算。
Data in this table are calculated at current prices.
单位：%　　(%)

年 份 Year	第三产业 Tertiary Industry	交通运输、仓储和邮政业 Transport, Storage and Post	批发和零售业 Wholesale and Retail Trades	住宿和餐饮业 Hotels and Catering Services	金融业 Financial Intermediation	房地产业 Real Estate	其他 Others
1978	100.0	20.9	27.8	5.1	7.8	9.2	29.3
1979	100.0	22.0	22.9	5.0	7.6	9.8	32.7
1980	100.0	21.7	19.7	4.8	7.6	9.8	36.3
1981	100.0	20.5	21.5	5.0	7.4	9.3	36.3
1982	100.0	21.2	14.7	5.4	9.9	9.5	39.3
1983	100.0	20.5	14.8	5.4	11.1	9.1	38.9
1984	100.0	19.0	20.3	5.4	11.4	9.1	34.8
1985	100.0	16.3	31.0	5.3	10.1	8.3	28.9
1986	100.0	16.7	28.5	5.5	11.9	10.0	27.5
1987	100.0	15.9	29.6	5.2	12.6	10.7	25.9
1988	100.0	14.9	32.3	5.3	12.8	10.3	24.4
1989	100.0	14.9	28.2	5.1	17.7	10.4	23.7
1990	100.0	19.8	21.5	5.1	17.3	11.2	25.0
1991	100.0	19.4	25.0	6.0	14.4	10.4	24.8
1992	100.0	18.0	25.7	6.2	14.0	11.8	24.3
1993	100.0	18.2	23.6	6.0	14.0	11.6	26.6
1994	100.0	17.2	23.3	6.2	13.8	11.8	27.6
1995	100.0	16.2	23.9	6.0	14.0	11.8	28.0
1996	100.0	16.2	24.0	5.7	13.8	11.2	29.1
1997	100.0	15.4	23.4	5.8	13.4	10.8	31.2
1998	100.0	15.2	22.6	5.8	12.1	11.2	33.0
1999	100.0	15.3	22.1	5.7	11.3	10.9	34.7
2000	100.0	15.9	21.1	5.5	10.6	10.7	36.2
2001	100.0	15.5	20.6	5.4	9.8	10.6	38.1
2002	100.0	15.0	20.0	5.5	9.2	10.7	39.5
2003	100.0	14.1	19.9	5.6	8.9	11.0	40.4
2004	100.0	14.4	19.3	5.7	8.4	11.1	41.2
2005	100.0	14.2	18.6	5.6	8.1	11.4	42.0
2006	100.0	13.8	18.7	5.4	9.1	11.7	41.3
2007	100.0	13.1	18.8	5.0	11.1	12.4	39.6
2008	100.0	12.5	19.9	5.0	11.3	11.2	40.0
2009	100.0	11.3	19.6	4.8	12.0	12.6	39.7
2010	100.0	11.0	20.6	4.6	12.1	13.1	38.5
2011	100.0	10.9	21.2	4.5	12.2	13.1	38.2
2012	100.0	10.8	21.3	4.5	12.4	12.5	38.4

2-8 第三产业不变价增加值
Value-added of the Tertiary Industry at Constant Prices

单位：亿元　　(100 million yuan)

年 份 Year	第三产业 Tertiary Industry	交通运输、仓储和邮政业 Transport, Storage and Post	批发和零售业 Wholesale and Retail Trades	住宿和餐饮业 Hotels and Catering Services	金融业 Financial Intermediation	房地产业 Real Estate	其他 Others
		按1970年价格计算		Price Base Year=1970			
1978	846.0	180.9	253.2	44.8	75.2	46.4	245.4
1979	912.4	195.9	275.3	49.8	73.1	48.3	270.1
1980	967.2	204.3	270.2	51.7	77.9	52.1	311.0
		按1980年价格计算		Price Base Year=1980			
1980	982.9	214.0	201.9	48.3	86.6	57.1	375.0
1981	1085.3	218.0	261.6	56.7	90.3	55.1	403.7
1982	1226.2	242.8	259.6	74.6	130.6	60.1	458.5
1983	1412.2	265.8	314.7	89.1	165.8	63.2	513.6
1984	1685.5	305.4	392.6	96.3	217.3	80.7	593.3
1985	1991.6	347.5	524.2	102.3	254.1	100.9	662.5
1986	2231.4	395.7	573.7	118.3	334.4	127.0	682.3
1987	2551.8	433.7	658.2	129.8	412.3	164.2	753.6
1988	2887.6	488.0	735.6	162.4	492.5	185.0	824.1
1989	3042.4	508.5	656.8	178.4	620.0	214.5	864.0
1990	3113.4	551.0	622.2	184.7	631.5	227.9	896.1
		按1990年价格计算		Price Base Year=1990			
1990	5768.5	1167.0	1268.9	301.9	1234.5	325.3	1470.9
1991	6280.3	1290.2	1334.6	326.5	1263.0	364.2	1701.7
1992	7061.8	1420.0	1474.9	414.7	1364.0	490.6	1897.5
1993	7922.3	1598.0	1601.5	448.9	1512.0	543.4	2218.6
1994	8801.0	1734.2	1732.6	570.7	1653.7	608.4	2501.3
1995	9667.0	1924.6	1875.2	629.1	1794.3	684.1	2759.6
1996	10578.2	2137.0	2018.4	672.1	1928.9	711.7	3110.1
1997	11711.9	2333.7	2195.4	745.7	2092.0	741.1	3604.1
1998	12692.4	2580.8	2338.3	828.2	2194.8	798.0	3952.4
1999	13876.6	2894.9	2541.9	892.1	2300.0	845.4	4402.3
2000	15229.4	3143.3	2781.3	975.4	2449.3	905.5	4974.6
		按2000年价格计算		Price Base Year=2000			
2000	38714.0	6161.0	8158.6	2146.3	4086.7	4149.1	14012.4
2001	42685.0	6703.6	8900.6	2310.4	4350.2	4605.1	15815.2
2002	47142.3	7181.3	9684.7	2590.9	4651.3	5061.4	17972.7
2003	51622.2	7621.2	10647.2	2911.0	4975.3	5557.6	19910.0
2004	56813.6	8724.5	11346.4	3270.2	5159.4	5885.5	22427.6
2005	63761.8	9702.0	12824.4	3671.2	5870.0	6605.7	25088.6
		按2005年价格计算		Price Base Year=2005			
2005	74919.3	10666.2	13966.2	4195.7	6086.8	8516.4	31488.0
2006	85511.6	11729.4	16684.6	4723.0	7662.9	9834.8	34876.8
2007	99179.7	13113.6	20057.5	5177.3	9777.1	12230.1	38824.2
2008	109497.4	14074.1	23236.6	5674.3	11080.8	12347.3	43084.3
2009	119969.4	14661.9	26048.9	5985.1	13099.9	13740.4	46433.3
2010	131668.9	16097.5	29772.2	6584.1	14414.6	14700.6	50099.9
		按2010年价格计算		Price Base Year=2010			
2010	173596.0	19132.2	35746.1	8068.5	20980.6	22782.0	66886.6
2011	189941.4	21020.5	40253.3	8600.5	22491.3	24312.0	73263.8

注：1.更换基期的年份有两个不变价数据，一个按上一基期价格计算，一个按新基期价格计算。
　　2.有关不变价国内生产总值的解释见简要说明。

a) There are two figures at the base switching year, one at the former base year prices, another at the latter.
b) Please refer to the brief introduction for the defination of gross domestic product at constant prices.

2-9 第三产业增加值指数
Indices of Value-added of the Tertiary Industry

本表按不变价格计算。
Data in this table are calculated at constant prices.
(上年＝100)　(preceding year=100)

年份 Year	第三产业 Tertiary Industry	交通运输、仓储和邮政业 Transport, Storage and Post	批发和零售业 Wholesale and Retail Trades	住宿和餐饮业 Hotels and Catering Services	金融业 Financial Intermediation	房地产业 Real Estate	其他 Others
1978	113.8	108.9	123.1	118.1	109.8	105.7	111.0
1979	107.9	108.3	108.7	111.1	97.2	104.1	110.1
1980	106.0	104.3	98.1	103.9	106.6	107.9	115.1
1981	110.4	101.9	129.5	117.5	104.3	96.5	107.6
1982	113.0	111.4	99.3	131.6	144.6	109.1	113.6
1983	115.2	109.5	121.2	119.4	127.0	105.2	112.0
1984	119.3	114.9	124.7	108.1	131.1	127.7	115.5
1985	118.2	113.8	133.5	106.3	116.9	125.0	111.7
1986	112.0	113.9	109.4	115.6	131.6	125.9	103.0
1987	114.4	109.6	114.7	109.7	123.3	129.3	110.4
1988	113.2	112.5	111.8	125.1	119.5	112.7	109.4
1989	105.4	104.2	89.3	109.9	125.9	115.9	104.9
1990	102.3	108.3	94.7	103.5	101.9	106.2	103.7
1991	108.9	110.6	105.2	108.2	102.3	112.0	115.7
1992	112.4	110.1	110.5	127.0	108.0	134.7	111.5
1993	112.2	112.5	108.6	108.2	110.9	110.8	116.9
1994	111.1	108.5	108.2	127.1	109.4	112.0	112.7
1995	109.8	111.0	108.2	110.2	108.5	112.4	110.3
1996	109.4	111.0	107.6	106.8	107.5	104.0	112.7
1997	110.7	109.2	108.8	110.9	108.5	104.1	115.9
1998	108.4	110.6	106.5	111.1	104.9	107.7	109.7
1999	109.3	112.2	108.7	107.7	104.8	105.9	111.4
2000	109.7	108.6	109.4	109.3	106.5	107.1	113.0
2001	110.3	108.8	109.1	107.6	106.4	111.0	112.9
2002	110.4	107.1	108.8	112.1	106.9	109.9	113.6
2003	109.5	106.1	109.9	112.4	107.0	109.8	110.8
2004	110.1	114.5	106.6	112.3	103.7	105.9	112.6
2005	112.2	111.2	113.0	112.3	113.8	112.2	111.9
2006	114.1	110.0	119.5	112.6	125.9	115.5	110.8
2007	116.0	111.8	120.2	109.6	127.6	124.4	111.3
2008	110.4	107.3	115.9	109.6	113.3	101.0	111.0
2009	109.6	104.2	112.1	105.5	118.2	111.3	107.8
2010	109.8	109.8	114.3	110.0	110.0	107.0	107.9
2011	109.4	109.9	112.6	106.6	107.2	106.7	109.5
2012	108.1	107.0	110.4	108.0	110.0	103.8	107.9

2-10 第三产业增加值指数

Indices of Value-added of the Tertiary Industry

本表按不变价格计算。

Data in this table are calculated at constant prices.

(1978年＝100) (year of 1978=100)

年份 Year	第三产业 Tertiary Industry	交通运输、仓储和邮政业 Transport, Storage and Post	批发和零售业 Wholesale and Retail Trades	住宿和餐饮业 Hotels and Catering Services	金融业 Financial Intermediation	房地产业 Real Estate	其他 Others
1978	100.0	100.0	100.0	100.0	100.0	100.0	100.0
1979	107.9	108.3	108.7	111.1	97.2	104.1	110.1
1980	114.3	112.9	106.7	115.5	103.6	112.3	126.7
1981	126.2	115.0	138.2	135.6	108.0	108.4	136.4
1982	142.6	128.1	137.2	178.5	156.2	118.2	154.9
1983	164.3	140.2	166.3	213.1	198.3	124.3	173.5
1984	196.0	161.1	207.4	230.3	259.9	158.7	200.4
1985	231.7	183.3	277.0	244.8	304.0	198.4	223.8
1986	259.6	208.8	303.2	283.1	400.0	249.7	230.5
1987	296.8	228.9	347.8	310.5	493.2	322.9	254.6
1988	335.9	257.5	388.7	388.5	589.1	363.8	278.4
1989	353.9	268.3	347.1	426.9	741.6	421.8	291.9
1990	362.1	290.7	328.8	441.8	755.4	448.2	302.8
1991	394.3	321.4	345.8	477.9	772.8	501.7	350.3
1992	443.3	353.7	382.2	607.0	834.6	675.9	390.6
1993	497.4	398.1	414.9	657.0	925.2	748.6	456.7
1994	552.5	432.0	448.9	835.3	1011.9	838.2	514.9
1995	606.9	479.4	485.9	920.8	1097.9	942.5	568.1
1996	664.1	532.4	523.0	983.8	1180.3	980.5	640.2
1997	735.3	581.3	568.8	1091.4	1280.1	1021.0	741.9
1998	796.8	642.9	605.9	1212.2	1343.0	1099.4	813.6
1999	871.2	721.2	658.6	1305.7	1407.4	1164.7	906.2
2000	956.1	783.0	720.7	1427.7	1498.7	1247.5	1024.0
2001	1054.2	852.0	786.2	1536.8	1595.4	1384.6	1155.7
2002	1164.2	912.7	855.5	1723.4	1705.8	1521.8	1313.4
2003	1274.9	968.6	940.5	1936.4	1824.6	1671.0	1455.0
2004	1403.1	1108.9	1002.2	2175.3	1892.1	1769.6	1639.0
2005	1574.7	1233.1	1132.8	2442.0	2152.7	1986.1	1833.4
2006	1797.3	1356.0	1353.3	2748.9	2710.2	2293.5	2030.7
2007	2084.6	1516.0	1626.9	3013.3	3457.9	2852.1	2260.6
2008	2301.4	1627.1	1884.7	3302.6	3919.0	2879.5	2508.6
2009	2521.5	1695.0	2112.8	3483.5	4633.1	3204.4	2703.6
2010	2767.5	1861.0	2414.8	3832.1	5098.1	3428.3	2917.1
2011	3028.0	2044.7	2719.3	4084.8	5465.1	3658.5	3195.3
2012	3272.0	2187.3	3002.4	4410.4	6011.3	3799.0	3447.2

2-11 分行业增加值
Value-added by Sector

本表按当年价格计算。
Data in this table are calculated at current prices.

单位：亿元 (100 million yuan)

行　业	Sector	2008	2009	2010	2011
总　计	**Total**	**314045.4**	**340902.8**	**401512.8**	**473104.0**
第一产业	**Primary Industry**	**33702.0**	**35226.0**	**40533.6**	**47486.2**
农林牧渔业	Agriculture, Forestry, Animal Husbandry and Fishery	33702.0	35226.0	40533.6	47486.2
第二产业	**Secondary Industry**	**149003.4**	**157638.8**	**187383.2**	**220412.8**
工业	Industry	130260.2	135239.9	160722.2	188470.2
采矿业	Mining	19629.4	16726.0	20936.6	27225.6
制造业	Manufacturing	102539.5	110118.5	130325.0	150597.2
电力、燃气及水的生产和供应业	Production and Supply of Electricity, Gas and Water	8091.3	8395.4	9460.6	10647.4
建筑业	Construction	18743.2	22398.8	26661.0	31942.7
第三产业	**Tertiary Industry**	**131340.0**	**148038.0**	**173596.0**	**205205.0**
交通运输、仓储和邮政业	Transport, Storage and Post	16362.5	16727.1	19132.2	22432.8
信息传输、计算机服务和软件业	Information Transmission, Computer Services and Software	7859.7	8163.8	8881.9	9780.3
批发和零售业	Wholesale and Retail Trades	26182.3	28984.5	35746.1	43445.2
住宿和餐饮业	Hotels and Catering Services	6616.1	7118.2	8068.5	9172.8
金融业	Financial Intermediation	14863.3	17767.5	20980.6	24958.3
房地产业	Real Estate	14738.7	18654.9	22782.0	26783.9
租赁和商务服务业	Leasing and Business Services	5608.2	6191.4	7785.0	9407.1
科学研究、技术服务和地质勘查业	Scientific Research, Technical Services and Geologic Prospecting	3993.4	4721.7	5636.9	6965.8
水利、环境和公共设施管理业	Management of Water Conservancy, Environment and Public Facilities	1265.5	1480.4	1752.1	2039.5
居民服务和其他服务业	Services to Households and Other Services	4628.0	5271.5	6101.7	7280.5
教育	Education	8887.5	10481.8	12042.1	14429.4
卫生、社会保障和社会福利业	Health, Social Security and Social Welfare	4628.7	5082.6	5980.8	7495.9
文化、体育和娱乐业	Culture, Sports and Entertainment	1922.4	2231.0	2495.8	3007.1
公共管理和社会组织	Public Management and Social Organizations	13783.7	15161.7	16210.3	18006.4

2-12 三次产业贡献率

Share of the Contributions of the Three Strata of Industry to the Increase of the GDP

本表按不变价格计算。

Data in this table are calculated at constant prices.

单位：% (%)

年 份 Year	国内生产总值 Gross Domestic Product	第一产业 Primary Industry	第二产业 Secondary Industry	#工 业 Industry	第三产业 Tertiary Industry
1990	100.0	41.6	41.0	39.7	17.3
1991	100.0	7.1	62.8	58.0	30.1
1992	100.0	8.4	64.5	57.6	27.1
1993	100.0	7.9	65.5	59.1	26.6
1994	100.0	6.6	67.9	62.6	25.5
1995	100.0	9.1	64.3	58.5	26.6
1996	100.0	9.6	62.9	58.5	27.5
1997	100.0	6.7	59.7	58.3	33.5
1998	100.0	7.6	60.9	55.4	31.5
1999	100.0	6.0	57.8	55.0	36.2
2000	100.0	4.4	60.8	57.6	34.8
2001	100.0	5.1	46.7	42.1	48.2
2002	100.0	4.6	49.8	44.4	45.7
2003	100.0	3.4	58.5	51.9	38.1
2004	100.0	7.8	52.2	47.7	39.9
2005	100.0	5.6	51.1	43.4	43.3
2006	100.0	4.8	50.0	42.4	45.2
2007	100.0	3.0	50.7	44.0	46.3
2008	100.0	5.7	49.3	43.4	45.0
2009	100.0	4.5	51.9	40.0	43.6
2010	100.0	3.8	56.8	48.5	39.3
2011	100.0	4.6	51.6	44.7	43.8
2012	100.0	5.7	48.7	40.6	45.6

注：三次产业贡献率指各产业增加值增量与GDP增量之比。

a) Share of the contributions of the three strata of industry to the increase of the GDP refers to the proportion of the increment of the value-added of each industry to the increment of GDP.

2-13 三次产业对国内生产总值增长的拉动

Contribution of the Three Strata of Industry to GDP Growth

本表按不变价格计算。

Data in this table are calculated at constant prices.

单位：百分点 (percentage points)

年 份 Year	国内生产总值 Gross Domestic Product	第一产业 Primary Industry	第二产业 Secondary Industry	#工 业 Industry	第三产业 Tertiary Industry
1990	3.8	1.6	1.6	1.5	0.7
1991	9.2	0.7	5.8	5.3	2.8
1992	14.2	1.2	9.2	8.2	3.9
1993	14.0	1.1	9.1	8.3	3.7
1994	13.1	0.9	8.9	8.2	3.3
1995	10.9	1.0	7.0	6.4	2.9
1996	10.0	1.0	6.3	5.9	2.8
1997	9.3	0.6	5.6	5.4	3.1
1998	7.8	0.6	4.8	4.3	2.5
1999	7.6	0.5	4.4	4.2	2.8
2000	8.4	0.4	5.1	4.9	2.9
2001	8.3	0.4	3.9	3.5	4.0
2002	9.1	0.4	4.5	4.0	4.1
2003	10.0	0.3	5.9	5.2	3.8
2004	10.1	0.8	5.3	4.8	4.0
2005	11.3	0.6	5.8	4.9	4.9
2006	12.7	0.6	6.3	5.4	5.7
2007	14.2	0.4	7.2	6.2	6.6
2008	9.6	0.6	4.7	4.2	4.3
2009	9.2	0.4	4.8	3.7	4.0
2010	10.4	0.4	5.9	5.1	4.1
2011	9.3	0.4	4.8	4.2	4.1
2012	7.7	0.4	3.7	3.1	3.5

注：三次产业拉动指GDP增长速度与各产业贡献率之乘积。

a) Contribution of the three strata of industry to GDP growth refers to the growth rate of GDP multiplied by the contribution share of every industry.

2-14 地区生产总值和指数
Gross Regional Product and Indices

本表绝对数按当年价格计算，指数按不变价格计算。
Level data in this table are calculated at current prices while indices at constant prices.

地 区	Region	地区生产总值（亿元） Gross Regional Product (100 million yuan)					指 数（上年=100） Indices (preceding year=100)				
		2008	2009	2010	2011	2012	2008	2009	2010	2011	2012
北 京	Beijing	11115.00	12153.03	14113.58	16251.93	17879.40	109.1	110.2	110.3	108.1	107.7
天 津	Tianjin	6719.01	7521.85	9224.46	11307.28	12893.88	116.5	116.5	117.4	116.4	113.8
河 北	Hebei	16011.97	17235.48	20394.26	24515.76	26575.01	110.1	110.0	112.2	111.3	109.6
山 西	Shanxi	7315.40	7358.31	9200.86	11237.55	12112.83	108.5	105.4	113.9	113.0	110.1
内蒙古	Inner Mongolia	8496.20	9740.25	11672.00	14359.88	15880.58	117.8	116.9	115.0	114.3	111.5
辽 宁	Liaoning	13668.58	15212.49	18457.27	22226.70	24846.43	113.4	113.1	114.2	112.2	109.5
吉 林	Jilin	6426.10	7278.75	8667.58	10568.83	11939.24	116.0	113.6	113.8	113.8	112.0
黑龙江	Heilongjiang	8314.37	8587.00	10368.60	12582.00	13691.58	111.8	111.4	112.7	112.3	110.0
上 海	Shanghai	14069.87	15046.45	17165.98	19195.69	20181.72	109.7	108.2	110.3	108.2	107.5
江 苏	Jiangsu	30981.98	34457.30	41425.48	49110.27	54058.22	112.7	112.4	112.7	111.0	110.1
浙 江	Zhejiang	21462.69	22990.35	27722.31	32318.85	34665.33	110.1	108.9	111.9	109.0	108.0
安 徽	Anhui	8851.66	10062.82	12359.33	15300.65	17212.05	112.7	112.9	114.6	113.5	112.1
福 建	Fujian	10823.01	12236.53	14737.12	17560.18	19701.78	113.0	112.3	113.9	112.3	111.4
江 西	Jiangxi	6971.05	7655.18	9451.26	11702.82	12948.88	113.2	113.1	114.0	112.5	111.0
山 东	Shandong	30933.28	33896.65	39169.92	45361.85	50013.24	112.0	112.2	112.3	110.9	109.8
河 南	Henan	18018.53	19480.46	23092.36	26931.03	29599.31	112.1	110.9	112.5	111.9	110.1
湖 北	Hubei	11328.92	12961.10	15967.61	19632.26	22250.45	113.4	113.5	114.8	113.8	111.3
湖 南	Hunan	11555.00	13059.69	16037.96	19669.56	22154.23	113.9	113.7	114.6	112.8	111.3
广 东	Guangdong	36796.71	39482.56	46013.06	53210.28	57067.92	110.4	109.7	112.4	110.0	108.2
广 西	Guangxi	7021.00	7759.16	9569.85	11720.87	13035.10	112.8	113.9	114.2	112.3	111.3
海 南	Hainan	1503.06	1654.21	2064.50	2522.66	2855.54	110.3	111.7	116.0	112.0	109.1
重 庆	Chongqing	5793.66	6530.01	7925.58	10011.37	11409.60	114.5	114.9	117.1	116.4	113.6
四 川	Sichuan	12601.23	14151.28	17185.48	21026.68	23872.80	111.0	114.5	115.1	115.0	112.6
贵 州	Guizhou	3561.56	3912.68	4602.16	5701.84	6852.20	111.3	111.4	112.8	115.0	113.6
云 南	Yunnan	5692.12	6169.75	7224.18	8893.12	10309.47	110.6	112.1	112.3	113.7	113.0
西 藏	Tibet	394.85	441.36	507.46	605.83	701.03	110.1	112.4	112.3	112.7	111.8
陕 西	Shaanxi	7314.58	8169.80	10123.48	12512.30	14453.68	116.4	113.6	114.6	113.9	112.9
甘 肃	Gansu	3166.82	3387.56	4120.75	5020.37	5650.20	110.1	110.3	111.8	112.5	112.6
青 海	Qinghai	1018.62	1081.27	1350.43	1670.44	1893.54	113.5	110.1	115.3	113.5	112.3
宁 夏	Ningxia	1203.92	1353.31	1689.65	2102.21	2341.29	112.6	111.9	113.5	112.1	111.5
新 疆	Xinjiang	4183.21	4277.05	5437.47	6610.05	7505.31	111.0	108.1	110.6	112.0	112.0

2-15 人均地区生产总值和指数
Per Capita Gross Regional Product and Indices

本表绝对数按当年价格计算，指数按不变价格计算。
Level data in this table are calculated at current prices while indices at constant prices.

地区	Region	人均地区生产总值（元） Per Capita Gross Regional Product (yuan)					指数（上年=100） Indices (preceding year=100)				
		2008	2009	2010	2011	2012	2008	2009	2010	2011	2012
北京	Beijing	64491	66940	73856	81658	87475	103.7	104.6	104.8	103.8	104.9
天津	Tianjin	58656	62574	72994	85213	93173	111.4	111.1	111.7	110.9	109.2
河北	Hebei	22986	24581	28668	33969	36584	109.3	109.3	110.6	109.7	108.9
山西	Shanxi	21506	21522	26283	31357	33628	107.9	104.9	111.2	110.4	109.6
内蒙古	Inner Mongolia	34869	39735	47347	57974	63886	117.1	116.2	114.4	113.8	111.1
辽宁	Liaoning	31739	35149	42355	50760	56649	112.8	112.5	113.4	111.6	109.4
吉林	Jilin	23521	26595	31599	38460	43415	115.7	113.4	113.6	113.5	111.9
黑龙江	Heilongjiang	21740	22447	27076	32819	35711	111.7	111.4	112.6	112.2	110.1
上海	Shanghai	66932	69164	76074	82560	85373	105.1	104.6	106.4	105.0	105.7
江苏	Jiangsu	40014	44253	52840	62290	68347	111.9	111.8	112.0	110.3	109.7
浙江	Zhejiang	41405	43842	51711	59249	63374	108.6	107.7	109.5	107.2	107.7
安徽	Anhui	14448	16408	20888	25659	28792	112.4	112.8	118.8	112.6	111.8
福建	Fujian	29755	33437	40025	47377	52763	112.3	111.6	113.2	111.6	110.5
江西	Jiangxi	15900	17335	21253	26150	28800	112.4	112.3	113.2	111.8	110.4
山东	Shandong	32936	35894	41106	47335	51768	111.4	111.6	111.3	109.9	109.2
河南	Henan	19181	20597	24446	28661	31499	111.9	110.2	112.6	112.5	110.1
湖北	Hubei	19858	22677	27906	34197	38572	113.2	113.3	114.7	113.5	110.7
湖南	Hunan	18147	20428	24719	29880	33480	113.6	113.2	112.9	111.2	110.7
广东	Guangdong	37638	39436	44736	50807	54095	107.9	107.1	109.5	108.0	107.4
广西	Guangxi	14652	16045	20219	25326	27952	111.7	112.9	113.9	112.0	110.4
海南	Hainan	17691	19254	23831	28898	32377	109.2	110.4	115.0	111.1	108.0
重庆	Chongqing	20490	22920	27596	34500	38914	113.9	114.1	116.2	115.1	112.4
四川	Sichuan	15495	17339	21182	26133	29608	111.2	114.0	115.7	115.9	112.3
贵州	Guizhou	9855	10971	13119	16413	19710	112.8	112.9	114.7	116.1	113.5
云南	Yunnan	12570	13539	15752	19265	22195	109.8	111.4	111.6	112.9	112.3
西藏	Tibet	13824	15295	17319	20077	22936	109.0	111.2	111.2	111.3	110.4
陕西	Shaanxi	19700	21947	27133	33464	38564	116.1	113.3	114.4	113.7	112.6
甘肃	Gansu	12421	13269	16113	19595	21978	110.1	110.2	111.6	112.3	112.2
青海	Qinghai	18421	19454	24115	29522	33181	112.9	109.6	114.5	112.3	111.3
宁夏	Ningxia	19609	21777	26860	33043	36394	111.3	110.6	112.2	110.8	110.3
新疆	Xinjiang	19797	19942	25034	30087	33796	108.9	106.5	109.3	110.7	110.8

2-16 按三次产业分地区生产总值（2012年）
Gross Regional Product by Three Strata of Industry (2012)

本表绝对数按当年价格计算，指数按不变价格计算。
Level data in this table are calculated at current prices while indices at constant prices.

单位：亿元 (100 million yuan)

地区	Region	地区生产总值 Gross Regional Product	第一产业 Primary Industry	第二产业 Secondary Industry	工业 Industry	建筑业 Construction	第三产业 Tertiary Industry
北京	Beijing	17879.40	150.20	4059.27	3294.32	764.95	13669.93
天津	Tianjin	12893.88	171.60	6663.82	6123.06	540.76	6058.46
河北	Hebei	26575.01	3186.66	14003.57	12511.60	1491.97	9384.78
山西	Shanxi	12112.83	698.32	6731.56	6023.55	708.01	4682.95
内蒙古	Inner Mongolia	15880.58	1448.58	8801.50	7735.78	1065.71	5630.50
辽宁	Liaoning	24846.43	2155.82	13230.49	11605.07	1625.42	9460.12
吉林	Jilin	11939.24	1412.11	6376.77	5582.48	794.29	4150.36
黑龙江	Heilongjiang	13691.58	2113.66	6037.61	5240.65	796.96	5540.31
上海	Shanghai	20181.72	127.80	7854.77	7097.76	757.01	12199.15
江苏	Jiangsu	54058.22	3418.29	27121.95	23908.47	3213.48	23517.98
浙江	Zhejiang	34665.33	1667.88	17316.32	15338.02	1978.30	15681.13
安徽	Anhui	17212.05	2178.73	9404.84	8025.84	1379.00	5628.48
福建	Fujian	19701.78	1776.71	10187.94	8541.94	1646.00	7737.13
江西	Jiangxi	12948.88	1520.23	6942.59	5828.20	1114.39	4486.06
山东	Shandong	50013.24	4281.70	25735.73	22798.33	2937.40	19995.81
河南	Henan	29599.31	3769.54	16672.20	15017.56	1654.64	9157.57
湖北	Hubei	22250.45	2848.77	11193.10	9735.15	1457.95	8208.58
湖南	Hunan	22154.23	3004.21	10506.42	9138.50	1367.92	8643.60
广东	Guangdong	57067.92	2847.26	27700.97	25810.07	1890.90	26519.69
广西	Guangxi	13035.10	2172.37	6247.43	5279.26	968.17	4615.30
海南	Hainan	2855.54	711.54	804.47	521.15	283.32	1339.53
重庆	Chongqing	11409.60	940.01	5975.18	4981.01	994.17	4494.41
四川	Sichuan	23872.80	3297.21	12333.28	10550.53	1782.75	8242.31
贵州	Guizhou	6852.20	891.91	2677.54	2217.06	460.48	3282.75
云南	Yunnan	10309.47	1654.55	4419.20	3450.72	968.48	4235.72
西藏	Tibet	701.03	80.38	242.85	55.35	187.50	377.80
陕西	Shaanxi	14453.68	1370.16	8073.87	6847.41	1226.46	5009.65
甘肃	Gansu	5650.20	780.50	2600.09	2070.24	529.85	2269.61
青海	Qinghai	1893.54	176.91	1092.34	895.89	196.45	624.29
宁夏	Ningxia	2341.29	199.40	1159.37	878.63	280.74	982.52
新疆	Xinjiang	7505.31	1320.57	3481.56	2850.06	631.50	2703.18

2-16 续表 1 continued

单位：亿元 (100 million yuan)

地 区	Region	交通运输、仓储和邮政业 Transport, Storage and Post	批发和零售业 Wholesale and Retail Trades	住宿和餐饮业 Hotels and Catering Services	金融业 Financial Intermediation	房地产业 Real Estate	其 他 Others
北 京	Beijing	816.31	2229.77	373.06	2536.91	1244.17	6469.71
天 津	Tianjin	683.56	1680.33	222.18	1001.59	449.65	2021.15
河 北	Hebei	2212.93	2024.29	388.87	913.66	982.05	2862.98
山 西	Shanxi	847.44	991.08	299.67	639.61	301.88	1603.27
内蒙古	Inner Mongolia	1185.30	1415.47	433.94	502.01	385.22	1708.56
辽 宁	Liaoning	1297.18	2191.19	487.49	969.37	1050.03	3464.86
吉 林	Jilin	462.13	986.46	240.70	244.63	240.86	1975.58
黑龙江	Heilongjiang	598.78	1339.05	367.40	485.11	522.27	2227.70
上 海	Shanghai	895.31	3291.93	298.40	2450.36	1147.04	4116.11
江 苏	Jiangsu	2352.40	5704.66	1045.21	3136.51	2992.82	8286.38
浙 江	Zhejiang	1278.91	3684.34	655.74	2762.24	1927.93	5371.97
安 徽	Anhui	650.21	1223.97	268.95	617.62	665.76	2201.97
福 建	Fujian	1090.07	1670.26	337.48	1015.37	1039.71	2584.24
江 西	Jiangxi	630.56	935.94	310.84	413.07	421.83	1773.82
山 东	Shandong	2516.19	6507.40	1059.47	1936.11	1984.49	5992.16
河 南	Henan	1151.91	1877.82	898.36	1013.60	1040.70	3175.18
湖 北	Hubei	934.96	1687.52	512.02	870.36	692.82	3510.90
湖 南	Hunan	1077.65	1819.01	460.70	579.76	568.52	4107.93
广 东	Guangdong	2367.46	6333.62	1308.40	3171.96	3643.87	9694.37
广 西	Guangxi	625.57	982.18	364.46	573.05	489.43	1580.59
海 南	Hainan	133.40	300.52	98.96	130.69	238.11	437.85
重 庆	Chongqing	515.15	847.99	189.98	915.65	620.17	1405.47
四 川	Sichuan	707.19	1342.25	621.72	1303.56	703.51	3564.08
贵 州	Guizhou	687.45	514.49	266.58	365.87	176.75	1271.61
云 南	Yunnan	247.53	1039.64	330.67	541.18	243.03	1833.67
西 藏	Tibet	26.23	42.75	23.78	32.04	20.77	232.23
陕 西	Shaanxi	617.39	1166.90	312.27	551.20	450.12	1911.77
甘 肃	Gansu	319.66	398.52	141.68	184.43	146.32	1079.00
青 海	Qinghai	71.87	109.44	21.39	83.73	31.41	306.45
宁 夏	Ningxia	196.49	124.66	42.67	167.48	87.51	363.71
新 疆	Xinjiang	357.90	426.65	108.39	360.40	194.38	1255.46

2-16 续表 2 continued

地 区	Region	构 成（地区生产总值=100） Composition (GRP=100)			指 数 （上年=100） Indices (preceding year=100)			
		第一产业 Primary Industry	第二产业 Secondary Industry	第三产业 Tertiary Industry	地区生产总值 Gross Regional Product	第一产业 Primary Industry	第二产业 Secondary Industry	第三产业 Tertiary Industry
北 京	Beijing	0.8	22.7	76.5	107.7	103.2	107.5	107.9
天 津	Tianjin	1.3	51.7	47.0	113.8	103.0	115.2	112.6
河 北	Hebei	12.0	52.7	35.3	109.6	104.0	111.5	108.6
山 西	Shanxi	5.8	55.6	38.7	110.1	106.3	110.8	109.7
内蒙古	Inner Mongolia	9.1	55.4	35.5	111.5	105.6	113.3	110.0
辽 宁	Liaoning	8.7	53.2	38.1	109.5	105.1	109.8	110.1
吉 林	Jilin	11.8	53.4	34.8	112.0	105.3	114.0	111.3
黑龙江	Heilongjiang	15.4	44.1	40.5	110.0	106.5	110.3	110.8
上 海	Shanghai	0.6	38.9	60.4	107.5	100.5	103.1	110.6
江 苏	Jiangsu	6.3	50.2	43.5	110.1	104.6	111.1	109.7
浙 江	Zhejiang	4.8	50.0	45.2	108.0	102.0	107.3	109.4
安 徽	Anhui	12.7	54.6	32.7	112.1	105.5	114.4	111.0
福 建	Fujian	9.0	51.7	39.3	111.4	104.2	114.3	109.1
江 西	Jiangxi	11.7	53.6	34.6	111.0	104.6	113.1	109.5
山 东	Shandong	8.6	51.5	40.0	109.8	104.7	110.5	109.8
河 南	Henan	12.7	56.3	30.9	110.1	104.5	111.4	110.2
湖 北	Hubei	12.8	50.3	36.9	111.3	104.7	113.2	110.8
湖 南	Hunan	13.6	47.4	39.0	111.3	103.0	112.8	112.2
广 东	Guangdong	5.0	48.5	46.5	108.2	103.8	107.3	109.5
广 西	Guangxi	16.7	47.9	35.4	111.3	105.6	114.2	109.8
海 南	Hainan	24.9	28.2	46.9	109.1	106.3	111.0	109.5
重 庆	Chongqing	8.2	52.4	39.4	113.6	105.3	115.6	112.0
四 川	Sichuan	13.8	51.7	34.5	112.6	104.5	115.2	111.6
贵 州	Guizhou	13.0	39.1	47.9	113.6	108.6	116.8	112.1
云 南	Yunnan	16.0	42.9	41.1	113.0	106.7	116.7	110.9
西 藏	Tibet	11.5	34.6	53.9	111.8	103.4	114.4	112.0
陕 西	Shaanxi	9.5	55.9	34.7	112.9	106.0	114.8	111.6
甘 肃	Gansu	13.8	46.0	40.2	112.6	106.8	114.2	112.5
青 海	Qinghai	9.3	57.7	33.0	112.3	105.2	114.1	111.1
宁 夏	Ningxia	8.5	49.5	42.0	111.5	105.8	113.8	109.7
新 疆	Xinjiang	17.6	46.4	36.0	112.0	107.0	113.7	112.3

2-17 地区生产总值收入法构成项目（2012年）
Income Approach Components of Gross Regional Product (2012)

本表按当年价格计算。
Data in this table are calculated at current prices.

单位：亿元 (100 million yuan)

地 区	Region	地区生产总值 Gross Regional Product	劳动者报酬 Compensation of Employees	生产税净额 Net Taxes on Production	固定资产折旧 Depreciation of Fixed Assets	营业盈余 Operating Surplus
北 京	Beijing	17879.40	9102.64	2894.58	2269.61	3612.57
天 津	Tianjin	12893.88	5040.37	2138.15	1506.75	4208.61
河 北	Hebei	26575.01	13656.68	3408.74	3346.67	6162.92
山 西	Shanxi	12112.83	5319.18	1989.99	1866.68	2936.98
内蒙古	Inner Mongolia	15880.58	6960.77	2152.04	1718.26	5049.51
辽 宁	Liaoning	24846.43	11559.60	5192.66	3680.90	4413.27
吉 林	Jilin	11939.24	4589.20	1859.57	1992.09	3498.38
黑龙江	Heilongjiang	13691.58	5417.92	2107.32	1549.06	4617.28
上 海	Shanghai	20181.72	8389.14	4022.74	2460.38	5309.46
江 苏	Jiangsu	54058.22	22867.66	7862.22	7209.94	16118.40
浙 江	Zhejiang	34665.33	14583.69	5495.64	4463.09	10122.91
安 徽	Anhui	17212.05	8445.19	2350.44	2083.07	4333.35
福 建	Fujian	19701.78	9979.11	2809.74	2114.83	4798.10
江 西	Jiangxi	12948.88	5529.01	2114.79	1986.72	3318.36
山 东	Shandong	50013.24	19235.34	8307.74	7143.36	15326.81
河 南	Henan	29599.31	14834.53	4633.77	3348.38	6782.62
湖 北	Hubei	22250.45	10814.15	3161.57	2765.11	5509.62
湖 南	Hunan	22154.23	10988.08	3596.68	2369.19	5200.28
广 东	Guangdong	57067.92	27239.83	8988.68	7535.69	13303.72
广 西	Guangxi	13035.10	7183.36	1719.70	1474.92	2657.12
海 南	Hainan	2855.54	1447.36	546.25	424.91	437.02
重 庆	Chongqing	11409.60	5679.13	1664.96	1240.30	2825.21
四 川	Sichuan	23872.80	10537.71	3676.83	3007.03	6651.23
贵 州	Guizhou	6852.20	3650.80	1241.50	900.51	1059.39
云 南	Yunnan	10309.47	5214.01	2316.81	1069.53	1709.12
西 藏	Tibet	701.03	450.54	62.14	104.33	84.02
陕 西	Shaanxi	14453.68	5566.50	2585.50	1747.26	4554.42
甘 肃	Gansu	5650.20	2628.86	987.21	923.16	1110.98
青 海	Qinghai	1893.54	823.58	278.38	335.98	455.60
宁 夏	Ningxia	2341.29	1150.85	328.05	399.08	463.31
新 疆	Xinjiang	7505.31	3979.27	1140.66	1096.08	1289.30

2-18 支出法国内生产总值
Gross Domestic Product by Expenditure Approach

本表按当年价格计算。
Data in value terms in this table are calculated at current prices.

年份 Year	支出法国内生产总值(亿元) Gross Domestic Product by Expenditure Approach (100 million yuan)	最终消费支出 Final Consumption Expenditures	资本形成总额 Gross Capital Formation	货物和服务净出口 Net Exports of Goods and Services	最终消费率(消费率)(%) Final Consumption Rate (%)	资本形成率(投资率)(%) Capital Formation Rate (%)
1978	3605.6	2239.1	1377.9	-11.4	62.1	38.2
1979	4092.6	2633.7	1478.9	-20.0	64.4	36.1
1980	4592.9	3007.9	1599.7	-14.7	65.5	34.8
1981	5008.8	3361.5	1630.2	17.1	67.1	32.5
1982	5590.0	3714.8	1784.2	91.0	66.5	31.9
1983	6216.2	4126.4	2039.0	50.8	66.4	32.8
1984	7362.7	4846.3	2515.1	1.3	65.8	34.2
1985	9076.7	5986.3	3457.5	-367.1	66.0	38.1
1986	10508.5	6821.8	3941.9	-255.2	64.9	37.5
1987	12277.4	7804.6	4462.0	10.8	63.6	36.3
1988	15388.6	9839.5	5700.2	-151.1	63.9	37.0
1989	17311.3	11164.2	6332.7	-185.6	64.5	36.6
1990	19347.8	12090.5	6747.0	510.3	62.5	34.9
1991	22577.4	14091.9	7868.0	617.5	62.4	34.8
1992	27565.2	17203.3	10086.3	275.6	62.4	36.6
1993	36938.1	21899.9	15717.7	-679.5	59.3	42.6
1994	50217.4	29242.2	20341.1	634.1	58.2	40.5
1995	63216.9	36748.2	25470.1	998.6	58.1	40.3
1996	74163.6	43919.5	28784.9	1459.2	59.2	38.8
1997	81658.5	48140.6	29968.0	3549.9	59.0	36.7
1998	86531.6	51588.2	31314.2	3629.2	59.6	36.2
1999	91125.0	55636.9	32951.5	2536.6	61.1	36.2
2000	98749.0	61516.0	34842.8	2390.2	62.3	35.3
2001	109028.0	66933.9	39769.4	2324.7	61.4	36.5
2002	120475.6	71816.5	45565.0	3094.1	59.6	37.8
2003	136613.4	77685.5	55963.0	2964.9	56.9	41.0
2004	160956.6	87552.6	69168.4	4235.6	54.4	43.0
2005	187423.4	99357.5	77856.8	10209.1	53.0	41.5
2006	222712.5	113103.8	92954.1	16654.6	50.8	41.7
2007	266599.2	132232.9	110943.2	23423.1	49.6	41.6
2008	315974.6	153422.5	138325.3	24226.8	48.6	43.8
2009	348775.1	169274.8	164463.2	15037.0	48.5	47.2
2010	402816.5	194115.0	193603.9	15097.6	48.2	48.1
2011	472619.2	232111.5	228344.3	12163.3	49.1	48.3
2012	529238.4	261832.8	252773.2	14632.4	49.5	47.8

注：资本形成率指资本形成总额占支出法国内生产总值的比重；最终消费率指最终消费支出占支出法国内生产总值的比重。

a) Capital formation rate refers to gross capital formation as percentage of gross domestic product by expenditure approach, final consumption rate refers to final consumption expenditures as percentage of gross domestic product by expenditure approach.

2-19 支出法国内生产总值结构

Components of Gross Domestic Product by Expenditure Approach

本表按当年价格计算。

Data in value terms in this table are calculated at current prices.

年份 Year	最终消费支出 Final Consumption Expenditures								资本形成总额 Gross Capital Formation			
	绝对数(亿元) Level (100 million yuan)				构成 Composition				绝对数(亿元) Level (100 million yuan)		构成 (资本形成总额=100) Composition (Gross Capital Formation=100)	
					最终消费支出=100 Final Consumption Expenditures=100		居民消费支出=100 Household Consumption Expenditures=100					
	居民消费支出 Household Consumption Expenditures	农村居民 Rural Household	城镇居民 Urban Household	政府消费支出 Government Consumption Expenditures	居民消费支出 Household Consumption Expenditures	政府消费支出 Government Consumption Expenditures	农村居民 Rural Household	城镇居民 Urban Household	固定资本形成总额 Gross Fixed Capital Formation	存货变动 Change in Inventories	固定资本形成总额 Gross Fixed Capital Formation	存货变动 Change in Inventories
1978	1759.1	1092.4	666.7	480.0	78.6	21.4	62.1	37.9	1073.9	304.0	77.9	22.1
1979	2011.5	1252.9	758.6	622.2	76.4	23.6	62.3	37.7	1153.1	325.8	78.0	22.0
1980	2331.2	1411.0	920.2	676.7	77.5	22.5	60.5	39.5	1322.4	277.3	82.7	17.3
1981	2627.9	1603.8	1024.1	733.6	78.2	21.8	61.0	39.0	1339.3	290.9	82.2	17.8
1982	2902.9	1787.5	1115.4	811.9	78.1	21.9	61.6	38.4	1503.2	281.0	84.3	15.7
1983	3231.1	2010.5	1220.6	895.3	78.3	21.7	62.2	37.8	1723.3	315.7	84.5	15.5
1984	3742.0	2312.1	1429.9	1104.3	77.2	22.8	61.8	38.2	2147.0	368.1	85.4	14.6
1985	4687.4	2809.6	1877.8	1298.9	78.3	21.7	59.9	40.1	2672.0	785.5	77.3	22.7
1986	5302.1	3059.2	2242.9	1519.7	77.7	22.3	57.7	42.3	3139.7	802.2	79.6	20.4
1987	6126.1	3428.9	2697.2	1678.5	78.5	21.5	56.0	44.0	3798.7	663.3	85.1	14.9
1988	7868.1	4174.0	3694.1	1971.4	80.0	20.0	53.0	47.0	4701.9	998.3	82.5	17.5
1989	8812.6	4545.7	4266.9	2351.6	78.9	21.1	51.6	48.4	4419.4	1913.3	69.8	30.2
1990	9450.9	4683.1	4767.8	2639.6	78.2	21.8	49.6	50.4	4827.8	1919.2	71.6	28.4
1991	10730.6	5082.0	5648.6	3361.3	76.1	23.9	47.4	52.6	6070.3	1797.7	77.2	22.8
1992	13000.1	5833.5	7166.6	4203.2	75.6	24.4	44.9	55.1	8513.7	1572.6	84.4	15.6
1993	16412.1	6858.0	9554.1	5487.8	74.9	25.1	41.8	58.2	13309.2	2408.5	84.7	15.3
1994	21844.2	8875.3	12968.9	7398.0	74.7	25.3	40.6	59.4	17312.7	3028.4	85.1	14.9
1995	28369.7	11271.6	17098.1	8378.5	77.2	22.8	39.7	60.3	20885.0	4585.1	82.0	18.0
1996	33955.9	13907.1	20048.8	9963.6	77.3	22.7	41.0	59.0	24048.1	4736.8	83.5	16.5
1997	36921.5	14575.8	22345.7	11219.1	76.7	23.3	39.5	60.5	25965.0	4003.0	86.6	13.4
1998	39229.3	14472.0	24757.3	12358.9	76.0	24.0	36.9	63.1	28569.0	2745.2	91.2	8.8
1999	41920.4	14584.1	27336.3	13716.5	75.3	24.7	34.8	65.2	30527.3	2424.2	92.6	7.4
2000	45854.6	15147.4	30707.2	15661.4	74.5	25.5	33.0	67.0	33844.4	998.4	97.1	2.9
2001	49435.9	15791.0	33644.9	17498.0	73.9	26.1	31.9	68.1	37754.5	2014.9	94.9	5.1
2002	53056.6	16271.7	36784.9	18759.9	73.9	26.1	30.7	69.3	43632.1	1932.9	95.8	4.2
2003	57649.8	16305.7	41344.1	20035.7	74.2	25.8	28.3	71.7	53490.7	2472.3	95.6	4.4
2004	65218.5	17689.9	47528.6	22334.1	74.5	25.5	27.1	72.9	65117.7	4050.7	94.1	5.9
2005	72958.7	19958.4	53000.3	26398.8	73.4	26.6	27.4	72.6	74232.9	3624.0	95.3	4.7
2006	82575.5	21786.0	60789.5	30528.4	73.0	27.0	26.4	73.6	87954.1	5000.0	94.6	5.4
2007	96332.5	24205.6	72126.9	35900.4	72.9	27.1	25.1	74.9	103948.6	6994.6	93.7	6.3
2008	111670.4	27677.3	83993.1	41752.1	72.8	27.2	24.8	75.2	128084.4	10240.9	92.6	7.4
2009	123584.6	29005.3	94579.3	45690.2	73.0	27.0	23.5	76.5	156679.8	7783.4	95.3	4.7
2010	140758.6	31974.6	108784.0	53356.3	72.5	27.5	22.7	77.3	183615.2	9988.7	94.8	5.2
2011	168956.6	38969.6	129987.0	63154.9	72.8	27.2	23.1	76.9	215682.0	12662.3	94.5	5.5
2012	190423.8	42310.4	148113.4	71409.0	72.7	27.3	22.2	77.8	241756.8	11016.4	95.6	4.4

2-20 支出法地区生产总值（2012年）
Gross Regional Product by Expenditure Approach (2012)

本表按当年价格计算。
Data in value terms in this table are calculated at current prices.

地 区	Region	支出法地区生产总值（亿元）Gross Regional Product by Expenditure Approach (100 million yuan)	最终消费支出 Final Consumption Expenditures	资本形成总额 Gross Capital Formation	货物和服务净流出 Net Outflow of Goods and Services	最终消费率（消费率）(%) Final Consumption Rate (%)	资本形成率（投资率）(%) Capital Formation Rate (%)
北 京	Beijing	17879.4	10655.1	7409.6	-185.3	59.6	41.4
天 津	Tianjin	12893.9	4879.4	9848.4	-1833.95	37.8	76.4
河 北	Hebei	26575.0	11081.1	15244.6	249.28	41.7	57.4
山 西	Shanxi	12112.8	5506.1	8223.9	-1617.1	45.5	67.9
内蒙古	Inner Mongolia	15880.6	6244.2	13442.1	-3805.7	39.3	84.6
辽 宁	Liaoning	24846.4	10073.2	15492.1	-718.9	40.5	62.4
吉 林	Jilin	12688.4	4942.0	9136.2	-1389.9	38.9	72.0
黑龙江	Heilongjiang	13691.6	7260.5	8143.7	-1712.6	53.0	59.5
上 海	Shanghai	20181.7	11528.6	7674.8	978.3	57.1	38.0
江 苏	Jiangsu	54058.2	22714.6	27258.1	4085.6	42.0	50.4
浙 江	Zhejiang	34665.3	16509.4	15460.7	2695.2	47.6	44.6
安 徽	Anhui	17212.1	8439.0	8855.8	-82.7	49.0	51.5
福 建	Fujian	19701.8	7882.9	11304.8	514.1	40.0	57.4
江 西	Jiangxi	12948.9	6314.3	6513.7	120.9	48.8	50.3
山 东	Shandong	50013.2	20543.7	27551.5	1918.0	41.1	55.1
河 南	Henan	29599.3	13338.4	22060.0	-5799.1	45.1	74.5
湖 北	Hubei	22659.4	9982.8	12554.7	121.9	44.1	55.4
湖 南	Hunan	22154.2	10166.1	12488.8	-500.7	45.9	56.4
广 东	Guangdong	57067.9	29264.3	22871.9	4931.8	51.3	40.1
广 西	Guangxi	13035.1	6518.0	11068.5	-4551.3	50.0	84.9
海 南	Hainan	2855.5	1386.3	2009.9	-540.6	48.5	70.4
重 庆	Chongqing	11409.6	5393.1	6341.4	-324.8	47.3	55.6
四 川	Sichuan	23872.8	11926.7	12496.0	-549.9	50.0	52.3
贵 州	Guizhou	6852.2	3950.6	4164.4	-1262.8	57.7	60.8
云 南	Yunnan	10309.5	6306.8	8576.4	-4573.6	61.2	83.2
西 藏	Tibet	701.0	452.7	708.7	-460.3	64.6	101.1
陕 西	Shaanxi	14453.7	6387.1	9915.2	-1848.6	44.2	68.6
甘 肃	Gansu	5650.2	3328.0	3298.1	-975.8	58.9	58.4
青 海	Qinghai	1893.5	997.4	1719.3	-823.1	52.7	90.8
宁 夏	Ningxia	2341.3	1184.0	2086.9	-929.6	50.6	89.1
新 疆	Xinjiang	7505.3	4262.5	5792.2	-2549.4	56.8	77.2

2-21 分地区资本形成总额及构成（2012年）
Gross Capital Formation and Its Composition by Region (2012)

本表按当年价格计算。
Data in value terms in this table are calculated at current prices.

地区	Region	资本形成总额（亿元） Gross Capital Formation (100 million yuan)	固定资本形成总额 Gross Fixed Capital Formation	存货变动 Change in Inventories	构成（资本形成总额=100） Composition (Total=100) 固定资本形成总额 Gross Fixed Capital Formation	存货变动 Change in Inventories
北京	Beijing	7409.6	7032.8	376.8	94.9	5.1
天津	Tianjin	9848.4	9314.8	533.7	94.6	5.4
河北	Hebei	15244.6	15087.9	156.7	99.0	1.0
山西	Shanxi	8223.9	7663.4	560.5	93.2	6.8
内蒙古	Inner Mongolia	13442.1	12954.3	487.7	96.4	3.6
辽宁	Liaoning	15492.1	15049.6	442.5	97.1	2.9
吉林	Jilin	9136.2	9235.0	-98.8	101.1	-1.1
黑龙江	Heilongjiang	8143.7	7824.1	319.6	96.1	3.9
上海	Shanghai	7674.8	7012.5	662.3	91.4	8.6
江苏	Jiangsu	27258.1	26415.5	842.6	96.9	3.1
浙江	Zhejiang	15460.7	14607.6	853.2	94.5	5.5
安徽	Anhui	8855.8	8680.9	174.9	98.0	2.0
福建	Fujian	11304.8	10270.2	1034.6	90.8	9.2
江西	Jiangxi	6513.7	6301.1	212.5	96.7	3.3
山东	Shandong	27551.5	26808.9	742.7	97.3	2.7
河南	Henan	22060.0	21667.8	392.3	98.2	1.8
湖北	Hubei	12554.7	12064.8	489.9	96.1	3.9
湖南	Hunan	12488.8	11990.7	498.2	96.0	4.0
广东	Guangdong	22871.9	22033.8	838.0	96.3	3.7
广西	Guangxi	11068.5	10547.4	521.1	95.3	4.7
海南	Hainan	2009.9	1947.9	62.0	96.9	3.1
重庆	Chongqing	6341.4	6041.2	300.2	95.3	4.7
四川	Sichuan	12496.0	12096.2	399.8	96.8	3.2
贵州	Guizhou	4164.4	4067.3	97.1	97.7	2.3
云南	Yunnan	8576.4	7949.5	626.9	92.7	7.3
西藏	Tibet	708.7	709.1	-0.5	100.1	-0.1
陕西	Shaanxi	9915.2	9700.1	215.1	97.8	2.2
甘肃	Gansu	3298.1	3128.7	169.4	94.9	5.1
青海	Qinghai	1719.3	1895.7	-176.5	110.3	-10.3
宁夏	Ningxia	2086.9	1967.2	119.7	94.3	5.7
新疆	Xinjiang	5792.2	5477.6	314.6	94.6	5.4

2-22 分地区最终消费支出及构成（2012年）
Final Consumption Expenditure and Its Composition by Region (2012)

本表按当年价格计算。
Data in value terms in this table are calculated at current prices.

地区	Region	最终消费支出（亿元） Final Consumption Expenditures (100 million yuan)	居民消费支出 Household Consumption	农村居民 Rural Household	城镇居民 Urban Household	政府消费支出 Government Consumption	最终消费支出=100 Final Consumption Expenditures=100 居民消费支出 Household Consumption	政府消费支出 Government Consumption	居民消费支出=100 Household Consumption Expenditures=100 农村居民 Rural Household	城镇居民 Urban Household
北京	Beijing	10655.1	6203.3	413.2	5790.1	4451.8	58.2	41.8	6.7	93.3
天津	Tianjin	4879.4	3180.7	313.2	2867.5	1698.7	65.2	34.8	9.8	90.2
河北	Hebei	11081.1	7808.4	2253.6	5554.8	3272.7	70.5	29.5	28.9	71.1
山西	Shanxi	5506.1	3900.7	1156.9	2743.8	1605.4	70.8	29.2	29.7	70.3
内蒙古	Inner Mongolia	6244.2	3777.3	748.5	3028.8	2466.9	60.5	39.5	19.8	80.2
辽宁	Liaoning	10073.2	7894.4	1333.8	6560.6	2178.8	78.4	21.6	16.9	83.1
吉林	Jilin	4942.0	3375.9	891.2	2484.7	1566.2	68.3	31.7	26.4	73.6
黑龙江	Heilongjiang	7260.5	4447.7	1070.0	3377.7	2812.7	61.3	38.7	24.1	75.9
上海	Shanghai	11528.6	8721.3	468.3	8253.0	2807.3	75.6	24.4	5.4	94.6
江苏	Jiangsu	22714.6	15385.6	3481.1	11904.4	7329.0	67.7	32.3	22.6	77.4
浙江	Zhejiang	16509.4	12496.1	2796.3	9699.9	4013.3	75.7	24.3	22.4	77.6
安徽	Anhui	8439.0	6562.7	1659.8	4902.9	1876.3	77.8	22.2	25.3	74.7
福建	Fujian	7882.9	6028.1	1474.4	4553.7	1854.8	76.5	23.5	24.5	75.5
江西	Jiangxi	6314.3	4753.8	1541.9	3211.9	1560.5	75.3	24.7	32.4	67.6
山东	Shandong	20543.7	14583.4	3832.9	10750.5	5960.3	71.0	29.0	26.3	73.7
河南	Henan	13338.4	9754.4	3081.8	6672.6	3584.0	73.1	26.9	31.6	68.4
湖北	Hubei	9982.8	7085.5	1830.8	5254.6	2897.3	71.0	29.0	25.8	74.2
湖南	Hunan	10166.1	7768.4	2285.6	5482.8	2397.7	76.4	23.6	29.4	70.6
广东	Guangdong	29264.3	23022.5	3123.5	19899.0	6241.8	78.7	21.3	13.6	86.4
广西	Guangxi	6518.0	4905.8	1431.8	3474.0	1612.2	75.3	24.7	29.2	70.8
海南	Hainan	1386.3	937.9	260.2	677.8	448.3	67.7	32.3	27.7	72.3
重庆	Chongqing	5393.1	4003.8	740.5	3263.3	1389.3	74.2	25.8	18.5	81.5
四川	Sichuan	11926.7	9095.3	3255.7	5839.6	2831.4	76.3	23.7	35.8	64.2
贵州	Guizhou	3950.6	2910.9	994.7	1916.3	1039.7	73.7	26.3	34.2	65.8
云南	Yunnan	6306.8	4543.5	1624.2	2919.4	1763.2	72.0	28.0	35.7	64.3
西藏	Tibet	452.7	163.1	73.1	90.0	289.6	36.0	64.0	44.8	55.2
陕西	Shaanxi	6387.1	4442.2	1112.6	3329.6	1944.9	69.5	30.5	25.0	75.0
甘肃	Gansu	3328.0	2196.0	727.8	1468.2	1131.9	66.0	34.0	33.1	66.9
青海	Qinghai	997.4	587.2	185.6	401.6	410.2	58.9	41.1	31.6	68.4
宁夏	Ningxia	1184.0	779.8	190.7	589.1	404.2	65.9	34.1	24.5	75.5
新疆	Xinjiang	4262.5	2370.7	675.6	1695.0	1891.8	55.6	44.4	28.5	71.5

2-23 居民消费水平
Household Consumption Expenditure

本表绝对数按当年价格计算，指数按不变价格计算。

Level in this table are calculated at current prices, while indices are calculated at constant prices.

年 份 Year	绝对数(元) Level (yuan)			城乡消费水平对比(农村居民=1) Urban/Rural Consumption Ratio (Rural Household=1)	指数（上年=100) Index (Preceding Year=100)			指数(1978=100) Index (1978=100)		
	全体居民 All Households	农村居民 Rural Household	城镇居民 Urban Household		全体居民 All Households	农村居民 Rural Household	城镇居民 Urban Household	全体居民 All Households	农村居民 Rural Household	城镇居民 Urban Household
1978	184	138	405	2.9	104.1	104.3	103.3	100.0	100.0	100.0
1980	238	178	489	2.7	109.0	108.4	107.2	116.5	115.4	110.2
1985	446	349	765	2.2	113.5	113.3	111.1	185.2	195.7	141.3
1990	833	560	1596	2.9	103.7	99.2	108.5	229.2	215.4	190.9
1995	2355	1313	4931	3.8	107.8	106.8	107.2	345.1	282.9	303.2
2000	3632	1860	6850	3.7	108.6	104.5	107.8	491.0	371.3	391.1
2001	3887	1969	7161	3.6	106.1	104.5	103.9	521.2	388.0	406.3
2002	4144	2062	7486	3.6	107.0	105.2	104.9	557.6	408.1	426.2
2003	4475	2103	8060	3.8	107.1	100.3	107.0	596.9	409.5	456.1
2004	5032	2319	8912	3.8	108.1	104.2	106.9	645.3	426.7	487.7
2005	5596	2657	9593	3.6	108.2	110.8	105.0	698.2	472.8	511.8
2006	6299	2950	10618	3.6	109.8	108.2	108.0	766.4	511.6	552.7
2007	7310	3347	12130	3.6	110.9	106.9	109.7	849.9	546.8	606.2
2008	8430	3901	13653	3.5	109.0	108.5	106.9	926.4	593.5	647.9
2009	9283	4163	14904	3.6	110.3	107.7	109.1	1022.0	639.3	706.5
2010	10522	4700	16546	3.5	108.2	108.0	105.9	1106.1	690.3	748.3
2011	12570	5870	19108	3.3	110.3	112.6	107.3	1219.8	777.4	803.3
2012	14098	6515	21120	3.2	109.4	107.9	107.8	1334.1	838.6	866.3

注：1.城乡消费水平对比没有剔除城乡价格不可比的因素（下表同）。
2.居民消费水平指按常住人口平均计算的居民消费支出(下表同)。

a) The effect of price differentials between urban and rural areas has not been removed in the calculation of the urban/rural consumption ratio. The same applies to the table following.

b) Household consumption level refers to per capita household consumption on the basis of usual residents. The same applies to the table following.

2-24 三大需求对国内生产总值增长的贡献率和拉动
Contribution Share and Contribution of the Three Components of GDP to the Growth of GDP

本表按不变价格计算。

Data in this table are calculated at constant prices.

年 份 Year	最终消费支出 Final Consumption Expenditure		资本形成总额 Gross Capital Formation		货物和服务净出口 Net Exports of Goods and Services	
	贡献率(%) Contribution Share (%)	拉动(百分点) Contribution (percentage points)	贡献率(%) Contribution Share (%)	拉动(百分点) Contribution (percentage points)	贡献率(%) Contribution Share (%)	拉动(百分点) Contribution (percentage points)
1978	39.4	4.6	66.0	7.7	-5.4	-0.6
1980	71.8	5.6	26.4	2.1	1.8	0.1
1985	85.5	11.5	80.9	10.9	-66.4	-8.9
1990	47.8	1.8	1.8	0.1	50.4	1.9
1995	44.7	4.9	55.0	6.0	0.3	0.0
2000	65.1	5.5	22.4	1.9	12.5	1.0
2001	50.2	4.2	49.9	4.1	-0.1	0.0
2002	43.9	4.0	48.5	4.4	7.6	0.7
2003	35.8	3.6	63.3	6.3	0.9	0.1
2004	39.0	3.9	54.0	5.5	7.0	0.7
2005	39.0	4.4	38.8	4.4	22.2	2.5
2006	40.3	5.1	43.6	5.5	16.1	2.1
2007	39.6	5.6	42.4	6.0	18.0	2.6
2008	44.2	4.2	47.0	4.5	8.8	0.9
2009	49.8	4.6	87.6	8.1	-37.4	-3.5
2010	43.1	4.5	52.9	5.5	4.0	0.4
2011	56.5	5.3	47.7	4.4	-4.2	-0.4
2012	55.0	4.2	47.1	3.6	-2.1	-0.1

注：1.三大需求指支出法国内生产总值的三大构成项目，即最终消费支出、资本形成总额、货物和服务净出口。
2.贡献率指三大需求增量与支出法国内生产总值增量之比。
3.拉动指国内生产总值增长速度与三大需求贡献率的乘积。

a)Three components of GDP by expenditure approach are final consumption expenditure,gross capital formation and net exports of goods and services.

b)Contribution share of the three components to the increase of the GDP refers to the proportion of the increment of the each component of GDP by expenditure approach to the increment of GDP.

c)Contribution of the three components to GDP growth refers to the growth rate of GDP multiplied by the contribution share of the three components.

2-25 分地区居民消费水平（2012年）
Household Consumption Expenditure by Region (2012)

本表绝对数按当年价格计算，指数按不变价格计算。
Level in this table are calculated at current prices, while indices are calculated at constant prices.

地区	Region	绝对数(元) Level (yuan) 全体居民 All Households	农村居民 Rural Household	城镇居民 Urban Household	城乡消费水平对比（农村居民=1) Urban/Rural Consumption Ratio (Rural Household=1)	指数（上年=100) Index (Preceding Year=100) 全体居民 All Households	农村居民 Rural Household	城镇居民 Urban Household
北京	Beijing	30349.5	14664.1	32857.4	2.2	106.6	106.7	106.5
天津	Tianjin	22984.0	11936.0	25568.9	2.1	109.1	117.6	107.5
河北	Hebei	10749.4	5766.0	16553.9	2.9	108.1	112.1	104.1
山西	Shanxi	10829.0	6485.2	15090.9	2.3	112.6	116.6	108.8
内蒙古	Inner Mongolia	15195.5	7032.4	21307.8	3.0	111.7	113.9	109.6
辽宁	Liaoning	17998.7	8651.7	23064.9	2.7	110.4	114.3	107.7
吉林	Jilin	12276.3	6976.7	16873.1	2.4	110.7	109.1	111.0
黑龙江	Heilongjiang	11600.8	6445.3	15538.0	2.4	105.8	106.6	104.8
上海	Shanghai	36892.9	18512.3	39095.2	2.1	106.0	106.2	106.0
江苏	Jiangsu	19452.3	11721.3	24100.6	2.1	114.2	115.9	112.6
浙江	Zhejiang	22844.7	13723.6	28259.2	2.1	106.0	108.8	104.5
安徽	Anhui	10977.7	5647.8	16131.3	2.9	106.6	103.8	105.3
福建	Fujian	16143.9	9595.8	20722.3	2.2	107.0	110.4	104.6
江西	Jiangxi	10572.9	6422.8	15327.4	2.4	110.5	113.4	106.7
山东	Shandong	15095.0	8212.2	21527.8	2.6	110.4	115.6	106.9
河南	Henan	10380.3	5607.6	17103.7	3.1	110.4	111.1	106.8
湖北	Hubei	12283.0	6705.2	17296.1	2.6	109.7	114.5	105.6
湖南	Hunan	11739.5	6381.8	18060.1	2.8	109.2	111.4	105.7
广东	Guangdong	21823.3	8898.2	28268.6	3.2	108.3	107.7	107.9
广西	Guangxi	10519.5	5355.5	17457.2	3.3	110.3	109.5	107.5
海南	Hainan	10634.5	6019.6	15068.5	2.5	109.3	111.8	107.0
重庆	Chongqing	13655.4	5740.5	19873.3	3.5	111.9	117.7	107.8
四川	Sichuan	11280.2	7146.5	16649.1	2.3	112.2	116.9	105.9
贵州	Guizhou	8372.0	4448.4	15441.3	3.5	109.2	110.9	105.5
云南	Yunnan	9781.6	5645.0	16513.7	2.9	113.7	114.4	108.9
西藏	Tibet	5339.5	3098.2	12958.4	4.2	108.6	107.2	109.5
陕西	Shaanxi	11852.2	5782.7	18254.4	3.2	114.1	117.9	109.4
甘肃	Gansu	8542.0	4562.7	15047.7	3.3	111.8	112.8	108.6
青海	Qinghai	10289.1	6116.0	15026.4	2.5	115.2	121.2	110.6
宁夏	Ningxia	12120.4	5958.1	18222.8	3.1	109.2	114.7	105.5
新疆	Xinjiang	10675.1	5409.8	17441.6	3.2	115.9	116.2	114.8

2-26 2010年投入产出基本流量表(中间使用部分)
Intermediate Use Part of 2010 Input-Output Table

按当年生产者价格计算。
Data are calculated at producers' prices in 2010.

单位：万元 (10 000 yuan)

投入 Input ＼ 产出 Output	农、林、牧、渔业 Agriculture, Forestry, Animal Husbandry & Fishery	采矿业 Mining	食品、饮料制造及烟草制品业 Manufacture of Foods, Beverage & Tobacco	纺织、服装及皮革产品制造业 Manufacture of Textile, Wearing Apparel & Leather Products	其他制造业 Other Manufacture
总投入 Total Inputs	**693198000**	**486392589**	**674322854**	**567717977**	**494952712**
中间投入合计 Total Intermediate Inputs	**287862000**	**266477379**	**532194045**	**454191823**	**362632358**
农、林、牧、渔业 Agriculture, Forestry, Animal Husbandry & Fishery	92202500	1624528	267409865	62778412	38066665
采矿业 Mining	562009	56380903	2087163	2141602	3946410
食品、饮料制造及烟草制品业 Manufacture of Foods, Beverage & Tobacco	71246064	924337	139281869	14548981	2968408
纺织、服装及皮革产品制造业 Manufacture of Textile, Wearing Apparel & Leather Products	362265	1955509	1233455	247546835	19531053
其他制造业 Other Manufacture	2004177	5334381	14883696	9316436	141439408
电力、热力及水的生产和供应业 Production and Supply of Electric Power, Heat Power and Water	7092896	36087854	7679628	8479186	11942444
炼焦、燃气及石油加工业 Coking, Gas and Processing of Petroleum	4900755	15505792	1896848	2291032	2962527
化学工业 Chemical Industry	54421114	19323444	18635924	49582122	50957758
非金属矿物制品业 Manufacture of Nonmetallic Mineral Products	987156	6152180	4665757	1085704	4049748
金属产品制造业 Manufacture and Processing of Metals and Metal Products	2363359	23565572	3887410	2184168	26322514
机械设备制造业 Manufacture of Machinery and Equipment	6761072	48501751	4875077	8567601	15202956
建筑业 Construction	172744	424227	190607	139328	110820
运输仓储邮政、信息传输、计算机服务和软件业 Transport, Storage, Post, Information Transmission, Computer Services & Software	15487696	21594220	20730717	13712425	15234724
批发零售贸易、住宿和餐饮业 Wholesale and Retail Trades, Hotels and Catering Services	11376971	10341287	20326236	11142629	12998925
房地产业、租赁和商务服务业 Real Estate, Leasing and Business Services	1170582	2219226	12324721	9208345	6119799
金融业 Financial Intermediation	5514421	6538705	6952813	7630613	6823887
其他服务业 Other Services	11236221	10003463	5132258	3836403	3954309
增加值合计 Total Value-added	**405336000**	**219915209**	**142128809**	**113526154**	**132320354**
劳动者报酬 Compensation of Employees	385628326	75188343	41390651	59503216	39890174
生产税净额 Net Taxes on Production	783500	52592494	46684862	19934070	18279099
固定资产折旧 Depreciation of Fixed Assets	18924174	22985591	12827121	11709067	12117750
营业盈余 Operating Surplus		69148781	41226176	22379801	62033331

2-26 续表

单位：万元

产出 Output / 投入 Input	电力、热力及水的生产和供应业 Production and Supply of Electric Power, Heat Power and Water	炼焦、燃气及石油加工业 Coking, Gas and Processing of Petroleum	化学工业 Chemical Industry	非金属矿物制品业 Manufacture of Nonmetallic Mineral Products	金属产品制造业 Manufacture and Processing of Metals and Metal Products
总投入 Total Inputs	**477306940**	**301486097**	**932510585**	**400640739**	**1065785795**
中间投入合计 Total Intermediate Inputs	**355247207**	**241663717**	**751960361**	**312706858**	**873790627**
农、林、牧、渔业 Agriculture, Forestry, Animal Husbandry & Fishery	11155	6681	29776682	188364	125103
采矿业 Mining	87924649	187746027	48903865	53273772	196425249
食品、饮料制造及烟草制品业 Manufacture of Foods, Beverage & Tobacco	1403151	1397667	15037239	1412356	3480928
纺织、服装及皮革产品制造业 Manufacture of Textile, Wearing Apparel & Leather Products	1753268	139951	9164915	1916140	3035768
其他制造业 Other Manufacture	1568149	446515	21115878	18993295	40146108
电力、热力及水的生产和供应业 Production and Supply of Electric Power, Heat Power and Water	156901774	5483143	44094008	24937856	56294822
炼焦、燃气及石油加工业 Coking, Gas and Processing of Petroleum	12949656	18214901	57045135	16821951	38125546
化学工业 Chemical Industry	2300279	5620624	382527596	30351445	20812019
非金属矿物制品业 Manufacture of Nonmetallic Mineral Products	993097	1017395	7515707	76537460	20554223
金属产品制造业 Manufacture and Processing of Metals and Metal Products	3640824	1157541	17671984	22245244	358415328
机械设备制造业 Manufacture of Machinery and Equipment	39387614	5339855	24699471	16579676	54226300
建筑业 Construction	181219	144704	351685	134287	303790
运输仓储邮政、信息传输、计算机服务和软件业 Transport, Storage, Post, Information Transmission, Computer Services & Software	8578194	6652821	30570293	18960945	30264336
批发零售贸易、住宿和餐饮业 Wholesale and Retail Trades, Hotels and Catering Services	5238815	4051298	22156961	12297294	24659558
房地产业、租赁和商务服务业 Real Estate, Leasing and Business Services	2267061	1432175	15191866	3410574	3432831
金融业 Financial Intermediation	19132471	1759382	14496917	10383029	13920673
其他服务业 Other Services	11015831	1053038	11640159	4263170	9568044
增加值合计 Total Value-added	**122059733**	**59822380**	**180550224**	**87933881**	**191995168**
劳动者报酬 Compensation of Employees	39457816	9740360	64283325	31084978	71898387
生产税净额 Net Taxes on Production	21644865	32157665	35501980	16926669	33518915
固定资产折旧 Depreciation of Fixed Assets	45822886	7218477	27514105	12075855	37094466
营业盈余 Operating Surplus	15134166	10705878	53250814	27846380	49483400

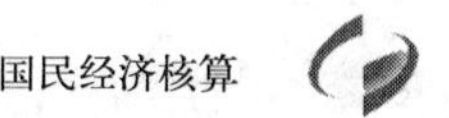

continued

(10 000 yuan)

机械设备制造业 Manufacture of Machinery and Equipment	建筑业 Construction	运输仓储邮政、信息传输、计算机服务和软件业 Transport,Storage,Post, Information Transmission, Computer Services & Software	批发零售贸易、住宿和餐饮业 Wholesale and Retail Trades, Hotels and Catering Services	房地产业、租赁和商务服务业 Real Estate, Leasing & Business Services	金融业 Financial Intermediation	其他服务业 Other Services	中间使用合计 Total Intermediate Use
2345737071	**1023433008**	**661343668**	**646944042**	**518947739**	**322865826**	**912863078**	**12526448721**
1918493267	**756823212**	**378202315**	**260710158**	**213277387**	**113059492**	**410666762**	**8489958968**
116271	4491814	11463047	25006236	536095		5325661	539129077
6878702	11139109	2393011	267431	368145		3298776	663736824
8014625	4081484	4222021	77075430	3401793	902363	10137703	359536417
12733875	4754124	4502407	5945096	7178144	895039	13201049	335848893
48608148	22934994	8831213	5901402	23693921	6834850	35032464	407085036
35824634	8001981	11218002	10769412	4308057	3205635	13530157	445851490
13237791	13179332	90207337	2418364	10825509	2035929	11616742	314235149
136763029	31538134	9386464	5322716	12787955	1092665	93575179	924998466
32050749	231658078	1107052	552713	204278	51725	4303124	393486146
414545659	160693002	5495407	623434	6605009	291246	6420602	1056128304
961425153	77858189	75779845	11536558	34205207	4448406	51241977	1440636708
649158	10844130	2889554	1543379	6053682	466197	10038181	34637690
64019969	110266585	59153606	35787667	16088705	18570979	38683561	524657443
79939569	35376184	23534924	15900131	25454288	13255060	43706208	371756337
35843174	4280139	18591086	33738121	27269530	29995727	18820678	225315635
33031105	9672300	31965144	17458923	22778299	25911914	16162812	250133409
34811657	16053634	17162196	10863144	11518769	5101758	35571889	202785942
427243804	**266609796**	**283141353**	**386233885**	**305670352**	**209806334**	**502196316**	**4036489753**
181948157	151844891	104106146	132774136	66240171	66609819	388500380	1910089276
76508815	42168532	22632647	92523028	46369707	25551609	15330013	599108470
51324247	14751879	57375756	30458424	130006458	4919117	55793236	552918609
117462585	57844494	99026804	130478297	63054017	112725789	42572687	974373399

2-27 2010年投入产出基本流量表(最终使用部分)

按当年生产者价格计算。
单位：万元

产出 Output / 投入 Input	最终使用 Final Use — 最终消费支出 Final Consumption Expenditure — 居民消费支出 Household Consumption Expenditure — 农村居民 Rural Household	城镇居民 Urban Household	小计 Subtotal	政府消费支出 Government Consumption Expenditure	合计 Total Final Consumption Expenditure
总投入 Total Inputs					
中间投入合计 Total Intermediate Inputs	**325752111**	**1121392092**	**1447144204**	**519720574**	**1966864777**
农、林、牧、渔业 Agriculture, Forestry, Animal Husbandry & Fishery	57424948	64277435	121702382	4977112	126679495
采矿业 Mining	839009	526878	1365887		1365887
食品、饮料制造及烟草制品业 Manufacture of Foods, Beverage & Tobacco	77371622	201436074	278807696		278807696
纺织、服装及皮革产品制造业 Manufacture of Textile, Wearing Apparel & Leather Products	17804620	70165542	87970162		87970162
其他制造业 Other Manufacture	6905167	32079789	38984956		38984956
电力、热力及水的生产和供应业 Production and Supply of Electric Power, Heat Power and Water	7619662	38937052	46556713		46556713
炼焦、燃气及石油加工业 Coking, Gas and Processing of Petroleum	1265144	12467081	13732224		13732224
化学工业 Chemical Industry	7851246	25606020	33457267		33457267
非金属矿物制品业 Manufacture of Nonmetallic Mineral Products	293452	2801553	3095005		3095005
金属产品制造业 Manufacture and Processing of Metals and Metal Products	787099	4077388	4864486		4864486
机械设备制造业 Manufacture of Machinery and Equipment	19804819	88816596	108621416		108621416
建筑业 Construction		12483648	12483648		12483648
运输仓储邮政、信息传输、计算机服务和软件业 Transport, Storage, Post, Information Transmission, Computer Services & Software	15042863	60781476	75824339	12031091	87855430
批发零售贸易、住宿和餐饮业 Wholesale and Retail Trades, Hotels and Catering Services	38590034	126138435	164728469		164728469
房地产业、租赁和商务服务业 Real Estate, Leasing and Business Services	29591980	146147924	175739904	7377032	183116936
金融业 Financial Intermediation	10004164	49378500	59382664	2623907	62006570
其他服务业 Other Services	34556284	185270701	219826984	492711432	712538416

Final Use Part of 2010 Input-Output Table

Data are calculated at producers' prices in 2010.

(10 000 yuan)

最终使用 Final Use					进口	其他	总产出
资本形成总额 Gross Capital Formation			出口	最终使用合计			
固定资本形成总额 Gross Fixed Capital Formation	存货增加 Changes in Inventories	合计 Gross Capital Formation	Exports	Total Final Use	Imports	Others	Gross Output
1836151622	**99887490**	**1936039112**	**1119108720**	**5022012609**	**1015151807**	**29628951**	**12526448721**
33947967	3861074	37809041	8446627	172935162	41033460	22167220	693198000
	10193969	10193969	5343345	16903201	175809623	-18437813	486392589
	12601815	12601815	22082508	313492020	24256663	25551080	674322854
	6945181	6945181	147862250	242777593	17226804	6318295	567717977
28962232	5520938	34483169	66871676	140339802	50519076	-1953050	494952712
	147043	147043	791958	47495714	185728	-15854536	477306940
	-391920	-391920	8174685	21514990	20842144	-13421897	301486097
	11652841	11652841	94420280	139530388	118823964	-13194305	932510585
	4335522	4335522	19022112	26452639	5749922	-13548124	400640739
4527207	11941958	16469165	71102193	92435845	58454312	-24324042	1065785795
655167021	33079069	688246091	492918660	1289786166	425384810	40699007	2345737071
962683064		962683064	9812178	984978891	3433383	7249810	1023433008
37733559		37733559	44466893	170055883	20033295	-13336363	661343668
28964571		28964571	74444291	268137331	7549573	14599947	646944042
74636000		74636000	42883843	300636779	24934988	17930313	518947739
			2070133	64076703	2146593	10802306	322865826
9530000		9530000	8395086	730463502	18767468	-1618898	912863078

2-28 投入产出直接消耗系数表（2010年）

投入 Input \ 产出 Output	农、林、牧、渔业 Agriculture, Forestry, Animal Husbandry & Fishery	采矿业 Mining	食品、饮料制造及烟草制品业 Manufacture of Foods, Beverage & Tobacco	纺织、服装及皮革产品制造业 Manufacture of Textile, Wearing Apparel & Leather Products	其他制造业 Other Manufacture
总投入 Total Inputs	**1.000000000**	**1.000000000**	**1.000000000**	**1.000000000**	**1.000000000**
中间投入合计 Total Intermediate Inputs	**0.415266634**	**0.547864802**	**0.789227358**	**0.800030722**	**0.732660614**
农、林、牧、渔业 Agriculture, Forestry, Animal Husbandry & Fishery	0.133010337	0.003339953	0.396560584	0.110580278	0.076909702
采矿业 Mining	0.000810749	0.115916452	0.003095199	0.003772299	0.007973308
食品、饮料制造及烟草制品业 Manufacture of Foods, Beverage & Tobacco	0.102778807	0.001900392	0.206550716	0.025627128	0.005997357
纺织、服装及皮革产品制造业 Manufacture of Textile, Wearing Apparel & Leather Products	0.000522599	0.004020434	0.001829175	0.436038394	0.039460443
其他制造业 Other Manufacture	0.002891204	0.010967233	0.022072062	0.016410325	0.285763478
电力、热力及水的生产和供应业 Production and Supply of Electric Power, Heat Power and Water	0.010232136	0.074194908	0.011388651	0.014935560	0.024128455
炼焦、燃气及石油加工业 Coking, Gas and Processing of Petroleum	0.007069777	0.031879170	0.002812967	0.004035511	0.005985476
化学工业 Chemical Industry	0.078507315	0.039728081	0.027636501	0.087335832	0.102954801
非金属矿物制品业 Manufacture of Nonmetallic Mineral Products	0.001424061	0.012648590	0.006919174	0.001912400	0.008182091
金属产品制造业 Manufacture and Processing of Metals and Metal Products	0.003409356	0.048449694	0.005764910	0.003847276	0.053181877
机械设备制造业 Manufacture of Machinery and Equipment	0.009753450	0.099717290	0.007229589	0.015091298	0.030715977
建筑业 Construction	0.000249198	0.000872190	0.000282665	0.000245418	0.000223900
运输仓储邮政、信息传输、计算机服务和软件业 Transport, Storage, Post, Information Transmission, Computer Services & Software	0.022342383	0.044396687	0.030743014	0.024153586	0.030780160
批发零售贸易、住宿和餐饮业 Wholesale and Retail Trades, Hotels and Catering Services	0.016412297	0.021261193	0.030143182	0.019627051	0.026262963
房地产业、租赁和商务服务业 Real Estate, Leasing and Business Services	0.001688669	0.004562624	0.018277181	0.016219929	0.012364411
金融业 Financial Intermediation	0.007955045	0.013443267	0.010310808	0.013440851	0.013786948
其他服务业 Other Services	0.016209252	0.020566643	0.007610980	0.006757586	0.007989267
增加值合计 Total Value-added	**0.584733366**	**0.452135198**	**0.210772642**	**0.199969278**	**0.267339386**
劳动者报酬 Compensation of Employees	0.556303287	0.154583652	0.061381058	0.104811225	0.080593910
生产税净额 Net Taxes on Production	0.001130269	0.108127664	0.069232210	0.035112628	0.036931001
固定资产折旧 Depreciation of Fixed Assets	0.027299811	0.047257280	0.019022225	0.020624795	0.024482643
营业盈余 Operating Surplus		0.142166601	0.061137148	0.039420631	0.125331833

Direct Input Coefficients of Input-Output Table (2010)

电力、热力及水的生产和供应业 Production and Supply of Electric Power, Heat Power and Water	炼焦、燃气及石油加工业 Coking, Gas and Processing of Petroleum	化学工业 Chemical Industry	非金属矿物制品业 Manufacture of Nonmetallic Mineral Products	金属产品制造业 Manufacture and Processing of Metals and Metal Products	机械设备制造业 Manufacture of Machinery and Equipment	建筑业 Construction
1.000000000	**1.000000000**	**1.000000000**	**1.000000000**	**1.000000000**	**1.000000000**	**1.000000000**
0.744274129	**0.801574996**	**0.806382654**	**0.780516875**	**0.819855764**	**0.817863728**	**0.739494629**
0.000023370	0.000022160	0.031931736	0.000470158	0.000117381	0.000049567	0.004388967
0.184209870	0.622735272	0.052443228	0.132971430	0.184300869	0.002932427	0.010884063
0.002939725	0.004635926	0.016125542	0.003525243	0.003266067	0.003416676	0.003988033
0.003673251	0.000464203	0.009828216	0.004782690	0.002848384	0.005428518	0.004645271
0.003285411	0.001481047	0.022644117	0.047407299	0.037668083	0.020721908	0.022409864
0.328723011	0.018187050	0.047285263	0.062244933	0.052820015	0.015272229	0.007818763
0.027130667	0.060417051	0.061173713	0.041987620	0.035772241	0.005643340	0.012877572
0.004819286	0.018643062	0.410212604	0.075757260	0.019527394	0.058302796	0.030816022
0.002080625	0.003374599	0.008059647	0.191037637	0.019285511	0.013663402	0.226353925
0.007627847	0.003839450	0.018950975	0.055524168	0.336292086	0.176722986	0.157013699
0.082520515	0.017711780	0.026487068	0.041382901	0.050879174	0.409860578	0.076075511
0.000379671	0.000479968	0.000377138	0.000335179	0.000285038	0.000276739	0.010595838
0.017972071	0.022066760	0.032782784	0.047326553	0.028396265	0.027292048	0.107741869
0.010975777	0.013437761	0.023760546	0.030694067	0.023137442	0.034078657	0.034566194
0.004749691	0.004750386	0.016291360	0.008512798	0.003220939	0.015280133	0.004182139
0.040084208	0.005835697	0.015546116	0.025916060	0.013061418	0.014081333	0.009450839
0.023079135	0.003492824	0.012482602	0.010640879	0.008977455	0.014840392	0.015686062
0.255725871	**0.198425004**	**0.193617346**	**0.219483125**	**0.180144236**	**0.182136272**	**0.260505371**
0.082667593	0.032307824	0.068935759	0.077588160	0.067460448	0.077565452	0.148368178
0.045347894	0.106663839	0.038071396	0.042248996	0.031449955	0.032616109	0.041203021
0.096002976	0.023942985	0.029505408	0.030141355	0.034804805	0.021879795	0.014414113
0.031707407	0.035510356	0.057104783	0.069504614	0.046429029	0.050074915	0.056520059

2-28 续表 continued

产出 Output / 投入 Input	运输仓储邮政、信息传输、计算机服务和软件业 Transport,Storage, Post,Information Transmission,Computer Services & Software	批发零售贸易、住宿和餐饮业 Wholesale and Retail Trades, Hotels and Catering Services	房地产业、租赁和商务服务业 Real Estate, Leasing & Business Services	金融业 Financial Intermediation	其他服务业 Other Services
总投入 Total Inputs	**1.000000000**	**1.000000000**	**1.000000000**	**1.000000000**	**1.000000000**
中间投入合计 Total Intermediate Inputs	**0.571869564**	**0.402987184**	**0.410980473**	**0.350174849**	**0.449866767**
农、林、牧、渔业 Agriculture, Forestry, Animal Husbandry & Fishery	0.017332966	0.038652857	0.001033042		0.005834019
采矿业 Mining	0.003618407	0.000413376	0.000709407		0.003613659
食品、饮料制造及烟草制品业 Manufacture of Foods, Beverage & Tobacco	0.006384004	0.119137707	0.006555175	0.002794854	0.011105393
纺织、服装及皮革产品制造业 Manufacture of Textile, Wearing Apparel & Leather Products	0.006807969	0.009189505	0.013832114	0.002772169	0.014461149
其他制造业 Other Manufacture	0.013353440	0.009121967	0.045657625	0.021169319	0.038376471
电力、热力及水的生产和供应业 Production and Supply of Electric Power, Heat Power and Water	0.016962440	0.016646590	0.008301524	0.009928692	0.014821672
炼焦、燃气及石油加工业 Coking, Gas and Processing of Petroleum	0.136400092	0.003738135	0.020860500	0.006305805	0.012725613
化学工业 Chemical Industry	0.014193019	0.008227475	0.024642087	0.003384269	0.102507354
非金属矿物制品业 Manufacture of Nonmetallic Mineral Products	0.001673943	0.000854345	0.000393639	0.000160205	0.004713877
金属产品制造业 Manufacture and Processing of Metals and Metal Products	0.008309457	0.000963659	0.012727696	0.000902066	0.007033478
机械设备制造业 Manufacture of Machinery and Equipment	0.114584668	0.017832389	0.065912624	0.013777877	0.056133256
建筑业 Construction	0.004369216	0.002385646	0.011665301	0.001443933	0.010996371
运输仓储邮政、信息传输、计算机服务和软件业 Transport, Storage, Post, Information Transmission, Computer Services & Software	0.089898202	0.055318025	0.031002554	0.057519185	0.042376082
批发零售贸易、住宿和餐饮业 Wholesale and Retail Trades, Hotels and Catering Services	0.035586527	0.024577289	0.049049810	0.041054393	0.047878163
房地产业、租赁和商务服务业 Real Estate, Leasing and Business Services	0.028111082	0.052149984	0.052547738	0.092904621	0.020617197
金融业 Financial Intermediation	0.048333636	0.026986759	0.043893243	0.080255981	0.017705626
其他服务业 Other Services	0.025950496	0.016791474	0.022196394	0.015801480	0.038967387
增加值合计 Total Value-added	**0.428130436**	**0.597012816**	**0.589019527**	**0.649825151**	**0.550133233**
劳动者报酬 Compensation of Employees	0.157416107	0.205232799	0.127643240	0.206308050	0.425584504
生产税净额 Net Taxes on Production	0.034222218	0.143015504	0.089353326	0.079140025	0.016793332
固定资产折旧 Depreciation of Fixed Assets	0.086756340	0.047080461	0.250519365	0.015235793	0.061118954
营业盈余 Operating Surplus	0.149735770	0.201684053	0.121503596	0.349141283	0.046636443

2-29 投入产出完全消耗系数表（2010年）
Total Input Coefficients of Input-Output Table (2010)

产出 Output / 投入 Input	农、林、牧、渔业 Agriculture, Forestry, Animal Husbandry & Fishery	采矿业 Mining	食品、饮料制造及烟草制品业 Manufacture of Foods, Beverage & Tobacco	纺织、服装及皮革产品制造业 Manufacture of Textile, Wearing Apparel & Leather Products	其他制造业 Other Manufacture
农、林、牧、渔业 Agriculture, Forestry, Animal Husbandry & Fishery	0.249625264	0.038320310	0.646819518	0.313026258	0.193817145
采矿业 Mining	0.066872151	0.293670900	0.086591014	0.123335610	0.163327816
食品、饮料制造及烟草制品业 Manufacture of Foods, Beverage & Tobacco	0.176006987	0.028306294	0.364821405	0.123276272	0.065266152
纺织、服装及皮革产品制造业 Manufacture of Textile, Wearing Apparel & Leather Products	0.012416601	0.026728533	0.021040513	0.795318826	0.118683496
其他制造业 Other Manufacture	0.029929738	0.058847886	0.070847697	0.082079337	0.449291663
电力、热力及水的生产和供应业 Production and Supply of Electric Power, Heat Power and Water	0.057074964	0.193557121	0.077399182	0.111009798	0.134929870
炼焦、燃气及石油加工业 Coking, Gas and Processing of Petroleum	0.040659501	0.089944791	0.048255971	0.065983501	0.073097470
化学工业 Chemical Industry	0.207702469	0.168032666	0.201424948	0.373441707	0.358111224
非金属矿物制品业 Manufacture of Nonmetallic Mineral Products	0.010747303	0.035206679	0.021984000	0.019021724	0.032215690
金属产品制造业 Manufacture and Processing of Metals and Metal Products	0.046077369	0.196926388	0.067683538	0.088035051	0.202663572
机械设备制造业 Manufacture of Machinery and Equipment	0.079033024	0.312855849	0.106414118	0.156443043	0.202226407
建筑业 Construction	0.001631979	0.003144728	0.002500055	0.002890863	0.002734036
运输仓储邮政、信息传输、计算机服务和软件业 Transport, Storage, Post, Information Transmission, Computer Services & Software	0.062243369	0.108121077	0.096853582	0.106987527	0.111311848
批发零售贸易、住宿和餐饮业 Wholesale and Retail Trades, Hotels and Catering Services	0.045646401	0.066267829	0.079459981	0.081064561	0.085494440
房地产业、租赁和商务服务业 Real Estate, Leasing and Business Services	0.020084308	0.031386738	0.047832961	0.060120775	0.049466414
金融业 Financial Intermediation	0.029045964	0.051357777	0.044272590	0.060781504	0.059057485
其他服务业 Other Services	0.033670390	0.049149310	0.037354904	0.040147221	0.040351770

2-29 续表

产 出 Output / 投 入 Input	电力、热力及水的生产和供应业 Production and Supply of Electric Power, Heat Power and Water	炼焦、燃气及石油加工业 Coking, Gas and Processing of Petroleum	化学工业 Chemical Industry	非金属矿物制品业 Manufacture of Nonmetallic Mineral Products	金属产品制造业 Manufacture and Processing of Metals and Metal Products
农、林、牧、渔业 Agriculture, Forestry, Animal Husbandry & Fishery	0.034083361	0.037791501	0.125216347	0.056724135	0.049972238
采矿业 Mining	0.445329256	0.887816796	0.309218610	0.397696164	0.505572428
食品、饮料制造及烟草制品业 Manufacture of Foods, Beverage & Tobacco	0.030349226	0.033023273	0.075904043	0.042533299	0.039497322
纺织、服装及皮革产品制造业 Manufacture of Textile, Wearing Apparel & Leather Products	0.029400063	0.023277868	0.052071049	0.039649172	0.035176682
其他制造业 Other Manufacture	0.052283611	0.051024089	0.097483814	0.135006318	0.128694732
电力、热力及水的生产和供应业 Production and Supply of Electric Power, Heat Power and Water	0.584626829	0.172345463	0.203989505	0.225378370	0.230562414
炼焦、燃气及石油加工业 Coking, Gas and Processing of Petroleum	0.095998387	0.138045320	0.167126379	0.130360186	0.125632000
化学工业 Chemical Industry	0.126321254	0.164936600	0.817709228	0.284608535	0.185702229
非金属矿物制品业 Manufacture of Nonmetallic Mineral Products	0.025100697	0.031478935	0.035527123	0.260181033	0.059256520
金属产品制造业 Manufacture and Processing of Metals and Metal Products	0.161072460	0.160410178	0.156842241	0.235437993	0.658372910
机械设备制造业 Manufacture of Machinery and Equipment	0.359315965	0.268844406	0.234027544	0.276289204	0.323822152
建筑业 Construction	0.003190019	0.003226697	0.003507591	0.003324360	0.003189523
运输仓储邮政、信息传输、计算机服务和软件业 Transport, Storage, Post, Information Transmission, Computer Services & Software	0.096343215	0.110175496	0.127481570	0.142081496	0.125065263
批发零售贸易、住宿和餐饮业 Wholesale and Retail Trades, Hotels and Catering Services	0.065518377	0.068686543	0.090044672	0.095034840	0.090482458
房地产业、租赁和商务服务业 Real Estate, Leasing and Business Services	0.038713144	0.033494843	0.059789374	0.047047643	0.038290352
金融业 Financial Intermediation	0.098769417	0.049838866	0.069407032	0.081407121	0.066917181
其他服务业 Other Services	0.064678912	0.042723360	0.052690450	0.049184033	0.049840977

continued

机械设备制造业 Manufacture of Machinery and Equipment	建筑业 Construction	运输仓储邮政、信息传输、计算机服务和软件业 Transport,Storage,Post, Information Transmission, Computer Services & Software	批发零售贸易、住宿和餐饮业 Wholesale and Retail Trades, Hotels and Catering Services	房地产业、租赁和商务服务业 Real Estate, Leasing & Business Services	金融业 Financial Intermediation	其他服务业 Other Services
0.057833405	0.057320568	0.059910701	0.143676551	0.041491667	0.024818171	0.057861308
0.243603262	0.260386027	0.203968113	0.055141454	0.084023505	0.046532193	0.103515431
0.047912610	0.043120512	0.039059261	0.183300984	0.034879111	0.022627883	0.046218192
0.044318508	0.037259264	0.031359576	0.028446970	0.042673309	0.017970978	0.046002618
0.116648159	0.108938864	0.059899053	0.040287053	0.095605726	0.053901764	0.089566953
0.156566293	0.141887742	0.095200057	0.058164470	0.057597304	0.041292349	0.080160010
0.089352476	0.104974261	0.197694246	0.034531724	0.055641370	0.033681209	0.059661738
0.286164601	0.211478261	0.125785479	0.083406163	0.118463635	0.051988617	0.257246387
0.055724103	0.308045431	0.020026862	0.009877881	0.014832315	0.006645730	0.021827998
0.547278327	0.393174122	0.131216739	0.045742727	0.096758665	0.040657239	0.093204016
0.876001187	0.324864976	0.319310378	0.098439021	0.191264271	0.087942936	0.189104826
0.003524336	0.013816535	0.007284643	0.004584952	0.014138803	0.004116204	0.013443986
0.128648574	0.205302795	0.156239427	0.096556591	0.076958331	0.093867718	0.095150904
0.115844087	0.101013264	0.082458913	0.055482404	0.083448992	0.068137891	0.085918526
0.061750036	0.041992366	0.061163145	0.075628304	0.079688877	0.120447740	0.047535422
0.071554424	0.063810149	0.087335571	0.052076185	0.072572601	0.107792056	0.047950818
0.058508089	0.052559653	0.053050070	0.033979278	0.040911875	0.030557628	0.060864699

2-30 资金流量表（实物交易，2010-2011年）

单位：亿元

机构部门 交易项目	Sectors Items	非金融企业部门 Non-financial Corporations		金融机构部门 Financial Institutions		政府部门 General Governments	
		运用 Uses	来源 Sources	运用 Uses	来源 Sources	运用 Uses	来源 Sources
2010年	**2010**						
1.净出口	Net Exports						
2.增加值	Value Added		232106.2		20980.6		36155.7
3.劳动者报酬	Compensation of Employees	84068.1		6661.0		30784.8	
(1)工资及工资性收入	Wages and Salaries						
(2)单位社会保险付款	Employers' Social Contributions						
4.生产税净额	Taxes on Production, Net	48936.7		2463.8		256.8	52672.6
(1)生产税	Taxes on Products						
(2)生产补贴	Subsidies on Production						
5.财产收入	Income from Properties	32011.8	16296.3	26989.7	29716.4	5000.0	7140.1
(1)利息	Interest	15766.0	14839.3	24483.2	29170.4	4621.6	2202.0
(2)红利	Distributed Income of Corporations	12800.1	1398.0	1180.6	546.0		1465.8
(3)地租	Rent on Land, Natural Resources, and Subsoil Assets	2402.1					2428.7
(4)其他	Others	1043.6	59.0	1326.0		378.4	1043.6
6.初次分配总收入	Total Income from Primary Distribution		83385.8		14582.5		59926.7
7.经常转移	Current Transfer	12266.4	949.7	4333.6	2957.7	26337.4	40526.9
(1)收入税	Taxes on Income	10193.9		2649.7			17680.8
(2)社会保险缴款	Payment to Social Security					3244.9	20584.5
(3)社会保险福利	Social Security Welfare					16207.2	
(4)社会补助	Allowances	125.8				6011.7	
(5)其他经常转移	Others	1946.7	949.7	1684.0	2957.7	873.5	2261.6
8.可支配总收入	Total Disposable Income		72069.2		13206.5		74116.3
9.最终消费	Final Consumption Expenditure					53356.4	
(1)居民消费	Household Consumption						
(2)政府消费	Government Consumption					53356.4	
10.总储蓄	Savings		72069.2		13206.5		20759.9
11.资本转移	Capital Transfers	1278.3	5174.5			5187.0	1604.3
(1)投资性补助	Investment Allowances		5174.5			5174.5	
(2)其他	Other	1278.3				12.5	1604.3
12.资本形成总额	Gross Capital Formation	129794.4		296.2		22900.0	
(1)固定资本形成总额	Gross Fixed Capital Formation	122600.5		296.2		22557.1	
(2)存货增加	Changes in Inventories	7193.9				343.0	
13.其他非金融资产获得减处置	Acquisitions Less Disposals of Other Non-financial Assets	21689.0				-11799.5	
14.净金融投资	Net Financial Investment	-75518.1		12910.3		6076.6	
2011年	**2011**						
1.净出口	Net Exports						
2.增加值	Value Added		274841.1		24958.3		40363.3
3.劳动者报酬	Compensation of Employees	98610.2		8062.5		34400.0	
(1)工资及工资性收入	Wages and Salaries						
(2)单位社会保险付款	Employers' Social Contributions						
4.生产税净额	Taxes on Production, Net	57843.2		2906.3		300.8	62270.8
(1)生产税	Taxes on Products						
(2)生产补贴	Subsidies on Production						
5.财产收入	Income from Properties	44709.3	21175.5	40060.0	43429.2	6788.9	10922.6
(1)利息	Interest	23905.6	19571.9	37656.3	42808.7	6156.0	4135.4
(2)红利	Distributed Income of Corporations	16449.8	1541.7	1145.8	620.4		2391.0
(3)地租	Rent on Land, Natural Resources, and Subsoil Assets	3033.2					3075.5
(4)其他	Others	1320.7	61.9	1257.9		632.9	1320.7
6.初次分配总收入	Total Income from Primary Distribution		94853.9		17358.6		72066.9
7.经常转移	Current Transfer	16933.2	1069.8	5490.5	3311.1	34189.6	52325.8
(1)收入税	Taxes on Income	13367.0		3402.6			22823.8
(2)社会保险缴款	Payment to Social Security					5416.4	27217.6
(3)社会保险福利	Social Security Welfare					20363.9	
(4)社会补助	Allowances	144.7				7444.2	
(5)其他经常转移	Others	3421.5	1069.8	2087.9	3311.1	965.1	2284.5
8.可支配总收入	Total Disposable Income		78990.5		15179.2		90203.2
9.最终消费	Final Consumption Expenditure					63154.9	
(1)居民消费	Household Consumption						
(2)政府消费	Government Consumption					63154.9	
10.总储蓄	Savings		78990.5		15179.2		27048.3
11.资本转移	Capital Transfers	2005.3	6219.4			6230.7	2425.6
(1)投资性补助	Investment Allowances		6219.4			6219.4	
(2)其他	Other	2005.3				11.3	2425.6
12.资本形成总额	Gross Capital Formation	147080.4		400.1		23868.4	
(1)固定资本形成总额	Gross Fixed Capital Formation	137961.0		400.1		23433.6	
(2)存货增加	Changes in Inventories	9119.4				434.8	
13.其他非金融资产获得减处置	Acquisitions Less Disposals of Other Non-financial Assets	23626.2				-9033.2	
14.净金融投资	Net Financial Investment	-87502.0		14779.1		8408.1	

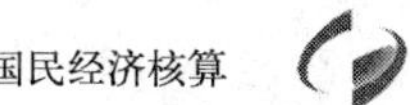

Flow of Funds Accounts (Physical Transaction, 2010-2011)

(100 million yuan)

住户部门 Households		国内合计 All Domestic Sectors		国外部门 The Rest of the World		合 计 Total	
运 用 Uses	来 源 Sources	运 用 Uses	来 源 Sources	运 用 Uses	来 源 Sources	运 用 Uses	来 源 Sources
					-15097.6		-15097.6
	112270.3		401512.8				401512.8
68531.0	190869.5	190044.9	190869.5	923.1	98.5	190968.0	190968.0
1015.2		52672.6	52672.6			52672.6	52672.6
4685.8	12956.7	68687.3	66109.5	8718.3	11296.2	77405.6	77405.6
4659.2	10246.0	49529.9	56457.6	7320.3	392.6	56850.3	56850.3
	1065.3	13980.7	4475.1	1398.0	10903.5	15378.7	15378.7
26.6		2428.7	2428.7			2428.7	2428.7
	1645.4	2748.0	2748.0			2748.0	2748.0
	241864.5		399759.5				399759.5
25786.8	27044.0	68724.1	71478.3	3352.3	598.1	72076.4	72076.4
4837.3		17680.8	17680.8			17680.8	17680.8
17339.6		20584.5	20584.5			20584.5	20584.5
	16207.2	16207.2	16207.2			16207.2	16207.2
	6137.5	6137.5	6137.5			6137.5	6137.5
3609.9	4699.2	8114.1	10868.2	3352.3	598.1	11466.3	11466.3
	243121.7		402513.7				402513.7
140758.6		194115.0				194115.0	
140758.6		140758.6				140758.6	
		53356.4				53356.4	
	102363.1		208398.7		-16098.5		192300.2
		6465.3	6778.8	326.0	12.5	6791.3	6791.3
		5174.5	5174.5			5174.5	5174.5
		1290.8	1604.3	326.0	12.5	1616.8	1616.8
40613.2		193603.9				193603.9	
38161.4		183615.2				183615.2	
2451.8		9988.7				9988.7	
-9889.5							
71639.4		15108.3		-16412.0		-1303.7	
					-12163.3		-12163.3
	132941.4		473104.0				473104.0
80385.5	222423.8	221458.2	222423.8	1070.1	104.5	222528.4	222528.4
1220.5		62270.8	62270.8			62270.8	62270.8
8329.6	18853.2	98930.2	93422.9	8247.8	13755.1	107178.0	107178.0
8287.3	15913.6	76005.1	82429.6	6706.1	281.7	82711.2	82711.2
	1110.8	16638.0	4706.3	1541.7	13473.4	18179.7	18179.7
42.3		3075.5	3075.5			3075.5	3075.5
	1828.9	3211.5	3211.5			3211.5	3211.5
	284282.9		468562.4				
31817.9	33307.5	88431.2	90014.3	3589.1	2006.1	44438.9	44438.9
6054.1		22823.8	22823.8			22823.8	22823.8
21801.2		27217.6	27217.6				
	20363.9	20363.9	20363.9				
	7588.8	7588.8	7588.8			7588.8	7588.8
3962.6	5354.8	10437.1	12020.2	3589.1	2006.1	14026.3	14026.3
	285772.6		470145.4				470145.4
168956.6		232111.5				232111.5	
168956.6		168956.6				168956.6	
		63154.9				63154.9	
	116816.0		238033.9		-9204.7		228829.2
57.3		8293.3	8645.1	363.0	11.3	8656.3	8656.3
		6219.4	6219.4			6219.4	6219.4
57.3		2073.9	2425.6	363.0	11.3	2436.9	2436.9
56995.3		228344.3				228344.3	
53887.3		215682.0				215682.0	
3108.0		12662.3				12662.3	
-14593.0							
74356.4		10041.4		-9556.5		484.9	

2-31 资金流量表（金融交易，2011年）
Flow of Funds Accounts (Financial Transaction, 2011)

单位：亿元 (100 million yuan)

机构部门	Sectors	非金融企业部门 Non-financial Corporations		金融机构部门 Financial Institutions		政府部门 General Governments	
交易项目	Items	运 用 Uses	来 源 Sources	运 用 Uses	来 源 Sources	运 用 Uses	来 源 Sources
净金融投资	Net Financial Investment	-44271		-1318		10178	
资金运用合计	Financial Uses	66790		194721		20363	
资金来源合计	Financial Sources		111061		196038		10185
通货	Currency	555		153	6162	123	
存款	Deposits	41373		5396	113415	19763	
活期存款	Demand Deposits	5431			28628	7485	
定期存款	Time Deposits	20200			62307	10668	
财政存款	Fiscal Deposits				-300	-300	
外汇存款	Foreign Exchange Deposits	4989		111	3126	134	
其他存款	Other Deposits	10753		5285	19655	1776	
证券公司客户保证金	Deposits with Margin Securities Trading Account	-4020		-571	-6511	-35	
贷款	Loans		66963	95764	1442		1691
短期贷款	Short-term Loans		27822	38442			
票据融资	Bill Financing		112	112			
中长期贷款	Medium & Long-term Loans		20993	35640			
外汇贷款	Foreign Exchange Loans		5396	5586			-3
委托贷款	Credit Loans		10739	14154	1442		1770
其他贷款	Other Loans		1901	1830			-77
未贴现的银行承兑汇票	Undiscounted Bankers' Acceptances	10271	10271	10271	10271		
保险准备金	Insurance Technical Reserves	931			5242		2107
金融机构往来	Inter-financial Institutions Accounts			2308	4188		
准备金	Required and Excessive Reserves			36154	36154		
证券	Securities	-157	19397	18758	-3927	112	6142
债券	Bonds	-86	13659	17075	-3605		6142
国债	Government and Public Bonds	-8		6944			6142
金融债券	Financial Bonds	-13		16226	16213		
中央银行债券	Central Bank Bonds	-22		-19797	-19818		
企业债券	Corporate Bonds	-44	13658	13702			
股票	Stock	-71	5738	1683	-322	112	
证券投资基金份额	Investment Funds	860		376	2282	416	
库存现金	Cash in Vault			1072	1042		
中央银行贷款	Central Bank Loans			-727	-727		
其他（净）	Miscellaneous (net)	8808		4139	26753	-16	
直接投资	Foreign Direct Investment	3211	14224				
其他对外债权债务	Changes in Other Foreign Assets and Debts	4958	2466	-3428	252		246
国际储备资产	Changes in Reserve Assets			25057			
国际收支错误与遗漏	Errors and Omissions in the Balance of Payments		-2259				

2-31 续表 continued

单位：亿元 (100 million yuan)

机构部门 交易项目	Sectors Items	住户部门 Households 运用 Uses	住户部门 Households 来源 Sources	国内合计 All Domestic Sectors 运用 Uses	国内合计 All Domestic Sectors 来源 Sources	国外部门 The Rest of the World 运用 Uses	国外部门 The Rest of the World 来源 Sources	合计 Total 运用 Uses	合计 Total 来源 Sources
净金融投资	Net Financial Investment	48644		13234		-13234			
资金运用合计	Financial Uses	74140		356014		25258		381272	
资金来源合计	Financial Sources		25496		342780		38492		381272
通货	Currency	4961		5792	6162	370		6162	6162
存款	Deposits	47690		114222	113415	2219	3026	116442	116442
活期存款	Demand Deposits	15712		28628	28628			28628	28628
定期存款	Time Deposits	31440		62307	62307			62307	62307
财政存款	Fiscal Deposits			-300	-300			-300	-300
外汇存款	Foreign Exchange Deposits	333		5568	3126	584	3026	6152	6152
其他存款	Other Deposits	206		18021	19655	1635		19655	19655
证券公司客户保证金	Deposits with Margin Securities Trading Account	-1840		-6466	-6511	-45		-6511	-6511
贷款	Loans		25496	95764	95592	1245	1417	97009	97009
短期贷款	Short-term Loans		10620	38442	38442			38442	38442
票据融资	Bill Financing			112	112			112	112
中长期贷款	Medium & Long-term Loans		14646	35640	35640			35640	35640
外汇贷款	Foreign Exchange Loans		20	5586	5413	1245	1417	6831	6831
委托贷款	Credit Loans		204	14154	14154			14154	14154
其他贷款	Other Loans		6	1830	1830			1830	1830
未贴现的银行承兑汇票	Undiscounted Bankers' Acceptances			20542	20542			20542	20542
保险准备金	Insurance Technical Reserves	6417		7348	7348			7348	7348
金融机构往来	Inter-financial Institutions Accounts			2308	4188	6172	4291	8480	8480
准备金	Required and Excessive Reserves			36154	36154			36154	36154
证券	Securities	2484		21196	21611	343	-71	21540	21540
债券	Bonds	-794		16195	16195			16195	16195
国债	Government and Public Bonds	-794		6142	6142			6142	6142
金融债券	Financial Bonds			16213	16213			16213	16213
中央银行债券	Central Bank Bonds			-19818	-19818			-19818	-19818
企业债券	Corporate Bonds			13658	13658			13658	13658
股票	Stocks	3278		5002	5416	343	-71	5345	5345
证券投资基金份额	Investment Funds	606		2258	2282	24		2282	2282
库存现金	Cash in Vault			1072	1042		30	1072	1072
中央银行贷款	Central Bank Loans			-727	-727			-727	-727
其他（净）	Miscellaneous (net)	13823		26753	26753			26753	26753
直接投资	Foreign Direct Investment			3211	14224	14224	3211	17435	17435
其他对外债权债务	Changes in Other Foreign Assets and Debts			1530	2965	2965	1530	4495	4495
国际储备资产	Changes in Reserve Assets			25057			25057	25057	25057
国际收支错误与遗漏	Errors and Omissions in the Balance of Payments				-2259	-2259		-2259	-2259

2-32 国际收支平衡表(2012年)
Balance of Payments (2012)

单位：万美元 (USD 10 000)

项　　目	Type of Transaction	差　额 Balance	贷　方 Credit	借　方 Debit
一.经常项目	**Current Account**	**19313915**	**245992560**	**226678645**
A.货物和服务	Goods and Services	23184488	224831698	201647210
a.货物	Goods	32159481	205688656	173529175
b.服务	Services	-8974993	19143042	28118035
1.运输	Transportation	-4694944	3891216	8586160
2.旅游	Travel	-5194858	5002800	10197658
3.通讯服务	Communication Service	14618	179336	164719
4.建筑服务	Construction Service	862722	1224592	361870
5.保险服务	Insurance Service	-1727090	332923	2060013
6.金融服务	Financial Service	-3977	188597	192575
7.计算机和信息服务	Computer and Information Service	1061033	1445351	384318
8.专有权利使用费和特许费	Fees for Patent or Royalty	-1670488	104410	1774898
9.咨询	Consultation	1342738	3344710	2001972
10.广告、宣传	Advertisement and Publicity	197749	475090	277341
11.电影、音像	Movies and Audio-video Products	-43891	12558	56449
12.其它商业服务	Other Commercial Service	886410	2842453	1956044
13. 别处未提及的政府服务	Government Service not Elsewhere Classified	-5014	99004	104019
B.收益	Income and Profit	-4213943	16044149	20258092
1.职工报酬	Compensation of Staff and Workers	1527756	1706562	178806
2.投资收益	Profit from Investment	-5741699	14337587	20079286
C.经常转移	Current Transfers	343370	5116713	4773343
1.各级政府	Governments	-309772	86340	396112
2.其它部门	Other Departments	653142	5030373	4377231
二.资本和金融项目	**Capital and Finance Account**	**-1681649**	**137832172**	**139513821**
A.资本项目	Capital Account	427228	454979	27751
B.金融项目	Financial Account	-2108877	137377193	139486071
1. 直接投资	Direct Investments	19111998	30788666	11676668
1.1 我国在外直接投资	Chinese Direct Investments Abroad	6235496	2335394	8570890
1.2 外国在华直接投资	Foreign Direct Investments in China	25347494	28453272	3105778
2. 证券投资	Securities	4777927	8294148	3516221
2.1 资产	Assets	-639066	2366884	3005951
2.1.1 股本证券	Capital Stock	202924	1198400	995477
2.1.2 债务证券	Liability Stock	-841990	1168484	2010474
2.1.2.1 (中)长期债券	(Metaphase) Long-term Bonds	-491008	1096683	1587691
2.1.2.2 货币市场工具	Money Market Tools	-350982	71801	422783
2.2 负债	Liabilities	5416994	5927264	510270
2.2.1 股本证券	Capital Stock	2990270	3484652	494382
2.2.2 债务证券	Liability Stock	2426724	2442612	15888
2.2.2.1 (中)长期债券	(Metaphase) Long-term Bonds	1729630	1745503	15873
2.2.2.2 货币市场工具	Money Market Tools	697093	697108	15
3. 其它投资	Other Investments	-25998803	98294379	124293182
3.1 资产	Assets	-23160044	14016801	37176845
3.1.1 贸易信贷	Trade Credits	-6181200	41000	6222200
长期	Long Term	-123624	820	124444
短期	Short Term	-6057576	40180	6097756
3.1.2 贷款	Loans	-6533211	2438478	8971688
长期	Long Term	-5679305	4341	5683646
短期	Short Term	-853906	2434136	3288042
3.1.3 货币和存款	Currencies and Deposits	-10470957	10265852	20736809
3.1.4 其它资产	Other Assets	25324	1271471	1246148
长期	Long Term	-1000000		1000000
短期	Short Term	1025324	1271471	246148
3.2 负债	Liabilities	-2838759	84277578	87116337
3.2.1 贸易信贷	Trade Credit	4232600	5030000	797400
长期	Long Term	74071	88025	13955
短期	Short Term	4158530	4941975	783445
3.2.2 贷款	Loans	-1678433	64798144	66476577
长期	Long Term	1023697	5426124	4402427
短期	Short Term	-2702130	59372020	62074150
3.2.3 货币和存款	Currencies and Deposits	-5937603	13394120	19331722
3.2.4 其它负债	Other Liabilities	544676	1055314	510638
长期	Long Term	467147	473932	6785
短期	Short Term	77530	581382	503852
三. 储备资产	**Reserve Assets**	**-9655157**	**1355103**	**11010260**
3.1 货币黄金	Gold Reserves			
3.2 特别提款权	SDR (Special Drawing Rights)	50535	69464	18929
3.3 在基金组织的储备头寸	China's Position in IMF (International Monetary Fund)	161593	161593	
3.4 外汇	Foreign Currencies	-9867285	1124046	10991331
3.5 其它债权	Other Creditor's Rights			
四.净误差与遗漏	**Net Error and Omission**	**-7977109**		**7977109**

注：1.本表贸易数据来自海关统计。
2.本表直接投资贷方数据来自商务部统计和间接申报中的“与土地有关的土地批租和租赁”；借方数据来自间接申报统计。
3.本表其余数据来自间接申报统计。

a) Trade data in the table are from customs statistics.

b) Credit data on direct investment in the table are from statistics and from "Approved Leasing of Land" in indirect reporting, both collected by the Ministry of Commerce, and debit data are from indirect reporting.

c) Other data in the table are from indirect reporting.

主要统计指标解释

国内生产总值(GDP) 指按市场价格计算的一个国家（或地区）所有常住单位在一定时期内生产活动的最终成果。国内生产总值有三种表现形态，即价值形态、收入形态和产品形态。从价值形态看，它是所有常住单位在一定时期内生产的全部货物和服务价值与同期投入的全部非固定资产货物和服务价值的差额，即所有常住单位的增加值之和；从收入形态看，它是所有常住单位在一定时期内创造并分配给常住单位和非常住单位的初次收入之和；从产品形态看，它是所有常住单位在一定时期内最终使用的货物和服务价值与货物和服务净出口价值之和。在实际核算中，国内生产总值有三种计算方法，即生产法、收入法和支出法。三种方法分别从不同的方面反映国内生产总值及其构成。

对于一个地区来说，称为地区生产总值或地区 GDP。

国民总收入（GNI） 即国民生产总值，指一个国家(或地区)所有常住单位在一定时期内收入初次分配的最终结果。一国常住单位从事生产活动所创造的增加值在初次分配中主要分配给该国的常住单位，但也有一部分以生产税及进口税(扣除生产和进口补贴)、劳动者报酬和财产收入等形式分配给非常住单位；同时，国外生产所创造的增加值也有一部分以生产税及进口税(扣除生产和进口补贴)、劳动者报酬和财产收入等形式分配给该国的常住单位，从而产生了国民总收入的概念。它等于国内生产总值加上来自国外的净要素收入。与国内生产总值不同，国民总收入是个收入概念，而国内生产总值是个生产概念。

三次产业 三产业的划分是世界上较为常用的产业结构分类，但各国的划分不尽一致。我国的三次产业划分是：

第一产业是指农、林、牧、渔业。

第二产业是指采矿业，制造业，电力、煤气及水的生产和供应业，建筑业。

第三产业是指除第一、二产业以外的其他行业。

劳动者报酬 指劳动者因从事生产活动所获得的全部报酬。包括劳动者获得的各种形式的工资、奖金和津贴，既包括货币形式的，也包括实物形式的，还包括劳动者所享受的公费医疗和医药卫生费、上下班交通补贴、单位支付的社会保险费、住房公积金等。

生产税净额 指生产税减生产补贴后的余额。生产税指政府对生产单位从事生产、销售和经营活动以及因从事生产活动使用某些生产要素(如固定资产、土地、劳动力)所征收的各种税、附加费和规费。生产补贴与生产税相反，指政府对生产单位的单方面转移支出，因此视为负生产税，包括政策亏损补贴、价格补贴等。

固定资产折旧 指一定时期内为弥补固定资产损耗按照规定的固定资产折旧率提取的固定资产折旧，或按国民经济核算统一规定的折旧率虚拟计算的固定资产折旧。它反映了固定资产在当期生产中的转移价值。各类企业和企业化管理的事业单位的固定资产折旧是指实际计提的折旧费；不计提折旧的政府机关、非企业化管理的事业单位和居民住房的固定资产折旧是按照统一规定的折旧率和固定资产原值计算的虚拟折旧。原则上，固定资产折旧应按固定资产的重置价值计算，但是目前我国尚不具备对全社会固定资产进行重估价的基础，所以暂时只能采用上述办法。

营业盈余 指常住单位创造的增加值扣除劳动者报酬、生产税净额和固定资产折旧后的余额。它相当于企业的营业利润加上生产补贴，但要扣除从利润中开支的工资和福利等。

支出法国内生产总值 是从最终使用的角度反映一个国家(或地区)一定时期内生产活动最终成果的一种方法，包括最终消费支出、资本形成总额及货物和服务净出口三部分。计算公式为：

支出法国内生产总值=最终消费支出+资本形成总额+货物和服务净出口

最终消费支出 指常住单位为满足物质、文化和精神生活的需要，从本国经济领土和国外购买的货物和服务的支出。它不包括非常住单位在本国经济领土内的消费支出。最终消费支出分为居民消费支出和政府消费支出。

居民消费支出 指常住住户在一定时期内对于货物和服务的全部最终消费支出。居民消费支出除了直接以货币形式购买的货物和服务的消费支出外，还包括以其他方式获得的货物和服务的消费支出，即所谓的虚拟消费支出。居民虚拟消费支出包括如下几种类型：单位以实物报酬及实物转移的形式提供给劳动者的货物和服务；住户生产并由本住户消费了的货物和服务，其中的服务仅指住户的自有住房服务和付酬的家庭雇员提供的家庭和个人服务；金融机构提供的金融媒介服务。

政府消费支出 指政府部门为全社会提供的公共服务的消费支出和免费或以较低的价格向居民住户提供的货物和服务的净支出，前者等于政府服务的产出价值减去政府单位所获得的经营收入的价值，后者等于政府部门免费或以较低价格向居民住户提供的货物和服务的市场价值减去向住户收取的价值。

资本形成总额 指常住单位在一定时期内获得减去处置的固定资产和存货的净额，包括固定资本形成总额和存货变动两部分。

固定资本形成总额 指常住单位在一定时期内获得的固定资产减处置的固定资产的价值总额。固定资产是通过生产活动生产出来的，且其使用年限在一年以上、单位价值在规定标准以上的资产，不包括自然资产。可分为有形固定资本形成总额和无形固定资本形成总额。有形固定资本形成总额包括一定时期内完成的建筑工程、安装工程和设备工器具购置(减处置)价值，以及土地改良、新增役、种、奶、毛、娱乐用牲畜和新增经济林木价值。无形固定资本形成总额包括矿藏的勘探、计算机软件等获得减处置。

存货变动 指常住单位在一定时期内存货实物量变动的市场价值，即期末价值减期初价值的差额，再扣除当期由于价格变动而产生的持有收益。存货变动可以是正值，也可以是负值，正值表示存货上升，负值表示存货下降。存货包括生产单位购进的原材料、燃料和储备物资等存货，以及生产单位生产的产成品、在制品和半成品等存货。

货物和服务净出口 指货物和服务出口减货物和服务进口的差额。出口包括常住单位向非常住单位出售或无偿转让的各种货物和服务的价值；进口包括常住单位从非常住单位购买或无偿得到的各种货物和服务的价值。由于服务活动的提供与使用同时发生，一般把常住单位从非常住单位得到的服务作为进口，非常住单位从常住单位得到的服务作为出口。货物的出口和进口都按离岸价格计算。

直接消耗系数 也称为投入系数，记为 $a_{ij}(i, j=1,2,\cdots,n)$ 它是指在生产经营过程中第 j 产品(或产业)部门的单位总产出所直接消耗的第 i 产品部门货物或服务的价值量，将各产品(或产业)部门的直接消耗系数用表的形式表现出来，就是直接消耗系数表或直接消耗系数矩阵，通常用字母 A 表示。

完全消耗系数 指第 j 产品部门每提供一个单位最终使用时，对第 i 产品部门货物或服务的直接消耗和间接消耗之和。将各产品部门的完全消耗系数用表的形式表现，就是完全消耗系数表或完全消耗系数矩阵，通常用字母 B 表示。

机构单位 指有权拥有资产和承担负债，能够独立地从事经济活动并与其他实体进行交易的经济实体。

机构部门 将相同性质的机构单位归并在一起，就形成机构部门。资金流量核算将常住机构单位划分为以下四个机构部门：非金融企业部门、金融机构部门、政府部门、住户部门。与常住单位发生经济往来关系的非常住单位组成国外部门，在资金流量核算中也视同机构部门。

非金融企业与非金融企业部门 非金融企业指主要从事市场货物生产和提供非金融市场服务的常住企业，它主要包括从事上述活动的各类法人企业。所有非金融企业归并在一起，就形成非金融企业部门。

金融机构与金融机构部门 金融机构指主要从事金融媒介以及与金融媒介密切相关的辅助金融活动的常住单位，它主要包括中央银行、商业银行和政策性银行、非银行信贷机构、证券机构、保险机构及其他金融机构。所有金融机构归并在一起，就形成金融机构部门。

政府单位与政府部门 政府单位指在我国境内通过政治程序建立的、在一特定区域内对其他机构单位拥有立法、司法和行政权的法律实体及其附属单位。政府单位的主要职能是利用征税和其他方式获得的资金向社会和公众提供公共服务。通过转移支付，对社会收入和财产进行再分配。它主要包括各种行政单位和非营利性事业单位。所有政府单位归并在一起，就形成政府部门。

住户与住户部门 住户指共享同一生活设施、部分或全部收入和财产集中使用、共同消费住房、食品和其他消费品与消费服务的常住个人或个人群体。所有住户归并在一起，就形成住户部门。

非常住单位与国外部门 所有不具有常住性的机构单位都是非常住单位。将所有与我国常住单位发生交易的非常住单位归并在一起，就形成国外部门。

初次分配总收入 初次分配是生产活动形成的净成果在参与生产活动的生产要素的所有者及政府之间的分配。生产活动的净成果是增加值。生产要素包括劳动力、土地、资本。劳动力所有者因提供劳动而获得劳动报酬；土地所有者因出租土地而获得地租；资本的所有者因资本的形态不同而获得不同形式的收入：借贷资本所有者获得利息收入；股权所有者获得红利或未分配利润；政府因直接或间接介入生产过程而获得生产税或支付补贴。初次分配的结果形成各个机构部门的初次分配总收入。各部门的初次分配总收入之和就等于国民总收入，亦即国民生产总值。

经常转移 转移是一个机构单位向另一个机构单位提供货物、服务或资产，而同时并没有从后一机构单位获得任何货物、服务或资产作为回报的一种交易。经常转移包括扣除资本转移外的所有转移。其形式有收入税、社会保险缴款、社会保险福利、社会补助和其他经常转移。

可支配总收入 在初次分配总收入的基础上，通过经常转移的形式对初次分配总收入进行再次分配。再分配的结果形成各个机构部门的可支配总收入。各部门的可支配总收入之和称为国民可支配总收入。

总储蓄 指可支配总收入用于最终消费后的余额。各部门的总储蓄之和称为国民总储蓄。

资本转移 指一个部门无偿地向另一个部门支付用于非金融投资的资金，是一种不从对方获取任何对应物作为回报的交易。资本转移具有不同于经常转移的两个特征，一是转移的目的是用于投资，而不是用于消费；二是资本转移其实物形式往往涉及除存货和现金以外资产所有权的转移；其现金形式往往涉及除存货以外的资产的处置。资本转移包括投资性补助和其他资本转移。

净金融投资 它反映机构部门或经济总体资金富余或短缺的状况。从实物交易角度看，它是指总储蓄加资本转移收入减资本转移支出减资本形成总额，再加上其他非金融资产获得减处置后的余额。从金融交易角度看，它是金融资产的增加额减金融负债的增加额之后的差额。

通货 指以现金形式存在于市场流通中的货币，包括本币和外币。

存款 指金融机构接受客户存入的货币款项，存款人可

随时或按约定时间支取款项的信用业务。包括活期存款、定期存款、住户储蓄存款、财政存款、外汇存款和其他存款等。

贷款 指金融机构将其所吸收的资金，按一定的利率贷放给客户并约期归还的信用业务。包括短期贷款、中长期贷款、财政贷款、外汇贷款和其他贷款。

证券（不含股票） 由债券购买者承购的或因销售产品而拥有的，可在金融市场上交易并代表一定债权的书面证明。包括政府债券、金融债券、企业债券、商业票据、支付固定收入但不提供法人企业残余价值分享权的优先股等。

股票及其他股权 指股票购买者及直接投资者对其投资企业净资产所拥有的权益。股票是股份公司签发的证明股东投资并按其所持股份享有权益和承担义务的权益性证券。其他股权是机构单位以直接投资的方式用除股票、债权性证券以外的土地、房屋及建筑物、机器设备、存货、资源资产等实物资产，商标、专利权、土地使用权、特许使用权、商誉等无形资产及货币资金直接向其他单位进行的投资。通常以股权证、出资证明书、参与证或类似的单据为凭证。

保险准备金 指对人寿保险准备金和养恤基金的净权益、保险费预付款和未结索赔准备金。

结算资金 指金融机构用于结算目的汇兑在途的资金。

金融机构往来 指各金融机构之间的资金往来，包括同业存放款和同业拆借款。

准备金 指各金融机构在中央银行的存款及缴存中央银行的法定准备金。

中央银行贷款 指中央银行向各金融机构的贷款。

经常项目 包括货物、服务、收益及经常性转移。

货物进出口 指通过我国海关进出口的货物。货物的进出口值都按离岸价格估价。离岸价格可视为进口商在出口商边境领取货物时支付的购买者价格。当进口商领取该货物时，该货物已装载到进口商自己的运载工具或其他运载工具，出口商已为该货物支付了出口税或获得了出口退税。

服务进出口 指常住单位与非常住单位之间相互提供的服务。包括运输服务、旅游服务、通讯服务、建筑服务、保险服务、金融服务、计算机和信息服务、咨询服务、广告、宣传服务、电影音像服务、专有权力使用费和特许费、其他商务服务、政府服务。

收益 指常住单位与非常住单位之间因相互提供生产要素而产生的收入，包括劳动者报酬和投资收益。其中投资收益包括直接投资、证券投资和其他投资的收益和支出，以及直接投资收益的再投资。

资本项目 包括移民转移、债务减免等资本性转移。

金融项目 包括直接投资、证券投资和其他投资。

直接投资 指外国、港澳台地区在我国和我国在外国、港澳台地区以独资、合资、合作及合作勘探开发方式进行的投资。

证券投资 指我国对外国、港澳台地区发行的股票、债券等有价证券和我国购买外国、港澳台地区发行的股票、债券等有价证券。

其他投资 指除直接投资和证券投资以外的所有对外金融资产与负债交易项目。包括外国提供给我国和我国提供给外国的贸易信贷、贷款、货币和存款以及其他资产。

储备资产增减额 指我国在黄金储备、外汇储备、在国际货币基金组织的储备头寸、特别提款权、使用基金信贷等方面本年末与上年末余额之间的差额。负号表示储备资产增加，正号表示储备资产减少。

Explanatory Notes on Main Statistical Indicators

Gross Domestic Product (GDP) refers to the final products at market prices produced by all resident units in a country during a certain period of time. Gross domestic product is expressed in three different perspectives, namely value, income, and products respectively. GDP in its value perspective refers to the balance of total value of all goods and services produced by all resident units during a certain period of time, minus the total value of input of goods and services of the nature of non-fixed assets; in other words, it is the sum of the value-added of all resident units. GDP from the perspective of income includes the primary income created by all resident units and distributed to resident and non-resident units. GDP from the perspective of products refers to the value of all goods and services for final demand by all resident units plus the net exports of goods and services during a given period of time. In the practice of national accounting, gross domestic product is calculated from three approaches, namely production approach, income approach and expenditure approach, which reflect gross domestic product and its composition from different angles.

For a region, it is called as Gross Regional Product(GRP) or regional GDP.

Gross National Income (GNI) also known as Gross National Product, refers to the final result of the primary distribution of the income created by all the resident units of a country (or a region) during a certain period of time. The value-added created by the resident units of a country engaged in production activities is distributed, during the primary distribution, mainly to the resident units of that country, while part of it is distributed to the non-resident units in the form of production tax and import duties (minus subsidies to production and import), compensation of employees and property income. In the meantime, a part of the value-added created abroad is distributed to the resident units of the country in the form of production tax and import duties (minus subsidies to production and import), compensation of employees and property income. The concept of Gross National Income is thus developed, which equals to Gross Domestic Product plus the net factor income from abroad. Unlike GDP which is a concept of production, GNP is a concept of income.

Three Strata of Industry Classification of economic activities into three strata of industry is a common practice in the world, although the grouping varies to some extent from country to country. In China economic activities are categorized into the following three strata of industry:

Primary industry refers to agriculture, forestry, animal husbandry and fishery industries.

Secondary industry refers to mining and quarrying, manufacturing, production and supply of electricity, water and gas, and construction.

Tertiary industry refers to all other economic activities not included in the primary or secondary industries.

Compensation of Employees refers to the total payment of various forms to employees for the productive activities they are engaged in. It includes wages, bonuses and allowances, which the employees earn in cash or in kind. It also includes the free medical services provided to the employees and the medicine expenses, transport subsidies and social insurance, and housing fund paid by the employers.

Net Taxes on Production refers to taxes on production less subsidies on production. The taxes on production refers to the various taxes, extra charges and fees levied on the production units on their production, sale and business activities as well as on the use of some factors of production, such as fixed assets, land and labour in the production activities they are engaged in. In contrast to taxes on production, subsidies on production refer to the unilateral government transfer to the production units and are therefore regarded as negative taxes on production. They include subsidies on the loss due to implementation of government policies, price subsidies, etc.

Depreciation of Fixed Assets refers to the depreciation of fixed assets in a given period, drawn in accordance with the stipulated depreciation rate for the purpose of compensating the wear-and-tear loss of the fixed assets or the depreciation of fixed assets imputed in accordance with the stipulated unified depreciation rate in the national economic accounting system. It reflects the value of transfer of the fixed assets in the production of the current period. The depreciation of fixed assets in various enterprises and institutions managed as enterprises refers to the depreciation expenses actually drawn. In government agencies and institutions not managed as enterprises which do not draw the depreciation expenses, as well as for the houses of residents, the depreciation of fixed assets is the imputed depreciation, which is calculated in accordance with the stipulated unified depreciation rate. In principle, the depreciation of fixed assets should be calculated on the basis of the re-purchased value of the fixed assets. However, currently the conditions in China do not facilitate the revaluation of all the fixed assets. Therefore, only the above-mentioned methods can be adopted at present.

Operating Surplus refers to the balance of the value added created by the resident units after deducting the labourers remuneration, net taxes on production and the depreciation of fixed assets. It is equivalent to the business profit of the enterprises plus subsidies to production, but the wages and welfare expenses paid from the profits should be deducted.

GDP by Expenditure Approach refers to the method of measuring the final results of production activities of a country (region) during a given period from the perspective of final uses. It includes final consumption expenditure, gross capital formation and net export of goods and services. The formula for computation is.:

GDP by expenditure approach = final consumption expenditure + gross capital formation + net export of goods and services

Final Consumption Expenditure refers to the total expenditure of resident units for purchases of goods and services from both the domestic economic territory and abroad to meet the needs of material, cultural and spiritual life. It does not include the expenditure of non-resident units on consumption in the economic territory of the country. The final consumption expenditure is broken down into household consumption expenditure and government consumption expenditure.

Household Consumption Expenditure refers to the total expenditure of resident households on the final consumption of goods and services. In addition to the consumption of goods and services bought by the households directly with money, the household consumption expenditure also includes expenditure on goods and services obtained by the households in other ways, i.e. the so-called imputed consumption expenditure, which includes the following: (a) the goods and services provided to households by employers in the form of payment in kind and transfer in kind; (b) goods and services produced and consumed by the households themselves, in which the services refer to the owner-occupied housing and services offered by paid family employees; (c) financial intermediate services provided by financial institution.

Government Consumption Expenditure refers to the consumption expenditure spent for the provision of public services provided by the government to the whole country and the net expenditure on the goods and services provided by the government to households free of charge or at reduced prices. The former equals to the output value of the government services minus the value of operating income obtained by the government departments. The latter equals to the market value of the goods and services provided by the government free of charge or at reduced prices to the households minus the value received by the government from the households.

Gross Capital Formation refers to the fixed assets acquired less disposals and the net value of inventory, thus including gross fixed capital formation and changes in inventories.

Gross Fixed Capital Formation refers to the value of acquisitions less those disposals of fixed assets during a given period. Fixed assets are the assets produced through production activities with unit value above a specified amount and which could be used for over one year. Natural assets are not included. Gross fixed capital formation can be categorized into total tangible fixed capital formation and total intangible fixed capital formation. Total tangible fixed capital formation includes the value of the construction projects and installation projects completed and the equipment, apparatus and instruments purchased (less those disposed) as well as the value of land improved, the value of draught animals, breeding stock and animals for milk, for wool and for recreational purposes and the newly increased forest with economic value. Total intangible fixed capital formation includes the prospecting of minerals and the acquisition of computer software minus the disposal of them.

Changes in Inventories refers to the market value of the change in the physical volume of inventory of resident units during a given period, i.e. the difference between the values at the beginning and at the end of the period minus the gains due to the change in prices. The changes in inventories can have a positive or a negative value. A positive value indicates an increase in inventory while a negative value indicates a decrease in inventory. The inventory includes raw materials, fuels and reserve materials purchased by the production units as well as the inventory of finished products, semi-finished products and work-in-progress.

Net Export of Goods and Services refers to the exports of goods and services subtracting the imports of goods and services. Exports include the value of various goods and services sold or gratuitously transferred by resident units to non-resident units. Imports include the value of various goods and services purchased or gratuitously acquired resident units from non-resident units. Because the provision of services and the use of them happen simultaneously, the acquisition of services by resident units from abroad is usually treated as import while the acquisition of services by non-resident units in this country is usually treated as export. The exports and imports of goods are calculated at FOB.

Direct Input Coefficient refers to the volume of products and services of industry *i*, which is consumed directly by industry *j* in the course of its production or business, recorded as a_{ij} (i,j=1,2, … ,n). The table of direct input coefficients, or the direct input coefficients matrix, usually denoted as A, is a table that presents direct input coefficients of all industries.

Total Input Coefficient refers to the volume of products and services of industry *i* which is consumed directly and indirectly by industry *j* in producing each unit of final use. The table of total input coefficients, or total input coefficients matrix, usually denoted as B, is a table that presents total input coefficients of all industries.

Institutional Units refer to economic entities that are in a position to own assets and incur liabilities; to engage independently in economic activities; and to conduct transactions with other entities.

Institutional Sectors refer to groups of institutional units that are homogenous in nature and have been grouped together. The following 4 institutional sectors are identified in the flow of funds accounts: non-financial corporations, financial institutions, general government and households. Also treated as an institutional sector is the rest of the world, which is composed of non-resident units that have economic relations with resident units.

Non-Financial Corporations and the Sector of Non-Financial Corporations Non-financial corporations refer to resident corporations that are engaged in the production of goods and the provision of non financial services in the market, mainly covering corporate enterprises of various types engaged in the above-mentioned activities. All non-financial corporations make up the sector of non-financial corporations.

Financial Institutions and the Sector of Financial Institutions Financial institutions refer to resident institutions that are engaged in the financial intermediary services or auxiliary financial activities that are closely related with financial intermediary services, mainly covering the Central Bank, commercial banks, policy banks, non-banking credit institutions, security institutions, insurance institutions and other financial institutions. All financial institutions together make up the sector of financial institutions.

General Government and the Sector of General Governments General government refer to legal entities and their auxiliary units within the territory of China that are established through the political process and are empowered with legislative, administrative or judicial rights over other institutional within specific regions. The main function of general government is to acquire funds through taxation or other means in order to provide public services to society and households, and to conduct redistribution of income and properties of society through transfer payment. General government cover mainly administrative and non-profit institutional units of various types. All general government together make up the sector of general governments.

Households and the Sector of Households Households refer to resident individuals or groups of resident individuals who share common living facilities, pool together entire or part of their income and properties for their common disposal, and share their housing, food and other consumer goods and services. All households together make up the sector of households.

Non-resident Units and the Rest of the World Non-resident units refer to units that are of a non-resident nature. All non-resident units that have transactions with resident units together make up the rest of the world.

Total Income from Primary Distribution Primary distribution refers to the distribution of net results from production activities among the owners of factors of production and the governments. The net result from production activities is the value-added. Factors of production include labour force, land and capital. Owners of labour force gain remuneration by providing labour. Owners of land receive rents from leasing of land. Owners of capitals get income of various forms depending on the type of capital: owners of loan capital receive income from interests. Share holders receive dividends or non-distributed profits. Government either obtains production tax or pays subsidies in participating directly or indirectly in the production processes. Results of primary distribution generate the total income from primary distribution of each sector, and the sum of the total income of primary distribution of all sectors make up the Gross National Income, or the Gross National Product.

Current Transfers Transfer refers to the transaction in the form of provision of goods, services or assets by an institutional unit to another institutional unit without receiving any goods, services or assets in return from the recipient. Current transfers refer to all kinds of transfers other than capital transfers. They include income tax, payment to social securities, social security benefits, social allowances and other current transfers.

Total Disposable Income Total income from primary distribution is re-distributed through current transfer, resulting in the total disposable income of various institutional sectors. The sum of total disposable income of all institutional sectors makes up the total national disposable income.

Total Savings refer to total disposable income subtracting final consumption. Total savings of all sectors make up the total national savings.

Capital Transfer refers to the free payment from one sector to another sector of non-financial investment capital, and is a transaction that seeks no return from the recipient. Capital transfer differs from current transfer in 2 aspects: 1) The purpose of the capital transfer is investment rather than consumption. 2) Capital transfer features the transfer of the ownership of assets other than inventory and cash, and capital transfer in its monetary form involves the disposal of assets other than inventory. Capital transfer includes investment subsidies and other capital transfers.

Net Financial Investment reflects the surplus or shortage of capitals of institutional sectors or of the economy in general. It refers to total savings plus the income from capital transfer minus payment for capital transfer and capital formation, and plus other non-financial assets minus disposal from the point of view of physical transaction. In terms of monetary transaction, it is the difference between the increase in financial assets minus the increase of the financial liabilities.

Currency refers to currency that is in circulation in the market, including local and foreign currencies.

Deposits refer to credit transactions by which financial institutions accept deposits from clients who could withdraw their deposit at any time or by an agreed time frame. They include demand deposit, time deposit, savings deposit, fiscal deposit, foreign exchange deposit and other deposits.

Loans refer to credit transactions by which financial institutions lend their capital to clients at certain level of interest rates, which the latter will repay by an agreed time frame. They include short-term loan, medium- and long-term loan, fiscal loan, foreign exchange loan and other loans.

Securities (excluding shares) refer to written certificates representing creditors' rights as purchased by bond holders or as acquired by selling products, which can be transacted at the financial markets. They include government bonds, financial bonds, corporation bonds, commercial drafts, preferential stocks that provide fixed income without the right to share the residual value of corporations, and so on.

Shares and Other Holding Rights refer to the rights of stockholders and direct investors on the net assets of corporations they have invested in. Shares refer to negotiable securities on creditor's rights, issued by share companies certifying the investment by stockholders and their rights and duties in accordance with the amount of stocks that they hold. Other holding rights refer to the direct investment by institutional units in other units with currency capital or with assets, in forms other than shares and negotiable securities on creditor's rights, including such tangible assets such as land, buildings, machines and equipment, inventory, resources, etc., and such intangible assets as trade marks, patents, monopolies, rights on land use, licenses, commercial reputation, etc.. Documents of proof of holding rights usually include certificates on creditor's right, certificates on investment or on participation, etc.

Insurance Reserve Funds consists of net equity of households in life insurance reserves and in pension funds reserves, prepayments of insurance premiums, and reserves for outstanding claims.

Settlement Fund refers to fund in float of financial institutions for settlement.

Inter- financial Institutions Accounts refer to flow of capital between financial institutions, consisting of nostro & vostro accounts, inter-bank lending.

Required and Excessive Reserves refer to financial institutions' deposits with the People's Bank of China.

Central Bank Lending refer to lending to financial institutions by the People's Bank of China

Current Account includes goods, services, income and current transfers.

Import and Export of Goods refer to imported or exported goods through Chinese customs. Both import and export of goods are valued at free on board (f.o.b.) prices. Free on board prices can be regarded as the purchaser's prices paid by importers when claiming goods at the border of the exporters. When the importer claim the imported goods, the goods have been loaded in importer's carriers or other carriers, and the exporter has paid export duty or received export redeem.

Import and Export of Services refer to services provided between resident and non-resident units, including services on transportation, tourism, communications, construction, insurance, finance, computer and information, consultancy, advertising and publicity, as well as film, audio and video services, royalty for patents, trademarks and other special rights, other commercial services, and government services.

Income refers income from provision of factors of production between resident and non-resident units, including compensation of labour and earnings from investment. Earnings from investment include earnings from and expenses on direct investment, security investment and other investment, as well as reinvestment of earnings from direct investment.

Capital Account includes capital transfers such as immigration transfer, reduction or exemption of debts, etc.

Financial Account includes direct investment, security investment and other investments.

Direct Investment refers to investment by foreign investors or investors from Hong Kong, Macao and Taiwan in China, or by Chinese investors in foreign countries or in Hong Kong, Macao and Taiwan, in forms of exclusive investment, joint investment, contracted operation and cooperative development.

Security Investment refers to the issue of stocks and securities by China in foreign countries or in Hong Kong, Macao and Taiwan, and the purchase by Chinese units of stocks and securities issued in foreign countries or in Hong Kong, Macao and Taiwan.

Other Investment refers to all external transactions on financial assets and liabilities other than direct investment and security investment, including trade credits, loans, currency, deposits and other assets, provided by foreign countries to China and by China to foreign countries.

Reserve Assets, Net Increase refers to the difference between the end of the reference year and the end of the previous year, in gold reserve, foreign exchange reserve, special drawing rights in the International Monetary Fund, and the use of the Fund's credits. An increase in reserve assets is expressed in a negative figure and a decrease in the reserve assets is expressed in a positive figure.

3

人口

Population

简 要 说 明

一、本篇资料的主要内容

本篇资料反映我国2012年及历年人口方面的基本情况，包括全国及31个省、自治区、直辖市的主要人口统计数据，如：全国历年人口数、城镇人口、乡村人口；2012年各地区人口数、出生率、死亡率、自然增长率、人口负担系数、家庭户规模、人口受教育程度等。

二、本篇的资料来源

本篇资料由国家统计局人口和就业统计司整理。其中表3-1至3-6中1981年及以前数据为户籍统计数；1982、1990、2000、2010年数据为当年普查数据推算数；其余年份数据为年度人口抽样调查推算数据，部分年份数据根据人口普查数据进行了修订。表3-7为2012年全国人口变动情况抽样调查推算数据。表3-8为六次全国人口普查主要数据。表3-9是根据1990年、2000年和2010年全国人口普查数据计算的。表3-10至3-18为2012年全国人口变动情况抽样调查样本数据。

本篇各表如不做特殊说明，均未包括香港特别行政区、澳门特别行政区和台湾地区的人口数据。

三、本篇的统计调查方法

目前由国家统计局人口和就业统计司实施的人口统计调查有：

在逢"0"的年份进行全国人口普查；在逢"5"的年份进行全国1%人口抽样调查；其余年份进行全国人口变动情况抽样调查，其样本量约占全国总人口的1‰左右。人口抽样调查是以全国为总体，省级单位为次总体，采用分层、多阶段、整群概率比例抽样方法抽取样本。

Brief Introduction

I. Main Contents

Data in this chapter show the basic condition of the population in 2012 as well as in previous years for the whole nation and 31 provinces, autonomous regions and municipalities directly under the Central Government. They include the sizes of the national population, urban population and rural population over the years; as well as size, birth rates, death rates, natural growth rates, population dependency coefficient, average family household size and education attainments of the population by the end of 2012.

II. Sources of Data

Data in this chapter are prepared by the Department of Population and Employment Statistics of the National Bureau of Statistics. In tables 3-1 to 3-6, figures for 1981 and before are from household registrations; data for the year 1982, 1990, 2000 and 2010 are the census year estimates; the rest of the data covered in those tables are estimates from the annual national sample survey on population changes and data for selected years have been revised according to the census results. In table 3-7, data are estimates from the 2012 national sample survey on population changes in 2012. Table 3-8 contains the major indicators of the past six population censuses. In table 3-9, data are calculated by using 1990, 2000 and 2010 census years' results. In table 3-10 to 3-18, data are the sample data from national sample survey on population changes in 2012.

Data in all the tables of this chapter do not include that from Hong Kong SAR, Macao SAR and Taiwan unless otherwise stated.

III. Sampling Methodology

The statistical surveys on population which are conducted by Department of Population and Employment Statistics of NBS are as follows:

The national population census is conducted in the year ending with 0; the national 1 percent population sample survey is conducted in the year ending with 5; sample surveys on population changes are conducted in the rest of the years which cover about 1 per thousand of the total population of the country. The sample survey on population change takes the whole nation as the population and each province, autonomous region or municipality as sub-populations, and the stratified multi-stage systematic PPS cluster sampling scheme is used.

3-1 人口数及构成
Population and Its Composition

单位：万人 (10 000 persons)

年份 Year	总人口(年末) Total Population (year-end)	按性别分 By Sex				按城乡分 By Residence			
		男 Male		女 Female		城镇 Urban		乡村 Rural	
		人口数 Population	比重(%) Proportion	人口数 Population	比重(%) Proportion	人口数 Population	比重(%) Proportion	人口数 Population	比重(%) Proportion
1949	54167	28145	51.96	26022	48.04	5765	10.64	48402	89.36
1950	55196	28669	51.94	26527	48.06	6169	11.18	49027	88.82
1951	56300	29231	51.92	27069	48.08	6632	11.78	49668	88.22
1955	61465	31809	51.75	29656	48.25	8285	13.48	53180	86.52
1960	66207	34283	51.78	31924	48.22	13073	19.75	53134	80.25
1965	72538	37128	51.18	35410	48.82	13045	17.98	59493	82.02
1970	82992	42686	51.43	40306	48.57	14424	17.38	68568	82.62
1971	85229	43819	51.41	41410	48.59	14711	17.26	70518	82.74
1972	87177	44813	51.40	42364	48.60	14935	17.13	72242	82.87
1973	89211	45876	51.42	43335	48.58	15345	17.20	73866	82.80
1974	90859	46727	51.43	44132	48.57	15595	17.16	75264	82.84
1975	92420	47564	51.47	44856	48.53	16030	17.34	76390	82.66
1976	93717	48257	51.49	45460	48.51	16341	17.44	77376	82.56
1977	94974	48908	51.50	46066	48.50	16669	17.55	78305	82.45
1978	96259	49567	51.49	46692	48.51	17245	17.92	79014	82.08
1979	97542	50192	51.46	47350	48.54	18495	18.96	79047	81.04
1980	98705	50785	51.45	47920	48.55	19140	19.39	79565	80.61
1981	100072	51519	51.48	48553	48.52	20171	20.16	79901	79.84
1982	101654	52352	51.50	49302	48.50	21480	21.13	80174	78.87
1983	103008	53152	51.60	49856	48.40	22274	21.62	80734	78.38
1984	104357	53848	51.60	50509	48.40	24017	23.01	80340	76.99
1985	105851	54725	51.70	51126	48.30	25094	23.71	80757	76.29
1986	107507	55581	51.70	51926	48.30	26366	24.52	81141	75.48
1987	109300	56290	51.50	53010	48.50	27674	25.32	81626	74.68
1988	111026	57201	51.52	53825	48.48	28661	25.81	82365	74.19
1989	112704	58099	51.55	54605	48.45	29540	26.21	83164	73.79
1990	114333	58904	51.52	55429	48.48	30195	26.41	84138	73.59
1991	115823	59466	51.34	56357	48.66	31203	26.94	84620	73.06
1992	117171	59811	51.05	57360	48.95	32175	27.46	84996	72.54
1993	118517	60472	51.02	58045	48.98	33173	27.99	85344	72.01
1994	119850	61246	51.10	58604	48.90	34169	28.51	85681	71.49
1995	121121	61808	51.03	59313	48.97	35174	29.04	85947	70.96
1996	122389	62200	50.82	60189	49.18	37304	30.48	85085	69.52
1997	123626	63131	51.07	60495	48.93	39449	31.91	84177	68.09
1998	124761	63940	51.25	60821	48.75	41608	33.35	83153	66.65
1999	125786	64692	51.43	61094	48.57	43748	34.78	82038	65.22
2000	126743	65437	51.63	61306	48.37	45906	36.22	80837	63.78
2001	127627	65672	51.46	61955	48.54	48064	37.66	79563	62.34
2002	128453	66115	51.47	62338	48.53	50212	39.09	78241	60.91
2003	129227	66556	51.50	62671	48.50	52376	40.53	76851	59.47
2004	129988	66976	51.52	63012	48.48	54283	41.76	75705	58.24
2005	130756	67375	51.53	63381	48.47	56212	42.99	74544	57.01
2006	131448	67728	51.52	63720	48.48	58288	44.34	73160	55.66
2007	132129	68048	51.50	64081	48.50	60633	45.89	71496	54.11
2008	132802	68357	51.47	64445	48.53	62403	46.99	70399	53.01
2009	133450	68647	51.44	64803	48.56	64512	48.34	68938	51.66
2010	134091	68748	51.27	65343	48.73	66978	49.95	67113	50.05
2011	134735	69068	51.26	65667	48.74	69079	51.27	65656	48.73
2012	135404	69395	51.25	66009	48.75	71182	52.57	64222	47.43

注：1.1981年及以前数据为户籍统计数;1982、1990、2000、2010年数据为当年人口普查数据推算数；其余年份数据为年度人口抽样调查推算数据(下相关表同)。

2.总人口和按性别分人口中包括现役军人，按城乡分人口中现役军人计入城镇人口。

a) Figures 1981 (inclusive) are from household registrations; for the year 1982,1990,2000 and 2010 are the census year estimates; the rest of the data covered in those tables have been estimated on the basis of the annual national sample surveys of population. The same applies to the relevant tables following.

b) Total population and population by sex include the military personnel of the Chinese People's Liberation Army, the military personnel are classified as urban population in the item of population by residence.

3-2 人口出生率、死亡率和自然增长率
Birth Rate, Death Rate and Natural Growth Rate of Population

单位：‰ (‰)

年 份 Year	出生率 Birth Rate	死亡率 Death Rate	自然增长率 Natural Growth Rate	年 份 Year	出生率 Birth Rate	死亡率 Death Rate	自然增长率 Natural Growth Rate
1978	18.25	6.25	12.00	1996	16.98	6.56	10.42
1980	18.21	6.34	11.87	1997	16.57	6.51	10.06
1981	20.91	6.36	14.55	1998	15.64	6.50	9.14
1982	22.28	6.60	15.68	1999	14.64	6.46	8.18
1983	20.19	6.90	13.29	2000	14.03	6.45	7.58
1984	19.90	6.82	13.08	2001	13.38	6.43	6.95
1985	21.04	6.78	14.26	2002	12.86	6.41	6.45
1986	22.43	6.86	15.57	2003	12.41	6.40	6.01
1987	23.33	6.72	16.61	2004	12.29	6.42	5.87
1988	22.37	6.64	15.73	2005	12.40	6.51	5.89
1989	21.58	6.54	15.04	2006	12.09	6.81	5.28
1990	21.06	6.67	14.39	2007	12.10	6.93	5.17
1991	19.68	6.70	12.98	2008	12.14	7.06	5.08
1992	18.24	6.64	11.60	2009	11.95	7.08	4.87
1993	18.09	6.64	11.45	2010	11.90	7.11	4.79
1994	17.70	6.49	11.21	2011	11.93	7.14	4.79
1995	17.12	6.57	10.55	2012	12.10	7.15	4.95

3-3 流动人口数
Floating Population

单位：亿人 (100 million persons)

年 份 Year	人户分离人口 Population of Residence-Registration Inconsistency	流动人口 Floating Population
2000	1.44	1.21
2005		1.47
2010	2.61	2.21
2011	2.71	2.30
2012	2.79	2.36

注：2000年、2010年分别为当年人口普查时点数据，其余年份数据根据年度人口抽样调查推算。

a) Data of 2000 and 2010 are based on the National Population Census and the rest are estimates based on annual national sample surveys of population.

3-4 人口年龄结构和抚养比
Age Composition and Dependency Ratio of Population

单位：万人 (10 000 persons)

年份 Year	总人口(年末) Total Population (year-end)	按年龄组分 by Age 0-14岁 Aged 0-14 人口数 Population	比重(%) Proportion	15-64岁 Aged 15-64 人口数 Population	比重(%) Proportion	65岁及以上 Aged 65 and Over 人口数 Population	比重(%) Proportion	总抚养比(%) Gross Dependency Ratio(%)	少儿抚养比(%) Children Dependency Ratio(%)	老年抚养比(%) Old Dependency Ratio(%)
1982	101654	34146	33.6	62517	61.5	4991	4.9	62.6	54.6	8.0
1987	109300	31347	28.7	71985	65.9	5968	5.4	51.8	43.5	8.3
1990	114333	31659	27.7	76306	66.7	6368	5.6	49.8	41.5	8.3
1991	115823	32095	27.7	76791	66.3	6938	6.0	50.8	41.8	9.0
1992	117171	32339	27.6	77614	66.2	7218	6.2	51.0	41.7	9.3
1993	118517	32177	27.2	79051	66.7	7289	6.2	49.9	40.7	9.2
1994	119850	32360	27.0	79868	66.6	7622	6.4	50.1	40.5	9.5
1995	121121	32218	26.6	81393	67.2	7510	6.2	48.8	39.6	9.2
1996	122389	32311	26.4	82245	67.2	7833	6.4	48.8	39.3	9.5
1997	123626	32093	26.0	83448	67.5	8085	6.5	48.1	38.5	9.7
1998	124761	32064	25.7	84338	67.6	8359	6.7	47.9	38.0	9.9
1999	125786	31950	25.4	85157	67.7	8679	6.9	47.7	37.5	10.2
2000	126743	29012	22.9	88910	70.1	8821	7.0	42.6	32.6	9.9
2001	127627	28716	22.5	89849	70.4	9062	7.1	42.0	32.0	10.1
2002	128453	28774	22.4	90302	70.3	9377	7.3	42.2	31.9	10.4
2003	129227	28559	22.1	90976	70.4	9692	7.5	42.0	31.4	10.7
2004	129988	27947	21.5	92184	70.9	9857	7.6	41.0	30.3	10.7
2005	130756	26504	20.3	94197	72.0	10055	7.7	38.8	28.1	10.7
2006	131448	25961	19.8	95068	72.3	10419	7.9	38.3	27.3	11.0
2007	132129	25660	19.4	95833	72.5	10636	8.1	37.9	26.8	11.1
2008	132802	25166	19.0	96680	72.7	10956	8.3	37.4	26.0	11.3
2009	133450	24659	18.5	97484	73.0	11307	8.5	36.9	25.3	11.6
2010	134091	22259	16.6	99938	74.5	11894	8.9	34.2	22.3	11.9
2011	134735	22164	16.5	100283	74.4	12288	9.1	34.4	22.1	12.3
2012	135404	22287	16.5	100403	74.1	12714	9.4	34.9	22.2	12.7

3-5 分地区年末人口数
Population at Year-end by Region

单位：万人 (10 000 persons)

地 区	Region	2001	2002	2003	2004	2005	2006	2007	2008	2009	2010	2011	2012
全 国	**National Total**	**127627**	**128453**	**129227**	**129988**	**130756**	**131448**	**132129**	**132802**	**133450**	**134091**	**134735**	**135404**
北 京	Beijing	1385	1423	1456	1493	1538	1601	1676	1771	1860	1962	2019	2069
天 津	Tianjin	1004	1007	1011	1024	1043	1075	1115	1176	1228	1299	1355	1413
河 北	Hebei	6699	6735	6769	6809	6851	6898	6943	6989	7034	7194	7241	7288
山 西	Shanxi	3272	3294	3314	3335	3355	3375	3393	3411	3427	3574	3593	3611
内蒙古	Inner Mongolia	2381	2384	2386	2393	2403	2415	2429	2444	2458	2472	2482	2490
辽 宁	Liaoning	4194	4203	4210	4217	4221	4271	4298	4315	4341	4375	4383	4389
吉 林	Jilin	2691	2699	2704	2709	2716	2723	2730	2734	2740	2747	2749	2750
黑龙江	Heilongjiang	3811	3813	3815	3817	3820	3823	3824	3825	3826	3833	3834	3834
上 海	Shanghai	1668	1713	1766	1835	1890	1964	2064	2141	2210	2303	2347	2380
江 苏	Jiangsu	7359	7406	7458	7523	7588	7656	7723	7762	7810	7869	7899	7920
浙 江	Zhejiang	4729	4776	4857	4925	4991	5072	5155	5212	5276	5447	5463	5477
安 徽	Anhui	6128	6144	6163	6228	6120	6110	6118	6135	6131	5957	5968	5988
福 建	Fujian	3445	3476	3502	3529	3557	3585	3612	3639	3666	3693	3720	3748
江 西	Jiangxi	4186	4222	4254	4284	4311	4339	4368	4400	4432	4462	4488	4504
山 东	Shandong	9041	9082	9125	9180	9248	9309	9367	9417	9470	9588	9637	9685
河 南	Henan	9555	9613	9667	9717	9380	9392	9360	9429	9487	9405	9388	9406
湖 北	Hubei	5658	5672	5685	5698	5710	5693	5699	5711	5720	5728	5758	5779
湖 南	Hunan	6596	6629	6663	6698	6326	6342	6355	6380	6406	6570	6596	6639
广 东	Guangdong	8733	8842	8963	9111	9194	9442	9660	9893	10130	10441	10505	10594
广 西	Guangxi	4788	4822	4857	4889	4660	4719	4768	4816	4856	4610	4645	4682
海 南	Hainan	796	803	811	818	828	836	845	854	864	869	877	887
重 庆	Chongqing	2829	2814	2803	2793	2798	2808	2816	2839	2859	2885	2919	2945
四 川	Sichuan	8143	8110	8176	8090	8212	8169	8127	8138	8185	8045	8050	8076
贵 州	Guizhou	3799	3837	3870	3904	3730	3690	3632	3596	3537	3479	3469	3484
云 南	Yunnan	4287	4333	4376	4415	4450	4483	4514	4543	4571	4602	4631	4659
西 藏	Tibet	264	268	272	276	280	285	289	292	296	300	303	308
陕 西	Shaanxi	3653	3662	3672	3681	3690	3699	3708	3718	3727	3735	3743	3753
甘 肃	Gansu	2523	2531	2537	2541	2545	2547	2548	2551	2555	2560	2564	2578
青 海	Qinghai	523	529	534	539	543	548	552	554	557	563	568	573
宁 夏	Ningxia	563	572	580	588	596	604	610	618	625	633	639	647
新 疆	Xinjiang	1876	1905	1934	1963	2010	2050	2095	2131	2159	2185	2209	2233

注：1.2010年数据为当年人口普查数据推算数；其余年份数据为年度人口抽样调查推算数据。2005年起各地区数据为常住人口口径。
2.2012年，根据第六次全国人口普查数据，北京对2006-2009年数据，西藏对2001-2009年数据进行了修订。

a) Data of 2010 are the census year estimates; the rest are the estimates from the annual national sample survey of population. Since 2005, data by region are of usual residents.

b) Data of 2006-2009 of Beijing and data of 2001-2009 of Tibet were revised according to the 2010 National Population Census results in 2012.

3-6 分地区年末城镇人口比重
Proportion of Urban Population at Year-end by Region

单位：%　　(%)

地 区	Region	2005	2006	2007	2008	2009	2010	2011	2012
全 国	**National Total**	**42.99**	**44.34**	**45.89**	**46.99**	**48.34**	**49.95**	**51.27**	**52.57**
北 京	Beijing	83.62	84.33	84.50	84.90	85.00	85.96	86.20	86.20
天 津	Tianjin	75.11	75.73	76.31	77.23	78.01	79.55	80.50	81.55
河 北	Hebei	37.69	38.77	40.25	41.90	43.74	44.50	45.60	46.80
山 西	Shanxi	42.11	43.01	44.03	45.11	45.99	48.05	49.68	51.26
内蒙古	Inner Mongolia	47.20	48.64	50.15	51.71	53.40	55.50	56.62	57.74
辽 宁	Liaoning	58.70	58.99	59.20	60.05	60.35	62.10	64.05	65.65
吉 林	Jilin	52.52	52.97	53.16	53.21	53.32	53.35	53.40	53.70
黑龙江	Heilongjiang	53.10	53.50	53.90	55.40	55.50	55.66	56.50	56.90
上 海	Shanghai	89.09	88.70	88.70	88.60	88.60	89.30	89.30	89.30
江 苏	Jiangsu	50.50	51.90	53.20	54.30	55.60	60.58	61.90	63.00
浙 江	Zhejiang	56.02	56.50	57.20	57.60	57.90	61.62	62.30	63.20
安 徽	Anhui	35.50	37.10	38.70	40.50	42.10	43.01	44.80	46.50
福 建	Fujian	49.40	50.40	51.40	53.00	55.10	57.10	58.10	59.60
江 西	Jiangxi	37.00	38.68	39.80	41.36	43.18	44.06	45.70	47.51
山 东	Shandong	45.00	46.10	46.75	47.60	48.32	49.70	50.95	52.43
河 南	Henan	30.65	32.47	34.34	36.03	37.70	38.50	40.57	42.43
湖 北	Hubei	43.20	43.80	44.30	45.20	46.00	49.70	51.83	53.50
湖 南	Hunan	37.00	38.71	40.45	42.15	43.20	43.30	45.10	46.65
广 东	Guangdong	60.68	63.00	63.14	63.37	63.40	66.18	66.50	67.40
广 西	Guangxi	33.62	34.64	36.24	38.16	39.20	40.00	41.80	43.53
海 南	Hainan	45.20	46.10	47.20	48.00	49.13	49.80	50.50	51.60
重 庆	Chongqing	45.20	46.70	48.30	49.99	51.59	53.02	55.02	56.98
四 川	Sichuan	33.00	34.30	35.60	37.40	38.70	40.18	41.83	43.53
贵 州	Guizhou	26.87	27.46	28.24	29.11	29.89	33.81	34.96	36.41
云 南	Yunnan	29.50	30.50	31.60	33.00	34.00	34.70	36.80	39.31
西 藏	Tibet	20.85	21.13	21.50	21.90	22.30	22.67	22.71	22.75
陕 西	Shaanxi	37.23	39.12	40.62	42.10	43.50	45.76	47.30	50.02
甘 肃	Gansu	30.02	31.09	32.25	33.56	34.89	36.12	37.15	38.75
青 海	Qinghai	39.25	39.26	40.07	40.86	41.90	44.72	46.22	47.44
宁 夏	Ningxia	42.28	43.00	44.02	44.98	46.10	47.90	49.82	50.67
新 疆	Xinjiang	37.15	37.94	39.15	39.64	39.85	43.01	43.54	43.98

注：2010年数据为当年人口普查数据推算数；其余年份数据为年度人口抽样调查推算数据，部分省份2005-2009年数据根据2010年普查数据进行了修订。

a) Data of 2010 are the census year estimates; the rest are the estimates from the annual national sample survey of population. Data of some provinces from 2005 to 2009 have been revised according to the Sixth National Population Census in 2010.

3-7 分地区人口的城乡构成和出生率、死亡率、自然增长率（2012年）

Total Population by Urban and Rural Residence and Birth Rate, Death Rate, Natural Growth Rate by Region (2012)

地 区	Region	总人口(年末)(万人) Total Population (year-end) (10 000 persons)	城镇人口 Urban Population 人口数 Population	城镇人口 比重 (%) Proportion	乡村人口 Rural Population 人口数 Population	乡村人口 比重 (%) Proportion	出生率 (‰) Birth Rate (‰)	死亡率 (‰) Death Rate (‰)	自然增长率 (‰) Natural Growth Rate (‰)
全 国	**National Total**	**135404**	**71182**	**52.57**	**64222**	**47.43**	**12.10**	**7.15**	**4.95**
北 京	Beijing	2069	1784	86.20	286	13.80	9.05	4.31	4.74
天 津	Tianjin	1413	1152	81.55	261	18.45	8.75	6.12	2.63
河 北	Hebei	7288	3411	46.80	3877	53.20	12.88	6.41	6.47
山 西	Shanxi	3611	1851	51.26	1760	48.74	10.70	5.83	4.87
内蒙古	Inner Mongolia	2490	1438	57.74	1052	42.26	9.17	5.52	3.65
辽 宁	Liaoning	4389	2881	65.65	1508	34.35	6.15	6.54	-0.39
吉 林	Jilin	2750	1477	53.70	1273	46.30	5.73	5.37	0.36
黑龙江	Heilongjiang	3834	2182	56.90	1652	43.10	7.30	6.03	1.27
上 海	Shanghai	2380	2126	89.30	255	10.70	9.56	5.36	4.20
江 苏	Jiangsu	7920	4990	63.00	2930	37.00	9.44	6.99	2.45
浙 江	Zhejiang	5477	3461	63.20	2016	36.80	10.12	5.52	4.60
安 徽	Anhui	5988	2784	46.50	3204	53.50	13.00	6.14	6.86
福 建	Fujian	3748	2234	59.60	1514	40.40	12.74	5.73	7.01
江 西	Jiangxi	4504	2140	47.51	2364	52.49	13.46	6.14	7.32
山 东	Shandong	9685	5078	52.43	4607	47.57	11.90	6.95	4.95
河 南	Henan	9406	3991	42.43	5415	57.57	11.87	6.71	5.16
湖 北	Hubei	5779	3092	53.50	2687	46.50	11.00	6.12	4.88
湖 南	Hunan	6639	3097	46.65	3542	53.35	13.58	7.01	6.57
广 东	Guangdong	10594	7140	67.40	3454	32.60	11.60	4.65	6.95
广 西	Guangxi	4682	2038	43.53	2644	56.47	14.20	6.31	7.89
海 南	Hainan	887	457	51.60	429	48.40	14.66	5.81	8.85
重 庆	Chongqing	2945	1678	56.98	1267	43.02	10.86	6.86	4.00
四 川	Sichuan	8076	3516	43.53	4561	56.47	9.89	6.92	2.97
贵 州	Guizhou	3484	1269	36.41	2216	63.59	13.27	6.96	6.31
云 南	Yunnan	4659	1831	39.31	2828	60.69	12.63	6.41	6.22
西 藏	Tibet	308	70	22.75	238	77.25	15.48	5.21	10.27
陕 西	Shaanxi	3753	1877	50.02	1876	49.98	10.12	6.24	3.88
甘 肃	Gansu	2578	999	38.75	1579	61.25	12.11	6.05	6.06
青 海	Qinghai	573	272	47.44	301	52.56	14.30	6.06	8.24
宁 夏	Ningxia	647	328	50.67	319	49.33	13.26	4.33	8.93
新 疆	Xinjiang	2233	982	43.98	1251	56.02	15.32	4.48	10.84

注：1.本表数据根据2012年人口变动情况抽样调查数据推算。全国总人口根据抽样误差和调查误差进行了修正，分地区人口未作修正。
2.全国总人口包括现役军人数，分地区数字中未包括。

a) Data in the table are estimates from the 2012 National Sample Survey on Population Changes. The national total population was adjusted on the basis of sampling errors and survey errors. Similar adjustments were not made to regional figures.

b) The military personnel were included in the national total population, but were not included in the population by region.

3-8 六次全国人口普查人口基本情况

Basic Statistics on National Population Census in 1953, 1964, 1982, 1990, 2000 and 2010

指 标	Item	1953	1964	1982	1990	2000	2010
总人口 （万人）	**Total Population (10 000 persons)**	**58260**	**69458**	**100818**	**113368**	**126583**	**133972**
男	Male	30190	35652	51944	58495	65355	68685
女	Female	28070	33806	48874	54873	61228	65287
性别比（以女性为100）	Sex Ratio (female=100)	107.56	105.46	106.30	106.60	106.74	105.20
家庭户规模 （人/户）	**Average Family Household Size (person/household)**	**4.33**	**4.43**	**4.41**	**3.96**	**3.44**	**3.10**
各年龄组人口比重 （%）	**Percentage of Population by Age Group (%)**						
0-14岁	Aged 0-14	36.28	40.69	33.59	27.69	22.89	16.60
15-64岁	Aged 15-64	59.31	55.75	61.50	66.74	70.15	74.53
65岁及以上	Aged 65 and Over	4.41	3.56	4.91	5.57	6.96	8.87
民族人口	**Population by Ethnicity**						
汉族 （万人）	Han (10 000 persons)	54728	65456	94088	104248	115940	122593
占总人口比重 （%）	Percentage to Total Population (%)	93.94	94.24	93.32	91.96	91.59	91.51
少数民族 （万人）	Ethnic Minorities (10 000 persons)	3532	4002	6730	9120	10643	11379
占总人口比重 （%）	Percentage to Total Population (%)	6.06	5.76	6.68	8.04	8.41	8.49
每十万人拥有的各种受教育程度人口 （人）	**Population with Various Education Attainments Per 100 000 Persons (person)**						
大专及以上	Junior College and Above		416	615	1422	3611	8930
高中和中专	Senior Secondary School and Technical Secondary School		1319	6779	8039	11146	14032
初中	Junior Secondary School		4680	17892	23344	33961	38788
小学	Primary School		28330	35237	37057	35701	26779
文盲人口及文盲率	**Illiterate Population and Illiterate Rate**						
文盲人口 （万人）	Illiterate Population (10 000 persons)		23327	22996	18003	8507	5466
文盲率 （%）	Illiterate Rate (%)		33.58	22.81	15.88	6.72	4.08
城乡人口 （万人）	**Population by Residence (10 000 persons)**						
城镇化率 （%）	Urbanization Rate (%)	13.26	18.30	20.91	26.44	36.22	49.68
城镇人口	Urban Population	7726	12710	21082	29971	45844	66557
乡村人口	Rural Population	50534	56748	79736	83397	80739	67415
平均预期寿命 （岁）	**Life Expectancy (year old)**			**67.77***	**68.55**	**71.40**	**74.83**
男	Male			66.28*	66.84	69.63	72.38
女	Female			69.27*	70.47	73.33	77.37

注：1.1953年、1964年、1982年及1990年全国人口普查标准时点为当年7月1日零时，2000年和2010年全国人口普查标准时点为当年11月1日零时。

2.历次普查总人口数据中包括了中国人民解放军现役军人。在城乡人口中，中国人民解放军现役军人列为城镇人口统计。

3.1964年文盲人口为13岁及13岁以上不识字人口，1982、1990、2000、2010年文盲人口为15岁及15岁以上不识字或识字很少人口。

4.表中"*"号表示为1981年数据。

a) Standard reference time of national population census in 1953,1964,1982 and 1990 was zero hour of July 1st, and in 2000 and 2010 was zero hour of November 1st.

b) Total population from the five national population censuses includes the military personnel. Military personnel is listed as urban population in population by residence. population and the urban/rural population.

c) Illiterate population of 1964 National Population Census referred to the population aged 13 and over who are unable to read. Illiterate population of 1982, 1990, 2000 and 2010 National Population Censuses referred to the population aged 15 and over who are unable or have difficulty to read.

d) Data with "*" in this table are of 1981.

3-9 分地区人口平均预期寿命
Population Life Expectancy by Region

单位：岁 (year old)

地区	Region	1990年 预期寿命 Life Expectancy in 1990	男 Male	女 Female	2000年 预期寿命 Life Expectancy in 2000	男 Male	女 Female	2010年 预期寿命 Life Expectancy in 2010	男 Male	女 Female
全国	**National Total**	**68.55**	**66.84**	**70.47**	**71.40**	**69.63**	**73.33**	**74.83**	**72.38**	**77.37**
北京	Beijing	72.86	71.07	74.93	76.10	74.33	78.01	80.18	78.28	82.21
天津	Tianjin	72.32	71.03	73.73	74.91	73.31	76.63	78.89	77.42	80.48
河北	Hebei	70.35	68.47	72.53	72.54	70.68	74.57	74.97	72.70	77.47
山西	Shanxi	68.97	67.33	70.93	71.65	69.96	73.57	74.92	72.87	77.28
内蒙古	Inner Mongolia	65.68	64.47	67.22	69.87	68.29	71.79	74.44	72.04	77.27
辽宁	Liaoning	70.22	68.72	71.94	73.34	71.51	75.36	76.38	74.12	78.86
吉林	Jilin	67.95	66.65	69.49	73.10	71.38	75.04	76.18	74.12	78.44
黑龙江	Heilongjiang	66.97	65.50	68.73	72.37	70.39	74.66	75.98	73.52	78.81
上海	Shanghai	74.90	72.77	77.02	78.14	76.22	80.04	80.26	78.20	82.44
江苏	Jiangsu	71.37	69.26	73.57	73.91	71.69	76.23	76.63	74.60	78.81
浙江	Zhejiang	71.78	69.66	74.24	74.70	72.50	77.21	77.73	75.58	80.21
安徽	Anhui	69.48	67.75	71.36	71.85	70.18	73.59	75.08	72.65	77.84
福建	Fujian	68.57	66.49	70.93	72.55	70.30	75.07	75.76	73.27	78.64
江西	Jiangxi	66.11	64.87	67.49	68.95	68.37	69.32	74.33	71.94	77.06
山东	Shandong	70.57	68.64	72.67	73.92	71.70	76.26	76.46	74.05	79.06
河南	Henan	70.15	67.96	72.55	71.54	69.67	73.41	74.57	71.84	77.59
湖北	Hubei	67.25	65.51	69.23	71.08	69.31	73.02	74.87	72.68	77.35
湖南	Hunan	66.93	65.41	68.70	70.66	69.05	72.47	74.70	72.28	77.48
广东	Guangdong	72.52	69.71	75.43	73.27	70.79	75.93	76.49	74.00	79.37
广西	Guangxi	68.72	67.17	70.34	71.29	69.07	73.75	75.11	71.77	79.05
海南	Hainan	70.01	66.93	73.28	72.92	70.66	75.26	76.30	73.20	80.01
重庆	Chongqing				71.73	69.84	73.89	75.70	73.16	78.60
四川	Sichuan	66.33	65.06	67.70	71.20	69.25	73.39	74.75	72.25	77.59
贵州	Guizhou	64.29	63.04	65.63	65.96	64.54	67.57	71.10	68.43	74.11
云南	Yunnan	63.49	62.08	64.98	65.49	64.24	66.89	69.54	67.06	72.43
西藏	Tibet	59.64	57.64	61.57	64.37	62.52	66.15	68.17	66.33	70.07
陕西	Shaanxi	67.40	66.23	68.79	70.07	68.92	71.30	74.68	72.84	76.74
甘肃	Gansu	67.24	66.35	68.25	67.47	66.77	68.26	72.23	70.60	74.06
青海	Qinghai	60.57	59.29	61.96	66.03	64.55	67.70	69.96	68.11	72.07
宁夏	Ningxia	66.94	65.95	68.05	70.17	68.71	71.84	73.38	71.31	75.71
新疆	Xinjiang	62.59	61.95	63.26	67.41	65.98	69.14	72.35	70.30	74.86

注：根据人口普查数据计算。
a) Data in this table are calculated according to the National Population Census.

3-10 按年龄和性别分人口数（2012年）
Population by Age and Sex (2012)

本表是2012年全国人口变动情况抽样调查样本数据，抽样比为0.831‰。
Data in this table are obtained from the 2012 National Sample Survey on Population Changes. The sampling fraction is 0.831‰.

年龄 Age	人口数（人） Population (person)	男 Male	女 Female	占总人口比重（%） Percentage to Total Population (%)	男 Male	女 Female	性别比（女=100） Sex Ratio (Female=100)
总计 Total	**1124661**	**576354**	**548307**	**100.00**	**51.25**	**48.75**	**105.12**
0-4	63981	34694	29287	5.69	3.08	2.60	118.46
5-9	61309	33252	28057	5.45	2.96	2.49	118.52
10-14	59845	32370	27475	5.32	2.88	2.44	117.82
15-19	73914	38909	35005	6.57	3.46	3.11	111.15
20-24	101742	52033	49709	9.05	4.63	4.42	104.68
25-29	89936	45257	44679	8.00	4.02	3.97	101.29
30-34	83586	42539	41047	7.43	3.78	3.65	103.64
35-39	89054	45524	43530	7.92	4.05	3.87	104.58
40-44	107532	54913	52620	9.56	4.88	4.68	104.36
45-49	99312	50563	48748	8.83	4.50	4.33	103.72
50-54	61916	31554	30362	5.51	2.81	2.70	103.93
55-59	71403	36136	35267	6.35	3.21	3.14	102.46
60-64	55427	27928	27499	4.93	2.48	2.45	101.56
65-69	37579	18728	18851	3.34	1.67	1.68	99.35
70-74	28225	13991	14234	2.51	1.24	1.27	98.30
75-79	21250	10125	11126	1.89	0.90	0.99	91.00
80-84	12147	5428	6719	1.08	0.48	0.60	80.79
85-89	4780	1859	2921	0.42	0.17	0.26	63.64
90-94	1439	484	955	0.13	0.04	0.08	50.63
95+	283	66	217	0.03	0.01	0.02	30.12

注：由于各地区数据采用加权汇总的方法，全国人口变动情况抽样调查样本数据合计与各分项相加略有误差(以下表同)。
a) Because data by region are calculated by the method of weighted sum, total data of the national sample survey on population changes is not equal to the sum of each item. The same applies to the tables following.

3-11 分地区户数、人口数、性别比和户规模（2012年）
Household, Population, Sex Ratio and Household Size by Region (2012)

本表是2012年全国人口变动情况抽样调查样本数据，抽样比为0.831‰。
Data in this table are obtained from the 2012 National Sample Survey on Population Changes. The sampling fraction is 0.831‰.

地 区	Region	户数（户） Number of Households (household)	家庭户 Family Household	集体户 Collective Household	人口数（人） Population (person)	男 Male	女 Female	性别比（女=100） Sex Ratio (Female=100)
全 国	**National Total**	**367304**	**356954**	**10350**	**1124661**	**576354**	**548307**	**105.12**
北 京	Beijing	6368	5878	490	17266	8851	8415	105.18
天 津	Tianjin	4227	4089	137	11791	5854	5937	98.61
河 北	Hebei	18597	18532	65	60806	31087	29719	104.60
山 西	Shanxi	9759	9664	95	30128	15393	14736	104.46
内蒙古	Inner Mongolia	7389	7176	213	20775	10613	10162	104.44
辽 宁	Liaoning	13129	12605	523	36621	18359	18263	100.53
吉 林	Jilin	7955	7794	161	22949	11670	11279	103.47
黑龙江	Heilongjiang	11558	11541	17	31990	16283	15707	103.66
上 海	Shanghai	8220	7692	528	19862	10349	9513	108.78
江 苏	Jiangsu	21659	20970	690	66083	32859	33225	98.90
浙 江	Zhejiang	16706	15417	1290	45700	23361	22338	104.58
安 徽	Anhui	16335	15862	473	49963	26032	23931	108.78
福 建	Fujian	10887	10330	557	31273	15783	15490	101.89
江 西	Jiangxi	10858	10699	159	37580	19481	18099	107.64
山 东	Shandong	27700	27473	227	80810	40832	39978	102.14
河 南	Henan	23092	22869	224	78483	39680	38803	102.26
湖 北	Hubei	15422	15167	255	48219	24562	23657	103.83
湖 南	Hunan	17996	17832	163	55394	28577	26817	106.57
广 东	Guangdong	26421	24068	2353	88395	46688	41707	111.94
广 西	Guangxi	11746	11571	175	39066	20259	18807	107.72
海 南	Hainan	2003	1910	93	7397	3934	3463	113.60
重 庆	Chongqing	9081	8892	188	24573	12370	12203	101.37
四 川	Sichuan	22925	22423	502	67386	35292	32094	109.96
贵 州	Guizhou	9288	9185	103	29071	14935	14135	105.66
云 南	Yunnan	11746	11450	296	38874	19993	18882	105.88
西 藏	Tibet	630	627	3	2567	1275	1292	98.72
陕 西	Shaanxi	10107	9962	145	31315	16193	15123	107.08
甘 肃	Gansu	6593	6533	61	21507	11067	10440	106.01
青 海	Qinghai	1408	1374	34	4782	2465	2318	106.35
宁 夏	Ningxia	1600	1545	55	5400	2760	2640	104.52
新 疆	Xinjiang	5900	5825	75	18630	9496	9134	103.97

3-11 续表 continued

地 区	Region	家庭户人口数(人) Family Household Population (person)	男 Male	女 Female	集体户人口数(人) Collective Household Population (person)	男 Male	女 Female	平均家庭户规模(人/户) Average Family Size (person/household)
全 国	**National Total**	**1077355**	**547201**	**530155**	**47306**	**29153**	**18153**	**3.02**
北 京	Beijing	14874	7328	7546	2393	1523	869	2.53
天 津	Tianjin	11298	5747	5551	493	107	386	2.76
河 北	Hebei	60341	30873	29468	465	214	251	3.26
山 西	Shanxi	29551	15037	14514	577	355	222	3.06
内蒙古	Inner Mongolia	19915	10253	9662	860	360	500	2.78
辽 宁	Liaoning	33899	16961	16937	2723	1398	1325	2.69
吉 林	Jilin	22438	11416	11022	511	254	257	2.88
黑龙江	Heilongjiang	31917	16247	15669	73	35	38	2.77
上 海	Shanghai	18108	9181	8927	1754	1168	587	2.35
江 苏	Jiangsu	62302	31053	31249	3782	1806	1976	2.97
浙 江	Zhejiang	41250	21173	20077	4450	2188	2262	2.68
安 徽	Anhui	47980	24284	23697	1983	1748	235	3.02
福 建	Fujian	29180	14718	14461	2093	1064	1029	2.82
江 西	Jiangxi	36731	18782	17949	849	699	150	3.43
山 东	Shandong	80024	40320	39704	785	512	274	2.91
河 南	Henan	77069	38527	38542	1414	1153	261	3.37
湖 北	Hubei	45958	23220	22738	2261	1342	919	3.03
湖 南	Hunan	54786	28143	26643	609	435	174	3.07
广 东	Guangdong	78487	40261	38226	9908	6427	3481	3.26
广 西	Guangxi	38470	19878	18591	597	381	216	3.32
海 南	Hainan	6952	3726	3225	446	208	238	3.64
重 庆	Chongqing	23774	11966	11808	799	404	395	2.67
四 川	Sichuan	63841	32229	31611	3546	3063	483	2.85
贵 州	Guizhou	28495	14466	14028	576	469	107	3.10
云 南	Yunnan	37301	19270	18031	1574	723	851	3.26
西 藏	Tibet	2552	1271	1281	15	4	10	4.07
陕 西	Shaanxi	30574	15740	14834	742	453	289	3.07
甘 肃	Gansu	21038	10742	10296	469	325	144	3.22
青 海	Qinghai	4669	2376	2293	114	89	25	3.40
宁 夏	Ningxia	5177	2650	2526	223	109	114	3.35
新 疆	Xinjiang	18407	9360	9046	223	136	87	3.16

3-12 分地区分性别、户口登记状况的人口
Population by Sex, Household Registration Status and Region

本表是2012年全国人口变动情况抽样调查样本数据，抽样比为0.831‰。
Data in this table are obtained from the 2012 National Sample Survey on Population Changes. The sampling fraction is 0.831‰.

单位：人 (person)

地区	Region	人口数 Population			住本乡、镇、街道，户口在本乡、镇、街道 Residing in the Townships, Towns and Street Communities with Permanent Household Registration There		
		合计 Total	男 Male	女 Female	小计 Sub-total	男 Male	女 Female
全国	**National Total**	**1124661**	**576354**	**548307**	**898059**	**457256**	**440803**
北京	Beijing	17266	8851	8415	8483	4389	4094
天津	Tianjin	11791	5854	5937	8929	4482	4447
河北	Hebei	60806	31087	29719	55622	28647	26975
山西	Shanxi	30128	15393	14736	24603	12583	12020
内蒙古	Inner Mongolia	20775	10613	10162	14184	7319	6864
辽宁	Liaoning	36621	18359	18263	27169	13687	13482
吉林	Jilin	22949	11670	11279	18600	9553	9047
黑龙江	Heilongjiang	31990	16283	15707	27536	14128	13408
上海	Shanghai	19862	10349	9513	7218	3627	3591
江苏	Jiangsu	66083	32859	33225	52206	25933	26273
浙江	Zhejiang	45700	23361	22338	27473	13606	13867
安徽	Anhui	49963	26032	23931	42183	21472	20711
福建	Fujian	31273	15783	15490	19639	9906	9733
江西	Jiangxi	37580	19481	18099	34023	17456	16567
山东	Shandong	80810	40832	39978	69834	35231	34603
河南	Henan	78483	39680	38803	70909	35473	35436
湖北	Hubei	48219	24562	23657	39652	20196	19456
湖南	Hunan	55394	28577	26817	50607	26108	24498
广东	Guangdong	88395	46688	41707	56370	28831	27539
广西	Guangxi	39066	20259	18807	34264	17910	16353
海南	Hainan	7397	3934	3463	5890	3189	2701
重庆	Chongqing	24573	12370	12203	19784	10019	9765
四川	Sichuan	67386	35292	32094	54793	27785	27008
贵州	Guizhou	29071	14935	14135	24495	12588	11907
云南	Yunnan	38874	19993	18882	32430	16705	15725
西藏	Tibet	2567	1275	1292	2533	1261	1272
陕西	Shaanxi	31315	16193	15123	26783	13817	12966
甘肃	Gansu	21507	11067	10440	19129	9758	9371
青海	Qinghai	4782	2465	2318	3959	2027	1932
宁夏	Ningxia	5400	2760	2640	4070	2079	1990
新疆	Xinjiang	18630	9496	9134	14689	7490	7199

3-12 续表 continued

单位：人 (persons)

地 区	Region	住本乡、镇、街道，户口在外乡、镇、街道，离开户口登记地半年以上 Residing in Townships, Towns and Street Communities, with Permanent Household Registration Elsewhere Having Been Away from That Places For More Than 6 Months.			住本乡、镇、街道，户口待定 Residing in Townships, Towns and Street Communities, with Place of Permanent Household Registration Unsettled			居住在港澳台或国外，户口在本乡、镇、街道 Residing in Hong Kong, Macao and Taiwan Provinces or abroad, with Permanent Household Registration in Townships,Towns and Street Communities		
		小计 Sub-total	男 Male	女 Female	小计 Sub-total	男 Male	女 Female	小计 Sub-total	男 Male	女 Female
全 国	**National Total**	**215952**	**113637**	**102315**	**8969**	**4576**	**4393**	**1682**	**886**	**796**
北 京	Beijing	8648	4399	4248	94	45	49	42	18	24
天 津	Tianjin	2825	1352	1473	26	15	11	12	6	6
河 北	Hebei	4834	2247	2586	343	186	157	7	7	
山 西	Shanxi	5358	2711	2647	165	98	67	2	1	2
内蒙古	Inner Mongolia	6486	3235	3251	97	54	43	9	5	4
辽 宁	Liaoning	9333	4623	4709	77	33	44	43	16	27
吉 林	Jilin	4134	2009	2125	58	30	27	158	78	79
黑龙江	Heilongjiang	4311	2088	2223	82	32	51	61	35	26
上 海	Shanghai	12498	6649	5849	57	31	27	88	42	46
江 苏	Jiangsu	13299	6608	6690	465	249	216	114	68	45
浙 江	Zhejiang	17548	9398	8150	265	145	120	414	213	201
安 徽	Anhui	7148	4239	2909	614	309	305	18	12	7
福 建	Fujian	10830	5463	5367	458	226	232	346	187	159
江 西	Jiangxi	3179	1826	1353	369	191	177	9	7	2
山 东	Shandong	10307	5234	5072	552	305	247	117	61	56
河 南	Henan	7074	3948	3126	467	241	226	33	18	14
湖 北	Hubei	8172	4146	4025	363	200	164	32	20	11
湖 南	Hunan	4331	2252	2079	433	207	226	23	10	13
广 东	Guangdong	30606	17137	13469	1358	686	672	62	34	28
广 西	Guangxi	4161	2057	2104	629	289	339	13	3	10
海 南	Hainan	1429	703	725	75	41	33	4	1	3
重 庆	Chongqing	4686	2298	2388	98	50	48	5	3	1
四 川	Sichuan	12036	7227	4809	515	256	259	42	24	18
贵 州	Guizhou	4159	2141	2018	409	203	206	8	4	4
云 南	Yunnan	6076	3097	2979	360	185	176	8	6	2
西 藏	Tibet	14	6	8	19	8	11	1		1
陕 西	Shaanxi	4393	2297	2096	135	77	59	4	2	2
甘 肃	Gansu	2289	1268	1021	88	41	47	1		1
青 海	Qinghai	792	422	370	30	15	14	2	1	1
宁 夏	Ningxia	1292	661	631	38	19	19	1		
新 疆	Xinjiang	3706	1895	1810	231	108	123	5	3	2

3-13 分地区人口年龄构成和抚养比（2012年）
Age Composition and Dependency Ratio of Population by Region (2012)

本表是2012年全国人口变动情况抽样调查样本数据，抽样比为0.831‰。
Data in this table are obtained from the 2012 National Sample Survey on Population Changes. The sampling fraction is 0.831‰.

地区	Region	人口数（人）Population (person)	0-14岁 Aged 0-14	15-64岁 Aged 15-64	65岁及以上 Aged 65 and Over	总抚养比（%）Gross Dependency Ratio (%)	少年儿童抚养比 Children Dependency Ratio	老年人口抚养比 Old Dependency Ratio
全国	**National Total**	**1124661**	**185135**	**833822**	**105704**	**34.88**	**22.20**	**12.68**
北京	Beijing	17266	1619	14163	1485	21.91	11.43	10.48
天津	Tianjin	11791	1383	9175	1233	28.52	15.08	13.44
河北	Hebei	60806	10912	44366	5529	37.06	24.60	12.46
山西	Shanxi	30128	4732	22997	2400	31.01	20.58	10.44
内蒙古	Inner Mongolia	20775	2878	16261	1636	27.76	17.70	10.06
辽宁	Liaoning	36621	3802	29181	3639	25.50	13.03	12.47
吉林	Jilin	22949	2810	18363	1776	24.98	15.31	9.67
黑龙江	Heilongjiang	31990	3878	25285	2827	26.52	15.34	11.18
上海	Shanghai	19862	1681	16391	1790	21.18	10.26	10.92
江苏	Jiangsu	66083	8701	49786	7597	32.73	17.48	15.26
浙江	Zhejiang	45700	5638	36063	3998	26.72	15.63	11.09
安徽	Anhui	49963	9049	35760	5155	39.72	25.30	14.42
福建	Fujian	31273	5229	23357	2687	33.89	22.39	11.50
江西	Jiangxi	37580	8085	26455	3040	42.05	30.56	11.49
山东	Shandong	80810	13041	59273	8496	36.33	22.00	14.33
河南	Henan	78483	16129	55431	6923	41.59	29.10	12.49
湖北	Hubei	48219	6792	36239	5189	33.06	18.74	14.32
湖南	Hunan	55394	10329	38913	6152	42.35	26.54	15.81
广东	Guangdong	88395	14471	67753	6172	30.47	21.36	9.11
广西	Guangxi	39066	8824	26598	3644	46.87	33.17	13.70
海南	Hainan	7397	1412	5446	538	35.82	25.93	9.89
重庆	Chongqing	24573	4036	17366	3171	41.50	23.24	18.26
四川	Sichuan	67386	10937	48488	7961	38.97	22.56	16.42
贵州	Guizhou	29071	6678	19731	2662	47.33	33.84	13.49
云南	Yunnan	38874	7603	28257	3015	37.57	26.91	10.67
西藏	Tibet	2567	567	1860	139	37.99	30.49	7.50
陕西	Shaanxi	31315	4403	24007	2905	30.44	18.34	12.10
甘肃	Gansu	21507	3560	15960	1987	34.75	22.30	12.45
青海	Qinghai	4782	986	3461	335	38.17	28.48	9.69
宁夏	Ningxia	5400	1154	3888	358	38.88	29.68	9.20
新疆	Xinjiang	18630	3818	13546	1266	37.53	28.19	9.34

3-14 分地区按性别和婚姻状况分的人口(2012年)
Population by Sex, Marital Status and Region (2012)

本表是2012年全国人口变动情况抽样调查样本数据，抽样比为0.831‰。
Data in this table are obtained from the 2012 National Sample Survey on Population Changes. The sampling fraction is 0.831‰.

单位：人 (person)

地 区	Region	15岁及以上人口 Population Aged 15 and Over	男 Male	女 Female	未 婚 Never Married	男 Male	女 Female	初婚有配偶 First Married	男 Male	女 Female
全 国	**National Total**	**939526**	**476037**	**463489**	**191753**	**111298**	**80455**	**669629**	**334786**	**334843**
北 京	Beijing	15648	7999	7649	4095	2267	1828	10653	5399	5254
天 津	Tianjin	10408	5121	5287	2075	1056	1019	7504	3752	3753
河 北	Hebei	49895	25215	24680	8517	4903	3614	37224	18673	18551
山 西	Shanxi	25396	12932	12464	5591	3171	2420	17973	9044	8930
内蒙古	Inner Mongolia	17897	9132	8765	3301	1851	1450	13168	6706	6462
辽 宁	Liaoning	32819	16446	16373	7714	4227	3488	21969	10971	10998
吉 林	Jilin	20139	10194	9945	4090	2323	1767	14295	7128	7167
黑龙江	Heilongjiang	28112	14234	13878	4317	2512	1804	20713	10377	10336
上 海	Shanghai	18181	9443	8738	3870	2203	1668	13150	6817	6333
江 苏	Jiangsu	57383	27979	29403	10599	5642	4957	42185	20694	21491
浙 江	Zhejiang	40062	20367	19694	9091	4900	4191	28141	14443	13698
安 徽	Anhui	40915	20962	19953	8395	5456	2939	28955	14149	14806
福 建	Fujian	26044	12967	13077	5002	2834	2167	18985	9449	9536
江 西	Jiangxi	29495	14874	14621	5680	3437	2243	21518	10593	10925
山 东	Shandong	67769	33826	33944	10598	6121	4477	51669	25722	25947
河 南	Henan	62353	30621	31733	12881	7175	5707	44804	21535	23268
湖 北	Hubei	41428	20880	20548	8283	4824	3460	29336	14549	14787
湖 南	Hunan	45065	22876	22189	7828	4805	3023	32810	16317	16493
广 东	Guangdong	73925	38665	35260	21053	12546	8507	48830	24881	23950
广 西	Guangxi	30243	15480	14762	6917	4204	2713	20703	10327	10376
海 南	Hainan	5985	3146	2839	1767	1071	695	3872	1955	1917
重 庆	Chongqing	20537	10210	10327	3552	2056	1496	14670	7218	7452
四 川	Sichuan	56449	29551	26898	10277	6167	4110	40506	21162	19343
贵 州	Guizhou	22393	11333	11060	4729	2758	1971	15433	7677	7756
云 南	Yunnan	31272	16012	15259	6472	3868	2604	22226	11128	11097
西 藏	Tibet	2000	983	1017	642	337	304	1180	586	594
陕 西	Shaanxi	26912	13798	13115	5934	3570	2364	18873	9391	9481
甘 肃	Gansu	17947	9169	8778	3959	2363	1596	12573	6250	6323
青 海	Qinghai	3797	1944	1852	816	471	346	2598	1327	1271
宁 夏	Ningxia	4246	2140	2106	855	480	375	3100	1544	1556
新 疆	Xinjiang	14812	7538	7274	2851	1700	1151	10011	5021	4990

3-14 续表 continued

单位：人 (person)

地 区	Region	再婚有配偶 Re-married	男 Male	女 Female	离 婚 Divorced	男 Male	女 Female	丧 偶 Widowed	男 Male	女 Female
全 国	**National Total**	**14647**	**7005**	**7642**	**13272**	**7610**	**5662**	**50226**	**15337**	**34888**
北 京	Beijing	201	105	96	212	96	116	487	132	355
天 津	Tianjin	137	68	69	187	87	100	505	158	347
河 北	Hebei	1014	470	544	507	333	174	2632	836	1796
山 西	Shanxi	352	153	199	319	198	121	1161	367	794
内蒙古	Inner Mongolia	364	162	203	277	172	106	786	242	544
辽 宁	Liaoning	514	242	272	855	442	413	1767	565	1202
吉 林	Jilin	326	153	174	555	310	245	873	281	591
黑龙江	Heilongjiang	632	316	315	908	531	377	1541	497	1045
上 海	Shanghai	252	130	122	301	141	160	608	152	455
江 苏	Jiangsu	729	339	389	666	377	289	3204	927	2278
浙 江	Zhejiang	650	293	357	470	265	205	1710	466	1244
安 徽	Anhui	668	292	376	473	290	183	2423	774	1649
福 建	Fujian	390	194	195	301	169	132	1367	320	1047
江 西	Jiangxi	436	205	231	302	188	113	1559	451	1108
山 东	Shandong	999	431	568	617	395	222	3886	1156	2730
河 南	Henan	717	348	369	718	458	260	3233	1105	2129
湖 北	Hubei	660	335	325	521	273	249	2627	900	1727
湖 南	Hunan	771	359	413	652	429	223	3003	966	2038
广 东	Guangdong	437	231	206	557	274	283	3048	734	2314
广 西	Guangxi	374	186	188	384	231	153	1864	532	1332
海 南	Hainan	51	28	23	46	29	17	250	63	186
重 庆	Chongqing	470	217	253	430	253	177	1415	467	948
四 川	Sichuan	1123	522	601	963	554	410	3580	1146	2434
贵 州	Guizhou	428	218	209	386	231	156	1417	448	968
云 南	Yunnan	535	278	258	400	227	173	1638	511	1128
西 藏	Tibet	16	9	8	41	13	28	121	38	83
陕 西	Shaanxi	335	173	162	246	154	92	1524	509	1016
甘 肃	Gansu	180	93	87	224	129	95	1011	333	678
青 海	Qinghai	76	34	42	102	51	51	205	62	143
宁 夏	Ningxia	70	36	33	59	34	25	162	46	116
新 疆	Xinjiang	740	384	356	590	278	313	620	156	464

3-15 分地区按性别和受教育程度分的人口（2012年）
Population by Sex, Educational Attainment and Region (2012)

本表是2012年全国人口变动情况抽样调查样本数据，抽样比为0.831‰。
Data in this table are obtained from the 2012 National Sample Survey on Population Changes. The sampling fraction is 0.831‰.

单位：人 (person)

地区	Region	6岁及以上人口 Population Aged 6 and Over	男 Male	女 Female	未上过学 No Schooling	男 Male	女 Female	小学 Primary School	男 Male	女 Female
全国	**National Total**	**1047865**	**534803**	**513062**	**55454**	**16753**	**38701**	**281681**	**133547**	**148134**
北京	Beijing	16447	8418	8029	271	63	208	1627	766	862
天津	Tianjin	11175	5529	5646	297	87	210	1885	879	1006
河北	Hebei	55844	28412	27432	2383	733	1650	13858	6471	7387
山西	Shanxi	28388	14483	13905	810	326	485	6039	2780	3259
内蒙古	Inner Mongolia	19598	9999	9599	863	298	564	4794	2242	2551
辽宁	Liaoning	35238	17655	17583	908	295	612	7069	3281	3788
吉林	Jilin	21799	11059	10740	480	168	312	5340	2502	2838
黑龙江	Heilongjiang	30608	15559	15049	873	324	549	7476	3498	3979
上海	Shanghai	19034	9918	9117	466	118	348	2403	1073	1330
江苏	Jiangsu	62230	30700	31530	3492	879	2613	14701	6570	8130
浙江	Zhejiang	43285	22088	21197	2383	691	1692	11640	5701	5939
安徽	Anhui	46039	23855	22184	3700	1011	2689	13071	6043	7029
福建	Fujian	28931	14525	14406	1606	373	1233	9231	4113	5118
江西	Jiangxi	34348	17654	16694	1350	381	969	10233	4700	5533
山东	Shandong	75422	37952	37470	4933	1373	3560	19465	8734	10731
河南	Henan	72042	36109	35933	3958	1228	2731	17865	8566	9299
湖北	Hubei	45109	22876	22233	2697	764	1933	10585	4966	5618
湖南	Hunan	51099	26204	24895	2338	772	1566	15225	7470	7755
广东	Guangdong	82228	43261	38967	2479	561	1918	18921	8717	10205
广西	Guangxi	35185	18148	17037	1433	429	1004	12085	5732	6353
海南	Hainan	6773	3589	3185	312	91	221	1518	721	797
重庆	Chongqing	23049	11562	11487	1240	387	853	7865	3897	3968
四川	Sichuan	63113	33010	30103	4353	1350	3003	20810	10475	10334
贵州	Guizhou	26638	13598	13040	3040	916	2124	9841	4955	4886
云南	Yunnan	36013	18498	17515	3009	1020	1989	14876	7508	7368
西藏	Tibet	2332	1157	1175	800	344	456	1001	525	476
陕西	Shaanxi	29505	15229	14276	1576	536	1040	6841	3162	3679
甘肃	Gansu	20108	10332	9775	1774	588	1187	6796	3298	3498
青海	Qinghai	4414	2276	2138	639	247	391	1613	816	797
宁夏	Ningxia	4961	2525	2436	363	121	241	1644	786	858
新疆	Xinjiang	16910	8624	8286	629	278	351	5362	2599	2763

3-15 续表 continued

单位：人 (person)

地区	Region	初中 Junior Secondary School	男 Male	女 Female	高中 Senior Secondary School	男 Male	女 Female	大专及以上 College and Higher Level	男 Male	女 Female
全国	**National Total**	**430799**	**230637**	**200162**	**168941**	**94487**	**74454**	**110990**	**59380**	**51610**
北京	Beijing	4746	2540	2206	3659	1830	1829	6143	3219	2924
天津	Tianjin	3990	2082	1908	2450	1250	1199	2553	1230	1323
河北	Hebei	28314	15063	13251	8059	4427	3632	3232	1719	1513
山西	Shanxi	13065	6795	6270	5766	3159	2607	2707	1423	1283
内蒙古	Inner Mongolia	8209	4429	3780	3369	1843	1526	2364	1186	1178
辽宁	Liaoning	15616	8110	7506	5127	2668	2460	6519	3301	3217
吉林	Jilin	9955	5259	4696	4069	2143	1926	1955	987	969
黑龙江	Heilongjiang	14154	7502	6652	5013	2613	2400	3093	1622	1469
上海	Shanghai	7728	4219	3509	4046	2202	1844	4392	2305	2087
江苏	Jiangsu	24602	12890	11712	11062	6330	4732	8373	4030	4344
浙江	Zhejiang	16056	8916	7141	6733	4211	2522	6473	2569	3903
安徽	Anhui	18814	10139	8675	5733	3352	2381	4721	3311	1410
福建	Fujian	11267	6375	4892	4565	2524	2041	2262	1139	1121
江西	Jiangxi	13805	7183	6622	6114	3660	2453	2846	1731	1116
山东	Shandong	32127	17189	14938	11530	6563	4967	7367	4094	3274
河南	Henan	34963	17709	17254	10457	6081	4376	4798	2524	2273
湖北	Hubei	17468	9217	8251	8844	4742	4102	5514	3185	2329
湖南	Hunan	21041	10893	10147	8746	4960	3785	3749	2108	1641
广东	Guangdong	35639	19476	16163	17162	9927	7235	8027	4581	3446
广西	Guangxi	15085	8278	6807	4302	2458	1844	2281	1252	1029
海南	Hainan	3082	1686	1396	1167	690	477	694	399	294
重庆	Chongqing	8224	4242	3982	3421	1796	1626	2299	1241	1058
四川	Sichuan	23404	13263	10141	8289	4543	3746	6258	3378	2879
贵州	Guizhou	9289	5184	4105	2720	1577	1144	1749	967	781
云南	Yunnan	11290	6424	4865	4401	2198	2203	2438	1348	1090
西藏	Tibet	312	177	135	119	58	61	99	51	47
陕西	Shaanxi	12385	6654	5731	5552	3108	2445	3150	1769	1381
甘肃	Gansu	6639	3602	3037	3109	1770	1339	1790	1075	715
青海	Qinghai	1242	697	546	497	278	219	423	238	185
宁夏	Ningxia	1871	1030	842	631	355	276	452	232	219
新疆	Xinjiang	6418	3414	3004	2229	1171	1059	2272	1162	1110

3-16 分地区按性别分的15岁及以上文盲人口（2012年）
Illiterate Population Aged 15 and Over by Sex and Region (2012)

本表是2012年全国人口变动情况抽样调查样本数据，抽样比为0.831‰。
Data in this table are obtained from the 2012 National Sample Survey on Population Changes. The sampling fraction is 0.831‰.

地 区	Region	15岁及以上人口（人）Population Aged 15 and Over (person)	男 Male	女 Female	文盲人口（人）Illiterate Population (person)	男 Male	女 Female	文盲人口占15岁及以上人口的比重（%）Percentage of Illiterate Population to Total Aged 15 and Over(%)	男 Male	女 Female
全 国	**National Total**	**939526**	**476037**	**463489**	**46619**	**12699**	**33920**	**4.96**	**2.67**	**7.32**
北 京	Beijing	15648	7999	7649	229	47	181	1.46	0.59	2.37
天 津	Tianjin	10408	5121	5287	233	55	178	2.24	1.08	3.36
河 北	Hebei	49895	25215	24680	1879	516	1363	3.77	2.05	5.52
山 西	Shanxi	25396	12932	12464	592	213	379	2.33	1.64	3.04
内蒙古	Inner Mongolia	17897	9132	8765	718	223	494	4.01	2.44	5.64
辽 宁	Liaoning	32819	16446	16373	736	217	519	2.24	1.32	3.17
吉 林	Jilin	20139	10194	9945	372	121	251	1.85	1.19	2.53
黑龙江	Heilongjiang	28112	14234	13878	686	232	454	2.44	1.63	3.27
上 海	Shanghai	18181	9443	8738	406	87	319	2.23	0.92	3.65
江 苏	Jiangsu	57383	27979	29403	2742	602	2140	4.78	2.15	7.28
浙 江	Zhejiang	40062	20367	19694	2051	520	1531	5.12	2.55	7.77
安 徽	Anhui	40915	20962	19953	3385	869	2516	8.27	4.15	12.61
福 建	Fujian	26044	12967	13077	1204	215	989	4.62	1.66	7.56
江 西	Jiangxi	29495	14874	14621	1103	256	847	3.74	1.72	5.79
山 东	Shandong	67769	33826	33944	4204	1051	3153	6.20	3.11	9.29
河 南	Henan	62353	30621	31733	3344	949	2395	5.36	3.10	7.55
湖 北	Hubei	41428	20880	20548	2431	610	1821	5.87	2.92	8.86
湖 南	Hunan	45065	22876	22189	1820	523	1297	4.04	2.29	5.85
广 东	Guangdong	73925	38665	35260	2061	368	1693	2.79	0.95	4.80
广 西	Guangxi	30243	15480	14762	1134	268	867	3.75	1.73	5.87
海 南	Hainan	5985	3146	2839	266	64	202	4.45	2.03	7.13
重 庆	Chongqing	20537	10210	10327	1082	326	756	5.27	3.19	7.32
四 川	Sichuan	56449	29551	26898	3866	1163	2703	6.85	3.94	10.05
贵 州	Guizhou	22393	11333	11060	2679	757	1922	11.97	6.68	17.38
云 南	Yunnan	31272	16012	15259	2608	825	1783	8.34	5.15	11.68
西 藏	Tibet	2000	983	1017	696	287	409	34.81	29.24	40.19
陕 西	Shaanxi	26912	13798	13115	1243	384	859	4.62	2.79	6.55
甘 肃	Gansu	17947	9169	8778	1559	489	1070	8.68	5.33	12.19
青 海	Qinghai	3797	1944	1852	465	154	310	12.24	7.93	16.76
宁 夏	Ningxia	4246	2140	2106	318	100	218	7.50	4.69	10.36
新 疆	Xinjiang	14812	7538	7274	507	207	299	3.42	2.75	4.11

注：本表“文盲人口”指15岁及15岁以上不识字及识字很少人口。
a) Illiterate population in this table refers to the population aged 15 and over who are unable or have difficulty in reading.

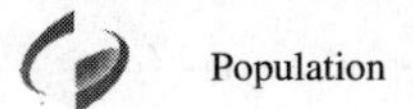

3-17 分地区按家庭户规模分的户数（2012年）
Family Households by Size and Region (2012)

本表是2012年全国人口变动情况抽样调查样本数据，抽样比为0.831‰。

Data in this table are obtained from the 2012 National Sample Survey on Population Changes. The sampling fraction is 0.831‰.

单位：户 (household)

地区	Region	家庭户户数 Number of Family Households	一人户 One Person	二人户 Two Persons	三人户 Three Persons	四人户 Four Persons	五人户 Five Persons	六人户 Six Persons	七人户 Seven Persons	八人户 Eight Persons	九人户 Nine Persons	十人及以上户 Ten Persons and Over
全　国	**National Total**	**356954**	**50261**	**94323**	**98432**	**59938**	**32830**	**14683**	**3812**	**1478**	**650**	**547**
北　京	Beijing	5878	1240	1756	1868	595	313	75	25	4	1	2
天　津	Tianjin	4089	494	1251	1535	487	236	73	10	3		
河　北	Hebei	18532	1846	4669	4671	3734	2047	1174	253	87	30	23
山　西	Shanxi	9664	1062	2422	2943	1901	868	390	53	14	8	2
内蒙古	Inner Mongolia	7176	771	2294	2683	983	346	83	10	5	1	
辽　宁	Liaoning	12605	1727	4057	4388	1385	762	229	43	9	4	
吉　林	Jilin	7794	939	2429	2456	997	672	234	45	15	5	1
黑龙江	Heilongjiang	11541	1287	3842	4063	1305	788	205	39	12		
上　海	Shanghai	7692	1812	2776	2116	576	338	57	8	6	2	1
江　苏	Jiangsu	20970	2705	6050	5885	3104	2186	733	188	76	22	22
浙　江	Zhejiang	15417	3120	4785	4072	1921	974	436	76	25	5	3
安　徽	Anhui	15862	2055	4062	4523	2928	1471	614	142	37	11	20
福　建	Fujian	10330	1994	2914	2585	1521	808	348	89	38	24	8
江　西	Jiangxi	10699	1020	2301	2735	2263	1251	743	208	90	46	42
山　东	Shandong	27473	3109	7892	8911	4557	2084	728	129	43	18	2
河　南	Henan	22869	2357	5233	5562	5015	2665	1455	388	105	60	29
湖　北	Hubei	15167	1915	3852	4642	2506	1424	608	132	54	26	8
湖　南	Hunan	17832	2835	4220	4382	3413	1777	838	222	85	42	19
广　东	Guangdong	24068	4155	5118	5166	4304	2715	1408	590	315	131	165
广　西	Guangxi	11571	1535	2438	2802	2330	1334	701	210	115	54	51
海　南	Hainan	1910	205	322	437	421	261	149	57	31	12	15
重　庆	Chongqing	8892	1842	2594	2290	1304	583	206	52	12	3	4
四　川	Sichuan	22423	3961	6279	5818	3577	1835	673	173	52	18	37
贵　州	Guizhou	9185	1306	2375	2199	1694	981	440	125	37	16	12
云　南	Yunnan	11450	1535	2385	2856	2402	1308	692	171	65	22	14
西　藏	Tibet	627	79	94	122	110	78	56	32	23	14	19
陕　西	Shaanxi	9962	1313	2520	2687	1805	1038	475	78	32	12	3
甘　肃	Gansu	6533	1031	1378	1604	1141	718	458	124	41	26	10
青　海	Qinghai	1374	163	283	352	268	162	85	33	14	7	8
宁　夏	Ningxia	1545	123	344	437	329	183	89	24	8	4	3
新　疆	Xinjiang	5825	725	1389	1640	1062	625	229	82	24	25	23

3-18 育龄妇女分年龄、孩次的生育状况（2011年11月1日至2012年10月31日）

Age-specific Fertility Rate of Childbearing Women by Age of Mother and Birth Order (2011.11.1-2012.10.31)

本表是2012年全国人口变动情况抽样调查样本数据，抽样比为0.831‰。
Data in this table are obtained from the 2012 National Sample Survey on Population Changes. The sampling fraction is 0.831‰.

年龄 Age	平均育龄妇女人数（人） Average Number of Childbearing Women (person)	出生人数（人） Births (person)	一孩 1st Birth	二孩 2nd Birth	三孩及以上 3rd Birth and Above	生育率（‰） Fertility Rate (‰)	一孩 1st Birth	二孩 2nd Birth	三孩及以上 3rd Birth and Above
总计 Total	**317046**	**11379**	**7412**	**3462**	**500**	**35.89**	**23.38**	**10.92**	**1.58**
15-19	**35897**	**241**	**231**	**9**	**1**	**6.72**	**6.43**	**0.25**	**0.04**
15	6831								
16	7430	11	11			1.45	1.45		
17	7017	38	37	1		5.46	5.31	0.15	
18	6974	72	69	2	1	10.39	9.93	0.35	0.12
19	7646	120	113	6	1	15.63	14.84	0.72	0.08
20-24	**51300**	**3735**	**3090**	**604**	**41**	**72.80**	**60.23**	**11.78**	**0.79**
20	8555	266	236	28	2	31.09	27.59	3.29	0.22
21	10377	514	462	50	2	49.50	44.51	4.82	0.17
22	11380	887	749	132	5	77.95	65.83	11.64	0.47
23	10471	1058	873	176	10	101.09	83.34	16.82	0.93
24	10518	1009	770	218	22	95.98	73.19	20.70	2.08
25-29	**43655**	**4227**	**2867**	**1241**	**117**	**96.82**	**65.68**	**28.44**	**2.69**
25	9833	1008	765	225	17	102.49	77.82	22.93	1.74
26	8776	968	687	261	20	110.29	78.25	29.73	2.31
27	8297	784	501	255	29	94.51	60.33	30.72	3.46
28	8106	776	493	254	28	95.68	60.82	31.36	3.39
29	8643	691	422	246	24	80.00	48.79	28.46	2.75
30-34	**40238**	**2045**	**893**	**984**	**163**	**50.81**	**22.21**	**24.46**	**4.05**
30	8897	629	323	268	35	70.65	36.32	30.10	3.99
31	7694	470	212	227	29	61.11	27.57	29.51	3.79
32	8034	392	158	194	40	48.79	19.69	24.14	4.97
33	7979	311	113	172	26	38.93	14.21	21.52	3.21
34	7635	243	87	124	33	31.87	11.35	16.20	4.32
35-39	**44903**	**770**	**215**	**445**	**110**	**17.15**	**4.80**	**9.91**	**2.44**
35	7912	181	52	102	28	22.94	6.58	12.85	3.51
36	8454	199	55	126	18	23.52	6.52	14.92	2.08
37	8941	150	42	80	29	16.83	4.66	8.97	3.20
38	9508	140	34	84	22	14.68	3.53	8.82	2.33
39	10088	100	33	53	14	9.89	3.28	5.27	1.34
40-44	**51982**	**284**	**79**	**150**	**56**	**5.47**	**1.51**	**2.88**	**1.08**
40	10118	112	34	61	17	11.11	3.33	6.05	1.73
41	10515	61	12	36	13	5.79	1.14	3.43	1.23
42	10685	55	18	21	16	5.14	1.70	1.95	1.49
43	11161	33	7	20	6	2.96	0.61	1.81	0.54
44	9504	23	8	11	4	2.43	0.82	1.19	0.41
45-49	**49070**	**77**	**37**	**28**	**11**	**1.56**	**0.75**	**0.58**	**0.23**
45	9041	14	7	3	3	1.50	0.82	0.36	0.32
46	9920	22	9	10	3	2.23	0.94	0.98	0.31
47	9498	18	5	8	5	1.93	0.52	0.85	0.56
48	10442	5	4	1		0.46	0.40	0.07	
49	10169	18	11	7		1.76	1.10	0.65	

主要统计指标解释

人口数 指一定时点、一定地区范围内有生命的个人总和。

年度统计的年末人口数指每年 12 月 31 日 24 时的人口数。年度统计的全国人口总数内未包括香港、澳门特别行政区和台湾省以及海外华侨人数。

城镇人口和乡村人口 城镇人口是指居住在城镇范围内的全部常住人口；乡村人口是除上述人口以外的全部人口。

出生率(又称粗出生率) 指在一定时期内(通常为一年)一定地区的出生人数与同期内平均人数(或期中人数)之比，用千分率表示。本资料中的出生率指年出生率，其计算公式为:

$$出生率=\frac{年出生人数}{年平均人数}\times1000‰$$

式中：出生人数指活产婴儿，即胎儿脱离母体时(不管怀孕月数)，有过呼吸或其他生命现象。年平均人数指年初、年底人口数的平均数，也可用年中人口数代替。

死亡率(又称粗死亡率) 指在一定时期内(通常为一年)一定地区的死亡人数与同期内平均人数(或期中人数)之比，用千分率表示。本资料中的死亡率指年死亡率，其计算公式为:

$$死亡率=\frac{年死亡人数}{年平均人数}\times1000‰$$

人口自然增长率 指在一定时期内(通常为一年)人口自然增加数(出生人数减死亡人数)与该时期内平均人数(或期中人数)之比，用千分率表示。计算公式为:

$$人口自然增长率=\frac{本年出生人数-本年死亡人数}{年平均人数}\times1000‰$$

$$=人口出生率-人口死亡率$$

总抚养比 也称总负担系数。指人口总体中非劳动年龄人口数与劳动年龄人口数之比。通常用百分比表示。说明每 100 名劳动年龄人口大致要负担多少名非劳动年龄人口。用于从人口角度反映人口与经济发展的基本关系。计算公式为:

$$GDR=\frac{P_{0\sim14}+P_{65^+}}{P_{15\sim64}}\times100\%$$

其中：GDR 为总抚养比；

$P_{0\sim14}$ 为 0 ~ 14 岁少年儿童人口数；

P_{65}^{+} 为 65 岁及 65 岁以上的老年人口数；

$P_{15\sim64}$ 为 15 ~ 64 岁劳动年龄人口数。

老年人口抚养比 也称老年人口抚养系数。指某一人口中老年人口数与劳动年龄人口数之比。通常用百分比表示。用以表明每 100 名劳动年龄人口要负担多少名老年人。老年人口抚养比是从经济角度反映人口老化社会后果的指标之一。计算公式为:

$$ODR=\frac{P_{65^+}}{P_{15\sim64}}\times100\%$$

其中：ODR 为老年人口抚养比；

P_{65}^{+} 为 65 岁及 65 岁以上的老年人口数；

$P_{15\sim64}$ 为 15 ~ 64 岁的劳动年龄人口数。

少年儿童抚养比 也称少年儿童抚养系数。指某一人口中少年儿童人口数与劳动年龄人口数之比。通常用百分比表示。以反映每 100 名劳动年龄人口要负担多少名少年儿童。计算公式为:

$$CDR=\frac{P_{0\sim14}}{P_{15\sim64}}\times100\%$$

其中：CDR 为少年儿童抚养比；

$P_{0\sim14}$ 为 0 ~ 14 岁少年儿童人口数；

$P_{15\sim64}$ 为 15 ~ 64 岁劳动年龄人口数。

人户分离人口 是指居住地与户口登记地所在的乡镇街道不一致且离开户口登记地半年以上的人口。

流动人口 是指人户分离人口中不包括市辖区内人户分离的人口。市辖区内人户分离的人口是指一个直辖市或地级市所辖区内和区与区之间，居住地和户口登记地不在同一乡镇街道的人口。

Explanatory Notes on Main Statistical Indicators

Total Population refers to the total number of people alive at a certain point of time within a given area.

The annual statistics on total population is taken at midnight, the 31st of December, not including residents in Taiwan province, Hong Kong SAR and Macao SAR and Chinese national residing abroad.

Urban Population and Rural Population Urban population refers to all people residing in cities and towns, while rural population refers to population other than urban population.

Birth Rate (or Crude Birth Rate) refers to the ratio of the number of births to the average population (or mid-period population) during a certain period of time (usually a year), expressed in ‰. Birth rate in the chapter refers to annual birth rate. The following formula is used:

$$\text{Birth Rate} = \frac{\text{Number of Births}}{\text{Annual Average Population}} \times 1000‰$$

Number of births in the formula refers to live births, i.e. when a baby has breathed or showed any vital phenomena regardless of the length of pregnancy.

Annual average population is the average of the number of population at the beginning of the year and that at the end of the year. Sometimes it is substituted by the mid-year population.

Death Rate (or Crude Death Rate) refers to the ratio of the number of deaths to the average population (or mid-period population) during a certain period of time (usually a year), expressed in ‰. Death rate in the chapter refers to annual death rate. The following formula is used:

$$\text{Death Rate} = \frac{\text{Number of Deaths}}{\text{Annual Average Population}} \times 1000‰$$

Natural Growth Rate of Population refers to the ratio of natural increase in population (number of births minus number of deaths) in a certain period of time (usually a year) to the average population (or mid-period population) of the same period, expressed in ‰. The following formula is applied:

$$\text{Natural Growth Rate of Population} = \frac{\text{Number of Births - Number of Deaths}}{\text{Annual Average Population}} \times 1000‰$$

Natural Growth Rate of Population = Birth Rate-Death Rate

Gross Dependency Ratio also called gross dependency coefficient, refers to the ratio of non-working-age population to the working-age population, express in %. Describing in general the number of non-working-age population that every 100 people at working ages will take care of, this indicator reflects the basic relation between population and economic development from the demographic perspective. The gross dependency ratio is calculated with the following formula:

$$GDR = \frac{P_{0\sim14} + P_{65^+}}{P_{15\sim64}} \times 100\%$$

Where: GDR is the gross dependency ratio,

$P_{0\text{-}14}$ is the population of children aged 0-14,

P_{65+} is the elderly population aged 65 and over, and

$P_{15\text{-}64}$ is the working-age population aged 15-64.

Old Dependency Ratio also called old dependency coefficient, refers to the ratio of the elderly population to the working-age population, express in %. It describes the number of the elderly population that every 100 people at working ages will take care of. Old dependency ratio is one of the indicators reflecting the social implication of population aging from the economic perspective. The old dependency ratio is calculated with the following formula:

$$ODR = \frac{P_{65^+}}{P_{15\sim64}} \times 100\%$$

Where: ODR is the old dependency ratio,

P_{65+} is the elderly population aged 65 and over, and

$P_{15\text{-}64}$ is the working-age population aged 15-64.

Children Dependency Ratio also called children dependency coefficient, refers to the ratio of thc children population to the working-age population, express in %. It describes the number of children population that every 100 people at working ages will take care of. The children dependency ratio is calculated with the following formula:

$$CDR = \frac{P_{0\sim14}}{P_{15\sim64}} \times 100\%$$

Where: CDR is the children dependency ratio,

$P_{0\text{-}14}$ is the children population aged 0-14, and

$P_{15\text{-}64}$ is the working-age population aged 15-64.

Population of Residence-registration Inconsistency refer to those who have been residing in places other than the registered streets or towns and been away from their registration areas for over half a year.

Floating Population refer to the population of residence-registration inconsistency excluding those intra-city ones. Population of intra-city residence-registration inconsistency refer to those whose residing streets or towns and registered ones are inconsistent but still in the same municipality or prefecture city either the two are in the same district or different ones.

4

就业人员和工资

Employment and Wages

简 要 说 明

一、本篇资料的主要内容

本篇资料反映我国劳动经济方面的基本情况，包括31个省、自治区、直辖市的主要劳动统计数据。如：经济活动人口数，就业人员数，城镇登记失业人数，就业人员工资总额，平均工资及指数变化情况等。

二、本篇资料的统计范围

《劳动工资统计报表制度》的调查范围为城镇地区全部法人单位；《劳动力调查制度》的调查范围为全国16岁及以上人口；《农林牧渔业统计调查制度》的调查范围为全国乡镇以下农村地区；《培训就业统计报表制度》的填报范围为全国就业服务和职业介绍机构；私营企业及个体工商业统计范围为全社会。1990-2000年的全国经济活动人口、就业人员、城镇和乡村就业人员的总计资料，是根据第五次全国人口普查资料及历年劳动力调查资料推算的；2001年及以后的全国经济活动人口、就业人员、城镇和乡村就业人员的总计资料，是根据第六次全国人口普查资料及历年劳动力调查资料推算的，因此分地区、分类型、分行业的资料相加不等于总计。1998年及以后城镇单位就业人员、工资总额、平均工资等指标中不再包括离开本单位仍保留劳动关系职工及其生活费。

本篇“城镇单位”均指“城镇非私营单位”。

三、本篇的资料来源

1.就业基本情况及分组资料、工资总额等资料，是国家统计局人口和就业统计司根据《劳动工资统计报表制度》、《劳动力调查制度》及《农林牧渔业统计调查制度》搜集资料，加工整理。

2.职业介绍服务机构及劳动力交流情况、城镇登记失业人数，是人力资源和社会保障部根据其《培训就业统计报表制度》整理提供。

3.私营企业及个体工商业就业人员，由国家工商行政管理总局提供。

四、本篇的统计调查方法

劳动工资统计采用全面调查方法，由各级统计部门逐级上报；劳动力调查采用抽样调查方法；培训、就业统计及私营企业和个体工商业统计利用行政登记资料加工整理。

Brief Introduction

I. Main Contents

Data in this chapter show the basic conditions of China's labour economy, including main labour statistics on the whole country and 31 provinces, autonomous regions and municipalities directly under the Central Government, such as the economically active population, number of employed persons, number of registered unemployed persons in urban areas, total wage bills and average wages of employed persons and the changes in index.

II. Scope of Statistics

The Reporting Form System on Labour Wage Statistics covers corporate units in all urban area. The scope of survey of *The Sample Survey System on Labour Force* are the population aged 16 and over of the whole country. *The System of Rural Social and Economic Surveys* covers all rural areas below township level in China. *The Reporting Form System on Training and Employment Statistics* covers all agencies and units providing employment services and job centers. The scope of statistics on private enterprises and self-employed individuals covers the whole country. Data on economically active population, employed persons and employed persons by urban and rural areas from 1990 to 2000 are estimated on the basis of the 2000 National Population Census and the annual Sample Survey on Labour Force; and data since 2001 are estimated on the basis of the Sixth National Population Census and the annual Sample Survey on Labour Force. So, sums of these data by region, by type of ownership and by industry do not add up to the totals. The scope of statistics on employed person in urban areas, total wage bills, average wages do not include the persons who had left their working units and while keeping their labour contract/employment relation unchanged since 1998.

In this chapter, urban corporate units refers to urban corporate unit excluding private units.

III. Sources of Data

(1) Data on basic conditions of employment, data by groups, total wage bills of staff and workers are collected and compiled through *The Reporting Form System on Labour Wage Statistics*, *The Sample Survey System on Labour Force*, and *The System of Rural Social and Economic Surveys* by the Department of Population and Employment Statistics, the NBS.

(2) Data on the employment services and the exchanges of labour force and on the number of registered unemployed persons in urban areas are collected through *The Reporting Form System on Training and Employment Statistics,* which provided by the Ministry of Human Resources and Social Security.

(3) Data on the number of employed persons in private enterprises and self-employed individuals are provided by the State Administration for Industry and Commerce.

IV. Methodology of Survey

A complete reporting form system from lower-level statistical bureaus to higher level statistical bureaus is used in the labour wage statistics. The Sample Survey on Labour Force is conducted by using sampling methods. Statistics on training, employment, private enterprises and self-employed individuals are collected and compiled on basis of administrative registering records.

4-1 就业基本情况
Employment

项　　目	Item	2008	2009	2010	2011	2012
经济活动人口　（万人）	**Economically Active Population (10 000 persons)**	**77046**	**77510**	**78388**	**78579**	**78894**
就业人员合计　（万人）	**Total Number of Employed Persons (10 000 persons)**	**75564**	**75828**	**76105**	**76420**	**76704**
第一产业	Primary Industry	29923	28890	27931	26594	25773
第二产业	Secondary Industry	20553	21080	21842	22544	23241
第三产业	Tertiary Industry	25087	25857	26332	27282	27690
就业人员构成（合计=100）	**Composition of Employed Persons (total=100)**					
第一产业	Primary Industry	39.6	38.1	36.7	34.8	33.6
第二产业	Secondary Industry	27.2	27.8	28.7	29.5	30.3
第三产业	Tertiary Industry	33.2	34.1	34.6	35.7	36.1
按城乡分就业人员（万人）	**Number of Employed Persons by Urban and Rural Areas (10 000 persons)**					
城镇就业人员	Urban Employed Persons	32103	33322	34687	35914	37102
#国有单位	State-owned Units	6447	6420	6516	6704	6839
城镇集体单位	Urban Collective-owned Units	662	618	597	603	589
股份合作单位	Cooperative Units	164	160	156	149	149
联营单位	Joint Ownership Units	43	37	36	37	39
有限责任公司	Limited Liability Corporations	2194	2433	2613	3269	3787
股份有限公司	Share-holding Corporations Ltd.	840	956	1024	1183	1243
私营企业	Private Enterprises	5124	5544	6071	6912	7557
港澳台商投资单位	Units with Funds from Hong Kong, Macao & Taiwan	679	721	770	932	969
外商投资单位	Foreign Funded Units	943	978	1053	1217	1246
个体	Self-employed Individuals	3609	4245	4467	5227	5643
乡村就业人员	Rural Employed Persons	43461	42506	41418	40506	39602
#私营企业	Private Enterprises	2780	3063	3347	3442	3739
个体	Self-employed Individuals	2167	2341	2540	2718	2986
城镇登记失业人数（万人）	**Number of Registered Unemployed Persons in Urban Areas (10 000 persons)**	**886**	**921**	**908**	**922**	**917**
城镇登记失业率　（%）	**Registered Unemployment Rate in Urban Areas (%)**	**4.2**	**4.3**	**4.1**	**4.1**	**4.1**

注：全国就业人员1990年及以后的数据根据劳动力调查、人口普查推算(下表同)。

a) From 1990 to 2000, the total number of employed persons were estimated according to Labour Force Survey and Population Census. The same applies to the following tables.

4-2 按城乡分就业人员数（年底数）
Number of Employed Persons at Year-end in Urban and Rural Areas

单位：万人 (10 000 persons)

年 份 Year	合 计 Total	城 镇 Urban Areas						
		小 计 Subtotal	#国有单位 State-owned Units	#集体单位 Collective-owned Units	#股份合作单位 Cooperative Units	#联营单位 Joint Ownership Units	#有限责任公司 Limited Liability Corporations	#股份有限公司 Share Holding Corporations Ltd.
1978	40152	9514	7451	2048				
1980	42361	10525	8019	2425				
1985	49873	12808	8990	3324		38		
1990	64749	17041	10346	3549		96		
1995	68065	19040	11261	3147		53		317
1996	68950	19922	11244	3016		49		363
1997	69820	20781	11044	2883		43		468
1998	70637	21616	9058	1963	136	48	484	410
1999	71394	22412	8572	1712	144	46	603	420
2000	72085	23151	8102	1499	155	42	687	457
2001	72797	24123	7640	1291	153	45	841	483
2002	73280	25159	7163	1122	161	45	1083	538
2003	73736	26230	6876	1000	173	44	1261	592
2004	74264	27293	6710	897	192	44	1436	625
2005	74647	28389	6488	810	188	45	1750	699
2006	74978	29630	6430	764	178	45	1920	741
2007	75321	30953	6424	718	170	43	2075	788
2008	75564	32103	6447	662	164	43	2194	840
2009	75828	33322	6420	618	160	37	2433	956
2010	76105	34687	6516	597	156	36	2613	1024
2011	76420	35914	6704	603	149	37	3269	1183
2012	76704	37102	6839	589	149	39	3787	1243

4-2 续表 continued

单位：万人 (10 000 persons)

年 份 Year	城 镇 Urban Areas				乡 村 Rural Areas		
	#私营企业 Private Enterprises	#港澳台商投资单位 Units with Funds from Hong Kong, Macao and Taiwan	#外商投资单位 Foreign Funded Units	#个体 Self-employed Individuals	小 计 Subtotal	#私营企业 Private Enterprises	#个体 Self-employed Individuals
1978				15	30638		
1980				81	31836		
1985			6	450	37065		
1990	57	4	62	614	47708	113	1491
1995	485	272	241	1560	49025	471	3054
1996	620	265	275	1709	49028	551	3308
1997	750	281	300	1919	49039	600	3522
1998	973	294	293	2259	49021	737	3855
1999	1053	306	306	2414	48982	969	3827
2000	1268	310	332	2136	48934	1139	2934
2001	1527	326	345	2131	48674	1187	2629
2002	1999	367	391	2269	48121	1411	2474
2003	2545	409	454	2377	47506	1754	2260
2004	2994	470	563	2521	46971	2024	2066
2005	3458	557	688	2778	46258	2366	2123
2006	3954	611	796	3012	45348	2632	2147
2007	4581	680	903	3310	44368	2672	2187
2008	5124	679	943	3609	43461	2780	2167
2009	5544	721	978	4245	42506	3063	2341
2010	6071	770	1053	4467	41418	3347	2540
2011	6912	932	1217	5227	40506	3442	2718
2012	7557	969	1246	5643	39602	3739	2986

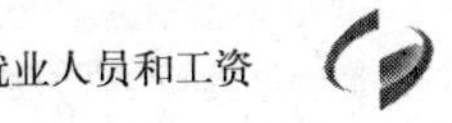

4-3 按三次产业分就业人员数（年底数）
Number of Employed Persons at Year-end by Three Strata of Industry

年份 Year	经济活动人口（万人） Economically Active Population (10 000 persons)	就业人员（万人） Total Employed Persons (10 000 persons)				构成（合计=100） Composition in Percentage		
			第一产业 Primary Industry	第二产业 Secondary Industry	第三产业 Tertiary Industry	第一产业 Primary Industry	第二产业 Secondary Industry	第三产业 Tertiary Industry
1952	21106	20729	17317	1531	1881	83.5	7.4	9.1
1957	23971	23771	19309	2142	2320	81.2	9.0	9.8
1962		25910	21276	2059	2575	82.1	8.0	9.9
1965		28670	23396	2408	2866	81.6	8.4	10.0
1970		34432	27811	3518	3103	80.8	10.2	9.0
1975		38168	29456	5152	3560	77.2	13.5	9.3
1978	40682	40152	28318	6945	4890	70.5	17.3	12.2
1979	41592	41024	28634	7214	5177	69.8	17.6	12.6
1980	42903	42361	29122	7707	5532	68.7	18.2	13.1
1981	44165	43725	29777	8003	5945	68.1	18.3	13.6
1982	45674	45295	30859	8346	6090	68.1	18.4	13.5
1983	46707	46436	31151	8679	6606	67.1	18.7	14.2
1984	48433	48197	30868	9590	7739	64.0	19.9	16.1
1985	50112	49873	31130	10384	8359	62.4	20.8	16.8
1986	51546	51282	31254	11216	8811	60.9	21.9	17.2
1987	53060	52783	31663	11726	9395	60.0	22.2	17.8
1988	54630	54334	32249	12152	9933	59.3	22.4	18.3
1989	55707	55329	33225	11976	10129	60.1	21.6	18.3
1990	65323	64749	38914	13856	11979	60.1	21.4	18.5
1991	66091	65491	39098	14015	12378	59.7	21.4	18.9
1992	66782	66152	38699	14355	13098	58.5	21.7	19.8
1993	67468	66808	37680	14965	14163	56.4	22.4	21.2
1994	68135	67455	36628	15312	15515	54.3	22.7	23.0
1995	68855	68065	35530	15655	16880	52.2	23.0	24.8
1996	69765	68950	34820	16203	17927	50.5	23.5	26.0
1997	70800	69820	34840	16547	18432	49.9	23.7	26.4
1998	72087	70637	35177	16600	18860	49.8	23.5	26.7
1999	72791	71394	35768	16421	19205	50.1	23.0	26.9
2000	73992	72085	36043	16219	19823	50.0	22.5	27.5
2001	73884	72797	36399	16234	20165	50.0	22.3	27.7
2002	74492	73280	36640	15682	20958	50.0	21.4	28.6
2003	74911	73736	36204	15927	21605	49.1	21.6	29.3
2004	75290	74264	34830	16709	22725	46.9	22.5	30.6
2005	76120	74647	33442	17766	23439	44.8	23.8	31.4
2006	76315	74978	31941	18894	24143	42.6	25.2	32.2
2007	76531	75321	30731	20186	24404	40.8	26.8	32.4
2008	77046	75564	29923	20553	25087	39.6	27.2	33.2
2009	77510	75828	28890	21080	25857	38.1	27.8	34.1
2010	78388	76105	27931	21842	26332	36.7	28.7	34.6
2011	78579	76420	26594	22544	27282	34.8	29.5	35.7
2012	78894	76704	25773	23241	27690	33.6	30.3	36.1

4-4 按登记注册类型和行业分城镇单位就业人员数（2012年底）
Number of Employed Persons in Urban Units at Year-end by Status of Registration and Sector in Detail (2012)

单位：万人 (10 000 persons)

项目	Item	合计 Total	国有单位 State-owned Units	城镇集体单位 Urban Collective-owned Units	其他单位 Units of Other Types of Ownership
全国总计	**National Total**	**15236.4**	**6839.0**	**589.7**	**7807.7**
农、林、牧、渔业	Agriculture, Forestry, Animal Husbandry and Fishery	338.9	320.5	5.0	13.4
采矿业	Mining	631.0	256.2	20.6	354.2
制造业	Manufacturing	4262.2	369.5	113.7	3779.0
电力、热力、燃气及水生产和供应业	Production and Supply of Electricity, Heat, Gas and Water	344.6	218.3	5.1	121.1
建筑业	Construction	2010.3	345.8	185.0	1479.4
批发和零售业	Wholesale and Retail Trades	711.8	148.5	40.9	522.4
交通运输、仓储和邮政业	Transport, Storage and Post	667.5	419.5	17.7	230.3
住宿和餐饮业	Hotels and Catering Services	265.1	57.6	9.3	198.1
信息传输、软件和信息技术服务业	Information Transmission, Software and Information Technology	222.8	65.8	1.3	155.7
金融业	Financial Intermediation	527.8	151.9	50.1	325.7
房地产业	Real Estate	273.7	46.7	8.7	218.3
租赁和商务服务业	Leasing and Business Services	292.3	116.7	33.7	141.8
科学研究和技术服务业	Scientific Research and Technical Services	330.7	232.5	5.4	92.8
水利、环境和公共设施管理业	Management of Water Conservancy, Environment	243.8	208.9	10.6	24.3
居民服务、修理和其他服务业	Services to Households, Repair and Other Services	62.1	30.4	6.1	25.7
教育	Education	1653.4	1567.2	19.0	67.2
卫生和社会工作	Health and Social Service	719.3	639.5	52.6	27.3
文化、体育和娱乐业	Culture, Sports and Entertainment	137.7	115.0	2.5	20.2
公共管理、社会保障和社会组织	Public Management, Social Security and Social Organization	1541.5	1528.6	2.3	10.6

4-5 按行业分城镇单位就业人员数(年底数)

Number of Employed Persons in Urban Units at Year-end by Sector

单位：万人 (10 000 persons)

年份 Year 地区 Region	合计 Total	农、林、牧、渔业 Agriculture, Forestry, Animal Husbandry and Fishery	采矿业 Mining	制造业 Manufacturing	电力、热力、燃气及水生产和供应业 Production and Supply of Electricity, Heat, Gas and Water	建筑业 Construction	批发和零售业 Wholesale and Retail Trades
2003	10969.7	484.5	488.3	2980.5	297.6	833.7	628.1
2004	11098.9	466.1	500.7	3050.8	300.6	841.0	586.7
2005	11404.0	446.3	509.2	3210.9	299.9	926.6	544.0
2006	11713.2	435.2	529.7	3351.6	302.5	988.7	515.7
2007	12024.4	426.3	535.0	3465.4	303.4	1050.8	506.9
2008	12192.5	410.1	540.4	3434.3	306.5	1072.6	514.4
2009	12573.0	373.7	553.7	3491.9	307.7	1177.5	520.8
2010	13051.5	375.7	562.0	3637.2	310.5	1267.5	535.1
2011	14413.3	359.5	611.6	4088.3	334.7	1724.8	647.5
2012	15236.4	338.9	631.0	4262.2	344.6	2010.3	711.8
北京 Beijing	717.4	2.5	6.9	108.0	8.9	42.7	68.6
天津 Tianjin	289.1	0.5	6.9	120.2	4.4	31.1	17.5
河北 Hebei	619.9	5.5	28.8	145.4	21.2	81.4	26.3
山西 Shanxi	436.0	2.8	90.3	70.3	11.1	38.8	19.2
内蒙古 Inner Mongolia	270.8	25.0	21.5	42.7	12.0	18.2	8.0
辽宁 Liaoning	598.7	25.2	32.6	168.3	16.4	60.9	21.1
吉林 Jilin	285.5	15.7	16.6	64.8	8.9	17.6	9.5
黑龙江 Heilongjiang	471.0	93.3	41.3	63.3	15.7	35.6	15.9
上海 Shanghai	555.7	1.2	0.1	218.7	5.8	48.9	59.8
江苏 Jiangsu	830.9	8.6	12.8	359.7	12.9	69.5	33.5
浙江 Zhejiang	1070.1	0.8	1.4	372.5	13.3	294.1	39.3
安徽 Anhui	436.8	5.4	34.6	90.9	9.9	69.9	15.9
福建 Fujian	637.9	4.8	5.3	292.4	9.5	121.7	24.3
江西 Jiangxi	385.8	11.6	10.1	102.0	10.5	66.6	16.7
山东 Shandong	1110.2	2.8	78.8	395.0	21.0	136.8	48.9
河南 Henan	881.2	5.8	63.0	218.3	22.5	125.6	42.6
湖北 Hubei	598.0	9.7	12.0	160.6	18.2	97.1	30.1
湖南 Hunan	567.5	2.4	15.2	128.2	15.7	94.6	18.7
广东 Guangdong	1304.0	7.2	3.4	540.9	20.1	107.6	65.0
广西 Guangxi	358.0	9.9	5.3	71.9	9.8	42.5	12.8
海南 Hainan	90.1	11.9	1.0	9.5	2.1	6.0	5.4
重庆 Chongqing	353.2	1.3	10.4	82.3	7.5	85.2	19.8
四川 Sichuan	640.9	4.0	24.5	144.5	17.6	116.1	18.5
贵州 Guizhou	269.5	1.6	18.2	47.6	8.4	34.9	13.2
云南 Yunnan	392.7	9.2	22.3	70.5	9.7	66.4	23.5
西藏 Tibet	25.2	0.6	0.2	0.7	0.8	0.5	0.5
陕西 Shaanxi	411.2	3.6	30.0	86.2	9.6	42.8	17.8
甘肃 Gansu	211.3	5.5	9.7	33.8	7.2	23.0	6.0
青海 Qinghai	61.7	1.6	2.6	11.7	2.0	7.4	2.4
宁夏 Ningxia	67.4	2.4	6.6	10.8	4.1	4.4	2.8
新疆 Xinjiang	288.8	56.2	18.9	30.6	7.6	22.4	8.2

注：本表城镇单位数据不含私营单位(以下相关表同)。

a) Data of employed persons in urban units do not include those of private enterprises. The same applies to the tables following.

4-5 续表 1 continued

单位: 万人 (10 000 persons)

年份 地区	Year Region	交通运输、仓储和邮政业 Transport, Storage and Post	住宿和餐饮业 Hotels and Catering Services	信息传输、软件和信息技术服务业 Information Transmission, Software and Information Technology	金融业 Financial Intermediation	房地产业 Real Estate	租赁和商务服务业 Leasing and Business Services
	2003	636.5	172.1	116.8	353.3	120.2	183.5
	2004	631.8	177.1	123.7	356.0	133.4	194.4
	2005	613.9	181.2	130.1	359.3	146.5	218.5
	2006	612.7	183.9	138.2	367.4	153.9	236.7
	2007	623.1	185.8	150.2	389.7	166.5	247.2
	2008	627.3	193.2	159.5	417.6	172.7	274.7
	2009	634.4	202.1	173.8	449.0	190.9	290.5
	2010	631.1	209.2	185.8	470.1	211.6	310.1
	2011	662.8	242.7	212.8	505.3	248.6	286.6
	2012	667.5	265.1	222.8	527.8	273.7	292.3
北京	Beijing	57.8	32.0	52.6	37.6	37.1	61.4
天津	Tianjin	14.1	6.9	3.3	7.8	5.5	5.4
河北	Hebei	24.3	6.8	6.5	24.7	6.8	5.2
山西	Shanxi	22.3	6.9	5.3	15.8	2.6	5.3
内蒙古	Inner Mongolia	16.9	2.9	4.4	10.8	1.8	3.2
辽宁	Liaoning	32.8	7.2	9.0	22.5	12.4	10.2
吉林	Jilin	15.9	3.0	4.7	10.9	5.1	4.9
黑龙江	Heilongjiang	25.6	4.6	6.1	16.0	5.9	4.9
上海	Shanghai	38.0	20.1	8.6	29.5	15.2	17.2
江苏	Jiangsu	30.6	11.9	10.8	29.4	8.2	12.3
浙江	Zhejiang	29.4	16.3	14.1	36.4	17.5	29.2
安徽	Anhui	16.3	4.3	4.5	16.8	6.9	3.7
福建	Fujian	18.6	9.4	5.3	14.8	10.2	6.0
江西	Jiangxi	12.9	4.3	4.3	10.6	4.5	2.9
山东	Shandong	37.4	15.2	9.1	32.7	15.8	11.5
河南	Henan	30.9	10.1	6.3	23.3	13.1	11.3
湖北	Hubei	24.4	9.2	5.6	16.3	10.0	6.2
湖南	Hunan	23.6	9.5	7.1	20.7	9.9	8.8
广东	Guangdong	61.8	32.3	18.6	47.6	34.9	37.0
广西	Guangxi	18.5	4.8	4.4	11.7	5.4	8.9
海南	Hainan	4.5	6.2	1.0	2.8	4.2	2.0
重庆	Chongqing	15.8	7.1	3.9	13.0	7.8	6.1
四川	Sichuan	23.6	7.6	6.0	23.0	6.6	5.2
贵州	Guizhou	9.1	3.9	2.5	7.4	5.4	3.0
云南	Yunnan	13.6	8.5	4.3	9.8	7.3	6.2
西藏	Tibet	0.6	0.3	0.3	0.8	0.02	0.2
陕西	Shaanxi	18.3	7.5	7.8	14.6	6.6	4.5
甘肃	Gansu	10.4	1.9	2.0	7.2	1.9	1.7
青海	Qinghai	3.4	0.7	0.9	2.2	0.8	0.8
宁夏	Ningxia	3.6	0.6	0.6	3.0	1.1	1.8
新疆	Xinjiang	12.6	2.8	2.6	8.1	3.2	5.4

4-5 续表 2 continued

单位：万人 (10 000 persons)

年 份 地 区	Year Region	科学研究和技术服务业 Scientific Research and Technical Services	水利、环境和公共设施管理业 Management of Water Conservancy, Environment and Public Facilities	居民服务、修理和其他服务业 Services to Households, Repair and Other Services	教 育 Education	卫生和社会工作 Health and Social Service	文化、体育和娱乐业 Culture, Sports and Entertainment	公共管理、社会保障和社会组织 Public Management, Social Security and Social Organization
	2003	221.9	172.5	52.8	1442.8	485.8	127.8	1171.0
	2004	222.1	176.1	54.2	1466.8	494.7	123.4	1199.0
	2005	227.7	180.4	53.9	1483.2	508.9	122.5	1240.8
	2006	235.5	187.0	56.6	1504.4	525.4	122.4	1265.6
	2007	243.4	193.5	57.4	1520.9	542.8	125.0	1291.2
	2008	257.0	197.3	56.5	1534.0	563.6	126.0	1335.0
	2009	272.6	205.7	58.8	1550.4	595.8	129.5	1394.3
	2010	292.3	218.9	60.2	1581.8	632.5	131.4	1428.5
	2011	298.5	230.3	59.9	1617.8	679.1	135.0	1467.6
	2012	330.7	243.8	62.1	1653.4	719.3	137.7	1541.5
北 京	Beijing	54.0	9.4	8.6	44.4	23.0	17.1	44.7
天 津	Tianjin	8.3	3.7	10.9	16.3	8.8	1.9	15.5
河 北	Hebei	12.5	11.3	2.2	89.9	32.2	5.2	83.8
山 西	Shanxi	5.9	7.6	0.6	49.9	17.1	4.5	59.6
内蒙古	Inner Mongolia	4.9	7.8	0.7	34.8	12.9	3.3	39.0
辽 宁	Liaoning	15.8	15.6	2.7	57.8	30.4	5.1	52.8
吉 林	Jilin	7.6	8.2	0.9	37.2	16.3	3.6	33.9
黑龙江	Heilongjiang	11.9	10.2	4.4	47.0	21.0	4.2	44.1
上 海	Shanghai	12.2	6.2	3.3	28.0	17.4	5.1	20.5
江 苏	Jiangsu	12.8	13.3	1.3	88.8	41.1	6.1	67.4
浙 江	Zhejiang	17.5	12.9	2.0	66.2	37.4	6.7	63.3
安 徽	Anhui	8.2	8.1	0.6	63.3	25.3	3.6	48.5
福 建	Fujian	6.5	5.0	1.4	46.7	18.1	3.6	34.3
江 西	Jiangxi	5.4	5.9	0.6	44.2	21.1	3.9	47.6
山 东	Shandong	12.4	12.5	3.9	109.8	49.6	6.9	109.8
河 南	Henan	13.1	13.1	1.6	118.9	46.1	7.1	108.4
湖 北	Hubei	13.5	9.8	1.5	71.8	34.2	6.3	61.5
湖 南	Hunan	9.5	9.7	1.5	72.0	34.8	5.0	80.7
广 东	Guangdong	21.3	14.3	5.8	117.7	56.1	9.5	102.9
广 西	Guangxi	9.3	8.8	0.7	60.8	26.0	3.3	43.0
海 南	Hainan	1.7	2.6	0.2	12.3	4.8	1.1	10.8
重 庆	Chongqing	5.7	4.6	0.9	37.1	13.5	2.6	28.5
四 川	Sichuan	16.2	10.6	1.1	89.4	39.3	4.5	82.6
贵 州	Guizhou	5.4	4.2	1.0	44.2	14.6	1.6	43.3
云 南	Yunnan	7.8	5.7	0.8	54.9	19.4	3.4	49.3
西 藏	Tibet	1.1	0.2		4.4	1.6	0.6	11.7
陕 西	Shaanxi	14.4	8.9	1.5	56.9	21.9	5.0	53.2
甘 肃	Gansu	5.6	5.2	0.4	36.8	11.7	2.6	38.7
青 海	Qinghai	2.8	1.0	0.3	7.6	3.7	0.8	9.2
宁 夏	Ningxia	1.2	2.0		8.4	4.0	0.7	9.3
新 疆	Xinjiang	6.1	5.4	0.6	36.0	15.8	2.9	43.4

4-6 分地区按行业分私营企业和个体就业人数(2012年底)
Number of Engaged Persons in Private Enterprises and Self-employed Individuals at Year-end by Sector and Region (2012)

单位：万人 (10 000 persons)

地区	Region	合计 Total	#制造业 Manufacturing	#建筑业 Construction	#交通运输、仓储和邮政业 Transport, Storage and Post	#批发和零售业 Wholesale and Retail Trades	#住宿和餐饮业 Hotels and Catering Services	#租赁和商务服务业 Leasing and Business Services	#居民服务和其他服务业 Services to Households and Other Services
全国总计	**National Total**	**19924.4**	**4467.8**	**840.2**	**837.7**	**7721.0**	**1161.9**	**1119.6**	**1149.1**
北京	Beijing	592.3	43.7	26.0	15.7	159.4	28.4	84.5	20.3
天津	Tianjin	148.1	40.9	6.2	5.7	49.0	5.5	11.8	5.6
河北	Hebei	641.3	150.6	17.9	77.2	237.8	23.3	17.5	34.8
山西	Shanxi	386.2	62.9	12.6	89.4	112.0	16.7	6.3	17.6
内蒙古	Inner Mongolia	360.9	35.0	12.5	25.3	143.3	54.3	13.3	29.1
辽宁	Liaoning	807.0	151.1	42.3	67.4	304.4	39.7	36.9	56.5
吉林	Jilin	407.1	51.6	21.0	13.8	159.6	31.8	11.8	35.9
黑龙江	Heilongjiang	504.2	61.3	16.3	27.5	225.1	45.5	22.0	49.4
上海	Shanghai	712.0	130.8	50.3	25.2	261.9	18.1	97.8	17.5
江苏	Jiangsu	2232.9	893.8	185.6	146.3	485.3	58.8	91.0	81.8
浙江	Zhejiang	1546.2	708.2	58.8	26.9	468.5	52.1	70.2	57.9
安徽	Anhui	646.2	131.8	26.6	11.3	288.2	43.3	22.8	48.3
福建	Fujian	652.7	138.8	19.9	10.6	290.8	37.8	44.6	38.2
江西	Jiangxi	659.9	138.5	12.6	19.7	256.4	40.5	25.3	70.9
山东	Shandong	1375.0	352.3	58.4	46.8	591.1	69.0	67.6	75.4
河南	Henan	865.5	176.4	23.6	15.7	419.9	65.2	29.2	60.5
湖北	Hubei	911.5	153.9	31.0	30.8	417.0	74.6	35.9	62.9
湖南	Hunan	721.9	91.7	19.2	15.0	316.9	34.8	106.4	36.8
广东	Guangdong	1808.9	454.9	44.9	31.5	764.6	92.0	124.5	88.0
广西	Guangxi	477.6	64.4	9.0	52.0	216.4	26.5	22.4	21.8
海南	Hainan	116.8	6.3	9.6	9.9	39.1	7.8	10.8	8.8
重庆	Chongqing	548.5	70.4	19.8	11.3	230.5	36.2	50.6	30.5
四川	Sichuan	884.1	132.8	24.3	23.5	425.1	77.0	36.7	59.2
贵州	Guizhou	276.4	30.3	8.0	6.5	132.6	24.1	11.9	17.7
云南	Yunnan	563.0	70.7	36.8	11.0	238.5	45.4	23.1	32.9
西藏	Tibet	51.3	2.8	6.4	1.0	21.6	7.2	2.1	4.2
陕西	Shaanxi	420.5	46.5	14.6	7.4	200.0	45.4	20.1	42.0
甘肃	Gansu	226.0	24.7	11.3	3.8	113.3	25.8	6.2	16.1
青海	Qinghai	69.9	11.5	6.4	1.2	27.8	7.7	1.7	4.3
宁夏	Ningxia	98.9	11.0	3.4	1.9	48.4	8.4	4.8	9.8
新疆	Xinjiang	211.7	28.3	5.0	6.3	76.1	19.0	9.9	14.4

注：本表中的行业分类仍执行2002年版的国民经济行业分类标准(下表同)。

a) Classification for national standard of industry classification in this table are still implementing the version of 2002. The same applies to the table following.

4-7 分地区按行业分城镇私营企业和个体就业人数(2012年底)
Number of Engaged Persons in Urban Private Enterprises and Self-employed Individuals at Year-end by Sector and Region (2012)

单位: 万人 (10 000 persons)

地 区	Region	合 计 Total	#制造业 Manufacturing	#建筑业 Construction	#交通运输、仓储和邮政业 Transport, Storage and Post	#批发和零售业 Wholesale and Retail Trades	#住宿和餐饮业 Hotels and Catering Services	#租赁和商务服务业 Leasing and Business Services	#居民服务和其他服务业 Services to Households and Other Services
全国总计	**National Total**	**13200.1**	**2357.9**	**599.8**	**573.9**	**5407.2**	**838.2**	**923.2**	**807.1**
北 京	Beijing	357.0	9.7	10.2	6.5	93.7	19.9	58.8	12.8
天 津	Tianjin	130.7	33.2	5.6	5.3	43.7	4.7	11.3	4.9
河 北	Hebei	345.2	66.3	9.3	47.8	137.8	15.3	12.4	22.8
山 西	Shanxi	215.4	22.1	9.0	57.8	66.0	10.6	4.3	9.9
内蒙古	Inner Mongolia	291.4	26.8	11.7	20.6	122.1	34.7	12.2	24.7
辽 宁	Liaoning	607.3	87.7	34.7	51.4	243.0	31.6	33.5	47.6
吉 林	Jilin	313.6	40.5	19.1	11.1	126.7	24.8	10.3	31.3
黑龙江	Heilongjiang	373.4	40.1	12.4	20.8	172.1	34.0	18.0	34.0
上 海	Shanghai	392.9	51.2	28.1	14.8	142.9	15.3	62.1	12.4
江 苏	Jiangsu	1467.0	494.5	119.1	119.3	369.0	51.5	77.5	65.3
浙 江	Zhejiang	895.1	292.6	38.6	17.3	330.7	38.5	61.1	42.9
安 徽	Anhui	480.4	85.2	17.7	7.7	220.8	37.9	16.5	41.8
福 建	Fujian	507.5	90.5	17.8	9.4	233.4	27.6	42.6	29.3
江 西	Jiangxi	336.7	56.6	6.7	9.2	165.6	23.8	16.6	23.9
山 东	Shandong	733.1	142.9	36.9	21.7	334.2	40.6	49.5	42.4
河 南	Henan	501.3	75.5	14.7	7.8	257.6	44.8	21.8	36.9
湖 北	Hubei	634.5	99.9	25.7	18.8	305.1	47.3	29.3	41.8
湖 南	Hunan	537.6	49.0	17.5	10.6	230.5	30.5	94.6	32.1
广 东	Guangdong	1488.6	318.8	39.3	28.2	652.4	77.3	117.5	73.1
广 西	Guangxi	276.5	34.0	7.0	27.4	122.0	17.3	19.3	15.6
海 南	Hainan	100.8	4.6	8.5	8.1	33.6	6.7	10.2	7.7
重 庆	Chongqing	433.7	43.0	18.3	9.7	195.0	31.6	47.5	27.0
四 川	Sichuan	501.1	63.4	19.1	16.4	229.0	47.8	29.0	36.8
贵 州	Guizhou	150.2	14.6	6.0	3.3	71.4	14.3	8.6	10.8
云 南	Yunnan	376.9	46.7	32.3	8.1	153.9	29.7	20.8	22.5
西 藏	Tibet	42.0	2.4	4.5	0.8	17.8	5.9	2.0	3.6
陕 西	Shaanxi	265.6	21.1	9.6	3.3	139.5	28.7	16.7	21.8
甘 肃	Gansu	143.8	12.2	8.4	2.1	74.8	17.7	4.6	10.9
青 海	Qinghai	47.3	4.3	4.4	0.9	21.8	6.5	1.3	3.2
宁 夏	Ningxia	69.7	5.7	2.8	1.5	36.2	6.7	3.7	5.9
新 疆	Xinjiang	183.8	22.7	4.9	6.1	64.9	14.6	9.5	11.4

4-8 分地区私营企业就业人数(2012年底)
Number of Engaged Persons in Private Enterprises at Year-end by Region (2012)

单位: 万户、万人 (10 000 households, 10 000 persons)

地 区	Region	户 数 Number of Households	就业人数 Number of Engaged Persons	#投资者 Employers	城镇就业人数 Number of Engaged Persons in Urban Area	#投资者 Employers	乡村就业人数 Number of Engaged Persons in Rural Area	#投资者 Employers
全 国	**National Total**	**1085.7**	**11296.1**	**2200.1**	**7557.4**	**1646.0**	**3738.7**	**554.1**
北 京	Beijing	60.0	485.6	114.6	306.2	78.3	179.5	36.3
天 津	Tianjin	17.3	101.0	36.6	92.5	33.6	8.5	3.0
河 北	Hebei	33.9	250.4	71.4	138.6	53.2	111.8	18.2
山 西	Shanxi	20.3	194.6	42.7	105.3	25.7	89.3	17.0
内蒙古	Inner Mongolia	14.7	153.1	32.4	133.1	29.3	20.1	3.1
辽 宁	Liaoning	37.4	421.6	68.6	318.7	56.5	102.9	12.1
吉 林	Jilin	16.0	166.1	31.9	139.7	28.4	26.4	3.5
黑龙江	Heilongjiang	19.8	217.1	46.8	158.7	35.6	58.5	11.2
上 海	Shanghai	84.7	666.5	158.6	362.6	89.1	303.9	69.5
江 苏	Jiangsu	131.3	1662.5	233.2	1064.7	168.4	597.7	64.9
浙 江	Zhejiang	77.5	986.9	161.9	561.9	110.6	425.0	51.3
安 徽	Anhui	30.4	295.5	66.2	195.3	45.7	100.3	20.5
福 建	Fujian	34.7	393.9	79.7	336.3	70.0	57.5	9.7
江 西	Jiangxi	22.6	329.7	48.3	140.7	28.3	189.0	20.0
山 东	Shandong	66.1	755.4	139.9	431.2	97.9	324.2	42.0
河 南	Henan	39.4	365.4	92.8	207.8	61.3	157.6	31.5
湖 北	Hubei	34.6	338.7	78.7	246.7	62.5	92.0	16.2
湖 南	Hunan	24.9	398.4	61.2	281.4	46.1	117.0	15.1
广 东	Guangdong	125.6	1097.8	241.2	953.1	215.5	144.7	25.8
广 西	Guangxi	22.7	247.9	49.7	137.3	34.4	110.6	15.2
海 南	Hainan	10.2	70.0	21.9	62.0	21.1	8.0	0.8
重 庆	Chongqing	29.2	370.6	52.7	290.1	42.6	80.5	10.1
四 川	Sichuan	44.8	402.9	95.6	216.6	76.1	186.3	19.5
贵 州	Guizhou	14.4	123.6	28.9	66.7	17.1	56.8	11.8
云 南	Yunnan	20.3	294.7	39.4	236.5	35.1	58.2	4.3
西 藏	Tibet	1.0	24.1	2.4	20.0	2.2	4.1	0.2
陕 西	Shaanxi	23.8	186.5	44.2	127.2	33.1	59.3	11.1
甘 肃	Gansu	9.6	99.8	19.6	64.9	13.5	35.0	6.1
青 海	Qinghai	2.2	37.6	4.6	20.1	2.8	17.5	1.8
宁 夏	Ningxia	4.6	43.7	10.2	31.5	8.5	12.2	1.8
新 疆	Xinjiang	11.7	114.5	24.1	109.8	23.5	4.7	0.6

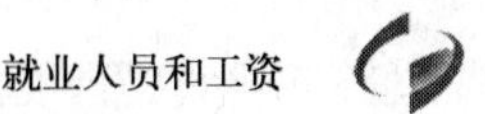

4-9 分地区个体就业人数(2012年底)

Number of Self-employed Individuals at Year-end by Region (2012)

单位: 万户、万人 (10 000 households, 10 000 persons)

地 区	Region	个体户数 Number of Households	个体就业人数 Number of Engaged Persons	城 镇 Urban Area	乡 村 Rural Area
全 国	**National Total**	**4059.3**	**8628.3**	**5642.7**	**2985.6**
北 京	Beijing	69.1	106.7	50.8	55.8
天 津	Tianjin	26.1	47.1	38.2	8.9
河 北	Hebei	152.0	390.9	206.7	184.2
山 西	Shanxi	94.1	191.6	110.1	81.5
内蒙古	Inner Mongolia	96.7	207.8	158.3	49.4
辽 宁	Liaoning	167.7	385.4	288.6	96.8
吉 林	Jilin	99.1	240.9	173.9	67.0
黑龙江	Heilongjiang	119.4	287.1	214.7	72.4
上 海	Shanghai	36.3	45.5	30.3	15.2
江 苏	Jiangsu	352.8	570.4	402.3	168.1
浙 江	Zhejiang	249.9	559.3	333.2	226.2
安 徽	Anhui	151.9	350.7	285.2	65.5
福 建	Fujian	95.0	258.9	171.1	87.7
江 西	Jiangxi	126.6	330.2	195.9	134.2
山 东	Shandong	279.6	619.6	301.8	317.8
河 南	Henan	221.6	500.1	293.5	206.6
湖 北	Hubei	201.4	572.9	387.8	185.0
湖 南	Hunan	168.0	323.5	256.2	67.3
广 东	Guangdong	361.9	711.2	535.5	175.7
广 西	Guangxi	117.3	229.7	139.1	90.5
海 南	Hainan	28.0	46.7	38.7	8.0
重 庆	Chongqing	101.7	177.9	143.6	34.3
四 川	Sichuan	252.6	481.2	284.4	196.8
贵 州	Guizhou	89.5	152.8	83.5	69.4
云 南	Yunnan	139.6	268.3	140.3	128.0
西 藏	Tibet	10.7	27.3	22.0	5.2
陕 西	Shaanxi	90.8	234.0	138.4	95.5
甘 肃	Gansu	66.3	126.1	79.0	47.2
青 海	Qinghai	13.8	32.3	27.2	5.1
宁 夏	Ningxia	22.3	55.2	38.2	17.0
新 疆	Xinjiang	57.6	97.2	74.0	23.2

4-10 城镇单位就业人员工资总额和指数
Total Wage Bill of Employed Persons in Urban Units and Related Indices

年份 / 地区	Year / Region	工资总额（亿元） Total Wage Bill (100 million yuan)				指数（上年=100） Indices (preceding year=100)			
		合计 Total	国有单位 State-owned Units	城镇集体单位 Urban Collective-owned Units	其他单位 Units of Other Types of Ownership	合计 Total	国有单位 State-owned Units	城镇集体单位 Urban Collective-owned Units	其他单位 Units of Other Types of Ownership
	1995	8055.8	6172.6	1210.6	672.6	119.0	117.4	115.6	142.2
	1996	8964.4	6893.3	1269.4	801.7	111.3	111.7	104.9	119.2
	1997	9602.4	7323.9	1283.9	994.5	107.1	106.2	101.1	124.0
	1998	9540.2	6934.6	1054.9	1550.7	99.4	94.7	82.2	155.9
	1999	10155.9	7289.9	995.8	1870.1	106.5	105.1	94.4	120.6
	2000	10954.7	7744.9	950.7	2259.1	107.9	106.2	95.5	120.8
	2001	12205.4	8515.2	898.5	2791.7	111.4	109.9	94.5	123.6
	2002	13638.1	9138.0	863.9	3636.2	111.7	107.3	96.1	130.3
	2003	15329.6	9911.9	867.1	4550.6	112.4	108.5	100.4	125.1
	2004	17615.0	11038.2	876.2	5700.6	114.9	111.4	101.0	125.3
	2005	20627.1	12291.7	906.4	7429.0	117.1	111.4	103.4	130.3
	2006	24262.3	13920.6	983.8	9357.9	117.6	113.3	108.5	126.0
	2007	29471.5	16689.1	1108.1	11674.3	121.5	119.9	112.6	124.8
	2008	35289.5	19487.9	1203.2	14598.4	119.7	116.8	108.6	125.0
	2009	40288.2	21862.7	1273.3	17152.1	114.2	112.2	105.8	117.5
	2010	47269.9	24886.4	1433.7	20949.7	117.3	113.8	112.6	122.1
	2011	59954.7	28954.8	1737.4	29262.4	126.8	116.3	121.2	139.7
	2012	70914.2	32950.0	1990.4	35973.8	118.3	113.8	114.6	122.9
北京	Beijing	6012.4	1624.8	76.3	4311.3	117.9	111.3	114.2	120.7
天津	Tianjin	1778.1	606.5	34.2	1137.5	119.9	110.0	106.0	126.4
河北	Hebei	2398.3	1295.5	61.4	1041.5	121.4	112.4	109.4	135.9
山西	Shanxi	1922.7	973.0	81.0	868.7	120.3	109.9	121.9	134.3
内蒙古	Inner Mongolia	1304.7	871.2	38.7	394.8	116.3	114.3	116.9	120.9
辽宁	Liaoning	2550.5	1346.8	103.1	1100.6	113.7	111.6	118.8	115.9
吉林	Jilin	1107.3	668.6	27.3	411.4	117.8	114.9	111.5	123.2
黑龙江	Heilongjiang	1732.6	1226.7	49.9	456.0	116.6	116.3	113.4	117.8
上海	Shanghai	4404.5	1275.7	64.1	3064.7	117.9	105.1	118.9	124.2
江苏	Jiangsu	4205.9	1801.4	126.4	2278.1	114.5	112.2	113.7	116.5
浙江	Zhejiang	5313.1	1638.6	119.6	3555.0	119.7	109.3	103.2	125.8
安徽	Anhui	1926.0	1008.1	58.0	859.9	121.1	118.7	112.1	124.8
福建	Fujian	2792.6	888.1	61.1	1843.4	123.0	118.5	118.4	125.5
江西	Jiangxi	1335.0	817.2	50.7	467.1	123.5	124.5	116.2	122.7
山东	Shandong	4628.2	2125.1	216.3	2286.7	117.0	112.7	118.8	121.1
河南	Henan	3210.0	1597.7	137.3	1475.0	115.7	113.5	111.5	118.6
湖北	Hubei	2358.5	1245.7	63.4	1049.5	113.2	110.0	132.9	116.1
湖南	Hunan	2187.1	1133.4	79.7	974.0	117.0	116.6	111.9	117.9
广东	Guangdong	6561.1	2545.6	171.8	3843.8	117.7	112.0	111.2	122.1
广西	Guangxi	1280.5	800.0	45.1	435.4	115.0	110.2	104.5	126.5
海南	Hainan	353.7	218.1	11.0	124.6	115.6	109.3	125.9	127.5
重庆	Chongqing	1533.6	641.8	29.2	862.6	118.1	113.5	96.2	122.7
四川	Sichuan	2699.8	1706.0	110.7	883.0	119.0	117.8	116.4	121.7
贵州	Guizhou	1093.1	755.3	25.6	312.1	127.6	120.3	110.8	151.6
云南	Yunnan	1454.0	840.5	44.9	568.6	123.6	113.6	130.2	141.4
西藏	Tibet	128.5	124.7	1.1	2.7	112.2	113.1	185.2	73.5
陕西	Shaanxi	1805.6	1262.0	49.2	494.4	117.5	115.9	119.6	121.4
甘肃	Gansu	810.8	620.6	26.4	163.7	126.0	126.9	125.8	122.8
青海	Qinghai	288.0	220.7	4.5	62.7	114.9	114.7	101.2	117.1
宁夏	Ningxia	349.8	205.9	4.7	139.2	131.3	131.6	109.9	131.7
新疆	Xinjiang	1388.1	864.5	17.7	505.9	123.4	121.8	122.8	126.4

注：1995-2008年的城镇单位就业人员工资总额即为原来的城镇单位就业人员劳动报酬总额(以下相关表同)。

a) Total wage bill of employed persons in urban units from 1995 to 2008 referred to total earning of employed persons in urban units. The same applies to the related tables following.

4-11 城镇单位就业人员平均工资和指数
Average Wage of Employed Persons in Urban Units and Related Indices

年份 Year 地区 Region	平均工资（元） Average Wage (yuan)				
	合计 Total	#在岗职工 Staff and Workers	国有单位 State-owned Units	城镇集体单位 Urban Collective-owned Units	其他单位 Units of Other Types of Ownership
1995	5348	5500	5553	3934	7728
1996	5980	6210	6207	4312	8521
1997	6444	6470	6679	4516	9092
1998	7446	7479	7579	5314	9241
1999	8319	8346	8443	5758	10142
2000	9333	9371	9441	6241	11238
2001	10834	10870	11045	6851	12437
2002	12373	12422	12701	7636	13486
2003	13969	14040	14358	8627	14843
2004	15920	16024	16445	9723	16519
2005	18200	18364	18978	11176	18362
2006	20856	21001	21706	12866	21004
2007	24721	24932	26100	15444	24271
2008	28898	29229	30287	18103	28552
2009	32244	32736	34130	20607	31350
2010	36539	37147	38359	24010	35801
2011	41799	42452	43483	28791	41323
2012	46769	47593	48357	33784	46360
北京 Beijing	84742	85307	87299	38552	85613
天津 Tianjin	61514	62225	68231	40494	59326
河北 Hebei	38658	39542	39177	28597	38822
山西 Shanxi	44236	44943	40881	32780	50526
内蒙古 Inner Mongolia	46557	47053	49278	45344	41598
辽宁 Liaoning	41858	42503	43177	28183	42200
吉林 Jilin	38407	39092	39335	29506	37717
黑龙江 Heilongjiang	36406	38598	36814	28762	36378
上海 Shanghai	78673	80191	89739	52786	75568
江苏 Jiangsu	50639	51279	61221	42368	44978
浙江 Zhejiang	50197	50813	73494	46789	43891
安徽 Anhui	44601	46091	44818	34741	45209
福建 Fujian	44525	44979	54211	38576	41189
江西 Jiangxi	38512	39651	39422	29429	38247
山东 Shandong	41904	42572	47894	34001	38295
河南 Henan	37338	37958	39344	27682	36508
湖北 Hubei	39846	40884	41979	32683	38054
湖南 Hunan	38971	40028	40397	29663	38380
广东 Guangdong	50278	50577	59423	30947	46814
广西 Guangxi	36386	37614	37706	28819	35081
海南 Hainan	39485	40051	40225	31715	39072
重庆 Chongqing	44498	45392	50523	30087	41488
四川 Sichuan	42339	43110	47721	33409	35749
贵州 Guizhou	41156	42733	43702	38882	36223
云南 Yunnan	37629	38908	43415	37211	31460
西藏 Tibet	51705	58347	52219	25966	49730
陕西 Shaanxi	43073	44330	45526	32399	38989
甘肃 Gansu	37679	38440	38401	32580	36074
青海 Qinghai	46483	46827	50729	29341	37114
宁夏 Ningxia	47436	48961	46880	44330	48400
新疆 Xinjiang	44576	45243	42479	46452	48609

注：1995-2008年的城镇单位就业人员平均工资即为原来的城镇单位就业人员平均劳动报酬(以下相关表同)。

a) Average wage of employed persons in urban units from 1995 to 2008 referred to average earning of employed persons in urban units. The same applies to the related tables following.

4-11 续表 continued

年份 地区	Year Region	平均货币工资指数(上年=100) Indices of Average Wage(preceding year=100) 合计 Total	#在岗职工 Staff and Workers	国有单位 State-owned Units	城镇集体单位 Urban Collective-owned Units	其他单位 Units of Other Types of Ownership	平均实际工资指数(上年=100) Indices of Average Real Wage(preceding year=100) 合计 Total	#在岗职工 Staff and Workers	国有单位 State-owned Units	城镇集体单位 Urban Collective-owned Units	其他单位 Units of Other Types of Ownership
	1995	118.9	121.2	117.3	121.1	119.9	101.8	103.8	100.4	103.7	102.6
	1996	111.8	112.9	111.8	109.6	110.3	102.8	103.8	102.7	100.7	101.3
	1997	107.8	104.2	107.6	104.7	106.7	104.5	101.1	104.4	101.6	103.5
	1998	115.5	106.6	113.5	117.7	101.6	116.2	107.2	114.2	118.4	102.3
	1999	111.7	111.6	111.4	108.4	109.8	113.2	113.1	112.9	109.8	111.2
	2000	112.2	112.3	111.8	108.4	110.8	111.3	111.4	110.9	107.5	109.9
	2001	116.1	116.0	117.0	109.8	110.7	115.3	115.2	116.2	109.0	109.9
	2002	114.2	114.3	115.0	111.5	108.4	115.4	115.5	116.2	112.6	109.5
	2003	112.9	113.0	113.0	113.0	110.1	111.9	112.0	112.0	112.0	109.1
	2004	114.0	114.1	114.5	112.7	111.3	110.3	110.5	110.9	109.1	107.7
	2005	114.3	114.6	115.4	114.9	111.2	112.5	112.8	113.6	113.1	109.4
	2006	114.6	114.4	114.4	115.1	114.4	112.9	112.7	112.7	113.4	112.7
	2007	118.5	118.7	120.2	120.0	115.6	113.4	113.6	115.0	114.8	110.6
	2008	116.9	117.2	116.0	117.2	117.6	110.7	111.0	109.8	111.0	111.4
	2009	111.6	112.0	112.7	113.8	109.8	112.6	113.0	113.7	114.8	110.8
	2010	113.3	113.5	112.4	116.5	114.2	109.8	110.0	108.9	112.9	110.7
	2011	114.4	114.3	113.4	119.9	115.4	108.6	108.5	107.7	113.9	109.6
	2012	111.9	112.1	111.2	117.3	112.2	109.0	109.2	108.3	114.2	109.3
北 京	Beijing	112.3	112.5	111.5	118.4	112.3	108.8	109.0	108.0	114.7	108.8
天 津	Tianjin	110.5	110.2	106.4	115.0	113.0	107.6	107.3	103.6	111.9	110.0
河 北	Hebei	109.5	109.9	109.2	115.4	109.1	106.7	107.0	106.4	112.4	106.3
山 西	Shanxi	112.8	112.6	111.9	121.2	109.9	110.1	109.9	109.2	118.3	107.3
内蒙古	Inner Mongolia	113.2	113.4	112.5	121.3	114.5	109.6	109.8	108.9	117.4	110.9
辽 宁	Liaoning	109.7	109.8	108.2	118.2	110.7	106.6	106.7	105.1	114.8	107.5
吉 林	Jilin	114.3	114.3	114.9	116.8	113.0	111.5	111.5	112.1	113.9	110.2
黑龙江	Heilongjiang	116.3	115.2	116.2	116.4	116.6	112.6	111.5	112.5	112.7	112.9
上 海	Shanghai	104.1	104.1	107.4	102.7	103.6	101.2	101.2	104.4	99.9	100.7
江 苏	Jiangsu	111.3	111.5	110.3	117.4	112.1	108.5	108.7	107.5	114.5	109.3
浙 江	Zhejiang	111.1	111.0	108.4	114.0	114.0	108.8	108.7	106.1	111.6	111.6
安 徽	Anhui	113.3	113.4	114.1	117.6	111.8	110.9	111.0	111.7	115.1	109.4
福 建	Fujian	115.4	115.4	115.7	114.3	115.8	112.7	112.7	113.0	111.6	113.1
江 西	Jiangxi	115.9	116.3	110.7	120.6	123.4	112.9	113.3	107.8	117.5	120.2
山 东	Shandong	111.4	112.1	110.2	114.5	112.9	109.1	109.7	107.9	112.1	110.5
河 南	Henan	111.0	111.0	111.2	114.3	110.5	108.2	108.2	108.4	111.4	107.7
湖 北	Hubei	110.3	110.1	107.4	123.2	113.4	107.2	107.1	104.4	119.8	110.3
湖 南	Hunan	112.7	112.7	113.4	113.8	111.7	110.3	110.3	111.0	111.4	109.3
广 东	Guangdong	111.6	112.0	110.1	121.0	112.4	108.6	109.0	107.1	117.7	109.3
广 西	Guangxi	110.2	110.4	108.1	130.3	111.5	106.8	107.0	104.7	126.3	108.0
海 南	Hainan	108.9	109.1	107.1	127.6	111.1	105.5	105.7	103.8	123.6	107.6
重 庆	Chongqing	112.9	113.4	115.8	107.2	111.5	110.1	110.5	112.9	104.5	108.7
四 川	Sichuan	113.4	113.7	113.5	117.9	113.2	110.3	110.6	110.4	114.7	110.1
贵 州	Guizhou	114.0	114.5	117.0	125.9	108.7	111.0	111.5	114.0	122.6	105.9
云 南	Yunnan	110.7	111.1	112.2	115.9	112.6	107.5	107.9	108.9	112.5	109.3
西 藏	Tibet	104.5	104.5	102.9	171.2	140.5	100.9	100.9	99.3	165.2	135.6
陕 西	Shaanxi	112.9	113.5	112.8	121.5	112.7	110.0	110.6	109.9	118.4	109.8
甘 肃	Gansu	117.4	117.5	118.6	117.1	113.2	114.6	114.7	115.7	114.3	110.5
青 海	Qinghai	112.4	110.2	108.1	123.6	122.4	109.1	107.0	104.9	120.0	118.8
宁 夏	Ningxia	111.1	109.8	113.7	119.3	106.6	108.8	107.5	111.3	116.8	104.3
新 疆	Xinjiang	116.6	116.5	117.0	119.3	115.2	112.8	112.7	113.2	115.4	111.4

4-12 按登记注册类型分城镇单位就业人员平均工资
Average Wage of Employed Persons in Urban Units by Status of Registration

单位：元 (yuan)

年份 Year 地区 Region	合计 Total	国有单位 State-owned Units	城镇集体单位 Urban Collective-owned Units	股份合作单位 Cooperative Units	联营单位 Joint Ownership Units	有限责任公司 Limited Liability Corporations	股份有限公司 Shareholding Corporations Ltd.	其他内资 Others	港、澳、台商投资单位 Units with Funds from Hong Kong, Macao & Taiwan	外商投资单位 Foreign Funded Units
1995	5348	5553	3934	7260	6074			6483	7711	8812
1996	5980	6207	4312	7620	6879			7025	8557	10084
1997	6444	6679	4516	7712	7370			7183	9553	11216
1998	7446	7579	5314	6051	8431	7762	8829	6183	10330	12927
1999	8319	8443	5758	6709	9494	8658	9734	8571	11349	14353
2000	9333	9441	6241	7479	10608	9750	11105	9888	12210	15692
2001	10834	11045	6851	8446	11882	11024	12333	11888	12959	17553
2002	12373	12701	7636	9498	12438	11994	13815	10444	14197	19409
2003	13969	14358	8627	10558	13556	13358	15738	10670	15155	21016
2004	15920	16445	9723	11710	15218	15103	18136	10211	16237	22250
2005	18200	18978	11176	13808	17476	17010	20272	11230	17833	23625
2006	20856	21706	12866	15190	19883	19366	24383	13262	19678	26552
2007	24721	26100	15444	17613	23746	22343	28587	16280	22593	29594
2008	28898	30287	18103	21497	27576	26198	34026	19591	26083	34250
2009	32244	34130	20607	25020	29474	28692	38417	21633	28090	37101
2010	36539	38359	24010	30271	33939	32799	44118	25253	31983	41739
2011	41799	43483	28791	36740	36142	37611	49978	29961	38341	48869
2012	46769	48357	33784	43433	42083	41860	56254	34694	44103	55888
北京 Beijing	84742	87299	38552	34146	63030	67006	109537	44253	96608	118777
天津 Tianjin	61514	68231	40494	52995	39725	57532	74772	42210	58977	58900
河北 Hebei	38658	39177	28597	47555	34556	37630	40865	29259	39093	40319
山西 Shanxi	44236	40881	32780	34028	38621	53773	47696	34881	31717	33521
内蒙古 Inner Mongolia	46557	49278	45344	41841	31514	40603	43830	28391	43316	51050
辽宁 Liaoning	41858	43177	28183	31354	30375	38795	53504	30517	40049	45859
吉林 Jilin	38407	39335	29506	31527	28190	32097	44029	26391	32411	55199
黑龙江 Heilongjiang	36406	36814	28762	37312	37963	32763	45415	27948	35415	37395
上海 Shanghai	78673	89739	52786	99720	58751	59409	101202	55267	60427	83960
江苏 Jiangsu	50639	61221	42368	39098	36399	43882	57852	36942	39973	47276
浙江 Zhejiang	50197	73494	46789	63149	80317	39321	56662	43504	43969	44677
安徽 Anhui	44601	44818	34741	43780	35004	45271	48685	36905	40809	41435
福建 Fujian	44525	54211	38576	42404	43227	40315	53945	42749	37211	42642
江西 Jiangxi	38512	39422	29429	32766	31178	38734	44491	36060	30670	38758
山东 Shandong	41904	47894	34001	38703	40217	36643	43961	34461	38019	38490
河南 Henan	37338	39344	27682	36536	33885	36386	38581	31329	36814	36053
湖北 Hubei	39846	41979	32683	37653	35804	36549	38671	34922	38255	48103
湖南 Hunan	38971	40397	29663	38192	33551	37014	45683	33879	33453	38053
广东 Guangdong	50278	59423	30947	39230	48046	45754	70491	45571	39100	50154
广西 Guangxi	36386	37706	28819	40409	33336	34623	35379	30312	32648	44542
海南 Hainan	39485	40225	31715	29894	25849	35646	58076	28324	34795	41149
重庆 Chongqing	44498	50523	30087	49039	32586	38129	54533	36390	43737	44741
四川 Sichuan	42339	47721	33409	39673	35204	34063	42556	34334	27183	37646
贵州 Guizhou	41156	43702	38882	58738	29217	33332	45662	26507	36150	35073
云南 Yunnan	37629	43415	37211	32692	30025	31617	44867	26951	33206	38269
西藏 Tibet	51705	52219	25966		23989	58256	44573	5568		49635
陕西 Shaanxi	43073	45526	32399	36807	49138	36845	42141	29028	36946	50040
甘肃 Gansu	37679	38401	32580	27362	29099	35071	42014	23481	28177	45857
青海 Qinghai	46483	50729	29341	30519	27719	35989	44240	26302	45006	38559
宁夏 Ningxia	47436	46880	44330	43782	33361	50718	42888	29152	34851	42590
新疆 Xinjiang	44576	42479	46452	97235	43893	42724	65822	29406	47576	40271

4-13 按行业分城镇单位就业人员工资总额
Total Wage Bill of Employed Persons in Urban Units by Sector

单位: 亿元 (100 million yuan)

年份 地区	Year Region	合计 Total	农、林、牧、渔业 Agriculture, Forestry, Animal Husbandry and Fishery	采矿业 Mining	制造业 Manufacturing	电力、热力、燃气及水生产和供应业 Production and Supply of Electricity, Heat, Gas and Water	建筑业 Construction	批发和零售业 Wholesale and Retail Trades
	2003	15329.6	335.8	662.9	3772.7	552.0	965.9	696.3
	2004	17615.0	351.2	831.8	4316.4	646.8	1081.3	770.5
	2005	20627.1	368.7	1031.2	5056.6	741.8	1324.7	832.0
	2006	24262.3	403.3	1259.6	6035.8	858.0	1612.1	920.0
	2007	29471.5	464.6	1500.5	7241.2	1012.7	1946.2	1061.8
	2008	35289.5	516.4	1847.3	8498.9	1180.4	2313.6	1323.9
	2009	40288.2	537.4	2089.1	9302.2	1283.5	2837.9	1509.2
	2010	47269.9	627.1	2458.8	11140.8	1468.3	3471.5	1783.0
	2011	59954.7	697.7	3174.2	15031.4	1755.7	5596.4	2594.8
	2012	70914.2	760.8	3600.7	17668.1	1999.6	7392.7	3271.3
北京	Beijing	6012.4	10.2	54.4	695.2	81.6	258.2	540.6
天津	Tianjin	1778.1	2.9	53.8	687.4	40.4	133.3	89.8
河北	Hebei	2398.3	7.6	179.8	535.2	123.5	262.8	73.4
山西	Shanxi	1922.7	7.1	632.8	242.5	63.0	153.6	57.3
内蒙古	Inner Mongolia	1304.7	66.8	128.8	179.0	70.1	90.0	29.9
辽宁	Liaoning	2550.5	30.4	175.5	668.8	84.7	248.0	75.0
吉林	Jilin	1107.3	33.2	67.4	260.3	36.7	65.4	30.2
黑龙江	Heilongjiang	1732.6	186.8	204.3	235.3	73.1	144.2	52.7
上海	Shanghai	4404.5	6.5	0.6	1435.1	66.2	254.5	543.3
江苏	Jiangsu	4205.9	22.9	66.4	1555.3	103.9	252.1	135.4
浙江	Zhejiang	5313.1	3.4	6.3	1521.3	113.9	1049.6	196.5
安徽	Anhui	1926.0	12.3	244.5	384.2	55.0	268.7	55.0
福建	Fujian	2792.6	11.7	19.3	1129.2	63.5	490.2	105.6
江西	Jiangxi	1335.0	23.7	40.0	273.5	49.1	208.2	53.7
山东	Shandong	4628.2	8.7	454.8	1448.1	110.0	466.2	159.1
河南	Henan	3210.0	13.9	348.7	693.1	100.2	384.5	131.9
湖北	Hubei	2358.5	22.4	49.7	629.3	90.7	354.0	93.9
湖南	Hunan	2187.1	5.0	55.0	512.4	67.8	295.5	65.8
广东	Guangdong	6561.1	14.8	19.6	2306.8	146.9	378.2	305.3
广西	Guangxi	1280.5	19.5	18.6	235.6	46.1	143.2	42.1
海南	Hainan	353.7	24.3	3.9	33.3	10.3	21.0	18.5
重庆	Chongqing	1533.6	4.3	43.8	322.8	47.2	290.7	77.3
四川	Sichuan	2699.8	12.9	126.3	533.3	89.2	352.6	70.0
贵州	Guizhou	1093.1	5.0	76.7	170.8	49.7	123.5	54.8
云南	Yunnan	1454.0	19.5	85.0	256.8	51.1	177.0	81.5
西藏	Tibet	128.5	0.8	0.9	2.5	4.0	1.2	2.3
陕西	Shaanxi	1805.6	11.8	174.8	341.3	51.7	155.5	58.6
甘肃	Gansu	810.8	13.8	57.9	141.6	29.5	80.1	16.3
青海	Qinghai	288.0	4.6	14.3	49.7	11.7	30.3	8.0
宁夏	Ningxia	349.8	7.0	51.8	43.3	28.5	41.3	10.8
新疆	Xinjiang	1388.1	146.9	145.1	145.1	40.4	197.1	36.9

4-13 续表 1 continued

单位: 亿元 (100 million yuan)

年 份 Year 地 区 Region	交通运输、仓储和邮政业 Transport, Storage and Post	住宿和餐饮业 Hotels and Catering Services	信息传输、软件和信息技术服务业 Information Transmission, Software and Information Technology	金融业 Financial Intermediation	房地产业 Real Estate	租赁和商务服务业 Leasing and Business Services
2003	1008.0	190.9	356.0	734.4	202.7	305.2
2004	1144.7	221.2	404.3	866.7	243.3	351.4
2005	1279.5	249.8	491.8	1047.7	293.0	449.8
2006	1471.5	280.0	587.4	1292.9	338.4	565.6
2007	1727.9	314.6	699.1	1670.3	426.2	668.9
2008	2006.3	371.2	862.8	2202.9	520.8	893.7
2009	2234.9	418.9	996.2	2658.8	607.8	1021.4
2010	2541.9	484.6	1171.7	3219.0	745.6	1198.5
2011	3074.1	655.2	1475.6	4007.0	1052.5	1325.3
2012	3531.5	824.4	1769.4	4669.0	1271.3	1531.2
北 京 Beijing	378.7	133.1	669.7	674.6	235.8	552.4
天 津 Tianjin	104.6	21.6	27.6	80.2	35.6	28.7
河 北 Hebei	110.7	17.4	32.9	146.9	23.9	13.9
山 西 Shanxi	110.5	19.9	20.3	96.5	7.6	14.3
内蒙古 Inner Mongolia	89.3	8.9	20.1	68.8	7.3	13.1
辽 宁 Liaoning	167.3	22.0	58.7	155.7	45.7	30.6
吉 林 Jilin	71.1	7.7	21.3	64.7	17.3	17.3
黑龙江 Heilongjiang	113.7	13.9	30.7	87.8	18.4	18.1
上 海 Shanghai	275.2	83.0	109.2	517.9	108.5	142.1
江 苏 Jiangsu	149.7	36.7	84.9	261.8	43.3	48.0
浙 江 Zhejiang	168.1	53.7	134.8	411.6	90.0	135.3
安 徽 Anhui	70.1	10.6	22.0	98.6	27.2	12.9
福 建 Fujian	94.4	28.8	35.7	136.6	50.5	22.6
江 西 Jiangxi	66.4	9.6	19.1	56.5	16.9	11.0
山 东 Shandong	184.6	44.5	54.8	233.8	61.0	44.9
河 南 Henan	132.8	27.7	28.1	132.7	48.0	34.9
湖 北 Hubei	119.7	23.4	24.7	100.4	40.2	20.6
湖 南 Hunan	106.6	24.2	33.3	134.4	37.0	27.7
广 东 Guangdong	356.1	100.0	148.4	478.2	170.2	187.8
广 西 Guangxi	79.0	11.9	20.0	80.1	17.0	24.8
海 南 Hainan	23.3	17.1	6.7	19.1	16.3	5.6
重 庆 Chongqing	74.3	19.8	27.7	111.7	35.2	20.1
四 川 Sichuan	124.3	22.3	33.4	158.3	27.5	24.7
贵 州 Guizhou	42.5	9.7	12.9	58.9	17.6	8.8
云 南 Yunnan	67.5	19.7	20.4	87.1	23.9	20.6
西 藏 Tibet	3.3	1.1	1.1	9.5	0.1	1.1
陕 西 Shaanxi	86.0	19.0	41.7	87.4	23.9	15.9
甘 肃 Gansu	47.1	4.4	6.7	31.6	5.9	4.8
青 海 Qinghai	19.7	1.9	4.8	12.7	2.4	4.8
宁 夏 Ningxia	17.8	1.8	3.8	20.2	5.0	5.5
新 疆 Xinjiang	76.8	9.2	14.2	54.8	12.0	18.5

4-13 续表 2 continued

单位: 亿元 (100 million yuan)

年 份 地 区	Year Region	科学研究和技术服务业 Scientific Research and Technical Services	水利、环境和公共设施管理业 Management of Water Conservancy, Environment and Public Facilities	居民服务、修理和其他服务业 Services to Households, Repair and Other Services	教 育 Education	卫生和社会工作 Health and Social Service	文化、体育和娱乐业 Culture, Sports and Entertainment	公共管理、社会保障和社会组织 Public Management, Social Security and Social Organization
	2003	454.4	202.6	66.4	2035.9	782.1	217.9	1787.6
	2004	514.6	226.1	71.8	2346.2	902.3	251.5	2072.7
	2005	614.0	257.3	85.1	2690.8	1047.8	275.8	2489.6
	2006	736.9	289.8	102.5	3127.8	1226.1	314.9	2839.7
	2007	923.9	352.2	115.8	3917.2	1496.6	378.1	3553.8
	2008	1154.6	413.8	132.1	4556.1	1789.3	429.3	4276.0
	2009	1350.6	474.3	146.8	5338.6	2095.3	488.5	4896.8
	2010	1619.3	555.9	168.4	6136.5	2506.4	543.7	5428.8
	2011	1879.6	659.8	197.9	6938.8	3078.6	642.1	6118.1
	2012	2259.4	784.6	217.1	7851.0	3718.5	735.4	7058.3
北 京	Beijing	566.1	49.7	33.8	366.8	219.0	179.2	313.4
天 津	Tianjin	84.5	20.9	26.9	122.6	69.2	12.4	113.4
河 北	Hebei	69.7	29.3	9.0	346.0	119.3	17.5	279.3
山 西	Shanxi	25.2	15.9	1.5	190.9	55.0	14.8	194.2
内蒙古	Inner Mongolia	23.5	29.7	2.4	195.3	65.3	16.4	200.2
辽 宁	Liaoning	86.3	43.2	9.1	276.3	134.4	21.9	216.9
吉 林	Jilin	38.0	17.9	2.8	152.1	66.6	12.4	124.8
黑龙江	Heilongjiang	66.2	24.3	19.0	185.9	82.6	15.3	160.2
上 海	Shanghai	158.4	32.7	14.4	242.9	181.4	43.7	189.1
江 苏	Jiangsu	96.8	53.2	5.8	529.8	249.6	35.5	474.8
浙 江	Zhejiang	115.8	52.7	8.5	459.8	285.7	44.9	461.2
安 徽	Anhui	42.1	23.8	2.1	265.9	109.0	13.9	207.8
福 建	Fujian	35.9	17.7	4.6	243.9	101.2	17.1	184.1
江 西	Jiangxi	21.3	16.4	1.6	182.9	80.9	16.7	187.6
山 东	Shandong	65.4	39.1	17.9	503.0	232.5	33.2	466.5
河 南	Henan	59.8	39.4	4.6	465.7	175.8	25.7	362.7
湖 北	Hubei	68.2	27.6	4.4	280.8	143.8	23.6	241.4
湖 南	Hunan	42.5	23.6	5.3	276.9	171.2	21.5	281.4
广 东	Guangdong	177.8	59.2	21.4	632.8	363.9	52.3	641.4
广 西	Guangxi	37.3	21.2	2.1	208.1	109.2	11.8	152.9
海 南	Hainan	7.2	6.7	0.6	61.5	24.0	3.9	50.6
重 庆	Chongqing	40.2	13.6	2.9	178.3	79.2	12.3	132.1
四 川	Sichuan	107.8	30.2	3.6	394.8	206.3	19.5	362.7
贵 州	Guizhou	21.0	11.3	2.7	184.6	62.8	5.9	173.9
云 南	Yunnan	33.7	15.2	2.1	218.2	79.1	12.1	183.7
西 藏	Tibet	5.3	0.6		24.3	7.5	3.4	59.5
陕 西	Shaanxi	86.4	27.6	4.0	272.0	100.7	19.4	227.9
甘 肃	Gansu	23.3	14.6	1.0	143.9	41.1	9.1	138.2
青 海	Qinghai	17.2	3.4	1.3	38.8	15.5	3.5	43.5
宁 夏	Ningxia	5.9	6.7	0.2	38.5	17.4	3.4	41.1
新 疆	Xinjiang	30.5	17.1	1.6	167.7	69.2	13.2	191.8

4-14 按登记注册类型和行业分城镇单位就业人员平均工资（2012年）
Average Wage of Employed Persons in Urban Units by Status of Registration and Sector in Detail (2012)

单位：元 (yuan)

项　目	Item	合　计 Total	国有单位 State-owned Units	城镇集体单位 Urban Collective-owned Units	其他单位 Units of Other Types of Ownership
全国总计	**National Total**	**46769**	**48357**	**33784**	**46360**
农、林、牧、渔业	Agriculture, Forestry, Animal Husbandry and Fishery	22687	22484	22592	27612
采矿业	Mining	56946	58534	35953	57001
制造业	Manufacturing	41650	47367	29538	41453
电力、热力、燃气及水生产和供应业	Production and Supply of Electricity, Heat, Gas and Water	58202	58589	39587	58293
建筑业	Construction	36483	40116	29607	36476
批发和零售业	Wholesale and Retail Trades	46340	47377	23096	47882
交通运输、仓储和邮政业	Transport, Storage and Post	53391	54342	28474	53592
住宿和餐饮业	Hotels and Catering Services	31267	33376	27535	30827
信息传输、软件和信息技术服务业	Information Transmission, Software and Information Technology	80510	57056	38770	90839
金融业	Financial Intermediation	89743	82040	61756	97706
房地产业	Real Estate	46764	43464	34365	47983
租赁和商务服务业	Leasing and Business Services	53162	44875	29583	65637
科学研究和技术服务业	Scientific Research and Technical Services	69254	64206	46890	83362
水利、环境和公共设施管理业	Management of Water Conservancy, Environment	32343	32152	24432	37466
居民服务、修理和其他服务业	Services to Households, Repair and Other Services	35135	37642	27415	33992
教育	Education	47734	47995	41061	43473
卫生和社会工作	Health and Social Service	52564	53653	43265	45020
文化、体育和娱乐业	Culture, Sports and Entertainment	53558	54398	33433	51217
公共管理、社会保障和社会组织	Public Management, Social Security and Social Organization	46074	46207	41285	28113

4-15 按行业分城镇单位就业人员平均工资
Average Wage of Employed Persons in Urban Units by Sector

单位: 元 (yuan)

年份 地区	Year Region	合计 Total	农、林、牧、渔业 Agriculture, Forestry, Animal Husbandry and Fishery	采矿业 Mining	制造业 Manufacturing	电力、热力、燃气及水生产和供应业 Production and Supply of Electricity, Heat, Gas and Water	建筑业 Construction	批发和零售业 Wholesale and Retail Trades
	2003	13969	6884	13627	12671	18574	11328	10894
	2004	15920	7497	16774	14251	21543	12578	13012
	2005	18200	8207	20449	15934	24750	14112	15256
	2006	20856	9269	24125	18225	28424	16164	17796
	2007	24721	10847	28185	21144	33470	18482	21074
	2008	28898	12560	34233	24404	38515	21223	25818
	2009	32244	14356	38038	26810	41869	24161	29139
	2010	36539	16717	44196	30916	47309	27529	33635
	2011	41799	19469	52230	36665	52723	32103	40654
	2012	46769	22687	56946	41650	58202	36483	46340
北京	Beijing	84742	39334	78381	64235	91768	61579	78945
天津	Tianjin	61514	52939	77244	56786	93283	49156	51282
河北	Hebei	38658	13669	62061	36613	58708	31241	28151
山西	Shanxi	44236	25293	71541	34941	57327	36538	30325
内蒙古	Inner Mongolia	46557	26573	59315	41503	59148	33070	37396
辽宁	Liaoning	41858	12050	54082	39507	51600	34379	35462
吉林	Jilin	38407	21126	40363	40216	41850	31185	31326
黑龙江	Heilongjiang	36406	20830	49530	36787	46604	32089	33028
上海	Shanghai	78673	50484	103785	65032	113596	51894	91658
江苏	Jiangsu	50639	26300	50963	42641	80246	37619	40887
浙江	Zhejiang	50197	41718	45015	40464	85668	36901	50256
安徽	Anhui	44601	22845	70568	42393	55599	39920	34988
福建	Fujian	44525	24516	36341	38725	66938	42743	44404
江西	Jiangxi	38512	20580	39041	39023	46839	34105	32595
山东	Shandong	41904	31290	57906	36833	52617	33667	32868
河南	Henan	37338	24226	55425	33803	44667	31682	31177
湖北	Hubei	39846	23039	41417	39394	49626	37668	31447
湖南	Hunan	38971	20624	36492	39788	43086	32676	35622
广东	Guangdong	50278	20315	56370	41712	72974	36540	48345
广西	Guangxi	36386	19511	34933	33317	46784	36449	32923
海南	Hainan	39485	20436	39582	34682	48513	36529	35386
重庆	Chongqing	44498	34254	41848	40448	63028	35581	39568
四川	Sichuan	42339	31430	46812	36243	50484	31939	38334
贵州	Guizhou	41156	30850	43113	36187	59344	36560	40325
云南	Yunnan	37629	21232	38526	36574	53087	28354	34154
西藏	Tibet	51705	13522	40673	37313	50825	22882	43136
陕西	Shaanxi	43073	32557	57556	37833	54069	34033	33043
甘肃	Gansu	37679	24971	59549	41815	41118	33312	27122
青海	Qinghai	46483	29087	54731	42633	59026	38019	35273
宁夏	Ningxia	47436	28643	77581	39543	70533	38330	39124
新疆	Xinjiang	44576	26323	76486	47371	53796	41232	45733

4-15 续表 1 continued

单位: 元 (yuan)

年 份 地 区	Year Region	交通运输、仓储和邮政业 Transport, Storage and Post	住宿和餐饮业 Hotels and Catering Services	信息传输、软件和信息技术服务业 Information Transmission, Software and Information Technology	金融业 Financial Intermediation	房地产业 Real Estate	租赁和商务服务业 Leasing and Business Services
	2003	15753	11198	30897	20780	17085	17020
	2004	18071	12618	33449	24299	18467	18723
	2005	20911	13876	38799	29229	20253	21233
	2006	24111	15236	43435	35495	22238	24510
	2007	27903	17046	47700	44011	26085	27807
	2008	32041	19321	54906	53897	30118	32915
	2009	35315	20860	58154	60398	32242	35494
	2010	40466	23382	64436	70146	35870	39566
	2011	47078	27486	70918	81109	42837	46976
	2012	53391	31267	80510	89743	46764	53162
北 京	Beijing	65986	42016	130154	184612	64295	92736
天 津	Tianjin	75420	32183	87458	104335	65766	52667
河 北	Hebei	45696	25645	50628	60304	35670	26686
山 西	Shanxi	49792	29378	38562	62678	29753	26892
内蒙古	Inner Mongolia	53487	30529	45675	63880	39512	41541
辽 宁	Liaoning	51268	30494	66914	69453	36022	30353
吉 林	Jilin	45290	25042	44257	59995	33489	36187
黑龙江	Heilongjiang	44616	30504	50042	55849	31379	36599
上 海	Shanghai	71062	40916	127888	174682	69810	82287
江 苏	Jiangsu	49167	30586	80340	92156	53489	38421
浙 江	Zhejiang	57737	32827	96741	117291	52212	47391
安 徽	Anhui	42787	26406	47492	59416	39354	36804
福 建	Fujian	52750	30883	67917	94708	50397	38431
江 西	Jiangxi	51912	22926	44438	53798	38431	37231
山 东	Shandong	50097	29528	60459	72345	38545	39480
河 南	Henan	43478	27252	44518	57364	36852	30992
湖 北	Hubei	49591	25661	44182	62301	41227	33454
湖 南	Hunan	45477	25783	47314	65336	37834	33093
广 东	Guangdong	58895	31378	80595	101308	49644	51342
广 西	Guangxi	43413	24712	45815	69852	31776	27949
海 南	Hainan	51948	27559	67537	69316	38460	28064
重 庆	Chongqing	48702	27936	70598	87720	46012	33512
四 川	Sichuan	53841	28397	56506	69846	41813	47518
贵 州	Guizhou	47049	25372	53384	81630	33617	30121
云 南	Yunnan	50069	23297	48332	88699	33562	33950
西 藏	Tibet	55689	33737	36877	119165	46446	54083
陕 西	Shaanxi	45982	25006	56137	57997	35213	35737
甘 肃	Gansu	43603	22865	33062	44437	31397	28884
青 海	Qinghai	57690	27613	54819	59574	33489	59427
宁 夏	Ningxia	50730	28149	59420	68814	42469	31927
新 疆	Xinjiang	62427	32468	54862	69445	36266	35016

4-15 续表 2 continued

单位：元 (yuan)

年份 地区	Year Region	科学研究和技术服务业 Scientific Research and Technical Services	水利、环境和公共设施管理业 Management of Water Conservancy, Environment and Public Facilities	居民服务、修理和其他服务业 Services to Households, Repair and Other Services	教育 Education	卫生和社会工作 Health and Social Service	文化、体育和娱乐业 Culture, Sports and Entertainment	公共管理、社会保障和社会组织 Public Management, Social Security and Social Organization
	2003	20442	11774	12665	14189	16185	17098	15355
	2004	23351	12884	13680	16085	18386	20522	17372
	2005	27155	14322	15747	18259	20808	22670	20234
	2006	31644	15630	18030	20918	23590	25847	22546
	2007	38432	18383	20370	25908	27892	30430	27731
	2008	45512	21103	22858	29831	32185	34158	32296
	2009	50143	23159	25172	34543	35662	37755	35326
	2010	56376	25544	28206	38968	40232	41428	38242
	2011	64252	28868	33169	43194	46206	47878	42062
	2012	69254	32343	35135	47734	52564	53558	46074
北京	Beijing	106604	52647	38838	83566	97480	105785	70280
天津	Tianjin	102653	56593	25518	75395	79513	64602	73850
河北	Hebei	58892	27314	41946	38701	37427	33453	33498
山西	Shanxi	42554	21259	22565	38425	32386	33307	32672
内蒙古	Inner Mongolia	48062	36403	32844	56242	51009	49701	51547
辽宁	Liaoning	55447	27866	32718	47968	44874	43515	41363
吉林	Jilin	49835	21804	31513	40918	41304	34017	36945
黑龙江	Heilongjiang	57107	23666	42918	39994	39712	36117	36472
上海	Shanghai	129633	52200	43525	85662	103905	83701	90622
江苏	Jiangsu	76548	40233	45981	59912	61735	58582	70908
浙江	Zhejiang	67761	41192	42613	70174	78385	66915	73676
安徽	Anhui	51618	29700	35602	42258	44178	39138	43086
福建	Fujian	55947	35842	34320	52282	57525	47017	53850
江西	Jiangxi	39356	28339	27611	41596	38962	43512	39622
山东	Shandong	53319	31602	45588	46176	47768	48702	42914
河南	Henan	45988	29856	29170	39582	38814	35925	33696
湖北	Hubei	51212	28085	30299	39270	42295	37397	39503
湖南	Hunan	45204	24673	35554	38596	50067	43448	35015
广东	Guangdong	85565	41107	36844	53743	65942	56081	62700
广西	Guangxi	40093	24268	28566	34339	42778	36314	35777
海南	Hainan	41682	26254	25199	50258	50136	35410	47110
重庆	Chongqing	71712	30555	31991	48581	60072	46882	46751
四川	Sichuan	67113	28701	32815	44443	53451	43665	44117
贵州	Guizhou	39087	27779	28224	42432	44289	35937	40549
云南	Yunnan	43722	26788	26146	39983	41801	35997	37580
西藏	Tibet	50876	27455	25586	55537	46879	57178	51823
陕西	Shaanxi	60394	30802	26762	47596	46380	38995	42698
甘肃	Gansu	41814	28195	24604	37631	35730	35478	34481
青海	Qinghai	60957	33091	38722	51359	43126	45084	47443
宁夏	Ningxia	49144	34281	37162	45954	43986	47805	44337
新疆	Xinjiang	50555	32060	27376	47187	44864	45049	45071

4-16 分地区按行业分城镇私营单位就业人员平均工资(2012年)
Average Wage of Employed Persons in Urban Private Units by Sector and Region (2012)

单位：元 (yuan)

地 区	Region	合 计 Total	农、林、牧、渔业 Agriculture, Forestry, Animal Husbandry and Fishery	采矿业 Mining	制造业 Manufacturing	电力、热力、燃气及水生产和供应业 Production and Supply of Electricity, Heat, Gas and Water	建筑业 Construction	批发和零售业 Wholesale and Retail Trades
全 国	**National Average**	**28752**	**21973**	**29684**	**28215**	**25478**	**30911**	**27233**
北 京	Beijing	42882	27381	37949	38498	39565	38143	37981
天 津	Tianjin	35309	35218	36063	35721	28620	36283	33793
河 北	Hebei	25158	22213	25338	25677	24391	26586	23034
山 西	Shanxi	23452	17600	30641	23173	25722	26741	21380
内蒙古	Inner Mongolia	29761	27286	37107	30836	31645	28733	26900
辽 宁	Liaoning	26369	20952	25945	26041	24884	29134	24841
吉 林	Jilin	21970	18039	26032	20431	18677	23515	22510
黑龙江	Heilongjiang	21753	16960	25327	22133	20606	24127	19201
上 海	Shanghai	28898	20357		27226	29707	29377	24952
江 苏	Jiangsu	32069	26974	27955	32020	30331	32435	31261
浙 江	Zhejiang	32117	25843	29919	29819	27377	36473	30828
安 徽	Anhui	27601	24076	29563	28085	26107	33100	23489
福 建	Fujian	31104	27207	32418	30476	24573	32952	29467
江 西	Jiangxi	23506	19218	25232	23488	27635	26219	19428
山 东	Shandong	29206	27206	30959	29390	33262	29567	27740
河 南	Henan	21255	17071	22361	20844	21024	24054	19339
湖 北	Hubei	23037	16140	24971	22640	23430	23870	20739
湖 南	Hunan	24396	19898	31685	23981	24818	28694	20023
广 东	Guangdong	31920	22948	27276	31670	19181	30928	33511
广 西	Guangxi	25086	19501	25997	25332	26489	26524	26279
海 南	Hainan	24446	16988	28525	24367	18648	28931	23730
重 庆	Chongqing	31035	25085	34615	30214	32177	31310	30120
四 川	Sichuan	25912	22843	31302	25324	27148	26390	24242
贵 州	Guizhou	25962	15413	34425	22300	38523	23071	19673
云 南	Yunnan	20950	17124	21086	17849	10058	25442	21358
西 藏	Tibet							
陕 西	Shaanxi	22753	19514	30298	22450	21277	23290	22306
甘 肃	Gansu	20922	15366	24488	19563	18746	22158	21971
青 海	Qinghai	23056	19468	23728	24265	22685	24321	21666
宁 夏	Ningxia	25734	18442	30835	27413	22627	27830	21092
新 疆	Xinjiang	29486	23683	40580	28876	28189	37844	24048

4-16 续表 1 continued

单位: 元 (yuan)

地 区	Region	交通运输、仓储和邮政业 Transport, Storage and Post	住宿和餐饮业 Hotels and Catering Services	信息传输、软件和信息技术服务业 Information Transmission, Software and Information Technology	金融业 Financial Intermediation	房地产业 Real Estate	租赁和商务服务业 Leasing and Business Services
全 国	**National Average**	**28159**	**23933**	**39518**	**32696**	**30778**	**31796**
北 京	Beijing	36321	32120	68161	61216	49156	47112
天 津	Tianjin	36772	27537	47917	34213	51706	33877
河 北	Hebei	28904	23100	25719	25611	25891	23894
山 西	Shanxi	18800	18909	20660	30753	29294	15226
内蒙古	Inner Mongolia	32525	25795	26911	31313	28478	27429
辽 宁	Liaoning	26680	23044	29164	27639	27829	27245
吉 林	Jilin	24017	20187	27738	29012	22136	23185
黑龙江	Heilongjiang	21883	24169	20160	25287	21659	17817
上 海	Shanghai	30793	27130	54206	36489	26576	34836
江 苏	Jiangsu	31778	28282	38178	34808	32984	33849
浙 江	Zhejiang	35254	26535	38008	49879	32880	33957
安 徽	Anhui	30112	22920	18914	22772	28043	22931
福 建	Fujian	33544	25701	37595	31149	32337	31025
江 西	Jiangxi	23624	19226	22032	27422	28539	23014
山 东	Shandong	29986	26700	32124	31242	31404	30525
河 南	Henan	19581	19352	19111	21652	22621	21498
湖 北	Hubei	19763	21107	44776	33975	30361	21929
湖 南	Hunan	22577	20042	29163	22832	24057	23141
广 东	Guangdong	33049	25233	58905	35722	33140	36607
广 西	Guangxi	24762	22250	20541	22470	27385	25998
海 南	Hainan	21325	18868	21353	22685	29734	26203
重 庆	Chongqing	29152	24310	34392	43965	39720	31591
四 川	Sichuan	26508	23652	29774	29824	27573	23638
贵 州	Guizhou	21203	18740	32767	48843	28345	17931
云 南	Yunnan	21553	18120	16276	25443	19163	20281
西 藏	Tibet						
陕 西	Shaanxi	23220	20264	26518	25580	27613	24531
甘 肃	Gansu	23037	18661	23540	16821	15803	22243
青 海	Qinghai	23028	21977	19872	20949	21236	23822
宁 夏	Ningxia	20839	19310	20880	23392	27830	20812
新 疆	Xinjiang	28966	23806	25610	28847	31252	23595

4-16 续表 2 continued

单位: 元 (yuan)

地 区	Region	科学研究和技术服务业 Scientific Research and Technical Services	水利、环境和公共设施管理业 Management of Water Conservancy, Environment and Public Facilities	居民服务、修理和其他服务业 Services to Households, Repair and Other Services	教育 Education	卫生和社会工作 Health and Social Service	文化、体育和娱乐业 Culture, Sports and Entertainment	公共管理、社会保障和社会组织 Public Management, Social Security and Social Organization
全 国	**National Average**	**36598**	**26402**	**24068**	**26625**	**29173**	**26177**	**10858**
北 京	Beijing	46245	49671	32248	42034	46936	35961	26988
天 津	Tianjin	36718	27581	23513	31826	33344	29614	29002
河 北	Hebei	28733	21438	21601	22185	25230	21939	26803
山 西	Shanxi	23954	20681	18731	17734	17952	18629	
内蒙古	Inner Mongolia	26257	26860	26291	26109	27969	28495	26143
辽 宁	Liaoning	25633	23026	23457	25565	24510	25503	20296
吉 林	Jilin	27630	19969	21610	23077	30105	20126	
黑龙江	Heilongjiang	28047	17068	15659	20862	21135	16878	15000
上 海	Shanghai	43638	25651	20532	35895	35336	26906	
江 苏	Jiangsu	37866	31329	30309	32264	33202	29752	
浙 江	Zhejiang	37042	28464	25546	32629	41195	29909	
安 徽	Anhui	35976	22857	19401	33398	25733	24269	22396
福 建	Fujian	37321	25445	27669	29732	33243	30545	19073
江 西	Jiangxi	26142	23439	19253	22516	26729	21529	
山 东	Shandong	32427	28470	28352	27557	28121	27681	26270
河 南	Henan	26399	20480	18705	21028	24293	19982	15342
湖 北	Hubei	27240	19402	20319	22516	24418	22016	18011
湖 南	Hunan	23251	23092	20722	27836	29732	20565	14179
广 东	Guangdong	48696	26524	28900	29118	39262	28311	
广 西	Guangxi	26386	20987	22174	21415	27247	20601	
海 南	Hainan	31582	30118	18295	19529	31616	19775	15600
重 庆	Chongqing	37319	26410	25508	30287	33498	31373	24777
四 川	Sichuan	27495	28175	22779	25687	27579	25821	
贵 州	Guizhou	26225	14028	17123	22876	24984	17100	17330
云 南	Yunnan	23568	20773	20332	18704	16435	11786	20226
西 藏	Tibet							
陕 西	Shaanxi	34187	20493	20881	25160	21051	23631	8884
甘 肃	Gansu	19670	17053	16549	25631	21298	17270	13622
青 海	Qinghai	26093	17024	20525	18369	21617	20627	
宁 夏	Ningxia	24422	28715	19353	23280	24749	18183	14470
新 疆	Xinjiang	30500	22446	21843	23493	26461	18168	

4-17 分地区城镇登记失业人员及失业率
Registered Unemployed Persons and Unemployment Rate in Urban Area by Region

地 区	Region	失业人员（万人） Unemployed Persons (10 000 persons)						失业率（%） Unemployment Rate (%)					
		1990	2005	2009	2010	2011	2012	1990	2005	2009	2010	2011	2012
北 京	Beijing	1.7	10.6	8.2	7.7	8.1	8.1	0.4	2.1	1.4	1.4	1.4	1.3
天 津	Tianjin	8.1	11.7	15.0	16.1	20.1	20.4	2.7	3.7	3.6	3.6	3.6	3.6
河 北	Hebei	7.7	27.8	34.5	35.1	36.0	36.8	1.1	3.9	3.9	3.9	3.8	3.7
山 西	Shanxi	5.5	14.3	21.6	20.4	21.1	21.0	1.2	3.0	3.9	3.6	3.5	3.3
内蒙古	Inner Mongolia	15.2	17.7	20.1	20.8	21.8	23.1	3.8	4.3	4.0	3.9	3.8	3.7
辽 宁	Liaoning	23.7	60.4	41.6	38.9	39.4	38.1	2.2	5.6	3.9	3.6	3.7	3.6
吉 林	Jilin	10.5	27.6	23.4	22.7	22.2	22.3	1.9	4.2	4.0	3.8	3.7	3.7
黑龙江	Heilongjiang	20.4	31.3	31.4	36.2	35.0	41.3	2.2	4.4	4.3	4.3	4.1	4.2
上 海	Shanghai	7.7	27.5	27.9	27.6	27.0	26.7	1.5		4.3	4.4	3.5	3.1
江 苏	Jiangsu	22.5	41.6	40.7	40.6	41.4	40.5	2.4	3.6	3.2	3.2	3.2	3.1
浙 江	Zhejiang	11.2	29.0	30.7	31.1	31.7	33.4	2.2	3.7	3.3	3.2	3.1	3.0
安 徽	Anhui	15.2	27.8	30.1	26.9	33.1	31.3	2.8	4.4	3.9	3.7	3.7	3.7
福 建	Fujian	9.0	14.9	15.2	14.5	14.6	14.5	2.6	4.0	3.9	3.8	3.7	3.6
江 西	Jiangxi	10.3	22.8	27.3	26.3	24.6	25.7	2.4	3.5	3.4	3.3	3.0	3.0
山 东	Shandong	26.2	42.9	45.1	44.5	45.1	43.4	3.2	3.3	3.4	3.4	3.4	3.3
河 南	Henan	25.1	33.0	38.5	38.2	38.4	38.3	3.3	3.5	3.5	3.4	3.4	3.1
湖 北	Hubei	12.7	52.6	55.3	55.7	55.1	42.3	1.7	4.3	4.2	4.2	4.1	3.8
湖 南	Hunan	15.9	41.9	47.8	43.2	43.1	44.1	2.7	4.3	4.1	4.2	4.2	4.2
广 东	Guangdong	19.2	34.5	39.5	39.3	38.8	39.6	2.2	2.6	2.6	2.5	2.5	2.5
广 西	Guangxi	13.9	18.5	19.1	19.1	18.8	18.9	3.9	4.2	3.7	3.7	3.5	3.4
海 南	Hainan	3.5	5.1	5.3	4.8	2.9	3.6	3.0	3.6	3.5	3.0	1.7	2.0
重 庆	Chongqing		16.9	13.4	13.0	13.0	12.4		4.1	4.0	3.9	3.5	3.3
四 川	Sichuan	38.0	34.3	36.3	34.6	36.9	40.7	3.7	4.6	4.3	4.1	4.2	4.0
贵 州	Guizhou	10.7	12.1	12.3	12.2	12.5	12.6	4.1	4.2	3.8	3.6	3.6	3.3
云 南	Yunnan	7.8	13.0	15.4	15.7	16.0	17.4	2.5	4.2	4.3	4.2	4.1	4.0
西 藏	Tibet			2.0	2.1	1.0	1.6			3.8	4.0	3.2	2.6
陕 西	Shaanxi	11.2	21.5	21.5	21.4	20.9	19.5	2.8	4.2	3.9	3.9	3.6	3.2
甘 肃	Gansu	12.5	9.3	10.3	10.7	10.8	9.8	4.9	3.3	3.3	3.2	3.1	2.7
青 海	Qinghai	4.2	3.6	4.1	4.2	4.4	4.1	5.6	3.9	3.8	3.8	3.8	3.4
宁 夏	Ningxia	4.0	4.4	4.8	4.8	5.2	4.6	5.4	4.5	4.4	4.4	4.2	4.2
新 疆	Xinjiang	9.6	11.1	11.9	11.0	11.1	11.8	3.0	3.9	3.8	3.2	3.2	3.4

主要统计指标解释

经济活动人口 指在16周岁及以上，有劳动能力，参加或要求参加社会经济活动的人口。包括就业人员和失业人员。

就业人员 指在16周岁及以上，从事一定社会劳动并取得劳动报酬或经营收入的人员。这一指标反映了一定时期内全部劳动力资源的实际利用情况，是研究我国基本国情国力的重要指标。

单位就业人员 指报告期末最后一日24时在本单位中工作，并取得工资或其他形式劳动报酬的人员数。该指标为时点指标，不包括最后一日当天及以前已经与单位解除劳动合同关系的人员，是在岗职工、劳务派遣人员及其他就业人员之和。就业人员不包括：

(1)离开本单位仍保留劳动关系，并定期领取生活费的人员；

(2)利用课余时间打工的学生及在本单位实习的各类在校学生；

(3)本单位因劳务外包而使用的人员。

城镇私营和个体就业人员 城镇私营就业人员指在工商管理部门注册登记，其经营地址设在县城关镇(含县城关镇)以上的私营企业就业人员，包括私营企业投资者和雇工。城镇个体就业人员指在工商管理部门注册登记，并持有城镇户口或在城镇长期居住，经批准从事个体工商经营的就业人员，包括个体经营者和在个体工商户劳动的家庭帮工和雇工。

在岗职工 指在本单位工作且与本单位签订劳动合同，并由单位支付各项工资和社会保险、住房公积金的人员，以及上述人员中由于学习、病伤、产假等原因暂未工作仍由单位支付工资的人员。在岗职工还包括：

(1)应订立劳动合同而未订立劳动合同人员(如使用的农村户籍人员)；

(2)处于试用期人员；

(3)编制外招用的人员；

(4)派往外单位工作，但工资仍由本单位发放的人员(如挂职锻炼、外派工作等情况)。

工资总额 指根据《关于工资总额组成的规定》(1990年1月1日国家统计局发布的一号令)进行修订，在报告期内(季度或年度)直接支付给本单位全部就业人员的劳动报酬总额。包括计时工资、计件工资、奖金、津贴和补贴、加班加点工资、特殊情况下支付的工资，是在岗职工工资总额、劳务派遣人员工资总额和其他就业人员工资总额之和。

工资总额是税前工资，包括单位从个人工资中直接为其代扣或代缴的房费、水费、电费、住房公积金和社会保险基金个人缴纳部分等。

工资总额不论是计入成本的还是不计入成本的，不论是以货币形式支付的还是以实物形式支付的，均应列入工资总额的计算范围。

平均工资 指单位就业人员在一定时期内平均每人所得的货币工资额。它表明一定时期职工工资收入的高低程度，是反映就业人员工资水平的主要指标。计算公式为：

$$\text{平均工资} = \frac{\text{报告期实际支付的全部就业人员工资总额}}{\text{报告期全部就业人员平均人数}}$$

平均工资指数 指报告期就业人员平均工资与基期就业人员平均工资的比率，是反映不同时期就业人员货币工资水平变动情况的相对数。计算公式为：

$$\text{平均工资指数} = \frac{\text{报告期就业人员平均工资}}{\text{基期就业人员平均工资}} \times 100\%$$

平均实际工资指数 就业人员平均实际工资指扣除物价变动因素后的就业人员平均工资。就业人员平均实际工资指数是反映实际工资变动情况的相对数，表明就业人员实际工资水平提高或降低的程度。计算公式为：

$$\text{平均实际工资指数} = \frac{\text{报告期就业人员平均工资指数}}{\text{报告期城镇居民消费价格指数}} \times 100\%$$

城镇登记失业人员 指有非农业户口，在一定的劳动年龄内(16周岁至退休年龄)，有劳动能力，无业而要求就业，并在当地劳动保障部门进行失业登记的人员。

城镇登记失业率 城镇登记失业人员与城镇单位就业人员(扣除使用的农村劳动力、聘用的离退休人员、港澳台及外方人员)、城镇单位中的不在岗职工、城镇私营业主、个体户主、城镇私营企业和个体就业人员、城镇登记失业人员之和的比。

Explanatory Notes on Main Statistical Indicators

Economically Active Population refers to the population aged 16 and over who are capable of working, are participating in or willing to participate in economic activities, including employed persons and unemployed persons.

Employed Persons refer to persons aged 16 and over who are engaged in gainful employment and thus receive remuneration payment or earn business income. This indicator reflects the actual utilization of total labour force during a certain period of time and is often used for the research on China's economic situation and national power.

Persons Employed in Various Units refer to the total number of employees who work at his unit and obtain wages or other forms of payment at the end of the reporting period. This indicator is a kind of time point index and it equals to the sum of the number of employed staff and workers, labor dispatch personnel and other employed persons. Employed persons do not include:

1)persons who have left their working units while keeping their labour contract (employment relation) unchanged and receiving regular alimony;

2)students who do part-time jobs in spare time and all kinds of enrolled students who do internship in various units;

3)persons employed due to labor outsourcing;

4)persons who dissolve labor contracts with their units on the last day of reporting period or before.

Persons Employed in Private Enterprises and Self-Employed Individuals in Urban Areas Persons employed in private enterprises refer to the persons employed in the private enterprises which have been registered at the departments of industrial and commercial administration for which the business operation are situated at a county town (i.e. a town where the county government is located), or at urban areas with administrative hierarchy higher than a county town. The self-employed individuals in urban areas refer to persons who hold the certificates of residence in urban areas or have resided in the urban areas for a long time and have been registered at the departments of industrial and commercial administration and approved to be engaged in individual industrial or commercial business, including self-employed persons as well as helpers and hired laborers who work in individual households.

Employed Staff and Workers refer to persons who signed labor contracts with working units and working units would pay wages, social insurance and housing funds for them. Persons who have their work posts but are temporarily absent from work for reasons of study or on sick, injury or maternal leave and still receive wages from their working units are also included. Employed staff and workers also include:

1)Persons who should have signed the labor contracts but not (like people with rural household registration);

2)Employees on probation;

3)Employees beyond the staffing quota;

4)Employees who are sent to other working units but still obtain wages from their original units (situations like on-the-job placement, expatriated assignment, etc.)

1)Employed Staff and Workers do not include: Dispatched personnel who work and are paid directly by the working units; they shall be counted into "labour dispatch personnel" of the working units;

2)Personnel through labor outsourcing, they shall be counted into "employed staff and workers" of the units which contracted them.

Total Wage Bill It is revised according to the "Provision of Composition of Total Wages" (Order No.1 by National Bureau of Statistics on January, 1st, ,1990), total wage bill refers to the total remuneration payment to all employed persons in various units during the reporting period (by quarter or by year), including hourly-paid wages, piece rate wages, bonuses, allowance and subsidies, overtime wages and wages paid under special circumstances. It equals to the sum of total wages of employed staff and workers, dispatch labors and other employed persons.

Total wage bill is pre-tax wages, including the room charges, utility bills, housing funds and social insurance paid or withheld by employee's units.

Total wage bill, whether or not included in cost, whether or not paid in money or in kind, shall be included in the calculation of total wage.

Average Wage refers to the average per capita wage in money terms during a certain period of time for employed persons. It shows the general level of wage income of staff and worker during a certain period of time, one major indicator to reflect the wage level. It is calculated as follows:

$$\text{Average Wage} = \frac{\text{Total Wage Bill of Employed Persons at Reference Time}}{\text{Average Number of Persons Employed at Reference Time}}$$

Average Wage Indices refers to the ratio of average wage of employed persons the reporting period to that at the base period, which reflects the change of wage of employed persons at the different period. It is calculated as follows:

$$\text{Average Wage Indices} = \frac{\text{Average Wage of Employed Persons at Reference Time}}{\text{Average Wage of Persons Employeds at Base Period}} \times 100\%$$

Average Real Wage Indices average real wage of employed persons refers to the average wage of employed persons after removing the effects of the price changes and

average real wage indices of employed persons refers to the change of real wage, which reflects the relative increasing or decreasing level of real wage of employed persons ,which is calculated as follows:

$$\text{Average Real Wage Indices} = \frac{\text{Average Wage Indices of Employed Persons at the Reference Time}}{\text{Urban Consumer Price Indices at Reference Time}} \times 100\%$$

Registered Unemployed Persons in Urban Areas refer to the persons with non-agricultural household registration at certain working ages (16 years old to retirement age), who are capable of working, unemployed and willing to work, and have been registered at the local employment service agencies to apply for a job.

Registered Unemployment Rate in Urban Areas refers to the ratio of the number of the registered unemployed persons to the sum of the number of persons employed in various units (minus the employed rural labour force, re-employed retirees, and Hong Kong, Macao, Taiwan or foreign employees), laid-off staff and workers in urban units, owners of private enterprises in urban areas, owners of self-employed individuals in urban areas, employees of private enterprises in urban areas, employee of self-employed individuals in urban areas, and the registered unemployed persons in urban areas.

5

固定资产投资

Investment in Fixed Assets

简 要 说 明

一、本篇资料的主要内容

本篇资料通过对一定时期全社会建造和购置固定资产活动的数量方面的描述，反映报告期内固定资产投资的规模和速度、固定资产投资的结构和比例关系、固定资产投资的资金来源及固定资产投资的效果等。

二、本篇资料的统计范围

固定资产投资统计的范围包括：城乡建设项目投资，房地产开发投资，国防、人防建设项目投资及农户投资。

三、本篇的资料来源

跨省（区）项目资料来自国务院各部门；农户固定资产投资资料来自国家统计局住户调查办公室的住户调查；除此以外的固定资产投资统计资料均来自国家统计局固定资产投资统计司的统计调查。

四、本篇的统计调查方法

除农户固定资产投资统计采用抽样调查方法外，其他均为全面统计报表。

五、统计口径的变化

自 1997 年起，除房地产开发投资、非农户投资、农户投资及城镇和工矿区私人建房投资外，固定资产投资的统计起点由 5 万元提高到 50 万元。为便于比较，对 1996 年的相应数据作了全面调整，括号内的数为原口径数。

自 2006 年起，非农户固定资产投资统计改为按项目统计，调查方法由抽样调查改为全面统计报表，起点提高到 50 万元。

自 2006 年起，城镇和工矿区私人建房投资改为按项目统计，起点为 50 万元。

自 2011 年起，除房地产开发投资、农户投资外，固定资产投资项目统计起点，由计划总投资 50 万元及以上提高到 500 万元及以上。为了便于比较，对 2010 年的相应数据作了调整，括号内的数为原口径数。

Brief Introduction

I. Main Contents

Statistics in this chapter describe activities on the construction and purchase of fixed assets of the whole country during a given period of time, and reflect the size, growth, structure, ratio, financing and results of the investment in fixed assets during the reference period.

II. Scope of Statistics

Statistics on the investment in fixed assets cover investments in capital construction projects in urban and rural areas, investments in real estate development, as well as investments in national defence projects and civil defence projects, and rural household investment.

III. Sources of Data

Data on trans-provincial projects are provided by various departments under the State Council. Data on investments in fixed assets by individuals in rural areas are provided by the Department of Rural Social and Economic Survey of the NBS through its rural social and economic survey. Other data on investments in fixed assets are from surveys conducted by the Department of Investment and Construction Statistics of the NBS.

IV. Methodology of Data Collection

All data on investments in fixed assets are collected by the system of reporting form with complete enumeration, except data on individual investments in fixed assets in rural areas, which are collected through sample surveys.

V. Changes in Statistical Scope

Since 1997, the cut-off point of projects covered by statistics of investment in fixed assets are raised from an investment of 50,000 yuan to 500,000 yuan, except investment in real estate development, farm household investment, non-farm household investment and private investment in housing construction in urban areas and industrial and mining areas. For the convenience of comparison, relevant data of 1996 are adjusted accordingly, and figures compiled on the basis of the old standard are enclosed in brackets.

Since 2006, statistics on investments in fixed assets of rural non-farm households are changed to project-based. Survey method is changed from sample survey to the system of reporting form with complete enumeration. The cut-off point has been raised to 500,000 yuan.

Since 2006, statistics on private investment in housing construction in urban areas and industrial and mining areas have become project-based. The cut-off point has been raised to 500,000 yuan.

Since 2011, the cut-off size of fixed assets investment projected rose from a total planned investment above 500 thousand yuan to 5 million yuan. Relevant data in 2010 are adjusted for the purpose of comparison, data in parenthesis are those of original statistical scope.

5-1 全社会固定资产投资主要指标
Total Investment in Fixed Assets in the Whole Country

指　　标	Item	2011	2012	2012年比上年增长(%) Growth Rate in 2012 over 2011 (%)
投资总额　(亿元)	**Total Investment　(100 million yuan)**	**311485.1**	**374694.7**	**20.3**
按构成分	Grouped by Structure			
建筑安装工程	Construction and Installation	200195.7	243617.5	21.7
设备工具器具购置	Purchase of Equipment and Instruments	65152.3	77724.1	19.3
其他费用	Others	46137.1	53353.1	15.6
按三次产业分	Grouped by Three Strata of Industry			
第一产业	Primary Industry	8757.8	10996.4	25.6
第二产业	Secondary Industry	132476.7	158262.5	19.5
第三产业	Tertiary Industry	170250.6	205435.8	20.7
本年实际到位资金小计(亿元)	**Actual Funds for Investment (100 million yuan)**	**345984.2**	**409675.6**	**18.4**
国家预算资金	State Budget	14843.3	18958.7	27.7
国内贷款	Domestic Loans	46344.5	51593.5	11.3
利用外资	Foreign Investment	5062.0	4468.8	-11.7
自筹资金	Self-raising Funds	229346.8	277792.4	21.1
其他资金	Others	50387.5	56862.4	12.9
建设规模　(亿元)	**Investment in Construction (100 million yuan)**			
建设总规模	Total Investment in Construction	944674.6	1135913.2	20.2
在建总规模	Total Investment in Projects under Construction	725708.0	870228.7	19.9
在建净规模	Net Investment in Projects under Construction	347240.5	407020.3	17.2
房屋建筑面积　(万平方米)	**Floor Space of Buildings　(10 000 sq.m)**			
施工面积	Floor Space under Construction	1035518.9	1167238.4	12.7
#住宅	Residential Buildings	574909.9	614990.6	7.0
竣工面积	Floor Space Completed	329073.3	335503.6	2.0
#住宅	Residential Buildings	197452.2	195102.9	-1.2

注：1.投资实际到位资金为财务拨款数，各项相加不等于投资总额。
　　2.增长速度未扣除价格因素（以下各表同）。

a) Actual funds for investment refer to financial appropriation, and the subentry figures do not add up to the total.

b) The growth rates are calculated without removing the factor of price. The same applies to the tables following.

5-2 全社会固定资产投资和全社会住宅投资

Total Investment in Fixed Assets in the Whole Country and Total Investment in Residential Buildings in the Whole Country

单位：亿元 (100 million yuan)

年份 地区	Year Region	全社会投资 Total Investment in Fixed Assets	城镇 Urban Area	#房地产开发 Real Estate Development	全社会住宅投资 Total Investment in Residential Buildings	城镇 Urban Area	#房地产 Real Estate Development
	1995	20019.3	15643.7	3149.0	4736.7	3278.2	1753.1
	1996	(22974.0)	(17627.7)	(3216.4)	5198.5	3326.2	1699.2
		22913.5	17567.2	3216.4			
	1997	24941.1	19194.2	3178.4	5370.7	3319.7	1539.4
	1998	28406.2	22491.4	3614.2	6393.8	4310.8	2081.6
	1999	29854.7	23732.0	4103.2	7058.8	5050.9	2638.5
	2000	32917.7	26221.8	4984.1	7594.1	5435.3	3312.0
	2001	37213.5	30001.2	6344.1	8339.1	6261.5	4216.7
	2002	43499.9	35488.8	7790.9	9407.1	7248.9	5227.8
	2003	55566.6	45811.7	10153.8	10792.3	8624.8	6776.7
	2004	70477.4	59028.2	13158.3	13464.1	11010.1	8837.0
	2005	88773.6	75095.1	15909.2	15427.2	12825.8	10860.9
	2006	109998.2	93368.7	19422.9	19333.1	16305.5	13638.4
	2007	137323.9	117464.5	25288.8	25005.0	21238.3	18005.4
	2008	172828.4	148738.3	31203.2	30881.2	26516.0	22440.9
	2009	224598.8	193920.4	36241.8	36428.2	30512.7	25613.7
	2010	(278121.9)	(241430.9)	(48259.4)	(45936.1)	(39473.7)	(34026.2)
		251683.8	243797.8	48259.4	45027.0	39763.1	34026.2
	2011	311485.1	302396.1	61796.9	57824.4	51773.4	44319.5
	2012	374694.7	364854.1	71803.8	64412.8	57844.3	49374.2
北京	Beijing	6112.4	6064.9	3153.4	1873.0	1833.6	1628.0
天津	Tianjin	7934.8	7913.3	1260.0	1082.4	1072.4	843.1
河北	Hebei	19661.3	19104.6	3086.5	3073.6	2708.4	2317.1
山西	Shanxi	8863.3	8584.9	1010.5	1467.0	1281.0	735.6
内蒙古	Inner Mongolia	11875.7	11749.8	1291.4	1148.6	1123.3	845.6
辽宁	Liaoning	21836.3	21535.4	5455.8	4201.1	4022.8	3961.9
吉林	Jilin	9511.5	9262.2	1310.0	1109.7	1063.0	987.7
黑龙江	Heilongjiang	9694.7	9375.4	1535.8	1480.7	1402.7	1122.5
上海	Shanghai	5117.6	5114.6	2381.4	1457.6	1455.1	1451.9
江苏	Jiangsu	30854.2	30473.7	6206.1	5051.2	4837.5	4354.6
浙江	Zhejiang	17649.4	17096.0	5226.3	4318.5	3860.1	3436.7
安徽	Anhui	15425.8	14943.8	3151.6	2738.0	2385.2	2059.3
福建	Fujian	12439.9	12182.5	2824.1	2135.4	1931.3	1752.0
江西	Jiangxi	10774.2	10378.4	969.6	1233.0	933.3	684.2
山东	Shandong	31256.0	30319.8	4708.3	4815.3	4279.0	3473.2
河南	Henan	21450.0	20558.6	3035.3	3332.3	2579.0	2203.1
湖北	Hubei	15578.3	15148.7	2539.5	2213.3	1904.1	1698.4
湖南	Hunan	14523.2	13966.3	2210.5	2194.2	1732.4	1572.7
广东	Guangdong	18751.5	18250.1	5352.8	4344.5	3972.4	3705.0
广西	Guangxi	9808.6	9345.2	1554.9	1503.8	1178.8	1069.6
海南	Hainan	2145.4	2064.4	886.6	860.0	791.2	725.3
重庆	Chongqing	8736.2	8610.4	2508.4	1946.9	1878.0	1706.8
四川	Sichuan	17040.0	16530.3	3266.4	3046.3	2714.6	2197.7
贵州	Guizhou	5717.8	5504.9	1467.6	1164.9	1006.3	930.3
云南	Yunnan	7831.1	7553.5	1782.1	1606.7	1432.0	1152.5
西藏	Tibet	670.5	670.5	6.9	39.0	39.0	4.3
陕西	Shaanxi	12044.5	11705.8	1835.9	2362.3	2131.0	1477.6
甘肃	Gansu	5145.0	5040.0	561.0	751.3	679.2	412.5
青海	Qinghai	1883.4	1808.7	189.7	316.3	254.9	141.1
宁夏	Ningxia	2096.9	2033.0	429.2	360.8	322.6	279.5
新疆	Xinjiang	6158.8	5858.0	606.1	1130.9	985.9	444.3
不分地区	Not Classified by Region	6106.4	6106.4		54.1	54.1	

注：1.1995-1996年，除房地产投资、农村集体投资、个人投资以外，投资统计的起点为5万元；自1997年起，除房地产投资、农村集体投资、个人投资以外，投资统计的起点由5万元提高到50万元；自2011年起，除房地产投资、农村个人投资外，固定资产投资的统计起点由50万元提高至500万元；城镇固定资产投资数据发布口径改为固定资产投资(不含农户)，固定资产投资(不含农户)等于原口径的城镇固定资产投资加上农村企事业组织的项目投资(以下有关各表同)。

2.为便于比较，对1996年、2010年的相应数据作了调整，这两年数据中括号内为原口径数，未加括号的为调整后的新口径数。新口径数据中，1996年为50万元起点以上数；2010年为500万元起点以上数，同时其中的城镇固定资产投资数据发布口径改为固定资产投资(不含农户)(以下有关各表同)。

a) From 1995 to 1996, the cut-off point of projects of investment was 50 000 yuan, except statistics on real estate, rural collective and individual investment; Since 1997, the cut-off point had changed from 50 000 yuan to 500 000 yuan, except real estate, rural collective and personal investment; Since 2011, the cut-off point has changed from 500 000 yuan to 5 million yuan, published coverage of investment in fixed assets in urban area changed into investment in fixed assets (excluding rural households) which included investment in urban area and investment in rural enterprises(units). The same applies to the tables following.

b) For the convenience of comparison, relevant data of 1996 and 2010 were adjusted, data in parenthesis were original scope, data without parenthesis were of new scope. The same applies to the relevant tables following.

5-3 分地区按登记注册类型分全社会固定资产投资(2012年)
Total Investment in Fixed Assets in the Whole Country by Status of Registration and Region (2012)

单位：亿元 (100 million yuan)

地区	Region	总计 Total	内资 Domestic	国有 State-owned	集体 Collective-owned	股份合作 Cooperative	联营 Joint
全国总计	**National Total**	**374694.7**	**353871.7**	**96220.2**	**11973.7**	**1745.5**	**1266.0**
北京	Beijing	6112.4	5625.3	1444.5	83.6	8.5	1.2
天津	Tianjin	7934.8	7460.5	2330.2	491.8	72.0	26.7
河北	Hebei	19661.3	19137.0	3024.7	1099.9	124.5	53.8
山西	Shanxi	8863.3	8697.3	3403.2	391.2	73.6	58.7
内蒙古	Inner Mongolia	11875.7	11732.1	3867.1	207.0	37.2	11.0
辽宁	Liaoning	21836.3	19920.0	4190.1	428.3	75.3	27.1
吉林	Jilin	9511.5	9224.8	2044.2	61.1	17.9	15.8
黑龙江	Heilongjiang	9694.7	9532.2	3126.4	77.9	26.4	40.0
上海	Shanghai	5117.6	4340.1	1600.2	97.0	2.0	61.2
江苏	Jiangsu	30854.2	27150.7	5445.3	1213.2	54.0	127.9
浙江	Zhejiang	17649.4	16226.3	4032.5	556.6	48.2	22.0
安徽	Anhui	15425.8	14823.7	3585.1	259.2	105.0	71.4
福建	Fujian	12439.9	11199.4	3612.4	310.1	8.8	39.0
江西	Jiangxi	10774.2	10357.0	2213.9	124.8	64.2	59.2
山东	Shandong	31256.0	29868.9	3728.3	2893.8	210.2	84.9
河南	Henan	21450.0	21012.5	2984.1	990.9	137.9	63.8
湖北	Hubei	15578.3	14943.8	3708.4	561.4	66.6	64.6
湖南	Hunan	14523.2	14103.8	4051.2	279.3	211.4	26.5
广东	Guangdong	18751.5	15908.5	3704.5	743.9	111.4	46.0
广西	Guangxi	9808.6	9423.7	2356.6	124.9	47.8	105.6
海南	Hainan	2145.4	1887.6	540.6	1.5	14.2	3.6
重庆	Chongqing	8736.2	8130.9	3050.1	68.1	37.2	59.9
四川	Sichuan	17040.0	16262.4	5361.9	127.5	60.2	81.4
贵州	Guizhou	5717.8	5559.5	2224.9	5.0	27.3	8.9
云南	Yunnan	7831.1	7691.3	2871.0	161.7	17.1	10.1
西藏	Tibet	670.5	665.7	436.4	14.2	14.9	2.1
陕西	Shaanxi	12044.5	11756.9	4991.3	428.7	36.0	52.2
甘肃	Gansu	5145.0	5107.4	2260.7	145.1	26.5	30.1
青海	Qinghai	1883.4	1846.5	870.8	13.1	1.9	0.4
宁夏	Ningxia	2096.9	2057.9	549.2	4.9		0.3
新疆	Xinjiang	6158.8	6111.5	2503.9	7.9	7.2	10.5
不分地区	Not Classified by Region	6106.4	6106.4	6106.4			

5-3 续表 continued

单位：亿元 (100 million yuan)

地 区 Region	有限责任公司 Limited Liability	股份有限公司 Share-holding	私营 Private	个体 Self-employed Individual	其他 Others	港、澳、台商投资 Funds from Hong Kong, Macao and Taiwan	外商投资 Foreign Funded
全国总计 National Total	**102511.8**	**21484.9**	**91422.3**	**11588.7**	**15658.6**	**10275.9**	**10547.1**
北 京 Beijing	3406.7	401.0	197.5	47.5	34.8	198.1	288.9
天 津 Tianjin	2514.3	462.4	1233.6	87.9	241.6	155.6	318.7
河 北 Hebei	5447.8	1250.8	6695.8	589.8	849.9	193.0	331.3
山 西 Shanxi	2349.1	483.8	1465.4	305.0	167.3	89.7	76.2
内蒙古 Inner Mongolia	4799.3	707.3	1721.6	154.1	227.5	90.3	53.3
辽 宁 Liaoning	5090.1	1017.5	7971.0	405.6	715.0	1042.4	873.9
吉 林 Jilin	3591.5	579.1	2045.2	367.0	503.1	121.4	165.3
黑龙江 Heilongjiang	2941.9	632.9	1834.8	373.1	478.9	53.0	109.5
上 海 Shanghai	1351.3	156.4	1058.1	3.0	10.9	237.6	539.9
江 苏 Jiangsu	6054.5	1631.7	11259.5	404.9	959.7	1575.5	2128.1
浙 江 Zhejiang	5523.0	598.6	4601.3	608.3	235.7	817.7	605.3
安 徽 Anhui	4448.8	782.6	4517.7	517.7	536.2	256.1	346.0
福 建 Fujian	3347.0	437.2	2773.6	278.5	392.8	758.1	482.4
江 西 Jiangxi	2864.3	555.6	3640.2	516.4	318.4	214.7	202.4
山 东 Shandong	8342.4	2118.6	8889.1	990.7	2611.0	589.5	797.6
河 南 Henan	5471.8	2075.9	5963.8	1021.8	2302.4	228.5	209.0
湖 北 Hubei	3935.2	1287.2	3977.7	476.9	865.9	318.3	316.2
湖 南 Hunan	3486.7	873.4	3776.4	675.5	723.5	246.3	173.1
广 东 Guangdong	5876.6	1039.1	3200.4	703.4	483.1	1655.7	1187.3
广 西 Guangxi	2223.6	618.5	2864.0	583.0	499.5	204.3	180.6
海 南 Hainan	824.4	140.7	216.8	85.5	60.3	159.2	98.7
重 庆 Chongqing	2172.0	283.4	2109.0	182.7	168.4	366.0	239.3
四 川 Sichuan	5300.2	977.6	2812.9	574.2	966.5	354.0	423.6
贵 州 Guizhou	2014.2	252.3	749.5	213.6	63.8	126.2	32.1
云 南 Yunnan	2164.8	423.8	1478.4	359.1	205.4	63.6	76.1
西 藏 Tibet	25.3	42.7	38.3	31.7	60.1	3.5	1.3
陕 西 Shaanxi	3225.0	547.9	1575.0	436.1	464.6	97.2	190.4
甘 肃 Gansu	1072.0	299.3	779.7	134.9	359.0	10.8	26.8
青 海 Qinghai	542.7	84.4	206.4	75.5	51.4	15.7	21.2
宁 夏 Ningxia	486.8	128.9	808.5	65.4	13.9	17.0	22.0
新 疆 Xinjiang	1618.9	594.2	961.2	319.8	88.0	16.7	30.5
不分地区 Not Classified by Region							

5-4 全社会固定资产投资实际到位资金和按构成分固定资产投资
Actual Funds for Investment and Structure of Investment in Fixed Assets in the Whole Country

年　份 Year	实际到位资金 Actual Funds for Investment 国家预算资金 State Budget	国内贷款 Domestic Loans	利用外资 Foreign Investment	自筹和其他资金 Self-raising Fund and Others	投资按构成分 Structure of Investment 建筑安装工程 Construction and Installation	设备工器具购置 Purchase of Equipment and Instruments	其他费用 Others
总量（亿元） Total (100 million yuan)							
1981	269.8	122.0	36.4	532.9	689.8	223.6	47.5
1982	279.3	176.1	60.5	714.5	871.1	291.4	67.9
1983	339.7	175.5	66.6	848.3	993.3	358.3	78.4
1984	421.0	258.5	70.7	1082.7	1217.6	509.2	106.1
1985	407.8	510.3	91.5	1533.6	1655.5	718.1	169.7
1986	455.6	658.5	137.3	1869.2	2059.7	852.0	209.0
1987	496.6	872.0	182.0	2241.1	2475.7	1038.8	277.3
1988	432.0	977.8	275.3	2968.7	3099.7	1305.4	348.8
1989	366.1	763.0	291.1	2990.3	2994.6	1115.8	300.0
1990	393.0	885.5	284.6	2954.4	3008.7	1165.5	342.7
1991	380.4	1314.7	318.9	3580.4	3647.7	1460.2	486.6
1992	347.5	2214.0	468.7	5050.0	5163.4	2125.1	791.6
1993	483.7	3072.0	954.3	8562.4	8201.2	3315.9	1555.2
1994	529.6	3997.6	1769.0	11531.0	10786.5	4328.3	1928.1
1995	621.1	4198.7	2295.9	13409.2	13173.3	4262.5	2583.5
1996	(629.7)	(4576.5)	(2747.4)	(15465.4)	(15153.4)	(4940.8)	(2879.8)
	625.9	4573.7	2746.6	15412.4	15109.3	4926.0	2878.3
1997	696.7	4782.6	2683.9	17096.5	15614.0	6044.8	3282.3
1998	1197.4	5542.9	2617.0	19359.6	17874.5	6528.5	4003.1
1999	1852.1	5725.9	2006.8	20169.7	18795.9	7053.0	4005.7
2000	2109.5	6727.3	1696.3	22577.4	20536.3	7785.6	4595.9
2001	2546.4	7239.8	1730.7	26470.0	22954.9	8833.8	5424.8
2002	3161.0	8859.1	2085.0	30941.9	26578.9	9884.5	7036.6
2003	2687.8	12044.4	2599.4	41284.8	33447.2	12681.9	9437.5
2004	3254.9	13788.0	3285.7	54236.3	42803.6	16527.0	11146.8
2005	4154.3	16319.0	3978.8	70138.7	53382.6	21422.9	13968.1
2006	4672.0	19590.5	4334.3	90360.2	66775.8	25563.9	17658.4
2007	5857.1	23044.2	5132.7	116769.7	83518.3	31574.8	22230.9
2008	7954.8	26443.7	5311.9	143204.9	104958.9	40594.1	27275.5
2009	12685.7	39302.8	4623.7	193617.4	138758.3	50844.2	34996.2
2010	(14677.8)	(47258.0)	(4986.8)	(244041.7)	(171351.8)	(61681.5)	(45088.5)
	13012.7	44020.8	4703.6	224042.0	155580.5	53842.8	42260.5
2011	14843.3	46344.5	5062.0	279734.4	200195.7	65152.3	46137.1
2012	18958.7	51593.5	4468.8	334654.7	243617.5	77724.1	53353.1
构成(%)Percentage							
1981	28.1	12.7	3.8	55.4	71.8	23.3	4.9
1982	22.7	14.3	4.9	58.1	70.8	23.7	5.5
1983	23.8	12.3	4.7	59.2	69.5	25.1	5.4
1984	23.0	14.1	3.9	59.0	66.4	27.8	5.8
1985	16.0	20.1	3.6	60.3	65.1	28.2	6.7
1986	14.6	21.1	4.4	59.9	66.0	27.3	6.7
1987	13.1	23.0	4.8	59.1	65.3	27.4	7.3
1988	9.3	21.0	5.9	63.8	65.2	27.5	7.3
1989	8.3	17.3	6.6	67.8	67.9	25.3	6.8
1990	8.7	19.6	6.3	65.4	66.6	25.8	7.6
1991	6.8	23.5	5.7	64.0	65.2	26.1	8.7
1992	4.3	27.4	5.8	62.5	63.9	26.3	9.8
1993	3.7	23.5	7.3	65.5	62.7	25.4	11.9
1994	3.0	22.4	9.9	64.7	63.3	25.4	11.3
1995	3.0	20.5	11.2	65.3	65.8	21.3	12.9
1996	2.7	19.6	11.8	66.0	66.0	21.5	12.5
1997	2.8	18.9	10.6	67.7	62.6	24.2	13.2
1998	4.2	19.3	9.1	67.4	62.9	23.0	14.1
1999	6.2	19.2	6.7	67.8	63.0	23.6	13.4
2000	6.4	20.3	5.1	68.2	62.4	23.7	13.9
2001	6.7	19.1	4.6	69.6	61.7	23.7	14.6
2002	7.0	19.7	4.6	68.7	61.1	22.7	16.2
2003	4.6	20.5	4.4	70.5	60.2	22.8	17.0
2004	4.4	18.5	4.4	72.7	60.7	23.5	15.8
2005	4.4	17.3	4.2	74.1	60.1	24.1	15.7
2006	3.9	16.5	3.6	76.0	60.7	23.2	16.1
2007	3.9	15.3	3.4	77.4	60.8	23.0	16.2
2008	4.3	14.5	2.9	78.3	60.7	23.5	15.8
2009	5.1	15.7	1.8	77.4	61.8	22.6	15.6
2010	4.7	15.2	1.6	78.5	61.6	22.2	16.2
2011	4.3	13.4	1.5	80.9	64.3	20.9	14.8
2012	4.6	12.6	1.1	81.7	65.0	20.7	14.2

5-5 全社会固定资产投资实际到位资金
Actual Funds for Investment in Fixed Assets in the Whole Country

单位：亿元 (100 million yuan)

年份 地区	Year Region	本年实际到位资金小计 Subtotal of Actual Funds for Investment	国家预算资金 State Budget	国内贷款 Domestic Loans	利用外资 Foreign Investment	自筹资金 Self-raising Funds	其他资金 Others
	1995	20524.9	621.1	4198.7	2295.9	10647.9	2761.3
	1996	(23419.0)	(629.7)	(4576.5)	(2747.4)	(11197.4)	(4388.4)
		23358.6	625.9	4573.7	2746.6	11151.0	4261.4
	1997	25259.7	696.7	4782.6	2683.9	12556.1	4540.4
	1998	28716.9	1197.4	5542.9	2617.0	14015.6	5344.2
	1999	29754.6	1852.1	5725.9	2006.8	14638.1	5531.6
	2000	33110.3	2109.5	6727.3	1696.3	16317.3	6260.1
	2001	37987.0	2546.4	7239.8	1730.7	18914.0	7556.1
	2002	45046.9	3161.0	8859.1	2085.0	22816.7	8125.2
	2003	58616.3	2687.8	12044.4	2599.4	31449.8	9834.9
	2004	74564.9	3254.9	13788.0	3285.7	41272.6	12963.7
	2005	94590.8	4154.3	16319.0	3978.8	55105.8	15033.0
	2006	118957.0	4672.0	19590.5	4334.3	71076.5	19283.7
	2007	150803.6	5857.1	23044.2	5132.7	91373.2	25396.4
	2008	182915.3	7954.8	26443.7	5311.9	118510.4	24694.4
	2009	250229.7	12685.7	39302.8	4623.7	153514.8	40102.6
	2010	(310964.2)	(14677.8)	(47258.0)	(4986.8)	(197099.2)	(46942.4)
		285779.2	13012.7	44020.8	4703.6	178744.3	45297.7
	2011	345984.2	14843.3	46344.5	5062.0	229346.8	50387.5
	2012	409675.6	18958.7	51593.5	4468.8	277792.4	56862.4
北　京	Beijing	8870.8	121.6	2136.4	22.2	3300.5	3290.1
天　津	Tianjin	8853.6	103.7	1753.7	84.2	5870.0	1041.9
河　北	Hebei	20106.0	472.9	1207.4	98.7	16658.1	1668.9
山　西	Shanxi	8311.7	455.8	868.7	22.9	6285.1	679.2
内蒙古	Inner Mongolia	12174.6	486.5	1410.9	22.2	9647.2	607.8
辽　宁	Liaoning	24225.6	1006.0	3422.3	358.7	17080.9	2357.7
吉　林	Jilin	9696.4	256.5	436.9	55.4	8202.6	745.1
黑龙江	Heilongjiang	10400.5	480.7	470.8	28.5	8509.9	910.5
上　海	Shanghai	6961.2	371.9	1530.4	164.5	3255.9	1638.4
江　苏	Jiangsu	36552.9	424.8	4646.9	1182.4	25033.4	5265.3
浙　江	Zhejiang	19243.6	928.2	2784.6	211.7	11529.9	3789.2
安　徽	Anhui	16587.8	863.2	1534.9	111.4	11750.9	2327.4
福　建	Fujian	13850.7	1139.8	1732.0	351.9	8035.6	2591.4
江　西	Jiangxi	12103.1	517.6	843.6	92.4	9255.9	1393.6
山　东	Shandong	33538.2	649.0	3238.3	405.7	25804.6	3440.5
河　南	Henan	21710.1	412.0	2494.9	78.1	16789.8	1935.3
湖　北	Hubei	16884.5	636.3	2004.2	137.7	12238.9	1867.3
湖　南	Hunan	15989.5	903.2	1560.0	180.2	11200.9	2145.3
广　东	Guangdong	22005.9	930.8	3234.2	572.2	12604.6	4664.1
广　西	Guangxi	10506.8	432.1	1308.2	35.7	7252.6	1478.3
海　南	Hainan	2755.8	104.4	704.3	29.9	1353.3	563.9
重　庆	Chongqing	10312.0	411.6	1790.1	59.9	5608.9	2441.5
四　川	Sichuan	18204.0	1684.5	2073.0	41.3	11639.2	2765.9
贵　州	Guizhou	5949.1	466.5	1168.5	9.6	3394.1	910.4
云　南	Yunnan	8047.5	675.4	1248.0	17.8	4676.1	1430.1
西　藏	Tibet	696.7	388.4	25.5	6.5	199.9	76.3
陕　西	Shaanxi	13222.3	966.7	938.0	34.3	9830.4	1452.8
甘　肃	Gansu	5365.8	670.1	733.6	15.6	3412.6	533.9
青　海	Qinghai	1982.7	369.0	426.2	2.5	972.1	212.9
宁　夏	Ningxia	1998.3	177.0	459.9	5.1	1074.4	282.0
新　疆	Xinjiang	6572.9	816.5	888.7	9.1	3974.5	884.2
不分地区	Not Classified by Region	5995.5	635.9	2518.6	20.7	1349.0	1471.1

5-6 按主要行业分的全社会固定资产投资
Total Investment in Fixed Assets in the Whole Country by Sector

单位：亿元 (100 million yuan)

年份 Year 地区 Region	合计 Total	农、林、牧、渔业 Agriculture, Forestry, Animal Husbandry and Fishery	采矿业 Mining	制造业 Manufacturing	电力、热力、燃气及水生产和供应业 Production and Supply of Electricity, Heat, Gas and Water	建筑业 Construction	批发和零售业 Wholesale and Retail Trades
2003	55566.6	1652.3	1775.2	14689.5	3962.4	924.4	922.7
2004	70477.4	1890.7	2395.9	19585.5	5795.1	964.0	1273.0
2005	88773.6	2323.7	3587.4	26576.0	7554.4	1119.0	1716.4
2006	109998.2	2749.9	4678.4	34089.5	8585.7	1125.5	2265.3
2007	137323.9	3403.5	5878.8	44505.1	9467.6	1302.3	2880.3
2008	172828.4	5064.5	7705.8	56702.4	10997.2	1555.9	3741.8
2009	224598.8	6894.9	9210.8	70612.9	14434.6	1992.5	5132.8
2010	278121.9	7923.1	11000.9	88619.2	15679.7	2802.2	6032.2
2011	311485.1	8757.8	11747.0	102712.9	14659.7	3357.1	7439.4
2012	374694.7	10996.4	13300.8	124550.0	16672.7	3739.0	9810.7
北京 Beijing	6112.4	127.3	4.3	414.5	215.8	8.7	27.8
天津 Tianjin	7934.8	198.7	199.0	2319.9	283.9	48.6	243.9
河北 Hebei	19661.3	804.4	620.5	8008.9	713.4	44.2	658.3
山西 Shanxi	8863.3	381.4	1581.7	1941.6	606.5	16.9	195.9
内蒙古 Inner Mongolia	11875.7	591.7	1116.4	3829.4	1036.5	86.4	284.4
辽宁 Liaoning	21836.3	601.4	683.7	7493.1	776.2	469.4	763.1
吉林 Jilin	9511.5	379.8	547.8	4150.3	413.9	49.1	410.9
黑龙江 Heilongjiang	9694.7	757.3	596.0	3026.9	519.6	176.0	329.6
上海 Shanghai	5117.6	11.0	0.4	1080.6	163.0	1.5	62.1
江苏 Jiangsu	30854.2	251.9	85.6	14792.5	839.9	79.4	713.2
浙江 Zhejiang	17649.4	200.1	33.0	5333.7	727.9	27.9	322.9
安徽 Anhui	15425.8	379.4	389.8	6072.5	436.6	56.6	358.1
福建 Fujian	12439.9	241.9	163.0	3765.5	621.9	50.4	206.9
江西 Jiangxi	10774.2	346.5	265.5	5363.1	294.3	103.3	411.4
山东 Shandong	31256.0	900.4	570.3	12713.7	705.7	490.1	1276.2
河南 Henan	21450.0	825.9	690.8	9782.3	555.9	12.8	526.7
湖北 Hubei	15578.3	531.4	283.7	6250.1	402.9	40.4	409.8
湖南 Hunan	14523.2	499.2	524.6	4948.1	465.5	154.4	417.8
广东 Guangdong	18751.5	340.6	82.6	4923.9	1019.0	37.4	479.6
广西 Guangxi	9808.6	370.5	322.0	3238.8	462.8	27.7	269.4
海南 Hainan	2145.4	40.8	30.2	191.6	114.7	57.8	47.9
重庆 Chongqing	8736.2	375.4	167.7	2268.6	372.9	48.6	112.3
四川 Sichuan	17040.0	443.0	465.7	4327.5	1281.0	33.7	324.9
贵州 Guizhou	5717.8	79.0	279.8	1020.3	253.3	10.9	76.3
云南 Yunnan	7831.1	204.3	363.0	1223.4	952.0	6.0	234.9
西藏 Tibet	670.5	24.2	43.0	44.8	90.7	38.8	14.8
陕西 Shaanxi	12044.5	496.1	1041.8	2338.6	371.2	581.2	337.5
甘肃 Gansu	5145.0	171.1	339.5	970.9	634.2	793.2	138.7
青海 Qinghai	1883.4	74.5	84.4	505.2	235.6	62.0	18.1
宁夏 Ningxia	2096.9	71.8	151.5	628.1	226.3	31.3	53.6
新疆 Xinjiang	6158.8	275.6	747.9	1581.5	773.7	94.1	83.7
不分地区 Not Classified by Region	6106.4		825.6		105.5		

5-6 续表 1 continued

单位：亿元 (100 million yuan)

年份 地区	Year Region	交通运输、仓储和邮政业 Transport, Storage and Post	住宿和餐饮业 Hotels and Catering Services	信息传输、软件和信息技术服务业 Information Transmission, Software and Information Technology	金融业 Financial Intermediation	房地产业 Real Estate	租赁和商务服务业 Leasing and Business Services	科学研究和技术服务业 Scientific Research and Technical Services
	2003	6289.4	423.0	1660.7	90.2	13143.4	375.5	285.8
	2004	7646.2	560.8	1657.7	136.0	16678.9	420.8	333.1
	2005	9614.0	808.8	1581.8	109.5	19505.3	549.6	435.1
	2006	12138.1	1095.7	1875.9	121.4	24524.4	725.6	495.3
	2007	14154.0	1519.4	1848.1	157.6	32438.9	949.3	560.0
	2008	17024.4	1959.2	2162.6	260.6	40441.8	1355.9	782.0
	2009	24974.7	2625.4	2589.0	360.2	49358.5	2036.2	1200.8
	2010	30074.5	3366.8	2454.5	489.4	64877.3	2692.6	1379.3
	2011	28291.7	3956.6	2174.4	638.7	81686.1	3382.8	1679.8
	2012	31444.9	5153.5	2692.0	923.9	99159.3	4700.4	2475.8
北京	Beijing	696.4	55.3	162.0	26.6	3491.1	36.6	128.7
天津	Tianjin	729.9	70.5	75.3	21.4	1824.6	588.4	48.9
河北	Hebei	1543.3	214.7	88.8	24.4	4656.5	210.8	110.4
山西	Shanxi	1013.4	60.7	35.6	2.0	1856.7	25.9	34.9
内蒙古	Inner Mongolia	1148.0	104.7	83.1	25.2	1866.4	79.6	53.1
辽宁	Liaoning	1070.1	428.5	133.1	63.9	6006.7	369.8	161.2
吉林	Jilin	547.3	104.7	69.7	14.5	1545.3	48.1	59.7
黑龙江	Heilongjiang	519.3	91.5	124.6	31.6	2004.9	84.2	83.5
上海	Shanghai	460.8	33.3	121.3	49.2	2402.3	136.1	39.5
江苏	Jiangsu	1397.1	475.7	266.0	93.3	7746.8	678.2	324.8
浙江	Zhejiang	1349.7	212.9	111.0	92.9	6788.9	222.0	58.9
安徽	Anhui	585.8	215.4	72.8	62.6	4459.1	151.8	141.3
福建	Fujian	1441.9	204.2	143.3	30.1	3643.4	149.6	22.5
江西	Jiangxi	474.1	254.1	50.6	24.7	1679.6	121.9	38.5
山东	Shandong	1657.2	444.8	91.2	51.6	7552.1	363.8	399.8
河南	Henan	927.9	217.2	46.8	14.8	5363.6	84.7	75.5
湖北	Hubei	1266.6	193.8	86.4	45.0	3510.6	227.7	81.4
湖南	Hunan	1122.3	183.9	59.6	44.1	3319.2	296.6	116.8
广东	Guangdong	1729.7	390.5	341.5	81.6	6789.3	175.0	118.2
广西	Guangxi	925.8	161.3	92.8	23.0	2209.6	135.3	34.0
海南	Hainan	143.2	187.0	34.9	0.6	1030.8	15.7	5.0
重庆	Chongqing	835.0	59.5	80.4	2.5	2991.4	92.0	15.9
四川	Sichuan	2086.6	253.6	66.5	46.4	5017.5	110.9	60.2
贵州	Guizhou	756.2	47.0	6.4		1859.3	30.6	8.8
云南	Yunnan	780.5	168.2	59.7	4.9	2447.4	53.2	30.4
西藏	Tibet	136.6	24.7	12.7	2.4	58.0	10.5	3.2
陕西	Shaanxi	805.4	171.4	86.3	29.0	3733.8	113.9	119.4
甘肃	Gansu	306.6	61.9	32.2	11.0	915.2	28.6	32.6
青海	Qinghai	232.0	11.4	2.0	0.9	378.1	31.4	3.1
宁夏	Ningxia	113.3	13.2	11.5	0.7	597.2	8.0	1.0
新疆	Xinjiang	437.2	38.0	43.9	3.0	1413.8	19.4	17.9
不分地区	Not Classified by Region	4205.5						46.8

5-6 续表 2 continued

单位：亿元 (100 million yuan)

年份 Year / 地区 Region		水利、环境和公共设施管理业 Management of Water Conservancy, Environment and Public Facilities	居民服务、修理和其他服务业 Services to Households, Repair and Other Services	教育 Education	卫生和社会工作 Health and Social Service	文化、体育和娱乐业 Culture, Sports and Entertainment	公共管理、社会保障和社会组织 Public Management, Social Security and Social Organizations	国际组织 International Organizations
	2003	4365.8	241.6	1671.1	405.8	531.5	2153.7	2.5
	2004	5071.7	313.7	2024.8	516.7	773.4	2437.4	2.0
	2005	6274.3	363.5	2209.2	661.8	857.0	2926.8	0.2
	2006	8152.7	389.5	2270.2	769.0	955.4	2990.5	0.1
	2007	10154.3	434.7	2375.6	885.0	1243.4	3166.1	
	2008	13534.3	522.0	2523.8	1155.6	1589.9	3748.5	0.3
	2009	19874.4	801.9	3521.2	1858.6	2383.4	4735.9	0.2
	2010	24827.6	1114.1	4033.6	2119.0	2959.4	5676.6	
	2011	24523.1	1443.3	3894.6	2330.3	3162.0	5647.8	
	2012	29621.6	1905.0	4613.0	2617.1	4271.3	6047.4	
北　京	Beijing	402.9	18.1	95.0	44.2	78.9	78.0	
天　津	Tianjin	917.9	52.9	73.8	63.0	90.7	83.5	
河　北	Hebei	1200.2	71.3	208.9	111.8	213.8	156.7	
山　西	Shanxi	742.0	15.3	168.5	54.3	83.1	46.8	
内蒙古	Inner Mongolia	996.0	36.0	111.0	67.5	125.7	234.5	
辽　宁	Liaoning	1677.4	210.1	196.2	161.9	282.6	287.9	
吉　林	Jilin	760.5	59.6	66.1	69.6	83.4	131.2	
黑龙江	Heilongjiang	787.8	54.8	103.4	78.6	135.7	189.7	
上　海	Shanghai	338.3	4.9	50.9	56.9	90.6	14.9	
江　苏	Jiangsu	1897.5	154.6	301.7	156.6	329.1	270.3	
浙　江	Zhejiang	1383.6	33.9	199.8	125.2	207.7	217.3	
安　徽	Anhui	1273.6	46.4	204.0	107.7	158.0	254.4	
福　建	Fujian	1072.6	30.8	194.9	73.0	186.5	197.5	
江　西	Jiangxi	827.2	69.8	137.8	74.6	97.8	139.3	
山　东	Shandong	1467.5	391.7	333.0	190.9	700.0	956.0	
河　南	Henan	1497.2	123.1	278.1	160.0	182.3	84.2	
湖　北	Hubei	1231.4	52.5	148.8	131.2	163.4	521.2	
湖　南	Hunan	1413.2	84.5	212.7	111.9	113.5	435.2	
广　东	Guangdong	1526.4	29.4	299.0	140.8	153.9	93.0	
广　西	Guangxi	995.7	58.5	175.6	80.9	113.0	111.7	
海　南	Hainan	154.6	4.8	31.1	21.7	20.2	12.9	
重　庆	Chongqing	858.5	68.1	109.3	52.7	115.3	110.0	
四　川	Sichuan	1801.8	60.3	202.2	149.9	162.8	145.4	
贵　州	Guizhou	1069.8	10.5	117.2	19.6	50.7	22.1	
云　南	Yunnan	787.7	27.0	184.9	70.5	114.3	118.8	
西　藏	Tibet	46.9	4.7	18.4	7.9	14.1	74.0	
陕　西	Shaanxi	959.2	66.9	166.1	133.9	91.0	401.8	
甘　肃	Gansu	367.5	43.7	64.8	38.2	52.6	142.7	
青　海	Qinghai	76.0	1.2	46.2	14.9	19.3	86.9	
宁　夏	Ningxia	108.3	10.0	29.1	11.1	8.0	23.0	
新　疆	Xinjiang	329.7	9.5	84.2	36.3	33.0	136.4	
不分地区	Not Classified by Region	652.9					270.1	

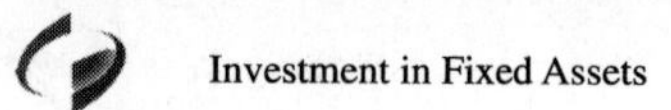

5-7 全社会固定资产投资建设总规模
Total Investment in Construction in the Whole Country

单位：亿元 (100 million yuan)

年 份 地 区	Year Region	全社会固定资产投资 Total Investment in Fixed Assets			城镇固定资产投资 Investment in Fixed Assets in Urban Area		
		建设总规模 Total Investment in Construction	在建总规模 Total Investment in Projects under Construction	在建净规模 Net Investment in Projects under Construction	建设总规模 Total Investment in Construction	在建总规模 Total Investment in Projects under Construction	在建净规模 Net Investment in Projects under Construction
	1995	62978.5	52026.7	26239.6	56212.4	47651.1	23871.9
	1996	75188.0	61930.7	31876.7	67105.8	56584.4	29074.5
	1997	81764.4	67126.6	33289.8	72961.9	61379.8	30234.2
	1998	90449.9	74138.2	36186.6	81301.8	68223.3	32953.3
	1999	96183.1	77120.2	36704.3	86717.2	70997.5	33361.1
	2000	102129.2	79951.1	37288.4	91641.7	73255.2	33496.8
	2001	118302.6	95244.0	49400.7	106854.6	88031.7	45164.9
	2002	135312.8	108684.1	57505.9	122413.7	100673.0	52618.0
	2003	163347.6	131733.0	69740.9	147038.7	121978.1	63187.0
	2004	212275.1	175652.6	92728.5	192739.3	167566.0	84641.9
	2005	270926.7	215349.7	116320.9	247510.3	205611.8	106583.0
	2006	326297.6	254062.3	124872.6	299682.1	241300.0	118490.0
	2007	396409.0	310890.3	150463.0	366270.3	296935.4	144032.8
	2008	498441.0	388122.0	184516.6	462788.0	372392.6	177745.8
	2009	647024.1	500444.4	246082.2	600131.6	479246.0	236219.7
	2010	(819579.8)	(634643.2)	(309461.0)	(760844.4)	(606760.9)	(295786.2)
		777312.7	618982.2	301424.1	769426.7	618982.2	301424.1
	2011	944674.6	725708.0	347240.5	935585.6	725708.0	347240.5
	2012	1135913.2	870228.7	407020.3	1126072.6	870228.7	407020.3
北 京	Beijing	32474.1	29414.4	10751.2	32426.6	29414.4	10751.2
天 津	Tianjin	29619.5	24945.2	10732.8	29598.0	24945.2	10732.8
河 北	Hebei	57483.3	42515.7	21968.5	56926.7	42515.7	21968.5
山 西	Shanxi	26453.9	19778.9	9406.9	26175.5	19778.9	9406.9
内蒙古	Inner Mongolia	32411.3	23982.4	10962.7	32285.3	23982.4	10962.7
辽 宁	Liaoning	62838.3	46553.8	21877.3	62537.4	46553.8	21877.3
吉 林	Jilin	20148.7	12753.6	5784.1	19899.4	12753.6	5784.1
黑龙江	Heilongjiang	23112.2	15676.8	7502.4	22792.9	15676.8	7502.4
上 海	Shanghai	28047.8	25384.3	9246.1	28044.9	25384.3	9246.1
江 苏	Jiangsu	85798.9	60653.2	29458.2	85418.4	60653.2	29458.2
浙 江	Zhejiang	61533.3	49981.8	22142.6	60979.9	49981.8	22142.6
安 徽	Anhui	42036.1	31336.5	14991.6	41554.1	31336.5	14991.6
福 建	Fujian	38643.3	30403.2	12686.3	38385.9	30403.2	12686.3
江 西	Jiangxi	23361.1	13879.2	6834.3	22965.3	13879.2	6834.3
山 东	Shandong	72291.1	49349.5	23172.4	71354.9	49349.5	23172.4
河 南	Henan	57895.2	41569.9	23375.0	57003.8	41569.9	23375.0
湖 北	Hubei	44218.2	33740.2	15723.1	43788.6	33740.2	15723.1
湖 南	Hunan	36730.6	26243.7	11951.2	36173.7	26243.7	11951.2
广 东	Guangdong	77655.9	62955.3	29912.8	77154.6	62955.3	29912.8
广 西	Guangxi	27232.4	20329.2	9209.7	26769.0	20329.2	9209.7
海 南	Hainan	9519.7	8207.8	4362.8	9438.7	8207.8	4362.8
重 庆	Chongqing	31238.4	24877.9	11151.3	31112.6	24877.9	11151.3
四 川	Sichuan	48983.8	35453.8	16153.8	48474.2	35453.8	16153.8
贵 州	Guizhou	19862.6	17153.2	8948.4	19649.7	17153.2	8948.4
云 南	Yunnan	26669.8	21682.2	10013.1	26392.2	21682.2	10013.1
西 藏	Tibet	1590.1	1188.6	534.0	1590.1	1188.6	534.0
陕 西	Shaanxi	36573.1	28609.2	14351.8	36234.4	28609.2	14351.8
甘 肃	Gansu	12723.2	9195.9	4544.6	12618.2	9195.9	4544.6
青 海	Qinghai	7172.4	5987.0	3089.6	7097.6	5987.0	3089.6
宁 夏	Ningxia	7908.7	6628.6	3524.0	7844.9	6628.6	3524.0
新 疆	Xinjiang	22370.2	18481.9	11323.9	22069.4	18481.9	11323.9
不分地区	Not Classified by Region	31315.7	31315.7	11333.7	31315.7	31315.7	11333.7

5-8 全社会房屋施工、竣工面积和价值
Value and Floor Space of Buildings under Construction and Completed in the Whole Country

年 份 地 区	Year Region	房屋施工面积(万平方米) Floor Space of Buildings under Construction (10 000 sq.m)	#住宅 Residential Buildings	#商品住宅 Commer-cialized Buildings	房屋竣工面积(万平方米) Floor Space of Buildings Completed (10 000 sq.m)	#住宅 Residential Buildings	#商品住宅 Commer-cialized Buildings	房屋竣工价值(亿元) Value of Buildings Completed (100 million yuan)	#住宅 Residential Buildings	#商品住宅 Commer-cialized Buildings
	1995	215084.6	140451.9	32902.3	145600.1	107433.1	11951.3		3622.7	995.4
	1996	(236308.5)	(155849.3)	(31849.3)	(162849.3)	(122204.5)	(12232.6)		(4505.6)	(1194.3)
		235258.6	155508.9	31849.3	161965.7	121913.4	12232.6		4505.6	1194.3
	1997	230491.0	149658.1	30374.7	166057.1	121101.0	12464.7		4884.6	1269.9
	1998	245755.7	167600.8	36223.0	170904.8	127571.6	14125.7		5441.8	1484.1
	1999	263294.3	181236.4	42590.3	187357.1	139305.9	17640.7	9498.7	6019.9	1831.3
	2000	265293.5	180634.3	50498.3	181974.4	134528.8	20603.3	9969.6	6153.4	2173.6
	2001	276025.4	182767.1	61583.0	182437.1	130419.6	24625.4	10495.1	6396.5	2622.4
	2002	304428.2	193731.0	73208.7	196737.9	134002.1	28524.7	11686.3	6967.8	3191.0
	2003	343741.7	205286.7	91390.5	202643.7	130160.8	33774.6	13421.0	7631.2	4128.9
	2004	376495.1	217580.5	108196.5	207019.1	124881.1	34677.2	15239.6	8320.3	4620.7
	2005	431123.0	239769.6	129078.4	227588.7	132835.9	43682.9	18789.5	10042.3	6060.1
	2006	462677.0	265565.3	151742.7	212542.2	131408.2	45471.7	19891.6	10950.1	6717.2
	2007	548542.0	315629.8	186788.4	238425.3	146282.7	49831.3	23582.7	12990.7	7853.1
	2008	632261.0	364354.4	222891.8	260307.0	159404.6	54334.1	28074.0	15334.1	9295.3
	2009	754189.4	431463.2	251328.8	302116.5	184209.5	59628.7	35353.9	19378.9	11500.2
	2010	(885173.4)	(492763.6)	(314760.1)	(304306.1)	(183172.3)	(63443.1)	(40704.9)	(21929.5)	(13527.5)
		844056.9	480772.9	314760.1	278564.5	174603.9	63443.1	38965.2	21507.2	13527.5
	2011	1035518.9	574909.9	387706.0	329073.3	197452.2	74319.1	48393.1	26465.1	16947.7
	2012	1167238.4	614990.6	428964.1	335503.6	195102.9	79043.2	55196.0	29493.7	19147.4
北 京	Beijing	19306.8	9180.6	7510.4	3552.2	1983.2	1522.7	1106.3	493.4	420.3
天 津	Tianjin	18949.1	8199.5	6923.5	4553.0	2455.6	1914.0	1174.7	648.9	475.1
河 北	Hebei	67400.1	31394.2	21896.0	17687.5	9609.0	3978.1	2949.4	1457.1	885.1
山 西	Shanxi	25555.6	16860.4	9299.6	7038.0	4812.8	1435.7	1193.4	784.5	330.2
内蒙古	Inner Mongolia	25866.7	13835.5	11181.7	6175.7	3056.0	1816.1	1129.7	549.4	380.6
辽 宁	Liaoning	68320.2	34069.3	29284.9	16867.5	9103.8	5132.3	3048.2	1409.4	1201.0
吉 林	Jilin	17562.5	9607.9	8512.6	5155.1	2363.3	1613.6	1111.1	406.0	313.8
黑龙江	Heilongjiang	25215.2	14239.5	10472.0	8200.5	4984.9	2646.2	1570.5	791.3	514.0
上 海	Shanghai	16890.0	8350.8	8315.7	2836.3	1626.7	1609.1	1204.6	695.1	692.6
江 苏	Jiangsu	93684.9	39261.4	33412.2	33219.2	11399.8	7687.1	6526.0	2606.0	2132.0
浙 江	Zhejiang	80400.6	32359.8	21656.4	20975.6	9039.8	2917.3	3393.0	1451.1	824.0
安 徽	Anhui	54531.7	27001.8	18182.6	13578.4	8393.2	3123.1	1992.5	1203.6	744.9
福 建	Fujian	47196.1	18946.0	14731.2	10206.2	3630.1	1564.6	1421.1	517.1	346.2
江 西	Jiangxi	30351.6	16300.6	7319.8	11062.6	7030.8	1440.5	1265.5	644.8	294.0
山 东	Shandong	94312.6	50107.8	33715.2	30102.8	18927.8	6086.7	3952.6	2190.7	1266.5
河 南	Henan	81027.6	42959.7	23467.0	27641.0	18074.4	4888.2	2782.9	1773.6	846.1
湖 北	Hubei	39262.7	19515.8	13013.0	15383.5	7832.6	2795.2	2605.8	1193.4	725.9
湖 南	Hunan	36304.4	25740.3	16773.7	12912.4	10765.7	3688.5	1741.6	1320.8	834.5
广 东	Guangdong	64678.5	35222.3	29253.2	16553.3	8822.6	4918.2	3660.0	2005.8	1580.1
广 西	Guangxi	28166.6	18400.9	11846.9	8974.5	7210.6	1956.6	1055.7	749.9	407.7
海 南	Hainan	7807.2	5574.5	4411.4	1592.8	1349.1	735.0	515.4	401.4	315.5
重 庆	Chongqing	29475.8	20455.0	16997.9	6379.2	5011.2	3386.4	1420.2	1096.0	937.2
四 川	Sichuan	58913.8	34114.1	22590.2	18314.3	10114.6	4713.6	3230.5	1627.3	1032.9
贵 州	Guizhou	21535.1	12930.8	9654.0	4815.5	3601.3	1120.2	612.6	403.3	217.2
云 南	Yunnan	29249.9	18093.0	10432.1	8600.4	6432.1	1492.3	944.2	593.7	326.6
西 藏	Tibet	1374.7	561.7	31.0	411.9	339.2	6.5	45.8	22.7	2.1
陕 西	Shaanxi	35490.8	21200.9	13030.2	7868.2	5883.8	1413.8	1322.4	882.8	360.6
甘 肃	Gansu	12623.5	7986.6	4431.2	3453.6	2457.8	710.0	587.9	366.0	144.8
青 海	Qinghai	5772.8	3613.8	1513.5	1555.3	1205.1	371.1	259.9	172.3	94.7
宁 夏	Ningxia	7544.0	4439.7	3622.6	1779.6	1317.2	922.3	354.3	258.4	204.8
新 疆	Xinjiang	21343.2	14084.1	5482.6	7665.3	6098.4	1438.4	1018.3	777.6	296.0
不分地区	Not Classified by Region	1124.0	382.5		392.0	168.5				

5-9 固定资产投资(不含农户)实际到位资金和按隶属关系分固定资产投资(不含农户)

Investment in Fixed Assets (Excluding Rural Households) by Sources of Actual Funds and by Jurisdiction of Management

单位：亿元 (100 million yuan)

年份 地区	Year Region	实际到位资金 Actual Funds for Investment					投资按隶属关系分 Investment by Jurisdiction of Management	
		国家预算资金 State Budget	国内贷款 Domestic Loans	利用外资 Foreign Investment	自筹资金 Self-raising Funds	其他资金 Others	中央项目 Central Investment	地方项目 Local Investment
	1995	569.0	3511.9	2114.1	7940.8	2013.7	4274.5	11369.2
	1996	(679.2)	(5247.0)	(3018.4)	(14600.3)	(5340.8)	(4887.7)	(12740.0)
		576.4	3903.2	2475.6	7748.2	3308.9	4887.7	12679.5
	1997	631.7	4136.7	2424.5	8722.3	3597.7	5521.6	13672.7
	1998	1108.7	4918.0	2377.9	9885.5	4512.1	6121.6	16369.7
	1999	1613.8	5249.8	1832.2	10042.9	4893.1	5894.6	17837.3
	2000	1795.0	6245.8	1526.2	11227.5	5620.0	6275.6	19946.2
	2001	2261.7	6672.5	1570.5	13708.5	6561.4	6586.6	23414.6
	2002	2750.8	8167.5	1825.8	16567.7	7723.9	6526.7	28962.0
	2003	2360.1	11223.9	2211.7	23617.4	9448.2	6113.6	39698.1
	2004	2855.6	12842.9	2706.6	32196.1	12514.5	7524.6	51503.6
	2005	3637.9	15363.9	3386.4	44154.5	14369.7	9111.0	65984.1
	2006	4438.7	18814.8	3811.0	56547.5	18147.0	10856.5	82512.2
	2007	5464.1	22136.1	4549.0	74520.9	24073.3	13165.3	104299.2
	2008	7377.0	25466.0	4695.8	97846.5	23194.4	17172.5	131565.8
	2009	11493.6	37634.1	3983.5	127557.7	38117.7	20697.4	173223.0
	2010	13104.7	45104.7	4339.6	165752.0	44823.6	22790.6	218640.2
	2011	14843.3	46034.8	5062.0	220860.2	50094.8	21797.2	280598.8
	2012	18958.7	51292.4	4468.8	268560.2	56555.0	23763.8	341090.4
北京	Beijing	121.6	2136.4	22.2	3253.2	3289.8	867.6	5197.3
天津	Tianjin	103.7	1753.7	84.2	5848.5	1041.9	615.2	7298.0
河北	Hebei	472.9	1205.0	98.7	16106.6	1666.1	847.1	18257.5
山西	Shanxi	455.8	857.3	22.9	6019.1	678.1	629.0	7955.9
内蒙古	Inner Mongolia	486.5	1405.8	22.2	9526.5	607.6	712.7	11037.1
辽宁	Liaoning	1006.0	3421.3	358.7	16781.6	2357.1	823.8	20711.6
吉林	Jilin	256.5	436.2	55.4	7956.1	742.8	594.0	8668.2
黑龙江	Heilongjiang	480.7	455.4	28.5	8231.9	884.6	809.0	8566.4
上海	Shanghai	371.9	1530.4	164.5	3253.0	1638.4	635.8	4478.8
江苏	Jiangsu	424.8	4627.3	1182.4	24695.4	5242.5	535.7	29938.0
浙江	Zhejiang	928.2	2768.6	211.7	10993.8	3787.9	389.8	16706.2
安徽	Anhui	863.2	1524.5	111.4	11279.3	2327.4	365.7	14578.1
福建	Fujian	1139.8	1729.7	351.9	7782.3	2589.7	579.5	11603.0
江西	Jiangxi	517.6	825.0	92.4	8903.6	1368.6	195.3	10183.0
山东	Shandong	649.0	3194.0	405.7	25000.3	3353.0	742.4	29577.4
河南	Henan	412.0	2490.1	78.1	15910.7	1927.7	256.3	20302.3
湖北	Hubei	636.3	2002.9	137.7	11811.2	1866.8	675.7	14473.0
湖南	Hunan	903.2	1558.1	180.2	10648.7	2142.3	273.0	13693.3
广东	Guangdong	930.8	3233.7	572.2	12105.8	4662.0	1393.4	16856.8
广西	Guangxi	432.1	1296.3	35.7	6811.5	1467.8	327.6	9017.6
海南	Hainan	104.4	703.2	29.9	1274.6	562.8	94.0	1970.4
重庆	Chongqing	411.6	1789.7	59.9	5483.9	2441.1	428.5	8181.8
四川	Sichuan	1684.5	2066.7	41.3	11144.2	2757.6	936.3	15594.0
贵州	Guizhou	466.5	1160.0	9.6	3196.2	904.0	338.6	5166.4
云南	Yunnan	675.4	1227.6	17.8	4433.5	1415.5	754.2	6799.4
西藏	Tibet	388.4	25.5	6.5	199.9	76.3	263.6	407.0
陕西	Shaanxi	966.7	903.2	34.3	9529.2	1450.1	478.7	11227.1
甘肃	Gansu	670.1	729.9	15.6	3314.6	530.7	305.4	4734.6
青海	Qinghai	369.0	420.8	2.5	915.3	200.3	129.1	1679.6
宁夏	Ningxia	177.0	459.0	5.1	1015.0	278.5	238.4	1794.6
新疆	Xinjiang	816.5	836.4	9.1	3785.6	824.5	1421.9	4436.0
不分地区	Not Classified by Region	635.9	2518.6	20.7	1349.0	1471.1	6106.4	

注：表中2010年及以前年份数据统计口径为城镇固定资产投资(以下有关各表同)。

a) Statistical coverage was investment in fixed assets in urban area before 2010. The same applies to the relevant tables following.

5-10 按构成和建设性质分固定资产投资(不含农户)
Investment in Fixed Assets (Excluding Rural Households) by Composition of Funds and Type of Construction

单位：亿元 (100 million yuan)

年份 Year / 地区 Region		投资额 Total Investment	按构成分 By Composition of Funds			按建设性质分 By Type of Construction		
			建筑安装工程 Construction and Installation	设备工器具购置 Purchase of Equipment and Instruments	其他费用 Others	#新建 New Construction	#扩建 Expansion	#改建和技术改造 Reconstruction and Technical Transformation
	1995	15643.7	9395.1	3758.2	2490.4	4661.7	4488.2	1878.1
	1996	17567.2	10604.2	4375.2	2587.8	5534.3	5173.5	2011.9
	1997	19194.2	11626.2	4633.4	2934.6	6453.3	5528.9	2199.6
	1998	22491.4	13752.4	5127.2	3611.9	7804.7	6083.3	2791.8
	1999	23732.0	15176.4	5190.7	3365.0	7807.5	5992.5	3199.3
	2000	26221.8	16346.0	5846.7	4029.1	8484.5	6390.5	3827.0
	2001	30001.2	18739.0	6509.5	4752.8	9611.3	7410.8	3974.8
	2002	35488.8	21963.3	7268.0	6257.4	12366.1	7936.8	4611.5
	2003	45811.7	28091.3	9300.7	8419.7	18092.4	10249.9	4932.0
	2004	59028.2	36519.2	12455.6	10053.4	24630.1	12274.2	5929.6
	2005	75095.1	46154.1	16439.2	12501.8	34126.6	13154.5	8721.1
	2006	93368.7	57099.4	20397.6	15871.7	41514.2	16761.3	11075.5
	2007	117464.5	71595.3	25694.8	20174.4	51963.1	19705.4	14136.0
	2008	148738.3	90361.9	33572.3	24804.1	65727.3	24371.0	19138.3
	2009	193920.4	119780.4	42333.8	31806.2	89993.2	30303.8	27171.9
	2010	241430.9	148601.3	51692.6	41137.0	113860.0	33694.9	33375.8
	2011	302396.1	193644.6	63580.0	45171.4	143604.9	42242.3	41696.4
	2012	364854.1	236601.1	75938.3	52314.8	251045.6	47983.1	52413.6
北京	Beijing	6064.9	2899.9	762.6	2402.3	4839.8	446.6	269.0
天津	Tianjin	7913.3	5271.0	1103.6	1538.7	6097.1	747.7	608.5
河北	Hebei	19104.6	12484.2	4576.4	2044.0	11665.5	3618.0	2856.1
山西	Shanxi	8584.9	5933.3	1650.8	1000.7	5015.4	1501.4	1522.0
内蒙古	Inner Mongolia	11749.8	8159.0	2757.4	833.4	8875.3	1179.8	1453.7
辽宁	Liaoning	21535.4	13807.0	4903.1	2825.3	17516.5	2038.4	1359.9
吉林	Jilin	9262.2	5373.6	2989.0	899.7	3885.4	1734.6	3149.0
黑龙江	Heilongjiang	9375.4	6577.0	2040.1	758.3	5231.1	1589.6	1804.7
上海	Shanghai	5114.6	3084.1	819.7	1210.8	3984.5	369.3	427.0
江苏	Jiangsu	30473.7	17365.3	9127.4	3981.1	20169.9	5480.0	3832.6
浙江	Zhejiang	17096.0	9763.1	2888.9	4443.9	11352.8	3262.5	1755.9
安徽	Anhui	14943.8	9734.7	3340.8	1868.3	10601.5	2023.1	1986.3
福建	Fujian	12182.5	8073.5	1980.7	2128.4	8177.3	2375.6	1186.2
江西	Jiangxi	10378.4	6763.2	2353.7	1261.4	6842.0	1329.8	1853.6
山东	Shandong	30319.8	18845.2	7862.4	3612.1	15290.2	6100.2	7681.5
河南	Henan	20558.6	12242.2	5718.3	2598.2	16766.7	2185.2	1306.4
湖北	Hubei	15148.7	10140.5	2823.9	2184.3	11074.4	1688.5	1970.5
湖南	Hunan	13966.3	9242.6	2402.0	2321.6	7299.1	1153.9	5419.2
广东	Guangdong	18250.1	12081.9	3068.3	3099.9	13959.9	1639.9	1807.0
广西	Guangxi	9345.2	5782.5	2216.5	1346.1	5520.0	1151.1	2316.1
海南	Hainan	2064.4	1515.6	254.3	294.5	1835.0	89.2	60.5
重庆	Chongqing	8610.4	6041.5	945.2	1623.7	7068.3	521.7	824.7
四川	Sichuan	16530.3	12340.9	2133.9	2055.5	11151.2	1444.6	3462.9
贵州	Guizhou	5504.9	3936.7	424.8	1143.4	4685.0	367.1	370.3
云南	Yunnan	7553.5	5461.6	826.6	1265.3	5989.5	616.7	750.2
西藏	Tibet	670.5	580.7	61.6	28.2	518.7	57.5	49.1
陕西	Shaanxi	11705.8	9009.7	1590.1	1106.1	9079.3	1123.1	1072.9
甘肃	Gansu	5040.0	3651.0	942.5	446.5	4138.8	456.9	319.7
青海	Qinghai	1808.7	1399.8	260.3	148.6	1138.5	170.6	206.9
宁夏	Ningxia	2033.0	1421.3	438.2	173.6	1604.7	263.7	149.8
新疆	Xinjiang	5858.0	4142.7	1290.1	425.2	3760.0	1256.8	470.2
不分地区	Not Classified by Region	6106.4	3475.8	1385.1	1245.5	5912.5		111.3

5-11 各行业建设规模和按构成、建设性质分固定资产投资(不含农户)(2012年)

单位：亿元

指标	Item	建设总规模 Total Investment in Construction	在建总规模 Total Investment in Projects under Construction	在建净规模 Net Investment in Projects under Construction
全国总计	**National Total**	**1126072.6**	**870228.7**	**407020.3**
农、林、牧、渔业	**Agriculture, Forestry, Animal Husbandry and Fishery**	**15115.8**	**7826.8**	**4191.7**
农业	Farming	5558.6	2952.0	1656.8
林业	Forestry	1792.1	956.7	403.8
畜牧业	Animal Husbandry	3913.6	2015.5	1142.6
渔业	Fishery	943.4	519.9	344.1
农、林、牧、渔服务业	Service in Support of Agriculture	2908.1	1382.8	644.4
采矿业	**Mining**	**32792.6**	**23063.7**	**10185.5**
煤炭开采和洗选业	Mining and Washing of Coal	16422.0	12633.9	5920.9
石油和天然气开采业	Extraction of Petroleum and Natural Gas	6167.5	4507.6	1100.9
黑色金属矿采选业	Mining and Processing of Ferrous Metal Ores	3253.2	1841.4	886.3
有色金属矿采选业	Mining and Processing of Non-Ferrous Metal Ores	3211.5	1939.8	949.7
非金属矿采选业	Mining and Processing of Non-metal Ores	2698.3	1317.4	739.1
开采辅助活动	Support Activities for Mining	954.9	764.8	556.0
其他采矿业	Mining of Other Ores	85.3	58.7	32.5
制造业	**Manufacturing**	**281989.9**	**182647.1**	**95410.9**
农副食品加工业	Processing of Food from Agricultural Products	12463.3	6814.9	3502.4
食品制造业	Manufacture of Foods	6037.2	3585.2	1913.5
酒、饮料和精制茶制造业	Manufacture of Liquor, Beverages and Refined Tea	5285.9	3346.2	1739.7
烟草制品业	Manufacture of Tobacco	853.2	742.5	255.8
纺织业	Manufacture of Textile	7511.2	4093.4	2136.2
纺织服装、服饰业	Manufacture of Textile, Wearing Apparel and Accessories	4525.0	2289.2	1249.8
皮革、毛皮、羽毛及其制品和制鞋业	Manufacture of Leather, Fur, Feather and Related Products and Footwear	2417.6	1337.5	730.6
木材加工和木、竹、藤、棕、草制品业	Processing of Timber, Manufacture of Wood, Bamboo, Rattan, Palm and Straw Products	3830.9	1758.6	848.3
家具制造业	Manufacture of Furniture	2764.1	1491.0	784.3
造纸及纸制品业	Manufacture of Paper and Paper Products	5628.9	3749.3	2097.4
印刷和记录媒介复制业	Printing and Reproduction of Recording Media	1707.5	815.1	384.0
文教、工美、体育和娱乐用品制造业	Manufacture of Articles for Culture, Education, Arts and Crafts, Sport and Entertainment Activities	2055.8	1103.7	561.1
石油加工、炼焦及核燃料加工业	Processing of Petroleum, Coking and Processing of Nuclear Fuel	10872.7	9076.4	5378.0
化学原料及化学制品制造业	Manufacture of Raw Chemical Materials and Chemical Products	29565.5	21262.6	11746.1
医药制造业	Manufacture of Medicines	7804.5	5269.9	2590.9
化学纤维制造业	Manufacture of Chemical Fibres	2140.3	1461.0	878.0
橡胶和塑料制品业	Manufacture of Rubber and Plastics Products	8348.8	4765.3	2219.3
非金属矿物制品业	Manufacture of Non-metallic Mineral Products	23278.6	13205.4	6369.5
黑色金属冶炼和压延加工业	Smelting and Pressing of Ferrous Metals	14390.9	10331.6	5116.2
有色金属冶炼和压延加工业	Smelting and Pressing of Non-ferrous Metals	13758.0	10346.0	5962.5
金属制品业	Manufacture of Metal Products	10984.3	6071.6	2976.6
通用设备制造业	Manufacture of General Purpose Machinery	16366.4	9336.7	4470.8
专用设备制造业	Manufacture of Special Purpose Machinery	16966.4	10367.0	5376.9
汽车制造业	Manufacture of Automobiles	18842.5	12809.3	6134.0
铁路、船舶、航空航天和其他运输设备制造业	Manufacture of Railway, Ship, Aerospace and Other Transport Equipments	7560.5	5594.8	2856.6
电气机械和器材制造业	Manufacture of Electrical Machinery and Apparatus	20378.5	13462.0	7315.2
计算机、通信和其他电子设备制造业	Manufacture of Computers, Communication and Other Electronic Equipment	16953.0	12114.5	6953.2
仪器仪表制造业	Manufacture of Measuring Instruments and Machinery	2906.3	1899.9	973.5
其他制造业	Other Manufacture	3679.3	2864.2	1229.1
废弃资源综合利用业	Utilization of Waste Resources	1415.8	879.9	485.5
金属制品、机械和设备修理业	Repair Service of Metal Products, Machinery and Equipment	696.8	402.3	175.7
电力、热力、燃气及水生产和供应业	**Production and Supply of Electricity, Heat, Gas and Water**	**60774.1**	**48157.8**	**20971.4**
电力、热力生产和供应业	Production and Supply of Electric Power and Heat Power	49505.8	39847.8	16631.7
燃气生产和供应业	Production and Supply of Gas	5530.5	4553.0	2702.0
水的生产和供应业	Production and Supply of Water	5737.7	3756.9	1637.7
建筑业	**Construction**	**7753.5**	**4906.5**	**2499.4**
房屋建筑业	Construction of Buildings	2557.2	1456.6	690.0
土木工程建筑业	Civil Engineering	4401.4	3086.8	1654.3
建筑安装业	Building Installation	242.0	96.9	46.0
建筑装饰和其他建筑业	Building Decoration and Other Constructions	552.9	266.2	109.1

Investment in Construction by Sector and Investment in Fixed Assets (Excluding Rural Households) by Composition of Funds and Type of Construction (2012)

(100 million yuan)

投资额 Investment	#新 建 New Construction	#扩 建 Expansion	#改建和技术改造 Reconstruction and Technical Transformation	建筑安装工程投资 Construction and Installation	设备工器具购置 Purchase of Equipment and Instruments	其他费用 Other Expenses
364854.1	**251045.6**	**47983.1**	**52413.6**	**236601.1**	**75938.3**	**52314.8**
8772.4	**5990.1**	**1635.7**	**989.4**	**6087.3**	**1354.0**	**1331.1**
3197.5	2329.4	507.9	316.7	2267.1	460.1	470.3
1010.6	683.3	222.5	92.3	585.8	70.5	354.4
2246.3	1645.1	470.1	113.0	1518.4	445.8	282.1
518.0	305.9	94.6	94.7	371.5	96.4	50.2
1800.0	1026.4	340.5	372.7	1344.6	281.3	174.1
13298.8	**6001.4**	**2658.7**	**4403.0**	**8184.7**	**3696.8**	**1417.2**
5370.2	2166.6	1076.5	2023.0	3066.5	1668.3	635.4
3076.5	1831.1	469.4	773.8	2455.1	333.1	288.3
1509.3	520.7	411.9	545.7	820.0	545.3	144.0
1385.5	569.8	282.3	511.1	834.3	405.4	145.7
1602.2	734.5	365.0	467.5	803.2	625.4	173.6
310.2	157.0	44.1	69.1	182.6	103.7	23.9
44.8	21.7	9.5	12.9	22.9	15.6	6.3
124403.9	**65063.9**	**24423.4**	**28844.9**	**63824.5**	**50299.6**	**10279.8**
6858.7	3640.6	1493.4	1571.5	3907.4	2349.7	601.6
3061.5	1573.4	607.4	769.7	1701.6	1127.1	232.9
2581.5	1198.7	605.7	658.1	1535.7	811.2	234.6
238.8	70.3	26.5	100.1	119.5	88.7	30.7
3971.5	1828.8	1053.7	872.8	1883.8	1800.4	287.3
2530.6	1417.3	526.9	471.1	1408.0	901.6	221.0
1312.9	736.3	283.7	235.0	753.3	438.6	121.0
2407.1	1139.6	566.2	641.9	1332.7	883.7	190.7
1532.0	855.2	310.5	323.6	906.2	464.3	161.5
2215.8	1063.6	500.3	570.3	1042.8	988.2	184.8
1056.6	462.1	233.5	278.4	532.8	440.8	83.0
1140.9	585.9	302.8	186.4	650.7	394.4	95.8
2500.5	1443.8	457.0	564.6	1262.5	1012.5	225.4
11263.0	5753.1	2096.4	2959.2	5194.7	5137.9	930.5
3578.1	1870.7	643.9	912.0	2048.2	1230.5	299.4
846.0	393.9	272.9	150.2	323.6	462.3	60.1
4343.3	2181.7	1022.2	885.8	2116.9	1857.9	368.4
12061.6	6287.4	2203.7	3120.2	6219.0	4853.1	989.5
5167.1	2070.2	1012.0	1794.1	2405.4	2359.5	402.2
4531.4	2540.3	623.3	1215.5	2257.3	1888.3	385.8
5882.1	2985.0	1328.5	1274.9	3077.6	2330.5	474.0
8474.8	4363.6	1803.4	1782.1	4288.0	3520.9	665.9
8463.3	4606.3	1611.9	1734.9	4453.6	3353.4	656.3
8060.7	4151.2	1396.4	1923.8	3788.2	3632.6	639.9
2319.8	1301.5	443.6	428.0	1299.5	812.5	207.8
8280.1	4867.2	1557.7	1462.4	4175.9	3467.5	636.6
5957.3	3269.8	799.9	1315.5	2854.1	2598.9	504.2
1309.1	725.5	227.6	266.0	716.9	480.2	112.0
1433.8	1071.1	179.7	145.1	999.0	269.0	165.9
720.8	452.3	93.2	167.0	391.4	245.0	84.3
303.3	157.4	59.4	64.7	178.0	98.5	26.8
16671.9	**10637.9**	**2893.1**	**2840.4**	**8833.2**	**6048.3**	**1790.4**
12947.9	8222.4	2272.1	2226.9	6327.2	5136.6	1484.1
1604.7	1188.3	218.6	175.0	974.8	497.9	132.0
2119.3	1227.2	402.4	438.6	1531.3	413.7	174.3
3685.3	**2632.2**	**401.6**	**388.9**	**2951.0**	**464.2**	**270.1**
1407.6	1135.0	110.7	82.5	1168.6	143.2	95.7
1785.7	1218.9	222.2	229.9	1447.3	204.4	134.0
144.7	79.6	15.4	26.6	97.4	39.9	7.3
347.4	198.7	53.2	50.0	237.6	76.7	33.1

5-11 续表

单位：亿元

指　　标	Item	建设总规模 Total Investment in Constru-ction	在建总规模 Total Invest-ment in Projects under Construction	在建净规模 Net Invest-ment in Projects under Construction
批发和零售业	**Wholesale and Retail Trades**	**21741.6**	**14417.4**	**7712.4**
批发业	Wholesale Trade	9903.0	6571.0	3542.1
零售业	Retail Trade	11838.6	7846.4	4170.3
交通运输、仓储和邮政业	**Transport, Storage and Post**	**126351.2**	**107883.6**	**48238.1**
铁路运输业	Railway Transport	37056.0	36139.0	14289.2
道路运输业	Road Transport	66456.2	54786.7	24872.5
水上运输业	Water Transport	7405.5	5669.3	2459.0
航空运输业	Air Transport	3183.6	2131.3	1125.3
管道运输业	Transport Via Pipelines	625.6	443.0	244.1
装卸搬运和运输代理业	Loading, Unloading and Forwarding Agency	2017.4	1435.1	907.7
仓储业	Storage	9446.5	7183.7	4301.2
邮政业	Post	160.5	95.4	39.2
住宿和餐饮业	**Hotels and Catering Services**	**12419.9**	**8849.0**	**4443.1**
住宿业	Hotels	10006.0	7573.4	3775.7
餐饮业	Catering Services	2413.9	1275.7	667.4
信息传输、软件和信息技术服务业	**Information Transmission, Software and Information Technology**	**5683.8**	**3533.4**	**1794.9**
电信、广播电视和卫星传输服务	Telecommunication, Radio and Television and Satellite Transmission Service	2637.6	1224.6	398.5
互联网和相关服务	Internet and Related Service	594.7	468.8	300.0
软件和信息技术服务业	Software and Information Technology	2431.5	1840.0	1096.4
金融业	**Financial Intermediation**	**2680.4**	**2169.7**	**1112.9**
货币金融服务	Monetary and Financial Service	1420.2	1047.9	520.0
资本市场服务	Capital Market Service	547.6	498.1	252.1
保险业	Insurance	402.5	371.9	206.3
其他金融业	Other Financial Activities	310.1	251.8	134.6
房地产业	**Real Estate**	**410765.5**	**359111.9**	**157908.7**
租赁和商务服务业	**Leasing and Business Services**	**13249.0**	**10376.4**	**5598.1**
租赁业	Leasing	348.0	106.3	58.2
商务服务业	Business Services	12901.0	10270.1	5539.9
科学研究和技术服务业	**Scientific Research and Technical Services**	**6236.6**	**4432.2**	**2364.2**
研究和试验发展	Research and Experimental Development	2552.5	2024.6	1136.6
专业技术服务业	Professional Technical Services	2000.6	1243.2	623.3
科技推广和应用服务业	Science and Technology Popularization and Application Services	1683.5	1164.4	604.3
水利、环境和公共设施管理业	**Management of Water Conservancy, Environment and Public Facilities**	**83022.4**	**61604.4**	**29456.5**
水利管理业	Management of Water Conservancy	12983.0	10315.2	4265.6
生态保护和环境治理业	Ecological Protection and Environmental Treatment	2805.3	1843.9	852.6
公共设施管理业	Management of Public Facilities	67234.1	49445.3	24338.3
居民服务、修理和其他服务业	**Service to Households, Repair and Other Services**	**3383.3**	**2201.4**	**1152.8**
居民服务业	Service to Households	1714.0	1096.7	556.0
机动车、电子产品和日用产品修理业	Repair of Motor Vehicle, Electronics and Household Products	870.7	567.7	406.9
其他服务业	Other Services	798.6	537.0	189.8
教育	**Education**	**10729.3**	**7034.2**	**2881.0**
卫生和社会工作	**Health and Social Service**	**6828.9**	**4749.1**	**2258.3**
卫生	Health	5880.6	4090.8	1892.6
社会工作	Social Service	948.3	658.3	365.8
文化、体育和娱乐业	**Culture, Sports and Entertainment**	**12923.0**	**10113.9**	**5561.4**
新闻和出版业	Journalism and Publishing Activities	258.0	215.8	107.0
广播、电视、电影和影视录音制作业	Radio, Television, Motion Picture and Videotape Programme Production Services	932.7	772.5	367.6
文化艺术业	Cultural and Art Activities	5098.0	3758.4	1999.0
体育	Sports Activities	2791.7	2132.6	1090.1
娱乐业	Entertainment	3842.6	3234.5	1997.7
公共管理、社会保障和社会组织	**Public Management, Social Security and Social Organization**	**11631.7**	**7150.4**	**3279.0**
中国共产党机关	Organs of Communist Party of China	72.3	53.4	18.4
国家机构	Government Agencies	8576.7	5443.7	2532.9
人民政协、民主党派	People's Political Consultative Conference and Democratic Parties	59.0	40.4	11.2
社会保障	Social Security	362.5	182.6	73.7
群众团体、社会团体和其他成员组织	Non-Governmental Organizations, Social Organizations and Membership Organizations	1136.0	705.2	320.1
基层群众自治组织	Grass Roots Self-Governing Organizations	1425.2	725.2	322.6
国际组织	**International Organizations**			

continued

(100 million yuan)

投资额 Investment	#新　建 New Construction	#扩　建 Expansion	#改建和技术改造 Reconstruction and Technical Transformation	建筑安装工程投资 Construction and Installation	设备工器具购置 Purchase of Equipment and Instruments	其他费用 Other Expenses
9762.9	**6831.6**	**1350.7**	**1267.4**	**6941.2**	**1501.2**	**1320.6**
4322.9	2844.5	656.6	599.1	2931.7	832.4	558.8
5440.0	3987.0	694.1	668.3	4009.5	668.8	761.8
30881.4	**22730.7**	**3011.5**	**3437.8**	**21581.0**	**4548.8**	**4751.6**
6128.8	5826.9	110.9	165.0	3678.9	1273.5	1176.4
17466.4	12380.2	1878.4	2738.2	13636.5	1106.3	2723.6
2008.4	1156.6	233.8	164.8	1128.5	674.7	205.2
1124.0	248.1	167.6	40.2	356.5	715.1	52.4
204.5	162.4	17.4	21.0	127.3	52.2	25.1
713.7	530.4	97.0	51.9	487.1	143.9	82.7
3166.4	2382.8	501.9	243.4	2121.8	564.1	480.4
69.1	43.3	4.4	13.3	44.4	19.0	5.7
5107.6	**3669.8**	**790.4**	**570.2**	**3830.6**	**597.6**	**679.3**
3712.6	2852.9	509.0	310.5	2811.3	394.4	506.9
1394.9	816.9	281.5	259.7	1019.3	203.2	172.4
2691.3	**1278.3**	**617.6**	**596.4**	**1441.5**	**1051.2**	**198.5**
1598.2	594.7	502.6	407.5	792.5	731.1	74.5
236.7	115.8	25.3	55.2	104.3	106.1	26.3
856.4	567.9	89.7	133.7	544.7	214.0	97.7
923.9	**605.7**	**70.1**	**157.4**	**549.7**	**179.9**	**194.4**
567.0	334.1	47.3	115.4	344.6	141.3	81.0
138.7	99.9	13.0	19.9	79.9	12.5	46.3
115.1	84.5	3.6	16.3	53.6	17.1	44.5
103.1	87.2	6.2	5.7	71.5	9.0	22.6
92639.4	**87658.1**	**1652.8**	**1459.2**	**69434.8**	**1647.7**	**21556.9**
4694.7	**3456.8**	**535.3**	**500.0**	**3397.5**	**505.0**	**792.2**
207.6	49.5	19.4	17.6	43.3	156.6	7.8
4487.1	3407.3	515.9	482.3	3354.2	348.4	784.5
2475.8	**1532.0**	**331.8**	**429.4**	**1585.3**	**538.8**	**351.7**
860.9	564.3	102.9	134.9	556.0	181.9	123.0
926.3	525.9	130.9	183.4	591.0	204.0	131.4
688.6	441.8	98.0	111.0	438.3	152.9	97.4
29618.4	**20216.3**	**4447.8**	**4569.5**	**23005.3**	**1391.5**	**5221.5**
4386.1	2758.4	668.7	895.1	3271.1	194.2	920.8
1080.4	610.1	125.1	306.8	784.3	145.4	150.7
24151.9	16847.8	3654.0	3367.6	18949.9	1052.0	4149.9
1685.8	**1054.6**	**292.8**	**238.9**	**1200.4**	**258.7**	**226.6**
874.0	568.0	135.4	130.5	699.6	88.0	86.3
366.8	196.7	56.1	66.5	223.4	107.8	35.7
445.0	289.9	101.2	41.9	277.4	62.9	104.6
4608.2	**2980.7**	**921.5**	**391.1**	**3758.4**	**394.5**	**455.3**
2617.0	**1540.3**	**478.2**	**210.2**	**1909.2**	**468.4**	**239.5**
2195.1	1212.4	424.6	187.2	1566.7	442.6	185.9
421.9	327.9	53.6	23.0	342.5	25.8	53.6
4268.1	**3169.4**	**558.5**	**432.9**	**3180.5**	**460.0**	**627.6**
69.4	48.8	14.3	4.8	55.8	3.9	9.7
246.5	147.8	26.1	56.9	164.5	51.4	30.6
1972.2	1406.5	301.1	215.5	1532.7	145.4	294.2
839.0	691.9	94.0	46.6	674.2	60.1	104.7
1141.0	874.4	122.9	109.1	753.3	199.2	188.4
6047.4	**3995.8**	**911.8**	**686.7**	**4905.0**	**532.1**	**610.3**
32.4	23.6	4.7	2.3	28.1	2.2	2.1
4322.0	2920.2	623.5	471.3	3515.8	416.1	390.0
17.6	13.5	1.1	1.4	11.6	4.9	1.1
217.4	139.2	23.5	41.0	175.2	8.4	33.8
572.6	320.4	155.1	44.8	431.5	59.5	81.5
885.5	578.8	104.0	126.0	742.8	40.9	101.9

5-12 各行业按隶属关系、登记注册类型和控股情况分固定资产投资(不含农户)(2012年)

单位：亿元

指标	Item	投资额 Investment	中央 Central Investment	地方 Local Investment
全国总计	**National Total**	**364854.1**	**23763.8**	**341090.4**
农、林、牧、渔业	**Agriculture, Forestry, Animal Husbandry and Fishery**	**8772.4**	**70.3**	**8702.1**
农业	Farming	3197.5	21.9	3175.7
林业	Forestry	1010.6	7.4	1003.2
畜牧业	Animal Husbandry	2246.3	4.9	2241.4
渔业	Fishery	518.0	0.0	518.0
农、林、牧、渔服务业	Service in Support of Agriculture	1800.0	36.1	1763.9
采矿业	**Mining**	**13298.8**	**3018.2**	**10280.5**
煤炭开采和洗选业	Mining and Washing of Coal	5370.2	400.7	4969.5
石油和天然气开采业	Extraction of Petroleum and Natural Gas	3076.5	2447.0	629.5
黑色金属矿采选业	Mining and Processing of Ferrous Metal Ores	1509.3	36.3	1472.9
有色金属矿采选业	Mining and Processing of Non-Ferrous Metal Ores	1385.5	49.0	1336.5
非金属矿采选业	Mining and Processing of Non-metal Ores	1602.2	7.8	1594.4
开采辅助活动	Support Activities for Mining	310.2	77.4	232.9
其他采矿业	Mining of Other Ores	44.8		44.8
制造业	**Manufacturing**	**124403.9**	**3108.0**	**121295.9**
农副食品加工业	Processing of Food from Agricultural Products	6858.7	35.2	6823.5
食品制造业	Manufacture of Foods	3061.5	11.1	3050.4
酒、饮料和精制茶制造业	Manufacture of Liquor, Beverages and Refined Tea	2581.5	2.0	2579.5
烟草制品业	Manufacture of Tobacco	238.8	73.5	165.3
纺织业	Manufacture of Textile	3971.5	4.6	3966.9
纺织服装、服饰业	Manufacture of Textile, Wearing Apparel and Accessories	2530.6	1.2	2529.4
皮革、毛皮、羽毛及其制品和制鞋业	Manufacture of Leather, Fur, Feather and Related Products and Footwear	1312.9	0.5	1312.4
木材加工和木、竹、藤、棕、草制品业	Processing of Timber, Manufacture of Wood, Bamboo, Rattan, Palm and Straw Products	2407.1	0.9	2406.2
家具制造业	Manufacture of Furniture	1532.0		1532.0
造纸及纸制品业	Manufacture of Paper and Paper Products	2215.8	1.2	2214.5
印刷和记录媒介复制业	Printing and Reproduction of Recording Media	1056.6	19.4	1037.2
文教、工美、体育和娱乐用品制造业	Manufacture of Articles for Culture, Education, Arts and Crafts, Sport and Entertainment Activities	1140.9	5.7	1135.2
石油加工、炼焦及核燃料加工业	Processing of Petroleum, Coking and Processing of Nuclear Fuel	2500.5	568.7	1931.7
化学原料及化学制品制造业	Manufacture of Raw Chemical Materials and Chemical Products	11263.0	494.0	10769.0
医药制造业	Manufacture of Medicines	3578.1	43.5	3534.6
化学纤维制造业	Manufacture of Chemical Fibres	846.0	11.4	834.5
橡胶和塑料制品业	Manufacture of Rubber and Plastics Products	4343.3	18.6	4324.7
非金属矿物制品业	Manufacture of Non-metallic Mineral Products	12061.6	80.6	11981.0
黑色金属冶炼和压延加工业	Smelting and Pressing of Ferrous Metals	5167.1	295.1	4872.0
有色金属冶炼和压延加工业	Smelting and Pressing of Non-ferrous Metals	4531.4	105.4	4426.0
金属制品业	Manufacture of Metal Products	5882.1	22.9	5859.1
通用设备制造业	Manufacture of General Purpose Machinery	8474.8	108.2	8366.6
专用设备制造业	Manufacture of Special Purpose Machinery	8463.3	181.8	8281.4
汽车制造业	Manufacture of Automobiles	8060.7	403.2	7657.4
铁路、船舶、航空航天和其他运输设备制造业	Manufacture of Railway, Ship, Aerospace and Other Transport Equipment and Other Transport Equipment	2319.8	353.8	1966.0
电气机械和器材制造业	Manufacture of Electrical Machinery and Apparatus	8280.1	94.1	8186.0
计算机、通信和其他电子设备制造业	Manufacture of Computers, Communication and and Other Electronic Equipment	5957.3	74.1	5883.2
仪器仪表制造业	Manufacture of Measuring Instruments and Machinery	1309.1	20.7	1288.4
其他制造业	Other Manufacture	1433.8	37.8	1396.0
废弃资源综合利用业	Utilization of Waste Resources	720.8	14.9	705.9
金属制品、机械和设备修理业	Repair Service of Metal Products, Machinery and Equipment	303.3	23.6	279.7
电力、热力、燃气及水生产和供应业	**Production and Supply of Electricity, Heat, Gas and Water**	**16671.9**	**4590.4**	**12081.5**
电力、热力生产和供应业	Production and Supply of Electric Power and Heat Power	12947.9	4371.8	8576.1
燃气生产和供应业	Production and Supply of Gas	1604.7	194.4	1410.2
水的生产和供应业	Production and Supply of Water	2119.3	24.2	2095.1
建筑业	**Construction**	**3685.3**	**193.0**	**3492.3**
房屋建筑业	Construction of Buildings	1407.6	45.6	1362.0
土木工程建筑业	Civil Engineering	1785.7	123.7	1662.0
建筑安装业	Building Installation	144.7	10.8	133.9
建筑装饰和其他建筑业	Building Decoration and Other Constructions	347.4	12.9	334.4

Investment in Fixed Assets(Excluding Rural Households) by Sector, Jurisdiction of Management, Registration Status and Holding Type (2012)

(100 million yuan)

内 资 Domestic Funds	港澳台商投资 Funds from Hong Kong, Macao and Taiwan	外商投资 Foreign Funded	国有控股 State-holding	集体控股 Collective-holding	私人控股 Private-holding
344031.1	**10275.9**	**10547.1**	**124558.1**	**20402.5**	**176774.2**
8656.4	**49.1**	**66.9**	**2544.2**	**875.5**	**4682.2**
3147.3	18.3	32.0	762.3	397.1	1757.9
1000.7	4.3	5.6	583.9	74.4	289.3
2207.2	17.2	21.8	217.2	114.7	1737.5
511.4	1.9	4.7	49.0	65.8	373.7
1789.8	7.3	2.8	931.8	223.5	523.8
13080.5	**143.5**	**74.7**	**6089.3**	**643.4**	**5850.1**
5300.9	57.2	12.1	2424.2	408.1	2238.8
3000.8	39.3	36.5	2862.3	12.1	112.4
1500.2	4.3	4.8	240.9	69.2	1127.9
1369.4	4.9	11.2	334.4	86.0	863.7
1578.4	14.9	8.9	83.1	51.6	1349.5
286.5	22.4	1.3	142.4	15.6	120.0
44.3	0.5		2.0	0.7	37.8
113678.6	**3975.0**	**6750.3**	**13224.4**	**3942.9**	**91213.5**
6565.3	121.2	172.2	264.7	162.7	5773.4
2761.5	112.8	187.2	112.0	62.2	2445.5
2313.4	100.8	167.3	191.1	80.9	1891.0
230.2		8.6	192.2	3.6	22.2
3730.4	136.5	104.6	111.4	91.5	3422.2
2330.4	107.8	92.4	55.3	59.6	2162.7
1170.4	84.9	57.6	18.5	25.5	1093.9
2345.2	21.6	40.3	74.2	48.2	2118.9
1458.7	34.2	39.1	30.8	28.8	1333.3
1885.9	130.0	199.9	108.3	43.1	1661.4
1011.5	30.8	14.3	59.3	25.1	874.1
1026.7	69.2	45.0	28.7	16.0	906.6
2259.5	40.2	200.8	821.3	97.2	1311.6
10366.0	312.7	584.3	1918.3	398.6	7529.4
3313.4	120.6	144.1	243.6	144.8	2722.4
686.5	95.0	64.4	55.3	12.9	603.5
3962.4	124.7	256.1	177.4	119.7	3542.7
11594.2	229.3	238.0	589.7	289.0	10100.8
4947.1	84.7	135.3	1203.3	256.5	3288.9
4256.4	119.5	155.5	855.4	113.7	2997.7
5520.4	159.5	202.1	257.7	142.1	4843.8
7866.9	187.0	420.8	595.7	202.9	6765.0
7893.9	142.7	426.7	734.3	387.1	6368.2
6626.2	206.0	1228.4	1497.3	423.8	4557.2
2161.3	51.4	107.0	636.6	103.4	1328.8
7549.2	290.4	440.5	498.8	273.1	6327.2
4365.8	734.1	857.4	949.9	135.3	3038.9
1129.6	84.8	94.6	184.2	37.3	837.8
1391.6	15.7	26.5	585.3	112.4	628.8
686.3	18.3	16.2	101.7	31.7	531.9
272.1	8.5	22.7	72.3	14.4	175.7
16168.7	**324.7**	**178.5**	**11685.2**	**710.9**	**3257.1**
12598.7	239.2	110.1	9437.5	475.8	2290.2
1501.5	50.5	52.7	750.6	76.8	629.0
2068.6	35.0	15.7	1497.1	158.3	337.9
3641.3	**28.4**	**15.6**	**2147.1**	**331.5**	**825.2**
1399.3	0.9	7.4	690.3	154.7	409.5
1762.0	18.3	5.4	1318.1	139.3	181.4
136.7	7.0	1.0	41.4	11.2	60.2
343.3	2.2	1.9	97.3	26.3	174.2

5-12 续表

单位：亿元

指　　标	Item	投资额 Investment	中央 Central Investment	地方 Local Investment
批发和零售业	**Wholesale and Retail Trades**	**9762.9**	**113.9**	**9649.1**
批发业	Wholesale Trade	4322.9	49.0	4273.9
零售业	Retail Trade	5440.0	64.9	5375.1
交通运输、仓储和邮政业	**Transport, Storage and Post**	**30881.4**	**6802.5**	**24078.9**
铁路运输业	Railway Transport	6128.8	5303.2	825.6
道路运输业	Road Transport	17466.4	571.2	16895.2
水上运输业	Water Transport	2008.4	226.6	1781.8
航空运输业	Air Transport	1124.0	519.7	604.3
管道运输业	Transport Via Pipelines	204.5	48.2	156.4
装卸搬运和运输代理业	Loading, Unloading and Forwarding Agency	713.7	6.3	707.4
仓储业	Storage	3166.4	120.0	3046.3
邮政业	Post	69.1	7.4	61.7
住宿和餐饮业	**Hotels and Catering Services**	**5107.6**	**53.3**	**5054.3**
住宿业	Hotels	3712.6	51.9	3660.8
餐饮业	Catering Services	1394.9	1.4	1393.5
信息传输、软件和信息技术服务业	**Information Transmission, Software and Information Technology**	**2691.3**	**886.3**	**1805.0**
电信、广播电视和卫星传输服务	Telecommunication, Radio and Television and Satellite Transmission Service	1598.2	796.9	801.3
互联网和相关服务	Internet and Related Service	236.7	49.3	187.4
软件和信息技术服务业	Software and Information Technology	856.4	40.2	816.3
金融业	**Financial Intermediation**	**923.9**	**170.4**	**753.5**
货币金融服务	Monetary and Financial Service	567.0	97.4	469.6
资本市场服务	Capital Market Service	138.7	29.8	109.0
保险业	Insurance	115.1	40.8	74.3
其他金融业	Other Financial Activities	103.1	2.4	100.7
房地产业	**Real Estate**	**92639.4**	**2335.3**	**90304.1**
租赁和商务服务业	**Leasing and Business Services**	**4694.7**	**55.7**	**4639.0**
租赁业	Leasing	207.6		207.6
商务服务业	Business Services	4487.1	55.7	4431.4
科学研究和技术服务业	**Scientific Research and Technical Services**	**2475.8**	**352.2**	**2123.5**
研究和试验发展	Research and Experimental Development	860.9	213.1	647.7
专业技术服务业	Professional Technical Services	926.3	103.4	822.9
科技推广和应用服务业	Science and Technology Popularization and Application Services	688.6	35.7	652.9
水利、环境和公共设施管理业	**Management of Water Conservancy, Environment and Public Facilities**	**29618.4**	**1196.3**	**28422.1**
水利管理业	Management of Water Conservancy	4386.1	772.0	3614.1
生态保护和环境治理业	Ecological Protection and Environmental Treatment	1080.4	13.2	1067.2
公共设施管理业	Management of Public Facilities	24151.9	411.1	23740.7
居民服务、修理和其他服务业	**Service to Households, Repair and Other Services**	**1685.8**	**27.7**	**1658.1**
居民服务业	Service to Households	874.0	27.6	846.4
机动车、电子产品和日用产品修理业	Repair of Motor Vehicle, Electronics and Household Products	366.8	0.1	366.7
其他服务业	Other Services	445.0		445.0
教育	**Education**	**4608.2**	**235.0**	**4373.2**
卫生和社会工作	**Health and Social Service**	**2617.0**	**105.9**	**2511.1**
卫生	Health	2195.1	98.0	2097.1
社会工作	Social Service	421.9	7.9	414.0
文化、体育和娱乐业	**Culture, Sports and Entertainment**	**4268.1**	**76.5**	**4191.6**
新闻和出版业	Journalism and Publishing Activities	69.4	6.9	62.5
广播、电视、电影和影视录音制作业	Radio, Television, Motion Picture and Videotape Programme Production Services	246.5	10.5	236.0
文化艺术业	Cultural and Art Activities	1972.2	22.7	1949.5
体育	Sports Activities	839.0	6.1	833.0
娱乐业	Entertainment	1141.0	30.4	1110.6
公共管理、社会保障和社会组织	**Public Management, Social Security and Social Organization**	**6047.4**	**372.8**	**5674.6**
中国共产党机关	Organs of Communist Party of China	32.4	2.3	30.1
国家机构	Government Agencies	4322.0	354.5	3967.4
人民政协、民主党派	People's Political Consultative Conference and Democratic Parties	17.6	0.3	17.3
社会保障	Social Security	217.4	2.4	215.0
群众团体、社会团体和其他成员组织	Non-Governmental Organizations, Social Organizations and Membership Organizations	572.6	12.5	560.1
基层群众自治组织	Grass Roots Self-Governing Organizations	885.5	0.8	884.7
国际组织	**International Organizations**			

continued

(100 million yuan)

内　资 Domestic Funds	港澳台商投资 Funds from Hong Kong, Macao and Taiwan	外商投资 Foreign Funded	国有控股 State-holding	集体控股 Collective-holding	私人控股 Private-holding
9454.7	**140.7**	**167.6**	**1192.9**	**760.8**	**6736.9**
4249.4	35.8	37.7	480.5	272.1	3188.5
5205.3	104.9	129.8	712.4	488.8	3548.5
30471.9	**220.0**	**189.5**	**24704.4**	**879.5**	**4222.0**
6118.1	10.6	0.2	5969.9	30.4	123.7
17384.1	43.9	38.5	15385.8	526.9	1124.6
1901.7	67.9	38.8	1350.1	77.2	442.2
1114.9	9.1		1023.3	40.6	35.6
197.7	5.8	1.1	145.3	7.5	38.2
685.6	19.3	8.8	85.5	35.9	504.0
3001.1	63.5	101.7	714.0	158.3	1925.7
68.7		0.4	30.6	2.5	28.1
4767.5	**209.7**	**130.4**	**693.3**	**276.4**	**3413.5**
3420.6	195.9	96.1	561.9	188.4	2403.3
1346.9	13.8	34.2	131.4	88.0	1010.3
2327.4	**166.6**	**197.3**	**1603.1**	**80.9**	**523.5**
1363.6	85.5	149.0	1228.1	23.4	46.1
171.1	46.5	19.1	114.2	3.1	75.6
792.7	34.6	29.2	260.8	54.4	401.8
905.1	**5.0**	**13.7**	**557.7**	**108.6**	**202.1**
550.9	4.5	11.6	350.3	82.3	93.1
136.8	0.5	1.4	80.5	8.4	43.1
114.4		0.7	83.2	8.6	18.1
103.0	0.02		43.7	9.3	47.8
85575.5	**4645.4**	**2418.5**	**21522.9**	**6966.3**	**46585.9**
4487.1	**138.9**	**68.7**	**1623.0**	**509.6**	**2040.4**
202.8	1.6	3.2	22.3	15.8	97.0
4284.4	137.3	65.5	1600.7	493.8	1943.4
2388.8	**19.4**	**67.6**	**1212.0**	**187.6**	**865.2**
819.6	6.7	34.6	461.5	42.9	284.8
900.5	3.4	22.4	494.8	96.5	264.7
668.7	9.3	10.6	255.7	48.1	315.6
29435.2	**107.8**	**75.3**	**23290.5**	**2030.7**	**2903.5**
4373.9	2.7	9.5	3910.1	241.2	149.0
1067.8	4.0	8.6	731.3	93.8	196.2
23993.5	101.2	57.2	18649.1	1695.7	2558.4
1662.6	**7.7**	**15.5**	**596.2**	**228.5**	**691.1**
872.0	0.9	1.1	332.4	152.6	294.5
357.8	0.8	8.3	81.4	23.4	220.5
432.9	6.0	6.1	182.4	52.5	176.1
4578.1	**18.3**	**11.7**	**3496.5**	**323.0**	**576.5**
2597.7	**9.5**	**9.7**	**1933.4**	**176.9**	**376.4**
2178.2	7.6	9.3	1720.4	137.4	246.9
419.5	1.9	0.4	212.9	39.6	129.6
4119.6	**56.5**	**92.0**	**2024.5**	**386.3**	**1498.6**
69.2	0.1		49.0	6.4	8.1
245.8	0.7		136.2	33.0	64.8
1958.4	8.9	4.9	1069.4	241.5	530.1
804.8	25.8	8.5	504.7	41.8	204.4
1041.4	21.0	78.6	265.2	63.5	691.2
6034.3	**9.5**	**3.6**	**4417.6**	**983.1**	**310.3**
32.4			25.0	0.8	3.0
4316.7	4.9	0.4	3779.9	279.2	118.3
16.7		0.9	4.0	7.0	6.5
217.2		0.2	140.9	56.3	15.6
567.4	3.2	2.0	334.8	51.2	84.3
884.0	1.4	0.1	133.0	588.7	82.6

5-13 固定资产投资(不含农户)各行业实际到位资金和新增固定资产（2012年）

单位：亿元

指　　标	Item	本年实际到位资金小计 Actual Funds for Investment	国家预算资金 State Budget	国内贷款 Domestic Loans
全　国　总　计	**National Total**	**399835.1**	**18958.7**	**51292.4**
农、林、牧、渔业	**Agriculture, Forestry, Animal Husbandry and Fishery**	**8971.4**	**879.4**	**427.6**
农业	Farming	3275.7	203.9	149.1
林业	Forestry	985.9	169.0	36.2
畜牧业	Animal Husbandry	2339.2	59.6	133.4
渔业	Fishery	524.5	6.4	31.1
农、林、牧、渔服务业	Service in Support of Agriculture	1846.1	440.5	78.0
采矿业	**Mining**	**13589.0**	**107.4**	**1373.0**
煤炭开采和洗选业	Mining and Washing of Coal	5427.1	78.9	584.5
石油和天然气开采业	Extraction of Petroleum and Natural Gas	3108.2	11.9	464.7
黑色金属矿采选业	Mining and Processing of Ferrous Metal Ores	1601.8	2.1	91.7
有色金属矿采选业	Mining and Processing of Non-Ferrous Metal Ores	1443.6	4.6	104.8
非金属矿采选业	Mining and Processing of Non-metal Ores	1640.6	6.0	112.1
开采辅助活动	Support Activities for Mining	320.7	4.0	13.7
其他采矿业	Mining of Other Ores	47.1		1.5
制造业	**Manufacturing**	**130747.0**	**575.7**	**11877.3**
农副食品加工业	Processing of Food from Agricultural Products	7178.2	39.9	534.5
食品制造业	Manufacture of Foods	3233.4	7.7	252.8
酒、饮料和精制茶制造业	Manufacture of Liquor, Beverages and Refined Tea	2707.0	4.9	173.2
烟草制品业	Manufacture of Tobacco	266.0	4.9	11.1
纺织业	Manufacture of Textile	4146.1	5.3	331.8
纺织服装、服饰业	Manufacture of Textile, Wearing Apparel and Accessories	2628.7	5.2	143.3
皮革、毛皮、羽毛及其制品和制鞋业	Manufacture of Leather, Fur, Feather and Related Products and Footwear	1378.3	5.8	92.3
木材加工和木、竹、藤、棕、草制品业	Processing of Timber, Manufacture of Wood, Bamboo, Rattan, Palm and Straw Products	2509.8	11.6	156.1
家具制造业	Manufacture of Furniture	1619.1	2.3	90.6
造纸及纸制品业	Manufacture of Paper and Paper Products	2257.9	3.3	250.9
印刷和记录媒介复制业	Printing and Reproduction of Recording Media	1072.8	2.0	87.5
文教、工美、体育和娱乐用品制造业	Manufacture of Articles for Culture, Education, Arts and Crafts, Sport and Entertainment Activities	1158.6	0.8	67.7
石油加工、炼焦及核燃料加工业	Processing of Petroleum, Coking and Processing of Nuclear Fuel	2765.0	25.4	419.6
化学原料及化学制品制造业	Manufacture of Raw Chemical Materials and Chemical Products	11960.5	49.6	1497.1
医药制造业	Manufacture of Medicines	3755.4	9.0	320.6
化学纤维制造业	Manufacture of Chemical Fibres	1004.1	0.5	143.1
橡胶和塑料制品业	Manufacture of Rubber and Plastics Products	4544.8	3.4	397.9
非金属矿物制品业	Manufacture of Non-metallic Mineral Products	12430.4	20.3	860.6
黑色金属冶炼和压延加工业	Smelting and Pressing of Ferrous Metals	5412.6	33.4	568.0
有色金属冶炼和压延加工业	Smelting and Pressing of Non-ferrous Metals	4617.3	12.0	708.5
金属制品业	Manufacture of Metal Products	6108.5	9.8	419.5
通用设备制造业	Manufacture of General Purpose Machinery	8842.1	23.1	666.5
专用设备制造业	Manufacture of Special Purpose Machinery	8851.7	19.6	727.0
汽车制造业	Manufacture of Automobiles	8488.0	19.5	699.9
铁路、船舶、航空航天和其他运输设备制造业	Manufacture of Railway, Ship, Aerospace and Other Transport Equipments	2580.2	56.5	207.2
电气机械和器材制造业	Manufacture of Electrical Machinery and Apparatus	8823.6	24.5	841.4
计算机、通信和其他电子设备制造业	Manufacture of Computers, Communication and Other Electronic Equipment	6488.1	87.5	698.5
仪器仪表制造业	Manufacture of Measuring Instruments and Machinery	1346.7	28.1	99.5
其他制造业	Other Manufacture	1500.9	45.5	318.3
废弃资源综合利用业	Utilization of Waste Resources	737.6	11.2	62.6
金属制品、机械和设备修理业	Repair Service of Metal Products, Machinery and Equipment	333.5	3.1	29.8
电力、热力、燃气及水生产和供应业	**Production and Supply of Electricity, Heat, Gas and Water**	**17199.4**	**1116.1**	**4695.5**
电力、热力生产和供应业	Production and Supply of Electric Power and Heat Power	13380.2	668.7	4295.3
燃气生产和供应业	Production and Supply of Gas	1685.0	58.9	210.1
水的生产和供应业	Production and Supply of Water	2134.1	388.5	190.2
建筑业	**Construction**	**3822.8**	**610.8**	**310.4**
房屋建筑业	Construction of Buildings	1444.3	159.0	66.3
土木工程建筑业	Civil Engineering	1859.4	425.8	229.5
建筑安装业	Building Installation	148.2	10.5	2.7
建筑装饰和其他建筑业	Building Decoration and Other Constructions	370.9	15.4	11.9

Actual Funds for Investment and Newly Increased Fixed Assets (Excluding Rural Households) by Sector (2012)

(100 million yuan)

利用外资 Foreign Investment	自筹资金 Self-raising Funds	其他资金 Others	投资额 Investment	新增固定资产 Newly Increased Fixed Assets	固定资产交付使用率(%) Rate of Projects of Fixed Assets Completed and Put into Use (%)
4468.8	**268560.2**	**56555.0**	**364854.1**	**222399.8**	**61.0**
48.6	**6948.6**	**667.2**	**8772.4**	**6731.5**	**76.7**
22.7	2659.4	240.7	3197.5	2388.2	74.7
3.9	648.4	128.5	1010.6	770.9	76.3
12.9	2027.5	105.9	2246.3	1771.7	78.9
3.5	461.3	22.1	518.0	375.8	72.5
5.6	1152.0	170.0	1800.0	1425.0	79.2
108.2	**11565.4**	**435.0**	**13298.8**	**9290.9**	**69.9**
6.6	4596.1	160.9	5370.2	3053.9	56.9
45.0	2456.2	130.4	3076.5	2516.0	81.8
8.6	1466.8	32.5	1509.3	1138.1	75.4
7.3	1288.0	38.9	1385.5	1098.7	79.3
7.3	1449.2	66.1	1602.2	1251.4	78.1
33.4	264.8	4.8	310.2	206.3	66.5
	44.3	1.3	44.8	26.5	59.2
3148.1	**112552.0**	**2593.9**	**124403.9**	**86517.3**	**69.6**
86.7	6300.9	216.2	6858.7	5180.4	75.5
86.8	2822.3	63.9	3061.5	2116.7	69.1
63.4	2413.4	52.0	2581.5	1797.5	69.6
2.0	244.9	3.2	238.8	108.8	45.6
78.2	3649.1	81.7	3971.5	2960.8	74.6
63.1	2351.6	65.6	2530.6	2033.0	80.3
62.0	1190.2	27.9	1312.9	941.5	71.7
26.7	2250.4	65.0	2407.1	1890.7	78.5
19.3	1483.1	23.8	1532.0	1186.7	77.5
106.1	1841.3	56.3	2215.8	1629.3	73.5
10.2	945.6	27.5	1056.6	809.3	76.6
41.6	1021.2	27.4	1140.9	834.6	73.2
47.8	2214.5	57.7	2500.5	1440.9	57.6
247.9	9950.6	215.3	11263.0	7325.5	65.0
53.5	3302.5	69.8	3578.1	2137.7	59.7
30.1	807.6	22.7	846.0	550.1	65.0
132.6	3906.8	104.0	4343.3	3125.3	72.0
145.9	11093.9	309.7	12061.6	8983.9	74.5
62.1	4663.1	85.9	5167.1	3534.6	68.4
40.9	3752.8	103.2	4531.4	2897.5	63.9
111.9	5461.0	106.3	5882.1	4314.8	73.4
201.8	7792.5	158.2	8474.8	6096.2	71.9
160.1	7783.6	161.4	8463.3	5873.6	69.4
316.0	7362.8	89.9	8060.7	5013.5	62.2
27.7	2238.3	50.6	2319.8	1632.4	70.4
234.4	7599.4	123.8	8280.1	5727.7	69.2
568.0	4995.9	138.2	5957.3	4108.3	69.0
82.7	1119.2	17.1	1309.1	836.4	63.9
21.6	1066.5	48.8	1433.8	728.2	50.8
9.1	643.9	10.8	720.8	494.8	68.7
7.9	282.9	9.9	303.3	206.8	68.2
99.8	**10556.9**	**731.0**	**16671.9**	**10495.4**	**63.0**
73.9	7763.4	578.9	12947.9	7962.4	61.5
11.5	1371.1	33.4	1604.7	885.6	55.2
14.4	1422.4	118.6	2119.3	1647.4	77.7
13.2	**2656.5**	**232.0**	**3685.3**	**2600.7**	**70.6**
6.9	1087.4	124.7	1407.6	990.0	70.3
5.2	1115.5	83.4	1785.7	1260.0	70.6
0.4	131.8	2.7	144.7	98.5	68.1
0.7	321.8	21.1	347.4	252.1	72.6

5-13 续表

单位：亿元

指　　标	Item	本年实际到位资金小计 Actual Funds for Investment	国家预算资金 State Budget	国内贷款 Domestic Loans
批发和零售业	**Wholesale and Retail Trades**	**10278.3**	**105.8**	**659.5**
批发业	Wholesale Trade	4551.1	36.4	314.9
零售业	Retail Trade	5727.2	69.4	344.7
交通运输、仓储和邮政业	**Transport, Storage and Post**	**30438.9**	**3940.8**	**9211.9**
铁路运输业	Railway Transport	6037.0	739.1	2653.7
道路运输业	Road Transport	16878.9	2890.3	5277.0
水上运输业	Water Transport	1968.6	101.0	385.0
航空运输业	Air Transport	1101.1	108.2	424.0
管道运输业	Transport Via Pipelines	227.7	20.5	50.1
装卸搬运和运输代理业	Loading, Unloading and Forwarding Agency	753.6	7.2	62.8
仓储业	Storage	3397.6	71.8	357.1
邮政业	Post	74.2	2.7	2.1
住宿和餐饮业	**Hotels and Catering Services**	**5352.9**	**48.4**	**416.1**
住宿业	Hotels	3892.2	43.7	335.5
餐饮业	Catering Services	1460.8	4.6	80.7
信息传输、软件和信息技术服务业	**Information Transmission, Software and Information Technology**	**2720.3**	**100.5**	**150.7**
电信、广播电视和卫星传输服务	Telecommunication, Radio and Television and Satellite Transmission Service	1596.4	57.2	43.9
互联网和相关服务	Internet and Related Service	237.8	5.1	15.8
软件和信息技术服务业	Software and Information Technology	886.1	38.2	91.1
金融业	**Financial Intermediation**	**968.1**	**39.9**	**28.6**
货币金融服务	Monetary and Financial Service	627.2	38.9	11.2
资本市场服务	Capital Market Service	147.8	0.04	11.3
保险业	Insurance	93.1	0.4	1.7
其他金融业	Other Financial Activities	100.0	0.5	4.4
房地产业	**Real Estate**	**118412.9**	**2096.6**	**16461.3**
租赁和商务服务业	**Leasing and Business Services**	**5170.9**	**147.9**	**569.8**
租赁业	Leasing	212.4	2.1	25.0
商务服务业	Business Services	4958.5	145.8	544.8
科学研究和技术服务业	**Scientific Research and Technical Services**	**2600.5**	**205.8**	**195.0**
研究和试验发展	Research and Experimental Development	905.3	102.3	80.4
专业技术服务业	Professional Technical Services	972.1	74.6	52.1
科技推广和应用服务业	Science and Technology Popularization and Application Services	723.0	28.9	62.5
水利、环境和公共设施管理业	**Management of Water Conservancy, Environment and Public Facilities**	**29714.9**	**5395.8**	**3611.5**
水利管理业	Management of Water Conservancy	4324.1	1318.1	438.5
生态保护和环境治理业	Ecological Protection and Environmental Treatment	1093.0	207.6	103.7
公共设施管理业	Management of Public Facilities	24297.8	3870.1	3069.2
居民服务、修理和其他服务业	**Service to Households, Repair and Other Services**	**1768.7**	**141.0**	**181.4**
居民服务业	Service to Households	924.5	64.7	78.1
机动车、电子产品和日用产品修理业	Repair of Motor Vehicle, Electronics and Household Products	379.1	34.6	13.2
其他服务业	Other Services	465.1	41.7	90.2
教育	**Education**	**4660.8**	**1148.2**	**311.9**
卫生和社会工作	**Health and Social Service**	**2789.1**	**450.7**	**278.0**
卫生	Health	2342.4	382.5	261.5
社会工作	Social Service	446.7	68.2	16.5
文化、体育和娱乐业	**Culture, Sports and Entertainment**	**4525.5**	**452.9**	**311.9**
新闻和出版业	Journalism and Publishing Activities	74.5	3.9	16.1
广播、电视、电影和影视录音制作业	Radio, Television, Motion Picture and Videotape Programme Production Services	272.0	24.8	16.9
文化艺术业	Cultural and Art Activities	2059.9	290.2	117.4
体育	Sports Activities	886.5	116.4	66.7
娱乐业	Entertainment	1232.6	17.7	94.7
公共管理、社会保障和社会组织	**Public Management, Social Security and Social Organization**	**6103.5**	**1395.1**	**221.0**
中国共产党机关	Organs of Communist Party of China	31.2	7.1	0.6
国家机构	Government Agencies	4301.7	1208.5	156.0
人民政协、民主党派	People's Political Consultative Conference and Democratic Parties	18.5	2.0	5.6
社会保障	Social Security	218.4	45.0	12.4
群众团体、社会团体和其他成员组织	Mass Organizations, Social Organizations and Other Membership Organizations	600.6	94.5	13.6
基层群众自治组织	Grass Roots Self-Governing Organizations	933.1	38.0	32.8
国际组织	**International Organizations**			

continued

(100 million yuan)

利用外资 Foreign Investment	自筹资金 Self-raising Funds	其他资金 Others	投资额 Investment	新　增 固定资产 Newly Increased Fixed Assets	固定资产 交付使用率(%) Rate of Projects of Fixed Assets Completed and Put into Use (%)
85.6	**9087.7**	**339.6**	**9762.9**	**6448.4**	**66.1**
18.7	4045.3	135.8	4322.9	2819.3	65.2
67.0	5042.4	203.7	5440.0	3629.1	66.7
146.7	**14513.3**	**2626.2**	**30881.4**	**15033.9**	**48.7**
13.1	1485.3	1145.9	6128.8	1741.2	28.4
45.7	7398.7	1267.2	17466.4	8798.7	50.4
25.4	1378.9	78.3	2008.4	1039.6	51.8
14.3	547.2	7.5	1124.0	956.9	85.1
2.2	154.0	0.9	204.5	119.1	58.2
3.4	660.8	19.4	713.7	476.7	66.8
42.5	2820.9	105.3	3166.4	1853.3	58.5
	67.5	1.9	69.1	48.4	70.1
74.7	**4621.5**	**192.3**	**5107.6**	**3178.6**	**62.2**
59.1	3320.3	133.6	3712.6	2139.7	57.6
15.6	1301.2	58.7	1394.9	1038.9	74.5
7.7	**2429.2**	**32.1**	**2691.3**	**1838.0**	**68.3**
3.2	1477.0	15.2	1598.2	1192.3	74.6
2.5	211.4	3.1	236.7	113.9	48.1
2.1	740.8	13.9	856.4	531.8	62.1
5.0	**876.5**	**18.1**	**923.9**	**458.5**	**49.6**
4.1	565.5	7.5	567.0	344.6	60.8
0.9	134.8	0.8	138.7	44.6	32.1
	90.8	0.2	115.1	28.8	25.0
0.02	85.4	9.7	103.1	40.6	39.4
446.8	**55188.4**	**44219.8**	**92639.4**	**45705.3**	**49.3**
46.6	**4198.8**	**207.9**	**4694.7**	**2387.3**	**50.9**
1.2	160.1	24.0	207.6	113.4	54.6
45.4	4038.7	183.9	4487.1	2274.0	50.7
29.8	**2084.4**	**85.5**	**2475.8**	**1566.3**	**63.3**
13.2	688.9	20.6	860.9	451.4	52.4
11.0	798.7	35.7	926.3	688.8	74.4
5.6	596.8	29.1	688.6	426.1	61.9
79.5	**17791.7**	**2836.5**	**29618.4**	**17571.8**	**59.3**
7.3	1732.1	828.0	4386.1	2297.3	52.4
2.7	703.9	75.2	1080.4	746.2	69.1
69.3	13355.7	1933.2	24151.9	14528.3	60.2
5.9	**1345.2**	**95.2**	**1685.8**	**1087.9**	**64.5**
2.6	723.1	56.1	874.0	559.2	64.0
1.3	321.4	8.5	366.8	263.7	71.9
2.0	300.6	30.6	445.0	265.0	59.5
47.4	**2836.6**	**316.7**	**4608.2**	**3189.0**	**69.2**
6.7	**1914.4**	**139.3**	**2617.0**	**1761.3**	**67.3**
5.3	1582.1	111.1	2195.1	1503.4	68.5
1.4	332.4	28.2	421.9	257.9	61.1
50.8	**3455.0**	**255.0**	**4268.1**	**2366.9**	**55.5**
	54.3	0.3	69.4	31.1	44.9
	217.5	12.8	246.5	142.8	57.9
18.5	1482.0	151.9	1972.2	1122.0	56.9
15.7	641.7	46.1	839.0	503.0	60.0
16.6	1059.6	44.0	1141.0	568.0	49.8
17.8	**3938.0**	**531.7**	**6047.4**	**4170.8**	**69.0**
	21.4	2.0	32.4	19.9	61.5
12.6	2565.7	358.8	4322.0	2904.2	67.2
	10.8	0.2	17.6	12.9	73.5
	147.8	13.3	217.4	177.6	81.7
3.0	415.3	74.2	572.6	382.6	66.8
2.2	777.0	83.2	885.5	673.6	76.1

5-14 按行业分固定资产投资(不含农户)
Investment in Fixed Assets (Excluding Rural Households) by Sector

单位：亿元 (100 million yuan)

年份 地区	Year Region	合计 Total	农、林、牧、渔业 Agriculture, Forestry, Animal Husbandry and Fishery	采矿业 Mining	制造业 Manufacturing	电力、热力、燃气及水生产和供应业 Production and Supply of Electricity, Heat, Gas and Water	建筑业 Construction	批发和零售业 Wholesale and Retail Trades
	2003	45811.7	535.0	1551.9	10744.0	3803.9	528.0	791.4
	2004	59028.2	645.1	2126.3	14657.2	5525.1	526.3	1117.2
	2005	75095.1	842.8	3234.3	20406.6	7286.6	664.3	1532.1
	2006	93368.7	1118.2	4152.5	26336.0	8260.7	795.7	1896.5
	2007	117464.5	1460.0	5256.1	35476.7	9088.9	992.5	2450.6
	2008	148738.3	2250.4	6846.8	46368.3	10489.1	1195.8	3193.0
	2009	193920.4	3356.4	8170.8	58706.1	13545.4	1569.1	4491.0
	2010	241430.9	3926.2	9694.7	74485.2	14591.3	2241.7	5233.4
	2011	302396.1	6819.2	11746.8	102566.3	14659.2	3239.9	7379.7
	2012	364854.1	8772.4	13298.8	124403.9	16671.9	3685.3	9762.9
北京	Beijing	6064.9	119.5	4.3	414.5	215.8	8.7	27.8
天津	Tianjin	7913.3	192.8	199.0	2315.1	283.9	48.6	243.9
河北	Hebei	19104.6	651.8	620.5	8004.2	713.4	44.2	658.3
山西	Shanxi	8584.9	328.8	1581.7	1941.5	606.5	16.4	192.8
内蒙古	Inner Mongolia	11749.8	501.6	1116.4	3825.3	1036.5	86.4	284.4
辽宁	Liaoning	21535.4	528.0	683.7	7489.9	776.2	457.1	763.1
吉林	Jilin	9262.2	208.4	547.8	4150.3	413.9	49.1	410.9
黑龙江	Heilongjiang	9375.4	545.8	596.0	3026.9	519.6	176.0	329.6
上海	Shanghai	5114.6	10.6	0.4	1080.6	163.0	1.5	62.1
江苏	Jiangsu	30473.7	179.5	85.6	14762.1	839.9	79.2	690.9
浙江	Zhejiang	17096.0	158.4	33.0	5305.4	727.9	27.2	320.6
安徽	Anhui	14943.8	301.9	389.8	6069.5	436.6	54.0	357.7
福建	Fujian	12182.5	216.8	163.0	3763.1	621.9	47.4	200.7
江西	Jiangxi	10378.4	288.5	265.4	5361.5	294.2	99.7	411.3
山东	Shandong	30319.8	679.6	570.3	12669.7	705.7	488.0	1273.0
河南	Henan	20558.6	746.7	690.8	9777.4	555.3	7.5	523.5
湖北	Hubei	15148.7	441.0	283.7	6246.7	402.9	40.4	409.8
湖南	Hunan	13966.3	428.4	524.6	4943.0	465.5	142.7	416.3
广东	Guangdong	18250.1	224.6	82.6	4923.9	1019.0	37.4	479.6
广西	Guangxi	9345.2	275.0	322.0	3236.2	462.8	27.7	269.4
海南	Hainan	2064.4	30.0	30.2	191.6	114.7	57.8	47.9
重庆	Chongqing	8610.4	319.0	167.7	2268.6	372.9	48.6	112.3
四川	Sichuan	16530.3	304.0	465.7	4325.6	1281.0	33.7	324.9
贵州	Guizhou	5504.9	44.0	279.8	1020.3	253.3	10.8	76.3
云南	Yunnan	7553.5	141.6	362.9	1222.9	952.0	5.8	230.7
西藏	Tibet	670.5	24.2	43.0	44.8	90.7	38.8	14.8
陕西	Shaanxi	11705.8	447.2	1041.8	2338.1	371.2	572.6	336.5
甘肃	Gansu	5040.0	152.4	339.5	970.8	634.2	790.6	138.7
青海	Qinghai	1808.7	68.8	82.6	505.0	235.6	62.0	18.0
宁夏	Ningxia	2033.0	60.5	151.5	628.0	226.3	31.3	53.6
新疆	Xinjiang	5858.0	153.0	747.9	1581.5	773.7	94.1	83.7
不分地区	Not Classified by Region	6106.4		825.6		105.5		

5-14 续表 1 continued

单位：亿元 (100 million yuan)

年 份 地 区	Year Region	交通运输、仓储和邮政业 Transport, Storage and Post	住宿和餐饮业 Hotels and Catering Services	信息传输、软件和信息技术服务业 Information Transmission, Software and Information Technology	金融业 Financial Intermediation	房地产业 Real Estate	租赁和商务服务业 Leasing and Business Services	科学研究和技术服务业 Scientific Research and Technical Services
	2003	5669.0	321.3	1645.7	86.2	11105.3	309.8	281.7
	2004	7091.5	438.1	1638.0	97.6	14547.0	361.7	311.8
	2005	8860.4	675.9	1561.6	105.6	17098.2	486.2	424.5
	2006	11224.5	938.7	1772.0	118.7	21586.2	662.6	465.1
	2007	12997.1	1329.9	1819.4	151.9	28619.2	860.7	521.2
	2008	15700.5	1735.0	2131.3	252.8	35914.2	1255.1	717.6
	2009	23271.3	2328.6	2543.5	348.5	43127.6	1880.4	1084.0
	2010	27883.1	2980.2	2392.9	477.7	57633.1	2486.4	1269.2
	2011	27765.9	3918.8	2174.2	638.7	75663.7	3379.9	1679.8
	2012	30881.4	5107.6	2691.3	923.9	92639.4	4694.7	2475.8
北 京	Beijing	696.1	55.3	162.0	26.6	3451.8	36.6	128.7
天 津	Tianjin	729.1	70.5	75.3	21.4	1814.6	588.4	48.9
河 北	Hebei	1522.7	214.7	88.8	24.4	4291.4	210.8	110.4
山 西	Shanxi	980.9	59.4	35.6	2.0	1670.7	25.9	34.9
内蒙古	Inner Mongolia	1143.9	104.7	83.1	25.2	1841.2	79.6	53.1
辽 宁	Liaoning	1044.4	428.5	133.1	63.9	5828.4	369.8	161.2
吉 林	Jilin	528.3	104.7	69.7	14.5	1498.6	48.1	59.7
黑龙江	Heilongjiang	498.6	91.5	124.6	31.6	1926.9	84.2	83.5
上 海	Shanghai	460.8	33.3	121.3	49.2	2399.7	136.1	39.5
江 苏	Jiangsu	1360.9	466.6	266.0	93.3	7588.2	678.2	324.8
浙 江	Zhejiang	1330.3	212.9	111.0	92.9	6330.4	222.0	58.9
安 徽	Anhui	542.4	215.4	72.8	62.6	4106.3	151.8	141.3
福 建	Fujian	1429.6	203.3	143.3	30.1	3439.3	147.4	22.5
江 西	Jiangxi	462.1	253.3	50.6	24.7	1373.1	121.9	38.5
山 东	Shandong	1591.0	441.4	91.2	51.6	6967.7	363.8	399.8
河 南	Henan	897.5	216.9	46.8	14.8	4618.6	84.7	75.5
湖 北	Hubei	1247.3	193.8	86.4	45.0	3201.5	227.7	81.4
湖 南	Hunan	1099.6	181.2	59.6	44.1	2896.9	296.6	116.8
广 东	Guangdong	1710.8	390.5	341.5	81.6	6430.2	175.0	118.2
广 西	Guangxi	904.4	161.3	92.8	23.0	1884.6	135.3	34.0
海 南	Hainan	141.9	187.0	34.9	0.6	961.9	15.7	5.0
重 庆	Chongqing	834.6	59.5	80.4	2.5	2922.6	92.0	15.9
四 川	Sichuan	2052.2	253.6	66.5	46.4	4685.8	110.9	60.2
贵 州	Guizhou	739.5	47.0	6.4		1700.7	30.6	8.8
云 南	Yunnan	780.5	146.6	59.7	4.9	2263.5	53.2	30.4
西 藏	Tibet	136.6	24.7	12.7	2.4	58.0	10.5	3.2
陕 西	Shaanxi	777.4	166.7	85.9	29.0	3501.2	110.5	119.4
甘 肃	Gansu	301.8	61.6	31.9	11.0	841.2	28.6	32.6
青 海	Qinghai	228.1	11.4	2.0	0.9	315.1	31.4	3.1
宁 夏	Ningxia	99.0	13.2	11.5	0.7	559.0	8.0	1.0
新 疆	Xinjiang	403.3	37.3	43.9	3.0	1270.4	19.4	17.9
不分地区	Not Classified by Region	4205.5						46.8

5-14 续表 2 continued

单位：亿元 (100 million yuan)

年份 地区	Year Region	水利、环境和公共设施管理业 Management of Water Conservancy, Environment and Public Facilities	居民服务、修理和其他服务业 Services to Households, Repair and Other Services	教育 Education	卫生和社会工作 Health and Social Service	文化、体育和娱乐业 Culture, Sports and Entertainment	公共管理、社会保障和社会组织 Public Management, Social Security and Social Organizations	国际组织 International Organizations
	2003	4220.2	65.6	1474.1	357.7	479.6	1841.2	0.3
	2004	4890.8	107.6	1803.0	446.9	531.2	2165.6	0.3
	2005	6097.9	135.5	1966.9	591.8	685.8	2438.1	
	2006	7506.7	183.6	2128.8	708.0	858.2	2655.8	0.1
	2007	9276.0	235.8	2220.9	809.4	1129.8	2768.4	
	2008	12279.1	312.7	2355.4	1065.9	1436.5	3239.0	
	2009	17878.9	518.6	3242.5	1698.0	2125.4	4034.2	
	2010	22333.7	757.1	3718.1	1959.5	2605.9	4761.6	
	2011	24520.7	1219.1	3890.4	2330.2	3155.6	5647.8	
	2012	29618.4	1685.8	4608.2	2617.0	4268.1	6047.4	
北京	Beijing	402.9	18.1	95.0	44.2	78.9	78.0	
天津	Tianjin	917.9	52.8	73.8	63.0	90.7	83.5	
河北	Hebei	1200.2	57.6	208.9	111.8	213.8	156.7	
山西	Shanxi	742.0	13.2	168.5	54.2	83.1	46.8	
内蒙古	Inner Mongolia	996.0	33.6	111.0	67.5	125.7	234.5	
辽宁	Liaoning	1677.4	202.0	196.2	161.9	282.6	287.9	
吉林	Jilin	760.5	47.5	66.1	69.6	83.4	131.2	
黑龙江	Heilongjiang	787.8	45.6	103.4	78.6	135.7	189.7	
上海	Shanghai	338.3	4.9	50.9	56.9	90.6	14.9	
江苏	Jiangsu	1897.5	103.3	301.7	156.6	329.1	270.3	
浙江	Zhejiang	1383.6	31.3	199.8	125.2	207.7	217.3	
安徽	Anhui	1273.6	44.1	204.0	107.7	158.0	254.4	
福建	Fujian	1072.1	30.7	194.9	73.0	186.0	197.5	
江西	Jiangxi	827.2	57.1	137.8	74.6	97.7	139.3	
山东	Shandong	1467.5	385.2	329.8	190.9	697.8	956.0	
河南	Henan	1497.2	100.7	278.1	160.0	182.3	84.2	
湖北	Hubei	1231.4	45.1	148.8	131.2	163.4	521.2	
湖南	Hunan	1410.5	68.8	211.1	111.9	113.5	435.2	
广东	Guangdong	1526.4	22.1	299.0	140.8	153.9	93.0	
广西	Guangxi	995.7	39.5	175.6	80.9	113.0	111.7	
海南	Hainan	154.6	4.8	31.1	21.7	20.2	12.9	
重庆	Chongqing	858.5	68.0	109.3	52.7	115.3	110.0	
四川	Sichuan	1801.8	57.7	202.2	149.9	162.8	145.4	
贵州	Guizhou	1069.8	8.0	117.2	19.6	50.7	22.1	
云南	Yunnan	787.7	22.5	184.9	70.5	114.3	118.8	
西藏	Tibet	46.9	4.7	18.4	7.9	14.1	74.0	
陕西	Shaanxi	959.2	56.8	166.1	133.9	90.7	401.8	
甘肃	Gansu	367.5	39.4	64.7	38.2	52.5	142.7	
青海	Qinghai	76.0	1.2	46.2	14.9	19.3	86.9	
宁夏	Ningxia	108.3	10.0	29.1	11.1	8.0	23.0	
新疆	Xinjiang	329.7	9.4	84.2	36.3	33.0	136.4	
不分地区	Not Classified by Region	652.9					270.1	

5-15 按项目规模分固定资产投资(不含农户)
Investment in Fixed Assets (Excluding Rural Households) by Size of Construction

单位：亿元 (100 million yuan)

年份 地区	Year Region	500万元-1亿元 5-100 Million Yuan	1-5亿元 100-500 Million Yuan	5-10亿元 500 Million-1 Billion Yuan	10亿元以上 1 Billion Yuan and More
	1995	3696.7	2493.9	1029.0	3807.5
	1996	4198.7	2931.8	1192.5	4371.5
	1997	4409.1	3163.0	1282.1	5342.0
	1998	5186.6	3585.9	1414.0	6508.7
	1999	5821.7	3899.7	1494.3	6164.7
	2000	6627.2	4485.1	1706.4	6219.1
	2001	7597.6	5301.7	1854.9	6655.6
	2002	9335.5	6335.3	2234.8	7505.8
	2003	12274.2	8911.0	3286.6	9271.2
	2004	14939.7	11576.9	4079.6	13246.6
	2005	19892.7	14564.0	5206.1	17835.3
	2006	27426.5	17001.4	6190.8	21604.9
	2007	35938.3	20513.0	7918.3	25853.8
	2008	47807.9	23486.1	10056.0	34181.1
	2009	67205.8	29222.3	13992.9	45210.4
	2010	73973.1	38334.1	19120.4	58885.2
	2011	103680.5	52773.6	23147.6	60997.5
	2012	117218.8	74461.3	32804.3	68565.9
北 京	Beijing	282.9	664.9	430.3	1533.3
天 津	Tianjin	2113.3	1547.5	912.8	2079.6
河 北	Hebei	5384.1	3926.0	2242.6	4465.5
山 西	Shanxi	2095.0	2536.4	833.2	2109.8
内蒙古	Inner Mongolia	4817.1	1693.1	587.2	3361.0
辽 宁	Liaoning	5190.6	4057.4	2330.2	4501.3
吉 林	Jilin	4326.9	1955.4	911.7	758.2
黑龙江	Heilongjiang	3465.0	1925.2	887.3	1562.1
上 海	Shanghai	652.7	694.2	484.9	901.4
江 苏	Jiangsu	9456.8	7687.2	2830.3	4293.4
浙 江	Zhejiang	5390.3	3167.0	1139.0	2173.5
安 徽	Anhui	5617.2	2859.9	1389.9	1925.2
福 建	Fujian	4132.5	1858.0	1301.3	2066.5
江 西	Jiangxi	5184.8	2557.0	726.5	940.5
山 东	Shandong	12432.5	7379.1	2440.1	3359.7
河 南	Henan	5394.2	6693.1	2663.6	2772.4
湖 北	Hubei	4033.7	4247.2	1601.3	2727.1
湖 南	Hunan	7707.3	1790.7	942.4	1315.3
广 东	Guangdong	5567.2	3205.1	719.0	3406.0
广 西	Guangxi	4907.0	1217.1	655.7	1010.4
海 南	Hainan	202.5	297.1	182.2	496.0
重 庆	Chongqing	2295.2	1196.0	768.5	1842.3
四 川	Sichuan	5680.7	3197.1	1832.0	2554.2
贵 州	Guizhou		1372.6	840.9	1823.8
云 南	Yunnan	2700.7	881.4	444.8	1744.5
西 藏	Tibet	305.1	124.4	76.2	157.9
陕 西	Shaanxi	3442.2	2300.9	1328.1	2798.7
甘 肃	Gansu	1823.2	1546.6	476.6	632.6
青 海	Qinghai	469.6	382.8	118.3	648.3
宁 夏	Ningxia	392.6	495.6	202.6	513.1
新 疆	Xinjiang	1755.9	998.1	494.6	2003.4
不分地区	Not Classified by Region	0.1	7.2	10.1	6088.9

注：本表不含房地产投资。
a) Data in this table do not include real estate investment.

5-16 能源工业固定资产投资(不含农户)
Investment in Energy Industry (Excluding Rural Households)

单位：亿元 (100 million yuan)

年份 Year 地区 Region		合计 Total	煤炭开采和洗选业 Mining and Washing of Coal	石油和天然气开采业 Extraction of Petroleum and Natural Gas	石油和炼焦加工业 Processing of Petroleum, Coking	电力、热力、燃气及水生产和供应业 Production and Supply of Electricity, Heat Gas and Water
	2003	5508.4	436.4	946.0	322.0	3803.9
	2004	7504.8	690.4	1112.3	637.9	5064.2
	2005	10205.6	1162.9	1463.6	801.3	6777.8
	2006	11826.3	1459.0	1822.2	939.3	7605.8
	2007	13698.6	1804.6	2225.5	1415.4	8253.2
	2008	16345.5	2399.2	2675.1	1827.5	9443.7
	2009	19477.9	3056.9	2791.5	1839.8	11789.7
	2010	21627.1	3784.7	2928.0	2035.1	12879.4
	2011	23045.6	4907.3	3022.0	2268.5	12847.9
	2012	25499.8	5370.2	3076.5	2500.5	14552.6
北京	Beijing	192.3			8.7	183.6
天津	Tianjin	447.0		172.0	26.5	248.5
河北	Hebei	1051.4	164.2	26.8	215.2	645.2
山西	Shanxi	2112.6	1352.2	88.3	101.8	570.3
内蒙古	Inner Mongolia	1826.8	674.4	53.6	126.1	972.7
辽宁	Liaoning	1059.0	72.3	90.7	230.8	665.2
吉林	Jilin	739.1	97.7	228.4	30.6	382.4
黑龙江	Heilongjiang	1113.3	207.9	312.5	105.8	487.1
上海	Shanghai	160.0			36.9	123.2
江苏	Jiangsu	839.7	17.9	28.2	117.0	676.7
浙江	Zhejiang	623.1	0.2		24.4	598.5
安徽	Anhui	623.5	206.0	0.7	59.7	357.1
福建	Fujian	728.4	62.2		146.3	519.9
江西	Jiangxi	298.3	64.8		26.1	207.5
山东	Shandong	1274.9	79.4	283.6	287.3	624.6
河南	Henan	784.9	247.6	59.5	77.1	400.7
湖北	Hubei	490.7	45.9	0.6	116.0	328.2
湖南	Hunan	607.0	223.0		19.0	365.0
广东	Guangdong	998.9		28.1	116.7	854.0
广西	Guangxi	472.8	25.2	0.4	55.9	391.3
海南	Hainan	123.7		3.0	29.3	91.4
重庆	Chongqing	483.0	92.0	12.2	65.5	313.2
四川	Sichuan	1427.3	261.1	6.2	43.4	1116.6
贵州	Guizhou	512.9	229.1		39.3	244.5
云南	Yunnan	1086.2	175.8		29.5	880.8
西藏	Tibet	89.7	0.2		0.2	89.3
陕西	Shaanxi	1343.2	593.2	299.5	129.9	320.6
甘肃	Gansu	851.2	138.5	75.2	31.0	606.4
青海	Qinghai	295.1	23.8	39.9	1.3	230.0
宁夏	Ningxia	421.6	143.8	0.9	57.0	219.9
新疆	Xinjiang	1491.3	171.9	440.5	146.1	732.8
不分地区	Not Classified by Region	931.0		825.6		105.5

5-17 固定资产投资(不含农户)房屋施工、竣工面积和房屋竣工价值
Value and Floor Space of Buildings under Construction and Buildings Completed (Excluding Rural Households)

年份 地区	Year Region	房屋施工面积(万平方米) Floor Space of Buildings under Construction (10 000 sq.m)	#住宅 Residential Buildings	房屋竣工面积(万平方米) Floor Space of Buildings Completed (10 000 sq.m)	#住宅 Residential Buildings	房屋竣工价值(亿元) Value of Buildings Completed (100 million yuan)	#住宅 Residential Buildings
	1995	120453.6	68557.9	58631.1	37489.1	4233.4	2171.8
	1996	123011.1	68834.7	61443.4	39450.5	4968.3	2634.2
	1997	120739.3	68568.0	62490.2	40550.2	5280.1	2833.6
	1998	136669.3	83872.8	70166.1	47616.9	6012.6	3358.8
	1999	144319.3	91835.4	79646.1	55868.9	6791.0	4012.2
	2000	151691.3	94441.6	80507.9	54859.9	7014.6	4122.1
	2001	166837.6	103643.6	85278.9	57476.5	7463.5	4463.7
	2002	189973.4	113848.5	93018.3	59793.6	8435.3	4920.0
	2003	221258.1	124386.5	93114.7	54971.5	10126.4	5883.7
	2004	259252.2	142936.6	101033.8	56897.3	11119.0	6144.1
	2005	304904.3	166143.4	118125.8	66141.9	13952.4	7682.8
	2006	345152.0	187898.4	120705.3	63046.9	15340.1	8196.2
	2007	414941.8	226159.7	134247.5	68820.8	18043.4	9622.2
	2008	489110.6	269918.4	147066.4	75969.1	21515.3	11371.6
	2009	577357.3	312039.7	164539.3	82101.5	27128.4	14081.3
	2010	706379.2	376588.5	175429.6	86879.8	31627.0	16270.8
	2011	917063.7	465729.7	226020.0	102513.2	42409.4	20829.2
	2012	1061721.8	516797.0	241315.7	107327.0	48800.7	23442.1
北京	Beijing	18929.6	8848.6	3184.0	1658.0	1064.8	454.6
天津	Tianjin	18874.8	8128.3	4479.4	2385.1	1164.4	638.8
河北	Hebei	62445.6	26486.0	13140.2	5150.9	2564.7	1109.7
山西	Shanxi	22879.6	14401.4	5018.0	2905.8	1060.3	652.4
内蒙古	Inner Mongolia	25406.7	13471.5	5774.7	2697.0	1101.9	523.1
辽宁	Liaoning	63822.2	30107.7	12691.5	5413.5	2853.4	1233.3
吉林	Jilin	16960.0	9085.7	4573.9	1859.2	1059.9	360.5
黑龙江	Heilongjiang	24213.1	13337.6	7249.5	4106.0	1485.8	724.0
上海	Shanghai	16871.6	8333.2	2817.9	1609.1	1202.0	692.6
江苏	Jiangsu	91452.9	37113.4	31052.2	9270.8	6303.8	2392.3
浙江	Zhejiang	74941.6	27194.8	15926.6	4172.8	2946.6	1019.1
安徽	Anhui	49520.7	22260.8	9214.4	4246.2	1657.9	881.2
福建	Fujian	44377.1	16299.5	8467.3	1943.3	1300.3	399.8
江西	Jiangxi	24763.0	10865.1	6359.0	2480.6	1016.3	405.6
山东	Shandong	82670.1	39972.3	18948.9	8595.9	3392.1	1661.5
河南	Henan	65885.0	29089.2	14702.6	6811.9	2051.9	1057.3
湖北	Hubei	34110.2	14890.7	10839.6	3694.3	2268.3	873.7
湖南	Hunan	29116.4	18707.3	6231.4	4263.7	1305.7	896.7
广东	Guangdong	60469.7	31098.0	13142.5	5486.9	3322.4	1673.1
广西	Guangxi	22597.4	13012.7	3893.5	2284.8	757.4	454.1
海南	Hainan	7076.4	4930.3	1063.6	855.0	450.9	345.8
重庆	Chongqing	28483.8	19593.8	5527.9	4279.3	1353.8	1038.9
四川	Sichuan	54541.2	30389.3	14541.8	6879.0	2883.7	1352.0
贵州	Guizhou	19128.1	10550.8	2621.5	1433.3	460.3	252.2
云南	Yunnan	24612.9	13641.0	4069.4	2355.1	767.7	438.2
西藏	Tibet	1374.7	561.7	411.9	339.2	45.8	22.7
陕西	Shaanxi	32331.6	18186.9	4830.7	2911.8	1089.0	654.4
甘肃	Gansu	11438.5	6884.6	2314.6	1399.8	494.8	276.7
青海	Qinghai	4948.7	2845.6	811.3	540.1	204.9	118.8
宁夏	Ningxia	7235.0	4153.7	1470.6	1031.2	315.5	220.2
新疆	Xinjiang	19119.7	11973.0	5553.3	4098.7	854.3	618.8
不分地区	Not Classified by Region	1124.0	382.5	392.0	168.5		

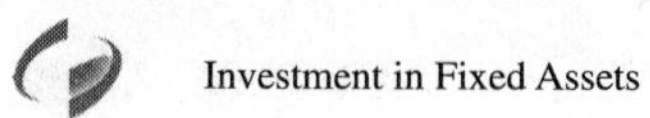

5-18 固定资产(不含农户)按行业分新增固定资产
Newly Increased Fixed Assets (Excluding Rural Households) by Sector

单位：亿元 (100 million yuan)

年份 地区	Year Region	合计 Total	农、林、牧、渔业 Agriculture, Forestry, Animal Husbandry and Fishery	采矿业 Mining	制造业 Manufacturing	电力、热力、燃气及水生产和供应业 Production and Supply of Electricity, Heat, Gas and Water	建筑业 Construction	批发和零售业 Wholesale and Retail Trades
	2003	28663.9	375.0	1182.9	6646.9	2228.4	344.3	535.5
	2004	34731.4	458.9	1398.0	9023.3	3110.0	364.6	717.4
	2005	45206.6	608.8	2015.8	13276.5	3429.3	374.8	1019.4
	2006	56290.9	807.0	2853.9	17268.0	4683.6	475.3	1266.7
	2007	67367.5	1094.8	3438.5	21654.6	6151.5	584.2	1604.8
	2008	84545.3	1694.1	3981.8	28335.2	6042.5	788.5	2238.9
	2009	113943.9	2529.3	5781.3	40317.0	7001.9	963.3	3250.9
	2010	136970.3	2865.0	5847.7	48751.7	8435.2	1363.9	3495.2
	2011	184353.9	5381.6	8139.1	70849.0	8940.8	2204.8	4921.5
	2012	222399.8	6731.5	9290.9	86517.3	10495.4	2600.7	6448.4
北京	Beijing	2284.3	65.9	6.5	181.0	63.2	11.2	9.1
天津	Tianjin	4512.2	153.2	48.1	1456.4	144.0	28.6	169.2
河北	Hebei	12617.8	531.2	523.6	5706.6	467.0	33.1	430.3
山西	Shanxi	5108.6	246.1	779.1	1261.8	467.0	12.9	123.9
内蒙古	Inner Mongolia	7809.8	447.7	779.2	2058.4	720.5	86.1	253.7
辽宁	Liaoning	12879.5	368.6	533.2	5306.6	508.9	274.0	472.0
吉林	Jilin	6763.1	185.8	442.3	3285.9	315.3	46.9	360.4
黑龙江	Heilongjiang	6455.1	460.2	537.2	2322.6	319.0	114.6	238.9
上海	Shanghai	2706.4	7.0		610.3	153.1	1.5	21.8
江苏	Jiangsu	22090.8	151.4	70.6	11896.9	569.8	57.7	510.3
浙江	Zhejiang	8232.8	103.4	28.3	3431.1	277.2	13.5	127.3
安徽	Anhui	8452.7	231.3	203.5	3797.3	301.7	37.2	223.7
福建	Fujian	6311.2	179.7	133.0	2698.4	357.3	30.3	121.4
江西	Jiangxi	7296.8	207.7	207.6	4027.7	190.9	70.6	323.5
山东	Shandong	19340.8	532.9	491.8	8592.5	471.2	382.5	865.3
河南	Henan	13036.6	529.9	560.8	6370.0	390.4	7.5	316.0
湖北	Hubei	8919.9	342.8	193.0	3978.9	251.9	30.5	286.7
湖南	Hunan	9040.1	309.1	441.3	3696.4	307.1	85.4	211.0
广东	Guangdong	11728.3	145.1	289.1	3853.4	884.5	26.8	350.7
广西	Guangxi	5395.7	205.8	241.4	2250.4	288.6	20.6	191.3
海南	Hainan	1111.7	21.4	4.9	81.8	29.1	47.6	33.1
重庆	Chongqing	5373.3	243.1	141.1	1518.2	195.1	97.6	68.8
四川	Sichuan	11619.1	219.4	388.5	3488.5	752.2	31.4	201.7
贵州	Guizhou	2100.4	25.4	132.2	487.7	144.5	1.6	27.2
云南	Yunnan	3856.9	114.4	253.5	781.4	455.3	5.0	123.6
西藏	Tibet	359.5	20.8	39.4	13.9	35.5	24.7	13.0
陕西	Shaanxi	6382.3	349.6	506.1	1366.1	328.9	406.5	189.8
甘肃	Gansu	2994.3	102.9	143.3	658.2	273.4	488.3	118.7
青海	Qinghai	927.2	45.9	31.4	223.3	187.2	35.2	7.5
宁夏	Ningxia	1218.4	47.1	31.4	297.4	231.1	22.3	15.9
新疆	Xinjiang	3552.7	137.0	482.6	818.0	414.6	69.0	42.7
不分地区	Not Classified by Region	1921.7		627.1				

5-18 续表 1 continued

单位：亿元 (100 million yuan)

年份 地区	Year Region	交通运输、仓储和邮政业 Transport, Storage and Post	住宿和餐饮业 Hotels and Catering Services	信息传输、软件和信息技术服务业 Information Transmission, Software and Information Technology	金融业 Financial Intermediation	房地产业 Real Estate	租赁和商务服务业 Leasing and Business Services	科学研究和技术服务业 Scientific Research and Technical Services
	2003	3531.4	204.5	1053.0	71.4	7242.0	171.7	146.7
	2004	4237.8	267.6	1153.3	111.4	7893.3	160.6	200.4
	2005	5235.8	431.7	958.2	81.5	10419.3	268.5	196.2
	2006	5751.0	580.4	1082.4	78.9	12968.5	279.0	258.5
	2007	6527.9	813.8	1077.7	114.6	14483.2	383.3	327.8
	2008	7802.7	1106.8	1197.8	178.6	18385.7	623.5	437.4
	2009	9593.1	1624.1	1567.3	247.1	22553.3	948.4	690.8
	2010	12387.4	1849.4	1514.7	226.3	27643.0	1323.5	749.9
	2011	13074.9	2539.3	1337.2	450.8	37294.8	1757.6	1060.4
	2012	15033.9	3178.6	1838.0	458.5	45705.3	2387.3	1566.3
北 京	Beijing	231.4	21.5	147.2	15.9	1133.6	21.7	50.6
天 津	Tianjin	214.5	51.4	58.0	7.3	1306.5	225.7	46.5
河 北	Hebei	964.1	141.5	36.4	13.6	2310.9	137.1	113.6
山 西	Shanxi	478.8	50.3	24.8	1.1	874.1	18.1	15.1
内蒙古	Inner Mongolia	748.3	98.2	70.3	24.4	1015.3	86.4	31.5
辽 宁	Liaoning	550.5	238.3	97.5	36.7	2489.6	198.1	104.6
吉 林	Jilin	350.2	60.4	74.1	9.8	711.0	34.2	46.1
黑龙江	Heilongjiang	371.3	65.2	31.3	16.5	1084.4	54.8	58.7
上 海	Shanghai	226.4	10.0	47.9	0.1	1397.1	35.6	30.2
江 苏	Jiangsu	778.1	331.2	215.9	49.2	4648.4	397.3	186.2
浙 江	Zhejiang	725.7	114.1	45.9	24.9	2103.9	67.1	12.3
安 徽	Anhui	291.7	133.9	46.5	54.3	1740.0	72.6	68.8
福 建	Fujian	560.5	99.1	103.2	20.2	939.5	65.7	7.2
江 西	Jiangxi	171.3	183.6	40.4	19.7	814.7	67.0	32.3
山 东	Shandong	967.6	258.6	53.1	35.0	3449.6	180.0	313.8
河 南	Henan	531.4	146.1	30.5	10.2	2537.5	49.5	25.3
湖 北	Hubei	487.2	115.1	48.9	18.5	1737.5	103.7	44.8
湖 南	Hunan	450.9	116.0	33.7	25.6	1696.7	172.5	76.7
广 东	Guangdong	807.4	239.4	269.2	19.0	3313.4	78.0	99.2
广 西	Guangxi	326.0	111.5	72.2	10.9	886.4	78.3	22.9
海 南	Hainan	69.7	95.0	40.1		505.3	3.8	1.4
重 庆	Chongqing	420.3	42.1	47.5	1.9	1727.4	27.3	8.5
四 川	Sichuan	1604.0	149.4	59.2	20.2	2736.0	84.5	39.2
贵 州	Guizhou	310.3	20.3	24.0		424.7	3.8	5.3
云 南	Yunnan	353.1	95.0	3.6	5.0	857.4	21.9	18.5
西 藏	Tibet	44.0	7.2	7.9	1.2	46.4	14.0	1.8
陕 西	Shaanxi	346.6	115.6	24.1	4.2	1344.0	57.7	65.6
甘 肃	Gansu	172.6	39.0	26.8	10.3	423.2	14.5	19.2
青 海	Qinghai	35.2	4.1	1.7	0.5	173.4	4.5	2.3
宁 夏	Ningxia	62.5	3.4	7.9		355.4	2.4	0.9
新 疆	Xinjiang	178.1	21.9	48.1	2.4	922.0	9.7	17.0
不分地区	Not Classified by Region	1204.4						

5-18 续表 2 continued

单位：亿元 (100 million yuan)

年 份 地 区	Year Region	水利、环境和公共设施管理业 Management of Water Conservancy, Environment and Public Facilities	居民服务、修理和其他服务业 Services to Households, Repair and Other Services	教 育 Education	卫生和社会工作 Health and Social Service	文化、体育和娱乐业 Culture, Sports and Entertainment	公共管理、社会保障和社会组织 Public Management, Social Security and Social Organizations	国际组织 International Organizations
	2003	2222.2	43.2	994.5	263.3	219.9	1186.7	0.3
	2004	2406.5	74.4	1209.5	308.5	243.3	1392.4	0.2
	2005	3068.2	75.4	1430.4	391.6	374.7	1550.5	
	2006	3707.0	121.1	1379.6	475.6	473.8	1780.6	0.1
	2007	4390.7	175.6	1573.9	566.8	541.0	1862.9	
	2008	6122.1	244.5	1613.0	683.7	815.2	2253.4	
	2009	9361.2	372.2	2098.2	1055.0	1134.1	2855.7	
	2010	11959.6	411.6	2364.2	1222.6	1448.1	3111.1	
	2011	15238.4	810.5	2864.3	1551.0	1868.3	4069.6	
	2012	17571.8	1087.9	3189.0	1761.3	2366.9	4170.8	
北 京	Beijing	137.4	9.6	59.9	29.5	57.8	30.9	
天 津	Tianjin	304.9	40.4	98.6	40.0	46.0	73.0	
河 北	Hebei	681.6	31.3	160.6	83.6	124.9	126.7	
山 西	Shanxi	536.0	8.5	83.4	44.4	49.2	34.2	
内蒙古	Inner Mongolia	955.4	19.5	101.3	55.4	74.9	183.3	
辽 宁	Liaoning	986.4	111.8	167.5	88.1	159.0	188.3	
吉 林	Jilin	574.1	36.1	48.1	44.1	40.4	97.9	
黑龙江	Heilongjiang	400.7	32.5	79.8	54.2	69.7	143.2	
上 海	Shanghai	116.5	1.7	23.6	13.7	6.2	3.6	
江 苏	Jiangsu	1321.8	81.4	243.3	128.6	208.0	244.8	
浙 江	Zhejiang	717.2	16.4	112.8	75.4	91.4	144.9	
安 徽	Anhui	775.5	34.7	124.1	61.9	84.2	169.7	
福 建	Fujian	597.8	16.5	127.4	39.5	83.5	131.1	
江 西	Jiangxi	574.4	43.0	103.4	62.0	58.8	98.3	
山 东	Shandong	967.7	254.8	243.9	116.8	466.0	697.7	
河 南	Henan	1044.0	48.8	209.6	88.0	91.1	50.0	
湖 北	Hubei	681.6	35.9	87.7	82.5	67.9	325.0	
湖 南	Hunan	795.2	39.2	116.9	72.2	65.9	328.3	
广 东	Guangdong	890.6	21.0	207.4	89.0	80.4	64.7	
广 西	Guangxi	368.1	24.5	93.9	58.3	63.6	80.8	
海 南	Hainan	85.9	2.4	17.5	51.0	13.4	8.2	
重 庆	Chongqing	584.8	46.9	70.1	33.1	36.9	62.6	
四 川	Sichuan	1301.3	27.9	166.6	122.2	123.8	103.2	
贵 州	Guizhou	442.9		18.8	9.0	10.9	12.0	
云 南	Yunnan	464.0	12.0	108.8	45.6	46.8	92.0	
西 藏	Tibet	21.4	2.5	8.6	5.1	5.9	46.1	
陕 西	Shaanxi	657.0	53.7	134.8	86.0	70.9	274.9	
甘 肃	Gansu	270.0	16.9	44.8	32.2	35.3	104.7	
青 海	Qinghai	51.3	0.8	50.4	14.7	10.4	47.5	
宁 夏	Ningxia	79.2	10.0	22.4	7.0	5.7	16.8	
新 疆	Xinjiang	187.0	7.2	53.2	28.3	18.0	95.9	
不分地区	Not Classified by Region						90.2	

5-19 固定资产投资(不含农户)施工、投产项目个数
Number of Construction Projects (Excluding Rural Households) under Construction and Put into Use

年份 Year 地区 Region		施工项目(个) Number of Projects under Construction (unit)	新开工项目(个) Number of Projects Started This Year (unit)	全部建成投产项目(个) Number of Projects Completed and Put into Use (unit)	项目建成投产率(%) Rate of Construction Projects Completed and Put into Use (%)
	1995	169163	103305	102115	60.4
	1996	176487	111211	108256	61.3
	1997	156865	98003	95560	60.9
	1998	172011	116513	102572	59.6
	1999	175253	111690	109355	62.4
	2000	170430	113225	103749	60.9
	2001	173950	118725	106021	60.9
	2002	181363	128224	104087	57.4
	2003	203215	148042	109155	53.7
	2004	215440	152363	113145	52.5
	2005	261535	190755	148753	56.9
	2006	283920	203963	162383	57.2
	2007	326204	231531	187525	57.5
	2008	359213	257075	220418	61.4
	2009	451262	339795	288033	63.8
	2010	463608	329321	289585	62.5
	2011	471376	327348	298499	63.3
	2012	462633	323062	286605	62.0
北京	Beijing	2268	768	559	24.7
天津	Tianjin	7260	5401	4565	62.9
河北	Hebei	21851	14242	14637	67.0
山西	Shanxi	10774	7285	6592	61.2
内蒙古	Inner Mongolia	9645	7330	6901	71.6
辽宁	Liaoning	18448	12058	12128	65.7
吉林	Jilin	10497	9156	7752	73.9
黑龙江	Heilongjiang	12109	9710	8592	71.0
上海	Shanghai	4229	2141	1265	29.9
江苏	Jiangsu	30065	21670	20897	69.5
浙江	Zhejiang	36693	22928	18253	49.8
安徽	Anhui	25187	18076	17020	67.6
福建	Fujian	20217	13438	12055	59.6
江西	Jiangxi	17762	13124	12655	71.3
山东	Shandong	35520	28613	25088	70.6
河南	Henan	27886	17278	16776	60.2
湖北	Hubei	18390	13894	11478	62.4
湖南	Hunan	25546	19659	16424	64.3
广东	Guangdong	18158	11380	9724	53.6
广西	Guangxi	19953	15464	12152	60.9
海南	Hainan	1674	866	746	44.6
重庆	Chongqing	9575	6264	6152	64.3
四川	Sichuan	23359	15043	12436	53.2
贵州	Guizhou	1728	959	444	25.7
云南	Yunnan	14941	10515	9235	61.8
西藏	Tibet	2341	1658	1346	57.5
陕西	Shaanxi	14583	9527	8610	59.0
甘肃	Gansu	5803	4097	3006	51.8
青海	Qinghai	3577	1999	1747	48.8
宁夏	Ningxia	2964	2119	1919	64.7
新疆	Xinjiang	9567	6388	5451	57.0
不分地区	Not Classified by Region	63	12		

注：本表不含房地产投资。
a) Data in this table do not include real estate investment.

5-20 固定资产投资(不含农户)新增固定资产及交付使用率
Newly Increased Fixed Assets and Rate of Projects of Fixed Assets (Excluding Rural Households) Completed and Put into Use

年份 Year 地区 Region	固定资产投资额(亿元) Investment in Fixed Assets (100 million yuan)	新增固定资产(亿元) Newly Increased Fixed Assets (100 million yuan)	固定资产交付使用率(%) Rate of Projects of Fixed Assets Completed and Put into Use (%)
1995	15643.7	10146.2	64.9
1996	(17627.7)	(13138.7)	(74.5)
	17567.2	13080.6	74.5
1997	19194.2	14959.9	77.9
1998	22491.4	17081.3	75.9
1999	23732.0	18682.7	78.7
2000	26221.8	20715.2	79.0
2001	30001.2	21666.3	72.2
2002	35488.8	24791.9	69.9
2003	45811.7	28663.9	62.6
2004	59028.2	34731.4	58.8
2005	75095.1	45206.6	60.2
2006	93368.7	56290.9	60.3
2007	117464.5	67367.5	57.4
2008	148738.3	84545.3	56.8
2009	193920.4	113943.9	58.8
2010	241430.9	136970.3	56.7
2011	302396.1	184353.9	61.0
2012	364854.1	222399.8	61.0
北京 Beijing	6064.9	2284.3	37.7
天津 Tianjin	7913.3	4512.2	57.0
河北 Hebei	19104.6	12617.8	66.1
山西 Shanxi	8584.9	5108.6	59.5
内蒙古 Inner Mongolia	11749.8	7809.8	66.5
辽宁 Liaoning	21535.4	12879.5	59.8
吉林 Jilin	9262.2	6763.1	73.0
黑龙江 Heilongjiang	9375.4	6455.1	68.9
上海 Shanghai	5114.6	2706.4	52.9
江苏 Jiangsu	30473.7	22090.8	72.5
浙江 Zhejiang	17096.0	8232.8	48.2
安徽 Anhui	14943.8	8452.7	56.6
福建 Fujian	12182.5	6311.2	51.8
江西 Jiangxi	10378.4	7296.8	70.3
山东 Shandong	30319.8	19340.8	63.8
河南 Henan	20558.6	13036.6	63.4
湖北 Hubei	15148.7	8919.9	58.9
湖南 Hunan	13966.3	9040.1	64.7
广东 Guangdong	18250.1	11728.3	64.3
广西 Guangxi	9345.2	5395.7	57.7
海南 Hainan	2064.4	1111.7	53.9
重庆 Chongqing	8610.4	5373.3	62.4
四川 Sichuan	16530.3	11619.1	70.3
贵州 Guizhou	5504.9	2100.4	38.2
云南 Yunnan	7553.5	3856.9	51.1
西藏 Tibet	670.5	359.5	53.6
陕西 Shaanxi	11705.8	6382.3	54.5
甘肃 Gansu	5040.0	2994.3	59.4
青海 Qinghai	1808.7	927.2	51.3
宁夏 Ningxia	2033.0	1218.4	59.9
新疆 Xinjiang	5858.0	3552.7	60.7
不分地区 Not Classified by Region	6106.4	1921.7	31.5

5-21 固定资产投资(不含农户)按行业分施工、投产项目个数（2012年）

Number of Construction Projects under Construction and Projects Completed and Projects Put into Use (Excluding Rural Households) by Sector (2012)

行业	Sector	施工项目（个）Number of Projects under Construction (unit)	#新开工 Started This Year	全部建成投产项目（个）Number of Projects Completed and Put into Use (unit)	项目建成投产率（%）Rate of Projects Completed & Put into Use (%)
全国总计	**National Total**	**462633**	**323062**	**286605**	**62.0**
农、林、牧、渔业	**Agriculture, Forestry, Animal Husbandry and Fishery**	**26426**	**20899**	**18512**	**70.1**
农业	Farming	9345	7344	6505	69.6
林业	Forestry	2731	2219	1979	72.5
畜牧业	Animal Husbandry	7189	5661	4976	69.2
渔业	Fishery	1356	1051	933	68.8
农、林、牧、渔服务业	Service in Support of Agriculture	5805	4624	4119	71.0
采矿业	**Mining**	**16355**	**11444**	**10928**	**66.8**
煤炭开采和洗选业	Mining and Washing of Coal	6570	4216	4109	62.5
石油和天然气开采业	Extraction of Petroleum and Natural Gas	403	312	246	61.0
黑色金属矿采选业	Mining and Processing of Ferrous Metal Ores	2523	1806	1767	70.0
有色金属矿采选业	Mining and Processing of Non-Ferrous Metal Ores	2305	1573	1525	66.2
非金属矿采选业	Mining and Processing of Non-metal Ores	4129	3188	3027	73.3
开采辅助活动	Support Activities for Mining	308	252	190	61.7
其他采矿业	Mining of Other Ores	117	97	64	54.7
制造业	**Manufacturing**	**195867**	**138202**	**127527**	**65.1**
农副食品加工业	Processing of Food from Agricultural Products	14185	10430	9468	66.8
食品制造业	Manufacture of Foods	5697	4159	3723	65.4
酒、饮料和精制茶制造业	Manufacture of Liquor, Beverages and Refined Tea	4672	3406	2959	63.3
烟草制品业	Manufacture of Tobacco	253	149	118	46.6
纺织业	Manufacture of Textile	8101	5957	5572	68.8
纺织服装、服饰业	Manufacture of Textile, Wearing Apparel and Accessories	6268	4593	4364	69.6
皮革、毛皮、羽毛及其制品和制鞋业	Manufacture of Leather, Fur, Feather and Related Products and Footwear	3074	2209	2040	66.4
木材加工和木、竹、藤、棕、草制品业	Processing of Timber, Manufacture of Wood, Bamboo, Rattan, Palm and Straw Products	6380	5022	4581	71.8
家具制造业	Manufacture of Furniture	3354	2399	2324	69.3
造纸及纸制品业	Manufacture of Paper and Paper Products	3521	2516	2344	66.6
印刷和记录媒介复制业	Printing and Reproduction of Recording Media	2175	1617	1507	69.3
文教、工美、体育和娱乐用品制造业	Manufacture of Articles for Culture, Education, Arts and Crafts, Sport and Entertainment Activities	2837	2092	1868	65.8
石油加工、炼焦及核燃料加工业	Processing of Petroleum, Coking and Processing of Nuclear Fuel	1604	940	851	53.05
化学原料及化学制品制造业	Manufacture of Raw Chemical Materials and Chemical Products	13327	9357	8684	65.2
医药制造业	Manufacture of Medicines	4992	3267	2789	55.9
化学纤维制造业	Manufacture of Chemical Fibres	793	508	492	62.0
橡胶和塑料制品业	Manufacture of Rubber and Plastics Products	8119	5755	5403	66.6
非金属矿物制品业	Manufacture of Non-metallic Mineral Products	22996	17020	16023	69.7
黑色金属冶炼和压延加工业	Smelting and Pressing of Ferrous Metals	4974	3282	3224	64.8
有色金属冶炼和压延加工业	Smelting and Pressing of Non-ferrous Metals	3968	2688	2460	62.0
金属制品业	Manufacture of Metal Products	10732	7637	7082	66.0
通用设备制造业	Manufacture of General Purpose Machinery	14927	10534	9788	65.6
专用设备制造业	Manufacture of Special Purpose Machinery	13400	9532	8697	64.9
汽车制造业	Manufacture of Automobiles	8871	5750	5279	59.5
铁路、船舶、航空航天和其他运输设备制造业	Manufacture of Railway, Ship, Aerospace and Other Transport Equipments	2849	1748	1636	57.4
电气机械和器材制造业	Manufacture of Electrical Machinery and Apparatus	11823	7699	7105	60.1
计算机、通信和其他电子设备制造业	Manufacture of Computers, Communication and Other Electronic Equipment	6435	4161	3726	57.9
仪器仪表制造业	Manufacture of Measuring Instruments and Machinery	1943	1283	1167	60.1
其他制造业	Other Manufacture	1955	1281	1184	60.56
废弃资源综合利用业	Utilization of Waste Resources	1173	881	766	65.3
金属制品、机械和设备修理业	Repair Service of Metal Products, Machinery and Equipment	469	330	303	64.61
电力、热力、燃气及水生产和供应业	**Production and Supply of Electricity, Heat, Gas and Water**	**19508**	**12582**	**11000**	**56.4**
电力、热力生产和供应业	Production and Supply of Electric Power and Heat Power	11711	7561	6533	55.8
燃气生产和供应业	Production and Supply of Gas	2197	1465	1254	57.1
水的生产和供应业	Production and Supply of Water	5600	3556	3213	57.4
建筑业	**Construction**	**6960**	**5377**	**4306**	**61.9**
房屋建筑业	Construction of Buildings	2682	1981	1568	58.5
土木工程建筑业	Civil Engineering	3239	2536	2005	61.9
建筑安装业	Building Installation	267	230	188	70.4
建筑装饰和其他建筑业	Building Decoration and Other Constructions	772	630	545	70.6

注：本表不含房地产投资。

a) Data in this table do not include real estate investment.

5-21 续表 continued

行业	Sector	施工项目（个）Number of Projects under Construc-tion (unit)	#新开工 Started This Year	全部建成投产项目（个）Number of Projects Completed and Put into Use (unit)	项目建成投产率(%) Rate of Projects Completed & Put into Use (%)
批发和零售业	**Wholesale and Retail Trades**	**17482**	**13290**	**11430**	**65.4**
批发业	Wholesale Trade	7640	5912	4952	64.8
零售业	Retail Trade	9842	7378	6478	65.8
交通运输、仓储和邮政业	**Transport, Storage and Post**	**27306**	**18142**	**15480**	**56.7**
铁路运输业	Railway Transport	649	271	217	33.4
道路运输业	Road Transport	19654	13340	11488	58.5
水上运输业	Water Transport	1183	615	492	41.6
航空运输业	Air Transport	230	113	95	41.3
管道运输业	Transport Via Pipelines	194	128	110	56.7
装卸搬运和运输代理业	Loading, Unloading and Forwarding Agency	999	709	579	58.0
仓储业	Storage	4222	2849	2386	56.5
邮政业	Post	175	117	113	64.6
住宿和餐饮业	**Hotels and Catering Services**	**9020**	**6646**	**5665**	**62.8**
住宿业	Hotels	5666	3876	3201	56.5
餐饮业	Catering Services	3354	2770	2464	73.5
信息传输、软件和信息技术服务业	**Information Transmission, Software and Information Technology**	**3495**	**2646**	**2293**	**65.6**
电信、广播电视和卫星传输服务	Telecommunication, Radio and Television and Satellite Transmission Service	2173	1703	1548	71.2
互联网和相关服务	Internet and Related Service	284	230	189	66.6
软件和信息技术服务业	Software and Information Technology	1038	713	556	53.6
金融业	**Financial Intermediation**	**1311**	**916**	**794**	**60.6**
货币金融服务	Monetary and Financial Service	915	641	573	62.6
资本市场服务	Capital Market Service	184	126	102	55.4
保险业	Insurance	115	82	69	60.0
其他金融业	Other Financial Activities	97	67	50	51.6
房地产业	**Real Estate**	**31663**	**20387**	**16587**	**52.4**
租赁和商务服务业	**Leasing and Business Services**	**5428**	**3822**	**2945**	**54.3**
租赁业	Leasing	238	191	167	70.2
商务服务业	Business Services	5190	3631	2778	53.5
科学研究和技术服务业	**Scientific Research and Technical Services**	**3765**	**2668**	**2210**	**58.7**
研究和试验发展	Research and Experimental Development	1021	650	548	53.7
专业技术服务业	Professional Technical Services	1716	1236	1046	61.0
科技推广和应用服务业	Science and Technology Popularization and Application Services	1028	782	616	59.9
水利、环境和公共设施管理业	**Management of Water Conservancy, Environment and Public Facilities**	**53329**	**35979**	**30490**	**57.2**
水利管理业	Management of Water Conservancy	9740	6963	6140	63.0
生态保护和环境治理业	Ecological Protection and Environmental Treatment	2319	1640	1353	58.3
公共设施管理业	Management of Public Facilities	41270	27376	22997	55.7
居民服务、修理和其他服务业	**Service to Households, Repair and Other Services**	**3552**	**2726**	**2378**	**67.0**
居民服务业	Service to Households	2071	1563	1369	66.1
机动车、电子产品和日用产品修理业	Repair of Motor Vehicle, Electronics and Household Products	946	749	662	70.0
其他服务业	Other Services	535	414	347	64.9
教育	**Education**	**13200**	**8704**	**7809**	**59.2**
卫生和社会工作	**Health and Social Service**	**6169**	**3651**	**3337**	**54.1**
卫生	Health	4849	2706	2604	53.7
社会工作	Social Service	1320	945	733	55.5
文化、体育和娱乐业	**Culture, Sports and Entertainment**	**6893**	**4567**	**3875**	**56.2**
新闻和出版业	Journalism and Publishing Activities	100	51	43	43.0
广播、电视、电影和影视录音制作业	Radio, Television, Motion Picture and Videotape Programme Production Services	465	296	280	60.2
文化艺术业	Cultural and Art Activities	3479	2323	1895	54.5
体育	Sports Activities	1279	740	669	52.3
娱乐业	Entertainment	1570	1157	988	62.9
公共管理、社会保障和社会组织	**Public Management, Social Security and Social Organization**	**14904**	**10414**	**9039**	**60.7**
中国共产党机关	Organs of Communist Party of China	100	69	50	50.0
国家机构	Government Agencies	10561	7191	6169	58.4
人民政协、民主党派	People's Political Consultative Conference and Democratic Parties	32	20	17	53.1
社会保障	Social Security	475	339	298	62.7
群众团体、社会团体和其他成员组织	Non-Governmental Organizations, Social Organizations and Other Organizations	1468	1009	931	63.4
基层群众自治组织	Grass Roots Self-Governing Organizations	2268	1786	1574	69.4
国际组织	**International Organizations**				

5-22 新增主要产品生产能力
Newly Increased Production Capacity of Major Products

能力名称	Item	2008	2009	2010	2011	2012
原煤开采 (万吨/年)	Coal Mining (10 000 tons/year)	23059	32006	38706	41281	39852
焦炭 (万吨/年)	Coke (10 000 tons/year)	4203	6327	7729	7078	6125
天然原油开采 (万吨/年)	Petroleum Extraction (10 000 tons/year)	1765	2559	3553	3490	2494
天然气开采 (亿立方米/年)	Extraction of Petroleum and Natural Gas (100 million cu.m/year)	61	20	189	315	274
铁矿开采 (原矿) (万吨/年)	Iron Ore Mining (10 000 tons/year)	8212	6824	13333	16256	20297
生铁 (万吨/年)	Pig Iron (10 000 tons/year)	2144	4099	1939	3471	3662
粗钢 (万吨/年)	Steel-making (10 000 tons/year)	2255	2912	1355	2481	1853
铜采矿 (原矿) (万吨/年)	Copper Ore Mining (10 000 tons/year)	1458	1930	2142	2022	3882
铜选矿	Copper Ore Dressing					
处理原矿 (万吨/年)	Crude Ore Dressing (10 000 tons/year)	319	798	1110	1322	3208
铜含量 (吨/年)	Copper Content (ton/year)	3590	9206	48707	37470	47765
铜冶炼 (吨/年)	Copper Smelting (ton/year)	1161856	1126581	1543482	1828610	1460564
#电解铜 (吨/年)	Electrolytic Copper (ton/year)	313806	594406	669100	712000	686934
铅锌采矿 (原矿) (万吨/年)	Plumbum/Zinc Ore Mining (10 000 tons/year)	1462	1879	1775	3365	3659
铅锌选矿	Plumbum and Zinc Ore Dressing					
处理原矿 (万吨/年)	Crude Ore Dressing (10 000 tons/year)	900	696	1908	1556	1538
产出铅精矿含铅量(吨/年)	Plumbum Content (ton/year)	105331	84819	171634	174629	185335
产出锌精矿含锌量(吨/年)	Zinc Content (ton/year)	123939	66624	133520	65305	215587
铅冶炼 (吨/年)	Plumbum Smelting (ton/year)	616698	892551	1007309	776874	865966
#电解铅 (吨/年)	Electrolytic Plumbum (ton/year)	327880	212500	259073	401530	341200
锌冶炼 (吨/年)	Zinc Smelting (ton/year)	450197	667332	1271247	842220	658180
#电解锌 (吨/年)	Electrolytic Zinc (ton/year)	72200	251400	690112	605000	460400
氧化铝 (吨/年)	Aluminum Oxide (ton/year)	2682830	1950800	3466170	1653240	1641524
电解铝 (吨/年)	Electrolytic Aluminum (ton/year)	215260	695714	1581992	2073348	2861219
水力发电 (万千瓦)	Hydraulic Power (10 000 kw)	2515	2487	1450	1477	2200
火力发电 (万千瓦)	Fire Power (10 000 kw)	5705	5043	5311	5608	3755
核能发电 (万千瓦)	Nuclear Energy Source (10 000 kw)	293	116	515	175	310
风能发电 (万千瓦)	Wind Power (10 000 kw)				2027	1783
其他发电 (万千瓦)	Other Power (10 000 kw)	974	1612	1922	514	923
水泥 (万吨/年)	Cement (10 000 tons/year)	23547	37960	43612	36946	36095
平板玻璃 (万重量箱/年)	Plate Glass (10 000 Weight-box/year)	15936	10180	17752	9009	8325
电石 (吨/年)	Calcium Carbide (ton/year)	2526438	1342986	2110015	3628297	4158718

5-22 续表 continued

能力名称	Item	2008	2009	2010	2011	2012
氮肥 (吨/年)	Nitrogen Fertilizers (ton/year)	4648925	6336714	5571774	4327923	5794220
磷肥 (吨/年)	Phosphate Fertilizer (ton/year)	1665438	3575323	2084227	1635817	2304059
钾肥 (吨/年)	Potash Fertilizer (ton/year)	654148	1074772	1155773	1752160	2262290
塑料树脂及共聚物 (吨/年)	Plastic Colophony and Polymer (ton/year)	3290095	1937934	6449426	4216587	6839554
轮胎外胎 (万条/年)	Tire (Cover) (10 000 units/year)	5913	3519	6697	9744	12562
轮胎内胎 (万条/年)	Inner Tube (10 000 units/year)	4137	7082	4739	2055	2668
载货汽车制造 (辆/年)	Trucks (unit/year)	92900	275650	134600	290578	244871
客车制造 (辆/年)	Passenger Motor Vehicles (unit/year)	43500	58740	211020	371708	393728
轿车制造 (辆/年)	Cars (unit/year)	830603	1760565	855453	1226339	1366160
其他汽车制造 (辆/年)	Other Motor Vehicles (unit/year)	77757	121300	109837	209992	212052
电视机 (万部/年)	Television Sets (10 000 units/year)	514	300	327	384	569
化学纤维 (吨/年)	Chemical Fibre (ton/year)	2817572	1923430	2120522	4835546	4053366
棉纺锭 (锭)	Cotton Spindles (unit)	9816359	10249173	9730125	11104767	11616127
毛纺锭 (锭)	Wool Spindles (unit)	352621	161190	203285	357351	108914
啤酒 (万吨/年)	Beer (10 000 tons/year)	551	240	290	376	379
白酒 (万吨/年)	Distilled Spirit (10 000 tons/year)	179	182	175	199	290
其他酒 (万吨/年)	Other Alcohols (10 000 tons/year)	44	67	56	26	47
卷烟 (箱/年)	Cigarettes (box/year)	820000	1315007	1083600	1097000	1320000
机制纸浆 (万吨/年)	Machine-made Paper Pulp (10 000 tons/year)	192	267	234	214	190
家用电冰箱 (万台/年)	Household Refrigerator (10 000 unit/year)	1091	361	612	965	1673
家用洗衣机 (万台/年)	Household Washing Machine (10 000 unit/year)	536	497	443	739	397
新建铁路里程 (公里)	Length of Newly-built and Operating Railway (km)	1459	5598	5017	3657	4669
新建公路 (公里)	Length of New Highways (km)	75416	107675	72392	55041	68846
改建公路 (公里)	Length of Reconstructed Highways (km)	128653	151945	124983	76299	66732
新(扩)建港口码头	Newly-built or Expanded Ports					
年吞吐量 (万吨/年)	Annual Handling Capacity (10 000 tons/year)	17412	13941	21848	25417	43936
泊位 (个)	Berths (unit)	143	187	196	202	269
城市自来水供水能力 (万吨/日)	Tap Water Supply Capacity (10 000 tons/day)	1702	2269	1622	1569	1942

5-23 全社会主要产品建设规模（2012年）

Construction Size of Main Production Capacity in the Whole Country (2012)

能力名称	Item	建设规模 Total Construction Size	本年施工规模 Under Construction This Year	本年新开工 Started This Year	累计新增 Accumulated Newly Increased	本年新增 Newly Increased This Year
原煤开采 （万吨/年）	Coal Mining (10 000 tons/year)	202423	151118	65209	72203	39852
焦炭 （万吨/年）	Coke (10 000 tons/year)	22369	17968	7126	8694	6125
天然原油开采 （万吨/年）	Petroleum Extraction (10 000 tons/year)	3927	3144	2800	3178	2494
天然气开采（亿立方米/年）	Extraction of Petroleum and Natural Gas (100 million cu.m/year)	459	362	275	322	274
铁矿开采（原矿）（万吨/年）	Iron Ore Mining (10 000 tons/year)	35661	29263	21159	24719	20297
生铁 （万吨/年）	Pig Iron (10 000 tons/year)	7423	5338	3661	4534	3662
粗钢 （万吨/年）	Steel-making (10 000 tons/year)	5472	4151	2491	2775	1853
铜采矿（原矿） （万吨/年）	Copper Ore Mining (10 000 tons/year)	7330	6278	2906	4438	3882
铜选矿	Copper Ore Dressing					
处理原矿 （万吨/年）	Crude Ore Dressing (10 000 tons/year)	6532	6078	1935	3764	3208
铜含量 （吨/年）	Copper Content (ton/year)	144499	140179	68041	51565	47765
铜冶炼 （吨/年）	Copper Smelting (ton/year)	3673638	3007595	1971595	1840064	1460564
#电解铜 （吨/年）	Electrolytic Copper (ton/year)	2020774	1506934	914934	1062434	686934
铅锌采矿（原矿）（万吨/年）	Plumbum/Zinc Ore Mining (10 000 tons/year)	6217	4943	3866	4862	3659
铅锌选矿	Plumbum and Zinc Ore Dressing					
处理原矿 （万吨/年）	Crude Ore Dressing (10 000 tons/year)	3590	3064	1872	1781	1538
产出铅精矿含铅量(吨/年)	Plumbum Content (ton/year)	411329	405759	343946	327445	185335
产出锌精矿含锌量(吨/年)	Zinc Content (ton/year)	397971	387085	317275	277627	215587
铅冶炼 （吨/年）	Plumbum Smelting (ton/year)	1332100	1310759	1037019	1042307	865966
#电解铅 （吨/年）	Electrolytic Plumbum (ton/year)	521240	521240	461200	341200	341200
锌冶炼 （吨/年）	Zinc Smelting (ton/year)	1134930	934130	693380	703180	658180
#电解锌 （吨/年）	Electrolytic Zinc (ton/year)	639700	632200	495800	460400	460400
氧化铝 （吨/年）	Aluminum Oxide (ton/year)	11992206	9666820	3076508	3771606	1641524
电解铝 （吨/年）	Electrolytic Aluminum (ton/year)	13856702	9437819	4493219	4185492	2861219
水力发电 （万千瓦）	Hydraulic Power (10 000 kw)	17293	12688	2350	4929	2200
火力发电 （万千瓦）	Fire Power (10 000 kw)	16379	13009	5713	5926	3755
核能发电 （万千瓦）	Nuclear Energy Source (10 000 kw)	3267	2778	473	735	310
风能发电 （万千瓦）	Wind Power (10 000 kw)	4545	3844	2478	2083	1783
其他发电 （万千瓦）	Other Power (10 000 kw)	1941	1574	1295	1105	923
水泥 （万吨/年）	Cement (10 000 tons/year)	76595	63433	39516	43988	36095
平板玻璃 （万重量箱/年）	Plate Glass (10 000 Weight-box/year)	18940	15008	6772	10669	8325
电石 （吨/年）	Calcium Carbide (ton/year)	18302148	16108158	10888407	6257612	4158718

5-23 续表 continued

能力名称	Item	建设规模 Total Construction Size	本年施工规模 Under Construction This Year	本年新开工 Started This Year	累计新增 Accumulated Newly Increased	本年新增 Newly Increased This Year
氮肥 (吨/年)	Nitrogen Fertilizers (ton/year)	27770241	24566301	11074722	8447881	5794220
磷肥 (吨/年)	Phosphate Fertilizer (ton/year)	4194278	3413331	2557623	2798846	2304059
钾肥 (吨/年)	Potash Fertilizer (ton/year)	5365001	4632709	2809269	2988257	2262290
塑料树脂及共聚物 (吨/年)	Plastic Colophony and Polymer (ton/year)	27002404	23567214	10720465	9699209	6839554
轮胎外胎 (万条/年)	Tire (Cover) (10 000 units/year)	24340	22619	5660	13903	12562
轮胎内胎 (万条/年)	Inner Tube (10 000 units/year)	5743	3588	2231	3395	2668
载货汽车制造 (辆/年)	Trucks (unit/year)	733602	501402	77403	401571	244871
客车制造 (辆/年)	Passenger Motor Vehicles (unit/year)	1466128	907142	353663	636913	393728
轿车制造 (辆/年)	Cars (unit/year)	7197770	6364730	2753860	2368875	1366160
其他汽车制造 (辆/年)	Other Motor Vehicles (unit/year)	410371	347292	337941	310106	212052
电视机 (万部/年)	Television Sets (10 000 units/year)	1392	1307	1275	652	569
化学纤维 (吨/年)	Chemical Fibre (ton/year)	13264857	12563039	5572379	4214052	4053366
棉纺锭 (锭)	Cotton Spindles (unit)	24076326	19941774	11217702	13345103	11616127
毛纺锭 (锭)	Wool Spindles (unit)	183712	157818	61531	131004	108914
啤酒 (万吨/年)	Beer (10 000 tons/year)	1206	836	436	689	379
白酒 (万吨/年)	Distilled Spirit (10 000 tons/year)	2045	2013	1944	311	290
其他酒 (万吨/年)	Other Alcohols (10 000 tons/year)	142	126	103	58	47
卷烟 (箱/年)	Cigarettes (box/year)	4850000	4020000	1338000	2210000	1320000
机制纸浆 (万吨/年)	Machine-made Paper Pulp (10 000 tons/year)	519	419	268	248	190
家用电冰箱 (万台/年)	Household Refrigerator (10 000 unit/year)	3125	2525	2015	2136	1673
家用洗衣机 (万台/年)	Household Washing Machine (10 000 unit/year)	1440	1082	801	494	397
新建铁路里程 (公里)	Length of Newly-built and Operating Railway (km)	19111	12676	1589	15307	4669
新建公路 (公里)	Length of New Highways (km)	139623	117316	82462	82566	68846
改建公路 (公里)	Length of Reconstructed Highways (km)	161341	112622	73790	75454	66732
新(扩)建港口码头	Newly-built or Expanded Ports					
年吞吐量 (万吨/年)	Annual Handling Capacity (10 000 tons/year)	160849	140952	72328	59152	43936
泊位 (个)	Berths (unit)	918	789	402	343	269
城市自来水供水能力 (万吨/日)	Tap Water Supply Capacity (10 000 tons/day)	3966	3254	2178	2569	1942

5-24 农村农户固定资产投资和建房
Farm Households Investment in Fixed Assets and Buildings Construction in Rural Area

年份 地区	Year Region	投资总额(亿元) Total Investment (100 million yuan)	#竣工房屋投资 Investment in Buildings Completed	#住宅 Residential Buildings	房屋施工面积(万平方米) Floor Space of Buildings under Construction (10 000 sq.m)	房屋竣工面积(万平方米) Floor Space of Buildings Completed (10 000 sq.m)	#住宅 Residential Buildings	竣工房屋造价(元/平方米) Cost of Buildings Completed (yuan/sq.m)	#住宅 Residential Buildings
	1985	478.4	350.1	313.2		78973.0	69542.0	44.0	45.0
	1990	876.5	777.1	649.8	76819.0	71136.0	67812.0	109.0	96.0
	1991	1042.6	912.5	759.3	85405.0	79501.0	74193.0	115.0	102.0
	1992	1005.5	937.5	678.5	83392.0	65338.0	60442.0	143.0	112.0
	1993	1137.7	1015.4	760.3	57432.0	56012.0	46129.0	181.0	165.0
	1994	1519.2	1315.9	1002.7	72283.0	65390.0	57646.0	201.0	174.0
	1995	2007.9	1709.4	1349.9	78192.0	73522.0	66230.0	233.0	204.0
	1996	2544.0	2250.9	1766.4	96115.0	87277.0	79531.0	258.0	222.0
	1997	2691.2	2405.8	1890.7	89309.0	85888.0	77287.0	280.0	245.0
	1998	2681.5	2402.2	1907.2	89099.0	83864.0	77031.0	286.0	248.0
	1999	2779.6	1908.2	1799.1	89050.0	83244.0	76758.0	229.2	234.4
	2000	2904.3	1969.3	1846.8	88231.8	81270.2	75515.3	242.3	244.6
	2001	2976.6	1908.2	1775.0	81048.2	74517.5	68799.3	256.1	258.0
	2002	3123.2	1956.5	1858.1	80345.0	75125.7	69841.0	260.4	266.0
	2003	3201.0	2053.2	1926.9	81123.7	75683.6	69741.1	271.3	276.3
	2004	3362.7	2031.0	1933.4	71112.1	65801.5	62303.5	308.7	310.3
	2005	3940.6	2190.6	2083.1	73109.2	66604.2	62292.4	328.9	334.4
	2006	4436.2	2620.1	2490.2	76189.4	69237.9	64563.7	378.4	385.7
	2007	5123.3	3228.3	3022.0	86665.6	78321.2	72676.4	412.2	415.8
	2008	5951.8	3748.5	3547.1	91911.4	84407.0	78585.7	444.1	451.4
	2009	7434.5	5029.9	4743.3	116099.4	105683.0	95570.5	475.9	496.3
	2010	7886.0	5247.0	4931.7	106679.8	94114.8	87947.1	557.5	560.8
	2011	9089.1	5983.7	5636.0	118455.2	103053.2	94939.1	580.6	593.6
	2012	9840.6	6395.3	6051.6	105516.6	94187.8	87775.9	679.0	689.4
北京	Beijing	47.5	41.4	38.8	377.2	368.2	325.2	1125.3	1193.5
天津	Tianjin	21.5	10.3	10.1	74.3	73.6	70.5	1401.8	1435.2
河北	Hebei	556.7	384.7	347.4	4954.5	4547.3	4458.2	846.0	779.3
山西	Shanxi	278.4	133.0	132.2	2676.0	2020.0	1907.0	658.6	693.1
内蒙古	Inner Mongolia	126.0	27.8	26.3	460.0	401.0	359.0	692.8	732.9
辽宁	Liaoning	300.9	194.8	176.1	4498.1	4176.1	3690.2	466.5	477.2
吉林	Jilin	249.3	51.2	45.5	602.6	581.2	504.2	880.9	901.8
黑龙江	Heilongjiang	319.3	84.7	67.3	1002.1	951.0	879.0	890.2	766.0
上海	Shanghai	3.0	2.6	2.5	18.3	18.3	17.6	1406.3	1414.7
江苏	Jiangsu	380.5	222.2	213.7	2232.0	2167.0	2129.0	1025.4	1003.9
浙江	Zhejiang	553.4	446.4	432.0	5459.0	5049.0	4867.0	884.2	887.6
安徽	Anhui	482.0	334.6	322.5	5011.0	4364.0	4149.0	766.7	777.2
福建	Fujian	257.4	120.8	117.3	2819.0	1738.9	1686.8	694.5	695.7
江西	Jiangxi	395.8	249.2	239.3	5588.6	4703.6	4550.1	529.8	525.9
山东	Shandong	936.2	560.4	529.3	11642.5	11153.9	10331.9	502.5	512.3
河南	Henan	891.4	730.9	716.3	15142.5	12938.4	11262.5	564.9	636.0
湖北	Hubei	429.6	337.6	319.8	5152.5	4544.0	4138.2	742.9	772.7
湖南	Hunan	557.0	435.9	424.1	7188.0	6681.0	6502.0	652.4	652.3
广东	Guangdong	501.3	337.6	332.7	4208.9	3410.8	3335.7	989.8	997.3
广西	Guangxi	463.4	298.3	295.8	5569.2	5081.0	4925.8	587.1	600.5
海南	Hainan	80.9	64.6	55.5	730.8	529.2	494.1	1220.0	1123.3
重庆	Chongqing	125.8	66.4	57.1	992.0	851.3	731.8	780.2	779.6
四川	Sichuan	509.7	346.8	275.4	4372.6	3772.5	3235.6	919.3	851.0
贵州	Guizhou	212.9	152.2	151.1	2407.0	2194.0	2168.0	693.9	697.1
云南	Yunnan	277.6	176.5	155.5	4637.0	4531.0	4077.0	389.6	381.4
西藏	Tibet								
陕西	Shaanxi	338.7	233.4	228.4	3159.2	3037.5	2972.1	768.4	768.6
甘肃	Gansu	105.0	93.1	89.3	1185.0	1139.0	1058.0	817.6	844.0
青海	Qinghai	74.8	55.0	53.5	824.2	744.0	665.0	739.3	804.6
宁夏	Ningxia	63.8	38.8	38.2	309.0	309.0	286.0	1254.6	1335.2
新疆	Xinjiang	300.8	164.0	158.8	2223.5	2112.0	1999.6	776.5	794.0

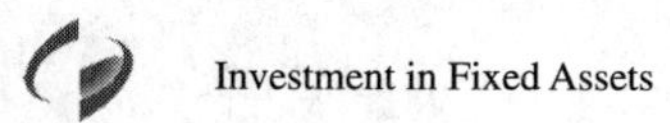

5-25 房地产开发企业主要指标
Main Indicators of Enterprises for Real Estate Development

指　标	Item	2009	2010	2011	2012
企业个数　(个)	**Number of Enterprises　(unit)**	**80407**	**85218**	**88419**	**89859**
内资	Domestic Funded	74674	79489	83011	84695
#国有	State-owned Enterprises	3835	3685	3427	3354
集体	Collective-owned Enterprises	1361	1220	1023	904
港、澳、台投资	Enterprises with Funds from Hong Kong, Macao and Taiwan	3633	3677	3565	3451
外商投资	Foreign Funded	2100	2052	1843	1713
平均从业人数　(万人)	**Average Number of Employed Persons (10 000 persons)**	**194.93**	**209.11**	**225.70**	**238.68**
内资企业	Domestic Funded	176.39	190.90	207.55	219.98
#国有	State-owned Enterprises	12.39	15.52	13.54	12.36
集体	Collective-owned Enterprises	2.90	2.54	2.12	2.04
港、澳、台投资企业	Enterprises with Funds from Hong Kong, Macao and Taiwan	11.00	10.58	11.30	11.68
外商投资企业	Foreign Funded	7.55	7.63	6.85	7.01
本年土地购置面积　(万平方米)	**Land Space Purchased This Year　(10 000 sq.m)**	**31909.45**	**39953.10**	**44327.44**	**35666.80**
本年完成投资　(亿元)	**Investment Completed This Year　(100 million yuan)**	**36241.81**	**48259.40**	**61796.89**	**71803.79**
#住宅	Residential Buildings	25613.69	34026.23	44319.50	49374.21
本年实际到位资金小计　(亿元)	**Total Actual Funds in Place This Year　(100 million yuan)**	**57799.04**	**72944.04**	**85688.73**	**96536.81**
#国内贷款	Domestic Loans	11364.51	12563.70	13056.80	14778.39
利用外资	Foreign Investment	479.39	790.68	785.15	402.09
自筹资金	Self-raising Fund	17949.12	26637.21	35004.57	39081.96
房屋建筑面积　(万平方米)	**Floor Space of Buildings　(10 000 sq.m)**				
施工面积	Floor Space under Construction	320368.16	405356.40	506775.48	573417.52
竣工面积	Floor Space Completed	72677.43	78743.88	92619.94	99424.96
本年新开工面积	Floor Space Started This Year	116422.05	163646.87	191236.87	177333.62
#住宅	Residential Buildings	93298.41	129359.31	147163.11	130695.42
商品房销售面积　(万平方米)	**Floor Space of Commercialized Buildings Sold (10 000 sq.m)**	**94755.00**	**104764.65**	**109366.75**	**111303.65**
#住宅	Residential Buildings	86184.89	93376.60	96528.41	98467.51
商品房平均销售价格(元/平方米)	**Average Selling Price of Commercialized Buildings(yuan/sq.m)**	**4681**	**5032**	**5357**	**5791**
#住宅	Residential Buildings	4459	4725	4993	5430
实收资本合计　(亿元)	**Total Capital Held　(100 million yuan)**	**28966.02**	**36767.41**	**46430.63**	**54735.36**
资产负债率　(%)	**Ratio of Liabilities to Assets　(%)**	**73.5**	**74.5**	**75.4**	**75.2**
主营业务收入　(亿元)	**Revenue from Principle Business　(100 million yuan)**	**34606.23**	**42996.48**	**44491.28**	**51028.41**
#土地转让收入	Land Transferred	498.05	519.19	664.66	819.39

注：商品房平均销售价格由报告期内新建商品房销售额除以销售面积计算而成。不同时期的商品房平均销售价格可能会受商品房区域、房屋类型等各种因素的影响。(5-36、5-41表同)

a) Average selling price of commercialized buildings is calculated by total sale of newly-built commercialized building divided by floor space sold during report period. It is affected by location and type of buildings etc. in different period. The same applies to the table 5-36, 5-41.

5-26 房地产开发企业个数
Number of Enterprises for Real Estate Development

单位：个 (unit)

年 份 Year 地 区 Region	企业个数 Number of Enterprises	内资企业 Domestic Funded Enterprises			港、澳、台投资企业 Enterprises with Funds from Hong Kong, Macao and Taiwan	外商投资企业 Foreign Funded Enterprises
			#国有 State-owned Enterprises	#集体 Collective-owned Enterprises		
1998	24378	19960	7958	4538	3214	1204
1999	25762	21422	7370	4127	3167	1173
2000	27303	23277	6641	3492	2899	1127
2001	29552	25509	5862	2991	2959	1084
2002	32618	28657	5015	2488	2884	1077
2003	37123	33107	4558	2205	2840	1176
2004	59242	53495	4775	2390	3639	2108
2005	56290	50957	4145	1796	3443	1890
2006	58710	53268	3797	1586	3519	1923
2007	62518	56965	3617	1430	3524	2029
2008	87562	81282	3941	1520	3916	2364
2009	80407	74674	3835	1361	3633	2100
2010	85218	79489	3685	1220	3677	2052
2011	88419	83011	3427	1023	3565	1843
2012	89859	84695	3354	904	3451	1713
北 京 Beijing	2981	2709	73	20	164	108
天 津 Tianjin	1322	1208	222	18	63	51
河 北 Hebei	3178	3116	40	5	37	25
山 西 Shanxi	2221	2201	99	16	13	7
内蒙古 Inner Mongolia	2250	2243	33	2	4	3
辽 宁 Liaoning	3961	3563	80	14	256	142
吉 林 Jilin	1709	1679	21	4	21	9
黑龙江 Heilongjiang	2134	2094	78	4	23	17
上 海 Shanghai	3132	2663	288	80	295	174
江 苏 Jiangsu	6357	5763	236	73	364	230
浙 江 Zhejiang	6221	5917	165	45	184	120
安 徽 Anhui	3402	3300	120	17	62	40
福 建 Fujian	3140	2644	170	35	386	110
江 西 Jiangxi	2005	1901	96	14	79	25
山 东 Shandong	5841	5608	223	119	148	85
河 南 Henan	5316	5188	127	33	85	43
湖 北 Hubei	3785	3660	165	32	90	35
湖 南 Hunan	3564	3435	138	23	91	38
广 东 Guangdong	6492	5601	213	228	685	206
广 西 Guangxi	2934	2793	119	26	85	56
海 南 Hainan	971	895	48	1	54	22
重 庆 Chongqing	2552	2441	101	8	72	39
四 川 Sichuan	4221	4059	121	22	87	75
贵 州 Guizhou	2133	2091	76	8	32	10
云 南 Yunnan	2707	2664	94	10	34	9
西 藏 Tibet	45	45	7	1		
陕 西 Shaanxi	1646	1612	103	18	15	19
甘 肃 Gansu	1359	1336	57	23	15	8
青 海 Qinghai	291	288	10		2	1
宁 夏 Ningxia	480	476	3	4	1	3
新 疆 Xinjiang	1509	1502	28	1	4	3

注：1.2004年数据中除企业个数、平均从业人数、房屋销售价格、住宅竣工套数以及财务指标为经济普查数据外，其他数据均为快报数据（以下各表同）。
2.2004年以前的商品房销售面积和销售额为实际销售统计口径；2005年以后的销售面积和销售额包括期房和现房(以下表均同)。

a) All figures for 2004 are from annual statistical reporting forms, except figures on number of enterprises, average number of employed persons, selling prices of houses and other financial indicators which are from the First Economic Census. The same applies to the tables following.

b) Figures on floor space of houses sold and selling price of houses for 2004 and the earlier years refer to houses actually sold out, while figures since 2005 refer to both completed and future houses sold. The same applies to the tables following.

5-27 房地产开发企业从业人员数
Number of Employed Persons in Enterprises for Real Estate Development

单位：人 (person)

年份 地区	Year Region	平均从业人数 Average Number of Employed Persons	内资企业 Domestic Funded Enterprises	#国有 State-owned Enterprises	#集体 Collective-owned Enterprises	港、澳、台投资企业 Enterprises with Funds from Hong Kong, Macao and Taiwan	外商投资企业 Foreign Funded Enterprises
	1998	825888	708738	332834	134939	83784	33366
	1999	880257	767187	312240	127370	80216	32854
	2000	971942	862245	292252	116416	79066	30631
	2001	1062319	949580	257695	109826	81668	31071
	2002	1134009	1014254	208722	89739	85449	34306
	2003	1205355	1086923	179614	72400	79397	39035
	2004	1585428	1429291	163495	58514	95646	60491
	2005	1516150	1366743	140106	40978	90674	58733
	2006	1600930	1442158	132259	38367	97688	61084
	2007	1719666	1541336	121137	34498	100398	77932
	2008	2100362	1906029	127511	29602	109246	85087
	2009	1949295	1763867	123866	29049	109965	75463
	2010	2091147	1908969	155156	25428	105846	76332
	2011	2256964	2075474	135420	21237	112990	68500
	2012	2386772	2199815	123593	20398	116849	70108
北　京	Beijing	91941	77985	3177	476	7871	6085
天　津	Tianjin	34753	31036	7974	614	2202	1515
河　北	Hebei	95792	92988	1481	302	1310	1494
山　西	Shanxi	52389	51859	3420	464	303	227
内蒙古	Inner Mongolia	61314	61083	968	45	47	184
辽　宁	Liaoning	96655	83227	2069	285	8468	4960
吉　林	Jilin	41267	39769	402	67	1216	282
黑龙江	Heilongjiang	48481	47587	2642	319	557	337
上　海	Shanghai	74219	53667	6121	1141	12198	8354
江　苏	Jiangsu	158864	141087	7204	1168	10828	6949
浙　江	Zhejiang	111378	103835	3788	595	4724	2819
安　徽	Anhui	97911	94088	3542	203	2119	1704
福　建	Fujian	78167	66485	5782	637	9231	2451
江　西	Jiangxi	52157	48879	2773	480	2162	1116
山　东	Shandong	174153	166259	9489	3731	5182	2712
河　南	Henan	138200	134471	3566	682	2299	1430
湖　北	Hubei	104240	99360	8778	700	3506	1374
湖　南	Hunan	97175	93469	4152	1380	2573	1133
广　东	Guangdong	196656	159261	10810	5040	22181	15214
广　西	Guangxi	70167	66202	2969	414	2332	1633
海　南	Hainan	32178	26305	2271	4	4686	1187
重　庆	Chongqing	86938	81754	5050	106	3588	1596
四　川	Sichuan	118215	112103	4767	334	2853	3259
贵　州	Guizhou	47042	45900	1860	49	989	153
云　南	Yunnan	63478	61609	2317	182	1532	337
西　藏	Tibet	1454	1454	242	80		
陕　西	Shaanxi	71866	69872	12269	550	765	1229
甘　肃	Gansu	35074	33971	2545	292	852	251
青　海	Qinghai	8150	8078	517		42	30
宁　夏	Ningxia	15944	15738	55	53	118	88
新　疆	Xinjiang	30554	30434	593	5	115	5

5-28 房地产开发企业土地开发及购置

Land Development and Purchase of Enterprises for Real Estate Development

年份 Year 地区 Region		待开发土地面积(万平方米) Land Space Pending Development (10 000 sq.m)	本年土地购置面积(万平方米) Land Space Purchased This Year (10 000 sq.m)	本年土地成交价款(亿元) Transaction Value of Land This Year (100 million yuan)	土地购置费用(亿元) Total Value of Land Purchased (100 million yuan)
	1998	13530.70	10109.32		375.40
	1999	13505.17	11958.90		500.03
	2000	14754.77	16905.24		733.99
	2001	14582.13	23408.99		1038.77
	2002	19178.65	31356.78		1445.81
	2003	21782.58	35696.48		2055.17
	2004	39635.30	39784.66	2888.57	2574.47
	2005	27522.00	38253.73	3269.32	2904.37
	2006	37523.65	36573.57	3318.04	3814.49
	2007	41483.97	40245.85	4573.18	4873.25
	2008	48161.07	39353.43	4831.68	5995.62
	2009	32816.54	31909.45	5150.14	6023.71
	2010	31457.95	39953.10	8206.71	9999.92
	2011	40220.76	44327.44	8894.03	11527.25
	2012	40195.99	35666.80	7409.64	12100.15
北 京	Beijing	150.40	305.99	224.65	1102.69
天 津	Tianjin	995.18	299.75	56.41	138.39
河 北	Hebei	773.24	1760.99	306.01	332.60
山 西	Shanxi	618.85	718.36	97.39	117.61
内蒙古	Inner Mongolia	538.52	902.76	107.62	135.32
辽 宁	Liaoning	1720.99	3199.52	491.81	740.56
吉 林	Jilin	245.61	1539.01	277.68	225.59
黑龙江	Heilongjiang	347.64	929.91	127.60	150.95
上 海	Shanghai	350.23	300.62	135.09	390.53
江 苏	Jiangsu	4887.33	3071.00	776.89	1140.46
浙 江	Zhejiang	1908.69	1256.11	650.29	1948.75
安 徽	Anhui	2558.41	2618.78	473.96	525.27
福 建	Fujian	912.99	925.64	320.32	688.16
江 西	Jiangxi	662.02	733.17	136.81	107.59
山 东	Shandong	3439.56	2610.03	448.17	852.28
河 南	Henan	1318.72	1742.63	216.73	307.36
湖 北	Hubei	1588.19	1303.19	297.26	348.49
湖 南	Hunan	2534.97	1106.29	183.34	249.80
广 东	Guangdong	4122.82	1805.44	591.85	787.27
广 西	Guangxi	886.25	541.71	100.90	191.74
海 南	Hainan	762.21	333.62	45.74	76.91
重 庆	Chongqing	3368.71	2183.07	550.71	384.16
四 川	Sichuan	1567.57	892.22	157.99	474.23
贵 州	Guizhou	1005.18	707.51	107.29	119.50
云 南	Yunnan	964.72	1602.39	272.11	251.08
西 藏	Tibet	0.37	1.34	0.07	0.07
陕 西	Shaanxi	562.81	473.03	98.14	140.27
甘 肃	Gansu	329.26	419.33	47.05	52.38
青 海	Qinghai	89.47	197.03	25.90	38.81
宁 夏	Ningxia	409.01	425.69	31.77	43.03
新 疆	Xinjiang	576.09	760.67	52.10	38.29

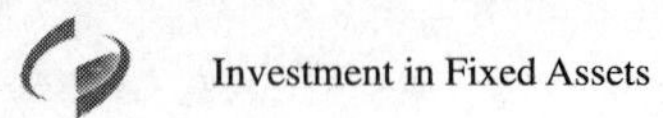

5-29 房地产开发企业投资总规模及完成情况(2012年)
General Scale of Construction and Actually Completed Investment of Enterprises for Real Estate Development (2012)

单位：亿元 (100 million yuan)

地区	Region	计划总投资 Total Investment Planed	自开始建设至本年底累计完成投资 Accumulative Investment Actually Completed Since Starting of Construction up to the End of This Year	本年完成投资 Investment Completed This Year	建筑安装工程 Construction and Installation	设备工器具购置 Purchase of Equipment and Instruments	其他费用 Others
全　国	**National Total**	**358819.77**	**223645.54**	**71803.79**	**52036.26**	**1019.39**	**18748.13**
北　京	Beijing	20749.06	14048.98	3153.44	1383.06	65.68	1704.70
天　津	Tianjin	10183.82	5453.82	1260.00	882.02	9.03	368.94
河　北	Hebei	12691.26	7748.59	3086.52	2501.54	58.63	526.36
山　西	Shanxi	4560.96	2691.89	1010.45	808.96	12.35	189.15
内蒙古	Inner Mongolia	6355.90	3675.55	1291.44	1044.78	19.72	226.94
辽　宁	Liaoning	22729.23	14538.41	5455.82	4261.19	112.75	1081.88
吉　林	Jilin	5287.99	3200.87	1310.03	990.23	10.73	309.07
黑龙江	Heilongjiang	5169.80	3180.91	1535.84	1263.54	12.41	259.90
上　海	Shanghai	17703.63	12244.23	2381.36	1701.78	14.58	665.00
江　苏	Jiangsu	34092.32	20955.54	6206.10	4402.07	140.42	1663.61
浙　江	Zhejiang	23184.89	15151.48	5226.27	2744.77	41.58	2439.92
安　徽	Anhui	15455.24	9509.16	3151.61	2387.01	39.59	725.01
福　建	Fujian	14117.66	9316.19	2824.12	1925.90	23.31	874.91
江　西	Jiangxi	4872.55	3193.95	969.62	777.33	11.91	180.37
山　东	Shandong	23453.16	13936.97	4708.31	3551.54	52.52	1104.25
河　南	Henan	13665.95	7512.98	3035.29	2397.41	44.27	593.61
湖　北	Hubei	10777.71	7069.42	2539.46	1902.65	56.16	580.65
湖　南	Hunan	11372.59	6632.50	2210.52	1669.93	34.75	505.84
广　东	Guangdong	31182.22	20253.26	5352.79	3821.10	48.28	1483.40
广　西	Guangxi	8293.07	5311.15	1554.94	1155.01	19.81	380.11
海　南	Hainan	5110.41	2655.02	886.64	691.52	21.36	173.76
重　庆	Chongqing	13424.13	8447.05	2508.35	1789.14	33.48	685.73
四　川	Sichuan	13368.92	9869.51	3266.40	2503.18	55.41	707.80
贵　州	Guizhou	6129.40	3563.03	1467.60	1121.58	19.28	326.73
云　南	Yunnan	7693.86	4103.25	1782.14	1352.75	17.86	411.52
西　藏	Tibet	55.44	33.56	6.87	6.51	0.18	0.19
陕　西	Shaanxi	9390.03	5128.90	1835.93	1522.40	23.93	289.61
甘　肃	Gansu	2276.65	1247.11	561.02	464.69	6.68	89.65
青　海	Qinghai	969.09	486.76	189.68	138.53	1.14	50.01
宁　夏	Ningxia	2010.18	1067.16	429.15	356.39	2.67	70.09
新　疆	Xinjiang	2492.61	1418.32	606.09	517.74	8.93	79.42

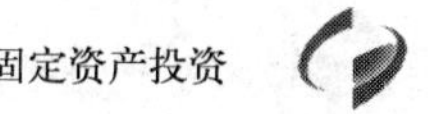

5-30 按用途分房地产开发企业完成投资

Investment Actually Completed by Enterprises for Real Estate Development by Use

单位：亿元 (100 million yuan)

年份 地区	Year Region	本年完成投资 Investment Completed This Year	住宅 Residential Buildings	#别墅、高档公寓 Villas, High-grade Apartments	办公楼 Office Buildings	商业营业用房 Houses for Business Use	其他 Others
	1998	3614.23	2081.56	181.85	433.80	475.83	623.04
	1999	4103.20	2638.48	178.62	338.60	484.33	641.79
	2000	4984.05	3311.98	270.01	297.85	579.99	794.23
	2001	6344.11	4216.68	369.92	307.95	755.30	1064.19
	2002	7790.92	5227.76	516.96	381.00	933.61	1248.55
	2003	10153.80	6776.69	632.99	508.34	1302.35	1566.43
	2004	13158.25	8836.95	1073.65	652.20	1723.72	1945.38
	2005	15909.25	10860.93	1049.41	763.07	2039.53	2245.72
	2006	19422.92	13638.41	1445.00	928.06	2353.88	2502.57
	2007	25288.84	18005.42	1807.12	1035.04	2785.65	3462.73
	2008	31203.19	22440.87	2032.31	1167.17	3354.48	4240.67
	2009	36241.81	25613.69	2073.34	1377.21	4180.66	5070.25
	2010	48259.40	34026.23	2829.81	1807.38	5648.40	6777.39
	2011	61796.89	44319.50	3424.16	2558.79	7424.05	7494.55
	2012	71803.79	49374.21	3448.37	3366.61	9312.00	9750.96
北京	Beijing	3153.44	1627.99	181.54	384.81	275.87	864.78
天津	Tianjin	1260.00	843.05	62.34	85.70	155.31	175.94
河北	Hebei	3086.52	2317.13	56.19	114.67	407.57	247.16
山西	Shanxi	1010.45	735.61	6.39	22.80	139.25	112.79
内蒙古	Inner Mongolia	1291.44	845.63	23.43	59.45	260.27	126.10
辽宁	Liaoning	5455.82	3961.95	181.18	163.38	862.77	467.72
吉林	Jilin	1310.03	987.74	62.36	31.33	178.91	112.05
黑龙江	Heilongjiang	1535.84	1122.52	22.14	26.92	218.36	168.05
上海	Shanghai	2381.36	1451.94	335.08	262.85	293.75	372.81
江苏	Jiangsu	6206.10	4354.63	470.16	260.10	976.08	615.29
浙江	Zhejiang	5226.27	3436.74	305.59	305.85	584.99	898.68
安徽	Anhui	3151.61	2059.29	62.90	131.98	564.94	395.39
福建	Fujian	2824.12	1751.98	102.13	189.22	370.38	512.54
江西	Jiangxi	969.62	684.21	29.69	62.10	117.64	105.66
山东	Shandong	4708.31	3473.23	214.59	190.66	576.31	468.11
河南	Henan	3035.29	2203.06	21.58	136.35	319.39	376.49
湖北	Hubei	2539.46	1698.38	67.99	136.55	337.23	367.30
湖南	Hunan	2210.52	1572.67	73.57	72.06	272.88	292.92
广东	Guangdong	5352.79	3704.98	444.50	234.83	547.45	865.52
广西	Guangxi	1554.94	1069.64	45.99	40.47	161.66	283.16
海南	Hainan	886.64	725.32	199.67	5.65	50.60	105.07
重庆	Chongqing	2508.35	1706.77	165.67	101.61	307.50	392.47
四川	Sichuan	3266.40	2197.75	126.66	137.12	433.32	498.21
贵州	Guizhou	1467.60	930.31	15.60	42.23	212.56	282.49
云南	Yunnan	1782.14	1152.50	86.34	86.41	256.29	286.93
西藏	Tibet	6.87	4.25	1.57	0.32	2.30	
陕西	Shaanxi	1835.93	1477.57	33.96	43.87	155.49	158.99
甘肃	Gansu	561.02	412.51	1.15	11.06	65.41	72.04
青海	Qinghai	189.68	141.10	0.13	3.36	26.87	18.34
宁夏	Ningxia	429.15	279.49	11.46	10.84	83.01	55.81
新疆	Xinjiang	606.09	444.27	36.81	12.08	97.61	52.13

5-31 房地产开发企业实际到位资金
Actual Funds in Place of Enterprises for Real Estate Development

单位：亿元 (100 million yuan)

年份 Year / 地区 Region	本年实际到位资金小计 Total Actual Funds in Place This Year	国内贷款 Domestic Loans	利用外资 Foreign Investment	#外商直接投资 Foreign Direct Investment	自筹资金 Self-raising Funds	其他资金来源 Others
1998	4414.94	1053.17	361.76	258.87	1166.98	1811.85
1999	4795.90	1111.57	256.60	180.48	1344.62	2063.20
2000	5997.63	1385.08	168.70	134.80	1614.21	2819.29
2001	7696.39	1692.20	135.70	106.12	2183.96	3670.56
2002	9749.95	2220.34	157.23	124.13	2738.45	4619.90
2003	13196.92	3138.27	170.00	116.27	3770.69	6106.05
2004	17168.77	3158.41	228.20	142.56	5207.56	8562.59
2005	21397.84	3918.08	257.81	171.41	7000.39	10221.56
2006	27135.55	5356.98	400.15	303.05	8597.09	12781.33
2007	37477.96	7015.64	641.04	485.39	11772.53	18048.75
2008	39619.36	7605.69	728.22	634.99	15312.10	15973.35
2009	57799.04	11364.51	479.39	403.32	17949.12	28006.01
2010	72944.04	12563.70	790.68	673.45	26637.21	32952.45
2011	85688.73	13056.80	785.15	689.54	35004.57	36842.22
2012	96536.81	14778.39	402.09	358.52	39081.96	42274.38
北京 Beijing	6084.55	1484.74	4.22	4.22	1611.91	2983.68
天津 Tianjin	2146.28	570.37	3.47	0.38	831.71	740.73
河北 Hebei	3712.99	295.57	10.93	10.93	2195.48	1211.02
山西 Shanxi	1033.69	60.87	0.03	0.03	550.70	422.09
内蒙古 Inner Mongolia	1409.08	79.60			1031.07	298.41
辽宁 Liaoning	6328.76	850.76	117.88	105.03	3310.51	2049.61
吉林 Jilin	1431.68	109.70	1.89	1.89	878.38	441.71
黑龙江 Heilongjiang	1711.18	87.64	0.02	0.02	1104.20	519.32
上海 Shanghai	3968.51	975.78	26.12	26.12	1385.96	1580.66
江苏 Jiangsu	9856.89	1890.71	61.57	54.79	3087.53	4817.07
浙江 Zhejiang	6530.86	1125.48	16.00	15.60	2178.56	3210.82
安徽 Anhui	3834.42	406.23	1.39	1.39	1685.94	1740.86
福建 Fujian	4120.73	523.63	7.84	7.41	1426.79	2162.47
江西 Jiangxi	1477.22	164.90	0.79	0.65	504.79	806.74
山东 Shandong	5755.09	677.51	15.91	15.91	2675.86	2385.81
河南 Henan	3455.04	321.09	1.13	1.03	1920.72	1212.10
湖北 Hubei	3363.83	512.05	1.27	1.22	1425.31	1425.21
湖南 Hunan	2902.66	374.52	51.12	49.15	1036.23	1440.78
广东 Guangdong	7918.27	1507.53	29.06	26.59	2414.64	3967.04
广西 Guangxi	2007.36	263.84	0.33		788.45	954.75
海南 Hainan	1340.42	272.02	7.37	7.37	597.81	463.22
重庆 Chongqing	3869.54	720.80	20.13	7.42	1182.06	1946.55
四川 Sichuan	4222.67	459.24	16.93	14.71	1728.97	2017.53
贵州 Guizhou	1418.17	230.61	4.29	4.29	518.44	664.82
云南 Yunnan	2134.02	216.12			975.03	942.87
西藏 Tibet	8.05				2.13	5.92
陕西 Shaanxi	2317.40	280.36	2.40	2.40	1120.44	914.21
甘肃 Gansu	651.24	129.08			304.97	217.19
青海 Qinghai	228.45	37.39			113.35	77.70
宁夏 Ningxia	499.80	59.40			196.32	244.09
新疆 Xinjiang	797.95	90.87			297.69	409.38

5-32 房地产开发企业房屋建筑面积和造价
Floor Space and Cost of Buildings Developed by Enterprises for Real Estate Development

年 份 地 区	Year Region	房屋施工面积(万平方米) Floor Space of Buildings under Construction (10 000 sq.m)	房屋竣工面积(万平方米) Floor Space of Buildings Completed (10 000 sq.m)	房屋建筑面积竣工率(%) Rate of Floor Space of Buildings Completed (%)	房屋竣工价值(亿元) Value of Buildings Completed (100 million yuan)	房屋竣工造价(元/平方米) Cost of Buildings Completed (yuan/sq.m)
	1998	50770.14	17566.60	34.6	2139.19	1218
	1999	56857.63	21410.83	37.7	2467.58	1152
	2000	65896.92	25104.86	38.1	2859.35	1139
	2001	79411.68	29867.36	37.6	3369.45	1128
	2002	94104.01	34975.75	37.2	4141.69	1184
	2003	117525.99	41464.06	35.3	5279.95	1273
	2004	140451.39	42464.87	30.2	5952.48	1402
	2005	166053.26	53417.04	32.2	7752.24	1451
	2006	194786.42	55830.92	28.7	8729.35	1564
	2007	236318.24	60606.68	25.6	10039.89	1657
	2008	283266.20	66544.80	23.5	11947.57	1795
	2009	320368.20	72677.40	22.7	14689.37	2021
	2010	405356.40	78743.90	19.4	17542.73	2228
	2011	506775.48	92619.94	18.3	21975.91	2373
	2012	573417.52	99424.96	17.3	24836.62	2498
北 京	Beijing	13122.49	2390.86	18.2	736.77	3082
天 津	Tianjin	9864.22	2542.75	25.8	644.09	2533
河 北	Hebei	27577.83	4894.56	17.7	1132.49	2314
山 西	Shanxi	11714.28	1732.99	14.8	399.24	2304
内蒙古	Inner Mongolia	16507.40	2449.13	14.8	525.13	2144
辽 宁	Liaoning	38502.02	6438.15	16.7	1547.48	2404
吉 林	Jilin	10935.80	1927.87	17.6	385.95	2002
黑龙江	Heilongjiang	13484.97	3245.73	24.1	641.54	1977
上 海	Shanghai	13249.97	2305.06	17.4	1060.07	4599
江 苏	Jiangsu	45097.54	9848.40	21.8	2746.91	2789
浙 江	Zhejiang	33422.97	4292.94	12.8	1242.87	2895
安 徽	Anhui	24836.06	3965.39	16.0	955.32	2409
福 建	Fujian	21121.50	2232.78	10.6	506.62	2269
江 西	Jiangxi	9465.63	1747.48	18.5	369.78	2116
山 东	Shandong	42958.91	7324.97	17.1	1568.11	2141
河 南	Henan	29559.36	5870.54	19.9	1059.08	1804
湖 北	Hubei	16819.71	3273.71	19.5	876.31	2677
湖 南	Hunan	21356.89	4457.97	20.9	1024.85	2299
广 东	Guangdong	39296.27	6356.12	16.2	2079.84	3272
广 西	Guangxi	15018.46	2333.58	15.5	490.35	2101
海 南	Hainan	5109.49	856.41	16.8	362.02	4227
重 庆	Chongqing	22009.03	3990.63	18.1	1121.76	2811
四 川	Sichuan	29865.50	5866.58	19.6	1318.27	2247
贵 州	Guizhou	13245.31	1416.77	10.7	278.44	1965
云 南	Yunnan	14362.00	1851.57	12.9	417.40	2254
西 藏	Tibet	47.33	9.23	19.5	3.76	4073
陕 西	Shaanxi	15410.57	1653.94	10.7	429.56	2597
甘 肃	Gansu	5634.95	844.50	15.0	177.91	2107
青 海	Qinghai	1891.23	416.20	22.0	107.89	2592
宁 夏	Ningxia	5033.26	1151.97	22.9	259.64	2254
新 疆	Xinjiang	6896.55	1736.17	25.2	367.19	2115

5-33 按用途分房地产开发企业房屋新开工面积
Floor Space of Buildings Started This Year by Enterprises for Real Estate Development by Use

单位：万平方米 (10 000 sq.m)

年份 地区	Year Region	本年房屋新开工面积 Floor Space Started This Year	住宅 Residential Buildings	#别墅、高档公寓 Villas, High-grade Apartments	办公楼 Office Buildings	商业营业用房 Houses for Business Use	其他 Others
	1998	20387.90	16637.50	638.60	871.50	1938.65	940.25
	1999	22579.41	18797.94	594.06	690.29	2198.56	892.62
	2000	29582.64	24401.15	1169.09	898.81	3034.77	1247.91
	2001	37394.18	30532.72	1456.69	1072.98	4105.40	1683.08
	2002	42800.52	34719.35	2278.17	1254.24	4926.48	1900.45
	2003	54707.53	43853.88	2349.29	1466.89	6706.80	2679.96
	2004	60413.86	47949.01	2975.69	1704.19	7790.81	2969.85
	2005	68064.44	55185.07	2834.97	1671.10	7675.47	3532.79
	2006	79252.83	64403.80	4058.32	2134.94	8473.23	4240.86
	2007	95401.53	78795.51	4914.41	2141.44	9093.89	5370.70
	2008	102553.37	83642.12	4336.97	2471.95	10040.69	6398.62
	2009	116422.05	93298.41	3649.80	2860.76	12415.03	7847.84
	2010	163646.87	129359.31	5080.05	3668.07	17472.58	13146.91
	2011	191236.87	147163.11	5653.01	5399.20	20730.78	17943.77
	2012	177333.62	130695.42	4228.31	5986.46	22006.85	18644.89
北京	Beijing	3224.21	1627.50	88.40	536.82	325.61	734.28
天津	Tianjin	2565.19	1764.76	58.49	231.02	202.16	367.26
河北	Hebei	7641.80	5983.78	83.27	187.61	831.34	639.08
山西	Shanxi	4166.34	3271.11	19.38	66.62	442.44	386.17
内蒙古	Inner Mongolia	5423.42	3670.18	59.20	160.55	977.63	615.07
辽宁	Liaoning	13828.92	10644.03	218.36	234.61	1922.63	1027.65
吉林	Jilin	4826.76	3683.39	89.95	88.50	699.35	355.51
黑龙江	Heilongjiang	5074.35	3785.55	49.47	92.79	728.46	467.55
上海	Shanghai	2724.05	1563.39	234.33	303.91	365.17	491.58
江苏	Jiangsu	13908.44	10285.49	683.51	402.53	1928.27	1292.15
浙江	Zhejiang	7816.80	4946.83	359.15	413.88	911.76	1544.32
安徽	Anhui	7874.22	5468.39	121.59	233.75	1440.55	731.53
福建	Fujian	5342.97	3565.11	86.90	252.38	640.96	884.52
江西	Jiangxi	3261.03	2400.09	76.26	137.02	480.42	243.49
山东	Shandong	13902.72	10837.97	280.09	378.27	1590.80	1095.69
河南	Henan	10515.11	8424.45	68.41	360.08	985.31	745.27
湖北	Hubei	5976.06	4650.79	63.97	218.38	615.35	491.55
湖南	Hunan	6631.62	5053.52	88.51	184.44	712.68	680.97
广东	Guangdong	10615.73	7840.26	526.88	288.94	998.18	1488.35
广西	Guangxi	3741.88	2910.11	72.30	103.03	376.32	352.42
海南	Hainan	1661.29	1402.85	170.74	17.78	137.25	103.40
重庆	Chongqing	5813.48	4345.14	117.93	160.64	539.04	768.66
四川	Sichuan	8367.21	5962.51	122.03	314.46	1089.37	1000.87
贵州	Guizhou	3787.67	2578.41	7.62	176.24	567.91	465.12
云南	Yunnan	6037.53	4166.88	259.40	222.37	882.77	765.51
西藏	Tibet	22.68	17.07	6.46	1.57	4.04	
陕西	Shaanxi	4738.32	3928.91	33.03	99.03	419.70	290.68
甘肃	Gansu	2404.51	1933.52	8.00	23.22	251.68	196.09
青海	Qinghai	772.90	605.33	7.59	7.79	97.38	62.41
宁夏	Ningxia	1842.78	1228.74	38.58	38.60	421.02	154.43
新疆	Xinjiang	2823.65	2149.36	128.53	49.63	421.32	203.34

5-34 按用途分商品房销售面积
Floor Space of Commercialized Buildings Sold by Use

单位：万平方米 (10 000 sq.m)

年份 地区	Year Region	商品房销售面积 Floor Space of Commercialized Buildings Sold	住宅 Residential Buildings	#别墅、高档公寓 Villas, High-grade Apartments	办公楼 Office Buildings	商业营业用房 Houses for Business Use	其他 Others
	1998	12185.30	10827.10	345.30	400.60	810.80	146.80
	1999	14556.53	12997.87	435.74	403.43	1003.17	152.06
	2000	18637.13	16570.28	640.72	436.98	1399.31	230.56
	2001	22411.90	19938.75	878.19	502.57	1696.15	274.44
	2002	26808.29	23702.31	1241.26	538.92	2218.58	348.47
	2003	33717.63	29778.85	1449.87	630.49	2833.10	475.19
	2004	38231.64	33819.89	2323.05	692.84	3100.29	618.62
	2005	55486.22	49587.83	2818.44	1096.23	4081.38	720.78
	2006	61857.07	55422.95	3672.44	1231.04	4337.79	865.29
	2007	77354.72	70135.88	4581.31	1465.23	4644.61	1109.01
	2008	65969.83	59280.35	2865.25	1157.05	4206.06	1326.37
	2009	94755.00	86184.89	4626.05	1544.43	5328.03	1697.65
	2010	104764.65	93376.60	4219.10	1889.97	6994.84	2503.24
	2011	109366.75	96528.41	3729.93	2004.97	7868.65	2964.71
	2012	111303.65	98467.51	3476.00	2253.65	7759.28	2823.21
北京	Beijing	1943.74	1483.37	116.94	253.50	113.97	92.90
天津	Tianjin	1661.69	1511.40	66.32	28.17	72.17	49.95
河北	Hebei	5144.92	4622.46	114.08	74.78	316.70	130.97
山西	Shanxi	1497.88	1390.44	5.38	9.54	79.50	18.41
内蒙古	Inner Mongolia	2523.52	2104.22	54.66	36.56	270.17	112.58
辽宁	Liaoning	8827.95	7655.40	243.79	79.15	775.93	317.48
吉林	Jilin	2452.42	2159.43	79.56	14.75	219.49	58.75
黑龙江	Heilongjiang	3806.82	3226.22	22.95	24.26	410.87	145.48
上海	Shanghai	1898.46	1592.63	234.56	111.73	120.01	74.10
江苏	Jiangsu	9019.18	7923.37	411.74	200.83	763.95	131.04
浙江	Zhejiang	4005.29	3316.23	168.40	188.75	332.64	167.68
安徽	Anhui	4828.81	4275.43	71.77	62.00	428.42	62.97
福建	Fujian	3258.94	2741.96	84.58	150.83	209.88	156.27
江西	Jiangxi	2397.10	2125.90	32.06	47.56	189.46	34.19
山东	Shandong	8632.76	7745.87	165.96	135.38	553.75	197.76
河南	Henan	5968.49	5455.50	33.69	126.49	297.96	88.54
湖北	Hubei	4037.85	3620.10	59.06	69.75	256.87	91.13
湖南	Hunan	5150.48	4664.08	143.58	64.25	329.97	92.18
广东	Guangdong	7898.99	7157.63	540.21	141.47	360.57	239.32
广西	Guangxi	2759.26	2546.96	24.81	9.60	149.83	52.87
海南	Hainan	931.84	898.35	113.94	4.04	20.23	9.22
重庆	Chongqing	4522.40	4105.11	143.78	62.30	221.89	133.10
四川	Sichuan	6455.93	5679.33	134.64	157.37	438.53	180.70
贵州	Guizhou	2186.95	2002.40	15.87	14.88	144.56	25.11
云南	Yunnan	3237.75	2789.68	265.28	90.87	277.54	79.67
西藏	Tibet	22.50	20.65	2.94	0.43	1.42	
陕西	Shaanxi	2755.59	2530.84	52.98	65.97	124.34	34.45
甘肃	Gansu	978.44	893.36	0.38	2.97	63.99	18.13
青海	Qinghai	262.96	246.85	0.41	0.21	15.48	0.41
宁夏	Ningxia	804.43	707.57	14.33	6.82	82.92	7.12
新疆	Xinjiang	1430.31	1274.80	57.35	18.47	116.31	20.72

5-35 按用途分商品房销售额
Total Sale of Commercialized Buildings Sold by Use

单位：亿元 (100 million yuan)

年份 地区	Year Region	商品房销售额 Total Sale of Commercialized Buildings Sold	住宅 Residential Buildings	#别墅、高档公寓 Villas, High-grade Apartments	办公楼 Office Buildings	商业营业用房 Houses for Business Use	其他 Others
	1998	2513.30	2006.87	158.70	222.41	257.06	26.97
	1999	2987.87	2413.73	196.23	212.39	334.32	27.42
	2000	3935.44	3228.60	274.75	207.63	456.23	42.98
	2001	4862.75	4021.15	381.84	230.56	555.24	55.80
	2002	6032.34	4957.85	515.57	233.66	773.97	66.87
	2003	7955.66	6543.45	600.90	264.53	1041.20	106.48
	2004	10375.71	8619.37	882.34	383.32	1229.54	143.48
	2005	17576.13	14563.76	1644.27	758.87	2049.57	203.94
	2006	20825.96	17287.81	2418.28	991.33	2275.87	270.95
	2007	29889.12	25565.81	3422.81	1269.91	2681.72	371.68
	2008	25068.18	21196.00	2235.07	969.36	2475.85	426.97
	2009	44355.17	38432.90	4469.76	1638.41	3660.67	623.20
	2010	52721.24	44120.65	4613.11	2155.71	5418.82	1026.07
	2011	58588.86	48198.32	4100.66	2471.58	6679.08	1239.88
	2012	64455.79	53467.18	3983.56	2773.43	6999.57	1215.60
北京	Beijing	3308.56	2455.50	319.45	560.59	233.36	59.11
天津	Tianjin	1365.53	1210.57	72.14	37.61	93.87	23.47
河北	Hebei	2303.90	1914.61	61.46	50.34	297.49	41.47
山西	Shanxi	579.89	513.20	2.94	7.47	54.58	4.65
内蒙古	Inner Mongolia	1022.80	769.39	34.41	22.07	187.60	43.74
辽宁	Liaoning	4362.78	3611.21	211.24	76.35	546.40	128.82
吉林	Jilin	1016.95	836.80	66.40	11.79	141.31	27.05
黑龙江	Heilongjiang	1548.30	1201.93	21.43	13.82	264.54	68.01
上海	Shanghai	2669.49	2208.96	661.35	234.62	194.62	31.29
江苏	Jiangsu	6067.01	5089.06	477.78	181.73	746.69	49.53
浙江	Zhejiang	4262.66	3541.63	237.13	240.53	405.36	75.15
安徽	Anhui	2329.88	1921.86	53.16	46.01	336.48	25.54
福建	Fujian	2817.70	2293.90	122.37	182.77	262.01	79.03
江西	Jiangxi	1137.35	931.39	24.73	50.62	140.23	15.10
山东	Shandong	4111.80	3529.51	166.61	117.73	392.20	72.35
河南	Henan	2286.67	1915.57	22.18	111.57	228.15	31.38
湖北	Hubei	2036.20	1689.86	58.26	85.67	224.62	36.06
湖南	Hunan	2085.23	1711.55	102.38	62.30	283.08	28.31
广东	Guangdong	6407.81	5488.39	554.06	289.98	468.51	160.93
广西	Guangxi	1159.83	995.82	16.64	15.02	129.07	19.92
海南	Hainan	735.57	701.72	223.20	2.01	25.74	6.11
重庆	Chongqing	2297.35	1972.42	118.95	71.61	212.47	40.84
四川	Sichuan	3517.72	2816.49	135.15	140.93	488.40	71.91
贵州	Guizhou	900.08	739.96	19.01	12.14	139.21	8.77
云南	Yunnan	1362.83	1077.10	111.03	71.57	182.26	31.90
西藏	Tibet	7.35	6.16	1.08	0.23	0.97	
陕西	Shaanxi	1420.75	1215.57	50.88	53.38	132.38	19.41
甘肃	Gansu	349.32	301.60	0.28	2.06	41.57	4.08
青海	Qinghai	106.46	91.14	0.29	0.14	15.02	0.16
宁夏	Ningxia	317.58	256.19	6.95	3.45	55.44	2.50
新疆	Xinjiang	560.45	458.14	30.62	17.33	75.98	9.00

5-36 按用途分商品房平均销售价格
Average Selling Price of Commercialized Buildings by Use

单位：元/平方米 (yuan/sq.m)

年份 Year 地区 Region	商品房平均销售价格 Average Selling Price of Commercialized Buildings	住宅 Residential Buildings	#别墅、高档公寓 Villas, High-grade Apartments	办公楼 Office Buildings	商业营业用房 Houses for Business Use	其他 Others
1998	2063	1854	4596	5552	3170	1837
1999	2053	1857	4503	5265	3333	1804
2000	2112	1948	4288	4751	3260	1864
2001	2170	2017	4348	4588	3274	2033
2002	2250	2092	4154	4336	3489	1919
2003	2359	2197	4145	4196	3675	2241
2004	2778	2608	5576	5744	3884	2235
2005	3168	2937	5834	6923	5022	2829
2006	3367	3119	6585	8053	5247	3131
2007	3864	3645	7471	8667	5774	3351
2008	3800	3576	7801	8378	5886	3219
2009	4681	4459	9662	10608	6871	3671
2010	5032	4725	10934	11406	7747	4099
2011	5357	4993	10994	12327	8488	4182
2012	5791	5430	11460	12306	9021	4306
北京 Beijing	17022	16553	27317	22114	20476	6363
天津 Tianjin	8218	8010	10877	13349	13008	4699
河北 Hebei	4478	4142	5388	6732	9393	3167
山西 Shanxi	3871	3691	5457	7835	6865	2524
内蒙古 Inner Mongolia	4053	3656	6296	6038	6944	3885
辽宁 Liaoning	4942	4717	8665	9647	7042	4057
吉林 Jilin	4147	3875	8346	7990	6438	4605
黑龙江 Heilongjiang	4067	3726	9337	5698	6438	4675
上海 Shanghai	14061	13870	28196	21000	16218	4223
江苏 Jiangsu	6727	6423	11604	9049	9774	3779
浙江 Zhejiang	10643	10680	14081	12743	12186	4482
安徽 Anhui	4825	4495	7407	7420	7854	4056
福建 Fujian	8646	8366	14468	12117	12484	5057
江西 Jiangxi	4745	4381	7712	10644	7402	4417
山东 Shandong	4763	4557	10039	8696	7083	3659
河南 Henan	3831	3511	6584	8820	7657	3544
湖北 Hubei	5043	4668	9866	12282	8744	3957
湖南 Hunan	4049	3670	7130	9697	8579	3071
广东 Guangdong	8112	7668	10256	20498	12994	6724
广西 Guangxi	4203	3910	6709	15658	8614	3767
海南 Hainan	7894	7811	19590	4971	12721	6624
重庆 Chongqing	5080	4805	8273	11495	9576	3069
四川 Sichuan	5449	4959	10038	8955	11137	3980
贵州 Guizhou	4116	3695	11980	8158	9630	3493
云南 Yunnan	4209	3861	4185	7876	6567	4005
西藏 Tibet	3269	2982	3685	5328	6810	
陕西 Shaanxi	5156	4803	9603	8093	10647	5636
甘肃 Gansu	3570	3376	7368	6957	6496	2252
青海 Qinghai	4049	3692	7151	6519	9705	3801
宁夏 Ningxia	3948	3621	4849	5065	6686	3503
新疆 Xinjiang	3918	3594	5339	9383	6532	4343

5-37 房地产开发企业资产负债

Assets and Liabilities of Enterprises for Real Estate Development

单位：亿元 (100 million yuan)

年份 Year 地区 Region		实收资本合计 Total Capital Held	资产总计 Total Assets	累计折旧 Total Depreciation	#本年折旧 Depreciation This Year	负债合计 Total Liabilities	所有者权益 Owners' Equity	资产负债率(%) Assets Liability Ratio(%)
	1998	5778.73	19526.18	191.04	39.02	14857.25	4668.92	76.1
	1999	4520.88	18744.80	208.79	39.82	14263.88	4480.93	76.1
	2000	5302.91	25185.99	299.28	57.72	19032.10	6153.88	75.6
	2001	6019.86	28566.81	354.46	67.47	21435.72	7131.10	75.0
	2002	6750.91	33043.13	390.53	81.74	24764.57	8278.56	74.9
	2003	8471.02	40486.49	450.82	96.83	30698.56	9787.93	75.8
	2004	12545.80	61789.19	598.02	139.18	45783.63	16005.56	74.1
	2005	13926.98	72193.64	737.01	157.35	52520.71	19672.93	72.7
	2006	16172.37	88397.99	875.67	191.58	65476.67	22921.32	74.1
	2007	19438.00	111078.20	1025.65	231.59	82680.23	28397.97	74.4
	2008	27561.90	144833.55	1414.14	340.19	104782.31	40051.24	72.3
	2009	28966.02	170184.24	1469.96	320.41	125042.73	45141.51	73.5
	2010	36767.41	224467.14	1758.34	379.81	167297.41	57170.12	74.5
	2011	46430.63	284359.44	2113.63	427.26	214469.96	69889.73	75.4
	2012	54735.36	351858.65	2360.92	525.35	264597.55	87261.10	75.2
北京	Beijing	4454.41	34126.56	256.17	49.64	26987.49	7139.07	79.1
天津	Tianjin	2922.15	15685.76	69.32	16.99	11137.78	4547.98	71.0
河北	Hebei	1028.11	9007.44	46.80	11.79	7453.94	1553.49	82.8
山西	Shanxi	469.11	3738.47	23.11	4.73	3246.67	491.80	86.8
内蒙古	Inner Mongolia	1020.82	5065.50	28.77	10.25	4072.86	992.63	80.4
辽宁	Liaoning	2949.50	15722.10	97.75	22.35	12131.01	3591.09	77.2
吉林	Jilin	453.75	3430.08	44.07	29.37	2760.69	669.39	80.5
黑龙江	Heilongjiang	892.54	7107.25	33.15	6.41	4331.71	2775.54	60.9
上海	Shanghai	5762.55	32316.42	366.80	52.71	21612.84	10703.58	66.9
江苏	Jiangsu	5908.99	30590.01	181.33	46.91	22398.13	8191.88	73.2
浙江	Zhejiang	4384.95	31360.92	170.74	40.75	23597.55	7763.37	75.2
安徽	Anhui	1565.01	9883.72	43.93	10.96	7458.77	2424.94	75.5
福建	Fujian	2062.45	12537.67	54.75	13.43	9159.34	3378.33	73.1
江西	Jiangxi	577.74	4517.67	23.99	5.76	3231.26	1286.41	71.5
山东	Shandong	2403.49	18195.84	112.12	25.10	14653.69	3542.15	80.5
河南	Henan	1302.10	8641.29	68.80	14.42	6634.72	2006.57	76.8
湖北	Hubei	1445.79	9658.88	72.34	14.26	7313.00	2345.88	75.7
湖南	Hunan	1430.35	7315.62	45.05	10.74	5567.81	1747.82	76.1
广东	Guangdong	4316.95	34725.32	224.28	44.53	26587.95	8137.36	76.6
广西	Guangxi	735.21	5344.36	37.45	10.48	3900.97	1443.40	73.0
海南	Hainan	978.25	4438.19	35.03	9.41	3396.76	1041.44	76.5
重庆	Chongqing	1802.42	13117.33	68.60	14.25	9143.65	3973.68	69.7
四川	Sichuan	1874.26	12794.70	84.09	19.14	9787.40	3007.30	76.5
贵州	Guizhou	608.83	4228.85	24.69	5.84	3379.51	849.34	79.9
云南	Yunnan	917.59	6954.93	48.75	10.59	5631.87	1323.06	81.0
西藏	Tibet	9.56	48.83	0.86	0.15	37.14	11.69	76.1
陕西	Shaanxi	1551.47	5214.98	43.30	10.53	4173.44	1041.54	80.0
甘肃	Gansu	237.71	1664.41	17.15	4.00	1297.62	366.78	78.0
青海	Qinghai	84.86	606.88	3.47	0.98	508.03	98.85	83.7
宁夏	Ningxia	199.57	1561.49	10.40	3.00	1272.31	289.18	81.5
新疆	Xinjiang	384.87	2257.19	23.89	5.90	1731.63	525.55	76.7

5-38 房地产开发企业经营情况
Operating Statistics on Enterprises for Real Estate Development

单位：亿元 (100 million yuan)

年份 地区	Year Region	主营业务收入 Revenue from Principle Business	土地转让收入 Land Transferred	商品房销售收入 Commercialized Buildings Sold	房屋出租收入 Houses Leased	其他收入 Others	主营业务税金及附加 Taxes and Other Charges on Principal Business	营业利润 Operating Profit
	1992	528.56	42.74	426.59	5.96	53.26	41.44	63.52
	1993	1135.91	83.93	863.71	10.63	177.63	96.59	155.92
	1994	1288.19	95.94	1018.50	17.28	156.47	95.10	167.44
	1995	1731.66	194.40	1258.28	25.79	253.19	90.30	143.41
	1996	1968.79	120.34	1533.76	29.99	284.69	92.78	17.98
	1997	2218.46	103.28	1755.21	38.79	321.18	104.21	-10.35
	1998	2951.21	132.25	2408.41	49.32	361.23	138.81	-10.66
	1999	3026.01	103.25	2555.02	62.74	305.00	145.36	-35.09
	2000	4515.71	129.61	3896.82	95.32	393.96	214.57	73.28
	2001	5471.66	188.99	4729.42	117.35	435.90	273.45	125.47
	2002	7077.85	225.13	6145.80	144.57	562.34	370.15	252.91
	2003	9137.27	279.72	8153.69	164.33	539.53	493.72	430.37
	2004	13314.46	410.09	11752.20	305.58	846.59	413.04	857.97
	2005	14769.35	341.43	13316.77	290.29	820.86	845.25	1109.19
	2006	18046.76	300.65	16621.36	316.79	807.96	1127.12	1669.89
	2007	23397.13	427.92	21604.21	386.81	978.19	1660.30	2436.61
	2008	26696.84	466.85	24394.12	521.47	1314.40	1829.20	3432.23
	2009	34606.23	498.05	32507.83	544.27	1056.08	2585.49	4728.58
	2010	42996.48	519.19	40585.33	742.92	1149.04	3464.66	6111.48
	2011	44491.28	664.66	41697.91	904.28	1224.43	3832.98	5798.58
	2012	51028.41	819.39	47463.49	1151.55	1593.98	4610.87	6001.33
北京	Beijing	3067.42	215.84	2455.12	217.91	178.54	352.68	646.92
天津	Tianjin	1294.90	51.26	1102.70	19.19	121.75	97.88	128.78
河北	Hebei	1687.70	2.80	1651.55	9.83	23.52	139.16	121.33
山西	Shanxi	460.64	3.83	437.08	8.17	11.57	35.20	6.16
内蒙古	Inner Mongolia	870.59	14.88	828.69	9.08	17.94	67.69	40.93
辽宁	Liaoning	2474.79	12.25	2403.86	16.95	41.73	204.70	214.89
吉林	Jilin	683.47	5.36	665.12	4.14	8.85	54.58	35.65
黑龙江	Heilongjiang	986.39	5.32	955.54	4.12	21.42	74.14	53.13
上海	Shanghai	3182.50	40.66	2649.28	348.82	143.75	339.15	694.45
江苏	Jiangsu	5854.69	102.04	5553.63	46.49	152.53	506.78	562.73
浙江	Zhejiang	3382.86	40.10	3235.99	35.52	71.25	331.01	471.70
安徽	Anhui	1797.10	29.27	1694.29	20.79	52.75	144.58	175.19
福建	Fujian	1769.90	8.65	1695.45	20.43	45.36	184.00	297.91
江西	Jiangxi	899.89	6.45	882.27	4.85	6.32	75.06	119.75
山东	Shandong	3094.56	14.72	2925.42	19.94	134.49	236.56	258.69
河南	Henan	1570.94	7.72	1513.36	21.00	28.87	131.89	172.96
湖北	Hubei	1731.03	18.32	1600.23	38.51	73.97	147.91	203.21
湖南	Hunan	1386.37	38.80	1300.57	18.34	28.67	109.58	77.14
广东	Guangdong	5234.92	41.71	4892.52	161.79	138.90	609.81	894.91
广西	Guangxi	775.73	16.30	718.88	16.66	23.89	73.26	47.21
海南	Hainan	501.04	9.04	448.55	2.76	40.70	58.01	39.81
重庆	Chongqing	1803.61	75.63	1643.65	27.48	56.83	152.38	189.11
四川	Sichuan	2549.10	31.01	2422.01	35.27	60.80	201.50	250.47
贵州	Guizhou	549.98	4.65	515.71	7.29	22.33	42.40	23.90
云南	Yunnan	835.86	12.53	791.43	9.82	22.08	70.76	58.13
西藏	Tibet	10.41		10.13	0.18	0.10	0.83	-0.31
陕西	Shaanxi	1343.45	5.24	1286.88	11.61	39.72	85.71	130.63
甘肃	Gansu	297.78	2.09	282.15	4.07	9.47	18.31	8.73
青海	Qinghai	103.40	0.35	102.16	0.77	0.13	6.71	-0.64
宁夏	Ningxia	277.61	0.50	266.13	3.51	7.47	17.29	16.29
新疆	Xinjiang	549.77	2.09	533.15	6.25	8.28	41.39	61.58

5-39 分地区按项目规模分房地产开发完成投资（2012年）
Investment Actually Completed by Enterprises for Real Estate Development by Size of Projects and Region (2012)

单位：亿元 (100 million yuan)

地 区	Region	500万元以下 Less Than 5 Million Yuan	500-1000万元 5-10 Million Yuan	1000-3000万元 10-30 Million Yuan	3000-5000万元 30-50 Million Yuan	5000万-1亿元 50-100 Million Yuan	1-5亿元 100-500 Million Yuan	5-10亿元 500-1000 Million Yuan	10亿元以上 1 Billion Yuan and More
全 国	**National Total**	**7.53**	**45.26**	**418.08**	**763.06**	**2903.78**	**19743.91**	**14711.40**	**33210.76**
北 京	Beijing	0.03	0.17	1.87	5.36	15.24	191.43	333.68	2605.66
天 津	Tianjin		0.05	0.58	1.58	8.98	177.91	277.40	793.49
河 北	Hebei	0.09	0.25	14.07	19.94	110.45	941.06	653.03	1347.63
山 西	Shanxi		1.97	13.05	21.76	84.50	381.43	170.97	336.76
内蒙古	Inner Mongolia	0.23	2.57	26.88	31.27	126.89	407.08	307.15	389.38
辽 宁	Liaoning	0.30	1.81	14.22	30.09	126.37	1494.36	1313.03	2475.65
吉 林	Jilin	0.49	1.88	15.12	25.39	80.63	396.86	259.86	529.79
黑龙江	Heilongjiang	0.13	1.59	18.83	17.83	106.95	472.79	250.77	636.96
上 海	Shanghai		0.05	1.37	3.68	10.91	240.69	444.82	1679.83
江 苏	Jiangsu	0.11	0.77	12.74	26.24	133.78	1594.37	1465.97	2972.12
浙 江	Zhejiang	0.04	0.40	10.02	26.07	115.42	1298.63	1175.31	2600.37
安 徽	Anhui	0.52	2.09	15.20	23.53	97.41	909.12	762.95	1340.79
福 建	Fujian	0.16	0.50	10.85	15.41	72.14	632.42	559.36	1533.28
江 西	Jiangxi	0.05	0.97	10.30	17.61	71.18	437.98	220.71	210.82
山 东	Shandong	0.51	2.13	25.25	52.46	242.18	1563.74	1056.19	1765.84
河 南	Henan	0.26	1.63	18.87	42.49	196.27	1264.75	568.77	942.25
湖 北	Hubei	0.42	1.86	24.20	40.74	124.91	716.50	409.79	1221.04
湖 南	Hunan	0.54	3.53	28.18	46.65	172.02	794.99	392.18	772.43
广 东	Guangdong	0.78	3.36	25.85	42.49	147.03	1137.54	1054.55	2941.18
广 西	Guangxi	0.34	1.72	14.39	28.72	92.80	604.45	364.74	447.77
海 南	Hainan		0.01	2.49	4.50	23.96	223.11	178.26	454.32
重 庆	Chongqing	0.28	2.29	12.07	26.01	89.13	549.80	434.70	1394.08
四 川	Sichuan	0.22	2.73	22.17	49.58	206.08	1113.07	884.14	988.40
贵 州	Guizhou	0.32	1.51	11.14	22.14	71.43	375.09	214.29	771.68
云 南	Yunnan	0.28	1.63	13.98	27.80	112.28	541.86	279.49	804.81
西 藏	Tibet	0.02		0.16		1.74	3.47	1.40	0.08
陕 西	Shaanxi	0.04	1.52	8.49	18.69	57.32	476.50	372.67	900.70
甘 肃	Gansu	0.22	2.26	14.36	25.48	83.78	243.50	94.35	97.05
青 海	Qinghai		0.22	1.28	1.69	8.91	58.34	40.51	78.73
宁 夏	Ningxia	0.05	0.52	4.34	6.62	26.73	227.00	96.37	67.51
新 疆	Xinjiang	1.08	3.27	25.76	31.24	86.36	274.05	73.97	110.37

5-40 房地产开发企业成套住宅竣工与销售情况
Number of Flats of Residential Buildings Completed and Sold by Enterprises for Real Estate Development

年份 地区	Year Region	住宅竣工套数合计(套) Total Number of Flats of Residential Buildings Completed (sets)	#别墅、高档公寓 Villas, High-grade Apartments	住宅销售套数合计(套) Total Number of Flats of Residential Buildings Sold (sets)	#别墅、高档公寓 Villas, High-grade Apartments
	2000	2139702	59880		
	2001	2414392	72207		
	2002	2629616	97751		
	2003	3021134	108525		
	2004	4042219	144949		
	2005	3682523	135276	4235372	152339
	2006	4005305	139632	5049094	219982
	2007	4401203	159423	6251263	257776
	2008	4939189	144618	5565827	157455
	2009	5548897	143621	8040470	240129
	2010	6019767	163207	8817526	223596
	2011	7219163	155923	9139672	191881
	2012	7642379	161899	9446424	184001
北京	Beijing	156606	5769	147153	5277
天津	Tianjin	183572	5334	153686	4030
河北	Hebei	381529	3602	444959	5566
山西	Shanxi	131677	522	122431	215
内蒙古	Inner Mongolia	164962	3379	198073	2917
辽宁	Liaoning	598299	5394	840520	9509
吉林	Jilin	195425	7641	245525	5641
黑龙江	Heilongjiang	311229	246	373563	935
上海	Shanghai	162169	16974	164759	14160
江苏	Jiangsu	667136	19288	705029	20407
浙江	Zhejiang	242386	5741	282224	5464
安徽	Anhui	301370	2081	418989	4701
福建	Fujian	147318	2317	249314	3518
江西	Jiangxi	127629	1668	189251	2082
山东	Shandong	553218	7752	714514	9951
河南	Henan	439355	5435	489310	1953
湖北	Hubei	250207	2838	340340	3522
湖南	Hunan	337701	5026	400490	7442
广东	Guangdong	492103	19942	644541	30573
广西	Guangxi	187628	1398	235237	783
海南	Hainan	89764	13012	97242	8627
重庆	Chongqing	396319	4970	438391	7912
四川	Sichuan	442906	2660	573537	6583
贵州	Guizhou	96924	466	190506	535
云南	Yunnan	121134	8765	239631	12374
西藏	Tibet	618	42	1830	168
陕西	Shaanxi	135007	1529	245420	4187
甘肃	Gansu	66864		88808	18
青海	Qinghai	31474	22	22913	11
宁夏	Ningxia	85433	331	66329	709
新疆	Xinjiang	144417	7755	121906	4231

注：住宅销售套数包括期房。

a) Number of flats of residential buildings sold includes the future housing.

5-41 35个大中城市主要指标完成情况（2012年）
Main Indicators of Real Estate Projects in 35 Large and Medium-sized Cities (2012)

城市	City	本年完成投资（亿元） Investment Completed This Year (100 million yuan)	#住宅 Residential Buildings	#办公楼 Office Buildings	#商业营业用房 Houses for Business Use	房屋施工面积（万平方米） Floor Space of Buildings under Construction (10 000 sq.m)	房屋竣工面积（万平方米） Floor Space of Buildings Completed (10 000 sq.m)	#住宅 Residential Buildings
总计	**Total**	**35716.43**	**23126.93**	**2524.40**	**4336.17**	**231797.51**	**38014.49**	**28959.43**
北京	Beijing	3153.44	1627.99	384.81	275.87	13122.49	2390.86	1522.72
天津	Tianjin	1260.00	843.05	85.70	155.31	9864.22	2542.75	1913.97
石家庄	Shijiazhuang	833.21	592.27	53.24	138.91	4677.18	870.93	681.64
太原	Taiyuan	359.24	257.02	13.35	40.90	3651.05	230.94	201.30
呼和浩特	Hohhot	447.99	302.19	23.05	78.82	4442.06	357.98	290.80
沈阳	Shenyang	1942.96	1331.43	100.09	359.02	11002.63	2066.37	1644.76
大连	Dalian	1396.52	1055.41	30.43	164.93	6213.43	750.00	588.14
长春	Changchun	649.65	493.22	23.72	74.72	5123.72	913.87	736.29
哈尔滨	Harbin	789.04	544.79	21.72	121.86	5577.06	1095.82	898.97
上海	Shanghai	2381.36	1451.94	262.85	293.75	13249.97	2305.06	1609.13
南京	Nanjing	971.96	660.94	64.61	95.40	6050.06	1699.73	1362.23
杭州	Hangzhou	1597.36	1001.74	141.83	137.78	8288.95	1055.09	674.01
宁波	Ningbo	884.35	515.65	66.71	110.04	6080.51	839.91	530.61
合肥	Hefei	913.80	578.50	73.37	142.02	6071.64	921.02	725.28
福州	Fuzhou	972.27	628.48	81.15	87.87	5704.68	534.33	402.46
厦门	Xiamen	518.88	289.49	45.84	52.93	3579.73	422.41	215.55
南昌	Nanchang	344.36	221.33	51.97	39.26	3123.29	417.92	325.42
济南	Jinan	664.01	445.38	55.27	71.37	3819.44	492.25	365.65
青岛	Qingdao	932.10	595.00	68.59	140.40	6497.69	1211.57	928.85
郑州	Zhengzhou	1095.14	675.65	105.42	120.02	8253.94	1449.83	1043.20
武汉	Wuhan	1574.86	991.41	126.47	201.53	6862.97	1054.45	900.90
长沙	Changsha	1034.35	701.01	56.03	124.34	7376.26	1402.27	1131.00
广州	Guangzhou	1370.45	827.61	153.64	197.59	7845.62	1290.79	800.86
深圳	Shenzhen	736.84	474.60	27.00	90.11	3216.69	425.75	289.40
南宁	Nanning	362.73	253.98	11.06	30.37	3747.04	664.53	521.10
海口	Haikou	175.66	130.21	1.14	9.38	1591.47	307.42	228.44
重庆	Chongqing	2508.35	1706.77	101.61	307.50	22009.03	3990.63	3386.35
成都	Chengdu	1889.23	1171.16	125.94	246.42	14150.98	2107.73	1590.23
贵阳	Guiyang	901.03	568.49	33.51	111.97	5664.10	584.50	443.89
昆明	Kunming	919.07	585.99	74.55	97.95	5885.00	629.63	519.25
西安	Xi'an	1269.93	1003.85	37.30	107.62	9893.11	1063.70	903.82
兰州	Lanzhou	209.74	131.72	6.01	22.26	2342.49	168.28	128.91
西宁	Xining	160.14	118.69	2.43	23.07	1479.95	361.04	322.71
银川	Yinchuan	275.70	175.51	8.66	49.83	2948.53	744.38	594.86
乌鲁木齐	Urumqi	220.69	174.47	5.31	15.04	2390.52	650.78	536.72

5-41 续表 continued

城市	City	商品房销售面积(万平方米) Floor Space of Commercialized Buildings Sold (10 000 sq.m)	#住宅 Residential Buildings	商品房平均销售价格(元/平方米) Selling Price of Commercialized Buildings (yuan/sq.m)	#住宅 Residential Buildings	本年土地购置面积(万平方米) Land Space Purchased This Year (10 000 sq.m)
总计	**Total**	**39818.95**	**34855.85**	**8144**	**7649**	**10743.96**
北京	Beijing	1943.74	1483.37	17022	16553	305.99
天津	Tianjin	1661.69	1511.40	8218	8010	299.75
石家庄	Shijiazhuang	768.73	697.08	4931	4714	274.23
太原	Taiyuan	324.81	308.13	6805	6405	88.34
呼和浩特	Hohhot	478.18	414.31	5445	4798	109.44
沈阳	Shenyang	2469.65	2201.45	6321	5989	810.35
大连	Dalian	1076.36	966.89	8004	7584	509.69
长春	Changchun	908.00	775.19	5540	5273	749.73
哈尔滨	Harbin	1195.28	1031.61	5518	5113	334.63
上海	Shanghai	1898.46	1592.63	14061	13870	300.62
南京	Nanjing	950.87	876.25	10106	9675	120.60
杭州	Hangzhou	1089.62	920.26	13447	13292	112.39
宁波	Ningbo	590.22	458.74	11240	11385	57.33
合肥	Hefei	1242.48	1117.33	6156	5754	476.41
福州	Fuzhou	841.50	733.96	11188	10645	214.32
厦门	Xiamen	615.34	480.27	12280	12953	188.91
南昌	Nanchang	689.86	595.33	6419	5880	129.45
济南	Jinan	659.56	559.92	6832	6651	272.72
青岛	Qingdao	950.92	842.50	8056	7583	240.06
郑州	Zhengzhou	1441.87	1226.18	6253	5643	349.86
武汉	Wuhan	1576.11	1390.47	7344	6895	456.95
长沙	Changsha	1526.93	1385.33	6101	5603	311.15
广州	Guangzhou	1333.13	1128.51	13163	12001	142.97
深圳	Shenzhen	525.83	488.44	19590	18996	97.34
南宁	Nanning	629.01	575.52	6003	5619	101.34
海口	Haikou	266.95	251.49	6821	6512	34.90
重庆	Chongqing	4522.40	4105.11	5080	4805	2183.07
成都	Chengdu	2844.09	2424.61	7288	6678	152.71
贵阳	Guiyang	1023.84	948.47	4846	4473	197.17
昆明	Kunming	1051.35	917.73	5745	5405	453.10
西安	Xi'an	1532.90	1379.13	6634	6224	168.66
兰州	Lanzhou	190.35	176.75	5698	5421	64.11
西宁	Xining	177.04	165.85	4718	4304	162.31
银川	Yinchuan	450.26	388.33	4575	4187	179.55
乌鲁木齐	Urumqi	371.61	337.30	5639	5255	93.82

主要统计指标解释

全社会固定资产投资 是以货币形式表现的在一定时期内全社会建造和购置固定资产的工作量以及与此有关的费用的总称。该指标是反映固定资产投资规模、结构和发展速度的综合性指标,又是观察工程进度和考核投资效果的重要依据。全社会固定资产投资按登记注册类型可分为国有、集体、联营、股份制、私营和个体、港澳台商、外商、其他等。

固定资产投资（不含农户） 指城镇和农村各种登记注册类型的企业、事业、行政单位及城镇个体户进行的计划总投资500万元及500万元以上的建设项目投资和房地产开发投资,包含原口径的城镇固定资产投资加上农村企事业组织项目投资，该口径自2011年起开始使用。

房地产开发投资 指各种登记注册类型的房地产开发法人单位统一开发的包括统代建、拆迁还建的住宅、厂房、仓库、饭店、宾馆、度假村、写字楼、办公楼等房屋建筑物，配套的服务设施，土地开发工程（如道路、给水、排水、供电、供热、通讯、平整场地等基础设施工程）和土地购置的投资；不包括单纯的土地开发和交易活动。

建设总规模 是指在报告期内所有施工项目的计划总投资。

在建总规模 是指在报告期末所有在建项目的计划总投资。

在建净规模 是指报告期末所有在建项目建成投产尚需的投资总量。

在建净规模＝在建总规模－未投产项目（期末在建）累计完成投资。

固定资产投资的实际到位资金 根据固定资产投资的资金来源不同，分为国家预算资金、国内贷款、利用外资、自筹资金和其他资金。

(1)国家预算资金　国家预算包括一般预算、政府性基金预算、国有资本经营预算和社保基金预算。各类预算中用于固定资产投资的资金全部作为国家预算资金填报,其中一般预算中用于固定资产投资的部分包括基建投资、车购税、灾后恢复重建基金和其他财政投资。各级政府债券也应归入国家预算资金。

(2)国内贷款　指报告期固定资产项目投资单位向银行及非银行金融机构借入用于固定资产投资的各种国内借款，包括银行利用自有资金及吸收存款发放的贷款、上级主管部门拨入的国内贷款、国家专项贷款（包括煤代油贷款、劳改煤矿专项贷款等），地方财政专项资金安排的贷款、国内储备贷款、周转贷款等。

(3)利用外资　指报告期收到的境外（包括外国及港澳台地区）资金(包括设备、材料、技术在内)。包括对外借款(外国政府贷款、国际金融组织贷款、出口信贷、外国银行商业贷款、对外发行债券和股票)、外商直接投资、外商其他投资(包括利用外商投资收益在国内进行固定资产再投资活动的资金)。不包括我国自有外汇资金(国家外汇、地方外汇、留成外汇、调剂外汇和国内银行自有资金发放的外汇贷款等)。各类外资按报告期末的外汇牌价（中间价）折成人民币计算。

(4)自筹资金　指固定资产投资单位在报告期收到的，由各企、事业单位筹集用于固定资产投资的资金，包括各类企事业单位的自有资金和从其他单位筹集的用于固定资产投资的资金，但不包括各类财政性资金、从各类金融机构借入资金和国外资金。

(5)其他资金　指在报告期收到的除以上各种资金之外的用于固定资产投资的资金，包括社会集资、个人资金、无偿捐赠的资金及其他单位拨入的资金等。

固定资产投资按国民经济行业分 指根据其从事的社会经济活动性质对各类单位进行的分类。应根据建设项目建成投产后的主要产品种类或主要用途及社会经济活动种类来划分，不能根据项目单位本身的行业类别来划分。如果项目投产后有几种产品，应根据主要产品来确定行业类别。一般情况下，一个建设项目只能属于一种国民经济行业。

固定资产投资按隶属关系分 是按建设单位或企业、事业、行政单位的主管上级机关确定的。

(1)中央　是指中共中央、人大常委会和国务院各部、委、局、总公司以及直属机构直接领导的建设项目和企业、事业、行政单位。这些单位的固定资产投资计划由国务院各部门直接编制和下达，统一组织或委托下级实施。包括有中央垂直管理的部门（如国家统计局各级调查队）和中央直属企业、事业单位（如工商银行、中国电信、中国石油）等。

(2)地方　是由省（自治区、直辖市）、地（区、市、州、盟)、县（区、市、旗）三级政府及业务主管部门直接领导和管理的建设项目、企业、事业、行政单位。地方项目还包括不隶属以上各级政府及主管部门的建设项目和企业、事业单位，如外商投资企业和无主管部门的企业等。

固定资产投资按建设性质分 按整个建设项目情况来确定。建设项目的性质一般分为新建、扩建、改建和技术改造、单纯建造生活设施、迁建、恢复、单纯购置。房地产开发单位、农户投资不划分建设性质。

(1)新建　指从无到有"平地起家"开始建设的项目。现有企业、事业、行政单位投资的项目一般不属于新建。但如有的单位原有基础很小，经过建设后新增的固定资产价值超过该企业、事业、行政单位原有固定资产价值（原值）三倍以上的，也应作为新建。

(2)扩建　指在厂内或其他地点，为扩大原有产品的生产能力(或效益)或增加新的产品生产能力，而增建的生产车间(或主要工程)、分厂、独立的生产线的企业、事业单位。行政、事业单位在原单位增建业务性用房(如学校增建教学用房、医院增建门诊部、病房等)也作为扩建。

现有企、事业单位为扩大原有主要产品生产能力或增加新的产品生产能力，增建一个或几个主要生产车间(或主要工程)、分厂，同时进行一些更新改造工程的，也应作为扩建。

(3)改建和技术改造　指现有企业、事业单位对原有设施进行技术改造或更新(包括相应配套的辅助性生产、生活福利设施) 的建设项目。改建项目包括现有企业、事业单位为适应市场变化的需要，而改变企业的主要产品种类(如军工企业转民产品等) 的建设项目，原有产品生产作业线由于各工序(车间)之间能力不平衡，为填平补齐充分发挥原有生产能力而增建不增加本企业主要产品设计能力的车间的建设项目。技术改造是指企业、事业单位在现有基础上，用先进的技术代替落后的技术，用先进的工艺和装备代替落后的工艺和装备，以改变企业落后的技术经济面貌，实现以内涵为主的扩大再生产，达到提高产品质量、促进产品更新换代、节约能源、降低消耗、扩大生产规模、全面提高社会经济效益的目的。技术改造具体包括以下内容：机器设备和工具的更新改造；生产工艺改革、节约能源和原材料的改造；厂房建筑和公共设施的改造；保护环境进行的“三废”治理改造；劳动条件和生产环境的改造等。

固定资产投资按构成分

(1)建筑工程　指各种房屋、建筑物的建造工程，又称建筑工作量。这部分投资额必须兴工动料，通过施工活动才能实现，是固定资产投资额的重要组成部分。

(2)安装工程　指各种设备、装置的安装工程，又称安装工作量。

在安装工程中，不包括被安装设备本身价值。

(3)设备工具器具购置　指报告期内购置或自制的，达到固定资产标准的设备、工具、器具的价值。新建单位及扩建单位的新建车间，按照设计或计划要求购置或自制的全部设备、工具、器具，不论是否达到固定资产标准均计入“设备工具器具购置”中。

(4)其他费用　指在固定资产建造和购置过程中发生的，除建筑安装工程和设备、工器具购置投资完成额以外的应当分摊计入固定资产投资的费用，不指经营中财务上的其他费用。

施工项目个数　是指本年正式进行过建筑或安装施工活动的建设项目个数。包括本年新开工项目，以前年度开工跨入本年继续施工项目，本年全部建成投产项目、以前年度全部停缓建在本年恢复施工的项目，本年进行过施工又在本年内全部停缓建的项目。施工项目个数可以反映一定时期固定资产投资的实际规模，与同期全部建成投产项目个数相比，可以从建设速度的角度反映固定资产投资的效果。

本年投产项目个数　指报告期内按设计文件规定建成主体工程和相应配套的辅助设施，形成生产能力或工程效益，经过验收合格，并且已正式投入生产或交付使用的建设项目。

新增生产能力(或工程效益)　指通过固定资产投资活动而增加的设计能力(或工程效益)。主要指标包括建设规模、本年施工规模、自开始建设累计新增生产能力(或工程效益)、本年新增生产能力(或工程效益)等。

建设规模　指建设项目或工程设计文件中规定的全部设计能力(或工程效益)。包括已经建成投产和尚未建成投产的工程的生产能力(或工程效益)。

本年施工规模　指报告期内施工的单项工程（或更新改造项目）的设计能力(或工程效益)，包括报告期以前已开工跨入本年继续施工的工程的设计能力和报告期新开工工程的设计能力。也包括报告期内建成投产或报告期施工后又停缓建的单项工程设计能力。不包括在报告期以前建成投产或已经停、缓建的工程，以及报告期内尚未正式开工的工程的设计能力。

自开始建设累计新增生产能力(或工程效益)　指自开始建设至本年底止建成投产的全部单项工程累计新增生产能力(或工程效益)。

本年新增生产能力(或工程效益)　指在本年度内按照新增生产能力(或工程效益)的计算条件和标准，实际建成投入生产或交付使用的生产能力(或工程效益)。

新增固定资产　是指已经完成建造和购置过程，并已交付生产或使用单位的固定资产的价值，包括已经建成投入生产或交付使用的工程投资和达到固定资产标准的设备、工具、器具的投资及有关应摊入的费用。该指标是表示固定资产投资成果的价值指标，也是反映建设进度，计算固定资产投资效果的重要指标。

项目建成投产率　指一定时期内全部建成投产项目个数与同期施工项目个数的比率。该指标从建设单位建设速度的角度反映投资效果。

固定资产交付使用率　指一定时期新增固定资产与同期完成投资额的比率。该指标是反映固定资产动用速度，衡量建设过程中宏观投资效果的综合指标。由于新增固定资产是较长时期内形成的结果，而投资额则是当年完成的，因此，该指标一般适宜于反映较长时期内固定资产的动用情况。

商品房销售面积　指报告期内出售商品房屋的合同总面积(即双方签署的正式买卖合同中所确定的建筑面积)。由现房销售面积和期房销售面积两部分组成。

商品房销售额　指报告期内出售商品房屋的合同总价款(即双方签署的正式买卖合同中所确定的合同总价)。该指标与商品房销售面积同口径，由现房销售额和期房销售额两部分组成。

Explanatory Notes on Main Statistical Indicators

Total Investment in Fixed Assets in the Whole Country refers to the volume of activities in construction and purchases of fixed assets of the whole country and related fees, expressed in monetary terms during the reference period. It is a comprehensive indicator which shows the size, structure and growth of the investment in fixed assets, providing a basis for observing the progress of construction projects and evaluating results of investment. Total investment in fixed assets in the whole country includes, by type of ownership, the investment by State-owned units, collective-owned units, joint ownership units, share-holding units, private units, individuals as well as investments by entrepreneurs from Hong Kong, Macao and Taiwan, foreign investors and others.

Investment in Fixed Assets (Excluding Rural Households) refers to the investment in construction projects with a total planned investment of 5 million yuan and over by enterprises of various ownerships, institutions, administrative units and urban self-employed individuals, and the investment in real estate development in both urban and rural areas. Since 2011, it covers the urban investment in fixed assets under the previous statistical coverage plus project investments by rural enterprises and institutions.

Investment in Real Estate Development refers to investment by real estate development companies, commercialized buildings construction companies and other real estate development units of various types of ownership in the construction of buildings, such as residential buildings, factory buildings, warehouses, hotels, guesthouses, holiday villages, office buildings, the complementary service facilities and land development projects, such as roads, water supply, water drainage, power supply, heating supply, telecommunications, land leveling and other infrastructural projects. It does not include activities in pure land transactions.

Total Size of Construction refers to the planned total investment for all construction projects during the reference period.

Total Size of Investment in Projects under Construction refers to the planned total investment of all projects under construction at the end of the reference period.

Net Size of Investment in Projects under Construction refers to the outstanding requirement of investment of all projects under construction at the end of the reference period.

Net size of investment in projects under construction= Total size of investment – Accumulated completed investment of projects under construction

Actual Funds in Place for Investment in Fixed Assets are categorized as funds from the State budget, domestic loans, foreign investment, self-raised funds, and others, depending on the sources of investment.

(1) Fund from the State budget: State budget consists of general budget, government fund budget, operation budget of state-owned assets and social security fund budget. Funds for investment in fixed assets from various budgets are reported as fund from the state budget, of which, the general budget utilized on fixed assets investment includes investment on infrastructure construction, vehicle purchase tax, post-disaster restoration and reconstruction funds and other financial investment. Government bonds at all levels should also be included.

(2) Domestic loans refer to loans of various forms borrowed by investing units from banks and non-bank financial institutions during the reference period for the purpose of investment in fixed assets, including loans issued by banks from their self-owned funds and deposit, loans appropriated by higher responsible authorities, special loans by government (including loan for substituting petroleum with coal, special loans for reform-through-labour coal mines), loans arranged by local government from special funds, domestic reserve loan, and revolving loan, etc.

(3) Foreign investment refers to overseas (including foreign countries, Hongkong, Macao and Taiwan) funds received during the reference period (covering equipment, materials and technology), including foreign borrowings (loans from foreign governments and international financial institutions, export credit, commercial loans from foreign banks, issue of bonds and stocks overseas), foreign direct investment and other foreign investments (including funds from foreign direct investment income that are reinvested in fixed assets domestically). Excluded from this category is capital in foreign exchanges owned by China (foreign exchanges owned by the central and local governments, foreign exchanges retained by enterprises, foreign exchanges by enterprises through the regulating mechanism, loans in foreign exchanges issued by the Bank of China with its own fund, etc.). In calculating the utilization of foreign capital, foreign currencies are converted into Chinese Renminbi applying the exchange rate (central parity rate) at the end of the reference period.

(4) Self-raised funds refer to funds for investment in fixed assets received during the reference period by investing units, including investment in fixed assets using own funds of various enterprises and institutions or funds raised from other units other than financial funds, funds borrowed from financial institutions and overseas funds.

(5) Others refer to funds for investment in fixed assets received from sources other than those listed above, including funds raised from individuals and through donations, and funds transferred from other units.

Investment in Fixed Assets by Sector refers to the classification of investment by the nature of social economic activities the investing units are engaged in. The classification of construction projects by sector is determined by the major products or the purpose of the projects when they are put into production or use, and by the nature of their social economic activities, instead of being determined by industrial classification of the project enterprises. The project will be classified according to major product if there are several kinds of products yielded. In general, one project can only be classified into one sector.

Investment in Fixed Assets by Jurisdiction of Management refers to the classification of investment by the competent authorities under which investment is made by construction units, enterprises, institutions or administrative units.

(1) Central investment refers to the investment in projects or by enterprises, institutions or administrative units which are under the direct leadership and management of the State Council and of the national commissions, ministries, agencies and State-owned large corporations. Various ministries and departments of the State Council prepare and implement plans through unified organization or lower-level commissions, which include departments direct under central government (i.e. survey offices at all level of the National Bureau of Statistics) and enterprises and institutions directly under central government (like the Industrial and Commercial Bank of China, China Telecom and China National Petroleum Corporation)..

(2) Local investment refers to the investment in projects or by enterprises, institutions or administrative units which are under the direct leadership and management of competent departments and governments at the level of province (autonomous regions and municipalities directly under the Central Government), prefecture （prefectures, cities and leagues） and county (districts, cities and banners). Also included are projects by foreign-invested enterprises and enterprises without competent managing authorities.

Investment in Fixed Assets by Type of Construction Construction projects in general can be classified, by the type of construction, into new construction, expansion, reconstruction and technical transformation, purely construction of living facilities, moving, restoration and purely purchasing. However, investment by type of construction is not applied to investment by real-estate development units and investment by rural households.

(1) New construction in general refers to construction projects, which start from scratch. The existing projects invested by enterprises, institutions and administrative agencies cannot be classified as new construction. In case the size of the existing unit is quite small, and the value of newly added fixed assets is more than three times of the original value, the expansion will be considered as new construction.

(2) Expansion refers to construction of new production workshop, branch factory or independent production line within a factory or in other locations, for the purpose of increasing the production capacity (or improving efficiency) or adding new production capacity by enterprises and institutions. Newly constructed accommodation for the operation of institutions and administrative organizations (such as newly constructed buildings for teaching in schools, buildings for clinics or wards in hospitals, etc.) are also classified as expansion.

Also included in expansion are investments by existing enterprises or institutions in building major production line(s) or branch factory (ies) along with some work on innovation, for the purpose of expanding the production capacity of original products or producing new products.

(3) Reconstruction and technical transformation refers to construction projects by existing enterprises or institutions in innovation or technical transformation of the old facilities (including auxiliary production equipment and welfare facilities). Also considered as reconstruction is the construction of new workshops by the existing enterprises or institutions to change the variety of products to meet the market demand (such as the production of civil products by defence industries), or to bring the designed production capacity into full play through a more balanced production process on production lines. Technical transformation refers to replacement of old technology or equipment by new technology or equipment, in order to expand the reproduction through improvement of technology contents in production, to improve product quality, to promote new products, to save energy, to reduce consumption, to expand the production scale and to improve overall social-economic efficiency. Contents of technical transformation include: updating of machinery, equipment and tools; reforming production process by using energy or materials saving technology; construction of factory workshops and transformation of public facilities; treatment transformation of "three wastes" (waste gas, waste water and industrial residue) aiming at environmental protection; improvement of working conditions and environment, etc.

Investment in Fixed Assets by Structure

(1) Construction refers to the construction of houses and buildings, also known as work volume of construction. This part of investment can only be achieved through construction activities, it is the major component of the total investment in fixed assets.

(2) Installation refers to the installation of various kinds of equipment and instruments, also known as work volume of installation.

The value of equipment installed itself is not included in the value of installation projects.

(3) Purchase of equipment and instruments refers to the total value of equipment, tools, and instruments purchased or self-produced which come up to the cut-off point for fixed assets during the reference period. Equipment, tools and instruments purchased or self-produced for new workshops by newly established or expanded units are categorized as "purchase of equipment and instruments" no matter whether they come up to the cut-off point for fixed assets.

(4) Other expenses refer to expenses arising during the construction or purchase of fixed assets other than those expenses on construction, installation and purchase of

equipment and instruments. Other financial expenses arising in operation are not included.

Number of Projects under Construction refers to number of all projects with actual construction or installation activities in current year, including newly started projects, projects started previously and extended into the current year, projects completed and put into operation in current year, projects suspended previously and resumed in current year, and projects started this year but suspended or postponed in current year. The number of projects under construction can reflect the actual size of investment in fixed assets during a given period, and when compared with the number of projects completed and put into use during the same period, it demonstrates the results of investment in fixed assets from the angle of the speed of the construction.

Number of Projects Put into Use This Year refer to projects have completed the main construction and correspondent auxiliary facilities in accordance with the design documents, resulting in forming production capacity (efficiency) and have been checked and accepted after relevant tests, and have been formally delivered for use.

Newly Increased Production Capacity (or Project Efficiency) refers to the increase in design capacity (or project efficiency) through investment in fixed assets. The main indicators include: construction scale, scale of projects under construction in current year, the accumulated newly increased production capacity (project efficiency) since the start of the projects and the newly increased production capacity (project efficiency) of current year.

Construction Scale refers to the total designed production capacity (project efficiency) of the construction projects in accordance with the design document, including those have been put into operation and those that have not been completed.

Scale of Projects under Construction in Current Year refers to the designed production capacity (project efficiency) of a single project (or renovation project) under construction in the reference period, including the designed production capacity of projects that have been started previously and still under construction in the current year, the newly started projects, and projects that have been completed and put into operation in the reference period or those have been started but suspended or postponed in the reference period. Projects that have been completed and put into operation, suspended or postponed before the reference period, and projects that have not been officially started in the reference period are not included.

The Accumulated Newly Increased Production Capacity (project efficiency) since the Start of the Projects refers to the accumulated newly increased production capacity of all the single projects which have been put into use from the beginning of the projects till the end of current year.

The Newly Increased Production Capacity (project efficiency) of Current Year refers to the production capacity (project efficiency) that has been completed and put into operation in current year according to the calculation conditions and standards on newly increased production capacity (project efficiency).

Newly Increased Fixed Assets refer to the value of fixed assets that has completed the construction and purchase, and has been delivered to the production or owner units, including investment in projects that have been completed and put into operation in current year and the investment in equipment, tools and appliance that meet the standard of fixed assets and fees that should be apportioned. This is an indicator that demonstrates the results of investment in fixed assets in monetary terms, and an important indicator to reflect the speed of construction and to calculate the efficiency of investment.

Rate of Construction Projects Completed and Put into Use refers to the ratio of the number of construction projects completed and put into use in a certain period of time to the number of projects under construction in the same period. This reflects the investment efficiency from the perspective of the speed of projects construction.

Rate of Projects of Fixed Assets Completed and Put into Operation refers to the ratio of the newly increased fixed assets to the total investment made in the same period. This is a comprehensive indicator reflecting the speed of the employment of fixed assets and the investment efficiency at the macro-level. As the newly increase fixed assets is the result of a long period while the investment is completed in the current year, this indicator is expected to be used to reflect the employment of fixed assets over a long period of time.

Area of Commercialized Housing Sold refers to total contracted area of commercialized housing (i.e. area of floor space as designated in the formal contracts signed by both sides) during the reference time. It constitutes floor space of completed housing and floor space of future housing.

Value of Commercialized Housing Sold refers to the total contracted value (i.e. value of sales/purchase for selling/purchase of commercialized housing as designated in the contract signed by both sides) during the reference time. This indicator has the same coverage as the area of commercialized housing sold, which constitutes floor space of completed housing and floor space of housing yet to be completed.

6

对外经济贸易

Foreign Trade and Economic Cooperation

简 要 说 明

本篇资料综合反映中国的对外贸易、利用外资、对外直接投资、对外经济合作的历年概况，重点反映对外经济贸易的近期发展状况。

一、对外贸易部分

对外贸易统计的主要内容包括：进出口货物的品种、数(重)量、金额、国别(地区)、经营单位、境内目的地、境内货源地、贸易方式、关别等项目。

对外贸易统计的范围是按照联合国的国际贸易统计原则制定的，即凡能引起中华人民共和国关境内物质资源存量增加或减少的进出口货物，除制度另有规定者外，均列入该项统计。

对外贸易统计的资料来源于海关总署，调查方法是全面调查。

历年出口商品分类金额和历年进口商品分类金额按照联合国《国际贸易标准分类》(SITC)进行统计。进出口商品目录是在海关合作理事会（世界海关组织 WCO）制定的《商品名称和编码协调制度》(HS)的基础上，结合我国进出口实际情况制定的。

我国对各国(地区)进出口总额表中，出口货物按中华人民共和国关境外最终目的国(地区)，进口货物按中华人民共和国关境外原产国(地区)统计。各地区进出口商品总值分别按境内经营单位所在地和目的地、货源地列示。经营单位所在地是指中华人民共和国关境内进出口企业报关注册的登记地；境内货源地是指出口货物在中华人民共和国关境内的产地或原始发货地；境内目的地则指进口货物在中华人民共和国关境内的消费、使用地或最终运抵地。

二、利用外资统计部分

利用外资统计的主要内容包括：外商直接投资和外商其他投资，外商投资企业登记注册情况。

统计范围是凡经工商行政管理机关核准登记，在中华人民共和国境内所有利用外资的单位和部门，经批准设立的中外合资经营企业、合作经营企业、外资企业、外商投资股份制企业、合作开发项目等具有法人资格的独立核算企业(包括港澳台地区投资企业)，在境内从事经营活动的外国及港澳台地区企业及外国公司在中国境内设立的分支机构。

利用外资统计的资料来源于商务部，其中，外商投资企业的登记注册情况资料来源于国家工商行政管理总局，调查方法是全面调查。

特殊说明：利用外资统计 1985 年及以前为政府统计部门的调查汇总数，1986 年及以后全部来源于对外贸易经济合作部（现为商务部）。2000 年以前利用外资统计中含对外借款数。

三、对外直接投资部分

对外直接投资统计的内容主要包括：境内投资主体的基本情况；境外企业的基本情况；境内投资主体与境外企业间的投资、收益和分配情况；通过境外企业实现的货物进出口情况；境外企业核准情况。

统计范围主要包括境内投资主体通过直接投资在境外设立的各类公司型企业和非公司型企业。

资料来源是商务部，调查方法是全面调查。

四、对外经济合作部分

对外经济合作统计的主要内容包括：对外承包工程、对外劳务合作、对外设计咨询的合同数、合同金额、完成营业额和按国别、地区分的对外经济合作完成营业额等。

统计范围是对外承包工程、对外劳务合作。

该制度统计单位是经各级商务主管部门批准的从事对外承包和劳务合作业务并具有法人地位的对外承包劳务企业。

资料来源是商务部，调查方法是全面调查。

五、其他

历年人民币对美元、日元、港币的年平均汇价，资料来源于国家外汇管理局，各年的年平均汇价是根据当年国家外汇管理局公布的每日汇价进行加权平均计算而得出的。

Brief Introduction

Data in this chapter provide summary data of China's foreign trade, utilization of foreign capital, overseas direct investment, contracted projects and labour cooperation with foreign countries or territories over the years, focusing on the recent situation of foreign trade and economic cooperation.

I. Foreign Trade

Data on foreign trade include: varieties of imports and exports, amount (weight), value, countries (regions), imports and exports corporations, destination within territory, origin of goods within territory, mode of trade, types of tariffs and so on.

The scope of foreign trade statistics are designed according to United Nations' principles on international trade statistics, that is: all imports or exports that will lead to stock changes of material resources with the territory of People's Republic of China; excluding goods by escape clause.

Sources of data on foreign trade are from the General Administration of Customs of the People's Republic of China through a comprehensive reporting system.

Customs statistics in value terms for both imports and exports are compiled according to the classifications of *UN Standard International Trade Classification (SITC)*. The list of import and export commodities is compiled based on the *Harmonized Commodity Description and Coding System (HS)* stipulated by the Customs Cooperation Council （World Customs Organization） and China's reality of imports and exports.

In the table on China's total imports and exports with related countries and regions, the export commodities are calculated at the Customs of the countries (regions) of destination and the import commodities are calculated at the Customs of the countries (regions) of origin. The total values of the import and export commodities by region are calculated respectively at the provinces where the import or export corporations are situated and at the provinces of destination or provinces of origin within the border of the People's Republic of China. The province where the import or export corporations are situated refers to the province where the import or export corporations have applied to and have been registered at the Customs. The province of origin within the border of the Peoples Republic of China refers to the province where the export commodities are produced or originally delivered. The province of destination within the border of the People's Republic of China refers to the province where the import commodities are consumed, used or transported to the destination.

II. Statistics on Utilization of Foreign Capitals

Utilization of foreign capitals includes: foreign direct investments and other foreign investments, and the basic condition of registration of foreign funded enterprises.

The statistics cover all the units and departments which have utilized foreign capitals, all the Sino-foreign joint ventures, Sino-foreign cooperative enterprises, ventures exclusively with foreign investment, foreign-funded stock companies, Sino-foreign cooperative development projects (including the enterprises funded by the entrepreneurs from Hong Kong, Macao and Taiwan) with independent accounting system and legal person status, and all foreign enterprises or enterprises funded by the entrepreneurs from Hong Kong Macao and Taiwan which engaged in business activities, and branches of foreign companies which have been approved to be set up within the boundaries of the People's Republic of China after verification and registration through administrative authorities for industry and commerce.

Data on utilization of foreign capitals are from Ministry of Commerce, of which, data on basic condition of registration of foreign funded enterprises are from State Administration for Industry and Commerce through comprehensive reporting system.

Special notice: data on utilization of foreign capitals before 1985 were survey results from governmental statistical agencies, since 1986 all data are from Ministry of Commerce (formerly MOFTEC). Data on utilization of foreign capitals before 2000 include foreign loans.

III. Overseas Direct Investment

Overseas direct investment includes: basic situation of domestic investors and overseas enterprises, investment, earnings and their distribution between domestic and overseas invested enterprises, import and export of commodities through overseas enterprises, approval of overseas enterprises.

Statistics cover all types of overseas corporate and non-corporate enterprises by direct investment of domestic investors.

Data are from Ministry of Commerce through comprehensive survey.

IV. Foreign Economic Cooperation

Data on foreign economic cooperation include: contracted projects, labour services cooperation, design and consultation services, contracted volume, complete business turnover, business turnover by countries (regions) and so on.

The statistics cover contracted projects, labour services cooperation with foreign countries (regions).

The statistical unit in the scheme is the corporate enterprise engaged in contracted projects and labour services cooperation with foreign countries and has been approved by the department of commerce at various levels.

Data on foreign economic cooperation are from Ministry of Commerce through a comprehensive reporting system.

V. Others

The average exchange rates of RMB yuan to US dollar, Japanese yen and Hong Kong dollar over the years come from the State Administration of Exchange Control. The annual average exchange rate is calculated as the weighted mean of the daily exchange rates provided by the State Administration of Foreign Exchange in the year.

6-1 对外经济贸易基本情况
Foreign Trade and Economic Cooperation

指 标	Item	2008	2009	2010	2011	2012
货物进出口总额（人民币亿元）	**Total Value of Imports and Exports (RMB 100 million yuan)**	**179921.5**	**150648.1**	**201722.1**	**236402.0**	**244160.2**
出口总额	Total Exports	100394.9	82029.7	107022.8	123240.6	129359.3
进口总额	Total Imports	79526.5	68618.4	94699.3	113161.4	114801.0
进出口差额	Balance	20868.4	13411.3	12323.5	10079.2	14558.3
货物进出口总额 （亿美元）	**Total Value of Imports and Exports (USD 100 million)**	**25632.6**	**22075.4**	**29740.0**	**36418.6**	**38671.2**
出口总额	Total Exports	14306.9	12016.1	15777.5	18983.8	20487.1
初级产品	Primary Goods	779.6	631.1	816.9	1005.5	1005.6
工业制成品	Manufactured Goods	13527.4	11384.8	14960.7	17978.4	19481.6
进口总额	Total Imports	11325.7	10059.2	13962.4	17434.8	18184.1
初级产品	Primary Goods	3623.9	2898.0	4338.5	6042.7	6349.3
工业制成品	Manufactured Goods	7701.7	7161.2	9623.9	11392.1	11834.7
进出口差额	Balance	2981.3	1956.9	1815.1	1549.0	2303.1
外商直接投资合同项目 （个）	**Number of Projects for Contracted Foreign Direct Investment (unit)**	**27514**	**23435**	**27406**	**27712**	**24925**
实际使用外资额 （亿美元）	**Total Amount of Foreign Investment Actually Utilized (USD 100 million)**	**952.53**	**918.04**	**1088.21**	**1176.98**	**1132.94**
外商直接投资	Foreign Direct Investments	923.95	900.33	1057.35	1160.11	1117.16
外商其他投资	Other Foreign Investments	28.58	17.71	30.86	16.87	15.78
外资企业基本情况	**Registered Foreign-funded Enterprises**					
年底登记户数 （户）	Number of Registered Enterprises (household)	434937	434248	445244	446487	440609
投资总额 （亿美元）	Total Investment (USD 100 million)	23241	25000	27059	29931	32610
注册资本 （亿美元）	Registered Capital (USD 100 million)	13006	14035	15738	17294	18814
#外方	Capital from Foreign Investors	10389	11369	12590	13810	14903
对外经济合作 （亿美元）	**Economic Cooperation with Foreign Countries & Regions (USD 100 million)**					
合同金额	Contracted Value	1130.15	1336.82	1430.92		
#对外承包工程	Contracted Projects	1045.62	1262.10	1343.67	1423.32	1565.29
对外劳务合作	Labor Services	75.64	74.73	87.25		
完成营业额	Value of Turnover Fulfilled	651.16	866.17	1010.50		
#对外承包工程	Contracted Projects	566.12	777.06	921.70	1034.24	1165.97
对外劳务合作	Labor Services	80.57	89.11	88.80		

注：1.外资企业基本情况数据来自国家工商总局，其年底登记户数自2008年起口径调整为企业加分支机构。
2.自2009年起商务部将对外设计咨询纳入对外承包工程合并统计。
3.自2011年起商务部不再公布对外劳务合作项下合同数、合同金额以及完成营业额数据。

a) Data of foreign enterprises come from State Administration for Industry & Commerce of the People's Republic of China, and their number of registered enterprises includes enterprises and their sub-branch since 2008, and the figures before were adjusted too.

b) Since 2009, overseas design and consultation services are included in overseas contracted projects by Ministry of Commerce.

c) Since 2011, Ministry of Commerce do not publish the number of projects contracted, contracted value and turnover fulfilled data of Labor Services.

6-2 人民币汇率（年平均价）
Reference Exchange Rate of Renminbi (Period Average)

单位：人民币元 (RMB yuan)

年 份 Year	100美元 100 US Dollars	100日元 100 Japanese Yen	100港元 100 Hong Kong Dollars	100欧元 100 Euros
1985	293.66	1.2457	37.57	
1986	345.28	2.0694	44.22	
1987	372.21	2.5799	47.74	
1988	372.21	2.9082	47.70	
1989	376.51	2.7360	48.28	
1990	478.32	3.3233	61.39	
1991	532.33	3.9602	68.45	
1992	551.46	4.3608	71.24	
1993	576.20	5.2020	74.41	
1994	861.87	8.4370	111.53	
1995	835.10	8.9225	107.96	
1996	831.42	7.6352	107.51	
1997	828.98	6.8600	107.09	
1998	827.91	6.3488	106.88	
1999	827.83	7.2932	106.66	
2000	827.84	7.6864	106.18	
2001	827.70	6.8075	106.08	
2002	827.70	6.6237	106.07	800.58
2003	827.70	7.1466	106.24	936.13
2004	827.68	7.6552	106.23	1029.00
2005	819.17	7.4484	105.30	1019.53
2006	797.18	6.8570	102.62	1001.90
2007	760.40	6.4632	97.46	1041.75
2008	694.51	6.7427	89.19	1022.27
2009	683.10	7.2986	88.12	952.70
2010	676.95	7.7279	87.13	897.25
2011	645.88	8.1050	82.97	900.11
2012	631.25	7.9037	81.38	810.67

6-3 货物进出口总额
Total Value of Imports and Exports

年 份 Year	人 民 币 （亿元） 100 million Yuan				美 元 （亿美元） USD 100 million			
	进出口总额 Total Imports & Exports	出口总额 Total Exports	进口总额 Total Imports	差 额 Balance	进出口总额 Total Imports & Exports	出口总额 Total Exports	进口总额 Total Imports	差 额 Balance
1978	355.0	167.6	187.4	-19.8	206.4	97.5	108.9	-11.4
1980	570.0	271.2	298.8	-27.6	381.4	181.2	200.2	-19.0
1985	2066.7	808.9	1257.8	-448.9	696.0	273.5	422.5	-149.0
1990	5560.1	2985.8	2574.3	411.5	1154.4	620.9	533.5	87.4
1991	7225.8	3827.1	3398.7	428.4	1357.0	719.1	637.9	81.2
1992	9119.6	4676.3	4443.3	233.0	1655.3	849.4	805.9	43.5
1993	11271.0	5284.8	5986.2	-701.4	1957.0	917.4	1039.6	-122.2
1994	20381.9	10421.8	9960.1	461.7	2366.2	1210.1	1156.1	54.0
1995	23499.9	12451.8	11048.1	1403.7	2808.6	1487.8	1320.8	167.0
1996	24133.8	12576.4	11557.4	1019.0	2898.8	1510.5	1388.3	122.2
1997	26967.2	15160.7	11806.5	3354.2	3251.6	1827.9	1423.7	404.2
1998	26849.7	15223.6	11626.1	3597.5	3239.5	1837.1	1402.4	434.7
1999	29896.2	16159.8	13736.4	2423.4	3606.3	1949.3	1657.0	292.3
2000	39273.2	20634.4	18638.8	1995.6	4742.9	2492.0	2250.9	241.1
2001	42183.6	22024.4	20159.2	1865.2	5096.5	2661.0	2435.5	225.5
2002	51378.2	26947.9	24430.3	2517.6	6207.7	3256.0	2951.7	304.3
2003	70483.5	36287.9	34195.6	2092.3	8509.9	4382.3	4127.6	254.7
2004	95539.1	49103.3	46435.8	2667.5	11545.5	5933.3	5612.3	320.9
2005	116921.8	62648.1	54273.7	8374.4	14219.1	7619.5	6599.5	1020.0
2006	140974.0	77597.2	63376.9	14220.3	17604.4	9689.8	7914.6	1775.2
2007	166863.7	93563.6	73300.1	20263.5	21765.7	12204.6	9561.2	2643.4
2008	179921.5	100394.9	79526.5	20868.4	25632.6	14306.9	11325.7	2981.2
2009	150648.1	82029.7	68618.4	13411.3	22075.4	12016.1	10059.2	1956.9
2010	201722.1	107022.8	94699.3	12323.5	29740.0	15777.5	13962.4	1815.1
2011	236402.0	123240.6	113161.4	10079.2	36418.6	18983.8	17434.8	1549.0
2012	244160.2	129359.3	114801.0	14558.3	38671.2	20487.1	18184.1	2303.1

注：1.本表1978年为外贸业务统计数，1980年起为海关进出口统计数。
2.货物进出口差额负数为逆差。

a) Data in 1978 were from the Ministry of Foreign Trade; and data since 1980 are from Customs statistics.

b) A negative balance indicates trade deficit. That is, imports surpassing exports.

6-4 历年出口货物分类金额
Exports Value by Category of Commodities

单位：亿美元 (USD 100 million)

年份 Year	总额 Total	初级产品 Primary Goods	食品及主要供食用的活动物 Food and Live Animals Used Mainly for Food	饮料及烟类 Beverages and Tobacco	非食用原料 Non-edible Raw Materials	矿物燃料、润滑油及有关原料 Mineral Fuels, Lubricants and Related Materials	动、植物油脂及蜡 Animal and Vegetable Oils, Fats and Wax
1980	181.19	91.14	29.85	0.78	17.11	42.80	0.60
1985	273.50	138.28	38.03	1.05	26.53	71.32	1.35
1990	620.91	158.86	66.09	3.42	35.37	52.37	1.61
1991	719.10	161.45	72.26	5.29	34.86	47.54	1.50
1992	849.40	170.04	83.09	7.20	31.43	46.93	1.39
1993	917.44	166.66	83.99	9.01	30.52	41.09	2.05
1994	1210.06	197.08	100.15	10.02	41.27	40.69	4.95
1995	1487.80	214.85	99.54	13.70	43.75	53.32	4.54
1996	1510.48	219.25	102.31	13.42	40.45	59.31	3.76
1997	1827.92	239.53	110.75	10.49	41.95	69.87	6.47
1998	1837.09	204.89	105.13	9.75	35.19	51.75	3.07
1999	1949.31	199.41	104.58	7.71	39.21	46.59	1.32
2000	2492.03	254.60	122.82	7.45	44.62	78.55	1.16
2001	2660.98	263.38	127.77	8.73	41.72	84.05	1.11
2002	3255.96	285.40	146.21	9.84	44.02	84.35	0.98
2003	4382.28	348.12	175.31	10.19	50.32	111.14	1.15
2004	5933.26	405.49	188.64	12.14	58.43	144.80	1.48
2005	7619.53	490.37	224.80	11.83	74.84	176.22	2.68
2006	9689.78	529.19	257.23	11.93	78.60	177.70	3.73
2007	12204.56	615.09	307.43	13.97	91.16	199.51	3.03
2008	14306.93	779.57	327.62	15.29	113.19	317.73	5.74
2009	12016.12	631.12	326.28	16.41	81.53	203.74	3.16
2010	15777.54	816.86	411.48	19.06	116.03	266.73	3.55
2011	18983.81	1005.45	504.93	22.76	149.77	322.74	5.26
2012	20487.14	1005.58	520.75	25.90	143.41	310.07	5.44

6-4 续表 continued

单位：亿美元 (USD 100 million)

年份 Year	工业制成品 Manufactured Goods	化学品及有关产品 Chemicals and Related Products	轻纺产品、橡胶制品矿冶产品及其制品 Light Textile Industrial Products, Rubber Products, Minerals and Metallurgical Products	机械及运输设备 Machinery and Transport Equipment	杂项制品 Miscellaneous Products	未分类的其他商品 Products Not Otherwise Classified
1980	90.05	11.20	39.99	8.43	28.36	2.07
1985	135.22	13.58	44.93	7.72	34.86	34.13
1990	462.05	37.30	125.76	55.88	126.86	116.25
1991	556.98	38.18	144.56	71.49	166.20	136.55
1992	679.36	43.48	161.35	132.19	342.34	
1993	750.78	46.23	163.92	152.82	387.81	
1994	1012.98	62.36	232.18	218.95	499.37	0.12
1995	1272.95	90.94	322.40	314.07	545.48	0.06
1996	1291.23	88.77	284.98	353.12	564.24	0.12
1997	1588.39	102.27	344.32	437.09	704.67	0.04
1998	1632.20	103.21	324.77	502.17	702.00	0.05
1999	1749.90	103.73	332.62	588.36	725.10	0.09
2000	2237.43	120.98	425.46	826.00	862.78	2.21
2001	2397.60	133.52	438.13	949.01	871.10	5.84
2002	2970.56	153.25	529.55	1269.76	1011.53	6.48
2003	4034.16	195.81	690.18	1877.73	1260.88	9.56
2004	5527.77	263.60	1006.46	2682.60	1563.98	11.12
2005	7129.16	357.72	1291.21	3522.34	1941.83	16.06
2006	9160.17	445.30	1748.16	4563.43	2380.14	23.15
2007	11562.67	603.24	2198.77	5770.45	2968.44	21.76
2008	13527.36	793.46	2623.91	6733.29	3359.59	17.10
2009	11384.83	620.17	1848.16	5902.74	2997.47	16.29
2010	14960.69	875.72	2491.08	7802.69	3776.52	14.68
2011	17978.36	1147.88	3195.60	9017.74	4593.70	23.43
2012	19481.56	1135.65	3331.41	9643.61	5356.72	14.17

6-5 历年进口货物分类金额
Imports Value by Category of Commodities

单位：亿美元 (USD 100 million)

年份 Year	总额 Total	初级产品 Primary Goods	食品及主要供食用的活动物 Food and Live Animals Used Mainly for Food	饮料及烟类 Beverages and Tobacco	非食用原料 Non-edible Raw Materials	矿物燃料、润滑油及有关原料 Mineral Fuels, Lubricants and Related Materials	动、植物油脂及蜡 Animal and Vegetable Oils, Fats and Waxes
1980	200.17	69.59	29.27	0.36	35.54	2.03	2.39
1985	422.52	52.89	15.53	2.06	32.36	1.72	1.22
1990	533.45	98.53	33.35	1.57	41.07	12.72	9.82
1991	637.91	108.34	27.99	2.00	50.03	21.13	7.19
1992	805.85	132.55	31.46	2.39	57.75	35.70	5.25
1993	1039.59	142.10	22.06	2.45	54.38	58.19	5.02
1994	1156.14	164.86	31.37	0.68	74.37	40.35	18.09
1995	1320.84	244.17	61.32	3.94	101.59	51.27	26.05
1996	1388.33	254.41	56.72	4.97	106.98	68.77	16.97
1997	1423.70	286.20	43.04	3.20	120.06	103.06	16.84
1998	1402.37	229.49	37.88	1.79	107.15	67.76	14.91
1999	1656.99	268.46	36.19	2.08	127.40	89.12	13.67
2000	2250.94	467.39	47.58	3.64	200.03	206.37	9.77
2001	2435.53	457.43	49.76	4.12	221.27	174.66	7.63
2002	2951.70	492.71	52.38	3.87	227.36	192.85	16.25
2003	4127.60	727.63	59.60	4.90	341.24	291.89	30.00
2004	5612.29	1172.67	91.54	5.48	553.58	479.93	42.14
2005	6599.53	1477.14	93.88	7.83	702.26	639.47	33.70
2006	7914.61	1871.29	99.94	10.41	831.57	890.01	39.36
2007	9561.16	2430.85	115.00	14.01	1179.10	1049.30	73.44
2008	11325.67	3623.95	140.51	19.20	1666.95	1692.42	104.86
2009	10059.23	2898.04	148.27	19.54	1413.47	1240.38	76.39
2010	13962.44	4338.50	215.70	24.28	2121.11	1890.00	87.40
2011	17434.84	6042.69	287.74	36.85	2849.23	2757.76	111.12
2012	18184.05	6349.34	352.60	44.03	2696.60	3130.85	125.27

6-5 续表 continued

单位：亿美元 (USD 100 million)

年份 Year	工业制成品 Manufactured Goods	化学品及有关产品 Chemicals and Related Products	轻纺产品、橡胶制品矿冶产品及其制品 Light Textile Industrial Products, Rubber Products, Minerals and Metallurgical Products	机械及运输设备 Machinery and Transport Equipment	杂项制品 Miscellaneous Products	未分类的其他商品 Products Not Otherwise Classified
1980	130.58	29.09	41.54	51.19	5.42	3.34
1985	369.63	44.69	118.98	162.39	19.02	24.55
1990	434.92	66.48	89.06	168.45	21.03	89.90
1991	529.57	92.77	104.93	196.01	24.39	111.47
1992	673.30	111.57	192.73	313.12	55.88	
1993	897.49	97.04	285.27	450.23	64.95	
1994	991.28	121.30	280.84	514.67	67.68	6.79
1995	1076.67	172.99	287.72	526.42	82.61	6.93
1996	1133.92	181.06	313.91	547.63	84.86	6.46
1997	1137.50	192.97	322.20	527.74	85.50	9.09
1998	1172.88	201.58	310.75	568.45	84.56	7.54
1999	1388.53	240.30	343.17	694.53	97.01	13.52
2000	1783.55	302.13	418.07	919.31	127.51	16.53
2001	1978.10	321.04	419.38	1070.15	150.76	16.76
2002	2458.99	390.36	484.89	1370.10	198.01	15.64
2003	3399.96	489.75	639.02	1928.26	330.11	12.82
2004	4439.62	654.73	739.86	2528.30	501.43	15.29
2005	5122.39	777.34	811.57	2904.78	608.62	20.08
2006	6043.32	870.47	869.24	3570.21	713.11	20.30
2007	7128.65	1075.54	1028.77	4124.59	875.10	24.65
2008	7701.67	1191.88	1071.65	4417.65	976.41	44.09
2009	7161.19	1120.90	1077.39	4077.97	851.86	33.07
2010	9623.94	1497.00	1312.78	5494.21	1135.60	184.35
2011	11392.15	1811.06	1503.04	6305.70	1277.22	495.13
2012	11834.71	1792.87	1459.53	6529.41	1365.19	687.72

6-6　进出口货物分类金额
Value of Imports and Exports by HS Section and Division

单位：亿美元　　(USD 100 million)

商品分类	HS Section and Division	2011 出口 Exports	2011 进口 Imports	2012 出口 Exports	2012 进口 Imports
总　额	**Total**	**18983.81**	**17434.84**	**20487.14**	**18184.05**
第一类 活动物；动物产品	**Live Animals; Animal Products**	**149.66**	**124.64**	**154.77**	**137.95**
01章　活动物	Live Animals	5.71	3.77	5.83	5.00
02章　肉及食用杂碎	Meat and Edible Meat Offal	10.75	34.12	9.81	41.08
03章　鱼、甲壳动物、软体动物及其他水生无脊椎动物	Fish and Crustaceans Molluscs and Other Aquatic Invertebrates	109.85	55.89	113.23	54.89
04章　乳品；蛋品；天然蜂蜜；其他食用动物产品	Dairy Produce; Birds' Eggs; Natural Honey; Edible Products of Animal Origin, not Elsewhere Specified or Included	4.99	26.58	5.34	32.51
05章　其他动物产品	Products of Animal Origin, not Elsewhere Specified or Included	18.36	4.29	20.57	4.47
第二类 植物产品	**Vegetable Products**	**187.69**	**402.25**	**176.29**	**509.82**
06章　活树及其他活植物；鳞茎、根及类似品；插花及装饰用簇叶	Live Tree and Other Plants; Bulbs, Roots and the Like; Cut Flowers and Ornamental Foliage	2.29	1.29	2.56	1.37
07章　食用蔬菜、根及块茎	Edible Vegetables and Certain Roots and Tubers	87.23	18.24	69.06	24.07
08章　食用水果及坚果；甜瓜或柑桔属水果的果皮	Edible Fruit and Nuts; Peel of Citrus Fruit or Melons	31.88	30.37	37.72	38.08
09章　咖啡、茶、马黛茶及调味香料	Coffee, Tea, Mate and Spices	20.21	2.32	19.43	3.06
10章　谷物	Cereals	6.09	20.16	4.43	47.51
11章　制粉工业产品；麦芽；淀粉；菊粉；面筋	Products of The Milling Industry; Malt; Starches; Inulin; Wheat Gluten	5.87	5.41	6.02	5.80
12章　含油子仁及果实；杂项子仁及果实；工业用或药用植物；稻草、秸秆及饲料	Oil Seeds and Oleaginous Fruits; Miscellaneous Grains, Seeds and Fruit; Industrial or Medicinal Plants; Straw and Fodder	23.46	320.44	26.27	385.96
13章　虫胶；树胶、树脂及其他植物液、汁	Lac; Gums, Resins And Other Vegetable Saps and Extracts	9.81	1.58	9.90	2.03
14章　编结用植物材料；其他植物产品	Vegetable Plaiting Materials; Vegetable Products Not Elsewhere Specified or Included	0.85	2.44	0.91	1.94
第三类 动、植物油、脂及其分解产品；精制的食用油脂；动、植物蜡	**Animal or Vegetable Fats and Oils and their Cleavage Products; Prepared Edible Fats; Animal or Vegetable Waxes**	**5.44**	**115.40**	**5.67**	**130.41**
15章　动、植物油、脂及其分解产品；精制的食用油脂；动、植物蜡	Animal or Vegetable Fats and Oils and Their Cleavage Products; Prepared Edible Fats; Animal or Vegetable Waxes	5.44	115.40	5.67	130.41
第四类 食品；饮料、酒及醋；烟草、烟草及烟草代用品的制品	**Prepared Foodstuffs; Beverages, Spirits And Vinegar; Tobacco and Manufactured Tobacco Substitutes**	**243.38**	**127.97**	**274.17**	**143.49**
16章　肉、鱼、甲壳动物、软体动物及其他水生无脊椎动物的制品	Preparations of Meat, of Fish or of Crustaceans, Molluscs or other Aquatic Invertebrates	78.66	1.80	89.51	1.83
17章　糖及糖食	Sugars and Sugar Confectionery	12.90	21.32	12.65	25.43
18章　可可及可可制品	Cocoa and Cocoa Preparations	3.15	6.05	3.33	6.24
19章　谷物、粮食粉、淀粉或乳的制品；糕饼点心	Preparations of Cereals, Flour, Starch or Milk; Pastry-Cooks' Products	15.02	16.24	15.00	19.46

6-6 续表 1 continued

单位：亿美元 (USD 100 million)

商品分类		HS Section and Division	2011		2012	
			出口 Exports	进口 Imports	出口 Exports	进口 Imports
20章	蔬菜、水果、坚果或植物其他部分的制品	Preparations of Vegetables, Fruit, Nuts or Other Parts of Plants	69.79	5.93	75.62	6.24
21章	杂项食品	Miscellaneous Edible Preparations	20.06	8.66	22.23	9.66
22章	饮料、酒及醋	Beverages, Spirits and Vinegar	11.83	25.56	13.87	31.02
23章	食品工业的残渣及废料；配制的动物饲料	Residues and Waste from The Food Industries; Prepared Animal Fodder	20.57	31.02	29.34	30.46
24章	烟草及烟草代用品的制品	Tobacco and Manufactured Tobacco Substitutes	11.41	11.38	12.62	13.16
第五类	**矿产品**	**Mineral Products**	**362.88**	**4322.49**	**348.27**	**4533.50**
25章	盐；硫磺；泥土及石料；石膏料、石灰及水泥	Salt; Sulphur; Earths and Stone; Plastering Materials, Lime and Cement	34.19	57.95	33.92	63.47
26章	矿砂、矿渣及矿灰	Ores, Slag and Ash	5.94	1506.40	4.24	1338.71
27章	矿物燃料、矿物油及其蒸馏产品；沥青物质；矿物蜡	Mineral Fuels, Mineral Oils and Products of Their Distillation; Bituminous Substances; Mineral Waxes	322.75	2758.14	310.11	3131.32
第六类	**化学工业及其相关工业的产品**	**Products of The Chemical or Industries Allied**	**970.91**	**1179.62**	**944.42**	**1180.61**
28章	无机化学品；贵金属、稀土金属、放射性元素及其同位素的有机及无机化合物	Inorganic Chemicals; Organic or Inorganic Compounds of Precious Metals, of Rare-Earth Metals, of Radioactive Elements or of Isotopes	173.08	109.31	139.24	97.73
29章	有机化学品	Organic Chemicals	392.92	631.31	404.05	608.64
30章	药品	Pharmaceutical Products	54.21	103.47	58.91	129.94
31章	肥料	Fertilizers	79.24	34.50	72.42	40.24
32章	鞣料浸膏及染料浸膏；鞣酸及其衍生物；染料、颜料及其他着色料；油漆及清漆；油灰及其他类似胶粘剂；墨水、油墨	Tanning or Dyeing Extracts; Tannins and Their Derivatives; Dyes, Pigments and Other Colouring Matter; Paints and Varnishes; Putty and Other Mastics; Inks	55.04	45.40	54.70	41.66
33章	精油及香膏；芳香料制品及化妆盥洗品	Essential Oils and Retinoid; Perfumery, Cosmetic or Toilet Preparations	30.29	19.38	33.00	21.51
34章	肥皂、有机表面活性剂、洗涤剂、润滑剂、人造蜡、调制蜡、光洁剂、蜡烛及类似品、塑型用膏、"牙科用蜡"及牙科用熟石膏制剂	Soap,Organic Surface-Active Agents,Washing Preparations, Lubricating Preparations, Artificial Waxes, Prepared Waxes, Polishing or Scouring Preparations, Candles and Similar Articles, Modelling Pastes, "Dental Waxes" And Dental Preparations With a Basis of Plast	26.78	32.91	29.47	34.10
35章	蛋白类物质；改性淀粉；胶；酶	Albuminoidal Substances; Modified Starches; Glues; Enzymes	20.45	26.68	22.14	29.79
36章	炸药；烟火制品；火柴；引火合金；易燃材料制品	Explosives; Pyrotechnic Products; Matches; Pyrophoric Alloys; Certain Combustible Preparations	7.80	0.91	8.60	1.10
37章	照相及电影用品	Photographic or Cinematographic Goods	11.74	21.67	12.11	22.79
38章	杂项化学产品	Miscellaneous Chemical Products	119.34	154.08	109.78	153.10
第七类	**塑料及其制品；橡胶及其制品**	**Plastics and Articles Thereof Rubber and Articles Thereof**	**663.46**	**932.59**	**773.43**	**900.72**
39章	塑料及其制品	Plastics and Articles Thereof	454.21	701.97	551.93	694.20
40章	橡胶及其制品	Rubber and Articles Thereof	209.25	230.62	221.51	206.52
第八类	**生皮、皮革、毛皮及其制品；鞍具及挽具；旅行用品、手提包及类似品；动物肠线(蚕胶丝除外)制品**	**Raw Hides and Skins, Leather, Fur Skins and Articles Thereof; Saddlery and Harness; Travel Goods, Handbags and Similar Containers; Articles of Animal Gut (Other Than Silk-Worm Gut)**	**299.45**	**93.57**	**317.39**	**99.38**
41章	生皮(毛皮除外)及皮革	Raw Hides and Skins(Other Than Fur Skins) and Leather	4.53	68.45	4.45	71.26

6-6 续表 2 continued

单位：亿美元 (USD 100 million)

	商品分类	HS Section and Division	2011 出口 Exports	2011 进口 Imports	2012 出口 Exports	2012 进口 Imports
42章	皮革制品；鞍具及挽具；旅行用品、手提包及类似容器；动物肠线(蚕胶丝除外)制品	Articles of Leather; Saddlery and Harness; Travel Goods, Handbags and Similar Containers; Articles of Animal Gut(Other Than Silk-Worm Gut)	268.92	16.87	282.43	18.76
43章	毛皮、人造毛皮及其制品	Fur Skins and Artificial Fur; Manufactures Thereof	26.00	8.24	30.50	9.36
第九类	**木及木制品；木炭；软木及软木制品；稻草、秸秆、针茅或其他编结材料制品；篮筐及柳条编结品**	**Wood and Articles of Wood; Wood Charcoal; Cork and Articles of Cork; Manufactures of Straw, of Esparto or of Other Plaiting Materials; Basket Ware and Wickerwork**	**131.57**	**159.18**	**141.21**	**149.98**
44章	木及木制品；木炭	Wood and Articles of Wood; Wood Charcoal	113.54	158.59	123.15	149.38
45章	软木及软木制品	Cork and Articles of Cork	0.18	0.48	0.16	0.45
46章	稻草、秸秆、针茅或其他编结材料制品；篮筐及柳条编结品	Manufactures of Straw, of Esparto or of Other Plaiting Materials; Basket Ware and Wickerwork	17.85	0.12	17.91	0.14
第十类	**木浆及其他纤维状纤维素浆；纸及纸板的废碎品；纸、纸板及其制品**	**Pulp of Wood or of Other Fibrous Cellulosic Material; Waste and Scrap of Paper or Paperboard; Paper and Paperboard and Articles Thereof**	**162.42**	**253.75**	**173.21**	**233.86**
47章	木浆及其他纤维状纤维素浆；纸及纸板的废碎品	Pulp of Wood or of Other Fibrous Cellulosic Material; Waste and Scrap of Paper or Paperboard	2.31	189.07	1.28	172.49
48章	纸及纸板；纸浆、纸或纸板制品	Paper and Paperboard; Articles of Paper Pulp, of Paper or Paperboard	129.05	50.55	137.22	46.00
49章	书籍、报纸、印刷图画及其他印制品；手稿、打字稿及设计图纸	Printed Books, Newspapers, Pictures and Other Products of The Printing Industry; Manuscripts, Typescripts and Plans	31.06	14.12	34.72	15.37
第十一类	**纺织原料及纺织制品**	**Textiles and Textile Articles**	**2405.39**	**375.88**	**2460.45**	**408.68**
50章	蚕丝	Silk	17.46	1.12	17.07	0.95
51章	羊毛、动物细毛或粗毛；马毛纱线及其机织物	Wool, Fine or Coarse Animal Hair; Horsehair Yarn and Woven Fabric	29.59	38.41	25.84	35.86
52章	棉花	Cotton	154.98	147.30	148.38	186.81
53章	其他植物纺织纤维；纸纱线及其机织物	Other Vegetable Textile Fibres; Paper Yarn and Woven Fabrics of Paper Yarn	11.31	7.61	10.68	6.03
54章	化学纤维长丝	Man-Made Filaments	138.15	40.63	142.97	37.79
55章	化学纤维短纤	Man-Made Short Fibres	111.76	35.99	106.24	33.83
56章	絮胎、毡呢及无纺织物；特种纱线；线、绳、索、缆及其制品	Wadding, Felt and Nonwoven; Special Yarns; Twine, Cordage, Ropes and Cables and Articles Thereof	34.58	11.89	35.40	11.54
57章	地毯及纺织材料的其他铺地制品	Carpets and Other Textile Floor Coverings	23.24	1.37	24.04	1.47
58章	特种机织物；簇绒织物；花边；装饰毯；装饰带；刺绣品	Special Woven Fabrics; Tufted Textile Fabrics; Lace; Tapestries; Trimmings; Embroidery	45.70	7.32	46.37	7.37
59章	浸渍、涂布、包覆或层压的纺织物；工业用纺织制品	Impregnated, Coated, Covered or Laminated Textile Fabrics; Textile Articles of a Kind Suitable for Industrial Use	72.54	19.94	68.49	19.34
60章	针织物及钩编织物	Knitted or Crocheted Fabrics	106.98	24.47	112.18	23.58
61章	针织或钩编的服装及衣着附件	Articles of Apparel and Clothing Accessories, Knitted or Crocheted	801.64	11.87	870.43	13.45
62章	非针织或非钩编的服装及衣着附件	Articles of Apparel and Clothing Accessories, not Knitted or Crocheted	630.74	23.85	612.20	26.71

6-6 续表 3 continued

单位：亿美元 (USD 100 million)

商品分类		HS Section and Division	2011		2012	
			出口 Exports	进口 Imports	出口 Exports	进口 Imports
63章	其他纺织制成品；成套物品；旧衣着及旧纺织品；碎织物	Other Made Up Textile Articles; Sets; Worn Clothing And Worn Textile Articles; Rags Articles; Rags	226.73	4.11	240.16	3.94
第十二类	**鞋、帽、伞、杖、鞭及其零件；已加工的羽毛及其制品；人造花；人发制品**	**Footwear, Headgear, Umbrellas, Sun Umbrellas, Walking-Sticks, Seat-Sticks, Whips, Riding-Crops and Parts Thereof; Prepared Feathers and Articles Made Therewith; Artificial Flowers; Articles of Human Hair**	**524.64**	**19.19**	**588.12**	**21.63**
64章	鞋靴、护腿和类似品及其零件	Footwear, Gaiters and The Like; Parts of Such Articles	417.22	15.54	468.11	17.85
65章	帽类及其零件	Headgear and Parts Thereof	35.37	0.36	38.97	0.47
66章	雨伞、阳伞、手杖、鞭子、马鞭及其零件	Umbrellas, Sun Umbrellas, Walking-Sticks, Seat-Sticks, Whips, Riding-Crops And Parts Thereof	28.81	0.10	28.25	0.21
67章	已加工羽毛、羽绒及其制品；人造花；人发制品	Prepared Feathers and Down and Articles Made of Feathers or of Down; Artificial Flowers, Articles of Human Hair	43.24	3.20	52.78	3.10
第十三类	**石料、石膏、水泥、石棉、云母及类似材料的制品；陶瓷产品；玻璃及其制品**	**Articles of Stone, Plaster, Cement, Asbestos, Mica or Similar Materials; Ceramic Products; Glass and Glassware**	**340.21**	**83.54**	**397.10**	**92.69**
68章	石料、石膏、水泥、石棉、云母及类似材料的制品	Articles of Stone, Plaster, Cement, Asbestos, Mica or Similar Materials; Ceramic Products; Glass and Glassware	73.66	13.44	80.72	13.45
69章	陶瓷产品	Ceramic Products	140.52	7.43	167.46	6.57
70章	玻璃及其制品	Glass and Glassware	126.03	62.67	148.92	72.67
第十四类	**天然或养殖珍珠、宝石或半宝石、贵金属、包贵金属及其制品；仿首饰；硬币**	**Natural or Cultured Pearls, Precious or Semi-Precious Stones, Precious Metals, Metals Clad With Precious Metal and Stones, Precious Metals, Metals Clad With Precious Metal and Articles Thereof; Imitation Jewellery; Coin**	**275.04**	**149.12**	**454.51**	**132.20**
71章	天然或养殖珍珠、宝石或半宝石、贵金属、包贵金属及其制品；仿首饰；硬币	Natural or Cultured Pearls, Precious or Semi-Precious Stones, Precious Metals, Metals Clad With Precious Metal and Articles Thereof; Imitation Jewellery; Coin	275.04	149.12	454.51	132.20
第十五类	**贱金属及其制品**	**Base Metals and Articles of Base Metal**	**1449.21**	**1188.36**	**1490.73**	**1111.87**
72章	钢铁	Iron and Steel	398.76	283.79	371.16	232.80
73章	钢铁制品	Articles of Iron or Steel	511.96	102.25	561.60	100.67
74章	铜及其制品	Copper and Articles Thereof	67.44	542.42	71.91	544.96
75章	镍及其制品	Nickel and Articles Thereof	10.54	73.74	8.81	47.86
76章	铝及其制品	Aluminium and Articles Thereof	186.48	97.72	186.40	95.98
78章	铅及其制品	Lead and Articles Thereof	1.61	1.38	0.61	1.15
79章	锌及其制品	Zinc and Articles Thereof	2.89	12.77	1.58	14.69
80章	锡及其制品	Tin and Articles Thereof	1.74	8.47	0.97	9.21
81章	其他贱金属、金属陶瓷及其制品	Other Base Metals; Cermets; Articles Thereof	37.18	15.09	31.93	14.83
82章	贱金属工具、器具、利口器、餐匙、餐叉及其零件	Tools, Implements, Cutlery, Spoons and Forks, of Base Metal; Parts Thereof of Base Metal	111.73	32.55	122.62	31.76
83章	贱金属杂项制品	Miscellaneous Articles of Base Metal	118.88	18.18	133.14	17.96

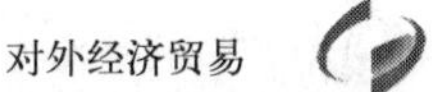

6-6 续表 4 continued

单位：亿美元 (USD 100 million)

商品分类		HS Section and Division	2011 出口 Exports	2011 进口 Imports	2012 出口 Exports	2012 进口 Imports
第十六类	**机器、机械器具、电气设备及其零件；录音机及放声机、电视图像、声音的录制和重放设备及其零件、附件**	**Machinery and Mechanical Appliances; Electrical Equipment; Parts Thereof; Sound Recorders and Reproducers, Television Image and Sound Recorders and Reproducers; and Parts and Accessories of Recorders and Reproducers; and Parts and Accessories of Such Artic**	**7995.19**	**5502.46**	**8632.09**	**5635.01**
84章	核反应堆、锅炉、机器、机械器具及其零件	Nuclear Reactors, Boilers, Machinery and Mechanical Appliances; Parts Thereof	3537.63	1992.95	3758.88	1819.80
85章	电机、电气设备及其零件；录音机及放声机、电视图像、声音的录制和重放设备及其零件、附件	Electrical Machinery and Equipment and Parts Thereof; Sound Recorders and Reproducers, Television Image and Sound Recorders and Reproducers, and Parts and Accessories of Such Articles	4457.56	3509.51	4873.21	3815.20
第十七类	**车辆、航空器、船舶及有关运输设备**	**Vehicles, Aircraft, Vessels And Associated Transport Equipment**	**1091.07**	**830.30**	**1083.70**	**911.76**
86章	铁道及电车道机车、车辆及其零件；铁道及电车轨道固定装置及其零件、附件；各种机械(包括电动机械)交通信号设备	Railway or Tramway Locomotives, Rolling-Stock and Parts Thereof; Railway or Tramway Track Fixtures And Fittings and Parts Thereof; Mechanical(Including Electro-Mechanical) Traffic Signalling Equipment of All Kinds	143.16	19.83	128.86	11.80
87章	车辆及其零件、附件，但铁道及电车道车辆除外	Vehicles Other Than Railway or Tramway Rolling-Stock, and Parts and Accessories Thereof	495.40	654.65	551.14	705.98
88章	航空器、航天器及其零件	Aircraft, Spacecraft, and Parts Thereof	16.30	135.42	15.58	176.14
89章	船舶及浮动结构体	Ships, Boats and Floating Structures	436.21	20.40	388.11	17.84
第十八类	**光学、照相、电影、计量、检验、医疗或外科用仪器及设备、精密仪器及设备；钟表；乐器；上述物品的零件、附件**	**Optical, Photographic, Cinematographic, Measuring, Checking, Precision, Medical or Surgical Instruments and Apparatus; Clocks And Watches; Musical Instruments; Parts and Accessories Thereof**	**659.97**	**1026.74**	**793.91**	**1106.06**
90章	光学、照相、电影、计量、检验、医疗或外科用仪器及设备、精密仪器及设备；上述物品的零件、附件	Optical, Photographic, Cinematographic, Measuring, Checking, Precision Medical or Surgical Instruments and Apparatus; Parts and Accessories Thereof	606.85	991.38	726.26	1061.54
91章	钟表及其零件	Clocks and Watches and Parts Thereof	36.88	32.64	50.63	41.49
92章	乐器及其零件、附件	Musical Instruments; Parts and Accessories of Such Articles	16.24	2.72	17.02	3.03
第十九类	**武器、弹药及其零件、附件**	**Arms and Ammunition; Parts and Accessories Thereof**	**1.17**	**0.08**	**1.39**	**0.09**
93章	武器、弹药及其零件、附件	Arms and Ammunition; Parts and Accessories Thereof	1.17	0.08	1.39	0.09
第二十类	**杂项制品**	**Miscellaneous Manufactured Articles**	**1037.89**	**52.32**	**1256.80**	**55.77**
94章	家具；寝具、褥垫、弹簧床垫、软坐垫及类似的填充制品；未列名灯具及照明装置；发光标志、发光名牌及类似品；活动房屋	Furniture; Bedding, Mattresses, Mattress Supports, Cushions and Similar Stuffed Furnishings; Lamps and Lighting Fittings, not Elsewhere Specified or Included; Illuminated Signs, Illuminated	593.36	27.80	778.86	28.72
95章	玩具、游戏品、运动用品及其零件、附件	Toys, Games and Sports Requisites; Parts and Accessories Thereof	343.04	14.36	356.19	14.18
96章	杂项制品	Miscellaneous Manufactured Articles	101.48	10.15	121.75	12.86
第二十一类	**艺术品、收藏品及古物**	**Works of Art, Collectors' Pieces and Antiques**	**3.75**	**0.42**	**5.34**	**0.88**
97章	艺术品、收藏品及古物	Works of Art, Collectors' Pieces and Antiques	3.75	0.42	5.34	0.88
第二十二类	**特殊交易品及未分类商品**	**Commodities and Transactions not Classified According to Kind**	**23.42**	**494.98**	**14.16**	**687.69**
98章	特殊交易品及未分类商品	Commodities and Transactions not Classified According to Kind	23.42	494.98	14.16	687.69

6-7 我国同各国(地区)海关货物进出口总额
Value of Imports and Exports by Country (Region) of Origin/Destination

单位：万美元 (USD 10 000)

国 别（地区）	Country (Region)	2011			2012		
		进出口总额 Total	出口总额 Exports	进口总额 Imports	进出口总额 Total	出口总额 Exports	进口总额 Imports
总 计	**Total**	**364186445**	**189838089**	**174348356**	**386711942**	**204871442**	**181840500**
亚洲	**Asia**	**190312272**	**89903809**	**100408463**	**204510522**	**100681186**	**103829337**
阿富汗	Afghanistan	23441	23001	440	46924	46405	519
巴林	Bahrain	120585	88001	32584	155081	120278	34803
孟加拉国	Bangladesh	825921	781057	44864	844984	796991	47992
不丹	Bhutan	1746	1738	8	1562	1560	1
文莱	Brunei	131121	74439	56682	162554	125244	37310
缅甸	Myanmar	650140	482150	167990	697194	567371	129823
柬埔寨	Cambodia	249911	231481	18430	292343	270811	21532
塞浦路斯	Cyprus	114967	112341	2626	123783	109332	14451
朝鲜	Korea DPR	564149	316473	247677	603616	353240	250376
中国香港	Hong Kong, China	28347550	26798308	1549243	34131100	32343062	1788037
印度	India	7390824	5053709	2337115	6647333	4767751	1879582
印度尼西亚	Indonesia	6055462	2921724	3133738	6623408	3428338	3195070
伊朗	Iran	4510340	1476209	3034131	3646584	1159745	2486839
伊拉克	Iraq	1426829	382465	1044363	1756759	491182	1265577
以色列	Israel	977850	674080	303770	991045	698813	292232
日本	Japan	34283401	14827049	19456352	32945578	15162183	17783395
约旦	Jordan	276945	251272	25672	325574	295864	29710
科威特	Kuwait	1130362	212841	917520	1255699	208918	1046781
老挝	Laos	130088	47627	82461	172078	93414	78663
黎巴嫩	Lebanon	148431	145839	2592	171227	169194	2033
中国澳门	Macao, China	251754	235527	16227	298739	270821	27918
马来西亚	Malaysia	9002270	2788598	6213671	9483205	3652528	5830677
马尔代夫	Maldives	9726	9712	14	7667	7649	19
蒙古	Mongolia	643271	273164	370107	660121	265350	394770
尼泊尔	Nepal	119509	118123	1386	199768	196816	2952
阿曼	Oman	1587466	99818	1487649	1878702	181158	1697544
巴基斯坦	Pakistan	1055833	843971	211862	1241365	927539	313825
巴勒斯坦	Palestine	4886	4782	104	4101	4067	34
菲律宾	Philippines	3224704	1425538	1799166	3637546	1673133	1964413
卡塔尔	Qatar	589307	119876	469431	848320	120510	727810
沙特阿拉伯	Saudi Arabia	6431724	1484971	4946754	7331422	1845235	5486187
新加坡	Singapore	6371006	3557013	2813992	6927265	4074187	2853078
韩国	Korea Rep.	24562635	8292006	16270629	25641529	8767768	16873762
斯里兰卡	Sri Lanka	314161	298872	15289	316305	300109	16196
叙利亚	Syria	244640	242024	2616	120036	118944	1092
泰国	Thailand	6473385	2569475	3903910	6975086	3119620	3855466
土耳其	Turkey	1873733	1561357	312376	1909557	1558456	351101
阿联酋	United Arab Emirates	3511922	2681285	830637	4042029	2956832	1085197
也门共和国	Republic of Yemen	423998	110428	313570	555915	195510	360406
越南	Vietnam	4020784	2909014	1111770	5043941	3420811	1623129
中华人民共和国	P. R. China	12261441		12261441	14294219		14294219
中国台湾	Taiwan, China	16001761	3510894	12490866	16898106	3677743	13220364
东帝汶	Timor Leste	7218	7043	174	6316	6247	69
哈萨克斯坦	Kazakhstan	2496123	956653	1539470	2568157	1100073	1468084
吉尔吉斯斯坦	Kirghizia	497645	487829	9816	516232	507337	8895
塔吉克斯坦	Tadzhikistan	206901	199678	7223	185670	174787	10883
土库曼斯坦	Turkmenistan	547734	78416	469317	1037250	169912	867338
乌兹别克斯坦	Uzbekistan	216661	135924	80737	287519	178334	109185
亚洲其他国家（地区）	Other Countries (Regions) in Asia	11	11		10	10	
非洲	**Africa**	**16632289**	**7308303**	**9323987**	**19856125**	**8531061**	**11325064**
阿尔及利亚	Algeria	643242	447188	196054	772856	541666	231191
安哥拉	Angola	2770634	278416	2492218	3760094	403903	3356191
贝宁	Benin	305116	287468	17648	267520	241366	26154
博茨瓦那	Botswana	71683	61616	10067	30280	18212	12068
布隆迪	Burundi	5629	4254	1375	5714	4646	1068
喀麦隆	Cameroon	153706	87411	66295	195475	106432	89043
加那利群岛	Canary Is.	237	237		252	252	0.1

6-7 续表 1 continued

单位：万美元 (USD 10 000)

国 别（地区）	Country (Region)	2011			2012		
		进出口总额 Total	出口总额 Exports	进口总额 Imports	进出口总额 Total	出口总额 Exports	进口总额 Imports
佛得角	Cape Verde	4976	4975	1	5749	5749	0.1
中非	Central Africa	4241	1427	2814	6630	1768	4862
塞卜泰(休达)	Ceuta	9	9		34	34	
乍得	Chad	36012	9480	26532	39351	17278	22073
科摩罗	Comoros	819	819	1	1495	1494	1
刚果(布)	Congo	516159	48943	467216	507741	52110	455631
吉布提	Djibouti	50903	50885	18	90240	90178	62
埃及	Egypt	880158	728324	151834	954473	822399	132074
赤道几内亚	Eq. Guinea	193926	26632	167295	218406	36123	182283
埃塞俄比亚	Ethiopia	117745	88536	29209	183885	152948	30937
加蓬	Gabon	84807	26991	57816	104456	42660	61797
冈比亚	Gambia	34518	29099	5419	34223	25751	8471
加纳	Ghana	347313	310995	36319	543427	479066	64361
几内亚	Guinea	64574	63017	1557	76485	75385	1100
几内亚比绍	Guinea-Bissau	1895	1485	410	2253	1590	663
科特迪瓦共和国	Cote d'Ivoire	70273	54063	16210	94646	80391	14256
肯尼亚	Kenya	242847	236878	5969	284115	278874	5242
利比里亚	Liberia	500793	496669	4124	367516	344655	22861
利比亚	Libya	278395	72038	206358	876036	238424	637612
马达加斯加	Madagascar	60677	50338	10340	65683	54241	11441
马拉维	Malawi	15814	11210	4604	29657	24907	4750
马里	Mali	44733	29773	14960	62192	29023	33169
毛里塔尼亚	Mauritania	189673	38627	151045	192037	45540	146497
毛里求斯	Mauritius	50661	49693	969	63088	62017	1071
摩洛哥	Morocco	351935	304265	47670	369084	313119	55964
莫桑比克	Mozambique	95749	70025	25724	134266	94089	40178
纳米比亚	Namibia	50675	28226	22448	68014	43891	24123
尼日尔	Niger	14427	14217	211	19566	15849	3716
尼日利亚	Nigeria	1078788	920408	158379	1056995	929603	127392
留尼汪	Reunion	14321	14318	3	13989	13974	15
卢旺达	Rwanda	14478	6665	7813	16157	9011	7147
圣多美和普林西比	Sao Tome & Principe	179	179		305	301	4
塞内加尔	Senegal	74907	68036	6871	84533	79397	5136
塞舌尔	Seychelles	3533	3501	32	3343	3317	26
塞拉利昂	Sierra Leone	25283	22483	2799	75217	24919	50298
索马里	Somalia	9700	9121	580	10421	10111	310
南非	South Africa	4547021	1336231	3210791	5999428	1532302	4467127
西撒哈拉	Western Sahara	2		2	29	29	
苏丹	Sudan	1153615	199460	954155	373289	217862	155427
坦桑尼亚	Tanzania	214352	165363	48989	246902	208972	37930
多哥	Togo	190798	183141	7657	346791	338310	8481
突尼斯	Tunisia	133205	111259	21946	156890	139192	17698
乌干达	Uganda	39965	35938	4027	53803	49514	4288
布基纳法索	Burkina Faso	23803	5562	18241	30516	7251	23266
刚果(金)	Congo DR	398721	82668	316053	435040	83749	351291
赞比亚	Zambia	338924	61734	277190	338917	69722	269196
津巴布韦	Zimbabwe	87437	41028	46409	101492	43049	58443
莱索托	Lesotho	8052	7311	741	9983	9441	542
梅利利亚	Melilla	394	394		788	788	
斯威士兰	Swaziland	3103	3069	34	12930	2892	10038
厄立特里亚	Eritrea	14903	14816	87	5479	5353	126
马约特岛	Mayotte	1121	1121		2351	2340	11
南苏丹共和国	Republic of South Sudan	132	132		53399	3452	49947
非洲其他国家（地区）	Other Countries (Regions) in Africa	594	133	461	202	181	21
欧洲	**Europe**	**70074597**	**41357108**	**28717489**	**68308895**	**39639909**	**28668986**
比利时	Belgium	2910476	1897361	1013115	2634095	1637659	996436
丹麦	Denmark	926005	644659	281345	944516	653974	290541
英国	United Kingdom	5867847	4412166	1455681	6310224	4629716	1680508
德国	Germany	16914401	7640005	9274397	16113139	6921033	9192106
法国	France	5206215	2999885	2206330	5101743	2689921	2411821
爱尔兰	Ireland	586552	216609	369944	589550	209835	379716
意大利	Italy	5126947	3369281	1757666	4172099	2565343	1606756

6-7 续表 2 continued

单位：万美元 (USD 10 000)

国 别（地区）	Country (Region)	2011 进出口总额 Total	2011 出口总额 Exports	2011 进口总额 Imports	2012 进出口总额 Total	2012 出口总额 Exports	2012 进口总额 Imports
卢森堡	Luxembourg	190428	159505	30923	221878	195620	26258
荷兰	Netherlands	6815979	5949949	866030	6759942	5889680	870261
希腊	Greece	430298	394937	35361	402047	359317	42730
葡萄牙	Portugal	396323	280143	116179	401559	250069	151490
西班牙	Spain	2727280	1972125	755155	2457097	1823707	633389
阿尔巴尼亚	Albania	43602	28148	15453	48702	34391	14312
安道尔	Andorra	577	562	15	2717	2685	32
奥地利	Austria	698818	222682	476136	676391	204023	472369
保加利亚	Bulgaria	146490	100562	45928	189346	105457	83889
芬兰	Finland	1118119	664037	454082	1127289	744055	383234
直布罗陀	Gibraltar	2878	2875	2	11459	11459	0.3
匈牙利	Hungary	925824	680602	245222	806107	573797	232310
冰岛	Iceland	15218	7658	7560	18435	9539	8896
列支敦士登	Liechtenstein	9224	1332	7891	8653	1524	7129
马耳他	Malta	318131	232959	85173	313013	224542	88471
摩纳哥	Monaco	3537	2273	1265	8926	8250	676
挪威	Norway	740778	378587	362191	608738	301971	306767
波兰	Poland	1298752	1093955	204798	1438336	1238646	199690
罗马尼亚	Romania	440002	345378	94625	377675	279718	97957
圣马力诺	San Marino	214	183	30	232	149	84
瑞典	Sweden	1368374	656686	711688	1333746	641528	692218
瑞士	Switzerland	3090855	370023	2720833	2630893	349224	2281669
爱沙尼亚	Estonia	133627	113085	20542	136932	123354	13577
拉脱维亚	Latvia	125638	119295	6344	138154	131271	6883
立陶宛	Lithuania	142271	133510	8761	171992	163043	8950
格鲁吉亚	Georgia	79917	76107	3811	77374	74016	3358
亚美尼亚	Armenia	17035	13572	3463	14727	11320	3406
阿塞拜疆	Azerbaijan	108634	89262	19372	128373	106983	21390
白俄罗斯	Byelorussia	130362	70513	59849	158295	91982	66313
摩尔多瓦	Moldavia	11032	9749	1283	14256	12394	1862
俄罗斯	Russia	7927339	3890352	4036987	8821099	4405596	4415504
乌克兰	Ukraine	1040955	714708	326247	1035475	732327	303148
斯洛文尼亚	Slovenia	187741	167537	20204	182267	156664	25603
克罗地亚	Croatia	162046	154093	7953	137434	129983	7451
捷克	Czech	998733	766941	231793	873003	632304	240699
斯洛伐克	Slovak	596995	251260	345735	607826	242303	365523
马其顿	Macedonia	24612	9181	15431	22853	8875	13978
波黑	Bosnia & Herzegovina	7133	4143	2989	7001	4671	2330
梵蒂冈城国	Vatican City State	1		1	10	3	7
法罗群岛	Faroe Islands	2754	41	2713	5081	128	4953
塞尔维亚	Serbia	47424	39635	7789	51422	41288	10135
黑山	Montenegro	10204	8998	1206	16778	14576	2202
拉丁美洲	**Latin America**	**24138750**	**12171930**	**11966820**	**26128785**	**13521521**	**12607265**
安提瓜和巴布达	Antigua and Barbuda	65682	65677	5	74705	74698	7
阿根廷	Argentina	1475934	850251	625683	1443019	786926	656093
阿鲁巴岛	Aruba	1772	1769	3	2949	1624	1324
巴哈马	Bahamas	61304	55014	6290	70896	59208	11689
巴巴多斯	Barbados	15057	14386	671	10656	9611	1044
伯利兹	Belize	5239	4949	290	6030	5251	779
玻利维亚	Bolivia	65799	38454	27345	67599	35192	32408
博内尔	Bonaire	3	3		5	5	0.1
巴西	Brazil	8423112	3183663	5239449	8574896	3341956	5232940
开曼群岛	Cayman Is.	2963	2954	9	11370	11358	12
智利	Chile	3138529	1081673	2056856	3322612	1259945	2062667
哥伦比亚	Colombia	823361	583884	239477	938650	622925	315725
多米尼克	Dominica	2689	2649	40	2645	2530	115
哥斯达黎加	Costa Rica	472855	88452	384403	617200	90176	527024
古巴	Cuba	194769	104365	90405	174275	117358	56917
库腊索岛	Curacao	2021	2009	12	2629	2615	15
多米尼加共和国	Dominica Rep.	125427	96739	28688	143960	102993	40967
厄瓜多尔	Ecuador	280350	222361	57989	355232	261400	93832
法属圭亚那	French Guyana	1286	1286		1551	1548	3
格林纳达	Granada	591	591		1987	1987	0.4
瓜德罗普岛	Guadeloupe	3840	3840		3432	3428	3
危地马拉	Guatemala	127732	125397	2334	135217	128367	6851

6-7 续表 3 continued

单位：万美元 (USD 10 000)

国 别（地区）	Country (Region)	2011 进出口总额 Total	2011 出口总额 Exports	2011 进口总额 Imports	2012 进出口总额 Total	2012 出口总额 Exports	2012 进口总额 Imports
圭亚那	Guyana	14714	13261	1453	22560	19952	2608
海地	Haiti	31101	30364	737	29368	28371	997
洪都拉斯	Honduras	56854	42185	14668	130770	105665	25105
牙买加	Jamaica	37488	37091	397	81678	78610	3069
马提尼克岛	Martinique	2758	2652	106	2238	2193	44
墨西哥	Mexico	3334446	2397588	936858	3667509	2751549	915961
蒙特塞拉特	Montserrat	10	2	8	5	1	4
尼加拉瓜	Nicaragua	44640	42203	2437	58264	46679	11585
巴拿马	Panama	1459867	1455581	4286	1535904	1530604	5300
巴拉圭	Paraguay	129254	124805	4449	138364	133579	4784
秘鲁	Peru	1250999	465328	785671	1379883	533248	846635
波多黎各	Puerto Rico	160018	55710	104308	153860	65622	88238
萨巴	Saba	27	27		90	90	
圣卢西亚	Saint Lucia	1044	1015	29	2891	2879	12
圣马丁岛	Saint Martin Is.	343	343		219	219	
圣文森特和格林纳丁斯	Saint Vincent & Grenadines	7796	7794	2	2906	2906	0.2
萨尔瓦多	El Salvador	45637	44999	638	49789	49053	737
苏里南	Surinam	15208	13618	1590	21247	18911	2335
特立尼达和多巴哥	Trinidad and Tobago	62667	28656	34011	45184	31218	13966
特克斯和凯科斯群岛	Turks & Caicos Is.	40	40		30	30	0.1
乌拉圭	Uruguay	341495	200153	141342	432449	241327	191122
委内瑞拉	Venezuela	1826011	652189	1173822	2384754	930420	1454334
英属维尔京群岛	Virgin Is. (E)	15547	15544	3	15383	15382	1
圣其茨-尼维斯	St. Kitts-Nevis	486	438	48	284	271	13
荷属安地列斯群岛	Andreas Is. (N)	9933	9925	8	11564	11564	0.1
拉美其他国家（地区）	Other Countries (Regions) in Latin America	49	49		78	78	0.3
北美洲	**North America**	**49442200**	**35007506**	**14434694**	**53627576**	**38011010**	**15616567**
加拿大	Canada	4743605	2526610	2216995	5133528	2812480	2321049
美国	United States	44658227	32445336	12212891	48467425	35177679	13289746
格陵兰	Greenland	4860	54	4806	5790	45	5745
百慕大群岛	Bermuda	35502	35502		20776	20776	
北美洲其他国家（地区）	Other Countries (Regions) in North America	7	5	2	58	30	28
大洋洲及太平洋群岛	**Oceanic and Pacific Islands**	**12982165**	**4089432**	**8892733**	**13653368**	**4486757**	**9166611**
澳大利亚	Australia	11658309	3390994	8267315	12234625	3772831	8461794
库克群岛	Cook Is.	570	497	74	505	403	102
斐济	Fiji	17240	17119	122	23618	21402	2216
盖比群岛	Gambier Is.	20	20		4	4	
瑙鲁	Nauru	19	18	1	102	97	5
新喀里多尼亚	New Caledonia (Fr)	21601	13516	8085	24603	9665	14938
瓦努阿图	Vanuatu	13625	13386	239	13603	13361	242
新西兰	New Zealand	871801	373669	498132	967483	386454	581029
诺福克岛	Norfolk Islands	36	36		33	32	0.2
巴布亚新几内亚	Papua New Guinea	126824	45302	81522	128236	64010	64227
社会群岛	Society Is.	345	345		396	396	
所罗门群岛	Solomon Is.	37948	3068	34881	41438	3668	37770
汤加	Tonga	1332	1328	5	2016	2016	
土布艾群岛	Tubai Islands	6	6				
萨摩亚	Samoa	3784	3782	3	7177	7175	2
基里巴斯	Kiribati	1317	1308	9	3416	3398	17
图瓦卢	Tuvalu	1494	1494		14345	14345	
密克罗尼西亚联邦	Micronesia Commonwealth	503	341	162	1500	408	1093
马绍尔群岛共和国	Marshall. Is.	220661	219007	1654	184658	182320	2338
帕劳共和国	Republic of Palau	120	119	1	167	164	3
法属波利尼西亚	Polynesia (F)	4343	3813	529	5186	4382	804
瓦利斯和浮图纳	Wallis and Futuna	56	56		20	20	
大洋洲其他国家（地区）	Other Countries (Regions) in Oceania	210	209	1	236	204	33
国别（地区）不详	**Others**	**604171**		**604171**	**626672**		**626672**

6-8 出口主要货物数量和金额
Main Export Commodities in Volume and Value

金额单位：万美元 (USD 10 000)

品名		Item		2011		2012	
				数量 Volume	金额 Value	数量 Volume	金额 Value
活猪	(万头)	Live Hogs	(10 000 heads)	156	45205	164	46056
活家禽	(万只)	Live Poultry	(10 000 heads)	723	2862	736	3094
牛肉	(万吨)	Frozen, Fresh Beef	(10 000 tons)	2	11959	1	8060
猪肉	(万吨)	Frozen, Fresh Pork	(10 000 tons)	8	32610	7	29504
冻鸡	(万吨)	Frozen Chicken	(10 000 tons)	11	26823	9	22175
水海产品	(万吨)	Aquatic and Seawater Products	(10 000 tons)	288	1098377	368	1811810
鲜蛋	(百万个)	Fresh Eggs	(million units)	1285	12107	1230	11203
谷物及谷物粉	(万吨)	Cereals and Cereals Flour	(10 000 tons)	116	75346	96	59373
#稻谷和大米	(万吨)	Rice	(10 000 tons)	52	42698	28	27213
玉米	(万吨)	Maize	(10 000 tons)	14	4658	26	10117
蔬菜	(万吨)	Vegetables	(10 000 tons)	772	934993	741	755935
#鲜或冷藏蔬菜	(万吨)	Fresh Vegetables	(10 000 tons)	505	397112	485	317737
橘、橙	(吨)	Mandarins and Oranges	(ton)	792721	63686	942596	83932
苹果	(吨)	Apples	(ton)	1034635	91433	975878	95991
松子仁	(吨)	Pine Nut Kernels	(ton)	9633	15390	11576	17459
大豆	(万吨)	Soybean	(10 000 tons)	21	16154	32	27913
花生及花生仁	(万吨)	Peanuts	(10 000 tons)	17	25977	15	27236
食用植物油	(吨)	Edible Vegetable Oil	(ton)	121602	20804	99519	18357
食糖	(吨)	Sugar	(ton)	59389	5128	47144	4349
天然蜂蜜	(吨)	Natural Honey	(ton)	99894	20147	110158	21505
茶叶	(吨)	Tea	(ton)	322580	96510	313484	104226
辣椒干	(吨)	Dried Capsicum	(ton)	63107	17954	51957	13748
猪肉罐头	(吨)	Canned Pork	(ton)	45108	12567	48109	14967
蘑菇罐头	(吨)	Canned Mushroom	(ton)	326575	55514	307841	52250
啤酒	(万升)	Beer	(10 000 liters)	22091	13068	22574	14099
肠衣	(吨)	Casings	(ton)	86443	109991	82809	109716
填充用羽毛；羽绒	(吨)	Feathers and Down for Stuffing	(ton)	32796	55204	35810	75434
中药材及中式成药	(吨)	Medical Materials and Medicaments of Chinese Type	(ton)	196620	73847	196660	84716
烤烟	(吨)	Flue-cured Tobacco	(ton)	103496	47757	100800	46326
纸烟	(万条)	Cigarette	(10 000 items)	11490	37684	12172	44992
锯材	(万立方米)	Wood Sawn	(10 000 cu.m)	54	35895	47	32949
生丝	(吨)	Raw Silk	(ton)	7122	36672	7674	36845
山羊绒	(吨)	Cashmere	(ton)	2492	25818	2342	23354
棉花	(吨)	Cotton (Cotton Wool)	(ton)	25698	7873	17558	3680
天然石墨	(万吨)	Natural Graphite	(10 000 tons)	44	36518	26	28646
天然碳酸镁；氧化镁	(万吨)	Natural Magnesium Carbonate, Magnesia	(10 000 tons)	207	66223	213	61191
萤石（氟石）	(万吨)	Fluorite	(10 000 tons)	72	25684	43	15691
天然硫酸钡(重晶石)	(万吨)	Barite	(10 000 tons)	289	24191	295	36010
滑石	(万吨)	Talcum	(10 000 tons)	67	15668	75	18987
氧化铝	(吨)	Aluminum Oxide	(ton)	76280	5351	43293	3941
煤及褐煤	(万吨)	Coal and Lignite	(10 000 tons)	1466	271685	928	158788
焦炭、半焦炭	(万吨)	Coke and Semi-coke	(10 000 tons)	330	148735	102	44506

6-8 续表 1 continued

金额单位：万美元 (USD 10 000)

品名	Item	2011 数量 Volume	2011 金额 Value	2012 数量 Volume	2012 金额 Value
原油 (万吨)	Crude Oil (10 000 tons)	252	190701	243	222603
成品油 (万吨)	Petroleum Products Refined (10 000 tons)	2570	2076603	2427	2130995
石蜡 (万吨)	Paraffin Wax (10 000 tons)	45	64106	46	62630
仲钨酸铵 (吨)	Tungstates (ton)	5136	18217	2533	8772
氧化锌及过氧化锌 (吨)	Zinc Oxide and Zinc Peroxide (ton)	17608	3298	11567	2112
合成有机染料 (吨)	Synthetic Organic Dyestuffs (ton)	243532	118018	269723	125699
医药品 (吨)	Medical and Pharmaceutical Products (ton)	758139	1183326	764623	1193474
#中式成药 (吨)	Medicaments of Chinese Type (ton)	14693	23305	14483	26594
医用敷料 (吨)	Pharmaceutical Goods (ton)	171515	126082	173248	128960
洗衣粉 (吨)	Detergent (ton)	348534	24940	372012	29624
烟花、爆竹 (吨)	Fireworks and Firecrackers (ton)	327232	65686	336051	72368
松香及树脂酸 (吨)	Resin and Resin Acids (ton)	231153	59334	167814	26834
新的充气橡胶轮胎 (万条)	Rubber Tyres (10 000 units)	39733	1476221	41349	1588346
纸及纸板(未切成形) (万吨)	Paper and Paperboard in Rolls (10 000 tons)	450	516390	471	568847
棉纱线 (吨)	Cotton Yarn (ton)	392909	225621	447413	218233
丝织物	Silk		106734		106543
棉机织物	Cotton Cloth		1395850		1327439
亚麻及苎麻机织物 (万米)	Flax or Ramie Woven Fabric (10 000 m)	25978	74931	23841	71550
合成短纤与棉混纺机织物 (万米)	Synthetic Short Fibre and Cotton-fibre Mixture Woven Fabric (10 000 m)	255738	302182	218468	262398
地毯 (万平方米)	Carpets (10 000 sq.m)	56237	232365	48025	240374
塑料编织袋(周转袋除外) (万条)	Bags of PP or PE Strip(Except Turnover Bags) (10 000 units)	629812	96981	609141	98847
水泥及水泥熟料 (万吨)	Cement and Cement Clinkers (10 000 tons)	1061	62035	1200	68363
平板玻璃 (万平方米)	Plate Glass (10 000 sq.m)	18726	75084	17632	61311
玻璃制品 (万吨)	Glass Products (10 000 tons)	328	560051	342	733445
家用陶瓷器皿 (万吨)	Porcelain and Pottery Ware for Household Use (10 000 tons)	178	269604	256	367572
生铁及镜铁 (万吨)	Pig Iron and Spiegeleisen (10 000 tons)	87	44098	30	14505
钢坯及粗锻件 (万吨)	Billet and Crude Forgings (10 000 tons)		487		405
钢材 (万吨)	Rolled Steel (10 000 tons)	4888	5126622	5573	5148654
未锻造铜及铜合金 (吨)	Unwrought Copper and its Alloys (ton)	156516	149085	274180	228432
铜材 (吨)	Rolled Copper (ton)	500347	452588	492980	422333
未锻造铝及铝合金 (吨)	Unwrought Aluminum and its Alloys (ton)	766122	178906	631212	146768
铝材 (万吨)	Rolled Aluminum (10 000 tons)	300	1036168	283	979716
未锻造的锌及锌合金 (吨)	Unwrought Zinc and Zinc Alloys (ton)	48369	11565	7937	1956
未锻造的锡及锡合金 (吨)	Unwrought Tin and Tin Alloys (ton)	1227	3822	1738	4361
未锻造的锑、粉末及废碎料(吨)	Unwrought Antimony (ton)	5062	6632	9583	11832
未锻造的锰 (吨)	Unwrought Manganese (ton)	56386	20177	42746	12391
钢铁或铜制标准紧固件 (万吨)	Iron or Copper Nails, Bolts, etc. (10 000 tons)	260	476615	247	461214
手用或机用工具 (万吨)	Hand Tools and Tools for Machines(10 000 tons)	152	723236	145	797690
电扇 (万台)	Fans (10 000 sets)	54785	355818	53550	369570
纺织机械及零件	Textile Machinery		224832		223892
缝纫机 (万台)	Sewing Machines (10 000 sets)	1280	134610	1326	124133

6-8 续表 2 continued

金额单位：万美元 (USD 10 000)

品名		Item		2011 数量 Volume	2011 金额 Value	2012 数量 Volume	2012 金额 Value
金属加工机床	(万台)	Machine Tools	(10 000 sets)	762	241808	745	274155
电子计算器	(万台)	Electric Calculator	(10 000 sets)	36936	66510	34827	65195
自动数据处理设备及其部件	(万台)	Automatic Data Processing Machines and Components	(10 000 sets)	183427	17628484	183315	18532103
自动数据处理设备的零件	(万吨)	Parts for Auto Data Processing Equipment	(10 000 tons)	94	2992993	80	2962266
轴承	(万套)	Bearings	(10 000 units)	483970	329290	439385	319582
电动机及发电机	(万台)	Electric Motors and Generators	(10 000 sets)	337146	879038	309632	922490
静止式变流器	(万个)	Static Converters	(10 000 units)	334308	1465404	404748	1555019
原电池	(百万个)	Primary Cells and Batteries	(million units)	27453	193759	26468	186924
蓄电池	(万个)	Electric Accumulators	(10 000 units)	240516	713612	220640	749110
电话机	(万台)	Telephone Sets	(10 000 sets)	100627	6480456	112951	8298745
收音设备(包括收录音组合机)	(万台)	Radio Sets(including Sound Recording Apparatus	(10 000 sets)	27029	425888	26091	478161
电视机(包括整套散件)	(万台)	TV Sets (including a Complete Set of Spare Parts)	(10 000 sets)	6570	1367114	6157	1211043
电容器	(吨)	Electrical Capacitors	(ton)	91636	370372	87584	405213
通断保护电路装置及零件		Electrical Apparatus for Switching or Protecting Electrical Circuits			1760578		1991978
二极管及类似半导体器件	(百万个)	Diode and Semi Conductors	(million units)	312236	3357723	323917	2437040
电线和电缆	(万吨)	Insulated Wire or Cable	(10 000 tons)	180	1489047	186	1660040
集装箱	(万个)	Containers	(10 000 units)	324	1140401	248	842204
汽车	(万辆)	Motor Vehicles	(10 000 units)	82	993816	99	1267084
汽车零件		Parts of Motor Vehicles			2297522		2567591
自行车	(万辆)	Bicycles	(10 000 units)	5572	290455	5715	317628
船舶	(艘)	Ships	(unit)	2850743	4180513	2758091	3611112
照相机	(万架)	Cameras	(10 000 sets)	11398	657079	10093	643604
医疗仪器及器械		Medical Instruments and Appliances			652500		729253
手表	(万只)	Wrist Watches	(10 000 units)	68175	158917	66216	191298
日用钟	(万只)	Clocks	(10 000 sets)	40817	97499	38993	109214
家具及其零件		Furniture			3794178		4881712
非针织或钩编织物制服装		Garments(Excluding Knitwear and Crochet)			5736320		5502054
针织或钩编服装		Garments, Knitted or Crocheted			7151789		7795402
皮鞋	(万双)	Leather Shoes	(10 000 pairs)	91208	1094792	83644	1092544
橡胶或塑料底布鞋	(万双)	Cloth Shoes with Outer of Rubber or Artificial Plastic Materials	(10 000 pairs)	185862	708435	199268	815204
塑料制品	(万吨)	Plastic Articles	(10 000 tons)	795	2346825	851	3156517
玩具		Toys			1082621		1144977
足球、篮球、排球	(万个)	Footballs, Basketballs and Volleyballs	(10 000 units)	19384	43161	20992	48001
伞	(万把)	Umbrellas	(10 000 units)	53506	256561	46661	255930
竹编结品	(吨)	Bamboo Products	(ton)	39171	20058	31936	20403
藤编结品	(吨)	Rattan Products	(ton)	16142	11485	12444	10069
草编结品	(吨)	Straw Mats and Straw Products	(ton)	28653	16965	21840	14287
柳编结品	(吨)	Wickerwork	(ton)	69452	45695	64430	46226
机电产品		Mechanical and Electrical Products			108558926		117933764
高新技术产品		High and New-tech Products			54878832		60116385

6-9 进口主要货物数量和金额
Main Import Commodities in Volume and Value

金额单位：万美元 (USD 10 000)

品 名		Item		2011 数 量 Volume	2011 金 额 Value	2012 数 量 Volume	2012 金 额 Value
谷物及谷物粉	(万吨)	Cereals and Cereals Flour	(10 000 tons)	545	204380	1398	478673
#小麦	(万吨)	Wheat	(10 000 tons)	126	42369	370	110863
稻谷和大米	(万吨)	Paddy and Rice	(10 000 tons)	60	40764	237	115335
大豆	(万吨)	Soybean	(10 000 tons)	5264	2983418	5838	3499017
食用植物油	(万吨)	Edible Vegetable Oil	(10 000 tons)	657	771400	845	969212
食糖	(万吨)	Sugar	(10 000 tons)	292	194340	375	224374
天然橡胶（包括胶乳）	(万吨)	Natural Rubber (including Latex)	(10 000 tons)	210	937982	218	681347
合成橡胶（包括胶乳）	(万吨)	Synthetic Rubber (including Latex)	(10 000 tons)	144	536174	144	509697
原木	(万立方米)	Logs	(10 000 cu.m)	4233	827313	3789	725288
锯材	(万立方米)	Wood Sawn	(10 000 cu.m)	2156	571189	2063	551749
纸浆	(万吨)	Paper Pulp	(10 000 tons)	1445	1193963	1646	1097283
羊毛及毛条	(万吨)	Wool and Wool Tops	(10 000 tons)	33	292468	32	271002
棉花	(万吨)	Cotton	(10 000 tons)	336	946874	513	1180425
纺织用合成纤维	(万吨)	Synthetic Fibers Suitable for Spinning	(10 000 tons)	35	111691	33	100866
#聚酯纤维	(万吨)	Polyester Fibers	(10 000 tons)	12	23841	11	21121
聚丙烯腈纤维	(万吨)	Polyacryolnitr Fibers	(10 000 tons)	20	67875	19	59248
铁矿砂及其精矿	(万吨)	Iron Ore	(10 000 tons)	68608	11240654	74360	9573960
锰矿砂及其精矿	(万吨)	Manganese Ores	(10 000 tons)	1297	267456	1235	218599
铜矿砂及其精矿	(万吨)	Copper Ores	(10 000 tons)	638	1551814	783	1695073
铬矿砂及其精矿	(万吨)	Chromium Ores	(10 000 tons)	944	266379	929	203557
氧化铝	(万吨)	Aluminum Oxide	(10 000 tons)	188	77781	502	181607
煤及褐煤	(万吨)	Coal and Lignite	(10 000 tons)	22220	2389029	28841	2871613
原油	(万吨)	Crude Oil	(10 000 tons)	25378	19666447	27103	22079989
成品油	(万吨)	Petroleum Products Refined	(10 000 tons)	4060	3269870	3982	3307184
乙二醇	(万吨)	Ethylene Glycol	(10 000 tons)	727	852313	793	813045
对苯二甲酸	(万吨)	Telephthalic Acid	(10 000 tons)	653	823876	537	586359
己内酰胺	(万吨)	Carprolactam	(10 000 tons)	63	205904	71	181365
医药品	(吨)	Pharmaceutical Products	(ton)	85887	1130809	100066	1388602
肥料(自然吨)	(万吨)	Chemical Fertilizers, Manufactured (Actual Weight)	(10 000 tons)	795	346512	843	404889

6-9 续表 continued

金额单位：万美元 (USD 10 000)

品 名	Item	2011 数量 Volume	2011 金额 Value	2012 数量 Volume	2012 金额 Value
#尿素 (吨)	Urea (ton)	2064	146	170978	7135
氮、磷、钾复合肥 (万吨)	Compound Fertilizers of Nitrogen, Phosphor and Kalium (10 000 tons)	102	53191	132	75393
磷酸氢二胺 (万吨)	Diammonium Phosphape (10 000 tons)	9	5857	16	10295
氯化钾 (万吨)	Potassium Chloride (10 000 tons)	640	269132	634	291853
原形聚乙烯 (万吨)	Polyethylene in primary Forms (10 000 tons)	499	734388	558	776455
原形聚丙烯 (万吨)	Polypropylene in Primary Forms (10 000 tons)	378	587485	392	580255
原形聚苯乙烯 (万吨)	Polystyrene in Primary Forms (10 000 tons)	332	677267	312	631729
#ABS树脂 (万吨)	ABS Copolymers (10 000 tons)	185	411996	167	362422
原形聚氯乙烯 (万吨)	Polyvinyl Chloride in Primary Forms (10 000 tons)	132	159486	121	136541
聚酯切片 (万吨)	Slices or Chips of Polyethylene Terephthalate (10 000 tons)	20	35010	18	32469
农药 (吨)	Pesticides (ton)	52890	48870	68928	59230
纸及纸板（未切成形）(万吨)	Paper and Paperboard (Unchopped in Shape)(10 000 tons)	328	407612	311	383539
钢材 (万吨)	Rolled Steel (10 000 tons)	1558	2157592	1366	1780522
未锻造的铜及铜合金 (万吨)	Copper and Copper Alloys (10 000 tons)	329	2897640	398	3187050
铜材 (万吨)	Rolled Copper (10 000 tons)	78	782835	67	674471
未锻造的铝及铝合金 (万吨)	Aluminum and Aluminum Alloys (10 000 tons)	33	82796	64	140036
铝材 (万吨)	Rolled Aluminum (10 000 tons)	58	359278	53	338947
锅炉 (台)	Boilers (set)	493	8798	365	6923
制冷设备用压缩机 (万台)	Compressors for Refrigerating Equipment (10 000 sets)	1307	113409	1196	105089
金属加工机床 (台)	Machine Tools (set)	115227	1324022	109957	1365356
阀门 (万套)	Valves (10 000 sets)	39154	632195	47827	602973
自动数据处理设备及其部件 (万台)	Automatic Data Processing Machines and Components (10 000 sets)	72989	3167522	73316	3693788
电话机 (万台)	Telephone Sets (10 000 sets)	1144	132295	1167	173598
收音设备（包括收录音组合机及整套散件）(万台)	Sound Recording Apparatus (including a Complete Set of Spare Parts) (10 000 sets)	212	23275	164	21676
电视机 (万台)	TV Sets (10 000 sets)	2	1008	3	1414
电视显像管 (万只)	Cathode-ray TV Picture Tube (10 000 sets)	265	7376	118	2469
汽车(包括整套散件) (辆)	Motor Vehicles(including a Complete Set of Spare Parts) (unit)	1035557	4309235	1129731	4748806
#小轿车	Cars	410270	1863024	446783	1956291
货车	Trucks	18034	149232	17998	155949
自卸车	Dump Trucks	242	25827	242	19297
装有引擎的汽车底盘 (台)	Chassis with Engines (unit)	1888	9087	1099	8103
汽车零件	Parts of Motor Vehicles		2209146		2296789
飞机 (架)	Aircraft (unit)	421	1164924	517	1569269
船舶 (艘)	Ships (unit)	6352	78323	3540	60139
医疗仪器及器械	Medical Instruments and Appliances		596485		708736
机电产品	Mechanical and Electrical Products		75328917		78262735
高新技术产品	High and New-tech Products		46299236		50707782

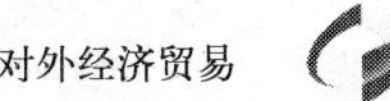

6-10 分地区货物进出口总额(2012年)
Total Value of Imports and Exports by Region (2012)

单位：万美元 (USD 10 000)

地 区	Region	按经营单位所在地分 By Location of Importers/Exporters			按境内目的地和货源地分 By Place of Destination or Origin in China		
		进出口 Total	出口 Exports	进口 Imports	进出口 Total	出口 Exports	进口 Imports
全 国	**National Total**	**386711942**	**204871442**	**181840500**	**386711942**	**204871442**	**181840500**
北 京	Beijing	40810732	5963209	34847523	12866591	3124774	9741817
天 津	Tianjin	11563427	4831256	6732171	12284792	4906048	7378744
河 北	Hebei	5056306	2959820	2096485	8228900	3727328	4501572
山 西	Shanxi	1504311	701604	802707	1659174	844689	814485
内蒙古	Inner Mongolia	1125898	397016	728882	1396918	539399	857519
辽 宁	Liaoning	10409000	5795905	4613094	11833784	5251715	6582069
吉 林	Jilin	2456301	598268	1858033	2447836	602771	1845065
黑龙江	Heilongjiang	3759029	1443517	2315512	2821302	990761	1830541
上 海	Shanghai	43658695	20673017	22985679	43415712	19354245	24061467
江 苏	Jiangsu	54796149	32852352	21943797	58866594	33424029	25442565
浙 江	Zhejiang	31240136	22451714	8788421	34818733	24466543	10352191
安 徽	Anhui	3928454	2674850	1253604	3295935	2064675	1231260
福 建	Fujian	15593796	9783259	5810536	14619103	8882715	5736389
江 西	Jiangxi	3341383	2511279	830104	3023567	2002105	1021462
山 东	Shandong	24554432	12870921	11683512	29664642	13593588	16071053
河 南	Henan	5173881	2967645	2206236	5433308	3193072	2240236
湖 北	Hubei	3196375	1939850	1256525	3243783	1875374	1368409
湖 南	Hunan	2194873	1260220	934653	2145234	1234202	911032
广 东	Guangdong	98402046	57405077	40996969	111532842	63622169	47910672
广 西	Guangxi	2948446	1546775	1401671	4087472	921500	3165972
海 南	Hainan	1432210	313610	1118600	1456054	280703	1175351
重 庆	Chongqing	5320358	3856758	1463600	4524093	3104672	1419421
四 川	Sichuan	5914360	3846907	2067453	5170202	3115567	2054635
贵 州	Guizhou	663156	495223	167933	505244	314607	190636
云 南	Yunnan	2101373	1001737	1099636	1211937	542364	669573
西 藏	Tibet	342414	335518	6896	211540	202370	9170
陕 西	Shaanxi	1479903	865226	614677	1518973	850077	668896
甘 肃	Gansu	890075	357355	532721	716339	183042	533297
青 海	Qinghai	115747	72876	42871	81295	42797	38499
宁 夏	Ningxia	221671	164112	57559	267310	187459	79850
新 疆	Xinjiang	2517006	1934565	582441	3362737	1426084	1936653

6-11 分地区外商投资企业货物进出口总额
Value of Imports and Exports of Foreign-funded Enterprises by Region

单位：万美元 (USD 10 000)

地区	Region	2000			2010			2012		
		进出口 Total	出口 Exports	进口 Imports	进出口 Total	出口 Exports	进口 Imports	进出口 Total	出口 Exports	进口 Imports
全国	**National Total**	**23671390**	**11944121**	**11727269**	**160061524**	**86222882**	**73838642**	**189412020**	**102262008**	**87150012**
北京	Beijing	776847	287108	489739	6982928	2215220	4767708	7447913	2134714	5313199
天津	Tianjin	1369289	637925	731364	5880898	2643785	3237114	7743452	3281385	4462067
河北	Hebei	158147	101240	56907	1750914	921579	829336	1775182	942078	833103
山西	Shanxi	41876	15209	26667	220570	87993	132577	443295	221498	221798
内蒙古	Inner Mongolia	18157	13799	4358	161063	95974	65089	175005	87697	87309
辽宁	Liaoning	1229698	624464	605234	3899198	2063953	1835245	4703771	2350651	2353120
吉林	Jilin	112274	39197	73077	760502	127753	632749	1103266	149685	953582
黑龙江	Heilongjiang	47353	26679	20674	111252	69866	41386	104585	55994	48590
上海	Shanghai	3341054	1426102	1914952	24991842	12593270	12398571	28991183	13867677	15123507
江苏	Jiangsu	3018082	1445340	1572742	34720361	19231357	15489004	35777574	20466975	15310599
浙江	Zhejiang	938993	534851	404142	9239699	5813714	3425985	10318702	6298108	4020594
安徽	Anhui	94779	39993	54786	811938	325294	486645	997466	459109	538356
福建	Fujian	1405740	759713	646027	5833659	3495247	2338411	7391259	3912712	3478547
江西	Jiangxi	31814	16298	15516	1193074	499473	693601	1329891	646261	683630
山东	Shandong	1392569	792766	599803	9632505	5656323	3976182	10197143	6048932	4148210
河南	Henan	57695	30889	26806	451982	255577	196405	3378057	1874349	1503708
湖北	Hubei	104686	42956	61730	1105434	569511	535923	1383267	762005	621262
湖南	Hunan	47717	18250	29467	310208	129164	181044	628079	293674	334405
广东	Guangdong	9203696	4951011	4252685	48449160	28184708	20264452	57123712	34051040	23072672
广西	Guangxi	55339	34112	21227	492309	203314	288994	962586	354223	608363
海南	Hainan	45993	30464	15529	623702	127682	496020	1148420	161005	987415
重庆	Chongqing	32389	9666	22723	475706	165096	310610	2494705	1616612	878092
四川	Sichuan	61524	24517	37007	1278437	444301	834136	3020240	1826060	1194180
贵州	Guizhou	5690	4012	1678	17449	10528	6920	19009	11753	7256
云南	Yunnan	19658	8113	11545	64499	33003	31497	62375	34126	28249
西藏	Tibet	634	389	245	549	3	546	41	15	26
陕西	Shaanxi	35433	11611	23822	506126	215667	290458	614911	303991	310920
甘肃	Gansu	5657	3832	1825	14426	9750	4676	11796	9806	1990
青海	Qinghai	925	202	723	13467	984	12483	4899	2406	2493
宁夏	Ningxia	6125	4294	1831	32158	14930	17228	32800	21816	10984
新疆	Xinjiang	11557	9119	2438	35510	17864	17645	27438	15651	11788

6-12 利用外资概况
Utilization of Foreign Capital

项目单位：个；　金额单位：亿美元　　(unit) (USD 100 million)

年份 Year	总计 Total		#外商直接投资 Direct Foreign Investments		#外商其他投资额 Other Foreign Investments
	项目 Number of Projects	金额 Value	项目 Number of Projects	金额 Value	
合同利用外资 Total Amount of Contracted Foreign Investment					
1979-1984	3841	281.26	3724	97.50	13.98
1985	3145	102.69	3073	63.33	4.02
1986	1551	122.33	1498	33.30	4.96
1987	2289	121.36	2233	37.09	6.10
1988	6063	160.04	5945	52.97	8.94
1989	5909	114.79	5779	56.00	6.94
1990	7371	120.86	7273	65.96	3.91
1991	13086	195.83	12978	119.77	4.45
1992	48858	694.39	48764	581.24	6.12
1993	83595	1232.73	83437	1114.36	5.31
1994	47646	937.56	47549	826.80	4.08
1995	37184	1032.05	37011	912.82	6.35
1996	24673	816.10	24556	732.76	3.71
1997	21138	610.58	21001	510.03	41.82
1998	19850	632.01	19799	521.02	27.14
1999	17022	520.09	16918	412.23	24.26
2000	22347	711.30	22347	623.80	87.50
2001	26140	719.76	26140	691.95	27.81
2002	34171	847.51	34171	827.68	19.82
2003	41081	1169.01	41081	1150.69	18.32
2004	43664	1565.88	43664	1534.79	31.09
2005	44001	1925.93	44001	1890.65	35.28
2006	41473	1982.16	41473	1937.27	44.89
2007	37871		37871		
2008	27514		27514		
2009	23435		23435		
2010	27406		27406		
2011	27712		27712		
2012	24925		24925		
1979-2012			763278		
实际使用外资 Total Amount of Foreign Investment Actually Utilized					
1979-1984		181.87		41.04	10.42
1985		47.60		19.56	2.98
1986		76.28		22.44	3.70
1987		84.52		23.14	3.33
1988		102.26		31.94	5.45
1989		100.60		33.92	3.81
1990		102.89		34.87	2.68
1991		115.54		43.66	3.00
1992		192.03		110.08	2.84
1993		389.60		275.15	2.56
1994		432.13		337.67	1.79
1995		481.33		375.21	2.85
1996		548.05		417.26	4.10
1997		644.08		452.57	71.30
1998		585.57		454.63	20.94
1999		526.59		403.19	21.28
2000		593.56		407.15	86.41
2001		496.72		468.78	27.94
2002		550.11		527.43	22.68
2003		561.40		535.05	26.35
2004		640.72		606.30	34.42
2005		638.05		603.25	34.80
2006		670.76		630.21	40.55
2007		783.39		747.68	35.72
2008		952.53		923.95	28.58
2009		918.04		900.33	17.71
2010		1088.21		1057.35	30.86
2011		1176.98		1160.11	16.87
2012		1132.94		1117.16	15.78
1979-2012				12761.08	581.70

注：1.本表资料由商务部提供。

2.2000年及以前，外商投资合同金额和实际使用外资额均含对外借款；从2007年起商务部不再对外公布外资合同金额数据。

a) Data in this table come from the Ministry of Commerce.

b) In 2000 and before, data of contracted foreign capital and total amount of foreign capital actually utilized include foreign loans. Since 2007, Ministry of Commerce do not publish data of contracted value with foreign countries or regions.

6-13 按国别(地区)分实际外商投资额
Foreign Investment Actually Utilized by Countries or Regions

单位: 万美元 (USD 10 000)

国别(地区)	Country (Region)	2011		2012	
		外商直接投资 Foreign Direct Investment	外商其他投资 Other Foreign Investment	外商直接投资 Foreign Direct Investment	外商其他投资 Other Foreign Investment
总计	**Total**	**11600985**	**168745**	**11171614**	**157807**
亚洲	**Asia**	**8951427**	**105239**	**8669559**	**117523**
阿富汗	Afghanistan	76		163	
巴林	Bahrain			79	
孟加拉国	Bangladesh	495		227	
文莱	Brunei	25582		15109	
缅甸	Myanmar	1021		384	
柬埔寨	Cambodia	1737		1660	
塞浦路斯	Cyprus	667		863	
朝鲜	Korea DPR	84		155	
中国香港	Hong Kong, China	7050016	78795	6556119	109534
印度	India	4217		4406	
印度尼西亚	Indonesia	4607		6378	
伊朗	Iran	787		410	
伊拉克	Iraq	99		93	
以色列	Israel	4394	1468	1250	
日本	Japan	632963	24976	735156	7500
约旦	Jordan	631		120	
科威特	Kuwait	25			
老挝	LaoPDR	588		200	
黎巴嫩	Lebanon	215		371	
中国澳门	Macao, China	68043		50556	
马来西亚	Malaysia	35828		31751	
蒙古	Mongolia			25	
尼泊尔	Nepal			3	
阿曼	Oman				
巴基斯坦	Pakistan	971		183	
巴勒斯坦	Palestine	80		10	
菲律宾	Philippines	11185		13221	
卡塔尔	Qatar	73		2706	
沙特阿拉伯	Saudi Arabia	2394		4987	
新加坡	Singapore	609681		630508	
韩国	Republic of Korea	255107		303800	
斯里兰卡	Sri Lanka	68		20	
叙利亚	Syria	89		95	
泰国	Thailand	10120		7772	
土耳其	Turkey	1485		1556	
阿联酋	United Arab Emirates	7140		12963	
也门	Republic of Yemen	888		287	
越南	Viet Nam	129		316	
中国台湾	Taiwan, China	218343		284707	489
哈萨克斯坦	Kazakhstan	1127		555	
吉尔吉斯斯坦	Kirghizia			27	
塔吉克斯坦	Tajikistan			11	
乌兹别克斯坦	Uzbekstan	457		155	
亚洲其他国家(地区)	Other Countries (Regions) in Asia	15		202	
非洲	**Africa**	**164091**		**138787**	
阿尔及利亚	Algeria	29		571	
安哥拉	Angola	303		195	
博茨瓦纳	Botswana	170			
喀麦隆	Cameroon	21			
刚果	Congo	11		16	
埃及	Egypt	552		567	
赤道几内亚	Eq. Guinea	215			
埃塞俄比亚	Ethiopia				
冈比亚	Gambia	60		131	
加纳	Ghana			382	
几内亚	Guinea	97			
几内亚(比绍)	Guinea-Bissau	302			
肯尼亚	Kenya	235		209	
利比里亚	Liberia	5			
利比亚	Libyan	121		180	

6-13 续表 1 continued

单位：万美元 (USD 10 000)

国别(地区)	Country (Region)	2011		2012	
		外商直接投资 Foreign Direct Investment	外商其他投资 Other Foreign Investment	外商直接投资 Foreign Direct Investment	外商其他投资 Other Foreign Investment
马里	Mali	26		9	
毛里求斯	Mauritius	113921		95873	
摩洛哥	Morocco	4			
尼日利亚	Nigeria	1999		1253	
塞内加尔	Senegal			8	
塞舌尔	Seychelles	43333		36507	
塞拉利昂	Sierra Leone	44			
南非	South Africa	1323		1605	
苏丹	Sudan	255		7	
突尼斯	TuNiSia	185		32	
乌干达	Uganda	488		511	
赞比亚	Zambia	1		629	
津巴布韦	Zimbabwe	66			
非洲其他国家(地区)	Other Countries (Regions) in Africa	325		102	
欧洲	**Europe**	**587654**	**1689**	**629050**	**3338**
比利时	Belgium	12101		3821	
丹麦	Denmark	18021		13048	
英国	United Kingdom	58152		40960	
德国	Germany	112896		145095	1900
法国	France	76853	1353	65242	808
爱尔兰	Ireland	13091		11192	
意大利	Italy	38779		24576	
卢森堡	Luxembourg	51450		22702	
荷兰	Netherlands	76137		114358	
希腊	Greece	215		140	
葡萄牙	Portugal	1334		48	
西班牙	Spain	27070	336	34717	
奥地利	Austria	10478		21626	630
保加利亚	Bulgaria	1441		747	
芬兰	Finland	5949		10891	
匈牙利	Hungary	1309		615	
冰岛	Iceland	4		882	
列支敦士登	Liechtenstein	200		170	
马耳他	Malta	170		54	
摩纳哥	Monaco			8	
挪威	Norway	1290		1751	
波兰	Poland	701		357	
罗马尼亚	Romania	517		456	
圣马力诺	Sanmarino			389	
瑞典	Sweden	17502		20250	
瑞士	Switzerland	55474		87280	
爱沙尼亚	Estonia	4		9	
拉脱维亚	Latvia	200			
立陶宛	Lithuania	30			
格鲁吉亚	Georgia			420	
亚美尼亚	Armenia	24			
白俄罗斯	Byelorussia	664			
摩尔多瓦	Moldavia			48	
俄罗斯	Russia	3102		2992	
乌克兰	Ukraine	622		280	
斯洛文尼亚	Slovenia	410		269	
克罗地亚	Croatia	15		289	
捷克	Czech	732		2071	
斯洛伐克	Slovakia	486		429	

6-13 续表 2 continued

单位：万美元 (USD 10 000)

国别（地区）	Country (Region)	2011 外商直接投资 Foreign Direct Investment	2011 外商其他投资 Other Foreign Investment	2012 外商直接投资 Foreign Direct Investment	2012 外商其他投资 Other Foreign Investment
欧洲其他国家（地区）	Other Countries (Regions) in Europe	231		868	
拉丁美洲	**Latin America**	**1250460**	**43191**	**1018357**	
安提瓜和巴布达	Antigua and Barbuda	218			
阿根廷	Argentina	732		830	
巴哈马	Bahamas	3961		3731	
巴巴多斯	Barbados	31005		15988	
伯利兹	Belize	2133		1130	
玻利维亚	Bolivia	189			
巴西	Brazil	4304		5760	
开曼群岛	Cayman Islands	224196		197540	
智利	Chile	1679		2075	
哥伦比亚	Colombia	1		3	
多米尼克	Dominica	134		103	
哥斯达黎加	Costa Rica	22			
古巴	Cuba	2300			
多米尼加共和国	Dominica Rep.	6			
厄瓜多尔	Ecuador	3		1	
洪都拉斯	Honduras	260			
墨西哥	Mexico	453		1487	
巴拿马	Panama	3845		3281	
巴拉圭	Paraguay			2013	
秘鲁	Peru	87		16	
圣文森特和格林纳丁斯	Saint Vincent & Grenadines	13		21	
特克斯和凯科斯岛	Turks and Caicos Islands	495		25	
乌拉圭	Uruguay	63		50	
委内瑞拉	Venezuela	209		128	
维尔京群岛	Virgin Islands	972495	43191	783086	
圣其茨-尼维斯	St.Kitts-Nevis	263		652	
拉美洲其他国家（地区）	Other Countries (Regions) in Latin America	1394		437	
北美洲	**North America**	**358156**	**1627**	**382585**	**2863**
加拿大	Canada	46832		43497	
美国	United States	236932	1627	259809	2863
百慕大	Bermuda	74362		79160	
北美洲其他国家（地区）	Other Countries (Regions) in North America	30		119	
大洋洲及太平洋岛屿	**Oceanic and Pacific Islands**	**261998**	**230**	**226589**	
澳大利亚	Australia	30953	230	33797	
库克群岛	Cook Islands	150		134	
瓦努阿图	Vanuatu	1002		515	
新西兰	New Zealand	7422		11890	
汤加	Tonga			159	
萨摩亚	Samoan	207623		174371	
图瓦卢	Tuvalu			45	
马绍尔群岛	Marshall Islands	6370		1676	
其它太平洋岛屿	Other Pacific Islands	2331		3751	
大洋洲其他国家（地区）	Other Countries (Regions) in Oceanic	6147		251	
其他	**Others**	**27199**	**16769**	**106687**	**34083**

注：外商其他投资含当年对外发行股票额。

a) Other foreign investment includes the stock issued in foreign countries at the year.

6-14 按方式分外商投资额
Amount of Foreign Investment by Form

金额单位：亿美元 (USD 100 million)

指　标	Item	2011 项目（个）Number of Projects (unit)	2011 实际使用金额 Actually Utilized Value	2012 项目（个）Number of Projects (unit)	2012 实际使用金额 Actually Utilized Value
总　计	**Total**	**27712**	**1176.98**	**24925**	**1132.94**
外商直接投资	Foreign Direct Investments	27712	1160.11	24925	1117.16
合资经营企业	Equity Joint Venture	5005	214.15	4355	217.06
合作经营企业	Contractual Joint Venture	284	17.57	166	23.08
外资企业	Wholly Foreign-owned Enterprise	22388	912.05	20352	861.32
外商投资股份制企业	FDI Shareholding Inc.	35	16.34	52	15.70
合作开发	Joint Exploration				
其他	Others				
外商其他投资	Other Foreign Investment		16.87		15.78
对外发行股票	Sale Share		9.39		7.27
国际租赁	International Lease				
补偿贸易	Compensation Trade		0.54		0.95
加工装配	Processing and Assembly		6.94		7.56

6-15 按行业分外商直接投资（2012年）
Foreign Direct Investment by Sector (2012)

行　业	Sector	合同项目（个）Number of Projects (unit)	实际使用金额（万美元）Investment Actually Utilized (USD 10 000)
总　计	**Total**	**24925**	**11171614**
农、林、牧、渔业	Agriculture, Forestry, Animal Husbandry and Fishery	882	206220
采矿业	Mining	53	77046
制造业	Manufacturing	8970	4886649
电力、燃气及水的生产和供应业	Production and Supply of Electricity, Gas and Water	187	163897
建筑业	Construction	209	118176
交通运输、仓储和邮政业	Transport, Storage and Post	397	347376
信息传输、计算机服务和软件业	Information Transmission, Computer Services and Software	926	335809
批发和零售业	Wholesale and Retail Trades	7029	946187
住宿和餐饮业	Hotels and Catering Services	505	70157
金融业	Financial Intermediation	282	211945
房地产业	Real Estate	472	2412487
租赁和商务服务业	Leasing and Business Services	3229	821105
科学研究、技术服务和地质勘查业	Scientific Research, Technical Service and Geologic Prospecting	1287	309554
水利、环境和公共设施管理业	Management of Water Conservancy, Environment and Public Facilities	122	85028
居民服务和其他服务业	Services to Households and Other Services	192	116451
教育	Education	11	3437
卫生、社会保障和社会福利业	Health, Social Security and Social Welfare	24	6430
文化、体育和娱乐业	Culture, Sports and Entertainment	145	53655
公共管理和社会组织	Public Management and Social Organizations	3	5

注：本表中的行业分类仍执行2002年版的国民经济行业分类标准。
a) Classification for national standard of industry classification in this table are still implementing the version of 2002.

6-16 按行业分外商投资企业年底注册登记情况（2011年）
Registration Status of Foreign Funded Enterprises by Sector at Year-end (2011)

行业	Sector	企业数(户) Number of Enterprises (unit)	投资总额(亿美元) Total Investment (100 million USD)	注册资本(亿美元) Registered Capital (100 million USD)	#外方 Foreign Investor
总计	**National Total**	**446487**	**29931**	**17294**	**13810**
农、林、牧、渔业	Agriculture, Forestry, Animal Husbandry and Fishery	6993	375	233	202
采矿业	Mining	991	165	102	70
制造业	Manufacturing	181017	15595	8549	6895
电力、燃气及水的生产和供应业	Production and Supply of Electricity, Gas and Water	3920	1476	613	368
建筑业	Construction	4812	713	470	243
交通运输、仓储和邮政业	Transport, Storage and Post	10494	1078	600	338
信息传输、计算机服务和软件业	Information Transmission, Computer Services and Software	57836	912	564	541
批发和零售业	Wholesale and Retail Trades	73163	1295	750	650
住宿和餐饮业	Hotels and Catering Services	17481	378	209	167
金融业	Financial Intermediation	6442	536	498	334
房地产业	Real Estate	17826	3999	2466	2105
租赁和商务服务业	Leasing and Business Services	37491	1601	1227	1082
科学研究、技术服务和地质勘查业	Scientific Research, Technical Service and Geologic Prospecting	16212	1140	643	538
水利、环境和公共设施管理业	Management of Water Conservancy, Environment and Public Facilities	1021	193	104	88
居民服务和其他服务业	Services to Households and Other Services	5001	102	60	50
教育	Education	318	10	5	4
卫生、社会保障和社会福利业	Health, Social Security and Social Welfare	229	29	14	10
文化、体育和娱乐业	Culture, Sports and Entertainment	2276	192	117	84
其他	Others	2964	143	68	40

注：本表数据来自国家工商总局(下表同)。

a) Data in this table are from the State Administration for Industry & Commerce. The same applies to the table following.

6-17 分地区外商投资企业年底注册登记情况
Registration Status of Foreign Funded Enterprises by Region at Year-end

地 区	Region	企业数（户）Number of Enterprises (unit)		投资总额（亿美元）Total Investment (100 million USD)		注册资本（亿美元）Registered Capital (100 million USD)		#外 方 Foreign Investor	
		2011	2012	2011	2012	2011	2012	2011	2012
全 国	**National Total**	**446487**	**440609**	**29931**	**32610**	**17294**	**18814**	**13810**	**14903**
地区合计	**Region Total**	**446265**	**440383**	**28796**	**31406**	**16485**	**17952**	**13303**	**14381**
北 京	Beijing	25672	26535	1344	1494	803	907	646	739
天 津	Tianjin	11850	11491	1148	1189	648	649	544	543
河 北	Hebei	8817	7426	457	490	242	257	177	189
山 西	Shanxi	3849	3623	319	320	140	187	84	83
内蒙古	Inner Mongolia	3601	3114	255	258	136	135	105	104
辽 宁	Liaoning	18164	17960	1660	1856	1058	1171	865	963
吉 林	Jilin	4327	4298	233	239	130	130	87	87
黑龙江	Heilongjiang	5426	5039	209	222	122	128	92	95
上 海	Shanghai	58993	61461	3774	4138	2262	2511	1841	2034
江 苏	Jiangsu	52959	50461	5729	6250	3050	3301	2612	2803
浙 江	Zhejiang	29288	29595	2019	2178	1170	1275	912	971
安 徽	Anhui	5427	4466	329	400	184	207	137	154
福 建	Fujian	23727	23381	1369	1457	754	804	641	680
江 西	Jiangxi	6926	7334	491	539	313	349	270	301
山 东	Shandong	28915	25885	1434	1581	817	897	616	684
河 南	Henan	10404	10168	424	463	225	237	163	171
湖 北	Hubei	7473	8023	519	583	293	321	215	240
湖 南	Hunan	5257	4882	350	384	183	196	135	147
广 东	Guangdong	97084	98564	4525	4786	2685	2833	2207	2302
广 西	Guangxi	4650	3773	299	311	161	167	130	136
海 南	Hainan	2960	3105	221	271	131	143	86	96
重 庆	Chongqing	3985	4461	452	537	257	312	202	236
四 川	Sichuan	10026	9107	574	640	344	374	259	283
贵 州	Guizhou	2029	1688	57	77	32	42	25	33
云 南	Yunnan	3919	3956	206	226	121	134	92	101
西 藏	Tibet	298	208	7	11	5	7	3	3
陕 西	Shaanxi	5765	5983	199	311	121	177	91	133
甘 肃	Gansu	2177	2262	64	70	29	31	19	21
青 海	Qinghai	471	347	31	28	15	14	9	8
宁 夏	Ningxia	579	476	44	31	21	17	12	12
新 疆	Xinjiang	1247	1311	56	67	33	37	24	28
部门合计	**Department Total**	**222**	**226**	**1135**	**1205**	**809**	**862**	**507**	**523**

6-18 按主要国别(地区)分对外直接投资
Overseas Direct Investment by Countries or Regions

单位：万美元 (USD 10 000)

国家（地区）	Country or Region	对外直接投资净额 Net Overseas Direct Investment		截至2012年对外直接投资存量 Overseas Direct Investment Stock at the End of 2012
		2011	2012	
合计	**Total**	**7465404**	**8780353**	**53194058**
亚洲	**Asia**	**4549445**	**6478494**	**36440706**
中国香港	Hong Kong, China	3565484	5123844	30637245
印度尼西亚	Indonesia	59219	136129	309804
日本	Japan	14942	21065	161991
中国澳门	Macao, China	20288	1660	292927
新加坡	Singapore	326896	151875	1238333
韩国	Republic of Korea	34172	94240	308190
泰国	Thailand	23011	47860	212693
越南	Vietnam	18919	34943	160438
非洲	**Africa**	**317314**	**251666**	**2172971**
阿尔及利亚	Algeria	11434	24588	130533
苏丹	Sudan	91186	-169	123660
几内亚	Guinea	2455	6444	23467
马达加斯加	Madagascar	2310	843	27455
尼日利亚	Nigeria	19742	33305	194987
南非	South Africa	-1417	-81491	477507
欧洲	**Europe**	**825108**	**703509**	**3697512**
英国	United Kingdom	141970	277473	893427
德国	Germany	51238	79933	310435
法国	France	348232	15393	395077
俄罗斯	Russia	71581	78462	488849
拉丁美洲	**Latin America**	**1193582**	**616974**	**6821163**
开曼群岛	Cayman Islands	493646	82743	3007200
墨西哥	Mexico	4154	10042	36848
英属维尔京群岛	Virgin Is. (E)	620833	223928	3085095
北美洲	**North America**	**248132**	**488200**	**2550299**
加拿大	Canada	55407	79516	505072
美国	United States	181142	404785	1707977
大洋洲	**Oceania**	**331823**	**241510**	**1511407**
澳大利亚	Australia	316529	217298	1387305
新西兰	New Zealand	2789	9406	27385

 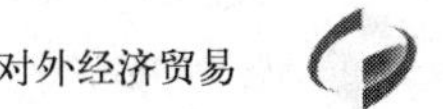

6-19 按行业分对外直接投资

Overseas Direct Investment by Sector

单位：万美元 (USD 10 000)

行　业	Sector	对外直接投资净额 Net Overseas Direct Investment		截至2012年对外直接投资存量 Overseas Direct Investment Stock at the End of 2012
		2011	2012	
总　计	**Total**	**7465404**	**8780353**	**53194058**
农、林、牧、渔业	Agriculture, Forestry, Animal Husbandry and Fishery	79775	146138	496443
采矿业	Mining	1444595	1354380	7478420
制造业	Manufacturing	704118	866741	3414007
电力、热力、燃气及水生产和供应业	Production and Supply of Electricity, Heat, Gas and Water	187543	193534	899210
建筑业	Construction	164817	324536	1285604
批发和零售业	Wholesale and Retail Trades	1032412	1304854	6821188
交通运输、仓储和邮政业	Transport, Storage and Post	256392	298814	2922653
住宿和餐饮业	Hotels and Catering Services	11693	13663	76327
信息传输、软件和信息技术服务业	Information Transmission, Software and Information Technology	77646	124014	481971
金融业	Financial Intermediation	607050	1007084	9645337
房地产业	Real Estate	197442	201813	958141
租赁和商务服务业	Leasing and Business Services	2559726	2674080	17569795
科学研究和技术服务业	Scientific Research and Technical Services	70658	147850	679276
水利、环境和公共设施管理业	Management of Water Conservancy, Environment and	25529	3357	7056
居民服务、修理和其他服务业	Service to Households, Repair and Other Services	32863	89040	358124
教育	Education	2008	10283	16479
卫生和社会工作	Health and Social Service	639	538	4676
文化、体育和娱乐业	Culture, Sports and Entertainment	10498	19634	79351
公共管理、社会保障和社会组织	Public Management, Social Security and Social Organization			

6-20 对外经济合作
Economic Cooperation with Foreign Countries or Regions

年 份 Year	对外承包工程 Contracted Projects				对外劳务合作 Labour Services	
	合同数 (份) Number of Contracts (unit)	合同金额 (亿美元) Contracted Value (100 million USD)	完成营业额 (亿美元) Value of Turnover Fulfilled (100 million USD)	年末在外人数 (万人) Persons Abroad by the End of Year (10 000 persons)	派出劳务人数 (万人) Dispatched Labor (10 000 persons)	年末在外人数 (万人) Persons Abroad by the End of Year (10 000 persons)
1979	27	0.33				
1980	138	1.40	1.23			
1981	250	2.76				
1982	195	3.46	1.00			
1983	280	7.99	1.89			
1984	344	15.38	4.94	2.19		2.76
1985	465	11.16	6.63	3.06		2.49
1986	486	11.89	8.19	2.74		1.90
1987	616	16.48	11.14	3.13		3.19
1988	642	18.13	12.53	3.00		3.98
1989	776	17.81	14.84	2.40		4.31
1990	920	21.25	16.44	2.18		3.61
1991	1171	25.24	19.70	2.15		6.83
1992	1164	52.51	24.03	2.54		10.56
1993	1393	51.89	36.68	3.42		13.09
1994	1702	60.27	48.83	3.83		18.43
1995	1558	74.84	51.08	3.84		22.59
1996	1634	77.28	58.21	3.88		24.66
1997	2085	85.16	60.36	4.78		28.55
1998	2322	92.43	77.69	6.11		29.08
1999	2527	101.99	85.22	5.53		32.65
2000	2597	117.19	83.79	5.56		36.93
2001	5836	130.39	88.99	6.00		41.47
2002	4036	150.55	111.94	7.85		41.04
2003	3708	176.67	138.37	9.40		42.97
2004	6694	238.44	174.68	11.47	17.30	41.94
2005	9502	296.14	217.63	14.48	18.34	41.87
2006	12996	660.05	299.93	19.86	21.48	47.52
2007	6282	776.21	406.43	23.60	21.49	50.51
2008	5411	1045.62	566.12	27.16	22.49	46.71
2009	7280	1262.10	777.06	32.69	18.01	45.03
2010	9544	1343.67	921.70	37.65	18.68	47.01
2011	6381	1423.32	1034.24	32.40	20.91	48.84
2012	6710	1565.29	1165.97	34.46	27.84	50.56

6-21 按国别(地区)分对外经济合作(2012年)
Economic Cooperation with Foreign Countries or Regions (2012)

国别(地区)	Country (Region)	承包工程 Contracted Projects			劳务合作 Labour Services	
		完成营业额(万美元) Value of Turnover Fulfilled (10 000 USD)	派出人数(人) Dispatched Labor (person)	年末在外人数(人) Persons Abroad by the End of Year (person)	派出人数(人) Dispatched Labor (person)	年末在外人数(人) Persons Abroad by the End of Year (person)
合　计	**Total**	**11659697**	**233365**	**344618**	**278380**	**505563**
亚洲	**Asia**	**5429281**	**117007**	**156276**	**214094**	**417465**
阿富汗	Afghanistan	15553	106	367		
巴林	Bahrain	179	5	11	68	74
孟加拉国	Bangladesh	146176	1492	1900	17	44
文莱	Brunei	6257	167	291		
缅甸	Myanmar	219811	7290	13374	177	639
柬埔寨	Cambodia	117150	4272	5037	1400	1613
塞浦路斯	Cyprus	2091		15	257	170
朝鲜	Korea DPR	10667	1250	259	10	36
中国香港	Hong Kong, China	278729	527	2125	36213	32973
印度	India	669331	2294	3709	6	219
印度尼西亚	Indonesia	346415	3523	6866	139	737
伊朗	Iran	149418	1498	2203		
伊拉克	Iraq	170054	9069	9683	22	53
以色列	Israel	3254	96	185	176	413
日本	Japan	46443	44	119	60027	173349
约旦	Jordan	1774	19	173	101	3229
科威特	Kuwait	72217	1503	3077	947	2107
老挝	Laos	190523	9109	8715	988	1458
黎巴嫩	Lebanon	3457	5	2		6
中国澳门	Macao, China	46594	334	741	52247	67475
马来西亚	Malaysia	237311	3837	6232	2268	2759
马尔代夫	Maldives	5653	161	227		18
蒙古	Mongolia	84063	7896	3821	3191	2257
尼泊尔	Nepal	16658	793	940	15	61
阿曼	Oman	29681	328	701	3	20
巴基斯坦	Pakistan	277832	4204	5411	54	413
菲律宾	Philippines	116112	1142	1065	76	49
卡塔尔	Qatar	151785	4385	4805	196	1535
沙特阿拉伯	Saudi Arabia	462231	19100	28382	2609	7197
新加坡	Singapore	288006	2788	8756	34577	68749
韩国	Korea	10164	77	146	3958	26793
斯里兰卡	Sri Lanka	153025	2575	4390	16	27
叙利亚	Syria	4813	10	131		
泰国	Thailand	107853	1984	1769	514	1006
土耳其	Turkey	105698	1630	1944	3	204
阿联酋	United Arab Emirates	154369	4360	7324	1910	6933
也门共和国	Yemen Rep.	6623	187	525		
越南	Vietnam	299763	5377	7310	1363	4624
中国台湾	Taiwan, China	3746	39	27	9804	8512
东帝汶	East Timor	13275	232	402		6
哈萨克斯坦	Kazakhstan	156766	3394	2900	93	909
吉尔吉斯斯坦	Kirghizia	35089	3049	2466	91	174
塔吉克斯坦	Tadzhikistan	25244	1199	2070	22	85
土库曼斯坦	Turkmenistan	130727	822	821	517	517
乌兹别克斯坦	Uzbekistan	54730	943	1060	19	21
亚洲其他国家	Other Countries(Regions) in Asia	1971	3892	3799		1

6-21 续表 1 continued

国别(地区)	Country (Region)	承包工程 Contracted Projects			劳务合作 Labour Services	
		完成营业额 (万美元) Value of Turnover Fulfilled (10 000 USD)	派出人数 (人) Dispatched Labor (person)	年末在外人数 (人) Persons Abroad by the End of Year (person)	派出人数 (人) Dispatched Labor (person)	年末在外人数 (人) Persons Abroad by the End of Year (person)
非洲	**Africa**	**4083452**	**90249**	**154542**	**22717**	**37910**
阿尔及利亚	Algeria	446553	19829	31476	5662	9061
安哥拉	Angola	755642	17445	31905	6080	11699
贝宁	Benin	8766	392	560	42	36
博茨瓦纳	Botswana	74502	683	2097		60
布隆迪	Burundi	4593	109	181	10	22
喀麦隆	Cameroon	63406	2136	2186	97	123
佛得角	Cape Verde	1530	112	389	806	1443
中非	Central African	6960	100	238		
乍得	Chad	79807	2018	2772	45	80
科摩罗	Comoros	3203	104	205		
刚果(布)	Congo	102858	3326	4838	960	349
吉布提	Djibouti	3760	15	103	2	2
埃及	Egypt	96904	691	1041		
赤道几内亚	Eq.Guinea	179449	4942	10885	943	1490
埃塞俄比亚	Ethiopia	229168	3695	6299	310	503
加蓬	Gabon	84052	1103	2174	144	341
冈比亚	Gambia	197	14	24		
加纳	Ghana	152503	1368	2683	394	473
几内亚	Guinea	31400	901	1094	86	119
几内亚(比绍)	Guinea Bissau	3459	181	392	1	1
科特迪瓦	Cote d'Ivoire	9037	206	325	13	27
肯尼亚	Kenya	130637	1669	2617	27	46
利比里亚	Liberia	30244	891	686	2796	1788
利比亚	Libya	5257	146	40		
马达加斯加	Madagascar	14414	281	338	19	100
马拉维	Malawi	15715	212	500	1	1
马里	Mali	44287	544	861	112	169
毛里塔尼亚	Mauritania	27867	951	1617	257	561
毛里求斯	Mauritius	36887	1265	2320	330	2892
摩洛哥	Morocco	42317	393	1490	118	206
莫桑比克	Mozambique	29505	1207	1696	104	119
纳米比亚	Namibia	17941	231	471		
尼日尔	Niger	43022	330	663	24	33
尼日利亚	Nigeria	499481	3163	5771	1188	1836
卢旺达	Rwanda	12384	99	339	65	127
圣多美和普林西比	Sao Tome & Principe	93	5	10		
塞内加尔	Senegal	24174	356	1433	136	146
塞舌尔	Seychelles	5421	208	349	65	84
塞拉利昂	Sierra Leone	8490	365	489	571	434
索马里	Somalia	835				
南非	S. Africa	69538	1540	2106	314	1114
苏丹	Sudan	240345	5872	11995	44	69
坦桑尼亚	Tanzania	114610	2315	4398	69	322
多哥	Togo	14404	890	466	124	118
突尼斯	Tunisia	10989	146	222	2	8
乌干达	Uganda	26899	577	893	27	122
布基纳法索	Burkina Faso	108		1		1
刚果(金)	Congo DR	96851	1835	3022	46	47
赞比亚	Zambia	123381	4296	6318	201	730
津巴布韦	Zimbabwe	38296	292	661	17	35

6-21 续表 2 continued

国别(地区)	Country (Region)	承包工程 Contracted Projects			劳务合作 Labour Services	
		完成营业额(万美元) Value of Turnover Fulfilled (10 000 USD)	派出人数(人) Dispatched Labor (person)	年末在外人数(人) Persons Abroad by the End of Year (person)	派出人数(人) Dispatched Labor (person)	年末在外人数(人) Persons Abroad by the End of Year (person)
莱索托	Lesotho	10365	286	338	306	645
斯威士兰	Swaziland				5	12
厄立特里亚	Eritrea	3279	50	160	119	280
南苏丹	Republic of South Sudan	7667	464	405	35	36
欧洲	**Europe**	**706182**	**7931**	**10202**	**16110**	**24990**
比利时	Belgium	35075	5	41		
丹麦	Denmark	2957			61	57
英国	United Kingdom	37562	9	85	1284	1218
德国	Germany	87818	43	367	1874	4941
法国	France	117932	11	261	2	24
意大利	Italy	9700	29	37	101	188
荷兰	Netherlands	30436		1	294	2159
希腊	Greece	8553	3	2	420	260
葡萄牙	Portugal	4481				
西班牙	Spain	10362	2	1048		
阿尔巴尼亚	Albania	83	2	5		
奥地利	Austria	12073	12	56		
保加利亚	Bulgaria	5969	24	40		
芬兰	Finland	306	2	18		21
匈牙利	Hungary	4835	1	17	4	4
冰岛	Iceland	163	2	2		
马耳他	Malta	29	13	13	208	242
挪威	Norway	86			641	421
波兰	Poland	628	2	30		21
罗马尼亚	Romania	22498	58	93		15
瑞典	Sweden	4416	20	157	3	25
瑞士	Switzerland	693	31	146		2
爱沙尼亚	Estonia	755				
格鲁吉亚	Georgia	36250	833	1220		
亚美尼亚	Armenia	1478		36		
阿塞拜疆	Azerbaijan	13836	122	305		
白俄罗斯	Belorussia	56693	2057	1718	344	374
摩尔多瓦	Moldavia	102	4	5		
俄罗斯	Russia	164631	4502	4088	10852	14734
乌克兰	Ukraine	16363		99		37
斯洛文尼亚	Slovenia	19				13
捷克	Czech Rep.	4913	3			
斯洛伐克	Slovak	700				
塞尔维亚	Serbia	13685	134	275		1
欧洲其他国家(地区)	Other Countries(Regions) in Europe	102	7	37	22	233
拉丁美洲	**Latin America**	**1131631**	**14419**	**18177**	**19264**	**16106**
安提瓜和巴布达	Antigua & Barbuda	1687	193	231	13	11
阿根廷	Argentina	34801	2321	2911	92	133

6-21 续表 3 continued

国别(地区)	Country (Region)	承包工程 Contracted Projects			劳务合作 Labour Services	
		完成营业额(万美元) Value of Turnover Fulfilled (10 000 USD)	派出人数(人) Dispatched Labor (person)	年末在外人数(人) Persons Abroad by the End of Year (person)	派出人数(人) Dispatched Labor (person)	年末在外人数(人) Persons Abroad by the End of Year (person)
巴哈马	Bahamas	30894		10	1621	1586
巴巴多斯	Barbados	278		24	2	18
伯利兹	Belize				582	572
玻利维亚	Bolivia	651	30	30		
巴西	Brazil	164606	377	657	48	75
智利	Chile	11467	3	11	255	484
哥伦比亚	Colombia	41643	204	281		
多米尼克	Dominica	4068	74	143	16	11
哥斯达黎加	Costa Rica	1641	100	201		
古巴	Cuba	8374	37	352		
多米尼加共和国	Republic of Dominica	1647				
厄瓜多尔	Ecuador	160815	3396	3056	117	108
格林纳达	Grenade	272	4	14		
危地马拉	Guatemala	11757		51		
圭亚那	Guyana	1798	122	248		
洪都拉斯	Honduras	4350	59	102		
牙买加	Jamaica	24567	77	216	8	23
墨西哥	Mexico	45626	217	230	68	259
巴拿马	Panama	8448	7	2	14444	10228
巴拉圭	Paraguay	103				
秘鲁	Peru	35005	3644	3493		82
圣文森特和格林纳丁斯	Saint Vincent & Grenadines	335			1743	1232
苏里南	Suriname	7965	222	497	10	10
特立尼达和多巴哥	Trinidad & Tobago	10741	86	791		961
乌拉圭	Uruguay	2833		3		
委内瑞拉	Venezuela	515259	3241	4583	78	127
拉丁美洲其他国家(地区)	Other Countries(Regions) in Latin America		5	40	167	186
北美洲	**North America**	**100694**	**205**	**511**	**975**	**2271**
加拿大	Canada	6777	97	111	353	139
美国	United States	93654	108	397	621	2123
格陵兰	Greenland	43		3		
北美洲其他国家(地区)	Other Countries(Regions) in North America	220			1	9
大洋洲及太平洋岛屿	**Oceanic and Pacific Is.**	**206900**	**3379**	**4715**	**2606**	**5237**
澳大利亚	Australia	105994	336	730	15	845
库克群岛	Cook Islands	15				
斐济	Fiji	17775	1543	898	426	1251
新喀里多尼亚	New Caledonia	4413	315	1675	167	221
瓦努阿图	Vanuatu	1699	32	57	212	478
新西兰	New Zealand	5277	2	54	25	162
巴布亚新几内亚	Papua New Guinea	38985	851	780	12	12
汤加	Tonga	9971	65	240		
萨摩亚	Samoa	182		2		1037
基里巴斯	Kiribati				614	427
图瓦卢	Tuvalu				101	78
密克罗尼西亚	Micronesia				58	81
马绍尔群岛	Marshall Islands				976	645
大洋洲其他国家(地区)	Other Countries (Regions) in Oceania	22589	235	279		
其他	**Others**	**1557**	**175**	**195**	**2614**	**1584**

主要统计指标解释

货物进出口总额 指实际进出我国国境的货物总金额。包括对外贸易实际进出口货物，来料加工装配进出口货物，国家间、联合国及国际组织无偿援助物资和赠送品，华侨、港澳台同胞和外籍华人捐赠品，租赁期满归承租人所有的租赁货物，进料加工进出口货物，边境地方贸易及边境地区小额贸易进出口货物(边民互市贸易除外)，中外合资企业、中外合作经营企业、外商独资经营企业进出口货物和公用物品，到、离岸价格在规定限额以上的进出口货样和广告品(无商业价值、无使用价值和免费提供出口的除外)，从保税仓库提取在中国境内销售的进口货物，以及其他进出口货物。该指标可以观察一个国家在对外贸易方面的总规模。我国规定出口货物按离岸价格统计，进口货物按到岸价格统计。

商品经营单位所在地进、出口额 指在所在地海关注册登记的有进出口经营权的企业实际进、出口额。

商品目的地进口额和商品货源地出口额 目的地进口额指进口货物的消费、使用或最终抵运地的实际进口额；货源地出口额指出口货物的产地或原始发货地的实际出口额。

外商直接投资 是指外国投资者在我国境内通过设立外商投资企业、合伙企业、与中方投资者共同进行石油资源的合作勘探开发以及设立外国公司分支机构等方式进行投资。外国投资者可以用现金、实物、无形资产、股权等投资，还可以用从外商投资企业获得的利润进行再投资。

外商其他投资 指除对外借款和外商直接投资以外的各种利用外资的形式。包括企业在境内外股票市场公开发行的以外币计价的股票发行价总额，国际租赁进口设备的应付款，补偿贸易中外商提供的进口设备、技术、物料的价款，加工装配贸易中外商提供的进口设备、物料的价款。

对外直接投资 指我国企业、团体等(简称境内投资主体）在国外及港澳台地区以现金、实物、无形资产等方式投资，并以控制国(境)外企业的经营管理权为核心的经济活动。对外直接投资的内涵主要体现在一经济体通过投资于另一经济体而实现其持久利益的目标。

对外承包工程 根据《对外承包工程管理条例》，对外承包工程是指中国的企业或者其他单位承包境外建设工程项目的活动。

对外劳务合作 指组织劳务人员赴其他国家或地区为国外的企业或机构工作的经营性活动。

Explanatory Notes on Main Statistical Indicators

Total Import and Export of Goods refer to the real value of commodities imported and exported across the border of China. They include the actual imports and exports through foreign trade, imported and exported goods under the processing and assembling trades and materials, supplies and gifts as aid given gratis between governments and by the United Nations and other international organizations, and contributions donated by overseas Chinese, compatriots in Hong Kong and Macao and Chinese with foreign citizenship, leasing commodities owned by tenant at the expiration of leasing period, the imported and exported commodities processed with imported materials, commodities trading in border areas (excluding mutual exchange goods), the imported and exported commodities and articles for public use of the Sino-foreign joint ventures, cooperative enterprises and ventures with sole foreign investment. Also included is import or export of samples and advertising goods for which CIF or FOB value are beyond the permitted ceiling (excluding goods of no trading or use value and free commodities for export), imported goods sold in China from bonded warehouses and other imported or exported goods. The indicator of the total imports and exports at customs can be used to observe the total size of external trade in a country. In accordance with the stipulation of the Chinese government, imports are calculated at CIF, while exports are calculated at FOB.

Import or Export Value by Location of China's Foreign Trade Managing Units refers to actual value of imports and exports carried out by corporations which have been registered by the local Customs house and are vested with right to run import export business.

Import Value of Commodities by Place of Destination and Export Value of Commodities by Place of Origin in China The former indicator refers to the value of import commodities of the places of their consumption, utilization or the places of their final destination. The latter indicator refers to the value of export commodities of the places of their origin or the places of the commodities dispatched.

Foreign Direct Investment refers to foreign investment in China through the establishment of foreign invested enterprises, cooperative exploration and development of petroleum resources with domestic investors and the establishment of branch organizations of foreign enterprises. Foreign investment can be made in forms of cash, physical investment, intangible assets and equity, in addition with reinvestment of the foreign enterprises with the profits gained from the investment.

Other Foreign Investment refers to all forms of utilization of foreign capitals other than foreign borrowings and foreign direct investment. It includes the total value of stock shares in foreign currencies issued by enterprises at domestic or foreign stock exchanges, rent payable for the imported equipment through international leasing arrangement, cost of imported equipment, technology and materials provided by foreign counterparts in compensation trade and processing and assembly trade.

Overseas Direct Investment refers to investment made by domestic enterprises and organizations (referred to as domestic investors) in foreign countries and Hong Kong SAR, Macao SAR and Taiwan province in forms of cash, physical investment and intangible assets, and the economic activities centring on operation and management of those enterprises are under the control of domestic investors. The content of overseas direct investment mainly reflects one economic entity by investing in another economic entity to achieve its goal of lasting interest.

Overseas Contracted Projects refer to activities of contracting overseas construction projects by Chinese enterprises or any other units, which are stipulated in the *Regulations on Administration of Foreign Contracted Project.*

Overseas Labour Services refer to operational activities of organizing labour force to go abroad providing services to foreign enterprises or agencies.

7

资源和环境

Resources and Environment

简要说明

一、本篇资料的主要内容

本篇主要反映我国自然资源状况和环境保护事业发展情况。

自然资源包括土地状况、水资源、森林资源、矿产资源和气象等资料。

环境保护事业发展情况主要包括供水用水情况；废水和废气中主要污染物排放情况；固体废物处理利用情况；城市空气质量情况；城市生活垃圾清运及处理情况；城市道路交通和区域环境噪声监测情况；造林、草原建设及自然保护基本情况；地质、地震、海洋、森林灾害及突发环境事件情况；环境污染治理投资情况等。

二、本篇的资料来源

土地状况、河流、矿产资源、气象、水资源、城市生活垃圾清运及处理、森林资源和造林、草原建设利用、自然灾害损失、地震灾害、海洋灾害等情况分别由国土资源部、水利部、中国气象局、住房和城乡建设部、国家林业局、农业部、民政部、中国地震局和国家海洋局提供。

环境污染与治理、空气质量、噪声、自然保护区、工业污染治理投资等情况由环境保护部提供。

Brief Introduction

I. Main Contents

This chapter contains information that reflects natural resource conditions and the development of environment protection in China.

Data on natural resources cover land condition, water resources, forest resources, mineral resources and meteorological phenomena.

The development of environment protection mainly include water supply and utilization, discharge of waste water and key pollutants in waste gas; treatment and utilization of solid wastes; urban air quality; collection, transport and disposal of consumption wastes in cities; monitoring of urban road traffic noise and environmental noise in major cities; afforestation, grassland construction and natural protection; incidences of geological, seismic, marine and forest disasters, environmental emergency; investment in environment pollution treatment, etc.

II. Sources of Data

Data on land condition, rivers, mineral resources, meteorological phenomena, water resources, collection and disposal of urban consumption wastes, forest resources and afforestation, grassland construction, loss of natural calamities, earthquake and marine disasters, etc. are provided respectively by Ministry of Land and Resources, Ministry of Water Resources, China Meteorological Administration, Ministry of Housing and Urban-Rural Development, State Forestry Administration, Ministry of Agriculture, Ministry of Civil Affairs, China Earthquake Administration and State Oceanic Administration.

Data on environmental pollution and treatment, air quality, noise, natural reserves and investment in the treatment of industrial pollution are provided by the Ministry of Environmental Protection.

7-1 土 地 状 况
Land Characteristics

项 目	Item	面 积 (万平方公里) Area (10 000 sq.km)	占总面积(%) Percentage to Total Area (%)
总面积	**Total Land Area**	**960.00**	**100.00**
#耕地	Cultivated Land	121.72	12.80
园地	Garden Land	11.79	1.24
林地	Forests Land	236.09	24.83
牧草地	Area of Grassland	261.84	27.54
其他农用地	Other Land for Agriculture Use	25.44	2.68
居民点及独立工矿用地	Land for Inhabitation, Mining and Manufacturing	26.92	2.83
交通运输用地	Land for Transport Facilities	2.50	0.26
水利设施用地	Land for Water Conservancy Facilities	3.65	0.38

注：本表数据来源于国土资源部，为2008年底数据。
a) Figures in this table were obtained from the Ministry of Land and Resources at year-end of 2008.

7-2 主要河流基本情况
Major Rivers

名 称	River	流域面积 (平方公里) Drainage Area (sq.km)	河 长 (公里) Length (km)	年径流量 (亿立方米) Annual Flow (100 million cu.m)
长 江	Changjiang River (Yangtze River)	1782715	6300	9857
黄 河	Huanghe River (Yellow River)	752773	5464	592
松花江	Songhuajiang River	561222	2308	818
辽 河	Liaohe River	221097	1390	137
珠 江	Zhujiang River (Pearl River)	442527	2214	3381
海 河	Haihe River	265511	1090	163
淮 河	Huaihe River	268957	1000	595

注：本表数据由水利部提供，为2002年至2005年进行的第二次水资源评价数据。
a) Figures in this table are obtained from Ministry of Water Resources, and are from the second water resources evaluation between 2002 and 2005.

7-3 河 流 流 域 面 积
Drainage Area of Rivers

流域名称	River	流域面积 (平方公里) Drainage Area (sq.km)	占外流河、内陆河流域面积合计 Percentage to Total (%)
合计	**Total of Out-flowing Rivers and Inland Rivers**	**9506678**	**100.00**
外流河	**Out-flowing Rivers**	**6150927**	**64.70**
黑龙江及绥芬河	Heilongjiang River and Suifenhe River	934802	9.83
辽河、鸭绿江及沿海诸河	Liaohe, Yalujiang and Related Coastal Rivers	314146	3.30
海滦河	Haihe River and Luanhe River	320041	3.37
黄河	Huanghe River (Yellow River)	752773	7.92
淮河及山东沿海诸河	Huaihe and Related Coastal Rivers in Shandong Province	330009	3.47
长江	Changjiang River (Yangtze River)	1782715	18.75
浙闽台诸河	Rivers in Zhejiang, Fujian and Taiwan Provinces	244574	2.57
珠江及沿海诸河	Zhujiang River (Pearl River) and Related Coastal River	578974	6.09
元江及澜仓江	Yuanjiang River and Lancang River	240389	2.53
怒江及滇西诸河	Nujiang River and West Yunnan Rivers	157392	1.66
雅鲁藏布江及藏南诸河	Brahmaputra and Southern Tibet Rivers	387550	4.08
藏西诸河	Western Tibet Rivers	58783	0.62
额尔齐斯河	Ertix River	48779	0.51
内陆河	**Inland Rivers**	**3355751**	**35.30**
内蒙内陆河	Rivers in Inner Mongolia	311378	3.28
河西内陆河	Rivers in Huanghe Upper Reach Area	469843	4.94
准噶尔内陆河	Rivers in Zhunger Basin	323621	3.40
中亚细亚内陆河	Rivers in Central Asia	77757	0.82
塔里木内陆河	Rivers in Tarim Basin	1079643	11.36
青海内陆河	Rivers in Qinghai Province	321161	3.38
羌唐内陆河	Rivers in Qiangtang	730077	7.68
松花江、黄河、藏南闭流区	Blind Drainage Areas of Songhua River, Huanghe River and Southern Tibet	42271	0.44

注：本表数据由水利部提供，为2002年至2005年进行的第二次水资源评价数据。

a) Figures in this table are obtained from Ministry of Water Resources, and are from the second water resources evaluation between 2002 and 2005.

7-4　主要矿产基础储量
Ensured Reserves of Major Minerals

项　　目		Item		2012
石油	(万吨)	Petroleum	(10 000 tons)	333258.33
天然气	(亿立方米)	Natural Gas	(100 million cu.m)	43789.88
煤炭	(亿吨)	Coal	(100 million tons)	2298.86
铁矿	(矿石，亿吨)	Iron	(Ore, 100 million tons)	194.77
锰矿	(矿石，万吨)	Manganese	(Ore, 10 000 tons)	20938.18
铬矿	(矿石，万吨)	Chromium Ore	(Ore, 10 000 tons)	405.01
钒矿	(万吨)	Vanadium	(10 000 tons)	877.49
原生钛铁矿	(万吨)	Titanium Ore	(10 000 tons)	21088.22
铜矿	(铜，万吨)	Copper	(Metal, 10 000 tons)	2734.41
铅矿	(铅，万吨)	Lead	(Metal, 10 000 tons)	1454.65
锌矿	(锌，万吨)	Zinc	(Metal, 10 000 tons)	3490.74
铝土矿	(矿石，万吨)	Bauxite	(Ore, 10 000 tons)	90589.97
镍矿	(镍，万吨)	Nickel	(Metal, 10 000 tons)	260.88
钨矿	(WO3，万吨)	Tungsten	(WO3, 10 000 tons)	233.78
锡矿	(锡，万吨)	Tin	(Metal, 10 000 tons)	117.51
钼矿	(钼，万吨)	Molybdenum	(Metal, 10 000 tons)	651.37
锑矿	(锑，万吨)	Antimony	(Metal, 10 000 tons)	45.01
金矿	(金，吨)	Gold	(Metal, tons)	1866.74
银矿	(银，吨)	Silver	(Metal, tons)	37034.42
菱镁矿	(矿石，万吨)	Magnesite Ore	(Ore, 10 000 tons)	156499.26
普通萤石	(矿物，万吨)	Fluorspar Mineral	(Mineral, 10 000 tons)	3712.6
硫铁矿	(矿石，万吨)	Pyrite Ore	(Ore, 10 000 tons)	134285.39
磷矿	(矿石，亿吨)	Phosphorus Ore	(Ore,100 million tons)	30.74
钾盐	(KCl，万吨)	Potassium KCl	(KCl, 10 000 tons)	57774.78
盐矿	(NaCl，亿吨)	Sodium Salt NaCl	(NaCl, 100 million tons)	2070.25
芒硝	(Na2SO4，亿吨)	Mirabilite	(Na2SO4, 100 million tons)	92.75
重晶石	(矿石，万吨)	Barite Ore	(Ore, 10 000 tons)	3585.62
玻璃硅质原料	(矿石，万吨)	Silicon Materials For Glass Ore	(Ore, 10 000 tons)	198929.86
石墨	(矿物，万吨)	Graphite Mineral (Crystal)	(Mineral, 10 000 tons)	4879.39
滑石	(矿石，万吨)	Talc Ore	(Ore, 10 000 tons)	9211.7
高岭土	(矿石，万吨)	Kaolin Ore	(Ore, 10 000 tons)	38143.46

注：本表资料由国土资源部提供。其中，石油和天然气的数据为剩余技术可采储量(下表同)。

a) The data in the table are provided by the Ministry of Land and Resources. The data for petroleum and natural gas are the remaining technical recoverable reserves. The same applies to the table following.

7-5 分地区主要能源、黑色金属矿产基础储量（2012年）
Ensured Reserves of Major Energy and Ferrous Metals by Region (2012)

地 区	Region	石 油 (万吨) Petroleum (10 000 tons)	天然气 (亿立方米) Natural Gas (100 million cu.m)	煤 炭 (亿吨) Coal (100 million tons)	铁 矿 (矿石,亿吨) Iron (Ore, 100 million tons)	锰 矿 (矿石,万吨) Manganese (Ore, 10 000 tons)	铬 矿 (矿石,万吨) Chromite (Ore, 10 000 tons)	钒 矿 (万吨) Vanadium (10 000 tons)	原生钛铁矿 (万吨) Titanium (10 000 tons)
全 国	**National Total**	**333258.33**	**43789.88**	**2298.86**	**194.77**	**20938.18**	**405.01**	**877.49**	**21088.22**
北 京	Beijing			3.73	1.24				
天 津	Tianjin	3034.52	278.78	2.97					
河 北	Hebei	26934.54	315.37	39.51	24.23	7.05	4.64	10.51	290.07
山 西	Shanxi			908.42	12.82	12.90			
内蒙古	Inner Mongolia	8517.07	8344.30	401.66	15.58	567.88	56.29	0.77	
辽 宁	Liaoning	16946.82	178.54	31.92	54.98	1386.46			
吉 林	Jilin	18304.08	776.22	9.82	3.82	0.40			
黑龙江	Heilongjiang	50137.48	1381.51	61.64	0.35				
上 海	Shanghai								
江 苏	Jiangsu	3061.03	24.35	10.82	1.78			4.83	
浙 江	Zhejiang			0.43	0.31			3.75	
安 徽	Anhui	260.06	0.30	80.38	8.39	7.77		6.07	
福 建	Fujian			4.44	3.56	133.41			
江 西	Jiangxi			4.11	1.46			6.52	
山 东	Shandong	34302.35	345.90	79.73	8.90				645.79
河 南	Henan	5160.24	75.08	99.09	1.56	0.82			0.52
湖 北	Hubei	1328.70	49.68	3.25	5.83	721.27		25.16	1053.23
湖 南	Hunan			6.61	1.29	1958.37		2.86	
广 东	Guangdong	7.90	0.30	0.23	1.08	75.23			
广 西	Guangxi	139.00	1.24	2.08	0.29	8590.40		171.49	
海 南	Hainan	297.50	-1.29	1.19	0.81				2.69
重 庆	Chongqing	158.63	1928.31	19.85	0.22	1678.45			
四 川	Sichuan	804.63	9351.09	54.53	29.66	97.74		547.03	19049.87
贵 州	Guizhou		5.44	69.39	0.13	3559.77			
云 南	Yunnan	12.21	2.24	59.09	4.29	1029.47		0.07	
西 藏	Tibet			0.12	0.17		173.69		
陕 西	Shaanxi	31397.94	6376.26	108.99	3.85	281.82		8.40	
甘 肃	Gansu	19184.32	224.58	34.08	3.84	259.04	124.83	89.87	
青 海	Qinghai	6499.44	1281.60	15.97	0.06		1.38		
宁 夏	Ningxia	2299.47	294.96	32.34					
新 疆	Xinjiang	56464.74	9324.37	152.47	4.27	569.93	44.18	0.16	46.05
海 域	Ocean	48005.65	3230.75						

7-6 分地区主要有色金属、非金属矿产基础储量（2012年）
Ensured Reserves of Major Non-ferrous Metals and Non-metal Minerals by Region (2012)

地 区	Region	铜 矿 (铜,万吨) Copper (Metal, 10 000 tons)	铅 矿 (铅,万吨) Lead (Metal, 10 000 tons)	锌 矿 (锌,万吨) Zinc (Metal, 10 000 tons)	铝土矿 (矿石,万吨) Bauxite (Ore, 10 000 tons)	菱镁矿 (矿石,万吨) Magnesite Ore (Ore, 10 000 tons)	硫铁矿 (矿石,万吨) Pyrite Ore (Ore, 10 000 tons)	磷 矿 (矿石,亿吨) Phosphorus Ore (Ore, 100 million tons)	高岭土 (矿石,万吨) Kaolin Ore (Ore, 10 000 tons)
全 国	**National Total**	**2734.41**	**1454.65**	**3490.74**	**90589.97**	**156499.26**	**134285.39**	**30.74**	**38143.46**
北 京	Beijing	0.02							
天 津	Tianjin								
河 北	Hebei	13.23	20.65	78.19	2.57	882.34	1136.62	1.97	58.30
山 西	Shanxi	160.09	0.55	0.34	13263.71		1058.11	0.81	160.20
内蒙古	Inner Mongolia	370.49	391.07	735.15			16325.13	0.02	1085.36
辽 宁	Liaoning	32.55	9.45	44.31		140583.97	1879.12	0.81	525.00
吉 林	Jilin	20.19	12.02	18.02		1.10	730.70		49.08
黑龙江	Heilongjiang	112.05	6.37	32.77			48.20		
上 海	Shanghai								
江 苏	Jiangsu	3.86	10.53	18.21			335.95	0.13	700.52
浙 江	Zhejiang	6.11	8.45	19.58			519.85		803.42
安 徽	Anhui	175.61	10.84	13.48			14925.81	0.20	155.81
福 建	Fujian	55.78	32.33	77.53			1120.36		5528.72
江 西	Jiangxi	662.09	55.12	78.77			15280.38	0.61	3127.78
山 东	Shandong	15.40	0.28	0.34	158.90	14793.34	3.18		366.30
河 南	Henan	9.49	47.33	45.94	15080.21	2.12	6021.10	0.03	22.27
湖 北	Hubei	108.69	5.22	20.49	502.87		3933.81	8.30	460.43
湖 南	Hunan	7.57	55.98	77.29	311.43		805.22	0.23	2021.23
广 东	Guangdong	30.94	138.17	244.04			16226.41		5455.93
广 西	Guangxi	3.29	25.30	101.07	41529.43		837.06		15123.20
海 南	Hainan	3.59	6.62	16.96					1923.20
重 庆	Chongqing		5.56	18.35	5611.47		1453.10		9.00
四 川	Sichuan	70.71	85.13	218.59	14.40	186.49	40990.95	3.60	56.10
贵 州	Guizhou	0.30	4.43	68.96	12628.85		5532.66	6.87	16.05
云 南	Yunnan	300.76	213.14	889.46	1485.24		4944.86	6.50	402.30
西 藏	Tibet	274.36	46.92	13.99					
陕 西	Shaanxi	20.02	31.10	75.90	0.89		108.30	0.05	81.10
甘 肃	Gansu	159.46	79.82	323.95			1.00		
青 海	Qinghai	35.70	73.41	140.94		49.90	50.07	0.60	
宁 夏	Ningxia							0.01	
新 疆	Xinjiang	82.06	78.86	118.12			17.44		12.16
海 域	Ocean								

7-7 主要城市平均气温(2012年)
Monthly Average Temperature of Major Cities (2012)

单位：摄氏度 (℃)

城市	City	1月 Jan.	2月 Feb.	3月 Mar.	4月 Apr.	5月 May	6月 June	7月 July	8月 Aug.	9月 Sept.	10月 Oct.	11月 Nov.	12月 Dec.	年平均 Annual Average
北京	Beijing	-3.6	-1.3	5.9	16.2	22.8	25.0	27.4	26.0	21.1	14.6	4.3	-4.2	12.9
天津	Tianjin	-3.8	-2.2	5.2	15.6	22.6	24.7	27.2	25.2	20.7	14.6	4.5	-3.9	12.5
石家庄	Shijiazhuang	-2.2	0.5	7.6	17.9	23.8	26.6	28.0	25.8	20.8	15.6	5.3	-2.2	14.0
太原	Taiyuan	-5.4	-2.2	4.8	14.7	20.9	22.8	24.5	22.7	16.7	10.9	2.1	-4.7	10.7
呼和浩特	Hohhot	-10.8	-7.7	0.7	11.5	18.4	20.6	23.7	21.6	14.3	7.2	-3.7	-10.0	7.2
沈阳	Shenyang	-14.0	-8.8	-0.4	10.5	18.6	21.6	24.8	23.0	17.7	9.4	-0.4	-12.9	7.4
长春	Changchun	-16.1	-11.9	-3.5	8.7	17.2	20.4	23.5	22.1	17.0	7.0	-4.9	-16.7	5.2
哈尔滨	Harbin	-18.3	-12.4	-3.3	7.8	16.4	21.3	23.9	21.8	16.4	6.4	-5.2	-19.4	4.6
上海	Shanghai	4.7	4.4	9.5	17.5	21.3	24.3	29.7	29.0	23.7	19.8	12.2	6.3	16.9
南京	Nanjing	2.9	3.0	9.0	17.9	21.9	25.5	29.4	28.1	22.3	18.3	10.0	3.5	16.0
杭州	Hangzhou	4.3	4.3	10.1	19.0	21.8	25.1	30.8	28.7	23.4	19.7	12.1	6.0	17.1
合肥	Hefei	3.1	3.5	9.6	18.8	22.7	26.7	30.6	28.2	22.7	18.6	10.0	3.4	16.5
福州	Fuzhou	10.0	10.6	14.6	20.0	23.0	26.5	29.9	28.8	25.8	22.4	17.7	12.8	20.2
南昌	Nanchang	5.0	5.5	11.3	19.5	23.4	26.5	31.0	29.6	24.5	20.9	12.5	6.6	18.0
济南	Jinan	-1.1	0.9	7.1	17.6	23.8	27.0	28.1	24.7	20.9	17.3	7.1	-1.3	14.3
郑州	Zhengzhou	0.3	2.9	9.1	18.5	23.8	27.8	28.9	25.9	21.9	17.3	8.6	0.5	15.5
武汉	Wuhan	2.8	4.1	9.4	18.2	22.3	26.6	30.3	28.0	22.9	17.8	10.1	3.9	16.4
长沙(望城)	Changsha(wangcheng)	4.1	5.4	10.6	19.2	22.9	27.1	30.9	28.7	24.5	19.6	12.2	5.9	17.6
广州	Guangzhou	11.4	14.0	17.9	23.1	26.8	27.6	28.1	28.1	26.0	23.2	19.2	14.6	21.7
南宁	Nanning	9.8	12.1	17.2	24.0	27.1	27.5	28.2	27.9	25.8	23.8	19.2	14.4	21.4
海口	Haikou	16.4	17.8	22.1	26.6	28.3	28.4	28.5	28.1	27.6	26.1	24.5	20.6	24.6
重庆(沙坪坝)	Chongqing(Shapingba)	7.2	8.7	14.0	20.0	22.5	24.5	28.5	29.8	23.2	18.4	13.4	9.4	18.3
成都(温江)	Chengdu(Wenjiang)	5.0	6.0	11.2	17.7	21.2	22.5	24.8	26.0	20.9	17.2	11.0	6.8	15.9
贵阳	Guiyang	0.7	2.5	9.6	17.1	19.2	19.8	22.8	23.0	18.2	15.6	10.2	5.1	13.7
昆明	Kunming	9.9	13.1	14.4	17.9	20.8	20.7	20.5	20.5	18.3	16.5	13.9	9.5	16.3
拉萨	Lhasa	-1.1	3.8	6.6	8.9	15.1	18.1	16.9	16.7	15.2	9.9	3.8	1.4	9.6
西安(泾河)	Xi'an(Jinghe)	-0.9	2.0	8.3	17.8	21.6	26.7	27.6	25.5	19.8	15.0	6.4	0.2	14.2
兰州(皋兰)	Lanzhou(Gaolan)	-10.1	-5.3	3.1	11.3	15.7	20.4	21.4	21.1	14.0	8.0	-1.5	-7.6	7.5
西宁	Xining	-10.3	-6.3	1.0	8.4	12.4	15.4	17.2	16.4	11.9	5.8	-2.8	-6.5	5.2
银川	Yinchuan	-8.5	-4.7	4.5	13.5	19.3	23.1	24.8	23.7	16.3	10.1	0.8	-5.2	9.8
乌鲁木齐	Urumqi	-15.0	-12.0	0.5	14.0	18.7	23.7	24.6	23.7	18.1	8.9	-3.9	-12.6	7.4

注：从2004年1月份开始成都站被温江站替代、兰州站被皋兰站替代；从2006年1月份开始重庆被沙坪坝站替代、西安站被泾河站替代(以下相关表同)。

a) Since January 2004, Chengdu station was substituted by Wenjiang station, Lanzhou by Gaolan; Since January 2006, Chongqing station was substituted by Shapingba station, Xi'an by Jinghe. The same applies to the tables following.

7-8 主要城市平均相对湿度（2012年）
Average Relative Humidity of Major Cities (2012)

单位：%　　　　(%)

城　市	City	1月 Jan.	2月 Feb.	3月 Mar.	4月 Apr.	5月 May	6月 June	7月 July	8月 Aug.	9月 Sept.	10月 Oct.	11月 Nov.	12月 Dec.	年平均 Annual Average
北京	Beijing	44	30	40	39	43	60	71	71	60	54	51	49	51
天津	Tianjin	57	43	48	49	49	65	70	73	63	58	55	54	57
石家庄	Shijiazhuang	55	32	42	45	52	55	71	74	65	54	57	54	55
太原	Taiyuan	52	36	45	36	39	50	68	67	64	57	48	52	51
呼和浩特	Hohhot	43	30	44	25	30	46	56	57	59	55	61	56	47
沈阳	Shenyang	65	51	61	53	53	78	81	84	81	72	73	70	69
长春	Changchun	59	48	60	44	45	72	74	71	70	62	80	71	63
哈尔滨	Harbin	64	51	59	47	54	74	77	75	79	68	81	77	67
上海	Shanghai	69	73	72	67	69	79	70	73	67	63	66	66	70
南京	Nanjing	66	68	68	64	66	69	68	72	71	64	70	71	68
杭州	Hangzhou	73	74	72	64	71	80	64	76	73	62	71	69	71
合肥	Hefei	74	68	71	68	72	73	74	80	76	70	76	75	73
福州	Fuzhou	84	81	75	80	79	79	70	74	71	61	74	74	75
南昌	Nanchang	78	76	82	80	83	86	70	75	74	63	80	78	77
济南	Jinan	58	37	46	48	47	46	68	84	69	49	51	59	55
郑州	Zhengzhou	62	41	47	51	54	45	64	68	62	50	43	51	53
武汉	Wuhan	83	79	84	80	85	82	76	81	79	83	83	82	81
长沙(望城)	Changsha(wangcheng)	80	79	81	75	80	76	65	76	69	75	80	81	76
广州	Guangzhou	82	81	85	87	84	84	82	82	79	75	80	78	82
南宁	Nanning	84	82	80	75	78	82	80	79	76	78	83	80	80
海口	Haikou	89	94	84	81	81	80	78	80	78	74	81	83	82
重庆(沙坪坝)	Chongqing(Shapingba)	77	70	66	63	75	78	70	61	74	79	75	73	72
成都(温江)	Chengdu(Wenjiang)	82	76	76	69	76	81	83	78	82	81	77	76	78
贵阳	Guiyang	92	91	82	68	82	88	85	79	83	88	90	87	85
昆明	Kunming	60	47	52	52	65	77	81	78	81	75	69	65	67
拉萨	Lhasa	23	16	21	39	30	44	60	54	47	29	20	19	34
西安(泾河)	Xi'an(Jinghe)	71	54	62	51	63	51	67	70	74	68	54	56	62
兰州(皋兰)	Lanzhou(Gaolan)	63	48	47	35	57	49	68	63	74	65	59	61	57
西宁	Xining	57	52	52	39	61	61	72	72	69	66	56	51	59
银川	Yinchuan	63	39	40	36	43	45	58	56	60	47	44	45	48
乌鲁木齐	Urumqi	77	77	65	32	30	39	43	35	40	49	70	80	53

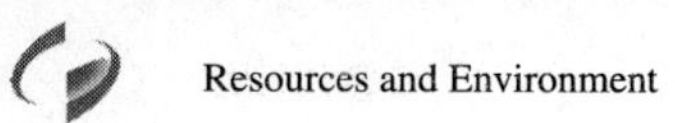

7-9 主要城市降水量（2012年）
Monthly Precipitation of Major Cities (2012)

单位：毫米 (milimeters)

城　市	City	1月 Jan.	2月 Feb.	3月 Mar.	4月 Apr.	5月 May	6月 June	7月 July	8月 Aug.	9月 Sept.	10月 Oct.	11月 Nov.	12月 Dec.	全年 Annual Total
北京	Beijing	0.1	0.0	9.2	53.5	31.3	103.9	284.0	59.9	81.2	21.4	81.1	7.6	733.2
天津	Tianjin	0.0	0.0	6.0	54.4	6.8	76.9	320.4	131.8	67.9	21.7	58.0	11.4	755.3
石家庄	Shijiazhuang	1.1	0.0	7.8	64.4	19.4	103.1	207.4	107.0	98.4	6.5	25.7	8.6	649.4
太原	Taiyuan	1.1	0.3	8.7	18.4	11.1	56.1	195.0	28.1	83.4	11.6	8.9	5.1	427.8
呼和浩特	Hohhot	0.0	0.0	23.0	8.9	43.4	65.8	225.8	45.7	58.7	39.5	33.7	6.9	551.4
沈阳	Shenyang	0.7	10.9	23.3	40.9	59.6	105.3	102.5	241.6	56.3	93.8	29.8	21.3	786.0
长春	Changchun	0.7	14.8	39.2	56.4	33.8	128.9	133.9	161.7	61.0	25.6	50.0	12.3	718.3
哈尔滨	Harbin	0.0	1.7	19.9	38.1	28.8	154.7	129.9	214.7	81.9	25.3	32.1	13.7	740.8
上海	Shanghai	47.0	91.8	120.3	58.2	131.7	78.2	108.7	163.6	77.9	22.6	118.5	85.2	1103.7
南京	Nanjing	21.0	73.3	79.3	56.2	62.4	17.8	176.4	198.3	68.7	54.6	42.8	66.4	917.2
杭州	Hangzhou	148.5	125.7	223.8	99.3	169.1	303.2	52.9	239.8	107.8	35.4	94.9	128.4	1728.8
合肥	Hefei	14.5	52.1	84.2	57.3	110.3	68.9	86.4	220.5	100.7	60.0	34.4	47.1	936.4
福州	Fuzhou	158.6	165.4	86.5	251.9	264.5	251.8	52.8	282.5	163.5	14.8	158.2	62.9	1913.4
南昌	Nanchang	90.1	102.6	241.2	212.5	403.2	153.1	89.9	245.0	118.3	47.3	191.4	165.2	2059.8
济南	Jinan	2.4	0.5	16.6	63.4	13.1	44.6	175.9	149.2	40.9	11.2	22.0	29.3	569.1
郑州	Zhengzhou	1.8	0.0	16.9	53.3	12.4	7.2	89.1	174.1	105.2	18.0	11.6	9.1	498.7
武汉	Wuhan	26.8	41.9	109.4	108.4	238.4	192.1	245.6	131.7	107.8	131.1	30.6	51.7	1415.5
长沙(望城)	Changsha(wangcheng)	109.6	74.7	159.7	208.7	391.7	173.1	161.6	76.2	86.6	58.7	134.1	95.3	1730.0
广州	Guangzhou	72.6	70.8	63.9	365.2	291.1	302.9	136.6	184.0	69.4	42.8	168.8	45.8	1813.9
南宁	Nanning	75.6	18.7	33.2	35.6	159.8	97.9	109.2	253.4	56.4	148.7	53.2	45.1	1086.8
海口	Haikou	55.0	23.0	17.2	232.4	324.6	422.1	324.1	203.4	285.4	142.4	40.5	24.2	2094.3
重庆(沙坪坝)	Chongqing(Shapingba)	31.5	15.3	29.7	55.9	230.0	149.1	85.2	106.5	278.2	80.3	31.4	11.3	1104.4
成都(温江)	Chengdu(Wenjiang)	13.6	6.3	26.2	17.6	118.8	74.9	143.1	64.1	76.7	57.0	9.7	2.9	610.9
贵阳	Guiyang	19.6	24.2	41.0	25.8	251.1	211.9	270.0	111.0	135.6	82.6	35.6	18.0	1226.4
昆明	Kunming	16.1	0.0	35.9	14.4	146.9	141.9	155.2	137.5	131.8	13.5	8.9	0.0	802.1
拉萨	Lhasa	0.0	0.0	0.7	10.2	21.5	91.6	132.5	82.4	24.8	1.5	0.0	0.0	365.2
西安(泾河)	Xi'an(Jinghe)	7.3	0.1	14.3	13.3	69.6	20.8	54.5	84.6	92.5	15.3	11.9	1.1	385.3
兰州(皋兰)	Lanzhou(Gaolan)	1.6	0.0	0.6	9.6	36.7	25.1	62.4	28.3	47.6	15.1	3.5	0.7	231.2
西宁	Xining	3.0	2.2	8.1	6.9	76.4	58.6	147.7	61.8	57.4	20.2	3.1	0.7	446.1
银川	Yinchuan	2.3	0.0	2.0	25.9	10.0	48.9	143.4	23.8	34.2	2.2	0.0	0.0	292.7
乌鲁木齐	Urumqi	9.2	18.4	25.6	5.9	25.9	24.9	27.6	10.1	34.2	32.3	44.2	28.6	286.9

7-10 主要城市日照时数（2012年）
Monthly Sunshine Hours of Major Cities (2012)

单位：小时 (Hours)

城市	City	1月 Jan.	2月 Feb.	3月 Mar.	4月 Apr.	5月 May	6月 June	7月 July	8月 Aug.	9月 Sept.	10月 Oct.	11月 Nov.	12月 Dec.	全年 Annual Total
北京	Beijing	168.6	218.8	222.6	235.8	265.7	172.1	166.3	214.3	233.9	231.0	187.3	133.8	2450.2
天津	Tianjin	148.7	193.0	186.3	211.9	234.0	167.1	165.8	159.9	211.3	189.0	170.4	137.0	2174.4
石家庄	Shijiazhuang	105.8	169.6	190.7	244.3	233.8	200.9	178.7	195.3	228.7	246.9	180.0	113.5	2288.2
太原	Taiyuan	185.0	188.1	202.0	279.0	295.1	255.7	202.0	229.2	227.3	226.2	187.7	141.3	2618.6
呼和浩特	Hohhot	182.8	217.0	220.2	260.3	293.7	268.0	245.7	256.6	226.1	212.3	181.8	113.3	2677.8
沈阳	Shenyang	210.0	230.2	233.9	236.6	308.8	166.0	209.9	229.4	206.7	231.1	142.4	172.2	2577.2
长春	Changchun	174.5	230.3	240.9	243.3	304.0	177.3	182.3	255.7	207.3	199.8	101.1	121.8	2438.3
哈尔滨	Harbin	125.9	178.9	176.3	183.0	230.5	167.5	135.7	203.8	155.8	152.5	37.3	26.6	1773.8
上海	Shanghai	73.6	64.7	127.4	168.3	170.5	90.9	207.9	187.2	158.3	178.1	137.2	112.6	1676.7
南京	Nanjing	100.5	87.9	128.8	189.2	198.0	141.6	244.8	197.9	183.5	184.2	154.4	128.3	1939.1
杭州	Hangzhou	37.5	55.9	113.7	158.6	144.4	64.3	240.5	171.8	130.5	172.0	127.8	103.5	1520.5
合肥	Hefei	91.0	93.5	136.1	198.9	185.1	185.9	251.5	176.5	172.8	160.5	152.9	108.1	1912.8
福州	Fuzhou	14.6	34.9	101.3	95.3	76.4	97.1	227.9	175.0	134.0	188.0	76.1	70.7	1291.3
南昌	Nanchang	33.7	42.0	89.1	122.0	138.6	97.7	292.7	243.7	185.2	159.2	119.1	99.0	1622.0
济南	Jinan	123.7	166.0	164.6	250.2	265.3	219.2	177.0	125.7	153.4	194.6	168.0	138.3	2146.0
郑州	Zhengzhou	88.8	105.0	152.6	176.3	194.9	215.2	202.6	166.2	176.4	169.6	144.8	91.3	1883.7
武汉	Wuhan	48.2	58.5	88.4	127.2	125.1	145.5	246.4	193.9	164.6	120.6	136.4	99.1	1553.9
长沙(望城)	Changsha(wangcheng)	26.9	31.7	76.4	120.3	123.5	147.6	298.9	204.1	175.3	121.6	92.4	74.9	1493.6
广州	Guangzhou	60.2	37.9	70.2	61.7	137.1	130.2	218.1	182.5	192.2	199.3	88.2	93.6	1471.2
南宁	Nanning	2.9	11.8	34.5	137.5	173.8	107.6	189.2	186.3	179.6	151.4	59.2	61.9	1295.7
海口	Haikou	26.0	38.9	118.0	181.3	221.4	123.1	245.9	219.4	215.2	203.7	117.0	56.5	1766.4
重庆(沙坪坝)	Chongqing(Shapingba)	12.1	10.8	56.1	115.2	56.4	48.4	147.8	193.4	83.8	34.9	17.0	36.1	812.0
成都(温江)	Chengdu(Wenjiang)	26.2	21.6	78.1	115.8	68.6	63.6	73.7	141.0	57.4	44.9	44.1	45.6	780.6
贵阳	Guiyang	4.1	2.4	55.9	83.8	34.7	30.5	82.3	134.3	94.3	63.6	44.2	51.5	681.6
昆明	Kunming	261.5	287.4	258.4	286.6	225.8	96.1	113.0	185.5	121.5	207.2	269.3	241.9	2554.2
拉萨	Lhasa	256.6	238.8	285.9	255.0	329.8	253.3	210.4	232.3	259.9	303.5	275.5	261.9	3162.9
西安(泾河)	Xi'an(Jinghe)	52.6	72.2	144.0	224.6	193.7	239.8	214.9	182.4	165.7	142.5	164.7	124.9	1922.0
兰州(皋兰)	Lanzhou(Gaolan)	173.2	190.9	205.0	268.6	231.5	270.5	204.2	233.6	210.4	230.8	194.8	186.7	2600.2
西宁	Xining	177.9	194.4	229.3	282.0	237.7	253.7	184.2	216.1	233.9	235.1	207.5	203.4	2655.2
银川	Yinchuan	140.6	174.1	220.0	261.2	285.5	312.0	270.6	272.4	249.2	234.4	179.3	129.0	2728.3
乌鲁木齐	Urumqi	116.0	115.4	220.4	302.9	337.7	300.7	312.7	346.8	273.8	256.6	151.5	130.1	2864.6

7-11 水资源情况
Water Resources

年份 地区	Year Region	水资源总量(亿立方米) Total Amount of Water Resources (100 million cu.m)	地表水资源量 Surface Water Resources	地下水资源量 Groundwater Resources	地表水与地下水资源重复量 Duplicated Measurement Between Surface Water and Groundwater	人均水资源量(立方米/人) Per Capita Water Resources (cu.m/person)
	2000	27700.8	26561.9	8501.9	7363.0	2193.9
	2001	26867.8	25933.4	8390.1	7455.7	2112.5
	2002	28261.3	27243.3	8697.2	7679.2	2207.2
	2003	27460.2	26250.7	8299.3	7089.9	2131.3
	2004	24129.6	23126.4	7436.3	6433.1	1856.3
	2005	28053.1	26982.4	8091.1	7020.4	2151.8
	2006	25330.1	24358.1	7642.9	6670.8	1932.1
	2007	25255.2	24242.5	7617.2	6604.5	1916.3
	2008	27434.3	26377.0	8122.0	7064.7	2071.1
	2009	24180.2	23125.2	7267.0	6212.1	1816.2
	2010	30906.4	29797.6	8417.0	7308.2	2310.4
	2011	23256.7	22213.6	7214.5	6171.4	1730.2
	2012	29526.9	28371.4	8416.1	7260.6	2186.1
北京	Beijing	39.5	18.0	26.5	4.9	193.2
天津	Tianjin	32.9	26.5	7.6	1.2	238.0
河北	Hebei	235.5	117.8	164.8	47.1	324.2
山西	Shanxi	106.2	65.9	88.3	48.0	295.0
内蒙古	Inner Mongolia	510.3	349.2	258.4	97.4	2052.7
辽宁	Liaoning	547.3	492.4	147.4	92.5	1247.8
吉林	Jilin	460.5	387.3	147.0	73.8	1674.5
黑龙江	Heilongjiang	841.4	695.7	289.8	144.1	2194.6
上海	Shanghai	33.9	27.4	9.7	3.2	143.4
江苏	Jiangsu	373.3	279.1	110.2	16.0	472.0
浙江	Zhejiang	1444.8	1427.1	273.5	255.8	2641.3
安徽	Anhui	701.0	640.6	159.3	99.0	1172.6
福建	Fujian	1511.4	1510.1	349.3	347.9	4047.8
江西	Jiangxi	2174.4	2155.8	462.3	443.7	4836.0
山东	Shandong	274.3	182.2	164.2	72.1	283.9
河南	Henan	265.5	172.7	161.8	68.9	282.6
湖北	Hubei	813.9	783.8	262.8	232.7	1411.0
湖南	Hunan	1988.9	1981.3	417.9	410.3	3005.7
广东	Guangdong	2026.5	2017.5	485.8	476.7	1921.0
广西	Guangxi	2087.4	2086.4	587.3	586.3	4476.0
海南	Hainan	364.3	360.2	92.6	88.5	4130.8
重庆	Chongqing	476.9	476.9	97.8	97.8	1626.5
四川	Sichuan	2892.4	2891.2	614.9	613.8	3587.2
贵州	Guizhou	974.0	974.0	253.3	253.3	2801.8
云南	Yunnan	1689.8	1689.8	583.2	583.2	3637.9
西藏	Tibet	4196.4	4196.4	951.9	951.9	137378.1
陕西	Shaanxi	390.5	368.0	130.2	107.7	1041.9
甘肃	Gansu	267.0	259.0	139.1	131.1	1038.4
青海	Qinghai	895.2	879.2	400.5	384.5	15687.2
宁夏	Ningxia	10.8	8.5	21.6	19.2	168.0
新疆	Xinjiang	900.6	851.6	557.0	508.0	4055.5

注：2012年相关数据为各地初步上报数据，未与第一次全国水利普查数据衔接(下表同)。

a) Data of 2012 are preliminary data reported by provinces, and do not match with those of the First National Census for Water. The same applies to the table following.

7-12 供水用水情况
Water Supply and Water Use

年份 Year 地区 Region	供水总量(亿立方米) Water Supply (100 million cu.m)	地表水 Surface Water	地下水 Ground-water	其他 Others	用水总量(亿立方米) Water Use (100 million cu.m)	农业 Agricul-ture	工业 Industry	生活 Consump-tion	生态 Ecological Protection	人均用水量(立方米/人) Per Capita Water Use (cu.m/person)
2000	5530.7	4440.4	1069.2	21.1	5497.6	3783.5	1139.1	574.9		435.4
2001	5567.4	4450.7	1094.9	21.9	5567.4	3825.7	1141.8	599.9		437.7
2002	5497.3	4404.4	1072.4	20.5	5497.3	3736.2	1142.4	618.7		429.3
2003	5320.4	4286.0	1018.1	16.3	5320.4	3432.8	1177.2	630.9	79.5	412.9
2004	5547.8	4504.2	1026.4	17.2	5547.8	3585.7	1228.9	651.2	82.0	428.0
2005	5633.0	4572.2	1038.8	22.0	5633.0	3580.0	1285.2	675.1	92.7	432.1
2006	5795.0	4706.8	1065.5	22.7	5795.0	3664.4	1343.8	693.8	93.0	442.0
2007	5818.7	4723.9	1069.1	25.7	5818.7	3599.5	1403.0	710.4	105.7	441.5
2008	5910.0	4796.4	1084.8	28.7	5910.0	3663.5	1397.1	729.3	120.2	446.2
2009	5965.2	4839.5	1094.5	31.2	5965.2	3723.1	1390.9	748.2	103.0	448.0
2010	6022.0	4881.6	1107.3	33.1	6022.0	3689.1	1447.3	765.8	119.8	450.2
2011	6107.2	4953.3	1109.1	44.8	6107.2	3743.6	1461.8	789.9	111.9	454.4
2012	6141.8	4963.0	1134.2	44.6	6141.8	3880.3	1423.9	728.8	108.8	454.7
北京 Beijing	35.9	8.0	20.4	7.5	35.9	9.3	4.9	16.0	5.7	175.5
天津 Tianjin	23.1	16.0	5.5	1.7	23.1	11.7	5.1	5.0	1.4	167.1
河北 Hebei	195.3	41.3	151.3	2.8	195.3	142.9	25.2	23.4	3.8	268.9
山西 Shanxi	73.4	31.8	38.8	2.8	73.4	42.7	15.5	11.8	3.3	203.7
内蒙古 Inner Mongolia	184.4	89.6	93.0	1.7	184.4	135.4	23.5	10.4	15.1	741.6
辽宁 Liaoning	142.2	77.6	61.3	3.3	142.2	91.5	23.0	23.4	4.4	324.3
吉林 Jilin	129.8	85.9	43.3	0.6	129.8	84.7	27.1	12.0	6.0	472.1
黑龙江 Heilongjiang	358.9	197.4	161.5		358.9	294.9	41.7	16.3	6.0	936.1
上海 Shanghai	116.0	115.9	0.1		116.0	17.5	72.9	24.9	0.7	490.6
江苏 Jiangsu	552.2	542.4	9.8		552.2	305.4	193.1	50.5	3.3	698.2
浙江 Zhejiang	198.1	193.9	3.3	0.8	198.1	91.3	60.7	41.6	4.5	362.2
安徽 Anhui	292.6	257.4	34.4	0.9	292.6	157.9	99.3	30.9	4.6	489.5
福建 Fujian	200.1	192.8	6.6	0.7	200.1	92.8	75.7	28.5	3.1	535.8
江西 Jiangxi	242.5	233.2	9.4		242.5	155.7	58.7	26.1	2.1	539.4
山东 Shandong	221.8	126.1	89.3	6.4	221.8	154.2	28.1	32.8	6.7	229.6
河南 Henan	238.6	100.5	137.2	0.9	238.6	135.5	60.5	32.0	10.6	253.9
湖北 Hubei	299.3	288.2	10.1	1.0	299.3	146.4	121.6	30.9	0.3	518.9
湖南 Hunan	328.8	310.3	18.5		328.8	188.0	98.1	40.3	2.5	496.9
广东 Guangdong	451.0	432.4	17.0	1.6	451.0	227.6	121.6	95.4	6.5	427.5
广西 Guangxi	303.0	291.4	11.0	0.6	303.0	211.9	51.5	36.6	3.0	649.8
海南 Hainan	45.3	42.0	3.3	0.1	45.3	34.7	3.8	6.6	0.2	514.0
重庆 Chongqing	82.9	81.2	1.6	0.1	82.9	25.2	39.4	17.5	0.8	282.9
四川 Sichuan	245.9	222.8	18.6	4.6	245.9	145.8	54.7	42.9	2.5	305.0
贵州 Guizhou	100.8	98.1	1.1	1.7	100.8	47.7	39.7	13.1	0.3	290.0
云南 Yunnan	151.8	145.3	5.4	1.1	151.8	103.8	27.8	19.2	1.0	326.9
西藏 Tibet	29.8	26.3	3.5		29.8	27.1	1.7	1.0		975.9
陕西 Shaanxi	88.0	54.0	33.4	0.6	88.0	58.2	13.3	14.8	1.7	234.9
甘肃 Gansu	123.1	95.9	25.7	1.5	123.1	95.1	15.7	9.3	3.0	478.7
青海 Qinghai	27.4	23.8	3.5	0.1	27.4	22.5	2.5	2.2	0.2	480.3
宁夏 Ningxia	69.4	63.8	5.5	0.2	69.4	61.4	4.9	1.6	1.5	1078.0
新疆 Xinjiang	590.1	477.9	110.9	1.4	590.1	561.7	12.4	12.0	4.0	2657.4

注：1.生态用水仅包括部分河湖、湿地人工补水和城市环境用水。
2.2012年起，生活用水量中的牲畜用水量调整至农业用水量中。

a) Water use by ecological protection only includes artficial supplement of river & lake, wetland and city entironment.

b) Since 2012, water use for animal husbandry in water use for consumption is moved to rural water use.

7-13 分地区废水中主要污染物排放情况（2012年）
Main Pullutant Emission in Waste Water by Region (2012)

地区	Region	废水排放总量（万吨） Total Waste Water Discharged (10 000 tons)	废水中主要污染物排放量 Main Pullutant Emission in Waste Water					
			化学需氧量（万吨） COD (10 000 tons)	氨氮（万吨） Ammonia Nitrogen (10 000 tons)	总氮（万吨） Total Nitrogen (10 000 tons)	总磷（万吨） Total Phosphorus (10 000 tons)	石油类（吨） Petroleum (ton)	挥发酚（吨） Volatile Phenol (ton)
全国	**National Total**	**6847612**	**2423.73**	**253.59**	**451.37**	**48.88**	**17493.9**	**1501.3**
北京	Beijing	140274	18.65	2.05	3.26	0.44	51.5	0.5
天津	Tianjin	82813	22.94	2.54	3.29	0.36	138.2	1.2
河北	Hebei	305773	134.91	11.07	36.04	3.86	986.0	120.3
山西	Shanxi	134298	47.68	5.69	8.45	0.81	1202.0	727.2
内蒙古	Inner Mongolia	102424	88.39	5.27	26.70	2.07	798.3	216.8
辽宁	Liaoning	238769	130.59	10.75	20.53	2.76	714.6	30.1
吉林	Jilin	119509	78.75	5.63	12.90	1.58	301.5	5.0
黑龙江	Heilongjiang	162589	149.88	9.28	24.75	2.37	293.4	6.5
上海	Shanghai	219244	24.26	4.74	1.55	0.18	649.7	4.0
江苏	Jiangsu	598211	119.70	15.31	17.47	1.86	1205.3	52.1
浙江	Zhejiang	420961	78.62	11.23	9.23	1.06	684.2	23.9
安徽	Anhui	254329	92.43	10.61	18.12	2.01	739.3	5.6
福建	Fujian	256263	66.00	9.32	9.57	1.21	434.5	9.4
江西	Jiangxi	201190	74.83	9.11	11.38	1.36	579.0	10.9
山东	Shandong	479100	192.12	16.86	56.27	6.10	1086.8	38.6
河南	Henan	403668	139.36	14.98	41.86	4.81	1147.2	136.4
湖北	Hubei	290200	108.66	12.89	19.46	2.34	972.4	17.0
湖南	Hunan	304214	126.34	16.13	22.05	2.37	784.5	19.9
广东	Guangdong	838551	180.29	22.41	19.46	2.50	691.0	11.3
广西	Guangxi	245578	78.03	8.26	11.59	1.34	285.9	15.0
海南	Hainan	37103	19.74	2.25	4.12	0.50	4.2	0.3
重庆	Chongqing	132430	40.28	5.34	5.41	0.64	354.5	9.5
四川	Sichuan	283657	126.87	14.07	22.14	2.52	423.9	1.7
贵州	Guizhou	91455	33.30	3.87	4.68	0.45	461.8	1.1
云南	Yunnan	154010	54.86	5.86	7.61	0.74	410.0	3.9
西藏	Tibet	4683	2.58	0.32	0.57	0.04	0.6	
陕西	Shaanxi	128749	53.62	6.19	8.58	0.75	741.3	2.7
甘肃	Gansu	62813	38.93	4.10	4.75	0.38	264.4	2.5
青海	Qinghai	21994	10.38	0.98	0.67	0.05	316.0	1.4
宁夏	Ningxia	38948	22.80	1.74	2.73	0.21	179.0	10.6
新疆	Xinjiang	93810	67.92	4.72	16.21	1.19	593.1	15.8

注：2011年环境保护部对统计制度中的指标体系、调查方法及相关技术规定等进行了修订，统计范围扩展为工业源、农业源、城镇生活源、机动车、集中式污染治理设施5个部分。

a) In 2011, indicators of statistical system, method of survey, and related technologies were revised by Ministry of Environmental Protection, statistical scope expands to 5 parts: industry source, agricultural source, urban living source, automotive vehicle, centralized pollution abatement.

7-13 续表 continued

地 区	Region	废水中主要污染物排放量 Main Pullutant Emission in Waste Water					
		铅 (千克) Plumbum (kg)	汞 (千克) Mercury (kg)	镉 (千克) Cadmium (kg)	六价铬 (千克) Hexavalent Chromium (kg)	总铬 (千克) Total Chromium (kg)	砷 (千克) Arsenic (kg)
全 国	**National Total**	**99358.8**	**1223.4**	**27249.9**	**70533.6**	**190079.1**	**128493.8**
北 京	Beijing	215.9	0.5	17.9	325.8	460.1	21.3
天 津	Tianjin	1004.6	3.7	9.6	169.3	453.8	19.4
河 北	Hebei	377.8	5.0	26.6	2870.8	5963.6	66.3
山 西	Shanxi	453.6	5.8	799.0	466.2	501.2	574.0
内蒙古	Inner Mongolia	3050.0	77.0	415.7	4.1	35.2	5081.8
辽 宁	Liaoning	557.2	10.8	56.9	513.4	742.0	350.3
吉 林	Jilin	198.9	5.4	26.6	109.7	162.2	1015.4
黑龙江	Heilongjiang	31.0	1.6	4.1	369.7	376.3	4.1
上 海	Shanghai	321.3	4.0	15.3	1011.0	2815.4	99.9
江 苏	Jiangsu	2322.9	113.9	38.7	4542.1	11340.0	584.1
浙 江	Zhejiang	498.1	10.4	212.9	9364.8	19520.0	199.4
安 徽	Anhui	1737.5	9.0	132.2	2297.2	3547.5	5062.4
福 建	Fujian	3093.0	27.5	347.4	2774.3	11769.3	1230.5
江 西	Jiangxi	6750.4	95.6	2219.5	17155.7	17438.7	8712.1
山 东	Shandong	735.7	15.4	1012.4	533.3	7104.2	2192.3
河 南	Henan	4670.4	20.2	1318.3	1007.5	32604.5	1374.0
湖 北	Hubei	3292.3	219.1	656.4	11567.2	12484.8	9595.1
湖 南	Hunan	38607.3	236.9	13516.8	2098.9	18168.9	53524.9
广 东	Guangdong	4855.1	33.7	794.9	8972.9	28454.0	758.3
广 西	Guangxi	5418.4	46.7	1405.5	727.3	1769.7	6639.2
海 南	Hainan	15.8	1.0	4.6	0.3	136.1	18.6
重 庆	Chongqing	88.4	0.7	2.6	204.8	513.1	1362.4
四 川	Sichuan	1645.7	72.8	147.2	843.9	3604.6	2642.2
贵 州	Guizhou	289.0	26.2	123.6	80.6	172.3	560.6
云 南	Yunnan	8916.2	12.6	1655.2	27.2	94.3	10495.3
西 藏	Tibet	3.2	0.1	0.6		1.3	8943.2
陕 西	Shaanxi	1692.9	31.2	631.2	306.8	1727.2	655.7
甘 肃	Gansu	6792.7	89.8	1303.7	381.1	5026.3	3751.1
青 海	Qinghai	724.8	9.9	120.1	7.4	14.7	1452.7
宁 夏	Ningxia	92.1	4.3	24.2	110.1	340.3	168.7
新 疆	Xinjiang	906.7	32.6	210.1	1690.3	2737.5	1338.6

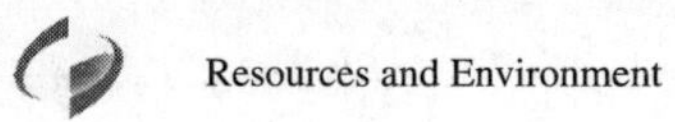

7-14 主要城市废水中主要污染物排放情况（2012年）
Main Pullutant Emission in Waste Water in Main Cities (2012)

城市	City	废水排放总量（万吨） Total Waste Water Discharged (10 000 tons)	废水中主要污染物排放量 Main Pullutant Emission in Waste Water 化学需氧量（万吨） COD (10 000 tons)	氨氮（万吨） Ammonia Nitrogen (10 000 tons)	总氮（万吨） Total Nitrogen (10 000 tons)	总磷（万吨） Total Phosphorus (10 000 tons)	石油类（吨） Petroleum (ton)	挥发酚（吨） Volatile Phenol (ton)
北京	Beijing	140274	18.65	2.05	3.26	0.44	51.46	0.52
天津	Tianjin	82813	22.94	2.54	3.29	0.36	138.21	1.24
石家庄	Shijiazhuang	59696	22.91	1.57	4.55	0.46	147.58	4.16
太原	Taiyuan	21202	2.58	0.46	0.40	0.04	27.77	0.16
呼和浩特	Hohhot	13733	13.24	0.48	2.33	0.17	1.51	0.00
沈阳	Shenyang	42130	26.05	2.25	5.18	0.63	60.52	13.58
长春	Changchun	26097	18.33	1.39	3.33	0.47	26.36	0.25
哈尔滨	Harbin	40050	31.47	2.28	4.87	0.49	38.42	0.43
上海	Shanghai	219244	24.26	4.74	1.55	0.18	649.74	3.98
南京	Nanjing	72205	10.89	1.75	0.85	0.09	204.27	8.88
杭州	Hangzhou	95385	10.48	1.38	1.00	0.12	40.63	18.02
合肥	Hefei	43542	12.53	1.09	1.59	0.22	25.21	0.00
福州	Fuzhou	36837	10.68	1.59	1.45	0.21	26.04	0.11
南昌	Nanchang	43708	8.87	1.12	1.31	0.16	76.77	3.14
济南	Jinan	33338	11.58	0.96	2.74	0.28	78.00	6.80
郑州	Zhengzhou	57900	9.81	1.30	1.91	0.25	177.82	0.69
武汉	Wuhan	82408	15.91	1.86	1.52	0.19	111.50	0.63
长沙	Changsha	44385	12.30	1.39	1.62	0.19	14.78	0.02
广州	Guangzhou	152831	17.91	2.39	1.32	0.18	94.71	1.12
南宁	Nanning	38312	12.37	1.32	1.93	0.24	6.35	10.60
海口	Haikou	11521	1.69	0.46	0.51	0.07	3.32	
重庆	Chongqing	132431	40.28	5.34	5.41	0.64	354.48	9.51
成都	Chengdu	88104	19.84	2.30	3.12	0.35	34.91	0.06
贵阳	Guiyang	23009	4.36	0.51	0.40	0.04	60.96	0.04
昆明	Kunming	52631	2.82	0.72	0.75	0.10	76.36	1.44
拉萨	Lhasa	2337	0.99	0.12	0.14	0.01	0.27	0.02
西安	Xi'an	40085	11.83	1.38	1.18	0.12	273.37	0.06
兰州	Lanzhou	18318	4.96	0.86	0.36	0.04	69.02	0.40
西宁	Xining	10563	4.29	0.46	0.19	0.01	38.83	0.66
银川	Yinchuan	19678	5.10	0.65	0.84	0.07	53.57	4.90
乌鲁木齐	Urumqi	24268	3.13	0.63	0.27	0.02	55.84	4.27

7-14 续表 continued

城 市	City	废水中主要污染物排放量 Main Pullutant Emission in Waste Water					
		铅 (千克) Plumbum (kg)	汞 (千克) Mercury (kg)	镉 (千克) Cadmium (kg)	六价铬 (千克) Hexavalent Chromium (kg)	总铬 (千克) Total Chromium (kg)	砷 (千克) Arsenic (kg)
北 京	Beijing	215.91	0.49	17.90	325.84	460.10	21.34
天 津	Tianjin	1004.64	3.74	9.64	169.28	453.78	19.37
石家庄	Shijiazhuang	15.17	0.75	0.91	3.69	2035.30	1.52
太 原	Taiyuan	91.21	3.20	13.33	154.65	171.12	32.48
呼和浩特	Hohhot	7.54	1.27				2.00
沈 阳	Shenyang	39.53	1.66	1.09	87.05	87.09	1.44
长 春	Changchun	15.48		0.03	88.46	95.26	0.08
哈尔滨	Harbin	20.80	0.18	1.01	41.48	44.38	
上 海	Shanghai	321.25	4.00	15.34	1010.97	2815.44	99.86
南 京	Nanjing	20.32	2.63	8.95	328.71	404.30	51.79
杭 州	Hangzhou	32.34	0.05	0.31	2318.14	2780.64	1.00
合 肥	Hefei	20.03	0.31	2.70	6.69	12.80	2.85
福 州	Fuzhou	27.49	12.99	2.47	454.44	469.40	7.01
南 昌	Nanchang	51.63	0.76	8.58	16869.59	16900.10	5.16
济 南	Jinan	6.57	0.27	1.54	85.99	128.35	43.25
郑 州	Zhengzhou	20.72	0.19	6.19	44.06	52.07	27.29
武 汉	Wuhan	122.89	2.19	4.30	1193.84	1270.40	209.46
长 沙	Changsha	63.99	0.16	11.57	133.09	169.71	1.98
广 州	Guangzhou	105.98	0.40	15.40	1669.55	2509.56	32.17
南 宁	Nanning	16.91	5.22	3.66	17.25	42.53	24.09
海 口	Haikou	0.28	0.00	0.11	0.00	131.28	0.47
重 庆	Chongqing	88.43	0.66	2.65	204.84	513.11	1362.39
成 都	Chengdu	16.32	0.22	2.31	100.17	229.77	97.70
贵 阳	Guiyang	2.71	0.11	0.88	3.79	5.20	0.70
昆 明	Kunming	4933.12	1.01	1063.34	0.45	17.17	3641.00
拉 萨	Lhasa	2.57	0.06	0.51		1.09	
西 安	Xi'an	49.21	1.31	5.73	93.58	207.41	8.24
兰 州	Lanzhou	8.74	0.32	1.24	2.05	24.42	2.97
西 宁	Xining	291.58	2.77	78.37	7.26	12.73	209.62
银 川	Yinchuan	11.03	0.07	0.31	6.74	80.47	36.97
乌鲁木齐	Urumqi	28.21	14.43	42.46	129.58	187.58	122.08

7-15 分地区废气中主要污染物排放情况（2012年）
Main Pullutant Emission in Waste Gas by Region (2012)

单位：万吨 (10 000 tons)

地 区	Region	二氧化硫 Sulphur Dioxide	氮氧化物 Nitrogen Oxides	烟(粉)尘 Smoke and Dust
全 国	**National Total**	**2117.63**	**2337.76**	**1235.77**
北 京	Beijing	9.38	17.75	6.68
天 津	Tianjin	22.45	33.42	8.41
河 北	Hebei	134.12	176.11	123.59
山 西	Shanxi	130.18	124.40	107.09
内蒙古	Inner Mongolia	138.49	141.89	83.30
辽 宁	Liaoning	105.87	103.63	72.63
吉 林	Jilin	40.35	57.59	26.48
黑龙江	Heilongjiang	51.43	78.06	69.93
上 海	Shanghai	22.82	40.16	8.71
江 苏	Jiangsu	99.20	147.96	44.32
浙 江	Zhejiang	62.58	80.88	25.40
安 徽	Anhui	51.96	92.13	46.21
福 建	Fujian	37.13	46.72	25.26
江 西	Jiangxi	56.77	57.71	35.74
山 东	Shandong	174.88	173.90	69.53
河 南	Henan	127.59	162.59	59.98
湖 北	Hubei	62.24	64.00	34.97
湖 南	Hunan	64.50	60.72	34.07
广 东	Guangdong	79.92	130.34	32.83
广 西	Guangxi	50.41	49.83	29.97
海 南	Hainan	3.41	10.34	1.66
重 庆	Chongqing	56.48	38.27	18.23
四 川	Sichuan	86.44	65.90	29.58
贵 州	Guizhou	104.11	56.35	29.45
云 南	Yunnan	67.22	54.43	39.06
西 藏	Tibet	0.42	4.43	0.66
陕 西	Shaanxi	84.38	80.81	46.21
甘 肃	Gansu	57.25	47.34	20.76
青 海	Qinghai	15.39	12.61	15.64
宁 夏	Ningxia	40.66	45.54	19.83
新 疆	Xinjiang	79.61	81.95	69.61

7-16 主要城市废气中主要污染物排放情况（2012年）
Main Pullutant Emission in Waste Gas in Main Cities (2012)

单位：万吨 (10 000 tons)

城市	City	二氧化硫 Sulphur Dioxide	氮氧化物 Nitrogen Oxides	烟(粉)尘 Smoke and Dust
北京	Beijing	9.38	17.75	6.68
天津	Tianjin	22.45	33.42	8.41
石家庄	Shijiazhuang	18.89	27.98	11.23
太原	Taiyuan	13.31	14.25	7.62
呼和浩特	Hohhot	10.40	19.24	2.58
沈阳	Shenyang	11.12	13.07	6.79
长春	Changchun	7.64	15.14	5.45
哈尔滨	Harbin	11.28	15.02	14.31
上海	Shanghai	22.82	40.16	8.71
南京	Nanjing	12.18	15.62	4.37
杭州	Hangzhou	8.69	11.69	3.71
合肥	Hefei	4.80	10.24	4.96
福州	Fuzhou	7.75	10.77	4.02
南昌	Nanchang	4.42	5.90	1.49
济南	Jinan	11.45	11.27	6.28
郑州	Zhengzhou	11.95	21.61	3.90
武汉	Wuhan	10.58	15.58	3.39
长沙	Changsha	2.36	4.80	1.67
广州	Guangzhou	7.08	12.65	2.12
南宁	Nanning	3.94	7.14	3.37
海口	Haikou	0.19	1.04	0.19
重庆	Chongqing	56.48	38.27	18.23
成都	Chengdu	6.13	10.63	2.83
贵阳	Guiyang	9.88	4.75	2.72
昆明	Kunming	11.86	11.12	6.10
拉萨	Lhasa	0.17	1.37	0.15
西安	Xi'an	10.36	9.16	3.19
兰州	Lanzhou	8.04	10.70	3.60
西宁	Xining	7.83	6.69	5.54
银川	Yinchuan	11.14	11.00	3.30
乌鲁木齐	Urumqi	12.46	17.27	6.63

7-17 分地区固体废物处理利用情况（2012年）
Disposal and Utilization of Industrial Solid Wastes by Region (2012)

单位：万吨 (10 000 tons)

地区	Region	一般工业固体废物产生量 Common Industrial Solid Wastes Produced	一般工业固体废物综合利用量 Common Industrial Solid Wastes Comprehensively Utilized	一般工业固体废物处置量 Common Industrial Solid Wastes Disposed	一般工业固体废物贮存量 Stock of Common Industrial Solid Wastes	一般工业固体废物倾倒丢弃量 Common Industrial Solid Wastes Discharged	危险废物产生量 Hazardous Wastes Produced	危险废物综合利用量 Hazardous Wastes Utilized	危险废物处置量 Hazardous Wastes Disposed	危险废物贮存量 Stock of Hazardous Wastes
全　国	**National Total**	**329044.26**	**202461.92**	**70744.82**	**59786.32**	**144.21**	**3465.24**	**2004.64**	**698.21**	**846.91**
北　京	Beijing	1104.05	871.73	219.49	12.83		13.41	4.50	8.91	
天　津	Tianjin	1820.00	1816.50	6.80			11.47	3.96	7.51	
河　北	Hebei	45575.83	17360.83	7439.07	21210.42		49.18	27.03	21.91	0.32
山　西	Shanxi	29031.50	20235.33	7132.32	1758.69	16.12	18.53	13.33	5.09	0.16
内蒙古	Inner Mongolia	24225.63	10924.83	10943.21	2425.55	5.46	69.99	41.65	39.84	7.81
辽　宁	Liaoning	27279.74	11861.83	11654.99	3948.11	10.40	73.21	49.46	30.54	0.35
吉　林	Jilin	4730.89	3197.50	540.66	992.73		71.21	67.01	4.20	0.02
黑龙江	Heilongjiang	6312.55	4646.01	808.40	918.13		21.33	4.20	16.99	0.14
上　海	Shanghai	2198.81	2140.36	55.86	9.59	0.25	54.96	30.34	24.60	0.14
江　苏	Jiangsu	10224.44	9341.57	630.40	302.87	0.01	208.59	109.98	97.64	2.79
浙　江	Zhejiang	4461.42	4082.76	314.34	67.35	0.40	80.58	27.94	51.56	1.97
安　徽	Anhui	12022.34	10265.97	1704.90	895.47		24.74	18.32	6.21	0.29
福　建	Fujian	7719.54	6887.40	764.27	83.83	0.16	10.36	4.62	5.73	0.17
江　西	Jiangxi	11133.60	6071.25	387.80	4692.32	2.46	30.56	25.22	5.10	0.33
山　东	Shandong	18342.59	17072.86	1061.33	487.40		820.31	761.13	66.14	6.29
河　南	Henan	15250.47	11597.47	3204.26	559.62	2.11	50.10	42.29	7.81	0.42
湖　北	Hubei	7610.94	5736.89	1561.22	376.95	1.06	63.50	39.86	23.70	0.41
湖　南	Hunan	8115.92	5188.28	2143.95	954.67	0.66	267.48	207.65	41.66	21.37
广　东	Guangdong	5965.49	5198.30	814.48	252.54	3.12	130.17	67.01	62.82	0.40
广　西	Guangxi	7963.96	5369.24	2217.85	1063.08	0.41	78.79	55.45	22.89	7.61
海　南	Hainan	385.72	238.15	58.98	116.04	0.05	1.53	0.10	1.56	0.03
重　庆	Chongqing	3114.89	2569.02	475.38	97.45	4.69	49.03	37.18	11.80	0.05
四　川	Sichuan	13187.30	6052.28	5099.01	2278.51	2.14	110.44	63.14	46.63	0.90
贵　州	Guizhou	7835.25	4838.75	2067.44	938.46	14.05	33.87	13.91	0.36	19.61
云　南	Yunnan	16037.59	7938.01	4766.65	3512.74	43.14	208.04	97.44	53.13	76.47
西　藏	Tibet	365.98	5.90	26.52	348.56					
陕　西	Shaanxi	7215.11	4421.94	1457.34	1359.54	2.24	30.65	11.54	12.11	7.63
甘　肃	Gansu	6671.17	3593.44	2109.73	991.53	0.37	29.09	13.04	11.44	10.07
青　海	Qinghai	12301.16	6831.06	5.63	5482.81	0.05	404.34	61.30	0.12	347.51
宁　夏	Ningxia	2960.67	2043.78	539.92	397.98		5.62	3.66	0.80	1.17
新　疆	Xinjiang	7879.72	4062.72	532.63	3250.56	34.86	444.17	102.39	9.40	332.49

7-18 主要城市固体废物处理利用情况(2012年)
Disposal and Utilization of Industrial Solid Wastes in Main Cities (2012)

单位：万吨 (10 000 tons)

城市	City	一般工业固体废物产生量 Common Industrial Solid Wastes Produced	一般工业固体废物综合利用量 Common Industrial Solid Wastes Comprehensively Utilized	一般工业固体废物处置量 Common Industrial Solid Wastes Disposed	一般工业固体废物贮存量 Stock of Common Industrial Solid Wastes	一般工业固体废物倾倒丢弃量 Common Industrial Solid Wastes Discharged	危险废物产生量 Hazardous Wastes Produced	危险废物综合利用量 Hazardous Wastes Utilized	危险废物处置量 Hazardous Wastes Disposed	危险废物贮存量 Stock of Hazardous Wastes
北京	Beijing	1104.05	871.73	219.49	12.83		13.41	4.50	8.91	0.00
天津	Tianjin	1820.00	1816.50	6.80	0.00		11.47	3.96	7.51	0.00
石家庄	Shijiazhuang	759.49	743.45	8.59	7.46		19.69	3.99	15.51	0.26
太原	Taiyuan	2787.39	1499.32	1258.51	20.46	10.36	4.85	2.07	2.78	0.01
呼和浩特	Hohhot	1121.96	401.04	715.97	4.95		0.17	0.14	0.03	0.00
沈阳	Shenyang	703.75	667.87	138.26	40.44		6.91	4.25	2.62	0.04
长春	Changchun	469.55	468.57	0.98			3.03	0.18	2.85	0.00
哈尔滨	Harbin	571.18	572.82	2.88			2.71	1.23	1.49	
上海	Shanghai	2198.81	2140.36	55.86	9.59	0.25	54.96	30.34	24.60	0.14
南京	Nanjing	1615.95	1126.57	362.50	128.05		32.52	20.46	11.85	1.12
杭州	Hangzhou	706.84	655.81	50.97	0.17	0.02	12.65	4.58	8.04	0.09
合肥	Hefei	1076.85	1011.72	7.19	59.15		2.86	1.21	1.65	0.01
福州	Fuzhou	728.40	655.15	65.56	11.58		2.20	1.16	1.12	0.01
南昌	Nanchang	186.32	183.89	1.96	0.01	0.47	2.47	2.00	0.47	0.00
济南	Jinan	1012.21	1010.54	0.41	1.26		6.14	4.16	6.19	0.03
郑州	Zhengzhou	1500.23	1140.20	330.39	32.41		0.58	0.23	0.35	0.01
武汉	Wuhan	1381.30	1364.26	61.95	6.46		20.74	16.51	4.23	0.00
长沙	Changsha	103.51	94.69	3.36	6.46	0.00	0.30	0.11	0.16	0.07
广州	Guangzhou	614.96	589.09	22.26	4.19		29.78	12.11	17.68	
南宁	Nanning	356.49	326.20	140.03	13.21	0.00	0.94	0.01	0.16	0.77
海口	Haikou	6.15	5.64	0.51			0.21	0.01	0.20	0.00
重庆	Chongqing	3114.89	2569.02	475.38	97.45	4.69	49.03	37.18	11.80	0.05
成都	Chengdu	585.27	577.36	7.91	0.00		13.24	1.96	11.26	0.03
贵阳	Guiyang	1122.38	663.78	444.38	16.93		0.80	0.77	0.03	0.00
昆明	Kunming	3002.68	1356.02	1604.29	106.34	0.04	65.74	50.03	15.68	0.03
拉萨	Lhasa	314.79	5.86	26.27	297.66					
西安	Xi'an	258.22	248.53	8.38	1.54	0.01	0.92	0.05	0.86	0.00
兰州	Lanzhou	627.88	623.54	23.19	1.66		6.14	1.14	5.06	0.00
西宁	Xining	504.66	511.08	2.37	9.56	0.05	14.90	15.02	0.12	4.35
银川	Yinchuan	728.72	591.59	28.87	116.59		4.07	2.24	0.66	1.17
乌鲁木齐	Urumqi	1299.70	1157.47	135.35	6.86	0.01	16.41	7.27	0.97	8.17

7-19 主要城市空气质量指标（2012年）
Ambient Air Quality in Major Cities (2012)

单位：毫克/立方米 (milligram/cu.m)

城市	City	可吸入颗粒物 (PM_{10}) Particulate Matters	二氧化硫 (SO_2) Sulphur Dioxide	二氧化氮 (NO_2) Nitrogen Dioxide	空气质量达到及好于二级的天数（天） Days of Air Quality Equal to or Above Grade II (days)	空气质量达到二级以上天数占全年比重(%) Proportion of Days of Air Quality Equal to or above Grade II in the Whole Year (%)
北　京	Beijing	0.109	0.029	0.052	281	76.8
天　津	Tianjin	0.105	0.048	0.042	305	83.3
石家庄	Shijiazhuang	0.098	0.058	0.040	322	88.0
太　原	Taiyuan	0.080	0.056	0.026	324	88.5
呼和浩特	Hohhot	0.091	0.051	0.037	348	95.1
沈　阳	Shenyang	0.092	0.058	0.036	329	89.9
长　春	Changchun	0.087	0.030	0.044	339	92.6
哈尔滨	Harbin	0.094	0.036	0.047	319	87.2
上　海	Shanghai	0.071	0.023	0.046	343	93.7
南　京	Nanjing	0.102	0.033	0.051	317	86.6
杭　州	Hangzhou	0.087	0.035	0.053	336	91.8
合　肥	Hefei	0.098	0.019	0.027	331	90.4
福　州	Fuzhou	0.060	0.008	0.035	364	99.5
南　昌	Nanchang	0.088	0.045	0.039	330	90.2
济　南	Jinan	0.104	0.055	0.041	324	88.5
郑　州	Zhengzhou	0.105	0.051	0.046	319	87.2
武　汉	Wuhan	0.097	0.030	0.054	321	87.7
长　沙	Changsha	0.088	0.028	0.044	332	90.7
广　州	Guangzhou	0.069	0.022	0.049	360	98.4
南　宁	Nanning	0.069	0.019	0.033	352	96.2
海　口	Haikou	0.034	0.006	0.019	366	100.0
重　庆	Chongqing	0.090	0.037	0.035	340	92.9
成　都	Chengdu	0.119	0.033	0.051	293	80.1
贵　阳	Guiyang	0.073	0.031	0.028	351	95.9
昆　明	Kunming	0.067	0.034	0.036	365	99.7
拉　萨	Lhasa	0.049	0.008	0.024	364	99.5
西　安	Xi'an	0.118	0.040	0.042	306	83.6
兰　州	Lanzhou	0.136	0.041	0.039	270	73.8
西　宁	Xining	0.105	0.035	0.026	315	86.1
银　川	Yinchuan	0.099	0.044	0.037	329	89.9
乌鲁木齐	Urumqi	0.145	0.058	0.068	292	79.8

7-20 分地区城市生活垃圾清运和处理情况（2012年）
Collection, Transport and Disposal of Consumption Wastes in Cities by Region (2012)

地 区	Region	生活垃圾清运量（万吨）Consumption Wastes Collected and Transported (10 000 tons)	无害化处理厂数（座）Number of Factories for Wastes Treatment (unit)	#卫生填埋 Landfill	#焚 烧 Incinerate	#其 他 Others	无害化处理能力（吨/日）Treatment Capacity (ton/day)	#卫生填埋 Landfill	#焚 烧 Incinerate	#其 他 Others
全 国	**National Total**	**17080.9**	**701**	**540**	**138**	**23**	**446268**	**310927**	**122649**	**12692**
北 京	Beijing	648.3	20	13	3	4	16830	11380	2800	2650
天 津	Tianjin	185.8	9	6	3		9500	6200	3300	
河 北	Hebei	577.4	31	23	4	4	13629	8917	2850	1862
山 西	Shanxi	392.4	18	13	4	1	9936	6166	3620	150
内蒙古	Inner Mongolia	385.9	21	20		1	9868	9028		840
辽 宁	Liaoning	929.9	27	25	1	1	21304	19487	1537	280
吉 林	Jilin	508.6	11	8	3		8773	5933	2840	
黑龙江	Heilongjiang	710.0	21	19	2		11807	11307	500	
上 海	Shanghai	716.0	10	4	2	4	11732	6232	2500	3000
江 苏	Jiangsu	1210.1	47	26	21		43113	21844	21269	
浙 江	Zhejiang	1055.0	53	27	26		37161	14796	22365	
安 徽	Anhui	442.1	22	18	4		12426	9876	2550	
福 建	Fujian	493.8	27	14	12	1	16425	6375	9550	500
江 西	Jiangxi	327.2	15	15			9193	9193		
山 东	Shandong	1062.4	58	47	9	2	35795	26535	8200	1060
河 南	Henan	795.8	42	38	3	1	21790	18490	2900	400
湖 北	Hubei	716.6	28	21	7		17040	9028	8012	
湖 南	Hunan	565.4	30	29	1		16704	16104	600	
广 东	Guangdong	2136.9	55	37	18		43197	27362	15835	
广 西	Guangxi	266.2	21	18	2	1	8271	7271	600	400
海 南	Hainan	110.2	9	6	3		4167	2517	1650	
重 庆	Chongqing	335.3	14	12	2		8154	4554	3600	
四 川	Sichuan	702.8	29	26	3		17296	16685	611	
贵 州	Guizhou	235.7	13	13			6296	6296		
云 南	Yunnan	306.7	19	14	5		9995	5035	4960	
西 藏	Tibet	25.6								
陕 西	Shaanxi	433.1	13	11		2	11212	10262		950
甘 肃	Gansu	270.5	12	12			3178	3178		
青 海	Qinghai	66.3	4	4			2006	2006		
宁 夏	Ningxia	116.2	4	4			2160	2160		
新 疆	Xinjiang	352.7	18	17		1	7310	6710		600

7-20 续表 continued

地 区	Region	无害化处理量(万吨) Volume of Wastes Disposed (10 000 tons)	#卫生填埋 Landfill	#焚 烧 Incinerate	#其 他 Others	粪 便 清运量(万吨) Collection and Transport of Excrement and Urine (10 000 tons)	粪便无害化处理量(万吨) Disposal of Excrement and Urine (10 000 tons)	生活垃圾无害化处理率(%) Treatment Rate of Consumption Wastes (%)
全 国	**National Total**	**14489.5**	**10512.5**	**3584.1**	**393.0**	**1811.8**	**801.4**	**84.8**
北 京	Beijing	633.1	443.2	94.7	95.3	207.2	183.4	99.1
天 津	Tianjin	185.4	103.1	82.3		32.1	13.2	99.8
河 北	Hebei	470.0	310.4	114.3	45.3	85.7	29.5	81.4
山 西	Shanxi	314.9	203.1	105.3	6.5	79.5	0.9	80.3
内蒙古	Inner Mongolia	352.0	335.2		16.8	106.0	27.7	91.2
辽 宁	Liaoning	810.6	773.7	29.6	7.3	113.4	26.4	87.2
吉 林	Jilin	232.9	176.5	56.4		88.8	58.2	45.8
黑龙江	Heilongjiang	337.8	328.6	9.2		151.1	44.7	47.6
上 海	Shanghai	598.5	377.5	103.6	117.4	200.0	64.6	83.6
江 苏	Jiangsu	1160.9	493.3	667.6		72.9	45.5	95.9
浙 江	Zhejiang	1044.1	469.6	574.5		84.2	64.9	99.0
安 徽	Anhui	402.9	314.8	88.1		27.2	8.2	91.1
福 建	Fujian	476.1	238.1	218.0	20.0	4.1	2.9	96.4
江 西	Jiangxi	291.3	291.3			44.6	8.9	89.1
山 东	Shandong	1041.7	719.4	295.9	26.5	120.6	59.6	98.1
河 南	Henan	687.6	588.3	91.0	8.3	66.4	15.5	86.4
湖 北	Hubei	512.4	302.3	210.2		37.2	7.1	71.5
湖 南	Hunan	537.2	514.5	22.7		4.9	1.7	95.0
广 东	Guangdong	1690.6	1195.9	494.7		99.4	57.7	79.1
广 西	Guangxi	260.9	244.6	7.6	8.6	13.4	9.1	98.0
海 南	Hainan	110.1	48.5	61.6		22.2		99.9
重 庆	Chongqing	332.9	237.8	95.0		63.9	18.7	99.3
四 川	Sichuan	620.4	603.3	17.1		19.7	10.0	88.3
贵 州	Guizhou	216.6	216.6			4.9	3.8	91.9
云 南	Yunnan	253.7	109.0	144.7		17.7	11.4	82.7
西 藏	Tibet							
陕 西	Shaanxi	383.2	356.5		26.8	22.9	8.3	88.5
甘 肃	Gansu	112.8	112.8			17.1	16.9	41.7
青 海	Qinghai	59.1	59.1			1.3		89.2
宁 夏	Ningxia	82.1	82.1			3.1	1.9	70.6
新 疆	Xinjiang	277.7	263.5		14.3	0.4	1.0	78.7

7-21 环保重点城市道路交通噪声监测情况（2012年）
Monitoring of Urban Road Traffic Noise in Key Cities of Environmental Protection (2012)

城　市	City	等效声级 dB(A) Average Noise Value dB(A)	城　市	City	等效声级 dB(A) Average Noise Value dB(A)	城　市	City	等效声级 dB(A) Average Noise Value dB(A)
北京	Beijing	69.2	温州	Wenzhou	68.9	深圳	Shenzhen	68.9
天津	Tianjin	67.9	湖州	Huzhou	69.5	珠海	Zhuhai	66.7
石家庄	Shijiazhuang	68.3	绍兴	Shaoxing	69.4	汕头	Shantou	68.1
唐山	Tangshan	65.2	合肥	Hefei	67.5	湛江	Zhanjiang	66.7
秦皇岛	Qinhuangdao	66.1	芜湖	Wuhu	67.1	南宁	Nanning	69.6
邯郸	Handan	68.4	马鞍山	Maanshan	67.1	柳州	Liuzhou	66.2
保定	Baoding	67.9	福州	Fuzhou	69.7	桂林	Guilin	67.9
太原	Taiyuan	67.9	厦门	Xiamen	67.8	北海	Beihai	65.2
大同	Datong	67.2	泉州	Quanzhou	68.2	海口	Haikou	68.0
阳泉	Yangquan	66.0	南昌	Nanchang	66.9	重庆	Chongqing	67.2
长治	Changzhi	66.4	九江	Jiujiang	65.9	成都	Chengdu	69.3
临汾	Linfen	67.8	济南	Jinan	69.1	自贡	Zigong	67.7
呼和浩特	Hohhot	69.3	青岛	Qingdao	68.4	攀枝花	Panzhihua	68.2
包头	Baotou	65.6	淄博	Zibo	67.4	泸州	Luzhou	67.7
赤峰	Chifeng	65.6	枣庄	Zaozhuang	67.8	德阳	Deyang	69.0
沈阳	Shenyang	70.0	烟台	Yantai	68.4	绵阳	Mianyang	68.4
大连	Dalian	67.9	潍坊	Weifang	65.9	南充	Nanchong	64.1
鞍山	Anshan	66.4	济宁	Jinin	64.5	宜宾	Yibin	67.6
抚顺	Fushun	69.3	泰安	Taian	68.3	贵阳	Guiyang	67.5
本溪	Benxi	63.2	日照	Rizhao	66.2	遵义	Zunyi	67.5
锦州	Jinzhou	69.0	郑州	Zhengzhou	68.0	昆明	Kunming	68.4
长春	Changchun	68.6	开封	Kaifeng	68.0	曲靖	Qujing	66.8
吉林	Jilin	69.6	洛阳	Luoyang	67.9	玉溪	Yuxi	65.6
哈尔滨	Harbin	67.8	平顶山	Pingdingshan	67.7	拉萨	Lhasa	69.4
齐齐哈尔	Qiqihar	66.1	安阳	Anyang	67.1	西安	Xi'an	68.2
牡丹江	Mudanjiang	66.6	焦作	Jiaozuo	66.7	铜川	Tongchuan	63.8
上海	Shanghai	69.3	三门峡	Sanmenxia	66.0	宝鸡	Baoji	67.6
南京	Nanjing	68.4	武汉	Wuhan	69.3	咸阳	Xianyang	66.8
无锡	Wuxi	68.7	宜昌	Yichang	70.0	渭南	Weinan	64.3
徐州	Xuzhou	64.0	荆州	Jingzhou	67.9	延安	Yan'an	61.9
常州	Changzhou	67.5	长沙	Changsha	70.1	兰州	Lanzhou	69.1
苏州	Suzhou	66.2	株洲	Zhuzhou	64.3	金昌	Jinchang	67.1
南通	Nantong	68.0	湘潭	Xiangtan	66.8	西宁	Xining	69.8
连云港	Lianyungang	67.2	岳阳	Yueyang	68.8	银川	Yinchuan	68.1
扬州	Yangzhou	67.3	常德	Changde	67.2	石嘴山	Shizuishan	65.8
镇江	Zhenjiang	66.5	张家界	Zhangjiajie	71.3	乌鲁木齐	Urumqi	67.4
杭州	Hangzhou	67.7	广州	Guangzhou	68.9	克拉玛依	Karamay	65.2
宁波	Ningbo	69.6	韶关	Shaoguan	64.8			

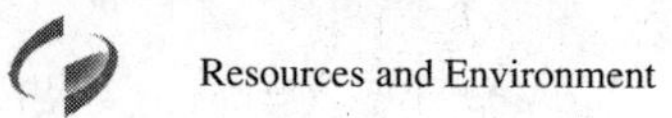

7-22 环保重点城市区域环境噪声监测情况（2012年）
Monitoring of Urban Environment Noise in Key Cities of Environmental Protection (2012)

城市	City	等效声级 dB(A) Average Noise Value dB(A)	城市	City	等效声级 dB(A) Average Noise Value dB(A)	城市	City	等效声级 dB(A) Average Noise Value dB(A)
北京	Beijing	54.0	温州	Wenzhou	55.9	深圳	Shenzhen	56.8
天津	Tianjin	54.3	湖州	Huzhou	54.4	珠海	Zhuhai	53.2
石家庄	Shijiazhuang	52.2	绍兴	Shaoxing	54.9	汕头	Shantou	55.7
唐山	Tangshan	52.1	合肥	Hefei	54.8	湛江	Zhanjiang	53.9
秦皇岛	Qinhuangdao	52.2	芜湖	Wuhu	54.9	南宁	Nanning	52.7
邯郸	Handan	52.4	马鞍山	Maanshan	55.4	柳州	Liuzhou	55.0
保定	Baoding	55.2	福州	Fuzhou	56.8	桂林	Guilin	54.7
太原	Taiyuan	53.3	厦门	Xiamen	56.1	北海	Beihai	56.0
大同	Datong	53.5	泉州	Quanzhou	54.6	海口	Haikou	55.0
阳泉	Yangquan	53.4	南昌	Nanchang	53.5	重庆	Chongqing	54.0
长治	Changzhi	51.4	九江	Jiujiang	53.4	成都	Chengdu	53.9
临汾	Linfen	52.0	济南	Jinan	52.3	自贡	Zigong	54.4
呼和浩特	Hohhot	54.5	青岛	Qingdao	53.7	攀枝花	Panzhihua	51.5
包头	Baotou	53.7	淄博	Zibo	51.3	泸州	Luzhou	54.1
赤峰	Chifeng	55.3	枣庄	Zaozhuang	56.8	德阳	Deyang	51.2
沈阳	Shenyang	54.2	烟台	Yantai	53.8	绵阳	Mianyang	53.3
大连	Dalian	54.3	潍坊	Weifang	53.2	南充	Nanchong	54.4
鞍山	Anshan	53.8	济宁	Jinin	52.0	宜宾	Yibin	54.5
抚顺	Fushun	53.9	泰安	Taian	55.0	贵阳	Guiyang	55.5
本溪	Benxi	54.7	日照	Rizhao	54.6	遵义	Zunyi	55.4
锦州	Jinzhou	53.0	郑州	Zhengzhou	54.8	昆明	Kunming	53.0
长春	Changchun	53.6	开封	Kaifeng	51.3	曲靖	Qujing	51.2
吉林	Jilin	53.0	洛阳	Luoyang	53.6	玉溪	Yuxi	52.4
哈尔滨	Harbin	55.9	平顶山	Pingdingshan	53.4	拉萨	Lhasa	47.6
齐齐哈尔	Qiqihar	52.8	安阳	Anyang	54.7	西安	Xi'an	55.3
牡丹江	Mudanjiang	55.3	焦作	Jiaozuo	54.6	铜川	Tongchuan	54.3
上海	Shanghai	54.7	三门峡	Sanmenxia	54.8	宝鸡	Baoji	53.9
南京	Nanjing	55.1	武汉	Wuhan	55.2	咸阳	Xianyang	56.7
无锡	Wuxi	56.9	宜昌	Yichang	54.6	渭南	Weinan	53.0
徐州	Xuzhou	53.6	荆州	Jingzhou	53.9	延安	Yan'an	57.4
常州	Changzhou	53.9	长沙	Changsha	54.7	兰州	Lanzhou	57.3
苏州	Suzhou	53.9	株洲	Zhuzhou	54.2	金昌	Jinchang	53.7
南通	Nantong	54.9	湘潭	Xiangtan	50.9	西宁	Xining	54.7
连云港	Lianyungang	53.7	岳阳	Yueyang	51.1	银川	Yinchuan	53.0
扬州	Yangzhou	54.1	常德	Changde	52.8	石嘴山	Shizuishan	53.1
镇江	Zhenjiang	56.0	张家界	Zhangjiajie	55.2	乌鲁木齐	Urumqi	54.4
杭州	Hangzhou	56.8	广州	Guangzhou	55.0	克拉玛依	Karamay	53.2
宁波	Ningbo	55.0	韶关	Shaoguan	55.3			

7-23 分地区土地利用情况（2008年）
Land Use by Region (2008)

单位：万公顷 (10 000 hectares)

地区	Region	土地调查面积 Area under Land Survey	农用地 Land for Agriculture Use	#园地 Garden Land	#牧草地 Grazing and Pasture Land	建设用地 Land for Construction	居民点及工矿用地 Land for Inhabitation, Mining and Manufacturing	交通运输用地 Land for Transport Facilities	水利设施用地 Land for Water Conservancy Facilities
北京	Beijing	164.1	109.6	12.0	0.2	33.8	27.9	3.3	2.6
天津	Tianjin	119.2	69.3	3.5	0.1	36.8	28.1	2.2	6.5
河北	Hebei	1884.3	1308.2	70.5	79.9	179.4	154.5	12.0	12.9
山西	Shanxi	1567.1	1014.3	29.5	65.8	86.9	77.3	6.3	3.3
内蒙古	Inner Mongolia	11451.2	9523.0	7.3	6560.9	149.2	123.9	16.0	9.3
辽宁	Liaoning	1480.6	1122.8	59.6	34.9	139.9	115.9	9.2	14.8
吉林	Jilin	1911.2	1639.3	11.5	104.4	106.5	84.2	6.7	15.6
黑龙江	Heilongjiang	4526.5	3792.4	6.0	220.8	149.2	116.1	11.9	21.2
上海	Shanghai	82.4	36.7	2.1		25.4	23.0	2.1	0.2
江苏	Jiangsu	1067.4	671.6	31.6	0.1	193.4	161.0	13.1	19.3
浙江	Zhejiang	1054.0	867.2	66.1		104.9	81.7	9.5	13.8
安徽	Anhui	1401.3	1119.0	33.9	2.8	166.2	133.4	10.1	22.7
福建	Fujian	1240.2	1073.1	62.9	0.3	64.7	50.7	7.9	6.1
江西	Jiangxi	1668.9	1416.4	27.8	0.4	95.4	67.5	7.5	20.5
山东	Shandong	1571.3	1156.6	100.7	3.4	251.1	209.3	16.3	25.5
河南	Henan	1655.4	1228.1	31.4	1.4	218.7	188.3	12.2	18.2
湖北	Hubei	1858.9	1465.2	42.4	4.4	140.0	100.9	9.2	30.0
湖南	Hunan	2118.5	1789.8	49.0	10.4	139.0	108.8	10.4	19.8
广东	Guangdong	1798.1	1489.1	100.8	2.7	179.0	145.7	12.1	21.1
广西	Guangxi	2375.6	1786.6	53.9	71.6	95.4	71.0	8.8	15.5
海南	Hainan	353.5	282.3	53.2	1.9	29.8	22.3	1.4	6.1
重庆	Chongqing	822.7	692.0	24.0	23.7	59.3	48.9	4.8	5.5
四川	Sichuan	4840.6	4239.8	71.6	1371.1	160.3	136.6	13.5	10.2
贵州	Guizhou	1761.5	1524.6	12.1	159.8	55.7	45.7	6.1	4.0
云南	Yunnan	3831.9	3176.0	84.2	78.2	81.6	62.8	10.0	8.8
西藏	Tibet	12020.7	7760.6	0.2	6444.1	6.7	4.2	2.4	0.1
陕西	Shaanxi	2057.9	1847.8	70.6	306.4	81.7	71.0	6.6	4.0
甘肃	Gansu	4040.9	2387.9	20.0	1261.3	97.7	88.2	6.6	2.9
青海	Qinghai	7174.8	4372.4	0.7	4034.7	32.7	24.7	3.2	4.8
宁夏	Ningxia	519.5	417.4	3.4	226.4	21.2	18.6	1.9	0.7
新疆	Xinjiang	16649.0	6308.5	36.4	5111.4	124.0	99.3	6.3	18.4

7-24 分地区森林资源情况
Forest Resources by Region

地　区	Region	林业用地面积 (万公顷) Area of Afforested Land (10 000 hectares)	森林面积 (万公顷) Forest Area (10 000 hectares)	#人工林 Man-made Forest	森林覆盖率 (%) Forest Coverage Rate (%)	活立木总蓄积量 (万立方米) Total Standing Forest Stock (10 000 cu.m)	森林蓄积量 (万立方米) Stock Volume of Forest (10 000 cu.m)
全　国	**National Total**	**30590.41**	**19545.22**	**6168.84**	**20.36**	**1491268.19**	**1372080.36**
北　京	Beijing	101.46	52.05	35.65	31.72	1291.29	1038.58
天　津	Tianjin	14.22	9.32	8.88	8.24	277.01	198.89
河　北	Hebei	705.37	418.33	212.27	22.29	10183.91	8374.08
山　西	Shanxi	754.58	221.11	102.74	14.12	8846.96	7643.67
内蒙古	Inner Mongolia	4394.93	2366.40	303.91	20.00	136073.62	117720.51
辽　宁	Liaoning	666.28	511.98	283.03	35.13	21174.91	20226.85
吉　林	Jilin	848.73	736.57	148.94	38.93	88244.21	84412.29
黑龙江	Heilongjiang	2184.16	1926.97	235.68	42.39	165191.60	152104.96
上　海	Shanghai	7.46	5.97	5.97	9.41	275.20	100.95
江　苏	Jiangsu	128.64	107.51	104.15	10.48	5022.59	3501.75
浙　江	Zhejiang	667.97	584.42	267.44	57.41	19382.93	17223.14
安　徽	Anhui	439.40	360.07	209.87	26.06	16258.35	13755.41
福　建	Fujian	914.81	766.65	359.18	63.10	53226.01	48436.28
江　西	Jiangxi	1054.92	973.63	291.87	58.32	45045.51	39529.64
山　东	Shandong	342.12	254.46	244.38	16.72	8627.99	6338.53
河　南	Henan	502.02	336.59	217.39	20.16	18051.16	12936.12
湖　北	Hubei	822.01	578.82	167.01	31.14	23121.55	20942.49
湖　南	Hunan	1234.21	948.17	464.04	44.76	38177.20	34906.67
广　东	Guangdong	1073.07	873.98	503.18	49.44	32160.74	30183.37
广　西	Guangxi	1496.45	1252.50	515.52	52.71	51056.78	46875.18
海　南	Hainan	208.73	176.26	125.29	51.98	7940.93	7274.23
重　庆	Chongqing	400.18	286.92	76.20	34.85	13803.63	11331.85
四　川	Sichuan	2311.66	1659.52	415.65	34.31	168753.49	159572.37
贵　州	Guizhou	841.23	556.92	199.86	31.61	27911.53	24007.96
云　南	Yunnan	2476.11	1817.73	326.77	47.50	171216.68	155380.09
西　藏	Tibet	1746.63	1462.65	3.36	11.91	227271.36	224550.91
陕　西	Shaanxi	1205.80	767.56	183.27	37.26	36144.16	33820.54
甘　肃	Gansu	955.44	468.78	80.77	10.42	21708.26	19363.83
青　海	Qinghai	634.00	329.56	4.44	4.57	4413.80	3915.64
宁　夏	Ningxia	179.03	51.10	10.38	9.84	625.93	492.14
新　疆	Xinjiang	1066.57	661.65	61.75	4.02	33914.50	30100.54

注：1.本表为第七次全国森林资源清查（2004—2008)资料。

2.全国总计数包括台湾省和香港、澳门特别行政区数据。

a) Data in the table are the figures of the Seventh National Forestry Survey (2004-2008).

b) Data of national total include forest resources in Taiwan province and Hong Kong SAR and Macao SAR.

7-25 造 林 面 积
Area of Afforestation

单位：公顷 (hectare)

年 份 地 区	Year Region	造林总面积 Total Area of Afforestation	按造林方式分 By Approach 人工造林 Manual Planting	飞播造林 Airplane Planting	无林地和疏林地新封山育林 Area without Forest or of Sparse Forest	按林种用途分 By Function of Forest 用材林 Timber Forests	经济林 By-product Forests	防护林 Protection Forests	薪炭林 Fuel Forests	特种用途林 Forests for Special Purpose
	2000	5105138	4345008	760130		1218461	1350277	2430834	82338	23228
	2001	4953038	3977324	975714		905518	1068540	2913538	45611	19831
	2002	7770971	6896041	874930		898736	964211	5828810	59144	20070
	2003	9118894	8432486	686408		1175812	797318	7087319	37070	21374
	2004	5598079	5018885	579194		871132	456691	4210768	49966	9522
	2005	3647942	3231556	416386		607547	337816	2678214	16074	8291
	2006	2717925	2446122	271803		481629	403322	1824687	4837	3450
	2007	3907711	2738521	118671	1050519	610367	478417	2790172	7993	20762
	2008	5354387	3684913	154065	1515409	782109	850774	3697812	4020	19672
	2009	6262330	4156293	226337	1879700	801317	1002555	4407654	23705	27099
	2010	5909919	3872762	195948	1841209	809937	1110896	3943432	18887	26767
	2011	5996613	4065693	196931	1733989	1019320	1218281	3688827	36805	33380
	2012	5595791	3820704	136409	1638678	774398	1101053	3650842	41145	28353
北 京	Beijing	35752	22171		13581		574	34090		1088
天 津	Tianjin	5357	5357			984	976	3397		
河 北	Hebei	312360	209013	20002	83345	28806	31267	251258	402	627
山 西	Shanxi	302851	225253	2333	75265	1733	61739	226194	13185	
内蒙古	Inner Mongolia	781617	357339	65071	359207	9820	13300	756364	2133	
辽 宁	Liaoning	246667	140000		106667	13362	17851	215423		31
吉 林	Jilin	28166	27833		333	4135	300	23731		
黑龙江	Heilongjiang	162299	108960		53339	13891	4052	142708	46	1602
上 海	Shanghai	1168	1168				155	1013		
江 苏	Jiangsu	57341	57341			10116	10015	36824		386
浙 江	Zhejiang	43923	34473		9450	5327	11209	25783	435	1169
安 徽	Anhui	43786	32162		11624	10022	5842	27449	154	319
福 建	Fujian	98042	98042			57402	11758	23249		5633
江 西	Jiangxi	138645	127031		11614	66682	32379	37853	545	1186
山 东	Shandong	197956	195875		2081	25178	49195	122277		1306
河 南	Henan	228292	205968		22324	45506	34538	147818		430
湖 北	Hubei	198578	140174		58404	67624	45534	84343	217	860
湖 南	Hunan	404239	236487		167752	125068	48051	230908		212
广 东	Guangdong	107512	94919		12593	27786	6050	72617		1059
广 西	Guangxi	148878	124443		24435	99553	20785	26965		1575
海 南	Hainan	17734	17734			2520	11052	3113		1049
重 庆	Chongqing	206215	135414	10000	60801	43561	32934	124768	3338	1614
四 川	Sichuan	112159	58828		53331	26829	18940	66390		
贵 州	Guizhou	147704	70400		77304	22529	48989	70352	4911	923
云 南	Yunnan	544466	495424		49042	53697	404887	84407	1195	280
西 藏	Tibet	72432	38395		34037	3042	2823	65092	1475	
陕 西	Shaanxi	320287	215684	39003	65600	4856	80827	234604		
甘 肃	Gansu	177330	110789		66541		28233	141076	1200	6821
青 海	Qinghai	135644	33387		102257		1567	125477	8600	
宁 夏	Ningxia	94814	53430		41384		9006	85808		
新 疆	Xinjiang	210244	133877		76367	4369	56225	146158	3309	183

注：2012年全国合计造林面积中包括军事管理区13333公顷退耕还林工程荒山荒地造林。根据造林技术规程(GB/T 15776-2006)，自2006年起将无林地和疏林地新封山育林面积计入造林总面积。

a) The areas of afforestation in 2012 include 13333 hectares plantation of barren mountains and wasteland in the Conversion of Cropland to Forest Program. According to Afforestation Technical Regulation (GB/T 15776-2006), since 2006, area of afforestation include the area without forest or of sparse forest.

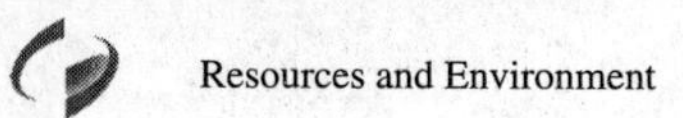

7-26 分地区草原建设利用情况(2012年)
Grassland Construction and Utilization by Region (2012)

单位：千公顷 (1 000 hectares)

地 区	Region	草原总面积 Area of Grassland	可利用草原面积 Grassland Available	累计种草保留面积 Accumulated Grass Reserved	当年新增种草面积 Newly Increased Grassland This Year	草原鼠害 Rodent Pests in Grassland		草原虫害 Insect Pests in Grassland		草原火灾受害面积 Area Affected by Fire
						危害面积 Area Harmed	治理面积 Area Harnessed	危害面积 Area Harmed	治理面积 Area Harnessed	
全 国	**National Total**	**392832.7**	**330995.4**	**19812.6**	**6945.1**	**36914.9**	**7223.3**	**17396.3**	**5080.2**	**127.1**
北 京	Beijing	394.8	336.3	24.3	22.5					
天 津	Tianjin	146.6	135.4	7.4	6.7					
河 北	Hebei	4712.1	4085.3	599.7	132.6	459.6	208.0	470.2	258.0	
山 西	Shanxi	4552.0	4552.0	408.2	167.6	462.6	132.0	371.2	97.3	
内蒙古	Inner Mongolia	78804.5	63591.1	4409.0	1930.7	5700.2	1286.0	7552.7	1996.7	121.5
辽 宁	Liaoning	3388.8	3239.3	651.5	319.4	287.0	216.7	299.6	172.0	
吉 林	Jilin	5842.2	4379.0	651.1	255.0	409.3	332.0	395.3	105.5	1.6
黑龙江	Heilongjiang	7531.8	6081.7	828.9	360.3	668.7	109.3	597.3	116.7	
上 海	Shanghai	73.3	37.3	1.3						
江 苏	Jiangsu	412.7	325.7	34.8	25.7					
浙 江	Zhejiang	3169.9	2075.2	50.5	34.9					
安 徽	Anhui	1663.2	1485.2	121.6	73.4					
福 建	Fujian	2048.0	1957.1	54.6	30.3					
江 西	Jiangxi	4442.3	3847.6	239.1	140.8					
山 东	Shandong	1638.0	1329.2	178.4	79.5					
河 南	Henan	4433.8	4043.3	213.5	42.9					
湖 北	Hubei	6352.2	5071.5	220.5	89.2					
湖 南	Hunan	6372.7	5666.3	209.0	36.2					
广 东	Guangdong	3266.2	2677.2	30.8	18.7					
广 西	Guangxi	8698.3	6500.3	89.2	23.9					
海 南	Hainan	949.8	843.3	18.3	0.3					
重 庆	Chongqing	2158.4	1867.2	102.0	48.0					
四 川	Sichuan	20380.4	17753.1	2065.3	730.1	3039.8	904.0	834.7	370.7	2.7
贵 州	Guizhou	4287.3	3759.7	603.0	141.3					
云 南	Yunnan	15308.4	11925.6	819.8	294.6					
西 藏	Tibet	82051.9	70846.8	175.1	80.0	5933.3	228.0	31.4	14.0	
陕 西	Shaanxi	5206.2	4349.2	822.7	145.8	630.7	191.3	374.0	68.0	
甘 肃	Gansu	17904.2	16071.6	2707.2	530.3	4873.3	494.0	1335.9	322.7	
青 海	Qinghai	36369.7	31530.7	1011.9	359.9	8628.2	1162.0	1996.1	316.7	0.5
宁 夏	Ningxia	3014.1	2625.6	696.3	237.4	364.0	550.0	651.1	100.0	
新 疆	Xinjiang	54504.2	45902.2	1550.1	550.3	5167.3	1235.3	2064.5	966.0	0.7
新疆兵团	Xinjiang Production & Construction Corps	2754.6	2104.6	217.5	36.6	290.8	174.7	422.1	176.0	0.1

7-27 分地区湿地面积
Area of Wetlands by Region

地 区	Region	湿地面积（千公顷）Area of Wetlands (1 000 hectares)	天然湿地 Natural Wetlands	近岸及海岸 Coasts and Seashores	河 流 Rivers	湖 泊 Lakes	沼 泽 Marshland	人工湿地 Man-made Wetlands	湿地面积占辖区面积比重(%) Proportion of Wetlands in Total Area of Territory (%)
全 国	**National Total**	**38485.5**	**36200.6**	**5941.7**	**8207.0**	**8351.6**	**13700.3**	**2285.0**	**4.01**
北 京	Beijing	34.4	5.0		5.0			29.4	1.93
天 津	Tianjin	171.8	133.7	58.1	55.1	12.3	8.2	38.1	14.95
河 北	Hebei	1081.9	1042.3	278.8	319.3	307.2	136.9	39.6	5.82
山 西	Shanxi	499.9	462.2		454.1	8.1		37.7	3.19
内蒙古	Inner Mongolia	4245.0	4200.8		607.5	495.2	3098.1	44.3	3.66
辽 宁	Liaoning	1219.6	1106.8	738.1	252.2	6.3	110.2	112.9	8.37
吉 林	Jilin	1203.4	1016.4	5.8	581.4	74.5	354.7	187.0	6.37
黑龙江	Heilongjiang	4314.8	4182.8		460.7	401.9	3320.3	132.0	9.49
上 海	Shanghai	319.7	319.4	305.4	7.2	6.8		0.3	53.68
江 苏	Jiangsu	1674.7	1651.1	843.5	203.3	604.2		23.6	16.32
浙 江	Zhejiang	802.2	695.9	574.3	118.5	3.0	0.1	106.3	7.88
安 徽	Anhui	653.9	590.0		239.5	350.5		63.9	4.73
福 建	Fujian	443.0	421.2	370.6	31.1	19.5		21.8	3.65
江 西	Jiangxi	998.8	872.9		314.9	443.2	114.8	125.9	5.99
山 东	Shandong	1784.1	1681.4	1210.9	301.1	165.5	3.9	102.7	11.72
河 南	Henan	624.1	482.2		472.7	2.6	6.9	141.9	3.74
湖 北	Hubei	927.3	730.5		377.4	294.7	58.4	196.9	4.99
湖 南	Hunan	1226.9	1047.5		683.1	359.3	5.1	179.5	5.79
广 东	Guangdong	1398.1	1252.0	1017.8	231.7	1.5	1.0	146.0	7.86
广 西	Guangxi	656.1	567.5	348.4	219.1			88.6	2.76
海 南	Hainan	311.5	256.6	190.0	38.3	17.3	11.0	54.9	9.13
重 庆	Chongqing	43.2	31.9		31.6	0.3		11.3	0.52
四 川	Sichuan	961.7	919.5		563.9	13.4	342.3	42.1	1.98
贵 州	Guizhou	79.4	65.9		58.0	2.3	5.7	13.5	0.45
云 南	Yunnan	235.3	220.3		119.8	96.5	4.0	15.0	0.61
西 藏	Tibet	5232.0	5231.5		231.1	2538.6	2461.7	0.5	4.26
陕 西	Shaanxi	292.9	277.2		252.1	7.3	17.8	15.7	1.42
甘 肃	Gansu	1258.1	1131.4		565.6	44.3	521.5	126.7	2.80
青 海	Qinghai	4126.0	4087.7		107.5	1232.0	2748.1	38.3	5.72
宁 夏	Ningxia	255.6	252.4		104.1	148.3		3.2	3.85
新 疆	Xinjiang	1410.2	1264.6		200.2	694.9	369.5	145.5	0.86

注：本表为中国首次湿地调查（1995–2003）资料，不包括台湾省、香港和澳门特别行政区；湿地面积不包括水稻田湿地。

a) Data in the table are the figures of China First Wetlands Survey (1995-2003), excluding the wetlands of Taiwan province, Hong Kong SAR and Macao SAR. Area of wetlands excludes the wetland of paddyfield.

7-28 分地区自然保护基本情况（2012年）
Basic Situation of Natural Protection by Region (2012)

地区	Region	自然保护区个数（个） Number of Nature Reserves (unit)	#国家级 Nation Level	自然保护区面积（万公顷） Area of Nature Reserves (10 000 hectares)	#国家级 Nation Level	自然保护区占辖区面积比重(%) Percentage of Nature Reserves in the Region (%)
全国	**National Total**	**2669**	**363**	**14978.7**	**9414.6**	**14.9**
北京	Beijing	20	2	13.4	2.6	8.0
天津	Tianjin	8	3	9.1	3.8	8.1
河北	Hebei	43	13	69.3	25.4	3.6
山西	Shanxi	46	6	116.1	10.7	7.4
内蒙古	Inner Mongolia	184	25	1368.9	404.9	11.6
辽宁	Liaoning	105	14	267.4	100.7	12.4
吉林	Jilin	39	16	232.9	100.3	12.4
黑龙江	Heilongjiang	224	28	675.2	271.6	14.9
上海	Shanghai	4	2	9.4	6.6	5.2
江苏	Jiangsu	30	3	56.7	33.6	4.1
浙江	Zhejiang	32	10	19.7	14.7	1.5
安徽	Anhui	104	7	52.4	13.9	3.8
福建	Fujian	93	13	46.4	21.8	3.1
江西	Jiangxi	200	11	126.0	18.4	7.6
山东	Shandong	86	7	108.2	22.0	4.7
河南	Henan	34	11	73.5	42.6	4.4
湖北	Hubei	65	13	95.5	28.3	5.1
湖南	Hunan	129	18	128.5	51.8	6.1
广东	Guangdong	368	13	355.3	29.5	6.7
广西	Guangxi	78	17	145.3	33.4	6.0
海南	Hainan	50	9	273.5	10.7	7.0
重庆	Chongqing	57	5	85.0	24.1	10.3
四川	Sichuan	167	27	897.4	283.3	18.5
贵州	Guizhou	129	8	95.2	24.4	5.4
云南	Yunnan	159	19	285.4	148.0	7.5
西藏	Tibet	47	9	4136.9	3715.3	33.9
陕西	Shaanxi	57	17	116.3	52.7	5.7
甘肃	Gansu	59	17	734.7	491.0	16.2
青海	Qinghai	11	5	2182.2	2025.2	30.2
宁夏	Ningxia	14	6	53.6	42.7	10.3
新疆	Xinjiang	27	9	2149.4	1360.6	13.0

7-29 分地区自然灾害损失情况(2012年)
Loss Caused by Natural Disasters by Region (2012)

单位：千公顷 (1 000 hectares)

地区	Region	农作物受灾面积合计 Total Areas Affected of Farm Crops		旱灾 Drought		洪涝、山体滑坡、泥石流和台风 Flood, Waterlogging, Landslides and Debris Flow, Typhoon		风雹灾害 Wind and Hail	
		受灾 Area Affected	绝收 Total Crop Failure	受灾 Area Affected	绝收 Total Crop Failure	受灾 Area Affected	绝收 Total Crop Failure	受灾 Area Affected	绝收 Total Crop Failure
全国	**National Total**	**24962.0**	**1826.3**	**9339.8**	**374.0**	**11220.4**	**1095.3**	**2780.8**	**213.4**
北京	Beijing	71.2	6.0			57.6	4.8	13.4	1.2
天津	Tianjin	133.6	13.9			117.5	13.9	16.1	
河北	Hebei	1329.0	123.0	430.3	25.0	375.6	49.2	268.7	11.5
山西	Shanxi	931.0	70.1	403.9	5.4	261.4	48.4	123.4	11.7
内蒙古	Inner Mongolia	2060.7	378.0	453.6	10.5	965.5	283.6	243.5	20.7
辽宁	Liaoning	355.4	27.0			323.3	27.0	32.1	
吉林	Jilin	632.8	15.8	303.8	9.3	270.4	2.5	51.7	3.6
黑龙江	Heilongjiang	2429.4	134.9	1200.0	63.2	1042.9	33.3	186.5	38.4
上海	Shanghai	14.7	1.9			14.7	1.9		
江苏	Jiangsu	697.5	43.4	366.7	9.3	296.6	34.1	34.2	
浙江	Zhejiang	554.2	42.0			523.5	41.4	0.6	0.1
安徽	Anhui	1152.5	59.2	616.1	21.5	513.2	36.7	21.9	1.0
福建	Fujian	159.3	11.4			141.5	11.3	17.1	0.1
江西	Jiangxi	673.5	47.5			448.4	37.1	84.1	2.2
山东	Shandong	1822.6	89.8	673.3	7.4	934.2	75.3	215.1	7.1
河南	Henan	1388.8	22.6	1001.5	2.7	367.1	19.4	20.2	0.5
湖北	Hubei	1718.7	112.3	939.2	39.5	667.2	63.6	30.2	5.1
湖南	Hunan	1233.9	65.6			757.7	55.0	335.9	9.3
广东	Guangdong	417.2	22.1			387.7	21.8	29.3	0.3
广西	Guangxi	575.0	22.6	77.1	2.5	489.5	19.4	7.4	0.7
海南	Hainan	60.5	12.0			47.6	12.0	12.9	
重庆	Chongqing	405.4	45.4	61.9	1.0	329.0	43.0	14.5	1.4
四川	Sichuan	943.9	47.5	222.0	16.7	644.4	24.5	47.1	6.1
贵州	Guizhou	542.1	42.6	132.5	1.7	301.0	31.2	88.2	9.7
云南	Yunnan	1578.3	142.4	1072.7	106.7	390.5	26.2	72.5	7.8
西藏	Tibet	14.4	2.5			6.5	1.1	6.8	1.4
陕西	Shaanxi	508.9	39.9	227.6	6.5	209.3	28.1	62.7	4.5
甘肃	Gansu	1016.5	69.9	498.1	15.6	195.4	33.9	220.3	17.0
青海	Qinghai	154.9	7.8	33.3	1.1	36.0	2.1	49.4	4.6
宁夏	Ningxia	260.3	10.1	104.0		60.5	4.7	35.5	5.1
新疆	Xinjiang	1125.8	97.1	522.2	28.4	44.7	8.8	431.5	42.3

7-29 续表 continued

单位：千公顷 (1 000 hectares)

地 区	Region	低温冷冻和雪灾 Low-temperature, Freezing and Snow Disaster		人口受灾 Population		直接经济损失(亿元) Direct Economic Loss (100 million yuan)
		受灾 Area Affected	绝收 Total Crop Failure	受灾人口(万人次) Population Affected (10 000 person-times)	死亡人口(含失踪)(人) Deaths (including missing) (person)	
全 国	**National Total**	**1617.8**	**142.9**	**29421.7**	**1530**	**4185.5**
北 京	Beijing	0.2		95.2	79	171.1
天 津	Tianjin			88.4		32.5
河 北	Hebei	254.4	37.3	2112.1	72	397.2
山 西	Shanxi	142.3	4.6	546.7	42	64.9
内蒙古	Inner Mongolia	398.1	63.2	668.9	64	152.8
辽 宁	Liaoning			569.1	19	206.6
吉 林	Jilin	6.9	0.4	712.4	5	52.1
黑龙江	Heilongjiang			796.2		69.9
上 海	Shanghai			42.0	4	5.2
江 苏	Jiangsu			1492.9	10	107.8
浙 江	Zhejiang	30.1	0.5	1126.7	10	309.9
安 徽	Anhui	1.3		2206.3	26	87.2
福 建	Fujian	0.7		225.6	4	47.3
江 西	Jiangxi	141.0	8.2	775.9	41	113.3
山 东	Shandong			1940.3	16	244.8
河 南	Henan			1232.1	14	26.8
湖 北	Hubei	74.1	4.1	1703.6	64	131.7
湖 南	Hunan	140.3	1.3	1622.8	62	149.1
广 东	Guangdong	0.2		499.5	52	75.7
广 西	Guangxi	1.0		844.1	44	45.6
海 南	Hainan			197.5	7	15.5
重 庆	Chongqing			795.4	36	56.0
四 川	Sichuan	30.4	0.2	3655.1	222	402.4
贵 州	Guizhou	20.4		1194.8	51	65.8
云 南	Yunnan	40.2	1.0	1760.0	242	164.2
西 藏	Tibet	1.1		49.0	23	2.9
陕 西	Shaanxi	9.3	0.8	733.2	58	86.4
甘 肃	Gansu	102.7	3.4	1185.2	126	134.0
青 海	Qinghai	36.2		172.7	13	15.1
宁 夏	Ningxia	60.3	0.3	144.6	12	8.3
新 疆	Xinjiang	126.6	17.6	233.4	66	91.3

注：死亡人口(含失踪)和直接经济损失含森林、海洋等灾害。

a) Deaths (including missing) and direct economic loss include forest disasters and sea disasters.

7-30 地质灾害及防治情况
Geological Disasters and Prevention and Cure

年份 地区	Year Region	发生地质灾害数量(处) Geological Disasters (unit)	#滑坡 Land-slide	#崩塌 Collapse	#泥石流 Mud-rock Flow	#地面塌陷 Land Subside	人员伤亡(人) Casualties (person)	#死亡人数 Deaths	直接经济损失(万元) Direct Economic Losses (10 000 yuan)	地质灾害防治项目数(个) Number of Projects of Prevention of Geological Disasters (unit)	地质灾害防治投资(万元) Investment of Projects of Prevention of Geological Disasters (10 000 yuan)
	2000	19653	13431	2945	1958	347	27697	1179	494201	429	33197
	2001	5793	3034	583	1539	554	1675	788	348699	999	44639
	2002	40246	31247	3097	4976	521	2759	853	509740	1595	110022
	2003	15489	10240	2604	1549	574	1333	767	504325	1815	166514
	2004	13555	9130	2593	1157	445	1407	734	408828	2247	175231
	2005	17751	9367	7654	566	137	1223	578	357678	3179	166860
	2006	102804	88523	13160	417	398	1227	663	431590	2914	193570
	2007	25364	15478	7722	1215	578	1123	598	247528	3492	244885
	2008	26580	13450	8080	843	454	1598	656	326936	5325	529939
	2009	10580	6310	2378	1442	326	845	331	190109	28061	542368
	2010	30670	22250	5688	1981	478	3445	2244	638509	28106	1159813
	2011	15804	11504	2445	1356	386	413	244	413151	20871	928085
	2012	14675	11112	2152	952	364	636	293	625253	26882	1024183
北京	Beijing	18	3	12		2	5	3		7	4222
天津	Tianjin	15	4	9	2					9	1243
河北	Hebei	36	6	10	10	6	1		430	123	16833
山西	Shanxi	18	9	7		2	14	12	345	120	38753
内蒙古	Inner Mongolia	3	1	1		1			612	26	5589
辽宁	Liaoning	2970	2853	9	74	32			235235	83	26916
吉林	Jilin	19	2	9	7	1			429	10	8009
黑龙江	Heilongjiang	2	1	1						10	2850
上海	Shanghai									1	6319
江苏	Jiangsu	25	20	2		3			642	117	23864
浙江	Zhejiang	747	490	191	61	5	1	1	11361	1123	44954
安徽	Anhui	350	170	157	13	10	5	3	4601	524	26370
福建	Fujian	130	82	43	1	4	6	5	364	1043	30792
江西	Jiangxi	636	358	246	3	29	5	3	3035	101	44815
山东	Shandong	31	7	6	6	11			591	108	22190
河南	Henan	50	16	7	1	26			898	5	7852
湖北	Hubei	573	416	99	18	35	21	12	9275	287	38883
湖南	Hunan	3407	3037	262	35	56	42	19	41697	536	37226
广东	Guangdong	231	101	103	7	20	33	21	4308	7146	82293
广西	Guangxi	396	103	238	4	49	44	11	10044	1231	37992
海南	Hainan	7	2	5					13	76	2959
重庆	Chongqing	588	449	116	13	10	28	21	13571	761	59341
四川	Sichuan	3149	2267	403	466	11	197	78	125017	9062	192232
贵州	Guizhou	181	117	45	6	10	25	12	5564	1445	42189
云南	Yunnan	571	318	70	102	33	145	46	29282	2418	107618
西藏	Tibet	59	13	11	35				2459	14	10683
陕西	Shaanxi	240	170	42	21	2	13	8	6516	210	24469
甘肃	Gansu	144	70	29	36	5	12	7	15241	256	34911
青海	Qinghai	30	18	10	2		5	3	55	15	17340
宁夏	Ningxia	5	2	2					28	1	2097
新疆	Xinjiang	44	7	7	29	1	34	28	103639	14	2378

7-31 森林火灾情况(2012年) Forest Fires (2012)

地 区	Region	森林火灾次数(次) Forest Fires (time)	一般火灾 Ordinary Fires	较大火灾 Major Fires	重大火灾 Severe Fires	特别重大火灾 Especially Severe Fires	火场总面积(公顷) Total Area of Fires (hectare)	受害森林面积(公顷) Destructed Forest Area (hectare)	伤亡人数(人) Casualties (person)	其他损失折款(万元) Economic Loss (10 000 yuan)
全 国	**National Total**	**3966**	**2397**	**1568**	**1**		**43171**	**13948**	**21**	**10801.5**
北 京	Beijing	1	1				3	1		
天 津	Tianjin	11	11				46	6		2.0
河 北	Hebei	83	73	10			2112	221		50.6
山 西	Shanxi	20	10	10			480	95		102.1
内蒙古	Inner Mongolia	57	26	31			4464	650		92.6
辽 宁	Liaoning	51	27	24			374	120		37.6
吉 林	Jilin	41	26	15			178	58	1	207.9
黑龙江	Heilongjiang	49	40	9			1046	235		
上 海	Shanghai									
江 苏	Jiangsu	30	30				6	1		3.4
浙 江	Zhejiang	139	14	125			2091	906		
安 徽	Anhui	81	57	24			307	86	1	20.1
福 建	Fujian	92	6	86			1078	700		5077.9
江 西	Jiangxi	46	12	34			1154	412		248.1
山 东	Shandong	8	6	2			15	8		2.4
河 南	Henan	328	286	42			738	192		39.2
湖 北	Hubei	385	356	29			1205	236		1.2
湖 南	Hunan	922	416	506			8079	4653	5	1142.1
广 东	Guangdong	65	25	40			821	361	3	439.0
广 西	Guangxi	289	147	142			4329	780		363.0
海 南	Hainan	23	14	9			57	29		1.8
重 庆	Chongqing	38	29	9			236	95	3	28.9
四 川	Sichuan	486	394	92			3082	815	7	468.0
贵 州	Guizhou	275	210	65			2557	502		199.7
云 南	Yunnan	299	83	216			7902	2501		2194.2
西 藏	Tibet	13	6	6	1		182	135	1	7.7
陕 西	Shaanxi	67	30	37			390	16		3.4
甘 肃	Gansu	11	7	4			85	8		0.4
青 海	Qinghai	6	6				131	108		22.3
宁 夏	Ningxia	9	9				4	4		
新 疆	Xinjiang	41	40	1			19	17		45.9

7-32 森林病虫鼠害防治情况
Prevention of Forest Diseases, Pests and Rats

单位：万公顷 (10 000 hectare)

年份 地区	Year Region	合计 Total 发生面积 Area of Occurrence	合计 Total 防治面积 Area of Prevention	合计 Total 防治率(%) Prevention Rate (%)	森林病害 Forest Diseases 发生面积 Area of Occurrence	森林病害 Forest Diseases 防治面积 Area of Prevention	森林虫害 Forest Pest Plague 发生面积 Area of Occurrence	森林虫害 Forest Pest Plague 防治面积 Area of Prevention	森林鼠害 Forest Rat Plague 发生面积 Area of Occurrence	森林鼠害 Forest Rat Plague 防治面积 Area of Prevention
	2000	851.86	574.19	67.4	93.45	61.95	669.28	456.59	89.12	55.65
	2001	839.03	587.29	70.0	80.50	58.29	668.38	459.27	90.15	69.74
	2002	841.25	571.96	68.0	74.50	57.12	679.23	451.23	87.52	63.61
	2003	888.74	582.92	65.6	75.75	55.25	718.46	463.33	94.53	64.34
	2004	944.84	639.52	68.0	75.79	56.71	744.03	494.85	125.02	87.96
	2005	961.03	640.75	66.7	101.20	70.62	726.09	498.51	133.73	71.62
	2006	1100.67	735.47	66.8	103.87	71.80	829.87	557.20	166.93	106.47
	2007	1209.68	801.20	66.2	110.95	85.88	887.72	604.53	211.02	110.79
	2008	1141.84	783.96	68.7	116.83	90.48	843.19	590.23	181.81	103.25
	2009	1141.97	819.38	71.8	103.12	81.88	850.30	638.14	188.55	99.36
	2010	1164.24	812.36	69.8	129.06	89.56	852.32	628.70	182.86	94.11
	2011	1168.14	728.50	62.4	119.72	79.23	845.91	546.58	202.51	102.69
	2012	1176.90	782.59	66.5	131.16	84.26	846.29	572.93	199.45	125.41
北 京	Beijing	4.03	4.03	100.0	0.24	0.24	3.79	3.79		
天 津	Tianjin	4.96	4.96	100.0	0.71	0.71	4.25	4.25		
河 北	Hebei	53.60	41.63	77.7	2.98	2.72	49.49	38.04	1.14	0.87
山 西	Shanxi	23.92	14.97	62.6	0.34	0.22	19.00	12.61	4.58	2.14
内蒙古	Inner Mongolia	120.33	62.15	51.7	14.58	3.24	75.45	42.67	30.30	16.24
辽 宁	Liaoning	66.69	58.85	88.2	6.48	5.13	59.91	53.41	0.30	0.30
吉 林	Jilin	26.32	20.91	79.4	1.91	1.83	21.78	17.25	2.62	1.83
黑龙江	Heilongjiang	43.75	38.65	88.3	4.39	3.59	17.64	15.94	21.72	19.12
上 海	Shanghai	0.55	0.54	98.0	0.09	0.09	0.46	0.45		
江 苏	Jiangsu	11.67	8.66	74.2	1.03	0.88	10.64	7.78		
浙 江	Zhejiang	6.34	5.27	83.1	1.27	1.08	5.07	4.19		
安 徽	Anhui	38.82	31.58	81.4	5.21	3.56	33.61	28.02		
福 建	Fujian	19.90	10.51	52.8	1.13	0.85	18.77	9.66		
江 西	Jiangxi	30.53	25.58	83.8	5.69	4.43	24.84	21.14		
山 东	Shandong	52.14	47.64	91.4	10.91	9.59	41.23	38.06		
河 南	Henan	53.84	44.80	83.2	11.05	9.45	42.79	35.34		
湖 北	Hubei	32.52	21.18	65.1	3.16	2.13	29.07	18.98	0.28	0.07
湖 南	Hunan	29.00	14.69	50.7	4.75	1.42	24.22	13.23	0.03	0.03
广 东	Guangdong	33.73	12.95	38.4	1.43	1.17	32.30	11.78		
广 西	Guangxi	36.31	5.54	15.2	2.93	0.11	33.39	5.43		
海 南	Hainan	0.94	0.56	59.3	0.004	0.003	0.94	0.56		
重 庆	Chongqing	28.24	17.87	63.3	2.10	2.08	21.46	12.85	4.68	2.95
四 川	Sichuan	72.70	55.82	76.8	9.59	5.80	58.80	46.63	4.30	3.38
贵 州	Guizhou	20.82	14.46	69.4	1.61	1.16	18.31	12.68	0.90	0.62
云 南	Yunnan	29.95	26.92	89.9	4.29	3.98	25.48	22.78	0.17	0.17
西 藏	Tibet	27.32	15.38	56.3	7.61	4.64	14.68	8.63	5.03	2.11
陕 西	Shaanxi	41.39	28.46	68.8	3.49	2.10	27.01	18.19	10.89	8.17
甘 肃	Gansu	29.97	14.57	48.6	6.23	4.06	15.75	5.46	7.98	5.05
青 海	Qinghai	27.87	16.36	58.7	3.76	1.30	10.77	7.16	13.34	7.90
宁 夏	Ningxia	32.28	12.30	38.1	0.01		14.88	2.69	17.39	9.61
新 疆	Xinjiang	164.44	101.26	61.6	10.16	6.38	87.23	52.15	67.04	42.72
大兴安岭	Daxinganling	12.04	3.58	29.7	2.02	0.29	3.28	1.16	6.75	2.13

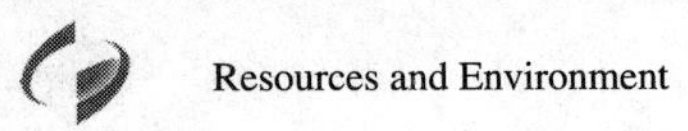

7-33 突发环境事件情况(2012年)
Environmental Emergencies (2012)

地区	Region	突发环境事件次数(次) Number of Environmental Emergencies (time)	特别重大环境事件 Extraordinarily Serious Environmental Emergencies	重大环境事件 Serious Environmental Emergencies	较大环境事件 Comparatively Serious Environmental Emergencies	一般环境事件 Ordinary Environmental Emergencies
全国	**National Total**	**542**		**5**	**5**	**532**
北京	Beijing	21				21
天津	Tianjin	5				5
河北	Hebei	10				10
山西	Shanxi					
内蒙古	Inner Mongolia	10				10
辽宁	Liaoning	15		1	1	13
吉林	Jilin	1				1
黑龙江	Heilongjiang					
上海	Shanghai	192				192
江苏	Jiangsu	77				77
浙江	Zhejiang	23				23
安徽	Anhui	20				20
福建	Fujian	4				4
江西	Jiangxi	1				1
山东	Shandong	3				3
河南	Henan	14				14
湖北	Hubei	4				4
湖南	Hunan	3		1	1	1
广东	Guangdong	23		1		22
广西	Guangxi	20		1	3	16
海南	Hainan	2				2
重庆	Chongqing	25				25
四川	Sichuan	16				16
贵州	Guizhou	4		1		3
云南	Yunnan	1				1
西藏	Tibet					
陕西	Shaanxi	23				23
甘肃	Gansu	8				8
青海	Qinghai	4				4
宁夏	Ningxia					
新疆	Xinjiang	13				13

7-34 地震灾害情况
Earthquake Disasters

年份 Year 地区 Region	地震灾害次数（次）Number of Earthquakes (time)	5.0-5.9级 5.0-5.9 Richter scale	6.0-6.9级 6.0-6.9 Richter scale	7.0级以上 Over 7.0 Richter scale	人员伤亡（人）Casualties (person)	#死亡人数 Deaths	直接经济损失（万元）Direct Economic Loss (10 000 yuan)
2000	10	7	2		2987	10	146792
2001	12	8	2	1	750	9	148449
2002	5	4			362	2	14774
2003	21	10	6	1	7465	319	466040
2004	11	8	1		696	8	94959
2005	13	9	2		882	15	262811
2006	10	9			229	25	79962
2007	3	1	1		422	3	201922
2008	17	6	4	2	446293	69283	85949594
2009	8	5	2		407	3	273782
2010	12	4		1	13795	2705	2361077
2011	18	11	2	1	540	32	6020873
2012	12	8	3		1279	86	828757
江 苏 Jiangsu	1	1			3	1	1543
云 南 Yunnan	3	3			1276	85	554258
甘 肃 Gansu	1	1					862
新 疆 Xinjiang	7	3	3				272095

7-35 主要海洋灾害情况（2012年）
Major Marine Disasters (2012)

灾种 Disaster Categories	发生次数（次）Disasters (time)	人员死亡、失踪（人）Casualties and Missing People (person)	直接经济损失（亿元）Direct Economic Loss (100 million yuan)
合 计 Total	**138**	**68**	**154.95**
风暴潮 Stormy Tides	24	9	126.29
赤 潮 Red Tides	73		20.15
海 浪 Huge Waves	41	59	6.96
海 冰 Sea Ice			1.55

7-36 全海域未达到第一类海水水质标准的海域面积(2012年)
Sea Area with Water Quality Not Reaching Standard of Grade 1 (2012)

单位：平方公里 (sq.km)

项　目	Item	第二类水质海域面积 Sea Area with Water Quality at Grade 2	第三类水质海域面积 Sea Area with Water Quality at Grade 3	第四类水质海域面积 Sea Area with Water Quality at Grade 4	劣于第四类水质海域面积 Sea Area with Water Quality Below Grade 4
总　计	**Total**	**46910**	**30030**	**24700**	**67880**
渤　海	Bohai Sea	12330	11040	4690	13080
黄　海	Huanghai Sea	12890	3450	7540	16530
东　海	Donghai Sea	12800	7540	8820	33970
南　海	Nanhai Sea	8890	8000	3650	4300

7-37 环境污染治理投资
Investment in the Treatment of Environmental Pollution

指　标	Item	2008	2009	2010	2011	2012
环境污染治理投资总额(亿元)	**Total Investment in the Treatment of Environmental Pollution (100 million yuan)**	**4937.0**	**5258.4**	**7612.2**	**7114.0**	**8253.5**
#城镇环境基础设施建设投资	Investment in Urban Environmental Infrastructure	2247.7	3245.1	5182.2	4557.2	5062.7
#燃气	Gas Supply	199.2	219.2	357.9	444.1	551.8
集中供热	Centralized Heating	328.2	441.5	557.5	593.3	798.1
排水	Drainage Works	637.2	1035.5	1172.7	971.6	934.1
园林绿化	Gardening and Greening	823.9	1137.6	2670.6	1991.9	2380.0
市容环境卫生	Environmental Sanitation	259.2	411.2	423.5	556.2	398.6
工业污染源治理投资	Investment in the Treatment of Industrial Pollution	542.6	442.6	397.0	444.4	500.5
建设项目"三同时"环保投资	"Three Simultaneities" Environmental Investment for New Project	2146.7	1570.7	2033.0	2112.4	2690.4
环境污染治理投资总额占国内生产总值比重(%)	**Total Investment in the Treatment of Environmental Pollution as Percent of GDP (%)**	**1.57**	**1.54**	**1.90**	**1.50**	**1.59**

注：城镇环境基础设施建设投资中增加了县城基础设施建设投资。

a) Investment in environmental infrastructure at county level was added to investment in urban environmental infrastructure.

7-38 工业污染治理投资完成情况
Investment Completed in the Treatment of Industrial Pollution

年 份 地 区	Year Region	工业污染治理完成投资（万元）Investment Completed in the Treatment of Industrial Pollution (10 000 yuan)	治理废水 Treatment of Waste Water	治理废气 Treatment of Waste Gas	治理固体废物 Treatment of Solid Waste	治理噪声 Treatment of Noise Pollution	治理其他 Treatment of Other Pollution
	2000	2347895	1095897	909242	114673	13692	214390
	2001	1745280	729214	657940	186967	6424	164734
	2002	1883663	714935	697864	161287	10464	299113
	2003	2218281	873748	921222	161763	10139	251408
	2004	3081060	1055868	1427975	226465	13416	357336
	2005	4581909	1337147	2129571	274181	30613	810396
	2006	4839485	1511165	2332697	182631	30145	782848
	2007	5523909	1960722	2752642	182532	18279	606838
	2008	5426404	1945977	2656987	196851	28383	598206
	2009	4426207	1494606	2324616	218536	14100	374349
	2010	3969768	1295519	1881883	142692	14193	620021
	2011	4443610	1577471	2116811	313875	21623	413831
	2012	5004573	1403448	2577139	247499	11627	764860
北 京	Beijing	32840	3012	24652	1011	40	4125
天 津	Tianjin	125559	11306	42459	1301	1208	69284
河 北	Hebei	236290	52178	181167	86		2858
山 西	Shanxi	323269	30523	170665	40201	239	81642
内蒙古	Inner Mongolia	189715	38699	123391	18197	5	9424
辽 宁	Liaoning	119447	27777	56168	2354	111	33038
吉 林	Jilin	57269	14702	30422	1095	350	10700
黑龙江	Heilongjiang	39287	7350	27661	2501		1776
上 海	Shanghai	115915	5336	55455	432	560	54131
江 苏	Jiangsu	390144	73572	265739	12989	323	37521
浙 江	Zhejiang	283023	101840	138422	1457	1405	39899
安 徽	Anhui	127350	21476	100711	2335	183	2645
福 建	Fujian	237635	102883	107725	7576	382	19069
江 西	Jiangxi	39478	16575	17576	1624	16	3688
山 东	Shandong	670633	263797	303865	35350	1306	66316
河 南	Henan	148347	30452	77995	3952	425	35522
湖 北	Hubei	148964	35376	75490	1476	1114	35508
湖 南	Hunan	179561	48312	78513	4157	280	48298
广 东	Guangdong	280996	57889	190207	17348	755	14797
广 西	Guangxi	85644	43969	25546	8782	2	7344
海 南	Hainan	48279	25043	21207	180		1850
重 庆	Chongqing	38226	17510	16531	1471	309	2405
四 川	Sichuan	110608	53646	48615	2892	474	4980
贵 州	Guizhou	124663	21041	67346	2363	1034	32879
云 南	Yunnan	197259	101066	56598	5733	575	33287
西 藏	Tibet	1775	922	174	615		64
陕 西	Shaanxi	271266	112221	112464	11406	480	34695
甘 肃	Gansu	210984	29510	62220	53499	51	65706
青 海	Qinghai	21880	3263	14130	1514		2974
宁 夏	Ningxia	69160	14298	43543	3601		7717
新 疆	Xinjiang	79106	37905	40483			718

7-39 林业投资资金来源情况(2012年)
Sources of Funds of Forestry Investment (2012)

单位：万元 (10 000 yuan)

地区	Region	林业投资本年资金来源 Sources of Funds This Year	上年末结余资金 Balance at Preceding Year-end	本年资金来源 Source of Funds This Year	国家预算资金 State Budget	国内贷款 Domestic Loans	债券 Bonds	利用外资 Foreign Investment	自筹资金 Self-raising Funds	其他资金 Other Funds
全国	**National Total**	**33664456**	**655239**	**33009217**	**15563528**	**3283945**	**32549**	**316427**	**10648742**	**3164026**
北京	Beijing	1369070	157168	1211902	1175681		670	531	19905	15115
天津	Tianjin	53355		53355	49288					4067
河北	Hebei	663921	7223	656698	446878	89171		3924	88951	27774
山西	Shanxi	1025047		1025047	417841			192	607014	
内蒙古	Inner Mongolia	1355222	5119	1350103	1230701			400	102528	16474
辽宁	Liaoning	1442337	1145	1441192	902002	4500		2185	479289	53216
吉林	Jilin	783681	69602	714079	500952	1342	1101	3639	122322	84723
黑龙江	Heilongjiang	1746785	6128	1740657	1287388	305			444070	8894
上海	Shanghai	80214		80214	74944				25	5245
江苏	Jiangsu	854958	1939	853019	222871	1420			600666	28062
浙江	Zhejiang	791731	4246	787485	491026	151538		4284	131096	9541
安徽	Anhui	410617	3053	407564	186821	35214		3843	139018	42668
福建	Fujian	2434145	794	2433351	262356	1951870		124512	89404	5209
江西	Jiangxi	763176		763176	499087	32856		12119	141008	78106
山东	Shandong	2468838	5838	2463000	918060	39009		7800	1321404	176727
河南	Henan	976351		976351	159521	230000		1100	337260	248470
湖北	Hubei	538442	7997	530445	292634	15468		4370	162501	55472
湖南	Hunan	1227186	8839	1218347	482910	134894		2216	533072	65255
广东	Guangdong	733679	21872	711807	630765	4047		6182	33015	37798
广西	Guangxi	6615642	30434	6585208	348398	293860	29050	116235	4249680	1547985
海南	Hainan	184249	37176	147073	123429		620		13191	9833
重庆	Chongqing	502771	1499	501272	465261	13608	9		18677	3717
四川	Sichuan	1845707	32597	1813110	874793	106365		5251	435424	391277
贵州	Guizhou	380000		380000	380000					
云南	Yunnan	1132476	77927	1054549	826543	48857	1099		73211	104839
西藏	Tibet	165894		165894	165894					
陕西	Shaanxi	680481	6230	674251	514598	1300			82524	75829
甘肃	Gansu	756920	2240	754680	596809	93695		16572	31349	16255
青海	Qinghai	221647		221647	193614	15198		984	316	11535
宁夏	Ningxia	143679	260	143419	131674				320	11425
新疆	Xinjiang	797767	75657	722110	437421	19428		88	256972	8201
大兴安岭	Daxinganling	372334	15489	356845	224510				132335	

注：全国合计数包含国家林业局直属单位的固定资产投资数据(下表同)。

a) The national total sources of funds include the investment in fixed assets by departments directly under State Forestry Administration. The same applies to the table following.

7-40 林业投资完成情况(2012年)
Forestry Investment Completed (2012)

单位：万元 (10 000 yuan)

地 区	Region	本年完成投资 Investment Completed During the Year	生态建设与保护 Ecological Construction	林业支撑与保障 Forestry Support	林业产业发展 Forestry Development	林业民生工程 Forestry Project for People's Livehood	其他投资 Other Investment
全 国	**National Total**	**33420880**	**16041174**	**2228758**	**8207093**	**2454630**	**4489225**
北 京	Beijing	1470847	1119355	49784	79473	4475	217760
天 津	Tianjin	53355	42385	2423			8547
河 北	Hebei	663921	398888	46342	124393	41307	52991
山 西	Shanxi	1025047	721516	29928	9487	14095	250021
内蒙古	Inner Mongolia	1333975	871280	150936	390	119803	191566
辽 宁	Liaoning	1456896	1219579	68256	107788	23248	38025
吉 林	Jilin	714638	262790	79066	30367	265713	76702
黑龙江	Heilongjiang	1742134	712293	45921	5247	916943	61730
上 海	Shanghai	96870	87941	5437	496		2996
江 苏	Jiangsu	928670	748529	75847	78950	16201	9143
浙 江	Zhejiang	807782	480940	59974	144507	47304	75057
安 徽	Anhui	452501	309546	28474	52014	25978	36489
福 建	Fujian	2215019	665809	4290	1232902		312018
江 西	Jiangxi	760416	335116	67889	131026	50814	175571
山 东	Shandong	2513677	1270794	509902	620178	22900	89903
河 南	Henan	976351	624222	19771	203383	32665	96310
湖 北	Hubei	533859	294476	37834	89877	45657	66015
湖 南	Hunan	1279005	635021	48980	370813	93760	130431
广 东	Guangdong	636673	380195	85521	25825	37707	107425
广 西	Guangxi	6903848	1089122	390249	3761113	189131	1474233
海 南	Hainan	142492	74891	12034	14730	25013	15824
重 庆	Chongqing	516676	386252	28966	22085	23326	56047
四 川	Sichuan	1773551	676745	48765	676222	50500	321319
贵 州	Guizhou	380000	337116	9353	800	5019	27712
云 南	Yunnan	850074	456436	66697	74562	70428	181951
西 藏	Tibet	165894	137169	8707	9466	2686	7866
陕 西	Shaanxi	749288	518325	56733	60306	51098	62826
甘 肃	Gansu	756920	375675	46857	101114	63823	169451
青 海	Qinghai	227158	152390	10686	39213	2263	22606
宁 夏	Ningxia	138955	115963	8744	4313	9727	208
新 疆	Xinjiang	663078	366027	46409	132125	28430	90087
大兴安岭	Daxinganling	395075	144351	58448	3039	174384	14853

主要统计指标解释

耕地 指种植农作物的土地，包括熟地，新开发、复垦、整理地，休闲地（含轮歇地、轮作地）；以种植农作物（含蔬菜）为主，间有零星果树、桑树或其他树木的土地；平均每年能保证收获一季的已垦滩地和海涂。耕地中包括南方宽度<1.0米，北方宽度<2.0米固定的沟、渠、路和地坎（埂）；临时种植药材、草皮、花卉、苗木等的耕地，以及其他临时改变用途的耕地。

园地 指种植以采集果、叶、根、茎、汁等为主的集约经营的多年生木本和草本作物，覆盖度大于50%和每亩株数大于合理株数70%的土地。包括用于育苗的土地。

林地 指生长乔木、竹类、灌木的土地，及沿海生长红树林的土地。包括迹地，不包括居民点内部的绿化林木用地，铁路、公路征地范围内的林木，以及河流、沟渠的护堤林。

草地 指生长草本植物为主的土地。

径流量 指在一定时段内通过河流某一过水断面的水量，用以反映一个国家或地区水资源的丰歉程度。计算公式为:

径流量=降水量-蒸发量

流域 每条河流都有自己的干流和支流，干支流共同组成这条河流的水系。每条河流都有自己的集水区域，这个集水区域就称为该河流的流域。

外流河 指直接或间接流入海洋的河流。供给外流河河水的区域称为外流区域。

内陆河 指在陆地内部干燥地区，河水沿途消失于沙漠或注入内陆湖泊的河流。供给内陆河河水的区域称为内陆区域。

矿产资源 矿产资源指由地质作用形成的，具有利用价值的，呈固态、液态、气态的自然资源，是社会生产发展的重要物质基础。目前我国已发现矿种有170多种，按其特点和用途，可分为能源矿产(如煤炭、石油、天然气、地热)、金属矿产(如铁矿、锰矿、铜矿、铅矿、铝土矿)、非金属矿产(如金刚石、石灰岩、粘土)和水气矿产(如地下水、矿泉水、二氧化碳气)四大类。其中: 金属矿产按其物质成份和性质又可分为: 黑色金属矿产、有色金属矿产、贵金属矿产、稀有金属矿产、稀土金属矿产、分散元素金属矿产六类。

矿产基础储量 基础储量是查明矿产资源的一部分。它能满足现行采矿和生产所需的指标要求，是控制的、探明的并通过可行性或预可行性研究认为属于经济的、边界经济的部分，用未扣除设计、采矿损失的数量表示。

平均气温 气温指空气的温度，我国一般以摄氏度为单位表示。气象观测的温度表是放在离地面约1.5米处通风良好的百叶箱里测量的，因此，通常说的气温指的是离地面1.5米处百叶箱中的温度。计算方法: 月平均气温是将全月各日的平均气温相加，除以该月的天数而得。年平均气温是将12个月的月平均气温累加后除以12而得。

年平均相对湿度 指空气中实际水气压与当时气温下的饱和水气压之比。其统计方法与气温相同。

降水量 指从天空降落到地面的液态或固态(经融化后)水，未经蒸发、渗透、流失而在地面上积聚的深度。计算方法: 月降水量是将全月各日的降水量累加而得。年降水量是将12个月的月降水量累加而得。

全年日照时数 指太阳实际照射地面的时数，通常以小时为单位表示。其统计方法与降水量相同。

水资源总量 指当地降水形成的地表和地下产水总量，即地表径流量与降水入渗补给量之和。

地表水资源量 指河流、湖泊以及冰川等地表水体中可以逐年更新的动态水量，即天然河川径流量。

地下水资源量 指地下饱和含水层逐年更新的动态水量，即降水和地表水入渗对地下水的补给量。

地表水与地下水重复计算量 指地表水和地下水相互转化的部分，即天然河川径流量中的地下水排泄量和地下水补给量中来源于地表水的入渗补给量。

供水总量 指各种水源为用水户提供的包括输水损失在内的毛水量。

地表水源供水量 指地表水体工程的取水量，按蓄、引、提、调四种形式统计。从水库、塘坝中引水或提水，均属蓄水工程供水量；从河道或湖泊中自流引水的，无论有闸或无闸，均属引水工程供水量；利用扬水站从河道或湖泊中直接取水的，属提水工程供水量；跨流域调水指水资源一级区或独立流域之间的跨流域调配水量，不包括在蓄、引、提水量中。

地下水源供水量 指水井工程的开采量，按浅层淡水、深层承压水和微咸水分别统计。城市地下水源供水量包括自来水厂的开采量和工矿企业自备井的开采量。

其他水源供水量 包括污水处理再利用、集雨工程、海水淡化等水源工程的供水量。

用水总量 指各类用水户取用的包括输水损失在内的毛水量。

农业用水 包括农田灌溉用水、林果地灌溉用水、草地灌溉用水、鱼塘补水和畜禽用水。

工业用水 指工矿企业在生产过程中用于制造、加工、冷却、空调、净化、洗涤等方面的用水，按新水取用量计，不包括企业内部的重复利用水量。

生活用水 包括城镇生活用水和农村生活用水。城镇生活用水由居民用水和公共用水（含第三产业及建筑业等用水）组成；农村生活用水指居民生活用水。

生态环境补水 仅包括人为措施供给的城镇环境用水和部分河湖、湿地补水，而不包括降水、径流自然满足的水量。

一般工业固体废物产生量 指未被列入《国家危险废物名录》或者根据国家规定的危险废物鉴别标准（GB5085）、固体废物浸出毒性浸出方法（GB5086）及固体废物浸出毒性测定方法（GB／T 15555）鉴别方法判定不具有危险特性的工业固体废物。计算公式是：

一般工业固体废物产生量=（一般工业固体废物综合利用量－其中：综合利用往年贮存量）+一般工业固体废物贮存量+（一般工业固体废物处置量－其中：处置往年贮存量）+一般工业固体废物倾倒丢弃量

一般工业固体废物综合利用量 指报告期内企业通过回收、加工、循环、交换等方式，从固体废物中提取或者使其转化为可以利用的资源、能源和其他原材料的固体废物量（包括当年利用的往年工业固体废物累计贮存量）。如用作农业肥料、生产建筑材料、筑路等。综合利用量由原产生固体废物的单位统计。

一般工业固体废物处置量 指报告期内企业将工业固体废物焚烧和用其他改变工业固体废物的物理、化学、生物特性的方法，达到减少或者消除其危险成分的活动，或者将工业固体废物最终置于符合环境保护规定要求的填埋场的活动中，所消纳固体废物的量。

一般工业固体废物贮存量 指报告期内企业以综合利用或处置为目的，将固体废物暂时贮存或堆存在专设的贮存设施或专设的集中堆存场所内的量。专设的固体废物贮存场所或贮存设施必须有防扩散、防流失、防渗漏、防止污染大气、水体的措施。

一般工业固体废物倾倒丢弃量 指报告期内企业将所产生的固体废物倾倒或者丢弃到固体废物污染防治设施、场所以外的量。

危险废物产生量 指当年全年调查对象实际产生的危险废物的量。危险废物指列入国家危险废物名录或者根据国家规定的危险废物鉴别标准和鉴别方法认定的，具有爆炸性、易燃性、易氧化性、毒性、腐蚀性、易传染性疾病等危险特性之一的废物。按《国家危险废物名录》（环境保护部、国家发展和改革委员会 2008 部令第 1 号）填报。

危险废物综合利用量 指当年全年调查对象从危险废物中提取物质作为原材料或者燃料的活动中消纳危险废物的量。包括本单位利用或委托、提供给外单位利用的量。

危险废物处置量 指报告期内企业将危险废物焚烧和用其他改变工业固体废物的物理、化学、生物特性的方法，达到减少或者消除其危险成分的活动，或者将危险废物最终置于符合环境保护规定要求的填埋场的活动中，所消纳危险废物的量。处置量包括处置本单位或委托给外单位处置的量。

危险废物贮存量 指将危险废物以一定包装方式暂时存放在专设的贮存设施内的量。专设的贮存设施指对危险废物的包装、选址、设计、安全防护、监测和关闭等符合《危险废物贮存污染控制标准》（GB18597-2001）等相关环保法律法规要求，具有防扩散、防流失、防渗漏、防止污染大气和水体措施的设施。

生活垃圾清运量 指报告期收集和运送到各生活垃圾处理厂(场)和生活垃圾最终消纳点的生活垃圾数量。生活垃圾指城市日常生活或为城市日常生活提供服务的活动中产生的固体废物以及法律行政规定的视为城市生活垃圾的固体废物。包括：居民生活垃圾、商业垃圾、集市贸易市场垃圾、街道清扫垃圾、公共场所垃圾和机关、学校、厂矿等单位的生活垃圾。

生活垃圾无害化处理率 指报告期生活垃圾无害化处理量与生活垃圾产生量的比率。在统计上，由于生活垃圾产生量不易取得，可用清运量代替。计算公式为：

$$\text{生活垃圾无害化处理率}=\frac{\text{生活垃圾无害化处理量}}{\text{生活垃圾产生量}}\times 100\%$$

森林面积 包括郁闭度 0.2 以上的乔木林地面积和竹林面积，国家特别规定的灌木林地面积，农田林网以及村旁、路旁、水旁、宅旁林木的覆盖面积。

人工林面积 指由人工播种、植苗或扦插造林形成的生长稳定，(一般造林 3-5 年后或飞机播种 5-7 年后)每公顷保存株数大于或等于造林设计植树株数 80%或郁闭度 0.20 以上(含 0.20)的林分面积。

森林覆盖率 以行政区域为单位的森林面积占区域土地总面积的百分比。计算公式为：

$$\text{森林覆盖率}=\frac{\text{森林面积}}{\text{土地总面积}}\times 100\%$$

活立木总蓄积量 指一定范围土地上全部树木蓄积的总量，包括森林蓄积、疏林蓄积、散生木蓄积和四旁树蓄积。

森林蓄积量 指一定森林面积上存在着的林木树干部分的总材积。

造林面积 指在宜林荒山荒地、宜林沙荒地、无立木林地、疏林地和退耕地等其他宜林地上通过人工措施形成或恢复森林、林木、灌木林的过程。

人工造林 指在宜林荒山荒地、宜林沙荒地、无立木林地、疏林地和退耕地等其他宜林地上通过播种、植苗和分植来提高森林植被覆被率的技术措施。

飞播造林 通过飞机播种，为宜林荒山荒地、宜林沙荒地、其他宜林地、疏林地补充适量的种源，并辅以适当的人工措施，在自然力的作用下使其形成森林或灌草植被，提高森林植被覆被率的技术措施。

无林地和疏林地本年新封山育林 指本年开始对具有天然下种或萌蘖能力的疏林地、灌丛地、采伐迹地、火烧迹地以及荒山荒地、沙荒地等有条件的地方采取划界封禁和人工辅助措施，使其成为森林或灌草植被的面积。

用材林 指以生产木材为主要目的的森林和林木，包括以生产竹材为主要目的的竹林。

经济林 指以生产果品，食用油料、饮料、调料，工业原料和药材为主要目的的林木。经济林是人们为了取得林木的果实、叶片、皮层、胶液等产品作为工业原料或者供食用所营造的林木，如油茶、油桐、核桃、樟树、花椒、茶、桑、果等。

防护林 指以防护为主要目的的森林、林木和灌木丛。包括水源涵养林，水土保持林，防风固沙林，农田、牧场防护林，护岸林，护路林等。

薪炭林 指以生产燃料为主要目的的林木。

特种用途林 指以国防、环境保护、科学实验等为主要目的的森林和林木。包括国防林、实验林、母树林、环境保护林、风景林，名胜古迹和革命纪念地的林木，自然保护区的森林。

湿地 指天然或人工、长久或暂时性的沼泽地、泥炭地或水域地带，包括静止或流动、淡水、半咸水、咸水体，低潮时水深不超过 6 米的水域以及海岸地带地区的珊瑚滩和海草床、滩涂、红树林、河口、河流、淡水沼泽、沼泽森林、湖泊、盐沼及盐湖。

自然保护区 指为了保护自然环境和自然资源，促进国民经济的持续发展，将一定面积的陆地和水体划分出来，并经各级人民政府批准而进行特殊保护和管理的区域个数。根据保护对象，自然保护区分为自然生态系统类、野生生物类、自然遗迹类。风景名胜区、文物保护区不计在内。

滑坡 指斜坡上不稳定的岩土体在重力作用下沿一定软弱面(或滑动带)整体向下滑动的物理地质现象。

崩塌 指陡坡上大块的岩土体在重力作用下突然脱离母体崩落的物理地质现象。

泥石流 指山地突然爆发的饱含大量泥沙、石块的特殊洪流。

地面塌陷 指地表岩、土体在自然或人为因素作用下向下陷落，并在地面形成塌陷坑(洞)的一种动力地质现象。

森林火灾次数 指发生在城市市区外的一切森林、林木和林地的火灾次数。按照受害森林面积和伤亡人数，森林火灾分为一般森林火灾、较大森林火灾、重大森林火灾和特别重大森林火灾：1.一般森林火灾：受害森林面积在 1 公顷以下或者其他林地起火的，或者死亡 1 人以上 3 人以下的，或者重伤 1 人以上 10 人以下的；2.较大森林火灾：受害森林面积在 1 公顷以上 100 公顷以下的，或者死亡 3 人以上 10 人以下的，或者重伤 10 人以上 50 人以下的；3.重大森林火灾：受害森林面积在 100 公顷以上 1000 公顷以下的，或者死亡 10 人以上 30 人以下的，或者重伤 50 人以上 100 人以下的；4.特别重大森林火灾：受害森林面积在 1000 公顷以上的，或者死亡 30 人以上的，或者重伤 100 人以上的。本条所称“以上”包括本数，“以下”不包括本数。

森林病虫鼠害 指对森林、林木、林木种苗及木材、竹材形成的病害、虫害和鼠害。森林病害是指林木机体遭受真菌、细菌、病毒、寄生性种子植物和线虫等的危害，而使林木在生理机能、细胞和组织结构以及外部形态等方面发生的病理性变化。森林虫害是指林木机体遭受松毛虫、金花虫、竹蝗、金龟子、蝼蛄等各种昆虫的危害，而造成一定面积森林的生长衰弱或死亡。森林鼠害是指森林、林木、林木种苗遭受各种鼠类的危害，而造成一定程度的损失或死亡。

突发环境事件 指突然发生，造成或可能造成重大人员伤亡、重大财产损失和对全国或者某一地区的经济社会稳定、政治安定构成重大威胁和损害，有重大社会影响的涉及公共安全的环境事件。

发生地震灾害次数 指发生形成灾害(包括人员伤亡或经济损失)的所有震级的地震次数。

Explanatory Notes on Main Statistical Indicators

Cultivated Land refers to land mainly for the regular cultivation of farm crops (including vegetables), with some fruit trees, mulberry trees and others, covers cultivated land, newly-developed land, reclaimed land, consolidated land, fallow, beach land that can guarantee one harvest per year on average. It also covers fixed ditch, canal, road and sill (ridge) with width less than 1 meter in the South and 2 meters in the North, lands planted temporarily with herbs, grass, flowers and nursery stocks, and other cultivated land with temporary change of use.

Garden Land refers to land for intensive cultivation of perennial woody plants and herbs to collect fruits, leaves, roots, stems and juice, with a covering rate over 50% and plant number per mu over 70% of rational plant number. Land for nursery is included.

Forestland refers to land for planting arbor, bamboo, bush shrub and land in coastal zones for planting mangrove. It includes slash, but not the green belts in residential area, forests requested for railway and highway, and the dike protection forest around rivers and ditches.

Pastureland refers to land mainly for the growth of herbs.

Volume of Runoff refers to the total volume of water running through a certain cross section of a river during a certain period of time, reflecting the water resource condition in a country or a region. The formula for calculating volume of runoff is as follows:

Runoff =Precipitation-Evaporation

Drainage Area Each river has its own main stream and branches to form the water system of the river. Each river has its own catchment's area, which is also called as the drainage area of the river.

Out-flowing Rivers refer to rivers directly or indirectly flowing into the sea. The area providing water to the out-flowing rivers is called as out-flowing area.

Inland Rivers refer to rivers in inland dry areas that die away in desert on the way or infuse into inland lakes. The area providing water to the inland rivers is called as inland area.

Mineral Resources refer to useful minerals, with solid state, liquid state, gaseity, due to the geological process. Minerals are important natural resources, and important material base for social development. At present, there are more than 170 types of minerals discovered in China. They can be categorized into four groups: energy producing minerals (including coal, petroleum, natural gas and terrestrial heat), metallic minerals (including iron, manganese, copper, lead and bauxite), non metallic minerals (including diamond, limestone and clay), and water/gas related minerals (including ground water, mineral water and carbon dioxide). Metallic minerals can be further classified as ferrous, non-ferrous, noble metal, rare metal, rare earth metal and dispersed metals.

Ensured Mineral Reserves refer to the actual mineral reserves, which equal to the proven mineral reserves (including industrial reserves and prospective reserves) minus extracted parts and underground losses.

Average Temperature refers to the air temperature. China uses centigrade as the unit. The thermometry used for weather observation is put in a breezy shutter, which is 1.5 meters high from the ground. Therefore, the commonly used temperature refers to the temperature in the breezy shutter 1.5 meters away from the ground. The calculation method is as follows:

Monthly average temperature is the summation of average daily temperature of one month divided by the actual days of that particular month.

Annual average temperature is the summation of monthly average of a year divided by 12 months.

Average Annual Relative Humidity refers to the ratio of actual water vapour pressure to the saturation water vapour pressure under the current temperature. The calculation method is the same as that of temperature.

Volume of Precipitation refers to the deepness of liquid state or solid state (thawed) water falling from the sky to the ground that has not been evaporated, infiltrated or run off. The calculation method is as follows:

Monthly precipitation is the summation of daily precipitation of a month.

Annual precipitation is the summation of 12 months precipitation of a year.

Annual Sunshine Hours refer to the actual hours of sun irradiating the earth, usually expressed in hours. The calculation method is the same as that of the precipitation.

Total Water Resources refers to total volume of surface water and groundwater and is measured as run-off for surface water and replenishment of groundwater with rainfall in local area.

Surface Water Resources refers to total volume of year by year renewable dynamic resources which exist in rivers, lakes, glaciers and other surface water and are the natural run-off of rivers.

Groundwater Resources refers to total volume of year by year renewable dynamic resources which exist in saturation acquifers of groundwater and are measured as replenishment of groundwater with rainfall and surface water.

Duplicated Measurement between Surface Water and Groundwater refers to mutual exchange between surface water and groundwater, i.e. run-off of rivers includes some depletion into groundwater while groundwater includes some replenishment from surface water.

Water Supply refers to gross water of various sources supplied to consumers, including losses during distribution.

Surface Water Supply refers to withdrawals by surface water supply system, broken down with storage, flow, pumping and transfer. Supply from storage projects includes withdrawals from reservoirs; supply from flow includes withdrawals from rivers and lakes with natural flows no matter if there are locks or not; supply from pumping projects includes withdrawals from rivers or lakes with pumping stations; and supply from transfer refers to water supplies transferred from first-level regions of water resources or independent river drainage areas to others, and should not be covered under supplies of storage, flow and pumping.

Groundwater Supply refers to withdrawals from supplying wells, broken down with shallow layer freshwater, deep layer freshwater and slightly brackish water. Groundwater supply for urban areas includes water mining by both waterworks and own wells of enterprises.

Other Water Supply Sources include supplies by waste-water treatment, rain collection, seawater desalinization and other water projects.

Water Use refers to gross water used by various water users, including losses during distribution.

Water Use by Agriculture includes uses of water by irrigation of farming fields, forestry and orchards, irrigation of grassland, replenishment of fishing farms and water used by animal husbandry.

Water Use by Industry refers to new withdrawals of water, excluding reuse of water within enterprises.

Water Use by Living Consumption includes use of water for living consumption in both urban and rural areas. Urban water use by living consumption is composed of household use and public use (including tertiary industry and construction). Rural water use by living consumption includes water used by households.

Water Use by Ecological and Environmental Protection includes replenishment of rivers and lakes and use for urban environment.

Common Industrial Solid Wastes Produced refers to the industrial solid wastes that are not listed in the 《National Catalogue of Hazardous Wastes》, or not regarded as hazardous according to the national hazardous waste identification standards (GB5085), solid waste-Extraction procedure for leaching toxicity (GB5086) and solid waste-Extraction procedure for leaching toxicity (GB/T 15555). The calculation formula is as followed:

Common Industrial Solid Wastes Produced = (common industrial solid wastes utilized – the proportion of utilized stock of previous years) + common industrial solid waste stock + (common industrial solid wastes disposed – the proportion of disposed stock of previous years) + common industrial solid wastes discharged.

Common Industrial Solid Wastes Comprehensively Utilized refers to volume of solid wastes from which useful materials can be extracted or which can be converted into usable resources, energy or other materials by means of reclamation, processing, recycling and exchange (including utilizing in the year the stocks of industrial solid wastes of the previous year) during the report period, e.g. being used as agricultural fertilizers, building materials or as material for paving road. Examples of such utilizations include fertilizers, building materials and road materials. The information shall be collected by the producing units of the wastes.

Common Industrial Solid Wastes Disposed refers to the quantity of industrial solid wastes which are burnt or specially disposed using other methods to alter the physical, chemical and biological properties and thus to reduce or eliminate the hazard, or placed ultimately in the sites meeting the requirements for environmental protection during the report period.

Stock of Common Industrial Solid Wastes refers to the volume of solid wastes placed in special facilities or special sites by enterprises for purposes of utilization or disposal during the report period. The sites or facilities should take measures against dispersion, loss, seepage, and air and water contamination.

Common Industrial Solid Wastes Discharged refers to the volume of industrial solid wastes dumped or discharged by producing enterprises to disposal facilities or to other sites.

Hazardous Wastes Produced refers to the volume of actual hazardous wastes produced by surveyed samples throughout the year of the survey. Hazardous waste refers to those included in the national hazardous wastes catalogue or specified as any one of the following properties in light of the national hazardous wastes identification standards and methods: explosive, ignitable, oxidizable, toxic, corrosive or liable to cause infectious diseases or lead to other dangers. The report of this indicator should follow the 《National Catalogue of Hazardous Wastes》 (the NO.1 Ministry Order in 2008 by the Ministry of Environment Protection and National Development and Reform Commission).

Hazardous Wastes Utilized refers to the volume of hazardous wastes that are used to extract materials for raw materials or fuel throughout the year of the survey, including those utilized by the producing enterprise and those provided to other enterprises for utilization.

Hazardous Wastes Disposed refers to the quantity of hazardous wastes which are burnt or specially disposed using other methods to alter the physical, chemical and biological properties and thus to reduce or eliminate the hazard, or placed ultimately in the sites meeting the requirements for environmental protection during the report period.

Stock of Hazardous Wastes refers to the volume of hazardous wastes specially packaged and placed in special facilities or special sites by enterprises. The special stock facilities should meet the requirements set in relevant environment protection laws and regulations such as "Pollution Control Standards for Hazardous Waste Stock" (GB18597-2001) in regard to package of hazardous waste, location, design, safety, monitoring and shutdown, and take measures against dispersion, loss, seepage, and air and water contamination.

Consumption Wastes Transported refers to volume of consumption wastes collected and transported to disposal factories or sites during the reference period. Consumption wastes are solid wastes produced from urban households or from service activities for urban households, and solid wastes regarded by laws and regulations as urban consumption wastes, including those from households, commercial activities, markets, cleaning of streets, public sites, offices, schools, factories, mining units and other sources.

Ratio of Consumption Wastes Treated refers to consumption wastes treated over that produced. In practical statistics, as it is difficult to estimate, the volume of consumption wastes produced is replaced with that transported. It is calculated as:

$$\text{Ratio of consumption wastes treated} = \frac{\text{consumption wastes treated}}{\text{consumption wastes produced}} \times 100\%$$

Forest Area refers to the area of trees and bamboo grow with a canopy density above 0.2 degree, the area of shrubby tree according to regulations of the government, the area of forest land inside farm land and the area of trees planted by the side of villages, farm houses and along roads and rivers.

Area of Man-made Forests refer to the area of stable growing forests, planted manually or by airplanes, with a survival rate of 80% or higher of the designed number of trees per hectare, or with a canopy density of 0.20 degree or above after 3-5 years of manual planting or 5-7 years of airplane planting.

Forest Coverage Rate Taking the administrative jurisdiction as the unit, the percentage of area of afforested land to the area of total land. The formula for calculating forest coverage rate is as follows:

$$\text{Forestry coverage rate} = \frac{\text{Area of Afforested Land}}{\text{Area of Total Land}} \times 100\%$$

Total Standing Stock Volume refers to the total stock volume of trees growing in land, including trees in forest, trees in sparse forest, scattered trees and trees planted by the side of villages, farm houses and along roads and rivers.

Stock Volume of Forest refers to total stock volume of wood growing in forest area, which shows the total size and level of forest resources of a country or a region.

Area of Afforestation refers to the total area of land suitable for afforestation, including barren hills, idle land, sand dunes, non-timber forest land, woodland and "grain for green" land, on which acres of forests, trees and shrubs are planted through manual planting.

Manual Planting refers to technical measures of sowing, planting seedlings and divided transplanting on land suitable for afforestation, including barren hills, idle land, sand dunes, non-timber forest land, woodland and "grain for green" land to increase vegetation coverage rate of forests.

Airplane Planting refers to technical measures of airplane planting with of appropriate artificial help taken under the influence of natural power to restore certain amount of seedlings on land suitable for afforestation, including barren hills, idle land, sand dunes, non-timber forest land, woodland and "grain for green" land, with an aim of increasing vegetation coverage rate of forests.

No-stocked Land and Sparse Forest Land Newly Closed for Afforestation This Year refers to the area of sparse forest land, brush shrub land, stump land, burned land, barren hills, barren land, sand dunes where trees can naturally grow or sprout, which are demarcated, closed down and returned to forest, shrubbery and grass land with the assistance of special measures by men.

Timber Forests refer to forests which are mainly for the production of timber, including bamboo groves planted to harvest bamboos.

By-product Forests refer to forests that mainly produce fruits, nuts, edible oil, beverages, indigents, raw materials and medicine materials. By-product forests are planted to harvest the fruits, leaves, bark or liquid of trees, and consume them as food or raw materials for the manufacturing industry, such as tea-oil trees, tung oil trees, walnut trees, camphor trees, tea bushes, mulberry trees, fruit trees, etc.

Protection Forests refer to forests, trees and bushes planted mainly for protection or preservation purpose, including water resource conservation forests, water and soil conservation forests, windbreak and dune-fixing forests, farmland and pasture protection forests, riverside protection forests, roadside protection forests, etc.

Fuel Forests refer to forests planted mainly for fuels.

Forests for Special Purpose refer to forests planted mainly for national defence, environment protection or scientific experiments, including national defence forests, experimental forests, mother-tree forests, environment protection forests, scenery forests, trees in historical or scenic spots, forests in natural reserves.

Wetlands refer to marshland and peat bog, whether natural or man-made, permanent or temporary; water covered areas, whether stagnant or flowing, with fresh or semi-fresh or salty water that is less than 6 meters deep at low tide; as well as coral beach, weed beach, mud beach, mangrove, river outlet, rivers, fresh-water marshland, marshland forests, lakes, salty bog and salt lakes along the coastal areas.

Natural Reserves refer to number of certain areas of land, or waters that have been set aside and put under special protection and management in order to protect natural environment and natural resources, and promote the sustainable development of national economy. They are subject to formal approval from governments of various levels. According to the protected targets, natural reserves can be divided into three categories: reserves of natural ecological system, natural reserves of wildlife species, and natural heritage of historical significance.Scenic spots and cultural preservation zones are not included.

Landslides refer to the geological phenomenon of unstable rocks and earth on slopes sliding down along certain soft surface as a result of gravitational force.

Collapse refers to the geological phenomenon of large mass of rocks or earth suddenly collapsing from the mountain or cliff as a result of gravitational force.

Mud-rock Flow refers to the sudden rush of flood torrents containing large amount of mud and rocks in mountainous areas.

Land Subside refers to the geological phenomenon of surface rocks or earth subsiding into holes or pits as a result of natural or human factors.

Number of Forest Fires refers to the number of fires in forests, woods and woodland outside of the downtown areas of cities. In light of the area plagued by fires and the number of casualties, forest fires can be categorized into usual forest fires, relatively larger fires, serious forest fires and extraordinary serous forest fires: 1). Usual forest fires: the destructed forest area is less than 1 hectare, or the fire erupts in other woodland, or the number of deaths is no less than 1 but less than 3, or the number of seriously injured persons is no less than 1 but less than 10 persons. 2). Relatively larger forest fires: the destructed forest area is no less than 1 hectare but less than 100 hectares, or the number of deaths is no less than 3 but less than 10, or the number of seriously injured persons is no less than 10 but less than 50 persons. 3). Serious forest fires: the destructed forest area is no less than 100 hectares but less than 1000 hectares, or the number of deaths is no less than 10 but less than 30, or the number of seriously injured persons is no less than 50 but u less than 100 persons. 4). Extraordinary serious forest fires: the destructed forest area is no less than 1000 hectares, or the number of deaths is no less than 30, or the number of seriously injured persons is no less than 100 persons.

Forest Diseases, Pest and Rat Plagues refers to the diseases, pests and rats that plague forests, woods, seedlings and timbers, and bamboos. Forest diseases refer to the plague of fungi, bacteria, virus, parasitic seed plants and nematode suffered by wood organism, which will cause pathologic changes in trees in terms of physiology function, cells, texture and shape. Forest pest plague means wood organism is plagued by pests such as pine moth, leaf beetle, bamboo locust, cockchafer, and mole cricket that damage a certain area of forest, and slow down the growth or cause them to die. Forest rat plague means the forest, trees, seedlings are damaged by rats, resulting in a certain amount of loss or death.

Environmental Emergencies refer to environmental emergencies that caused or likely to cause significant causalities, serious property damages and pose a major threat and damage to the economic, social or political stability of the country or a region, or have significant social impact that related to the public safety.

Number of Earthquakes the number of earthquakes of all magnitude that cause damages (including casualties or economic losses).

8

能　源

Energy

简 要 说 明

一、本篇资料的主要内容

本篇包括的主要内容有能源生产、消费及品种构成，能源生产和消费弹性系数，综合能源平衡表和主要能源品种的单项平衡表，分行业、分主要能源品种的消费量，能源加工转换效率及生活用能源消费量等。从2006年开始，增加单位国内生产总值能耗等指标。

二、本篇资料的统计范围

本篇资料的统计范围为全社会。

三、本篇的资料来源

8-1表数据来自工业产品产量统计，并以此为依据计算；8-14表数据来自电力企业联合会；其他表的数据均来自历年能源平衡表。

四、关于数据口径与计算方法的说明

1.一次能源生产量与工业统计数字一致。

2.能源生产与消费弹性系数分别以能源生产、消费增长速度与国内生产总值增长速度相比求得。

3.能源平衡表中，进口量和出口量采用海关统计数据。进口量中包括我国轮船、飞机在国外加油量，出口量中包括外国轮船、飞机在我国加油量。电力折算标准煤系数按平均发电煤耗计算。

4.能源加工转换效率表中，电力折算标准煤系数采用当量值计算，每千瓦小时折0.1229千克标准煤。

5.GDP和工业增加值按2010年价格计算。

6.单位工业增加值能耗的统计范围是年主营业务收入2000万元及以上的工业法人企业。

Brief Introduction

I. Main Contents

Data in this chapter cover mainly energy production, consumption, and composition; elasticity ratio of energy production and consumption; overall balance sheet of energy and balance sheets by different types of energy; consumption of energy by sector and by types of energy; efficiency of energy processing and conversion; and the consumption of energy for non-production uses. Since 2006, indicators like energy consumption per unit of GDP are also included.

II. The Scope of Data

The scope of data in this chapter is the whole country.

III. Sources of Data

Data in Table 8-1 are calculated on the basis of statistics on output of industrial products; data in Table 8-14 come from the Association of Power Generation Enterprises; and data in other tables in this chapter are from the energy balance sheets over the years.

IV. Notes on Coverage and Compilation of Data

(1) The data on production of primary energy are the same as the corresponding data on industrial statistics.

(2) The elasticity ratio of energy production is calculated as the quotient of the growth rate of energy production divided by the growth rate of GDP; and the elasticity ratio of energy consumption is calculated as the quotient of the growth rate of energy consumption divided by the growth rate of GDP.

(3) In the energy balance sheet, data on imports and exports are from Customs statistics. The refueling by Chinese ships and airplanes abroad is included in imports. The refueling by foreign ships and airplanes in China is included in exports. The coefficient for conversion of electric power into the standard coal equivalent is calculated according to the average consumption of coal for generating electricity.

(4) In the table on the efficiency of energy conversion, the coefficient for the conversion of electric power into the standard coal equivalent is calculated on the basis of the heat value equivalent. One kilowatt is equal to 0.1229 kg SCE.

(5) Gross domestic product and industrial value-added are calculated at 2010 prices.

(6) Unit energy consumption of industrial value added covers industrial enterprises with annual revenue from primary activities at and above 20 million yuan.

8-1 能源生产总量及构成
Total Production of Energy and Its Composition

年 份 Year	能源生产总量 (万吨标准煤) Total Energy Production (10 000 tons of SCE)	占能源生产总量的比重 (%) As Percentage of Total Energy Production (%)			
		原 煤 Coal	原 油 Crude Oil	天然气 Natural Gas	水电、核电、风电 Hydro-power, Nuclear Power, Wind Power
1978	62770	70.3	23.7	2.9	3.1
1980	63735	69.4	23.8	3.0	3.8
1985	85546	72.8	20.9	2.0	4.3
1990	103922	74.2	19.0	2.0	4.8
1991	104844	74.1	19.2	2.0	4.7
1992	107256	74.3	18.9	2.0	4.8
1993	111059	74.0	18.7	2.0	5.3
1994	118729	74.6	17.6	1.9	5.9
1995	129034	75.3	16.6	1.9	6.2
1996	133032	75.0	16.9	2.0	6.1
1997	133460	74.3	17.2	2.1	6.5
1998	129834	73.3	17.7	2.2	6.8
1999	131935	73.9	17.3	2.5	6.3
2000	135048	73.2	17.2	2.7	6.9
2001	143875	73.0	16.3	2.8	7.9
2002	150656	73.5	15.8	2.9	7.8
2003	171906	76.2	14.1	2.7	7.0
2004	196648	77.1	12.8	2.8	7.3
2005	216219	77.6	12.0	3.0	7.4
2006	232167	77.8	11.3	3.4	7.5
2007	247279	77.7	10.8	3.7	7.8
2008	260552	76.8	10.5	4.1	8.6
2009	274619	77.3	9.9	4.1	8.7
2010	296916	76.6	9.8	4.2	9.4
2011	317987	77.8	9.1	4.3	8.8
2012	331848	76.5	8.9	4.3	10.3

注：电力折算标准煤的系数根据当年平均发电煤耗计算(下表同)。

a) The coefficient for conversion of electric power into SCE (standard coal equivalent) is calculated on the basis of the data on average coal consumption in generating electric power in the same year. The same applies to the tables following.

8-2 能源消费总量及构成
Total Consumption of Energy and Its Composition

年 份 Year	能源消费总量 (万吨标准煤) Total Energy Consumption (10 000 tons of SCE)	占能源消费总量的比重 (%) As Percentage of Total Energy Consumption (%)			
		煤 炭 Coal	石 油 Crude Oil	天然气 Natural Gas	水电、核电、风电 Hydro-power, Nuclear Power, Wind Power
1978	57144	70.7	22.7	3.2	3.4
1980	60275	72.2	20.7	3.1	4.0
1985	76682	75.8	17.1	2.2	4.9
1990	98703	76.2	16.6	2.1	5.1
1991	103783	76.1	17.1	2.0	4.8
1992	109170	75.7	17.5	1.9	4.9
1993	115993	74.7	18.2	1.9	5.2
1994	122737	75.0	17.4	1.9	5.7
1995	131176	74.6	17.5	1.8	6.1
1996	135192	73.5	18.7	1.8	6.0
1997	135909	71.4	20.4	1.8	6.4
1998	136184	70.9	20.8	1.8	6.5
1999	140569	70.6	21.5	2.0	5.9
2000	145531	69.2	22.2	2.2	6.4
2001	150406	68.3	21.8	2.4	7.5
2002	159431	68.0	22.3	2.4	7.3
2003	183792	69.8	21.2	2.5	6.5
2004	213456	69.5	21.3	2.5	6.7
2005	235997	70.8	19.8	2.6	6.8
2006	258676	71.1	19.3	2.9	6.7
2007	280508	71.1	18.8	3.3	6.8
2008	291448	70.3	18.3	3.7	7.7
2009	306647	70.4	17.9	3.9	7.8
2010	324939	68.0	19.0	4.4	8.6
2011	348002	68.4	18.6	5.0	8.0
2012	361732	66.6	18.8	5.2	9.4

8-3 综合能源平衡表
Overall Energy Balance Sheet

单位：万吨标准煤 (10 000 tons of SCE)

项　目	Item	1990	1995	2000	2005	2010	2011
可供消费的能源总量	**Total Energy Available for Consumption**	**96138**	**129535**	**142605**	**232225**	**339687**	**362842**
一次能源生产量	Primary Energy Output	103922	129034	135048	216219	296916	317986
回收能	Recovery of Energy		2312	1760	2939	5143	
进口量	Imports	1310	5456	14334	26952	55736	62262
出口量(−)	Exports (-)	5875	6776	9633	11448	8846	8447
年初年末库存差额	Stock Changes in the Year	-3219	-491	1097	-2436	-9262	-8959
能源消费总量	**Total Energy Consumption**	**98703**	**131176**	**145531**	**235997**	**324939**	**348002**
在总量中：	Consumption by Sector						
农、林、牧、渔、水利业	Agriculture, Forestry, Animal Husbandry, Fishery and Water Conservancy	4852	5505	3914	6071	6477	6759
工　业	Industry	67578	96191	103774	168724	231102	246441
建筑业	Construction	1213	1335	2179	3403	6226	5872
交通运输、仓储和邮政业	Transport, Storage and Post	4541	5863	11242	18391	26068	28536
批发、零售业和住宿、餐饮业	Wholesale and Retail Trades, Hotels and Catering Services	1247	2018	3048	4848	6827	7795
其他行业	Other Sectors	3473	4519	5762	9255	13681	15189
生活消费	Household Consumption	15799	15745	15614	25305	34558	37410
在总量中：	Consumption by Usage						
终端消费	End-use Consumption	94289	124252	139008	225690	305010	333127
#工业	Industry	63239	89473	97597	158767	211626	231963
加工转换损失量	Losses During the Process of Energy Conversion	2264	3634	2461	3823	11073	5691
#炼焦	Coking	905		525	702	1480	1679
炼油	Petroleum Refining	326		781	1305	2142	2064
损失量	Energy Losses	2150	3289	4062	6483	8857	9183
平衡差额	**Balance**	**-2565**	**-1641**	**-2926**	**-3772**	**14748**	**14840**

注：1.电力、热力按等价热值折算,因此加工转换损失量中不包括发电、供热损失量。村办工业包括在工业中(下表同)。
2.进口量包括我国飞机、轮船在国外加油量;出口量包括外国飞机、轮船在我国加油量。

a) Electric power and heat are converted on the basis of equal caloric value. Therefore, losses during the process of energy conversion do not include losses in power generation and heating. Energy consumption of industry include that of village industry. The same applies to the tables following.

b) The refueling by Chinese ships and airplanes abroad is included in imports. The refueling by foreign ships and airplanes in China is included in exports.

8-4 石油平衡表

Petroleum Balance Sheet

单位：万吨 (10 000 tons)

项 目	Item	1990	1995	2000	2005	2010	2011
可供量	**Total Energy Available for Consumption**	**11435.0**	**16072.7**	**22631.8**	**32539.1**	**44178.4**	**45659.2**
生产量	Output	13830.6	15005.0	16300.0	18135.3	20301.4	20287.6
进口量	Imports	755.6	3673.2	9748.5	17163.2	29437.2	31593.6
出口量(-)	Exports (-)	3110.4	2454.5	2172.1	2888.1	4079.0	4117.0
年初年末库存差额	Stock Changes in the Year	-40.8	-151.0	-1244.6	128.8	-1481.2	-2105.0
消费量	**Total Energy Consumption**	**11485.6**	**16064.9**	**22495.9**	**32537.7**	**43245.2**	**45378.5**
在消费量中:	Consumption by Sector						
农、林、牧、渔、水利业	Agriculture, Forestry, Animal Husbandry, Fishery and Water Conservancy	1033.6	1203.2	788.5	1451.7	1382.5	1466.3
工 业	Industry	7321.6	9349.3	11248.5	14245.1	17448.8	18005.0
建筑业	Construction	327.3	242.8	840.6	1502.2	3045.1	2521.8
交通运输、仓储和邮政业	Transport, Storage and Post	1683.2	2863.6	6399.0	10709.5	14870.3	16021.0
批发、零售业和住宿、餐饮业	Wholesale and Retail Trades, Hotels and Catering Services	77.6	333.9	247.0	375.6	481.0	500.0
其他行业	Other Sectors	757.8	1390.3	1635.9	1969.2	2556.7	2880.5
生活消费	Non-production Consumption	284.5	682.0	1336.5	2284.4	3460.8	3983.9
在消费量中:	Consumption by Usage						
终端消费	End use Consumption	9301.7	13676.3	19950.1	29191.6	40393.7	42727.3
#工 业	Industry	5180.4	7095.5	8860.0	11027.5	14757.8	15463.9
中间消费(用于加工转换)	Intermediate Consumption (Consumed in Conversion)	1630.4	2230.0	2352.9	3190.7	2657.1	2469.5
发 电	Power Generation	1234.4	1358.5	1178.2	1602.0	459.1	319.8
供 热	Heating	356.3	399.9	427.0	407.6	593.1	525.7
制 气	Gas Production	39.7	51.6	25.9	14.4		
炼油损失量	Losses in Petroleum Refining	295.8	420.1	721.9	1166.7	1604.8	1624.1
损失量	Other Losses	254.7	158.6	192.9	155.4	194.4	181.7
平衡差额	**Balance**	**-50.6**	**7.8**	**135.8**	**1.4**	**933.3**	**280.7**

注：1.生产量为原油产量。

2.进口量包括我国飞机、轮船在国外加油量；出口量包括外国飞机、轮船在我国加油量。

a) Data on output refer to the output of crude oil.

b) The refueling by Chinese ships and airplanes abroad is included in imports. The refueling by foreign ships and airplanes in China is included in exports.

8-5 煤炭平衡表
Coal Balance Sheet

单位：万吨 (10 000 tons)

项目	Item	1990	1995	2000	2005	2010	2011
可供量	**Total Energy Available for Consumption**	**102221.1**	**133461.7**	**136794.5**	**226941.0**	**319772.0**	**360561.5**
生产量	Output	107988.3	136073.1	138418.5	234951.8	323500.0	351600.0
进口量	Imports	200.3	163.5	217.9	2617.1	16309.5	18209.8
出口量(-)	Exports (-)	1729.0	2861.7	5506.5	7172.4	1910.4	1465.8
年初年末库存差额	Stock Changes in the Year	-4238.5	86.8	3664.7	-3455.4	-8127.2	-7782.5
消费量	**Total Energy Consumption**	**105523.0**	**137676.5**	**141091.7**	**231851.1**	**312236.5**	**342950.2**
在消费量中:	Consumption by Sector						
农、林、牧、渔、水利业	Agriculture,Forestry,Animal Husbandry, Fishery and Water Conservancy	2095.2	1856.7	933.4	1513.8	1711.1	1756.6
工　业	Industry	81090.9	117570.7	127806.7	215493.3	296031.6	326230.0
建筑业	Construction	437.6	439.8	536.8	603.6	718.9	781.8
交通运输、仓储和邮政业	Transport, Storage and Post	2160.9	1315.1	882.2	811.2	639.2	645.9
批发、零售业和住宿、餐饮业	Wholesale and Retail Trades, Hotels and Catering Services	1058.3	977.4	1314.6	1674.4	1969.9	2211.7
其他行业	Other Sectors	1980.4	1986.7	1161.0	1715.9	2006.6	2112.2
生活消费	Household Consumption	16699.7	13530.1	8457.0	10039.0	9159.2	9212.0
在消费量中:	Consumption by Usage						
终端消费	End-use Consumption	60205.9	66156.1	55913.1	75382.7	84350.9	86416.3
#工　业	Industry	35773.8	46050.3	42628.0	59024.9	68146.1	69696.0
中间消费(用于加工转换)	Intermediate Consumption (Consumed in Conversion)	41257.8	69487.6	85178.6	156468.4	227885.6	256534.0
#发　电	Power Generation	27204.3	44440.2	55811.2	103263.5	154542.5	175578.5
供　热	Heating	2995.5	5887.3	8794.1	13542.0	15253.1	16834.2
炼　焦	Coking	10697.6	18396.4	16496.4	33167.1	47150.4	52959.9
炼油及煤制油	Petroleum Refineries and Coal-to-liquids					213.4	345.7
制　气	Gas Production	360.4	763.7	960.0	1277.0	1040.1	870.5
洗选损耗	Losses in Coal Washing and Dressing	4059.3	2032.8	3191.2	4982.1	9484.6	9723.4
平衡差额	**Balance**	**-3302.0**	**-4214.8**	**-4297.2**	**-4910.0**	**17535.5**	**17611.3**

注：生产量为原煤产量。
a) Data on output refer to the output of raw coal.

8-6 电力平衡表
Electricity Balance Sheet

单位：亿千瓦小时 (100 million kwh)

项目	Item	1990	1995	2000	2005	2010	2011
可供量	**Total Energy Available for Consumption**	**6230.4**	**10023.4**	**13472.7**	**24940.8**	**41936.5**	**47002.7**
生产量	Output	6212.0	10077.3	13556.0	25002.6	42071.6	47130.2
水　电	Hydropower	1267.2	1905.8	2224.1	3970.2	7221.7	6989.5
火　电	Thermal Power	4944.8	8043.2	11141.9	20473.4	33319.3	38337.0
核　电	Nuclear Power		128.3	167.4	530.9	738.8	863.5
风　电	Wind Power					446.2	703.3
进口量	Imports	19.3	6.4	15.5	50.1	55.5	65.6
出口量(-)	Exports (-)	0.9	60.3	98.8	111.9	190.6	193.1
消费量	**Total Energy Consumption**	**6230.4**	**10023.4**	**13472.4**	**24940.3**	**41934.5**	**47000.9**
在消费量中:	Consumption by Sector						
农、林、牧、渔、水利业	Agriculture,Forestry,Animal Husbandry, Fishery and Water Conservancy	426.8	582.4	533.0	776.3	976.5	1012.9
工　业	Industry	4873.3	7659.8	10004.6	18521.7	30871.8	34691.6
建筑业	Construction	65.0	159.6	159.8	233.9	483.2	571.8
交通运输、仓储和邮政业	Transport, Storage and Post	105.9	182.3	281.2	430.3	734.5	848.4
批发、零售业和住宿、餐饮业	Wholesale and Retail Trades, Hotels and Catering Services	76.2	199.5	418.7	752.3	1292.0	1503.1
其他行业	Other Sectors	202.4	234.2	623.2	1340.9	2451.8	2753.1
生活消费	Household Consumption	480.8	1005.6	1452.0	2884.8	5124.6	5620.1
在消费量中:	Consumption by Usage						
终端消费	End-use Consumption	5795.8	9278.9	12535.7	23233.8	39366.3	44300.2
#工　业	Industry	4438.7	6915.3	9067.9	16815.2	28303.5	31990.9
输配电损失量	Losses in Transmission	434.6	744.5	936.7	1706.5	2568.2	2700.7

8-7 能源生产弹性系数
Elasticity Ratio of Energy Production

年 份 Year	能源生产比上年增长 (%) Growth Rate of Energy Production over Preceding Year (%)	电力生产比上年增长 (%) Growth Rate of Electricity Production over Preceding Year (%)	国内生产总值比上年增长 (%) Growth Rate of Gross Domestic Product (GDP) over Preceding Year (%)	能源生产弹性系数 Elasticity Ratio of Energy Production	电力生产弹性系数 Elasticity Ratio of Electricity Production
1985	9.9	8.9	13.5	0.73	0.66
1990	2.2	6.2	3.8	0.58	1.63
1991	0.9	9.1	9.2	0.10	0.99
1992	2.3	11.3	14.2	0.16	0.80
1993	3.6	15.3	14.0	0.26	1.09
1994	6.9	10.7	13.1	0.53	0.82
1995	8.7	8.6	10.9	0.80	0.79
1996	3.1	7.2	10.0	0.31	0.72
1997	0.3	5.1	9.3	0.03	0.55
1998	-2.7	2.7	7.8		0.35
1999	1.6	6.3	7.6	0.21	0.83
2000	2.4	9.4	8.4	0.28	1.12
2001	6.5	9.2	8.3	0.79	1.11
2002	4.7	11.7	9.1	0.52	1.29
2003	14.1	15.5	10.0	1.41	1.55
2004	14.4	15.3	10.1	1.43	1.51
2005	10.0	13.5	11.3	0.88	1.19
2006	7.4	14.6	12.7	0.58	1.15
2007	6.5	14.5	14.2	0.46	1.02
2008	5.4	5.6	9.6	0.56	0.58
2009	5.4	7.1	9.2	0.59	0.77
2010	8.1	13.3	10.4	0.78	1.28
2011	7.1	12.0	9.3	0.76	1.29
2012	4.4	5.8	7.7	0.57	0.75

注：国内生产总值增长速度按不变价格计算(下表同)。

a) The growth rates of GDP are calculated at constant prices. The same applies to the tables following.

8-8 能源消费弹性系数
Elasticity Ratio of Energy Consumption

年 份 Year	能源消费比上年增长 (%) Growth Rate of Energy Consumption over Preceding Year (%)	电力消费比上年增长 (%) Growth Rate of Electricity Consumption over Preceding Year (%)	国内生产总值比上年增长 (%) Growth Rate of Gross Domestic Product (GDP) over Preceding Year (%)	能源消费弹性系数 Elasticity Ratio of Energy Consumption	电力消费弹性系数 Elasticity Ratio of Electricity Consumption
1985	8.1	9.0	13.5	0.60	0.67
1990	1.8	6.2	3.8	0.47	1.63
1991	5.1	9.2	9.2	0.55	1.00
1992	5.2	11.5	14.2	0.37	0.81
1993	6.3	11.0	14.0	0.45	0.79
1994	5.8	9.9	13.1	0.44	0.76
1995	6.9	8.2	10.9	0.63	0.75
1996	3.1	7.4	10.0	0.31	0.74
1997	0.5	4.8	9.3	0.06	0.52
1998	0.2	2.8	7.8	0.03	0.36
1999	3.2	6.1	7.6	0.42	0.80
2000	3.5	9.5	8.4	0.42	1.13
2001	3.3	9.3	8.3	0.40	1.12
2002	6.0	11.8	9.1	0.66	1.30
2003	15.3	15.6	10.0	1.53	1.56
2004	16.1	15.4	10.1	1.60	1.52
2005	10.6	13.5	11.3	0.93	1.19
2006	9.6	14.6	12.7	0.76	1.15
2007	8.4	14.4	14.2	0.59	1.01
2008	3.9	5.6	9.6	0.41	0.58
2009	5.2	7.2	9.2	0.57	0.78
2010	6.0	13.2	10.4	0.58	1.27
2011	7.1	12.1	9.3	0.76	1.30
2012	3.9	5.9	7.7	0.51	0.77

8-9 按行业分能源消费量（2011年）

行　　业	Sector	能源消费总量（万吨标准煤）Total Energy Consumption (10 000 tons of SCE)
消 费 总 量	**Total Consumption**	**348001.66**
农、林、牧、渔、水利业	**Agriculture, Forestry, Animal Husbandry, Fishery and Water Conservancy**	**6758.56**
工业	**Industry**	**246440.96**
采掘业	**Mining**	**20024.66**
煤炭开采和洗选业	Mining and Washing of Coal	11566.47
石油和天然气开采业	Extraction of Petroleum and Natural Gas	3934.36
黑色金属矿采选业	Mining and Processing of Ferrous Metal Ores	1920.70
有色金属矿采选业	Mining and Processing of Non-Ferrous Metal Ores	1146.53
非金属矿采选业	Mining and Processing of Non-metal Ores	1173.91
其他采矿业	Mining of Other Ores	282.70
制造业	**Manufacturing**	**200403.37**
农副食品加工业	Processing of Food from Agricultural Products	2663.79
食品制造业	Manufacture of Foods	1517.97
饮料制造业	Manufacture of Beverages	1197.41
烟草制品业	Manufacture of Tobacco	272.31
纺织业	Manufacture of Textile	6269.05
纺织服装、鞋、帽制造业	Manufacture of Textile Wearing Apparel, Footware and Caps	753.44
皮革、毛皮、羽毛(绒)及其制品业	Manufacture of Leather, Fur, Feather and Related Products	371.37
木材加工及木、竹、藤、棕、草制品业	Processing of Timber, Manufacture of Wood, Bamboo, Rattan, Palm, and Straw Products	1097.31
家具制造业	Manufacture of Furniture	201.99
造纸及纸制品业	Manufacture of Paper and Paper Products	3983.51
印刷业和记录媒介的复制	Printing, Reproduction of Recording Media	389.60
文教体育用品制造业	Manufacture of Articles For Culture, Education and Sport Activities	232.76
石油加工、炼焦及核燃料加工业	Processing of Petroleum, Coking, Processing of Nuclear Fuel	17057.01
化学原料及化学制品制造业	Manufacture of Raw Chemical Materials and Chemical Products	34713.14
医药制造业	Manufacture of Medicines	1523.16
化学纤维制造业	Manufacture of Chemical Fibres	1530.40
橡胶制品业	Manufacture of Rubber	1521.16
塑料制品业	Manufacture of Plastics	2016.73
非金属矿物制品业	Manufacture of Non-metallic Mineral Products	30014.96
黑色金属冶炼及压延加工业	Smelting and Pressing of Ferrous Metals	58896.58
有色金属冶炼及压延加工业	Smelting and Pressing of Non-ferrous Metals	13991.13
金属制品业	Manufacture of Metal Products	3533.37
通用设备制造业	Manufacture of General Purpose Machinery	3823.13
专用设备制造业	Manufacture of Special Purpose Machinery	1887.05
交通运输设备制造业	Manufacture of Transport Equipment	3995.63
电气机械及器材制造业	Manufacture of Electrical Machinery and Equipment	2276.48
通信设备、计算机及其他电子设备制造业	Manufacture of Communication Equipment, Computers and Other Electronic Equipment	2623.39
仪器仪表及文化、办公用机械制造业	Manufacture of Measuring Instruments and Machinery for Cultural Activity and Office Work	318.39
工艺品及其他制造业	Manufacture of Artwork and Other Manufacturing	1641.89
废弃资源和废旧材料回收加工业	Recycling and Disposal of Waste	89.29
电力、煤气及水生产和供应业	**Electric Power, Gas and Water Production and Supply**	**26012.93**
电力、热力的生产和供应业	Production and Supply of Electric Power and Heat Power	24372.14
燃气生产和供应业	Production and Supply of Gas	604.71
水的生产和供应业	Production and Supply of Water	1036.08
建筑业	**Construction**	**5872.16**
交通运输、仓储和邮政业	**Transport, Storage and Post**	**28535.50**
批发、零售业和住宿、餐饮业	**Wholesale and Retail Trades, Hotels and Catering Services**	**7795.38**
其他行业	**Others**	**15189.15**
生活消费	**Household Consumption**	**37409.94**

Consumption of Energy by Sector (2011)

煤炭消费量（万吨） Coal Consumption (10 000 tons)	焦炭消费量（万吨） Coke Consumption (10 000 tons)	原油消费量（万吨） Crude Oil Consumption (10 000 tons)	汽油消费量（万吨） Gasoline Consumption (10 000 tons)	煤油消费量（万吨） Kerosene Consumption (10 000 tons)	柴油消费量（万吨） Diesel Oil Consumption (10 000 tons)	燃料油消费量（万吨） Fuel Oil Consumption (10 000 tons)	天然气消费量（亿立方米） Natural Gas Consumption (100 million cu.m)	电力消费量（亿千瓦小时） Electricity Consumption (100 million kwh)
342950.24	**38163.27**	**43965.84**	**7395.95**	**1816.72**	**15635.11**	**3662.80**	**1305.30**	**47000.88**
1756.63	**54.06**		**185.98**	**1.47**	**1271.91**	**1.31**	**0.56**	**1012.90**
326229.97	**38052.08**	**43860.44**	**604.81**	**34.21**	**1824.25**	**2260.15**	**839.95**	**34691.55**
26141.48	**237.03**	**1000.63**	**68.41**	**3.22**	**614.87**	**30.09**	**131.93**	**2245.23**
24629.90	30.15		22.52	2.30	212.42	1.12	5.10	818.57
559.72		1000.57	22.46		192.24	28.71	126.04	374.81
211.23	185.35	0.06	8.13	0.16	113.38	0.08	0.05	436.58
107.90	13.92		9.22	0.64	36.06	0.02	0.10	311.97
632.73	7.61		6.06	0.12	60.55	0.16	0.65	214.27
			0.02		0.22			89.03
128297.11	**37791.36**	**42857.70**	**504.66**	**30.96**	**1120.39**	**2186.41**	**483.07**	**25526.84**
1719.05	13.72	0.14	32.70	0.29	49.52	6.40	1.13	471.04
1187.05	2.54		11.83	0.09	26.00	6.38	4.21	198.18
801.38	0.80		8.77	0.04	15.26	5.75	2.41	145.57
109.11			0.85		4.13	1.02	0.81	51.84
2261.68	3.92		21.20	0.31	34.66	14.76	1.96	1378.82
211.90	5.20	0.05	13.59	0.52	26.02	7.41	0.47	163.70
68.97	0.91	0.09	6.85	0.23	8.53	3.85	0.09	88.37
433.54	0.61	0.13	7.99	0.05	14.43	0.17	0.44	236.15
33.89	1.74		5.70	0.02	9.20	0.64	0.55	45.83
4466.51	1.92	0.04	8.81	0.13	22.37	13.38	2.27	580.38
32.00	0.30	0.03	6.02	0.10	7.41	1.51	0.84	102.50
15.07	3.59	0.03	3.14	0.04	6.59	1.39	0.25	61.79
34087.24	83.93	39157.70	41.44	2.46	25.44	1191.77	68.33	607.06
16177.17	2271.62	3696.04	45.15	2.94	79.89	452.00	233.48	3528.32
776.27	0.74		10.39	0.25	13.82	4.91	3.70	240.88
651.14	2.33		1.33	0.02	7.92	9.52	0.51	322.36
468.39	2.34	0.04	8.24	0.05	7.10	6.11	1.35	358.92
353.14	3.88	0.08	15.60	0.17	30.96	10.93	1.92	532.40
25031.84	553.50	2.03	33.72	3.48	248.73	312.08	63.76	2917.93
29971.15	32906.33	0.18	11.13	0.31	84.14	9.13	28.56	5248.27
6227.18	583.44	0.62	9.05	1.80	60.76	79.03	13.94	3501.80
281.42	65.12	0.14	22.94	1.07	44.98	12.42	4.87	959.48
399.21	982.11	0.05	48.15	3.75	63.44	4.61	8.33	714.18
559.55	78.19	0.02	25.24	0.56	38.07	2.55	7.24	361.84
798.64	175.99	0.16	48.09	11.44	99.63	17.95	18.55	861.41
519.06	24.83	0.10	29.24	0.34	40.44	4.11	5.42	584.42
164.04	2.09	0.02	15.28	0.16	29.98	3.29	6.44	737.83
21.95	4.39	0.01	5.59	0.16	6.65	0.43	0.51	83.70
456.11	2.54		6.02	0.18	10.07	1.75	0.63	424.25
13.45	12.75		0.61		4.25	1.16	0.10	17.62
171791.38	**23.69**	**2.11**	**31.74**	**0.03**	**88.99**	**43.65**	**224.95**	**6919.48**
170744.15	7.63	2.11	25.23	0.02	84.89	43.40	215.90	6512.12
1003.78	15.76		2.98	0.01	2.11	0.22	8.87	90.21
43.46	0.30		3.53		1.99	0.03	0.18	317.15
781.81	**4.81**		**282.77**	**10.79**	**518.63**	**30.60**	**1.28**	**571.82**
645.85	**0.09**	**105.40**	**3373.52**	**1646.35**	**9485.20**	**1345.16**	**138.35**	**848.42**
2211.71	**9.24**		**177.14**	**32.18**	**212.31**	**9.34**	**33.64**	**1503.08**
2112.21	**1.94**		**1313.17**	**68.24**	**1428.07**	**16.23**	**27.14**	**2753.05**
9212.06	**41.08**		**1458.56**	**23.48**	**894.74**		**264.38**	**5620.06**

8-10 能源加工转换效率
Efficiency of Energy Conversion

单位：%　　(%)

年份 Year	总效率 Total Efficiency	发电及电站供热 Electricity Generation and Heating by Power Stations	炼焦 Coking	炼油 Petroleum Refining
1983	69.93	36.94	91.18	99.16
1984	69.16	36.95	90.08	99.17
1985	68.29	36.85	90.79	99.10
1986	68.32	36.69	90.63	99.04
1987	67.48	36.75	90.46	98.81
1988	66.54	36.34	90.77	98.76
1989	66.51	36.74	90.30	98.57
1990	66.48	37.34	91.28	90.19
1991	65.90	37.60	89.90	98.10
1992	66.00	37.80	92.70	96.80
1993	67.32	39.90	98.05	98.49
1994	65.20	39.35	89.62	97.48
1995	71.05	37.31	91.99	97.67
1996	70.19	36.63	94.07	97.46
1997	69.76	35.89	94.01	97.37
1998	69.28	37.09	94.97	96.41
1999	69.25	37.04	96.13	97.51
2000	69.04	37.36	96.21	97.32
2001	69.34	37.63	96.48	97.92
2002	69.04	38.73	96.63	96.71
2003	69.40	38.83	96.13	96.80
2004	70.91	39.46	97.55	96.43
2005	71.55	39.87	97.57	96.86
2006	71.24	39.87	97.77	96.86
2007	70.77	40.24	97.56	97.17
2008	71.55	41.04	97.75	97.17
2009	72.01	41.73	97.38	96.63
2010	72.83	42.43	96.44	96.86
2011	72.32	42.44	96.41	97.01

8-11 平均每天能源消费量
Average Daily Energy Consumption by Type of Energy

能源品种	Type of Energy	1990	1995	2000	2005	2009	2010	2011
合计 (万吨标准煤)	**Total (10 000 tons of SCE)**	**270.4**	**359.4**	**397.6**	**646.6**	**840.1**	**890.2**	**953.4**
煤炭 (万吨)	Coal (10 000 tons)	289.1	377.2	385.5	635.2	810.5	855.4	939.6
焦炭 (万吨)	Coke (10 000 tons)	18.9	29.4	29.6	68.8	87.3	92.3	104.6
原油 (万吨)	Crude Oil (10 000 tons)	32.2	40.8	58.0	82.4	104.5	117.5	120.5
燃料油 (万吨)	Fuel Oil (10 000 tons)	9.2	10.2	10.6	11.6	7.8	10.3	10.0
汽油 (万吨)	Gasoline (10 000 tons)	5.2	8.0	9.6	13.3	16.9	18.9	20.3
煤油 (万吨)	Kerosene (10 000 tons)	1.0	1.4	2.4	3.0	3.9	4.8	5.0
柴油 (万吨)	Diesel Oil (10 000 tons)	7.4	11.8	18.6	30.1	37.7	40.1	42.8
天然气 (亿立方米)	Natural Gas (100 million cu.m)	0.4	0.5	0.7	1.3	2.5	2.9	3.6
电力 (亿千瓦小时)	Electricity (100 million kwh)	17.1	27.5	36.8	68.3	101.5	114.9	128.8

8-12 生活能源消费量
Average Annual Energy Consumption for Households

能源品种	Type of Energy	1990	1995	2000	2005	2009	2010	2011
合计 (万吨标准煤)	**Total (10 000 tons of SCE)**	**15799**	**15745**	**15614**	**25305**	**33843**	**34558**	**37410**
煤炭 (万吨)	Coal (10 000 tons)	16700	13530	8457	10039	9122	9159	9212
煤油 (万吨)	Kerosene (10 000 tons)	105	64	72	26	19	19	24
液化石油气 (万吨)	Liquefied Petroleum Gas (10 000 tons)	159	534	858	1329	1496	1457	1607
天然气 (亿立方米)	Natural Gas (100 million cu.m)	19	19	32	79	178	227	264
煤气 (亿立方米)	Coal Gas (100 million cu.m)	29	57	126	145	166	167	146
热力 (万百万千焦)	Heat (10 billion kilo-joule)	8972	12637	23234	52044	67000	67410	70044
电力 (亿千瓦小时)	Electricity (100 million kwh)	481	1006	1452	2885	4872	5125	5620

8-13 人均生活能源消费量
Annual per Capita Energy Consumption of Households

年 份 Year	平均每人生活消费能源 (千克标准煤) Annual per Capita Consumption for Households (kg of SCE)	煤 炭 (千克) Coal (kg)	电 力 (千瓦小时) Electricity (kwh)	煤 油 (千克) Kerosene (kg)	液化石油气 (千克) Liquefied Petroleum Gas (kg)	天然气 (立方米) Natural Gas (cu.m)	煤 气 (立方米) Coal Gas (cu.m)
1983	106.6	127.7	13.4	1.2	0.6	0.1	1.5
1984	113.5	134.9	15.3	1.4	0.6	0.4	1.6
1985	126.7	148.7	21.2	1.2	0.9	0.4	1.3
1986	127.3	148.3	23.2	1.3	1.1	0.6	1.3
1987	132.1	152.1	26.4	1.2	1.1	0.7	1.6
1988	141.0	159.1	31.2	1.1	1.2	1.4	1.6
1989	139.3	152.4	35.3	1.1	1.4	1.5	2.4
1990	139.2	147.1	42.4	0.9	1.4	1.6	2.5
1991	139.0	143.0	47.2	0.8	1.8	1.6	3.2
1992	134.2	126.9	54.9	0.7	2.1	1.8	4.4
1993	133.5	123.2	62.5	0.6	2.5	1.5	4.6
1994	129.3	109.5	72.7	0.6	3.2	1.7	6.3
1995	130.7	112.3	83.5	0.5	4.4	1.6	4.7
1996	120.5	83.0	87.7	0.5	5.9	1.7	6.4
1997	119.3	77.2	98.6	0.5	6.2	1.7	8.9
1998	119.0	73.1	104.2	0.6	6.9	1.9	9.7
1999	121.8	69.9	108.6	0.6	6.8	2.1	9.3
2000	123.7	67.0	115.0	0.6	6.8	2.6	10.0
2001	127.2	66.1	126.5	0.6	6.7	3.3	9.4
2002	134.0	65.7	138.3	0.3	7.6	3.6	9.8
2003	153.4	69.9	159.7	0.3	8.6	4.0	10.2
2004	175.7	75.4	184.0	0.2	10.4	5.2	10.7
2005	194.1	77.0	221.3	0.2	10.2	6.1	11.1
2006	211.8	76.6	255.6	0.2	11.1	7.8	12.7
2007	233.8	74.1	308.3	0.1	12.4	10.9	14.1
2008	240.8	69.1	331.9	0.1	11.0	12.8	13.9
2009	254.2	68.5	365.9	0.1	11.2	13.3	12.5
2010	258.3	68.5	383.1	0.1	10.9	17.0	14.5
2011	278.3	68.5	418.1	0.2	12.0	19.7	10.9

注：计算消费量所使用的人口数为平均人口数计算。

a) Data in the table are calculated with the data on the annual average population.

8-14 分地区电力消费量
Electricity Consumption by Region

单位：亿千瓦小时 (100 million kwh)

地　区	Region	1995	2000	2005	2010	2011	2012
北　京	Beijing	261.74	384.43	570.54	809.90	821.71	874.28
天　津	Tianjin	178.99	234.05	384.84	645.74	695.15	722.48
河　北	Hebei	602.68	809.34	1501.92	2691.52	2984.90	3077.73
山　西	Shanxi	399.16	501.99	946.33	1460.00	1650.41	1765.79
内蒙古	Inner Mongolia	186.83	254.21	667.72	1536.83	1864.07	2016.76
辽　宁	Liaoning	622.81	748.89	1110.56	1715.26	1861.53	1899.88
吉　林	Jilin	267.60	291.37	378.23	576.98	630.15	637.00
黑龙江	Heilongjiang	409.38	442.28	555.85	747.84	801.87	827.91
上　海	Shanghai	403.27	559.45	921.97	1295.87	1339.62	1353.45
江　苏	Jiangsu	684.80	971.34	2193.45	3864.37	4281.62	4580.90
浙　江	Zhejiang	439.59	738.05	1642.31	2820.93	3116.91	3210.55
安　徽	Anhui	288.97	338.93	582.16	1077.91	1221.19	1361.10
福　建	Fujian	261.28	401.51	756.59	1315.09	1515.86	1579.50
江　西	Jiangxi	181.21	208.15	391.98	700.51	835.10	867.67
山　东	Shandong	741.07	1000.71	1911.61	3298.46	3635.26	3794.55
河　南	Henan	571.48	718.52	1352.74	2353.96	2659.14	2747.75
湖　北	Hubei	414.99	503.02	788.91	1330.44	1450.76	1507.85
湖　南	Hunan	374.76	406.12	674.43	1171.91	1293.44	1345.22
广　东	Guangdong	787.66	1334.58	2673.56	4060.13	4399.02	4619.41
广　西	Guangxi	220.77	314.44	510.15	993.24	1112.21	1153.42
海　南	Hainan	32.00	38.37	81.61	159.02	185.28	208.08
重　庆	Chongqing		307.61	347.68	626.44	717.03	723.03
四　川	Sichuan	582.85	521.23	942.59	1549.03	1751.44	1830.70
贵　州	Guizhou	203.70	287.78	486.97	835.38	944.13	1046.72
云　南	Yunnan	223.71	273.58	557.25	1004.07	1204.07	1315.86
西　藏	Tibet				20.41	23.77	27.76
陕　西	Shaanxi	239.68	292.76	516.43	859.22	982.47	1066.75
甘　肃	Gansu	241.06	295.33	489.48	804.43	923.45	994.56
青　海	Qinghai	69.02	109.10	206.56	465.18	560.68	602.22
宁　夏	Ningxia	92.38	136.17	302.88	546.77	724.54	741.79
新　疆	Xinjiang	119.67	182.98	310.14	661.96	839.10	1090.80

注：2000年及以后为电力企业联合会数据。

a) Data since 2000 are provided by the Association of Power Generation Enterprises.

8-15 分地区能源消耗指标(2011年)
Indicators of Energy Consumption by Region (2011)

地 区	Region	万元地区生产总值能耗(等价值) Energy Consumption per 10 000 yuan of GRP (equivalent value) 指标值(吨标准煤/万元) Index (ton of SCE/ 10 000 yuan)	上升或下降(±%) Change (±%)	万元工业增加值能耗上升或下降(规模以上，当量值) Energy Consumption per 10 000 yuan of Industrial Value-added Change (above Designated Size, equivalent weight) (±%)	万元地区生产总值电耗上升或下降 Electricity Consumption per 10 000 yuan of GRP Change (±%)
北 京	Beijing	0.459	-6.94	-18.50	-6.10
天 津	Tianjin	0.708	-4.28	-7.48	-7.48
河 北	Hebei	1.300	-3.69	-6.68	-0.36
山 西	Shanxi	1.762	-3.55	-5.82	0.03
内蒙古	Inner Mongolia	1.405	-2.51	-4.39	4.38
辽 宁	Liaoning	1.096	-3.40	-5.02	-3.15
吉 林	Jilin	0.923	-3.59	-4.19	-3.90
黑龙江	Heilongjiang	1.042	-3.50	-5.17	-4.43
上 海	Shanghai	0.618	-5.32	-7.33	-4.42
江 苏	Jiangsu	0.600	-3.52	-5.41	-0.14
浙 江	Zhejiang	0.590	-3.07	-2.40	1.41
安 徽	Anhui	0.754	-4.06	-9.54	-0.15
福 建	Fujian	0.644	-3.29	-1.16	2.73
江 西	Jiangxi	0.651	-3.08	-6.87	2.30
山 东	Shandong	0.855	-3.77	-7.67	-0.58
河 南	Henan	0.895	-3.57	-8.60	1.27
湖 北	Hubei	0.912	-3.79	-6.88	-4.20
湖 南	Hunan	0.894	-3.68	-8.61	-2.10
广 东	Guangdong	0.563	-3.78	-5.13	-1.46
广 西	Guangxi	0.800	-3.36	-6.13	-0.28
海 南	Hainan	0.692	5.23	12.53	3.94
重 庆	Chongqing	0.953	-3.81	-5.31	-1.63
四 川	Sichuan	0.997	-4.23	-7.78	-1.87
贵 州	Guizhou	1.714	-3.51	-8.02	-1.70
云 南	Yunnan	1.162	-3.22	-9.92	5.47
西 藏	Tibet				
陕 西	Shaanxi	0.846	-3.56	-5.60	0.38
甘 肃	Gansu	1.402	-2.51	-1.96	2.07
青 海	Qinghai	2.081	9.44	9.62	6.24
宁 夏	Ningxia	2.279	4.60	14.72	18.36
新 疆	Xinjiang	1.631	6.96	9.28	14.69

注：计算消耗指标所使用的地区生产总值和工业增加值按2010年价格计算。

a) Gross regional product and industrial value-added are at 2010 constant prices.

主要统计指标解释

能源生产总量 指一定时期内，全国一次能源生产量的总和。该指标是观察全国能源生产水平、规模、构成和发展速度的总量指标。一次能源生产量包括原煤、原油、天然气、水电、核能及其他动力能(如风能、地热能等)发电量，不包括低热值燃料生产量、生物质能、太阳能等的利用和由一次能源加工转换而成的二次能源产量。

能源消费总量 指一定时期内，全国各行业和居民生活消费的各种能源的总和。该指标是观察能源消费水平、构成和增长速度的总量指标。能源消费总量包括原煤和原油及其制品、天然气、电力，不包括低热值燃料、生物质能和太阳能等的利用。能源消费总量分为终端能源消费量、能源加工转换损失量和能源损失量三部分。

(1)终端能源消费量：指一定时期内，全国生产和生活消费的各种能源在扣除了用于加工转换二次能源消费量和损失量以后的数量。

(2)能源加工转换损失量：指一定时期内，全国投入加工转换的各种能源数量之和与产出各种能源产品之和的差额。该指标是观察能源在加工转换过程中损失量变化的指标。

(3)能源损失量：指一定时期内，能源在输送、分配、储存过程中发生的损失和由客观原因造成的各种损失量，不包括各种气体能源放空、放散量。

能源生产弹性系数 是研究能源生产增长速度与国民经济增长速度之间关系的指标。计算公式：

$$能源生产弹性系数=\frac{能源生产总量年平均增长速度}{国民经济年平均增长速度}$$

国民经济年平均增长速度，可根据不同的目的或需要，用国民生产总值、国内生产总值等指标来计算，本年鉴是采用国内生产总值指标计算的。

电力生产弹性系数 是研究电力生产增长速度与国民经济增长速度之间关系的指标。一般来说，电力的发展应当快于国民经济的发展，也就是说电力应超前发展。计算公式为：

$$电力生产弹性系数=\frac{电力生产量年平均增长速度}{国民经济年平均增长速度}$$

能源消费弹性系数 反映能源消费增长速度与国民经济增长速度之间比例关系的指标。计算公式为：

$$能源消费弹性系数=\frac{能源消费量年平均增长速度}{国民经济年平均增长速度}$$

电力消费弹性系数 反映电力消费增长速度与国民经济增长速度之间比例关系的指标。计算公式为：

$$电力消费弹性系数=\frac{电力消费量年平均增长速度}{国民经济年平均增长速度}$$

能源加工转换效率 指一定时期内，能源经过加工、转换后，产出的各种能源产品的数量与同期内投入加工转换的各种能源数量的比率。该指标是观察能源加工转换装置和生产工艺先进与落后、管理水平高低等的重要指标。计算公式为：

$$能源加工转换效率=\frac{能源加工转换产出量}{能源加工转换投入量}\times 100\%$$

单位国内生产总值能耗 指一定时期内，一个国家或地区每生产一个单位的国内生产总值所消耗的能源。计算公式为：

$$单位国内生产总值能耗=\frac{能源消费总量}{国内生产总值}$$

单位国内生产总值电耗 指一定时期内，一个国家或地区每生产一个单位的国内生产总值所消耗的电力。计算公式为：

$$单位国内生产总值电耗=\frac{全社会用电量}{国内生产总值}$$

单位工业增加值能耗 指一定时期内，一个国家或地区每生产一个单位的工业增加值所消耗的能源。计算公式为：

$$单位工业增加值能耗=\frac{工业能源消费量}{工业增加值}$$

Explanatory Notes on Main Statistical Indicators

Total Energy Production refers to the total production of primary energy by all energy producing enterprises in the country in a given period of time. It is a comprehensive indicator to show the level, scale, composition and pace of development of energy production of the country. The production of primary energy includes that of coal, crude oil, natural gas, hydro-power and electricity generated by nuclear energy and other means such as wind power and geothermal power. However, it does not include the production of fuels of low calorific value, bio-energy, solar energy and secondary energy converted from primary energy.

Total Energy Consumption refers to the total consumption of energy of various kinds by the production sectors and the households in the country in a given period of time. It is a comprehensive indicator to show the scale, composition and pace of increase of energy consumption. Total energy consumption includes that of coal, crude oil and their products, natural gas and electricity. However, it does not include the consumption of fuel of low calorific value, bio-energy and solar energy. Total energy consumption can be divided into three parts: end-use energy consumption; loss during the process of energy conversion; and energy loss.

(1) End-use Energy Consumption: It refers to the total energy consumption by the production sectors and the households in the country (region) in a given period of time. It does not include the consumption during the conversion of primary energy into secondary energy and the loss in the process of energy conversion.

(2) Loss During the Process of Energy Conversion: It refers to the total input of various kinds of energy for conversion, minus the total output of various kinds of energy in the country in a given period of time. It is an indicator to show the loss that occurs during the process of energy conversion.

(3) Energy Loss: It refers to the total of the loss of energy during the course of energy transport, distribution and storage and the loss caused by any objective reason in a given period of time. The loss of various kinds of gas due to gas discharges and stocktaking is not included.

Elasticity Ratio of Energy Production is an indicator to show the relationship between the growth rate of energy production and the growth rate of the national economy. The formula is:

$$\text{Elasticity Ratio of Energy Production} = \frac{\text{Average Annual Growth Rate of Energy Production}}{\text{Average Annual Growth Rate of National Economy}}$$

The average annual growth rate of the national economy can be measured by indicators such as the Gross National Product and the Gross Domestic Product, depending on the purposes or needs. The Gross Domestic Product has been used in the calculation of the ratio in this Yearbook.

Elasticity Ratio of Electricity Production is an indicator to show the relationship between the growth rate of electricity production and the growth rate of the national economy. Generally speaking, the growth rate of electricity production should be higher than that of the national economy. Its formula is:

$$\text{Elasticity Ratio of Electricity Production} = \frac{\text{Average Annual Growth Rate of Electricity Production}}{\text{Average Annual Growth Rate of National Economy}}$$

Elasticity Ratio of Energy Consumption is an indicator to show the relationship between the growth rate of energy consumption and the growth rate of the national economy. The formula is:

$$\text{Elasticity Ratio of Energy Consumption} = \frac{\text{Average Annual Growth Rate of Energy Consumption}}{\text{Average Annual Growth Rate of National Economy}}$$

Elasticity Ratio of Electricity Consumption is an indicator to show the relationship between the growth rate of electricity consumption and the growth rate of the national economy. The formula is:

$$\text{Elasticity Ratio of Electricity Consumption} = \frac{\text{Average Annual Growth Rate of Electricity Consumption}}{\text{Average Annual Growth Rate of National Economy}}$$

Efficiency of Energy Processing and Conversion refers to the ratio of the total output of energy products of various kinds after processing and conversion to the total input of energy of various kinds for processing and conversion in the same reference period. It is an important indicator to show the current conditions of energy processing and conversion equipment, production technique and management. The formula is:

$$\text{Efficiency of Energy Processing \& Conversion} = \frac{\text{Output of Energy After Processing \& Conversion}}{\text{Input of Energy for Processing \& Conversion}} \times 100\%$$

Energy Consumption per Unit of GDP refers to the energy consumption per unit of Gross Domestic Product in a country or the Gross Regional Product in a region in the same reference period. The formula is:

$$\text{Energy Consumption per Unit of GDP} = \frac{\text{Total Energy Consumption}}{\text{Gross Domestic Product}}$$

Electricity Consumption per Unit of GDP refers to the electricity consumption per unit of Gross Domestic Product in a country or the Gross Regional Product in a region in the same reference period. The formula is:

$$\text{Electricity Consumption per Unit of GDP} = \frac{\text{Total Electricity Consumption}}{\text{Gross Domestic Product}}$$

Energy Consumption per Unit of Industrial Value-added refers to the energy consumption per unit of industrial value-added in a country or region in the same reference period. The formula is:

$$\text{Energy Consumption per Unit of Industrial Value-added} = \frac{\text{Total Energy Consumption}}{\text{Industrial Value-added.}}$$

9

财　　政

Government Finance

简 要 说 明

一、本篇的主要内容和资料来源

本篇反映国家财政收支状况，资料来源于财政部，资料基础为国家财政决算有关财务报表。

国家财政决算由中央级决算和地方总决算组成。省(自治区、直辖市)级决算及其所属州、县(市)总决算汇总组成省(自治区、直辖市)总决算；各省(自治区、直辖市)总决算汇总成地方总决算。

中央级决算、省(自治区、直辖市)级决算和县(市)总决算，由同级主管部门汇总的行政事业单位决算、企业财务决算、基本建设财务决算和金库年报、税收年报等组成。

为了保证决算数据的准确和完整，年度终了以前，各级财政总预算之间，财政总预算和部门单位预算之间，部门单位预算和所属单位预算之间，都对上下级之间的全年预算数据进行核对。年终后各级财政部门、国家金库会同预算缴款单位将决算收入数据进行核对一致，填制对账单办理签证后，分别按系统上报。

为保持决算口径的一致，财政部每年要制定和颁发各省(自治区、直辖市)总决算表格和中央单位决算表格。各级财政部门和中央主管部门也要结合本部门的具体情况下达有关决算表格。决算表格按国家决算的组成，分为各级财政部门适用的总决算表格和各级主管部门、单位预算机关适用的单位决算表格，决算表数据根据总预算或单位预算会计账簿填报。

有关财政收支方面的资料，根据决算收支总表、决算收入明细表、决算支出明细表的数据加工整理编制。

二、统计口径的变化和数据调整

与以往年份相比，2007年财政收支科目实施了较大改革，特别是财政支出项目口径变化很大，与往年数据不可比。

预算外资金从1982年开始建立统计制度，1993年实施新的财务通则和会计准则，国营企业更新改造资金、大修理基金等不再作为预算外资金，因此1992年以前年度与1993年以后年度的预算外资金收支不可比。从1997年起，预算外资金收支不包括纳入预算内管理的政府性基金（收费），与以前各年也不可比。从2011年开始，预算外资金全部纳入预算内管理，相关数据不再单独列示。

Brief Introduction

I. Main Contents and Sources of Data

The data in this chapter present the government revenue and expenditure situation. The data come from the Ministry of Finance. The data are based on final State financial accounts, final extra-budgetary revenue and expenditure accounts and related financial reports.

The final State financial accounts are composed of the final accounts at the level of Central Government and the total final accounts at the level of local governments. The total final accounts at the provincial (autonomous region, municipality directly under the Central Government) level are composed of the final accounts at the provincial level and the total final accounts at the level of governments of prefectures and counties (cities). The total final accounts at the level of local governments are composed of the final accounts of the governments of provinces, autonomous regions and municipalities directly under the Central Government.

The final accounts at the central level, at the provincial level and at the county (city) level are respectively composed of the final accounts of the administrative and institutional units, the final financial accounts of enterprises, the final financial accounts of capital construction, the annual reports on treasury and the annual reports on tax revenue, pooled together by the responsible departments at the same level.

In order to ensure the accuracy and completeness of the data of final accounts, the financial departments at different levels would check the budgetary data of the higher and lower levels of the whole year before the end of the year, including the related figures of the total government budgets between different levels, the related figures between the total government budget and the budgets of the departments and the related figures between the budget of the departments and the budgets of the subordinate units. After the end of the year, the financial departments of different levels and the State Treasury would check the data of the revenue in the final accounts together with the units which submit budgeted revenues, fill out the accounts checking sheet, sign and report to the respective higher authorities.

In order to ensure the consistency in the coverage of the final accounts, the Ministry of Finance works out and issues the forms for the final account for the provinces, autonomous regions and municipalities directly under the Central Government and the forms for the final accounts for the departments at the central level. The financial departments at various levels and the Central Government departments would also work out and issue the forms for the final accounts in the light of the specific departmental conditions to the departments or units at the lower level. The forms for the final accounts are designed in accordance with the composition of the State final account and are composed of the forms for the total final accounts suitable for the financial departments of different levels and the forms for the unit final accounts suitable for the budgetary agencies of the responsible departments or units. The data for the final accounts are filled out in accordance with the data in the account books of the total budget or unit budget.

Data on government revenue and expenditure are compiled on the basis of information from the total final accounts table of revenue and expenditure, the subsidiary table of the final accounts of revenue, and the subsidiary table of the final accounts of expenditure.

The procedures for the compilation of the extra-budgetary revenue and expenditure final account and the related financial tables are basically the same as those for the compilation of the State final accounts.

II. Change of Statistical Scope and Data Adjustment

Compared with the previous years, the classifications of revenue and expenditure accounts have been adjusted largely in 2007, the relative data are not comparable.

Data on the extra-budgetary funds have been collected in accordance with the statistical reporting scheme since 1982. In 1993, new general financial rules and accounting standards were implemented. As a result, the innovation fund and the major repair fund in the State-owned enterprises were no longer listed as extra-budgetary funds. Therefore the extra-budgetary revenues and the extra-budgetary expenditures in the years before 1993 and since 1993 are not comparable. Starting from 1997, government funds (revenue from fees) have been reclassified into budget management and have not been included in the extra-budgetary revenue and expenditure. Therefore, figures since 1997 are not comparable with the earlier figures.

9-1 国家财政收支总额及增长速度
National Government Revenue and Expenditure and Their Increase Rates

年 份 Year	财政收入(亿元) National Government Revenue (100 million yuan)	中央 Central Government	地方 Local Governments	财政支出(亿元) National Government Expenditure (100 million yuan)	中央 Central Government	地方 Local Governments	增长速度(%) Increase Rates (%) 财政收入 National Government Revenue	财政支出 National Government Expenditure
1978	1132.26	175.77	956.49	1122.09	532.12	589.97	29.5	33.0
1979	1146.38	231.34	915.04	1281.79	655.08	626.71	1.2	14.2
1980	1159.93	284.45	875.48	1228.83	666.81	562.02	1.2	-4.1
1981	1175.79	311.07	864.72	1138.41	625.65	512.76	1.4	-7.5
1982	1212.33	346.84	865.49	1229.98	651.81	578.17	3.1	8.0
1983	1366.95	490.01	876.94	1409.52	759.60	649.92	12.8	14.6
1984	1642.86	665.47	977.39	1701.02	893.33	807.69	20.2	20.7
1985	2004.82	769.63	1235.19	2004.25	795.25	1209.00	22.0	17.8
1986	2122.01	778.42	1343.59	2204.91	836.36	1368.55	5.8	10.0
1987	2199.35	736.29	1463.06	2262.18	845.63	1416.55	3.6	2.6
1988	2357.24	774.76	1582.48	2491.21	845.04	1646.17	7.2	10.1
1989	2664.90	822.52	1842.38	2823.78	888.77	1935.01	13.1	13.3
1990	2937.10	992.42	1944.68	3083.59	1004.47	2079.12	10.2	9.2
1991	3149.48	938.25	2211.23	3386.62	1090.81	2295.81	7.2	9.8
1992	3483.37	979.51	2503.86	3742.20	1170.44	2571.76	10.6	10.5
1993	4348.95	957.51	3391.44	4642.30	1312.06	3330.24	24.8	24.1
1994	5218.10	2906.50	2311.60	5792.62	1754.43	4038.19	20.0	24.8
1995	6242.20	3256.62	2985.58	6823.72	1995.39	4828.33	19.6	17.8
1996	7407.99	3661.07	3746.92	7937.55	2151.27	5786.28	18.7	16.3
1997	8651.14	4226.92	4424.22	9233.56	2532.50	6701.06	16.8	16.3
1998	9875.95	4892.00	4983.95	10798.18	3125.60	7672.58	14.2	16.9
1999	11444.08	5849.21	5594.87	13187.67	4152.33	9035.34	15.9	22.1
2000	13395.23	6989.17	6406.06	15886.50	5519.85	10366.65	17.0	20.5
2001	16386.04	8582.74	7803.30	18902.58	5768.02	13134.56	22.3	19.0
2002	18903.64	10388.64	8515.00	22053.15	6771.70	15281.45	15.4	16.7
2003	21715.25	11865.27	9849.98	24649.95	7420.10	17229.85	14.9	11.8
2004	26396.47	14503.10	11893.37	28486.89	7894.08	20592.81	21.6	15.6
2005	31649.29	16548.53	15100.76	33930.28	8775.97	25154.31	19.9	19.1
2006	38760.20	20456.62	18303.58	40422.73	9991.40	30431.33	22.5	19.1
2007	51321.78	27749.16	23572.62	49781.35	11442.06	38339.29	32.4	23.2
2008	61330.35	32680.56	28649.79	62592.66	13344.17	49248.49	19.5	25.7
2009	68518.30	35915.71	32602.59	76299.93	15255.79	61044.14	11.7	21.9
2010	83101.51	42488.47	40613.04	89874.16	15989.73	73884.43	21.3	17.8
2011	103874.43	51327.32	52547.11	109247.79	16514.11	92733.68	25.0	21.6
2012	117253.52	56175.23	61078.29	125952.97	18764.63	107188.34	12.9	15.3

注：1.在国家财政收支中，价格补贴1985年以前冲减财政收入，1986年以后列为财政支出。为了可比，本表将1985年以前冲减财政收入的价格补贴改列在财政支出中。
2.财政收入中不包括国内外债务收入。
3.从2000年起，财政支出中包括国内外债务付息支出。

a) Government price subsidies were listed as negative revenue items prior to 1986, but they have been listed as expenditure items in government accounts since 1986. For comparison purpose, budgetary price subsidies before 1985 were adjusted and listed as expenditure items.
b) Government revenue does not include the receipts of domestic and foreign debts.
c) Government expenditures include the interest payment on domestic and foreign debts since 2000.

9-2 中央和地方财政主要收入项目（2012年）
Main Items of National Government Revenue of the Central and Local Governments (2012)

单位：亿元 (100 million yuan)

项　目	Item	国家财政收入 National Government Revenue	中央 Central Government	地方 Local Governments
合计	**National Government Revenue**	**117253.52**	**56175.23**	**61078.29**
税收收入	**Total Tax Revenue**	**100614.28**	**53295.20**	**47319.08**
国内增值税	Domestic Value Added Tax	26415.51	19678.35	6737.16
国内消费税	Domestic Consumption Tax	7875.58	7875.58	
进口货物增值税、消费税	VAT and Consumption Tax from Imports	14802.16	14802.16	
出口货物退增值税、消费税	VAT and Consumption Tax Rebate for Exports	-10428.89	-10428.89	
营业税	Business Tax	15747.64	204.73	15542.91
企业所得税	Corporate Income Tax	19654.53	12082.93	7571.60
个人所得税	Individual Income Tax	5820.28	3492.65	2327.63
资源税	Resource Tax	904.37	48.61	855.76
城市维护建设税	City Maintenance and Construction Tax	3125.63	190.87	2934.76
房产税	House Property Tax	1372.49		1372.49
印花税	Stamp Tax	985.64	294.39	691.25
#证券交易印花税	Stamp Tax on Security Exchange	303.51	294.39	9.12
城镇土地使用税	Urban Land Use Tax	1541.72		1541.72
土地增值税	Land Appreciation Tax	2719.06		2719.06
车船税	Tax on Vehicles and Boat Operation	393.02		393.02
船舶吨税	Tax on Ship Tonnage	40.98	40.98	
车辆购置税	Vehicle Purchase Tax	2228.91	2228.91	
关税	Tariffs	2783.93	2783.93	
耕地占用税	Farm Land Occupation Tax	1620.71		1620.71
契税	Deed Tax	2874.01		2874.01
烟叶税	Tobacco Leaf Tax	131.78		131.78
其他税收收入	Other Tax Revenue	5.22		5.22
非税收入	**Total Non-tax Revenue**	**16639.24**	**2880.03**	**13759.21**
专项收入	Special Program Receipts	3232.63	412.67	2819.96
行政事业性收费	Charge of Administrative and Institutional Units	4579.54	377.20	4202.34
罚没收入	Penalty Receipts	1559.81	40.35	1519.46
其他收入	Other Non-tax Receipts	7267.26	2049.81	5217.45

9-3 中央和地方财政主要支出项目（2012年）
Main Items of National Government Expenditure of Central and Local Governments (2012)

单位：亿元 (100 million yuan)

项目	Item	国家财政支出 National Government Expenditure	中央 Central Government	地方 Local Governments
合计	**National Government Expenditure**	**125952.97**	**18764.63**	**107188.34**
一般公共服务	Expenditure for General Public Services	12700.46	998.32	11702.14
外交	Expenditure for Foreign Affairs	333.83	332.39	1.44
国防	Expenditure for National Defense	6691.92	6481.38	210.54
公共安全	Expenditure for Public Security	7111.60	1183.47	5928.13
教育	Expenditure for Education	21242.10	1101.46	20140.64
科学技术	Expenditure for Science and Technology	4452.63	2210.43	2242.20
文化体育与传媒	Expenditure for Culture, Sport and Media	2268.35	193.56	2074.79
社会保障和就业	Expenditure for Social Safety Net and Employment Effort	12585.52	585.67	11999.85
医疗卫生	Expenditure for Medical and Health Care	7245.11	74.29	7170.82
节能环保	Expenditure for Environment Protection	2963.46	63.65	2899.81
城乡社区事务	Expenditure for Urban and Rural Community Affairs	9079.12	18.19	9060.93
农林水事务	Expenditure for Agriculture, Forestry and Water Conservancy	11973.88	502.49	11471.39
交通运输	Expenditure for Transportation	8196.16	863.59	7332.57
资源勘探电力信息等事务	Expenditure for Affairs of Exploration, Power and Information	4407.68	473.15	3934.53
商业服务业等事务	Expenditure for Affairs of Commerce and Services	1371.80	20.09	1351.71
金融监管等事务支出	Expenditure for Affairs of Financial Supervision	459.28	209.59	249.69
地震灾后恢复重建支出	Expenditure for Post-earthquake Recovery and Reconstruction	103.81		103.81
援助其他地区支出	Expenditure for Other Regional Assistance	126.56		126.56
国土资源气象等事务	Expenditure for Affairs of Land and Weather	1665.67	298.08	1367.59
住房保障支出	Expenditure for Affairs of Housing Security	4479.62	410.91	4068.71
粮油物资储备事务	Expenditure for Affairs of Management of Grain & Oil Reserves	1376.29	645.20	731.09
国债还本付息支出	Expenditure for the Principal and Interest of National Debts	2635.74	2060.41	575.33
其他支出	Other Expenditure	2482.38	38.31	2444.07

9-4 各 项 税 收

Taxes

单位：亿元 (100 million yuan)

年 份 Year	合 计 Total	#国内增值税 Domestic Value-added Tax	#国内消费税 Domestic Consumption Tax	#营业税 Business Tax	#企业所得税 Corporate Income Tax	#个人所得税 Individual Income Tax	#关 税 Tariffs
1978	519.28						28.76
1979	537.82						26.00
1980	571.70						33.53
1981	629.89						54.04
1982	700.02						47.46
1983	775.59						53.88
1984	947.35						103.07
1985	2040.79	147.70		211.07	696.06		205.21
1986	2090.73	232.19		261.07	692.40		151.62
1987	2140.36	254.20		302.00	664.71		142.67
1988	2390.47	384.37		397.92	676.04		155.02
1989	2727.40	430.83		487.30	700.43		181.54
1990	2821.86	400.00		515.75	716.00		159.01
1991	2990.17	406.36		564.00	731.13		187.28
1992	3296.91	705.93		658.67	720.78		212.75
1993	4255.30	1081.48		966.09	678.60		256.47
1994	5126.88	2308.34	487.40	670.02	708.49		272.68
1995	6038.04	2602.33	541.48	865.56	878.44		291.83
1996	6909.82	2962.81	620.23	1052.57	968.48		301.84
1997	8234.04	3283.92	678.70	1324.27	963.18		319.49
1998	9262.80	3628.46	814.93	1575.08	925.54		313.04
1999	10682.58	3881.87	820.66	1668.56	811.41	413.66	562.23
2000	12581.51	4553.17	858.29	1868.78	999.63	659.64	750.48
2001	15301.38	5357.13	929.99	2064.09	2630.87	995.26	840.52
2002	17636.45	6178.39	1046.32	2450.33	3082.79	1211.78	704.27
2003	20017.31	7236.54	1182.26	2844.45	2919.51	1418.03	923.13
2004	24165.68	9017.94	1501.90	3581.97	3957.33	1737.06	1043.77
2005	28778.54	10792.11	1633.81	4232.46	5343.92	2094.91	1066.17
2006	34804.35	12784.81	1885.69	5128.71	7039.60	2453.71	1141.78
2007	45621.97	15470.23	2206.83	6582.17	8779.25	3185.58	1432.57
2008	54223.79	17996.94	2568.27	7626.39	11175.63	3722.31	1769.95
2009	59521.59	18481.22	4761.22	9013.98	11536.84	3949.35	1483.81
2010	73210.79	21093.48	6071.55	11157.91	12843.54	4837.27	2027.83
2011	89738.39	24266.63	6936.21	13679.00	16769.64	6054.11	2559.12
2012	100614.28	26415.51	7875.58	15747.64	19654.53	5820.28	2783.93

注：1.企业所得税2001年以前只包括国有及集体企业所得税，从2001年起，企业所得税还包括除国有企业和集体企业外的其他所有制企业所得税。

2.国内增值税不包括进口产品增值税；国内消费税不包括进口产品消费税。

a) Before 2001, the corporate income tax only included state-owned and collective-owned enterprises income tax. Since 2001, the corporate income tax also includes the income tax levied on other enterprises except for state-owned and collective-owned enterprises.

b) Domestic value-added tax does not include value-added tax from imports. Domestic consumption tax does not include consumption tax from imports.

9-5 分地区财政收入（2012年）
Government Revenue by Region (2012)

单位：亿元 (100 million yuan)

地区	Region	公共财政预算收入 Public Budgetary Revenue	税收收入 Tax Revenue	国内增值税 Domestic Value-added Tax	营业税 Business Revenue	企业所得税 Corporate Income Tax	个人所得税 Individual Income Tax	资源税 Resource Tax
地方合计	**Region Total**	**61078.29**	**47319.08**	**6737.16**	**15542.91**	**7571.60**	**2327.63**	**855.76**
北京	Beijing	3314.93	3124.75	314.00	1152.74	752.47	281.49	0.80
天津	Tianjin	1760.02	1105.56	149.87	400.90	187.70	49.56	2.67
河北	Hebei	2084.28	1560.59	250.30	533.45	226.20	50.19	54.26
山西	Shanxi	1516.38	1045.22	242.88	314.06	214.39	43.10	43.78
内蒙古	Inner Mongolia	1552.75	1119.87	182.68	319.76	179.85	47.61	68.10
辽宁	Liaoning	3105.38	2317.19	216.70	606.49	242.39	60.92	109.30
吉林	Jilin	1041.25	760.57	102.68	218.12	111.21	26.85	15.32
黑龙江	Heilongjiang	1163.17	837.80	144.87	244.05	97.89	28.39	68.47
上海	Shanghai	3743.71	3426.79	667.13	897.92	806.77	318.10	
江苏	Jiangsu	5860.69	4782.59	708.75	1659.67	745.88	224.22	21.93
浙江	Zhejiang	3441.23	3227.77	507.57	1063.49	536.97	178.93	8.41
安徽	Anhui	1792.72	1305.09	175.33	451.42	184.50	35.91	17.92
福建	Fujian	1776.17	1440.34	190.43	490.09	251.76	68.24	9.33
江西	Jiangxi	1371.99	978.08	107.41	363.46	124.12	26.52	29.72
山东	Shandong	4059.43	3050.20	438.12	896.64	441.64	95.11	91.11
河南	Henan	2040.33	1469.57	187.78	482.40	209.13	41.41	34.13
湖北	Hubei	1823.05	1324.44	162.39	472.36	196.87	48.55	12.43
湖南	Hunan	1782.16	1110.74	152.22	387.52	120.07	46.74	8.45
广东	Guangdong	6229.18	5073.88	793.84	1556.80	891.03	322.71	12.05
广西	Guangxi	1166.06	762.46	84.81	262.32	85.95	24.19	10.19
海南	Hainan	409.44	350.80	20.75	132.41	46.39	7.58	2.85
重庆	Chongqing	1703.49	970.17	86.33	368.05	119.80	32.98	8.69
四川	Sichuan	2421.27	1827.04	205.68	725.41	246.45	73.40	24.95
贵州	Guizhou	1014.05	681.66	85.74	241.53	86.53	32.29	12.72
云南	Yunnan	1338.15	1063.90	148.00	340.54	135.82	37.10	17.70
西藏	Tibet	86.58	70.07	7.69	20.75	10.91	23.80	1.00
陕西	Shaanxi	1600.69	1131.55	189.46	392.90	160.92	42.05	61.59
甘肃	Gansu	520.40	347.78	60.52	136.72	36.53	13.54	16.62
青海	Qinghai	186.42	146.69	26.42	59.17	16.08	3.56	17.78
宁夏	Ningxia	263.96	207.02	26.23	92.48	25.39	6.68	4.10
新疆	Xinjiang	908.97	698.93	100.57	259.31	79.99	35.89	69.35

9-5 续表 1 continued

单位：亿元 (100 million yuan)

地 区	Region	城市维护建设税 City Maintenance and Construction Tax	房产税 House Property Tax	印花税 Stamp Tax	城镇土地使用税 Urban Land Use Tax	土地增值税 Land Appreciation Tax	车船税 Tax on Vehicles and Boat Operation	耕地占用税 Farm Land Occupation Tax
地方合计	**Region Total**	**2934.76**	**1372.49**	**691.25**	**1541.71**	**2719.06**	**393.02**	**1620.71**
北 京	Beijing	160.34	110.72	44.71	16.26	132.07	22.29	10.27
天 津	Tianjin	71.17	40.02	23.84	17.21	58.79	8.74	15.55
河 北	Hebei	97.59	35.67	27.87	58.12	69.72	20.78	48.25
山 西	Shanxi	67.79	19.98	17.77	27.47	15.33	10.95	8.95
内蒙古	Inner Mongolia	64.94	26.61	15.76	67.47	35.00	10.99	65.83
辽 宁	Liaoning	108.41	64.17	28.15	221.92	190.38	19.90	225.20
吉 林	Jilin	57.24	19.97	10.08	31.61	35.88	8.08	59.63
黑龙江	Heilongjiang	58.96	21.50	10.89	47.42	41.53	10.81	17.91
上 海	Shanghai	149.39	92.56	57.36	31.81	233.10	14.64	12.04
江 苏	Jiangsu	309.93	160.88	66.77	149.25	317.17	27.34	57.96
浙 江	Zhejiang	218.09	126.94	46.24	105.40	149.73	28.49	64.73
安 徽	Anhui	79.71	29.85	15.78	66.75	70.06	9.14	50.61
福 建	Fujian	85.94	38.83	23.45	21.69	136.00	10.50	30.90
江 西	Jiangxi	47.99	15.86	9.92	25.17	52.28	6.90	71.76
山 东	Shandong	198.88	100.83	46.59	211.69	145.21	35.86	153.59
河 南	Henan	89.77	33.96	21.30	75.61	70.35	16.17	78.15
湖 北	Hubei	92.50	29.28	18.04	30.65	92.66	9.62	69.29
湖 南	Hunan	92.36	29.85	15.38	26.39	58.71	9.21	64.72
广 东	Guangdong	338.31	175.42	81.16	110.07	408.01	41.35	69.67
广 西	Guangxi	42.05	17.35	10.01	12.89	59.30	7.50	90.68
海 南	Hainan	14.91	8.90	4.24	12.94	41.84	1.98	14.55
重 庆	Chongqing	55.55	27.43	14.66	30.77	79.06	5.17	52.86
四 川	Sichuan	110.46	45.28	23.53	50.75	96.78	16.20	80.84
贵 州	Guizhou	45.79	11.60	6.87	14.38	19.07	4.94	71.38
云 南	Yunnan	93.80	24.66	11.86	19.28	43.80	9.02	67.01
西 藏	Tibet	3.61		0.73	0.58	0.34	0.50	0.15
陕 西	Shaanxi	82.47	27.00	16.06	22.66	37.03	10.34	44.25
甘 肃	Gansu	28.91	11.17	6.04	13.68	6.76	4.99	2.33
青 海	Qinghai	9.82	3.20	1.72	2.41	1.43	1.08	0.93
宁 夏	Ningxia	13.08	4.19	3.56	7.70	5.91	2.04	3.13
新 疆	Xinjiang	44.99	18.82	10.92	11.73	15.77	7.51	17.58

9-5 续表 2 continued

单位：亿元 (100 million yuan)

地区	Region				非税收入						
		契税 Deed Tax	烟叶税 Tobacco Leaf Tax	其他税收收入 Other Tax Revenue	Non-Tax Revenue	专项收入 Special Program Receipts	行政事业性收费收入 Charge of Administrative and Institutional Units	罚没收入 Penalty Receipts	国有资本经营收入 Operation Income of State-owned Assets	国有资源(资产)有偿使用收入 Income from Use of State-owned Resources (Assets)	其他收入 Other Non-tax Receipts
地方合计	**Region Total**	**2874.01**	**131.78**	**5.22**	**13759.21**	**2819.96**	**4202.34**	**1519.46**	**1335.91**	**2740.31**	**1141.23**
北京	Beijing	126.58		0.01	190.18	88.00	45.90	43.06	-30.50	36.05	7.69
天津	Tianjin	79.54			654.46	59.96	186.28	15.50	40.91	260.70	91.12
河北	Hebei	88.11	0.09		523.69	96.88	162.05	97.54	60.02	82.95	24.25
山西	Shanxi	18.58	0.16		471.16	268.18	88.72	60.78	16.02	20.52	16.94
内蒙古	Inner Mongolia	34.98	0.28		432.88	138.64	113.51	49.10	46.02	67.56	18.05
辽宁	Liaoning	217.47	1.07	4.73	788.19	110.53	194.59	88.06	157.43	206.29	31.31
吉林	Jilin	62.59	1.29		280.68	49.42	86.27	43.27	20.55	65.21	15.96
黑龙江	Heilongjiang	42.42	2.71		325.37	49.91	94.11	42.70	49.10	72.42	17.14
上海	Shanghai	145.96			316.92	104.70	139.74	24.56	-9.49	43.33	14.07
江苏	Jiangsu	332.84			1078.10	179.34	375.31	98.51	234.91	147.64	42.40
浙江	Zhejiang	192.72	0.09		213.46	116.10	33.60	83.32	-52.74	28.27	4.90
安徽	Anhui	117.09	1.02		487.63	87.48	158.62	43.57	45.58	125.44	26.93
福建	Fujian	77.58	5.60		335.84	69.51	89.36	46.96	34.45	77.43	18.12
江西	Jiangxi	95.07	1.89		393.91	52.03	150.78	54.76	35.67	65.90	34.77
山东	Shandong	191.37	3.36	0.19	1009.23	138.90	305.29	123.85	103.57	286.91	50.71
河南	Henan	120.21	9.19		570.77	87.89	199.92	75.32	88.48	78.01	41.14
湖北	Hubei	85.00	4.80		498.62	55.27	244.11	58.34	36.59	76.84	27.47
湖南	Hunan	89.34	9.76		671.42	57.94	205.85	60.43	18.69	200.68	127.83
广东	Guangdong	271.83	1.63		1155.30	202.56	391.62	139.99	120.08	142.24	158.80
广西	Guangxi	54.07	1.14		403.60	31.49	121.45	38.17	99.14	83.40	29.96
海南	Hainan	41.45	0.01		58.63	8.82	14.90	8.31	10.95	12.72	2.94
重庆	Chongqing	84.95	3.85		733.32	113.66	301.14	29.25	125.20	113.23	50.85
四川	Sichuan	118.04	9.27		594.23	104.41	164.59	53.66	27.06	162.73	81.78
贵州	Guizhou	33.00	15.82		332.39	84.85	65.71	25.14	7.21	76.70	72.78
云南	Yunnan	59.19	56.11		274.25	88.58	66.27	45.02	-1.32	43.53	32.18
西藏	Tibet				16.52	1.91	2.26	1.86	-0.49	4.40	6.57
陕西	Shaanxi	42.43	2.38	0.01	469.13	174.77	87.23	29.07	26.41	93.80	57.85
甘肃	Gansu	9.76	0.21		172.62	75.46	43.28	12.46	9.73	20.74	10.95
青海	Qinghai	3.10			39.73	20.96	8.60	3.28	0.51	4.38	2.00
宁夏	Ningxia	12.51	0.02		56.94	12.42	18.70	5.47	6.36	9.25	4.74
新疆	Xinjiang	26.22	0.02	0.27	210.04	89.40	42.58	18.16	9.82	31.04	19.03

9-6 分地区财政支出（2012年）
Government Expenditure by Region (2012)

单位：亿元 (100 million yuan)

地 区	Region	公共财政预算支出 Public Budgetary Expenditure	一般公共服务 Expenditure for General Public Services	外交 Expenditure for Foreign Affairs	国防 Expenditure for National Defense	公共安全 Expenditure for Public Security	教育 Expenditure for Education	科学技术 Expenditure for Science and Technology	文化体育与传媒 Expenditure for Culture, Sport and Media
地方合计	**Region Total**	**107188.34**	**11702.14**	**1.44**	**210.54**	**5928.13**	**20140.64**	**2242.20**	**2074.79**
北 京	Beijing	3685.31	286.57		7.87	236.87	628.65	199.94	141.37
天 津	Tianjin	2143.21	136.55		1.60	111.92	378.75	76.45	35.85
河 北	Hebei	4079.44	481.97		10.48	227.17	865.54	44.74	59.29
山 西	Shanxi	2759.46	274.47		4.64	143.79	558.03	33.32	60.20
内蒙古	Inner Mongolia	3425.99	341.83	0.10	6.19	173.36	439.97	27.61	87.21
辽 宁	Liaoning	4558.59	485.71		13.75	228.80	728.79	101.24	79.25
吉 林	Jilin	2471.20	249.38		5.38	135.67	451.05	24.96	47.48
黑龙江	Heilongjiang	3171.52	271.26	0.04	5.00	168.40	544.79	37.64	47.27
上 海	Shanghai	4184.02	251.47		6.88	221.08	648.95	245.43	72.51
江 苏	Jiangsu	7027.67	820.43		17.58	407.78	1350.61	257.24	150.90
浙 江	Zhejiang	4161.88	503.61		7.67	319.03	877.86	165.98	94.18
安 徽	Anhui	3961.01	425.96		6.01	149.15	717.94	96.00	71.43
福 建	Fujian	2607.50	293.15		5.51	162.39	562.30	48.47	46.07
江 西	Jiangxi	3019.22	308.16		5.40	141.71	622.06	27.50	44.77
山 东	Shandong	5904.52	705.51		12.68	317.38	1311.80	124.98	114.27
河 南	Henan	5006.40	663.07		7.13	244.42	1106.51	69.64	69.63
湖 北	Hubei	3759.79	466.51		2.99	204.53	732.37	54.39	62.47
湖 南	Hunan	4119.00	550.26		9.34	200.38	807.58	48.19	54.50
广 东	Guangdong	7387.86	892.62		14.70	621.39	1501.22	246.71	137.64
广 西	Guangxi	2985.23	386.37		7.66	152.39	589.24	42.81	45.52
海 南	Hainan	911.67	98.53	0.63	3.89	57.11	158.79	12.06	19.85
重 庆	Chongqing	3046.36	251.31	0.19	7.16	134.03	471.49	29.84	33.08
四 川	Sichuan	5450.99	554.38		12.23	272.63	993.20	59.40	120.70
贵 州	Guizhou	2755.68	430.16		4.58	146.21	500.51	28.98	49.85
云 南	Yunnan	3572.66	338.16	0.02	7.17	185.88	674.82	32.67	62.06
西 藏	Tibet	905.34	150.36	0.19	3.43	61.77	94.48	5.09	24.18
陕 西	Shaanxi	3323.80	407.11		3.84	149.04	703.34	34.94	91.81
甘 肃	Gansu	2059.56	229.50		1.85	95.22	367.92	16.19	49.87
青 海	Qinghai	1159.05	82.66		0.99	40.31	171.81	7.18	18.92
宁 夏	Ningxia	864.36	61.44		1.41	40.97	106.45	9.61	14.44
新 疆	Xinjiang	2720.07	303.67	0.28	5.53	177.37	473.86	33.01	68.23

9-6 续表 1 continued

单位：亿元 (100 million yuan)

地　区	Region	社会保障和就业 Expenditure for Social Safety Net and Employment Effort	医疗卫生 Expenditure for Medical and Health Care	节能环保 Expenditure for Environment Protection	城乡社区事务 Expenditure for Urban and Rural Community Affairs	农林水事务 Expenditure for Agriculture, Forestry and Water Conservancy	交通运输 Expenditure for Transportation	资源勘探电力信息等事务 Expenditure for Affairs of Exploration, Power and Information	商业服务业等事务 Expenditure for Affairs of Commerce and Services
地方合计	**Region Total**	**11999.85**	**7170.82**	**2899.81**	**9060.93**	**11471.39**	**7332.57**	**3934.53**	**1351.71**
北　京	Beijing	424.31	256.06	113.54	430.76	222.69	243.76	165.32	38.29
天　津	Tianjin	201.17	105.91	38.49	590.26	100.98	87.21	106.68	29.21
河　北	Hebei	470.21	323.17	127.93	283.51	443.62	287.04	89.71	49.48
山　西	Shanxi	354.61	180.34	88.17	160.45	309.63	194.82	47.78	23.67
内蒙古	Inner Mongolia	435.47	177.91	131.59	363.24	450.83	301.24	88.86	29.95
辽　宁	Liaoning	727.71	200.19	93.27	595.19	405.02	256.10	263.33	44.99
吉　林	Jilin	304.00	160.36	113.85	166.29	291.30	128.16	74.31	23.38
黑龙江	Heilongjiang	458.20	173.33	104.86	205.60	430.39	226.51	94.68	28.43
上　海	Shanghai	443.01	197.34	55.18	627.44	217.97	115.41	401.92	60.51
江　苏	Jiangsu	557.77	418.14	193.83	858.13	754.09	436.58	283.18	124.87
浙　江	Zhejiang	345.44	305.91	77.70	307.82	408.20	287.64	161.65	84.63
安　徽	Anhui	459.19	319.39	95.52	348.03	430.47	237.17	131.46	71.53
福　建	Fujian	205.28	185.99	48.60	178.86	244.16	272.08	106.58	55.38
江　西	Jiangxi	323.06	219.15	66.91	176.70	384.77	192.78	196.03	38.22
山　东	Shandong	596.48	422.91	154.42	468.09	673.82	322.93	207.82	96.00
河　南	Henan	631.61	425.99	109.45	237.97	551.73	300.43	119.32	53.99
湖　北	Hubei	501.13	267.99	95.63	201.73	419.02	212.68	150.43	58.63
湖　南	Hunan	525.71	294.17	109.43	302.21	447.74	273.82	120.74	55.95
广　东	Guangdong	611.04	505.14	235.44	623.28	539.56	503.57	184.75	68.75
广　西	Guangxi	282.33	253.17	60.01	162.07	369.07	242.74	99.40	30.72
海　南	Hainan	106.15	59.86	21.23	52.22	123.62	67.51	22.83	12.19
重　庆	Chongqing	403.05	167.43	128.69	500.39	256.35	207.47	152.35	45.38
四　川	Sichuan	680.21	424.26	135.94	325.98	654.95	435.49	191.51	61.76
贵　州	Guizhou	235.40	201.05	65.73	100.65	361.87	288.56	69.72	18.76
云　南	Yunnan	439.06	266.94	101.12	148.84	518.60	309.57	66.32	39.03
西　藏	Tibet	65.54	36.12	23.67	31.55	142.62	94.26	70.54	6.98
陕　西	Shaanxi	421.16	222.30	94.14	182.05	376.45	248.24	93.47	34.87
甘　肃	Gansu	294.64	148.21	72.00	80.52	302.37	126.43	38.37	19.13
青　海	Qinghai	179.51	60.11	43.99	57.98	134.31	154.85	48.05	10.21
宁　夏	Ningxia	89.60	46.09	35.37	109.63	139.80	51.02	26.99	14.57
新　疆	Xinjiang	227.79	145.88	64.12	183.49	365.39	226.47	60.45	22.24

9-6 续表 2 continued

单位：亿元 (100 million yuan)

地 区	Region	金融监管等事务支出 Expenditure for Affairs of Financial Supervision	地震灾后恢复重建支出 Expenditure for Post-earthquake Recovery and Reconstruction	援助其他地区支出 Expenditure for Other Regional Assistance	国土资源气象等事务 Expenditure for Affairs of Land and Weather	住房保障支出 Expenditure for Affairs of Housing Security	粮油物资储备事务 Expenditure for Affairs of Management of Grain & Oil Reserves	国债还本付息支出 Interest Payment for Domestic and Foreign Debts	其他支出 Other Expenditure
地方合计	**Region Total**	**249.69**	**103.81**	**126.56**	**1367.59**	**4068.71**	**731.09**	**575.33**	**2444.07**
北 京	Beijing	3.00	0.31	14.99	16.01	44.79	5.73	4.24	200.23
天 津	Tianjin	2.81		4.83	20.07	9.58	5.11		99.77
河 北	Hebei	4.89		3.41	63.91	135.81	26.81	10.12	70.64
山 西	Shanxi	5.15		2.16	183.43	85.65	20.67	4.10	24.38
内蒙古	Inner Mongolia	3.25		3.11	73.25	164.83	75.72	13.92	36.55
辽 宁	Liaoning	7.62	0.01	2.21	60.33	120.90	36.80	24.03	83.34
吉 林	Jilin	4.62		1.71	23.78	145.19	55.16	55.22	9.95
黑龙江	Heilongjiang	2.61			32.19	218.78	65.81	5.36	50.36
上 海	Shanghai	17.05		25.62	13.58	112.71	14.02	8.97	426.95
江 苏	Jiangsu	22.98		14.66	50.57	133.94	27.65	6.85	139.90
浙 江	Zhejiang	9.87		10.89	28.32	65.25	12.26	4.01	83.98
安 徽	Anhui	4.04		2.74	45.40	248.58	32.98	15.97	52.06
福 建	Fujian	2.98		0.09	25.73	52.85	14.01	5.14	91.86
江 西	Jiangxi	6.92			30.36	134.43	18.95	11.85	69.48
山 东	Shandong	17.35		5.74	84.85	123.53	35.80	25.93	82.24
河 南	Henan	25.06			55.96	185.65	41.43	43.34	64.09
湖 北	Hubei	9.05		4.37	51.40	140.57	35.54	11.77	76.60
湖 南	Hunan	3.22		0.15	55.83	185.91	29.71	11.51	32.67
广 东	Guangdong	27.67	0.12	22.98	62.89	180.37	26.78	98.31	282.93
广 西	Guangxi	5.12		0.05	45.72	134.39	15.22	16.09	45.15
海 南	Hainan	0.75			10.89	44.76	2.87	4.69	31.25
重 庆	Chongqing	3.51		4.67	40.18	177.14	17.47	4.60	10.56
四 川	Sichuan	10.72	82.91	1.59	61.80	227.41	38.13	42.05	63.75
贵 州	Guizhou	0.97			30.00	129.20	9.17	14.65	69.65
云 南	Yunnan	4.43	0.01	0.05	53.17	231.42	9.84	40.49	43.01
西 藏	Tibet	0.34			7.39	41.14	2.00	0.01	43.71
陕 西	Shaanxi	7.51	3.31	0.55	33.76	151.51	19.36	10.73	34.30
甘 肃	Gansu	8.10	17.02		43.91	102.17	9.56	11.64	24.96
青 海	Qinghai	6.26	0.06		18.01	84.59	5.93	29.62	3.70
宁 夏	Ningxia	4.95			8.80	56.23	2.96	27.45	16.58
新 疆	Xinjiang	16.89	0.06		36.10	199.45	17.66	12.66	79.47

9-7 中央财政债务余额情况
Outstanding of Debts of Central Government

单位：亿元 (100 million yuan)

年 份 Year	合计 Total	国内债务 Domestic Debts	国外债务 External Debts
2005	32614.21	31848.59	765.52
2006	35015.28	34380.24	635.02
2007	52074.65	51467.39	607.26
2008	53271.54	52799.32	472.22
2009	60237.68	59736.95	500.73
2010	67548.11	66987.97	560.14
2011	72044.51	71410.80	633.71
2012	77565.70	76747.91	817.79

9-8 预算外资金分项目收入
Extra-budgetary Revenue by Item

单位：亿元 (100 million yuan)

年份 Year	合计 Total	行政事业性收费 Charges of Administrative and Institutional Units	政府性基金收入 Revenue of Government Funds	乡镇自筹、统筹资金 Revenue from Fundraising Programs of Township Governments	地方财政收入 Revenue of Local Governments	国有企业和主管部门收入 Revenue of State-owned Enterprises and Its Governing Departments	其他收入 Others
1978	347.11	63.41			31.09	252.61	
1980	557.40	74.44			40.85	442.11	
1985	1530.03	233.22			44.08	1252.73	
1990	2708.64	576.95			60.59	2071.10	
1995	2406.50	2234.85			171.65		
1996	3893.34	3395.75		272.90	224.69		
1997	2826.00	2414.32		295.78	115.90		
1998	3082.29	1981.92	478.41	337.31		54.67	229.98
1999	3385.17	2354.28	396.51	358.86		50.11	225.41
2000	3826.43	2654.54	383.51	403.34		59.22	325.81
2001	4300.00	3090.00	380.00	410.00		60.00	360.00
2002	4479.00	3238.00	376.00	272.00		72.00	521.00
2003	4566.80	3335.74	287.10	293.14		52.33	598.49
2004	4699.18	3208.42	351.29	213.09		64.12	862.26
2005	5544.16	3858.19	359.29	192.94		47.84	1085.90
2006	6407.88	4216.80	376.49	221.29		44.91	1548.39
2007	6820.32	4681.05		180.25		40.16	1918.86
2008	6617.25	4835.81		220.74		47.08	1513.62
2009	6414.65	4598.14		220.56		84.10	1511.85
2010	5794.42	3691.82		257.18		58.14	1787.28

注：1. 1993-1996年的预算外资金收入范围分别有所调整，与以前各年不可比。从1997年起，预算外资金收入不包括纳入预算内管理的政府性基金(收费)。从2004年起，预算外资金收入为财政预算外专户收入。
2. 2003年起，农村税费改革在全国推开，乡镇自筹与统筹资金逐步取消，但个别省份在2003年以后仍有清欠收入。
3. 其他收入，包括彩票公益金、中央电视台广告收入等。
4. 从2011年起，预算外收支全部纳入预算内管理，相关指标不再单独列示（表9-9,9-10同）。

a) Since adjustment on the coverage of extra-budgetary revenues from 1993 to 1996 has made, the figures are not comparable with the previous years. Since 1997, the extra-budgetary revenue does not include the intra-budgetary government funds (fee). Since 2004, the extra-budgetary revenue is the fiscal extra-budgetary revenue in special account.
b) Since 2003, rural tax and fees reform was carried out in the whole country, revenue from fundraising programs of township governments was cancelled, but a few provinces have tax in default after 2003.
c) Other revenue includes lottery welfare fund, revenue from CCTV advertising .
d) Since 2011, extra-budgetary revenue and expenditure were included in intra-budgetary revenue and expenditure, so the relevant indicators were not listed separately. The same applies to table 9-9, 9-10.

9-9 预算外资金分项目支出
Extra-budgetary Expenditure by Item

单位：亿元 (100 million yuan)

年份 Year	合计 Total	一般公共服务 Expenditure for General Public Services	教育 Education	社会保障和就业 Expenditure for Social Safety Net and Employment Effort	交通运输 Transport	城乡社区事务 Expenditure for Urban and Rural Community Affairs	其他支出 Other Expenditure
1996	3838.32						
1997	2685.54						
1998	2918.31						
1999	3139.14						
2000	3529.01						
2001	3850.00						
2002	3831.00						
2003	4156.36						
2004	4351.73						
2005	5242.48						
2006	5866.95						
2007	6112.42	611.71	2196.93	255.94	975.96	771.02	1300.87
2008	6346.36	565.38	2325.98	217.83	1066.20	807.66	1363.31
2009	6228.29	539.63	2365.21	172.45	1047.53	646.84	1456.63
2010	5754.69	378.57	2482.29	184.22	355.97	612.85	1740.79

注：1. 1996年预算外资金支出范围有所调整，与以前各年不可比。从1997年起，预算外资金支出不包括纳入预算内管理的政府性基金(收费)。从2004年起，预算外资金支出为财政预算外专户支出。
2. 2007年预算外资金按新的支出功能分类科目反映。

a) Because adjustment on the coverage of extra-budgetary expenditures in 1996 has made, the figures are not comparable with the previous years. Since 1997, the extra-budgetary expenditure does not include the intra-budgetary government funds (fee). Since 2004, the extra-budgetary expenditure is the fiscal extra-budgetary expenditure in special account.
b) In 2007, the extra-budgetary expenditures was reflected in new accounts of expenditure classification.

9-10 中央和地方预算外资金收支及比重
Total Extra-budgetary Revenue and Expenditure and Ratio of the Central Government and Local Governments

项 目 Item	全 国 (亿元) Total (100 million yuan)			比重 (%) Ratio (%)	
		中 央 Central Government	地 方 Local Governments	中 央 Central Government	地 方 Local Governments
收 入 **Revenue**					
1986	1737.31	716.63	1020.68	41.2	58.8
1987	2028.80	828.03	1200.77	40.8	59.2
1988	2360.77	907.15	1453.62	38.4	61.6
1989	2658.83	1072.28	1586.55	40.3	59.7
1990	2708.64	1073.28	1635.36	39.6	60.4
1991	3243.30	1381.10	1862.20	42.6	57.4
1992	3854.92	1707.73	2147.19	44.3	55.7
1993	1432.54	245.90	1186.64	17.2	82.8
1994	1862.53	283.32	1579.21	15.2	84.8
1995	2406.50	317.57	2088.93	13.2	86.8
1996	3893.34	947.66	2945.68	24.3	75.7
1997	2826.00	145.08	2680.92	5.1	94.9
1998	3082.29	164.15	2918.14	5.3	94.7
1999	3385.17	230.45	3154.72	6.8	93.2
2000	3826.43	247.63	3578.79	6.5	93.5
2001	4300.00	347.00	3953.00	8.1	91.9
2002	4479.00	440.00	4039.00	9.8	90.2
2003	4566.80	379.37	4187.43	8.3	91.7
2004	4699.18	350.69	4348.49	7.5	92.5
2005	5544.16	402.58	5141.58	7.3	92.7
2006	6407.88	467.11	5940.77	7.3	92.7
2007	6820.32	530.37	6289.95	7.8	92.2
2008	6617.25	492.09	6125.16	7.4	92.6
2009	6414.65	352.01	6062.64	5.5	94.5
2010	5794.42	399.31	5395.11	6.9	93.1
支 出 **Expenditure**					
1986	1578.37	640.94	937.43	40.6	59.4
1987	1840.75	741.61	1099.14	40.3	59.7
1988	2145.27	842.86	1302.41	39.3	60.7
1989	2503.10	975.87	1527.23	39.0	61.0
1990	2707.06	1037.69	1669.37	38.3	61.7
1991	3092.26	1263.27	1828.99	40.9	59.1
1992	3649.90	1592.81	2057.09	43.6	56.4
1993	1314.30	198.87	1115.43	15.1	84.9
1994	1710.39	225.02	1485.37	13.2	86.8
1995	2331.26	351.38	1979.88	15.1	84.9
1996	3838.32	1034.92	2803.40	27.0	73.0
1997	2685.54	143.91	2541.63	5.4	94.6
1998	2918.31	139.74	2778.57	4.8	95.2
1999	3139.14	164.82	2974.32	5.3	94.7
2000	3529.01	210.74	3318.28	6.0	94.0
2001	3850.00	258.13	3591.87	6.7	93.3
2002	3831.00	259.00	3572.00	6.8	93.2
2003	4156.36	329.32	3827.04	7.9	92.1
2004	4351.73	389.50	3962.23	9.0	91.0
2005	5242.48	458.34	4784.14	8.7	91.3
2006	5866.95	377.72	5489.23	6.4	93.6
2007	6112.42	453.34	5659.08	7.4	92.6
2008	6346.36	402.13	5944.23	6.3	93.7
2009	6228.29	459.20	5769.09	7.4	92.6
2010	5754.69	386.37	5368.32	6.7	93.3

9-11 外 债 余 额
Outstanding of External Debts

债务类型	Type of Debts	2007	2008	2009	2010	2011	2012
总计 （亿美元）	**Total (USD 100 million)**	**3892.2**	**3901.6**	**4286.5**	**5489.4**	**6950.0**	**7369.9**
按债务类型分	By Type of Debts						
外国政府贷款	Loans from Foreign Governments	300.6	324.7	349.2	320.8	333.0	310.5
国际金融组织贷款	Loans from International Financial Institutions	283.7	270.5	333.8	355.5	350.0	341.0
国际商业贷款	International Commercial Loans	1820.9	2010.3	1986.5	2701.1	3775.0	3803.4
贸易信贷	Trade Loans	1487.0	1296.0	1617.0	2112.0	2492.0	2915.0
按偿还期限分	By Repayment Terms						
长期债务余额	Balance of Long-term Debts	1535.3	1638.8	1693.9	1732.4	1941.0	1960.6
短期债务余额	Balance of Short-term Debts	2356.9	2262.8	2592.6	3757.0	5009.0	5409.3
构成 (%)	**Percentage (%)**	**100.0**	**100.0**	**100.0**	**100.0**	**100.0**	**100.0**
按债务类型分	By Type of Debts						
外国政府贷款	Loans from Foreign Governments	7.7	8.3	8.1	5.8	4.8	4.2
国际金融组织贷款	Loans from International Financial Institutions	7.3	6.9	7.8	6.5	5.0	4.6
国际商业贷款	International Commercial Loans	46.8	51.5	46.3	49.2	54.3	51.6
贸易信贷	Trade Loans	38.2	33.2	37.7	38.5	35.9	39.6
按偿还期限分	By Repayment Terms						
长期债务余额	Balance of Long Term Debts	39.4	42.0	39.5	31.6	27.9	26.6
短期债务余额	Balance of Short Term Debts	60.6	58.0	60.5	68.4	72.1	73.4

注：2001年起外债余额增加3个月以内贸易项下的对外融资余额。
a) Since 2001, statistical coverage of outstanding of external debts has increased the foreign financing of international trade of under 3 months.

9-12 外 债 风 险 指 标
Risk Indicators on External Debts

单位：% (%)

年份 Year	偿债率 Debt Service Ratio	负债率 Liability Ratio	债务率 Foreign Debt Ratio
1985	2.7	5.2	56.0
1986	15.4	7.3	72.1
1987	9.0	9.4	77.1
1988	6.5	10.0	87.1
1989	8.3	9.2	86.4
1990	8.7	13.6	91.6
1991	8.5	14.9	91.9
1992	7.1	14.4	87.9
1993	10.2	13.6	96.5
1994	9.1	16.6	78.0
1995	7.6	14.6	72.4
1996	6.0	13.6	67.7
1997	7.3	13.7	63.2
1998	10.9	14.3	70.4
1999	11.2	14.0	68.7
2000	9.2	12.2	52.1
2001	7.5	15.3	67.9
2002	7.9	13.9	55.5
2003	6.9	13.4	45.2
2004	3.2	13.6	40.2
2005	3.1	13.1	35.4
2006	2.1	12.5	31.9
2007	2.0	11.1	29.0
2008	1.8	8.6	24.7
2009	2.9	8.6	32.2
2010	1.6	9.3	29.2
2011	1.7	9.5	33.3
2012	1.6	9.0	32.8

注：本表资料由国家外汇管理局提供。
a) The table is provided by State Administration of Foreign Exchange.

主要统计指标解释

财政收入 指国家财政参与社会产品分配所取得的收入，是实现国家职能的财力保证。主要包括：(1) 各项税收：包括国内增值税、国内消费税、进口货物增值税和消费税、出口货物退增值税和消费税、营业税、企业所得税、个人所得税、资源税、城市维护建设税、房产税、印花税、城镇土地使用税、土地增值税、车船税、船舶吨税、车辆购置税、关税、耕地占用税、契税、烟叶税等。(2) 非税收入：包括专项收入、行政事业性收费、罚没收入和其他收入。财政收入按现行分税制财政体制划分为中央本级收入和地方本级收入。

财政支出 指国家财政将筹集起来的资金进行分配使用，以满足经济建设和各项事业的需要。主要包括：一般公共服务、外交、国防、公共安全、教育、科学技术、文化体育与传媒、社会保障和就业、医疗卫生、环境保护、城乡社区事务、农林水事务、交通运输、资源勘探电力信息等事务、商业服务等事务、金融监管支出、国土气象等事务、住房保障支出、粮油物资储备管理等事务、国债付息支出等方面的支出。财政支出根据政府在经济和社会活动中的不同职权，划分为中央财政支出和地方财政支出。

中央财政收入和地方财政收入 属于中央财政的收入包括关税，进口货物增值税和消费税，出口货物退增值税和消费税，消费税，铁道部门、各银行总行、各保险公司总公司等集中交纳的营业税和城市维护建设税，增值税 75%部分，纳入共享范围的企业所得税 60%部分，未纳入共享范围的中央企业所得税、中央企业上交的利润，个人所得税 60%部分，车辆购置税，船舶吨税，证券交易印花税 97%部分，海洋石油资源税，中央非税收入等。属于地方财政的收入包括营业税（不含铁道部门、各银行总行、各保险公司总公司集中交纳的营业税），地方企业上交利润，城市维护建设税（不含铁道部门、各银行总行、各保险公司总公司集中交纳的部分），房产税，城镇土地使用税，土地增值税，车船税，耕地占用税，契税，烟叶税，印花税，增值税 25%部分，纳入共享范围的企业所得税 40%部分，个人所得税 40%部分，证券交易印花税 3%部分，海洋石油资源税以外的其他资源税，地方非税收入等。

中央财政支出和地方财政支出 指根据政府在经济和社会活动中的不同职责，划分中央和地方政府的责权，按照政府的责权划分确定的支出。中央财政支出包括一般公共服务，外交支出，国防支出，公共安全支出，以及中央政府调整国民经济结构、协调地区发展、实施宏观调控的支出等。地方财政支出包括一般公共服务，公共安全支出，地方统筹的各项社会事业支出等。

外债偿债率 指偿还外债本息与当年贸易和非贸易外汇收入(国际收支口径)之比。

外债负债率 指外债余额与当年国内生产总值之比。

外债债务率 指外债余额与当年贸易和非贸易外汇收入(国际收支口径)之比。

Explanatory Notes on Main Statistical Indicators

Government Revenue refers to income for the government finance through participating in the distribution of social products. It is the financial guarantee to ensure government functioning. The government revenue includes the following main items: (1) Various tax revenues including domestic value added tax (VAT), domestic consumption tax, VAT and consumption tax from imports, VAT and consumption tax rebate for exports, business tax, corporate income tax, individual income tax, resource tax, city maintenance and construction tax, house property tax, stamp tax, urban land use tax, land appreciation tax, tax on vehicles and boat operation, ship tonnage tax, vehicle purchase tax, tariffs, farm land occupation tax, deed tax, and tobacco tax, etc. (2) Non-tax revenue, including special program receipts, charge of administrative and institutional units, penalty receipts and others non-tax receipts.

Government Expenditure refers to the distribution and use of the funds which the government finance has raised, so as to meet the needs of economic construction and various undertakings. It includes the following main items: expenditure for general public services, expenditure for foreign affairs, expenditure for national defence expenditure for public security, expenditure for education, expenditure for science and technology, expenditure for culture, sport and media, expenditure for social safety net and employment effort, expenditure for medical and health care, expenditure for environment protection, expenditure for urban and rural community affairs, expenditure for agriculture, forestry and water conservancy, expenditure for transportation, expenditure for affairs of exploration, power and information, expenditure for affairs of commerce and services, expenditure for affairs of financial supervision, expenditure for affairs of land and weather, expenditure for affairs of housing security, expenditure for affairs of management of grain & oil reserves , interest payment for domestic and foreign debts.. Government expenditure is divided into central government expenditure and local government expenditure according to the different functions of the governments played in economic and social activities,

Revenue of the Central Government and Revenue of the Local Governments The revenue of the Central Government includes tariff, VAT and consumption tax from imports, VAT and consumption tax rebate for exports, consumption tax, business tax and city maintenance and construct tax from the Ministry of Railways, head offices of banks, head offices of insurance company, which are handed over to the government in a centralized way, 75% of the value added tax, 60% the share part of the corporate income tax, unshared part of corporate income tax of the central enterprises, profit handed in by the central enterprises, 60% of individual income tax, vehicle purchase tax, ship tonnage tax, 97% of stamp tax on securities transactions, resource tax on the offshore petroleum resources. The revenue of the local governments includes business tax (excluding the part of the Ministry of Railways, head offices of banks, head offices of insurance company, which are handed over to the government in a centralized way), profit handed in by the local enterprises, city maintenance and construct tax (excluding the part of the Ministry of Railways, head offices of banks, head offices of insurance company, which are handed over to the government in a centralized wąy), house property tax, urban land use tax, land appreciation tax, tax on vehicles and boat operation, farm land occupation tax, deed tax, and tobacco leaf tax, stamp tax, 25% of the value added tax, 40% the share part of the corporate income tax, 40% of individual income tax, 3% of stamp tax on securities transactions, resource tax other than the tax on offshore petroleum resources, local non-tax revenue, etc.

Expenditure of the Central Government and Expenditure of the Local Governments according to the different functions of the Central Government and local governments in economic and social activities, the rights of affairs administration are demarcated between those of the Central Government and those of local governments; and the classification of the expenditure between the Central Government and local governments are made on the basis of the classification of the rights of affairs administration between them. The expenditure of the Central Government includes the expenditure for general public services, expenditure for foreign affairs, expenditure for public security, and the expenditure of the Central Government for adjusting the national economic structure; coordinating the development among different regions; and exercising macroeconomic regulation. The expenditure of the local governments includes mainly the expenditure for general public services, expenditure for public security, and expenditures for social development which are planed by local governments, etc.

Debt Service Ratio of External Debts refers to the ratio of the payment of principal and interest of external debts to the foreign exchange receipts from foreign trade and non-trade services of the current year.

Liability Ratio of External Debts refers to the ratio of the balance of external debts to the gross domestic product of the current year.

Foreign Debt Ratio refers to the ratio of the balance of external debts to the foreign exchange receipts from foreign trade and non-trade services of the current year.

10

价格指数

Price Indices

简 要 说 明

一、本篇资料的主要内容

本篇价格指数资料，反映生产、流通、消费与投资等环节的价格变动趋势和变动幅度。主要包括居民消费价格指数、商品零售价格指数、农业生产资料价格指数、农产品生产价格指数、工业生产者出厂价格指数、工业生产者购进价格指数、固定资产投资价格指数等。

二、本篇的资料来源

价格指数编制由国家统计局城市社会经济调查司和农村社会经济调查司组织实施。由各省、自治区、直辖市及抽选出的市、县调查队依据国家统计局统一制定的价格统计调查制度从基层采集原始数据汇总后上报。

三、居民消费、商品零售价格指数

编制居民消费、商品零售价格指数的资料采用抽样调查和重点调查相结合的方法取得，即在全国选择不同经济区域和分布合理的地区，以及有代表性的商品作为样本，对其市场价格进行定期调查，以样本推断总体。目前，参加国家级数据汇总的调查市、县500个。编制过程按下列几个步骤进行:

1.选择调查地区和调查点。调查地区按照经济区域和地区分布合理等原则，选出具有代表性的大、中、小城市和县作为国家的调查地区，在此基础上选定经营规模大、商品种类多的商场(包括集市和服务网点)作为调查点。

2.选择代表规格品。代表规格品是选择那些消费量大、价格变动有代表性的商品；代表规格品的确定是根据商品零售资料和城乡居民的消费支出记账资料，按照有关规定筛选的。筛选原则：(1)与社会生产和人民生活关系密切；(2)消费(销售)数量(金额)大；(3)市场供应稳定；(4)价格变动趋势有代表性；(5)所选的代表规格品之间差异大。

目前，居民消费价格调查按用途划分为8大类，262个基本分类，各调查市县每月调查600种以上的规格品价格；商品零售价格按用途划分为16个大类，229个基本分类，各地每月调查500种以上的规格品价格。

3.价格调查方式。采用派员直接到调查点登记调查，同时全国聘请近万名辅助调查员协助登记调查。

4.权数的确定。商品零售价格指数的权数主要根据社会商品零售额资料确定;居民消费价格指数的权数主要根据城乡居民家庭消费支出构成确定。

四、工业生产者出厂价格指数

工业生产者出厂价格是工业品第一次出售时的出厂价格。该项调查采用重点调查与典型调查相结合的调查方法。重点调查对象为年主营业务收入2000万元及以上的工业法人企业;典型调查对象为年主营业务收入2000万元以下的工业法人企业。

1.选择代表企业的原则：(1)按工业行业选择调查企业，各中类行业原则上都要有调查企业；(2)大型企业应尽量都选上(或占相当大比重)；(3)选择生产正常、稳定的企业作为调查对象。

2.选择代表产品的原则：(1)按工业行业选择代表产品；(2)选择对国计民生影响大的产品；(3)选择生产较为稳定的产品；(4)选择有发展前景的产品；(5)选择具有地方特色的产品。

目前《工业生产者出厂价格调查目录》包括11000多种产品，并将其划分为1702个基本分类；《工业生产者购进价格调查目录》包括6000多种产品，并划分为900多个基本分类。

3.价格调查方式。采用企业报表形式，每月近6万家工业企业上报数据资料。

4.权数的确定。工业生产者出厂价格统计中，工业小类及小类以上的权数资料来源于工业统计中分行业工业销售产值数据资料；基本分类的权数资料来源于独立的工业企业产品权数调查。权数一般五年更换一次。

五、固定资产投资价格指数

固定资产投资价格调查采用重点调查与典型调查相结合的方法。固定资产投资价格调查所涉及的价格是构成固定资产投资额实体的实际购进价格或结算价格。调查的内容包括构成当年建筑工程实体的钢材、木材、水泥、地方材料(如砖、瓦、灰、沙、石等)、化工材料(如油漆等)等主要建筑材料价格；作为活劳动投入的劳动力价格（单位工资）和建筑机械使用费用；设备工器具购置和其他费用投资价格。

固定资产投资价格调查样本的选择遵循以下原则:

1.选择建筑安装工程调查点的原则：(1)样本单位应具有一定覆盖面；(2)投资经济活动代表性强；(3)兼顾不同登记注册类型；(4)选择重点工程；(5)兼顾国民经济各门类及不同工程类别。

2.选择其他费用调查点的原则：在选择其他费用调查点时，所遵循的原则与建筑安装工程调查点的原则基本相同，特别是要注意选择那些投资额大的工程。但由于其他费用不易取得，所以在实际操作过程中，应同时在建设单位、施工单位开展重点调查，并辅以典型调查(从管理部门取得资料)。

3.价格调查方式。采用企业报表和调查员走访相结合的方式。

4.权数的确定。固定资产投资价格指数的计算权数是建筑安装工程、设备工器具购置和其他费用三者前三年的平均比重。

六、农产品生产价格指数

农产品生产价格是农产品生产者直接出售其产品时实际获得的单位产品价格。农产品生产价格调查采用抽样调查和重点调查相结合的方法。内容包括被调查单位生产并出售的主要农产品。农产品代表产品的选择涵盖农、林、牧、渔四大类、各中类以及90%以上的小类，一般是生产量和销售量大的对国计民生影响大、稳定性强的产品，具有发展前景的新产品和具有地方特色的产品。代表品一般稳定五年。调查周期为季度。

Brief Introduction

I. Main Contents

Data on price indices in this chapter show the changing trends and the change rates in the prices of production, trade, consumption and investment, including mainly consumer price indices, retail price indices, price indices for means of agricultural production, producer price indices for farm products, producer price indices for industrial products, purchasing price indices for industrial producers, price indices for investment in fixed assets.

II. Sources of Data

Compilation of statistics on price indices is organized by the Department of Urban Social and Economic Survey, NBS and the Department of Rural Social and Economic Survey, NBS. The urban socio-economic survey organizations of the provinces, autonomous regions and municipalities directly under the Central Government and of the selected cities and counties collect data from the grassroots units in accordance with the scheme of price survey system stipulated by the NBS, tabulate them and report them to the higher agencies.

III. Consumer Price Indices and Retail Price Indices

Data for compilation of the consumer price indices and the retail price indices in China are collected through a combination of sample surveys and surveys of key units. Areas distributed in different economic regions are selected as the sample areas and representative commodities are selected as the sample commodities. Regular surveys are conducted to collect data on their market prices. Population parameters are inferred on the basis of the sample data. At present, 500 cities and counties have been selected for this purpose. Following are major steps in the process of calculation of the price indices:

(1) The selection of areas and survey points: Based on such principles as regional economic features and reasonable geographic distribution, representative sample areas for the national survey are selected which include large, medium and small cities and counties. When the sample areas have been selected, large-scale shops and markets (including fairs and service outlets) with wide variety of commodities are selected as survey points.

(2) The selection of representative commodities and their specifications or varieties: The representative commodities selected are those consumed in large quantity and representative in price changes. The representative specifications or varieties are determined according to the data on the retail sales of commodities and the consumption expenditure account data of urban and rural residents; and selection follows the related instructions. The principles for selection are: (a) The commodities are closely related to social production and people's living conditions; (b) They are consumes (or sold) in large quantities (or large values); (c) The market supply is stable; (d) The changes of their prices are representative in trend; (e) There is great heterogeneity among the specifications or varieties selected.

At present, data are collected on over 600 specifications each month under 262 basic headings in 8 categories in the consumer price surveys. For the retail price surveys, data are collected on more than 500 specifications each month under 229 basic headings in 16 categories.

(3) Method of data collection: Enumerators are sent to the survey points to take the records of the prices. Nearly 10 thousand assistant enumerators are recruited to assist the survey work.

(4) Determination of the weights: The weights of the retail price indices are determined mainly according to the total retail sales of commodities. The weights of the consumer price indices are determined according to the composition of the consumption expenditures of urban and rural households.

IV. Producer Price Indices for Industrial Products

Producer prices for industrial products refer to the ex-factory price of manufactured goods when they are first sold. The survey program is a combined use of the key units' survey and typical units' survey methods. Key units refer to those industrial enterprises with annual revenue from the primary activities at and above 20 million yuan. Typical units refer to the industrial enterprises with annual revenue from the primary activities below 20 million yuan.

(1) Principles for selecting the representative enterprises: (a) Enterprises to be covered in the survey are selected by industrial sectors. In principle, every branch should have enterprises selected; (b) All (or a majority of) large-scaled enterprises should be selected; (c) Enterprises selected should be those with normal and stable production.

(2) Principle for the selection of representative goods:

(a) The goods are selected by industrial sectors; (b) The selected goods should have great impact on the national economy and people's living conditions; (c) The production of the goods selected are relatively more stable; (d) The prospects of the goods selected are promising; (e) The goods selected are representative to the localities.

The *survey catalog of Producer Prices for Industrial Products* includes over 11,000 goods, and they are divided into 1702 basic classification; *Survey catalog of Purchasing Price for Industrial Producers* includes over 6000 goods, and they are divided into over 900 basic classifications.

(3) Method of data collection: The method of reporting forms by enterprises is adopted. There are about 60,000 industrial enterprises which should report the price data every month.

(4) Determination of the weights: In statistics of producer price indices for industrial products, the weight of industrial small classification and above comes from the output value of industrial sales by sector in industrial statistics; the weight of basic headings of categories comes from weight survey of independent industrial enterprise products. The weights are replaced every five years.

V. Price Indices for Investment in Fixed Assets

Data on prices of investment in fixed assets are collected by a program involving the combined use of surveys on key units and surveys on typical units. The prices collected in the surveys of investment in fixed assets are the actual purchasing prices or settlement prices of entities of investment in fixed assets. The survey content includes the prices of main construction materials that constitute the architectural engineering entity in the year, such as steel, timber, cement, local construction materials (such as brick, tile, calcareous ashes, sand, stone, etc.), chemical materials (such as oil paint, etc.), the price of labor force as input (wages), prices for renting of building machinery and equipment, the purchasing price of equipment, tools and instruments and the prices of others investments.

The following principles should be followed in selecting the sample for the price survey of investment in fixed assets:

(1) Principles for selecting the survey points of construction and installation: (a) Sample units should have a good coverage; (b) The economic activity of investment should have strong representativeness; (c) Different types of registration should be considered; (d) Key projects should be selected; (e) Attention should be given to various sectors of the national economy and types of projects.

(2) Principles for selecting price survey points of other fees: The principles for selecting survey points of others fees is in general the same as that of construction and installation, with special attention being paid to selecting projects with huge investment value. Since it is not easy to obtain the other fees, during the actual data gathering operations, survey on key construction owner units and building units is to conducted concurrently with survey on typical units (with information from administration units)

(3) Method of price survey: A combination of enterprises reporting system and enumerator visits method.

(4) Determination of the weights: The weights for calculation of the price indices for investment in fixed assets are determined according to the average proportion of construction and installation, purchase of equipment, tools and instruments and other investments in the 3 preceding years.

VI. Price Index for Farm Products

Price Index for Farm Products refers to the actual price per unit through directly selling their products by producers of farm products. The survey program of Price Index for Farm Products is a combined use of sampling survey and typical units' survey. It covers main farm products produced and sold by the units surveyed. Representative farm products include those in Agriculture, Forestry, Animal Husbandry and Fishery, 90% of small classification in medium-sized classification. The products are generally with large production and sales, having great impact on the national economy and people's living conditions, with strong stability, with promising to new products and with local characters. Representative products are for 5 years. The survey is conducted quarterly.

10-1 各种价格指数
Price Indices

(上年=100) (preceding year=100)

年份 Year	居民消费价格指数 Consumer Price Index	城市居民消费价格指数 Urban Household	农村居民消费价格指数 Rural Household	商品零售价格指数 Retail Price Index	工业生产者出厂价格指数 Producer Price Index for Industrial Products	工业生产者购进价格指数 Purchasing Price Index for Industrial Producers	固定资产投资价格指数 Price Index for Investment in Fixed Assets
1978	100.7	100.7		100.7	100.1		
1980	107.5	107.5		106.0	100.5		
1985	109.3	111.9	107.6	108.8	108.7		
1990	103.1	101.3	104.5	102.1	104.1	105.6	108.0
1995	117.1	116.8	117.5	114.8	114.9	115.3	105.9
1996	108.3	108.8	107.9	106.1	102.9	103.9	104.0
1997	102.8	103.1	102.5	100.8	99.7	101.3	101.7
1998	99.2	99.4	99.0	97.4	95.9	95.8	99.8
1999	98.6	98.7	98.5	97.0	97.6	96.7	99.6
2000	100.4	100.8	99.9	98.5	102.8	105.1	101.1
2001	100.7	100.7	100.8	99.2	98.7	99.8	100.4
2002	99.2	99.0	99.6	98.7	97.8	97.7	100.2
2003	101.2	100.9	101.6	99.9	102.3	104.8	102.2
2004	103.9	103.3	104.8	102.8	106.1	111.4	105.6
2005	101.8	101.6	102.2	100.8	104.9	108.3	101.6
2006	101.5	101.5	101.5	101.0	103.0	106.0	101.5
2007	104.8	104.5	105.4	103.8	103.1	104.4	103.9
2008	105.9	105.6	106.5	105.9	106.9	110.5	108.9
2009	99.3	99.1	99.7	98.8	94.6	92.1	97.6
2010	103.3	103.2	103.6	103.1	105.5	109.6	103.6
2011	105.4	105.3	105.8	104.9	106.0	109.1	106.6
2012	102.6	102.7	102.5	102.0	98.3	98.2	101.1

注：从2011年起工业品出厂价格指数改为工业生产者出厂价格指数，原材料、燃料、动力购进价格指数改为工业生产者购进价格指数(以下相关表同)。

a) From 2011, the producer price index for manufactured goods and the purchasing price index for raw materials, fuel and power changed to the producer price index for industrial products and the purchasing price index for industrial producers.The same applies to the tables following.

10-2 各种价格定基指数
Fixed-base Price Indices

年份 Year	居民消费价格指数 Consumer Price Index (1978=100)	城市居民消费价格指数 Urban Household (1978=100)	农村居民消费价格指数 Rural Household (1985=100)	商品零售价格指数 Retail Price Index (1978=100)	工业生产者出厂价格指数 Producer Price Index for Industrial Products (1985=100)	工业生产者购进价格指数 Purchasing Price Index for Industrial Producers (1990=100)	固定资产投资价格指数 Price Index for Investment in Fixed Assets (1990=100)
1978	100.0	100.0		100.0			
1980	109.5	109.5		108.1			
1985	131.1	134.2	100.0	128.1	100.0		
1990	216.4	222.0	165.1	207.7	159.0	100.0	100.0
1995	396.9	429.6	291.4	356.1	307.1	222.9	186.9
1996	429.9	467.4	314.4	377.8	316.0	231.6	194.3
1997	441.9	481.9	322.3	380.8	315.0	234.6	197.6
1998	438.4	479.0	319.1	370.9	302.1	224.7	197.3
1999	432.2	472.8	314.3	359.8	294.8	217.3	196.5
2000	434.0	476.6	314.0	354.4	303.1	228.4	198.6
2001	437.0	479.9	316.5	351.6	299.2	227.9	199.4
2002	433.5	475.1	315.2	347.0	292.6	222.7	199.8
2003	438.7	479.4	320.2	346.7	299.3	233.4	204.2
2004	455.8	495.2	335.6	356.4	317.6	260.0	215.7
2005	464.0	503.1	343.0	359.3	333.2	281.6	219.1
2006	471.0	510.6	348.1	362.9	343.2	298.5	222.4
2007	493.6	533.6	366.9	376.7	353.8	311.6	231.1
2008	522.7	563.5	390.7	398.9	378.2	344.3	251.8
2009	519.0	558.4	389.5	394.1	357.8	317.2	245.8
2010	536.1	576.3	403.5	406.3	377.5	347.7	254.6
2011	565.0	606.8	426.9	426.2	400.2	379.3	271.4
2012	579.7	623.2	437.6	434.7	393.4	372.5	274.4

10-3 居民消费价格分类指数（2012年）
Consumer Price Indices by Category (2012)

（上年=100） (preceding year=100)

项　目	Item	全国 National Indices	城市 Urban Indices	农村 Rural Indices
居民消费价格指数	**Consumer Price Index**	**102.6**	**102.7**	**102.5**
食品	**Food**	**104.8**	**105.1**	**104.0**
粮食	Grain	104.0	104.1	103.6
#大米	Rice	104.0	104.1	103.8
面粉	Flour	102.6	102.5	102.7
淀粉及制品	Starches and Tubers	103.2	104.0	101.0
干豆类及豆制品	Beans and Bean Products	102.0	102.2	101.4
油脂	Oil or Fat	105.1	105.6	104.1
肉禽及其制品	Meat, Poultry and Processed Products	102.1	102.8	100.2
蛋	Eggs	97.1	97.3	96.8
水产品	Aquatic Products	108.0	107.7	109.0
菜	Vegetables	113.7	113.7	113.9
#鲜菜	Fresh Vegetables	115.9	115.7	116.5
调味品	Flavoring	104.2	104.3	103.9
糖	Carbohydrate	104.2	104.6	103.3
茶及饮料	Tea and Beverages	104.2	104.4	103.3
茶叶	Tea	103.3	103.4	103.1
饮料	Beverages	104.6	105.0	103.4
干鲜瓜果	Dried and Fresh Melons and Fruits	100.1	100.0	100.2
#鲜果	Fresh Fruits	98.8	98.8	99.0
糕点饼干面包	Cake, Biscuit and Bread	104.3	104.2	104.5
液体乳及乳制品	Milk and Its Products	103.2	103.3	102.6
在外用膳食品	Dining Out	106.7	106.8	106.5
其它食品	Other Foods	104.2	104.4	103.8
烟酒及用品	**Tobacco, Liquor and Articles**	**102.9**	**102.9**	**102.7**
烟草	Tobacco	100.5	100.3	100.9
酒	Liquor	106.3	106.9	105.2
衣着	**Clothing**	**103.1**	**102.9**	**103.8**
服装	Garments	103.3	103.2	103.9
衣着材料	Clothing Material	103.5	103.4	103.7
鞋袜帽	Footgear and Hats	102.3	102.0	103.3
衣着加工服务	Clothing Manufacturing Services	107.1	107.2	106.7
家庭设备用品及维修服务	**Household Facilities, Articles and Services**	**101.9**	**102.1**	**101.5**
耐用消费品	Durable Consumer Goods	100.4	100.4	100.3
家具	Furniture	101.3	101.5	100.7
家庭设备	Household Facilities	99.9	99.8	100.1

10-3 续表 continued

(上年=100) (preceding year=100)

项 目	Item	全 国 National Indices	城 市 Urban Indices	农 村 Rural Indices
室内装饰品	Interior Decorations	100.8	100.7	100.9
床上用品	Bed Articles	100.4	100.3	101.0
家庭日用杂品	Daily Use Household Articles	102.6	102.7	102.3
家庭服务及加工维修服务	Household Services and Maintenance and Renovation	109.7	110.2	107.5
医疗保健和个人用品	**Health Care and Personal Articles**	**102.0**	**102.0**	**102.1**
医疗保健	Health Care	101.7	101.7	101.8
医疗器具及用品	Medical Instrument and Articles	102.7	102.7	102.9
中药材及中成药	Traditional Chinese Medicine	105.0	105.0	105.1
西药	Western Medicine	100.3	100.2	100.5
保健器具及用品	Health Care Appliances and Articles	102.5	102.5	102.8
医疗保健服务	Health Care Services	100.7	100.6	100.9
个人用品及服务	Personal Articles and Services	102.6	102.5	103.1
化妆美容用品	Cosmetics	101.3	101.3	101.2
清洁化妆用品	Sanitation Articles	103.5	103.7	103.1
个人饰品	Personal Ornaments	100.2	99.9	101.4
个人服务	Personal Services	105.3	105.2	105.7
交通和通信	**Transportation and Communication**	**99.9**	**99.7**	**100.6**
交通	Transportation	101.2	100.9	101.9
交通工具	Transportation Facility	99.2	98.9	100.2
车用燃料及零配件	Fuels and Parts	102.9	102.9	102.9
车辆使用及维修费	Fees for Vehicles Use and Maintenance	104.5	104.9	103.1
市区公共交通费	Incity Traffic Fare	101.4	101.1	103.3
城市间交通费	Intercity Traffic Fare	101.6	101.0	103.4
通信	Communication	98.0	97.8	98.6
通信工具	Communication Facility	87.8	85.5	92.9
通信服务	Communication Service	99.9	99.9	100.0
娱乐教育文化用品及服务	**Recreation, Education and Culture Articles**	**100.5**	**100.4**	**101.0**
文娱用耐用消费品及服务	Durable Consumer Goods for Cultural and Recreational Use and Services	94.5	94.0	96.0
教育	Education	101.7	101.7	101.9
教材及参考书	Teaching Materials and Reference Books	101.7	101.7	101.8
教育服务	Education Services	101.7	101.7	101.9
文化娱乐	Cultural and Recreational Articles	101.3	101.3	101.1
文化娱乐用品	Cultural Articles	100.4	100.3	100.7
书报杂志	Newspapers and Magazines	101.4	101.4	101.1
文娱费	Expenditure on Culture and Recreation	101.9	101.9	101.6
旅游	Touring and Outing	101.7	101.4	103.4
居住	**Residence**	**102.1**	**102.2**	**101.9**
建房及装修材料	Building and Building Decoration Materials	101.0	101.1	100.9
住房租金	Renting	102.7	102.7	103.2
自有住房	Private Housing	102.3	102.3	102.2
水电燃料	Water, Electricity and Fuels	102.4	102.5	102.4

10-4 商品零售价格分类指数（2012年）
Retail Price Indices by Category (2012)

（上年=100） (preceding year=100)

项目	Item	全国 National Indices	城市 Urban Indices	农村 Rural Indices
商品零售价格总指数	**Retail Price Index**	**102.0**	**101.9**	**102.2**
食品类	**Food**	**104.8**	**105.1**	**104.0**
粮食	Grain	103.8	103.9	103.7
油脂	Oil or Fat	105.1	105.6	104.1
肉禽及其制品	Meat, Poultry and Processed Products	102.2	103.0	100.5
蛋	Eggs	97.1	97.2	96.8
水产品	Aquatic Products	108.1	107.9	108.9
菜	Vegetables	113.5	113.5	113.7
调味品	Flavoring	104.5	104.5	104.4
糖	Sugar	104.2	104.6	103.4
干鲜瓜果	Dried and Fresh Melons and Fruits	99.7	99.7	99.6
糕点饼干面包	Cake, Biscuit and Bread	104.2	104.1	104.5
液体乳及乳制品	Milk and Its Products	103.1	103.3	102.6
在外用膳食品	Outward Dinner Food	106.6	106.7	106.2
主食	Staple Food	106.6	106.6	106.5
炒菜	Fried Dishes	106.2	106.3	105.8
地方小吃	Local Snack	108.1	108.4	107.4
其它食品	Other Foods	104.8	105.0	104.0
饮料、烟酒	**Beverages, Tobacco and Liquor**	**103.3**	**103.4**	**102.8**
茶及饮料	Tea and Beverages	104.0	104.3	103.1
烟草	Tobacco	100.5	100.3	100.9
酒	Liquor	106.3	106.8	105.0
服装、鞋帽	**Garments, Shoes and Hats**	**102.9**	**102.8**	**103.4**
服装	Garments	103.3	103.1	103.7
鞋袜帽	Footgear and Hats	102.2	102.0	102.8
纺织品	**Textiles**	**101.5**	**101.4**	**101.9**
衣着材料	Clothing	104.0	104.1	103.9
床上用品	Bedding	100.4	100.3	100.6
家用电器及音像器材	**Household Appliances, Music and Video Equipment**	**97.7**	**97.4**	**98.5**
文化办公用品	**Cultural and Office Appliances**	**98.1**	**97.9**	**99.2**
日用品	**Articles for Daily Use**	**102.1**	**102.2**	**101.7**
日用百货	General Merchandise for Daily Use	101.6	101.7	101.2
日用杂品	Miscellaneous for Daily Use	101.7	101.7	101.7
体育娱乐用品	**Sports and Recreation Articles**	**101.0**	**101.0**	**100.9**
交通、通信用品	**Transportation and Communication Appliances**	**96.0**	**95.6**	**97.7**
家具	**Furniture**	**101.3**	**101.4**	**100.9**
化妆品	**Cosmetics**	**102.2**	**102.3**	**101.9**
金银珠宝	**Gold, Silver and Jewelry**	**101.0**	**100.6**	**102.8**
中西药品及医疗保健用品	**Traditional Chinese and Western Medicines and Health Care Articles**	**102.1**	**102.0**	**102.4**
医疗器具及用品	Medical Apparatus and Article	102.4	102.3	102.8
中药材及中成药	Traditional Chinese Medicinal Materials and Medicines	104.9	104.8	105.1
西药	Western Medicines	100.3	100.2	100.6
书报杂志及电子出版物	**Books, Newspapers, Magazines and Electronic Publications**	**101.4**	**101.4**	**101.3**
燃料	**Fuels**	**102.9**	**102.8**	**103.3**
建筑材料及五金电料	**Building Materials and Hardware**	**100.3**	**100.2**	**100.5**
建筑装璜材料	Building Decoration Materials	99.8	99.7	100.1
五金电料	Hardware	101.8	101.7	101.8

10-5 分地区居民消费价格指数和商品零售价格指数
Consumer Price Indices and Retail Price Indices by Region

(上年=100) (preceding year=100)

年 份 / 地 区	Year / Region	居民消费价格 Consumer Price Index			商品零售价格 Retail Price Index		
		总指数 General	城 市 Urban Household	农 村 Rural Household	总指数 General	城 市 Urban Household	农 村 Rural Household
	1994	124.1	125.0	123.4	121.7	120.9	122.9
	1995	117.1	116.8	117.5	114.8	113.5	116.4
	1996	108.3	108.8	107.9	106.1	105.8	106.4
	1997	102.8	103.1	102.5	100.8	100.8	100.7
	1998	99.2	99.4	99.0	97.4	97.4	97.6
	1999	98.6	98.7	98.5	97.0	97.0	97.1
	2000	100.4	100.8	99.9	98.5	98.5	98.5
	2001	100.7	100.7	100.8	99.2	98.9	99.6
	2002	99.2	99.0	99.6	98.7	98.5	99.1
	2003	101.2	100.9	101.6	99.9	99.6	100.5
	2004	103.9	103.3	104.8	102.8	102.1	104.2
	2005	101.8	101.6	102.2	100.8	100.5	101.4
	2006	101.5	101.5	101.5	101.0	100.9	101.4
	2007	104.8	104.5	105.4	103.8	103.3	104.9
	2008	105.9	105.6	106.5	105.9	105.5	106.7
	2009	99.3	99.1	99.7	98.8	98.7	99.0
	2010	103.3	103.2	103.6	103.1	102.8	103.6
	2011	105.4	105.3	105.8	104.9	104.7	105.5
	2012	102.6	102.7	102.5	102.0	101.9	102.2
北 京	Beijing	103.3	103.3		100.6	100.6	
天 津	Tianjin	102.7	102.7		103.0	103.0	
河 北	Hebei	102.6	102.7	102.5	102.2	102.1	102.3
山 西	Shanxi	102.5	102.4	102.6	101.8	101.7	102.1
内蒙古	Inner Mongolia	103.1	103.3	102.5	102.5	102.5	102.4
辽 宁	Liaoning	102.8	102.9	102.5	102.2	102.3	101.6
吉 林	Jilin	102.5	102.5	102.4	101.7	101.6	101.9
黑龙江	Heilongjiang	103.2	103.3	102.9	102.2	102.2	102.3
上 海	Shanghai	102.8	102.8		101.2	101.2	
江 苏	Jiangsu	102.6	102.6	102.6	102.1	102.0	102.3
浙 江	Zhejiang	102.2	102.2	102.3	101.9	101.9	101.8
安 徽	Anhui	102.3	102.2	102.4	102.1	102.0	102.3
福 建	Fujian	102.4	102.4	102.4	101.8	101.6	102.4
江 西	Jiangxi	102.7	102.6	103.0	102.1	101.9	102.5
山 东	Shandong	102.1	102.1	102.0	101.6	101.5	101.9
河 南	Henan	102.5	102.6	102.4	102.3	102.4	102.1
湖 北	Hubei	102.9	102.8	103.0	102.6	102.4	102.7
湖 南	Hunan	102.0	102.2	101.6	101.7	101.7	101.8
广 东	Guangdong	102.8	102.8	102.9	102.2	102.1	102.4
广 西	Guangxi	103.2	103.2	103.3	102.3	102.2	102.4
海 南	Hainan	103.2	103.2	103.2	102.7	102.7	102.8
重 庆	Chongqing	102.6	102.6		101.6	101.6	
四 川	Sichuan	102.5	102.8	102.0	101.6	101.7	101.4
贵 州	Guizhou	102.7	102.7	102.8	102.0	101.8	102.6
云 南	Yunnan	102.7	103.0	102.3	102.4	102.3	102.5
西 藏	Tibet	103.5	103.6	103.4	102.9	103.1	102.5
陕 西	Shaanxi	102.8	102.6	103.1	102.3	102.3	102.3
甘 肃	Gansu	102.7	102.5	103.1	102.6	102.3	103.3
青 海	Qinghai	103.1	103.0	103.1	102.1	102.1	102.1
宁 夏	Ningxia	102.0	102.2	101.7	101.0	100.9	101.7
新 疆	Xinjiang	103.8	103.4	104.7	103.3	103.0	104.0

10-6 分地区居民消费价格分类指数
Consumer Price Indices by Category and Region

(上年=100) (preceding year=100)

年份 地区	Year Region	总指数 General Index	食品 Food	#粮食 Grain	#油脂 Oil or Fat	#肉禽及其制品 Meat,Poultry and Processed Products	#蛋 Eggs	#水产品 Aquatic Products	#菜 Vegetables	#鲜菜 Fresh Vegetables
	2001	100.7	100.0	99.3	91.7	101.6	106.0	97.1	100.9	101.4
	2002	99.2	99.4	98.3	98.7	99.5	102.6	96.7	98.2	98.1
	2003	101.2	103.4	102.3	112.6	103.3	98.6	100.3	117.7	120.5
	2004	103.9	109.9	126.4	118.2	117.6	120.2	112.7	95.1	93.9
	2005	101.8	102.9	101.4	94.3	102.5	104.6	105.9	109.1	110.4
	2006	101.5	102.3	102.7	98.6	97.1	96.0	101.2	108.2	108.2
	2007	104.8	112.3	106.3	126.7	131.7	121.8	105.1	107.9	107.3
	2008	105.9	114.3	107.0	125.4	121.7	104.3	114.2	111.0	110.7
	2009	99.3	100.7	105.6	81.7	91.3	101.6	102.5	113.6	115.4
	2010	103.3	107.2	111.8	103.8	102.9	108.3	108.1	118.5	118.7
	2011	105.4	111.8	112.2	113.4	122.6	114.2	112.1	101.1	100.5
	2012	102.6	104.8	104.0	105.1	102.1	97.1	108.0	113.7	115.9
北京	Beijing	103.3	106.6	102.6	104.5	106.7	96.9	104.8	112.0	114.5
天津	Tianjin	102.7	106.4	102.4	103.7	105.7	101.7	106.7	119.6	122.9
河北	Hebei	102.6	103.8	102.9	106.3	101.1	96.4	104.8	114.9	117.1
山西	Shanxi	102.5	104.2	103.0	105.2	101.4	96.2	107.4	114.2	115.9
内蒙古	Inner Mongolia	103.1	105.8	105.7	105.3	105.3	98.1	107.7	112.3	114.5
辽宁	Liaoning	102.8	104.9	103.6	105.0	102.6	96.2	107.3	117.5	121.2
吉林	Jilin	102.5	104.9	104.2	105.7	103.7	94.6	108.5	110.5	113.2
黑龙江	Heilongjiang	103.2	105.5	104.6	102.6	105.4	98.3	104.8	115.3	117.1
上海	Shanghai	102.8	105.8	102.9	103.8	105.1	98.2	105.8	111.1	113.3
江苏	Jiangsu	102.6	104.7	102.3	104.2	102.5	97.0	108.4	109.0	110.1
浙江	Zhejiang	102.2	105.3	103.7	103.7	100.9	97.6	108.8	115.2	117.9
安徽	Anhui	102.3	103.8	104.2	105.8	98.7	94.3	110.8	113.3	114.9
福建	Fujian	102.4	104.6	103.0	105.4	102.0	96.8	107.8	116.5	121.2
江西	Jiangxi	102.7	105.2	103.8	104.2	98.9	96.9	112.6	118.2	120.6
山东	Shandong	102.1	103.5	102.5	107.5	101.6	95.9	108.8	111.2	112.9
河南	Henan	102.5	103.6	104.1	105.0	99.4	94.4	108.9	113.2	115.1
湖北	Hubei	102.9	105.4	105.3	105.2	101.7	98.6	111.1	113.2	114.8
湖南	Hunan	102.0	103.3	105.3	102.5	98.5	100.1	110.9	110.8	111.8
广东	Guangdong	102.8	105.6	105.0	106.0	104.4	98.2	107.3	114.9	117.5
广西	Guangxi	103.2	105.2	103.8	108.2	103.0	97.3	104.9	116.7	119.0
海南	Hainan	103.2	105.2	104.1	106.2	103.8	102.7	102.2	115.6	117.9
重庆	Chongqing	102.6	104.7	107.7	106.0	99.1	100.6	106.7	112.3	113.2
四川	Sichuan	102.5	104.2	104.9	105.2	99.9	97.7	111.5	118.1	120.6
贵州	Guizhou	102.7	104.7	104.5	104.4	101.3	95.7	107.6	109.0	110.8
云南	Yunnan	102.7	106.2	103.5	102.9	103.1	100.1	104.9	117.8	121.1
西藏	Tibet	103.5	106.9	103.0	105.5	108.9	102.4	102.8	114.6	116.6
陕西	Shaanxi	102.8	104.8	103.3	105.9	101.5	97.6	110.4	111.7	113.2
甘肃	Gansu	102.7	104.1	102.3	104.5	104.2	97.4	105.2	108.5	110.7
青海	Qinghai	103.1	106.6	102.8	105.6	107.6	99.2	109.6	112.8	115.1
宁夏	Ningxia	102.0	104.5	101.0	103.0	104.8	97.7	107.2	108.7	110.6
新疆	Xinjiang	103.8	107.6	107.3	105.3	105.9	102.1	105.2	117.6	119.1

10-6 续表 1 continued

(上年=100) (preceding year=100)

年份 地区	Year Region	#干鲜瓜果 Dried and Fresh Melons and Fruits	#鲜果 Fresh Fruits	#在外用膳食品 Dining Out	烟酒及用品 Tobacco, Liquor and Articles	#烟草 Tobacco	#酒 Liquor	衣着 Clothing	服装 Garments	衣着材料 Clothing Material
	2001	99.9	100.3	100.2	99.7	99.6	99.9	98.1	97.6	98.8
	2002	103.1	103.6	99.9	99.9	99.9	100.1	97.6	97.4	98.9
	2003	103.0	101.8	100.1	99.8	99.8	100.1	97.8	97.6	99.2
	2004	104.0	102.2	104.1	101.2	100.9	102.2	98.5	98.3	100.2
	2005	102.2	101.6	102.4	100.4	100.4	100.6	98.3	98.1	100.0
	2006	117.9	121.5	101.6	100.6	100.2	101.2	99.4	99.0	100.5
	2007	102.2	100.1	107.3	101.7	100.8	103.5	99.4	99.4	101.6
	2008	110.8	109.0	111.8	102.9	100.4	107.5	98.5	98.3	102.4
	2009	107.1	109.1	102.7	101.5	100.4	103.4	98.0	97.8	100.9
	2010	114.6	115.6	103.6	101.6	100.5	103.6	99.0	99.1	103.0
	2011	115.9	116.4	108.2	102.8	100.3	106.7	102.1	102.4	109.2
	2012	100.1	98.8	106.7	102.9	100.5	106.3	103.1	103.3	103.5
北京	Beijing	102.1	101.6	109.9	102.2	100.2	104.4	100.9	100.9	106.2
天津	Tianjin	91.3	86.8	110.5	104.9	98.1	111.9	107.0	105.4	103.8
河北	Hebei	97.1	95.5	105.7	104.7	101.0	108.0	104.7	104.9	103.0
山西	Shanxi	94.3	93.4	109.0	103.1	103.0	103.3	102.1	102.1	104.4
内蒙古	Inner Mongolia	106.0	104.6	106.4	102.8	100.3	105.8	103.8	103.6	105.3
辽宁	Liaoning	97.5	96.5	106.3	102.3	100.5	105.2	102.3	103.1	103.6
吉林	Jilin	105.7	105.4	106.0	102.1	101.2	103.4	101.2	101.2	102.9
黑龙江	Heilongjiang	103.2	101.8	107.1	103.0	101.9	104.2	102.8	103.5	105.1
上海	Shanghai	102.8	100.8	107.8	101.4	100.0	105.0	103.0	103.9	104.9
江苏	Jiangsu	98.2	97.1	106.9	103.9	100.1	110.5	103.6	103.5	105.1
浙江	Zhejiang	103.5	101.8	104.7	101.5	100.2	105.2	101.3	101.6	103.1
安徽	Anhui	99.3	96.9	104.5	103.3	100.0	108.1	102.5	102.9	102.9
福建	Fujian	99.1	98.1	105.1	102.4	101.1	104.2	105.0	105.3	103.7
江西	Jiangxi	102.4	101.2	110.8	102.2	100.8	105.2	100.2	99.7	105.0
山东	Shandong	98.4	96.8	104.0	102.8	100.7	104.4	103.3	103.4	105.3
河南	Henan	97.0	93.8	106.4	103.4	100.4	105.8	103.2	103.0	102.0
湖北	Hubei	100.2	99.3	108.1	103.0	100.1	107.7	102.5	102.8	103.2
湖南	Hunan	99.2	97.8	105.9	102.0	101.3	103.5	101.1	101.2	101.2
广东	Guangdong	98.9	98.4	106.8	102.6	100.8	105.3	104.0	104.7	101.2
广西	Guangxi	98.7	98.1	108.3	103.1	100.2	105.5	103.6	104.7	106.4
海南	Hainan	102.3	101.9	105.4	101.2	100.3	102.9	102.8	102.9	111.4
重庆	Chongqing	108.0	107.4	105.9	107.1	99.8	122.0	102.2	101.1	101.4
四川	Sichuan	100.1	99.2	104.6	102.7	99.9	107.6	109.7	110.1	104.4
贵州	Guizhou	100.0	99.7	109.6	102.8	102.3	103.5	103.8	103.5	107.1
云南	Yunnan	103.5	103.7	108.8	100.6	100.0	103.1	98.7	100.3	101.4
西藏	Tibet	107.6	106.2	110.2	101.5	99.8	103.9	104.3	104.2	101.2
陕西	Shaanxi	100.1	99.0	106.6	103.0	99.9	107.7	102.7	102.5	102.5
甘肃	Gansu	98.0	96.5	106.5	103.0	100.2	108.0	102.6	102.8	101.2
青海	Qinghai	98.8	97.2	110.4	102.8	100.0	105.8	98.4	97.0	102.3
宁夏	Ningxia	96.4	95.5	109.4	101.5	100.0	104.4	103.0	102.6	105.2
新疆	Xinjiang	108.1	107.8	109.0	105.6	101.1	110.2	101.9	101.8	106.5

10-6 续表 2 continued

(上年=100) (preceding year=100)

年份 地区	Year Region	鞋袜帽 Footgear and Hats	衣着加工服务费 Clothing Manufacturing Service	家庭设备用品及维修服务 Household Facilities, Articles and Services	耐用消费品 Durable Consumer Goods	室内装饰品 Interior Decorations	床上用品 Bed Articles	家庭日用杂品 Daily Use Household Articles	家庭服务及加工维修服务费 Household Services and Maintenance and Renovation
	2001	99.0	100.3	97.7	96.1	98.3	99.3	98.6	101.5
	2002	98.0	99.9	97.5	95.9	98.8	98.7	98.0	101.2
	2003	97.7	100.1	97.4	95.8	98.8	98.4	98.3	101.1
	2004	98.3	100.7	98.6	97.1	99.2	99.3	99.8	101.9
	2005	98.3	101.1	99.9	98.8	99.5	99.4	100.4	104.4
	2006	100.2	101.5	101.2	100.8	100.0	99.6	101.1	105.8
	2007	99.0	102.3	101.9	101.6	100.3	99.4	101.7	107.2
	2008	98.2	104.1	102.8	101.2	100.2	99.7	104.9	109.0
	2009	97.8	103.5	100.2	98.1	99.7	98.8	102.5	105.2
	2010	98.2	102.9	100.0	98.5	99.9	99.9	100.3	106.7
	2011	100.7	107.3	102.4	100.4	101.0	104.7	102.5	111.4
	2012	102.3	107.1	101.9	100.4	100.8	100.4	102.6	109.7
北京	Beijing	100.4	106.1	102.8	100.9	99.5	95.2	105.4	115.4
天津	Tianjin	110.9	120.9	101.6	99.4	100.1	103.6	102.7	112.2
河北	Hebei	103.9	115.7	102.8	101.6	102.2	102.7	104.4	106.8
山西	Shanxi	101.7	106.7	101.7	100.6	100.7	102.3	102.5	106.3
内蒙古	Inner Mongolia	103.9	108.9	101.4	100.9	101.4	100.4	101.5	105.9
辽宁	Liaoning	100.1	107.2	102.9	100.7	101.2	104.3	104.3	108.4
吉林	Jilin	100.6	105.2	100.7	99.4	100.0	101.9	101.2	106.3
黑龙江	Heilongjiang	100.7	108.3	101.7	99.5	102.2	99.0	102.4	112.6
上海	Shanghai	99.3	105.5	103.5	103.0	105.0	99.1	103.0	109.1
江苏	Jiangsu	103.8	107.5	103.6	102.7	101.8	103.3	102.8	110.6
浙江	Zhejiang	100.0	108.4	102.5	101.4	100.3	100.1	101.5	111.8
安徽	Anhui	101.4	106.0	101.6	100.1	100.6	99.4	102.5	109.0
福建	Fujian	104.0	105.2	101.7	99.1	101.1	100.7	103.1	110.1
江西	Jiangxi	100.8	108.5	101.7	99.7	103.2	97.4	103.3	110.6
山东	Shandong	102.9	103.5	101.2	99.9	100.2	101.0	102.5	107.5
河南	Henan	103.8	107.4	102.8	101.4	101.4	102.1	104.0	116.4
湖北	Hubei	100.9	112.9	102.2	100.4	101.7	100.6	103.8	108.7
湖南	Hunan	100.6	107.0	101.4	100.1	101.1	100.6	101.3	110.2
广东	Guangdong	102.5	102.5	101.9	99.5	100.9	98.6	102.0	109.9
广西	Guangxi	99.5	109.5	101.1	100.5	100.8	99.5	101.7	106.7
海南	Hainan	101.0	109.2	103.5	102.4	101.2	100.4	103.7	111.3
重庆	Chongqing	105.2	108.0	100.9	99.9	98.0	97.9	102.8	104.2
四川	Sichuan	109.1	109.5	99.6	96.5	98.1	98.8	101.9	109.2
贵州	Guizhou	104.0	104.7	101.1	99.1	99.4	100.4	101.2	111.5
云南	Yunnan	94.0	107.0	101.4	99.4	98.7	101.5	102.4	109.1
西藏	Tibet	102.7	112.4	101.5	101.5	101.6	103.1	100.1	104.3
陕西	Shaanxi	103.0	106.3	102.4	101.2	102.5	103.3	102.5	108.2
甘肃	Gansu	101.7	106.1	101.1	100.1	100.9	100.4	101.7	105.5
青海	Qinghai	102.0	106.9	99.3	97.2	98.5	98.6	102.0	102.1
宁夏	Ningxia	103.8	110.0	100.2	99.5	101.0	95.4	102.1	102.7
新疆	Xinjiang	101.2	109.4	101.9	100.4	100.4	98.7	101.2	114.4

10-6 续表 3 continued

(上年=100) (preceding year=100)

年份 地区	Year Region	医疗保健和个人用品 Health Care and Personal Articles	医疗保健 Health Care	医疗器具及用品 Medical Appliances and Articles	中药材及中成药 Traditional Chinese Medicine	西药 Western Medicine	保健器具及用品 Health Care Appliances and Articles	医疗保健服务 Health Care Services	个人用品及服务 Personal Articles and Services
	2001	100.0	100.3	98.3	101.4	94.8	97.3	110.5	99.5
	2002	98.8	98.5	97.2	96.6	94.5	97.1	108.2	99.5
	2003	100.9	101.2	101.0	105.0	94.5	98.2	108.9	100.2
	2004	99.7	99.1	102.3	98.9	94.9	98.6	105.2	101.2
	2005	99.9	99.5	97.4	96.5	97.7	100.0	105.2	100.8
	2006	101.1	100.2	97.2	99.9	98.4	100.3	103.0	103.2
	2007	102.1	102.1	98.2	107.9	99.1	101.1	102.2	102.1
	2008	102.9	102.2	99.7	106.8	101.1	102.1	100.5	104.4
	2009	101.2	101.4	101.6	102.6	101.0	101.1	101.0	100.8
	2010	103.2	103.3	105.0	111.2	101.0	101.6	100.9	103.0
	2011	103.4	102.9	101.9	111.9	99.7	104.4	100.6	104.4
	2012	102.0	101.7	102.7	105.0	100.3	102.5	100.7	102.6
北京	Beijing	101.5	101.4	103.7	105.6	99.7	102.8	100.0	101.6
天津	Tianjin	102.2	102.3	103.4	102.5	104.7	102.2	100.0	102.0
河北	Hebei	102.4	101.7	104.4	105.6	101.8	100.6	100.2	104.3
山西	Shanxi	101.9	101.9	103.1	107.1	100.8	102.8	101.4	101.9
内蒙古	Inner Mongolia	102.1	101.4	99.6	104.9	100.4	101.0	100.7	103.4
辽宁	Liaoning	101.9	101.4	102.9	104.1	101.1	101.1	100.3	102.9
吉林	Jilin	102.2	101.7	99.4	106.6	100.0	101.4	100.0	103.5
黑龙江	Heilongjiang	102.5	102.1	98.7	106.6	101.7	101.2	99.7	103.7
上海	Shanghai	100.6	99.9	103.9	102.3	95.6	106.9	99.8	101.3
江苏	Jiangsu	101.3	100.6	100.8	104.1	98.7	100.7	100.1	102.5
浙江	Zhejiang	101.3	101.0	100.6	102.6	97.0	106.1	100.7	102.0
安徽	Anhui	101.5	101.0	101.5	102.0	101.0	102.6	99.9	102.4
福建	Fujian	102.3	102.7	100.7	104.2	101.8	102.4	102.9	101.6
江西	Jiangxi	102.2	102.1	101.8	105.3	101.3	101.4	101.0	102.4
山东	Shandong	102.1	101.8	103.9	103.8	100.3	102.7	101.8	102.6
河南	Henan	101.9	101.1	101.6	105.0	101.1	102.7	100.0	103.5
湖北	Hubei	102.8	102.7	101.8	105.8	101.8	103.5	100.9	103.0
湖南	Hunan	102.7	102.6	102.2	106.2	101.8	103.0	100.7	103.1
广东	Guangdong	101.9	101.7	103.1	104.4	99.8	101.1	101.1	102.3
广西	Guangxi	102.0	101.6	102.4	103.4	101.0	100.5	100.8	102.8
海南	Hainan	102.0	101.8	101.8	106.5	101.4	103.8	100.4	102.5
重庆	Chongqing	101.9	102.0	97.2	106.3	100.4	102.2	100.6	101.7
四川	Sichuan	101.7	101.5	101.1	105.6	98.6	101.2	101.5	102.2
贵州	Guizhou	102.5	102.3	101.8	108.2	100.9	99.7	100.6	102.8
云南	Yunnan	101.6	101.1	103.7	104.8	98.9	100.5	100.3	103.1
西藏	Tibet	100.9	100.5	100.7	103.3	97.7	99.9	102.3	101.5
陕西	Shaanxi	103.9	103.7	104.9	110.4	100.8	101.6	100.5	104.4
甘肃	Gansu	103.8	104.3	101.9	108.6	102.5	100.6	102.8	102.5
青海	Qinghai	100.9	101.0	101.1	103.5	99.0	100.6	101.3	100.7
宁夏	Ningxia	101.6	100.8	106.6	103.6	98.1	106.9	100.7	103.6
新疆	Xinjiang	102.9	102.6	102.1	107.3	101.9	102.1	100.4	103.3

10-6 续表 4 continued

(上年=100) (preceding year=100)

年份 Year 地区 Region		化妆美容用品 Cosmetics	清洁化妆用品 Sanitation Articles	个人饰品 Personal Ornaments	个人服务 Personal Services	交通和通信 Transportation and Communication	交通 Transportation	交通工具 Transportation Facility
	2001	99.8	97.9	97.8	101.7	99.0	101.0	96.4
	2002	99.7	97.3	99.3	101.2	98.1	99.1	95.0
	2003	99.5	97.1	102.9	100.8	97.8	99.5	95.9
	2004	98.8	98.4	104.5	101.8	98.5	100.4	96.5
	2005	99.4	99.4	101.6	101.9	99.0	101.5	97.3
	2006	99.7	99.9	110.8	102.5	99.9	103.2	97.8
	2007	100.1	100.3	104.5	103.1	99.1	100.8	97.7
	2008	100.6	101.7	109.7	105.0	99.1	102.2	98.4
	2009	100.8	102.1	96.3	103.8	97.6	98.6	98.0
	2010	100.5	100.4	108.4	102.8	99.6	101.7	98.7
	2011	101.0	101.8	108.8	104.9	100.5	102.6	99.0
	2012	101.3	103.5	100.2	105.3	99.9	101.2	99.2
北京	Beijing	100.0	102.8	98.8	107.7	99.1	100.7	97.1
天津	Tianjin	104.3	105.0	100.6	99.5	97.6	99.4	96.8
河北	Hebei	102.7	105.0	102.9	105.9	100.3	102.0	101.1
山西	Shanxi	102.0	101.4	99.5	104.8	99.7	100.8	99.1
内蒙古	Inner Mongolia	101.6	102.0	99.1	110.1	99.7	101.1	99.1
辽宁	Liaoning	101.3	103.7	100.4	104.7	100.1	101.6	100.3
吉林	Jilin	101.2	102.9	99.3	107.9	100.2	101.6	99.3
黑龙江	Heilongjiang	99.9	103.0	104.2	105.4	99.5	101.7	100.4
上海	Shanghai	100.1	102.2	96.8	111.8	100.8	102.6	99.3
江苏	Jiangsu	101.2	105.3	99.9	103.5	99.8	100.4	98.9
浙江	Zhejiang	101.2	105.5	98.8	102.4	99.7	100.1	98.3
安徽	Anhui	100.7	104.0	99.3	105.2	100.7	101.3	100.7
福建	Fujian	102.0	103.1	99.8	101.8	100.1	101.9	101.0
江西	Jiangxi	100.6	102.5	101.0	105.5	100.1	102.7	100.9
山东	Shandong	100.7	104.1	102.1	103.9	100.2	101.0	99.2
河南	Henan	102.2	102.7	101.4	106.4	100.7	102.1	100.7
湖北	Hubei	101.2	103.0	100.3	107.4	99.8	100.4	100.1
湖南	Hunan	101.5	102.5	101.5	105.3	99.9	100.2	98.3
广东	Guangdong	101.4	103.1	99.9	104.3	99.2	100.6	98.4
广西	Guangxi	101.1	103.9	100.8	105.6	100.2	101.9	100.0
海南	Hainan	100.7	104.5	101.6	103.4	101.6	103.7	103.1
重庆	Chongqing	101.5	104.1	98.9	103.0	98.3	101.3	98.2
四川	Sichuan	100.6	103.0	100.6	104.2	100.3	101.6	97.7
贵州	Guizhou	100.2	104.5	100.1	105.6	99.6	101.4	100.0
云南	Yunnan	101.6	102.1	101.0	107.0	100.2	101.5	98.9
西藏	Tibet	100.9	100.5	101.6	103.9	101.2	103.3	101.4
陕西	Shaanxi	101.8	104.0	101.8	108.5	99.1	102.1	101.3
甘肃	Gansu	103.9	102.2	101.6	104.8	100.4	102.0	100.4
青海	Qinghai	100.2	100.8	97.6	105.2	99.4	100.7	98.7
宁夏	Ningxia	101.2	103.7	102.5	107.1	99.5	101.7	99.6
新疆	Xinjiang	102.0	104.1	101.7	106.5	99.5	102.3	100.7

10-6 续表 5 continued

(上年=100) (preceding year=100)

年 份 Year 地 区 Region	车用燃料及零配件 Fuels and Parts	车辆使用及维修费 Fees for Vehicles Use and Maintenance	市区公共交通费 Incity Traffic Fare	城市间交通费 Intercity Traffic Fare	通 信 Communication	通信工具 Communication Facility	通信服务 Communication Services
2001	99.0	100.4	105.8	104.0	96.8	80.5	101.1
2002	98.5	100.0	101.9	101.8	97.2	83.5	100.3
2003	108.3	98.9	100.6	101.4	96.1	82.1	99.4
2004	107.7	101.0	101.0	102.5	96.8	84.3	99.8
2005	110.3	102.0	102.2	103.3	96.6	84.1	99.6
2006	112.8	102.4	104.8	105.6	96.4	82.2	100.0
2007	103.5	102.4	101.3	103.0	97.1	81.8	100.6
2008	113.5	100.8	100.5	104.3	95.6	80.7	98.8
2009	92.8	101.1	100.6	100.5	96.3	81.7	99.5
2010	111.5	101.7	100.7	101.7	97.3	86.5	99.7
2011	111.7	103.8	101.7	102.7	97.5	87.0	99.8
2012	102.9	104.5	101.4	101.6	98.0	87.8	99.9
北 京 Beijing	102.8	109.2	101.1	90.9	95.7	75.1	100.0
天 津 Tianjin	102.9	101.5	101.0	101.4	94.8	63.1	100.0
河 北 Hebei	103.3	105.3	102.1	101.6	98.3	87.4	99.9
山 西 Shanxi	102.8	105.4	101.7	99.8	98.2	83.2	100.2
内蒙古 Inner Mongolia	102.3	104.5	102.4	102.5	97.2	94.3	98.1
辽 宁 Liaoning	102.8	105.3	101.7	101.1	98.6	86.1	100.4
吉 林 Jilin	102.7	108.0	101.8	101.9	97.8	88.9	100.1
黑龙江 Heilongjiang	102.7	101.7	100.8	103.4	97.2	85.8	99.7
上 海 Shanghai	102.6	116.8	101.0	98.2	96.5	73.5	100.3
江 苏 Jiangsu	103.4	103.1	99.2	99.7	98.5	89.3	100.2
浙 江 Zhejiang	103.1	102.4	102.9	99.1	98.6	86.9	100.1
安 徽 Anhui	102.7	101.6	101.0	101.9	100.0	99.9	100.1
福 建 Fujian	102.7	102.5	100.6	104.1	98.0	83.0	99.9
江 西 Jiangxi	103.3	106.9	101.8	103.8	97.8	88.0	99.6
山 东 Shandong	103.2	102.7	100.5	104.1	98.7	92.4	100.2
河 南 Henan	102.9	104.8	105.3	104.4	98.7	91.3	100.1
湖 北 Hubei	102.6	103.5	101.0	98.1	99.1	93.4	100.2
湖 南 Hunan	102.9	101.9	100.4	100.5	99.4	96.8	99.9
广 东 Guangdong	102.5	101.3	101.0	101.2	97.3	86.8	99.1
广 西 Guangxi	102.7	102.1	101.6	104.3	98.3	90.8	100.1
海 南 Hainan	102.3	110.2	107.1	101.7	97.4	82.4	99.0
重 庆 Chongqing	102.8	102.0	100.8	103.8	95.5	82.6	99.1
四 川 Sichuan	102.6	105.2	103.1	103.0	98.2	85.3	100.3
贵 州 Guizhou	103.3	103.1	101.5	100.8	97.8	85.4	100.5
云 南 Yunnan	102.4	105.2	103.6	103.5	98.5	89.3	100.3
西 藏 Tibet	102.9	102.2	108.6	100.4	98.4	96.4	99.3
陕 西 Shaanxi	102.3	102.6	100.9	103.8	96.3	82.8	99.9
甘 肃 Gansu	102.3	104.2	101.0	103.4	98.9	94.2	99.8
青 海 Qinghai	102.3	104.2	100.2	100.9	97.8	89.4	100.1
宁 夏 Ningxia	102.1	102.5	106.3	100.3	96.3	83.8	99.9
新 疆 Xinjiang	102.9	106.5	100.6	103.9	96.7	81.3	100.2

10-6 续表 6 continued

(上年=100)　　(preceding year=100)

年份 Year 地区 Region		娱乐教育文化用品及服务 Recreation, Education and Culture	文娱用耐用消费品及服务 Durable Consumer Goods and Service for Recreational Use	教育 Education	教材及参考书 Teaching Materials and Reference Books	教育服务 Educational Services	文化娱乐 Cultural and Recreational Articles	文化娱乐用品 Cultural Articles
	2001	106.6	91.2	113.6	106.1		101.7	99.4
	2002	100.6	90.5	103.7	99.0		101.2	98.9
	2003	101.3	92.7	104.3	101.7		101.3	98.7
	2004	101.3	93.3	103.4	102.8		101.1	99.4
	2005	102.2	93.8	105.1	100.9		101.2	99.8
	2006	99.5	94.2	100.0	100.3		101.0	99.6
	2007	99.0	93.1	99.6	99.1		101.0	99.5
	2008	99.3	92.3	100.5	100.6		101.3	99.9
	2009	99.3	90.6	101.6	102.9		102.5	99.8
	2010	100.6	94.3	101.4	102.6		101.0	99.7
	2011	100.4	93.7	101.3	101.1	101.4	101.1	100.6
	2012	100.5	94.5	101.7	101.7	101.7	101.3	100.4
北京	Beijing	102.3	91.2	105.1	99.9	105.5	102.8	101.9
天津	Tianjin	99.3	92.8	100.2	101.0	100.1	102.0	101.5
河北	Hebei	100.6	94.2	101.7	101.3	101.8	101.1	101.1
山西	Shanxi	101.0	94.3	101.8	105.2	101.4	101.4	100.7
内蒙古	Inner Mongolia	100.8	96.6	101.1	101.3	101.1	101.7	100.2
辽宁	Liaoning	101.1	93.8	102.4	102.1	102.4	100.9	101.2
吉林	Jilin	101.0	95.5	102.2	100.1	102.7	100.8	101.0
黑龙江	Heilongjiang	99.9	91.2	101.8	102.0	101.8	100.0	99.4
上海	Shanghai	99.3	87.8	102.0	101.7	102.0	101.8	98.8
江苏	Jiangsu	99.9	93.0	100.8	102.7	100.7	101.0	100.9
浙江	Zhejiang	99.4	93.3	100.6	101.9	100.5	101.6	100.1
安徽	Anhui	101.7	98.4	102.1	104.9	101.5	101.1	100.9
福建	Fujian	98.8	93.9	97.6	103.2	97.0	101.0	98.7
江西	Jiangxi	100.9	95.4	101.9	101.8	101.9	101.2	100.7
山东	Shandong	100.3	97.3	100.9	100.1	101.0	100.5	99.4
河南	Henan	101.2	95.3	102.5	101.9	102.5	102.0	100.9
湖北	Hubei	100.6	95.4	101.2	103.6	100.9	101.0	100.6
湖南	Hunan	101.2	97.9	101.9	100.6	101.9	100.9	100.9
广东	Guangdong	100.7	95.4	103.0	101.1	103.3	100.6	100.8
广西	Guangxi	101.5	94.5	103.1	100.4	103.5	103.7	100.1
海南	Hainan	102.1	100.1	101.7	99.4	102.2	102.0	100.9
重庆	Chongqing	100.9	95.6	102.6	101.1	102.8	101.0	100.5
四川	Sichuan	99.5	92.1	101.4	100.7	101.5	101.6	99.5
贵州	Guizhou	101.2	96.8	102.7	100.7	102.9	101.5	100.3
云南	Yunnan	101.2	95.5	102.1	100.9	102.3	100.4	98.3
西藏	Tibet	100.3	98.8	100.9	99.6	101.7	101.2	100.6
陕西	Shaanxi	100.6	93.3	101.9	101.4	102.0	102.0	101.6
甘肃	Gansu	101.0	97.7	101.2	100.3	101.3	102.6	100.4
青海	Qinghai	100.8	96.4	100.8	99.0	101.1	99.0	100.0
宁夏	Ningxia	98.6	87.3	103.2	108.9	102.2	101.0	99.9
新疆	Xinjiang	100.1	92.9	102.3	103.5	102.2	101.2	99.0

10-6 续表 7 continued

(上年=100) (preceding year=100)

年份 地区	Year Region	书报杂志 Newspapers and Magazines	文娱费 Expenditure on Culture and Recreation	旅游 Touring and Outing	居住 Residence	建房及装修材料 Building and Decoration Materials	住房租金 Renting	自有住房 Private Housing	水电燃料 Water, Electricity and Fuels
	2001	101.9	104.4	100.3	101.2	98.8	108.6	100.0	102.5
	2002	101.0	104.2	95.9	99.9	98.4	104.4	95.4	102.9
	2003	100.4	104.6	95.4	102.1	99.5	103.5	99.1	105.7
	2004	100.6	103.2	100.6	104.9	104.3	103.0	100.9	107.5
	2005	100.8	102.9	99.6	105.4	102.6	101.9	105.6	108.6
	2006	100.7	102.6	103.1	104.6	103.9	102.7	103.7	105.9
	2007	100.7	102.7	102.3	104.5	105.1	104.2	107.0	103.0
	2008	102.1	102.1	101.1	105.5	107.1	103.5	102.8	106.4
	2009	107.6	102.1	97.5	96.4	100.2	101.6	85.3	97.9
	2010	100.6	102.3	104.9	104.5	103.3	104.9	103.6	105.5
	2011	101.0	101.5	103.8	105.3	104.7	105.3	106.5	103.5
	2012	101.4	101.9	101.7	102.1	101.0	102.7	102.3	102.4
北京	Beijing	106.2	102.6	104.2	103.9	99.2	104.4	105.1	101.4
天津	Tianjin	100.9	102.6	99.3	100.9	101.6	101.0	100.0	103.1
河北	Hebei	100.2	101.3	102.1	101.7	100.9	102.5	101.4	102.8
山西	Shanxi	101.3	101.9	103.2	102.7	99.4	105.1	103.7	102.5
内蒙古	Inner Mongolia	100.5	102.8	102.5	102.4	100.6	104.5	103.3	101.5
辽宁	Liaoning	101.1	100.7	104.1	102.8	102.3	103.6	103.2	101.7
吉林	Jilin	101.1	100.5	101.0	101.8	102.7	104.5	101.0	101.9
黑龙江	Heilongjiang	99.7	100.6	100.0	103.9	100.9	103.3	104.7	104.9
上海	Shanghai	101.7	103.2	102.1	102.8	105.0	100.2	103.2	101.4
江苏	Jiangsu	101.3	101.0	101.6	102.4	100.6	103.6	102.7	102.1
浙江	Zhejiang	100.9	102.4	98.4	101.6	101.3	102.5	101.8	101.3
安徽	Anhui	102.0	100.8	103.6	101.0	99.5	101.6	100.9	102.5
福建	Fujian	103.2	101.7	103.4	101.6	99.5	100.3	101.3	103.8
江西	Jiangxi	101.0	101.9	102.0	102.7	102.2	103.0	104.1	102.2
山东	Shandong	100.4	102.0	102.5	101.8	99.8	102.2	102.9	101.2
河南	Henan	104.3	102.2	101.6	102.5	101.0	103.7	102.8	102.9
湖北	Hubei	102.4	100.5	102.7	102.3	101.5	103.3	102.9	101.7
湖南	Hunan	101.1	100.8	103.6	101.7	102.7	101.2	100.6	102.9
广东	Guangdong	100.7	100.4	100.3	101.8	101.9	102.1	101.2	102.5
广西	Guangxi	100.2	108.6	102.8	103.7	101.4	103.0	102.1	108.2
海南	Hainan	100.3	104.9	107.0	101.7	98.7	102.3	103.2	102.4
重庆	Chongqing	102.4	100.8	102.5	102.5	102.6	104.9	102.9	101.0
四川	Sichuan	101.6	103.7	98.2	100.8	98.0	102.0	100.8	102.7
贵州	Guizhou	102.2	101.8	101.5	101.4	100.9	103.2	100.9	101.9
云南	Yunnan	100.8	102.4	106.2	102.2	101.9	104.1	102.5	101.2
西藏	Tibet	101.6	101.6	100.5	101.4	102.4	100.2	101.2	103.0
陕西	Shaanxi	101.8	102.5	103.2	102.2	101.4	103.0	101.5	102.9
甘肃	Gansu	100.0	104.2	102.3	101.8	101.4	100.6	101.8	102.5
青海	Qinghai	102.6	97.5	109.5	105.0	98.7	106.6	106.9	105.2
宁夏	Ningxia	101.1	102.0	99.7	100.8	96.9	110.2	101.9	102.2
新疆	Xinjiang	100.5	103.6	101.1	102.8	97.5	102.7	104.2	102.2

10-7 分地区商品零售价格分类指数
Retail Price Indices by Category of Commodities by Region

(上年=100) (preceding year=100)

年份 地区	Year Region	总指数 General Index	食品 Food	#粮食 Grain	#油脂 Oil or Fat	#肉禽及其制品 Meat, Poultry and Processed Products	#蛋 Eggs	#水产品 Aquatic Products	#菜 Vegetables	#干鲜瓜果 Dried and Fresh Melons and Fruits
	2001	99.2	100.6	101.5	89.3			96.3		
	2002	98.7	99.9	98.6	100.1			96.2		
	2003	99.9	103.4	102.2	112.5	103.0	98.5	100.3	116.3	102.2
	2004	102.8	109.9	126.5	116.8	117.1	119.8	112.5	95.2	104.1
	2005	100.8	103.1	101.4	94.7	103.0	104.7	105.8	108.1	101.7
	2006	101.0	102.6	102.5	98.7	97.3	96.3	101.6	108.1	117.0
	2007	103.8	112.3	106.4	126.3	131.0	121.8	105.3	107.9	102.5
	2008	105.9	114.4	107.0	125.0	121.7	104.3	114.5	110.4	111.3
	2009	98.8	100.9	105.7	81.8	91.7	101.6	102.3	113.2	106.7
	2010	103.1	107.6	111.7	103.7	103.0	108.3	108.3	119.0	114.3
	2011	104.9	111.9	112.3	113.4	122.4	114.3	112.1	101.0	115.9
	2012	102.0	104.8	103.8	105.1	102.2	97.1	108.1	113.5	99.7
北京	Beijing	100.6	106.7	102.6	104.5	106.7	96.9	104.8	112.0	102.1
天津	Tianjin	103.0	106.5	102.4	103.7	105.7	101.7	106.7	119.6	91.3
河北	Hebei	102.2	104.0	102.8	106.4	101.8	96.3	104.5	115.0	96.5
山西	Shanxi	101.8	104.0	103.0	105.1	101.0	96.2	107.5	114.3	94.4
内蒙古	Inner Mongolia	102.5	105.6	105.3	105.0	105.9	98.5	107.6	110.5	106.2
辽宁	Liaoning	102.2	105.0	103.8	105.0	102.4	96.5	107.6	118.0	98.0
吉林	Jilin	101.7	104.8	104.5	106.5	104.0	95.2	108.8	109.5	106.0
黑龙江	Heilongjiang	102.2	106.1	104.4	103.3	106.4	98.1	104.6	116.3	104.3
上海	Shanghai	101.2	105.9	103.0	103.8	105.1	98.2	105.8	111.1	102.8
江苏	Jiangsu	102.1	104.7	102.3	104.2	102.5	97.5	108.5	109.0	98.5
浙江	Zhejiang	101.9	105.3	103.6	103.8	101.1	97.5	109.3	115.6	102.5
安徽	Anhui	102.1	103.9	104.4	105.7	98.7	94.1	110.5	112.6	99.0
福建	Fujian	101.8	104.7	102.9	105.3	102.0	96.2	107.9	117.4	99.5
江西	Jiangxi	102.1	105.3	103.8	104.5	99.1	96.5	112.7	117.7	102.2
山东	Shandong	101.6	103.5	102.4	107.5	101.5	95.9	108.8	111.4	98.3
河南	Henan	102.3	103.1	103.5	104.8	99.3	94.7	108.9	113.4	95.7
湖北	Hubei	102.6	105.6	105.3	104.9	102.2	98.0	112.1	113.5	100.6
湖南	Hunan	101.7	103.3	105.3	101.8	98.6	100.0	110.7	111.4	99.8
广东	Guangdong	102.2	105.6	104.9	106.1	104.7	97.7	107.5	114.2	98.4
广西	Guangxi	102.3	105.4	103.5	108.3	104.0	97.5	105.1	116.2	98.7
海南	Hainan	102.7	105.3	104.1	105.3	104.4	103.9	101.2	116.5	103.7
重庆	Chongqing	101.6	104.8	107.7	106.0	99.1	100.6	106.3	112.3	108.0
四川	Sichuan	101.6	104.1	104.6	105.2	100.0	96.8	112.2	117.1	100.3
贵州	Guizhou	102.0	104.6	104.8	104.3	101.8	97.9	107.3	109.1	99.3
云南	Yunnan	102.4	106.0	103.6	102.9	103.9	100.5	105.1	115.4	102.8
西藏	Tibet	102.9	107.3	103.0	105.9	109.5	101.6	102.8	113.9	107.6
陕西	Shaanxi	102.3	104.7	103.6	106.8	101.7	97.4	110.0	110.9	99.4
甘肃	Gansu	102.6	104.3	102.4	104.5	103.8	97.7	105.2	109.6	98.1
青海	Qinghai	102.1	106.3	103.1	106.0	107.6	99.6	110.4	111.8	97.8
宁夏	Ningxia	101.0	104.6	101.7	105.4	105.1	98.4	106.7	103.3	96.7
新疆	Xinjiang	103.3	107.9	107.1	105.7	106.5	102.1	105.6	116.9	109.5

10-7 续表 1 continued

(上年=100) (preceding year=100)

年份 地区	Year Region	饮料烟酒 Beverages, Tobacco and Liquor	服装鞋帽 Garments, Shoes and Hats	纺织品 Textiles	家用电器及音像器材 Household Appliances, Music and Video Equipment	文化办公用品 Cultural and Office Appliances	日用品 Articles for Daily Use	体育娱乐用品 Sports and Recreation Articles	交通、通信用品 Transportation and Communication Appliances
	2001	99.5	98.9	99.1			98.3		
	2002	99.9	97.9	99.4			98.7		
	2003	99.9	97.5	99.3	94.2	95.8	98.5	98.1	91.1
	2004	101.0	98.2	100.0	94.7	96.9	99.6	98.2	91.8
	2005	100.5	97.9	99.8	96.3	96.7	100.2	98.4	91.7
	2006	100.7	99.8	100.0	97.3	97.6	100.8	98.5	92.3
	2007	101.8	99.4	100.2	97.4	97.0	101.1	97.4	92.7
	2008	103.4	98.4	100.5	96.9	96.8	103.7	97.7	93.2
	2009	101.7	97.9	99.6	94.2	96.2	102.0	97.8	93.7
	2010	101.7	98.8	101.2	96.1	97.8	100.3	98.3	95.6
	2011	103.3	101.8	105.7	96.9	97.6	102.3	100.9	96.1
	2012	103.3	102.9	101.5	97.7	98.1	102.1	101.0	96.0
北京	Beijing	103.4	100.8	96.3	95.4	95.7	102.4	104.3	92.7
天津	Tianjin	105.2	106.9	102.3	96.9	94.6	104.1	100.4	96.6
河北	Hebei	104.6	104.0	103.1	98.0	98.4	103.4	102.0	97.3
山西	Shanxi	103.3	102.2	102.7	98.0	98.0	101.7	101.1	96.9
内蒙古	Inner Mongolia	103.0	102.9	102.6	98.9	98.2	101.6	100.3	97.7
辽宁	Liaoning	103.1	101.7	103.7	96.3	99.1	103.0	99.6	95.9
吉林	Jilin	101.5	100.9	103.4	97.9	98.7	100.7	100.4	94.3
黑龙江	Heilongjiang	102.6	103.2	101.6	93.7	97.9	102.1	103.3	94.3
上海	Shanghai	102.1	102.9	99.5	96.2	94.1	102.1	100.0	95.4
江苏	Jiangsu	103.7	103.8	104.6	98.9	97.2	102.8	101.7	96.7
浙江	Zhejiang	102.8	101.1	101.4	98.5	97.3	101.7	99.5	97.0
安徽	Anhui	104.0	102.4	100.2	99.3	99.4	101.9	100.8	99.5
福建	Fujian	102.8	103.9	101.9	96.4	98.6	100.8	100.1	95.4
江西	Jiangxi	103.2	100.1	100.3	97.1	99.4	102.5	100.3	96.4
山东	Shandong	102.8	103.3	102.7	98.5	98.6	101.5	100.6	97.4
河南	Henan	103.8	103.2	102.4	99.5	99.3	102.8	100.9	97.7
湖北	Hubei	102.9	102.2	100.6	98.3	98.9	102.2	100.4	96.3
湖南	Hunan	102.4	101.1	100.4	98.8	99.6	101.1	100.5	97.7
广东	Guangdong	103.1	103.8	99.0	98.1	99.4	102.0	101.7	95.0
广西	Guangxi	102.8	102.8	101.4	97.0	99.0	101.4	100.1	97.4
海南	Hainan	101.7	101.2	103.3	100.5	100.0	105.2	103.2	97.5
重庆	Chongqing	106.2	101.8	96.4	98.4	98.2	102.5	100.5	90.7
四川	Sichuan	103.7	110.0	100.6	95.0	96.8	100.8	100.7	94.9
贵州	Guizhou	102.5	103.5	102.1	97.2	98.4	100.2	101.4	96.3
云南	Yunnan	101.9	98.3	103.5	97.0	97.9	103.1	100.2	96.3
西藏	Tibet	101.3	103.7	102.6	98.7	97.8	101.0	98.3	98.4
陕西	Shaanxi	104.6	102.4	103.6	97.2	99.0	102.0	101.7	96.1
甘肃	Gansu	103.6	103.2	101.8	98.7	99.9	102.3	100.2	95.1
青海	Qinghai	103.4	97.8	99.0	94.5	99.9	101.6	100.8	95.6
宁夏	Ningxia	102.0	102.9	94.1	93.4	96.4	101.7	99.3	93.8
新疆	Xinjiang	105.9	101.5	101.8	95.9	98.5	102.9	98.5	91.8

10-7 续表 2 continued

(上年=100) (preceding year=100)

年份 Year 地区 Region	家具 Furniture	化妆品 Cosmetics	金银珠宝 Gold, Silver and Jewelry	中西药品及医疗保健用品 Traditional Chinese and Western Medicines and Health Care Articles	书报杂志及电子出版物 Books, Newspapers, Magazines and Electronic Publications	燃料 Fuels	建筑材料及五金电料 Building Materials and Hardware
2001		98.8				102.4	
2002		98.4				102.0	
2003	97.8	98.9	108.6	98.4	100.3	109.3	99.7
2004	98.8	98.9	111.6	96.7	101.0	112.4	103.7
2005	99.1	99.3	104.4	97.6	100.3	115.4	102.1
2006	100.1	99.8	119.7	99.1	100.2	112.4	103.0
2007	101.6	100.2	107.9	102.0	99.7	104.2	105.1
2008	102.6	100.7	116.8	103.1	101.5	116.0	107.9
2009	99.7	100.8	95.6	101.5	105.0	92.7	98.4
2010	100.1	100.4	114.5	104.3	101.3	112.3	103.5
2011	102.3	101.3	114.3	103.9	100.8	111.1	105.1
2012	101.3	102.2	101.0	102.1	101.4	102.9	100.3
北京 Beijing	101.6	102.1	101.3	102.0	102.5	102.7	99.2
天津 Tianjin	98.7	104.4	95.8	103.6	101.2	102.2	101.1
河北 Hebei	101.9	103.3	101.5	102.5	100.9	101.0	100.8
山西 Shanxi	102.4	101.7	100.5	102.1	102.4	102.6	100.5
内蒙古 Inner Mongolia	100.8	101.8	100.3	102.6	100.5	102.0	100.5
辽宁 Liaoning	103.3	102.7	101.0	102.1	101.5	103.1	101.9
吉林 Jilin	101.6	101.1	100.4	102.1	100.3	103.6	102.4
黑龙江 Heilongjiang	102.3	102.7	102.0	102.8	99.8	103.1	100.5
上海 Shanghai	103.3	101.1	99.2	100.0	102.1	102.0	102.6
江苏 Jiangsu	104.0	103.5	101.8	100.8	101.4	103.4	99.4
浙江 Zhejiang	101.8	102.5	100.6	100.7	101.0	103.3	100.3
安徽 Anhui	100.8	101.6	99.2	101.8	102.8	103.5	98.5
福建 Fujian	98.8	102.4	98.9	102.9	102.6	103.1	98.3
江西 Jiangxi	104.1	101.0	101.6	103.0	101.2	103.3	100.8
山东 Shandong	100.3	101.4	101.5	102.2	100.4	102.3	100.0
河南 Henan	101.8	103.2	103.2	102.4	103.9	104.5	101.3
湖北 Hubei	100.8	102.3	102.8	103.1	102.9	102.9	101.1
湖南 Hunan	101.7	101.5	103.0	103.2	100.6	103.5	101.8
广东 Guangdong	100.4	102.3	101.8	101.7	100.4	102.5	100.4
广西 Guangxi	102.2	102.0	102.5	101.8	100.3	103.9	99.8
海南 Hainan	105.9	102.6	103.9	103.0	100.9	103.2	98.4
重庆 Chongqing	98.5	102.3	99.0	102.7	101.9	102.1	102.6
四川 Sichuan	97.3	101.3	101.8	101.5	100.2	102.3	97.3
贵州 Guizhou	104.8	101.9	101.5	104.2	102.0	102.2	99.0
云南 Yunnan	100.9	102.1	101.6	101.6	100.9	104.7	101.1
西藏 Tibet	102.7	100.9	101.0	99.8	100.2	104.1	101.2
陕西 Shaanxi	102.6	102.9	98.5	104.9	101.3	102.9	100.7
甘肃 Gansu	100.5	103.0	105.6	104.9	100.6	102.6	100.4
青海 Qinghai	98.9	100.6	100.4	100.8	100.6	103.7	98.3
宁夏 Ningxia	99.2	101.6	94.5	101.6	102.9	102.5	97.7
新疆 Xinjiang	103.3	102.2	103.8	104.1	103.4	103.8	97.7

10-8 分地区农业生产资料价格分类指数

Price Indices for Means of Agricultural Production by Category and Region

(上年=100) (preceding year=100)

年份 地区	Year Region	总指数 General Index	农用手工工具 Farm Handtools	饲料 Forage	产品畜 Commodity Animals	半机械化农具 Semi-mechanized Farm Tools	机械化农具 Mechanized Farm Machinery
	2003	101.4	99.3	102.0	102.9	99.4	98.5
	2004	110.6	104.3	116.5	127.6	102.1	102.2
	2005	108.3	105.1	103.9	106.5	102.3	102.3
	2006	101.5	106.2	101.1	88.0	101.8	101.5
	2007	107.7	104.9	108.2	144.5	102.7	101.7
	2008	120.3	112.5	115.8	131.5	107.9	109.0
	2009	97.5	103.1	102.4	82.7	101.5	100.9
	2010	102.9	102.5	108.3	100.8	100.7	101.4
	2011	111.3	105.3	107.6	137.3	103.6	104.6
	2012	105.6	104.4	105.7	104.6	102.1	102.1
北京	Beijing						
天津	Tianjin						
河北	Hebei	108.2	105.4	106.5	110.9	107.3	106.7
山西	Shanxi	105.4	108.9	102.9	111.4	100.0	101.4
内蒙古	Inner Mongolia	104.9	100.3	103.7	114.1	102.8	102.7
辽宁	Liaoning	106.9	106.8	106.4	104.2	101.3	102.0
吉林	Jilin	106.8	104.7	107.8	106.9	99.8	102.4
黑龙江	Heilongjiang	107.8	102.5	104.8	113.6	100.9	101.9
上海	Shanghai						
江苏	Jiangsu	104.6	104.7	104.9	100.3	100.6	100.9
浙江	Zhejiang	104.2	103.1	107.6	89.5	104.1	101.3
安徽	Anhui	105.3	107.3	108.9	104.8	100.8	103.1
福建	Fujian	103.3	108.4	106.7	92.8	103.4	101.0
江西	Jiangxi	106.6	106.9	105.3	106.6	105.8	106.6
山东	Shandong	105.9	100.8	105.4	105.0	100.7	101.7
河南	Henan	105.4	102.9	106.5	103.1	104.6	100.5
湖北	Hubei	107.2	105.2	105.1	112.8	103.5	101.9
湖南	Hunan	104.7	100.8	101.1	111.2	103.2	101.6
广东	Guangdong	104.0	102.0	104.3	103.3	101.4	101.6
广西	Guangxi	103.9	103.7	111.3	91.5	101.2	101.4
海南	Hainan	104.3	101.4	103.8	103.0	102.8	101.1
重庆	Chongqing						
四川	Sichuan	104.7	105.6	103.1	106.0	100.3	100.5
贵州	Guizhou	100.7	114.1	97.8	93.7	97.0	99.5
云南	Yunnan	104.6	101.7	105.1	106.3	101.3	101.1
西藏	Tibet	101.6	101.8	98.7	103.1	101.5	103.5
陕西	Shaanxi	105.4	104.9	105.4	106.6	105.2	104.7
甘肃	Gansu	105.2	103.2	103.8	136.5	100.8	100.4
青海	Qinghai	108.7	97.6	105.4	128.4	103.4	99.9
宁夏	Ningxia	107.6	106.1	108.9	114.7	102.4	105.6
新疆	Xinjiang	106.2	101.5	107.7	109.6	101.2	101.6

10-8 续表 continued

(上年=100) (preceding year=100)

年 份 Year / 地 区 Region	化学肥料 Chemical Fertilizer	农药及农药械 Pesticide and Its Appliances	农用机油 Oil for Farm Machinery	其他农业生产资料 Other Means of Agricultural Production	农业生产服务 Service for Agricultural Production
2003	101.6	99.9	107.8	97.0	
2004	112.8	103.0	108.4	106.3	
2005	112.8	104.1	111.1	109.4	
2006	100.1	101.6	113.4	105.8	107.8
2007	103.4	101.4	105.3	103.4	109.7
2008	131.7	108.0	113.1	108.1	110.3
2009	93.7	100.1	94.4	102.5	107.9
2010	98.6	100.4	110.3	107.2	104.3
2011	113.3	102.6	110.8	108.1	108.3
2012	106.6	102.4	104.2	105.9	108.3
北 京 Beijing					
天 津 Tianjin					
河 北 Hebei	108.5	107.3	106.2	111.1	110.0
山 西 Shanxi	106.4	101.9	103.9	103.5	109.4
内蒙古 Inner Mongolia	105.8	111.5	101.7	104.2	102.2
辽 宁 Liaoning	108.5	102.9	104.4	111.6	106.6
吉 林 Jilin	107.6	107.9	103.3	101.7	117.0
黑龙江 Heilongjiang	108.3	100.9	103.0	113.6	111.5
上 海 Shanghai					
江 苏 Jiangsu	105.4	101.2	104.6	104.2	107.7
浙 江 Zhejiang	103.5	100.4	103.2	101.5	111.0
安 徽 Anhui	103.5	101.1	103.7	107.5	109.0
福 建 Fujian	105.5	101.8	102.4	102.8	109.1
江 西 Jiangxi	105.8	102.0	103.9	106.9	120.5
山 东 Shandong	108.3	102.7	106.9	103.8	105.8
河 南 Henan	106.0	101.4	104.2	107.9	107.1
湖 北 Hubei	109.6	101.6	106.1	105.9	107.0
湖 南 Hunan	106.7	101.1	106.1	106.6	104.4
广 东 Guangdong	105.5	100.7	101.5	105.0	107.0
广 西 Guangxi	104.8	103.6	106.3	105.8	106.7
海 南 Hainan	105.4	103.0	102.6	105.0	109.9
重 庆 Chongqing					
四 川 Sichuan	104.8	102.1	105.1	103.1	112.2
贵 州 Guizhou	105.6	106.4	100.8	97.9	103.1
云 南 Yunnan	106.5	101.8	103.8	102.7	106.1
西 藏 Tibet	100.5	100.0	105.8	99.3	100.9
陕 西 Shaanxi	105.7	102.7	102.9	106.9	105.8
甘 肃 Gansu	103.1	106.5	101.7	102.8	100.9
青 海 Qinghai	108.1	99.5	106.0	100.4	115.7
宁 夏 Ningxia	106.6	104.2	105.0	105.7	107.5
新 疆 Xinjiang	107.6	100.7	103.2	108.0	105.4

10-9 农产品生产价格指数
Producer Price Indices for Farm Products

(上年＝100) (preceding year=100)

指　标	Item	2009	2010	2011	2012
农产品生产价格指数	**Producer Price Indices for Farm Products**	**97.6**	**110.9**	**116.5**	**102.7**
种植业产品	**Planting Products**	**102.9**	**116.6**	**107.8**	**104.8**
谷物	Cereal	104.9	112.8	109.7	104.8
#小麦	Wheat	107.9	107.9	105.2	102.9
稻谷	Rice	105.2	112.8	113.3	104.1
玉米	Corn	98.5	116.1	109.9	106.6
大豆	Beans	92.3	107.9	106.3	105.7
油料	Oil-bearing Crops	94.1	112.1	112.1	105.2
棉花	Cotton	111.8	157.7	79.5	98.1
糖料	Sugar	101.5	106.0	125.5	105.0
蔬菜	Vegetable	111.8	116.8	103.4	109.9
水果	Fruit	107.0	118.9	106.2	103.9
林业产品	**Forestry Products**	**94.9**	**122.8**	**114.9**	**101.2**
畜牧业产品	**Animal Husbandry Products**	**90.1**	**103.0**	**126.2**	**99.7**
猪（毛重）	Pig (gross weight)	81.6	98.3	137.0	95.9
牛（毛重）	Cattle and Buffaloes (gross weight)	101.0	104.7	108.1	116.8
羊（毛重）	Sheep and Goats (gross weight)	101.1	108.7	115.7	107.8
家禽（毛重）	Poultry (gross weight)	102.2	107.0	112.0	103.8
蛋类	Eggs	102.8	107.5	112.6	100.5
奶类	Milk	91.6	115.3	108.1	103.9
渔业产品	**Fishery Products**	**99.0**	**107.6**	**110.0**	**106.2**
海水养殖产品	Seawater Artificially Cultured Products			111.5	101.0
海水捕捞产品	Seawater Fishing Products			111.2	110.9
淡水养殖产品	Freshwater Artificially Cultured Products			109.5	106.8
淡水捕捞产品	Freshwater Fishing Products			103.7	107.2

10-10 分地区农产品生产价格指数
Producer Price Indices for Farm Products by Region

(上年=100) (preceding year=100)

地 区	Region	2011 总指数 General Index	2011 种植业产品 Planting Products	2011 林业产品 Forestry Products	2011 畜牧业产品 Animal Husbandry Products	2011 渔业产品 Fishery Products	2012 总指数 General Index	2012 种植业产品 Planting Products	2012 林业产品 Forestry Products	2012 畜牧业产品 Animal Husbandry Products	2012 渔业产品 Fishery Products
全 国	**National Total**	**116.5**	**107.8**	**114.9**	**126.2**	**110.0**	**102.7**	**104.8**	**101.2**	**99.7**	**106.2**
北 京	Beijing	110.7	101.6	109.1	120.6	107.9	104.7	107.9	107.8	100.7	112.6
天 津	Tianjin	105.0	102.0		111.5	103.8	105.3	109.9		100.9	100.8
河 北	Hebei	110.9	106.0	107.0	116.5	111.6	100.7	103.1	106.8	97.4	104.9
山 西	Shanxi	111.0	107.7	109.9	116.9	102.7	101.3	103.4	108.1	97.9	97.0
内蒙古	Inner Mongolia	112.8	106.9	117.3	115.8	135.6	104.7	105.4	93.0	104.9	107.3
辽 宁	Liaoning	114.2	107.2	119.5	122.3	107.9	106.6	109.4	113.6	102.6	113.7
吉 林	Jilin	116.8	113.3	114.4	127.6	115.5	105.1	107.6	107.8	97.4	110.5
黑龙江	Heilongjiang	116.5	114.3	130.5	118.2	104.4	105.9	107.0	93.5	100.4	100.2
上 海	Shanghai	110.9	106.1	106.3	121.4	113.2	101.4	103.4	111.0	94.4	104.1
江 苏	Jiangsu	112.1	109.0	107.0	118.5	109.5	103.7	105.0	104.5	97.6	110.1
浙 江	Zhejiang	113.6	108.3	113.7	121.2	117.4	104.3	106.3	106.1	99.8	104.0
安 徽	Anhui	112.8	106.1	110.7	126.7	112.5	102.9	103.0	106.8	97.4	110.8
福 建	Fujian	113.3	108.8	110.1	122.1	111.0	102.7	104.7	105.7	94.3	107.0
江 西	Jiangxi	114.3	110.7	108.7	125.3	104.3	103.5	105.9	105.1	96.1	112.3
山 东	Shandong	109.7	102.0	105.6	121.6	113.2	102.5	104.3	101.9	96.7	105.7
河 南	Henan	111.5	103.8	101.9	124.2	105.7	102.9	103.2	105.3	100.9	106.2
湖 北	Hubei	111.7	105.5	108.4	128.9	108.4	103.3	103.6	107.5	98.6	110.1
湖 南	Hunan	121.9	116.1	107.2	131.2	108.1	100.2	103.1	104.1	96.0	104.6
广 东	Guangdong	112.4	108.6	108.7	121.7	107.6	103.4	106.9	101.8	97.6	104.5
广 西	Guangxi	124.5	114.9	109.5	139.1	109.2	99.4	107.2	99.4	92.5	97.7
海 南	Hainan	115.3	112.6	122.1	123.3	109.4	103.3	109.1	78.4	99.1	107.3
重 庆	Chongqing	120.2	113.8	113.5	126.6	108.2	104.6	106.0	103.8	103.3	108.1
四 川	Sichuan	117.8	110.5	105.0	124.4	106.8	104.0	107.6	104.4	101.2	105.3
贵 州	Guizhou	120.3	112.0	104.3	127.3	114.9	104.3	106.1	103.7	102.8	108.3
云 南	Yunnan	117.9	112.3	117.3	131.8	107.2	110.7	113.7	92.2	104.7	100.7
西 藏	Tibet										
陕 西	Shaanxi	113.8	108.0	107.5	128.6	99.0	102.6	102.5	110.9	101.4	113.7
甘 肃	Gansu	111.3	109.3	125.0	115.6	119.8	105.9	106.9		106.3	108.6
青 海	Qinghai	117.3	109.5		124.4		108.2	104.4		111.8	
宁 夏	Ningxia	111.3	107.2		115.8	110.2	103.6	103.9		102.8	112.1
新 疆	Xinjiang	103.7	90.2	102.3	112.2	106.5	103.2	100.3	99.3	105.1	101.2

10-11 按工业行业分工业生产者出厂价格指数
Producer Price Indices for Industrial Products by Sector

(上年=100) (preceding year=100)

行 业	Sector	2009	2010	2011	2012
工业生产者出厂价格指数	**Producer Price Indices for Industrial Products**	**94.6**	**105.5**	**106.0**	**98.3**
煤炭开采和洗选业	Mining and Washing of Coal	101.9	110.0	110.2	97.0
石油和天然气开采业	Extraction of Petroleum and Natural Gas	66.0	137.8	124.5	99.6
黑色金属矿采选业	Mining and Processing of Ferrous Metal Ores	74.3	117.5	112.7	89.0
有色金属矿采选业	Mining and Processing of Non-Ferrous Metal Ores	88.9	119.0	115.0	97.6
非金属矿采选业	Mining and Processing of Nonmetal Ores	97.8	106.4	109.1	103.4
农副食品加工业	Processing of Food from Agricultural Products	96.0	105.5	110.6	102.2
食品制造业	Processing of Foodstuff	101.1	103.3	106.3	102.2
饮料制造业	Manufacture of Beverages	100.6	102.9	104.4	101.9
烟草制品业	Manufacture of Tobacco	100.5	100.4	100.3	101.3
纺织业	Manufacture of Textile	98.3	108.5	111.1	96.6
纺织服装、鞋、帽制造业	Manufacture of Textile Wearing Apparel, Footware, and Caps	99.9	101.7	103.7	102.3
皮革、毛皮、羽毛(绒)及其制品业	Manufacture of Leather, Fur, Feather and Related Products	98.5	101.7	104.5	102.3
木材加工及木、竹、藤、棕、草制品业	Processing of Timber, Manufacture of Wood, Bamboo, Rattan, Palm and Straw Products	98.8	101.5	104.1	102.2
家具制造业	Manufacture of Furniture	100.2	101.4	102.4	101.7
造纸及纸制品业	Manufacture of Paper and Paper Products	94.4	103.5	103.0	98.5
印刷业和记录媒介的复制	Printing, Reproduction of Recording Media	99.9	100.7	101.9	100.4
文教体育用品制造业	Manufacture of Articles for Culture, Education and Sport Activities	100.3	102.4	103.7	101.8
石油加工、炼焦及核燃料加工业	Processing of Petroleum, Coking, Processing of Nuclear Fuel	91.2	117.8	114.9	101.6
化学原料及化学制品制造业	Manufacture of Raw Chemical Materials and Chemical Products	88.1	108.0	109.8	96.0
医药制造业	Manufacture of Medicines	100.2	103.2	102.5	100.1
化学纤维制造业	Manufacture of Chemical Fibers	90.5	114.1	112.1	88.0
橡胶制品业	Manufacture of Rubber	99.6	103.8	110.0	99.4
塑料制品业	Manufacture of Plastics	96.1	102.3	104.7	99.4
非金属矿物制品业	Manufacture of Non-metallic Mineral Products	99.9	102.1	107.0	98.6
黑色金属冶炼及压延加工业	Smelting and Pressing of Ferrous Metals	83.9	107.4	109.8	89.4
有色金属冶炼及压延加工业	Smelting and Pressing of Non-ferrous Metals	83.4	117.3	113.0	93.1
金属制品业	Manufacture of Metal Products	96.8	101.7	104.1	99.1
通用设备制造业	Manufacture of General Purpose Machinery	98.7	100.1	102.7	99.8
专用设备制造业	Manufacture of Special Purpose Machinery	100.0	101.2	101.5	100.3
交通运输设备制造业	Manufacture of Transport Equipment	99.9	100.3	100.4	99.5
电气机械及器材制造业	Manufacture of Electrical Machinery and Equipment	95.0	103.2	103.1	97.5
通信设备、计算机及其他电子设备制造业	Manufacture of Communication Equipment, Computers and Other Electronic Equipment	95.7	98.3	98.3	97.8
仪器仪表及文化、办公用机械制造业	Manufacture of Measuring Instruments and Machinery for Cultural Activity and Office Work	99.1	99.1	99.8	100.2
工艺品及其他制造业	Manufacture of Artwork and Other Manufacturing	100.5	103.5	105.3	100.9
废弃资源和废旧材料回收加工业	Recycling and Disposal of Waste	85.0	107.5	111.8	92.2
电力、热力的生产和供应业	Production and Supply of Electric Power and Heat Power	102.4	102.0	101.6	103.7
燃气生产和供应业	Production and Supply of Gas	100.5	105.4	109.4	102.0
水的生产和供应业	Production and Supply of Water	103.2	105.5	102.8	102.2

10-12 分地区工业生产者出厂价格指数
Producer Price Indices for Industrial Products by Region

(上年=100) (preceding year=100)

地区	Region	2005	2006	2007	2008	2009	2010	2011	2012
全国	**National**	**104.9**	**103.0**	**103.1**	**106.9**	**94.6**	**105.5**	**106.0**	**98.3**
北京	Beijing	101.3	99.1	99.7	103.3	94.4	102.2	102.3	98.4
天津	Tianjin	100.1	100.6	101.5	104.1	92.5	105.1	103.8	97.0
河北	Hebei	104.4	100.8	106.9	116.7	89.1	109.0	107.7	94.7
山西	Shanxi	110.2	101.0	107.4	122.4	92.0	109.5	107.5	94.5
内蒙古	Inner Mongolia	105.1	103.0	105.7	112.5	96.2	106.7	107.8	100.2
辽宁	Liaoning	105.1	104.1	104.4	110.9	94.0	107.4	106.5	99.9
吉林	Jilin	104.3	101.7	102.7	104.9	96.1	105.2	105.4	99.1
黑龙江	Heilongjiang	116.7	109.9	105.3	114.0	87.4	115.0	112.0	100.0
上海	Shanghai	101.7	100.6	101.2	102.2	93.8	102.3	102.9	98.4
江苏	Jiangsu	102.6	101.5	102.6	104.6	95.2	107.3	106.2	97.1
浙江	Zhejiang	102.3	103.8	102.4	104.3	94.9	106.2	105.0	97.3
安徽	Anhui	103.3	103.1	103.6	108.4	92.8	109.0	108.3	98.3
福建	Fujian	100.2	99.2	100.8	102.7	95.5	103.2	103.9	98.7
江西	Jiangxi	108.8	109.7	106.2	106.4	93.0	115.3	111.3	96.5
山东	Shandong	103.7	102.3	103.3	108.6	94.1	107.2	106.0	98.4
河南	Henan	106.1	104.3	105.2	112.1	94.9	107.8	107.2	99.4
湖北	Hubei	104.5	102.9	103.9	106.1	95.6	104.9	106.6	100.3
湖南	Hunan	105.9	104.3	106.1	109.3	94.3	106.9	108.5	99.1
广东	Guangdong	101.5	101.4	101.3	103.1	95.8	103.2	103.7	99.5
广西	Guangxi	104.9	109.6	104.5	109.0	93.5	112.0	108.5	97.8
海南	Hainan	99.5	100.8	102.7	104.5	90.6	107.7	108.8	100.8
重庆	Chongqing	103.0	102.2	103.5	105.8	95.5	103.1	103.8	99.9
四川	Sichuan	104.0	101.9	103.9	109.3	96.5	105.0	107.3	98.6
贵州	Guizhou	107.2	104.3	105.0	112.4	95.1	104.7	105.4	101.0
云南	Yunnan	104.5	104.6	105.7	105.8	91.5	108.8	104.7	97.9
西藏	Tibet		106.0	101.1	105.6	98.2	105.8	104.3	99.7
陕西	Shaanxi	110.4	109.6	102.9	108.4	96.1	108.7	107.2	100.7
甘肃	Gansu	109.6	109.8	105.5	104.9	91.0	115.0	111.0	96.8
青海	Qinghai	110.2	109.5	104.2	107.6	91.3	109.3	107.4	96.9
宁夏	Ningxia	106.2	106.2	103.7	112.9	93.9	109.1	109.5	97.4
新疆	Xinjiang	116.6	114.4	106.3	116.4	85.5	125.3	114.8	96.9

10-13 工业生产者出厂价格分类指数
Producer Price Indices for Industrial Products by Category

(上年=100) (preceding year=100)

类 别	Item	2005	2006	2007	2008	2009	2010	2011	2012
总指数	**Total Price Indices**	**104.9**	**103.0**	**103.1**	**106.9**	**94.6**	**105.5**	**106.0**	**98.3**
生产资料	**Means of Production**	**106.8**	**103.9**	**103.2**	**107.7**	**93.3**	**106.6**	**106.6**	**97.5**
采掘工业	Mining & Quarrying Industry	125.8	114.1	103.8	123.2	84.2	122.2	115.4	97.6
原材料工业	Raw Materials Industry	109.8	106.6	105.6	108.9	91.9	110.1	109.2	98.0
加工工业	Processing Industry	102.2	101.1	102.0	105.2	95.1	103.1	104.6	97.3
生活资料	**Consumer Goods**	**99.8**	**100.2**	**102.8**	**104.1**	**98.8**	**102.0**	**104.2**	**100.8**
食品类	Food	100.9	100.5	107.0	108.3	98.6	103.8	107.4	101.4
衣着类	Clothing	100.8	101.3	101.2	102.2	100.1	102.0	104.2	102.1
一般日用品	Articles for Daily Use	101.9	100.8	101.5	103.6	99.2	101.9	104.0	100.9
耐用消费品	Durable Consumer Goods	96.8	98.0	99.0	99.5	97.7	99.4	99.4	99.1

10-14 工业生产者购进价格指数
Purchasing Price Indices for Industrial Producers

(上年=100) (preceding year=100)

年 份 Year	总指数 General Index	燃料、动力类 Fuel and Power	黑色金属材料类 Ferrous Metals	有色金属材料及电线类 Nonferrous Metals	化 工 原料类 Raw Chemical Materials	木材及纸浆类 Timber and Paper Pulp	建筑材料及非金属类 Building Materials	农 副 产品类 Agricultural Products	纺 织 原料类 Textile Materials
1989	126.4	124.7	130.3	127.6	124.4	111.4	122.7	128.9	128.5
1990	105.6	110.7	103.9	97.2	95.6	99.4	115.2	107.8	107.4
1991	109.1	112.9	112.5	101.2	99.8	105.6	101.2	106.8	108.9
1992	111.0	116.4	114.5	112.4	102.6	102.0	118.8	103.4	100.5
1993	135.1	136.7	174.1	115.8	114.3	128.6	140.9	112.2	107.1
1994	118.2	118.0	103.8	110.7	111.7	115.1	114.3	148.3	139.6
1995	115.3	108.7	98.2	120.3	127.2	113.8	102.6	143.1	123.6
1996	103.9	110.2	99.3	92.4	98.0	101.9	102.5	114.7	94.5
1997	101.3	109.3	97.4	96.2	97.1	100.9	99.7	102.0	94.7
1998	95.8	99.1	95.1	88.3	93.6	96.7	98.6	94.5	94.3
1999	96.7	100.9	94.7	98.9	97.6	100.4	98.8	89.8	96.8
2000	105.1	115.4	100.9	110.3	105.6	99.8	101.5	99.9	102.4
2001	99.8	100.2	100.5	95.6	98.4	100.4	98.6	101.2	99.7
2002	97.7	100.1	98.2	96.5	97.5	98.7	98.2	95.7	97.1
2003	104.8	107.4	107.9	105.3	102.9	100.3	99.7	106.7	101.4
2004	111.4	109.7	120.4	120.1	108.9	102.8	105.1	114.2	104.7
2005	108.3	115.0	107.5	114.0	108.3	103.5	103.1	101.7	102.4
2006	106.0	111.9	98.3	130.8	102.1	102.6	101.9	104.3	102.9
2007	104.4	104.3	105.4	111.6	103.6	102.7	103.0	106.1	101.4
2008	110.5	120.6	118.4	98.6	105.2	105.2	109.5	107.5	103.1
2009	92.1	89.2	86.3	81.1	91.3	95.8	101.1	97.0	98.8
2010	109.6	116.3	106.6	122.2	107.0	103.0	103.8	110.4	106.7
2011	109.1	110.8	109.4	112.1	110.4	104.6	108.4	115.6	112.7
2012	98.2	100.9	92.9	94.5	96.1	100.1	99.7	100.2	99.1

10-15 分地区固定资产投资价格指数
Price Indices for Investment in Fixed Assets by Region

(上年=100) (preceding year=100)

地区	Region	2011				2012			
		固定资产投资 Investment in Fixed Assets	建筑安装工程 Construction and Installation	设备工器具购置 Purchase of Equipment and Instruments	其他费用 Others	固定资产投资 Investment in Fixed Assets	建筑安装工程 Construction and Installation	设备工器具购置 Purchase of Equipment and Instruments	其他费用 Others
全国	**National Total**	**106.6**	**109.2**	**101.1**	**104.0**	**101.1**	**101.6**	**98.9**	**102.2**
北京	Beijing	105.7	109.7	98.9	104.0	101.3	99.0	97.4	104.0
天津	Tianjin	105.7	109.0	99.8	102.1	100.0	100.1	98.3	101.1
河北	Hebei	105.5	107.9	101.6	101.9	100.3	100.6	99.2	100.7
山西	Shanxi	105.5	107.8	101.1	101.7	101.2	102.0	98.9	100.7
内蒙古	Inner Mongolia	106.3	108.1	101.9	103.7	101.6	101.0	103.1	102.2
辽宁	Liaoning	106.6	109.1	101.6	104.0	101.0	101.2	99.3	103.2
吉林	Jilin	105.6	108.4	100.9	104.2	100.4	100.8	99.0	102.4
黑龙江	Heilongjiang	107.5	109.9	101.1	107.2	100.8	101.0	99.3	102.8
上海	Shanghai	106.5	110.6	99.7	102.7	99.4	98.7	98.6	101.6
江苏	Jiangsu	106.8	110.4	101.2	105.2	98.6	97.9	98.2	102.2
浙江	Zhejiang	107.5	111.4	101.6	103.1	99.2	98.6	98.5	101.5
安徽	Anhui	108.1	111.0	101.9	104.0	101.0	101.3	99.2	102.3
福建	Fujian	106.2	109.4	100.8	102.5	100.3	100.6	98.9	100.7
江西	Jiangxi	108.4	112.1	101.6	106.4	101.0	101.2	98.8	104.4
山东	Shandong	106.8	109.7	101.8	104.9	100.8	101.2	99.2	103.0
河南	Henan	107.4	110.1	102.3	103.0	101.0	101.4	99.7	101.9
湖北	Hubei	107.3	109.3	100.4	106.6	101.8	102.1	99.7	103.3
湖南	Hunan	107.2	108.9	102.7	106.0	101.7	102.2	99.6	102.0
广东	Guangdong	105.5	108.0	100.5	101.8	101.5	101.9	98.7	103.3
广西	Guangxi	106.2	108.7	101.0	103.9	100.6	100.8	99.3	101.5
海南	Hainan	106.4	108.2	101.1	103.3	102.0	102.5	98.9	102.9
重庆	Chongqing	105.9	107.8	101.1	102.5	101.8	102.1	99.1	101.9
四川	Sichuan	105.2	107.1	101.9	102.5	101.0	101.6	99.2	100.9
贵州	Guizhou	105.4	107.5	100.9	102.6	101.5	102.0	99.1	101.5
云南	Yunnan	104.6	106.0	101.2	102.8	101.4	101.7	99.3	101.9
西藏	Tibet								
陕西	Shaanxi	105.9	107.9	100.8	102.8	102.6	103.4	99.1	102.7
甘肃	Gansu	104.7	106.7	99.0	103.3	102.1	102.5	100.3	102.3
青海	Qinghai	106.5	107.9	101.5	102.6	102.2	102.7	99.2	103.0
宁夏	Ningxia	107.5	109.1	101.5	102.5	101.5	101.9	99.8	100.0
新疆	Xinjiang	107.1	110.3	98.4	103.7	100.6	101.5	97.3	101.0

主要统计指标解释

居民消费价格指数 是反映一定时期内城乡居民所购买的生活消费品和服务项目价格变动趋势和程度的相对数，是对城市居民消费价格指数和农村居民消费价格指数进行综合汇总计算的结果。通过该指数可以观察和分析消费品的零售价格和服务项目价格变动对城乡居民实际生活费支出的影响程度。

城市居民消费价格指数 是反映一定时期内城市居民家庭所购买的生活消费品价格和服务项目价格变动趋势和程度的相对数。通过该指数可以观察和分析消费品的零售价格和服务项目价格变动对城镇居民收入和消费支出的影响。

农村居民消费价格指数 是反映一定时期内农村居民家庭所购买的生活消费品价格和服务项目价格变动趋势和程度的相对数。该指数可以观察农村消费品的零售价格和服务项目价格变动对农村居民收入和生活消费支出的影响。

商品零售价格指数 是反映一定时期内城乡商品零售价格变动趋势和程度的相对数。商品零售价格的变动与国家的财政收入、市场供需的平衡、消费与积累的比例关系有关。因此，该指数可以从一个侧面对上述经济活动进行观察和分析。

农业生产资料价格指数 指反映一定时期内农业生产资料价格变动趋势和程度的相对数。其编制目的是了解农业生产中投入物质资料价格的变动状况，服务于国民经济核算。1994 年以前，农业生产资料价格指数仅仅是商品零售价格指数的一个类别，此后，从商品零售价格指数中分离出来，单独编制。

农产品生产价格指数 是反映一定时期内，农产品生产者出售农产品价格水平变动趋势及幅度的相对数。该指数可以客观反映全国农产品生产价格水平和结构变动情况，满足农业与国民经济核算需要。其中某代表品生产价格指数是通过对全部有出售该产品行为的调查单位的个体指数进行几何平均求得的，类价格指数是通过对其所属的类（或代表品）的价格指数进行加权平均求得的。季度累计价格指数的计算方法与分季指数的计算方法相同。

工业生产者出厂价格指数 是反映一定时期内全部工业产品出厂价格总水平的变动趋势和程度的相对数，包括工业企业售给本企业以外所有单位的各种产品和直接售给居民用于生活消费的产品。该指数可以观察出厂价格变动对工业总产值及增加值的影响。

工业生产者购进价格指数 是反映工业企业作为生产投入，而从物资交易市场和能源、原材料生产企业购买原材料、燃料和动力产品时，所支付的价格水平变动趋势和程度的统计指标，是扣除工业企业物质消耗成本中的价格变动影响的重要依据。

目前，我国编制的工业生产者购进价格指数所调查的产品包括燃料动力、黑色金属、有色金属、化工、建材等九大类。

固定资产投资价格指数 是反映一定时期内固定资产投资品及取费项目的价格变动趋势和程度的相对数。固定资产投资额是由建筑安装工程投资完成额、设备工器具购置投资完成额和其他费用投资完成额三部分组成的。编制固定资产投资价格指数应首先分别编制上述三部分投资的价格指数，然后采用加权算术平均法求出固定资产投资价格总指数。

该指数可以准确地反映固定资产投资中涉及的各类投资品和取费项目价格变动趋势和变动幅度，消除按现价计算的固定资产投资指标中的价格变动因素，真实地反映固定资产投资的规模、速度、结构和效益，为国家科学地制定、检查固定资产投资计划并提高宏观调控水平，为完善国民经济核算体系提供科学的、可靠的依据。

Explanatory Notes on Main Statistical Indicators

Consumer Price Indices reflect the trend and degree of changes in prices of consumer goods and services purchased by urban and rural households during a given period. They are obtained by combining Consumer Price Indices of Urban Household and Consumer Price Indices of Rural Household. The Indices enable the observation and analysis of the degree of impact of the changes in the prices of retailed goods and services on the actual living expenses of urban and rural residents.

Consumer Price Indices of Urban Household reflect the trend and degree of changes in prices of consumer goods and services purchased by urban households during a given period. It can be used to observe and analyze the impact of price changes in consumer goods and services on urban household income and consumption expenditure.

Consumer Price Indices of Rural Household reflect the trend and degree of changes in prices of consumer goods and services purchased by rural households during a given period. It can be used to observe the impact of change in retail prices of consumer goods and service prices on rural household income and consumption expenditure on living.

Retail Price Indices reflect the trend and degree of change in retail prices of commodities during a given period. The change in retail prices of commodities is related to government revenue, the equilibrium of market supply and demand, and the ratio of consumption to accumulation. Therefore, the retail price indices are useful from an oblique perspective for observing and analyzing the changes of the above economic activities.

Price Indices for Means of Agricultural Production reflect the trend and degree of changes in the prices of the means of agricultural production during a given period. Compilation of these indices helps to understand the price changes of material input in agricultural production and facilitate the compilation of national accounts. Before 1994, price indices for means of agricultural production were a sub-category in the retail price indices for commodities, and it has been compiled separately since 1994.

Producer Prices Indices for Farm Products reflect the trend and degree of changes in producers' prices received by farmers when they sell farm products during a given period. These indices depict the change in the level and structure of producer prices for farm products of the country and meet the needs of agricultural statistics and national accounts statistics. The producer price index for a given product is calculated as the geometrical mean of individual indices for all surveyed units which sell such product, and the indices for a product category is obtained as the weighted mean of price indices for all products in the category. Method for calculating accumulative quarterly indices is the same as for calculating the individual quarterly indices.

Producer Price Indices for Industrial Products reflect the trend and degree of changes in general ex-factory prices of all manufactured goods during a given period, including sales of manufactured goods by an industrial enterprise to all units outside the enterprise, as well as sales of consumer goods to residents. It can be used to analyze the impact of ex-factory prices on gross output value and value-added of the industrial sector.

Purchasing Price Indices for Industrial Producers reflect changes in the level and degree of prices paid by industrial enterprises when they purchase production input such as raw materials, fuels and power from the market or from other energy or raw materials producing enterprises. These indices provide an important basis for measuring the material consumption of industrial enterprises after removing the influence of price changes.

At present, products in 9 categories, including fuels and power, ferrous metals, non-ferrous metals, chemicals, building materials, are covered in China for the survey to produce indices for purchasing' prices for industrial producers.

Price Indices for Investment in Fixed Assets reflect the trend and degree of changes in prices of investment goods and projects in fixed assets during a given period. The investment in fixed assets consists of three components, namely the investment in construction and installation, the investment in purchases of equipment and instrument, and the investment in other items. Price indices for investment in fixed assets are calculated as the weighted arithmetic mean of the price indices for the three components of investment in fixed assets.

Removing the factor of price change in the aggregates of investment at current prices, this indicator shows the changes in the prices of commodities and fees involved in the investment of fixed assets, and can be used to observe the actual size, growth, structure, and efficiency of investment in fixed assets and provides reliable and scientific data for government planning, management, decision-making, and further improving the current national accounting system.

11

人民生活

People's Living Conditions

简要说明

一、本篇资料的主要内容

本篇资料反映我国人民生活现状及变化情况，分为城镇居民生活和农村居民生活两部分。

二、城镇居民生活状况资料来源

城镇居民生活状况的数据来源于国家统计局住户调查办公室的城镇住户调查，是对城镇居民家庭抽样调查汇总的结果。调查内容主要包括家庭人口及其构成、家庭现金收支、主要商品购买数量及支出金额、劳动就业状况、居住状况和耐用消费品的拥有量等。

三、城镇住户调查方法

城镇住户调查是由国家统计局住户调查办公室组织实施，国家统计局各调查总队及抽中市、县调查队依据国家统计局统一制定的城镇住户调查方案收集资料，逐级审核，由国家超级汇总。

调查对象在 2001 年以前为全国非农业住户，2002 年以后改为全国城市市区和县城关镇区住户。

住户调查城镇采用分层随机抽样的方法确定，首先，按照城镇规模将全国所有省（区、市）的城镇划分为三层：大中城市（地级和地级以上的城市）、县级市和县城（镇）。第二，按各层人口占全省（区、市）人口的比例来分配每层的样本量。第三，按城镇就业者年人均工资从高到低排队，依次计算各城镇人口累计数，然后根据样本量的大小随机起点等距抽取所需数量的调查城镇。

城镇住户调查的调查户的抽选工作分两步进行。第一步进行一次性的大样本调查；第二步从大样本调查中抽出一个小样本，作为经常性调查户，开展记账工作。

大样本调查每三年进行一次，其目的主要是为经常性调查提供抽样框和为经常性调查数据评估提供基础资料。在大样本调查中，各调查市、县采取分层、二（多）阶段、与大小成比例（PPS 方法）的随机等距方法选取调查样本。即先按区分层，在层内按照 PPS 方法随机等距抽选调查社区/居委会，在抽中社区/居委会内随机等距抽选调查住宅。部分大城市根据需要可以采用三阶段抽样，即先抽选社区/居委会，再抽选调查小区，最后抽选调查住宅。对选出的大样本或一相样本开展调查，取得调查户家庭人口、就业人口、收入等辅助资料，然后，根据这些资料进行分组，从中按比例抽出一个小样本也称二相样本，作为经常性调查户，开展日记账工作。

截至 2012 年底，参加国家汇总的调查样本量为 6.6 万户。

四、农村居民生活状况资料来源

农村居民生活状况的数据来源于国家统计局住户调查办公室的农村住户抽样调查。主要内容包括农村居民家庭基本情况、住房情况、收入、生活消费支出、主要消费品消费量、耐用消费品拥有量等。

五、农村住户调查方法

农村住户调查是以各省(区、直辖市)为总体，直接抽选调查村，在抽中村中抽选调查户。综合运用多种抽样方法确定住户调查网点。农村住户调查网点分布在全国 7100 多个村，共抽取了 7.4 万个样本农户。

农村住户调查在 95%的概率把握程度下要求抽样误差不得超过 ± 3%。为保证农村住户调查资料的准确性，国家统计局住户调查办公室为调查户设置了现金和实物两本帐，并聘请了近万名辅助调查员帮助做好记账工作，及时核实、汇总住户调查资料。

为解决调查户的厌烦情绪及样本老化问题，增强抽样调查网点的代表性，更加准确、及时地反映农村社会经济情况，对农村住户调查网点实行样本轮换制度，每五年为一个周期。

Brief Introduction

I. Main Contents

Data in this chapter show the people's living conditions in China, consisting of two parts, on the life of urban and rural households respectively.

II. Sources of Data on the Living Conditions of Urban Residents

Data on the living condition of urban residents come from the data collected through a sample survey on the urban households conducted by the Office of Household Surveys of the NBS. The main contents of the survey include persons in the household and the household composition; cash income and expenditure of the household; quantity of major commodities purchased and expenditure; the employment of household members; the housing condition; and the possession of durable consumer goods.

III. Methodology for Urban Household Survey

Urban household survey is organized by the Office of Household Survey of the NBS. The NBS survey offices in the provinces, autonomous regions and municipalities directly under the Central Government as well as the survey offices in selected cities and counties are responsible for collecting data in accordance with the survey scheme stipulated by the NBS and submitting the data to the offices at higher levels.

The survey had covered only non-farm households until 2001. Starting from 2002, the survey covers the households in district areas of all city and county towns.

Sample cities and towns in urban areas are selected by using stratified random sampling method. Firstly, all the urban areas and towns of all provinces (autonomous regions and municipalities directly under the Central Government) are stratified into three strata according to population size: large and medium-sized cities (at and above prefecture level), county cities and county towns; secondly, the sample size is decided by proportion of population in selected stratus to the provincial total; thirdly, cities and towns are arranged in ranking the annual average wages of the employed persons, then with the accumulative population in each city and town sample cities and towns are selected by systematic sampling scheme according to the size of the samples.

The selection of sample households in urban areas is done by two steps: the first step is to have a one-off large sample survey; the second step is to select a small sample from the large sample to be used as regular sample households for diaries.

The large sample survey is conducted for every three years; the objective is to provide sample frame for regular surveys and basic information for data evaluation of regular surveys. In the large sample survey, samples in sample cities and towns are selected by systematic sampling method schemes, such as two-phase sampling and stratifying method, two-stage (multi) method and probability proportional to size (PPS) method. Namely, stratification is done at district level, and then PPS systematic sampling method is used to select sample communities/resident's committees, finally the same method is used to select dwellings from the selected districts/resident's committees. In some large cities, three-stage sampling method is used. First, the communities/resident's committees are selected. Secondly, sample districts are selected. Thirdly, sample dwellings are selected. A survey will be conducted to the large samples or the first phase samples to collect relevant information on household population, persons employed, income and so on. Then grouping is made based on the information collected, small samples or the second phase samples are selected according to proportions which are regular sample households to keep diary.

The national sample included 66,000 households at the end of 2012.

IV. Sources of Data on the Living Conditions of Rural Residents

Data on the living conditions of rural residents come from data collected through the sample survey on rural households, which is organized by the Office of Household Survey of the NBS. The main contents of the survey include the basic condition of rural households, housing conditions, income, consumption expenditure, consumption of major consumer goods and the quantity of durable consumer goods owned.

V. Methodology for Rural Household Survey

Sample survey on rural households is conducted by first selecting sampled villages and then selecting households in the selected villages in each province, with all rural households in the province as the population. A combination of various sampling approaches is used to identify a total of 74,000 households selected from 7,100 villages throughout the whole country.

It is required that the sampling error should not exceed ±3%, with a confidence probability as 95%. In order to ensure the accuracy of the survey data on the rural households, two accounts are designed for the respondent households by the Office of Household Survey of the NBS: the cash account and the account on goods in kind. Nearly 10 thousand assistant enumerators have been recruited to help the households keep good accounts and to check on a timely fashion and to and tabulate the data from the survey.

In order to overcome the tedium of respondent households and to ensure that the sample is accurately representative over time and reflects the changing rural social and economic situation, a rotation sampling scheme is implemented, and the complete cycle of rotation is 5 years.

11-1 人民生活基本情况
Basic Statistics on People's Living Conditions

指　标	Item	1990	2000	2010	2011	2012
就业	**Employment**					
城镇居民家庭每户就业人口 (人)	Average Number of Employed Persons per Urban Household (person)	1.98	1.68	1.49	1.48	1.49
农村居民家庭每户整半劳动力 (人)	Average Number of Full/Semi Laborer per Rural Household (person)	2.92	2.76	2.85	2.78	2.76
城镇居民家庭每一就业者负担人数(人)	Number of Dependents per Employee of Urban Household (person)	1.77	1.86	1.93	1.94	1.92
农村居民家庭每一劳动力负担人数(人)	Number of Dependents per Laborer of Rural Household (person)	1.64	1.52	1.39	1.40	1.40
城镇登记失业人数 (万人)	Registered Urban Unemployment Persons (10 000 persons)	383	595	908	922	917
城镇登记失业率 (%)	Registered Urban Unemployment Rate (%)	2.5	3.1	4.1	4.1	4.1
收入与支出	**Income and Expenditure**					
城镇居民人均可支配收入 (元)	Annual Per Capita Disposable Income of Urban Households (yuan)	1510	6280	19109	21810	24565
农村居民人均纯收入 (元)	Annual Per Capita Net Income of Rural Households (yuan)	686	2253	5919	6977	7917
城镇居民人均现金消费支出 (元)	Annual Per Capita Consumption Expenditure of Urban Households in Cash (yuan)	1279	4998	13471	15161	16674
农村居民人均消费支出 (元)	Annual Per Capita Living Expenditure of Rural Households (yuan)	585	1670	4382	5221	5908
人均储蓄存款余额 (元)	Per Capita Balance of Saving Deposit (yuan)	623	5076	22619	25505	29508
生活质量	**Life Quality**					
居民家庭恩格尔系数 (%)	Household's Engel's Coefficient (%)					
城镇	Urban	54.2	39.4	35.7	36.3	36.2
农村	Rural	58.8	49.1	41.1	40.4	39.3
居住条件	Residence Condition					
城镇居民人均住房建筑面积(平方米)	Per Capita Building Space of Urban Household (sq.m)			31.6	32.7	32.9
农村居民人均居住住房面积(平方米)	Per Capita Living Space of Rural Household (sq.m)	17.8	24.8	34.1	36.2	37.1
交通条件	Traffic Condition					
城市每万人拥有公交车辆 (标台)	Number of Public Transportation Vehicles per 10 000 Population in City (unit)	2.2	5.3	11.2	11.8	12.1
城市人均拥有道路面积 (平方米)	Per Capita Area of Paved Roads in City (sq.m)	3.1	6.1	13.2	13.8	14.4
城镇居民每百户拥有家用汽车 (辆)	Number of Automobile Per 100 Urban Households (unit)		0.50	13.07	18.58	21.54
农村居民每百户拥有生活用汽车(辆)	Number of Automobile Per 100 Rural Households (unit)		0.30	2.75	5.51	6.59
通信条件	Communication Condition					
电话普及率(含移动电话) (部/百人)	Telephone Popularization Rate(including Mobile Telephone) (set/100 persons)	1.11	19.10	86.41	94.81	103.10
移动电话普及率 (部/百人)	Popularization Rate of Mobile Telephone (set/100 persons)	0.002	6.72	64.36	73.55	82.50
城市公用设施普及占有率	City Public Utility Rate					
用水普及率 (%)	Coverage Rate of Population with Access to Tap Water (%)	48.0	63.9	96.7	97.0	97.2
燃气普及率 (%)	Coverage Rate of Population with Access to Gas (%)	19.1	45.4	92.0	92.4	93.2
人均公园绿地面积 (平方米)	Per Capita Area of Parks and Green Land (sq.m)	1.8	3.7	11.2	11.8	12.3
每万人拥有公共厕所 (座)	Number of Public Toilets per 10 000 Persons (unit)	3.0	2.7	3.0	2.9	2.9
人均国内旅游花费 (元)	Per Capita Domestic Expenditure on Tour (yuan)		427	598	731	768
城镇	Urban		679	883	878	915
农村	Rural		227	306	471	491

注：农村居民每百户拥有生活用汽车，包括小面包车。

a) Number of Automobile Per 100 Rural Households includes that of minibus.

11-1 续表 continued

指　　标	Item	1990	2000	2010	2011	2012
文化、教育和卫生	**Culture, Education and Health Care**					
文化	Culture					
广播节目综合人口覆盖率 (%)	Radio Coverage Rate of the Population (%)	74.7	92.5	96.8	97.1	97.5
电视节目综合人口覆盖率 (%)	TV Coverage Rate of the Population (%)	79.4	93.7	97.6	97.8	98.2
每百户彩色电视机拥有量 (台)	Number of Color TV per 100 Households (set)					
城镇	Urban	59.0	116.6	137.4	135.2	136.1
农村	Rural	4.7	48.7	111.8	115.5	116.9
每百户家庭计算机拥有量 (台)	Number of Computer per 100 Households (set)					
城镇	Urban		9.7	71.2	81.9	87.0
农村	Rural		0.5	10.4	18.0	21.4
居民家庭人均文教娱乐支出比重 (%)	Percentage of Household Expenditure on Education, Culture and Entertainment per Capita (%)					
城镇	Urban	11.1	13.4	12.1	12.2	12.2
农村	Rural	5.4	11.2	8.4	7.6	7.5
教育	Education					
各级普通学校毕业生升学率 (%)	Rate of Entering Higher School (%)					
高中升学率	Promotion Rate from Senior Secondary Schools to Higher Education	27.3	73.2	83.3	86.5	87.0
初中升学率	Promotion Rate from Junior Secondary Schools to Senior Secondary Schools	40.6	51.2	87.5	88.9	88.4
小学升学率	Promotion Rate from Primary Schools to Junior Secondary Schools	74.6	94.9	98.7	98.3	98.3
卫生	Health Care					
每万人口医院、卫生院床位数 (张)	Number of Beds of Hospitals and Health Centers per 10 000 Population (bed)	23.2	23.8	32.9	35.3	39.0
每万人口执业(助理)医师 (人)	Number of Licensed (Assistant) Doctors per 10 000 Population (person)	15.6	16.8	17.9	18.2	19.4
居民家庭人均医疗保健支出比重 (%)	Percentage of Resident Expenditure on Health Care per Capita (%)					
城镇	Urban	2.0	6.4	6.5	6.4	6.4
农村	Rural	3.3	5.2	7.4	8.4	8.7
社会保障	**Social Security**					
社会保障	Social Security					
参加城镇职工基本养老保险人数 (万人)	Number of Employees Joining Urban Basic Pension Insurance (10 000 persons)	6166	13617	25707	28391	30427
#职工人数	Number of Employees Joining Basic Endowment Insurance	5201	10447	19402	21565	22981
离退休人数	Number of Retirees Joining Basic Endowment Insurance	965	3170	6305	6826	7446
参加城镇基本医疗保险职工和退休人数 (万人)	Number of Persons and Retirees Joining Urban Basic Medical Care System (10 000 persons)		3787	23735	25227	26486
参加失业保险人数 (万人)	Number of Employees Joining Unemployment Insurance (10 000 persons)		10408	13376	14317	15225
参加工伤保险人数 (万人)	Number of Employees Joining Injury Insurance (10 000 persons)		4350	16161	17696	19010
参加生育保险人数 (万人)	Number of Persons Joining Maternity Insurance (10 000 persons)		3002	12336	13892	15429
社会保险基金收入 (亿元)	Revenue of Social Insurance Fund (100 million yuan)	187	2645	18823	24043	28910

注：城市交通状况、城市公用事业资料由住房和城乡建设部提供。

a) Data of urban traffic, and municipal public utility are provided by the Ministry of Housing and Urban-Rural Development.

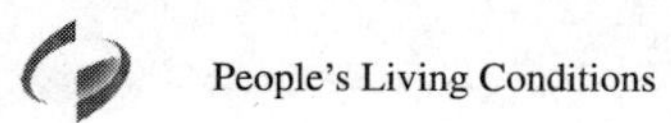

11-2 城乡居民家庭人均收入及恩格尔系数
Per Capita Annual Income and Engel's Coefficient of Urban and Rural Households

年 份 Year	城镇居民家庭人均可支配收入 Per Capita Annual Disposable Income of Urban Households		农村居民家庭人均纯收入 Per Capita Annual Net Income of Rural Households		城镇居民家庭恩格尔系数 (%) Engel's Coefficient of Urban Households (%)	农村居民家庭恩格尔系数 (%) Engel's Coefficient of Rural Households (%)
	绝对数（元）Value (yuan)	指数（1978=100）Index	绝对数（元）Value (yuan)	指数（1978=100）Index		
1978	343.4	100.0	133.6	100.0	57.5	67.7
1979	405.0	115.7	160.2	119.2		64.0
1980	477.6	127.0	191.3	139.0	56.9	61.8
1981	500.4	129.9	223.4	160.4	56.7	59.9
1982	535.3	136.3	270.1	192.3	58.6	60.7
1983	564.6	141.5	309.8	219.6	59.2	59.4
1984	652.1	158.7	355.3	249.5	58.0	59.2
1985	739.1	160.4	397.6	268.9	53.3	57.8
1986	900.9	182.7	423.8	277.6	52.4	56.4
1987	1002.1	186.8	462.6	292.0	53.5	55.8
1988	1180.2	182.3	544.9	310.7	51.4	54.0
1989	1373.9	182.5	601.5	305.7	54.5	54.8
1990	1510.2	198.1	686.3	311.2	54.2	58.8
1991	1700.6	212.4	708.6	317.4	53.8	57.6
1992	2026.6	232.9	784.0	336.2	53.0	57.6
1993	2577.4	255.1	921.6	346.9	50.3	58.1
1994	3496.2	276.8	1221.0	364.3	50.0	58.9
1995	4283.0	290.3	1577.7	383.6	50.1	58.6
1996	4838.9	301.6	1926.1	418.1	48.8	56.3
1997	5160.3	311.9	2090.1	437.3	46.6	55.1
1998	5425.1	329.9	2162.0	456.1	44.7	53.4
1999	5854.0	360.6	2210.3	473.5	42.1	52.6
2000	6280.0	383.7	2253.4	483.4	39.4	49.1
2001	6859.6	416.3	2366.4	503.7	38.2	47.7
2002	7702.8	472.1	2475.6	527.9	37.7	46.2
2003	8472.2	514.6	2622.2	550.6	37.1	45.6
2004	9421.6	554.2	2936.4	588.0	37.7	47.2
2005	10493.0	607.4	3254.9	624.5	36.7	45.5
2006	11759.5	670.7	3587.0	670.7	35.8	43.0
2007	13785.8	752.5	4140.4	734.4	36.3	43.1
2008	15780.8	815.7	4760.6	793.2	37.9	43.7
2009	17174.7	895.4	5153.2	860.6	36.5	41.0
2010	19109.4	965.2	5919.0	954.4	35.7	41.1
2011	21809.8	1046.3	6977.3	1063.2	36.3	40.4
2012	24564.7	1146.7	7916.6	1176.9	36.2	39.3

11-3 分地区城乡居民人民币储蓄存款（年底余额）
Savings Deposit of Urban and Rural Households by Region at Year-end

单位：亿元 (100 million yuan)

地 区	Region	2007	2008	2009	2010	2011	2012
全 国	**National Total**	**172534.2**	**217885.4**	**260771.7**	**303302.5**	**343635.9**	**399551.0**
总 行	Head Office	858.3	952.6	1962.1	2458.1	1336.8	1303.8
北 京	Beijing	9155.3	11952.8	14672.1	17003.1	19126.1	21644.9
天 津	Tianjin	3083.1	3978.0	4885.9	5558.2	6123.1	7055.4
河 北	Hebei	8922.4	11434.7	13551.1	15678.4	17824.3	20665.1
山 西	Shanxi	5422.4	7048.6	8099.4	9223.0	10455.5	11997.0
内蒙古	Inner Mongolia	2541.9	3211.7	3914.0	4618.1	5423.1	6597.2
辽 宁	Liaoning	8071.5	10154.7	12030.9	13690.3	15365.7	17785.9
吉 林	Jilin	3186.8	3923.1	4614.4	5147.3	5835.3	6875.1
黑龙江	Heilongjiang	4478.2	5545.1	6430.1	7254.7	8147.4	9269.2
上 海	Shanghai	8745.2	11464.2	13707.3	15650.2	17288.5	19506.7
江 苏	Jiangsu	13014.9	16718.7	20080.6	23334.5	25914.7	30057.2
浙 江	Zhejiang	11162.8	14504.7	17833.4	20612.2	23470.3	26406.8
安 徽	Anhui	4546.5	5647.5	6619.5	7788.5	9233.6	11178.6
福 建	Fujian	4709.7	5853.5	7078.8	8101.0	9068.6	10507.4
江 西	Jiangxi	3360.8	4166.2	5092.7	6113.2	7123.6	8471.9
山 东	Shandong	11438.1	14382.2	17082.8	19648.2	22173.3	26343.3
河 南	Henan	7812.2	9515.8	11207.4	12884.0	14648.4	17469.0
湖 北	Hubei	5430.8	6745.4	8163.5	9798.0	11291.6	13419.7
湖 南	Hunan	5321.7	6549.5	7809.8	9022.6	10584.8	12578.3
广 东	Guangdong	22243.4	27500.7	31411.4	36318.7	40405.1	45533.8
广 西	Guangxi	3185.3	3852.0	4686.2	5702.4	6654.0	7900.8
海 南	Hainan	863.1	1058.5	1282.9	1667.1	1875.1	2172.7
重 庆	Chongqing	3228.2	3989.0	4908.7	5839.7	6990.2	8361.6
四 川	Sichuan	7450.9	9646.7	11575.2	13650.8	16147.3	19438.3
贵 州	Guizhou	1790.1	2237.1	2676.1	3245.0	3934.5	4806.1
云 南	Yunnan	3046.4	3783.8	4668.6	5720.0	6656.0	7744.7
西 藏	Tibet	159.6	184.9	226.4	267.1	318.8	403.9
陕 西	Shaanxi	4278.4	5494.5	6743.8	7957.8	9172.1	10770.0
甘 肃	Gansu	1915.0	2461.9	3026.9	3598.2	4231.4	5050.1
青 海	Qinghai	442.3	580.5	711.3	868.2	1043.5	1275.3
宁 夏	Ningxia	614.0	794.1	967.7	1170.3	1351.3	1679.4
新 疆	Xinjiang	2054.9	2553.0	3050.8	3713.5	4421.9	5281.8

11-4 城镇居民家庭基本情况
Basic Conditions of Urban Households

指　标	Item	1990	2000	2010	2011	2012
调查户数　（户）	**Number of Households Surveyed (household)**	**35660**	**42220**	**65607**	**65655**	**65981**
平均每户家庭人口（人）	Average Household Size (person)	3.50	3.13	2.88	2.87	2.86
平均每户就业人口（人）	Average Number of Employed Persons Per Household (person)	1.98	1.68	1.49	1.48	1.49
平均每户就业面　(%)	Proportion of Employment per Household (%)	56.57	53.67	51.74	51.57	52.10
平均每一就业者负担人数（包括就业者本人）（人）	Number of Dependents per Employee (including the employee himself or herself) (person)	1.77	1.86	1.93	1.94	1.92
平均每人全部年收入（元）	**Per Capita Annual Income (yuan)**	**1516.21**	**6295.91**	**21033.42**	**23979.20**	**26958.99**
工资性收入	Income from Wages and Salaries	1149.70	4480.50	13707.68	15411.91	17335.62
经营净收入	Net Business Income	22.50	246.24	1713.51	2209.74	2548.29
财产性收入	Income from Properties	15.60	128.38	520.33	648.97	706.96
转移性收入	Income from Transfer	328.41	1440.78	5091.90	5708.58	6368.12
#可支配收入	Disposable Income	1510.16	6279.98	19109.44	21809.78	24564.72
平均每人总支出　（元）	**Per Capita Annual Expenditure (yuan)**	**1413.94**	**6147.38**	**18258.38**	**20365.71**	**22341.42**
平均每人现金消费支出（元）	**Per Capita Annual Cash Consumption Expenditure(yuan)**	**1278.89**	**4998.00**	**13471.45**	**15160.89**	**16674.32**
食　品	Food	693.77	1971.32	4804.71	5506.33	6040.85
衣　着	Clothing	170.90	500.46	1444.34	1674.70	1823.39
居　住	Residence	60.86	565.29	1332.14	1405.01	1484.26
家庭设备及用品	Household Facilities and Articles	108.45	374.49	908.01	1023.17	1116.06
交通通信	Transport and Communications	40.51	426.95	1983.70	2149.69	2455.47
文教娱乐	Education, Culture and Recreation	112.26	669.58	1627.64	1851.74	2033.50
医疗保健	Health Care and Medical Services	25.67	318.07	871.77	968.98	1063.68
其他	Others	66.57	171.83	499.15	581.26	657.10
平均每人现金消费支出构成（人均现金消费支出=100）	**Composition of Per Capita Annual Cash Consumption Expenditure (%)**					
食　品	Food	54.25	39.44	35.67	36.32	36.23
衣　着	Clothing	13.36	10.01	10.72	11.05	10.94
居　住	Residence	4.76	11.31	9.89	9.27	8.90
家庭设备及用品	Household Facilities and Articles	8.48	7.49	6.74	6.75	6.69
交通通信	Transport and Communications	3.17	8.54	14.73	14.18	14.73
文教娱乐	Education, Culture and Recreation	8.78	13.40	12.08	12.21	12.20
医疗保健	Health Care and Medical Services	2.01	6.36	6.47	6.39	6.38
其他	Others	5.21	3.44	3.71	3.83	3.94

注：从2002年起，城镇住户调查对象由原来的非农业人口改为城市市区和县城关镇住户，本篇章相关资料均按新口径计算，历史数据作了相应调整。

a) Since 2002, the objects of urban households survey are changed from non-farm households to households in the district areas of all city and county towns. The relative data in the chapter are calculated according to the new standard, and historical data have been adjusted accordingly.

11-5 按区域分的城镇居民家庭基本情况（2012年）
Basic Conditions of Urban Households in Eastern, Central, Western and Northeastern Provinces (2012)

指　标	Item	东部地区 Eastern Provinces	中部地区 Central Provinces	西部地区 Western Provinces	东北地区 Northeastern Provinces
调查户数　（户）	**Number of Households Surveyed (household)**	**28819**	**10988**	**18175**	**7998**
平均每户家庭人口(人)	Average Household Size (person)	2.89	2.84	2.91	2.68
平均每户就业人口(人)	Average Number of Employed Persons per Household (person)	1.55	1.45	1.49	1.34
平均每户就业面 (%)	Percentage of Employment per Household (%)	53.63	51.06	51.20	50.00
平均每一就业者负担人数(包括就业者本人)(人)	Number of Dependents per Employee (including the employee himself or herself) (person)	1.86	1.96	1.95	2.00
平均每人全部年收入(元)	**Per Capita Annual Income (yuan)**	**32713.51**	**22451.05**	**22475.10**	**22816.19**
#可支配收入	Disposable Income	29621.57	20697.24	20600.18	20759.29
平均每人总支出　（元）	**Per Capita Annual Expenditure (yuan)**	**26185.30**	**18855.35**	**19382.46**	**20581.71**
平均每人现金消费支出（元）	**Per Capita Annual Cash Living Expenditure for Consumption (yuan)**	**19510.22**	**13968.83**	**14845.33**	**14968.50**
食　品	Food	6919.38	5157.55	5692.56	5176.54
衣　着	Clothing	1885.21	1680.44	1788.89	1966.47
居　住	Residence	1713.49	1303.10	1247.99	1438.73
家庭设备及用品	Household Facilities and Articles	1286.41	985.90	1017.13	918.00
交通通信	Transport and Communications	3233.49	1723.73	1975.54	1919.72
文教娱乐	Education, Culture and Recreation	2576.92	1646.35	1590.37	1594.15
医疗保健	Health Care and Medical Services	1097.16	988.93	963.28	1299.25
其他	Others	798.17	482.83	569.55	655.63
平均每人现金消费支出构成（人均现金消费支出=100）	**Composition of Per Capita Annual Cash Living Expenditures for Consumption (%)**				
食　品	Food	35.47	36.92	38.35	34.58
衣　着	Clothing	9.66	12.03	12.05	13.14
居　住	Residence	8.78	9.33	8.41	9.61
家庭设备及用品	Household Facilities and Articles	6.59	7.06	6.85	6.13
交通通信	Transport and Communications	16.57	12.34	13.31	12.83
文教娱乐	Education, Culture and Recreation	13.21	11.79	10.71	10.65
医疗保健	Health Care and Medical Services	5.62	7.08	6.49	8.68
其他	Others	4.09	3.46	3.84	4.38

11-6 按收入等级分城镇居民家庭基本情况（2012年）

指 标	Item	全 国 National
调查户数 (户)	Number of Households Surveyed (household)	65981
调查户比重 (%)	Proportion (%)	100.00
平均每户家庭人口 (人)	Average Household Size (person)	2.86
平均每户就业人口 (人)	Average Number of Employed Persons per Household (person)	1.49
平均每户就业面 (%)	Proportion of Employment per Household (%)	52.10
平均每一就业者负担人数 (包括就业者本人) (人)	Number of Dependents per Employee (including the employee himself or herself) (person)	1.92
平均每人全部年收入 (元)	Per Capita Annual Income (yuan)	26958.99
平均每人可支配收入 (元)	Per Capita Disposable Income (yuan)	24564.72
平均每人总支出 (元)	Per Capita Annual Expenditure (yuan)	22341.42
平均每人现金消费支出 (元)	Per Capita Annual Consumption Expenditure (yuan)	16674.32

11-7 按收入等级分城镇居民家庭平均每人全年现金消费支出（2012年）

指 标	Item	全 国 National	最低收入户 (10%) Lowest Income Households (first decile group)	#困难户 (5%) Poor Households (first five percent group)
现金消费支出 (元)	**Total Cash Consumption Expenditures (yuan)**	**16674.32**	**7301.37**	**6366.78**
食品	Food	6040.85	3310.41	2979.29
#粮食	Grain	458.53	364.97	358.68
肉禽及其制品	Meat, Poultry and Processed Products	1183.59	767.51	699.27
蛋类	Eggs	119.00	84.30	76.97
水产品	Aquatic Products	408.92	173.39	145.05
奶及奶制品	Milk and Processed Products	253.57	125.75	110.11
衣着	Clothing	1823.39	706.80	589.78
#服装	Garments	1344.87	494.80	408.08
居住	Residence	1484.26	832.60	759.62
#住房	Housing	463.64	177.46	140.84
家庭设备及用品	Household Facilities and Articles	1116.06	405.35	333.10
#耐用消费品	Durable Consumer Goods	431.52	119.37	91.70
交通通信	Transport and Communications	2455.47	602.83	495.33
文教娱乐	Education, Culture and Recreation	2033.50	722.96	613.94
#文化娱乐用品	Consumer Goods for Recreational Use	451.88	144.68	117.98
医疗保健	Health Care and Medical Services	1063.68	548.33	466.51
其他	Others	657.10	172.09	129.21
现金消费支出构成 (%)	**Total Cash Consumption Expenditures (%)**			
食品	Food	36.23	45.34	46.79
衣着	Clothing	10.94	9.68	9.26
居住	Residence	8.90	11.40	11.93
家庭设备及用品	Household Facilities and Articles	6.69	5.55	5.23
交通通信	Transport and Communications	14.73	8.26	7.78
文教娱乐	Education, Culture and Recreation	12.20	9.90	9.64
医疗保健	Health Care and Medical Services	6.38	7.51	7.33
其他	Others	3.94	2.36	2.03

Basic Conditions of Urban Households by Income Percentile (2012)

按收入等级分 Grouped by Percentile of Households							
最低收入户 (10%) Lowest Income Households (first decile group)	#困难户 (5%) Poor Households (first five percent group)	较低收入户 (10%) Low Income Households (second decile group)	中等偏下户 (20%) Lower Middle Income Households (second quintile group)	中等收入户 (20%) Middle Income Households (third quintile group)	中等偏上户 (20%) Upper Middle Income Households (fourth quintile group)	较高收入户 (10%) High Income Households (ninth decile group)	最高收入户 (10%) Highest Income Households (tenth decile group)
6590	3287	6601	13214	13220	13201	6593	6562
.	4.98	10.00	20.03	20.04	20.01	9.99	9.95
3.30	3.33	3.21	2.99	2.80	2.67	2.58	2.52
1.31	1.21	1.53	1.53	1.48	1.47	1.50	1.58
39.70	36.34	47.66	51.17	52.86	55.06	58.14	62.70
2.52	2.75	2.10	1.95	1.89	1.82	1.72	1.59
9209.49	7520.86	13724.72	18374.80	24531.41	32758.80	43471.04	69877.34
8215.09	6520.03	12488.62	16761.43	22419.10	29813.74	39605.22	63824.15
9164.94	7976.51	12134.76	15806.60	20447.71	26670.70	35705.59	54192.68
7301.37	6366.78	9610.41	12280.83	15719.94	19830.17	25796.93	37661.68

Per Capita Annual Cash Living Expenditure of Urban Households by Income Percentile (2012)

较低收入户 (10%) Low Income Households (second decile group)	中等偏下户 (20%) Lower Middle Income Households (second quintile group)	中等收入户 (20%) Middle Income Households (third quintile group)	中等偏上户 (20%) Upper Middle Income Households (fourth quintile group)	较高收入户 (10%) High Income Households (ninth decile group)	最高收入户 (10%) Highest Income Households (tenth decile group)
9610.41	**12280.83**	**15719.94**	**19830.17**	**25796.93**	**37661.68**
4147.35	5028.58	6061.37	7102.41	8560.96	10323.06
385.75	426.03	473.18	501.69	542.74	564.46
946.71	1088.30	1249.37	1341.13	1480.40	1555.67
96.64	112.02	125.68	133.33	142.42	147.05
235.60	308.75	412.72	522.70	630.61	768.17
169.02	208.34	260.07	308.80	365.39	423.34
1045.50	1408.21	1765.93	2213.83	2767.50	3928.48
746.36	1018.94	1288.06	1637.68	2067.91	3019.31
924.49	1160.43	1384.31	1708.68	2154.27	3123.28
168.83	279.33	354.81	543.48	798.49	1520.36
569.25	760.00	1033.64	1346.21	1827.88	2807.29
185.89	272.85	395.16	532.17	738.16	1195.76
954.38	1392.97	2063.25	2960.62	4304.11	7971.14
1034.87	1326.62	1785.45	2449.14	3432.77	5431.59
209.60	284.93	404.79	565.38	793.42	1187.24
669.58	832.93	1096.04	1248.92	1580.04	1951.11
264.99	371.10	529.94	800.35	1169.41	2125.73
43.15	40.95	38.56	35.82	33.19	27.41
10.88	11.47	11.23	11.16	10.73	10.43
9.62	9.45	8.81	8.62	8.35	8.29
5.92	6.19	6.58	6.79	7.09	7.45
9.93	11.34	13.13	14.93	16.68	21.17
10.77	10.80	11.36	12.35	13.31	14.42
6.97	6.78	6.97	6.30	6.12	5.18
2.76	3.02	3.37	4.04	4.53	5.64

11-8 城镇居民家庭平均每人全年购买主要商品数量
Per Capita Annual Purchases of Major Commodities of Urban Households

指标	Item	1990	1995	2000	2005	2010	2011	2012
粮食 (千克)	Grain (kg)	130.72	97.00	82.31	76.98	81.53	80.71	78.76
鲜菜 (千克)	Fresh Vegetables (kg)	138.70	116.47	114.74	118.58	116.11	114.56	112.33
食用植物油 (千克)	Edible Vegetable Oil (kg)	6.40	7.11	8.16	9.25	8.84	9.26	9.14
猪肉 (千克)	Pork (kg)	18.46	17.24	16.73	20.15	20.73	20.63	21.23
牛羊肉 (千克)	Beef and Mutton (kg)	3.28	2.44	3.33	3.71	3.78	3.95	3.73
禽类 (千克)	Poultry (kg)	3.42	3.97	5.44	8.97	10.21	10.59	10.75
鲜蛋 (千克)	Fresh Eggs (kg)	7.25	9.74	11.21	10.40	10.00	10.12	10.52
水产品 (千克)	Aquatic Products (kg)	7.69	9.20	11.74	12.55	15.21	14.62	15.19
鲜奶 (千克)	Milk (kg)	4.63	4.62	9.94	17.92	13.98	13.70	13.95
鲜瓜果 (千克)	Fresh Melons and Fruits (kg)	41.11	44.96	57.48	56.69	54.23	52.02	56.05
酒 (千克)	Liquor (kg)	9.25	9.93	10.01	8.85	7.02	6.76	6.88
煤炭 (千克)	Coal (kg)	206.04	129.52	128.07	84.01	34.40	29.79	23.57

11-9 城镇居民家庭平均每百户年底耐用消费品拥有量
Ownership of Major Durable Consumer Goods Per 100 Urban Households at Year-end

指标	Item	1990	1995	2000	2005	2010	2011	2012
摩托车 (辆)	Motorcycle (unit)	1.94	6.29	18.80	25.00	22.51	20.13	20.27
洗衣机 (台)	Washing Machine (set)	78.41	88.97	90.50	95.51	96.92	97.05	98.02
电冰箱 (台)	Refrigerator (set)	42.33	66.22	80.10	90.72	96.61	97.23	98.48
彩色电视机(台)	Color Television Set (set)	59.04	89.79	116.60	134.80	137.43	135.15	136.07
组合音响 (套)	Hi-Fi Stereo Component System (set)		10.52	22.20	28.79	28.08	23.97	23.63
照相机 (台)	Camera (set)	19.22	30.56	38.40	46.94	43.70	44.48	46.42
空调 (台)	Air Conditioner (set)	0.34	8.09	30.80	80.67	112.07	122.00	126.81
淋浴热水器(台)	Water Heater for Shower(set)		30.05	49.10	72.65	84.82	89.14	91.02
计算机 (台)	Computer (set)			9.70	41.52	71.16	81.88	87.03
摄像机 (架)	Video Camera (set)			1.30	4.32	8.20	9.42	10.00
微波炉 (台)	Microwave Oven (set)			17.60	47.61	59.00	60.65	62.24
健身器材 (套)	Health Equipment (set)			3.50	4.68	4.24	4.09	4.27
移动电话 (部)	Mobile Telephone (set)			19.50	137.00	188.86	205.25	212.64
固定电话 (部)	Telephone (set)				94.40	80.94	69.58	68.41
家用汽车 (辆)	Automobile (unit)			0.50	3.37	13.07	18.58	21.54

11-10 按区域分的城镇居民家庭平均每人全年购买的主要商品数量(2012年)
Per Capita Annual Purchases of Major Commodities of Urban Households in Eastern, Central, Western and Northeastern Provinces (2012)

指标	Item	东部地区 Eastern Provinces	中部地区 Central Provinces	西部地区 Western Provinces	东北地区 Northeastern Provinces
鲜菜 (千克)	Fresh Vegetables (kg)	106.32	113.85	119.14	119.60
食用植物油 (千克)	Edible Vegetable Oil (kg)	8.02	9.77	9.84	10.91
猪肉 (千克)	Pork (kg)	21.61	20.14	23.99	16.65
牛羊肉 (千克)	Beef and Mutton (kg)	3.53	3.51	4.25	3.96
鲜蛋 (千克)	Fresh Eggs (kg)	11.26	10.75	7.93	12.16
鲜奶 (千克)	Milk (kg)	15.41	10.33	15.53	13.12
鲜瓜果 (千克)	Fresh Melons and Fruits (kg)	56.62	56.30	51.74	61.78
煤炭 (千克)	Coal (kg)	14.80	31.86	24.35	38.78

11-11 按区域分的城镇居民家庭平均每百户年底耐用消费品拥有量(2012年)
Ownership of Durable Consumer Goods Per 100 Urban Households in Eastern, Central, Western and Northeastern Provinces at Year-end (2012)

指标	Item	东部地区 Eastern Provinces	中部地区 Central Provinces	西部地区 Western Provinces	东北地区 Northeastern Provinces
摩托车 (辆)	Motorcycle (unit)	24.73	20.65	17.67	7.61
家用汽车 (辆)	Automobile (unit)	30.62	14.33	16.52	12.15
洗衣机 (台)	Washing Machine (set)	98.91	97.95	98.14	94.71
电冰箱 (台)	Refrigerator (set)	101.96	96.06	96.39	94.46
彩色电视机(台)	Color Television Set(set)	150.55	131.73	124.55	112.49
计算机 (台)	Computer (set)	102.74	77.14	75.06	71.38
组合音响 (套)	Hi-Fi Stereo Component System (set)	29.39	18.69	23.25	13.32
照相机 (台)	Camera (set)	60.02	35.63	37.50	34.90
空调 (台)	Air Conditioner (unit)	176.65	127.29	83.53	19.61
移动电话 (部)	Mobile Telephone (unit)	222.98	200.49	213.38	198.41

11-12 按收入等级分城镇居民家庭平均每人全年购买主要商品数量（2012年）

Per Capita Annual Purchases of Major Commodities of Urban Households by Level of Income (2012)

指标	Item	全国 National	最低收入户 (10%) Lowest Income Households (first decile group)	#困难户 (5%) Poor Households (first five percent group)	较低收入户 (10%) Low Income Households (second decile group)	中等偏下户 (20%) Lower Middle Income Households (second quintile group)	中等收入户 (20%) Middle Income Households (third quintile group)	中等偏上户 (20%) Upper Middle Income Households (fourth quintile group)	较高收入户 (10%) High Income Households (ninth decile group)	最高收入户 (10%) Highest Income Households (tenth decile group)
食用植物油(千克)	Edible Vegetable Oil (kg)	9.14	8.28	8.17	8.70	9.30	9.68	9.24	9.29	8.92
猪肉 (千克)	Pork (kg)	21.23	16.04	14.35	18.93	20.67	22.66	22.68	23.78	24.14
牛肉 (千克)	Beef (kg)	2.54	1.65	1.62	1.97	2.38	2.75	2.93	3.05	3.11
羊肉 (千克)	Mutton (kg)	1.19	0.89	1.04	0.87	1.19	1.26	1.34	1.44	1.30
鲜蛋 (千克)	Fresh Eggs (kg)	10.52	8.08	7.53	9.09	10.26	11.25	11.54	11.73	11.44
鲜菜 (千克)	Fresh Vegetables (kg)	112.33	93.36	89.37	100.04	111.05	118.81	119.53	122.39	118.48
白酒 (千克)	Liquor (kg)	1.99	1.55	1.47	1.77	2.17	2.19	2.06	2.00	1.88
果酒 (千克)	Fruit Wine (kg)	0.22	0.06	0.05	0.09	0.17	0.24	0.28	0.34	0.44
啤酒 (千克)	Beer (kg)	4.63	3.28	2.94	3.73	4.81	4.92	5.11	5.22	4.98
茶叶 (千克)	Tea (kg)	0.29	0.17	0.17	0.19	0.26	0.28	0.37	0.39	0.41
鲜瓜果 (千克)	Fresh Melons & Fruits (kg)	56.05	36.74	33.56	44.64	52.05	58.51	64.60	69.47	71.83
糕点 (千克)	Cake (kg)	5.18	3.15	2.87	3.97	4.67	5.42	5.94	6.86	7.18
鲜奶 (千克)	Milk (kg)	13.95	7.77	7.14	9.84	12.02	14.99	16.94	18.64	19.86
奶粉 (千克)	Milk Powder (kg)	0.50	0.28	0.25	0.38	0.44	0.51	0.61	0.67	0.71
酸奶 (千克)	Yogurt (kg)	3.46	1.77	1.47	2.29	3.10	3.64	4.21	4.65	5.12
服装 (件)	Clothing (piece)	9.07	4.82	4.25	6.42	7.90	8.98	10.56	12.33	15.55
鞋类 (双)	Shoes (pair)	3.01	1.99	1.81	2.89	2.75	3.04	3.25	3.60	4.12

11-13 按收入等级分城镇居民家庭平均每百户年底耐用消费品拥有量（2012年）

Ownership of Durable Consumer Goods Per 100 Urban Households at Year-end by Level of Income (2012)

指标	Item	总平均 Average	最低收入户(10%) Lowest Income Households (first decile group)	#困难户(5%) Poor Households (first five percent group)	较低收入户(10%) Low Income Households (second decile group)	中等偏下户(20%) Lower Middle Income Households (second quintile group)	中等收入户(20%) Middle Income Households (third quintile group)	中等偏上户(20%) Upper Middle Income Households (fourth quintile group)	较高收入户(10%) High Income Households (ninth decile group)	最高收入户(10%) Highest Income Households (tenth decile group)
摩托车 (辆)	Motorcycle (unit)	20.27	21.74	19.07	25.10	24.69	21.06	17.71	15.02	12.43
助力车 (辆)	Hand Car (unit)	34.47	29.93	27.21	37.13	37.51	37.55	34.79	29.34	27.66
家用汽车 (辆)	Automobile (unit)	21.54	3.96	3.17	8.25	11.84	17.89	27.00	36.86	57.78
洗衣机 (台)	Washing Machine (unit)	98.02	90.04	87.44	94.73	97.32	98.77	99.81	100.96	103.63
电冰箱 (台)	Refrigerator (unit)	98.48	83.31	79.18	92.75	97.19	99.87	102.08	104.24	107.86
彩色电视机 (台)	Color Television Set (set)	136.07	113.19	110.02	120.72	127.09	134.68	142.74	154.34	168.46
计算机 (台)	Computer (set)	87.03	46.35	39.35	64.68	76.70	86.43	98.46	110.76	132.39
组合音响 (套)	Hi-Fi Stereo Component System (set)	23.63	9.49	7.37	14.71	18.89	22.73	28.39	33.59	41.36
摄像机 (架)	Video Camera (set)	10.00	1.60	1.10	3.61	5.48	8.78	12.90	17.72	25.01
照相机 (台)	Camera (set)	46.42	13.52	9.90	24.40	33.64	44.70	58.02	71.38	89.12
钢琴 (架)	Piano (set)	2.81	0.35	0.26	0.77	1.46	2.25	3.44	5.03	8.35
其他中高档乐器 (件)	Other Medium and High Grade Musical Instrument (unit)	4.64	1.39	1.29	2.02	3.29	4.51	6.41	6.47	8.81
微波炉 (台)	Microwave Oven (unit)	62.24	30.06	23.97	43.65	54.23	65.13	74.05	80.55	86.31
空调 (台)	Air Conditioner (unit)	126.81	52.48	42.00	77.07	98.87	124.63	151.11	181.08	223.64
淋浴热水器 (台)	Water Heater for Shower (unit)	91.02	65.82	59.55	78.67	87.12	92.92	98.09	103.00	109.78
消毒碗柜 (台)	Disinfection Cupboard (unit)	19.51	8.37	6.54	12.25	14.24	17.77	22.79	29.91	37.66
洗碗机 (台)	Dishwasher (unit)	0.88	0.28	0.21	0.41	0.53	0.74	1.07	1.49	2.12
健身器材 (套)	Health Equipment (unit)	4.27	0.58	0.62	1.35	2.24	3.32	5.47	7.68	12.08
固定电话 (部)	Fixed Telephone (unit)	68.41	51.18	48.79	59.20	64.05	68.27	74.57	79.33	83.47
移动电话 (部)	Mobile Telephone (unit)	212.64	181.20	169.35	205.48	210.44	214.35	218.12	224.32	232.66

11-14 分地区城镇居民平均每人全年家庭收入来源（2012年）
Per Capita Annual Income of Urban Households by Sources and Region (2012)

单位：元 (yuan)

地区	Region	可支配收入 Disposable Income	总收入 Total Income	工资性收入 Income from Wages and Salaries	经营净收入 Net Business Income	财产性收入 Income from Properties	转移性收入 Income from Transfers
全国	**National Average**	**24564.72**	**26958.99**	**17335.62**	**2548.29**	**706.96**	**6368.12**
北京	Beijing	36468.75	41103.11	27961.78	1430.22	717.56	10993.54
天津	Tianjin	29626.41	32944.01	21523.81	1200.10	515.49	9704.61
河北	Hebei	20543.44	21899.42	13154.52	2257.48	338.47	6148.95
山西	Shanxi	20411.71	22100.31	14973.64	1041.43	301.84	5783.41
内蒙古	Inner Mongolia	23150.26	24790.79	16872.58	2698.67	564.02	4655.51
辽宁	Liaoning	23222.67	25915.72	14846.05	2710.30	493.01	7866.35
吉林	Jilin	20208.04	21659.64	13535.33	2168.82	324.03	5631.45
黑龙江	Heilongjiang	17759.75	19367.84	11700.50	1729.29	186.10	5751.95
上海	Shanghai	40188.34	44754.50	31109.30	2267.15	575.82	10802.23
江苏	Jiangsu	29676.97	32519.10	20102.05	3421.90	689.96	8305.20
浙江	Zhejiang	34550.30	37994.83	22385.09	4694.40	1465.32	9450.02
安徽	Anhui	21024.21	23524.56	14812.54	2155.33	549.62	6007.07
福建	Fujian	28055.24	30877.92	19976.01	3336.96	1795.21	5769.73
江西	Jiangxi	19860.36	21150.24	13348.06	1946.82	527.63	5327.72
山东	Shandong	25755.19	28005.61	19856.05	2621.41	704.90	4823.24
河南	Henan	20442.62	21897.23	13666.49	2545.14	333.81	5351.78
湖北	Hubei	20839.59	22903.85	14191.04	2158.33	476.23	6078.25
湖南	Hunan	21318.76	22804.55	13237.06	3008.33	867.76	5691.40
广东	Guangdong	30226.71	34044.38	23632.20	3603.89	1468.73	5339.56
广西	Guangxi	21242.80	23209.41	14693.47	2131.79	883.71	5500.43
海南	Hainan	20917.71	22809.87	14672.28	2397.44	717.61	5022.54
重庆	Chongqing	22968.14	24810.98	15415.44	2183.51	538.43	6673.59
四川	Sichuan	20306.99	22328.33	14249.32	2017.84	633.82	5427.34
贵州	Guizhou	18700.51	20042.88	12309.17	1982.45	355.70	5395.56
云南	Yunnan	21074.50	23000.43	14408.29	2425.03	999.98	5167.14
西藏	Tibet	18028.32	20224.17	17672.12	570.88	417.86	1563.31
陕西	Shaanxi	20733.88	22606.01	15547.32	881.96	269.58	5907.14
甘肃	Gansu	17156.89	18498.46	12514.92	1125.68	259.63	4598.23
青海	Qinghai	17566.28	19746.63	12614.39	1191.42	92.98	5847.84
宁夏	Ningxia	19831.41	21902.24	13965.62	2522.84	160.88	5252.90
新疆	Xinjiang	17920.68	20194.55	14432.12	1633.22	145.50	3983.71

11-15 分地区城镇居民家庭平均每人全年现金消费支出（2012年）
Per Capita Annual Cash Consumption Expenditure of Urban Households by Region (2012)

单位：元 (yuan)

地 区	Region	现金消费支出 Cash Consumption Expenditure	食 品 Food	粮 食 Grain	淀粉及薯类 Starches and Tubers	干豆类及豆制品 Beans and Bean Products	油脂类 Oil and Fats	肉禽及制品 Meat, Poultry and Processed Products	蛋 类 Eggs
全 国	**National Average**	**16674.32**	**6040.85**	**458.53**	**54.05**	**72.68**	**161.48**	**1183.59**	**119.00**
北 京	Beijing	24045.86	7535.29	432.00	51.55	73.30	177.90	1084.73	146.93
天 津	Tianjin	20024.24	7343.64	438.70	61.37	58.37	182.78	1128.65	192.10
河 北	Hebei	12531.12	4211.16	391.57	48.95	58.59	148.51	764.95	125.99
山 西	Shanxi	12211.53	3855.56	421.97	70.33	69.71	117.58	546.45	106.60
内蒙古	Inner Mongolia	17717.10	5463.18	488.84	39.84	44.05	116.43	990.75	83.19
辽 宁	Liaoning	16593.60	5809.39	472.76	69.55	75.58	152.21	979.53	131.32
吉 林	Jilin	14613.53	4635.27	453.09	59.95	74.58	135.65	803.19	99.27
黑龙江	Heilongjiang	12983.55	4687.23	479.60	71.66	68.97	147.34	857.79	112.20
上 海	Shanghai	26253.47	9655.60	699.84	71.01	108.67	139.82	1447.45	149.84
江 苏	Jiangsu	18825.28	6658.37	442.90	62.70	95.14	134.40	1315.82	128.98
浙 江	Zhejiang	21545.18	7552.02	467.83	58.42	99.87	144.84	1128.30	108.24
安 徽	Anhui	15011.66	5814.92	455.44	39.51	82.67	158.16	1035.59	148.34
福 建	Fujian	18593.21	7317.42	563.59	58.60	73.22	142.13	1484.76	131.03
江 西	Jiangxi	12775.65	5071.61	437.95	30.76	90.66	200.83	1161.74	104.09
山 东	Shandong	15778.24	5201.32	394.36	53.85	52.92	147.07	860.31	151.22
河 南	Henan	13732.96	4607.47	393.08	60.79	59.61	128.00	796.87	131.49
湖 北	Hubei	14495.97	5837.93	583.33	36.74	85.61	196.98	1118.08	115.20
湖 南	Hunan	14608.95	5441.63	423.53	34.21	87.86	206.38	1172.72	96.52
广 东	Guangdong	22396.35	8258.44	544.10	44.17	65.47	185.80	2086.69	107.81
广 西	Guangxi	14243.98	5552.56	387.45	37.30	69.62	143.58	1617.61	83.19
海 南	Hainan	14456.55	6556.10	330.15	28.90	35.51	151.43	1840.30	60.81
重 庆	Chongqing	16573.14	6870.23	417.12	59.87	82.88	266.56	1591.79	135.26
四 川	Sichuan	15049.54	6073.86	413.09	73.96	72.03	195.95	1512.48	120.48
贵 州	Guizhou	12585.70	4992.85	395.96	31.13	58.77	167.13	1147.14	79.12
云 南	Yunnan	13883.93	5468.17	408.86	48.84	40.81	155.16	1138.47	69.72
西 藏	Tibet	11184.33	5517.69	462.52	26.98	10.51	143.22	1204.78	41.05
陕 西	Shaanxi	15332.84	5550.71	441.54	65.40	75.20	142.18	716.92	98.47
甘 肃	Gansu	12847.05	4602.33	404.81	48.52	49.60	161.61	705.05	87.86
青 海	Qinghai	12346.29	4667.34	481.05	50.99	37.36	125.99	966.15	80.99
宁 夏	Ningxia	14067.15	4768.91	389.07	57.05	51.72	124.26	834.58	65.78
新 疆	Xinjiang	13891.72	5238.89	494.46	56.37	39.44	177.44	1205.88	91.01

11-15 续表 1 continued

单位：元 (yuan)

地区	Region	水产品类 Aquatic Products	蔬菜类 Vegetables	调味品 Condiments	糖类 Sugar	烟草类 Tobacco	酒和饮料 Liquor and Beverages	干鲜瓜果类 Dried and Fresh Melons and Fruits	糕点类 Cake
全国	**National Average**	**408.92**	**591.97**	**76.10**	**55.06**	**271.47**	**294.58**	**506.30**	**122.97**
北京	Beijing	296.17	583.57	128.73	81.42	301.41	590.23	772.88	258.05
天津	Tianjin	564.76	614.19	116.79	54.46	290.64	416.94	664.40	215.76
河北	Hebei	177.91	412.78	69.11	42.12	145.33	279.81	408.96	109.95
山西	Shanxi	73.25	383.69	56.58	33.00	255.65	186.72	402.92	105.19
内蒙古	Inner Mongolia	144.44	457.17	62.79	39.79	337.22	368.71	484.96	73.46
辽宁	Liaoning	474.35	581.19	90.33	44.15	250.70	287.47	638.97	108.22
吉林	Jilin	208.16	489.50	78.69	34.27	202.16	208.24	530.94	76.83
黑龙江	Heilongjiang	213.69	463.23	74.44	48.48	164.63	208.41	502.81	89.08
上海	Shanghai	1011.40	761.58	91.92	125.58	469.37	372.72	756.66	272.02
江苏	Jiangsu	542.92	662.97	76.37	57.90	386.30	345.41	513.86	130.17
浙江	Zhejiang	949.22	660.54	65.02	54.47	407.55	265.03	664.99	139.95
安徽	Anhui	268.20	577.93	47.99	48.36	436.60	481.81	378.58	84.12
福建	Fujian	1219.95	629.91	76.61	48.38	231.11	317.01	541.04	117.68
江西	Jiangxi	291.38	671.48	56.84	48.16	241.42	196.48	423.16	110.03
山东	Shandong	384.33	439.17	67.06	41.38	149.42	375.43	546.77	127.56
河南	Henan	105.77	400.70	64.16	39.66	185.98	299.33	410.78	107.05
湖北	Hubei	334.46	703.01	73.89	43.30	405.88	278.36	385.98	120.33
湖南	Hunan	272.49	627.38	57.37	50.01	294.25	228.79	471.33	95.62
广东	Guangdong	792.27	742.25	74.15	81.35	162.23	294.75	551.94	160.84
广西	Guangxi	378.22	521.24	45.74	60.04	164.41	165.68	406.75	100.08
海南	Hainan	963.24	726.07	53.56	32.82	156.74	113.14	377.61	83.11
重庆	Chongqing	266.13	797.03	137.92	74.79	323.04	244.37	460.46	85.30
四川	Sichuan	185.40	710.36	115.95	64.07	283.69	251.90	425.78	78.21
贵州	Guizhou	99.05	558.19	67.21	61.01	308.76	222.31	408.36	74.61
云南	Yunnan	116.62	744.88	65.53	51.71	456.40	143.83	422.47	155.90
西藏	Tibet	50.96	682.52	59.32	53.66	496.27	299.33	315.56	33.67
陕西	Shaanxi	116.03	538.90	87.52	52.66	284.20	278.52	527.62	157.30
甘肃	Gansu	88.24	509.66	77.02	36.77	279.55	263.44	443.60	74.23
青海	Qinghai	112.87	493.94	61.36	41.58	264.65	273.25	408.76	76.31
宁夏	Ningxia	81.17	422.65	58.93	46.90	259.75	193.38	504.76	74.97
新疆	Xinjiang	115.34	499.33	57.90	71.91	132.86	199.04	549.88	105.05

11-15 续表 2 continued

单位：元 (yuan)

地区	Region	奶及奶制品 Milk and Processed Products	其他食品 Other Food	在外用餐 Dining Out	食品加工服务费 Food Processing Service Fees	衣着 Clothing	服装 Garments	衣着材料 Clothing Materials	鞋类 Shoes
全国	**National Average**	**253.57**	**93.64**	**1315.09**	**1.85**	**1823.39**	**1344.87**	**10.77**	**401.71**
北京	Beijing	421.05	101.16	2032.46	1.76	2638.90	1814.80	13.43	706.48
天津	Tianjin	325.39	136.77	1881.44	0.13	1881.43	1347.62	13.58	429.35
河北	Hebei	203.69	110.71	710.96	1.30	1541.99	1081.25	12.81	375.88
山西	Shanxi	209.63	82.80	732.17	1.30	1529.47	1143.34	9.26	329.99
内蒙古	Inner Mongolia	237.35	239.87	1252.86	1.45	2730.23	2017.83	6.36	575.66
辽宁	Liaoning	244.07	91.41	1116.80	0.77	2042.40	1435.01	13.37	503.73
吉林	Jilin	159.41	99.16	921.42	0.78	2044.80	1486.68	5.82	473.22
黑龙江	Heilongjiang	179.71	62.25	942.22	0.74	1806.92	1279.50	6.52	448.12
上海	Shanghai	494.26	85.15	2598.09	0.22	2111.17	1581.14	17.27	439.65
江苏	Jiangsu	303.81	127.26	1327.86	3.60	1915.97	1438.02	16.21	388.24
浙江	Zhejiang	283.59	88.76	1963.11	2.29	2109.58	1618.46	18.51	408.62
安徽	Anhui	323.75	89.43	1156.17	2.27	1540.66	1076.97	13.71	376.59
福建	Fujian	264.37	52.03	1364.83	1.16	1634.21	1268.31	4.38	314.91
江西	Jiangxi	217.66	113.02	674.62	1.33	1476.63	1142.00	10.79	285.24
山东	Shandong	263.62	103.51	1041.41	1.92	2196.98	1606.62	13.32	491.11
河南	Henan	214.23	98.41	1110.10	1.45	1885.99	1395.05	9.00	426.92
湖北	Hubei	218.63	57.09	1078.62	2.44	1783.41	1360.76	10.12	355.10
湖南	Hunan	147.40	124.04	1049.17	2.56	1624.57	1227.60	9.79	335.64
广东	Guangdong	246.06	64.95	2052.64	0.99	1520.59	1152.79	2.26	318.83
广西	Guangxi	189.55	56.13	1123.88	2.09	1146.46	874.12	6.40	232.39
海南	Hainan	144.75	33.26	1424.35	0.33	864.96	675.77	0.75	167.11
重庆	Chongqing	317.50	99.43	1505.04	5.75	2228.76	1633.46	12.38	490.29
四川	Sichuan	269.99	65.73	1231.24	3.56	1651.14	1234.58	8.48	351.79
贵州	Guizhou	169.88	86.95	1054.53	2.72	1399.00	1005.75	15.02	337.48
云南	Yunnan	216.00	59.61	1172.06	1.29	1759.89	1269.15	13.04	437.75
西藏	Tibet	398.54	156.05	1079.75	2.98	1361.57	946.79	3.99	390.23
陕西	Shaanxi	273.33	116.87	1577.08	0.96	1789.06	1321.91	11.07	397.06
甘肃	Gansu	221.40	171.88	978.18	0.90	1631.40	1165.08	12.51	375.59
青海	Qinghai	204.82	94.18	892.64	0.45	1512.24	1127.95	6.66	317.42
宁夏	Ningxia	243.08	137.20	1223.25	0.43	1875.70	1399.12	9.69	406.15
新疆	Xinjiang	237.05	82.34	1122.63	0.96	2031.14	1458.13	20.48	451.78

11-15 续表 3 continued

单位：元 (yuan)

地区	Region	衣着加工服务费 Tailoring and Laundering Service Fees	居住 Residence	住房 Housing	水电燃料及其他 Water, Electricity, Fuels and Others	家庭设备及用品 Household Facilities and Articles	耐用消费品 Durable Consumer Goods	室内装饰品 Articles for Interior Decoration	床上用品 Bed Articles
全国	**National Average**	**9.42**	**1484.26**	**463.64**	**900.62**	**1116.06**	**431.52**	**27.37**	**108.05**
北京	Beijing	15.52	1970.94	869.75	941.31	1610.70	651.50	55.12	183.96
天津	Tianjin	11.04	1854.22	704.46	1075.91	1151.16	537.96	42.80	88.95
河北	Hebei	6.48	1502.41	439.42	989.32	876.10	371.96	21.56	73.97
山西	Shanxi	8.56	1438.88	362.83	986.78	832.52	384.47	23.95	85.30
内蒙古	Inner Mongolia	11.30	1583.56	616.02	861.53	1242.64	538.84	34.09	133.74
辽宁	Liaoning	13.60	1433.28	293.64	1054.28	1069.65	373.29	32.85	109.47
吉林	Jilin	12.13	1594.14	348.84	1156.56	871.46	286.66	17.38	82.43
黑龙江	Heilongjiang	14.01	1336.85	269.72	996.89	742.22	268.97	23.17	72.95
上海	Shanghai	16.15	1790.48	768.08	823.57	1906.49	672.21	40.10	211.71
江苏	Jiangsu	11.18	1437.08	548.34	774.07	1288.42	487.45	24.33	129.77
浙江	Zhejiang	11.74	1551.69	518.22	935.45	1161.39	403.46	19.52	110.91
安徽	Anhui	7.95	1396.97	558.86	736.95	811.23	366.49	25.95	115.97
福建	Fujian	6.58	1753.86	656.72	936.52	1254.71	480.41	23.29	103.72
江西	Jiangxi	5.45	1173.91	318.18	773.90	966.23	336.87	23.06	105.28
山东	Shandong	9.90	1572.35	441.13	1017.21	1125.99	534.44	37.51	94.74
河南	Henan	10.14	1190.81	420.68	707.95	1145.42	546.23	24.77	131.34
湖北	Hubei	7.18	1371.15	476.75	828.09	978.26	400.45	25.97	74.37
湖南	Hunan	6.91	1301.60	283.74	924.32	1034.30	377.70	23.49	101.01
广东	Guangdong	6.73	2099.75	572.34	1225.80	1467.20	452.90	27.11	118.03
广西	Guangxi	6.17	1377.26	498.69	804.54	1125.39	531.67	38.79	104.63
海南	Hainan	1.60	1521.04	572.35	839.52	777.20	269.74	13.27	47.84
重庆	Chongqing	7.95	1177.02	292.95	733.10	1196.03	414.35	27.13	154.12
四川	Sichuan	9.28	1284.09	433.98	716.64	1097.93	414.60	18.67	107.75
贵州	Guizhou	3.93	1013.53	212.52	731.03	849.94	270.72	13.46	85.38
云南	Yunnan	2.42	973.76	402.05	498.82	634.09	241.99	11.89	54.76
西藏	Tibet	6.79	845.18	190.25	618.74	474.69	95.16	34.12	92.96
陕西	Shaanxi	9.60	1322.22	335.10	878.23	986.82	369.93	26.79	92.50
甘肃	Gansu	9.22	1287.93	315.92	868.67	833.15	356.06	26.90	61.11
青海	Qinghai	8.47	1232.39	359.34	765.12	923.70	414.26	61.39	74.57
宁夏	Ningxia	10.27	1193.37	303.87	797.25	929.01	372.95	40.01	69.44
新疆	Xinjiang	18.09	1166.59	402.96	688.86	950.17	303.05	54.14	71.10

11-15 续表 4 continued

单位：元 (yuan)

地区	Region	家庭日用杂品 Household Articles for Daily Use	家具材料 Furniture Materials	家庭服务 Household Services	交通通信 Transport and Communi-cations	交通 Transport	通信 Communi-cations	文教娱乐 Education, Culture and Recreation
全 国	**National Average**	**460.64**	**10.94**	**77.54**	**2455.47**	**1628.35**	**827.12**	**2033.50**
北 京	Beijing	604.57	11.14	104.41	3781.51	2725.74	1055.77	3695.98
天 津	Tianjin	411.28	5.87	64.30	3083.37	2004.89	1078.48	2254.22
河 北	Hebei	340.15	16.08	52.38	1723.75	1115.09	608.67	1203.80
山 西	Shanxi	296.06	6.10	36.64	1672.29	1012.22	660.08	1506.20
内蒙古	Inner Mongolia	446.86	36.44	52.66	2572.93	1863.06	709.88	1971.78
辽 宁	Liaoning	480.07	5.99	67.98	2323.29	1507.46	815.83	1843.89
吉 林	Jilin	419.61	3.65	61.72	1780.67	1083.91	696.75	1642.70
黑龙江	Heilongjiang	338.71	8.23	30.18	1462.61	922.41	540.19	1216.56
上 海	Shanghai	784.85	1.79	195.83	4563.80	3221.58	1342.23	3723.74
江 苏	Jiangsu	533.96	10.59	102.32	2689.51	1855.02	834.48	3077.76
浙 江	Zhejiang	475.71	4.77	147.01	4133.50	3048.46	1085.04	2996.59
安 徽	Anhui	244.31	10.06	48.45	1809.72	1012.05	797.67	1932.74
福 建	Fujian	535.75	2.41	109.14	2961.78	1924.89	1036.89	2104.83
江 西	Jiangxi	442.49	10.94	47.60	1501.34	915.30	586.04	1487.30
山 东	Shandong	406.20	12.38	40.71	2370.23	1634.99	735.24	1655.91
河 南	Henan	395.96	8.92	38.21	1730.35	1125.25	605.09	1525.33
湖 北	Hubei	405.30	24.72	47.45	1476.98	867.08	609.90	1651.92
湖 南	Hunan	442.86	25.49	63.74	2084.15	1421.93	662.23	1737.64
广 东	Guangdong	695.32	8.88	164.96	4176.66	2882.35	1294.31	2954.13
广 西	Guangxi	369.54	2.11	78.64	2088.64	1448.53	640.12	1626.05
海 南	Hainan	420.37	8.15	17.83	2004.34	1261.77	742.57	1319.54
重 庆	Chongqing	499.73	32.57	68.13	1903.24	1090.36	812.88	1470.64
四 川	Sichuan	482.16	10.61	64.16	1946.72	1088.11	858.61	1587.43
贵 州	Guizhou	401.78	10.79	67.81	1891.03	1146.18	744.85	1396.00
云 南	Yunnan	274.62	1.37	49.46	2264.23	1476.18	788.05	1434.30
西 藏	Tibet	233.80	8.80	9.85	1387.45	582.29	805.16	550.48
陕 西	Shaanxi	447.07	1.58	48.95	1788.38	1046.19	742.19	2078.52
甘 肃	Gansu	338.12	13.55	37.42	1575.67	799.76	775.90	1388.21
青 海	Qinghai	327.76	16.87	28.86	1549.76	983.65	566.11	1097.21
宁 夏	Ningxia	401.24	2.65	42.72	2110.41	1468.29	642.12	1515.91
新 疆	Xinjiang	466.46	5.26	50.16	1660.27	1030.83	629.45	1280.81

11-15 续表 5 continued

单位：元 (yuan)

地区	Region	文化娱乐用品 Recreation Articles	教育 Education	文化娱乐服务 Recreation Services	医疗保健 Health Care and Medical Services	其他 Others	其他商品 Other Goods	其他服务 Other Services
全国	**National Average**	**451.88**	**819.62**	**762.00**	**1063.68**	**657.10**	**439.80**	**217.30**
北京	Beijing	823.54	1214.24	1658.20	1658.37	1154.18	804.41	349.77
天津	Tianjin	553.15	925.25	775.82	1556.35	899.87	667.62	232.25
河北	Hebei	320.90	481.39	401.51	1047.28	424.63	293.77	130.86
山西	Shanxi	380.90	719.76	405.54	905.88	470.72	312.36	158.36
内蒙古	Inner Mongolia	514.30	786.53	670.96	1354.09	798.68	572.69	225.99
辽宁	Liaoning	436.00	816.58	591.31	1309.62	762.07	472.45	289.62
吉林	Jilin	347.43	883.10	412.16	1447.50	597.00	357.54	239.46
黑龙江	Heilongjiang	285.73	627.29	303.54	1180.67	550.51	348.75	201.76
上海	Shanghai	917.08	1241.36	1565.31	1016.65	1485.53	1058.56	426.97
江苏	Jiangsu	670.60	1111.65	1295.52	1058.11	700.06	476.83	223.23
浙江	Zhejiang	512.29	1457.04	1027.26	1228.02	812.39	520.90	291.49
安徽	Anhui	413.61	948.12	571.01	1142.96	562.44	359.70	202.74
福建	Fujian	500.82	756.09	847.92	773.22	793.17	539.23	253.95
江西	Jiangxi	321.57	548.65	617.08	670.71	427.93	306.16	121.77
山东	Shandong	463.03	692.03	500.85	1005.25	650.21	495.54	154.67
河南	Henan	392.78	549.85	582.70	1085.47	562.13	374.84	187.29
湖北	Hubei	304.23	725.83	621.85	1029.55	366.78	266.04	100.74
湖南	Hunan	330.26	787.20	620.18	918.41	466.65	292.37	174.27
广东	Guangdong	552.09	1078.38	1323.65	1048.28	871.30	562.67	308.63
广西	Guangxi	424.81	679.88	521.37	883.56	444.06	295.76	148.30
海南	Hainan	322.41	572.28	424.84	993.24	420.13	287.43	132.70
重庆	Chongqing	332.67	480.59	657.39	1101.56	625.66	428.40	197.26
四川	Sichuan	376.95	622.15	588.32	772.75	635.62	353.96	281.66
贵州	Guizhou	315.85	499.87	580.28	654.53	388.82	265.74	123.08
云南	Yunnan	288.71	502.94	642.65	939.13	410.35	247.80	162.55
西藏	Tibet	139.16	225.41	185.91	467.23	580.05	319.78	260.27
陕西	Shaanxi	443.02	955.48	680.02	1212.44	604.69	410.20	194.49
甘肃	Gansu	386.78	517.32	484.11	1049.65	478.72	354.76	123.96
青海	Qinghai	328.47	422.02	346.72	906.14	457.51	342.36	115.15
宁夏	Ningxia	386.81	581.15	547.95	1063.09	610.74	443.19	167.56
新疆	Xinjiang	359.49	600.01	321.30	1027.60	536.24	408.77	127.47

11-16 分地区城镇居民家庭平均每百户耐用消费品拥有量（2012年底）
Ownership of Major Durable Consumer Goods Per 100 Urban Households at Year-end by Region (2012)

地 区	Region	摩托车 (辆) Motorcycle (unit)	助力车 (辆) Hand Car (unit)	家用汽车 (辆) Automobile (unit)	洗衣机 (台) Washing Machine (set)	电冰箱 (台) Refrigerator (set)	彩色电视机 (台) Color TV Set (set)	计算机 (台) Computer (set)
全 国	**National Average**	**20.27**	**34.47**	**21.54**	**98.02**	**98.48**	**136.07**	**87.03**
北 京	Beijing	3.90	15.07	42.32	101.15	103.40	141.20	112.13
天 津	Tianjin	0.37	27.66	29.97	101.00	107.41	121.62	98.69
河 北	Hebei	19.22	49.95	25.58	96.83	97.59	115.96	75.53
山 西	Shanxi	21.08	37.34	20.81	103.44	91.81	111.17	74.07
内蒙古	Inner Mongolia	21.81	28.70	23.58	97.35	99.63	105.27	62.60
辽 宁	Liaoning	5.29	9.41	15.51	94.30	98.55	114.67	77.67
吉 林	Jilin	10.57	5.21	13.03	97.00	94.39	114.58	74.71
黑龙江	Heilongjiang	8.76	3.57	6.96	93.71	88.92	108.10	60.52
上 海	Shanghai	2.59	35.69	20.14	100.50	106.08	192.32	144.37
江 苏	Jiangsu	20.09	80.52	26.18	101.90	101.92	173.47	100.30
浙 江	Zhejiang	21.80	52.36	36.51	95.43	100.86	186.41	106.34
安 徽	Anhui	20.14	45.61	11.37	95.62	98.31	144.96	79.57
福 建	Fujian	44.82	43.94	19.22	101.83	107.08	174.25	109.09
江 西	Jiangxi	19.80	45.03	10.76	95.10	95.19	156.68	78.17
山 东	Shandong	26.64	66.46	31.19	99.08	105.09	121.20	88.91
河 南	Henan	18.66	63.59	15.60	99.73	93.37	126.31	74.41
湖 北	Hubei	21.90	20.05	12.48	98.55	100.36	132.52	81.91
湖 南	Hunan	22.98	12.07	15.60	95.30	96.36	122.62	74.77
广 东	Guangdong	42.58	15.18	36.63	98.55	99.15	141.07	113.89
广 西	Guangxi	47.16	63.51	22.24	98.33	100.34	136.68	98.44
海 南	Hainan	34.01	37.52	15.94	71.87	81.35	113.30	65.56
重 庆	Chongqing	12.25	2.55	11.37	97.38	98.96	134.50	78.96
四 川	Sichuan	9.56	13.91	14.33	98.44	98.20	137.93	74.25
贵 州	Guizhou	5.42	1.49	13.17	99.87	97.63	115.67	71.22
云 南	Yunnan	31.67	23.58	29.03	98.07	87.32	121.06	69.85
西 藏	Tibet	15.98	9.87	27.06	88.15	85.63	128.80	63.11
陕 西	Shaanxi	15.23	21.74	12.36	99.08	94.74	119.19	84.82
甘 肃	Gansu	11.17	13.35	9.75	98.88	90.25	108.22	63.19
青 海	Qinghai	4.25	1.95	7.88	97.59	95.54	105.67	55.71
宁 夏	Ningxia	21.86	28.08	16.67	95.42	92.06	102.11	64.43
新 疆	Xinjiang	14.22	15.77	15.58	97.63	96.99	106.72	65.75

11-16 续表 1 continued

地区	Region	组合音响(套) Hi-Fi Stereo Component System (set)	摄像机(架) Video Camera (set)	照相机(台) Camera (set)	钢琴(架) Piano (set)	其他中高档乐器(件) Other Medium and High Grade Musical Instrument (unit)	微波炉(台) Microwave Oven (unit)	空调(台) Air Conditioner (unit)
全国	**National Average**	**23.63**	**10.00**	**46.42**	**2.81**	**4.64**	**62.24**	**126.81**
北京	Beijing	25.45	24.64	90.16	5.00	7.83	88.13	178.71
天津	Tianjin	17.07	16.20	58.94	1.56	2.87	89.03	147.23
河北	Hebei	17.08	8.75	36.96	1.54	1.89	53.40	104.16
山西	Shanxi	13.24	6.14	32.64	1.81	3.66	38.82	48.17
内蒙古	Inner Mongolia	13.07	8.98	33.39	1.79	3.35	41.85	15.64
辽宁	Liaoning	17.97	12.62	40.32	2.95	3.47	60.18	29.10
吉林	Jilin	12.60	9.17	36.23	2.08	4.88	54.99	14.68
黑龙江	Heilongjiang	7.44	7.13	26.58	1.22	2.68	38.27	9.99
上海	Shanghai	49.25	18.94	97.61	7.58	8.57	98.80	207.08
江苏	Jiangsu	22.43	10.76	50.77	3.46	4.51	91.67	198.21
浙江	Zhejiang	28.40	10.25	53.91	4.17	4.80	73.00	203.78
安徽	Anhui	16.22	7.89	34.88	1.56	3.81	65.55	136.05
福建	Fujian	29.08	9.02	52.48	4.01	5.15	80.24	199.76
江西	Jiangxi	20.76	5.66	35.80	1.46	4.18	55.79	128.61
山东	Shandong	20.75	13.94	60.76	4.43	8.40	56.26	112.28
河南	Henan	15.68	6.36	37.09	1.75	4.42	43.15	137.67
湖北	Hubei	27.15	8.51	40.50	2.99	3.66	65.56	144.04
湖南	Hunan	18.26	6.29	30.68	1.13	1.92	45.98	134.89
广东	Guangdong	48.15	13.89	67.11	4.53	5.80	71.90	226.89
广西	Guangxi	36.20	7.48	50.86	1.23	6.55	72.54	138.96
海南	Hainan	19.58	4.13	19.50	0.55	1.55	31.67	84.26
重庆	Chongqing	23.32	7.41	33.18	1.29	2.66	69.45	169.87
四川	Sichuan	21.58	6.64	35.77	1.56	2.75	56.12	120.93
贵州	Guizhou	28.02	6.39	29.87	2.66	3.62	47.59	21.71
云南	Yunnan	36.32	8.53	41.26	2.58	8.19	57.77	3.70
西藏	Tibet	29.84	10.76	47.71	0.97	1.55	39.14	14.75
陕西	Shaanxi	18.59	8.29	50.89	2.32	5.82	52.12	114.09
甘肃	Gansu	20.72	5.70	27.44	2.19	6.20	38.84	6.71
青海	Qinghai	10.73	4.14	22.83	1.29	3.10	49.31	2.34
宁夏	Ningxia	12.52	5.49	22.58	1.11	3.57	42.73	10.87
新疆	Xinjiang	15.99	8.52	33.79	2.63	6.21	41.58	13.73

11-16 续表 2 continued

地 区	Region	淋浴热水器（台）Water Heater for Shower (unit)	消毒碗柜（台）Disinfection Cupboard (unit)	洗碗机（台）Dishwasher (unit)	健身器材（套）Health Equipment (set)	固定电话（部）Telephone (unit)	移动电话（部）Mobile Telephone (unit)
全 国	**National Average**	**91.02**	**19.51**	**0.88**	**4.27**	**68.41**	**212.64**
北 京	Beijing	98.70	7.63	1.26	7.71	92.46	225.92
天 津	Tianjin	94.58	2.24	0.37	2.93	67.85	225.05
河 北	Hebei	88.24	3.15	0.77	2.85	60.07	195.91
山 西	Shanxi	67.99	2.46	0.21	3.66	70.54	188.39
内蒙古	Inner Mongolia	63.04	3.78	0.28	2.77	44.85	206.11
辽 宁	Liaoning	75.81	6.98	0.87	3.23	69.24	190.63
吉 林	Jilin	64.12	8.07	0.50	2.54	58.61	223.13
黑龙江	Heilongjiang	45.60	3.98	0.32	1.73	56.08	192.30
上 海	Shanghai	100.10	16.95	0.40	9.07	96.71	239.58
江 苏	Jiangsu	101.26	9.39	0.65	6.31	82.81	215.68
浙 江	Zhejiang	106.30	25.57	1.31	6.17	79.80	209.98
安 徽	Anhui	94.02	7.41	0.77	3.27	74.57	202.61
福 建	Fujian	112.27	50.20	0.99	6.05	79.72	243.79
江 西	Jiangxi	95.42	13.93	0.88	2.35	60.34	206.71
山 东	Shandong	92.85	7.01	1.16	6.70	60.95	219.85
河 南	Henan	79.67	8.06	0.65	2.77	51.98	200.20
湖 北	Hubei	96.27	16.19	0.73	4.53	59.32	204.35
湖 南	Hunan	90.19	26.82	1.14	2.58	57.48	198.22
广 东	Guangdong	113.45	84.02	2.15	5.90	85.12	242.74
广 西	Guangxi	110.81	71.86	0.69	4.61	58.23	237.15
海 南	Hainan	87.66	52.57	0.84	1.95	80.69	200.66
重 庆	Chongqing	99.02	11.16	1.48	2.37	65.53	213.66
四 川	Sichuan	95.66	13.06	0.33	2.39	67.75	210.23
贵 州	Guizhou	78.51	29.41	0.51	4.06	62.15	214.73
云 南	Yunnan	92.12	14.15	1.10	3.94	50.77	221.04
西 藏	Tibet	32.62	6.29	1.39	3.13	67.24	186.65
陕 西	Shaanxi	88.38	6.17	0.29	2.95	61.18	224.22
甘 肃	Gansu	66.38	1.70	0.54	3.27	53.29	197.30
青 海	Qinghai	53.55	1.69	0.08	2.19	79.31	184.33
宁 夏	Ningxia	84.15	3.28	0.31	1.25	54.86	203.23
新 疆	Xinjiang	79.50	5.41	0.33	1.36	78.33	192.21

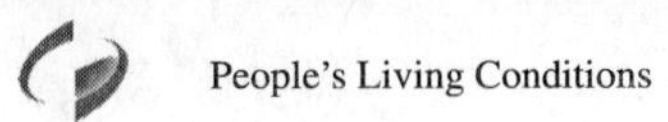

11-17 农村居民家庭基本情况
Basic Conditions of Rural Households

指　　标	Item	1990	1995	2000	2010	2011	2012
调查户数　　(户)	**Number of Households Surveyed (household)**	**66960**	**67340**	**68116**	**68190**	**73630**	**73750**
调查户人口　(人)	**Number of Residents Surveyed　(person)**						
平均每户常住人口	Average Number of Permanent Residents Per Household	4.80	4.48	4.20	3.95	3.90	3.88
平均每户整半劳动力	Average Number of Full/Semi Labour Force Per Household	2.92	2.88	2.76	2.85	2.78	2.76
平均每个劳动力负担人口(含本人)	Average Number of Dependents per Labour Force (including the laborer himself or herself)	1.64	1.56	1.52	1.39	1.40	1.40
平均每人年收入(元)	**Per Capita Annual Income　(yuan)**						
总收入	Total Income	990.38	2337.87	3146.21	8119.51	9833.14	10990.67
工资性收入	Income from Wages and Salaries	138.80	353.70	702.30	2431.05	2963.43	3447.46
家庭经营收入	Income from Household Operations	815.79	1877.42	2251.28	4937.48	5939.79	6460.97
财产性收入	Income from Properties	35.79	40.98	45.04	202.25	228.57	249.05
转移性收入	Income from Transfers		65.77	147.59	548.74	701.35	833.18
现金收入	Cash Income	676.67	1595.56	2381.60	7088.76	8638.51	9787.19
工资性收入	Income from Wages and Salaries	136.43	352.88	700.41	2427.89	2959.74	3443.53
家庭经营收入	Income from Household Operations	481.19	1116.73	1498.81	3955.36	4810.37	5313.14
财产性收入	Income from Properties	59.05	38.19	38.89	168.33	185.76	219.28
转移性收入	Income from Transfers		87.76	143.49	537.18	682.64	811.25
纯收入	Net Income	686.31	1577.74	2253.42	5919.01	6977.29	7916.58
工资性收入	Income from Wages and Salaries	138.80	353.70	702.30	2431.05	2963.43	3447.46
家庭经营纯收入	Income from Household Operations	518.55	1125.79	1427.27	2832.80	3221.98	3533.37
财产性收入	Income from Properties	28.96	40.98	45.04	202.25	228.57	249.05
转移性收入	Income from Transfers		57.27	78.81	452.92	563.32	686.70
平均每人年支出（元）	**Per Capita Annual Expenditures　(yuan)**						
总支出	Total Expenditure	903.47	2138.33	2652.42	6991.79	8641.63	9605.53
家庭经营费用支出	Expenditure for Household Operations	241.09	621.71	654.27	1915.62	2431.05	2626.00
购置生产性固定资产	Purchase of Productive Fixed Assets	20.29	62.33	63.90	193.26	265.75	272.61
税费支出	Taxes and Fees	38.66	88.65	95.52	8.57	11.67	10.04
消费支出	Expenses on Consumption	584.63	1310.36	1670.13	4381.82	5221.13	5908.02
财产性支出	Expenses on Properties	18.80	55.28	19.74	49.25	12.27	9.86
转移性支出	Expenses on Transfers			148.86	443.27	699.76	778.99
现金支出	Cash Expenditure	639.06	1545.81	2140.37	6307.43	7984.94	8961.85
家庭经营费用支出	Expenditure for Household Operations	162.90	454.74	544.49	1757.58	2269.19	2483.01
购买生产性固定资产	Purchase of Productive Fixed Assets	20.46	62.32	63.91	193.26	265.75	272.61
税费支出	Taxes and Fees	33.37	76.96	89.81	8.56	11.65	9.96
消费支出	Expenses on Consumption	374.74	859.43	1284.74	3859.33	4733.35	5414.47
财产性支出	Expenses on Properties	47.59	92.35	9.82	49.25	12.27	9.86
转移性支出	Expenses on Transfers			147.60	439.45	692.73	771.94

11-18 农村居民按人均纯收入分组的户数占调查户比重
Percentage of Rural Households Grouped by Per Capita Annual Net Income

项目	Item	2005	2010	2011	2012
按纯收入分组户数占调查户比重 (%)	**Percentage of Households Grouped by Per Capita Annual Net Income (%)**				
2000元以下	Less Than 2000 Yuan	29.43	9.52	7.40	5.63
2000-3000元	2000-3000 Yuan	23.91	12.22	9.04	7.42
3000-4000元	3000-4000 Yuan	17.12	13.24	10.62	9.04
4000-5000元	4000-5000 Yuan	10.57	12.62	10.93	9.75
5000-6000元	5000-6000 Yuan	6.30	10.80	10.09	9.29
6000-7000元	6000-7000 Yuan	3.77	8.75	9.03	8.71
7000-8000元	7000-8000 Yuan	2.54	6.95	7.81	7.57
8000-9000元	8000-90000 Yuan	1.70	5.43	6.10	6.64
9000-10000元	9000-10000 Yuan	1.28	4.21	5.10	5.65
10000-11000元	10000-11000 Yuan	0.85	3.25	4.14	4.83
11000-12000元	11000-12000 Yuan	0.63	2.51	3.38	3.95
12000-13000元	12000-13000 Yuan	0.46	1.94	2.91	3.22
13000-14000元	13000-14000 Yuan	0.29	1.56	2.21	2.77
14000-15000元	14000-15000 Yuan	0.22	1.24	1.86	2.39
15000-16000元	15000-16000 Yuan	0.19	1.03	1.55	1.89
16000-17000元	16000-17000 Yuan	0.11	0.82	1.23	1.65
17000-18000元	17000-18000 Yuan	0.10	0.65	0.98	1.36
18000-19000元	18000-19000 Yuan	0.09	0.51	0.82	1.21
19000-20000元	19000-20000 Yuan	0.06	0.40	0.73	0.99
20000元以上	20000 Yuan and over	0.37	2.35	4.08	6.04

11-19 农村居民家庭平均每人纯收入
Per Capita Annual Net Income of Rural Households

单位：元 (yuan)

指标	Item	1990	1995	2000	2005	2010	2011	2012
纯收入	**Net Income**	**686.31**	**1577.74**	**2253.42**	**3254.93**	**5919.01**	**6977.29**	**7916.58**
按收入来源分	By Source							
工资性收入	Wages Income	138.80	353.70	702.30	1174.53	2431.05	2963.43	3447.46
家庭经营纯收入	Net Income from Household Operations	518.55	1125.79	1427.27	1844.53	2832.80	3221.98	3533.37
农业收入	Farming	344.59	799.44	833.93	1097.71	1723.49	1896.67	2106.83
林业收入	Forestry	7.53	13.52	22.44	45.77	87.68	99.49	103.75
牧业收入	Animal Husbandry	96.81	127.81	207.35	283.60	355.56	462.54	440.97
渔业收入	Fishery	7.11	15.69	26.95	42.52	64.28	61.21	70.65
工业收入	Industry	9.15	13.63	52.67	61.13	93.32	104.73	118.22
建筑业收入	Construction	12.18	34.53	46.73	47.12	88.75	87.91	95.50
交通、运输、邮电业收入	Transport, Postal and Telecommunication Services	13.45	27.76	63.63	84.19	125.40	153.05	180.10
批发、零售贸易及餐饮业	Wholesale and Retail Trades and Catering Services	12.69	34.26	78.54	108.55	186.43	244.09	290.72
社会服务业收入	Social Services	6.55	17.18	28.09	32.61	50.88	56.97	67.38
文教卫生业收入	Culture, Education and Health Care			6.86	10.13	21.56	22.56	26.52
其他收入	Others	8.49	41.97	60.08	31.19	35.44	32.76	32.71
财产性收入	Property Income	28.96 (brace: Property and Transfer Income combined)	40.98	45.04	88.45	202.25	228.57	249.05
转移性收入	Transfer Income	28.96 (brace: Property and Transfer Income combined)	57.27	78.81	147.42	452.92	563.32	686.70

11-20 分地区农村居民家庭人均纯收入
Per Capita Net Income of Rural Households by Region

单位：元

(yuan)

地 区	Region	1990	1995	2000	2005	2010	2011	2012
全 国	**National Average**	**686.31**	**1577.74**	**2253.42**	**3254.93**	**5919.01**	**6977.29**	**7916.58**
北 京	Beijing	1297.05	3223.65	4604.55	7346.26	13262.29	14735.68	16475.74
天 津	Tianjin	1069.04	2406.38	3622.39	5579.87	10074.86	12321.22	14025.54
河 北	Hebei	621.67	1668.73	2478.86	3481.64	5957.98	7119.69	8081.39
山 西	Shanxi	603.51	1208.30	1905.61	2890.66	4736.25	5601.40	6356.63
内蒙古	Inner Mongolia	607.15	1208.38	2038.21	2988.87	5529.59	6641.56	7611.31
辽 宁	Liaoning	836.17	1756.50	2355.58	3690.21	6907.93	8296.54	9383.72
吉 林	Jilin	803.52	1609.60	2022.50	3263.99	6237.44	7509.95	8598.17
黑龙江	Heilongjiang	759.86	1766.27	2148.22	3221.27	6210.72	7590.68	8603.85
上 海	Shanghai	1907.32	4245.61	5596.37	8247.77	13977.96	16053.79	17803.68
江 苏	Jiangsu	959.06	2456.86	3595.09	5276.29	9118.24	10804.95	12201.95
浙 江	Zhejiang	1099.04	2966.19	4253.67	6659.95	11302.55	13070.69	14551.92
安 徽	Anhui	539.16	1302.82	1934.57	2640.96	5285.17	6232.21	7160.46
福 建	Fujian	764.41	2048.59	3230.49	4450.36	7426.86	8778.55	9967.17
江 西	Jiangxi	669.90	1537.36	2135.30	3128.89	5788.56	6891.63	7829.43
山 东	Shandong	680.18	1715.09	2659.20	3930.55	6990.28	8342.13	9446.54
河 南	Henan	526.95	1231.97	1985.82	2870.58	5523.73	6604.03	7524.94
湖 北	Hubei	670.80	1511.22	2268.59	3099.20	5832.27	6897.92	7851.71
湖 南	Hunan	664.24	1425.16	2197.16	3117.74	5621.96	6567.06	7440.17
广 东	Guangdong	1043.03	2699.24	3654.48	4690.49	7890.25	9371.73	10542.84
广 西	Guangxi	639.45	1446.14	1864.51	2494.67	4543.41	5231.33	6007.55
海 南	Hainan	696.22	1519.71	2182.26	3004.03	5275.37	6446.01	7408.00
重 庆	Chongqing			1892.44	2809.32	5276.66	6480.41	7383.27
四 川	Sichuan	557.76	1158.29	1903.60	2802.78	5086.89	6128.55	7001.43
贵 州	Guizhou	435.14	1086.62	1374.16	1876.96	3471.93	4145.35	4753.00
云 南	Yunnan	540.86	1010.97	1478.60	2041.79	3952.03	4721.99	5416.54
西 藏	Tibet	649.71	1200.31	1330.81	2077.90	4138.71	4904.28	5719.38
陕 西	Shaanxi	530.80	962.89	1443.86	2052.63	4104.98	5027.87	5762.52
甘 肃	Gansu	430.98	880.34	1428.68	1979.88	3424.65	3909.37	4506.66
青 海	Qinghai	559.78	1029.77	1490.49	2151.46	3862.68	4608.46	5364.38
宁 夏	Ningxia	578.13	998.75	1724.30	2508.89	4674.89	5409.95	6180.32
新 疆	Xinjiang	683.47	1136.45	1618.08	2482.15	4642.67	5442.15	6393.68

11-21 分地区按来源分农村居民家庭人均纯收入（2012年）
Per Capita Annual Net Income of Rural Households by Sources and Region (2012)

单位：元 (yuan)

地区	Region	纯收入 Net Income	工资性收入 Income from Wages and Salaries	家庭经营纯收入 Income from Household Operations	财产性收入 Income from Properties	转移性收入 Income from Transfers
全国	**National Average**	**7916.58**	**3447.46**	**3533.37**	**249.05**	**686.70**
北京	Beijing	16475.74	10843.48	1318.10	1716.36	2597.79
天津	Tianjin	14025.54	7922.26	4126.29	921.00	1055.99
河北	Hebei	8081.39	4005.28	3254.57	218.30	603.23
山西	Shanxi	6356.63	3175.50	2334.41	140.80	705.91
内蒙古	Inner Mongolia	7611.31	1459.05	4689.11	322.98	1140.17
辽宁	Liaoning	9383.72	3630.24	4783.35	246.17	723.96
吉林	Jilin	8598.17	1792.02	5617.63	392.96	795.56
黑龙江	Heilongjiang	8603.85	1816.84	5433.69	580.34	772.98
上海	Shanghai	17803.68	11477.71	902.61	1381.83	4041.53
江苏	Jiangsu	12201.95	6775.89	3873.90	458.46	1093.71
浙江	Zhejiang	14551.92	7678.22	5291.36	588.53	993.81
安徽	Anhui	7160.46	3243.47	3265.64	111.81	539.54
福建	Fujian	9967.17	4474.49	4570.44	319.80	602.44
江西	Jiangxi	7829.43	3532.72	3742.43	120.92	433.36
山东	Shandong	9446.54	4383.22	4234.55	257.20	571.57
河南	Henan	7524.94	2989.36	3973.43	135.49	426.66
湖北	Hubei	7851.71	3189.84	4123.49	65.87	472.51
湖南	Hunan	7440.17	3847.59	2903.21	112.77	576.59
广东	Guangdong	10542.84	6804.43	2566.10	556.47	615.84
广西	Guangxi	6007.55	2245.95	3234.55	53.87	473.17
海南	Hainan	7408.00	2475.57	4182.73	173.30	576.40
重庆	Chongqing	7383.27	3400.77	2975.31	175.56	831.63
四川	Sichuan	7001.43	3088.86	3004.92	166.55	741.09
贵州	Guizhou	4753.00	1977.73	2249.21	71.54	454.53
云南	Yunnan	5416.54	1435.87	3328.10	234.19	418.38
西藏	Tibet	5719.38	1201.93	3678.66	127.71	711.08
陕西	Shaanxi	5762.52	2727.85	2294.43	200.05	540.18
甘肃	Gansu	4506.66	1787.72	2114.75	112.08	492.12
青海	Qinghai	5364.38	1989.69	2221.92	95.26	1057.51
宁夏	Ningxia	6180.32	2510.53	3071.52	101.55	496.73
新疆	Xinjiang	6393.68	1008.02	4238.98	170.73	975.95

11-22 按收入五等份分农村居民家庭基本情况（2012年）

Basic Conditions of Rural Households by Income Quintile (2012)

指标	Item	低收入户 (20%) Low Income Households	中等偏下户 (20%) Lower Middle Income Households	中等收入户 (20%) Middle Income Households	中等偏上户 (20%) Upper Middle Income Households	高收入户 (20%) High Income Households
平均每户常住人口（人）	Average Number of Usual Residents Per Household (person)	4.44	4.21	3.95	3.61	3.19
平均每户整半劳动力（人）	Average Number of Full/Semi Labour Force Per Household (person)	2.94	2.87	2.80	2.68	2.52
平均每个劳动力负担人口（人）	Average Number of Dependents per Labour Force (including self) (person)	1.51	1.47	1.41	1.35	1.26
平均每人总收入（元）	Per Capita Annual Income (yuan)	4878.32	6823.00	9468.63	13171.03	25037.18
#现金收入	Cash Income	3948.61	5679.72	8207.59	11851.54	23575.41
平均每人总支出（元）	Per Capita Annual Expenditures (yuan)	6573.27	6859.81	8402.90	10685.38	17718.03
#现金支出	Cash Expenditures	5933.30	6188.47	7738.08	10042.95	17130.57
平均每人纯收入（元）	Per Capita Annual Net Income (yuan)	2316.21	4807.47	7041.03	10142.08	19008.89
工资性收入	Income from Wages and Salaries	993.42	2053.75	3196.41	4789.21	8109.60
家庭经营纯收入	Income from Household Operations	937.74	2216.22	3124.74	4330.36	8500.09
财产性收入	Income from Properties	52.66	84.76	143.18	236.67	885.33
转移性收入	Income from Transfers	332.39	452.74	576.70	785.83	1513.87

11-23 按收入五等份分农村居民家庭平均每人消费支出（2012年）

Per Capita Consumption Expenditure of Rural Households by Income Quintile (2012)

单位：元 (yuan)

指标	Item	低收入户 (20%) Low Income Households	中等偏下户 (20%) Lower Middle Income Households	中等收入户 (20%) Middle Income Households	中等偏上户 (20%) Upper Middle Income Households	高收入户 (20%) High Income Households
消费支出	**Consumption Expenditure**	**3742.25**	**4464.34**	**5430.32**	**6924.19**	**10275.30**
食品	Food	1620.32	1902.73	2197.42	2672.60	3622.70
衣着	Clothing	246.10	287.59	358.37	466.07	717.82
居住	Residence	637.66	775.19	990.72	1341.22	1952.78
家庭设备及用品	Household Facilities and Articles	197.38	250.08	319.07	406.68	618.40
交通通信	Transport and Communications	360.26	412.69	546.92	732.45	1418.83
文教娱乐	Education, Cultural and Recreation	230.24	294.22	386.79	533.11	918.93
医疗保健	Health Care and Medical Services	370.88	439.12	499.13	595.70	737.12
其他	Others	79.41	102.71	131.90	176.37	288.71
现金消费支出	**Cash Consumption Expenditure**	**3262.10**	**3946.12**	**4912.65**	**6421.32**	**9836.16**
食品	Food	1173.21	1415.99	1712.19	2203.09	3217.42
衣着	Clothing	245.87	287.33	358.09	465.83	717.62
居住	Residence	605.15	744.23	958.95	1308.40	1919.61
家庭设备及用品	Household Facilities and Articles	197.12	249.84	318.71	406.42	618.00
交通通信	Transport and Communications	360.26	412.69	546.92	732.45	1418.83
文教娱乐	Education, Culture and Recreation	230.24	294.22	386.79	533.11	918.93
医疗保健	Health Care and Medical Services	370.88	439.12	499.13	595.70	737.12
其他	Others	79.36	102.70	131.89	176.32	288.63

11-24 分地区农村居民家庭平均每人消费支出（2012年）
Per Capita Consumption Expenditure of Rural Households by Region (2012)

单位：元 (yuan)

地 区	Region	消费支出合计 Consumption Expenditure	食品 Food	衣着 Clothing	居住 Residence	家庭设备及用品 Household Facilities and Articles	交通通信 Transport and Communi-cations	文教娱乐 Education, Culture and Recreation	医疗保健 Health Care and Medical Services	其他 Others
全 国	**National Average**	**5908.02**	**2323.89**	**396.39**	**1086.35**	**341.71**	**652.79**	**445.49**	**513.81**	**147.58**
北 京	Beijing	11878.92	3944.76	947.97	2199.75	773.55	1398.80	1152.67	1125.25	336.17
天 津	Tianjin	8336.55	3019.86	780.72	1263.51	451.30	1066.27	766.08	760.41	228.40
河 北	Hebei	5364.14	1817.00	396.58	1137.31	349.90	604.33	358.49	543.75	156.77
山 西	Shanxi	5566.19	1859.98	501.77	1142.14	298.29	625.99	498.02	490.25	149.75
内蒙古	Inner Mongolia	6381.97	2379.76	481.75	1078.97	268.98	912.25	513.97	588.87	157.42
辽 宁	Liaoning	5998.39	2299.99	517.86	979.77	250.52	668.71	556.56	548.77	176.23
吉 林	Jilin	6186.17	2268.76	478.74	836.77	251.93	699.03	606.26	840.52	204.15
黑龙江	Heilongjiang	5718.05	2164.94	544.64	754.72	229.66	611.34	518.04	727.02	167.67
上 海	Shanghai	11971.50	4847.59	704.43	1834.07	646.13	1704.83	952.10	1028.96	253.39
江 苏	Jiangsu	9138.18	3049.11	610.70	1493.21	532.95	1311.05	1184.18	724.23	232.74
浙 江	Zhejiang	10652.73	3947.31	751.58	1950.08	604.41	1499.95	902.23	746.05	251.11
安 徽	Anhui	5555.99	2180.80	331.94	1139.78	346.90	516.60	385.92	510.06	144.00
福 建	Fujian	7401.92	3403.46	471.44	1165.78	426.70	794.98	565.83	380.60	193.13
江 西	Jiangxi	5129.47	2232.83	264.96	1030.18	278.31	494.46	342.70	380.45	105.59
山 东	Shandong	6775.95	2321.46	454.75	1399.90	405.75	937.55	500.98	635.34	120.21
河 南	Henan	5032.14	1701.75	424.12	1060.70	361.63	525.11	343.83	468.81	146.21
湖 北	Hubei	5726.73	2154.01	316.41	1206.16	397.86	496.10	394.63	591.87	169.68
湖 南	Hunan	5870.12	2574.81	317.99	1088.23	373.50	481.58	400.22	497.24	136.56
广 东	Guangdong	7458.56	3658.66	319.46	1196.10	378.53	760.07	466.63	446.46	232.66
广 西	Guangxi	4933.58	2085.63	156.47	1200.80	274.63	453.01	270.24	383.95	108.84
海 南	Hainan	4776.30	2410.07	178.86	828.62	207.47	435.58	253.97	306.54	155.20
重 庆	Chongqing	5018.64	2216.15	380.18	557.02	413.54	489.31	394.23	482.24	85.98
四 川	Sichuan	5366.71	2514.16	338.52	787.41	333.20	463.94	329.29	498.29	101.90
贵 州	Guizhou	3901.71	1740.58	226.81	758.37	211.36	371.35	226.44	282.51	84.30
云 南	Yunnan	4561.33	2080.61	241.07	804.39	247.00	470.19	289.22	362.63	66.22
西 藏	Tibet	2967.56	1592.00	372.62	251.62	173.31	363.95	40.86	82.67	90.52
陕 西	Shaanxi	5114.68	1520.10	332.72	1258.06	298.69	503.34	445.47	619.94	136.37
甘 肃	Gansu	4146.24	1648.60	303.14	682.30	250.43	436.03	327.30	398.01	100.42
青 海	Qinghai	5338.91	1858.62	404.47	1209.74	257.40	683.73	283.28	520.06	121.62
宁 夏	Ningxia	5351.36	1891.37	463.35	1033.17	304.95	620.79	373.36	492.14	172.21
新 疆	Xinjiang	5301.25	1891.10	429.95	1298.54	219.11	646.42	261.74	444.18	110.21

11-25 分地区农村居民家庭平均每人现金消费支出（2012年）
Per Capita Cash Consumption Expenditure of Rural Households by Region (2012)

单位：元 (yuan)

地区	Region	现金消费支出合计 Cash Consumption Expenditure	食品 Food	衣着 Clothing	居住 Residence	家庭设备及用品 Household Facilities and Articles	交通通信 Transport and Communi-cations	文教娱乐 Education, Culture and Recreation	医疗保健 Health Care and Medical Services	其他 Others
全国	**National Average**	**5414.47**	**1863.11**	**396.14**	**1054.17**	**341.42**	**652.79**	**445.49**	**513.81**	**147.54**
北京	Beijing	11828.03	3898.95	947.97	2196.37	773.54	1398.80	1152.67	1125.25	334.49
天津	Tianjin	8305.51	2988.83	780.72	1263.51	451.30	1066.27	766.08	760.41	228.40
河北	Hebei	5172.48	1647.68	396.48	1115.19	349.84	604.33	358.49	543.75	156.73
山西	Shanxi	5359.05	1657.57	501.74	1137.44	298.29	625.99	498.02	490.25	149.75
内蒙古	Inner Mongolia	5731.21	1808.01	481.71	1000.88	268.10	912.25	513.97	588.87	157.42
辽宁	Liaoning	5666.43	2019.41	517.86	928.39	250.52	668.71	556.56	548.77	176.23
吉林	Jilin	5712.46	1887.33	478.16	745.07	251.93	699.03	606.26	840.52	204.15
黑龙江	Heilongjiang	5451.80	1990.33	544.64	664.23	228.51	611.34	518.04	727.02	167.67
上海	Shanghai	11746.63	4629.16	704.43	1827.63	646.13	1704.83	952.10	1028.96	253.39
江苏	Jiangsu	8796.48	2723.01	610.70	1477.81	532.76	1311.05	1184.18	724.23	232.74
浙江	Zhejiang	10486.03	3796.89	750.69	1936.64	602.54	1499.95	902.23	746.05	251.04
安徽	Anhui	5153.76	1836.79	331.77	1081.74	346.90	516.60	385.92	510.06	144.00
福建	Fujian	6998.78	3030.19	471.44	1136.31	426.37	794.98	565.83	380.60	193.07
江西	Jiangxi	4456.07	1580.03	264.88	1009.66	278.31	494.46	342.70	380.45	105.59
山东	Shandong	6513.82	2059.81	454.40	1399.90	405.63	937.55	500.98	635.34	120.20
河南	Henan	4779.64	1474.20	424.10	1035.81	361.58	525.11	343.83	468.81	146.21
湖北	Hubei	5070.68	1532.06	315.21	1173.49	397.63	496.10	394.63	591.87	169.68
湖南	Hunan	5023.85	1748.29	317.87	1069.13	372.96	481.58	400.22	497.24	136.56
广东	Guangdong	6867.19	3155.91	319.41	1107.61	378.45	760.07	466.63	446.46	232.66
广西	Guangxi	4165.20	1373.88	156.47	1144.20	274.63	453.01	270.24	383.95	108.82
海南	Hainan	4435.61	2122.36	178.86	775.63	207.47	435.58	253.97	306.54	155.20
重庆	Chongqing	4359.49	1564.04	380.13	550.18	413.52	489.31	394.23	482.24	85.85
四川	Sichuan	4487.93	1653.61	338.52	769.18	333.20	463.94	329.29	498.29	101.90
贵州	Guizhou	3157.39	1045.87	226.79	708.78	211.36	371.35	226.44	282.51	84.30
云南	Yunnan	3735.25	1331.01	241.07	728.32	247.00	470.19	289.22	362.63	65.82
西藏	Tibet	2303.58	930.39	372.54	249.35	173.30	363.95	40.86	82.67	90.52
陕西	Shaanxi	4883.88	1293.38	332.72	1253.98	298.69	503.34	445.47	619.94	136.37
甘肃	Gansu	3689.03	1210.04	303.10	663.71	250.43	436.03	327.30	398.01	100.41
青海	Qinghai	4773.30	1300.42	403.52	1204.04	256.63	683.73	283.28	520.06	121.62
宁夏	Ningxia	4913.60	1453.62	463.35	1033.17	304.95	620.79	373.36	492.14	172.21
新疆	Xinjiang	4784.71	1391.16	426.60	1289.31	215.09	646.42	261.74	444.18	110.21

11-26 按区域分的农村居民家庭基本情况（2012年）
Basic Conditions of Rural Households of Eastern, Central, Western and Northeastern Provinces (2012)

项　目	Item	东部地区 Eastern Provinces	中部地区 Central Provinces	西部地区 Western Provinces	东北地区 Northeastern Provinces
平均每户常住人口　（人）	**Average Number of Usual Residents (per Household)　(person)**	**3.65**	**3.96**	**4.17**	**3.32**
平均每户整半劳动力　（人）	Average Number of Full Labor Force/ Semi Labor Force (per Household)　(person)	2.62	2.90	2.85	2.51
平均每个劳动力负担人口(人)	Average Number of Dependents per Labour Force (including himself or herself)　(person)	1.39	1.37	1.46	1.32
平均每人总收入　（元）	**Per Capita Annual Income　(yuan)**	**13919.23**	**9829.41**	**8857.15**	**15710.99**
#现金收入	Cash Income	13194.14	8580.68	7511.73	13430.91
平均每人总支出　（元）	**Per Capita Annual Expenditures　(yuan)**	**11397.40**	**8462.30**	**8164.02**	**14017.58**
#现金支出	Cash Expenditures	11037.76	7865.03	7242.21	13433.00
平均每人纯收入　（元）	**Per Capita Annual Net Income　(yuan)**	**10817.48**	**7435.24**	**6026.61**	**8846.49**
工资性收入	Income from Wages and Salaries	5790.96	3328.08	2124.39	2377.68
家庭经营纯收入	Income from Household Operations	3710.82	3483.06	3083.85	5283.15
财产性收入	Income from Properties	451.91	113.47	154.94	421.50
转移性收入	Income from Transfers	863.78	510.62	663.43	764.15
消费支出　（元）	**Consumption Expenditure　(yuan)**	**7682.97**	**5469.00**	**4798.36**	**5941.18**
食品	Food	2947.51	2119.22	1992.23	2237.25
衣着	Clothing	497.98	354.99	322.03	517.20
居住	Residence	1379.88	1108.11	877.85	848.93
家庭设备及用品	Household Facilities and Articles	443.55	350.16	271.97	242.63
交通通信	Transport and Communications	965.77	515.71	503.93	654.66
文教娱乐	Education, Culture and Recreation	647.13	385.58	306.26	555.61
医疗保健	Health Care and Medical Services	604.70	492.45	419.04	704.00
其他	Others	196.46	142.78	105.04	180.90
现金消费支出　（元）	**Consumption Expenditure in Cash (yuan)**	**7379.04**	**4950.53**	**4141.14**	**5594.38**
食品	Food	2671.09	1629.01	1366.41	1969.66
衣着	Clothing	497.79	354.71	321.75	517.03
居住	Residence	1352.94	1080.28	847.16	770.34
家庭设备及用品	Household Facilities and Articles	443.23	350.00	271.61	242.18
交通通信	Transport and Communications	965.77	515.71	503.93	654.66
文教娱乐	Education, Culture and Recreation	647.13	385.58	306.26	555.61
医疗保健	Health Care and Medical Services	604.70	492.45	419.04	704.00
其他	Others	196.38	142.78	104.98	180.90

11-27 农村居民家庭平均每人主要食品消费量
Per Capita Consumption of Major Foods by Rural Households

指　标	Item	1990	1995	2000	2005	2010	2011	2012
粮食(原粮)(千克)	Grain (Unprocessed) (kg)	262.08	256.07	250.23	208.85	181.44	170.74	164.27
#小麦	Wheat	80.03	81.49	80.27	68.44	57.52	54.75	52.33
稻谷	Rice	134.99	129.25	126.82	113.36	101.91	97.09	92.59
大豆	Soybeans		2.28	2.53	1.91	1.61	1.38	1.14
蔬菜 (千克)	Fresh Vegetables (kg)	134.00	104.62	106.74	102.28	93.28	89.36	84.72
食油 (千克)	Edible Oil (kg)	5.17	5.80	7.06	6.01	6.31	7.48	7.83
#植物油	Vegetable Oil	3.54	4.25	5.45	4.90	5.52	6.60	6.93
肉禽及制品(千克)	Meats, Poultry and Processed Products(kg)	12.59	13.56	18.30	22.42	22.15	23.30	23.45
#猪肉	Pork	10.54	10.58	13.28	15.62	14.40	14.42	14.40
牛肉	Beef	0.40	0.36	0.52	0.64	0.63	0.98	1.02
羊肉	Mutton	0.40	0.35	0.61	0.83	0.80	0.92	0.94
禽类	Poultry	1.25	1.83	2.81	3.67	4.17	4.54	4.49
蛋及制品 (千克)	Eggs and Processed Products (kg)	2.41	3.22	4.77	4.71	5.12	5.40	5.87
奶及制品 (千克)	Milk and Processed Products (kg)	1.10	0.60	1.06	2.86	3.55	5.16	5.29
水产品 (千克)	Aquatic Products (kg)	2.13	3.36	3.92	4.94	5.15	5.36	5.36
食糖 (千克)	Sugar (kg)	1.50	1.28	1.28	1.13	1.03	1.04	1.19
酒 (千克)	Liquor (kg)	6.14	6.53	7.02	9.59	9.74	10.15	10.04
瓜果及制品(千克)	Fruits and Processed Products (kg)	5.89	13.01	18.31	17.18	19.64	21.30	22.81
坚果及制品(千克)	Nuts and Processed Products (kg)		0.13	0.74	0.81	0.96	1.21	1.30

11-28 农村居民家庭平均每百户年底耐用消费品拥有量
Number of Durable Consumer Goods Owned Per 100 Rural Households at Year-end

指　标	Item	1990	1995	2000	2005	2010	2011	2012
洗衣机 (台)	Washing Machine (set)	9.12	16.90	28.58	40.20	57.32	62.57	67.22
电冰箱 (台)	Refrigerator (set)	1.22	5.15	12.31	20.10	45.19	61.54	67.32
空调 (台)	Air Conditioner (set)		0.18	1.32	6.40	16.00	22.58	25.36
抽油烟机 (台)	Exhaust Fan (set)		0.61	2.75	5.98	11.11	13.23	14.69
自行车 (辆)	Bicycle (unit)	118.33	147.02	120.48	98.37	95.98	77.11	78.97
摩托车 (辆)	Motorcycle (unit)	0.89	4.91	21.94	40.70	59.02	60.85	62.20
固定电话 (部)	Telephone (set)			26.38	58.37	60.76	43.11	42.24
移动电话 (部)	Mobile Telephone (set)			4.32	50.24	136.54	179.74	197.80
黑白电视机(台)	Black and White TV Set (set)	39.72	63.81	52.97	21.77	6.38	1.66	1.44
彩色电视机(台)	Color TV Set (set)	4.72	16.92	48.74	84.08	111.79	115.46	116.90
照相机 (台)	Camera (set)	0.70	1.42	3.12	4.05	5.17	4.55	5.18
计算机 (台)	Computer (set)			0.47	2.10	10.37	17.96	21.36

11-29 分地区农村居民家庭平均每人主要食品消费量（2012年）
Per Capita Consumption of Major Foods by Rural Households by Region (2012)

单位：千克 (kg)

地 区	Region	粮 食 Grain	蔬 菜 Vegetables	食 油 Edible Oil	猪牛羊肉 Pork, Beef and Mutton	禽 类 Poultry	蛋类及其制品 Eggs and Processed Products	水产品 Aquatic Products	食 糖 Sugar	酒 Liquor
全 国	**National Average**	**164.27**	**84.72**	**7.83**	**16.36**	**4.49**	**5.87**	**5.36**	**1.19**	**10.04**
北 京	Beijing	101.13	100.47	9.80	19.13	3.96	11.05	5.33	1.15	16.15
天 津	Tianjin	163.42	76.63	11.60	14.87	1.84	12.84	10.17	1.09	11.37
河 北	Hebei	156.90	71.80	8.84	10.18	1.28	10.42	3.31	1.06	12.05
山 西	Shanxi	155.99	69.30	7.40	6.89	1.14	7.82	0.94	0.98	4.80
内蒙古	Inner Mongolia	181.27	68.74	5.20	26.18	3.52	6.45	2.06	0.92	13.90
辽 宁	Liaoning	160.45	103.09	9.27	15.88	1.48	8.48	5.21	0.68	15.35
吉 林	Jilin	170.49	127.72	9.09	13.75	4.31	7.90	4.06	0.73	19.28
黑龙江	Heilongjiang	138.32	67.64	11.98	10.91	3.44	6.33	3.96	1.00	24.07
上 海	Shanghai	140.58	72.23	10.36	21.71	9.46	8.92	18.43	1.77	18.02
江 苏	Jiangsu	135.41	92.95	7.69	14.91	5.70	6.96	10.32	1.02	10.58
浙 江	Zhejiang	128.87	68.04	8.16	16.93	6.10	5.56	15.97	1.25	19.84
安 徽	Anhui	150.02	68.98	8.08	11.60	6.05	7.23	6.20	4.36	12.24
福 建	Fujian	154.14	83.98	7.80	19.57	7.87	5.32	17.42	1.70	15.58
江 西	Jiangxi	179.79	105.61	9.01	13.90	3.66	4.22	5.44	0.79	11.86
山 东	Shandong	154.13	70.88	7.95	9.45	3.30	12.32	4.84	0.79	11.89
河 南	Henan	142.88	70.46	6.91	6.93	2.27	9.06	1.74	0.79	6.14
湖 北	Hubei	150.58	119.33	10.39	18.17	2.94	5.02	8.54	0.62	11.12
湖 南	Hunan	198.15	121.79	8.34	18.16	6.08	4.92	6.23	1.05	6.05
广 东	Guangdong	175.35	99.53	7.09	26.35	13.16	3.39	15.88	1.37	4.00
广 西	Guangxi	171.91	86.43	5.59	16.21	10.71	2.22	3.83	0.94	8.97
海 南	Hainan	115.20	60.65	6.07	18.34	14.02	2.43	20.92	0.88	7.37
重 庆	Chongqing	156.72	125.37	7.50	23.17	3.67	5.18	3.57	1.96	12.91
四 川	Sichuan	160.14	116.40	6.94	26.11	5.88	4.87	2.55	1.17	9.51
贵 州	Guizhou	146.68	97.43	4.80	21.19	2.05	2.35	0.53	0.70	7.75
云 南	Yunnan	178.97	96.94	5.01	27.12	5.59	2.82	1.89	0.92	8.19
西 藏	Tibet	276.56	14.03	7.73	20.95	0.02	0.56	0.00	2.51	3.43
陕 西	Shaanxi	143.72	48.54	7.75	7.56	0.86	3.91	0.53	0.59	4.35
甘 肃	Gansu	187.87	44.39	6.40	12.14	1.48	3.93	0.54	1.11	8.86
青 海	Qinghai	170.41	40.80	3.80	23.25	1.37	1.58	0.56	1.22	3.80
宁 夏	Ningxia	180.23	69.95	8.60	11.64	5.98	3.40	0.74	1.06	3.20
新 疆	Xinjiang	227.53	77.14	12.85	17.41	3.00	3.62	0.59	0.52	1.91

11-30 分地区农村居民家庭平均每百户主要耐用消费品拥有量（2012年底）
Ownership of Durable Consumer Goods Per 100 Rural Households by Region at Year-end (2012)

地　区	Region	洗衣机（台）Washing Machine (set)	电冰箱（台）Refrigerator (set)	空　调（台）Air Conditioner (set)	抽油烟机（台）Exhaust Fan (set)	自行车（辆）Bicycle (unit)	摩托车（辆）Motorcycle (unit)
全　国	**National Average**	**67.22**	**67.32**	**25.36**	**14.69**	**78.97**	**62.20**
北　京	Beijing	99.03	102.70	112.60	70.87	146.83	13.87
天　津	Tianjin	99.57	97.43	74.86	49.14	162.86	26.71
河　北	Hebei	93.60	82.93	41.62	14.67	167.71	61.19
山　西	Shanxi	86.62	52.90	7.57	6.10	85.57	56.71
内蒙古	Inner Mongolia	79.81	84.32	0.78	7.62	46.02	75.44
辽　宁	Liaoning	80.74	81.99	2.22	11.25	81.81	64.03
吉　林	Jilin	88.88	78.69	0.88	5.06	43.19	67.38
黑龙江	Heilongjiang	83.17	76.16	0.40	9.78	44.15	56.38
上　海	Shanghai	89.67	101.42	135.92	66.50	177.75	24.92
江　苏	Jiangsu	91.26	86.68	90.59	36.71	149.82	49.47
浙　江	Zhejiang	73.07	95.52	102.22	61.81	109.22	38.93
安　徽	Anhui	60.06	79.77	38.26	9.61	85.58	52.74
福　建	Fujian	69.63	92.08	52.74	34.42	52.53	87.61
江　西	Jiangxi	27.84	73.63	21.22	8.69	62.65	69.27
山　东	Shandong	86.33	84.12	26.93	19.95	155.21	60.76
河　南	Henan	92.57	66.86	37.24	4.05	127.71	51.31
湖　北	Hubei	62.42	80.18	33.15	15.82	46.52	74.76
湖　南	Hunan	62.27	77.46	24.32	6.81	27.89	64.49
广　东	Guangdong	55.16	66.39	55.29	29.06	86.77	108.16
广　西	Guangxi	35.97	61.08	10.35	4.03	51.21	89.44
海　南	Hainan	17.58	34.42	12.83	2.17	36.17	106.83
重　庆	Chongqing	63.17	78.28	28.94	5.17	12.50	38.44
四　川	Sichuan	73.25	71.38	13.83	4.95	29.40	45.23
贵　州	Guizhou	69.82	45.18	0.76	1.03	5.40	39.02
云　南	Yunnan	58.04	34.88	0.50	5.21	23.54	64.71
西　藏	Tibet	27.77	32.71	0.20		8.72	79.86
陕　西	Shaanxi	88.63	54.44	11.94	5.59	83.47	57.14
甘　肃	Gansu	79.67	32.89	0.28	4.89	73.94	71.94
青　海	Qinghai	88.06	78.61	1.67	8.06	26.25	80.83
宁　夏	Ningxia	91.63	61.13	0.88	8.88	109.75	85.25
新　疆	Xinjiang	77.35	68.77	1.35	5.74	66.19	79.87

11-30 续表 continued

地区	Region	固定电话（部）Telephone (unit)	移动电话（部）Mobile Telephone (unit)	黑白电视机（台）Black and White TV Set (set)	彩色电视机（台）Color TV Set (set)	照相机（台）Camera (set)	计算机（台）Computer (set)
全　国	**National Average**	**42.24**	**197.80**	**1.44**	**116.90**	**5.18**	**21.36**
北　京	Beijing	85.63	234.87	0.20	136.03	36.57	66.70
天　津	Tianjin	56.29	195.57	0.14	125.29	22.71	43.71
河　北	Hebei	45.05	201.07	0.69	121.76	4.05	30.40
山　西	Shanxi	46.86	186.76	1.24	109.24	2.62	27.67
内蒙古	Inner Mongolia	16.36	201.65	1.21	105.58	3.01	11.21
辽　宁	Liaoning	80.69	158.06	0.28	112.18	5.97	20.23
吉　林	Jilin	36.69	212.94	0.25	117.00	2.13	20.75
黑龙江	Heilongjiang	35.76	186.25	0.58	108.75	3.35	19.24
上　海	Shanghai	89.17	200.25	2.83	189.50	20.17	49.17
江　苏	Jiangsu	74.47	203.21	2.50	144.21	13.21	44.97
浙　江	Zhejiang	77.41	209.07	2.48	172.22	15.04	47.89
安　徽	Anhui	53.61	174.77	3.26	116.16	2.16	13.87
福　建	Fujian	65.20	241.15	0.40	137.59	8.43	36.16
江　西	Jiangxi	22.90	200.16	3.06	120.49	2.61	13.31
山　东	Shandong	41.90	198.21	1.38	113.52	5.45	31.50
河　南	Henan	26.33	194.10	0.98	111.21	2.67	20.21
湖　北	Hubei	40.06	215.06	1.48	116.24	3.64	19.73
湖　南	Hunan	28.41	192.84	1.70	111.24	3.14	11.95
广　东	Guangdong	69.29	244.48	0.61	118.32	8.03	31.68
广　西	Guangxi	30.04	215.45	1.21	109.91	2.16	11.73
海　南	Hainan	24.50	210.00	0.92	98.67	1.83	8.42
重　庆	Chongqing	42.44	187.17	0.78	107.78	4.28	14.50
四　川	Sichuan	32.35	177.95	2.20	106.68	2.58	9.95
贵　州	Guizhou	15.45	173.26	0.31	95.94	1.56	4.87
云　南	Yunnan	11.92	205.13	0.46	101.83	3.42	6.17
西　藏	Tibet	51.08	132.09	1.62	106.49	1.55	0.54
陕　西	Shaanxi	34.75	229.84	1.17	113.51	3.60	17.91
甘　肃	Gansu	29.00	192.72	1.50	106.28	2.67	11.39
青　海	Qinghai	48.19	220.69	0.69	107.08	6.39	8.75
宁　夏	Ningxia	28.38	242.75	1.88	123.25	2.63	14.88
新　疆	Xinjiang	29.87	147.29	4.19	96.90	3.42	12.45

11-31 城乡新建住宅面积和居民住房情况
Floor Space of Newly Built Residential Buildings and Housing Conditions of Urban and Rural Residents

年份 Year	城镇新建住宅面积 (亿平方米) Floor Space of Newly Built Residential Buildings in Urban Areas (100 million sq.m)	农村新建住宅面积 (亿平方米) Floor Space of Newly Built Residential Buildings in Rural Areas (100 million sq.m)	城镇居民人均住房建筑面积 (平方米) Per Capita Floor Space of Residential Building in Urban Areas (sq.m)	农村居民人均居住住房面积 (平方米) Per Capita Floor Space of Residential Building in Rural Areas (sq.m)
1978	0.38	1.00		8.1
1980	0.92	5.00		9.4
1985	1.88	7.22		14.7
1986	2.22	9.84		15.3
1987	2.23	8.84		16.0
1988	2.40	8.45		16.6
1989	1.97	6.76		17.2
1990	1.73	6.91		17.8
1991	1.92	7.54		18.5
1992	2.40	6.19		18.9
1993	3.08	4.81		20.7
1994	3.57	6.18		20.2
1995	3.75	6.99		21.0
1996	3.95	8.28		21.7
1997	4.06	8.06		22.5
1998	4.76	8.00		23.3
1999	5.59	8.34		24.2
2000	5.49	7.97		24.8
2001	5.75	7.29		25.7
2002	5.98	7.42	24.5	26.5
2003	5.50	7.52	25.3	27.2
2004	5.69	6.80	26.4	27.9
2005	6.61	6.67	27.8	29.7
2006	6.30	6.84	28.5	30.7
2007	6.88	7.75	30.1	31.6
2008	7.60	8.34	30.6	32.4
2009	8.21	10.21	31.3	33.6
2010	8.69	9.63	31.6	34.1
2011	9.49	10.26	32.7	36.2
2012	10.00	9.51	32.9	37.1

11-32 农村居民家庭住房情况
Housing Conditions of Rural Households

指标	Item	1990	1995	2000	2005	2010	2011	2012
本年新建房屋	**Houses Newly Built This Year**							
面积 (平方米/人)	Per Capita Floor Space of Houses (sq.m/person)	0.82	0.78	0.87	0.83	0.80	1.30	0.96
价值 (元/平方米)	Value of Houses (yuan/sq.m)	92.32	200.30	260.23	373.31	673.35	804.51	829.51
住房结构(平方米/人)	Structure of Houses (sq.m/person)							
#钢筋混凝土结构	Reinforced Concrete Structure	0.23	0.33	0.47	0.51	0.56	0.92	0.70
砖木结构	Brick and Wood Structure	0.47	0.37	0.36	0.29	0.21	0.34	0.24
年末居住住房情况	**Houses at Year-end**							
面积 (平方米/人)	Per Capita Floor Space of Houses (sq.m/person)	17.83	21.01	24.82	29.68	34.08	36.24	37.09
价值 (元/平方米)	Value of Houses (yuan/sq.m)	44.60	101.64	187.41	267.76	391.70	654.37	681.90
住房结构(平方米/人)	Structure of Houses (sq.m/person)							
#钢筋混凝土结构	Reinforced Concrete Structure	1.22	3.10	6.15	11.17	15.10	16.48	17.12
砖木结构	Brick and Wood Structure	9.84	11.91	13.61	14.12	15.24	15.92	16.35

11-33 分地区农村居民家庭居住住房情况（2012年）
Housing Conditions of Rural Households by Region (2012)

地 区	Region	住房面积（平方米/人）Per Capita Floor Space of Houses (sq.m/person)	住房价值（元/平方米）Value of Houses (yuan/sq.m)	住房结构（平方米/人）House Structures (sq.m/person)	
				钢筋混凝土结构 Reinforced Concrete Structure	砖木结构 Brick and Wood Structure
全 国	**National Average**	**37.09**	**681.90**	**17.12**	**16.35**
北 京	Beijing	38.17	3192.13	10.74	27.17
天 津	Tianjin	30.26	1858.35	5.85	24.40
河 北	Hebei	35.01	693.07	9.72	23.80
山 西	Shanxi	30.61	553.32	8.27	18.72
内蒙古	Inner Mongolia	24.94	523.27	1.33	17.45
辽 宁	Liaoning	29.29	818.86	5.94	22.95
吉 林	Jilin	24.71	603.87	0.16	23.04
黑龙江	Heilongjiang	24.82	831.34	1.01	20.29
上 海	Shanghai	60.42	2470.77	27.51	32.87
江 苏	Jiangsu	50.82	881.12	26.52	24.06
浙 江	Zhejiang	62.14	1256.30	43.46	17.36
安 徽	Anhui	35.28	637.19	21.83	13.01
福 建	Fujian	50.80	830.47	38.18	9.87
江 西	Jiangxi	46.95	487.33	37.88	7.43
山 东	Shandong	38.43	568.22	12.00	25.92
河 南	Henan	37.86	510.77	20.12	17.15
湖 北	Hubei	44.98	546.26	26.66	14.06
湖 南	Hunan	46.51	432.94	20.62	24.16
广 东	Guangdong	31.67	867.46	24.56	4.88
广 西	Guangxi	35.98	470.64	28.21	6.16
海 南	Hainan	25.25	865.96	12.67	12.54
重 庆	Chongqing	41.10	461.56	20.79	16.16
四 川	Sichuan	37.90	506.61	16.29	15.32
贵 州	Guizhou	29.62	531.80	10.41	16.20
云 南	Yunnan	31.73	589.67	10.02	8.42
西 藏	Tibet	28.77	316.76	0.77	16.74
陕 西	Shaanxi	36.88	616.51	18.58	11.15
甘 肃	Gansu	24.08	547.48	4.35	9.67
青 海	Qinghai	29.69	506.79	4.42	14.18
宁 夏	Ningxia	25.86	501.92	2.96	17.19
新 疆	Xinjiang	27.18	486.44	2.81	14.20

主要统计指标解释

一、城镇住户

城镇家庭人口 指居住在一起，经济上合在一起共同生活的家庭成员。凡计算为家庭人口的成员其全部收支都包括在本家庭中。

城镇就业面 指就业人口占家庭人口的百分比。

城镇就业者负担人数 指家庭人口与就业人口之比。

城镇家庭总收入 指家庭成员得到的工资性收入、经营净收入、财产性收入、转移性收入之和，不包括出售财物收入和借贷收入。

城镇居民家庭可支配收入 指家庭成员得到可用于最终消费支出和其他非义务性支出以及储蓄的总和，即居民家庭可以用来自由支配的收入。它是家庭总收入扣除交纳的个人所得税、个人交纳的社会保障支出以及记账补贴后的收入。计算公式为:

城镇居民家庭可支配收入=家庭总收入-交纳个人所得税-个人交纳的社会保障支出-记账补贴

城镇家庭总支出 指家庭除借贷支出以外的全部实际支出。包括现金消费支出、财产性支出、转移性支出、社会保障支出、购房与建房支出。

城镇家庭现金消费支出 指家庭用于日常生活的全部现金支出，包括食品、衣着、居住、家庭设备及用品、交通通信、文教娱乐、医疗保健、其他等八大类支出。

城镇家庭服务性消费支出 指家庭用于支付社会提供的各种文化和生活方面的非商品性服务费用。

城镇家庭收入分组方法 是将所有调查户按户人均可支配收入由低到高排队，按10%、10%、20%、20%、20%、10%、10%的比例依次分成: 最低收入户、较低收入户、中等偏下收入户、中等收入户、中等偏上收入户、较高收入户、最高收入户等七组。总体中最低5%的户为困难户。

恩格尔系数 指食品支出在现金消费支出中所占的比例。计算公式为:

$$恩格尔系数=\frac{食品支出}{现金消费支出}\times100\%$$

二、农村住户

农村住户 指农村常住户。农村常住户指长期(一年以上)居住在乡镇(不包括城关镇)行政管理区域内的住户，以及长期居住在城关镇所辖行政村范围内的农村住户。户口不在本地而在本地居住一年及以上的住户也包括在本地农村常住户范围内; 有本地户口，但举家外出谋生一年以上的住户，无论是否保留承包耕地都不包括在本地农村住户范围内。

常住人口 指全年经常在家或在家居住6个月以上，而且经济和生活与本户连成一体的人口。外出从业人员在外居住时间虽然在6个月以上，但收入主要带回家中，经济与本户连为一体，仍视为家庭常住人口; 在家居住，生活和本户连成一体的国家职工、退休人员也为家庭常住人口。但是现役军人、中专及以上(走读生除外)的在校学生、以及常年在外(不包括探亲、看病等)且已有稳定的职业与居住场所的外出从业人员，不算家庭常住人口。家庭常住人口主要作为计算农村住户平均每人收入、消费和积累水平及分析家庭人口状况的依据。

整、半劳动力 整劳动力指男子18周岁到50周岁，女子18周岁到45周岁; 半劳动力指男子16周岁到17周岁，51周岁到60周岁; 女子16周岁到17周岁，46周岁到55周岁，同时具有劳动能力的人。虽然在劳动年龄之内，但已丧失劳动能力的人，不应算为劳动力; 超过劳动年龄，但能经常参加劳动，计入半劳动力数内。常住人口中的职工，若这些职工为劳动力，就包括在本户的整半劳动力中。

总收入 指调查期内农村住户和住户成员从各种来源渠道得到的收入总和。按收入的性质划分为工资性收入、家庭经营收入、财产性收入和转移性收入。

工资性收入 指农村住户成员受雇于单位或个人，靠出卖劳动而获得的收入。

家庭经营收入 指农村住户以家庭为生产经营单位进行生产筹划和管理而获得的收入。农村住户家庭经营活动按行业划分为农业、林业、牧业、渔业、工业、建筑业、交通运输业邮电业、批发和零售贸易餐饮业、社会服务业、文教卫生业和其他家庭经营。

财产性收入 指金融资产或有形非生产性资产的所有者向其他机构单位提供资金或将有形非生产性资产供其支配，作为回报而从中获得的收入。

转移性收入 指农村住户和住户成员无须付出任何对应物而获得的货物、服务、资金或资产所有权等，不包括无偿提供的用于固定资本形成的资金。一般情况下，指农村住户在二次分配中的所有收入。

现金收入 指农村住户和住户成员在调查期内得到以现金形态表现的收入。按来源分成工资性收入、家庭经营现金收入、财产性收入、转移性收入。

农村居民家庭纯收入 指农村住户当年从各个来源得到的总收入相应地扣除所发生的费用后的收入总和。计算方法:

农村居民家庭纯收入=总收入-家庭经营费用支出-税费支出-生产性固定资产折旧-赠送农村内部亲友

纯收入主要用于再生产投入和当年生活消费支出，也可用于储蓄和各种非义务性支出。“农民人均纯收入”是按人口平均的纯收入水平，反映的是一个地区农村居民的平均收入水平。

总支出 指农村住户用于生产、生活和再分配的全部支出。包括家庭经营费用支出、购置生产性固定资产支出、税费支出、消费支出、财产性支出和转移性支出。

Explanatory Notes on Main Statistical Indicators

I. Urban Households

Population of Urban Households refer to members of households living and sharing economically together in the urban areas. All the income and expenditure of all the members of such households are included in the income and expenditure of the household.

Proportion of Urban Employment refers to the proportion of employed population to the population of urban households.

Number of Dependents per Urban Employee refers to the ratio between number of persons in an urban household and the number of employed persons.

Total Income of Urban Households refers to the sum of wage income; net business income; income from properties; and income from transfers of members of the households. Income from selling of properties and income from borrowing are not included.

Disposable Income of Urban Households refers to the actual income at the disposal of members of the households which can be used for final consumption, other non-compulsory expenditure and savings. This equals to total income minus income tax, personal contribution to social security and subsidy for keeping diaries in being a sample household. The following formula is used:

Disposable Income of Urban Households= total household income - income tax - personal contribution to social security - subsidy for keeping diaries for a sampled household

Total Expenditure of Urban Households refers to all actual expenditure of households except expenditure on lending. It includes cash expenditure; property expenditure, transfer expenditure, social insurance expenditure and expenditure on house purchasing or house building.

Consumption Expenditure of Urban Households in Cash refers to total cash expenditure of households for consumption in daily life, including expenditure on the eight categories of food; clothing; housing; household appliances; transport and communications; education, cultural and recreational activities and medical care.

Consumption Expenditure of Urban Households on Services refers to non-commodity service expenditure of households on various kinds of cultural and living activities provided by society.

Urban Households by Income Group All households in the sample are grouped, by per capita disposable income of the household, into groups of lowest income, low income, lower middle income, middle income, upper middle income, high income and highest income, each group consisting of 10%, 10%, 20%, 20%, 20%, 10% and 10% of all households respectively. The lowest 5% of households are also referred to as poor households.

Engel's Coefficient refers to the percentage of expenditure on food to the total consumption in cash, using the following formula:

$$\text{Engel's Coefficient} = \frac{\text{expenditure on food}}{\text{total living consumption expenditure}} \times 100\%$$

II. Rural Household

Rural Households refer to usual resident households in rural areas. Usual resident households in rural areas are households residing on a long term basis(for more than one year) in the areas under the administration of township governments (not including county towns), and in the areas under the administration of villages in county towns. Households residing in the current addresses for over one year with their household registration in other places are still considered as resident households of the locality. For households with their household registration in one place but all members of the households having moved away to make a living in another place for over one year, they will not be included in the rural households of the area where they are registered, irrespective of whether they still keep their contracted land.

Usual Resident Population refers to persons staying at home regularly or for over 6 months during a year and integrated with the household economically and in terms of living. Members of the household staying away from the household for over 6 months but keeping a close economic relation with the household by sending the majority of income to the household are regarded as usual resident of the household. Government staff and workers or retirees living as close members of the household are also considered as usual resident. However, servicemen, students of secondary technical schools or schools of higher education and persons with stable jobs and residence outside the household (excluding those visiting relatives or seeking medical service) are not included as resident population of the household. Resident population is used in calculating income, consumption, accumulation on per capita basis of rural households and in analyzing composition of rural households.

Full/Semi Labour Force Full labour force refers to persons capable of work, aged 18-50 for males and 18-45 for females. Semi labour force refers to persons capable of work, aged 16-17 and 51-60 for males and 16-17 and 46-55 for females. Persons at their working ages but not capable of work are not to be included as labour force. Persons not at working ages but participating regularly in work are included in semi labour force. For staff and workers who are usual residents, are included as full or semi labour force of the household if they are in the labour force.

Total Income refers to the sum of income earned from various sources by the rural households and their members during the reference period, and is classified as income from wages and salaries, income from household operations, income from properties and income from transfers.

Income from Wages and Salaries refers to income from labour earned by the members of rural households employed by other units or individuals.

Income from Household Operations refers to income by the rural households as units of production and operation. Operations by rural households are classified according to their economic activities namely agriculture, forestry, animal husbandry, fishery, manufacturing, construction, transportation, post and telecommunications, wholesale, retail and catering, social service, culture, education, health, and other household operations.

Income from Properties refers to the income received as returns by owners of financial assets or tangible non-productive assets by providing capitals or tangible non-productive assets to other institutional units.

Income from Transfers refers to the receipt by rural households and their members of goods, services, capital or rights of assets without giving or repaying accordingly, excluding capital provided to them for the formation of fixed assets. In general, it refers to all income received by rural households through redistribution.

Cash Income refers to income received by rural households and their members in the form of cash during the reference period. It is classified, by source of income, into income from wages and salaries, cash income from household operations, income from properties and income from transfers.

Net Income of Rural Households refers to the total income of rural households from all sources minus all corresponding expenses. The formula for calculation is as follows:

Net income of rural households = total income - household operation expenses - taxes and fees-depreciation of fixed assets for production - gifts to rural relatives.

Net income is mainly used as input for reinvestment in production and as consumption expenditure of the year, and also used for savings and non-compulsory expenses of various forms. "Per capita net income of farmers" is the level of net income averaged by population, reflecting the average income level of rural population in a given area.

Total Expenditure refers to total expenses of rural households on production, consumption and redistribution, including expenditure on household operations; purchase of productive fixed assets; taxes and fees; consumption expenditure; expenses on properties; and expenses on transfers.

12

城市概况

General Survey of Cities

简 要 说 明

一、本篇资料的主要内容

本篇资料反映我国城市社会、经济发展和城市建设的规模、速度、效益及综合水平等基本情况，主要内容有三部分:

1.全国城市分布情况;

2.省会城市和计划单列市主要经济指标;

3.城市公用事业情况及综合水平指标。

其中城市公用事业部分的主要内容包括:城市建设、供水、燃气、供热、市政设施、公共交通、城市绿化、环境卫生等。

二、本篇的资料来源

全国城市分布情况及省会城市和计划单列市主要经济指标由各省、自治区、直辖市统计局及城市社会经济调查司依据国家统计局制定的《城市社会经济基本情况统计报表制度》收集整理提供。

城市公用事业基本情况及综合水平指标部分的资料由住房和城乡建设部根据其《城市建设统计报表制度》汇总整理提供。

城市公共交通统计资料由交通运输部根据其《城市(县城)客运统计报表制度》中相关报表汇总整理提供。

三、本篇资料的统计范围与统计口径

涉及城市公用事业情况的部分由住房和城乡建设部提供，其执行范围是全国所有设市城市；统计口径为全社会，即在设市城市范围内所有的城市规划管理、投资、建设或经营管理相关设施的单位。

Brief Introduction

I. Main Contents

Data in this chapter present the social and economic development as well as the basic conditions of the scale, growth rate, economic efficiency and overall level of urban construction of China's cities. The main content is composed of three parts:

(1) Distribution of cities in China;

(2) Main economic indicators of provincial capitals and cities specially designated in the State plan;

(3) Indicators reflecting conditions and overall level of urban public facilities.

Data on public facilities include urban construction; supply of water, gas and heating; municipal infrastructure; public transportation; urban greenery; and environmental, sanitation.

II. Sources of Data

Data on distribution of cities in China and major economic indicators of provincial capitals and cities specially designated in the State plan are collected and prepared by the statistical bureaus of the provinces, autonomous regions and municipalities directly under the Central Government and the Department of Urban Social and Economic Survey of the NBS in accordance with the *Statistical Reporting Form System on the Basic Social and Economic Situation of the Cities and Counties*, which is stipulated by the NBS.

Data on basic conditions and overall level of urban public facilities are collected, prepared and provided by the Ministry of Housing and Urban-Rural Development in line with its *Statistical Reporting Form System on Urban Construction*.

Statistics of urban public transport are provided by Transport Department who collected relevant report forms according to *Urban Construction Statistical Report Forms System*.

III. Scope and Coverage of Statistics

Data on urban public facilities are provided by the Ministry of Housing and Urban-Rural Development, which has responsibility covering all cities. Statistically, the data cover all units under the jurisdiction of cities which are engaged in urban planning and management, investment, construction and operation of relevant facilities.

12-1 全部地级及以上城市数(2012年)
Number of Cities at Prefecture Level and Above (2012)

单位: 个 (unit)

地区	Region	合计 Total	按城市市辖区年末总人口分组 Grouped by Population in Urban Districts (year-end)					
			400万以上 4 million and over	200-400万 2 million-4 million	100-200万 1 million-2 million	50-100万 0.5 million-1 million	20-50万 0.2 million-0.5 million	20万以下 under 0.2 million
全部地级及以上城市	**Total Cities at Prefecture Level and Above**	**289**	**14**	**31**	**82**	**108**	**50**	**4**
北　京	Beijing	1	1					
天　津	Tianjin	1	1					
河　北	Hebei	11		2	2	7		
山　西	Shanxi	11		1	1	7	2	
内蒙古	Inner Mongolia	9			3	3	3	
辽　宁	Liaoning	14	1	1	2	9	1	
吉　林	Jilin	8		1	1	4	2	
黑龙江	Heilongjiang	12	1		2	7	1	1
上　海	Shanghai	1	1					
江　苏	Jiangsu	13	1	7	3	2		
浙　江	Zhejiang	11	1	1	3	5	1	
安　徽	Anhui	16		2	6	6	2	
福　建	Fujian	9		1	3	1	4	
江　西	Jiangxi	11		1	2	5	3	
山　东	Shandong	17		5	8	4		
河　南	Henan	17	1		8	6	2	
湖　北	Hubei	12	1	1	3	5	2	
湖　南	Hunan	13		1	4	6	2	
广　东	Guangdong	21	2	2	7	6	4	
广　西	Guangxi	14		1	6	4	3	
海　南	Hainan	3			1	1		1
重　庆	Chongqing	1	1					
四　川	Sichuan	18	1		11	5	1	
贵　州	Guizhou	6		1	1	2	2	
云　南	Yunnan	8		1		3	3	1
西　藏	Tibet	1					1	
陕　西	Shaanxi	10	1		2	6	1	
甘　肃	Gansu	12		1	2	3	5	1
青　海	Qinghai	1				1		
宁　夏	Ningxia	5			1		4	
新　疆	Xinjiang	2		1			1	

注：本表为公安部的户籍人口数(下表同)。

a) Population at year-end refer to household registrations, which are from the Ministry of Public Security. The same applies to the table following.

12-2 省会城市和计划单列市主要经济指标（2012年）
Main Economic Indicators of Provincial Capitals and Cities Specially Designated in the State Plan (2012)

包括市辖县。
Counties under the jurisdiction of city governments are included.

城市名称	City	年末总人口（万人）Total Population (year-end) (10 000 persons)	地区生产总值（当年价格）（亿元）Gross Regional Product (Current Prices) (100 million yuan)	第一产业 Primary Industry	第二产业 Secondary Industry	第三产业 Tertiary Industry	客运量（万人）Passenger Traffic (10 000 persons)	货运量（万吨）Freight Traffic (10 000 tons)
北京	Beijing	1297	17879.4	150.2	4059.3	13669.9	149037	26291
天津	Tianjin	993	12893.9	171.6	6663.8	6058.5	28462	46475
石家庄	Shijiazhuang	1005	4500.2	452.2	2240.7	1807.4	15378	28755
太原	Taiyuan	366	2311.4	36.0	1035.6	1239.8	5358	14225
呼和浩特	Hohhot	230	2475.6	120.5	902.3	1452.8	2927	14733
沈阳	Shenyang	725	6602.6	315.2	3383.2	2904.2	32869	21719
大连	Dalian	590	7002.8	451.4	3634.8	2916.7	14395	38913
长春	Changchun	757	4456.6	317.1	2291.9	1847.7	14447	16227
哈尔滨	Harbin	994	4550.2	506.8	1638.9	2404.6	15618	11764
上海	Shanghai	1427	20181.7	127.8	7854.8	12199.2	17402	94190
南京	Nanjing	638	7201.6	185.1	3170.8	3845.7	46993	38941
杭州	Hangzhou	701	7802.0	255.1	3572.6	3974.3	35819	30088
宁波	Ningbo	578	6582.2	268.5	3516.8	2796.9	29997	33286
合肥	Hefei	711	4164.3	229.1	2303.9	1631.4	34417	33720
福州	Fuzhou	655	4218.3	367.6	1917.0	1933.7	19280	17213
厦门	Xiamen	191	2817.1	25.2	1374.0	1417.9	14544	13642
南昌	Nanchang	508	3000.5	147.2	1693.6	1159.7	10624	9525
济南	Jinan	609	4803.7	252.9	1938.1	2612.6	17488	26208
青岛	Qingdao	770	7302.1	324.4	3402.2	3575.5	26183	29246
郑州	Zhengzhou	1073	5549.8	142.4	3132.9	2274.5	35660	26600
武汉	Wuhan	822	8003.8	301.2	3869.6	3833.1	27492	43892
长沙	Changsha	661	6399.9	272.3	3592.5	2535.1	36440	25970
广州	Guangzhou	822	13551.2	213.8	4720.7	8616.8	76069	75175
深圳	Shenzhen	288	12950.1	6.3	5737.6	7206.1	185011	30359
南宁	Nanning	714	2503.2	323.0	960.7	1219.5	12042	29785
海口	Haikou	162	818.8	55.9	201.7	561.2	40116	10413
重庆	Chongqing	3343	11409.6	940.0	5975.2	4494.4	157798	110136
成都	Chengdu	1173	8138.9	348.1	3765.6	4025.2	106874	39542
贵阳	Guiyang	375	1700.3	72.3	717.3	910.7	46489	16635
昆明	Kunming	543	3011.1	159.2	1378.5	1473.5	15918	26193
拉萨	Lhasa	50	260.1	10.8	90.7	158.7	859	15815
西安	Xi'an	796	4366.1	195.6	1881.8	2288.8	36154	44924
兰州	Lanzhou	322	1563.8	44.6	744.7	774.6	4831	9728
西宁	Xining	198	851.1	31.2	439.5	380.4	5233	3278
银川	Yinchuan	167	1150.9	51.0	619.1	480.9	3734	13520
乌鲁木齐	Urumqi	258	2004.1	25.0	829.0	1150.0	4910	18218

12-2 续表 1 continued

城市名称	City	地方财政预算内收入(万元) Budgetary Revenue of Local Governments (10 000 yuan)	地方财政预算内支出(万元) Budgetary Expenditure of Local Governments (10 000 yuan)	固定资产投资总额(万元) Total Investment in Fixed Assets (10 000 yuan)	城乡居民储蓄存款年末余额(万元) Balance of Savings Deposit of Urban and Rural Residents at Year-end (10 000 yuan)	在岗职工平均工资(元) Average Wage of Staff and Workers (yuan)	年末邮政局(所)数(处) Number of Postal Offices at Year-end (unit)	年末固定电话用户数(万户) Number of Subscribers of Fixed Telephones at Year-end (10 000 subscribers)
北　京	Beijing	33149340	36853076	64628134	214045510	85306.0	765	883.1
天　津	Tianjin	17600201	21432125	88713147	70553800	65398.4	888	354.2
石家庄	Shijiazhuang	2722764	4640932	37286458	37354986	38426.0	187	181.1
太　原	Taiyuan	2156654	2774437		30214991	48904.7	154	147.6
呼和浩特	Hohhot	1786447	2753195	13014370	12432682	65637.1	115	79.4
沈　阳	Shenyang	7150377	7660854	56433999	43188378	49898.1	211	281.2
大　连	Dalian	7501085	8909590	56540965	41604680	54821.2	233	256.4
长　春	Changchun	3408021	5555117	31402750	27673822	46673.0	197	182.4
哈尔滨	Harbin	3547160	6435756	39499592	33206732	41773.0	352	219.2
上　海	Shanghai	37437053	41840170	52543802	195067000		541	920.9
南　京	Nanjing	7330168	7696569	46834500	44653700	63151.7	183	288.9
杭　州	Hangzhou	8599875	7862800	37227544	60220823	56417.8	274	346.2
宁　波	Ningbo	7255003	8284437		41759634	56255.5	280	308.0
合　肥	Hefei	3894991	5720987	40011043	20655745	50723.7	194	190.7
福　州	Fuzhou	3820151	4107344	32664861	29394605	48087.6	231	198.0
厦　门	Xiamen	4229089	4609779	13326385	16801926	52672.9	91	155.3
南　昌	Nanchang	2400205	3455062	24032370	18535679	43769.0	151	137.9
济　南	Jinan	3808218	4656731		28887390	48829.0	203	193.3
青　岛	Qingdao	6701820	7659801	41539146	37576007	49052.3	270	253.2
郑　州	Zhengzhou	6066488	7006980	36697509	38454564	40471.5	267	246.9
武　汉	Wuhan	8285816	8855177	50312488	46229630	48941.7	267	295.0
长　沙	Changsha	4906482	6246207	40119564	29813100	50905.2	263	211.7
广　州	Guangzhou	11023961	13436451	37583868	113106900	67515.0	189	577.0
深　圳	Shenzhen	14820803	15657078	23144319	83890600	59009.6	798	551.4
南　宁	Nanning	2297183	3765096	25851818	18638024	44144.2	196	116.7
海　口	Haikou	731687	1138450	5103833	9521479	40485.5	63	82.6
重　庆	Chongqing	17034885	30463599	93800012	84725100	45392.0	1635	575.7
成　都	Chengdu	7808952	9838477	58900984	70600314	48302.3	462	375.2
贵　阳	Guiyang	2411920	3493275	24825583	14982022	42662.0	171	102.0
昆　明	Kunming	3783951	5255360	23459100	29670236	45093.5	301	174.3
拉　萨	Lhasa	403956	5781655	2850534		65150.4		
西　安	Xi'an	3969597	5974937	42434300	47870300	46688.4	279	311.0
兰　州	Lanzhou	1037303	2025976	12391809	17431811	44488.4	147	89.1
西　宁	Xining	547670	1853230	7004806	8231474	44085.6	196	64.5
银　川	Yinchuan	1131320	1867446	9187292	9014685	54274.4	115	52.0
乌鲁木齐	Urumqi	2520052	2956004	10102899	17159659	51134.9	181	138.2

12-2 续表 2 continued

城市名称	City	社会消费品零售总额（万元）Total Retail Sales of Consumer Goods (10 000 yuan)	货物进出口总额（万美元）Total Value of Import and Export (10 000 USD)	年末实有公共(汽)电车营运车辆数（辆）Number of Public Vehicles under Operation at Year-end (unit)	剧场、影剧院（个）Number of Theaters and Music Halls, Cinemas (unit)	普通高等学校在校学生数（人）Total Enrollment of Regular Institutions of Higher Education (person)	医院、卫生院（个）Hospitals and Health Centers (unit)	执业(助理)医师（人）Licensed (Assistant) Doctors (person)	工业废水排放量（万吨）Total Volume of Industrial Waste Water Discharged (10 000 tons)
北　京	Beijing	77028167	40810735	22146	198	581844	608	82192	9190
天　津	Tianjin	39214286	11562282	8351	29	473114	465	30710	19117
石家庄	Shijiazhuang	19157615	1294931	4197	22	395542	395	23122	31058
太　原	Taiyuan	11295107	847422	3054	16	358202	253	18047	3161
呼和浩特	Hohhot	10222452	253420	2261	14	227190	146	4772	2186
沈　阳	Shenyang	28022020	1274827	5232	46	369285	304	22699	7705
大　连	Dalian	22240483	6411342	4972	6	263692	217	16878	30795
长　春	Changchun	17396426	1968046	4575	22	387662	302	18505	5309
哈尔滨	Harbin	23946001	533373	5433	80	482211	439	19000	6497
上　海	Shanghai	74123000	43675803	16695	99	506596	619	47115	47700
南　京	Nanjing	31038199	5523472	6239	45	651948	202	19101	24223
杭　州	Hangzhou	29446266	6168324	7450	53	459181	298	27369	42724
宁　波	Ningbo	23292590	9657269	4046	48	145358	204	19055	20125
合　肥	Hefei	12936156	1764175	3704	21	417207	476	15303	5971
福　州	Fuzhou	23198231	3105984	3483	26	305386	226	16140	5333
厦　门	Xiamen	8819062	7449123	3893	5	143964	51	8664	26948
南　昌	Nanchang	9950969.5	828743	3801	9	509239	179	8141	10929
济　南	Jinan	24202475	914723	4710	22	659872	243	19467	6653
青　岛	Qingdao	26356180	7320781	5397	36	296645	288	21593	11145
郑　州	Zhengzhou	22898717	3583193	5548	14	698190	279	17576	14041
武　汉	Wuhan	34324345	2035354	7375	61	946991	238	26420	20704
长　沙	Changsha	25217118	869252	3775	10	523174	254	20268	3777
广　州	Guangzhou	59772666	11713105	12211		939208			
深　圳	Shenzhen	40087824	46678549	29846	88	75570	117	24042	11937
南　宁	Nanning	12555902	414678	2784	11	318047	200	16253	12496
海　口	Haikou	4362637	421480	1624	9	115496	68	5912	879
重　庆	Chongqing	40337046	9177401		9	670174	1405	51990	30611
成　都	Chengdu	33176664	4753872	9890	20	685639	685	42800	11780
贵　阳	Guiyang	6831866	505104	2299	5	391071	226	11820	2009
昆　明	Kunming	14937990	2009552	4681	7	361000	236	38058	5193
拉　萨	Lhasa	1245547		355	4	19579	65	1541	333
西　安	Xi'an	22638601	1301400	7695	31	723961	376	23051	10224
兰　州	Lanzhou	7491157	339721	2693	13	306635	175	11149	4800
西　宁	Xining	3174604	93417	1867	8	61858	108	16263	3185
银　川	Yinchuan	3160226	136371	1615	10	82469	91	5829	593
乌鲁木齐	Urumqi	8343507	1039689	3914	3	135954	171	12037	5748

注：年末实有公共(汽)电车营运车辆数不包括市辖县。

a) Number of public vehicles under operation at year-end does not include that of counties under the jurisdiction of city governments.

12-3 城市公用事业基本情况
Basic Statistics on City Public Utilities

本表各项指标按全社会范围计算。
Data have covered the public utilities of all city units.

项目	Item	1990	1995	2000	2010	2011	2012
城市建设	**City Areas and Floor Space of Buildings**						
城区面积 (平方公里)	Urban Area (sq.km)	1165970	1171698	878015	178692	183618	183039
建成区面积 (平方公里)	Area of Built Districts (sq.km)	12856	19264	22439	40058	43603	45566
城市建设用地面积 (平方公里)	Area of Land Used for Urban Construction (sq.km)	11608	22064	22114	39758	41861	45751
城市人口密度 (人/平方公里)	Population Density of City Districts (persons/sq.km)	279	322	442	2209	2228	2307
城市供水、燃气及集中供热	**Water Supply, Gas Supply and Heating**						
全年供水总量 (亿立方米)	Annual Volume of Tap Water Supply(100 million cu.m)	382.3	481.6	469.0	507.9	513.4	523.0
#生活用水	Water Consumption for Residential Use	100.1	158.1	200.0	238.8	247.7	257.2
人均生活用水 (吨)	Per Capita Water Consumption for Residential Use(ton)	67.9	71.3	95.5	62.6	62.4	62.7
用水普及率 (%)	Coverage Rate of Urban Population with Access to Tap Water (%)	48.0	58.7	63.9	96.7	97.0	97.2
人工煤气供气量 (亿立方米)	Gaswork Gas Supply (100 million cu.m)	174.7	126.7	152.4	279.9	84.7	77.0
#家庭用量	Consumption of Gaswork Gas for Residential Use	27.4	45.7	63.1	26.9	23.9	21.5
天然气供气量 (亿立方米)	Natural Gas Supply (100 million cu.m)	64.2	67.3	82.1	487.6	678.8	795.0
#家庭用量	Consumption of Natural Gas for Residential Use	11.6	16.4	24.8	117.2	130.1	155.8
液化石油气供气量 (万吨)	Liquefied Petroleum Gas (10 000 tons)	219.0	488.7	1053.7	1268.0	1165.8	1114.8
#家庭用量	Consumption of Liquefied Gas for Residential Use	142.8	370.2	532.3	633.9	632.9	608.1
供气管道长度 (万公里)	Length of Gas Pipelines (10 000 km)	2.4	4.4	8.9	30.9	34.9	38.9
燃气普及率 (%)	Coverage Rate of Urban Population with Access to Gas(%)	19.1	34.3	45.4	92.0	92.4	93.2
集中供热面积 (亿平方米)	Area of Centralized Heating (100 million sq.m)	2.1	6.5	11.1	43.6	47.4	51.8
城市市政设施	**Municipal Infra-structure**						
年末实有道路长度 (万公里)	Length of Paved Roads at Year-end (10 000 km)	9.5	13.0	16.0	29.4	30.9	32.7
每万人拥有道路长度 (公里)	Length of Paved Roads Per 10 000 Persons (km)	3.1	3.8	4.1	7.5	7.6	7.7
年末实有道路面积(亿平方米)	Area of Paved Roads at Year-end (100 million sq.m)	10.2	16.5	23.8	52.1	56.3	60.7
人均拥有道路面积 (平方米)	Per Capita Area of Paved Roads (sq.m)	3.1	4.4	6.1	13.2	13.8	14.4
城市排水管道长度 (万公里)	Length of City Sewage Pipes (10 000 km)	5.8	11.0	14.2	37.0	41.4	43.9
城市公共交通	**Public Traffic**						
年末公共交通车辆运营数(万辆)	Number of Public Vehicles under Operation at Year-end (Buses and Trolley Buses, etc.) (10 000 units)	6.2	13.7	22.6	38.3	41.3	43.2
每万人拥有公交车辆 (标台)	Number of Public Transportation Vehicles Per 10 000 Persons (unit)	2.2	3.6	5.3	11.2	11.8	12.1
出租汽车数 (万辆)	Taxis (10 000 units)	11.1	50.4	82.5	98.6	100.2	102.7
城市绿化和园林	**City Greening**						
城市绿地面积 (万公顷)	Area of Green Land (10 000 hectares)	47.5	67.8	86.5	213.4	224.3	236.8
人均公园绿地面积 (平方米)	Per Capita Area of Parks and Green Land (sq.m)	1.8	2.5	3.7	11.2	11.8	12.3
公园个数 (个)	Number of Parks and Zoos (unit)	1970	3619	4455	9955	10780	11604
公园面积 (万公顷)	Area of Parks (10 000 hectares)	3.9	7.3	8.2	25.8	28.6	30.6
城市环境卫生	**Environmental Sanitation**						
生活垃圾清运量 (万吨)	Volume of Garbage Disposal (10 000 tons)	6767	10671	11819	15805	16395	17081
粪便清运量 (万吨)	Volume of Disposal of Excrement and Urine (10 000 tons)	2385	3066	2829	1951	1963	1812
每万人拥有公厕 (座)	Number of Public Toilets per 10 000 Persons (unit)	3.0	3.0	2.7	3.0	2.9	2.9

注：1.2006年以前“城区面积”为“城市面积”。
2.计算人均和普及率指标所使用的人口数2006年以前为城市人口，2006年起为城区人口与城区暂住人口之和，以公安部门的户籍统计和暂住人口统计为准。

a) Before 2006, Urban Area is the area of the city proper.
b) Per capita data and coverage rate are calculated on the basis of urban population before 2006. Since 2006, those indicators are calculated on the basis of the sum of districts area population and temporarily residing population, which are provided by the Ministry of Public Security.

12-4 分地区城市建设情况（2012年）
Statistics on City Construction by Region (2012)

地区	Region	城区面积 (平方公里) Urban Area (sq.km)	建成区面积 (平方公里) Area of Built Districts (sq.km)	城市建设用地面积 (平方公里) Area of Land Used for Urban Construction (sq.km)	本年征用土地面积 (平方公里) Land Put in Requisition for State Construction Projects (sq.km)	城市人口密度 (人/平方公里) Population Density of Urban Area (persons/sq.km)
全　国	**National Total**	**183039.4**	**45565.8**	**45750.7**	**2161.5**	**2307**
北　京	Beijing	12187.0	1261.1	1445.0	42.2	1464
天　津	Tianjin	2334.5	722.1	722.1	55.7	2782
河　北	Hebei	6611.2	1738.9	1609.3	19.7	2411
山　西	Shanxi	3427.2	1013.8	944.1	26.8	3028
内蒙古	Inner Mongolia	8501.0	1132.8	1198.8	17.9	1032
辽　宁	Liaoning	13966.5	2329.1	2261.3	194.8	1624
吉　林	Jilin	3956.6	1293.8	1209.8	56.0	2878
黑龙江	Heilongjiang	2718.3	1725.5	1747.7	39.7	5054
上　海	Shanghai	6340.5	998.8	2904.3	42.0	3754
江　苏	Jiangsu	13957.0	3655.1	3701.9	245.9	2002
浙　江	Zhejiang	10515.2	2296.3	2246.7	115.2	1786
安　徽	Anhui	5569.1	1696.0	1682.0	128.6	2401
福　建	Fujian	4500.9	1203.1	1126.1	72.5	2388
江　西	Jiangxi	1949.6	1077.6	1034.3	65.9	4663
山　东	Shandong	21421.5	3927.0	3854.4	150.7	1349
河　南	Henan	4628.0	2219.1	2083.4	44.7	4964
湖　北	Hubei	9052.3	1889.6	2126.7	34.3	2004
湖　南	Hunan	4623.5	1465.1	1430.2	69.1	3030
广　东	Guangdong	15984.1	5026.4	4083.4	286.3	2927
广　西	Guangxi	6067.4	1083.6	1029.8	88.9	1528
海　南	Hainan	1149.1	265.6	253.4	11.2	2079
重　庆	Chongqing	6105.7	1051.7	859.5	75.3	1832
四　川	Sichuan	6205.0	1901.7	1855.6	71.1	2866
贵　州	Guizhou	1816.6	586.1	555.5	17.1	3324
云　南	Yunnan	2143.8	859.9	846.6	62.5	4029
西　藏	Tibet	337.0	119.7	111.0		1655
陕　西	Shaanxi	1504.4	863.5	776.2	28.7	5483
甘　肃	Gansu	1292.4	681.6	642.7	52.9	4369
青　海	Qinghai	512.3	122.1	122.0	2.9	2674
宁　夏	Ningxia	2103.2	399.6	332.9	10.7	1251
新　疆	Xinjiang	1558.5	959.6	954.1	32.4	4312

12-5 分地区城市供水情况（2012年）
Basic Statistics on Tap Water Supply in Cities by Region (2012)

地区	Region	年末供水综合生产能力（万立方米/日） Production Capacity of Tap Water Supply (year-end) (10 000 cu.m/day)	年末供水管道长度（公里） Length of Water Supply Pipelines (year-end) (km)	全年供水总量（万立方米） Total Annual Volume of Water Supply (10 000 cu.m)	#生活用水 For Residential Use	#生产用水 For Productive Use	用水人口（万人） Number of Residents with Access to Tap Water (10 000 persons)	人均日生活用水量（升） Per Capita Daily Consumption of Tap Water for Residential Use (liter)
全国	**National Total**	**27177.3**	**591872**	**5230326**	**2572473**	**1592723**	**41026.5**	**171.8**
北京	Beijing	1644.2	23674	159646	111844	22317	1783.7	171.8
天津	Tianjin	439.5	12926	77218	32456	30549	649.4	134.1
河北	Hebei	974.2	15344	172396	73414	64757	1593.4	126.2
山西	Shanxi	442.5	8550	82438	41030	30996	1013.4	110.9
内蒙古	Inner Mongolia	378.7	9967	64870	27556	23028	828.6	91.1
辽宁	Liaoning	1339.1	32062	274953	104389	97403	2233.4	128.1
吉林	Jilin	747.5	9600	106530	42852	33603	1052.0	111.6
黑龙江	Heilongjiang	891.0	12847	152154	59236	60562	1293.4	125.5
上海	Shanghai	1145.0	34904	309704	162080	53826	2380.4	186.5
江苏	Jiangsu	2749.8	71413	492791	219008	200532	2785.1	215.4
浙江	Zhejiang	1537.8	44841	281165	134079	100338	1876.0	195.8
安徽	Anhui	1029.4	18869	156888	79139	47010	1310.5	165.5
福建	Fujian	721.0	16743	146328	69361	42843	1065.4	178.4
江西	Jiangxi	435.9	11831	94595	56940	15907	887.9	175.7
山东	Shandong	1644.5	41934	327449	138650	143546	2886.5	131.6
河南	Henan	1042.3	19288	188538	80097	73651	2108.2	104.1
湖北	Hubei	1328.0	26146	259049	140334	61772	1782.3	215.7
湖南	Hunan	999.5	16747	186471	104915	35229	1350.9	212.8
广东	Guangdong	3531.4	75935	817348	411275	216227	4567.7	246.7
广西	Guangxi	665.0	14424	156785	79992	58547	883.3	248.1
海南	Hainan	151.7	3451	39045	20217	3071	233.6	237.2
重庆	Chongqing	447.8	9534	95903	56976	22842	1049.4	148.8
四川	Sichuan	822.8	22880	190304	116837	42246	1636.7	195.6
贵州	Guizhou	250.4	7466	48886	29399	8106	555.9	144.9
云南	Yunnan	353.1	8011	59717	35173	15600	814.7	118.3
西藏	Tibet	59.8	835	13043	1959	4966	42.0	127.7
陕西	Shaanxi	380.5	5948	84703	50575	20146	793.1	174.7
甘肃	Gansu	370.4	4719	54243	27534	18995	523.8	144.0
青海	Qinghai	84.6	1534	22946	9698	9289	136.8	194.2
宁夏	Ningxia	144.3	1996	28369	13871	10125	242.8	156.5
新疆	Xinjiang	425.8	7450	85851	41586	24695	666.2	171.0

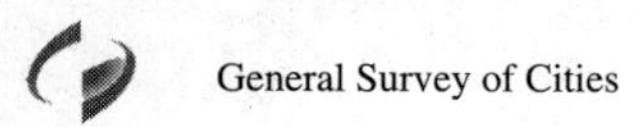

12-6 分地区城市燃气情况（2012年）
Basic Statistics on Supply of Gas in Cities by Region (2012)

地 区	Region	人工煤气生产能力（万立方米/日）Production Capacity of Gaswork Gas (10 000 cu.m/day)	管道长度（公里）Length of Gas Pipelines (km)：人工煤气 Coal Gas	天然气 Natural Gas	液化石油气 Liquefied Petroleum Gas	全年供气总量 Volume of Gas Supply：人工煤气（万立方米）Coal Gas (10 000 cu.m)	天然气（万立方米）Natural Gas (10 000 cu.m)	液化石油气（吨）Liquefied Petroleum Gas (ton)	用气人口（万人）Population with Access to Gas (10 000 persons)：人工煤气 Coal Gas	天然气 Natural Gas	液化石油气 Liquefied Petroleum Gas
全 国	**National Total**	**2656.2**	**33538**	**342752**	**12651**	**769686**	**7950377**	**11148032**	**2442.3**	**21207.5**	**15682.9**
北 京	Beijing			18656	414		924763	418156		1366.9	416.9
天 津	Tianjin			13627	184		256241	49105		637.2	12.2
河 北	Hebei	88.1	3224	10250	346	89595	214451	205388	187.6	981.6	421.5
山 西	Shanxi	92.2	4713	5107	412	87787	213502	90534	236.6	584.1	167.2
内蒙古	Inner Mongolia	164.0	507	5437	176	2786	113040	98496	46.2	347.1	347.2
辽 宁	Liaoning	254.6	5465	10160	690	59736	85701	516426	556.7	956.6	665.0
吉 林	Jilin	80.0	1814	5170	108	17086	69697	220874	188.5	387.2	443.1
黑龙江	Heilongjiang	121.9	709	6651	26	8185	88191	206057	80.9	637.6	427.2
上 海	Shanghai	567.4	3596	21283	516	90438	631126	392514	197.7	1320.9	861.8
江 苏	Jiangsu	43.0	768	43799	821	4889	691763	735757	27.5	1743.6	1006.5
浙 江	Zhejiang	1.8	112	18151	2668	463	191322	776396	4.3	703.8	1160.6
安 徽	Anhui			13192	254		171251	537160		911.8	353.1
福 建	Fujian	8.0	305	6328	437	3080	95325	288978	19.4	294.6	745.7
江 西	Jiangxi	157.3	1755	6479	465	48497	41910	204258	80.3	322.0	455.9
山 东	Shandong	58.1	1429	31146	817	21316	518344	511489	88.3	1865.6	921.8
河 南	Henan	226.1	1394	15442	19	85359	241272	234450	120.5	1095.1	575.0
湖 北	Hubei		275	15244	643	5100	240807	386152	12.4	945.0	768.0
湖 南	Hunan		425	9111	20	2707	161274	201279	30.7	562.2	686.6
广 东	Guangdong	14.6	8	17421	2809	2509	1174509	3872441		1154.7	3287.4
广 西	Guangxi	10.6	425	5094	76	4423	16904	326110	45.6	186.8	632.0
海 南	Hainan			1725	18		17664	55344		104.9	115.3
重 庆	Chongqing			12674			324965	93315		934.0	109.6
四 川	Sichuan	511.0	550	25896	201	159925	568317	180447	48.7	1382.7	132.8
贵 州	Guizhou	187.0	2903	486	135	34167	9853	66101	176.1	54.8	200.0
云 南	Yunnan	13.6	2656	672	214	37653	1207	174936	265.2	33.0	275.9
西 藏	Tibet				103			25918			16.6
陕 西	Shaanxi			7842			221162	31516		644.3	131.9
甘 肃	Gansu	10.8	393	1701		1658	112098	151392	18.6	252.0	168.8
青 海	Qinghai			949			111917	6834		108.4	18.5
宁 夏	Ningxia		42	3089		137	179132	17086	3.6	141.3	64.7
新 疆	Xinjiang	46.0	71	9972	81	2190	262670	73123	7.0	547.7	94.6

12-7 分地区城市集中供热情况（2012年）
Basic Statistics on Heating in Cities by Region (2012)

地 区	Region	供热能力 Heating Capacity		供热总量 Quantity of Heat Supplied		管道长度 Length of Heating Pipelines		供热面积（万平方米）
		蒸 汽（吨/小时）Steam (ton/hour)	热 水（兆瓦）Hot Water (Mega Watts)	蒸 汽（万吉焦）Steam (10 000 gigajoules)	热 水（万吉焦）Hot Water (10 000 gigajoules)	蒸 汽（公里）Steam (km)	热 水（公里）Hot Water (km)	Area of Centralized Heating (10 000 sq.m)
全 国	**National Total**	**86452**	**365278**	**51609**	**243818**	**12690**	**147390**	**518368**
北 京	Beijing	450	38298	289	35222	44	11031	52555
天 津	Tianjin	3463	21063	1757	10244	564	16190	30000
河 北	Hebei	9244	26129	6490	16197	1199	9092	44670
山 西	Shanxi	2639	20706	1767	12295	342	6879	36056
内蒙古	Inner Mongolia	1135	29489	778	19145	158	6673	32921
辽 宁	Liaoning	13038	62826	6320	42748	2259	24787	87108
吉 林	Jilin	1537	36536	420	20189	208	15019	38296
黑龙江	Heilongjiang	4789	38743	2454	27815	370	15553	48336
上 海	Shanghai							
江 苏	Jiangsu							
浙 江	Zhejiang	5442	75	5713		832		8575
安 徽	Anhui	3846	182	2868	43	511	15	2966
福 建	Fujian							
江 西	Jiangxi							
山 东	Shandong	24678	33450	14759	24018	3982	24070	67423
河 南	Henan	5856	6204	3053	3139	1187	3149	13006
湖 北	Hubei	1816	278	891	43	183	10	1682
湖 南	Hunan							
广 东	Guangdong							
广 西	Guangxi							
海 南	Hainan							
重 庆	Chongqing							
四 川	Sichuan							
贵 州	Guizhou							
云 南	Yunnan							
西 藏	Tibet							
陕 西	Shaanxi	5795	6682	2293	3465	546	918	12308
甘 肃	Gansu	384	12758	305	7569	125	3825	12943
青 海	Qinghai		258		199		114	304
宁 夏	Ningxia	381	7927	151	4794	25	2690	7373
新 疆	Xinjiang	1959	23675	1302	16691	155	7376	21844

12-8 分地区城市市政设施（2012年）
Basic Statistics on Municipal Infrastructure in Cities by Region (2012)

地 区	Region	年末实有道路长度（公里）Length of Paved Roads (year-end) (km)	年末实有道路面积（万平方米）Area of Paved Roads (year-end) (10 000 sq.m)	城市桥梁（座）Number of City Bridges (unit)	城市排水管道长度（公里）Length of City Sewage Pipes (km)	城市污水日处理能力（万立方米）Daily Disposal Capacity of City Sewage (10 000 cu.m)	城市道路照明灯（千盏）Number of Street Lights (1 000 units)
全 国	**National Total**	**327081**	**607449**	**57601**	**439080**	**13692.9**	**20622.2**
北 京	Beijing	7894	13509	2885	12665	400.5	237.0
天 津	Tianjin	6462	11611	736	17756	257.2	282.1
河 北	Hebei	12419	28433	1286	15787	522.8	646.1
山 西	Shanxi	6382	12233	520	6530	190.1	459.6
内蒙古	Inner Mongolia	7299	15502	354	10012	167.4	753.5
辽 宁	Liaoning	15513	26200	1612	15945	670.9	1487.2
吉 林	Jilin	8056	14362	696	8910	247.8	604.0
黑龙江	Heilongjiang	11128	16252	876	9376	323.2	559.6
上 海	Shanghai	4775	9717	2151	18191	701.3	497.6
江 苏	Jiangsu	34966	62438	12922	56887	1564.5	2727.1
浙 江	Zhejiang	17672	33575	8984	29786	691.1	1255.9
安 徽	Anhui	11571	24693	1311	19885	511.4	722.0
福 建	Fujian	8210	15183	1689	11483	392.1	618.8
江 西	Jiangxi	6477	13630	550	9484	226.0	467.2
山 东	Shandong	36566	71390	4660	43357	954.0	1629.1
河 南	Henan	10798	25458	1215	17292	527.8	769.4
湖 北	Hubei	17461	28755	1822	18634	557.0	383.1
湖 南	Hunan	10367	18902	718	11402	575.3	574.8
广 东	Guangdong	41388	62787	6044	41056	1705.3	1858.4
广 西	Guangxi	7021	13662	668	7726	720.2	564.1
海 南	Hainan	2104	4504	143	3015	73.9	162.8
重 庆	Chongqing	5956	11936	1201	8851	238.4	305.8
四 川	Sichuan	11287	22628	1798	18753	403.1	836.5
贵 州	Guizhou	2521	4103	436	3648	124.8	271.0
云 南	Yunnan	4855	10297	639	5276	229.7	352.7
西 藏	Tibet	396	793	13	355	5.0	20.4
陕 西	Shaanxi	5422	12137	618	6383	227.2	585.8
甘 肃	Gansu	3580	7093	385	3282	159.1	225.8
青 海	Qinghai	773	1529	85	1155	32.1	103.4
宁 夏	Ningxia	1948	4619	148	1242	79.5	249.3
新 疆	Xinjiang	5813	9517	436	4956	214.2	412.3

12-9 分地区城市公共交通情况（2012年）
Basic Statistics on Public Transportation in Cities by Region (2012)

地 区	Region	年末公共交通车辆运营数(辆) Number of Public Vehicles under Operation at Year-end (unit)	公共汽、电车 Bus and Trolley Bus	轨道交通 Subways, Light Rail, Streetcar	运营线路总长度(公里) Length under Operation (km)	公共汽、电车 Bus and Trolley Bus	轨道交通 Subways, Light Rail, Streetcar	公共交通客运总量(万人次) Passengers Transported by Public Vehicles (10 000 person-times)	公共汽、电车 Bus and Trolley Bus	轨道交通 Subways, Light Rail, Streetcar	出租汽车(辆) Number of Taxi (unit)
全 国	**National Total**	**432021**	**419410**	**12611**	**551794**	**549736**	**2058**	**7887914**	**7014989**	**872925**	**1026678**
北 京	Beijing	25831	22146	3685	19989	19547	442	761578	515416	246162	66646
天 津	Tianjin	9031	8405	626	12871	12732	139	129951	118721	11230	31940
河 北	Hebei	16493	16493		18812	18812		203954	203954		49130
山 西	Shanxi	7851	7851		13369	13369		124838	124838		29700
内蒙古	Inner Mongolia	5586	5586		10650	10650		96349	96349		37778
辽 宁	Liaoning	20968	20500	468	21521	21384	137	428367	401457	26910	79868
吉 林	Jilin	10912	10532	380	11255	11200	55	170561	165336	5225	55457
黑龙江	Heilongjiang	14364	14364		15087	15087		223956	223956		62651
上 海	Shanghai	19825	16695	3130	23658	23190	468	507933	280360	227573	50683
江 苏	Jiangsu	30956	30380	576	49903	49793	110	470233	427578	42655	47269
浙 江	Zhejiang	23060	22892	168	40606	40558	48	311024	310463	561	34165
安 徽	Anhui	11992	11992		10535	10535		212719	212719		37142
福 建	Fujian	11823	11823		15627	15627		224703	224703		18325
江 西	Jiangxi	7852	7852		11648	11648		127961	127961		11998
山 东	Shandong	32869	32869		44682	44682		398268	398268		58758
河 南	Henan	18137	18137		18337	18337		263718	263718		45518
湖 北	Hubei	16982	16670	312	17354	17298	56	338901	330613	8288	33520
湖 南	Hunan	13148	13148		14132	14132		272165	272165		24031
广 东	Guangdong	53089	50729	2360	87797	87384	413	1003098	739359	263739	62243
广 西	Guangxi	7430	7430		9323	9323		142505	142505		15015
海 南	Hainan	2614	2614		5600	5600		43306	43306		4998
重 庆	Chongqing	8540	7982	558	8959	8828	131	201331	176968	24363	15520
四 川	Sichuan	19628	19388	240	19180	19140	40	357333	347025	10308	31818
贵 州	Guizhou	5031	5031		5305	5305		132200	132200		13266
云 南	Yunnan	8187	8187		16329	16329		148409	148409		17302
西 藏	Tibet	396	396		834	834		7139	7139		1379
陕 西	Shaanxi	10948	10840	108	9207	9187	20	254599	248687	5912	22657
甘 肃	Gansu	5214	5214		4907	4907		102846	102846		19324
青 海	Qinghai	2067	2067		1937	1937		39135	39135		7119
宁 夏	Ningxia	3042	3042		4813	4813		37441	37441		13107
新 疆	Xinjiang	8155	8155		7568	7568		151397	151397		28351

12-10 分地区城市绿地和园林(2012年)
Basic Statistics on Parks and Green Areas in Cities by Region (2012)

地 区	Region	城市绿地面积(公顷) Area of Green Land (hectare)	#公园绿地 Park Green Areas	公园(个) Number of Parks (unit)	公园面积(公顷) Area of Parks (hectare)	建成区绿化覆盖率(%) Green Covered Area as % of Completed Area (%)
全 国	**National Total**	**2367842**	**517815**	**11604**	**306245**	**39.6**
北 京	Beijing	65540	21178	236	11356	46.2
天 津	Tianjin	22319	6846	84	1801	34.9
河 北	Hebei	73517	22320	446	14966	41.0
山 西	Shanxi	35653	11224	258	7831	38.6
内蒙古	Inner Mongolia	46727	13618	200	10440	36.2
辽 宁	Liaoning	118297	24710	338	12222	40.2
吉 林	Jilin	38781	12486	161	5093	33.9
黑龙江	Heilongjiang	73820	16142	304	9372	36.0
上 海	Shanghai	124204	16848	157	2217	38.3
江 苏	Jiangsu	247001	38069	783	16465	42.2
浙 江	Zhejiang	122723	23420	1015	14803	39.9
安 徽	Anhui	79592	15941	287	9881	38.8
福 建	Fujian	54544	13004	495	10256	42.0
江 西	Jiangxi	46874	12817	285	8104	46.0
山 东	Shandong	176342	47318	686	25023	42.1
河 南	Henan	77038	21202	280	11083	36.9
湖 北	Hubei	68803	19042	295	10356	38.9
湖 南	Hunan	51822	12366	190	9251	37.0
广 东	Guangdong	401669	74029	3032	61787	41.2
广 西	Guangxi	66964	10585	179	7481	37.5
海 南	Hainan	50668	2871	48	1824	41.2
重 庆	Chongqing	47156	20275	276	9973	42.9
四 川	Sichuan	83179	19188	408	10630	38.7
贵 州	Guizhou	32948	5666	59	4112	32.8
云 南	Yunnan	35313	9007	564	6434	39.3
西 藏	Tibet	3432	524	64	681	32.4
陕 西	Shaanxi	30990	9552	152	3488	40.4
甘 肃	Gansu	18548	5373	97	2629	30.0
青 海	Qinghai	4033	1344	26	895	32.5
宁 夏	Ningxia	19833	4132	60	2110	38.4
新 疆	Xinjiang	49512	6718	139	3681	35.9

注：公园绿地面积包括综合公园、社区公园、专类公园、带状公园和街旁绿地。

a) Area of park green areas includes comprehensive park, community park, topic park, belt-shaped park and green area nearby street.

12-11 分地区城市市容环境卫生情况（2012年）
Basic Statistics on Urban Sanitation in Cities by Region (2012)

地区	Region	清扫保洁面积（万平方米）Area under Cleaning Program (10 000 sq.m)	生活垃圾清运量（万吨）Volume of Garbage Disposal (10 000 tons)	粪便清运量（万吨）Volume of Excrement and Urine Disposal (10 000 tons)	市容环卫专用车辆设备总数（台）Number of Special Vehicles for Environmental Sanitation (unit)	公共厕所（座）Number of Public Lavatories (unit)	#三类以上 Third Grade and Above
全国	**National Total**	**573507**	**17080.9**	**1811.8**	**112157**	**121941**	**85314**
北京	Beijing	14346	648.3	207.2	9384	5773	5773
天津	Tianjin	8723	185.8	32.1	2453	1192	754
河北	Hebei	23128	577.4	85.7	3889	6661	3846
山西	Shanxi	12637	392.4	79.5	3986	3206	1141
内蒙古	Inner Mongolia	12755	385.9	106.0	2093	4459	1510
辽宁	Liaoning	33403	929.9	113.4	5323	5582	1713
吉林	Jilin	13287	508.6	88.8	4759	4184	1074
黑龙江	Heilongjiang	18320	710.0	151.1	5749	7058	1695
上海	Shanghai	17294	716.0	200.0	5102	6340	4404
江苏	Jiangsu	48098	1210.1	72.9	8709	10035	8031
浙江	Zhejiang	30973	1055.0	84.2	5607	7852	6172
安徽	Anhui	22229	442.1	27.2	2320	3096	2603
福建	Fujian	12696	493.8	4.1	2222	2890	2850
江西	Jiangxi	11964	327.2	44.6	1184	2041	1532
山东	Shandong	56109	1062.4	120.6	8598	5745	4717
河南	Henan	23569	795.8	66.4	3614	7162	6188
湖北	Hubei	21086	716.6	37.2	4091	4702	3417
湖南	Hunan	16216	565.4	4.9	2810	3280	2729
广东	Guangdong	71791	2136.9	99.4	9066	9648	9137
广西	Guangxi	11601	266.2	13.4	2022	2159	1522
海南	Hainan	6384	110.2	22.2	1824	459	336
重庆	Chongqing	10311	335.3	63.9	1807	1992	1586
四川	Sichuan	19318	702.8	19.7	3797	5147	3928
贵州	Guizhou	4910	235.7	4.9	1681	1262	1064
云南	Yunnan	15643	306.7	17.7	2102	2409	2002
西藏	Tibet	678	25.6		38	43	
陕西	Shaanxi	12267	433.1	22.9	2072	2872	2620
甘肃	Gansu	6235	270.5	17.1	1499	1334	949
青海	Qinghai	2070	66.3	1.3	319	592	257
宁夏	Ningxia	5021	116.2	3.1	672	604	502
新疆	Xinjiang	10445	352.7	0.4	3365	2162	1262

12-12 分地区城市设施水平（2012年）
Level of Public Facilities in Cities by Region (2012)

地 区	Region	城市用水普及率（%）Coverage Rate of Urban Population with Access to Tap Water (%)	城市燃气普及率（%）Coverage Rate of Urban Population with Access to Gas (%)	每万人拥有公共交通车辆（标台）Number of Public Transportation Vehicles Per 10 000 Population (unit)	人均城市道路面积（平方米）Per Capita Area of Paved Roads (sq.m)	人均公园绿地面积（平方米）Per Capita Public Green Areas (sq.m)	每万人拥有公共厕所（座）Number of Public Lavatories Per 10 000 Population (unit)
全 国	**National Average**	**97.16**	**93.15**	**12.15**	**14.39**	**12.26**	**2.89**
北 京	Beijing	100.00	100.00	23.43	7.57	11.87	3.24
天 津	Tianjin	100.00	100.00	17.34	17.88	10.54	1.84
河 北	Hebei	99.96	99.79	11.29	17.84	14.00	4.18
山 西	Shanxi	97.64	95.18	8.47	11.79	10.82	3.09
内蒙古	Inner Mongolia	94.43	84.39	7.05	17.67	15.52	5.08
辽 宁	Liaoning	98.45	96.02	11.11	11.55	10.89	2.46
吉 林	Jilin	92.38	89.46	9.75	12.61	10.96	3.67
黑龙江	Heilongjiang	94.14	83.39	11.26	11.83	11.75	5.14
上 海	Shanghai	100.00	100.00	11.91	4.08	7.08	2.66
江 苏	Jiangsu	99.70	99.43	13.36	22.35	13.63	3.59
浙 江	Zhejiang	99.88	99.49	13.96	17.88	12.47	4.18
安 徽	Anhui	98.02	94.61	10.14	18.47	11.92	2.32
福 建	Fujian	99.13	98.60	12.16	14.13	12.10	2.69
江 西	Jiangxi	97.67	94.40	10.01	14.99	14.10	2.25
山 东	Shandong	99.85	99.48	12.76	24.70	16.37	1.99
河 南	Henan	91.76	77.94	8.60	11.08	9.23	3.12
湖 北	Hubei	98.24	95.09	11.25	15.85	10.50	2.59
湖 南	Hunan	96.42	91.33	10.38	13.49	8.83	2.34
广 东	Guangdong	97.62	94.93	13.42	13.42	15.82	2.06
广 西	Guangxi	95.30	93.26	9.18	14.74	11.42	2.33
海 南	Hainan	97.74	92.15	11.60	18.85	12.01	1.92
重 庆	Chongqing	93.84	93.32	9.00	10.67	18.13	1.78
四 川	Sichuan	92.04	87.96	13.34	12.72	10.79	2.89
贵 州	Guizhou	92.07	71.35	8.80	6.80	9.38	2.09
云 南	Yunnan	94.32	66.46	10.25	11.92	10.43	2.79
西 藏	Tibet	75.39	29.79	8.59	14.22	9.40	0.77
陕 西	Shaanxi	96.15	94.11	15.58	14.71	11.58	3.48
甘 肃	Gansu	92.77	77.81	10.04	12.56	9.52	2.36
青 海	Qinghai	99.90	92.65	16.60	11.17	9.81	4.32
宁 夏	Ningxia	92.30	79.67	12.46	17.56	15.71	2.30
新 疆	Xinjiang	99.13	96.60	13.91	14.16	10.00	3.22

注：人均和普及率指标按城区人口与暂住人口之和计算，以公安部门的户籍统计和暂住人口统计为准。

a) Per capita data and coverage rate are calculated on the basis of the sum of districts area population and temporarily residing population, which are provided by the Ministry of Public Security.

主要统计指标解释

供水综合生产能力 指按供水设施取水、净化、送水、出厂输水干管等环节设计能力计算的综合生产能力。包括在原设计能力的基础上，经挖、革、改增加的生产能力。计算时，以四个环节中最薄弱的环节为主确定能力。

供水管道长度 指从送水泵至用户水表之间所有管道的长度。不包括新安装尚未使用、水厂内以及用户建筑物内的管道。

城市供水总量 指报告期供水企业(单位)供出的全部水量。包括有效供水量和漏损水量。

生产运营用水 指在城区范围内生产、运营的农、林、牧、渔业、工业、建筑业、交通运输业等单位在生产、运营过程中的用水。

公共服务用水 指为城区社会公共生活服务的用水。包括行政事业单位、部队营区和公共设施服务、批发零售业、住宿餐饮业以及社会服务业等单位的用水。

居民家庭用水 指城市范围内所有居民家庭的日常生活用水。包括城市居民、农民家庭、公共供水站用水。

用水普及率 指报告期末城区用水人口数与城市人口总数的比率。计算公式:

$$用水普及率=\frac{城区用水人口(含暂住人口)}{城区人口+城区暂住人口}\times100\%$$

人工煤气生产能力 指报告期末人工燃气生产厂制气、净化、输送等环节的综合生产能力，不包括备用设备能力。一般按设计能力计算，当实际生产能力大于设计能力时，应按实际测定的生产能力计算。测定时应以制气、净化、输送三个环节中最薄弱的环节为主。

供气管道长度 指报告期末从气源厂压缩机的出口或门站出口至各类用户引入管之间的全部已经通气、投入使用的管道长度。不包括煤气生产厂、输配站、液化气储存站、灌瓶站、储配站、气化站、混气站、供应站等厂(站)内的管道。

城市供气总量 指报告期燃气企业(单位)向用户供应的燃气数量。包括销售量和损失量。

燃气普及率 指报告期末城区使用燃气的城市人口数与城市人口总数的比率。其中燃气包括人工煤气、天然气、液化石油气三种。计算公式为:

$$燃气普及率=\frac{城区用气人口(含暂住人口)}{城区人口+城区暂住人口}\times100\%$$

城市供热能力 指供热企业(单位)向城市热用户输送热能的设计能力。

城市供热总量 指在报告期供热企业(单位)向城市热用户输送全部蒸汽和热水的总热量。

城市供热管道长度 指从各类热源到热用户建筑物接入口之间的全部蒸汽和热水的管道长度。不包括各类热源厂内部的管道长度。

道路长度 指道路长度和与道路相通的桥梁、隧道的长度，按车行道中心线计算。

城市桥梁 指为跨越天然或人工障碍物而修建的构筑物。包括跨河桥、立交桥、人行天桥以及人行地下通道等。

城市排水管道长度 指所有排水总管、干管、支管、检查井及连接井进出口等长度之和。

城市污水日处理能力 指污水处理厂(或污水处理装置)每昼夜处理污水量的设计能力。

年末运营车数 指年末城市用于公共交通运营业务的全部车辆数。新购、新制和调入的运营车辆，自投入之日起开始计算；调出、报废和调作他用的运营车辆，自上级主管机关批准之日起不再计入。

城市绿地面积 指报告期末用作园林和绿化的各种绿地面积。包括公园绿地、生产绿地、防护绿地、附属绿地和其他绿地的面积。

公园绿地 城市中向公众开放的、以游憩为主要功能，有一定的游憩设施和服务设施，同时兼有健全生态、美化景观、防灾减灾等综合作用的绿化用地。包括综合公园、社区公园、专类公园、带状公园和街旁绿地。其中综合公园、专类公园和带状公园面积之和为公园面积。

道路清扫保洁面积 指报告期末对城市道路和公共场所（主要包括城市行车道、人行道、车行隧道、人行过街地下通道、道路附属绿地、地铁站、高架路、人行过街天桥、立交桥、广场、停车场及其他设施等）进行清扫保洁的面积。一天清扫保洁多次的，按清扫保洁面积最大的一次计算。

市容环卫专用车辆设备 指用于环境卫生作业、监察的专用车辆和设备，包括用于道路清扫、冲洗、洒水、除雪、垃圾粪便清运、市容监察以及与其配套使用的车辆和设备。

每万人拥有公共交通车辆 指按城市人口计算的每万人平均拥有的公共交通车辆标台数。计算公式:

$$每万人拥有公共交通车辆=\frac{公共交通运营车标台数}{城区人口+城区暂住人口}$$

Explanatory Notes on Main Statistical Indicators

Production Capacity of Water Supply refers to the designed overall production capacity of water facilities, covering the four segments of water collection, purification, conveyance, and outflow through trunk pipelines. Increased capacity through transformation and innovation projects is included as well. The capacity is determined mainly on the weakest of the above-mentioned four segments.

Length of Water Supply Pipelines refers to the total length of all the pipelines between the water pumps and the user water meters, excluding pipelines newly installed but not used yet, pipeline in the water factory, and pipeline in the user's buildings.

Total Volume of Urban Water Supply refers to the total volume of water supplied by water-works (units) during the reference period, including both the effective water supply and loss during the water supply.

Consumption of Water for Production and Operation Use refers to water consumption in the process of production and operation by production and operation units of agriculture, forestry, animal husbandry, fisheries, industry, construction industry, and transportation industry, etc. in urban areas.

Consumption of Water for Public Service Use refers to water consumption for public service in the urban areas. It includes water consumption of administrative institutions, army camps, public facilities, wholesale and retail, accommodation and catering industry and social service industry, etc.

Consumption of Water for Households Use refers to consumption of water for daily life of all households in cities, including households of urban residents and farmers, and public water supply stations.

Coverage Rate of Urban Population with Access to Tap Water refers to the ratio of the urban population with access to tap water to the total urban population at the end of reference period. The formula is:

$$\text{Coverage of urban population with access to tap water} = \frac{\text{Urban population with access to tap water}}{\text{Urban population}} \times 100\%$$

Production Capacity of Gaswork Gas refers to the overall production capacity of the urban gasworks in gas generation, purification and delivery at the end of the reference period, excluding capacity of the reserved facilities. In general, it is determined by the designed capacity, and when actual production capacity is larger than the designed capacity, the capacity is determined by the actual measurement on the weakest segment in the production, purification and delivery.

Length of Gas Pipelines refers to the total length of pipelines in use between the outlet of the compressor of gas-work or outlet of gas stations and the leading pipe of users, excluding pipelines within gasworks, delivery stations, LPG storage stations, refilling stations, gas-mixing stations and supply stations.

Volume of Gas Supply refers to the total volume of gas provided to users by gas-producing enterprises (units) during the reporting period, including the volume sold and the volume lost.

Coverage Rate of Urban Population with Access to Gas refers to the ratio of the urban population with access to gas to the total urban population at the end of the reference period. Gas here includes artificial coal gas, natural gas and liquefied petroleum gas. The formula is:

$$\text{Coverage rate of urban population with access to gas} = \frac{\text{Urban population with access to gas}}{\text{Urban population}} \times 100\%$$

Heating Capacity in Urban Areas refers to the designed capacity of heating enterprises (units) in supplying heating energy to urban users during the reference period.

Quantity of Heat Supplied in Urban Areas refers to the total quantity of heat from steam and hot water supplied to urban users by heating enterprises (units) during the reference period.

Length of Urban Heating Pipelines refers to the total length of steam or hot water pipelines for sources of heat to the leading pipelines of the buildings of the users, excluding internal pipelines in heat generating enterprises.

Length of Paved Roads refers to the length of roads with paved surface including bridges and tunnels connected with roads. Length of the roads is measured by the central lines.

Urban Bridges refer to bridges built to cross over natural or man-made barriers, including bridges over rivers, overpasses for traffic and for pedestrians, underpasses for pedestrians, etc.

Length of Urban Sewage Pipes refers to the total length of general drainage, trunks, branch and inspection wells, connection wells, inlets and outlets, etc.

Daily Disposal Capacity of Urban Sewage refers to the designed 24-hour capacity of sewage disposal by the sewage treatment works or facilities.

Number of Vehicles under Operation at Year-end refers to the total number of vehicles under operation by public transport enterprises (units) at the end of the year, based on the records of operational vehicles by the enterprises (units).

Area of Urban Green Land refers to the total area occupied for green projects at the end of the reference period, including park green land, production green land, protection green land, green land attached to institutions, and other green areas.

Park Green Area refers to green areas open to the public for amusement and rest with the facilities of amusement, rest and services. Its function includes perfecting ecology, beautifying landscape, and preventing and reducing disaster. Park green areas include comprehensive park, community park, theme park, linear park and roadside green space. Total areas of comprehensive park, topic park and belt-shaped is the area of park.

Road Area Cleaned refers to the area which are regularly cleaned, as at the end of the reference period, at urban roads and public places (mainly including urban roadways, pedestrian walkways, vehicular tunnels, pedestrian underpasses, underground railway stations, lifted roads, pedestrians walk bridges, overpasses, plazas, parking lots and other facilities). If there are several times of cleaning in a day at a location, the area of that time of cleaning with the largest area cleaned will be taken.

Vehicles and Facilities Dedicated to Urban Cleanliness and Environmental Sanitation refer to vehicles and facilities dedicated for use in the operation, management and monitoring of environmental hygiene work. They include vehicles for road cleaning, washing, showering, ice removal, disposal of garbage and human wastes, cleanliness monitoring and related activities.

Public Transportation Vehicles per 10000 Population refers to the number of public transportation vehicles, calculated by urban population, per 10000 population in the city district. The formula for calculation is:

$$\text{Public Transportation Vehicles per 10000 Population} = \frac{\text{Number of Public Transportation Vehicles}}{\text{City District Population}}$$

13

农　业

Agriculture

简 要 说 明

一、本篇资料的主要内容及统计范围

本篇资料反映我国农业生产和农村经济的基本情况，内容主要包括耕地、农业机械拥有量、农林牧渔业产值、主要农产品产量、水利设施与除涝治碱、农村居民家庭拥有生产性固定资产、国营农场基本情况等方面的统计资料。

农业统计范围包括全社会除军马生产及农业科研机构进行的农业生产以外的所有农业生产活动。即农村各种经济组织和农户经营的农林牧渔业生产活动；各种专业性农、林、牧、渔场的农业生产活动；国家各级机关、团体、学校、部队进行的农业生产活动；集体所有制的乡、镇、村办农场的农业生产活动；以及工矿企业经营的农、林、牧、渔业生产活动。

1.农业:指对各种农作物的种植活动。包括谷物、豆类、薯类、棉花、油料、糖料、麻类、烟叶、蔬菜、园艺作物、水果、坚果、饮料和香料作物、中草药及其他作物的种植。

2.林业:包括林木的栽培(不包括茶园、桑园和果园的栽培、管理和收获等活动),木材和竹材的采运，林产品的采集。

3.畜牧业:包括牲畜饲养和放牧，家禽饲养以及野生动物的捕猎和饲养。

4.渔业:包括水生动物和海藻类植物的养殖和捕捞。

5.农、林、牧、渔服务业:指对农、林、牧、渔业生产活动进行的各种支持性服务。但不包括各种科学技术和专业性技术服务活动。

农村社会经济统计范围包括除县城关镇以外所有乡镇的社会经济活动。

二、本篇的资料来源及统计调查方法

1.农业生产基本情况（13-1 至 13-6 表、13-13 至 13-20 表），由国家统计局农村社会经济调查司根据《农林牧渔业统计调查制度》、《农业产值和价格综合统计报表制度》、《县域社会经济基本情况统计报表制度》的有关资料整理提供。

《农林牧渔业统计调查制度》包括三部分内容:

一是种植业的粮食、棉花等主要农作物；畜牧业的猪、牛、羊和家禽等内容，国家实行以省为总体的抽样调查，并对 500 个生猪调出大县实行以县为总体的抽样调查。

二是农业生产条件、热带农作物、园林作物、设施农业、其他畜禽等生产统计报表，这部分内容为全面统计报表制度，调查方法由各省（区、市）统计局自行确定。

三是林业和渔业统计报表，分别来自林业和渔业部门，调查方法由有关部门自行确定。

《县域社会经济基本情况统计报表制度》是国家统计局为了解县（市、区、旗）、乡镇、村社会经济基本情况以及农林牧渔业生产经营单位能源消费情况等内容而专门设置的统计报表制度。制度规定对村基本情况每三年进行一次全面调查，县（市、区、旗）、乡（镇）每年进行一次全面调查。

2.农户家庭固定资产、经营土地及农产品出售情况（13-10 至 13-12 表、13-22 表、13-23 表），由国家统计局住户调查办公室根据《农村住户调查方案》的有关资料整理提供。《农村住户调查方案》的说明见本年鉴“十一、人民生活”部分。

3.国有农场基本情况资料主要取材于农业部农垦局汇总的统计报表。其调查范围是全国 31 个省、自治区、直辖市。统计方法为逐级上报、全面汇总。

4.灌溉、水库和除涝、治水、治碱情况及各地区水利设施和除涝、治碱面积资料，主要来源于水利部汇总的统计报表。其统计范围包括各省、自治区、直辖市。资料收集以县为基本统计单位，采取逐级汇总上报的方式。有些特殊指标如灌区数、大型水库、跨县的中小型水库，由地区直接统计，上报省水利厅。

Brief Introduction

I. Main Contents and Statistical Scopes

The data in this chapter show the basic conditions of agricultural production and rural economy, including mainly cultivated land, quantity of agricultural machinery, output of agriculture, forestry, animal husbandry and fishery, output of major products, facilities of water conservancy and efforts to eliminate water-logging and combat alkalinity, productive fixed assets owned by rural households, basic conditions of State-owned farms.

Statistics on agriculture cover all agricultural production activities except horse raising for military purpose and agricultural production activities undertaken by agriculture research institutions. In other words, included in agriculture statistics are production activities in agriculture, forestry, animal husbandry and fishery undertaken by rural economic units of various types and by rural households; production activities of farms specializing in agriculture, forestry, animal husbandry and fishery; production activities in agriculture undertaken by government agencies, institutions, schools and military units; production activities in agriculture undertaken by collective farms run by townships and villages; and production activities in agriculture, forestry, animal husbandry and fishery undertaken by manufacturing and mining enterprises.

(1) Agriculture: refers to cultivation of farm crops, including cereals, beans, tuber crops, cotton, oil-bearing crops, sugar crops, hemp, tobacco leaves, vegetables, gardening plants, fruits, nuts, crops for beverages and spices, medicinal herbs and other farm crops.

(2) Forestry: includes the planting of trees (excluding the operations of planting, management and harvesting on tea plantations, mulberry fields and orchards), cutting and transport of timber and bamboo and collection of forest products.

(3) Animal husbandry: includes the raising and grazing of domestic animals and poultry, and the hunting and raising of wild animals.

(4) Fishery: includes cultivation and catching of aquatic animals and seaweed.

(5) Services in support of agriculture, forestry, animal husbandry and fishery: include supporting services to production activities in agriculture, forestry, animal husbandry and fishery but do not include activities of science and technology and professional services.

Rural social and economic statistics cover social and economic activities in all townships except county towns.

II. Data Sources and Survey Methods

(1) Data on agricultural production (Table 13-1 to Table 13-6 and Table 13-13 to Table 13-20) are provided by the Department of Rural Social and Economic Survey of the NBS using data from the *Statistical Survey System on Agriculture, Forestry, Animal Husbandry and Fishery*; the *Statistical Reporting System on Agricultural Output and Price and the Statistical Reporting System on the Basic Condition of Social and Economic Activities of Counties* .

Statistical Survey System on Agriculture, Forestry, Animal Husbandry and Fishery is composed of three parts:

Firstly, it is the sample survey conducted by the nation taking the province as the population on major farm crops such as grain and cotton, on animal husbandry such as hog, cattle, sheep and poultry, and a sample survey on 500 pig output counties taking the county as the population.

Secondly, it is the comprehensive reporting system, statistical reporting forms are used on agricultural production conditions, tropical farm crops, garden crops, agricultural facilities and other poultry. Survey methodologies are determined by individual provincial (autonomous region, municipal) statistical bureau.

Thirdly, the statistical reporting forms of forestry and fishery industries are from forestry department and fishery department respectively, the survey methodologies are determined by relevant departments.

The Statistical Reporting System on the Basic Condition of Social and Economic Activities of Counties is a special report forms system designed by the NBS to understand the basic conditions of social and economic activities at county, township and rural level and the energy consumption of the units engaged in agriculture, forestry, animal husbandry and fishery. Under this survey system, a complete enumeration is conducted every 3 years to collect information on the basic conditions of all villages, and a complete enumeration is conducted every year in counties （cities, districts and banners） and towns (townships).

(2) Data on fixed assets, cultivated land and sales of farm products of rural households (Table 13-10 to Table 13-12, Table 13-22 and Table 13-23) are collected and compiled by the Office of Household Surveys of the NBS through the *System of Rural Household Survey*. Please refer to Chapter 11 (People's Living Conditions) of the Yearbook for description of the *System of Rural Household Survey*.

(3) Data on the basic conditions of the State-owned farms come from the statistical reports tabulated by the Bureau of Reclamation, Ministry of Agriculture. The

statistical scope covers 31 provinces, autonomous regions and municipalities directly under the Central Government. Data are collected from the grassroots units in accordance with the statistical reporting scheme whereby reporting is done level by level for aggregation.

(4) Data on irrigation and reservoirs, data on efforts to eliminate water-logging, to prevent floods by water control and to combat alkalinity as well as data on the facilities of water conservancy and the area of water-logging eliminated and the improved area of saline-alkaline land come mainly from statistical reports of the Ministry of Water Resources. The statistical scope includes provinces, autonomous regions and municipalities directly under the Central Government. Data are collected from individual counties in accordance with the statistical reporting system and are tabulated and reported level by level. Data on some special indicators, such as the number of irrigated areas, large reservoirs and the medium-sized and small reservoirs that cut across counties are collected directly by the prefectures and reported to the provincial departments of water resources.

13-1 农业生产条件与农作物播种面积
Agricultural Production Basic Conditions and Sown Area of Farm Crops

指 标	Item	2000	2010	2011	2012
农用机械总动力 (万千瓦)	Total Agricultural Machinery Power (10 000 kw)	52573.6	92780.5	97734.7	102559.0
大中型拖拉机 (台)	Number of Large and Medium-sized Agricultural Tractors (unit)	974547	3921723	4406471	4852400
小型拖拉机 (万台)	Number of Small Tractors (10 000 units)	1264.4	1785.8	1811.3	1797.2
大中型拖拉机配套农具 (万部)	Number of Large and Medium-sized Tractor Towing Farm Machinery (10 000 units)	140.0	612.9	699.0	763.5
小型拖拉机配套农具 (万部)	Small Tractor Towing Farm Machinery (10 000 units)	1788.8	2992.5	3062.0	3080.6
农用排灌柴油机 (万台)	Number of Diesel Engines (10 000 units)	688.1	946.3	968.4	982.3
有效灌溉面积 (千公顷)	Irrigated Area (1 000 hectares)	53820	60348	61682	63036
化肥施用量 (万吨)	Consumption of Chemical Fertilizers (10 000 tons)	4146.4	5561.7	5704.2	5838.8
乡村办水电站个数 (个)	Number of Hydropower Stations in Rural Areas (unit)	29962	44815	45151	45799
乡村办水电站装机容量 (万千瓦)	Generating Capacity of Hydropower Station in Rural Areas (10 000 kw)	698.5	5924.0	6212.3	6568.6
农村用电量 (亿千瓦时)	Electricity Consumed in Rural Areas (100 million kwh)	2421.3	6632.3	7139.6	7508.5
农作物总播种面积 (千公顷)	Total Sown Area (1 000 hectares)	156300	160675	162283	163416
粮食	Grain Crops	108463	109876	110573	111205
谷物	Cereal	85264	89851	91016	92612
#稻谷	Rice	29962	29873	30057	30137
小麦	Wheat	26653	24257	24270	24268
玉米	Corn	23056	32500	33542	35030
豆类	Beans	12660	11276	10651	9709
薯类	Tubers	10538	8750	8906	8886
油料	Oil-bearing Crops	15400	13890	13855	13930
棉花	Cotton	4041	4849	5038	4688
麻类	Fiber Crops	262	133	118	101
糖料	Sugar Crops	1514	1905	1948	2030
烟叶	Tobacco	1437	1345	1461	1597
蔬菜	Vegetables	15237	19000	19639	20353
茶园面积 (千公顷)	Area of Tea Plantations (1 000 hectares)	1089	1970	2113	2280
果园面积 (千公顷)	Area of Orchards (1 000 hectares)	8932	11544	11831	12140

注：2008年起乡村办水电站统计口径变更为农村水电，含装机容量5万千瓦及以下水电站和配套电网。

a) Since 2008, hydropower station in rural areas has changed to rural hydropower, which refers to rural hydropower stations with generating stations under 50 000 kW and their power grids.

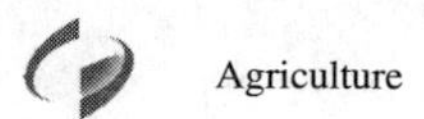

13-2 主要农牧渔业生产情况
Output of Agriculture, Animal Husbandry and Fishery

指标	Item	2007	2008	2009	2010	2011	2012
农产品产量 (万吨)	Output of Farm Products (10 000 tons)						
粮食	Grain	50160.3	52870.9	53082.1	54647.7	57120.8	58958.0
谷物	Cereal	45632.4	47847.4	48156.3	49637.1	51939.4	53934.7
#稻谷	Rice	18603.4	19189.6	19510.3	19576.1	20100.1	20423.6
小麦	Wheat	10929.8	11246.4	11511.5	11518.1	11740.1	12102.3
玉米	Corn	15230.0	16591.4	16397.4	17724.5	19278.1	20561.4
豆类	Beans	1720.1	2043.3	1930.3	1896.5	1908.4	1730.5
薯类	Tubers	2807.8	2980.2	2995.5	3114.1	3273.1	3292.8
油料	Oil-bearing Crops	2568.7	2952.8	3154.3	3230.1	3306.8	3436.8
#花生	Peanuts	1302.7	1428.6	1470.8	1564.4	1604.6	1669.2
油菜籽	Rapeseeds	1057.3	1210.2	1365.7	1308.2	1342.6	1400.7
芝麻	Sesame	55.7	58.6	62.2	58.7	60.5	63.9
棉花	Cotton	762.4	749.2	637.7	596.1	659.8	683.6
麻类	Fiber Crops	72.8	62.5	38.8	31.7	29.6	26.1
#黄红麻	Jute and Ambary Hemp	9.9	8.4	7.5	6.9	7.5	6.8
甘蔗	Sugarcane	11295.1	12415.2	11558.7	11078.9	11443.5	12311.4
甜菜	Beetroots	893.1	1004.4	717.9	929.6	1073.1	1174.0
烟叶	Tobacco	239.5	283.8	306.6	300.4	313.2	340.7
#烤烟	Flue-Cured Tobacco	217.8	262.3	281.4	273.1	287.0	312.6
蚕茧	Silkworm Cocoons	94.7	90.9	83.2	87.3	91.6	90.6
#桑蚕茧	Mulberry Silkworm Cocoons	87.9	83.1	76.1	80.0	83.6	83.1
茶叶	Tea	116.5	125.8	135.9	147.5	162.3	179.0
水果	Fruits	18136.3	19220.2	20395.5	21401.4	22768.2	24056.8
农产品单位面积产量 (公斤/公顷)	Output of Farm Products per Hectare (kg/hectare)						
谷物	Cereal	5320	5548	5447	5524	5707	5824
棉花	Cotton	1286	1302	1289	1229	1310	1458
花生	Peanuts	3302	3365	3361	3455	3502	3598
油菜籽	Rapeseeds	1874	1835	1877	1775	1827	1885
芝麻	Sesames	1147	1243	1307	1312	1385	1463
黄红麻	Jute and Ambary Hemp	2969	3217	3139	3686	3896	3899
甘蔗	Sugarcane	71228	71210	68093	65700	66485	68600
甜菜	Beetroots	41360	40754	38536	42498	47361	49793
烤烟	Flue-Cured Tobacco	2044	2133	2225	2219	2124	2112
大牲畜年底头数(万头)	Number of Large Animals (year-end,10 000 heads)	12309.3	12250.7	12357.6	12238.5	11966.2	11891.8
#牛	Cattle and Buffaloes	10594.8	10576.0	10726.5	10626.4	10360.5	10343.4
马	Horses	702.8	682.1	678.5	677.1	670.9	633.5
驴	Donkeys	689.1	673.1	648.4	639.7	647.8	636.1
骡	Mules	298.5	295.5	279.3	269.7	259.8	249.2
骆驼	Camels	24.2	24.0	24.8	25.6	27.3	29.5
肉猪出栏头数 (万头)	Number of Slaughtered Fattened Hogs (10 000 heads)	56508.3	61016.6	64538.6	66686.4	66362.1	69789.5
猪年底头数 (万头)	Number of Hogs (year-end,10 000 heads)	43989.5	46291.3	46996.0	46460.0	46862.7	47592.2
羊年底只数 (万只)	Number of Sheep and Goats (year-end,10 000 heads)	28564.7	28084.9	28452.2	28087.9	28235.8	28504.1
山羊	Goats	14336.5	15229.2	15050.1	14203.9	14274.2	14136.1
绵羊	Sheep	14228.2	12855.7	13402.1	13884.0	13961.5	14368.0
肉类产量 (万吨)	Output of Meat (10 000 tons)	6865.7	7278.7	7649.7	7925.8	7965.1	8387.2
#猪牛羊肉	Pork Beef and Mutton	5283.8	5614.0	5915.7	6123.1	6101.1	6405.9
猪肉	Pork	4287.8	4620.5	4890.8	5071.2	5060.4	5342.7
牛肉	Beef	613.4	613.2	635.5	653.1	647.5	662.3
羊肉	Mutton	382.6	380.3	389.4	398.9	393.1	401.0
奶类 (万吨)	Milk (10 000 tons)	3633.4	3731.5	3677.7	3748.0	3810.7	3875.4
#牛奶	Cow Milk	3525.2	3555.8	3518.8	3575.6	3657.8	3743.6
绵羊毛 (吨)	Sheep Wool (ton)	363470	367687	364002	386768	393072	400057
山羊毛 (吨)	Goat Wool (ton)	38382	44406	49453	42714	44047	43924
羊绒 (吨)	Cashmere (ton)	18483	17184	16964	18518	17989	18021
禽蛋 (万吨)	Poultry Eggs (10 000 tons)	2529.0	2702.2	2742.5	2762.7	2811.4	2861.2
水产品总产量 (万吨)	Total Aquatic Products (10 000 tons)	4747.5	4895.6	5116.4	5373.0	5603.2	5907.7
海水产品	Seawater Aquatic Products	2550.9	2598.3	2681.6	2797.5	2908.0	3033.3
淡水产品	Freshwater Aquatic Products	2196.6	2297.3	2434.8	2575.5	2695.2	2874.3

注：2003年起水果产量包括瓜果类产量；2011年新疆生猪、猪肉数据有修订，全国数相应修订。

a) Output of fruits has included melons since 2003. Figure of pigs, pork in Xinjiang for the year 2011 has been revised, so the national figure has been revised accordingly.

13-3 分地区耕地面积（2008年底）

Area of Cultivated Land at Year-end by Region (2008)

地 区	Region	耕地面积(总资源) (千公顷) Cultivated Land (Total Area) (1 000 hectares)	比重 (%) Composition to Total (%)
地方合计	**Region Total**	**121715.9**	**100.00**
北 京	Beijing	231.7	0.19
天 津	Tianjin	441.1	0.36
河 北	Hebei	6317.3	5.19
山 西	Shanxi	4055.8	3.33
内蒙古	Inner Mongolia	7147.2	5.87
辽 宁	Liaoning	4085.3	3.36
吉 林	Jilin	5534.6	4.55
黑龙江	Heilongjiang	11830.1	9.72
上 海	Shanghai	244.0	0.20
江 苏	Jiangsu	4763.8	3.91
浙 江	Zhejiang	1920.9	1.58
安 徽	Anhui	5730.2	4.71
福 建	Fujian	1330.1	1.09
江 西	Jiangxi	2827.1	2.32
山 东	Shandong	7515.3	6.17
河 南	Henan	7926.4	6.51
湖 北	Hubei	4664.1	3.83
湖 南	Hunan	3789.4	3.11
广 东	Guangdong	2830.7	2.33
广 西	Guangxi	4217.5	3.47
海 南	Hainan	727.5	0.60
重 庆	Chongqing	2235.9	1.84
四 川	Sichuan	5947.4	4.89
贵 州	Guizhou	4485.3	3.69
云 南	Yunnan	6072.1	4.99
西 藏	Tibet	361.6	0.30
陕 西	Shaanxi	4050.3	3.33
甘 肃	Gansu	4658.8	3.83
青 海	Qinghai	542.7	0.45
宁 夏	Ningxia	1107.1	0.91
新 疆	Xinjiang	4124.6	3.39

注：本表数据来源于国土资源部。

a) Data come from the Ministry of Land and Resources.

13-4 农、林、牧、渔业总产值及指数
Gross Output Value of Agriculture, Forestry, Animal Husbandry and Fishery and Related Indices

年份 地区	Year Region	绝对数（亿元）Gross Output Value (100 million yuan)					指数（上年=100）Indices of Gross Output (preceding year=100)				
		农林牧渔业总产值 Total	#农业 Farming	#林业 Forestry	#牧业 Animal Husbandry	#渔业 Fishery	农林牧渔业总产值 Total	#农业 Farming	#林业 Forestry	#牧业 Animal Husbandry	#渔业 Fishery
	1978	1397.0	1117.5	48.1	209.3	22.1					
	1980	1922.6	1454.1	81.4	354.2	32.9	101.4	99.7	112.2	107.0	107.7
	1985	3619.5	2506.4	188.7	798.3	126.1	103.4	99.8	104.5	117.2	118.9
	1990	7662.1	4954.3	330.3	1967.0	410.6	107.6	108.0	103.1	107.0	110.0
	1991	8157.0	5146.4	367.9	2159.2	483.5	103.7	100.9	108.0	108.8	107.6
	1992	9084.7	5588.0	422.6	2460.5	613.5	106.4	104.2	107.7	108.8	115.3
	1993	10995.5	6605.1	494.0	3014.4	882.0	107.8	105.2	108.0	110.8	118.4
	1994	15750.5	9169.2	611.1	4672.0	1298.2	108.6	103.2	108.9	116.7	120.0
	1995	20340.9	11884.6	709.9	6045.0	1701.3	110.9	107.9	105.0	114.8	119.4
	1996	22353.7	13539.8	778.0	6015.5	2020.4	109.4	107.8	105.7	111.4	114.0
	1997	23788.4	13852.5	817.8	6835.4	2282.7	106.7	104.5	103.3	110.1	111.5
	1998	24541.9	14241.9	851.3	7025.8	2422.9	106.0	104.9	102.9	107.4	108.8
	1999	24519.1	14106.2	886.3	6997.6	2529.0	104.7	104.3	103.2	104.6	107.2
	2000	24915.8	13873.6	936.5	7393.1	2712.6	103.6	101.4	105.4	106.3	106.5
	2001	26179.6	14462.8	938.8	7963.1	2815.0	104.2	103.6	99.3	106.3	103.9
	2002	27390.8	14931.5	1033.5	8454.6	2971.1	104.9	103.9	107.1	106.0	106.1
	2003	29691.8	14870.1	1239.9	9538.8	3137.6	104.0	100.5	106.9	107.3	105.3
	2004	36239.0	18138.4	1327.1	12173.8	3605.6	107.5	108.5	102.0	107.2	106.0
	2005	39450.9	19613.4	1425.5	13310.8	4016.1	105.7	104.1	103.2	107.8	106.5
	2006	40810.8	21522.3	1610.8	12083.9	3970.5	105.4	105.4	105.6	105.0	106.0
	2007	48893.0	24658.1	1861.6	16124.9	4457.5	103.9	104.0	106.9	102.3	104.8
	2008	58002.2	28044.2	2152.9	20583.6	5203.4	105.7	104.8	108.1	106.8	106.0
	2009	60361.0	30777.5	2193.0	19468.4	5626.4	104.6	103.8	107.1	105.8	105.8
	2010	69319.8	36941.1	2595.5	20825.7	6422.4	104.4	104.1	106.5	104.1	105.5
	2011	81303.9	41988.6	3120.7	25770.7	7568.0	104.5	105.6	107.6	101.7	104.5
	2012	89453.0	46940.5	3447.1	27189.4	8706.0	104.9	104.4	106.7	105.2	105.1
北京	Beijing	395.7	166.3	54.8	154.2	13.0	102.9	94.9	244.2	94.5	100.9
天津	Tianjin	375.6	196.0	2.8	105.0	61.7	103.2	101.8	108.2	106.6	102.3
河北	Hebei	5340.1	3095.3	77.9	1747.7	177.7	104.0	103.6	105.5	104.7	104.1
山西	Shanxi	1304.3	847.4	79.1	298.8	8.4	105.6	105.9	102.2	104.9	109.8
内蒙古	Inner Mongolia	2449.3	1172.0	97.8	1118.9	26.1	105.7	105.8	104.9	105.7	103.6
辽宁	Liaoning	4062.4	1539.6	128.7	1621.2	618.7	104.9	106.7	105.3	103.1	104.4
吉林	Jilin	2502.0	1166.6	98.1	1130.4	34.1	105.9	104.6	103.1	107.1	104.2
黑龙江	Heilongjiang	3952.3	2315.6	134.5	1350.7	77.9	106.7	105.8	106.8	107.9	107.8
上海	Shanghai	321.7	171.5	9.5	72.6	57.5	100.5	100.4	112.9	98.3	100.9
江苏	Jiangsu	5808.8	2966.7	99.7	1226.2	1235.4	104.8	104.5	102.8	105.3	104.4
浙江	Zhejiang	2658.7	1229.4	142.1	549.0	687.0	101.8	101.0	99.4	101.9	103.2
安徽	Anhui	3728.3	1867.6	209.5	1119.7	384.4	105.6	105.8	105.4	105.6	103.5
福建	Fujian	3007.4	1263.7	256.5	481.3	903.4	104.3	103.9	103.1	105.3	104.6
江西	Jiangxi	2399.3	1003.2	228.9	752.7	333.1	104.6	102.7	106.4	105.0	108.3
山东	Shandong	7945.8	3960.6	107.0	2285.9	1267.1	104.5	102.5	103.4	107.7	104.1
河南	Henan	6679.0	3958.9	140.9	2255.6	86.4	104.5	104.2	104.9	104.6	105.8
湖北	Hubei	4732.1	2488.1	100.1	1334.0	626.2	105.6	103.6	108.1	107.7	108.8
湖南	Hunan	4904.1	2651.7	260.0	1488.6	279.9	103.0	101.2	105.0	104.7	105.5
广东	Guangdong	4656.8	2229.3	222.7	1134.1	914.0	103.7	103.8	106.3	102.0	104.9
广西	Guangxi	3490.7	1724.0	245.3	1072.8	331.7	105.7	106.0	108.8	104.5	105.5
海南	Hainan	1082.1	460.7	137.9	214.1	236.3	106.3	105.1	106.8	106.9	106.7
重庆	Chongqing	1402.0	841.8	43.5	453.9	45.0	105.1	105.1	109.9	103.4	120.0
四川	Sichuan	5433.1	2764.9	151.5	2269.9	163.8	104.5	104.7	108.3	103.8	106.8
贵州	Guizhou	1436.6	864.9	54.2	421.5	28.2	109.3	112.0	107.1	105.3	123.2
云南	Yunnan	2680.2	1398.2	225.8	913.0	63.1	107.0	105.4	110.0	107.8	114.1
西藏	Tibet	118.3	53.4	2.6	59.0	0.2	103.6	103.0	102.4	104.5	97.5
陕西	Shaanxi	2303.2	1526.3	58.4	598.7	14.6	106.0	105.9	109.8	105.5	118.6
甘肃	Gansu	1358.2	984.2	20.1	231.7	1.8	106.4	107.0	103.1	104.2	102.0
青海	Qinghai	263.9	117.1	4.6	137.1	0.6	105.4	105.7	109.6	104.8	279.2
宁夏	Ningxia	385.1	240.5	9.8	105.7	13.4	106.0	105.6	104.8	104.9	116.3
新疆	Xinjiang	2275.7	1675.0	43.0	485.4	15.3	107.4	106.8	107.6	109.8	104.1

注：本表绝对数按当年价格计算，指数按可比价格计算。2003年起总产值包括农林牧渔服务业产值。

a) Data in value terms in this table are calculated at current prices, while the indices are calculated at constant prices. Since 2003, gross output value includes the services in support of agriculture, forestry, animal husbandry and fishery.

13-5 主要农业机械拥有量（年底数）
Major Agricultural Machinery at Year-end

年份 Year 地区 Region	农用机械总动力（万千瓦）Total Power of Agricultural Machinery (10 000 kw)	农用大中型拖拉机 Large and Medium-sized Agricultural Tractors		小型拖拉机 Small Tractors		农用排灌柴油机 Diesel Engines
		数量（台）Number (unit)	配套农具（部）Towing Farm Machinery (unit)	数量（台）Number (unit)	配套农具（部）Towing Farm Machinery (unit)	数量（台）Number (unit)
1978	11749.9	557358	1192000	1373000	1454000	2657000
1980	14745.7	744865	1369000	1874000	2191000	2899000
1985	20912.5	852357	1128000	3824000	3202000	2865000
1990	28707.7	813521	974000	6981000	6488000	4111000
1991	29388.6	784466	991000	7304000	7327000	4330000
1992	30308.4	758904	1044000	7507000	8308000	4377000
1993	31816.6	721216	1001000	7883400	8657000	4554275
1994	33802.5	693154	979719	8236687	8662000	4711516
1995	36118.1	671846	991220	8646356	9579774	4912068
1996	38546.9	670848	1049900	9189200	10911500	5092934
1997	42015.6	689051	1157316	10484813	12530020	5461235
1998	45207.7	725215	1203687	11220551	14378324	5816118
1999	48996.1	784216	1320429	12002509	16210408	6449528
2000	52573.6	974547	1399886	12643696	17887868	6881174
2001	55172.1	829900	1469355	13050840	18821829	7285693
2002	57929.9	911670	1578861	13393884	20033634	7506066
2003	60386.5	980560	1698436	13777056	21171505	7495652
2004	64027.9	1118636	1887110	14549279	23096911	7775427
2005	68397.8	1395981	2262004	15268916	24649726	8099100
2006	72522.1	1718247	2615014	15678995	26265699	8363525
2007	76589.6	2062731	3082785	16191147	27329552	8614952
2008	82190.4	2995214	4353649	17224101	27945401	8983851
2009	87496.1	3515757	5420586	17509031	28805621	9249167
2010	92780.5	3921723	6128598	17857921	29925485	9462526
2011	97734.7	4406471	6989501	18112663	30620134	9683914
2012	102559.0	4852400	7635200	17972300	30806220	9823100
北京 Beijing	241.1	7400	13500	7300	7200	2000
天津 Tianjin	568.1	15000	21900	23100	37700	38300
河北 Hebei	10553.8	213700	409700	1462700	1954600	1052800
山西 Shanxi	3056.1	97800	200500	333800	462400	26700
内蒙古 Inner Mongolia	3280.6	579400	939200	439300	895400	205700
辽宁 Liaoning	2526.9	190600	251900	308400	472400	239000
吉林 Jilin	2554.7	395900	747900	660700	1861800	266000
黑龙江 Heilongjiang	4552.9	808900	1044700	664500	1196200	260300
上海 Shanghai	112.7	6500	16800	4500	3800	100
江苏 Jiangsu	4214.6	115900	198300	987100	1556400	189200
浙江 Zhejiang	2489.4	10700	16100	162700	172300	86100
安徽 Anhui	5902.8	164500	326100	2327800	5391800	398700
福建 Fujian	1286.8	2900	3100	108200	129700	99000
江西 Jiangxi	4599.7	20500	29000	533200	376900	821000
山东 Shandong	12419.9	476900	985600	2029700	3223000	1814900
河南 Henan	10872.7	338500	802200	3539400	6798700	547300
湖北 Hubei	3842.2	138400	257400	1115600	2145100	253700
湖南 Hunan	5189.2	97300	35800	219600	104500	1301400
广东 Guangdong	2496.7	22500	32800	327300	367300	417800
广西 Guangxi	3195.9	30500	45200	425800	587900	484800
海南 Hainan	479.7	41000	14800	50200	48400	178500
重庆 Chongqing	1162.0	3700	2900	7700	2600	146200
四川 Sichuan	3694.0	115000	44300	125500	118500	487700
贵州 Guizhou	2106.7	39200	14300	73100	28800	199500
云南 Yunnan	2874.5	267700	45400	371200	320800	204400
西藏 Tibet	465.0	51400	31800	136500	85800	5300
陕西 Shaanxi	2350.2	94100	164100	184800	285600	53900
甘肃 Gansu	2279.1	116200	261800	548500	1051800	23900
青海 Qinghai	435.0	10100	6700	277100	244600	500
宁夏 Ningxia	787.3	37500	70500	182100	239620	4800
新疆 Xinjiang	1968.9	342700	600900	334900	634600	13600

注：2001年起以后大中型拖拉机中不包括变形拖拉机。
a) Number of large and medium-sized agricultural tractors does not include transfiguration tractors since 2001.

13-6 有效灌溉面积、农用化肥施用量、农村水电站及用电量
Irrigated Area, Consumption of Chemical Fertilizers and Rural Hydropower Stations and Electricity Consumption in Rural Areas

年份 地区	Year Region	有效灌溉面积(千公顷) Irrigated Area (1 000 hectares)	化肥施用量(万吨) Consumption of Chemical Fertilizer (10 000 tons)	氮肥 Nitrogenous Fertilizer	磷肥 Phosphate Fertilizer	钾肥 Potash Fertilizer	复合肥 Compound Fertilizer	乡村办水电站 Hydropower Station in Rural Areas 个数(个) Number (unit)	装机容量(万千瓦) Generating Capacity (10 000 kw)	农村用电量(亿千瓦时) Electricity Consumed in Rural Areas (100 million kwh)
	1978	44965.0	884.0					82387	228.4	253.1
	1980	44888.1	1269.4	934.2	273.3	34.6	27.2	80319	304.1	320.8
	1985	44035.9	1775.8	1204.9	310.9	80.4	179.6	55754	380.2	508.9
	1990	47403.1	2590.3	1638.4	462.4	147.9	341.6	52387	428.8	844.5
	1991	47822.1	2805.1	1726.1	499.6	173.9	405.5	49644	456.9	963.2
	1992	48590.1	2930.2	1756.1	515.7	196.0	462.4	48082	478.7	1106.9
	1993	48727.9	3151.9	1835.1	575.1	212.3	529.4	45153	481.9	1244.9
	1994	48759.1	3317.9	1882.0	600.7	234.8	600.6	48722	503.6	1473.9
	1995	49281.2	3593.7	2021.9	632.4	268.5	670.8	40699	519.5	1655.7
	1996	50381.4	3827.9	2145.3	658.4	289.6	734.7	37743	533.7	1812.7
	1997	51238.5	3980.7	2171.7	689.1	322.0	798.1	36117	562.5	1980.1
	1998	52295.6	4083.7	2233.3	682.5	345.7	822.0	33185	634.8	2042.2
	1999	53158.4	4124.3	2180.9	697.8	365.6	880.0	31678	664.1	2173.4
	2000	53820.3	4146.4	2161.5	690.5	376.5	917.9	29962	698.5	2421.3
	2001	54249.4	4253.8	2164.1	705.7	399.6	983.7	29183	896.6	2610.8
	2002	54354.9	4339.4	2157.3	712.2	422.4	1040.4	27633	812.2	2993.4
	2003	54014.2	4411.6	2149.9	713.9	438.0	1109.8	26696	862.3	3432.9
	2004	54478.4	4636.6	2221.9	736.0	467.3	1204.0	27115	993.8	3933.0
	2005	55029.3	4766.2	2229.3	743.8	489.5	1303.2	26726	1099.2	4375.7
	2006	55750.5	4927.7	2262.5	769.5	509.7	1385.9	27493	1243.0	4895.8
	2007	56518.3	5107.8	2297.2	773.0	533.6	1503.0	27664	1366.6	5509.9
	2008	58471.7	5239.0	2302.9	780.1	545.2	1608.6	44433	5127.4	5713.2
	2009	59261.4	5404.4	2329.9	797.7	564.3	1698.7	44804	5512.1	6104.4
	2010	60347.7	5561.7	2353.7	805.6	586.4	1798.5	44815	5924.0	6632.3
	2011	61681.6	5704.2	2381.4	819.2	605.1	1895.1	45151	6212.3	7139.6
	2012	63036.4	5838.8	2399.9	828.6	617.7	1990.0	45799	6568.6	7508.5
北京	Beijing	207.5	13.7	6.5	0.8	0.7	5.7	72	4.3	47.3
天津	Tianjin	337.0	24.5	11.1	4.0	1.7	7.7	1	0.6	51.6
河北	Hebei	4603.1	329.3	151.7	46.6	27.2	103.8	242	38.2	593.9
山西	Shanxi	1319.1	118.3	39.0	19.1	9.3	50.8	145	17.9	95.0
内蒙古	Inner Mongolia	3125.2	189.0	82.8	31.9	14.4	58.8	39	8.8	55.2
辽宁	Liaoning	1698.8	146.9	68.3	12.2	12.9	53.6	176	38.8	373.4
吉林	Jilin	1851.9	206.7	71.0	7.0	14.4	114.4	241	49.9	46.1
黑龙江	Heilongjiang	4776.5	240.3	86.0	51.1	35.7	67.5	80	29.4	64.3
上海	Shanghai	199.0	11.0	5.4	0.8	0.5	4.3			209.0
江苏	Jiangsu	3929.7	331.0	169.2	46.2	20.1	95.5	136	6.1	1696.4
浙江	Zhejiang	1471.0	92.2	51.2	11.8	7.2	21.9	3206	383.0	869.9
安徽	Anhui	3585.1	333.5	114.1	36.5	32.5	150.4	841	97.5	128.8
福建	Fujian	968.5	120.9	47.2	16.9	24.4	32.3	6576	726.1	312.9
江西	Jiangxi	1907.1	141.3	42.9	22.7	21.1	54.6	3743	290.5	84.6
山东	Shandong	5058.1	476.3	159.6	48.6	43.7	224.4	128	8.4	465.8
河南	Henan	5205.6	684.4	245.5	121.7	64.6	252.7	515	46.1	290.0
湖北	Hubei	2548.9	354.9	159.1	65.3	31.2	99.3	1787	322.7	112.3
湖南	Hunan	2715.8	249.1	112.3	27.9	42.6	66.3	4313	557.2	110.2
广东	Guangdong	1874.4	245.4	102.8	21.8	48.3	72.5	9708	715.7	1187.5
广西	Guangxi	1541.3	249.0	72.5	30.5	56.0	90.1	2349	405.5	63.3
海南	Hainan	256.8	45.5	14.3	3.2	8.0	20.1	324	36.8	8.6
重庆	Chongqing	703.0	96.0	49.9	18.4	5.3	22.5	1450	200.8	73.8
四川	Sichuan	2662.7	253.0	128.0	50.8	17.5	55.1	4264	814.2	156.0
贵州	Guizhou	1214.6	98.2	52.3	11.3	9.1	25.4	1408	259.3	54.5
云南	Yunnan	1677.9	210.2	106.8	30.6	22.0	50.8	1784	963.7	73.8
西藏	Tibet	251.0	5.0	1.7	1.0	0.6	1.7	313	16.4	1.0
陕西	Shaanxi	1277.2	239.8	98.3	18.5	23.0	100.0	617	108.7	142.5
甘肃	Gansu	1297.6	92.1	39.7	17.1	7.8	27.5	760	202.0	47.8
青海	Qinghai	251.7	9.3	3.8	1.3	0.4	3.9	239	86.6	4.5
宁夏	Ningxia	491.4	39.4	18.2	4.4	2.2	14.7	3	0.5	12.8
新疆	Xinjiang	4029.1	192.7	88.9	48.9	13.2	41.7	335	121.8	75.8
水利部属	Under The Ministry of Water Resources							4	11.3	

注：2008年起乡村办水电站统计口径变更为农村水电，含装机容量5万千瓦及以下水电站和配套电网。

a) Since 2008, hydropower station in rural areas has changed to rural hydropower, which refers to rural hydropower stations with generating stations under 50 000 kW and their power grids.

13-7 农村水电建设和发电量
Rural Hydropower Construction and Amount of Electric Power Generation

年 份 Year 地 区 Region	本年完成投资额（万元）Amount of Investment Completed This Year (10 000 yuan)	年末发电设备容量（千瓦）Capability of Electricity Generation Equipment at Year-end (kw)	#本年新增发电设备容量 Newly Increased Capability of Electricity Generation Equipment	在建电站规模（千瓦）Scale of Electric Power Plant under Construction (kw)	#当年新开工电站规模 Scale of Newly Started Electric Power Station This Year	发电量（万千瓦时）Amount of Electric Power Generation (10 000 kwh)
1990	348848	13978100	791000			4181100
1991	476529	14942700	1009100			4066800
1992	594081	15728195	964769	4170000		4818494
1993	792747	16622781	995124	9600000		5841049
1994	1020937	17566675	1163873	10500000		5771834
1995	1321689	18721073	1207854	10760000		6316247
1996	1442828	20095552	1408342			6496723
1997	1452004	21771773	1780352			7221270
1998	1585787	23390300	1741631			7560916
1999	1833853	25562760	2344285	8717000	386000	7715124
2000	2220993	27487791	2060127	7459500	2384000	8755014
2001	2133741	28787476	1714454	3547500	1462800	9490187
2002	2393195	31044576	1883648	5680800	1419000	10366868
2003	3006249	34157792	2702834	10850143	6385500	10966512
2004	3762995	38655048	4363322	16652425	5362090	11045527
2005	4343826	43090145	4964672	17727677	4284511	13571702
2006	4604296	47196651	6403520	20653424	4501575	14835889
2007	5117926	53855597	6578193	20944545	4498420	16346041
2008	4568884	51274371	4194106	21239258	3787365	16275902
2009	4563240	55121211	3807072	12890100	2194445	15672471
2010	4398453	59240191	3793551	13700560	2425973	20444256
2011	4243988	62123430	3277465	10309266	1585709	17566867
2012	3671548	65686071	3399616	9947388	1658258	21729246
北 京 Beijing		42920				2418
天 津 Tianjin		5800				1972
河 北 Hebei	3827	381693	2220	29930		50475
山 西 Shanxi	5954	179166	4075	66890	2390	35689
内蒙古 Inner Mongolia		87525	7500	9900		16481
辽 宁 Liaoning	13187	387573	10309	48195	925	112062
吉 林 Jilin	47940	498565	46500	257845	16975	163304
黑龙江 Heilongjiang	21907	294425		113220	14320	60376
上 海 Shanghai						
江 苏 Jiangsu		61090	12220			7087
浙 江 Zhejiang	50452	3829931	118410	105910	4800	1174390
安 徽 Anhui	26556	974653	57000	52040	12280	219308
福 建 Fujian	9669	7261407	19080	33850	800	2824686
江 西 Jiangxi	55637	2905410	122603	207310	8180	942758
山 东 Shandong		83790	2188			14653
河 南 Henan	33643	461217	67020	11630	4400	106298
湖 北 Hubei	326847	3226864	337325	507110	37180	762624
湖 南 Hunan	208601	5572159	135665	389670	92310	1956985
广 东 Guangdong	42548	7157124	110546	168960	11645	2174508
广 西 Guangxi	303450	4055129	89758	501978	5505	1257162
海 南 Hainan	3929	367795	11060	31010	7500	126683
重 庆 Chongqing	266820	2007619	440420	390152	59350	541896
四 川 Sichuan	766208	8142326	523470	2752062	346433	3269403
贵 州 Guizhou	254642	2592661	284950	779316	139885	819356
云 南 Yunnan	669746	9637151	546652	1956160	600280	3065809
西 藏 Tibet	25169	163601	9380	2500	15470	37023
陕 西 Shaanxi	96813	1086697	75070	204270	21000	373664
甘 肃 Gansu	226031	2020105	225485	863580	132900	747596
青 海 Qinghai	67393	865535	44850	254680	22160	380411
宁 夏 Ningxia		5440				1900
新 疆 Xinjiang	80233	922515	90900	189240	81590	311425
新疆兵团 Xinjiang PC Corps	64346	295285	4960	19980	19980	114826
水利部直属 Directly under The Ministry of Water Resources		112900				56018

注：本表由水利部农村水电及电气化发展局提供。农村水电是以小水电为主体，直接为农村经济社会发展服务的水电站及其供电网络。2008年起，对农村水电统计范围进行了调整，有关数据作了相应调整。

a) The table are provided by the Bureau of Rural Electrification, the Ministry of Water Resources. Rural hydropower mainly refers to the small water electric power stations, which directly serves for rural economic and social development. Since 2006, the statistical coverage have been made adjustment, the related data have been revised accordingly.

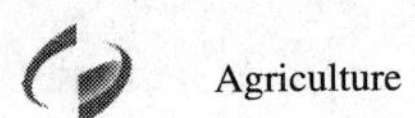

13-8 灌溉、水库和除涝治水情况

Irrigation, Reservoirs, Flood Prevention, Water and Soil Conservation

项　　目	Item	1990	1995	2000	2005	2010	2011	2012
年底灌区数　(处)	Number of Irrigated Areas at Year-end (set)	5363	5562	5683	5860	5795	5824	5906
3.3万公顷以上	33 000 Hectares and Over	72	74	101	117	131	129	128
2.0–3.3万公顷	20 000-33 000 Hectares	76	99	141	170	218	219	230
灌区有效灌溉面积(万公顷)	Effective Irrigated Area (10 000 hectares)	2123.1	2249.9	2449.3	2641.9	2941.5	2974.8	2933.2
3.3万公顷以上	33 000 Hectares and Over	604.7	631.4	788.3	1023.0	1091.8	1099.9	1042.2
2.0–3.3万公顷	20 000-33 000 Hectares	189.6	244.4	344.0	408.0	474.0	479.6	484.1
水库　(座)	Number of Reservoirs (unit)	83387	84775	85120	85108	87873	88605	89221
大型水库	Large Reservoir	366	387	420	470	552	567	573
中型水库	Medium-sized Reservoir	2499	2593	2704	2934	3269	3346	3379
小型水库	Small Reservoir	80522	81795	81996	81704	84052	84692	85268
水库库容量　(亿立方米)	Capacity of Reservoirs (100 million cu.m)	4660	4797	5184	5624	7162	7201	7211
大型水库	Large Reservoir	3397	3493	3842	4197	5594	5602	5609
中型水库	Medium-sized Reservoir	690	719	746	826	930	954	955
小型水库	Small Reservoir	573	585	594	602	638	645	647
节水灌溉面积　(万公顷)	Water-saving Irrigated Area (10 000 hectares)			1638.9	2133.8	2731.4	2917.9	3121.7
除涝面积　(万公顷)	Areas with Flood Prevention Measures (10 000 hectares)	1933.7	2006.5	2098.9	2133.9	2169.2	2172.2	2185.7
水土流失治理面积(万公顷)	Area of Soil Erosion under Control (10 000 hectares)	5300	6690	8096	9465	10680	10966	11186
堤防长度　(万公里)	Total Length of Dikes (10 000 km)	22.0	24.7	27.0	27.7	29.4	30.0	30.6
堤防保护面积　(万公顷)	Area of Land Protected by Dikes (10 000 hectares)	3200.0	3060.9	3960.0	4412.0	4683.1	4595.6	4259.7

注：大型水库库容：1亿立方米以上；中型水库库容：1千万至1亿立方米；小型水库库容：10万至1千万立方米。

a) The capacity of the large-scale reservoir is over 100 million cubic meters, while that of the medium-scale one is from 10 to 100 million cubic meters, and that of the small-scale one is from 100 000 to 10 million cubic meters.

13-9 分地区水利设施和除涝面积（2012年）
Water Conservancy Facilities and Area with Flood Prevention Measures by Region (2012)

地 区	Region	水库数（座）Number of Reservoirs (unit)	水库总库容量（亿立方米）Capacity of Reservoirs (100 million cu.m)	除涝面积（千公顷）Area with Flood Prevention Measures (1 000 hectares)	水土流失治理面积（千公顷）Area of Soil Erosion under Control (1 000 hectares)
全 国	**National Total**	**89220**	**7211.0**	**21857.3**	**111862.8**
北 京	Beijing	82	95.0	149.8	602.8
天 津	Tianjin	28	26.5	376.7	54.2
河 北	Hebei	1076	162.4	1649.7	6411.5
山 西	Shanxi	637	68.7	89.1	5290.6
内蒙古	Inner Mongolia	503	174.1	277.0	11574.6
辽 宁	Liaoning	905	358.1	993.1	6678.1
吉 林	Jilin	1649	320.3	1022.9	3691.3
黑龙江	Heilongjiang	930	179.1	3365.6	4979.8
上 海	Shanghai			57.5	
江 苏	Jiangsu	917	189.7	2812.0	1191.9
浙 江	Zhejiang	4250	400.1	501.4	2515.5
安 徽	Anhui	5325	286.5	2297.3	2245.0
福 建	Fujian	3385	189.4	138.2	1485.4
江 西	Jiangxi	9830	295.6	382.8	4822.4
山 东	Shandong	6342	218.2	2681.6	4781.3
河 南	Henan	2472	401.8	1980.3	4510.9
湖 北	Hubei	5902	998.7	1245.8	4760.4
湖 南	Hunan	12288	430.3	412.2	2857.3
广 东	Guangdong	7486	430.4	521.0	1428.6
广 西	Guangxi	4348	378.4	214.0	2019.5
海 南	Hainan	1035	100.7	21.1	38.7
重 庆	Chongqing	2907	81.1		2440.0
四 川	Sichuan	6768	216.4	95.1	6744.4
贵 州	Guizhou	2084	358.8	55.7	3513.6
云 南	Yunnan	5634	142.6	260.1	6175.6
西 藏	Tibet	73	13.3	22.3	42.8
陕 西	Shaanxi	1045	77.4	132.9	9512.3
甘 肃	Gansu	313	103.1	12.5	8244.7
青 海	Qinghai	158	342.0		856.5
宁 夏	Ningxia	266	27.5	45.7	1851.2
新 疆	Xinjiang	582	144.8	43.9	541.9

13-10 农村居民家庭生产性固定资产原值（年底数）
Original Value of Productive Fixed Assets of Rural Households at Year-end

本表为农村住户抽样调查资料。
Data in this table are obtained from the sample surveys on rural households.

单位：元/户 (yuan/household)

年份 地区	Year Region	固定资产原值合计 Total Original Value	农业 Agriculture	工业 Industry	建筑业 Construction	交通运输及邮电业 Transport, Postal and Telecommunication Services	批发零售贸易及餐饮业 Wholesale and Retail Trades and Catering Services	社会服务业 Social Services	文教卫生业 Education, Culture, and Health Care	其他 Others
	1985	792.53	603.34	42.28		112.84				34.07
	1990	1258.06	898.93	82.56		215.82				60.45
	1995	2774.27	2088.23	182.73		444.73				58.57
	2000	4676.98	3321.66	334.79	29.02	621.04	149.24	60.16	12.86	148.22
	2001	4883.80	3544.09	349.89	27.78	630.31	134.85	49.67	16.41	130.81
	2002	5221.33	3741.01	418.20	34.38	662.36	153.65	56.83	19.96	134.93
	2003	5586.34	4152.75	345.61	41.13	640.47	201.85	58.85	23.55	122.12
	2004	5956.18	4457.13	386.33	52.50	684.43	194.50	60.42	21.54	99.32
	2005	7155.55	5179.46	537.48	62.03	863.38	310.71	107.41	43.00	52.07
	2006	7647.09	5452.21	578.23	71.92	928.65	378.24	138.37	41.27	58.20
	2007	8389.84	6006.22	612.96	96.67	1032.68	367.86	155.46	46.65	71.34
	2008	9054.92	6537.78	634.55	92.52	1091.90	398.20	179.13	50.97	69.87
	2009	9970.57	6991.86	698.30	155.54	1214.21	490.63	287.71	55.48	76.85
	2010	10706.38	7444.30	796.92	187.00	1402.20	543.07	197.56	58.37	76.97
	2011	16087.52	10770.47	1011.99	317.73	2294.55	1191.01	225.99	131.53	144.25
	2012	16974.09	11406.20	1109.48	361.18	2283.42	1279.80	261.14	121.18	151.69
北京	Beijing	12767.09	3658.52	2351.01	573.33	3205.13	2394.20	546.85	20.00	18.04
天津	Tianjin	17508.57	6485.19	4995.43	214.29	2606.29	2604.66	405.57	197.14	
河北	Hebei	17904.83	9628.07	2139.35	460.80	2837.32	1954.87	533.09	192.55	158.79
山西	Shanxi	9808.38	5101.21	105.00	152.90	2450.19	976.12	589.45	161.67	271.83
内蒙古	Inner Mongolia	29389.59	25875.66	72.82	251.99	2030.03	798.88	69.90	75.24	215.07
辽宁	Liaoning	24997.92	17585.47	1024.81	605.56	3804.96	1465.46	360.42	111.57	39.67
吉林	Jilin	24937.86	21768.51	56.75	439.29	1334.13	1065.63	127.00	110.50	36.06
黑龙江	Heilongjiang	31507.91	28180.14	77.23	56.56	1463.26	1207.68	181.65	155.80	185.58
上海	Shanghai	4146.13	2015.71	940.83	100.00	715.00	327.50	47.08		
江苏	Jiangsu	14541.03	5337.15	3974.48	616.97	2117.25	1976.71	328.22	76.79	113.46
浙江	Zhejiang	22767.83	6934.74	7489.57	759.48	3422.33	2735.74	792.73	450.66	182.60
安徽	Anhui	15134.35	10392.83	592.61	384.84	1783.35	1654.94	191.06	51.06	83.66
福建	Fujian	11821.39	6741.12	755.48	156.67	2299.83	1387.37	313.98	102.39	64.55
江西	Jiangxi	9999.31	6937.50	258.95	260.60	1686.53	532.44	103.48	78.00	141.81
山东	Shandong	19168.14	12157.98	2233.07	297.69	1889.45	1621.65	289.86	164.25	514.19
河南	Henan	12980.72	8957.36	425.98	145.76	1850.72	1109.24	181.97	197.56	112.13
湖北	Hubei	10813.13	7446.51	349.11	297.50	1860.81	617.94	174.16	35.02	32.09
湖南	Hunan	8904.32	5179.18	372.07	257.87	1962.12	652.37	276.06	101.11	103.55
广东	Guangdong	8516.72	4342.63	942.29	476.83	1385.49	978.89	299.33	30.22	61.04
广西	Guangxi	11851.56	8992.57	253.48	241.71	1604.42	426.71	78.76	57.84	196.08
海南	Hainan	11387.06	8829.15	393.41	36.67	726.42	1243.17	85.00	55.61	17.63
重庆	Chongqing	12295.74	9653.81	255.03	422.94	1140.21	641.60	8.89	101.90	71.36
四川	Sichuan	13759.17	10218.22	307.13	105.16	1411.95	1265.59	312.79	106.15	32.19
贵州	Guizhou	11957.34	7956.99	105.93	188.88	2506.71	816.70	52.03	220.98	109.11
云南	Yunnan	19020.92	14409.00	221.63	76.69	3755.56	402.11	13.13	59.75	83.06
西藏	Tibet	52935.07	43715.73	35.07	1607.57	6344.37	1032.97	67.70		131.66
陕西	Shaanxi	12273.06	5888.58	265.50	416.92	3266.51	1608.09	405.49	50.05	371.93
甘肃	Gansu	19486.44	13124.41	93.61	22.53	2536.70	2988.46	271.53	172.78	276.43
青海	Qinghai	21919.34	15663.33	84.31	238.89	3525.14	1490.15	107.50	34.72	775.31
宁夏	Ningxia	24266.19	16077.68	221.80	445.88	5323.60	1989.48	123.13	7.63	77.01
新疆	Xinjiang	35070.37	29085.38	1288.56	1434.19	2310.52	599.32	122.26	163.74	66.39

注：本表仍执行2002年国民经济行业分类指标。
a) Classification for national standard of industry classification in this table are still implementing the version of 2002.

13-11 农村居民家庭平均每百户拥有主要生产性固定资产数量（年底数）
Number of Major Productive Fixed Assets Per 100 Rural Households at Year-end

本表为农村住户抽样调查资料。
Data in this table are obtained from the sample surveys on rural households.

年份 Year 地区 Region	汽车 (辆) Motor Vehicles (set)	大中型拖拉机 (台) Large and Medium Tractors (set)	小型和手扶拖拉机 (台) Mini and Walking Tractors (set)	机动脱粒机 (台) Motorized Threshing Machines (set)	胶轮大车 (辆) Carts with Rubber Tyres (set)	农用水泵 (台) Pumps (unit)	役畜 (头) Draught Animals (unit)	产品畜 (头) Commodity Animals (unit)
1985	0.25	0.35	2.71	1.91	5.49	1.69	57.15	32.12
1990	0.28	0.45	5.30	3.55	7.89	3.86	57.27	30.91
1991	0.24	0.51	6.61	3.85	8.24	4.73	53.93	28.73
1992	0.28	0.55	7.25	4.16	8.67	5.48	52.95	30.07
1993	0.33	0.64	8.40	5.30	9.60	8.54	59.98	53.15
1994	0.40	0.79	8.77	5.15	9.32	7.90	58.79	56.70
1995	0.51	0.77	9.93	6.33	9.29	9.07	55.99	50.72
1996	0.78	0.99	12.46	6.87	8.78	10.97	54.99	56.26
1997	0.82	1.39	14.26	7.41	8.83	12.12	55.58	52.72
1998	1.01	1.22	14.34	8.58	8.52	13.73	48.39	52.20
1999	1.09	1.44	16.28	8.35	7.87	14.02	45.02	54.08
2000	1.32	1.41	16.72	9.59	13.26	17.73	41.75	41.56
2001	1.20	1.50	17.41	9.28	14.52	19.92	39.67	54.65
2002	1.29	1.53	18.48	9.62	14.31	21.53	39.38	56.43
2003	1.40	1.79	18.93	10.06	13.71	21.12	35.52	58.62
2004	1.43	2.24	18.78	10.12	12.88	22.06	34.83	51.83
2005	1.76	2.13	20.24	8.69	9.85	21.03	29.33	60.28
2006	1.83	2.39	21.06	9.44	9.49	22.12	28.75	61.76
2007	1.91	2.85	19.10	9.76	8.86	23.35	27.50	63.59
2008	2.03	3.12	18.99	10.26	8.73	24.10	26.00	67.75
2009	2.29	3.37	19.39	10.48	8.64	25.12	25.39	63.32
2010	2.40	3.36	19.45	10.62	8.42	25.88	23.42	62.26
2011	3.78	3.98	19.85	10.43	4.32	23.61	26.48	81.90
2012	4.05	4.40	20.49	11.49	4.31	25.46	26.36	86.13
北京 Beijing	6.13	0.53	2.13	0.30	0.20	1.03	0.93	12.53
天津 Tianjin	9.14	1.00	7.86	0.14		12.57	1.43	38.71
河北 Hebei	6.49	4.74	29.43	2.77	2.79	22.40	5.98	72.05
山西 Shanxi	5.05	2.86	15.81	3.24	2.95	6.24	11.95	70.90
内蒙古 Inner Mongolia	5.05	11.89	49.98	9.00	11.99	38.33	40.78	281.21
辽宁 Liaoning	5.28	7.27	13.19	5.09	13.39	37.08	25.25	95.97
吉林 Jilin	4.13	14.25	51.06	7.44	5.81	32.19	21.88	147.31
黑龙江 Heilongjiang	2.90	24.51	50.76	3.26	1.61	28.21	5.31	74.02
上海 Shanghai	0.42		0.50	0.25		3.08		2.67
江苏 Jiangsu	3.68	1.32	19.21	6.41	2.59	20.35	5.97	26.76
浙江 Zhejiang	4.78	1.37	2.41	4.89	1.19	10.44	5.59	71.89
安徽 Anhui	2.87	5.74	35.27	12.55	2.74	48.13	2.48	34.10
福建 Fujian	3.74	1.48	4.36	9.24	1.31	10.85	6.70	74.29
江西 Jiangxi	2.69	1.39	10.12	25.31	2.33	28.09	21.98	16.37
山东 Shandong	4.83	5.46	24.46	4.01	5.45	44.20	1.57	59.60
河南 Henan	3.40	4.75	34.07	10.35	2.71	43.35	9.08	33.52
湖北 Hubei	2.56	2.27	17.64	6.18	3.16	30.88	13.52	29.44
湖南 Hunan	2.81	0.51	4.03	18.00	1.65	29.50	10.99	22.49
广东 Guangdong	2.22	0.55	6.74	14.99	4.47	13.87	14.69	15.75
广西 Guangxi	1.90	2.14	20.17	28.31	4.11	31.82	38.74	40.35
海南 Hainan	0.50	0.33	3.42	3.42	1.08	24.17	20.83	162.75
重庆 Chongqing	3.33	0.39	0.94	21.50	0.44	20.83	27.76	49.33
四川 Sichuan	3.00	0.88	2.80	30.20	0.90	36.93	24.50	53.75
贵州 Guizhou	3.84	1.25	1.43	16.92	0.49	10.71	52.14	48.62
云南 Yunnan	4.38	3.21	14.50	18.17	1.88	20.33	56.80	79.08
西藏 Tibet	12.50	7.23	57.80	13.18	7.57		384.53	802.84
陕西 Shaanxi	4.37	3.15	10.83	9.78	11.08	10.59	11.17	39.55
甘肃 Gansu	3.61	5.06	31.50	15.44	10.94	16.11	46.72	72.72
青海 Qinghai	6.94	4.31	52.96	9.51	2.08	4.86	33.75	171.39
宁夏 Ningxia	5.75	9.75	36.88	5.75	0.25	22.25	24.75	81.38
新疆 Xinjiang	4.61	13.16	36.65	2.45	31.87	10.19	62.71	484.90

13-12 分地区农村居民家庭土地经营情况（2012年底）
Area of Land Managed by Rural Households at Year-end by Region (2012)

本表为农村住户抽样调查资料。
Data in this table are obtained from the sample surveys on rural households.

单位：亩/人 (mu/person)

地 区	Region	经营耕地面积 Area of Cultivated Land under Management	经营山地面积 Hilly Area under Management	园地面积 Area of Garden Plot	养殖水面面积 Water Area for Breeding Aquatics
全 国	**National Total**	**2.34**	**0.48**	**0.10**	**0.04**
北 京	Beijing	0.50	0.13	0.11	0.01
天 津	Tianjin	1.58		0.06	0.01
河 北	Hebei	1.89	0.10	0.09	
山 西	Shanxi	2.50	0.19	0.25	
内蒙古	Inner Mongolia	10.40	0.08		
辽 宁	Liaoning	3.78	0.38	0.11	0.01
吉 林	Jilin	8.27	0.14	0.01	
黑龙江	Heilongjiang	13.56	0.09	0.01	
上 海	Shanghai	0.26		0.01	0.03
江 苏	Jiangsu	1.25	0.01	0.02	0.12
浙 江	Zhejiang	0.54	1.12	0.08	0.03
安 徽	Anhui	1.89	0.26	0.06	0.08
福 建	Fujian	0.73	0.98	0.24	0.07
江 西	Jiangxi	1.57	1.29	0.09	0.06
山 东	Shandong	1.64	0.03	0.08	
河 南	Henan	1.62	0.08	0.02	0.01
湖 北	Hubei	1.71	1.41	0.11	0.26
湖 南	Hunan	1.22	0.82	0.07	0.03
广 东	Guangdong	0.53	0.60	0.10	0.07
广 西	Guangxi	1.37	0.83	0.15	0.04
海 南	Hainan	0.73	0.81	0.39	0.07
重 庆	Chongqing	1.29	0.32	0.04	0.01
四 川	Sichuan	1.14	0.44	0.07	0.02
贵 州	Guizhou	1.18	0.57	0.05	
云 南	Yunnan	1.60	1.28	0.22	
西 藏	Tibet	1.89		0.01	
陕 西	Shaanxi	1.52	0.56	0.36	
甘 肃	Gansu	2.72	0.60	0.11	
青 海	Qinghai	1.83	0.09		
宁 夏	Ningxia	3.69	0.32	0.07	
新 疆	Xinjiang	5.76	0.09	0.32	

13-13 农作物总播种面积
Total Sown Areas of Farm Crops

单位：千公顷 (1 000 hectares)

年 份 Year 地 区 Region	农作物总播种面积 Total Sown Area	粮食作物播种面积 Sown Area of Grain Crops	谷 物 Cereal	#稻 谷 Rice	#小 麦 Wheat	#玉 米 Corn	豆 类 Soybeans
1978	150104	120587		34421	29183	19961	
1980	146380	117234		33878	28844	20087	
1985	143626	108845		32070	29218	17694	
1990	148362	113466		33064	30753	21401	
1991	149586	112314	94073	32590	30948	21574	9163
1992	149007	110560	92520	32090	30496	21044	8983
1993	147741	110509	88912	30355	30235	20694	12377
1994	148241	109544	87537	30171	28981	21152	12736
1995	149879	110060	89310	30744	28860	22776	11232
1996	152381	112548	92207	31406	29611	24498	10543
1997	153969	112912	91964	31765	30057	23775	11164
1998	155706	113787	92117	31214	29774	25239	11671
1999	156373	113161	91617	31283	28855	25904	11190
2000	156300	108463	85264	29962	26653	23056	12660
2001	155708	106080	82596	28812	24664	24282	13268
2002	154636	103891	81466	28202	23908	24634	12543
2003	152415	99410	76810	26508	21997	24068	12899
2004	153553	101606	79350	28379	21626	25446	12799
2005	155488	104278	81874	28847	22793	26358	12901
2006	152149	104958	84931	28938	23613	28463	12149
2007	153464	105638	85777	28919	23721	29478	11780
2008	156266	106793	86248	29241	23617	29864	12118
2009	158614	108986	88401	29627	24291	31183	11949
2010	160675	109876	89851	29873	24257	32500	11276
2011	162283	110573	91016	30057	24270	33542	10651
2012	163416	111205	92612	30137	24268	35030	9709
北 京 Beijing	282.7	193.9	186.2	0.2	52.2	132.0	5.5
天 津 Tianjin	479.0	322.9	309.6	14.6	113.1	179.3	12.2
河 北 Hebei	8781.8	6302.4	5863.4	85.9	2410.0	3049.1	171.8
山 西 Shanxi	3808.1	3291.5	2776.9	1.0	689.0	1669.0	324.3
内蒙古 Inner Mongolia	7154.0	5589.4	4068.0	89.3	609.6	2833.7	840.0
辽 宁 Liaoning	4210.6	3217.3	2995.4	661.8	6.8	2206.7	139.9
吉 林 Jilin	5315.1	4610.3	4161.6	701.2		3284.3	370.0
黑龙江 Heilongjiang	12237.0	11519.5	8510.1	3069.8	210.1	5190.6	2764.0
上 海 Shanghai	387.9	187.6	180.7	105.1	56.6	3.8	5.9
江 苏 Jiangsu	7651.6	5336.6	4955.9	2254.2	2132.6	418.9	320.5
浙 江 Zhejiang	2324.2	1251.6	1004.3	832.6	74.5	62.0	138.5
安 徽 Anhui	8969.6	6622.0	5498.3	2215.1	2415.5	822.5	960.3
福 建 Fujian	2263.1	1201.1	880.2	827.6	2.5	45.4	81.9
江 西 Jiangxi	5524.9	3675.9	3378.6	3328.3	11.9	28.1	157.1
山 东 Shandong	10867.0	7202.3	6793.7	123.9	3625.9	3018.1	163.6
河 南 Henan	14262.2	9985.2	9152.8	648.2	5340.0	3100.0	520.5
湖 北 Hubei	8078.9	4180.1	3702.8	2017.9	1065.5	593.3	177.7
湖 南 Hunan	8511.9	4908.0	4493.2	4095.1	35.3	342.0	168.4
广 东 Guangdong	4629.6	2540.2	2129.4	1949.4	0.9	172.5	80.2
广 西 Guangxi	6082.6	3069.1	2658.7	2057.6	1.5	580.5	154.5
海 南 Hainan	854.6	438.6	352.0	324.4		27.5	8.4
重 庆 Chongqing	3477.7	2259.6	1305.4	687.0	125.4	468.4	230.1
四 川 Sichuan	9657.0	6468.2	4769.7	1997.8	1234.1	1371.1	477.2
贵 州 Guizhou	5182.9	3054.3	1829.1	683.0	259.8	775.2	305.8
云 南 Yunnan	6920.4	4399.6	3167.9	1082.9	442.2	1456.9	572.5
西 藏 Tibet	244.0	170.9	163.8	1.0	37.7	4.4	6.3
陕 西 Shaanxi	4238.3	3127.5	2587.1	123.3	1127.6	1167.4	223.4
甘 肃 Gansu	4099.8	2839.4	1963.1	5.6	833.9	902.7	191.3
青 海 Qinghai	554.2	280.2	163.5		94.2	22.9	33.1
宁 夏 Ningxia	1241.2	828.3	576.6	84.3	179.0	245.9	36.0
新 疆 Xinjiang	5123.9	2131.2	2034.5	69.2	1081.0	855.7	68.8

13-13 续表 1 continued

单位：千公顷 (1 000 hectares)

年份 地区	Year Region	薯类 Tubers	油料 Oil-bearing Crops	#花生 Peanuts	#油菜籽 Rapeseeds	棉花 Cotton	麻类 Fiber Crops	#黄红麻 Jute and Ambary Hemp	糖料 Sugar Crops
	1978	11796	6222	1768	2600	4866	751	412	879
	1980	10153	7928	2339	2844	4920	666	314	922
	1985	8572	11800	3318	4494	5140	1231	992	1525
	1990	9121	10900	2907	5503	5588	495	300	1679
	1991	9078	11530	2880	6133	6538	453	270	1947
	1992	9057	11489	2976	5976	6835	434	277	1906
	1993	9220	11142	3379	5300	4985	420	274	1687
	1994	9270	12081	3776	5783	5528	372	176	1755
	1995	9519	13102	3809	6907	5422	376	147	1820
	1996	9797	12555	3616	6734	4722	349	147	1846
	1997	9785	12381	3722	6475	4491	327	162	1923
	1998	10000	12919	4039	6527	4459	224	93	1984
	1999	10355	13906	4268	6899	3726	205	65	1644
	2000	10538	15400	4856	7494	4041	262	50	1514
	2001	10217	14631	4991	7095	4810	323	52	1654
	2002	9881	14766	4921	7143	4184	338	55	1872
	2003	9702	14990	5057	7221	5111	337	41	1657
	2004	9457	14431	4745	7271	5693	332	32	1568
	2005	9503	14318	4662	7278	5062	335	31	1564
	2006	7877	11738	3960	5984	5816	283	31	1567
	2007	8082	11316	3945	5642	5926	263	33	1802
	2008	8427	12825	4246	6594	5754	221	26	1990
	2009	8636	13654	4377	7278	4949	160	24	1884
	2010	8750	13890	4527	7370	4849	133	19	1905
	2011	8906	13855	4581	7347	5038	118	19	1948
	2012	8886	13930	4639	7432	4688	101	18	2030
北京	Beijing	2.1	4.5	4.0		0.2			
天津	Tianjin	1.1	1.9	1.4		55.4			
河北	Hebei	267.3	454.0	354.5	19.0	578.3	0.3	0.3	14.2
山西	Shanxi	190.3	145.9	9.3	4.2	37.4	0.1		8.5
内蒙古	Inner Mongolia	681.3	764.7	16.7	270.7	1.0			43.7
辽宁	Liaoning	82.0	376.7	359.6	0.5	0.3			1.9
吉林	Jilin	81.9	266.6	141.5		4.2	0.1		6.7
黑龙江	Heilongjiang	245.5	117.3	24.8	0.4		1.8		73.0
上海	Shanghai	1.0	8.2	0.8	7.3	2.0			0.2
江苏	Jiangsu	60.2	527.7	95.9	421.3	170.6	0.7		1.7
浙江	Zhejiang	108.8	189.4	18.5	165.6	20.9	0.1	0.1	11.0
安徽	Anhui	163.5	843.6	187.5	609.6	304.9	9.0	4.7	5.2
福建	Fujian	239.0	113.6	100.3	11.9	0.1	0.1	0.1	9.3
江西	Jiangxi	140.3	744.2	160.7	551.9	85.0	5.7	0.2	13.8
山东	Shandong	245.0	796.0	787.1	8.0	689.9			
河南	Henan	311.9	1573.6	1007.1	380.4	256.7	6.6	6.6	4.0
湖北	Hubei	299.6	1501.5	239.8	1167.3	472.9	12.1	0.1	7.8
湖南	Hunan	246.5	1321.7	110.6	1201.3	172.2	10.4	0.2	14.5
广东	Guangdong	330.6	352.2	343.2	6.6		0.1	0.1	165.4
广西	Guangxi	255.9	217.4	188.8	20.1	2.2	4.6	4.1	1128.0
海南	Hainan	78.2	39.7	37.9			0.1	0.1	62.4
重庆	Chongqing	724.1	271.0	58.3	204.6	0.1	6.8	0.1	3.4
四川	Sichuan	1221.3	1249.7	262.0	981.4	14.6	31.6	0.9	14.9
贵州	Guizhou	919.4	547.5	41.0	497.0	1.7	0.6		21.8
云南	Yunnan	659.2	343.3	48.8	281.2	0.3	3.1		331.5
西藏	Tibet	0.8	24.0	0.1	23.9				
陕西	Shaanxi	317.0	302.3	32.9	202.1	48.3	0.5		0.1
甘肃	Gansu	684.9	336.4	1.0	175.0	48.2	1.8		5.0
青海	Qinghai	83.7	164.4		160.0				
宁夏	Ningxia	215.7	88.4	0.1	1.2				
新疆	Xinjiang	28.0	242.3	4.4	59.6	1720.8	4.8		82.6

13-13 续表 2 continued

单位：千公顷 (1 000 hectares)

年 份 地 区	Year Region	#甘 蔗 Sugarcane	#甜 菜 Beetroots	烟 叶 Tobacco	#烤 烟 Flue-cured Tobacco	蔬 菜 Vegetables	茶园面积 Area of Tea Plantations at Year-end	果园面积 Area of Orchards at Year-end
	1978	549	331	784	613	3331	1048	1657
	1980	480	443	512	397	3163	1041	1783
	1985	965	560	1313	1077	4753	1077	2736
	1990	1009	670	1593	1342	6338	1061	5179
	1991	1164	783	1804	1562	6546	1060	5318
	1992	1246	660	2093	1849	7031	1084	5818
	1993	1088	599	2089	1835	8084	1171	6432
	1994	1057	698	1490	1302	8921	1135	7264
	1995	1125	695	1470	1309	9515	1115	8098
	1996	1207	638	1853	1683	10491	1103	8553
	1997	1311	612	2353	2161	11288	1076	8648
	1998	1401	583	1361	1200	12293	1057	8535
	1999	1303	341	1374	1216	13347	1130	8667
	2000	1185	329	1437	1269	15237	1089	8932
	2001	1248	406	1340	1181	16402	1141	9043
	2002	1393	424	1328	1192	17353	1134	9098
	2003	1409	248	1264	1139	17954	1207	9437
	2004	1378	190	1266	1145	17560	1262	9768
	2005	1354	210	1363	1245	17721	1352	10035
	2006	1378	189	1189	1088	16639	1431	10123
	2007	1586	216	1164	1066	17329	1613	10471
	2008	1743	246	1326	1230	17876	1719	10734
	2009	1697	186	1391	1265	18390	1849	11140
	2010	1686	219	1345	1231	19000	1970	11544
	2011	1721	227	1461	1351	19639	2113	11831
	2012	1795	236	1597	1480	20353	2280	12140
北 京	Beijing					64.1		62.5
天 津	Tianjin					88.9		33.7
河 北	Hebei		14.2	3.2	2.6	1203.0		1051.8
山 西	Shanxi		8.5	3.1	3.1	247.8	0.1	342.4
内蒙古	Inner Mongolia		43.7	3.8	2.6	288.4		70.9
辽 宁	Liaoning		1.9	11.8	10.8	487.1		368.5
吉 林	Jilin		6.7	25.1	12.1	237.4		53.8
黑龙江	Heilongjiang		73.0	38.0	33.6	249.9		35.3
上 海	Shanghai	0.2				134.2		21.3
江 苏	Jiangsu	1.6				1323.4	34.0	209.8
浙 江	Zhejiang	11.0		1.1		623.3	183.0	321.5
安 徽	Anhui	5.2		13.2	13.0	810.6	149.7	116.5
福 建	Fujian	9.3		70.1	69.6	692.2	221.5	534.9
江 西	Jiangxi	13.8		23.8	22.9	547.5	65.5	392.8
山 东	Shandong			39.9	39.9	1806.0	20.8	596.3
河 南	Henan	4.0		125.4	125.4	1730.3	87.6	466.7
湖 北	Hubei	7.8		72.1	52.1	1138.7	260.1	400.7
湖 南	Hunan	14.5		111.8	107.3	1239.2	108.8	546.0
广 东	Guangdong	165.4		23.9	21.8	1229.2	41.8	1100.2
广 西	Guangxi	1128.0		18.8	14.8	1075.4	55.6	997.2
海 南	Hainan	62.4		0.2	0.2	229.5	1.0	179.8
重 庆	Chongqing	3.4		50.0	38.0	652.7	35.1	282.2
四 川	Sichuan	14.8	0.1	122.0	104.0	1253.9	266.6	608.2
贵 州	Guizhou	21.8		249.2	237.0	774.3	251.5	193.0
云 南	Yunnan	331.5		545.2	525.8	803.8	389.7	392.5
西 藏	Tibet					23.7	0.2	2.0
陕 西	Shaanxi	0.1		40.2	40.0	477.1	97.1	1160.2
甘 肃	Gansu		5.0	4.1	3.3	454.0	10.2	446.9
青 海	Qinghai			0.2		48.8		6.8
宁 夏	Ningxia			0.4	0.4	111.6		130.3
新 疆	Xinjiang		82.6			306.9		1015.2

13-14 主要农作物种植结构
Planting Structure of Major Farm Crops

单位：% (%)

项　　目	Item	1995	2000	2005	2010	2011	2012
农作物总播种面积	**Total Sown Areas of Farm Crops**	**100.00**	**100.00**	**100.00**	**100.00**	**100.00**	**100.00**
粮食作物	**Grain Crops**	**73.43**	**69.39**	**67.07**	**68.38**	**68.14**	**68.05**
谷物	Cereal	59.59	54.55	52.66	55.92	56.08	56.67
稻谷	Rice	20.51	19.17	18.55	18.59	18.52	18.44
小麦	Wheat	19.26	17.05	14.66	15.10	14.96	14.85
玉米	Corn	15.20	14.75	16.95	20.23	20.67	21.44
谷子	Millet	1.02	0.80	0.55	0.50	0.46	0.45
高粱	Jowar	0.81	0.57	0.37	0.34	0.31	0.38
其它谷物	Other Cereal	2.80	2.21	1.58	1.16	1.17	1.11
豆类	Soybeans	7.49	8.10	8.30	7.02	6.56	5.94
#大豆	Soja	5.42	5.95	6.17	5.30	4.86	4.39
杂豆	Miscellaneous Beans	2.07	2.15	2.13	1.72	1.70	1.55
薯类	Tubers	6.35	6.74	6.11	5.45	5.49	5.44
#马铃薯	Potato	2.29	3.02	3.14	3.24	3.34	3.39
油料作物	**Oil-bearing Crops**	**8.74**	**9.85**	**9.21**	**8.64**	**8.54**	**8.52**
#花生	Peanuts	2.54	3.11	3.00	2.82	2.82	2.84
油菜籽	Rapeseeds	4.61	4.79	4.68	4.59	4.53	4.55
芝麻	Sesame	0.43	0.50	0.38	0.28	0.27	0.27
胡麻籽	Benne	0.41	0.32	0.26	0.20	0.20	0.19
向日葵	Helianthus	0.54	0.79	0.66	0.61	0.58	0.54
棉花	**Cotton**	**3.62**	**2.59**	**3.26**	**3.02**	**3.10**	**2.87**
麻类	**Fiber Crops**	**0.25**	**0.17**	**0.22**	**0.08**	**0.07**	**0.06**
#黄红麻	Jute and Ambary Hemp	0.10	0.03	0.02	0.01	0.01	0.01
苎　麻	Ramee	0.06	0.06	0.08	0.06	0.05	0.04
大　麻	Hemp		0.01	0.01			
亚　麻	Flax	0.08	0.06	0.10	0.01		
糖料	**Sugar Crops**	**1.21**	**0.97**	**1.01**	**1.19**	**1.20**	**1.24**
甘蔗	Sugarcane	0.75	0.76	0.87	1.05	1.06	1.10
甜菜	Beetroots	0.46	0.21	0.14	0.14	0.14	0.14
烟叶	**Tobacco**	**0.98**	**0.92**	**0.88**	**0.84**	**0.90**	**0.98**
#烤烟	Flue-cured Tobacco	0.87	0.81	0.80	0.77	0.83	0.91
药材	**Medicinal Materials**	**0.19**	**0.43**	**0.78**	**0.77**	**0.85**	**0.95**
蔬菜、瓜类	**Vegetables and Melon**	**7.08**	**11.06**	**12.82**	**13.31**	**13.57**	**13.93**
#蔬菜	Vegetables	6.35	9.75	11.40	11.83	12.10	12.45
其他农作物	**Other Farm Crops**	**4.49**	**4.70**	**4.78**	**3.76**	**3.62**	**3.39**
#青饲料	Succulence	1.22	1.37	2.17	1.17	1.28	1.26

13-15 主要农产品产量
Output of Major Farm Products

单位：万吨 (10 000 tons)

年 份 地 区	Year Region	粮 食 Grain	谷 物 Cereal	#稻 谷 Rice	#小 麦 Wheat	#玉 米 Corn	豆 类 Beans	薯 类 Tubers	棉 花 Cotton
	1978	30476.5		13693.0	5384.0	5594.5		3174.0	216.7
	1980	32055.5		13990.5	5520.5	6260.0		2872.5	270.7
	1985	37910.8		16856.9	8580.5	6382.6		2603.6	414.7
	1990	44624.3		18933.1	9822.9	9681.9		2743.3	450.8
	1991	43529.3	39566.3	18381.3	9595.3	9877.3	1247.1	2715.9	567.5
	1992	44265.8	40169.6	18622.2	10158.7	9538.3	1252.0	2844.2	450.8
	1993	45648.8	40517.4	17751.4	10639.0	10270.4	1950.4	3181.1	373.9
	1994	44510.1	39389.1	17593.3	9929.7	9927.5	2095.6	3025.4	434.1
	1995	46661.8	41611.6	18522.6	10220.7	11198.6	1787.5	3262.6	476.8
	1996	50453.5	45127.1	19510.3	11056.9	12747.1	1790.3	3536.0	420.3
	1997	49417.1	44349.3	20073.5	12328.9	10430.9	1875.5	3192.3	460.3
	1998	51229.5	45624.7	19871.3	10972.6	13295.4	2000.6	3604.2	450.1
	1999	50838.6	45304.1	19848.7	11388.0	12808.6	1894.0	3640.6	382.9
	2000	46217.5	40522.4	18790.8	9963.6	10600.0	2010.0	3685.2	441.7
	2001	45263.7	39648.2	17758.0	9387.3	11408.8	2052.8	3563.1	532.4
	2002	45705.8	39798.7	17453.9	9029.0	12130.8	2241.2	3665.9	491.6
	2003	43069.5	37428.7	16065.6	8648.8	11583.0	2127.5	3513.3	486.0
	2004	46946.9	41157.2	17908.8	9195.2	13028.7	2232.1	3557.7	632.4
	2005	48402.2	42776.0	18058.8	9744.5	13936.5	2157.7	3468.5	571.4
	2006	49804.2	45099.2	18171.8	10846.6	15160.3	2003.7	2701.3	753.3
	2007	50160.3	45632.4	18603.4	10929.8	15230.0	1720.1	2807.8	762.4
	2008	52870.9	47847.4	19189.6	11246.4	16591.4	2043.3	2980.2	749.2
	2009	53082.1	48156.3	19510.3	11511.5	16397.4	1930.3	2995.5	637.7
	2010	54647.7	49637.1	19576.1	11518.1	17724.5	1896.5	3114.1	596.1
	2011	57120.8	51939.4	20100.1	11740.1	19278.1	1908.4	3273.1	659.8
	2012	58958.0	53934.7	20423.6	12102.3	20561.4	1730.5	3292.8	683.6
北 京	Beijing	113.8	111.6	0.1	27.4	83.6	1.0	1.2	
天 津	Tianjin	161.8	159.8	11.2	55.8	92.5	1.5	0.5	5.8
河 北	Hebei	3246.6	3102.7	49.8	1337.7	1649.5	32.5	111.5	56.4
山 西	Shanxi	1274.1	1214.7	0.6	259.2	903.9	27.6	31.9	4.7
内蒙古	Inner Mongolia	2528.5	2180.9	73.3	188.4	1784.4	162.9	184.7	0.2
辽 宁	Liaoning	2070.5	1986.5	507.8	3.2	1423.5	34.2	49.8	0.1
吉 林	Jilin	3343.0	3221.7	532.0		2578.8	52.6	68.7	0.8
黑龙江	Heilongjiang	5761.5	5147.9	2171.2	70.0	2887.9	479.6	134.0	
上 海	Shanghai	122.4	120.1	89.1	22.6	2.5	1.5	0.8	0.4
江 苏	Jiangsu	3372.5	3252.0	1900.1	1048.8	230.2	81.2	39.3	22.0
浙 江	Zhejiang	769.8	678.0	608.3	27.1	29.1	36.6	55.2	3.0
安 徽	Anhui	3289.1	3123.3	1393.5	1294.0	427.5	120.5	45.4	29.4
福 建	Fujian	659.3	524.2	503.8	0.7	18.0	20.8	114.3	
江 西	Jiangxi	2084.8	1992.8	1976.0	2.3	12.6	29.8	62.2	15.2
山 东	Shandong	4511.4	4285.8	103.4	2179.5	1994.5	39.9	185.8	69.8
河 南	Henan	5638.6	5431.4	492.6	3177.4	1747.8	84.6	122.6	25.7
湖 北	Hubei	2441.8	2315.6	1651.4	370.8	282.6	32.2	94.0	54.5
湖 南	Hunan	3006.5	2843.2	2631.6	8.6	197.3	38.4	124.8	25.1
广 东	Guangdong	1396.3	1208.8	1126.6	0.3	79.7	20.1	167.4	
广 西	Guangxi	1484.9	1396.5	1142.0	0.2	250.6	23.6	64.8	0.2
海 南	Hainan	199.5	167.1	155.8		11.3	2.4	30.0	
重 庆	Chongqing	1138.5	799.1	498.0	38.5	256.3	45.0	294.4	
四 川	Sichuan	3315.0	2741.0	1536.1	437.0	701.3	93.6	480.4	1.3
贵 州	Guizhou	1079.5	820.1	402.4	52.4	342.3	23.6	235.8	0.1
云 南	Yunnan	1749.1	1436.5	644.6	88.3	700.0	129.7	183.0	
西 藏	Tibet	94.9	92.2	0.5	24.6	2.6	2.3	0.5	
陕 西	Shaanxi	1245.1	1119.5	87.4	435.5	566.9	43.1	82.5	6.7
甘 肃	Gansu	1109.7	837.1	3.9	278.5	504.1	33.1	239.5	8.1
青 海	Qinghai	101.5	61.9		35.2	17.0	7.1	32.5	
宁 夏	Ningxia	375.0	328.1	71.3	62.0	191.2	4.7	42.2	
新 疆	Xinjiang	1273.0	1234.8	59.4	576.5	592.1	25.0	13.2	353.9

13-15 续表 1 continued

单位：万吨 (10 000 tons)

年份 地区	Year Region	油料 Oil-bearing Crops	#花生 Peanuts	#油菜籽 Rapeseeds	#芝麻 Sesame	麻类 Fiber Crops	#黄红麻 Jute and Ambary Hemp	甘蔗 Sugarcane	甜菜 Beetroots
	1978	521.8	237.7	186.8	32.2	135.1	108.8	2111.6	270.2
	1980	769.1	360.0	238.4	25.9	143.6	109.8	2280.7	630.5
	1985	1578.4	666.4	560.7	69.1	444.8	411.9	5154.9	891.9
	1990	1613.2	636.8	695.8	46.9	109.7	72.6	5762.0	1452.5
	1991	1638.3	630.3	743.6	43.5	88.4	51.3	6789.8	1628.9
	1992	1641.2	595.3	765.3	51.6	93.8	61.9	7301.1	1506.9
	1993	1803.9	842.1	693.9	56.3	96.0	67.2	6419.4	1204.8
	1994	1989.6	968.2	749.2	54.8	74.7	35.5	6092.7	1252.6
	1995	2250.3	1023.5	977.7	58.3	89.7	37.1	6541.7	1398.4
	1996	2210.6	1013.8	920.1	57.5	79.5	36.5	6818.7	1541.5
	1997	2157.4	964.8	957.8	56.6	74.9	43.0	7889.7	1496.8
	1998	2313.9	1188.6	830.1	65.6	49.5	24.8	8343.8	1446.6
	1999	2601.2	1263.9	1013.2	74.3	47.2	16.4	7470.3	863.9
	2000	2954.8	1443.7	1138.1	81.1	52.9	12.6	6828.0	807.3
	2001	2864.9	1441.6	1133.1	80.4	68.1	10.6	7566.3	1088.9
	2002	2897.2	1481.8	1055.2	89.5	96.4	15.9	9010.7	1282.0
	2003	2811.0	1342.0	1142.0	59.3	85.3	10.0	9023.5	618.2
	2004	3065.9	1434.2	1318.2	70.4	107.4	8.7	8984.9	585.7
	2005	3077.1	1434.2	1305.2	62.5	110.5	8.3	8663.8	788.1
	2006	2640.3	1288.7	1096.6	66.2	89.1	8.7	9709.2	750.8
	2007	2568.7	1302.7	1057.3	55.7	72.8	9.9	11295.1	893.1
	2008	2952.8	1428.6	1210.2	58.6	62.5	8.4	12415.2	1004.4
	2009	3154.3	1470.8	1365.7	62.2	38.8	7.5	11558.7	717.9
	2010	3230.1	1564.4	1308.2	58.7	31.7	6.9	11078.9	929.6
	2011	3306.8	1604.6	1342.6	60.5	29.6	7.5	11443.5	1073.1
	2012	3436.8	1669.2	1400.7	63.9	26.1	6.8	12311.4	1174.0
北京	Beijing	1.3	1.2						
天津	Tianjin	0.6	0.5						
河北	Hebei	142.8	126.9	3.0	0.9	0.1	0.1		59.4
山西	Shanxi	19.6	2.0	0.7	0.4				40.8
内蒙古	Inner Mongolia	145.1	3.2	30.7	0.1				167.9
辽宁	Liaoning	120.9	116.5	0.1	0.2				9.7
吉林	Jilin	80.7	46.7		1.4				20.9
黑龙江	Heilongjiang	22.5	7.0	0.1	0.1	1.0			273.1
上海	Shanghai	1.7	0.2	1.5				1.0	
江苏	Jiangsu	146.9	36.0	109.1	1.8	0.2		9.7	
浙江	Zhejiang	38.3	5.3	32.1	0.9			70.1	
安徽	Anhui	227.7	86.9	134.3	6.5	2.7	1.6	20.6	
福建	Fujian	28.1	26.2	1.7	0.2			56.5	
江西	Jiangxi	117.1	44.8	68.8	3.4	0.9	0.1	61.6	
山东	Shandong	351.0	348.7	2.1	0.1				
河南	Henan	569.5	454.0	87.6	26.8	3.7	3.7	26.9	
湖北	Hubei	319.7	74.3	230.0	14.4	2.6		31.1	
湖南	Hunan	207.8	27.8	178.6	1.5	2.4	0.1	73.8	
广东	Guangdong	96.6	95.5	0.8	0.3			1469.2	
广西	Guangxi	54.5	51.3	2.0	0.6	1.1	1.0	7829.7	
海南	Hainan	10.4	10.2		0.2	0.1	0.1	415.9	
重庆	Chongqing	50.1	11.3	37.7	0.5	1.0		11.9	
四川	Sichuan	287.8	64.8	222.1	0.5	5.7	0.2	61.3	0.2
贵州	Guizhou	87.4	7.9	78.2		0.1		128.1	
云南	Yunnan	62.8	7.5	53.5		1.0		2043.8	
西藏	Tibet	6.3		6.3					
陕西	Shaanxi	60.3	9.8	39.9	2.4	0.1		0.2	
甘肃	Gansu	67.0	0.4	33.9		0.3			24.7
青海	Qinghai	35.2		34.5					
宁夏	Ningxia	18.0		0.3					
新疆	Xinjiang	59.0	2.1	11.2	0.8	3.0			577.2

13-15 续表 2 continued

单位：万吨 (10 000 tons)

年份 地区	Year Region	烟叶 Tobacco	#烤烟 Flue-cured Tobacco	蚕茧 Silkworm Cocoons	#桑蚕茧 Mulberry Silkworm Cocoons	茶叶 Tea	水果 Fruits	#苹果 Apples	#柑桔 Citrus	#梨 Pears	#葡萄 Grapes	#香蕉 Bananas
	1978	124.2	105.2	22.8	17.3	26.8	657.0	227.5	38.3	151.7	10.4	8.5
	1980	84.5	71.7	32.6	25.0	30.4	679.3	236.3	71.3	146.6	11.0	6.1
	1985	242.5	207.5	37.1	33.6	43.2	1163.9	361.4	180.8	213.7	36.1	63.1
	1990	262.7	225.9	53.4	48.0	54.0	1874.4	431.9	485.5	235.3	85.9	145.6
	1991	303.1	267.0	58.4	55.1	54.2	2176.1	454.0	633.3	249.8	91.6	198.1
	1992	349.9	311.9	69.2	66.0	56.0	2440.1	655.6	516.0	284.6	112.5	245.1
	1993	345.1	303.6	75.7	71.2	60.0	3011.2	907.0	656.1	321.7	135.5	270.1
	1994	223.8	194.0	81.3	77.7	58.8	3499.8	1112.9	680.5	404.3	152.2	289.8
	1995	231.4	207.2	80.0	76.0	58.9	4214.6	1400.8	822.5	494.2	174.2	312.5
	1996	323.4	294.6	50.8	47.1	59.3	4652.8	1704.7	845.7	580.7	188.3	253.6
	1997	425.1	390.8	46.9	42.3	61.3	5089.3	1721.9	1010.2	641.5	203.3	289.2
	1998	236.4	208.8	52.6	47.5	66.5	5452.9	1948.1	859.0	727.5	235.8	351.8
	1999	246.9	218.5	48.5	44.7	67.6	6237.6	2080.2	1078.7	774.2	270.8	419.4
	2000	255.2	223.8	54.8	50.1	68.3	6225.1	2043.1	878.3	841.2	328.2	494.1
	2001	235.0	204.5	65.5	60.2	70.2	6658.0	2001.5	1160.7	879.6	368.0	527.2
	2002	244.7	213.5	69.8	64.5	74.5	6952.0	1924.1	1199.0	930.9	447.9	555.7
	2003	225.7	201.5	66.7	61.1	76.8	14517.4	2110.2	1345.4	979.8	517.6	590.3
	2004	240.6	216.3	73.1	67.7	83.5	15340.9	2367.5	1495.8	1064.2	567.5	605.6
	2005	268.3	243.5	78.0	71.3	93.5	16120.1	2401.1	1591.9	1132.4	579.4	651.8
	2006	245.6	225.5	88.2	82.0	102.8	17102.0	2605.9	1789.8	1198.6	627.1	690.1
	2007	239.5	217.8	94.7	87.9	116.5	18136.3	2786.0	2058.3	1289.5	669.7	779.7
	2008	283.8	262.3	90.9	83.1	125.8	19220.2	2984.7	2331.3	1353.8	715.1	783.5
	2009	306.6	281.4	83.2	76.1	135.9	20395.5	3168.1	2521.1	1426.3	794.1	883.4
	2010	300.4	273.1	87.3	80.0	147.5	21401.4	3326.3	2645.2	1505.7	854.9	956.1
	2011	313.2	287.0	91.6	83.6	162.3	22768.2	3598.5	2944.0	1579.5	906.7	1040.0
	2012	340.7	312.6	90.6	83.1	179.0	24056.8	3849.1	3167.8	1707.3	1054.3	1155.8
北京	Beijing						113.6	10.3		16.3	4.1	
天津	Tianjin						58.2	5.0		3.6	10.7	
河北	Hebei	0.7	0.5	0.1	0.1		1814.9	311.5		445.1	124.2	
山西	Shanxi	1.0	1.0	0.6	0.6		677.3	375.2		66.4	25.8	
内蒙古	Inner Mongolia	1.4	1.2	0.8			283.5	14.4		7.5	8.1	
辽宁	Liaoning	3.4	3.1	5.1			894.3	263.4		154.7	76.9	
吉林	Jilin	8.1	3.2	0.3			217.5	16.7		11.3	14.8	
黑龙江	Heilongjiang	9.7	8.8	0.5			268.6	15.1		3.7	8.3	
上海	Shanghai						87.2		24.3	3.7	10.3	
江苏	Jiangsu			6.8	6.8	1.5	796.0	60.1	5.8	74.8	48.6	
浙江	Zhejiang	0.3		6.1	6.1	17.5	703.8		193.6	39.1	60.6	
安徽	Anhui	3.6	3.5	3.3	3.3	9.5	885.4	38.7	3.4	106.9	31.6	
福建	Fujian	14.8	14.7			32.1	708.8		303.4	20.6	12.8	90.3
江西	Jiangxi	5.2	5.0	0.7	0.7	3.9	571.3		336.5	14.1	4.3	
山东	Shandong	10.3	10.3	3.4	3.3	1.3	2924.5	871.0		119.1	105.0	
河南	Henan	30.7	30.7	2.6	1.9	5.1	2535.0	436.7	4.0	104.4	55.2	
湖北	Hubei	14.6	9.9	0.8	0.8	20.7	885.7	1.1	385.3	53.6	20.5	
湖南	Hunan	24.7	23.6			13.5	909.2		483.5	15.4	13.2	
广东	Guangdong	5.8	5.2	9.7	9.7	6.3	1390.1		414.5	7.8		403.2
广西	Guangxi	3.4	2.7	31.6	31.6	4.9	1325.0		384.0	25.8	31.9	230.3
海南	Hainan			0.1	0.1	0.1	428.7		5.5			209.1
重庆	Chongqing	10.3	7.6	2.1	2.1	3.1	291.2	0.5	171.5	34.1	6.3	0.1
四川	Sichuan	27.4	22.7	11.4	11.4	21.0	821.6	48.8	340.8	96.0	25.0	4.0
贵州	Guizhou	39.3	37.3			7.4	147.7	2.5	22.7	21.7	8.7	0.6
云南	Yunnan	115.0	111.0	2.6	2.6	27.2	581.1	32.2	51.7	41.6	54.3	218.3
西藏	Tibet						1.4	0.4	0.1	0.1		
陕西	Shaanxi	9.2	9.1	1.9	1.9	3.5	1693.8	965.1	36.8	89.7	46.5	
甘肃	Gansu	1.3	1.1			0.1	565.0	248.8	0.3	33.3	22.8	
青海	Qinghai	0.1					3.7	0.6		0.5		
宁夏	Ningxia	0.2	0.2				250.5	48.9		1.4	14.7	
新疆	Xinjiang						1222.1	82.1		95.0	209.1	

注：2003年起水果产量包括瓜果类产量。

a) Data of output of fruits include melons after 2003.

13-16 主要农产品单位面积产量
Output of Major Farm Products Per Hectare

单位：公斤/公顷 (kg/hectare)

年 份 地 区	Year Region	谷 物 Cereals	棉 花 Cotton	花 生 Peanuts	油菜籽 Rapeseeds	芝 麻 Sesame	黄红麻 Jute and Ambary Hemp	甘 蔗 Sugarcane	甜 菜 Beetroots	烤 烟 Flue-cured Tobacco
	1978		445	1344	718	506	2639	38496	8166	1717
	1980		550	1539	838	333	3497	47562	14242	1806
	1985		807	2008	1248	657	4154	53430	15913	1927
	1990		807	2191	1264	702	2421	57118	21668	1683
	1991	4206	868	2189	1212	640	1902	58345	20791	1709
	1992	4342	660	2000	1281	692	2233	58605	22832	1687
	1993	4557	750	2492	1309	747	2449	59012	20124	1654
	1994	4500	785	2564	1295	794	2020	57669	17935	1491
	1995	4659	879	2687	1415	908	2534	58133	20132	1584
	1996	4894	890	2804	1366	969	2487	56470	24150	1750
	1997	4822	1025	2592	1479	919	2649	60158	24475	1809
	1998	4953	1009	2943	1272	1042	2677	59550	24806	1740
	1999	4945	1028	2961	1469	1066	2540	57338	25334	1797
	2000	4753	1093	2973	1519	1034	2516	57626	24518	1763
	2001	4800	1107	2888	1597	1061	2046	60625	26807	1732
	2002	4885	1175	3011	1477	1180	2868	64663	30232	1792
	2003	4873	951	2654	1582	863	2462	64023	24925	1768
	2004	5187	1111	3022	1813	1128	2719	65199	30829	1889
	2005	5225	1129	3076	1793	1054	2670	63970	37523	1956
	2006	5310	1295	3254	1833	1173	2781	70450	39767	2072
	2007	5320	1286	3302	1874	1147	2969	71228	41360	2044
	2008	5548	1302	3365	1835	1243	3217	71210	40754	2133
	2009	5447	1289	3361	1877	1307	3139	68093	38536	2225
	2010	5524	1229	3455	1775	1312	3686	65700	42498	2219
	2011	5707	1310	3502	1827	1385	3896	66485	47361	2124
	2012	5824	1458	3598	1885	1463	3899	68600	49793	2112
北 京	Beijing	5991	1135	3070	150	867				
天 津	Tianjin	5160	1039	3282		1362				
河 北	Hebei	5292	976	3581	1564	1338	2236		41911	1725
山 西	Shanxi	4374	1257	2189	1575	1022			47718	3196
内蒙古	Inner Mongolia	5361	1495	1913	1133	884			38421	4453
辽 宁	Liaoning	6632	1842	3240	1952	2254			52041	2831
吉 林	Jilin	7742	1919	3301		1902			31443	2674
黑龙江	Heilongjiang	6049		2844	2576	1414			37439	2623
上 海	Shanghai	6646	1934	2590	2077	1336		63375		
江 苏	Jiangsu	6562	1292	3756	2590	1715		60019	10000	1700
浙 江	Zhejiang	6750	1429	2882	1938	1653	3125	63737		
安 徽	Anhui	5680	964	4634	2203	1417	3412	39735		2697
福 建	Fujian	5956	693	2614	1412	1216	3255	60662		2115
江 西	Jiangxi	5898	1790	2788	1246	1104	4757	44747		2200
山 东	Shandong	6308	1012	4430	2608	1747	2000		24000	2591
河 南	Henan	5934	1001	4508	2303	1481	5562	67709		2446
湖 北	Hubei	6254	1153	3100	1971	1628	2722	40100	1567	1904
湖 南	Hunan	6328	1456	2509	1486	1519	3002	51094		2203
广 东	Guangdong	5677		2784	1227	1139	2379	88805		2399
广 西	Guangxi	5253	1010	2716	1000	1284	2332	69411		1825
海 南	Hainan	4748		2677		1156	6795	66604		800
重 庆	Chongqing	6122	636	1942	1844	1161	1552	35199		2001
四 川	Sichuan	5747	912	2474	2263	1290	2247	41357	20462	2184
贵 州	Guizhou	4484	705	1915	1573	1184	769	58794	4205	1574
云 南	Yunnan	4534	1652	1537	1903	888	1950	61654	16533	2112
西 藏	Tibet	5628		2018	2639					
陕 西	Shaanxi	4327	1391	2965	1976	1661	1100	31980	6800	2287
甘 肃	Gansu	4264	1682	4120	1938				49007	3275
青 海	Qinghai	3787			2158					
宁 夏	Ningxia	5690		1809	2380	655			44000	5000
新 疆	Xinjiang	6070	2057	4895	1877	739			69854	2083

13-17 主要林产品产量
Output of Major Forest Products

年 份 Year 地 区 Region	木 材 (万立方米) Timber (10 000 cu.m)	橡 胶 (吨) Rubber (ton)	松 脂 (吨) Pine Resin (ton)	生 漆 (吨) Lacquer (ton)	油桐籽 (吨) Tung-oil Seeds (ton)	油茶籽 (吨) Tea-oil Seeds (ton)
1978	5162.3	101600	337600	2200	391150	478900
1980	5359.3	112945	420750	2450	303350	490350
1985	6323.4	187901	343946	2168	378770	619229
1990	5571.0	264243	435244	2683	350770	523313
1995	6766.9	424025	548133	2976	404929	623128
1996	6710.3	402450	580819	3740	407744	696633
1997	6394.8	451970	701183	4416	453535	856868
1998	5966.2	462344	543156	4577	438680	722846
1999	5236.8	489991	571477	5314	448323	792690
2000	4724.0	480248	551057	5279	453461	823224
2001	4552.0	477437	563689	4925	406716	824731
2002	4436.1	527413	563388	6360	389024	854624
2003	4758.9	565045	625757	8664	372645	779492
2004	5197.3	574739	673310	9641	381428	874861
2005	5560.3	513618	767134	14316	368688	875022
2006	6611.8	537983	908784	20762	382989	919947
2007	6976.6	588380	965618	12891	361285	939096
2008	8108.3	547861	849205	15526	370966	989859
2009	7068.3	618866	1046579	20498	367287	1169289
2010	8089.6	690812	1115711	20093	433624	1092243
2011	8145.9	750853	1156612	18867	437702	1480044
2012	8174.9	802255	1215065	26027	427048	1727708
北 京 Beijing	14.3					
天 津 Tianjin	10.7					
河 北 Hebei	74.7					
山 西 Shanxi	12.2					
内蒙古 Inner Mongolia	208.8					
辽 宁 Liaoning	191.4					
吉 林 Jilin	344.3					
黑龙江 Heilongjiang	301.9					
上 海 Shanghai	0.3					
江 苏 Jiangsu	173.4					61
浙 江 Zhejiang	156.9		2061		84	61683
安 徽 Anhui	495.6		10918	403	2730	55309
福 建 Fujian	570.7		98369	172	23136	89433
江 西 Jiangxi	286.6		90607	81	8189	448189
山 东 Shandong	551.6					
河 南 Henan	278.4		2912	2100	96241	6551
湖 北 Hubei	258.7		35899	7603	19008	85140
湖 南 Hunan	467.1		37552	1295	42430	681370
广 东 Guangdong	759.9	17134	196344	39	7563	65239
广 西 Guangxi	1668.1	225	568588	34	77528	164129
海 南 Hainan	111.6	395052	3773			2
重 庆 Chongqing	30.1		2	6607	13191	4260
四 川 Sichuan	246.2		2537	546	17281	4180
贵 州 Guizhou	215.4		7559	3086	77675	37107
云 南 Yunnan	530.1	389844	157149	583	19314	14334
西 藏 Tibet	76.9					
陕 西 Shaanxi	16.4		795	3443	22622	10601
甘 肃 Gansu	4.7			33	56	120
青 海 Qinghai	1.9					
宁 夏 Ningxia	1.5					
新 疆 Xinjiang	35.7					
大兴安岭 Daxinganling	78.5					

13-18 牲畜饲养情况
Number of Livestock

单位：万头、万只 (10 000 heads)

年份 地区	Year Region	大牲畜年底头数 Large Animals (year-end)	牛 Cattle and Buffaloes	马 Horses	驴 Donkeys	骡 Mules	骆驼 Camels
	1996	13360.2	11031.8	871.5	944.4	478.0	34.5
	1997	14541.8	12182.2	891.2	952.8	480.6	35.0
	1998	14803.2	12441.9	898.1	955.8	473.9	33.5
	1999	15024.8	12698.3	891.4	934.8	467.3	33.0
	2000	14638.1	12353.2	876.6	922.7	453.0	32.6
	2001	13980.9	11809.2	826.0	881.5	436.2	27.9
	2002	13672.3	11567.8	808.8	849.9	419.4	26.4
	2003	13467.3	11434.4	790.0	820.7	395.7	26.5
	2004	13191.4	11235.4	763.9	791.9	374.0	26.2
	2005	12894.8	10990.8	740.0	777.2	360.4	26.6
	2006	12287.1	10465.1	719.5	730.6	345.1	26.9
	2007	12309.3	10594.8	702.8	689.1	298.5	24.2
	2008	12250.7	10576.0	682.1	673.1	295.5	24.0
	2009	12357.6	10726.5	678.5	648.4	279.3	24.8
	2010	12238.5	10626.4	677.1	639.7	269.7	25.6
	2011	11966.2	10360.5	670.9	647.8	259.8	27.3
	2012	11891.8	10343.4	633.5	636.1	249.2	29.5
北京	Beijing	22.3	21.4	0.2	0.6	0.1	
天津	Tianjin	29.7	29.1	0.1	0.3	0.1	
河北	Hebei	498.2	403.1	18.4	55.5	21.1	
山西	Shanxi	122.7	92.0	1.5	16.3	13.0	
内蒙古	Inner Mongolia	839.1	625.0	75.9	96.0	30.0	12.3
辽宁	Liaoning	524.4	367.1	22.9	117.4	17.0	
吉林	Jilin	504.2	431.4	37.1	26.5	9.3	
黑龙江	Heilongjiang	557.6	519.8	25.9	8.7	3.2	
上海	Shanghai	7.0	7.0				
江苏	Jiangsu	36.4	32.1	0.3	3.0	1.1	
浙江	Zhejiang	17.7	17.7				
安徽	Anhui	152.3	151.9	0.1	0.2	0.1	
福建	Fujian	68.5	68.5				
江西	Jiangxi	294.5	294.5				
山东	Shandong	514.2	499.3	3.0	10.2	1.7	
河南	Henan	942.3	908.2	12.2	17.4	4.6	
湖北	Hubei	334.9	333.6	0.7	0.4	0.1	
湖南	Hunan	435.7	430.5	4.3	0.7	0.2	
广东	Guangdong	232.9	232.8	0.1			
广西	Guangxi	494.2	453.6	35.6	0.1	4.9	
海南	Hainan	87.4	87.4				
重庆	Chongqing	133.6	130.5	1.8	0.3	0.9	
四川	Sichuan	1049.2	940.2	89.6	8.8	10.6	
贵州	Guizhou	541.0	461.0	76.8	0.3	2.9	
云南	Yunnan	926.1	747.2	71.4	39.4	68.1	
西藏	Tibet	643.6	600.8	33.4	7.8	1.6	
陕西	Shaanxi	165.8	146.8	0.7	13.5	4.8	
甘肃	Gansu	587.6	425.6	14.4	102.5	43.0	2.1
青海	Qinghai	459.0	425.1	20.1	5.4	7.2	1.1
宁夏	Ningxia	104.0	94.4	0.2	6.9	2.5	
新疆	Xinjiang	565.8	365.9	86.8	98.0	1.1	14.0

13-18 续表 continued

单位：万头、万只 (10 000 heads)

年 份 Year / 地 区 Region	肉猪出栏头数 Slaughtered Fattened Hogs	猪年底头数 Hogs (year-end)	羊年底只数 Sheep and Goats (year-end)	山 羊 Goats	绵 羊 Sheep
1996	41225.2	36283.6	23728.3	12315.8	11412.5
1997	46483.7	40034.8	25575.7	13480.1	12095.6
1998	50215.1	42256.3	26903.5	14168.3	12735.2
1999	51977.2	43144.2	27925.8	14816.3	13109.5
2000	51862.3	41633.6	27948.2	14945.6	13002.6
2001	53281.1	41950.5	27625.0	14562.3	13062.8
2002	54143.9	41776.2	28240.9	14841.2	13399.7
2003	55701.8	41381.8	29307.4	14967.9	14339.5
2004	57278.5	42123.4	30426.0	15195.5	15230.5
2005	60367.4	43319.1	29792.7	14659.0	15133.7
2006	61207.3	41850.4	28369.8	13768.0	14601.8
2007	56508.3	43989.5	28564.7	14336.5	14228.2
2008	61016.6	46291.3	28084.9	15229.2	12855.7
2009	64538.6	46996.0	28452.2	15050.1	13402.1
2010	66686.4	46460.0	28087.9	14203.9	13884.0
2011	66362.1	46862.7	28235.8	14274.2	13961.5
2012	69789.5	47592.2	28504.1	14136.1	14368.0
北 京 Beijing	306.1	187.4	58.1	16.6	41.4
天 津 Tianjin	374.2	193.7	41.4	4.9	36.5
河 北 Hebei	3396.7	1847.5	1413.5	450.5	963.0
山 西 Shanxi	723.9	473.8	834.0	364.1	469.8
内蒙古 Inner Mongolia	940.4	693.8	5144.1	1659.6	3484.4
辽 宁 Liaoning	2728.5	1592.6	721.8	392.3	329.5
吉 林 Jilin	1625.3	1001.2	393.9	69.4	324.5
黑龙江 Heilongjiang	1765.2	1381.6	898.3	323.0	575.3
上 海 Shanghai	257.2	178.8	25.6	24.5	1.2
江 苏 Jiangsu	3043.1	1775.2	400.6	391.2	9.4
浙 江 Zhejiang	1934.4	1338.3	107.2	42.2	65.0
安 徽 Anhui	2927.6	1555.2	592.2	591.2	1.0
福 建 Fujian	2069.1	1340.9	110.8	110.8	
江 西 Jiangxi	3050.6	1615.9	54.6	54.6	
山 东 Shandong	4599.9	2902.4	2163.8	1622.9	541.0
河 南 Henan	5711.3	4587.3	1827.7	1751.0	76.7
湖 北 Hubei	4180.8	2543.2	435.1	434.5	0.6
湖 南 Hunan	5878.8	4245.5	500.8	500.8	
广 东 Guangdong	3736.2	2256.6	40.2	40.2	
广 西 Guangxi	3342.1	2466.6	203.6	203.6	
海 南 Hainan	580.9	438.6	66.0	66.0	
重 庆 Chongqing	2050.8	1524.3	181.1	181.0	0.1
四 川 Sichuan	7170.7	5132.4	1671.9	1445.0	226.9
贵 州 Guizhou	1734.8	1604.1	290.1	272.9	17.2
云 南 Yunnan	3180.1	2708.6	913.5	816.1	97.4
西 藏 Tibet	17.7	34.4	1525.9	563.4	962.5
陕 西 Shaanxi	1127.9	900.2	644.9	542.9	102.0
甘 肃 Gansu	672.3	590.7	1788.7	380.1	1408.6
青 海 Qinghai	132.1	116.7	1446.3	193.3	1253.0
宁 夏 Ningxia	103.3	69.5	506.4	102.1	404.2
新 疆 Xinjiang	427.6	265.4	3502.0	525.3	2976.7

注：2011年新疆生猪数据有修订，全国数相应修订。

a) Figure of pigs in Xinjiang for the year 2011 has been revised, so the national figure has been revised accordingly.

13-19 畜产品产量
Output of Livestock Products

年份 Year 地区 Region		肉类(万吨) Output of Meat (10 000 tons)	#猪牛羊肉 Output of Pork, Beef and Mutton	猪肉 Pork	牛肉 Beef	羊肉 Mutton	奶类(万吨) Milk (10 000 tons)	#牛奶 Cow Milk
	1996	4584.0	3694.7	3158.0	355.7	181.0	735.8	629.4
	1997	5268.8	4249.9	3596.3	440.9	212.8	681.1	601.1
	1998	5723.8	4598.2	3883.7	479.9	234.6	745.4	662.9
	1999	5949.0	4762.3	4005.6	505.4	251.3	806.9	717.6
	2000	6013.9	4743.2	3966.0	513.1	264.1	919.1	827.4
	2001	6105.8	4832.1	4051.7	508.6	271.8	1122.9	1025.5
	2002	6234.3	4928.4	4123.1	521.9	283.5	1400.4	1299.8
	2003	6443.3	5089.8	4238.6	542.5	308.7	1848.6	1746.3
	2004	6608.7	5234.3	4341.0	560.4	332.9	2368.4	2260.6
	2005	6938.9	5473.5	4555.3	568.1	350.1	2864.8	2753.4
	2006	7089.0	5591.0	4650.5	576.7	363.8	3302.5	3193.4
	2007	6865.7	5283.8	4287.8	613.4	382.6	3633.4	3525.2
	2008	7278.7	5614.0	4620.5	613.2	380.3	3731.5	3555.8
	2009	7649.7	5915.7	4890.8	635.5	389.4	3677.7	3518.8
	2010	7925.8	6123.1	5071.2	653.1	398.9	3748.0	3575.6
	2011	7965.1	6101.1	5060.4	647.5	393.1	3810.7	3657.8
	2012	8387.2	6405.9	5342.7	662.3	401.0	3875.4	3743.6
北京	Beijing	43.2	27.3	23.9	2.2	1.2	65.1	65.1
天津	Tianjin	45.8	33.9	29.2	3.3	1.5	68.2	67.9
河北	Hebei	442.9	343.0	259.0	55.3	28.7	479.0	470.4
山西	Shanxi	77.4	67.1	56.3	4.9	5.9	81.0	80.0
内蒙古	Inner Mongolia	245.8	213.7	73.9	51.2	88.6	930.7	910.2
辽宁	Liaoning	418.7	281.3	230.2	43.2	7.9	130.2	124.7
吉林	Jilin	260.0	181.8	132.7	45.0	4.1	49.8	49.1
黑龙江	Heilongjiang	216.2	180.2	128.4	39.7	12.1	565.0	559.9
上海	Shanghai	25.8	19.3	18.7	0.0	0.6	30.2	30.2
江苏	Jiangsu	396.5	239.9	228.8	3.5	7.6	61.3	61.3
浙江	Zhejiang	180.8	142.5	139.7	1.2	1.7	19.3	19.3
安徽	Anhui	397.7	282.4	249.7	18.1	14.6	24.1	24.1
福建	Fujian	200.8	160.0	155.6	2.5	2.0	15.4	15.0
江西	Jiangxi	311.1	250.5	237.3	12.1	1.1	12.6	12.6
山东	Shandong	764.2	476.8	376.7	67.0	33.1	294.1	283.9
河南	Henan	677.4	537.7	432.5	80.4	24.8	330.4	316.1
湖北	Hubei	412.3	344.4	317.3	18.9	8.2	15.7	15.3
湖南	Hunan	515.3	454.7	427.6	16.8	10.3	8.5	8.5
广东	Guangdong	443.2	284.0	276.4	6.7	0.9	13.9	13.6
广西	Guangxi	411.0	269.6	252.5	13.9	3.2	9.4	9.4
海南	Hainan	79.5	51.7	48.1	2.5	1.0	0.2	0.2
重庆	Chongqing	201.2	160.6	150.7	7.1	2.8	7.7	7.7
四川	Sichuan	670.2	549.7	496.4	29.3	24.0	72.2	71.7
贵州	Guizhou	190.3	172.7	156.1	13.0	3.5	5.1	5.1
云南	Yunnan	348.7	309.5	264.1	31.9	13.6	58.0	53.7
西藏	Tibet	25.2	25.0	1.5	15.1	8.5	31.6	25.6
陕西	Shaanxi	107.1	97.8	83.5	7.5	6.9	189.1	141.8
甘肃	Gansu	87.8	81.2	48.6	16.7	15.9	38.6	38.0
青海	Qinghai	30.5	29.4	9.4	9.6	10.4	29.4	27.6
宁夏	Ningxia	26.5	24.0	7.7	7.9	8.5	103.5	103.5
新疆	Xinjiang	134.2	114.3	30.2	36.2	48.0	136.3	132.2

注：2011年新疆猪肉数据有修订，全国数相应修订。

a) Figure of pork in Xinjiang for the year 2011 has been revised, so the national figure has been revised accordingly.

13-19 续表 continued

年 份 地 区 Year Region	绵羊毛 (吨) Sheep Wool (ton)	#细羊毛 Fine Wool	#半细羊毛 Semi-Fine Wool	山羊毛 (吨) Goat Wool (ton)	羊 绒 (吨) Cashmere (ton)	禽 蛋 (万吨) Poultry Eggs (10 000 tons)	蜂 蜜 (万吨) Honey (10 000 tons)
1996	298102	121020	74099	35284	9585	1965.2	18.3
1997	255059	116054	55683	25865	8626	1897.1	21.1
1998	277545	115752	68775	31417	9799	2021.3	20.7
1999	283152	114103	73700	31849	10180	2134.7	23.0
2000	292502	117386	84921	33266	11057	2182.0	24.6
2001	298254	114651	88075	34241	10968	2210.1	25.2
2002	307588	112193	102419	35459	11765	2265.7	26.5
2003	338058	120263	110249	36692	13528	2333.1	28.9
2004	373902	130413	119514	37727	14515	2370.6	29.3
2005	393172	127862	123068	36904	15435	2438.1	29.3
2006	388777	131808	116098	40512	16395	2424.0	33.3
2007	363470	123920	106760	38382	18483	2529.0	35.4
2008	367687	123838	104838	44406	17184	2702.2	40.0
2009	364002	127352	113018	49453	16964	2742.5	40.2
2010	386768	123173	114944	42714	18518	2762.7	40.1
2011	393072	132836	120119	44047	17989	2811.4	43.1
2012	400057	125709	131983	43924	18021	2861.2	44.8
北 京 Beijing	288.2	6.5	42.6	72.4	34.4	15.2	0.3
天 津 Tianjin	511.0	59.0	452.0	2.0		18.7	
河 北 Hebei	30663.0	4757.0	17076.0	2698.0	810.0	342.6	1.2
山 西 Shanxi	7832.8	2434.7	2881.1	1432.1	739.1	74.7	0.4
内蒙古 Inner Mongolia	104190.0	51301.0	18889.0	12437.0	7642.0	54.5	0.2
辽 宁 Liaoning	14660.0	3828.0	10636.0	1827.0	1056.0	279.9	0.1
吉 林 Jilin	20273.6	11458.0	8754.8	735.5	185.8	100.2	1.6
黑龙江 Heilongjiang	31755.0	5453.0	23404.0	1479.0	707.0	108.2	2.0
上 海 Shanghai	33.9			173.6		5.9	0.1
江 苏 Jiangsu	340.0	81.0	259.0	9.0		197.2	0.4
浙 江 Zhejiang	1971.9		1971.9	418.0		48.1	8.8
安 徽 Anhui	145.0	54.0	91.0	145.0	10.0	122.6	1.9
福 建 Fujian						25.4	1.0
江 西 Jiangxi						45.8	1.3
山 东 Shandong	9618.0	1652.1	5082.7	4237.2	752.0	402.0	0.6
河 南 Henan	8439.0	883.0	4869.1	5849.0	867.7	404.2	10.0
湖 北 Hubei	3.3		3.3	74.9		139.4	2.0
湖 南 Hunan				4.0		95.2	1.1
广 东 Guangdong				3.0		31.8	1.6
广 西 Guangxi						21.8	1.2
海 南 Hainan						3.6	0.1
重 庆 Chongqing	4.0		4.0	2.0		40.1	1.4
四 川 Sichuan	7359.0	1033.0	4371.0	535.0	33.0	146.4	4.8
贵 州 Guizhou	453.0	81.0	288.0	66.0		14.7	0.2
云 南 Yunnan	1699.0	165.0	1103.0	149.0	10.0	22.1	0.8
西 藏 Tibet	8768.3	267.3	3277.0	1428.5	1006.2	0.4	
陕 西 Shaanxi	6682.0	2971.0	2142.0	2881.0	1714.0	51.9	0.5
甘 肃 Gansu	29484.0	9350.0	6143.0	1906.0	381.0	14.7	0.1
青 海 Qinghai	18076.0	469.0	5692.0	1073.0	398.0	2.0	0.1
宁 夏 Ningxia	8317.0	1470.0	1796.0	796.0	450.0	6.2	0.1
新 疆 Xinjiang	88490.0	27935.0	12754.0	3491.0	1225.0	25.9	1.1

13-20 水产品产量
Output of Aquatic Products

单位: 万吨 (10 000 tons)

年份 地区	Year Region	水产品总产量 Total Aquatic Products	海水产品 Seawater Aquatic Products	天然生产 Naturally Grown	人工养殖 Artificially Cultured	鱼类 Fish	虾蟹类 Shrimps, Prawns and Crabs	贝类 Shellfish	藻类 Algae	其他 Others
	1978	465.4	359.5	314.5	45.0	256.1	50.6	26.8	26.0	
	1980	449.7	325.7	281.3	44.4	234.1	42.1	23.4	26.2	
	1985	705.2	419.7	348.5	71.2	274.5	70.6	47.3	27.3	
	1990	1237.0	713.3	550.9	162.4	423.1	107.0	147.3	27.5	8.2
	1991	1350.8	800.1	609.6	190.5	466.2	119.4	158.6	40.0	15.9
	1992	1557.1	933.7	691.2	242.4	517.6	127.4	204.4	56.8	27.5
	1993	1823.0	1076.0	767.3	308.7	557.4	138.7	288.6	69.4	22.0
	1994	2143.2	1241.5	895.8	345.7	647.4	170.9	323.6	74.5	25.1
	1995	2517.2	1439.1	1026.8	412.3	758.1	184.8	392.3	74.9	29.0
	1996	3288.1	2012.9	1249.0	763.9	823.5	204.7	852.7	92.9	39.1
	1997	3118.6	1888.1	1196.4	691.7	836.4	195.8	715.0	85.0	55.9
	1998	3382.7	2044.5	1292.6	752.0	916.1	224.3	754.8	90.3	59.0
	1999	3570.1	2145.3	1293.4	851.9	918.1	240.5	832.5	103.7	50.5
	2000	3706.2	2203.9	1275.9	928.0	896.7	257.9	901.7	106.1	41.5
	2001	3795.9	2233.5	1244.1	989.4	881.3	262.8	936.4	108.5	44.6
	2002	3954.9	2298.5	1238.0	1060.5	887.9	269.8	972.2	115.8	52.8
	2003	4077.0	2332.8	1237.0	1095.9	893.2	259.0	963.8	122.7	94.1
	2004	4246.6	2404.5	1253.2	1151.3	883.7	271.4	965.6	130.8	153.0
	2005	4419.9	2465.9	1255.1	1210.8	913.9	281.3	1008.1	133.9	128.6
	2006	4583.6	2509.6	1245.4	1264.2	892.1	299.4	1046.7	137.6	133.8
	2007	4747.5	2550.9	1243.6	1307.3	891.3	298.9	1068.2	138.8	153.7
	2008	4895.6	2598.3	1258.0	1340.3	864.3	288.8	1072.5	142.3	122.1
	2009	5116.4	2681.6	1276.3	1405.2	880.8	303.6	1120.0	148.4	131.0
	2010	5373.0	2797.5	1315.2	1482.3	906.3	310.4	1170.4	156.6	142.1
	2011	5603.2	2908.0	1356.7	1551.3	1075.2	321.8	1212.8	162.9	135.3
	2012	5907.7	3033.3	1389.5	1643.8	1101.0	345.7	1264.8	179.0	142.8
北京	Beijing	6.4	1.0	1.0		1.0				
天津	Tianjin	36.5	4.2	2.7	1.4	2.5	1.3	0.2		0.1
河北	Hebei	116.3	63.5	25.3	38.2	14.2	8.2	36.1		5.0
山西	Shanxi	4.1								
内蒙古	Inner Mongolia	13.2								
辽宁	Liaoning	478.6	389.3	125.8	263.6	89.3	23.4	219.1	32.6	24.9
吉林	Jilin	18.2								
黑龙江	Heilongjiang	45.3								
上海	Shanghai	29.7	13.1	13.1		12.1	0.9			
江苏	Jiangsu	493.7	148.5	58.0	90.5	42.2	22.2	76.0	2.4	5.6
浙江	Zhejiang	539.6	431.2	345.1	86.1	243.6	94.1	70.0	5.0	18.6
安徽	Anhui	207.5								
福建	Fujian	628.7	546.6	213.9	332.7	186.6	44.1	229.9	71.1	14.9
江西	Jiangxi	237.0								
山东	Shandong	841.9	686.1	249.8	436.2	189.7	38.3	357.5	56.8	43.7
河南	Henan	71.7								
湖北	Hubei	388.9								
湖南	Hunan	221.4								
广东	Guangdong	789.5	432.3	156.6	275.7	156.8	63.0	192.5	7.9	12.2
广西	Guangxi	303.9	164.8	67.1	97.7	42.9	33.6	78.0	·	10.2
海南	Hainan	172.7	132.5	110.9	21.6	99.9	16.6	5.3	3.3	7.4
重庆	Chongqing	33.1								
四川	Sichuan	118.9								
贵州	Guizhou	13.5								
云南	Yunnan	40.1								
西藏	Tibet									
陕西	Shaanxi	10.5								
甘肃	Gansu	1.3								
青海	Qinghai	0.5								
宁夏	Ningxia	12.4								
新疆	Xinjiang	12.2								
中国水产总公司	China Aquatic Company	20.3	20.3	20.3		20.3				

13-20 续表 continued

单位：万吨 (10 000 tons)

年 份 地 区	Year Region	淡水产品 Freshwater Aquatic Products	天然生产 Naturally Grown	人工养殖 Artificially Cultured	鱼 类 Fish	虾蟹类 Shrimps, Prawns and Crabs	贝 类 Shellfish	其 他 Others
	1978	105.9	29.6	76.2	99.7	3.8	2.4	
	1980	124.0	33.9	90.2	116.3	5.2	2.5	
	1985	285.4	47.6	237.8	276.5	5.5	3.4	
	1990	523.7	78.3	445.4	504.9	9.5	7.6	1.8
	1991	550.7	91.5	459.2	530.4	10.7	8.5	1.0
	1992	623.5	90.1	533.4	598.4	12.4	10.5	2.2
	1993	747.0	102.9	644.1	710.6	13.3	16.3	6.7
	1994	901.7	116.7	785.0	859.3	20.3	15.3	6.8
	1995	1078.1	137.3	940.8	1018.6	27.3	20.5	11.6
	1996	1275.2	176.3	1099.0	1177.8	36.3	48.4	12.7
	1997	1230.5	163.5	1067.0	1143.8	41.3	31.4	14.1
	1998	1338.1	197.5	1140.6	1230.6	52.2	39.6	15.8
	1999	1424.9	198.0	1226.9	1309.7	61.0	37.1	17.0
	2000	1502.3	193.4	1308.9	1358.4	76.3	40.0	27.7
	2001	1562.4	186.2	1376.2	1406.5	87.0	45.4	23.5
	2002	1656.4	194.7	1461.7	1476.8	105.7	49.0	24.9
	2003	1744.2	213.3	1530.9	1551.0	119.9	46.7	26.5
	2004	1842.1	209.6	1632.5	1634.4	132.4	46.1	29.1
	2005	1954.0	221.0	1733.0	1737.2	140.3	46.3	30.2
	2006	2074.0	220.4	1853.6	1822.5	167.8	50.9	32.8
	2007	2196.6	225.6	1971.0	1908.5	202.1	50.5	35.5
	2008	2297.3	224.8	2072.5	1998.5	210.1	50.1	38.7
	2009	2434.8	218.4	2216.5	2109.9	228.8	52.0	44.2
	2010	2575.5	228.9	2346.5	2225.6	248.1	53.8	47.9
	2011	2695.2	223.2	2471.9	2343.7	248.8	53.9	48.8
	2012	2874.3	229.8	2644.5	2497.7	268.7	54.0	54.0
北 京	Beijing	5.4	0.4	5.0	5.4			
天 津	Tianjin	32.3	1.1	31.2	26.0	6.0	0.1	0.2
河 北	Hebei	52.9	9.8	43.1	48.4	3.3	0.4	0.7
山 西	Shanxi	4.1	0.1	4.0	4.1			
内蒙古	Inner Mongolia	13.2	3.1	10.0	12.9	0.1		0.2
辽 宁	Liaoning	89.3	5.2	84.1	79.8	8.4		1.2
吉 林	Jilin	18.2	2.0	16.2	18.1	0.1		
黑龙江	Heilongjiang	45.3	5.2	40.1	44.8	0.5		
上 海	Shanghai	16.7	0.4	16.2	10.2	6.4		0.1
江 苏	Jiangsu	345.3	33.4	311.8	253.8	75.3	12.2	4.0
浙 江	Zhejiang	108.3	10.0	98.4	70.2	15.6	4.1	18.4
安 徽	Anhui	207.5	32.3	175.1	164.0	30.9	8.7	4.0
福 建	Fujian	82.1	8.6	73.5	68.7	6.8	4.7	1.8
江 西	Jiangxi	237.0	26.5	210.5	208.8	15.3	7.3	5.6
山 东	Shandong	155.8	13.9	141.9	144.0	10.2	0.9	0.7
河 南	Henan	71.7	4.2	67.6	68.9	1.9	0.1	0.8
湖 北	Hubei	388.9	21.3	367.6	330.2	50.7	4.1	3.9
湖 南	Hunan	221.4	10.5	210.9	213.4	3.1	2.3	2.7
广 东	Guangdong	357.2	13.1	344.1	315.1	30.6	6.5	4.9
广 西	Guangxi	139.1	13.0	126.1	133.4	1.4	1.7	2.5
海 南	Hainan	40.2	2.1	38.1	38.9	0.2	0.2	0.9
重 庆	Chongqing	33.1	1.5	31.6	32.8	0.2		0.1
四 川	Sichuan	118.9	6.0	112.9	117.2	0.7	0.4	0.6
贵 州	Guizhou	13.5	1.4	12.0	13.0	0.2	0.1	0.2
云 南	Yunnan	40.1	2.8	37.3	39.5	0.3	0.1	0.2
西 藏	Tibet							
陕 西	Shaanxi	10.5	0.5	10.1	10.4			0.1
甘 肃	Gansu	1.3		1.3	1.3			
青 海	Qinghai	0.5		0.4	0.4			
宁 夏	Ningxia	12.4		12.3	12.2	0.2		
新 疆	Xinjiang	12.2	1.3	10.9	12.0	0.1		0.1
中国水产总公司	China Aquatic Company							

13-21 人均主要农产品产量
Per Capita Output of Major Farm Products

单位：公斤 (kg)

年份 Year / 地区 Region		粮食 Grain	棉花 Cotton	油料 Oil-bearing Crops	猪牛羊肉 Pork, Beef and Mutton	水产品 Total Aquatic Products	牛奶 Milk
	1978	319	2.3	5.5	9.1	4.9	
	1980	327	2.8	7.8	12.3	4.6	1.2
	1985	361	3.9	15.0	16.8	6.7	2.4
	1990	393	4.0	14.2	22.1	10.9	3.7
	1995	387	4.0	18.7	27.4	20.9	4.8
	2000	366	3.5	23.4	37.6	29.4	6.6
	2001	356	4.2	22.5	38.0	29.9	8.1
	2002	357	3.8	22.6	38.5	30.9	10.2
	2003	334	3.8	21.8	39.5	31.6	13.6
	2004	362	4.9	23.7	40.4	32.8	17.4
	2005	371	4.4	23.6	42.0	33.9	21.1
	2006	380	5.7	20.1	42.7	35.0	24.4
	2007	381	5.8	19.5	40.1	36.0	26.7
	2008	399	5.7	22.3	42.4	37.0	26.8
	2009	399	4.8	23.7	44.4	38.4	26.4
	2010	409	4.5	24.1	45.8	40.2	26.7
	2011	425	4.9	24.6	45.4	41.7	27.2
	2012	437	5.1	25.4	47.4	43.7	27.7
北京	Beijing	56		0.7	13.4	3.1	31.8
天津	Tianjin	117	4.2	0.4	24.5	26.4	49.0
河北	Hebei	447	7.8	19.7	47.2	16.0	64.8
山西	Shanxi	354	1.3	5.4	18.6	1.1	22.2
内蒙古	Inner Mongolia	1017	0.1	58.4	86.0	5.3	366.2
辽宁	Liaoning	472		27.6	64.1	109.1	28.4
吉林	Jilin	1216	0.3	29.4	66.1	6.6	17.9
黑龙江	Heilongjiang	1503		5.9	47.0	11.8	146.0
上海	Shanghai	52	0.2	0.7	8.2	12.6	12.8
江苏	Jiangsu	426	2.8	18.6	30.3	62.4	7.8
浙江	Zhejiang	141	0.5	7.0	26.1	98.6	3.5
安徽	Anhui	550	4.9	38.1	47.2	34.7	4.0
福建	Fujian	177		7.5	42.8	168.4	4.0
江西	Jiangxi	464	3.4	26.0	55.7	52.7	2.8
山东	Shandong	467	7.2	36.3	49.3	87.1	29.4
河南	Henan	600	2.7	60.6	57.2	7.6	33.6
湖北	Hubei	423	9.5	55.4	59.7	67.4	2.7
湖南	Hunan	454	3.8	31.4	68.7	33.5	1.3
广东	Guangdong	132		9.2	26.9	74.8	1.3
广西	Guangxi	318		11.7	57.8	65.2	2.0
海南	Hainan	226		11.7	58.6	195.9	0.3
重庆	Chongqing	388		17.1	54.8	11.3	2.6
四川	Sichuan	411	0.2	35.7	68.2	14.7	8.9
贵州	Guizhou	311		25.1	49.7	3.9	1.5
云南	Yunnan	377		13.5	66.6	8.6	11.6
西藏	Tibet	311		20.7	81.9	0.1	83.7
陕西	Shaanxi	332	1.8	16.1	26.1	2.8	37.8
甘肃	Gansu	432	3.2	26.1	31.6	0.5	14.8
青海	Qinghai	178		61.7	51.5	0.8	48.3
宁夏	Ningxia	583		28.0	37.4	19.2	160.9
新疆	Xinjiang	573	159.4	26.6	51.5	5.5	59.5

13-22 农村居民家庭平均每人出售主要农产品
Per Capita Major Farm Products Sold by Rural Households

本表为农村住户抽样调查资料。
Data in this table are obtained from the sample surveys on rural households.

单位：公斤 (kg)

年份 Year / 地区 Region		粮食 Grain	棉花 Cotton	油料 Oil-bearing Crops	烟叶 Tobacco	蔬菜 Vegetables	水果 Fruits
	1985	123.49	4.13	14.37	2.25	53.76	6.78
	1990	180.24	4.31	12.87	2.67	65.07	13.17
	1991	179.44	5.54	13.22	3.17	68.70	15.74
	1992	165.89	4.16	11.27	3.58	75.58	16.92
	1993	159.35	3.26	10.48	3.19	77.73	19.60
	1994	188.53	4.01	10.68	2.02	72.68	22.64
	1995	179.20	4.31	12.02	2.21	79.96	24.28
	1996	203.47	3.90	11.64	3.07	97.00	29.78
	1997	228.01	5.12	11.13	4.45	106.22	36.21
	1998	227.53	5.10	12.39	2.33	108.72	38.51
	1999	243.34	4.43	15.59	2.42	111.66	43.17
	2000	264.74	5.59	18.43	2.73	132.07	46.43
	2001	268.04	7.05	18.31	2.42	132.94	48.21
	2002	281.15	6.94	18.47	2.59	143.77	49.06
	2003	294.35	16.77	19.22	2.62	147.58	48.83
	2004	287.25	19.19	18.88	2.47	151.57	57.48
	2005	375.79	22.06	20.09	3.69	167.93	61.62
	2006	394.64	23.79	17.79	3.83	172.98	59.49
	2007	394.06	24.92	17.24	3.45	169.99	66.79
	2008	444.45	20.68	15.69	3.83	170.83	64.94
	2009	482.93	22.56	22.59	4.45	170.84	72.78
	2010	460.46	14.71	17.46	4.07	168.26	65.93
	2011	481.45	19.91	16.88	4.52	174.52	60.82
	2012	529.75	22.98	18.52	4.80	164.13	71.04
北京	Beijing	141.13		0.25		97.78	76.46
天津	Tianjin	341.61	77.80	2.15		250.69	59.70
河北	Hebei	604.39	39.07	3.92		237.62	110.31
山西	Shanxi	389.18	1.98	5.37	0.24	170.54	165.22
内蒙古	Inner Mongolia	1128.76		118.64	0.15	240.21	2.10
辽宁	Liaoning	1289.99		24.72	3.58	347.86	148.02
吉林	Jilin	2871.78		50.49		115.22	0.25
黑龙江	Heilongjiang	3457.81		3.98	2.05	120.63	2.26
上海	Shanghai	44.16	0.29	2.35		56.70	33.61
江苏	Jiangsu	576.91	6.22	8.28		88.09	11.05
浙江	Zhejiang	71.14	2.22	0.62	0.16	127.64	113.22
安徽	Anhui	761.31	25.40	14.07	2.34	27.54	0.59
福建	Fujian	115.65		2.79	13.67	202.07	177.74
江西	Jiangxi	486.79	10.82	8.42	3.88	76.83	108.21
山东	Shandong	632.95	42.80	24.56	2.76	494.38	92.65
河南	Henan	670.57	3.90	26.74	6.47	146.68	24.37
湖北	Hubei	488.55	93.94	58.57	3.82	143.53	109.87
湖南	Hunan	200.56	25.31	10.00	8.07	55.77	70.49
广东	Guangdong	71.76		4.35	2.54	155.40	56.83
广西	Guangxi	136.61	0.02	3.21	3.30	149.15	57.17
海南	Hainan	52.59		9.14		277.75	107.67
重庆	Chongqing	111.58		7.64	9.55	171.23	25.20
四川	Sichuan	97.64	0.03	21.71	7.09	131.45	50.28
贵州	Guizhou	49.38		8.26	14.27	63.81	5.12
云南	Yunnan	104.84		5.91	36.33	276.27	41.72
西藏	Tibet	74.15		4.45		1.27	2.43
陕西	Shaanxi	276.02	0.46	2.37	2.73	92.09	282.87
甘肃	Gansu	285.66	18.53	23.93	0.05	192.28	67.29
青海	Qinghai	84.39		47.34		61.28	0.12
宁夏	Ningxia	496.02		10.99		299.20	40.90
新疆	Xinjiang	1009.94	372.77	66.21		297.66	154.69

注：水果出售量不包括果用瓜类。
a) Sales of fruits do not include melons for fruits use.

13-23 农村居民家庭平均每人出售主要畜产品及水产品
Sales of Livestock, Poultry, Small Animals and Fishery Per Capita Rural Household

本表为农村住户抽样调查资料。

Data in this table are obtained from the sample surveys on rural households.

单位：公斤 (kg)

年份 Year / 地区 Region	猪肉 Pork	羊肉 Mutton	牛肉 Beef	家禽 Poultry	蛋类 Poultry Eggs	牛羊奶 Milk	水产品 Aquatic Products
1985	16.27	0.57	0.52	1.00	2.21	1.02	1.74
1990	17.84	0.71	0.55	1.45	1.89	1.68	2.05
1991	20.07	0.90	0.76	2.18	2.65	1.91	2.92
1992	21.17	0.86	0.72	2.23	2.90	1.85	3.21
1993	23.80	1.02	0.86	2.41	2.89	1.76	3.10
1994	23.31	1.11	0.93	2.30	3.35	1.81	2.97
1995	24.17	1.15	0.96	2.42	3.54	1.90	2.94
1996	25.73	1.68	2.01	2.45	2.58	2.55	3.27
1997	26.08	1.76	2.33	2.99	3.76	2.76	4.50
1998	23.04	1.67	1.04	2.42	3.57	2.60	4.31
1999	28.41	1.85	1.86	3.41	4.07	3.00	6.20
2000	30.19	2.06	2.40	4.60	6.32	2.67	5.82
2001	30.86	2.31	2.76	5.03	5.96	3.65	6.53
2002	32.30	2.50	2.73	6.01	6.54	4.87	8.04
2003	29.49	2.87	2.71	6.67	7.06	7.29	7.47
2004	26.62	2.94	2.49	6.87	6.39	7.67	7.28
2005	32.19	3.26	2.87	9.62	10.52	11.27	8.54
2006	34.44	3.12	3.07	8.86	10.96	13.27	8.94
2007	27.55	3.00	3.02	10.21	10.69	14.62	9.85
2008	25.36	2.61	2.83	10.82	12.84	15.05	10.26
2009	31.70	2.81	2.69	11.35	12.91	12.66	10.72
2010	33.10	2.76	2.56	10.50	12.87	11.27	11.13
2011	29.76	2.99	3.40	8.32	9.15	10.42	9.14
2012	30.74	3.32	3.34	8.09	10.13	9.32	9.71
北京 Beijing	11.25	1.37	1.25	20.09	17.85	17.42	2.66
天津 Tianjin	56.64	1.21	7.92	0.73	5.29	10.76	7.73
河北 Hebei	16.74	4.87	3.68	3.86	21.75	12.89	0.02
山西 Shanxi	8.50	4.06	0.57	2.77	15.58	27.56	
内蒙古 Inner Mongolia	12.59	45.52	17.53	1.92	5.38	149.48	0.08
辽宁 Liaoning	81.41	2.35	10.09	28.78	41.87	0.04	6.06
吉林 Jilin	58.47	2.88	8.74	10.70	19.96	2.73	0.10
黑龙江 Heilongjiang	26.21	1.91	8.56	3.42	0.57	34.70	2.80
上海 Shanghai	1.17	0.10		23.33	0.39		6.22
江苏 Jiangsu	25.39	0.40	0.09	8.73	34.85		28.01
浙江 Zhejiang	68.63	0.55	0.65	12.35	11.48	1.82	12.70
安徽 Anhui	17.43	0.62	0.26	19.87	11.14		7.35
福建 Fujian	40.34	0.59	0.35	3.77	0.92	0.56	37.02
江西 Jiangxi	32.73	0.07	0.67	6.20	9.59		7.47
山东 Shandong	36.23	2.27	1.11	37.72	15.54	0.01	3.95
河南 Henan	49.23	1.12	2.09	5.87	9.06	1.83	4.75
湖北 Hubei	25.68	0.40	0.42	2.80	13.01		43.25
湖南 Hunan	35.64	0.32	0.44	2.10	1.59		7.11
广东 Guangdong	35.47	0.03	0.25	10.81	0.11	0.10	32.68
广西 Guangxi	26.03	0.47	1.35	7.77	1.78		8.52
海南 Hainan	33.38	0.46	1.25	16.68	0.26		44.84
重庆 Chongqing	37.37	1.30	2.05	8.63	24.06	0.01	7.44
四川 Sichuan	51.97	0.57	2.58	3.97	2.27	0.13	8.63
贵州 Guizhou	21.90	0.60	1.84	2.45	0.59		0.33
云南 Yunnan	37.43	0.55	1.78	2.21	2.58	17.79	1.91
西藏 Tibet	1.04	5.25	12.09	0.09	0.29	5.79	
陕西 Shaanxi	16.20	2.24	1.33	1.39	15.46	14.16	
甘肃 Gansu	10.33	4.34	5.08	1.13	6.04	1.42	
青海 Qinghai	2.18	10.72	10.22	0.08		8.65	
宁夏 Ningxia	14.17	11.13	14.43	2.37	2.96	93.95	3.29
新疆 Xinjiang	4.76	22.54	16.81	4.27	9.33	10.96	

注：1992年及以前，蛋类不包括蛋制品，水产品出售量仅指鱼虾出售量。

a) Sales of poultry eggs before 1992 did not include egg products, and sales of aquatic products only referred to the sales of fish and shrimp.

13-24 国有农场基本情况
Basic Statistics on State Farms

本表为农垦系统数据。
Data in this table are those from land reclamation departments.

指 标	Item	2008	2009	2010	2011	2012
农场数 (个)	**Number of Farms (unit)**	**1893**	**1818**	**1807**	**1785**	**1786**
职工人数 (万人)	**Number of Staff and Workers (10 000 persons)**	**334.5**	**339.7**	**330.7**	**329.3**	**317.5**
耕地面积 (千公顷)	**Cultivated Area (1 000 hectares)**	**5498.9**	**5598.3**	**5989.3**	**6116.3**	**6123.7**
农业机械总动力 (亿瓦)	**Total Power of Agricultural Machinery (100 million watts)**	**180.0**	**197.1**	**212.6**	**228.4**	**245.7**
农业机械拥有量 (台、辆)	**Ownership of Agricultural Machinery (unit)**					
大中型农用拖拉机	Large and Medium-sized Agricultural Tractors	117200	131900	146000	161700	174000
小型及手扶拖拉机	Small and Walking Agricultural Tractors	315000	323600	330000	347000	328000
农用排灌动力机械	Machinery for Agricultural Drainage and Irrigation	220000	247000	248000	262000	277000
联合收割机	Combine Harvesters	29000	32000	39000	40000	46000
农用载重汽车	Trucks for Agricultural Use	73500	73500	73500	73500	73500
农用化肥施用量 (万吨)	**Consumption of Chemical Fertilizers (10 000 tons)**	**204.6**	**210.8**	**227.8**	**241.2**	**248.3**
农业总产值 (亿元)	**Gross Agricultural Output Value (100 million yuan)**	**1667.7**	**1906.6**	**2342.3**	**2803.9**	**3100.4**
农作物总播种面积(千公顷)	**Sown Area of Farm Crops (1 000 hectares)**	**5831.0**	**6073.3**	**6310.4**	**6414.6**	**6510.5**
粮食作物	Grain	3948.8	4384.3	4557.6	4613.5	4725.9
棉 花	Cotton	756.0	656.2	665.4	719.3	732.5
油 料	Oil-bearing Crops	409.6	371.1	375.4	377.5	379.2
糖 料	Sugar Crops	117.6	101.9	103.9	112.5	112.0
麻 类	Fiber Crops	31.0	7.9	3.4	3.0	2.6
年底实有茶园面积	Area of Tea Plantations (year-end)	31.5	31.3	31.3	30.4	28.9
年底实有桑园面积	Area of Mulberry Plantations (year-end)	1.9	1.9	1.5	1.6	1.9
年底实有果园面积	Area of Orchards (year-end)	296.7	322.6	371.9	380.0	391.5
年底实有橡胶园面积	Area of Rubber Plantations (year-end)	471.8	465.2	469.4	462.4	443.0
主要农产品产量 (万吨)	**Output of Major Farm Products (10 000 tons)**					
粮食作物	Grain	2421.5	2773.2	2953.3	3198.7	3371.4
棉 花	Cotton	163.6	141.2	143.9	163.8	172.3
油 料	Oil bearing Crops	78.4	81.1	80.3	82.7	78.3
糖 料	Sugar Crops	846.0	758.2	766.9	818.5	850.6
麻 类	Fiber Crops	11.7	3.6	1.9	1.6	1.3
茶 叶	Tea	5.0	4.7	4.6	4.5	4.4
水 果	Fruits	250.6	307.8	323.4	337.2	409.4
干 胶	Rubber	28.2	31.7	32.8	32.1	33.2
畜牧业、渔业生产	**Production of Animal Husbandry and Fishery**					
大牲畜年底头数 (万头)	Number of Large Animals (year-end)(10 000 heads)	306.9	317.2	319.2	340.8	344.6
猪年底头数 (万头)	Number of Hogs (10 000 heads)	968.7	1053.4	1134.2	1216.6	1328.4
羊年底只数 (万只)	Number of Sheep and Goats (10 000 heads)	1452.3	1268.9	1298.7	1319.2	1320.4
#绵 羊	Sheep	1026.3	949.4	979.9	1010.6	1039.0
畜产品产量 (万吨)	**Output of Livestock Products (10 000 tons)**					
猪牛羊肉	Pork, Beef and Mutton	157.1	172.6	190.4	207.3	220.3
#猪 肉	Pork	120.6	136.9	148.9	162.1	173.5
牛 奶	Milk	320.8	344.7	366.1	405.9	435.0
禽 蛋	Poultry Eggs	25.6	31.3	39.7	44.0	47.7
羊 毛	Sheep Wool	2.5	2.5	2.7	2.8	2.8
水产品总产量 (万吨)	**Total Output of Aquatic Products (10 000 tons)**	**97.1**	**107.7**	**115.2**	**126.7**	**137.8**

主要统计指标解释

农林牧渔业总产值　指以货币表现的农、林、牧、渔业全部产品和对农林牧渔业生产活动进行的各种支持性服务活动的价值总量，它反映一定时期内农林牧渔业生产总规模和总成果。1957 年以前的农林牧渔业总产值中包括了厩肥和农民自给性手工业(如农民自制衣服、鞋、袜，自己从事粮食初步加工等)。1958 年及以后，林业中增加了村及村以下竹木采伐产值；牧业中取消了厩肥产值；副业中取消了农民自给性手工业产值，增加了村及村以下办的工业产值；渔业中增加了海洋捕捞水产品产值。1980 年及以后，在副业中增加了农民家庭兼营工业商品部分的产值。从 1984 年起村及村以下工业产值划归工业。从 1993 年起取消副业，将野生动物的捕猎划入牧业，野生植物采集和农民家庭兼营商品性工业划归农业。从 2003 年起，执行新的国民经济行业分类标准，农林牧渔业总产值中包括了农林牧渔服务业产值。林业中增加了森林采运业产值。农业中取消了家庭兼营商品性工业产值，将野生林产品的采集划归林业。第一次农业普查以后，由于畜牧业产品年报数据与普查数据之间存在一定的差距，根据农业普查结果，对畜牧业年报数据和畜牧业产值进行了修正。2010 年执行《统计用产品分类目录》，对 2009 年的农业、林业产值做了相应调整。

农林牧渔业总产值的计算方法通常是按农、林、牧、渔业产品及其副产品的产量分别乘以各自单位产品价格求得；少数生产周期较长，当年没有产品或产品产量不易统计的，则采用间接方法匡算其产值；然后将四业产品产值及农林牧渔服务业产值相加即为农林牧渔业总产值。

粮食产量　指农业生产经营者日历年度内生产的全部粮食数量。按收获季节包括夏收粮食、早稻和秋收粮食，按作物品种包括谷物、薯类和豆类。其产量计算方法：谷物按脱粒后的原粮计算，豆类按去豆荚后的干豆计算；薯类(包括甘薯和马铃薯，不包括芋头和木薯)1963 年以前按每 4 公斤鲜薯折 1 公斤粮食计算，从 1964 年开始改为按 5 公斤鲜薯折 1 公斤粮食计算。城市郊区作为蔬菜的薯类(如马铃薯等)按鲜品计算，并且不作粮食统计。1989 年以前全国粮食产量数据主要靠全面报表取得，1989 年开始使用抽样调查数据。

棉花产量　指全社会的产量。包括春播棉和夏播棉。产量按皮棉计算。不包括木棉。

油料产量　指全部油料作物的生产量。包括花生、油菜籽、芝麻、向日葵籽、胡麻籽（亚麻籽）和其他油料。不包括大豆、木本油料和野生油料。花生以带壳干花生计算。

水产品产量　指渔业（捕捞和养殖）生产活动的最终有效成果，包括全部海水和淡水鱼类、甲壳类（虾、蟹）、贝类、头足类、藻类和其他类渔业产品的最终产量。水产品产量是通过各级水产和统计部门逐级上报取得数据。1995 年及以前，贝类中牡蛎按鲜肉计算；蚶、蛤、蛏按 5 斤鲜品折 1 斤计算。1996 年以后则统一按鲜品计算。

猪、牛、羊肉产量　指当年出栏并已屠宰、除去头蹄下水后带骨肉(即胴体重)的重量。包括全社会范围内的产量。1996 年以前为全面统计并逐级上报数据。1996 年第一次农业普查以后，根据普查结果，对畜牧业主要年报数据进行了修正。1999 年以后，国家统计局在部分地区开展了猪、牛、羊、禽等主要畜禽品种的抽样调查，并用抽样数据作为国家定案数据使用。未开展抽样调查的地区和品种，仍使用各级统计部门逐级上报数据。2007 年，根据第二次农业普查结果，对 2000—2006 年畜牧业主要年报数据进行了修正。2008 年，建立了主要畜禽监测调查制度，猪、牛、羊、禽等主要畜禽数据均以抽样调查数为法定数据。

期初(末)畜禽存栏头(只)数　指报告期初(末)农村各种合作经济组织和国营农场、农民个人、机关、团体、学校、工矿企业、部队等单位以及城镇居民饲养的大牲畜、猪、羊、家禽等畜禽的数量。数据上报方式及数据调整情况同猪、牛、羊肉产量。

农作物播种面积　指农业生产经营者应在日历年度内收获农作物在全部土地（耕地或非耕地）上的播种或移植面积。凡是本年内收获的农作物，无论是本年还是上年播种，都算为播种面积，但不包括本年播种，下年收获的农作物面积。

有效灌溉面积　指具有一定的水源，地块比较平整，灌溉工程或设备已经配套，在一般年景下能够进行正常灌溉的耕地面积。在一般情况下，有效灌溉面积应等于灌溉工程或设备已经配套，能够进行正常灌溉的水田和水浇地面积之和。它是反映我国农田水利建设的重要指标。

农用化肥施用量　指本年内实际用于农业生产的化肥数量，包括氮肥、磷肥、钾肥和复合肥。化肥施用量要求按折纯量计算数量。折纯量是指把氮肥、磷肥、钾肥分别按含氮、含五氧化二磷、含氧化钾的百分之百成份进行折算后的数量。复合肥按其所含主要成分折算。公式为:

折纯量=实物量 × 某种化肥有效成份含量的百分比

农业机械总动力　指全部农业机械动力的额定功率之和。农业机械是指用于种植业、畜牧业、渔业、农产品初加工、农用运输和农田基本建设等活动的机械及设备。农机总动力按使用能源不同分为以下四部分:

柴油发动机动力: 指全部柴油发动机额定功率之和;

汽油发动机动力: 指全部汽油发动机额定功率之和;

电动机动力: 指全部电动机（含潜水电泵的电动机）额定功率之和;

其他机械动力: 指采用柴油、汽油、电力之外的其他能源，如水力、风力、煤炭、太阳能等动力机械功率之和。

这个指标的统计数据主要来源于农机部门。

Explanatory Notes on Main Statistical Indicators

Gross Output Value of Agriculture, Forestry, Animal Husbandry and Fishery refers to the total value of products of agriculture, forestry, animal husbandry and fishery, and total value of services in support of agriculture, forestry, animal husbandry and fishery activities. It reflects the total scale and results of agricultural production during a given period. Prior to 1957, China's gross agricultural output value included barnyard manure and handicraft products for self-consumption (clothes, shoes, stockings, and initial grain processing undertaken by peasants). Since 1958, cutting and felling of bamboo and trees by villages and other cooperative organizations under villages have been included in forestry; value of barnyard manure has been excluded from animal husbandry; self consumed handicrafts have not been included from sideline occupations, while the output value of industries run by villages and cooperative organizations under village has been included in sideline occupations; and the output value of fish catches by motor fishing boats has been added to fishery. Since 1980, the value of handicraft products made for sale by individuals in households has been added to sideline occupations. Since 1984, industries run by villages and under villages have been included in the sector of industry. Since 1993, the subdivision of sideline occupations has been cancelled, and the hunting of wild animals has been classified into animal husbandry, and the gathering of wild plants and commodity industry run by rural household have been included in farming. A new industrial classification of economic activities was introduced in 2003. Under the new classification, value of services to agriculture, forestry, animal husbandry and fishery is included in the gross output value of agriculture, value of wood felling and transport is included in forestry, value of industrial output by rural households is not included in agriculture. The First Agriculture Census of China revealed some discrepancy between the production of animal products from the annual reports and that from the census. According to the result of the First Agriculture census, efforts were made to adjust the annual reports of animal husbandry output and the output value of animal husbandry to make the figures from the annual reports consistent with the census data. "The Classification of Products for Statistical Purposes" implemented in 2010 made relevant revision on the output value of agriculture and forestry in 2009.

Gross output value of agriculture is obtained by multiplying the output of each product or by-product by its price, resulting in the output value of each single item. For a small number of products, annual output of which is not available or difficult to get due to the long production (growing) process involved, the output value is estimated through an indirect approach. The sum of output values of all products of agriculture, forestry, animal husbandry and fishery and services in support to those industries is then equal to the gross output value of agriculture.

Grain Output refers to the total output of grains produced by agricultural producers within a calendar year. It includes summer grain, early rice and autumn grain if classified by harvest seasons; it covers cereal, tubers and beans if classified by type of crops. Output of cereal should be limited to husked grain only. Output of beans refers to dry beans without pods. The output of tubers (sweet potatoes and potatoes, not including taros and cassava) are converted into that of grain at the ratio 4:1, i.e. 4 kilograms of fresh tubers were equivalent to 1 kilogram of grain up to 1963. Since 1964 the ratio for conversion has been 5:1. Tubers supplied as vegetables (such as potatoes) in cities and suburbs are calculated as fresh vegetables and their output is not included in the output of grain. Data on grain production before 1989 were obtained through the Comprehensive Statistical Reporting System. Since 1989, data from sample surveys are used.

Cotton Output refers to cotton production in the whole country including cotton planted in spring and in autumn. Output is measured as the weight of ginned cotton. Ceiba is not included.

Output of Oil-bearing Crops refers to the total production of oil-bearing crops of various kinds, including peanuts (dry, in shell), rapeseeds, sesame, sunflower seeds, flax seeds, and other oil-bearing crops. Soybeans, oil-bearing woody plants, and wild oil-bearing crops are not included.

Output of Aquatic Products refers to final output actually yielded from fishing production (fishery and breeding), including all output of marine and freshwater fish, crustaceans (shrimps, crabs), shellfish, cephalopod, seaweed and other fishery products. Data on output of aquatic products are reported by aquatic product and statistical agencies level by level. Before 1995, among the shellfish, oyster was counted as fresh meat; 5 kilograms of ark shell, clams and frogs are equivalent to 1 kilogram of fresh aquatic products; they have all been counted as fresh aquatic products since 1996.

Output of Pork, Beef, and Mutton refers to the meat of slaughtered hogs, cattle, sheep and goats with head, feet, and offal taken away. Data refers to the production of the whole country. Before 1996, it was a comprehensive reporting from the lower level to the upper one. The First Agricultural Census of China in 1996 revealed some discrepancy between the production of animal products from the annual reports and that from the census. Efforts were made to adjust the output value of animal husbandry to make the figures from the annual reports consistent with the census data. Since 1999, the NBS conducted sample surveys for the major animal husbandry products, such as hogs, cattle, sheep and goats and fowls, and the data from sample surveys are used as national finalized data. Those products, which are not covered by the sample survey, are still reported by statistical agencies level by level. In 2007, the data on animal husbandry from 2000 to 2006 were revised according to the results of the Second Agriculture Census of China. In 2008, A Monitoring and Survey Program was set up on main livestock, the data on the main livestock such as hog, cattle, sheep and poultry became the official data based on the sampling survey.

Number of Livestock or Poultry in Stock at Beginning (or End) of Period refers to the total number of large animals, pigs, sheep, fowls, etc. raised by rural cooperative organizations, State farms, rural individuals, government agencies, schools, industrial and mining enterprises, army, and urban residents at the beginning (or end) of the reference period. Data reporting system and data adjustment are the same as that in the output of pork, beef and mutton.

Sown Area of Crops refers to area of all land (cultivated or non-cultivated area) sown or transplanted with crops that are harvested within the calendar year by agricultural producers. All crops harvested within the year are counted as sown area, regardless of being sown in this year or the previous year. Crops sown this year but will be harvested in the coming year are excluded.

Effective Irrigated Area refers to area of land that are effectively irrigated, i.e. relatively level land, where there are water sources or complete sets of irrigation facilities to lift and move adequate water for irrigation purpose under normal conditions. Under normal situations, irrigated area is the sum of watered fields and irrigated fields where irrigation systems or equipment have been installed for regular irrigation purpose. It is an important indicator to reflect the farmland water conservancy construction in China.

Consumption of Chemical Fertilizers in Agriculture refers to the quantity of chemical fertilizers applied in agriculture in the year, including nitrogenous fértilizer, phosphate fertilizer, potash fertilizer, and compound fertilizer. The consumption of chemical fertilizers is calculated in terms of volume of effective components by means of converting the gross weight of the respective fertilizers into weight containing effective component (e.g. nitrogen content in nitrogenous fertilizer, phosphorous pentoxide contents in phosphate fertilizer, and potassium oxide contents in potash fertilizer). Compound fertilizer is converted in regard to its major components. The formula is:

Volume of effective component= physical quantity × effective component of certain chemical fertilizer (%)

Total Power of Agricultural Machinery refers to the total rated capacity of all agricultural machinery. Agricultural machinery refers to the machineries and equipments which are used for activities of planting, animal husbandry, fishery, primary processing of agricultural products, agricultural transport and infrastructure construction of farmland. Total power of agricultural machinery is grouped into four parts according to the energy used:

Diesel engine power refers to the total rated capacity of all diesel engines.

Gasoline engine power refers to the total rated capacity of all gasoline engines.

Motor power refers to the total rated capacity of all motors (include submersible pump motors).

Other mechanical powers refer to the total mechanical capacity of the sources of energy besides diesel, gasoline and motor power, such as hydro power, wind power, coal and solar energy.

Data are mainly from agricultural machinery agencies.

14 工　业

Industry

简 要 说 明

一、本篇资料的主要内容

本篇资料反映我国工业经济方面的基本情况，包括31个省、自治区、直辖市的主要工业经济统计数据：

1.全国规模以上工业企业主要经济指标，以及按企业登记注册类型、轻重工业、企业规模、工业行业大类和按地区分组的主要经济指标和经济效益指标；

2.国有及国有控股、私营、外商投资、港澳台商投资工业企业按工业行业大类和按地区分组的主要经济指标和经济效益指标；

3.大中型工业企业按工业行业大类和按地区分组的主要经济指标和经济效益指标；

4.主要工业产品产量和生产能力等。

二、本篇资料的统计范围

本篇资料的统计范围1998年至2006年为全部国有和年主营业务收入500万元及以上的非国有工业企业；2007至2010年为年主营业务收入500万元及以上的工业企业（即规模以上工业企业）；从2011年开始，为年主营业务收入2000万元及以上的工业企业(即规模以上工业企业）。

本篇资料中工业行业分类按2011年《国民经济行业分类》标准划分；企业大中小微型划分按2011年《统计上大中小微型企业划分办法》标准执行。

三、本篇的资料来源和统计调查方法

本篇工业企业统计数据主要是根据工业统计年度报表中有关资料整理汇总的。

Brief Introduction

I. Main Contents

Data in this chapter reflect the basic conditions of the industrial sector, presenting main industrial economic indicators of 31 provinces, autonomous regions and municipalities:

(1) Main economic indicators of industrial enterprises above designated size; as well as their main economic indicators and efficiency indicators classified by type of registration, by light and heavy industries, by size of enterprise, by branch of industry and by province.

(2) Main economic indicators and efficiency indicators of State-owned industrial enterprises and enterprises where the State holds the majority of shares; private industrial enterprises, foreign-funded industrial enterprises and enterprises funded by entrepreneurs from Hong Kong, Macao and Taiwan classified by branch of industry and by province.

(3) Main economic indicators and efficiency indicators of large and medium-sized industrial enterprises classified by branch of industry and by province.

(4) Output and production capacity of key industrial products.

II. Scopes of Statistics

The scopes of industrial statistics were all State-owned industrial enterprises and non-State-owned industrial enterprises with revenue from principal business over 5 million yuan from 1998 to 2006. For 2007 to 2010, the scopes of industrial statistics were all industrial enterprises with revenue from principal business over 5 million yuan, (or the industrial enterprises above designated size). Since 2011, the scope is adjusted to all industrial enterprises with revenue from principal business above 20 million yuan (i.e. industrial enterprises above designated size).

Data by branch of industry in this chapter are based on the 2011's *National Industrial Classification of all Economic Activities*, and data by size of enterprise are based on the 2011's *Standards of Enterprises by Size*.

III. Sources of Data and Methods of Survey

The data on enterprises statistics in this Chapter are collected mainly based on the relevant data in the annual industrial statistics reporting forms.

14-1 规模以上工业企业主要指标（2012年）
Main Indicators of Industrial Enterprises above Designated Size (2012)

单位：亿元 (100 million yuan)

项 目	Item	企业单位数（个）Number of Enterprises (unit)	资产总计 Total Assets	主营业务收入 Revenue from Principal Business	利润总额 Total Profits
总计	**Total**	**343769**	**768421**	**929292**	**61910**
按轻重工业分	**Grouped by Light & Heavy Industries**				
轻工业	Light Industry	139177	175820	263865	19075
重工业	Heavy Industry	204592	592601	665427	42835
按企业规模分	**Grouped by Size of Enterprises**				
大型企业	Large Enterprises	9448	379618	384665	25170
中型企业	Medium-sized Enterprises	53866	184742	218357	15400
小型企业	Small Enterprises	280455	204061	326270	21340
按登记注册类型分	**By Status of Registration**				
内资企业	Domestic Funded	286861	596101	707343	47944
国有企业	State-owned Enterprises	6770	102035	77521	3882
集体企业	Collective-owned Enterprises	4814	5666	10970	895
股份合作企业	Cooperative Enterprises	2397	3138	4074	302
联营企业	Joint Ownership Enterprises	481	1036	1130	67
国有联营企业	State Joint Ownership Enterprises	103	590	499	18
集体联营企业	Collective Joint Ownership Enterprises	131	104	228	17
国有与集体联营企业	Joint State-collective Enterprises	101	203	171	12
其他联营企业	Other Joint Ownership Enterprises	146	138	232	21
有限责任公司	Limited Liability Corporations	66955	224763	224155	13917
国有独资公司	State Sole Funded Corporations	1444	49089	33114	1633
其他有限责任公司	Other Limited Liability Corporations	65511	175674	191041	12284
股份有限公司	Share-holding Corporations Limited	9012	98057	90112	7650
私营企业	Private Enterprises	189289	152548	285621	20192
私营独资企业	Private-funded Enterprises	34678	17475	48318	4029
私营合伙企业	Private Partnership Enterprises	5576	2736	6879	616
私营有限责任公司	Private Limited Liability Corporations	141884	119629	211678	14104
私营股份有限公司	Private Share-holding Corporations Ltd.	7151	12708	18747	1442
其他企业	Other Enterprises	7143	8858	13760	1040
港、澳、台商投资企业	Enterprises with Funds from Hong Kong, Macao and Taiwan	25935	66213	80678	4947
合资经营企业(港或澳、台资)	Joint-venture Enterprises	8467	25498	28081	1826
合作经营企业(港或澳、台资)	Cooperative Enterprises	820	1563	1937	146
港、澳、台商独资经营企业	Enterprises with Sole Investment	16113	35023	47070	2757
港、澳、台商投资股份有限公司	Share-holding Corporations Ltd.	472	3952	3362	206
其他港、澳、台商投资企业	Other Enterprises with Funds from Hong Kong, Macao and Taiwan	63	178	228	13
外商投资企业	Foreign Funded Enterprises	30973	106107	141271	9019
中外合资经营企业	Joint-venture Enterprises	11498	48726	63255	4737
中外合作经营企业	Cooperation Enterprises	861	2743	2991	235
外资企业	Enterprises with Sole Funds	17986	48781	69532	3600
外商投资股份有限公司	Share-holding Corporations Ltd.	505	5595	5080	425
其他外商投资企业	Other Foreign Funded Enterprises	123	262	413	23

注：全国规模以上工业企业统计范围1998年至2006年为全部国有及年主营业务收入在500万元及以上非国有工业企业；2007年至2010年为年主营业务收入在500万元及以上的工业企业；2011年及以后年份为年主营业务收入在2000万元及以上的工业企业(下同)。

a) Industrial enterprises above designated size are all state-owned enterprises and non-state owned enterprises with annual revenue from principal business over 5 million yuan from 1998 to 2006, and are industrial enterprise with annual revenue from principal business over 5 million yuan from 2007 to 2010, and are industrial enterprise with annual revenue from principal business over 20 million yuan since 2011. The same applies to the tables following.

14-2 按行业分规模以上工业企业主要指标（2012年）

单位：亿元

行业	Sector	企业单位数（个）Number of Enterprises (unit)	资产总计 Total Assets
总计	**National Total**	**343769**	**768421.20**
煤炭开采和洗选业	Mining and Washing of Coal	7869	44807.04
石油和天然气开采业	Extraction of Petroleum and Natural Gas	134	17592.63
黑色金属矿采选业	Mining and Processing of Ferrous Metal Ores	3497	8173.80
有色金属矿采选业	Mining and Processing of Non-Ferrous Metal Ores	2077	4158.91
非金属矿采选业	Mining and Processing of Non-metal Ores	3377	2623.15
开采辅助活动	Support Activities for Mining	159	2543.02
其他采矿业	Mining of Other Ores	21	13.26
农副食品加工业	Processing of Food from Agricultural Products	22356	23454.12
食品制造业	Manufacture of Foods	7306	10009.68
酒、饮料和精制茶制造业	Manufacture of Liquor, Beverages and Refined Tea	5311	11176.84
烟草制品业	Manufacture of Tobacco	135	7084.34
纺织业	Manufacture of Textile	20435	20479.98
纺织服装、服饰业	Manufacture of Textile, Wearing Apparel and Accessories	14788	9985.24
皮革、毛皮、羽毛及其制品和制鞋业	Manufacture of Leather, Fur, Feather and Related Products and Footwear	7806	5598.74
木材加工和木、竹、藤、棕、草制品业	Processing of Timber, Manufacture of Wood, Bamboo, Rattan, Palm and Straw Products	8498	4441.30
家具制造业	Manufacture of Furniture	4559	3545.86
造纸和纸制品业	Manufacture of Paper and Paper Products	7128	11862.73
印刷和记录媒介复制业	Printing and Reproduction of Recording Media	4189	3780.74
文教、工美、体育和娱乐用品制造业	Manufacture of Articles for Culture, Education, Arts and Crafts, Sport and Entertainment Activities	6920	5086.82
石油加工、炼焦和核燃料加工业	Processing of Petroleum, Coking and Processing of Nuclear Fuel	2036	20938.78
化学原料和化学制品制造业	Manufacture of Raw Chemical Materials and Chemical Products	23694	53382.09
医药制造业	Manufacture of Medicines	6387	15768.51
化学纤维制造业	Manufacture of Chemical Fibres	1873	5737.44
橡胶和塑料制品业	Manufacture of Rubber and Plastics Products	16356	16151.24
非金属矿物制品业	Manufacture of Non-metallic Mineral Products	29121	35407.84
黑色金属冶炼和压延加工业	Smelting and Pressing of Ferrous Metals	10880	58183.48
有色金属冶炼和压延加工业	Smelting and Pressing of Non-ferrous Metals	6954	28109.66
金属制品业	Manufacture of Metal Products	18557	19410.90
通用设备制造业	Manufacture of General Purpose Machinery	22032	31493.59
专用设备制造业	Manufacture of Special Purpose Machinery	15068	26403.52
汽车制造业	Manufacture of Automobiles	11270	40399.58
铁路、船舶、航空航天和其他运输设备制造业	Manufacture of Railway, Ship, Aerospace and Other Transport Equipments	4761	18694.57
电气机械和器材制造业	Manufacture of Electrical Machinery and Apparatus	21055	42317.44
计算机、通信和其他电子设备制造业	Manufacture of Computers, Communication and Other Electronic Equipment	12328	46427.82
仪器仪表制造业	Manufacture of Measuring Instruments and Machinery	3802	5844.97
其他制造业	Other Manufacture	1554	1720.23
废弃资源综合利用业	Utilization of Waste Resources	1192	1412.02
金属制品、机械和设备修理业	Repair Service of Metal Products, Machinery and Equipment	421	1170.75
电力、热力生产和供应业	Production and Supply of Electric Power and Heat Power	5614	92072.51
燃气生产和供应业	Production and Supply of Gas	990	4471.59
水的生产和供应业	Production and Supply of Water	1259	6484.49

Main Indicators of Industrial Enterprises above Designated Size by Industrial Sector (2012)

(100 million yuan)

流动资产合计 Total Current Assets	固定资产原价 Original Value of Fixed Assets	累计折旧 Accumulated Depreciation	负债合计 Total Liabilities	流动负债合计 Total Liquid Liabilities	所有者权益 Owners' Equity	主营业务收入 Revenue from Principal Business
368200.71	**434474.27**	**177901.11**	**445371.75**	**337526.51**	**320614.07**	**929291.51**
18596.43	20356.96	7809.88	27205.07	18139.28	17488.74	34049.98
2904.86	20326.46	9366.00	8250.37	4450.58	9328.18	11665.27
3282.65	3248.16	1109.68	4455.05	3003.87	3696.76	8758.40
1680.31	1924.91	595.85	1997.97	1587.72	2146.62	5652.83
1074.32	1447.48	560.81	1235.91	885.17	1361.03	4211.81
1312.53	1497.19	645.47	1330.41	1212.01	1210.86	1868.87
4.06	13.98	7.62	4.29	3.58	8.97	21.21
12832.36	13741.64	6509.11	12745.29	10567.60	10554.51	52145.58
5102.61	5149.07	1943.27	4836.06	4029.25	5113.90	15834.33
5884.31	5244.10	2068.48	5392.43	4575.79	5733.29	13549.14
4914.88	2122.95	1101.70	1770.50	1722.84	5313.61	7571.52
10782.00	11528.44	4762.89	11460.78	9575.56	8915.03	32241.14
6154.11	4266.82	1777.06	5137.83	4352.59	4793.25	17285.89
3488.10	2319.25	962.07	2709.28	2369.89	2839.14	11268.72
2088.48	2866.13	1188.36	2002.10	1571.91	2391.85	10274.88
2004.51	1593.02	579.71	1869.81	1611.82	1661.26	5669.89
5388.25	7485.46	3093.68	6882.28	5216.70	4940.74	12501.49
1997.93	2195.21	990.91	1816.65	1555.12	1948.86	4535.43
3280.22	2090.17	880.39	2716.83	2351.55	2351.62	10277.38
10118.54	13467.21	5771.90	13615.35	11101.01	7263.63	39399.01
24357.49	32008.81	13217.36	30351.35	23095.65	22917.73	67756.23
8691.13	6487.01	2674.47	6902.83	5578.00	8823.60	17337.67
2924.15	3052.45	1234.56	3605.60	3057.32	2124.88	6744.15
8710.12	8721.97	3733.38	8502.41	7099.03	7580.61	24156.86
16170.71	21376.20	7870.24	19406.20	15221.40	15797.17	43989.03
25554.24	37357.94	16696.47	39123.47	32150.35	18958.37	71559.18
14502.14	13325.43	4799.09	17690.76	13710.84	10270.98	41267.24
11188.21	9155.65	3628.48	10620.84	9070.76	8701.69	29069.75
19712.50	12307.87	5049.67	17401.00	14945.66	14009.07	38043.25
16755.71	9905.02	4059.96	14679.93	12344.08	11654.77	28711.39
23309.03	14893.12	6272.77	22744.76	19262.66	17568.42	51235.58
11532.30	6688.99	2543.53	12399.99	10268.82	6289.10	15748.38
27558.90	15348.29	6616.61	24540.18	21405.52	17567.05	54522.61
30518.89	21352.73	10447.59	27011.61	23968.11	19321.85	70430.07
3847.78	1987.33	823.39	2835.68	2508.72	2995.47	6656.48
939.74	804.72	321.78	944.65	759.93	765.38	2073.61
934.12	592.63	272.58	924.38	820.38	482.36	2920.55
627.54	527.46	201.47	678.74	548.49	493.84	885.86
14097.04	88523.38	33240.14	61410.30	28242.44	30460.61	52732.52
1558.47	2423.33	674.74	2547.02	1785.08	1907.35	3358.55
1819.04	4749.34	1776.00	3615.80	1799.42	2861.92	1309.78

14-2 续表

单位：亿元

行业	Sector	主营业务成本 Cost of Principal Business	主营业务税金及附加 Tax and Extra Charges from Principal Business
总计	**National Total**	**784541.19**	**14462.73**
煤炭开采和洗选业	Mining and Washing of Coal	25908.44	499.35
石油和天然气开采业	Extraction of Petroleum and Natural Gas	5083.11	1240.42
黑色金属矿采选业	Mining and Processing of Ferrous Metal Ores	6933.88	124.61
有色金属矿采选业	Mining and Processing of Non-Ferrous Metal Ores	4366.02	51.74
非金属矿采选业	Mining and Processing of Non-metal Ores	3282.36	71.06
开采辅助活动	Support Activities for Mining	1695.74	34.58
其他采矿业	Mining of Other Ores	15.54	0.29
农副食品加工业	Processing of Food from Agricultural Products	45740.92	242.87
食品制造业	Manufacture of Foods	12324.57	99.26
酒、饮料和精制茶制造业	Manufacture of Liquor, Beverages and Refined Tea	9703.25	456.03
烟草制品业	Manufacture of Tobacco	1965.76	3995.57
纺织业	Manufacture of Textile	28218.74	154.13
纺织服装、服饰业	Manufacture of Textile, Wearing Apparel and Accessories	14445.99	97.86
皮革、毛皮、羽毛及其制品和制鞋业	Manufacture of Leather, Fur, Feather and Related Products and Footwear	9518.11	65.74
木材加工和木、竹、藤、棕、草制品业	Processing of Timber, Manufacture of Wood, Bamboo, Rattan, Palm and Straw Products	8721.44	71.35
家具制造业	Manufacture of Furniture	4729.10	36.64
造纸和纸制品业	Manufacture of Paper and Paper Products	10724.27	62.60
印刷和记录媒介复制业	Printing and Reproduction of Recording Media	3703.78	30.69
文教、工美、体育和娱乐用品制造业	Manufacture of Articles for Culture, Education, Arts and Crafts, Sport and Entertainment Activities	8929.76	50.42
石油加工、炼焦和核燃料加工业	Processing of Petroleum, Coking and Processing of Nuclear Fuel	34693.80	3033.03
化学原料和化学制品制造业	Manufacture of Raw Chemical Materials and Chemical Products	57918.50	557.00
医药制造业	Manufacture of Medicines	12161.58	128.25
化学纤维制造业	Manufacture of Chemical Fibres	6148.44	18.17
橡胶和塑料制品业	Manufacture of Rubber and Plastics Products	20617.22	131.20
非金属矿物制品业	Manufacture of Non-metallic Mineral Products	36638.63	329.49
黑色金属冶炼和压延加工业	Smelting and Pressing of Ferrous Metals	65985.27	225.26
有色金属冶炼和压延加工业	Smelting and Pressing of Non-ferrous Metals	37607.17	143.17
金属制品业	Manufacture of Metal Products	24995.72	165.89
通用设备制造业	Manufacture of General Purpose Machinery	31627.32	211.83
专用设备制造业	Manufacture of Special Purpose Machinery	23737.06	158.47
汽车制造业	Manufacture of Automobiles	42617.70	1082.70
铁路、船舶、航空航天和其他运输设备制造业	Manufacture of Railway, Ship, Aerospace and Other Transport Equipments	13521.94	82.35
电气机械和器材制造业	Manufacture of Electrical Machinery and Apparatus	46022.81	237.66
计算机、通信和其他电子设备制造业	Manufacture of Computers, Communication and Other Electronic Equipment	62532.05	208.51
仪器仪表制造业	Manufacture of Measuring Instruments and Machinery	5332.74	37.87
其他制造业	Other Manufacture	1755.26	11.61
废弃资源综合利用业	Utilization of Waste Resources	2622.25	14.32
金属制品、机械和设备修理业	Repair Service of Metal Products, Machinery and Equipment	733.35	5.90
电力、热力生产和供应业	Production and Supply of Electric Power and Heat Power	47440.05	263.29
燃气生产和供应业	Production and Supply of Gas	2841.00	17.98
水的生产和供应业	Production and Supply of Water	980.57	13.57

continued

(100 million yuan)

利润总额 Total Profits	本年应交增值税 Value-added Tax Payable	总资产贡献率(%) Ratio of Profits, Taxes and Interests to Average Assets (%)	资产负债率(%) Ratio of Debts to Assets (%)	流动资产周转次数(次/年) Turnover of Current Assets (times/year)	工业成本费用利润率(%) Ratio of Profits to Total Industrial Costs (%)	产品销售率(%) Sales Ratio of Products (%)
61910.06	**29566.64**	**15.11**	**57.96**	**2.57**	**7.11**	**98.00**
3808.10	2307.28	16.09	60.72	1.94	11.98	98.31
4048.94	1061.06	36.78	46.90	4.12	64.19	99.50
1132.74	443.48	22.06	54.50	2.70	14.81	96.45
787.24	205.78	26.27	48.04	3.38	16.39	97.51
384.75	181.02	25.62	47.12	3.95	10.41	96.30
37.51	67.98	5.94	52.32	1.44	2.01	99.31
2.53	0.82	28.58	32.33	5.23	14.20	91.93
3202.68	1054.22	20.76	54.34	4.09	6.55	97.95
1423.10	565.96	21.88	48.31	3.15	9.82	97.93
1602.36	600.06	24.78	48.25	2.34	13.78	97.23
1071.49	953.30	84.98	24.99	1.72	29.81	100.34
1894.25	828.16	15.94	55.96	3.03	6.24	98.52
1143.69	505.16	18.64	51.45	2.83	7.11	97.63
822.05	314.10	22.99	48.39	3.25	7.90	98.18
740.15	297.87	26.73	45.08	4.93	7.86	97.80
387.05	164.96	17.84	52.73	2.84	7.37	97.93
774.21	357.68	11.81	58.02	2.36	6.49	97.76
397.85	149.52	16.26	48.05	2.30	9.53	98.23
592.65	239.28	18.72	53.41	3.15	6.15	98.23
300.14	1342.03	23.81	65.02	3.97	0.81	98.82
4121.61	1852.08	13.72	56.86	2.83	6.41	97.56
1865.89	822.54	18.73	43.78	2.01	11.99	95.70
271.15	128.07	9.20	62.84	2.36	4.08	97.68
1568.74	600.02	15.59	52.64	2.81	6.93	98.24
3438.24	1603.21	16.59	54.81	2.74	8.52	97.61
1698.44	1563.32	7.68	67.24	2.90	2.36	98.07
1759.89	918.29	11.79	62.93	2.89	4.39	97.59
1843.79	756.61	15.49	54.72	2.63	6.75	97.58
2735.49	1131.01	13.90	55.25	1.98	7.60	97.58
2144.44	828.27	12.89	55.60	1.73	8.01	96.99
4321.20	1520.28	17.71	56.30	2.27	8.93	98.82
924.00	436.43	8.36	66.33	1.39	6.15	98.41
3419.72	1462.24	13.25	57.99	2.01	6.62	97.65
3194.18	1562.41	11.09	58.18	2.33	4.71	97.97
575.54	224.13	15.06	48.51	1.75	9.39	97.75
128.57	55.59	12.39	54.91	2.23	6.57	97.49
162.66	101.81	21.03	65.47	3.14	5.94	97.45
45.24	23.64	7.40	57.98	1.43	5.34	98.61
2745.78	2198.64	7.88	66.70	3.79	5.34	99.35
319.45	82.00	10.17	56.96	2.24	9.98	99.62
72.55	56.32	3.38	55.76	0.77	5.30	97.26

14-3 分地区规模以上工业企业主要指标
Main Indicators of Industrial Enterprises above Designated Size by Region

单位：亿元 (100 million yuan)

年份 Year 地区 Region	企业单位数(个) Number of Enterprises (unit)	资产总计 Total Assets	流动资产合计 Total Current Assets	固定资产原价 Original Value of Fixed Assets	累计折旧 Accumulated Depreciation	负债合计 Total Liabilities	流动负债合计 Total Liquid Liabilities
1998	165080	108821.87	46600.87	64832.05	19909.70	69363.79	47773.02
1999	162033	116968.89	49630.23	71847.09	22479.71	72322.98	50070.19
2000	162885	126211.24	54338.15	78646.30	25847.91	76743.84	53052.64
2001	171256	135402.49	57804.97	86293.10	29666.83	79843.42	56138.72
2002	181557	146217.78	63468.46	93887.95	33067.63	85857.42	61663.06
2003	196222	168807.70	76163.74	105557.09	37323.59	99527.97	73413.53
2004	276474	215358.00	97183.74	125761.85	43624.39	124847.41	94649.34
2005	271835	244784.25	111031.41	143143.63	50341.06	141509.84	108411.70
2006	301961	291214.51	132310.12	168850.20	58900.82	167322.23	128179.74
2007	336768	353037.37	163259.62	198739.27	69615.71	202913.68	157912.36
2008	426113	431305.55	195681.75	245352.80	87059.54	248899.38	190115.98
2009	434364	493692.86	223038.68	278541.09	98894.67	285732.81	214406.09
2010	452872	592881.89	279227.32	334839.41	123546.80	340396.39	257995.57
2011	325609	675796.86	327778.65	386086.72	157312.32	392644.64	298911.20
2012	343769	768421.20	368200.71	434474.27	177901.11	445371.75	337526.51
北 京 Beijing	3692	28613.16	11554.77	10277.19	4230.35	14837.22	9209.88
天 津 Tianjin	5342	19986.14	10828.11	10590.69	4414.55	12686.19	10561.89
河 北 Hebei	12360	33567.18	13723.31	21255.89	7527.64	19939.47	15272.53
山 西 Shanxi	3905	25342.08	10956.40	13576.61	5408.14	17639.40	12511.95
内蒙古 Inner Mongolia	4244	21754.23	8016.74	12680.51	4277.96	13323.58	8070.70
辽 宁 Liaoning	17347	34779.77	15899.64	21748.37	10022.88	20147.42	14388.74
吉 林 Jilin	5286	13896.98	5769.85	12796.65	7284.25	7499.40	5357.09
黑龙江 Heilongjiang	3911	13223.14	5564.34	10121.00	4403.39	7585.08	5652.82
上 海 Shanghai	9772	31160.89	18144.55	15670.53	7898.00	15772.54	13670.85
江 苏 Jiangsu	45859	84550.41	46483.24	47419.48	20968.99	48417.22	41333.74
浙 江 Zhejiang	36496	55654.17	32445.21	22640.40	8683.11	33516.05	29213.03
安 徽 Anhui	14514	22797.65	10025.17	12854.67	4874.91	13612.01	9700.54
福 建 Fujian	15333	21385.98	11419.24	10220.10	3717.51	11417.84	9056.00
江 西 Jiangxi	7217	11967.66	5500.63	7959.93	3273.81	6653.96	5006.63
山 东 Shandong	37625	71107.66	33439.83	43252.66	18671.04	39241.58	30268.33
河 南 Henan	19237	35174.81	15830.84	20507.64	6612.86	18087.58	13502.97
湖 北 Hubei	12441	26877.66	12210.67	18255.49	8620.30	15759.18	11802.96
湖 南 Hunan	12785	17784.25	7374.38	10953.65	3651.85	9821.07	6581.51
广 东 Guangdong	37790	71343.84	40764.19	35983.70	16038.16	41508.50	34220.63
广 西 Guangxi	5239	11759.56	5289.96	6613.39	2132.66	7345.60	5255.25
海 南 Hainan	377	2023.16	798.53	1055.68	371.06	1042.32	780.41
重 庆 Chongqing	4985	11113.36	5357.28	5831.59	2221.47	7003.22	5278.68
四 川 Sichuan	12719	30362.89	13344.68	17035.75	6615.28	18721.46	12768.70
贵 州 Guizhou	2752	8302.29	3211.46	4642.46	1429.48	5388.12	3337.49
云 南 Yunnan	3211	13076.97	5108.91	6861.42	2193.84	8255.51	5390.35
西 藏 Tibet	64	506.86	154.95	309.17	70.41	163.38	115.79
陕 西 Shaanxi	4284	20591.16	8743.33	13117.98	4940.81	11719.05	7934.02
甘 肃 Gansu	1735	9146.01	3591.27	6061.48	2282.32	5701.95	3612.48
青 海 Qinghai	423	4041.92	1220.75	2656.96	789.74	2656.60	1489.96
宁 夏 Ningxia	865	4860.19	1748.33	2951.09	833.12	3236.63	1972.69
新 疆 Xinjiang	1959	11669.17	3680.16	8572.17	3441.25	6672.60	4207.89

14-3 续表 1 continued

单位：亿元 (100 million yuan)

年 份 地 区	Year Region	所有者权益合计 Total Owners' Equities	主营业务收入 Revenue from Principal Business	主营业务成本 Cost of Principal Business	主营业务税金及附加 Tax and Extra Charges from Principal Business	利润总额 Total Profits	本年应交增值税 Value Added Tax Payable
	1998	39445.40	64148.86	52797.54	1236.79	1458.11	2827.02
	1999	44618.80	69851.73	57339.52	1307.65	2288.24	3105.92
	2000	49406.88	84151.75	68653.95	1434.17	4393.48	3685.20
	2001	55424.40	93733.34	77259.89	1553.82	4733.43	4018.09
	2002	60242.01	109485.77	90243.76	1761.61	5784.48	4476.01
	2003	69129.56	143171.53	118638.47	2049.21	8337.24	5487.73
	2004	90286.70	198908.87	167246.40	2616.25	11929.30	6912.78
	2005	102882.02	248544.00	209862.52	2997.34	14802.54	8520.94
	2006	123402.54	313592.45	264696.60	3746.35	19504.44	10707.16
	2007	149876.15	399717.06	334598.64	4772.08	27155.18	13650.34
	2008	182353.38	500020.07	423295.75	6277.28	30562.37	17690.72
	2009	206688.83	542522.43	457510.01	8995.95	34542.22	17490.20
	2010	251160.35	697744.00	585256.80	11183.11	53049.66	22472.72
	2011	282003.81	841830.24	708091.99	12669.53	61396.33	26302.71
	2012	320614.07	929291.51	784541.19	14462.73	61910.06	29566.64
北 京	Beijing	13774.66	16905.14	14307.41	263.58	1267.89	455.76
天 津	Tianjin	7271.83	23645.72	19980.89	311.99	2100.66	903.27
河 北	Hebei	13508.91	43643.84	37796.97	413.16	2559.47	1165.91
山 西	Shanxi	7643.12	18118.94	15087.48	162.49	1010.91	829.51
内蒙古	Inner Mongolia	8370.91	18135.15	14256.80	239.83	1931.69	749.77
辽 宁	Liaoning	14448.05	48199.85	41146.95	872.31	2435.69	1295.54
吉 林	Jilin	6326.40	19835.58	16564.34	455.38	1215.04	541.78
黑龙江	Heilongjiang	5624.77	12526.14	9563.97	697.26	1338.56	618.42
上 海	Shanghai	15350.79	34096.29	28656.38	804.16	2149.42	856.36
江 苏	Jiangsu	36064.93	119286.78	103160.90	975.37	7250.20	3708.77
浙 江	Zhejiang	22076.81	57682.73	49633.01	617.79	3112.65	1590.69
安 徽	Anhui	9061.31	28905.07	24505.33	368.25	1870.26	909.63
福 建	Fujian	9844.02	29206.84	24825.87	379.56	2023.27	869.60
江 西	Jiangxi	5193.22	22533.38	19500.87	230.87	1506.51	675.27
山 东	Shandong	31500.46	118086.92	100965.86	1410.52	8016.35	3426.20
河 南	Henan	16854.27	52276.38	44546.45	629.20	4016.39	1452.56
湖 北	Hubei	11039.62	32325.95	27322.91	628.22	2046.28	838.79
湖 南	Hunan	7961.85	27823.31	22205.58	773.99	1790.96	1132.62
广 东	Guangdong	29610.21	93821.74	79982.61	1034.98	5464.90	2866.35
广 西	Guangxi	4295.15	14733.63	12511.57	288.72	932.83	528.62
海 南	Hainan	981.34	1697.10	1353.51	102.40	133.35	67.97
重 庆	Chongqing	4082.76	12880.32	11002.33	170.30	645.39	406.39
四 川	Sichuan	11471.16	31427.16	25755.76	515.46	2333.76	1283.83
贵 州	Guizhou	2886.54	5966.52	4486.91	213.83	627.02	300.64
云 南	Yunnan	4801.03	8942.15	6851.53	706.73	586.52	463.85
西 藏	Tibet	343.16	91.88	75.77	1.57	12.89	7.70
陕 西	Shaanxi	8823.27	16328.25	12197.90	506.94	2057.22	893.13
甘 肃	Gansu	3423.55	7787.26	6591.67	261.90	285.23	214.40
青 海	Qinghai	1381.69	1889.37	1465.72	41.63	168.89	87.95
宁 夏	Ningxia	1612.69	2981.46	2540.77	62.03	131.22	97.48
新 疆	Xinjiang	4985.61	7510.67	5697.15	322.30	888.64	327.88

14-3 续表 2 continued

年 份 Year 地 区 Region	总资产贡献率 (%) Ratio of Profits, Taxes and Interests to Average Assets (%)	资产负债率 (%) Ratio of Debts to Assets (%)	流动资产周转次数 (次/年) Turnover of Current Assets (times/year)	工业成本费用利润率 (%) Ratio of Profits to Total Industrial Costs (%)	产品销售率 (%) Sales Ratio of Products (%)
1998					
1999	7.45	61.83	1.47	3.42	97.15
2000	9.00	60.81	1.62	5.56	97.67
2001	8.91	58.97	1.66	5.35	97.63
2002	9.45	58.72	1.80	5.62	98.02
2003	10.50	58.96	2.00	6.28	98.02
2004	11.01	57.97	2.19	6.43	98.06
2005	11.82	57.81	2.35	6.42	98.14
2006	12.74	57.46	2.50	6.74	98.18
2007	14.09	57.48	2.63	7.43	98.14
2008	13.96	57.71	2.67	6.61	97.53
2009	13.44	57.88	2.43	6.91	97.78
2010	15.68	57.41	2.50	8.31	98.02
2011	16.09	58.10	2.62	7.71	98.05
2012	15.11	57.96	2.57	7.11	98.00
北 京 Beijing	7.56	51.85	1.50	7.77	99.04
天 津 Tianjin	17.41	63.47	2.26	9.41	98.89
河 北 Hebei	13.83	59.40	3.27	6.19	97.79
山 西 Shanxi	9.54	69.61	1.71	5.71	97.34
内蒙古 Inner Mongolia	14.90	61.25	2.29	12.12	97.10
辽 宁 Liaoning	14.45	57.93	3.09	5.37	97.79
吉 林 Jilin	17.25	53.96	3.53	6.42	98.28
黑龙江 Heilongjiang	20.98	57.36	2.31	12.28	97.52
上 海 Shanghai	12.61	50.62	1.93	6.61	98.94
江 苏 Jiangsu	15.43	57.26	2.62	6.39	98.82
浙 江 Zhejiang	11.32	60.22	1.81	5.61	97.45
安 徽 Anhui	15.25	59.71	2.95	6.87	97.74
福 建 Fujian	16.70	53.39	2.58	7.40	97.83
江 西 Jiangxi	21.41	55.60	4.12	7.29	99.27
山 东 Shandong	19.66	55.19	3.58	7.34	98.61
河 南 Henan	18.88	51.42	3.35	8.32	98.32
湖 北 Hubei	14.53	58.63	2.71	6.60	97.08
湖 南 Hunan	22.41	55.22	3.80	7.14	98.45
广 东 Guangdong	13.94	58.18	2.33	6.13	98.07
广 西 Guangxi	16.60	62.46	2.83	6.64	95.49
海 南 Hainan	16.04	51.52	2.15	8.86	103.00
重 庆 Chongqing	12.30	63.02	2.45	5.24	97.84
四 川 Sichuan	15.10	61.66	2.38	8.07	97.40
贵 州 Guizhou	15.97	64.90	1.89	11.89	94.30
云 南 Yunnan	15.06	63.13	1.83	7.18	95.21
西 藏 Tibet	4.79	32.23	0.60	14.23	101.96
陕 西 Shaanxi	17.93	56.91	1.90	14.66	96.34
甘 肃 Gansu	10.03	62.34	2.21	3.89	93.14
青 海 Qinghai	9.26	65.73	1.58	9.57	92.99
宁 夏 Ningxia	8.08	66.59	1.73	4.54	97.77
新 疆 Xinjiang	14.35	57.18	2.11	13.50	97.55

14-4 分地区国有及国有控股工业企业主要指标

Main Indicators of State-owned and State-holding Industrial Enterprises by Region

单位：亿元 (100 million yuan)

年 份 地 区	Year Region	企业单位数(个) Number of Enterprises (unit)	资产总计 Total Assets	流动资产合计 Total Current Assets	固定资产原价 Original Value of Fixed Assets	累计折旧 Accumulated Depreciation	负债合计 Total Liabilities	流动负债合计 Total Working Liabilities
	1998	64737	74916.27	29559.03	47913.25	12216.27	35648.27	30625.48
	1999	61301	80471.69	31042.81	53146.30	17411.23	49877.69	31828.59
	2000	53489	84014.94	32628.81	57294.96	19656.20	51239.61	32237.41
	2001	46767	87901.54	33239.63	61782.45	22193.96	52025.60	33144.47
	2002	41125	89094.60	33468.77	64521.95	23759.25	52837.08	34009.59
	2003	34280	94519.79	36125.14	69701.11	26033.86	55990.53	36430.98
	2004	35597	109708.25	39376.20	76599.42	28952.03	62005.79	40771.99
	2005	27477	117629.61	42155.31	83515.49	32213.10	66653.58	44456.78
	2006	24961	135153.35	46713.09	96085.32	36561.94	76012.52	49935.64
	2007	20680	158187.87	54997.45	110084.72	42015.50	89372.34	59693.78
	2008	21313	188811.37	65493.98	129146.64	49055.00	111374.72	72749.16
	2009	20510	215742.01	74113.99	145330.28	54397.07	130098.87	83615.67
	2010	20253	247759.86	90810.23	165601.04	63521.58	149432.08	97364.41
	2011	17052	281673.87	106550.42	185896.57	74012.68	172289.91	114629.65
	2012	17851	312094.37	115385.64	204603.12	82534.11	191349.97	126178.00
北 京	Beijing	790	21598.31	6743.22	8067.72	3364.19	11061.18	5779.24
天 津	Tianjin	575	9516.62	4059.61	6342.04	2679.37	6122.29	4802.66
河 北	Hebei	708	14637.32	4831.30	10045.66	3818.69	9455.72	6519.92
山 西	Shanxi	738	15476.96	5676.65	9327.45	3854.65	10616.94	6767.48
内蒙古	Inner Mongolia	608	11604.14	3531.85	8098.64	2823.03	7287.60	3943.89
辽 宁	Liaoning	635	16160.87	6958.82	9812.00	4476.34	10873.92	7597.35
吉 林	Jilin	357	7633.24	3225.36	5369.35	2294.33	4533.03	3230.03
黑龙江	Heilongjiang	458	8662.87	3214.16	7826.20	3592.41	4948.06	3423.95
上 海	Shanghai	776	14132.78	6541.83	8745.15	4569.21	6356.50	5101.09
江 苏	Jiangsu	895	15030.74	6031.17	10768.41	4426.35	9404.77	6935.81
浙 江	Zhejiang	645	8138.12	2612.92	6654.89	2894.60	4597.40	2966.15
安 徽	Anhui	626	11290.86	3819.60	7419.57	2880.00	7510.03	4700.98
福 建	Fujian	446	4852.61	1492.37	3605.92	1305.79	2865.85	1718.22
江 西	Jiangxi	464	4580.01	2185.57	3147.00	1336.37	2931.19	2079.00
山 东	Shandong	1165	21952.47	8514.90	12989.81	5540.64	13739.07	9908.16
河 南	Henan	782	12134.76	4722.60	8105.89	3067.98	8148.44	5794.52
湖 北	Hubei	676	13141.50	4845.35	9325.75	3659.54	7907.60	5934.71
湖 南	Hunan	727	7823.38	3436.35	5390.99	2317.55	5118.71	3418.15
广 东	Guangdong	1012	16984.90	6323.58	12395.46	5217.26	9794.83	6507.84
广 西	Guangxi	527	5335.87	1973.10	3594.14	1228.05	3526.31	2137.34
海 南	Hainan	82	671.13	113.52	513.48	185.06	319.37	224.63
重 庆	Chongqing	473	5480.73	2245.03	3166.75	1105.98	3607.74	2523.66
四 川	Sichuan	888	14797.73	5412.38	8398.72	2998.76	9864.31	5976.14
贵 州	Guizhou	469	5634.18	1876.32	3630.69	1188.71	3773.53	2133.70
云 南	Yunnan	540	8482.38	2806.08	4745.40	1534.73	5301.88	3143.83
西 藏	Tibet	26	386.37	105.29	278.72	62.61	108.95	70.56
陕 西	Shaanxi	681	15661.41	6287.82	10428.34	3880.74	9173.19	5893.61
甘 肃	Gansu	368	7180.68	2645.13	5023.60	1842.69	4642.77	2821.95
青 海	Qinghai	89	2637.64	603.19	2046.78	646.25	1782.28	886.50
宁 夏	Ningxia	102	2663.59	604.03	2169.71	634.24	1773.83	840.84
新 疆	Xinjiang	523	7810.18	1946.53	7168.90	3107.98	4202.68	2396.09

14-4 续表 1 continued

单位：亿元 (100 million yuan)

年份 Year 地区 Region		所有者权益合计 Total Owners' Equities	主营业务收入 Revenue from Principal Business	主营业务成本 Cost of Principal Business	主营业务税金及附加 Tax and Extra Charges from Principal Business	利润总额 Total Profits	本年应交增值税 Value Added Tax Payable
	1998	26759.22	33566.11	27092.45	993.53	525.14	1852.36
	1999	30566.88	35950.70	28919.13	1062.21	997.86	2019.03
	2000	32714.81	42203.12	33473.62	1150.28	2408.33	2320.36
	2001	35741.27	44443.52	35522.47	1250.18	2388.56	2408.97
	2002	36139.17	47844.21	38048.00	1401.82	2632.94	2580.51
	2003	38381.02	58027.15	45987.63	1589.87	3836.20	3025.57
	2004	47479.25	71430.99	57187.96	1921.90	5453.10	3514.68
	2005	50625.00	85574.18	69302.41	2121.74	6519.75	4098.37
	2006	58656.37	101404.62	81957.80	2612.74	8485.46	4930.24
	2007	68568.59	122617.13	98515.08	3242.18	10795.19	5951.44
	2008	77388.89	147507.90	122504.18	3882.05	9063.59	6769.35
	2009	85186.57	151700.55	124590.48	6199.11	9287.03	6508.74
	2010	98085.57	194339.68	158727.43	8016.31	14737.65	8362.00
	2011	109233.21	228900.13	187783.79	9053.12	16457.57	9406.51
	2012	120336.83	245075.97	202600.35	10170.35	15175.99	10201.77
北京	Beijing	10536.85	9775.30	8584.08	234.11	783.93	246.94
天津	Tianjin	3385.58	8634.86	7247.55	226.25	852.46	348.44
河北	Hebei	5173.35	11918.61	10493.85	251.84	340.80	410.78
山西	Shanxi	4821.74	10419.54	8565.46	115.99	554.31	534.03
内蒙古	Inner Mongolia	4297.17	6046.20	4692.81	112.89	716.45	325.32
辽宁	Liaoning	5248.96	12942.73	11210.38	603.72	10.75	429.71
吉林	Jilin	3066.00	8017.92	6605.93	335.55	512.62	271.53
黑龙江	Heilongjiang	3714.41	6706.45	4580.22	651.35	984.78	434.78
上海	Shanghai	7774.77	13556.68	11231.61	762.53	1123.26	438.16
江苏	Jiangsu	5625.33	13273.83	11331.27	475.88	660.91	563.91
浙江	Zhejiang	3541.00	8479.78	7233.91	417.51	449.01	347.63
安徽	Anhui	3750.62	9320.82	7822.33	240.28	457.33	361.66
福建	Fujian	1960.56	3911.58	3321.22	235.75	179.93	155.62
江西	Jiangxi	1579.39	5239.41	4685.80	131.55	189.70	150.97
山东	Shandong	8205.19	21889.06	18185.97	794.15	1344.03	824.61
河南	Henan	3952.32	11381.55	9908.90	367.57	283.02	379.63
湖北	Hubei	5229.20	10656.79	8948.69	465.92	628.90	322.36
湖南	Hunan	2704.66	6796.22	5402.92	529.83	325.37	341.04
广东	Guangdong	7183.17	15602.52	13207.11	616.97	700.33	843.90
广西	Guangxi	1805.55	4933.66	4254.31	228.45	145.09	229.23
海南	Hainan	351.48	376.77	283.16	13.69	56.61	20.76
重庆	Chongqing	1866.54	3910.81	3285.85	119.29	140.55	148.37
四川	Sichuan	4906.05	8689.36	6962.15	299.71	589.29	400.41
贵州	Guizhou	1860.94	3259.86	2421.42	172.49	329.86	176.68
云南	Yunnan	3160.13	4906.05	3495.69	679.43	293.65	317.73
西藏	Tibet	277.37	51.57	53.84	0.85	-0.95	3.79
陕西	Shaanxi	6480.30	10143.24	7293.42	440.46	1406.97	606.76
甘肃	Gansu	2531.06	6336.74	5378.46	250.20	217.57	181.49
青海	Qinghai	855.47	1011.84	720.85	34.31	121.67	60.16
宁夏	Ningxia	888.33	1582.18	1317.28	56.34	72.60	67.97
新疆	Xinjiang	3603.32	5304.05	3873.92	305.49	705.19	257.39

14-4 续表 2 continued

单位：亿元 (100 million yuan)

年 份 Year 地 区 Region	总资产贡献率 (%) Ratio of Profits, Taxes and Interests to Average Assets (%)	资产负债率 (%) Ratio of Debts to Assets (%)	流动资产周转次数 (次/年) Turnover of Current Assets (times/year)	工业成本费用利润率 (%) Ratio of Profits to Total Industrial Costs (%)	产品销售率 (%) Sales Ratio of Products (%)
1998					
1999	6.77	61.98	1.20	2.89	98.15
2000	8.43	60.99	1.34	6.15	98.88
2001	8.17	59.19	1.36	5.75	98.65
2002	8.71	59.30	1.47	5.93	98.98
2003	10.09	59.24	1.69	7.25	98.87
2004	11.00	56.52	1.90	8.43	98.86
2005	11.87	56.66	2.10	8.44	99.25
2006	12.92	56.24	2.28	9.35	99.03
2007	13.79	56.50	2.39	9.90	99.01
2008	11.77	58.99	2.34	6.71	98.83
2009	11.29	60.30	2.05	6.73	98.58
2010	13.63	60.31	2.14	8.43	98.78
2011	13.69	61.17	2.23	7.66	98.57
2012	12.77	61.31	2.21	6.52	98.54
北 京 Beijing	6.58	51.21	1.48	8.27	99.82
天 津 Tianjin	16.00	64.33	2.28	10.21	98.39
河 北 Hebei	8.51	64.60	2.62	2.82	98.75
山 西 Shanxi	9.50	68.60	1.93	5.33	99.87
内蒙古 Inner Mongolia	11.50	62.80	1.76	13.20	97.14
辽 宁 Liaoning	7.86	67.29	1.97	0.08	99.33
吉 林 Jilin	15.82	59.39	2.63	6.56	99.11
黑龙江 Heilongjiang	24.77	57.12	2.17	18.24	98.29
上 海 Shanghai	16.69	44.98	2.14	8.95	99.30
江 苏 Jiangsu	12.56	62.57	2.35	5.07	99.70
浙 江 Zhejiang	16.43	56.49	3.35	5.63	99.81
安 徽 Anhui	10.89	66.51	2.56	5.09	98.66
福 建 Fujian	13.66	59.06	2.66	4.92	99.25
江 西 Jiangxi	11.64	64.00	2.43	3.75	99.14
山 东 Shandong	14.96	62.59	2.67	6.49	99.16
河 南 Henan	10.48	67.15	2.51	2.51	98.35
湖 北 Hubei	12.31	60.17	2.29	6.00	97.92
湖 南 Hunan	17.04	65.43	2.02	5.22	99.43
广 东 Guangdong	14.03	57.67	2.53	4.63	98.52
广 西 Guangxi	13.27	66.09	2.56	3.04	96.58
海 南 Hainan	14.99	47.59	3.37	17.53	98.99
重 庆 Chongqing	8.87	65.83	1.81	3.63	98.86
四 川 Sichuan	10.07	66.66	1.64	7.26	97.05
贵 州 Guizhou	14.69	66.98	1.77	11.53	94.93
云 南 Yunnan	16.81	62.50	1.88	6.74	96.76
西 藏 Tibet	1.42	28.20	0.50	-1.54	99.16
陕 西 Shaanxi	16.82	58.57	1.65	16.51	96.85
甘 肃 Gansu	10.86	64.66	2.44	3.65	94.71
青 海 Qinghai	10.24	67.57	1.72	13.24	97.07
宁 夏 Ningxia	9.78	66.60	2.65	4.85	99.49
新 疆 Xinjiang	17.41	53.81	2.82	15.83	98.89

14-5 按行业分国有及国有控股工业企业主要指标（2012年）

单位：亿元

行业	Sector	企业单位数（个）Number of Enterprises (unit)	资产总计 Total Assets
总计	**National Total**	**17851**	**312094.37**
煤炭开采和洗选业	Mining and Washing of Coal	976	31443.48
石油和天然气开采业	Extraction of Petroleum and Natural Gas	71	16625.04
黑色金属矿采选业	Mining and Processing of Ferrous Metal Ores	159	3963.42
有色金属矿采选业	Mining and Processing of Non-Ferrous Metal Ores	269	1818.16
非金属矿采选业	Mining and Processing of Non-metal Ores	186	834.92
开采辅助活动	Support Activities for Mining	35	2237.17
其他采矿业	Mining of Other Ores	1	1.92
农副食品加工业	Processing of Food from Agricultural Products	630	1975.41
食品制造业	Manufacture of Foods	292	941.46
酒、饮料和精制茶制造业	Manufacture of Liquor, Beverages and Refined Tea	279	3232.45
烟草制品业	Manufacture of Tobacco	107	7027.99
纺织业	Manufacture of Textile	242	1009.44
纺织服装、服饰业	Manufacture of Textile, Wearing Apparel and Accessories	155	209.95
皮革、毛皮、羽毛及其制品和制鞋业	Manufacture of Leather, Fur, Feather and Related Products and Footwear	36	64.52
木材加工和木、竹、藤、棕、草制品业	Processing of Timber, Manufacture of Wood, Bamboo, Rattan, Palm and Straw Products	115	208.38
家具制造业	Manufacture of Furniture	22	81.59
造纸和纸制品业	Manufacture of Paper and Paper Products	119	1735.22
印刷和记录媒介复制业	Printing and Reproduction of Recording Media	304	622.40
文教、工美、体育和娱乐用品制造业	Manufacture of Articles for Culture, Education, Arts and Crafts, Sport and Entertainment Activities	66	195.93
石油加工、炼焦和核燃料加工业	Processing of Petroleum, Coking and Processing of Nuclear Fuel	217	11945.80
化学原料和化学制品制造业	Manufacture of Raw Chemical Materials and Chemical Products	1157	15867.47
医药制造业	Manufacture of Medicines	425	2971.07
化学纤维制造业	Manufacture of Chemical Fibres	46	629.49
橡胶和塑料制品业	Manufacture of Rubber and Plastics Products	281	1330.29
非金属矿物制品业	Manufacture of Non-metallic Mineral Products	1342	7007.31
黑色金属冶炼和压延加工业	Smelting and Pressing of Ferrous Metals	394	29769.62
有色金属冶炼和压延加工业	Smelting and Pressing of Non-ferrous Metals	490	12068.18
金属制品业	Manufacture of Metal Products	463	2718.23
通用设备制造业	Manufacture of General Purpose Machinery	735	7360.08
专用设备制造业	Manufacture of Special Purpose Machinery	694	8150.88
汽车制造业	Manufacture of Automobiles	665	19292.64
铁路、船舶、航空航天和其他运输设备制造业	Manufacture of Railway, Ship, Aerospace and Other Transport Equipments	493	10621.02
电气机械和器材制造业	Manufacture of Electrical Machinery and Apparatus	563	6214.70
计算机、通信和其他电子设备制造业	Manufacture of Computers, Communication and Other Electronic Equipment	625	8448.33
仪器仪表制造业	Manufacture of Measuring Instruments and Machinery	249	1117.36
其他制造业	Other Manufacture	63	671.71
废弃资源综合利用业	Utilization of Waste Resources	42	106.79
金属制品、机械和设备修理业	Repair Service of Metal Products, Machinery and Equipment	74	645.48
电力、热力生产和供应业	Production and Supply of Electric Power and Heat Power	3701	83147.25
燃气生产和供应业	Production and Supply of Gas	296	2543.51
水的生产和供应业	Production and Supply of Water	772	5238.29

Main Indicators of State-owned and State-holding Industrial Enterprises by Industrial Sector (2012)

(100 million yuan)

流动资产合计 Total Current Assets	固定资产原价 Original Value of Fixed Assets	累计折旧 Accumulated Depreciation	负债合计 Total Liabilities	流动负债合计 Total Liquid Liabilities	所有者权益 Owners' Equity	主营业务收入 Revenue from Principal Business
115385.64	**204603.12**	**82534.11**	**191349.97**	**126178.00**	**120336.83**	**245075.97**
11500.66	15665.42	6261.52	18997.20	12007.93	12381.03	20157.53
2821.03	19381.07	8838.53	7499.86	3910.84	9115.49	10432.25
1288.69	1238.98	365.48	2171.61	1163.70	1790.18	1571.76
650.07	798.09	255.45	932.58	739.60	882.80	1668.88
328.37	336.08	101.81	415.40	267.97	410.34	472.94
1188.02	1260.67	558.26	1208.54	1107.59	1027.20	1586.78
0.50	0.78	0.11	1.31	1.31	0.61	0.84
1349.79	765.96	353.38	1429.12	1281.97	539.13	2983.00
439.41	462.99	194.79	543.56	494.62	395.88	934.73
1942.68	1021.67	432.12	1330.82	1186.48	1900.69	2663.13
4881.47	2099.34	1089.48	1742.15	1701.89	5285.69	7522.58
491.94	677.99	384.01	628.07	508.46	380.98	850.50
142.47	69.86	31.01	131.43	111.34	78.49	200.85
45.07	20.22	10.81	28.84	18.80	35.05	114.49
95.67	132.02	60.76	138.30	100.24	69.51	186.89
55.49	24.93	10.96	46.20	43.38	35.39	93.71
715.54	1055.18	412.03	1130.09	767.95	602.77	911.57
308.37	496.24	270.64	236.44	208.57	385.20	486.43
153.16	46.07	24.84	121.19	109.05	74.72	437.51
5150.63	9333.78	4263.74	7273.92	5869.31	4661.87	27452.74
5334.69	10790.83	4280.57	10000.04	6873.54	5882.77	12455.94
1599.03	1104.14	469.93	1374.45	1038.94	1595.31	2224.60
257.39	454.17	204.63	380.76	320.53	248.70	448.91
721.90	625.21	261.15	826.40	636.99	503.13	1301.41
2845.71	4542.64	1655.01	4311.79	3224.15	2672.91	4176.11
11056.37	19267.04	8598.01	20483.08	16341.43	9277.57	24132.48
5635.07	5905.22	2135.95	7919.19	5597.11	4060.33	13962.55
1577.78	1021.63	387.64	1671.58	1342.94	1040.44	2144.57
5031.94	2038.33	794.63	4685.64	4021.76	2673.29	4794.41
5594.70	2235.29	814.27	5102.45	4196.87	3045.33	5537.62
10724.72	6337.65	2801.06	10651.08	8849.73	8602.96	22690.82
6640.26	3549.61	1414.36	7365.67	5997.71	3259.44	6188.19
4384.18	1580.16	673.05	4319.38	3652.47	1894.16	4624.73
4914.53	2839.15	986.46	4885.71	3635.48	3554.70	6085.16
769.99	318.03	132.41	616.47	523.66	498.86	768.63
352.90	312.14	121.10	455.95	320.11	208.89	397.99
60.96	32.83	8.07	75.61	56.01	31.41	190.19
372.32	260.72	86.75	429.29	355.31	216.08	299.63
11694.34	80998.96	30815.48	55412.39	25189.85	27620.46	49302.72
820.90	1486.49	452.54	1498.57	971.35	1041.99	1713.21
1446.94	4015.52	1518.33	2877.82	1431.05	2355.07	907.01

14-5 续表

单位：亿元

行业	Sector	主营业务成本 Cost of Principal Business	主营业务税金及附加 Tax and Extra Charges from Principal Business
总计	**National Total**	**202600.35**	**10170.35**
煤炭开采和洗选业	Mining and Washing of Coal	15398.49	280.74
石油和天然气开采业	Extraction of Petroleum and Natural Gas	4301.44	1175.53
黑色金属矿采选业	Mining and Processing of Ferrous Metal Ores	1258.87	20.71
有色金属矿采选业	Mining and Processing of Non-Ferrous Metal Ores	1242.35	14.65
非金属矿采选业	Mining and Processing of Non-metal Ores	326.58	16.15
开采辅助活动	Support Activities for Mining	1499.15	28.30
其他采矿业	Mining of Other Ores	0.44	0.01
农副食品加工业	Processing of Food from Agricultural Products	2724.14	14.45
食品制造业	Manufacture of Foods	731.39	5.92
酒、饮料和精制茶制造业	Manufacture of Liquor, Beverages and Refined Tea	1591.53	143.33
烟草制品业	Manufacture of Tobacco	1934.23	3995.14
纺织业	Manufacture of Textile	787.73	3.07
纺织服装、服饰业	Manufacture of Textile, Wearing Apparel and Accessories	167.97	1.01
皮革、毛皮、羽毛及其制品和制鞋业	Manufacture of Leather, Fur, Feather and Related Products and Footwear	101.52	0.46
木材加工和木、竹、藤、棕、草制品业	Processing of Timber, Manufacture of Wood, Bamboo, Rattan, Palm and Straw Products	162.25	1.23
家具制造业	Manufacture of Furniture	73.39	0.19
造纸和纸制品业	Manufacture of Paper and Paper Products	813.95	4.00
印刷和记录媒介复制业	Printing and Reproduction of Recording Media	365.78	3.54
文教、工美、体育和娱乐用品制造业	Manufacture of Articles for Culture, Education, Arts and Crafts, Sport and Entertainment Activities	401.51	1.11
石油加工、炼焦和核燃料加工业	Processing of Petroleum, Coking and Processing of Nuclear Fuel	23997.48	2825.30
化学原料和化学制品制造业	Manufacture of Raw Chemical Materials and Chemical Products	11011.15	218.12
医药制造业	Manufacture of Medicines	1536.80	15.17
化学纤维制造业	Manufacture of Chemical Fibres	394.77	2.46
橡胶和塑料制品业	Manufacture of Rubber and Plastics Products	1136.03	7.48
非金属矿物制品业	Manufacture of Non-metallic Mineral Products	3403.69	32.02
黑色金属冶炼和压延加工业	Smelting and Pressing of Ferrous Metals	22852.94	68.13
有色金属冶炼和压延加工业	Smelting and Pressing of Non-ferrous Metals	13113.43	38.57
金属制品业	Manufacture of Metal Products	1875.71	9.71
通用设备制造业	Manufacture of General Purpose Machinery	3922.50	23.77
专用设备制造业	Manufacture of Special Purpose Machinery	4673.25	26.82
汽车制造业	Manufacture of Automobiles	18462.94	844.38
铁路、船舶、航空航天和其他运输设备制造业	Manufacture of Railway, Ship, Aerospace and Other Transport Equipments	5262.82	25.40
电气机械和器材制造业	Manufacture of Electrical Machinery and Apparatus	3875.15	19.62
计算机、通信和其他电子设备制造业	Manufacture of Computers, Communication and Other Electronic Equipment	5010.55	36.30
仪器仪表制造业	Manufacture of Measuring Instruments and Machinery	611.76	4.21
其他制造业	Other Manufacture	343.24	0.88
废弃资源综合利用业	Utilization of Waste Resources	178.98	0.46
金属制品、机械和设备修理业	Repair Service of Metal Products, Machinery and Equipment	250.72	1.26
电力、热力生产和供应业	Production and Supply of Electric Power and Heat Power	44614.39	242.89
燃气生产和供应业	Production and Supply of Gas	1478.31	8.10
水的生产和供应业	Production and Supply of Water	711.03	9.77

continued

(100 million yuan)

利润总额 Total Profits	本年应交增值税 Value-added Tax Payable	总资产贡献率(%) Ratio of Profits, Taxes and Interests to Average Assets (%)	资产负债率(%) Ratio of Debts to Assets (%)	流动资产周转次数(次/年) Turnover of Current Assets (times/year)	工业成本费用利润率(%) Ratio of Profits to Total Industrial Costs (%)	产品销售率(%) Sales Ratio of Products (%)
15175.99	**10201.77**	**12.77**	**61.31**	**2.21**	**6.52**	**98.54**
2026.81	1381.13	13.07	60.42	1.92	10.18	98.80
3699.48	1011.87	36.10	45.11	3.81	67.47	99.47
196.68	85.66	8.67	54.79	1.26	12.90	95.51
268.97	60.43	20.00	51.29	2.60	19.09	97.53
58.79	29.52	13.52	49.75	1.50	14.01	84.99
6.35	60.24	4.60	54.02	1.36	0.39	99.59
0.21	0.10	19.65	68.21	1.69	31.87	89.33
98.75	42.87	9.46	72.35	2.29	3.31	96.31
53.35	38.44	11.39	57.74	2.29	5.47	98.81
562.31	181.31	28.42	41.17	1.40	27.60	98.32
1061.35	950.15	85.46	24.79	1.72	29.87	100.35
18.27	19.23	5.53	62.22	1.80	2.06	98.48
8.36	5.96	7.63	62.60	1.48	4.09	100.98
4.50	2.26	11.76	44.70	2.72	3.80	99.94
6.21	4.80	7.96	66.37	1.99	3.30	94.76
18.07	3.33	26.48	56.62	1.76	20.76	97.53
25.97	27.99	5.56	65.13	1.31	2.72	97.79
59.77	22.74	14.03	37.99	1.64	13.22	97.69
14.92	6.62	13.05	61.85	2.87	3.56	99.48
-147.44	1073.56	32.80	60.89	5.43	-0.58	99.31
267.33	276.67	6.44	63.02	2.42	2.12	97.60
233.35	113.99	12.84	46.26	1.41	11.42	95.54
29.23	9.34	8.52	60.49	1.81	6.45	97.20
49.44	27.67	7.88	62.12	1.88	3.76	99.79
333.01	179.93	9.44	61.53	1.51	8.25	97.42
-213.33	503.93	2.83	68.81	2.31	-0.82	99.04
247.92	259.85	6.37	65.62	2.52	1.77	96.90
90.03	43.00	6.04	61.49	1.42	4.14	97.83
307.44	171.89	7.41	63.66	1.08	5.98	98.81
272.48	157.29	6.50	62.60	1.01	5.02	95.20
2128.43	724.25	19.38	55.21	2.21	9.84	99.35
267.70	145.78	4.54	69.35	0.96	4.42	98.71
132.34	133.27	5.51	69.50	1.10	2.81	95.77
275.90	258.19	7.41	57.83	1.27	4.53	93.48
62.83	28.09	8.87	55.17	1.02	8.55	98.73
17.66	5.65	4.14	67.88	1.17	4.40	96.43
4.27	11.81	17.54	70.81	3.12	2.28	100.30
8.65	5.33	3.12	66.51	0.83	2.83	100.98
2457.00	2048.29	7.93	66.64	4.27	5.11	99.41
143.30	45.33	8.47	58.92	2.19	8.52	99.26
19.33	44.01	2.41	54.94	0.68	1.91	97.00

14-6 按行业分私营工业企业主要指标（2012年）

单位：亿元

行业	Sector	企业单位数（个）Number of Enterprises (unit)	资产总计 Total Assets
总计	**National Total**	**189289**	**152548.13**
煤炭开采和洗选业	Mining and Washing of Coal	4472	4695.24
石油和天然气开采业	Extraction of Petroleum and Natural Gas	12	26.49
黑色金属矿采选业	Mining and Processing of Ferrous Metal Ores	2493	2555.14
有色金属矿采选业	Mining and Processing of Non-Ferrous Metal Ores	1038	976.75
非金属矿采选业	Mining and Processing of Non-metal Ores	2136	930.33
开采辅助活动	Support Activities for Mining	39	32.99
其他采矿业	Mining of Other Ores	12	6.59
农副食品加工业	Processing of Food from Agricultural Products	13717	8469.70
食品制造业	Manufacture of Foods	3830	2761.43
酒、饮料和精制茶制造业	Manufacture of Liquor, Beverages and Refined Tea	2731	1902.20
烟草制品业	Manufacture of Tobacco	4	15.53
纺织业	Manufacture of Textile	13573	8950.23
纺织服装、服饰业	Manufacture of Textile, Wearing Apparel and Accessories	7789	3853.17
皮革、毛皮、羽毛及其制品和制鞋业	Manufacture of Leather, Fur, Feather and Related Products and Footwear	4254	1958.35
木材加工和木、竹、藤、棕、草制品业	Processing of Timber, Manufacture of Wood, Bamboo, Rattan, Palm and Straw Products	6192	2418.57
家具制造业	Manufacture of Furniture	2642	1588.44
造纸和纸制品业	Manufacture of Paper and Paper Products	4165	2556.15
印刷和记录媒介复制业	Printing and Reproduction of Recording Media	2243	1282.85
文教、工美、体育和娱乐用品制造业	Manufacture of Articles for Culture, Education, Arts and Crafts, Sport and Entertainment Activities	3607	1963.61
石油加工、炼焦和核燃料加工业	Processing of Petroleum, Coking and Processing of Nuclear Fuel	1056	4116.26
化学原料和化学制品制造业	Manufacture of Raw Chemical Materials and Chemical Products	12543	11441.71
医药制造业	Manufacture of Medicines	2610	2796.17
化学纤维制造业	Manufacture of Chemical Fibres	1305	1836.36
橡胶和塑料制品业	Manufacture of Rubber and Plastics Products	9064	5749.31
非金属矿物制品业	Manufacture of Non-metallic Mineral Products	17084	12486.91
黑色金属冶炼和压延加工业	Smelting and Pressing of Ferrous Metals	7087	11024.57
有色金属冶炼和压延加工业	Smelting and Pressing of Non-ferrous Metals	3999	5432.55
金属制品业	Manufacture of Metal Products	11166	8090.77
通用设备制造业	Manufacture of General Purpose Machinery	12832	8582.66
专用设备制造业	Manufacture of Special Purpose Machinery	8123	6045.47
汽车制造业	Manufacture of Automobiles	5414	5327.57
铁路、船舶、航空航天和其他运输设备制造业	Manufacture of Railway, Ship, Aerospace and Other Transport Equipments	2511	2763.12
电气机械和器材制造业	Manufacture of Electrical Machinery and Apparatus	11080	11250.53
计算机、通信和其他电子设备制造业	Manufacture of Computers, Communication and Other Electronic Equipment	4201	4334.12
仪器仪表制造业	Manufacture of Measuring Instruments and Machinery	1731	1655.72
其他制造业	Other Manufacture	818	376.18
废弃资源综合利用业	Utilization of Waste Resources	651	511.84
金属制品、机械和设备修理业	Repair Service of Metal Products, Machinery and Equipment	162	130.86
电力、热力生产和供应业	Production and Supply of Electric Power and Heat Power	590	1340.83
燃气生产和供应业	Production and Supply of Gas	196	190.22
水的生产和供应业	Production and Supply of Water	117	120.65

Main Indicators of Private Enterprises by Industrial Sector (2012)

(100 million yuan)

流动资产合计 Total Current Assets	固定资产原价 Original Value of Fixed Assets	累计折旧 Accumulated Depreciation	负债合计 Total Liabilities	流动负债合计 Total Liquid Liabilities	所有者权益 Owners' Equity	主营业务收入 Revenue from Principal Business
81049.07	**79904.05**	**31930.97**	**82699.28**	**69251.51**	**68946.35**	**285621.48**
2442.78	1857.46	591.95	2763.32	2185.54	1909.47	6576.43
5.70	40.81	22.55	11.89	4.19	14.60	31.83
1171.50	1264.56	430.70	1338.92	1114.50	1203.37	5035.65
477.00	464.51	147.80	484.47	404.64	487.65	1922.99
368.67	672.61	304.41	375.18	275.65	543.55	2395.48
18.81	14.15	4.12	16.57	14.82	16.14	35.33
2.43	3.49	0.69	2.08	2.00	4.51	15.40
4127.51	5959.89	2850.84	3799.62	2998.98	4581.79	23898.72
1273.64	1552.91	519.36	1179.43	924.89	1542.15	5466.73
874.36	1138.14	450.42	883.65	673.17	998.80	3743.34
6.39	2.05	0.27	13.70	6.51	1.77	5.76
4806.73	4925.91	1954.50	5151.21	4496.17	3747.30	16567.98
2264.19	1721.57	687.38	2044.24	1698.97	1789.09	7852.30
1097.00	950.87	388.98	999.15	876.63	939.84	4898.64
1090.89	1604.31	636.92	1011.70	785.96	1372.29	6995.48
830.36	740.00	240.26	830.98	708.76	750.40	2927.99
1311.49	1406.12	522.21	1438.30	1210.73	1104.80	4891.65
648.94	698.40	264.24	704.17	587.91	572.80	2036.72
1209.27	773.63	257.48	1100.05	943.14	853.23	4506.78
2249.30	1893.12	678.39	3011.31	2483.99	1076.39	5111.57
5823.21	6214.34	2623.27	6008.49	4831.89	5378.09	22596.81
1453.10	1374.28	506.93	1246.64	955.27	1535.76	4601.83
1065.09	830.76	331.72	1228.20	1074.79	604.65	2641.36
2991.52	3074.89	1278.11	2982.65	2528.87	2729.98	11185.90
5824.90	7650.32	2929.36	6371.94	5096.73	6018.76	22284.90
5589.77	7198.89	3259.51	6930.32	6019.61	4048.82	21559.84
3228.76	2235.18	826.09	3446.91	2921.45	1963.22	12099.88
4490.51	4123.09	1573.06	4339.12	3755.67	3705.85	14695.66
4808.18	4292.15	1797.29	4424.26	3880.66	4106.93	15418.07
3413.97	3006.27	1212.98	3080.68	2677.03	2932.43	10458.19
2877.44	2370.53	984.96	3107.51	2628.97	2210.45	8596.30
1622.23	1247.60	473.61	1720.71	1447.89	1030.61	4444.96
7061.86	4365.31	1792.08	6102.80	5363.49	5099.14	18614.50
2422.95	1936.35	602.09	2100.17	1829.42	2221.87	5798.84
1010.50	653.98	244.44	847.96	746.86	800.50	2477.60
193.56	206.07	84.66	187.21	170.68	187.50	849.34
302.85	245.42	96.89	313.28	263.42	193.76	1313.37
68.92	96.71	47.67	58.05	45.84	72.63	226.84
374.85	955.60	274.71	865.74	496.49	461.98	542.78
98.39	84.94	19.88	103.29	77.99	86.35	202.53
49.56	56.85	18.22	73.4	41.38	47.15	95.23

14-6 续表

单位：亿元

行　　业	Sector	主营业务成　本 Cost of Principal Business	主营业务税金及附加 Tax and Extra Charges from Principal Business
总　　计	**National Total**	**243192.10**	**1873.01**
煤炭开采和洗选业	Mining and Washing of Coal	5083.43	96.77
石油和天然气开采业	Extraction of Petroleum and Natural Gas	24.70	0.43
黑色金属矿采选业	Mining and Processing of Ferrous Metal Ores	3962.57	73.54
有色金属矿采选业	Mining and Processing of Non-Ferrous Metal Ores	1568.59	18.18
非金属矿采选业	Mining and Processing of Non-metal Ores	1931.23	31.13
开采辅助活动	Support Activities for Mining	25.59	0.71
其他采矿业	Mining of Other Ores	11.54	0.21
农副食品加工业	Processing of Food from Agricultural Products	20671.42	136.69
食品制造业	Manufacture of Foods	4501.78	39.75
酒、饮料和精制茶制造业	Manufacture of Liquor, Beverages and Refined Tea	2982.85	82.42
烟草制品业	Manufacture of Tobacco	4.26	0.05
纺织业	Manufacture of Textile	14413.63	89.44
纺织服装、服饰业	Manufacture of Textile, Wearing Apparel and Accessories	6672.83	46.17
皮革、毛皮、羽毛及其制品和制鞋业	Manufacture of Leather, Fur, Feather and Related Products and Footwear	4135.03	30.56
木材加工和木、竹、藤、棕、草制品业	Processing of Timber, Manufacture of Wood, Bamboo, Rattan, Palm and Straw Products	5944.08	48.54
家具制造业	Manufacture of Furniture	2421.83	21.65
造纸和纸制品业	Manufacture of Paper and Paper Products	4187.75	31.57
印刷和记录媒介复制业	Printing and Reproduction of Recording Media	1705.25	14.28
文教、工美、体育和娱乐用品制造业	Manufacture of Articles for Culture, Education, Arts and Crafts, Sport and Entertainment Activities	3908.56	24.76
石油加工、炼焦和核燃料加工业	Processing of Petroleum, Coking and Processing of Nuclear Fuel	4593.09	41.06
化学原料和化学制品制造业	Manufacture of Raw Chemical Materials and Chemical Products	19248.70	144.50
医药制造业	Manufacture of Medicines	3678.10	33.61
化学纤维制造业	Manufacture of Chemical Fibres	2412.01	7.66
橡胶和塑料制品业	Manufacture of Rubber and Plastics Products	9524.60	64.04
非金属矿物制品业	Manufacture of Non-metallic Mineral Products	18653.31	174.07
黑色金属冶炼和压延加工业	Smelting and Pressing of Ferrous Metals	19317.62	85.33
有色金属冶炼和压延加工业	Smelting and Pressing of Non-ferrous Metals	10809.83	51.45
金属制品业	Manufacture of Metal Products	12599.32	86.66
通用设备制造业	Manufacture of General Purpose Machinery	12877.84	99.79
专用设备制造业	Manufacture of Special Purpose Machinery	8674.51	66.32
汽车制造业	Manufacture of Automobiles	7388.10	46.22
铁路、船舶、航空航天和其他运输设备制造业	Manufacture of Railway, Ship, Aerospace and Other Transport Equipments	3814.49	25.75
电气机械和器材制造业	Manufacture of Electrical Machinery and Apparatus	15811.28	91.58
计算机、通信和其他电子设备制造业	Manufacture of Computers, Communication and Other Electronic Equipment	4854.37	30.92
仪器仪表制造业	Manufacture of Measuring Instruments and Machinery	2034.97	15.22
其他制造业	Other Manufacture	719.47	6.81
废弃资源综合利用业	Utilization of Waste Resources	1159.70	7.32
金属制品、机械和设备修理业	Repair Service of Metal Products, Machinery and Equipment	190.59	1.71
电力、热力生产和供应业	Production and Supply of Electric Power and Heat Power	441.32	3.57
燃气生产和供应业	Production and Supply of Gas	162.86	1.58
水的生产和供应业	Production and Supply of Water	69.09	0.99

continued

(100 million yuan)

利润总额 Total Profits	本年应交增值税 Value-added Tax Payable	总资产贡献率(%) Ratio of Profits, Taxes and Interests to Average Assets (%)	资产负债率(%) Ratio of Debts to Assets (%)	流动资产周转次数(次/年) Turnover of Current Assets (times/year)	工业成本费用利润率(%) Ratio of Profits to Total Industrial Costs (%)	产品销售率(%) Sales Ratio of Products (%)
20191.90	**8239.81**	**21.45**	**54.21**	**3.55**	**7.69**	**97.69**
685.68	375.98	26.14	58.85	2.70	12.05	98.57
3.51	1.33	21.55	44.88	5.59	12.85	99.46
675.08	250.10	40.68	52.40	4.33	15.90	97.03
191.67	75.86	30.62	49.60	4.04	11.35	97.37
198.95	89.86	35.82	40.33	6.50	9.42	97.83
4.16	0.76	18.64	50.23	1.89	14.21	100.04
1.62	0.63	38.59	31.55	6.33	12.44	89.65
1607.73	516.38	28.48	44.86	5.81	7.31	98.04
435.18	160.66	24.55	42.71	4.31	8.80	97.96
330.59	111.84	29.24	46.45	4.31	9.98	96.76
0.39	0.12	5.53	88.17	0.90	7.33	91.83
1032.63	441.58	19.51	57.55	3.46	6.73	97.95
495.35	219.81	21.20	53.05	3.49	6.78	97.59
368.69	136.21	29.74	51.02	4.47	8.25	98.24
531.59	205.36	34.24	41.83	6.42	8.35	98.01
212.57	86.24	21.73	52.31	3.53	7.97	97.83
326.80	136.21	21.21	56.27	3.75	7.21	97.75
153.17	57.24	19.13	54.89	3.17	8.16	98.43
273.87	117.55	22.79	56.02	3.73	6.55	98.12
213.14	118.72	10.77	73.16	2.31	4.31	96.17
1668.59	648.48	23.15	52.51	3.92	8.01	97.79
424.01	169.73	23.62	44.58	3.18	10.25	97.33
107.14	61.27	11.91	66.88	2.52	4.17	97.22
793.49	289.18	21.53	51.88	3.76	7.71	97.98
1786.54	780.13	23.35	51.03	3.83	8.86	97.75
1080.01	495.25	16.68	62.86	3.91	5.30	97.28
682.90	311.63	21.02	63.45	3.77	6.03	97.74
998.76	400.78	19.92	53.63	3.30	7.33	97.75
1108.70	459.87	20.93	51.55	3.22	7.86	97.51
841.89	313.59	21.59	50.96	3.08	8.84	97.29
548.56	223.44	16.98	58.33	3.01	6.85	97.38
295.54	134.98	17.80	62.27	2.76	7.15	98.36
1262.55	496.88	17.96	54.24	2.65	7.34	97.55
419.56	164.80	15.20	48.46	2.41	7.81	97.63
197.07	86.76	19.26	51.21	2.46	8.69	97.50
58.17	27.10	26.57	49.76	4.40	7.43	97.89
93.06	37.73	28.13	61.21	4.35	7.69	97.92
15.39	8.43	20.36	44.36	3.30	7.44	98.47
42.85	20.25	6.79	64.57	1.48	8.37	98.28
16.84	4.35	13.11	54.30	2.09	9.10	97.56
7.91	2.74	11.37	60.84	1.93	9.64	96.10

14-7 分地区私营工业企业主要指标
Main Indicators of Private Industrial Enterprises by Region

单位：亿元 (100 million yuan)

年份 Year 地区 Region		企业单位数(个) Number of Enterprises (unit)	资产总计 Total Assets	流动资产合计 Total Current Assets	固定资产原价 Original Value of Fixed Assets	累计折旧 Accumulated Depreciation	负债合计 Total Liabilities	流动负债合计 Total Working Liabilities
	1998	10667	1486.98	776.53	681.14	136.17	909.42	771.59
	1999	14601	2289.21	1217.04	1034.21	224.97	1367.12	1159.58
	2000	22128	3873.83	1910.75	1651.37	384.89	2208.83	1891.82
	2001	36218	5901.98	3130.00	2741.06	674.51	3527.40	3037.27
	2002	49176	8759.62	4686.53	3959.95	972.10	5192.26	4493.43
	2003	67607	14525.29	7838.48	6228.85	1531.69	8781.24	7697.03
	2004	119357	23724.80	13080.46	9992.56	2359.68	14529.31	12866.37
	2005	123820	30325.12	16426.01	12983.32	3241.98	18038.87	15964.40
	2006	149736	40514.83	22035.64	17316.09	4491.24	23946.79	21160.92
	2007	177080	53304.95	29412.56	22383.18	6026.04	31120.19	27495.89
	2008	245850	75879.59	40572.42	34437.22	9757.66	42825.30	37262.29
	2009	256031	91175.60	47550.43	42366.46	12318.93	50495.45	42938.08
	2010	273259	116867.83	61798.67	56459.89	18217.43	64068.41	54642.10
	2011	180612	127749.86	69059.45	65621.77	25473.61	69744.77	58996.72
	2012	189289	152548.13	81049.07	79904.05	31930.97	82699.28	69251.51
北　京	Beijing	1043	942.37	652.31	211.78	76.73	529.38	494.22
天　津	Tianjin	2246	1984.78	1280.45	657.25	233.72	1257.62	1085.88
河　北	Hebei	7949	8897.32	3810.57	5520.29	1560.35	4561.44	3964.18
山　西	Shanxi	2159	4814.10	2601.04	2247.74	874.73	3498.79	2892.54
内蒙古	Inner Mongolia	1696	2475.54	1112.56	1389.84	498.36	1442.52	1141.00
辽　宁	Liaoning	11653	8650.36	3581.69	6535.40	3140.61	3849.31	2714.32
吉　林	Jilin	2689	1919.56	745.24	3525.84	2676.97	871.86	608.64
黑龙江	Heilongjiang	1758	1312.40	689.15	648.38	208.07	719.31	615.55
上　海	Shanghai	3712	3090.51	2148.93	854.74	312.43	1811.02	1689.26
江　苏	Jiangsu	28325	23083.92	13811.05	10664.60	4527.94	13663.04	12466.18
浙　江	Zhejiang	23959	21063.41	13474.69	6665.31	2344.01	13820.37	12742.62
安　徽	Anhui	9070	5015.71	2737.27	2461.04	966.40	2515.06	2097.45
福　建	Fujian	7727	4780.77	2798.07	1870.95	565.49	2515.31	2132.12
江　西	Jiangxi	3690	2882.52	1235.87	1851.62	711.71	1358.82	1030.91
山　东	Shandong	22923	15567.43	7333.45	9811.82	3818.45	7229.93	5656.13
河　南	Henan	10846	9059.78	4040.52	5228.86	1275.14	2756.40	2052.29
湖　北	Hubei	6020	3812.56	1943.36	3171.69	1898.13	1858.63	1376.50
湖　南	Hunan	8575	4906.65	1657.02	3109.05	657.88	1977.34	1323.02
广　东	Guangdong	14322	9575.00	5778.49	4485.71	2133.30	5709.39	4918.83
广　西	Guangxi	2799	2300.21	1221.11	1086.83	309.02	1357.32	1095.22
海　南	Hainan	44	58.95	34.66	18.55	7.89	34.87	31.68
重　庆	Chongqing	3221	2698.20	1459.19	1380.48	659.79	1578.90	1231.53
四　川	Sichuan	6864	5595.57	2754.90	3435.98	1564.88	2956.46	2172.61
贵　州	Guizhou	1226	1146.39	588.94	396.59	87.12	676.44	514.87
云　南	Yunnan	1455	1840.38	1005.56	700.27	218.62	1110.14	912.00
西　藏	Tibet	13	24.72	14.76	4.50	0.95	4.97	4.44
陕　西	Shaanxi	1291	1171.15	572.02	560.07	194.60	585.02	449.10
甘　肃	Gansu	531	496.37	239.73	299.51	153.15	278.31	222.33
青　海	Qinghai	195	631.00	290.25	281.66	69.57	396.63	287.45
宁　夏	Ningxia	542	1224.13	673.83	322.66	77.93	822.12	612.78
新　疆	Xinjiang	746	1526.36	762.37	505.04	107.01	952.56	715.83

14-7 续表 1 continued

单位：亿元 (100 million yuan)

年份 Year / 地区 Region		所有者权益合计 Total Owners' Equities	主营业务收入 Revenue from Principal Business	主营业务成本 Cost of Principal Business	主营业务税金及附加 Tax and Extra Charges from Principal Business	利润总额 Total Profits	本年应交增值税 Value Added Tax Payable
	1998	577.55	1846.25	1563.23	21.13	67.25	53.04
	1999	922.10	2921.58	2485.20	30.46	121.52	85.49
	2000	1664.99	4791.50	4121.97	44.91	189.68	143.60
	2001	2374.59	7982.43	6947.43	68.46	312.56	242.55
	2002	3567.35	11971.63	10433.80	95.67	490.23	368.39
	2003	5743.95	19733.77	17194.65	146.14	859.64	589.24
	2004	9195.48	33487.25	29452.27	257.14	1429.74	964.44
	2005	12286.22	45801.43	39914.50	352.22	2120.65	1336.63
	2006	16567.96	64817.70	56316.16	476.64	3191.05	1868.62
	2007	22184.60	90277.81	77335.75	656.62	5053.74	2698.44
	2008	33051.48	131525.40	112220.27	1123.38	8302.06	4378.36
	2009	40383.67	156603.57	134374.58	1311.38	9677.69	4546.76
	2010	52295.51	207838.22	177049.48	1628.84	15102.50	6063.91
	2011	57479.12	247277.89	210191.52	1553.57	18155.52	7023.82
	2012	68946.35	285621.48	243192.10	1873.01	20191.90	8239.81
北京	Beijing	412.58	821.66	655.63	3.44	49.98	24.96
天津	Tianjin	721.11	3624.46	3121.26	15.42	359.65	97.50
河北	Hebei	4270.28	17907.51	15392.88	88.31	1423.01	439.48
山西	Shanxi	1306.70	4410.83	3898.12	21.26	146.64	159.03
内蒙古	Inner Mongolia	1022.10	4239.09	3432.61	31.62	323.57	118.18
辽宁	Liaoning	4701.62	21673.76	18481.36	140.27	1522.49	496.05
吉林	Jilin	1024.91	5071.29	4306.34	52.36	266.92	112.17
黑龙江	Heilongjiang	586.47	2449.47	2125.72	17.36	158.96	77.15
上海	Shanghai	1273.91	3405.79	2889.75	8.02	161.03	84.51
江苏	Jiangsu	9381.66	42768.57	37172.39	218.24	2744.87	1439.56
浙江	Zhejiang	7214.04	23629.71	20550.86	97.23	1161.90	596.69
安徽	Anhui	2449.26	10017.12	8586.47	54.76	712.57	230.94
福建	Fujian	2231.22	9005.95	7693.35	62.36	596.56	246.52
江西	Jiangxi	1490.59	8329.00	7111.50	51.25	669.17	267.59
山东	Shandong	8185.80	42373.66	36172.79	313.12	3158.64	1257.36
河南	Henan	6198.01	19575.92	16285.82	149.73	2070.57	534.72
湖北	Hubei	1924.27	8704.12	7412.24	72.67	581.04	200.62
湖南	Hunan	2928.41	12904.24	10239.63	160.36	878.29	506.93
广东	Guangdong	3836.53	16957.71	14620.34	74.59	1059.94	392.21
广西	Guangxi	911.40	4694.94	3972.34	24.85	357.78	124.36
海南	Hainan	23.89	56.36	51.35	0.22	1.37	1.55
重庆	Chongqing	1104.68	4729.07	4001.83	27.34	300.33	155.27
四川	Sichuan	2552.86	10680.24	8869.30	111.80	814.17	393.10
贵州	Guizhou	458.22	1223.58	915.79	26.37	144.99	63.78
云南	Yunnan	730.52	1948.81	1644.64	12.48	138.20	65.72
西藏	Tibet	19.65	13.06	6.82	0.24	4.81	1.24
陕西	Shaanxi	573.39	1748.60	1325.02	22.57	221.01	93.47
甘肃	Gansu	213.78	448.85	378.10	1.91	15.43	6.45
青海	Qinghai	232.44	446.64	387.06	2.97	27.38	10.23
宁夏	Ningxia	395.38	783.13	681.15	3.28	39.02	15.26
新疆	Xinjiang	570.67	978.33	809.63	6.61	81.62	27.21

14-7 续表 2 continued

单位：亿元 (100 million yuan)

年份 地区	Year Region	总资产贡献率 (%) Ratio of Profits, Taxes and Interests to Average Assets (%)	资产负债率 (%) Ratio of Debts to Assets (%)	流动资产周转次数（次/年）Turnover of Current Assets (times/year)	成本费用利润率 (%) Ratio of Profits to Total Industrial Costs (%)	产品销售率 (%) Sales Ratio of Products (%)
	1998					
	1999					
	2000					
	2001					
	2002					
	2003					
	2004					
	2005	13.85	59.48	2.96	4.93	97.29
	2006	14.95	59.11	3.11	5.27	97.49
	2007	17.18	58.38	3.29	6.08	97.48
	2008	19.67	56.44	3.45	6.87	97.24
	2009	18.33	55.38	3.29	6.71	97.36
	2010	20.82	54.82	3.36	7.92	97.60
	2011	22.45	54.59	3.60	7.99	97.73
	2012	21.45	54.21	3.55	7.69	97.69
北京	Beijing	8.84	56.18	1.30	6.21	96.68
天津	Tianjin	24.83	63.36	2.86	10.85	98.54
河北	Hebei	23.40	51.27	4.75	8.74	97.42
山西	Shanxi	8.46	72.68	1.71	3.45	94.17
内蒙古	Inner Mongolia	20.49	58.27	3.85	8.83	96.57
辽宁	Liaoning	25.96	44.50	6.07	7.73	97.68
吉林	Jilin	24.61	45.42	6.83	5.65	97.69
黑龙江	Heilongjiang	20.42	54.81	3.56	7.03	96.58
上海	Shanghai	9.20	58.60	1.61	4.86	97.18
江苏	Jiangsu	20.84	59.19	3.13	6.83	98.56
浙江	Zhejiang	11.03	65.61	1.77	5.11	96.89
安徽	Anhui	21.49	50.14	3.67	7.69	97.18
福建	Fujian	20.70	52.61	3.23	7.14	97.81
江西	Jiangxi	35.55	47.14	6.75	8.96	99.39
山东	Shandong	32.01	46.44	5.80	8.25	98.30
河南	Henan	31.70	30.42	4.85	12.03	98.63
湖北	Hubei	24.21	48.75	4.49	7.17	96.81
湖南	Hunan	33.12	40.30	7.80	7.70	98.29
广东	Guangdong	16.91	59.63	2.94	6.69	97.48
广西	Guangxi	23.69	59.01	3.86	8.09	95.07
海南	Hainan	6.83	59.15	1.68	2.40	99.72
重庆	Chongqing	19.29	58.52	3.27	6.85	97.56
四川	Sichuan	25.40	52.84	3.89	8.34	97.83
贵州	Guizhou	21.62	59.01	2.09	13.74	95.15
云南	Yunnan	13.18	60.32	1.96	7.56	93.81
西藏	Tibet	25.22	20.10	0.89	58.95	105.60
陕西	Shaanxi	30.34	49.95	3.06	14.93	99.20
甘肃	Gansu	6.15	56.07	1.88	3.74	86.28
青海	Qinghai	8.22	62.86	1.55	6.38	88.33
宁夏	Ningxia	6.39	67.16	1.18	5.05	96.53
新疆	Xinjiang	8.83	62.41	1.31	8.85	92.96

14-8 分地区外商投资和港澳台商投资工业企业主要指标
Main Indicators of Industrial Enterprises with Hong Kong, Macao, Taiwan and Foreign Funds by Region

单位：亿元 (100 million yuan)

年 份 地 区	Year Region	企业单位数（个） Number of Enterprises (unit)	资产总计 Total Assets	流动资产合计 Total Current Assets	固定资产原价 Original Value of Fixed Assets	累计折旧 Accumulated Depreciation	负债合计 Total Liabilities	流动负债合计 Total Working Liabilities
	1998	26442	21326.95	9971.87	11439.70	2808.81	12481.58	9507.28
	1999	26837	23018.92	11127.85	12747.02	3491.15	13287.86	10407.35
	2000	28445	25714.06	12849.54	14318.30	4372.49	14658.92	11616.67
	2001	31423	28354.46	14029.75	16700.30	5417.91	15558.91	12466.43
	2002	34466	31513.76	16237.04	18726.88	6520.36	17136.03	14146.01
	2003	38581	39260.26	21489.84	21818.93	7934.12	21763.06	18466.50
	2004	57165	55601.79	30615.15	29387.92	10300.55	31278.34	26700.51
	2005	56387	64308.47	35303.97	34266.82	12077.71	36459.37	30842.48
	2006	60872	77108.65	42674.93	40865.54	14295.67	43398.56	36790.35
	2007	67456	96367.04	53781.51	49543.59	17634.36	55168.22	47263.62
	2008	77847	112145.01	60340.18	60440.68	22436.32	62831.00	52872.51
	2009	75376	124477.56	69082.13	65507.53	25051.58	69928.77	58916.08
	2010	74045	148552.32	84328.64	77608.97	30267.43	82038.76	69942.70
	2011	57216	161987.74	95334.64	84358.88	36483.25	92130.82	78340.63
	2012	56908	172320.28	100289.94	91410.29	40482.25	97414.09	82771.47
北 京	Beijing	925	5582.87	3606.92	2244.54	942.79	3069.23	2706.33
天 津	Tianjin	1669	6766.50	4385.56	3247.23	1434.72	4123.83	3613.23
河 北	Hebei	911	4999.36	2479.52	3142.19	1252.24	2987.09	2251.85
山 西	Shanxi	138	1755.77	823.75	1126.84	442.07	1199.92	956.90
内蒙古	Inner Mongolia	183	1804.43	689.67	981.13	257.32	1014.25	629.23
辽 宁	Liaoning	1969	6853.99	3765.71	3686.45	1591.07	3903.74	3016.79
吉 林	Jilin	330	1703.85	891.41	1161.59	511.38	1050.91	757.71
黑龙江	Heilongjiang	234	1373.33	663.36	927.68	398.79	837.49	680.21
上 海	Shanghai	4365	15265.08	9917.28	7444.19	3819.58	8544.27	7689.87
江 苏	Jiangsu	11176	32719.27	18501.81	20148.66	9555.55	17578.64	15262.74
浙 江	Zhejiang	6651	14623.13	9185.61	5734.30	2200.65	8201.17	7439.85
安 徽	Anhui	783	2257.09	1129.16	1269.94	492.28	1228.71	999.47
福 建	Fujian	4326	9353.89	5589.23	4058.52	1582.63	4884.36	4033.05
江 西	Jiangxi	814	2043.98	879.97	1491.05	614.30	1107.21	883.54
山 东	Shandong	4457	10962.94	5833.75	7636.17	3851.88	5727.24	4600.02
河 南	Henan	502	3497.36	2008.99	1571.99	510.85	2243.83	1930.06
湖 北	Hubei	804	4734.76	2641.60	2413.74	1036.73	3045.20	2433.36
湖 南	Hunan	583	1364.93	605.50	783.70	240.17	717.38	558.09
广 东	Guangdong	14031	33813.08	21171.21	16882.86	7935.42	19340.79	17009.22
广 西	Guangxi	472	2405.45	1260.71	1049.84	347.15	1464.57	1169.68
海 南	Hainan	73	685.82	287.02	344.60	115.05	356.62	264.01
重 庆	Chongqing	312	2240.46	1237.42	1055.49	373.72	1558.90	1290.62
四 川	Sichuan	557	2922.37	1621.05	1339.22	382.23	1765.41	1483.95
贵 州	Guizhou	69	284.84	98.62	151.58	30.84	193.82	156.20
云 南	Yunnan	175	613.11	282.82	399.60	158.10	346.09	261.27
西 藏	Tibet	3	10.28	5.71	6.53	2.24	2.50	2.50
陕 西	Shaanxi	210	952.19	432.24	624.59	248.16	498.93	411.48
甘 肃	Gansu	45	218.62	67.28	202.32	69.00	109.58	52.22
青 海	Qinghai	26	166.63	58.56	103.59	24.52	107.53	58.30
宁 夏	Ningxia	36	138.84	73.82	64.24	24.26	82.30	70.02
新 疆	Xinjiang	79	206.04	94.69	115.94	36.56	122.57	99.69

14-8 续表 1 continued

单位：亿元 (100 million yuan)

年份 Year / 地区 Region	所有者权益合计 Total Owners' Equities	主营业务收入 Revenue from Principal Business	主营业务成本 Cost of Principal Business	主营业务税金及附加 Tax and Extra Charges from Principal Business	利润总额 Total Profits	本年应交增值税 Value Added Tax Payable
1998	8844.84	15604.60	13023.55	98.64	418.61	521.06
1999	9730.41	17966.55	14824.32	111.51	753.93	590.79
2000	11054.36	22545.74	18583.27	129.76	1282.48	738.88
2001	12794.29	26022.08	21677.74	134.78	1442.95	876.37
2002	14359.94	31189.27	25907.35	151.87	1877.22	960.87
2003	17473.30	43607.63	36604.09	223.65	2777.44	1189.01
2004	24298.79	65105.85	55649.54	296.90	3875.97	1508.66
2005	27770.72	78564.46	67862.98	326.90	4140.81	1811.52
2006	33663.65	98936.12	84903.31	477.55	5384.06	2361.95
2007	41198.76	125497.96	106981.42	653.89	7527.38	3016.72
2008	49307.20	146613.62	125931.62	884.89	8242.63	3916.89
2009	54251.47	150263.06	127247.80	1162.81	10107.05	4034.05
2010	66258.92	188729.41	159273.10	1488.98	15019.55	5121.08
2011	69702.34	216304.29	183931.68	1665.28	15494.22	5674.87
2012	74485.85	221948.78	189558.50	1934.80	13965.94	6201.34
北京 Beijing	2513.23	6395.96	5166.55	97.20	444.94	194.61
天津 Tianjin	2639.46	9567.48	8193.52	96.13	635.02	378.02
河北 Hebei	1995.38	5588.08	4923.44	19.43	225.93	121.67
山西 Shanxi	554.77	1168.53	912.41	6.22	172.58	44.68
内蒙古 Inner Mongolia	788.88	1345.48	1010.25	16.99	174.15	64.22
辽宁 Liaoning	2924.92	8106.41	6760.31	147.01	531.94	264.59
吉林 Jilin	649.89	2160.51	1834.12	36.18	155.37	65.41
黑龙江 Heilongjiang	535.86	1171.42	916.92	11.44	60.06	41.48
上海 Shanghai	6692.37	20706.86	17451.74	214.87	1262.23	440.95
江苏 Jiangsu	15122.19	44249.96	38513.31	197.74	2678.81	1133.24
浙江 Zhejiang	6397.55	14829.07	12611.56	98.47	843.15	399.64
安徽 Anhui	1020.41	3243.21	2712.21	22.53	236.09	123.34
福建 Fujian	4424.09	12650.20	10759.82	124.37	876.62	346.17
江西 Jiangxi	921.81	3368.89	2907.38	13.20	228.52	89.86
山东 Shandong	5185.83	16940.95	14604.04	106.40	1137.41	448.43
河南 Henan	1239.87	4314.65	3856.39	17.13	229.78	154.94
湖北 Hubei	1676.27	5150.91	4224.58	83.01	363.79	157.03
湖南 Hunan	647.50	1967.44	1612.09	20.49	145.38	64.35
广东 Guangdong	14405.83	46712.54	40321.25	365.88	2663.06	1222.78
广西 Guangxi	875.01	2643.85	2215.71	31.28	220.56	84.76
海南 Hainan	331.01	765.53	613.94	81.91	41.29	26.46
重庆 Chongqing	680.80	3286.04	2935.87	40.25	108.31	76.94
四川 Sichuan	1146.34	3530.48	2847.46	65.34	348.16	176.66
贵州 Guizhou	89.88	167.54	120.46	1.99	17.05	7.00
云南 Yunnan	266.96	441.15	340.59	5.54	39.77	18.44
西藏 Tibet	7.78	7.65	5.20	0.06	1.53	0.60
陕西 Shaanxi	447.25	1032.26	842.82	9.32	90.07	42.45
甘肃 Gansu	106.92	96.29	75.23	1.56	7.22	3.67
青海 Qinghai	59.10	81.67	63.28	0.44	7.00	1.09
宁夏 Ningxia	56.17	99.79	81.23	0.97	6.85	2.55
新疆 Xinjiang	82.52	157.94	124.81	1.42	13.30	5.29

14-8 续表 2 continued

单位：亿元 (100 million yuan)

年 份 地 区	Year Region	总资产贡献率 (%) Ratio of Profits, Taxes and Interests to Average Assets (%)	资产负债率 (%) Ratio of Debts to Assets (%)	流动资产周转次数 (次/年) Turnover of Current Assets (times/year)	成本费用利润率 (%) Ratio of Profits to Total Industrial Costs (%)	产品销售率 (%) Sales Ratio of Products (%)
	1998					
	1999	8.01	57.73	1.69	4.39	97.18
	2000	9.76	57.01	1.89	6.03	97.74
	2001	9.83	54.87	1.89	5.85	97.64
	2002	10.46	54.38	2.06	6.40	98.28
	2003	11.46	55.48	2.20	6.83	98.17
	2004	10.93	56.25	2.30	6.32	98.09
	2005	10.55	56.69	2.35	5.58	98.12
	2006	11.52	56.28	2.46	5.83	98.18
	2007	12.59	57.25	2.51	6.45	98.13
	2008	12.68	56.03	2.49	5.99	97.58
	2009	13.08	56.18	2.18	7.25	97.94
	2010	15.25	55.23	2.24	8.64	98.16
	2011	14.98	56.88	2.31	7.59	98.31
	2012	13.68	56.53	2.25	6.62	98.37
北 京	Beijing	13.56	54.98	1.81	7.37	98.95
天 津	Tianjin	16.89	60.94	2.22	6.96	99.95
河 北	Hebei	8.71	59.75	2.33	4.16	98.08
山 西	Shanxi	14.28	68.34	1.44	16.62	97.56
内蒙古	Inner Mongolia	15.22	56.21	1.98	14.79	96.34
辽 宁	Liaoning	14.81	56.96	2.21	7.02	98.63
吉 林	Jilin	16.26	61.68	2.45	7.38	98.36
黑龙江	Heilongjiang	9.30	60.98	1.79	5.34	98.85
上 海	Shanghai	12.86	55.97	2.14	6.34	98.88
江 苏	Jiangsu	13.13	53.73	2.43	6.39	98.80
浙 江	Zhejiang	10.54	56.08	1.65	5.87	97.36
安 徽	Anhui	17.88	54.44	2.92	7.76	97.86
福 建	Fujian	15.42	52.22	2.29	7.33	97.70
江 西	Jiangxi	17.33	54.17	3.85	7.41	100.09
山 东	Shandong	16.78	52.24	2.94	7.14	98.23
河 南	Henan	12.59	64.16	2.24	5.29	97.96
湖 北	Hubei	13.46	64.32	2.04	7.45	95.60
湖 南	Hunan	17.81	52.56	3.27	8.04	98.08
广 东	Guangdong	13.10	57.20	2.24	5.98	98.52
广 西	Guangxi	15.05	60.89	2.17	8.73	95.07
海 南	Hainan	22.77	52.00	2.68	6.28	108.23
重 庆	Chongqing	11.04	69.58	2.69	3.37	98.72
四 川	Sichuan	21.24	60.41	2.20	11.06	97.74
贵 州	Guizhou	11.10	68.05	1.74	11.03	94.33
云 南	Yunnan	11.86	56.45	1.60	9.60	94.46
西 藏	Tibet	21.19	24.29	1.34	24.75	101.17
陕 西	Shaanxi	15.71	52.40	2.46	9.15	94.26
甘 肃	Gansu	7.48	50.12	1.45	7.94	96.59
青 海	Qinghai	5.60	64.53	1.41	9.73	101.62
宁 夏	Ningxia	8.58	59.28	1.42	6.77	92.31
新 疆	Xinjiang	11.02	59.49	1.71	8.88	90.87

14-9 按行业分外商投资和港澳台商投资工业企业主要指标（2012年）

单位：亿元

行业	Sector	企业单位数（个）Number of Enterprises (unit)	资产总计 Total Assets
总计	**National Total**	**56908**	**172320.28**
煤炭开采和洗选业	Mining and Washing of Coal	41	1866.50
石油和天然气开采业	Extraction of Petroleum and Natural Gas	11	730.33
黑色金属矿采选业	Mining and Processing of Ferrous Metal Ores	39	221.89
有色金属矿采选业	Mining and Processing of Non-Ferrous Metal Ores	61	210.34
非金属矿采选业	Mining and Processing of Non-metal Ores	71	95.66
开采辅助活动	Support Activities for Mining	11	122.32
其他采矿业	Mining of Other Ores		
农副食品加工业	Processing of Food from Agricultural Products	1982	5788.12
食品制造业	Manufacture of Foods	1218	3663.12
酒、饮料和精制茶制造业	Manufacture of Liquor, Beverages and Refined Tea	756	3097.03
烟草制品业	Manufacture of Tobacco	1	1.59
纺织业	Manufacture of Textile	3152	4672.80
纺织服装、服饰业	Manufacture of Textile, Wearing Apparel and Accessories	4588	3777.36
皮革、毛皮、羽毛及其制品和制鞋业	Manufacture of Leather, Fur, Feather and Related Products and Footwear	2319	2595.58
木材加工和木、竹、藤、棕、草制品业	Processing of Timber, Manufacture of Wood, Bamboo, Rattan, Palm and Straw Products	591	645.38
家具制造业	Manufacture of Furniture	1000	1199.80
造纸和纸制品业	Manufacture of Paper and Paper Products	1115	4942.78
印刷和记录媒介复制业	Printing and Reproduction of Recording Media	618	1072.01
文教、工美、体育和娱乐用品制造业	Manufacture of Articles for Culture, Education, Arts and Crafts, Sport and Entertainment Activities	2168	1985.39
石油加工、炼焦和核燃料加工业	Processing of Petroleum, Coking and Processing of Nuclear Fuel	179	2608.82
化学原料和化学制品制造业	Manufacture of Raw Chemical Materials and Chemical Products	3559	13444.17
医药制造业	Manufacture of Medicines	946	4017.28
化学纤维制造业	Manufacture of Chemical Fibres	289	1841.66
橡胶和塑料制品业	Manufacture of Rubber and Plastics Products	3437	5799.44
非金属矿物制品业	Manufacture of Non-metallic Mineral Products	2359	5803.53
黑色金属冶炼和压延加工业	Smelting and Pressing of Ferrous Metals	789	6111.52
有色金属冶炼和压延加工业	Smelting and Pressing of Non-ferrous Metals	725	3931.88
金属制品业	Manufacture of Metal Products	3007	4624.52
通用设备制造业	Manufacture of General Purpose Machinery	3623	9037.97
专用设备制造业	Manufacture of Special Purpose Machinery	2653	6551.56
汽车制造业	Manufacture of Automobiles	2586	16210.93
铁路、船舶、航空航天和其他运输设备制造业	Manufacture of Railway, Ship, Aerospace and Other Transport Equipments	738	3670.97
电气机械和器材制造业	Manufacture of Electrical Machinery and Apparatus	4233	11744.42
计算机、通信和其他电子设备制造业	Manufacture of Computers, Communication and Other Electronic Equipment	5577	28031.11
仪器仪表制造业	Manufacture of Measuring Instruments and Machinery	950	1751.51
其他制造业	Other Manufacture	413	396.48
废弃资源综合利用业	Utilization of Waste Resources	165	391.61
金属制品、机械和设备修理业	Repair Service of Metal Products, Machinery and Equipment	72	348.66
电力、热力生产和供应业	Production and Supply of Electric Power and Heat Power	462	6538.23
燃气生产和供应业	Production and Supply of Gas	270	1763.37
水的生产和供应业	Production and Supply of Water	134	1012.66

Main Indicators of Industrial Enterprises with Hong Kong, Macao, Taiwan and Foreign Funds by Industrial Sector (2012)

(100 million yuan)

流动资产合计 Total Current Assets	固定资产原价 Original Value of Fixed Assets	累计折旧 Accumulated Depreciation	负债合计 Total Liabilities	流动负债合计 Total Liquid Liabilities	所有者权益 Owners' Equity	主营业务收入 Revenue from Principal Business
100289.94	**91410.29**	**40482.25**	**97414.09**	**82771.47**	**74485.85**	**221948.78**
1075.87	790.95	303.34	1309.90	1088.74	556.45	1568.82
53.64	647.75	361.45	697.48	511.68	32.49	636.20
126.59	101.48	40.03	94.71	81.71	126.37	254.65
72.55	89.00	22.32	92.14	58.27	117.73	134.73
39.94	62.20	26.39	49.82	42.39	45.51	108.43
26.74	135.64	52.41	28.13	21.50	94.19	128.34
3655.03	2836.67	1389.39	3668.65	3151.32	2102.31	10209.50
2114.01	1755.28	713.81	1810.52	1549.93	1848.01	4993.71
1394.13	2050.30	881.26	1583.45	1418.97	1506.92	3668.68
0.66	1.12	0.41	0.35	0.35	1.24	1.67
2597.84	2651.90	1118.11	2397.00	2110.72	2256.03	5532.89
2492.85	1595.35	693.30	1828.08	1634.88	1931.12	5825.69
1716.57	996.96	430.73	1227.57	1096.26	1342.45	4347.65
386.70	361.11	185.95	316.12	274.45	325.18	942.47
773.98	477.78	196.56	657.28	589.47	537.70	1535.51
2211.73	2967.89	1107.30	2774.06	2051.39	2162.24	3378.73
644.53	597.49	295.89	473.70	425.70	596.20	990.44
1358.89	929.09	486.99	1006.65	880.18	973.99	3643.93
1321.14	1706.62	789.51	1871.34	1453.36	736.81	4584.25
6800.42	8381.72	3416.44	7284.78	5778.61	6133.02	15853.22
2403.08	1613.75	653.15	1875.14	1606.44	2131.57	4056.12
889.56	1070.71	421.62	1111.62	912.18	729.21	1894.89
3258.83	3338.59	1525.91	3007.30	2560.38	2765.44	6528.64
2694.97	3719.23	1388.12	3054.14	2388.19	2744.03	5069.74
3065.43	3808.36	1492.43	4050.16	3260.51	2049.02	7960.82
2273.29	1990.00	725.68	2421.30	1937.88	1509.25	4680.09
2829.91	2234.45	976.08	2387.45	2118.38	2220.77	5916.09
6093.21	3460.84	1444.36	4754.30	4338.67	4271.29	9969.60
4432.23	2562.27	1170.44	3591.38	3155.79	2947.45	5986.06
10088.02	6689.28	2881.40	9326.20	8244.88	6855.19	23462.06
2256.06	1425.01	497.37	2218.45	1883.16	1456.01	3232.48
7793.24	4982.04	2253.54	6729.24	5982.73	4997.15	15020.34
19018.26	15480.34	8414.86	17009.47	15868.91	10964.28	51992.19
1212.77	653.91	304.69	780.91	722.82	969.23	2088.36
231.25	186.45	79.54	167.50	153.36	228.34	495.54
317.47	77.07	26.86	294.06	283.51	97.41	524.95
128.23	209.46	66.50	204.20	130.85	144.64	266.31
1571.28	7141.26	3176.50	3773.23	1998.73	2703.71	2918.41
633.79	932.12	218.84	939.99	736.31	809.83	1324.76
235.24	698.85	252.77	546.31	267.93	466.07	221.81

14-9 续表

单位：亿元

行　业	Sector	主营业务成本 Cost of Principal Business	主营业务税金及附加 Tax and Extra Charges from Principal Business
总　计	**National Total**	**189558.50**	**1934.80**
煤炭开采和洗选业	Mining and Washing of Coal	1189.39	31.27
石油和天然气开采业	Extraction of Petroleum and Natural Gas	298.49	57.20
黑色金属矿采选业	Mining and Processing of Ferrous Metal Ores	206.10	2.53
有色金属矿采选业	Mining and Processing of Non-Ferrous Metal Ores	81.65	1.79
非金属矿采选业	Mining and Processing of Non-metal Ores	77.63	1.69
开采辅助活动	Support Activities for Mining	86.25	1.81
其他采矿业	Mining of Other Ores		
农副食品加工业	Processing of Food from Agricultural Products	9161.16	28.68
食品制造业	Manufacture of Foods	3527.67	27.98
酒、饮料和精制茶制造业	Manufacture of Liquor, Beverages and Refined Tea	2667.38	91.38
烟草制品业	Manufacture of Tobacco	0.92	0.02
纺织业	Manufacture of Textile	4845.84	22.68
纺织服装、服饰业	Manufacture of Textile, Wearing Apparel and Accessories	4802.44	29.61
皮革、毛皮、羽毛及其制品和制鞋业	Manufacture of Leather, Fur, Feather and Related Products and Footwear	3670.36	24.76
木材加工和木、竹、藤、棕、草制品业	Processing of Timber, Manufacture of Wood, Bamboo, Rattan, Palm and Straw Products	807.55	5.62
家具制造业	Manufacture of Furniture	1304.56	6.04
造纸和纸制品业	Manufacture of Paper and Paper Products	2839.55	12.20
印刷和记录媒介复制业	Printing and Reproduction of Recording Media	786.19	5.31
文教、工美、体育和娱乐用品制造业	Manufacture of Articles for Culture, Education, Arts and Crafts, Sport and Entertainment Activities	3170.25	15.97
石油加工、炼焦和核燃料加工业	Processing of Petroleum, Coking and Processing of Nuclear Fuel	4062.64	328.16
化学原料和化学制品制造业	Manufacture of Raw Chemical Materials and Chemical Products	13315.68	67.74
医药制造业	Manufacture of Medicines	2554.24	30.07
化学纤维制造业	Manufacture of Chemical Fibres	1680.68	4.03
橡胶和塑料制品业	Manufacture of Rubber and Plastics Products	5609.77	30.27
非金属矿物制品业	Manufacture of Non-metallic Mineral Products	4214.81	28.42
黑色金属冶炼和压延加工业	Smelting and Pressing of Ferrous Metals	7408.21	22.62
有色金属冶炼和压延加工业	Smelting and Pressing of Non-ferrous Metals	4228.05	12.31
金属制品业	Manufacture of Metal Products	5112.46	28.43
通用设备制造业	Manufacture of General Purpose Machinery	8251.74	41.07
专用设备制造业	Manufacture of Special Purpose Machinery	4890.53	27.00
汽车制造业	Manufacture of Automobiles	18797.25	733.08
铁路、船舶、航空航天和其他运输设备制造业	Manufacture of Railway, Ship, Aerospace and Other Transport Equipments	2806.21	20.54
电气机械和器材制造业	Manufacture of Electrical Machinery and Apparatus	12898.44	52.11
计算机、通信和其他电子设备制造业	Manufacture of Computers, Communication and Other Electronic Equipment	47727.47	103.21
仪器仪表制造业	Manufacture of Measuring Instruments and Machinery	1667.74	9.42
其他制造业	Other Manufacture	416.45	2.11
废弃资源综合利用业	Utilization of Waste Resources	482.83	0.61
金属制品、机械和设备修理业	Repair Service of Metal Products, Machinery and Equipment	232.30	0.99
电力、热力生产和供应业	Production and Supply of Electric Power and Heat Power	2430.43	15.89
燃气生产和供应业	Production and Supply of Gas	1106.84	6.39
水的生产和供应业	Production and Supply of Water	140.37	3.78

continued

(100 million yuan)

利润总额 Total Profits	本年应交增值税 Value-added Tax Payable	总资产贡献率(%) Ratio of Profits, Taxes and Interests to Average Assets (%)	资产负债率(%) Ratio of Debts to Assets (%)	流动资产周转次数(次/年) Turnover of Current Assets (times/year)	工业成本费用利润率(%) Ratio of Profits to Total Industrial Costs (%)	产品销售率(%) Sales Ratio of Products (%)
13965.94	**6201.34**	**13.68**	**56.53**	**2.25**	**6.62**	**98.37**
286.86	150.34	26.13	70.18	1.46	22.20	97.77
263.87	37.98	49.45	95.50	11.90	82.53	98.81
31.60	12.63	21.62	42.68	2.02	14.53	95.60
37.00	7.26	22.66	43.81	1.87	38.08	98.27
9.51	5.21	18.48	52.08	2.74	9.88	97.24
13.66	2.59	15.22	23.00	4.81	11.78	99.04
589.13	219.22	15.48	63.38	2.82	6.00	98.41
500.16	243.66	21.47	49.43	2.42	10.92	98.01
297.64	159.63	18.29	51.13	2.71	8.80	100.24
0.50	0.16	44.08	22.07	2.69	40.07	102.28
300.93	141.62	11.18	51.30	2.17	5.68	97.44
376.42	177.44	16.35	48.40	2.35	6.91	97.92
305.37	123.89	18.50	47.29	2.54	7.52	98.19
53.35	23.98	14.21	48.98	2.46	6.00	98.01
88.32	40.46	12.02	54.78	2.00	6.03	98.07
211.48	107.18	8.16	56.12	1.59	6.37	97.53
100.62	38.04	13.92	44.19	1.56	11.15	98.78
187.35	78.41	15.25	50.70	2.71	5.41	98.17
23.18	194.92	22.69	71.73	3.58	0.54	101.82
1002.41	497.17	12.79	54.19	2.36	6.66	97.01
471.19	233.92	18.98	46.68	1.71	12.99	94.44
103.89	28.11	9.12	60.36	2.20	5.60	97.62
333.50	154.96	9.98	51.85	2.04	5.27	99.63
350.48	188.55	11.00	52.63	1.90	7.36	98.20
172.12	162.91	7.44	66.27	2.73	2.11	98.71
181.72	108.57	9.42	61.58	2.14	3.91	99.14
349.15	147.86	12.23	51.63	2.12	6.16	97.41
741.46	274.36	12.18	52.60	1.67	7.91	98.54
450.31	165.84	10.65	54.82	1.38	7.95	97.59
2297.41	837.39	24.12	57.53	2.40	10.69	99.38
255.06	101.65	10.86	60.43	1.46	8.34	97.65
850.27	370.19	11.78	57.30	1.96	5.90	98.17
1968.43	891.25	10.77	60.68	2.76	3.91	98.62
182.59	58.04	14.70	44.59	1.74	9.47	98.04
30.85	13.86	12.66	42.25	2.15	6.61	98.74
11.44	9.17	7.16	75.09	1.66	2.28	95.16
3.64	4.38	4.05	58.57	2.10	1.37	97.70
336.11	145.29	9.82	57.71	1.91	12.23	96.65
160.74	35.15	12.14	53.31	2.19	12.89	101.75
36.22	8.08	6.47	53.95	1.02	17.2	98.18

14-10 按行业分大中型工业企业主要指标（2012年）

单位：亿元

行　　业	Sector	企业单位数（个）Number of Enterprises (unit)	资产总计 Total Assets
总　计	**National Total**	**63314**	**564360.36**
煤炭开采和洗选业	Mining and Washing of Coal	2280	39564.86
石油和天然气开采业	Extraction of Petroleum and Natural Gas	49	16245.26
黑色金属矿采选业	Mining and Processing of Ferrous Metal Ores	443	5962.84
有色金属矿采选业	Mining and Processing of Non-Ferrous Metal Ores	448	2625.98
非金属矿采选业	Mining and Processing of Non-metal Ores	299	1094.14
开采辅助活动	Support Activities for Mining	50	1939.93
其他采矿业	Mining of Other Ores	5	4.94
农副食品加工业	Processing of Food from Agricultural Products	2766	12896.26
食品制造业	Manufacture of Foods	1497	6568.75
酒、饮料和精制茶制造业	Manufacture of Liquor, Beverages and Refined Tea	1009	8154.36
烟草制品业	Manufacture of Tobacco	91	6722.32
纺织业	Manufacture of Textile	3799	12711.24
纺织服装、服饰业	Manufacture of Textile, Wearing Apparel and Accessories	3991	6574.63
皮革、毛皮、羽毛及其制品和制鞋业	Manufacture of Leather, Fur, Feather and Related Products and Footwear	2366	3787.52
木材加工和木、竹、藤、棕、草制品业	Processing of Timber, Manufacture of Wood, Bamboo, Rattan, Palm and Straw Products	821	1546.42
家具制造业	Manufacture of Furniture	914	2006.67
造纸和纸制品业	Manufacture of Paper and Paper Products	1051	8431.90
印刷和记录媒介复制业	Printing and Reproduction of Recording Media	586	1806.85
文教、工美、体育和娱乐用品制造业	Manufacture of Articles for Culture, Education, Arts and Crafts, Sport and Entertainment Activities	1617	2929.25
石油加工、炼焦和核燃料加工业	Processing of Petroleum, Coking and Processing of Nuclear Fuel	600	18772.67
化学原料和化学制品制造业	Manufacture of Raw Chemical Materials and Chemical Products	3208	35834.39
医药制造业	Manufacture of Medicines	1463	11312.52
化学纤维制造业	Manufacture of Chemical Fibres	303	4460.03
橡胶和塑料制品业	Manufacture of Rubber and Plastics Products	2239	8591.15
非金属矿物制品业	Manufacture of Non-metallic Mineral Products	4118	19257.92
黑色金属冶炼和压延加工业	Smelting and Pressing of Ferrous Metals	1780	51198.71
有色金属冶炼和压延加工业	Smelting and Pressing of Non-ferrous Metals	1217	22371.69
金属制品业	Manufacture of Metal Products	2420	10249.61
通用设备制造业	Manufacture of General Purpose Machinery	3104	20319.03
专用设备制造业	Manufacture of Special Purpose Machinery	2275	17849.12
汽车制造业	Manufacture of Automobiles	2599	34171.06
铁路、船舶、航空航天和其他运输设备制造业	Manufacture of Railway, Ship, Aerospace and Other Transport Equipments	1139	15958.00
电气机械和器材制造业	Manufacture of Electrical Machinery and Apparatus	4226	29708.63
计算机、通信和其他电子设备制造业	Manufacture of Computers, Communication and Other Electronic Equipment	4662	40315.95
仪器仪表制造业	Manufacture of Measuring Instruments and Machinery	834	3748.20
其他制造业	Other Manufacture	330	1150.94
废弃资源综合利用业	Utilization of Waste Resources	101	384.79
金属制品、机械和设备修理业	Repair Service of Metal Products, Machinery and Equipment	136	914.24
电力、热力生产和供应业	Production and Supply of Electric Power and Heat Power	1968	68987.39
燃气生产和供应业	Production and Supply of Gas	181	2788.28
水的生产和供应业	Production and Supply of Water	329	4441.92

注：从2011年开始，工业企业年报规模划分按《统计上大中小微型企业划分办法》国统字(2011)7号执行。大中型工业企业为从业人员300人及以上并且主营业务收入在2000万元及以上的工业企业。

Main Indicators of Large and Medium-sized Industrial Enterprises by Industrial Sector (2012)

(100 million yuan)

流动资产合计 Total Current Assets	固定资产原价 Original Value of Fixed Assets	累计折旧 Accumulated Depreciation	负债合计 Total Liabilities	流动负债合计 Total Liquid Liabilities	所有者权益 Owners' Equity	主营业务收入 Revenue from Principal Business
264650.92	**324201.66**	**136160.16**	**333780.31**	**250485.05**	**229421.94**	**603021.39**
15895.45	18397.38	7203.19	24164.17	15733.58	15314.92	25612.00
2752.07	19780.95	9104.44	7709.83	4196.72	8531.09	11206.02
2245.64	2135.45	688.18	3231.56	2024.11	2722.03	3948.92
1011.72	1200.85	388.83	1284.33	1015.26	1336.70	2795.84
453.80	608.76	251.93	562.70	357.41	528.89	1085.35
934.72	1238.58	527.36	1029.86	933.67	909.18	1345.58
1.46	10.38	6.91	0.78	0.77	4.16	7.96
7408.83	7037.17	3388.76	7674.07	6388.36	5170.06	23113.59
3384.75	3196.89	1194.34	3247.15	2736.57	3303.55	9646.65
4475.02	3523.51	1439.60	3932.94	3435.66	4190.41	8825.24
4681.78	1995.62	1045.13	1691.55	1653.00	5030.70	7252.27
6478.70	7285.35	3044.10	7022.91	5639.85	5647.30	17557.37
4111.19	2609.10	1077.19	3340.04	2816.36	3221.42	9865.32
2411.41	1441.82	577.09	1774.01	1585.26	1987.78	7060.43
768.09	961.82	425.21	751.03	588.50	788.70	2683.42
1164.26	856.43	320.44	1088.37	946.79	915.19	2754.50
3548.59	5642.31	2392.88	5011.16	3618.36	3404.47	6610.90
940.26	1063.67	509.32	800.85	698.27	1002.99	1744.41
1944.08	1189.37	538.02	1542.08	1326.77	1380.39	5584.38
8880.18	12446.08	5383.01	12361.70	10060.48	6367.69	34777.95
15118.98	22671.37	9368.20	21406.30	15811.53	14408.23	37219.17
6327.40	4338.80	1759.70	4887.73	3908.88	6405.47	11036.76
2159.94	2462.39	991.94	2792.14	2317.86	1665.23	5046.27
4570.19	4817.11	2074.02	4608.62	3775.69	3952.72	11204.09
8085.48	12188.14	4424.24	10821.35	8166.67	8351.29	17404.33
21530.08	33972.21	15302.39	34853.48	28475.61	16298.82	56850.12
10917.56	11303.81	4088.51	14035.16	10533.81	8214.36	27428.74
5967.42	4578.88	1767.54	5756.53	4839.11	4462.75	12718.97
13071.88	7102.70	2859.23	11714.69	9960.82	8581.16	20034.41
11636.77	6198.73	2566.00	10364.23	8572.30	7464.16	15878.18
19723.41	12148.34	5217.44	19456.46	16452.75	14672.55	41583.02
9877.77	5634.03	2145.97	10765.96	8872.03	5197.19	12121.35
19451.02	10393.12	4382.08	17672.86	15362.23	11902.90	35210.15
26842.95	18810.78	9517.77	24044.90	21349.68	16224.07	62823.13
2459.91	1299.15	537.06	1801.40	1590.89	1939.10	3855.73
633.14	537.73	220.72	642.10	525.74	501.68	1180.51
233.24	290.28	177.36	222.07	200.47	160.18	939.30
501.05	403.23	148.15	543.41	445.53	373.06	583.09
10020.18	67441.26	27323.91	45155.72	21313.16	23689.40	43987.78
880.06	1602.32	459.34	1608.27	1086.69	1165.35	1694.14
1150.48	3385.83	1322.67	2405.85	1167.86	2034.64	744.02

a) Since 2011, sizes in industrial enterprises annual reporting forms are based on the 2011's *Standards of Enterprises by Size*. Large and medium-sized enterprises refer to enterprises with engaged persons over 300 and revenue from principal business above 20 million yuan.

14-10 续表

单位：亿元

行业	Sector	主营业务成本 Cost of Principal Business	主营业务税金及附加 Tax and Extra Charges from Principal Business
总计	**National Total**	**506603.97**	**12107.14**
煤炭开采和洗选业	Mining and Washing of Coal	19115.85	389.91
石油和天然气开采业	Extraction of Petroleum and Natural Gas	4733.28	1217.29
黑色金属矿采选业	Mining and Processing of Ferrous Metal Ores	2994.11	61.10
有色金属矿采选业	Mining and Processing of Non-Ferrous Metal Ores	2078.00	26.40
非金属矿采选业	Mining and Processing of Non-metal Ores	814.62	22.27
开采辅助活动	Support Activities for Mining	1228.50	24.60
其他采矿业	Mining of Other Ores	5.55	0.13
农副食品加工业	Processing of Food from Agricultural Products	20382.93	88.84
食品制造业	Manufacture of Foods	7208.66	58.14
酒、饮料和精制茶制造业	Manufacture of Liquor, Beverages and Refined Tea	5933.84	356.15
烟草制品业	Manufacture of Tobacco	1869.82	3852.39
纺织业	Manufacture of Textile	15383.91	77.53
纺织服装、服饰业	Manufacture of Textile, Wearing Apparel and Accessories	8079.58	52.81
皮革、毛皮、羽毛及其制品和制鞋业	Manufacture of Leather, Fur, Feather and Related Products and Footwear	5891.45	39.36
木材加工和木、竹、藤、棕、草制品业	Processing of Timber, Manufacture of Wood, Bamboo, Rattan, Palm and Straw Products	2264.40	19.00
家具制造业	Manufacture of Furniture	2286.44	13.19
造纸和纸制品业	Manufacture of Paper and Paper Products	5671.15	26.45
印刷和记录媒介复制业	Printing and Reproduction of Recording Media	1392.99	9.85
文教、工美、体育和娱乐用品制造业	Manufacture of Articles for Culture, Education, Arts and Crafts, Sport and Entertainment Activities	4873.62	22.20
石油加工、炼焦和核燃料加工业	Processing of Petroleum, Coking and Processing of Nuclear Fuel	30586.03	2962.21
化学原料和化学制品制造业	Manufacture of Raw Chemical Materials and Chemical Products	31814.47	375.73
医药制造业	Manufacture of Medicines	7260.03	81.11
化学纤维制造业	Manufacture of Chemical Fibres	4607.75	12.59
橡胶和塑料制品业	Manufacture of Rubber and Plastics Products	9553.90	54.90
非金属矿物制品业	Manufacture of Non-metallic Mineral Products	14357.38	117.77
黑色金属冶炼和压延加工业	Smelting and Pressing of Ferrous Metals	52786.47	163.26
有色金属冶炼和压延加工业	Smelting and Pressing of Non-ferrous Metals	25069.67	88.16
金属制品业	Manufacture of Metal Products	10861.87	66.14
通用设备制造业	Manufacture of General Purpose Machinery	16538.27	98.48
专用设备制造业	Manufacture of Special Purpose Machinery	13071.06	76.45
汽车制造业	Manufacture of Automobiles	34428.37	1006.51
铁路、船舶、航空航天和其他运输设备制造业	Manufacture of Railway, Ship, Aerospace and Other Transport Equipments	10418.91	59.81
电气机械和器材制造业	Manufacture of Electrical Machinery and Apparatus	29484.58	145.21
计算机、通信和其他电子设备制造业	Manufacture of Computers, Communication and Other Electronic Equipment	56040.80	171.51
仪器仪表制造业	Manufacture of Measuring Instruments and Machinery	3073.52	20.73
其他制造业	Other Manufacture	997.47	5.47
废弃资源综合利用业	Utilization of Waste Resources	840.61	5.43
金属制品、机械和设备修理业	Repair Service of Metal Products, Machinery and Equipment	479.62	3.50
电力、热力生产和供应业	Production and Supply of Electric Power and Heat Power	40146.95	217.21
燃气生产和供应业	Production and Supply of Gas	1418.69	8.71
水的生产和供应业	Production and Supply of Water	558.82	8.66

continued

(100 million yuan)

利润总额 Total Profits	本年应交增值税 Value-added Tax Payable	总资产贡献率(%) Ratio of Profits, Taxes and Interests to Average Assets (%)	资产负债率(%) Ratio of Debts to Assets (%)	流动资产周转次数(次/年) Turnover of Current Assets (times/year)	工业成本费用利润率(%) Ratio of Profits to Total Industrial Costs (%)	产品销售率(%) Sales Ratio of Products (%)
40570.17	**20514.67**	**14.25**	**59.14**	**2.34**	**7.13**	**98.07**
3048.41	1908.36	14.86	61.07	1.74	12.51	98.49
4036.92	1048.47	39.46	47.46	4.17	68.71	99.55
642.77	249.76	17.21	54.20	1.80	18.76	96.94
457.54	112.66	23.86	48.91	2.79	19.61	97.13
105.21	55.44	18.02	51.43	2.44	10.98	97.75
0.85	45.04	4.23	53.09	1.46	0.06	99.32
1.13	0.31	32.06	15.84	5.46	18.32	98.90
1459.80	516.96	17.58	59.51	3.15	6.66	97.61
968.60	397.57	22.53	49.43	2.91	10.96	98.04
1185.59	459.34	25.46	48.23	2.01	15.96	97.45
1018.07	913.91	86.06	25.16	1.71	30.34	100.49
1042.28	464.00	14.45	55.25	2.76	6.25	98.97
736.04	310.79	17.81	50.80	2.42	8.04	97.52
561.21	200.69	22.62	46.84	2.95	8.61	98.14
204.64	89.87	22.12	48.57	3.51	8.24	97.50
194.85	84.42	15.71	54.24	2.38	7.57	97.90
402.68	198.04	9.27	59.43	1.91	6.26	97.63
179.97	62.56	14.66	44.32	1.90	11.15	98.00
304.77	118.56	16.52	52.64	2.89	5.78	98.24
75.23	1223.70	24.21	65.85	3.99	0.23	98.81
2109.02	1037.52	11.41	59.74	2.52	5.88	97.19
1307.73	594.38	18.30	43.21	1.76	13.21	95.17
198.12	96.90	8.86	62.60	2.40	3.97	97.74
753.07	274.59	14.03	53.64	2.49	7.10	98.35
1490.96	710.82	13.58	56.19	2.18	9.24	97.08
1041.65	1251.32	6.50	68.07	2.76	1.79	98.18
1135.70	615.57	10.01	62.74	2.56	4.22	97.40
874.81	341.72	13.65	56.16	2.18	7.24	97.39
1510.70	616.29	11.77	57.65	1.60	7.81	97.40
1213.69	465.75	10.88	58.07	1.39	8.10	96.48
3673.82	1260.76	17.87	56.94	2.19	9.33	99.04
715.31	329.56	7.47	67.46	1.25	6.15	98.45
2317.29	998.65	12.76	59.49	1.85	6.91	97.76
2797.79	1381.37	11.12	59.64	2.36	4.61	98.02
352.15	130.89	14.12	48.06	1.58	9.93	97.71
73.39	31.53	10.39	55.79	1.89	6.53	97.03
83.64	41.49	35.08	57.71	4.04	9.63	97.18
26.98	14.21	5.88	59.44	1.18	4.77	100.00
2059.09	1784.76	8.00	65.46	4.44	4.78	99.37
180.34	40.23	8.94	57.68	2.02	10.94	99.53
28.34	35.90	2.78	54.16	0.70	3.46	97.38

14-11 分地区大中型工业企业主要指标
Main Indicators of Large and Medium-sized Industrial Enterprises by Region

单位：亿元 (100 million yuan)

年份 Year 地区 Region	企业单位数（个）Number of Enterprises (unit)	资产总计 Total Assets	流动资产合计 Total Current Assets	固定资产原价 Original Value of Fixed Assets	累计折旧 Accumulated Depreciation	负债合计 Total Liabilities	流动负债合计 Total Liquid Liabilities
1998	23408	76095.76	30719.90	47898.94	15719.49	47836.52	31076.11
1999	22235	82143.59	32711.77	53515.04	17613.75	49431.10	32270.98
2000	21724	87309.83	35282.86	58348.15	20176.61	52083.87	33935.97
2001	22987	97372.22	39102.67	66145.71	23743.28	56338.65	37602.83
2002	23323	103516.44	41911.77	71606.08	26461.33	59873.02	40870.32
2003	23631	125131.72	54268.38	82397.76	30256.21	72684.52	52292.76
2004	27692	154178.47	65765.12	95788.91	35085.87	87698.21	64364.76
2005	29774	178816.88	77623.67	109682.42	40603.26	102529.69	77049.41
2006	32930	212410.43	92049.07	128497.91	47163.19	121016.54	91057.93
2007	36506	257015.56	113694.45	151310.51	56035.10	147160.52	112696.14
2008	40392	305328.84	132898.77	180024.59	67716.18	177416.34	133353.58
2009	41290	351080.51	152364.09	205253.20	76987.17	206323.41	151255.71
2010	46648	427451.55	195899.00	247961.89	95774.75	249848.16	185563.72
2011	61347	505940.96	240505.34	293602.20	123529.48	299089.26	225041.61
2012	63314	564360.36	264650.92	324201.66	136160.16	333780.31	250485.05
北京 Beijing	776	24635.76	8937.26	9272.77	3833.13	12686.03	7293.63
天津 Tianjin	994	15608.01	8104.15	9003.77	3852.72	10093.66	8379.73
河北 Hebei	2184	26017.06	10436.26	16914.81	6447.55	16105.06	12371.51
山西 Shanxi	1184	21603.81	9300.44	11800.76	4993.83	14930.19	10520.14
内蒙古 Inner Mongolia	842	15667.30	5849.32	8962.48	3190.12	9494.96	5828.95
辽宁 Liaoning	2210	24664.73	11530.95	14257.71	6519.34	15391.41	11113.24
吉林 Jilin	667	9906.80	4175.88	7568.40	3737.05	5623.23	4021.67
黑龙江 Heilongjiang	635	10418.81	4274.03	8589.21	3958.18	6022.94	4493.53
上海 Shanghai	1823	23622.02	13124.25	12683.79	6565.53	11834.63	10145.26
江苏 Jiangsu	7128	58173.76	30738.60	34987.22	15917.18	33395.14	27880.08
浙江 Zhejiang	5240	31666.17	17866.93	13016.05	5179.83	18289.11	15730.64
安徽 Anhui	1655	16318.19	6557.27	9709.45	3751.32	10189.64	6979.07
福建 Fujian	3391	14523.22	7737.47	7022.97	2684.18	7831.74	6285.54
江西 Jiangxi	1759	8600.43	4037.90	5811.71	2453.25	4965.50	3757.06
山东 Shandong	5350	52011.74	25231.19	30894.08	13935.38	30536.92	23731.80
河南 Henan	4070	25891.35	11618.17	15459.87	5448.57	14704.71	11032.22
湖北 Hubei	2022	20881.07	9137.99	13936.47	6254.86	12684.70	9505.39
湖南 Hunan	2082	12111.55	5504.87	7259.82	2847.02	7418.22	5033.55
广东 Guangdong	10464	54852.10	30911.46	27840.28	12261.61	31823.40	26077.43
广西 Guangxi	1351	8675.03	3929.61	4808.54	1562.68	5477.44	4027.27
海南 Hainan	121	1530.53	589.41	813.47	286.47	813.22	610.72
重庆 Chongqing	1171	8508.95	4129.81	4430.92	1771.62	5454.90	4178.58
四川 Sichuan	2769	21074.33	9714.15	11876.04	4930.16	13376.19	9429.04
贵州 Guizhou	578	6129.34	2260.58	3650.24	1189.30	4009.73	2355.42
云南 Yunnan	832	9754.82	3791.51	4940.94	1721.72	5978.10	4010.32
西藏 Tibet	12	352.09	97.63	246.26	55.37	99.17	67.70
陕西 Shaanxi	975	17643.21	7258.66	11749.93	4504.58	10184.32	6804.71
甘肃 Gansu	339	7043.82	2822.42	4510.81	1697.10	4391.83	2965.64
青海 Qinghai	122	3335.77	941.61	2324.52	710.93	2235.51	1184.96
宁夏 Ningxia	172	3984.55	1352.07	2541.62	748.49	2657.47	1564.93
新疆 Xinjiang	396	9154.04	2689.06	7316.76	3151.09	5081.24	3105.31

14-11 续表 1 continued

单位：亿元

年份 地区	Year Region	所有者权益合计 Total Owners' Equities	主营业务收入 Revenue from Principal Business	主营业务成本 Cost of Principal Business	主营业务税金及附加 Taxes and Extra Charges from Principal Business	利润总额 Total Profits	本年应交增值税 Value-added Tax Payable
	1998	28246.56	37130.61	29949.73	1003.18	881.94	1956.72
	1999	32684.52	41405.57	33254.65	1075.24	1588.58	2175.16
	2000	35165.58	50120.30	39768.89	1173.45	3183.28	2566.15
	2001	40898.91	58480.45	47033.65	1294.65	3440.56	2843.54
	2002	43524.43	66977.14	53839.14	1471.01	4008.97	3109.76
	2003	52297.22	99710.07	81445.72	1770.28	6522.98	4065.11
	2004	66263.47	134039.04	111168.19	2191.08	9183.91	4990.26
	2005	75928.60	169237.88	141880.22	2469.03	11011.76	6033.51
	2006	90904.40	210877.13	176592.29	3061.03	14363.23	7567.65
	2007	109607.36	264015.82	219425.49	3849.41	19626.65	9452.78
	2008	127861.45	318812.46	268933.22	4800.55	19929.23	11527.41
	2009	143890.20	335751.14	280972.63	7303.89	22265.68	11412.86
	2010	176816.60	439013.72	365216.54	9300.84	34977.19	15053.53
	2011	206050.11	554055.83	463087.02	10748.54	41743.78	18485.30
	2012	229421.94	603021.39	506603.97	12107.14	40570.17	20514.67
北京	Beijing	11949.43	13316.43	11261.61	247.30	1059.46	366.51
天津	Tianjin	5505.33	18371.71	15308.12	286.79	1838.01	763.03
河北	Hebei	9863.24	28859.28	25107.65	334.93	1397.84	830.21
山西	Shanxi	6628.29	14826.00	12236.02	142.95	894.42	711.46
内蒙古	Inner Mongolia	6141.31	11150.42	8612.31	177.41	1391.63	545.14
辽宁	Liaoning	9180.03	24719.23	21022.81	724.25	974.84	822.60
吉林	Jilin	4275.96	11717.71	9684.00	365.16	788.16	379.50
黑龙江	Heilongjiang	4393.85	8535.16	6088.06	669.82	1096.99	499.47
上海	Shanghai	11777.74	26401.97	22167.12	784.94	1749.15	665.56
江苏	Jiangsu	24778.45	75243.60	64903.37	713.30	4618.68	2342.85
浙江	Zhejiang	13371.65	33716.44	28989.96	374.39	1914.19	938.22
安徽	Anhui	6070.87	16925.90	14119.10	299.95	1119.34	651.80
福建	Fujian	6626.65	18507.77	15655.83	309.65	1370.75	589.14
江西	Jiangxi	3543.44	13445.50	11648.38	183.09	845.76	403.91
山东	Shandong	21312.36	69385.78	59393.04	1043.48	4534.67	1966.98
河南	Henan	11075.35	33927.26	29313.17	491.63	2124.82	974.41
湖北	Hubei	8167.05	20743.29	17451.19	532.60	1351.16	580.70
湖南	Hunan	4693.27	13966.27	11174.28	596.97	896.78	623.46
广东	Guangdong	22856.92	68816.08	58253.68	916.50	4085.42	2275.24
广西	Guangxi	3108.98	9881.82	8471.70	260.95	534.82	377.35
海南	Hainan	719.20	1340.71	1065.40	98.97	101.67	53.28
重庆	Chongqing	3046.78	9424.31	8107.29	146.05	434.86	301.98
四川	Sichuan	7651.59	19928.38	16161.68	395.52	1585.57	885.99
贵州	Guizhou	2104.06	3937.79	2869.54	186.45	466.79	221.86
云南	Yunnan	3756.13	6588.93	4874.93	690.09	434.10	374.64
西藏	Tibet	252.91	50.45	49.13	1.00	2.50	4.43
陕西	Shaanxi	7438.82	12776.03	9364.51	470.55	1707.48	738.39
甘肃	Gansu	2640.27	6638.63	5650.64	255.06	228.28	189.29
青海	Qinghai	1098.85	1442.79	1090.39	38.05	141.84	74.66
宁夏	Ningxia	1322.86	2397.14	2026.29	59.70	109.85	84.90
新疆	Xinjiang	4070.28	6038.63	4482.75	309.64	770.32	277.71

14-11 续表 2 continued

年 份 Year 地 区 Region		总资产贡献率 (%) Ratio of Profits, Taxes and Interests to Average Assets (%)	资产负债率 (%) Ratio of Debts to Assets (%)	流动资产周转次数 (次/年) Turnover of Current Assets (times/year)	成本费用利润率 (%) Ratio of Profits to Total Industrial Costs (%)	产品销售率 (%) Sales Ratio of Products (%)
	1998					
	1999	7.72	60.18	1.32	4.04	98.03
	2000	9.40	59.65	1.48	6.88	98.64
	2001	9.10	57.90	1.53	6.31	98.45
	2002	9.57	57.84	1.66	6.45	98.77
	2003	10.99	58.09	1.97	7.10	98.37
	2004	11.67	56.88	2.17	7.44	98.30
	2005	11.98	57.34	2.28	7.05	98.39
	2006	12.85	56.97	2.42	7.42	98.39
	2007	13.97	57.26	2.5	8.16	98.37
	2008	13.19	58.11	2.49	6.76	97.62
	2009	12.73	58.77	2.3	7.21	97.91
	2010	14.91	58.45	2.24	8.73	98.16
	2011	15.22	59.12	2.36	8.05	98.18
	2012	14.25	59.14	2.34	7.13	98.07
北 京	Beijing	7.43	51.49	1.52	8.26	99.12
天 津	Tianjin	19.32	64.67	2.36	10.68	99.06
河 北	Hebei	11.35	61.90	2.88	5.02	97.85
山 西	Shanxi	9.72	69.11	1.66	6.15	97.82
内蒙古	Inner Mongolia	14.98	60.60	1.94	14.12	96.41
辽 宁	Liaoning	11.53	62.40	2.22	4.09	97.69
吉 林	Jilin	16.54	56.76	2.92	6.96	98.59
黑龙江	Heilongjiang	22.60	57.81	2.07	15.34	97.74
上 海	Shanghai	13.84	50.10	2.06	6.99	98.92
江 苏	Jiangsu	14.44	57.41	2.52	6.42	98.94
浙 江	Zhejiang	11.74	57.76	1.93	5.91	97.62
安 徽	Anhui	14.14	62.44	2.67	6.99	97.96
福 建	Fujian	16.90	53.93	2.42	7.91	97.63
江 西	Jiangxi	17.89	57.74	3.36	6.80	99.43
山 东	Shandong	16.15	58.71	2.80	6.96	98.75
河 南	Henan	15.50	56.79	2.98	6.63	98.23
湖 北	Hubei	13.25	60.75	2.34	6.72	97.20
湖 南	Hunan	19.16	61.25	2.57	6.98	98.49
广 东	Guangdong	14.06	58.02	2.26	6.23	97.94
广 西	Guangxi	15.16	63.14	2.56	5.64	95.14
海 南	Hainan	17.59	53.13	2.30	8.64	103.96
重 庆	Chongqing	11.60	64.11	2.33	4.77	97.91
四 川	Sichuan	14.96	63.47	2.08	8.66	97.90
贵 州	Guizhou	16.73	65.42	1.78	13.69	94.38
云 南	Yunnan	16.84	61.28	1.84	7.33	95.73
西 藏	Tibet	2.82	28.17	0.52	4.44	104.28
陕 西	Shaanxi	17.68	57.72	1.80	15.70	96.68
甘 肃	Gansu	11.18	62.35	2.40	3.64	95.19
青 海	Qinghai	9.62	67.02	1.57	10.58	93.20
宁 夏	Ningxia	8.51	66.69	1.80	4.75	97.93
新 疆	Xinjiang	15.90	55.51	2.31	15.03	97.94

14-12 工业产品产量
Output of Industrial Products

产品名称	Item	2011	2012
原煤 (亿吨)	Coal (100 million tons)	35.20	36.50
原油 (万吨)	Crude Petroleum Oil (10 000 tons)	20287.55	20747.80
天然气 (亿立方米)	Natural Gas (100 million cu.m)	1026.89	1071.53
原盐 (万吨)	Salt (10 000 tons)	6742.16	6911.78
精制食用植物油 (万吨)	Refined Edible Vegetable Oil (10 000 tons)	4331.80	5172.97
成品糖 (万吨)	Refined Sugar (10 000 tons)	1187.43	1409.47
罐头 (万吨)	Canned Food (10 000 tons)	1093.41	1043.01
啤酒 (万千升)	Beer (10 000 kiloliter)	4834.50	4778.58
卷烟 (亿支)	Cigarettes (100 million pieces)	24474.00	25160.90
纱 (万吨)	Yarn (10 000 tons)	2717.86	2984.00
布 (亿米)	Cloth (100 million m)	814.14	848.94
机制纸及纸板 (万吨)	Machine-made Paper and Paperboard(10 000 tons)	11010.89	10956.54
汽油 (万吨)	Gasoline (10 000 tons)	8158.06	8976.07
柴油 (万吨)	Diesel Oil (10 000 tons)	16676.31	17063.81
焦炭 (万吨)	Coke (10 000 tons)	43270.78	44778.87
硫酸(折100%) (万吨)	Sulfuric Acid (10 000 tons)	7482.70	7876.63
烧碱(折100%) (万吨)	Caustic Soda (10 000 tons)	2473.52	2696.82
纯碱(碳酸钠) (万吨)	Soda Ash (10 000 tons)	2294.03	2395.93
乙烯 (万吨)	Ethylene (10 000 tons)	1527.50	1486.80
合成氨 (万吨)	Synthetic Ammonia (10 000 tons)	5252.70	5528.40
农用氮、磷、钾化肥(万吨)	Chemical Fertilizers (10 000 tons)	6419.39	6832.10
#氮肥 (万吨)	Nitrogen Fertilizers (10 000 tons)	4500.97	4865.58
磷肥 (万吨)	Phosphate Fertilizers (10 000 tons)	1561.22	1564.41
化学农药原药 (万吨)	Chemical Pesticides (10 000 tons)	230.00	290.88
初级形态的塑料 (万吨)	Primary Plastic (10 000 tons)	4992.31	5330.92
合成橡胶 (万吨)	Synthetic Rubber (10 000 tons)	367.13	397.39
合成洗涤剂 (万吨)	Synthetic Detergents (10 000 tons)	888.14	933.80
化学药品原药 (万吨)	Chemical Medicines (10 000 tons)	248.85	292.19
中成药 (万吨)	Traditional Chinese Medicine (10 000 tons)	259.48	313.04
化学纤维 (万吨)	Chemical Fiber (10 000 tons)	3390.07	3837.37
橡胶轮胎外胎 (万条)	Tires (10 000 tires)	83566.22	89370.49
水泥 (万吨)	Cement (10 000 tons)	209925.86	220984.08
平板玻璃 (万重量箱)	Plain Glass (10 000 weight cases)	79107.55	75050.50
生铁 (万吨)	Pig Iron (10 000 tons)	64050.88	66354.40
粗钢 (万吨)	Crude Steel (10 000 tons)	68528.31	72388.22
钢材 (万吨)	Rolled Steel (10 000 tons)	88619.57	95577.83
#重轨 (万吨)	Heavy Rail (10 000 tons)	291.50	321.50
大型型钢 (万吨)	Rolled-steel, Large (10 000 tons)	1085.25	1134.07
中小型型钢 (万吨)	Rolled-steel, Medium and Small (10 000 tons)	4471.91	4718.32
棒材 (万吨)	Steel Bar (10 000 tons)	6987.37	7451.16
钢筋 (万吨)	Corrugated Steel Bar (10 000 tons)	15573.99	17810.18
线材(盘条) (万吨)	Wire Rod (10 000 tons)	12461.56	13659.94
特厚板 (万吨)	Heavy Steel Plate (10 000 tons)	618.04	537.08
厚钢板 (万吨)	Thick Steel Plate (10 000 tons)	2608.15	2341.56
中厚宽钢带 (万吨)	Medium Wide Steel Belt (10 000 tons)	10505.10	10870.03

注：1.原煤包括无烟煤、烟煤、褐煤，不包括石煤。
2.原油包括天然原油和人造原油。
3.纱包括棉纱、棉混纺纱、纯化纤纱，不包括棉线、代用纤维纱和手工纺纱。
4.布包括棉布、棉混纺布、纯化纤布，不包括代用纤维布、手工织布。
5.农用化肥按有效成分100%计算。
6.橡胶轮胎外胎包括摩托车充气橡胶轮胎外胎。

a) Coal includes anthracite, bituminous coal and lignite, but excludes stone coal.
b) Crude oil includes natural and synthetic crude oil.
c) Yarn includes pure and blended cotton yarn, pure chemical-fiber yarn, but excludes cotton thread, substitute fiber yarn and hand-made yarn.
d) Cloth includes pure and blended cotton cloth, pure chemical-fiber cloth and canvas, but excludes substitute fiber cloth, hand-woven cloth and cord fabric.
e) The output of chemical fertilizers is calculated on the basis of 100 % effective content.
f) Tires include pneumatic tires of motorcyle.

14-12 续表 continued

产品名称	Item	2011	2012
热轧薄宽钢带 (万吨)	Hot-roll Thin Wide Steel Belt (10 000 tons)	4256.94	5036.01
冷轧薄宽钢带 (万吨)	Non-hot-roll Thin Wide Steel Belt (10 000 tons)	3269.51	3644.31
镀层板(带) (万吨)	Plated Plate(Belt) (10 000 tons)	3176.78	3776.14
无缝钢管 (万吨)	Seamless Steel Pipe (10 000 tons)	2680.75	2836.70
十种有色金属 (万吨)	Ten Kinds of Nonferrous Metals (10 000 tons)	3435.44	3696.97
#精炼铜 (万吨)	Refined Copper (10 000 tons)	524.02	575.73
原铝(电解铝) (万吨)	Electrolyzed Aluminum (10 000 tons)	1767.89	2020.84
氧化铝 (万吨)	Aluminum Oxide (10 000 tons)	3417.20	3769.89
发动机 (万千瓦)	Engines (10 000 kw)	137099.43	136111.48
金属切削机床 (万台)	Metal-cutting Machine Tools (10 000 units)	88.68	88.23
采矿专用设备 (万吨)	Equipment for Mining (10 000 tons)	526.41	767.44
炼油、化工生产专用设备(万吨)	Equipment for Oil Refining, Chemical Production (10 000 tons)	175.76	205.46
大中型拖拉机 (万台)	Large and Medium Tractors (10 000 sets)	40.19	46.33
铁路客车 (辆)	Railway Passenger Coaches (unit)	6853	7562
铁路货车 (万辆)	Railway Freight Wagons (10 000 units)	6.69	5.92
汽车 (万辆)	Motor Vehicles (10 000 sets)	1841.64	1927.62
#轿车 (万辆)	Cars (10 000 sets)	1012.67	1077.00
客车 (万辆)	Buses (10 000 sets)	227.19	271.75
载货汽车 (万辆)	Trucks (10 000 sets)	324.74	302.04
摩托车整车 (万辆)	Motorcycle (10 000 sets)	2735.50	2603.02
两轮脚踏自行车 (万辆)	Bicycles with Two wheels and Feet Driven(10 000 sets)	7169.11	7612.85
发电机组(发电设备) (万千瓦)	Power Generation Equipment (10 000 kw)	14410.52	13005.52
家用电冰箱 (万台)	Home Refrigerators (10 000 sets)	8699.20	8427.00
房间空气调节器 (万台)	Air Conditioners (10 000 sets)	13912.50	13281.10
家用电风扇 (万台)	Electric Fans (10 000 sets)	18845.89	16593.59
家用吸排油烟机 (万台)	Household Smoke Absorbers (10 000 sets)	2032.06	2235.37
家用洗衣机 (万台)	Home Washing Machines (10 000 sets)	6715.94	6791.12
家用吸尘器 (万台)	Vacuum Cleaners (10 000 sets)	8400.46	8145.09
程控交换机 (万线)	Program-controlled Switchboards (10 000 lines)	3034.04	2829.08
电话单机 (万部)	Telephone Sets (10 000 units)	14017.91	12773.84
传真机 (万部)	Fax Machines (10 000 units)	268.13	263.57
移动通信手持机 (万台)	Mobile Telephones (10 000 sets)	113257.71	118154.57
微型计算机设备 (万台)	Micro Computer Equipment (10 000 units)	32036.93	35411.02
#笔记本计算机 (万台)	Notebook PCs (10 000 units)	23897.41	25289.37
显示器 (万台)	Display (10 000 units)	12680.54	12713.27
集成电路 (亿块)	Integrated Circuits (100 million units)	719.52	823.28
彩色电视机 (万台)	Color Television Sets (10 000 sets)	12231.34	12823.52
组合音响 (万台)	Hi-Fi Stereo Component Players (10 000 sets)	15491.81	13145.56
照相机 (万台)	Cameras (10 000 sets)	8241.34	8801.71
#数码照相机 (万台)	Digital Cameras (10 000 sets)	8051.25	7007.07
复印和胶版印制设备 (万台)	Xerox and Hectograph Printing Equipment(10 000 sets)	655.05	687.25
发电量 (亿千瓦小时)	Electricity (100 million kwh)	47130.19	49875.53
#火电 (亿千瓦小时)	Thermal Power (100 million kwh)	38337.02	38928.14
水电 (亿千瓦小时)	Hydropower (100 million kwh)	6989.45	8721.07

注：1.金属切削机床不包括台钻、砂轮机、抛光机。

2.拖拉机是指14.7千瓦及以上的轮式和履带式拖拉机。用本厂自产的拖拉机装配的推土机，只计推土机产量，不计拖拉机产量。

3.发电机组(发电设备)指500千瓦以上的水轮发电机组、汽轮发电机和燃气轮发电机等。

a) Metal-cutting machine tools do not include bench drills, grinders and polishing machines.

b) Tractors refer to both wheel and crawler tractors with a haulage capacity of 14.7 kw and over. The tractors which are refitted into bulldozers by the same tractor factories are deducted.

c) Power generating equipment refers to units with a generating capacity of 500 kw and over, including hydroturbine generating units, steam turbine generating units and gas turbine generating units.

14-13 分地区工业产品产量
Output of Industrial Products by Region

年 份 Year 地 区 Region		原 油 (万吨) Crude Oil (10 000 tons)	天然气 (亿立方米) Natural Gas (100 million cu.m)	原 盐 (万吨) Salt (10 000 tons)	成品糖 (万吨) Refined Sugar (10 000 tons)	啤 酒 (万千升) Beer (10 000 kiloliter)	卷 烟 (亿支) Cigarettes (100 million pieces)	布 (亿米) Cloth (100 million m)
	1978	10405.00	137.30	1953.00	227.00	40.00	1182.00	110.30
	1980	10595.00	142.70	1728.00	257.00	69.00	1520.00	134.70
	1985	12490.00	129.30	1479.00	451.00	310.00	2370.00	146.70
	1990	13831.00	152.98	2023.00	582.00	692.00	3298.00	188.80
	1991	14099.00	160.73	2410.00	640.00	838.00	3226.00	181.70
	1992	14210.00	157.88	2838.00	829.00	1021.00	3285.00	190.70
	1993	14524.00	167.65	2943.00	771.00	1192.00	3376.00	203.00
	1994	14608.00	175.59	2996.00	592.00	1415.00	3432.00	211.30
	1995	15004.95	179.47	2977.72	558.64	1568.82	3485.02	260.18
	1996	15733.39	201.14	2903.57	640.20	1681.91	3401.92	209.10
	1997	16074.14	227.03	3082.66	702.58	1888.94	3377.42	248.79
	1998	16100.00	232.79	2242.52	826.00	1987.67	3374.00	241.00
	1999	16000.00	251.98	2812.36	861.00	2098.77	3340.00	250.00
	2000	16300.00	272.00	3128.00	700.00	2231.32	3397.00	277.00
	2001	16395.87	303.29	3410.51	653.10	2288.93	3402.10	290.00
	2002	16700.00	326.61	3602.43	926.00	2402.70	3467.08	322.39
	2003	16959.98	350.15	3437.70	1083.94	2540.48	3580.86	353.52
	2004	17587.33	414.60	4043.44	1033.70	2948.59	18736.35	482.10
	2005	18135.29	493.20	4661.06	912.37	3126.05	19389.08	484.39
	2006	18476.57	585.53	5663.13	949.07	3543.58	20218.13	598.55
	2007	18631.82	692.40	6166.97	1271.38	3954.07	21438.84	675.26
	2008	19043.06	802.99	6664.43	1432.61	4156.91	22199.20	723.05
	2009	18948.96	852.69	6662.79	1338.35	4162.18	22901.50	753.42
	2010	20241.40	948.48	7037.76	1117.59	4490.16	23752.60	800.00
	2011	20287.55	1026.89	6742.16	1187.43	4834.50	24474.00	814.14
	2012	20747.80	1071.53	6911.78	1409.47	4778.58	25160.90	848.94
北 京	Beijing					166.21	198.60	
天 津	Tianjin	3098.30	18.70	149.70		27.10	239.00	2.10
河 北	Hebei	584.00	13.40	354.90	2.88	157.51	827.50	71.05
山 西	Shanxi				5.30	41.92	156.00	0.78
内蒙古	Inner Mongolia			253.62	31.10	104.30	315.00	0.40
辽 宁	Liaoning	1000.00	7.20	141.96	5.40	264.10	276.40	4.64
吉 林	Jilin	810.40	22.20			135.25	465.00	0.40
黑龙江	Heilongjiang	4001.50	33.70		28.35	210.95	437.00	0.10
上 海	Shanghai	5.30	2.90			59.50	916.90	1.86
江 苏	Jiangsu	194.50	0.60	750.75	0.97	217.61	1006.20	135.52
浙 江	Zhejiang			10.83	0.19	268.55	901.10	235.73
安 徽	Anhui			142.00		152.00	1286.10	10.54
福 建	Fujian			26.61	7.00	198.07	921.20	52.33
江 西	Jiangxi			204.70		117.15	599.00	9.58
山 东	Shandong	2774.70	6.00	2306.01	3.34	665.53	1383.10	146.09
河 南	Henan	476.60	5.00	355.80	0.79	369.25	1691.00	35.59
湖 北	Hubei	78.90	1.70	432.20	3.30	226.80	1367.40	72.03
湖 南	Hunan			253.70	5.96	79.73	1837.70	3.83
广 东	Guangdong	1209.30	83.50	9.14	149.79	474.20	1370.90	30.80
广 西	Guangxi	2.30		7.19	861.51	169.45	753.50	0.63
海 南	Hainan	19.00	1.80	4.17	31.31	8.80	105.00	
重 庆	Chongqing		0.40	233.00	1.20	77.20	551.00	12.26
四 川	Sichuan	17.50	242.26	477.46	2.58	198.00	978.90	14.76
贵 州	Guizhou				2.93	41.40	1246.70	
云 南	Yunnan		0.05	118.10	207.93	89.09	3841.20	0.02
西 藏	Tibet					17.50		
陕 西	Shaanxi	3527.60	311.30	104.80		102.13	879.50	7.23
甘 肃	Gansu	69.90	0.20	20.25	4.00	63.17	440.00	
青 海	Qinghai	205.00	64.28	253.49		10.10		
宁 夏	Ningxia	2.30	3.33			15.40		
新 疆	Xinjiang	2670.70	253.01	301.40	53.64	50.61	170.00	0.67

注：1.成品糖1997年及以前名称为糖，产量包括土糖，1998-2004年名称为机制糖。
2.啤酒2003年及以前计量单位为万吨。
3.卷烟2003年及以前计量单位为万箱。

a) Machined-made sugar was called sugar in 1997 and before, in which the homemade sugar was included.1998-2004 was called machine-made sugar.
b) Unit of beer in 2003 and before was 10 000 tons.
c) Unit of cigarettes in 2003 and before was 10 000 boxes.

14-13 续表 1 continued

年 份 Year 地 区 Region	机制纸及纸板(万吨) Machine-made Paper and Paperboards (10 000 tons)	焦 炭(万吨) Coke (10 000 tons)	硫 酸(万吨) Sulfuric Acid (10 000 tons)	烧 碱(万吨) Caustic Soda (10 000 tons)	纯 碱(万吨) Soda Ash (10 000 tons)	乙 烯(万吨) Ethylene (10 000 tons)	农用氮、磷、钾化肥(万吨) Chemical Fertilizer (10 000 tons)
1978	439.00	4690.00	661.00	164.00	132.90	38.00	869.30
1980	535.00	4343.00	764.30	192.30	161.30	49.00	1232.10
1985	911.00	4802.00	676.40	235.30	201.10	65.20	1322.20
1990	1372.00	7328.00	1196.90	335.40	379.50	157.20	1879.70
1991	1479.00	7352.00	1332.90	354.10	393.60	176.10	1979.50
1992	1725.00	7984.00	1408.70	379.50	455.00	200.30	2047.90
1993	1914.00	9320.00	1336.50	395.40	534.90	202.70	1956.30
1994	2138.00	11477.00	1536.50	429.60	581.40	212.90	2272.80
1995	2812.30	13510.00	1811.00	531.82	597.71	240.10	2548.14
1996	2638.20	13643.00	1883.57	573.78	669.29	304.00	2809.04
1997	2733.20	13731.00	2036.87	574.40	725.76	358.60	2820.96
1998	2125.63	12806.00	2171.00	539.37	744.00	377.30	3010.00
1999	2159.30	12073.70	2356.00	580.14	766.00	435.00	3251.00
2000	2486.94	12184.00	2427.00	667.88	834.00	470.00	3186.00
2001	3777.07	13130.70	2696.32	787.96	914.37	480.60	3383.01
2002	4666.99	14279.80	3050.40	877.97	1033.15	543.02	3791.00
2003	4849.33	17775.70	3371.22	945.27	1133.56	611.77	3881.31
2004	5413.27	20619.00	3928.89	1041.12	1334.70	629.85	4804.82
2005	6205.42	25411.70	4544.66	1239.98	1421.08	755.54	5177.86
2006	6863.02	29768.30	5033.17	1511.78	1560.03	940.51	5345.05
2007	7792.43	33553.40	5412.56	1759.29	1765.00	1027.80	5824.98
2008	8404.30	32031.48	5097.95	1926.01	1854.60	987.58	6028.05
2009	8965.13	35510.14	5960.91	1832.37	1944.77	1072.62	6385.01
2010	9832.63	38864.03	7090.47	2228.39	2034.82	1421.34	6337.86
2011	11010.89	43270.78	7482.70	2473.52	2294.03	1527.50	6419.39
2012	10956.54	44778.87	7876.63	2696.82	2395.93	1486.80	6832.10
北 京 Beijing	11.30			3.80		84.00	
天 津 Tianjin	201.00	229.00	30.90	113.90	48.70	113.20	11.80
河 北 Hebei	511.56	6700.52	141.32	88.84	260.07		184.76
山 西 Shanxi	28.15	8607.91	18.10	55.80	16.00		383.82
内蒙古 Inner Mongolia	15.00	2569.10	251.58	163.60	71.90		123.00
辽 宁 Liaoning	70.37	2021.20	74.55	56.66	45.40	103.10	82.87
吉 林 Jilin	63.90	524.00	42.20	20.80		67.70	37.60
黑龙江 Heilongjiang	61.60	957.20	10.25	12.80		67.20	72.47
上 海 Shanghai	91.46	632.60	18.20	72.70		195.60	2.60
江 苏 Jiangsu	1245.86	2052.20	397.67	414.67	338.40	132.50	290.81
浙 江 Zhejiang	1539.95	294.80	99.73	140.20	23.00	110.30	31.08
安 徽 Anhui	214.02	898.90	502.20	35.30	49.40		310.72
福 建 Fujian	624.63	189.90	114.59	23.70	0.74	84.90	46.49
江 西 Jiangxi	155.98	809.60	290.03	43.24			88.66
山 东 Shandong	1952.20	4224.53	645.72	585.67	410.22	80.60	982.64
河 南 Henan	901.39	2360.73	340.59	169.44	294.90	20.90	395.43
湖 北 Hubei	223.94	922.00	835.40	80.63	137.71		1048.22
湖 南 Hunan	398.81	640.30	275.83	72.31	61.35	0.30	183.65
广 东 Guangdong	1581.84	178.20	260.23	31.23	52.04	234.70	39.26
广 西 Guangxi	297.06	420.21	284.29	44.90	5.65		112.91
海 南 Hainan	128.20						60.00
重 庆 Chongqing	170.55	332.30	222.57	28.40	114.70		198.02
四 川 Sichuan	232.42	1312.24	535.24	124.57	170.34		420.16
贵 州 Guizhou	13.40	838.62	663.48	10.60			503.21
云 南 Yunnan	51.50	1573.36	1220.52	22.90	15.30		351.96
西 藏 Tibet							
陕 西 Shaanxi	80.30	2893.99	135.04	50.90	36.71		84.60
甘 肃 Gansu	4.90	337.50	313.33	24.90	20.10	64.70	83.68
青 海 Qinghai		240.00	62.99	17.60	212.40		346.65
宁 夏 Ningxia	52.86	577.08	51.10	40.37			78.83
新 疆 Xinjiang	32.39	1440.88	38.98	146.39	10.90	127.10	276.21

14-13 续表 2 continued

年份 Year 地区 Region	化学农药原药（万吨）Chemical Pesticide (10 000 tons)	初级形态的塑料（万吨）Primary Plastic (10 000 tons)	化学纤维（万吨）Chemical Fiber (10 000 tons)	水泥（万吨）Cement (10 000 tons)	平板玻璃（万重量箱）Plate Glass (10 000 weight cases)	生铁（万吨）Pig Iron (10 000 tons)	粗钢（万吨）Crude Steel (10 000 tons)	钢材（万吨）Rolled Steel (10 000 tons)
1978	53.30	67.90	28.46	6524.00	1784.00	3479.00	3178.00	2208.00
1980	53.70	89.80	45.03	7986.00	2466.00	3802.00	3712.00	2716.00
1985	21.10	123.40	94.78	14595.00	4942.00	4384.00	4679.00	3693.00
1990	22.80	227.00	165.42	20971.00	8067.00	6238.00	6635.00	5153.00
1991	25.50	283.00	191.03	25261.00	8712.00	6765.00	7100.00	5638.00
1992	28.10	330.80	213.04	30822.00	9359.00	7589.00	8094.00	6697.00
1993	25.70	359.90	237.37	36788.00	11086.00	8739.00	8956.00	7716.00
1994	29.00	401.40	280.33	42118.00	11925.00	9741.00	9261.00	8428.00
1995	41.65	516.87	341.17	47560.59	15731.71	10529.27	9535.99	8979.80
1996	44.75	576.86	375.45	49118.90	16069.37	10722.50	10124.06	9338.02
1997	52.67	685.76	471.62	51173.80	16630.70	11511.41	10894.17	9978.93
1998	55.90	692.58	510.00	53600.00	17194.03	11863.67	11559.00	10737.80
1999	62.50	871.10	600.00	57300.00	17419.79	12539.24	12426.00	12109.78
2000	60.70	1087.51	694.00	59700.00	18352.20	13101.48	12850.00	13146.00
2001	78.72	1288.71	841.38	66103.99	20964.12	15554.25	15163.44	16067.61
2002	92.90	1455.67	991.20	72500.00	23445.56	17084.60	18236.61	19251.59
2003	76.72	1652.08	1181.15	86208.11	27702.60	21366.68	22233.60	24108.01
2004	82.08	2366.50	1699.80	96681.99	37026.17	26830.99	28291.09	31975.72
2005	114.73	2308.86	1664.79	106884.79	40210.24	34375.19	35323.98	37771.14
2006	138.46	2602.60	2073.18	123676.48	46574.70	41245.19	41914.85	46893.36
2007	176.48	3184.54	2413.78	136117.25	53918.07	47651.63	48928.80	56560.87
2008	209.99	3680.23	2453.29	142355.73	59890.39	47824.42	50305.75	60460.29
2009	208.92	3629.97	2747.28	164397.78	58574.07	55283.46	57218.23	69405.40
2010	223.52	4432.59	3090.00	188191.17	66330.80	59733.34	63722.99	80276.58
2011	230.00	4992.31	3390.07	209925.86	79107.55	64050.88	68528.31	88619.57
2012	290.88	5330.92	3837.37	220984.08	75050.50	66354.40	72388.22	95577.83
北京 Beijing		108.80	0.20	882.34			2.60	254.54
天津 Tianjin	0.34	322.90	11.10	847.42	1651.40	1974.60	2124.20	5708.60
河北 Hebei	3.44	79.79	35.88	13131.84	14898.03	16358.54	18048.40	21026.10
山西 Shanxi	0.10	51.90	0.50	5076.19	1975.81	4009.63	3950.18	3799.34
内蒙古 Inner Mongolia	6.20	280.60	2.70	6062.30	549.15	1326.40	1734.10	1661.81
辽宁 Liaoning	2.07	175.32	18.33	5503.78	2523.44	5311.92	5177.50	5923.50
吉林 Jilin	1.18	78.20	27.01	3242.75	355.00	1112.60	1174.20	1229.50
黑龙江 Heilongjiang	0.30	118.87	10.70	3985.14	399.91	674.85	697.60	610.80
上海 Shanghai	1.50	316.44	49.58	798.87		1800.40	1970.90	2341.34
江苏 Jiangsu	73.72	772.97	1278.09	16902.33	6465.96	5874.43	7419.72	11008.35
浙江 Zhejiang	28.88	510.54	1692.99	11575.35	2992.28	1006.10	1305.20	3370.84
安徽 Anhui	23.53	58.06	28.14	11004.70	2388.10	1926.80	2146.36	2770.30
福建 Fujian	0.06	176.52	278.63	7258.96	4644.50	725.75	1576.79	2292.60
江西 Jiangxi	3.28	11.70	37.92	7572.05	668.22	2027.71	2179.57	2371.71
山东 Shandong	78.85	428.78	96.11	15454.99	7903.89	6334.29	6282.10	7823.64
河南 Henan	12.54	222.32	54.14	14888.89	1218.52	2122.62	2215.85	3484.88
湖北 Hubei	17.80	85.17	17.97	10375.28	7365.48	2407.63	2913.34	3560.78
湖南 Hunan	16.38	62.36	6.31	10573.71	1805.50	1742.50	1680.32	1851.61
广东 Guangdong	1.79	542.12	58.91	11485.50	8088.11	842.12	1228.66	3002.37
广西 Guangxi		22.52		9983.95	607.60	1302.66	1341.62	2149.66
海南 Hainan		23.40	4.80	1672.45				20.90
重庆 Chongqing	0.40	4.11	4.59	5561.78	791.26	530.61	545.76	1154.19
四川 Sichuan	15.71	109.08	70.83	13465.03	4093.20	1674.09	1674.89	2287.98
贵州 Guizhou		11.92		6749.36	194.55	562.95	531.30	564.86
云南 Yunnan		24.80	3.90	8013.87	872.57	1595.47	1526.70	1600.26
西藏 Tibet				286.70				
陕西 Shaanxi	0.38	89.07	3.06	7636.17	1489.01	803.34	828.70	1285.70
甘肃 Gansu	0.20	125.21		3651.92	497.12	746.60	810.20	883.10
青海 Qinghai		26.80		1409.52	236.30	150.80	141.20	139.40
宁夏 Ningxia	2.21	94.50		1615.01	0.36	80.70	22.06	109.20
新疆 Xinjiang	0.02	396.15	44.98	4315.93	375.23	1328.29	1138.20	1289.97

注：初级形态的塑料2004年及以前名称为塑料树脂及共聚物，简称塑料。

a) Before 2004, the primary plastic was called plastic colophony copolymer, or plastic in abbreviation.

14-13 续表 3 continued

年份 Year 地区 Region	金属切削机床(万台) Metal-cutting Machine Tools (10 000 units)	大中型拖拉机(万台) Large and Medium-sized Tractors (10 000 units)	汽车(万辆) Motor Vehicles (10 000 units)	#轿车 Cars	发电机组(万千瓦) Power Generation Equipment (10 000 kw)	家用电冰箱(万台) Household Refrigerators (10 000 units)	房间空气调节器(万台) Air Conditioners (10 000 units)
1978	18.32	11.35	14.91		483.80	2.80	0.02
1980	13.36	9.77	22.23	0.54	419.30	4.90	1.32
1985	16.72	4.50	43.72	0.90	563.60	144.81	12.35
1990	13.45	3.94	51.40	3.50	1225.40	463.06	24.07
1991	16.39	5.27	71.42	6.87	1164.20	469.94	63.03
1992	22.87	5.70	106.67	16.17	1297.00	485.76	158.03
1993	26.20	3.77	129.85	22.29	1472.80	596.66	346.41
1994	20.65	4.67	136.69	26.87	1674.10	768.12	393.42
1995	20.34	6.33	145.27	33.70	1667.90	918.54	682.56
1996	17.74	8.37	147.52	38.29	2353.50	979.65	786.21
1997	18.65	8.24	158.25	48.60	2405.10	1044.43	974.01
1998	11.91	6.78	163.00	50.71	1608.00	1060.00	1156.87
1999	14.22	6.54	183.20	57.10	1369.00	1210.00	1337.64
2000	17.66	4.10	207.00	60.70	1249.00	1279.00	1826.67
2001	25.58	3.82	234.17	70.36	1340.14	1351.26	2333.64
2002	30.86	4.54	325.10	109.20	2120.84	1598.87	3135.11
2003	30.58	4.88	444.39	207.08	3700.62	2242.56	4820.86
2004	48.72	11.38	509.11	227.63	9233.01	3007.59	6390.33
2005	51.14	16.33	570.49	277.01	9200.00	2987.06	6764.57
2006	57.30	19.93	727.89	386.94	11694.27	3530.89	6849.42
2007	64.69	20.31	888.89	479.78	12990.98	4397.13	8014.28
2008	71.73	28.44	930.59	503.81	13942.42	4799.95	8147.37
2009	58.55	37.13	1379.53	748.48	11729.25	5930.45	8078.25
2010	69.73	33.68	1826.53	957.59	12880.21	7295.72	10887.47
2011	88.68	40.19	1841.64	1012.67	14410.52	8699.20	13912.50
2012	88.23	46.33	1927.62	1077.00	13005.52	8427.00	13281.10
北京 Beijing	1.93		166.16	77.64	525.70	80.40	
天津 Tianjin	0.10	1.25	63.80	53.60	292.80	51.40	245.80
河北 Hebei	0.79	0.05	82.50	20.10			435.90
山西 Shanxi	0.10		0.70		13.60		
内蒙古 Inner Mongolia			2.10		171.04		
辽宁 Liaoning	11.93		83.63	48.34	4.80	101.50	150.80
吉林 Jilin	0.30	0.12	156.48	120.51	78.61		
黑龙江 Heilongjiang	0.51	1.58	9.80	3.20	2319.83		
上海 Shanghai	2.98	0.52	202.40	180.70	2886.30	151.60	584.10
江苏 Jiangsu	10.01	8.66	88.70	45.50	570.65	1103.20	495.90
浙江 Zhejiang	17.47	3.32	32.72	26.50	460.80	887.20	509.50
安徽 Anhui	6.22		104.18	54.60		2589.10	2992.90
福建 Fujian	0.60		18.33	10.20	95.19		
江西 Jiangxi	0.51	0.16	34.40	8.30	34.50	107.00	307.50
山东 Shandong	18.54	17.02	90.26	50.55	832.17	575.00	465.90
河南 Henan	0.64	10.87	37.56	1.10	107.69	455.90	2.20
湖北 Hubei	0.30	0.02	118.85	61.36	233.20	202.40	829.80
湖南 Hunan	0.31	1.05	17.27	14.67	87.98	17.20	5.50
广东 Guangdong	3.04		138.50	111.73	250.23	1655.00	5342.10
广西 Guangxi	0.43		167.30	11.50	8.98		
海南 Hainan			12.90	8.30			
重庆 Chongqing	0.40		190.95	102.40	161.50	191.20	805.00
四川 Sichuan	0.56	0.04	39.70	27.20	3581.55	68.80	108.20
贵州 Guizhou	0.08	1.40	0.47			159.00	
云南 Yunnan	6.71	0.07	10.90		71.20		
西藏 Tibet							
陕西 Shaanxi	2.22		54.50	36.60		31.10	
甘肃 Gansu	0.42		2.40	2.40	6.20		
青海 Qinghai	0.73						
宁夏 Ningxia	0.40				6.50		
新疆 Xinjiang		0.18	0.16		204.50		

14-13 续表 4 continued

年 份 Year 地 区 Region		家用洗衣机(万台) Household Washing Machines (10 000 units)	移动通信手持机(万台) Mobile Telephones (10 000 units)	微型计算机设备(万台) Micro-Computer Equipment (10 000 units)	集成电路(亿块) Integrated Circuit (100 million units)	彩色电视机(万台) Color Television Sets (10 000 units)	发电量(亿千瓦小时) Electricity (100 million kwh)	#水 电 Hydropower
	1978	0.04			0.30	0.38	2566.00	446.00
	1980	24.53			0.17	3.21	3006.00	582.00
	1985	887.20			0.64	435.28	4107.00	924.00
	1990	662.68		8.21	1.08	1033.04	6212.00	1267.00
	1991	687.17		16.25	1.70	1205.06	6775.00	1247.00
	1992	707.93		12.62	1.61	1333.08	7539.00	1307.00
	1993	895.85		14.66	2.01	1435.76	8395.00	1518.00
	1994	1094.24		24.57	4.85	1689.15	9281.00	1674.00
	1995	948.41		83.57	55.17	2057.74	10070.30	1905.77
	1996	1074.72		138.83	38.90	2537.60	10813.10	1879.66
	1997	1254.48		206.55	25.55	2711.33	11355.53	1959.83
	1998	1207.31		291.40	26.26	3497.00	11670.00	1988.90
	1999	1342.17		405.00	41.50	4262.00	12393.00	1965.80
	2000	1442.98	5247.90	672.00	58.80	3936.00	13556.00	2224.14
	2001	1341.61	8031.70	877.65	63.63	4093.70	14808.02	2774.32
	2002	1595.76	12146.35	1463.51	96.31	5155.00	16540.00	2879.74
	2003	1964.46	18231.37	3216.70	148.31	6541.40	19105.75	2836.81
	2004	2533.41	23751.58	5974.90	235.51	7431.83	22033.09	3535.44
	2005	3035.52	30354.21	8084.89	269.97	8283.22	25002.60	3970.17
	2006	3560.50	48013.79	9336.44	335.75	8375.40	28657.26	4357.86
	2007	4005.10	54857.86	12073.38	411.62	8478.01	32815.53	4852.64
	2008	4447.00	55945.10	15853.65	438.77	9187.14	34957.61	6369.60
	2009	4973.63	68193.37	18215.07	414.40	9898.79	37146.51	6156.44
	2010	6247.73	99827.36	24584.46	652.50	11830.03	42071.60	7221.72
	2011	6715.94	113257.71	32036.93	719.52	12231.34	47130.19	6989.45
	2012	6791.12	118154.57	35411.02	823.28	12823.52	49875.53	8721.07
北 京	Beijing	0.10	19949.30	1074.50	31.94	54.40	290.99	4.38
天 津	Tianjin	23.20	9193.90	0.20	8.50	192.80	589.69	
河 北	Hebei	0.05			0.30		2411.24	4.70
山 西	Shanxi		1517.00				2545.91	43.79
内蒙古	Inner Mongolia					141.31	3172.18	17.66
辽 宁	Liaoning		1650.00	0.20	0.10	504.50	1441.05	38.24
吉 林	Jilin						691.62	65.78
黑龙江	Heilongjiang			3.60	2.00		849.16	16.34
上 海	Shanghai	197.10	4086.60	9804.80	160.30	142.90	886.19	
江 苏	Jiangsu	1177.10	2525.80	8862.10	292.59	1330.35	4001.13	11.22
浙 江	Zhejiang	1952.94	651.80	161.80	44.42	573.30	2808.19	187.01
安 徽	Anhui	1499.30	3.90	339.40		304.55	1771.08	19.60
福 建	Fujian		2968.00	929.00	0.60	953.10	1622.60	476.20
江 西	Jiangxi		4440.00	20.80		132.90	728.20	111.66
山 东	Shandong	624.00	4111.50	20.40	3.70	1504.60	3211.67	1.23
河 南	Henan	21.60	6853.60			4.70	2643.00	136.72
湖 北	Hubei	166.80	419.00	213.30			2238.19	1415.34
湖 南	Hunan	37.70	71.40	61.00	0.06	38.90	1398.05	602.70
广 东	Guangdong	607.00	57599.27	5374.52	172.07	5663.60	3763.80	367.31
广 西	Guangxi					115.90	1186.07	541.56
海 南	Hainan						198.55	15.36
重 庆	Chongqing	283.63	1095.80	4160.90	0.40	125.80	597.65	244.75
四 川	Sichuan	194.60	970.80	4384.50	34.00	949.31	2150.51	1562.46
贵 州	Guizhou		46.90		0.20	90.60	1617.71	582.05
云 南	Yunnan						1759.13	1238.23
西 藏	Tibet						26.24	18.98
陕 西	Shaanxi						1341.83	88.91
甘 肃	Gansu	6.00			72.10		1102.97	294.67
青 海	Qinghai						584.21	455.50
宁 夏	Ningxia						1009.66	19.06
新 疆	Xinjiang						1237.06	139.66

主要统计指标解释

工业 指从事自然资源的开采，对采掘品和农产品进行加工和再加工的物质生产部门。具体包括：(1)对自然资源的开采，如采矿、晒盐等(但不包括禽兽捕猎和水产捕捞)；(2)对农副产品的加工、再加工，如粮油加工、食品加工、缫丝、纺织、制革等；(3)对采掘品的加工、再加工，如炼铁、炼钢、化工生产、石油加工、机器制造、木材加工等，以及电力、自来水、煤气的生产和供应等；(4)对工业品的修理、翻新，如机器设备的修理、交通运输工具(如汽车)的修理等。

工业统计调查单位为独立核算法人工业企业。

独立核算法人工业企业指从事工业生产经营活动的单位。独立核算法人工业企业应同时具备以下条件：①依法成立，有自己的名称、组织机构和场所，能够承担民事责任；②独立拥有和使用资产，承担负债，有权与其他单位签订合同；③独立核算盈亏，并能够编制资产负债表。

国有及国有控股企业 指国有企业加上国有控股企业。国有企业(即原全民所有制工业或国营工业)指企业全部资产归国家所有，并按《中华人民共和国企业法人登记管理条例》规定登记注册的非公司制的经济组织。包括国有企业、国有独资公司和国有联营企业。1957 年以前的公私合营和私营工业，后均改造为国营工业，1992 年改为国有工业，这部分工业的资料不单独分列时，均包括在国有企业内。国有控股企业是对混合所有制经济的企业进行的"国有控股"分类。它是指这些企业的全部资产中国有资产(股份)相对其他所有者中的任何一个所有者占资(股)最多的企业。该分组反映了国有经济控股情况。

本篇涉及的其他企业登记注册类型的解释详见综合篇。

轻工业 指主要提供生活消费品和制作手工工具的工业。按其所使用的原料不同，可分为两大类：(1)以农产品为原料的轻工业，是指直接或间接以农产品为基本原料的轻工业。主要包括食品制造、饮料制造、烟草加工、纺织、缝纫、皮革和毛皮制作、造纸以及印刷等工业；(2)以非农产品为原料的轻工业，是指以工业品为原料的轻工业。主要包括文教体育用品、化学药品制造、合成纤维制造、日用化学制品、日用玻璃制品、日用金属制品、手工工具制造、医疗器械制造、文化和办公用机械制造等工业。

重工业 指为国民经济各部门提供物质技术基础的主要生产资料的工业。按其生产性质和产品用途，可以分为下列三类：(1)采掘(伐)工业，是指对自然资源的开采，包括石油开采、煤炭开采、金属矿开采、非金属矿开采等工业；(2)原材料工业，指向国民经济各部门提供基本材料、动力和燃料的工业。包括金属冶炼及加工、炼焦及焦炭、化学、化工原料、水泥、人造板以及电力、石油和煤炭加工等工业；(3)加工工业，是指对工业原材料进行再加工制造的工业。包括装备国民经济各部门的机械设备制造工业、金属结构、水泥制品等工业，以及为农业提供的生产资料如化肥、农药等工业。

根据上述划分原则，修理业中以重工业产品为修理作业对象的划为重工业，反之划为轻工业。

资产总计 指企业过去的交易或者事项形成的、由企业拥有或者控制的、预期会给企业带来经济利益的资源。资产一般按流动性分为流动资产和非流动资产。其中流动资产可分为货币资金、交易性金融资产、应收票据、应收账款、预付款项、其他应收款、存货等；非流动资产可分为长期股权投资、固定资产、无形资产及其他非流动资产等。根据会计"资产负债表"中"资产总计"项目的期末余额数填报。

流动资产合计 资产满足以下条件之一应归为流动资产：（1）预计在一个正常营业周期中变现、出售或耗用，主要包括存货、应收账款等；（2）主要为交易目的而持有；（3）预计在资产负债表日起一年内（含一年）变现；（4）自资产负债日起一年内，交换其他资产或清偿负债的能力不受限制的现金或现金等价物。包括货币资金、应收票据、应收账款、存货等项目。根据会计"资产负债表"中"流动资产合计"项目的期末余额数填报。

固定资产原价 指固定资产的成本，包括企业在购置、自行建造、安装、改建、扩建、技术改造某项固定资产时所发生的全部支出总额。根据会计"固定资产"科目的期末借方余额填报。

累计折旧 指企业在报告期末提取的历年固定资产折旧累计数。根据会计"累计折旧"科目的期末贷方余额填报。

负债合计 指企业过去的交易或者事项形成的，预期会导致经济利益流出企业的现时义务。负债一般按偿还期长短分为流动负债和非流动负债。根据会计"资产负债表"中"负债合计"项目的期末余额数填报。

流动负债合计 负债满足下列条件之一的应归为流动负债：（1）预计在一个正常营业周期中清偿；（2）主要为交易目的而持有；(3)自资产负债表日起一年内到期应予清偿；（4）企业无权自主地将清偿推迟至资产负债表日后一年以上。包括短期借款、应付票据、应付账款、应付职工薪酬、应交税费等项目。根据会计"资产负债表"中"流动负债合计"项目的期末余额数填报。

所有者权益合计 指企业资产扣除负债后由所有者享有的剩余权益。公司的所有者权益又称股东权益。包括实收资本、资本公积、盈余公积、未分配利润等。根据会计"资产负债表"中"所有者权益合计"项目的期末余额数填报。

主营业务收入 指企业确认的销售商品、提供劳务等主营业务的收入。根据会计“主营业务收入”科目的期末贷方余额填报。

主营业务成本 指企业经营主要业务所发生的成本总额。根据会计“主营业务成本”科目的期末借方余额填报。

主营业务税金及附加 指企业经营主要业务应负担的营业税、消费税、城市维护建设税、教育费附加等。根据会计“主营业务税金及附加”科目的期末借方余额填报。

利润总额 指企业在一定会计期间的经营成果，是生产经营过程中各种收入扣除各种耗费后的盈余，反映企业在报告期内实现的盈亏总额。根据会计“利润表”中“利润总额”项目的本期金额数填报。

应交增值税 指企业按税法规定，从事货物销售或提供加工、修理修配劳务等增加货物价值的活动本期应交纳的税金。计算公式为：

应交增值税=销项税额-（进项税额-进项税额转出）

-出口抵减内销产品应纳税额-减免税款+出口退税

进项税额指企业在报告期内购入货物或接受应税劳务而支付的、准予从销项税额中抵扣的增值税额。

销项税额指企业在报告期内销售货物或提供应税劳务应收取的增值税额。

总资产贡献率 反映企业全部资产的获利能力，是企业经营业绩和管理水平的集中体现，是评价和考核企业盈利能力的核心指标。计算公式为：

$$\text{总资产贡献率}(\%)=\frac{\text{利润总额}+\text{税金总额}+\text{利息支出}}{\text{平均资产总额}}\times 100\%$$

公式中：税金总额为主营业务税金及附加与应交增值税之和；平均资产总额为期初期末资产之和的算术平均值。

资产负债率 该指标既反映企业经营风险的大小，也反映企业利用债权人提供的资金从事经营活动的能力。计算公式为：

$$\text{资产负债率}(\%)=\frac{\text{负债总额}}{\text{资产总额}}\times 100\%$$

资产与负债均为报告期期末数。

流动资产周转次数 指一定时期内流动资产完成的周转次数，反映投入工业企业流动资金的周转速度。计算公式为：

$$\text{流动资产周转次数}=\frac{\text{主营业务收入}}{\text{全部流动资产平均余额}}$$

公式中：全部流动资产平均余额为期初和期末的流动资产之和的算术平均值。

成本费用利润率 反映企业投入的生产成本及费用的经济效益，同时也反映企业降低成本所取得的经济效益。计算公式为：

$$\text{成本费用利润率}(\%)=\frac{\text{利润总额}}{\text{成本费用总额}}\times 100\%$$

公式中：成本费用总额为主营业务成本、销售费用、管理费用、财务费用之和。

产品销售率 该指标反映工业产品已实现销售的程度，是分析工业产销衔接情况，研究工业产品满足社会需求的指标。计算公式为：

$$\text{产品销售率}(\%)=\frac{\text{工业销售产值}}{\text{工业总产值}}\times 100\%$$

Explanatory Notes on Main Statistical Indicators

Industry refers to the material production sector which is engaged in the extraction of natural resources and processing and reprocessing of minerals and agricultural products, including (1) extraction of natural resources, such as mining, salt production (but not including hunting and fishing); (2) processing and reprocessing of farm and sideline produces, such as rice husking, flour milling, wine making, oil pressing, silk reeling, spinning and weaving, and leather making; (3) manufacture of industrial products, such as steel making, iron smelting, chemicals manufacturing, petroleum processing, machine building, timber processing; water and gas production and electricity generation and supply; (4)repairing of industrial products such as the repairing of machinery and means of transport (including cars).

In industrial statistics surveys, the units of enquiry are corporate industrial enterprises with independent accounting systems.

Corporate industrial enterprises with independent accounting systems refer to enterprises engaging in industrial production activities, which meet the following requirements: (1) They are established legally, having their own names, organizations, location and able to take civil liability; (2) They possess and use their assets independently, assume liabilities and are entitled to sign contracts with other units; (3) They are financially independent and compile their own balance sheets.

State-owned and State-holding Enterprises refer to state-owned enterprises plus State-holding enterprises. State-owned enterprises (originally known as State-run enterprises with ownership by the whole society) are non-corporate economic entities registered in accordance with the *Regulation of the People's Republic of China on the Management of Registration of Legal Enterprises*, where all assets are owned by the State. Included in this category are State-owned enterprises, State-funded corporations and State-owned joint-operation enterprises. Joint State-private industries and private industries, which existed before 1957, were transformed into state-run industries since 1957, and into State-owned industries after 1992. Statistics on those enterprises are included in the State-owned industries instead of being grouped them separately. State-holding enterprises are a sub-classification of enterprises with mixed ownership, referring to enterprises where the percentage of State assets (or shares by the State) is larger than any other single share holder of the same enterprise. This sub-classification illustrates the control of the State over a particular industry.

For explanation of enterprises of other types of registration covered in this chapter, please refer to General Survey.

Light Industry refers to the industry that produces consumer goods and hand tools. It consists of two categories, depending on the materials used:

(1) Industries using farm products as raw materials. These are the branches of light industry which directly or indirectly use farm products as basic raw materials, including the manufacture of food and beverages, tobacco processing, textile, clothing, fur and leather manufacturing, paper making, printing, etc.

(2) Industries using non-farm products as raw materials. These are the branches of light industry which use manufactured goods as raw materials, including the manufacture of cultural, educational articles and sports goods, chemicals, synthetic fibre, chemical products for daily use, glass products for daily use, metal products for daily use, hand tools, medical apparatus and instruments, and the manufacture of cultural and office machinery.

Heavy Industry refers to the industry which produces capital goods, and provides various sectors of the national economy with necessary material and technical basis for production. It consists of the following three branches according to the purpose of production or the use of products:

(1) Mining, quarrying and logging industry, which refers to the industry that extracts natural resources, including extraction of petroleum, coal, metal and non-metal ores.

(2) Raw materials industry refers to the industry that provides various sectors of the national economy with raw materials, fuels and power. It includes smelting and processing of metals, coking and coke chemistry, chemical materials and building materials such as cement, plywood, and power, petroleum refining and coal dressing.

(3) Manufacturing industry which refers to the industry that processes raw materials. It includes machine-building industries which equip sectors of the national economy; industries producing metal structure and cement products; and industries producing means of agricultural production, such as chemical fertilizers and pesticides.

In accordance with the above principles of classification, the repairing trades, which are engaged primarily in repairing products of heavy industry, are classified as heavy industry while those which are engaged in repairing products of light industry are classified as light industry.

Total Assets refer to all resources that are owned or controlled by enterprises through previous trades or transactions with expectation of making economic profits. Classified by the degree of liquidity, total assets include current assets, and non-current assets. Current assets can be classified into monetary assets, trading financial assets, notes receivable, accounts receivable, advanced payments, other prepaid money and inventories. Non-current assets can be divided into long-term equity investment, fixed assets, intangible assets and other non-current assets. Data on this indicator can be obtained by the year-end figures of total assets in the *Assets and Liability Table* of accounting records of enterprises.

Total Current Assets refer to the assets that meet one of the following requirements: (1) expected to be cashed, sold or used in a normal operation cycle, mainly including inventory and accounts receivable; (2) be owned for trading purpose mainly; (3) expected to be cashed in one year (including one year) from the day of the *Assets and Liability Table*; (4) unlimited cash or cash equivalents that can be exchanged with other assets or being capable of settling debts during one year since the day of *Assets and Liability Table*. Included are monetary assets, notes receivable, accounts receivable and inventories. Data on this indicator can be obtained by the year-end figures of total current assets in the *Assets and Liability Table* of the accounting records of enterprises.

Original Value of Fixed Assets refers to the cost of fixed assets, or the total expenditure of an enterprise spent on certain fixed assets, through purchase, construction, installation, transformation, expansion or technical upgrading. It is reported according to the year-end debit balance of fixed assets of accounting records.

Accumulated Depreciation refers to the accumulated figure of fixed assets depreciation over the past years that are extracted by the enterprise at the end of the reference period. It is reported according to the year-end credit balance of accumulated depreciation of accounting records.

Total Liabilities refer to payable liabilities of enterprises that accumulated from previous trades or transactions with expectation of economic profits leaking out. In terms of payment, it can be divided into liquid liabilities and long-term liabilities. Data on this item is obtained from the year-end figures on total liabilities from the Assets and Liability Table of the accounting record of the enterprises.

Total Liquid Liabilities refer to the liabilities that meet one of the following requirements: (1) expected to be repaid in a normal operation cycle; (2) be owned for trading purpose mainly; (3) expected to be repaid in one year from the day of the *Assets and Liability Table*; (4) enterprise has no right to postpone the settlement of which over a year from the day of the *Assets and Liability Table*. Included are short-term loans, notes payable, accounts payable, employee compensations, taxes and expenses due. Data on this indicator can be obtained by the year-end figures of total liquid liabilities in the *Assets and Liability Table* of the accounting records of enterprises.

Total Equity refers to the residual ownership of enterprise investors by deducting total liabilities from the total assets, including the paid-in capital, accumulation of capital, operating surplus and non-distributed profits. Data are obtained from the year-end figures on "total equity" from the Assets and Liability Table of the accounting record of enterprise.

Revenue from Principal Business refers to the income confirmed of an enterprise from the principal business of selling products and providing labor services. Data on this indicator can be obtained from the year-end credit balance of "revenue from principal business" in the accounting record of enterprise.

Cost of Principal Business refers to the total cost occurred from the principal business of the enterprise. Data can be obtained from the year-end debit balance of "cost of principal business" in the accounting record of enterprise.

Tax and Extra Charges from Principal Business refer to the sales tax, consumption tax, urban maintenance and construction tax and education expenses shouldered by the enterprise from its principal business. Data are obtained from the year-end debit balance of "tax and extra charges from principal business" in the accounting record of enterprise.

Total Profits refers to the operation results in a certain accounting period, and it is the balance of various incomes minus various spendings in the course of operation, reflecting the total profits and losses of enterprises in reference period. Data are obtained from the amount of "total profits" in the "profit table" of the accounting record of enterprise.

Value-added Tax Payable refers to the payable tax of enterprises which engaged in selling of goods or providing services that bring added value to the goods, such as processing, repairing, fitting and other activities should be paid according to Tax Law. The formula is as follows:

Value-added Tax Payable = tax on sales-(tax on purchase-transferred tax on purchase)-exports deduct tax payable on domestic sales-tax relief+the export tax rebate.

Tax on Purchase refers to the value-added tax payable by enterprises that purchase goods or receiving taxable services during the reference period and this part of the tax is allowed to be deducted from the tax on sales.

Tax on Sales refers to the value-added tax chargeable by enterprises that sell goods or provide taxable services during the reference period.

Ratio of Profits, Taxes and Interests to Average Assets reflects the profit-making capability of all assets of the enterprise and is a key indicator manifesting the performance and management and evaluating the profit-making potential of the enterprise. It is calculated as follows:

$$\text{Ratio of Profits, Taxes and Interests to Average Assets (\%)} = \frac{\text{total profits} + \text{total taxes} + \text{interest payment}}{\text{average assets}} \times 100\%$$

In the above formula, total taxes is the sum of tax and extra charges on the principal business and value-added tax payable; and average assets is the arithmetic mean of the sum of beginning assets and ending assets.

Ratio of Debts to Assets reflects both the operation risk and the capability of the enterprise in making use of the capital from the creditors. It is calculated as follows:

$$\text{Ratio of Debts to Assets (\%)} = \frac{\text{total debts}}{\text{total assets}} \times 100\%$$

Both assets and debts are figures at the end of the reference period.

Turnover of Current Assets refers to the number of times of turnover of current assets in a given period of time, which reflects the speed of the turnover of current assets of industrial enterprises, and is calculated as follows:

$$\text{Turnover of Current Assets} = \frac{\text{sales revenue of products}}{\text{average balance of total current assets}}$$

In the above formula, average balance of total current assets refers to the arithmetic mean of the sum of current assets at the beginning and at the end of the reference period.

Ratio of Profits to Total Industrial Costs refers to the ratio of profits realized in a given period to the total costs in the same period, which reflects the economic efficiency of input cost and is calculated as follows:

$$\text{Ratio of Profits to Total Industrial Cost (\%)} = \frac{\text{total profits}}{\text{total costs}} \times 100\%$$

Total costs in the above formula are the sum of cost of principal business, marketing cost, management cost and financial cost.

Sales Ratio of Products is an indicator reflecting the actual sale of industrial products, analyzing the production-selling and supply-demand relations. It is calculated as:

$$\text{Sales Ratio of Products (\%)} = \frac{\text{value of industrial sales}}{\text{gross industrial output value (current prices)}} \times 100\%$$

15

建筑业

Construction

简 要 说 明

一、本篇资料的主要内容

本篇资料反映我国建筑业概况和发展情况。包括建筑业企业基本情况和生产经营情况。主要指标有企业个数、从业人员数、建筑业总产值、建筑业增加值、房屋建筑面积、利润税金、劳动生产率等。此外，还包括勘察设计机构和人员情况的主要指标。

二、本篇资料的统计范围

根据建筑业发展的实际情况，建筑业统计范围从2002年年报起由原具有建筑业资质等级四级及四级以上的独立核算的建筑业企业调整为具有建筑业资质的独立核算建筑业企业。

三、本篇的资料来源及统计调查方法

本篇建筑业企业统计数据是根据国家统计局制定的《建筑业统计报表制度》整理汇总的。建筑业统计报表是国家统计局根据企业实际情况采取全面调查的方法布置、收集，由各资质内建筑业企业通过联网直报上报的全面报表。

勘察设计机构和人员表依据住房和城乡建设部制定的《勘察设计报表制度》中有关年报资料编制，由住房和城乡建设部提供。

Brief Introduction

I. Main Contents

Data in this chapter show the general situation and the development of the construction industry in China. They cover the situation of production and management of the construction enterprises, including the number of enterprises; number of employed persons; gross output value and value added of the construction industry; floor space of buildings under construction; profits and taxes; and labour productivity etc. They also cover main indicators on the situation of prospecting and designing institutions and personnel.

II. Scope of Statistics

In view of the development of the construction industry, starting from 2002 the scope of construction statistics has been adjusted to include all the construction enterprises of various types of ownership with qualification certificates and independent accounting systems, replacing the previous criteria that required construction enterprises of various types of ownership to have qualification certificates at or above Class 4 with independent accounting systems.

III. Sources of Data and Methods of Survey

Data on construction enterprises are collected in accordance with the Reporting Form System of Construction Statistics stipulated by the National Bureau of Statistics. The construction statistical reports are deployed and collected through comprehensive survey by National Bureau of Statistics in accordance with the real conditions of the enterprises, they are directly reported by qualified construction enterprises through internet. Data on prospecting and designing institutions and their personnel are provided by the Ministry of Housing and Urban-Rural Development, based on the requirements on the annual reporting specified in the Statistical Reporting Form System of Prospecting and Designing stipulated by the Ministry of Housing and Urban-Rural Development.

15-1 建筑业企业概况
Main Indicators on Construction Enterprises

年份 Year	总计 Total	国有企业 State-owned	集体企业 Collective-owned	港澳台商投资企业 Funded from Hong Kong, Macao and Taiwan	外商投资企业 Foreign Funded	其他 Others
企业单位数（个） Number of Enterprises						
1980	6604	1996	4608			
1985	11150	3385	7765			
1990	13327	4275	9052			
1995	24133	7531	15348	329	312	613
2000	47518	9030	24756	635	319	12778
2001	45893	8264	19096	622	274	17637
2002	47820	7536	13177	632	279	26196
2003	48688	6638	10425	535	287	30803
2004	59018	6513	8959	511	386	42649
2005	58750	6007	8090	516	388	43749
2006	60166	5555	7051	479	370	46711
2007	62074	5319	6614	482	365	49294
2008	71095	5315	5843	474	363	59100
2009	70817	5009	5352	444	351	59661
2010	71863	4810	5026	416	331	61280
2011	72280	4642	4847	393	303	62095
2012	75280	4602	4640	385	295	65358
从业人员（万人） Number of Persons Employed (10 000 persons)						
1980	648.0	481.8	166.2			
1985	911.5	576.7	334.8			
1990	1010.7	621.0	389.7			
1995	1497.9	824.3	631.9	5.0	5.4	31.3
2000	1994.3	635.6	887.5	8.2	4.4	458.6
2001	2110.7	590.7	739.9	7.7	4.3	768.1
2002	2245.2	543.8	579.2	7.4	4.5	1110.4
2003	2414.3	524.3	505.6	7.0	6.0	1371.3
2004	2500.3	467.4	386.4	6.8	8.1	1631.6
2005	2699.9	480.0	361.6	8.6	10.8	1838.9
2006	2878.2	467.6	332.0	8.9	8.1	2061.6
2007	3133.7	470.1	317.0	9.8	11.4	2325.4
2008	3315.0	472.1	266.8	10.5	9.2	2556.4
2009	3672.6	518.9	246.8	10.9	10.2	2885.7
2010	4160.4	576.9	246.5	12.2	9.8	3315.1
2011	3852.5	444.9	220.4	11.3	9.9	3166.0
2012	4267.2	457.8	216.2	13.0	10.3	3570.0
建筑业总产值（亿元） Gross Output Value (100 million yuan)						
1980	286.93	220.90	66.03			
1985	675.10	474.51	200.59			
1990	1345.01	935.19	409.82			
1995	5793.75	3670.25	1899.47	33.60	33.19	157.24
2000	12497.60	5053.79	4035.84	99.18	67.49	3241.30
2001	15361.56	5362.81	3775.89	102.55	73.06	6047.25
2002	18527.18	5582.86	3338.50	113.87	91.38	9400.57
2003	23083.87	6060.23	3270.73	123.71	129.39	13499.81
2004	29021.45	7325.61	2756.12	137.03	202.46	18600.23
2005	34552.10	8432.03	2815.20	172.54	249.03	22883.30
2006	41557.16	9218.56	2904.48	240.52	274.87	28918.73
2007	51043.71	10630.90	3153.65	281.95	396.32	36580.89
2008	62036.81	12231.66	3216.43	321.07	387.14	45880.52
2009	76807.74	15190.05	3281.75	334.59	415.17	57586.19
2010	96031.13	18148.59	3655.27	443.96	439.68	73343.64
2011	116463.32	20436.81	4306.49	612.68	658.17	90449.18
2012	137217.86	22930.19	4919.00	649.74	476.99	108241.94

注：1.本表1980年至1992年数据为全民和集体所有制建筑业企业数据；1993年至1995年数据为各种经济成分的建制镇以上建筑业企业数据；1996年至2001年数据为资质等级(旧资质)四级及四级以上建筑业企业数据；2002年及以后数据为所有具有资质等级的施工总承包、专业承包建筑业企业（不含劳务分包建筑业企业)数据。

2.从业人员数1993年至1997年为年平均人数，其余年份为年末人数。

a) Data from 1980 to 1992 are the figures of State-owned and collective-owned construction enterprises. Data from 1993 to 1995 are the figures of construction enterprises of all economic types above town level. Data from 1996 to 2001 included construction enterprises at fourth or higher quality grades(old classification of grades). Data since 2002 included all general construction contractors and professional contractors (not including construction enterprises of worker subcontractors) which possess qualification grades.

b) For 1993-1997, the number of employed persons refers to the annual average, and refers to persons at year-end in other years.

15-2 按登记注册类型分建筑业企业主要经济指标（2012年）

指 标		Item		合 计 Total
企业单位数	(个)	Number of Construction Enterprises	(unit)	75280
从业人员	(万人)	Number of Employed Persons	(10 000 persons)	4267.24
固定资产原价	(亿元)	Fixed Assets (original value)	(100 million yuan)	15476.93
固定资产净值	(亿元)	Fixed Assets (net value)	(100 million yuan)	9582.58
自有施工机械设备年末总台数	(万台)	Number of Machinery and Equipment Owned	(10 000 sets)	1015.73
自有施工机械设备年末净值	(亿元)	Net Value of Machinery and Equipment Owned	(100 million yuan)	5707.08
自有施工机械设备年末总功率	(万千瓦)	Total Power of Machinery and Equipment Owned	(10 000 kw)	24275.31
建筑业总产值	(亿元)	Gross Output Value of Construction	(100 million yuan)	137217.86
建筑业增加值	(亿元)	Value Added of Construction	(100 million yuan)	26583.31
#本年固定资产折旧		Depreciation of Fixed Assets		1065.47
应付职工薪酬		Wages Payable		15603.95
主营业务税金及附加		Taxes and Extra Charges on Project Settle Accounts		4190.48
管理费用中的税金		Taxes in Management Expenses		198.40
房屋施工面积	(万平方米)	Floor Space of Buildings under Construction	(10 000 sq.m)	986427.45
房屋竣工面积	(万平方米)	Floor Space of Buildings Completed	(10 000 sq.m)	358736.23
利润总额	(亿元)	Total Profits	(100 million yuan)	4776.14
税金总额	(亿元)	Total Tax	(100 million yuan)	4388.88
劳动生产率		Overall Labor Productivity		
按总产值计算	(元/人)	In Terms of Gross Output Value	(yuan/person)	296424
按增加值计算	(元/人)	In Terms of Value-added	(yuan/person)	57427
技术装备率	(元/人)	Value of Machines per Laborer	(yuan/person)	13374
动力装备率	(千瓦/人)	Power of Machines per Laborer	(kw/person)	5.7
房屋建筑面积竣工率	(%)	Rate of Floor Space of Buildings Completed	(%)	36.4
产值利润率	(%)	Ratio of Profit to Gross Output Value	(%)	3.5
产值利税率	(%)	Ratio of Pre-tax Profit to Gross Output Value	(%)	6.7

Main Economic Indicators on Construction Enterprises by Registration Status (2012)

内资企业 Domestic Funded	#国有 State-owned	#集体 Collective-owned	港澳台商投资企业 Funded from Hong Kong, Macao and Taiwan	#港澳台商独资企业 Solely Owned	外商投资企业 Foreign Funded	#外商独资企业 Solely Owned
74600	4602	4640	385	90	295	91
4243.99	457.78	216.24	12.97	1.24	10.28	2.86
15368.89	3144.40	583.05	55.48	8.09	52.56	13.83
9521.30	1759.15	375.72	31.22	4.98	30.05	7.66
1011.17	126.06	72.45	2.77	0.37	1.79	0.28
5691.13	814.67	174.06	10.28	1.01	5.67	0.93
24163.89	3738.90	1087.34	54.32	5.00	57.10	3.68
136091.13	22930.19	4919.00	649.74	82.93	476.99	198.54
1055.39	228.93	29.53	5.50	0.43	4.59	0.97
15490.01	2056.10	615.41	64.93	7.77	49.02	18.74
4159.56	687.26	165.87	17.37	2.36	13.55	5.68
196.95	25.42	12.84	0.95	0.21	0.50	0.22
981024.29	117123.57	39208.99	3711.03	230.23	1692.13	764.29
356982.44	26763.33	19810.72	932.58	59.10	821.21	365.00
4717.82	537.66	188.91	31.76	8.01	26.56	15.98
4356.51	712.68	178.71	18.32	2.57	14.05	5.90
295718	388406	222006	449499	524468	378776	652136
13410	17796	8050	7927	8189	5518	3263
5.7	8.2	5.0	4.2	4.0	5.6	1.3
36.4	22.9	50.5	25.1	25.7	48.5	47.8
3.5	2.3	3.8	4.9	9.7	5.6	8.0
6.7	5.5	7.5	7.7	12.8	8.5	11.0

15-3 分地区总承包建筑业企业主要经济指标（2012年）
Main Economic Indicators on Construction Enterprises of General Contractors by Region (2012)

地 区	Region	企业单位数 (个) Number of Enterprises (unit)	从业人员 (人) Number of Employed Persons (person)	建筑业总产值 (万元) Gross Output Value of Construction (10 000 yuan)	利税总额 (万元) Total Pre-Tax Profits (10 000 yuan)	按总产值计算的劳动生产率 (元/人) Overall Labor Productivity by Gross Output Value (yuan/person)
全 国	**National Total**	**43031**	**38278197**	**1224735708**	**79845536**	**295904**
北 京	Beijing	875	340534	55384707	3838078	808160
天 津	Tianjin	424	236597	28341058	1652481	572687
河 北	Hebei	1617	1245261	45633359	2670717	352641
山 西	Shanxi	947	560167	23902342	1341005	289137
内蒙古	Inner Mongolia	667	341071	13689007	1338889	274924
辽 宁	Liaoning	2231	1606427	61817446	3982592	298616
吉 林	Jilin	900	452016	17896406	1193378	313059
黑龙江	Heilongjiang	1314	431776	20389686	1156646	241921
上 海	Shanghai	1355	737445	40230171	2590086	416309
江 苏	Jiangsu	4538	6697610	164932347	11068354	270123
浙 江	Zhejiang	3343	5959991	159455107	8497422	271694
安 徽	Anhui	1574	1516387	38081342	2374259	262958
福 建	Fujian	1372	1678470	39806697	2683501	219830
江 西	Jiangxi	1174	1015481	25827810	1722112	276792
山 东	Shandong	3743	2537227	65676765	4835169	231284
河 南	Henan	2178	1994929	54309031	3762966	292032
湖 北	Hubei	1669	1560367	64966333	4916961	412405
湖 南	Hunan	1395	1094582	41330840	2852264	281612
广 东	Guangdong	2321	1479135	49265772	3711566	350169
广 西	Guangxi	771	644456	17942820	878418	279765
海 南	Hainan	87	56785	2609341	183817	419393
重 庆	Chongqing	1454	1308487	36417875	2710553	257438
四 川	Sichuan	2157	1993742	55936282	3752378	253684
贵 州	Guizhou	421	342741	9982711	485355	317600
云 南	Yunnan	1369	676371	21707572	1452623	260433
西 藏	Tibet	157	34660	843052	69764	267262
陕 西	Shaanxi	1052	754382	33190430	1954181	350613
甘 肃	Gansu	734	525634	12903521	888336	258987
青 海	Qinghai	245	104811	3041636	196547	256845
宁 夏	Ningxia	326	75535	4248718	255468	253102
新 疆	Xinjiang	621	275120	14975525	829651	253810

15-4 分地区专业承包建筑业企业主要经济指标（2012年）
Main Economic Indicators on Construction Enterprises of Professional Contractors by Region (2012)

地 区	Region	企业单位数 (个) Number of Enterprises (unit)	从业人员 (人) Number of Employed Persons (person)	建筑业总产值 (万元) Gross Output Value of Construction (10 000 yuan)	利税总额 (万元) Total Pre-Tax Profits (10 000 yuan)	按总产值计算的劳动生产率 (元/人) Overall Labor Productivity by Gross Output Value (yuan/person)
全 国	**National Total**	**32249**	**4394225**	**147442872**	**11804721**	**300818**
北 京	Beijing	2303	144207	10498246	681596	513181
天 津	Tianjin	1111	85851	4244644	294409	446161
河 北	Hebei	730	100116	3017548	253511	330908
山 西	Shanxi	1069	102568	2779337	167769	233591
内蒙古	Inner Mongolia	161	25547	720962	52430	145458
辽 宁	Liaoning	3316	387591	13656452	1059047	307702
吉 林	Jilin	753	79327	2007845	221383	285148
黑龙江	Heilongjiang	724	60653	3349920	182177	208524
上 海	Shanghai	1608	139843	8204225	598420	475051
江 苏	Jiangsu	4205	695828	19303165	1764478	213585
浙 江	Zhejiang	2207	447662	13872342	994319	313258
安 徽	Anhui	965	179579	4223070	373175	271876
福 建	Fujian	1015	175062	4438742	390413	234061
江 西	Jiangxi	333	57233	2067898	165370	345190
山 东	Shandong	1918	236948	7136556	653846	290985
河 南	Henan	2154	272533	5781734	614033	252805
湖 北	Hubei	1105	144044	5467886	408940	388419
湖 南	Hunan	511	92625	2748357	220062	259944
广 东	Guangdong	1823	425849	15878521	1441738	378567
广 西	Guangxi	282	25805	727760	44190	319165
海 南	Hainan	33	2175	221747	7441	1293737
重 庆	Chongqing	880	100345	3338821	221172	324211
四 川	Sichuan	1036	195102	6467016	428334	288682
贵 州	Guizhou	137	12418	409464	39050	365364
云 南	Yunnan	711	72185	2129034	133856	268889
西 藏	Tibet	18	1199	20993	2019	153231
陕 西	Shaanxi	197	41899	2103455	152461	466719
甘 肃	Gansu	374	35362	742763	71549	279560
青 海	Qinghai	122	12589	215941	35964	206899
宁 夏	Ningxia	182	14176	420809	35609	232466
新 疆	Xinjiang	266	27904	1247620	95960	209575

15-5 分地区建筑业增加值
Value-added of Construction by Region

单位：万元　　(10 000 yuan)

地 区	Region	2007	2008	2009	2010	2011	2012
全 国	**National Total**	**99443523**	**124889453**	**156198171**	**189835420**	**220709789**	**265833118**
北 京	Beijing	3338391	3737458	4681944	5787051	7684808	8455591
天 津	Tianjin	1717835	2124318	2578760	3022160	3810030	4434651
河 北	Hebei	2852563	4228769	4448083	5248930	6557397	7330468
山 西	Shanxi	1776833	2117930	2603555	3391079	3572106	3928679
内蒙古	Inner Mongolia	1825748	1967289	2836211	3260788	3760028	3487830
辽 宁	Liaoning	5258371	5937975	7686803	9897495	11213212	13798131
吉 林	Jilin	1311528	2138655	2369263	2632453	3216260	3837962
黑龙江	Heilongjiang	1245296	2475749	3779597	5070564	3260269	3631982
上 海	Shanghai	3596431	4497900	5490998	5831049	6772969	7155228
江 苏	Jiangsu	14916160	17218560	23226742	26980524	34214250	43365335
浙 江	Zhejiang	13577522	15211075	18296301	23041235	28144275	36475974
安 徽	Anhui	3381737	4201294	5401505	6839623	8101048	9008371
福 建	Fujian	3990185	4999209	6843049	8742502	10413396	13812188
江 西	Jiangxi	1521384	2301203	2624373	2928344	3489463	5121627
山 东	Shandong	6820080	9040732	10398656	12318902	13029984	15263559
河 南	Henan	4478541	6497922	8316141	10039228	10338387	11170082
湖 北	Hubei	3787283	4850441	6007806	7679793	9753665	12344343
湖 南	Hunan	3562607	4411407	4929387	5850949	6524823	7694186
广 东	Guangdong	6063680	6975411	8217055	9534681	11096309	14496424
广 西	Guangxi	1163287	1624181	1915039	2274656	2601685	3028638
海 南	Hainan	112450	232416	214458	216058	293769	419433
重 庆	Chongqing	2339444	3108658	5047547	6345491	6903107	7437832
四 川	Sichuan	4138417	5508921	6315258	8162436	9436351	11030457
贵 州	Guizhou	685982	728452	933283	1212945	1543010	1863504
云 南	Yunnan	1413970	1640438	1964924	2436986	2723818	3715905
西 藏	Tibet	121040	146752	238767	276857	249086	199643
陕 西	Shaanxi	2029378	3880798	4905743	6065105	6084540	5589472
甘 肃	Gansu	901083	1077617	1281414	1565648	1800243	2649077
青 海	Qinghai	278968	332610	445584	538075	587061	713605
宁 夏	Ningxia	340006	438380	650092	715620	942241	986566
新 疆	Xinjiang	897324	1236931	1549833	1928195	2592201	3386374

15-6 分地区建筑业劳动生产率(2012年)
Labor Productivity of Construction by Region(2012)

单位：元/人 (yuan/person)

地 区	Region	按建筑业增加值计算的劳动生产率 Overall Labor Productivity in Terms of Value-added	按建筑业总产值计算的劳动生产率 Overall Labor Productivity in Terms of Total Output Value	#国 有 State-owned	#集 体 Collective-owned
全 国	**National Average**	**57427**	**296424**	**388406**	**222006**
北 京	Beijing	95018	740349	790943	449594
天 津	Tianjin	75162	552285	564146	482922
河 北	Hebei	52919	351210	776371	303224
山 西	Shanxi	41544	282148	277627	153461
内蒙古	Inner Mongolia	63707	263203	561279	190391
辽 宁	Liaoning	54886	300220	347428	230157
吉 林	Jilin	59774	309998	372644	206213
黑龙江	Heilongjiang	36194	236574	297106	230833
上 海	Shanghai	62817	425215	549938	301114
江 苏	Jiangsu	61866	262834	415841	223671
浙 江	Zhejiang	57790	274610	354742	236066
安 徽	Anhui	56179	263822	347151	184693
福 建	Fujian	69046	221179	265273	194447
江 西	Jiangxi	51576	280918	371092	231449
山 东	Shandong	49478	236030	392673	186859
河 南	Henan	53486	287736	432563	203993
湖 北	Hubei	71933	410437	567636	279322
湖 南	Hunan	48902	280156	341561	213567
广 东	Guangdong	79374	356691	390449	185699
广 西	Guangxi	45601	281118	368688	139400
海 南	Hainan	65607	442835	512119	268743
重 庆	Chongqing	49010	261969	325683	221459
四 川	Sichuan	45412	256912	289482	199941
贵 州	Guizhou	57246	319244	369023	176338
云 南	Yunnan	40714	261167	276607	261725
西 藏	Tibet	60656	262516	334956	138393
陕 西	Shaanxi	56362	355890	411121	247746
甘 肃	Gansu	50478	260028	517435	197435
青 海	Qinghai	55378	252800	369280	74321
宁 夏	Ningxia	53050	251093	212503	274706
新 疆	Xinjiang	52133	249756	245196	288304

15-7 分地区按登记注册类型分建筑业企业单位数（2012年）
Number of Construction Enterprises by Registration Status and Region (2012)

单位：个 (unit)

地区	Region	合计 Total	内资企业 Domestic Funded	#国有 State-owned	#集体 Collective-owned	港澳台商投资企业 Funded from Hong Kong, Macao and Taiwan	#港澳台商独资企业 Solely Owned	外商投资企业 Foreign Funded	#外商独资企业 Solely Owned
全　国	**National Total**	**75280**	**74600**	**4602**	**4640**	**385**	**90**	**295**	**91**
北　京	Beijing	3178	3099	137	175	41	11	38	11
天　津	Tianjin	1535	1511	120	75	14	1	10	
河　北	Hebei	2347	2340	155	102	5		2	
山　西	Shanxi	2016	2004	163	105	7		5	1
内蒙古	Inner Mongolia	828	828	17	12				
辽　宁	Liaoning	5547	5488	273	304	21	1	38	6
吉　林	Jilin	1653	1648	84	53	5			
黑龙江	Heilongjiang	2038	2031	182	153	2		5	1
上　海	Shanghai	2963	2832	135	94	74	26	57	24
江　苏	Jiangsu	8743	8638	249	302	48	12	57	27
浙　江	Zhejiang	5550	5520	118	110	20	3	10	1
安　徽	Anhui	2539	2528	146	120	6	3	5	2
福　建	Fujian	2387	2354	87	76	27	6	6	1
江　西	Jiangxi	1507	1498	146	217	8	1	1	
山　东	Shandong	5661	5632	384	563	11	2	18	2
河　南	Henan	4332	4318	195	212	4	1	10	2
湖　北	Hubei	2774	2755	265	130	15	3	4	
湖　南	Hunan	1906	1896	238	240	6	2	4	1
广　东	Guangdong	4144	4085	373	390	50	10	9	7
广　西	Guangxi	1053	1049	125	205	3	1	1	
海　南	Hainan	120	119	23	21	1			
重　庆	Chongqing	2334	2328	123	109	2	1	4	2
四　川	Sichuan	3193	3183	192	262	6	4	4	2
贵　州	Guizhou	558	558	100	95				
云　南	Yunnan	2080	2076	103	179	3	1	1	
西　藏	Tibet	175	175	25	21				
陕　西	Shaanxi	1249	1245	145	145	2		2	1
甘　肃	Gansu	1108	1107	100	106	1			
青　海	Qinghai	367	365	50	34	1	1	1	
宁　夏	Ningxia	508	505	62	12	1		2	
新　疆	Xinjiang	887	885	87	18	1		1	

15-8 分地区按登记注册类型分建筑业企业从业人员（2012年）
Number of Staff and Workers in Construction Enterprises by Registration Status and Region (2012)

单位：人 (person)

地 区	Region	合 计 Total	内资企业 Domestic Funded	#国 有 State-owned	#集 体 Collective-owned	港澳台商投资企业 Funded from Hong Kong, Macao and Taiwan	#港澳台商独资企业 Solely Owned	外商投资企业 Foreign Funded	#外商独资企业 Solely Owned
全 国	**National Total**	**42672422**	**42439916**	**4577807**	**2162418**	**129682**	**12357**	**102824**	**28649**
北 京	Beijing	484741	466633	55681	23244	11861	2149	6247	2147
天 津	Tianjin	322448	321236	56845	23745	709	93	503	
河 北	Hebei	1345377	1344342	108323	47282	690		345	
山 西	Shanxi	662735	658093	148880	27189	1871		2771	643
内蒙古	Inner Mongolia	366618	366618	22215	4786				
辽 宁	Liaoning	1994018	1980486	180980	149224	4738	20	8794	2068
吉 林	Jilin	531343	523016	41523	9978	8327			
黑龙江	Heilongjiang	492429	491952	112223	36216	39		438	130
上 海	Shanghai	877288	850732	64778	15801	10827	2746	15729	10231
江 苏	Jiangsu	7393438	7368846	179250	171452	13520	1391	11072	5089
浙 江	Zhejiang	6407653	6379257	75648	90949	19306	147	9090	28
安 徽	Anhui	1695966	1693167	277318	58186	1530	997	1269	120
福 建	Fujian	1853532	1847399	123765	44096	5184	873	949	286
江 西	Jiangxi	1072714	1050608	182851	125023	22088	10	18	
山 东	Shandong	2774175	2766653	298308	258838	6138	131	1384	200
河 南	Henan	2267462	2265973	174115	125286	284	5	1205	93
湖 北	Hubei	1704411	1702411	311823	56163	1392	154	608	
湖 南	Hunan	1187207	1181616	216933	114621	3842	679	1749	964
广 东	Guangdong	1904984	1884379	439063	195421	13265	732	7340	6476
广 西	Guangxi	670261	637716	259087	77638	420	299	32125	
海 南	Hainan	58960	58925	21614	13639	35			
重 庆	Chongqing	1408832	1407565	119393	53442	1143	1013	124	33
四 川	Sichuan	2188844	2187527	354681	174102	1189	264	128	93
贵 州	Guizhou	355159	355159	231129	22350				
云 南	Yunnan	748556	747506	64475	68912	886	648	164	
西 藏	Tibet	35859	35859	8470	4240				
陕 西	Shaanxi	796281	796165	231870	86960	43		73	48
甘 肃	Gansu	560996	560982	78152	65245	14			
青 海	Qinghai	117400	117367	44903	13972	6	6	27	
宁 夏	Ningxia	89711	88712	19975	1851	332		667	
新 疆	Xinjiang	303024	303016	73536	2567	3		5	

15-9 建筑业企业技术装备情况
Number and Power of Machinery and Equipment Owned by Construction Enterprises

年份 Year 地区 Region		自有施工机械设备年末总台数（台）Number of Machinery and Equipment Owned (set)	自有施工机械设备年末总功率（万千瓦）Total Power of Machinery and Equipment Owned (10 000 kw)	自有施工机械设备年末净值（万元）Net Value of Machinery and Equipment Owned (10 000 yuan)	技术装备率（元/人）Value of Machines per Laborer (yuan/person)	动力装备率（千瓦/人）Power of Machines per Laborer (kw/person)
	1992	2531578	4431.9	3147398	2719	3.8
	1993	2608091	4948.9	4671699	4105	4.3
	1994	2952629	5712.7	4981982	3446	4.0
	1995	3482784	7056.5	6386383	4264	4.7
	1996	5649612	9804.8	8814352	4154	4.6
	1997	5604603	8668.5	9938659	4729	4.1
	1998	5833748	8656.5	10407189	5127	4.3
	1999	6110175	9077.8	11628317	5756	4.5
	2000	6259885	9228.1	12572317	6304	4.6
	2001	7022174	10251.7	15062491	7136	4.9
	2002	7540011	11022.5	21722927	9675	4.9
	2003	8001782	11712.4	24039576	9957	4.9
	2004	8466386	14584.1	23245244	9297	5.8
	2005	8798527	13765.6	25037702	9273	5.1
	2006	8973042	14156.3	26217542	9109	4.9
	2007	9487515	15579.4	28856331	9208	5.0
	2008	9448056	18195.4	32869151	9915	5.5
	2009	9734910	19022.6	37049784	10088	5.2
	2010	11209484	19386.4	39719872	9547	4.7
	2011	10054231	21822.4	46327127	12025	5.7
	2012	10157280	24275.3	57070804	13374	5.7
北京	Beijing	123269	373.7	1013060	20899	7.7
天津	Tianjin	110530	501.5	2941739	91231	15.6
河北	Hebei	545557	1470.8	1872059	13915	10.9
山西	Shanxi	208493	657.9	1211129	18275	9.9
内蒙古	Inner Mongolia	109949	244.1	607300	16565	6.7
辽宁	Liaoning	436124	1316.0	2324665	11658	6.6
吉林	Jilin	75244	488.3	699143	13158	9.2
黑龙江	Heilongjiang	134579	312.5	804716	16342	6.3
上海	Shanghai	159882	370.9	1531121	17453	4.2
江苏	Jiangsu	1663026	4006.4	15529494	21004	5.4
浙江	Zhejiang	969694	1835.9	4335378	6766	2.9
安徽	Anhui	446720	913.2	1676365	9884	5.4
福建	Fujian	293589	636.5	1345750	7260	3.4
江西	Jiangxi	161853	398.1	765984	7141	3.7
山东	Shandong	734320	1651.1	3131939	11290	6.0
河南	Henan	818851	1660.0	2671715	11783	7.3
湖北	Hubei	556978	1457.2	3366844	19754	8.5
湖南	Hunan	449679	999.8	1402350	11812	8.4
广东	Guangdong	666925	1406.7	2812852	14766	7.4
广西	Guangxi	151564	255.9	456152	6806	3.8
海南	Hainan	7065	15.1	34466	5846	2.6
重庆	Chongqing	182531	461.0	951760	6756	3.3
四川	Sichuan	310128	774.4	1752759	8008	3.5
贵州	Guizhou	67632	143.4	245932	6925	4.0
云南	Yunnan	182497	724.2	1107713	14798	9.7
西藏	Tibet	3607	45.2	41712	11632	12.6
陕西	Shaanxi	221012	492.1	1091303	13705	6.2
甘肃	Gansu	215594	270.0	589855	10514	4.8
青海	Qinghai	24542	74.4	189339	16128	6.3
宁夏	Ningxia	34150	76.9	135860	15144	8.6
新疆	Xinjiang	91696	242.1	430352	14202	8.0

注：从2004年起，自有机械设备情况统计改为自有施工机械设备情况统计(下表同)。

a) Starting from 2004, statistics on machinery and equipment owned refer to construction machinery and equipment owned. The same applies to the table following.

15-10 国有建筑业企业技术装备情况
Number and Power of Machinery and Equipment Owned by State-owned Construction Enterprises

年份 地区	Year Region	自有施工机械设备年末总台数（台） Number of Machinery and Equipment Owned (set)	自有施工机械设备年末总功率（万千瓦） Total Power of Machinery and Equipment Owned (10 000 kw)	自有施工机械设备年末净值（万元） Net Value of Machinery and Equipment Owned (10 000 yuan)	技术装备率（元/人） Value of Machinery per Laborer (yuan/person)	动力装备率（千瓦/人） Power of Machinery per Laborer (kw/person)
	1992	1410064	3314.6	2464943	3618	4.9
	1993	1309360	3323.8	2848367	4335	5.1
	1994	1476295	3900.2	3567576	4361	4.8
	1995	1637276	3984.6	4161384	5048	4.8
	1996	1870826	4213.3	4692164	5482	4.9
	1997	1865910	4419.9	5211213	6289	5.3
	1998	1818321	4343.2	5180338	7016	5.9
	1999	1876329	4405.0	5548440	8035	6.4
	2000	1822716	4150.8	5485356	8631	6.5
	2001	1831423	4008.7	5561988	9417	6.8
	2002	1710768	3663.2	6811241	12527	6.7
	2003	1649774	3493.8	6920800	13200	6.7
	2004	1485122	3513.5	6037890	12919	7.5
	2005	1523411	3442.3	6380891	13292	7.2
	2006	1360393	3217.4	5781244	12363	6.9
	2007	1365566	3292.1	5826179	12393	7.0
	2008	1339329	3511.9	6846247	14502	7.4
	2009	1387998	3620.4	7927430	15277	7.0
	2010	2244827	3207.2	7219362	12515	5.6
	2011	1246856	3694.4	10074666	22643	8.3
	2012	1260582	3738.9	8146746	17796	8.2
北京	Beijing	14343	48.2	130113	23368	8.6
天津	Tianjin	24650	86.9	180767	31800	15.3
河北	Hebei	57843	201.9	272040	25114	18.6
山西	Shanxi	41397	104.8	190174	12774	7.0
内蒙古	Inner Mongolia	7985	21.4	57667	25958	9.6
辽宁	Liaoning	67701	260.3	385312	21290	14.4
吉林	Jilin	11625	32.7	52612	12670	7.9
黑龙江	Heilongjiang	44976	105.2	222588	19834	9.4
上海	Shanghai	14280	107.2	664055	102512	16.5
江苏	Jiangsu	88680	245.5	463407	25853	13.7
浙江	Zhejiang	30773	55.8	126881	16773	7.4
安徽	Anhui	51813	138.0	289247	10430	5.0
福建	Fujian	15200	41.4	70355	5685	3.3
江西	Jiangxi	26639	84.9	143790	7864	4.6
山东	Shandong	63755	225.1	478280	16033	7.5
河南	Henan	74071	211.1	333079	19130	12.1
湖北	Hubei	99155	276.5	973152	31208	8.9
湖南	Hunan	87079	284.6	282114	13005	13.1
广东	Guangdong	134847	216.0	961050	21889	4.9
广西	Guangxi	36874	92.4	173938	6713	3.6
海南	Hainan	2778	7.4	11242	5201	3.4
重庆	Chongqing	27260	126.7	239390	20051	10.6
四川	Sichuan	63506	211.1	431165	12156	6.0
贵州	Guizhou	40899	86.8	164593	7121	3.8
云南	Yunnan	26052	113.9	216810	33627	17.7
西藏	Tibet	265	0.7	2865	3383	0.9
陕西	Shaanxi	48782	163.8	296309	12779	7.1
甘肃	Gansu	15762	48.5	109113	13962	6.2
青海	Qinghai	13073	49.4	107292	23894	11.0
宁夏	Ningxia	8007	17.6	26453	13243	8.8
新疆	Xinjiang	20512	73.0	90897	12361	9.9

15-11 分地区建筑业总产值（2012年）
Total Output Value of Construction by Region (2012)

单位：万元　　(10 000 yuan)

地 区	Region	建筑业总产值 Total Output Value	建筑工程产值 Output Value of Construction	安装工程产值 Output Value of Installation	其 他 Others
全 国	**National Total**	**1372178580**	**1217199214**	**113165946**	**41813420**
北 京	Beijing	65882953	62969477	2455345	458132
天 津	Tianjin	32585701	27689042	3494517	1402142
河 北	Hebei	48650907	41015346	4614637	3020924
山 西	Shanxi	26681679	23350004	2524274	807401
内蒙古	Inner Mongolia	14409969	12690902	933398	785670
辽 宁	Liaoning	75473898	63231338	9371512	2871049
吉 林	Jilin	19904251	17246933	1934922	722397
黑龙江	Heilongjiang	23739606	19454598	3450528	834480
上 海	Shanghai	48434396	40212430	6806998	1414968
江 苏	Jiangsu	184235512	172988157	9831657	1415698
浙 江	Zhejiang	173327449	157109344	11806245	4411859
安 徽	Anhui	42304412	36379941	3319106	2605365
福 建	Fujian	44245439	40829401	2893469	522569
江 西	Jiangxi	27895708	24313740	2132969	1448999
山 东	Shandong	72813321	61536656	9169857	2106808
河 南	Henan	60090765	52693264	5678115	1719386
湖 北	Hubei	70434219	62647745	5501337	2285138
湖 南	Hunan	44079197	38301989	2892687	2884522
广 东	Guangdong	65144293	56853257	6357934	1933102
广 西	Guangxi	18670580	15776620	1693955	1200004
海 南	Hainan	2831087	2507060	149202	174825
重 庆	Chongqing	39756696	35903846	2547809	1305041
四 川	Sichuan	62403298	55452079	4938562	2012657
贵 州	Guizhou	10392175	9103268	906409	382498
云 南	Yunnan	23836606	21361673	1649754	825179
西 藏	Tibet	864044	814845	31304	17896
陕 西	Shaanxi	35293886	31307629	2864139	1122118
甘 肃	Gansu	13646284	12027190	1244037	375056
青 海	Qinghai	3257576	2624087	327999	305490
宁 夏	Ningxia	4669527	4370011	222644	76873
新 疆	Xinjiang	16223145	14437344	1420628	365173

15-12 分地区按登记注册类型分建筑业总产值（2012年）
Total Output Value of Construction by Registration Status and Region (2012)

单位：万元 (10 000 yuan)

地区	Region	合计 Total	内资企业 Domestic Funded	#国有 State-owned	#集体 Collective-owned	港澳台商投资企业 Funded from Hong Kong, Macao and Taiwan	#港澳台商独资企业 Solely Owned	外商投资企业 Foreign Funded	#外商独资企业 Solely Owned
全国	**National Total**	**1372178580**	**1360911276**	**229301853**	**49190021**	**6497420**	**829289**	**4769884**	**1985428**
北京	Beijing	65882953	64378972	11319578	1572771	990930	279871	513051	112655
天津	Tianjin	32585701	32517395	8695178	2610920	51346	545	16961	
河北	Hebei	48650907	48597421	9462330	1361991	36371		17115	
山西	Shanxi	26681679	26587020	6941038	450162	39211		55449	6900
内蒙古	Inner Mongolia	14409969	14409969	1258556	128095				
辽宁	Liaoning	75473898	74942383	10394423	3918743	171744	880	359772	65787
吉林	Jilin	19904251	19730651	1572634	314681	173601			
黑龙江	Heilongjiang	23739606	23711892	7018957	1841978	647		27068	1712
上海	Shanghai	48434396	45785422	6723207	643149	1295247	271282	1353727	623153
江苏	Jiangsu	184235512	183240666	8515843	3704733	470957	43273	523889	308753
浙江	Zhejiang	173327449	172318467	3304248	2152733	664350	2953	344632	1851
安徽	Anhui	42304412	42221898	9479797	940326	27020	16833	55494	3343
福建	Fujian	44245439	43672286	5354474	836004	531005	24905	42148	30417
江西	Jiangxi	27895708	27488403	6316612	2726748	406843	59	462	
山东	Shandong	72813321	72412716	11704641	4662349	327966	9489	72638	19232
河南	Henan	60090765	59959211	7310610	2134749	111099	453	20455	2240
湖北	Hubei	70434219	70347008	17425301	1486158	51527	4035	35685	
湖南	Hunan	44079197	43790155	11001212	2113245	178058	44599	110984	15066
广东	Guangdong	65144293	63558418	17766490	3293681	796366	23515	789510	781019
广西	Guangxi	18670580	18270157	8981801	1526447	11344	4683	389079	
海南	Hainan	2831087	2829864	1469117	344689	1224			
重庆	Chongqing	39756696	39672862	6603260	1126520	79720	73580	4115	1007
四川	Sichuan	62403298	62386489	14024820	3582328	12890	4085	3920	2430
贵州	Guizhou	10392175	10392175	8104842	307938				
云南	Yunnan	23836606	23803941	5322749	1521515	27543	24164	5122	
西藏	Tibet	864044	864044	285182	48452				
陕西	Shaanxi	35293886	35283250	12645945	2216507	479		10157	9863
甘肃	Gansu	13646284	13645905	3401876	1227515	378			
青海	Qinghai	3257576	3257346	1852750	97487	86	86	144	
宁夏	Ningxia	4669527	4611859	1374388	138177	39385		18283	
新疆	Xinjiang	16223145	16223033	3669996	159230	85		27	

15-13 分地区按行业分建筑业总产值（2012年）
Total Output Value of Construction by Branch and Region (2012)

单位：万元 (10 000 yuan)

地 区	Region	建筑业总产值 Total Output Value of Construction	房屋和土木工程建筑业 Building and Civil Engineering	房屋工程建筑 House Building	土木工程建筑 Civil Engineering	建筑安装业 Construction Installation	建筑装饰业 Construction Decoration	其他建筑业 Other Construction
全 国	**National Total**	**1372178580**	**1219179152**	**871338386**	**347840766**	**80627676**	**53101872**	**19269881**
北 京	Beijing	65882953	54360827	35522350	18838477	5552966	5133206	835954
天 津	Tianjin	32585701	27910754	12509718	15401036	2838883	973270	862795
河 北	Hebei	48650907	44873599	33562263	11311336	2690894	730214	356200
山 西	Shanxi	26681679	24538187	10141066	14397122	1114876	353856	674760
内蒙古	Inner Mongolia	14409969	13728805	8792718	4936088	461611	44269	175284
辽 宁	Liaoning	75473898	62616947	43482195	19134753	7681976	4065100	1109875
吉 林	Jilin	19904251	17128849	11471834	5657015	2076958	487963	210481
黑龙江	Heilongjiang	23739606	18988806	12347915	6640891	2991005	988536	771260
上 海	Shanghai	48434396	39177597	27557596	11620001	4380166	4545725	330909
江 苏	Jiangsu	184235512	161315152	135652117	25663035	11422403	8634574	2863384
浙 江	Zhejiang	173327449	162152538	130424308	31728230	4770369	5148912	1255630
安 徽	Anhui	42304412	37746262	25724544	12021718	3073880	1108194	376075
福 建	Fujian	44245439	40231438	32068631	8162807	1851607	1447597	714797
江 西	Jiangxi	27895708	25915412	18144383	7771029	843457	817994	318845
山 东	Shandong	72813321	66209769	47395284	18814484	3110633	2685189	807730
河 南	Henan	60090765	53413723	31751882	21661841	3517299	1503400	1656343
湖 北	Hubei	70434219	63777993	38902230	24875763	4282727	1321088	1052411
湖 南	Hunan	44079197	41472779	32455389	9017389	1453469	624485	528464
广 东	Guangdong	65144293	49195202	33960917	15234285	5527473	9285462	1136156
广 西	Guangxi	18670580	17814504	13679527	4134977	583817	134031	138228
海 南	Hainan	2831087	2549196	2376610	172586	189013	27796	65083
重 庆	Chongqing	39756696	36873011	28290481	8582530	1391977	999493	492216
四 川	Sichuan	62403298	57697077	39544427	18152649	3253094	999237	453891
贵 州	Guizhou	10392175	8855873	5841043	3014830	1187268	130764	218270
云 南	Yunnan	23836606	21947599	15549247	6398352	1088819	363084	437104
西 藏	Tibet	864044	842296	424319	417977	2145	13823	5780
陕 西	Shaanxi	35293886	32023035	18656810	13366225	1837622	245899	1187329
甘 肃	Gansu	13646284	12789185	9856627	2932558	628106	120052	108941
青 海	Qinghai	3257576	3078786	911103	2167683	142367	22646	13778
宁 夏	Ningxia	4669527	4489541	3316646	1172894	89337	64756	25893
新 疆	Xinjiang	16223145	15464412	11024209	4440203	591460	81258	86014

15-14 分地区按资质等级分总承包建筑业企业总产值（2012年）
Total Output Value of Construction Enterprises of General Contractors by Qualification Criteria and by Region (2012)

单位：万元 (10 000 yuan)

地区	Region	合计 Total	特级 Special Grade	一级 First Grade	二级 Second Grade	三级及以下 Third Grade and Below
全国	**National Total**	**1224735708**	**228138267**	**556869587**	**279237492**	**160490361**
北京	Beijing	55384707	21928726	28654249	3126822	1674910
天津	Tianjin	28341058	7775819	15433866	3690950	1440422
河北	Hebei	45633359	8496958	20487072	11520463	5128866
山西	Shanxi	23902342	3615288	14452158	3668884	2166012
内蒙古	Inner Mongolia	13689007	504781	6038529	4367123	2778575
辽宁	Liaoning	61817446	5627093	19416808	18456903	18316643
吉林	Jilin	17896406	953686	4819370	6544504	5578847
黑龙江	Heilongjiang	20389686	2042819	8194737	6208992	3943138
上海	Shanghai	40230171	14285032	15942392	7407312	2595436
江苏	Jiangsu	164932347	40265458	63585628	36685984	24395278
浙江	Zhejiang	159455107	41508588	80389861	26207830	11348828
安徽	Anhui	38081342	3164653	18989403	10400976	5526310
福建	Fujian	39806697	1702574	22447421	11223139	4433564
江西	Jiangxi	25827810	337237	14001170	7491127	3998276
山东	Shandong	65676765	7187588	31964340	16072973	10451865
河南	Henan	54309031	13026138	20193900	12509895	8579098
湖北	Hubei	64966333	21388596	25559726	13270501	4747510
湖南	Hunan	41330840	9127804	17414754	8617613	6170670
广东	Guangdong	49265772	6994819	28500803	7649606	6120543
广西	Guangxi	17942820	2040926	9593343	3573447	2735105
海南	Hainan	2609341	40118	1623532	673702	271988
重庆	Chongqing	36417875	1194742	18510466	11019250	5693418
四川	Sichuan	55936282	7456060	21297041	19043549	8139632
贵州	Guizhou	9982711	618769	7341029	1245999	776914
云南	Yunnan	21707572	2054617	7853802	7237796	4561358
西藏	Tibet	843052	400	37278	711618	93756
陕西	Shaanxi	33190430	2239612	20677140	8084545	2189133
甘肃	Gansu	12903521	1295785	5231663	3711459	2664614
青海	Qinghai	3041636	1037180	478386	1145166	380904
宁夏	Ningxia	4248718		1277515	1653456	1317746
新疆	Xinjiang	14975525	226404	6462209	6015910	2271002

15-15 分地区按资质等级分专业承包建筑业企业总产值（2012年）
Total Output Value of Construction Enterprises of Professional Contractors by Qualification Criteria and by Region (2012)

单位：万元 (10 000 yuan)

地 区	Region	合 计 Total	一 级 First Grade	二 级 Second Grade	三级及以下 Third Grade and Below
全 国	**National Total**	**147442872**	**70964520**	**36237152**	**40241200**
北 京	Beijing	10498246	6540643	1880002	2077602
天 津	Tianjin	4244644	1756632	953615	1534396
河 北	Hebei	3017548	1184319	944727	888502
山 西	Shanxi	2779337	581200	1160105	1038032
内蒙古	Inner Mongolia	720962	151809	253250	315903
辽 宁	Liaoning	13656452	3904439	3440033	6311980
吉 林	Jilin	2007845	438186	514458	1055201
黑龙江	Heilongjiang	3349920	523561	1254975	1571384
上 海	Shanghai	8204225	4902811	1520933	1780481
江 苏	Jiangsu	19303165	9635434	4327075	5340656
浙 江	Zhejiang	13872342	8840930	2295804	2735608
安 徽	Anhui	4223070	1952758	1206030	1064282
福 建	Fujian	4438742	2116236	1184334	1138172
江 西	Jiangxi	2067898	1006702	666507	394689
山 东	Shandong	7136556	2576664	2115486	2444405
河 南	Henan	5781734	1932882	2020117	1828735
湖 北	Hubei	5467886	2673814	1855095	938977
湖 南	Hunan	2748357	816186	901559	1030612
广 东	Guangdong	15878521	11780535	1828187	2269800
广 西	Guangxi	727760	217131	268676	241953
海 南	Hainan	221747	175530	33231	12986
重 庆	Chongqing	3338821	1689384	872189	777249
四 川	Sichuan	6467016	2818912	2211852	1436253
贵 州	Guizhou	409464	209812	109299	90353
云 南	Yunnan	2129034	815786	621648	691600
西 藏	Tibet	20993	175	16639	4179
陕 西	Shaanxi	2103455	999556	775854	328045
甘 肃	Gansu	742763	277411	187846	277506
青 海	Qinghai	215941	53943	71276	90722
宁 夏	Ningxia	420809	109754	167206	143849
新 疆	Xinjiang	1247620	281384	579147	387089

15-16 分地区建筑业企业签订合同和承包工程完成情况（2012年）
Contracts Signed and Completion of Contracted Projects by Construction Enterprises by Region (2012)

单位：万元 (10 000 yuan)

地区	Region	合同总额 Total Value of Contracts	上年结转合同额 Value from Contracts Signed in Last Year	本年新签合同额 Value from New Contracts Signed in This Year	直接从建设单位承揽工程完成的产值 Completed Output Value of Projects Contracted Directly from Investors	自行完成施工产值 Own-completed Output Value	分包出去工程的产值 Output Value of Out-sourced Projects	从建设单位以外承揽工程完成的产值 Completed Output Value of Projects Contracted from Non-investors
全 国	**National Total**	**2473395161**	**1005546475**	**1467848686**	**1357267258**	**1321455192**	**35812066**	**50723388**
北 京	Beijing	161985454	78786341	83199113	64856941	57363218	7493723	8519736
天 津	Tianjin	65491128	30254271	35236857	33150580	30774590	2375991	1811112
河 北	Hebei	82026042	30676586	51349456	47797706	47602806	194899	1048101
山 西	Shanxi	52406279	23499735	28906544	26543045	26434556	108490	247123
内蒙古	Inner Mongolia	24238358	10772382	13465976	14221136	14207158	13978	202811
辽 宁	Liaoning	108841493	35599792	73241700	75220722	74634806	585916	839092
吉 林	Jilin	31248327	12451463	18796865	19801520	19689164	112356	215087
黑龙江	Heilongjiang	34462933	13902506	20560427	23934556	23696113	238443	43493
上 海	Shanghai	111781449	50130597	61650852	51108442	43896429	7212012	4537967
江 苏	Jiangsu	278127178	99654812	178472366	173950333	173149863	800470	11085649
浙 江	Zhejiang	301790386	122746494	179043892	170656163	168570871	2085292	4756577
安 徽	Anhui	70322186	28642545	41679642	41635063	41222359	412704	1082053
福 建	Fujian	80803135	34050610	46752525	43311213	42982400	328813	1263039
江 西	Jiangxi	47411301	16692285	30719017	27591459	27288877	302583	606831
山 东	Shandong	118123012	43307639	74815374	72373891	71526032	847859	1287289
河 南	Henan	97883317	36024701	61858616	59503606	59193947	309659	896819
湖 北	Hubei	133241778	47023759	86218019	69640413	68894857	745556	1539362
湖 南	Hunan	91915229	41051423	50863806	42986430	42820646	165783	1258551
广 东	Guangdong	160871094	76574707	84296387	68381265	62249568	6131697	2894725
广 西	Guangxi	37916602	14982528	22934074	18142361	17965160	177201	705420
海 南	Hainan	5315013	2795815	2519198	2819747	2815965	3782	15122
重 庆	Chongqing	69172251	27394637	41777614	39593276	38337467	1255809	1419229
四 川	Sichuan	113549459	51205927	62343531	61200395	60318483	881912	2084815
贵 州	Guizhou	23274560	10198823	13075737	10351751	10316208	35543	75967
云 南	Yunnan	40450746	14808731	25642015	23590617	23465327	125290	371279
西 藏	Tibet	1148441	612048	536393	863164	852704	10460	11340
陕 西	Shaanxi	65259418	28065124	37194295	36328898	34060907	2267991	1232978
甘 肃	Gansu	23240609	7903014	15337595	13553238	13407240	145998	239043
青 海	Qinghai	6543745	3596878	2946868	3240666	3175207	65459	82369
宁 夏	Ningxia	7287497	2174598	5112899	4617509	4607375	10135	62152
新 疆	Xinjiang	27266742	9965705	17301037	16301152	15934887	366265	288257

15-17 分地区按登记注册类型分建筑业企业实收资本（2012年）

Paid-up Capitals of Construction Enterprises by Registration Status and Region (2012)

单位：万元 (10 000 yuan)

地 区	Region	合 计 Total	内资企业 Domestic Funded	#国有 State-owned	#集体 Collective-owned	港澳台商投资企业 Funded from Hong Kong, Macao and Taiwan	#港澳台商独资企业 Solely Owned	外商投资企业 Foreign Funded	#外商独资企业 Solely Owned
全 国	**National Total**	**218002073**	**216121448**	**28270269**	**7001090**	**1055628**	**243269**	**824998**	**409327**
北 京	Beijing	16540709	16313153	1978023	265631	118146	59339	109410	48671
天 津	Tianjin	7428326	7378120	1120881	175576	36260	2918	13946	
河 北	Hebei	6379915	6370761	885619	133113	3934		5220	
山 西	Shanxi	4794315	4759174	782299	103520	16227		18914	10000
内蒙古	Inner Mongolia	2467326	2467326	225063	23752				
辽 宁	Liaoning	11024712	10926516	1239462	369689	32759	449	65438	17429
吉 林	Jilin	6907318	6893882	342905	56918	13436			
黑龙江	Heilongjiang	4010791	3995279	775132	182325	2260		13252	10000
上 海	Shanghai	8501981	8180087	1688824	130342	181800	46348	140094	81427
江 苏	Jiangsu	21923084	21591013	1197320	522977	141196	37096	190874	85435
浙 江	Zhejiang	17521470	17414175	596722	232335	85605	5103	21690	2517
安 徽	Anhui	5930255	5913912	717604	161843	11835	2287	4508	2037
福 建	Fujian	7504893	7438697	660893	144822	55743	7353	10453	4231
江 西	Jiangxi	5081789	5013047	611498	386560	68237	223	505	
山 东	Shandong	16414062	16337520	1586011	888036	57898	1324	18644	1733
河 南	Henan	9847746	9834784	956901	286044	2142	700	10821	1717
湖 北	Hubei	8810124	8786674	1708029	188757	20209	2489	3242	
湖 南	Hunan	5553361	5512209	1107019	380779	18407	10070	22745	5691
广 东	Guangdong	14673562	14421201	2639528	545435	113356	8359	139006	135081
广 西	Guangxi	2707612	2693551	783578	217589	3500	1000	10561	
海 南	Hainan	348150	346150	131463	19568	2000			
重 庆	Chongqing	6474769	6418909	817821	149423	53500	53000	2359	860
四 川	Sichuan	8727194	8720319	1432601	317499	3975	2975	2900	2000
贵 州	Guizhou	1800202	1800202	935110	98389				
云 南	Yunnan	4539042	4530124	734626	294775	5579	1628	3339	
西 藏	Tibet	355110	355110	54015	29706				
陕 西	Shaanxi	5511399	5508521	1353324	443678	1868		1010	498
甘 肃	Gansu	2428171	2427871	493519	178965	300			
青 海	Qinghai	807120	806210	259371	29337	610	610	300	
宁 夏	Ningxia	867914	847527	141763	19919	4787		15600	
新 疆	Xinjiang	2119655	2119425	313346	23790	60		169	

15-18 分地区建筑业企业资产（2012年）
Assets of Construction Enterprises by Region (2012)

单位：万元 (10 000 yuan)

地区	Region	资产总计 Total Assets	#流动资产 Circulating Funds	#固定资产 Fixed Assets	#在建工程 Under Construction
全国	**National Total**	**1116921519**	**869592851**	**117852178**	**13150607**
北京	Beijing	117600352	85086735	4166559	524957
天津	Tianjin	39248602	29564293	4328636	590079
河北	Hebei	32436006	25380010	4655837	492551
山西	Shanxi	29761637	23780917	2677869	226764
内蒙古	Inner Mongolia	16175581	12172286	1991870	96089
辽宁	Liaoning	51045894	40116921	6210883	489644
吉林	Jilin	16779574	13560647	1993928	332353
黑龙江	Heilongjiang	16398329	13223460	2340515	180822
上海	Shanghai	65533626	52742206	4109406	457024
江苏	Jiangsu	115561174	93499842	12546301	1385889
浙江	Zhejiang	86603741	70210855	9311631	848889
安徽	Anhui	31696142	24399223	4123080	527867
福建	Fujian	25480227	20193375	3270150	241819
江西	Jiangxi	15469748	11702909	2397129	313383
山东	Shandong	69483152	55332046	8788037	884137
河南	Henan	41440134	31731500	6318873	599541
湖北	Hubei	58525342	42840672	7791847	739624
湖南	Hunan	25179114	18763673	3694974	376968
广东	Guangdong	72945325	56079023	6307867	1116637
广西	Guangxi	11241396	8700154	1479493	144232
海南	Hainan	1686772	1311479	151441	55638
重庆	Chongqing	31933147	25391369	3267899	572187
四川	Sichuan	52404093	42525577	4379482	599394
贵州	Guizhou	10201530	8138327	725333	74075
云南	Yunnan	20966424	15621721	2986785	478295
西藏	Tibet	1282889	832621	259308	18560
陕西	Shaanxi	27486331	21776575	3013460	350550
甘肃	Gansu	11319040	8404994	1991997	196663
青海	Qinghai	3631771	2580111	649467	23053
宁夏	Ningxia	4408589	3642035	470923	41731
新疆	Xinjiang	12995836	10287294	1451201	171193

15-19 分地区按登记注册类型分建筑业企业资产（2012年）
Assets of Construction Enterprises by Registration Status and Region (2012)

单位：万元 (10 000 yuan)

地 区	Region	合 计 Total	内资企业 Domestic Funded	#国 有 State-owned	#集 体 Collective-owned	港澳台商投资企业 Funded from Hong Kong, Macao and Taiwan	#港澳台商独资企业 Solely Owned	外商投资企业 Foreign Funded	#外商独资企业 Solely Owned
全 国	**National Total**	**1116921519**	**1104143535**	**224376843**	**30734473**	**6869029**	**1163757**	**5908955**	**3456536**
北 京	Beijing	117600352	115778448	18063256	2157632	1014540	420407	807364	242956
天 津	Tianjin	39248602	39051558	10074649	1948984	118567	8834	78477	
河 北	Hebei	32436006	32391222	6562179	510132	20594		24190	
山 西	Shanxi	29761637	29665601	7562400	464894	58400		37637	15156
内蒙古	Inner Mongolia	16175581	16175581	1277917	76740				
辽 宁	Liaoning	51045894	50307986	9287976	1864244	143827	520	594082	364343
吉 林	Jilin	16779574	16628953	1337783	224010	150621			
黑龙江	Heilongjiang	16398329	16346263	5174080	932940	3524		48542	28128
上 海	Shanghai	65533626	62527484	11695611	629528	1426233	196659	1579910	1146751
江 苏	Jiangsu	115561174	114018790	10298723	2935348	670269	61741	872115	305724
浙 江	Zhejiang	86603741	85967184	3736669	1273580	547572	9711	88986	4078
安 徽	Anhui	31696142	31558431	6578144	783329	85653	43820	52058	14816
福 建	Fujian	25480227	25183933	4053320	711503	252684	33568	43610	17969
江 西	Jiangxi	15469748	15023381	3950484	1272173	445415	239	953	
山 东	Shandong	69483152	68970863	13150404	3770938	411058	4339	101231	7819
河 南	Henan	41440134	41258013	7125470	863796	112736	6586	69386	2226
湖 北	Hubei	58525342	58451548	19505913	692975	57493	3161	16302	
湖 南	Hunan	25179114	24984211	7499391	1044944	88116	35043	106788	21171
广 东	Guangdong	72945325	70736193	18352377	2280304	925348	45391	1283785	1270294
广 西	Guangxi	11241396	11216670	5245533	819386	5716	3261	19009	
海 南	Hainan	1686772	1684241	712397	118992	2531			
重 庆	Chongqing	31933147	31652890	7311204	526149	271084	261316	9174	3303
四 川	Sichuan	52404093	52386908	14522742	1320033	8839	5607	8347	5388
贵 州	Guizhou	10201530	10201530	7124294	292847				
云 南	Yunnan	20966424	20926800	5434235	882457	27933	22181	11691	
西 藏	Tibet	1282889	1282889	238708	94429				
陕 西	Shaanxi	27486331	27475820	8886741	1002967	1546		8966	6414
甘 肃	Gansu	11319040	11317857	3793203	856619	1182			
青 海	Qinghai	3631771	3630065	1990584	131712	1375	1375	331	
宁 夏	Ningxia	4408589	4346935	1069909	106754	15934		45721	
新 疆	Xinjiang	12995836	12995292	2760552	144135	241		302	

15-20 分地区建筑业企业负债及所有者权益（2012年）
Liabilities and Owners' Equity of Construction Enterprises by Region (2012)

单位：万元 (10 000 yuan)

地区	Region	负债合计 Total Liabilities	流动负债合计 Liquid Liabilities	非流动负债合计 Non-current Liabilities	所有者权益 Owners' Equity	#实收资本 Paid-in Capitals
全国	**National Total**	**755297170**	**685390563**	**46648389**	**361234520**	**218002073**
北京	Beijing	84222772	74957036	9088615	33375814	16540709
天津	Tianjin	29202753	27133354	1669812	10043902	7428326
河北	Hebei	21665217	19449285	1239592	10763654	6379915
山西	Shanxi	22955850	21903552	810291	6804943	4794315
内蒙古	Inner Mongolia	10341079	9104549	540015	5828843	2467326
辽宁	Liaoning	33564673	28970210	1606208	17478206	11024712
吉林	Jilin	9713872	8596035	543316	7062904	6907318
黑龙江	Heilongjiang	11079601	10408843	238980	5293964	4010791
上海	Shanghai	49503662	46144788	2790120	16007438	8501981
江苏	Jiangsu	71034923	66833249	2569161	44497384	21923084
浙江	Zhejiang	53719094	51371209	1721660	32873393	17521470
安徽	Anhui	21252854	19272172	720937	10436286	5930255
福建	Fujian	14811256	14004902	419143	10663455	7504893
江西	Jiangxi	8773407	7628955	304012	6696335	5081789
山东	Shandong	48345963	43636324	1637802	21109270	16414062
河南	Henan	26583771	24474800	997654	14856364	9847746
湖北	Hubei	41071389	33885707	6407051	17447330	8810124
湖南	Hunan	15429644	13319475	1162371	9744404	5553361
广东	Guangdong	48485140	42704084	4228650	24456566	14673562
广西	Guangxi	7611385	6560014	759634	3630011	2707612
海南	Hainan	1104349	1035527	8720	582373	348150
重庆	Chongqing	22374995	20049174	1392555	9548047	6474769
四川	Sichuan	37497419	34642345	1956264	14818384	8727194
贵州	Guizhou	7967726	7258197	544201	2233804	1800202
云南	Yunnan	13766580	12458096	983845	7198727	4539042
西藏	Tibet	655361	558776	48553	627529	355110
陕西	Shaanxi	19835441	18405200	879207	7641782	5511399
甘肃	Gansu	7430857	6736801	364755	3887061	2428171
青海	Qinghai	2500360	2216943	211655	1131411	807120
宁夏	Ningxia	3062779	2933298	97283	1343083	867914
新疆	Xinjiang	9733000	8737665	706328	3151855	2119655

15-21 分地区按登记注册类型分建筑业企业所有者权益（2012年）
Owners' Equity of Construction Enterprises by Registration Status and Region (2012)

单位：万元 (10 000 yuan)

地 区	Region	合 计 Total	内资企业 Domestic Funded	#国 有 State-owned	#集 体 Collective-owned	港澳台商投资企业 Funded from Hong Kong, Macao and Taiwan	#港澳台商独资企业 Solely Owned	外商投资企业 Foreign Funded	#外商独资企业 Solely Owned
全 国	**National Total**	**361234520**	**357694226**	**46431606**	**11145515**	**1714207**	**402810**	**1826088**	**1018053**
北 京	Beijing	33375814	32943973	3234303	440540	227253	165524	204587	61032
天 津	Tianjin	10043902	10002574	1604574	272693	25604	4819	15724	
河 北	Hebei	10763654	10745415	1232596	222208	7257		10981	
山 西	Shanxi	6804943	6768966	1096786	121706	18895		17083	10786
内蒙古	Inner Mongolia	5828843	5828843	287635	27319				
辽 宁	Liaoning	17478206	17294924	2179041	579832	37933	453	145350	69188
吉 林	Jilin	7062904	7022809	294362	86087	40095			
黑龙江	Heilongjiang	5293964	5277809	778435	261457	2991		13165	10004
上 海	Shanghai	16007438	15402584	2965023	205608	337054	67000	267800	167276
江 苏	Jiangsu	44497384	43863040	2560656	1145532	252164	28517	382180	150050
浙 江	Zhejiang	32873393	32721698	996536	371043	117524	4870	34172	3604
安 徽	Anhui	10436286	10401788	1244597	270203	25070	5867	9429	3218
福 建	Fujian	10663455	10564384	1056466	250342	87368	19823	11703	3907
江 西	Jiangxi	6696335	6611932	1143283	546827	83898	223	505	
山 东	Shandong	21109270	20988030	2534650	1442407	79537	1770	41703	5198
河 南	Henan	14856364	14826920	1526296	439775	4144	796	25300	1393
湖 北	Hubei	17447330	17426067	4141319	264243	10906	2414	10358	
湖 南	Hunan	9744404	9666317	1990423	530493	35261	23349	42827	891
广 东	Guangdong	24456566	23689961	3980928	869653	236944	11389	529662	523419
广 西	Guangxi	3630011	3608678	1120929	324198	4096	2291	17236	
海 南	Hainan	582373	580364	192510	43829	2009			
重 庆	Chongqing	9548047	9486823	1482022	226879	57427	54723	3798	2604
四 川	Sichuan	14818384	14806526	2390744	513176	5324	3902	6534	4540
贵 州	Guizhou	2233804	2233804	1317991	112421				
云 南	Yunnan	7198727	7186087	1215249	451188	8883	4752	3757	
西 藏	Tibet	627529	627529	77413	46741				
陕 西	Shaanxi	7641782	7638883	1984011	582449	1106		1793	946
甘 肃	Gansu	3887061	3886734	646921	375367	327			
青 海	Qinghai	1131411	1130829	397184	49702	327	327	256	
宁 夏	Ningxia	1343083	1308247	211500	41580	4818		30018	
新 疆	Xinjiang	3151855	3151690	547226	30019	-4		169	

15-22 分地区按登记注册类型分建筑业企业负债（2012年）
Liabilities of Construction Enterprises by Registration Status and Region (2012)

单位：万元 (10 000 yuan)

地 区	Region	合 计 Total	内资企业 Domestic Funded	#国 有 State-owned	#集 体 Collective-owned	港澳台商投资企业 Funded from Hong Kong, Macao and Taiwan	#港澳台商独资企业 Solely Owned	外商投资企业 Foreign Funded	#外商独资企业 Solely Owned
全 国	**National Total**	**755297170**	**746060259**	**177824578**	**19564215**	**5154044**	**760168**	**4082867**	**5825**
北 京	Beijing	84222772	82832708	14828953	1717092	787288	254883	602777	4167
天 津	Tianjin	29202753	29047037	8470075	1674849	92963	4015	62754	
河 北	Hebei	21665217	21638671	5329533	287924	13337		13208	
山 西	Shanxi	22955850	22895791	6465434	342948	39504		20555	
内蒙古	Inner Mongolia	10341079	10341079	990282	49422				
辽 宁	Liaoning	33564673	33010047	7108935	1284412	105894	67	448732	
吉 林	Jilin	9713872	9603347	1043421	137923	110526			
黑龙江	Heilongjiang	11079601	11043690	4395645	671283	533		35378	
上 海	Shanghai	49503662	47102643	8724539	423920	1088908	129388	1312110	
江 苏	Jiangsu	71034923	70126882	7737060	1788730	418105	33224	489935	
浙 江	Zhejiang	53719094	53234232	2740133	902537	430048	4841	54814	
安 徽	Anhui	21252854	21149641	5333123	513126	60584	37953	42629	
福 建	Fujian	14811256	14614033	2996854	461103	165317	13744	31907	
江 西	Jiangxi	8773407	8411443	2807201	725340	361517	16	448	
山 东	Shandong	48345963	47954914	10614989	2328531	331521	2569	59528	
河 南	Henan	26583771	26431093	5599174	424022	108593	5789	44085	1659
湖 北	Hubei	41071389	41018858	15364594	428732	46588	747	5944	
湖 南	Hunan	15429644	15312828	5508968	514451	52855	11694	63961	
广 东	Guangdong	48485140	47042613	14371449	1410651	688404	34002	754123	
广 西	Guangxi	7611385	7607992	4124603	495188	1620	970	1774	
海 南	Hainan	1104349	1103827	519838	75163	522			
重 庆	Chongqing	22374995	22155962	5829182	296711	213657	206594	5376	
四 川	Sichuan	37497419	37492601	12130713	787707	3006	1195	1812	
贵 州	Guizhou	7967726	7967726	5806303	180427				
云 南	Yunnan	13766580	13739596	4218986	431269	19050	17429	7934	
西 藏	Tibet	655361	655361	161295	47689				
陕 西	Shaanxi	19835441	19827828	6902862	420517	439		7173	
甘 肃	Gansu	7430857	7430002	3146282	481252	856			
青 海	Qinghai	2500360	2499236	1593400	82010	1048	1048	76	
宁 夏	Ningxia	3062779	3035961	858409	65175	11116		15703	
新 疆	Xinjiang	9733000	9732621	2102346	114116	246		133	

15-23 分地区建筑业企业总收入（2012年）
Total Income of Construction Enterprises by Region (2012)

单位：万元 (10 000 yuan)

地 区	Region	企业总收入 Total Income of Enterprises	主营业务收入 Revenue from Principal Business	#主营业务成本 Costs of Principal Business	#主营业务利润 Profits from Principal Business	其他业务收入 Revenue from Other Businesses	#其他业务利润 Profits from Other Businesses
全 国	**National Total**	**1301829313**	**1287617076**	**1137519798**	**44952711**	**14212238**	**1921302**
北 京	Beijing	81195031	80514445	73559745	2165156	680586	194788
天 津	Tianjin	34312270	34055225	30581640	871652	257045	57816
河 北	Hebei	43761281	43077514	38267359	1417292	683767	48353
山 西	Shanxi	25953230	25424826	22650904	631720	528404	49007
内蒙古	Inner Mongolia	14308462	14224826	11410576	842403	83636	17920
辽 宁	Liaoning	69146002	68541871	59252384	2456774	604131	80839
吉 林	Jilin	18657188	18374100	15761509	724021	283088	21155
黑龙江	Heilongjiang	21137223	20999386	18868342	562151	137837	17866
上 海	Shanghai	59283239	58791094	52982406	1360788	492144	93794
江 苏	Jiangsu	154804894	152151571	132978622	6987958	2653323	179324
浙 江	Zhejiang	142179566	141233092	127378536	4344212	946474	164836
安 徽	Anhui	37963960	37417942	32597112	1411819	546018	64427
福 建	Fujian	41000334	40825295	36355911	1480281	175039	31031
江 西	Jiangxi	25498421	25355194	22343236	918245	143227	23603
山 东	Shandong	69081479	67956912	59063035	3090318	1124567	81510
河 南	Henan	58841627	58391699	51126188	2227037	449928	68543
湖 北	Hubei	70828355	70115815	61077439	2657049	712540	69316
湖 南	Hunan	40988979	40768760	35552628	1432710	220220	42192
广 东	Guangdong	72722514	72033018	63621440	2610227	689496	161013
广 西	Guangxi	16743640	16457995	14623569	302486	285646	25377
海 南	Hainan	2685221	2664699	2368205	101371	20522	550
重 庆	Chongqing	38504513	38306739	33728996	1571341	197774	44570
四 川	Sichuan	57309500	56177203	48768770	1911279	1132297	173195
贵 州	Guizhou	10130478	10029385	9111246	146852	101092	12930
云 南	Yunnan	21254185	20887694	18277936	747724	366491	76006
西 藏	Tibet	863285	855441	712903	39882	7844	1199
陕 西	Shaanxi	33681583	33551274	30100484	984896	130309	13640
甘 肃	Gansu	13249719	13064010	11369867	474992	185709	19510
青 海	Qinghai	3716647	3652701	3268874	95263	63946	10041
宁 夏	Ningxia	4813214	4771252	4283691	120707	41962	12602
新 疆	Xinjiang	17213273	16946098	15476248	264109	267175	64353

15-24 分地区按登记注册类型分建筑业企业总收入（2012年）
Total Income of Construction by Registration Status and Region (2012)

单位：万元 (10 000 yuan)

地 区	Region	合 计 Total	内资企业 Domestic Funded	#国 有 State-owned	#集 体 Collective-owned	港澳台商投资企业 Funded from Hong Kong, Macao and Taiwan	#港澳台商独资企业 Solely Owned	外商投资企 业 Foreign Funded	#外商独资企业 Solely Owned
全 国	**National Total**	**1301829313**	**1289481711**	**236567102**	**43912165**	**6889210**	**1045483**	**5458393**	**2685669**
北 京	Beijing	81195031	79080275	13201120	1704602	1149184	434931	965573	340235
天 津	Tianjin	34312270	34197135	9076891	2391497	54469	2505	60666	
河 北	Hebei	43761281	43698047	7988728	990780	36784		26450	
山 西	Shanxi	25953230	25860766	6822495	451125	36834		55631	12554
内蒙古	Inner Mongolia	14308462	14308462	1369756	135739				
辽 宁	Liaoning	69146002	68539728	9601303	3485525	184233	790	422040	135253
吉 林	Jilin	18657188	18490942	1911959	321714	166246			
黑龙江	Heilongjiang	21137223	21109097	6671217	1604054	647		27480	1712
上 海	Shanghai	59283239	56027424	9054065	712256	1582501	338416	1673314	974063
江 苏	Jiangsu	154804894	153713932	10586950	3237827	477459	63245	613503	358188
浙 江	Zhejiang	142179566	141315089	3175235	1840160	621531	3874	242947	1855
安 徽	Anhui	37963960	37870241	8019525	928655	44840	16369	48879	1776
福 建	Fujian	41000334	40314977	5215096	792303	638879	36459	46478	30886
江 西	Jiangxi	25498421	25120074	5578560	2262698	377886	107	462	
山 东	Shandong	69081479	68746921	12628281	4005424	262508	8575	72051	15187
河 南	Henan	58841627	58796039	7959755	1826427	14561	453	31027	1874
湖 北	Hubei	70828355	70738092	18847361	1492097	53698	5540	36565	
湖 南	Hunan	40988979	40718791	10562112	1951756	166835	44599	103354	15066
广 东	Guangdong	72722514	71030719	21941045	3187344	895573	29212	796222	785490
广 西	Guangxi	16743640	16553676	8196004	1391203	8525	4683	181439	
海 南	Hainan	2685221	2683498	1345246	296102	1724			
重 庆	Chongqing	38504513	38461866	6838632	983417	33860	27849	8787	1041
四 川	Sichuan	57309500	57300594	13575177	2712033	4771	3627	4135	2430
贵 州	Guizhou	10130478	10130478	7938555	308136				
云 南	Yunnan	21254185	21216183	5413223	1231394	27543	24164	10460	
西 藏	Tibet	863285	863285	255965	51952				
陕 西	Shaanxi	33681583	33672220	11584995	1913522	1009		8355	8060
甘 肃	Gansu	13249719	13249341	3610296	1144744	378			
青 海	Qinghai	3716647	3716417	2239869	182820	86	86	144	
宁 夏	Ningxia	4813214	4744248	1415186	173367	46564		22403	
新 疆	Xinjiang	17213273	17213158	3942501	201494	85		30	

15-25 分地区建筑业企业利税总额（2012年）
Total Pre-tax Profits of Construction Enterprises by Region (2012)

地 区	Region	利税总额 合计（万元） Total Pre-tax Profits (10 000 yuan)	利润总额 Total Profits	主营业务税金及附加 Taxes and Extra Charges on Project Settlement Accounts	管理费用中的税金 Taxes in Management Expenses	产值利税率（%） Ratio of Pre-tax Profits to Output Value (%)	资产利税率（%） Ratio of Pre-tax Profits to Assets (%)
全 国	**National Total**	**91650257**	**47761416**	**41904796**	**1984045**	**6.7**	**8.2**
北 京	Beijing	4519673	2434013	2040131	45530	6.9	3.8
天 津	Tianjin	1946890	959364	958382	29144	6.0	5.0
河 北	Hebei	2924228	1471745	1401680	50802	6.0	9.0
山 西	Shanxi	1508774	693319	787796	27660	5.7	5.1
内蒙古	Inner Mongolia	1391319	862190	500334	28795	9.7	8.6
辽 宁	Liaoning	5041639	2560777	2312226	168637	6.7	9.9
吉 林	Jilin	1414761	744665	632561	37535	7.1	8.4
黑龙江	Heilongjiang	1338823	617830	673474	47519	5.6	8.2
上 海	Shanghai	3188506	1626865	1522246	39395	6.6	4.9
江 苏	Jiangsu	12832832	7273779	5306338	252715	7.0	11.1
浙 江	Zhejiang	9491741	4596818	4747520	147404	5.5	11.0
安 徽	Anhui	2747434	1508867	1179729	58838	6.5	8.7
福 建	Fujian	3073914	1512126	1492110	69678	7.0	12.1
江 西	Jiangxi	1887482	948041	901223	38218	6.8	12.2
山 东	Shandong	5489015	3186855	2152022	150138	7.5	7.9
河 南	Henan	4377000	2329006	1925291	122702	7.3	10.6
湖 北	Hubei	5325901	2785518	2445852	94531	7.6	9.1
湖 南	Hunan	3072326	1496487	1513414	62425	7.0	12.2
广 东	Guangdong	5153304	2834588	2235316	83400	7.9	7.1
广 西	Guangxi	922608	342674	560768	19166	4.9	8.2
海 南	Hainan	191257	104329	84802	2127	6.8	11.3
重 庆	Chongqing	2931725	1627276	1251621	52829	7.4	9.2
四 川	Sichuan	4180712	2101350	1891781	187581	6.7	8.0
贵 州	Guizhou	524406	164725	346224	13457	5.1	5.1
云 南	Yunnan	1586479	849340	707220	29919	6.7	7.6
西 藏	Tibet	71782	39714	30583	1486	8.3	5.6
陕 西	Shaanxi	2106642	1002895	1047721	56026	6.0	7.7
甘 肃	Gansu	959885	484956	439074	35856	7.0	8.5
青 海	Qinghai	232512	112724	112919	6869	7.1	6.4
宁 夏	Ningxia	291077	131135	153481	6461	6.2	6.6
新 疆	Xinjiang	925611	357447	550960	17205	5.7	7.1

15-26 分地区按登记注册类型分建筑业企业税金总额（2012年）
Taxes of Construction Enterprises by Registration Status and by Region (2012)

单位：万元 (10 000 yuan)

地 区	Region	合 计 Total	内资企业 Domestic Funded	#国 有 State-owned	#集 体 Collective-owned	港澳台商投资企业 Funded from Hong Kong, Macao and Taiwan	#港澳台商独资企业 Solely Owned	外商投资企业 Foreign Funded	#外商独资企业 Solely Owned
全 国	**National Total**	**43888841**	**43565120**	**7126788**	**1787142**	**183216**	**25677**	**140505**	**58988**
北 京	Beijing	2085661	2032326	344256	52841	28473	7600	24861	7563
天 津	Tianjin	987526	984645	263582	80517	1888	88	994	
河 北	Hebei	1452483	1450534	260366	36689	1081		868	
山 西	Shanxi	815456	812544	233346	17522	1047		1866	529
内蒙古	Inner Mongolia	529129	529129	39653	13735				
辽 宁	Liaoning	2480862	2464021	331345	126746	7223	18	9618	1758
吉 林	Jilin	670096	664301	52163	10614	5795			
黑龙江	Heilongjiang	720993	720286	183925	64820	23		684	101
上 海	Shanghai	1561640	1495321	217823	22508	31767	9048	34552	13828
江 苏	Jiangsu	5559053	5531277	275105	116421	10820	1128	16956	9085
浙 江	Zhejiang	4894923	4873546	88345	64727	13546	182	7832	98
安 徽	Anhui	1238567	1235937	254110	33698	966	485	1664	46
福 建	Fujian	1561788	1540881	155679	36085	20102	1122	805	447
江 西	Jiangxi	939441	925352	180527	100057	14088	3	1	
山 东	Shandong	2302160	2292556	363929	159734	8075	422	1529	395
河 南	Henan	2047994	2046754	238541	80887	253	20	987	31
湖 北	Hubei	2540383	2536741	595492	61032	2086	259	1555	
湖 南	Hunan	1575840	1564243	355591	93683	7017	1981	4580	525
广 东	Guangdong	2318716	2269745	603724	150579	24565	1227	24406	24221
广 西	Guangxi	579934	574362	252029	70522	238	97	5334	
海 南	Hainan	86929	86872	41956	10335	57			
重 庆	Chongqing	1304449	1302998	208913	38359	1316	1043	135	21
四 川	Sichuan	2079362	2079052	420030	125481	164	136	145	81
贵 州	Guizhou	359681	359681	270387	15789				
云 南	Yunnan	737138	735919	158525	52876	1004	819	216	
西 藏	Tibet	32069	32069	9855	2505				
陕 西	Shaanxi	1103748	1103439	376894	77155	41		267	259
甘 肃	Gansu	474929	474906	107351	51646	23			
青 海	Qinghai	119788	119783	67477	6544	0	0	4	
宁 夏	Ningxia	159942	157741	44999	6257	1556		645	
新 疆	Xinjiang	568165	568161	130873	6778	3		1	

15-27 分地区按登记注册类型分建筑业企业利润总额（2012年）
Total Profits of Construction Enterprises by Registration Status and Region (2012)

单位：万元 (10 000 yuan)

地区	Region	合计 Total	内资企业 Domestic Funded	#国有 State-owned	#集体 Collective-owned	港澳台商投资企业 Funded from Hong Kong, Macao and Taiwan	#港澳台商独资企业 Solely Owned	外商投资企业 Foreign Funded	#外商独资企业 Solely Owned
全国	**National Total**	**47761416**	**47178250**	**5376582**	**1889081**	**317553**	**80098**	**265613**	**159768**
北京	Beijing	2434013	2353094	180691	31530	41529	39065	39390	11505
天津	Tianjin	959364	959252	138773	84845	151	6	-39	
河北	Hebei	1471745	1468269	102826	40499	1511		1965	
山西	Shanxi	693319	694535	120906	6186	230		-1447	109
内蒙古	Inner Mongolia	862190	862190	13954	7938				
辽宁	Liaoning	2560777	2542184	238173	52521	1857	7	16736	-436
吉林	Jilin	744665	739973	6637	15461	4692			
黑龙江	Heilongjiang	617830	617968	104941	47519	-7		-131	-683
上海	Shanghai	1626865	1460878	305560	10308	106371	10175	59616	48146
江苏	Jiangsu	7273779	7196193	363335	180500	24459	756	53127	31146
浙江	Zhejiang	4596818	4572438	80055	73559	19872	168	4509	44
安徽	Anhui	1508867	1500891	136479	39741	4037	44	3940	240
福建	Fujian	1512126	1492316	114758	22279	18878	3017	931	351
江西	Jiangxi	948041	926774	99514	86388	21269	0	-1	
山东	Shandong	3186855	3174175	418347	273003	3326	-35	9355	1099
河南	Henan	2329006	2327279	246999	118404	645	24	1083	-5
湖北	Hubei	2785518	2781950	550075	95299	2091	95	1478	
湖南	Hunan	1496487	1486233	284429	62002	2798	2469	7456	3808
广东	Guangdong	2834588	2733439	602003	132614	38437	545	62712	63577
广西	Guangxi	342674	337604	45933	32977	410	428	4660	
海南	Hainan	104329	104138	39989	18901	191			
重庆	Chongqing	1627276	1603630	170171	66821	23414	22192	232	140
四川	Sichuan	2101350	2100342	356778	124587	119	104	890	582
贵州	Guizhou	164725	164725	122612	3920				
云南	Yunnan	849340	847949	145795	58868	1250	1047	142	
西藏	Tibet	39714	39714	3348	2315				
陕西	Shaanxi	1002895	1002825	227767	138426	-45		115	146
甘肃	Gansu	484956	484929	35646	45266	27			
青海	Qinghai	112724	112733	47914	7677	-9	-9	0	
宁夏	Ningxia	131135	132185	17948	4423	54		-1104	
新疆	Xinjiang	357447	357447	54229	4305	0		-1	

15-28 分地区按资质等级分总承包建筑业企业利润总额（2012年）
Total Profits of Construction of General Contractors by Qualification Grade and by Region (2012)

单位：万元 (10 000 yuan)

地区	Region	合计 Total	特级 Special Grade	一级 First Grade	二级 Second Grade	三级及以下 Third Grade and Below
全国	**National Total**	**40787599**	**7813643**	**14672279**	**10895250**	**7406428**
北京	Beijing	2128645	1361133	665968	70350	31194
天津	Tianjin	803819	216595	349987	160805	76432
河北	Hebei	1317368	163705	472273	440573	240819
山西	Shanxi	604676	225604	190037	113687	75348
内蒙古	Inner Mongolia	836283	5340	359368	269892	201684
辽宁	Liaoning	1957401	215852	495129	655696	590724
吉林	Jilin	600249	42902	126185	237601	193561
黑龙江	Heilongjiang	503177	31622	98106	144852	228596
上海	Shanghai	1283450	392301	544026	278100	69023
江苏	Jiangsu	6174982	1394961	2268851	1419677	1091494
浙江	Zhejiang	3984822	848776	1822564	851534	461948
安徽	Anhui	1265117	88391	598531	349608	228588
福建	Fujian	1289075	37240	615202	448915	187718
江西	Jiangxi	852362	19915	337356	266549	228543
山东	Shandong	2740989	229626	959849	843794	707720
河南	Henan	1932572	325765	489785	579098	537923
湖北	Hubei	2580672	775612	913256	627414	264391
湖南	Hunan	1380937	320895	459962	344135	255945
广东	Guangdong	1928590	273037	983631	335826	336097
广西	Guangxi	324396	15466	136968	84751	87211
海南	Hainan	100329	114	51645	34426	14144
重庆	Chongqing	1511380	33398	571843	548896	357243
四川	Sichuan	1870712	495337	417567	637672	320137
贵州	Guizhou	140034	1584	117092	19698	1661
云南	Yunnan	780085	74642	153132	320443	231868
西藏	Tibet	38420	100	3636	27958	6727
陕西	Shaanxi	904089	126223	259501	412765	105600
甘肃	Gansu	443142	43858	71479	150045	177760
青海	Qinghai	91097	50856	4842	21749	13650
宁夏	Ningxia	111589		16511	52414	42665
新疆	Xinjiang	307142	2794	118000	146332	40016

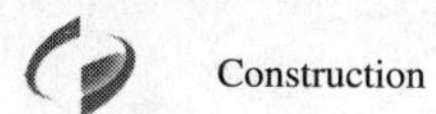

15-29 分地区按资质等级分专业承包建筑业企业利润总额（2012年）
Total Profits of Speciality Contractors in Construction Industry by Qualification Grade and by Region (2012)

单位：万元 (10 000 yuan)

地 区	Region	合 计 Total	一 级 First Grade	二 级 Second Grade	三级及以下 Third Grade and Below
全 国	**National Total**	**6973817**	**2967069**	**1767226**	**2239522**
北 京	Beijing	305368	204642	49547	51180
天 津	Tianjin	155544	48427	41344	65773
河 北	Hebei	154377	57654	55195	41528
山 西	Shanxi	88643	17005	36743	34895
内蒙古	Inner Mongolia	25907	5011	4287	16608
辽 宁	Liaoning	603376	158320	179017	266039
吉 林	Jilin	144416	52080	36190	56146
黑龙江	Heilongjiang	114653	12001	33205	69447
上 海	Shanghai	343415	170145	58043	115228
江 苏	Jiangsu	1098797	501320	275736	321741
浙 江	Zhejiang	611997	333039	89142	189815
安 徽	Anhui	243750	90707	77258	75786
福 建	Fujian	223052	91423	73356	58273
江 西	Jiangxi	95680	35474	33610	26595
山 东	Shandong	445866	121935	154609	169322
河 南	Henan	396434	118136	147175	131123
湖 北	Hubei	204846	81253	73905	49688
湖 南	Hunan	115549	18178	42987	54384
广 东	Guangdong	905998	635581	75020	195397
广 西	Guangxi	18278	6779	8559	2940
海 南	Hainan	4000	3297	-195	898
重 庆	Chongqing	115897	60368	36574	18955
四 川	Sichuan	230639	43852	71164	115622
贵 州	Guizhou	24690	15538	3988	5165
云 南	Yunnan	69256	20053	15872	33331
西 藏	Tibet	1293	112	836	345
陕 西	Shaanxi	98806	36179	43025	19602
甘 肃	Gansu	41814	14619	10361	16833
青 海	Qinghai	21627	3927	2511	15189
宁 夏	Ningxia	19546	3674	11390	4481
新 疆	Xinjiang	50305	6339	26773	17193

15-30 分地区按登记注册类型分建筑业企业主营业务利润（2012年）
Profits of Project Settlement Accounts of Construction Enterprises by Registration Status and Region (2012)

单位：万元 (10 000 yuan)

地区	Region	合计 Total	内资企业 Domestic Funded	#国有 State-owned	#集体 Collective-owned	港澳台商投资企业 Funded from Hong Kong, Macao and Taiwan	#港澳台商独资企业 Solely Owned	外商投资企业 Foreign Funded	#外商独资企业 Solely Owned
全国	**National Total**	**44952711**	**44418479**	**4637801**	**1800425**	**284425**	**71632**	**249806**	**155141**
北京	Beijing	2165156	2095531	157237	19065	34778	34176	34847	11361
天津	Tianjin	871652	872272	103905	79990	-162	-71	-459	
河北	Hebei	1417292	1414214	89743	46675	1385		1693	
山西	Shanxi	631720	632912	106280	2863	260		-1453	106
内蒙古	Inner Mongolia	842403	842403	13887	1859				
辽宁	Liaoning	2456774	2438980	179350	52993	1759	7	16034	-467
吉林	Jilin	724021	719345	3379	12608	4675			
黑龙江	Heilongjiang	562151	562289	63798	45134	-7		-131	-683
上海	Shanghai	1360788	1206057	283435	4787	98766	7023	55965	46916
江苏	Jiangsu	6987958	6919988	340545	172692	18608	785	49362	28308
浙江	Zhejiang	4344212	4321684	63859	64657	18081	150	4447	-54
安徽	Anhui	1411819	1404624	122572	35267	3940	93	3255	208
福建	Fujian	1480281	1461686	108394	17767	17693	3032	902	318
江西	Jiangxi	918245	898200	94289	82404	20042	-13	3	
山东	Shandong	3090318	3078959	389812	276614	2120	-100	9240	1055
河南	Henan	2227037	2225706	217135	109126	536	24	795	-5
湖北	Hubei	2657049	2653713	502104	94695	1860	94	1477	
湖南	Hunan	1432710	1422761	247637	60891	2706	2473	7243	3696
广东	Guangdong	2610227	2513612	517264	124759	34099	292	62516	63570
广西	Guangxi	302486	297380	20833	29408	410	428	4696	
海南	Hainan	101371	101180	38027	17552	191			
重庆	Chongqing	1571341	1549076	146616	59964	22130	22130	134	77
四川	Sichuan	1911279	1910295	291084	128425	87	72	897	589
贵州	Guizhou	146852	146852	109638	4258				
云南	Yunnan	747724	746301	89791	55939	1250	1047	173	
西藏	Tibet	39882	39882	3248	1960				
陕西	Shaanxi	984896	984860	217418	137154	-79		116	147
甘肃	Gansu	474992	474966	25160	46964	27			
青海	Qinghai	95263	95272	29300	7244	-9	-9	0	
宁夏	Ningxia	120707	123372	12833	4456	-721		-1944	
新疆	Xinjiang	264109	264109	49232	2257	0		-1	

15-31 建筑业房屋建筑面积
Floor Space of Buildings Constructed by Construction Enterprises

单位：万平方米 (10 000 sq.m)

年份 Year / 地区 Region	房屋建筑面积 Floor Space of Buildings		#国有 State-owned		#集体 Collective-owned	
	施工面积 Floor Space under Construction	竣工面积 Floor Space Completed	施工面积 Floor Space under Construction	竣工面积 Floor Space Completed	施工面积 Floor Space under Construction	竣工面积 Floor Space Completed
1985	35491.8	17072.7	19295.8	8563.1	16196.0	8509.6
1990	37923.0	19552.5	20303.2	9361.7	17619.7	10190.9
1995	89862.8	35666.3	44562.9	15182.4	41829.5	19262.0
1996	129087.0	60047.9	48372.8	17491.3	74668.4	39827.3
1997	128680.3	62244.0	48830.1	18507.5	70795.3	39859.3
1998	137593.6	65682.6	45866.9	17577.4	71597.6	39338.0
1999	147262.5	73924.9	47055.7	19868.6	70590.4	39949.1
2000	160141.1	80714.9	46237.5	20145.0	68112.3	38515.5
2001	188328.7	97699.0	46627.5	20338.2	61239.2	36115.1
2002	215608.7	110217.1	44567.3	19628.2	52564.4	30071.3
2003	259377.1	122827.6	46803.7	18774.1	50488.9	26727.6
2004	310985.7	147364.0	52397.9	20552.5	42858.3	23393.3
2005	352744.7	159406.2	56308.8	20505.7	42257.4	21750.4
2006	410154.4	179673.0	62253.8	20014.4	40872.5	21019.3
2007	482005.5	203992.7	68768.4	20539.5	42119.6	21300.9
2008	530518.6	223592.0	65633.7	19853.2	39247.8	19224.8
2009	588593.9	245401.6	72681.0	21765.4	36380.9	18783.2
2010	708023.5	277450.2	84452.8	22076.1	39232.1	18375.0
2011	851828.1	316429.3	106396.7	25876.7	38203.0	19253.1
2012	986427.5	358736.2	117123.6	26763.3	39209.0	19810.7
北京 Beijing	41660.3	8406.2	7509.4	1524.3	1114.8	314.5
天津 Tianjin	12484.9	2876.7	5502.7	314.8	905.9	415.5
河北 Hebei	35270.4	12419.9	3550.3	946.4	1154.7	530.8
山西 Shanxi	10991.1	3161.7	3481.1	869.1	275.9	142.2
内蒙古 Inner Mongolia	10550.7	3659.0	291.0	75.8	119.8	79.1
辽宁 Liaoning	40049.8	17465.4	3219.7	803.1	1711.9	1161.6
吉林 Jilin	13133.1	6026.6	490.2	191.8	154.5	124.5
黑龙江 Heilongjiang	8563.5	4340.8	1606.1	450.6	788.9	516.5
上海 Shanghai	27961.5	6476.1	1327.9	237.3	337.0	198.0
江苏 Jiangsu	166779.1	61241.7	2228.1	667.4	2379.3	1122.7
浙江 Zhejiang	166969.2	55467.8	528.4	114.4	2317.4	799.1
安徽 Anhui	33335.6	13346.2	6480.0	1566.5	590.9	379.9
福建 Fujian	41821.8	12343.8	5195.0	907.8	1121.2	365.5
江西 Jiangxi	18889.4	10148.8	2744.3	1066.8	2752.0	1536.2
山东 Shandong	56902.1	21526.9	4634.5	1029.2	4703.2	2302.4
河南 Henan	38328.7	16397.6	1878.5	517.7	1911.1	1146.1
湖北 Hubei	39113.9	20397.3	6410.4	1166.1	978.9	753.1
湖南 Hunan	36412.2	13398.8	6775.7	1786.4	2379.3	1258.1
广东 Guangdong	42431.7	13485.4	14330.0	3163.7	4463.8	1759.6
广西 Guangxi	15076.6	5028.7	6812.2	1486.6	1695.7	870.0
海南 Hainan	2281.2	811.8	1196.9	337.6	276.6	176.4
重庆 Chongqing	26269.7	11601.8	2199.4	539.4	740.3	389.8
四川 Sichuan	38550.9	15750.0	9218.4	2388.3	2337.1	1346.7
贵州 Guizhou	8257.7	1863.3	6408.1	1100.9	299.4	172.2
云南 Yunnan	13374.0	5919.4	2671.1	515.5	993.1	660.4
西藏 Tibet	198.8	138.2	20.3	13.0	16.6	15.6
陕西 Shaanxi	17065.7	5386.7	5711.0	1375.1	1695.3	731.5
甘肃 Gansu	8165.9	3227.4	1729.9	514.7	787.0	430.5
青海 Qinghai	774.4	344.1	173.7	38.7	48.8	33.2
宁夏 Ningxia	3736.8	1524.2	1156.3	473.4	107.7	53.6
新疆 Xinjiang	11026.5	4554.0	1643.1	580.9	50.6	25.6

15-32 分地区劳务分包建筑业企业主要指标（2012年）
Main Indicators of Labour Subcontractors in Construction Industry by Region (2012)

地区	Region	企业单位数（个）Number of Enterprises (unit)	从业人数（人）Number of Persons Employed (person)	营业收入（万元）Total Revenue (10 000 yuan)	#主营业务收入 Projects Revenue	税金（万元）Tax (10 000 yuan)	利润总额（万元）Total Profits (10 000 yuan)
全国	**National Total**	**6606**	**2680307**	**16376552**	**16150428**	**588104**	**318014**
北京	Beijing	121	25873	279388	277737	7307	4202
天津	Tianjin	341	125093	1004487	980653	40255	17185
河北	Hebei	170	39092	149521	128876	6314	4088
山西	Shanxi	98	15538	98009	96405	1638	232
内蒙古	Inner Mongolia	71	3636	45049	43332	11727	4772
辽宁	Liaoning	241	22575	206770	202059	6608	-20996
吉林	Jilin	52	7859	44576	43388	1517	860
黑龙江	Heilongjiang	98	6131	58471	58426	1667	1857
上海	Shanghai	298	82572	935262	893276	20776	15855
江苏	Jiangsu	1119	316023	1804119	1793204	63937	67531
浙江	Zhejiang	481	479863	3615265	3609939	131029	24200
安徽	Anhui	336	150240	709169	652944	21257	26426
福建	Fujian	431	642540	2887601	2879470	101384	17224
江西	Jiangxi	24	2548	15236	15194	759	2089
山东	Shandong	241	28850	275407	272629	10110	11354
河南	Henan	929	169337	807735	799278	29259	40612
湖北	Hubei	264	83593	442811	439247	17782	25547
湖南	Hunan	320	78168	518622	517441	23457	24871
广东	Guangdong	116	73129	493468	491678	17945	8124
广西	Guangxi	58	40739	346097	344241	11415	507
海南	Hainan						
重庆	Chongqing	261	165548	828780	823808	32546	9625
四川	Sichuan	319	102629	489548	468749	19057	13740
贵州	Guizhou	15	715	17387	17349	698	261
云南	Yunnan	47	1808	32477	32101	800	3538
西藏	Tibet	4	219	8659	8659	404	1784
陕西	Shaanxi	16	6734	108604	108604	3533	11782
甘肃	Gansu	32	1622	11573	10060	635	221
青海	Qinghai	15	815	3381	3336	92	261
宁夏	Ningxia	23	1042	13110	12490	149	22
新疆	Xinjiang	65	5776	125971	125859	4050	242

15-33 勘察设计机构基本情况（2012年）
Conditions of Prospecting and Designing Institutions (2012)

地区	Region	单位数（个）Number of Institutions (unit)	年底职工人数（人）Number of Staff & Workers at Year-end (person)	#高级职称 Senior Title	#中级职称 Middle Title	#初级职称 Junior Title	营业收入（万元）Business Revenue (10 000 yuan)
全国	**National Total**	**18280**	**2123379**	**291700**	**454920**	**386726**	**161706307**
北京	Beijing	1212	353144	40931	57869	60901	44205051
天津	Tianjin	309	40707	9697	10309	8608	3927315
河北	Hebei	611	49926	9758	13318	9922	2803401
山西	Shanxi	522	39141	6377	10290	8321	1956246
内蒙古	Inner Mongolia	278	17215	5051	5259	3574	714377
辽宁	Liaoning	847	68784	13269	17673	11644	5126496
吉林	Jilin	467	28367	8490	8368	4989	1054914
黑龙江	Heilongjiang	341	25931	7275	6898	3798	827128
上海	Shanghai	768	148618	13297	25764	27660	16726456
江苏	Jiangsu	1538	130518	14772	30015	31330	9234464
浙江	Zhejiang	965	159346	12981	26057	23824	9545275
安徽	Anhui	778	57909	7925	12637	9846	3720510
福建	Fujian	852	56260	6238	15027	15923	3865134
江西	Jiangxi	397	29345	5074	8408	6344	1582420
山东	Shandong	1375	90933	15999	25225	18758	6066401
河南	Henan	691	50795	10680	17111	9564	2152185
湖北	Hubei	805	92057	17428	24225	15498	7331516
湖南	Hunan	459	42770	8865	12951	7430	2273132
广东	Guangdong	1451	284946	16860	35549	39494	20857001
广西	Guangxi	359	23306	5278	8146	5347	701775
海南	Hainan	112	8002	1273	1769	1852	323556
重庆	Chongqing	410	33741	6024	9934	6987	2822616
四川	Sichuan	525	73401	12678	18987	14914	4921912
贵州	Guizhou	205	54486	3698	7037	6803	1262623
云南	Yunnan	561	35150	5828	10683	8140	1522161
西藏	Tibet	6	139	22	35	23	2056
陕西	Shaanxi	674	73875	13404	18019	14489	3855693
甘肃	Gansu	234	17555	4020	6013	3466	706107
青海	Qinghai	121	5901	1169	1512	1449	136658
宁夏	Ningxia	89	5338	1107	1336	1425	237613
新疆	Xinjiang	269	19623	4868	6593	3768	1165931
不分地区	Not Classified by Region	49	6150	1364	1903	635	78183

15-34 工程招标代理机构基本情况（2012年）
Conditions of Project Bidding Agencies (2012)

地 区	Region	企业单位数（个）Number of Enterprises (unit)	期末企业人员（人）Personnel of Enterprises at Year-end (person)	#高、中级职称人员 Persons with Senior or Middle Certificates	年末注册执业人数（人）Registered Professionals (year-end) (person)	#注册造价工程师 Certificated Project Budgeting Engineer	营业收入（万元）Business Revenue (10 000 yuan)
全 国	**National Total**	**5522**	**445445**	**225681**	**86263**	**42831**	**21733974**
北 京	Beijing	272	54029	27232	7754	3089	10069447
天 津	Tianjin	19	1541	711	314	232	42911
河 北	Hebei	247	14316	8113	3062	1657	193462
山 西	Shanxi	176	7799	4421	1750	903	127002
内蒙古	Inner Mongolia	131	3405	2215	969	702	53511
辽 宁	Liaoning	240	7406	5011	2265	1312	109456
吉 林	Jilin	151	6094	3781	1242	655	81380
黑龙江	Heilongjiang	121	4167	3046	1025	651	67684
上 海	Shanghai	130	27365	10653	4850	2339	630551
江 苏	Jiangsu	459	30898	15574	7632	4599	625307
浙 江	Zhejiang	374	30147	14157	6530	3679	798116
安 徽	Anhui	250	18070	9003	3277	1697	681864
福 建	Fujian	123	12098	6419	2730	1327	184408
江 西	Jiangxi	176	10846	5883	2105	949	219306
山 东	Shandong	476	30454	14552	6667	3590	436422
河 南	Henan	228	18451	10563	3514	1464	420886
湖 北	Hubei	183	7872	4847	2036	1213	165849
湖 南	Hunan	145	10108	6168	1999	1015	123833
广 东	Guangdong	430	57970	26766	10258	3733	2945659
广 西	Guangxi	110	8140	3766	1695	809	109544
海 南	Hainan	27	1567	824	301	153	26240
重 庆	Chongqing	121	11700	5929	1952	948	215877
四 川	Sichuan	251	28703	14837	4559	2140	2147156
贵 州	Guizhou	95	6120	2955	1193	598	87902
云 南	Yunnan	144	5298	2552	813	487	92405
西 藏	Tibet	12	342	233	49	40	3177
陕 西	Shaanxi	169	15149	8205	2649	1330	433242
甘 肃	Gansu	78	5733	2745	1158	435	80226
青 海	Qinghai	26	689	423	81	53	50163
宁 夏	Ningxia	41	1862	848	405	266	44754
新 疆	Xinjiang	117	7106	3249	1429	766	466235

15-35 建设工程监理企业基本情况(2012年)
Conditions of Construction Project Supervision Enterprises (2012)

行业 地区	Sector Region	企业单位数(个) Number of Enterprises (unit)	年末从业人数(人) Persons Engaged (year-end) (person)	#高、中级职称人员 Persons with Senior or Middle Certificates	年末注册执业人数(人) Registered Professionals (year-end) (person)	#注册监理工程师 Registered Supervisory Engineers	营业收入(万元) Business Revenue (10 000 yuan)
合　计	**Total**	**6605**	**822042**	**440339**	**171902**	**118352**	**17173111**
按行业分	**By Sector**						
房屋建筑工程	Housing Construction Projects	5465	546393	298289	124009	86690	478654
冶炼工程	Metallurgical Projects	47	8391	4864	2045	1493	221749
矿山工程	Mining Projects	30	9448	5379	1479	821	2221345
化工、石油工程	Chemical and Petroleum Projects	138	29900	16818	6014	3948	701526
水利水电工程	Water Conservancy and Hydro-power Projects	78	20702	11412	2315	1579	3586209
电力工程	Power Projects	209	47325	21580	6992	4197	8556
农林工程	Agriculture and Forestry Projects	19	848	593	115	83	381617
铁路工程	Railway Projects	53	24883	15577	3273	2636	120717
公路工程	Highway Projects	26	7083	3649	654	466	31035
港口与航道工程	Habour and Navigation Projects	10	1474	660	281	231	17211
航天航空工程	Air and Space Projects	6	1031	354	264	174	149978
通信工程	Communications Projects	15	9402	1415	269	198	724239
市政公用工程	Civil and Public Utility Projects	413	43033	23587	10446	7344	186798
机电安装工程	Machinery and Electric Installation Projects	3	1983	779	163	57	1165185
综合资质	Comprehensive Qualification	89	70073	35346	13578	8430	7178019
事务所资质	Office Qualification	4	73	37	5	5	273
按地区分	**By Region**						
北　京	Beijing	291	68722	41772	12517	8702	3140499
天　津	Tianjin	43	9020	3769	1689	1082	123283
河　北	Hebei	312	28247	17679	6974	4780	291748
山　西	Shanxi	225	27124	16194	5040	3622	331242
内蒙古	Inner Mongolia	150	12483	8951	2643	1863	90266
辽　宁	Liaoning	294	26801	17501	6855	5186	697297
吉　林	Jilin	189	16682	10410	3342	2484	173610
黑龙江	Heilongjiang	230	25384	18377	4070	3026	212134
上　海	Shanghai	188	42915	20031	8602	5566	833425
江　苏	Jiangsu	622	68384	33168	16979	11596	1009896
浙　江	Zhejiang	345	45955	20424	10778	7755	683375
安　徽	Anhui	230	27711	13348	5135	3277	923196
福　建	Fujian	162	21357	11281	5271	3522	288877
江　西	Jiangxi	147	12991	6715	2831	1830	120458
山　东	Shandong	499	52044	24491	11812	8357	534733
河　南	Henan	307	39854	21675	8202	5424	1371433
湖　北	Hubei	242	25818	15049	5537	4173	340327
湖　南	Hunan	204	27304	16487	5856	4018	569735
广　东	Guangdong	467	63675	30082	14781	10062	2869277
广　西	Guangxi	153	13434	6315	3512	2364	149643
海　南	Hainan	41	3366	1621	773	531	42178
重　庆	Chongqing	93	19553	10106	3208	2077	322558
四　川	Sichuan	299	50509	27659	9331	6160	599722
贵　州	Guizhou	68	10679	5016	1564	918	356875
云　南	Yunnan	141	17558	8649	2405	1803	215064
西　藏	Tibet	1	58	30	6	6	710
陕　西	Shaanxi	317	29292	16060	5131	3049	316076
甘　肃	Gansu	137	13861	7747	3299	2365	268004
青　海	Qinghai	56	3417	1436	486	332	35199
宁　夏	Ningxia	53	5492	2427	888	620	55780
新　疆	Xinjiang	99	12352	5869	2385	1802	206492

主要统计指标解释

建筑业统计单位 指从事房屋、构筑物建造和设备安装活动的法人企业。建筑业法人企业应具有建筑业资质并能够独立核算，同时还应具备以下条件：①依法成立，有自己的名称、组织机构和场所，能够承担民事责任；②独立拥有和使用资产，承担负债，有权与其他单位签订合同；③独立核算盈亏，能够编制资产负债表。

建筑业总产值 是以货币形式表现的建筑业企业在一定时期内生产的建筑业产品和提供服务的总和。建筑业总产值包括：

⑴建筑工程产值：指列入建筑工程预算内的各种工程价值。

⑵安装工程产值：指设备安装工程价值，不包括被安装设备本身的价值。

⑶其他产值：建筑业总产值中除建筑工程、安装工程以外的产值。包括房屋构筑物修理产值、非标准设备制造产值、总包企业向分包企业收取的管理费以及不能明确划分的施工活动所完成的产值。

a.房屋构筑物修理产值：指房屋和构筑物修理所完成的产值，但不包括被修理房屋、构筑物本身价值和生产设备的修理价值。

b.非标准设备制造产值：指加工制造没有定型的非标准生产设备的加工费和原材料价值(如化工厂、炼油厂用的各种罐、槽，矿井生产统一使用的各种漏斗、三角槽、阀门等)以及附属加工厂为本企业承建工程制作的非标准设备的价值。

建筑业增加值 指建筑业企业在报告期内以货币形式表现的建筑业生产经营活动的最终成果。

从 2004 年第一次全国经济普查开始，建筑业现价增加值按生产法和分配法(收入法)两种方法计算，以收入法的计算结果为准，即从收入的角度出发，根据生产要素在生产过程中应得的收入份额计算。具体计算方法：经济普查年度建筑业增加值按照《经济普查年度 GDP 核算方案》计算，非经济普查年度建筑业增加值按照《非经济普查年度 GDP 核算方案》计算。

房屋施工面积 指报告期内施工的全部房屋建筑面积，包括本期新开工的房屋建筑面积、上期跨入本期继续施工的房屋建筑面积、上期停缓建在本期恢复施工的房屋建筑面积、本期竣工的房屋建筑面积及本期施工后又停缓建的房屋建筑面积。

房屋竣工面积 指报告期内房屋建筑按照设计要求已全部完工，达到住人和使用条件，经验收鉴定合格或达到竣工验收标准，可正式移交使用的各栋房屋建筑面积的总和。

Explanatory Notes on Main Statistical Indicators

Statistical Unit in the Construction Industry refers to a corporate enterprise engaged in the construction of buildings and structures and in the installation of equipment. A corporate construction enterprise should have qualification certificates with independent accounting system, and should meet the following 3 requirements: a) being set up in line with relevant legal basis, having its full name, organization and location, and capable of taking civil liabilities; b) independently possessing and using its assets and assuming its liabilities, and entitled to sign contracts with other institutions; and c) making independent accounts of its profits and losses, and capable of compiling its own balance sheet.

Gross Output Value of Construction refers to total of construction products and services, expressed in money terms, produced or rendered by construction and installation enterprises during a given period of time. It includes:

(1) Output value of construction projects: the value of projects covered by the project budgets;

(2) Output value of installation projects: the value of the installation of equipment, (excluding the value of the equipment to be installed);

(3) Other output values: the output value of construction industry apart from that of construction projects and installation projects. It includes: output value of repair of buildings and structures; output value of non-standard equipment manufacturing; overhead expenses received by contracted enterprises from the sub-contracted enterprises and the completed output value of construction activities for which there is no clear definition.

a. Output value of repair of buildings and structures: the value created through the repairs of buildings or structures. It does not include the value of buildings or structures being repaired and the value of the repair of production equipment;

b. Output value of manufactured non-standard equipment: the value of non-standard production equipment, including raw materials and manufacturing cost, made for the construction project (i.e., chemical plant; kettles or tanks used by refineries; various fillers, triangle tanks, valves used by mines). It also includes the output value of equipment manufactured by subsidiary workshops.

Value-added of Construction refers to the final result of the activities of production and operation of enterprises of the construction industry in monetary terms during the reference period.

Starting from the 2004 economic census, value-added of construction is calculated by both production approach and income approach, with the figures from the income approach as the final figures. Under the income approach, calculation starts from the perspective of income and is based on the share of income derived from the production process by the relevant factors of production. Specifically, value-added of construction for the Census years is calculated in accordance with the *Programme of Compilation of GDP and National Accounts for the Year of Economic Census*, and value-added of construction for other years is calculated in accordance with the *Programme of Compilation of GDP and National Accounts for the Non Economic Census Years*.

Floor Space of Buildings refers to floor space of buildings under construction in the reference period, including the space of buildings for which construction has newly started; buildings for which construction has started earlier and is continuing during the reference period; and buildings for which construction has been suspended earlier but has restarted during the reference period; buildings completed during the reference period; and buildings under construction but construction has subsequently been during the reference period.

Floor Space of Buildings Completed refers to the total floor space of each building that has been completed in the reference period in accordance with the requirements of the design, up to the standard for being resided in and put into use, or has been checked and accepted by departments concerned as qualified ones or up to the standard of buildings completed and can be handed over for putting into use.

16

运输和邮电

Transport, Postal and Telecommunication Services

简 要 说 明

一、本篇资料的主要内容

本篇资料反映我国交通运输业和邮政、通信、软件业发展的基本状况。

交通运输业资料主要包括：五种运输方式的线路里程、运输设备拥有量、技术质量情况，各种运输方式完成的货物运输量和旅客运输量，规模以上港口码头长度、泊位数量及货物吞吐量等资料。

邮政、通信、软件业资料主要包括：全国营业网点及邮政邮路情况，电信主要通信能力，主要的邮电业务完成情况，邮电通信发展水平，软件和信息技术服务业主要经济指标等资料。

二、本篇资料的统计范围

1.铁路资料：包括国家铁路（含控股合资）、地方铁路和非控股合资铁路运营情况，不含军用铁路及由厂矿企事业单位自建的铁路专用线和不办理公共营业的专用铁路。国家铁路（含控股合资）和非控股合资铁路运营资料来源于各铁路局及所属运输企业(公司)。地方铁路运营概况资料来源于各省地方铁路管理部门。

2.公路、水运、港口资料：(1)公路和水路线路里程为年末通车和通航里程数，不含未正式投入使用的公路和航道里程；(2)民用汽车拥有量及机动车和汽车驾驶员人数，根据公安部交通管理局所属各省车管部门登记注册的车辆资料和驾驶员资料整理，不含军用车辆；(3)公路营运汽车拥有量，根据各省道路运输主管部门登记注册的从事公路运输的营业性运输车辆资料整理，属于民用汽车的一部分；(4)营业性运输船舶拥有量，根据各省交通运输主管部门登记注册的从事水上客、货运输的营业性船舶资料整理，不含非运输船舶及农业、渔业生产船舶；(5)公路、水路客货运输量资料，由交通运输部负责收集整理；(6)公路、水路运输量统计包括全面调查和非全面调查两种方式，统计范围是在各省交通运输主管部门登记注册的从事公路、水路客、货运输的营业性的车辆和船舶所完成的运输量；(7)规模以上港口的统计范围为年通过能力在1000万吨以上的沿海港口和200万吨以上的内河港口，以及从事外贸、集装箱装卸的港口，具体范围由交通运输部划定。

3.管道运输资料：包括输原油、输成品油、输天然气及输其他气体的运输量。管道运输统计数据主要来源于中国石油天然气集团公司和中国石油化工集团公司所属的管道运输企业，由两家集团公司分别负责收集审核本部门统计数据。

4.民航运输资料：统计对象为在我国境内注册从事民用航空运输飞行和通用飞行的航空运输企业和定期航班通航机场，不包括在我国境内运输飞行的外国航空公司。统计范围为各航空公司从事国内运输、港澳台运输、国际运输的定期航班航线条数及里程、运输量及飞机构成和运营情况、通用航空飞行完成情况等。

5.邮政、通信、软件业资料：包括邮政企业和年业务收入200万元以上的快递企业，以及从事电信运营的中国电信、中国移动、中国联通三家基础电信企业（不含专用网业务资料），主营业务收入100万元以上的软件和信息技术服务业企业。邮电业务量按业务种类分为邮政业务量和电信业务量；按业务范围分为国内业务量和国际及港澳业务量(对台业务量统计在港澳中)。

三、本篇的资料来源

本篇资料由国家统计局服务业统计司负责整理、编辑。有关交通运输资料分别来源于中国铁路总公司、交通运输部、中国民用航空局、中国石油天然气集团公司、中国石油化工集团公司和公安部交通管理局所属各省车管部门。邮电通信业资料来源于工业和信息化部、国家邮政局。

Brief Introduction

I. Main Contents

Data in this chapter present the development of transportation, post, telecommunications and software industry in China.

Data on transport cover mainly the length of the routes of five means of transportation, the possession of transport equipment, the condition of technological quality, freight traffic and passenger traffic accomplished by various means of transportation, the length of ports above designated size and the situation of berths, and cargo handled at sea ports.

Data on post, telecommunications and software industry cover mainly the situation of post and telecommunication offices and postal routes; main telecommunication capacity; business volume of postal and telecommunication services achieved; the level of development of postal and telecommunication services, and the main economic indicators of software and IT services industry.

II. Scope of Statistics

1. Data on railway transportation: including the operation and management of the national, local and joint-venture railways but not including railways for military purpose, lines built by industrial and mining enterprises and special railways not for commercial use. Data on the operation and management of the national railways and joint-venture railways come from the railway bureaus and transport enterprises subordinate to them. Data on the operation and management of local railways come from the provincial administrative departments managing the local railways.

2. Data on highways, waterways and ports: (1) The length of highways and waterways refer to the length open to traffic or navigation at the end of the year, but not including the highways and waterways under construction or not officially having been put into use. (2) Data on the possession of civil motor vehicles and the number of drivers are provided by the divisions of vehicle management under the provincial departments of public security, subordinate to the Traffic Management Bureau, Ministry of Public Security, but not including vehicles for military use. (3) Data on possession of highway vehicles are provided by the divisions of vehicle management under provincial departments of public security, which are subordinate to the Traffic Management Bureau, Ministry of Public Security, including vehicles for business use and non-business use. These vehicles are part of the totality of civil motor vehicles. (4) Data on possession of ships are provided by the divisions of navigation or ports management under provincial departments of communications, which are subordinate to the Ministry of Transport. However, fishing boats, boats for constructions in water and boats for military use are not included. (5) Data on passenger traffic and freight traffic by highways and waterways are collected and prepared by the Ministry of Transport. (6) Data on highway and waterway transportation are collected through both comprehensive reporting system and non-comprehensive reporting system. The statistical scope encompasses all the enterprises, institutional units and individuals (including joint-households) registered in the People's Republic of China and engaged in highway or waterway freight or passenger transport business. (7) Data on production capacity and handling capacity include the seaports handling cargo more than 10 million tons, inland river ports with turnover over 2 million tons and ports with operation in foreign trade and containing shipping. The specific scopes are decided by the Administration of Transportation.

3. Data on pipeline transport: The data on pipeline transport cover the volume transported of petroleum (crude oil) pipelines, petroleum products pipelines, natural gas pipelines and other gas pipelines. Data sources of the pipeline transport statistics are mainly the enterprises engaged in the pipeline transport subordinate to the China National Petroleum and Natural Gas Corporation Group and China Petrochemical Corporation Group. The two corporations collect and examine the statistical data submitted to them from the units subordinate to them respectively.

4. Data on civil aviation transport: The targets of

statistical collection are enterprises registered for engagement in civil aviation transport flights and flights for general purposes and general aviation airports with scheduled flights. Excluded are foreign companies which operate flights within Chinese territory. The scope of statistics encompasses number of lines, mileage flown, transport volume, composition of the fleets operational situation of the airlines, performance of general purpose flights in respect of domestic transport, transport between China mainland and Hong Kong, Macao and Taiwan, and international transport.

5. Data on post, telecommunications and software industry: Data in this category include postal enterprises and express delivery companies with annual revenue above 2 million yuan, the three major enterprises of telecommunication: China Telecom, China Mobile and China Unicom (not including services provided through dedicated networks), and enterprises of software and IT services with turnover from primary activities above one million yuan. By types of business, the business volume of post and telecommunications is divided into postal services and telecommunication services; by coverage it is divided into domestic service, international service, and service between the Mainland and Hong Kong, Macao (business volume of the service to Taiwan is covered in that for Hong Kong and Macao).

III. Sources of Data

Data in this chapter are processed and compiled by the Department of Service Statistics, NBS. Data on transportation are from China Railway Corporation, Ministry of Transport, Civil Aviation Administration of China, China Petroleum and Natural Gas Corporation Group, China Petrochemical Corporation Group, the divisions of vehicle management under the provincial departments of public security, which are subordinate to the Traffic Management Bureau, Ministry of Public Security. Data on postal and telecommunication services come from the Ministry of Industry and Information, and the State Post Bureau of China.

16-1 分地区交通运输、仓储和邮政业就业人员数(2012年底)
Number of Employed Persons in Transport, Storage and Post at Year-end by Region (2012)

单位: 人 (person)

地 区	Region	铁路运输业 Railway Transport	道路运输业 Road Transport	水上运输业 Water Transport	航空运输业 Air Transport	管道运输业 Pipeline Transport	装卸搬运和运输代理业 Loading, Unloading and Forwarding Agency	仓储业 Storage	邮政业 Post
全 国	**National Total**	**1793267**	**2778125**	**447050**	**376100**	**39762**	**288400**	**273882**	**678609**
北 京	Beijing	114534	269366	205	62527	2715	49574	12712	66715
天 津	Tianjin	27381	50326	24213	7246	233	11502	12744	7117
河 北	Hebei	57197	114234	27100	1795	1586	4448	8058	28601
山 西	Shanxi	110408	76692	43	4853	322	3630	7293	19899
内蒙古	Inner Mongolia	95616	44885	32	4022		4887	5628	14409
辽 宁	Liaoning	118775	96900	48823	18499	3749	9348	12452	19521
吉 林	Jilin	67513	44849	811	5286	1157	1376	25825	12358
黑龙江	Heilongjiang	120954	77338	2748	6102	847	4081	18287	25732
上 海	Shanghai	30925	174277	55143	57671	167	17596	22522	21248
江 苏	Jiangsu	35325	138456	49049	10292	15411	12493	7690	37386
浙 江	Zhejiang	28330	151953	25954	10279	61	20304	11514	45245
安 徽	Anhui	41733	78565	10393	2968		2102	6038	21424
福 建	Fujian	41037	76966	13245	13457	913	16720	5150	18944
江 西	Jiangxi	60757	43973	2815	914	603	1480	4139	14071
山 东	Shandong	74684	164478	54572	14714	2446	25590	11462	25880
河 南	Henan	116531	135835	2104	7234	457	10394	20683	15668
湖 北	Hubei	83437	97426	12860	7438	940	10124	7536	24061
湖 南	Hunan	77023	98687	4374	8343	88	12256	5193	30069
广 东	Guangdong	64067	301012	67255	49202	251	25672	26558	83968
广 西	Guangxi	56860	77093	12972	6173	92	7657	5373	18579
海 南	Hainan	4398	15754	4644	13194		1282	1739	4133
重 庆	Chongqing	25771	76734	11002	8993	74	2349	5308	27330
四 川	Sichuan	53426	115329	15361	11635	746	7164	6102	25818
贵 州	Guizhou	31290	36248	791	4608		2576	3474	12472
云 南	Yunnan	37939	56271	401	16161	380	8547	2148	13765
西 藏	Tibet	49	3790	24000	19			180	1971
陕 西	Shaanxi	98615	52185	93	8667	1183	722	8696	13262
甘 肃	Gansu	47346	38077	47			3829	3732	10579
青 海	Qinghai	14898	14545		186		634	1084	2653
宁 夏	Ningxia	14464	14237	37060	1705		891	583	3787
新 疆	Xinjiang	41984	41644	46016	11917	5341	9172	3979	11944

16-2 交通运输业基本情况
Basic Conditions of Transport

指　标	Item	2009	2010	2011	2012
运输线路长度　（万公里）	**Length of Transport Routes　(10 000 km)**				
铁路营业里程	Railways in Operation	8.55	9.12	9.32	9.76
公路里程	Highways	386.08	400.82	410.64	423.75
#高速公路	Expressway	6.51	7.41	8.49	9.62
内河航道里程	Navigable Inland Waterways	12.37	12.42	12.46	12.50
定期航班航线里程	Regular Civil Aviation Routes	234.51	276.51	349.06	328.01
管道输油(气)里程	Petroleum and Gas Pipelines	6.91	7.85	8.33	9.01
客运量总计　（万人）	**Total Passenger Traffic　(10 000 persons)**	**2976898**	**3269508**	**3526319**	**3804035**
铁路	Railways	152451	167609	186226	189337
公路	Highways	2779081	3052738	3286220	3557010
水运	Waterways	22314	22392	24556	25752
民航	Civil Aviation	23052	26769	29317	31936
旅客周转量总计　（亿人公里）	**Total Passenger-Kilometers(100 million passenger-km)**	**24834.9**	**27894.3**	**30984.0**	**33383.1**
铁路	Railways	7878.9	8762.2	9612.3	9812.3
公路	Highways	13511.4	15020.8	16760.2	18467.5
水运	Waterways	69.4	72.3	74.5	77.5
民航	Civil Aviation	3375.2	4039.0	4537.0	5025.7
货运量总计　（万吨）	**Total Freight Traffic　(10 000 tons)**	**2825222**	**3241807**	**3696961**	**4099400**
铁路	Railways	333348	364271	393263	390438
公路	Highways	2127834	2448052	2820100	3188475
水运	Waterways	318996	378949	425968	458705
民航	Civil Aviation	445.5	563.0	557.5	545.0
管道	Petroleum and Gas Pipelines	44598	49972	57073	61238
货物周转量　（亿吨公里）	**Total Freight Ton-kilometers　(100 million ton-km)**	**122133**	**141837**	**159324**	**173771**
铁路	Railways	25239	27644	29466	29187
公路	Highways	37189	43390	51375	59535
水运	Waterways	57557	68428	75424	81708
民航	Civil Aviation	126.2	178.9	173.9	163.9
管道	Petroleum and Gas Pipelines	2022	2197	2885	3177
民用汽车拥有量　（万辆）	**Possession of Civil Motor Vehicles　(10 000 units)**	**6280.61**	**7801.83**	**9356.32**	**10933.09**
#私人汽车	Private Vehicles	4574.91	5938.71	7326.79	8838.60
其他机动车拥有量　（万辆）	**Possession of Other Motor Vehicles　(10 000 units)**	**10489.01**	**11305.55**	**11549.16**	**11322.30**
民用运输船舶拥有量　（艘）	**Possession of Civil Transport Vessels　(unit)**	**176932**	**178407**	**179242**	**178591**
机动船	Motor Vessels	149367	155624	157950	158309
驳船	Barges	27565	22783	21292	20282
沿海规模以上港口货物吞吐量　（万吨）	**Volume of Freight Handled in Coastal Ports above Designated Size　(10 000 tons)**	**475481**	**548358**	**616292**	**665245**

注：1.2004年起内河航道里程为内河航道通航里程数(以下各表同)。
2.2005年起公路里程包括村道(以下各表同)。
3.2008年公路、水路运输量统计口径有调整(以下各表同)。
4.从2009年起，沿海规模以上港口统计范围为年吞吐量1000万吨以上的沿海港口，内河规模以上港口统计范围为年吞吐量200万吨以上的内河港口(以下各表同)。
5.2011年起民航航线里程改为定期航班航线里程(以下各表同)。

a) Since 2004, inland waterways refers to navigable inland waterways. The same applies to the tables followings.
b) Length of highways include the village road since 2005.
c) In 2008, data on total passenger traffic and freight traffic of highway and waterways have changed. The same applies to the following tables.
d) Since 2009, statistical coverage above designated size refers to coastal seaport with capacity over 10 million tons yearly and inland port over 2 million tons yearly. The same applies to the tables following.
e) Since 2011, Civil aviation routes change to regular civil aviation routes. The same applies to the tables following.

16-3 运输线路长度
Length of Transportation Routes

单位：万公里 (10 000 km)

年份 Year	铁路营业里程 Length of Railways in Operation	#国家铁路电气化里程 National Electrified Railways	公路里程 Length of Highways	#高速公路 Expressway	内河航道里程 Length of Navigable Inland Waterways	定期航班航线里程 Length of Regular Civil Aviation Routes	#国际航线 International Routes	管道输油(气)里程 Length of Petroleum and Gas Pipelines
1978	5.17	0.10	89.02		13.60	14.89	5.53	0.83
1980	5.33	0.17	88.83		10.85	19.53	8.12	0.87
1981	5.39	0.17	89.75		10.87	21.83	8.28	0.97
1982	5.33	0.18	90.70		10.86	23.27	9.99	1.04
1983	5.46	0.23	91.51		10.89	22.91	9.99	1.08
1984	5.48	0.30	92.67		10.93	26.02	10.74	1.10
1985	5.52	0.41	94.24		10.91	27.72	10.60	1.17
1986	5.58	0.44	96.28		10.94	32.43	10.76	1.30
1987	5.60	0.46	98.22		10.98	38.91	14.89	1.38
1988	5.62	0.57	99.96	0.01	10.94	37.38	12.83	1.43
1989	5.70	0.64	101.43	0.03	10.90	47.19	16.64	1.51
1990	5.79	0.69	102.83	0.05	10.92	50.68	16.64	1.59
1991	5.78	0.78	104.11	0.06	10.97	55.91	17.74	1.62
1992	5.81	0.84	105.67	0.07	10.97	83.66	30.30	1.59
1993	5.86	0.89	108.35	0.11	11.02	96.08	27.87	1.64
1994	5.90	0.90	111.78	0.16	11.02	104.56	35.19	1.68
1995	6.24	0.97	115.70	0.21	11.06	112.90	34.82	1.72
1996	6.49	1.01	118.58	0.34	11.08	116.65	38.63	1.93
1997	6.60	1.20	122.64	0.48	10.98	142.50	50.44	2.04
1998	6.64	1.30	127.85	0.87	11.03	150.58	50.44	2.31
1999	6.74	1.40	135.17	1.16	11.65	152.22	52.33	2.49
2000	6.87	1.49	167.98	1.63	11.93	150.29	50.84	2.47
2001	7.01	1.69	169.80	1.94	12.15	155.36	51.69	2.76
2002	7.19	1.74	176.52	2.51	12.16	163.77	57.45	2.98
2003	7.30	1.81	180.98	2.97	12.40	174.95	71.53	3.26
2004	7.44	1.86	187.07	3.43	12.33	204.94	89.42	3.82
2005	7.54	1.94	334.52	4.10	12.33	199.85	85.59	4.40
2006	7.71	2.34	345.70	4.53	12.34	211.35	96.62	4.81
2007	7.80	2.40	358.37	5.39	12.35	234.30	104.74	5.45
2008	7.97	2.50	373.02	6.03	12.28	246.18	112.02	5.83
2009	8.55	3.02	386.08	6.51	12.37	234.51	91.99	6.91
2010	9.12	3.27	400.82	7.41	12.42	276.51	107.02	7.85
2011	9.32	3.43	410.64	8.49	12.46	349.06	149.44	8.33
2012	9.76	3.55	423.75	9.62	12.50	328.01	128.47	9.01

16-4 分地区运输线路长度（2012年底）
Length of Transport Routes at Year-end by Region (2012)

单位：公里 (km)

地 区	Region	铁路营业里程 Length of Railways in Operation	内河航道里程 Length of Navigable Inland Waterways	公路里程 Total Length of Highways	等级公路 Expressway and Class I to IV Highways	#高速 Expressway	#一级 First Class	#二级 Second Class	等外公路 Highways Below Class IV
全 国	**National Total**	**97625.5**	**124995**	**4237508**	**3609600**	**96200**	**74271**	**331455**	**627908**
北 京	Beijing	1276.3		21492	21299	923	1118	3283	193
天 津	Tianjin	867.7	88	15391	15391	1103	1145	3302	
河 北	Hebei	5630.3		163045	155439	5069	4679	17562	7606
山 西	Shanxi	3774.5	467	137771	134242	5011	2137	14799	3529
内蒙古	Inner Mongolia	9474.3	2403	163763	151046	3110	4666	14092	12717
辽 宁	Liaoning	5006.4	413	105562	90033	3912	3263	17360	15530
吉 林	Jilin	4398.4	1456	93208	85414	2252	1921	8914	7794
黑龙江	Heilongjiang	6021.8	5098	159063	129260	4084	1521	9623	29803
上 海	Shanghai	465.9	2281	12541	12541	806	423	3208	
江 苏	Jiangsu	2354.6	24270	154118	146100	4371	10476	22144	8018
浙 江	Zhejiang	1779.1	9735	113550	110024	3618	4903	9447	3527
安 徽	Anhui	3259.8	5623	165157	159427	3210	1758	9933	5730
福 建	Fujian	2255.1	3245	94661	76503	3372	716	8309	18158
江 西	Jiangxi	2834.5	5638	150595	120332	4229	1543	9540	30263
山 东	Shandong	4288.1	1144	244586	243037	4975	9051	24688	1549
河 南	Henan	4890.4	1267	249649	194406	5830	986	24956	55244
湖 北	Hubei	3814.4	8271	218151	203145	4006	2515	17233	15006
湖 南	Hunan	3828.4	11495	234040	203627	3957	1057	10111	30413
广 东	Guangdong	2846.1	12097	194943	177204	5524	10544	19042	17740
广 西	Guangxi	3194.5	5479	107906	91583	2883	984	9720	16322
海 南	Hainan	693.7	343	24265	23540	757	279	1480	725
重 庆	Chongqing	1451.7	4331	120728	86810	1909	579	7608	33918
四 川	Sichuan	3533.5	10720	293499	234293	4334	3015	13752	59206
贵 州	Guizhou	2057.8	3442	164542	86577	2630	179	4060	77965
云 南	Yunnan	2619.4	3158	219052	171960	2943	974	10299	47092
西 藏	Tibet	531.5		65198	41776		38	956	23422
陕 西	Shaanxi	4093.5	1066	161411	146290	4083	974	8377	15121
甘 肃	Gansu	2487.1	914	131201	101372	2549	178	6648	29829
青 海	Qinghai	1857.6	421	65988	52061	1148	312	6042	13927
宁 夏	Ningxia	1289.5	130	26522	26009	1324	918	2795	513
新 疆	Xinjiang	4749.7		165909	118861	2277	1417	12172	47049

16-5 运输线路质量
Quality of Transport Routes

指　　标	Item	1990	2000	2010	2011	2012
国家铁路营业里程　（公里）	**Length of National Railways in Operation (km)**	**53378**	**58656**	**66239**	**66050**	**66298**
#复线里程　（公里）	Double-Tracking Length (km)	13024	21408	29684	29884	30661
复线里程比重　(%)	Proportion (%)	24.4	36.5	44.8	45.2	46.2
#自动闭塞里程　（公里）	Automatic Blocking Length (km)	10370	18318	37500	34175	37300
公路里程　（公里）	**Length of Highways (km)**	**1028348**	**1679848**	**4008229**	**4106387**	**4237508**
#等级公路里程　（公里）	Expressway and Class I to IV Highways (km)	741104	1315931	3304709	3453590	3609600
等级公路里程比重　(%)	Proportion (%)	72.1	78.3	82.4	84.1	85.2
内河航道里程　（公里）	**Length of Navigable Inland Waterways (km)**	**109192**	**119325**	**124242**	**124612**	**124995**
#等级航道里程　（公里）	Standard Waterways (km)	59575	61367	62290	62648	63719
等级航道里程比重　(%)	Proportion (%)	54.6	51.4	50.1	50.3	51.0

16-6 客运量
Passenger Traffic

单位：万人　　　　(10 000 persons)

年份 Year	客运量总计 Total	铁路 Railways	国家 National Railways	地方 Local Railways	合资 Joint-venture Railways	公路 Highways	水运 Waterways	民航 Civil Aviation
1978	253993	81491	80729	762		149229	23042	231
1980	341785	92204	91246	958		222799	26439	343
1985	620206	112110	110913	1197		476486	30863	747
1990	772682	95712	94888	824		648085	27225	1660
1991	806048	95080	94208	872		682681	26109	2178
1992	860855	99693	98788	905		731774	26502	2886
1993	996634	105458	104580	878		860719	27074	3383
1994	1092882	108738	108009	729		953940	26165	4039
1995	1172596	102745	102081	664		1040810	23924	5117
1996	1245357	94797	93551	612	634	1122110	22895	5555
1997	1326094	93308	91919	659	730	1204583	22573	5630
1998	1378717	95085	92991	629	1465	1257332	20545	5755
1999	1394413	100164	97725	528	1911	1269004	19151	6094
2000	1478573	105073	101847	519	2707	1347392	19386	6722
2001	1534122	105155	101680	558	2917	1402798	18645	7524
2002	1608150	105606	101741	516	3349	1475257	18693	8594
2003	1587497	97260	93634	412	3214	1464335	17142	8759
2004	1767453	111764	107346	378	4040	1624526	19040	12123
2005	1847018	115583	110651	319	4613	1697381	20227	13827
2006	2024158	125656	119728	423	5505	1860487	22047	15968
2007	2227761	135670	128712	451	6507	2050680	22835	18576
2008	2867892	146193	144452	474	1267	2682114	20334	19251
2009	2976898	152451	150798	419	1234	2779081	22314	23052
2010	3269508	167609	164761	477	2371	3052738	22392	26769
2011	3526319	186226	179199	528	6498	3286220	24556	29317
2012	3804035	189337	187863	583	891	3557010	25752	31936

注：1.从1979年起，公路运输包括社会车辆完成数量，从1984年起，还包括私营运输完成的数量(下表同)，从2008年起公路运输量统计范围原则上为营运车辆。水路运输量统计范围为在交通运输主管部门审批、备案、从事营业性旅客和货物运输生产的船舶。

2.从2008年起，国家铁路和合资铁路客货运输量及周转量统计口径有调整，其中国家铁路包括了国家控股合资部分，合资铁路仅指非控股合资(以下各表同)。2010、2011年，合资铁路客运量统计口径和其他年份不一致。

a) Since 1979, freight traffic by highways has included the quantities transported by trucks of non-highway departments. Since 1984, it has also included the quantities transported by private trucks. The same applies to the tables following. Since 2008, freight traffic by highways referred to the vehicles under operation. Statistical coverage of freight traffic by waterways is vessels engaged in passengers and goods transport for business purpose, and approved, registered by the department of transportation.

b) Since 2008, statistical coverage of passenger traffic and freight traffic and passenger-kilometers and freight tons-kilometers of national railways and joint-venture railways has been adjusted, which national railways include those of state-holding joint-venture railways, and joint-venture railways only refer to non-state-holding joint-venture railways. The same applies to the tables followings. The data coverage of joint-venture railway passenger traffic in 2010 and 2011 is different from that of other years.

16-7 旅 客 周 转 量
Passenger-Kilometers

单位：亿人公里 (100 million passenger-km)

年 份 Year	旅客周转量 总 计 Total	铁 路 Railways	国 家 National Railways	地 方 Local Railways	合 资 Joint-venture Railways	公 路 Highways	水 运 Waterways	民 航 Civil Aviation
1978	1743.1	1093.2	1090.8	2.4		521.3	100.6	27.9
1980	2281.3	1383.2	1380.4	2.8		729.5	129.1	39.6
1985	4436.4	2416.1	2412.5	3.6		1724.9	178.7	116.7
1990	5628.4	2612.6	2610.1	2.5		2620.3	164.9	230.5
1991	6178.3	2828.1	2824.8	3.2		2871.7	177.2	301.3
1992	6949.4	3152.2	3148.3	4.0		3192.6	198.4	406.1
1993	7858.0	3483.3	3479.4	3.9		3700.7	196.4	477.6
1994	8591.4	3636.0	3632.8	3.2		4220.3	183.5	551.6
1995	9001.9	3545.7	3542.6	3.1		4603.1	171.8	681.3
1996	9164.8	3347.6	3322.0	3.4	22.2	4908.8	160.6	747.8
1997	10055.5	3584.9	3543.5	4.7	36.6	5541.4	155.7	773.5
1998	10636.7	3773.4	3691.0	5.0	77.4	5942.8	120.3	800.2
1999	11299.7	4135.9	4046.3	4.4	85.3	6199.2	107.3	857.3
2000	12261.1	4532.6	4414.7	4.6	113.3	6657.4	100.5	970.5
2001	13155.1	4766.8	4636.6	5.2	125.1	7207.1	89.9	1091.4
2002	14125.6	4969.4	4803.1	5.3	161.1	7805.8	81.8	1268.7
2003	13810.5	4788.6	4622.8	4.0	161.8	7695.6	63.1	1263.2
2004	16309.1	5712.2	5512.0	4.0	196.2	8748.4	66.3	1782.3
2005	17466.7	6062.0	5833.2	3.5	225.2	9292.1	67.8	2044.9
2006	19197.2	6622.1	6353.3	4.7	264.2	10130.8	73.6	2370.7
2007	21592.6	7216.3	6896.2	5.3	314.8	11506.8	77.8	2791.7
2008	23196.7	7778.6	7739.1	5.9	33.6	12476.1	59.2	2882.8
2009	24834.9	7878.9	7840.1	5.6	33.2	13511.4	69.4	3375.2
2010	27894.3	8762.2	8725.7	6.3	30.2	15020.8	72.3	4039.0
2011	30984.0	9612.3	9582.7	6.6	23.0	16760.2	74.5	4537.0
2012	33383.1	9812.3	9784.0	6.9	21.5	18467.5	77.5	5025.7

16-8 货 运 量
Freight Traffic

单位：万吨 (10 000 tons)

年 份 Year	货运量总计 Total	铁 路 Railways	国 家 National Railways	地 方 Local Railways	合 资 Joint-venture Railways	公 路 Highways	水 运 Waterways	#远 洋 Ocean	民 航 Civil Aviation	管 道 Petroleum and Gas Pipelines
1978	248946	110119	107492	2627		85182	43292	3659	6.4	10347
1980	546537	111279	108584	2695		382048	42676	4292	8.9	10525
1985	745763	130709	127516	3193		538062	63322	6627	19.5	13650
1990	970602	150681	146209	4472		724040	80094	9408	37.0	15750
1991	985793	152893	147898	4995		733907	83370	10567	45.2	15578
1992	1045899	157627	152317	5310		780941	92490	11191	57.5	14783
1993	1115902	162794	156791	6003		840256	97938	12508	69.4	14845
1994	1180396	163216	157278	5938		894914	107091	13421	82.9	15092
1995	1234938	165982	159473	6509		940387	113194	15251	101.1	15274
1996	1298421	171024	161787	7125	2112	983860	127430	14213	115.0	15992
1997	1278218	172149	162010	7854	2285	976536	113406	20287	124.7	16002
1998	1267427	164309	153435	8035	2839	976004	109555	18892	140.1	17419
1999	1293008	167554	157239	7296	3019	990444	114608	22621	170.4	20232
2000	1358682	178581	166056	8369	4156	1038813	122391	22949	196.7	18700
2001	1401786	193189	179201	9542	4446	1056312	132675	27573	171.0	19439
2002	1483447	204956	187578	11241	6137	1116324	141832	29896	202.1	20133
2003	1564492	224248	199814	13064	11370	1159957	158070	34002	219.0	21998
2004	1706412	249017	217816	14924	16277	1244990	187394	39469	276.7	24734
2005	1862066	269296	231839	17802	19655	1341778	219648	48549	306.7	31037
2006	2037060	288224	245476	19593	23154	1466347	248703	54413	349.4	33436
2007	2275822	314237	262400	24390	27447	1639432	281199	58903	401.8	40552
2008	2585937	330354	275243	27128	27983	1916759	294510	42352	407.6	43906
2009	2825222	333348	277572	23873	31903	2127834	318996	51733	445.5	44598
2010	3241807	364271	309541	19089	35641	2448052	378949	58054	563.0	49972
2011	3696961	393263	329535	22179	41549	2820100	425968	63542	557.5	57073
2012	4099400	390438	323559	22907	43971	3188475	458705	65815	545.0	61238

注：1993年起铁路货物运输增加行包运量(下表同)。

a) The indicator of railways freight has increased the freight of package since 1993. The same applies to the tables following.

16-9 货 物 周 转 量
Freight Ton-Kilometers

单位：亿吨公里 (100 million ton-km)

年 份 Year	货物周转量总计 Total	铁 路 Railways	国 家 National Railways	地 方 Local Railways	合 资 Joint-venture Railways	公 路 Highways	水 运 Waterways	#远 洋 Ocean	民 航 Civil Aviation	管 道 Petroleum and Gas Pipelines
1978	9829	5345.2	5333.5	11.7		274.1	3779.2	2487	0.97	430
1980	12027	5717.5	5707.3	10.2		764.0	5052.8	3532	1.41	491
1985	18365	8125.7	8111.6	14.1		1903.2	7729.3	5329	4.15	603
1990	26208	10622.4	10601.2	21.2		3358.1	11591.9	8141	8.18	627
1991	27987	10972.0	10948.1	23.9		3428.0	12955.5	8990	10.10	621
1992	29218	11575.6	11548.5	27.0		3755.4	13256.2	9034	13.42	617
1993	30647	12090.9	12059.7	31.2		4070.5	13860.8	9134	16.61	608
1994	33435	12632.0	12600.6	31.4		4486.3	15686.6	10268	18.58	612
1995	35909	13049.5	13015.2	34.2		4694.9	17552.2	11938	22.30	590
1996	36590	13106.2	12935.0	48.6	122.5	5011.2	17862.5	11254	24.93	585
1997	38385	13269.9	13063.0	50.7	156.2	5271.5	19235.0	14875	29.10	579
1998	38089	12560.1	12304.5	50.7	204.8	5483.4	19405.8	14920	33.45	606
1999	40568	12910.3	12649.8	37.6	222.9	5724.3	21263.0	17014	42.34	628
2000	44321	13770.5	13444.0	43.6	282.9	6129.4	23734.2	17073	50.27	636
2001	47710	14694.1	14368.8	55.4	270.0	6330.4	25988.9	20873	43.72	653
2002	50686	15658.4	15219.1	62.8	376.5	6782.5	27510.6	21733	51.55	683
2003	53859	17246.7	16475.6	69.0	702.1	7099.5	28715.8	22305	57.90	739
2004	69445	19288.8	18285.5	89.1	914.2	7840.9	41428.7	32255	71.80	815
2005	80258	20726.0	19533.4	99.2	1093.5	8693.2	49672.3	38552	78.90	1088
2006	88840	21954.4	20557.2	105.7	1291.6	9754.2	55485.7	42577	94.28	1551
2007	101419	23797.0	22112.5	132.7	1551.8	11354.7	64284.8	48686	116.39	1866
2008	110300	25106.3	23648.9	150.9	1306.5	32868.2	50262.7	32851	119.60	1944
2009	122133	25239.2	23649.9	126.6	1462.7	37188.8	57556.7	39524	126.23	2022
2010	141837	27644.1	25937.3	116.1	1590.7	43389.7	68427.5	45999	178.90	2197
2011	159324	29465.8	27631.7	138.7	1695.4	51374.7	75423.8	49355	173.91	2885
2012	173771	29187.1	27220.5	136.2	1830.4	59534.9	81707.6	53412	163.89	3177

16-10 旅客运输平均运距
Average Transport Distance of Passengers

单位：公里 (km)

年份 Year	总计 Total	铁路 Railways	公路 Highways	水运 Waterways	民航 Civil Aviation
1978	69	134	35	44	1208
1980	67	150	33	49	1153
1985	72	216	36	58	1563
1990	73	273	40	61	1388
1991	77	297	42	68	1383
1992	81	316	44	75	1407
1993	79	330	43	73	1412
1994	79	334	44	70	1366
1995	77	345	44	72	1331
1996	74	353	44	70	1346
1997	76	384	46	69	1374
1998	77	397	47	59	1391
1999	81	413	49	56	1407
2000	83	431	49	52	1444
2001	86	453	51	48	1450
2002	88	471	53	44	1476
2003	87	492	53	37	1442
2004	92	511	54	35	1470
2005	95	524	55	34	1479
2006	95	527	54	33	1485
2007	97	532	56	34	1503
2008	81	532	47	29	1497
2009	83	517	49	31	1464
2010	85	523	49	32	1509
2011	88	516	51	30	1548
2012	88	518	52	30	1574

16-11 货物运输平均运距
Average Transport Distance of Freight

单位：公里 (km)

年份 Year	总计 Total	铁路 Railways	公路 Highways	水运 Waterways	民航 Civil Aviation	管道 Petroleum and Gas Pipelines
1978	395	485	32	873	1516	416
1980	220	514	20	1184	1580	467
1985	246	622	35	1221	2129	442
1990	270	705	46	1447	2211	398
1991	284	718	47	1554	2234	399
1992	279	734	48	1433	2335	417
1993	275	743	48	1415	2394	410
1994	283	774	50	1465	2241	406
1995	291	786	50	1551	2206	386
1996	282	766	51	1402	2168	366
1997	300	771	54	1696	2334	362
1998	301	764	56	1771	2388	348
1999	314	771	58	1855	2485	310
2000	326	771	59	1939	2555	340
2001	340	761	60	1959	2556	336
2002	342	764	61	1940	2551	339
2003	344	769	61	1817	2643	336
2004	407	775	63	2211	2595	329
2005	431	770	65	2261	2572	350
2006	436	762	67	2231	2698	464
2007	446	757	69	2286	2896	460
2008	427	760	171	1707	2934	443
2009	432	757	175	1804	2833	453
2010	438	759	177	1806	3177	440
2011	431	749	182	1771	3120	506
2012	424	748	187	1781	3007	519

16-12 分地区客运量(2012年)
Passenger Traffic by Region (2012)

单位：万人 (10 000 persons)

地区	Region	合计 Total	铁路 Railways	国家铁路 National Railways	地方铁路 Local Railways	合资 Joint-venture Railways	公路 Highways	水运 Waterways
全国	**National Total**	**3804034.9**	**189336.9**	**187863.4**	**582.6**	**890.9**	**3557010**	**25752**
北京	Beijing	142731.0	10398.0	10315.2	82.8		132333	
天津	Tianjin	27529.2	2970.2	2970.2			24483	76
河北	Hebei	105064.0	7846.0	7846.0			97218	
山西	Shanxi	39987.1	6208.1	6198.3		9.8	33662	117
内蒙古	Inner Mongolia	27630.3	4320.3	4277.4		43.0	23310	
辽宁	Liaoning	103283.4	12045.4	12019.2	26.2		90650	588
吉林	Jilin	72679.5	6263.5	6263.5			66175	241
黑龙江	Heilongjiang	52404.2	10524.2	10341.8	182.4		41551	329
上海	Shanghai	10859.1	6758.1	6758.1			3748	353
江苏	Jiangsu	267710.3	11758.3	11758.3			255358	594
浙江	Zhejiang	233115.2	9144.2	8636.1		508.1	220517	3454
安徽	Anhui	213432.3	6385.3	6385.3			206888	159
福建	Fujian	82040.9	5294.9	5294.9			75044	1702
江西	Jiangxi	84239.5	6334.5	6334.5			77650	255
山东	Shandong	265631.8	8346.8	8056.1	290.7		254711	2574
河南	Henan	207246.5	9212.5	9212.5			197785	249
湖北	Hubei	127078.7	8265.7	8265.7			118369	444
湖南	Hunan	184336.1	8601.1	8601.1			174386	1349
广东	Guangdong	574265.9	15030.9	14726.4		304.5	556510	2725
广西	Guangxi	90228.7	3309.7	3309.7			86449	470
海南	Hainan	47116.9	1161.9	1161.9			44374	1581
重庆	Chongqing	156545.4	3040.4	3040.4			152249	1256
四川	Sichuan	277611.3	7997.3	7997.3			266338	3276
贵州	Guizhou	83526.9	3901.9	3901.9			77172	2453
云南	Yunnan	48456.3	2762.3	2761.8	0.5		44839	855
西藏	Tibet	3848.8	109.8	109.8			3739	
陕西	Shaanxi	111773.3	5757.3	5731.8		25.5	105647	369
甘肃	Gansu	64361.2	2383.2	2383.2			61884	94
青海	Qinghai	12692.1	544.1	544.1			12100	48
宁夏	Ningxia	16343.5	535.5	535.5			15666	142
新疆	Xinjiang	38331.4	2125.4	2125.4			36206	
不分地区	Not Classified by Region	31936.1						

注：不分地区合计数为民航完成数。

a) The total passenger traffic not classified by region refers to that completed by civil aviation.

16-13 分地区旅客周转量（2012年）
Passenger-kilometers by Region (2012)

单位：亿人公里 (100 million passenger-km)

地 区	Region	合 计 Total	铁 路 Railways	国家铁路 National Railways	地方铁路 Local Railways	合 资 Joint-venture Railways	公 路 Highways	水 运 Waterways
全 国	**National Total**	**33383.1**	**9812.3**	**9784.0**	**6.9**	**21.5**	**18467.5**	**77.5**
北 京	Beijing	421.2	116.4	116.3	0.1		304.8	
天 津	Tianjin	314.7	164.0	164.0			150.4	0.3
河 北	Hebei	1369.2	791.0	791.0			578.2	
山 西	Shanxi	423.1	192.4	191.6		0.8	230.6	0.1
内蒙古	Inner Mongolia	436.4	172.4	172.0		0.4	264.0	
辽 宁	Liaoning	977.0	542.3	542.2	0.1		427.2	7.5
吉 林	Jilin	536.2	229.1	229.1			306.8	0.3
黑龙江	Heilongjiang	559.6	262.4	259.2	3.2		296.8	0.4
上 海	Shanghai	182.1	68.4	68.4			112.7	1.0
江 苏	Jiangsu	1872.4	452.6	452.6			1418.4	1.4
浙 江	Zhejiang	1317.6	390.3	372.1		18.1	921.2	6.2
安 徽	Anhui	1824.6	496.6	496.6			1327.7	0.3
福 建	Fujian	556.0	184.8	184.8			368.5	2.7
江 西	Jiangxi	956.3	584.1	584.1			371.9	0.3
山 东	Shandong	1836.1	513.7	510.2	3.5		1310.0	12.5
河 南	Henan	2084.0	773.8	773.8			1309.6	0.6
湖 北	Hubei	1361.5	554.4	554.4			804.1	3.0
湖 南	Hunan	1636.8	780.3	780.3			854.0	2.6
广 东	Guangdong	2998.2	518.1	516.2		1.9	2470.1	10.0
广 西	Guangxi	1048.0	187.7	187.7			858.0	2.3
海 南	Hainan	173.1	22.3	22.3			147.6	3.2
重 庆	Chongqing	597.9	115.9	115.9			470.6	11.3
四 川	Sichuan	1310.2	302.8	302.8			1004.7	2.7
贵 州	Guizhou	631.9	199.2	199.2			426.8	5.9
云 南	Yunnan	568.7	96.5	96.5			470.2	2.0
西 藏	Tibet	33.5	10.3	10.3			23.2	
陕 西	Shaanxi	898.0	408.8	408.6		0.2	488.6	0.6
甘 肃	Gansu	666.4	379.8	379.8			286.4	0.2
青 海	Qinghai	110.1	50.5	50.5			59.5	0.1
宁 夏	Ningxia	121.0	41.1	41.1			79.7	0.1
新 疆	Xinjiang	535.8	210.4	210.4			325.4	
不分地区	Not Classified by Region	5025.7						

注：不分地区合计数为民航完成数。

a) The total passenger-kilometers not classified by region refers to that completed by civil aviation.

16-14 分地区货运量(2012年)
Freight Traffic by Region (2012)

单位：万吨 (10 000 tons)

地 区	Region	合 计 Total	铁 路 Railways	国家铁路 National Railways	地方铁路 Local Railways	合 资 Joint-venture Railways	公 路 Highways	水 运 Waterways
全 国	**National Total**	**4099400.3**	**390437.5**	**323559.5**	**22906.6**	**43971.5**	**3188475**	**458705**
北 京	Beijing	26161.9	1236.9	1232.2	4.7		24925	
天 津	Tianjin	46015.2	7909.2	7909.2			27735	10371
河 北	Hebei	219130.3	21010.3	17865.6	3034.1	110.6	195530	2590
山 西	Shanxi	144607.9	71427.9	67585.2	1063.9	2778.9	73150	30
内蒙古	Inner Mongolia	189942.2	64682.2	42436.3	3900.3	18345.7	125260	
辽 宁	Liaoning	206788.7	19802.7	17387.5	2415.2		174355	12631
吉 林	Jilin	54808.1	7347.1	6922.4	424.7		47130	331
黑龙江	Heilongjiang	65230.7	16590.7	15719.7	722.0	148.9	47465	1175
上 海	Shanghai	94038.3	825.3	825.3			42911	50302
江 苏	Jiangsu	220007.5	7670.5	7223.4	447.1		153698	58639
浙 江	Zhejiang	191817.3	4607.3	3798.4	78.8	730.1	113393	73817
安 徽	Anhui	312436.8	12259.8	12259.8			259461	40716
福 建	Fujian	84345.1	3814.1	3814.1			59431	21100
江 西	Jiangxi	127195.5	5561.5	5379.7	181.8		113703	7931
山 东	Shandong	333602.6	23144.6	20140.1	3004.5		296754	13704
河 南	Henan	272114.9	12637.9	11423.7	910.8	303.5	251772	7705
湖 北	Hubei	122945.3	5882.3	5472.1	410.2		97136	19927
湖 南	Hunan	191051.7	5676.7	5406.4	270.4		166670	18705
广 东	Guangdong	256076.7	9305.7	8031.5	926.0	348.2	189034	57737
广 西	Guangxi	161356.0	6846.0	6846.0			135112	19398
海 南	Hainan	26880.4	752.4	752.4			16600	9528
重 庆	Chongqing	86474.1	2328.1	2240.5	87.5		71272	12874
四 川	Sichuan	174349.3	8793.3	7759.8	1033.5		158396	7160
贵 州	Guizhou	52654.9	6664.9	6664.9			44892	1098
云 南	Yunnan	68734.9	5030.9	4650.0	380.9		63239	465
西 藏	Tibet	1126.6	84.6	84.6			1042	
陕 西	Shaanxi	136726.8	31941.8	10744.5		21197.3	104593	192
甘 肃	Gansu	45831.7	6289.7	6289.7			39517	25
青 海	Qinghai	13483.9	3783.9	3783.9			9700	
宁 夏	Ningxia	41113.3	8467.3	4857.2	3610.1		32646	
新 疆	Xinjiang	58793.5	6839.5	6839.5			51954	
不分地区	Not Classified by Region	73558.0	1222.2	1213.9		8.3		10553

注：不分地区合计数中包括铁路行包运量、民航、管道及中国远洋运输集团总公司海外公司完成数。

a) The freight ton-kilometers not classified by region refers to railway baggage freight, civil aviation, pipelines and that completed by companies abroad under the China Ocean Shipping (Group) Company.

16-15 分地区货物周转量（2012年）
Freight Ton-kilometers by Region (2012)

单位：亿吨公里 (100 million ton-km)

地 区	Region	合 计 Total	铁 路 Railways	国家铁路 National Railways	地方铁路 Local Railways	合 资 Joint-venture Railways	公 路 Highways	水 运 Waterways
全 国	**National Total**	**173770.7**	**29187.1**	**27220.5**	**136.2**	**1830.4**	**59534.9**	**81707.6**
北 京	Beijing	1001.1	861.4	861.3			139.8	
天 津	Tianjin	7844.1	513.2	494.9		18.3	318.2	7012.7
河 北	Hebei	10605.0	3961.9	3259.9	15.8	686.2	6133.5	509.6
山 西	Shanxi	3341.1	2138.8	1496.2	1.6	641.0	1202.2	0.1
内蒙古	Inner Mongolia	5870.3	2570.5	2282.3	30.0	258.3	3299.8	
辽 宁	Liaoning	11563.7	1404.9	1400.7	4.2		2675.4	7483.3
吉 林	Jilin	1596.1	621.0	618.5	2.4		974.1	1.1
黑龙江	Heilongjiang	2002.3	1065.7	1058.1	7.1	0.5	929.0	7.6
上 海	Shanghai	20373.4	18.0	18.0			288.2	20067.2
江 苏	Jiangsu	7904.1	398.7	398.1	0.5		1452.4	6053.0
浙 江	Zhejiang	9183.4	291.4	265.7	0.1	25.6	1525.6	7366.4
安 徽	Anhui	9817.8	937.4	937.4			7266.8	1613.7
福 建	Fujian	3871.4	177.4	177.4			771.1	2923.0
江 西	Jiangxi	3433.5	666.5	665.9	0.6		2559.8	207.3
山 东	Shandong	11077.8	1580.4	1552.6	27.8		7059.2	2438.1
河 南	Henan	9490.3	2143.1	2131.5	8.7	2.9	6863.0	484.1
湖 北	Hubei	4439.8	917.2	915.7	1.5		1565.4	1957.2
湖 南	Hunan	3976.9	1022.1	1021.8	0.4		2392.5	562.3
广 东	Guangdong	9566.2	311.0	305.6	4.0	1.4	2434.9	6820.3
广 西	Guangxi	4110.6	860.0	860.0			1878.3	1372.3
海 南	Hainan	1548.1	9.6	9.6			109.4	1429.1
重 庆	Chongqing	2653.3	181.5	181.2	0.3		731.9	1739.9
四 川	Sichuan	2238.3	809.4	804.7	4.8		1325.2	103.7
贵 州	Guizhou	1174.7	693.7	693.7			464.6	16.5
云 南	Yunnan	1123.4	412.1	409.7	2.4		702.5	8.7
西 藏	Tibet	46.2	18.3	18.3			27.9	
陕 西	Shaanxi	3192.1	1446.8	1250.7		196.0	1744.6	0.7
甘 肃	Gansu	2351.7	1457.1	1457.1			894.6	
青 海	Qinghai	527.6	246.6	246.6			281.0	
宁 夏	Ningxia	1065.7	365.6	341.8	23.9		700.1	
新 疆	Xinjiang	1614.5	790.7	790.7			823.8	
不分地区	Not Classified by Region	15166.1	295.2	295.0		0.2		11529.7

注：不分地区合计数中包括铁路行包运量、民航、管道及中国远洋运输集团总公司海外公司完成数。

a) The freight ton-kilometers not classified by region refers to railway baggage freight, civil aviation, pipelines and that completed by companies abroad under the China Ocean Shipping (Group) Company.

16-16 国家营业铁路基本情况

Basic Statistics on National Railways in Operation

项 目	Item	1985	1990	2000	2005	2010	2011	2012
营业里程 （公里）	**Length of Railways in Operation (km)**	**52119**	**53378**	**58656**	**62200**	**66239**	**66050**	**66298**
正式营业	In Formal Operation	49433	50310	51262	57589	64537	65488	66203
临时营业	In Temporary Operation	2686	3068	7394	4611	1702	562	95
正式营业里程比重 (%)	Proportion of the Length in Formal Operation	94.8	94.3	87.4	92.6	97.4	99.1	99.9
复线里程 （公里）	**Double-Tracking Length (km)**	**9989**	**13024**	**21408**	**24497**	**29684**	**29884**	**30661**
占营业里程比重 (%)	As Percentage of the Length of Railways in Operation	19.2	24.4	36.5	39.4	44.8	45.2	46.2
电气化铁路里程 （公里）	**Length of Electrified Railways (km)**	**4151**	**6941**	**14864**	**19408**	**32717**	**34330**	**35486**
占营业里程比重 (%)	As Percentage of Railways in Operation	8.0	13.0	25.3	31.2	49.4	52.0	53.5
内燃牵引里程 （公里）	**Length of Diesel Engine Routes (km)**	**10822**	**16097**	**39497**	**42792**	**33522**	**31719**	**30811**
占营业里程比重 (%)	As Percentage of Railways in Operation	20.8	30.2	67.3	68.8	50.6	48.0	46.5
调度集中里程 （公里）	**Length under Centralized Traffic Control (km)**	**1307**	**1169**	**1200**	**1828**	**17977**	**14821**	**18780**
自动闭塞里程 （公里）	**Automatic Blocking Length (km)**	**6921**	**10370**	**18318**	**24149**	**37500**	**34175**	**37300**
半自动闭塞里程 （公里）	**Semi-automatic Blocking Length (km)**	**42625**	**38832**	**41695**	**39390**	**37468**	**38270**	**33680**
无缝线路里程 （公里）	**Length of Continuous Welded Rail (km)**	**10439**	**14644**	**29975**	**47965**	**62954**	**75400**	**78466**
继电集中车站 （个）	**Relay Interlocking Station (unit)**					**3065**	**2814**	**2642**
占营业车站比重 (%)	As Percentage of Stations in Operation					51.4	54.1	50.9
计算机联锁车站 （个）	**Computer Interlocking Station (unit)**					**2792**	**2601**	**2863**
占营业车站比重 (%)	As Percentage of Stations in Operation					46.9	50.0	55.1

16-17 铁路机车拥有量

Number of Railway Locomotives

单位：台 (unit)

项 目	Item	1985	1990	2000	2005	2010	2011	2012
国家铁路	**Number of Locomotives Owned by National Railways**	**11770**	**13592**	**14472**	**16547**	**18349**	**19590**	**19625**
蒸汽机车	Steam Locomotives	7672	6279	601	94	51		
#前进型	Qianjin Model	4429	4188	261	24	18		
建设型	Jianshe Model	1216	1644	340	70	33		
内燃机车	Diesel Locomotives	3511	5680	10355	11331	10041	10095	9578
#东风4型	Dongfeng Model IV	955	2351	5623	6443	5035	4820	4348
电力机车	Electric Locomotives	587	1633	3516	5122	8257	9495	10047
#韶山1型	Shaoshan Model I	506	816	800	664	512	401	138
地方铁路	**Number of Locomotives Owned by Local Railways**	**386**	**389**	**327**	**348**	**279**	**295**	**297**
蒸汽机车	Steam Locomotives	246	262	159	59	12	6	6
内燃机车	Diesel Locomotives	140	127	168	289	260	270	272
电力机车	Electric Locomotives					7	19	19
合资铁路	**Number of Locomotives Owned by Joint-venture Railways**			**454**	**578**	**803**	**836**	**875**
蒸汽机车	Steam Locomotives			151	40	9	9	9
内燃机车	Diesel Locomotives			303	494	689	716	752
电力机车	Electric Locomotives				44	105	111	114

16-18 国家铁路客、货车拥有量
Number of National Railway Passenger Coaches and Freight Cars Owned

项目	Item	1985	1990	1995	2000	2005	2010	2011	2012
客车 （辆）	**Passenger Coaches (coach)**	**20872**	**27261**	**32404**	**35989**	**40328**	**50391**	**52838**	**55764**
软卧车	Soft Berth Coaches	679	1061	1537	2055	3109	4071	4104	4311
硬卧车	Hard Berth Coaches	2633	4351	7607	10139	12942	16486	16981	17859
软座车	Soft Seat Coaches	260	330	574	764	759	3874	4675	6655
硬座车	Hard Seat Coaches	13700	17503	18076	17571	16900	17954	18228	17946
软硬座车	Soft and Hard Seat Coaches	114	63	35	25	2			
餐　车	Dining Cars	1221	1520	1695	1847	2108	2517	2617	2737
行李车	Luggage Cars	1498	1686	1949	2144	2480	2365	2195	2105
公务车	Business Cars	87	77	87	69	78	61	74	73
其　他	Others	680	670	844	1375	1950	3063	3964	4078
货车 （辆）	**Freight Cars (coach)**	**300886**	**364966**	**432731**	**439943**	**541824**	**622284**	**644677**	**664333**
按车型分	Grouped by Type of Car								
棚　车	Covered Cars	52677	66668	80437	92569	99206	101481	101967	108444
敞　车	Open Cars	185684	232999	268179	252977	343480	418778	443666	458328
平　车	Flat Cars	18753	18726	27461	24685	30290	39654	39543	39453
毒品车	Hazardous Materials Cars		1229	1580	1578	2056	2056	2056	2056
罐　车	Tank Cars	31837	33646	37119	37778	38331	30522	31448	31170
冷藏车	Refrigerator Cars	3991	5150	7030	7909	7419	6153	6152	6140
其　他	Others	7944	6548	10925	22447	21042	23640	19845	18742
按载重量分	Grouped by Capacity of Car								
40吨以下及不明	Under 40 Tons and Unidentified	20234	6071	3547	4159	4892	5671	5642	5623
40吨	40 Tons	4577	5119	6929	3606	3590	3132	3132	3132
41-49吨	41-49 Tons					7589	7167	7166	7166
50吨	50 Tons	104456	92442	48287	15799	3512	3710	3709	3689
51-59吨	51-59 Tons	16544	15500	27951		52565	44640	42120	40797
60吨	60 Tons	153198	238680	342086	307521	265154	198749	192080	184444
61-69吨	61-69 Tons	1571	6825	3546	103431	195911	196554	195194	191321
70吨及以上	70 Tons and Over	306	329	385	5427	8611	162661	195634	228161
货车总标记载重量（万吨）	**Total Loading Capacity of Freight Cars (10 000 tons)**	**1612.5**	**2055.3**	**2502.9**	**2619.9**	**3294.5**	**3934.3**	**4102.6**	**4251.9**
平均每辆车标记载重量（吨）	**Average Marked Loading Capacity Car (ton)**	**53.9**	**56.6**	**57.9**	**59.6**	**60.8**	**63.2**	**63.6**	**64.0**

16-19 按货类分国家铁路货物运输量
National Railway Freight Traffic by Category of Cargo

项目	Item	2011 货运量(万吨) Freight Traffic (10 000 tons)	2011 货物周转量(百万吨公里) Freight Ton-kilometers (million ton-kilometers)	2011 平均运距(公里) Average Transport Distance (km)	2012 货运量(万吨) Freight Traffic (10 000 tons)	2012 货物周转量(百万吨公里) Freight Ton-kilometers (million ton-kilometers)	2012 平均运距(公里) Average Transport Distance (km)
总　　计	**Total**	**328136**	**2729649**	**832**	**322346**	**2692553**	**835**
煤	Coal	172126	1124668	653	168515	1087436	645
焦　　炭	Coke	9895	102006	1031	9338	99947	1070
石　　油	Petroleum	12564	112788	898	12652	108213	855
钢铁及有色金属	Steel and Iron, and Non-Ferrous Metal	22779	248284	1090	21932	246565	1124
金属矿石	Metal Ores	39148	261942	669	40112	262075	653
非金属矿石	Nonmetal Ores	9515	67362	708	8751	60607	693
矿建材料	Mineral Building Materials	12440	46395	373	11759	41640	354
水　　泥	Cement	3639	16719	460	3426	14611	427
木　　材	Timber	2814	31053	1104	2437	27558	1131
化肥和农药	Chemical Fertilizers and Pesticides	8308	131288	1580	8925	145464	1630
粮　　食	Grain	9578	171938	1795	9981	181395	1817
棉　　花	Cotton	276	10506	3810	389	14381	3701
盐	Salt	1699	11900	700	1532	9758	637
其　　他	Others	23356	392801	1682	22597	392905	1739

注：本表货运量和货物周转量不包括行包运量。
a) Freight traffic and freight ton-kilometers in the table do not include the baggage freight.

16-20 高速铁路基本情况
Basic Statistics of High Speed Railway

年份 Year	营业里程(公里) Length in Operation (km)	占铁路营业里程比重(%) Percentage of Length of Railways in Operation (%)	客运量(万人) Passenger Traffic (10 000 persons)	占铁路客运量比重(%) Percentage of Railway Passenger Traffic (%)	旅客周转量(万人公里) Passenger-Kilometers (10 000 passenger-km)	占铁路客运周转量比重(%) Percentage of Railway Passenger-Kilometers (%)
2008	672	0.8	734	0.5	15.6	0.2
2009	2699	3.2	4651	3.1	162.2	2.1
2010	5133	5.6	13323	8.0	463.2	5.3
2011	6601	7.1	28552	15.8	1058.4	11.0
2012	9356	9.6	38815	20.5	1446.1	14.7

16-21 铁路主要干线客货运输量（2012年）
Passenger and Freight Traffic of Principal Trunk Railways (2012)

线路名称	Name	客运量（万人）Passenger Traffic (10 000 persons)	旅客周转量（百万人公里）Passenger-kilometers (million passenger-km)
京沪线	Beijing-Shanghai	7481	56557
新石线	Xinxiang-Rizhao	803	2898
沪昆线	Shanghai-Kunming	9402	85737
鹰厦线	Yingtan-Xiamen	1390	5408
京九线	Beijing-Kowloon	6845	64713
京广线	Beijing-Guangzhou	15882	130831
石太线	Shijiazhuang-Taiyuan	967	955
石德线	Shijiazhuang-Dezhou	594	3869
焦柳线	Jiaozuo-Liuzhou	1850	15354
京包线	Beijing-Baotou	2094	8047
包兰线	Baotou-Lanzhou	963	5194
北同蒲线	Taiyuan-Datong	1431	3010
南同蒲线	Fenglingdu-Taiyuan	2035	6183
陇海线	Lianyungang-Lanzhou	9408	64995
宝中线	Baoji-Zhongwei	206	2330
兰新线	Lanzhou-Urumqi	2170	34822
兰青、青藏线	Lanzhou-Qinghai, Qinghai-Tibet	780	6936
宝成、成渝线	Baoji-Chengdu, Chengdu-Chongqing	3169	13004
襄渝线	Xiangfan-Chongqing	1482	16626
南昆线	Nanning-Kunming	657	4330
成昆线	Chengdu-Kunming	1556	7640
京哈线	Beijing-Harbin	7535	52815

线路名称	Name	货运量（万吨）Freight Traffic (10 000 tons)	货物周转量（百万吨公里）Freight Ton-kilometers (million ton-km)
京哈线	Beijing-Harbin	1253	54548
京广线	Beijing-Guangzhou	7085	136634
京沪线	Beijing-Shanghai	5740	90932
京九线	Beijing-Kowloon	4163	106176
京包线	Beijing-Baotou	14216	68143
滨洲线	Harbin-Manzhouli	7518	62142
滨绥线	Harbin-Suifenhe	1429	18258
大秦线	Datong-Qinhuangdao	2731	248201
石太线	Shijiazhuang-Taiyuan	5871	23041
石德线	Shijiazhuang-Dezhou	663	19518
北同蒲线	Taiyuan-Datong	17612	33766
南同蒲线	Fenglingdu-Taiyuan	5537	25265
包兰线	Baotou-Lanzhou	8808	43527
新石线	Xinxiang-Rizhao	6382	63626
太焦线	Taiyuan-Jiaozuo	6946	9706
焦柳线	Jiaozuo-Liuzhou	3330	85654
胶济线	Qingdao-Jinan	1015	32590
陇海线	Lianyungang-Lanzhou	6278	160000
沪昆线	Shanghai-Kunming	7274	135526
宝成线	Baoji-Chengdu	804	21895
南昆线	Nanning-Kunming	1614	30965
成昆线	Chengdu-Kunming	3233	35764
兰新线	Lanzhou-Urumqi	5210	146123
青藏线	Qinghai-Tibet	2538	21116

16-22 国家铁路主要车站旅客发送量
Number of Passengers Dispatched from Principal Railway Stations

单位：万人 (10 000 persons)

车站名称	Railway Station	2004	2005	2006	2007	2008	2009	2010	2011	2012
哈尔滨	Harbin	1448	1569	1827	2255	2413	2615	2805	3006	2925
沈阳	Shenyang	1176	1182	1272	1280	1473	1509	1433	1500	1619
鞍山	Anshan	327	312	291	333	419	477	485	462	441
长春	Changchun	1147	1222	1316	1490					
本溪	Benxi	684	724	775	957	1050	1232	1179	850	920
锦州	Jinzhou	415	411	407	395	465	482	465	476	466
吉林	Jilin	438	449	460	495	531	375	229	114	796
北京	Beijing	2278	2478	2709	2998	3066	2785	2774	2749	2811
北京南	Southern Beijing	379	337	113			966	1408	1909	2563
北京西	Western Beijing	2429	2622	3150	3632	3865	4090	4403	4682	4454
天津	Tianjin	1040	1099	1076	905	1342	1770	2101	2251	2188
石家庄	Shijiazhuang	1098	1178	1312	1405	1589	1681	1578	1593	1584
太原	Taiyuan	879	936	1045	1197	1368	1686	1991	2350	2350
郑州	Zhengzhou	1797	1924	2094	2207	2547	2679	2993	3240	3290
武昌	Wuchang	973	1062	1052	998	1346	1705	1888	2000	2062
洛阳	Luoyang	418	440	504	539	594	619	620	615	596
西安	Xi'an	1517	1669	2029	2360	2633	2543	2812	2790	2751
济南	Jinan	787	802	854	1042	1166	1225	1335	1287	1369
徐州	Xuzhou	696	714	795	884	247	1125	1187	1158	1033
南京	Nanjing	1069	969	1322	1659	2063	2208	2470	2247	1911
蚌埠	Bengbu	460	444	487	506	546	568	592	553	494
镇江	Zhenjiang	365	379	390	370	407	416	448	479	507
常州	Changzhou	659	694	722	731	816	835	873	934	966
无锡	Wuxi	956	1026	1065	1025	1118	1119	1186	1231	1238
苏州	Suzhou	1018	1142	1191	1103	1277	1336	1418	1455	1573
上海	Shanghai	3648	3866	3786	3439	3612	3368	3252	2455	2254
杭州	Hangzhou	1406	1462	1453	1578	1798	1751	2235	2230	2298
南昌	Nanchang	1148	1218	1277	1441	1671	1764	1861	2105	2074
广州	Guangzhou	2336	2508	2594	2866	3170	2969	2993	3109	2791
深圳	Shenzhen	1189	1250	1319	1433	1724	1778	1942	2105	1893
柳州	Liuzhou	257	290	365	396	433	489	522	565	541
成都	Chengdu	1344	1416	1659	1896	1972	2190	2687	2888	2667
重庆	Chongqing	779	801	913	667	533	1061	1222	1578	1788
贵阳	Guiyang	605	694	810	917	989	962	1041	1287	1271
兰州	Lanzhou	552	560	608	650	749	839	939	1006	959
乌鲁木齐	Urumqi	407	450	514	565	587	621	666	865	881

注：2009年起重庆站为重庆北站数据，2010年起吉林站为吉林西站数据。

a) Since 2009, the figure of Chongqing Station refers to that of Chongqing North Station. Since 2010, the figure of Jilin Station refers to that of Jilin West Station.

16-23 国家铁路主要车站货物发送量
Volume of Freight Dispatched from Principal Railway Stations

单位：万吨 (10 000 tons)

车站名称	Name of Railway Station	2004	2005	2006	2007	2008	2009	2010	2011	2012
竣　德	Junde	742	733	705	633	605	945	496	475	434
鹤　岗	Hegang	952	1019	836	785	731	736	661	691	516
双鸭山	Shuangyashan	1103	1181	1197	1280	1213	1343	1010	962	906
七台河	Qitaihe	1477	1474	1350	1427	1586	1791	1621	1653	1383
恒　山	Hengshan	579	660	577	549	534	530	474	477	465
大官屯	Daguantun	748	755	629	579	588	656	571	513	470
本　溪	Benxi	508	589	736	893	1188	1003	1076	1078	1030
灵　山	Lingshan	1086	1136	1449	1591	1709	1703	1571	1270	1097
霍林河	Huolinhe	1079	1453	1780	2429	3133	6834	4652	2590	2753
阜　新	Fuxin	575	578	674	647	741	997	819	782	639
新　港	Xingang	1227	1270	1262	1063	1119	1244	1168	1258	1272
古　冶	Guye	813	798	818	838	826	1075	856	939	899
阳　泉	Yangquan	1518	1667	1684	1606	1717	2801	1760	1859	1837
白羊墅	Baiyangshu	1192	978	1141	1413	1490	2461	1664	1663	1566
云岗西	Western Yungang	1147	1173	1053	1102	1083	1087	536	1042	1048
新高山	Xingaoshan	1423	1589	1636	1815	1801	1686	1307	1692	1352
大同东	Eastern Datong	1722	2127	2899	3341	3891	9896	5545	5997	6254
口　泉	Kouquan	2499	2638	2295	2366	2092	3094	1605	1568	1503
北周庄	Beizhouzhuang	450	654	1186	1877	1491	747	830	1534	1435
大　新	Daxin	5523	5648	6788	7325	7473	14864	7326	7369	9016
古　交	Gujiao	1064	1242	1274	1370	1396	1178	960	901	833
玉门沟	Yumengou	1172	1311	1232	1260	1263	1513	1088	885	959
介　休	Jiexiu	709	837	885	1009	919	841	745	773	831
白云鄂博	Baiyun'ebo	1027	1111	1164	1171	1123	1110	1290	1327	1266
万水泉	Wanshuiquan	1218	1523	1777	1803	2265	3605	3236	3304	2989
嘉　峰	Jiafeng	664	1359	1252	1346	1419	2003	1571	1674	1614
晋城北	Northern Jincheng	1285	1235	1263	1247	1241	1467	1181	1195	1213
长治北	Northern Changzhi	1201	1249	1337	1292	1371	2034	1442	1383	1393
平顶山东	Eastern Pingdingshan	2453	2595	2649	2820	2973	4275	3041	2326	2025
武昌东	Eastern Wuchang	505	631	671	732	816	830	852	771	679
黄　岛	Huangdao	1578	1671	2048	1975	2097	2710	3635	4139	4550
日　照	Rizhao	640	1350	1829	2328	2589	3794	3757	4372	4631
中　云	Zhongyun	696	972	1104	1213	1006	2058	2278	2648	181
潘集西	Western Panji	1334	1549	1421	1202	1549	3626	2158	2283	2153
湛　江	Zhanjiang	669	906	1110	1176	1221	1405	1550	1454	1643

16-24 国家铁路运输主要技术经济指标
Principal Economic and Technical Indicators of National Railway Transport

指　　标	Item	2008	2009	2010	2011	2012
货运机车日产量 (万吨公里)	Average Daily Ton-kilometers of Freight Locomotives (10 000 ton-km)	123.6	128.6	135.0	138.5	138.3
内燃机车	Diesel Locomotives	110.3	110.9	130.0	109.5	109.9
电力机车	Electric Locomotives	139.5	145.2	184.4	155.1	152.5
货运机车平均牵引总重 (吨)	Average Total Tonnage of Freight Locomotives (ton)	3289	3391	3467	3508	3530
内燃机车	Diesel Locomotives	2970	3002	3584	2964	2988
电力机车	Electric Locomotives	3654	3736	4522	3790	3776
货运机车日车公里 (公里)	Daily Distance per Freight Locomotive (km)	483	487	489	494	491
客运机车日车公里 (公里)	Daily Distance per Passenger Locomotive (km)	812	860	882	888	880
内燃机车每万吨公里耗油 (公斤)	Oil Consumption of Diesel Locomotives (kg/10 000 ton-km)	24.9	25.2	26.4	26.5	26.8
电力机车每万吨公里耗电 (千瓦小时)	Electricity Consumption of Electric Locomotives (kwh/10 000 ton-km)	110.6	107.9	102.4	100.6	102.1
货物列车出发正点率 (%)	Punctuality Rate of Freight Trains at Departure (%)	96.9	96.5	95.8	95.7	95.2
货物列车运行正点率 (%)	Punctuality Rate of Freight Trains in Running (%)	96.8	96.4	95.2	95.3	95.0
旅客列车出发正点率 (%)	Punctuality Rate of Passenger Trains at Departure (%)	99.7	99.8	99.7	99.9	99.8
旅客列车运行正点率 (%)	Punctuality Rate of Passenger Trains in Running (%)	98.9	99.0	99.0	99.2	99.1
旅客列车技术速度(公里/小时)	Technical Speed of Passenger Trains (km/hr)	80.1	80.3	80.6	81.0	80.0
旅客列车旅行速度(公里/小时)	Traveling Speed of Passenger Trains (km/hr)	69.6	70.2	70.8	71.5	70.8
客运密度 (万人公里/公里)	Density of Passenger Transport (10 000 passenger-km/km)	1210.0	1197.1	1194.0	1234.5	1200.0
货物列车技术速度(公里/小时)	Technical Speed of Freight Trains (km/hr)	47.2	47.6	47.9	48.4	48.3
货物列车旅行速度(公里/小时)	Running Speed of Freight Trains (km/hr)	32.8	32.8	33.4	34.0	33.8
货运密度 (万吨公里/公里)	Density of Freight Transport (10 000 ton-km/km)	3697	3611	3747	3929	3798
货车周转时间 (天)	Turning Around Time of Freight Cars (day)	4.73	4.68	4.48	4.45	4.68
一次货物作业时间 (小时)	Handling Time of Freight (hour)	17.6	16.9	16.2	16.1	16.4
货车中转停留时间 (小时)	Transfer Waiting Time per Car (hour)	4.6	4.7	4.5	4.5	4.7
货车静载重(准轨) (吨)	Static Load of Freight Cars (Standard Gauge) (ton)	62.0	62.6	63.1	63.6	64.0
货车静载重利用率 (%)	Utilization Rate of Loading Capacity of Freight Cars (%)	99.4	99.7	99.8	100.0	100.0

16-25 民用汽车拥有量
Possession of Civil Vehicles

年份 地区	Year Region	民用汽车总计 (万辆) Total (10 000 units)	载客汽车 (万辆) Passenger Vehicles (10 000 units)	大型 Large	中型 Medium	小型 Small	微型 Minicar	载货汽车 (万辆) Trucks (10 000 units)
	1978	135.84	25.90					100.17
	1980	178.29	35.08					129.90
	1985	321.12	79.45					223.20
	1990	551.36	162.19					368.48
	1991	606.11	185.24					398.62
	1992	691.74	226.16					441.45
	1993	817.58	285.98					501.00
	1994	941.95	349.74					560.33
	1995	1040.00	417.90					585.43
	1996	1100.08	488.02					575.03
	1997	1219.09	580.56					601.23
	1998	1319.30	654.83					627.89
	1999	1452.94	740.23					676.95
	2000	1608.91	853.73					716.32
	2001	1802.04	993.96					765.24
	2002	2053.17	1202.37	75.48	104.80	789.74	232.34	812.22
	2003	2382.93	1478.81	75.76	115.96	1017.21	269.88	853.51
	2004	2693.71	1735.91	78.06	124.54	1248.89	284.42	893.00
	2005	3159.66	2132.46	82.13	131.65	1618.35	300.32	955.55
	2006	3697.35	2619.57	87.34	137.00	2083.40	311.83	986.30
	2007	4358.36	3195.99	93.82	140.52	2646.47	315.18	1054.06
	2008	5099.61	3838.92	100.39	143.19	3271.14	324.19	1126.07
	2009	6280.61	4845.09	107.95	145.80	4246.90	344.44	1368.60
	2010	7801.83	6124.13	116.44	146.07	5498.36	363.25	1597.55
	2011	9356.32	7478.37	126.54	147.41	6827.54	376.88	1787.99
	2012	10933.09	8943.01	128.13	131.78	8302.63	380.47	1894.75
北京	Beijing	493.56	464.86	5.00	10.78	432.90	16.19	23.70
天津	Tianjin	221.12	197.30	2.26	1.77	182.45	10.82	22.19
河北	Hebei	728.51	568.13	5.07	4.14	510.17	48.75	153.42
山西	Shanxi	329.95	270.80	2.74	2.10	245.72	20.24	56.78
内蒙古	Inner Mongolia	266.08	215.94	2.29	1.15	202.90	9.60	47.72
辽宁	Liaoning	414.88	328.63	6.67	9.61	303.68	8.67	82.22
吉林	Jilin	209.49	170.94	2.89	1.87	158.14	8.03	36.99
黑龙江	Heilongjiang	259.87	201.42	4.42	2.97	184.81	9.21	55.86
上海	Shanghai	212.66	185.71	4.49	5.26	172.51	3.46	20.73
江苏	Jiangsu	802.20	706.27	8.89	10.54	666.26	20.58	89.29
浙江	Zhejiang	773.56	664.08	6.00	7.00	633.06	18.03	105.02
安徽	Anhui	303.13	225.98	3.91	3.29	211.46	7.32	74.23
福建	Fujian	283.92	224.45	2.81	3.89	211.62	6.13	57.49
江西	Jiangxi	201.64	152.73	2.26	1.84	143.81	4.83	47.01
山东	Shandong	1027.16	860.89	9.33	8.40	790.92	52.23	159.88
河南	Henan	581.95	467.49	6.14	5.05	429.87	26.44	109.61
湖北	Hubei	293.64	227.76	4.64	4.28	215.04	3.79	62.69
湖南	Hunan	308.14	247.99	3.81	4.59	233.54	6.05	58.17
广东	Guangdong	1037.42	861.60	15.84	19.42	814.22	12.13	169.86
广西	Guangxi	227.44	175.77	3.53	2.52	159.90	9.82	49.20
海南	Hainan	55.46	43.75	1.25	0.89	41.05	0.55	11.12
重庆	Chongqing	159.36	125.42	2.70	1.53	118.83	2.36	31.56
四川	Sichuan	493.22	406.08	6.48	3.32	363.12	33.16	83.77
贵州	Guizhou	164.36	126.47	1.69	2.08	116.76	5.94	36.72
云南	Yunnan	328.53	248.76	2.34	3.26	227.05	16.12	77.88
西藏	Tibet	22.77	14.16	0.71	0.95	11.47	1.04	8.33
陕西	Shaanxi	284.64	235.61	3.18	3.06	217.63	11.74	45.54
甘肃	Gansu	129.14	92.32	2.01	1.47	86.63	2.20	35.42
青海	Qinghai	49.13	36.65	0.65	0.62	34.59	0.80	11.77
宁夏	Ningxia	66.35	45.94	0.95	0.69	43.38	0.92	19.41
新疆	Xinjiang	203.82	149.08	3.19	3.42	139.14	3.34	51.18

16-25 续表 continued

年份 Year 地区 Region		载货汽车（万辆） Trucks (10 000 units) 重型 Heavy	中型 Medium	轻型 Light	微型 Mini	其他汽车（万辆） Others (10 000 units)	机动车驾驶员（万人） Number of Motor Drivers (10 000 persons)	#汽车驾驶员 Automobile Drivers
	1978							192.45
	1980							245.23
	1985							462.14
	1990						1635.85	790.96
	1991						1791.57	859.44
	1992						2017.83	969.55
	1993						2359.42	1112.97
	1994						2812.12	1269.23
	1995						3501.52	1673.39
	1996						4275.26	2100.74
	1997						5206.79	2619.25
	1998						5944.58	2974.06
	1999						6727.49	3361.12
	2000						7655.56	3746.51
	2001						8455.04	4462.68
	2002	148.28	218.69	360.58	84.66	38.58	9362.03	4827.08
	2003	136.79	243.70	390.79	82.22	50.61	10611.04	5368.07
	2004	153.90	233.94	425.74	79.43	64.80	11769.04	7101.64
	2005	168.07	236.66	484.51	66.31	71.66	13069.52	8017.76
	2006	174.01	235.39	532.13	44.76	91.49	14213.87	9317.24
	2007	186.74	243.46	587.22	36.63	108.31	15363.88	10567.15
	2008	200.84	249.73	644.96	30.54	134.62	17336.56	12276.80
	2009	315.08	262.21	765.33	25.97	66.92	19167.58	13740.73
	2010	394.80	269.75	911.88	21.12	80.14	20068.47	15129.89
	2011	460.58	267.80	1042.07	17.54	89.96	22817.62	17416.76
	2012	472.51	229.20	1179.65	13.40	95.33	25250.83	20028.52
北京	Beijing	5.05	3.23	15.42		5.00	748.05	731.40
天津	Tianjin	4.09	1.46	16.56	0.07	1.63	315.09	311.36
河北	Hebei	53.85	11.29	87.39	0.89	6.96	1357.88	1260.86
山西	Shanxi	21.28	4.04	30.67	0.79	2.37	588.77	543.93
内蒙古	Inner Mongolia	16.69	1.71	28.94	0.39	2.41	512.63	448.65
辽宁	Liaoning	23.68	7.04	51.21	0.28	4.03	851.04	763.91
吉林	Jilin	10.57	3.68	22.55	0.20	1.56	514.70	428.41
黑龙江	Heilongjiang	17.90	6.68	30.76	0.51	2.60	545.11	498.63
上海	Shanghai	5.63	8.35	6.73	0.02	6.22	558.96	531.41
江苏	Jiangsu	30.29	17.81	40.98	0.20	6.64	1880.71	1458.71
浙江	Zhejiang	12.88	9.20	81.16	1.77	4.46	1318.66	1114.49
安徽	Anhui	24.06	5.95	43.84	0.37	2.92	852.28	650.47
福建	Fujian	8.22	4.55	44.04	0.68	1.98	818.16	533.87
江西	Jiangxi	13.83	5.53	27.49	0.17	1.90	875.23	540.75
山东	Shandong	44.81	12.43	102.05	0.60	6.39	1938.58	1729.43
河南	Henan	36.99	10.72	61.26	0.64	4.85	1529.09	1250.04
湖北	Hubei	11.84	9.58	41.10	0.17	3.19	946.39	695.33
湖南	Hunan	10.23	10.19	37.56	0.19	1.97	908.77	622.65
广东	Guangdong	20.77	19.28	126.58	3.22	5.96	2339.40	1772.66
广西	Guangxi	11.79	8.02	28.63	0.76	2.46	995.64	544.57
海南	Hainan	1.25	1.28	8.55	0.04	0.60	163.53	129.13
重庆	Chongqing	6.97	6.17	18.42	0.01	2.37	473.29	294.65
四川	Sichuan	16.27	17.53	49.70	0.27	3.37	1375.30	963.35
贵州	Guizhou	4.74	5.73	26.12	0.13	1.17	415.77	321.53
云南	Yunnan	11.07	16.62	50.05	0.14	1.89	845.48	519.59
西藏	Tibet	2.79	1.56	3.83	0.15	0.28	22.50	18.63
陕西	Shaanxi	13.37	6.89	25.04	0.24	3.48	680.15	595.59
甘肃	Gansu	8.12	4.73	22.51	0.07	1.40	280.05	248.18
青海	Qinghai	2.59	1.09	8.04	0.05	0.70	100.19	81.52
宁夏	Ningxia	5.51	1.54	12.26	0.09	1.00	117.71	106.67
新疆	Xinjiang	15.39	5.31	30.19	0.29	3.57	381.72	318.16

注：1.小轿车包括在载客汽车中（下表同）。
2.从2002年起，载客汽车和载货汽车的其中分项、其他汽车统计口径有调整与以前年份不可比（下表同）。

a) Cars are included in passenger vehicles. The same applies to the tables following.

b) Since 2002, there has been adjustment to the statistical coverages of some detailed items of passenger vehicles and trucks and other vehicles, the data are hence not comparable with those in previous years. The same applies to the tables following.

16-26 私人汽车拥有量
Possession of Private Vehicles

单位：万辆 (10 000 units)

年份 Year / 地区 Region		汽车总计 Total	载客汽车 Passenger Vehicles	大型 Large	中型 Medium	小型 Small	微型 Minicar
	1985	28.49	1.93				
	1990	81.62	24.07				
	1991	96.04	30.36				
	1992	118.20	41.78				
	1993	155.77	59.85				
	1994	205.42	78.62				
	1995	249.96	114.15				
	1996	289.67	143.04				
	1997	358.36	191.27				
	1998	423.65	230.65				
	1999	533.88	304.09				
	2000	625.33	365.09				
	2001	770.78	469.85				
	2002	968.98	623.76	9.89	35.87	408.49	169.51
	2003	1219.23	845.87	7.36	42.51	586.90	209.10
	2004	1481.66	1069.69	7.20	46.95	786.63	228.91
	2005	1848.07	1383.93	7.61	50.88	1079.78	245.66
	2006	2333.32	1823.57	11.19	56.20	1491.18	265.00
	2007	2876.22	2316.91	7.91	55.73	1984.29	268.98
	2008	3501.39	2880.50	8.57	57.97	2533.28	280.68
	2009	4574.91	3808.33	8.72	59.96	3436.26	303.39
	2010	5938.71	4989.50	9.34	61.00	4593.46	325.70
	2011	7326.79	6237.46	9.99	62.34	5823.62	341.52
	2012	8838.60	7637.87	8.26	55.43	7226.48	347.71
北京	Beijing	405.55	396.56	0.22	6.62	374.27	15.46
天津	Tianjin	185.54	169.87	0.09	0.62	158.96	10.19
河北	Hebei	624.04	516.68	0.73	1.86	467.44	46.65
山西	Shanxi	270.45	233.47	0.12	0.56	214.47	18.32
内蒙古	Inner Mongolia	223.66	190.64	0.16	0.42	181.18	8.87
辽宁	Liaoning	304.82	267.00	0.69	4.21	254.45	7.66
吉林	Jilin	170.19	144.84	0.46	0.74	136.22	7.43
黑龙江	Heilongjiang	201.37	164.42	0.79	1.28	154.68	7.67
上海	Shanghai	141.16	140.84	0.10	1.78	135.81	3.15
江苏	Jiangsu	646.69	600.51	0.19	4.63	576.90	18.79
浙江	Zhejiang	643.34	575.26	0.16	2.52	555.62	16.97
安徽	Anhui	223.41	187.70	0.12	1.25	179.82	6.51
福建	Fujian	230.88	191.38	0.08	1.31	184.25	5.75
江西	Jiangxi	149.58	124.80	0.04	0.46	120.40	3.90
山东	Shandong	877.56	767.68	1.24	3.83	713.94	48.67
河南	Henan	467.80	400.08	0.37	1.73	374.72	23.26
湖北	Hubei	227.45	186.15	0.13	1.63	180.92	3.48
湖南	Hunan	261.59	213.43	0.17	1.75	205.89	5.63
广东	Guangdong	863.46	754.96	1.30	11.96	729.96	11.74
广西	Guangxi	177.42	146.94	0.13	0.85	137.78	8.19
海南	Hainan	42.68	33.90	0.14	0.33	32.95	0.49
重庆	Chongqing	117.10	102.48	0.02	0.23	100.05	2.18
四川	Sichuan	408.89	351.31	0.18	0.85	320.10	30.18
贵州	Guizhou	132.21	104.86	0.03	0.19	99.42	5.22
云南	Yunnan	273.79	210.56	0.06	0.59	195.53	14.37
西藏	Tibet	15.22	9.15	0.03	0.55	7.97	0.60
陕西	Shaanxi	230.79	198.35	0.21	0.76	186.85	10.53
甘肃	Gansu	90.17	67.23	0.08	0.35	65.33	1.47
青海	Qinghai	35.78	27.78	0.01	0.14	27.00	0.63
宁夏	Ningxia	53.49	38.50	0.05	0.25	37.38	0.81
新疆	Xinjiang	142.52	120.53	0.16	1.17	116.22	2.98

16-26 续表 continued

单位：万辆 (10 000 units)

年份 Year / 地区 Region		载货汽车 Trucks	重型 Heavy	中型 Medium	轻型 Light	微型 Mini	其他汽车 Others
1985		26.48					
1990		57.48					
1991		65.61					
1992		76.15					
1993		94.00					
1994		123.29					
1995		131.83					
1996		142.78					
1997		163.19					
1998		192.03					
1999		228.68					
2000		259.09					
2001		298.95					
2002		341.29	48.27	84.40	158.67	49.95	3.94
2003		367.35	44.47	95.20	176.58	51.09	6.00
2004		402.82	53.40	94.69	203.85	50.87	9.15
2005		452.11	62.50	100.34	243.29	45.98	12.04
2006		494.91	64.23	108.64	288.94	33.09	14.84
2007		539.45	68.89	110.44	332.69	27.43	19.86
2008		596.39	73.28	115.68	384.12	23.31	24.50
2009		753.40	108.73	129.59	494.97	20.12	13.17
2010		931.52	141.44	140.52	632.77	16.78	17.69
2011		1067.43	164.28	144.52	744.39	14.24	21.90
2012		1175.63	168.13	128.51	867.64	11.35	25.09
北京	Beijing	7.98	1.33	0.71	5.95		1.00
天津	Tianjin	15.25	1.46	0.74	12.98	0.07	0.42
河北	Hebei	105.03	26.61	7.69	69.97	0.76	2.33
山西	Shanxi	36.25	9.10	2.71	23.76	0.67	0.73
内蒙古	Inner Mongolia	32.09	7.06	1.23	23.48	0.32	0.94
辽宁	Liaoning	37.00	4.87	2.87	29.05	0.20	0.82
吉林	Jilin	24.89	5.25	2.67	16.80	0.16	0.45
黑龙江	Heilongjiang	36.36	7.85	4.50	23.63	0.37	0.59
上海	Shanghai	0.25	0.03	0.12	0.10		0.07
江苏	Jiangsu	44.33	12.41	7.63	24.14	0.16	1.84
浙江	Zhejiang	67.35	3.26	4.19	58.42	1.48	0.73
安徽	Anhui	34.95	3.08	2.13	29.45	0.30	0.76
福建	Fujian	39.00	2.08	2.47	33.83	0.63	0.50
江西	Jiangxi	24.37	1.85	2.26	20.14	0.12	0.40
山东	Shandong	107.55	16.85	8.32	81.86	0.52	2.34
河南	Henan	65.83	10.03	6.56	48.70	0.53	1.89
湖北	Hubei	40.51	4.59	6.06	29.73	0.12	0.79
湖南	Hunan	47.30	6.22	8.18	32.74	0.17	0.85
广东	Guangdong	106.81	7.50	11.18	85.25	2.89	1.68
广西	Guangxi	29.91	4.73	4.55	19.96	0.67	0.57
海南	Hainan	8.62	0.73	1.13	6.73	0.03	0.16
重庆	Chongqing	14.22	0.43	1.30	12.49	0.01	0.40
四川	Sichuan	56.51	5.90	10.13	40.25	0.24	1.07
贵州	Guizhou	27.03	2.18	3.63	21.10	0.11	0.33
云南	Yunnan	62.58	6.38	12.93	43.14	0.12	0.65
西藏	Tibet	6.00	1.58	1.36	2.96	0.10	0.07
陕西	Shaanxi	31.48	5.78	5.12	20.38	0.20	0.96
甘肃	Gansu	22.58	3.39	2.89	16.25	0.05	0.36
青海	Qinghai	7.82	1.01	0.74	6.03	0.04	0.18
宁夏	Ningxia	14.61	3.14	1.19	10.20	0.08	0.39
新疆	Xinjiang	21.19	1.47	1.31	18.20	0.22	0.81

16-27 新注册民用汽车数量
Statistics on New Registrations of Civil Vehicles

单位：辆 (unit)

年份 地区	Year Region	民用汽车总计 Total	载客汽车 Passenger Vehicles	大型 Large	中型 Medium	小型 Small	微型 Minicar
	2002	3371951	2294649	97200	145062	1491479	560908
	2003	4337485	3160859	100284	157523	2421951	481101
	2004	4511823	3332297	96462	138357	2841668	255810
	2005	5286287	4157504	99489	105314	3712056	240645
	2006	5730432	4678667	95428	82758	4382206	118275
	2007	6079209	5000042	91087	72059	4772468	64428
	2008	7631839	6226814	112811	64024	5928095	121884
	2009	12459452	10248554	114984	69548	9794452	269570
	2010	15288186	12546891	148234	76519	12086273	235865
	2011	16242474	13694540	163258	76472	13244774	210036
	2012	17725011	15248801	163517	71013	14875884	138387
北京	Beijing	588464	552351	3819	7717	536753	4062
天津	Tianjin	342453	312561	3112	1162	306080	2207
河北	Hebei	1215307	1016845	5815	2576	988906	19548
山西	Shanxi	566133	493403	4484	1715	475347	11857
内蒙古	Inner Mongolia	454619	390983	3294	918	383159	3612
辽宁	Liaoning	447773	373918	6234	2167	362665	2852
吉林	Jilin	324849	279711	5656	1655	270018	2382
黑龙江	Heilongjiang	355835	293793	5224	1775	285528	1266
上海	Shanghai	329988	303252	3590	2667	296076	919
江苏	Jiangsu	1374738	1269666	9969	4050	1246713	8934
浙江	Zhejiang	1277040	1153954	8208	2850	1134483	8413
安徽	Anhui	582170	472832	6665	2650	460735	2782
福建	Fujian	474264	396080	4122	2645	386110	3203
江西	Jiangxi	383349	306159	3649	1291	299580	1639
山东	Shandong	1671604	1467298	14116	3639	1428435	21108
河南	Henan	1044283	873722	9410	3428	852686	8198
湖北	Hubei	515000	431770	6957	3196	420022	1595
湖南	Hunan	572942	490374	5068	4081	478717	2508
广东	Guangdong	1363639	1204186	16253	3216	1176485	8232
广西	Guangxi	379083	308231	3199	982	302117	1933
海南	Hainan	84434	69248	1865	433	66622	328
重庆	Chongqing	350014	297612	3962	1559	291226	865
四川	Sichuan	821024	715666	9508	2906	697732	5520
贵州	Guizhou	330602	264541	2681	2433	258354	1073
云南	Yunnan	528864	433240	2864	2166	424548	3662
西藏	Tibet	24105	14486	407	517	13079	483
陕西	Shaanxi	537770	466688	4002	2175	454506	6005
甘肃	Gansu	236270	180714	3078	1035	175624	977
青海	Qinghai	93579	75024	1002	374	73091	557
宁夏	Ningxia	126582	94401	1254	296	92353	498
新疆	Xinjiang	328234	246092	4050	2739	238134	1169

16-27 续表 continued

单位：辆 (unit)

年份 地区	Year Region	载货汽车 Trucks	重型 Heavy	中型 Medium	轻型 Light	微型 Mini	其他汽车 Others
	2002	993761	186498	220969	501985	84309	83541
	2003	1075692	168363	259173	576073	72083	100934
	2004	1029497	228523	194438	564061	42475	150029
	2005	1024034	162859	175576	639557	46042	104749
	2006	925294	139120	147689	616910	21575	126471
	2007	917603	155155	157867	591014	13567	161564
	2008	1168226	236749	185338	733343	12796	236799
	2009	2148355	500593	242679	1391249	13834	62543
	2010	2637605	769644	238595	1614803	14563	103690
	2011	2442601	726854	173140	1535590	7017	105333
	2012	2386173	560063	139793	1681908	4409	90037
北京	Beijing	32704	6698	1706	24300		3409
天津	Tianjin	28926	6250	1010	21666		966
河北	Hebei	193626	60838	4695	128054	39	4836
山西	Shanxi	69818	26198	1314	42236	70	2912
内蒙古	Inner Mongolia	60878	14764	1218	44863	33	2758
辽宁	Liaoning	71359	19945	4463	46926	25	2496
吉林	Jilin	43587	11924	1360	30276	27	1551
黑龙江	Heilongjiang	59448	13938	3590	41892	28	2594
上海	Shanghai	22623	10723	5473	6427		4113
江苏	Jiangsu	98765	35586	11104	52069	6	6307
浙江	Zhejiang	119213	15374	4175	99367	297	3873
安徽	Anhui	106752	36671	3425	66630	26	2586
福建	Fujian	76107	10666	2466	62974	1	2077
江西	Jiangxi	74105	17293	5499	51309	4	3085
山东	Shandong	198291	47612	8813	141854	12	6015
河南	Henan	166252	52916	5952	107296	88	4309
湖北	Hubei	79677	16114	7313	56245	5	3553
湖南	Hunan	80481	12588	6780	61033	80	2087
广东	Guangdong	154984	20503	10568	120393	3520	4469
广西	Guangxi	69001	13851	7330	47803	17	1851
海南	Hainan	14458	1101	1222	12135		728
重庆	Chongqing	49024	10086	3703	35234	1	3378
四川	Sichuan	102505	23333	9720	69434	18	2853
贵州	Guizhou	63526	8147	5675	49704		2535
云南	Yunnan	93344	11277	6663	75402	2	2280
西藏	Tibet	9416	1628	1257	6505	26	203
陕西	Shaanxi	67193	17921	3359	45867	46	3889
甘肃	Gansu	54093	9617	3065	41408	3	1463
青海	Qinghai	17766	2778	955	14023	10	789
宁夏	Ningxia	31092	5767	1129	24188	8	1089
新疆	Xinjiang	77159	17956	4791	54395	17	4983

16-28 公路营运汽车拥有量
Possession of Vehicles for Highway Business Transportation

年份 地区	Year Region	汽车总计(万辆) Total (10 000 units)	载客汽车 Passenger Vehicles 辆数(万辆) Number (10 000 units)	客位(万客位) Number of Seats (10 000 seats)	载货汽车 Trucks 辆数(万辆) Number (10 000 units)	#普通载货汽车 Ordinary Trucks	吨位(万吨) Capacity (10 000 tons)	#普通载货汽车 Ordinary Trucks
	1990	31.30	10.76	468.92	20.22	19.82	131.61	127.06
	1991	31.67	11.53	497.35	19.83	19.36	132.02	126.54
	1992	30.87	12.70	528.87	18.17	17.59	125.91	118.42
	1993	28.96	12.85	509.56	16.15	15.53	116.20	108.37
	1994	27.97	13.05	493.94	14.87	14.22	109.80	101.21
	1995	27.49	13.73	480.61	13.75	13.12	103.13	94.56
	1996	28.81	15.41	499.58	13.40	12.74	102.08	91.83
	1997	29.89	17.01	519.10	12.88	12.22	95.31	85.09
	1998	31.88	19.40	536.43	12.48	11.81	90.02	79.51
	1999	501.77	92.14	1409.86	409.62	401.28	1481.02	1406.00
	2000	702.82	216.81	2524.45	486.02	475.24	1667.70	1573.73
	2001	764.39	255.12	2701.68	509.27	496.65	1733.58	1621.40
	2002	826.34	289.55	2972.32	536.78	520.27	1808.45	1674.79
	2003	924.64	352.19	3430.64	572.45	553.23	1941.52	1788.86
	2004	1067.18	439.09	3872.21	628.09	604.93	2338.61	2119.64
	2005	733.22	128.40	1859.28	604.82	580.28	2537.75	2282.15
	2006	802.58	161.92	2312.41	640.66	598.43	2822.69	2343.13
	2007	849.22	164.73	2428.81	684.49	648.01	3135.69	2643.74
	2008	930.61	169.64	2560.36	760.97	720.18	3686.20	3139.76
	2009	1087.35	180.79	2799.71	906.56	859.27	4655.23	4002.80
	2010	1133.32	83.13	2017.09	1050.19	996.43	5999.82	5223.23
	2011	1263.75	84.34	2086.66	1179.41	1116.36	7261.20	6273.51
	2012	1339.89	86.71	2166.55	1253.19	1184.58	8062.14	6963.29
北京	Beijing	21.28	4.92	68.86	16.36	14.70	70.52	49.30
天津	Tianjin	12.40	0.93	35.71	11.46	10.52	30.47	22.74
河北	Hebei	103.22	3.23	77.98	99.99	95.71	924.18	858.38
山西	Shanxi	42.41	1.48	41.05	40.93	39.93	417.95	405.63
内蒙古	Inner Mongolia	35.98	1.28	39.82	34.70	33.51	294.61	280.64
辽宁	Liaoning	67.36	2.73	75.76	64.63	60.20	410.34	343.27
吉林	Jilin	32.13	1.42	41.99	30.72	29.53	186.44	172.63
黑龙江	Heilongjiang	46.59	2.07	52.66	44.53	43.45	295.32	280.21
上海	Shanghai	19.60	2.15	54.86	17.45	13.96	169.89	90.49
江苏	Jiangsu	65.98	4.42	163.96	61.56	53.58	525.50	402.35
浙江	Zhejiang	54.06	3.33	103.28	50.72	46.44	253.42	166.70
安徽	Anhui	64.74	3.81	94.64	60.93	58.56	431.86	401.52
福建	Fujian	25.66	2.03	53.19	23.63	21.08	147.75	93.24
江西	Jiangxi	32.21	1.90	49.22	30.31	28.98	182.19	164.94
山东	Shandong	105.09	3.47	101.70	101.62	95.21	867.18	732.96
河南	Henan	99.80	4.95	140.03	94.85	92.81	644.51	614.87
湖北	Hubei	40.78	4.21	89.48	36.58	34.67	158.82	135.70
湖南	Hunan	43.67	4.69	107.57	38.98	36.57	176.79	146.22
广东	Guangdong	90.66	4.40	161.81	86.27	79.51	432.09	294.14
广西	Guangxi	38.57	3.44	90.56	35.13	33.98	178.98	159.81
海南	Hainan	6.17	0.58	15.79	5.59	5.43	20.78	18.72
重庆	Chongqing	25.58	2.26	57.84	23.31	22.02	111.24	98.78
四川	Sichuan	61.77	5.21	113.91	56.56	54.28	233.78	206.75
贵州	Guizhou	25.22	2.96	59.82	22.26	21.56	75.44	70.04
云南	Yunnan	55.55	4.88	77.40	50.68	49.88	185.41	176.78
西藏	Tibet	3.36	0.51	10.35	2.85	2.73	18.23	16.54
陕西	Shaanxi	35.73	2.94	58.51	32.79	31.59	195.80	181.15
甘肃	Gansu	23.72	1.88	40.58	21.84	21.08	98.88	90.14
青海	Qinghai	8.93	0.40	8.46	8.53	8.23	42.50	39.61
宁夏	Ningxia	12.55	0.58	16.04	11.97	11.64	86.96	81.71
新疆	Xinjiang	39.11	3.65	63.72	35.45	33.26	194.31	167.31

注：1.小轿车包括在载客汽车中。

2.1999年为全国营运汽车，以前仅为公路部门营运汽车；2000-2004年为全国运输汽车(含营运和非营运汽车)；2005年起为全国营运汽车（不含非营运汽车）。

3.从2010年起，公路营运载客汽车不包括在公路运输管理部门管理并注册登记为公共汽车和出租汽车。

a) Passenger vehicles include cars.

b) Number of vehicles only included those owned by the Department of Highway Transportation before 1999; and referred to all working vehicles for business transportation in 1999;and all vehicles for business, whether working and non-working from 2000 to 2004; and all working vehicles for (i.e. non-working vehicles are not included) since 2005.

c) Since 2010, passenger vehicles do not include those managed by the department of highway transportation and registered as buses and taxis.

16-29 民用运输船舶拥有量
Possession of Civil Transport Vessels

年 份 Year 地 区 Region	机动船 Motor Vessels				驳船 Barges		
	艘数（艘）Number (unit)	净载重量（吨位）Dead Weight Tonnage (ton)	载客量（客位）Passenger Capacity (seat)	拖船功率（千瓦）Drawing Power (kw)	艘数（艘）Number (unit)	净载重量（吨位）Dead Weight Tonnage (ton)	载客量（客位）Passenger Capacity (seat)
1980	29588	12207808	455454	914704	71604	4743905	89584
1985	260296	20898230	877963	1666163	132682	8670224	99643
1990	325888	29090082	1138937	1750351	82482	9066738	62926
1991	303314	29412777	1079318	1648531	75664	8894730	51119
1992	302313	31225749	1177035	1844101	71255	9437763	46337
1993	307285	34682035	1124114	1734606	65196	8891435	43801
1994	293473	39599014	1065140	1678066	59913	8898065	25215
1995	299717	40940087	979985	1707115	57998	9449652	17722
1996	269879	39774235	988046	1616594	56128	9315335	15148
1997	215814	38749289	1022970	1468612	49983	9064891	13879
1998	212093	38896576	983630	1584601	48115	9019417	14914
1999	194590	38911462	929138	1494500	47453	8981998	10306
2000	185018	42640605	1014013	1439743	44658	8640504	18258
2001	169329	45526726	1048915	1370221	41457	8968670	27902
2002	165936	48372587	945387	1433547	37041	8683075	33405
2003	163813	60745234	971514	1269607	40457	9871079	30631
2004	166854	75114059	961562	1197191	43846	11058522	34666
2005	165900	90756392	977846	1480381	41394	11030057	33496
2006	157805	98241489	1025861	1538957	36555	12015595	33355
2007	157544	106441173	1004546	1520924	34227	12373412	22316
2008	152247	111047702	994495	1564439	31943	13121439	14050
2009	149367	133384848	979384	1120381	27565	12702991	2166
2010	155624	168985654	1001395	1410719	22783	11422911	2260
2011	157950	202602789	1004622	1600896	21292	10040453	3768
2012	158309	218793742	1021260	1531873	20282	9692502	3798
北 京 Beijing							
天 津 Tianjin	441	8438914	2719	427735	19	144459	
河 北 Hebei	142	3612364			3	3980	
山 西 Shanxi	248	3377	3304				
内蒙古 Inner Mongolia							
辽 宁 Liaoning	557	8082426	29639	20181	17	31006	
吉 林 Jilin	884	25694	19700	4112	29	16000	
黑龙江 Heilongjiang	1238	25776	22578	42041	354	212343	
上 海 Shanghai	1839	31478726	75609	99004	73	158214	
江 苏 Jiangsu	39645	36241329	41121	336206	9173	3607988	
浙 江 Zhejiang	18929	22512622	76854	88959	655	99757	
安 徽 Anhui	27505	26775398	15726	46633	1976	716284	
福 建 Fujian	2364	6863536	29172	23745	343	10667	
江 西 Jiangxi	4156	2251231	10967	1849	34	15240	
山 东 Shandong	7336	10321773	59260	280903	4990	3977943	
河 南 Henan	5001	5203456	11835	2824	120	43462	
湖 北 Hubei	4531	7989735	38020	52675	364	350912	44
湖 南 Hunan	8242	2784354	76246	7330	55	55263	445
广 东 Guangdong	8545	22551663	78953	59607	18	29872	
广 西 Guangxi	8873	6811525	111394	1018	7	6138	
海 南 Hainan	536	1735293	30807				
重 庆 Chongqing	3916	4964843	93491	16440	95	137229	
四 川 Sichuan	7490	983911	96273	17351	1395	57320	724
贵 州 Guizhou	2404	125921	45043	1950	96	15105	80
云 南 Yunnan	920	111444	17482	500			
西 藏 Tibet							
陕 西 Shaanxi	1210	27590	19560	282	249	1579	866
甘 肃 Gansu	503	2678	9885		45	368	1639
青 海 Qinghai	62		1391				
宁 夏 Ningxia	693		4231	528	172	1373	
新 疆 Xinjiang							
不分地区 Not Classified by Region	99	8868163					

注：不分地区数据为中国远洋运输集团总公司海外公司数。

a) Number of civil transport vessels not classified by region is the number of vehicles of companies abroad under the China Ocean Shipping (Group) Company.

16-30 沿海规模以上港口分货类吞吐量 Volume of Freight Handled in Coastal Ports above Designated Size by Type of Freight

单位：万吨 (10 000 tons)

货物种类	Type of Freight	2011 合计 Total	2011 出港 Out-port	2011 进港 In-port	2012 合计 Total	2012 出港 Out-port	2012 进港 In-port
总计	**Total**	**616292**	**270162**	**346131**	**665245**	**284076**	**381170**
煤炭及制品	Coal and Its Products	136949	75729	61221	138102	74300	63803
石油、天然气及制品	Petroleum, Natural Gas and Their Products	63982	21200	42782	63157	19652	43506
金属矿石	Metal Ores	101537	19508	82029	111045	21176	89869
钢铁	Steel and Iron	22481	13647	8834	23596	14428	9168
矿建材料	Mineral Building Materials	38114	13724	24390	47348	16375	30973
水泥	Cement	4521	1242	3279	4571	1182	3389
木材	Timber	4347	661	3686	4728	651	4077
非金属矿石	Nonmetal Ores	9272	3314	5958	8988	3307	5681
化肥和农药	Chemical Fertilizers and Pesticides	2063	1281	782	2236	1486	750
盐	Salt	708	73	635	734	57	676
粮食	Grain	12176	4258	7918	14309	4710	9598
其他	Others	220140	115524	104616	246431	126752	119680

16-31 沿海主要规模以上港口货物吞吐量 Volume of Freight Handled in Main Coastal Ports above Designated Size

单位：万吨 (10 000 tons)

港口	Seaport	1985	1990	1995	2000	2005	2010	2011	2012
总计	**Total**	**31154**	**48321**	**80166**	**125603**	**292777**	**548358**	**616292**	**665245**
#大连	Dalian	4381	4952	6417	9084	17085	31399	33691	37426
营口	Yingkou	98	237	1156	2268	7537	22579	26085	30107
秦皇岛	Qinhuangdao	4419	6945	8382	9743	16900	26297	28770	27099
天津	Tianjin	1856	2063	5787	9566	24069	41325	45338	47697
烟台	Yantai	689	668	1361	1774	4506	15033	18029	20298
青岛	Qingdao	2611	3034	5103	8636	18678	35012	37230	40690
日照	Rizhao		925	1452	2674	8421	22597	25260	28098
上海	Shanghai	11291	13959	16567	20440	44317	56320	62432	63740
连云港	Lianyungang	929	1137	1716	2708	6016	12739	15627	17367
宁波-舟山	Ningbo-Zhoushan	1040	2554	6853	11547	26881	63300	69393	74401
汕头	Shantou	201	279	716	1284	1736	3509	4005	4563
广州	Guangzhou	1772	4163	7299	11128	25036	41095	43149	43517
湛江	Zhanjiang	1231	1557	1885	2038	4647	13638	15539	17092
海口	Haikou	170	288	468	808	2118	5700	6549	7217
八所	Basuo	388	431	275	378	486	893	997	1095

注：1.从2006年起，宁波-舟山港包括原宁波港和舟山港，以往年度数据为原宁波港数据。
2.从2007年起，烟台港包括原烟台港和龙口港，以往年度数据为原烟台港数据。
a) Since 2006, data of Ningbo-Zhoushan seaport include those of Ningbo seaport and Zhoushan seaport.
b) Since 2007, data of Yantai seaport include Yantai seaport and Longkou seaport, and were data of Yantai seaport before 2007.

16-32 沿海主要规模以上港口码头泊位数（2012年底）
Number of Berths in Main Coastal Ports above Designated Size at Year-end (2012)

名 称	Name	总计 Total			生产用 For Productive Use			非生产用 For Nonproductive Use	
		码头长度（米）Length of Quay Line (m)	泊位个数（个）Number of Berths (unit)	#万吨级 10 000 Ton Class	码头长度（米）Length of Quay Line (m)	泊位个数（个）Number of Berths (unit)	#万吨级 10 000 Ton Class	码头长度（米）Length of Quay Line (m)	泊位个数（个）Number of Berths (unit)
总 计	**Total**	**721159**	**5715**	**1453**	**647541**	**4811**	**1453**	**73618**	**904**
#大 连	Dalian	40749	231	93	36872	206	93	3877	25
营 口	Yingkou	16898	82	49	16164	75	49	734	7
秦皇岛	Qinhuangdao	16068	86	42	14750	66	42	1318	20
天 津	Tianjin	33978	159	101	32630	148	101	1348	11
烟 台	Yantai	18150	95	56	17020	85	56	1130	10
青 岛	Qingdao	21962	85	63	20944	79	63	1018	6
日 照	Rizhao	13291	53	45	12985	52	45	306	1
上 海	Shanghai	122859	1183	152	74459	612	152	48400	571
连云港	Lianyungang	11533	58	41	11236	56	41	297	2
宁波-舟山	Ningbo-Zhoushan	78413	665	137	75735	601	137	2678	64
汕 头	Shantou	9715	91	18	9444	86	18	271	5
广 州	Guangzhou	49051	540	66	45255	493	66	3796	47
湛 江	Zhanjiang	17458	184	31	15757	153	31	1701	31
海 口	Haikou	5075	37	10	4884	36	10	191	1
八 所	Basuo	1924	11	8	1754	10	8	170	1

16-33 内河主要规模以上港口码头泊位数（2012年底）
Number of Berths in Main Ports of Inland Rivers above Designated Size at Year-end (2012)

名 称	Name	总计 Total			生产用 For Productive Use			非生产用 For Nonproductive Use	
		码头长度（米）Length of Quay Line (m)	泊位个数（个）Number of Berths (unit)	#万吨级 10 000 Ton Class	码头长度（米）Length of Quay Line (m)	泊位个数（个）Number of Berths (unit)	#万吨级 10 000 Ton Class	码头长度（米）Length of Quay Line (m)	泊位个数（个）Number of Berths (unit)
总 计	**Total**	**909992**	**14735**	**369**	**862832**	**14014**	**369**	**47160**	**721**
#重 庆	Chongqing	94554	1242		73632	877		20922	365
宜 昌	Yichang	7412	47		5708	35		1704	12
武 汉	Wuhan	23171	265		20169	231		3002	34
黄 石	Huangshi	8018	138		7588	132		430	6
九 江	Jiujiang	13616	146		11591	118		2025	28
安 庆	Anqing	11081	162		9372	134		1709	28
池 州	Chizhou	8662	105		8662	105			
铜 陵	Tongling	6088	106	1	6023	105	1	65	1
芜 湖	Wuhu	12887	160	3	12887	160	3		
马鞍山	Maanshan	9110	144		9060	143		50	1
南 京	Nanjing	33261	308	56	31669	285	56	1592	23
镇 江	Zhenjiang	19560	189	36	19440	187	36	120	2
泰 州	Taizhou	16686	123	56	16686	123	56		
扬 州	Yangzhou	6015	42	16	6015	42	16		
江 阴	Jiangyin	12022	70	29	11872	68	29	150	2
常 州	Changzhou	4161	30	7	4161	30	7		
南 通	Nantong	16805	96	49	16250	90	49	555	6
上海(内河)	Shanghai(Inland Rivers)	88679	1859		87972	1845		707	14

注：从2009年起，重庆港统计范围发生变化，包括原重庆、涪陵、万州、重庆航管处四个港区，与历史数据不可比。

a) Since 2009, statistical coverage of Chongqing port has changed, which included 4 port areas of original Chongqing, Fuling, Wanzhou and Chongqing transport management. So it's not comparable with previous years.

16-34 民用航空航线及飞机架数
Number of Civil Aviation Routes and Civil Aircrafts

指　标	Item	1990	2000	2005	2010	2011	2012
定期航班航线条数 （条）	**Number of Regular Civil Aviation Routes(line)**	**437**	**1165**	**1257**	**1880**	**2290**	**2457**
国际航线	International Routes	44	133	233	302	443	381
国内航线	Domestic Routes	385	1032	1024	1578	1847	2076
#港、澳地区航线	Regional Routes	8	42	43	85	91	99
定期航班航线里程（公里）	**Length of Regular Civil Aviation Routes (km)**	**506762**	**1502887**	**1998501**	**2765147**	**3490571**	**3280114**
国际航线	International Routes	166350	508405	855932	1070167	1494387	1284712
国内航线	Domestic Routes	329493	994482	1142569	1694980	1996184	1995402
#港、澳地区航线	Regional Routes	10919	55759	61056	121437	135103	133333
定期航班通航机场 （个）	**Number of Regular Civil Airports Opened(unit)**	**94**	**139**	**135**	**175**	**178**	**180**
民用飞机期末架数 （架）	**Number of Civil Aircraft (unit)**	**503**	**982**	**1386**	**2405**	**3191**	**3589**
运输飞机	Aero Transport	204	527	863	1597	1764	1941
大中型飞机	Air bus		462	785	1453	1601	1769
#波音747	Boeing 747	11	19	22	40	40	40
波音737	Boeing 737	21	186	358	650	700	756
波音757	Boeing 757	9	48	64	48	51	46
波音767	Boeing 767	6	16	27	18	15	13
MD90	MD-90		22	22	11		
A320	Airbus A320		60	115	281	357	432
小型飞机	Puddle-jumper		65	78	144	163	172
通用航空飞机	General Aircraft	217	301	383	606	1124	1320
教学校验飞机	Teaching Verifying Aircraft	82	154	140	202	303	328

注：1.1992年以前，民航机场和飞机架数为民航总局直属企业数，1992年起为民航全行业数字。
2.1997年以前，地区航线含民航至香港、澳门航线,与国内航线、国际航线并列。1997年起，民航至香港航线统计在国内航线中，航线里程及运输量统计口径也做同样调整。1999年起，地区航线为国内航线的其中项，仍含民航至香港、澳门航线及运量(下表同)。
3.2011年起民用航空航线条数改为定期航班航线条数，民用通航机场改为定期航班通航机场。

a) Before 1992, the number of civil airports and aircrafts refers to those owned by enterprises directly under CAAC. Since 1992, it refers to those owned by all enterprises of civil aviation. The same applies to the tables following.

b) Before 1997, regional routes include the routes to and from Hong Kong, Macao, and are taken as parallel items to the items of domestic routes and international routes. Since 1997, regional routes to and from Hong Kong are taken as domestic routes, and adjustment are also made on the length of aviation routes and traffic volume accordingly. Since 1999, regional routes are taken as a part of domestic routes, and include the aviation routes to and from Hong Kong, Macao. The same applies to the tables following.

c) Since 2011, civil aviation routes change to regular civil aviation routes, civil airports opened change to regular civil airports opened.

16-35 民用航空运输量及通用航空飞行时间
Civil Aviation Traffic and Flying Time of General Aviation

指　　标	Item	1990	2000	2005	2010	2011	2012
客运量　　（万人）	**Passenger Traffic　(10 000 persons)**	**1660**	**6722**	**13827**	**26769**	**29317**	**31936**
国际航线	International Routes	114	690	1225	1931	2118	2336
国内航线	Domestic Routes	1346	6031	12602	24838	27199	29600
#港、澳地区航线	Regional Routes	200	403	509	672	760	834
旅客周转量（万人公里）	**Passenger-tons　(10 000 person-km)**	**2304797**	**9705437**	**20449288**	**40389960**	**45369629**	**50257366**
国际航线	International Routes	516910	2328154	4524063	7589325	8780512	9919798
国内航线	Domestic Routes	1576554	7377283	15925225	32800635	36589118	40337568
#港、澳地区航线	Regional Routes	211333	502405	709205	981817	1116167	1238849
货（邮）运量　（吨）	**Freight Traffic　(ton)**	**369722**	**1967123**	**3067168**	**5630371**	**5574779**	**5450342**
国际航线	International Routes	81102	492356	771551	1926315	1780427	1565170
国内航线	Domestic Routes	239467	1474767	2295618	3704056	3794352	3885173
#港、澳地区航线	Regional Routes	49153	135442	169247	216603	210028	207678
货邮周转量（万吨公里）	**Freight Ton-kilometers(10 000 ton-km)**	**81825**	**502683**	**788954**	**1788982**	**1739131**	**1638894**
国际航线	International Routes	43830	291550	452450	1253028	1187527	1064527
国内航线	Domestic Routes	31647	211133	336504	535954	551604	574366
#港、澳地区航线	Regional Routes	6348	19495	26263	28700	27607	27120
总周转量（万吨公里）	**Total Air Traffic Ton-kilometers (10 000 ton-km)**	**249950**	**1225007**	**2612724**	**5384490**	**5774427**	**6103217**
国际航线	International Routes	82595	465190	855235	1929689	1968352	1944881
国内航线	Domestic Routes	145156	759818	1757488	3454801	3806075	4158336
#港、澳地区航线	Regional Routes	22199	56878	89509	115895	126425	136648
通用航空飞行时间（小时）	**Flying Time of General Aviation　(hr)**	**42524**	**48707**	**84859**	**391135**	**502731**	**517037**
农林业航空作业	Flight for Agriculture and Forestry	22674	22922	25428	29619	33158	31873
#航空护林	Forest Protection Service	3573	3927	6508	7748	9211	7453
播种造林	Afforestation	4605	4060	1929	1419	2010	1315
工业航空作业	Flight for Industry	19850	25785	36514	65430	56682	77075

16-36 邮电业务基本情况
Basic Conditions of Postal and Telecommunication Services

指标	Item	2009	2010	2011	2012
邮电业务总量 （亿元）	**Business Volume of Postal and Telecommunication Services (100 million yuan)**	**27193.5**	**31978.5**	**13333.5**	**15019.3**
邮政业务总量 （亿元）	Business Volume of Postal Services (100 million yuan)	1639.9	1985.3	1607.7	2036.8
电信业务总量 （亿元）	Business Volume of Telecommunication Services (100 million yuan)	25553.6	29993.2	11725.8	12982.4
邮政业务量	**Business Volume of Postal Services**				
函件 （亿件）	Number of Letters (100 million pcs)	75.3	74.0	73.8	70.7
包裹 （万件）	Package (10 000 pcs)	7229.6	6642.5	6883.0	6875.5
快递 （万件）	Pieces of Express Mail Services (10 000 pcs)	185784.8	233892.0	367311.1	568548.0
报刊期发数 （万份）	Issue of Newspapers and Magazines (10 000 copies)	13909.5	17158.3	15007.7	15401.6
汇票 （万笔）	Postal Order (10 000 times)	27177.4	28043.2	26474.3	22913.4
集邮业务 （万枚）	Stamps for Collection (10 000 pcs)	110088.5	114622.5	102857.5	118276.0
营业网点 （处）	Number of Offices (unit)	65672	75739	78667	95572
平均每一营业网点服务面积（平方公里）	Average Area Served by Every Postal Office (sq.km)	146.2	126.8	122.0	100.4
邮路总长度 （万公里）	Length of Postal Routes (10 000 km)	402.8	463.6	514.0	585.5
农村投递路线长度（万公里）	Rural Delivery Routes (10 000 km)	367.6	369.1	363.3	373.2
城市投递路线长度（万公里）	Urban Delivery Routes (10 000 km)	132.4	146.1	117.1	132.8
电信业务量	**Business Volume of Telecommunication Services**				
固定本地电话通话时长（亿分钟）	Length of Local Calls of Fixed Telephone (100 million minutes)			4227.4	3577.7
固定长途电话通话时长（亿分钟）	Length of Long-distance Calls of Fixed Telephone (100 million minutes)	1314.6	1068.9	856.9	700.7
移动电话通话时长（亿分钟）	Length of Calls of Mobile Telephone (100 million minutes)	35351.0	43261.2	50472.6	55444.9
移动短信业务量 （亿条）	Short Message Services (100 million messages)	7726.5	8277.5	8790.0	8973.1
互联网上网人数 （万人）	Number of Internet Users (10 000 persons)	38400	45730	51310	56400
移动电话用户 （万户）	Number of Mobile Telephone Subscribers at Year-end (10 000 subscribers)	74721.4	85900.3	98625.3	111215.5
#3G移动电话用户 （万户）	3G Mobile Phone Subscribers (10 000 subscribers)	1232.2	4705.1	12842.4	23280.3
移动电话漫游国家和地区(个)	Countries(regions) with Mobile Phone Roaming (unit)	237	239	258	258
固定电话用户 （万户）	Number of Fixed Telephone Subscribers at Year-end (10 000 subscribers)	31373.2	29434.2	28509.8	27815.3
城市电话用户 （万户）	Urban Fixed Telephone Subscribers(10 000 subscribers)	21190.0	19658.1	19121.7	18893.4
#住宅电话用户	Household Fixed Telephone Subscribers	12969.5	11973.4	11411.6	11013.2
农村电话用户 （万户）	Rural Fixed Telephone Subscribers(10 000 subscribers)	10183.2	9776.1	9388.1	8921.9
#住宅电话用户	Household Fixed Telephone Subscribers	8813.3	8325.0	7861.2	7315.8
公用电话用户 （万户）	Public Telephone (10 000 subscribers)	2708.8	2595.9	2468.3	2347.1
固定长途电话交换机容量（万路端）	Capacity of Long Distance Telephone Exchanges (10 000 lines)	1684.9	1641.5	1602.3	1579.7
局用交换机容量 （万门）	Capacity of Office Telephone Exchanges (10 000 lines)	49265.6	46537.3	43428.4	43749.3
移动电话交换机容量（万户）	Capacity of Mobile Telephone Exchanges (10 000 subscribers)	144084.7	150284.9	171636.0	184023.8
长途光缆线路长度（万公里）	Length of Long-distance Optical Cable Lines(10 000 km)	83.1	81.8	84.2	86.8
互联网宽带接入端口（万个）	Broad Band Subscribers Port of Internet (10 000 ports)	13835.7	18781.1	23239.4	32108.4
IPv4地址数 （万个）	Number of IPv4 Addresses (10 000 units)	23244.6	27763.7	33044.0	33053.0
互联网国际出口带宽（Mbps）	International Internet Bandwidth (Mbps)	866367	1098957	1389529	1899792

注：1.邮电业务总量2000年及以前按1990年不变价格计算，2001-2010年按2000年不变价格计算，2001年按可比价格比上年增长27.6%；2011年起按2010年不变价格计算，按可比价格比上年增长16.3%（下表同）。

2.邮政业务总量、快递的统计口径2006年以前为中国邮政集团，2007年起为规模以上(年业务收入200万元以上)邮政业法人企业数据（下表同）。

3.营业网点1998年及以前为邮电局所，1999-2006年为邮政局所；统计口径从2002年起为邮政局所和邮政代办点，2007年起为规模以上邮政业法人企业办理业务的场所(下表同)。

a) The business volume of postal and telecommunication services before 2000 was calculated at 1990 constant prices and that from 2001 to 2010 was calculated at 2000 constant prices. The rate of increase at constant prices was 27.6% in 2001. Since 2011, it was calculated at 2010 constant prices, the rate of increase at constant prices in 2010 was 16.3%. The same applies to the table following.

b) Statistical coverages of business volume of postal and telecommunication services and pieces of express mail services are China Post Group before 2006, and postal enterprises above designated size (with annual business revenue above 2 million yuan). The same applies to the table following.

c) The indicator of number of postal offices referred to postal and communication offices before 1998,and referred to postal offices from 1999 to 2006; It included postal offices and postal sub-stations since 2002, and was the business sites of postal enterprises above designated size since 2007. The same applies to the table following.

16-37 邮电业务量
Business Volume of Postal and Telecommunication Services

年份 Year 地区 Region	邮电业务总量（亿元）Business Volume of Postal and Telecommunication Services (100 million yuan)	邮政业务总量 Business Volume of Postal Services	电信业务总量 Business Volume of Telecommunication Services	函件（亿件）Number of Letters (100 million pcs)	包裹（万件）Package (10 000 pcs)	报刊期发数（万份）Issue of Newspapers and Magazines (10 000 copies)
1978	34.09	14.92	19.17	28.35	7400.5	11250.0
1980	39.03	17.02	22.01	33.13	7153.2	16431.0
1985	62.21	25.70	36.51	46.78	7612.7	30172.0
1990	155.54	45.95	109.59	54.87	9690.1	20078.0
1991	204.38	52.75	151.63	52.11	9590.9	23277.0
1992	290.94	64.36	226.57	57.18	10948.0	25104.0
1993	462.71	80.26	382.45	68.70	13964.5	25511.0
1994	688.19	95.89	592.30	76.50	15908.2	24096.0
1995	988.85	113.34	875.51	79.55	15641.0	21689.0
1996	1342.04	133.29	1208.75	78.68	14920.0	21157.0
1997	1773.29	144.34	1628.95	68.55	9715.3	21875.0
1998	2431.21	166.28	2264.94	65.51	9726.5	22989.0
1999	3330.82	198.44	3132.37	60.52	9741.9	25035.0
2000	4792.70	232.80	4559.90	77.71	9600.3	20089.7
2001	4556.26	457.42	4098.84	86.93	9931.2	21811.0
2002	5695.80	494.69	5201.12	106.01	10537.9	17620.0
2003	7019.79	541.04	6478.75	103.84	11029.4	16594.4
2004	9712.29	564.30	9147.99	82.81	9948.7	14789.3
2005	12028.54	625.52	11403.02	73.51	9531.8	14601.3
2006	15325.87	730.49	14595.38	71.31	9317.5	14372.7
2007	19805.06	1213.73	18591.33	69.50	9103.3	13030.6
2008	23649.52	1401.80	22247.72	73.63	7936.7	15658.3
2009	27193.46	1639.88	25553.58	75.32	7229.6	13909.5
2010	31978.48	1985.30	29993.18	74.01	6642.5	17158.3
2011	13333.49	1607.71	11725.78	73.78	6883.0	15007.7
2012	15019.28	2036.84	12982.44	70.74	6875.5	15401.6
北京 Beijing	631.23	142.33	488.90	6.72	596.6	728.6
天津 Tianjin	185.00	25.65	159.35	1.34	117.0	194.6
河北 Hebei	598.29	59.59	538.70	2.89	359.6	631.5
山西 Shanxi	338.94	30.45	308.49	0.54	122.7	395.4
内蒙古 Inner Mongolia	273.34	14.84	258.51	0.24	106.9	229.6
辽宁 Liaoning	516.07	42.89	473.18	0.74	243.2	403.7
吉林 Jilin	262.91	22.29	240.62	0.50	130.2	202.8
黑龙江 Heilongjiang	329.81	32.43	297.38	0.71	234.4	607.0
上海 Shanghai	637.93	190.83	447.09	13.47	508.3	982.7
江苏 Jiangsu	1120.36	205.75	914.62	8.95	415.8	1168.0
浙江 Zhejiang	1025.09	215.20	809.89	7.77	494.3	1084.4
安徽 Anhui	418.10	45.87	372.23	1.64	150.6	556.4
福建 Fujian	592.90	78.69	514.22	2.46	169.8	502.9
江西 Jiangxi	310.38	31.64	278.74	1.02	120.4	346.3
山东 Shandong	891.57	94.09	797.48	4.57	371.2	976.4
河南 Henan	680.03	69.16	610.87	1.75	286.4	1010.6
湖北 Hubei	491.29	52.55	438.74	1.31	176.8	596.4
湖南 Hunan	491.21	48.69	442.52	0.69	188.1	674.0
广东 Guangdong	2161.56	395.18	1766.38	8.04	675.6	1037.0
广西 Guangxi	366.36	24.14	342.22	0.61	119.5	387.3
海南 Hainan	104.89	7.78	97.11	0.10	41.2	103.2
重庆 Chongqing	276.99	31.28	245.72	0.57	109.6	234.3
四川 Sichuan	692.31	72.38	619.93	1.58	266.1	658.3
贵州 Guizhou	262.05	17.93	244.12	0.60	62.4	339.8
云南 Yunnan	363.44	18.25	345.19	0.52	143.9	316.0
西藏 Tibet	34.86	1.85	33.01	0.03	40.0	54.2
陕西 Shaanxi	386.41	31.34	355.07	0.61	199.2	336.9
甘肃 Gansu	189.88	9.88	180.00	0.36	94.4	225.9
青海 Qinghai	57.04	2.58	54.46	0.05	39.8	48.3
宁夏 Ningxia	65.66	4.55	61.11	0.11	30.8	58.9
新疆 Xinjiang	263.36	16.74	246.61	0.25	260.6	310.2

16-37 续表 1 continued

年份 地区	Year Region	汇票(万笔) Postal Order (10 000 times)	集邮业务(万枚) Stamps for Collection (10 000 pieces)	固定本地电话通话时长(亿分钟) Length of Local Calls of Fixed Telephone (100 million minutes)	固定长途电话通话时长(亿分钟) Length of Long-distance Calls of Fixed Telephone (100 million minutes)	移动短信业务量(亿条) Short Message Services (100 million messages)
	1978	11852.4				
	1980	13557.0				
	1985	16355.1				
	1990	16555.8	71233.0			
	1991	17078.7	123523.0			
	1992	19225.2	167303.0			
	1993	21894.8	210885.0			
	1994	23862.1	236849.0			
	1995	23985.1	239250.0			
	1996	23923.4	303436.0			
	1997	23416.5	451729.0			
	1998	23069.2	502850.0			
	1999	22886.8	522475.0			
	2000	22475.0	453500.0			
	2001	21399.7	344114.0			
	2002	21080.0	244158.7			583.3
	2003	20442.0	183421.0			1386.3
	2004	17895.4	149178.0			2170.5
	2005	16052.0	121214.0			3046.3
	2006	18928.0	104580.9		1742.6	4295.4
	2007	22875.2	113656.7		1756.7	5945.8
	2008	26404.2	131873.0		1655.8	6996.9
	2009	27177.4	110088.5		1314.6	7726.5
	2010	28043.2	114622.5		1068.9	8277.5
	2011	26474.3	102857.5	4227.4	856.9	8790.0
	2012	22913.4	118276.0	3577.7	700.7	8973.1
北京	Beijing	886.4	15821.3	159.5	44.0	447.9
天津	Tianjin	244.6	2154.7	44.2	6.7	120.8
河北	Hebei	501.1	2720.3	142.9	21.1	311.2
山西	Shanxi	704.1	1304.1	37.9	8.5	264.9
内蒙古	Inner Mongolia	663.3	1665.3	21.7	5.9	174.2
辽宁	Liaoning	962.9	5501.8	250.5	22.7	241.2
吉林	Jilin	443.8	2400.6	36.4	7.5	165.2
黑龙江	Heilongjiang	411.6	4139.4	77.6	10.0	164.4
上海	Shanghai	773.9	4202.3	230.7	60.1	336.1
江苏	Jiangsu	1653.8	8618.1	245.8	43.4	633.3
浙江	Zhejiang	1729.8	5825.7	206.9	38.6	775.6
安徽	Anhui	274.5	2343.2	104.9	18.8	280.9
福建	Fujian	857.3	4028.1	136.3	20.6	387.7
江西	Jiangxi	341.6	4412.8	58.4	11.9	167.9
山东	Shandong	922.7	9350.3	206.8	27.9	436.9
河南	Henan	1297.4	5343.0	222.5	21.9	315.0
湖北	Hubei	553.1	4893.5	94.2	22.4	239.3
湖南	Hunan	668.3	3666.4	141.6	17.3	332.4
广东	Guangdong	4217.5	7937.5	469.7	166.9	1117.3
广西	Guangxi	418.5	845.0	99.0	16.1	210.1
海南	Hainan	185.1	393.2	27.9	5.5	62.4
重庆	Chongqing	332.8	2501.5	75.9	7.3	135.8
四川	Sichuan	929.2	3240.5	159.3	24.9	432.1
贵州	Guizhou	568.0	1941.7	29.8	9.2	143.1
云南	Yunnan	451.4	3069.5	62.4	12.7	367.4
西藏	Tibet	134.6	274.2	5.0	1.8	18.1
陕西	Shaanxi	511.2	4275.3	89.6	14.2	293.0
甘肃	Gansu	314.3	1730.3	29.2	7.7	211.7
青海	Qinghai	142.7	569.8	12.4	4.1	32.7
宁夏	Ningxia	124.8	700.1	8.9	2.5	54.1
新疆	Xinjiang	693.4	2262.1	89.6	18.3	100.4
不分地区	Not Classified by Region		144.4			

注：固定长途电话通话时长为固定传统长途电话通话时长及固定IP电话通话时长之和。
Length of long-distance calls of fixed telephone includes traditional calls and IP calls.

16-37 续表 2 continued

年份 地区	Year Region	移动电话通话时长（亿分钟）Length of Calls of Mobile Telephone (100 million minutes)	#去话通话时长 Length of Outgoing Calls	非漫游 Non-Roaming	国内漫游 Domestic Roaming	国际及港澳台漫游 Hong Kong, Macao, Taiwan and International Roaming	移动电话用户（万户）Number of Mobile Telephone Subscribers at Year-end (10 000 subscribers)	#3G移动电话用户 3G Mobile Phone Subscribers
	1978							
	1980							
	1985							
	1990						1.8	
	1991						4.8	
	1992						17.7	
	1993						63.8	
	1994						156.8	
	1995	113.4					362.9	
	1996	252.4					685.3	
	1997	420.2					1323.3	
	1998	635.7					2386.3	
	1999	1188.1					4329.6	
	2000	1845.3					8453.3	
	2001	2904.5					14522.2	
	2002	4184.0					20600.5	
	2003	6308.9					26995.3	
	2004	9454.7					33482.4	
	2005	12507.4					39340.6	
	2006	16870.7					46105.8	
	2007	23061.3					54730.6	
	2008	29355.6					64124.5	
	2009	35351.0					74721.4	1232.2
	2010	43261.2	21129.0	19762.1	1362.8	4.14	85900.3	4705.1
	2011	50472.6	25056.0	23083.2	1967.4	5.47	98625.3	12842.4
	2012	55444.9	27603.5	24999.7	2597.1	6.68	111215.5	23280.3
北京	Beijing	1499.3	785.2	704.8	79.9	0.52	3168.0	855.4
天津	Tianjin	649.0	333.2	309.2	23.9	0.15	1325.2	296.4
河北	Hebei	2531.7	1251.1	1151.7	99.4	0.06	5513.1	1077.2
山西	Shanxi	1451.4	731.1	666.9	64.2	0.03	2764.6	547.6
内蒙古	Inner Mongolia	1303.7	659.2	601.1	58.0	0.05	2550.1	451.3
辽宁	Liaoning	2032.4	1018.9	942.6	76.2	0.19	4291.3	893.1
吉林	Jilin	1204.2	592.0	542.9	49.1	0.04	2257.0	391.0
黑龙江	Heilongjiang	1487.3	723.3	672.1	51.1	0.06	2663.9	471.7
上海	Shanghai	1280.9	663.3	601.6	60.9	0.79	3008.3	748.2
江苏	Jiangsu	3436.3	1734.1	1563.4	170.3	0.37	7471.4	1807.6
浙江	Zhejiang	3194.3	1651.8	1489.8	161.4	0.59	6442.6	1328.8
安徽	Anhui	1522.2	728.5	653.7	74.8	0.02	3609.8	853.4
福建	Fujian	2082.9	1050.3	961.4	88.7	0.20	4049.2	839.5
江西	Jiangxi	1268.9	611.6	563.0	48.6	0.06	2573.4	507.0
山东	Shandong	3614.3	1806.9	1662.5	144.3	0.08	7588.9	1516.8
河南	Henan	2879.5	1327.1	1169.8	157.2	0.11	5787.6	1144.6
湖北	Hubei	1685.3	813.3	730.0	83.3	0.08	4554.1	873.9
湖南	Hunan	2058.0	986.6	900.6	85.9	0.11	4262.0	899.8
广东	Guangdong	6937.3	3500.6	2999.0	499.0	2.66	12468.0	2784.3
广西	Guangxi	1453.4	704.5	643.1	61.3	0.08	2884.1	560.7
海南	Hainan	487.0	253.4	242.4	10.9	0.05	775.6	198.8
重庆	Chongqing	1198.8	591.2	558.6	32.5	0.05	2069.6	441.8
四川	Sichuan	2876.1	1400.9	1285.8	115.0	0.07	5498.2	1062.8
贵州	Guizhou	1299.2	645.4	594.8	50.6	0.04	2321.4	386.6
云南	Yunnan	1632.7	818.1	765.1	52.9	0.08	2895.8	571.8
西藏	Tibet	125.9	67.3	56.3	11.1		235.5	41.7
陕西	Shaanxi	1628.9	829.5	760.6	68.8	0.09	3264.8	805.6
甘肃	Gansu	876.4	428.9	392.5	36.3	0.01	1763.5	308.7
青海	Qinghai	237.2	121.3	105.5	15.8	0.01	537.2	90.7
宁夏	Ningxia	284.9	144.5	127.9	16.6	0.01	591.0	104.7
新疆	Xinjiang	1225.4	630.4	580.9	49.4	0.03	2010.6	399.1
不分地区	Not Classified by Region						19.8	19.7

16-37 续表 3 continued

年份 Year 地区 Region		固定电话用户(万户) Number of Fixed Telephone Subscribers at Year-end (10 000 subscribers)	城市电话用户 Urban Fixed Telephone Subscribers	#住宅电话用户 Household Fixed Telephone Subscribers	农村电话用户 Rural Fixed Telephone Subscribers	#住宅电话用户 Household Fixed Telephone Subscribers	#公用电话用户(万户) Public Telephone (10 000 subscribers)
	1978	192.5	119.2		73.4		1.2
	1980	214.1	134.2		79.9		1.4
	1985	312.0	219.0	4.1	93.1	2.0	2.7
	1990	685.0	538.4	152.7	146.6	30.7	4.6
	1991	845.1	670.8	239.0	174.2	49.5	5.4
	1992	1146.9	920.6	415.4	226.3	79.0	8.4
	1993	1733.2	1407.4	800.4	325.8	139.5	15.8
	1994	2729.5	2246.8	1489.4	482.7	274.9	38.7
	1995	4070.6	3263.6	2358.4	807.0	551.4	85.0
	1996	5494.7	4277.8	3224.6	1216.9	907.3	138.0
	1997	7031.0	5244.4	4057.2	1786.6	1406.6	193.9
	1998	8742.1	6259.8	4911.1	2482.3	2070.7	259.5
	1999	10871.6	7463.3	5894.4	3408.4	2949.2	297.4
	2000	14482.9	9311.6	7219.4	5171.3	4597.8	352.0
	2001	18036.8	11193.7	8535.3	6843.1	6197.7	346.2
	2002	21422.2	13579.1	10196.7	7843.1	7183.8	985.5
	2003	26274.7	17109.7	12533.9	9165.0	8389.7	1561.4
	2004	31175.6	21025.1	15246.5	10150.5	9240.5	2215.0
	2005	35044.5	23975.3	17201.2	11069.2	10023.9	2681.2
	2006	36778.6	25132.9	17697.6	11645.6	10561.5	2960.7
	2007	36563.7	24859.8	16988.2	11704.0	10533.1	2991.9
	2008	34035.9	23155.9	15588.3	10880.0	9612.2	2771.5
	2009	31373.2	21190.0	12969.5	10183.2	8813.3	2708.8
	2010	29434.2	19658.1	11973.4	9776.1	8325.0	2595.9
	2011	28509.8	19121.7	11411.6	9388.1	7861.2	2468.3
	2012	27815.3	18893.4	11013.2	8921.9	7315.8	2347.1
北京	Beijing	883.2	705.5	421.8	177.7	141.8	93.5
天津	Tianjin	353.7	349.2	226.0	4.5	0.7	28.7
河北	Hebei	1207.7	850.8	544.9	356.9	318.1	74.4
山西	Shanxi	685.2	482.0	330.7	203.2	176.7	60.5
内蒙古	Inner Mongolia	368.3	310.7	184.1	57.6	46.1	25.5
辽宁	Liaoning	1285.1	861.3	659.9	423.8	407.9	93.2
吉林	Jilin	578.8	434.7	289.3	144.1	133.6	41.6
黑龙江	Heilongjiang	776.1	594.3	442.3	181.7	167.1	50.7
上海	Shanghai	902.9	891.9	538.5	11.0		39.8
江苏	Jiangsu	2387.2	1341.0	733.7	1046.2	840.3	156.1
浙江	Zhejiang	1882.5	1127.4	516.5	755.0	533.9	212.3
安徽	Anhui	1091.4	641.0	389.3	450.5	390.3	70.6
福建	Fujian	1017.3	632.8	333.5	384.5	300.8	69.9
江西	Jiangxi	644.2	405.4	217.6	238.8	201.3	55.1
山东	Shandong	1854.2	1067.4	630.2	786.8	675.0	157.7
河南	Henan	1288.7	789.9	389.3	498.8	405.7	125.1
湖北	Hubei	1003.6	666.2	367.8	337.4	287.1	95.6
湖南	Hunan	953.9	645.2	365.6	308.7	252.2	88.7
广东	Guangdong	3135.8	2220.9	1168.1	914.9	666.6	362.4
广西	Guangxi	599.3	376.5	188.2	222.8	192.5	46.6
海南	Hainan	173.0	122.0	64.4	51.0	38.2	14.2
重庆	Chongqing	575.7	407.3	280.4	168.4	149.9	32.0
四川	Sichuan	1347.1	927.8	565.0	419.4	360.8	90.3
贵州	Guizhou	380.4	264.9	161.3	115.5	98.7	33.4
云南	Yunnan	524.3	364.7	200.4	159.6	118.4	60.7
西藏	Tibet	40.5	39.1	22.5	1.4	0.7	3.1
陕西	Shaanxi	772.1	541.3	294.5	230.8	192.3	61.2
甘肃	Gansu	377.8	272.4	151.8	105.3	84.9	48.2
青海	Qinghai	102.5	85.6	50.6	16.9	14.5	5.6
宁夏	Ningxia	105.0	83.3	50.3	21.6	17.4	7.0
新疆	Xinjiang	517.9	391.0	234.6	126.9	102.4	43.6

注：2002年起公用电话用户包括安装在街道等公共场所的智能网专线接入终端用户。

a) Number of subscribers of public telephone since 2002 included the smart net special end-users which were installed at the public spatial, such as street.

16-38 快递业务量

Business Volume of Express Services

年 份 地 区	Year Region	快 递 (万件) Pieces of Express Mail Services (10 000 pcs)	#国内同城快递 Local Express Service	#国内异地快递 National Express Service	#国际及港澳台快递 Hong Kong, Macao, Taiwan and International Express Service	快递业务收入 (万元) Revenue from Express Service (10 000 yuan)
	1990	343.3				
	1991	566.7				
	1992	959.2				
	1993	2156.2				
	1994	4019.5				
	1995	5562.7				
	1996	7096.6				
	1997	6878.9				
	1998	7667.7				
	1999	9091.3				
	2000	11031.4				
	2001	12652.7				
	2002	14036.2				
	2003	17237.8				
	2004	19771.9				
	2005	22880.3				
	2006	26988.0				
	2007	120189.6	33312.5	77157.0	9720.1	3425851.6
	2008	151329.3	40223.4	100465.6	10640.4	4084274.6
	2009	185785.8	43728.3	130803.6	11253.9	4790030.7
	2010	233892.0	53605.8	167324.7	12961.4	5746029.8
	2011	367311.1	81818.3	272742.1	12750.7	7579878.2
	2012	568548.0	131410.2	418895.0	18242.8	10553324.2
北 京	Beijing	48073.7	15122.3	31889.5	1061.9	762737.0
天 津	Tianjin	6364.0	1420.8	4758.0	185.2	144376.7
河 北	Hebei	12469.1	1427.0	10859.5	182.5	214740.6
山 西	Shanxi	2805.3	393.8	2394.8	16.8	54284.2
内蒙古	Inner Mongolia	2440.0	188.8	2241.6	9.6	58718.6
辽 宁	Liaoning	7757.4	1382.6	6163.6	211.1	179310.6
吉 林	Jilin	3854.4	536.3	3269.8	48.3	80722.5
黑龙江	Heilongjiang	3623.5	452.5	3143.8	27.1	81909.5
上 海	Shanghai	59905.3	20123.6	35851.8	3929.9	1828629.3
江 苏	Jiangsu	63870.5	13009.8	49290.5	1570.2	1034124.0
浙 江	Zhejiang	81986.8	16668.7	63489.5	1828.5	1197342.6
安 徽	Anhui	9731.4	1445.6	8201.2	84.5	145715.8
福 建	Fujian	25593.8	4046.8	20965.0	582.0	420985.5
江 西	Jiangxi	5472.6	639.5	4810.3	22.8	84144.3
山 东	Shandong	24731.8	4446.1	19671.8	613.9	419168.3
河 南	Henan	12503.4	2432.6	9964.6	106.1	192209.6
湖 北	Hubei	11629.8	2458.1	9086.8	84.9	183033.8
湖 南	Hunan	10022.7	1300.3	8602.8	119.6	164752.9
广 东	Guangdong	133770.5	36820.9	89965.7	6983.8	2456278.2
广 西	Guangxi	4395.1	597.6	3745.8	51.7	87490.9
海 南	Hainan	1123.6	232.7	883.1	7.8	23230.1
重 庆	Chongqing	5497.9	1846.2	3575.1	76.6	103426.5
四 川	Sichuan	12814.4	2264.9	10198.9	350.6	225753.7
贵 州	Guizhou	1801.0	202.6	1593.1	5.3	40386.8
云 南	Yunnan	3774.4	654.0	3097.6	22.8	85357.5
西 藏	Tibet	320.1	21.9	297.6	0.6	12989.2
陕 西	Shaanxi	5085.0	668.3	4372.1	44.6	101893.6
甘 肃	Gansu	1470.3	243.7	1221.2	5.4	35255.3
青 海	Qinghai	286.7	43.5	241.9	1.2	9844.1
宁 夏	Ningxia	2967.8	77.5	2888.6	1.8	52709.0
新 疆	Xinjiang	2406.0	241.0	2159.4	5.7	71803.8

注：快递业务量2006年及以前为邮政特快专递，2007年起为规模以上(年业务收入200万元以上)快递服务企业业务量。

a) Business volume of express services referred to express mail service in 2006 and before, and referred to business volume of express enterprises above designated size (with business revenue over 2 million yuan) since 2007.

16-39 邮政业网点及邮递线路（年底数）
Postal Offices and Postal Delivery Routes at Year-end

年 份 Year 地 区 Region		营业网点（处）Number of Offices (unit)	#快递营业网点 Outlets for Express Services	信筒信箱（个）Number of Post Boxes (unit)	农村投递路线（公里）Rural Delivery Routes (km)	城市投递路线（公里）Urban Delivery Routes (km)
	1978	49623		156398	4266291	
	1980	49471		159009	4138879	
	1985	53107		174678	3565758	
	1990	53629		181877	3364861	
	1991	54006		181939	3371424	
	1992	54891		183289	3374556	
	1993	57005		187966	3377769	
	1994	60447		193902	3364730	
	1995	61898		203011	3345848	
	1996	72496		217235	3358051	
	1997	79273		231337	3402946	
	1998	102225		234716	3361484	
	1999	66649		232674	3348054	
	2000	58437		239356	3364498	
	2001	57136		225846	3492761	
	2002	76358		217541	3511190	
	2003	63555		275962	3531832	
	2004	66393		222946	3530508	
	2005	65917		202259	3565226	941286
	2006	62799		197491	3566982	985785
	2007	70655	46981	195336	3637553	1024046
	2008	69146	48157	224023	3656936	1111749
	2009	65672	35783	206597	3676051	1324378
	2010	75739	64394	171043	3690561	1461321
	2011	78667	75262	148206	3632579	1171464
	2012	95572	89052	150271	3731657	1327674
北 京	Beijing	3086	3052	5973	18669	50625
天 津	Tianjin	1068	1068	2836	18661	15438
河 北	Hebei	2843	2734	4472	191861	62028
山 西	Shanxi	2097	1728	2508	119338	35409
内蒙古	Inner Mongolia	2204	1596	2397	109253	41462
辽 宁	Liaoning	3087	3087	5213	113875	56642
吉 林	Jilin	1609	1601	4111	99698	30863
黑龙江	Heilongjiang	2450	1881	3386	120323	48425
上 海	Shanghai	3792	3792	3443	22684	62958
江 苏	Jiangsu	6772	6405	7361	266263	91897
浙 江	Zhejiang	5305	5155	25408	170167	77715
安 徽	Anhui	2548	2434	3961	133560	45227
福 建	Fujian	3177	3117	11414	93039	33904
江 西	Jiangxi	2715	2369	3624	100828	28397
山 东	Shandong	5820	5173	10354	264799	95114
河 南	Henan	4368	4305	4574	197726	59681
湖 北	Hubei	4046	4035	4173	211898	50903
湖 南	Hunan	3115	2846	3617	215941	53011
广 东	Guangdong	10910	10015	9344	215842	123020
广 西	Guangxi	2328	2304	4327	113521	26772
海 南	Hainan	685	675	666	24373	12767
重 庆	Chongqing	2583	2506	2890	64120	24614
四 川	Sichuan	7071	6217	8709	187082	51183
贵 州	Guizhou	2017	1921	2744	52532	16073
云 南	Yunnan	2856	2598	1820	169445	24378
西 藏	Tibet	247	247	332	97409	4446
陕 西	Shaanxi	2428	2312	2920	127543	31547
甘 肃	Gansu	1710	1697	5258	134411	30355
青 海	Qinghai	261	241	354	5517	6544
宁 夏	Ningxia	489	364	526	9956	6949
新 疆	Xinjiang	1885	1554	1556	61325	29328

16-39 续表 continued

年 份 Year / 地 区 Region	邮路总长度(公里) Length of Postal Routes (km)	#航空邮路 Air Mail Routes	#汽车邮路 Highway Routes	#铁路邮路 Railway Routes
1978	4863282		572204	150249
1980	4737124		582058	150819
1985	1416303		658102	181916
1990	1618200		676747	191313
1991	1603344		685759	185872
1992	1646931		712367	189359
1993	1760506		727380	189704
1994	1781787		757931	187871
1995	1886082		819412	183036
1996	2118940		917151	183884
1997	2363108		873688	186382
1998	2853942	1466002	930622	189652
1999	2979007	1569715	989122	190056
2000	3073331	1597044	1070304	184925
2001	3102558	1636435	1074092	180399
2002	3080989	1601388	1112806	177685
2003	3270209	1756337	1137480	191351
2004	3336446	1762990	1194578	195998
2005	3406226	1813959	1229802	200180
2006	3369392	1777368	1230633	204733
2007	3532980	1855335	1302915	211534
2008	3693464	1908316	1385102	236860
2009	4027751	2178332	1450782	248876
2010	4635569	2529232	1753027	269700
2011	5140272	2718292	2017483	309027
2012	5855107	3160292	2289077	320144
北 京 Beijing	405521	236926	104867	35141
天 津 Tianjin	157480	86238	57864	6311
河 北 Hebei	78040	6020	69477	1622
山 西 Shanxi	97314	41518	41245	8430
内蒙古 Inner Mongolia	154666	63615	85254	4066
辽 宁 Liaoning	252991	186973	57951	7774
吉 林 Jilin	179250	134579	32790	11513
黑龙江 Heilongjiang	138855	62483	62383	13916
上 海 Shanghai	192241	97216	74361	19384
江 苏 Jiangsu	240630	94477	140268	5811
浙 江 Zhejiang	449588	329552	105424	9411
安 徽 Anhui	139364	60384	76372	2355
福 建 Fujian	182584	115628	63440	2834
江 西 Jiangxi	108198	34048	68097	5694
山 东 Shandong	309689	201815	91373	16180
河 南 Henan	131284	42450	80403	7621
湖 北 Hubei	124877	55055	59183	10605
湖 南 Hunan	142207	54478	85626	1607
广 东 Guangdong	578539	316352	237089	24477
广 西 Guangxi	273528	201157	57160	14427
海 南 Hainan	94378	80385	13538	
重 庆 Chongqing	110951	56868	46147	7936
四 川 Sichuan	269222	125666	110917	12909
贵 州 Guizhou	136429	51399	76735	5880
云 南 Yunnan	197454	75116	90976	29058
西 藏 Tibet	29485	11400	15897	2188
陕 西 Shaanxi	146020	64898	64354	14130
甘 肃 Gansu	126312	43753	76169	6010
青 海 Qinghai	72785	44824	24073	3504
宁 夏 Ningxia	54058	32808	18362	2315
新 疆 Xinjiang	281167	152211	101285	27033

注：邮路总长度1980年及以前为邮路及农村投递路线总长度之和。

a) Length of postal routes before 1981 included the length of postal routes and rural delivery routes.

16-40 电信主要通信能力（年底数）
Main Communication Capacity of Telecommunications at Year-end

年 份 Year / 地 区 Region		固定长途电话交换机容量（路端） Capacity of Long-distance Telephone Exchanges (circuit)	局用交换机容量（万门） Capacity of Office Telephone Exchanges (10 000 lines)	移动电话交换机容量（万户） Capacity of Mobile Telephone Exchanges (10 000 subscribers)	光缆线路长度（公里） Length of Optical Cable Lines (km)	#长途光缆线路长度 Length of Long Distance Optical Cable Lines
	1978	1863	405.9			
	1980	1969	443.2			
	1985	11522	613.4			
	1990	161370	1231.8	5.1		3334
	1991	286325	1492.2	10.5		6490
	1992	521885	1915.1	45.3		14388
	1993	1206091	3040.8	156.1		38666
	1994	2416296	4926.2	371.6		73290
	1995	3518781	7203.6	796.7		106882
	1996	4162009	9291.2	1536.2		130159
	1997	4368305	11269.2	2585.7	556921	150754
	1998	4491595	13823.7	4706.7	766582	194100
	1999	5032026	15346.1	8136.0	952228	239735
	2000	5635498	17825.6	13985.6	1212358	286642
	2001	7035769	25566.3	21926.3	1818939	399082
	2002	7730133	28656.8	27400.3	2252564	487684
	2003	10610724	35082.5	33698.4	2734807	594303
	2004	12629982	42346.9	39684.3	3519225	695271
	2005	13716307	47196.1	48241.7	4072788	723040
	2006	14423427	50279.9	61032.0	4279559	722439
	2007	17092213	51034.6	85496.1	5777289	792154
	2008	16907188	50863.2	114531.4	6778496	797979
	2009	16849027	49265.6	144084.7	8294565	831011
	2010	16414644	46537.3	150284.9	9962467	818133
	2011	16023432	43428.4	171636.0	12119303	842341
	2012	15797426	43749.3	184023.8	14793300	868175
北 京	Beijing	550830	1586.1	4734.0	187714	4104
天 津	Tianjin	137246	645.9	2045.0	108956	3106
河 北	Hebei	311470	1757.0	11205.2	647544	34280
山 西	Shanxi	306834	1070.3	4648.9	599659	27826
内蒙古	Inner Mongolia	202524	863.5	5148.3	322219	56937
辽 宁	Liaoning	507645	2090.8	6229.8	442168	24604
吉 林	Jilin	225353	918.5	3751.0	243389	22704
黑龙江	Heilongjiang	411477	1364.8	5010.8	398743	40538
上 海	Shanghai	739677	1380.5	3973.0	266173	4758
江 苏	Jiangsu	1094821	3768.0	9665.7	1567817	32820
浙 江	Zhejiang	851520	2855.4	9871.2	1017798	25001
安 徽	Anhui	737127	1238.0	7479.9	607097	26333
福 建	Fujian	612621	1641.6	7704.6	569906	21753
江 西	Jiangxi	554829	852.4	3945.9	472608	21492
山 东	Shandong	457175	3069.1	11103.4	649971	32641
河 南	Henan	1511918	1804.2	8550.4	634262	31398
湖 北	Hubei	490768	1571.8	6805.7	537604	27686
湖 南	Hunan	506000	1428.8	5688.4	632815	36419
广 东	Guangdong	2587636	4360.6	20392.6	1054583	49065
广 西	Guangxi	579717	1190.2	3865.5	441060	34846
海 南	Hainan	91576	273.2	1512.4	85461	3302
重 庆	Chongqing	219016	1130.3	3715.0	372289	6102
四 川	Sichuan	342870	1793.5	13749.2	835911	54614
贵 州	Guizhou	266597	930.1	4473.8	341962	35283
云 南	Yunnan	320867	889.3	5182.1	486971	40168
西 藏	Tibet	34540	133.6	342.0	63145	30070
陕 西	Shaanxi	441852	1165.3	4924.4	372691	27628
甘 肃	Gansu	177901	707.6	2367.8	299338	31086
青 海	Qinghai	133323	165.0	848.0	95984	33374
宁 夏	Ningxia	61432	210.9	967.8	66795	10272
新 疆	Xinjiang	284632	891.0	4122.0	370667	37967
不分地区	Not Classified by Region	45632	2.0			

注：电话交换机容量不包括用户交换机容量。

a) The capacity of exchanges in this table do not includes the capacity of exchanges owned by users.

16-41 电信通信服务水平（年底数）
Telecommunication Services Available at Year-end

年份 Year 地区 Region	电话普及率（包括移动电话）（部/百人） Popularization Rate of Telephone (Include Mobile Telephone) (sets/100 persons)	移动电话普及率（部/百人） Popularization Rate of Mobile Telephone (sets/100 persons)	每千人拥有公用电话数（部） Public Telephone owned Per 1 000 Person (set)	开通互联网宽带业务的行政村比重（%） Percentage of Administrative Village with Access to the Internet by Broadband (%)	互联网普及率（%） Popularization Rate of Internet (%)
1978	0.38				
1980	0.43				
1985	0.60				
1990	1.11				
1991	1.29				
1992	1.61	0.02			
1993	2.20	0.05			
1994	3.20	0.13			
1995	4.66	0.30			
1996	6.33	0.59			
1997	8.11	1.07			
1998	9.95	1.93			
1999	13.12	3.47			
2000	19.10	6.72	2.20		
2001	26.55	11.47	2.71		
2002	33.67	16.14	7.67		4.6
2003	42.16	21.02	12.20		6.2
2004	50.03	25.91	17.14		7.3
2005	57.22	30.26	20.63		8.5
2006	63.40	35.30	22.64		10.5
2007	69.45	41.64	22.76		16.0
2008	74.29	48.53	20.98		22.6
2009	79.89	56.27	20.40		28.9
2010	86.41	64.36	19.45	80.11	34.3
2011	94.81	73.55	18.41	84.00	38.3
2012	103.10	82.50	17.40	87.90	42.1
北京 Beijing	200.60	156.90	46.30	100.00	72.2
天津 Tianjin	123.90	97.80	21.20	100.00	58.5
河北 Hebei	92.80	76.10	10.30	96.50	41.5
山西 Shanxi	96.00	76.90	16.80	100.00	44.2
内蒙古 Inner Mongolia	117.50	102.70	10.30	59.00	38.9
辽宁 Liaoning	127.20	97.90	21.30	100.00	50.2
吉林 Jilin	103.20	82.10	15.10	96.50	38.6
黑龙江 Heilongjiang	89.70	69.50	13.20	95.00	34.7
上海 Shanghai	166.70	128.20	17.00	100.00	68.4
江苏 Jiangsu	124.80	94.60	19.80	100.00	50.0
浙江 Zhejiang	152.40	117.90	38.90	100.00	59.0
安徽 Anhui	78.80	60.50	11.80	100.00	31.3
福建 Fujian	136.10	108.80	18.80	100.00	61.3
江西 Jiangxi	71.70	57.30	12.30	97.50	28.5
山东 Shandong	97.90	78.70	16.40	100.00	40.1
河南 Henan	75.30	61.60	13.30	100.00	30.4
湖北 Hubei	96.50	79.10	16.60	92.80	40.1
湖南 Hunan	79.10	64.60	13.50	89.00	33.3
广东 Guangdong	148.60	118.70	34.50	100.00	63.1
广西 Guangxi	75.00	62.10	10.00	91.00	34.2
海南 Hainan	108.10	88.40	16.20	93.00	43.7
重庆 Chongqing	90.60	70.90	11.00	100.00	40.9
四川 Sichuan	85.00	68.30	11.20	68.00	31.8
贵州 Guizhou	77.90	66.90	9.60	63.61	28.6
云南 Yunnan	73.80	62.50	13.10	67.90	28.5
西藏 Tibet	91.10	77.70	10.10	23.11	33.3
陕西 Shaanxi	107.80	87.20	16.30	75.00	41.5
甘肃 Gansu	83.50	68.80	18.80	45.15	31.0
青海 Qinghai	112.60	94.60	9.80	80.90	41.9
宁夏 Ningxia	108.90	92.50	10.90	100.00	40.3
新疆 Xinjiang	114.40	91.00	19.80	71.80	43.6

16-42 邮政通信服务水平（年底数）
Postal Services Available at Year-end

年份 Year 地区 Region	平均每一营业网点服务人口（万人）Average People Served by Every Postal Office (10 000 persons)	平均每人每年发函件数（件）Annual Average Number of Letters Mailed per Capita (piece)	平均每百人每年订报刊数（份）Annual Average Number of Newspaper and Magazine Subscribed per 100 Persons (piece)	已通邮的行政村比重（%）Percentage of Administrative Village with Posts (%)
1978	1.94	2.95	11.7	
1980	1.98	3.36	16.7	96.5
1985	1.97	4.48	28.8	96.3
1990	2.13	4.82	17.6	96.4
1991	2.14	4.52	20.1	96.4
1992	2.11	4.92	22.2	95.9
1993	2.08	5.82	21.8	96.0
1994	1.98	6.40	20.1	96.2
1995	1.95	6.61	18.0	
1996	1.65	6.62	17.6	
1997	1.56	5.56	17.7	
1998	1.22	5.27	18.4	
1999	1.87	4.90	20.1	
2000	1.77	6.40	16.4	
2001	2.20	6.90	17.2	94.5
2002	1.70	8.30	13.9	97.8
2003	2.03	8.08	12.9	98.0
2004	1.95	6.41	11.4	97.7
2005	1.97	5.66	11.2	99.0
2006	2.09	5.50	11.2	99.4
2007	1.90	5.30	9.9	98.4
2008	1.90	5.60	11.9	98.5
2009	2.03	5.66	10.4	98.8
2010	1.77	5.52	12.8	99.0
2011	1.71	5.50	11.1	98.0
2012	1.42	5.22	11.4	99.1
北京 Beijing	0.67	32.49	35.2	100.0
天津 Tianjin	1.32	9.50	13.8	100.0
河北 Hebei	2.56	3.96	8.7	100.0
山西 Shanxi	1.72	1.50	10.9	100.0
内蒙古 Inner Mongolia	1.13	0.98	9.2	94.0
辽宁 Liaoning	1.42	1.69	9.2	94.2
吉林 Jilin	1.71	1.82	7.4	100.0
黑龙江 Heilongjiang	1.56	1.84	15.8	100.0
上海 Shanghai	0.63	56.61	41.3	100.0
江苏 Jiangsu	1.17	11.30	14.7	100.0
浙江 Zhejiang	1.03	14.18	19.8	100.0
安徽 Anhui	2.35	2.74	9.3	100.0
福建 Fujian	1.18	6.55	13.4	98.8
江西 Jiangxi	1.66	2.28	7.7	100.0
山东 Shandong	1.66	4.71	10.1	100.0
河南 Henan	2.15	1.86	10.7	100.0
湖北 Hubei	1.43	2.27	10.3	99.8
湖南 Hunan	2.13	1.04	10.2	99.7
广东 Guangdong	0.97	7.59	9.8	100.0
广西 Guangxi	2.01	1.29	8.3	99.5
海南 Hainan	1.29	1.09	11.6	99.2
重庆 Chongqing	1.14	1.94	8.0	97.5
四川 Sichuan	1.14	1.95	8.2	99.6
贵州 Guizhou	1.73	1.73	9.8	89.0
云南 Yunnan	1.63	1.13	6.8	100.0
西藏 Tibet	1.25	0.93	17.6	95.0
陕西 Shaanxi	1.55	1.61	9.0	100.0
甘肃 Gansu	1.51	1.38	8.8	100.0
青海 Qinghai	2.20	0.93	8.4	73.7
宁夏 Ningxia	1.32	1.77	9.1	98.8
新疆 Xinjiang	1.18	1.13	13.9	99.9

16-43 互联网主要指标发展情况(年底数)

Main Indicators on Internet Development at Year-end

年 份 Year 地 区 Region	互联网上网人数(万人) Number of Internet Users (10 000 persons)	域名数(万个) Number of Domain Names (10 000 units)	网站数(万个) Number of Websites (10 000 sites)	网页数(万个) Number of Webpages (10 000 pages)	互联网宽带接入端口(万个) Broad Band Subscribers Port of Internet (10 000 ports)
1995					
1996					
1997	62				
1998	210				
1999	890				
2000	2250		26.5		
2001	3370		27.7		
2002	5910		37.2		
2003	7950		59.6		1802.3
2004	9400		66.9		3578.1
2005	11100	259.2	69.4		4874.7
2006	13700	410.9	84.3	447257.8	6486.4
2007	21000	1193.1	150.4	847108.5	8539.3
2008	29800	1682.6	287.8	1608637.0	10890.4
2009	38400	1681.8	323.2	3360173.2	13835.7
2010	45730	865.6	190.8	6000806.0	18781.1
2011	51310	774.8	229.6	8658229.8	23239.4
2012	56400	1341.2	268.1	12274681.7	32108.4
北 京 Beijing	1458	125.6	39.8	3809450.2	1076.8
天 津 Tianjin	793	11.7	3.7	275989.1	461.7
河 北 Hebei	3008	27.3	8.6	260005.9	1756.0
山 西 Shanxi	1589	7.1	2.2	41326.8	737.4
内蒙古 Inner Mongolia	965	3.9	1.3	13143.4	548.7
辽 宁 Liaoning	2199	22.9	6.4	182183.2	1267.5
吉 林 Jilin	1062	6.7	2.1	40642.3	635.6
黑龙江 Heilongjiang	1329	7.3	2.0	54211.2	771.7
上 海 Shanghai	1606	84.4	27.0	1081481.8	1491.5
江 苏 Jiangsu	3952	52.2	17.1	823366.4	2892.4
浙 江 Zhejiang	3221	343.0	19.6	958898.5	2250.4
安 徽 Anhui	1869	11.9	3.5	247603.2	1063.8
福 建 Fujian	2280	81.6	18.9	169872.8	1439.8
江 西 Jiangxi	1267	7.7	2.2	193304.9	719.3
山 东 Shandong	3866	46.9	14.3	292335.8	2144.9
河 南 Henan	2856	22.8	7.9	596860.3	1435.7
湖 北 Hubei	2309	15.7	6.0	259235.0	1023.5
湖 南 Hunan	2200	14.3	4.8	183263.3	1070.2
广 东 Guangdong	6627	281.6	43.6	1787385.3	3158.1
广 西 Guangxi	1586	7.0	1.8	61402.5	848.0
海 南 Hainan	384	4.3	1.2	57166.7	168.9
重 庆 Chongqing	1195	10.9	3.1	45029.4	648.8
四 川 Sichuan	2562	26.1	8.3	286437.2	1316.3
贵 州 Guizhou	991	3.3	0.8	13889.8	466.8
云 南 Yunnan	1321	6.1	1.3	48543.7	663.7
西 藏 Tibet	101	0.5	0.1	348.7	41.0
陕 西 Shaanxi	1551	11.3	3.9	117966.1	803.6
甘 肃 Gansu	795	2.4	0.6	33190.0	430.8
青 海 Qinghai	238	1.2	0.2	2437.5	105.6
宁 夏 Ningxia	258	1.5	0.4	8622.4	122.1
新 疆 Xinjiang	962	3.2	0.6	29088.4	548.1
不分地区 Not Classified by Region		88.9	14.5		

16-43 续表 continued

年份 Year 地区 Region		互联网拨号用户（万户） Dial-up Subscribers of Internet (10 000 subscribers)	互联网宽带接入用户（万户） Broadband Subscribers of Internet (10 000 subscribers)	#城市宽带接入用户 Urban Broadband Subscribers	#农村宽带接入用户 Rural Broadband Subscribers
	1995	0.7			
	1996	3.6			
	1997	16.0			
	1998	67.7			
	1999	299.4			
	2000	900.5			
	2001	3652.7			
	2002	5246.5	325.3		
	2003	5653.1	1115.1		
	2004	5122.3	2487.5		
	2005	3559.5	3735.0		
	2006	2644.6	5085.3		
	2007	1941.0	6641.4		
	2008	1227.8	8287.9		
	2009	754.4	10397.8		
	2010	590.1	12629.1	9963.5	2475.7
	2011	550.7	15000.1	11691.4	3308.8
	2012	569.8	17518.3	13442.4	4075.9
北京	Beijing	46.1	473.7	379.3	94.4
天津	Tianjin	12.5	204.8	204.3	0.5
河北	Hebei	0.2	963.9	741.3	222.6
山西	Shanxi	3.7	504.8	452.3	52.5
内蒙古	Inner Mongolia		274.8	250.0	24.8
辽宁	Liaoning	22.6	707.9	577.6	130.3
吉林	Jilin	6.2	364.6	296.5	68.1
黑龙江	Heilongjiang	17.8	435.8	386.9	49.0
上海	Shanghai	1.5	541.0	541.0	
江苏	Jiangsu	11.6	1350.7	811.2	539.5
浙江	Zhejiang	36.2	1152.6	664.4	488.2
安徽	Anhui	20.5	507.0	377.3	129.7
福建	Fujian	17.0	738.0	520.4	217.6
江西	Jiangxi	3.4	372.0	279.9	92.1
山东	Shandong	40.3	1364.1	961.3	402.9
河南	Henan	103.3	927.6	672.3	255.3
湖北	Hubei	10.8	708.0	581.6	126.3
湖南	Hunan	0.1	604.4	491.2	113.2
广东	Guangdong	71.8	1903.6	1419.9	483.6
广西	Guangxi	8.9	507.1	419.4	87.7
海南	Hainan		95.5	74.1	21.4
重庆	Chongqing		388.1	336.3	51.8
四川	Sichuan	14.7	823.0	656.8	166.2
贵州	Guizhou	5.6	243.9	207.2	36.7
云南	Yunnan	81.8	375.5	310.3	65.2
西藏	Tibet		17.1	17.0	
陕西	Shaanxi	13.7	439.6	356.3	83.3
甘肃	Gansu	10.8	163.3	146.6	16.7
青海	Qinghai	0.6	49.9	47.3	2.6
宁夏	Ningxia	1.7	60.9	53.6	7.3
新疆	Xinjiang	6.5	255.0	208.6	46.4

16-44 软件和信息技术服务业主要经济指标
Main Indicators on Software and Information Technology Services

年份 Year 地区 Region		软件业务收入(万元) Software Income (10 000 yuan)	#软件产品收入 Software Products Income	#信息系统集成服务收入 Information System Integration Service Income	#信息技术咨询服务收入 Information Technology Consulting Serivce Income	#数据处理和存储服务收入 Data Processing and Storage Service Income	#嵌入式系统软件收入 Embedded System and Software Income	#集成电路设计收入 Integrated Circuit Design Income
	2010	135885509.6	49305319.5	31166873.2	11998876.1	17634255.3	21283328.4	4496857.1
	2011	188489906.0	61921545.6	40835066.3	18015462.3	30660054.0	30737710.2	6320067.6
	2012	247937523.5	78572418.6	55832575.8	24353980.7	41560128.7	39916145.7	7702274.0
北 京	Beijing	36765626.8	13962546.2	9319878.3	2533348.0	10377216.0	72675.2	499963.1
天 津	Tianjin	5542195.3	1361203.5	616530.9	681371.5	776163.1	1231381.3	875545.0
河 北	Hebei	1272830.7	340693.2	833221.5	51684.4	10214.4	36184.1	833.0
山 西	Shanxi	299441.5	168882.5	89538.4	8449.8	12966.5	19343.3	261.0
内蒙古	Inner Mongolia	253582.0	102731.8	119865.7	21790.1	6940.1	2254.2	
辽 宁	Liaoning	21356991.8	7302751.4	5550951.0	3411957.5	2799132.5	2040297.0	251902.3
吉 林	Jilin	2619433.0	618028.4	703021.5	491426.9	370045.4	436643.8	267.0
黑龙江	Heilongjiang	1069933.5	396032.7	248865.9	162035.0	118973.0	143133.8	893.0
上 海	Shanghai	20862403.7	6527647.0	5100351.3	2339418.2	3829421.7	1430002.6	1635562.9
江 苏	Jiangsu	41670223.6	11368340.8	7460960.2	2469923.2	3338382.7	14898741.3	2133875.5
浙 江	Zhejiang	13553435.4	4493285.3	2467015.6	518003.9	4323550.3	1501201.2	250379.0
安 徽	Anhui	752331.8	382068.6	278673.9	24615.7	39644.2	26545.2	784.3
福 建	Fujian	10057924.5	3331049.6	2964650.0	1256943.9	749296.8	1398330.9	357653.2
江 西	Jiangxi	546686.5	146834.9	252585.7	69780.4	28612.3	19094.2	29779.0
山 东	Shandong	17339358.9	5653408.6	3443889.6	2916792.3	1586705.3	3553442.6	185120.5
河 南	Henan	1571969.5	579051.5	616238.5	196700.2	59060.2	91831.4	29087.6
湖 北	Hubei	3680894.7	1727399.6	987897.3	243344.8	524931.0	185361.1	11961.0
湖 南	Hunan	2363509.3	1048724.9	665809.6	74175.4	80456.2	493777.2	566.1
广 东	Guangdong	41528727.2	11715909.9	6771120.7	3840346.4	7377373.3	11062780.3	761196.6
广 西	Guangxi	592223.9	306152.1	165806.1	44920.0	58941.7	9342.2	7061.9
海 南	Hainan	161838.4	47043.0	106221.0	7602.7	971.7		
重 庆	Chongqing	4224058.4	751949.6	1282519.9	342976.3	1154710.3	680602.8	11299.6
四 川	Sichuan	13164807.1	4396872.8	3102059.2	1423077.6	3688509.4	113274.6	441013.6
贵 州	Guizhou	608302.0	256616.0	329906.0	12457.0	2353.0	6681.0	289.0
云 南	Yunnan	546873.0	70318.2	413466.8	9967.6	49915.8	3200.8	3.7
西 藏	Tibet							
陕 西	Shaanxi	4907957.9	1377924.9	1540750.4	1159541.1	160758.7	452025.2	216957.6
甘 肃	Gansu	204434.2	65822.7	107687.6	11468.9	19433.3	3.2	18.6
青 海	Qinghai	2680.7	200.0	502.0	107.0		1871.7	
宁 夏	Ningxia	64244.6	22659.8	31278.1	2811.9	2643.5	4851.3	
新 疆	Xinjiang	352603.8	50269.0	261313.2	26943.1	12806.4	1272.0	

注：本表统计口径为主营业务收入100万元以上的软件和信息技术服务业企业。

a) Data in the table cover software and IT service enterprises with revenue from principal business of over 1 million yuan.

主要统计指标解释

铁路营业里程　又称营业长度，指投入客货运输营业或临时营业的线路长度。

电气化里程　指具备了电力机车牵引条件，并已交付运营的线路里程。

铁路自动、半自动闭塞里程　为保证列车安全运行，在一个区间、同一时间内，一般只允许一列列车运行，这种保证列车在这个区间安全间隔运行的技术方法称为“闭塞”。自动闭塞是根据列车运行及有关闭塞分区状态，自动变换通过信号机显示而司机凭信号显示行车的闭塞方法，采用此方式的闭塞公里为自动闭塞里程。半自动闭塞是由人工办理闭塞手续，列车凭信号显示发车后，出站信号机自动关机闭塞，靠车站值班员确认列车整列到达，办理区间闭塞复原的一种闭塞方式，采用此方式的闭塞公里为半自动闭塞里程。

公路里程　指报告期末公路的实际长度。统计范围：包括城间、城乡间、乡（村）间能行驶汽车的公共道路，公路通过城镇街道的里程，公路桥梁长度、隧道长度、渡口宽度。不包括城市街道里程，断头路里程，农（林）业生产用道路里程，工（矿）企业等内部道路里程。统计原则：按已竣工验收或交付使用的实际里程计算；两条或多条公路共同经由同一路段的重复里程，只计算一次。

内河航道里程　指在一定时期内，能通航运输船舶及排筏的天然河流、湖泊水库、运河及通航渠道的长度。包括全年季节性通航累计三个月以上的航道，不包括仅供零散流放竹、木排的河道。两省以河为界的航道里程，双方均按一半计算，以免重复。

定期航班航线里程　指定期航班营运里程的总长度，以万公里为计算单位。航线里程的统计分为按重复距离计算和按不重复距离计算两种形式。“按重复距离计算”是指不同航线的相同航段距离可以重复累加；“按不重复距离计算”则不同航线相同航段只统计一次。

管道输油(气)里程　指油、气、成品油等各类介质实际输送距离，是反映运输管线长度的指标，也是计算周转量的依据。对于有复线和备用线的地段，原则上按单线计算管输里程。双线同时输送又不能分开计量的情况下，管输里程为双线长度之和除以2。

货(客)运量　指在一定时期内，各种运输工具实际运送的货物重量(旅客数量)。该指标是反映运输业为国民经济和人民生活服务的数量指标，也是制定和检查运输生产计划、研究运输发展规模和速度的重要指标。货运按吨计算，客运按人计算。货物不论运输距离长短、货物类别，均按实际重量统计。旅客不论行程远近或票价多少，均按一人一次客运量统计；半价票、小孩票也按一人统计。

货(客)运密度　指在一定时期内某种运输方式在营运线路的某一区段平均每公里线路通过的货物(旅客)运输周转量。计算公式为:

$$货(客)运密度=\frac{货物(旅客)周转量}{营业线路长度}$$

该指标可以反映交通运输线路上的货物(旅客)运输量运输繁忙程度，是平衡运输线路运输能力和通过能力，规划线路建设及改造、配备技术设备，研究运输网布局的重要依据。

货物(旅客)周转量　指在一定时期内，由各种运输工具运送的货物(旅客)数量与其相应运输距离的乘积之总和。该指标可以反映运输业生产的总成果，也是编制和检查运输生产计划，计算运输效率、劳动生产率以及核算运输单位成本的主要基础资料。计算货物周转量通常按发出站与到达站之间的最短距离，也就是计费距离计算。计算公式为:

货物（旅客）周转量=Σ（货物（旅客）运输量×运输距离）

铁路货车平均静载重　指货物在装车时的静止装载重量。计算公式为:

货车平均静载重(吨)=货物发送吨数／装车数

铁路货运机车日产量　指在一定时期内，平均每台货运机车在一昼夜内所完成的总重吨公里数，包括载运货物的重量和车辆本身的自重。该指标从时间和牵引能力两方面反映了机车运用效率。计算公式为:

$$货运机车平均日产量=\frac{货运总重吨公里数}{货运机车台日数}$$

港口货物吞吐量　指经由水路进、出港区范围，并经过装卸的货物数量。按货物流向分为进港吞吐量和出港吞吐量，按货物的贸易性质分为内贸和外贸吞吐量。货物类别根据现行的交通行业《运输货物分类和代码》标准分类。

民用运输船舶拥有量　指报告期末在水路运输管理部门注册登记的从事水上客、货运输活动的我国企业或私人拥有的营业性运输船舶(含我国企业或私人拥有的悬挂外国旗的船舶）数量。不包括非运输船舶及农业、渔业生产船舶。

民用汽车拥有量　指报告期末，在公安交通管理部门按照《机动车注册登记工作规范》，已注册登记领有民用车辆牌照的全部汽车数量。汽车拥有量统计的主要分类：根据汽车结构分为载客汽车、载货汽车及其他汽车；根据汽车所有者不同分为个人(私人)汽车、单位汽车；根据汽车的使用性质分为营运汽车、非营运汽车；根据汽车大小规格不同，载客汽车分为大型、中型、小型和微型，载货汽车分为重型、中型、轻型和微型。

邮电业务总量　指以货币形式表现的邮电企业为社会提供各类邮电通信服务的总数量。该指标是用于观察邮电业

务发展变化总趋势的综合性总量指标，分别按邮政业务总量和电信业务总量统计。邮电业务总量是以各类业务的实物量分别乘以相应的不变单价，求出各类业务的货币量加总求得。不变单价是一定时期内计算业务总量的同度量因素，是根据基年各类邮电业务量与相对应的邮电业务收入测算的平均单价。

移动电话用户 指在电信运营企业营业网点办理开户登记手续，通过移动电话交换机进入移动电话网，占用移动电话号码的各类电话用户。包括各类签约用户、智能网预付费用户、无线上网卡用户。

互联网上网人数 指过去半年内使用过互联网的 6 周岁及以上中国居民人数。

固定电话用户 指在电信企业营业网点办理开户登记手续并已接入固定电话网上的全部电话用户。包括普通电话用户、无线市话用户、公用电话用户、窄带综合业务数字网（N—ISDN）用户、智能网专用接入终端用户等。

城市电话用户 指按行政区划属于中央直辖市、省辖市、地级市、县级市的市区、市郊区及县城区范围内的电话用户数。包括分布在农村地区但以县团级以上建制的独立工矿区、林区、驻军的电话用户。

农村电话用户 指按行政区划属于城市范围以外的乡（镇）、村电话用户。

住宅电话用户 指私人付费或安装在居民住宅并按照私人或住宅电话用户登记注册和收费的各类电话用户。

长途电话交换机容量 指电信企业用于接入长途电话网的电话交换机的设备额定容量。

局用交换机容量 指安装在电信企业内用于接续本地固定电话的电话交换机容量，包括接入网设备容量（安装在电信运营企业用于连接语音用户的远端节点的设备容量）。

移动电话交换机容量 指移动电话交换机根据一定话务模型和交换机处理能力计算出来的最大同时服务用户的数量。按报告期末已割接入网正式投入使用的设备实际容量统计。

互联网宽带接入端口 指用于接入互联网用户的各类实际安装运行的接入端口的数量，包括 xDSL 用户接入端口、LAN 接入端口、其他类型接入端口等，不包括窄带拨号接入端口。

Explanatory Notes on Main Statistical Indicators

Length of Railways in Operation refers to the total length of the trunk line for passenger and freight transportation in full operation or temporary operation.

Length of Electrified Trunk Line refers to the length of the trunk line capable for the running of electrified locomotives and having been put into operation.

Length of Automatic-blocking and Semi-automatic-blocking Railways Blocking is a spacing technique by which a section of the railway only allows one train to pass at a time with the aim of ensuring traffic safety. Automatic-blocking is the blocking method that signal display transforms automatically based on the state of train operation and related block partition, while the driver operates according to the signal display. The section which is blocked using the above method is called as length of automatic-blocking railways. Semi-blocking is realized manually. After the train departs based on signal display, the departure signal machine will perform automatic shutdown blocking, while the station attendant will conduct restoration of section blocking with arrival confirmation of the entire train. The section which is blocked using the above method is called as length of semi-automatic-blocking railways.

Length of Highways refers to the actual length of highways at the end of reference period. It covers public roads running vehicles among cities, city and rural areas, township (villages), highways passing through streets at small cities and towns, length of bridges and tunnels, width of ferry piers. It does not include the length of streets in cities, dead end highways, the length of streets built for agricultural (forest) production and inside factories (mines). It can only be calculated with the actual mileage having been completed, checked and accepted or put into operation. If two or more highways go the same section of the way, the length of the section is only calculated for once.

Length of Navigable Inland Waterways refers to the length of natural rivers, lakes, reservoirs and canals that are open to navigation for ships and rafts during a given period. It includes the channels with annual seasonal navigation for more than three months other than the waterways only for scattered bamboo and wooden rafts. If two provinces share one river as the border, the length of waterways will be half divided for each province to avoid duplication.

Length of Routes with Scheduled Flights refers to the total length of all routes for scheduled flights, which is calculated using million kilometres as the unit. There are usually two ways to calculate the route length: duplicated calculation and non-duplicated calculation. Duplicated calculation means that the same segment of different routes can be added duplicately, while the non-duplicated calculation allows the same segment of different routes be counted once only.

Length of Oil (Gas) Pipelines refers to the actual transport distance of oil, gas and oil products, an indicator reflecting the length of transportation routes and a reference to calculate the freight-kilometers. For those sections with double pipelines and alternate pipeline, the length will be calculated according to the length of single pipeline in principle. If the double pipelines perform the transportation at the same time and unable to be counted separately, the length of pipelines will be the length of double pipelines divided by 2.

Freight (Passenger) Traffic refers to the weight of freight (number of passenger) transported with various means within a specific period of time. This indicator reflects the service of the transport industry towards the national economy and people's living conditions, as well as an important indicator used in formulating and monitoring transport production plans and research into the scale and pace of transport development. Freight transport is calculated in tons and passenger traffic is calculated in terms of number of persons. Freight transport is calculated in terms of the actual weight of the goods and takes no account of the type of freight and distance of travel. Passenger traffic is calculated by the principle that one person can be counted only once in one trip and takes no account of the travelling distance and ticket price. The passengers who travel with a half price ticket or a child's ticket is also calculated as one person.

Freight (Passenger) Traffic Density refers to the freight (passenger) traffic volume carried by a particular means of transportation during a given period through one kilometre of a specific section of transportation route. The formula is as follows:

$$\text{Freight (Passenger) traffic density} = \frac{\text{freight ton-kilometres (passenger-kilometres)}}{\text{length of route in operation}}$$

Freight (passenger) traffic density reflects how busy freight (passenger) traffic is on transportation routes. It provides an important basis for balancing transport capability and throughput capability, planning construction and upgrading of transport routes, installing technical facilities and studying the distribution of transport networks.

Freight Ton-kilometres (Passenger-kilometres) refers to the sum of the product of the volume of transported cargo (passengers) multiplied by the transport distance. It is an important indicator to reflect the achievement of the transportation industry. This is an important indicator to show the total results of the transport industry; to prepare and examine the transport plan; and to serve as the main basic data for calculating the efficiency, labour productivity and unit cost of transport. Normally, the shortest distance between the departure station and the destination station (i.e., the payable distance) is the basis in calculating the freight ton-kilometres. The formula is as follows:

$$\frac{\text{Freight ton - kilometres}}{\text{(passenger - kilometres)}} = \sum \frac{\text{freight}}{\text{(passenger)traffic}} \times \frac{\text{distance of}}{\text{transportation}}$$

Average Static Load of Freight Cars refers to the average cargo weight when loaded onto each freight car under the static condition. For its calculation, the following formula is applied:

$$\text{Average static load of freight cars (tons)} = \frac{\text{Tonnage of goods dispatched}}{\text{Number of freight cars loaded}}$$

Average Daily Haul of Freight Locomotives refers to the average total ton-kilometres accomplished by each freight transport locomotive over one day and night during a given period of time. It includes both the weight of the goods carried and the dead weight of the train itself. It is a comprehensive indicator reflecting the locomotive efficiency in terms of both time and the pulling force.

$$\text{Average daily haul of freight transport locomotive (ton - kilometre)} = \frac{\text{Total ton - kilometres of freight}}{\text{Daily number of freight transport locomotive}}$$

Volume of Freight Handled in Coastal Ports above Designated Size refers to the volume of cargo passing in and out of the harbour area of the major coastal ports and having been loaded and unloaded. The volume of freight handled may be classified by direction of cargo flow as in-port freight and out-port freight, or by nature of cargo as freight for domestic trade and freight for foreign trade. It can also be classified by type of freight based on the existing standard classification for transportation industry "*Classification and Coding for Freight*".

Possession of Civil Transport Vessels refers to the total number at the end of reference period of operating transport vessels owned by Chinese enterprises or privately that are registered in the water transportation management institutions and permitted to perform cargo transport activities (including vessels with foreign flags but owned by Chinese enterprises or citizens). Non-transport vessels and vessels used for agriculture and fishery are not included.

Possession of Civil Motor Vehicles refer to the total numbers of vehicles that are registered and received vehicles license tags according to the *Work Standard for Motor Vehicles Registration* formulated by the Transport Management Office under the department of public security at the end of the reference period. They are divided into categories. According to the structure of motor vehicles, they are divided into passenger vehicles, trucks and others; according to ownership into private vehicles and vehicles for the unit's use; according to kind of usage into working vehicles and non-working vehicles; and according to size of vehicles into large passenger vehicles, medium-sized passenger vehicles, small passenger vehicles and mini passenger vehicles, heavy trucks, light-heavy trucks, light trucks and mini-trucks.

Business Volume of Post and Telecommunications refers to the total amount of postal and telecommunication services, expressed in value terms, provided by the post and telecommunications departments for society. This indicator reflects the overall results of development of postal and telecommunication services. It can be classificated as postal services and telecommunication services. Business volume of post and telecommunications is the sum of each service in kind multiplying with its correspondent unit price (constant price).

Mobile Telephone Subscribers refer to persons who have gone through registration procedures in the operation points of enterprises engaged in telecommunications and are hence connected with the mobile telephone communication network through the mobile telephone switchboards and occupy mobile phone numbers. Included are various types of subscriber, prepaid users for intelligent network and wireless network card users.

Internet Users refer to the number of Chinese citizens aged 6 and over who use the Internet in the past six months.

Local Telephone Subscribers refer to all subscribers who have gone through registration procedures in the operation points of enterprises engaged in telecommunications and are hence connected to the local telecommunications service provider through fixed line network. Included are general subscribers, wireless local telephone subscribers, public telephones subscribers, N-ISDN subscribers and intelligent network terminal subscribers.

Urban Telephone Subscribers refer to the number of telephone subscribers, located at the municipalities directly under the Central Government, cities under the jurisdiction of province, cities at prefecture level, downtown and suburb of city at county level town and county towns according to the administrative division, including subscribers in rural mineral area, forest area, military area that are at or above county level.

Rural Telephone Subscribers refer to telephone subscribers, located at the towns and villages outside the coverage of urban areas according to the administrative division.

Household Telephone Subscribers refer to all kinds of subscribers with telephone sets paid privately or installed in the dwelling units of residents, and registered as private subscribers or residence subscribers for payment.

Capacity of Long Distance Telephone Exchanges refers to the rated capacity of telephone exchanges to connect long distance telephone network by enterprises engaged in telecommunications.

Capacity of Office Telephone Exchanges refers to the capacity (measured in gate) of telephone exchanges installed in the offices of telecommunication service providers for communication between fixed telephones. It includes the capacity of access network equipment (capacity of equipment installed in the offices of telecommunication service providers for connecting distant nodes of voice users).

Capacity of Mobile Telephone Exchanges refers to the capacity of the maximum services provided to subscribers at any one time as computed based on a certain model of calls distribution and transacting capacity of the mobile telephone exchanges. It is calculated based on the actual capacity of equipments connected to network through cutover and put into operation officially at the end of the reference period.

Broadband Connection Terminals refer to the connection terminals to internet users actually installed and put into operation, including connection terminals for XDSL, connection terminals for LAN, and other types of connection terminals. N-ISDN connection terminals are not included.

17

批发和零售业

Wholesale and Retail Trades

简 要 说 明

一、本篇资料的主要内容

本篇资料主要反映批发和零售业的发展与经营状况，同时反映国内商品流通、商品消费、市场运行态势以及流通现代化进程。主要内容包括：限额以上批发和零售业的基本情况、商品流转情况、财务状况；零售连锁经营情况；亿元商品交易市场成交情况；社会消费品零售总额等。

二、本篇资料的统计范围

限额以上批发和零售业的法人企业、个体户，零售连锁集团，成交额在亿元以上的商品交易市场，以及参与商品零售、餐饮经营活动的各行业法人企业、产业活动单位和个体户。限额以上批发和零售业统计单位是指：批发业，年主营业务收入2000万元及以上；零售业，年主营业务收入500万元及以上。

三、本篇的资料来源

本篇资料是根据《批发和零售业统计报表制度》进行搜集和加工整理而得。

四、本篇的统计调查方法

本篇资料中限额以上批发和零售业法人企业、个体户、其他行业附营的批发和零售业产业活动单位资料，以及零售连锁集团、亿元商品交易市场采用全面调查的方法；限额以下企业及个体户等资料采用抽样调查方法推算。

Brief Introduction

I. Main Contents

Data in this chapter reflect the development and operation of enterprises above designated size of wholesale and retail trades of commodity circulation，consumption, market operation, modernization of logistics on China's domestic trade. Main contents include the basic conditions of the wholesale and retail trades above designated size; circulation of commodities; financial status; total retail sales of consumer goods; turnover of large commodity transaction markets with transaction over 100 million yuan; development of chain stores of retail trades.

II. Scope of Statistics

Included in this chapter are the registered enterprises and self-employed individuals of wholesale and retail trades; chain enterprises; large commodity markets with transaction value over 100 million yuan; and corporation enterprises, economic active establishments and self-employed individuals involved in retail trades; catering services. The criteria for wholesale and retail sale trades above designated size are as follows: wholesale trade with annual principal business sales over 20 million yuan; retail trade, with annual principal business sales over 5 million yuan.

III. Sources of Data

Data in this chapter are collected and processed in accordance with *The Statistical Reporting Form System on Wholesale and Retail Trades* by the Department of Trade and External Economic Relations of the National Bureau of Statistics.

IV. Methods of Survey

Data on basic conditions for all corporate enterprises of wholesale and retail trades above designated size, self-employed individuals, the establishments of other industries involved in the wholesale and retail trades， chain enterprises of wholesale and retail trades, large commodity markets with transaction value over 100 million yuan are collected through comprehensive reporting system. Data on enterprises and self-employed individuals below the designated size are collected by sample surveys.

17-1　批发和零售业情况
Basic Conditions of Wholesale and Retail Trades

指　标	Item	2008	2009	2010	2011	2012
批发和零售业	**Wholesale and Retail Trades**					
法人企业　(个)	Number of Corporation Enterprises　(unit)	100935	95468	111770	125223	138865
年末从业人数　(万人)	Engaged Persons at Year-end　(10 000 persons)	737.4	749.0	852.2	901.1	985.6
商品购进额　(亿元)	Total Purchases　(100 million yuan)	184039.3	179202.9	248040.9	328160.3	378314.8
#进口额　(亿元)	Imports　(100 million yuan)	14473.1	13308.0	19604.7	27230.6	31524.7
商品销售额　(亿元)	Total Sales　(100 million yuan)	208229.8	201166.2	276635.7	360525.9	410532.7
#出口额　(亿元)	Exports　(100 million yuan)	13837.5	11174.1	14424.8	17795.0	20004.8
期末商品库存额　(亿元)	Total Stock at Year-end　(100 million yuan)	15368.1	16024.0	19816.8	24979.3	29000.6
批发业	**Wholesale Trade**					
法人企业　(个)	Number of Corporation Enterprises　(unit)	59432	52853	59464	66752	72944
年末从业人数　(万人)	Engaged Persons at Year-end　(10 000 persons)	315.4	312.3	350.9	373.5	410.4
商品购进额　(亿元)	Total Purchases　(100 million yuan)	152557.5	143008.7	199150.1	266077.2	304286.9
#进口额　(亿元)	Imports　(100 million yuan)	14009.1	12699.1	18463.0	25383.8	29288.7
商品销售额　(亿元)	Total Sales　(100 million yuan)	170260.2	157834.6	219121.1	288701.0	327091.3
#出口额　(亿元)	Exports　(100 million yuan)	13819.9	11152.0	14380.3	17740.9	19939.8
期末商品库存额　(亿元)	Total Stock at Year-end　(100 million yuan)	11675.8	11848.3	14712.2	18329.0	21265.2
零售业	**Retail Trade**					
法人企业　(个)	Number of Corporation Enterprises　(unit)	41503	42615	52306	58471	65921
年末从业人数　(万人)	Engaged Persons at Year-end　(10 000 persons)	422.1	436.7	501.3	527.6	575.2
商品购进额　(亿元)	Total Purchases　(100 million yuan)	31481.9	36194.2	48890.8	62083.1	74028.0
#进口额　(亿元)	Imports　(100 million yuan)	464.0	608.8	1141.6	1846.8	2236.0
商品销售额　(亿元)	Total Sales　(100 million yuan)	37969.6	43331.6	57514.6	71824.9	83441.3
#出口额　(亿元)	Exports　(100 million yuan)	17.6	22.1	44.5	54.1	65.0
期末商品库存额　(亿元)	Total Stock at Year-end　(100 million yuan)	3692.4	4175.7	5104.6	6650.3	7735.4
年末零售营业面积　(万平方米)	Business Area of Retail at Year-end　(10 000 sq.m)	19075.5	22727.9	26189.8	21227.8	25134.9

注：1.本表的统计范围为限额以上法人企业。
　　2.本表的统计限额划分指标为"年主营业务收入"。

a) Scope of wholesale and retail trades covers enterprises above designated size.

b) For the designation of size, the indicator was based on income from principal business.

17-2 按登记注册类型和行业分限额以上批发业企业主要指标(2012年)

单位：亿元

指标	Item	法人企业(个) Number of Corporation Enterprises (unit)	年末从业人数(人) Engaged Persons at Year-end (person)	商品购进额 Total Purchases Value	#进口 Imports
批发业合计	**Wholesale Trade**	**72944**	**4104308**	**304286.9**	**29288.7**
按登记注册类型分	**by Status of Registration**				
内资企业	**Domestic Funded Enterprises**	**69356**	**3512493**	**270892.0**	**18338.5**
国有企业	State-owned Enterprises	4005	634886	61357.4	3820.0
集体企业	Collective-owned Enterprises	944	62436	1885.0	189.4
股份合作企业	Cooperative Enterprises	352	18355	782.7	36.6
联营企业	Joint Ownership Enterprises	131	10262	742.1	21.1
国有联营企业	State Joint Ownership Enterprises	57	3018	385.9	15.3
集体联营企业	Collective Joint Ownership Enterprises	23	1435	39.1	0.4
国有与集体联营企业	Joint State-collective Enterprises	20	2065	213.1	0.7
其他联营企业	Other Joint Ownership Enterprises	31	3744	104.1	4.6
有限责任公司	Limited Liability Corporations	18847	1055477	100792.7	9047.4
国有独资公司	State Sole Funded Corporations	597	70019	11659.0	1160.6
其他有限责任公司	Other Limited Liability Corporations	18250	985458	89133.7	7886.8
股份有限公司	Share-holding Corporations Ltd.	1606	408951	33016.6	1282.2
私营企业	Private Enterprises	41650	1246530	68604.7	3798.4
私营独资企业	Private-funded Enterprises	2343	66504	2654.5	48.2
私营合伙企业	Private Partnership Enterprises	460	13975	858.7	5.3
私营有限责任公司	Private Limited Liability Corporations	37652	1119662	63000.5	3581.3
私营股份有限公司	Private Share-holding Corporations Ltd.	1195	46389	2091.0	163.6
其他企业	Other Enterprises	1821	75596	3710.7	143.5
港、澳、台商投资企业	**Enterprises with Funds from Hong Kong, Macao and Taiwan**	**1327**	**249741**	**8909.2**	**2408.8**
合资经营企业	Joint-venture Enterprises	215	33126	1527.5	187.7
合作经营企业	Cooperative Enterprises	18	6470	103.2	
独资经营企业	Enterprises with Sole Fund	1056	197460	7107.1	2217.6
投资股份有限公司	Share-holding Corporations Ltd.	35	11250	163.1	3.5
其他港澳台商投资企业	Other Enterprises with Funds from Hong Kong, Macao and Taiwan	3	1435	8.2	
外商投资企业	**Foreign Funded Enterprises**	**2261**	**342074**	**24485.6**	**8541.3**
中外合资经营企业	Joint-venture Enterprises	354	41133	6068.4	358.9
中外合作经营企业	Cooperation Enterprises	23	2854	813.1	5.6
外资企业	Enterprises with Sole Fund	1837	290356	17280.9	8166.0
外商投资股份有限公司	Share-holding Corporations Ltd.	33	5299	304.5	8.3
其他外商投资企业	Other Foreign Funded Enterprises	14	2432	18.8	2.5

Main Indicators of Enterprises above Designated Size of Wholesale Trade by Status of Registration and Sector (2012)

(100 million yuan)

商品销售额 Total Sales Value	#出口 Exports	期末商品库存额 Stock (year-end)	资产总计 Total Assets	#流动资产合计 Working Capitals	#固定资产合计 Total Fixed Assets	负债合计 Total Liabilities	所有者权益合计 Total Owners' Equities	主营业务收入 Revenue from Principal Business	主营业务成本 Cost of Principal Business	主营业务税金及附加 Taxes and Other Charges on Principal Business	主营业务利润 Profits from Principal Business
327091.3	**19939.8**	**21265.2**	**127504.1**	**100916.8**	**6212.3**	**93817.6**	**33688.9**	**292183.6**	**273618.4**	**1132.9**	**17432.2**
286388.6	**17049.0**	**18192.6**	**111605.5**	**87813.0**	**5755.2**	**83008.1**	**28599.8**	**256240.6**	**242030.5**	**1007.9**	**13202.2**
66879.5	2876.8	3811.1	20864.0	15847.8	1528.6	13311.9	7552.1	59355.5	54925.4	611.9	3818.2
1996.7	99.6	190.2	924.8	715.7	71.9	741.3	183.5	1871.9	1743.9	5.3	122.6
818.2	18.0	95.8	258.6	221.7	19.4	203.6	55.1	732.1	677.6	2.4	52.1
768.6	35.5	59.6	303.2	267.7	14.5	256.3	46.9	705.7	675.6	1.0	29.1
396.2	23.4	22.5	92.8	81.5	6.3	71.8	21.1	360.3	351.3	0.6	8.4
43.2	5.1	5.4	23.7	20.4	1.2	20.9	2.8	42.1	40.2	0.1	1.9
218.1	4.3	12.0	69.7	62.3	4.0	58.8	10.9	202.7	194.2	0.1	8.4
111.0	2.7	19.7	116.9	103.5	3.0	104.7	12.2	100.6	89.9	0.2	10.5
105587.0	6613.5	6362.1	43499.2	35156.7	1428.9	34347.8	9151.1	93636.2	89569.6	181.0	3885.6
12754.2	544.5	842.2	6808.7	4929.6	228.9	5124.8	1683.8	10494.9	10012.0	31.1	451.9
92832.7	6069.0	5519.9	36690.5	30227.1	1200.0	29223.0	7467.3	83141.3	79557.6	149.9	3433.8
33772.9	1520.7	2893.9	13324.9	8529.3	941.1	8520.7	4806.9	30407.4	28973.2	39.8	1394.3
72600.5	5769.0	4533.0	30898.6	25850.3	1639.7	24478.6	6420.0	65835.8	62035.5	155.6	3644.7
2812.5	137.4	120.2	985.4	712.2	106.5	686.2	299.2	2596.9	2340.7	17.4	238.8
889.5	48.1	30.5	246.0	225.8	9.2	205.2	40.8	844.5	793.5	1.5	49.4
66652.3	5439.3	4229.8	28459.1	23899.1	1459.8	22628.6	5830.5	60348.0	56961.2	131.0	3255.8
2246.2	144.2	152.5	1208.1	1013.3	64.2	958.6	249.5	2046.4	1940.0	5.7	100.7
3965.3	115.8	246.9	1532.4	1223.7	111.2	1148.0	384.4	3696.1	3429.8	10.9	255.5
10313.1	**924.1**	**945.7**	**4924.5**	**4111.1**	**156.2**	**3469.6**	**1454.9**	**9274.4**	**8171.3**	**19.3**	**1083.8**
1646.7	44.9	137.2	793.2	618.4	27.9	566.9	226.3	1370.1	1271.5	3.1	95.4
113.9	0.8	3.0	26.5	23.7	0.6	15.8	10.7	100.2	81.9	0.1	18.1
8367.3	876.6	785.7	3998.9	3381.1	120.7	2802.4	1196.5	7641.4	6681.2	15.6	944.6
176.4	1.8	18.0	97.3	79.8	6.8	77.1	20.2	153.8	129.7	0.4	23.7
8.9		1.8	8.6	8.1	0.1	7.4	1.2	8.9	6.9		2.0
30389.6	**1966.8**	**2127.0**	**10974.1**	**8992.7**	**301.0**	**7339.9**	**3634.2**	**26668.6**	**23416.7**	**105.7**	**3146.2**
8221.4	191.6	365.4	2005.1	1679.5	47.5	1548.2	456.9	7205.3	6692.9	6.8	505.6
856.3	0.1	17.3	107.3	89.0	3.2	73.0	34.3	707.6	686.1	0.3	21.2
20920.6	1739.9	1725.9	8682.5	7062.9	236.9	5569.3	3113.3	18407.0	15761.4	98.2	2547.5
369.6	34.1	16.7	168.0	151.3	12.9	140.5	27.5	328.0	259.6	0.4	68.0
21.8	1.1	1.6	11.2	10.1	0.4	8.9	2.3	20.7	16.7	0.1	3.9

17-2 续表

单位：亿元

指 标	Item	法人企业（个）Number of Corporation Enterprises (unit)	年末从业人数（人）Engaged Persons at Year-end (person)	商品购进额 Total Purchases Value	#进口 Imports
按国民经济行业分	**by Sector**				
农、林、牧产品批发	Wholesale of Agricultural, Forestry and Livestock Products	2922	150051	5840.5	830.5
食品、饮料及烟草制品批发	Wholesale of Food, Beverages and Tobaccos	6370	758844	22942.4	1006.1
#米、面制品及食用油批发	Wholesale of Rice, Flour and Edible Oil	1171	80151	3629.8	488.2
烟草制品批发	Wholesale of Tobaccos	598	261202	11053.3	128.6
纺织、服装及家庭用品批发	Wholesale of Textiles, Wearing Apparel and Household Articles	8764	697477	22871.5	2661.3
#服装批发	Wholesale of Garments	2043	200945	5617.3	474.0
家用电器批发	Wholesale of Household Electrical Appliances	1266	154155	7660.8	1216.3
文化、体育用品及器材批发	Wholesale of Culture, Sports Appliances and Equipments	1645	133647	4670.9	311.5
医药及医疗器材批发	Wholesale of Medicines and Medical Appliances	4335	378440	11143.1	916.8
矿产品、建材及化工产品批发	Wholesale of Mineral Products, Building Materials and Chemical Products	33376	1217866	189863.3	13389.6
#煤炭及制品批发	Wholesale of Coal and Related Products	5215	196343	26430.6	1055.1
石油及制品批发	Wholesale of Petroleum and Related Products	3417	448037	58448.0	3656.0
金属及金属矿批发	Wholesale of Metal Materials	12487	232856	68884.3	5234.2
建材批发	Wholesale of Building Materials	3514	97244	9450.0	817.2
化肥批发	Wholesale of Chemical Fertilizer	1424	70094	4630.0	170.9
机械设备、五金产品及电子产品批发	Wholesale of Machinery, Hardware and Electronics	11491	617907	36665.1	8328.5
#汽车批发	Wholesale of Motor Vehicles	1258	93867	11785.7	3536.8
计算机、软件及辅助设备批发	Wholesale of Computer, Software and Assistant Appliances	1420	66683	3923.0	789.4
贸易经纪与代理	Trade Broker and Agency	949	41017	3683.2	604.0
其他批发业	Other Wholesale not Classified Elsewhere	3092	109059	6606.7	1240.5

continued

(100 million yuan)

商品销售额 Total Sales Value	#出口 Exports	期末商品库存额 Stock (year-end)	资产总计 Total Assets	#流动资产合计 Working Capitals	#固定资产合计 Total Fixed Assets	负债合计 Total Liabilities	所有者权益合计 Total Owners' Equities	主营业务收入 Revenue from Principal Business	主营业务成本 Cost of Principal Business	主营业务税金及附加 Taxes and Other Charges on Principal Business	主营业务利润 Profits from Principal Business
5985.8	110.3	1213.2	4710.3	3332.4	381.0	3517.5	1192.8	5658.8	5318.9	11.7	328.2
27855.6	571.5	2513.4	12803.6	10184.0	1054.9	6578.8	6224.7	24597.0	19798.2	665.7	4133.1
3780.7	124.5	793.5	2686.1	2263.9	146.9	2330.6	355.5	3314.8	3087.0	6.7	221.1
14330.6	26.1	1048.1	5235.8	4278.9	547.5	1130.7	4105.1	12637.0	9703.7	603.4	2329.9
25825.6	7007.6	2053.2	11439.2	9634.8	410.5	8762.7	2676.6	23199.7	20601.5	52.8	2545.5
6619.1	2447.0	510.4	3053.1	2509.7	137.6	2174.8	878.3	6102.8	5213.0	18.8	871.1
8129.3	748.5	725.0	3361.3	3038.7	63.7	2819.0	542.3	6845.6	6319.7	9.6	516.4
5162.2	427.7	626.3	3263.0	2384.0	389.8	2312.2	950.6	4686.8	4175.1	19.0	492.7
12298.0	283.5	1219.6	5784.8	4952.6	243.6	4447.5	1337.2	10772.6	9677.8	23.3	1071.6
196624.5	4986.4	9553.0	63907.3	49253.9	2988.6	49061.8	14848.1	175700.9	170192.0	192.9	5315.9
27717.8	273.7	947.9	11152.1	8485.7	431.8	8036.1	3115.9	24561.7	23405.3	50.7	1105.8
60665.5	764.9	2128.2	12554.2	8194.6	1541.2	8838.9	3718.0	55579.6	53578.4	40.8	1960.5
70440.6	1917.3	4405.6	25955.5	21346.0	509.1	21178.1	4777.5	61232.9	60268.6	46.8	917.5
9980.7	473.7	490.1	4381.5	3437.7	188.1	3352.6	1028.9	8994.0	8576.4	18.7	399.0
4793.7	147.6	611.2	2656.2	2069.2	105.6	2127.6	528.6	4663.3	4490.1	11.3	161.9
42168.6	4352.5	3345.6	18824.2	15460.1	542.8	13713.2	5111.0	37211.2	34099.4	139.5	2972.3
15177.6	312.2	1191.8	5008.7	4104.8	97.2	3809.0	1199.7	13326.4	12112.8	91.1	1122.4
4140.6	289.2	320.6	1415.1	1281.2	24.8	1070.3	344.8	3652.1	3457.3	7.3	187.5
4035.5	1075.7	232.6	3503.5	3107.8	48.9	2924.8	578.9	3741.2	3551.8	5.8	183.6
7135.5	1124.6	508.3	3268.1	2607.3	152.3	2499.1	769.0	6615.4	6203.8	22.3	389.3

17-3 分地区限额以上批发业企业主要指标(2012年)
Main Indicators of Enterprises above Designated Size of Wholesale Trade by Region (2012)

单位：亿元 (100 million yuan)

地 区	Region	法人企业(个) Number of Corporation Enterprises (unit)	年末从业人数(人) Engaged Persons at Year-end (person)	商品购进额 Total Purchases Value	#进口 Imports	商品销售额 Total Sales Value	#出口 Exports	期末商品库存额 Stock (year-end)
全 国	**National Total**	**72944**	**4104308**	**304286.9**	**29288.7**	**327091.3**	**19939.8**	**21265.2**
北 京	Beijing	5384	369409	42435.9	8065.6	45390.5	1797.4	4131.6
天 津	Tianjin	3519	98187	20068.6	1310.6	21048.4	562.2	882.9
河 北	Hebei	1327	124282	6690.3	89.6	7223.4	75.3	302.4
山 西	Shanxi	1092	98201	8456.5	365.7	8895.1	99.5	275.6
内蒙古	Inner Mongolia	677	40851	2216.7	145.8	2462.0	72.7	236.1
辽 宁	Liaoning	3321	100245	11126.2	373.8	11957.7	258.8	629.0
吉 林	Jilin	439	30806	1851.6	87.3	1960.6	12.9	148.1
黑龙江	Heilongjiang	813	48296	3512.3	906.4	3738.8	162.5	318.7
上 海	Shanghai	5076	384803	37387.6	7156.7	42533.5	2997.4	2427.7
江 苏	Jiangsu	7871	340723	25690.3	1526.0	27709.4	2124.3	1463.6
浙 江	Zhejiang	9237	332714	25262.8	2328.9	27000.1	3986.1	1279.4
安 徽	Anhui	1376	107209	4879.3	123.3	5293.6	192.5	274.3
福 建	Fujian	3523	141892	10060.1	996.6	10755.7	1398.9	748.6
江 西	Jiangxi	474	54902	1487.1	7.2	1938.6	79.2	117.2
山 东	Shandong	6408	336544	15784.5	1052.8	16786.2	997.4	773.5
河 南	Henan	2089	149567	5829.3	123.8	5755.0	77.6	1413.0
湖 北	Hubei	1857	128494	8020.8	73.5	8447.4	103.6	502.3
湖 南	Hunan	1101	24154	3363.7	39.9	3095.4	67.6	248.9
广 东	Guangdong	8697	560155	35186.9	3081.4	37387.8	3958.0	2253.4
广 西	Guangxi	975	64506	3259.6	49.5	3267.6	58.2	276.2
海 南	Hainan	245	16686	1401.0	92.3	1469.3	49.5	52.8
重 庆	Chongqing	1732	104372	5596.3	100.5	5956.5	140.8	349.5
四 川	Sichuan	1949	132644	5574.2	93.9	6003.7	140.6	488.3
贵 州	Guizhou	487	51372	1419.3	86.9	1908.0	126.7	175.8
云 南	Yunnan	1110	80661	4789.8	145.9	5279.1	211.0	582.3
西 藏	Tibet	16	1602	36.6		49.6		5.8
陕 西	Shaanxi	571	69059	4485.2	19.0	4810.0	92.2	208.4
甘 肃	Gansu	416	26914	2269.2		2509.2	9.0	182.5
青 海	Qinghai	104	10230	842.9		954.2	8.3	41.4
宁 夏	Ningxia	196	10574	699.9	6.5	711.7	4.5	47.3
新 疆	Xinjiang	862	64254	4602.4	839.0	4793.1	75.1	428.6

17-3 续表 continued

单位：亿元 (100 million yuan)

地区	Region	资产总计 Total Assets	#流动资产合计 Working Capitals	#固定资产合计 Total Fixed Assets	负债合计 Total Liabilities	所有者权益合计 Total Owners' Equities	主营业务收入 Revenue from Principal Business	主营业务成本 Cost of Principal Business	主营业务税金及附加 Taxes and Other Charges on Principal Business	主营业务利润 Profits from Principal Business
全国	**National Total**	**127504.1**	**100916.8**	**6212.3**	**93817.6**	**33688.9**	**292183.6**	**273618.4**	**1132.9**	**17432.2**
北京	Beijing	24387.8	18110.1	532.3	17252.8	7135.0	38182.6	36020.7	62.1	2099.8
天津	Tianjin	6662.2	5600.7	197.4	5225.4	1436.8	18388.0	17674.8	96.7	616.5
河北	Hebei	3044.5	2285.9	189.7	2168.1	876.4	6685.5	6273.1	31.9	380.5
山西	Shanxi	3110.1	2467.6	167.5	2470.3	639.8	7337.3	7314.0	26.5	-3.2
内蒙古	Inner Mongolia	1192.8	844.2	106.6	798.2	394.6	2309.8	2073.4	23.1	213.3
辽宁	Liaoning	3471.0	2753.4	179.2	2581.1	887.7	10619.9	10131.7	41.8	446.4
吉林	Jilin	681.1	534.1	76.7	462.6	218.4	1873.1	1731.3	13.6	128.2
黑龙江	Heilongjiang	1521.8	1314.3	90.2	1255.1	266.7	3562.5	3340.3	21.7	200.5
上海	Shanghai	13571.9	11132.5	411.2	9813.0	3758.8	37887.4	34891.4	41.7	2954.3
江苏	Jiangsu	9917.0	8204.0	539.8	7481.0	2435.9	24154.6	22713.1	71.4	1370.1
浙江	Zhejiang	11303.0	9262.4	406.5	8810.8	2492.1	24177.1	23023.1	68.1	1085.9
安徽	Anhui	2097.0	1660.5	120.5	1403.9	693.1	4483.7	4086.2	30.7	366.8
福建	Fujian	5310.5	4118.8	192.4	3658.0	1652.4	9574.9	9030.0	37.7	507.2
江西	Jiangxi	655.6	504.5	72.6	402.0	253.6	1747.5	1562.7	21.0	163.8
山东	Shandong	5494.6	4288.3	546.0	4368.1	1126.5	16384.6	15045.9	90.4	1248.3
河南	Henan	1950.6	1513.2	182.9	1321.1	629.5	5121.4	4711.1	53.0	357.3
湖北	Hubei	2744.5	2063.0	230.3	1996.3	748.1	7365.2	6890.5	34.1	440.6
湖南	Hunan	1246.4	909.5	122.4	757.8	488.6	2791.1	2488.7	40.2	262.2
广东	Guangdong	14556.5	11829.5	966.6	11274.7	3281.6	35018.3	32764.0	104.4	2149.9
广西	Guangxi	1493.7	1164.5	73.8	1143.3	351.1	2885.9	2690.3	18.2	177.4
海南	Hainan	370.7	293.3	18.3	215.5	155.2	1219.3	1160.2	6.1	53.0
重庆	Chongqing	2029.8	1649.9	123.1	1523.2	506.6	5497.7	5056.5	37.5	403.7
四川	Sichuan	2424.6	2020.2	128.5	1786.3	638.3	5208.3	4797.1	44.2	367.0
贵州	Guizhou	1086.0	856.0	51.0	565.4	520.6	1754.0	1350.0	30.1	373.9
云南	Yunnan	2801.3	2228.9	152.2	1972.1	829.2	4802.7	4393.3	28.0	381.4
西藏	Tibet	30.6	19.6	3.7	13.6	17.0	44.5	31.8	1.4	11.3
陕西	Shaanxi	1382.1	1004.8	91.2	968.2	417.9	4357.8	4046.7	28.4	282.7
甘肃	Gansu	604.6	476.2	46.7	324.5	280.0	2274.9	2160.8	11.5	102.6
青海	Qinghai	297.8	204.6	26.4	190.5	107.3	915.4	846.6	3.1	65.7
宁夏	Ningxia	251.3	185.6	33.0	183.3	68.0	671.1	637.0	3.5	30.6
新疆	Xinjiang	1812.8	1416.8	133.6	1431.0	381.9	4887.6	4682.0	10.6	195.0

17-4 按登记注册类型和行业分限额以上零售业企业主要指标(2012年)

单位：亿元

指标	Item	法人企业(个) Number of Corporation Enterprises (unit)	年末从业人数(人) Engaged Persons at Year-end (person)	商品购进额 Total Purchases Value	#进口 Imports
零售业合计	**Retail Trade**	**65921**	**5752190**	**74028.0**	**2236.0**
按登记注册类型分	**by Status of Registration**				
内资企业	**Domestic Funded Enterprises**	**64086**	**5007215**	**65146.3**	**1685.8**
国有企业	State-owned Enterprises	2887	295231	5337.7	48.4
集体企业	Collective-owned Enterprises	2180	121181	1343.9	1.8
股份合作企业	Cooperative Enterprises	589	40841	471.4	1.8
联营企业	Joint Ownership Enterprises	239	12461	219.5	2.1
国有联营企业	State Joint Ownership Enterprises	72	4987	88.6	0.4
集体联营企业	Collective Joint Ownership Enterprises	58	2975	33.7	0.5
国有与集体联营企业	Joint State-collective Enterprises	55	2038	56.5	0.3
其他联营企业	Other Joint Ownership Enterprises	54	2461	40.6	0.9
有限责任公司	Limited Liability Corporations	19152	2025033	24708.5	829.4
国有独资公司	State Sole Funded Corporations	264	25535	359.3	28.6
其他有限责任公司	Other Limited Liability Corporations	18888	1999498	24349.2	800.7
股份有限公司	Share-holding Corporations Ltd.	1951	535215	9070.2	40.8
私营企业	Private Enterprises	34411	1820458	22233.5	674.0
私营独资企业	Private-funded Enterprises	6114	197354	2123.6	29.2
私营合伙企业	Private Partnership Enterprises	856	29222	353.1	2.2
私营有限责任公司	Private Limited Liability Corporations	26139	1496505	18540.4	615.9
私营股份有限公司	Private Share-holding Corporations Ltd.	1302	97377	1216.5	26.7
其他企业	Other Enterprises	2677	156795	1761.7	87.6
港、澳、台商投资企业	**Enterprises with Funds from Hong Kong, Macao and Taiwan**	**915**	**351523**	**4140.7**	**381.0**
合资经营企业	Joint-venture Enterprises	225	76059	1034.0	122.1
合作经营企业	Cooperative Enterprises	34	7083	458.1	
独资经营企业	Enterprises with Sole Fund	616	237475	2262.7	240.2
投资股份有限公司	Share-holding Corporations Ltd.	29	7171	73.8	13.0
其他港澳台商投资企业	Other Enterprises with Funds from Hong Kong, Macao and Taiwan	11	23735	312.2	5.7
外商投资企业	**Foreign Funded Enterprises**	**920**	**393452**	**4740.9**	**169.2**
中外合资经营企业	Joint-venture Enterprises	296	166611	2283.0	28.1
中外合作经营企业	Cooperation Enterprises	41	16988	243.2	0.3
外资企业	Enterprises with Sole Fund	542	202449	2130.9	133.9
外商投资股份有限公司	Share-holding Corporations Ltd.	30	5346	57.6	0.9
其他外商投资企业	Other Foreign Funded Enterprises	11	2058	26.2	6.0

Main Indicators of Enterprises above Designated Size of Retail Trade by Status of Registration and Sector (2012)

(100 million yuan)

商品销售额 Total Sales Value	#出口 Exports	期末商品库存额 Stock (year-end)	资产总计 Total Assets	#流动资产合计 Working Capitals	#固定资产合计 Total Fixed Assets	负债合计 Total Liabilities	所有者权益合计 Total Owners' Equities	主营业务收入 Revenue from Principal Business	主营业务成本 Cost of Principal Business	主营业务税金及附加 Taxes and Other Charges on Principal Business	主营业务利润 Profits from Principal Business
83441.3	**65.0**	**7735.4**	**37727.3**	**25981.1**	**5570.0**	**27130.5**	**10611.3**	**72718.3**	**64593.7**	**375.9**	**7748.7**
72755.7	**51.0**	**6743.2**	**32058.8**	**21933.4**	**4821.2**	**22936.4**	**9136.9**	**63766.9**	**57087.2**	**330.2**	**6349.5**
6063.6	6.0	359.5	2039.2	1071.6	482.8	1247.9	809.1	5311.9	4803.3	16.2	492.4
1444.7	0.1	82.3	368.1	212.4	89.5	237.5	130.7	1309.9	1136.1	11.1	162.8
534.9		33.2	182.0	93.8	49.2	121.7	60.3	457.7	409.2	2.8	45.8
237.8		14.5	58.7	34.8	9.5	34.8	23.9	218.6	198.2	1.2	19.2
97.5		5.7	23.1	11.0	3.6	12.4	10.8	90.9	82.8	0.4	7.7
35.7		3.9	9.6	6.8	1.2	6.6	3.0	33.1	28.8	0.4	4.0
61.9		1.9	14.3	9.9	2.1	9.4	4.9	54.8	51.0	0.1	3.7
42.6		3.0	11.6	7.1	2.5	6.4	5.3	39.6	35.6	0.2	3.8
26909.6	14.2	2803.5	12270.3	8941.9	1616.4	9387.4	2882.9	23714.1	21107.6	105.4	2501.1
380.2		42.0	236.3	128.7	52.0	133.4	102.8	335.0	292.2	2.0	40.9
26529.5	14.2	2761.5	12034.1	8813.2	1564.3	9254.0	2780.1	23379.1	20815.4	103.4	2460.3
11773.3	2.3	719.3	5611.9	2971.1	1092.3	3486.0	2122.5	9765.0	8830.8	41.2	893.0
23908.1	26.7	2534.3	10735.0	8043.4	1363.0	7851.6	2883.4	21288.6	19112.7	136.4	2039.5
2257.6	0.7	165.7	868.2	565.3	218.8	452.7	415.5	2113.4	1963.2	30.0	120.2
373.5	0.5	29.7	114.6	75.5	19.1	71.3	43.4	343.9	299.3	4.8	39.8
19979.7	25.1	2176.5	8962.4	6846.9	1057.9	6844.5	2117.9	17702.2	15854.9	94.4	1753.0
1297.3	0.5	162.3	789.7	555.7	67.2	483.2	306.6	1129.1	995.3	7.2	126.6
1883.7	1.7	196.6	793.6	564.4	118.5	569.5	224.1	1701.0	1489.3	16.0	195.7
4936.4	**11.5**	**507.5**	**2756.8**	**1937.0**	**342.6**	**1912.7**	**844.0**	**4380.9**	**3666.8**	**27.1**	**687.0**
1271.4	1.9	96.8	769.9	555.3	92.6	518.2	251.7	1123.2	945.2	6.2	171.7
451.5		17.0	262.4	188.8	9.4	178.0	84.4	395.7	369.3	0.4	26.1
2834.0	0.7	357.0	1498.3	1057.5	211.0	1065.4	432.9	2531.8	2088.5	18.4	424.9
95.0	8.9	14.9	95.0	51.7	11.3	70.2	24.8	85.1	61.4	0.5	23.2
284.5		21.9	131.2	83.7	18.3	80.9	50.3	245.1	202.5	1.6	41.0
5749.2	**2.5**	**484.7**	**2911.7**	**2110.7**	**406.3**	**2281.4**	**630.4**	**4570.5**	**3839.7**	**18.6**	**712.3**
2864.4	0.3	159.5	954.2	652.2	162.5	733.9	220.3	2058.9	1789.8	6.9	262.2
273.8		16.5	119.2	88.4	11.9	91.4	27.8	245.7	210.2	0.9	34.6
2508.1	2.0	296.5	1791.1	1338.2	224.1	1421.7	369.4	2175.7	1761.1	10.4	404.2
69.7	0.2	6.5	34.8	24.7	4.6	25.5	9.2	62.1	55.3	0.2	6.6
33.2		5.7	12.4	7.1	3.2	8.8	3.6	28.1	23.3	0.1	4.7

17-4 续表

单位：亿元

指 标	Item	法人企业（个）Number of Corporation Enterprises (unit)	年末从业人数（人）Engaged Persons at Year-end (person)	商 品 购进额 Total Purchases Value	#进口 Imports
按国民经济行业分	**by Sector**				
综合零售	Integrated Retail	10726	2432614	18510.6	142.1
#百货零售	Retail of General Merchandise	4933	1055734	10034.5	93.1
超级市场零售	Retail of Supermarkets	4482	1250052	7619.8	47.0
食品、饮料及烟草制品专门零售	Special Retail of Food, Beverages and Tobaccos	4374	238637	2180.8	11.6
纺织、服装及日用品专门零售	Special Retail of Textiles, Garments and Daily Consumer Articles	3779	434724	2683.5	130.0
#服装零售	Retail of Garments	1994	289500	1804.8	91.1
文化、体育用品及器材专门零售	Special Retail of Culture, Sports Appliances and Equipments	3155	214162	1930.3	81.5
#体育用品及器材零售	Retail of Sports Appliances and Equipment	117	14295	152.3	
图书、报刊零售	Retail of Books, Newspapers and Magazines	1437	119291	805.4	25.6
医药及医疗器材专门零售	Special Retail of Medicines and Medical Appliances	3762	376202	3532.1	27.3
#药品零售	Retail of Medicines	3165	360241	3314.9	3.2
汽车、摩托车、燃料及零配件专门零售	Special Retail of Motor Vehicles, Motorcycles, Fuel and Parts	24396	1306382	34737.0	1722.7
#汽车零售	Retail of Motor Vehicles	17365	966081	24249.2	1695.6
机动车燃料零售	Retail of Fuel of Motor Vehicles	4815	290826	9761.5	10.2
家用电器及电子产品专门零售	Special Retail of Household Electric Appliances and Electronic Products	9127	460261	6190.9	35.3
#日用家电设备零售	Retail of Household Electric Appliances	4012	230333	3068.6	4.9
计算机、软件及辅助设备零售	Retail of Computer, Software and Assistant Appliances	2545	81541	1524.1	12.7
通信设备零售	Retail of Communication Equipments	829	64860	683.2	9.8
五金、家具及室内装饰材料专门零售	Special Retail of Hardware, Furniture and Interior Decoration Materials	3660	150572	1799.9	8.1
货摊、无店铺及其他零售业	Stalls, Non-shop and Other Retails	2942	138636	2462.7	77.4
#互联网零售	Retails on the Internet	148	45461	925.9	36.3

continued

(100 million yuan)

商品销售额 Total Sales Value	#出口 Exports	期末商品库存额 Stock (year-end)	资产总计 Total Assets	#流动资产合计 Working Capitals	#固定资产合计 Total Fixed Assets	负债合计 Total Liabilities	所有者权益合计 Total Owners' Equities	主营业务收入 Revenue from Principal Business	主营业务成本 Cost of Principal Business	主营业务税金及附加 Taxes and Other Charges on Principal Business	主营业务利润 Profits from Principal Business
21645.5	5.5	1963.7	11835.0	7342.2	2382.4	8689.3	3145.7	18283.7	15478.1	144.4	2661.2
12195.4	4.1	922.5	7397.2	4364.1	1579.5	5161.3	2235.8	9924.0	8333.2	90.2	1500.6
8511.6	0.7	965.9	4152.1	2800.2	739.1	3316.3	835.8	7506.1	6439.1	46.0	1021.0
2405.3	5.6	225.3	1213.5	816.5	174.7	704.0	509.5	2209.8	1832.2	21.1	356.5
3378.1	16.7	583.8	1831.1	1305.9	247.6	1339.2	491.8	2945.5	2184.4	27.2	733.9
2229.0	10.3	344.0	1249.8	877.1	179.9	949.5	300.3	1923.2	1410.9	18.5	493.7
2078.1	4.2	531.3	1562.4	1105.9	229.3	942.0	620.5	1879.2	1504.2	17.3	357.6
144.1	0.3	54.1	87.2	75.9	6.4	62.1	25.1	133.6	109.5	0.6	23.5
831.5	0.7	170.0	783.0	476.3	159.7	417.4	365.6	754.4	584.1	2.8	167.5
3863.8	0.3	383.9	1931.8	1550.2	123.1	1483.5	448.3	3344.6	2962.5	13.7	368.5
3606.5	0.1	362.8	1791.3	1422.7	113.9	1377.0	414.4	3115.1	2776.5	12.2	326.4
38292.5	17.5	3065.3	13580.9	9485.0	1809.3	9762.7	3832.7	33977.4	31822.0	78.7	2076.7
24953.2	13.1	2670.3	10037.7	7821.0	1006.9	7911.1	2126.6	22746.8	21193.6	53.7	1499.5
12570.5	1.0	301.1	3230.8	1423.5	765.8	1643.6	1601.7	10517.4	10001.7	18.1	497.6
6903.1	5.9	626.6	3603.0	2915.0	251.1	2642.6	960.3	5838.4	5174.0	29.8	634.6
3610.2	1.8	336.1	2331.2	1906.2	155.3	1805.3	525.9	2911.0	2538.2	17.3	355.5
1591.4	0.3	106.5	464.9	376.0	37.3	308.4	156.4	1403.5	1296.1	5.1	102.3
728.4	0.6	81.5	262.2	215.7	15.0	193.9	68.3	652.8	585.4	2.7	64.7
2067.0	4.5	134.0	913.8	553.0	196.0	590.2	323.5	1731.6	1391.2	30.5	309.8
2807.9	4.8	221.4	1255.8	907.4	156.5	977.0	278.9	2508.1	2245.1	13.1	250.0
1122.3	0.2	112.6	315.8	266.6	9.2	341.1	-25.4	963.2	914.0	1.6	47.6

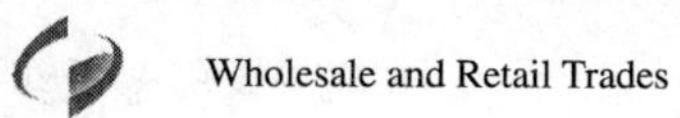

17-5 分地区限额以上零售业企业主要指标(2012年)
Main Indicators of Enterprises above Designated Size of Retail Trade by Region (2012)

单位：亿元 (100 million yuan)

地区	Region	法人企业(个) Number of Corporation Enterprises (unit)	年末从业人数(人) Engaged Persons at Year-end (person)	商品购进额 Total Purchases Value	#进口 Imports	商品销售额 Total Sales Value	#出口 Exports	期末商品库存额 Stock (year-end)
全国	**National Total**	**65921**	**5752190**	**74028.0**	**2236.0**	**83441.3**	**65.0**	**7735.4**
北京	Beijing	2726	350491	6308.1	247.6	6990.9	2.7	634.2
天津	Tianjin	1015	101609	1855.6	64.8	2013.5	3.8	189.2
河北	Hebei	1888	214019	1800.6	15.9	1922.6	0.1	201.6
山西	Shanxi	1827	151100	1740.9	26.9	1971.7	0.4	181.4
内蒙古	Inner Mongolia	990	97854	1369.0	30.6	1487.6	0.5	133.1
辽宁	Liaoning	2955	232734	2791.3	126.6	3226.7	1.2	266.5
吉林	Jilin	907	87498	1067.0	4.0	1361.8		105.7
黑龙江	Heilongjiang	1126	100813	1090.1	6.1	1226.6	0.1	119.3
上海	Shanghai	1586	313565	4040.1	234.1	5218.0	11.9	643.7
江苏	Jiangsu	5740	495591	6611.1	149.1	7296.3	2.4	611.1
浙江	Zhejiang	3680	308776	5143.7	303.3	5682.9	5.0	531.1
安徽	Anhui	2660	207297	2305.3	19.8	2423.4	0.5	252.1
福建	Fujian	2731	204298	2488.4	69.4	3030.2	3.0	225.4
江西	Jiangxi	1024	91414	952.5	11.1	1000.4		100.7
山东	Shandong	7253	533783	7061.3	83.2	7580.7	2.9	580.4
河南	Henan	4279	304836	2759.4	62.7	3017.1	1.2	274.7
湖北	Hubei	3310	283810	3500.7	65.1	3865.5	1.4	337.2
湖南	Hunan	2414	65442	2045.3	40.2	2820.5		174.2
广东	Guangdong	5450	574886	6520.6	326.5	7652.6	19.2	770.6
广西	Guangxi	1210	100126	898.2	29.5	960.0		100.8
海南	Hainan	240	25377	440.4	24.3	470.2	0.6	48.2
重庆	Chongqing	1936	157785	2169.2	65.7	2277.7	0.2	229.1
四川	Sichuan	3303	260370	3372.3	112.9	3693.2	3.9	411.5
贵州	Guizhou	798	55068	764.1	35.8	898.8		76.9
云南	Yunnan	1506	117873	1398.8	28.6	1506.8	3.4	186.1
西藏	Tibet	65	5903	74.1	4.9	91.5		9.3
陕西	Shaanxi	1754	169503	1740.4	28.2	1887.5	0.1	154.6
甘肃	Gansu	676	56156	612.0	6.6	680.9	0.5	62.7
青海	Qinghai	110	11904	120.1		126.6		12.3
宁夏	Ningxia	236	25390	329.3	4.2	339.5		35.4
新疆	Xinjiang	526	46919	657.8	8.2	719.8		76.5

17-5 续表 continued

单位：亿元 (100 million yuan)

地区	Region	资产总计 Total Assets	#流动资产合计 Working Capitals	#固定资产合计 Total Fixed Assets	负债合计 Total Liabilities	所有者权益合计 Total Owners' Equities	主营业务收入 Revenue from Principal Business	主营业务成本 Cost of Principal Business	主营业务税金及附加 Taxes and Other Charges on Principal Business	主营业务利润 Profits from Principal Business
全　国	**National Total**	**37727.3**	**25981.1**	**5570.0**	**27130.5**	**10611.3**	**72718.3**	**64593.7**	**375.9**	**7748.7**
北　京	Beijing	3669.5	2819.5	299.5	2862.7	806.8	5995.1	5357.8	21.3	616.0
天　津	Tianjin	860.3	565.8	142.6	634.8	225.5	1701.3	1552.3	4.3	144.7
河　北	Hebei	885.2	580.3	168.9	690.2	195.0	1641.3	1481.1	8.0	152.2
山　西	Shanxi	833.1	591.8	133.1	627.8	202.0	1781.8	1642.1	4.7	135.0
内蒙古	Inner Mongolia	644.4	443.7	100.5	521.9	140.3	1344.0	1219.1	5.7	119.2
辽　宁	Liaoning	1600.3	1026.6	296.6	1182.6	417.8	2834.9	2509.4	21.1	304.4
吉　林	Jilin	531.2	293.3	150.1	398.5	132.7	1125.3	961.2	5.9	158.2
黑龙江	Heilongjiang	514.0	352.2	107.0	390.3	123.7	1031.5	894.4	7.3	129.8
上　海	Shanghai	2583.0	1882.1	321.5	1811.4	771.6	4301.3	3633.7	16.9	650.7
江　苏	Jiangsu	3322.2	2204.7	513.9	2446.9	875.3	6298.2	5606.0	32.6	659.6
浙　江	Zhejiang	2622.6	1924.4	349.2	2039.8	582.8	4906.6	4501.0	15.0	390.6
安　徽	Anhui	1184.0	842.2	178.1	810.1	374.0	2046.7	1823.1	8.1	215.5
福　建	Fujian	1187.9	818.0	144.6	731.9	456.0	2214.5	1960.1	8.9	245.5
江　西	Jiangxi	454.5	308.5	67.2	300.5	154.0	902.3	806.9	4.6	90.8
山　东	Shandong	3058.0	1866.2	590.0	2216.6	841.4	6976.8	6147.9	54.6	774.3
河　南	Henan	1151.7	796.5	163.0	846.8	304.9	2617.6	2343.4	20.5	253.7
湖　北	Hubei	1754.3	1110.5	350.2	1143.2	611.1	3236.1	2979.4	25.7	231.0
湖　南	Hunan	1037.7	588.8	197.5	636.3	401.5	2571.5	2260.8	17.9	292.8
广　东	Guangdong	3827.7	2896.9	398.9	2610.7	1217.0	7094.8	6190.2	25.9	878.7
广　西	Guangxi	462.1	346.4	56.5	340.8	121.3	814.1	752.2	3.1	58.8
海　南	Hainan	177.0	116.3	37.0	120.3	56.7	385.5	344.3	1.9	39.3
重　庆	Chongqing	752.3	518.0	117.3	511.7	240.6	2008.0	1779.6	16.9	211.5
四　川	Sichuan	1675.3	1101.2	224.1	1157.3	518.0	3396.5	2996.3	16.3	383.9
贵　州	Guizhou	385.9	240.2	49.2	301.4	84.5	709.6	658.7	2.3	48.6
云　南	Yunnan	770.6	513.9	125.9	536.6	233.9	1387.4	1224.7	4.5	158.2
西　藏	Tibet	29.0	18.5	7.1	17.0	12.0	88.1	72.4	0.5	15.2
陕　西	Shaanxi	974.3	666.8	154.6	649.9	324.3	1714.2	1472.6	16.3	225.3
甘　肃	Gansu	246.2	172.6	41.3	177.8	68.4	628.1	556.1	2.7	69.3
青　海	Qinghai	56.0	42.7	9.4	39.5	16.5	114.0	102.4	0.3	11.3
宁　夏	Ningxia	124.3	91.1	19.2	97.8	26.5	232.1	210.1	0.7	21.3
新　疆	Xinjiang	352.5	241.4	55.8	277.3	75.1	619.2	554.5	1.5	63.2

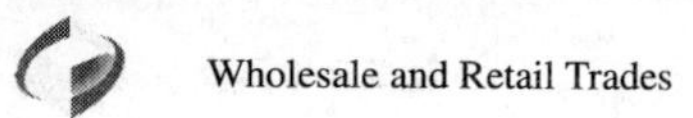

17-6 按登记注册类型分连锁零售企业基本情况(2012年)
Basic Conditions of Chain Retail Enterprises by Status of Registration (2012)

指　标	Item	总店数(个) Number of Head Stores (unit)	门店总数(个) Number of Stores (unit)	年末从业人数(万人) Engaged Persons at Year-end (10 000 persons)	年末零售营业面积(万平方米) Operating Area of Retail Enterprises at Year-end (10 000 sq.m)	商品销售额(亿元) Total Sales of Commodities (100 million yuan)	商品购进总额(亿元) Total Purchases Value (100 million yuan)	统一配送商品购进额(亿元) Centralized Purchase and Delivery (100 million yuan)
合　计	**Total**	**2524**	**192870**	**256.3**	**14765.9**	**35462.1**	**30825.5**	**23975.8**
内资企业	**Domestic Funded Enterprises**	**2296**	**174933**	**207.1**	**12341.4**	**30107.7**	**26159.9**	**20433.5**
国有企业	State-owned Enterprises	186	17433	15.8	1270.8	4849.8	4463.8	4002.0
集体企业	Collective-owned Enterprises	33	2476	1.1	40.7	65.8	44.3	25.9
股份合作企业	Cooperative Enterprises	8	391	0.5	13.4	123.0	115.0	113.5
联营企业	Joint Ownership Enterprises	6	376	0.3	10.7	13.0	11.8	11.8
国有联营企业	State Joint Ownership Enterprises	3	330	0.2	9.8	8.5	8.1	8.1
集体联营企业	Collective Joint Ownership Enterprises							
国有与集体联营企业	Joint State-collective Enterprises	1	5		0.1	0.1	0.1	0.1
其他联营企业	Other Joint Ownership Enterprises	2	41		0.8	4.5	3.7	3.7
有限责任公司	Limited Liability Corporations	935	58278	69.0	2819.9	5113.9	4601.4	3583.2
国有独资公司	State Sole Funded Corporations	10	1144	0.5	9.6	57.5	44.0	43.5
其他有限责任公司	Other Limited Liability Corporations	925	57134	68.4	2810.3	5056.4	4557.4	3539.7
股份有限公司	Share-holding Corporations Ltd.	270	50420	84.3	7042.4	18232.4	15349.6	11323.8
私营企业	Private Enterprises	830	43325	34.3	1094.8	1646.0	1514.9	1329.6
私营独资企业	Private-funded Enterprises	38	1858	0.9	37.7	26.9	26.4	18.4
私营合伙企业	Private Partnership Enterprises	6	291	0.4	24.9	21.4	19.9	19.7
私营有限责任公司	Private Limited Liability Corporations	748	37961	30.0	922.1	1461.1	1334.6	1164.5
私营股份有限公司	Private Share-holding Corporations Ltd.	38	3215	3.1	110.2	136.6	134.1	126.9
其他企业	Other Enterprises	28	2234	1.9	48.7	63.9	59.0	43.7
港、澳、台商投资企业	**Enterprises with Funds from Hong Kong, Macao and Taiwan**	**93**	**6673**	**21.6**	**1074.8**	**2376.5**	**2161.5**	**1814.3**
合资经营企业	Joint-venture Enterprises	31	2504	3.7	164.0	377.5	284.8	255.8
合作经营企业	Cooperative Enterprises	3	191	4.6	202.8	691.6	752.9	752.6
独资经营企业	Enterprises with Sole Fund	55	3445	9.2	360.4	919.7	704.7	460.1
投资股份有限公司	Share-holding Corporations Ltd.	2	211	0.3	3.7	7.8	8.0	8.0
其他港澳台商投资企业	Other Enterprises with Funds from Hong Kong, Macao and Taiwan	2	322	3.9	343.9	379.9	411.0	337.7
外商投资企业	**Foreign Funded Enterprises**	**135**	**11264**	**27.7**	**1349.6**	**2977.9**	**2504.1**	**1728.0**
中外合资经营企业	Joint-venture Enterprises	59	4556	17.6	963.0	2038.7	1671.1	1119.9
中外合作经营企业	Cooperative Enterprises	10	1419	2.4	54.0	225.2	199.0	98.4
外资企业	Enterprises with Sole Fund	64	5271	7.6	328.1	708.5	628.7	504.3
外商投资股份有限公司	Share-holding Corporations Ltd.	2	18		4.4	5.4	5.4	5.4
其他外商投资企业	Other Foreign Funded Enterprises							

17-7 按行业和业态分连锁零售企业基本情况(2012年)
Basic Statistics of Chain Retail Enterprises by Sector and Business Categories (2012)

指标	Item	总店数(个) Number of Head Stores (unit)	门店总数(个) Number of Stores (unit)	年末从业人数(万人) Engaged Persons at Year-end (10 000 persons)	年末零售营业面积(万平方米) Operating Area of Retail Enterprises at Year-end (10 000 sq.m)	商品销售额(亿元) Total Sales of Commodities (100 million yuan)	商品购进总额(亿元) Total Purchases Value (100 million yuan)	统一配送商品购进额(亿元) Centralized Purchase and Delivery (100 million yuan)
总计	**Total**	**2524**	**192870**	**256.3**	**14765.9**	**35462.1**	**30825.5**	**23975.8**
按行业分	**By Sector**							
#综合零售	Integrated Retail	790	62948	138.3	6593.0	11446.8	10050.3	6896.3
食品、饮料及烟草制品专门零售	Retail of Food, Beverages and Tobaccos	139	9047	4.9	58.7	255.6	217.1	201.5
纺织、服装及日用品专门零售	Special Retail of Textiles, Garments and Daily Consumer Articles	148	10507	6.7	147.7	369.5	303.2	205.3
文化、体育用品及器材专门零售	Retail of Culture, Sports Appliances and Equipments	83	1732	3.6	104.2	266.9	242.5	240.3
医药及医疗器材专门零售	Retail of Medicines and Medical Appliances	632	35835	25.5	436.6	638.4	559.6	501.0
汽车、摩托车、燃料及零配件专门零售	Retail of Motor Vehicles, Motorcycles, Fuel and Parts	179	11999	13.7	1849.2	6231.2	5179.2	3731.4
家用电器及电子产品专门零售	Special Retail of Household Electric Appliances and Electronic Products	214	6886	27.3	1491.9	3407.7	3135.1	2276.4
五金、家具及室内装饰材料专门零售	Special Retail of Hardware, Furniture and Interior Decoration Material	16	147	0.7	35.5	64.0	38.8	27.7
货摊、无店铺及其他零售业	Stalls, Non-Shop and Other Retails	6	132	0.1	2.0	12.8	12.5	12.5
按业态分	**By Business Categories**							
便利店	Convenience Store	84	13277	7.0	111.2	263.9	215.9	145.8
折扣店	Discount Store	3	432	0.4	18.5	34.3	31.2	18.3
超市	Supermarket	388	31016	48.7	1771.3	2915.9	2577.8	2182.4
大型超市	Hypermarket	180	11947	53.2	2744.9	4221.9	3829.9	2978.9
仓储会员店	Warehouse Club	5	351	1.4	90.4	216.3	210.5	33.6
百货店	Department Store	101	4377	25.5	1696.7	3251.8	2753.3	1239.7
专业店	Specialty Store	1383	89227	93.8	6480.4	19629.0	16699.3	13399.7
#加油站	Gas Station	230	25300	26.0	3666.3	12413.6	10197.6	8242.5
专卖店	Franchised Store	305	28939	17.4	471.2	2260.4	2055.1	1879.9
家居建材商店	Building Material Store	13	49	0.4	32.4	47.3	34.2	23.1
厂家直销中心	Factory Outlets Center	3	14		0.6	3.8	3.7	3.5
其他	Other Store	59	13241	8.6	1348.3	2617.5	2414.6	2070.8

17-8 分地区连锁零售企业基本情况
Basic Conditions of Chain Retail Enterprises by Region

年份 地区	Year Region	总店数 (个) Number of Head Stores (unit)	门店总数 (个) Number of Stores (unit)	年末从业人数 (万人) Engaged Persons at Year-end (10 000 persons)	年末零售营业面积 (万平方米) Operating Area of Retail Enterprises at Year-end (10 000 sq.m)	商品销售额 (亿元) Total Sales of Commodities (100 million yuan)	商品购进总额 (亿元) Total Purchases Value (100 million yuan)	统一配送商品购进额 (亿元) Centralized Purchase and Delivery (100 million yuan)
	2005	1416	105684	160.10	8687.5	12587.8	10734.6	8409.4
	2006	1696	128924	187.10	8979.0	14952.2	13447.4	10565.7
	2007	1729	145366	186.19	10044.0	17754.3	15917.0	12542.4
	2008	2457	168502	197.08	10197.8	20466.5	17193.1	13782.1
	2009	2327	175677	210.88	11809.2	22240.0	19343.7	14723.1
	2010	2361	176792	225.16	12756.8	27385.4	24044.6	17412.5
	2011	2411	195779	249.06	13670.7	34510.7	29653.0	22919.6
	2012	2524	192870	256.35	14765.9	35462.1	30825.5	23975.8
北京	Beijing	134	6810	14.97	668.1	2421.0	2074.9	995.1
天津	Tianjin	38	1915	3.76	262.7	731.3	721.1	570.4
河北	Hebei	88	4299	5.16	589.7	1100.5	1028.9	741.4
山西	Shanxi	44	2388	4.07	158.5	379.5	262.3	128.6
内蒙古	Inner Mongolia	17	236	0.50	21.4	29.0	27.1	23.4
辽宁	Liaoning	92	5836	6.86	444.9	986.3	876.6	557.9
吉林	Jilin	28	898	1.16	50.1	156.2	148.1	137.0
黑龙江	Heilongjiang	36	1761	2.30	65.7	227.6	233.5	219.0
上海	Shanghai	87	19310	29.39	1027.7	3605.6	3170.5	2558.1
江苏	Jiangsu	177	18300	38.82	1873.1	4851.5	4401.8	3706.7
浙江	Zhejiang	228	29496	17.71	1082.9	2302.4	2138.4	1915.1
安徽	Anhui	69	9533	9.77	533.2	1501.5	1444.7	1131.8
福建	Fujian	140	3922	7.71	617.7	1196.4	877.2	578.3
江西	Jiangxi	74	3389	5.19	279.5	1010.7	548.7	483.8
山东	Shandong	139	10327	16.67	1209.7	2459.7	2183.8	1540.0
河南	Henan	150	5370	7.34	656.6	806.2	744.2	490.5
湖北	Hubei	117	5330	14.56	592.0	1555.4	1362.5	1037.0
湖南	Hunan	90	5326	6.22	513.4	909.9	897.7	631.5
广东	Guangdong	273	22216	27.50	2406.6	4908.6	4283.4	3804.4
广西	Guangxi	62	3465	3.92	330.9	841.1	378.0	351.3
海南	Hainan	6	506	0.57	32.0	179.7	169.5	169.5
重庆	Chongqing	91	11517	9.09	388.2	975.5	889.2	533.3
四川	Sichuan	104	9355	11.15	247.7	490.7	433.0	363.5
贵州	Guizhou	24	951	0.67	11.3	17.2	14.4	14.2
云南	Yunnan	43	3652	3.60	187.5	472.0	289.7	287.2
西藏	Tibet	2	15	0.07	2.4	2.0	2.2	2.2
陕西	Shaanxi	26	659	1.93	68.9	279.6	217.1	130.0
甘肃	Gansu	18	671	0.73	65.6	203.0	174.6	137.3
青海	Qinghai	11	98	0.66	24.0	24.7	19.9	6.6
宁夏	Ningxia	21	1608	1.22	61.9	123.3	153.2	152.9
新疆	Xinjiang	95	3711	3.10	292.0	713.9	659.3	577.7

注：门店总数全国总计中包括开设在港澳台地区和国外的门店。

a) Total number of stores includes that from Hong Kong, Macao and Taiwan province and foreign countries.

17-9 亿元以上商品交易市场基本情况(2012年)
Basic Statistics on Commodity Exchange Markets of Transaction Value over 100 Million Yuan (2012)

市场	Market	市场数量(个) Number of Markets (unit)	摊位数(个) Number of Booths (unit)	营业面积(万平方米) Operating Area (10 000 sq.m)	成交额(亿元) Turnover (100 million yuan)	批发市场 Whole-sale	零售市场 Retail
总计	**Total**	**5194**	**3494122**	**27899.4**	**93023.8**	**80141.8**	**12882.0**
综合市场	**Integrated Markets**	**1392**	**1208959**	**6724.2**	**18159.9**	**14295.6**	**3864.3**
生产资料综合市场	Production Comprehensive Market	49	55635	751.2	1406.3	1406.3	
工业消费品综合市场	Industrial Consumable Comprehensive Markets	330	495431	2612.9	6464.4	5041.4	1423.0
农产品综合市场	Farm Produce Comprehensive Markets	715	423936	2055.6	7012.9	5234.6	1778.3
其他综合市场	Other Comprehensive Markets	298	233957	1304.5	3276.3	2613.3	663.0
专业市场	**Special Markets**	**3802**	**2285163**	**21175.2**	**74863.9**	**65846.2**	**9017.7**
生产资料市场	Production Markets	731	276403	6258.5	32034.5	31983.9	50.6
农业生产用具市场	Agricultural Production Equipment Markets	21	6162	141.2	197.6	197.6	
农用生产资料市场	Agricultural Production Markets	33	5657	106.6	165.8	165.8	
煤炭市场	Coal and Charcoal Markets	16	2144	686.6	606.1	606.1	
木材市场	Wood Markets	61	20682	570.9	692.9	692.9	
建材市场	Building Material Markets	189	80499	1455.3	1601.9	1555.5	46.4
化工材料及制品市场	Chemical Materials and Products Markets	41	18748	211.0	2627.6	2627.6	
金属材料市场	Metal Materials Markets	284	100564	2600.6	23049.5	23049.5	
机械设备市场	Mechanical Equipments Markets	49	25673	267.0	604.2	604.2	
其他生产资料市场	Others	37	16274	219.3	2488.9	2484.7	4.2
农产品市场	Farm Produce Markets	1044	596542	4271.7	13713.6	12878.7	835.0
粮油市场	Grain and Oil Markets	111	45036	395.0	1641.3	1585.8	55.4
肉禽蛋市场	Meat, Poultry and Eggs Markets	121	38238	277.6	1029.1	872.6	156.5
水产品市场	Aquatic Products Markets	160	105609	489.0	2974.1	2819.7	154.4
蔬菜市场	Vegetables Markets	312	234367	1558.9	3601.1	3521.5	79.6
干鲜果品市场	Dried and Fresh Melons and Fruits Markets	147	65915	582.4	2004.5	1982.0	22.4
棉麻土畜、烟叶市场	Cotton, Local & Livestock Products, and Tobacco Markets	24	14281	402.5	628.9	627.0	1.9
其他农产品市场	Others	169	93096	566.3	1834.8	1470.1	364.6
食品、饮料及烟酒市场	Food, Beverages, Tobacco and Liquor Markets	159	86377	475.8	1692.8	1460.0	232.8
食品饮料市场	Food and Beverages Markets	56	33566	122.7	449.5	303.4	146.1
茶叶市场	Tea Markets	29	13268	97.9	226.2	204.8	21.4
烟酒市场	Tobacco and Liquor Markets	15	4834	33.4	87.3	55.0	32.3
其他食品饮料及烟酒市场	Others	59	34709	221.7	929.9	896.9	33.0
纺织、服装、鞋帽市场	Textiles, Clothing, Shoes and Hats Markets	578	713557	2924.3	11898.8	10859.5	1039.3
布料及纺织品市场	Cloth and Textiles Markets	75	102420	712.6	4956.8	4943.7	13.1
服装市场	Clothing Markets	353	436863	1646.2	4881.9	4229.4	652.5
鞋帽市场	Shoes and Hats Markets	40	24692	142.3	360.2	350.1	10.1
其他纺织服装鞋帽市场	Others	110	149582	423.1	1699.9	1336.3	363.6
日用品及文化用品市场	Daily Use Articles and Cultural Goods Markets	95	67924	281.2	1178.8	1078.4	100.4

17-9 续表 continued

市场	Market	市场数量(个) Number of Markets (unit)	摊位数(个) Number of Booths (unit)	营业面积(万平方米) Operating Area (10 000 sq.m)	成交额(亿元) Turnover (100 million yuan)	批发市场 Whole-sale	零售市场 Retail
小商品市场	Merchandise Markets	32	38630	99.9	304.0	285.3	18.7
箱包市场	Luggage Markets	5	5125	52.3	215.8	215.8	
玩具市场	Toys Markets	3	1126	11.9	22.2	22.2	
文具市场	Stationary Markets	4	1614	11.4	27.2	27.2	
图书、报刊杂志市场	Books, Newspapers and Magazines Markets	12	1722	10.1	39.1	26.5	12.5
音像制品及电子出版物市场	Video Products and E-journal Markets	3	988	2.9	21.6		21.6
体育用品市场	Sports Markets	1	80	0.7	1.2		1.2
其他日用品及文化用品市场	Others	35	18639	92.0	547.7	501.3	46.4
黄金、珠宝、玉器等首饰市场	Gold, Jewelry, Jade Markets	28	16592	93.3	426.1	374.1	52.0
电器、通讯器材、电子设备市场	Electrical Appliances, Communication Appliances and Electronical Appliances Markets	168	78616	382.4	1287.8	437.3	850.4
家电市场	Household Appliances Markets	45	15197	169.3	307.3	220.5	86.8
通讯器材市场	Communication Appliances Markets	27	20120	45.2	121.3	58.6	62.7
照相、摄像器材市场	Cameras and Video Equipments Markets	2	532	2.1	7.4	3.9	3.5
计算机及辅助设备市场	Computer and Auxiliary Equipments Markets	82	36460	147.2	792.0	113.0	679.0
其他电器、通讯器材、电子设备市场	Others	12	6307	18.5	59.7	41.3	18.4
医药、医疗用品及器材市场	Medicine, Medical Materials and Medical Instruments Markets	26	25531	153.2	814.8	793.1	21.6
中药材市场	Chinese Medicine Markets	25	25348	143.6	797.9	776.3	21.6
其他医药、医疗用品及器材市场	Others	1	183	9.6	16.9	16.9	
家具、五金及装饰材料市场	Furniture, Hardware and Decoration Materials Markets	572	280991	3831.8	4832.9	3034.7	1798.2
家具市场	Furniture Markets	158	72048	1275.0	1240.6	650.6	590.0
装饰材料市场	Decoration Materials Markets	248	107328	1466.0	1623.5	857.6	765.9
灯具市场	Lamps Markets	15	6551	93.1	171.6	149.6	21.9
厨具、盥洗设备市场	Kitchen Utensils, Washing Equipments Markets	4	1306	10.4	20.1	17.6	2.4
五金材料市场	Hardware Materials Markets	80	51232	489.8	961.5	860.5	101.0
其他装修市场	Others	67	42526	497.5	815.6	498.7	316.9
汽车、摩托车及零配件市场	Cars, Motorcycles and Spare Parts Markets	291	79701	1459.3	5707.2	1902.9	3804.3
汽车市场	Cars Markets	195	38782	1105.7	4636.7	936.6	3700.0
摩托车市场	Motorcycles Markets	13	4225	30.1	90.8	73.6	17.2
机动车零配件市场	Vehicle Spare Parts Markets	83	36694	323.5	979.7	892.6	87.1
花、鸟、鱼、虫市场	Flower, Bird, Fish and Insects Markets	29	20642	666.9	379.8	354.2	25.6
花卉市场	Flower Markets	25	19688	660.9	364.8	349.7	15.1
鸟市场	Bird Markets						
观赏鱼市场	Fish Markets						
其他花鸟鱼虫市场	Others	4	954	6.0	15.0	4.5	10.5
旧货市场	Second Hand Markets	21	9864	43.0	80.8	34.6	46.2
古玩、古董、字画市场	Antiques,Calligraphy and Painting Markets	3	1831	3.8	5.8	1.1	4.8
邮票、硬币市场	Stamps and Coins Markets	1	707	0.7	1.1	1.1	
其他旧货市场	Others	17	7326	38.5	73.8	32.4	41.4
其他专业市场	Others	60	32423	333.9	816.1	654.8	161.3

17-10 亿元以上商品交易市场摊位分类情况（2012年）
Classification of Commodity Exchange Markets of Transaction Value over 100 Million Yuan (2012)

类别	Classification	摊位数（个）Number of Booths (unit)	成交额（亿元）Turnover (100 million yuan)	批发市场 Wholesale	零售市场 Retail
总计	**Total**	**3494122**	**93023.8**	**80141.8**	**12882.0**
食品、饮料、烟酒类	Food, Beverages, Tobacco and Liquor	1132817	23197.5	20124.2	3073.2
食品类	Food	1035469	21347.2	18558.8	2788.5
#粮油类	Grain and Oil	93056	2831.8	2581.0	250.7
肉禽蛋类	Meat, Poultry and Eggs	138813	2998.1	2122.6	875.5
水产品类	Aquatic Products	162403	4227.6	3567.1	660.5
蔬菜类	Vegetables	434187	5925.3	5346.9	578.3
干鲜果品类	Dried and Fresh Melons and Fruits	161726	4403.2	4146.2	257.0
饮料类	Beverages	51705	928.4	799.0	129.3
烟酒类	Tobacco and Liquor	45643	921.9	766.4	155.4
服装鞋帽、针、纺织品类	Clothing, Shoes, Hats and Textiles	973694	13897.2	12238.0	1659.2
服装类	Clothing	591211	6090.0	4980.6	1109.4
鞋帽类	Footwear and Hats	147098	1458.3	1169.4	288.8
针、纺织品类	Knitwear and Textiles	235385	6348.9	6088.0	260.9
化妆品类	Cosmetics	31463	306.1	235.3	70.7
金银珠宝类	Gold, Silver and Jewellery	23971	501.5	421.3	80.2
日用品类	Articles for Daily Use	184695	2873.5	2443.9	429.6
#洗涤用品类	Washing Articles	42840	470.6	411.1	59.6
儿童玩具类	Children Toys	31299	349.7	304.6	45.1
五金、电料类	Hardware & Electrical Materials	111889	2041.1	1778.2	262.9
体育、娱乐用品类	Sports & Recreational Articles	12273	168.3	137.8	30.4
书报杂志类	Newspapers and Magazines	5255	72.6	56.0	16.6
电子出版物及音像制品类	E-journal and Video Products	10514	224.1	172.9	51.1
家用电器和音像器材类	Household Appliances and Video Equipments	35963	682.7	472.9	209.8
中西药品类	Traditional Chinese and Western Medicine	27576	880.1	842.4	37.7
#西药类	Western Medicine	1219	31.6	22.7	8.9
中草药及中成药类	Traditional Chinese	25589	814.7	789.9	24.8
文化办公用品类	Cultural and Official Goods	70951	1316.3	578.1	738.2
家具类	Furniture	97700	1709.9	921.2	788.7
通讯器材类	Communication Appliances	29887	263.0	141.3	121.7
煤炭及制品类	Coal and Related Products	2365	684.8	682.4	2.4
木材及制品类	Wood and Wooden Products	32066	934.7	903.5	31.2
石油及制品类	Petroleum and Related Products	1059	2259.8	2258.3	1.5
化工材料及制品类	Raw Chemical Materials and Related Products	38593	3077.6	3055.3	22.3
#化肥类	Fertilizer	4326	124.4	111.3	13.1
金属材料类	Metal Materials	106427	23122.7	23101.6	21.1
建筑及装潢材料类	Building and Decoration Materials	240404	4350.9	3358.7	992.2
机电产品及设备类	Mechanical & Electrical Products	55663	1325.3	1271.9	53.4
#农机类	Agricultural Machinery	6486	193.6	186.8	6.7
汽车类	Automobile	76346	5790.5	2021.8	3768.7
种子饲料类	Seed and Feedstuff	7337	134.3	129.1	5.2
棉麻类	Cotton and Hemp	4491	495.3	486.8	8.5
其他类	Others	180723	2714.2	2308.7	405.5

17-11 分地区亿元以上商品交易市场基本情况
Basic Statistics on Commodity Exchange Markets of Transaction Value over 100 Million Yuan by Region

年 份 Year 地 区 Region	市场数量(个) Number of Markets (unit)	摊位数(个) Number of Booths (unit)	营业面积(万平方米) Operating Area (10 000 sq.m)	成交额(亿元) Turnover (100 million yuan)	批发市场 Wholesale	零售市场 Retail
2000	3087	2115115	8261.6	16358.9	11648.0	4710.9
2005	3323	2248803	13140.8	30020.9	24544.2	5476.7
2006	3876	2527987	18072.3	37137.5	29679.9	7457.5
2007	4121	2681630	19814.6	44085.1	35871.5	8213.6
2008	4567	2839070	21225.2	52458.0	43120.0	9337.9
2009	4687	2994781	23230.3	57963.8	48308.2	9655.5
2010	4940	3193365	24832.3	72703.5	60954.9	11748.6
2011	5075	3334787	26234.5	82017.3	69390.8	12626.5
2012	5194	3494122	27899.4	93023.8	80141.8	12882.0
北 京 Beijing	143	115526	737.1	3045.7	1858.5	1187.2
天 津 Tianjin	78	49450	503.4	2276.3	2181.5	94.8
河 北 Hebei	268	312614	2862.0	4774.0	4475.9	298.1
山 西 Shanxi	41	31724	262.8	517.3	493.8	23.5
内蒙古 Inner Mongolia	71	35696	664.6	698.8	565.8	133.0
辽 宁 Liaoning	227	177911	882.2	4329.0	3672.8	656.3
吉 林 Jilin	65	53264	306.3	706.5	477.3	229.2
黑龙江 Heilongjiang	99	67693	330.6	1077.6	845.9	231.7
上 海 Shanghai	188	79512	963.9	10778.6	10279.8	498.8
江 苏 Jiangsu	562	355612	3314.7	15659.2	13661.3	1998.0
浙 江 Zhejiang	764	457275	2874.7	13769.3	11601.9	2167.3
安 徽 Anhui	143	112124	1068.3	2428.8	2185.7	243.1
福 建 Fujian	161	55547	351.0	1585.9	1237.6	348.3
江 西 Jiangxi	95	67904	364.0	1440.2	1245.6	194.6
山 东 Shandong	569	381965	3832.1	8021.0	7065.9	955.1
河 南 Henan	180	134510	1111.5	2474.7	2101.9	372.8
湖 北 Hubei	182	89202	596.4	1855.5	1443.7	411.8
湖 南 Hunan	320	184624	1036.8	2969.7	2248.5	721.2
广 东 Guangdong	384	215863	2098.0	5506.5	4833.1	673.4
广 西 Guangxi	95	70244	473.0	1116.2	935.9	180.2
海 南 Hainan	8	4324	9.7	18.5	3.5	15.0
重 庆 Chongqing	133	87047	655.0	3130.7	2645.8	484.9
四 川 Sichuan	114	112559	637.4	1714.2	1473.4	240.7
贵 州 Guizhou	39	21680	146.3	418.0	369.5	48.5
云 南 Yunnan	56	64430	408.8	690.2	519.7	170.4
西 藏 Tibet						
陕 西 Shaanxi	44	28967	163.6	360.1	263.1	96.9
甘 肃 Gansu	46	31029	191.9	461.4	426.8	34.6
青 海 Qinghai	12	7063	44.3	59.0	45.2	13.8
宁 夏 Ningxia	31	22089	390.3	231.3	191.4	39.9
新 疆 Xinjiang	76	66674	618.6	909.8	790.9	118.8

17-12 社会消费品零售总额
Total Retail Sales of Consumer Goods

地 区	Region	2011 社会消费品零售总额(亿元) Total Retail Sales of Consumer Goods (100 million yuan)	2011 增长(%) Growth Rate (%)	2012 社会消费品零售总额(亿元) Total Retail Sales of Consumer Goods (100 million yuan)	2012 增长(%) Growth Rate (%)
全 国	**National Total**	**183918.6**	**17.1**	**210307.0**	**14.3**
北 京	Beijing	6900.3	10.8	7702.8	11.6
天 津	Tianjin	3395.1	18.7	3921.4	15.5
河 北	Hebei	8035.5	17.8	9254.0	15.2
山 西	Shanxi	3903.4	17.6	4506.8	15.5
内蒙古	Inner Mongolia	3991.7	18.0	4572.5	14.6
辽 宁	Liaoning	8095.3	17.5	9346.6	15.5
吉 林	Jilin	4119.8	17.5	4772.9	15.9
黑龙江	Heilongjiang	4750.1	17.6	5491.0	15.6
上 海	Shanghai	6814.8	12.3	7412.3	8.8
江 苏	Jiangsu	15988.4	17.5	18331.3	14.7
浙 江	Zhejiang	12028.0	17.4	13588.3	13.0
安 徽	Anhui	4955.1	18.0	5736.6	15.8
福 建	Fujian	6276.2	18.2	7256.5	15.6
江 西	Jiangxi	3485.1	17.9	4027.2	15.6
山 东	Shandong	17155.5	17.3	19651.9	14.6
河 南	Henan	9453.6	18.1	10915.6	15.5
湖 北	Hubei	8275.2	18.0	9562.5	15.6
湖 南	Hunan	6884.7	17.9	7921.9	15.1
广 东	Guangdong	20297.5	16.3	22677.1	11.7
广 西	Guangxi	3908.2	18.0	4516.6	15.6
海 南	Hainan	759.5	18.8	870.8	14.7
重 庆	Chongqing	3487.8	18.7	4033.7	15.7
四 川	Sichuan	8006.6	18.1	9268.6	15.8
贵 州	Guizhou	1751.6	18.1	2027.6	15.8
云 南	Yunnan	3038.1	18.0	3511.6	15.6
西 藏	Tibet	219.0	18.2	254.6	16.3
陕 西	Shaanxi	3790.0	18.6	4383.8	15.7
甘 肃	Gansu	1648.0	18.2	1906.5	15.7
青 海	Qinghai	410.5	17.0	476.0	16.0
宁 夏	Ningxia	477.6	18.3	548.8	14.9
新 疆	Xinjiang	1616.3	17.5	1858.6	15.0

主要统计指标解释

批发业 指向其他批发或零售单位（含个体经营者）及其他企事业单位、机关团体等批量销售生活用品、生产资料的活动，以及从事进出口贸易和贸易经纪与代理的活动，包括拥有货物所有权，并以本单位(公司)的名义进行交易活动，也包括不拥有货物的所有权，收取佣金的商品代理、商品代售活动；还包括各类商品批发市场中固定摊位的批发活动，以及以销售为目的的收购活动。

零售业 指百货商店、超级市场、专门零售商店、品牌专卖店、售货摊等主要面向最终消费者（如居民等）的销售活动，以互联网、邮政、电话、售货机等方式的销售活动，还包括在同一地点，后面加工生产，前面销售的店铺（如面包房）；谷物、种子、饲料、牲畜、矿产品、生产用原料、化工原料、农用化工产品、机械设备（乘用车、计算机及通信设备除外）等生产资料的销售不作为零售活动；多数零售商对其销售的货物拥有所有权，但有些则是充当委托人的代理人，进行委托销售或以收取佣金的方式进行销售。

批发和零售业商品购进、销售、库存额 指各种登记注册类型的批发和零售业企业(单位)以本企业(单位)为总体的，从国内、国外市场购进的商品总量，销售和出口的商品总量，库存的商品总量等情况。该指标可以反映商品流转过程中商品的购进、销售、库存之间的比例关系和存在的问题。

商品购进额 指从本企业以外的单位和个人购进（包括从国外直接进口）作为转卖或加工后转卖的商品金额（含增值税）。商品购进包括：（1）从工农业生产者、批发和零售业企业、住宿和餐饮业企业、出版社或报社的出版发行部门和其他服务业企业购进的商品；（2）从机关团体、事业单位购进的商品；（3）从海关、市场管理部门购进的缉私和没收的商品；（4）从居民收购的废旧商品等。不包括：（1）企业为本单位自身经营用，不是作为转卖而购进的商品，如材料物资、包装物、低值易耗品、办公用品等；（2）未通过买卖行为而收入的商品，如接受其他部门移交的商品、借入的商品、收入代其他单位保管的商品、其他单位赠送的样品、加工回收的成品等；（3）经本单位介绍，由买卖双方直接结算，本单位只收取手续费的业务；（4）销售退回和买方拒付货款的商品；（5）商品溢余。

商品销售额 指对本单位以外的单位和个人出售的商品金额（包括售给本单位消费用的商品，含增值税）。商品销售包括（1）售给城乡居民和社会集团消费用的商品；（2）售给农业、工业、建筑业、服务业等国民经济各行业用于生产、经营用的商品，包括售予批发和零售业作为转卖或加工后转卖的商品；（3）对国（境）外直接出口的商品。不包括：（1）未通过买卖行为付出的商品，如随机构变动移交给其他企业单位的商品、借出的商品、归还受其他单位委托代保管的商品、付出的加工原料和赠送给其他单位的样品等；（2）经本单位介绍，由买卖双方直接结算，本单位只收取手续费的业务；（3）购货退回的商品；（4）商品损耗和损失；（5）出售本单位自用的废旧物资。

商品库存额 对于批发和零售业法人单位和个体经营户，是指报告期末取得所有权的全部商品金额（含增值税）；对于批发和零售业产业活动单位，是指报告期末实际在库且归属法人具有所有权的全部商品金额（含增值税）。库存商品包括：(1)存放在本单位(如门市部、批发站、采购站、经营处)的仓库、货场、货柜和货架中的商品；(2)挑选、整理、包装中的商品；(3)已记入购进而尚未运到本单位的商品，即发货单或银行承兑凭证已到而货未到的商品；(4)寄放他处的商品，如因购货方拒绝付款而暂时存在购货方的商品；(5)委托其他单位代销(未作销售或调出)尚未售出的商品；(6)代其他单位购进尚未交付的商品。不包括：所有权不属于本单位的商品；委托外单位加工的商品；外贸企业代理其他单位从国外进口，尚未付给订货单位的商品；代国家储备部门保管的商品。

连锁总店（总部） 指负责连锁企业资源（商号、商誉、经营模式、服务标准、管理模式等等）的开发、配置、控制或使用等功能的企业核心管理机构。连锁经营是指经营同类商品或服务，使用统一商号的若干店铺，在同一总店（总部）的管理下，采取统一采购或特许经营等方式，实现规模效益的组织形式，包括直营连锁、特许连锁和自愿连锁三种形式。其中，直营连锁是指连锁店铺由连锁公司全资或控股开设，在总部的直接控制下，开展统一经营的连锁经营形式；特许连锁是指拥有注册商标、企业标志、专利、专有技术等经营资源的企业（特许人），以合同形式将其拥有的经营资源许可其他经营者（被特许人）使用，被特许人按合同约定在统一的经营模式下开展经营，并向特许人支付特许经营费用的连锁经营形式；自愿连锁是指若干个店铺或企业自愿组合起来，在不改变各自资产所有权关系的情况下，以同一个品牌形象面对消费者，以共同进货为纽带开展的连锁经营形式。

亿元以上商品交易市场 指年成交额在亿元及以上的商品交易市场。商品交易市场是指经有关部门和组织批准设立，有固定场所、设施，有经营管理部门和监管人员，若干市场经营者入内，常年或实际开业三个月以上，集中、公开、独立地进行生活消费品、生产资料等现货商品交易以及提供相关服务的交易场所，包括各类消费品市场、生产资料市场等。

社会消费品零售总额 指企业（单位、个体户）通过交易直接售给个人、社会集团非生产、非经营用的实物商品金额，以及提供餐饮服务所取得的收入金额。个人包括城乡居民和入境人员，社会集团包括机关、社会团体、部队、学校、企事业单位、居委会或村委会等。

Explanatory Notes on Main Statistical Indicators

Wholesale Trade refers to the activities of selling wholesale commodities for daily use and capital goods to enterprises of wholesale and retail trades (including self-employed individuals) and other enterprises, institutions and government organs and organizations, and the activities of engaging in import and export and acting as a trade agent. The wholesaler may have the ownership of the commodities for wholesale and trade in the name of its own (a company), and the wholesaler can act as commission agent or commodity broker without the ownership of commodities. Also included are the wholesale activities at the fixed stalls in wholesale market and the acquisition for sales purpose.

Retail Trade refers to the activities of department store, supermarket, franchised store, brand store, retail stall and on-the-spot-making-selling store selling commodities to the final consumers (residents) by any means including internet, post, telephone, sales machine. It also includes shops with sales and production localted in the same places (such as bakeries). Retail trade excludes the activities of sales of capital goods such as grain, seed, feed, livestock, mineral products, raw material for production, industrial chemicals, chemical products for agricultural use, machine and equipment (excluding vehicles, computers and communication equipment). Most retailers have the ownership of commodities to sell, but some are acting as agents or brokers to make transactions for a commission.

Purchase, Sales and Stock of Commodities by Wholesale and Retail Trades refer to the total volume of commodities purchased, total volume of sales and exports, and the stock of commodities by wholesale and retail enterprises (establishments) of different status of registration from domestic and overseas markets. This indicator reflects the relationship among purchase, sales and stock of commodities in the circulation of goods and reveals the existing problems.

Total Purchases of Commodities refer to the total value of purchases of commodities by enterprises (establishments) from other establishments or individuals (including direct import from abroad) for the purpose of re-selling, either with or without further processing of the commodities purchased. The commodities include: (1) commodities purchased from agricultural and industrial producer, wholesaler, retailer, publishing house and other service business; (2) commodities purchased from institutions and government departments; (3) confiscated goods purchased from the customs authorities or market management agencies; (4) second-hand goods and wastes purchased from residents; The commodities exclude (1) commodities purchased by enterprises (establishments) for use in their own business operation, commodities obtained without buying or selling procedures such as materials, consumable goods of low value, office appliance, etc. (2) received goods without trading, such as goods handed over from others, borrowed goods, preserved goods for others, donated goods from others, processed and retrieved goods, etc. (3) goods of direct settlement between buyer and seller with handling fees introduced by others, (4) goods returned or refused to pay by the buyer, (5) excessive goods.

Total Sales of Commodities refer to value of commodities sold by the establishments to other establishments and individuals (including goods sold for self consumption, including the value-added tax). The commodities include: (1) commodities sold to urban and rural residents and social groups for their consumption; (2) commodities sold to establishments in all industries for their production and operation, including agriculture, industry, construction, and catering services including commodities sold to wholesale and retail establishments for re-selling, with or without further processing; and (3) commodities for direct export to abroad. Excluded are (1) extended commodities without trading, such as goods handed over to other enterprises and institutions because of the change of organizations, lent goods, returned goods preserved for others, extended processing materials and samples donated to others, (2) goods of direct settlement between buyer and seller with handling fees introduced by others, (3) goods returned after purchase, (4) damaged and spoiled goods, (5) waste and used goods of self use,

Total Stock of Commodities For the legal entities and self-employed individuals engaged in wholesale and retail trade, it refers to total value (including VAT) of commodities possessed at the end of the reference period; and for wholesale and retail establishments, it refers to the value (including VAT) of all commodities actually in stock and owned by their legal persons at the end of reference period. The commodities in stock includes: (1) commodities located in storage, garages, counters, and shelves of operating places of wholesale and retail trades (such as sale stores, wholesale centres, procurement stations and operating offices); (2) commodities in the process of being selected, sorted, and packed; (3) commodities not arrived but recorded as purchase in the account, i.e. commodities not arrived but payment receipts for the commodities from the sellers or the banks arrived; (4) commodities deposited in other places rather than places mentioned above, for instance: commodities in the hold of purchasers temporarily due to the refusal of payment; (5) commodities entrusted to other units to sell but not sold yet; (6) commodities purchased for other units but not delivered yet. Commodities not included as stock are those not owned by the enterprises (units), commodities on commission for processing, imported commodities of agency of foreign trade enterprise but not yet delivered to ordering units and finally those put in stock on behalf of the state reserves units.

Chain Head Stores (headquarter) refer to the core leading stores responsible for development, allocation, administration and utilization of resources (name of stores, brand of stores, operation model, service standard, management way, etc.) of chain stores. Chain stores refers to the stores engaged in providing homogeneous commodities or services, with the central leadership of head store (headquarters) and guided by common policies, conduct centralized purchase and distributed selling of commodities, in order to gain better efficiency through standardized operation. The chain stores include regular chain stores, franchise chain stores and voluntary chain stores.

Regular Chain store refers to chain stores that are invested or controlled by the headquarters. They operate under direct and unified management from the headquarters.

Franchise chain store refers to the chain stores (franchisees) which are franchised with operation resources such as trade marks, names, patent and operation know-how by the franchisors in form of contract and pay the operation fees to the franchisors.

Voluntary chain store refers to the stores operate jointly on the voluntary bases while maintaining their status of independent legal entities with full ownership of their assets. They sell goods of same brand from same channel of resource to the consumers.

Large Commodity Markets with Transaction Value over 100 Million Yuan refers to the commodity markets with an annual transaction at and above 100 million. The commodity market refers to the markets approved and managed by related departments, where there are fixed sites, facilities, managers and administration offices, where there are a certain number of traders to operate for three month and above or all the year, where the commodities including the articles for daily consumption and capital goods and services are traded in a centralized, independent and open way. Such market includes markets of daily goods and market of capital goods, etc.

Total Retail Sales of Consumer Goods refer to the amount obtained by enterprises (units, self-employed individuals) through direct sales of non-production and non-business physical commodity to individuals, social institutions, and revenue from providing catering services. Individuals include rural and urban households, population from abroad, social institutions include government agencies, social organizations, military units, schools, institutions, neighbourhood (village) committees.

18

住宿、餐饮业和旅游

Hotels, Catering Services and Tourism

简 要 说 明

一、本篇资料的主要内容

本篇资料主要反映住宿和餐饮业的基本情况、经营情况和旅游产业的发展状况。主要内容包括：限额以上住宿和餐饮业基本情况、经营情况、财务状况；连锁餐饮业经营情况；旅行社、星级饭店基本情况；入境、出境旅游人数、国内居民旅游人数，以及国际、国内旅游收入等。

二、本篇资料的统计范围

限额以上住宿和餐饮业的企业、个体户；餐饮连锁集团；旅行社、星级饭店和旅游者。限额以上住宿和餐饮业统计单位为：年主营业务收入 200 万元及以上。

三、本篇的资料来源

本篇资料中住宿和餐饮业统计数据是根据《住宿和餐饮业统计报表制度》进行搜集和加工整理；旅游产业有关资料主要根据公安部和国家旅游局的资料编制而成。

四、本篇的统计调查方法

本篇资料中限额以上住宿和餐饮业的企业、个体户，以及餐饮连锁集团资料采用全面调查的方法取得；限额以下企业和个体户资料采用抽样调查方法推算。旅游数据中国际、国内旅游收入和国内旅游人数等指标采取抽样调查方法，其余数据均为全面调查统计取得。

Brief Introduction

I. Main Contents

Data in this chapter reflect the development of hotel and catering services and tourism in China. They mainly include: the basic conditions, operating and financial status of hotel and catering services above the designated size; the operating status of chain catering services; the basic conditions of travel agencies and star-rated hotels; number of international tourists and Chinese residents going abroad, number of domestic tourists and income from international and domestic tourism.

II. Scope of Statistics

Data in this chapter cover the enterprises of hotel and catering services above the designated size, self-employed households of hotel and catering services; chain catering services, travel agencies, star-rated hotels and tourists; The statistical unit of the enterprises of hotel and catering services above the designated size is the annual income of main business at and over 2 million yuan.

III. Sources of Data

Data in this chapter are collected and compiled according to the Statistical Reporting Form System on Program on Hotels and Catering Services. The data on tourism are from the Ministry of Public Security and State Tourism Administration.

IV. Methods of Survey

Data on the enterprises of hotel and catering services above the designated size and chain catering services are from the comprehensive reporting form system. Data on the enterprises of hotel and catering services below the designated size and self-employed households are calculated according to the results of sample survey. The data on tourism are from the comprehensive reporting form system except those on the earnings from international and domestic tourism and number of domestic tourists from sample surveys.

18-1 住宿和餐饮业情况
Basic Conditions of Hotels and Catering Services

指　标	Item	2008	2009	2010	2011	2012
住宿和餐饮业	**Hotels and Catering Services**					
法人企业 (个)	Number of Corporation Enterprises (unit)	37151	35192	37308	39002	40499
年末从业人数 (万人)	Engaged Persons at Year-end (10 000 persons)	400.0	400.7	431.1	443.5	454.5
营业额 (亿元)	Business Revenue (100 million yuan)	4824.4	4947.1	5993.0	7070.9	7954.3
#餐费收入 (亿元)	From Meals (100 million yuan)	3246.1	3373.1	4037.1	4755.8	5442.8
年末餐饮营业面积(万平方米)	Business Area of Catering Services at Year-end(10 000 sq.m)	6171.4	6093.9	6249.4	9630.8	10000.8
住宿业	**Hotels**					
法人企业 (个)	Number of Corporation Enterprises (unit)	14628	14498	15713	16506	17109
年末从业人数 (万人)	Engaged Persons at Year-end (10 000 persons)	199.9	200.0	210.8	215.7	210.8
营业额 (亿元)	Business Revenue (100 million yuan)	2231.6	2260.7	2797.8	3261.9	3534.4
#客房收入 (亿元)	From Hotel Rooms (100 million yuan)	1064.6	1041.2	1309.8	1535.3	1617.9
餐费收入 (亿元)	From Meals (100 million yuan)	887.7	931.8	1143.9	1322.0	1476.0
客房数 (万间)	Number of Rooms (10 000 rooms)	215.5	201.7	224.9	254.3	439.7
床位数 (万位)	Number of Beds (10 000 beds)	380.0	351.5	393.2	426.4	756.1
年末餐饮营业面积(万平方米)	Business Area of Catering Services at Year-end(10 000 sq.m)	2256.8	2308.1	2269.6	4279.7	4641.6
餐饮业	**Catering Services**					
法人企业 (个)	Number of Corporation Enterprises (unit)	22523	20694	21595	22496	23390
年末从业人数 (万人)	Engaged Persons at Year-end (10 000 persons)	200.2	200.6	220.3	227.8	243.7
营业额 (亿元)	Business Revenue (100 million yuan)	2592.8	2686.4	3195.1	3809.0	4419.8
#餐费收入 (亿元)	From Meals (100 million yuan)	2358.4	2441.3	2893.2	3433.8	3966.7
年末餐饮营业面积(万平方米)	Business Area of Catering Services at Year-end(10 000 sq.m)	3914.6	3785.8	3979.7	5351.1	5359.1

注：1.本表的统计范围为限额以上法人企业。
　　2.本表的统计限额划分指标为“年主营业务收入”。

a) Scope of hotels and catering services covers enterprises above designated size.

b) For the designation of size, the indicator was based on income from principal business.

18-2 按登记注册类型和行业分限额以上住宿业企业主要指标(2012年)

单位：亿元

指 标	Item	法人企业(个) Number of Corporation Enterprises (unit)	年末从业人数(人) Engaged Persons at Year-end (person)	营业额 Business Revenue	#客房收入 From Hotel Rooms	#餐费收入 From Meals
住宿业合计	**Hotels**	**17109**	**2107502**	**3534.4**	**1617.9**	**1476.0**
按登记注册类型分	**by Status of Registration**					
内资企业	**Domestic Funded Enterprises**	**16129**	**1861890**	**2968.3**	**1348.1**	**1260.7**
国有企业	State-owned Enterprises	2829	401892	641.4	267.2	272.7
集体企业	Collective-owned Enterprises	592	49999	83.9	33.1	39.7
股份合作企业	Cooperative Enterprises	179	15813	22.7	10.3	9.2
联营企业	Joint Ownership Enterprises	60	7562	13.2	6.0	5.5
国有联营企业	State Joint Ownership Enterprises	27	3913	6.0	3.2	2.1
集体联营企业	Collective Joint Ownership Enterprises	13	1022	2.2	0.8	1.3
国有与集体联营企业	Joint State-collective Enterprises	10	1413	2.7	0.9	1.1
其他联营企业	Other Joint Ownership Enterprises	10	1214	2.2	1.0	1.0
有限责任公司	Limited Liability Corporations	4582	655923	1064.0	498.9	439.3
国有独资公司	State Sole Funded Corporations	139	25643	42.4	19.1	16.8
其他有限责任公司	Other Limited Liability Corporations	4443	630280	1021.5	479.8	422.5
股份有限公司	Share-holding Corporations Ltd.	528	70508	121.6	51.0	51.1
私营企业	Private Enterprises	6646	586448	911.4	429.7	396.3
私营独资企业	Private-funded Enterprises	1458	101772	161.2	73.5	73.3
私营合伙企业	Private Partnership Enterprises	389	23229	37.6	18.0	15.8
私营有限责任公司	Private Limited Liability Corporations	4470	429418	656.6	313.1	281.4
私营股份有限公司	Private Share-holding Corporations Ltd.	329	32029	56.1	25.1	25.9
其他企业	Other Enterprises	713	73745	110.2	52.0	46.9
港、澳、台商投资企业	**Enterprises with Funds from Hong Kong, Macao and Taiwan**	**544**	**146661**	**331.0**	**154.6**	**126.1**
合资经营企业	Joint-venture Enterprises	248	72498	168.6	78.6	65.2
合作经营企业	Cooperative Enterprises	68	19501	43.3	19.4	16.7
独资经营企业	Enterprises with Sole Fund	198	48586	108.2	51.5	39.5
投资股份有限公司	Share-holding Corporations Ltd.	28	5759	10.5	5.0	4.5
其他港澳台商投资企业	Other Enterprises with Funds from Hong Kong, Macao and Taiwan	2	317	0.3	0.1	0.1
外商投资企业	**Enterprises with Foreign Investment**	**436**	**98951**	**235.2**	**115.1**	**89.2**
中外合资经营企业	Joint-venture Enterprises	187	46581	115.4	55.1	43.3
中外合作经营企业	Cooperation Enterprises	60	16138	36.9	16.7	16.3
外资企业	Enterprises with Sole Fund	171	32703	77.8	41.3	27.5
外商投资股份有限公司	Share-holding Corporations Ltd.	13	2364	3.5	1.7	1.4
其他外商投资企业	Other Foreign Funded Enterprises	5	1165	1.5	0.4	0.8
按国民经济行业分	**by Sector**					
旅游饭店	Tourist Hotel	11629	1746336	2953.1	1283.8	1286.6
一般旅馆	Fonda	4983	321212	515.4	299.7	167.6
其他住宿业	Others	497	39954	65.9	34.5	21.9

Main Indicators of Enterprises above Designated Size of Hotels by Status of Registration and Sector (2012)

(100 million yuan)

资产总计 Total Assets	#流动资产合计 Working Capitals	#固定资产合计 Total Fixed Assets	负债合计 Total Liabilities	所有者权益合计 Total Owners' Equities	主营业务收入 Revenue from Principal Business	主营业务成本 Cost of Principal Business	主营业务税金及附加 Taxes and Other Charges on Principal Business	主营业务利润 Profits from Principal Business
9310.1	**3137.3**	**4036.9**	**6504.6**	**2805.5**	**3449.8**	**1226.6**	**182.8**	**2040.3**
7533.4	**2536.5**	**3252.9**	**5219.3**	**2314.3**	**2900.0**	**1072.4**	**153.2**	**1674.4**
1653.1	421.2	831.3	907.4	745.6	630.1	233.0	32.4	364.7
156.1	48.9	80.1	107.9	48.2	81.7	36.3	4.2	41.2
49.9	19.5	22.6	31.2	18.7	22.1	8.1	1.2	12.8
26.4	8.8	13.6	13.4	13.0	12.5	4.5	0.7	7.3
14.1	4.7	6.8	5.8	8.4	5.8	2.0	0.3	3.5
3.1	1.1	1.4	1.4	1.7	2.1	0.9	0.1	1.1
6.1	1.4	4.1	4.4	1.7	2.3	1.0	0.1	1.2
3.1	1.6	1.3	1.9	1.2	2.2	0.7	0.1	1.5
3096.3	1044.7	1329.9	2242.6	853.7	1040.3	344.4	57.0	638.9
148.5	28.2	85.3	84.2	64.2	42.0	13.3	2.3	26.4
2947.8	1016.5	1244.7	2158.4	789.4	998.3	331.0	54.8	612.5
320.5	113.5	124.9	201.4	119.1	118.3	46.2	5.9	66.2
1988.3	779.3	757.2	1537.8	450.5	886.4	357.1	46.2	483.0
254.5	93.8	111.8	163.7	90.8	153.1	76.1	7.5	69.6
60.4	23.9	28.9	40.6	19.8	36.5	18.4	1.7	16.3
1533.7	610.8	559.9	1227.0	306.8	642.1	235.6	34.4	372.0
139.7	50.8	56.6	106.6	33.0	54.7	27.0	2.6	25.1
242.9	100.6	93.2	177.4	65.5	108.7	42.7	5.7	60.3
1071.1	**346.6**	**461.0**	**778.1**	**293.0**	**321.1**	**86.9**	**17.5**	**216.7**
555.7	185.9	214.0	401.8	153.9	166.1	44.4	9.3	112.5
139.2	54.5	60.5	108.4	30.8	41.7	11.2	2.3	28.2
336.4	95.2	162.8	239.2	97.2	102.7	27.9	5.4	69.5
36.9	10.5	22.6	27.0	10.0	10.3	3.5	0.6	6.3
2.8	0.4	1.1	1.7	1.1	0.3	0.1		0.2
705.6	**254.3**	**323.1**	**507.3**	**198.3**	**228.7**	**67.3**	**12.2**	**149.2**
305.5	121.3	126.1	214.7	90.8	112.5	25.4	5.8	81.4
89.4	35.1	38.1	88.9	0.6	37.2	15.2	2.0	20.0
268.7	94.1	131.6	164.2	104.5	74.0	25.3	4.1	44.6
33.3	1.8	26.1	33.6	-0.3	3.5	0.8	0.2	2.5
8.7	2.0	1.2	5.9	2.8	1.5	0.6	0.1	0.7
8216.4	2740.0	3593.6	5775.2	2441.2	2886.1	996.4	154.1	1735.5
968.4	353.7	384.1	641.4	326.9	501.2	206.3	25.4	269.6
125.4	43.6	59.2	88.0	37.4	62.5	23.9	3.3	35.3

18-3 分地区限额以上住宿业企业主要指标(2012年)
Main Indicators of Enterprises above Designated Size of Hotels by Region (2012)

单位：亿元 (100 million yuan)

地区	Region	法人企业(个) Number of Corporation Enterprises (unit)	年末从业人数(人) Engaged Persons at Year-end (person)	营业额 Business Revenue	#客房收入 From Hotel Rooms	#餐费收入 From Meals	资产总计 Total Assets	#流动资产合计 Working Capitals	#固定资产合计 Total Fixed Assets
全国	**National Total**	**17109**	**2107502**	**3534.4**	**1617.9**	**1476.0**	**9310.1**	**3137.3**	**4036.9**
北京	Beijing	1154	162885	375.1	185.9	113.9	1136.4	361.0	456.2
天津	Tianjin	220	25543	42.2	19.7	15.6	127.3	50.3	51.4
河北	Hebei	486	68013	84.1	32.0	43.1	252.2	81.2	130.3
山西	Shanxi	397	53625	56.9	22.9	27.5	126.8	40.5	66.5
内蒙古	Inner Mongolia	307	33839	45.1	19.6	22.0	115.5	31.7	62.2
辽宁	Liaoning	557	60584	108.0	48.6	48.2	284.0	103.6	134.8
吉林	Jilin	198	22392	36.6	15.8	17.4	85.0	24.2	50.0
黑龙江	Heilongjiang	242	24901	35.1	19.1	12.9	89.1	22.2	54.7
上海	Shanghai	610	82482	210.3	105.7	70.1	543.0	169.5	220.6
江苏	Jiangsu	935	128454	223.3	86.2	110.1	629.2	201.1	252.2
浙江	Zhejiang	1216	155799	301.6	121.5	150.9	839.7	300.8	350.7
安徽	Anhui	487	54394	72.0	31.1	33.3	205.0	62.6	84.7
福建	Fujian	682	88566	141.8	58.6	66.4	314.0	105.7	124.7
江西	Jiangxi	373	43499	53.8	26.5	22.1	157.2	53.0	67.0
山东	Shandong	1021	121082	211.3	82.4	107.8	448.4	148.9	213.1
河南	Henan	994	98294	141.7	64.4	61.3	288.3	109.3	121.4
湖北	Hubei	678	64494	108.9	51.8	45.6	269.1	84.1	120.9
湖南	Hunan	663	32164	144.8	63.5	66.9	316.8	92.5	152.5
广东	Guangdong	1861	306915	471.1	217.6	187.1	1209.3	461.4	474.4
广西	Guangxi	460	52606	63.2	30.7	25.3	177.1	50.4	83.5
海南	Hainan	265	56910	91.2	56.6	27.8	258.5	114.6	96.2
重庆	Chongqing	304	41758	66.3	28.9	29.7	180.9	78.8	66.8
四川	Sichuan	899	90268	144.7	76.7	52.2	387.2	124.3	171.8
贵州	Guizhou	324	31814	35.9	20.3	12.3	97.3	34.1	47.0
云南	Yunnan	513	59150	78.2	42.8	23.6	261.5	84.8	114.6
西藏	Tibet	55	5332	6.1	3.6	1.6	27.2	4.0	17.5
陕西	Shaanxi	605	76310	98.7	42.5	46.5	257.7	66.7	138.3
甘肃	Gansu	239	24379	31.0	16.2	12.6	74.5	23.6	36.7
青海	Qinghai	55	6095	7.0	4.3	2.1	22.9	6.0	12.3
宁夏	Ningxia	75	9357	10.1	4.7	4.5	25.9	10.2	17.8
新疆	Xinjiang	234	25598	38.6	17.7	15.7	103.0	36.5	46.0

18-3 续表 continued

单位：亿元 (100 million yuan)

地 区	Region	负债合计 Total Liabilities	所有者权益合计 Total Owners' Equities	主营业务收入 Revenue from Principal Business	主营业务成本 Cost of Principal Business	主营业务税金及附加 Taxes and Other Charges on Principal Business	主营业务利润 Profits from Principal Business
全 国	**National Total**	**6504.6**	**2805.5**	**3449.8**	**1226.6**	**182.8**	**2040.3**
北 京	Beijing	827.5	308.9	376.6	100.8	20.8	255.0
天 津	Tianjin	95.7	31.7	41.4	14.3	2.2	24.9
河 北	Hebei	188.2	64.0	82.8	35.2	4.6	43.0
山 西	Shanxi	90.6	36.2	53.7	21.4	3.0	29.3
内蒙古	Inner Mongolia	70.6	44.9	43.3	17.4	2.2	23.7
辽 宁	Liaoning	202.1	81.8	104.4	41.2	5.4	57.8
吉 林	Jilin	56.1	28.9	35.7	15.7	1.8	18.2
黑龙江	Heilongjiang	54.5	34.7	33.9	11.3	1.9	20.7
上 海	Shanghai	311.1	231.9	203.8	56.4	10.8	136.6
江 苏	Jiangsu	448.5	180.7	218.9	80.7	11.5	126.7
浙 江	Zhejiang	629.0	210.7	299.4	98.1	16.5	184.8
安 徽	Anhui	141.1	63.9	69.4	28.4	3.6	37.4
福 建	Fujian	189.3	124.7	138.6	50.2	7.6	80.8
江 西	Jiangxi	95.5	61.7	53.2	20.0	2.6	30.6
山 东	Shandong	303.5	144.9	205.0	94.2	10.0	100.8
河 南	Henan	208.8	79.6	137.0	68.6	6.5	61.9
湖 北	Hubei	178.7	90.3	107.1	49.6	5.0	52.5
湖 南	Hunan	216.7	100.1	138.0	54.9	6.8	76.3
广 东	Guangdong	901.7	307.5	458.4	145.8	26.0	286.6
广 西	Guangxi	127.9	49.2	60.5	19.3	3.4	37.8
海 南	Hainan	184.9	73.6	90.5	19.7	4.7	66.1
重 庆	Chongqing	145.9	35.1	63.5	25.5	3.3	34.7
四 川	Sichuan	269.9	117.3	138.1	46.6	7.1	84.4
贵 州	Guizhou	65.6	31.7	35.5	13.5	2.0	20.0
云 南	Yunnan	151.9	109.6	74.0	25.3	4.0	44.7
西 藏	Tibet	10.3	16.9	5.9	1.7	0.4	3.8
陕 西	Shaanxi	197.8	59.9	96.3	36.8	4.8	54.7
甘 肃	Gansu	42.1	32.5	30.1	11.9	1.7	16.5
青 海	Qinghai	10.1	12.8	7.4	2.2	0.4	4.8
宁 夏	Ningxia	18.6	7.3	10.1	3.8	0.5	5.8
新 疆	Xinjiang	70.2	32.8	37.4	16.1	2.1	19.2

18-4 按登记注册类型和行业分限额以上餐饮业企业主要指标(2012年)

单位：亿元

指 标	Item	法人企业(个) Number of Corporation Enterprises (unit)	年末从业人数(人) Engaged Persons at Year-end (person)	营业额 Business Revenue	#餐费收入 From Meals
餐饮业合计	**Catering Services**	**23390**	**2437088**	**4419.8**	**3966.7**
按登记注册类型分	**by Status of Registration**				
内资企业	**Domestic Funded Enterprises**	**22200**	**1876851**	**3280.4**	**2859.2**
国有企业	State-owned Enterprises	659	70715	107.8	74.8
集体企业	Collective-owned Enterprises	359	20762	35.2	27.7
股份合作企业	Cooperative Enterprises	233	16408	26.7	22.2
联营企业	Joint Ownership Enterprises	23	1881	5.9	4.4
国有联营企业	State Joint Ownership Enterprises	2	55	0.1	0.1
集体联营企业	Collective Joint Ownership Enterprises	12	860	4.7	3.4
国有与集体联营企业	Joint State-collective Enterprises				
其他联营企业	Other Joint Ownership Enterprises	9	966	1.1	0.9
有限责任公司	Limited Liability Corporations	4809	496914	861.2	732.5
国有独资公司	State Sole Funded Corporations	53	8626	15.0	10.0
其他有限责任公司	Other Limited Liability Corporations	4756	488288	846.2	722.4
股份有限公司	Share-holding Corporations Ltd.	449	70021	136.4	114.1
私营企业	Private Enterprises	14353	1103936	1960.9	1757.7
私营独资企业	Private-funded Enterprises	4044	216440	443.8	387.8
私营合伙企业	Private Partnership Enterprises	634	34841	61.8	54.7
私营有限责任公司	Private Limited Liability Corporations	9119	802198	1366.5	1236.6
私营股份有限公司	Private Share-holding Corporations Ltd.	556	50457	88.8	78.6
其他企业	Other Enterprises	1315	96214	146.3	125.8
港、澳、台商投资企业	**Enterprises with Funds from Hong Kong, Macao and Taiwan**	**619**	**171514**	**339.9**	**323.2**
合资经营企业	Joint-venture Enterprises	158	50374	82.9	77.3
合作经营企业	Cooperative Enterprises	31	8527	21.9	20.5
独资经营企业	Enterprises with Sole Fund	417	111400	232.2	222.8
投资股份有限公司	Share-holding Corporations Ltd.	10	1000	2.5	2.3
其他港澳台商投资企业	Other Enterprises with Funds from Hong Kong, Macao and Taiwan	3	213	0.4	0.3
外商投资企业	**Enterprises with Foreign Investment**	**571**	**388723**	**799.5**	**784.3**
中外合资经营企业	Joint-venture Enterprises	158	86732	194.7	188.5
中外合作经营企业	Cooperation Enterprises	26	6069	15.4	13.4
外资企业	Enterprises with Sole Fund	354	292451	582.9	576.4
外商投资股份有限公司	Share-holding Corporations Ltd.	23	2807	5.3	4.8
其他外商投资企业	Other Foreign Funded Enterprises	10	664	1.2	1.1
按国民经济行业分	**by Sector**				
正餐服务业	Restaurant	21924	1896449	3356.3	2930.7
快餐服务业	Fast Food	837	440396	882.6	871.2
饮料及冷饮服务业	Beverages and Cold Drinks	188	33115	67.2	62.3
其他餐饮业	Others	441	67128	113.6	102.5

Main Indicators of Enterprises above Designated Size of Catering Services by Status of Registration and Sector (2012)

(100 million yuan)

资产总计 Total Assets	#流动资产合计 Working Capitals	#固定资产合计 Total Fixed Assets	负债合计 Total Liabilities	所有者权益合计 Total Owners' Equities	主营业务收入 Revenue from Principal Business	主营业务成本 Cost of Principal Business	主营业务税金及附加 Taxes and Other Charges on Principal Business	主营业务利润 Profits from Principal Business
3967.0	**1739.2**	**1254.8**	**2726.5**	**1240.5**	**4250.8**	**2155.3**	**222.3**	**1873.2**
3291.5	**1477.1**	**1065.5**	**2292.0**	**999.5**	**3194.5**	**1687.7**	**163.2**	**1343.7**
186.3	70.8	82.1	123.7	62.6	105.2	54.5	4.7	46.0
32.0	10.4	10.4	19.6	12.4	34.8	20.6	1.6	12.5
53.0	24.2	10.6	39.2	13.8	26.3	13.9	1.4	11.0
2.5	0.9	1.3	1.0	1.6	5.8	4.6	0.1	1.1
0.2		0.1	0.1	0.1	0.1	0.1		
1.8	0.5	1.1	0.5	1.3	4.6	3.8		0.8
0.6	0.3	0.1	0.4	0.1	1.0	0.7	0.1	0.3
976.8	429.2	311.7	723.5	253.4	845.9	416.6	44.7	384.6
21.0	7.6	10.0	16.8	4.2	14.6	5.3	0.7	8.6
955.8	421.6	301.7	706.6	249.2	831.3	411.3	44.0	376.0
220.9	94.5	49.0	127.4	93.6	133.2	64.9	6.1	62.2
1677.0	783.1	548.3	1165.6	511.4	1902.3	1033.1	97.0	772.2
290.4	109.7	127.4	151.3	139.1	417.2	254.5	19.1	143.6
39.5	18.8	14.7	22.0	17.4	60.4	36.3	2.8	21.3
1261.6	615.8	385.0	933.4	328.2	1338.0	695.9	70.7	571.3
85.5	38.7	21.1	58.9	26.6	86.7	46.3	4.4	36.0
142.9	64.2	52.1	92.0	50.9	141.1	79.5	7.5	54.1
275.2	**131.9**	**76.8**	**175.9**	**99.3**	**304.9**	**122.6**	**16.4**	**165.8**
70.1	34.7	21.4	40.4	29.7	51.8	24.6	2.7	24.6
17.1	8.2	6.1	15.5	1.6	21.9	8.4	1.0	12.4
178.7	81.4	48.3	114.6	64.1	228.3	88.4	12.5	127.4
9.2	7.5	1.1	5.3	3.9	2.5	1.1	0.1	1.3
0.1	0.1		0.1		0.4	0.2		0.2
400.3	**130.1**	**112.5**	**258.7**	**141.7**	**751.4**	**345.0**	**42.7**	**363.7**
114.0	31.8	43.4	70.2	43.8	193.7	90.4	10.7	92.6
6.7	3.1	1.6	4.7	2.1	15.3	8.0	0.8	6.5
272.7	93.2	66.5	180.5	92.2	536.2	243.8	31.0	261.5
6.0	1.6	0.6	2.8	3.2	5.0	2.4	0.2	2.5
0.9	0.5	0.3	0.5	0.4	1.1	0.4	0.1	0.6
3424.9	1524.6	1124.0	2382.3	1042.6	3264.3	1696.7	170.8	1396.9
408.4	143.3	105.0	265.0	143.3	809.3	376.2	43.2	389.9
41.8	22.6	9.1	22.1	19.7	66.0	22.3	3.3	40.4
91.9	48.7	16.8	57.1	34.8	111.2	60.1	5.1	46.0

18-5 分地区限额以上餐饮业企业主要指标(2012年)
Main Indicators of Enterprises above Designated Size of Catering Services by Region (2012)

单位：亿元 (100 million yuan)

地区	Region	法人企业(个) Number of Corporation Enterprises (unit)	年末从业人数(人) Engaged Persons at Year-end (person)	营业额 Business Revenue	#餐费收入 From Meals	资产总计 Total Assets	#流动资产合计 Working Capitals	#固定资产合计 Total Fixed Assets
全国	**National Total**	**23390**	**2437088**	**4419.8**	**3966.7**	**3967.0**	**1739.2**	**1254.8**
北京	Beijing	1963	248833	543.5	519.3	407.9	222.0	64.2
天津	Tianjin	398	59281	100.0	94.1	81.9	35.3	23.4
河北	Hebei	451	45845	54.4	45.4	64.1	28.4	24.4
山西	Shanxi	582	78526	99.7	79.1	131.6	55.1	47.1
内蒙古	Inner Mongolia	436	39729	55.8	44.4	124.1	50.9	43.8
辽宁	Liaoning	717	51525	147.0	138.3	129.4	47.5	46.0
吉林	Jilin	162	11470	21.8	15.8	34.5	10.4	19.3
黑龙江	Heilongjiang	246	19327	31.8	24.4	23.1	9.6	9.4
上海	Shanghai	1417	202669	419.8	404.1	282.7	155.9	63.6
江苏	Jiangsu	1812	209371	333.7	293.6	338.9	141.9	110.6
浙江	Zhejiang	1273	144237	279.6	249.2	290.2	131.0	99.7
安徽	Anhui	836	73114	88.8	71.3	135.0	54.5	43.9
福建	Fujian	719	80218	147.5	137.5	92.7	42.6	28.7
江西	Jiangxi	242	27699	35.7	29.0	47.0	18.2	18.5
山东	Shandong	2168	158638	328.9	270.1	356.7	117.1	153.0
河南	Henan	1374	76559	153.4	134.5	109.6	45.0	39.4
湖北	Hubei	1175	108818	189.2	162.5	170.9	64.9	60.4
湖南	Hunan	489	16157	98.7	85.7	74.1	23.5	32.9
广东	Guangdong	2540	348662	582.4	545.1	378.7	173.2	109.1
广西	Guangxi	277	31030	33.3	30.3	30.6	12.9	11.2
海南	Hainan	96	8888	13.6	12.2	11.0	5.9	3.3
重庆	Chongqing	769	74942	146.3	131.5	91.2	44.3	31.0
四川	Sichuan	1398	132501	251.0	224.6	260.0	114.0	66.8
贵州	Guizhou	184	17593	19.0	16.4	22.7	11.4	7.1
云南	Yunnan	296	30702	48.0	43.9	66.9	38.4	18.9
西藏	Tibet	14	895	1.1	1.1	0.9	0.4	0.2
陕西	Shaanxi	852	92120	131.7	108.1	125.8	51.8	44.3
甘肃	Gansu	306	23120	33.5	30.2	30.7	12.3	11.8
青海	Qinghai	29	4480	4.6	3.7	9.0	3.4	4.8
宁夏	Ningxia	94	10230	11.5	9.5	23.6	10.2	10.5
新疆	Xinjiang	75	9909	14.2	11.9	21.6	7.4	7.5

18-5 续表 continued

单位：亿元 (100 million yuan)

地 区	Region	负债合计 Total Liabilities	所有者权益合计 Total Owners' Equities	主营业务收入 Revenue from Principal Business	主营业务成本 Cost of Principal Business	主营业务税金及附加 Taxes and Other Charges on Principal Business	主营业务利润 Profits from Principal Business
全 国	**National Total**	**2726.5**	**1240.5**	**4250.8**	**2155.3**	**222.3**	**1873.2**
北 京	Beijing	318.0	89.9	543.6	237.9	29.8	275.9
天 津	Tianjin	62.7	19.1	99.8	49.6	5.4	44.8
河 北	Hebei	43.7	20.5	53.3	28.7	2.9	21.7
山 西	Shanxi	100.8	30.8	95.0	48.8	4.9	41.3
内蒙古	Inner Mongolia	76.3	47.7	74.6	33.8	3.2	37.6
辽 宁	Liaoning	90.5	38.9	143.4	74.9	8.0	60.5
吉 林	Jilin	14.2	20.3	21.1	11.4	0.9	8.8
黑龙江	Heilongjiang	11.7	11.4	30.5	15.0	1.9	13.6
上 海	Shanghai	214.2	68.5	349.8	153.1	20.1	176.6
江 苏	Jiangsu	255.2	83.6	329.6	165.7	17.5	146.4
浙 江	Zhejiang	222.2	68.0	276.6	143.6	14.8	118.2
安 徽	Anhui	86.6	48.4	85.5	44.5	4.2	36.8
福 建	Fujian	55.8	36.9	145.4	82.0	7.9	55.5
江 西	Jiangxi	25.0	22.0	35.2	18.6	1.7	14.9
山 东	Shandong	242.2	114.5	323.3	183.3	14.5	125.5
河 南	Henan	58.4	51.2	148.5	95.0	6.3	47.2
湖 北	Hubei	116.8	54.2	171.3	91.1	9.0	71.2
湖 南	Hunan	42.2	32.0	93.7	54.2	4.5	35.0
广 东	Guangdong	264.3	114.4	548.1	262.0	29.7	256.4
广 西	Guangxi	17.0	13.6	26.1	13.7	1.5	10.9
海 南	Hainan	8.9	2.1	12.6	6.7	0.8	5.1
重 庆	Chongqing	48.2	43.0	140.2	87.9	6.0	46.3
四 川	Sichuan	169.9	90.1	245.5	122.3	13.4	109.8
贵 州	Guizhou	16.2	6.5	17.9	8.9	1.1	7.9
云 南	Yunnan	39.3	27.6	47.3	25.6	2.6	19.1
西 藏	Tibet	0.7	0.2	1.2	0.7	0.1	0.4
陕 西	Shaanxi	75.5	50.2	129.1	64.9	6.5	57.7
甘 肃	Gansu	14.1	16.5	32.8	17.3	1.6	13.9
青 海	Qinghai	5.8	3.3	4.8	2.2	0.2	2.4
宁 夏	Ningxia	16.8	6.8	11.2	5.4	0.6	5.2
新 疆	Xinjiang	13.2	8.4	14.1	6.4	0.8	6.9

18-6 按登记注册类型分连锁餐饮企业基本情况(2012年)
Basic Conditions of Chain Catering Enterprises by Status of Registration (2012)

指 标	Item	总店数 (个) Number of Head Stores (unit)	门店总数 (个) Number of Stores (unit)	年末从业人数 (万人) Engaged Persons at Year-end (10 000 persons)	年末餐饮营业面积 (万平方米) Operating Area of Catering Enterprises at Year-end (10 000 sq.m)
合 计	**Total**	**456**	**18153**	**80.6**	**869.2**
内资企业	**Domestic Funded Enterprises**	**310**	**7248**	**29.0**	**474.6**
国有企业	State-owned Enterprises	7	47	0.2	2.0
集体企业	Collective-owned Enterprises	2	13	0.1	1.9
股份合作企业	Cooperative Enterprises	4	11		0.7
联营企业	Joint Ownership Enterprises				
国有联营企业	State Joint Ownership Enterprises				
集体联营企业	Collective Joint Ownership Enterprises				
国有与集体联营企业	Joint State-collective Enterprises				
其他联营企业	Other Joint Ownership Enterprises				
有限责任公司	Limited Liability Corporations	91	2529	8.6	187.5
国有独资公司	State Sole Funded Corporations	1	30	0.3	2.5
其他有限责任公司	Other Limited Liability Corporations	90	2499	8.4	185.0
股份有限公司	Share-holding Corporations Ltd.	13	841	5.1	87.0
私营企业	Private Enterprises	191	3797	14.9	195.2
私营独资企业	Private-funded Enterprises	20	113	0.5	8.4
私营合伙企业	Private Partnership Enterprises	1	2		0.1
私营有限责任公司	Private Limited Liability Corporations	162	3464	13.3	149.5
私营股份有限公司	Private Share-holding Corporations Ltd.	8	218	1.1	37.1
其他企业	Other Enterprises	2	10		0.4
港、澳、台商投资企业	**Enterprises with Funds from Hong Kong, Macao and Taiwan**	**59**	**2356**	**8.2**	**74.5**
合资经营企业	Joint-venture Enterprises	12	619	3.2	25.4
合作经营企业	Cooperative Enterprises	2	9	0.1	1.7
独资经营企业	Enterprises with Sole Fund	44	1726	4.9	47.1
投资股份有限公司	Share-holding Corporations Ltd.	1	2		0.3
其他港澳台商投资企业	Other Enterprises with Funds from Hong Kong, Macao and Taiwan				
外商投资企业	**Foreign Funded Enterprises**	**87**	**8549**	**43.3**	**320.1**
中外合资经营企业	Joint-venture Enterprises	11	1754	11.2	69.5
中外合作经营企业	Cooperative Enterprises	2	54	0.2	2.2
外资企业	Enterprises with Sole Fund	74	6741	31.9	248.3
外商投资股份有限公司	Share-holding Corporations Ltd.				
其他外商投资企业	Other Foreign Funded Enterprises				

18-6 续表 continued

指 标	Item	餐位数 (万个) Number of Dining-seats (10 000 units)	营业额 (亿元) Business Revenue (100 million yuan)	商品购进总额 (亿元) Total Purchases Value(100 million yuan)	统一配送商品购进额 (亿元) Centralized Purchase and Delivery (100 million yuan)
合　计	**Total**	**286.5**	**1283.26**	**561.36**	**388.48**
内资企业	**Domestic Funded Enterprises**	**143.5**	**408.32**	**182.19**	**98.09**
国有企业	State-owned Enterprises	0.6	4.40	1.93	0.88
集体企业	Collective-owned Enterprises	0.4	1.98	1.22	1.22
股份合作企业	Cooperative Enterprises	0.2	0.56	0.15	0.05
联营企业	Joint Ownership Enterprises				
国有联营企业	State Joint Ownership Enterprises				
集体联营企业	Collective Joint Ownership Enterprises				
国有与集体联营企业	Joint State-collective Enterprises				
其他联营企业	Other Joint Ownership Enterprises				
有限责任公司	Limited Liability Corporations	52.7	130.40	50.44	31.53
国有独资公司	State Sole Funded Corporations	1.1	3.62	1.44	
其他有限责任公司	Other Limited Liability Corporations	51.6	126.79	49.00	31.53
股份有限公司	Share-holding Corporations Ltd.	19.2	95.96	47.63	19.34
私营企业	Private Enterprises	70.2	174.86	80.73	44.99
私营独资企业	Private-funded Enterprises	3.1	8.48	5.69	1.36
私营合伙企业	Private Partnership Enterprises	0.1	0.05	0.02	
私营有限责任公司	Private Limited Liability Corporations	61.1	146.72	66.98	37.67
私营股份有限公司	Private Share-holding Corporations Ltd.	5.9	19.62	8.05	5.96
其他企业	Other Enterprises	0.1	0.16	0.07	0.07
港、澳、台商投资企业	**Enterprises with Funds from Hong Kong, Macao and Taiwan**	**25.1**	**153.63**	**56.69**	**49.81**
合资经营企业	Joint-venture Enterprises	7.6	47.45	17.20	14.14
合作经营企业	Cooperative Enterprises	0.2	2.94	1.02	1.02
独资经营企业	Enterprises with Sole Fund	17.2	102.79	38.01	34.65
投资股份有限公司	Share-holding Corporations Ltd.	0.1	0.45	0.45	
其他港澳台商投资企业	Other Enterprises with Funds from Hong Kong, Macao and Taiwan				
外商投资企业	**Foreign Funded Enterprises**	**117.9**	**721.32**	**322.48**	**240.58**
中外合资经营企业	Joint-venture Enterprises	24.8	168.48	61.18	51.58
中外合作经营企业	Cooperative Enterprises	0.9	4.28	3.48	0.48
外资企业	Enterprises with Sole Fund	92.2	548.56	257.83	188.52
外商投资股份有限公司	Share-holding Corporations Ltd.				
其他外商投资企业	Other Foreign Funded Enterprises				

18-7 按行业分连锁餐饮企业基本情况(2012年)
Basic Conditions of Chain Catering Enterprises by Sector (2012)

指 标	Item	总店数 (个) Number of Head Stores (unit)	门店总数 (个) Number of Stores (unit)	年末从业人数 (万人) Engaged Persons at Year-end (10 000 persons)	年末餐饮营业面积 (万平方米) Operating Area of Catering Enterprises at Year-end (10 000 sq.m)	餐位数 (万个) Number of Dining-seats (10 000 units)	营业额 (亿元) Business Revenue (100 million yuan)	商品购进总额 (亿元) Total Purchases Value (100 million yuan)	统一配送商品购进额 (亿元) Centralized Purchase and Delivery (100 million yuan)
总　计	**Total**	**456**	**18153**	**80.55**	**869.23**	**286.5**	**1283.26**	**561.36**	**388.48**
正餐服务	Restaurant	271	6275	32.18	523.00	164.1	452.09	207.69	95.12
快餐服务	Fast Food	155	10412	45.97	324.63	117.3	778.96	335.53	275.92
饮料及冷饮服务	Beverages and Cold Drinks	15	976	1.57	14.64	3.8	38.54	12.67	12.63
其他餐饮业	Others	15	490	0.83	6.95	1.3	13.68	5.46	4.81

18-8 分地区连锁餐饮企业基本情况

Basic Conditions of Chain Catering Enterprises by Region

年份 地区	Year Region	总店数 (个) Number of Head Stores (unit)	门店总数 (个) Number of Stores (unit)	年末从业人数 (万人) Engaged Persons at Year-end (10 000 persons)	年末餐饮营业面积 (万平方米) Operating Area of Catering Enterprises at Year-end (10 000 sq.m)	餐位数 (万个) Number of Dining-seats (10 000 units)	营业额 (亿元) Business Revenue (100 million yuan)	商品购进总额 (亿元) Total Purchases Value (100 million yuan)	统一配送商品购进额 (亿元) Centralized Purchase and Delivery (100 million yuan)
	2005	300	9748	50.10	478.10	245.80	454.36	171.50	109.10
	2006	349	11360	55.70	588.20	274.80	563.75	201.20	127.50
	2007	358	12743	62.55	629.25	280.05	640.00	274.91	168.80
	2008	453	12561	66.07	651.86	253.07	806.91	271.59	192.52
	2009	426	13739	65.18	691.55	248.94	879.32	362.00	239.84
	2010	415	15333	70.61	742.65	263.80	955.42	455.83	298.76
	2011	428	16285	83.29	821.37	277.07	1120.39	518.93	343.07
	2012	456	18153	80.55	869.23	286.46	1283.26	561.36	388.48
北 京	Beijing	79	3079	13.49	165.10	44.87	244.64	88.60	54.93
天 津	Tianjin	11	458	3.29	17.67	5.37	44.38	38.01	3.75
河 北	Hebei	1	7	0.11	1.50	0.47	1.79	1.18	
山 西	Shanxi	6	106	1.00	6.77	2.08	10.45	4.68	3.63
内蒙古	Inner Mongolia	7	314	0.60	16.03	2.24	15.09	7.05	0.90
辽 宁	Liaoning	12	459	1.27	17.72	7.18	60.97	30.39	23.71
吉 林	Jilin	1	19	0.07	1.17	0.36	0.89	0.39	0.39
黑龙江	Heilongjiang	8	74	0.26	4.11	1.52	3.62	1.46	1.35
上 海	Shanghai	18	1787	5.86	54.75	15.16	126.82	41.25	36.41
江 苏	Jiangsu	21	1333	6.30	45.57	14.65	91.77	45.13	43.29
浙 江	Zhejiang	30	1457	6.98	89.04	22.92	95.56	37.95	34.33
安 徽	Anhui	9	365	1.02	40.86	5.97	11.90	4.60	3.07
福 建	Fujian	15	952	3.24	25.08	9.21	49.17	19.61	15.37
江 西	Jiangxi	9	79	0.78	7.48	2.23	8.71	4.26	3.67
山 东	Shandong	11	390	0.68	14.67	6.49	28.65	14.53	13.94
河 南	Henan	20	206	0.82	8.67	2.98	11.40	6.08	4.32
湖 北	Hubei	30	498	3.32	45.61	15.42	49.26	26.93	24.95
湖 南	Hunan	12	350	2.34	23.73	9.47	20.76	3.93	0.65
广 东	Guangdong	90	2792	12.72	92.07	33.36	201.14	73.77	68.57
广 西	Guangxi	2	72	0.69	2.64	0.92	6.68	2.63	2.63
海 南	Hainan	1	4	0.03	0.15	0.05	0.61	0.22	0.22
重 庆	Chongqing	22	2179	10.67	143.19	64.40	125.50	73.20	14.93
四 川	Sichuan	13	590	2.26	22.53	10.11	37.81	14.41	13.22
贵 州	Guizhou	2	20	0.14	2.60	0.35	2.36	0.21	0.21
云 南	Yunnan	8	214	1.01	8.02	4.59	11.11	8.71	8.64
西 藏	Tibet	1	3	0.01	0.05	0.02	0.04	0.03	0.03
陕 西	Shaanxi	5	162	1.10	6.69	2.46	12.67	8.63	8.08
甘 肃	Gansu	3	33	0.12	0.97	0.38	3.56	1.60	1.46
青 海	Qinghai								
宁 夏	Ningxia	1	3	0.01	0.13	0.03	0.05	0.05	0.05
新 疆	Xinjiang	8	148	0.35	4.68	1.23	5.87	1.85	1.76

注：门店总数全国总计中包括开设在港澳台地区和国外的门店。

a) Total number of stores includes that from Hong Kong, Macao and Taiwan province and foreign countries.

18-9 旅游发展情况
Development of Tourism

指标	Item	2008	2009	2010	2011	2012
旅行社数 （个）	**Number of Travel Agencies (unit)**	**20110**	**20399**	**22784**	**23690**	
星级饭店数 （个）	**Number of Star-rated Hotels (unit)**	**14099**	**14237**	**13991**	**13513**	
入境游客 （万人次）	**Number of Overseas Visitor Arrivals(10 000 person-times)**	**13002.74**	**12647.59**	**13376.22**	**13542.35**	**13240.53**
外国人	Foreigners	2432.53	2193.75	2612.69	2711.20	2719.16
港澳同胞	Chinese Compatriots From Hong Kong and Macao	10131.65	10005.44	10249.48	10304.85	9987.35
台湾同胞	Chinese Compatriots From Taiwan Province	438.56	448.40	514.06	526.30	534.02
#入境过夜游客	Overnight Tourists	5304.92	5087.52	5566.45	5758.07	5772.49
国内居民出境人数（万人次）	**Number of Chinese Outbound Visitors (10 000 person-times)**	**4584.44**	**4765.62**	**5738.65**	**7025.00**	**8318.17**
#因私出境人数	For Private Purpose	4013.12	4220.97	5150.79	6411.79	7705.51
国内游客 （亿人次）	**Number of Domestic Visitors (100 million person-times)**	**17.12**	**19.02**	**21.03**	**26.41**	**29.57**
旅游收入	**Tourism Earnings**					
国际旅游(外汇)收入 (亿美元)	Foreign Exchange Earnings from International Tourism (100 million USD)	408.43	396.75	458.14	484.64	500.28
国内旅游收入 (亿元)	Earnings from Domestic Tourism (100 million yuan)	8749.30	10183.69	12579.77	19305.39	22706.22

18-10 国 内 旅 游 情 况
Domestic Tourism

年份 Year	国内游客(百万人次) Domestic Tourists (million person-times)	城镇居民 Urban Residents	农村居民 Rural Residents	旅游总花费(亿元) Tourism Expenditure(100 million yuan)	城镇居民 Urban Residents	农村居民 Rural Residents	人均花费(元) Per Capita Expenditure (yuan)	城镇居民 Urban Residents	农村居民 Rural Residents
1994	524	205	319	1023.5	848.2	175.3	195.3	414.7	54.9
1995	629	246	383	1375.7	1140.1	235.6	218.7	464.0	61.5
1996	640	256	383	1638.4	1368.4	270.0	256.2	534.1	70.5
1997	644	259	385	2112.7	1551.8	560.9	328.1	599.8	145.7
1998	695	250	445	2391.2	1515.1	876.1	345.0	607.0	197.0
1999	719	284	435	2831.9	1748.2	1083.7	394.0	614.8	249.5
2000	744	329	415	3175.5	2235.3	940.3	426.6	678.6	226.6
2001	784	375	409	3522.4	2651.7	870.7	449.5	708.3	212.7
2002	878	385	493	3878.4	2848.1	1030.3	441.8	739.7	209.1
2003	870	351	519	3442.3	2404.1	1038.2	395.7	684.9	200.0
2004	1102	459	643	4710.7	3359.0	1351.7	427.5	731.8	210.2
2005	1212	496	716	5285.9	3656.1	1629.7	436.1	737.1	227.6
2006	1394	576	818	6229.7	4414.7	1815.0	446.9	766.4	221.9
2007	1610	612	998	7770.6	5550.4	2220.2	482.6	906.9	222.5
2008	1712	703	1009	8749.3	5971.7	2777.6	511.0	849.4	275.3
2009	1902	903	999	10183.7	7233.8	2949.9	535.4	801.1	295.3
2010	2103	1065	1038	12579.8	9403.8	3176.0	598.2	883.0	306.0
2011	2641	1687	954	19305.4	14808.6	4496.8	731.0	877.8	471.4
2012	2957	1933	1024	22706.2	17678.0	5028.2	767.9	914.5	491.0

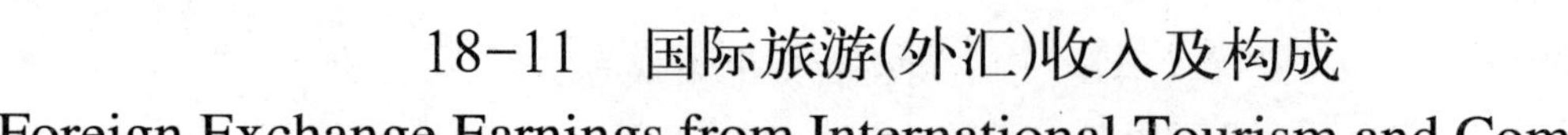

18-11 国际旅游(外汇)收入及构成
Foreign Exchange Earnings from International Tourism and Composition

指 标	Item	2011 数额(亿美元) Value (100 million USD)	2011 比重(%) Percentage (%)	2012 数额(亿美元) Value (100 million USD)	2012 比重(%) Percentage (%)
总计	**Total**	**484.64**	**100.0**	**500.28**	**100.0**
长途交通	Long Distance Transportation	151.17	31.2	172.78	34.5
民航	Civil Aviation	114.70	23.7	131.64	26.3
铁路	Railway	14.06	2.9	16.46	3.3
汽车	Highway	14.06	2.9	15.54	3.1
轮船	Waterway	8.35	1.7	9.14	1.8
游览	Sightseeing	25.32	5.2	25.55	5.1
住宿	Accommodation	50.98	10.5	52.11	10.4
餐饮	Food and Beverage	35.98	7.4	37.47	7.5
商品销售	Shopping	118.56	24.5	111.54	22.3
娱乐	Entertainment	34.66	7.2	36.13	7.2
邮电通讯	Postal and Communication Services	10.36	2.1	7.91	1.6
市内交通	Local Transportation	16.19	3.3	16.10	3.2
其他服务	Other Service	41.41	8.5	40.68	8.1

18-12 入境外国游客分组构成
Number of Overseas Visitor Arrivals by Sex, Age and Purpose

指 标	Item	2011 人数(万人次) Persons (10 000 person-times)	2011 比重(%) Percentage (%)	2012 人数(万人次) Persons (10 000 person-times)	2012 比重(%) Percentage (%)
总 计	**Total**	**2711.20**	**100.0**	**2719.16**	**100.0**
按性别分	By Sex				
男	Male	1745.41	64.4	1737.76	63.9
女	Female	965.79	35.6	981.40	36.1
按年龄分	By Age				
14岁及以下	14 and under	111.94	4.1	111.79	4.1
15至24岁	15-24	212.44	7.8	215.87	7.9
25至44岁	25-44	1227.62	45.3	1229.72	45.2
45至64岁	45-64	992.28	36.6	988.70	36.4
65岁以上	65 and over	166.92	6.2	173.07	6.4
按事由分类	By Purpose				
会议/商务	Meeting /Business	632.64	23.3	628.02	23.1
观光休闲	Sightseeing and Leisure	1221.82	45.1	1162.90	42.8
探亲访友	Visiting Relatives and Friends	10.99	0.4	10.77	0.4
服务员工	Worker and Crew	269.39	9.9	286.47	10.5
其他	Others	576.35	21.3	630.99	23.2

18-13 按国别分外国入境游客
Number of Oversea Visitor Arrivals by Country/Region

单位：万人次 (10 000 person-times)

地　区	Region	1995	2000	2005	2010	2011	2012
总计	**Total**	**588.67**	**1016.04**	**2025.51**	**2612.69**	**2711.20**	**2719.15**
亚洲	**Asia**	**338.26**	**610.15**	**1249.99**	**1617.86**	**1662.32**	**1662.22**
#朝鲜	Korea, D.P.Rep.	6.64	7.64	12.58	11.64	15.23	18.06
印度	India	4.50	12.09	35.65	54.93	60.65	61.02
印度尼西亚	Indonesia	13.28	22.06	37.76	57.34	60.87	62.20
日本	Japan	130.52	220.15	339.00	373.12	365.82	351.82
马来西亚	Malaysia	25.18	44.10	89.96	124.52	124.51	123.55
蒙古	Mongolia	26.19	39.91	64.20	79.44	99.42	101.05
菲律宾	Philippines	21.97	36.39	65.40	82.83	89.43	96.20
新加坡	Singapore	26.15	39.94	75.59	100.37	106.30	102.77
韩国	Republic of Korea	52.95	134.47	354.53	407.64	418.54	406.99
泰国	Thailand	17.33	24.11	58.63	63.55	60.80	64.76
非洲	**Africa**	**4.08**	**6.56**	**23.80**	**46.36**	**48.88**	**52.49**
欧洲	**Europe**	**159.06**	**248.90**	**479.14**	**569.79**	**593.78**	**594.82**
#英国	United Kingdom	18.49	28.39	49.96	57.50	59.57	61.84
德国	Germany	16.65	23.91	45.49	60.86	63.70	65.96
法国	France	11.85	18.50	37.20	51.27	49.31	52.48
意大利	Italy	6.37	7.78	19.70	22.92	23.50	25.20
荷兰	Netherlands	3.49	7.60	14.58	18.91	19.75	19.55
葡萄牙	Portugal	2.56	2.28	4.38	4.77	4.70	4.86
瑞典	Sweden	3.52	5.36	11.03	15.45	17.01	17.16
瑞士	Switzerland	3.43	3.07	5.14	7.43	7.53	8.28
俄罗斯	Russia	48.93	108.02	222.39	237.03	253.63	242.61
拉丁美洲	**Latin America**	**5.37**	**8.29**	**16.05**	**30.05**	**33.69**	**35.31**
北美洲	**North America**	**64.36**	**113.28**	**198.53**	**269.49**	**286.42**	**282.64**
#加拿大	Canada	12.88	23.66	42.98	68.53	74.80	70.83
美国	United States	51.49	89.62	155.55	200.96	211.61	211.81
大洋洲及太平洋岛屿	**Oceanic and Pacific Islands**	**15.85**	**28.18**	**57.36**	**78.93**	**85.93**	**91.49**
#澳大利亚	Australia	12.94	23.41	48.30	66.13	72.62	77.43
新西兰	New Zealand	2.29	3.76	7.84	11.61	12.09	12.83
其他	**Others**	**1.69**	**0.68**	**0.65**	**0.21**	**0.19**	**0.19**

18-14 分地区国际旅游(外汇)收入
Foreign Exchange Earnings from International Tourism by Region

单位：百万美元 (USD million)

地 区	Region	1995	2000	2005	2010	2011	2012
北 京	Beijing	2181.60	2768.00	3618.91	5044.61	5416.00	5149.00
天 津	Tianjin	132.75	231.76	509.01	1419.51	1755.53	2226.41
河 北	Hebei	42.01	141.90	209.17	350.71	447.65	544.94
山 西	Shanxi	20.62	49.91	116.22	464.60	567.19	720.24
内蒙古	Inner Mongolia	90.52	126.45	352.07	601.90	670.97	771.96
辽 宁	Liaoning	189.01	382.65	737.77	2259.33	2713.14	3263.69
吉 林	Jilin	41.48	58.04	119.52	304.92	385.28	494.77
黑龙江	Heilongjiang	60.62	189.05	340.43	762.50	917.62	835.48
上 海	Shanghai	939.42	1612.67	3555.88	6340.92	5751.18	5493.23
江 苏	Jiangsu	259.88	723.84	2259.74	4783.43	5652.97	6299.72
浙 江	Zhejiang	235.91	513.97	1716.26	3930.20	4541.73	5151.74
安 徽	Anhui	31.39	86.21	185.58	708.98	1179.18	1562.67
福 建	Fujian	484.12	893.82	1305.29	2978.24	3634.44	4225.67
江 西	Jiangxi	24.99	62.34	103.95	346.03	415.00	484.73
山 东	Shandong	153.84	315.13	780.23	2155.04	2550.76	2923.65
河 南	Henan	60.20	123.90	216.04	498.77	549.03	611.41
湖 北	Hubei	73.17	145.72	276.36	751.16	940.18	1202.97
湖 南	Hunan	64.93	220.78	390.24	906.22	1014.34	928.36
广 东	Guangdong	2392.68	4112.21	6388.05	12382.61	13906.19	15610.67
广 西	Guangxi	121.09	306.61	358.93	806.15	1051.88	1278.87
海 南	Hainan	80.98	108.83	128.46	322.36	376.15	348.02
重 庆	Chongqing		138.40	264.36	703.20	968.06	1168.32
四 川	Sichuan	125.32	121.87	315.95	354.09	593.83	798.15
贵 州	Guizhou	28.98	60.92	101.41	129.58	135.07	168.94
云 南	Yunnan	165.03	339.02	528.01	1323.65	1608.61	1947.08
西 藏	Tibet	11.30	52.26	44.43	103.59	129.63	105.70
陕 西	Shaanxi	139.43	280.25	446.25	1015.96	1295.05	1597.47
甘 肃	Gansu	20.79	54.63	58.76	14.81	17.40	22.35
青 海	Qinghai	2.38	7.20	11.02	20.45	26.59	24.32
宁 夏	Ningxia	1.13	2.72	2.30	5.99	6.20	5.45
新 疆	Xinjiang	74.36	94.94	100.09	185.42	465.19	550.57

18-15 分地区接待入境过夜游客
Number of Oversea Visitor Arrivals by Region

单位：万人次 (10 000 person-times)

地区	Region	2000 总计 Total	2000 #外国人 Foreigners	2005 总计 Total	2005 #外国人 Foreigners	2010 总计 Total	2010 #外国人 Foreigners	2011 总计 Total	2011 #外国人 Foreigners	2012 总计 Total	2012 #外国人 Foreigners
北京	Beijing	282.09	237.96	362.92	311.62	490.07	421.63	520.40	447.41	500.86	434.40
天津	Tianjin	35.62	32.14	74.01	67.46	166.07	153.05	73.06	63.58	73.75	63.71
河北	Hebei	41.43	35.90	62.65	57.39	97.74	85.31	114.14	98.27	129.32	106.71
山西	Shanxi	16.53	11.66	42.15	25.40	130.29	82.09	155.32	98.25	189.18	120.42
内蒙古	Inner Mongolia	39.19	38.74	100.16	99.56	142.80	140.02	151.52	147.64	159.17	151.46
辽宁	Liaoning	61.22	50.05	130.20	111.11	361.80	307.01	405.33	339.41	473.13	388.59
吉林	Jilin	22.27	19.19	37.32	30.68	82.01	72.16	99.32	85.49	118.27	100.90
黑龙江	Heilongjiang	55.17	50.47	82.15	76.42	172.42	164.83	206.52	197.84	207.62	194.73
上海	Shanghai	181.40	143.90	444.54	379.93	733.72	593.12	668.61	554.99	651.23	539.64
江苏	Jiangsu	160.95	98.15	378.30	262.15	653.55	473.50	737.33	537.91	791.54	575.21
浙江	Zhejiang	112.59	64.75	348.05	232.92	684.71	447.41	773.69	515.04	865.93	570.51
安徽	Anhui	31.84	16.79	63.29	41.06	198.42	117.40	262.87	151.75	331.47	190.41
福建	Fujian	161.33	49.75	197.39	72.36	368.14	115.27	427.42	140.02	493.67	167.01
江西	Jiangxi	16.31	5.54	37.25	13.63	113.97	39.92	135.83	43.98	156.18	50.39
山东	Shandong	72.31	48.01	155.11	124.78	366.79	277.87	424.23	312.33	469.91	342.23
河南	Henan	32.50	18.21	60.05	34.73	146.84	96.09	168.29	104.29	190.77	118.74
湖北	Hubei	45.08	35.74	82.57	62.68	181.74	138.55	213.52	160.11	264.72	192.96
湖南	Hunan	45.40	15.79	71.98	60.88	189.87	103.30	227.63	119.80	224.55	90.64
广东	Guangdong	1198.94	212.85	1896.99	476.53	3140.93	733.28	3331.63	749.34	3489.43	773.05
广西	Guangxi	122.91	50.80	147.71	88.66	250.24	141.39	302.79	171.48	350.27	192.70
海南	Hainan	48.68	9.37	43.19	26.94	66.33	47.40	81.43	56.16	81.58	51.97
重庆	Chongqing	26.61	19.29	52.39	41.81	137.02	103.96	186.40	132.61	224.28	152.63
四川	Sichuan	46.20	19.97	106.28	68.27	104.93	74.97	163.97	113.73	227.34	151.29
贵州	Guizhou	18.39	7.12	27.62	9.26	50.01	18.61	58.51	23.62	70.50	30.42
云南	Yunnan	100.11	66.59	150.28	99.65	329.15	231.23	395.38	281.00	457.84	329.77
西藏	Tibet	15.00	13.58	12.13	11.10	22.83	21.41	27.08	24.90	19.49	17.46
陕西	Shaanxi	71.28	58.48	92.84	74.57	212.17	155.24	270.41	189.91	335.24	233.66
甘肃	Gansu	21.31	14.34	28.85	17.20	7.02	4.99	9.11	5.47	10.20	6.69
青海	Qinghai	3.26	1.46	3.52	1.46	4.67	3.39	5.17	4.11	4.73	3.84
宁夏	Ningxia	0.78	0.58	0.82	0.66	1.80	1.29	1.95	1.37	1.90	1.43
新疆	Xinjiang	25.61	20.84	33.11	29.01	50.94	45.44	56.37	48.77	62.49	49.02

主要统计指标解释

住宿业　指为旅行者提供短期留宿场所的活动，有些单位只提供住宿，也有些单位提供住宿、饮食、商务、娱乐一体的服务，不包括主要按月或按年长期出租房屋住所的活动。

餐饮业　指通过即时制作加工、商业销售和服务性劳动等，向消费者提供食品和消费场所及设施的服务。

营业额　指住宿和餐饮业单位在经营活动中因提供服务或销售商品等取得的收入。包括：客房收入、餐费收入、商品销售额（含增值税）和其他收入。其中，客房收入指住宿和餐饮业单位在经营活动中因提供住宿服务取得的收入。餐费收入指本单位为顾客提供就餐服务取得的收入，包括：经烹饪、调制加工后出售的各种食品，如主食、炒菜、凉拌菜等的收入。

入境游客　指报告期内来中国（大陆）观光、度假、探亲访友、就医疗养、购物、参加会议或从事经济、文化、体育、宗教活动的外国人、港澳台同胞等游客（即入境旅游人数）。统计时，入境游客按每入境一次统计 1 人次。入境旅游人数包括入境过夜游客和入境一日游游客。

出境人数（出境游客）　指中国（大陆）居民因公或因私出境前往其他国家、中国香港特别行政区、澳门特别行政区和台湾省观光、度假、探亲访友、就医疗养、购物、参加会议或从事经济、文化、体育、宗教活动的人数（即出境游客）。统计时，出境游客按每出境一次统计 1 人次。

国内游客　指报告期内在中国（大陆）观光游览、度假、探亲访友、就医疗养、购物、参加会议或从事经济、文化、体育、宗教活动的中国（大陆）居民人数，其出游的目的不是通过所从事的活动谋取报酬。统计时，国内游客按每出游一次统计 1 人次。

国际旅游（外汇）收入　指入境游客在中国（大陆）境内旅行、游览过程中用于交通、参观游览、住宿、餐饮、购物、娱乐等全部花费。

国内旅游收入　指国内游客在国内旅行、游览过程中用于交通、参观游览、住宿、餐饮、购物、娱乐等全部花费。

星级饭店　指设备、设施、服务符合《旅游饭店星级的划分与评定》（GB/T14308-2003），通过相关旅游管理部门评定，并取得星级饭店称号的饭店（含预备星级饭店）。

Explanatory Notes on Main Statistical Indicators

Hotel Services refer to the accommodation services provided to visitors. Some units may provide only accommodation while others provide a combination of accommodation, meals, business services and/or recreational facilities. It excludes activities related to the provision of long-term primary residences in facilities such as apartments typically leased on a monthly or annual basis.

Catering Services refer to the activities of providing foods, serving locations and facilities to customers through instant processing, commercial sales and service-type labor.

Business Revenue refers to revenue of hotels and catering services received from providing services or selling commodities through business activities, including income from hotels, from catering services, from selling of commodities (including VAT) and from other services. Income from hotels refers to income of hotels and catering services by providing lodging services through business activities. Income from catering services refers to income from providing catering services, including selling of cooked or prepared foods, such as staple food, cooked dishes, or cold dishes.

Overseas Visitor Arrivals refer to the number of tourists of foreigners, Chinese compatriots from Hong Kong, Macao and Taiwan who come to China (mainland) within the reference period for sight-seeing, vacation, visiting relatives, medical treatment, shopping, attending conference, or to engage in economic, cultural, sports and religious activities (namely the number of overseas visitor arrivals). In compiling statistics, each arrival is counted as one person-time. The number of overseas visitor arrivals includes inbound overnight tourists and one-day tourists.

Number of Chinese Residents Going Abroad (Chinese Outbound Visitors) refers to the number of Chinese (mainland) residents going to other countries, Hong Kong Special Administrative region, Macao Special Administrative region and Taiwan for on official or private purposes, for sight-seeing, vacation, visiting relatives, medical treatment, shopping, attending conference, or to engage in economic, cultural, sports and religious activities (namely the Chinese outbound visitors). In compiling statistics, each time of leaving is counted as one person-time.

Number of Domestic Tourists refers to the number of Chinese (mainland) residents who travel within China (mainland) for sight-seeing, vacation, visiting relatives, medical treatment, shopping, attending conference, or to engage in economic, cultural, sports and religious activities. In compiling statistics, each time of travelling is counted as one person-time.

Foreign Exchange Earnings from International Tourism refer to the total expenditure of foreigners, overseas Chinese, Chinese compatriots from Hong Kong, Macao and Taiwan during their stay in the mainland of China on transportation, sighting, accommodation, food, shopping and entertainment.

Income from Domestic Tourism refer to expenditure of domestic tourists on transportation, sighting, accommodation, food, shopping and entertainment while they travel.

Star-rated Hotels refer to hotels rated with stars as assessed by the relevant tourism authorities according to GB/T14308-2003 standard with reference to their infrastructure, facilities and service levels.

19

金融业

Financial Intermediation

简 要 说 明

一、本篇资料的主要内容

本篇反映我国金融、证券和保险业发展情况。有以下四个部分：一是金融机构金融活动情况，二是存贷款利率调整情况，三是直接融资情况，四是保险业务情况。

二、本篇各部分资料来源

1.反映金融机构活动情况的资料包括：金融机构人民币信贷资金平衡表(资金来源)、金融机构人民币信贷资金平衡表(资金运用)、货币供应量（年底余额）、货币供应量同比增长率、黄金和外汇储备、货币当局资产负债表（年底余额)、其他存款性公司资产负债表（年底余额)、外资银行资产负债表（年底余额)、社会融资规模及构成。金融机构信贷资金平衡表及现金收支表的统计范围包括中国人民银行、国家政策性银行、国有商业银行、其他商业银行、城市合作银行、城市信用合作社、农村信用合作社、外资银行、财务公司、信托投资公司、金融租赁公司、邮政储蓄机构。中国人民银行总行根据金融机构的基层单位全面填报、并按各自系统汇总的资料，进行归并和汇总，最后得到金融机构的信贷收支及现金收支表。黄金和外汇储备表中的资料取自于中国人民银行的资产负债表，由该行有关部门提供。

2.反映存贷款利率调整情况的金融机构法定存款利率和金融机构法定贷款利率表，数据来自中国人民银行总行规定的、并对外发布的存贷款利率。

3.反映直接融资情况的证券市场基本情况、上市公司数量、股票发行量和筹资额、股票交易情况，资料取自中国证券监督管理委员会编制的《中国证券期货统计年鉴》。

4.反映保险业务情况的保险系统机构、人员数、保险公司业务经济技术指标、保险公司资产情况、保险公司资金运用情况、各地区原保险保费收入和赔付支出情况，数据取自中国保险监督管理委员会编制的保险统计资料。

Brief Introduction

I. Main Contents

Data in this chapter show the development of China's financial, securities and insurance industries, in the following four aspects: (1) the financial activities of the financial institutions; (2) the situations regarding the adjustment of deposit and loan interests; (3) the situation regarding direct financing; (4) the situation regarding the insurance business.

II. Sources of Data

(1) Data on the activities of financial institutions are Balance Sheet of Credit Funds of Financial Institutions (Funds Sources), Balance Sheet of Credit Funds of Financial Institutions (Funds Uses), Money Supply at Year-end, Rate of Increase of Money Supply Over the Previous Corresponding Period, Gold and Foreign Exchange Reserves, Balance Sheet of Monetary Authority (Balance at Year-end) ，Balance Sheet of Other Depository Corporations (Balance at Year-end)，Balance Sheet of Foreign-funded Banks at Year-end，Statistics on Social Financing and Its Composition. Statistical scope of balance sheet of credit funds of financial institutions and data on cash income and expenditure cover the People's Bank of China, the State policy banks, the State-owned commercial banks, other commercial banks, urban cooperative banks, urban credit cooperatives, rural credit cooperatives, foreign-funded banks, finance companies, financial trust and investment companies, financial leasing companies, postal savings bureau. The grassroots units of the above financial institutions fill out the questionnaires and report to the higher authority. The higher authorities tabulate the data level by level. Finally, the Head Office of the People's Bank of China tabulate the data to obtain the national total. The data on gold and foreign exchange reserves are extracted from the balance sheet of the People's Bank of China and are provided by the relevant departments in the Bank.

(2) Official Interest Rates of Deposits of Financial Institutions and Official Interest Rates of Loans of Financial Institutions show the changes of the interest rates of deposits and loans. Data are from the interest rates of deposits and loans stipulated and published by the Head Office of the People's Bank of China.

(3) General Statistics on Securities Markets, Number of Listed Companies, Issued Shares and Raised Capital and Statistics of Stock Trading show the situation regarding direct financing. Data are from the *Statistical Yearbook on China's Securities and Futures* compiled by China Securities Regulatory Commission.

(4) Number of Institutions and Employed Persons in the Insurance System at Year-end and Economic and Technical Indicators of Insurance Companies，Situations of Assets of Insurance Company，Fund Uses of Insurance Company，Premium of Primary Insurance and Payment by Region show the business situation of the insurance industry, with data coming from the insurance statistics compiled by the China Insurance Regulatory Commission.

19-1 金融机构人民币信贷资金平衡表(年底余额)(资金来源)
Balance Sheet of Credit Funds of Financial Institutions at Year-end (Funds Sources)

单位：亿元 (100 million yuan)

项 目	Item	2011	2012
资金来源合计	**Sources of Funds**	**913226**	**1024067**
各项存款	Total Deposits	809368	917555
单位存款	Corporate Deposits	410912	458821
个人存款	Personal Deposits	353536	411003
财政性存款	Fiscal Deposits	26223	24426
临时性存款	Temporary Deposits	1570	1633
委托存款	Designated Deposits	308	227
其他存款	Other Deposits	16818	21445
金融债券	Financial Bonds	10039	8488
流通中货币	Currency in Circulation	50748	54660
对国际金融机构负债	Liabilities to International Financial Institutions	776	828
其他	Others	42294	42538

注：1.2011年起，《金融机构人民币信贷收支》分类项目调整，部分数据与2010年以前不可比(以下相关表同)。
2.2011年企业存款改为“单位存款”，居民储蓄存款改为“个人存款”，与上年统计口径一致(以下相关表同)。

a) Since 2011, classification in Sources & Uses of Credit Funds of Financial Institutions has been adjusted. Some data are not comparable with that before 2010. The same applies to the tables following.

b) In 2011, coporate deposits changes to corporate deposits; savings deposits changes to personal deposits. The statistical scopes keep the same as the previous year. The same applies to the tables following.

19-2 金融机构人民币信贷资金平衡表(年底余额)(资金运用)
Balance Sheet of Credit Funds of Financial Institutions at Year-end (Funds Uses)

单位：亿元 (100 million yuan)

项 目	Item	2011	2012
资金运用合计	**Uses of Funds**	**913226**	**1024067**
各项贷款	Total Loans	547947	629910
境内贷款	Domestic Loans	546398	628101
短期贷款	Short-term Loans	203133	248273
中长期贷款	Medium & Long-term Loans	323807	352907
融资租赁	Financial Lease	4152	5931
票据融资	Bill Financing	15124	20433
各项垫款	Advances	183	556
境外贷款	Overseas Loans	1548	1809
有价证券	Portfolio Investments	96479	111681
股权及其他投资	Shares and Other Investments	12825	21633
黄金占款	Position for Bullion Purchase	670	670
外汇占款	Position for Foreign Exchanges Purchase	253587	258533
在国际金融机构资产	Assets with International Financial Institutions	1719	1641

19-3 货币供应量（年底余额）
Money Supply at Year-end

单位：亿元 (100 million yuan)

年份 Year	货币和准货币 (M_2) Money and Quasi-Money (M_2)	货币			准货币			
		(M_1) Money (M_1)	流通中现金 (M_0) Currency in Circulation (M_0)	单位活期存款 Corporate Demand Deposits	Quasi-Money	单位定期存款 Corporate Time Deposits	个人存款 Personal Savings Deposits	其他存款 Other Deposits
1990	15293.4	6950.7	2644.4	4306.3	8342.7			
1991	19349.9	8633.3	3177.8	5455.5	10716.6			
1992	25402.2	11731.5	4336.0	7395.2	13670.7			
1993	34879.8	16280.4	5864.7	10415.7	18599.4	1247.9	15203.5	2148.0
1994	46923.5	20540.7	7288.6	13252.1	26382.8	1943.1	21518.8	2920.9
1995	60750.5	23987.1	7885.3	16101.8	36763.4	3324.2	29662.2	3777.0
1996	76094.9	28514.8	8802.0	19712.8	47580.1	5041.9	38520.8	4017.4
1997	90995.3	34826.3	10177.6	24648.7	56169.1	6738.5	46279.8	3150.7
1998	104498.5	38953.7	11204.2	27749.5	65544.9	8301.9	53407.5	3835.5
1999	119897.9	45837.3	13455.5	32381.8	74060.6	9476.8	59621.8	4962.0
2000	134610.3	53147.2	14652.7	38494.5	81463.1	11261.1	64332.4	5869.7
2001	158301.9	59871.6	15688.8	44182.8	98430.3	14180.1	73762.4	10487.8
2002	185007.0	70881.8	17278.0	53603.8	114125.2	16433.8	86910.7	10780.7
2003	221222.8	84118.6	19745.9	64372.6	137104.3	20940.4	103617.7	12546.2
2004	254107.0	95969.7	21468.3	74501.4	158137.2	25382.2	119555.4	13199.7
2005	298755.7	107278.8	24031.7	83247.1	191476.9	33100.0	141051.0	17325.9
2006	345603.6	126035.1	27072.6	98962.5	219568.5	38732.1	161587.3	19249.1
2007	403442.2	152560.1	30375.2	122184.9	250882.1	46932.5	172534.2	31415.4
2008	475166.6	166217.1	34219.0	131998.2	308949.5	60103.1	217885.4	30961.1
2009	606225.0	220001.5	38246.0	181755.5	386223.5	82284.9	260771.7	43166.9
2010	725851.8	266621.5	44628.2	221993.4	459230.3	105858.7	303302.5	50069.1
2011	851590.9	289847.7	50748.5	239099.2	561743.2	166616.0	352799.4	42329.7
2012	974159.5	308673.0	54659.8	254013.2	665486.5	195946.3	411352.2	58188.0

注：1.2001年6月起，将证券公司客户保证金计入货币供应量(M_2)，含在其他存款项内。

2.货币供应量已包含住房公积金中心存款和非存款类金融机构在存款类金融机构的存款。

a) Since June in 2001, the margin account of security companies maintained with financial institutions, part of Other Deposits, are included in money supply (M_2).

b) Money supply includes deposits of Housing Provident Fund Management Center and deposits of non-depository corporations in depository corporations.

19-4 货币供应量同比增长率
Rate of Increase of Money Supply over the Previous Corresponding Period

单位：% (%)

年份 Year	货币和准货币 (M_2) Money and Quasi-Money (M_2)	货币			准货币			
		(M_1) Money (M_1)	流通中现金 (M_0) Currency in Circulation (M_0)	单位活期存款 Corporate Demand Deposits	Quasi-Money	单位定期存款 Corporate Time Deposits	个人存款 Personal Savings Deposits	其他存款 Other Deposits
1991	26.5	24.2	20.2	26.7	28.5			
1992	31.3	35.9	36.4	35.6	27.6			
1993								
1994	34.5	26.2	24.3	27.2	41.9	55.7	41.5	36.0
1995	29.5	16.8	8.2	21.5	39.4	71.1	37.9	29.3
1996	25.3	18.9	11.6	22.4	29.4	51.7	29.9	6.4
1997	17.3	16.5	15.6	16.9	17.8	24.5	19.3	-8.9
1998	14.8	11.9	10.1	12.6	16.7	23.2	15.4	21.7
1999	14.7	17.7	20.1	16.7	13.0	14.2	11.6	29.3
2000	12.3	16.0	8.9	18.9	10.0	18.8	7.9	18.3
2001	14.4	12.7	7.1	14.8	15.5	25.9	14.7	9.1
2002	16.8	16.8	10.1	19.2	16.8	21.8	17.8	2.8
2003	19.6	18.7	14.3	20.3	20.1	27.4	19.2	16.4
2004	14.7	13.6	8.7	15.1	15.3	21.2	15.4	5.2
2005	17.6	11.8	11.9	11.7	21.1	30.4	18.0	31.3
2006	17.0	17.5	12.7	18.9	16.7	17.2	14.6	36.3
2007	16.7	21.1	12.2	23.5	14.3	21.2	6.8	63.2
2008	17.8	9.1	12.7	8.2	23.2	28.1	26.3	-1.5
2009	27.7	32.4	11.8	37.7	25.2	37.7	19.7	39.4
2010	19.7	21.2	16.7	22.1	18.9	28.7	16.3	16.0
2011	13.6	7.9	13.8	6.7	16.8	18.1	16.2	17.7
2012	13.8	6.5	7.7	6.2	17.6	17.6	16.6	25.1

注：1.同期比增长率按可比口径计算。1993年口径调整，故1993年未计算增长率。

2.2001年6月起，将证券公司客户保证金计入货币供应量(M_2)，含在其他存款项内。

3.1997年初，中国人民银行对金融统计制度进行了调整，因此自1997年起的数据与历史数据不完全可比。

a) Rate of increase over the previous corresponding period is calculated on the basis of comparable coverage. As the statistical coverage before 1992 was not comparable with that in 1993, the increase rate in 1993 was not calculated.

b) Since June in 2001, the margin account of security companies maintained with financial institutions, part of Other Deposits, are included in money supply (M_2).

c) The People's Bank of China has made some adjustment about the monetary statistics system since the beginning of 1997, the statistics since 1997 are not fully comparable with historical statistics.

19-5 金融机构法定存款利率
Official Interest Rates of Deposits of Financial Institutions

单位：年利率% (% p.a.)

项 目 Item	2010.10.20 Oct.20,2010	2010.12.26 Dec.26,2010	2011.02.09 Feb.09,2011	2011.04.06 Apr.06,2011	2011.07.07 July.07,2011	2012.06.08 Jun.08,2012	2012.07.06 July.06,2012
活期 Demand	0.36	0.36	0.40	0.50	0.50	0.40	0.35
定期 Time							
三个月 3-Month	1.91	2.25	2.60	2.85	3.10	2.85	2.60
半年 6-Month	2.20	2.50	2.80	3.05	3.30	3.05	2.80
一年 1-Year	2.50	2.75	3.00	3.25	3.50	3.25	3.00
二年 2-Year	3.25	3.55	3.90	4.15	4.40	4.10	3.75
三年 3-Year	3.85	4.15	4.50	4.75	5.00	4.65	4.25
五年 5-Year	4.20	4.55	5.00	5.25	5.50	5.10	4.75

注：金融机构以人民银行规定的人民币存款基准利率为上限，下限为0。

a) The upper limit of deposit rates offered by financial institutions is the benchmark rate of RMB deposits stipulated by the PBC, while the lower limit is zero.

19-6 金融机构法定贷款利率
Official Interest Rates of Loans of Financial Institutions

单位：年利率% (%, p.a.)

项 目	Item	2010.10.20 Oct.20, 2010	2010.12.26 Dec.26, 2010	2011.02.09 Feb.09, 2011	2011.04.06 Apr.06, 2011	2011.07.07 July.07, 2011	2012.06.08 June.06, 2012	2012.07.06 July.06, 2012
短期贷款	Short-term							
六个月	6-Month	5.10	5.35	5.60	5.85	6.10	5.85	5.60
一年	1-Year	5.56	5.81	6.06	6.31	6.56	6.31	6.00
中长期贷款	Medium and Long-term							
一年以上至三年	3-Year or Less	5.60	5.85	6.10	6.40	6.65	6.40	6.15
三年以上至五年	5-Year or Less	5.96	6.22	6.45	6.65	6.90	6.65	6.40
五年以上	Longer than 5-Year	6.14	6.40	6.60	6.80	7.05	6.80	6.55

19-7 黄 金 和 外 汇 储 备
Gold and Foreign Exchange Reserves

年 份 Year	黄金储备 (万盎司) Gold Reserves (10 000 oz.)	外汇储备 (亿美元) Foreign Exchange Reserves (USD 100 million)	年 份 Year	黄金储备 (万盎司) Gold Reserves (10 000 oz.)	外汇储备 (亿美元) Foreign Exchange Reserves (USD 100 million)
1978	1280	1.67	1996	1267	1050.29
1979	1280	8.40	1997	1267	1398.90
1980	1280	-12.96	1998	1267	1449.59
1981	1267	27.08	1999	1267	1546.75
1982	1267	69.86	2000	1267	1655.74
1983	1267	89.01	2001	1608	2121.65
1984	1267	82.20	2002	1929	2864.07
1985	1267	26.44	2003	1929	4032.51
1986	1267	20.72	2004	1929	6099.32
1987	1267	29.23	2005	1929	8188.72
1988	1267	33.72	2006	1929	10663.40
1989	1267	55.50	2007	1929	15282.49
1990	1267	110.93	2008	1929	19460.30
1991	1267	217.12	2009	3389	23991.52
1992	1267	194.43	2010	3389	28473.38
1993	1267	211.99	2011	3389	31811.48
1994	1267	516.20	2012	3389	33115.89
1995	1267	735.97			

19-8 货币当局资产负债表（年底余额）
Balance Sheet of Monetary Authority (Balance at Year-end)

单位：亿元 (100 million yuan)

项目	Item	2011	2012
总资产	**Total Assets**	**280977.6**	**294537.2**
国外资产	Foreign Assets	237898.1	241416.9
外汇	Foreign Exchange	232388.7	236669.9
货币黄金	Monetary Gold	669.8	669.8
其他国外资产	Other Foreign Assets	4839.5	4077.1
对政府债权	Claims on Government	15399.7	15313.7
对其他存款性公司债权	Claims on Other Depository Corporations	10247.5	16701.1
对其他金融性公司债权	Claims on Other Financial Corporations	10644.0	10038.6
对非金融性公司债权	Claims on Non-financial Sectors	25.0	25.0
其他资产	Other Assets	6763.3	11041.9
总负债	**Total Liabilities**	**280977.6**	**294537.2**
储备货币	Reserve Money	224641.8	252345.2
货币发行	Currency Issue	55850.1	60646.0
其他存款性公司存款	Deposits of Other Depository Corporations	168791.7	191699.2
不计入储备货币的金融性公司存款	Deposits of Financial Corporations not Included in Reserve Money	908.4	1348.8
债券发行	Bond Issue	23336.7	13880.0
国外负债	Foreign Liabilities	2699.4	1464.2
政府存款	Deposits of Government	22733.7	20753.3
自有资金	Own Capital	219.8	219.8
其他负债	Other Liabilities	6438.0	4525.9

注：1.自2011年1月起，人民银行采用国际货币基金组织关于储备货币的定义，不再将其他金融性公司在货币当局的存款计入储备货币。
2.自2011年1月起，境外金融机构在人民银行存款数据计入国外负债项目，不再计入其他存款性公司存款。

a) Since January 2011, the People's Bank of China adopts IMF's definition of reserve money, which means deposits of other financial corporations in the monetary authority are not included in reserve money.

b) Since January 2011, deposits of overseas financial institutions in the People's Bank are counted as foreign liabilities instead of deposits of other depository corporations.

19-9 其他存款性公司资产负债表（年底余额）
Balance Sheet of Other Depository Corporations (Balance at Year-end)

单位：亿元 (100 million yuan)

项目	Item	2011	2012
总资产	**Total Assets**	**1137867.1**	**1336862.8**
国外资产	Foreign Assets	24211.7	28798.5
储备资产	Reserve Assets	173004.1	197132.5
准备金存款	Deposits with Center Bank	167902.5	191146.3
库存现金	Cash in Vault	5101.6	5986.2
对政府债权	Claims on Government	49697.8	56123.3
对中央银行债权	Central Bank Bonds	22324.0	12709.0
对其他存款性公司债权	Claims on Other Depository Corporations	179466.0	237024.6
对其他金融性公司债权	Claims on Other Financial Corporations	34329.2	50519.9
对非金融性公司债权	Claims on Non-financial Sectors	465395.2	534132.7
对其他居民部门债权	Claims on Other Resident Sectors	135214.4	160193.8
其他资产	Other Assets	54224.7	60228.6
总负债	**Total Liabilities**	**1137867.1**	**1336862.8**
对非金融机构及住户负债	Liabilities to Non-financial & Households Institu	780043.9	891427.9
纳入广义货币的存款	Deposits Included in Broad Money	758512.7	861307.2
单位活期存款	Corporate Demand Deposits	239099.2	254004.5
单位定期存款	Corporate Time Deposits	166616.0	195940.1
个人存款	Personal Deposits	352797.5	411362.6
不纳入广义货币的存款	Deposits Excluded from Broad Money	16809.1	24454.1
可转让存款	Transferable Deposits	7118.5	8036.1
其他存款	Other Deposits	9690.6	16418.0
其他负债	Other Liabilities	4722.1	5666.6
对中央银行负债	Liabilities to Central Bank	6763.9	13903.1
对其他存款性公司负债	Liabilities to Other Depository Corporations	85082.0	108636.2
对其他金融性公司负债	Liabilities to Other Financial Corporations	52210.9	62999.2
#计入广义货币的存款	Deposits Included in Broad Money	42329.7	58181.9
国外负债	Foreign Liabilities	7765.9	9900.3
债券发行	Bond Issue	75409.7	92318.3
实收资本	Paid-in Capital	28642.0	30725.3
其他负债	Other Liabilities	101948.9	126952.6

19-10 外资银行资产负债表（年底余额）
Balance Sheet of Foreign-funded Banks at Year-end

单位：亿元 (100 million yuan)

项　目	Item	2011	2012
总资产	**Total Assets**	**23383.7**	**24582.4**
国外资产	Foreign Assets	1296.2	1612.5
储备资产	Reserve Assets	2966.5	3228.5
准备金	Deposits with Central Bank	2955.7	3218.4
库存现金	Cash in Vault	10.8	10.1
对政府债权	Claims on Government	1541.5	1294.9
对中央银行债权	Claims on Central Bank		
对其他存款性公司债权	Claims on Other Depository Corporations	5041.8	5361.3
对其他金融性公司债权	Claims on Other Financial Corporations	493.3	752.2
对非金融性公司债权	Claims on Non-financial Sectors	8981.3	10510.2
对其他居民部门债权	Claims on Other Resident Sectors	462.2	603.2
其他资产	Other Assets	2601.0	1219.6
总负债	**Total Liabilities**	**23383.7**	**24582.4**
对非金融机构及住户负债	Liabilities to Non-financial & Households Institutions	12202.2	13072.2
纳入广义货币的存款	Deposits Included in Broad Money	9787.7	10670.7
单位活期存款	Corporate Demand Deposits	2610.7	2912.6
单位定期存款	Corporate Time Deposits	5419.7	5823.0
个人存款	Personal Deposits	1757.2	1935.2
不纳入广义货币的存款	Deposits Excluded from Broad Money	2414.6	2401.5
可转让存款	Transferable Deposits	1091.4	1209.5
其他存款	Other Deposits	1323.1	1192.0
其他负债	Other Liabilities		
对中央银行负债	Liabilities to Central Bank	3.5	8.6
对其他存款性公司负债	Liabilities to Other Depository Corporations	1617.6	2571.0
对其他金融性公司负债	Liabilities to Other Financial Corporations	542.0	817.4
#计入广义货币的存款	Deposits Included in Broad Money		
国外负债	Foreign Liabilities	4148.2	4082.5
债券发行	Bond Issue	11.1	7.2
实收资本	Paid-in Capital	1622.5	1941.3
其他负债	Other Liabilities	3236.7	2082.1

19-11 社会融资规模及构成
Statistics on Social Financing and Its Composition

单位：亿元 (100 million yuan)

年　份 Year	社会融资规模 Social Financing	人民币贷款 RMB Loans	外币贷款（折合人民币） Foreign Currency Loans (RMB)	委托贷款 Credit Loans	信托贷款 Entrusted Loans	未贴现银行承兑汇票 Undiscounted Bankers' Acceptances	企业债券 Corporate Bonds	非金融企业境内股票融资 Domestic Equity Financing of Non-financial Enterprises
2002	20112	18475	731	175		-695	367	628
2003	34113	27652	2285	601		2010	499	559
2004	28629	22673	1381	3118		-290	467	673
2005	30008	23544	1415	1961		24	2010	339
2006	42696	31523	1459	2695	825	1500	2310	1536
2007	59663	36323	3864	3371	1702	6701	2284	4333
2008	69802	49041	1947	4262	3144	1064	5523	3324
2009	139104	95942	9265	6780	4364	4606	12367	3350
2010	140191	79451	4855	8748	3865	23346	11063	5786
2011	128286	74715	5712	12962	2034	10271	13658	4377
2012	157631	82038	9163	12838	12845	10499	22551	2508

注：1.社会融资规模是指一定时期内实体经济从金融体系获得的资金总额，是增量概念。
2.2012年数据为初步统计数。

a) Social Financing refers to the total funds raised by real economy from the financial system in a certain period of time. It's an increment.

b) Data of 2012 are preliminary statistics.

19-12 证券市场基本情况
General Statistics on Securities Markets

项目	Item	2011	2012
境内上市公司数（A、B股）(家)	Number of Listed Companies (A and B Shares) in Mainland (unit)	2342	2494
境内上市外资股公司数(B股)(家)	Number of Listed Companies of Foreign Fund (B Shares) in Mainland (unit)	108	107
境外上市公司数（H股）(家)	Number of Listed Companies (H Shares) Overseas (unit)	171	179
股票总发行股本 (亿股)	Volume Issued (100 million shares)	36096	38395
#流通股本 (亿股)	Negotiable Shares (100 million shares)	28850	31340
股票市价总值 (亿元)	Total Market Capitalization (100 million yuan)	214758	230358
#股票流通市值 (亿元)	Negotiable Market Capitalization (100 million yuan)	164921	181658
股票成交量 (亿股)	Stock Trading Volume (100 million shares)	33956.57	32881.06
股票成交金额 (亿元)	Turnover of Stock Trading (100 million yuan)	421645	314667
上证综合指数 (收盘)	Shanghai Comprehensive Index	2199.42	2269.13
深证综合指数 (收盘)	Shenzhen Comprehensive Index	866.65	881.17
股票有效账户数 (万户)	Number of Valid Stock Accounts (10 000 accounts)	14050	14046
平均市盈率	Average P/E Ratio		
上海	Shanghai	13.40	12.30
深圳	Shenzhen	23.11	22.01
平均换手率 (%)	Average Turnover Rate (%)		
上海	Shanghai	124.80	101.59
深圳	Shenzhen	340.49	297.85
国债发行额 (亿元)	Issued Volume of Government and Public Bonds (100 million yuan)	17100.00	16154.20
公司信用类债券发行额 (亿元)	Issued Volume of Corporate Credit Bonds (100 million yuan)	20143.00	37365.50
债券成交额 (亿元)	Bonds Trading Turnover (100 million yuan)	216349.52	403426.51
国债现货成交金额 (亿元)	Turnover of Spots Trading of Government and Public Bonds(100 million yuan)	1253.32	914.18
债券回购成交金额 (亿元)	Turnover of Repurchase Trading of Bonds (100 million yuan)	204621.27	393550.95
证券投资基金只数 (只)	Number of Securities Investment Funds (unit)	914	1173
证券投资基金规模 (亿份)	Capital of Securities Investment Funds (100 million units)	26510.37	31708.41
证券投资基金成交金额 (亿元)	Turnover of Securities Investment Funds (100 million yuan)	6365.80	8667.36
期货总成交量 (万手)	Trading Volume of Future (10 000 pieces)	105413.75	145052.57
期货总成交额 (亿元)	Trading Turnover of Future (100 million yuan)	1375162.44	1711269.36

注：1.股票总发行股本中含(A+H)股公司发行的H股。
2.换手率=全年成交金额/[（本年末流通市值+上年末流通市值)/2]*100%
3.公司信用类债券为2012年新增指标，包含非金融企业债务融资工具、企业债券以及公司债、可转债、可分离债、中小企业私募债。与2011年数据不可比（2011年数据为企业债发行额）。

a) Volume issued includes that of H shares issued by companies who have issued A shares and H shares.

b) Average Turnover Rate = [Total Stock Turnover/(Negotiable Market Capitalization at year-end + Negotiable Market Capitalization at the previous year-end)/2]*100%

c) Corporate credit bonds include financing tools of non-financing corporate bonds, corporate bonds, convertible bonds, warrant bonds, privately raised corporate bonds of medium and small-sized enterprises. It's a new indicator in 2012, so it is not comparable with the corporate bonds in 2011.

19-13 上市公司数量
Number of Listed Companies

单位：个 (unit)

年 份 Year	全国合计 National	上交所 Shanghai Stock Exchange	深交所 Shenzhen Stock Exchange	发A股公司 A Shares	发B股公司 B Shares	同时发A股、B股公司 A&B Shares
1990	10	8	2			
1991	14	8	6			
1992	53	29	24			
1993	183	106	77	177	41	35
1994	291	171	120	287	58	54
1995	323	188	135	311	70	58
1996	530	293	237	514	85	69
1997	745	383	362	720	101	76
1998	851	438	413	825	106	80
1999	949	484	465	922	108	81
2000	1088	572	516	1060	114	86
2001	1160	646	514	1140	112	92
2002	1224	715	509	1213	111	100
2003	1287	780	507	1277	111	101
2004	1377	837	540	1363	110	96
2005	1381	834	547	1358	109	86
2006	1434	842	592	1411	109	86
2007	1550	860	690	1527	109	86
2008	1625	864	761	1602	109	86
2009	1718	870	848	1696	108	86
2010	2063	894	1169	2041	108	86
2011	2342	931	1411	2320	108	86
2012	2494	954	1540	2472	107	85

19-14 股票发行量和筹资额
Issued Share and Raised Capital

年 份 Year	股票发行量(亿股) Issued Share (100 million shares)	A 股 A Shares	H股，N股 H, N Shares	B 股 B Shares	股票筹资额(亿元) Raised Capital (100 million yuan)	A 股 A Shares	#配 股 Rights Issued	H股，N股 H, N Shares	B 股 B Shares
1991	5.00	5.00			5.00	5.00			
1992	20.75	10.00		10.75	94.09	50.00			44.09
1993	95.79	42.59	40.41	12.79	375.47	276.41	81.58	60.93	38.13
1994	91.26	10.97	69.89	10.40	326.78	99.78	50.16	188.73	38.27
1995	31.60	5.32	15.38	10.90	150.32	85.51	62.83	31.46	33.35
1996	86.11	38.29	31.77	16.05	425.08	294.34	69.89	83.56	47.18
1997	267.63	105.65	136.88	25.10	1293.82	825.92	170.86	360.00	107.90
1998	109.06	86.30	12.86	9.90	841.52	778.02	334.97	37.95	25.55
1999	122.93	98.11	23.05	1.77	944.56	893.60	320.97	47.17	3.79
2000	512.04	145.68	359.26	7.10	2103.24	1527.03	519.46	562.21	13.99
2001	141.48	93.00	48.48		1252.34	1182.13	430.63	70.21	
2002	291.74	134.20	157.54		961.75	779.75	56.61	181.99	
2003	281.43	83.64	196.79	1.00	1357.75	819.56	74.79	534.65	3.54
2004	227.92	54.88	171.51	1.53	1510.94	835.71	104.54	648.08	27.16
2005	567.05	13.80	553.25		1882.51	338.13	2.62	1544.38	
2006	1287.77	351.11	936.66		5594.29	2463.70	4.32	3130.59	
2007	637.24	413.27	223.97		8680.17	7722.99	227.68	957.18	
2008	180.34	114.96	65.38		3852.21	3457.75	151.57	317.26	
2009	400.05	244.47	155.58		6124.69	5004.90	105.97	1073.18	
2010	920.99	553.95	367.04		11971.93	9606.31	1438.25	2365.62	
2011	272.36	163.99	108.37		5814.19	5073.07	421.96	741.12	
2012	299.81	78.86	220.95		4134.38	3127.54	121.00	1006.84	

注：表中股票发行量仅指IPO数量。

a) In this table, issued share only refer to IPO.

19-15 股票交易情况
Trading Summary for Stocks

项　　目	Item	2006	2007	2008	2009	2010	2011	2012
上市公司数　（家）	**No. of listed Companies (unit)**	**1434**	**1550**	**1625**	**1718**	**2063**	**2342**	**2494**
上市股票数　（只）	**No. of listed Stocks (unit)**	**1520**	**1636**	**1711**	**1804**	**2149**	**2428**	**2579**
A股	A Shares	1411	1527	1602	1696	2041	2320	2472
B股	B Shares	109	109	109	108	108	108	107
股票总发行股本（亿股）	**Total Issued Capital (100 million shares)**	**12683.99**	**17000.45**	**18900.12**	**20606.26**	**26984.49**	**29745.11**	**31833.62**
A股	A Shares	12445.65	16746.62	18629.77	20332.77	26701.51	29448.59	31551.24
B股	B Shares	238.34	253.84	270.35	273.49	282.98	296.52	282.38
#流通股本	Negotiable Shares	3444.50	4933.64	6964.97	14200.19	19442.15	22499.86	24778.22
A股	A Shares	3215.54	4682.77	6696.76	13928.17	19160.47	22204.54	24497.05
B股	B Shares	228.96	250.87	268.21	271.48	281.68	295.32	281.17
股票市价总值(亿元)	**Total Market Capitalization (100 million yuan)**	**89404**	**327141**	**121366**	**243939**	**265423**	**214758**	**230358**
A股	A Shares	88114	324588	120567	242127	263221	213310	228775
B股	B Shares	1290	2553	800	1812	2202	1448	1582
#股票流通市值	Negotiable Market Capitalization	25004	93064	45214	151259	193110	164921	181658
A股	A Shares	23731	90527	44419	149456	190917	163479	180083
B股	B Shares	1272	2538	795	1803	2193	1442	1575
股票成交金额(亿元)	**Total Turnover (100 million yuan)**	**90469**	**460556**	**267113**	**535987**	**545634**	**421645**	**314667**
A股	A Shares	89217	454771	265890	533889	563466	420339	313715
B股	B Shares	1252	5785	1222	2097	2168	1305	868
总成交股数　(亿股)	**Trading Volume (100 million share)**	**16145.23**	**36403.75**	**24131.39**	**51106.99**	**42151.98**	**33956.57**	**32881.06**
A股	A Shares	15808.62	35683.93	23912.78	50648.91	41806.42	33748.72	32681.93
B股	B Shares	336.61	719.82	218.62	458.09	345.56	207.85	178.61
上证综合指数	**Shanghai Composite Index**							
最高	High	2698.90	6124.04	5522.78	3478.01	3306.75	3067.46	2478.38
最低	Low	1161.91	2541.53	1664.93	1844.09	2319.74	2134.02	1949.46
收盘	Close	2675.47	5261.56	1820.81	3277.14	2808.08	2199.42	2269.13
深证综合指数	**Shenzhen Composite Index**							
最高	High	552.93	1567.74	1584.40	1240.64	1412.64	1316.19	1020.29
最低	Low	278.99	547.89	452.33	557.69	890.24	828.83	724.97
收盘	Close	550.59	1447.02	553.30	1201.34	1290.86	866.65	881.17

注：1.本表股票总发行股本不含(A+H)股公司发行的H股。
2.2012股票总成交金额中包含约定购回式证券成交金额，故总成交金额大于A股B股成交金额之和。
a) Total issued capital in this table do not include H shares of the companies issuing A & H shares.
b) Figure of total turnover of 2012 include that of Appointed Repurchase Securities, so it is bigger than total turnover of A shares and B shares.

19-16 保险系统机构、人员数（年底数）

Number of Institutions and Employed Persons in Insurance System at Year-end

项目	Item	2011			2012		
		机构数（个）Number of Institutions (unit)	职工人数（人）Employed Persons (person)	#女职工 Female	机构数（个）Number of Institutions (unit)	职工人数（人）Employed Persons (person)	#女职工 Female
总计	**Total**	**152**	**776258**	**383349**	**164**	**846504**	**438563**
保险集团公司	**Insurance (Group) Corporations**	**10**	**2573**	**1064**	**10**	**565318**	**286848**
中资保险公司	**Domestic Funded Insurance Corporations**	**90**	**743596**	**366693**	**101**	**247595**	**133380**
#总公司	Head Offices	90	30883	14216	101	15210	6870
省级分公司	Provincial Branches	1259	188270	95765	1644	79142	41508
中心支分公司	Branches and Sub-branches in Center Cities	6378	293880	152131	7377	100746	57076
支公司	Sub-branches	15710	153636	69197	18353	24913	13711
营业部	Business Departments	2506	15611	6980	2410	2258	1230
营销服务部	Marketing Departments	43413	61316	28404	42973	25326	12985
中外合资公司	**Joint-venture Insurance Corporations**	**51**	**30089**	**15592**	**52**	**33591**	**18335**
总公司	Head Offices	51	10182	5164	52	10764	5114
省级分公司	Provincial Branches	360	11852	6103	212	13190	7357

注：1.职工人数不包括营销、代理人员。
2.机构数总计中包括慈溪市龙山镇伏龙农村保险互助社，未在保险集团、中资保险公司、中外合资保险公司中列示。
a) Number of employed persons excludes people engaged in marketing and agency service.
b) Number of institutions includes Fulong rural insurance mutual aid community of Longshan County, Cixi City, which is not shown in insurance group corporations, domestic funded insurance corporations and joint-venture corporations.

19-17 保险公司业务经济技术指标

Economic and Technical Indicators of Insurance Companies Funded with Chinese and Foreign Capital

单位：亿元 (100 million yuan)

项目	Item	2011		2012	
		保费 Premium	赔款及给付 Claim and Payment	保费 Premium	赔款及给付 Claim and Payment
合计	**Total**	**14339.3**	**3929.4**	**15487.9**	**4716.3**
财产保险公司	**Property Insurance Companies**	**4779.1**	**2249.2**	**5529.9**	**2896.9**
企业财产保险	Enterprise Property Insurance	329.8	129.4	360.4	165.0
家庭财产保险	Family Property Insurance	23.3	6.1	28.5	10.6
机动车辆保险	Motor Vehicle Insurance	3504.6	1750.9	4005.2	2247.6
工程保险	Engineering Insurance	73.8	27.2	62.3	26.3
责任保险	Liability Insurance	148.0	57.1	183.8	75.1
信用保险	Export Credit Insurance	115.5	56.8	160.6	67.6
保证保险	Guarantee Insurance	56.5	3.8	93.5	9.3
船舶保险	Ship Insurance	55.9	27.3	55.7	30.5
货物运输保险	Freight Transport Insurance	97.8	34.8	101.7	40.5
特殊风险保险	Special Risks Insurance	35.4	11.0	36.9	11.5
农业保险	Agriculture Insurance	174.0	81.8	240.6	131.3
健康险	Health Insurance	56.1	32.9	72.4	44.9
意外伤害保险	Accident Injury Insurance	105.1	29.3	126.5	35.7
其他险	Other Insurance	3.2	0.7	2.0	1.0
人寿保险公司	**Life Insurance Companies**	**9560.2**	**1680.2**	**9958.1**	**1819.4**
寿险	Life Insurance	8695.6	1300.9	8908.1	1505.0
健康险	Health Insurance	229.0	52.5	790.4	61.1
人身意外伤害险	Personal Accident Insurance	635.6	326.8	259.6	253.3

注：本表人寿保险公司中包括中华控股寿险业务。
a) Life insurance companies include life insurance of China United Insurance Holding Company.

19-18 保险公司资产情况
Situations of Assets of Insurance Companies

单位：亿元 (100 million yuan)

年份 Year	总资产 Total Assets	#财产险公司 Property Insurance Companies	#寿险公司 Life Insurance Companies	#再保险公司 Reinsurance Companies	#中资公司 Domestic Funded Insurance Companies	#外资公司 Foreign-funded Insurance Companies
2002	6320.00	948.00	5161.00	211.00		
2003	9088.00	1176.00	7657.00	255.00		
2004	11953.68	1411.38	8352.90	262.37	11540.63	413.05
2005	15286.44	1718.81	13458.27	292.70	14630.97	665.64
2006	19704.19	2340.45	17446.26	311.31	18862.60	862.66
2007	28912.78	3880.51	23249.16	877.26	27656.26	1256.51
2008	33418.83	4687.03	27138.45	994.45	31893.93	1524.91
2009	40634.75	4892.62	33655.05	1162.01	38582.37	2052.39
2010	50481.61	5833.52	42642.66	1151.79	47860.49	2621.12
2011	59828.94	7919.95	49798.19	1579.11	56822.12	3006.83
2012	73545.73	9477.47	60991.22	1845.25	70080.33	3465.40

19-19 保险公司资金运用情况
Fund Uses of Insurance Companies

单位：亿元 (100 million yuan)

年份 Year	资金运用余额 Balance of Fund Uses	#银行存款 Deposits	#国债 Government and Public Bonds	#金融债券 Financial Bonds	#企业债券 Corporate Bonds	#证券投资基金 Securities Investment Funds
2004	10778.62	5071.10	2618.44	1026.25	639.73	666.32
2005	14092.69	5165.55	3590.65	1804.71	1204.55	1107.00
2006	17785.40	5989.11	3647.01	2754.25	2121.56	912.08
2007	26647.81	6503.44	3956.56	4897.84	2799.76	2519.41
2008	30552.83	8087.49	4208.26	8754.06	4598.46	1646.46
2009	37417.12	10519.68	4053.82	8746.10	6074.56	2758.78
2010	46046.62	13909.97	4815.78	10038.75	7935.69	2620.73
2011	55192.98	17692.69	4741.90	12418.80	8755.86	2909.92
2012	68542.58	23446.00	4795.02	14832.57	10899.98	3625.58

19-20 分地区原保险保费收入和赔付支出情况（2012年）
Premium of Primary Insurance and Payment by Region (2012)

单位：亿元 (100 million yuan)

地区	Region	原保险保费收入 Premium of Primary Insurance			赔付支出 Payment		
		小计 Sub-total	财产险业务 Property Insurance	人身险业务 Life Insurance	小计 Sub-total	财产险业务 Property Insurance	人身险业务 Life Insurance
全　国	**National Total**	**15487.93**	**5330.93**	**10157.00**	**4716.32**	**2816.33**	**1899.99**
北　京	Beijing	923.09	267.02	656.06	286.17	152.29	133.88
天　津	Tianjin	238.16	90.79	147.37	81.02	44.74	36.28
山　西	Shanxi	384.65	127.79	256.86	119.33	65.37	53.95
河　北	Hebei	766.16	258.65	507.50	223.89	133.58	90.31
内蒙古	Inner Mongolia	247.74	119.84	127.91	85.36	60.55	24.81
辽　宁	Liaoning	402.42	143.24	259.17	137.02	78.02	59.00
吉　林	Jilin	232.54	78.11	154.43	71.45	39.93	31.52
黑龙江	Heilongjiang	344.15	99.25	244.90	98.33	49.77	48.56
上　海	Shanghai	820.64	256.38	564.26	255.79	138.63	117.16
江　苏	Jiangsu	1301.28	440.92	860.36	386.97	240.08	146.89
浙　江	Zhejiang	819.88	358.22	461.65	278.36	198.97	79.39
安　徽	Anhui	453.61	169.06	284.55	152.65	91.48	61.17
福　建	Fujian	384.78	133.77	251.01	119.51	70.06	49.45
江　西	Jiangxi	271.72	97.49	174.22	93.16	56.55	36.61
山　东	Shandong	967.75	317.62	650.13	273.06	161.13	111.92
河　南	Henan	841.13	195.77	645.36	199.55	102.50	97.05
湖　北	Hubei	533.31	135.25	398.06	128.55	68.34	60.21
湖　南	Hunan	465.11	144.96	320.15	142.65	74.67	67.98
广　东	Guangdong	1290.86	416.80	874.06	377.30	227.22	150.08
广　西	Guangxi	238.26	92.25	146.01	74.40	46.51	27.89
海　南	Hainan	60.27	25.15	35.12	18.17	12.25	5.92
重　庆	Chongqing	331.03	95.20	235.82	91.78	52.23	39.55
四　川	Sichuan	819.53	271.51	548.02	232.90	141.31	91.59
贵　州	Guizhou	150.22	70.39	79.82	55.34	38.19	17.15
云　南	Yunnan	271.30	123.54	147.76	100.11	64.22	35.89
西　藏	Tibet	9.54	6.52	3.02	4.05	3.36	0.69
陕　西	Shaanxi	365.33	115.78	249.55	104.40	63.11	41.29
甘　肃	Gansu	158.77	55.94	102.83	48.18	26.93	21.25
青　海	Qinghai	32.40	16.15	16.25	10.86	7.87	2.99
宁　夏	Ningxia	62.69	26.47	36.21	19.99	13.16	6.82
新　疆	Xinjiang	235.56	93.68	141.88	80.12	50.34	29.77
大　连	Dalian	160.62	57.66	102.96	45.86	26.14	19.72
宁　波	Ningbo	164.71	86.23	78.48	64.27	51.90	12.37
厦　门	Xiamen	92.92	41.50	51.42	30.30	20.30	10.00
青　岛	Qingdao	160.29	64.93	95.36	51.50	33.07	18.43
深　圳	Shenzhen	401.27	154.51	246.76	107.71	78.23	29.48
集团、总公司本级	Head Offices	84.29	82.56	1.72	66.27	33.33	32.94

注：1.本表数据为各公司上报中国保险统计信息系统年报数据。

2.集团、总公司本级直接开展的业务不计入任何地区。

a) Data in this table are of annual data that reported to China Insurance Statistical Information System by insurance companies.

b) Data of business run by head offices do not count to any region.

主要统计指标解释

信贷资金 指金融机构以信用方式积聚和分配的货币资金。金融机构信贷资金的来源有各项存款、金融债券、对国际金融机构负债、流通中现金、其他项目等；信贷资金的运用有各项贷款、有价证券及投资、金银占款、外汇占款、财政借款及在国际金融机构中的资产等。

存款 指企业、机关、团体或居民根据资金必须收回的原则，把货币资金存入银行或其他信贷机构保管并取得一定利息的一种信用活动形式。根据存款对象或性质的不同可划分为单位存款、个人存款、财政性存款、临时性存款、委托存款、其他存款等科目。它是银行信贷资金的主要来源。

贷款 指银行或其他信贷机构根据资金必须归还的原则，按一定利率，为企业、个人等提供资金的一种信用活动形式。我国银行贷款分为短期贷款、中长期贷款、融资租赁、票据融资、各项垫款、境外贷款等。

保险公司 在中国境内的、经过保险监督管理部门批准设立，并依法登记注册的各类商业保险公司。

保险金额 指保险人承担赔偿或者给付保险金责任的最高限额。

保费 指投保人为取得保险人在约定范围内所承担赔偿责任而支付给保险人的费用。

赔款 指保险人根据保险合同的规定，向被保险人支付的赔偿保险责任损失的金额。

给付 包括死伤医疗给付和满期给付。死伤医疗给付是指保险人根据人寿保险及长期健康保险合同的规定，因被保险人在保险期内发生保险责任范围内的保险事故支付给被保险人(或受益人)的金额。满期给付是指被保险人生存期满，保险人按人寿保险合同规定支付给被保险人的满期保险金额。

社会融资规模 指一定时期内实体经济从金融体系获得的资金总额，是增量概念。主要包括：人民币贷款、外币贷款（折合人民币）、委托贷款、信托贷款、未贴现的银行承兑汇票、企业债券、非金融企业境内股票融资、投资性房地产、保险公司赔偿等。

Explanatory Notes on Main Statistical Indicators

Credit Funds refer to the monetary funds accumulated and distributed in the means of credit by the financial institutions. The sources of credit funds include various deposits, financial bonds, liabilities to international financial institutions, currency in circulation, other items. The uses of credit funds include loans, securities and investment, position for bullion and silver purchase, position for foreign exchange purchase, advances to treasury, and assets with international financial institutions.

Deposit is a form of credit by which enterprises, institutions, organizations or households can put money into banks and other credit institutions for safekeeping and interest earning under the principle of free withdrawal. According to different depositors, deposits are divided into unit deposits, personal deposits, fiscal deposits, temporary deposits, entrusted deposits and other deposits. Deposits are major sources of the credit funds of banks.

Loan is a form of credit by which banks and other credit institutions provide funds at certain interest rate to enterprises and individuals in the light of the principle of unconditional repayment. Loans from Chinese banks include short-term loan, medium-term and long-term loans, financial lease, bill financing, various money advanced, foreign loans.

Insurance Companies refer to commercial insurance companies of various forms registered by law and established in China with the approval of insurance regulatory agencies.

Amount Insured refers to the maximum that the insurant will get for the claim of the case insured.

Premium is the fee paid by the insurant to the insurer to obtain the obligation of compensation from the insurance within the agreed terms.

Settled Claim is the compensation paid by the insurer to the insurant in accordance with the insurance contract.

Payment includes payment for death, injury or medical treatment and payment at maturity. Payment for death, injury or medical treatment refers to the money paid to the insurant (or the beneficiary) in accordance with the life or health insurance contract when the insurant encounters accidents within the insured period covered in the contract. Payment at maturity refers to the payment to the insurant in accordance with the life insurance contract at the end of the insured period.

Social Financing refers to the total funds raised by real economy from the financial system in a certain period of time. It's an increment. It includes: RMB Loans, Foreign Currency Loans(RMB), credit loans, entrusted loans, undiscounted banker's acceptances, corporate bonds, domestic equity financing of non-financial enterprises, investment real estate, premium of insurance, etc.

20

教育和科技

Education, Science and Technology

简 要 说 明

本篇主要反映我国教育事业的发展情况和科学技术活动的基本情况。

一、教育部分的主要内容和资料来源

教育统计资料包括公办教育和民办教育、学历教育和非学历教育。具体有高等教育(研究生教育、普通高等教育和成人高等教育)、中等教育(高中阶段教育和初中阶段教育)、初等教育(小学)、学前教育、特殊教育(盲聋哑和弱智学校等)以及教育经费等资料。主要指标包括学校数、在校学生数、招生数、毕业生数、教职工数和专任教师数、教育经费总额及国家财政性教育经费等。

教育事业统计资料、教育经费统计资料由教育部提供；技工学校资料由人力资源和社会保障部提供。

详细资料分别见《中国教育统计年鉴》（教育部发展规划司编）和《中国教育经费统计年鉴》（教育部财务司编）。

二、科技部分的主要内容、资料来源及调查方法

科技统计资料主要内容包括：全社会以及工业企业、政府属研究机构、高等学校的研究与试验发展（R&D）活动情况；国内外专利申请和授权情况；高技术企业生产及研发活动情况；科技论文收录情况；高技术产品进出口贸易情况；技术市场交易情况；开发区高新技术企业主要经济指标；科协系统科技活动情况；气象、地震、测绘、质量监督检验检疫等综合技术服务部门业务机构及业务活动情况等。

统计范围：科技活动统计资料范围为全社会有研究与试验发展（R&D）活动的企事业单位，具体包括规模以上工业企业、地级及以上独立核算的政府属科学研究与技术开发机构及科技信息与文献机构、全日制普通高等学校及附属医院以及研究与试验发展（R&D）活动相对密集行业（包括农、林、牧、渔业，建筑业，交通运输、仓储和邮政业，信息传输、软件和信息技术服务业，金融业，租赁和商务服务业，科学研究和技术服务业，水利、环境和公共设施管理业，卫生和社会工作，文化、体育和娱乐业等）中从事研究与试验发展（R&D）活动的企事业单位。

资料来源：全国综合资料、企业及有关行业企事业单位的研究与试验发展（R&D）活动情况资料由国家统计局调查提供；政府属研究机构资料由科技部和国家国防科技工业局调查提供；科学研究和技术服务业企事业的研究与试验发展（R&D）活动情况资料，以及科技论文资料、技术市场资料、开发区高新技术企业资料由科技部调查提供；高等学校资料由教育部调查提供；高技术产品进出口贸易资料由海关总署调查提供；科协系统科技活动资料由中国科协调查提供；测绘、气象、地震、产品质量监督和检验检疫、专利等资料，分别由国家测绘地理信息局、中国气象局、中国地震局、国家质量监督检验检疫总局、国家知识产权局等部门调查提供。

统计调查方法：研究与试验发展(R&D)活动情况采用全面调查取得；科协、测绘、气象、地震、产品质量监督和检验检疫、专利资料采用抽样等多种调查方法取得。

科技活动统计资料口径变动说明：2000 年以前科技活动统计资料只包括大中型工业企业、政府属研究机构、普通高等学校，2000 年及以后年份扩大到了全社会范围。

Brief Introduction

Data in this chapter show the development of China's education and the basic conditions on China's scientific and technological development.

I. Main Content and Sources of Data on Education

Data on education cover the situations on education funded by government and non-government agencies, and the education with and without academic credentials including higher education (education of postgraduates, general higher education and adult education), secondary education (senior and junior high schools), elementary education (primary schools), preschool education, special education (schools for the blind, deaf-mutes and mentally retarded) and their expenditure. The main indicators include the number of schools, the number of students enrolled, the number of new students enrolled, the number of graduates, the number of staff and workers, the number of full-time teachers, sources and outlay of education funding, and education expenditure from the State budget.

The Ministry of Education provides statistical data on education undertakings and education funding. Data on technical training schools are provided by Ministry of Human Resources and Social Security.

Detailed information can be found in "*Statistical Yearbook on China's Education*" compiled by Department of Planning and Development, Ministry of Education; and the "*Statistical Yearbook on National Education Funding*" compiled by the Department of Finance, Ministry of Education.

II. Main Contents, Sources of Data and Statistical Methodology on Science and Technology

Data on technology mainly include: data on scientific and technological activities (R&D) all over the country, including industrial enterprises, scientific and technological institutions under the government and institutions of higher education, data on domestic and foreign patents application accepted and granted, data on production, research and development activities of high-tech enterprises, data on scientific and technological papers; data on import and export trade of high-technological products; data on technological markets; main economic indicators of high and new-tech industrial enterprises in development zones; data on the scientific and technological activities in the system of associations for science and technology; data on operation institutions and activities of the polytechnic departments of meteorology, earthquake, surveying and mapping, product quality supervision, inspection and quarantine.

Coverage of data: data on research and development (R&D) activities of enterprises and institutions all over the country, mainly including industrial enterprises above designated size, scientific research and technological development institutions and scientific and technological information and literature institutions of prefecture level and above cities under the government with independent accounting, full-time universities and colleges, affiliated hospitals and relatively R&D-intensive industries (such as agriculture, forestry, animal husbandry, fishery, construction, transport, storage and post, information transmission, software and information technology service, financial intermediation, leasing and business services, scientific research and technical services, management of water conservancy, environment and public facilities, health and social service, culture, sports and entertainment).

Sources of data: data on the general national information and R&D activities of enterprises and institutions are from National Bureau of Statistics; data on scientific and technological institutions under the government are from Ministry of Science and Technology, and State Administration of Science, Technology and Industry for National Defense; data on R&D of scientific research and technical service enterprises and institutions, scientific and technological papers, technological markets information and high and new-tech industrial enterprises in development zones are from Ministry of Science and Technology; data on scientific and technological activities in institutions of higher education are from Ministry of Education; data on import and export trade of high-technological products are from General Administration of Customs; The China Association for Science and Technology provides data on the scientific and technological activities of associations for science and technology. Data on the development of surveying and mapping, meteorology, earthquake, product quality supervision and inspection and quarantine are provided separately by the State Bureau of Surveying, Mapping and Geoinformation, China Meteorological Administration, China Earthquake Administration, General Administration of Quality Supervision, Inspection and Quarantine, and State Intellectual Property Office.

Statistical methodology: data on R&D activities are collected through complete surveys. Data on scientific and technological associations, surveying and mapping, meteorology, earthquake, product quality supervision, inspection and quarantine and patent are through sample surveys and other surveys.

Changes of the statistical coverage of data on scientific and technological activities: before 2000, data only included large and medium-sized industrial enterprises, scientific research institutions under the government, and universities and colleges. Since 2000, data have covered all society.

20-1 各级各类学校、教职工和专任教师情况（2012年）
Basic Statistics on Schools, Teachers and Staff and Full-time Teachers (2012)

项 目	Item	学校数(所) Number of Schools (unit)	教职工数(人) Teachers and Staff (person)	专任教师(人) Full-time Teachers (person)
高等教育	**Higher Education**			
研究生培养机构	Institutions Providing Postgraduate Programs	(811)		
普通高校	Regular Institutions of Higher Education	(534)		
科研机构	Research Institutions	(277)		
普通高等学校	Regular Institutions of Higher Education	2442	2254372	1440292
本科院校	Universities with Full Undergraduate Courses	1145	1627642	1013957
#独立学院	Independently Established Colleges	303	189194	139657
高职(专科)院校	Colleges with Specialized Courses	1297	622425	423381
其他机构(教学点)	Other Institutions	(36)	4305	2954
成人高等学校	Institutions of Higher Education for Adult	348	65612	39393
民办的其他高等教育机构	Other Private Institutions of Higher Education	(823)	31941	14868
中等教育	**Secondary Education**	**81662**	**7607943**	**5993789**
高中阶段教育	Senior Secondary Education	26868	3659356	2481798
高中	Senior Secondary Schools	14205	2469918	1600836
普通高中	Regular Senior Secondary Schools	13509	2462575	1595035
完全中学	From Grade 7 to 12	6108	1089877	525142
高级中学	From Grade 10 to 12	6547	1214827	1030190
十二年一贯制学校	From Grade 1 to 12	854	157871	39703
成人高中	Adult Senior Secondary Schools	696	7343	5801
中等职业教育	Vocational Secondary Education	12663	1189438	880962
普通中专	Regular Specialized Secondary Schools	3681	430636	305564
成人中专	Adult Specialized Secondary Schools	1564	77482	54207
职业高中	Vocational Senior Secondary Schools	4517	394292	311743
技工学校	Technical Schools	2901	268106	196891
其他机构(教学点)	Other Institutions	(509)	18922	12557
初中阶段教育	Junior Secondary Education	54794	3948587	3511991
初中	Junior Secondary Schools	53216	3939088	3504363
初级中学	Junior Secondary Schools	39592	2943720	2618519
九年一贯制学校	From Grade 1 to 9	13575	993711	431814
十二年一贯制学校	From Grade 1 to 12			39938
完全中学	From Grade 7 to 12			412566
职业初中	Vocational Junior Secondary Schools	49	1657	1526
成人初中	Adult Junior Secondary Schools	1578	9499	7628
初等教育	**Primary Education**	**255400**	**5595781**	**5615781**
普通小学	Regular Primary Schools	228585	5538481	5585476
小学	Primary Schools	228585	5538481	5121626
九年一贯制学校	From Grade 1 to 9			427841
十二年一贯制学校	From Grade 1 to 12			36009
成人小学	Adult Primary Schools	26815	57300	30305
#扫盲班	Literacy Courses	18092	38265	17801
工读学校	**Schools for Juvenile Delinquents**	**79**	**2706**	**1756**
特殊教育	**Special Education**	**1853**	**53615**	**43697**
学前教育	**Pre-school Education**	**181251**	**2489972**	**1479237**

注：1.完全中学的学校数和教职工数计入高中阶段教育，九年一贯制学校的校数和教职工数计入初中阶段教育，十二年一贯制学校的校数和教职工数计入高中阶段教育。专任教师是按照教育层次划分归类。

2. "()" 内数据为不计校数。

a) The numbers of Secondary Schools (From Grade 7-12) and their educational personnel are included in the number of senior secondary education, the numbers of 9-Year Schools and their educational personnel are included in the junior secondary education, and the numbers of 12-Year Schools and their educational personnel are included in senior secondary education. The fulltime teachers are classified by educational level.

b) Data in "()" are not included in the number of schools.

20-2 各级各类学历教育学生情况（2012年）

Basic Statistics on Students by Level and Type of Education (2012)

单位：人 (person)

项　目	Item	招生数 New Enrollment	在校生数 Total Enrollment	毕业生数 Graduates	女学生占学生总数的比重(%) Females as % of Total
高等教育	**Students Received Higher Education**				
研究生	Postgraduates	589673	1719818	486455	48.98
博　士	Doctor's Degree	68370	283810	51713	36.45
硕　士	Master's Degree	521303	1436008	434742	51.46
普通本专科	Regular Undergraduates and College Students	6888336	23913155	6247338	51.35
本　科	Enrolled in Full Undergraduate Courses	3740574	14270888	3038473	51.03
专　科	Enrolled in Specialized Courses	3147762	9642267	3208865	51.84
成人本专科	Adult Undergraduates and College Students	2439551	5831123	1954357	54.35
本　科	Enrolled in Full Undergraduate Courses	984817	2475495	801015	55.55
专　科	Enrolled in Specialized Courses	1454734	3355628	1153342	53.47
其他高等学历教育	Other Degree of Higher Education				
在职人员攻读硕士学位	Employees Enrolled in Graduate Programs Leading to Doctor or Master Degrees	140629	489857		34.71
网络本专科生	Students Enrolled in Internet-based Courses	1964468	5704112	1360870	49.48
本　科	Enrolled in Full Undergraduate Courses	696698	2002698	477949	52.53
专　科	Enrolled in Specialized Courses	1267770	3701414	882921	47.83
中等教育	**Students Received Secondary Education**	**31695120**	**94214196**	**32020579**	**47.39**
高中阶段教育	Senior Secondary Education	15987420	45952782	14780256	47.71
高中	Senior Secondary Schools	8446071	24815911	8031310	49.40
普通高中	Regular Senior Secondary Schools	8446071	24671712	7915046	49.41
完全中学	From Grade 7 to 12	2878240	8278864	2613879	49.23
高级中学	From Grade 10 to 12	5348540	15788100	5119686	49.68
十二年一贯制学校	From Grade 1 to 12	219291	604748	181481	44.90
成人高中	Adult Senior Secondary Schools		144199	116264	48.10
中等职业教育	Vocational Secondary Education	7541349	21136871	6748946	45.54
普通中专	Regular Specialized Secondary Schools	2773643	8125608	2653135	53.65
成人中专	Adult Specialized Secondary Schools	1058110	2542747	716307	45.02
职业高中	Vocational Senior Secondary Schools	2139032	6230465	2174398	46.67
技工学校	Technical Schools	1570564	4238051	1205106	28.63
初中阶段教育	Regular Junior Secondary Schools	15707700	48261414	17240323	47.09
初中	Junior Secondary Schools	15707700	47630607	16607751	47.09
初级中学	Junior Secondary Schools	11484894	35032212	12382897	47.50
九年一贯制学校	From Grade 1 to 9	1822554	5402756	1801127	45.55
十二年一贯制学校	From Grade 1 to 12	218920	633749	197499	40.80
完全中学	From Grade 7 to 12	2176027	6543086	2216885	46.81
职业初中	Vocational Junior Secondary Schools	5305	18804	9343	48.99
成人初中	Adult Junior Secondary Schools		630807	632572	46.91
初等教育	**Primary Education**	**17146640**	**98602286**	**18007271**	**46.37**
普通小学	Regular Primary Schools	17146640	96958985	16415565	46.26
小学	Primary Schools	15697392	88527616	14902844	46.42
九年一贯制学校	From Grade 1 to 9	1342630	7778434	1398080	44.96
十二年一贯制学校	From Grade 1 to 12	106618	652935	114641	40.69
成人小学	Adult Primary Schools		1643301	1591706	52.53
#扫盲班	Literacy Courses		689067	585749	52.98
工读学校	**Schools for Juvenile Delinquents**	**4547**	**10640**	**3653**	**14.12**
特殊教育	**Students Received Special Education**	**65699**	**378751**	**48590**	**35.38**
学前教育	**Students Received Pre-school Education**	**19119154**	**36857624**	**14335717**	**46.32**

注：1.完全中学、九年一贯制学校和十二年一贯制学校的学生数按教育层次分别计入对应教育阶段的学生数中。
2.特殊教育学生数中包括普通中小学随班就读的学生。

a) Number of the students in grade 7-12 schools, 9-year schools, 12-year schools are classified by educational level.
b) Number of the students followed in the regular primary and secondary schools is included in the special education.

20-3 各级各类非学历教育学生情况(2012年)
Basic Statistics on Students by Level and Type of Non-formal Education (2012)

单位：人 (person)

项　目	Item	结业生数 Graduates	注册生数 Registered Students
总　计	**Total**	**63155796**	**53646475**
高等教育	Higher Education	7785349	3948377
研究生课程进修班	Postgraduate Courses for Advanced Study	50284	73796
自考助学班	Classes for Self-learning Programs	184933	397381
普通预科生	College Preparatory Courses		37668
进修及培训	In-service Training Courses	7550132	3439532
#资格证书培训	Training for Qualification Certificates	2250573	1063044
岗位证书培训	Training for Post Certificates	2159604	696245
中等职业教育	Vocational Secondary Education	55370447	49698098
#资格证书培训	Training for Qualification Certificates	8630967	7577578
岗位证书培训	Training for Post Certificates	12272059	10500068
中等职业学校	Vocational Secondary Schools	7136842	4024560
#资格证书培训	Training for Qualification Certificates	2683490	1769758
岗位证书培训	Training for Post Certificates	2088129	1094172
职业技术培训机构	Vocational Training Institutes	48233605	45673538
#资格证书培训	Training for Qualification Certificates	5947477	5807820
岗位证书培训	Training for Post Certificates	10183930	9405896

20-4 各级各类民办教育情况(2012年)
Statistics on Private Schools by Level and Type of School (2012)

单位：人 (person)

项　目	Item	学校数(所) Number of Schools (unit)	教职工数 Teachers and Staff	专任教师 Full-time Teachers	招生数 New Enroll-ment	在校生数 Total Enroll-ment	毕业生数 Number of Graduates	其　他 Others
民办高等教育	**Private Higher Education**							
民办高校	Private Institutions of Higher Education	707	387458	267180	1602828	5331770	1305701	220351
硕　士	Master's Degree				155	155		
本　科	Undergraduate Courses				945174	3412257	662629	
专　科	Specialized Courses				657499	1919358	643072	
#独立学院	Independent Institutions	303	189194	139657	756927	2783983	585260	34080
本　科	Undergraduate Courses				702972	2621493	526880	
专　科	Specialized Courses				53955	162490	58380	
民办的其他高等教育机构	Other Private Institutions of Higher Education	(823)	31941	14868				828241
民办中等教育	**Private Secondary Education**							
高中阶段教育	Senior Secondary Education	5020	456322	322168	1658849	4758375	1619990	
民办普通高中	Private Regular Senior Secondary Schools	2371	321834	234048	821302	2349575	734095	
民办中等职业教育	Private Vocational Secondary Education	2649	134488	88120	837547	2408800	885895	348246
初中阶段教育	Junior Secondary Education	4333	314600	237902	1578051	4514091	1341982	
民办普通初中	Private Regular Junior Secondary Schools	4333	314600	237902	1578051	4514091	1341982	
民办职业初中	Private Vocational Junior Secondary Education							
民办普通小学	**Private Regular Primary Schools**	**5213**	**196875**	**143115**	**1044393**	**5978535**	**968714**	
民办幼儿园	**Private Kindergartens**	**124638**	**1633779**	**913395**	**8656223**	**18527444**	**5900634**	
另：民办培训机构	**Private Training Institutions**	**(20155)**	**246257**	**141517**				**8606443**

注：1. "其他" 包括：自考助学班学生、预科生、进修及培训学生数。
2. 民办普通高中的教职工和专任教师数中包含民办普通初中的教职工和专任教师数。
3. "()" 括号内数据不计校数。

a) Other Students include: diploma exam students, self-learning assistant class students, preparatory students, in-service training students.
b) Staff and teachers and full-time teachers in private regular senior secondary schools include those of private regular junior secondary schools.
c) Data in "()" do not count to number of schools.

20-5 各级各类学校情况
Statistics on Schools by Level and Type of School

单位：所 (unit)

年 份 Year	普通高等学校 Regular Institutions of Higher Education	普通高中 Regular Senior Secondary Schools	中等职业教育 Secondary Vocational Education	初中 Junior Secondary Schools	#职业初中 Vocational	普通小学 Regular Primary Schools	特殊教育 Special Education Schools	学前教育 Pre-school Education Institutions
1978	598	49215		113130		949323	292	163952
1980	675	31300		87077		917316	292	170419
1985	1016	17318		77529	1626	832309	375	172262
1990	1075	15678		73462	1509	766072	746	172322
1995	1054	13991		68564	1535	668685	1379	180438
2000	1041	14564		63898	1194	553622	1539	175836
2001	1225	14907		66590	1065	491273	1531	111706
2002	1396	15406		65645	984	456903	1540	111752
2003	1552	15779		64730	1019	425846	1551	116390
2004	1731	15998		63757	697	394183	1560	117899
2005	1792	16092	14466	62486	601	366213	1593	124402
2006	1867	16153	14693	60885	335	341639	1605	130495
2007	1908	15681	14832	59384	275	320061	1618	129086
2008	2263	15206	14847	57914	213	300854	1640	133722
2009	2305	14607	14401	56320	153	280184	1672	138209
2010	2358	14058	13872	54890	67	257410	1706	150420
2011	2409	13688	13177	54117	54	241249	1767	166750
2012	2442	13509	12663	53216	49	228585	1853	181251

20-6 各级各类学校专任教师情况
Statistics on Full-time Teachers by Level and Type of School

单位：万人 (10 000 persons)

年 份 Year	普通高等学校 Regular Institutions of Higher Education	普通高中 Regular Senior Secondary Schools	中等职业教育 Secondary Vocational Education	初中 Junior Secondary Schools	#职业初中 Vocational	普通小学 Regular Primary Schools	特殊教育 Special Education Schools	学前教育 Pre-school Education Institutions
1978	20.6	74.1		244.1		522.6	0.4	27.7
1980	24.7	57.1		244.9		549.9	0.5	41.1
1985	34.4	49.2		216.0		537.7	0.7	55.0
1990	39.5	56.2		249.9	2.9	558.2	1.4	75.0
1995	40.1	55.1		282.1	3.7	566.4	2.5	87.5
2000	46.3	75.7		328.7	3.8	586.0	3.2	85.6
2001	53.2	84.0		338.6	3.7	579.8	2.9	63.0
2002	61.8	94.6		346.8	3.7	577.9	3.0	57.1
2003	72.5	107.1		349.8	3.1	570.3	3.0	61.3
2004	85.8	119.1		350.1	2.4	562.9	3.1	65.6
2005	96.6	129.9	75.0	349.2	2.0	559.2	3.2	72.2
2006	107.6	138.7	79.9	347.5	1.2	558.8	3.3	77.6
2007	116.8	144.3	85.9	347.3	0.9	561.3	3.5	82.7
2008	123.7	147.6	89.5	347.6	0.7	562.2	3.6	89.9
2009	129.5	149.3	86.9	351.8	0.5	563.3	3.8	98.6
2010	134.3	151.8	87.1	352.5	0.2	561.7	4.0	114.4
2011	139.3	155.7	88.2	352.5	0.2	560.5	4.1	131.6
2012	144.0	159.5	88.1	350.4	0.2	558.5	4.4	147.9

20-7 各级各类学校招生情况
Statistics on New Students Enrollment by Level and Type of School

单位：万人 (10 000 persons)

年 份 Year	普通本专科 Regular Undergraduates and College Students	普通高中 Regular Senior Secondary Schools	中等职业教育 Secondary Vocational Education	初中 Junior Secondary Schools	#职业初中 Vocational	普通小学 Regular Primary Schools	特殊教育 Special Education Schools	学前教育 Pre-school Education Institutions
1978	40.2	692.9		2006.0		3315.4	0.6	
1980	28.1	383.4		1557.6	6.7	2942.3	0.6	
1985	61.9	257.5		1367.0	17.6	2298.2	0.9	
1990	60.9	249.8		1389.3	19.4	2064.0	1.6	
1995	92.6	273.6		1781.1	28.8	2531.8	5.6	1927.4
2000	220.6	472.7		2295.6	32.3	1946.5	5.3	1531.1
2001	268.3	558.0		2287.9	30.0	1944.2	5.6	1398.2
2002	320.5	676.7		2281.8	29.5	1952.8	5.3	1373.6
2003	382.2	752.1		2220.1	24.8	1829.4	4.9	1316.8
2004	447.3	821.5		2094.6	16.4	1747.0	5.1	1350.3
2005	504.5	877.7	655.7	1987.6	11.1	1671.7	4.9	1356.2
2006	546.1	871.2	747.8	1929.5	5.9	1729.4	5.0	1391.3
2007	565.9	840.2	810.0	1868.5	4.7	1736.1	6.3	1433.6
2008	607.7	837.0	812.1	1859.6	3.4	1695.7	6.2	1482.7
2009	639.5	830.3	868.5	1788.5	2.1	1637.8	6.4	1546.3
2010	661.8	836.2	870.4	1716.6	1.1	1691.7	6.5	1700.4
2011	681.5	850.8	813.9	1634.7	0.7	1736.8	6.4	1827.3
2012	688.8	844.6	754.1	1570.8	0.5	1714.7	6.6	1911.9

20-8 各级各类学校在校学生情况
Statistics on Students Enrollment by Level and Type of School

单位：万人 (10 000 persons)

年 份 Year	普通本专科 Regular Undergraduates and College Students	普通高中 Regular Senior Secondary Schools	中等职业教育 Secondary Vocational Education	初中 Junior Secondary Schools	#职业初中 Vocational	普通小学 Regular Primary Schools	特殊教育 Special Education Schools	学前教育 Pre-school Education Institutions
1978	85.6	1553.1		4995.2		14624.0	3.1	787.7
1980	114.4	969.8		4551.2	13.5	14627.0	3.3	1150.8
1985	170.3	741.1		4010.1	45.2	13370.2	4.2	1479.7
1990	206.3	717.3		3916.6	47.9	12241.4	7.2	1972.2
1995	290.6	713.2		4727.5	69.7	13195.2	29.6	2711.2
2000	556.1	1201.3		6256.3	88.6	13013.3	37.8	2244.2
2001	719.1	1405.0		6514.4	83.3	12543.5	38.6	2021.8
2002	903.4	1683.8		6687.4	83.4	12156.7	37.5	2036.0
2003	1108.6	1964.8		6690.8	72.4	11689.7	36.5	2003.9
2004	1333.5	2220.4		6527.5	52.5	11246.2	37.2	2089.4
2005	1561.8	2409.1	1600.0	6214.9	43.1	10864.1	36.4	2179.0
2006	1738.8	2514.5	1809.9	5958.0	20.6	10711.5	36.3	2263.9
2007	1884.9	2522.4	1987.0	5736.2	15.3	10564.0	41.9	2348.8
2008	2021.0	2476.3	2087.1	5585.0	10.8	10331.5	41.7	2475.0
2009	2144.7	2434.3	2195.2	5440.9	7.3	10071.5	42.8	2657.8
2010	2231.8	2427.3	2238.5	5279.3	3.4	9940.7	42.6	2976.7
2011	2308.5	2454.8	2205.3	5066.8	2.6	9926.4	39.9	3424.4
2012	2391.3	2467.2	2113.7	4763.1	1.9	9695.9	37.9	3685.8

20-9 各级各类学校毕业生情况
Statistics on Graduates by Level and Type of School

单位：万人 (10 000 persons)

年 份 Year	普通本专科 Regular Undergraduates and College Students	普通高中 Regular Senior Secondary Schools	中等职业教育 Secondary Vocational Education	初中 Junior Secondary Schools	#职业初中 Vocational	普通小学 Regular Primary Schools	特殊教育 Special Education Schools	学前教育 Pre-school Education Institutions
1978	16.5	682.7				2287.9	0.3	
1980	14.7	616.2				2053.3	0.4	
1985	31.6	196.6				1999.9	0.4	
1990	61.4	233.0		1123.0	13.9	1863.1	0.5	
1995	80.5	201.6		1244.4	17.0	1961.5	1.9	
2000	95.0	301.5		1633.5	26.4	2419.2	4.3	
2001	103.6	340.5		1731.5	24.5	2396.9	4.6	1160.2
2002	133.7	383.8		1903.7	23.8	2351.9	4.4	1152.7
2003	187.7	458.1		2018.5	22.9	2267.9	4.5	1072.0
2004	239.1	546.9		2087.3	16.9	2135.2	4.7	1059.7
2005	306.8	661.6	418.2	2123.4	16.9	2019.5	4.3	1025.4
2006	377.5	727.1	479.1	2071.6	9.2	1928.5	4.5	1045.1
2007	447.8	788.3	530.9	1963.7	6.9	1870.2	5.0	1049.1
2008	511.9	836.1	580.7	1868.0	5.1	1865.0	5.2	1040.5
2009	531.1	823.7	625.2	1797.7	3.0	1805.2	5.7	1040.6
2010	575.4	794.4	665.3	1750.4	1.8	1739.6	5.9	1057.6
2011	608.2	787.7	660.3	1736.7	1.2	1662.8	4.4	1184.7
2012	624.7	791.5	674.9	1660.8	0.9	1641.6	4.9	1433.6

20-10 研究生和留学人员情况
Statistics on Postgraduates and Students Studying Abroad

单位：人 (person)

年 份 Year	研究生数 Number of Postgraduates			出国留学人员 Number of Students Studying Abroad	学成回国留学人员 Number of Returned Students
	招生数 New Enrollment	在校学生数 Total Enrollment	毕业生数 Graduates		
1978	10708	10934	9	860	248
1980	3616	21604	476	2124	162
1985	46871	87331	17004	4888	1424
1990	29649	93018	35440	2950	1593
1995	51053	145443	31877	20381	5750
2000	128484	301239	58767	38989	9121
2001	165197	393256	67809	83973	12243
2002	202611	500980	80841	125179	17945
2003	268925	651260	111091	117307	20152
2004	326286	819896	150777	114682	24726
2005	364831	978610	189728	118515	34987
2006	397925	1104653	255902	134000	42000
2007	418612	1195047	311839	144000	44000
2008	446422	1283046	344825	179800	69300
2009	510953	1404942	371273	229300	108300
2010	538177	1538416	383600	284700	134800
2011	560168	1645845	429994	339700	186200
2012	589673	1719818	486455	399600	272900

20-11 分学科研究生情况（2012年）
Number of Postgraduate Students by Field of Study (2012)

单位：人 (person)

项 目	Item	招生数 New Enrollment	硕士 Master's Degree	博士 Doctor's Degree	在校学生数 Total Enrollment	硕士 Master's Degree	博士 Doctor's Degree	毕业生数 Graduates	硕士 Master's Degree	博士 Doctor's Degree
分学科研究生数（总计）	**Total**	**589673**	**521303**	**68370**	**1719818**	**1436008**	**283810**	**486455**	**434742**	**51713**
#女	Female	294711	269222	25489	842417	738981	103436	242030	222780	19250
学术型学位	Academic Degree	390790	324152	66638	1270144	992293	277851	396976	346575	50401
专业学位	Professional Degree	198883	197151	1732	449674	443715	5959	89479	88167	1312
哲 学	Philosophy	4579	3715	864	15082	11470	3612	4859	4124	735
经济学	Economics	27428	24482	2946	73500	60993	12507	20257	17943	2314
法 学	Law	40960	37350	3610	121217	106359	14858	40840	38051	2789
教育学	Education	30239	28900	1339	77763	72682	5081	23420	22412	1008
文 学	Literature	32115	29691	2424	93429	83498	9931	29686	27731	1955
历史学	History	5456	4517	939	17735	13693	4042	5430	4638	792
理 学	Science	58124	44788	13336	180330	131112	49218	50266	40504	9762
工 学	Engineering	209244	183593	25651	616173	499954	116219	168434	150544	17890
农 学	Agriculture	21080	17975	3105	58893	46888	12005	16313	13948	2365
医 学	Medicine	64868	56070	8798	188666	158065	30601	56001	48188	7813
军事学	Military	250	208	42	831	675	156	206	173	33
管理学	Management	78151	73428	4723	227030	203587	23443	58652	54835	3817
艺术学	Art	17179	16586	593	49169	47032	2137	12091	11651	440
分学科研究生数（普通高校）	**Regular Colleges**	**575438**	**511320**	**64118**	**1678607**	**1409806**	**268801**	**476019**	**427881**	**48138**
#女	Female	289087	265114	23973	826794	728416	98378	238177	220097	18080
学术型学位	Academic Degree	378826	316440	62386	1233383	970541	262842	387082	340256	46826
专业学位	Professional Degree	196612	194880	1732	445224	439265	5959	88937	87625	1312
哲 学	Philosophy	4454	3630	824	14690	11213	3477	4760	4052	708
经济学	Economics	26706	24000	2706	71673	59993	11680	19828	17692	2136
法 学	Law	40109	36654	3455	118796	104434	14362	40093	37430	2663
教育学	Education	30239	28900	1339	77763	72682	5081	23420	22412	1008
文 学	Literature	31980	29612	2368	93098	83302	9796	29586	27660	1926
历史学	History	5360	4429	931	17461	13481	3980	5352	4578	774
理 学	Science	54138	42558	11580	168021	125052	42969	47302	39044	8258
工 学	Engineering	203844	179507	24337	600147	488862	111285	164447	147688	16759
农 学	Agriculture	20070	17250	2820	55985	44926	11059	15573	13430	2143
医 学	Medicine	63941	55402	8539	186033	156206	29827	55252	47664	7588
军事学	Military	249	207	42	828	672	156	205	172	33
管理学	Management	77343	72704	4639	225482	202305	23177	58274	54515	3759
艺术学	Art	17005	16467	538	48630	46678	1952	11927	11544	383
分学科研究生数（科研机构）	**Research Institutions**	**14235**	**9983**	**4252**	**41211**	**26202**	**15009**	**10436**	**6861**	**3575**
#女	Female	5624	4108	1516	15623	10565	5058	3853	2683	1170
学术型学位	Academic Degree	11964	7712	4252	36761	21752	15009	9894	6319	3575
专业学位	Professional Degree	2271	2271		4450	4450		542	542	
哲 学	Philosophy	125	85	40	392	257	135	99	72	27
经济学	Economics	722	482	240	1827	1000	827	429	251	178
法 学	Law	851	696	155	2421	1925	496	747	621	126
教育学	Education									
文 学	Literature	135	79	56	331	196	135	100	71	29
历史学	History	96	88	8	274	212	62	78	60	18
理 学	Science	3986	2230	1756	12309	6060	6249	2964	1460	1504
工 学	Engineering	5400	4086	1314	16026	11092	4934	3987	2856	1131
农 学	Agriculture	1010	725	285	2908	1962	946	740	518	222
医 学	Medicine	927	668	259	2633	1859	774	749	524	225
军事学	Military	1	1		3	3		1	1	
管理学	Management	808	724	84	1548	1282	266	378	320	58
艺术学	Art	174	119	55	539	354	185	164	107	57

20-12 高等教育学校(机构)情况(2012年)

Statistics on Schools or Institutions of Higher Education (2012)

单位：所 (unit)

项 目	Item	总 计 Total	中央部委 Central Ministries and Agencies	教育部 Ministry of Education	其他部委 Other Ministries	地方部门 Local Departments	教育部门 Departments of Education	非教育部门 Departments of Non-Education	地方企业 Local Enterprises	民 办 Private
研究生培养机构	**Institutions Providing Postgraduate Programs**	**(811)**	**340**	**73**	**267**	**466**	**400**	**64**	**2**	**5**
普通高校	Regular Institutions of Higher Education	(534)	102	73	29	427	399	27	1	5
科研机构	Research Institutions	(277)	238		238	39	1	37	1	
普通高等学校	**Regular Institutions of Higher Education**	**2442**	**113**	**73**	**40**	**1623**	**967**	**604**	**52**	**706**
本科院校	Universities with Full Undergraduate Courses	1145	109	73	36	646	578	67	1	390
#独立学院	Independent Institutions	303								303
专科院校	Non-university Tertiary	1297	4		4	977	389	537	51	316
成人高等学校	**Adult Institutions of Higher Education**	**348**	**14**	**1**	**13**	**333**	**118**	**170**	**45**	**1**
民办的其他高等教育机构	**Other Private Institutions of Higher Education**	**(823)**								**823**

注："()" 内数据均不计校数。
a) Data in "()" don't count to number of schools.

20-13 高等教育学校(机构)学生数 (2012年)

Number of Students in Regular Institutions of Higher Education (2012)

单位：人 (person)

项 目	Item	招生数 New Enrollment	在校生数 Total Enrollment	毕业生数 Graduates	授予学位数 Degrees Awarded
研究生	Postgraduates	589673	1719818	486455	481830
博 士	Doctor's Degrees	68370	283810	51713	50399
硕 士	Master's Degrees	521303	1436008	434742	431431
普通本专科	Regular Undergraduates and College Students	6888336	23913155	6247338	2966148
本 科	Undergraduate Courses	3740574	14270888	3038473	2966148
专 科	Specialized Courses	3147762	9642267	3208865	
成人本专科	Adult Undergraduates and College Students	2439551	5831123	1954357	126570
本 科	Undergraduate Courses	984817	2475495	801015	126570
专 科	Specialized Courses	1454734	3355628	1153342	
在职人员攻读硕士学位	Master's Degree Programs for On-the-job Personnel	140629	489857		104781
网络本专科生	Web-based Undergraduates and College Students	1964468	5704112	1360870	34658
本 科	Undergraduate Courses	696698	2002698	477949	34658
专 科	Specialized Courses	1267770	3701414	882921	
自考助学班	Classes for Self-learning Students		397381	184933	
普通预科生	Regular Preparatory Students		37668		
研究生课程进修班	Postgraduates Courses for Advanced Study		73796	50284	
进修及培训	Further Study and Training		3439532	7550132	
留学生	Foreign Students	102991	157845	83613	18259

注：留学生指来中国学习的留学生数。
a) Foreign students refer to foreign students studying in China.

20-14 普通本科分学科学生情况（2012年）
Statistics on Students in Undergraduate and Junior Colleges by Field of Study (2012)

单位：人 (person)

项 目	Item	招生数 New Enrollment	在校学生数 Total Enrollment	毕业生数 Graduates
总 计	**Total**	**3740574**	**14270888**	**3038473**
#女	Female	2017368	7281963	1517254
#师范	Teacher Training	367421	1443936	328571
哲 学	Philosophy	2335	8840	2038
经济学	Economics	216289	838204	188257
法 学	Law	133717	516789	121634
教育学	Education	142812	517590	103884
文 学	Literature	707543	2668900	588198
#外语	Foreign Languages	205236	810846	201115
艺术	Art	337810	1215535	240957
历史学	History	18926	70769	15588
理 学	Science	344671	1314644	294060
工 学	Engineering	1195234	4522917	964583
农 学	Agriculture	63974	244261	53789
医 学	Medicine	228294	1006410	178085
管理学	Management	686779	2561564	528357

20-15 普通专科分学科学生情况（2012年）
Statistics on Students in Undergraduate and Junior Colleges by Field of Study (2012)

单位：人 (person)

项 目	Item	招生数 New Enrollment	在校学生数 Total Enrollment	毕业生数 Graduates
总 计	**Total**	**3147762**	**9642267**	**3208865**
#女	Female	1700988	4998527	1680943
#师 范	Teacher Training	150568	523269	183755
农林牧渔大类	Agriculture, Forestry, Animal Husbandry, and Fishery	56236	169578	58308
交通运输大类	Communication &Transportation	153172	436213	127177
生化与药品大类	Biochemistry and Drugs	70212	226845	81411
资源开发与测绘大类	Exploiture of Resources & Surveying and Mapping	50023	148207	43511
材料与能源大类	Material and Sources of Energy	41412	131878	45115
土建大类	Civil Construction	365236	1050469	271421
水利大类	Water Conservancy	13908	40420	10955
制造大类	Manufacturing	405538	1261946	430682
电子信息大类	Electronic Information	297772	931847	370232
环保、气象与安全大类	Environment Protection, Meteorology and Security	14560	45583	14649
轻纺食品大类	Textile and Food	51904	166629	62363
财经大类	Finance and Economics	691807	2061042	671797
医药卫生大类	Medicine and Health	298521	925804	279290
旅游大类	Tourism	110237	322801	108371
公共事业大类	Public Service	32418	97116	31195
文化教育大类	Culture and Education	297878	1015735	388794
艺术设计传媒大类	Art Design and Media	146639	458232	150028
公安大类	Public Security	11504	32359	16741
法律大类	Law	38785	119563	46825

20-16 成人本科分学科学生情况（2012年）
Statistics on Students in Adult Institutions of Higher Education by Field of Study (2012)

单位：人 (person)

项 目	Item	招生数 New Enrollment	在校学生数 Total Enrollment	毕业生数 Graduates
总 计	**Total**	**984817**	**2475495**	**801015**
#女	Female	547657	1375098	446684
#师 范	Teacher Training	106060	269058	118982
哲 学	Philosophy	34	111	24
经济学	Economics	31853	86685	30278
法 学	Law	50605	129498	46785
教育学	Education	61467	136001	47721
文 学	Literature	107527	314366	133280
#外语	Foreign Language	27962	83286	38334
艺术	Art	18033	52833	17371
历史学	History	1852	4722	2257
理 学	Science	22425	61008	27556
工 学	Engineering	244996	606031	166500
农 学	Agriculture	14163	37093	11164
医 学	Medicine	190372	465769	146057
管理学	Management	259523	634211	189393

20-17 成人专科分学科学生情况（2012年）
Statistics on Students in Adult Institutions of Higher Education by Field of Study (2012)

单位：人 (person)

项 目	Item	招生数 New Enrollment	在校学生数 Total Enrollment	毕业生数 Graduates
总 计	**Total**	**1454734**	**3355628**	**1153342**
#女	Female	782441	1794301	597477
#师范	Teacher Training	126655	230017	61581
农林牧渔大类	Agriculture, Forestry, Animal Husbandry, and Fishery	24594	61338	22228
交通运输大类	Communication & Transportation	47582	114125	35088
生化与药品大类	Biochemistry and Drugs	14083	38576	15528
资源开发与测绘大类	Exploiture of Resources & Surveying and Mapping	41473	99539	29354
材料与能源大类	Material and Sources of Energy	13432	37023	15186
土建大类	Civil Construction	111378	240225	73551
水利大类	Water Conservancy	5950	14270	3927
制造大类	Manufacturing	172342	409736	161026
电子信息大类	Electronic Information	94052	238719	104034
环保、气象与安全大类	Environment Protection, Meteorology and Security	2422	5817	2282
轻纺食品大类	Textile and Food	8140	19599	7804
财经大类	Finance and Economics	376418	872292	336934
医药卫生大类	Medicine and Health	209370	530055	140056
旅游大类	Tourism	23585	54136	18429
公共事业大类	Public Service	47056	100658	31545
文化教育大类	Culture and Education	205747	391887	111246
艺术设计传媒大类	Art Design and Media	39301	84757	27609
公安大类	Public Security	1424	4878	2016
法律大类	Law	16385	37998	15499

20-18 网络本科分学科学生情况（2012年）

Statistics on Students Enrolled in Internet-based Courses by Field of Study (2012)

单位：人 (person)

项目	Item	招生数 New Enrollment	在校学生数 Total Enrollment	毕业生数 Graduates
总计	**Total**	**696698**	**2002698**	**477949**
#女	Female	372157	1051918	261961
#师范	Teacher Training	28183	71226	28446
哲学	Philosophy			
经济学	Economics	33746	108384	27376
法学	Law	64387	224980	55439
教育学	Education	26271	64408	18264
文学	Literature	45950	174551	51917
#外语	Foreign Language	8954	42680	10970
历史学	History	440	1110	471
理学	Science	6629	18544	7327
工学	Engineering	144903	354584	78147
农学	Agriculture	5186	11958	2638
医学	Medicine	56247	140322	36025
管理学	Management	312939	903857	200345

20-19 网络专科分学科学生情况（2012年）

Statistics on Students Enrolled in Internet-based Courses by Field of Study (2012)

单位：人 (person)

项目	Item	招生数 New Enrollment	在校学生数 Total Enrollment	毕业生数 Graduates
总计	**Total**	**1267770**	**3701414**	**882921**
#女	Female	601284	1770409	439878
#师范	Teacher Training	23770	51977	14641
农林牧渔大类	Agriculture, Forestry, Animal Husbandry, and Fishery	66809	215762	58618
交通运输大类	Communication & Transportation	29477	73178	18058
生化与药品大类	Biochemistry and Drugs	4261	10701	2773
资源开发与测绘大类	Exploiture of Resources & Surveying and Mapping	16709	32203	8325
材料与能源大类	Material and Sources of Energy	5245	10941	4486
土建大类	Civil Construction	119679	283677	56733
水利大类	Water Conservancy	6327	18377	4925
制造大类	Manufacturing	60222	159950	34869
电子信息大类	Electronic Information	51616	170509	44941
环保、气象与安全大类	Environment Protection, Meteorology and Security	3157	6707	1548
轻纺食品大类	Textile and Food	827	2322	380
财经大类	Finance and Economics	385416	1189683	286377
医药卫生大类	Medicine and Health	51305	153389	44939
旅游大类	Tourism	5511	18765	4141
公共事业大类	Public Service	254572	708492	163253
文化教育大类	Culture and Education	122482	360740	71758
艺术设计传媒大类	Art Design and Media	5727	19931	4474
公安大类	Public Security	1081	2153	844
法律大类	Law	77347	263934	71479

20-20 普通高中情况（2012年）
Statistics on Regular Senior Secondary Schools and Students (2012)

项　目	Item	学校数（所）Schools (unit)	完全中学 From Grade 7 to 12	高级中学 From Grade 10 to 12	十二年一贯制学校 From Grade 1 to 12	招生数（人）New Enrollment (person)	在校学生数（人）Total Enrollment (person)	毕业生数（人）Graduates (person)
总计	**Total**	**13509**	**6108**	**6547**	**854**	**8446071**	**24671712**	**7915046**
教育部门	Departments of Education	10948	5039	5682	227	7558773	22129445	7117744
其他部门	Other Department	175	72	68	35	62134	182119	59916
地方企业	Local Enterprises	15	8	4	3	3862	10573	3291
民办	Run by Private Institutions	2371	989	793	589	821302	2349575	734095
城区	Cities	6401	2892	2983	526	3782122	11196088	3606395
教育部门	Departments of Education	4908	2276	2479	153	3335987	9906714	3197311
其他部门	Other Department	84	35	30	19	29115	85672	28835
地方企业	Local Enterprises	7	4	3		1681	4814	1588
民办	Run by Private Institutions	1402	577	471	354	415339	1198888	378661
镇区	Counties and Towns	6390	2842	3284	264	4372203	12641342	4044762
教育部门	Departments of Education	5491	2467	2965	59	3982698	11530198	3700739
其他部门	Other Department	84	34	37	13	29851	89010	29295
地方企业	Local Enterprises	8	4	1	3	2181	5759	1703
民办	Run by Private Institutions	807	337	281	189	357473	1016375	313025
乡村	Rural	718	374	280	64	291746	834282	263889
教育部门	Departments of Education	549	296	238	15	240088	692533	219694
其他部门	Other Department	7	3	1	3	3168	7437	1786
地方企业	Local Enterprises							
民办	Run by Private Institutions	162	75	41	46	48490	134312	42409

20-21 中等职业学校(机构)情况（2012年）
Statistics on Secondary Vocational Schools (2012)

单位：个　　(unit)

项　目	Item	总　计 Total	中央部委 Central Ministries and Agencies	地　方 Local	教育部门 Departments of Education	非教育部门 Departments of Non-Education	地方企业 Local Enterprises	民　办 Private
中等职业学校	**Secondary Vocational Schools**	**9762**	**24**	**7089**	**5534**	**1464**	**91**	**2649**
普通中等专业学校	Regular Specialized Secondary School	3681	18	2727	1705	987	35	936
成人中等专业学校	Adult Specialized Secondary School	1564	3	1410	1127	257	26	151
职业高中学校	Vocational Senior Secondary School	4517	3	2952	2702	220	30	1562
其他机构(教学点)(不计校数)	**Other Institutions**	**509**	**3**	**420**	**297**	**115**	**8**	**86**
附设中职班(不计校数)	Affiliated Vocational Secondary Schools (Not included in the total number)	1149	3	948	597	332	19	198

注：中等职业学校未含技工学校数据（相关表同）。
a) Number of secondary vocational schools do not include the number of skilled-worker schools. The same applies to the relevant tables.

20-22 中等职业学校分学科学生情况（2012年）
Statistics on Students in Secondary Vocational Schools by Field of Study (2012)

单位：人 (person)

项目	Item	招生数 New Enrollment	在校学生数 Total Enrollment	毕业生数 Graduates	#获得职业资格证书 With Certificate on Professional Competence
总计	**Total**	**5970785**	**16898820**	**5543840**	**3483872**
#女	Female	2928400	8411966	2746535	1657996
#农林牧渔类	Agriculture, Forestry, Animal Husbandry and Fishery	719852	2188579	579046	281080
资源环境类	Resources and Environment	48297	108265	39019	23394
能源与新能源类	Energy and New Energy	26902	80738	30990	19102
土木水利类	Civil and Hydraulic Engineering	225438	611926	162198	103482
加工制造类	Manufacturing	896233	2658500	964112	700805
石油化工类	Petroleum and Chemical	41640	119058	45499	30795
轻纺食品类	Light Industry, Textile, and Food	69093	187715	77067	49001
交通运输类	Transport	428488	1083744	317352	219221
信息技术类	Information Technologies	1048447	2977614	1161673	785308
医药卫生类	Medicine and Health	513420	1539531	534092	231860
休闲保健类	Leisure and Health	31627	84024	21041	12857
财经商贸类	Finance and Trade	650497	1841117	606019	393229
旅游服务类	Tourism Services	270848	729556	235796	164360
文化艺术类	Culture and Arts	276898	794437	247666	150245
体育与健身	Sports and Fitness	52033	128165	36496	17406
教育类	Education	507755	1319091	307139	198340
司法服务类	Justice Services	25448	70268	27393	10807
公共管理与服务类	Public Management and Services	70814	196907	75172	46739
其他	Others	67055	179585	76070	45841

20-23 职业技术培训机构情况（2012年）
Statistics on Vocational/Technical Training Institutions (2012)

单位：人 (person)

项目	Item	学校数（所） Schools (unit)	教职工数 Teachers and Staff	#专任教师 Full-time Teachers	注册学生数 Registered Students	结业学生数 Graduates
总计	**Total**	**123766**	**506609**	**282233**	**45673538**	**48233605**
职工技术培训学校(机构)	Vocational/Technical Training Schools	2768	59974	43114	2924983	2946075
教育部门办	Run by Education Departments and Collectives	1052	40213	29878	1362131	1403178
其他部门办	Run by Other Departments	1193	12286	8149	1352440	1288111
民办	Run by Private Institutions	523	7475	5087	210412	254786
农村成人文化技术培训学校(机构)	Technical Training Schools for Adult Farmers	100009	170322	87761	31760829	35631908
教育部门办	Run by Education Departments and Collectives	96887	161422	83185	30590268	34076594
#县办	Run by Counties	2280	17208	11067	3362765	3552310
乡办	Run by Townships	16443	60357	34041	14605415	16445494
村办	Run by Villages	78164	83857	38077	12622088	14078790
其他部门办	Run by Other Departments	2553	4139	1970	969879	1334033
民办	Run by Private Institutions	569	4761	2606	200682	221281
其他培训机构(含社会培训机构)	Others	20989	276313	151358	10987726	9655622
教育部门和集体办	Run by Education Departments and Collectives	822	15414	9303	1013464	876231
其他部门办	Run by Other Departments	1104	26878	8231	1778913	1460309
民办	Run by Private Institutions	19063	234021	133824	8195349	7319082

20-24 技工学校情况
Statistics on Technical Schools

年 份 Year	学校数 (所) Schools (unit)	教职工数 (万人) Teachers and Staff (10 000 persons)	招生数 (万人) New Enrollment (10 000 persons)	在校学生数 (万人) Total Enrollment (10 000 persons)	毕业生数 (万人) Graduates (10 000 persons)
1985	3548	21.5	35.5	74.2	22.6
1986	3765	24.4	39.4	89.2	23.3
1987	3952	26.2	42.3	103.1	26.5
1988	3996	28.0	46.1	116.1	31.1
1989	4102	29.6	47.0	125.8	36.8
1990	4184	30.8	50.6	133.2	41.3
1991	4269	32.5	54.4	142.2	45.4
1992	4392	33.6	60.2	155.6	45.7
1993	4477	33.5	66.4	171.7	49.7
1994	4430	34.0	71.4	187.1	55.7
1995	4521	33.7	74.1	188.6	68.2
1996	4467	33.5	72.7	191.8	68.1
1997	4395	31.0	73.4	193.1	69.9
1998	4362	31.0	59.4	181.3	68.2
1999	4098	26.9	51.5	156.0	66.2
2000	3792	24.0	50.4	140.1	64.6
2001	3470	22.0	55.1	134.7	47.7
2002	3075	20.3	73.3	153.0	45.4
2003	2970	20.2	91.6	193.1	45.3
2004	2884	20.5	109.7	234.5	53.5
2005	2855	20.4	118.4	275.3	69.0
2006	2880	21.5	134.8	320.8	86.4
2007	2995	24.0	158.5	367.1	99.7
2008	3075	24.7	161.4	397.5	109.0
2009	3077	26.0	156.7	415.3	115.5
2010	3008	26.6	159.0	422.1	121.6
2011	2924	26.6	163.9	430.4	119.2
2012	2901	26.8	157.1	423.8	120.5

20-25 初中情况（2012年）
Statistics on Junior Secondary Schools (2012)

项 目	Item	初中 (所) Regular Junior Secondary Schools (unit)	初级中学 Junior Secondary Schools	九 年 一贯制 From Grade 1 to 9	职业初中 Vocational Junior Secondary Schools	招生数 (人) New Enrollment (person)	在校学生数 (人) Total Enrollment (person)	毕业生数 (人) Graduates (person)
总计	**Total**	**53216**	**39592**	**13575**	**49**	**15707700**	**47630607**	**16607751**
教育部门	Departments of Education	48299	37980	10271	48	14017815	42761096	15150099
其他部门	Other Department	556	192	363	1	105999	337088	109617
地方企业	Local Enterprises	28	8	20		5835	18332	6053
民办	Run by Private Institutions	4333	1412	2921		1578051	4514091	1341982
城区	Cities	10932	7476	3452	4	4819611	14410251	4618755
教育部门	Departments of Education	8761	6826	1932	3	3976777	12009457	3924881
其他部门	Other Department	132	66	65	1	32470	99489	32310
地方企业	Local Enterprises	10	3	7		2661	7671	2570
民办	Run by Private Institutions	2029	581	1448		807703	2293634	658994
镇区	Counties and Towns	22876	18403	4447	26	7703760	23479363	8349423
教育部门	Departments of Education	20910	17708	3176	26	6993593	21408017	7710895
其他部门	Other Department	343	100	243		63973	208672	66900
地方企业	Local Enterprises	14	4	10		3062	10249	3289
民办	Run by Private Institutions	1609	591	1018		643132	1852425	568339
乡村	Rural	19408	13713	5676	19	3184329	9740993	3639573
教育部门	Departments of Education	18628	13446	5163	19	3047445	9343622	3514323
其他部门	Other Department	81	26	55		9556	28927	10407
地方企业	Local Enterprises	4	1	3		112	412	194
民办	Run by Private Institutions	695	240	455		127216	368032	114649

20-26 分年级初中学生情况（2012年）
Number of Students in Junior Schools by Grade (2012)

单位：人 (person)

项目	Item	招生数 New Enrollment	在校生数 Total Enrollment 合计 Total	#女 Female	#一年级 Grade 1	#二年级 Grade 2	#三年级 Grade 3	毕业生数 Graduates
总计	**Total**	**15707700**	**47630607**	**22430465**	**15725952**	**15668210**	**15764287**	**16607751**
#女	Female	7353018	22430465		7358201	7360292	7484532	7899380
#少数民族	Minority Students	1635450	4779265	2160663	1638164	1588426	1544787	1587211
#四年制	4-Year	462278	1846279	854925	462549	459060	452948	468528
九年一贯制学校	9-Year Schools	1822554	5402756	2460870	1825774	1777851	1724401	1801127
十二年一贯制学校	12-Year Schools	218920	633749	258597	219002	208182	202702	197499
完全中学	From Grade 7 to 12	2176027	6543086	3062562	2177672	2162630	2164359	2216885
附设普通初中班	Affiliated Junior Schools	102930	312355	141198	103036	104452	102983	113606
附设职业初中班	Affiliated Vocational Junior Schools	91	3221	1725	91	352	2778	2299
独立设置少数民族学校	Independent Junior Schools for Minorities	480899	1418955	686100	482239	470691	464587	473028
进城务工人员随迁子女	Children of Migrant Workers	1292091	3583291	1440171	1294997	1197293	1037399	678030
#外省迁入	From Other Provinces	515350	1343553	542984	516558	453639	349285	229378
本省外县迁入	From Other Counties of the Same Province	776741	2239738	897187	778439	743654	688114	448652
农村留守儿童	Children Left Behind	2502401	7531887	3325856	2507963	2523110	2486164	1829854

20-27 普通小学情况（2012年）
Statistics on Primary Schools (2012)

项目	Item	学校数（所）Schools (unit)	招生数（人）New Enrollment (person)	在校学生数（人）Total Enrollment (person)	毕业生数（人）Graduates (person)
总计	**Total**	**228585**	**17146640**	**96958985**	**16415565**
教育部门	Departments of Education	222741	16012083	90434874	15334152
其他部门	Other Department	579	85427	515377	107023
地方企业	Local Enterprises	52	4737	30199	5676
民办	Run by Private Institutions	5213	1044393	5978535	968714
城区	Cities	26146	4830142	26884287	4402989
教育部门	Departments of Education	24007	4208696	23592976	3885010
其他部门	Other Department	166	22690	141429	27606
地方企业	Local Enterprises	16	1703	11011	1959
民办	Run by Private Institutions	1957	597053	3138871	488414
镇区	Counties and Towns	47431	5743893	33549812	5770092
教育部门	Departments of Education	45474	5397258	31286429	5359849
其他部门	Other Department	238	51027	305982	66944
地方企业	Local Enterprises	21	2621	16408	3197
民办	Run by Private Institutions	1698	292987	1940993	340102
乡村	Rural	155008	6572605	36524886	6242484
教育部门	Departments of Education	153260	6406129	35555469	6089293
其他部门	Other Department	175	11710	67966	12473
地方企业	Local Enterprises	15	413	2780	520
民办	Run by Private Institutions	1558	154353	898671	140198

20-28 普通小学学生情况（2012年）
Statistics on Students in Primary Schools (2012)

单位：人 (person)

项 目	Item	招生数 New Enrollment	#受过学前教育 Those Received the pre-school Education	在校生数 Total Enrollment	#女 Female	毕业生数 Graduates
总计	**Total**	**17146640**	**16376140**	**96958985**	**44854417**	**16415565**
#女	Female	7981804	7595179	44854417		7634753
#少数民族	Minorities	1834328	1510468	10375371	4809991	1677332
#五年制	5-Year	483817	481151	2333242	1094522	456015
九年一贯制学校	9-Year Schools	1342630	1289758	7778434	3497346	1398080
十二年一贯制学校	12-Year Schools	106618	103315	652935	265649	114641
附设小学班	Affiliated Primary Schools	27391	25709	360733	158834	169981
复式班	Mixed-Grade Schools	52121	42114	173917	82787	3229
小学教学点	Incomplete Primary Schools	961100	867139	3436944	1622179	322959
独立设置少数民族学校	Independent Primary Schools for Minorities	520920	388358	3014524	1436928	498771
进城务工人员随迁子女	Children of Migrant Workers	2008592	1897687	10355426	4118314	1071241
#外省迁入	From Other Provinces	1008570	962800	4986825	2002188	515187
本省外县迁入	From Other Counties of the Same Province	1000022	934887	5368601	2116126	556054
农村留守儿童	Children Left Behind	2638792	2395569	15178772	6577594	1571458

20-29 小学学龄儿童净入学率和各级普通学校毕业生升学率
Net Enrollment Ratio of Primary Schools and Promotion Rate of Various Schools

单位：% (%)

年 份 Year	小学学龄儿童净入学率 Net Enrollment Ratio of Primary Schools	小学升学率 Promotion Rate from Primary Schools to Junior Secondary Schools	初中升学率 Promotion Rate from Junior Secondary Schools to Senior Secondary Schools	高中升学率 Promotion Rate from Senior Secondary Schools to Higher Education
1990	97.8	74.6	40.6	27.3
1991	97.8	77.7	42.6	28.7
1992	97.2	79.7	43.6	34.9
1993	97.7	81.8	44.1	43.3
1994	98.4	86.6	47.8	46.7
1995	98.5	90.8	50.3	49.9
1996	98.8	92.6	49.8	51.0
1997	98.9	93.7	51.5	48.6
1998	98.9	94.3	50.7	46.1
1999	99.1	94.4	50.0	63.8
2000	99.1	94.9	51.2	73.2
2001	99.1	95.5	52.9	78.8
2002	98.6	97.0	58.3	83.5
2003	98.7	97.9	59.6	83.4
2004	98.9	98.1	63.8	82.5
2005	99.2	98.4	69.7	76.3
2006	99.3	100.0	75.7	75.1
2007	99.5	99.9	80.5	70.3
2008	99.5	99.7	82.1	72.7
2009	99.4	99.1	85.6	77.6
2010	99.7	98.7	87.5	83.3
2011	99.8	98.3	88.9	86.5
2012	99.9	98.3	88.4	87.0

注：1.1991年以前的入学率是按7-11周岁统一计算的；从1991年起入学率是按各地不同入学年龄和学制分别计算的。
2.高中升学率为普通高校招生数与普通高中毕业生数之比。

a) Enrolment ratio of school-age children before 1991 was calculated on the basis of primary school pupils aged 7-11 enrolled. From 1991 onwards its calculation has taken account of the age of entry and the length of schooling prevailing.

b) Promotion rate of senior secondary school graduates is the ratio of total number of new entrants

20-30 分地区普通高等学校情况（2012年）

Statistics on Regular Institutions of Higher Education by Region (2012)

单位：人 (person)

地 区	Region	学校数(所) Schools (unit)	招生数 New Enrollment	专 科 Specialized Courses	本 科 Undergraduate Courses	在校学生数 Total Enrollment	专 科 Specialized Courses	本 科 Undergraduate Courses
全 国	**National Total**	**2442**	**6888336**	**3147762**	**3740574**	**23913155**	**9642267**	**14270888**
北 京	Beijing	89	158602	35951	122651	591243	108313	482930
天 津	Tianjin	55	137223	55948	81275	473114	162515	310599
河 北	Hebei	113	321407	165289	156118	1168796	546167	622629
山 西	Shanxi	75	197181	99085	98096	637330	283593	353737
内蒙古	Inner Mongolia	48	105629	49412	56217	391434	169561	221873
辽 宁	Liaoning	112	264385	96223	168162	934078	288262	645816
吉 林	Jilin	57	162602	47142	115460	578953	136626	442327
黑龙江	Heilongjiang	79	196970	69022	127948	704538	203732	500806
上 海	Shanghai	67	136808	47247	89561	506596	147589	359007
江 苏	Jiangsu	153	435047	194760	240287	1671173	686596	984577
浙 江	Zhejiang	102	269127	120021	149106	932292	363104	569188
安 徽	Anhui	118	286246	141866	144380	1023033	470734	552299
福 建	Fujian	86	201200	88983	112217	701392	276261	425131
江 西	Jiangxi	88	237734	116293	121441	851119	392665	458454
山 东	Shandong	136	466695	235159	231536	1658490	757199	901291
河 南	Henan	120	455289	229561	225728	1559025	721945	837080
湖 北	Hubei	122	402055	185126	216929	1386086	565113	820973
湖 南	Hunan	121	311026	146185	164841	1082235	451653	630582
广 东	Guangdong	137	501939	262483	239456	1616838	716486	900352
广 西	Guangxi	70	192144	109818	82326	629243	323115	306128
海 南	Hainan	17	49615	23498	26117	168270	70381	97889
重 庆	Chongqing	60	192940	82504	110436	623605	226356	397249
四 川	Sichuan	99	364488	183224	181264	1223680	509669	714011
贵 州	Guizhou	49	125093	60263	64830	383815	154310	229505
云 南	Yunnan	66	142753	55090	87663	512178	187456	324722
西 藏	Tibet	6	10022	4426	5596	33452	12876	20576
陕 西	Shaanxi	91	312776	125946	186830	1026254	374625	651629
甘 肃	Gansu	42	130153	58515	71638	431069	161602	269467
青 海	Qinghai	9	14634	6181	8453	48668	17006	31662
宁 夏	Ningxia	16	30779	12877	17902	96440	34378	62062
新 疆	Xinjiang	39	75774	39664	36110	268716	122379	146337

20-30 续表 continued

单位：人 (person)

地 区	Region	预 计 毕业生数 Anticipated Graduates for Next Year	专 科 Specialized Courses	本 科 Undergraduate Courses	毕业生数 Graduates with Degrees or Diplomas	专 科 Specialized Courses	本 科 Undergraduate Courses	授 予 学位数 Degrees Conferred
全 国	**National Total**	**6517623**	**3286498**	**3231125**	**6247338**	**3208865**	**3038473**	**2966148**
北 京	Beijing	156992	119139	37853	155233	41448	113785	111796
天 津	Tianjin	125076	70483	54593	113034	50847	62187	60680
河 北	Hebei	336079	147752	188327	315755	182244	133511	130771
山 西	Shanxi	174001	76477	97524	162571	90331	72240	70430
内蒙古	Inner Mongolia	111603	51664	59939	105054	59343	45711	44824
辽 宁	Liaoning	247722	151866	95856	235984	88513	147471	145610
吉 林	Jilin	147686	104455	43231	146517	48439	98078	93951
黑龙江	Heilongjiang	186698	118255	68443	203792	85844	117948	116672
上 海	Shanghai	141902	90602	51300	136697	50983	85714	83229
江 苏	Jiangsu	486168	245089	241079	470254	238503	231751	222940
浙 江	Zhejiang	252074	133171	118903	247537	121315	126222	123478
安 徽	Anhui	283626	123985	159641	265477	150619	114858	112828
福 建	Fujian	192804	97873	94931	178492	89854	88638	87750
江 西	Jiangxi	246056	103043	143013	232048	138063	93985	92061
山 东	Shandong	482579	215228	267351	474266	268676	205590	203309
河 南	Henan	447586	186821	260765	435308	267507	167801	165295
湖 北	Hubei	365847	182844	183003	353014	184960	168054	164009
湖 南	Hunan	299770	145280	154490	306809	174389	132420	129646
广 东	Guangdong	425324	206174	219150	404011	222678	181333	178731
广 西	Guangxi	175760	67860	107900	162169	100035	62134	60659
海 南	Hainan	44632	20621	24011	40887	22907	17980	16771
重 庆	Chongqing	152844	85045	67799	137635	62633	75002	72020
四 川	Sichuan	326793	169660	157133	286756	133168	153588	150985
贵 州	Guizhou	94510	48380	46130	85285	45605	39680	37207
云 南	Yunnan	129754	66413	63341	118944	60241	58703	56967
西 藏	Tibet	8213	4787	3426	8580	3907	4673	4530
陕 西	Shaanxi	257784	138755	119029	265279	132296	132983	127825
甘 肃	Gansu	110414	61918	48496	102980	45652	57328	55176
青 海	Qinghai	12860	7206	5654	11661	5100	6561	6458
宁 夏	Ningxia	22761	12853	9908	20718	8935	11783	11222
新 疆	Xinjiang	71705	32799	38906	64591	33830	30761	28318

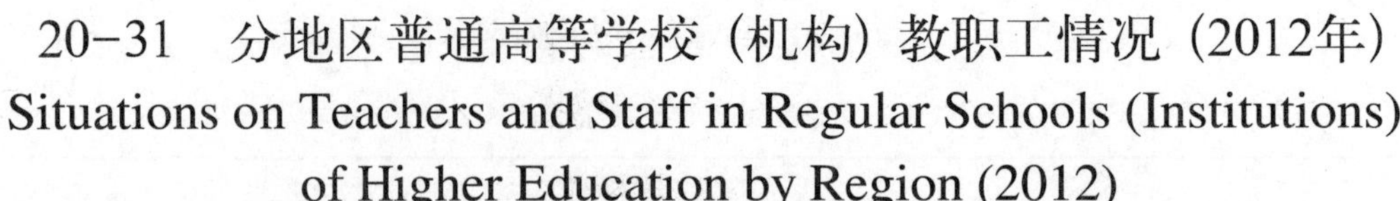

20-31 分地区普通高等学校（机构）教职工情况（2012年）
Situations on Teachers and Staff in Regular Schools (Institutions) of Higher Education by Region (2012)

单位：人 (person)

地区	Region	教职工数 Teachers & Staff	校本部教职工 In Head-quarters	专任教师 Full-time Teachers	正高级 Senior	副高级 Sub-senior	中级 Middle	初级 Junior	无职称 No Rank	行政人员 Administrative Personnel	教辅人员 Teaching Assistants	工勤人员 Workers
全国	**National Total**	**2254372**	**2124081**	**1440292**	**169423**	**412692**	**576013**	**209811**	**72353**	**309534**	**206096**	**168159**
北京	Beijing	138776	113977	60852	13091	21089	22064	2865	1743	22355	16972	13798
天津	Tianjin	46513	45189	29929	4405	9673	11594	3423	834	7281	4432	3547
河北	Hebei	98815	95054	65043	8575	18408	25488	9574	2998	13262	8414	8335
山西	Shanxi	58146	55469	38124	2883	9820	14098	8378	2945	7412	5207	4726
内蒙古	Inner Mongolia	38057	37001	24654	2342	7523	9138	4057	1594	5712	3924	2711
辽宁	Liaoning	96584	92198	60502	8271	18885	24334	7323	1689	14490	9156	8050
吉林	Jilin	62505	58557	37022	5428	11362	14176	5460	596	8561	6100	6874
黑龙江	Heilongjiang	77510	73941	45448	6928	13843	18304	5046	1327	11696	7837	8960
上海	Shanghai	73348	66910	40118	6781	12610	16498	2877	1352	12194	8493	6105
江苏	Jiangsu	163592	153178	106023	11964	32457	46353	12314	2935	22143	14600	10412
浙江	Zhejiang	83843	78717	54154	7196	16437	24111	3908	2502	13199	7561	3803
安徽	Anhui	75411	72766	53108	4258	14017	20190	11594	3049	8170	6526	4962
福建	Fujian	62513	59523	41119	4546	11329	15742	7226	2276	9211	5787	3406
江西	Jiangxi	71620	68293	50205	5033	13715	19828	9074	2555	8557	5404	4127
山东	Shandong	142370	136716	96058	9952	26465	40535	15958	3148	18755	12374	9529
河南	Henan	120156	115321	85982	7052	22309	34607	17537	4477	12206	8384	8749
湖北	Hubei	127921	120141	80665	9998	24373	30244	11883	4167	18263	11972	9241
湖南	Hunan	96322	91134	62541	6543	18017	25340	8555	4086	13294	9070	6229
广东	Guangdong	130127	124085	87402	10315	22625	35168	11234	8060	18683	12026	5974
广西	Guangxi	53344	48366	35027	3445	9160	13456	5286	3680	6240	3820	3279
海南	Hainan	13188	12942	8290	864	1943	3004	1653	826	2025	1326	1301
重庆	Chongqing	52932	50939	35744	3757	9940	14706	5261	2080	7554	4058	3583
四川	Sichuan	110033	104122	73137	7416	18837	29585	13183	4116	13224	8999	8762
贵州	Guizhou	32153	31796	22803	2148	7040	8595	3266	1754	4565	2718	1710
云南	Yunnan	44901	43650	31322	3271	8549	12190	5113	2199	5461	3542	3325
西藏	Tibet	3485	3442	2369	141	647	993	424	164	529	252	292
陕西	Shaanxi	100881	95401	61500	7459	16590	25434	9999	2018	14075	10429	9397
甘肃	Gansu	34571	32276	23232	2426	6652	9230	3639	1285	3920	2748	2376
青海	Qinghai	6668	5899	3717	763	1313	1037	472	132	847	716	619
宁夏	Ningxia	10202	9744	6632	946	1877	2223	1084	502	1556	878	678
新疆	Xinjiang	27885	27334	17570	1226	5187	7748	2145	1264	4094	2371	3299

20-32 分地区普通高中情况（2012年）
Statistics on Regular Senior Secondary Schools by Region (2012)

单位：人 (person)

地 区	Region	学校数（所）Schools (unit)	教职工数 Teachers and Staff	#专任教师 Full-time Teachers	招生数 New Enrollment	在校学生数 Total Enrollment	毕业生数 Graduates
全 国	**National Total**	**13509**	**2462575**	**1595035**	**8446071**	**24671712**	**7915046**
北 京	Beijing	289	50748	20623	63381	193505	55657
天 津	Tianjin	202	30254	15440	58012	181235	62257
河 北	Hebei	565	121965	82918	384133	1176885	423748
山 西	Shanxi	511	93617	58088	292630	854986	285255
内蒙古	Inner Mongolia	272	50418	32229	171722	500280	161274
辽 宁	Liaoning	417	62091	47276	228358	695933	237962
吉 林	Jilin	244	41747	27832	160363	476748	154289
黑龙江	Heilongjiang	398	60771	42606	202090	612579	206310
上 海	Shanghai	246	29916	16588	52497	157709	54416
江 苏	Jiangsu	594	135292	97223	376936	1208697	444765
浙 江	Zhejiang	571	88349	64506	277919	875802	297101
安 徽	Anhui	716	116953	71790	439725	1292863	412810
福 建	Fujian	543	96767	52049	218650	690542	225581
江 西	Jiangxi	435	80178	48232	308315	836602	233135
山 东	Shandong	557	149922	115208	581797	1645402	482883
河 南	Henan	785	142786	107347	665703	1926336	640137
湖 北	Hubei	575	93337	70896	327506	1074507	412235
湖 南	Hunan	589	106172	67080	370069	1026563	310055
广 东	Guangdong	1017	234162	141835	773249	2259282	688461
广 西	Guangxi	450	67548	44557	292818	795828	237474
海 南	Hainan	103	22611	10892	62969	175526	52620
重 庆	Chongqing	262	64038	36392	225080	659744	203616
四 川	Sichuan	735	150227	86461	521938	1516531	478101
贵 州	Guizhou	446	62807	41572	318188	772972	195861
云 南	Yunnan	444	73497	45255	261312	706180	196248
西 藏	Tibet	30	4459	3658	17529	47825	13286
陕 西	Shaanxi	530	84883	56218	318788	941528	317300
甘 肃	Gansu	445	60482	40467	226107	664879	213620
青 海	Qinghai	109	12752	7680	38197	106005	35807
宁 夏	Ningxia	63	12566	9742	54814	157521	47693
新 疆	Xinjiang	366	61260	32375	155276	440717	135089

20-33 分地区中等职业学校情况（2012年）
Statistics on Secondary Vocational Schools by Region (2012)

单位：人 (person)

地区	Region	学校数（所） Schools (unit)	招生数 New Enrollment	在校学生数 Total Enrollment	毕业生数 Graduates	#获得职业资格证书 With Professional Qualification Certificates	预计毕业生数 Graduates for Next Year
全国	**National**	**9762**	**5970785**	**16898820**	**5543840**	**3483872**	**5663952**
北京	Beijing	96	64076	189740	58915	33608	69983
天津	Tianjin	88	34835	105735	37107	18277	40604
河北	Hebei	663	299526	934042	388585	176417	341903
山西	Shanxi	456	172417	483237	171100	117057	160642
内蒙古	Inner Mongolia	276	96021	275527	109495	50544	97420
辽宁	Liaoning	317	121355	380601	131308	65801	135443
吉林	Jilin	300	72100	228866	89817	33902	81190
黑龙江	Heilongjiang	387	100212	292987	124133	62767	94281
上海	Shanghai	112	49540	156490	44859	35862	42951
江苏	Jiangsu	285	275225	884549	248643	189166	267884
浙江	Zhejiang	358	203220	618597	203459	179344	206664
安徽	Anhui	487	408824	1002374	296110	182493	331375
福建	Fujian	251	240792	582998	175933	147765	179605
江西	Jiangxi	446	202862	549084	190635	111883	155110
山东	Shandong	560	404670	1147012	380451	247022	383290
河南	Henan	735	522537	1456626	522733	280108	539172
湖北	Hubei	332	143530	500540	272883	173281	200699
湖南	Hunan	525	253092	734242	251480	163758	234023
广东	Guangdong	522	495758	1495738	419163	271335	511788
广西	Guangxi	319	312754	862445	214890	116957	261830
海南	Hainan	83	51055	141876	41583	15022	42405
重庆	Chongqing	155	136624	372049	108446	68602	94473
四川	Sichuan	515	501110	1262600	359099	322539	445125
贵州	Guizhou	229	150784	383367	100340	68419	116931
云南	Yunnan	396	183174	567843	162754	95764	219728
西藏	Tibet	6	7901	18291	9350	4861	6526
陕西	Shaanxi	342	196170	526654	201747	123532	175708
甘肃	Gansu	266	117672	327834	101413	55471	95733
青海	Qinghai	40	30143	76842	23660	14488	21496
宁夏	Ningxia	34	36055	104757	32461	17281	32448
新疆	Xinjiang	181	86751	235277	71288	40546	77522

20-34 分地区中等职业学校(机构)教职工情况(2012年)
Statistics on Teachers and Staff in Secondary Vocational Schools (Institutions) by Region (2012)

单位：人 (person)

地 区	Region	教职工数 Teachers and Staff	校本部教职工 Teachers and Staff in Headquarters	专任教师 Full-time Teachers	行政人员 Administrative Personnel	教辅人员 Teaching Assistants	工勤人员 Workers	校办企业职工 Employees in School-run Enterprises	其他附设机构人员 Personnel in Other Subsidiary Units	聘请校外教师 Engaged from Other Schools
全 国	**National Total**	**921332**	**909012**	**684071**	**90036**	**63633**	**71272**	**6152**	**6168**	**106549**
北 京	Beijing	12164	11953	7254	2301	1086	1312	27	184	1451
天 津	Tianjin	10449	10344	7363	1665	591	725	54	51	1098
河 北	Hebei	59944	59666	45704	5635	4226	4101	182	96	3724
山 西	Shanxi	33738	33370	25264	3285	2201	2620	151	217	4893
内蒙古	Inner Mongolia	21120	20870	15325	2121	1883	1541	99	151	1406
辽 宁	Liaoning	31282	31011	21657	4199	2242	2913	161	110	3902
吉 林	Jilin	26357	26272	18513	3447	2662	1650	12	73	1143
黑龙江	Heilongjiang	25240	25087	17891	2982	1920	2294	111	42	1806
上 海	Shanghai	13084	13012	7900	2039	1403	1670	54	18	1306
江 苏	Jiangsu	55140	54749	43828	3231	3499	4191	236	155	6209
浙 江	Zhejiang	38701	38364	32276	2089	2075	1924	162	175	6478
安 徽	Anhui	42636	41758	34314	2964	1963	2517	191	687	7181
福 建	Fujian	22278	22170	17710	1878	1326	1256	16	92	3943
江 西	Jiangxi	24431	23555	17467	2846	1483	1759	699	177	3447
山 东	Shandong	71449	70557	52430	6792	6623	4712	697	195	3525
河 南	Henan	76395	74511	57173	7045	5086	5207	926	958	7913
湖 北	Hubei	33442	32764	23796	3708	2500	2760	452	226	4265
湖 南	Hunan	38410	37777	27293	4433	3009	3042	499	134	3467
广 东	Guangdong	60847	60310	46193	5718	3677	4722	177	360	6730
广 西	Guangxi	30431	28753	20755	2877	2117	3004	367	1311	4141
海 南	Hainan	6755	6676	4579	788	519	790	4	75	612
重 庆	Chongqing	17964	17902	14241	1494	1054	1113	36	26	2979
四 川	Sichuan	53620	53111	40076	4753	3229	5053	297	212	4689
贵 州	Guizhou	16473	16147	12585	1816	610	1136	211	115	4265
云 南	Yunnan	27842	27705	21174	1976	1661	2894	81	56	5563
西 藏	Tibet	746	746	632	50	10	54			118
陕 西	Shaanxi	28143	27914	19515	3945	2330	2124	112	117	3587
甘 肃	Gansu	20856	20696	15805	1822	1334	1735	69	91	1319
青 海	Qinghai	3188	3126	2454	243	132	297	44	18	735
宁 夏	Ningxia	3468	3449	2552	312	249	336	4	15	579
新 疆	Xinjiang	14739	14687	10352	1582	933	1820	21	31	4075

20-35 分地区初中情况（2012年）
Statistics on Regular Junior Secondary Schools by Region (2012)

单位：人 (person)

地 区	Region	学校数(所) Schools (unit)	专任教师 Full-time Teachers	招生数 New Enrollment	在校学生数 Total Enrollment	毕业生数 Graduates
全 国	**National Total**	**53216**	**3504363**	**15707700**	**47630607**	**16607751**
北 京	Beijing	341	31067	108133	305510	95782
天 津	Tianjin	317	26055	83845	256541	84072
河 北	Hebei	2435	167800	777679	2173677	703054
山 西	Shanxi	2023	118231	462450	1502433	578684
内蒙古	Inner Mongolia	763	62154	242465	746308	263265
辽 宁	Liaoning	1607	101083	369537	1134585	410708
吉 林	Jilin	1213	66898	226574	696588	259666
黑龙江	Heilongjiang	1648	100044	345555	1204786	394270
上 海	Shanghai	514	35202	117489	432686	94645
江 苏	Jiangsu	2066	182231	640312	1970169	752183
浙 江	Zhejiang	1735	118855	510594	1492985	514374
安 徽	Anhui	2920	161007	689414	2130347	869576
福 建	Fujian	1240	96638	381878	1120356	404766
江 西	Jiangxi	2107	122771	655925	1945486	651764
山 东	Shandong	2965	261611	1016968	3281023	1049116
河 南	Henan	4551	282413	1581590	4537868	1498054
湖 北	Hubei	2047	141409	510866	1577701	575799
湖 南	Hunan	3296	171197	742493	2111100	688731
广 东	Guangdong	3309	273493	1402496	4424650	1619805
广 西	Guangxi	1860	117478	668655	1966202	643804
海 南	Hainan	388	25075	119426	364677	134944
重 庆	Chongqing	969	76060	340251	1087258	403096
四 川	Sichuan	3908	203905	988311	3041867	1093729
贵 州	Guizhou	2215	114753	731931	2100850	663275
云 南	Yunnan	1691	120817	674396	1954348	666942
西 藏	Tibet	92	8982	43424	130266	46578
陕 西	Shaanxi	1765	112604	411451	1315464	521287
甘 肃	Gansu	1588	84377	375938	1180171	442640
青 海	Qinghai	261	14846	73382	208723	68547
宁 夏	Ningxia	251	19383	99874	292813	95094
新 疆	Xinjiang	1131	85924	314398	943169	319501

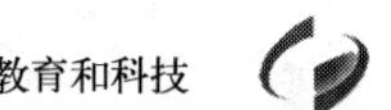

20-36 分地区普通小学情况（2012年）
Statistics on Regular Primary Schools by Region (2012)

单位：人 (person)

地 区	Region	学校数 (所) Schools (unit)	教职工数 Teachers and Staff	#专任教师 Full-time Teachers	招生数 New Enrollment	在校学生数 Total Enrollment	毕业生数 Graduates
全 国	**National Total**	**228585**	**5538481**	**5585476**	**17146640**	**96958985**	**16415565**
北 京	Beijing	1081	55710	52472	141738	718655	109492
天 津	Tianjin	843	41626	37769	102514	532282	86548
河 北	Hebei	12898	324755	316962	1062931	5622191	796079
山 西	Shanxi	10042	185103	184326	440460	2617602	547270
内蒙古	Inner Mongolia	2443	127745	112898	233545	1365080	242927
辽 宁	Liaoning	4779	135608	144633	353057	2129695	371386
吉 林	Jilin	5186	127992	119274	242215	1423679	230619
黑龙江	Heilongjiang	4834	145978	144208	328950	1867729	346553
上 海	Shanghai	761	48936	48066	172297	760377	129542
江 苏	Jiangsu	4128	252300	252580	794802	4227557	645061
浙 江	Zhejiang	3698	173611	179473	607186	3467269	538276
安 徽	Anhui	12547	233150	241504	693919	4047018	720927
福 建	Fujian	5414	157362	153941	467450	2527264	391264
江 西	Jiangxi	11173	195472	205470	800412	4341438	670134
山 东	Shandong	11573	387203	382562	1095534	6276696	1061562
河 南	Henan	27452	504933	496856	1909667	10791827	1704498
湖 北	Hubei	6614	193609	191699	634766	3267498	513818
湖 南	Hunan	10165	231358	246859	880773	4737920	770212
广 东	Guangdong	13396	422977	432374	1452959	8082401	1499644
广 西	Guangxi	13535	232714	217151	742110	4264831	686423
海 南	Hainan	2036	49314	51243	122521	752187	128221
重 庆	Chongqing	4810	115394	114036	352068	1943177	336066
四 川	Sichuan	8586	262440	304899	1009618	5607407	1001656
贵 州	Guizhou	11529	199179	197983	591024	3800803	760174
云 南	Yunnan	13020	237762	233710	622875	4067038	722779
西 藏	Tibet	857	18966	18853	51552	292016	47537
陕 西	Shaanxi	7994	169723	166822	378875	2346152	448555
甘 肃	Gansu	10336	134514	140235	341155	2063549	398700
青 海	Qinghai	1425	22467	26103	83111	498663	80967
宁 夏	Ningxia	1896	33415	34385	104822	618140	107655
新 疆	Xinjiang	3534	117165	136130	331734	1900844	321020

20-37 分地区特殊教育情况（2012年）
Statistics on Special Education by Region (2012)

单位：人 (person)

地 区	Region	学校数 (所) Schools (unit)	教职工数 Teachers and Staff	#专任教师 Full-time Teachers	招生数 New Enrollment	在校学生数 Total Enrollment	毕业生数 Graduates
全 国	**National Total**	**1853**	**53615**	**43697**	**65699**	**378751**	**48590**
北 京	Beijing	22	1231	898	1190	8118	1747
天 津	Tianjin	20	739	575	536	2963	311
河 北	Hebei	151	3553	2912	1913	12408	1202
山 西	Shanxi	53	1583	1316	1215	7873	882
内蒙古	Inner Mongolia	39	1312	1103	874	4455	392
辽 宁	Liaoning	74	2648	1967	905	8593	804
吉 林	Jilin	46	1751	1382	805	6261	574
黑龙江	Heilongjiang	74	2312	1879	1423	11150	894
上 海	Shanghai	29	1580	1177	1202	8138	1455
江 苏	Jiangsu	107	3911	3124	3534	24702	3271
浙 江	Zhejiang	79	2185	1915	2741	14425	1550
安 徽	Anhui	64	1507	1283	2165	9986	1114
福 建	Fujian	73	1863	1636	4350	27291	3604
江 西	Jiangxi	80	1074	961	4094	21510	1751
山 东	Shandong	145	5700	4595	3555	21239	2793
河 南	Henan	132	3767	3211	2994	16689	2381
湖 北	Hubei	77	1826	1560	1483	10557	1292
湖 南	Hunan	61	1673	1349	1812	10184	1058
广 东	Guangdong	94	3329	2527	4632	24485	2917
广 西	Guangxi	62	1516	1105	2538	14270	1441
海 南	Hainan	4	217	160	313	1616	214
重 庆	Chongqing	36	927	804	2090	13083	1836
四 川	Sichuan	113	2220	1941	8398	44287	7969
贵 州	Guizhou	56	1139	996	2904	13657	1389
云 南	Yunnan	47	1140	934	3294	16777	3071
西 藏	Tibet	3	110	92	185	633	39
陕 西	Shaanxi	46	1147	904	1266	6046	1010
甘 肃	Gansu	28	673	572	1434	8337	834
青 海	Qinghai	11	166	140	359	2124	189
宁 夏	Ningxia	8	242	227	358	1985	84
新 疆	Xinjiang	19	574	452	1137	4909	522

20-38 分地区各级学校生师比
Student-Teacher Ratio by Level of Regular Schools by Region

(教师人数=1) (Number of Teachers=1)

年份 地区	Year Region	普通小学 Primary School	初中 Junior Secondary School	普通高中 Regular Senior Secondary School	中等职业学校 Vocational Senior Secondary School	普通高校 Regular Institution of Higher Education
	1993	22.37	15.65	14.96	13.42	8.00
	1994	22.85	16.07	12.16	14.26	9.25
	1995	23.30	16.73	12.95	15.98	9.83
	1996	23.73	17.18	13.45	16.42	10.36
	1997	24.16	17.33	14.05	16.92	10.87
	1998	23.98	17.56	14.60	16.36	11.62
	1999	23.12	18.17	15.16	15.68	13.37
	2000	22.21	19.03	15.87	15.24	16.30
	2001	21.64	19.24	16.73	15.04	18.22
	2002	21.04	19.25	17.80	16.58	19.00
	2003	20.50	19.13	18.35	17.63	17.00
	2004	19.98	18.65	18.65	19.15	16.22
	2005	19.43	17.80	18.54	21.34	16.85
	2006	19.17	17.15	18.13	22.65	17.93
	2007	18.82	16.52	17.48	23.13	17.28
	2008	18.38	16.07	16.78	23.32	17.23
	2009	17.88	15.47	16.30	25.27	17.27
	2010	17.70	14.98	15.99	25.69	17.33
	2011	17.71	14.38	15.77	24.97	17.42
	2012	17.36	13.59	15.47	24.19	17.52
北　京	Beijing	13.70	9.83	9.38	25.65	16.70
天　津	Tianjin	14.09	9.85	11.74	13.82	17.29
河　北	Hebei	17.74	12.95	14.19	19.84	17.65
山　西	Shanxi	14.20	12.71	14.72	19.38	18.01
内蒙古	Inner Mongolia	12.09	12.01	15.52	16.31	17.59
辽　宁	Liaoning	14.72	11.22	14.72	16.77	17.17
吉　林	Jilin	11.94	10.41	17.13	11.71	17.20
黑龙江	Heilongjiang	12.95	12.04	14.38	18.68	16.19
上　海	Shanghai	15.82	12.29	9.51	19.63	16.93
江　苏	Jiangsu	16.74	10.81	12.43	20.82	15.45
浙　江	Zhejiang	19.32	12.56	13.58	19.29	17.05
安　徽	Anhui	16.76	13.23	18.01	27.64	18.74
福　建	Fujian	16.42	11.59	13.27	35.02	17.20
江　西	Jiangxi	21.13	15.85	17.35	26.64	17.37
山　东	Shandong	16.41	12.54	14.28	20.80	17.08
河　南	Henan	21.72	16.07	17.94	25.73	17.64
湖　北	Hubei	17.04	11.16	15.16	21.15	17.76
湖　南	Hunan	19.19	12.33	15.30	25.20	18.64
广　东	Guangdong	18.69	16.18	15.93	35.31	18.82
广　西	Guangxi	19.64	16.74	17.86	39.51	17.80
海　南	Hainan	14.68	14.54	16.12	31.25	19.34
重　庆	Chongqing	17.04	14.29	18.13	25.99	17.53
四　川	Sichuan	18.39	14.92	17.54	30.37	18.36
贵　州	Guizhou	19.20	18.31	18.59	29.26	18.19
云　南	Yunnan	17.40	16.18	15.60	26.64	18.50
西　藏	Tibet	15.49	14.50	13.07	28.94	16.17
陕　西	Shaanxi	14.06	11.68	16.75	23.88	18.19
甘　肃	Gansu	14.71	13.99	16.43	22.27	18.99
青　海	Qinghai	19.10	14.06	13.80	23.68	14.74
宁　夏	Ningxia	17.98	15.11	16.17	29.50	17.43
新　疆	Xinjiang	13.96	10.98	13.61	16.27	16.87

注：中等职业学校含技工学校数据。
a) Data on Skilled Workers are included in Secondary Vocational Schools.

20-39 每十万人口各级学校平均在校生数
Number of Students Per 100 000 Population by Level

单位：人 (person)

年份 Year / 地区 Region	学前教育 Pre-education	小学 Primary Education	初中阶段 Junior Secondary	高中阶段 Senior Secondary	高等教育 Higher Education
1991	1907	10502	3465	1355	304
1992	2072	10413	3518	1365	313
1993	2190	10656	3599	1448	376
1994	2219	10819	3681	1293	433
1995	2262	11010	3945	1610	457
1996	2208	11273	4180	1780	470
1997	2058	11435	4289	1905	482
1998	1944	11287	4408	1978	519
1999	1864	10855	4656	2032	594
2000	1782	10335	4969	2000	723
2001	1602	9937	5161	2021	931
2002	1595	9525	5240	2283	1146
2003	1560	9100	5209	2523	1298
2004	1617	8725	5058	2824	1420
2005	1676	8358	4781	3070	1613
2006	1731	8192	4557	3321	1816
2007	1787	8037	4364	3409	1924
2008	1873	7819	4227	3463	2042
2009	2001	7584	4097	3495	2128
2010	2230	7448	3955	3504	2189
2011	2554	7403	3779	3495	2253
2012	2736	7196	3535	3411	2335
北京 Beijing	1643	3560	1513	2114	5534
天津 Tianjin	1687	3928	1893	2275	4358
河北 Hebei	2710	7765	3002	3148	2063
山西 Shanxi	2546	7285	4182	4050	2351
内蒙古 Inner Mongolia	1983	5501	3007	3206	2042
辽宁 Liaoning	1961	4859	2589	2675	2811
吉林 Jilin	1574	5178	2534	2730	2889
黑龙江 Heilongjiang	1510	4871	3142	2985	2441
上海 Shanghai	2047	3239	1843	1389	3481
江苏 Jiangsu	2791	5352	2494	3014	2786
浙江 Zhejiang	3453	6347	2733	3020	2288
安徽 Anhui	2645	6781	3570	3940	2101
福建 Fujian	3763	6794	3012	3846	2301
江西 Jiangxi	3389	9672	4334	3422	2295
山东 Shandong	2613	6513	3405	3325	2238
河南 Henan	3406	11495	4834	3911	2012
湖北 Hubei	2354	5675	2740	2984	3078
湖南 Hunan	2675	7183	3201	2950	2087
广东 Guangdong	3148	7694	4212	4417	2082
广西 Guangxi	3572	9182	4233	3790	1834
海南 Hainan	3073	8573	4157	3965	2218
重庆 Chongqing	3058	6657	3725	3995	2734
四川 Sichuan	2724	6966	3779	3585	2037
贵州 Guizhou	2832	10957	6057	3443	1392
云南 Yunnan	2424	8783	4220	2975	1566
西藏 Tibet	2028	9628	4295	2180	1508
陕西 Shaanxi	3139	6269	3515	4479	3525
甘肃 Gansu	1873	8048	4603	4246	2145
青海 Qinghai	2699	8777	3674	3590	1133
宁夏 Ningxia	2506	9667	4579	4230	2107
新疆 Xinjiang	3143	8606	4270	3293	1596

注：1.高等教育包括普通高等学校和成人高等学校。
2.高中阶段合计数据包括普通高中、成人高中、普通中专、职业高中、技工学校和成人中专。
3.初中阶段包括普通初中和职业初中。

a) Institutions of higher education include that of regular institutions of higher education and institutions of higher education for adults.

b) Total of senior schools include that of regular senior schools, adult senior schools, regular secondary technical schools, vocational secondary schools, technical worker school, adult technical secondary schools.

c) Junior secondary schools include regular junior schools and junior vocational schools.

20-40 教育经费情况
Basic Statistics on Educational Funds

单位：万元 (10 000 yuan)

年份 Year 地区 Region	合计 Total	国家财政性教育经费 Government Appropriation for Education	#公共财政预算教育经费 Public Expenditure on Education	民办学校中举办者投入 Funds from Investors of Private Schools	社会捐赠经费 Donations and Fund-raising for Running Schools	事业收入 Income from Teaching Research and Other Auxiliary Activity	#学杂费 Tuition and Miscel-laneous Fees	其他教育经费 Other Educational Funds
1992	8670491	7287506	5387382		696285		439319	
1993	10599374	8677618	6443914	33323	701856		871477	
1994	14887813	11747396	8839795	107795	974487		1469228	
1995	18779501	14115233	10283930	203672	1628414		2012423	
1996	22623394	16717046	12119134	261999	1884190		2610361	
1997	25317326	18625416	13577262	301746	1706588		3260792	
1998	29490592	20324526	15655917	480314	1418537	6091515	3697474	1175700
1999	33490416	22871756	18157597	628957	1258694	7497174	4636108	1233835
2000	38490806	25626056	20856792	858537	1139557	9382717	5948304	1483939
2001	46376626	30570100	25823762	1280895	1128852	11575137	7456014	1821643
2002	54800278	34914048	31142383	1725549	1272791	14609169	9227792	2278722
2003	62082653	38506237	34538583	2590148	1045927	17218399	11214985	2721943
2004	72425989	44658575	40278158	3478529	934204	20114268	13465517	3240414
2005	84188391	51610759	46656939	4522185	931613	23399991	15530545	3723842
2006	98153087	63483648	57956138	5490583	899078	24073042	15523301	4206736
2007	121480663	82802142	76549082	809337	930584	31772357	21309082	5166242
2008	145007374	104496296	96855602	698479	1026663	33670711	23492983	5115225
2009	165027065	122310935	114193032	749829	1254991	35275939	25155983	5435371
2010	195618471	146700670	134895629	1054254	1078839	41060664	30155593	5724045
2011	238692936	185867009	168045617	1119320	1118675	44246927	33169742	6341005
中央 Central Government	23356525	15634144	14413470		266793	6096208	2937487	1359380
地方 Local Governments	215336411	170232866	153632146	1119320	851882	38150719	30232255	4981625
北京 Beijing	7373843	6277348	5577283	2894	42608	851455	622423	199539
天津 Tianjin	4136097	3389120	2920631	239	5531	594114	436350	147094
河北 Hebei	8447882	6844588	6106370	22060	6392	1484576	1302985	90267
山西 Shanxi	5494903	4451667	4067348	51370	14323	902811	733005	74732
内蒙古 Inner Mongolia	5040005	4463714	4038149	10480	3597	512773	399327	49442
辽宁 Liaoning	7809413	6325914	5649334	30860	5744	1332250	1121184	114645
吉林 Jilin	4293877	3543183	3329166	6702	2878	703764	595838	37350
黑龙江 Heilongjiang	4838173	3859462	3573011	2843	869	941146	793588	33855
上海 Shanghai	7106255	5844327	4795157	5215	6331	1006085	821000	244297
江苏 Jiangsu	15882132	11768474	9974984	50534	179649	3149370	2437172	734106
浙江 Zhejiang	12069078	8732600	7081452	20810	154065	2591357	2080309	570246
安徽 Anhui	8172010	6461027	5903475	57900	20122	1456867	1132576	176095
福建 Fujian	6344839	4856150	4256932	80851	37395	1286253	983115	84190
江西 Jiangxi	6307866	5036882	4718264	89662	19066	1056873	878233	105383
山东 Shandong	13727939	11225099	9869201	40992	22969	2307705	1779356	131174
河南 Henan	11821418	9292217	8786207	131298	5735	2103536	1881920	288633
湖北 Hubei	6844038	4787821	4489740	18227	20305	1809429	1337660	208256
湖南 Hunan	7987607	5846551	5447450	53567	17604	1791759	1394362	278126
广东 Guangdong	18846365	13592334	12282084	174940	105231	4655227	3769241	318634
广西 Guangxi	5938482	4905638	4635386	31747	7328	925396	732021	68374
海南 Hainan	1732237	1370536	1240893	33157	15086	279938	233588	33519
重庆 Chongqing	5039550	3832059	3590885	24470	45121	926746	679350	211154
四川 Sichuan	10244130	8017200	7393263	116697	51511	1932562	1279067	126162
贵州 Guizhou	4510531	3869567	3624514	18762	7811	519550	386485	94842
云南 Yunnan	6582935	5652685	5235529	18172	23784	767760	604635	120533
西藏 Tibet	826102	807466	800260	201	683	17622	14318	130
陕西 Shaanxi	6838342	5249804	4952664	12917	10035	1326983	1072042	238604
甘肃 Gansu	3608174	3129282	2938828	4558	7347	431519	361413	35468
青海 Qinghai	1552462	1469582	1398060	1338	3907	63800	48435	13836
宁夏 Ningxia	1313862	1147144	1075864	4249	1978	119957	93927	40535
新疆 Xinjiang	4605867	4183426	3879766	1611	6880	301540	227332	112410

注：1. "民办学校中举办者投入"数据1992-2006年为社会团体和公民个人办学总经费。
2.按照政府预算体系改革要求，2011年起将原"预算内教育经费"表述为"公共财政预算教育经费"。

a) "Funds from runners of private schools" from 1992 to 2006 equals to funds from social organizations and citizens for running schools.

b) According to the Government reform of the budget system requirements, in 2011 the original "budgetary educational funds" expressed as "public expenditure on education".

20-41 各类学校教育经费情况（2011年）
Educational Funds in Various Schools (2011)

单位：万元 (10 000 yuan)

学校类别	Type of Schools	合计 Total	国家财政性教育经费 Government Appropriation for Education	#公共财政预算教育经费 Public Expenditure on Education	民办学校中举办者投入 Funds from Investors of Private Schools	社会捐赠经费 Donations and Fund-Raising for Running Schools	事业收入 Income from Teaching Research and Other Auxiliary Activity	#学杂费 Tuition and Miscellaneous Fees	其他教育经费 Other Educational Funds
全国总计	**National Total**	**238692936**	**185867009**	**168045617**	**1119320**	**1118675**	**44246927**	**33169742**	**6341005**
按学校类别分组	**Categorized by Type of Schools**								
高等学校	Institutions of Higher Education	70208740	40963277	38303348	332915	434534	24620019	18623612	3857995
普通高等学校	Regular Institutions of Higher Education	68802316	40234989	37632641	332915	431870	24007176	18121026	3795366
成人高等学校	Institutions of Higher Education for Adults	1406423	728288	670707		2664	612843	502586	62629
中等职业学校	Vocational Secondary Schools	16385030	12590644	10379263	128688	24765	3226600	2668384	414334
中等专业学校	Specialized Secondary Schools	7560390	5671922	4728781	58264	9058	1619122	1350180	202024
职业高中	Vocational Senior Secondary Schools	6177797	5062497	4025549	55130	13427	942754	803664	103989
技工学校	Technical Schools	1854712	1236388	1064615	7359	1757	522612	436450	86597
成人中专学校	Specialized Secondary Schools for Adults	792131	619837	560318	7934	523	142113	78090	21724
中学	Secondary Schools	66709034	57114550	50782295	215221	363248	8144614	5770465	871402
普通中学	Regular Secondary Schools	66607151	57023628	50710861	215221	363154	8136799	5769061	868350
普通高中	Regular Senior Secondary Schools	24943611	17999617	15376404	76990	186050	6238204	4546108	442751
普通初中	Regular Junior Secondary Schools	41663540	39024011	35334458	138231	177105	1898595	1222954	425599
#农村	Rural Areas	22879621	22308622	20740121	41211	63884	304463	173901	161440
成人中学	Secondary Schools for Adults	101883	90922	71434		94	7815	1403	3052
小学	Primary Schools	60124183	57599831	53147915	149897	218537	1638763	1141006	517155
普通小学	Regular Primary Schools	60120841	57596542	53144651	149897	218537	1638729	1141006	517137
#农村	Rural Areas	37975040	37249144	35088711	48293	102146	358382	223509	217073
成人小学	Primary Schools for Adults	3342	3289	3264			35		18
特殊教育学校	Special Education Schools	790439	766927	654865	174	5221	7733	1435	10385
幼儿园	Kindergartens	10185761	4156986	3516392	292425	50189	5497586	4927263	188575
教育行政单位	Education Administrative Unit	3281499	2989852	2628782		11909	135171		144567
教育事业单位	Education Institution	8777740	7712373	6676855		9971	785483		269914
其它	Others	2230510	1972571	1955902		303	190958	37577	66679

20-42　科技活动基本情况
Basic Statistics on Scientific and Technological Activities

指　标	Item	2008	2009	2010	2011	2012
研究与试验发展(R&D)投入情况	**Statistics on R&D Input**					
R&D人员全时当量(万人年)	Full-time Equivalent of R&D Personnel (10 000 man-years)	196.5	229.1	255.4	288.3	324.7
#基础研究	Basic Research	15.4	16.5	17.4	19.3	21.2
应用研究	Applied Research	28.9	31.5	33.6	35.3	38.4
试验发展	Experimental Development	152.2	181.1	204.5	233.7	265.1
R&D经费支出 (亿元)	Expenditure on R&D (100 million yuan)	4616.0	5802.1	7062.6	8687.0	10298.4
#基础研究	Basic Research	220.8	270.3	324.5	411.8	498.8
应用研究	Applied Research	575.2	730.8	893.8	1028.4	1162.0
试验发展	Experimental Development	3820.0	4801.0	5844.3	7246.8	8637.6
#政府资金	Government Funds	1088.9	1358.3	1696.3	1883.0	2221.4
企业资金	Self-raised Funds by Enterprises	3311.5	4162.7	5063.1	6420.6	7625.0
R&D经费支出相当于国内生产总值比例 (%)	Proportion of Expenditure on R&D to GDP (%)	1.47	1.70	1.76	1.84	1.98
科技产出及成果情况	**Statistics on S&T Outputs and Results**					
发表科技论文 (万篇)	Scientific Papers Issued (10 000 pieces)	119	136	142	150	152
出版科技著作 (种)	Publication on Science and Technology (kind)	45296	49080	45563	45472	46751
科技成果登记数 (项)	Number of Major Achievements in Science and Technology(item)	35971	38688	42108	44208	51723
国家技术发明奖 (项)	Number of National Invention Prizes Awarded (item)	55	55	46	55	77
国家科学技术进步奖 (项)	Number of National Scientific and Technological Progress Prizes Awarded (item)	254	282	273	283	212
专利申请受理数 (件)	Number of Patent Applications Accepted (piece)	828328	976686	1222286	1633347	2050649
#发明专利	Inventions	289838	314573	391177	526412	652777
专利申请授权数 (件)	Number of Patent Applications Granted (piece)	411982	581992	814825	960513	1255138
#发明专利	Inventions	93706	128489	135110	172113	217105
高技术产品进出口及技术市场情况	**Statistics on Export and Import of High-tech Products and Technical Market**					
高技术产品进出口额(亿美元)	Total Value of Export and Import of High-tech Products (USD 100 million)	7574	6868	9050	10120	11080
高技术产品出口额	Export	4156	3769	4924	5488	6012
高技术产品进口额	Import	3418	3099	4127	4632	5069
技术市场成交额 (亿元)	Transaction Value in Technical Market (100 million yuan)	2665	3039	3907	4764	6437

20-43 科学研究与开发机构基本情况
Basic Statistics on Scientific Research and Development Institutions

指　　标	Item	2008	2009	2010	2011	2012
机构基本情况	**Basic Statistics on Institutions**					
机构数　(个)	Number of R&D Institutions　(unit)	3727	3707	3696	3673	3674
#中央属	Subordinated to Central Level	678	691	686	686	710
地方属	Subordinated to Local Level	3049	3016	3010	2987	2964
研究与试验发展(R&D)投入情况	**Statistics on R&D Input**					
R&D人员　(万人)	R&D Personnel　(10 000 persons)	30.4	32.3	34.2	36.2	38.8
R&D人员全时当量　(万人年)	Full-time Equivalent of R&D Personnel (10 000 man-years)	26.0	27.7	29.3	31.6	34.4
#基础研究	Basic Research	3.8	4.1	4.2	5.0	5.7
应用研究	Applied Research	9.7	10.3	10.9	11.3	12.1
试验发展	Experimental Development	12.5	13.4	14.2	15.2	16.5
R&D经费支出　(亿元)	Expenditure on R&D　(100 million yuan)	811.3	996.0	1186.4	1306.7	1548.9
#基础研究	Basic Research	92.7	110.6	129.9	160.2	197.9
应用研究	Applied Research	271.3	350.9	387.6	417.2	469.3
试验发展	Experimental Development	447.2	534.4	668.9	729.3	881.7
#政府资金	Government Appropriation Funds	699.7	849.5	1036.5	1106.1	1292.7
企业资金	Self-raised Funds by Enterprises	28.2	29.8	34.2	39.9	47.4
R&D项目(课题)情况	**Statistics on R&D Topics**					
R&D项目(课题)数　(项)	R&D Projects　(item)	54900	61135	67050	70967	79343
R&D项目(课题)人员全时当量　(万人年)	Participants　(10 000 man-years)	22.9	23.7	25.4	27.3	31.1
R&D项目(课题)经费支出 (亿元)	Expenditure　(100 million yuan)	537.7	579.8	681.5	807.1	1078.3
科技产出及成果情况	**Statistics on S&T Outputs and Results**					
发表科技论文　(篇)	Scientific Papers Issued　(piece)	132072	138119	140818	148039	158647
#国外发表	Published in Foreign Periodicals	21498	25882	26862	31598	35173
出版科技著作　(种)	Publication on Science and Technology　(kind)	4691	4788	3922	4292	4458
专利申请受理数　(件)	Number of Patent Applications Accepted(piece)	12536	15773	19192	24059	30418
#发明专利	Inventions	9864	12361	14979	18227	23406
专利申请授权数　(件)	Number of Patent Applications Granted　(piece)	5048	6391	8698	12126	16551
#发明专利	Inventions	3102	4077	5249	7862	10935

20-44 高等学校科技活动情况
Basic Statistics on Higher Education for Science and Technology Activities

指 标	Item	2008	2009	2010	2011	2012
高等学校基本情况	**Basic Statistics on Higher Education**					
学校数 (个)	Number of Institutions (unit)	2263	2305	2358	2409	2442
#理工农医	Natural Sciences & Technology	827	1003	970	975	1039
#人文社科	Social Sciences & Humanities	869	954	963	997	1090
R&D机构 (个)	R&D Institutions (unit)	5159	6082	7833	8630	9225
研究与试验发展(R&D)投入情况	**Statistics on R&D Input**					
R&D人员 (万人)	R&D Personnel (10 000 persons)	47.8	50.9	59.4	63.2	67.8
R&D人员全时当量 (万人年)	Full-time Equivalent of R&D Personnel (10 000 man-years)	26.6	27.5	29.0	29.9	31.4
#基础研究	Basic Research	10.9	11.3	12.0	12.9	14.0
应用研究	Applied Research	13.7	14.1	14.8	15.0	15.4
试验发展	Experimental Development	2.0	2.1	2.1	2.0	1.9
R&D经费支出 (亿元)	Expenditure on R&D (100 million yuan)	390.2	468.2	597.3	688.8	780.6
#基础研究	Basic Research	114.8	145.5	179.9	226.7	275.7
应用研究	Applied Research	208.9	250.0	337.0	372.4	402.7
试验发展	Experimental Development	66.5	72.6	80.3	89.8	102.2
#政府资金	Government Appropriation Funds	225.5	262.2	358.8	405.1	474.1
企业资金	Self-raised Funds by Enterprises	134.9	171.7	198.5	242.9	260.5
R&D项目(课题)情况	**Statistics on R&D Topics**					
R&D项目(课题)数 (项)	R&D Projects (item)	429096	476708	547717	604107	657027
R&D项目(课题)人员全时当量(万人年)	Participants (10 000 man-years)	26.6	27.4	28.9	29.9	31.3
R&D项目(课题)经费支出 (亿元)	Expenditure (100 million yuan)	323.2	363.5	467.0	535.3	607.3
科技产出及成果情况	**Statistics on S&T Outputs and Results**					
发表科技论文 (篇)	Scientific Papers Issued (piece)	964877	1016345	1062512	1109965	1117742
#国外发表	Published in Foreign Periodicals	134058	156750	182247	218301	226097
出版科技著作 (种)	Publication on Science and Technology (kind)	37541	40919	38101	37472	38760
专利申请受理数 (件)	Number of Patent Applications Accepted(piece)	40610	56641	72744	95592	113430
#发明专利	Inventions	29337	36241	44132	54362	66755
专利申请授权数 (件)	Number of Patent Applications Granted (piece)	19248	25570	37490	53055	74550
#发明专利	Inventions	10216	14408	18055	25064	34441

20-45 规模以上工业企业的科技活动基本情况
Basic Statistics on Science and Technology Activities of Industrial Enterprises above Designated Size

指 标	Item	2004	2009	2011	2012
企业基本情况	**Statistics on Industrial Enterprises**				
有R&D活动企业数 (个)	Number of Enterprises Having R&D Activities (unit)	17075	36387	37467	47204
有R&D活动企业所占比重 (%)	Percentage of Enterprises Having R&D Activities to Total Number of Enterprises (%)	6.2	8.5	11.5	13.7
R&D活动情况	**Statistics on R&D Activities**				
R&D人员全时当量 (万人年)	Full-time Equivalent of R&D Personnel (10 000 man-years)	54.2	144.7	193.9	224.6
R&D经费支出 (亿元)	Expenditure on R&D (100 million yuan)	1104.5	3775.7	5993.8	7200.6
R&D经费支出与主营业务收入之比(%)	Percentage of Expenditure on R&D to Sales Revenue (%)	0.56	0.69	0.71	0.77
R&D项目数 (项)	R&D Projects (item)	53641	194400	232158	287524
R&D项目经费支出 (亿元)	Expenditure on R&D Projects (100 million yuan)	921.2	3185.9	5052.0	6230.6
企业办R&D机构情况	**Statistics on R&D Institutions**				
机构数 (个)	Number of R&D Institutions (unit)	17555	29879	31320	45937
机构人员数 (万人)	R&D Personnel (10 000 persons)	64.4	155.0	181.6	226.8
机构经费支出 (亿元)	Expenditure on R&D (100 million yuan)	841.6	2983.6	3957.0	5233.4
新产品开发及生产情况	**Statistics on New Products Development and Production**				
新产品开发项目数 (个)	Number of New Products (unit)	76176	237754	266232	323448
新产品开发经费支出 (亿元)	Expenditure on New Products Development (100 million yuan)	965.7	4482.0	6845.9	7998.5
新产品销售收入 (亿元)	Sales Revenue of New Products (100 million yuan)	22808.6	65838.2	100582.7	110529.8
#新产品出口	Export	5312.2	11572.5	20223.1	21894.2
专利情况	**Statistics on Patents**				
专利申请数 (件)	Number of Patent Applications (piece)	64569	265808	386075	489945
#发明专利	Inventions	20456	92450	134843	176167
有效发明专利数 (件)	Number of Inventions in Force (piece)	30315	118245	201089	277196
技术获取和技术改造情况	**Statistics on Technology Acquisition and Technology Reconstruction**				
引进国外技术经费支出 (亿元)	Expenditure for Acquisition of Foreign Technology(100 million yuan)	397.4	422.2	449.0	393.9
引进技术消化吸收经费支出(亿元)	Expenditure for Assimilation of Technology(100 million yuan)	61.2	182.0	202.2	156.8
购买国内技术经费支出 (亿元)	Expenditure for Purchase of Domestic Technology(100 million yuan)	82.5	203.4	220.5	201.7
技术改造经费支出 (亿元)	Expenditure for Technical Renovation (100 million yuan)	2953.5	4344.7	4293.7	4161.8

注：从2011年起，规模以上工业企业的统计范围从年主营业务收入为500万元及以上的法人工业企业调整为年主营业务收入为2000万元及以上的法人工业企业。以下各表同。

a) From 2011, the statistics range of the industrial enterprises above designated size change from the industrial enterprises with the sales revenue above 5 million RMB to the industrial enterprises with the sales revenue above 20 million RMB. The same applies to the following table.

20-46 按登记注册类型分规模以上工业企业研究与试验发展(R&D)活动及专利情况(2012年)

Statistics on R&D Activities and Patents of Industrial Enterprises above Designated Size by Registration Status (2012)

登记注册类型	Status of Registration	R&D人员全时当量(人年) Full-time Equivalent of R&D Personnel (man-year)	R&D经费(万元) Expenditure on R&D (10 000 yuan)	R&D项目数(项) R&D Projects (unit)	专利申请数(件) Number of Patent Applications (piece)	#发明专利 Inventions	有效发明专利数(件) Number of Inventions In Force (piece)
合 计	**Total**	**2246179**	**72006450**	**287524**	**489945**	**176167**	**277196**
#大中型工业企业	Large and Medium-sized Industrial Enterprises	1818585	59923237	192755	327116	124695	204636
内资企业	**Domestic Funded Enterprises**	**1651158**	**54370344**	**223459**	**379211**	**135421**	**209301**
国有企业	State-owned Enterprises	162963	5620813	20092	30790	11248	16376
集体企业	Collective-owned Enterprises	11351	752365	2471	2750	876	1280
股份合作企业	Cooperative Enterprises	6671	239299	1320	1397	451	777
联营企业	Joint Ownership Enterprises	2847	113688	225	415	175	142
国有联营企业	State Joint Ownership Enterprises	1944	97284	133	224	100	59
有限责任公司	Limited Liability Corporations	662323	22247313	83470	117620	48843	79977
国有独资公司	State Sole Funded Corporations	126402	4520605	13737	13942	5412	7829
股份有限公司	Share-holding Corporations Ltd.	371179	12455637	41490	78416	33008	53543
私营企业	Private Enterprises	419112	12465427	72299	144168	39626	55726
其他企业	Other Enterprises	14712	475802	2092	3655	1194	1480
港、澳、台商投资企业	**Enterprises with Funds from Hong Kong, Macao and Taiwan**	**258541**	**6723539**	**26417**	**51434**	**17426**	**28136**
合资经营企业	Joint-venture Enterprises	106372	2836315	12059	21480	5729	10962
合作经营企业	Cooperative Enterprises	3138	78905	625	785	175	825
独资经营企业	Enterprises with Sole Fund	132163	3293794	11875	25963	10396	14590
投资股份有限公司	Share-holding Corporations Ltd.	15441	473698	1596	3065	1085	1671
外商投资企业	**Foreign Funded Enterprises**	**336479**	**10912567**	**37648**	**59300**	**23320**	**39759**
中外合资经营企业	Joint-venture Enterprises	153078	5764759	19311	31858	11256	15601
中外合作经营企业	Cooperation Enterprises	5152	157184	676	865	288	380
外资企业	Enterprises with Sole Fund	159290	4359893	15745	24283	10696	21639
外商投资股份有限公司	Share-holding Corporations Ltd.	18075	602045	1789	2233	1061	2095

20-47 按行业分规模以上工业企业研究与试验发展(R&D)活动及专利情况(2012年)

Statistics on R&D Activities and Patents of Industrial Enterprises above Designated Size by Industrial Sector (2012)

行业	Sector	R&D人员全时当量(人年) Full-time Equivalent of R&D Personnel (man-year)	R&D经费(万元) Expenditure on R&D (10 000 yuan)	R&D项目数(项) R&D Projects (unit)	专利申请数(件) Number of Patent Applications (piece)	#发明专利 Inventions	有效发明专利数(件) Number of Inventions In Force (piece)
全国总计	**Total**	**2246179**	**72006450**	**287524**	**489945**	**176167**	**277196**
煤炭开采和洗选业	Mining and Washing of Coal	46917	1578772	4585	2372	716	1023
石油和天然气开采业	Extraction of Petroleum and Natural Gas	24027	862396	3046	2129	629	807
黑色金属矿采选业	Mining and Processing of Ferrous Metal Ores	2270	61057	237	547	273	376
有色金属矿采选业	Mining and Processing of Non-ferrous Metal Ores	3687	221444	451	204	79	114
非金属矿采选业	Mining and Processing of Non-metal Ores	2791	76883	377	273	121	157
农副食品加工业	Processing of Food from Agricultural Products	30426	1357189	5269	5927	2398	2261
食品制造业	Manufacture of Foods	23471	868614	3798	4716	1809	2375
酒、饮料和精制茶制造业	Manufacture of Liquor, Beverages and Refined Tea	22728	800503	2800	3699	994	1290
烟草制品业	Manufacture of Tobacco	4126	198001	1161	1581	550	710
纺织业	Manufacture of Textile	48353	1380288	6648	12082	1998	2245
纺织服装、服饰业	Manufacture of Textile, Wearing Apparel and Accessories	30632	555911	3332	6951	730	980
皮革、毛皮、羽毛及其制品和制鞋业	Manufacture of Leather, Fur, Feather and Related Products and Footwear	11580	274395	1121	3247	436	594
木材加工和木、竹、藤、棕、草制品业	Processing of Timber, Manufacture of Wood, Bamboo, Rattan, Palm and Straw Products	6765	187244	1121	2442	526	1224
家具制造业	Manufacture of Furniture	7599	145284	987	3897	387	814
造纸及纸制品业	Manufacture of Paper and Paper Products	17970	758050	1748	3445	963	1042
印刷和记录媒介复制业	Printing and Reproduction of Recording Media	9364	245817	1457	1970	604	1016
文教、工美、体育和娱乐用品制造业	Manufacture of Articles for Culture, Education, Arts and Crafts, Sport and Entertainment Activities	18269	341220	2981	9050	903	3264
石油加工、炼焦及核燃料加工业	Processing of Petroleum, Coking and Processing of Nuclear Fuel	15550	816378	1854	1441	796	1514
化学原料及化学制品制造业	Manufacture of Raw Chemical Materials and Chemical Products	150192	5535955	21532	23143	12268	16777
医药制造业	Manufacture of Medicines	106685	2833055	18372	14976	9050	15058
化学纤维制造业	Manufacture of Chemical Fibre	14806	634412	1386	2142	801	1064
橡胶和塑料制品业	Manufacture of Rubber and Plastics Products	62686	1728669	8167	12651	3279	4874
非金属矿物制品业	Manufacture of Non-metallic Mineral Products	59216	1635706	8164	11711	3798	7740
黑色金属冶炼和压延加工业	Smelting and Pressing of Ferrous Metals	100753	6278473	10101	12112	4644	5976
有色金属冶炼和压延加工业	Smelting and Pressing of Non-ferrous Metals	55169	2711533	6183	8026	3250	5338
金属制品业	Manufacture of Metal Products	65665	1874425	9697	16722	4578	8093
通用设备制造业	Manufacture of General Purpose Machinery	173046	4746047	28306	42136	11691	22984
专用设备制造业	Manufacture of Special Purpose Machinery	156516	4249367	21767	43050	13711	21785
汽车制造业	Manufacture of Automobiles	165581	5706131	20293	31297	7476	11605
铁路、船舶、航空航天和其他运输设备制造业	Manufacture of Railway, Ship, Aerospace and Other Transport Equipments	95050	3427512	10260	16136	4985	6682
电气机械和器材制造业	Manufacture of Electrical Machinery and Apparatus	225983	7041558	33505	74811	24697	31346
计算机、通信和其他电子设备制造业	Manufacture of Computers, Communication and Other Electronic Equipment	380497	10646938	32124	82406	46623	83589
仪器仪表制造业	Instruments and Meters	59411	1237248	9041	15404	4805	7763
其他制造业	Other Manufacturing	8500	192459	1024	1660	485	838
金属制品、机械和设备修理业	Repair Service of Metal Products, Machinery and Equipment	4948	48601	305	512	175	239
电力、热力生产和供应业	Production and Supply of Electric Power and Heat Power	25339	467875	2957	13515	4440	3078
燃气生产和供应业	Production and Supply of Gas	567	20008	85	105	34	69
水的生产和供应业	Production and Supply of Water	2045	33417	227	283	81	128

20-48 分地区规模以上工业企业研究与试验发展(R&D)活动及专利情况(2012年)

Statistics on R&D Activities and Patents of Industrial Enterprises above Designated Size by Region (2012)

地 区	Region	R&D人员全时当量(人年) Full-time Equivalent of R&D Personnel (man-year)	R&D经费(万元) Expenditure on R&D (10 000 yuan)	R&D项目数(项) R&D Projects (unit)	专利申请数(件) Number of Patent Applications (piece)	#发明专利 Inventions	有效发明专利数(件) Number of Inventions In Force (piece)
全 国	**National Total**	**2246179**	**72006450**	**287524**	**489945**	**176167**	**277196**
北 京	Beijing	53510	1973442	8226	20189	10318	14051
天 津	Tianjin	60681	2558685	12062	13173	5195	7341
河 北	Hebei	55979	1980850	7574	7841	2631	3358
山 西	Shanxi	31542	1069590	2795	3765	1390	2345
内蒙古	Inner Mongolia	21509	858477	1857	1650	770	922
辽 宁	Liaoning	52064	2894569	7710	9958	4113	5054
吉 林	Jilin	24365	604326	1990	2195	898	2779
黑龙江	Heilongjiang	36256	906170	4231	3690	1356	2055
上 海	Shanghai	82355	3715075	12833	24873	9901	16805
江 苏	Jiangsu	342262	10803107	44570	84876	27820	45120
浙 江	Zhejiang	228618	5886071	35582	68003	12844	20553
安 徽	Anhui	73356	2089814	11882	26665	8147	9215
福 建	Fujian	90280	2381656	9080	14745	4194	5400
江 西	Jiangxi	23877	925985	2930	3015	1135	1398
山 东	Shandong	204398	9056007	30119	34689	12202	15104
河 南	Henan	102846	2489651	9349	12503	3496	5133
湖 北	Hubei	77087	2633099	8062	12592	4789	7025
湖 南	Hunan	69784	2290877	7563	16204	6299	8436
广 东	Guangdong	424563	10778634	37460	87143	44200	83280
广 西	Guangxi	20845	702225	3526	3025	1333	1499
海 南	Hainan	2767	78093	478	623	279	388
重 庆	Chongqing	31577	1171045	5113	9784	2460	3714
四 川	Sichuan	50533	1422310	9868	13443	4316	6591
贵 州	Guizhou	12135	315079	1649	2794	1347	1370
云 南	Yunnan	12321	384430	1665	2404	1066	1644
西 藏	Tibet	78	5312	24	18	17	71
陕 西	Shaanxi	36728	1192770	5164	5467	2170	4752
甘 肃	Gansu	11445	337785	1912	1713	544	855
青 海	Qinghai	2020	84197	147	215	72	170
宁 夏	Ningxia	4196	143696	1170	914	488	300
新 疆	Xinjiang	6202	273425	933	1776	377	468

20-49 按登记注册类型分规模以上工业企业新产品开发及生产情况(2012年)

New Products Development and Production of Industrial Enterprises above Designated Size by Registration Status (2012)

登记注册类型	Status of Registration	新产品项目数(项) New Products (unit)	开发新产品经费(万元) Expenditure on New Products Development (10 000 yuan)	新产品销售收入(万元) Sales Revenue of New Products (10 000 yuan)	#出口 Exports
合　计	**Total**	**323448**	**79985405**	**1105297711**	**218941519**
#大中型工业企业	Large and Medium-sized Industrial Enterprises	210730	65718382	981921709	205652136
内资企业	**Domestic Funded Enterprises**	**247015**	**57916117**	**727129403**	**90874336**
国有企业	State-owned Enterprises	20468	5510422	73886124	3955128
集体企业	Collective-owned Enterprises	1945	588385	12245305	2660335
股份合作企业	Cooperative Enterprises	2862	221538	2729970	385601
联营企业	Joint Ownership Enterprises	258	108230	1614587	54301
国有联营企业	State Joint Ownership Enterprises	117	83248	1304450	43198
有限责任公司	Limited Liability Corporations	90011	22686246	284221579	35483202
国有独资公司	State Sole Funded Corporations	12941	4477730	52525312	6546022
股份有限公司	Share-holding Corporations Ltd.	45631	13693781	181807580	27305720
私营企业	Private Enterprises	83612	14625193	165428442	20533674
其他企业	Other Enterprises	2228	482322	5195815	496375
港、澳、台商投资企业	**Enterprises with Funds from Hong Kong, Macao and Taiwan**	**30947**	**8123553**	**110068120**	**32376564**
合资经营企业	Joint-venture Enterprises	14098	3301316	48376999	10932390
合作经营企业	Cooperative Enterprises	824	117384	688789	202454
独资经营企业	Enterprises with Sole Fund	13781	4101610	52277400	19141718
投资股份有限公司	Share-holding Corporations Ltd.	1919	556857	7730056	1779225
外商投资企业	**Foreign Funded Enterprises**	**45486**	**13945736**	**268100188**	**95690619**
中外合资经营企业	Joint-venture Enterprises	23373	7016444	155720801	26593629
中外合作经营企业	Cooperation Enterprises	740	169634	2005693	490486
外资企业	Enterprises with Sole Fund	19086	5922677	101111836	66092653
外商投资股份有限公司	Share-holding Corporations Ltd.	2161	797599	8937883	2490102

20-50 按行业分规模以上工业企业新产品开发及生产情况(2012年)
New Products Development and Production of Industrial Enterprises above Designated Size by Industrial Sector (2012)

行业	Sector	新产品项目数(项) New Products (unit)	开发新产品经费(万元) Expenditure on New Products Development (10 000 yuan)	新产品销售收入(万元) Sales Revenue of New Products (10 000 yuan)	#出口 Exports
全国总计	**Total**	**323448**	**79985405**	**1105297711**	**218941519**
煤炭开采和洗选业	Mining and Washing of Coal	2124	638025	11100653	736899
石油和天然气开采业	Extraction of Petroleum and Natural Gas	851	266717	163295	
黑色金属矿采选业	Mining and Processing of Ferrous Metal Ores	106	16522	360103	5
有色金属矿采选业	Mining and Processing of Non-Ferrous Metal Ores	113	74987	3479858	4600
非金属矿采选业	Mining and Processing of Non-metal Ores	277	57088	523507	5969
农副食品加工业	Processing of Food from Agricultural Products	5542	1611686	20041824	1199278
食品制造业	Manufacture of Foods	4041	897428	8444769	1298584
酒、饮料和精制茶制造业	Manufacture of Liquor, Beverages and Refined Tea	2899	825783	10686172	345853
烟草制品业	Manufacture of Tobacco	901	152354	13836853	41206
纺织业	Manufacture of Textile	7894	1761984	33711924	6295480
纺织服装、服饰业	Manufacture of Textile, Wearing Apparel and Accessories	3998	746468	12665531	2598776
皮革、毛皮、羽毛及其制品和制鞋业	Manufacture of Leather, Fur, Feather and Related Products and Footwear	1706	330857	6128266	1767671
木材加工和木、竹、藤、棕、草制品业	Processing of Timber, Manufacture of Wood, Bamboo, Rattan, Palm and Straw Products	1264	240672	3233002	558121
家具制造业	Manufacture of Furniture	1285	208510	2908386	1130410
造纸及纸制品业	Manufacture of Paper and Paper Products	1774	742745	11255337	923185
印刷和记录媒介复制业	Printing and Reproduction of Recording Media	1618	287795	3691488	227751
文教、工美、体育和娱乐用品制造业	Manufacture of Articles for Culture, Education, Arts and Crafts, Sport and Entertainment Activities	3854	483796	5889815	1964612
石油加工、炼焦及核燃料加工业	Processing of Petroleum, Coking and Processing of Nuclear Fuel	1542	797241	17420809	49336
化学原料及化学制品制造业	Manufacture of Raw Chemical Materials and Chemical Products	21720	5432973	78730818	8009254
医药制造业	Manufacture of Medicines	19925	3082347	29286009	2933596
化学纤维制造业	Manufacture of Chemical Fibres	1764	885545	14392962	1106670
橡胶和塑料制品业	Manufacture of Rubber and Plastics Products	10012	2022340	23395984	4709322
非金属矿物制品业	Manufacture of Non-metallic Mineral Products	8327	1660510	17836658	2588920
黑色金属冶炼和压延加工业	Smelting and Pressing of Ferrous Metals	9235	6071824	75917476	7605736
有色金属冶炼和压延加工业	Smelting and Pressing of Non-ferrous Metals	5476	2128459	39906367	3909709
金属制品业	Manufacture of Metal Products	11128	2126664	23685735	4066462
通用设备制造业	Manufacture of General Purpose Machinery	33191	5719081	62773072	9579730
专用设备制造业	Manufacture of Special Purpose Machinery	26807	5139263	51792190	6428328
汽车制造业	Manufacture of Automobiles	25452	6896539	146282410	7043187
铁路、船舶、航空航天和其他运输设备制造业	Manufacture of Railway, Ship, Aerospace and Other Transport Equipments	12150	4045004	43637585	11535928
电气机械和器材制造业	Manufacture of Electrical Machinery and Apparatus	39107	8630769	117922425	22507521
计算机、通信和其他电子设备制造业	Manufacture of Computers, Communication and Other Electronic Equipment	41332	13639752	194715449	105419213
仪器仪表制造业	Manufacture of Measuring Instruments and Machinery	11717	1618619	13840836	1706061
其他制造业	Other Manufacture	1222	185868	1733639	517445
金属制品、机械和设备修理业	Repair Service of Metal Products, Machinery and Equipment	434	71149	663706	80075
电力、热力生产和供应业	Production and Supply of Electric Power and Heat Power	1740	277267	1971996	46077
燃气生产和供应业	Production and Supply of Gas	65	29391	586645	
水的生产和供应业	Production and Supply of Water	158	23068	137827	

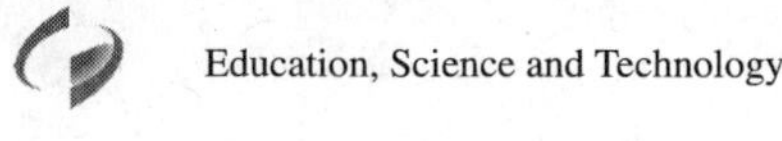

20-51 分地区规模以上工业企业新产品开发及生产情况(2012年)
New Products Development and Production of Industrial Enterprises above Designated Size by Region (2012)

地 区	Region	新产品项目数(项) New Products (unit)	开发新产品经费(万元) Expenditure on New Products Development (10 000 yuan)	新产品销售收入(万元) Sales Revenue of New Products (10 000 yuan)	#出口 Exports
全 国	**National Total**	**323448**	**79985405**	**1105297711**	**218941519**
北 京	Beijing	11024	2527103	33176311	5572510
天 津	Tianjin	12219	2192138	44601011	9317561
河 北	Hebei	7541	1798885	24576633	2926320
山 西	Shanxi	2726	1020706	9283912	1527286
内蒙古	Inner Mongolia	1567	529251	5814946	390862
辽 宁	Liaoning	8641	2886302	31936021	2257009
吉 林	Jilin	2683	776269	21577965	645790
黑龙江	Heilongjiang	3384	779353	5655068	541409
上 海	Shanghai	17042	4840036	73999056	10544016
江 苏	Jiangsu	53973	14945123	178454188	52727755
浙 江	Zhejiang	41874	7145347	112839734	26744960
安 徽	Anhui	15137	2793021	37318538	3137902
福 建	Fujian	9123	2278341	32911524	10694396
江 西	Jiangxi	3241	917019	12871344	1748554
山 东	Shandong	28171	8148492	129131803	18640354
河 南	Henan	9106	2313506	25762027	2113763
湖 北	Hubei	9629	2937086	36984125	2368469
湖 南	Hunan	8418	2384102	47689791	1626895
广 东	Guangdong	43314	11865618	154028478	59795805
广 西	Guangxi	3320	771269	12369278	450139
海 南	Hainan	594	101396	1344677	193498
重 庆	Chongqing	5693	1266058	24299198	1561072
四 川	Sichuan	11656	1782262	20959773	1504602
贵 州	Guizhou	1978	400699	3832764	354056
云 南	Yunnan	1512	396302	4468160	262095
西 藏	Tibet	11	1986	21004	260
陕 西	Shaanxi	6052	1285251	8715851	396375
甘 肃	Gansu	1759	350314	5954233	414223
青 海	Qinghai	103	74374	103773	33
宁 夏	Ningxia	1131	142473	1856287	406269
新 疆	Xinjiang	826	335323	2760241	77284

20-52 高技术产业基本情况
Basic Statistics on High-tech Industry

行　业	Item	1995	2000	2005	2010	2011	2012
生产经营情况	**Statistics on Production and Operation**						
企业数 (个)	Number of Enterprises (unit)	18834	9758	17527	28189	21682	24636
主营业务收入 (亿元)	Revenue from Principal Business (100 million yuan)	3917.1	10033.7	33921.8	74482.8	87527.2	102284.0
利润 (亿元)	Profits (100 million yuan)	178.0	673.5	1423.2	4879.7	5244.9	6186.3
利税 (亿元)	Pre-Tax Profits (100 million yuan)	326.2	1033.4	2089.6	6753.1	7813.8	9494.3
出口交货值 (亿元)	Export (100 million yuan)	1125.2	3388.4	17636.0	37001.6	40600.3	46701.1
科技活动及相关情况	**Statistics on Science and Technology Activities and Relative Statistics**						
R&D机构数 (个)	R&D Institutions (unit)	2138	1379	1619	3184	3254	5158
R&D人员全时当量(万人年)	Full-time Equivalent of R&D Personnel(10 000 man-years)	5.8	9.2	17.3	39.9	42.7	52.6
R&D经费 (亿元)	Expenditure on R&D (100 million yuan)	17.8	111.0	362.5	967.8	1237.8	1491.5
新产品开发经费 (亿元)	Expenditure on New Produts Development (100 million yuan)	32.3	117.8	415.7	1006.9	1528.0	1827.5
专利申请数 (件)	Patent Applications (piece)	612	2245	16823	59683	77725	97200
有效发明专利数 (件)	Number of Inventions In Force (piece)	410	1443	6658	50166	67428	97878
固定资产投资情况	**Statistics on Investment in Fixed Assets**						
施工项目数 (个)	Number of Projects under Construction (unit)		2734	7095	10723	13204	15681
#新开工项目数	Number of Projects Started This Year		1640	4460	7117	8447	10223
全部建成或投产项目数(个)	Number of Projects Completed and Put into Use(unit)		1282	3158	6011	7735	8968
投资额 (亿元)	Investment (100 million yuan)		563.0	2144.0	6944.7	9468.5	12932.7
新增固定资产 (亿元)	Newly Increased Fixed Assets (100 million yuan)		421.0	1464.0	4450.4	6355.2	8377.1

注：本表生产经营情况的数据口径为规模以上工业企业，科技活动及相关情况的数据口径为大中型工业企业；2011年起固定资产投资统计起点由50万元提高至500万元。

a) Statistics on production and operation cover industrial enterprises above designated size and statistics on science and technology activities and S&T-related cover Large and Medium-sized Enterprises; From the year 2011, statistics on investment in fixed assets cover the projects with investment over 5 million yuan and was over 500 thousand yuan in previous years.

20-53 高技术产业生产经营情况（2012年）

行业	Industry	企业数（个） Number of Enterprises (unit)	主营业务收入（万元） Revenue from Principal Business (10 000 yuan)	利润（万元） Profits (10 000 yuan)
合计	**Total**	**24636**	**1022840367**	**61863404**
医药制造业	**Manufacture of Medicines**	**6387**	**173376744**	**18658942**
#化学药品制造	Manufacture of Chemical Medicine	2274	83042917	8380870
中成药生产	Manufacture of Finished Traditional Chinese Herbal Medicine	1493	41125313	4716387
生物药品制造	Manufacture of Biological Medicine	821	19787936	2734262
航空、航天器及设备制造业	**Manufacture of Aircrafts and Spacecrafts**	**304**	**23299362**	**1217510**
飞机制造	Manufacture of Airplanes	123	16898500	801228
航天器制造	Manufacture of Spacecrafts	27	1402728	113997
电子及通信设备制造业	**Manufacture of Electronic Equipment and Communication Equipment**	**12215**	**527991019**	**26795063**
通信设备制造	Manufacture of Communication Equipment	1323	137699766	7028554
#通信系统设备制造	Manufacture of Communication System Equipment	720	59187021	3079781
通信终端设备制造	Manufacture of Communication Terminal Equipment	603	78512745	3948773
广播电视设备制造	Manufacture of Broadcasting and TV Equipment	447	9276650	777291
雷达及配套设备制造	Manufacture of Radar and Its Fittings	61	3131096	240487
视听设备制造	Manufacture of Audio and Video Equipment	897	61721888	2426907
电子器件制造	Manufacture of Electronic Appliances	2356	127253579	6422840
#电子真空器件制造	Manufacture of Electronic Vacuum Appliances	96	1945690	125995
半导体分立器件制造	Manufacture of Semiconductor Discreting Appliances	327	7853082	376822
集成电路制造	Manufacture of Integrate Circuit	426	24911674	1572464
电子元件制造	Manufacture of Electronic Components	5091	130656921	6149332
其他电子设备制造	Manufacture of Other Electronic Equipment	960	24399289	1476385
计算机及办公设备制造业	**Manufacture of Computers and Office Equipments**	**1387**	**220451908**	**7905332**
#计算机整机制造	Manufacture of Entired Computer	157	126443535	3417033
计算机零部件制造	Manufacture of Parts and Fixture for Computer	439	47465607	1772393
计算机外围设备制造	Manufacture of Computer Peripheral Equipment	404	27245668	1329968
办公设备制造	Manufacture of Office Equipment	194	10290425	485318
医疗仪器设备及仪器仪表制造业	**Manufacture of Medical Equipments and Meters**	**4343**	**77721334**	**7286557**
医疗仪器设备及器械制造	Manufacture of Medical Equipment and Appliances	974	16020351	1871069
仪器仪表制造	Manufacture of Measuring Instrument	3369	61700984	5415488

注：本表的数据口径为规模以上工业企业。

Statistics on Production and Management in High-tech Industry(2012)

利　税 (万元) Pre-tax Profits (10 000 yuan)	出　口 交货值 (万元) Export (10 000 yuan)	R&D 机构数 (个) R&D Institutions (unit)	R&D人员 全时当量 (人年) Full-time Equivalent of R&D Personnel (man-year)	R&D 经费支出 (万元) Expenditure on R&D (10 000 yuan)	R&D 项目数 (个) R&D Projects (unit)	R&D 项目经费 (万元) Expenditure on R&D Projects (10 000 yuan)
94943393	**467010937**	**9708**	**623249**	**17338101**	**67921**	**15090985**
28570106	**11649213**	**2591**	**106684**	**2833055**	**18372**	**2478886**
13182288	6989446	1142	58684	1540669	10477	1353934
7521601	546640	618	24657	558390	3923	495040
3766588	1839089	398	13520	450978	2292	381095
1816916	**3586899**	**171**	**43071**	**1701358**	**3809**	**1029369**
1226511	2104918	104	32916	1351009	2318	757140
126549	80	15	4395	247273	1082	191412
42864557	**270490031**	**4507**	**340679**	**9540946**	**31566**	**8698000**
13258295	70550271	614	127533	4014709	5876	3856116
6681926	24234629	395	108670	3418906	4399	3347658
6576370	46315643	219	18862	595803	1477	508458
1051921	3323437	187	9681	184329	1022	172585
327313	581418	53	3472	87746	536	76522
4512210	28853703	291	26550	945543	4752	827585
8881761	83766219	1075	69266	2005398	6273	1709306
193021	537085	37	2730	60065	351	43838
534066	4026438	146	5741	114950	596	95938
2108921	16413529	222	22081	649506	1705	529663
9237386	65970584	1557	71897	1471606	9283	1316139
2235552	9644886	319	12949	331799	1424	306579
11156573	**169263656**	**511**	**62783**	**1694003**	**3368**	**1515002**
5066088	95009097	71	18890	712759	991	592017
2390790	41242247	125	21025	364126	721	346111
1727925	21186824	147	9957	282233	781	258035
799107	7407072	69	3638	88198	410	82055
10535242	**12021139**	**1928**	**70029**	**1568738**	**10806**	**1369727**
2540857	3941643	391	13521	373870	2182	320208
7994385	8079496	1537	56508	1194867	8624	1049518

a) Data in this table cover industrial enterprises above designated size.

20-53 续表

行　业	Industry	新产品开发项目数（项） New Products (unit)	新产品开发经费支出（万元） Expenditure on New Produts Development (10 000 yuan)
合计	**Total**	**83228**	**21281948**
医药制造业	**Manufacture of Medicines**	**19925**	**3082346**
#化学药品制造	Manufacture of Chemical Medicine	10834	1662511
中成药生产	Manufacture of Finished Traditional Chinese Herbal Medicine	4281	575209
生物药品制造	Manufacture of Biological Medicine	2806	495514
航空、航天器及设备制造业	**Manufacture of Aircrafts and Spacecrafts**	**4338**	**1674417**
飞机制造	Manufacture of Airplanes	2744	1302812
航天器制造	Manufacture of Spacecrafts	1078	245416
电子及通信设备制造业	**Manufacture of Electronic Equipment and** Communication Equipment	**40467**	**12061842**
通信设备制造	Manufacture of Communication Equipment	7389	4708856
#通信系统设备制造	Manufacture of Communication System Equipment	5438	3904498
通信终端设备制造	Manufacture of Communication Terminal Equipment	1951	804358
广播电视设备制造	Manufacture of Broadcasting and TV Equipment	1421	279475
雷达及配套设备制造	Manufacture of Radar and Its Fittings	911	177048
视听设备制造	Manufacture of Audio and Video Equipment	5545	1203268
电子器件制造	Manufacture of Electronic Appliances	7528	2540301
#电子真空器件制造	Manufacture of Electronic Vacuum Appliances	378	67075
半导体分立器件制造	Manufacture of Semiconductor Discreting Appliances	790	144093
集成电路制造	Manufacture of Integrate Circuit	2161	807917
电子元件制造	Manufacture of Electronic Components	12571	1916123
其他电子设备制造	Manufacture of Other Electronic Equipment	2176	522040
计算机及办公设备制造业	**Manufacture of Computers and Office Equipments**	**4285**	**2405466**
#计算机整机制造	Manufacture of Entired Computer	1201	1041062
计算机零部件制造	Manufacture of Parts and Fixture for Computer	924	602783
计算机外围设备制造	Manufacture of Computer Peripheral Equipment	1050	352561
办公设备制造	Manufacture of Office Equipment	494	112830
医疗仪器设备及仪器仪表制造业	**Manufacture of Medical Equipments and Meters**	**14213**	**2057875**
医疗仪器设备及器械制造	Manufacture of Medical Equipment and Appliances	2978	491805
仪器仪表制造	Manufacture of Measuring Instrument	11235	1566070

continued

新产品销售收入(万元) Sales Revenue of New Products (10 000 yuan)	#出口 Export	专利申请数(件) Patent Applications (piece)	#发明专利 Inventions	有效发明专利数(件) Number of Inventions in Force (piece)
255710383	**113878114**	**127821**	**66870**	**115799**
29286008	**2933596**	**14976**	**9050**	**15058**
16618378	2162831	6678	3999	6758
6591441	107732	4007	2723	5321
2552810	348232	2004	1243	1600
6391332	**471388**	**3882**	**1789**	**2153**
5613612	459029	2836	1353	1584
335421		422	201	160
136954427	**57286163**	**78764**	**42458**	**71584**
50443019	21077338	26275	20613	43218
22766205	12278897	20143	16911	40436
27676814	8798440	6132	3702	2782
2908053	1008689	3587	1085	1418
1456019	64254	535	181	296
23530973	7509019	6572	2003	4425
26458667	14646226	20199	10427	10269
695865	329398	2825	1474	383
1084354	181983	1153	428	714
4974502	3097801	4814	3090	3388
21428663	10267356	11393	3971	5891
2481642	480388	3570	1340	2285
67173270	**50957488**	**11156**	**7345**	**16216**
35062943	24781631	5705	4795	10062
22504360	21375648	1071	344	1328
5887898	4033217	1768	752	1253
1164860	591547	881	342	429
15905343	**2229477**	**19043**	**6228**	**10788**
2504121	682596	4438	1534	3311
13401222	1546881	14605	4694	7477

20-54 国内外三种专利申请受理数和授权数
Three Kinds of Patent Applications Accepted and Granted

单位：件 (piece)

指　标	Item	受理数 Accepted		授权数 Granted	
		2011	2012	2011	2012
合　计	**Total**	**1633347**	**2050649**	**960513**	**1255138**
发　明	**Inventions**	**526412**	**652777**	**172113**	**217105**
国　内	Domestic	415829	535313	112347	143847
职　务	Official	324224	428427	95069	125954
大专院校	Universities and Colleges	63028	75688	26616	33821
科研单位	Research Institutions	25222	29518	9238	11248
企　业	Enterprises	231551	316414	58364	78651
机关团体	Government Agencies and Organizations	4423	6807	851	2234
非职务	Non-official	91605	106886	17278	17893
国　外	Foreign	110583	117464	59766	73258
职　务	Official	107899	114700	58541	71871
非职务	Non-official	2684	2764	1225	1387
实用新型	**Utility Models**	**585467**	**740290**	**408110**	**571175**
国　内	Domestic	581303	734437	405086	566750
职　务	Official	387591	512203	271345	410763
大专院校	Universities and Colleges	32641	39999	21190	33389
科研单位	Research Institutions	10512	12786	8016	7754
企　业	Enterprises	336298	450002	236959	359990
机关团体	Government Agencies and Organizations	8140	9416	5180	9630
非职务	Non-official	193712	222234	133741	155987
国　外	Foreign	4164	5853	3024	4425
职　务	Official	3772	5482	2662	4085
非职务	Non-official	392	371	362	340
外观设计	**Designs**	**521468**	**657582**	**380290**	**466858**
国　内	Domestic	507538	642401	366428	452629
职　务	Official	250529	352686	192958	262217
大专院校	Universities and Colleges	14467	16961	8678	10073
科研单位	Research Institutions	2176	2815	523	850
企　业	Enterprises	231586	330804	179464	246879
机关团体	Government Agencies and Organizations	2300	2106	4293	4415
非职务	Non-official	257009	289715	173470	190412
国　外	Foreign	13930	15181	13862	14229
职　务	Official	13315	14456	13250	13608
非职务	Non-official	615	725	612	621

20-55 分地区国内三种专利申请受理数和授权数（2012年）

Three Kinds of Domestic Patent Applications Accepted and Granted by Region (2012)

单位：件 (piece)

地 区	Region	申请受理数				申请授权数			
		Number of Patent Applications Accepted	发 明 Inventions	实用新型 Utility Models	外观设计 Designs	Number of Patent Applications Granted	发 明 Inventions	实用新型 Utility Models	外观设计 Designs
全 国	**National Total**	**1912151**	**535313**	**734437**	**642401**	**1163226**	**143847**	**566750**	**452629**
北 京	Beijing	92305	52720	32609	6976	50511	20140	24672	5699
天 津	Tianjin	41009	13587	22074	5348	19782	3326	13677	2779
河 北	Hebei	23241	6108	13635	3498	15315	1933	10795	2587
山 西	Shanxi	16786	5417	6735	4634	7196	1297	4689	1210
内蒙古	Inner Mongolia	4732	1492	2566	674	3084	569	1894	621
辽 宁	Liaoning	41152	19740	17530	3882	21223	3973	14852	2398
吉 林	Jilin	9171	3913	4213	1045	5930	1583	3472	875
黑龙江	Heilongjiang	30610	7068	13359	10183	20268	2418	9689	8161
上 海	Shanghai	82682	37139	33166	12377	51508	11379	29543	10586
江 苏	Jiangsu	472656	110091	107091	255474	269944	16242	77944	175758
浙 江	Zhejiang	249373	33265	108599	107509	188463	11571	84826	92066
安 徽	Anhui	74888	19391	36641	18856	43321	3066	27191	13064
福 建	Fujian	42773	8492	22081	12200	30497	2977	17708	9812
江 西	Jiangxi	12458	3023	6132	3303	7985	892	4734	2359
山 东	Shandong	128614	40381	69170	19063	75496	7453	59084	8959
河 南	Henan	43442	10910	23594	8938	26791	3182	18680	4929
湖 北	Hubei	51316	14640	24078	12598	24475	4050	15876	4549
湖 南	Hunan	35709	9974	16208	9527	23212	3353	13274	6585
广 东	Guangdong	229514	60448	78731	90335	153598	22153	65946	65499
广 西	Guangxi	13610	6511	5017	2082	5900	902	3422	1576
海 南	Hainan	1824	865	747	212	1093	396	499	198
重 庆	Chongqing	38924	11402	19738	7784	20364	2426	13432	4506
四 川	Sichuan	66312	16368	26732	23212	42218	4460	19665	18093
贵 州	Guizhou	11296	3103	4111	4082	6059	635	3155	2269
云 南	Yunnan	9260	3324	4482	1454	5853	1301	3456	1096
西 藏	Tibet	170	81	61	28	133	57	41	35
陕 西	Shaanxi	43608	17043	16392	10173	14908	4018	9158	1732
甘 肃	Gansu	8261	3265	3777	1219	3662	704	2344	614
青 海	Qinghai	844	298	283	263	527	101	218	208
宁 夏	Ningxia	1985	846	910	229	844	140	547	157
新 疆	Xinjiang	7044	1679	3375	1990	3439	456	2382	601
香 港	Hong Kong	3168	948	861	1359	2619	476	818	1325
澳 门	Macao	65	33	21	11	26	7	16	3
台 湾	Taiwan	23349	11748	9718	1883	16982	6211	9051	1720

20-56 按国别(地区)分国外专利申请受理数及授权数（2012年）
Three Kinds of Foreign Patent Applications Accepted and Granted by Country (Region) (2012)

单位：件 (piece)

国别(地区)	Country (Territory)	申请受理数 Number of Patent Applications Accepted	发 明 Inventions	实用新型 Utility Models	外观设计 Designs	申请授权数 Number of Patent Applications Granted	发 明 Inventions	实用新型 Utility Models	外观设计 Designs
总　计	**Total**	**138498**	**117464**	**5853**	**15181**	**91912**	**73258**	**4425**	**14229**
日　本	Japan	49678	42278	2595	4805	35403	28847	1808	4748
马来西亚	Malaysia	135	75	9	51	96	34	16	46
新加坡	Singapore	651	497	64	90	403	237	52	114
泰　国	Thailand	32	18	3	11	16	6		10
韩　国	Republic of Korea	10793	8985	241	1567	6941	5320	176	1445
塞浦路斯	Cyprus	36	27	1	8	27	12		15
印　度	India	264	248	1	15	113	95	3	15
摩纳哥	Monaco	7	7			5	4		1
南　非	South Africa	94	75	1	18	84	72	1	11
德　国	Germany	14552	12659	521	1372	8702	7058	393	1251
荷　兰	Holland	3035	2629	61	345	2440	2091	36	313
英　国	United Kingdom	2273	1874	66	333				
瑞　士	Switzerland	3545	2924	115	506	2539	1898	133	508
丹　麦	Denmark	884	732	16	136	574	449	10	115
匈牙利	Hungary	36	33	1	2	24	15	4	5
奥地利	Austria	759	664	33	62	381	308	14	59
比利时	Belgium	693	595	11	87	537	461	15	61
法　国	France	5128	4315	246	567	3345	2632	200	513
挪　威	Norway	262	234		28	177	151	3	23
俄罗斯联邦	Russia	183	139	23	21	113	59	15	39
卢森堡	Luxembourg	187	140	3	44	175	104	17	54
列支敦士登	Liechtenstein	135	110		25	79	52	1	26
西班牙	Spain	548	410	13	125	288	152	11	125
捷　克	Czech	154	26	15	113	110	23	4	83
波　兰	Poland	72	50	3	19	43	6		37
爱尔兰	Ireland	213	208	1	4	134	127	3	4
芬　兰	Finland	1255	1069	71	115	939	783	36	120
意大利	Italy	2020	1288	46	686	1542	898	37	607
瑞　典	Sweden	1988	1663	71	254	1689	1397	71	221
以色列	Israel	686	532	67	87	345	197	64	84
巴　西	Brazil	159	107	4	48	114	55	8	51
美　国	United States	33556	29510	1261	2785	20160	16776	1020	2364
加拿大	Canada	1352	1111	54	187	812	605	32	175
新西兰	New Zealand	132	94	4	34	79	60	2	17
澳大利亚	Australia	957	657	51	249	670	353	49	268
其　他	Other	2044	1481	181	382	2813	1921	191	701

20-57 按国际标准分类的发明和实用新型专利申请受理数与授权数
Inventions and Utility Models of Patent Applications Accepted and Granted by International Classifications

单位：件　　　　(piece)

分　　类	Item	2011		2012	
		分类申请数 Application Accepted by Technology Theme	分类授权数 Application Granted by Technology Theme	分类申请数 Application Accepted by Technology Theme	分类授权数 Application Granted by Technology Theme
合　计	**Total**	**1008844**	**580223**	**1469014**	**788280**
A 部(人类生活需要)	**Section A: Personal Use Items**	**185675**	**100920**	**268150**	**133827**
农、林、牧、渔	Agriculture, Forestry, Animal Husbandry and Fishery	24178	11925	38268	17079
烘烤、食用面团	Baking and Edible Doughs	1459	495	2154	863
屠宰、加工	Butchering and Meat Processing	572	338	847	434
食品、食物及处理	Foods or Foodstuffs and their Treatment	17281	4483	26144	8962
烟类及用品	Tobacco, Cigars and Cigarettes	1819	1301	2987	1664
服　装	Clothing	6267	3705	10155	4542
帽类制品	Headwear	993	519	1253	674
鞋　类	Footwear	3812	2592	6265	3333
男用服饰用品、珠宝	Haberdashery and Jewelry	1388	829	1899	1098
手携及旅行用品	Hand or Traveling Articles	8795	5075	12421	6862
刷类用品	Brushware	1707	1064	2481	1195
家具、家庭日用品或设备	Furniture, Domestic Articles and Appliances	43766	26771	62093	33682
医学、兽医学、卫生学	Medical or Veterinary Science and Hygiene	60922	34974	85737	44655
救生、消防	Life-saving and Fire-fighting	2462	1545	3134	1989
体育、游戏、娱乐活动	Sports, Games, and Recreation	8995	5301	11363	6792
本部其他类目中不包括的技术主题	Subject Matter Not Otherwise Provided for in This Section	1259	3	949	3
B 部(作业、运输)	**Section B: Industrial and Transportation**	**218086**	**129974**	**336615**	**190835**
物理或化学的方法或装置	Physical or Chemical Processes or Apparatus	21671	13179	35359	20246
破碎、研磨、粉碎	Crushing, Pulverizing, or Disintegrating	3422	1935	5012	3183
分选、分离	Separation of Solid Materials, Electrostatic Separation	1530	780	2336	1399
离心装置、离心机	Centrifugal Apparatus or Equipment	666	409	1098	719
喷射、雾化	Spraying or Atomizing General	4852	2998	6488	4083
机械振动的产生和传递	Generation or Transmission of Mechanical Vibrations	145	105	300	125
				3242	1936
固体分离、分选	Separating Solids from Solid Wastes	2203	1249		
清　洁	Janitorial	2954	1681	4998	3017
固体废料的处理	Disposal of Solid Waste	826	422	1381	657
金属加工、冲裁	Mechanical Metal-working and Stamping	12910	7184	19842	11649
铸造、粉末冶金	Casting and Powder Metallurgy	5745	3425	7763	4577
机床、其他金属加工	Machine Tools	24541	13900	37365	21828
磨削、抛光	Grinding and Polishing	6243	3238	7749	4778
简单工具	Hand Tools, Portable Power Tools, and Workshop Equipment	7818	4546	12152	7049
手工、切割工具、切断	Hand Cutting Tools, Cutting, and Severing	3826	2282	5617	3241
木材加工、保存、钉钉机	Wood Preservation and Nailing or Stapling Machines	2042	1170	3185	1514
加工水泥、粘土和石料	Cement, Clay or Stone	3742	2291	5518	3302
塑料制品的加工	Plastics	10485	5587	15492	8697
压力机	Presses	1852	997	2302	1453
纸品制作、纸的加工	Paper Making and Processing Paper	907	597	1644	945
叠层产品	Layered Products	5191	2435	8230	3564
印刷、打字机、印刷机	Printing, Lining Machines, and Typewriters	5250	3380	7427	4059
装订、图册、文件夹	Bookbinding, Albums, and Files	2039	1129	2700	1537

注：1.分类指专利分类部门对每一件发明专利申请或实用新型专利申请的技术主题进行分类，给出完整的代表发明或实用新型的发明情报的分类号。
2.此表不包括外观设计分类。

a) Classification refers to the classifying number of every patent assigned according to the technique theme of inventions and utility models of patents by the classification department of patent.

b) Designs patents are excluded in this table.

20-57 续表 1 continued

单位：件 (piece)

分类	Item	2011 分类申请数 Application Accepted by Technology Theme	2011 分类授权数 Application Granted by Technology Theme	2012 分类申请数 Application Accepted by Technology Theme	2012 分类授权数 Application Granted by Technology Theme
绘图具、办公附属用品	Writing or Drafting Devices	7457	4218	9078	4800
装饰艺术	Decorative Arts	1936	999	2784	1438
一般车辆	Vehicles in General	20197	12846	32392	17482
铁　路	Railways	2704	1627	3720	2212
无轨陆用车牌	Land Vehicles other than Rail	9645	6588	15517	8723
船舶、船只、有关设备	Ships and Related Equipment	2654	1324	4037	2177
飞行器、航空、宇宙航行	Aircraft and Aviation	1514	504	2830	986
输送、包装、存贮、搬运	Conveying and Packing Inflammatory Materials	29811	19787	51431	28954
卷扬、提升、牵引	Hoisting, Lifting, and Hauling	9130	5896	14444	8662
液体的贮运	Opening or Closing Bottles, Jars or Similar Containers	1638	1014	2459	1526
鞍具、室内装璜	Saddlery ; Upholstery	70	49	107	58
微观结构技术	Micro-structural Technology	377	138	535	143
超微观技术	Nano-Technology	93	65	81	116
C 部(化学、冶金)	**Section C: Chemistry and Metallurgy**	**92943**	**45159**	**142587**	**61378**
无机化学	Inorganic Chemistry	5656	3253	9112	3801
水、废污水、泥浆的处理	Treatment of Water, Waste Water, Sewage or Sludge	9344	5705	13873	6918
玻璃、石棉和渣棉	Glass; Mineral of Slag Wool	2761	1925	4721	2269
水泥、陶瓷等、隔音材料	Cement, Concrete, Artificial Stone; Ceramics, Refractories	4099	1367	7991	2550
肥料及制造	Fertilizers and Related Products	2369	570	4474	1054
炸药、火柴	Explosives and Matches	244	163	427	235
有机化学	Organic Chemistry	15235	6210	19971	8505
有机高分子化合物	Organic Macromolecular Compounds	10784	6614	19743	8517
染料、涂料、抛光剂等	Dyes, Paints, Polishes, Resins, and Adhesives	6996	2352	11926	3649
石油、煤气及炼焦工业	Petroleum, Gas or Coke Industries, Inert Gases	4184	1772	7121	3033
动植物油、脂类	Animal or Vegetable Oils, Fats	1459	624	2789	910
生化、酒、醋、酶、	Biochemistry, Beer, Spirits, Wine, Vinegar,	12339	4978	17014	7905
糖或淀粉工业	Sugar Industry	81	39	158	69
大小原皮、毛皮、皮革	Skins, Hides, Pelts, Leather	233	90	455	244
黑色冶金	Metallurgy of Iron	3661	2421	5123	2959
冶金学、合金或有色合金	Metallurgy, Ferrous or Nonferrous Alloys	4811	2114	6337	2650
金属加工涂料、防腐防锈	Coating Metallic Materials	4225	2332	5673	2845
电解电泳方法及设备	Electrolytic or Electrophoretic Processes	2762	1844	3623	2019
晶体生长	Crystal Growth	1675	781	1992	1237
组合技术	Combinatorial Technology	25	5	64	9
D 部(纺织、造纸)	**Section D: Textiles and Papers Making**	**18415**	**11672**	**26752**	**14687**
线、纤维、纺纱	Natural or Artificial Threads or Fibers, Spinning	3250	2217	5113	2675
纺纱、整经或络经	Yarns, Mechanical Finishing of Yarns or Rope	670	447	1085	455
织　造	Weaving	2547	1351	3008	1427
编带、花边、针织、整理	Braiding, Lace-Making, Knitting	2082	1304	3151	1852
缝纫、绣花、簇绒	Sewing, Embroidery, Tufting	1535	1123	2263	1680
织物等的处理、洗涤	Treatment of Textiles, Laundering	5725	3530	8630	4601
绳、除电缆外的缆绳	Ropes and Cables, other than Electric	467	288	453	311
造纸、纤维素的生产	Paper making, Production of Cellulose	2139	1412	3049	1686
E 部(固定建筑物)	**Section E: Fixed Construction**	**59276**	**37220**	**88635**	**51493**
道路、铁路和桥梁的建筑	Construction of Roads, Railways, or Bridges	6387	3867	9816	5434
水利工程、基础、运土	Hydraulic Engineering, Foundations, Soil-shifting	6187	3902	10174	5697
给水、排水	Water Supply, Sewage	4522	2732	6414	3673

20-57 续表 2 continued

单位：件 (piece)

分 类	Item	2011		2012	
		分类申请数 Application Accepted by Technology Theme	分类授权数 Application Granted by Technology Theme	分类申请数 Application Accepted by Technology Theme	分类授权数 Application Granted by Technology Theme
建筑物	Building	18710	11724	27736	15902
锁、钥匙、门窗、保险箱	Locks, Keys, Windows or Door Fittings; Safes	5699	3832	8507	5226
一般门、窗、百叶窗、梯子	Doors, Windows, Shutters, or Roller Blinds in General; Ladders	5241	3606	8799	5396
钻井、采矿	Well Drilling, Mining	12530	7557	17189	10165
F 部(机械工程)	**Section F: Mechanical Engineering**	**125077**	**76884**	**184576**	**105279**
一般机器、发动机、蒸汽机	Machines or Engines in General; Engine Plants in General; Steam Engines	4437	2729	6626	3701
内燃机等	Combustion Engines	6931	4245	9798	5225
液力机械和其他发动机	Machines or Engines for Liquids	4865	2343	5920	2800
液体变容机械、泵	Positive-displacement Machines for Liquids; Pumps for Liquid or Elastic Fluids	11059	6786	15828	9192
液压调节器、液压技术	Fluid-pressure Acuators; Hydraulic or Pneumatics in General	2414	1422	3910	2310
工程元件或部件	Engineering Elements or Units; General Measures for Producing and Maintaining Effective Functioning of Machines or Installations; Thermal Insulation in General	36457	23036	56665	32785
气体或液体的贮藏或分配	Storage or Distribution of Gases or Liquids	1565	960	2065	1369
照 明	Lighting	20512	11711	26979	15462
蒸汽的生产	Steam Generation	1236	854	1647	968
燃烧设备、燃烧技术	Combustion Apparatus; Combustion Processes	4174	2821	6235	3789
采暖、炉灶、通风	Stoves, Ranges, Ventilation	15840	10373	24589	13576
制冷气体的液化和固化	Refrigeration or Cooling, Heat Pump Systems	5158	3115	7623	4361
干 燥	Drying	2163	1360	3757	2215
炉、窑、灶、罐	Furnaces, Kilns, Ovens	3199	2016	5164	2981
一般热交换	Heat Exchange in General	3299	2212	5336	3209
武 器	Weapons	818	458	1187	623
弹药、爆破	Ammunition, Blasting Caps	950	443	1247	713
G 部(物理)	**Section G: Physics**	**141502**	**80231**	**204154**	**106123**
测量、测试	Measurements, Testing	52013	32147	82830	44294
光学技术	Optics	11722	7445	14274	8774
照相术、电影术、电刻术	Photography, Cinematography, Electrography	5240	3920	5732	4083
测时技术	Horology	1432	881	1735	997
控制、调节技术	Controlling, Regulating	7913	4672	13800	6865
计算、推算、计数技术	Computing, Calculating, Counting	37097	13896	49678	19807
核算装置	Measurement Devices	3556	2166	5700	2822
信号装置	Signaling	5874	3444	9039	4518
教育、密码、显示、广告等	Education, Cryptography, Advertising, Seals	10698	6743	13812	8450
乐器、声学	Musical Instruments, Acoustics	1762	1510	2409	1791
信息的存储	Information Storage	3296	2834	4008	2990
仪器的零部件	Instrument Details	150	172	204	159
核物理、核工程	Nuclear physics, Nuclear Engineering	749	401	933	573
其他的技术主题	Subject Matter not Otherwise Provided for in This Section				
H 部(电学)	**Section H: Electricity**	**167870**	**98163**	**217545**	**124658**
基本电器元件	Basic Electric Elements	66426	38555	85265	49263
电力的发电、变电或配电	Generation, Conversion, or Distribution of Electric Power	32639	19408	45120	26405
基本电子电路	Basic Electronic Circuitry	4252	2692	5767	3394
电信技术	Telecommunications Techniques	51894	29413	63407	35057
其他类不包括的电技术	Electric Techniques Not Otherwise Provided for	12659	8095	17986	10539

20-58 国外主要检索工具收录我国科技论文按学科分布(2011年)
Chinese Scientific Papers Taken by Major Foreign Referencing Systems by Discipline (2011)

学 科	Discipline	篇数 pieces			位次 Precedence		
		SCI	EI	CPCI-S	SCI	EI	CPCI-S
合计	**Total**	**136445**	**116343**	**50458**			
数学	Mathematics	6583	10374	117	6	3	25
力学	Mechanics	1170	8095	383	20	7	14
信息、系统科学	Information, Systems Science	1039	1705	40	21	17	32
物理学	Physics	16677	12036	3545	2	2	4
化学	Chemistry	26628	8881	858	1	6	10
天文学	Astronomy	1003	131	133	22	30	23
地学	Earth Science	3641	2736	281	11	13	16
生物学	Biology	14320	4821	658	3	11	13
预防医学与卫生学	Protective Medicine	925		92	23	33	26
基础医学	Basic Medicine	5947	95	1574	7	31	6
药学	Pharmacy	4167		226	9	33	17
临床医学	Clinic Medicine	10591		715	5	33	11
中医学	Traditional Chinese Medicine	355		18	29	33	34
军事医学与特种医学	Special Medicine	117			35	33	40
农学	Agriculture	2819	403	122	14	25	24
林学	Forestry	188		7	34	33	36
畜牧、兽医科学	Livestock, Veterinary Medicine	384		1	28	33	38
水产学	Aquatic	720		1	24	33	38
测绘科学技术	Surveying & Mapping	3	579	2	39	23	37
材料科学	Material Science	12512	12596	14391	4	1	1
工程与技术基础学科	Engineering & Basic Technology Science	2141	3465	197	16	12	19
矿山工程技术	Mining	99	230	305	36	28	15
能源科学技术	Energy	2079	2133	1550	17	15	7
冶金、金属学	Metallurgy, Metallography	3665	2058	210	10	16	18
机械、仪表	Machinery, Instrument	1668	5241	901	18	9	9
动力与电气	Power & Electrical Engineering	343	4949	62	30	10	29
核科学技术	Nuclear Technology	238	153	71	31	29	27
电子、通讯与自动控制	Electronics, Communication & Automation	3383	9276	12070	12	5	2
计算技术	Computer	3236	7354	6316	13	8	3
化工	Chemical Engineering	2292	2365	57	15	14	30
轻工、纺织	Light Industry & Textile Industry	2	45	13	40	32	35
食品	Food	1306	265	50	19	27	31
土木建筑	Civil Construction	500	9407	3005	26	4	5
水利	Water Conservancy	588	739	65	25	22	28
交通运输	Transportation	206	1643	680	33	19	12
航空航天	Aviation and Aerospace	226	805	171	32	21	22
环境	Environment	4178	1326	193	8	20	20
安全科学技术	Security	34	287	178	38	26	21
管理	Management Science	431	1673	27	27	18	33
其他	Others	41	477	1173	37	24	8

注：SCI指科学引文索引(美国)，EI指工程索引(美国)，CPCI-S（原ISTP)指科学会议录引文索引。

a) SCI refers to *Science Citation Index*, EI refers to *Engineering Index*, and CPCI-S refers to *Conference Proceedings Citation Index-Science*.

20-59 高技术产品、工业制成品和初级产品的进出口贸易额
Imports and Exports of High-tech Products, Manufactured Goods and Primary Goods

项　目	Item	1995	2000	2005	2010	2011	2012
绝对数　（亿美元）	**Value　(USD 100 million)**						
商品进出口贸易总额	Total Value of Exports and Imports	2809	4743	14219	29728	36419	38668
工业制成品	Manufactured Goods	2350	4021	12252	24585	29371	31316
#高技术产品	High-tech Products	319	896	4160	9050	10120	11080
初级产品	Primary Goods	459	722	1968	5143	7049	7352
商品出口贸易总额	Total Value of Exports	1488	2492	7620	15779	18986	20490
工业制成品	Manufactured Goods	1273	2237	7129	14962	17980	19484
#高技术产品	High-tech Products	101	370	2182	4924	5488	6012
初级产品	Primary Goods	215	255	490	817	1006	1006
商品进口贸易总额	Total Value of Imports	1321	2251	6600	13948	17433	18178
工业制成品	Manufactured Goods	1077	1784	5122	9623	11391	11832
#高技术产品	High-tech Products	218	525	1977	4127	4632	5069
初级产品	Primary Goods	244	467	1477	4326	6044	6346
商品出进口贸易差额	Balance of Exports and Imports	167	241	1020	1831	1553	2312
工业制成品	Manufactured Goods	196	454	2007	5339	6590	7652
高技术产品	High-tech Products	-117	-155	205	797	856	943
初级产品	Primary Goods	-29	-213	-987	-3508	-5038	-5340
构成	**Percentage**						
商品进出口贸易总额=100	Total Value of Exports and Imports=100						
工业制成品	Manufactured Goods	83.6	84.8	86.2	82.7	80.6	81.0
#高技术产品	High-tech Products	11.4	18.9	29.3	30.4	27.8	28.7
初级产品	Primary Goods	16.3	15.2	13.8	17.3	19.4	19.0
商品出口贸易总额=100	Total Value of Export=100						
工业制成品	Manufactured Goods	85.6	89.8	93.6	94.8	94.7	95.1
#高技术产品	High-tech Products	6.8	14.9	28.6	31.2	28.9	29.3
初级产品	Primary Goods	14.4	10.2	6.4	5.2	5.3	4.9
商品进口贸易总额=100	Total Value of Import=100						
工业制成品	Manufactured Goods	81.5	79.2	77.6	69.0	65.3	65.1
#高技术产品	High-tech Products	16.5	23.3	30.0	29.6	26.6	27.9
初级产品	Primary Goods	18.5	20.8	22.4	31.0	34.7	34.9

20-60 开发区高新技术企业主要经济指标（2012年）
Main Economic Indicators of High-tech Enterprises in Development Areas (2012)

开发区	Development Area	企业数（个）Number of Enterprises (unit)	从业人员（人）Number of Persons Engaged (person)	总收入（万元）Total Income (10 000 yuan)	出口总额（万美元）Exports (10 000 US dollars)
全　国	**National Total**	**63926**	**12695462**	**1656898613**	**37604125**
北京中关村科技园区	Beijing Zhongguancun Science Park	14929	1587911	250249578	2617051
天津新技术产业园区	Tianjin New Technology Industrial Park	2994	317915	46023681	880726
石家庄高新技术产业开发区	Shijiazhuang High-tech Industrial Development Zone	590	84847	18667563	130920
保定高新技术产业开发区	Baoding High-tech Industrial Development Zone	163	90062	8112053	251023
唐山高新技术产业开发区	Tangshan High-tech Industrial Development Zone	104	16683	1290688	15658
燕郊高新技术产业开发区	Yanjiao High-tech Industrial Development Zone	159	27519	4662002	9935
承德高新技术产业开发区	Chengde High-tech Industrial Development Zone	28	8852	581196	3085
太原高新技术产业开发区	Taiyuan High-tech Industrial Development Zone	975	118766	14742221	38390
包头稀土高新技术产业开发区	Baotou Rare Earth High-tech Industrial Development Zone	508	115719	13837262	157273
沈阳高新技术产业开发区	Shenyang High-tech Industrial Development Zone	766	159368	22880562	203922
大连高新技术产业开发区	Dalian High-tech Industrial Development Zone	2076	213516	20721986	725437
鞍山高新技术产业开发区	Anshan High-tech Industrial Development Zone	543	86484	17363815	95489
营口高新技术产业开发区	Yingkou High-tech Industrial Development Zone	290	43413	4361117	59513
辽阳高新技术产业开发区	Liaoyang High-tech Industrial Development Zone	27	29087	7877590	137776
本溪高新技术产业开发区	Benxi High-tech Industrial Development Zone	105	21918	1632851	8193
长春高新技术产业开发区	Changchun High-tech Industrial Development Zone	723	148864	40810965	104892
吉林高新技术产业开发区	Jilin High-tech Industrial Development Zone	527	105525	10490833	13523
延吉高新技术产业开发区	Yanji High-tech Industrial Development Zone	175	13500	2063344	10207
长春净月高新技术产业开发区	Changchun Jingyue High-tech Industrial Development Zone	720	89311	8211256	9690
哈尔滨高新技术产业开发区	Haerbin High-tech Industrial Development Zone	276	141514	17317601	98904
大庆高新技术产业开发区	Daqing High-tech Industrial Development Zone	460	105757	17893559	19902
齐齐哈尔高新技术产业开发区	Qiqihaer High-tech Industrial Development Zone	38	27767	2038479	61323
上海市张江高科技园区	Shanghai Zhangjiang Hi-Tech Park	2100	557292	82137195	3051175
上海紫竹高新技术产业开发区	Shanghai Zizhu High-tech Industrial Development Zone	77	19063	3510268	73025
南京高新技术产业开发区	Nanjing High-tech Industrial Development Zone	310	177656	35344897	766292
常州高新技术产业开发区	Changzhou High-tech Industrial Development Zone	958	166169	20476981	585949
无锡高新技术产业开发区	Wuxi High-tech Industrial Development Zone	1196	337561	30472555	2385808
苏州高新技术产业开发区	Suzhou High-tech Industrial Development Zone	1030	229946	26720500	2202699
泰州医药高新技术产业开发区	Taizhou Medical High-tech Industrial Development Zone	284	35655	6887202	36182
昆山高新技术产业开发区	Kunshan High-tech Industrial Development Zone	449	171990	11138837	485316
江阴高新技术产业开发区	Jiangyin High-tech Industrial Development Zone	138	76560	17778591	276952
武进高新技术产业开发区	Wujin High-tech Industrial Development Zone	238	77532	5694460	112817
徐州高新技术产业开发区	Xuzhou High-tech Industrial Development Zone	99	30614	4059172	8866
杭州高新技术产业开发区	Hangzhou High-tech Industrial Development Zone	1818	251860	24123479	493016
宁波高新技术产业开发区	Ningbo High-tech Industrial Development Zone	370	107224	17002601	662246
绍兴高新技术产业开发区	Shaoxing High-tech Industrial Development Zone	130	24629	1475630	41152
温州高新技术产业开发区	Wenzhou High-tech Industrial Development Zone	319	67616	3756765	70489
合肥高新技术产业开发区	Hefei High-tech Industrial Development Zone	481	150829	23601445	535322
蚌埠高新技术产业开发区	Bengbu High-tech Industrial Development Zone	245	54070	4227998	44212
芜湖高新技术产业开发区	Wuhu High-tech Industrial Development Zone	160	34433	5240975	53688
马鞍山慈湖高新技术产业开发区	Maanshan Cihu High-tech Industrial Development Zone	98	26547	5378930	44023
福州高新技术产业开发区	Fuzhou High-tech Industrial Development Zone	184	62179	6076432	377839
厦门火炬高技术产业开发区	Xiamen Torch High-tech Industrial Development Zone	398	156746	18810916	1729953
泉州高新技术产业开发区	Quanzhou High-tech Industrial Development Zone	176	72158	9487465	557826
莆田高新技术产业开发区	Putian High-tech Industrial Development Zone	91	24572	2510013	15725
南昌高新技术产业开发区	Nanchang High-tech Industrial Development Zone	350	109289	13005470	158974.8
景德镇高新技术产业开发区	Jingdezhen High-tech Industrial Development Zone	133	51506	6006983	81719
新余高新技术产业开发区	Xinyu High-tech Industrial Development Zone	141	32494	5001131	28567
鹰潭高新技术产业开发区	Yingtan High-tech Industrial Development Zone	89	20923	3365671	7328
济南高新技术产业开发区	Jinan High-tech Industrial Development Zone	505	204708	25105153	410760
青岛高新技术产业开发区	Qingdao High-tech Industrial Development Zone	184	128746	17943454	392302
淄博高新技术产业开发区	Zibo High-tech Industrial Development Zone	445	118872	20604539	293973
潍坊高新技术产业开发区	Weifang High-tech Industrial Development Zone	400	134033	17250645	290040
威海火炬高技术产业开发区	Weihai Torch High-tech Industrial Development Zone	223	84072	10918715	426716
济宁高新技术产业开发区	Jining High-tech Industrial Development Zone	374	139387	19923726	164302

20-60 续表 continued

开发区	Development Area	企业数(个) Number of Enterprises (unit)	从业人员(人) Number of Persons Engaged (person)	总收入(万元) Total Income (10 000 yuan)	出口总额(万美元) Exports (10 000 US dollars)
烟台高新技术产业开发区	Yantai High-tech Industrial Development Zone	238	52207	3216217	89494
临沂高新技术产业开发区	Linyi High-tech Industrial Development Zone	213	54142	6915884	94161
泰安高新技术产业开发区	Taian High-tech Industrial Development Zone	321	76325	4191298	69344
郑州高新技术产业开发区	Zhengzhou High-tech Industrial Development Zone	718	142911	24291648	86901
洛阳高新技术产业开发区	Luoyang High-tech Industrial Development Zone	503	98072	11914842	76479
南阳高新技术产业开发区	Nanyang High-tech Industrial Development Zone	143	42810	2071909	24459
安阳高新技术产业开发区	Anyang High-tech Industrial Development Zone	210	44959	3530406	18870
新乡高新技术产业开发区	Xinxiang High-tech Industrial Development Zone	123	16500	1194817	6915
武汉东湖新技术开发区	Wuhan Donghu New Technology Development Zone	2759	382467	50069137	881298
襄樊高新技术产业开发区	Xiangfan High-tech Industrial Development Zone	562	130082	17604671	59168
宜昌高新技术产业开发区	Yichang High-tech Industrial Development Zone	253	106294	15677142	100691
孝感高新技术产业开发区	Xiaogan High-tech Industrial Development Zone	304	72230	6873563	16049
长沙高新技术产业开发区	Changsha High-tech Industrial Development Zone	825	194792	29019221	133344
株洲高新技术产业开发区	Zhuzhou High-tech Industrial Development Zone	224	103783	11130335	94799
湘潭高新技术产业开发区	Xiangtan High-tech Industrial Development Zone	263	80687	10113553	69047
益阳高新技术产业开发区	Yiyang High-tech Industrial Development Zone	192	22143	4290971	22433
衡阳高新技术产业开发区	Hengyang High-tech Industrial Development Zone	70	35527	4200573	83886
广州高新技术产业开发区	Guangzhou High-tech Industrial Development Zone	2241	432471	42035526	2147576
深圳高新技术产业开发区	Shenzhen High-tech Industrial Development Zone	1169	400379	46750809	1879560
珠海高新技术产业开发区	Zhuhai High-tech Industrial Development Zone	468	184274	15637956	1104790
惠州高新技术产业开发区	Huizhou High-tech Industrial Development Zone	244	151604	19521218	2001765
中山火炬高技术产业开发区	Zhongshan Torch High-tech Industrial Development Zone	392	84319	15264151	799908
佛山高新技术产业开发区	Foshan High-tech Industrial Development Zone	511	265554	23918409	779908
肇庆高新技术产业开发区	Zhaoqing High-tech Industrial Development Zone	143	44137	5969099	55427
江门高新技术产业开发区	Jiangmen High-tech Industrial Development Zone	144	32545	1508578	85214
东莞松山湖高新技术产业开发区	Dongguan Songshanhu High-tech Industrial Development Zone	185	45691	4860779	195470
南宁高新技术产业开发区	Nanning High-tech Industrial Development Zone	643	124239	10019152	146204
桂林高新技术产业开发区	Guilin High-tech Industrial Development Zone	337	84612	5759850	60786
柳州高新技术产业开发区	Liuzhou High-tech Industrial Development Zone	176	77485	12001100	102711
海口高新技术产业开发区	Hainan High-tech Industrial Development Zone	145	34431	3169845	51146
重庆高新技术产业开发区	Chongqing High-tech Industrial Development Zone	694	156312	14427730	533529
成都高新技术产业开发区	Chengdu High-tech Industrial Development Zone	1579	264901	40860298	1438892
绵阳高新技术产业开发区	Mianyang High-tech Industrial Development Zone	114	118020	8543036	139999
自贡高新技术产业开发区	Zigong High-tech Industrial Development Zone	91	30766	3252166	62126
乐山高新技术产业开发区	Leshan High-tech Industrial Development Zone	50	20755	1193475	218114
贵阳高新技术产业开发区	Guiyang High-tech Industrial Development Zone	376	170734	14023642	266945
昆明高新技术产业开发区	Kunming High-tech Industrial Development Zone	248	65237	11872700	40434
玉溪高新技术产业开发区	Yuxi High-tech Industrial Development Zone	41	19010	8723639	8325
西安高新技术产业开发区	Xi'an High-tech Industrial Development Zone	3025	309925	52790784	659198
宝鸡高新技术产业开发区	Baoji High-tech Industrial Development Zone	435	128510	13795594	69099
杨凌农业高新技术产业示范区	Yangling Agricultural High-tech Industries Demonstration Zone	130	14992	1194960	12727
渭南高新技术产业开发区	Weinan High-tech Industrial Development Zone	55	22631	3040254	35584
咸阳高新技术产业开发区	Xianyang High-tech Industrial Development Zone	59	15044	4113453	14336
榆林高新技术产业开发区	Yulin High-tech Industrial Development Zone	14	7558	1951096	
兰州高新技术产业开发区	Lanzhou High-tech Industrial Development Zone	466	122113	13001950	15032
白银高新技术产业开发区	Baiyin High-tech Industrial Development Zone	55	34894	4789186	5053
青海高新技术产业开发区	Qinghai High-tech Industrial Development Zone	50	11070	562289	138
银川高新技术产业开发区	Yinchuan High-tech Industrial Development Zone	39	7616	940493	20825
乌鲁木齐高新技术产业开发区	Wulumuqi High-tech Industrial Development Zone	252	57054	6607587	203834
昌吉高新技术产业开发区	Changji High-tech Industrial Development Zone	65	9419	1622626	4053

20-61 分地区技术市场成交额
Transaction Value in Technical Markets by Region

单位: 万元 (10 000 yuan)

地 区	Region	2005	2006	2007	2008	2009	2010	2011	2012
全 国	**National Total**	**15513694**	**18181813**	**22265261**	**26652288**	**30390024**	**39065753**	**47635589**	**64370683**
北 京	Beijing	4895922	6973256	8825603	10272173	12362450	15795367	18902752	24585034
天 津	Tianjin	507093	588624	723356	866122	1054611	1193390	1693819	2323275
河 北	Hebei	103827	156099	164329	165906	172112	192931	262471	378178
山 西	Shanxi	47980	59213	82677	128425	162068	184911	224825	306088
内蒙古	Inner Mongolia	109939	107127	109835	94423	147651	271464	226719	1060962
辽 宁	Liaoning	865167	806494	929290	997290	1197095	1306811	1596633	2306648
吉 林	Jilin	122261	153666	174845	196066	197598	188090	262614	251180
黑龙江	Heilongjiang	142585	156934	350209	412565	488550	529123	620682	1004473
上 海	Shanghai	2317328	3095095	3548877	3861695	4354108	4314374	4807491	5187473
江 苏	Jiangsu	1008296	688297	784173	940246	1082184	2493406	3334316	4009141
浙 江	Zhejiang	386954	399618	453474	589189	564581	603478	718968	813079
安 徽	Anhui	142553	184921	264515	324865	356174	461470	650337	861592
福 建	Fujian	171959	113187	145579	179690	232594	356569	345712	500920
江 西	Jiangxi	111227	93135	99533	77641	97893	230479	341861	397796
山 东	Shandong	983614	232005	450275	660126	719391	1006769	1263778	1400153
河 南	Henan	263737	237288	261907	254425	263046	272002	387602	399435
湖 北	Hubei	501823	444427	522146	628971	770329	907218	1256876	1963922
湖 南	Hunan	417394	455281	460816	477024	440432	400940	353901	422420
广 东	Guangdong	1124740	1070257	1328448	2016319	1709850	2358949	2750647	3649384
广 西	Guangxi	94059	9423	9970	26996	17662	41362	56377	25238
海 南	Hainan	10007	8535	7327	35602	5556	32651	34584	5666
重 庆	Chongqing	357059	553479	395658	621884	383158	794410	681453	540188
四 川	Sichuan	190823	259323	303878	435313	545977	547393	678330	1112438
贵 州	Guizhou	10488	5361	6560	20356	17806	77191	136483	96743
云 南	Yunnan	159175	82747	97496	50547	102469	108827	117144	454779
西 藏	Tibet								
陕 西	Shaanxi	188977	179485	301710	438300	698074	1024140	2153664	3348153
甘 肃	Gansu	172736	214534	262107	297560	356287	430845	526386	730619
青 海	Qinghai	11812	24665	53017	77033	84967	114051	168443	192989
宁 夏	Ningxia	14131	5349	6641	8898	8982	9972	39447	29135
新 疆	Xinjiang	80029	76084	71724	73963	12078	45188	43783	53853
港澳台	Hong Kong, Macao and Taiwan		15557	24308	49309	124063	126750	249756	353197
国 外	Abroad		732342	1044979	1373366	1660227	2645234	2747738	5606534

20-62 分地区测绘资料提供情况（2012年）
Statistics on Output of Surveying and Mapping Materials by Region(2012)

地 区	Region	地形图合计（张）Topographic Map (unit)	1:10000 (scale)	1:50000 (scale)	测绘基准成果（点）Surveying and Mapping Datum Product (point)	航摄成果（片）Aerial Photograph (piece)	专题地图（张）Thematic Map (unit)	地图集（册）Atlas (volume)
全 国	**National Total**	**342550**	**92086**	**51180**	**260513**	**3727403**	**171252**	**18291**
北 京	Beijing	13105	202		13277		58	8
天 津	Tianjin	8			101			
河 北	Hebei	1714	1446	213	910	21150		
山 西	Shanxi	2939	2423	490	1384		27745	5445
内蒙古	Inner Mongolia	8247	2082	5127	24396	370813	1400	4320
辽 宁	Liaoning	4060	3247	711	31172	8750	665	
吉 林	Jilin	3789	2165	1577	7255	180403	3791	1701
黑龙江	Heilongjiang	4289	1489	2075	41998	7690		
上 海	Shanghai	150142	507	34	14852	8010		
江 苏	Jiangsu	1612	1199	325	1280			4
浙 江	Zhejiang	1864	1126	734	1939	22141		
安 徽	Anhui	5196	4792	397	4763	644052		
福 建	Fujian	6256	5778	448	2448	23155	118	
江 西	Jiangxi	10541	9146	1282	8992	200505		
山 东	Shandong	2919	2389	346	2347	25560		
河 南	Henan	1198	1052	131	543	684506	6766	1394
湖 北	Hubei	1818	1678	91	1554	366100	4	
湖 南	Hunan	3209	2895	281	5388	54921		
广 东	Guangdong	2869	2646	223	973	59303		
广 西	Guangxi	3068	2561	502	3194	20198	495	6
海 南	Hainan	30			549	27640	71096	1
重 庆	Chongqing	4389	3525	768	813	9625	155	755
四 川	Sichuan	9477	3168	5669	4047	7197		
贵 州	Guizhou	9295	7583	1452	11845	55525		
云 南	Yunnan	6246	4789	891	18126	537566		
西 藏	Tibet	2070	141	873	204		55943	1583
陕 西	Shaanxi	10641	8186	2134	6469	21444		
甘 肃	Gansu	8651	4456	3677	7348	133484	647	2
青 海	Qinghai	5124	928	3613	3389	45907	388	189
宁 夏	Ningxia	945	820	125	386	400		1
新 疆	Xinjiang	22711	9667	10498	16156	77005	1513	2714
青 岛	Qingdao	995			30			
大 连	Dalian	14916						
宁 波	Ningbo	8190			126			
深 圳	Shenzhen	167			33			
厦 门	Xiamen	661					468	168
国家基础地理信息中心	National Geomatics Center of China	9199		6493	22226	114352		

20-63 分地区地震监测情况（2011年）
Situation of Earthquake Monitoring (2011)

单位：个 (unit)

地区	Region	地震台数 总数 Number of Seismic Stations	国家级台 Number of National Stations	省级台 Number of Provincial Stations	市、县级台 Number of Municipality/ County-level Stations	企业台 Number of Enterprise Stations	强震观测点 Number of Strong Motion Observation Spots	宏观观测点 Number of Macro-observation Spots
全 国	**National Total**	**1617**	**187**	**211**	**1219**	**186**	**2209**	**37518**
北 京	Beijing	99	10	2	87	1	243	242
天 津	Tianjin	10	5	5			110	1769
河 北	Hebei	86	8	21	57	12	65	2755
山 西	Shanxi	99	6	4	89	25	40	6044
内蒙古	Inner Mongolia	58	6	17	35		32	540
辽 宁	Liaoning	51	7	11	33	5	70	936
吉 林	Jilin	32	5	6	21		10	386
黑龙江	Heilongjiang	61	9	2	50	1	106	4515
上 海	Shanghai	9	2		7		63	10
江 苏	Jiangsu	95	9	6	80	2	85	1211
浙 江	Zhejiang	38	5	1	32		16	24
安 徽	Anhui	28	3	9	16	1	13	645
福 建	Fujian	50	4	10	36	8	40	339
江 西	Jiangxi	6	2	4			6	475
山 东	Shandong	74	6	20	48	7	146	3436
河 南	Henan	45	3	7	35	4	20	879
湖 北	Hubei	40	5	8	27		2	157
湖 南	Hunan	34	4	3	27	2	2	236
广 东	Guangdong	50	6	7	37	5	112	148
广 西	Guangxi	45	1	7	37	3	21	895
海 南	Hainan	20	2	4	14		14	2715
重 庆	Chongqing	25	1		24			17
四 川	Sichuan	139	12	13	114	36	219	2505
贵 州	Guizhou							
云 南	Yunnan	174	16	15	143	33	315	1659
西 藏	Tibet	11	10	1			2	
陕 西	Shaanxi	58	6	9	43	9	30	3831
甘 肃	Gansu	73	9	10	54	10	166	267
青 海	Qinghai	37	5	2	30	20	40	87
宁 夏	Ningxia	18	4	3	11		51	266
新 疆	Xinjiang	52	16	4	32	2	170	529

20-64 分地区气象业务站点及观测项目情况（2012年）
Status of Operational Meteorological Stations and Their Observation Items (2012)

单位：个 (unit)

地区和单位	Region and Units	地面观测业务 Surface Observation Stations	高空探测业务 Upper-air Observation Stations	自动气象站 Automatic Weather Stations	天气雷达观测业务 Weather Radar Observation Stations	农业气象观测站 Agro-Meteorological Observation Stations	环境气象观测站 Environmental Meteorological Observation Stations	闪电定位监测业务 Lightning Position Monitoring Stations	卫星云图接收业务 Satellite Cloud Images Receiving Stations
全　国	**National Total**	**2423**	**120**	**45926**	**230**	**721**	**618**	**334**	**363**
北　京	Beijing	20	1	275	2	7	13	1	3
天　津	Tianjin	14		228	1	5	4	1	2
河　北	Hebei	142	3	2650	5	30	32	11	6
山　西	Shanxi	109	1	1516	8	31	16	7	13
内蒙古	Inner Mongolia	119	12	1169	11	35	21	20	6
辽　宁	Liaoning	61	2	1406	6	28	41	9	16
吉　林	Jilin	54	3	1033	6	25	22	7	6
黑龙江	Heilongjiang	83	4	1054	11	39	26	19	7
上　海	Shanghai	14	1	256	2	1	16		6
江　苏	Jiangsu	70	3	1075	10	22	39	9	5
浙　江	Zhejiang	71	3	1949	8	14	24	11	30
安　徽	Anhui	81	2	1962	10	25	13	7	5
福　建	Fujian	70	3	1626	7	27	6	9	18
江　西	Jiangxi	91	2	2058	7	19	25	12	9
山　东	Shandong	123	3	1469	11	20	38	7	15
河　南	Henan	119	3	2466	12	38	37	10	28
湖　北	Hubei	81	3	2142	11	32	33	13	16
湖　南	Hunan	97	3	3448	10	26	7	10	7
广　东	Guangdong	86	4	1221	10	28	19	11	9
广　西	Guangxi	92	6	2365	9	29	12	11	12
海　南	Hainan	21	3	457	3	7	4	6	5
重　庆	Chongqing	35	1	890	4	13	36	5	4
四　川	Sichuan	156	7	2877	10	47	12	24	14
贵　州	Guizhou	85	2	2723	9	19	10	12	13
云　南	Yunnan	125	5	2127	8	26	7	22	26
西　藏	Tibet	39	5	70	6	5	10	18	9
陕　西	Shaanxi	100	4	1433	8	22	19	9	20
甘　肃	Gansu	81	9	1642	6	27	24	5	17
青　海	Qinghai	52	7	303	2	19	13	10	16
宁　夏	Ningxia	25	1	328	3	10	10	5	5
新　疆	Xinjiang	105	14	1708	13	44	27	33	15
大连市	Dalian						1		
宁波市	Ningbo								
青岛市	Qingdao						1		
厦门市	Xiamen								
其　他	Others	2	1		1				

20-65 产品质量国家监督抽查情况(2012年)
Results of Sampling Check under State Supervision on the Quality of Products (2012)

项　目	Item	抽查产品 (种) Production Supervised (kinds)	抽查企业 (家) Number of Enterprises Supervised (unit)	抽查产品 (批) Production Supervised (batch-time)	不合格产品 (批) Production Unqualified (batch-time)
合　计	**Total**	**149**	**18791**	**20355**	**2072**
食　品	Food	23	3353	3473	161
日用消费品	Consumer Goods	55	6204	6835	732
建筑与装饰装修材料	Building & Decoration Material	22	2803	3258	435
农业生产资料	Agricultural Means of Production	11	2448	2512	234
工业生产资料	Industrial Means of Production	38	3983	4277	510

20-66 分地区产品质量情况（2012年）
Quality of Products by Region (2012)

单位：% (%)

地　区	Region	产品质量等级品率 Rates of Grade Products: 优等品率 Rate of Products with Excellent Quality	一等品率 Rate of Products with First Grade Quality	合格品率 Rate of Products with Qualified Quality	质量损失率 Rate of Loss Due to Bad Quality
全　国	**National Total**	**53.37**	**34.41**	**12.22**	**0.18**
北　京	Beijing	56.72	23.41	19.87	0.88
天　津	Tianjin	69.92	22.45	7.64	0.09
河　北	Hebei	21.13	69.38	9.49	0.07
山　西	Shanxi	41.29	18.11	40.60	0.09
内蒙古	Inner Mongolia	48.41	21.80	29.79	0.28
辽　宁	Liaoning				
吉　林	Jilin				
黑龙江	Heilongjiang	45.86	39.83	14.31	0.37
上　海	Shanghai				
江　苏	Jiangsu	40.03	38.52	21.45	0.09
浙　江	Zhejiang	54.29	40.08	5.63	0.11
安　徽	Anhui	62.08	8.72	29.19	0.06
福　建	Fujian	55.86	28.14	16.01	0.09
江　西	Jiangxi	40.07	49.34	10.59	0.04
山　东	Shandong	38.17	34.96	26.88	0.06
河　南	Henan				
湖　北	Hubei	33.22	46.39	20.39	0.20
湖　南	Hunan	65.59	29.55	4.85	0.26
广　东	Guangdong	39.75	47.07	13.18	0.71
广　西	Guangxi	25.20	53.31	21.49	3.69
海　南	Hainan				
重　庆	Chongqing				
四　川	Sichuan	38.90	47.85	13.25	0.44
贵　州	Guizhou	95.82	1.89	2.29	0.01
云　南	Yunnan				
西　藏	Tibet				
陕　西	Shaanxi				
甘　肃	Gansu	15.78	83.78	0.44	0.11
青　海	Qinghai	22.78	22.49	54.73	0.15
宁　夏	Ningxia	33.65	38.77	27.58	
新　疆	Xinjiang	37.00	62.59	0.41	0.03

注：本资料由75个重点工业城市抽样数据汇总而成。
a) Sampling data in this table are collected from 75 main industrial cities.

20-67 产品质量省级监督抽查情况(2012年)
Results of Sampling Check under Provincial Supervision on the Quality of Products (2012)

地 区	Region	抽查产品 (种) Production Supervised (kinds)	抽查企业 (家) Number of Enterprises Supervised (unit)	抽查产品 (批) Production Supervised (batch-time)	不合格产品 (批) Production Unqualified (batch-time)
全 国	**National Total**	**3522**	**186700**	**277223**	**20354**
北 京	Beijing	222	6051	6364	505
天 津	Tianjin	54	2940	3295	152
河 北	Hebei	79	3278	3578	439
山 西	Shanxi	65	3961	6580	519
内蒙古	Inner Mongolia	135	2945	3656	350
辽 宁	Liaoning	64	2530	2906	281
吉 林	Jilin	35	668	755	74
黑龙江	Heilongjiang	27	1810	2584	95
上 海	Shanghai	243	6464	9802	848
江 苏	Jiangsu	374	26144	33632	797
浙 江	Zhejiang	246	5442	5442	422
安 徽	Anhui	82	2995	3641	426
福 建	Fujian	198	10493	15930	626
江 西	Jiangxi	41	1251	1341	129
山 东	Shandong	77	9136	11464	1191
河 南	Henan	101	9336	15683	806
湖 北	Hubei	76	4421	6617	388
湖 南	Hunan	99	19112	36781	3081
广 东	Guangdong	120	8191	10204	1687
广 西	Guangxi	141	3114	3496	429
海 南	Hainan	24	699	1240	149
重 庆	Chongqing	403	10535	20161	1536
四 川	Sichuan	131	20173	30144	1673
贵 州	Guizhou	69	8446	13743	978
云 南	Yunnan	124	6865	10738	1083
西 藏	Tibet	43	389	1541	169
陕 西	Shaanxi	114	4296	6680	665
甘 肃	Gansu	49	1224	1742	227
青 海	Qinghai	45	690	927	30
宁 夏	Ningxia	23	934	3900	242
新 疆	Xinjiang	18	2167	2656	357

20-68 中国科协系统科技活动情况(2012年)

指 标		Item		总计 Total
机构和人员		**Associations or Academic Societies and Personnel**		
机构数	(个)	Number of Associations or Academic Societies	(unit)	3181
从业人员	(人)	Number of Persons Engaged	(person)	38780
学会数	(个)	Number of Academic Societies	(unit)	
学会个人会员	(万人)	Number of Individual Members of Academic Societies	(10000 persons)	
学会从业人员	(人)	Number of Persons Engaged of Academic Societies	(person)	
企业科协	(个)	Number of Enterprises Association for Science and Technology	(unit)	20968
个人会员	(万人)	Number of Individual Members	(10000 persons)	345
高等院校科协	(个)	Number of Institutions of Higher Learning for Science and Technology	(unit)	574
个人会员	(万人)	Number of Individual Members	(10000 persons)	41
农技协	(个)	Number of Rural Professional and Technical Associations	(unit)	113068
个人会员	(万人)	Number of Individual Members	(10000 persons)	1468
学术交流活动		**Academic Exchange**		
学术交流活动	(次)	Number of Academic Exchanges	(time)	29586
参加人数	(万人次)	Number of Participants	(10000 person-time)	441
#企业科技工作者		Number of Enterprise Technology Workers		86
科学技术普及活动		**S&T Popularization Activities**		
举办科普宣讲活动	(次)	Number of S&T Popularization Propaganda activity	(time)	252886
宣讲活动受众人数	(万人次)	Number of Participants	(10000 person-time)	17210
参加活动科技人员	(万人次)	Number of Scientific and Technical Personnel Participating in Activities	(10000 person-time)	373
科技开放与交流		**Openness and Communication Technology**		
参加国外科技活动人数	(人次)	Number of Participating Foreign Scientific and Technological Activities	(person-time)	16811
接待国外专家学者	(人次)	Number of Reception Foreign Experts and Scholars	(person-time)	19337
科技服务		**S&T Service**		
提供决策咨询报告	(篇)	Number of Provided Policy Decision Consultation Report	(piece)	12597
科技评价	(项)	Number of Technology Evaluation	(item)	6798
开展“讲、比”活动企业数	(个)	Number of Carrying out "ideal and contribution" Competition Enterprises	(unit)	29210
参与“讲、比”活动的科技人员	(万人次)	Number of "ideal and contribution" Competition S&T Staffs	(10000 person-time)	187
为科技工作者服务		**Services for the Scientific and Technological Workers**		
反映科技工作者建议	(条)	Number of S&T Workers Proposals	(item)	32637
走访看望(慰问)科技工作者	(人次)	Number of Visiting (Condolence)S&T Workers	(person-time)	54391
表彰奖励科技工作者	(人次)	Number of Recognition and Award S&T Workers	(person-time)	126152
#女性科技工作者		Number of Recognition and Award Female S&T Workers		36220
科技期刊与科技传播		**Scientific Journals and Science and Technology Communication**		
主办科技期刊	(种)	Number of Scientific & Technological Journals	(kind)	2755
总印数	(万册)	Printed Copies	(10000 copies)	13853
编著科技图书	(种)	Number of Scientific & Technological Books	(kind)	3108
总印数	(万册)	Printed Copies	(10000 copies)	2060
主办科技网站	(个)	Number of Science and Technology Sites	(unit)	2182
浏览人数	(万人次)	Number of Visitors	(10000 person-time)	113526
科普基础设施建设		**S&T Popularization Infrastructure Construction**		
科技馆	(个)	Number of Science and Technology Museum	(unit)	419
全年参观人数	(万人次)	Number of Participants	(10000 person-time)	3031
#少儿参观人数		Number of Participants for Children		1908
科普画廊建筑面积(宣传栏、橱窗)	(平方米)	Building Area of Popular Science Galleries(Boards, Showcase)	(meters)	2067188
科普画廊展示面积	(平方米)	Display Area of Popular Science Galleries	(meters)	3764026

Basic Statistics on Scientific and Technological Activities of China Associations for Science and Technology (2012)

科协小计 Total Number of Associations	学会小计 Total Number of Academic Societies	全国学会 National Learned Societies	省级学会 Provincial Learned Societies
3181			
38780			
		181	3828
		433	644
		3219	16029
20968			
345			
574			
41			
113068			
1468			
7021	22565	4834	17731
102	339	117	222
30	56	16	40
171354	81532	6465	75067
12784	4426	1242	3184
282	91	13	78
2113	14698	7034	7664
3935	15402	7326	8076
8621	3976	542	3434
846	5952	2968	2984
29210			
187			
24796	7841	484	7357
35523	18868	1796	17072
72206	53946	18893	35053
21795	14425	4303	10122
587	2168	1034	1134
4629	9224	5833	3391
1640	1468	350	1118
1388	672	136	536
1257	925	307	618
28785	84741	74350	10391
419			
3031			
1908			
2067188			
3764026			

20-69 分地区出入境货物检验检疫情况(2012年)
General Statistics on Entry-Exit Inspection and Quarantine of Freight by Region(2012)

机构名称	Institute	总计 Total 批次(批) Number of Batch (batch-time)	#不合格 Disqualification	货值(万美元) Value (10 000 USD)	#不合格 Disqualification
总计	National Total	22097297	187646	164031207	10112059
北京	Beijing	240605	1946	1875525	5676
天津	Tianjin	617952	13186	8421998	796292
河北	Hebei	190847	2456	4638893	852966
山西	Shanxi	21458	161	568590	20386
内蒙古	Inner Mongolia	265700	133	982520	555
辽宁	Liaoning	472273	3274	7407777	429773
吉林	Jilin	85935	259	510853	667
黑龙江	Heilongjiang	204629	719	1741946	436
上海	Shanghai	2514755	34544	21531511	699805
江苏	Jiangsu	2102896	14237	15517729	1261273
浙江	Zhejiang	3398977	12042	19292964	1093659
#宁波市	Ningbo City	794294	4074	9603986	409976
安徽	Anhui	163841	669	1079889	8145
福建	Fujian	1519755	6195	7303344	551627
#厦门市	Xiamen City	463213	3558	3054212	188810
江西	Jiangxi	140692	1132	760130	9021
山东	Shandong	1469848	19573	18790590	2469596
河南	Henan	110137	551	2590785	4501
湖北	Hubei	107221	857	832052	9056
湖南	Hunan	95657	577	549396	2246
广东	Guangdong	7692049	45062	40419314	1174387
#深圳市	Shenzhen City	1421363	16722	11190281	264319
珠海市	Zhuhai City	407214	397	3143008	2819
广西	Guangxi	149613	1233	2903106	587674
海南	Hainan	16874	345	1198595	20455
重庆	Chongqing	67085	232	713563	4718
四川	Sichuan	73430	202	624126	1166
贵州	Guizhou	6586	36	96741	699
云南	Yunnan	96213	9533	492229	37910
西藏	Tibet	5510	21	24231	48
陕西	Shaanxi	32562	146	308515	4839
甘肃	Gansu	12306	56	146860	321
青海	Qinghai	2846	19	50413	1526
宁夏	Ningxia	6220	57	101685	875
新疆	Xinjiang	212825	18193	2555340	61762

注：国家出入境货物检验检疫数据是由全国直属的35个检验检疫局直报国家质检总局汇总得到。

a) National data of entry-exit inspection and quarantine of freight are collected through direct reporting of the 35 inspection and quarantine bureaus directly under the General Administration of Quality Supervision, Inspection and Quarantine.

主要统计指标解释

普通高等学校 指通过国家普通高等教育招生考试，招收高中毕业生为主要培养对象，实施高等学历教育的全日制大学、独立设置的学院、独立学院和高等专科学校、高等职业学校及其他机构。

大学、独立设置的学院主要实施本科及本科层次以上的教育。独立学院主要实施本科层次的教育。高等专科学校、高等职业学校实施专科层次的教育。其他机构是指承担国家普通招生计划任务不计校数的机构，包括普通高等学校分校、大专班等。

成人高等学校 指通过国家成人高等教育招生考试，招收具有高中毕业或同等学力的人员为主要培养对象，利用函授、业余、脱产等多种形式，对其实施高等学历教育的学校。包括：职工高等学校、农民高等学校、管理干部学院、教育学院、独立函授学院、广播电视大学、其他机构。其他机构是指承担国家成人招生计划任务不计校数的机构。

小学学龄儿童净入学率 指调查范围内已入小学学习的学龄儿童占校内外学龄儿童总数的比重。计算公式为：

$$\begin{matrix}\text{小学学龄儿童}\\\text{净入学率}\end{matrix}=\frac{\text{已入学的小学学龄儿童数}}{\text{校内外小学学龄儿童总数}}\times 100\%$$

国家财政性教育经费 包括公共财政预算教育经费，各级政府征收用于教育的税费，企业办学中的企业拨款，校办产业和社会服务收入用于教育的经费，其他属于国家财政性教育经费。

公共财政预算教育经费 指中央、地方各级财政或上级主管部门在本年度内安排，并划拨到各级各类学校、教育行政单位、教育事业单位，列入国家预算支出科目的教育经费。包括教育事业费拨款、科研拨款、基本建设拨款和其他拨款。

研究与试验发展(R&D) 指在科学技术领域，为增加知识总量，以及运用这些知识去创造新的应用进行的系统的创造性的活动，包括基础研究、应用研究、试验发展三类活动。国际上通常采用R&D活动的规模和强度指标反映一国的科技实力和核心竞争力。

基础研究 指为了获得关于现象和可观察事实的基本原理的新知识(揭示客观事物的本质、运动规律，获得新发现、新学说)而进行的实验性或理论性研究，它不以任何专门或特定的应用或使用为目的。其成果以科学论文和科学著作为主要形式。用来反映知识的原始创新能力。

应用研究 指为获得新知识而进行的创造性研究，主要针对某一特定的目的或目标。应用研究是为了确定基础研究成果可能的用途，或是为达到预定的目标探索应采取的新方法(原理性)或新途径。其成果形式以科学论文、专著、原理性模型或发明专利为主。用来反映对基础研究成果应用途径的探索。

试验发展 指利用从基础研究、应用研究和实际经验所获得的现有知识，为产生新的产品、材料和装置，建立新的工艺、系统和服务，以及对已产生和建立的上述各项作实质性的改进而进行的系统性工作。其成果形式主要是专利、专有技术、具有新产品基本特征的产品原型或具有新装置基本特征的原始样机等。在社会科学领域，试验发展是指把通过基础研究、应用研究获得的知识转变成可以实施的计划(包括为进行检验和评估实施示范项目)的过程。人文科学领域没有对应的试验发展活动。主要反映将科研成果转化为技术和产品的能力，是科技推动经济社会发展的物化成果。

R&D人员 指参与研究与试验发展项目研究、管理和辅助工作的人员，包括项目(课题)组人员，企业科技行政管理人员和直接为项目(课题)活动提供服务的辅助人员。反映投入从事拥有自主知识产权的研究开发活动的人力规模。

R&D人员全时当量 指全时人员数加非全时人员按工作量折算为全时人员数的总和。例如：有两个全时人员和三个非全时人员(工作时间分别为20%、30%和70%)，则全时当量为2+0.2+0.3+0.7=3.2人年。为国际上比较科技人力投入而制定的可比指标。

R&D经费支出合计 指调查单位用于内部开展R&D活动（基础研究、应用研究和试验发展）的实际支出。包括用于R&D项目（课题）活动的直接支出，以及间接用于R&D活动的管理费、服务费、与R&D有关的基本建设支出以及外协加工费等。不包括生产性活动支出、归还贷款支出以及与外单位合作或委托外单位进行R&D活动而转拨给对方的经费支出。

R&D经费支出中政府资金 指R&D经费内部支出中来自各级政府部门的各类资金，包括财政科学技术拨款、科学基金、教育等部门事业费以及政府部门预算外资金的实际支出。

R&D经费支出中企业资金 指R&D经费内部支出中来自本企业的自有资金和接受其他企业委托而获得的经费，以及科研院所、高校等事业单位从企业获得的资金的实际支出。

R&D项目（课题）数 指在当年立项并开展研究工作、以前年份立项仍继续进行研究的研发项目（课题）数，包括当年完成和年内研究工作已告失败的研发项目（课题），但不包括委托外单位进行的研发项目（课题）数。

R&D项目（课题）人员全时当量 指实际参加研发项目（课题）活动人员折合的全时当量。

R&D项目（课题）经费支出 指调查单位内部在报告年度进行研发项目（课题）研究和试制等的实际支出。包括劳务费、其他日常支出、固定资产购建费、外协加工费等，不包括委托或与外单位合作进行项目（课题）研究而拨付给对方使用的经费。

新产品销售收入 指报告期企业销售新产品实现的销售收入。新产品是指采用新技术原理、新设计构思研制、生产的全新产品，或在结构、材质、工艺等某一方面比原有产品有明显改进，从而显著提高了产品性能或扩大了使用功能的产品。既包括经政府有关部门认定并在有效期内的新产品，也包括企业自行研制开发，未经政府有关部门认定，从投产之日起一年之内的新产品。

专利 是专利权的简称，是对发明人的发明创造经审查合格后，由专利局依据专利法授予发明人和设计人对该项发明创造享有的专有权。包括发明、实用新型和外观设计。反映拥有自主知识产权的科技和设计成果情况。

发明（专利） 指对产品、方法或者其改进所提出的新的技术方案。是国际通行的反映拥有自主知识产权技术的核心指标。

实用新型（专利） 指对产品的形状、构造或者其结合所提出的适于实用的新的技术方案。反映具有一定技术含量的技术成果情况。

外观设计（专利） 指对产品的形状、图案、色彩或者其结合所作出的富有美感并适于工业上应用的新设计。反映拥有自主知识产权的外观设计成果情况。

Explanatory Notes on Main Statistical Indicators

Regular Institutions of Higher Education refer to educational establishments recruiting graduates from senior secondary schools as the main target through National Matriculation TEST. They include full-time universities, independently established colleges, colleges, and institutions of higher professional education, institutions of higher vocational education and others.

Universities and independently established colleges primarily provide undergraduate and above courses; colleges mainly impart undergraduate courses, institutions of higher professional education and institutions of higher vocational education primarily provide professional trainings; and others refer to educational establishments, which are responsible for enrolling higher education students under the State Plan but not enumerated in the total number of schools, including: branch schools of universities and colleges and junior colleges.

Institutions of Higher Education for Adults refer to educational establishments, enrolling personnel with senior secondary school or equivalent education through National Matriculation TEST for Adult, and providing higher education courses in forms of correspondence, spare time, or full time for adults. Institutions of higher learning for adults include schools of higher education for staff and workers, schools of higher education for peasants, colleges for management cadres, pedagogical colleges, independent correspondence colleges, radio and television universities and other educational establishments. Other educational establishments refer undertakings to enrol adult students but not enumerated in the number of schools under the State Plan.

Net Enrolment Ratio of Primary Schools refers to the proportion of school age children enrolled at schools to the total number of school age children both in and outside schools (including retarded children, but excluding blind, deaf and mute children). The formula is:

$$\text{Net Enrolment Ratio of Primary Schools} = \frac{\text{Total Primary School - age Children at Schools}}{\text{Total Primary School - age Children Whether or Not Attending School}} \times 100\%$$

Government Appropriation for Education refers to the public budgetary fund for education, taxes and fees collected by governments at all levels that are used for education purpose, enterprise appropriation for enterprise-run schools, income from school-run enterprises and social services that are used for education purpose and other national appropriations for education.

Public Budgetary Fund for Education refers to education funding from the central and local financial departments and supervision departments that is planned to be allocated to various schools, education administration institutions and education institutions within the reference year, which is within the State budgetary expenditure, including: appropriated funds for education, science and research, capital construction and others.

Research and Development (R&D) refers to systematic and creative activities in the field of science and technology aiming at increasing the knowledge and using the knowledge for new application. R&D includes 3 categories of activities: basic research, applied research and experimentation for development. The scale and intensity of R&D are widely used internationally to reflect the strength of S&T and the core competitiveness of a country in the world.

Basic Research refers to empirical or theoretical research aiming at obtaining new knowledge on the fundamental principles regarding phenomena or observable facts to reveal the intrinsic nature and underlying laws and to acquire new discoveries or new theories. Basic research takes no specific or designated application as the aim of the research. Results of basic research are mainly released or disseminated in the form of scientific papers or monographs. This indicator reflects the innovation capacity for original knowledge.

Applied Research refers to creative research aiming at obtaining new knowledge on a specific objective or target. Purpose of the applied research is to identify the possible uses of results from basic research, or to explore new (fundamental) methods or new approaches. Results of applied research are expressed in the form of scientific papers, monographs, fundamental models or invention patents. This indicator reflects the exploration of ways to apply the results of basic research.

Experiments and Development refer to systematic activities aiming at using the knowledge from basic and applied researches or from practical experience to develop new products, materials and equipment, to establish new production process, systems and services, or to make substantial improvement on the existing products, process or services. Results of experiment and development activities are embodied in patents, exclusive technology, and monotype of new products or equipment. In social sciences, experiment and development activities refer to the process of converting the knowledge from basic or applied researches into feasible programmes (including conduct of demonstration projects for assessment and evaluation). There are no experiment and development activities in the science of humanities. This indicator reflects the capability of transferring the results of S&T into technique and products, and measures the realization of S&T in spearheading the economic and social development.

R & D Personnel refer to persons engaged in research, management and supporting activities of R & D, including persons in the project teams, persons engaged in the management of S&T activities of enterprises and supporting staff providing direct service to the research projects. This indicator reflects the size of personnel engaged in R&D activities with independent intellectual property.

Full-time Equivalent of R&D Personnel refers to the sum of the full-time persons and the full-time equivalent of part-time persons converted by workload. For instance, if there are 2 full-time persons and 3 part-time workers (20%, 30% and 70% of working hours respectively on R&D activities), the full-time equivalent are 2+0.2+0.3+0.7=3.2 person-years. This is an internationally comparable indicator of S&T manpower input.

Total Expenditure of Funds on R&D refers to the real expenditure of surveyed units on their own R&D activities (basic research, application study, test and development) including direct expenditure on R&D activities, indirect expenditure of management and services on R&D activities, expenditure on capital construction and material processing by others. Excluding the expenditure on production activities, return of loan, and fees transferred to cooperated and entrusted agencies on R&D activities.

Expenditure of Government Funds on R&D refers to the expenditure of funds on R&D activities from government agencies at different levels, including appropriate funds on science and technology from financial departments, scientific funds, operating expenses from education departments and the real expenditure of extra budgetary funds from government agencies.

Expenditure of Funds of Enterprises on R&D refers to the expenditure of funds on R&D activities from self-raised funds of enterprises and funds from other enterprises through entrustment, and the expenditure of funds of institutions, such as institution of scientific research and universities, from enterprises.

Number of R&D Projects (subjects) refers to the number of R&D projects (subjects) set up and implemented at the reference year, and the number of R&D projects (subjects) set up in former years and under implementation, including the projects (subjects) finished and failed at the reference year, excluding the projects (subjects) implemented by others through entrustment.

Full-time Equivalent of R&D Personnel refers to the full-time equivalent of persons actually engaged in R&D projects (subjects).

Expenditure of Funds on R&D Projects (subjects) refers to the real expenditure of internal funds of the surveyed units on research and test of R&D projects (subjects) at the reference year, including service fee, other daily expenditure, cost for capital goods, cost of external process; excluding expenditure of funds transferred to other cooperated and entrusted units of the projects.

Sales Income of New Products refers to the sales income of new products of the enterprises at the reference period. New products refer to products developed and produced with new technologies and designs or improved in structure, material, process and other aspects so that their performance are improved or their functions expanded. New products include those affirmed by government authorities in their validity period and also those developed by enterprises without the affirmation of government authorities within one year after they are put into production.

Patent is an abbreviation for the patent right and refers to the exclusive right of ownership by the inventors or designers for the creation or inventions, given from the patent offices after due process of assessment and approval in accordance with the Patent Law. Patents are granted for inventions, utility models and designs. This indicator reflects the achievements of S&T and design with independent intellectual property.

Patented Inventions refer to new technical proposals to the products or methods or their modifications. This is universal core indicator reflecting the technologies with independent intellectual property.

Patented Utility Models refer to the practical and new technical proposals on the shape and structure of the product or the combination of both. This indicator reflects the condition of technological results with certain technical content.

Designs refer to the aesthetics and industrially applicable new designs for the shape, pattern and colour of the product, or their combinations. This indicator reflects the appearance design achievements with independent intellectual property.

21

卫生和社会服务

Public Health and Social Services

简 要 说 明

一、本篇资料的主要内容

本篇主要反映卫生、社会服务、残疾人事业的发展情况。

卫生统计资料主要包括医疗卫生机构、卫生人员、卫生设施、卫生经费、基层医疗卫生服务、妇幼保健、疫病控制、居民病伤死亡原因、医疗保障制度等情况。

社会服务统计资料主要包括社会服务企事业机构、社会组织、人员、床位情况，优抚和社会救济情况，社区服务机构情况，婚姻服务情况，殡葬服务情况，社会捐赠和福利彩票销售情况等。

残疾人统计资料主要包括残疾人康复、教育、就业、社会保障、扶贫和残联组织建设情况。

二、本篇的资料来源

卫生资料由国家卫生和计划生育委员会信息中心提供。社会服务资料由民政部依据统计报表制度整理提供。残联资料由中国残疾人联合会整理提供。

详细资料分别见《中国卫生统计年鉴》（中华人民共和国国家卫生和计划生育委员会编）、《中国民政统计年鉴》(中华人民共和国民政部编)、《中国残疾人事业统计年鉴》（中国残疾人联合会编）。

Brief Introduction

I. Main Contents

Data in this chapter mainly reflect the development of public health, civil affairs, and work for persons with disabilities.

Data on public health include mainly the number of medical and health institutions, health personnel, health facility, health expenses, medical and health services at grass-root level, maternal and child health, disease control, major diseases as the causes of death, and health security system.

Data on civil affairs include: institutions, social organizations, personnel and beds of social services，social welfare relief, community service facilities and marriage registration service, funeral and interment services, social donations and welfare lottery.

Data on disabled persons cover information on the rehabilitation, education, employment and poverty alleviation of disabled persons and institutions serving the needs of disabled persons.

II. Sources of Data

Data on public health are mainly from the Information Center under the Ministry of Health. Data on civil affairs are from the Ministry of Civil Affairs based on statistical reporting form scheme. Data on disabled persons are from the China Disabled Persons Federation.

For detailed information please refer to "*Annual Statistical Yearbook on National Health Care*" (Ministry of Health of the People's Republic of China), "*Statistical Yearbook on Civil Affairs of China*" (Department of Financial and Planning, Ministry of Civil Affairs) and "*China Statistical Yearbook on the Work for Persons with Disabilities*" (China Disabled Persons Federation).

21-1 医疗卫生机构
Health Care Institutions

单位：个 (unit)

年份 Year 地区 Region	合计 Total	#医院 Hospitals	#综合医院 General Hospitals	#中医医院 Hospitals Specialized in Traditional Chinese Medicine	#专科医院 Specialized Hospitals	#基层医疗卫生机构 Health Care Institutions at Grass-root Level	社区卫生服务中心(站) Community Health Service Centers	街道卫生院 Urban Health Centers	乡镇卫生院 Township Health Centers
1978	169732	9293	7539	447	643				55018
1980	180553	9902	7859	678	694				55413
1985	978540	11955	9197	1485	938				47387
1990	1012690	14377	10424	2115	1362				47749
1995	994409	15663	11586	2361	1445				51797
1996	1078131	15833	11696	2405	1473				51277
1997	1048657	15944	11771	2413	1488			554	50981
1998	1042885	16001	11779	2443	1495			542	50071
1999	1017673	16678	11868	2441	1533			563	49694
2000	1034229	16318	11872	2453	1543	1000169		548	49229
2001	1029314	16197	11834	2478	1576	995670		553	48090
2002	1005004	17844	12716	2492	2237	973098	8211	1022	44992
2003	806243	17764	12599	2518	2271	774693	10101	925	44279
2004	849140	18393	12900	2611	2492	817018	14153	845	41626
2005	882206	18703	12982	2620	2682	849488	17128	787	40907
2006	918097	19246	13120	2665	3022	884818	22656	816	39975
2007	912263	19852	13372	2720	3282	878686	27069	803	39876
2008	891480	19712	13119	2688	3437	858015	24260	780	39080
2009	916571	20291	13364	2728	3716	882153	27308	1152	38475
2010	936927	20918	13681	2778	3956	901709	32739	929	37836
2011	954389	21979	14328	2831	4283	918003	32860	667	37295
2012	950297	23170	15021	2889	4665	912620	33562	610	37097
北　京 Beijing	9632	573	301	123	132	8837	1846		
天　津 Tianjin	4551	304	201	31	66	4095	559	1	160
河　北 Hebei	79119	1249	809	175	230	77177	1130		1961
山　西 Shanxi	40192	1215	638	193	369	38443	791	477	1199
内蒙古 Inner Mongolia	23046	519	325	62	77	22009	1162	3	1326
辽　宁 Liaoning	35792	860	537	100	216	34249	1121	24	999
吉　林 Jilin	19734	576	349	72	144	18804	353		771
黑龙江 Heilongjiang	21158	996	684	127	169	19470	776	4	996
上　海 Shanghai	4845	320	186	17	93	4379	1013		
江　苏 Jiangsu	31050	1426	964	89	321	28888	2613	2	1115
浙　江 Zhejiang	30271	782	392	122	248	28939	6622	7	1144
安　徽 Anhui	23275	930	641	91	183	21812	1948	1	1384
福　建 Fujian	27276	519	328	75	106	26374	532		880
江　西 Jiangxi	39509	548	360	98	83	38369	611	5	1582
山　东 Shandong	68840	1549	1016	158	360	66462	2251		1639
河　南 Henan	69258	1285	832	201	243	67252	1135		2072
湖　北 Hubei	35240	650	414	95	126	34063	1220	34	1165
湖　南 Hunan	58612	798	493	128	161	57177	604	3	2299
广　东 Guangdong	46534	1186	727	142	305	44585	2345	25	1227
广　西 Guangxi	34152	469	290	86	79	33257	266		1280
海　南 Hainan	5154	197	152	19	22	4839	141		305
重　庆 Chongqing	17961	463	331	43	80	17310	485	9	933
四　川 Sichuan	76557	1542	1013	173	309	74215	928	1	4606
贵　州 Guizhou	27404	772	600	70	89	26264	469	2	1436
云　南 Yunnan	23395	926	636	107	160	21887	439		1384
西　藏 Tibet	6660	104	84		1	6412	9		673
陕　西 Shaanxi	36271	888	628	140	112	34889	552	2	1630
甘　肃 Gansu	26401	403	264	70	54	25631	616	6	1377
青　海 Qinghai	5948	142	86	13	13	5658	174		405
宁　夏 Ningxia	4140	143	92	19	27	3904	107		230
新　疆 Xinjiang	18320	836	648	50	87	16970	744	4	919

注：1.村卫生室数计入医疗卫生机构数中。
2.2008年社区卫生服务中心(站)减少的原因是江苏省约5000家农村社区卫生服务站划归村卫生室。

a) Number of village clinics was included in health care institutions.
b) The reasons of decrease of community health centers(stations) in 2008 is that 5000 rural community health stations in Jiangsu is divided into village

21-1 续表 continued

单位：个 (unit)

年 份 Year / 地 区 Region		村卫生室 Village Clinics	门诊部(所) Outpatient Department	#专业公共卫生机构 Specialized Public Health Institutions	#疾病预防控制中心 Center for Disease Control and Prevention	#专科疾病防治院(所/站) Specialized Disease Prevention & Treatment Institution	#妇幼保健院(所/站) Women and Children Care Agencies	#卫生监督所(中心) Health Inspection Institution (center)
	1978		94395		2989	887	2571	
	1980		102474		3105	1138	2745	
	1985	777674	126604		3410	1566	2996	
	1990	803956	129332		3618	1781	3148	
	1995	804352	104406		3729	1895	3179	
	1996	755565	237153		3737	1887	3172	
	1997	733624	229474		3747	1893	3180	
	1998	728788	229349		3746	1889	3191	
	1999	716677	226588		3763	1877	3180	
	2000	709458	240934	11386	3741	1839	3163	
	2001	698966	248061	11471	3813	1783	3132	
	2002	698966	219907	10787	3580	1839	3067	571
	2003	514920	204468	10792	3584	1749	3033	838
	2004	551600	208794	10878	3588	1583	2998	1284
	2005	583209	207457	11177	3585	1502	3021	1702
	2006	609128	212243	11269	3548	1402	3003	2097
	2007	613855	197083	11528	3585	1365	3051	2553
	2008	613143	180752	11485	3534	1310	3011	2675
	2009	632770	182448	11665	3536	1291	3020	2809
	2010	648424	181781	11835	3513	1274	3025	2992
	2011	662894	184287	11926	3484	1294	3036	3022
	2012	653419	187932	12083	3490	1289	3044	3088
北 京	Beijing	2957	4034	118	32	28	19	18
天 津	Tianjin	2157	1218	95	24	17	23	19
河 北	Hebei	64513	9573	597	193	8	185	188
山 西	Shanxi	28285	7691	457	135	10	132	130
内蒙古	Inner Mongolia	14022	5496	447	119	52	117	111
辽 宁	Liaoning	21245	10860	497	130	88	110	118
吉 林	Jilin	11475	6205	274	67	52	69	56
黑龙江	Heilongjiang	12316	5378	634	174	112	146	154
上 海	Shanghai	1361	2005	101	21	20	21	18
江 苏	Jiangsu	15835	9323	505	128	48	110	114
浙 江	Zhejiang	13091	8075	377	100	22	86	103
安 徽	Anhui	15306	3173	446	121	52	118	116
福 建	Fujian	19691	5271	307	96	25	87	82
江 西	Jiangxi	32369	3802	512	147	112	113	110
山 东	Shandong	51055	11517	677	182	134	158	155
河 南	Henan	57112	6933	581	180	20	165	168
湖 北	Hubei	24976	6668	438	111	83	100	109
湖 南	Hunan	44376	9895	528	146	86	139	130
广 东	Guangdong	29086	11902	661	138	147	127	122
广 西	Guangxi	23323	8388	387	109	41	103	105
海 南	Hainan	2752	1641	107	28	24	24	23
重 庆	Chongqing	10642	5241	167	42	16	42	40
四 川	Sichuan	54601	14079	713	204	37	200	204
贵 州	Guizhou	21463	2894	340	101	7	96	101
云 南	Yunnan	13317	6747	519	150	30	147	145
西 藏	Tibet	5254	476	142	82		57	2
陕 西	Shaanxi	26883	5822	387	122	6	117	118
甘 肃	Gansu	16711	6921	335	103	6	99	92
青 海	Qinghai	4314	765	145	56	1	21	55
宁 夏	Ningxia	2431	1136	83	25		22	24
新 疆	Xinjiang	10500	4803	506	224	5	91	158

21-2 卫生人员
Employed Persons in Health Care Institutions

单位：人 (person)

年份 Year 地区 Region	卫生人员 Medical Personnel	卫生技术人员 Medical Technical Personnel	#执业(助理)医师 Licensed (Assistant) Doctors	#执业医师 Licensed Doctor	#注册护士 Registered Nurse	#药师(士) Pharmacist	乡村医生和卫生员 Village Doctors and Assistants	其他技术人员 Other Technical Personnel	管理人员 Admini-strative Personnel	工勤技能人员 Logistics Technical Workers
1978	7883041	2463931	978152	609608	405223	266570	4777469	22950	298104	320587
1980	7355483	2798241	1153234	709473	465798	308438	3820776	27834	310805	397827
1985	5606105	3410910	1413281	724238	636974	365145	1293094	46052	358812	497237
1990	6137711	3897921	1763086	1302997	974541	405978	1231510	85504	396694	526082
1995	6704395	4256923	1917772	1454926	1125661	418520	1331017	120782	450013	545660
1996	6735097	4311845	1941235	1475232	1162609	424952	1316095	125480	444571	537106
1997	6833962	4397805	1984867	1505342	1198228	428295	1317786	133369	448047	536955
1998	6863315	4423721	1999521	1513975	1218836	423644	1327633	145060	435507	531394
1999	6894985	4458669	2044672	1561584	1244844	418574	1324937	150041	434997	526341
2000	6910383	4490803	2075843	1603266	1266838	414408	1319357	157533	426789	515901
2001	6874527	4507700	2099658	1637337	1286938	404087	1290595	157961	412757	505514
2002	6528674	4269779	1843995	1463573	1246545	357659	1290595	179962	332628	455710
2003	6216971	4380878	1942364	1534046	1265959	357378	867778	199331	318692	450292
2004	6332739	4485983	1999457	1582442	1308433	355451	883075	209422	315595	438664
2005	6447246	4564050	2042135	1622684	1349589	349533	916532	225697	312826	428141
2006	6681184	4728350	2099064	1678031	1426339	353565	957459	235466	323705	436204
2007	6964389	4913186	2122925	1715460	1558822	325212	931761	243460	356569	519413
2008	7251803	5174478	2201904	1791881	1678091	330525	938313	255149	356854	527009
2009	7781448	5535124	2329206	1905436	1854818	341910	1050991	275006	362665	557662
2010	8207502	5876158	2413259	1972840	2048071	353916	1091863	290161	370548	578772
2011	8616040	6202858	2466094	2020154	2244020	363993	1126443	305981	374885	605873
2012	9115705	6675549	2616064	2138836	2496599	377398	1094419	319117	372997	653623
北京 Beijing	253164	196234	74380	69810	79534	11578	3659	13436	13948	25887
天津 Tianjin	104201	77076	30690	28200	27621	4843	4811	4980	9390	7944
河北 Hebei	463283	314933	142989	108771	101988	14040	84779	19780	14782	29009
山西 Shanxi	279466	199601	87319	73507	70337	9973	41626	10935	10725	16579
内蒙古 Inner Mongolia	183875	139876	59528	50100	46774	9496	19318	6865	7289	10527
辽宁 Liaoning	329679	246808	100972	89892	98036	13273	27147	12026	16423	27275
吉林 Jilin	196395	144065	61400	53949	50975	7964	19128	6734	11571	14897
黑龙江 Heilongjiang	270687	201155	78589	66821	70073	11141	25398	8870	14771	20493
上海 Shanghai	183416	147807	55797	51722	63245	8281	771	8404	9448	16986
江苏 Jiangsu	519709	395961	157902	134800	155247	23308	44906	16606	21236	41000
浙江 Zhejiang	400094	329565	129973	109459	121313	21613	9778	15937	13099	31715
安徽 Anhui	334842	236188	92061	71181	95046	11817	53180	12423	12315	20736
福建 Fujian	236756	176074	66740	57885	71124	11767	28183	7895	6287	18317
江西 Jiangxi	259552	179705	67077	56444	72055	13013	48773	7117	7672	16285
山东 Shandong	738868	530082	200465	168111	191721	30315	131914	26598	19080	31194
河南 Henan	652564	428508	167608	116270	156041	21401	123888	24838	25286	50044
湖北 Hubei	386415	288695	109149	90105	115745	17377	42990	15306	16650	22774
湖南 Hunan	403546	296857	116440	86469	112906	19639	47594	14442	17607	27046
广东 Guangdong	662462	518414	198966	159428	199534	33910	34656	20903	27429	61060
广西 Guangxi	303759	220761	78043	61340	85515	11893	37432	7556	10903	27107
海南 Hainan	59285	45060	15525	12244	19432	2354	2853	1817	3148	6407
重庆 Chongqing	184055	131658	51990	38790	49823	6884	23320	5567	8718	14792
四川 Sichuan	549023	389440	162877	129605	139810	20421	74418	16062	26376	42727
贵州 Guizhou	191079	129772	49179	39528	48646	5448	36749	7022	8303	9233
云南 Yunnan	233361	166764	68466	56617	60755	7285	35308	8479	7840	14970
西藏 Tibet	21558	9336	4043	2897	1732	428	10223	667	503	829
陕西 Shaanxi	293775	216293	69471	56957	79390	12133	37113	3797	18160	18412
甘肃 Gansu	151899	111609	42956	34896	37202	5588	21398	4028	4681	10183
青海 Qinghai	40831	29311	11918	10162	10026	1550	6568	1415	1107	2430
宁夏 Ningxia	44021	34250	13011	11518	12504	2108	3682	1640	1619	2830
新疆 Xinjiang	177085	136691	50540	41358	52449	6557	12856	6972	6631	13935

注：卫生人员和卫生技术人员包括公务员中卫生监督员7000名。

a) Medical personnel and medical technical personnel include 7000 health supervisors in civil servants.

21-3 每千人口卫生技术人员
Medical Technical Personnel in Health Care Institutions per 1000 Persons

单位：人 (person)

年 份 地 区	Year Region	卫生技术人员 Medical Technical Personnel 合计 Total	 城市 City	 农村 Rural	执业(助理)医师 Licensed (Assistant) Doctors 合计 Total	 城市 City	 农村 Rural	注册护士 Registered Nurses 合计 Total	 城市 City	 农村 Rural
	1980	2.85	8.03	1.81	1.17	3.22	0.76	0.47	1.83	0.20
	1985	3.28	7.92	2.09	1.36	3.35	0.85	0.61	1.85	0.30
	1990	3.45	6.59	2.15	1.56	2.95	0.98	0.86	1.91	0.43
	1995	3.59	5.36	2.32	1.62	2.39	1.07	0.95	1.59	0.49
	1998	3.64	5.30	2.35	1.65	2.34	1.11	1.00	1.64	0.51
	1999	3.64	5.24	2.38	1.67	2.33	1.14	1.02	1.64	0.52
	2000	3.63	5.17	2.41	1.68	2.31	1.17	1.02	1.64	0.54
	2001	3.62	5.15	2.38	1.69	2.32	1.17	1.03	1.65	0.54
	2002	3.41			1.47			1.00		
	2003	3.48	4.88	2.26	1.54	2.13	1.04	1.00	1.59	0.50
	2004	3.53	4.99	2.24	1.57	2.18	1.04	1.03	1.63	0.50
	2005	3.50	5.82	2.69	1.56	2.46	1.26	1.03	2.10	0.65
	2006	3.60	6.09	2.70	1.60	2.56	1.26	1.09	2.22	0.66
	2007	3.72	6.44	2.69	1.61	2.61	1.23	1.18	2.42	0.70
	2008	3.90	6.68	2.80	1.66	2.68	1.26	1.27	2.54	0.76
	2009	4.15	7.15	2.94	1.75	2.83	1.31	1.39	2.82	0.81
	2010	4.39	7.62	3.04	1.80	2.97	1.32	1.53	3.09	0.89
	2011	4.61	6.68	2.66	1.83	2.62	1.10	1.67	2.62	0.79
	2012	4.94	8.55	3.41	1.94	3.19	1.40	1.85	3.65	1.09
北 京	Beijing	9.48	15.51	7.81	3.59	5.85	3.57	3.84	6.33	2.36
天 津	Tianjin	5.45	8.25	5.42	2.17	3.14	2.79	1.95	3.09	1.33
河 北	Hebei	4.32	9.71	3.06	1.96	4.00	1.48	1.40	4.06	0.79
山 西	Shanxi	5.53	10.60	3.80	2.42	4.32	1.79	1.95	4.43	1.07
内蒙古	Inner Mongolia	5.62	10.93	3.94	2.39	4.28	1.80	1.88	4.37	1.08
辽 宁	Liaoning	5.62	8.73	3.43	2.30	3.40	1.54	2.23	3.81	1.09
吉 林	Jilin	5.24	7.36	4.37	2.23	3.18	1.85	1.85	2.93	1.39
黑龙江	Heilongjiang	5.25	8.33	3.58	2.05	3.05	1.51	1.83	3.42	0.96
上 海	Shanghai	6.21	10.50	7.57	2.34	3.89	4.32	2.66	4.55	2.18
江 苏	Jiangsu	5.00	7.90	3.87	1.99	2.89	1.68	1.96	3.42	1.35
浙 江	Zhejiang	6.02	10.14	5.34	2.37	3.77	2.21	2.21	4.14	1.78
安 徽	Anhui	3.94	5.54	2.51	1.54	2.00	1.04	1.59	2.57	0.86
福 建	Fujian	4.70	9.46	3.31	1.78	3.55	1.27	1.90	4.10	1.24
江 西	Jiangxi	3.99	7.58	2.83	1.49	2.64	1.10	1.60	3.53	1.02
山 东	Shandong	5.47	7.59	4.68	2.07	2.97	1.73	1.98	3.18	1.51
河 南	Henan	4.56	8.68	2.85	1.78	3.03	1.20	1.66	3.96	0.86
湖 北	Hubei	5.00	7.92	3.30	1.89	2.89	1.30	2.00	3.57	1.16
湖 南	Hunan	4.47	8.64	3.11	1.75	3.07	1.30	1.70	4.06	1.00
广 东	Guangdong	4.89	10.43	3.10	1.88	3.79	1.33	1.88	4.33	0.99
广 西	Guangxi	4.72	6.93	3.12	1.67	2.46	1.10	1.83	3.04	1.08
海 南	Hainan	5.08	9.19	3.65	1.75	3.03	1.30	2.19	4.28	1.47
重 庆	Chongqing	4.47	4.42	3.39	1.77	1.63	1.47	1.69	1.89	1.03
四 川	Sichuan	4.82	6.95	3.30	2.02	2.63	1.49	1.73	3.00	1.00
贵 州	Guizhou	3.72	7.94	2.30	1.41	2.99	0.87	1.40	3.55	0.76
云 南	Yunnan	3.58	8.97	2.82	1.47	3.78	1.14	1.30	3.51	0.99
西 藏	Tibet	3.03	10.40	2.52	1.31	4.63	1.08	0.56	3.16	0.38
陕 西	Shaanxi	5.76	8.39	4.06	1.85	2.82	1.24	2.12	3.57	1.24
甘 肃	Gansu	4.33	6.42	3.13	1.67	2.55	1.17	1.44	2.58	0.85
青 海	Qinghai	5.11		3.14	2.08		1.39	1.75		0.86
宁 夏	Ningxia	5.29	8.44	2.91	2.01	2.99	1.26	1.93	3.40	0.84
新 疆	Xinjiang	6.12	15.33	4.82	2.26	5.80	1.76	2.35	6.50	1.76

注：1.2002年以前，执业(助理)医师数系医生，执业医师数系医师，注册护士数系护师(士)。
2.城市包括直辖市区和地级市辖区，农村包括县及县级市。
3.合计以常住人口为分母，城市、农村以户籍人口为分母。
4.2005年以前合计分母为户籍人口，2005年起合计分母为常住人口。按城市农村分分母为户籍人口。

a) Before 2002, licensed (assistant) doctors referred to doctors, licensed doctors referred to doctors, registered nurses referred to nurses.
b) City includes district of municipalities and prefecture-level city, rural area include county and city at county level.
c) Total population used in this table are resident population, urban and rural population are registered population.
d) Figure of total before 2005 are from household registration, and are usual population since 2005. Figures of urban or rural areas are household registration.

21-4 村卫生室情况
Statistics on Village Clinics

年 份 地 区	Year Region	村卫生室(个) Village Clinics (unit)						设卫生室的村数占行政村数% Villages with Clinics as % of Total
		合计 Total	村办 Run by Village	乡卫生院设点 Township Hospitals	联合办 Jointly Run	私人办 Run by Private	其他 Others	
	1985	777674	305537	29769	88803	323904	29661	87.4
	1990	803956	266137	29963	87149	381844	38863	86.2
	1995	804352	297462	36388	90681	354981		88.9
	2000	709458	300864	47101	89828	255179	16486	89.8
	2005	583209	313633	32396	38561	180403	18216	85.8
	2006	609128	333790	34803	36805	186524	17206	88.1
	2007	613855	340082	33633	33649	186841	19650	88.7
	2008	613143	342692	40248	31698	180157	18348	89.4
	2009	632770	350515	45434	31035	183699	22087	90.4
	2010	648424	365153	49678	32650	177080	23863	92.3
	2011	662894	372661	56128	33639	175747	24719	93.4
	2012	653419	370099	58317	32278	167025	25700	93.3
北 京	Beijing	2957	2577	5	4	345	26	75.1
天 津	Tianjin	2157	878	338	189	252	500	57.0
河 北	Hebei	64513	29356	1916	1166	30809	1266	100.0
山 西	Shanxi	28285	21407	901	884	3520	1573	100.0
内蒙古	Inner Mongolia	14022	6493	1776	339	5070	344	100.0
辽 宁	Liaoning	21245	10537	347	948	9227	186	100.0
吉 林	Jilin	11475	4321	948	1328	4402	476	100.0
黑龙江	Heilongjiang	12316	9604	691	223	1323	475	100.0
上 海	Shanghai	1361	1000	185	37	1	138	84.4
江 苏	Jiangsu	15835	8690	4451	2239	49	406	100.0
浙 江	Zhejiang	13091	9069	1162	220	2214	426	45.5
安 徽	Anhui	15306	7658	4046	1097	1011	1494	100.0
福 建	Fujian	19691	12827	357	264	4870	1373	100.0
江 西	Jiangxi	32369	14876	282	1623	13656	1932	100.0
山 东	Shandong	51055	26670	15469	4739	2947	1230	71.3
河 南	Henan	57112	36151	542	3304	16358	757	100.0
湖 北	Hubei	24976	15785	3920	2576	1950	745	97.7
湖 南	Hunan	44376	34014	1186	1081	7310	785	100.0
广 东	Guangdong	29086	23276	1304	202	3753	551	100.0
广 西	Guangxi	23323	8349	807	863	12305	999	100.0
海 南	Hainan	2752	727	93	22	1477	433	100.0
重 庆	Chongqing	10642	6318	1161	412	1959	792	100.0
四 川	Sichuan	54601	26568	1751	2862	20187	3233	100.0
贵 州	Guizhou	21463	8653	1973	511	8578	1748	100.0
云 南	Yunnan	13317	9271	1755	963	564	764	100.0
西 藏	Tibet	5254	1737	2721	171		625	99.9
陕 西	Shaanxi	26883	20031	634	804	4842	572	100.0
甘 肃	Gansu	16711	8555	1304	1098	5369	385	100.0
青 海	Qinghai	4314	2069	457	724	915	149	100.0
宁 夏	Ningxia	2431	876	181	118	1163	93	100.0
新 疆	Xinjiang	10500	1756	5654	1267	599	1224	100.0

21-5 各类医疗卫生机构医疗服务及床位利用情况(2012年)
Number of Visits and Inpatients in Medical Institutions (2012)

机构名称	Institutions	诊疗人次数(万人次) Visits (10 000 person-times)	入院人数(万人) Inpatients (10 000 persons)	医师日均担负诊疗人次(人次) Daily Visits Each Doctor (person-time)	实际开放总床日数(日) Days of Total Beds Actually Opened (day)	平均开放病床(张) Average Beds Opened (bed)
总计	**Total**	**688833**	**17857**	**8.3**	**1986683159**	**5428096**
医院	Hospitals	254162	12727	7.2	1456856660	3980483
综合医院	General Hospitals	187353	9915	7.3	1044807614	2854666
中医医院	Hospitals Specialized in Traditional Chinese Medicine	40705	1642	7.9	192032007	524678
中西医结合医院	Hospital of Integrated Traditional Chinese with Western Medicine	3769	130	8.2 4.8	17205708	47010
民族医院	Nationalities Hospitals	646	34	6.2	5045096	13784
专科医院	Specialized Hospitals	21634	1004	3.5	193921233	529839
护理院	Nursing Hospital	55	3	10.0	3845002	10505
基层医疗卫生机构	Basic Medical Institutions	410921	4254	14.6	448272393	1224788
社区卫生服务中心(站)	Community Health Service Centers	59869	309	9.2	62322668	170281
卫生院	Health Centers	97767	3931	9.8	385905915	1054388
街道卫生院	Urban Health Centers	1009	23	9.1	3463777	9464
乡镇卫生院	Township Health Centers	96758	3908		382442138	1044924
村卫生室	Village Clinics	192708				
门诊部	Outpatient Department	7540	14	8.2		
专业公共卫生机构	Specialized Public Health Institutions	22736	825	5.2	68384126	186842
专科疾病防治院(所、站)	Specialized Disease Prevention & Treatment Institution	2125		8.9	11909924	32541
妇幼保健院(所、站)	Women and Children Care Agencies	20148	782		56474202	154301
其他机构	Other Institutions	1014	51	10.0	13169980	35984
疗养院	Sanatoriums	245	51	2.6	13169980	35984
临床检验中心	Clinical Laboratory Center	464				

21-5 续表 continued

机构名称	Institutions	病床周转次数(次) Turnover of Beds (time)	病床工作日(日) Working Days of Beds (day)	病床使用率(%) Utilization Rate of Beds (%)	平均住院日(日) Average Stay Days in Hospital (day)
总计	**Total**	**32.9**	**303.0**	**82.8**	**8.8**
医院	Hospitals	31.9	329.7	90.1	10.0
综合医院	General Hospitals	34.7	333.1	91.0	9.4
中医医院	Hospitals Specialized in Traditional Chinese Medicine	31.2	324.1	88.6	10.2
中西医结合医院	Hospital of Integrated Traditional Chinese with Western Medicine	27.4	314.4	85.9	10.8
民族医院	Nationalities Hospitals	24.4	273.2	74.6	11.2
专科医院	Specialized Hospitals	18.9	320.6	87.6	15.5
护理院	Nursing Hospital	2.6	288.5	78.8	72.6
基层医疗卫生机构	Basic Medical Institutions	34.8	223.3	61.0	5.9
#社区卫生服务中心(站)	Community Health Service Centers	18.2	199.8	54.6	9.2
卫生院	Health Centers	37.3	227.1	62.1	5.7
街道卫生院	Urban Health Centers	25.3	221.6	60.5	7.8
乡镇卫生院	Township Health Centers	37.4	227.2	62.1	5.7
村卫生室	Village Clinics				
门诊部	Outpatient Department				
专业公共卫生机构	Specialized Public Health Institutions	44.1	278.2	76.0	6.0
专科疾病防治院(所、站)	Specialized Disease Prevention & Treatment Institution	13.2	263.2	71.9	16.9
妇幼保健院(所、站)	Women and Children Care Agencies	50.6	281.4	76.9	5.4
其他机构	Other Institutions	14.6	194.1	53.0	8.8
疗养院	Sanatoriums	14.6	194.1	53.0	8.8
临床检验中心	Clinical Laboratory Center				

21-6 医疗卫生机构床位
Number of Beds in Health Care Institutions

单位：万张 (10 000 beds)

年份 Year 地区 Region	合计 Total	#医院 Hospitals	#基层医疗卫生机构 Health Care Institutions at Grass-root Level	#社区卫生服务中心(站) Health Service Centers for Community (stations)	#乡镇卫生院 Township Health Centers	#专业公共卫生机构 Specialized Public Health Institutions	#妇幼保健院(所、站) Maternity and Child Care Centers (Institutions, Stations)	#专科疾病防治院(所、站) Specialized Prevention & Treatment Centers (Institutions, Stations)
1978	204.17	110.00			74.73		1.16	2.63
1980	218.44	119.58			77.54		1.64	2.73
1985	248.71	150.86			72.06		3.46	2.95
1990	292.54	186.89			72.29		4.66	3.10
1991	299.19	192.61			72.92		4.80	3.17
1992	304.94	197.66			73.28		5.00	3.22
1993	309.90	203.64			73.08		4.50	3.03
1994	313.40	207.04			73.24		4.80	2.98
1995	314.06	206.33			73.31		5.13	3.07
1996	309.96	209.65			73.47		5.60	2.83
1997	313.45	211.92			74.24		6.02	3.06
1998	314.30	213.41			73.77		6.30	2.90
1999	315.90	215.07			73.40		6.63	2.93
2000	317.70	216.67	76.65		73.48	11.86	7.12	2.84
2001	320.12	215.56	77.14		74.00	12.02	7.40	2.70
2002	313.61	222.18	71.05	1.20	67.13	12.37	7.98	3.18
2003	316.40	226.95	71.05	1.21	67.27	12.61	8.09	3.38
2004	326.84	236.35	71.44	1.81	66.89	12.73	8.70	3.12
2005	336.75	244.50	72.58	2.50	67.82	13.58	9.41	3.34
2006	351.18	256.04	76.19	4.12	69.62	13.50	9.93	2.80
2007	370.11	267.51	85.03	7.66	74.72	13.29	10.62	2.59
2008	403.87	288.29	97.10	9.80	84.69	14.66	11.73	2.64
2009	441.66	312.08	109.98	13.13	93.34	15.40	12.61	2.71
2010	478.68	338.74	119.22	16.88	99.43	16.45	13.44	2.93
2011	515.99	370.51	123.37	18.71	102.63	17.81	14.59	3.14
2012	572.48	416.15	132.43	20.32	109.93	19.82	16.16	3.57
北京 Beijing	10.02	9.26	0.47	0.47		0.23	0.18	0.06
天津 Tianjin	5.35	4.48	0.70	0.29	0.41	0.13	0.06	0.07
河北 Hebei	28.44	20.33	6.91	0.90	5.95	1.05	0.96	0.08
山西 Shanxi	16.53	11.99	4.00	0.52	2.84	0.37	0.35	0.02
内蒙古 Inner Mongolia	11.08	8.22	2.45	0.67	1.75	0.34	0.31	0.03
辽宁 Liaoning	23.10	18.56	3.65	0.72	2.81	0.29	0.12	0.16
吉林 Jilin	12.78	10.02	2.16	0.31	1.82	0.32	0.22	0.10
黑龙江 Heilongjiang	17.82	14.12	2.84	0.73	2.05	0.69	0.35	0.34
上海 Shanghai	10.98	9.02	1.74	1.73		0.15	0.13	0.02
江苏 Jiangsu	33.31	25.59	6.95	1.74	5.18	0.50	0.36	0.13
浙江 Zhejiang	21.33	18.07	2.39	0.85	1.48	0.72	0.66	0.06
安徽 Anhui	22.23	15.78	5.78	0.89	4.83	0.56	0.34	0.22
福建 Fujian	13.93	10.20	2.99	0.26	2.73	0.50	0.40	0.10
江西 Jiangxi	16.37	10.32	4.93	0.82	4.09	0.94	0.72	0.22
山东 Shandong	47.38	32.20	12.59	1.72	10.76	1.98	1.51	0.43
河南 Henan	39.40	27.45	10.12	0.91	9.12	1.74	1.62	0.11
湖北 Hubei	25.30	17.38	6.83	1.11	5.58	1.09	0.85	0.24
湖南 Hunan	28.70	18.81	8.61	0.65	7.79	1.27	0.92	0.35
广东 Guangdong	35.53	27.29	5.95	0.72	5.06	2.11	1.62	0.49
广西 Guangxi	16.87	10.74	5.03	0.08	4.93	1.00	0.96	0.05
海南 Hainan	3.03	2.29	0.59	0.04	0.54	0.12	0.12	0.01
重庆 Chongqing	13.08	8.61	4.11	0.55	3.46	0.28	0.27	0.01
四川 Sichuan	39.01	25.73	12.27	1.05	11.15	0.98	0.88	0.10
贵州 Guizhou	13.92	9.69	3.78	0.43	3.31	0.42	0.38	0.04
云南 Yunnan	19.47	14.35	4.44	0.44	3.98	0.56	0.51	0.04
西藏 Tibet	0.84	0.54	0.26		0.26	0.03	0.03	
陕西 Shaanxi	16.92	12.69	3.37	0.43	2.92	0.73	0.64	0.08
甘肃 Gansu	11.23	7.64	3.19	0.89	2.28	0.32	0.32	
青海 Qinghai	2.60	2.07	0.51	0.10	0.41	0.03	0.02	
宁夏 Ningxia	2.78	2.39	0.28	0.02	0.26	0.09	0.09	
新疆 Xinjiang	13.16	10.31	2.55	0.31	2.20	0.27	0.25	0.01

21-7 分城乡医疗卫生机构床位数

Number of Beds in Health Institutions by Urban and Rural Areas

单位：张 (bed)

年份 地区	Year Region	医疗卫生机构床位数 Beds of Medical Institutions			每千人口医疗卫生机构床位 Beds of Medical Institutions per 1000 Population			医院和卫生院床位 Hospitals and Health Centers	每千人口医院和卫生院床位 Hospitals and Health Centers per 1000 Population	每千农业人口乡镇卫生院床位数 Beds of Township Health Centers per 1000 Rural Population
		合计 Total	城市 Urban	农村 Rural	合计 Total	城市 Urban	农村 Rural			
	2007	3701076	1831308	1869768	2.83	4.90	2.00	3438260	2.63	0.85
	2008	4038707	1963581	2075126	3.05	5.17	2.20	3748245	2.83	0.96
	2009	4416612	2126302	2290310	3.32	5.54	2.41	4080662	3.06	1.05
	2010	4786831	2302297	2484534	3.58	5.94	2.60	4401512	3.29	1.12
	2011	5159889	2475222	2684667	3.84	6.24	2.80	4742330	3.53	1.16
	2012	5724775	2733403	2991372	4.23	6.88	3.11	5271300	3.90	1.24
北京	Beijing	100167	97601	2566	4.84	7.94	3.61	92610	4.48	
天津	Tianjin	53509	46686	6823	3.79	5.72	3.77	48896	3.46	1.06
河北	Hebei	284359	109032	175327	3.90	8.26	2.88	262793	3.61	1.19
山西	Shanxi	165309	79475	85834	4.58	8.13	3.40	153930	4.26	1.21
内蒙古	Inner Mongolia	110788	53105	57683	4.45	8.65	3.13	99761	4.01	1.20
辽宁	Liaoning	230962	152052	78910	5.26	7.97	3.38	214126	4.88	1.35
吉林	Jilin	127756	62771	64985	4.64	7.25	3.54	118424	4.31	1.28
黑龙江	Heilongjiang	178210	106867	71343	4.65	7.85	2.91	161750	4.22	1.04
上海	Shanghai	109784	106712	3072	4.61	7.86	4.48	90151	3.79	
江苏	Jiangsu	333118	168014	165104	4.21	6.54	3.31	307648	3.88	1.50
浙江	Zhejiang	213286	109189	104097	3.89	7.16	3.18	195615	3.57	0.45
安徽	Anhui	222315	104377	117938	3.71	5.03	2.44	206146	3.44	0.91
福建	Fujian	139341	61107	78234	3.72	6.53	2.96	129293	3.45	1.16
江西	Jiangxi	163721	62632	101089	3.64	6.80	2.60	144117	3.20	1.18
山东	Shandong	473768	181941	291827	4.89	6.47	4.31	429587	4.44	1.91
河南	Henan	393993	160261	233732	4.19	7.96	2.62	365695	3.89	1.07
湖北	Hubei	252991	129435	123556	4.38	7.03	2.86	230864	3.99	1.38
湖南	Hunan	287013	106908	180105	4.32	7.90	3.12	266803	4.02	1.41
广东	Guangdong	355274	235489	119785	3.35	6.89	2.30	324744	3.07	1.22
广西	Guangxi	168691	65927	102764	3.60	4.74	2.58	156681	3.35	1.14
海南	Hainan	30289	12777	17512	3.42	5.84	2.56	28373	3.20	0.97
重庆	Chongqing	130813	72699	58114	4.44	4.09	3.71	121319	4.12	1.68
四川	Sichuan	390147	150177	239970	4.83	6.17	3.60	368883	4.57	1.69
贵州	Guizhou	139211	42816	96395	4.00	6.96	2.74	130071	3.73	0.93
云南	Yunnan	194707	53273	141434	4.18	8.69	3.57	183361	3.94	1.05
西藏	Tibet	8352	1248	7104	2.72	6.39	2.45	7958	2.59	1.03
陕西	Shaanxi	169230	83789	85441	4.51	6.37	3.27	156066	4.16	1.16
甘肃	Gansu	112296	52529	59767	4.36	6.47	3.14	99310	3.85	1.13
青海	Qinghai	26018	11002	15016	4.54		2.86	24726	4.31	1.10
宁夏	Ningxia	27765	18518	9247	4.29	6.79	2.39	26535	4.10	0.65
新疆	Xinjiang	131592	34994	96598	5.89	12.48	4.96	125064	5.60	1.75

注：人口数采用年末常住人口。

a) Figures of population come from usual population at year-end.

21-8 分地区医院床位利用情况(2012年)
Utilization of Beds in Hospitals by Region (2012)

地区	Region	病床工作日(日) Work Day of Beds (day)			病床使用率(%) Utilization Rate of Beds			出院者平均住院日(日) Average Say Days in Hospital (day)		
		合计 Total	公立 State	民营 Private	合计 Total	公立 State	民营 Private	合计 Total	公立 State	民营 Private
总计	**National Total**	**329.7**	**344.9**	**231.3**	**90.1**	**94.2**	**63.2**	**10.0**	**10.2**	**8.3**
北京	Beijing	308.5	328.2	195.2	84.3	89.7	53.3	12.8	13.1	10.8
天津	Tianjin	320.6	338.5	200.3	87.6	92.5	54.7	11.0	11.5	6.5
河北	Hebei	323.5	338.0	218.7	88.4	92.3	59.7	9.1	9.2	7.8
山西	Shanxi	293.0	304.1	212.7	80.0	83.1	58.1	11.2	11.6	8.4
内蒙古	Inner Mongolia	303.2	312.5	200.7	82.8	85.4	54.8	10.6	10.8	8.3
辽宁	Liaoning	319.1	328.6	232.2	87.2	89.8	63.5	11.7	11.8	10.6
吉林	Jilin	290.6	309.9	164.1	79.4	84.7	44.8	10.1	10.3	8.2
黑龙江	Heilongjiang	300.3	313.2	173.8	82.0	85.6	47.5	11.3	11.4	10.4
上海	Shanghai	360.0	370.4	248.4	98.4	101.2	67.9	11.5	11.4	13.9
江苏	Jiangsu	336.3	357.8	265.6	91.9	97.8	72.6	10.5	11.0	8.8
浙江	Zhejiang	349.2	364.9	247.7	95.4	99.7	67.7	11.2	11.2	11.1
安徽	Anhui	322.6	341.6	248.1	88.1	93.3	67.8	9.3	9.4	8.7
福建	Fujian	337.0	356.2	197.0	92.1	97.3	53.8	8.7	9.0	6.1
江西	Jiangxi	346.1	356.1	265.3	94.6	97.3	72.5	9.1	9.5	6.0
山东	Shandong	313.2	331.8	199.9	85.6	90.6	54.6	9.5	9.6	8.4
河南	Henan	335.1	342.8	258.9	91.5	93.7	70.7	10.2	10.3	9.1
湖北	Hubei	363.4	376.0	223.5	99.3	102.7	61.1	10.1	10.3	7.9
湖南	Hunan	351.5	360.7	235.8	96.0	98.6	64.4	9.6	9.8	6.8
广东	Guangdong	318.8	332.9	219.8	87.1	91.0	60.1	8.7	8.8	7.6
广西	Guangxi	350.0	357.3	229.6	95.6	97.6	62.7	9.3	9.3	8.8
海南	Hainan	309.3	315.6	166.6	84.5	86.2	45.5	9.9	10.0	5.0
重庆	Chongqing	336.2	352.9	243.5	91.9	96.4	66.5	10.5	11.0	7.7
四川	Sichuan	356.6	381.5	258.4	97.4	104.2	70.6	10.3	10.9	8.1
贵州	Guizhou	326.2	352.4	251.3	89.1	96.3	68.7	8.9	9.8	6.6
云南	Yunnan	326.2	354.9	223.6	89.1	97.0	61.1	9.7	10.0	8.1
西藏	Tibet	263.7	263.7	262.8	72.0	72.1	71.8	11.1	11.2	9.8
陕西	Shaanxi	328.8	345.8	216.4	89.8	94.5	59.1	10.1	10.3	8.9
甘肃	Gansu	313.2	316.6	267.8	85.6	86.5	73.2	10.1	10.2	8.8
青海	Qinghai	322.1	331.2	219.5	88.0	90.5	60.0	10.8	11.0	8.1
宁夏	Ningxia	337.3	352.8	210.1	92.2	96.4	57.4	10.4	10.5	8.5
新疆	Xinjiang	337.1	357.7	195.9	92.1	97.7	53.5	9.8	10.1	6.9

21-9 分地区按床位数分组的社区卫生服务中心(站)(2012年)
Community Health Service Centers (Stations) by Grouping of Beds and Region(2012)

单位：个 (unit)

地区	Region	社区卫生服务中心 Community Health Service Centers							社区卫生服务站 Community Health Service Stations			
		总计 Total	无床 No Bed	1-9张 1-9 Beds	10-29张 10-29 Beds	30-49张 30-49 Beds	50-99张 50-99 Beds	100张及以上 100 Beds and Above	总计 Total	无床 No Bed	1-9张 1-9 Beds	10张及以上 10 Beds and Above
总 计	**Total**	**8182**	**3676**	**506**	**1795**	**1037**	**913**	**255**	**25380**	**22129**	**2263**	**988**
北 京	Beijing	315	153	34	75	26	20	7	1531	1531		
天 津	Tianjin	97	33		13	14	36	1	462	462		
河 北	Hebei	256	57	34	93	42	28	2	874	488	223	163
山 西	Shanxi	201	61	14	70	33	19	4	590	471	82	37
内蒙古	Inner Mongolia	275	80	51	109	20	12	3	887	493	314	80
辽 宁	Liaoning	327	209	14	47	20	21	16	794	627	90	77
吉 林	Jilin	187	91	17	35	20	23	1	166	118	45	3
黑龙江	Heilongjiang	410	189	38	94	47	38	4	366	221	93	52
上 海	Shanghai	309	108	4	16	42	78	61	704	704		
江 苏	Jiangsu	497	124	9	109	126	100	29	2116	2009	97	10
浙 江	Zhejiang	483	197	47	120	70	43	6	6139	6131	4	4
安 徽	Anhui	410	141	35	123	66	41	4	1538	1256	239	43
福 建	Fujian	217	123	7	52	19	16		315	313	2	
江 西	Jiangxi	163	45	26	56	22	11	3	448	283	135	30
山 东	Shandong	488	199	27	94	68	70	30	1763	1416	230	117
河 南	Henan	346	114	12	95	70	50	5	789	681	73	35
湖 北	Hubei	331	120	5	60	52	74	20	889	805	66	18
湖 南	Hunan	267	69	17	103	42	30	6	337	255	65	17
广 东	Guangdong	1003	820	17	63	48	44	11	1342	1340	1	1
广 西	Guangxi	128	102	3	13	4	5	1	138	132	4	2
海 南	Hainan	21	12		4	2	3		120	109	8	3
重 庆	Chongqing	173	70	1	32	25	29	16	312	304	6	2
四 川	Sichuan	361	137	12	93	58	51	10	567	442	66	59
贵 州	Guizhou	140	48	13	48	18	11	2	329	129	127	73
云 南	Yunnan	143	47	8	43	24	18	3	296	191	69	36
西 藏	Tibet	7	6	1					2	1	1	
陕 西	Shaanxi	236	126	23	39	29	17	2	316	236	27	53
甘 肃	Gansu	198	90	28	53	17	8	2	418	292	85	41
青 海	Qinghai	16	4	3	5		3	1	158	74	69	15
宁 夏	Ningxia	12	10	1	1				95	71	20	4
新 疆	Xinjiang	165	91	5	37	13	14	5	579	544	22	13

21-10 分地区医疗卫生机构门诊服务情况(2012年)
Outpatient Services of Health Institutions by Region (2012)

地区	Region	诊疗人次数(亿人次) Visits (100 million person-times)	#门急诊 Outpatients with Emergency Treatment	观察室留观病例数(万人) Cases in Observation Room (10 000 persons)	健康检查人数(万人) Number of Health Examinations (10 000 persons)	急诊病死率(%) Fatality Rate among Emergency Admissions (%)	观察室病死率(%) Fatality Rate in Observation Room (%)
总计	**National Total**	**68.88**	**65.30**	**6498.01**	**36702.68**	**0.07**	**0.05**
北京	Beijing	1.85	1.83	296.55	542.31	0.08	0.06
天津	Tianjin	0.96	0.92	173.90	285.85	0.08	0.04
河北	Hebei	3.68	3.26	218.38	1505.65	0.18	0.08
山西	Shanxi	1.19	1.07	74.14	874.33	0.18	0.08
内蒙古	Inner Mongolia	0.93	0.86	43.82	562.33	0.13	0.21
辽宁	Liaoning	1.75	1.59	300.84	804.48	0.14	0.06
吉林	Jilin	0.97	0.86	53.65	438.40	0.11	0.11
黑龙江	Heilongjiang	1.15	1.04	54.40	686.74	0.12	0.20
上海	Shanghai	2.21	2.17	33.26	630.25	0.13	1.54
江苏	Jiangsu	4.51	4.35	208.74	2309.33	0.04	0.05
浙江	Zhejiang	4.52	4.43	114.94	2072.58	0.04	0.15
安徽	Anhui	2.35	2.23	190.94	1378.37	0.08	0.02
福建	Fujian	1.92	1.85	101.99	911.23	0.03	0.02
江西	Jiangxi	1.90	1.79	235.07	1181.51	0.03	0.01
山东	Shandong	5.83	5.48	476.91	2884.58	0.18	0.10
河南	Henan	4.97	4.61	195.82	2664.61	0.09	0.06
湖北	Hubei	3.06	2.91	398.02	1732.32	0.06	0.04
湖南	Hunan	2.29	2.14	450.68	1658.73	0.03	0.03
广东	Guangdong	7.15	6.94	803.24	3657.96	0.03	0.03
广西	Guangxi	2.32	2.24	225.05	1417.57	0.03	0.02
海南	Hainan	0.39	0.38	11.33	148.39	0.05	0.01
重庆	Chongqing	1.33	1.25	361.04	758.82	0.08	0.01
四川	Sichuan	4.24	4.06	360.90	2946.57	0.07	0.04
贵州	Guizhou	1.15	1.09	224.19	933.01	0.05	0.02
云南	Yunnan	2.00	1.94	437.36	944.47	0.04	0.03
西藏	Tibet	0.10	0.10	2.21	72.46	0.05	0.11
陕西	Shaanxi	1.61	1.53	41.14	798.93	0.09	0.11
甘肃	Gansu	1.19	1.10	197.88	929.50	0.11	0.03
青海	Qinghai	0.21	0.20	55.43	154.08	0.17	0.03
宁夏	Ningxia	0.31	0.30	65.01	244.34	0.14	0.02
新疆	Xinjiang	0.84	0.81	91.17	572.99	0.17	0.10

21-11 分地区医疗卫生机构住院服务情况(2012年)
Hospitalization Services in Health Institutions by Region (2012)

地 区	Region	入院人数(万人) Number of Inpatients (10 000 persons)	出院人数(万人) Patients Discharged (10 000 persons)	住院病人手术人次(万人次) Surgical Operation of Hospitalized (10 000 person-times)	病死率(%) Fatality Rate (%)	每床出院人数(人) Patients Discharged per Beds (person)	每百门急诊入院人数(人) Inpatients per 100 Outpatient and Emergency Visits (person)
总 计	**National Total**	**17857.10**	**17840.33**	**3690.25**	**0.31**	**31.20**	**4.23**
北 京	Beijing	225.01	224.92	90.13	1.28	22.46	1.36
天 津	Tianjin	132.15	132.38	42.50	0.63	24.75	1.64
河 北	Hebei	869.60	870.78	161.14	0.20	30.65	5.77
山 西	Shanxi	349.06	348.47	74.68	0.18	21.11	5.28
内蒙古	Inner Mongolia	258.63	256.89	51.68	0.36	23.25	4.59
辽 宁	Liaoning	550.44	549.44	108.34	0.72	23.82	5.11
吉 林	Jilin	302.45	301.43	63.08	0.66	23.70	5.36
黑龙江	Heilongjiang	420.09	421.11	103.78	0.71	23.64	5.83
上 海	Shanghai	276.73	276.71	115.52	1.70	25.21	1.38
江 苏	Jiangsu	952.90	950.45	244.72	0.17	28.55	2.89
浙 江	Zhejiang	626.35	629.10	204.29	0.23	29.50	1.65
安 徽	Anhui	711.65	708.90	138.60	0.23	31.97	5.29
福 建	Fujian	510.16	509.81	103.98	0.12	36.63	4.16
江 西	Jiangxi	657.87	661.61	95.61	0.13	40.43	7.50
山 东	Shandong	1397.48	1399.23	252.98	0.25	29.65	5.20
河 南	Henan	1273.14	1265.06	227.44	0.16	32.12	5.54
湖 北	Hubei	862.08	867.40	164.12	0.29	34.30	4.87
湖 南	Hunan	1053.42	1047.58	158.83	0.12	36.50	8.39
广 东	Guangdong	1215.80	1228.01	413.25	0.40	34.67	2.39
广 西	Guangxi	699.52	696.32	104.47	0.34	41.28	5.20
海 南	Hainan	84.15	83.90	13.27	0.15	27.70	3.01
重 庆	Chongqing	449.74	448.17	75.55	0.32	34.26	5.75
四 川	Sichuan	1383.11	1376.22	231.99	0.43	35.28	5.77
贵 州	Guizhou	563.32	562.06	81.76	0.12	40.46	9.60
云 南	Yunnan	621.18	619.65	112.58	0.26	31.83	5.31
西 藏	Tibet	14.55	14.40	2.33	0.07	17.26	2.36
陕 西	Shaanxi	497.92	496.65	106.06	0.27	29.37	5.71
甘 肃	Gansu	292.90	290.92	46.24	0.13	25.94	4.87
青 海	Qinghai	75.96	74.42	11.66	0.26	28.64	5.53
宁 夏	Ningxia	82.00	81.87	17.83	0.18	29.49	3.90
新 疆	Xinjiang	447.78	446.46	71.82	0.23	33.94	7.28

21-12 社区卫生服务中心(站)医疗服务情况
Medical Services of Community Health Service Centers (Stations)

年份 Year 地区 Region		社区卫生服务中心 Community Health Service Centers						社区卫生服务站 Community Health Service Stations	
		诊疗人次 (万人次) Number of Visits (10 000 person-times)	入院人数 (人) Number of Inpatients (person)	病床使用率 (%) Utilization Rate of Beds (%)	平均住院日 (日) Average Duration of Hospitalization (day)	医师日均担负诊疗人次(人次) Daily Visits Per Doctor (person-time)	医师日均担负住院床日(日) Daily Inpatients Each Doctor (day)	诊疗人次 (万人次) Visits of Community Health Service Stations (10 000 person-times)	医师日均担负诊疗人次(人次) Daily Visits Per Doctor (person-time)
	2004	4615.6	151965	61.2	21.0			5095.5	
	2005	5938.5	266215	60.7	17.2			6281.5	
	2006	8285.5	436288	57.9	15.5			9378.9	
	2007	12712.4	743186	59.6	13.1			9875.0	
	2008	17247.3	1032788	58.7	13.4	12.9	0.8	8425.1	12.5
	2009	26080.2	1642427	59.8	10.6	14.0	0.7	11617.3	13.7
	2010	34740.4	2180577	56.1	10.4	13.6	0.7	13711.1	13.6
	2011	40950.0	2473426	54.4	10.2	14.0	0.7	13703.8	13.7
	2012	45475.1	2686554	55.5	10.1	14.8	0.7	14393.6	14.0
北京	Beijing	3615.1	36494	37.7	15.2	15.0	0.2	468.4	20.3
天津	Tianjin	1458.2	11950	18.9	12.0	27.0	0.2	7.8	44.7
河北	Hebei	543.8	61731	51.2	8.0	7.7	0.7	941.9	11.2
山西	Shanxi	353.8	45763	51.1	13.3	5.2	0.7	397.7	7.7
内蒙古	Inner Mongolia	390.6	47290	45.7	7.9	5.7	0.5	454.9	8.4
辽宁	Liaoning	774.4	69421	48.8	9.9	8.8	0.7	502.5	10.6
吉林	Jilin	288.0	28671	34.6	8.5	5.3	0.4	54.2	11.0
黑龙江	Heilongjiang	519.5	39114	45.7	15.5	4.8	0.5	208.7	8.8
上海	Shanghai	7544.2	101392	88.7	46.7	26.1	1.3		
江苏	Jiangsu	4906.3	279413	48.7	9.5	17.2	0.7	1288.4	22.4
浙江	Zhejiang	7392.2	82841	42.8	13.6	22.7	0.3	776.0	22.5
安徽	Anhui	864.2	118301	40.3	7.0	9.5	0.7	963.3	11.1
福建	Fujian	910.6	66531	48.0	6.2	13.2	0.4	304.3	13.0
江西	Jiangxi	303.1	54512	53.0	6.7	6.7	0.8	308.4	9.9
山东	Shandong	1392.7	208252	47.2	8.2	8.5	0.9	1326.9	12.4
河南	Henan	781.2	124906	46.0	8.8	8.0	0.9	823.1	14.2
湖北	Hubei	1356.3	261418	69.6	9.0	10.5	1.3	642.1	18.3
湖南	Hunan	569.5	122124	53.6	7.5	6.7	0.8	192.1	7.0
广东	Guangdong	7382.7	153389	51.0	8.1	22.0	0.3	2255.6	33.1
广西	Guangxi	464.1	13421	52.0	10.3	11.6	0.2	147.6	11.4
海南	Hainan	69.0	11401	97.7	6.9	11.2	1.3	186.9	15.3
重庆	Chongqing	566.6	184914	74.2	7.3	8.9	1.5	128.9	16.4
四川	Sichuan	1491.9	235961	65.3	8.3	12.3	1.1	415.3	12.4
贵州	Guizhou	142.7	101053	63.4	3.6	6.8	1.4	215.0	8.9
云南	Yunnan	316.1	67959	63.0	11.1	11.0	1.5	251.1	12.3
西藏	Tibet	2.4				6.4		0.6	11.3
陕西	Shaanxi	394.8	55991	51.4	9.0	8.3	0.8	247.6	11.1
甘肃	Gansu	289.1	42809	57.6	5.0	7.9	0.7	314.1	10.0
青海	Qinghai	51.8	4275	72.4	10.3	10.2	1.0	140.3	13.9
宁夏	Ningxia	10.2	261	48.5	9.2	5.3	0.1	88.6	13.3
新疆	Xinjiang	330.1	54996	50.3	7.6	9.1	0.9	341.4	11.0

21-13 乡镇卫生院医疗服务情况
Situations of Medical Services in Township Health Centers

年份 Year 地区 Region	诊疗人次(亿人次) Number of Visits (100 million person-times)	入院人数(万人) Number of Inpatients (10 000 persons)	病床使用率(%) Utilization Rate of Beds (%)	平均住院日(日) Average Duration of Hospitalization (day)
1981	14.38	2123	53.5	6.3
1985	11.00	1771	46.0	5.9
1990	10.65	1958	43.4	5.2
1995	9.38	1960	40.2	4.6
1996	9.44	1916	37.0	4.4
1997	9.16	1918	34.5	4.5
1998	8.74	1751	33.3	4.6
1999	8.38	1688	32.8	4.6
2000	8.24	1708	33.2	4.6
2001	8.24	1700	31.3	4.5
2002	7.10	1625	34.7	4.0
2003	6.91	1608	36.2	4.2
2004	6.81	1599	37.1	4.4
2005	6.79	1622	37.7	4.6
2006	7.01	1836	39.4	4.6
2007	7.59	2662	48.4	4.8
2008	8.27	3313	55.8	4.4
2009	8.77	3808	60.7	4.8
2010	8.74	3630	59.0	5.2
2011	8.66	3449	58.1	5.6
2012	9.68	3908	62.1	5.7
北京 Beijing				
天津 Tianjin	0.06	10.93	45.9	5.2
河北 Hebei	0.41	157.38	57.9	6.8
山西 Shanxi	0.16	48.98	45.0	7.0
内蒙古 Inner Mongolia	0.12	32.56	38.4	5.2
辽宁 Liaoning	0.17	62.51	46.1	6.2
吉林 Jilin	0.10	30.48	34.2	5.5
黑龙江 Heilongjiang	0.11	57.23	52.7	5.4
上海 Shanghai				
江苏 Jiangsu	0.74	140.12	58.1	6.9
浙江 Zhejiang	0.75	19.36	33.5	7.6
安徽 Anhui	0.42	165.68	59.9	5.9
福建 Fujian	0.21	118.13	63.3	5.0
江西 Jiangxi	0.26	235.32	76.3	4.3
山东 Shandong	0.80	319.03	56.9	6.2
河南 Henan	0.81	317.19	65.0	6.3
湖北 Hubei	0.56	206.80	74.9	6.7
湖南 Hunan	0.42	330.11	74.3	5.6
广东 Guangdong	0.66	174.64	52.5	4.9
广西 Guangxi	0.45	245.92	67.2	4.6
海南 Hainan	0.10	8.76	30.9	6.0
重庆 Chongqing	0.24	155.90	76.4	5.8
四川 Sichuan	0.90	489.52	71.9	5.7
贵州 Guizhou	0.21	199.72	70.3	3.8
云南 Yunnan	0.37	137.44	59.9	5.7
西藏 Tibet	0.03	2.87	25.8	4.7
陕西 Shaanxi	0.19	73.63	51.3	6.6
甘肃 Gansu	0.21	62.38	59.4	6.3
青海 Qinghai	0.03	17.58	60.6	4.2
宁夏 Ningxia	0.05	5.70	53.1	6.6
新疆 Xinjiang	0.12	81.65	68.0	6.0

21-14 甲乙类法定报告传染病发病人数及死亡人数排序(2012年)
Ranking List of Infectious Diseases Reported and Number of Deaths of Class A and B (2012)

单位：人 (person)

顺位 No.	发病 Diseases 疾病名称	Diseases	发病人数 Persons	死亡 Death 疾病名称	Diseases	死亡人数 Persons
1	病毒性肝炎	Viral Hepatitis	1380800	艾滋病	AIDS	11575
2	肺结核	Pulmonary Tuberculosis	951508	肺结核	Pulmonary Tuberculosis	2662
3	梅 毒	Syphilis	410074	狂犬病	Hydrophobia	1361
4	痢 疾	Dysentery	207429	病毒性肝炎	Viral Hepatitis	747
5	淋 病	Gonorrhea	91853	出 血 热	Hemorrhage Fever	104
6	猩 红 热	Scarlet Fever	46459	梅 毒	Syphilis	79
7	艾滋病	AIDS	41929	乙脑	Encephalitis B	59
8	布 病	Brucellosis	39515	新生儿破伤风	Newborn Tetanus	51
9	出 血 热	Hemorrhage Fever	13308	流 脑	Epidemic Encephalitis	24
10	伤寒和副伤寒	Typhoid and Paratyphoid Fever	11998	疟疾	Malaria	15
11	麻 疹	Measles	6183	痢 疾	Dysentery	13
12	血吸虫病	Schistosomiasis	4802	麻 疹	Measles	8
13	疟疾	Malaria	2451	钩 体 病	Leptospirosis	5
14	百 日 咳	Pertussis	2183	血吸虫病	Schistosomiasis	4
15	乙脑	Encephalitis B	1763	伤寒和副伤寒	Typhoid and Paratyphoid Fever	3
16	狂 犬 病	Hydrophobia	1425	甲型H1N1流感	A(H1N1)Flu	3
17	甲型H1N1流感	A(H1N1)Flu	1072	猩 红 热	Scarlet Fever	2
18	新生儿破伤风	Newborn Tetanus	656	鼠 疫	The Plague	1
19	登革热	Dengue Fever	575	淋 病	Gonorrhea	1
20	钩 体 病	Leptospirosis	440	百 日 咳	Pertussis	1
21	炭 疽	Anthrax	237	布 病	Brucellosis	1
22	流 脑	Epidemic Encephalitis	195	炭 疽	Anthrax	1
23	霍 乱	Cholera	75	人禽流感	HpAI	1
24	鼠 疫	The Plague	1	霍 乱	Cholera	
25	人禽流感	HpAI	1	登革热	Dengue Fever	
26	传染性非典	SARS		传染性非典	SARS	
27	脊 灰	Poliomyelitis		脊 灰	Poliomyelitis	
28	白 喉	Diphtheria		白 喉	Diphtheria	

注：艾滋病发病人数包括17894例既往HIV转化病例。空格系无报告发病或死亡病例。

a) Number of diseases of AIDS include 17894 cases converted from HIV. Space means no reported disease or death.

21-15 甲乙类法定报告传染病发病率、死亡率及病死率排序(2012年)
List of Incidence, Death and Mortality Rates of Class A and B Infectious Diseases Reported (2012)

顺位 No.	发病 Disease Incidence		死亡 Death		病死 Mortality Rate	
	疾病名称 Diseases	发病率 (1/10万) Incidence (1/100 000)	疾病名称 Diseases	死亡率 (1/10万) Death Rate (1/100 000)	疾病名称 Diseases	病死率 (%) Mortality Rate(%)
1	病毒性肝炎 Viral Hepatitis	102.48	艾滋病 AIDS	0.8591	鼠 疫 The Plague	100.00
2	肺结核 Pulmonary Tuberculosis	70.62	新生儿破伤风 Newborn Tetanus	0.0036	人禽流感 HpAI	100.00
3	梅毒 Syphilis	30.44	肺结核 Pulmonary Tuberculosis	0.1976	狂 犬 病 Hydrophobia	95.51
4	细菌性和阿米巴性痢疾 Dysentery	15.40	狂犬病 Hydrophobia	0.1010	艾滋病 AIDS	27.61
5	淋病 Gonorrhea	6.82	病毒性肝炎 Viral Hepatitis	0.0554	流 脑 Epidemic Encephalitis	12.31
6	猩红热 Scarlet Fever	3.45	出 血 热 Hemorrhage Fever	0.0077	新生儿破伤风 Newborn Tetanus	7.77
7	新生儿破伤风 Newborn Tetanus	0.05	梅 毒 Syphilis	0.0059	乙脑 Encephalitis B	3.35
8	布鲁氏菌病 Brucellosis	3.11	乙脑 Encephalitis B	0.0044	钩 体 病 Leptospirosis	1.14
9	艾滋病 AIDS	2.93	流 脑 Epidemic Encephalitis	0.0018	出 血 热 Hemorrhage Fever	0.78
10	伤寒和副伤寒 Typhoid and Paratyphoid Fever	0.99	疟疾 Malaria	0.0011	疟疾 Malaria	0.61
11	流行性出血热 Hemorrhage Fever	0.89	痢 疾 Dysentery	0.0010	炭 疽 Anthrax	0.42
12	麻疹 Measles	0.46	麻 疹 Measles	0.0006	甲型H1N1流感 A(H1N1)Flu	0.28
13	甲型H1N1流感 H1N1 influenza A	0.36	钩 体 病 Leptospirosis	0.0004	肺结核 Pulmonary Tuberculosis	0.28
14	血吸虫病 Schistosomiasis	0.18	血吸虫病 Schistosomiasis	0.0003	麻 疹 Measles	0.13
15	疟疾 Malaria	0.16	伤寒和副伤寒 Typhoid and Paratyphoid Fever	0.0002	血吸虫病 Schistosomiasis	0.08
16	百日咳 Pertussis	0.13	甲型H1N1流感 A(H1N1)Flu	0.0002	病毒性肝炎 Viral Hepatitis	0.05
17	狂犬病 Hydrophobia	0.11	猩 红 热 Scarlet Fever	0.0001	百 日 咳 Pertussis	0.05
18	流行性乙型脑炎 Encephalitis B	0.08	鼠 疫 The Plague	0.0001	伤寒和副伤寒 Typhoid and Paratyphoid Fever	0.03
19	钩端螺旋体病 Leptospirosis	0.04	淋 病 Gonorrhea	0.0001	梅 毒 Syphilis	0.02
20	炭疽 Anthrax	0.03	百 日 咳 Pertussis	0.0001	痢 疾 Dysentery	0.01
21	流行性脑脊髓膜炎 Epidemic Encephalitis	0.02	布 病 Brucellosis	0.0001	猩 红 热 Scarlet Fever	
22	登革热 Dengue Fever	0.01	炭 疽 Anthrax	0.0001	布 病 Brucellosis	
23	霍乱 Cholera	0.01	人禽流感 HpAI	0.0001	淋 病 Gonorrhea	
24	脊髓灰质炎 Poliomyelitis		霍 乱 Cholera		霍 乱 Cholera	
25	鼠疫 The Plague	0.0001	登革热 Dengue Fever		登革热 Dengue Fever	
26	人感染高致病性禽流感 HpAI	0.0001	传染性非典 SARS		传染性非典 SARS	
27	传染性非典型肺炎 SARS		脊 灰 Poliomyelitis		脊 灰 Poliomyelitis	
28	白喉 Diphtheria		白 喉 Diphtheria		白 喉 Diphtheria	

注：新生儿破伤风发病率和死亡率单位为‰。

a) Units of incidence and death of newborn tetanus are ‰.

21-16 城市居民主要疾病死亡率及死因构成(2012年)
Death Rate of Major Diseases in Urban Areas (2012)

疾病名称	Category of Diseases	粗死亡率(1/10万) Crude Mortality Rate(1/100000)			构成(%) Percentage(%)			位次 Rank		
		合计 Total	男 Male	女 Female	合计 Total	男 Male	女 Female	合计 Total	男 Male	女 Female
传染病(不含呼吸道结核)	Infectious Disease(not including Respiratory Tuberculosis)	4.17	5.66	2.65	0.68	0.81	0.51	11	11	11
呼吸道结核	Respiratory Tuberculosis	1.90	2.96	0.82	0.31	0.42	0.16	14	13	18
寄生虫病	Parasitic Disease	0.14	0.14	0.14	0.02	0.02	0.03	19	19	20
恶性肿瘤	Malignant Tumour	164.51	208.11	120.12	26.81	29.64	22.95	1	1	2
血液,造血器官及免疫疾病	Diseases of the Blood and Blood-forming Organs and Immunodeficiency	1.31	1.34	1.27	0.21	0.19	0.24	18	17	17
内分泌,营养和代谢疾病	Endocrine, Nutritional & Metabolic Diseases	17.32	15.96	18.69	2.82	2.27	3.57	7	8	7
精神障碍	Mental Disorders	2.00	2.04	1.97	0.33	0.29	0.38	13	16	12
神经系统疾病	Diseases of the Nervous System	6.86	7.28	6.43	1.12	1.04	1.23	9	9	9
心脏病	Heart Diseases	131.64	136.38	126.80	21.45	19.42	24.22	2	2	1
脑血管病	Cerebrovascular Disease	120.33	130.68	109.80	19.61	18.61	20.97	3	3	3
呼吸系统疾病	Diseases of the Respiratory System	75.59	87.55	63.41	12.32	12.47	12.11	4	4	4
消化系统疾病	Diseases of the Digestive System	15.25	18.78	11.65	2.48	2.67	2.23	8	7	8
肌肉骨骼和结缔组织疾病	Diseases of the Musculoskeletal System and Connective Tissue	1.41	1.03	1.79	0.23	0.15	0.34	17	18	13
泌尿生殖系统疾病	Diseases of the Genitourinary System	6.30	7.01	5.58	1.03	1.00	1.07	10	10	10
妊娠,分娩产褥期并发症	Pregnancy, Childbirth and the Puerperium	0.09		0.16	0.01		0.03	20		19
围生期疾病	Perinatal Diseases	1.86	2.23	1.48	0.30	0.32	0.28	15	14	16
先天畸形,变形和染色体异常	Congenital Malformations, Deformations and Chromosomal Abnormalities	1.81	2.07	1.55	0.29	0.29	0.30	16	15	15
诊断不明	Undiagnosed Diseases	2.57	3.45	1.68	0.42	0.49	0.32	12	12	14
其他疾病	Other Diseases	23.82	23.85	23.78	3.88	3.40	4.54	6	6	5
损伤和中毒外部原因	External Causes of Injury and Poison	34.79	45.66	23.72	5.67	6.50	4.53	5	5	6

21-17 农村居民主要疾病死亡率及死因构成(2012年)
Death Rate of Major Diseases in Rural Areas (2012)

疾病名称	Category of Diseases	粗死亡率(1/10万) Crude Mortality Rate(1/100000)			构成(%) Percentage(%)			位次 Rank		
		合计 Total	男 Male	女 Female	合计 Total	男 Male	女 Female	合计 Total	男 Male	女 Female
传染病(不含呼吸道结核)	Infectious Disease(not including Respiratory Tuberculosis)	5.69	7.78	3.53	0.86	1.01	0.64	11	9	11
呼吸道结核	Respiratory Tuberculosis	2.08	3.12	1.01	0.32	0.41	0.18	16	14	17
寄生虫病	Parasitic Disease	0.05	0.05	0.05	0.01	0.01	0.01	20	19	20
恶性肿瘤	Malignant Tumour	151.47	198.65	102.78	22.96	25.91	18.71	1	1	3
血液,造血器官及免疫疾病	Diseases of the Blood and Blood-forming Organs and Immunodeficiency	0.99	1.03	0.96	0.15	0.13	0.17	18	18	18
内分泌营养和代谢疾病	Endocrine, Nutritional & Metabolic Diseases	10.66	9.92	11.42	1.62	1.29	2.08	8	8	8
精神障碍	Mental Disorders	3.10	3.14	3.05	0.47	0.41	0.55	12	13	12
神经系统疾病	Diseases of the Nervous System	6.26	6.60	5.90	0.95	0.86	1.07	10	11	9
心脏病	Heart Diseases	119.50	123.51	115.36	18.11	16.11	21.00	3	3	2
脑血管病	Cerebrovascular Disease	135.95	150.62	120.80	20.61	19.65	21.99	2	2	1
呼吸系统疾病	Diseases of the Respiratory System	103.90	114.53	92.93	15.75	14.94	16.91	4	4	4
消化系统疾病	Diseases of the Digestive System	16.79	21.95	11.46	2.54	2.86	2.09	7	7	7
肌肉骨骼和结缔组织疾病	Diseases of the Musculoskeletal System and Connective Tissue	1.40	1.19	1.61	0.21	0.16	0.29	17	17	16
泌尿生殖系统疾病	Diseases of the Genitourinary System	6.62	7.72	5.48	1.00	1.01	1.00	9	10	10
妊娠分娩产褥期并发症	Pregnancy, Childbirth and the Puerperium	0.15		0.30	0.02		0.06	19	20	19
围生期疾病	Perinatal Diseases	2.72	3.29	2.14	0.41	0.43	0.39	13	12	13
先天畸形,变性和染色体异常	Congenital Malformations, Deformations and Chromosomal Abnormalities	2.11	2.35	1.86	0.32	0.31	0.34	14	15	14
诊断不明	Undiagnosed Diseases	2.09	2.33	1.83	0.32	0.30	0.33	15	16	15
其他疾病	Other Diseases	29.34	29.91	28.75	4.45	3.90	5.23	6	6	6
损伤和中毒外部原因	External Causes of Injury and Poison	58.86	78.92	38.17	8.92	10.29	6.95	5	5	5

21-18 监测地区5岁以下儿童和孕产妇死亡率
Mortality Rate of the Maternal and Children Aged under 5 in Surveillance Areas

年 份 Year	新生儿死亡率(‰) Newborn Mortality Rate(‰)			婴儿死亡率(‰) Infant Mortality Rate(‰)			5岁以下儿童死亡率(‰) Mortality Rate of Children under 5(‰)			孕产妇死亡率(1/10万) Maternal Mortality Rate (1/100 000)		
	合计 Total	城市 Urban	农村 Rural	合计 Total	城市 Urban	农村 Rural	合计 Total	城市 Urban	农村 Rural	合计 Total	城市 Urban	农村 Rural
1991	33.1	12.5	37.9	50.2	17.3	58.0	61.0	20.9	71.1	80.0	46.3	100.0
1992	32.5	13.9	36.8	46.7	18.4	53.2	57.4	20.7	65.6	76.5	42.7	97.9
1993	31.2	12.9	35.4	43.6	15.9	50.0	53.1	18.3	61.6	67.3	38.5	85.1
1994	28.5	12.2	32.3	39.9	15.5	45.6	49.6	18.0	56.9	64.8	44.1	77.5
1995	27.3	10.6	31.1	36.4	14.2	41.6	44.5	16.4	51.1	61.9	39.2	76.0
1996	24.0	12.2	26.7	36.0	14.8	40.9	45.0	16.9	51.4	63.9	29.2	86.4
1997	24.2	10.3	27.5	33.1	13.1	37.7	42.3	15.5	48.5	63.6	38.3	80.4
1998	22.3	10.0	25.1	33.2	13.5	37.7	42.0	16.2	47.9	56.2	28.6	74.1
1999	22.2	9.5	25.1	33.3	11.9	38.2	41.4	14.3	47.7	58.7	26.2	79.7
2000	22.8	9.5	25.8	32.2	11.8	37.0	39.7	13.8	45.7	53.0	29.3	69.6
2001	21.4	10.6	23.9	30.0	13.6	33.8	35.9	16.3	40.4	50.2	33.1	61.9
2002	20.7	9.7	23.2	29.2	12.2	33.1	34.9	14.6	39.6	43.2	22.3	58.2
2003	18.0	8.9	20.1	25.5	11.3	28.7	29.9	14.8	33.4	51.3	27.6	65.4
2004	15.4	8.4	17.3	21.5	10.1	24.5	25.0	12.0	28.5	48.3	26.1	63.0
2005	13.2	7.5	14.7	19.0	9.1	21.6	22.5	10.7	25.7	47.7	25.0	53.8
2006	12.0	6.8	13.4	17.2	8.0	19.7	20.6	9.6	23.6	41.1	24.8	45.5
2007	10.7	5.5	12.8	15.3	7.7	18.6	18.1	9.0	21.8	36.6	25.2	41.3
2008	10.2	5.0	12.3	14.9	6.5	18.4	18.5	7.9	22.7	34.2	29.2	36.1
2009	9.0	4.5	10.8	13.8	6.2	17.0	17.2	7.6	21.1	31.9	26.6	34.0
2010	8.3	4.1	10.0	13.1	5.8	16.1	16.4	7.3	20.1	30.0	29.7	30.1
2011	7.8	4.0	9.4	12.1	5.8	14.7	15.6	7.1	19.1	26.1	25.2	26.5
2012	6.9	3.9	8.1	10.3	5.2	12.4	13.2	5.9	16.2	24.5	22.2	25.6

21-19 新型农村合作医疗情况
Conditions of New Cooperative Medical System

指 标	Indicator	2006	2007	2008	2009	2010	2011	2012
开展新农合县(区、市)数 (个)	Number of Counties Implementing of NCMS (unit)	1451	2451	2729	2716	2678	2637	2566
参加新农合人数(亿人)	Number of Enrollees (100 million persons)	4.10	7.26	8.15	8.33	8.36	8.32	8.05
参合率 (%)	Enrollment Rate (%)	80.7	86.2	91.5	94.2	96.0	97.5	98.3
人均筹资 (元)	Per Capita Premiums (yuan)	52.1	58.9	96.3	113.4	156.6	246.2	308.5
当年基金支出 (亿元)	Payout at Current Year (100 million yuan)	155.8	346.6	662.3	922.9	1187.8	1710.2	2408.0
补偿受益人次(亿人次)	Number of Beneficiaries from Reimbursement(100 million person-times)	2.72	4.53	5.85	7.59	10.87	13.15	17.45

21-20 分地区新型农村合作医疗情况(2012年)
Conditions of New Cooperative Medical System by Region (2012)

地 区	Region	县(市、区)数(个) Number of Counties (unit)	开展新农合县(市、区)(个) Number of Counties Implementing of NCMS(unit)	参加新农合人数(万人) Number of Enrollees (10 000 persons)	人均筹资(元) Per Capita Premiums (yuan)	本年度筹资总额(亿元) Premiums This Year (100 million yuan)	补偿受益人次(万人次) Number of Beneficiaries from Reimbursement (10 000 person-times)
总 计	**Total**	**2852**	**2566**	**80530.9**	**308.5**	**2484.7**	**174507.3**
北 京	Beijing	16	13	267.4	707.3	18.9	565.6
天 津	Tianjin	16					
河 北	Hebei	172	164	5037.0	294.7	148.5	12406.7
山 西	Shanxi	119	115	2194.0	294.1	64.5	3598.4
内蒙古	Inner Mongolia	101	92	1233.6	308.3	38.0	823.1
辽 宁	Liaoning	100	94	1958.6	295.5	57.9	2151.2
吉 林	Jilin	60	60	1328.2	290.5	38.6	977.8
黑龙江	Heilongjiang	128	122	1447.3	295.3	42.7	1960.7
上 海	Shanghai	17	9	113.2	1232.5	14.0	1570.8
江 苏	Jiangsu	102	81	4089.3	327.8	134.1	12271.6
浙 江	Zhejiang	90	81	2876.2	480.4	138.2	11231.6
安 徽	Anhui	105	94	5043.8	294.9	148.7	10071.6
福 建	Fujian	85	74	2444.1	298.8	73.0	831.7
江 西	Jiangxi	100	96	3293.8	294.2	96.9	4079.9
山 东	Shandong	138	135	6465.8	307.2	198.6	23243.4
河 南	Henan	159	157	7965.1	293.4	233.7	19766.6
湖 北	Hubei	103	93	3877.6	298.0	115.5	13854.6
湖 南	Hunan	122	111	4671.2	291.6	136.2	5617.7
广 东	Guangdong	121	10	200.0	271.7	5.4	279.7
广 西	Guangxi	109	106	3974.8	292.8	116.4	5209.5
海 南	Hainan	20	20	481.5	300.1	14.5	827.2
重 庆	Chongqing	38	37	2162.9	296.4	64.1	3127.3
四 川	Sichuan	181	175	6224.1	295.9	184.2	14476.1
贵 州	Guizhou	88	88	3112.2	291.5	90.7	4887.9
云 南	Yunnan	129	127	3467.9	295.8	102.6	9190.4
西 藏	Tibet	74	73	237.8	324.0	7.7	477.6
陕 西	Shaanxi	107	104	2649.7	311.9	82.6	4544.3
甘 肃	Gansu	86	86	1921.5	292.6	56.2	3901.5
青 海	Qinghai	43	39	352.6	408.3	14.4	335.2
宁 夏	Ningxia	22	21	361.5	385.1	13.9	837.7
新 疆	Xinjiang	101	89	1078.3	315.1	34.0	1390.0

21-21 卫生总费用
Total Health Expenditure

年份 Year	卫生总费用(亿元) Total Health Expenditure (100 million yuan)	政府卫生支出 Government Health Expenditure		社会卫生支出 Social Health Expenditure		个人现金卫生支出 Out-of-pocket Health Expenditure		人均卫生费用(元) Per Capita Health Expenditure (yuan)			卫生总费用占GDP比重(%) Health Expenditure as Percentage of GDP (%)
		绝对数(亿元) Level (100 million yuan)	占卫生总费用比重(%) As Percentage of Health Expenditure	绝对数(亿元) Level (100 million yuan)	占卫生总费用比重(%) As Percentage of Health Expenditure	绝对数(亿元) Level (100 million yuan)	占卫生总费用比重(%) As Percentage of Health Expenditure	合计 Total	城市 Urban	农村 Rural	
1978	110.21	35.44	32.16	52.25	47.41	22.52	20.43	11.50			3.02
1979	126.19	40.64	32.21	59.88	47.45	25.67	20.34	12.90			3.11
1980	143.23	51.91	36.24	60.97	42.57	30.35	21.19	14.50			3.15
1981	160.12	59.67	37.27	62.43	38.99	38.02	23.74	16.00			3.27
1982	177.53	68.99	38.86	70.11	39.49	38.43	21.65	17.50			3.33
1983	207.42	77.63	37.43	64.55	31.12	65.24	31.45	20.10			3.48
1984	242.07	89.46	36.96	73.61	30.41	79.00	32.64	23.20			3.36
1985	279.00	107.65	38.58	91.96	32.96	79.39	28.46	26.40			3.09
1986	315.90	122.23	38.69	110.35	34.93	83.32	26.38	29.40			3.07
1987	379.58	127.28	33.53	137.25	36.16	115.05	30.31	34.70			3.15
1988	488.04	145.39	29.79	189.99	38.93	152.66	31.28	44.00			3.24
1989	615.50	167.83	27.27	237.84	38.64	209.83	34.09	54.60			3.62
1990	747.39	187.28	25.06	293.10	39.22	267.01	35.73	65.40	158.80	38.80	4.00
1991	893.49	204.05	22.84	354.41	39.67	335.03	37.50	77.10	187.60	45.10	4.10
1992	1096.86	228.61	20.84	431.55	39.34	436.70	39.81	93.60	222.00	54.70	4.07
1993	1377.78	272.06	19.75	524.75	38.09	580.97	42.17	116.30	268.60	67.60	3.90
1994	1761.24	342.28	19.43	644.91	36.62	774.05	43.95	146.90	332.60	86.30	3.65
1995	2155.13	387.34	17.97	767.81	35.63	999.98	46.40	177.90	401.30	112.90	3.54
1996	2709.42	461.61	17.04	875.66	32.32	1372.15	50.64	221.40	467.40	150.70	3.81
1997	3196.71	523.56	16.38	984.06	30.78	1689.09	52.84	258.60	537.80	177.90	4.05
1998	3678.72	590.06	16.04	1071.03	29.11	2017.63	54.85	294.90	625.90	194.60	4.36
1999	4047.50	640.96	15.84	1145.99	28.31	2260.55	55.85	321.80	702.00	203.20	4.51
2000	4586.63	709.52	15.47	1171.94	25.55	2705.17	58.98	361.90	813.74	214.65	4.62
2001	5025.93	800.61	15.93	1211.43	24.10	3013.89	59.97	393.80	841.20	244.77	4.58
2002	5790.03	908.51	15.69	1539.38	26.59	3342.14	57.72	450.70	987.07	259.33	4.81
2003	6584.10	1116.94	16.96	1788.50	27.16	3678.66	55.87	509.50	1108.91	274.67	4.85
2004	7590.29	1293.58	17.04	2225.35	29.32	4071.35	53.64	583.90	1261.93	301.61	4.75
2005	8659.91	1552.53	17.93	2586.41	29.87	4520.98	52.21	662.30	1126.36	315.83	4.68
2006	9843.34	1778.86	18.07	3210.92	32.62	4853.56	49.31	748.80	1248.30	361.89	4.55
2007	11573.97	2581.58	22.31	3893.72	33.64	5098.66	44.05	875.96	1516.29	358.11	4.35
2008	14535.40	3593.94	24.73	5065.60	34.85	5875.86	40.42	1094.52	1861.76	455.19	4.63
2009	17541.92	4816.26	27.46	6154.49	35.08	6571.16	37.46	1314.26	2176.63	561.99	5.15
2010	19980.39	5732.49	28.69	7196.61	36.02	7051.29	35.29	1490.06	2315.48	666.30	4.98
2011	24345.91	7464.18	30.66	8416.45	34.57	8465.28	34.77	1806.95	2697.48	879.44	5.15
2012	27846.84	8365.98	30.04	9916.31	35.61	9564.55	34.35	2056.57	2969.01	1055.89	5.36

注：1.本表系按当年价格计算核算数，2012年为初步测算数。

2.2001年起卫生总费用不含高等医学教育经费，2006年起包括城乡医疗救助经费。

a) Data in this table are at current prices. Data of 2011 are preliminary data.

b) Since 2011, total health expenditure does not include that of educational expenditure of higher education. Since 2006, it included medical aid expenditure in urban and rural areas.

21-22 社会服务机构基本情况
Statistics on Social Service Institutions

指　　标	Item	单位数（个）Number of Institutions (unit)		职工人数（万人）Number of Staff and Workers (10 000 persons)	
		2011	2012	2011	2012
社会服务	**Social Services**	**1293986**	**1366650**	**1120.8**	**1144.7**
社会工作	**Social Work**	**146451**	**181471**	**235.7**	**243.6**
提供住宿的社会服务机构	Social Welfare Institutions with Accommodations	45973	48078	37.4	39.7
老年人与残疾人服务机构	Institutions for the Aged and Disabled	42828	44304	31.2	33.1
城市养老服务机构	For the Aged in Urban Areas	5616	6464	8.1	9.3
农村养老服务机构	For the Aged in Rural Areas	32140	32787	15.2	15.9
社会福利院	Social Welfare Homes	1597	1719	3.9	4.2
光荣院	Homes for Disabled Veterans	1389	1399	1.2	1.2
荣誉军人康复医院	Convalescent Hospitals for Honorable Servicemen	42	43	0.5	0.5
复员军人疗养院	Sanatoriums for Ex-serviceman	40	41	0.3	0.3
军休所	Convalescent Home for Retired Military Officers	1960	1851	1.9	1.7
社区养老服务机构	Community Pension Service Institutions	44		0.1	
智障与精神疾病服务机构	Social Welfare Institutions for Mental Retardation and Mental Diseases	251	257	2.3	2.3
复退军人精神病院	Mental Hospitals for Ex-serviceman	96	101	1.0	1.0
社会福利医院	Social Welfare Hospitals	155	156	1.3	1.3
儿童收养救助服务机构	Social Welfare Institutions for Children	638	724	1.2	1.3
儿童福机构	Welfare Institutions for Children	397	463	1.0	1.1
流浪儿童救助保护中心	Centers for Rescuing Street Children	241	261	0.2	0.2
其他提供住宿的服务机构	Other Social Welfare Institutions with Accommodation	2256	2793	2.7	3.0
生活无着人员救助管理站	Salvation Stations	1547	1770	1.6	1.7
其他收养机构	Other Residential Institutions	382	328	0.6	0.6
军供站	Serviceman Supply Stations	327	695	0.5	0.7
不提供住宿的社会服务机构	Social Welfare Institutions without Accommodations	100478	133393	198.3	203.9
老龄机构	Institutions for the Aged	2503	2583	1.0	1.1
社会福利企业	Social Welfare Enterprises	21507	20232	158.9	150.0
救灾储备仓库	Relief Reserve Units	553	665	0.2	0.2
福利彩票发行单位	Welfare Lottery Issuing Institutions	974	955	0.9	0.9
军队离退休人员管理中心	Management Centers for Retired Military Officers		121		0.2
军队离退休人员活动中心	Activity Centers for Retired Military Officers		25		0.1
烈士纪念建筑物管理单位	Martyr Memorial Building Management Units	1227	1306	0.9	1.0
社区服务中心(站)	Community Centers (Stations)	70547	104237	33.7	47.6
捐赠、救助等其他事业单位	Institutions for Donations and Relief Management	3167	3269	2.7	2.8
成员组织和其他社会服务机构	**Membership Organizations and Other Social Service Institutions**	**1147535**	**1185179**	**885.1**	**901.1**
成员组织	Membership Organizations	1141104	1178896	876.6	892.5
社会组织	Social Organization	461971	499268	599.3	613.3
社会团体	Social Organizations	254969	271131	363.0	346.9
基金会	Foundations	2614	3029	1.4	1.9
民办非企业	Non-enterprise Units Run by NGO	204388	225108	234.9	264.5
自治组织	Autonomy Organizations	679133	679628	277.3	279.2
居委会	Neighborhood Committee	89480	91153	45.4	46.9
村委会	Village Committee	589653	588475	231.9	232.3
其他社会服务	Other Social Service Institutions	6431	6283	8.5	8.6
婚姻	Marriage	2328	1926	0.9	0.9
婚姻登记服务机构	Marriage Registration Institutions	2328	1926	0.9	0.9
殡葬	Funeral and Interment Institutions	4103	4357	7.6	7.7
殡仪馆	Funeral Home	1745	1782	4.5	4.5
公墓	Cemetery	1406	1597	2.2	2.3
殡葬管理机构	Funeral and Interment Management Institutions	952	978	0.9	0.9
行政机关	**Administration**	**3483**	**3493**	**9.0**	**9.3**

21-23 社会工作师人员情况
Statistics on Social Worker

单位：人 (person)

年份 地区	Year Region	社会工作师 Social Worker 报考人数 Registered for Examination	参考人数 Participants in Examination	合格人数 Qualified	累计合格人数 Accumulated Qualified	助理社会工作师 Junior Social Worker 报考人数 Registered for Examination	参考人数 Participants in Examination	合格人数 Qualified	累计合格人数 Accumulated Qualified
	2008	77698	62953	4192	4192	60139	52419	20648	20648
	2009	46015	35943	4227	8419	38204	31694	6611	27259
	2010	25547	19175	2664	11083	46047	37753	5428	32687
	2011	25500	19426	2338	13421	54515	44100	8068	40755
	2012	34245	26125	6104	19525	92621	75509	23846	64601
北京	Beijing	2914	2430	726	2366	11504	9954	3492	9357
天津	Tianjin	604	472	98	346	2190	1859	411	1525
河北	Hebei	904	671	143	699	1022	794	285	1202
山西	Shanxi	716	581	87	424	539	426	117	703
内蒙古	Inner Mongolia	421	271	37	119	537	392	81	262
辽宁	Liaoning	1895	1524	261	764	5077	4055	959	2457
吉林	Jilin	2042	1553	72	151	6032	5298	882	1424
黑龙江	Heilongjiang	1096	804	147	387	2711	2049	479	1433
上海	Shanghai	1749	1214	377	1333	3863	2955	1066	2705
江苏	Jiangsu	4091	3106	819	2093	11903	9959	3489	8458
浙江	Zhejiang	2808	1973	664	2037	6150	4784	1952	5213
安徽	Anhui	511	369	93	433	1319	1015	303	1600
福建	Fujian	1002	774	181	537	2191	1509	483	1661
江西	Jiangxi	364	257	60	355	802	663	231	1129
山东	Shandong	1355	1143	338	1361	2380	2035	913	2962
河南	Henan	918	751	96	658	1366	1216	495	1595
湖北	Hubei	1096	800	82	291	4982	4234	873	1686
湖南	Hunan	785	608	125	522	1916	1621	534	1385
广东	Guangdong	4751	3720	1119	2774	17159	13722	4913	11436
广西	Guangxi	388	318	59	334	1146	995	319	1176
海南	Hainan	43	39	12	19	89	79	35	81
重庆	Chongqing	852	641	106	238	1814	1421	365	769
四川	Sichuan	884	666	136	470	2448	1863	560	1816
贵州	Guizhou	229	127	20	57	461	307	74	346
云南	Yunnan	513	371	95	180	1051	744	200	653
西藏	Tibet	2	2		3	2	2		4
陕西	Shaanxi	207	159	18	165	402	365	105	532
甘肃	Gansu	184	136	30	92	351	272	97	361
青海	Qinghai	80	61	9	36	216	153	20	170
宁夏	Ningxia	192	147	23	68	205	161	21	116
新疆	Xinjiang	649	437	71	213	793	607	92	384

21-24 提供住宿的社会服务机构床位数
Beds of Social Welfare Institutions with Accommodations

单位：万张 (10 000 beds)

年份 Year 地区 Region		床位数 Number of Beds	老年及残疾人床位 The Aged and Disabled	智障和精神疾病床位 Mental Retardation and Mental Diseases	儿童床位 Child	救助及其他社会服务床位 Social Relief and Other	每千人口社会服务床位数(张) Beds of Social Services per 1000 Population (bed)	每千老年人口养老床位数(张) Beds in Elderly Care Institutions per 1 000 Senior Citizens (bed)
	1991	82.8	78.3	3.8	0.7		0.71	
	1992	89.8	85.2	3.8	0.8		0.77	
	1993	92.7	87.4	4.0	0.9	0.4	0.78	
	1994	95.5	90.1	4.0	0.9	0.5	0.80	
	1995	97.6	91.9	4.0	1.1	0.6	0.81	
	1996	100.8	95.0	4.0	1.2	0.6	0.82	
	1997	103.1	97.2	4.0	1.3	0.6	0.83	
	1998	105.8	99.6	4.1	1.5	0.6	0.85	
	1999	108.9	102.4	4.1	1.6	0.8	0.87	
	2000	113.0	104.5	4.1	1.8	2.6	0.89	
	2001	140.7	114.6	4.2	2.3	19.6	1.10	
	2002	141.5	114.9	4.3	2.5	19.8	1.10	
	2003	142.9	120.6	4.5	2.7	15.1	1.11	
	2004	157.2	139.5	4.5	3.0	10.2	1.21	
	2005	180.7	158.1	4.4	3.2	15.0	1.38	10.97
	2006	204.5	179.6	4.4	3.2	17.3	1.56	12.05
	2007	269.6	242.9	4.7	3.4	18.6	2.04	15.83
	2008	300.3	267.4	5.4	4.3	23.2	2.26	16.72
	2009	326.5	293.5	5.9	4.8	22.3	2.45	17.56
	2010	349.6	316.1	6.1	5.5	21.9	2.61	17.79
	2011	396.4	369.2	6.5	6.8	13.9	2.94	19.96
	2012	449.3	416.5	6.7	8.7	17.4	3.32	21.48
北京	Beijing	13.0	11.8	0.1	0.2	0.9	6.25	39.90
天津	Tianjin	4.2	3.9	0.1	0.1	0.1	3.01	19.51
河北	Hebei	21.0	19.6	0.1	0.1	1.2	2.88	18.82
山西	Shanxi	6.9	6.3	0.1	0.2	0.3	1.92	12.22
内蒙古	Inner Mongolia	7.7	7.1	0.1	0.2	0.3	3.08	19.89
辽宁	Liaoning	18.7	17.2	0.2	0.3	1.0	4.25	27.33
吉林	Jilin	9.0	8.0	0.3	0.2	0.5	3.29	20.23
黑龙江	Heilongjiang	11.4	10.3	0.3	0.2	0.6	2.97	18.67
上海	Shanghai	11.8	11.2	0.2	0.3	0.1	4.93	32.72
江苏	Jiangsu	43.6	41.7	0.7	0.3	0.9	5.50	36.73
浙江	Zhejiang	26.8	26.0	0.1	0.2	0.5	4.90	33.14
安徽	Anhui	27.8	26.4	0.1	0.6	0.7	4.62	30.74
福建	Fujian	7.3	6.1	0.4	0.1	0.7	1.94	11.28
江西	Jiangxi	16.3	15.7		0.1	0.5	3.63	24.31
山东	Shandong	40.9	39.4	0.3	0.7	0.5	4.24	28.43
河南	Henan	29.3	27.8	0.2	0.3	1.0	3.10	20.61
湖北	Hubei	25.4	23.7	0.4	0.7	0.6	4.38	28.64
湖南	Hunan	18.0	16.4	0.5	0.5	0.6	2.71	17.27
广东	Guangdong	17.5	14.8	0.4	0.5	1.8	1.65	9.73
广西	Guangxi	6.1	5.3	0.3	0.1	0.4	1.29	7.88
海南	Hainan	1.4	1.4				1.67	11.17
重庆	Chongqing	12.6	12.0	0.2	0.3	0.1	4.27	28.35
四川	Sichuan	37.2	34.1	0.8	0.4	1.9	4.61	29.48
贵州	Guizhou	5.9	5.0	0.3	0.2	0.4	1.69	9.96
云南	Yunnan	7.1	6.2	0.1	0.3	0.5	1.54	9.35
西藏	Tibet	0.9	0.7		0.1	0.1	3.12	16.32
陕西	Shaanxi	8.9	8.0	0.1	0.3	0.5	2.37	14.96
甘肃	Gansu	5.4	4.8	0.1	0.3	0.2	2.11	12.94
青海	Qinghai	1.1	0.8		0.2	0.1	1.88	10.17
宁夏	Ningxia	0.9	0.8		0.1		1.53	8.73
新疆	Xinjiang	5.6	4.2	0.3	0.7	0.4	2.47	13.24

注：1.2001年起，社会服务机构床位数口径有所调整，除收养性机构床位数外，还包括了救助类机构床位数、社区类机构床位数以及军休所、军供站等机构床位数。老年人口指60岁及以上老年人口。

2.2011年起，老年及残疾人床位含社区服务床位（含日间照料床位）。

a) Since 2001, coverage of beds of social services institutions has changed. It includes beds of salvation institutions, community institutions, and serviceman recreation habitation, serviceman supply stations, etc. The aged refer to those 60 years old and above.

b) Since 2011, beds of the aged and disabled include community service beds (including day care beds).

21-25 社会福利企业基本情况
Basic Statistics on Social Welfare Enterprises

年份 Year 地区 Region	单位（个）Number of Units (unit)	残疾职工（万人）Disabled Persons (10 000 persons)	利润额（亿元）Total Profit (100 million yuan)
2000	40670	72.5	99.0
2001	37980	69.9	119.5
2002	35758	68.3	148.3
2003	33976	67.9	189.9
2004	32410	66.2	219.0
2005	31211	63.7	225.2
2006	30199	55.9	237.8
2007	24974	56.3	169.3
2008	23780	61.9	119.2
2009	22783	62.7	125.4
2010	22226	62.5	150.8
2011	21507	62.8	140.1
2012	20232	59.7	118.4
北京 Beijing	664	1.2	0.6
天津 Tianjin	248	0.8	1.5
河北 Hebei	924	2.1	2.2
山西 Shanxi	459	1.7	0.5
内蒙古 Inner Mongolia	171	0.6	0.4
辽宁 Liaoning	2075	4.7	6.2
吉林 Jilin	534	0.8	
黑龙江 Heilongjiang	639	1.1	
上海 Shanghai	1223	3.3	16.6
江苏 Jiangsu	3027	10.7	26.1
浙江 Zhejiang	2574	9.8	42.4
安徽 Anhui	367	0.8	0.9
福建 Fujian	327	1.0	2.6
江西 Jiangxi	348	1.3	0.6
山东 Shandong	1385	3.8	8.8
河南 Henan	1063	2.9	0.5
湖北 Hubei	706	1.7	0.7
湖南 Hunan	605	1.9	0.1
广东 Guangdong	157	0.6	0.3
广西 Guangxi	137	0.3	
海南 Hainan	12	0.1	
重庆 Chongqing	762	2.6	5.5
四川 Sichuan	775	2.5	0.6
贵州 Guizhou	59	0.1	
云南 Yunnan	343	1.7	-1.3
西藏 Tibet	4		
陕西 Shaanxi	251	0.5	1.9
甘肃 Gansu	97	0.1	
青海 Qinghai	15	0.1	0.3
宁夏 Ningxia	86	0.3	
新疆 Xinjiang	195	0.6	0.1

21-26 孤儿和家庭儿童收养
Orphans and Children Adopted by Families

年份 Year 地区 Region	孤儿数（人）Number of Orphans (person)	家庭儿童收养登记总数（件）Number of Adoption Registration of Children Adopted by Families (case)	中国公民收养登记 Adoption Registration of Chinese Citizens	外国公民收养登记 Adoption Registration of Foreign Citizens	家庭儿童收养比例（%）Proportion of Children Adopted by Families (%)
1996		18896	14804	4092	
1997		21548	17193	4355	
1998		26498	20611	5887	
1999		38074	31916	6158	
2000		55802	49037	6765	
2001		44706	36089	8617	
2002		45336	35372	9964	
2003		54159	44884	9275	
2004		52603	40084	12519	
2005		49506	35470	14036	
2006		48178	38393	9785	
2007		45192	36893	8299	
2008	67921	42550	37009	5541	65.0
2009	127599	44260	39801	4459	34.8
2010	252110	34529	29618	4911	13.7
2011	509695	31424	27579	3845	6.1
2012	570075	27278	23157	4121	4.8
北京 Beijing	2488	168	123	45	6.8
天津 Tianjin	904	177	145	32	19.6
河北 Hebei	15979	453	390	63	2.9
山西 Shanxi	15569	302	116	186	2.0
内蒙古 Inner Mongolia	6902	237	165	72	3.4
辽宁 Liaoning	8192	240	215	25	2.9
吉林 Jilin	5905	59	26	33	1.0
黑龙江 Heilongjiang	8722	78	53	25	0.9
上海 Shanghai	2224	503	382	121	22.7
江苏 Jiangsu	19563	2876	2660	216	14.7
浙江 Zhejiang	5872	4092	4006	86	69.7
安徽 Anhui	27947	1189	1013	176	4.2
福建 Fujian	6711	1075	1010	65	16.0
江西 Jiangxi	28668	2517	1997	520	8.8
山东 Shandong	18460	2176	2071	105	11.8
河南 Henan	47912	780	262	518	1.6
湖北 Hubei	29912	795	695	100	2.7
湖南 Hunan	51689	999	864	135	1.9
广东 Guangdong	44375	2553	1753	800	5.8
广西 Guangxi	20755	1549	1339	210	7.5
海南 Hainan	3067	188	186	2	6.1
重庆 Chongqing	19575	368	306	62	1.9
四川 Sichuan	30213	1160	1104	56	3.8
贵州 Guizhou	21445	432	360	72	2.0
云南 Yunnan	33965	1144	1040	104	3.4
西藏 Tibet	5576	14	14		0.2
陕西 Shaanxi	13973	453	291	162	3.2
甘肃 Gansu	22959	138	59	79	0.6
青海 Qinghai	16351	85	74	11	0.5
宁夏 Ningxia	7136	49	40	9	0.7
新疆 Xinjiang	27066	429	398	31	1.6

注：2011年以前的“孤儿数”指领取《儿童福利证》的孤儿数，2011年起指失去父母或查找不到生父母的未满18周岁的未成年人数。
家庭儿童收养比例=家庭儿童收养人数/孤儿数×100%。

a) Before 2011, number of orphans referred to the number of orphans who received Children Welfare Credentials, and from 2011, it refers to juveniles under age of 18 who have lost parents or can't find parents. Proportion of Children Adopted by Families=Number of Children Adopted by Families/Number of Orphans×100%.

21-27 社会救助情况
Statistics on Social Relief

单位：万人　　　(10 000 persons)

年份 Year / 地区 Region		城市居民最低生活保障人数 Number of Urban Residents Receiving Minimum Living Allowance	农村居民最低生活保障人数 Number of Rural Residents Receiving Minimum Living Allowance	农村集中供养五保人数 Rural Households with Centralized Livelihood Guaranteed in Five Aspects	农村分散供养五保人数 Rural Households with Decentralized Livelihood Guaranteed in Five Aspects	传统救济人数 Number of Persons Receiving Traditional Relief
	2007	2272.1	3566.3	138.0	393.3	75.0
	2008	2334.8	4305.5	155.6	393.0	72.2
	2009	2345.6	4760.0	171.8	381.6	62.2
	2010	2310.5	5214.0	177.4	378.9	59.5
	2011	2276.8	5305.7	184.5	366.5	68.7
	2012	2143.5	5344.5	185.3	360.3	79.6
北　京	Beijing	11.0	6.3	0.2	0.2	
天　津	Tianjin	16.6	10.1	0.1	1.1	
河　北	Hebei	77.3	208.0	9.3	14.3	0.7
山　西	Shanxi	89.0	150.6	2.9	13.9	0.9
内蒙古	Inner Mongolia	80.8	123.5	2.4	6.5	3.2
辽　宁	Liaoning	107.0	91.9	3.7	10.5	0.8
吉　林	Jilin	90.5	77.0	3.5	9.4	0.2
黑龙江	Heilongjiang	152.4	119.4	6.8	7.7	1.4
上　海	Shanghai	22.3	3.4	0.1	0.2	
江　苏	Jiangsu	37.0	138.1	12.9	7.5	12.9
浙　江	Zhejiang	7.8	56.7	3.9	0.1	1.1
安　徽	Anhui	81.9	214.6	16.3	28.8	5.1
福　建	Fujian	16.9	73.5	0.9	8.2	0.5
江　西	Jiangxi	98.0	150.3	12.0	10.9	2.8
山　东	Shandong	53.0	250.7	17.3	6.0	0.1
河　南	Henan	133.4	373.0	19.9	27.7	2.4
湖　北	Hubei	129.5	230.7	12.0	16.1	6.9
湖　南	Hunan	145.6	277.4	10.5	40.7	10.2
广　东	Guangdong	37.2	177.8	3.4	21.8	0.8
广　西	Guangxi	51.5	332.8	2.2	28.4	10.9
海　南	Hainan	15.7	24.7	0.2	3.1	
重　庆	Chongqing	51.5	74.3	5.8	9.7	1.3
四　川	Sichuan	186.4	434.5	25.7	25.3	6.2
贵　州	Guizhou	53.0	513.0	1.9	11.0	1.7
云　南	Yunnan	93.6	437.5	3.5	18.4	4.4
西　藏	Tibet	4.8	32.9	0.3	1.3	
陕　西	Shaanxi	74.7	205.4	4.4	8.3	2.8
甘　肃	Gansu	88.3	344.0	1.1	11.2	2.2
青　海	Qinghai	23.0	40.0	0.3	2.0	
宁　夏	Ningxia	18.2	36.4	0.4	1.1	
新　疆	Xinjiang	95.5	135.8	1.6	8.8	0.1

21-28 医疗救助情况 Statistics on Medical Aid

年份 Year / 地区 Region		城市医疗救助 Medical Aid in Urban Areas		农村医疗救助 Medical Aid in Rural Areas		城市医疗救助支出(万元) Expenses of Urban Medical Aid (10 000 yuan)	农村医疗救助支出(万元) Expense of Rural Medical Aid (10 000 yuan)
		医疗救助(万人次) Medical Aid (10 000 person-times)	资助参加医疗保险(万人) Aid for Medical Insurance (10 000 persons)	医疗救助(万人次) Medical Aid (10 000 person-times)	资助参加合作医疗(万人) Aid for Cooperative Medical Care (10 000 persons)		
	2005			199.6	654.9	32000.0	57000.0
	2006			201.3	1317.1	81240.9	114198.1
	2007			377.1	2517.3	144379.2	280508.0
	2008	443.6	642.6	759.5	3432.4	297000.0	383000.0
	2009	410.4	1095.9	730.0	4059.1	412043.1	646245.8
	2010	460.1	1461.2	1019.2	4615.4	495203.0	834810.0
	2011	672.2	1549.8	1471.8	4825.3	676408.4	1199610.4
	2012	689.9	1387.1	1483.8	4490.4	708801.6	1329104.8
北京	Beijing	8.1	4.9	3.2	5.5	6686.1	3580.0
天津	Tianjin	11.9	30.4			7670.1	5105.2
河北	Hebei	10.2	17.9	34.5	171.0	17950.6	40818.8
山西	Shanxi	14.7	66.2	13.4	95.0	23598.6	30847.5
内蒙古	Inner Mongolia	16.1	79.0	22.8	129.1	23822.1	31287.2
辽宁	Liaoning	10.2	21.8	17.7	46.3	14461.6	15468.5
吉林	Jilin	29.2	61.1	24.3	58.7	32371.7	28267.2
黑龙江	Heilongjiang	53.3	138.7	27.8	125.1	63729.7	51024.5
上海	Shanghai	6.8	4.2	2.0	0.7	17475.1	10736.2
江苏	Jiangsu	68.4	33.1	96.4	115.6	38842.0	61783.8
浙江	Zhejiang	15.0	2.6	76.3	48.9	13843.8	51748.7
安徽	Anhui	12.9	26.0	64.0	186.0	25604.1	68214.7
福建	Fujian	9.6	9.7	19.9	85.5	5835.6	18354.0
江西	Jiangxi	28.6	55.6	51.7	121.5	47962.8	70240.4
山东	Shandong	7.3	21.9	25.1	197.7	18655.9	50022.4
河南	Henan	23.4	65.8	109.0	298.9	20910.0	65509.0
湖北	Hubei	18.9	120.3	60.1	251.8	29973.3	50397.4
湖南	Hunan	38.9	73.9	87.1	191.7	39646.4	69153.7
广东	Guangdong	33.5	36.1	30.1	194.6	23363.0	34493.9
广西	Guangxi	8.2	22.8	46.9	226.1	10763.9	54999.8
海南	Hainan	5.5	15.1	10.0	30.9	8047.0	14066.9
重庆	Chongqing	62.2	73.0	92.4	120.3	25185.5	39499.3
四川	Sichuan	78.2	94.3	249.8	403.0	56937.0	124436.9
贵州	Guizhou	5.6	49.0	38.6	504.2	12478.6	66977.4
云南	Yunnan	17.4	101.1	69.1	492.9	21968.8	77520.1
西藏	Tibet	0.3		3.4	0.7	640.3	11166.8
陕西	Shaanxi	6.3	9.1	36.6	79.7	19365.2	54324.4
甘肃	Gansu	19.0	20.8	54.7	90.5	22774.0	63037.5
青海	Qinghai	24.4	20.9	46.5	41.0	11306.5	20563.7
宁夏	Ningxia	12.2	14.8	23.7	26.2	6722.7	11856.5
新疆	Xinjiang	33.6	97.0	46.4	151.4	40209.6	33602.4

21-29 福利彩票销售情况
Statistics on Welfare Lottery

年份 地区	Year Region	福利彩票发行单位（个）Welfare Lottery Issuing Units (unit)	福利彩票销售额（亿元）Sales of Welfare Lottery (100 million yuan)	提取公益金（亿元）Public Welfare Fund from Welfare Lottery (100 million yuan)	公益金支出（亿元）Expenditure of Public Welfare Fund from Welfare Lottery (100 million yuan)
	2000	1253	89.9	24.2	38.7
	2001	1185	139.6	41.9	19.7
	2002	1121	168.0	58.8	25.5
	2003	1145	200.1	70.0	30.6
	2004	1128	226.4	79.2	33.8
	2005	1113	411.2	143.7	52.3
	2006	989	495.7	171.6	52.6
	2007	985	631.6	217.0	77.6
	2008	999	604.0	211.4	119.2
	2009	988	756.0	248.0	113.4
	2010	993	968.0	297.1	121.2
	2011	974	1278.0	388.7	127.9
	2012	955	1510.3	449.4	159.0
部本级	Ministry Level	1			1.1
北京	Beijing	18	50.7	16.6	7.7
天津	Tianjin	11	22.8	6.7	3.3
河北	Hebei	17	54.6	16.7	4.4
山西	Shanxi	12	25.5	7.8	3.4
内蒙古	Inner Mongolia	16	28.1	8.7	3.4
辽宁	Liaoning	18	79.8	24.1	7.3
吉林	Jilin	56	25.6	7.3	0.9
黑龙江	Heilongjiang	24	35.8	11.3	2.6
上海	Shanghai	17	38.4	12.6	5.1
江苏	Jiangsu	81	134.0	38.1	7.4
浙江	Zhejiang	72	102.4	29.9	11.8
安徽	Anhui	38	43.7	12.9	4.1
福建	Fujian	15	37.2	10.9	3.2
江西	Jiangxi	52	35.2	10.9	3.5
山东	Shandong	19	122.4	34.4	12.0
河南	Henan	74	56.9	16.6	8.4
湖北	Hubei	54	60.8	17.6	6.5
湖南	Hunan	108	52.9	15.6	5.1
广东	Guangdong	70	169.6	50.4	11.8
广西	Guangxi	36	38.5	11.4	5.5
海南	Hainan	3	14.3	3.5	1.5
重庆	Chongqing	1	38.2	18.4	5.8
四川	Sichuan	11	59.5	9.7	8.6
贵州	Guizhou	15	18.1	6.0	3.0
云南	Yunnan	21	44.9	14.7	7.0
西藏	Tibet	1	3.1	1.0	
陕西	Shaanxi	42	50.3	15.7	1.4
甘肃	Gansu	17	22.8	6.8	3.6
青海	Qinghai	2	7.5	2.3	0.8
宁夏	Ningxia	6	9.1	2.8	1.5
新疆	Xinjiang	27	27.7	8.1	7.6

21-30 社会捐赠情况
Statistics on Social Donations

年份 Year 地区 Region	社会捐赠款物合计（亿元）Total Social Donations (100 million yuan)	社会捐赠款 Donated Money			社会捐赠其他物资折款 Total Value from Other Social Donations in Kinds
			民政部门 Civil Affairs Department	各类社会组织 Other Social Donations	
1997	14.0	4.2			9.9
1998	113.2	50.2	50.2		63.0
1999	17.8	6.9	5.0	2.0	10.8
2000	16.3	9.3	5.4	3.9	7.0
2001	20.0	11.7	7.6	4.1	8.3
2002	20.8	19.0	11.1	7.9	1.8
2003	43.4	41.0	29.2	11.9	2.4
2004	35.1	34.0	17.1	16.9	1.2
2005	61.9	60.3	31.3	29.0	1.6
2006	89.5	83.1	43.0	40.1	6.4
2007	148.4	132.8	50.9	81.9	15.6
2008	764.0	744.5	479.3	265.2	19.6
2009	485.9	483.7	66.5	417.2	2.2
2010	601.7	596.8	179.8	417.0	4.9
2011	494.9	490.1	96.6	393.5	4.8
2012	578.8	572.5	101.7	470.8	6.3
部本级 Ministry Level	205.3	205.3	0.1	205.2	
北京 Beijing	37.1	36.5	11.1	25.4	0.6
天津 Tianjin	1.3	1.3	0.5	0.8	
河北 Hebei	3.8	3.7	2.5	1.2	0.1
山西 Shanxi	0.7	0.7	0.4	0.3	
内蒙古 Inner Mongolia	0.9	0.4	0.1	0.3	0.5
辽宁 Liaoning	9.7	9.7	5.6	4.1	
吉林 Jilin	3.0	3.0	2.3	0.7	
黑龙江 Heilongjiang	0.6	0.6	0.2	0.4	
上海 Shanghai	27.2	27.2	1.9	25.3	
江苏 Jiangsu	76.4	76.2	13.2	63.0	0.2
浙江 Zhejiang	55.3	55.3	10.8	44.5	
安徽 Anhui	2.9	2.9	0.6	2.3	
福建 Fujian	5.9	5.5	4.2	1.3	0.4
江西 Jiangxi	4.5	3.1	1.8	1.3	1.4
山东 Shandong	35.3	35.2	9.2	26.0	0.1
河南 Henan	6.6	6.6	0.3	6.3	
湖北 Hubei	6.9	6.6	0.9	5.7	0.3
湖南 Hunan	14.6	13.5	2.5	11.0	1.1
广东 Guangdong	47.4	47.2	18.3	28.9	0.2
广西 Guangxi	2.2	1.0	0.3	0.7	1.2
海南 Hainan	0.1	0.1		0.1	
重庆 Chongqing	8.2	8.1	5.1	3.0	0.1
四川 Sichuan	9.0	8.9	2.1	6.8	0.1
贵州 Guizhou	2.8	2.7	1.8	0.9	0.1
云南 Yunnan	5.7	5.7	3.6	2.1	
西藏 Tibet	0.8	0.8	0.6	0.2	
陕西 Shaanxi	0.5	0.5	0.1	0.4	
甘肃 Gansu	0.7	0.6	0.1	0.5	0.1
青海 Qinghai	0.7	0.7		0.7	
宁夏 Ningxia	2.0	2.0	1.0	1.0	
新疆 Xinjiang	0.7	0.7	0.3	0.4	

注：社会捐赠其他物资折款指民政部门接收的捐赠衣被和物资。

a) Total value from other social donations in kinds refers to those clothes, quilts and goods received by department of civil affairs.

21-31 优抚安置情况
Statistics on Preferential Treatment and Resettlement

年份 Year / 地区 Region		国家重点优抚对象(万人) State Entitled Groups (10 000 persons)	定期抚恤人数 Number of People Receiving Regular Pension	定期补助人数 Number of People Receiving Regular Subsidy	伤残人员 Injured and Disabled Persons	安置义务兵、士官、复员干部人数(万人) Number of Servicemen and Ex-Servicemen Resettled (10 000 persons)	接收军队离退休人员人数(人) Number of Retired Veterans Resettled (person)
	2007	622.4	48.9	487.1	86.5	37.3	28058
	2008	633.2	47.9	498.2	87.2	39.7	21378
	2009	630.7	45.9	497.7	87.2	39.1	18904
	2010	625.0	44.8	493.5	86.7	38.7	13451
	2011	852.5	42.2	724.4	85.9	39.1	14530
	2012	944.4	41.2	818.4	84.9	39.3	18570
北 京	Beijing	4.3	0.2	3.0	1.1	0.4	4031
天 津	Tianjin	4.5	0.1	3.7	0.8	0.3	618
河 北	Hebei	58.8	2.8	49.8	6.2	1.9	1761
山 西	Shanxi	17.6	1.1	13.7	2.8	0.9	127
内蒙古	Inner Mongolia	6.9	0.3	5.1	1.5	0.6	154
辽 宁	Liaoning	22.3	0.9	18.2	3.2	1.5	1818
吉 林	Jilin	11.7	0.9	8.3	2.6	0.6	266
黑龙江	Heilongjiang	15.2	0.8	11.9	2.4	0.9	312
上 海	Shanghai	3.9	0.6	2.6	0.7	0.3	606
江 苏	Jiangsu	52.3	2.4	44.5	5.4	2.9	629
浙 江	Zhejiang	21.0	0.5	18.2	2.2	2.0	242
安 徽	Anhui	50.1	1.5	45.0	3.6	1.9	278
福 建	Fujian	19.4	1.3	16.9	1.2	1.4	187
江 西	Jiangxi	34.1	3.3	28.3	2.6	1.0	77
山 东	Shandong	105.6	5.2	87.5	12.9	2.3	2111
河 南	Henan	77.6	2.5	68.3	6.8	4.2	805
湖 北	Hubei	52.3	3.9	44.8	3.7	2.8	351
湖 南	Hunan	88.5	2.9	80.6	5.0	2.1	137
广 东	Guangdong	42.0	1.0	38.6	2.4	1.7	388
广 西	Guangxi	29.8	0.5	28.2	1.1	1.0	136
海 南	Hainan	2.8	0.3	2.3	0.2	0.2	15
重 庆	Chongqing	29.1	0.6	26.3	2.2	1.2	295
四 川	Sichuan	84.4	3.5	74.9	6.0	4.1	675
贵 州	Guizhou	26.4	0.5	24.3	1.6	0.6	186
云 南	Yunnan	37.8	0.9	35.0	1.9	1.1	753
西 藏	Tibet	0.5	0.3	0.1	0.1	0.1	48
陕 西	Shaanxi	28.1	1.6	24.1	2.4	0.4	707
甘 肃	Gansu	11.5	0.3	10.1	1.1	0.3	444
青 海	Qinghai	1.4	0.1	0.9	0.3	0.1	49
宁 夏	Ningxia	0.9	0.1	0.6	0.2	0.1	56
新 疆	Xinjiang	3.6	0.2	2.6	0.7	0.4	308

21-32 社区服务机构基本情况
Statistics on Community Service Facilities

单位：个 (unit)

年份 地区	Year Region	社区服务机构数 Number of Community Service Facilities	社区服务指导中心数 Community Service Guidance Centers	社区服务中心数 Community Service Centers	社区服务站数 Community Service Stations	其他社区服务机构 Other Community Service Facilities	便民、利民服务网点 Number of Convenience Networks	社区服务机构覆盖率(%) Coverage Rate of Community Service Facilities(%)
	1993	92946		3711		89235	169503	8.3
	1994	98679		4034		94645	204229	8.8
	1995	115175		4380		110795	234024	11.0
	1996	132309		5055		127254	259201	12.7
	1997	138366		5113		133253	307226	13.5
	1998	154196		6154		148042	345075	16.2
	1999	164962		7623		157339	405740	18.0
	2000	187888		6444		181444	451567	22.4
	2001	201758		6179		195579	539544	25.5
	2002	206743		7898		198845	622986	26.9
	2003	203945		7520		196425	668418	27.5
	2004	205926		7804		198122	703760	28.5
	2005	203275		8479		194796	664764	28.7
	2006	160007		8565		151442	457896	22.7
	2007	172002		9319	50116	112567	892656	24.7
	2008	162976		9873	30021	123082	748684	23.7
	2009	174976		10003	53170	111803	692625	25.6
	2010	152941		12720	44237	95984	539136	22.4
	2011	160352		14391	56156	89805	452868	23.6
	2012	200162	809	15497	87931	95925	397222	29.5
北　京	Beijing	10267	18	186	6040	4023	11169	152.0
天　津	Tianjin	1321	10	212	761	338	11789	25.8
河　北	Hebei	5504	28	302	3066	2108	3232	10.6
山　西	Shanxi	2021	14	334	1394	279	6358	6.7
内蒙古	Inner Mongolia	1928	3	873	613	439	9627	14.3
辽　宁	Liaoning	4068	20	561	2762	725	11632	26.4
吉　林	Jilin	589	26	326	237		276	5.3
黑龙江	Heilongjiang	2165	35	474	1316	340	8830	18.5
上　海	Shanghai	3466	8	193	2943	322	14717	62.7
江　苏	Jiangsu	21138	56	1048	13243	6791	72424	98.3
浙　江	Zhejiang	24824	24	1352	9656	13792	101794	75.7
安　徽	Anhui	5105	34	983	2177	1911	7028	28.1
福　建	Fujian	2191	26	269	1761	135	4965	13.1
江　西	Jiangxi	3206	38	335	1077	1756	3660	16.0
山　东	Shandong	23128	112	1009	9274	12733	42784	29.6
河　南	Henan	3072	41	488	756	1787	2116	6.0
湖　北	Hubei	7660	28	468	3834	3330	5580	25.9
湖　南	Hunan	8426	62	485	1987	5892	15695	18.0
广　东	Guangdong	37399	31	1528	8773	27067	4629	145.8
广　西	Guangxi	1020	18	91	467	444	1609	6.3
海　南	Hainan	70		1	69			2.3
重　庆	Chongqing	3824	10	277	1889	1648	8623	34.8
四　川	Sichuan	4831	57	805	2474	1495	3360	9.1
贵　州	Guizhou	11527	14	860	4570	6083	20845	57.9
云　南	Yunnan	1080	9	107	959	5	82	7.6
西　藏	Tibet	38		5	33			0.7
陕　西	Shaanxi	2806	49	413	2010	334	2524	9.7
甘　肃	Gansu	4045	19	837	2009	1180	9071	23.4
青　海	Qinghai	130		13	117			2.8
宁　夏	Ningxia	1230	2	57	462	709	9065	45.8
新　疆	Xinjiang	2083	17	605	1202	259	3738	18.3

注：1.其他社区服务机构是指民政业务范围以外的其他以提供服务为主的社区服务设施，如：社区性服务站、社区文化服务站、残疾人康复站等。

2.社区服务指导中心是指县级以上建立的，除有一般社区服务中心(站)的职能外，还对社区服务中心和社区服务站的工作具有指导作用的社区服务机构。

a) Other community service facilities refer to those facilities providing services other than civil affair services, for example, community service stations community cultural service stations, recovery stations for the disabled.

b) Community Service Guidance Centers refer to community service agencies established above county level which offer guidance to community service centers and stations besides their functions as common community service centers and stations.

21-33 婚姻服务情况
Statistics on Marriages and Divorces

年份 Year 地区 Region	结婚登记 (万对) Total Number of Registered Marriages (10 000 couples)	内地居民登记结婚 Registered Marriages in the Mainland	初婚 (万人) First Marriages (10 000 persons)	再婚 (万人) Re-marriages (10 000 persons)	涉外及港澳台居民登记结婚 Registered Marriages with Foreigner and the Citizen of Hong Kong, Macao, Taiwan	离婚 (万对) Divorces (10 000 couples)	粗离婚率 (‰) Crude Divorce Rate (‰)
1985	831.30	829.06	1607.63	50.48	2.22	45.79	0.44
1990	951.10	948.69	1819.13	78.24	2.38	80.00	0.69
1991	953.60	950.98	1820.32	81.65	2.64	83.10	0.72
1992	957.50	954.50	1832.10	76.91	2.96	84.96	0.74
1993	915.40	912.16	1747.01	77.32	3.28	91.00	0.77
1994	932.40	929.00	1779.33	78.67	3.38	98.20	0.82
1995	934.10	929.71	1776.07	83.35	4.40	105.60	0.88
1996	938.70	933.96	1781.72	86.20	4.72	113.40	0.93
1997	914.10	909.06	1725.95	92.16	5.08	119.90	0.97
1998	891.70	886.66	1675.37	97.94	5.03	119.20	0.96
1999	885.30	879.91	1659.36	100.46	5.42	120.15	0.96
2000	848.50	842.00	1581.39	102.62	6.49	121.29	0.96
2001	805.00	797.11	1481.74	112.49	7.87	125.05	0.98
2002	786.00	778.80	1440.30	117.10	7.28	117.70	0.90
2003	811.40	803.50	1483.90	123.30	7.83	133.00	1.05
2004	867.20	860.80	1569.60	152.00	6.35	166.50	1.28
2005	823.10	816.60	1483.00	163.10	6.43	178.50	1.37
2006	945.00	938.20	1705.60	184.40	6.82	191.30	1.46
2007	991.40	986.30	1779.70	203.10	5.11	209.80	1.59
2008	1098.30	1093.20	1972.50	224.10	5.10	226.90	1.71
2009	1212.40	1207.50	2168.80	256.00	4.92	246.80	1.85
2010	1241.00	1236.10	2200.90	281.10	4.90	267.80	2.00
2011	1302.36	1297.48	2309.88	294.85	4.88	287.40	2.13
2012	1323.59	1318.27	2361.17	286.02	5.33	310.38	2.29
北京 Beijing	17.41	17.29	28.74	6.08	0.12	4.86	2.35
天津 Tianjin	10.14	10.10	17.47	2.81	0.04	3.63	2.57
河北 Hebei	74.53	74.49	130.30	18.76	0.05	17.12	2.35
山西 Shanxi	36.28	36.27	67.70	4.86	0.01	5.28	1.46
内蒙古 Inner Mongolia	20.77	20.75	34.39	7.15	0.02	7.06	2.83
辽宁 Liaoning	37.29	37.04	66.96	7.61	0.24	14.12	3.22
吉林 Jilin	22.98	22.87	42.66	3.31	0.11	11.10	4.03
黑龙江 Heilongjiang	34.56	34.33	59.14	9.98	0.23	15.68	4.09
上海 Shanghai	14.42	14.20	22.96	5.88	0.22	5.28	2.22
江苏 Jiangsu	88.76	88.59	159.03	18.50	0.17	18.12	2.29
浙江 Zhejiang	44.20	43.78	77.08	11.32	0.42	12.25	2.24
安徽 Anhui	76.49	76.40	134.95	18.03	0.09	13.37	2.23
福建 Fujian	38.19	37.10	69.07	7.31	1.08	7.49	2.00
江西 Jiangxi	42.11	41.96	78.15	6.08	0.16	7.55	1.68
山东 Shandong	93.33	93.21	164.07	22.59	0.12	19.67	2.03
河南 Henan	119.13	119.03	229.26	9.00	0.10	16.00	1.70
湖北 Hubei	61.59	61.42	115.54	7.64	0.17	13.56	2.35
湖南 Hunan	64.38	64.16	113.77	14.98	0.22	15.54	2.34
广东 Guangdong	87.07	86.22	159.78	14.37	0.86	15.54	1.47
广西 Guangxi	49.17	48.98	90.45	7.89	0.19	8.59	1.83
海南 Hainan	9.94	9.85	18.70	1.18	0.09	1.21	1.36
重庆 Chongqing	29.85	29.77	43.29	16.41	0.08	12.57	4.27
四川 Sichuan	74.83	74.68	121.12	28.54	0.15	25.10	3.11
贵州 Guizhou	41.78	41.74	78.07	5.50	0.04	8.12	2.33
云南 Yunnan	41.95	41.69	76.55	7.35	0.26	8.21	1.76
西藏 Tibet	1.39	1.39	2.69	0.09		0.13	0.43
陕西 Shaanxi	37.36	37.32	65.62	9.11	0.04	7.10	1.89
甘肃 Gansu	16.75	16.74	31.87	1.64	0.01	3.29	1.28
青海 Qinghai	4.57	4.57	7.88	1.26		1.07	1.86
宁夏 Ningxia	6.07	6.07	10.88	1.27		1.50	2.32
新疆 Xinjiang	26.29	26.26	43.05	9.52	0.03	10.31	4.62

21-34 殡葬服务情况
Statistics on Funeral and Interment Services

年份 Year 地区 Region		殡葬类单位数 (个) Number of Funeral and Interment Enterprises (unit)	年末职工人数 (人) Employees at Year-end (person)	火化炉数 (台) Number of Cremators (set)	全年处理遗体数 (万具) Cremated Remains During the Year (10 000 bodies)	当年安葬数 (万人) Number of the Buried During the Year (10 000 persons)	火化率 (%) Cremation Rate (%)
	2005	3284	68588	5037	450.2	54.8	53.0
	2006	3549	70500	5649	430.2	45.4	48.2
	2007	3669	73227	4838	442.1	53.3	48.4
	2008	3754	74731	4789	453.4	49.9	48.5
	2009	3896	74050	5123	454.2	52.9	48.2
	2010	3951	75230	5229	474.1	60.5	49.0
	2011	4103	75254	5209	468.1	59.9	48.8
	2012	4357	77254	5539	477.7	60.9	49.5
北京	Beijing	53	1825	83	8.8	2.3	
天津	Tianjin	28	843	65	6.5	0.8	
河北	Hebei	188	3375	362	25.3	1.2	
山西	Shanxi	44	599	56	1.9	0.3	
内蒙古	Inner Mongolia	129	1958	132	6.3	1.6	
辽宁	Liaoning	305	5024	335	27.7	2.4	
吉林	Jilin	85	1768	139	11.5	0.8	
黑龙江	Heilongjiang	153	3226	251	17.3	1.9	
上海	Shanghai	78	3036	93	12.2	5.8	
江苏	Jiangsu	241	4095	492	49.5	6.7	
浙江	Zhejiang	251	3797	331	31.4	3.2	
安徽	Anhui	188	2980	222	27.4	3.9	
福建	Fujian	159	2863	201	18.8	1.6	
江西	Jiangxi	138	1974	185	9.5	2.1	
山东	Shandong	167	3342	474	63.0	1.7	
河南	Henan	252	5894	318	29.7	1.1	
湖北	Hubei	147	3440	300	22.1	5.0	
湖南	Hunan	232	3072	141	7.3	2.1	
广东	Guangdong	337	7278	406	45.7	3.4	
广西	Guangxi	71	1513	88	7.0	0.6	
海南	Hainan	15	326	6	0.2	0.1	
重庆	Chongqing	114	1957	111	7.2	1.7	
四川	Sichuan	264	3816	263	19.7	3.7	
贵州	Guizhou	128	2985	101	6.4	1.3	
云南	Yunnan	177	1144	148	4.8	1.2	
西藏	Tibet	2	30	5	0.1		
陕西	Shaanxi	101	2403	84	4.7	1.5	
甘肃	Gansu	67	653	48	1.7	0.6	
青海	Qinghai	25	180	38	0.8		
宁夏	Ningxia	38	224	8	0.4	0.3	
新疆	Xinjiang	180	1634	53	2.9	1.9	

21-35 社会组织情况
Statistics on Social Organizations

年份 地区	Year Region	单位数（个） Number of Institutions (unit)	社会团体 Social Organization	民办非企业单位 Non-enterprise Units Run by NGO	基金会 Fund Organization	年末职工人数（人） Staff and Workers at Year-end (person)	#女性 Female	社会团体 Social Organization	民办非企业单位 Non-enterprise Units Run by NGO	基金会 Fund Organization	增加值合计（亿元） Total Value-added (100 million yuan)
	2000	153322	130668	22654							
	2001	210939	128805	82134							
	2002	244509	133297	111212							
	2003	266612	141167	124491	954						
	2004	289432	153359	135181	892						
	2005	319762	171150	147637	975						
	2006	354393	191946	161303	1144	4251850	1062770	2695983	1540476	15391	112.17
	2007	386916	211661	173915	1340	4568515	1166211	2885287	1664959	18269	307.58
	2008	413660	229681	182382	1597	4758332	1406787	2855858	1892060	10414	372.40
	2009	431069	238747	190479	1843	5446666	1581352	3356506	2078160	12000	484.96
	2010	445631	245256	198175	2200	6181918	1628947	3960704	2208050	13164	518.33
	2011	461971	254969	204388	2614	5992765	1495862	3630298	2348326	14141	660.00
	2012	499268	271131	225108	3029	6132774	1777824	3469467	2644621	18686	525.56
中央级	Central-level	2125	1873	53	199	25027	12198	21573	1051	2403	14.63
地　方	Local-level	497143	269258	225055	2830	6107747	1765626	3447894	2643570	16283	510.93
北　京	Beijing	7993	3392	4382	219	112571	40847	32205	78360	2006	23.28
天　津	Tianjin	4235	2018	2164	53	44131	18928	8670	35134	327	4.15
河　北	Hebei	16534	9909	6586	39	231258	62245	121963	108913	382	10.94
山　西	Shanxi	11429	6613	4768	48	162378	44389	99004	63247	127	9.95
内蒙古	Inner Mongolia	9799	6432	3277	90	91725	26280	60983	30369	373	3.49
辽　宁	Liaoning	20637	9865	10702	70	246316	62117	150009	95771	536	19.13
吉　林	Jilin	8531	5557	2938	36	108635	18868	80275	28257	103	1.41
黑龙江	Heilongjiang	13316	5874	7389	53	169726	69334	124809	44758	159	11.01
上　海	Shanghai	10730	3693	6897	140	145281	32150	33698	110512	1071	41.08
江　苏	Jiangsu	43119	21843	20861	415	386851	114106	154569	231099	1183	68.12
浙　江	Zhejiang	31880	16452	15163	265	324363	111601	130383	193278	702	36.65
安　徽	Anhui	18727	11023	7652	52	276357	44657	184060	92150	147	15.01
福　建	Fujian	18058	12019	5902	137	243448	48450	181483	61041	924	7.34
江　西	Jiangxi	12274	7420	4820	34	182872	55221	101207	81481	184	17.44
山　东	Shandong	40515	17745	22694	76	324955	73723	136871	187808	276	52.22
河　南	Henan	21088	11022	9989	77	183780	48448	77448	105945	387	8.20
湖　北	Hubei	24873	11127	13682	64	225586	77436	102027	123035	524	21.02
湖　南	Hunan	19318	11194	7971	153	216283	63485	122185	92922	1176	10.24
广　东	Guangdong	35324	15853	19135	336	489633	190764	140809	346676	2148	83.07
广　西	Guangxi	14799	9810	4961	28	322349	61565	266955	55050	344	4.70
海　南	Hainan	3715	2018	1657	40	25243	9117	8221	16857	165	1.50
重　庆	Chongqing	11891	6176	5676	39	119938	45038	42437	77105	396	11.25
四　川	Sichuan	32637	18069	14480	88	482924	191360	318970	163079	875	18.66
贵　州	Guizhou	7460	4927	2504	29	134210	30545	105410	28597	203	4.57
云　南	Yunnan	15295	10701	4546	48	309885	91115	254243	55450	192	13.11
西　藏	Tibet	439	409	19	11	6227	2231	5997	194	36	0.10
陕　西	Shaanxi	16251	9162	7018	71	248664	52117	172048	76171	445	4.22
甘　肃	Gansu	10402	7768	2605	29	154991	34719	130036	24598	357	3.97
青　海	Qinghai	2921	1998	906	17	18206	4528	14280	3881	45	0.45
宁　夏	Ningxia	4127	3172	913	42	42505	11353	33454	8822	229	1.28
新　疆	Xinjiang	8826	5997	2798	31	76456	28889	53185	23010	261	3.37

21-36 自治组织情况
Statistics on Autonomy Organizations

年份 地区	Year Region	单位数(个) Number of Institutions (unit)	村民委员会 Village Committee	社区居委会 Neighborhood Committee	年末成员数(万人) Member at Year-end (10 000 persons)	#女性 Female	村民委员会 Village Committee	社区居委会 Neighborhood Committee	增加值合计(亿元) Total Value-added (100 million yuan)
	2000	840083	731659	108424	363.4	78.0	315.0	48.4	
	2001	791867	699974	91893	362.8	76.3	316.4	46.4	
	2002	767364	681277	86087	333.8	71.6	294.2	39.6	
	2003	740917	663486	77431	358.8	76.5	319.1	39.7	
	2004	722050	644166	77884	334.6	68.0	292.1	42.5	
	2005	709026	629079	79947	311.1	68.5	265.7	45.4	
	2006	704386	623669	80717	287.3	77.6	243.0	44.3	273.2
	2007	694715	612709	82006	282.7	71.5	241.1	41.6	280.9
	2008	687698	604285	83413	276.0	71.8	233.9	42.2	328.6
	2009	683767	599078	84689	277.1	71.9	234.0	43.1	370.9
	2010	681715	594658	87057	277.3	71.6	233.4	43.9	309.9
	2011	679133	589653	89480	277.3	73.4	231.9	45.4	363.2
	2012	679628	588475	91153	279.2	74.2	232.3	46.9	375.0
北京	Beijing	6756	3940	2816	3.2	1.6	1.4	1.9	25.5
天津	Tianjin	5129	3782	1347	2.0	1.0	1.1	0.9	5.2
河北	Hebei	52150	48721	3429	18.4	3.2	16.7	1.7	9.5
山西	Shanxi	30140	28127	2013	11.1	2.5	10.1	1.0	9.3
内蒙古	Inner Mongolia	13460	11296	2164	5.4	1.8	4.2	1.1	3.6
辽宁	Liaoning	15426	11416	4010	6.8	2.8	4.3	2.5	5.3
吉林	Jilin	11133	9109	2024	4.5	1.4	3.6	1.0	9.6
黑龙江	Heilongjiang	11733	8988	2745	5.4	1.7	4.0	1.3	5.4
上海	Shanghai	5527	1613	3914	2.6	1.4	0.6	2.0	13.7
江苏	Jiangsu	21510	15173	6337	10.9	3.1	7.4	3.5	44.7
浙江	Zhejiang	32805	28798	4007	12.8	3.4	10.9	2.0	52.7
安徽	Anhui	18154	15054	3100	7.7	2.2	6.1	1.6	9.5
福建	Fujian	16689	14435	2254	6.9	1.9	5.6	1.3	3.9
江西	Jiangxi	20076	16961	3115	7.6	2.0	6.4	1.2	3.8
山东	Shandong	78193	71570	6623	32.1	9.2	28.9	3.2	63.4
河南	Henan	51245	47140	4105	21.3	5.0	19.3	2.0	8.5
湖北	Hubei	29607	25575	4032	11.7	3.4	9.8	2.0	12.7
湖南	Hunan	46811	42018	4793	16.7	4.8	14.6	2.1	13.1
广东	Guangdong	25646	19180	6466	11.6	3.4	8.2	3.5	36.2
广西	Guangxi	16136	14345	1791	7.7	1.7	6.7	1.0	4.5
海南	Hainan	3040	2568	472	1.5	0.3	1.2	0.3	1.0
重庆	Chongqing	10981	8467	2514	5.4	1.6	3.9	1.5	4.3
四川	Sichuan	52973	46604	6369	21.0	5.0	18.2	2.8	11.1
贵州	Guizhou	19917	18099	1818	9.4	1.7	8.3	1.0	4.5
云南	Yunnan	14156	12292	1864	6.7	1.3	5.6	1.1	4.7
西藏	Tibet	5456	5259	197	2.6	0.6	2.5	0.1	0.1
陕西	Shaanxi	28815	26890	1925	10.7	2.6	9.8	0.9	4.6
甘肃	Gansu	17297	16053	1244	6.7	1.3	6.1	0.6	2.2
青海	Qinghai	4620	4170	450	1.9	0.4	1.7	0.2	0.3
宁夏	Ningxia	2685	2231	454	1.2	0.4	0.9	0.3	0.4
新疆	Xinjiang	11362	8601	2761	5.7	1.5	4.2	1.5	1.8

21-37 残疾人事业基本情况
Basic Statistics on the Work for Persons with Disabilities

项　　目	Item	2009	2010	2011	2012
康复	**Rehabilitation**				
视力残疾康复	Rehabilitation of Persons with Visual Disability				
白内障复明手术 (万例)	Sight-restoring Surgeries for Cataract Patients (10 000 cases)	104.3	79.9	75.8	79.6
#贫困白内障患者免费手术	Free Surgeries for Poor Cataract Patients	37.3	27.3	31.0	33.4
低视力者配用助视器 (万人)	Persons with Low-vision Fitted with Vision-aids (10 000 persons)	4.1	3.3	3.6	11.7
盲人定向行走训练 (万人)	Blind Persons Receiving Orientation Skill Training (10 000 persons)	1.5	1.6	2.5	12.0
听力语言残疾康复	Rehabilitation of Persons with Hearing and Speech Disability				
新收训聋儿 (万人)	Deaf Children Newly Trained in the year (10 000 persons)	2.0	1.9	1.8	2.0
培训聋儿家长 (万人)	Parents Trained (10 000 persons)	2.6	2.3	2.9	3.9
肢体残疾康复 (万人)	Rehabilitation of Persons with Physical Disability (10 000 persons)				
肢体残疾(脑瘫)儿童机构康复训练	Rehabilitation Training Institutions for Children with Mobility Impairment(Cerebral Palsy)	1.5	2.1	1.8	3.0
肢体残疾人社区、家庭康复训练	Persons with Mobility Impairment Receiving Rehabilitation Training in Communities and Families	9.1	11.5	14.9	32.8
智力残疾康复 (万人)	Rehabilitation of Persons with Intellectual Disability (10 000 persons)				
智力残疾儿童康复训练	Children with Intellectual Disability Receiving Rehabilitation Training	2.7	2.7	2.8	11.5
成年智力残疾人社区、家庭康复	Adults with Intellectual Disability Trained in Communities and Families				2.5
精神病防治康复	Prevention and Rehabilitation of Mental Illness (PRMI)				
监护精神病人 (万人)	People with Mental Illness under Guardianship (10 000 persons)	412.8	416.2	421.2	449
显好率 (%)	Significant Improvement Rate (%)	69.5	68.4	68.4	67.2
社会参与率 (%)	Social Involvement Rate (%)	55.4	54.5	53.8	52.6
孤独症儿童机构训练 (人)	Children with Autism Trained in Institutions (person)	5290	5620	6910	11119
残疾人辅助器具供应服务	Provision of Assistive Devices				
辅助器具供应 (万件)	Assistive Devices Provided (10 000 pieces)	112.2	113.9	74.3	114.5
残疾人假肢装配 (万例)	Prosthesis Installed for the Disabled (10 000 cases)	2.5	3.0	3.1	3.9
残疾人矫形器装配 (万例)	Orthotic Devices for the Disabled (10 000 cases)	1.1	2.6	1.5	4.0
教育	**Education**				
未入学学龄残疾儿童少年 (万人)	School-age Disabled Children Unable to Enter School (10 000 persons)	21.1	14.6	12.6	9.1
特殊教育普通高中在校生 (人)	Students at Special Education Senior High Schools (person)	6339	6067	7207	7043
残疾人中等职业教育在校生 (人)	Students at Secondary Vocational Schools for PWDs (person)	11448	11506	11572	10442
高等院校录取残疾考生 (人)	Disable Students Admitted to Higher Education Institutions (person)	7782	8731	8027	8363
就业	**Employment**				
城镇残疾人新增安排就业 (万人)	Newly Employed PWDs in Urban Areas in the Year (10 000 persons)	35.0	32.4	31.8	32.9
集中就业	Employed in Collective Form	10.5	10.2	9.7	10.2
按比例就业	Employed by Quota Scheme	8.9	8.6	7.5	8.0
个体及其他形式就业	Self-employed or Employed in Other Forms	15.6	13.7	14.6	14.7
社会保障 (万人)	**Social Security (10 000 persons)**				
城镇残疾职工参加社会保险	Urban Workers with Disabilities Covered by Social Insurance	287.6	283.2	299.3	280.9
残疾居民参加城镇居民医疗保险	Residents with Disabilities Covered by the Medical Insurance for Urban Residents	283.6	355.9	433.1	498.6
农村残疾人参加新型农村社会养老保险	Rural PWDs Covered by New Types of Rural Social Pension Insurance	158.9	487.1	1232.5	1338.4
城乡残疾人纳入最低生活保障	PWDs Covered by the Basic Living Allowance System	853.6	927.1	1031.4	1070.5
托养残疾人	Fostered PWDs	11.0	57.9	60.7	74.7
维权	**Rights Protection**				
贫困残疾人家庭无障碍改造(万户)	Barrier Free Home Renovation for poor PWDs (10 000 households)			10.2	14.1
残疾人机动轮椅车燃油补贴(万人)	Fuel Subsidy for Motor Wheelchairs of PWDs (10 000 persons)	49.1	49.1	41.9	55.4
扶贫	**Poverty Alleviation**				
扶持农村贫困残疾人 (万人次)	Impoverished PWDs Assisted in Rural Areas (10 000 person-times)	192.3	204.0	211.8	229.9
农村残疾人实用技术培训(万人次)	Vocational Skills Training for PWDs (10 000 person-times)	84.0	85.5	92.3	86.1
农村贫困残疾人危房改造 (万户)	Dilapidated House Renovation for Poor PWDs (10 000 households)	10.2	11.8	9.4	13.2
受益残疾人 (万人)	PWDs Benefited (10 000 persons)	14.0	14.5	11.5	15.7
组织建设	**Organization Development**				
残疾人人口库持证残疾人 (万人)	PWDs with Disability Certificate in the PWD Database(10 000 persons)	1005.2	1793.7	2195.1	2527.2

注：1.根据第二次全国残疾人抽样调查及第六次全国人口普查的结果推算，2010年末我国残疾人总数8502万人。
2.孤独症儿童机构训练数据2008年专指省级"十一五"试点机构内的儿童，2009年起包括省级和地市级及以下机构在训儿童。
3.托养残疾人数据2009年以前专指机构中托养的残疾人，2010年起包括享受居家托养服务的残疾人。

a) According to the Second China National Sample Survey on Disability and the Six National Population Census results, it is estimated that by the end of 2010, there were 85.02 million persons with disabilities.

b) The data of children with autism trained in institutions for the year 2008 only refer to children trained in designated provincial institutions listed in the Eleventh Five-year Plan. From the year 2009, the data include children trained in provincial, prefecture-level city and below institutions.

c) Before the year 2009, data of fostered PWDs only referred to PWDs fostered in designated institutions. Since the year 2010, the data include PWDs receiving fostering service at home.

主要统计指标解释

医疗卫生机构 指从卫生行政部门取得《医疗机构执业许可证》、《计划生育技术服务许可证》，或从民政、工商行政、机构编制管理部门取得法人单位登记证书，为社会提供医疗保健、疾病控制、卫生监督服务或从事医学科研和医学在职培训等工作的单位。医疗卫生机构包括医院、基层医疗卫生机构、专业公共卫生机构、其他医疗卫生机构。

医院 包括综合医院、中医医院、中西医结合医院、民族医院、各类专科医院和护理院，不包括专科疾病防治院、妇幼保健院和疗养院。

基层医疗卫生机构 包括社区卫生服务中心、社区卫生服务站、街道卫生院、乡镇卫生院、村卫生室、门诊部、诊所(医务室)。

专业公共卫生机构 包括疾病预防控制中心、专科疾病防治机构、妇幼保健机构（含妇幼保健计划生育服务中心)、健康教育机构、急救中心（站）、采供血机构、卫生监督机构、取得《医疗机构执业许可证》或《计划生育技术服务许可证》的计划生育技术服务机构。

其他医疗卫生机构 包括疗养院、临床检验中心、医学科研机构、医学在职教育机构、医学考试中心、农村改水中心、人才交流中心、统计信息中心等卫生事业单位。

卫生人员 指在医院、基层医疗卫生机构、专业公共卫生机构及其他医疗卫生机构工作的职工，包括卫生技术人员、乡村医生和卫生员、其他技术人员、管理人员和工勤人员。一律按支付年底工资的在岗职工统计，包括各类聘任人员(含合同工)及返聘本单位半年以上人员，不包括临时工、离退休人员、退职人员、离开本单位仍保留劳动关系人员、本单位返聘和临聘不足半年人员。

卫生技术人员 包括执业医师、执业助理医师、注册护士、药师（士）、检验技师（士）、影像技师、卫生监督员和见习医（药、护、技）师（士）等卫生专业人员。不包括从事管理工作的卫生技术人员(如院长、副院长、党委书记等)。

执业医师 指《医师执业证》“级别”为“执业医师”且实际从事医疗、预防保健工作的人员，不包括实际从事管理工作的执业医师。执业医师类别分为临床、中医、口腔和公共卫生四类。

执业(助理)医师 指《医师执业证》“级别”为“执业助理医师”且实际从事医疗、预防保健工作的人员，不包括实际从事管理工作的执业助理医师。执业助理医师类别分为临床、中医、口腔和公共卫生四类。

每千人口执业(助理)医师 每千人口执业(助理)医师=(执业医师数+执业助理医师数)/人口数×1000。人口数系年末常住人口。

每千人口卫生技术人员 每千人口卫生技术人员=卫生技术人员数/人口数×1000。人口数系年末常住人口。

每千人口医疗卫生机构床位 每千人口医疗卫生机构床位=医疗卫生机构床位数/人口数×1000。人口数系年末常住人口。

甲乙类法定报告传染病发病率 是指某年某地区每10万人口中甲、乙类法定报告传染病发病数。即甲乙类法定报告传染病发病率=甲、乙类法定报告传染病发病数/人口数×100000。

甲乙类法定报告传染病死亡率 是指某年某地区每10万人口中甲、乙类法定报告传染病死亡数。即甲乙类法定报告传染病死亡率=甲、乙类法定报告传染病死亡数/人口数×100000。

甲乙类法定报告传染病病死率 是指某年某地区甲、乙类法定报告传染病死亡数与发病数之比。即甲乙类法定报告传染病病死率=甲、乙类法定报告传染病死亡数/发病数×100%。

粗死亡率 指年内一定地区的死亡人数与同期平均人数之比，一般以‰表示。

病死率 表示一定时期内(通常为一年)，患某种疾病的死亡人数与患某种疾病发病人数之比，一般以%表示。

孕产妇死亡率 指年内每10万名孕产妇的死亡人数。孕产妇死亡指从妊娠期至产后42天内，由于任何妊娠或妊娠处理有关的原因导致的死亡，但不包括意外原因死亡者。按国际通用计算方法，“孕产妇总数”以“活产数”代替计算。

活产数 指年内妊娠满28周及以上（如孕周不清楚，可参考出生体重达1000克及以上），娩出后有心跳、呼吸、脐带搏动、随意肌收缩四项生命体征之一的新生儿数。

5岁以下儿童死亡率 指年内未满5岁儿童死亡人数与活产数之比，一般以‰表示。

新生儿死亡率 指年内新生儿死亡数与活产数之比。一般以‰表示。新生儿死亡指出生至28天以内(即0-27天)死亡人数。

参加新农合人数 指根据本地新农合实施方案到年内新农合筹资截止时已缴纳新农合资金的人口数。

新农合当年基金支出 指本年度实际从新农合基金帐户中支出用于新农合补偿的资金。

新农合补偿受益人次 指年内新农合参合人员因病就医获得补偿的人次数，包括住院、家庭帐户形式、门诊、特殊病种大额门诊、住院正常分娩、体检和其他补偿人次之和。

新农合本年度筹资总额 指为本年度筹集的、实际进入新农合专用帐户的基金数额。包括本年度中央及地方财政配套资金、农民个人缴纳资金（含民政部门及其他相关部门代

缴的救助资金)、新农合基金本年度产生的全部利息收入及其他渠道实际筹集到的新农合基金额。筹资数额以进入新农合专用帐户的基金数额为准，不含上年结转资金。

卫生总费用 指一个国家或地区在一定时期内，为开展卫生服务活动从全社会筹集的卫生资源的货币总额，按来源法核算。它反映一定经济条件下，政府、社会和居民个人对卫生保健的重视程度和费用负担水平，以及卫生筹资模式的主要特征和卫生筹资的公平性合理性。

政府卫生支出 指各级政府用于医疗卫生服务、医疗保障补助、卫生和医疗保险行政管理、人口与计划生育事务支出等各项事业的经费。

社会卫生支出 指政府支出外的社会各界对卫生事业的资金投入。包括社会医疗保障支出、商业健康保险费、社会办医支出、社会捐赠援助、行政事业性收费收入等。

个人现金卫生支出 指城乡居民在接受各类医疗卫生服务时的现金支付，包括享受各种医疗保险制度的居民就医时自付的费用。可分为城镇居民、农村居民个人现金卫生支出，反映城乡居民医疗卫生费用的负担程度。

人均卫生费用 即某年卫生总费用与同期平均人口数之比。

卫生总费用占 GDP 比重 指某年卫生总费用与同期国内生产总值（GDP）之比。是用来反映一定时期国家对卫生事业的资金投入力度，以及政府和全社会对卫生事业、居民健康的重视程度。

军供站 即军队供应管理单位，指地方政府委托民政部门管理的、独立核算的、为战时或平时军队来往服务的军用饮食供应站、军用供水站、军人转运接待站等单位的总称。

社会工作师 指通过全国社会工作师职业水平考试并取得社会工作师职业水平证书的人员。

每千人口社会服务床位数 指老年及残疾人床位数、智障和精神疾病床位数、儿童床位数、救助及其他社会服务床位数的总和除以当年期末人口数乘以1000。计算公式为:

$$\text{每千人口社会服务床位数} = \frac{\text{社会服务床位数}}{\text{年末人口数}} \times 1000$$

其中，老年及残疾人床位数包括城市养老服务机构、农村养老服务机构、社会福利院、光荣院、荣誉军人康复医院、复员军人疗养院中的相关床位数；智障和精神疾病床位数包括复退军人精神病院和社会福利医院中的相关床位数；儿童床位数包括儿童福利院和流浪儿童救助保护中心中的相关床位数；救助及其他社会服务床位数包括社区养老服务中心、社区养老服务站、生活无着人员救助管理站、其他收养机构、军休所、军供站的相关床位数。

社会福利企业 指以集中安置有一定劳动能力的残疾人就业为目的（残疾职工占生产人员 10%以上)、带有社会福利性质的企业总称。社会福利企业分类为: 社会福利工厂、假肢厂、其他福利企业。性质分为: 国有、集体和其他性质。

孤儿数 指失去父母或查找不到生父母的未满18周岁的未成年人的人数。由地方县级以上民政部门依据有关规定和条件认定。

家庭儿童收养登记总数 指中国公民收养查找不到生父母的弃婴、儿童和福利机构抚养的孤儿以及外国人收养中国儿童并在中国县级及以上民政部门办理儿童收养登记后取得合法收养关系的总件数。县级及以上民政部门办理儿童收养登记一次为一件。

中国公民收养登记 指收养人是中国公民(包括港澳台居民及华侨）的儿童收养登记。

外国公民收养登记 指收养人是具有外国国籍（包括无国籍人）的人员。夫妻共同收养有一方是外国人的，按外国人办理收养登记。

城市居民最低生活保障人数 指在报告期末家庭平均收入在当地规定的最低生活保障线以下的城镇居民数。包括“三无”对象，失业人员和在职、下岗、退休人员等。

农村居民最低生活保障人数 指报告期末在建立农村最低生活保障制度的地区，得到当地政府或集体给予最低生活保障的农业人口家庭人数。

五保户 指无法定抚养义务人，或者虽有法定抚养义务人，但是抚养人无抚养能力的；无劳动能力的；无生活来源的老年人、残疾人和未成年人。

传统救济人数 指国家规定由民政部门救济的特殊人员和 60 年代精简退职老职工救济人员。特殊人员包括麻风病人、原国民党起义、投诚人员、归侨、台胞台属、宽大释放人员、摘掉右派帽子人员、因公负伤的下乡知青、因计划生育手术事故造成死亡和丧失劳动能力人员等传统民政救济对象。

社区服务机构数 指报告期末设立的社区服务指导中心、社区服务中心、社区服务站、其他社区服务机构的总和数。具有面向老人及其家庭的商品递送、医疗保健、家庭保洁、日间照料、陪伴服务等为社区居家养老服务的设施和突出综合服务的职能。包括党员活动室、就业保障网络、社区卫生服务站、文化活动室、图书室、“爱心超市”、社区捐助接收站点、警务站（室）、老年活动室、未成年人文化活动场所等具有综合服务功能的机构。

社区服务机构覆盖率 计算公式为:

$$\text{社区服务机构覆盖率} = \frac{\text{社区服务机构数}}{\text{村委会数} + \text{居委会数}} \times 100\%$$

粗离婚率 指某地区当年离婚对数占该地区年平均人口的比重。计算公式为:

$$\text{粗离婚率} = \frac{\text{当年离婚对数}}{\text{年平均人口数}} \times 1000‰$$

未入学学龄残疾儿童少年 指截止到本年度 12 月 31 日，《义务教育法》规定的入学年龄段(6-14 周岁或 7-15 周岁)内的，因各种原因未能入学的各类残疾儿童少年。

城镇残疾人新增安排就业 指本年度通过集中就业、按比例就业、个体就业、公益性岗位就业、辅助性就业及其他形式新安排就业的城镇（非农业户口）残疾人。

集中就业 指城镇残疾人集中在福利企业、工疗机构、盲人按摩机构等单位就业。

按比例就业 指城镇残疾人分散在机关、团体、企事业单位及各种经济组织等单位就业。

个体及其他形式就业 指除集中就业和按比例就业外，城镇残疾人通过公益性岗位就业、个体就业、辅助性就业及其他形式实现就业。其中，公益性岗位就业指城镇残疾人在城镇公共管理和涉及居民利益的非营利性的服务岗位上就业，辅助性就业指通过对城镇智力、精神和重度肢体等残疾人辅助性服务，帮助其从事简单的劳动实现就业。

Explanatory Notes on Main Statistical Indicators

Medical and Health Care Institutions refer to the units which have been qualified the Certification of Health Care Institution, certification of family planning technical service by the administration of public health, or qualified the Certification of Corporate Unit by the civil affairs, administration for industry and commerce, commission office for public sector reform, and engaging in medical care, disease prevention and control, health supervision and inspection, medicine research and on-job training, etc., including: hospitals, health care institutions at grass-root level, specialized public health institutions, and other medical and health care institutions.

Hospitals include general hospitals, hospitals specialized in traditional Chinese medicine, hospitals of integrated traditional Chinese and western medicine, ethnic hospitals, specialized hospitals and nursing hospitals, excluding specialized disease prevention and treatment institutes, maternal and child health care hospitals and convalescent hospitals.

Health Care Institutions at Grass-root Level include community health service centers, community health service stations, urban health centers, township health centers, village clinics, outpatient departments and clinics (health centers).

Specialized Public Health Institutions include centers for disease control and prevention, specialized disease prevention and treatment institutions, women and children care agencies(including women and children health care family planning service center), health education institutions, first aid centers, blood gathering and supplying institutions, health supervision and inspection agencies, and family planning technical service centers that obtained the Certification of Health Care Institution or certification of family planning technical service centers.

Other Medical and Health Care Institutions include sanatoriums, clinical laboratory centers, medicinal scientific research institutions, on-job training institutions, medical examination centers, rural water improvement centers, talent exchange centers, and statistical information centers, etc.

Health Care Employees refer to all employees engaged in the health care institutions, such as hospitals, health care institutions at grass-root level, specialized public health institutions, and other medical and health care institutions, including medical technical personnel, village doctors and assistants, other technical personnel, managerial and service staff. The data is based on the year end payroll, including personnel hired (including contract labor) and re-employed after retirement by the institution for over half a year and excluding temporary workers, retired personnel, resigned personnel, personnel who have left the institution but kept the contract relation and personnel who are re-employed after retirement or temporarily employed for less than half a year.

Medical Technical Personnel refer to the professional staff engaged in health care, including licensed doctors, licensed assistant doctors, registered nurses, pharmacists, laboratory technicians, imaging staff, health care supervisors and intern doctors, pharmacists, nurses, and technical personnel, excluding the medical technical personnel engaged in managerial job (e.g. president, vice president and secretary of the party committee etc).

Licensed Doctors refer to the medical workers who have obtained the licenses of qualified doctors and are employed in medical treatment, disease prevention or healthcare institutions, excluding the licensed doctors engaged in management job. The licensed doctors are divided into 4 categories: clinician, Chinese medicine physicians, dentist and public health physicians.

Licensed Assistant Doctors refer to the medical workers who have obtained the licenses of qualified assistant doctors and are employed in medical treatment, disease prevention or healthcare institutions, excluding the licensed assistant doctors engaged in management job. The classification of licensed assistant doctors is clinician, Chinese medicine, dentist and public health.

Number of Licensed (Assistant) Doctors per 10000 Population The formula is:

Number of Licensed Doctors per 10000 Population = (Number of Licensed Doctors + Number of Licensed Assistant Doctors) / Population *10000

The population is the figure of usual population at year-end.

Number of Medical Technical Personnel per 10000 Population The formula is:

Number of Medical Technical Personnel per 10000 Population = Number of Medical Technical Personnel / Population *10000

The population is the figure of usual population at year-end.

Number of Beds of Medical and Health Care Institutions per 10000 Population the formula is:

Number of Beds of Medical and Health Care Institutions per 10000 Population = Number of Beds of Medical and Health Care Institutions / Population *10000

The population is the figure of usual population at year-end.

Incidence Rate of A and B Type of Notifiable Infectious Diseases refer to the incidence cases notifiable class A and class B infectious diseases per 100 thousand population in the reference region in the reference year. The formula is:

Incidence Rate of A and B Type of Notifiable Infectious Diseases = Incidence Cases Notifiable Class A and Class B

Infectious Diseases / Population *100000

Death Rate of A and B Type of Notifiable Infectious Diseases refer to the death cases notifiable class A and class B infectious diseases per 100 thousand population in the reference region in the reference year. The formula is:

Death Rate of A and B Type of Notifiable Infectious Diseases= Death Cases Notifiable Class A and Class B Infectious Diseases / Population *100000

Mortality Rate of A and B Type Notifiable Infectious Diseases refer to the ratio of death cases notifiable class A and class B infectious diseases to the incidence cases in the reference region in the reference year. The formula is:

Mortality Rate of A and B Type Notifiable Infectious Diseases = Death Cases Notifiable Class A and Class B Infectious Diseases / Incidence Cases *100%

Crude Mortality Rate refers to the ratio of deaths to the average population in a year of the region, and usually is presented by ‰.

Fatality Rate refers to the ratio of deaths caused by a disease to the population infected by it in a give period (generally one year), and usually is presented by %.

Maternal Mortality Rate refers to number of maternal death per 10,000 maternal. Generally refers to maternal mortality from pregnancy to 42 days after parturition due to pregnancy or any treatment of pregnancy, however, accidental deaths are not included. According to internationally accepted calculation method, the live births are used to represent the total number of maternal.

Number of Live Births refers to the number of newborn having one of four indicators like heartbeat, breathing, umbilical cord pulsation and involuntary muscle contraction after childbirth with gestation of at least 28 weeks or above (if the gestation is not clear, then refer to the birth weight of 1000 grams and abovc).

Mortality Rate of Children under 5 refers to the ratio of deaths of children under 5 in a year to the number of live births, and usually is presented by ‰.

Newborn Mortality Rate refers to the ratio of neonatal deaths in a year to the number of live births, and usually is presented by ‰. Neonatal deaths refer to the deaths of new-birth under the age of 28 days (0-27 days).

Number of Persons Participated in the New Rural Cooperative Medical System refers to the number of persons who have given payment to the new cooperative medical system by the deadline of fundraising during the year according to the implementation plan of the new system.

Expenditure of Funds for the New Rural Cooperative Medical System This Year refers to expenditures on compensation funds for the new rural cooperative medical system from the fund account of new cooperative medical system this year.

Persons Benefited from the Compensation of New Rural Cooperative Medical System refers to the number of person-times of those who participate in the new system and have been compensated for medical treatment in the year, including hospitalization, family account form, out-patient, large special diseases out-patient, normal childbirth in hospital, medical examination and other compensations

Funds Raised for the New Rural Cooperative Medical System within the Reference Year refers to the amount of funds raised within the reference year and put into the special new rural cooperative medical account, including the matching funds of central and local governments, paid money by farmers (including relief funds paid by the civil affairs department and other relevant departments), all the interest income generated this year of the funds and funds actually raised from other channels this year. The amount of funding equals to the funds entering into the special new rural cooperative medical account, excluding the carry-over funds from the previous year.

Total Expenditure on Public Health refers to the total monetary value of health resources in a country or a region collected by the whole society for public health based on source approach. It reflects the attention and affordability of the government, society and individual for public health and the major characteristics, justice and rationality of the health fund-raising model under certain economic circumstance.

Government Expenditure on Public Health refers to the expenditure of the governments at all levels on medical and health care services, medical subsidies, health administration and health insurance management, and undertakings of family planning etc.

Social Expenditure on Public Health refers to all inputs of society except the government in public health including the expenditures on social medical security, commercial health insurance, private expenditure on operation of medical and health care, social donation and contribution, and income from administrative fees etc.

Individual Cash Expenditure on Health refers to expenditure in cash on various health services by rural and urban residents, including self payments of residents within the system of multi-medical insurance. It can be categorized as cash expenditure on health by urban and rural residents and reflects their affordability of public health.

Average Expenditure on Health refers to the ratio of total expenditure on health in a year to the average population.

Ratio of Total Expenditure on Public Health to GDP refers to the ratio of total expenditure on public health in a year to GDP, which indicates the financial support given by a nation to health work and the attention paid on the public health and the health of residents by the government and society.

Military Supply Stations also called units of management of military supply. They are the general name of units such as military food supply stations, military water supply stations, servicemen transfer reception stations, which are managed by departments of civil affairs entrusted by local governments with independent accounting, and provide services to army during the war or peacetime.

Licensed Social Workers refer to those who passed the

National Aptitude Test for Social Workers and obtained the certificates.

Social Service Beds per Thousand Population refer to the total number of social service beds for the elderly, disabled, mentally-retarded, mentally-disabled, children, people in need and others divided by year-end population multiplied by 1000.

The formula is:

$$\text{Social service beds per thousand population} = \frac{\text{number of social service beds for the reference year}}{\text{year-end population}} \times 1000$$

The number of beds for the elderly and disabled includes beds in urban institutions for aged persons, rural institutions for aged persons, social welfare homes, homes for disabled veterans, convalescent hospitals for honourable servicemen and sanatoriums for ex-servicemen. The number of beds for the mentally-retarded and mentally disabled includes beds in mental hospitals for ex-servicemen and the related beds in social welfare hospitals. The number of beds for children includes the beds in social welfare institutions for children and centers for rescuing street children. The number of beds for relief and other social service beds includes the beds in community pension service center, community elderly care service center, salvation station, other adoption institutions, convalescent homes for retired military officers and military supply stations.

Social Welfare Enterprises refer to those welfare-oriented enterprises employing a significant number of handicapped people with certain labour ability (handicapped employees shall exceed 10% of the production staff). They can be categorized as welfare factories, artificial limb plants and other welfare enterprises. They can be in the form of state ownership, collective ownership or other kinds of ownership.

Number of Orphans refers to juveniles under age of 18 that have lost parents or can't find parents. Orphans are affirmed by department of civil affairs at county level according to relevant regulations.

Number of Adoption Registration of Family Children refers to abandoned babies that can't find parents, children and orphans raised by welfare institutions adopted by Chinese citizens, or children adopted by foreign nationals, which have registered in department of civil affairs at county level and above, and gained legal adoption right. One registration means one case.

Adoption Registration of Chinese Citizens refers to adoption registration of children by Chinese citizens, which include persons from Hong Kong, Macao and Taiwan, and overseas Chinese.

Adoption Registration of Foreign Nationals refers to adoption registration of children by foreign nationals, which include stateless persons, or by couples, at least one of whom is of foreign national.

Number of Urban Residents Entitled to Minimum Living Allowances refers to the number of those whose average family income is below a minimum local standard by the end of the reporting period, including both the employed and unemployed, laid off and retired, and those jobless people without stable residence or valid IDs.

Number of Rural Residents Entitled to Minimum Living Allowances refers to the number of those receiving the minimum living allowances from the local government or community in the rural areas where this allowances system is in place as of the end of the reference period.

Households Enjoying Five Guarantees refers to those senior citizens, handicapped or under-aged who, without labour ability, can not make a living by themselves and whose statutory providers are unable to support them or who have no statutory providers at all.

Number of Recipients of Traditional Relief refers to special personnel receiving support from civil affair department according to national regulations and personnel who resigned because of the streamlining in the 1960s. Special personnel include traditional recipients of civil affair support, such as lepers, insurrectionists and surrenders of former KMT, returned overseas Chinese, Taiwan compatriots, personnel pardoned and released early from prisons, personnel removed of the label "rightist", educated youth suffered from work injuries in the "Down to the Countryside Movement" and personnel who have lost their work capacity due to family planning surgeries.

Number of Service Institutions in Communities refers to the total number of community service guidance centers, community service centers, community service stations and other community service institutions at the end of the reporting period. These institutions offer home keeping and elderly care services for the elderly and other families, like commodity delivery, health care, cleaning, adult day care, companion and others. They include comprehensive service institutions, such as party member activity rooms, employment security network, community health care stations, entertainment rooms, libraries, "Benevolence Supermarkets", community donation stations, guard stations, senior activity rooms, cultural activity centers for juveniles and others.

Coverage Rate of Service Institutions in Communities The formula is:

Coverage rate of service facilities in communities = number of service facilities in communities/number of village committees + communities × 100%

Crude Divorce Rate refers to ratio of divorced couples to the annual average population in a certain region for the reference year, the formula is:

$$\text{Crude Divorce Rate} = \frac{\text{number of couples divorced for the reference year}}{\text{annual average population}} \times 1000 \text{‰}$$

Handicapped School-age Children without School Attendance refers to the number of handicapped children of the school age in accordance with the *Law on Compulsory Education* (6 to 14 years old or 7 to 15 years old) who fail to attend any schools for various reasons as of December 31 of the current year.

New Job Created for the Urban Disabled refers to the new jobs created for the urban disabled (non-agricultural household registration) through centralized employment, self-employment, employment of welfare posts, supported employment and other forms.

Centralized Employment refers to the employment of the urban handicapped residents, in a centralized manner, by welfare enterprises, work and treatment agencies, blind massagists' centers and other organizations.

Proportionate Employment refers to the employment of the urban handicapped residents by governmental bodies, organizations, corporate and public institutions, and various economic organizations in a decentralized manner.

Self-employment and Other Forms refer to the employment of the urban disabled through employment of welfare posts, self-employment, supported employment and other forms other than centralized employment and proportionate employment. Employment of welfare posts refer to the employment of the disabled for urban public management and non-profit service posts. Supported employment refers to the employment of the mentally-retarded, mentally-disabled and heavily physically-disabled by offering them assistance and helping them to engage in simple work.

22

文化和体育

Culture and Sports

简 要 说 明

一、本篇资料的主要内容

本篇主要反映新闻出版、广电、文化、文物、档案、体育事业发展情况。

内容包括全国及各地区图书、期刊、报纸、音像制品的出版、印刷、发行以及引进和输出版权情况；全国及各地区广播影视宣传、覆盖、技术等方面的情况；全国及各地区艺术表演团体、公共图书馆、群众艺术馆、博物馆以及国家档案馆等单位的机构、人员、经费和业务活动情况；全国及各地区体育系统运动员获世界冠军、创世界记录以及分技术等级运动员、教练员发展情况。

二、本篇的资料来源

新闻出版、广播、电影、电视资料来自国家新闻出版广电总局；文化资料来自文化部；文物资料来自国家文物局；档案资料来自国家档案局；体育资料来自国家体育总局。

详细资料分别见《中国新闻出版统计资料汇编》（国家新闻出版广电总局编）、《全国广播电影电视业发展指标统计》（国家新闻出版广电总局编）、《中国文化文物统计年鉴》（中华人民共和国文化部编）、《体育事业统计年鉴》（国家体育总局体育经济司编）。

Brief Introduction

I. Main Contents

Data in this chapter mainly reflect the development of news and publication; radio broadcasting, films and television; culture; cultural relics; archives and sports undertakings.

This part covers the publication, printing, issuance, import and export of books, magazines, newspapers and audio and video products in regions and the country as a whole; the advertisement, coverage and technique of radio, film and television programmes in regions and the country as a whole. Data mainly include number of institutions and employed persons, funds and activities of art performance troupes, public libraries, mass art centers, museums and archive institutions at national and local level; world championships won by Chinese athletes, world records chalked up by Chinese athletes and certified athletes and coaches by technical grades.

II. Sources of Data

Data on news and publication, radio broadcasting, films and television are from the State Administration of Publication, Radio, Film and Television. Data on culture are provided by the Ministry of Culture. Data on cultural relics are from State Administration of Cultural Heritage. Data on archives are from State Archives Administration. Data on sports are from General Administration of Sport.

For detailed information please refer to "Collection of China News and Publication Statistical Information" (State Administration of Publication, Radio, Film and Television), "Statistics on National Development Indicators of Radio, Film and Television" (State Administration of Publication, Radio, Film and Television), "China Cultural Relics Yearbook" (Ministry of Culture of the People's Republic of China), and "Statistical Yearbook of Sports" (Finance Department, General Administration of Sport).

22-1 图书出版情况（2012年）
Statistics on Books Published in China by Categories (2012)

类　别	Category	种　数（种）Number of Publications (item)	印　数（万册）Printed Copies (10 000 copies)	印　张（千印张）Printed Sheets (1 000 sheets)
图书总计	**Total**	**414005**	**792464**	**66699442**
使用“中国标准书号”部分合计	**Publications with "China International Standard Book Number"**	**413313**	**788951**	**66482327**
马列主义、毛泽东思想	Marxism-Leninism, Mao Zedong Thought	594	1596	216972
哲学	Philosophy	8338	5853	840613
社会科学总论	General Social Sciences	5163	3338	517049
政治、法律	Politics and Law	16791	15551	1988298
军事	Military Affairs	1279	948	129515
经济	Economics	29681	15285	2582612
文化、科学、教育、体育	Culture, Science, Education and Sports	159190	593715	41077233
语言、文字	Languages	20923	21211	3319899
文学	Literature	42148	48661	5517309
艺术	Arts	22832	16761	1521605
历史、地理	History and Geography	16916	12583	1492909
自然科学总论	General Natural Sciences	846	736	69844
数理科学、化学	Mathematics and Chemistry	7143	4163	684962
天文学、地球科学	Astronomy and Geology	2438	1213	134489
生物科学	Biology	2442	1653	186112
医学、卫生	Medicine and Health Care	16855	15254	1788489
农业科学	Agricultural Science	5883	3806	338950
工业技术	Industrial Technology	43964	20423	3306328
交通运输	Transportation	4224	2586	352218
航空、航天	Aeronautics and Aerospace	461	200	25344
环境科学	Environmental Science	1781	906	100547
综合性图书	General Books	3421	2509	291030
不使用“中国标准书号”部分合计	**Publications without "China International Standard Book Number"**	**692**	**3513**	**217115**
图片	Pictures	692	848	21914
国标(GB)、部标(BB)等标准类文件印品	Standards Publications such as National Standards, Ministry Standards		1683	156117
活页文选、活页歌篇、小件印品等	Loose-leaf Collectanea, Loose-leaf Song and Prints of Small Volume		982	39084

22-2 图书、期刊和报纸出版情况
Number of Books, Magazines and Newspapers Published in China

年份 地区	Year Region	图书 Books Published				期刊 Magazines Published				报纸 Newspapers Published			
		种数（种）Number of Publication (kind)	#新出版 New Publication	总印数（亿册、亿张）Printed Copies (100 million copies)	总印张数（亿印张）Printed Sheets (100 million sheets)	种数（种）Number of Publication (kind)	平均期印数（万册）Average Printed Copies per Issue (10 000 copies)	总印数（亿册）Total Printed Copies (100 million copies)	总印张数（亿印张）Printed Sheets (100 million sheets)	种数（种）Number of Publication (kind)	平均期印数（万份）Average Printed Copies per Issue (10 000 copies)	总印数（亿份）Total Printed Copies (100 million copies)	总印张数（亿印张）Printed Sheets (100 million sheets)
	1978	14987	11888	37.7	135.4	930	6200	7.6	22.7	186	4280	127.8	113.5
	1980	21621	17660	45.9	195.7	2191	10298	11.3	36.7	188	6236	140.4	141.7
	1985	45603	33743	66.7	282.8	4705	23952	25.6	77.3	1445	19107	246.8	202.8
	1990	80224	55245	56.4	232.1	5751	16156	17.9	48.1	1444	14670	211.3	182.8
	1995	101381	59159	63.2	316.8	7583	19794	23.4	67.0	2089	17644	263.3	359.6
	1996	112813	63647	71.6	360.5	7916	19300	23.1	68.1	2163	17877	274.3	392.4
	1997	120106	66585	73.1	364.0	7918	20046	24.4	73.3	2149	18259	287.6	459.8
	1998	130613	74719	72.4	373.6	7999	20928	25.4	79.9	2053	18211	300.4	540.0
	1999	141831	83095	73.2	391.4	8187	21845	28.5	96.8	2038	18632	318.4	636.7
	2000	143376	84235	62.7	376.2	8725	21544	29.4	100.0	2007	17914	329.3	799.8
	2001	154526	91416	63.1	406.1	8889	20697	28.9	100.9	2111	18130	351.1	938.9
	2002	170962	100693	68.7	456.4	9029	20406	29.5	106.4	2137	18721	367.8	1067.4
	2003	190391	110812	66.7	462.2	9074	19909	29.5	109.1	2119	19072	383.1	1235.6
	2004	208294	121597	64.1	465.6	9490	17208	28.3	110.5	1922	19522	402.4	1524.8
	2005	222473	128578	64.7	493.3	9468	16286	27.6	125.3	1931	19549	412.6	1613.1
	2006	233971	160757	64.1	512.0	9468	16435	28.5	136.9	1938	19703	424.5	1658.9
	2007	248283	136226	62.9	486.5	9468	16697	30.4	157.9	1938	20545	438.0	1700.8
	2008	274123	148978	70.6	561.1	9549	16767	31.0	158.0	1943	21155	442.9	1930.6
	2009	301719	168296	70.4	565.5	9851	16457	31.5	166.2	1937	20837	439.1	1969.4
	2010	328387	189295	71.7	606.3	9884	16349	32.2	181.1	1939	21438	452.1	2148.0
	2011	369523	207506	77.1	634.5	9849	16880	32.9	192.7	1928	21517	467.4	2272.0
	2012	414005	241986	79.2	667.0	9867	16767	33.5	196.0	1918	22762	482.3	2211.0
中　央	Central Level	170203	101402	21.2	237.3	2894	5746	10	74	220	3219	76.7	218.7
北　京	Beijing	9431	5611	1.3	13.4	170	194	0.4	2.72	37	505	12.8	81.4
天　津	Tianjin	5319	3886	0.5	4.0	251	252	0.4	1.93	27	325	9.1	51.8
河　北	Hebei	3976	2340	2.0	13.4	229	248	0.5	2.43	66	872	15.0	43.9
山　西	Shanxi	3403	1911	1.5	14.0	198	182	0.4	2.37	60	2210	21.1	28.5
内蒙古	Inner Mongolia	2863	1648	0.6	4.3	148	127	0.3	1.40	61	127	2.7	7.1
辽　宁	Liaoning	9998	5596	1.2	9.6	320	551	1.0	4.17	69	948	16.6	99.0
吉　林	Jilin	22263	13803	2.9	25.8	240	390	1.1	5.12	52	1093	11.1	38.7
黑龙江	Heilongjiang	4218	3113	0.6	5.3	315	291	0.6	2.96	69	378	7.9	31.1
上　海	Shanghai	23777	13133	3.4	31.3	635	938	1.8	9.67	72	662	14.5	68.0
江　苏	Jiangsu	20407	11318	5.4	35.6	467	488	1.3	4.78	81	1236	28.9	140.5
浙　江	Zhejiang	11478	5935	3.7	23.6	222	539	0.8	4.29	71	1188	34.7	162.8
安　徽	Anhui	9094	5202	2.4	17.4	186	405	0.6	2.57	51	514	12.6	52.7
福　建	Fujian	3413	2329	0.9	6.8	176	202	0.4	1.62	43	575	11.9	53.9
江　西	Jiangxi	5127	3495	1.8	11.8	161	269	0.7	2.33	41	323	7.6	31.4
山　东	Shandong	11654	5428	4.3	27.7	269	485	1.1	6.01	87	1170	34.0	185.1
河　南	Henan	6314	3377	2.3	16.5	246	405	1.0	4.41	78	1519	21.5	71.7
湖　北	Hubei	14145	8362	2.6	20.8	422	1280	3.4	18.66	74	836	20.5	93.0
湖　南	Hunan	10821	5753	3.6	23.7	248	557	1.2	5.49	50	620	13.1	52.5
广　东	Guangdong	9851	7454	3.0	22.3	389	863	1.9	11.21	101	1830	45.3	413.2
广　西	Guangxi	8667	4289	2.9	19.3	186	193	0.5	1.80	54	265	7.0	25.6
海　南	Hainan	3315	1484	0.8	4.8	43	49	0.1	0.61	12	92	2.4	7.6
重　庆	Chongqing	5052	2155	1.4	8.8	137	266	0.5	3.50	26	321	6.9	35.4
四　川	Sichuan	7794	4235	2.4	17.7	348	470	0.9	6.52	88	661	17.3	86.6
贵　州	Guizhou	966	575	0.7	4.8	88	86	0.1	0.71	31	164	4.2	17.8
云　南	Yunnan	7901	5430	1.7	12.8	127	222	0.4	2.41	42	228	6.5	31.2
西　藏	Tibet	546	259	0.1	1.1	35	16	0.0	0.11	23	37	0.7	2.0
陕　西	Shaanxi	8468	4470	2.0	16.8	283	334	0.7	4.53	44	304	7.1	45.4
甘　肃	Gansu	2617	1453	0.7	5.5	134	507	1.1	4.91	50	217	5.0	11.1
青　海	Qinghai	557	319	0.1	0.9	53	31	0.0	0.27	27	46	1.1	3.6
宁　夏	Ningxia	1676	1224	0.3	2.4	37	63	0.2	1.78	14	46	1.1	3.1
新　疆	Xinjiang	8691	4997	1.1	7.7	210	119	0.2	0.78	97	231	5.4	16.5

22-3 分地区少年儿童读物和课本出版情况（2012年）
Number of Books Published for Children and Textbooks by Region (2012)

地 区	Region	种数(种) Number of Publications (kind)		总印数（万册） Printed Copies (10 000 copies)		总印张(千印张) Printed Sheets (1 000 sheets)	
		儿童读物 Books for Children	课 本 Textbooks	儿童读物 Books for Children	课 本 Textbooks	儿童读物 Books for Children	课 本 Textbooks
全 国	**National Total**	**30965**	**81271**	**47702**	**347458**	**2853998**	**27078790**
中 央	Central Level	6242	48418	8748	99625	527636	9933578
地 方	Local Level	24723	32853	38954	247833	2326362	17145212
北 京	Beijing	2458	748	3093	1398	250248	115972
天 津	Tianjin	652	667	804	1501	39889	117421
河 北	Hebei	90	350	155	13803	3281	934173
山 西	Shanxi	592	24	2229	5560	127529	377630
内蒙古	Inner Mongolia	431	869	330	4591	19371	329347
辽 宁	Liaoning	1165	2489	1376	2883	95513	236197
吉 林	Jilin	4039	1387	3788	5405	238838	448615
黑龙江	Heilongjiang	385	473	469	3037	24379	203447
上 海	Shanghai	1612	5110	3943	15097	172543	1237583
江 苏	Jiangsu	1461	3004	2634	21438	171437	1386553
浙 江	Zhejiang	2287	1120	4457	12568	362768	840405
安 徽	Anhui	1256	602	1076	10705	82108	804688
福 建	Fujian	309	450	391	4173	28127	292780
江 西	Jiangxi	1375	230	2801	7341	136063	532201
山 东	Shandong	918	1543	2406	20847	118199	1177423
河 南	Henan	262	777	273	15045	14038	987984
湖 北	Hubei	436	2242	984	8387	68182	606224
湖 南	Hunan	1392	905	1611	14686	99097	814311
广 东	Guangdong	507	1371	699	19236	20893	1351027
广 西	Guangxi	988	417	1878	8750	92354	595445
海 南	Hainan	149	17	892	1042	42229	70889
重 庆	Chongqing	49	1534	207	5890	3633	405258
四 川	Sichuan	650	1670	611	10358	32571	835511
贵 州	Guizhou	113	99	319	5697	10920	397298
云 南	Yunnan	92	213	215	7685	5340	524372
西 藏	Tibet	15	152	7	1079	407	78311
陕 西	Shaanxi	378	1857	741	7800	31127	605269
甘 肃	Gansu	154	102	285	3774	11400	292054
青 海	Qinghai	17	235	7	923	293	67074
宁 夏	Ningxia	38		44	868	1097	62640
新 疆	Xinjiang	453	2196	229	6266	22488	417110

22-4 课本出版情况(2012年)
Publication of Textbooks (2012)

项 目	Item	种数(种) Number of Items (number)	#新出版 New Publication	总印数(万册) Printed Copies (10 000)	总印张(千印张) Printed Sheets (1 000)	定价总金额(万元) Total Priced Value (10 000 yuan)
总计	**Total**	**81271**	**28363**	**347458**	**27078790**	**3511310**
大专及以上课本	Textbooks for Colleges and Universities	50270	19655	32190	5600646	989365
中专、技校课本	Textbooks for Secondary Technical Schools	5805	1767	6883	880433	146904
中学课本	Textbooks for Secondary Schools	7137	1457	169956	12755821	1316655
小学课本	Textbooks for Primary Schools	5821	1078	125010	6374192	717726
业余教育课本	Textbooks for Spare-time Education	5655	2306	4576	728378	159039
扫盲课本	Textbooks for Eliminating Illiteracy	6	4	13	970	139
教学用书	Teaching Materials	6577	2096	8830	738350	181482

22-5 音像制品及电子出版物情况（2012年）
Statistics on Number of Publication of Audio-Video and Electronic Products (2012)

指 标	Item	全 国 National	中 央 Central Level	地 方 Local Government
录像制品出版品种（种）	Number of Publication of Video Products (kind)	8894	4164	4730
激光数码视盘	VCD	2207	960	1247
高密度激光视盘	DVD-V	6553	3158	3395
录像带及其他	VT and Others	134	46	88
其中：新版录像制品	of Which:New Publication of Video Products	6652	2780	3872
激光数码视盘	VCD	1124	276	848
高密度激光视盘	DVD-V	5399	2459	2940
录像带及其他	VT and Others	129	45	84
录像制品出版数量(万盒、万张)	Volume of Publication of Video Products(10000 cassettes,10000 discs)	16576.00	6569.80	10006.20
激光数码视盘	VCD	4850.65	3261.17	1589.48
高密度激光视盘	DVD-V	11592.68	3288.38	8304.30
录像带及其他	VT and Others	132.67	20.25	112.42
其中：新版录像制品	of Which:New Publication of Video Products	12413.93	3724.34	8689.59
激光数码视盘	VCD	2244.28	1474.81	769.47
高密度激光视盘	DVD-V	10037.98	2230.08	7807.90
录像带及其他	VT and Others	131.67	19.45	112.22
录像制品发行数量	Number Published	11723.28	6349.64	5373.64
录音制品出版品种 （种）	Number of Publication of Audio Products (kind)	9591	4129	5462
录音带	AT	2681	1250	1431
激光唱盘	CD	5029	1958	3071
高密度激光唱盘及其他	DVD-A and Others	1881	921	960
其中：新版录音制品	of Which:New Publication of Audio Products	5048	1743	3305
录音带	AT	1013	247	766
激光唱盘	CD	3085	1091	1994
高密度激光唱盘及其他	DVD-A and Others	950	405	545
录音制品出版数量(万盒、万张)	Volume of Publication of Audio Products(10000 cassettes,10000 discs)	22789.81	16244.04	6545.77
录音带	AT	17265.30	13899.83	3365.47
激光唱盘	CD	3545.61	1285.86	2259.75
高密度激光唱盘及其他	DVD-A and Others	1978.90	1058.35	920.55
其中：新版录音制品	of Which:New Publication of Audio Products	7006.11	4380.90	2625.21
录音带	AT	4466.99	3504.41	962.58
激光唱盘	CD	1840.24	542.13	1298.11
高密度激光唱盘及其他	DVD-A and Others	698.88	334.36	364.52
录音制品发行数量	Volume Issued	23248.17	13748.45	9499.72
电子出版物出版品种(种)	Electronic Publications (kind)	11822	7896	3926
只读光盘	CD-ROM	7620	4614	3006
高密度只读光盘	DVD-ROM	3352	2599	753
交互式光盘及其他	CD-I	850	683	167
其中：新版电子出版物	of Which:New Edition of Electronic Publications	7821	5011	2810
只读光盘	CD-ROM	4685	2668	2017
高密度只读光盘	DVD-ROM	2609	1980	629
交互式光盘及其他	CD-I	527	363	164
电子出版物出版数量(万张)	Electronic Publications (10000 discs)	26344.86	18644.99	7699.87
只读光盘	CD-ROM	20335.38	13935.13	6400.25
高密度只读光盘	DVD-ROM	5058.44	3816.76	1241.68
交互式光盘及其他	CD-I	951.04	893.10	57.94
其中：新版电子出版物	of Which:New Edition of Electronic Publications	9633.45	7245.16	2388.29
只读光盘	CD-ROM	5330.97	3512.27	1818.70
高密度只读光盘	DVD-ROM	3918.35	3405.73	512.62
交互式光盘及其他	CD-I	384.13	327.16	56.97

22-6 全国图书、期刊、报纸进出口情况（2012年）

Statistics on Imports and Exports of Books, Magazines and Newspapers (2012)

指 标	Item	出 口 Exports		进 口 Imports	
		数量（万册、份）Number (10 000 copies)	金额（万美元）Value (10 000 USD)	数量（万册、份）Number (10 000 copies)	金额（万美元）Value (10 000 USD)
总计	**National**	**2061.77**	**7282.58**	**3138.07**	**30121.65**
图书	Books Published	1677.17	6582.78	743.51	13707.99
哲学、社会科学	Philosophy, Social Science	173.44	1222.09	45.93	1861.68
文化、教育	Culture and Education	350.60	1494.57	138.78	2420.40
文学、艺术	Literature and Art	233.41	1269.97	165.18	1861.16
自然、科学技术	Natural Science and S&T	85.49	428.58	107.74	3593.28
少儿读物	For Children	538.23	632.49	76.14	440.31
综合性图书	General Books	295.99	1535.08	209.74	3531.16
期刊	Magazines Published	291.33	642.74	490.33	14120.03
报纸	Newspapers Published	93.27	57.06	1904.23	2293.63

22-7 全国音像、电子出版物进出口情况(2012年)

Statistics on Audio-Video Products and Electronic Publications (2012)

指 标	Item	出 口 Exports		进 口 Imports	
		数量（盒、张）Number (disc)	金额（万美元）Value (10 000 USD)	数量（盒、张）Number (disc)	金额（万美元）Value (10 000 USD)
总计	**National Total**	**261539**	**2191.50**	**185646**	**16685.95**
录音合计	Audio Products	25766	15.59	123396	103.73
录音带	AT	233	0.07		
激光唱片	CDs	25533	15.52	123396	103.73
数码激光唱盘	CDs				
录像合计	Video Products	214165	135.93	62093	42.37
VT	VT				
DVD—V	DVD-V	207587	128.36	62093	42.37
VCD	VCD	6578	7.57		
电子出版物	Electronic Publications	21608	98.86	157	106.73
数字出版物	Digital Publications		1941.12		16433.12

22-8 版权合同登记及引进和输出情况（2012年）
Basic Statistics on Registration of Copyright Contracts and Copyright Import and Export (2012)

单位：项 (item)

项目	Item	合计 Total	图书 Books	录音制品 Audio Products	录像制品 Video Products	电子出版物 Electronic Publications	软件 Software	电影 Films	电视节目 TV Programs	其他 Others
版权合同登记	**Registration of Copyright Contracts**	**18645**	**16554**			**417**	**1085**	**24**	**14**	**33**
本年引进版权总数	**Total Number of Copyright Import During the Year**	**17589**	**16115**	**475**	**503**	**100**	**189**	**12**	**190**	**5**
美国	United States	5606	4944	128	444	13	34		42	1
英国	United Kingdom	2739	2581	42	34	3	4		73	2
德国	Germany	941	874	38	1	10	16		2	
法国	France	846	835	3	1	1	4		2	
俄罗斯	Russia	61	48		1			12		
加拿大	Canada	138	122	11			5			
新加坡	Singapore	293	265	2					26	
日本	Japan	2079	2006	23	7	25	15		1	2
韩国	South Korea	1232	1209	6		10	3		4	
香港地区	Hong Kong, China	590	413	85	5	1	62		24	
澳门地区	Macao, China	5	5							
台湾地区	Taiwan, China	1558	1424	108	8	15	3			
其他	Others	1501	1389	29	2	22	43		16	
本年输出版权总数	**Total Number of Copyright Export During the Year**	**9365**	**7568**	**97**	**51**	**115**	**2**		**1531**	**1**
美国	United States	1259	1021	5	23	18			192	
英国	United Kingdom	606	606							
德国	Germany	354	352						1	1
法国	France	130	130							
俄罗斯	Russia	104	104							
加拿大	Canada	122	104		14	1			3	
新加坡	Singapore	292	173	2		16			101	
日本	Japan	405	401	3					1	
韩国	South Korea	310	282	24		4				
香港地区	Hong Kong, China	511	440	2	1	2			66	
澳门地区	Macao, China	1	1							
台湾地区	Taiwan, China	1796	1781			12			3	
其他	Others	3475	2173	61	13	62	2		1164	

22-9 分地区出版物发行机构数和网点数（2012年）
Issuing Institutions and Spots of Publication by Region (2012)

地区	Region	发行机构合计（处）Issuing Institutions (unit)	国有书店及国有发行点 State-owned Book Store and Issuing Spots	供销社 Supply and Marketing Coopera-tives	出版社 Press	网上书店 Online Bookstore	文化教育广电邮政系统 Cultural, Educational Broad-casting and Postal Systems	新华书店系统外批发网点 Wholesale Spots Outside Xinhua Bookstore	集体个体零售 Collective and Personal Retail	新华书店系统出版社 自办发行从业人数（人）Persons Engaged in Own Issuance of Presses of Xinhua Book-store System (person)	国有书店及国有发行点 State-owned Bookstores and Issuing Spots
全 国	**National**	**172633**	**9403**	**748**	**446**	**619**	**37821**	**7505**	**116091**	**7761**	**140268**
中 央	Central Level	131	3		128					1891	1304
地 方	Local Government	172502	9400	748	318	619	37821	7505	116091	5870	138964
北 京	Beijing	8998	124		17	538	2053	1773	4493	498	3951
天 津	Tianjin	3060	71		13			158	2818	126	1703
河 北	Hebei	7272	376		7		2107	214	4568	783	7585
山 西	Shanxi	2945	396	12			445	123	1969		5579
内蒙古	Inner Mongolia	1942	227		7			49	1659	59	2121
辽 宁	Liaoning	5964	294		12		487	284	4887	295	5899
吉 林	Jilin	2600	113		4	16	243	227	1997	98	2869
黑龙江	Heilongjiang	3031	239	59	5	1	582	138	2007	65	3880
上 海	Shanghai	8526	144		71	24	2285	345	5657	661	2484
江 苏	Jiangsu	14497	875		18	2	2470	232	10900	142	6028
浙 江	Zhejiang	11057	558		10	1	2607	321	7560	82	7036
安 徽	Anhui	8588	649		11	12	3560	306	4050	150	4773
福 建	Fujian	4387	233		5	9	1083	437	2620	34	3802
江 西	Jiangxi	3414	326	28	6		21	157	2876	136	3074
山 东	Shandong	7127	520		5		905	161	5536	25	7822
河 南	Henan	8938	1068		12		2310	280	5268	167	12479
湖 北	Hubei	4933	236		16	6	664	404	3607	326	4888
湖 南	Hunan	7711	390		14		4682	125	2500	1230	9778
广 东	Guangdong	13180	398	568	19			453	11742	183	9410
广 西	Guangxi	5007	255	81	20		1924	78	2649	260	4293
海 南	Hainan	723	28		4		371	45	275	24	957
重 庆	Chongqing	3486	267		3		601	127	2488	45	2658
四 川	Sichuan	10565	214			1	3270	240	6840		9370
贵 州	Guizhou	3736	221		2	1	839	132	2541	34	1617
云 南	Yunnan	8769	241		8		1812	121	6587	16	3591
西 藏	Tibet	131	52		1		8		70	4	295
陕 西	Shaanxi	4680	205		25		1600	240	2610	296	4073
甘 肃	Gansu	2203	295		2		82	210	1614	117	2830
青 海	Qinghai	1052	55				183	28	786		624
宁 夏	Ningxia	989	31		1	6	457	42	452	14	726
新 疆	Xinjiang	2991	299			2	170	55	2465		2769

22-10 分地区出版印刷生产情况（2012年）
Conditions of Printing by Region (2012)

地 区	Region	企业数（个） Number of Enterprises (unit)	工业销售产值（万元） Industrial Sales Value (10 000 yuan)	印刷产量 Output of Printing 黑白（万令） Black and White (10 000 ream)	彩色（万对开色令） Color (10 000 bisect color ream)	装订产量（万令） Output of Bookbinding (10 000 ream)	用纸量（万令） Amount of Paper Used (10 000 ream)
全 国	**National**	**8714**	**14098802.15**	**32654.34**	**164712.99**	**29740.21**	**63821.20**
北 京	Beijing	796	1058827.33	3020.90	15955.78	3144.66	5665.38
天 津	Tianjin	122	134910.57	2374.30	3550.50	150.36	2341.90
河 北	Hebei	586	724624.82	1687.37	2816.79	2253.49	3159.61
山 西	Shanxi	179	152669.75	345.48	1920.58	312.91	659.01
内蒙古	Inner Mongolia	95	43816.00	71.35	374.79	88.70	212.23
辽 宁	Liaoning	215	221938.07	2037.78	2768.10	757.72	431.35
吉 林	Jilin	246	327966.65	1434.27	2601.91	543.78	1272.39
黑龙江	Heilongjiang	177	140202.25	320.07	2203.74	392.32	707.93
上 海	Shanghai	279	934797.05	1027.19	14616.92	608.85	1356.66
江 苏	Jiangsu	415	849501.25	1295.08	7108.53	1213.33	3642.74
浙 江	Zhejiang	805	2016466.92	1634.31	22451.03	1807.05	5234.60
安 徽	Anhui	268	430320.71	1011.90	2774.73	1292.13	1472.60
福 建	Fujian	312	305127.00	472.63	1713.79	293.09	658.60
江 西	Jiangxi	136	240413.43	868.73	1534.32	849.93	698.45
山 东	Shandong	460	982939.83	2590.50	25169.90	3729.30	7505.50
河 南	Henan	410	418250.81	1026.41	3271.12	1116.91	2254.73
湖 北	Hubei	349	431073.78	1628.28	3488.98	1377.46	2770.93
湖 南	Hunan	484	770757.45	1143.06	4325.29	1509.23	7978.86
广 东	Guangdong	859	2267226.91	3792.54	30368.45	4264.01	8170.06
广 西	Guangxi	185	205048.47	1852.67	3271.15	722.88	2364.78
海 南	Hainan	27	12923.00	77.54	425.26	52.59	109.29
重 庆	Chongqing	184	225973.11	356.01	875.80	332.94	519.64
四 川	Sichuan	206	254623.69	1146.96	4383.89	1384.89	1662.28
贵 州	Guizhou	178	78617.47	170.20	1885.24	154.09	369.33
云 南	Yunnan	145	202689.15	273.51	1282.73	237.84	622.84
西 藏	Tibet	12	12814.50	28.71	59.52	16.92	34.71
陕 西	Shaanxi	215	462400.43	554.85	2035.62	622.42	1095.45
甘 肃	Gansu	102	79022.43	257.67	463.20	244.70	368.63
青 海	Qinghai	50	26050.39	31.67	165.02	33.42	107.10
宁 夏	Ningxia	92	25563.89	36.84	100.17	43.85	80.75
新 疆	Xinjiang	125	61245.05	85.56	750.13	188.42	292.86

22-11 国家综合档案馆基本情况
Basic Statistics on National Comprehensive Archives

年 份 Year	馆藏档案 (万卷、万件) Number of Archives (10 000 volumes, 10 000 pieces)	照片档案 (万张) Photos (10 000 sheets)	开放档案 (万卷、万件) Archives Open to Public (10 000 volume, 10 000 pieces)	利用档案 (万卷、万件次) Utilized Archives (10 000 volume-times, 10 000 piece-times)	档案馆建筑面积 (万平方米) Floor Space of Archive Institutions (10 000 sq.m)
1991	9637.4	371.0	2094.3	937.0	348.1
1992	10003.5	402.4	2018.7	773.8	255.7
1993	10726.8	435.5	2140.7	891.9	275.9
1994	10782.9	449.6	2454.6	674.4	268.3
1995	11318.3	485.5	2790.3	529.3	282.5
1996	11341.4	494.6	2939.2	485.4	297.5
1997	12222.9	553.0	3304.6	501.0	347.6
1998	12276.5	579.7	3556.5	446.5	310.7
1999	12866.8	584.5	3808.2	508.5	328.4
2000	13314.0	631.7	4072.0	494.4	336.2
2001	13756.6	642.8	4129.7	575.4	342.0
2002	14790.7	720.5	4301.1	548.8	351.0
2003	15945.9	797.4	4618.4	602.6	361.4
2004	17601.5	827.9	4868.3	813.9	376.8
2005	18688.7	908.8	5132.3	868.0	393.1
2006	21656.5	1277.2	5746.3	1166.4	406.1
2007	23675.3	1393.3	5875.5	1244.9	421.9
2008	25051.0	1505.3	6072.2	1257.4	465.4
2009	28089.2	1646.3	6687.4	1308.0	473.3
2010	32198.6	1809.2	7428.6	1417.3	504.4
2011	35445.5	1965.8	7828.4	1564.5	551.1
2012	39076.0	1762.8	7957.4	1467.4	601.9

22-12 档案馆机构和人员情况
Statistics on Archive Institutions and Personnel

单位：个、人 (unit, person)

年 份 Year	国家综合档案馆 National Comprehensive Archives		国家专门档案馆 National Special Archives		部门档案馆 Department Archives		企 业 档案馆数 Enterprise Archive Institutions	文化事业 档案馆数 Culture Archive Institutions	科技事业单 位档案馆数 Science and Technology Archive Institutions
	馆 数 Number of Institutions	专职人员 Full-time Personnel	馆 数 Number of Institutions	专职人员 Full-time Personnel	馆 数 Number of Institutions	专职人员 Full-time Personnel			
1991	2957	21657	211	2038	128	2171	229	19	28
1992	2962	22226	206	2082	122	2258	231	19	28
1993	2980	23624	200	2245	122	1448	221	20	31
1994	2983	23568	205	2294	136	2160	209	20	36
1995	3024	24777	216	2484	144	2168	213	27	38
1996	3011	24542	226	2658	134	2072	232	23	44
1997	3021	24904	223	2578	162	2521	228	26	46
1998	3034	24197	232	3200	149	2411	245	27	46
1999	3046	23530	225	3436	142	2123	304	40	59
2000	3070	23701	234	3319	141	1865	307	53	80
2001	3100	23652	243	3448	142	2086	286	47	84
2002	3110	22825	253	3435	148	2109	299	75	93
2003	3121	23086	260	3514	141	1770	300	75	85
2004	3127	23401	258	3591	149	1932	300	79	99
2005	3142	23413	238	3452	145	2020	301	105	63
2006	3154	22689	239	3537	137	1699	216	110	95
2007	3161	21399	245	3737	146	1985	215	126	94
2008	3170	21414	240	3663	154	1886	241	141	87
2009	3191	20949	241	3626	149	1814	233	167	96
2010	3194	19750	252	3833	167	1747	223	160	111
2011	3196	19985	255	3843	170	2121	183	179	124
2012	3219	17331	223	3249	175	2044	192	258	

注：2012年新修订的《全国档案事业统计年报制度》不再细分事业单位的属性，统称“省部属事业单位档案馆”。省部属事业单位包括文化事业档案馆数，科技事业单位档案馆数。

a) The newly revised Annual Report of National Archive Statistics in 2012 does not further subcategorize public institutions by their attributes, but generally called public archive institutions affiliated to ministries or provincial governments. Public institutions affiliated to ministries or provincial governments include cultural archive institutions, and science and technology archive institutions.

22-13 广播电视事业发展情况
Basic Statistics on Radio and Television Industry

指　标	Item	2010	2011	2012
广播	**Radio**			
广播节目综合人口覆盖率 (%)	Radio Coverage Rate of the Population (%)	96.78	97.06	97.51
#农村	Rural	95.64	96.09	96.60
广播节目套数 (套)	Number of Radio Programs (set)	2552	2590	2634
#公共广播	Public Radio	2549	2587	2627
付费广播	Pay Radio	3	3	7
公共广播节目播出时间(万小时)	Length of Public Radio Programs Broadcasted(10 000 hours)	1266.0	1305.8	1338.4
广播节目制作时间 (万小时)	Length of Radio Programs Produced (10 000 hours)	681.4	693.7	718.8
电视	**Television**			
电视节目综合人口覆盖率 (%)	TV Coverage Rate of the Population (%)	97.62	97.82	98.20
#农村	Rural	96.78	97.10	97.55
有线广播电视用户数 (万户)	Users of Cable Radio and TV (10 000 households)	18872	20264	21509
#农村	Rural	7293	8123	8432
#数字电视	Users of Digital TV	8870	11489	14303
有线广播电视用户数占家庭总户数比重 (%)	Popularization Rate of Cable Radio and TV (%)	46.40	49.43	51.50
#农村有线广播电视用户数占农村家庭总户数比重	Rural Popularization Rate of Cable Radio and TV	29.35	32.38	33.49
电视节目套数 (套)	Number of TV Programs (set)	3350	3370	3353
#公共电视	Public TV	3272	3274	3273
付费电视	Pay TV	78	96	80
公共电视节目播出时间(万小时)	Length of Public TV Programs Broadcasted (10 000 hours)	1635.50	1675.30	1698.53
电视剧播出数 (万部)	Number of TV Plays Broadcasted (10 000 sets)	24.92	24.71	24.23
#进口电视剧播出数	Imported TV Plays	0.88	0.64	0.49
电视剧播出数 (万集)	Number of TV Plays Broadcasted (10 000 parts)	635.86	663.63	662.20
#进口电视剧播出数	Imported TV Plays	19.51	16.64	10.71
动画电视播出数 (万小时)	Number of Cartoons Broadcasted (10 000 hours)		28.03	30.49
#进口动画电视播出数	Imported Cartoons		1.48	1.21
电视节目制作时间 (万小时)	Length of TV Programs Produced (10 000 hours)	274.29	295.05	343.63
电影	**Movies**			
国有电影制片厂 (个)	State-owned Movie Studios (unit)	38	38	38
#电影故事片厂	Feature Film Studios	31	31	31
电影院线 (条)	Movie Circuit (line)	37	39	40
电影院线内影院 (家)	Cinemas in Movie Circuit (unit)	1820	2803	
电影院线内银幕 (块)	Screen in Movie Circuit (unit)	6256	9286	13118
电影综合收入 (亿元)	Revenue of Movies (100 million yuan)	157.21	177.47	
#国内电影票房收入	Domestic Movie Box Office Revenue	101.72	131.15	170.73
电影频道播映收入	Revenue of the Movie Channel Play	20.32	25.86	26.81
国产影片海外销售收入	Sales of Domestic-Produced Movies to Foreign Country	35.17	20.46	10.63
广播电视技术及其他	**TV Technology and Others**			
广播电视总收入 (亿元)	Revenue of Radio and TV (100 million yuan)	2301.87	2717.32	3268.79
广播电视从业人员数 (万人)	Staff and Workers of Radio and TV (10 000 persons)	75.09	78.64	82.04
中、短波转播发射台 (座)	Transmission and Relaying Stations of Medium and Short Wave Broadcast (unit)	822	827	849
调频转播发射台 (万座)	Relaying Stations of Frequency Modulation Broadcasting (10 000 units)	1.16	1.14	1.14
电视转播发射台 (万座)	TV Transmission and Relaying Stations (10 000 units)	1.60	1.54	1.48
微波实有站 (座)	Microwave Stations (unit)	2376	2497	2421

22-14 广播电视节目制作时间
Length of Radio and Television Programs Produced

单位：小时 (hour)

项 目	Item	1995	2005	2009	2010	2011	2012
广播节目制作	**Production of Radio Programs**	**2332164**	**6139227**	**6716500**	**6814226**	**6936960**	**7188245**
新闻	News Programs	353368	1066880	1166848	1216632	1295019	1333084
专题	Special Subject Programs	1054140	1822621	1900995	1955180	2016386	2044073
综艺	General Entertainment Programs	924656	1937290	1957358	1942828	1905916	1973796
广播剧	Radio Play Programs		75456	90735	80181	119477	140493
广告	Advertising Programs		671071	782757	775931	766463	796009
其他	Others		565909	817807	843474	833699	900790
电视节目制作	**Production of TV Programs**	**383513**	**2553861**	**2653552**	**2742949**	**2950490**	**3436301**
新闻	News Programs	80800	637956	675885	719680	802377	886905
专题	Special Subject Programs	193391	525528	611352	640857	775565	892521
综艺	General Entertainment Programs	109322	382350	402677	407849	416289	483174
影视剧	TV Play Programs		193771	66899	93536	75452	163348
广告	Advertising Programs		524892	544038	526839	508294	555192
其他	Others		289364	352701	354188	372515	455161

22-15 广播电视节目播出时间(2012年)
Length of Radio and Television Programs (2012)

单位：小时 (hour)

指 标	Item	总 计 Total	新闻资讯类节目 News	专题服务类节目 Special Subject	综艺益智类节目 General Entertainment	广播(影视)剧类节目 Radio Play	广告类节 目 Advertising	其他类节 目 Others
广播	**All Radio Broadcasting Stations**	**13383651**	**2709968**	**3033050**	**3664874**	**699153**	**1274836**	**2001769**
中央级	Central Level	292063	91256	111099	64295	2815	14984	7615
省级	Provincial Level	1929158	311059	501813	539047	73154	281840	222246
电视	**All Television Stations**	**16985291**	**2304049**	**2022171**	**1454231**	**7359530**	**2017196**	**1828114**
中央级	Central Level	268458	67996	92093	40539	56372	9301	2158
省级	Provincial Level	2239346	299733	387178	176952	799568	290432	285482

22-16 分地区广播电视节目综合人口覆盖情况及制作播出情况（2012年）
Population Coverage of Radio and TV Programs, and Radio and TV Programs Produced and Broadcasted by Region (2012)

地区	Region	广播节目综合人口覆盖率 Population Coverage Rate of Radio Programs (%)	#农村 Rural	电视节目综合人口覆盖率 Population Coverage Rate of TV Programs (%)	#农村 Rural	公共广播节目套数（套） Number of Public Radio Programs (set)	公共电视节目套数（套） Number of TV Programs (set)	电视剧播出数（部） Number of TV Plays Broadcasted (set)	#进口 Import	动画电视播出数（小时） Number of Cartoons Broadcasted (hour)	#进口 Import
全国	**National Total**	**97.51**	**96.60**	**98.20**	**97.55**	**2627**	**3273**	**242298**	**4872**	**304877**	**12063**
总局直属	directly under the State Administration					27	32	1790	30	6204	1238
北京	Beijing	100.00	100.00	100.00	100.00	25	26	494	34	5545	80
天津	Tianjin	100.00	100.00	100.00	100.00	22	32	3450	740	3364	502
河北	Hebei	99.33	99.08	99.26	98.99	131	178	14361	144	7436	542
山西	Shanxi	95.36	92.95	98.10	96.97	108	115	6255	44	8382	312
内蒙古	Inner Mongolia	97.92	96.23	96.84	94.58	124	120	12416	62	13304	109
辽宁	Liaoning	98.59	97.52	98.68	97.66	115	119	9598	231	7212	468
吉林	Jilin	98.55	97.96	98.69	98.09	69	76	7608	222	1592	
黑龙江	Heilongjiang	98.58	97.92	98.78	98.23	102	118	3912	53	2268	750
上海	Shanghai	100.00	100.00	100.00	100.00	21	25	1162	56	15363	698
江苏	Jiangsu	99.99	99.99	99.88	99.85	126	130	9631	55	16997	122
浙江	Zhejiang	99.54	99.44	99.60	99.52	108	114	8754	107	20216	202
安徽	Anhui	97.85	97.33	98.10	97.69	106	115	10404	178	7774	365
福建	Fujian	98.04	97.69	98.58	98.35	89	97	3475	60	6957	185
江西	Jiangxi	97.23	96.75	98.40	98.01	105	113	10071	427	17565	747
山东	Shandong	98.33	97.89	98.03	97.53	157	171	11309	69	13465	156
河南	Henan	97.89	97.52	97.94	97.64	151	166	15590	105	6311	500
湖北	Hubei	98.72	98.34	98.75	98.29	86	115	13728	86	9856	98
湖南	Hunan	92.95	88.82	97.17	95.60	99	139	10784	23	21145	883
广东	Guangdong	99.47	98.89	99.43	98.82	130	153	6496	84	26264	285
广西	Guangxi	96.05	95.49	97.74	97.39	63	116	6358	240	7329	183
海南	Hainan	96.48	95.36	95.45	93.83	24	15	759	4	2443	323
重庆	Chongqing	98.16	97.58	98.76	98.44	34	45	4716	157	6538	548
四川	Sichuan	96.78	96.04	97.75	97.26	122	203	18046	207	16534	1055
贵州	Guizhou	88.46	86.59	92.99	91.89	39	101	2619	115	2484	
云南	Yunnan	96.03	95.21	97.04	96.45	49	159	9984		9319	243
西藏	Tibet	93.38	92.00	94.51	93.27	8	10	568	1	587	
陕西	Shaanxi	97.15	96.47	98.12	97.57	107	123	8261	29	6599	
甘肃	Gansu	96.89	96.25	97.56	97.02	87	106	7069	10	11039	73
青海	Qinghai	94.14	91.88	96.33	95.04	10	15	1164	4	1430	
宁夏	Ningxia	95.20	92.95	98.90	98.37	24	28	1823	15	4687	
新疆	Xinjiang	95.34	94.85	95.62	94.60	159	198	19643	1280	18669	1398

22-17 分地区有线广播电视传输干线网络及用户情况（2012年）
Transmission Trunk and Users of Cable Radios and TVs by Region (2012)

地 区	Region	有线广播电视传输干线网络总长(万公里) Total Length of Transmission Trunk for Cable Radios and TVs (10 000 km)	有线广播电视用户数(万户) Users of Cable Radios and TVs (10 000 households)	#数字电视 Users of Digital TV	#付费电视 Pay TV	#农村有线广播电视 Users of Rural Cable Radios and TVs	有线广播电视用户数占家庭总户数的比重(%) Popularization Rate of Cable TV Programs (%)	#农 村 Rural Areas
全国合计	**National Total**	**376.12**	**21508.97**	**14303.07**	**2501.12**	**8432.27**	**51.50**	**33.49**
北 京	Beijing	16.90	498.60	378.83	0.94	70.51	100.54	60.89
天 津	Tianjin	0.67	277.94	241.59	18.98	36.35	80.37	29.45
河 北	Hebei	16.93	792.61	582.93	13.23	266.56	35.08	16.93
山 西	Shanxi	9.81	474.76	305.94	9.11	153.22	38.50	29.16
内蒙古	Inner Mongolia	3.80	319.83	223.85	14.87	89.66	38.23	24.73
辽 宁	Liaoning	12.50	921.59	537.45	13.28	257.66	61.49	38.32
吉 林	Jilin	9.23	512.17	404.26	79.60	183.04	52.91	37.99
黑龙江	Heilongjiang	17.85	613.24	372.15	99.59	198.54	49.86	34.44
上 海	Shanghai	3.98	647.99	409.03	47.86	67.54	124.13	74.17
江 苏	Jiangsu	35.14	2177.86	1449.53	298.56	1204.13	89.80	84.73
浙 江	Zhejiang	25.16	1357.34	1179.79	268.27	808.64	83.89	68.38
安 徽	Anhui	4.86	518.83	293.90	32.06	184.09	24.50	12.80
福 建	Fujian	15.70	659.67	383.95	55.95	395.13	64.61	51.80
江 西	Jiangxi	9.19	539.84	322.97	51.71	395.33	44.62	48.30
山 东	Shandong	32.46	1835.40	1091.60	186.41	870.02	61.42	45.20
河 南	Henan	15.11	850.44	145.58	7.95	303.16	27.42	14.71
湖 北	Hubei	23.65	1048.38	824.69	137.59	468.93	51.64	40.02
湖 南	Hunan	11.15	745.88	594.33	86.79	216.57	37.19	19.06
广 东	Guangdong	20.75	1913.01	1432.87	187.59	520.02	75.34	43.45
广 西	Guangxi	7.66	622.99	349.98	66.18	251.25	45.83	24.87
海 南	Hainan	0.87	95.08	75.89	8.22	26.16	36.59	21.53
重 庆	Chongqing	14.34	509.27	297.10	39.37	194.92	44.10	27.03
四 川	Sichuan	30.64	1392.68	660.04	230.86	658.59	46.11	32.35
贵 州	Guizhou	5.23	396.61	357.69	99.56	218.20	32.93	22.18
云 南	Yunnan	9.08	551.90	404.42	256.12	143.80	43.11	15.69
西 藏	Tibet	0.37	18.59	6.84	0.69	2.78	26.64	5.33
陕 西	Shaanxi	7.06	596.28	471.19	150.59	163.99	48.68	22.96
甘 肃	Gansu	4.72	201.17	161.76	27.70	15.98	26.07	3.32
青 海	Qinghai	0.51	60.92	59.41	9.39	2.47	38.62	2.84
宁 夏	Ningxia	1.31	83.21	83.21		1.60	39.27	1.48
新 疆	Xinjiang	3.55	216.81	200.28	2.08	63.44	35.78	20.31
新疆生产建设兵团	Xinjiang Production and Construction Corps.	1.75	58.07				22.22	

注：有线广播电视传输干线网络总长包括国家广电总局直属4.19万公里。

a) Total length of transmission trunk for cable radios include 41 900 km directly under the State Administration of Radio, Film and Television.

22-18 分地区广播电视技术情况(2012年)
Technology Statistics on Radio and TV by Region (2012)

地 区	Region	中、短波转播发射台(座) Transmission and Relaying Stations of Medium and Short Wave Broadcast(unit)	中波发射机(部) Medium Wave Transmitters (set)	短波发射机(部) Sort Wave Transmitters (set)	调频转播发射台(座) Relaying Stations of Frequency Modulation Broadcasting (unit)	调 频 发射机(部) Frequency Modulation Transmitters (unit)	电视转播发射台(座) TV Transmission and Relaying Stations (unit)	电视发射机(部) TV Program Transmitters (set)	微波实有站(座) Microwave Stations (unit)
总 计	**Total**	**849**	**2373**	**621**	**11396**	**19808**	**14843**	**29427**	**2421**
总局直属	Directly under the State Administration	35	68	276	2	24	2	17	160
北 京	Beijing	5	24		15	25	15	31	14
天 津	Tianjin	31	49	1	14	38	11	34	16
河 北	Hebei	15	40		160	276	253	441	32
山 西	Shanxi	57	194		119	208	265	484	81
内蒙古	Inner Mongolia	34	86	11	556	1047	1126	1770	158
辽 宁	Liaoning	34	91		241	360	368	572	85
吉 林	Jilin	41	101		78	273	148	407	133
黑龙江	Heilongjiang	4	8		143	403	233	616	59
上 海	Shanghai	21	105	3	11	26	11	20	
江 苏	Jiangsu	36	153	1	94	209	83	321	72
浙 江	Zhejiang	23	99		99	257	97	252	84
安 徽	Anhui	37	96		367	598	142	440	106
福 建	Fujian	17	36	2	88	257	73	268	181
江 西	Jiangxi	30	102		595	737	292	527	20
山 东	Shandong	30	103	1	132	236	150	407	54
河 南	Henan	28	82		138	189	153	399	52
湖 北	Hubei	25	51		428	604	991	1273	119
湖 南	Hunan	27	97	1	99	167	180	403	152
广 东	Guangdong	20	37	1	95	288	90	249	146
广 西	Guangxi	3	7	2	155	397	129	379	54
海 南	Hainan	5	13		62	95	22	61	75
重 庆	Chongqing	36	94		60	260	47	121	36
四 川	Sichuan	11	28	2	2215	2832	3056	4173	67
贵 州	Guizhou	60	102	2	258	392	89	279	100
云 南	Yunnan	42	151	2	284	822	185	857	119
西 藏	Tibet	14	36		2636	5151	2060	6470	
陕 西	Shaanxi	14	36	3	172	383	123	273	71
甘 肃	Gansu	30	59	2	700	981	2285	3464	107
青 海	Qinghai	21	61	195	215	340	1162	1721	3
宁 夏	Ningxia	12	34		24	64	26	578	27
新 疆	Xinjiang	64	156	116	961	1484	883	1961	38
新疆生产建设兵团	Xinjiang Production and Construction Corps.				180	385	93	159	

22-19 电视节目进出口情况(2012年)
Statistics on Imported and Exported TV Programs (2012)

指标	Item	合计 Total	欧洲 Europe	非洲 Africa	美洲 America	#美国 United States
全年电视节目进口总额(万元)	Value of Imported TV Programs (10 000 yuan)	62534	8766	3	8204	8145
#电视剧	TV Play	39584	1000		838	838
动画电视	Cartoon	1489	111		411	411
纪录片	Documentary	5976	3472	3	2181	2122
全年电视节目进口量(时)	Time of Imported TV Programs (hour)	13089	5130	1	4077	4061
#电视剧 (部/集)	TV Play (set)	117/3164	5/117		9/111	9/111
动画电视 (时)	Cartoon (hour)	385	17		294	294
纪录片 (时)	Documentary (hour)	1976	841	1	918	913
全年电视节目出口总额(万元)	Value of Exported TV Programs (10 000 yuan)	22824	2429	53	3022	1965
#电视剧	TV Play	15020	156	51	1405	760
动画电视	Cartoon	3105	379		678	396
纪录片	Documentary	3226	1119	2	711	711
全年电视节目出口量(时)	Time of Exported TV Programs (hour)	37573	916	283	18246	15538
#电视剧 (部/集)	TV Play (set)	326/15329	20/537	11/332	57/2063	48/1759
动画电视 (时)	Cartoon (hour)	1678	239		449	383
纪录片 (时)	Documentary (hour)	2369	59	3	498	498

22-19 续表 continued

指标	Item	亚洲 Asia	#日本 Japan	#韩国 Republic of Korea	#东南亚 Southeast Asia	#中国香港 Hong Kong, China	#中国台湾 Taiwan, China	大洋洲 Oceania
全年电视节目进口总额(万元)	Value of Imported TV Programs (10 000 yuan)	43428	3086	21144	5496	8216	5431	2132
#电视剧	TV Play	37641	2084	21068	5248	3919	5289	105
动画电视	Cartoon	967	821		107	38		
纪录片	Documentary	198	27	72	17	82		122
全年电视节目进口量(时)	Time of Imported TV Programs (hour)	3599	166	1299	619	1225	252	282
#电视剧 (部/集)	TV Play (set)	99/2906	4/107	49/1519	20/552	13/378	12/310	4/30
动画电视 (时)	Cartoon (hour)	74	45		14	15		
纪录片 (时)	Documentary (hour)	173	11	148	8	6		44
全年电视节目出口总额(万元)	Value of Exported TV Programs (10 000 yuan)	14321	1386	1368	3090	2144	5729	2999
#电视剧	TV Play	11142	1353	482	2452	1157	5190	2265
动画电视	Cartoon	2009	13	840	317	597	204	39
纪录片	Documentary	699	17	43	150	190	299	695
全年电视节目出口量(时)	Time of Exported TV Programs (hour)	14949	242	695	5554	2775	5442	3179
#电视剧 (部/集)	TV Play (set)	199/8521	9/257	14/590	78/3472	42/1861	45/2095	39/3876
动画电视 (时)	Cartoon (hour)	961		53	325	306	199	28
纪录片 (时)	Documentary (hour)	1545	7	115	364	374	685	264

22-20 电影综合情况
Basic Statistics on Film Production

年 份 Year	电影故事片厂 (个) Number of Feature Film Studios (unit)	生产故事影片 (部) Feature Films (film)	生产动画片 (部) Cartoons (reel)	生产科教影片 (部) Popular Science Films (reel)	生产纪录影片 (部) Documentary Films (reel)	生产特种影片 (部) Special Films (reel)
1978	12	46	26	289	202	
1979	17	65	25	349	317	
1980	17	82	32	337	242	
1981	19	105	33	277	276	
1982	19	112	33	284	259	
1983	19	127	37	343	299	
1984	20	144	37	387	337	
1985	20	127	45	357	419	
1986	20	134	46	383	417	
1987	22	146	45	353	347	
1988	22	158	38	344	350	
1989	22	136	53	334	259	
1990	22	134	51	326	296	
1991	22	130	46	351	283	
1992	22	170	56	354	307	
1993	22	154	47	252	300	
1994	22	148	32	182	22	
1995	30	146	37	40	111	
1996	30	110	58	33	39	
1997	31	88	28	34	95	
1998	31	82	9	30	54	
2000	31	91	1	49	10	
2001	27	88	1	56	9	
2002	31	100	2	60	7	
2003	31	140	2	53	6	
2004	31	212	4	30	10	
2005	32	260	7	33	2	
2006	32	330	13	36	13	
2007	32	402	6	34	9	
2008	33	406	16	39	16	2
2009	31	456	27	52	19	4
2010	31	526	16	54	16	9
2011	31	558	24	76	26	5
2012	31	745	33	74	15	26

注：1.本表电影故事片厂指国有电影故事片厂。
2.2005年及以前动画片数为美术片数。

a) The number of feature film studios in this table only includes those approved by the State Council.

b) The real of cartoons refer to the arts films before 2005.

22-21 全国主要文化机构情况
Number of Institutions in Cultural Industry

单位：个 (unit)

年份 Year	公共图书馆 Public Libraries	文化馆(站) Cultural Centers (Station)	省级、地市级文化馆 Art Centers at Provincial & Prefecture Level	县市级文化馆 Cultural Centers at County & City Level	乡镇(街道)文化站 Township (sub-district) Cultural Stations	博物馆 Museums	艺术表演团体 Art Performance Troupes	艺术表演场馆 Art Performance Places
1978	1218	6893	92	2748	4053	349	3150	1095
1980	1732	8739	218	2912	5609	365	3533	1444
1985	2344	8576	335	2960	5281	711	3317	1377
1986	2406	8913	337	2993	5583	777	3195	2058
1987	2440	8974	348	2973	5653	827	3094	2148
1988	2485	9045	358	2975	5712	903	2985	2081
1989	2512	9037	366	2955	5716	967	2850	2050
1990	2527	9216	366	2955	5895	1013	2805	1955
1991	2535	10507	371	2894	7242	1075	2772	2068
1992	2558	9564	372	2900	6292	1106	2753	2037
1993	2572	10155	370	2886	6899	1130	2707	2024
1994	2589	11276	374	2887	8015	1161	2698	1998
1995	2615	13487	373	2886	10228	1194	2682	1958
1996	2620	45253	392	2892	41969	1219	2664	1934
1997	2628	45449	385	2901	42163	1282	2663	1947
1998	2662	45834	386	2901	42547	1339	2652	1929
1999	2669	45837	389	2905	42543	1363	2632	1911
2000	2675	45321	390	2907	42024	1392	2619	1900
2001	2696	43379	399	2842	40138	1461	2605	1854
2002	2697	42516	389	2854	39273	1511	2587	1829
2003	2709	41816	382	2846	38588	1515	2601	1900
2004	2720	41402	380	2841	38181	1548	2759	1928
2005	2762	41588	375	2851	38362	1581	2805	1866
2006	2778	40088	395	2819	36874	1617	2866	1839
2007	2799	40601	411	2806	37384	1722	4512	2070
2008	2820	41156	389	2829	37938	1893	5114	1944
2009	2850	41959	361	2862	38736	2252	6139	2137
2010	2884	43382	374	2890	40118	2435	6864	2112
2011	2952	43675	379	2906	40390	2650	7055	1956
2012	3076	43876	382	2919	40575	3069	7321	2364

注：1.2007年以前艺术表演团体和艺术表演场馆为文化系统内数据，2007年起含非文化部门单位。
2.1996年以前文化站数据未包括其他部门所属乡镇文化站。1996-1998年包括其他部门所属文化站，1999年以后，其他部门所属文化站划归文化部门管理。

a) Art performance troupes and art performance places referred to that of Culture System before 2007, and include non-cultural department since 2007.
b) Culture stations did not include township culture stations of other department before 1996, and included culture stations of other department from 1996 to 1998. Since 1999, culture stations of other department was put under Culture Department's administration.

22-22 全国文化文物机构人员情况(2012年)
Number and Personnel in Culture and Cultural Relics Institutions (2012)

机构类别	Category of Institution	机构（个）Number of Institutions (unit)	文化部门 Cultural Department	国有经济 State-owned Economy	集体经济 Collective-owned Economy	其他经济 Other Economy	其他部门 Other Department
总计	**Total**	**305927**	**63999**	**63102**	**332**	**565**	**241928**
艺术业	Arts	9893	3615	3159	226	230	6278
公共图书馆业	Public Libraries	3076	3076	3076			
群众文化服务业	Mass Culture	43876	43876	43876			
艺术教育业	Culture and Education	141	141	138		3	
文化市场经营机构	Business Units Dealing in Culture Market	234759	113	113			234646
文艺科研机构	Art Research Institutions	217	216	212		4	1
文物业	Cultural Relics	6124	5630	5457	66	107	494
其他	Others	7841	7332	7071	40	221	509

22-22 续表 continued

机构类别	Category of Institution	从业人员（人）Number of Employed Persons (person)	文化部门 Cultural Department	国有经济 State-owned Economy	集体经济 Collective-owned Economy	其他经济 Other Economy	其他部门 Other Department
总计	**Total**	**2288389**	**614775**	**577538**	**8318**	**28919**	**1673614**
艺术业	Arts	295697	146543	123304	7462	15777	149154
公共图书馆业	Public Libraries	54997	54997	54997			
群众文化服务业	Mass Culture	156228	156228	156228			
艺术教育业	Culture and Education	12784	12784	12686		98	
文化市场经营机构	Business Units Dealing in Culture Market	1460181	2299	2299			1457882
文艺科研机构	Art Research Institutions	4156	4148	4021		127	8
文物业	Cultural Relics	125155	113015	111225	315	1475	12140
其他	Others	179191	124761	112778	541	11442	54430

22-23 全国艺术表演场馆基本情况(2012年)
Basic Statistics on Art Performance Places (2012)

项 目	Item	机构数(个) Number of Institutions (unit)	从业人员(人) Number of Employed Persons (person)	座席数(个) Seating Capacity (unit)	演(映)出场次(万场次) Number of Performances (10 000 shows)	#艺术演出 Art Performances
总 计	**Total**	**2364**	**52231**	**1915677**	**118.69**	**17.27**
按登记注册类型分	By Status of Registration					
国 有	State-owned	1419	25759	1121543	64.92	8.34
集 体	Collective-owned	24	204	13209	0.28	0.14
其 他	Others	921	26268	780925	53.49	8.79
按性质分	By Type of Units					
执行事业会计制度	Adopting Institution Accounting System	1033	16812	751853	27.43	5.64
执行企业会计制度	Adopting Enterprise Accounting System	1331	35419	1163824	91.26	11.64
按管理部门分	By Management Authority					
文化部门	Cultural Departments	1279	25076	945580	57.47	7.19
其他部门	Other Departments	1085	27155	970097	61.22	10.09
按机构类型分	By Type of Troupes					
剧场	Theaters	985	25012	813118	28.62	7.72
影剧院	Music Halls and Cinemas	776	13287	572684	68.11	4.48
书场、曲艺场	Storytelling, Recitation and Ballad Places	32	783	5991	0.83	0.65
杂技、马戏场	Acrobatics and Circus Places	8	249	6760	0.12	0.11
音乐厅	Concert Halls	40	1462	15852	0.59	0.42
综合性	General Performance Theaters	289	7536	360238	16.82	2.38
其他艺术表演场馆	Others	234	3902	141034	3.61	1.51
按隶属关系分	By Jurisdiction of Management					
中央	Run by Central Government	7	199	6661	0.08	0.08
省、区、市	Run by Provinces, Autonomous Regions and Municipalities	128	4792	135739	12.18	1.51
地、市	Run by Prefectures (Cities)	443	14824	333458	38.41	5.69
县、市及以下	Run by Counties (Cities) and Others	1786	32416	1439819	68.01	9.99

22-23 续表 continued

项 目	Item	观众人次(万人次) Number of Audience (10 000 person-times)	#艺术演出 Art Performances	收入合计(万元) Total Income (10 000 yuan)	#财政拨款 Government	#演出收入 Performance Income	支出合计(万元) Expenses (10 000 yuan)
总 计	**Total**	**18604**	**6119**	**797506**	**133141**	**281881**	**725326**
按登记注册类型分	By Status of Registration						
国 有	State-owned	11063	2785	294992	98627	81401	328852
集 体	Collective-owned	70	29	865	136	282	825
其 他	Others	7472	3305	501649	34378	200198	395650
按性质分	By Type of Units						
执行事业会计制度	Adopting Institution Accounting System	3789	1630	193536	82614	43804	237139
执行企业会计制度	Adopting Enterprise Accounting System	14815	4489	603971	50527	238077	488188
按管理部门分	By Management Authority						
文化部门	Cultural Departments	6100	2192	241069	80415	44454	277472
其他部门	Other Departments	12505	3927	556437	52726	237427	447855
按机构类型分	By Type of Troupes						
剧场	Theaters	7057	3792	421261	60463	187709	325617
影剧院	Music Halls and Cinemas	5363	752	134673	23909	12826	161213
书场、曲艺场	Storytelling, Recitation and Ballad Places	108	91	18730	833	11770	13257
杂技、马戏场	Acrobatics and Circus Places	66	66	2807	215	1741	2788
音乐厅	Concert Halls	187	174	46168	23866	17512	71896
综合性	General Performance Theaters	5383	942	137113	22441	29276	121623
其他艺术表演场馆	Others	440	302	36755	1415	21046	28933
按隶属关系分	By Jurisdiction of Management						
中央	Run by Central Government	39	37	3417	11	563	3188
省、区、市	Run by Provinces, Autonomous Regions and Municipalities	1252	895	157902	43291	64403	159606
地、市	Run by Prefectures (Cities)	3977	1600	197910	36898	71674	177688
县、市及以下	Run by Counties (Cities) and Others	13336	3587	438278	52941	145240	384844

22-24 全国艺术表演团体基本情况(2012年)

项　目	Item	机构(个) Number of Institutions (unit)	从业人员(人) Number of Employed Persons (person)	剧团原创首演剧目(个) Plays Showed this Year (unit)	演出场次(万场次) Number of Performance (10 000 shows)	#国内演出 Domestic Performance	#农村 Rural Performance
总　计	**Total**	**7321**	**242047**	**4035**	**135.02**	**124.98**	**81.16**
按登记注册类型分	By Status of Registration						
国有	State-owned	2399	123311	1578	42.35	39.23	24.60
集体	Collective-owned	209	7392	106	5.75	5.72	3.96
其他	Others	4713	111344	2351	86.92	80.03	52.59
按隶属关系分	By Jurisdiction of Management						
中央	Run by Central Government	17	3367	30	0.28	0.26	0.01
省、区、市	Run by Provinces, Autonomous Regions and Municipalities	223	31613	285	6.99	6.44	1.58
地、市	Run by Prefectures (Cities)	755	48816	499	14.67	13.53	5.50
县、市及以下	Run by Counties (Cities) and Others	6326	158251	3221	113.07	104.75	74.08
按性质分	By Type of Units						
执行事业会计制度	Adopting Institution Accounting System	1819	98199	947	32.49	30.87	19.70
执行企业会计制度	Adopting Enterprise Accounting System	5502	143848	3088	102.53	94.11	61.45
按管理部门分	By Management Authority						
文化部门	Cultural Departments	2128	120048	1229	40.18	37.85	22.90
其他部门	Other Departments	5193	121999	2806	94.84	87.13	58.25
按剧种分	By Type of Art						
话剧、儿童剧、滑稽剧团	Drama, Children's Play and Comedy Troupes	432	14495	396	6.20	5.45	2.45
歌剧、舞剧、歌舞剧团	Opera, Dance, Song and Dance Drama Troupes	250	13589	177	3.44	3.25	1.19
歌舞团、轻音乐团	Song and Dance, Light Music Troupes	1283	40276	771	17.47	16.23	7.92
乐团、合唱团	Philharmonic and Chorus Troupes	122	7178	93	1.01	0.87	0.27
文工团、文宣队、乌兰牧骑	Cultural and Performance Troupes and Ulanmuchi (Equestrian Art Troupes)	308	8854	164	3.50	3.28	2.10
戏曲剧团	Local Opera Troupes	2250	92528	1152	49.16	47.94	38.91
#京剧	Local Beijing Opera Troupes	114	7378	64	2.27	2.18	1.48
曲、杂、木、皮影团	Recitation and Ballad Troupes, Acrobatics and Circus Troupes, Puppet Show Troupes and Shadow Play Troupes	1002	20942	311	30.77	27.86	18.66
综合性艺术表演团体	Comprehensive Art Performance Troupes	1674	44185	971	23.47	20.11	9.66

Basic Statistics on Art Performance Troupes (2012)

国内演出观众人次（万人次） Number of Domestic Audience (10 000 person-times)	#农村 Rural Audience	收入合计（万元） Total Income (10 000 yuan)	#财政拨款 Government Budget	#演出收入 Performance Income	支出合计（万元） Total Expenses (10 000 yuan)	政府采购的公益演出活动 Public Shows under Government Procurement: 演出场次（万场次） Number of Performances (10 000 shows)	观众人次（万人次） Number of Audience (10 000 person-times)
82805	**52102**	**2310460**	**1140718**	**641480**	**2081911**	**10.33**	**10358.48**
39965	25831	1297846	904305	223505	1250078	6.93	7184.88
3499	2701	48621	29127	14534	47421	0.42	400.80
39341	23570	963994	207287	403441	784412	2.98	2772.80
363	12	84025	35383	22594	84260	0.04	44.85
5055	1682	611181	426871	103650	562512	1.16	1130.50
13186	6353	512620	343060	94098	507032	1.95	2212.63
64201	44056	1102634	335405	421139	928106	7.18	6970.50
29970	20247	1083601	827050	135018	1051338	5.84	6039.70
52835	31855	1226859	313668	506462	1030572	4.49	4318.78
35923	22930	1337687	934749	224468	1280881	7.12	7227.17
46882	29173	972773	205969	417013	801030	3.22	3131.31
5996	1152	216801	118869	59575	186945	0.48	418.72
3321	1116	164985	90134	48328	151506	0.45	420.99
9325	4085	552456	182206	123166	502282	1.82	1638.16
479	106	80856	43563	20935	76522	0.08	95.04
2944	1722	47527	41678	4179	46256	0.69	686.94
41718	34476	643439	421361	150693	613302	4.69	5412.59
1733	1073	105253	79607	12488	107619	0.26	217.90
8821	4609	150039	74328	62888	129922	0.56	361.21
10200	4838	454358	168579	171717	375177	1.59	1324.83

22-25 全国公共图书馆基本情况（2012年）
Basic Statistics on Public Libraries (2012)

指标	Item	总计 Total	#少儿图书馆 Children's Libraries	按隶属关系分 By Jurisdiction of Management: 中央 Run by Central Government	省、区、直辖市(级) Run by Provinces, Autonomous Regions and Municipalities	地市级 Prefecture Level	县市级 County (City) Level	#县图书馆 Run by Counties
机构数 (个)	Number of Institutions (unit)	3076	99	1	38	354	2683	1628
从业人员 (人)	Number of Employed Persons (person)	54997	2124	1426	7788	13855	31928	15519
总藏量 (万册)	Total Collections (10000 copies)	78852	3217	3473	19985	21121	34272	13637
当年购买的报刊种类(万种)	Kinds of Newspapers and Periodicals Purchased This Year (10 000 kinds)	100.93	3.67	1.86	18.57	27.28	53.22	21.74
累计发放有效借书证数 (万个)	Accumulative Number of Library Cards Distributed (10 000 units)	2485	116	153	457	860	1015	340
总流通人次 (万人次)	Total Number of Circulation (10 000 person-times)	43437	1938	378	6020	13238	23800	8026
#书刊文献外借人次	Borrowing from Libraries	17402	943		1415	5453	10534	4376
书刊文献外借册次 (万册次)	Number of Books and Periodicals Lent to Readers (10 000 copies-times)	33191	2087		3853	10448	18891	6561
组织各类讲座次数 (次)	Number of Lectures (time)	44564	2383	215	3543	12027	28779	12218
举办展览 (个)	Exhibitions Held (unit)	12389	398	69	956	2830	8534	4119
举办培训班 (个)	Training Classes Held (unit)	24937	2990	60	3328	5671	15878	7662
计算机 (台)	Computers (set)	173313	5684	3336	19127	37436	113414	58008
#电子阅览室终端数	Terminals in Electronic Media Reading Rooms	101433	2671	368	5722	18046	77297	42200
阅览室坐席数 (万个)	Seats of Reading Room (10 000 units)	73.46	2.65	0.44	6.33	17.91	48.78	22.54

22-26 全国群众文化机构基本情况（2012年）
Basic Statistics on Cultural Institutions (2012)

指标	Item	总计 Total	省、区、直辖市(级) Provincial Level	地市级 Prefecture Level	县市级 County (City) Level	#县文化馆 County Cultural Center	乡镇(街道)文化站 Township (sub-district) Cultural Stations	#乡镇文化站 Township Cultural Stations
机构数 (个)	Institutions (unit)	43876	31	351	2919	1668	40575	34101
从业人员 (人)	Number of Employed Persons (person)	156228	1837	9968	41792	22606	102631	83676
组织文艺活动 (次)	Art Performances and Story-telling Sessions (time)	688482	1552	19618	136066	62690	531246	371936
参加文艺活动人次 (万人次)	Person-times Attending Art and Cultural Activities (10 000 person-times)	31958	217	2572	11219	5412	17950	13005
举办训练班 (次)	Number of Training Courses (time)	387201	6283	27468	84720	30783	268730	165711
参加培训人次 (万人次)	Attending Training (10 000 person-times)	2750	22	194	572	254	1963	1337
举办展览个数 (个)	Number of Exhibitions (unit)	114774	408	3114	18408	9625	92844	70477
参观展览人次 (万人次)	Visiting Exhibitions (10 000 person-times)	8962	212	845	2971	1685	4933	3757
组织各类理论研讨和讲座次数 (次)	Number of Theoretical Lectures (time)	20825	827	3648	16350	7320		
参加研讨和讲座人次 (万人次)	Attending Theoretical Lectures (10 000 person-times)	365.88	19.06	59.99	286.85	134.77		
藏书 (万册)	Books Collected (10 000 copies)	20789	12	49	463	198	20266	15422
拥有计算机台数 (台)	Computer Owned (unit)	233992	1474	5691	24367	10920	202460	157741
本年收入合计 (亿元)	Revenue this Year (100 million yuan)	145.36	5.66	16.57	45.77	19.64	77.36	61.05
本年支出合计 (亿元)	Expenditure this Year (100 million yuan)	146.78	5.29	15.76	44.55	19.09	81.18	64.45
馆办文艺团体 (个)	Art Performance Troupes Run by Centers (unit)	8750	102	1493	7155	3247		
馆办文艺团体演出场次 (场次)	Number of Art Performances Run by Centers (time)	140435	21333	14510	104592	51882		
馆办老年大学 (个)	Aging College Run by Centers (unit)	719	13	80	626	325		
群众业余文艺团体 (个)	Part-time Art Troupes (unit)	303342	60	4752	50559	24856	247971	178119

22-27 全国文物业基本情况（2012年）
Statistics on Cultural Relics (2012)

项　目	Item	机　构（个）Number of Institutions (unit)	从业人员（人）Number of Employed Persons (person)	本年收入合计（万元）Total Revenue this Year (10 000 yuan)	本年支出合计（万元）Total Expenditure this Year (10 000 yuan)	资产总计（万元）Total Assets (10 000 yuan)	实际使用房屋建筑面积（万平方米）Floor Space of Buildings Actually Used (10 000 sq.m)
总　计	**Total**	**6124**	**125155**	**2959894**	**2609311**	**5971229**	**2411**
按单位性质分	By Kind of Units						
文物科研机构	Scientific and Research Agencies	114	4917	182418	158831	259668	101
文物保护管理机构	Agencies of Cultural Relics Preservation	2705	34854	535779	459988	854227	769
博物馆	Museums	3069	71748	1492024	1424802	4076383	1473
文物商店	Cultural Relics Shops	72	1623	85895	72604	203774	16
其他文物机构	Other Agencies	164	12013	663778	493086	577177	53
按隶属关系分	By Jurisdiction of Management						
中　央	Central Level	12	3462	166725	184302	307764	55
省、区、市	Provincial Level	262	17527	859605	700175	1554267	247
地、市	Prefecture Level	1163	36671	931524	792927	1695202	685
县、市	County or City Level	4687	67495	1002040	931907	2413997	1425
按管理部门分	By Department of Management						
文物部门	Cultural Relics Department	5630	113015	2762118	2405051	4792714	2164
其他部门	Other Department	494	12140	197776	204260	1178515	247

22-27 续表 continued

项　目	Item	文物藏品（件/套）Number of Collections (piece/set)	#一级品 Grade One	本年从有关部门接收文物数(件/套) Accepted Cultural Relics from Department This Year (piece/set)	本年藏品征集数（件/套）Collection of Cultural Relics (piece/set)	举办陈列展览（个）Exhibition & Displays (unit)	参观人次（万人次）Spectators (10 000 person-times)
总　计	**Total**	**35054763**	**83939**	**48855**	**124484**	**22279**	**67059**
按单位性质分	By Kind of Units						
文物科研机构	Scientific and Research Agencies	1208701	2651	1	23	36	224
文物保护管理机构	Agencies of Cultural Relics Preservation	1767573	5239	1487	6604	2128	10433
博物馆	Museums	23180726	74537	47314	116796	20115	56401
文物商店	Cultural Relics Shops	8507934	64				
其他文物机构	Other Agencies	389829	1448	53	1061		
按隶属关系分	By Jurisdiction of Management						
中　央	Central Level	2925044	13320	3871	1187	172	2446
省、区、市	Provincial Level	15502839	27326	3763	27088	1581	7116
地、市	Prefecture Level	7956502	23203	12770	41557	6023	23503
县、市	County or City Level	8670378	20090	28451	54652	14503	33994
按管理部门分	By Department of Management						
文物部门	Cultural Relics Department	31840116	80330	30774	109663	19679	58501
其他部门	Other Department	3214647	3609	18081	14821	2600	8558

22-28 分地区艺术表演团体、艺术表演场馆演出情况(2012年)
Statistics on Performance of Art Performance Troupes and Art Performance Places by Region (2012)

地区	Region	艺术表演团体 Art Performance Troupes						艺术表演场馆 Art Performance Places				
		机构数(个) Number of Institutions (unit)	演出场次(万场次) Number of Performances (10 000 shows)	#国内演出 Domestic Performances	#农村 Rural Performances	国内演出观众人次(万人次) Number of Domestic Audience (10 000 person-times)	#农村 Rural Audience	机构数(个) Number of Institutions (unit)	演(映)出场次(万场次) Number of Performances (10 000 shows)	#艺术演出 Art Performances	观众人次(万人次) Number of Audience (10 000 person-times)	#艺术演出 Art Performances
全　国	**National Total**	**7321**	**135.02**	**124.98**	**81.16**	**82805**	**52102**	**2364**	**118.69**	**17.27**	**18604**	**6119**
中　央	Central Level	17	0.28	0.26	0.01	363	12	7	0.08	0.08	39	37
北　京	Beijing	324	2.34	2.08	0.56	1008	203	96	5.40	1.71	1067	840
天　津	Tianjin	48	0.52	0.47	0.08	231	73	35	1.61	0.26	148	89
河　北	Hebei	448	6.95	5.69	3.37	5733	4131	138	3.23	0.68	474	227
山　西	Shanxi	301	5.07	4.84	3.87	5259	4321	129	8.20	0.42	570	186
内蒙古	Inner Mongolia	137	2.19	1.97	1.04	2040	1146	20	0.28	0.05	89	24
辽　宁	Liaoning	155	1.48	1.25	0.34	792	193	111	1.74	0.90	503	319
吉　林	Jilin	41	0.67	0.53	0.30	591	347	37	1.77	0.30	142	78
黑龙江	Heilongjiang	85	0.85	0.79	0.31	722	311	43	0.39	0.29	77	35
上　海	Shanghai	147	3.97	3.57	0.53	1515	192	117	8.49	1.25	1084	706
江　苏	Jiangsu	434	10.31	10.08	5.63	3769	2000	217	36.38	1.08	1999	425
浙　江	Zhejiang	609	13.63	13.21	10.49	8624	6736	271	7.53	1.48	1351	610
安　徽	Anhui	1015	25.10	23.73	18.56	6932	5043	72	9.78	0.55	4295	232
福　建	Fujian	341	10.50	10.38	8.66	3211	2706	53	4.03	0.10	232	91
江　西	Jiangxi	187	2.97	2.76	1.99	2658	1152	73	1.52	0.32	1095	135
山　东	Shandong	303	3.81	3.55	1.90	2452	1560	103	1.83	0.22	381	183
河　南	Henan	364	9.83	8.39	6.39	7751	6161	145	1.99	0.29	611	134
湖　北	Hubei	226	3.59	3.41	1.97	3014	1908	66	3.44	2.61	335	179
湖　南	Hunan	157	2.97	2.70	1.73	1584	1078	83	2.66	0.50	442	185
广　东	Guangdong	337	5.00	3.91	2.90	9082	5148	93	3.80	0.83	1182	406
广　西	Guangxi	68	1.20	1.11	0.23	758	217	20	2.35	0.25	159	66
海　南	Hainan	61	0.84	0.59	0.38	413	221	13	0.37	0.09	69	29
重　庆	Chongqing	244	2.55	2.37	1.77	1176	634	31	0.34	0.06	82	39
四　川	Sichuan	469	6.67	6.24	3.01	3963	1606	130	3.16	1.77	1063	272
贵　州	Guizhou	79	1.22	1.03	0.28	664	271	10	0.06	0.04	30	27
云　南	Yunnan	220	2.66	2.46	0.65	2227	826	60	1.54	0.63	492	318
西　藏	Tibet	92	0.87	0.81	0.21	224	132	22	0.14	0.04	32	12
陕　西	Shaanxi	116	2.33	2.27	1.54	2418	1703	98	0.98	0.33	273	159
甘　肃	Gansu	103	1.97	1.95	1.26	1909	1216	25	0.58	0.03	86	35
青　海	Qinghai	40	0.49	0.48	0.13	414	101	23	0.68	0.02	42	4
宁　夏	Ningxia	16	0.34	0.30	0.19	313	207	7	0.04	0.00	15	4
新　疆	Xinjiang	137	1.89	1.81	0.89	993	551	16	4.29	0.08	146	33

22-29 分地区公共图书馆基本情况(2012年)
Statistics on Public Libraries by Region (2012)

地 区	Region	公共图书馆个数(个) Number of Public Library (unit)	总藏量(万册件) Total Collections (10 000 copies)	人均拥有公共图书馆藏量(册) Collections of Public Libraries Owned Per Person (copy)	累计发放有效借书证数(万个) Accumulative Number of Library Cards Distributed (10 000 units)	总流通人次(万人次) Total Number of Circulation (10 000 person-times)	#书刊文献外借人次 Borrowing from Libraries	书刊文献外借册次(万册次) Number of Books and Periodicals Lent to Readers (10 000 copies-times)	阅览室座席数(个) Seats of Reading Room (unit)
总 计	**National Total**	**3076**	**78852**	**0.58**	**2484.51**	**43437**	**17402**	**33191**	**734571**
中 央	Central Level	1	3473		153.02	378			4392
北 京	Beijing	24	2083	1.01	72.03	865	317	819	13525
天 津	Tianjin	31	1469	1.04	49.80	630	228	562	12446
河 北	Hebei	172	1935	0.27	61.45	1023	423	693	27259
山 西	Shanxi	126	1462	0.40	24.45	475	244	392	19681
内蒙古	Inner Mongolia	114	1210	0.49	18.23	417	220	446	19222
辽 宁	Liaoning	129	3471	0.79	91.82	1939	733	1616	31977
吉 林	Jilin	66	1710	0.62	25.37	691	256	476	15863
黑龙江	Heilongjiang	106	1823	0.48	77.31	836	369	637	21103
上 海	Shanghai	25	7202	3.03	131.31	2062	580	1973	21594
江 苏	Jiangsu	112	6490	0.82	290.90	4527	2040	3430	42085
浙 江	Zhejiang	97	5344	0.98	240.74	4572	1677	3900	40263
安 徽	Anhui	102	2264	0.38	52.93	1264	719	1186	21188
福 建	Fujian	87	2894	0.77	64.41	1526	655	1519	26574
江 西	Jiangxi	114	1822	0.40	53.09	1057	564	832	26284
山 东	Shandong	150	4237	0.44	138.16	2035	1223	1990	39582
河 南	Henan	156	2257	0.24	76.60	1638	910	1378	31857
湖 北	Hubei	111	2521	0.44	138.44	1516	848	1386	33993
湖 南	Hunan	136	2525	0.38	73.20	1490	702	1304	33509
广 东	Guangdong	137	6567	0.62	341.73	6418	1459	3070	71434
广 西	Guangxi	112	2127	0.45	39.48	1366	423	806	26262
海 南	Hainan	20	898	1.01	9.87	270	71	126	5228
重 庆	Chongqing	43	1522	0.52	32.15	1078	413	868	16455
四 川	Sichuan	188	3363	0.42	52.35	1628	694	1194	34655
贵 州	Guizhou	93	1387	0.40	33.20	420	217	279	14245
云 南	Yunnan	152	1879	0.40	37.57	1070	474	760	23971
西 藏	Tibet	77	69	0.22	0.82	4	1	3	696
陕 西	Shaanxi	112	1400	0.37	26.63	727	299	497	16076
甘 肃	Gansu	103	1212	0.47	25.80	558	260	447	15581
青 海	Qinghai	49	379	0.66	13.46	102	55	45	3855
宁 夏	Ningxia	26	533	0.82	8.88	210	94	163	7153
新 疆	Xinjiang	105	1323	0.59	29.31	645	234	396	16563

22-29 续表 continued

地 区	Region	每万人拥有公共图书馆建筑面积(平方米) Floor Space of Buildings of Public Libraries Owned per 10 000 Population (sq.m)	组织各类讲座次数(次) Number of Lectures (time)	参加讲座人次(万人次) Attending Lectures (10 000 person-times)	举办展览(个) Exhibitions Held (unit)	参观展览人次(万人次) Visiting Exhibitions (10 000 person-times)	举办培训班(个) Training Classes Held (unit)	参加培训人次(万人次) Attending Training (10 000 person-times)	计算机(台) Computers (set)	#电子阅览室终端数 Terminals in Electronic Media Reading Rooms
总 计	**National Total**	**78.17**	**44564**	**826.53**	**12389**	**3050.55**	**24937**	**230.59**	**173313**	**101433**
中 央	Central Level		215	4.99	69	76.53	60	0.43	3336	368
北 京	Beijing	107.24	1573	17.94	240	54.32	812	4.92	3575	1489
天 津	Tianjin	181.69	709	7.10	118	18.62	422	2.35	2924	1556
河 北	Hebei	46.65	1500	21.18	396	108.33	445	4.42	5869	3160
山 西	Shanxi	81.64	1417	22.33	331	122.15	883	6.76	5019	3618
内蒙古	Inner Mongolia	104.99	832	9.20	210	31.48	211	1.46	5043	3169
辽 宁	Liaoning	108.35	1820	38.09	519	145.96	1710	9.67	6294	2813
吉 林	Jilin	67.92	937	20.17	163	33.24	296	4.03	3968	2015
黑龙江	Heilongjiang	70.30	806	18.75	387	58.22	395	5.52	5161	3333
上 海	Shanghai	162.42	1795	25.97	425	87.18	1519	12.62	5885	1816
江 苏	Jiangsu	104.28	2556	52.14	787	148.20	1955	14.23	9289	4509
浙 江	Zhejiang	125.72	2399	55.49	875	290.47	1192	11.19	8918	4905
安 徽	Anhui	47.09	1191	15.82	358	52.49	674	5.44	5849	3859
福 建	Fujian	89.62	1669	27.49	503	188.33	578	7.83	5048	3018
江 西	Jiangxi	70.29	1331	36.75	383	104.64	506	5.76	6415	4362
山 东	Shandong	57.55	2525	49.75	818	99.59	1139	15.66	9249	5960
河 南	Henan	45.66	2080	42.82	509	50.35	634	8.58	7616	4699
湖 北	Hubei	83.24	1554	42.76	427	72.46	947	12.33	7525	4354
湖 南	Hunan	53.83	2133	40.77	410	65.52	1196	10.32	5847	4104
广 东	Guangdong	95.61	5292	97.94	1022	541.78	2346	16.24	13310	6648
广 西	Guangxi	60.93	1362	32.85	489	94.94	878	7.29	5392	3667
海 南	Hainan	96.73	72	1.03	54	14.76	91	0.94	1396	846
重 庆	Chongqing	83.25	1033	20.71	333	96.30	1063	26.46	3882	2210
四 川	Sichuan	55.44	1985	29.40	636	192.38	1254	10.15	8475	5550
贵 州	Guizhou	46.74	986	23.19	157	35.08	551	3.19	3653	2552
云 南	Yunnan	71.02	1632	25.48	371	86.23	1149	9.24	6783	4738
西 藏	Tibet	88.03	6	0.02	3	0.63	6	0.02	240	224
陕 西	Shaanxi	63.96	1220	15.19	435	40.83	905	6.50	5210	3164
甘 肃	Gansu	71.19	904	11.45	310	43.78	372	2.57	4193	2746
青 海	Qinghai	93.72	177	1.25	94	2.04	145	0.57	1647	1419
宁 夏	Ningxia	160.90	143	3.13	60	3.93	84	0.36	1811	1328
新 疆	Xinjiang	82.40	710	15.41	497	89.80	519	3.58	4491	3234

22-30 分地区博物馆基本情况(2012年)
Statistics on Museums by Region (2012)

地 区	Region	机构(个) Number of Institutions (unit)	从业人员(人) Number of Employed Persons (person)	文物藏品(件/套) Number of Collections (piece/set)	本年从有关部门接收文物数(件/套) Accepted Cultural Relics from Department This Year (piece/set)	本年修复文物数(件/套) Cultural Relics Repaired This Year (piece/set)	考古发掘项目(个) Excavation Projects (unit)	基本陈列(个) Displays (unit)	举办展览(个) Exhibition (unit)	参观人次(万人次) Spectators (10 000 person-times)
总 计	**National Total**	**3069**	**71748**	**23180726**	**47314**	**39120**	**325**	**8230**	**11885**	**56401**
中 央	Central Level	6	2923	2925044	3871	483		52	120	2446
北 京	Beijing	41	1171	1140193	5	3304	28	103	158	529
天 津	Tianjin	20	717	688715	691	1174	2	64	78	494
河 北	Hebei	75	2152	252073	57	260	9	127	293	1667
山 西	Shanxi	92	2451	584868	27	238	4	134	157	1247
内蒙古	Inner Mongolia	65	1328	482011	1066	782		226	173	940
辽 宁	Liaoning	62	2170	395910	84	212	6	177	219	1070
吉 林	Jilin	68	942	288405	10	586		130	309	860
黑龙江	Heilongjiang	104	1788	337400	32	1702		318	426	1310
上 海	Shanghai	90	2915	2158074	17494	480	3	225	352	1633
江 苏	Jiangsu	266	4966	1590310	64	2032	64	780	1212	5500
浙 江	Zhejiang	166	3624	967070	872	1825	12	411	899	3122
安 徽	Anhui	141	2236	607637	1271	620	4	470	518	2165
福 建	Fujian	94	1728	455526	862	2289		239	477	1843
江 西	Jiangxi	109	2475	459875	135	548	12	331	310	1877
山 东	Shandong	178	4353	1245492	923	1696	23	735	940	3843
河 南	Henan	180	5199	888128	3311	1876	38	427	740	3425
湖 北	Hubei	161	3078	1581612	1011	3216	17	429	508	2230
湖 南	Hunan	95	2385	499069	290	1637	31	192	364	3214
广 东	Guangdong	168	3277	982169	9321	1133	8	440	977	3204
广 西	Guangxi	79	1529	362854	460	189	7	166	250	1125
海 南	Hainan	19	250	68586	1214	48		121	86	256
重 庆	Chongqing	39	1624	566967	49	5179	6	144	198	1643
四 川	Sichuan	152	4904	1062979	97	2524	21	437	457	4210
贵 州	Guizhou	66	1166	76024	188	263		174	184	936
云 南	Yunnan	85	986	557284	2636	848	13	168	356	1078
西 藏	Tibet	2	63	63150		20		5	24	24
陕 西	Shaanxi	194	5425	1023699	243	2770	12	492	406	2550
甘 肃	Gansu	149	2682	497085	30	221	4	324	406	1179
青 海	Qinghai	22	180	177252	1000	10	1	39	63	88
宁 夏	Ningxia	9	209	72204		76		22	43	84
新 疆	Xinjiang	72	852	123061		879		128	182	607

22-31 体育系统机构人员情况（2012年）
Number of Institutions and Engaged Persons of Physical Education System (2012)

单位：个、人 (unit, person)

指　标	Item	合计 Total 机构 Institutions	合计 Total 人员 Persons	国家级 National Level 机构 Institutions	国家级 National Level 人员 Persons
总计	**Total**	**6887**	**159762**	**44**	**6382**
体育行政机关	Administrative Agencies of Physical Culture and Sports	3133	42474	1	220
运动项目管理部门	Sports Events Management	311	32618	23	2656
本科院校	Colleges	6	3600	1	1237
职业、运动技术学院	Sports Technical Institutes	14	6126		
体育运动学校	Physical Education and Sports Schools	224	16305		
竞技体校	Competitive Sports School	12	398		
少儿体育运动学校（业余体校）	Spare-time Sports School	1510	21657		
单项运动学校	Physical Education and Sports Schools	14	316		
训练基地	Training Bases	63	3892	5	913
体育场馆	Stadium and Gymnasium	688	14993	1	634
科研所	Science and Technology Institute	57	1422	2	218
其他事业单位	Other Institutions	704	13358	11	504
其他	Others	151	2603		

22-31 续表 continued

单位：个、人 (unit, person)

指　标	Item	省级 Provincial Level 机构 Institutions	省级 Provincial Level 人员 Persons	地级 Prefectural Level 机构 Institutions	地级 Prefectural Level 人员 Persons	县级 County Level 机构 Institutions	县级 County Level 人员 Persons
总计	**Total**	**647**	**56094**	**1991**	**54052**	**4205**	**43234**
体育行政机关	Administrative Agencies of Physical Culture and Sports	32	3828	440	12247	2660	26179
运动项目管理部门	Sports Events Management	204	26932	80	2541	4	489
本科院校	Colleges	5	2363				
职业、运动技术学院	Sports Technical Institutes	11	5781	3	345		
体育运动学校	Physical Education and Sports Schools	38	2907	171	12984	15	414
竞技体校	Competitive Sports School	3	110	5	198	4	90
少儿体育运动学校（业余体校）	Spare-time Sports School	22	666	384	10764	1104	10227
单项运动学校	Physical Education and Sports Schools	2	161	11	134	1	21
训练基地	Training Bases	26	2019	25	596	7	364
体育场馆	Stadium and Gymnasium	50	2879	434	9475	203	2005
科研所	Science and Technology Institute	26	914	29	290		
其他事业单位	Other Institutions	210	6512	331	3970	152	2372
其他	Others	18	1022	78	508	55	1073

22-32 运动员获世界冠军情况
World Championships Won by Chinese Athletes

年 份 Year	项 数 (项) Number of Events (Item)	人 数 (人) Number of Persons (person)	个 数 (个) Number of Champions (time)
1978	4	4	4
1979	12	20	12
1980	3	3	3
1981	25	53	25
1982	12	31	13
1983	37	50	39
1984	33	46	37
1985	42	70	46
1986	26	56	26
1987	64	72	69
1988	54	59	54
1989	80	83	82
1990	54	61	54
1991	88	86	93
1992	86	68	89
1993	101	106	103
1994	79	86	79
1995	98	187	102
1996	72	58	75
1997	87	96	92
1998	75	89	83
1999	91	129	92
2000	92	109	110
2001	79	138	90
2002	99	123	110
2003	17	94	84
2004	27	175	101
2005	22	159	106
2006	24	169	141
2007	22	217	123
2008	24	151	120
2009	30	223	142
2010	22	180	108
2011	24	198	138
2012	24	140	107

22-33 运动员分项创世界纪录情况（2012年）
World Records Chalked up by Chinese Athletes by Events (2012)

单位：项、人、次 (unit, person, time)

项 目	Item	项 数 Number of Events	人 数 Number of Persons/teams	次 数 Number of Times
总 计	**Total**	**14**	**18**	**14**
游 泳	Swimming	2	2	2
自行车	Cycling	1	2	1
射 击	Shooting	2	7	2
举 重	Weightlifting	4	3	4
滑 冰	Skating	2	1	2
滑 翔	Gliding	1	1	1
航海模型	Marine modeling	2	2	2

22-34 分地区分技术等级运动员发展人数（2012年）
Certified Athletes by Region and Technical Grade (2012)

单位：人 (person)

地 区	Region	合 计 Total	#女 Female	国际级运动健将 International Master of Sports	#女 Female	运动健将 Master of Sports	#女 Female	一 级运动员 First Grade	#女 Female	二 级运动员 Second Grade	#女 Female
总 计	**Total**	**46412**	**16787**	**167**	**85**	**1820**	**864**	**9690**	**3396**	**34735**	**12442**
国家直属	Directly Under the Jurisdiction of State	477	187	12	5	122	54	37	15	306	113
地方合计	Sub-total of Provinces	45935	16600	155	80	1698	810	9653	3381	34429	12329
北 京	Beijing	1880	744	11	6	106	38	426	175	1337	525
天 津	Tianjin	1835	720					368	136	1467	584
河 北	Hebei	2602	921	7	4	74	32	332	132	2189	753
山 西	Shanxi	740	312	10	3	39	16	221	116	470	177
内蒙古	Inner Mongolia	993	366	2	1	36	12	205	63	750	290
辽 宁	Liaoning	1978	827	4	3	129	71	604	224	1241	529
吉 林	Jilin	1207	379	4	3	36	22	222	77	945	277
黑龙江	Heilongjiang	1030	411	9	2	133	62	254	103	634	244
上 海	Shanghai	2020	884	18	9	129	69	390	181	1483	625
江 苏	Jiangsu	2699	1031	22	9	255	122	507	225	1915	675
浙 江	Zhejiang	2883	1092	14	11	118	71	517	205	2234	805
安 徽	Anhui	1692	612	2	2	59	38	201	68	1430	504
福 建	Fujian	1564	616	6	3	52	29	335	152	1171	432
江 西	Jiangxi	1012	380	2	1	35	11	152	72	823	296
山 东	Shandong	3360	672	7	4	121	55	1067		2165	613
河 南	Henan	4000	1294	1	1	74	35	688	260	3237	998
湖 北	Hubei	1656	422					323	123	1333	299
湖 南	Hunan	1254	482	4	3	45	11	266	106	939	362
广 东	Guangdong	2554	1132					1042	403	1512	729
广 西	Guangxi	883	338			25	10	174	67	684	261
海 南	Hainan	419	147	2	2	4	3	141	45	272	97
重 庆	Chongqing	2030	957	11	4	104	57	397	186	1518	710
四 川	Sichuan	514	202			13	2	92	36	409	164
贵 州	Guizhou	1125	351	3	2	34	13	189	53	899	283
云 南	Yunnan	5	2					5	2		
西 藏	Tibet	1304	497	1	1	11	4	161	59	1131	433
陕 西	Shaanxi	500	154	5	3	25	11	110	37	360	103
甘 肃	Gansu	841	251	1	1	17	6	128	36	695	208
青 海	Qinghai	141	53	8	1	1		17	15	115	37
宁 夏	Ningxia	487	78			5	2	40	1	442	75
新 疆	Xinjiang	727	273	1	1	18	8	79	23	629	241

22-35 分项目分技术等级运动员发展人数（2012年）
Certified Athletes by Type of Sports and Technical Grade (2012)

单位：人 (person)

项目	Item	合计 Total	#女 Female	国际级运动健将 International Master of Sports	#女 Female	运动健将 Master of Sports	#女 Female	一级运动员 First Grade	#女 Female	二级运动员 Second Grade	#女 Female
总计	**Total**	**46412**	**16787**	**167**	**85**	**1820**	**864**	**9690**	**3396**	**34735**	**12442**
田径	Track and Field Events	6815	2137	15	9	111	50	711	203	5978	1875
游泳	Swimming	2866	1294	6	2	80	34	652	289	2128	969
跳水	Diving	226	121	5	2	29	19	141	74	51	26
水球	Water Polo	81	34			14	5	62	28	5	1
花样游泳	Synchronized Swimming	71	57			3	3	2	1	66	53
体操	Gymnastics	245	100			27	13	131	41	87	46
艺术体操	Rhythmic Gymnastics	261	232			66	66	84	62	111	104
蹦床	Trampoline	82	44	4	3	13	6	45	21	20	14
举重	Weightlifting	461	182	1		33	15	159	70	268	97
拳击	Boxing	978	260	3		37	26	250	58	688	176
国际式摔跤	International Wrestling	816	215	1	1	28	9	74	18	713	187
中国式摔跤	Chinese Wrestling	556	122			1		15	1	540	121
柔道	Judo	1141	425			39	25	346	124	756	276
跆拳道	Taekwondo	1920	784	4	3	75	39	571	216	1270	526
自行车	Bicycles	355	154	2	2	42	18	184	73	127	61
击剑	Fencing	611	284	1	1	19	9	168	71	423	203
马术	Equestrian	1						1			
现代五项	Modern Pentathlon	47	12			2		21	12	24	
射击	Shooting	1207	550	6	3	68	33	564	225	569	289
射箭	Archery	219	110	3	3	9	8	103	49	104	50
赛艇	Rowing	879	345	8	6	56	22	407	148	408	169
皮划艇	Canoe Kayak	660	160	7	4	30	8	324	55	299	93
帆船	Sailing	261	114	5	5	15	9	205	82	36	18
足球	Football	4124	944			59	9	1049	198	3016	737
篮球	Basketball	5577	1843			78	30	911	301	4588	1512
排球	Volleyball	2908	1226	9	7	49	18	599	208	2251	993
沙滩排球	Beach Volleyball	93	48			5	2	11	5	77	41
乒乓球	Table Tennis	2513	1000			38	20	179	70	2296	910
羽毛球	Badminton	627	254	5	4	28	10	83	33	511	207
网球	Tennis	1064	449	1		17	12	39	19	1007	418
手球	Handball	633	310	1	1	81	47	108	53	443	209
曲棍球	Hockey	303	149	2	1	67	27	45	14	189	107
棒球	Baseball	303	2	8		44		72		179	2
垒球	Softball	330	323	2	2	19	16	105	103	204	202
速度滑冰	Speed Skating	114	39	1		19	9	61	15	33	15
短道速滑	Short Track Speed Skating	47	18	2	2	17	8	19	5	9	3
花样滑冰	Figure Skating	25	13			16	9			9	4
冰球	Ice Hockey	118	57			77	37	11	5	30	15
冰壶	Curling	30	14	3		6	4	8	3	13	7
高山滑雪	Alpine Skiing	30	9			5	3	4	3	21	3
越野滑雪	Cross-Country Skiing	42	19			10	3	21	11	11	5
跳台滑雪	Ski Jumping	4	3			3	3	1			
自由式滑雪	Freestyle Skiing	15	5	1		3	1	1		10	4
单板滑雪	Snowboard Skiing	22	9	5	2	5		10	6	2	1
冬季两项	Biathlon	11	8	2	2	9	6				
技巧	Acrobatics	85	44	12		27	17	26	18	20	9

22-35 续表 continued

单位：人 (person)

项 目	Item	合 计 Total	#女 Female	国际级运动健将 International Master of Sports	#女 Female	运动健将 Master of Sports	#女 Female	一 级运动员 First Grade	#女 Female	二 级运动员 Second Grade	#女 Female
健美操	Aerobics	999	553	5	1	51	21	358	181	585	350
街舞	Hip Hop Dance										
软式网球	Soft Tennis	50	19	2	1	1	1	31	13	16	4
武术	Wushu	3533	1051	16	9	86	31	313	92	3118	919
滑水	Water-ski	9	6	2	2	6	3	1	1		
潜水	Dive										
蹼泳	Fin Swimming	32	11	1	1	13	5	8	4	10	1
摩托艇	Motorboat	13	4			6	3	5		2	1
围棋	Weiqi	623	114	3		9	1	47	8	564	105
国际象棋	Chess	490	184	8	5	5	2	104	33	373	144
中国象棋	Chinese Chess	321	109	3		7	2	57	20	254	87
桥牌	Bridge										
登山	Mountaineering	39	12			9	5	19	3	11	4
摩托车	Motorcycles	5	1	1		2	1	2			
汽车	Motor Vehicles										
铁人三项	Triathlon	14	3			10	3	4			
高尔夫球	Golf	6	4	1	1	4	3	1			
保龄球	Bowling										
掷球	Boules										
台球	Billiards										
藤球	Sepaktakraw										
壁球	Squash	3				3					
橄榄球	Rugby	169	83			87	62	45	10	37	11
车辆模型	Model Car	8						2		6	
航海模型	Model Ship	50	7			1		21	2	28	5
定向	Orienteering										
航空模型	Model Aeroplane	60	10			3		33	8	24	2
跳伞	Parachuting	10	3			10	3				
滑翔	Hang Gliding										
运动飞机	Sport Plane										
热气球	Fire Balloon										
轮滑	Roller Skating	30	7			8	2	10	3	12	2
业余无线电	Amateur Radio	26	14			1	1	10	3	15	10
毽球	Jianqiu										
门球	Gateball										
舞龙舞狮	Dragon and Lion Dance										
龙舟	Dragon Boat										
钓鱼	Fishing										
风筝	Kite										
信鸽	Carrier Pigeon										
体育舞蹈	Dance Sports										
健美	Bodybuilding	145	70			19	7	36	24	90	39
拔河	Tug of War										
飞镖	Dart										
救生	Lifesaving										
健身气功	Qigong										
电子竞技	E-sports										

22-36 分地区分等级教练员发展人数（2012年）
Certified Coaches by Region and Grade (2012)

单位：人 (person)

地 区	Region	合 计 Total	#女 Female	国家级 National Level	#女 Female	高 级 Senior Grade	#女 Female	中 级 Medium Grade	#女 Female	初 级 Junior Grade	#女 Female
总 计	**Total**	**767**	**211**	**72**	**4**	**101**	**28**	**192**	**59**	**402**	**119**
国家直属	Directly Under the Jurisdiction of State	6		5				1			
地方合计	Sub-total of Provinces	761	211	67	4	101	28	191	59	402	119
北 京	Beijing	20	8			1		2	1	17	7
天 津	Tianjin	16	6	5				5	1	6	5
河 北	Hebei	22	5	2		2		3	3	15	2
山 西	Shanxi	2		2							
内蒙古	Inner Mongolia	2				2					
辽 宁	Liaoning	51	14	9	2	9	4	8	3	25	4
吉 林	Jilin	21	9	2		9	4	3	1	7	4
黑龙江	Heilongjiang	24	6	4		3	1	9	2	8	3
上 海	Shanghai	4		4							
江 苏	Jiangsu	49	10	2		13	4	11	3	23	3
浙 江	Zhejiang	35	14	2		5		7	3	21	11
安 徽	Anhui	27	4	1		1	1	7	2	18	1
福 建	Fujian	67	27	4	1	6	1	8	4	49	21
江 西	Jiangxi	9	1	2		2		3	1	2	
山 东	Shandong	35	7	6		1	1	5	1	23	5
河 南	Henan	26	8	1		6	3	5	1	14	4
湖 北	Hubei	9	1	3		2		3	1	1	
湖 南	Hunan	10	3					4	1	6	2
广 东	Guangdong	74	18	9	1	7	2	21	6	37	9
广 西	Guangxi	83	23	1		3		39	11	40	12
海 南	Hainan	4	1	1						3	1
重 庆	Chongqing	44	9			5	1	13	3	26	5
四 川	Sichuan	13	2	3		1		3	1	6	1
贵 州	Guizhou	33	13	1		8	3	11	5	13	5
云 南	Yunnan	2		1				1			
西 藏	Tibet	15	5			1		3	1	11	4
陕 西	Shaanxi	27	9	2				5	1	20	8
甘 肃	Gansu	6	3			1	1	2	1	3	1
青 海	Qinghai										
宁 夏	Ningxia	1								1	
新 疆	Xinjiang	30	5			13	2	10	2	7	1

主要统计指标解释

广播/电视节目综合人口覆盖率 指根据原国家广电总局制定的《广播电视人口覆盖率统计技术标准和方法》进行统计调查的，在对象区内能接收到由中央、省、地市或县通过无线、有线或卫星等各种技术方式转播的各级广播/电视节目的人口数占全国总人口数的百分比。

艺术表演团体 指由文化部门主办或实行行业管理（经文化行政部门审批或已申报登记并领取相关许可证），专门从事表演艺术等活动的各类专业艺术表演团体，含民间职业剧团。不包括群众业余文艺表演团体。

艺术表演场馆 指由文化部门主办或实行行业管理（经文化市场行政部门审批或已申报登记并领取相关许可证），有观众席、舞台、灯光设备，公开售票、专供文艺团体演出的文化活动场所。

文化市场经营机构 指经文化市场行政部门审批或已申报登记并领取相关许可证的、从事文化经营和文化服务活动的机构。

国家综合档案馆 指由中央或地方各级档案行政管理部门直接管理的，按行政区划或历史时期设置的，收集和管理所辖范围内多种门类档案的档案馆。

等级运动员 指经考核正式批准授予运动员称号的运动员，分为国际级运动健将、运动健将、一级、二级运动员。

等级教练员 指经考核正式批准授予等级教练员职称的教练员，分为国家级、高级、中级、初级教练员。

Explanatory Notes on Main Statistical Indicators

The Population Coverage Rate of Radio/Television refers to the percentage of the whole country's population who can receive radio/television programmes transmitted by national, provincial, municipal or county stations through wireless, cable or satellite techniques, according to *Statistical Standard and Method on Television and Radio Coverage of Population* established by the former State Administration of Broadcasting, Film and Television.

Arts Performance Troupes refer to the various professional performing arts groups, which sponsored by the cultural sectors or guided by the cultural society (approved by the cultural administration authority, or registered and permitted with the relative certificate), including non-governmental troupes. The mass amateur arts performance troupes are not included.

Arts Performance Places refer to the various sites for cultural activities, which sponsored by the cultural sectors or guided by the cultural society (approved by the cultural market administration, or registered and permitted with the relative certificate), with the facility of auditorium, stage and lighting, and selling tickets in public.

Cultural Market Operating Units refer to the units dealing in culture and cultural services, which registered and permitted with the relative certificate by cultural market administration.

National Comprehensive Archives refer to all archives institutions, which are directly managed by the central and local levels archives administration, collecting and keeping various documents and materials by administrative regions or historical periods.

Certified Grade Athletes refer to those who are awarded the title of athletes through assessment. The titles include international level athletes, master of sports, first grade athletes and second grade athletes.

Certified Grade Coaches refer to those who are awarded the title of grade coaches through assessment. The titles include national level coaches, senior grade coaches, medium grade coaches and junior grade coaches.

23

公共管理、社会保障及其他

Public Management, Social Security and Others

简 要 说 明

本篇资料的主要内容和资料来源

本篇主要包括社会参与、公检法司、群众组织和劳动保障情况等内容。

一、社会参与的内容主要包括历届全国人大代表和政协委员情况。资料分别由全国人大和全国政协提供，依全国人大、政协换届情况每五年更新一次。

二、公检法司的内容主要包括公安机关刑事案件立案情况和治安案件查处情况，交通、火灾事故情况，人民检察院办案情况，人民法院审理案件和收结案情况以及司法部门律师、公证、调解工作情况。资料分别由公安部、最高人民检察院、最高人民法院和司法部依据统计报表制度整理提供。

三、群众组织的内容主要包括工会组织和妇联干部情况。资料分别由全国总工会和全国妇联依据统计报表制度整理提供。工会资料详见《中国工会统计年鉴》(中华全国总工会编)。

四、劳动保障资料的主要内容包括社会保险基金收支情况，参加城镇企业职工基本养老保险情况，城镇基本医疗保险情况，各地区失业保险、工伤保险、生育保险情况等。资料由人力资源和社会保障部提供。详细资料见《中国劳动统计年鉴》（国家统计局、人力资源和社会保障部编）。

Brief Introduction

Main Contents and Sources of Data

Data in this chapter show statistics on social participation, public security, procuratorial, legal and judicial affairs, mass organizations, labor protection and so on.

I. Data on social participation cover mainly information on representatives to the National People's Congress (NPC) and members of the Chinese People's Political Consultative Conference (CPPCC). Data are provided by NPC and CPPCC respectively. Data on expiration of office terms of NPC and CPPCC are updated every five years.

II. Data on public security, procuratorial, legal and judicial affairs cover information such as criminal cases registered and offense cases handled by the public security agencies, traffic or fire accidents, cases handled by procuratorate's offices, cases accepted and settled by the people's courts, and statistics on lawyers, notarization and mediation. Data are from the Ministry of Public Security, the Supreme People's Procuratorate, the Supreme People's Court and the Ministry of Justice based on statistical reporting form scheme.

III. Data on mass organizations cover information on labor unions and cadres of women's federations, which are provided by All-China Federation of Trade Union and All China Women's Federation based on statistical reporting forms. The detailed information on labor union can be found in *Statistical Yearbook on Chinese Labor Union* (All-China Federation of Trade Union).

IV. Data on labour security mainly include revenue and expenses of social insurance fund, urban employee basic pension insurance, urban basic medical care insurance, unemployment insurance in regions, work injury insurance, maternity insurance, etc. Data are from the Ministry of Human Resources and Social Security. Please refer to "*China Labour Statistical Yearbook*" (National Bureau Statistics, Ministry of Human Resources and Social Security) for detail information.

23-1 历届全国人民代表大会代表人数
Number of Deputies to All the Previous National People's Congresses

单位：人 (person)

届别	Congress	年份 Year	代表总数 Total Number of Deputies	#女代表 Female Deputies	#少数民族代表 Ethnic Minority Deputies	占代表总数比重(%) As Percentage to Total Deputies (%) 女代表 Female Deputies	少数民族代表 Ethnic Minority Deputies
一　届	First Congress	1954	1226	147	177	12.0	14.4
二　届	Second Congress	1959	1226	150	180	12.2	14.7
三　届	Third Congress	1964	3040	542	373	17.8	12.3
四　届	Fourth Congress	1975	2885	653	270	22.6	9.4
五　届	Fifth Congress	1978	3497	740	381	21.2	10.9
六　届	Sixth Congress	1983	2978	632	404	21.2	13.6
七　届	Seventh Congress	1988	2970	634	445	21.3	15.0
八　届	Eighth Congress	1993	2978	626	439	21.0	14.7
九　届	Ninth Congress	1998	2979	650	428	21.8	14.4
十　届	Tenth Congress	2003	2984	604	415	20.2	13.9
十一届	Eleventh Congress	2008	2987	637	411	21.3	13.8
十二届	Twelfth Congress	2013	2987	699	409	23.4	13.7

23-2 历届全国政治协商会议委员人数
Number of Deputies to All the Previous Chinese People's Political Consultative Conferences

单位：人 (person)

届别	Congress	年份 Year	委员总数 Total Number of Deputies	#中国共产党委员 Deputies from the Communist Party of China	#少数民族委员 Ethnic Minority Deputies	占委员总数比重(%) As Percentage to Total Deputies (%) 中国共产党委员 Deputies from the Communist Party of China	少数民族委员 Ethnic Minority Deputies
六 届	Sixth Congress	1983	2042	811	179	39.7	8.8
七 届	Seventh Congress	1988	2038	832	221	40.8	10.8
八 届	Eighth Congress	1993	2093	831	241	39.7	11.5
九 届	Ninth Congress	1998	2195	875	258	39.9	11.8
十 届	Tenth Congress	2003	2238	895	262	40.0	11.7
十一届	Eleventh Congress	2008	2237	892	250	39.9	11.2
十二届	Twelfth Congress	2013	2237	893	258	39.9	11.5

23-3 公安机关立案的刑事案件及构成
Criminal Cases Registered in Public Security Organs and Its Composition

案件类别	Category of Cases	立案（起） Number of Cases Registered (case)		构成（%） Composition (%)	
		2011	2012	2011	2012
合计	**Total**	**6004951**	**6551440**	**100.00**	**100.00**
杀人	Homicide	12015	11286	0.20	0.17
伤害	Injury	165097	163620	2.75	2.50
抢劫	Robbery	202623	180159	3.37	2.75
强奸	Rape	33336	33835	0.56	0.52
拐卖妇女儿童	Abducting Women or Children	13964	18532	0.23	0.28
盗窃	Larceny	4259484	4284670	70.93	65.40
诈骗	Fraud	484813	555823	8.07	8.48
走私	Smuggling	1350	1575	0.02	0.02
伪造、变造货币,出售、购买、运输、持有、使用假币	Forging Currency, Selling, Buying, Transporting, Holding and Using Counterfeit Currency	688	2194	0.01	0.03
其他	Others	831581	1299746	13.86	19.85

注：2012年共破获刑事案件2807246起。
a) The solved criminal cases in 2012 are 2807246 cases.

23-4 公安机关受理和查处治安案件数(2012年)
Cases of Offence Against Public Order Handled by Public Security Organs (2012)

案件类别	Category of Cases	受理（起） Number of Cases Accepted to be Treated (case)	查处（起） Number of Cases Investigated and Treated (case)	每万人口受理案件数（起/万人） Number of Cases Accepted per 10 000 Population (case/10 000 persons)
合计	**Total**	**13889480**	**13310741**	**102.3**
扰乱单位秩序	Disturbing Business Orders	138416	136616	1.0
扰乱公共场所秩序	Disturbing the Orders in Public Places	476836	475931	3.5
寻衅滋事	Causing Quarrels and Making Troubles	115527	109609	0.9
阻碍执行职务	Obstructing Government Workers in Performing Their Duties	38792	38014	0.3
非法携带枪支、弹药、管制工具	Violation of Firearms Control Regulations	78707	77782	0.6
违反危险物质管理规定	Violation of Explosives Control Regulations	28083	27615	0.2
殴打他人	Battering Other Persons	4531863	4377838	33.4
故意伤害	Willfully Injuring Others	306328	287543	2.3
盗窃	Stealing Property	2052861	1832307	15.1
敲诈勒索	Extortion and Blackmail	19207	16978	0.1
抢夺	Robbery and Snatch	37479	31241	0.3
盗窃、损毁公共设施	Stealing and Damaging Public Facilities	14705	12753	0.1
伪造、变造、倒卖有价票证、凭证	Forge/alter/scalp Valuable Coupons or Certificates	12774	12678	0.1
违反旅馆业管理	Violating the Hotel Management Regulations	163429	162237	1.2
违反房屋出租管理	Violating the Rent Control Regulations	236698	234863	1.7
诈骗	Swindling, Seizing and Extorting Property	270114	233497	2.0
卖淫、嫖娼	Prostitution or Soliciting Prostitutes	94938	94306	0.7
赌博	Gambling	408919	404700	3.0
毒品违法活动	Illegal Drug Related Action	445180	441637	3.3
其他	Others	4418624	4302596	32.6

23-5 交通事故情况（2012年）
Basic Statistics on Traffic Accidents (2012)

类 别	Type	发生数（起） Number of Traffic Accidents (case)	死亡人数（人） Number of Deaths (person)	受伤人数（人） Number of Injuries (person)	直接财产损失（万元） Direct Property Losses (10 000 yuan)
总计	**Total**	**204196**	**59997**	**224327**	**117489.6**
重大事故	Serious Accidents	24	325	364	262.8
特大事故	Extraordinarily Serious Accidents	1	36	3	49.0
机动车	Vehicles	190756	57277	210554	114199.5
#汽车	Motor Vehicles	142995	44679	152478	101244.6
摩托车	Motorcycles	42955	10643	53366	9977.8
拖拉机	Tractors	3370	1297	3341	1832.8
非机动车	Non-motor-driven Vehicles	11299	1628	12541	2116.0
#自行车	Bicycles	1433	279	1354	274.3
行人乘车人	Pedestrians and Passengers	2063	1075	1168	1160.0
其他	Others	78	17	64	14.1

注：2012年根据《生产安全事故报告和调查处理条例》，重大、特大事故统计口径有所调整。

a) The 2012 data coverage for serious accidents and extraordinarily serious accidents have been adjusted according to the Regulations on the Reporting, Investigation and Disposition of Production Safety Accidents

23-6 火灾事故情况（2012年）
Basic Statistics on Fire Accidents (2012)

项 目	Item	合计 Total	特大 Extraordinarily Serious	重大 Serious	较大 Comparatively Serious	一般 Ordinary
发生（起）	Fire Accidents (case)	152157		2	60	152095
死亡（人）	Deaths (person)	1028		24	199	805
受伤（人）	Injuries (person)	575		7	45	523
直接经济损失（万元）	Direct Economic Losses (10 000 yuan)	217716		2699	19806	195211
平均每起事故损失（元）	Average Loss of Fire (yuan)	14309		13494228	3301046	12835

23-7 各地区交通事故情况（2012年）
Basic Statistics on Traffic Accidents by Region (2012)

地　区	Region	发生数 (起) Number of Traffic Accidents (case)	死亡人数 (人) Number of Deaths (person)	受伤人数 (人) Number of Injuries (person)	直接财产损失 (万元) Direct Property Losses (10 000 yuan)
全　国	**National Total**	**204196**	**59997**	**224327**	**117489.6**
北　京	Beijing	3196	918	3613	3017.9
天　津	Tianjin	3101	848	3429	3396.9
河　北	Hebei	5285	2503	4738	5022.3
山　西	Shanxi	5587	2294	5982	3528.5
内蒙古	Inner Mongolia	3957	1202	4108	1878.1
辽　宁	Liaoning	5984	2024	5609	2914.7
吉　林	Jilin	2820	1388	2773	5128.4
黑龙江	Heilongjiang	3285	1192	3431	3962.0
上　海	Shanghai	2256	916	2053	1488.0
江　苏	Jiangsu	13517	4733	12478	7198.6
浙　江	Zhejiang	19270	4962	19729	8054.5
安　徽	Anhui	18076	2691	21109	10726.6
福　建	Fujian	9942	2473	11410	3939.7
江　西	Jiangxi	3103	1399	3394	4549.8
山　东	Shandong	13275	3838	12710	5260.3
河　南	Henan	6732	1636	7144	2825.7
湖　北	Hubei	6009	1822	6818	5391.1
湖　南	Hunan	8748	1956	11741	6685.1
广　东	Guangdong	25720	5714	29099	8005.2
广　西	Guangxi	3984	2184	4304	1543.7
海　南	Hainan	1752	457	2372	939.9
重　庆	Chongqing	5791	980	8548	1735.7
四　川	Sichuan	10024	2708	12046	6704.4
贵　州	Guizhou	1360	931	1982	1698.4
云　南	Yunnan	3941	1768	5053	2881.1
西　藏	Tibet	725	335	809	935.0
陕　西	Shaanxi	5996	1804	5505	4015.0
甘　肃	Gansu	2954	1438	3345	1659.7
青　海	Qinghai	1096	536	1410	453.2
宁　夏	Ningxia	1767	404	2122	707.2
新　疆	Xinjiang	4943	1943	5463	1242.6

23-8 各地区火灾事故情况（2012年）
Basic Statistics on Fires by Region (2012)

地 区	Region	发生数（起）Number of Traffic Accidents (case)	死亡人数（人）Number of Deaths (person)	受伤人数（人）Number of Injuries (person)	直接经济损失（万元）Losses Converted into Cash (10 000 yuan)	人口火灾发生率（1/10万人）Average Number of Fires Per 100 Thousand Persons
全 国	**National Total**	**152157**	**1028**	**575**	**217716.3**	**11.21**
北 京	Beijing	3409	30	6	2967.9	26.22
天 津	Tianjin	2123	41	22	4742.7	21.31
河 北	Hebei	5012	16	13	9113.6	6.76
山 西	Shanxi	3897	12	3	6105.9	11.13
内蒙古	Inner Mongolia	7545	34	18	10131.3	30.67
辽 宁	Liaoning	8265	31	5	5564.7	19.47
吉 林	Jilin	5652	3	1	2718.5	20.92
黑龙江	Heilongjiang	5794	18	11	5417.6	15.20
上 海	Shanghai	4469	39	45	6924.0	31.32
江 苏	Jiangsu	7739	75	68	11896.1	10.25
浙 江	Zhejiang	3500	86	51	6545.3	7.29
安 徽	Anhui	5653	35	13	7220.9	8.18
福 建	Fujian	5698	43	9	8086.3	15.92
江 西	Jiangxi	3790	29	17	7312.6	7.89
山 东	Shandong	11918	20	12	8760.0	12.44
河 南	Henan	5110	23	16	5466.7	4.67
湖 北	Hubei	4962	16	11	5327.7	8.05
湖 南	Hunan	10399	45	19	16942.0	14.58
广 东	Guangdong	8154	131	61	21868.5	9.44
广 西	Guangxi	1386	45	26	5011.5	2.58
海 南	Hainan	688	6	1	1855.3	7.63
重 庆	Chongqing	3758	48	26	2577.0	11.24
四 川	Sichuan	6899	38	22	12840.9	7.58
贵 州	Guizhou	959	31	15	5147.2	2.32
云 南	Yunnan	1251	51	28	4496.0	2.73
西 藏	Tibet	192	6	3	611.4	6.20
陕 西	Shaanxi	7857	29	8	16172.9	20.01
甘 肃	Gansu	4434	8	1	4384.8	16.34
青 海	Qinghai	1054	5	5	1433.7	18.64
宁 夏	Ningxia	3304	1		487.1	50.13
新 疆	Xinjiang	7286	33	39	9586.3	32.73

23-9 人民检察院直接立案侦查案件情况（2012年）

Cases under Direct Investigation by People's Procuratorate (2012)

案件分类	Category of Cases	受案（件）Cases Accepted (case)	立案件数（件）Number of Cases Registered (case)	#大案 Major Case	立案人数（人）Person of Cases Registered (person)	#要案 Key Case	结案件数（件）Number of Cases Settled (case)	结案人数（人）Person of Cases Settled (person)
合计	**Total**	**46964**	**34326**	**24626**	**47338**	**2569**	**34922**	**48013**
贪污贿赂案件小计	Sub-total of Cases on Corruption and Bribery	35127	26247	20442	35648	2260	26783	36276
贪污	Corruption	13460	8499	6029	14837	360	8790	15144
贿赂	Bribery	18472	14946	12326	16919	1746	14989	16976
挪用公款	Misappropriation of Public Funds	2826	2607	2087	3414	88	2772	3607
集体私分	Collective Illegal Possession of Public Funds	253	180		453	63	212	516
巨额财产来源不明	Unstated Source of Large Amount of Properties	113	15		15	3	8	8
其他	Others	3			10		12	25
渎职案件小计	Sub-total of Cases on Abuse and Dereliction of Duty	11837	8079	4184	11690	309	8139	11737
滥用职权	Abuse of Power	4327	2960	1817	4145	200	2980	4153
玩忽职守	Dereliction of Duty	5175	3812	1858	5139	56	3851	5190
徇私舞弊	Fraudulent Practice	1457	792	323	1113	35	816	1130
其他	Others	878	515	186	1293	18	492	1264

注：结案中含上年旧存（以下各表同）。

a) Data of cases settled include cases turned over from previous year. The same applies to the tables following.

23-10 人民检察院审查批准、决定逮捕犯罪嫌疑人和提起公诉被告人情况（2012年）

Arrests of Criminal Suspects and Defendants under Public Prosecution Approved by People's Procuratorate (2012)

案件分类	Category of Cases	批捕、决定逮捕合计 Total of Arrests（件）(case)	（人）(person)	决定起诉合计 Total of Public Prosecutions（件）(case)	（人）(person)
合计	**Total**	**680539**	**986056**	**979717**	**1435182**
公安、安全、监狱机关提请小计	Sub-total of Requests by Departments of State and Public Security and Prisons	666268	969905	947796	1390771
危害国家安全案	Offences Against State Security	474	1105	385	1049
危害公共安全案	Offences Against Public Security	52436	56931	178878	185738
破坏社会主义市场经济秩序案	Offences Against Socialist Economic Order	38958	59724	67384	105024
侵犯公民人身、民主权利案	Offences Against Citizens' Personal and Democratic Rights	132587	177052	180747	248618
侵犯财产案	Offences Against Properties	287195	422617	335940	506186
妨害社会管理秩序案	Offences Against Social Management of Order	154398	252199	184221	343816
危害国防利益案	Offences Against National Defense	219	276	240	339
军人违反职责案	Offences on Dereliction of Duty by Servicemen	1	1	1	1
检察机关直接立案侦查案件小计	Sub-total of Cases Handled Directly by Procuratorate's Offices	14271	16151	31921	44411
贪污贿赂案	Offences on Corruption and Bribery	12705	14331	25049	34354
渎职侵权案	Offences on Abuse and Dereliction of Duty	1566	1820	6872	10057

23-11 人民检察院处理申诉案件情况（2012年）
Appeals Handled by People's Procuratorate (2012)

单位：件 (case)

案件分类	Category of Cases	受案 Cases Accepted	立案复查 Cases Registered for Reinvestigation	结案 Cases Settled	#改变原决定 Original Decision Changed
合计	**Total**	**16649**	**11580**	**11337**	**1470**
不服检察机关处理决定	Appeals against Decision of Procuratorate's Offices	6664	4553	4518	1470
不服不批捕	Appeals against Rejection of Arrest	2118	1336	1332	235
不服不起诉	Appeals against Rejection of Prosecuting	2405	1836	1814	232
不服撤案	Appeals against Withdrawal of the Case	66	42	44	16
不服原免予起诉	Appeals against Original Exemption of Lawsuit	58	40	41	8
其他	Others	2017	1299	1287	979
不服法院刑事判决裁定	Appeals against Judgment of Criminal Case	9985	7027	6819	
刑罚执行中被害人申诉	Appeals of the Victim at the Punishment	3792	2792	2709	
刑罚执行中被告人申诉	Appeals of the Defendant at the Punishment	3461	2398	2318	
刑罚执行完毕后被害人申诉	Appeals of the Victim after the Punishment	902	687	676	
刑罚执行完毕后被告人申诉	Appeals of the Defendant after the Punishment	1830	1150	1116	

23-12 人民检察院出庭公诉情况（2012年）
Public Prosecutions Appearing in Court by People's Procuratorate (2012)

单位：件 (case)

案件类别	Category of Cases	适用简易程序 Summary Procedure Applied	出庭公诉 Public Prosecutions Appearing in Court	一审 First Instance	二审 Second Instance	上诉案 Appeal Cases	抗诉案 Procuratoral Appeal Cases	再审 Retrial
合计	**Total**	**404384**	**557410**	**538654**	**17906**	**14453**	**3453**	**850**
贪污贿赂	Embezzlement and Bribery	1397	25188	23570	1498	1034	464	120
渎职侵权	Dereliction of Duty and Infringement of Citizens' Right	681	6005	5816	169	107	62	20
刑事案件	Criminal Cases	402306	526216	509267	16239	13312	2927	710
军人违反职责	Servicemen's Transgression of Duties		1	1				

23-13 人民检察院办理刑事抗诉案件情况（2012年）
Criminal Appeals Handled by People's Procuratorate (2012)

案件类别	Category of Cases	提出抗诉 (件) Presenting Procuratoral Appeal (case)	审判结果 合计 (件) Total Result of Judgement (case)	改判 Revising Judgment (件) (case)	改判 Revising Judgment (人) (person)	维持原判 Affirming Original Judgment	发回重审 Remanding for Retrial
合　计	**Total**	**6196**	**4469**	**2122**	**2921**	**850**	**1497**
二审小计	Sub-total of Second Instance	5264	3627	1813	2513	779	1035
贪污贿赂案件	Embezzlement and Bribery Cases	617	470	164	215	138	168
渎职侵权案件	Dereliction of Duty and Infingement of Citizens' Right Cases	94	64	19	20	15	30
刑事案件	Criminal Cases	4553	3093	1630	2278	626	837
再审小计	Sub-total of Retrial	932	842	309	408	71	462
贪污贿赂案件	Embezzlement and Bribery Cases	91	83	32	43	15	36
渎职侵权案件	Dereliction of Duty and Infingement of Citizens' Right Cases	17	17	3	4	3	11
刑事案件	Criminal Cases	824	742	274	361	53	415

23-14 人民检察院办理民事、行政抗诉案件情况（2012年）
Civil and Administrative Appeals Handled by People's Procuratorate (2012)

单位：件　　(case)

案件类别	Category of Cases	合计 Total	民事案件 Civil Cases	行政案件 Administrative Cases
立　案	Filing Cases	65366	61684	3682
提请抗诉	Submitting Procuratoral Appeal	14592	14068	524
抗　诉	Procuratoral Appeal	10506	10244	262
提出再审检察建议	Giving Retrial Procuratorate Suggestion	12188	11900	288
抗诉案件再审	Retrial of Procuratoral Appeal	7272	7122	150
改　判	Revising Judgment	2691	2644	47
发回重审	Remanding for Retrial	876	853	23
调　解	Mediation	2327	2319	8
维持原判	Affirming Original Judgment	1075	1010	65
其　他	Others	303	296	7

23-15 人民检察院受理举报、控告和申诉案件情况（2012年）
Cases of Reporting, Accusation and Petition Handled by People's Procuratorate (2012)

单位：件 (case)

案件类别	Category of Cases	受理 Cases Accepted	处理 Cases Handled	#分送检察机关 Handled by General Office of People's Procuratorate	#转其他机关 Transferring to Other Organs
合计	**Total**	**323487**	**319029**	**185749**	**54894**
首次举报	First Report of an Offence	130743	130444	95781	8797
首次控告	First Accusation	71232	70851	25665	26549
首次申诉	First Petition	121512	117734	64303	19548

23-16 人民检察院纠正违法情况
Law-breaking Cases Rectified by People's Procuratorate

项目	Item	2011	2012
书面提出纠正	**Written Rectification**		
件次合计 (件次)	Total of Written Rectification (Case-times)	81634	119445
立案监督小计	Sub-total of Supervision of Cases Filing	33167	49842
监督立案	Supervision of Cases Filing	21201	29372
监督撤案	Supervision of Cases Withdrawed	11966	20470
侦查监督小计	Sub-total of Supervision of Investigation	39812	57280
审查批捕环节	Supervision of Investigation in the Process of Arrests Approved	20801	30584
审查起诉环节	Supervision of Investigation in the Process of Prosecution	19011	26696
刑事审判监督	Supervision of Criminal Trial	8655	12323
刑罚执行监督人次小计(人次)	Sub-total of Supervision of Punishment Execution (person-times)	36482	47911
监管活动	Administration of Prison and Custody	24075	32472
超期羁押	Excessive Custody	243	588
减刑、假释、保外就医	Commutation of Sentence, Parole and Released on Parole for Medical Treatment	12164	14851
已纠正	**Rectified**		
件次合计 (件次)	Total of Rectified (Case-times)	78030	115381
立案监督小计	Sub-total of Supervision of Cases Filing	31653	48000
监督立案	Supervision of Cases Filing	19786	27837
监督撤案	Supervision of Cases Withdrawed	11867	20163
侦查监督小计	Sub-total of Supervision of Investigation	38217	55582
审查批捕环节	Supervision of Investigation in the Process of Arrests Approved	20450	30238
审查起诉环节	Supervision of Investigation in the Process of Prosecution	17767	25344
刑事审判监督	Supervision of Criminal Trial	8160	11799
刑罚执行监督人次小计(人次)	Sub-total of Supervision of Punishment Execution (person-times)	35929	47253
监管活动	Administration of Prison and Custody	23888	32165
超期羁押	Excessive Custody	242	578
减刑、假释、保外就医	Commutation of Sentence, Parole and Released on Parole for Medical Treatment	11799	14510

23-17 人民法院审理一审案件情况
First Trial Cases by Courts

单位：件 (case)

年份 Year	收案 Cases Accepted	刑事 Criminal	民事 Civil	经济纠纷 Economic Disputes	行政 Administrative	海事海商 Maritime Affairs
1978	447755	146968	300787			
1979	513789	123846	389943			
1980	763535	197856	565679			
1981	906051	232125	673926			
1982	1024160	245219	778941			
1983	1343164	542648	756436	43553	527	
1984	1355460	431357	838307	84813	983	
1985	1319741	246655	846391	225541	916	238
1986	1611282	299720	989409	321220	632	301
1987	1875229	289614	1213219	366110	5940	346
1988	2290624	313306	1455130	513046	8573	569
1989	2913515	392564	1815385	694907	9934	725
1990	2916774	459656	1851897	591462	13006	753
1991	2901685	427840	1880635	566592	25667	951
1992	3051157	422991	1948786	650601	27125	1654
1993	3414845	403267	2089257	892580	27911	1830
1994	3955475	482927	2383764	1051742	35083	1959
1995	4545676	495741	2718533	1275959	52596	2847
1996	5312580	618826	3093995	1515848	79966	3945
1997	5288379	436894	3277572	1478822	90557	4534
1998	5410798	482164	3375069	1450049	98350	5166
1999	5692434	540008	3519244	1529877	97569	5736
2000	5356294	560432	3412259	1290867	85760	6976
2001	5344934	628996	3459025	1149101	100921	6891
2002	5132199	631348	4420123		80728	
2003	5130760	632605	4410236		87919	
2004	5072881	647541	4332727		92613	
2005	5161170	684897	4380095		96178	
2006	5183794	702445	4385732		95617	
2007	5550062	724112	4724440		101510	
2008	6288831	767842	5412591		108398	
2009	6688963	768507	5800144		120312	
2010	6999350	779595	6090622		129133	
2011	7596116	845714	6614049		136353	
2012	8442657	996611	7316463		129583	

注：1.一审案件指人民法院按照诉讼级别管辖按第一审程序审理的案件。
2.2002年起，经济纠纷和海事海商并入民事案件中。

a) First trial cases refer to cases accepted by people's courts according to the first trial proceedings.
b) Data of civil cases include cases of economic disputes and maritime affairs since 2002.

23-18 人民法院审理刑事一审案件收结案情况（2012年）
First Trial Criminal Cases Accepted and Settled by Courts (2012)

单位：件 (case)

项目	Item	收案 Cases Accepted	结案 Cases Settled
合计	**Total**	**996611**	**986392**
危害公共安全罪	Offences Against Public Security	175439	174510
破坏社会主义市场经济秩序罪	Offences Against Socialist Economic Order	64963	62709
侵犯公民人身权利民主权利罪	Offences Against Citizens' Personal and Democratic Rights	195816	194269
侵犯财产罪	Offences Against Properties	342667	339849
妨害社会管理秩序罪	Offences Against Social Management of Order	183841	182128
危害国防利益罪	Offences Against National Defense	213	217
贪污贿赂罪	Offences on Corruption and Bribery	26680	25886
渎职罪	Offences on Dereliction of Duty	5596	5439
其他	Others	1396	1385
合计中含自诉案件	Private Prosecution Among the Total	9905	10071

注：结案中含上年旧存(以下各表同)。
a) Data of cases settled include cases turned over from previous year. The same applies to the tables following.

23-19 人民法院审理刑事案件罪犯情况
Criminal Offenders Heard by Courts

单位：人 (person)

年份 Year	刑事罪犯总数 Number of Offenders	#青少年罪犯 Young Offenders	不满18岁 Less Than 18 Years	18岁至25岁 Between 18 and 25 Years	青少年罪犯占刑事罪犯比重(%) Proportion of Young Offenders in the Total (%)
1997	526312	199212	30446	168766	37.9
1998	528301	208076	33612	174464	39.4
1999	602380	221153	40014	181139	36.7
2000	639814	220981	41709	179272	34.5
2001	746328	253465	49883	203582	34.0
2002	701858	217909	50030	167879	31.0
2003	742261	231715	58870	172845	31.2
2004	764441	248834	70086	178748	32.6
2005	842545	285801	82692	203109	33.9
2006	889042	303631	83697	219934	34.2
2007	931745	316298	87506	228792	33.9
2008	1007304	322061	88891	233170	32.0
2009	996666	302023	77604	224419	30.3
2010	1006420	287978	68193	219785	28.6
2011	1050747	282429	67280	215149	26.9
2012	1173406	282990	63782	219208	24.1

23-20 人民法院审理婚姻家庭、继承一审案件收结案情况（2012年）
First Trial Civil Cases of Marriage, Family Affairs and Inheritance Accepted and Settled by Courts (2012)

单位：件 (case)

项 目	Item	收 案 Cases Accepted	结 案 Cases Settled	调 解 Mediation	判 决 Judgment	驳 回 Reject	撤 诉 With-drawal	其 他 Other
合 计	**Total**	**1686694**	**1647464**	**803919**	**412250**	**6624**	**413132**	**11539**
婚姻家庭	Marriage and Family Affairs	1518535	1500815	739240	372511	4926	373912	10226
离婚	Divorce	1251234	1243877	612304	314468	3595	305692	7818
赡养纠纷	Support Disputes	23923	23834	10417	5458	75	7478	406
抚养、扶养关系纠纷	Upbringing Disputes	45980	45828	29014	7629	136	8760	289
抚育费纠纷	Upbringing Fee Disputes	25857	25664	12120	6901	124	6252	267
其他	Others	171541	161612	75385	38055	996	45730	1446
继承	Inheritance	168159	146649	64679	39739	1698	39220	1313
法定继承	Legal Inheritance	37044	36835	23794	6808	239	5792	202
遗嘱继承	Testament Inheritance	5254	5106	2286	1743	45	981	51
其他	Others	125861	104708	38599	31188	1414	32447	1060

23-21 人民法院审理合同纠纷一审案件收结案情况（2012年）
First Trial Cases of Contract Disputes Accepted and Settled by Courts (2012)

单位：件 (case)

项 目	Item	收 案 Cases Accepted	结 案 Cases Settled	调 解 Mediation	判 决 Judgment	驳 回 Reject	撤 诉 With-drawal	其 他 Other
合计	**Total**	**3776137**	**3720160**	**1426117**	**1045527**	**43715**	**1149117**	**55684**
借款合同	Loan Contracts	1278712	1252009	470201	411369	14234	339866	16339
买卖合同	Trade Contracts	567008	559648	227450	161097	4574	158328	8199
电信合同	Telecom Contracts	149713	149305	56833	2015	257	89129	1071
租赁合同	Lease Contracts	139738	137512	44483	46638	1481	42989	1921
劳动争议	Work Disputes	349770	345177	165358	99353	6149	67871	6446
房地产合同	Real Estate Contracts	139456	138222	56731	45073	1618	31747	3053
供用动力合同	Power Supply Contracts	75682	75345	25204	6058	399	43607	77
建设工程合同	Construction Contracts	86209	83448	26458	30836	1399	22500	2255
农村承包合同	Rural Contracts	27554	27457	9604	6331	410	10925	187
承揽合同	Contracts for Work	63819	63517	23664	19488	567	18529	1269
其他	Others	898476	888520	320131	217269	12627	323626	14867

23-22 人民法院审理权属、侵权纠纷及其他民事一审案件收结案情况（2012年）

First Trial Cases of Disputes of Right, Infringement of Right and Other Civil Affairs Accepted and Settled by Courts (2012)

单位：件 (case)

项 目	Item	收 案 Cases Accepted	结 案 Cases Settled	调 解 Mediation	判 决 Judgment	驳 回 Reject	撤 诉 With-drawal	其 他 Other
合计	**Total**	**1853632**	**1838707**	**774943**	**521302**	**17994**	**344043**	**180425**
所有权及其相关权利	Ownership and Related Rights	269398	272606	97604	81721	6283	82597	4401
特别程序	Special Proceedings	221473	221762	7386	31535	6183	13745	162913
人身权纠纷	Personal Rights	1009651	1005177	548980	301963	2434	144248	7552
#人身损害赔偿	Compensate for Personal Harm	971043	966590	530732	290325	2183	136266	7084
特殊侵权纠纷	Disputes of Special Infringement of Right	146323	139948	54860	54102	888	28577	1521
不当得利	Unjustified Enrichment	24079	23699	5891	7738	524	8977	569
票据、证券、股票纠纷	Disputes of Bill, Securities and Stocks	27350	26828	9885	8561	559	6764	1059
其他	Other	155358	148687	50337	35682	1123	59135	2410

23-23 人民法院审理行政一审案件收结案情况（2012年）

First Trial Administrative Cases Accepted and Settled by Courts (2012)

单位：件 (case)

项 目	Item	收 案 Cases Accepted	结 案 Cases Settled	维 持 Affirmation of Original Judgement	撤 销 Cancel	驳 回 Reject	撤 诉 With-drawal	单独赔偿 Separate Compen-sation	其 他 Other
合计	**Total**	**129583**	**128625**	**12072**	**6980**	**8544**	**64104**	**222**	**36703**
土地等资源	Land	20149	20104	1731	1744	1811	8839	17	5962
公安	Public Security	10750	10665	1821	424	365	5874	37	2144
城建	City Construction	23385	23337	1265	1264	1671	10772	40	8325
交通运输	Traffic and Transport	2518	2480	133	30	177	1665	5	470
工商	Industry and Commerce	4219	4192	214	143	190	2284		1361
环保	Environment Protection	1672	1673	65	9	30	1209	1	359
计划生育	Family Planning	10381	10343	90	23	140	6936	1	3153
税务	Tax	436	384	25	17	22	191		129
卫生	Health	1035	1030	23	19	66	546		376
乡政府	Townships Government	2336	2322	291	133	174	1341	7	376
劳动和社会保障	Labour and Social Security	11562	11484	2217	854	317	5194	4	2898
其他	Other	41140	40611	4197	2320	3581	19253	110	11150

23-24 律师、公证和调解工作基本情况
Basic Statistics on Lawyers, Notarization and Mediation

项目	Item	2007	2008	2009	2010	2011	2012
律师工作	**Lawyers**						
律师事务所 (个)	Number of Law Offices (unit)	13593	14467	15888	17230	18235	19361
律师工作人员 (人)	Number of Lawyers (person)	143967	156710	173327	195170	214968	232384
#专职律师	Full-time Lawyers	128172	140135	155457	176219	192546	208356
兼职律师	Part-time Lawyers	7842	8116	8764	9294	9740	10108
聘请担任常年法律顾问的单位 (处)	Number of Units with Permanent Legal Advisors (unit)	295990	314876	338179	369129	392456	447993
民事诉讼代理 (件)	Agent of Civil Cases (case)	1247877	1401147	1499105	1569043	1693635	1779118
刑事诉讼辩护及代理(件)	Agent and Defender of Criminal Cases (case)	495824	511971	564204	530800	569330	576050
行政诉讼代理 (件)	Agent of Administrative Action (case)	56342	54666	57286	51011	52136	43312
非诉讼法律事务 (件)	Agent of Non-Litigious Legal Affairs (case)	607049	729218	569304	549453	625229	585358
解答法律询问 (万人次)	Agent of Legal Advisory Services (10 000 person-times)	381.8	350.9	383.1	474.5	513.6	436.9
代写法律事务文书 (万件)	Agent of Legal Documents Written on Behalf of Clients (10 000 cases)	715.4	721.0	684.2	723.7	787.4	733.0
公证工作	**Notarization**						
公证处 (个)	Number of Notary Offices (unit)	3031	3035	3023	3026	3006	3007
公证人员 (人)	Notarial Personnel (person)	21060	33462	23077	24185	25609	26527
#公证员	Notaries	11616	22284	11282	11457	12163	12333
公证员助理	Assistant Notaries	4966	5469	5895	6678	7089	7650
办理公证文书 (万件)	Number of Notarized Documents (10 000 cases)	971.4	949.0	1075.1	1104.8	1076.6	1120.8
人民调解工作	**Number of People's Mediation**						
专职司法助理员 (人)	Number of Full-time Judicial Assistants (person)	60824	74147	72704	72698	95430	95920
人民调解委员会 (万个)	Number of People's Mediation Committees (10 000 units)	83.7	82.7	82.4	81.8	81.1	81.7
调解人员 (万人)	Number of Mediators (10 000 persons)	486.9	479.3	493.9	466.9	433.6	428.1
调解民间纠纷 (万件)	Number of Civil Disputes Mediated (10 000 cases)	480.0	498.1	579.7	841.8	893.5	926.6

注：2011年起，专职司法助理员统计口径有所调整，地方司法所事业编制专职司法助理员纳入统计。

a) Since 2011, statistical scope of Full-time Judicial Assistants was adjusted, full-time judicial assistants of local office of justice was included in.

23-25 国内公证业务分类(2012年)
Domestic Notarial Services by Type (2012)

分　　类	Item	办证件数(件) Number of Notarial Documents Issued (case)	比　重 (%) Percentage (%)
合计	**Total**	**7809905**	**100.00**
合同(协议)	Contracts (Agreements)	2647962	33.91
继承	Inheritance	646090	8.27
单方法律行为	Unilateral Legal Acts	2366136	30.30
现场监督	Field Supervision	207833	2.66
保全证据	Evidence Preservation	186452	2.39
公司章程	Corporation Constitutions	3145	0.04
组织资格	Organization Qualification	12597	0.16
财产权	Property Rights	18886	0.24
身份	Identity	5788	0.07
收养关系	Adoptive Relationship	7783	0.10
婚姻状况	Marital Status	12926	0.17
亲属关系	Kinship Confirmation	82998	1.06
有无违法犯罪记录	Illegal and Criminal Record Check	42709	0.55
其他有法律意义事实	Other Facts of Legal Significance	58499	0.75
证书(执照)	Certificate (Licence)	2621	0.03
签名(印章)	Signature (Seal)	216192	2.77
文本相符	Conformity of Documentation	183606	2.35
赋予执行效力	Executor Force	139354	1.78
执行证书	Certificate of Execution	14980	0.19
抵押登记	Mortgage Registration	117563	1.51
提存	Drawing	5602	0.07
保管	Storage	25	
其他	Others	830158	10.63

23-26 国内合同(协议)类公证业务分类(2012年)
Domestic Notarization of Contracts (Agreements) by Type (2012)

分　　类	Item	办证件数(件) Number of Notarial Documents Issued (case)	比　重 (%) Percentage (%)
合计	**Total**	**2647962**	**100.00**
买卖合同	Trade Contracts	318307	12.02
赠与合同	Gift Contracts	55079	2.08
借款合同	Contracts for Loan of Money	1170163	44.19
租赁合同	Leasing Contracts	17052	0.64
承揽合同	Contracts of Hired Work	527	0.02
建设工程合同	Contracts for Construction Projects	8555	0.32
委托合同	Agency Appointment Contracts	54699	2.07
担保合同	Guarantee Contracts	56328	2.13
土地使用合同	Land Use Contracts	22188	0.84
知识产权合同	Intellectual Property Contracts	331	0.01
承包合同	Contract Agreements	29193	1.10
企业经营合同	Enterprise Operating Contracts	12899	0.49
劳动(劳务)合同	Labor (Labor Service) Contracts	37842	1.43
其他合同	Other Contracts	193923	7.32
合伙协议	Partnership Agreements	7497	0.28
财产分割协议	Property Division Agreements	11374	0.43
财产约定协议	Property Agreement	50793	1.92
抚养协议	Child Support Agreements	16169	0.61
出国留学协议	Studying Abroad Agreement	14415	0.54
拆迁安置协议	Removal and Resettlement Agreements	60536	2.29
赔偿协议	Compensation Agreements	2024	0.08
还款协议	Payment Contracts	101746	3.84
其他	Others	406322	15.34

23-27 涉外公证文书分类(2012年)
Foreign-Related Notarial Documents by Type (2012)

分 类	Item	办证件数(件) Number of Notarial Documents Issued (case)	比 重(%) Percentage (%)
合 计	**Total**	**3188293**	**100.00**
合同(协议)	Contracts (Agreements)	9299	0.29
继承	Inheritance	22362	0.70
委托	Power of Attorney	39599	1.24
声明	Declaration	72017	2.26
遗嘱	Testaments	1128	0.04
其他单方法律行为	Other Unilateral Legal Acts	3805	0.12
公司章程	Corporation Constitutions	2933	0.09
组织资格	Organization Qualification	7417	0.23
收养关系	Adoptive Relationship	7266	0.23
婚姻关系	Marital Relationship	154192	4.84
亲属关系	Kinship Confirmation	337163	10.58
出生	Births	444630	13.95
死亡	Deaths	20542	0.64
生存、居住	Survival and Residence	13853	0.43
学历(学位)	Education Background (Academic Degree	188210	5.90
经历	Resume	26898	0.84
职务(职称)	Professional Titles	9176	0.29
身份	Identity	27543	0.86
有无违法犯罪记录	Illegal and Criminal Record Check	347767	10.91
其他有法律意义事实	Other Facts of Legal Significance	16447	0.52
证书(执照)	Certificate (Licence)	61359	1.92
签名(印章)	Signature (Seal)	148774	4.67
文本相符	Conformity of Documentation	679101	21.30
其他	Others	546812	17.15

23-28 调解民间纠纷分类
Number of Civil Disputes Mediated by Type

项 目	Item	调 解 纠 纷 (件) Civil Disputes (case)		各类纠纷所占比重 (%) Percentage(%)	
		2011	2012	2011	2012
合 计	**Total**	**8935341**	**9265855**	**100.0**	**100.0**
#婚姻家庭	Family Disputes	1761612	1772695	19.7	19.1
房屋、宅基地	Housing and Housing Sites	614109	626444	6.9	6.8
邻 里	Neighbor Disputes	2043793	2213346	22.9	23.9
损害赔偿	Compensation for Damages	727803	730610	8.1	7.9

23-29 劳动争议处理情况
The Disposal of Labor Disputes

项　目	Item	2009	2010	2011	2012
上期未结案数　（件）	**Number of Cases Left Over from Last Period(case)**	**83709**	**77926**	**42308**	**36151**
案件受理情况	**Cases Accepted**				
当期案件受理数　（件）	Number of Cases　(case)	684379	600865	589244	641202
#集体劳动争议案件数	Number of Collective Labour Disputes	13779	9314	6592	7252
劳动者申诉案件数	Number of Cases Appealed by Laborers	627530	558853	568768	620849
按争议原因分　（件）	By Cause of the Disputes　(case)				
劳动报酬	Labour Remuneration	247330	209968	200550	225981
社会保险	Social Insurances			149944	159649
变更劳动合同	Change the Labour Contract				
解除、终止劳动合同	Relieve or End the Labour Contract	43876	31915	118684	129108
其　他	Others				
劳动者当事人数　（人）	Number of Laborers Involved　(person)	1016922	815121	779490	882487
#集体劳动争议	Collective Labour Disputes	299601	211755	174785	231894
案件处理情况	**Cases Settled**				
结案数　（件）	Number of Cases Settled　(case)	689714	634041	592823	643292
按处理方式分	By Manners of Settlement				
仲裁调解	By Mediation	251463	250131	278873	302552
仲裁裁决	By Arbitration Lawsuit	290971	266506	244942	268530
其他方式	Others	147280	117404	69008	72210
按处理结果分	By Result of Settlement				
用人单位胜诉	Lawsuit Won by Units	95470	85028	74189	79187
劳动者胜诉	Lawsuit Won by Laborers	255119	229448	195680	213453
双方部分胜诉及其他	Lawsuit Partly Won by Both Parties and Others	339125	319565	322954	350652
案外调解案件数　（件）	**Cases Mediated　(case)**	**185598**	**163997**	**194338**	**212937**

注：2011年起，解除、终止劳动合同的类型进行合并统计。
a) Since 2011, items of Relieve or End the Labour Contract have been merged during statistics.

23-30 在押服刑人员基本情况
Basic Statistics of Termers in Custody

单位：人　　(person)

指　标	Item	2011	2012
年初在押服刑人数	Termers in Custody at the Beginning of the Year	1656773	1641931
#女性	Female	93051	95770
未成年	Minors	16701	15429
释放人数	Persons Disimprisoned	403106	395017
年末在押服刑人数	Termers in Custody at the End of the Year	1641931	1657963

注：未成年是指14-18岁服刑人员。
a) Minors refer to termers at the age between 14 and 18.

23-31 工会组织情况
Basic Statistics on Trade Unions

年份 Year	工会基层组织数（万个） Number of Grassroot Trade Unions (10 000 units)	全国已建工会组织的基层单位的职工与会员人数（万人） Membership and Staff and Workers in Grassroot Trade Unions (10 000 persons)				工会专职工作人员人数（万人） Number of Full-time Personnel of Trade Unions (10 000 persons)
		职工人数 Staff and Workers	#女性 Female	会员人数 Membership	#女性 Female	
1979	32.9	6897.2	2171.7	5147.3		17.9
1980	37.6	7448.2	2518.6	6116.5		24.3
1985	46.5	9643.0	3596.7	8525.8	3149.2	38.1
1990	60.6	11156.9	4291.0	10135.6	3897.7	55.6
1991	61.4	11351.4	4394.8	10389.1	3991.6	58.0
1992	61.7	11223.9	4377.1	10322.5	3974.0	58.0
1993	62.7	11103.8	4359.9	10176.1	3949.6	55.4
1994	58.3	11269.6	4483.2	10202.5	4018.1	56.0
1995	59.3	11321.4	4515.3	10399.6	4116.5	46.8
1996	58.6	11181.4	4500.0	10211.9	4093.1	60.5
1997	51.0	10111.5	4004.8	9131.0	3579.4	57.7
1998	50.4	9716.5	3882.0	8913.4	3546.7	48.4
1999	50.9	9683.0	3797.9	8689.9	3406.2	49.7
2000	85.9	11472.1	4534.5	10361.5	3917.3	48.2
2001	153.8	12997.0	5087.9	12152.3	4696.6	
2002	171.3	14461.5	5157.6	13397.8	4665.2	47.2
2003	90.6	13301.6	5079.3	12340.5	4601.2	46.5
2004	102.0	14436.7	5502.6	13694.9	5135.3	45.6
2005	117.4	15985.3	6016.3	15029.4	5574.8	47.7
2006	132.4	18143.6	6719.3	16994.2	6177.8	54.3
2007	150.8	20452.4	7494.5	19329.0	7042.2	60.2
2008	172.5	22487.5	8168.8	21217.1	7773.8	70.5
2009	184.5	24535.3	8652.6	22634.4	8248.4	74.6
2010	197.6	25345.4	9288.1	23996.5	8871.5	86.4
2011	232.0	27304.7	10211.2	25885.1	9763.6	99.8
2012	266.3	29371.5	11014.5	28021.3	10611.0	107.9

注：2003年起工会基层组织数统计口径有所调整。

a) Since 2003, statistical coverage of the number of grassroot trade unions has been adjusted.

23-32 妇联干部情况
Cadres of the Women's Federation

单位：人 (person)

项 目	Item	1990	1995	2010	2011	2012
干部总数	**Total Number of Cadres**	**97566**	**82834**	**78122**	**89951**	**78074**
#少数民族干部	Number of Ethnic Minority Cadres	14638	10834	12118	14260	13603
按行政级别分	By Administration Level					
司局级	Department/Bureau Level	132	321	355	342	357
县处级	County Level	1013	2739	4013	4342	4213
科以下	Section Chief and Below	96421	79774	73754	85267	73504
按年龄分	By Age Group					
35岁以下	35 and Below	56761	24570	31617	33976	31253
36-45岁	36-45	30332	47197	33682	39148	33007
46-55岁	46-55	9512	10349	11871	15233	12695
56岁以上	56 and Over	961	718	952	1594	1119
按政治面貌分	By Political Status					
共产党员	Chinese Communist Party	59097	54038	63322	71782	62558
共青团员	Communist Youth League	21549	13271	3624	5186	4180
民主党派	Democratic Parties	1136	1281	385	521	574
群众	Mass	15784	14244	10791	12462	10762
按文化程度分	By Education Attainments					
博士研究生	Doctorate Degree			23	51	57
硕士研究生	Master Degree		698	2937	3184	3320
大学本科、大专学历	University / College	17615	30146	67057	76447	62808
高中、中专及以下	Senior Middle School and Below	79951	51990	8105	10269	11889
干部参加学历教育情况	**Cadres Attending the Formal Education**					
博士研究生	Doctorate Degree			8	8	65
硕士研究生	Master Degree		149	841	954	689
大学、大专学历	University / College	6676	4025	7064	8291	4354
干部参加非学历教育情况	**Cadres Attending the Non-formal Education**					
党校培训	Training at Party School			24022	10372	9786
参照公务员管理培训	Training for Civil Servant			17056	20977	32040
岗位培训	Vocational Training	37542	9391	16041	24790	22114
干部流动情况	**Movement of Cadres**					
调入	In	1273	2010	6151	8023	7051
调出	Out	8262	1629	5644	7479	6087
省（区、市）妇联领导进同级	**Cadres at Provincial Level to the Same Grade**					
党委	CCP Committee	22	13	14	16	24
人大	People's Congress	24	88	25	24	29
政协	CPPCC	24	33	25	19	22

注：妇联干部指在妇联系统工作的专职干部。
a) Cadres of the Women's Federation refer to the full-time cadres who are working in the system of the Women's Federation.

23-33 社会保险基金收支及累计结余
Revenue, Expenses and Balance of Social Insurance Fund

单位：亿元　　(100 million yuan)

年份 Year	合计 Total	城镇职工基本养老保险 Basic Pension Insurance of Urban Staff	失业保险 Unemployment Insurance	城镇基本医疗保险 Basic Medical Care Insurance	工伤保险 Work Injury Insurance	生育保险 Maternity Insurance
基金收入 Revenue						
1990	186.8	178.8	7.2			
1995	1006.0	950.1	35.3	9.7	8.1	2.9
1996	1252.4	1171.8	45.2	19.0	10.9	5.5
1997	1458.2	1337.9	46.9	52.3	13.6	7.4
1998	1623.1	1459.0	68.4	60.6	21.2	9.8
1999	2211.8	1965.1	125.2	89.9	20.9	10.7
2000	2644.9	2278.5	160.4	170.0	24.8	11.2
2001	3101.9	2489.0	187.3	383.6	28.3	13.7
2002	4048.7	3171.5	213.4	607.8	32.0	21.8
2003	4882.9	3680.0	249.5	890.0	37.6	25.8
2004	5780.3	4258.4	290.8	1140.5	58.3	32.1
2005	6975.2	5093.3	340.3	1405.3	92.5	43.8
2006	8643.2	6309.8	402.4	1747.1	121.8	62.1
2007	10812.3	7834.2	471.7	2257.2	165.6	83.6
2008	13696.1	9740.2	585.1	3040.4	216.7	113.7
2009	16115.6	11490.8	580.4	3671.9	240.1	132.4
2010	18822.8	13419.5	649.8	4308.9	284.9	159.6
2011	24043.2	16894.7	923.1	5539.2	466.4	219.8
2012	28909.5	20001.0	1138.9	6938.7	526.7	304.2
基金支出 Expenses						
1990	151.9	149.3	2.5			
1995	877.1	847.6	18.9	7.3	1.8	1.6
1996	1082.4	1031.9	27.3	16.2	3.7	3.3
1997	1339.2	1251.3	36.3	40.5	6.1	4.9
1998	1636.9	1511.6	51.9	53.3	9.0	6.8
1999	2108.1	1924.9	91.6	69.1	15.4	7.1
2000	2385.6	2115.5	123.4	124.5	13.8	8.3
2001	2748.0	2321.3	156.6	244.1	16.5	9.6
2002	3471.5	2842.9	182.6	409.4	19.9	12.8
2003	4016.4	3122.1	199.8	653.9	27.1	13.5
2004	4627.4	3502.1	211.3	862.2	33.3	18.8
2005	5400.8	4040.3	206.9	1078.7	47.5	27.4
2006	6477.4	4896.7	198.0	1276.7	68.5	37.5
2007	7887.8	5964.9	217.7	1561.8	87.9	55.6
2008	9925.1	7389.6	253.5	2083.6	126.9	71.5
2009	12302.6	8894.4	366.8	2797.4	155.7	88.3
2010	14818.5	10554.9	423.3	3538.1	192.4	109.9
2011	18054.6	12764.9	432.8	4431.4	286.4	139.2
2012	22181.6	15561.8	450.6	5543.6	406.3	219.3
累计结余 Balance at Year-end						
1990	117.3	97.9	19.5			
1995	516.8	429.8	68.4	3.1	12.7	2.7
1996	696.1	578.6	86.4	6.4	19.7	5.0
1997	831.6	682.8	97.0	16.6	27.7	7.5
1998	791.1	587.8	133.4	20.0	39.5	10.3
1999	1009.8	733.5	159.9	57.6	44.9	13.9
2000	1327.5	947.1	195.9	109.8	57.9	16.8
2001	1622.8	1054.1	226.2	253.0	68.9	20.6
2002	2423.4	1608.0	253.8	450.7	81.1	29.7
2003	3313.8	2206.5	303.5	670.6	91.2	42.0
2004	4493.4	2975.0	385.8	957.9	118.6	55.9
2005	6073.7	4041.0	519.0	1278.1	163.5	72.1
2006	8255.9	5488.9	724.8	1752.4	192.9	96.9
2007	11236.6	7391.4	979.1	2476.9	262.6	126.6
2008	15176.0	9931.0	1310.1	3431.7	384.6	168.2
2009	19006.5	12526.1	1523.6	4275.9	468.8	212.1
2010	22985.0	15365.3	1749.8	5047.1	561.4	261.4
2011	29001.9	19496.6	2240.2	6180.0	742.6	342.5
2012	35804.4	23941.3	2929.0	7644.5	861.9	427.6

注：1.2007年及以后城镇基本医疗保险基金中包括城镇职工基本医疗保险和城镇居民基本医疗保险。
2.工伤保险累计结余中含储备金。

a) Data of basic medical care insurance include both urban workers and urban residence from 2007.

b) The grand total of work injury insurance at year-end include reserve fund.

23-34 参加城镇职工基本养老保险人数
Number of People Participated in Urban Employees Basic Pension Insurance

单位：万人 (10 000 persons)

年 份 Year	合 计 Total	职 工 Number of Employees	#企业(含其他) Enterprises (including others)	离退休人员 Number of Retirees	#企业(含其他) Enterprises (including others)
1989	5710.3	4816.9	4816.9	893.4	893.4
1990	6166.0	5200.7	5200.7	965.3	965.3
1991	6740.3	5653.7	5653.7	1086.6	1086.6
1992	9456.2	7774.7	7774.7	1681.5	1681.5
1993	9847.6	8008.2	8008.2	1839.4	1839.4
1994	10573.5	8494.1	8494.1	2079.4	2079.4
1995	10979.0	8737.8	8737.8	2241.2	2241.2
1996	11116.7	8758.4	8758.4	2358.3	2358.3
1997	11203.9	8670.9	8670.9	2533.0	2533.0
1998	11203.1	8475.8	8475.8	2727.3	2727.3
1999	12485.4	9501.8	8859.2	2983.6	2863.8
2000	13617.4	10447.5	9469.9	3169.9	3016.5
2001	14182.5	10801.9	9733.0	3380.6	3171.3
2002	14736.6	11128.8	9929.4	3607.8	3349.2
2003	15506.7	11646.5	10324.5	3860.2	3556.9
2004	16352.9	12250.3	10903.9	4102.6	3775.0
2005	17487.9	13120.4	11710.6	4367.5	4005.2
2006	18766.3	14130.9	12618.0	4635.4	4238.6
2007	20136.9	15183.2	13690.6	4953.7	4544.0
2008	21891.1	16587.5	15083.4	5303.6	4868.0
2009	23549.9	17743.0	16219.0	5806.9	5348.0
2010	25707.3	19402.3	17822.7	6305.0	5811.6
2011	28391.3	21565.0	19970.0	6826.2	6314.0
2012	30426.8	22981.1	21360.9	7445.7	6910.9

23-35 社会保险基本情况
Basic Statistics of Social Insurance

年 份 Year	失业保险 Unemployment Insurance			城镇职工基本医疗保险 Basic Medical Care Insurance		工伤保险 Work Injury Insurance		年末参加生育保险人数(万人) Maternity Insurance Contributors at Year-end (10 000 persons)
	年末参保人数(万人) Contributors at Year-end (10 000 persons)	全年发放失业保险金人数(万人) Beneficiaries of Unemployment Insurance Fund (10 000 persons)	全年发放失业保险金(亿元) Unemployed Relief (100 million yuan)	年末参保职工人数(万人) Contributors at Year-end (10 000 persons)	年末参保退休人员(万人) Retirees (10 000 persons)	年末参保人数(万人) Contributors at Year-end (10 000 persons)	年末享受工伤待遇的人数(万人) Beneficiaries at Year-end (10 000 persons)	
1994	7967.8	196.5	5.1	374.6	25.7	1822.1	5.8	915.9
1995	8237.7	261.3	8.2	702.6	43.3	2614.8	7.1	1500.2
1996	8333.1	330.8	13.9	791.2	64.5	3102.6	10.1	2015.6
1997	7961.4	319.0	18.7	1588.9	173.1	3507.8	12.5	2485.9
1998	7927.9	158.1	20.4	1508.7	369.0	3781.3	15.3	2776.7
1999	9852.0	271.4	31.9	1509.4	555.9	3912.3	15.1	2929.8
2000	10408.4	329.7	56.2	2862.8	924.2	4350.3	18.8	3001.6
2001	10354.6	468.5	83.3	5470.7	1815.2	4345.3	18.7	3455.1
2002	10181.6	657.0	116.8	6925.8	2475.4	4405.6	26.5	3488.2
2003	10372.9	741.6	133.4	7974.9	2926.8	4574.8	32.9	3655.4
2004	10583.9	753.5	137.5	9044.4	3359.2	6845.2	51.9	4383.8
2005	10647.7	677.8	132.4	10021.7	3761.2	8478.0	65.1	5408.5
2006	11186.6	598.1	125.8	11580.3	4151.5	10268.5	77.8	6458.9
2007	11644.6	538.5	129.4	13420.0	4600.0	12173.3	96.0	7775.3
2008	12399.8	516.7	139.5	14987.7	5007.9	13787.2	117.8	9254.1
2009	12715.5	483.9	145.8	16410.5	5526.9	14895.5	129.6	10875.7
2010	13375.6	431.6	140.4	17791.2	5943.5	16160.7	147.5	12335.9
2011	14317.1	394.4	159.9	18948.5	6278.6	17695.9	163.0	13892.0
2012	15224.7	390.1	181.3	19861.3	6624.2	19010.1	190.5	15428.7

23-36 分地区城镇职工基本养老保险情况(2012年)
Statistics on Urban Employee Basic Pension Insurance by Region (2012)

地 区	Region	年末参加城镇职工基本养老保险人数(万人) Urban Employee Basic Pension Insurance Contributors at Year-end (10 000 persons)	职 工 Number of Staff and Workers	离退休人员 Number of Retirees	基金收支情况(亿元) Revenue and Expenses(100 million yuan) 基金收入 Revenue	基金支出 Expenses	累计结余 Balance at Year-end
全 国	**National Total**	**30426.8**	**22981.1**	**7445.7**	**20001.0**	**15561.8**	**23941.3**
北 京	Beijing	1206.4	995.7	210.7	995.1	640.2	1224.8
天 津	Tianjin	490.3	333.4	156.9	420.5	365.0	279.2
河 北	Hebei	1125.6	813.3	312.3	793.0	723.5	755.1
山 西	Shanxi	648.7	479.8	168.9	563.1	391.6	963.3
内蒙古	Inner Mongolia	471.9	319.0	153.0	405.8	343.6	405.9
辽 宁	Liaoning	1609.2	1098.8	510.4	1212.3	1052.6	1054.9
吉 林	Jilin	632.2	397.6	234.6	390.6	377.6	407.1
黑龙江	Heilongjiang	1013.0	611.4	401.6	720.2	717.2	469.9
上 海	Shanghai	1416.9	993.1	423.8	1391.6	1127.7	821.5
江 苏	Jiangsu	2427.5	1880.6	547.0	1629.9	1142.1	2145.8
浙 江	Zhejiang	2183.3	1835.5	347.8	1227.2	783.5	1963.9
安 徽	Anhui	783.8	578.4	205.4	515.7	406.7	594.0
福 建	Fujian	756.5	631.0	125.5	322.0	273.3	226.2
江 西	Jiangxi	707.4	518.3	189.1	382.9	297.0	332.2
山 东	Shandong	2063.2	1646.9	416.3	1316.6	1059.0	1639.5
河 南	Henan	1270.6	964.6	306.0	728.8	612.0	717.7
湖 北	Hubei	1171.4	804.1	367.3	764.3	647.8	754.6
湖 南	Hunan	1048.0	747.6	300.4	607.8	502.8	685.9
广 东	Guangdong	4034.1	3643.8	390.2	1680.9	900.9	3879.6
广 西	Guangxi	512.7	349.1	163.6	326.2	297.1	443.1
海 南	Hainan	214.2	161.6	52.5	123.0	114.4	94.1
重 庆	Chongqing	716.9	469.9	247.0	535.8	412.7	458.1
四 川	Sichuan	1615.4	1073.7	541.7	1132.0	927.7	1464.3
贵 州	Guizhou	309.4	231.7	77.7	216.9	153.1	293.4
云 南	Yunnan	364.5	253.8	110.7	298.5	211.3	423.0
西 藏	Tibet	13.3	9.9	3.5	18.2	12.0	24.6
陕 西	Shaanxi	643.5	466.4	177.1	480.6	401.1	338.9
甘 肃	Gansu	277.4	183.6	93.7	233.9	193.2	288.3
青 海	Qinghai	86.0	59.9	26.2	71.8	65.0	78.8
宁 夏	Ningxia	131.2	91.4	39.9	90.7	86.2	158.5
新 疆	Xinjiang	458.8	319.8	139.0	401.3	320.5	547.0
不分地区	Not Classified by Region	23.7	17.7	6.0	3.8	3.6	8.3

注：不分地区合计中，包括中国人民银行、中国农业发展银行数。
a) Data in the category of "Not Classified by Region" include data from the People's Bank of China and Agricultural Development Bank of China.

23-37 分地区失业保险情况（2012年）
Statistics of Unemployment Insurance by Region (2012)

地 区	Region	年末参加失业保险人数(万人) Unemployment Insurance Contributors at Year-end (10 000 persons)	年末领取失业保险金人数(万人) Beneficiaries of Unemployment Insurance Fund (10 000 persons)	基金收支情况(亿元) Revenue and Expenses (100 million yuan)		
				基金收入 Revenue	基金支出 Expenses	累计结余 Balance at Year-end
全 国	**National Total**	**15224.7**	**204.0**	**1138.9**	**450.6**	**2929.0**
北 京	Beijing	1006.7	2.3	46.3	28.9	112.6
天 津	Tianjin	268.7	2.0	30.5	12.8	77.6
河 北	Hebei	501.7	7.9	41.1	15.7	96.0
山 西	Shanxi	391.0	3.8	26.3	5.0	80.1
内蒙古	Inner Mongolia	232.8	2.5	19.7	4.5	53.1
辽 宁	Liaoning	660.7	7.4	66.3	17.0	143.6
吉 林	Jilin	251.5	4.6	20.1	5.7	57.2
黑龙江	Heilongjiang	476.2	7.7	32.3	7.4	96.1
上 海	Shanghai	617.4	10.9	91.5	69.5	129.2
江 苏	Jiangsu	1332.2	32.7	121.6	57.4	267.3
浙 江	Zhejiang	1065.6	7.0	83.6	36.9	233.9
安 徽	Anhui	402.2	6.1	26.8	14.3	57.6
福 建	Fujian	459.1	4.6	22.7	7.9	82.9
江 西	Jiangxi	272.2	3.3	10.3	3.5	36.3
山 东	Shandong	1009.8	19.1	83.2	35.3	230.7
河 南	Henan	724.2	11.4	33.9	14.8	76.7
湖 北	Hubei	508.6	4.8	33.1	8.4	90.8
湖 南	Hunan	449.9	6.0	22.3	8.6	61.4
广 东	Guangdong	2008.7	9.8	91.2	20.7	304.4
广 西	Guangxi	243.4	5.5	21.4	6.4	70.5
海 南	Hainan	139.5	1.8	8.5	2.5	26.0
重 庆	Chongqing	323.5	2.8	19.6	3.5	52.6
四 川	Sichuan	585.5	24.5	71.6	24.9	161.8
贵 州	Guizhou	173.5	1.0	14.9	6.5	49.9
云 南	Yunnan	224.7	3.8	20.7	3.5	67.2
西 藏	Tibet	10.6		1.7	0.3	7.2
陕 西	Shaanxi	339.1	3.5	26.6	4.9	80.0
甘 肃	Gansu	163.6	1.2	12.9	3.0	34.6
青 海	Qinghai	37.9	0.7	4.4	1.4	15.6
宁 夏	Ningxia	70.5	1.1	6.3	1.5	17.3
新 疆	Xinjiang	273.7	4.2	27.4	17.8	58.7

23-38 分地区城镇基本医疗保险参保人数(2012年)
Persons Covered of Urban Basic Medical Care Insurance by Region (2012)

单位：万人 (10 000 persons)

地 区	Region	年末参保人数合计 Persons Covered at Year-end	城镇职工 Urban Workers	在岗职工 Staff and Workers	退休人员 Retirees	城镇居民 Urban Non-employment
全 国	**National Total**	**53641.3**	**26485.6**	**19861.3**	**6624.2**	**27155.7**
北 京	Beijing	1431.6	1279.7	1040.6	239.1	151.9
天 津	Tianjin	981.3	479.1	310.2	168.9	502.2
河 北	Hebei	1644.4	906.8	645.3	261.5	737.6
山 西	Shanxi	1055.9	621.1	463.8	157.2	434.9
内蒙古	Inner Mongolia	967.7	455.1	322.7	132.4	512.6
辽 宁	Liaoning	2251.9	1587.0	1062.1	524.8	664.9
吉 林	Jilin	1370.0	569.5	375.6	194.0	800.5
黑龙江	Heilongjiang	1580.3	867.8	558.3	309.6	712.5
上 海	Shanghai	1638.6	1376.0	954.5	421.5	262.6
江 苏	Jiangsu	3608.8	2155.5	1646.5	508.9	1453.4
浙 江	Zhejiang	2806.8	1671.0	1393.9	277.1	1135.8
安 徽	Anhui	1660.0	685.2	493.7	191.5	974.8
福 建	Fujian	1262.9	666.3	536.1	130.2	596.6
江 西	Jiangxi	1438.6	546.8	366.4	180.4	891.8
山 东	Shandong	3101.2	1734.1	1368.5	365.6	1367.1
河 南	Henan	2222.2	1082.2	789.0	293.2	1140.0
湖 北	Hubei	1960.3	921.2	656.5	264.7	1039.1
湖 南	Hunan	2341.9	797.6	548.8	248.8	1544.3
广 东	Guangdong	8421.8	3373.4	3010.6	362.8	5048.4
广 西	Guangxi	1011.5	456.3	322.7	133.6	555.3
海 南	Hainan	378.5	205.2	157.7	47.5	173.2
重 庆	Chongqing	3219.1	496.5	348.6	147.9	2722.6
四 川	Sichuan	2383.8	1240.9	859.1	381.8	1142.9
贵 州	Guizhou	648.3	329.3	233.0	96.3	319.0
云 南	Yunnan	882.4	452.2	322.7	129.5	430.2
西 藏	Tibet	50.1	27.6	20.4	7.1	22.6
陕 西	Shaanxi	1118.8	547.5	371.7	175.8	571.3
甘 肃	Gansu	616.5	293.0	205.3	87.7	323.6
青 海	Qinghai	172.3	86.1	59.4	26.7	86.2
宁 夏	Ningxia	561.8	106.6	78.1	28.5	455.2
新 疆	Xinjiang	851.9	469.1	339.5	129.6	382.9

23-39 分地区城镇基本医疗保险基金收支情况（2012年）
Revenue and Expenses of Urban Basic Medical Care Insurance by Region (2012)

单位：亿元 (100 million yuan)

地 区	Region	基金收入 Revenue			基金支出 Expenses			累计结余 Balance at the Year-end		
		合 计 Total	职 工 Workers	居 民 Non-employment	合 计 Total	职 工 Workers	居 民 Non-employment	合 计 Total	职 工 Workers	居 民 Non-employment
全 国	**National Total**	**6938.7**	**6061.9**	**876.8**	**5543.6**	**4868.5**	**675.1**	**7644.5**	**6884.2**	**760.3**
北 京	Beijing	506.9	497.4	9.5	509.2	500.4	8.8	198.4	189.4	9.0
天 津	Tianjin	157.2	137.7	19.5	137.9	121.1	16.8	77.7	73.6	4.2
河 北	Hebei	234.6	213.2	21.4	174.4	161.2	13.2	294.5	268.7	25.8
山 西	Shanxi	152.6	141.0	11.5	111.9	104.2	7.6	181.2	165.5	15.8
内蒙古	Inner Mongolia	125.9	110.5	15.4	106.2	94.9	11.3	122.0	108.5	13.6
辽 宁	Liaoning	301.8	286.6	15.2	272.1	259.6	12.6	310.9	292.4	18.5
吉 林	Jilin	111.9	89.8	22.1	84.2	71.9	12.4	156.9	128.8	28.1
黑龙江	Heilongjiang	187.7	163.5	24.2	160.5	145.2	15.3	252.3	221.8	30.5
上 海	Shanghai	545.7	524.8	20.9	367.8	348.5	19.3	475.8	473.0	2.8
江 苏	Jiangsu	583.2	531.2	52.0	465.0	418.3	46.6	671.7	636.4	35.2
浙 江	Zhejiang	511.6	453.2	58.4	364.8	310.8	54.0	624.3	598.1	26.2
安 徽	Anhui	159.6	130.2	29.4	130.7	110.1	20.6	179.8	144.1	35.6
福 建	Fujian	168.4	155.0	13.3	126.3	115.0	11.3	246.6	237.3	9.3
江 西	Jiangxi	102.8	77.2	25.6	79.6	63.5	16.2	126.2	93.1	33.2
山 东	Shandong	422.1	388.2	33.9	332.0	311.0	21.0	416.1	379.1	37.0
河 南	Henan	207.4	175.0	32.3	164.1	143.5	20.6	250.7	214.9	35.8
湖 北	Hubei	196.5	167.3	29.2	174.0	154.8	19.3	221.4	177.9	43.5
湖 南	Hunan	183.5	142.1	41.4	157.8	125.5	32.3	196.1	161.0	35.1
广 东	Guangdong	735.6	574.4	161.2	532.4	411.8	120.6	1102.1	973.8	128.3
广 西	Guangxi	115.7	101.0	14.7	93.0	85.5	7.4	169.6	147.5	22.2
海 南	Hainan	41.1	35.1	6.0	33.6	29.4	4.2	46.6	39.7	6.8
重 庆	Chongqing	201.7	120.8	80.9	158.2	87.3	70.9	185.9	146.7	39.2
四 川	Sichuan	337.0	277.3	59.7	276.8	223.7	53.1	423.3	377.0	46.3
贵 州	Guizhou	72.9	65.8	7.2	65.4	60.5	4.9	78.6	69.3	9.3
云 南	Yunnan	137.3	126.5	10.8	116.7	105.3	11.3	150.9	141.3	9.6
西 藏	Tibet	13.0	12.3	0.7	8.9	8.0	0.8	22.9	22.4	0.6
陕 西	Shaanxi	127.0	109.3	17.7	93.5	84.3	9.2	162.1	140.3	21.7
甘 肃	Gansu	71.9	63.9	8.0	65.3	58.4	6.9	71.0	61.4	9.6
青 海	Qinghai	35.7	32.0	3.8	29.1	25.6	3.5	46.5	43.6	3.0
宁 夏	Ningxia	42.8	24.1	18.7	31.5	18.8	12.7	43.3	30.0	13.3
新 疆	Xinjiang	147.5	135.4	12.1	120.5	110.3	10.2	138.8	127.7	11.1

23-40 分地区工伤保险情况（2012年）
Statistics of Work Injury Insurance by Region (2012)

地区	Region	年末参加工伤保险人数（万人） Work Injury Insurance Contributors at Year-end (10 000 persons)	享受工伤待遇人数（万人） Beneficiaries at Year-end (10 000 persons)	基金收支情况(亿元) Revenue and Expenses (100 million yuan)		
				基金收入 Revenue	基金支出 Expenses	累计结余 Balance at Year-end
全国	**National Total**	**19010.1**	**190.5**	**526.7**	**406.3**	**861.9**
北京	Beijing	897.2	4.8	20.5	17.2	21.9
天津	Tianjin	330.1	3.4	8.2	7.4	12.5
河北	Hebei	694.8	9.1	24.7	23.5	21.9
山西	Shanxi	529.6	8.4	24.0	17.6	38.6
内蒙古	Inner Mongolia	248.9	2.5	12.2	5.8	20.4
辽宁	Liaoning	819.1	14.0	26.7	22.3	41.2
吉林	Jilin	359.4	4.2	9.5	6.9	11.9
黑龙江	Heilongjiang	470.6	6.8	18.9	16.6	27.7
上海	Shanghai	898.9	6.1	22.0	20.9	47.2
江苏	Jiangsu	1420.7	12.3	43.7	38.7	48.5
浙江	Zhejiang	1731.7	23.8	37.3	30.3	49.9
安徽	Anhui	457.9	8.8	14.3	10.9	20.6
福建	Fujian	540.9	3.4	11.8	7.0	32.6
江西	Jiangxi	410.9	5.5	10.3	8.3	14.4
山东	Shandong	1339.6	11.9	34.7	28.0	41.9
河南	Henan	720.6	4.8	18.0	11.9	35.2
湖北	Hubei	522.6	4.0	10.1	6.9	20.2
湖南	Hunan	693.8	7.8	23.6	17.0	28.9
广东	Guangdong	2962.8	16.7	52.7	32.1	172.1
广西	Guangxi	312.4	1.8	5.9	3.3	17.9
海南	Hainan	119.5	0.4	2.1	1.0	6.4
重庆	Chongqing	374.9	8.0	14.6	15.0	6.6
四川	Sichuan	689.4	8.0	22.0	18.0	34.0
贵州	Guizhou	238.2	2.7	11.0	8.0	13.0
云南	Yunnan	295.3	4.0	10.8	9.2	18.5
西藏	Tibet	14.2	0.1	0.6	0.4	1.3
陕西	Shaanxi	350.4	2.2	10.9	5.8	21.8
甘肃	Gansu	158.5	1.8	5.1	4.0	8.6
青海	Qinghai	49.2	0.6	2.3	1.7	4.1
宁夏	Ningxia	63.9	0.4	8.1	1.9	8.7
新疆	Xinjiang	294.1	2.4	10.1	8.4	13.4

注：工伤保险累计结余中含储备金。
a) Balance of work injury insurance includes reserves.

23-41 分地区生育保险情况（2012年）
Statistics of Maternity Insurance by Region (2012)

地区	Region	年末参加生育保险人数（万人）Maternity Insurance Contributors at Year-end (10 000 persons)	享受待遇人数（万人次）Beneficiaries at Year-end (10 000 person-times)	基金收支情况(亿元) Revenue and Expenses (100 million yuan) 基金收入 Revenue	基金支出 Expenses	累计结余 Balance at Year-end
全　国	**National Total**	**15428.7**	**352.7**	**304.2**	**219.3**	**427.6**
北　京	Beijing	844.7	27.9	30.3	20.9	33.5
天　津	Tianjin	242.7	8.0	8.3	5.6	15.6
河　北	Hebei	634.8	9.7	9.3	5.6	12.9
山　西	Shanxi	407.6	3.1	5.7	2.4	9.4
内蒙古	Inner Mongolia	274.8	4.3	5.2	3.5	7.5
辽　宁	Liaoning	713.9	19.4	13.2	11.2	14.2
吉　林	Jilin	350.4	9.4	3.8	2.1	7.8
黑龙江	Heilongjiang	353.1	4.2	5.1	3.5	9.6
上　海	Shanghai	711.5	11.7	27.2	28.9	0.3
江　苏	Jiangsu	1276.2	55.5	32.0	22.2	59.8
浙　江	Zhejiang	1084.8	19.4	21.9	17.5	22.7
安　徽	Anhui	430.1	9.0	6.1	4.7	8.7
福　建	Fujian	484.3	8.2	8.0	5.8	14.1
江　西	Jiangxi	204.2	2.0	1.7	0.7	4.4
山　东	Shandong	919.0	19.9	23.1	17.3	31.0
河　南	Henan	520.3	12.0	8.6	4.5	15.2
湖　北	Hubei	452.9	18.8	6.7	4.0	13.6
湖　南	Hunan	546.0	14.8	7.3	4.2	13.8
广　东	Guangdong	2484.9	40.1	30.1	21.1	48.9
广　西	Guangxi	254.7	5.1	4.7	2.8	9.3
海　南	Hainan	116.0	3.2	1.7	1.1	3.2
重　庆	Chongqing	253.5	8.2	5.3	3.6	6.4
四　川	Sichuan	654.4	12.5	11.4	8.8	17.9
贵　州	Guizhou	221.6	3.1	2.2	1.0	5.0
云　南	Yunnan	239.2	4.6	6.2	4.6	12.0
西　藏	Tibet	18.2	0.4	0.4	0.3	0.9
陕　西	Shaanxi	223.7	3.1	4.2	1.9	8.1
甘　肃	Gansu	129.5	2.5	2.3	1.2	4.1
青　海	Qinghai	33.8	0.3	1.0	0.3	1.3
宁　夏	Ningxia	66.4	1.9	1.5	1.1	1.7
新　疆	Xinjiang	281.6	10.3	9.6	7.0	14.8

23-42 分地区城乡居民社会养老保险情况（2012年）

Statistics on Basic Pension Insurance for Urban and Rural Residents by Region (2012)

地 区	Region	参保人数（万人）Contributors at Year-end (10 000 persons)	#达到领取待遇年龄参保人数 Number of Participants Who Have Reached the Prescribed Age of Benifit Entilement	基金收支情况(亿元) Revenue and Expenses(100 million yuan) 基金收入 Revenue	基金支出 Expenses	累计结余 Balance at Year-end
全 国	**National Total**	**48369.5**	**13382.2**	**1829.2**	**1149.7**	**2302.2**
北 京	Beijing	176.8	27.1	26.8	13.6	88.7
天 津	Tianjin	89.3	69.8	31.1	14.0	73.1
河 北	Hebei	3334.6	789.7	91.0	49.1	93.3
山 西	Shanxi	1482.1	326.2	41.5	21.0	62.8
内蒙古	Inner Mongolia	756.1	184.9	33.1	19.7	38.1
辽 宁	Liaoning	1046.1	347.9	36.0	22.4	30.5
吉 林	Jilin	561.3	198.1	24.3	12.5	20.6
黑龙江	Heilongjiang	758.0	191.5	28.9	13.3	30.1
上 海	Shanghai	80.8	45.4	30.6	29.4	72.3
江 苏	Jiangsu	2347.2	888.7	145.9	109.1	294.7
浙 江	Zhejiang	1332.3	572.6	92.4	80.3	112.8
安 徽	Anhui	3350.6	805.5	96.1	53.1	84.5
福 建	Fujian	1446.1	358.8	40.3	22.1	46.2
江 西	Jiangxi	1737.5	394.9	48.0	24.6	49.3
山 东	Shandong	4401.2	1257.5	169.7	106.8	286.0
河 南	Henan	4719.7	1153.8	116.6	74.2	129.6
湖 北	Hubei	2266.2	580.5	73.5	37.7	73.0
湖 南	Hunan	3120.3	857.0	94.3	54.6	68.1
广 东	Guangdong	2255.2	727.2	95.3	54.8	163.4
广 西	Guangxi	1572.3	488.8	46.5	34.3	35.7
海 南	Hainan	269.5	65.7	8.9	5.6	9.9
重 庆	Chongqing	1130.9	372.4	112.3	86.7	40.5
四 川	Sichuan	2828.4	1027.5	114.2	69.0	161.3
贵 州	Guizhou	1260.7	404.8	58.5	48.9	28.1
云 南	Yunnan	2103.2	419.7	47.2	24.2	48.7
西 藏	Tibet	134.0	21.9	4.2	2.4	2.9
陕 西	Shaanxi	1705.5	383.5	58.5	32.9	64.5
甘 肃	Gansu	1176.6	252.4	30.0	14.1	51.3
青 海	Qinghai	206.1	38.1	7.8	4.5	8.9
宁 夏	Ningxia	180.3	35.7	5.8	3.2	8.5
新 疆	Xinjiang	540.6	94.4	19.8	11.4	24.9

注：2012年8月起，新型农村社会养老保险和城镇居民社会养老保险制度全覆盖工作全面启动，合并为城乡居民社会养老保险。

a) Since August, 2012, system of new rural old-age insurance and urban basic pension insurance have started completely, and called basic pension insurance for urban and rural residents as total.

主要统计指标解释

特大火灾 指造成30人以上死亡，或者100人以上重伤，或者1亿元以上直接财产损失的火灾。

重大火灾 指造成10人以上30人以下死亡，或者50人以上100人以下重伤，或者5000万元以上1亿元以下直接财产损失的火灾。

较大火灾 指造成3人以上10人以下死亡，或者10人以上50人以下重伤，或者1000万元以上5000万元以下直接财产损失的火灾。

一般火灾 指造成3人以下死亡，或者10人以下重伤，或者1000万元以下直接财产损失的火灾。

人民检察院直接立案侦查案件 指按照管辖的规定，由人民检察院直接立案侦查的贪污贿赂犯罪、渎职犯罪、国家机关工作人员利用职权实施的侵犯公民人身权利和民主权利的犯罪以及经省级人民检察院决定立案侦查的国家机关工作人员利用职权实施的其他重大犯罪案件。

要案 指县、处级以上干部的犯罪案件。该指标主要反映职务犯罪案件中县、处级以上干部被人民检察院依法立案侦查的情况。

批准逮捕 指人民检察院对公安机关、国家安全机关、监狱管理机关提出逮捕的犯罪嫌疑人进行审查，根据事实，依法做出逮捕决定。该指标主要反映人民检察院对提请逮捕犯罪嫌疑人进行审查后依法做出批准逮捕决定的情况。

决定逮捕 指人民检察院对直接立案侦查的案件，认为需要逮捕犯罪嫌疑人时，依据法律做出的逮捕决定。该指标主要反映人民检察院对直接受理的案件行使决定逮捕权的情况。

提起公诉 指人民检察院对公安机关、国家安全机关、监狱管理机关和检察机关侦查部门等移送起诉的案件进行审查，根据事实，做出提起公诉的案件。该指标主要反映人民检察院对各种刑事案件向人民法院提起公诉的情况。

适用简易程序 指人民法院对依法可能判处三年以下有期徒刑、拘役、管制、单处罚金的公诉案件，事实清楚，证据充分，人民检察院建议或者同意适用简易程序的案件；告诉才处理的案件；被害人起诉的有证据证明的轻微刑事案件。

提出抗诉 指人民检察院对人民法院的判决、裁定认为确有错误，向人民法院提出对案件重新进行审理的诉讼活动。包括按照第二审程序提出的抗诉和按照审判监督程序（再审程序）提出的抗诉。

撤回抗诉 指上级人民检察院对下级人民检察院按照第二审程序提出的抗诉，经审查，认为抗诉不当时向同级人民法院撤回抗诉，同时通知提出抗诉的下级人民检察院。

立案监督 指人民检察院对侦查机关刑事立案活动的监督。包括对应当立案而不立案的监督和不应立案而立案的监督。

监督立案 包括侦查机关接到要求说明不立案理由后主动立案和执行通知立案两个内容。

监管活动 指人民检察院对监狱等监管改造场所的管理活动进行的监督。

青少年罪犯 指人民法院在报告期内判决发生法律效力的有罪判决中14周岁以上不满25周岁的罪犯。其中14周岁以上不满18周岁的罪犯为未成年罪犯。

行政案件 指公民、法人和其他组织不服行政机关作出的具体行政行为，向人民法院提起行政诉讼，人民法院依法审理的案件。

单独赔偿 指单独提起行政赔偿的案件。当事人对行政行为的合法性没有争议，就行政侵权造成的损害赔偿单独提起赔偿诉讼。

公证人员 指在公证处工作的人员总称，包括公证处主任、副主任、公证员、公证员助理(助理公证员)和其他从事辅助性工作的人员。

公证文书 指公证处根据当事人申请，依照事实和法律，按照法定程序制作的，具有法律效力的司法证明文书。

受理劳动争议案件数 指劳动争议仲裁委员会根据国家有关规定，对劳动争议当事人的申请予以审查，符合受理条件而正式立案、准备处理的劳动争议案件数。

城镇职工基本养老保险

1.(参保）职工人数 指报告期末按照国家法律、法规和有关政策规定参加基本养老保险并在社保经办机构已建立缴费记录档案的职工人数，包括中断缴费但未终止养老保险关系的职工人数，不包括只登记未建立缴费记录档案的人数。

2.(参保）离退休人员人数 指报告期末参加基本养老保险的离休、退休和退职人员的人数。

3.基金收入 指根据国家有关规定，由纳入基本养老保险范围的缴费单位和个人按国家规定的缴费基数和缴费比例缴纳的养老保险基金，以及通过其他方式取得的形成基金来源的收入。包括单位和职工个人缴纳的基本养老保险费、基本养老保险基金利息收入、上级补助收入、下级上解收入、转移收入、财政补贴和其他收入。

4.基金支出 指按照国家政策规定的开支范围和开支标准从养老保险基金中支付给参加基本养老保险的个人的养老金、丧葬抚恤补助，以及由于保险关系转移、上下级之间调剂资金等原因而发生的支出。包括离休金、退休金、退职金、各种补贴、医疗费、死亡丧葬补助费、抚恤救济费、社会保险经办机构管理费、补助下级支出、上解上级支出、转移支出、其他支出等。

5.基金累计结余 指截止报告期末基本养老保险基金收支相抵后的累计余额。

基本医疗保险

1.参保人数 指报告期末按国家有关规定参加相应基本医疗保险的人数。

2.基金收入 指由用人单位和个人按照国家规定的缴费基数、缴费比例或缴费标准缴纳的基本医疗保险基金，财政补助资金以及通过其他方式取得的形成基金来源的款项，包括：单位缴纳收入、个人缴纳收入、财政补助收入（含医疗救助补助个人收入）、财政补贴收入、利息收入和其他收入。

3.基金支出 指按照国家政策规定的开支范围和开支标准，从基本医疗保险基金中支付给参保人员的医疗保险待遇支出，以及其他支出。包括住院医疗费用支出、门急诊医疗费用支出、个人账户基金支出、其他支出。

4.基金累计结余 指截止报告期末基本医疗保险基金累计结余金额。

失业保险

1.参保人数 指报告期末按照国家法律、法规和有关政策规定参加了失业保险的城镇企业、事业单位的职工及地方政府规定参加失业保险的其他人员的人数。

2.基金收入 指报告期内筹集的失业保险基金的总额，包括失业保险费收入、利息收入、财政补贴收入、其他收入、转移收入、上级补助收入、下级上解收入。

3.基金支出 指报告期内为保障失业人员基本生活、促进其再就业等支出的基金总额，包括失业保险金支出、医疗补助金支出、丧葬补助金和抚恤金支出、职业培训和职业介绍补贴支出、农民合同制工人一次性生活补助支出、其他支出、转移支出、上级补助支出、下级上解支出。

4.基金累计结余 指截止报告期末失业保险基金收支相抵后的累计余额。

工伤保险

1.参加保险人数 指报告期末依据国家有关规定参加工伤保险的职工人数和有雇工的个体工商户的雇工数。

2.享受保险待遇人数 指年初至报告期末因工伤或职业病而享受工伤保险待遇的人数。为享受工伤医疗待遇中未评定等级的人数、享受伤残待遇人数以及享受因工死亡待遇人数之和。

3.基金收入 指根据国家有关规定，由参加工伤保险的单位按国家规定的缴费基数和缴费比例缴纳的工伤保险基金，以及通过其他形式取得的形成基金来源的款项。包括：单位缴纳的社会统筹基金收入、财政补贴收入、利息收入、其他收入。

4.基金支出 指按照国家政策规定的开支范围和开支标准从工伤保险基金中支付给参加工伤保险的人员及供养直系亲属工伤保险待遇支出及其他支出。包括工伤医疗费、伤残补助金、工亡补助金、护理费、丧葬补助费、工伤预防费用、职业康复费用和其他支出。

5.基金累计结余 指截止报告期末工伤保险基金累计结余金额。

生育保险

1.参保人数 指报告期末依据有关规定参加生育保险的人数。

2.基金收入 指根据国家有关规定，由参加生育保险的单位按照国家规定的缴费基数和缴费比例缴纳的生育保险基金，以及通过其他方式取得的形成基金来源的款项，包括：单位缴纳的基金收入、利息收入和其他收入。

3.基金支出 指按照国家政策规定的开支范围和开支标准，从生育保险基金中支付给参加生育保险的职工，因妊娠、分娩和计划生育手术而享受的待遇及其他支出。包括：生育津贴、医疗费用支出及其他支出。

4.基金累计结余 指截止报告期末生育保险基金累计结余金额。

Explanatory Notes on Main Statistical Indicators

Extraordinarily Serious Fire Case refers to a case which has caused over 30 deaths; or over 100 serious injuries; or a direct property loss over 100 million yuan.

Serious Fire Case refers to a case which has caused over 10 to 30 deaths; or over 50 to 100 serious injuries; or a direct property loss over 50 million to 100 million yuan.

Comparatively Serious Fire Case refers to a case which has caused over three to ten deaths; or over 10 to 50 serious injuries; or a direct property loss over 10 million to 50 million yuan.

Ordinary Fire Case refers to a case which has caused less than three deaths; or less than 10 serious injuries; or a direct property loss less than 10 million yuan.

Cases Registered and Handled Directly by People's Procuratorate Offices refer to those serious criminal cases that, according to the functional jurisdiction, are registered and handled by the People's Procuratorate Offices, including the ones on bribery and corruption, the ones on abuse and dereliction of duty, offences against citizens' personal and democratic rights by government officials abusing their powers; and that are registered and handled by the provincial Procuratorate offices in relation to other major crimes committed by government officials by abusing their powers.

Key Cases refer to crimes committed by county and director-level officials. This indicator reflects the situation of those county and director-level officials involved in criminal cases registered and handled by People's Procuratorate offices.

Approval for Arrest refers to the decision made by people's procuratorate office, in accordance with the law and relevant facts, to approve the arrest of the suspect(s) as proposed by the public security departments, state security departments or prisons authority. This indicator reflects approved arrests made by people's procuratorate offices that are proposed by related departments.

Decision on Arrest refers to decision made by the people's procuratorate office, in accordance with laws, to arrest the suspect(s) in the cases that are accepted and to be investigated by procurators office. This indicator mainly reflects the implementation of the decision on arrest by people's procuratorate office.

Cases by Public Prosecution refer to those ones that are instituted by People's Procuratorate offices after their examination of such cases transferred by public security organs, national security organs, jail management organs and prosecutorial organs on the bases of the facts found. This indicator reflects the situation of public prosecutions instituted to the people's courts by People's Procuratorate Offices.

Application of Summary Procedure refers to those cases of public prosecution where the suspects might be, according to law, sentenced to fixed-term imprisonment of not more than three years, criminal detention, public surveillance or punishment with fines exclusively by People's Court ;, those cases where the facts are clear and the evidence is sufficient, and for which the People's Procuratorate suggests or agrees to the application of summary procedure; those cases to be handled only upon complaints; and those minor criminal cases prosecuted by the victims with evidence.

Protests Presented refers to those protests presented by local People's Procuratorate at any level who considers that there exists some definite error in a judgment or order of first instance made by a People's Court at the same level to the People's Court at the next higher level, including the protests raised in accordance with the second instance and protests raised in accordance with procedure for trial supervision.

Withdrawal of Protests refers to the actions made by the People's Procuratorate at the next higher level when it considers the protests inappropriate by withdrawing the protests from the People's Court at the same level and notifying the People's Procuratorate at the next lower level.

Case Registration Supervision refers to the actions made by the People's Procuratorate to supervise the registration of criminal cases initiated by investigative authorities, including supervision of the cases which have wrongly not been registered and have wrongly been registered.

Supervision of Case Registration includes both the supervision of those registrations initiated by investigatory authorities and the supervision of those registrations according to notifications after hearing declined reasons for registration.

Supervisory Activities refers to the supervision of the People's Procuratorate over the management of prisons as well as other places of criminal reformation under supervision.

Juvenile Criminals refers to the offenders within the age range of 14 to 25 convicted guilty by the court during the reporting period while those between 14 and 18 are defined as minor offenders.

Administrative Cases refers to the cases filed by citizens, corporations and other organizations against the specific administrative conducts of administrative authorities and handled by the court.

Separate Compensation refers to cases that are separately filed for administrative compensation by the party who has no dispute on the legality of administrative conducts but brings proceedings separately to claim for damages caused by administrative tort.

Notary Personnel refers to people working for notary offices including: directors, deputy directors, notaries, assistant notaries and other people providing assistance.

Notary Documents refer to legally binding judicial

notary documents developed at the request of the interested party based on facts and the law following certain legal proceedings.

Number of Labour Disputes Cases Accepted refers to the number of cases of labour disputes submitted that, after being reviewed by the labour dispute arbitration committees in line with the relevant national regulations, are accepted and registered for treatment.

Basic Pension Insurance

1. Number of staff and workers covered refer to staff and workers participating in the basic pension insurance programme according to national laws, regulations and related policies at the end of the reference period, who have already had payment records in social security management agencies, including those who have interrupt payment without terminating the insurance programme. Those who have registered in the programme but with no payment records are not included.

2. Number of retirees participating in the basic pension insurance programme refer to the number of retirees participating in basic pension insurance programmes by the end of the reference period.

3. Revenue of the basic pension insurance programme refers to payments made by employers and individuals participating in the pension insurance programme in accordance with the basis and proportion stipulated in State regulations, and income from other sources that become source of pension insurance fund, including the premium paid by employers and staff and workers, interest income, subsidies from higher level agencies, income as transfer from subordinate agencies, transferred income, government financial subsidies and other income.

4. Expenditure of basic pension insurance programme refer to payment made on pensions and funeral subsidies to those retired and resigned people covered in pension insurance programmes according to related national policies on scope and standard of expenditure. Also included are expenditure which arises due to shift of the insurance relationship or adjustment of funds among agencies. More specifically, included are pensions for resigned people, pensions for retired people, pension for people quitting jobs, various subsidies, medical fees, funeral subsidies, compensation payments, management fees for social security agencies, expenses on subsidies to lower subordinates, expenses as transfer to agencies at higher level, transferred expenditure and other expenditure.

5. Balance of basic pension insurance programme refers to the balance of basic pension insurance funds at the end of the reference period after deducting expenses from revenue.

Basic Medical Care Insurance

1. Number of people participating in the insurance programme refers to people participating in the basic medical care insurance programme according to related regulations at the end of the reference period.

2. Revenue of the insurance programme refers to payments made by employers and individuals participating in the medical care insurance programme in accordance with the basis and proportion stipulated in State regulations, and income from other sources that become source of medical insurance fund, including income paid by units, individual paid income, financial assistance's income (including individual income from medicaid), financial subsidies' income, interest income and other income.

3. Expenditure of the insurance programme refers to payment made to people covered in basic medical care insurance programme within the scope and standards of expenditure according to related national policies, and medical care payment and other expenses, including medical expenses of hospital inpatients, medical expenses for outpatients and emergency patients, payment from individual accounts and other expenditure.

4. Balance of the basic medical care insurance programme refers to the balance of medical care insurance funds at the end of the reference period.

Unemployment Insurance

1. Number of people covered refers to staff and workers in urban enterprises or institutions who have participated in the unemployment insurance programme according to relevant policies and regulations, and other people who have participated according to local government regulations at the end of the reference period.

2. Revenue of the unemployment insurance programme refers to the total unemployment insurance funds raised in the reference period, including unemployment insurance premium, interest income, financial subsidies, other income, transferred income, subsidies from higher level agencies and income as transfer from subordinate agencies.

3. Expenditure of the unemployment insurance programme refers to total expenses during the reference period to guarantee the basic livelihood of unemployed people, and to encourage their re-employment. Included are unemployment relief, medical fees, funeral subsidies, compensation payments, training expenses, management fees for unemployment insurance agencies, subsidies to lower level agencies, expenses as transfer to higher level agencies, transferred expenditure and other expenditure.

4. Balance of the unemployment insurance programme refers to the balance of revenue of the programme after deducting expenses at the end of the reference period.

Work Injury Insurance

1. Number of people covered refers to staff and workers who have participated in the work injury insurance programme and number of employees in private business according to relevant national regulations at the end of the reference period.

2. Number of beneficiaries refers to number of people benefited from work injury insurance, as a result of work injury or occupational disease. It is the sum of beneficiaries from the work injury medical treatment without rating, disabilities

and deaths at work places.

3. Revenue of the work injury insurance programme refers to payments made by employers participating in the work injury insurance programme in accordance with the basis and proportion stipulated in State regulations, and income from other sources that become source of work injury insurance fund, including income of social comprehensive funds paid by employers, government financial subsidies, interest income and other income.

4. Expenditure of the work injury insurance programme refers to payments made from work injury insurance funds to those who participated in the work injury insurance programme and their direct dependents within the scope and standards of expenditure according to related national policies, and other expenditure, including medical fees for work injury, injury and disability subsidies, death subsidies, nursing fees, funeral subsidies, injury prevention fees, occupational rehabilitation fees and other expenditure.

5. Balance of the work injury insurance programme refers to the balance of the work injury funds at the end of the reference period.

Maternity Insurance

1. Number of people covered refers to people who have participated in the maternity insurance programme according to relevant regulation at the end of the reference period.

2. Revenue of maternity insurance refers to payments made by employers participating in the maternity insurance programme in accordance with the basis and proportion stipulated in State regulations, and income from other sources that become source of maternity insurance fund, including income of funds paid by employers, interest income and other income.

3. Expenditure of the maternity insurance programme refers to payments made from maternity insurance funds to staff and workers who participate in the maternity insurance programme within the scope and standards of expenditure in accordance with related national policies, expenses paid for pregnancy, child delivery or surgeries related to family planning, and other expenditure, including allowance for child bearing, medical fees and other expenditure.

4. Balance of the maternity programme refers to the balance of the maternity insurance funds at the end of the reference period.

24

香港特别行政区主要社会经济指标

Main Social and Economic Indicators of Hong Kong Special Administrative Region

简 要 说 明

一、本章资料反映香港特别行政区主要社会、经济发展情况。内容包括：土地、人口、就业、国民收入、国际收支平衡、工业、能源、建筑、运输、对外贸易、政府收支及金融、教育、房屋、卫生、社会保障等方面。

二、本章由香港特别行政区政府统计处向有关政府决策局／部门及公营机构搜集数据，国家统计局国际统计信息中心负责整理、编辑。

三、在统计工作方面，按中华人民共和国“香港特别行政区基本法”的有关原则，香港特别行政区保留其单独运作的统计系统，并负责编制和发布反映香港特别行政区情况的统计数据。由于香港和内地在使用统计名词及概念方面会有所不同，读者在比较两地数据时，请参考以下资料：

（1）本章内的“《中国统计年鉴》与香港特别行政区统计刊物中使用的指标对照表”列出两地概念相近但名称不同的词汇。

（2）本章末的“主要统计指标解释”，载有一些重要概念的解释。

四、香港特别行政区是单独的关税地区，香港与内地之间的贸易，亦需办理进出口报关。在贸易统计方面，香港特别行政区对外贸易统计数据亦包括香港特别行政区与内地的贸易。

五、在外汇统计及与之有关的各方面，港币是香港特别行政区的法定货币，因此，除港币以外的货币（包括人民币）均视作外币。

六、更详细的统计资料及有关的技术细节，可参阅香港特别行政区政府统计处出版的《香港统计月刊》、《香港统计年刊》及各专题统计出版物。

七、本章节表中的符号使用说明：

本章节表中使用的部分符号与《中国统计年鉴》略有差异。“-”表示不适用；“空格” 表示没有数字；“#”表示临时数字；“§”表示数字少于单位的一半。

Brief Introduction

I. Data in this chapter show main social and economic developments of the Hong Kong Special Administrative Region (HKSAR), including data on land, population, employment, national income, balance of payments, industry, energy, construction, transportation, external trade, government accounts and finance, education, housing, health and social security.

II. All data in this chapter are collected from the related government bureaus/departments and public organisations by the Census and Statistics Department, the Government of HKSAR, and further tabulated or edited by the International Statistical Information Centre of the National Bureau of Statistics.

III. According to the Basic Law of HKSAR of the People's Republic of China, HKSAR maintains its independent statistical system, and compiles and disseminates statistics on the Region. As Hong Kong and the mainland of China use different statistical concepts, definitions and terminologies, users are advised to make reference of the following materials when using and comparing data of the mainland of China and HKSAR :

1. A Comparison of Common Statistical Terms Used in Publications Compiled by the Census and Statistics Department, the Government of HKSAR and *China Statistical Yearbook*, which lists similar statistical concepts using different terms.

2. The Explanatory Notes on Main Statistical Indicators at the end of this chapter which gives explanation on important statistical indicators.

IV. As Hong Kong is a separate custom territory, trade between Hong Kong and the mainland of China needs customs declaration procedures. In terms of trade statistics, data on Hong Kong's imports and exports include Hong Kong's trade with the mainland of China.

V. As Hong Kong dollar is the legal tender in HKSAR, all other currencies (including Renminbi) are regarded as foreign currencies in compiling foreign exchange statistics and related statistics.

VI. For more detailed statistics and technical details, users are advised to read *Hong Kong Monthly Digest of Statistics, Hong Kong Annual Digest of Statistics* and other publications compiled by the Census and Statistics Department, the Government of HKSAR.

VII. Notations used in this chapter:

Some notations used in this chapter are not agreed with those used *in China Statistical Yearbook*, but with Hong Kong publications. "-" indicates not applicable. "(blank)" indicates not available. "#" indicates provisional figure. "§" indicates the magnitude of figure is less than half of the unit employed.

24-1　主要统计指标概况
Summary of Key Statistics

项　　目	Item	2008	2009	2010	2011	2012
香港陆地面积①　（平方公里）	**Land Area of Hong Kong①　(sq.km)**	**1104**	**1104**	**1104**	**1104**	**1104**
香港岛	Hong Kong Island	80	80	81	81	81
九龙	Kowloon	47	47	47	47	47
新界	New Territories	976	976	976	976	976
人口	**Population**					
年中人口　（万人）	Mid-year Population　(10 000 persons)	695.8	697.3	702.4	707.2	715.5
粗出生率　（‰）	Crude Birth Rate　(‰)	11.3	11.8	12.6	13.5	12.8
粗死亡率　（‰）	Crude Death Rate　(‰)	6.0	5.9	6.0	6.0	6.0
婴儿死亡率　（‰）（按每千名登记活产婴儿计算）	Infant Mortality Rate　(‰) (per 1 000 Registered Live Births)	1.8	1.7	1.7	1.3	1.4
劳工	**Labour**					
劳动人口　（万人）	Labour Force　(10 000 persons)	363.7	366.0	363.1	370.3	378.5
劳动人口参与率　（%）	Labour Force Participation Rate　(%)	60.9	60.8	59.6	60.1	60.5
失业率　（%）	Unemployment Rate　(%)	3.5	5.3	4.3	3.4	3.3
就业人数　（万人）	Number of Employed Persons　(10 000 persons)	350.9	346.8	347.4	357.6	366.1
选定行业的就业人数　（万人）	Number of Employed Persons in Selected Industries　(10 000 persons)					
制造	Manufacturing	16.6	15.0	13.3	13.3	13.4
建筑	Construction	26.5	26.2	26.5	27.7	29.1
进出口贸易及批发	Import/Export Trade and Wholesale	58.9	56.2	54.7	53.9	56.4
零售、住宿②及餐饮服务	Retail, Accommodation② and Food Services	55.2	54.5	55.8	57.8	59.1
运输、仓库、邮政及速递服务、资讯及通讯	Transportation, Storage, Postal and Courier Services, Information and Communications	43.4	42.3	42.2	43.4	43.4
金融、保险、地产、专业及商用服务	Financing, Insurance, Real Estate, Professional and Business Services	63.9	63.7	64.1	67.6	68.7
公共行政、社会及个人服务	Public Administration, Social and Personal Services	84.3	86.7	88.5	91.5	93.5
实际工资指数③(1992年9月=100)	Real Wage index③　(September 1992=100)	115.3	113.5	113.5	117.9	118.9
对外贸易	**External Trade**					
商品贸易	**Merchandise Trade**					
进口　（亿港元）	Imports　(HKD 100 million)	30253	26924	33648	37646	39122
港产品出口　（亿港元）	Domestic Exports　(HKD 100 million)	908	577	695	657	588
转口　（亿港元）	Re-exports　(HKD 100 million)	27334	24113	29615	32716	33755
服务贸易	**Trade in Services**					
服务出口④　（亿港元）	Exports of Services④　(HKD 100 million)	5444	5013	6262	7061	7512
服务进口④　（亿港元）	Imports of Services④　(HKD 100 million)	5654	4746	5481	5792	5698
国民收入及国际收支平衡	**National Income and Balance of Payments**					
本地生产总值⑤	**Gross Domestic Product (GDP)⑤**					
按2011年环比物量计算⑥	In Chained (2011) dollars⑥					
年增长率　（%）	Annual Growth Rate　(%)	2.1	-2.5	6.8	4.9	1.5
本地生产总值　（亿港元）	GDP　(HKD 100 million)	17726	17290	18465	19361	19652
人均本地生产总值　（港元）	Per Capita GDP　(HKD)	254770	247970	262878	273783	274670
按当年价格计算	At Current Market Prices					
年增长率　（%）	Annual Growth Rate　(%)	3.4	-2.8	7.1	9	5.5
本地生产总值　（亿港元）	GDP　(HKD 100 million)	17075	16592	17768	19361	20419
人均本地生产总值　（港元）	Per Capita GDP　(HKD)	245406	237960	252952	273783	285403
本地居民总收入⑦	**Gross National Income⑦(GNI)**					
按当年价格计算	At Current Market Prices					
本地居民总收入　（亿港元）	GNI　(HKD 100 million)	18080	17090	18144	19889	20854
人均本地居民总收入（港元）	Per Capita GNI　(HKD)	259851	245096	258304	281253	291481
对外初次收入流量净值(亿港元)	Net External Primary Income Flows (HKD 100 million)	1005	498	376	528	435
国际收支平衡⑧	**Balance of Payments⑧**					
经常帐户　（亿港元）	Current Account　(HKD 100 million)	2558	1577	1165	930	270
资本及金融帐户　（亿港元）	Capital and Financial Account(HKD 100 million)	-2547	-1445	-888	-1132	-376
净误差及遗漏　（亿港元）	Net Errors and Omissions　(HKD 100 million)	-11	-131	-277	202	106
整体的国际收支　（亿港元）	Overall Balance of Payments　(HKD 100 million)	2240 (盈余) (in surplus)	6125 (盈余) (in surplus)	591 (盈余) (in surplus)	868 (盈余) (in surplus)	1889 (盈余) (in surplus)
国际投资头寸⑧⑨	**International Investment Position⑧⑨**					
国际投资头寸净值⑩　（亿港元）	Net International Investment Position⑩　(HKD 100 million)	49000	57022	51711	55229	56748
对外金融资产　（亿港元）	External Financial Assets　(HKD 100 million)	181928	206797	232300	240620	271377
对外金融负债　（亿港元）	External Financial Liabilities (HKD 100 million)	132928	149775	180589	185391	214629

24-1 续表 1 continued

项 目	Item	2008	2009	2010	2011	2012
消费价格指数	**Consumer Price Indices**					
(2009年10月至2010年9月=100)	(Oct. 2009-Sep. 2010 = 100)					
综合消费价格指数	Composite Consumer Price Index	97.8	98.4	100.7	106.0	110.3
甲类消费价格指数	Consumer Price Index(A)	97.8	98.3	100.8	106.4	110.3
乙类消费价格指数	Consumer Price Index(B)	97.8	98.4	100.6	105.8	110.4
丙类消费价格指数	Consumer Price Index(C)	97.9	98.5	100.6	105.8	110.1
工业生产	**Industrial Production**					
工业生产指数 (2008年=100)	Index of Industrial Production (2008=100)	100.0	91.7	95.0	95.7	94.9
工业电力消费量 (万亿焦耳)	Industrial Electricity Consumption (terajoules)	12182	11143	11080	11104	11282
工业煤气消费量 (万亿焦耳)	Industrial Gas Consumption (terajoules)	905	902	917	1086	1331
房屋及物业	**Housing and Property**					
永久性居住屋宇单位⑪ (万个)	Number of Permanent Living Quarters⑪(10 000 units)					
公营租住房屋⑫	Public Rental Housing⑫	72.16	74.12	74.46	74.71	76.81
资助出售单位⑬	Subsidised Sale Flats⑬	39.70	39.58	39.29	39.12	39.09
私人房屋⑬	Private Housing⑬	139.87	140.94	142.34	145.49	147.06
总计	Total	251.73	254.64	256.10	259.32	262.96
新落成私人楼宇	Private Buildings Newly Completed					
楼宇数目 (栋)	Number of Blocks (number)	755	669	278	397	601
实用楼面面积 (万平方米)	Usable Floor Area (10 000 sq.m.)					
住宅	Residential	43.4	44.3	61.2	47.2	55.8
非住宅	Non-residential	66.3	37.2	52.8	51.9	83.7
获批准可动工兴建私人楼宇 (栋)	Private Buildings with Consent to Commence Work (number of blocks)					
初次呈交	First Submission	273	403	512	228	266
重大修改	Major Revision	111	182	259	186	114
政府收支、金融、保险 (亿港元)	**Government Accounts, Finance and Insurance (HKD 100 million)**					
政府储备结余⑭	Government's Reserve Balances⑭	4944	5203	5954	6691	7339
政府收入总额⑭⑮	Total Government Revenue⑭⑮	3166	3184	3765	4377	4422
政府开支总额⑭⑮	Total Government Expenditure⑭⑮	3151	2925	3014	3640	3773
货币供应量M3	Money Supply M3					
港元⑯	Hong Kong Dollar⑯	32613	36048	38782	40554	45456
外币⑰	Foreign Currency⑰	30394	30220	32781	40257	44248
总计	Total	63008	66268	71563	80811	89704
港汇指数(贸易总值(进口及整体出口)加权) (2010年1月=100)⑱	Effective Exchange Rate Indices for the Hong Kong Dollar (trade (import and export) - weighted) (January 2010=100)⑱	100.7	101.9	99.5	94.6	94.9
运输、通讯、旅游	**Transport, Communications and Tourism**					
进出香港货物	Inward and Outward Movements of Cargo					
总卸下 (万吨)	Total Discharged (10 000 tons)	16571	15567	17282	17519	17214
总装上 (万吨)	Total Loaded (10 000 tons)	12916	11745	12882	13291	12738
集装箱吞吐量 (万标准集装箱)	Container Throughput (10 000 TEUs)	2449	2104	2370	2438	2312
电话服务 (万条操作线路)	Telephone Services (10 000 working lines)	411	419	426	425	425
访港旅客⑲ (万人次)	Visitor Arrivals⑲ (10 000 person-times)	2950.7	2959.1	3603.0	4192.1	4861.5
教育 (人)	**Education (person)**					
小学学生人数	Student Enrolment in Primary Schools	365056	344748	331112	322881	317442
中学学生人数⑳	Student Enrolment in Secondary Schools⑳	489362	481188	458131	472532	422134
大专院校学生人数(21)	Student Enrolment in Institutions(21)	147364	158043	166018	168692	197117
卫生	**Health**					
医生 (人)	Doctors (person)	12215	12424	12620	12818	13006
注册中医 (人)	Registered Chinese Medicine Practitioners (person)	5860	6048	6241	6414	6565
病床 (张)	Hospital Beds (bed)	35048	35062	35522	36121	36579
社会保障	**Social Security**					
综合社会保障援助⑭	Comprehensive Social Security Assistance⑭					
个案数目(22) (个)	Number of Cases(22) (case)	289469	287822	282732	275383	267623
发放款项 (亿港元)	Amount (HKD 100 million)	186	190	185	195	198
公共福利金⑭	Social Security Allowances⑭					
个案数目(22) (个)	Number of Cases(22) (case)	612128	627816	642979	663237	693389
发放款项 (亿港元)	Amount (HKD 100 million)	88	89	91	97	106
交通意外伤亡援助⑭	Traffic Accident Victims Assistance⑭					
获批个案数目 (个)	Number of Cases Authorised for Payment (case)	7224	7350	7203	7139	7430

24-1 续表 2 continued

注：①面积为当年6月底的数据，包括不在区议会分区内的落马洲河套。
②住宿服务包括酒店、宾馆、旅舍及其他提供短期住宿服务的机构单位。
③实际工资指数是以名义工资指数扣除以2009至10年为基期的甲类消费价格指数而计算出来。工资统计数字是按“香港标准行业分类2.0版”编制。
④数字已采纳《2010年国际服务贸易统计手册》内最新的国际建议，包括服务分类及编制方法，以及采用所有权转移原则来记录货品加工及转手商贸活动。因此服务出口及进口的数字与表 24-14 内相应的数字并不相同。
⑤政府统计处于2012年9月完成把《2008年国民经济核算体系》的最新国际标准纳入香港的本地生产总值编制架构的技术性修订工作。政府统计处亦藉此机会，把新的数据来源及改良的估计方法纳入本地生产总值的编制系统内。因应这些统计发展，本地生产总值的过往数列已作出相应的修订。
⑥以环比物量计算的本地生产总值及其组成部分的参照年，已由2009年重订为2011年。重订参照年会影响以环比物量计算的数值，但不会改变其变动率。
⑦根据国际建议及与其他经济体的做法一致，从2012年9月起香港的“本地居民生产总值”已改称为“本地居民总收入”，以及“对外初次收入流量”这个名称取代之前的“对外要素收益流动”。
⑧数字已就2012年9月完成的国际收支平衡统计修订工作作出修订。
⑨期末头寸。
⑩国际投资头寸净值是对外金融资产总值与对外金融负债总值之间的差额。
⑪数字包括所有住宅屋宇单位及通常有人居住的非住宅屋宇单位，但不包括非住宅用途、酒店及院舍内的屋宇单位。
⑫房屋委员会售出的公营租住房屋单位归类为资助出售单位。
⑬资助出售单位包括房屋委员会及香港房屋协会售出而不可在公开市场买卖的屋宇单位。可在公开市场买卖的资助出售单位则归类为私人永久性房屋。
⑭数字是以相应的财政年度为根据。例如2012年的数字代表2012至2013财政年度数字。
⑮2012年的数字有待审计署署长核实。
⑯所列数字已包括外币掉期存款。
⑰所列数字已扣除外币掉期存款。《中华人民共和国香港特别行政区基本法》说明，港元是香港特别行政区的法定货币。外币指港元以外的其他货币，因而人民币亦视作外币。
⑱由2012年1月3日起公布的新系列。
⑲访港旅客数字包括经澳门访港的非澳门居民。
⑳数字涵盖日、夜校。
(21)是指香港城市大学、香港浸会大学、岭南大学、香港中文大学、香港教育学院、香港理工大学、香港科技大学和香港大学就读学生。数字包括大学教育资助委员会(教资会)资助课程及教资会资助院校本部和辖下持续进修部门开办的本地经评审自资课程的学生人数。
(22)于财政年度终结时的数字。除特别注明外，财政年度是由4月1日至翌年3月31日。

Notes:①Figures are as at end-June of the year. Figures include land area of Lok Ma Chau Loop which is not covered in District Council districts.
②Accommodation services cover hotels, guesthouses, boarding houses and other establishments providing short term accommodation.
③The Real Wage Indices are derived by deflating the Nominal Wage Indices by the 2009/10-based Consumer Price Index (A). Wage statistics are compiled based on the Hong Kong Standard Industrial Classification (HSIC) Version 2.0.
④Figures have incorporated the latest international recommendations given in the Manual on Statistics of International Trade in Services 2010, including the services classification and compilation methods, and adopted the change of ownership principle in recording goods sent abroad for processing and merchanting. Hence, figures for exports and imports of services in this table are different from the corresponding figures in Table 24-14.
⑤The Census and Statistics Department (C&SD) completed a technical revision exercise in September 2012 to implement the new international standards given in the System of National Accounts 2008 (2008 SNA) in the GDP compilation framework of Hong Kong. Opportunity was taken to incorporate new data sources and enhanced estimation methods in the GDP system where applicable. As a result of these statistical developments, the historical series of GDP has been revised accordingly.
⑥The reference year for the chain volume measures of GDP and its components has been revised from 2009 to 2011. Re-referencing affects the levels, but not the rates of change, of the chain volume measures.
⑦According to international recommendations and in line with the practices of other economies, GNP in Hong Kong has been renamed as GNI and the term “external primary income flows” has replaced the former term “external factor income flows” since September 2012.
⑧Figures have been revised to take into account the Balance of Payments revision exercise completed in September 2012.
⑨Position as at end of period.
⑩Net international investment position is the difference between total external financial assets and total external financial liabilities.
⑪Figures include all quarters used for residential purpose as well as those non-residential quarters usually with people living therein. Quarters known to be used for non-residential purpose and those in hotels and institutions are excluded.
⑫Public rental housing flats sold by the Housing Authority are classified as subsidised sale flats.
⑬Subsidised sale flats include quarters sold by the Housing Authority and Hong Kong Housing Society that cannot be traded in the open market. Those flats that can be traded in the open market are classified as private permanent housing.
⑭Figures are for the corresponding financial year. For example, figures for 2012 represent those for financial year 2012/13.
⑮Figures for 2012 are subject to audit by the Director of Audit.
⑯Figures are adjusted to include foreign currency swap deposits.
⑰Figures are adjusted to exclude foreign currency swap deposits.Hong Kong dollar is the legal tender in the Hong Kong Special Administrative Region, as stated in "The Basic Law of the Hong Kong Special Administrative Region of the People's Republic of China". Foreign currency refers to any currency other than Hong Kong dollar and thus Chinese Renminbi is also treated as a foreign currency.
⑱New series has been released as from 3 January 2012.
⑲Figures include arrival of non-Macao residents via Macao.
⑳Figures cover both day and evening schools.
(21)Refer to City University of Hong Kong, Hong Kong Baptist University, Lingnan University,The Chinese University of Hong Kong, The Hong Kong Institute of Education, The Hong Kong Polytechnic University, The Hong Kong University of Science and Technology and The University of Hong Kong. Figures include students attending University Grants Committee-funded programmes and students attending locally accredited self-financing programmes offered by institution proper and their continuation education arms.
(22)Figures are as at end of the financial year. Financial year is from 1 April to 31 March of the next year, unless otherwise specified.

24-2 土地用途分布情况
Land Usage

单位：平方公里 (sq. km)

类别	Class	2008	2009	2010	2011	2012
住宅	**Residential**					
私人住宅①	Private Residential①	25	25	25	25	25
公屋②	Public Residential②	16	16	16	16	16
乡郊居所③	Rural Settlements③	34	35	35	35	35
商业	**Commercial**					
商业/商贸和办公室	Commercial/Business and Offices	4	4	4	4	4
工业	**Industrial**					
工业用地	Industrial Land	7	7	7	7	7
工业村	Industrial Estates	3	3	3	3	3
货仓和露天贮物	Warehouse and Open Storage	15	15	16	16	16
机构/休憩	**Institution and Open Space**					
政府、机构和社区设施	Government, Institution and Community Facilities	24	24	25	25	25
休憩用地④	Open Space④	24	24	24	25	25
运输	**Transportation**					
道路	Roads	41	42	40	40	40
铁路	Railways	3	3	3	3	3
机场	Airport	13	13	13	13	13
其它都市或已建设土地	**Other Urban or Built-up Land**					
坟场和火葬场	Cemeteries and Crematoriums	7	8	8	8	8
公用事业设施	Public Utilities	7	7	7	7	7
空置/正在进行建筑工程的土地	Vacant Land/Construction in Progress	17	16	16	16	16
其它	Others	21	21	21	22	22
农业	**Agricultural**					
农地	Agricultural Land	52	51	51	51	51
鱼塘/基围	Fish Ponds/Gei Wais	16	17	17	17	17
林地/灌丛/草地/湿地	**Woodland/Shrubland/Grassland/Wetland**					
林地	Woodland	241	234	254	249	251
灌丛	Shrubland	238	241	303	293	282
草地	Grassland	258	260	178	191	200
红树林和沼泽⑤	Mangrove and Swamp⑤	5	5	5	5	5
荒地	**Barren Land**					
劣地	Badland	5	5	2	2	2
石矿场	Quarries	1	1	1	1	1
岩岸	Rocky Shore	2	2	4	4	4
水体	**Water Area**					
水塘	Reservoirs	24	24	25	25	25
河道和明渠	Streams and Nullahs	5	5	5	5	5
总计⑤	**Total⑤**	**1108 (1104)**	**1108 (1104)**	**1108 (1104)**	**1108 (1104)**	**1108 (1104)**

注：数字为该年年底的数字。

上述于2012年年底土地用途数据，已根据2013年1月的卫星图像、截至2012年年底由内部调查所得的资料，以及各政府部门的其它相关数据而更新。由于部分土地用途分类的定义已经更新，是年数据未必能与往年的数据作直接比较。

①包括私人开发商开发的住宅用地(村屋、资助房屋和临时房屋区除外)。

②包括资助房屋和临时房屋区。

③包括村屋和临时搭建物。

④包括公园、运动场、游乐场和康乐设施。

⑤数字包括部分在高水位线下的红树林和沼泽用地。括号内的数字是全港土地总面积，只包括高水位线上的土地总面积。

Notes: Figures are as at end of the year.

The above land usage figures as at end-2012 have been updated with satellite images dated January 2013, in-house survey information up to end-2012 and other relevant information from various government departments. As some definitions of land use classes have been updated, the figures this year may not be comparable directly to those provided in previous years.

①Includes residential land developed by private developers except village houses, subsidised housing and temporary housing areas.

②Includes subsidised housing and temporary housing areas.

③Includes village housing and temporary structures.

④Includes parks, stadiums, playgrounds and recreational facilities.

⑤Includes some mangrove and swamp areas below the High Water Mark. Figures in brackets are the total land area above the High Water Mark of Hong Kong.

24-3 按地区类别及路边情况划分的大气质量(2012年)
Air Quality by Area Type and Roadside Condition (2012)

单位: 微克／立方米 (microgram/cu.m.)

地区类别及路边	Area Type and Roadside	全年平均大气污染浓度 Annual Average Air Pollutant Concentrations			
		二氧化硫 Sulphur Dioxide	二氧化氮 Nitrogen Dioxide	总悬浮粒子 Total Suspended Particulates	可吸入悬浮粒子 Respirable Suspended Particulates
市区①	Urban①	12	60	62	42
新市镇②	New Town②	10	47	59	42
郊区③	Rural③	11	11	–	38
路边④	Roadside④	10	118	83	53

注：①包括葵涌、中西区、深水埗、观塘、东区及荃湾。
②包括大埔、沙田、元朗及东涌。
③包括塔门。
④包括铜锣湾、中环及旺角。

Notes: ①Includes Kwai Chung, Central/Western, Sham Shui Po, Kwun Tong, Eastern and Tsuen Wan.
②Includes Tai Po, Sha Tin, Yuen Long and Tung Chung.
③Includes Tap Mun.
④Includes Causeway Bay, Central and Mong Kok.

24-4 按种类划分的日均产生的固体废物量
Average Solid Waste Quantities by Type

单位: 吨（每日计） (tonnes per day)

种类	Type	2008	2009	2010	2011	2012
于堆填区弃置的固体废物	Solid Waste Disposed of at Landfills					
都市固体废物①	Municipal Solid Waste①					
家居废物②	Domestic②	6080	6020	6140	5970	6290
商业废物③	Commercial③	2280	2320	2350	2360	2260
工业废物④	Industrial④	660	630	630	660	730
小计	Sub-total	9020	8960	9110	9000	9280
整体建筑废物①⑤	Overall Construction Waste ①⑤	3090	3120	3580	3330	3440
特殊废物⑥	Special Waste ⑥	1390	1240	1120	1130	1010
总计	**Total**	**13500**	**13330**	**13820**	**13460**	**13730**
已回收都市固体废物⑦	Municipal Solid Waste Recovered ⑦	8590	8720	9870	8270	

注：①都市固体废物包括运往弃置设施的家居废物、商业废物及工业废物，但不包括建筑废物及已回收都市固体废物。
②家居废物包括使用后的住宅固体废物，及由公共洁净服务收集的废物。
③商业废物包括所有类型的商业活动产生的固体废物。
④工业废物包括由工业活动产生的固体废物，但不包括化学废物及建筑废料。自2007年开始运往堆填区处置并包括在工业废物类别的废弃混凝土已被重新归类于整体建筑废物，有关的数量已从工业废物类别中扣除。
⑤建筑废物包括由建筑及拆卸活动所产生的废物，但不包括可运往公众填土区作填海用途的物料。在堆填区弃置的整体建筑废物包括来自建筑地盘的建筑废物，以及在建筑地盘以外设立的混凝土配料厂和水泥/砂浆生产厂所产生的废弃混凝土。
⑥特殊废物包括弃置于堆填区的动物尸体、屠房废物、报废货物、滤水厂及污水处理后的污泥、污水处理厂的隔滤物、禽畜废物、医疗废物及化学废物。
⑦都市固体废物回收后会在本地或香港以外地方循环再造。

Notes: ①Municipal solid waste includes domestic waste, commercial waste and industrial waste delivered to disposal facilities but excludes construction waste and recovered municipal solid waste.
②Domestic waste covers post-consumer residential solid waste and refuse collected in public cleansing activities.
③Commercial waste covers solid waste arising from all forms of commercial activities.
④Industrial waste covers solid waste arising from industrial activities but excludes chemical waste and construction waste. Waste concrete delivered to landfills as industrial waste since 2007 was re-grouped under overall construction waste. Its corresponding quantity has been deducted from industrial waste.
⑤Construction waste covers waste arising from construction and demolition activities but excludes material delivered to public filling areas for land reclamation and formation. Overall construction waste received at landfills includes construction waste from construction sites and waste concrete that is generated from concrete batching plants and cement plaster/mortar manufacturing plants not set up inside construction sites.
⑥Special waste includes animal carcasses, abattoir waste, condemned goods, waterworks and sewage treatment sludge, sewage works screening, livestock waste, clinical waste and chemical waste delivered to landfills.
⑦Municipal solid waste recovered will be recycled locally or places outside Hong Kong.

24-5 人口主要指标
Main Indicators of Population

项　目	Item	2008	2009	2010	2011	2012
年中人口 (万人)	Mid-year Population (10 000 persons)	695.8	697.3	702.4	707.2	715.5
粗出生率 (‰)	Crude Birth Rate (‰)	11.3	11.8	12.6	13.5	12.8
粗死亡率 (‰)	Crude Death Rate (‰)	6.0	5.9	6.0	6.0	6.0
婴儿死亡率 (‰)	Infant Mortality Rate (‰)	1.8	1.7	1.7	1.3	1.4
自然增长率 (‰)	Rate of Natural Increase (‰)	5.3	5.9	6.6	7.5	6.8
总和生育率①	Total Fertility Rate①	1064	1055	1127	1204	1253
登记结婚数 (对)	Registered Marriages (couple)	47331	51175	52558	58369	60273
登记离婚数 (对)	Divorce Decrees (couple)	17771	17002	18167	19597	21125
出生时平均预期寿命 (年)	Expectation of Life at Birth (year old)					
男	Male	79.4	79.8	80.1	80.3	80.6
女	Female	85.5	85.9	86.0	86.7	86.3

注：①不包括外籍佣工。每千名女性的活产婴儿数目。
Note:①Excluding female foreign domestic helpers. Refers to live births per 1000 women.

24-6 劳动人口及失业状况
Labour Force and Unemployment

项　目	Item	2008	2009	2010	2011	2012
劳动人口数目(万人)	Labour Force (10 000 persons)	363.7	366.0	363.1	370.3	378.5
男	Male	194.4	194.4	193.1	194.3	197.2
女	Female	169.3	171.6	170.0	176.0	181.3
劳动人口参与率 (%)	Labour Force Participation Rate (%)	60.9	60.8	59.6	60.1	60.5
就业人口 (万人)	Employed Persons (10 000 persons)	350.9	346.8	347.4	357.6	366.1
失业人口 (万人)	Unemployed Persons (10 000 persons)	12.8	19.3	15.7	12.7	12.4
失业率 (%)	Unemployment Rate (%)	3.5	5.3	4.3	3.4	3.3

注：数字是根据每年1月至12月进行的“综合住户统计调查”结果，以及由政府统计处与跨部门人口分布推算小组共同编制按区议会分区划分年中人口估计数字而编制。
Note: Figures are compiled based on data collected in the General Household Survey from January to December of the year concerned as well as departmental Working Group on Population Distribution Projections.The mid-year population estimates by District Council district compiled jointly by the Census and Statistics Department and an inter-departmental Working Group on Population distribution Projections.

24-7 按行业划分的就业人数
Employed Persons by Industry

单位：万人　　(10 000 persons)

行　业 (按香港标准行业分类2.0版分类)	Industry (based on HSIC Version 2.0)	2008	2009	2010	2011	2012
制造	Manufacturing	16.6	15.0	13.3	13.3	13.4
建筑	Construction	26.5	26.2	26.5	27.7	29.1
进出口贸易及批发	Import/Export Trade and Wholesale	58.9	56.2	54.7	53.9	56.4
零售、住宿及膳食服务①	Retail, Accommodation and Food Services①	55.2	54.5	55.8	57.8	59.1
运输、仓库、邮政及速递服务、资讯及通讯	Transportation, Storage, Postal and Courier Services, Information and Communications	43.4	42.3	42.2	43.4	43.4
金融、保险、地产、专业及商用服务	Financing, Insurance, Real Estate, Professional and Business Services	63.9	63.7	64.1	67.6	68.7
公共行政、社会及个人服务	Public Administration, Social and Personal Services	84.3	86.7	88.5	91.5	93.5
其它	Others	2.2	2.1	2.3	2.4	2.4
总计	**Total**	**350.9**	**346.8**	**347.4**	**357.6**	**366.1**

注：数字是根据每年1月至12月进行的“综合住户统计调查”结果，以及由政府统计处与跨部门人口分布推算小组共同编制按区议会分区划分年中人口估计数字而编制。
①住宿服务包括酒店、宾馆、旅舍及其他提供短期住宿服务的机构单位。
Notes:Figures are compiled based on data collected in the General Household Survey from January to December of the year concerned as well as the mid year population estimates by District Council district compiled jointly by the Census and Statistics Department and an inter- departmental Working Group on Population Distribution Projections.
①Accommodation services cover hotels, guesthouses, boarding houses and other establishments providing short term accommodation.

24-8 按每月就业收入划分的就业人数
Employed Persons by Monthly Employment Earnings

单位：万人，另有注明除外 (10 000 persons, unless otherwise specified)

每月就业收入(港元)	Monthly Employment Earnings (HKD)	2008	2009	2010	2011	2012
< 3000	< 3000	12.8	13.3	11.3	10.1	9.9
3000 – 3999	3000 - 3999	26.7	27.5	27.3	28.2	29.1
4000 – 4999	4000 - 4999	9.4	9.2	8.1	6.8	6.9
5000 – 5999	5000 - 5999	14.6	13.2	11.6	8.5	6.2
6000 – 6999	6000 - 6999	22.6	22.0	20.3	16.5	11.3
7000 – 7999	7000 - 7999	23.8	23.1	23.2	22.2	17.8
8000 – 8999	8000 - 8999	26.2	27.7	27.2	28.9	28.6
9000 – 9999	9000 - 9999	23.0	21.4	21.0	21.3	25.7
10000 – 11999	10000 - 11999	32.4	32.8	35.9	38.2	38.3
12000 – 13999	12000 - 13999	28.5	27.7	29.6	33.0	35.2
14000 – 15999	14000 - 15999	25.2	25.2	25.6	26.0	29.6
16000 – 17999	16000 - 17999	9.5	8.7	8.8	9.8	12.3
18000 – 19999	18000 - 19999	9.8	9.5	9.5	10.1	9.6
20000 – 24999	20000 - 24999	26.5	27.6	27.0	30.1	31.6
25000 – 29999	25000 - 29999	14.3	12.8	13.1	14.7	15.4
30000 – 34999	30000 - 34999	13.7	13.9	14.6	17.1	17.0
35000 – 39999	35000 - 39999	5.5	5.5	5.7	6.4	8.0
40000 – 44999	40000 - 44999	5.6	5.9	6.0	6.0	7.5
45000 – 49999	45000 - 49999	3.2	3.2	3.7	3.8	3.7
50000 – 59999	50000 - 59999	6.0	5.8	6.3	6.8	8.9
60000 – 79999	60000 - 79999	5.3	4.7	5.2	5.8	5.6
80000 – 99999	80000 - 99999	2.3	2.3	2.5	2.6	3.0
≧ 100000	≧ 100000	4.0	3.9	4.1	4.8	5.2
总　计	Total	350.9	346.8	347.4	357.6	366.1
每　月	Monthly					
就业收入中位数(港元)	**Median Employment Earnings (HKD)**	**10 600**	**10 500**	**11 000**	**11 300**	**12 000**

注：数字是根据每年1月至12月进行的“综合住户统计调查”结果，以及由政府统计处与跨部门人口分布推算小组共同编制按区议会分区划分年中人口估计数字而编制。

Notes: Figures are compiled based on data collected in the General Household Survey from January to December of the year concerned as well as the mid-year population estimates by District Council district compiled jointly by the Census and Statistics Department and an inter-departmental Working Group on Population Distribution Projections.

24-9 按行业划分督导级（不包括经理级与专业雇员）及以下雇员的工资指数
Wage Indices for Employees up to Supervisory Level (Managerial and Professional Employees Are Not Included) by Industry

(1992年9月 = 100) (September 1992 = 100)

行业主类	Industry Section	2008	2009	2010	2011	2012
名义工资指数	**Nominal Wage Index**					
制造	Manufacturing	159.9	155.3	153.7	170.0	172.8
进出口贸易、批发及零售	Import/Export, Wholesale and Retail Trades	165.1	166.2	173.5	188.1	195.1
运输	Transportation	149.1	151.6	153.9	161.8	166.4
住宿及餐饮服务活动①	Accommodation and Food Service Activities①	131.6	131.4	135.8	150.6	163.2
金融及保险活动	Financial and Insurance Activities	170.3	174.0	177.9	190.3	201.8
地产租赁及保养管理	Real Estate Leasing and Maintenance Management	162.0	164.0	167.1	186.6	199.8
专业及商业服务	Professional and Business Services	153.0	156.4	162.0	185.8	192.7
个人服务	Personal Services	188.1	187.9	196.3	222.0	240.7
所有选定行业②	All Selected Industries②	156.6	157.9	163.1	178.3	187.5
实际工资指数③	**Real Wage Index③**					
制造	Manufacturing	117.8	111.6	107.0	112.4	109.6
进出口贸易、批发及零售	Import/Export, Wholesale and Retail Trades	121.6	119.5	120.7	124.3	123.7
运输	Transportation	109.8	109.0	107.1	106.9	105.5
住宿及餐饮服务活动①	Accommodation and Food Service Activities①	96.9	94.4	94.5	99.6	103.5
金融及保险活动	Financial and Insurance Activities	125.4	125.1	123.8	125.8	128.0
地产租赁及保养管理	Real Estate Leasing and Maintenance Management	119.3	117.9	116.3	123.3	126.7
专业及商业服务	Professional and Business Services	112.7	112.5	112.8	122.8	122.2
个人服务	Personal Services	138.5	135.1	136.6	146.7	152.6
所有选定行业②	All Selected Industries②	115.3	113.5	113.5	117.9	118.9

注：指有关年度12月份的数字。由2009年的统计期开始，工资统计数字是按“香港标准行业分类2.0版”编制，其数列已作出后向估计至2004年3月。

①住宿服务包括酒店、宾馆、旅舍及其他提供短期住宿服务的机构单位。

②指“劳工收入统计调查”内工资统计调查所涵盖的所有行业，包括并没有列出其统计数字的电力及燃气供应业、污水处理及废弃物管理业与出版活动业。

③实际工资指数是以名义工资指数扣除以2009/10年为基期的甲类消费价格指数而计算出来。

Notes : Figures refer to December of the year. Starting from the reference year of 2009, the statistics are compiled based on the Hong Kong Standard Industrial Classification (HSIC) Version 2.0 and the series has been revised and backcasted to March 2004.

①Accommodation services cover hotels, guesthouses, boarding houses and other establishments providing short term accommodation.

②Figures refer to all industries covered by the wage enquiry of the Labour Earnings Survey, including the electricity and gas supply industry, sewerage and waste management activities industry and publishing activities industry, the statistics of which are not separately shown.

③The Real Wage Indices are derived by deflating the Nominal Wage Indices by the 2009/10-based Consumer Price Index (A).

24-10 本地生产总值
Gross Domestic Product

年份 Year	本地生产总值(以当年价格计算) Gross Domestic Product (GDP) At Current Market Prices		本地生产总值与上年比较的实际增长(%) GDP Real Growth Rate over the Preceding Year (%)	人均本地生产总值(以当年价格计算) Per Capita GDP At Current Market Prices	
	(亿港元) (HKD 100 million)	(亿美元) (USD 100 million)		(港元) (HKD)	(美元) (USD)
1990	5993	769	3.8	105050	13487
1991	6913	890	5.7	120188	15466
1992	8071	1043	6.2	139148	17975
1993	9310	1203	6.2	157772	20395
1994	10496	1358	6.0	173909	22504
1995	11190	1446	2.4	181772	23497
1996	12353	1597	4.3	191951	24819
1997	13731	1774	5.1	211592	27330
1998	13081	1689	-5.9	199898	25810
1999	12859	1658	2.5	194649	25090
2000	13375	1717	7.7	200675	25757
2001	13211	1694	0.6	196765	25230
2002	12973	1663	1.7	192367	24666
2003	12567	1614	3.1	186704	23976
2004	13169	1691	8.7	194140	24928
2005	14121	1816	7.4	207263	26651
2006	15034	1935	7.0	219240	28223
2007	16508	2116	6.5	238676	30596
2008	17075	2193	2.1	245406	31515
2009	16592	2140	-2.5	237960	30697
2010	17768	2287	6.8	252952	32559
2011	19361	2487	4.9	273783	35173
2012	20419	2633	1.5	285403	36798

注：政府统计处于2012年9月完成把《2008年国民经济核算体系》的最新国际标准纳入香港的本地生产总值编制架构的技术性修订工作。政府统计处亦藉此机会，把新的数据来源及改良的估计方法纳入本地生产总值的编制系统内。因应这些统计发展，本地生产总值的过往数列已作出相应的修订。

Note:The Census and Statistics Department (C&SD) completed a technical revision exercise in September 2012 to implement the new international standards given in the System of National Accounts 2008 (2008 SNA) in the GDP compilation framework of Hong Kong. Opportunity was taken to incorporate new data sources and enhanced estimation methods in the GDP system where applicable. As a result of these statistical developments, the historical series of GDP has been revised accordingly.

24-11 按当年价格计算的生产法本地生产总值
Gross Domestic Product (GDP) by Economic Activity at Current Prices

单位：亿港元，另有注明除外 (HKD 100 million, unless otherwise specified)

经济活动	Economic Activity	2007	2008	2009	2010	2011
农业及渔业	**Agriculture and Fishing**	**9.00**	**8.28**	**10.49**	**8.79**	**8.61**
工业	**Industry**	**1138.70**	**1196.56**	**1140.51**	**1214.97**	**1300.27**
采矿及采石	Mining and Quarrying	1.15	0.97	0.41	0.69	0.83
制造	Manufacturing	323.65	315.06	287.14	304.10	305.78
电力、燃气和自来水供应及废弃物管理	Electricity, Gas and Water Supply, and Waste Management	407.47	396.51	350.32	344.86	338.82
建筑	Construction	406.43	484.03	502.64	565.31	654.84
服务	**Services**	**14904.75**	**14995.29**	**14667.24**	**16153.73**	**17716.77**
进出口贸易、批发及零售	Import/export, Wholesale and Retail Trades	3794.66	3992.00	3702.26	4133.08	4929.00
住宿及膳食服务①	Accommodation and Food Services①	488.30	536.00	487.89	564.18	664.21
运输、仓库、邮政及速递服务	Transportation, Storage, Postal and Courier Services	1198.62	983.90	992.08	1379.41	1200.34
资讯及通讯	Information and Communications	515.51	491.27	478.93	550.24	629.52
金融及保险	Financing and Insurance	3226.44	2771.12	2559.00	2842.03	3067.87
地产、专业及商用服务	Real Estate, Professional and Business Services	1473.39	1660.86	1739.03	1884.76	2139.65
公共行政、社会及个人服务	Public Administration, Social and Personal Services	2623.95	2781.00	2881.09	2952.57	3136.12
楼宇业权	Ownership of Premises	1583.88	1779.15	1826.96	1847.45	1950.05
以基本价格计算的本地生产总值	**GDP at Basic Prices**	**16052.45**	**16200.13**	**15818.24**	**17377.48**	**19025.65**
产品税	**Taxes on Products**	**646.34**	**582.33**	**546.89**	**687.07**	**694.01**
统计差额②	**Statistical Discrepancy②**	**-1.2%**	**1.7%**	**1.4%**	**-1.7%**	**-1.9%**
以当年价格计算的本地生产总值	**GDP at Current Market Prices**	**16507.56**	**17074.87**	**16592.45**	**17767.83**	**19360.83**

注：以上的统计数字是按“香港标准行业分类2.0版”编制。
政府统计处于2012年9月完成把《2008年国民经济核算体系》的最新国际标准纳入香港的本地生产总值编制架构的技术性修订工作。政府统计处亦藉此机会，把新的数据来源及改良的估计方法纳入本地生产总值的编制系统内。因应这些统计发展，本地生产总值的过往数列已作出相应的修订。
①住宿服务包括酒店、宾馆、旅舍及其他提供短期住宿服务的机构单位。
②统计差额是以支出法编制的本地生产总值与以生产法编制的本地生产总值的差额，这差额是由于使用不同资料来源及估算方法而引起的。统计差额是以占本地生产总值(以当年价格计算)的百分比形式作表达。

Notes:The above statistics are compiled based on the Hong Kong Standard Industrial Classification (HSIC) Version 2.0.
The Census and Statistics Department (C&SD) completed a technical revision exercise in September 2012 to implement the new international standards given in the System of National Accounts 2008 (2008 SNA) in the GDP compilation framework of Hong Kong. Opportunity was taken to incorporate new data sources and enhanced estimation methods in the GDP system where applicable. As a result of these statistical developments, the historical series of GDP has been revised accordingly.
①Accommodation services cover hotels, guesthouses, boarding houses and other establishments providing short term accommodation.
②Statistical discrepancy refers to the difference in values of GDP compiled using the expenditure and production approaches, as a result of the adoption of different data sources and estimation methods. It is expressed as a percentage to GDP at current market prices.

24-12 按2011年环比物量计算的生产法本地生产总值
Gross Domestic Product (GDP) by Economic Activity in Chained (2011) Dollars

单位：亿港元 (HKD 100 million)

经济活动	Economic Activity	2008	2009	2010	2011	2012
农业及渔业	**Agriculture and Fishing**	**8.43**	**8.16**	**8.58**	**8.61**	**8.50**
工业	**Industry**	**1164.51**	**1110.08**	**1195.21**	**1300.27**	**1377.61**
采矿及采石	Mining and Quarrying	1.29	1.08	0.78	0.83	0.96
制造	Manufacturing	319.88	293.72	303.55	305.78	303.36
电力、燃气和自来水供应及废弃物管理	Electricity, Gas and Water Supply, and Waste Management	332.24	337.33	336.70	338.82	344.38
建筑	Construction	518.08	479.46	554.46	654.84	728.91
服务	**Services**	**16024.01**	**15746.81**	**16842.37**	**17716.77**	**18038.93**
进出口贸易、批发及零售	Import/export, Wholesale and Retail Trades	4279.87	3872.72	4518.29	4929.00	5002.78
住宿及膳食服务①	Accommodation and Food Services①	631.19	559.89	613.08	664.21	679.06
运输、仓库、邮政及速递服务	Transportation, Storage, Postal and Courier Services	1116.45	1055.43	1119.26	1200.34	1236.25
资讯及通讯	Information and Communications	595.39	602.99	612.24	629.52	647.07
金融及保险	Financing and Insurance	2588.35	2693.81	2870.69	3067.87	3101.78
地产、专业及商用服务	Real Estate, Professional and Business Services	2002.14	2034.23	2085.54	2139.65	2217.05
公共行政、社会及个人服务	Public Administration, Social and Personal Services	2937.16	3024.97	3090.99	3136.12	3197.63
楼宇业权	Ownership of Premises	1914.43	1920.61	1936.19	1950.05	1957.29
产品税	**Taxes on Products**	**735.57**	**700.47**	**744.34**	**694.01**	**621.90**

注：以上的统计数字是按“香港标准行业分类2.0版”编制。
政府统计处于2012年9月完成把《2008年国民经济核算体系》的最新国际标准纳入香港的本地生产总值编制架构的技术性修订工作。政府统计处亦藉此机会，把新的数据来源及改良的估计方法纳入本地生产总值的编制系统内。因应这些统计发展，本地生产总值的过往数列已作出相应的修订。
以环比物量计算的本地生产总值及其组成部分的参照年，已由2009年重订为2011年。重订参照年会影响以环比物量计算的数值，但不会改变其变动率。整体物量数值与其组成部分相加的总和可能存在差额。“不可相加性”是环比物量计算的一个技术属性。
①住宿服务包括酒店、宾馆、旅舍及其他提供短期住宿服务的机构单位。

Notes: The above statistics are compiled based on the Hong Kong Standard Industrial Classification (HSIC) Version 2.0.
The Census and Statistics Department (C&SD) completed a technical revision exercise in September 2012 to implement the new international standards given in the System of National Accounts 2008(2008 SNA) in the GDP compilation framework of Hong Kong.Opportunity was taken to incorporate new data sources and enhanced estimation methods in the GDP system where applicable. As a result of these statistical developments, the historical series of GDP has been revised accordingly.
The reference year for the chain volume measures of GDP and its components has been revised from 2009 to 2011. Re-referencing affects the levels, but not the rates of change, of the chain volume measures. A discrepancy may exist between the volume estimate of an aggregate and the sum of its components. Non-additivity is a technical feature of the chain volume measures.
①Accommodation services cover hotels, guesthouses, boarding houses and other establishments providing short term accommodation.

24-13 支出法本地生产总值
Gross Domestic Product by Expenditure Component

单位：亿港元，另有注明除外 (HKD 100 million, unless otherwise specified)

本地生产总值组成部分	GDP Components	2008	2009	2010	2011	2012
按当年价格计算	**At Current Market Prices**					
私人消费开支	Private Consumption Expenditure	10265	10200	10986	12408	13203
政府消费开支	Government Consumption Expenditure	1480	1525	1574	1685	1854
固定资本形成总额	Gross Domestic Fixed Capital Formation	3508	3396	3869	4550	5390
存货增减	Changes in Inventories	85	229	375	117	-77
货物出口(离岸价)	Exports of Goods (f.o.b.)	28440	24947	30613	34114	35808
减：货物进口(离岸价)	Less: Imports of Goods (f.o.b.)	30241	27030	33951	38482	41164
服务出口	Exports of Services	7208	6728	8295	9365	9901
减：服务进口	Less: Imports of Services	3670	3403	3992	4397	4494
本地生产总值	**GDP**	**17075**	**16592**	**17768**	**19361**	**20419**
人均本地生产总值(港元)	**Per Capita GDP (HKD)**	**245406**	**237960**	**252952**	**273783**	**285403**
按2011年环比物量计算①	**In Chained (2011) Dollars①**					
私人消费开支	Private Consumption Expenditure	10632	10716	11386	12408	12805
政府消费开支	Government Consumption Expenditure	1555	1591	1644	1685	1746
固定资本形成总额	Gross Domestic Fixed Capital Formation	3973	3835	4130	4550	4979
存货增减	Changes in Inventories	95	275	435	117	-70
货物出口(离岸价)	Exports of Goods (f.o.b.)	32227	28123	32988	34114	34716
货物进口(离岸价)	Imports of Goods (f.o.b.)	34350	31099	36742	38482	39650
服务出口	Exports of Services	7746	7773	8924	9365	9539
服务进口	Imports of Services	4013	3824	4248	4397	4414
本地生产总值	**GDP**	**17726**	**17290**	**18465**	**19361**	**19652**
人均本地生产总值(港元)	**Per Capita GDP (HKD)**	**254770**	**247970**	**262878**	**273783**	**274670**

注：政府统计处于2012年9月完成把《2008年国民经济核算体系》的最新国际标准纳入香港的本地生产总值编制架构的技术性修订工作。政府统计处亦藉此机会，把新的数据来源及改良的估计方法纳入本地生产总值的编制系统内。因应这些统计发展，本地生产总值的过往数列已作出相应的修订。

①以环比物量计算的本地生产总值及其组成部分的参照年，已由2009年重订为2011年。重订参照年会影响以环比物量计算的数值，但不会改变其变动率。整体物量数值与其组成部分相加的总和可能存在差额。不可相加性是环比物量计算的一个技术属性。

Notes: The Census and Statistics Department (C&SD) completed a technical revision exercise in September 2012 to implement the new international standards given in the System of National Accounts 2008 (2008 SNA) in the GDP compilation framework of Hong Kong. Opportunity was taken to incorporate new data sources and enhanced estimation methods in the GDP system where applicable. As a result of these statistical developments, the historical series of GDP has been revised accordingly.

①The reference year for the chain volume measures of GDP and its components has been revised from 2009 to 2011. Re-referencing affects the levels, but not the rates of change, of the chain volume measures. A discrepancy may exist between the volume estimate of an aggregate and the sum of its components. Non-additivity is a technical feature of the chain volume measures.

24-14　本地居民总收入
Gross National Income

单位：亿港元，另有注明除外　　(HKD 100 million, unless otherwise specified)

项　　目	Item	2008	2009	2010	2011	2012
以2011年环比物量计算①	**In chained (2011) dollars①**					
本地生产总值	GDP	17726	17290	18465	19361	19652
对外初次收入流量净值	Net External Primary Income Flows	1056	526	389	528	417
实质本地居民总收入②	RGNI②	19182	18297	18972	19889	19931
人均本地生产总值(港元)	Per Capita GDP (HKD)	254770	247970	262878	273783	274670
人均实质本地居民总收入(港元)	Per Capita RGNI (HKD)	275684	262411	270097	281253	278571
按当年价格计算	**At Current Market Prices**					
本地生产总值	GDP	17075	16592	17768	19361	20419
对外初次收入流量净值	Net External Primary Income Flows	1005	498	376	528	435
本地居民总收入	GNI	18080	17090	18144	19889	20854
人均本地生产总值(港元)	Per Capita GDP (HKD)	245406	237960	252952	273783	285403
人均本地居民总收入(港元)	Per Capita GNI (HKD)	259851	245096	258304	281253	291481

注：政府统计处于2012年9月完成一项技术性修订工作，把《2008年国民经济核算体系》的最新国际标准纳入香港的本地生产总值编制架构，以及在编制对外初次收入流量数字时，采用《国际收支和国际投资头寸手册(第六版)》的最新国际统计标准。因应这些统计发展，本地生产总值、本地居民总收入及对外初次收入流量的过往数列已作出相应的修订。

根据国际建议及与其他经济体的做法一致，从2012年9月起香港的本地居民生产总值已改称为本地居民总收入，以及对外初次收入流量这个名称取代之前的对外要素收益流动。

①以环比物量计算的本地生产总值、对外初次收入流量净值及实质本地居民总收入的参照年，已由2009年重订为2011年。

②实质本地居民总收入是把贸易价格比率变动的调整及实质对外初次收入流量净值加进实质本地生产总值而得出。

Notes: The Census and Statistics Department (C&SD) completed a technical revision exercise in September 2012 to incorporate the new international standards given in the System of National Accounts 2008 (2008 SNA) in the GDP compilation framework of Hong Kong, and those stipulated in the Sixth Edition of the Balance of Payments and International Investment Position Manual (BPM6) in the compilation of external primary income flows (EPIF) figures. As a result of these statistical developments, the historical series of GDP, GNI and EPIF has been revised accordingly.

According to international recommendations and in line with the practices of other economies, GNP in Hong Kong has been renamed as GNI and the term "external primary income flows" has replaced the former term "external factor income flows" since September 2012.

①The reference year for the chain volume measures of GDP, net EPIF and GNI have been revised from 2009 to 2011.

②Real Gross National Income (RGNI) is obtained by adding the terms of trade adjustment and real net EPIF to real GDP.

24-15 香港国际收支平衡表
Hong Kong's Balance of Payments Account

单位：亿港元 (HKD 100 million)

标准组成部分①	Standard Component①	2008	2009	2010	2011	2012
经常账户②	**Current Account②**	**2558**	**1577**	**1165**	**930**	**270**
货物	Goods	1948	976	184	-669	-1763
服务	Services	-210	267	781	1269	1814
初次收入	Primary Income	1005	498	376	528	435
二次收入	Secondary Income	-184	-164	-176	-198	-215
资本及金融账户②	**Capital and Financial Account②**	**-2547**	**-1445**	**-888**	**-1132**	**-376**
资本账户	Capital Account	-20	-30	-44	-20	-14
直接投资	Direct Investment	774	-284	-1220	19	-729
证券投资	Portfolio Investment	-2811	-3101	-4425	-110	-126
金融衍生工具	Financial Derivatives	633	246	187	209	153
其他投资	Other Investment	1117	7849	5206	-362	2229
储备资产③	Reserve Assets③	-2240	-6125	-591	-868	-1889
净误差及遗漏④	**Net Errors and Omissions④**	**-11**	**-131**	**-277**	**202**	**106**
整体的国际收支	**Overall Balance of Payments**	**2240**	**6125**	**591**	**868**	**1889**
		(盈余)	**(盈余)**	**(盈余)**	**(盈余)**	**(盈余)**
		(in surplus)	**(in surplus)**	**(in surplus)**	**(in surplus)**	**(in surplus)**

注：数字已就2012年9月完成的国际收支平衡统计修订工作作出修订。

①根据国际收支平衡表的会计常规，某标准组成部分的净贷方数字以正数显示，而净借方则以负数显示。

②经常账户差额的正数值显示盈余而负数值则显示赤字。在资本及金融账户方面，正数值显示资金净流入而负数值则显示资金净流出。由于对外资产的增加是属于借方记账而减少则属贷方记账，因此负数值的储备资产显示储备资产的增加，而正数值则显示减少。

③在国际收支平衡架构下储备及非储备资产的估计数字是指交易数字。因估值方式改变(包括价格变动及汇率变动)及重新分类所导致的影响并没计算在内。

④原则上，贷方和借方各项记账的净总和等于零。实际上，由于有关数据是从多个来源搜集得来，贷方和借方记账之间可能由于各种原因而出现差异。为令贷方记账的总和与借方记账的总和相等，须加进一个反映净误差及遗漏的平衡项目。

Notes: Figures have been revised to take into account the Balance of Payments revision exercise completed in September 2012.

①In accordance with the Balance of Payments accounting rules, a net credit for a standard component is represented by a positive value, and a net debit a negative value.

②A positive value for the balance figure in the current account represents a surplus whereas a negative value represents a deficit. In the capital and financial account, a positive value indicates a net financial inflow while a negative value indicates a net outflow. As increases in external assets are debit entries and decreases are credit entries, a negative value for the reserve assets represents a net increase while a positive value represents net decrease.

③The estimates of reserve and non-reserve assets under the Balance of Payments framework are transaction figures. Effects of valuation changes (including price changes and exchange rate changes) and reclassifications are not taken into account.

④In principle, the net sum of credit entries and debit entries is zero. In practice, discrepancies between the credit and debit entries may occur for various reasons as the relevant data are collected from many sources. Equality between the sum of credit entries and that of debit entries is brought about by the inclusion of a balancing item which reflects net errors and omissions.

24-16 香港国际投资头寸（期末头寸）
Hong Kong's International Investment Position (Position as at End of Period)

单位：亿港元 (HKD 100 million)

概括组成部分	Broad Component	2008	2009	2010	2011	2012
资产	**Assets**	**181928**	**206797**	**232300**	**240620**	**271377**
直接投资	Direct Investment	66532	72044	80780	87677	101520
证券投资	Portfolio Investment	43182	62934	72260	64125	76697
金融衍生工具	Financial Derivatives	6753	3792	4569	5392	6059
其他投资	Other Investment	52734	48989	54717	62420	63796
储备资产	Reserve Assets	12726	19037	19973	21005	23305
负债	**Liabilities**	**132928**	**149775**	**180589**	**185391**	**214629**
直接投资	Direct Investment	67684	77091	90388	91983	110241
证券投资	Portfolio Investment	17819	26432	32185	27928	36207
金融衍生工具	Financial Derivatives	5726	3105	3898	4774	4967
其他投资	Other Investment	41699	43147	54118	60706	63214
国际投资头寸净值①	**Net International Investment Position①**	**49000**	**57022**	**51711**	**55229**	**56748**

注：数字已就2012年9月完成的国际收支平衡统计修订工作作出修订。
①国际投资头寸净值是对外金融资产总值与对外金融负债总值之间的差额。
Notes : Figures have been revised to take into account the Balance of Payments revision exercise completed in September 2012.
①Net International Investment Position is the difference between total external financial assets and total external financial liabilities.

24-17 电力、煤气、水消费量
Electricity, Gas and Water Consumption

用途	Use	2008	2009	2010	2011	2012
电力 （万亿焦耳）	**Electricity (Terajoules)**					
住宅	Domestic	37100	38972	39344	39872	41189
商业	Commercial	97672	98856	99883	100067	102050
工业	Industrial	12182	11143	11080	11104	11282
街灯	Street Lighting	391	395	397	390	390
出口往中国内地	Export to the Mainland of China	12789	13432	9392	10645	6617
总计	Total	160134	162798	160098	162077	161528
煤气 （万亿焦耳）	**Gas (Terajoules)**					
住宅	Domestic	15583	15303	15272	15500	15473
商业	Commercial	11095	11069	11389	11562	11555
工业	Industrial	905	902	917	1086	1331
总计	Total	27583	27274	27578	28147	28360
水 （万立方米）	**Water (10 000 Cubic Meters)**	**95600**	**95200**	**93600**	**92300**	**93500**

24-18 工业生产指数
Index of Industrial Production

(2008年=100) (Year 2008=100)

行业组别	Industry Grouping	2008	2009	2010	2011	2012
制造业	**Manufacturing**	**100.0**	**91.7**	**95.0**	**95.7**	**94.9**
食品、饮品及烟草制品	Food, Beverages and Tobacco	100.0	99.1	105.3	112.8	118.4
纺织制品	Textiles	100.0	77.8	71.3	61.9	58.8
成衣	Wearing Apparel	100.0	70.2	61.6	55.3	43.8
纸制品、印刷及已储录资料媒体的复制	Paper products, Printing and Reproduction of Recorded Media	100.0	92.0	93.3	94.6	91.0
金属、计算机、电子及光学产品、机械及设备	Metal, Computer, Electronic and Optical Products, Machinery and Equipment	100.0	89.6	98.5	89.2	81.1
其他制造行业	Miscellaneous Manufacturing Industries	100.0	96.2	102.4	108.8	114.1
污水处理、废弃物管理及污染防治活动	**Sewerage, Waste Management and Remediation Activities**	**100.0**	**97.5**	**102.3**	**113.0**	**120.0**

注：以上统计数字是按“香港标准行业分类2.0版”编制。
Note : The above statistics are compiled based on the Hong Kong Standard Industrial Classification (HSIC) Version 2.0.

24-19 按楼宇种类划分的新落成私人楼宇
Newly Completed Private Buildings by Type of Building

楼宇类别	Building Type	2008	2009	2010	2011	2012
住宅楼宇	**Residential**					
楼宇数目 (栋)	Number of Blocks (number)	571	515	109	212	323
实用楼面面积（万平方米）①	Usable Floor Area (10 000 sq.m.)①	15.2	20.2	21.1	38.3	28.1
商住两用楼宇	**Residential/Commercial**					
楼宇数目 (栋)	Number of Blocks (number)	39	25	50	20	33
实用楼面面积(万平方米)	Usable Floor Area (10 000 sq.m.)					
住宅	Residential	25.1	21.6	39.8	7.3	22.6
非住宅	Non-residential	2.4	6.1	4.8	3.4	5.0
商业楼宇	**Commercial**					
楼宇数目 (栋)	Number of Blocks (number)	13	14	9	13	12
实用楼面面积（万平方米）	Usable Floor Area (10 000 sq.m.)	34.6	13.9	12.5	18.1	17.6
工业楼宇	**Industrial**					
楼宇数目 (栋)	Number of Blocks (number)	7	1	5	16	18
实用楼面面积（万平方米）	Usable Floor Area (10 000 sq.m.)	8.2	0.3	3.5	12.9	19.7
其他用途楼宇	**Others**					
楼宇数目 (栋)	Number of Blocks (number)	125	114	105	136	215
实用楼面面积（万平方米）	Usable Floor Area (10 000 sq.m.)					
住宅	Residential	3.1	2.5	0.3	1.5	5.1
非住宅	Non-residential	21.1	17.0	31.9	17.5	41.4
总计	**Total**					
楼宇数目 (栋)	Number of Blocks (number)	755	669	278	397	601
实用楼面面积（万平方米）	Usable Floor Area (10 000 sq.m.)					
住宅①	Residential①	43.4	44.3	61.2	47.2	55.8
非住宅	Non-residential	66.3	37.2	52.8	51.9	83.7

注：①包括住宅楼宇内用作非住宅用途的实用楼面面积，例如：会所/娱乐设施、管理员办事处/宿舍、电机房等。
Note: ①Including usable floor area in residential buildings for non-domestic use, such as club house/recreational facilities, caretakers' office/quarters, transformer room, etc.

24-20 按楼宇种类划分的获批准可动工兴建私人楼宇
Private Buildings with Consents to Commence Work by Type of Building

年份 Year	住宅楼宇 Residential 楼宇数目(栋) Number of Blocks (number)	住宅楼宇 Residential 实用楼面面积(万平方米)① Usable Floor Area (10 000 sq.m.)①	商住两用楼宇 Residential/Commercial 楼宇数目(栋) Number of Blocks (number)	商住两用楼宇 实用楼面面积(万平方米) Usable Floor Area (10 000 sq.m.) 住宅 Residential	商住两用楼宇 实用楼面面积(万平方米) Usable Floor Area (10 000 sq.m.) 非住宅 Non-residential	商业楼宇 Commercial 楼宇数目(栋) Number of Blocks (number)	商业楼宇 Commercial 实用楼面面积(万平方米) Usable Floor Area (10 000 sq.m.)
2009							
初次呈交 First submission	181	20.4	42	15.1	3.1	10	13.2
重大修改 Major revision	158	11.1	9	7.2	1.5		
2010							
初次呈交 First submission	345	7.6	18	10.0	1.2	8	13.6
重大修改 Major revision	154	25.1	98	7.7	1		
2011							
初次呈交 First submission	52	14.1	65	17.9	2.7	14	6.4
重大修改 Major revision	79	14.8	85	9.0	1.7	3	2.6
2012							
初次呈交 First submission	102	27.2	69	35.0	5.8	19	15.1
重大修改 Major revision	86	14.9	2	0.6	0.1		

24-20 续表 continued

年份 Year	工业楼宇 Industrial 楼宇数目(栋) Number of Blocks (number)	工业楼宇 Industrial 实用楼面面积(万平方米) Usable Floor Area (10 000 sq.m.)	其他用途楼宇 Others 楼宇数目(栋) Number of Blocks (number)	其他用途楼宇 实用楼面面积(万平方米) Usable Floor Area (10 000 sq.m.) 住宅 Residential	其他用途楼宇 实用楼面面积(万平方米) Usable Floor Area (10 000 sq.m.) 非住宅 Non-residential	总计 Total 楼宇数目(栋) Number of Blocks (number)	总计 实用楼面面积(万平方米) Usable Floor Area (10 000 sq.m.) 住宅① Residential①	总计 实用楼面面积(万平方米) Usable Floor Area (10 000 sq.m.) 非住宅 Non-residential
2009								
初次呈交 First submission	15	8.7	155	0.8	24.9	403	36.3	49.9
重大修改 Major revision	12	1.0	3	0.1	0.4	182	18.4	2.9
2010								
初次呈交 First submission	9	3.4	132	6.2	45.0	512	23.9	63.3
重大修改 Major revision			7	0.4	0.9	259	33.2	1.9
2011								
初次呈交 First submission	13	10.9	84	1.4	18.4	228	33.5	38.4
重大修改 Major revision	2	§	17	0.7	4.8	186	24.6	9.1
2012								
初次呈交 First submission	8	4.6	68	0.9	39.2	266	63.0	64.8
重大修改 Major revision	3	2.4	23	1.1	3.7	114	16.6	6.2

注：①包括住宅楼宇内用作非住宅用途的实用楼面面积，例如：会所/娱乐设施、管理员办事处/宿舍、电机房等。

Note: ①Including usable floor area in residential buildings for non-domestic use, such as club house/recreational facilities, caretakers' office/quarters, transformer room, etc.

24-21 按类型划分的永久性居住屋宇单位数量(3月底的数字)
Number of Permanent Living Quarters by Type (as at End March of the Year)

单位：万个 (10 000 units)

永久性居住屋宇单位类型①	Type of Permanent Living Quarters①	2008	2009	2010	2011	2012
公营租住房屋②	Public Rental Housing②	72.16	74.12	74.46	74.71	76.81
资助出售单位③	Subsidised Sale Flats③	39.70	39.58	39.29	39.12	39.09
私人房屋③	Private Housing③	139.87	140.94	142.34	145.49	147.06
总计	**Total**	**251.73**	**254.64**	**256.10**	**259.32**	**262.96**

注：①数字包括所有住宅屋宇单位及通常有人居住的非住宅屋宇单位，但不包括非住宅用途、酒店及院舍内的屋宇单位。
②房屋委员会售出的公营租住房屋单位归类为资助出售单位。
③包括房屋委员会及香港房屋协会售出而不可在公开市场买卖的屋宇单位。可在公开市场买卖的资助出售单位则归类为私人永久性房屋。

Notes: ①Figures include all quarters used for residential purpose as well as those non-residential quarters usually with people living there in. Quarters known to be used for non-residential purpose and those in hotels and institutions are excluded.
②Public rental housing flats sold by the Housing Authority are classified as subsidised sale flats.
③Subsidised sale flats include quarters sold by the Housing Authority and Hong Kong Housing Society that cannot be traded in the the open market. Those flats that can be traded in the open market are classified as private permanent housing.

24-22 按住房租住权划分的家庭住户数目
Domestic Households by Tenure of Accommodation

单位：万户 (10 000 households)

项　目	Item	2008	2009	2010	2011	2012
总计	**Total**	**227.91**	**229.72**	**232.51**	**235.93**	**238.90**
自置住房住户	Owner-occupiers	122.11	122.80	123.37	125.63	124.22
全租户	Sole Tenants	93.79	95.43	98.93	99.96	103.58
合租户	Co-tenants	2.42	2.21	1.48	1.03	1.18
二房东	Main Tenants	0.08	0.08	0.06	0.05	0.03
三房客	Sub-tenants	0.31	0.35	0.32	0.39	0.26
免租	Rent Free	4.51	4.11	3.82	4.79	5.13
住房由雇主提供	Provided by Employers	4.68	4.75	4.53	4.09	4.50

注：数字是根据每年1月至12月进行的“综合住户统计调查”结果，以及由政府统计处与跨部门人口分布推算小组共同编制按区议会分区划分年中人口估计数字而编制。

Notes: Figures are compiled based on data collected in the General Household Survey from January to December of the year concerned as well as the mid-year population estimates by District Council district compiled jointly by the Census and Statistics Department and an inter-departmental Working Group on Population Distribution Projections.

24-23　进出香港货物
Inward and Outward Movements of Cargo

单位：万吨　　(10 000 tons)

项　目	Item	2008	2009	2010	2011	2012
卸下	**Discharged**					
空运	By Air	132.7	126.3	147.9	144.2	146.4
水运	By Water	14597.7	13929.3	15426.3	15784.1	15469.9
海运	By Ocean	11022.0	10561.2	11444.7	12018.5	11744.8
河运	By River	3575.7	3368.1	3981.6	3765.6	3725.1
道路运输	By Road	1831.7	1504.4	1705.0	1590.6	1597.8
铁路运输①	By Rail①	9.0	6.8	2.9	-	-
总计	Total	16571.1	15566.9	17282.1	17519.0	17214.1
装上	**Loaded**					
空运	By Air	230.1	208.4	264.9	249.6	256.2
水运	By Water	11342.5	10367.3	11355.2	11960.3	11458.3
海运	By Ocean	6975.5	5597.9	6755.7	7474.2	7141.2
河运	By River	4367.1	4769.4	4599.5	4486.2	4317.2
道路运输	By Road	1341.7	1167.2	1261.0	1081.1	1023.7
铁路运输①	By Rail①	1.9	1.6	0.7	-	-
总计	Total	12916.2	11744.6	12881.7	13291.0	12738.3

注：①数字不包括家畜。香港铁路有限公司已于2010年6月16日起，停办铁路货运业务。

Notes : ①Figures exclude livestock. The Mass Transit Railway Corporation Limited had terminated the railway cross-boundary cargo transportation services from 16 June 2010 onwards.

24-24　按主要货物装卸地点划分的集装箱吞吐量
Container Throughput by Main Cargo Handling Location

单位：万标准集装箱单位　　(10 000 TEUs)

项　目	Item	2008	2009	2010	2011	2012
集装箱吞吐量	**Container Throughput**	**2449.4**	**2104.0**	**2369.9**	**2438.4**	**2311.7**
集装箱码头	Container Terminals					
抵港	Inward					
载货集装箱	Laden Container	711.8	658.4	722.0	738.0	745.2
空集装箱	Empty Container	164.7	94.9	120.9	135.5	136.2
离港	Outward					
载货集装箱	Laden Container	835.6	696.8	794.4	790.8	791.5
空集装箱	Empty Container	60.5	65.8	72.6	77.3	74.6
集装箱码头以外	Other than Container Terminals					
抵港	Inward					
载货集装箱	Laden Container	272.2	211.6	270.4	291.3	237.2
空集装箱	Empty Container	91.4	86.1	81.9	64.6	52.1
离港	Outward					
载货集装箱	Laden Container	207.6	205.8	213.5	249.5	191.3
空集装箱	Empty Container	105.6	84.6	94.4	91.4	83.6

注：一个标准集装箱单位等同一个20英尺集装箱的容量。

Note : TEU refers to a twenty-foot equivalent unit.

24-25 通讯及互联网服务
Communications and Internet Services

项目	Item	2008	2009	2010	2011	2012
邮递服务	**Postal Services**					
信件邮件 (亿件物品)	Letter Mail (100 million articles)	14.0	13.1	12.8	13.0	13.6
包裹 (万件)	Parcels (10 000 pcs)	118.9	125.4	132.9	139.2	146.8
电话服务①②（万条操作线路）	**Telephone Services①② (10000 working lines)**					
住宅	Residential	227.4	236.0	240.7	241.2	240.3
商用	Business	183.4	182.9	185.4	184.0	184.4
总计	Total	410.8	418.8	426.0	425.2	424.7
图文传真②（万条操作线路）	**Fax② (10000 working lines)**	**31.9**	**28.6**	**26.0**	**23.3**	**21.4**
对外电话通讯量 (万分钟)	**External Telephone Traffic Volume (10000 minutes)**					
拨出③	Outgoing③	765677	775859	772715	764610	788811
拨入④	Incoming④	234355	227078	258159	289563	263687
对外专用电报通讯量（万分钟）	**External Telex Traffic Volume (10000 minutes)**					
发出	Outward	7.3	3.9	5.2	3.7	1.1
收到	Inward	27.8	14.1	10.4	7.5	5.4
转接⑤	Transit⑤	5.4	-	-	-	-
本地电报机电讯 (万分钟)	**Internal Telex Traffic (10000 minutes)**	**30.9**	**24.4**	**20.5**	**18.8**	**9.0**
公共无线电传呼接收器②(户)	**Public Radio Paging Receivers② (number)**	**117997**	**117444**	**104851**	**84495**	**62884**
移动电话用户系统②⑥⑦ (户)	**Public Mobile Subscriber Units②⑥⑦ (number)**	**6089985 (11374224)**	**6377392 (12206910)**	**6816033 (13416011)**	**7166085 (14930948)**	**7633930 (16392841)**
互联网服务	**Internet Services**					
互联网服务商数目②⑧(个)	**Licensed Internet Service Providers (ISPs)②⑧ (number)**	**192**	**189**	**184**	**185**	**186**
互联网服务商客户数②⑨(个)	**Number of Customers of Licensed ISPs②⑨**					
拨号上网登记用户户口(不包括互联网储值卡)⑩	Registered Customer Accounts with Dial-up Access (Excluding Internet Pre-paid Calling Cards)⑩	621420	644078	741511	788835	793811
拨号上网储值卡	Internet Pre-paid Cards for Dial-up Access	300	300			
以私人租用线路接驳的已登记客户户口⑩	Registered Customer Accounts with Leased Line Access⑩	1724	1571	1580	1546	1565
宽带互联网用户户口⑩	Registered Broadband Internet Access Customer Accounts⑩	1921258	2033352	2126962	2244514	2264545
互联网使用量⑨	**Internet Traffic Volume⑨**					
客户通过公共电话网络接驳⑪ (万分钟)	Customer Access via Public Switched Telephone Networks⑪ (10000 minutes)	30461	25922	17868	16816	18506
客户通过宽带网络接驳 (太字节)⑫	Customer Access via Broadband Networks (terabytes)⑫	1289080	1435691	1652942	1924886	2232256

注：①数字包括直通内线式电话线、图文传真线及电文线路的直拨服务。由2007年12月起,也包括网际规约(IP)电话或网络电话(VoIP)服务的客户数目。②年底数字。③数字也包括图文传真及数据。④估计数字。⑤2008年11月1日起，相关的服务已经终止。
⑥数字不包括储值智能卡。包括储值智能卡的数字于括号内展示。 ⑦数字包括3G服务。而由2011年开始,数字包括4G服务。
⑧营办商数目包括所有持牌获准提供互联网接驳服务的营办商。互联网持牌供货商的数目因供货商要求重新分类其服务而有所调整。
⑨数字为根据互联网服务供应商申报的估计数字，并不包括不属于持牌互联网服务供应商客户的使用者。
⑩已登记客户户口指互联网服务供应商的客户户口(包括免费的客户户口)。拥有超过一个客户登入识别码的登记客户户口只算作一个已登记的客户户口。数字不包括只获提供电邮地址的客户户口。
⑪不包括通过私人租用线路接驳及使用宽带服务的客户。
⑫1个太字节 = 8万亿比特

Notes : ①Figures include direct dialing in lines, facsimile lines and Datel lines. Figures from December 2007 onwards include the number of subscribers of IP telephony / voice-over-IP(VoIP) services.
②Figures are as at end of the year. ③Figures also include facsimile and data. ④Estimated figures.
⑤Related service has been terminated since 1 November 2008.
⑥Excluding pre-paid SIM cards. Figures including prepaid SIM cards are presented in brackets.
⑦Figures include 3G mobile services, and include 4G mobile services starting from 2011.
⑧Including all licenses authorised to provide Internet access services. The number of ISPs has been adjusted due to reclassification of service requested by some licensees.
⑨Estimated figures are based on the returns from the ISPs and do not include users who are not customers of the licensed ISPs.
⑩Registered customer accounts refer to the customer accounts of ISPs (including those free-of-charge customer accounts). For a registered customer account which has more than one user login ID, it is counted as one registered customer account only. Figures do not include customer accounts which are provided with e-mail addresses only.
⑪Excluding customer access via leased circuits and broadband services.
⑫1 terabyte = 8 terabits.

24-26 商品进出口贸易总额
Total Imports and Exports of Goods

单位：亿港元　　(HKD 100 million)

贸易种类	Type of Trade	2008	2009	2010	2011	2012
进口	Imports	30253	26924	33648	37646	39122
港产品出口	Domestic Exports	908	577	695	657	588
转口	Re-exports	27334	24113	29615	32716	33755
整体出口	Total Exports	28242	24691	30310	33373	34343
贸易总额	Total Trade	58494	51614	63959	71018	73465
商品贸易差额	Merchandise Trade Balance	-2011	-2233	-3338	-4273	-4778

24-27 商品进口及港产品出口的主要供应地和目的地
Imports and Domestic Exports of Goods by Major Supplier and Destination

单位：亿港元　　(HKD 100 million)

贸易种类／主要国家／地区	Type of Trade/ Main Country/Territory	2008	2009	2010	2011	2012
进口(供应地)	**Imports (Supplier)**	**30253**	**26924**	**33648**	**37646**	**39122**
中国内地	The Mainland of China	14107	12494	15298	16968	18409
日本	Japan	2976	2364	3082	3186	3116
新加坡	Singapore	1950	1747	2374	2546	2463
中国台湾	Taiwan, China	1920	1756	2248	2409	2449
美国	United States of America	1507	1421	1792	2114	2045
港产品出口(目的地)	**Domestic Exports (Destination)**	**908**	**577**	**695**	**657**	**588**
中国内地	The Mainland of China	348	267	312	307	260
美国	United States of America	189	73	84	72	68
瑞士	Switzerland	14	11	17	28	31
新加坡	Singapore	30	22	29	26	27
中国台湾	Taiwan, China	39	19	28	30	27

24-28 商品转口的主要来源地和目的地
Re-exports of Goods by Major Origin and Destination

单位：亿港元　　(HKD 100 million)

贸易种类／主要国家／地区	Type of Trade/ Main Country/Territory	2008	2009	2010	2011	2012
转口(目的地)	**Re-exports (Destination)**	**27334**	**24113**	**29615**	**32716**	**33755**
中国内地	The Mainland of China	13357	12366	15670	17167	18317
美国	United States of America	3404	2779	3237	3236	3317
日本	Japan	1187	1072	1256	1336	1428
中国台湾	Taiwan, China	511	528	658	823	781
德国	Germany	920	788	798	887	774
转口(来源地)	**Re-exports (Origin)**	**27334**	**24113**	**29615**	**32716**	**33755**
中国内地	The Mainland of China	17077	15033	18210	20150	21044
日本	Japan	2177	1777	2169	2204	2281
中国台湾	Taiwan, China	1782	1563	2026	2118	2186
韩国	Republic of Korea	871	821	1110	1191	1258
美国	United States of America	928	838	968	1113	1095

24-29 涉及外发中国内地加工的贸易
Trade Involving Outward Processing in the Mainland of China

项目	Item	2008	2009	2010	2011	2012
涉及外发加工贸易的估计货值 (亿港元)	**Estimated Value of Outward Processing Trade (HKD 100 million)**					
输往中国内地的港产出口货物	Domestic Exports to the Mainland of China	132	73	58	48	41
输往中国内地的转口货物	Re-exports to the Mainland of China	4577	4179	5134	5513	5819
输往中国内地的整体出口货物	Total Exports to the Mainland of China	4710	4252	5191	5561	5860
从中国内地进口的货物	Imports from the Mainland of China	7890	6232	7624	8040	7636
原产地为中国内地经香港输往其他地方的转口货物	Re-exports of the Mainland of China Origin to Other Places	7922	6418	8120	8841	8956
涉及外发加工贸易的估计比重 (%)	**Estimated Proportion of Outward Processing Trade (%)**					
输往中国内地的港产出口货物	Domestic Exports to the Mainland of China	38	27	19	15	16
输往中国内地的转口货物	Re-exports to the Mainland of China	34	34	33	32	32
输往中国内地的整体出口货物	Total Exports to the Mainland of China	34	34	32	32	32
从中国内地进口的货物	Imports from the Mainland of China	56	50	50	47	41
原产地为中国内地经香港输往其他地方的转口货物	Re-exports of the Mainland of China Origin to Other Places	70	68	73	73	74

24-30 按服务组成部分划分的服务出口及进口
Exports and Imports of Services by Service Component

单位：亿港元 (HKD 100 million)

服务组成部分	Service Component	2008	2009	2010	2011	2012
服务出口①	**Exports of Services①**					
制造服务	Manufacturing Services	-	-	-	-	
保养及维修服务	Maintenance and Repair Services	20	23	26	24	
运输	Transport	2256	1836	2320	2501	
旅游	Travel	1192	1272	1725	2153	
建造	Construction	16	11	11	11	
保险及退休金服务	Insurance and Pension Services	47	48	67	66	
金融服务	Financial Services	934	875	1021	1134	
知识产权使用费	Charges for the Use of Intellectual Property	30	30	31	36	
电子通讯、电脑及资讯服务	Telecommunications, Computer and Information Services	96	99	142	171	
其他商业服务	Other Business Services	810	783	881	923	
个人、文化及康乐服务	Personal, Cultural and Recreational Services	39	30	33	37	
政府货品及服务	Government Goods and Services	5	5	5	6	
总计	Total	5444	5013	6262	7061	7512
服务进口①	**Imports of Services①**					
制造服务	Manufacturing Services	1984	1343	1489	1395	
保养及维修服务	Maintenance and Repair Services	5	5	5	6	
运输	Transport	1289	1010	1220	1394	
旅游	Travel	1253	1215	1360	1492	
建造	Construction	13	9	4	6	
保险及退休金服务	Insurance and Pension Services	61	62	93	93	
金融服务	Financial Services	245	244	275	302	
知识产权使用费	Charges for the Use of Intellectual Property	125	132	154	156	
电子通讯、电脑及资讯服务	Telecommunications, Computer and Information Services	72	68	87	98	
其他商业服务	Other Business Services	584	641	777	831	
个人、文化及康乐服务	Personal, Cultural and Recreational Services	11	7	6	7	
政府货品及服务	Government Goods and Services	11	10	12	11	
总计	Total	5654	4746	5481	5792	5698
服务出口净额	**Net Exports of Services**	**-210**	**267**	**781**	**1269**	**1814**

注：①数字已采纳《2010年国际服务贸易统计手册》内最新的国际建议，包括服务分类及编制方法，以及采用所有权转移原则来记录货品加工及转手商贸活动。因此服务出口及进口的数字与表 24-13 内相应的数字并不相同。

Note: ①Figures have incorporated the latest international recommendations given in the Manual on Statistics of International Trade in Services 2010, including the services classification and compilation methods, and adopted the change of ownership principle in recording goods sent abroad for processing and merchanting. Hence, figures for exports and imports of services in this table are different from the corresponding figures in Table 24-13.

24-31 按主要目的地和来源地划分的服务出口及进口

Exports and Imports of Services by Major Destination and Source

单位：亿港元 (HKD 100 million)

目的地／来源地	Destination/Source	2008	2009	2010	2011	2012
服务出口①	**Exports of Services①**					
中国内地	The Mainland of China	1291	1394	1856	2280	
美国	United States of America	1077	944	1141	1148	
英国	United Kingdom	426	403	491	497	
日本	Japan	366	327	380	373	
中国台湾	Taiwan, China	313	258	315	352	
其他	Others	1832	1565	1977	2239	
所有目的地	All Destinations	5305	4891	6160	6890	7253
服务进口①	**Imports of Services①**					
中国内地	The Mainland of China	2916	2244	2536	2513	
美国	United States of America	543	514	593	643	
英国	United Kingdom	264	248	268	330	
日本	Japan	305	265	321	324	
新加坡	Singapore	212	198	237	263	
其他	Others	1389	1251	1502	1695	
所有来源地	All Sources	5630	4719	5457	5767	5665

注：①由于非直接计算金融中介服务没有按地区细分数字，本统计表内的数字不包括非直接计算的金融中介服务数字。因此于本统计表内所有目的地／来源地的数字与表24-30内所有服务的相应数字并不相同。然而，本统计表内的数字亦已采纳《2010年国际服务贸易统计手册》内最新的国际建议，包括服务分类及编制方法，以及采用所有权转移原则来记录货品加工及转手商贸活动。

Notes: ①Since data on geographical breakdowns of financial intermediation services indirectly measured (FISIM) are not available, the figures in respect of FISIM are not included in this table. Hence, figures for all destinations/sources in this table are different from the corresponding figures for all services in Table 24-30.Nevertheless, figures in this table have also incorporated the latest international recommendations given in the Manual on Statistics of International Trade in Services 2010, including the services classification and compilation methods, and adopted the change of ownership, principle in recording goods sent abroad for processing and merchanting.

24-32 按主要投资者国家／地区划分的外来直接投资头寸及流动

Position and Flow of Inward Direct Investment by Major Investor Country/Territory

单位：亿港元 (HKD 100 million)

主要投资者国家／地区	Major Investor Country/Territory	以市值计算的外来直接投资 Inward Direct Investment at Market Value					
		年底头寸 Position at End of Year			年间流入 Inflow in Year		
		2009	2010	2011	2009	2010	2011
中国内地	The Mainland of China	26036	31271	30428	2148	2882	3181
英属维尔京群岛	British Virgin Islands	22859	26838	26068	1223	2369	1515
百慕大	Bermuda	4202	5385	5953	538	287	403
荷兰	Netherlands	4862	5866	5897	456	260	596
美国	United States of America	3048	2964	3588	-41	-1529	219
日本	Japan	1663	1808	1914	128	152	50
新加坡	Singapore	1020	1183	1827	70	122	826
开曼群岛	Cayman Islands	1364	1257	1085	105	212	200
英国	United Kingdom	1201	1193	1053	7	120	16
科克群岛	Cook Islands	669	658	751	1	42	63
其他	Others	3209	4570	5207	-330	564	450
总计	**Total**	**70133**	**82994**	**83770**	**4305**	**5480**	**7518**

注：①国家／地区是指直接来源经济体。这未必显示资金最初流出的国家／地区。
②本表所载列按国家／地区分析的直接投资详细数字是根据经济合作与发展组织出版的《对外直接投资基准定义第四版》建议的"方向原则"编制而成的。这些数字与国际收支平衡架构中采用"资产／负债原则"编制的直接投资总量数字有所不同。然而，根据这两套数字所编制的整体直接投资差额是相同的。
③数字于2012年9月完成的一项技术性修订工作作出修订，把最新国际统计标准纳入香港的直接投资统计数字编制架构。

Notes: ① Country/territory here refers to the immediate source economy. It does not necessarily reflect the country/territory from which the the funds are initially mobilised.
② Detailed direct investment figures by country/territory presented in this table are based on the "directional principle" as recommended in Fourth Edition of Benchmark Definition of Foreign Direct Investment published by the Organisation for Economic Co-operation and Development. These figures are different from the aggregate direct investment figures presented in the Balance of Payments framework which are based on the "asset/liability principle". However, the overall direct investment balance compiled from these two sets of figures is the same.
③ Figures have been revised following the completion of a technical exercise in September 2012 to incorporate the latest international statistical standards in the compilation framework of direct investment statistics of Hong Kong.

24-33 按主要接受投资国家／地区划分的向外直接投资头寸及流动
Position and Flow of Outward Direct Investment by Major Recipient Country/Territory

单位：亿港元 (HKD 100 million)

主要接受投资国家/地区	Major Recipient Country/Territory	以市值计算的向外直接投资 Outward Direct Investment at Market Value					
		年底头寸 Position at End of Year			年间流出 Outflow in Year		
		2009	2010	2011	2009	2010	2011
中国内地	The Mainland of China	26822	30147	33464	2018	2895	3931
英属维尔京群岛	British Virgin Islands	27564	30584	33192	2169	2198	2454
百慕大	Bermuda	1968	2483	2194	246	238	292
英国	United Kingdom	1745	1917	2107	-115	203	131
开曼群岛	Cayman Islands	588	548	1133	192	-137	468
澳大利亚	Australia	873	931	953	111	36	88
卢森堡	Luxembourg	26	818	846	-9	769	49
加拿大	Canada	751	737	756	-55	-24	-5
美国	United States of America	932	945	749	-59	16	-137
新加坡	Singapore	421	512	522	44	120	40
其他	Others	3397	3763	3549	48	387	189
总计	**Total**	**65086**	**73386**	**79464**	**4589**	**6701**	**7499**

注：①国家／地区是指首个目的地经济体。这未必显示资金最终被使用的所在国家／地区。

②本表所载列按国家／地区分析的直接投资详细数字，是根据经济合作与发展组织出版的《对外直接投资基准定义第四版》建议的"方向原则"编制而成。这些数字与国际收支平衡架构中采用"资产／负债原则"所编制的直接投资总量数字有所不同。然而，根据这两套数字所编制的整体直接投资差额是相同的。

③数字已就2012年9月完成的一项技术性修订工作作出修订，把最新国际统计标准纳入香港的直接投资统计数字编制架构。

Notes : ① Country/territory here refers to the immediate destination economy. It does not necessarily reflect the country/territory in which the funds are ultimately used.

② Detailed direct investment figures by country/territory presented in this table are based on the "directional principle" as recommended in Fourth Edition of Benchmark Definition of Foreign Direct Investment published by the Organisation for economic Economic Co-operation and Development. These figures are different from the aggregate direct investment figures presented in the Balance of Payments framework which are based on the "asset/liability principle".However, the overall direct investment balance compiled from these two sets of figures.

③ Figures have been revised following the completion of a technical exercise in September 2012 to incorporate the latest international statistical standards in the compilation framework of direct investment statistics of Hong Kong.

24-34 按母公司所在的国家／地区划分的驻港地区总部数目
Number of Regional Headquarters in Hong Kong by Country/Territory where the Parent Company was Located

单位：个 (unit)

项　目	Item	2008	2009	2010	2011	2012
驻港地区总部数目	**No. of regional headquarters in Hong Kong**	**1298**	**1252**	**1285**	**1340**	**1367**
母公司所在的国家／地区	Country/Territory where the parent company was located					
美国	United States of America	311	289	288	315	333
日本	Japan	238	224	224	222	219
英国	United Kingdom	119	115	113	117	122
中国内地	The Mainland of China	95	96	99	97	106
德国	Germany	77	74	72	84	86
法国	France	59	66	62	63	62
荷兰	Netherlands	50	54	52	54	51
意大利	Italy	32	40	43	43	42
新加坡	Singapore	46	43	41	43	42
瑞士	Switzerland	53	46	47	39	41
澳大利亚	Australia	19	22	24	32	34
中国台湾	Taiwan, China	26	19	30	22	31
瑞典	Sweden	18	21	26	31	30
韩国	Korea	19	18	19	20	21
加拿大	Canada	13	12	15	16	18

注：数字指有关年度6月首个工作日的数字。地区总部是指代表香港境外母公司对区内(即香港及另一个或多个地方)各办事处拥有管理权的一家办事处。如驻港的地区总部属联营机构，其母公司所在的国家／地区可多于一个。

Note : Figures refer to the first working day of June of the year. A regional headquarters is an office that has managerial control over offices in the region (i.e. Hong Kong plus one or more other places) on behalf of its parent company located outside Hong Kong. In the case of a joint-venture regional headquarters in Hong Kong, there may be more than one country/territory where the parent company was located.

24-35 按母公司所在的国家／地区划分的驻港地区办事处数目
Number of Regional Offices in Hong Kong by Country/Territory where the Parent Company was Located

单位：个 (unit)

项　目	Item	2008	2009	2010	2011	2012
驻港地区办事处数目	**Number of regional offices in Hong Kong**	**2584**	**2328**	**2353**	**2412**	**2516**
母公司所在的国家／地区	Country/Territory Where the Parent Company Was Located					
美国	United States of America	612	526	529	525	536
日本	Japan	494	447	405	426	456
英国	United Kingdom	234	213	194	210	210
中国台湾	Taiwan, China	158	138	184	175	180
中国内地	The Mainland of China	128	127	162	151	152
德国	Germany	133	123	120	125	130
法国	France	111	104	105	105	114
新加坡	Singapore	98	91	98	101	93
瑞士	Switzerland	63	61	57	69	75
荷兰	Netherlands	51	49	50	61	74
意大利	Italy	52	51	62	68	71
澳大利亚	Australia	61	46	41	41	48
韩国	Korea	56	44	43	42	38
加拿大	Canada	32	33	33	32	33
瑞典	Sweden	43	42	32	29	31

注：数字指有关年度6月首个工作日的数字。地区办事处是指代表香港境外母公司负责协调区内(即香港及另一个或多个地方)各办事处及／或运作的一家办事处。如驻港的地区办事处属联营机构，其母公司所在的国家／地区可多于一个。

Note : Figures refer to the first working day of June of the year. A regional office is an office that coordinates offices and/or operations in the region (i.e. Hong Kong plus one or more other places) on behalf of its parent company located outside Hong Kong. In the case of a joint-venture regional office in Hong Kong, there may be more than one country/territory where the parent company was located.

24-36 按居住国家／地区划分的访港旅客人数
Visitor Arrivals by Country/Territory of Residence

单位：万人次 (10 000 person-times)

居住国家／地区	Country/Territory of Residence	2008	2009	2010	2011	2012
中国内地	The Mainland of China	1686.2	1795.7	2268.4	2810.0	3491.1
南亚及东南亚	South and Southeast Asia	293.6	288.5	350.1	375.1	365.2
中国台湾	Taiwan, China	224.0	201.0	216.5	214.9	208.9
北亚	North Asia	222.9	182.3	220.8	230.5	233.3
欧洲、非洲及中东	Europe, Africa and the Middle East	209.4	196.9	217.4	219.4	222.8
美洲	The Americas	168.5	156.8	175.0	182.1	177.8
澳大利亚、新西兰及南太平洋	Australia, New Zealand and South Pacific	76.3	70.8	76.9	75.8	74.1
中国澳门①	Macao, China①	69.7	67.1	78.0	84.3	88.3
总计	**Total**	**2950.7**	**2959.1**	**3603.0**	**4192.1**	**4861.5**
与上年比较的变动百分比(%)	**Percentage Changes over the Preceding Year(%)**	**4.7**	**0.3**	**21.8**	**16.4**	**16.0**

注：①访港旅客数字包括经澳门访港的非澳门居民。
Note:①Figures include arrival of non-Macao residents via Macao.

24-37 政府储备结余
Government's Reserve Balances

单位：亿港元 (HKD 100 million)

项目	Item	2008/2009	2009/2010	2010/2011	2011/2012	2012/2013①
期初储备结余	Opening Reserve Balances	4929.14	4943.64	5202.81	5954.02	6690.88
收入②	Revenue②	3165.62	3184.42	3764.81	4377.23	4421.50
开支②	Expenditure②	3124.12	2890.25	3013.60	3640.37	3773.24
债券及票据偿还款项	Repayment of Bonds and Notes	-27.00	-35.00	-	-	-
盈余	Surplus	14.50	259.17	751.21	736.86	648.26
在外汇基金的投资亏损拨备	Write-back of Provision for Loss in Investments with the Exchange Fund	-	-	-	-	-
期末储备结余	Closing Reserve Balances	4943.64	5202.81	5954.02	6690.88	7339.14

注：①2012/2013年的数字有待审计署署长核实。
②数额不包括"政府一般收入帐目与各基金之间的转拨"。
Notes:①Figures for 2012/2013 are subject to audit by the Director of Audit.
②Figures exclude "Transfers between the General Revenue Account and Funds".

24-38 政府收入(一般收入帐目及各基金)
Government Revenue (General Revenue Account and Funds)

单位: 亿港元 (HKD 100 million)

项目	Item	2008/2009	2009/2010	2010/2011	2011/2012	2012/2013①
经营收入	**Operating Revenue**					
直接税	Direct Taxes					
入息税及利得税	Earnings and Profits Tax	1461.43	1231.84	1430.07	1768.22	1824.42
间接税	Indirect Taxes					
博彩及彩票税	Bets and Sweeps Tax	126.20	127.67	147.59	157.61	165.65
酒店房租税	Hotel Accommodation Tax	2.23	-	-	-	-
印花税	Stamp Duties	321.62	423.83	510.05	443.56	428.80
飞机乘客离境税	Air Passenger Departure Tax	16.26	16.17	18.13	19.47	20.29
应课税品税项	Duties	60.47	64.65	75.51	77.25	89.77
一般差饷	General Rates	71.75	99.57	89.56	97.22	112.04
车辆税	Motor Vehicle Taxes	49.81	48.16	66.57	70.70	74.66
专利税及特权税	Royalties and Concessions	23.89	15.96	24.52	48.49	27.36
各项收费②(含征税成分的费用)	Fees and Charges② (tax-loaded fees)	48.70	48.95	51.13	67.69	51.27
其他收入	Other Revenue					
罚款、没收及罚金	Fines, Forfeitures and Penalties	10.06	11.83	11.59	26.60	12.08
物业及投资	Properties and Investments	124.83	126.01	158.06	169.71	192.68
贷款、偿款、供款及其他收入	Loans, Reimbursements, Contributions and Other Receipts	33.05	32.77	28.87	34.25	34.04
公用事业	Utilities	33.20	34.38	34.83	35.73	36.87
各项收费②(不包含征税成分的费用)	Fees and Charges② (excluding tax-loaded fees)	56.00	55.92	62.50	64.50	64.63
投资收入	Investment Income					
政府一般收入帐目	General Revenue Account	233.52	178.93	178.24	201.05	200.24
土地基金	Land Fund	141.83	111.96	110.78	112.16	111.26
经营收入总额	**Total Operating Revenue**	**2814.85**	**2628.60**	**2998.00**	**3394.21**	**3446.06**
非经营收入	**Capital Revenue**					
间接税	Indirect Taxes					
遗产税	Estate Duty	1.76	1.85	2.13	0.94	1.37
其他收入	Other Revenue					
其他	Others	34.88	59.46	12.12	23.59	158.53
从房屋委员会收回的款项	Recovery from Housing Authority	4.71	8.64	1.42	1.63	2.30
基金	Funds					
基本工程储备基金(不包括债券收入)	Capital Works Reserve Funds (excluding proceeds of bond issue)	231.55	418.77	683.42	884.66	742.38
资本投资基金	Capital Investment Fund	19.17	12.32	13.57	13.86	14.82
赈灾基金	Disaster Relief Fund	0.05	0.12	0.04	0.09	0.01
贷款基金	Loan Fund	21.01	22.76	22.38	23.89	22.40
公务员退休金储备基金	Civil Service Pension Reserve Fund	17.45	13.77	13.63	13.79	13.69
创新及科技基金	Innovation and Technology Fund	4.16	3.23	2.72	2.40	2.14
奖券基金	Lotteries Fund	16.03	14.90	15.38	18.17	17.80
非经营收入总额	**Total Capital Revenue**	**350.77**	**555.82**	**766.81**	**983.02**	**975.44**
政府收入总额	**Total Government Revenue**	**3165.62**	**3184.42**	**3764.81**	**4377.23**	**4421.50**

注: ①2012/2013年的数字有待审计署署长核实。
②各项收费之中含征税成分的费用已重新归类为税项收入。

Notes:①Figures for 2012/2013 are subject to audit by the Director of Audit.
②The tax-loaded portion of fees and charges is re-classified under tax revenue.

24-39 政府支出(一般收入帐目及各基金)
Government Expenditure (General Revenue Account and Funds)

单位：亿港元 (HKD 100 million)

项目	Item	2008/2009	2009/2010	2010/2011	2011/2012	2012/2013①
经营支出	**Operating Expenditure**					
经常支出	**Recurrent Expenditure**					
个人薪酬	Personal Emoluments	497.26	507.94	510.18	546.90	582.18
与员工有关联的支出	Personnel Related Expenses	35.20	34.06	35.67	38.69	42.92
退休金	Pensions	157.00	169.11	180.27	197.37	218.43
部门支出	Departmental Expenses	193.12	207.40	210.05	226.14	239.26
其它费用	Other Charges	414.87	428.18	414.76	448.88	479.34
资助金	Subventions					
教育	Education	284.65	291.95	296.16	320.97	340.67
卫生	Health	313.23	324.22	338.00	382.27	424.78
社会福利	Social Welfare	80.65	83.42	85.56	93.04	101.96
大学	Universities	117.11	114.76	110.16	116.33	135.50
职业训练局	Vocational Training Council	17.71	18.65	18.33	19.85	21.61
杂项	Miscellaneous	30.39	32.11	32.59	34.52	36.56
非经常支出	Non-recurrent	438.88	131.87	161.20	539.50	406.21
经营支出总额	**Total Operating Expenditure**	**2580.07**	**2343.67**	**2392.93**	**2964.46**	**3029.42**
非经营支出	**Capital Expenditure**					
机器、设备及工程	Plant, Equipment and Works	11.34	14.15	13.03	14.88	15.83
资助金	Subventions					
教育	Education	4.94	6.24	7.00	6.67	6.88
卫生	Health	7.20	7.17	8.76	7.60	7.79
职业训练局	Vocational Training Council	0.34	0.39	0.34	0.40	0.38
杂项	Miscellaneous	0.55	0.74	0.87	1.18	0.57
基金	Funds					
基本工程储备基金	Capital Works Reserve Fund	507.19	515.82	535.37	608.37	665.27
资本投资基金	Capital Investment Fund	1.75	0.0	14.75	0.12	7.79
贷款基金	Loan Fund	22.40	21.50	19.87	20.61	23.04
赈灾基金	Disaster Relief Fund	3.47	0.99	3.54	0.37	0.54
创新及科技基金	Innovation and Technology Fund	5.87	7.21	7.49	6.55	6.92
奖券基金	Lotteries Fund	6.00	7.37	9.65	9.16	8.81
非经营支出总额	**Total Capital Expenditure**	**571.05**	**581.58**	**620.67**	**675.91**	**743.82**
政府支出总额	**Total Government Expenditure**	**3151.12**	**2925.25**	**3013.60**	**3640.37**	**3773.24**

注：①2012/2013年的数字有待审计署署长核实。
Note: ①Figures for 2012/2013 are subject to audit by the Director of Audit.

24-40 按政策组别划分的公共开支
Public Expenditure by Policy Area Group

单位：亿港元 (HKD 100 million)

项目	Item	2008/2009	2009/2010	2010/2011	2011/2012	2012/2013
社区及对外事务	Community and External Affairs	389.53	141.42	151.01	260.33	133.15
经济	Economic	249.42	183.43	173.53	473.02	335.77
教育	Education	749.95	582.40	607.19	678.91	777.99
环境及食物	Environment and Food	121.05	133.99	152.13	177.33	192.06
卫生	Health	367.06	383.87	398.90	452.97	594.91
房屋	Housing	174.03	162.58	169.38	189.18	221.17
基础建设	Infrastructure	295.37	476.75	489.55	525.45	622.61
保安	Security	279.94	298.43	325.77	315.22	337.32
社会福利	Social Welfare	392.48	404.18	405.19	433.46	459.40
辅助服务	Support	290.85	304.87	333.05	350.54	380.89
总计	**Total**	**3309.68**	**3071.92**	**3205.70**	**3856.41**	**4055.27**

注：2012/2013年度的数字为修订预算。
公共开支包括政府开支，以及营运基金及房屋委员会的开支。至于政府只享有股权的机构，包括法定机构，例如机场管理局及香港铁路有限公司，其开支则不包括在内。

Notes: Figures for 2012/2013 are revised estimates.
Public expenditure comprises government expenditure, expenditure by the Trading Funds and expenditure by the Housing Authority. It does not include expenditure by those organisations, including statutory organisations, in which the Government has only an equity position, such as the Airport Authority and the MTR Corporation Limited.

24-41　外币兑换率及港汇指数
Exchange Rates and the Effective Exchange Rate Indices

单位：每单位外币兑换港元　　　　(HKD per unit of foreign currency)

项　　目	Item	2008	2009	2010	2011	2012
年内平均数字①	**Average for the year①**					
澳元	Australian Dollar	6.63	6.16	7.15	8.04	8.03
加拿大元	Canadian Dollar	7.34	6.83	7.54	7.87	7.76
人民币	Chinese Renminbi	1.1236	1.1343	1.1503	1.2069	1.2304
欧元	Euro	11.45	10.82	10.31	10.84	9.97
印度卢比	Indian Rupee	-	0.161	0.170	0.168	0.146
日元	Japanese Yen	0.0756	0.0830	0.0888	0.0978	0.0973
马来西亚林吉特	Malaysian Ringgit	2.34	2.20	2.42	2.55	2.51
新台币	New Taiwan Dollar	0.254	0.243	0.255	0.274	0.268
菲律宾比索	Philippines Peso	0.180	0.167	0.175	0.177	0.186
英镑	Pound Sterling	14.42	12.16	12.01	12.48	12.29
韩圆	Korean Won	0.0072	0.0061	0.0067	0.0070	0.0069
新加坡元	Singapore Dollar	5.51	5.34	5.71	6.20	6.21
瑞士法郎	Swiss Franc	7.21	7.16	7.47	8.82	8.27
泰铢	Thai Baht	0.236	0.226	0.245	0.256	0.250
美元	US Dollar	7.787	7.752	7.769	7.784	7.756
特别提款权	Special Drawing Right	12.31358	11.95320	11.85099	12.29413	11.87800
港汇指数 (2010年1月=100)④	Effective Exchange Rate Indices for the Hong Kong dollar (January 2010=100)④					
贸易总值(进口及整体出口)加权	Trade (import and export)-weighted	100.7	101.9	99.5	94.6	94.9
进口货值加权	Import-weighted	101.3	102.2	99.2	93.9	94.2
整体出口货值加权②	Export-weighted②	100.1	101.6	99.8	95.4	95.6
年底数字③	**As at end of year③**					
澳元	Australian Dollar	5.37	6.98	7.92	7.94	8.05
加拿大元	Canadian Dollar	6.37	7.38	7.78	7.60	7.80
人民币	Chinese Renminbi	1.1282	1.1385	1.1816	1.2325	1.2460
欧元	Euro	10.93	11.20	10.39	10.06	10.22
印度卢比	Indian Rupee	-	0.167	0.173	0.147	0.142
日元	Japanese Yen	0.0860	0.0841	0.0956	0.1009	0.0901
马来西亚林吉特	Malaysian Ringgit	2.24	2.26	2.52	2.45	2.53
新台币	New Taiwan Dollar	0.246	0.249	0.275	0.264	0.272
菲律宾比索	Philippines Peso	0.168	0.173	0.178	0.180	0.191
英镑	Pound Sterling	11.21	12.50	12.04	12.06	12.51
韩圆	Korean Won	0.0062	0.0067	0.0069	0.0067	0.0073
新加坡元	Singapore Dollar	5.38	5.54	6.06	5.99	6.34
瑞士法郎	Swiss Franc	7.33	7.53	8.31	8.28	8.47
泰铢	Thai Baht	0.223	0.233	0.259	0.247	0.254
美元	US Dollar	7.751	7.756	7.775	7.766	7.751
特别提款权	Special Drawing Right	11.93863	12.15900	11.98913	11.92751	11.91420
港汇指数 (2010年1月=100)④	Effective Exchange Rate Indices for the Hong Kong Dollar (January 2010=100)④					
贸易总值(进口及整体出口)加权	Trade (import and export)-weighted	102.1	100.3	96.3	94.9	94.2
进口货值加权	Import-weighted	102.1	100.4	95.6	94.3	93.7
整体出口货值加权②	Export-weighted②	102.2	100.2	97.2	95.5	94.9

注：《中华人民共和国香港特别行政区基本法》说明，港元是香港特别行政区的法定货币。外币指港元以外的其他货币，因而人民币亦视作外币。

①数字是指年内每日电汇或现钞收市中间兑换价的平均值。

②包括转口和港产品出口。

③数字是该年最后一个交易日的电汇或现钞收市中间兑换价。

④由2012年1月3日起公布的新系列。

Notes : Hong Kong Dollar is the legal tender in the Hong Kong Special Administrative Region, as stated in "The Basic Law of the Hong Kong Special Administrative Region of the People's Republic of China". Foreign currency refers to any currency other than the Hong Kong currency. Accordingly, Chinese Renminbi is also treated as foreign currency.

①Figures are the averages of the daily closing middle-market telegraphic transfer rates or notes rates for the year.

②Including re-exports and domestic exports.

③Figures are the closing middle-market telegraphic transfer rates or notes rates as at the last trading day of the year.

④New series has been released as from 3 January 2012.

24-42 货币供应量
Money Supply

单位：亿港元(年底数字) (HKD 100 million, as at end of year)

项目	Item	2008	2009	2010	2011	2012
法定纸币及硬币的流通量	Legal Tender Notes and Coins in Circulation					
由商业银行发行	Commercial Bank Issues	1772.25	2001.85	2267.05	2598.15	2916.75
由政府发行	Government Issues	85.72	87.30	91.82	101.83	102.50
总计	Total	1857.97	2089.15	2358.87	2699.98	3019.25
由认可机构持有的法定纸币及硬币	Authorized Institutions' Holdings of Legal Tender Notes and Coins	153.17	145.96	170.81	216.96	200.60
由公众持有的法定纸币及硬币	Legal Tender Notes and Coins in Hands of Public	1704.80	1943.19	2188.06	2483.02	2818.65
货币供应量：就外币掉期存款作出调整	Money Supply : Adjusted for Foreign Currency Swap Deposits					
货币供应量 M_1	Money Supply M_1					
港元	Hong Kong Dollar	4911.15	6712.41	7300.93	7947.26	9209.20
外币	Foreign Currency	1547.18	2305.78	2871.34	3325.93	4564.39
总计	Total	6458.33	9018.19	10172.27	11273.20	13773.59
货币供应量 M_2	Money Supply M_2					
港元①	Hong Kong Dollar①	32398.57	35877.17	38667.88	40462.16	45373.84
外币②	Foreign Currency②	30282.01	30145.93	32694.83	40113.14	44126.21
总计	Total	62680.58	66023.10	71362.71	80575.30	89500.05
货币供应量 M_3	Money Supply M_3					
港元①	Hong Kong Dollar①	32613.06	36048.43	38781.93	40554.04	45455.90
外币②	Foreign Currency②	30394.45	30220.01	32780.67	40256.75	44248.07
总计	Total	63007.51	66268.43	71562.60	80810.79	89703.96
货币供应量：未就外币掉期存款作出调整	Money Supply : Unadjusted for Foreign Currency Swap Deposits					
货币供应量 M_2	Money Supply M_2					
港元	Hong Kong Dollar	32393.75	35873.30	38665.67	40458.82	45371.30
外币	Foreign Currency	30286.82	30149.80	32697.04	40116.47	44128.75
总计	Total	62680.58	66023.10	71362.71	80575.30	89500.05
货币供应量 M_3	Money Supply M_3					
港元	Hong Kong Dollar	32608.24	36044.56	38779.72	40550.71	45453.36
外币	Foreign Currency	30399.26	30223.87	32782.88	40260.09	44250.61
总计	Total	63007.51	66268.43	71562.60	80810.79	89703.96

注：《中华人民共和国香港特别行政区基本法》说明，港元是香港特别行政区的法定货币。外币指港元以外的其他货币，因而人民币亦视作外币。
①所列数字已包括外币掉期存款。
②所列数字已扣除外币掉期存款。

Notes : Hong Kong dollar is the legal tender in the Hong Kong Special Administrative Region, as stated in "The Basic Law of the Hong Kong Special Administrative Region of the People's Republic of China". Foreign currency refers to any currency other than the Hong Kong currency. Accordingly, Chinese Renminbi is also treated as foreign currency.
①Figures are adjusted to include foreign currency swap deposits.
②Figures are adjusted to exclude foreign currency swap deposits.

24-43 股票价格指数、证券交易成交额及市场总值
Index of Share Prices, Value of Stock Exchange Turnover and Market Capitalisation

项　　目	Item	2008	2009	2010	2011	2012
香港上市①	**Hong Kong-listed①**					
主板	**Main Board**					
股票价格指数	Index of Share Prices					
恒生指数②（1964年7月31日=100）	Hang Seng Index② (31.7.1964=100)					
最高	High	27853.6	23099.6	24988.6	24468.6	22718.8
最低	Low	10676.3	11344.6	18971.5	16170.4	18056.4
收市	Closing	14387.5	21872.5	23035.5	18434.4	22656.9
分类指数	Sectoral Sub-indexes					
(1984年1月13日= 975.47)	(13.1.1984 = 975.47)					
金融	Finance					
最高	High	39543.2	37385.1	37707.7	35843.9	31400.5
最低	Low	17235.7	15457.9	28778.5	21253.7	24529.0
收市	Closing	21793.5	34170.8	33789.2	24903.0	31231.6
公用事业	Utilities					
最高	High	45501.9	38609.9	43624.1	49317.8	52920.1
最低	Low	27510.7	33049.6	35796.8	40531.1	43428.5
收市	Closing	33841.4	37585.2	41748.9	45400.9	51797.8
地产	Properties					
最高	High	39305.3	30271.8	33816.1	32369.5	31905.9
最低	Low	13015.5	14226.0	23817.2	19362.7	22215.3
收市	Closing	16974.1	28147.4	29980.3	22812.2	31383.1
工商业	Commerce and Industry					
最高	High	16619.8	11866.0	13611.3	13985.9	13163.7
最低	Low	5290.1	6585.4	10167.5	9923.2	10816.5
收市	Closing	7894.2	11452.9	12974.4	11126.7	13136.2
恒生综合指数	Hang Seng Composite Index					
(2000年1月3日= 2 000)	(3.1.2000 = 2 000)					
最高	High	3940.6	3186.1	3519.3	3435.5	3116.6
最低	Low	1434.4	1634.8	2621.3	2182.4	2491.0
收市	Closing	1982.6	3052.0	3248.2	2546.6	3113.1
恒生中国企业指数③	Hang Seng China Enterprises Index③					
(2000年1月3日= 2 000)	(3.1.2000 = 2 000)					
最高	High	16323.7	13863.0	14219.5	13770.7	11916.1
最低	Low	4792.4	6404.0	10726.5	8058.6	8987.8
收市	Closing	7891.8	12794.1	12692.4	9936.5	11436.2
恒生香港中资企业指数	Hang Seng China-Affiliated Corp. Index					
(2000年1月3日= 2 000)	(3.1.2000 = 2 000)					
最高	High	6162.6	4457.4	4486.6	4460.4	4553.0
最低	Low	2172.6	2749.9	3498.5	3079.3	3545.4
收市	Closing	3292.4	4059.9	4170.2	3682.2	4531.1
主板	**Main Board**					
成交金额（亿港元）	Turnover (HKD 100 million)	176007.1	154394.9	170764.1	170911.2	132675.1
市场总值④(亿港元)	Market Capitalisation④(HKD 100 million)	102535.9	177692.7	209422.8	174526.7	218717.3
创业板	**Growth Enterprise Market**					
成交金额（亿港元）	Turnover (HKD 100 million)	520.9	757.6	1336.7	629.6	335.4
市场总值④(亿港元)	Market Capitalisation④(HKD 100 million)	451.6	1050.4	1346.7	845.9	784.0

注：对于最高和最低指数，恒生指数有限公司是根据期内每日即市指数编制。
①恒生指数系列已于2010年3月8日重整，并按指数成份股的上市地域分类为香港上市、跨市场及内地上市。
②恒生指数的计算方法由总市值加权法改为以流通市值加权法计算，并为每只成份股的比重上限设定为15%。
③H股指数采用流通市值加权法计算，并为每只成份股的比重上限设定为10%。
④年底数字。

Notes : For high and low indices, indexes compiled by the Hang Seng Indexes Company Limited are based on the intraday indices of the period.
①The Hang Seng Family of Indexes were revamped on 8 March 2010. Indexes are classified as Hong Kong-listed, Cross-market and Mainland-listed according to where their constituents are listed.
②The compilation of the Hang Seng Index is switched from a full market capitalisation weighted methodology to a freefloat-adjusted market capitalisation weighted methodology with 15% cap on each constituent weighting.
③The H-shares Index adopts a freefloat-adjusted market capitalisation weighted methodology with a 10% cap on each constituent weighting.
④Year-end figures.

24-44 消费价格指数（2009年10月-2010年9月=100）
Consumer Price Indices (Oct. 2009 - Sep. 2010=100)

项　目	Item	权数 Weight	2008	2009	2010	2011	2012
综合消费价格指数	**Composite Consumer Price Index**						
总指数	**All Items**	**100.00**	**97.8**	**98.4**	**100.7**	**106.0**	**110.3**
食品	Food	27.45	97.3	98.6	100.9	108.0	114.2
外出用膳	Meals Bought away from Home	(17.07)	97.4	99.0	100.6	105.9	111.6
食品(不包括外出用膳)	Food(Excluding Meals Bought away from Home)	(10.38)	97.1	98.0	101.4	111.4	118.6
住屋①	Housing①	31.66	96.6	100.3	100.6	107.8	113.9
私人房屋租金	Private Housing Rent	(27.14)	96.1	99.6	100.5	107.7	115.1
公营房屋租金	Public Housing Rent	(2.05)	100.4	110.0	101.3	113.4	105.3
电力、燃气及水	Electricity, Gas and Water	3.10	96.9	72.2	103.6	99.2	91.1
烟酒	Alcoholic Drinks and Tobacco	0.59	81.6	96.9	100.1	117.2	120.7
衣履	Clothing and Footwear	3.45	96.2	98.6	100.5	107.3	110.6
耐用物品	Durable Goods	5.27	104.7	101.7	98.7	95.0	93.7
杂项物品	Miscellaneous Goods	4.17	96.1	98.3	100.6	104.4	106.7
交通	Transport	8.44	99.6	98.8	100.8	105.2	108.3
杂项服务②	Miscellaneous Services②	15.87	100.8	98.7	100.7	104.2	107.1
教育服务	Educational Services	(4.37)	103.0	99.2	100.5	103.0	105.8
资讯及通讯服务	Information and Communications Services	(2.40)	103.6	101.0	100.4	97.9	95.2
医疗服务	Medical Services	(2.74)	96.9	99.3	100.7	104.5	107.6
甲类消费价格指数	**Consumer Price Index (A)**						
总指数	**All Items**	**100.00**	**97.8**	**98.3**	**100.8**	**106.4**	**110.3**
食品	Food	33.68	97.3	98.6	100.9	108.4	115.0
外出用膳	Meals Bought away from Home	(19.23)	97.3	98.9	100.6	106.0	111.9
食品(不包括外出用膳)	Food(Excluding Meals Bought away from Home)	(14.45)	97.2	98.1	101.3	111.5	119.1
住屋①	Housing①	32.19	97.2	101.2	100.7	108.6	113.5
私人房屋租金	Private Housing Rent	(24.78)	96.6	99.5	100.6	107.9	115.6
公营房屋租金	Public Housing Rent	(5.49)	100.4	109.9	101.3	113.4	105.3
电力、燃气及水	Electricity, Gas and Water	4.36	98.7	68.9	104.7	100.2	89.1
烟酒	Alcoholic Drinks and Tobacco	0.91	79.4	96.5	100.2	119.2	123.4
衣履	Clothing and Footwear	2.60	96.1	98.9	100.1	106.5	110.3
耐用物品	Durable Goods	3.73	105.3	102.2	98.5	94.4	92.7
杂项物品	Miscellaneous Goods	3.87	95.9	98.4	100.5	103.5	106.3
交通	Transport	7.22	98.6	99.3	100.5	103.6	106.4
杂项服务②	Miscellaneous Services②	11.44	102.3	99.3	100.5	102.7	104.5
教育服务	Educational Services	(3.35)	108.7	99.2	100.4	102.6	105.2
资讯及通讯服务	Information and Communications Services	(3.19)	103.7	101.0	100.4	98.1	95.6
医疗服务	Medical Services	(2.06)	97.4	99.4	100.6	104.2	107.2
乙类消费价格指数	**Consumer Price Index (B)**						
总指数	**All Items**	**100.00**	**97.8**	**98.4**	**100.6**	**105.8**	**110.4**
食品	Food	27.16	97.3	98.6	100.9	107.9	114.4
外出用膳	Meals Bought away from Home	(17.90)	97.5	99.0	100.6	106.0	111.9
食品(不包括外出用膳)	Food(Excluding Meals Bought away from Home)	(9.26)	97.1	98.0	101.4	111.6	119.2
住屋①	Housing①	31.43	96.3	99.9	100.5	107.7	114.5
私人房屋租金	Private Housing Rent	(28.13)	95.9	99.6	100.6	107.9	115.3
公营房屋租金	Public Housing Rent	(0.72)	100.4	110.0	101.3	113.6	105.3
电力、燃气及水	Electricity, Gas and Water	2.84	95.4	72.8	103.2	98.5	91.7
烟酒	Alcoholic Drinks and Tobacco	0.56	82.9	97.1	100.1	117.3	120.7
衣履	Clothing and Footwear	3.45	96.2	98.7	100.2	106.4	109.9
耐用物品	Durable Goods	5.73	105.8	102.2	98.6	94.7	93.7
杂项物品	Miscellaneous Goods	4.17	95.9	98.3	100.7	104.8	107.2
交通	Transport	8.35	99.5	98.8	100.7	104.7	107.7
杂项服务②	Miscellaneous Services②	16.31	100.6	98.6	100.6	104.3	107.2
教育服务	Educational Services	(4.62)	103.3	99.3	100.4	102.7	105.4
资讯及通讯服务	Information and Communications Services	(2.34)	103.7	101.0	100.4	97.7	94.9
医疗服务	Medical Services	(2.84)	96.5	99.1	100.6	104.5	107.8

24-44 续表 continued

项目	Item	权数 Weight	2008	2009	2010	2011	2012
丙类消费价格指数	**Consumer Price Index (C)**						
总指数	**All Items**	**100.00**	**97.9**	**98.5**	**100.6**	**105.8**	**110.1**
食品	Food	20.87	97.2	98.5	100.9	107.3	112.7
外出用膳	Meals Bought away from Home	(13.55)	97.4	98.9	100.7	105.4	110.5
食品(不包括外出用膳)	Food(Excluding Meals Bought away from Home)	(7.32)	96.8	97.7	101.4	110.7	116.7
住屋①	Housing①	31.36	96.2	99.7	100.4	107.1	113.6
私人房屋租金	Private Housing Rent	(28.45)	95.9	99.7	100.4	107.4	114.2
电力、燃气及水	Electricity, Gas and Water	2.03	95.8	78.4	101.7	98.1	95.0
烟酒	Alcoholic Drinks and Tobacco	0.29	86.2	97.8	100.0	111.4	112.9
衣履	Clothing and Footwear	4.39	96.2	98.2	101.1	108.8	111.5
耐用物品	Durable Goods	6.39	103.2	101.0	99.0	95.7	94.3
杂项物品	Miscellaneous Goods	4.49	96.6	98.4	100.6	104.9	106.7
交通	Transport	9.93	100.8	98.4	101.1	107.0	110.6
杂项服务②	Miscellaneous Services②	20.25	100.2	98.5	100.7	105.0	108.7
教育服务	Educational Services	(5.15)	99.2	99.0	100.6	103.7	106.8
资讯及通讯服务	Information and Communications Services	(1.62)	103.2	100.8	100.4	97.8	95.0
医疗服务	Medical Services	(3.38)	97.2	99.5	100.8	104.5	107.8

注：2009年10月起的消费价格指数是根据2009至2010年住户开支统计调查所得的开支权数编制。较早的指数则是根据旧的开支权数而经过按比例换算与新基期的指数拼接。
①除"私人房屋租金"及"公营房屋租金"外，"住屋"类别还包括"管理费及其他住屋杂费"和"保养住所材料"。而丙类消费物价指数中的"住屋"类别并不包括"公营房屋租金"。
②"杂项服务"类别包括"教育服务"、"资讯及通讯服务"、"医疗服务"及其他杂项服务。

Notes : The CPIs from October 2009 onwards are compiled based on expenditure weights obtained from the 2009/10 Household Expenditure Survey. The CPIs for earlier periods are compiled based on old weights and have been re-scaled to the new base period for linking with the new index series.
①Apart from "Private Housing Rent" and "Public Housing Rent", the "Housing" section also includes "Management Fees and Other Housing Charges" and "Materials for House Maintenance". For CPI(C), the "Housing" section does not include "Public Housing Rent".
②"Miscellaneous Services" section includes "Educational Services", "Information and Communications Services", "Medical Services" and other miscellaneous services.

24-45 按四分位开支组别及商品或服务类别划分的住户每月平均开支
Average Monthly Household Expenditure by Commodity/Service Section by Quartile Expenditure Group

商品或服务类别	Commodity/ Service Section	总数 Overall		四分位开支组别 Quartile Expenditure Group							
				最低四分位 The Lowest 25%		第二四分位 The Second 25%		第三四分位 The Third 25%		最高四分位 The Highest 25%	
		绝对值(港元) Value (HKD)	百分比 (Percent)	绝对值(港元) Value (HKD)	百分比 (Percent)	绝对值(港元) Value (HKD)	百分比 (Percent)	绝对值(港元) Value (HKD)	百分比 (Percent)	绝对值(港元) Value (HKD)	百分比 (Percent)
食品	Food	5859	27.1	2979	41.1	4767	34.3	6443	30.8	9251	20.8
住房	Housing	7093	32.8	2042	28.2	4620	33.2	6889	33.0	14825	33.3
电、燃气及水	Electricity, Gas and Water	630	2.9	370	5.1	553	4.0	651	3.1	944	2.1
烟酒	Alcoholic Drinks & Tobacco	133	0.6	86	1.2	123	0.9	139	0.7	184	0.4
衣履	Clothing & Footwear	861	4.0	166	2.3	394	2.8	723	3.5	2160	4.9
耐用物品	Durable Goods	886	4.1	135	1.9	378	2.7	722	3.5	2309	5.2
杂项物品	Miscellaneous Goods	920	4.3	300	4.1	549	3.9	889	4.3	1942	4.4
交通	Transport	1792	8.3	490	6.8	937	6.7	1471	7.0	4271	9.6
杂项服务	Miscellaneous Services	3449	16.0	680	9.4	1586	11.4	2960	14.2	8573	19.3
总数	**All Sections**	**21623**	**100.0**	**7248**	**100.0**	**13908**	**100.0**	**20887**	**100.0**	**44458**	**100.0**
住户总数（户）	**Number of Households (household)**	**1727000**		**432000**		**432000**		**432000**		**432000**	

注：住户开支是由2009年10月至2010年9月进行的住户开支统计调查的结果计算出来。
于2009-2010年住户开支统计调查期间，政府数项一次性的纾困措施减低了住户的开支。本表列载的住户开支数字是指住户获各项宽减后的实际开支。由于进位关系个别项目的数字或百分比相加可能不等于总数。

Notes: Household expenditures are calculated from the results of the Household Expenditure Survey conducted during October 2009 to September 2010. During the survey period of 2009/10 Household Expenditure Survey, the household expenditure was lowered by a number of Government's one-off relief measures. Household expenditure figures in this table refer to the actual expenditure incurred by households upon enjoying various waivers/concessions.Figures or percentages may not add up to respective totals due to rounding.

24-46 15岁及以上人口受教育程度
Educational Attainment of Population Aged 15 and Above

项目	Item	2008 人数(万人) Number of Persons (10 000 persons)	2008 百分比 (Percent)	2009 人数(万人) Number of Persons (10 000 persons)	2009 百分比 (Percent)	2010 人数(万人) Number of Persons (10 000 persons)	2010 百分比 (Percent)	2011 人数(万人) Number of Persons (10 000 persons)	2011 百分比 (Percent)	2012 人数(万人) Number of Persons (10 000 persons)	2012 百分比 (Percent)
总计	**Total**										
男	Male	279.00	46.68	280.03	46.49	281.90	46.26	283.98	46.07	286.87	45.87
女	Female	318.72	53.32	322.26	53.51	327.49	53.74	332.46	53.93	338.47	54.13
未受教育/学前教育①	No Schooling/Pre-primary①										
男	Male	7.17	1.20	7.20	1.20	7.94	1.30	7.56	1.23	6.41	1.02
女	Female	25.11	4.20	24.20	4.02	24.53	4.03	23.59	3.83	21.61	3.46
小学	Primary										
男	Male	47.84	8.00	46.37	7.70	44.55	7.31	42.58	6.91	42.66	6.82
女	Female	60.28	10.09	59.41	9.86	57.90	9.50	56.98	9.24	57.95	9.27
初中	Lower Secondary										
男	Male	49.56	8.29	49.02	8.14	48.56	7.97	47.54	7.71	47.32	7.57
女	Female	45.71	7.65	46.75	7.76	46.62	7.65	46.65	7.57	46.90	7.50
高中	Upper Secondary										
男	Male	98.35	16.45	99.03	16.44	100.97	16.57	102.42	16.61	102.75	16.43
女	Female	114.74	19.20	117.16	19.45	120.80	19.82	124.03	20.12	126.68	20.26
高等教育	Post-secondary										
非学位课程②	Non-degree Courses②										
男	Male	24.31	4.07	23.67	3.93	22.48	3.69	22.83	3.70	24.18	3.87
女	Female	24.89	4.16	24.01	3.99	22.51	3.69	22.68	3.68	23.26	3.72
学位课程③	Degree Courses③										
男	Male	51.76	8.66	54.74	9.09	57.39	9.42	61.05	9.90	63.55	10.16
女	Female	48.00	8.03	50.73	8.42	55.13	9.05	58.53	9.49	62.06	9.92

注：数字是根据每年1月至12月进行的“综合住户统计调查”结果，以及由政府统计处与跨部门人口分布推算小组共同编制按区议会分区划分年中人口估计数字而编制。

① 包括所有幼儿园及幼儿中心班级。

② 包括所有在香港或以外地区学院的证书、文凭、高级证书、高级文凭、专业文凭及其它同等程度的高等教育课程。

③ 包括所有在香港或以外地区学院的学士学位、研究生修课及专题研究课程。

Notes: Figures are compiled based on data collected in the General Household Survey from January to December of the year concerned as well as the mid-year population estimates by District Council district compiled jointly by the Census and Statistics Department and an inter-departmental Working Group on Population Distribution Projections.

① Including all classes in kindergartens and child care centres.

② Including all certificate, diploma, higher certificate, higher diploma, professional diploma and other post-secondary programmes of equivalent standards in educational institutions within or outside Hong Kong.

③ Including all first degree, taught postgraduate and research postgraduate courses in educational institutions within or outside Hong Kong.

24-47 按教育及培训机构类别划分的学生人数
Student Enrolment by Type of Educational and Training Institution

单位：人 (person)

类　别	Type	2008	2009	2010	2011	2012
幼儿园	Kindergarten	137630	140502	148940	157433	164764
小学	Primary School	365056	344748	331112	322881	317442
中学	Secondary School	489362	481188	458131	472532	422134
日校	Day School	478173	469466	449737	467087	418787
其他中学日间课程①	Other Secondary Day Course①	5637	6872	5550	3403	1411
夜校	Evening School	5552	4850	2844	2042	1936
特殊教育	Special Education	7969	8075	7815	8050	8021
特殊学校	Special School	7954	8026	7803	8008	7946
普通学校内的特殊班	Special Classes in Ordinary School	15	49	12	42	75
特殊幼儿中心②	Special child care centre②	1598	1465	1517	1607	1636
感化／住宿院舍③	Correctional/residential home③	70	67	76	74	82
惩教院所	Correctional institutions	441	398	409	351	371
教资会资助院校④	University Grants Committee (UGC) -funded Institution④	147364	158043	166018	168692	197117
全日制	Full-time	94402	104347	112768	118068	147801
证书／文凭课程	Certificate/Diploma	2108	4028	4706	2633	1730
副学位课程	Sub-degree	25238	27120	30649	34307	42973
学士学位课程	Undergraduate	56567	59334	61506	63063	82395
研究院修课课程	Taught Postgraduate	5110	7899	9674	11592	13862
研究院研究课程	Research Postgraduate	5379	5966	6233	6473	6841
兼读制	Part-time	52962	53696	53250	50624	49316
证书／文凭课程⑤	Certificate / Diploma⑤	-	5471	5678	5340	5045
副学位课程	Sub-degree	6261	8442	7868	6919	7664
学士学位课程	Undergraduate	19882	11309	10226	9661	9878
研究院修课课程	Taught Postgraduate	26239	27693	28806	28178	26286
研究院研究课程	Research Postgraduate	580	781	672	526	443
香港树仁大学	Hong Kong Shue Yan University	4842	5478	5309	4944	4934
全日制	Full-time	4295	4744	4776	4833	4900
兼读制	Part-time	547	734	533	111	34
香港公开大学	The Open University of Hong Kong	20340	21074	21809	21305	20781
全日制	Full-time	3458	4111	6059	6650	6876
遥距／兼读制面授	Distance Learning/Part-time Face-to-face	16882	16963	15750	14655	13905
认可高等教育学院	Approved Post secondary Colleges	1744	1978	3372	3974	7542
全日制	Full-time	1744	1916	3251	3794	7340
兼读制	Part-time	-	62	121	180	202
香港演艺学院	The Hong Kong Academy for Performing Arts	870	902	901	941	946
全日制	Full-time	791	812	818	834	858
非学位程度⑥	Non-degree⑥	376	340	335	292	141
学位程度	Degree	415	472	483	542	717
兼读制	Part-time	79	90	83	107	88
非学位程度⑥	Non-degree⑥	55	58	46	57	36
学位程度	Degree	24	32	37	50	52
职业训练局	Vocational Training Council	62482	64633	62094	52784	55328
全日制	Full-time	46287	48640	46652	38171	41687
技工级课程	Craft Level Courses	2119	2097	1889	2972	2372
技术员级课程	Technician Level Courses	9166	10718	11424	4629	10112
高级技术员级课程	Higher Technician Level Courses	35002	35825	33339	30570	29203
兼读制	Part-time	16195	15993	15442	14613	13641
技工级课程	Craft Level Courses	3148	3034	2923	2841	3360
技术员级课程	Technician Level Courses	3574	2831	2711	2595	1613
高级技术员级课程	Higher Technician Level Courses	9473	10128	9808	9177	8668
其他院校⑦	Other Institutions⑦	7588	8155	9290	8550	10893
全日制	Full-time	5834	6448	7636	7074	9561
兼读制	Part-time	1754	1707	1654	1476	1332

24-47 续表 continued

单位：人 (person)

类别	Type	2008	2009	2010	2011	2012
建造业议会训练学院	Construction Industry Council Training Academy					
全日制	Full-time	750	756	778	758	763
技工级课程	Craft Level Courses	491	455	491	471	507
技术员级课程	Technician Level Courses	259	301	287	287	256
制衣业训练局	Clothing Industry Training Authority	260	222	138	86	42
全日制	Full-time	232	198	111	70	24
技术员级课程	Technician Level Courses	232	198	111	70	24
兼读制	Part-time	28	24	27	16	18
技工级课程	Craft Level Courses	28	24	27	16	18
医院管理局⑧	Hospital Authority⑧					
全日制	Full-time	735	1530	1873	1925	1631
菲腊牙科医院⑨	The Prince Philip Dental Hospital⑨	90	98	128	79	79
全日制	Full-time	86	95	128	73	76
兼读制	Part-time	4	3	-	6	3
毅进计划／毅进文凭	Project Yi Jin/Yi Jin Diploma	12235	16732	18359	2962	5440
全日制	Full-time	8217	12232	13687	2192	5040
兼读制	Part-time	4018	4500	4672	770	400
提供成人教育／补习／职业课程的院校	Institutes Offering Adult Education/Tutorial/Vocational Courses	225911	273640	245787	243627	218606
日校	Day School	84646	86401	75173	70060	49639
日暨夜校	Day cum Evening School	84497	109818	111786	129646	136266
夜校	Evening School	56768	77421	58828	43921	32701
非本地高等及专业教育课程⑩	Non-local Higher and Professional Education Courses⑩	38600	38900	38600	34200	37900

注：表内列载有关幼儿园、小学、中学、特殊学校、特殊幼儿中心、感化／住宿院舍及惩教院所的数字是截至该年9月为止。“提供成人教育／补习／职业课程的院校”的数字，是截至该年10月为止。至于有关职业训练及高等教育，学年开始和完结月份则会因应各教育及培训机构而有所不同。2012年职业训练及高等教育的学生人数为临时数字。

①数字是指由提供成人教育／补习／职业课程的私立院校开办的日间中学课程的学生人数。

②为2至6岁的中度及严重残疾儿童提供的教育。

③为行为上有适应问题的儿童／青少年及青少年违法者，提供住院训练服务。

④教资会资助的大专院校是指香港城市大学、香港浸会大学、岭南大学、香港中文大学、香港教育学院、香港理工大学、香港科技大学和香港大学。数字包括教资会资助课程及教资会资助院校本部和辖下持续进修部门开办的本地经评审自资课程的学生人数。

⑤由2009年起，数字只包括为期最少一年的本地课程。

⑥数字包括证书、深造证书、专业证书、文凭、深造文凭及专业文凭课程的学生人数。

⑦其他院校指提供专上课程的私立学校。

⑧数字是指护士训练课程。

⑨数字是指牙科训练课程。

⑩数字包括与非本地机构合办，而学生在修业后可获取非本地高等学术资格的非本地注册或获豁免课程的学生人数。数字计算至最接近的百位数。

Notes: Figures for kindergarten, primary, secondary, special schools, special child care centre, correctional/residential home and correctional institutions are as at September of the respective years. Figures for "Institutes offering adult education/tutorial/vocational courses" are as at October of the respective years. For vocational and post-secondary education, beginning and ending months of academic year vary among educational and training institutions.

Figures for vocational and post-secondary education for 2012 are provisional.

① Figures refer to number of students attending secondary day courses operated by private institutes offering adult education/tutorial/vocational courses.

② Special training and care for moderately and severely disabled children aged 2-6.

③ Residential treatment service for mal-adjusted children/juveniles and young offenders through social work intervention.

④ Refers to City University of Hong Kong, Hong Kong Baptist University, Lingnan University, The Chinese University of Hong Kong, The Hong Kong Institute of Education, The Hong Kong Polytechnic University, The Hong Kong University of Science and Technology and The University of Hong Kong. Figures include students attending UGC-funded programmes and students attending locally accredited self-financing programmes offered by institution proper and their continuation education arms.

⑤ Figures only cover local programmes lasting for at least one academic year since 2009.

⑥ Figures include students in certificate, advanced certificate, professional certificate, diploma, advanced diploma and professional diploma courses.

⑦ Other institutions refer to private schools which provide post-secondary courses.

⑧ Figures refer to nurse training programmes.

⑨ Figures refer to dental training programmes.

⑩ Figures include students attending non-local registered or exempted courses leading to non-local higher academic qualifications and jointly operated with non-local institutions. Figures are rounded to the nearest hundred.

24-48 医疗卫生条件
Conditions of Public Health

项　目	Item	2008	2009	2010	2011	2012
注册医护专业人员　(人)	Number of Registered Healthcare Professionals(person)					
医生	Doctors	12215	12424	12620	12818	13006
中医	Chinese Medicine Practitioners (CMP)					
注册中医	Registered Chinese Medicine Practitioners	5860	6048	6241	6414	6565
有限制注册中医①	Chinese Medicine Practitioners with Limited Registration①	72	71	66	70	74
表列中医②	Listed Chinese Medicine Practitioners②	2823	2786	2772	2746	2733
牙医	Dentists	2074	2126	2179	2215	2258
药剂师	Pharmacists	1785	1878	1954	2050	2127
护士	Nurses	37447	38641	40011	41310	43698
按每千名人口计算的医生数目	Doctors per Thousand Population	1.8	1.8	1.8	1.8	1.8#
医疗机构和病床③	Number of Medical Institutions and Hospital Beds③					
医疗机构　(间)	Medical Institutions　(number)	107	111	113	117	120
病床　(张)	Hospital Beds　(bed)	35048	35062	35522	36121	36579
按每千名人口计算的病床数目	Beds per Thousand Population	5.0	5.0	5.0	5.1	5.1#

注：数字是指该年年底的数字。
①有限制注册中医可在指定的教育或科研机构进行中医药学方面的临床教学和研究工作。有限制注册中医的注册有效期不超过一年，他们并且不可作私人执业。
②表列中医可在中医注册过渡性安排下在香港合法地执业，直至食物及卫生局局长日后在宪报上公布的日期为止。表列中医在过渡性安排期间，可分别循直接注册，通过注册审核或通过执业资格试成为“注册中医”。
③包括医院管理局辖下医院、私家医院、护养院及惩教机构的医院。

Notes: Figures are as at end of the year stated.
①CMPs with limited registration are allowed to perform clinical teaching and research in Chinese medicine in the specified educational and scientific research institutions. The registration period of CMPs with limited registration should not exceed one year and they cannot engage in private practice with patients.
②Listed CMPs can practise lawfully in Hong Kong under the transitional arrangements for registration of CMPs until a date to be announced by the Secretary for Food and Health in the Gazette.Listed CMPs may become registered CMPs through direct registration, registration assessment or licensing examination during the transitional arrangements.
③Including Hospital Authority hospitals, private hospitals, nursing homes and hospitals in correctional institutions.

24-49 社会保障
Social Security

社会保障计划	Social Security Scheme	2008/2009	2009/2010	2010/2011	2011/2012	2012/2013
综合社会保障援助	Comprehensive Social Security Assistance (CSSA)					
处理中的个案数目①(个)	Number of Active Cases① (case)					
年老	Old Age	153451	153274	154096	154176	153237
永久性残疾	Permanent Disability	18001	18192	18491	18376	18351
健康欠佳	Ill Health	24861	25184	25221	25271	25217
单亲	Single Parent	36838	35922	34142	32579	30513
低收入	Low Earnings	16306	15469	14088	11765	9942
失业	Unemployment	33379	32560	29364	26081	23293
其他	Others	6633	7221	7330	7135	7070
总计	Total	289469	287822	282732	275383	267623
发放款项② (亿港元)	Amount② (HKD 100 million)	186	190	185	195	198
公共福利金	Social Security Allowance (SSA)					
处理中的个案数目①(个)	Number of Active Cases① (case)					
伤残津贴	Disability Allowance (DA)	126273	129874	134909	141751	147114
高龄津贴	Old Age Allowance (OAA)	485855	497942	508070	521486	546275
总计	Total	612128	627816	642979	663237	693389
发放款项② (亿港元)	Amount② (HKD 100 million)	88	89	91	97	106
暴力及执法伤亡赔偿	Criminal and Law Enforcement Injuries Compensation					
获批个案数目 (个)	Number of Cases Authorised for Payment (case)	248	316	228	202	195
交通意外伤亡援助	Traffic Accident Victims Assistance					
获批个案数目 (个)	Number of Cases Authorised for Payment (case)	7224	7350	7203	7139	7430
紧急救济	Emergency Relief					
受助灾民人数 (人)	Number of Victims Assisted (person)	638	401	630	623	504

注：于财政年度终结时的数字。除特别注明外，财政年度是由4月1日至翌年3月31日。

①处理中的个案包括新申请个案，正在复查中的个案，正领取援助款项的个案和已停止领取援助款项等待复查的个案。

②2009/10至2012/13年度的开支包括分别于该年度向综援受助人及公共福利金受惠人额外发放的一个月标准金额及一个月福利金。而2008/09年度的开支包括于该年度向综援受助人额外发放的两个月标准金额、伤残津贴受惠人的两个月津贴及向高龄津贴受惠人一笔过发放的3000元津贴及两个月津贴。

Notes : Figures are as at end of the financial year. Financial year is from 1 April to 31 March of the next year, unless otherwise specified.

①Active cases refer to cases being handled which include new applications, cases being reviewed, cases being paid and cases suspended for payment pending review.

②Expenditure of 2009/10 to 2012/13 including the provision of one additional month of standard rate of CSSA payment and one additional month of allowance to CSSA and SSA recipients of the year respectively. As for the expenditure of 2008/09 including the provision of two additional months of standard rate of CSSA payment to CSSA recipients, two additional months of allowance to DA recipients, and a one-off grant of $3,000 and two additional months of allowance to OAA recipients.

《中国统计年鉴》与香港特别行政区统计刊物中使用的指标对照表

A Comparison of Common Statistical Terms Used in Publications Compiled by the Census and Statistics Department, the Government of the Hong Kong Special Administrative Region and China Statistical Yearbook

对应表号 Table Number	《中国统计年鉴》使用的统计名词 Statistical Terms Used in China Statistical Yearbook	香港特别行政区统计名词及对应英文 Statistical Terms Used in Publications of the Hong Kong Special Administrative Region
1, 8, 12, 13, 49, 50	建筑业	建造业 Construction
1, 10	实际工资指数	实质工资指数 Real Wage Index
1, 11,12, 14,15	按当年价格计算	以当时市价计算 At Current Market Prices
1, 14, 31, 32	服务出口	服务输出 Exports of Services
1, 14, 31, 32	服务进口	服务输入 Imports of Services
1, 25	集装箱	货柜 Container
1, 45	消费价格指数	消费物价指数 Consumer Price Indices
11	实际增长	实质增长 Real Growth Rate
12	支出法	开支面 Expenditure Approach
12	生产法	生产面 Production Approach
12, 13	生产法本地生产总值	按经济活动划分的本地生产总值 GDP by Economic Activity
14	支出法本地生产总值	按开支组成部分划分的本地生产总值 GDP by Expenditure Component
14, 30	货物出口	货品出口 Exports of Goods
14, 30	货物进口	货品进口 Imports of Goods
30	转口货物	转口货品 Re-exports
1, 18	消费量	用量 Consumption
18	水	食水 Water
23	住房	居所 Accommodation
26	宽带	宽频 Broadband
51, 52	高等教育	专上教育 Post-secondary
44	信息科技	资讯科技 Information Technology
19, 49	计算机	电脑 Computer
52	幼儿园	幼稚园 Kindergarten

主要统计指标解释

年中人口 是以“居住人口”方法编制，利用“居住人口”方法所编制的人口估计称为“居港人口”。“居港人口”包括“常住居民”和“流动居民”。“常住居民”指两类人士:（a）在统计时点之前的6个月内，在港逗留最少3个月，又或在统计时点之后的6个月内，在港逗留最少3个月的香港永久性居民，不论在统计时点他们是否身在香港；及（b）在统计时点身在香港的香港非永久性居民。至于“流动居民”，是指在统计时点之前的6个月内，在港逗留最少一个月但少于3个月，又或在统计时点之后的6个月内，在港逗留最少1个月但少于3个月的香港永久性居民，不论在统计时点他们是否身在香港。根据新的编制方法，旅客并不包括在香港人口内。

粗出生率 是指某一年内的活产婴儿数目相对该年年中每千名人口的比率。

粗死亡率 是指某一年内的死亡人数相对该年年中每千名人口的比率。

婴儿死亡率 是指某一年内一岁以下婴儿死亡人数相对该年每千名活产婴儿的比率。

总和生育率 是指某年的每一千名妇女，若她们在生育龄期（即15至49岁）经历了一如该年的年龄别生育率，其一生中活产子女的平均数目。

出生时平均预期寿命 是指某年出生人士，若其一生经历一如该年的年龄性别死亡率所反映的死亡情况，他／她预期能活的年数。

劳动人口 是指15岁及以上陆上非住院人口，并符合就业人口或失业人口定义的人士。

劳动人口参与率 是指劳动人口占所有15岁及以上陆上非住院人口的比例。

就业人口 包括在统计前7天内有做工赚取薪酬或利润或有一份正式工作的15岁及以上人士。无酬家庭从业人员及在统计前7天内正休假的就业人士亦包括在内。

失业人口 包括所有15岁及以上人士（a）在统计前7天内并无职位，且并无为赚取薪酬或利润而工作；及（b）在统计前7天内随时可工作；及（c）在统计前30天内有找寻工作。一名15岁或以上的人士，如果他/她符合上述（a）和（b）的条件，但由于相信没有工作可做而在统计前30天内没有找寻工作，仍会被界定为失业，即所谓「因灰心而不求职的人士」。失业人口亦包括那些并无职位，有找寻工作，但由于暂时生病而不能工作的人士；及并无职位，且随时可工作，但由于已为于稍后时间担当的新工作或开展的业务作出安排；或正期待返回原来的工作岗位而没有找寻工作的人士。

失业率 是指失业人士在劳动人口中所占的比例。

每月就业收入 是指统计前一个月从所有工作所获得的收入。就雇员来说，收入包括工资和薪金、花红、佣金、小费、房屋津贴、逾时工作津贴、勤工津贴及其它现金津贴，但不包括补薪。就雇主和自营作业人士而言，收入是指从自己拥有的企业提取作个人及家居用途的款额。如果提取作个人及家居用途的款额资料未能提供，则会搜集有关从业务所得的净收入的数据。

本地生产总值 是指一个经济体的所有居民生产单位，在一个指定的期间内(一般是1年或1季)，未扣除固定资本消耗的生产总值。

人均本地生产总值 是指把该经济体在某统计年的本地生产总值除以该经济体在同年的人口总数所得的数字。

本地居民总收入（前称本地居民生产总值） 指一个经济体的居民从事各项经济活动而赚取的总收益，不论该等经济活动是否在该经济体的经济领域内或外进行。换言之，编制本地居民总收入应包括本地居民在该经济领域内或外从事各类经济活动的收益，并扣除非本地居民在该经济领域内从事经济活动的收益。本地居民总收入的计算方法如下:

本地居民总收入
= 本地生产总值 + 对外初次收入流量净值
= 本地生产总值 + 本地居民从经济领域外所赚取的初次收入 − 非本地居民从经济领域内所赚取的初次收入

初次收入 包括投资收益及雇员报酬。投资收益包括:直接投资收益、证券投资收益、其它投资收益及储备资产收益。

人均本地居民总收入 指把该经济体在某统计年的本地居民总收入除以该经济体在同年的人口总数所得的数字。

国际收支平衡 是一项统计报表，有系统地撮录在一个指定期间内（一般是1年或1季）某经济体与世界各地之间（即居民与非居民之间）进行的经济交易。完整的国际收支平衡表包括两大账户:(a)经常账户；及(b)资本及金融账户。

经常账户 量度居民与非居民之间关于货物、服务、初次收入和二次收入的流量。

货物 在国际收支平衡表内经常账户的货物主要包括一般商品、转手商贸活动下的货物净出口及非货币黄金。

服务 在国际收支平衡表内经常账户的服务主要包括运输服务、旅游服务、保险和退休金服务、金融服务、制造服务及其他服务。

初次收入账户 显示应收及应付的外地款额，作为向非居民提供／从非居民获得可予使用的劳动力、金融资源或自然资源的回报。在国际收支平衡经常账户内初次收入的概念及定义，与本地居民总收入的对外初次收入流量是相同的。

二次收入账户 记录居民与非居民之间的经常转移。

经常转移 指提供可能即时或短时间内被耗用的实质

或金融资源而无同等经济价值作回报的交易。

资本账户 量度有关资本转移及非生产、非金融资产（如商标和品牌）的获得和处置的对外交易。资本转移的例子包括债权人减免债务，和涉及获得或处置固定资产的现金转移。

金融账户 记录居民与非居民之间关于金融资产及负债的交易，显示某经济体的对外交易是如何融资的。金融账户内的交易按功能(即投资目的)归类为直接投资、证券投资、金融衍生工具、其它投资及储备资产。

直接投资 指某经济体的投资者对另一经济体内的企业所作的对外投资，并对该企业拥有持久利益及其管理上具有相当程度的影响力或话语权。就统计计算而言，若投资者持有某企业10%或以上的表决权，便视作对该企业的管理具话语权。

证券投资 指对非本地股权证券及债务证券(如中长期债券、货币市场工具）所作的投资，直接投资或储备资产所包括的投资除外。与直接投资者相比，投资在非本地企业所发行的股权证券及债务证券的证券投资者，在该等企业并无持久利益或在管理方面没有影响。凡持有一间企业不足10%的表决权均视为证券投资。

金融衍生工具 是一种与某个特定的金融工具、指标或商品挂钩的金融工具，使特定的金融风险本身能透过这种工具在金融市场进行交易。金融衍生工具包括期权类合约（如认股权证和期权）及远期类合约（如期货、利率掉期、货币掉期、远期利率协议、远期外汇合约）。

其他投资 指对非居民的其他金融申索和负债，但不属直接投资、证券投资、金融衍生工具或储备资产。其他投资包括不可转让的贷款、货币和存款、贸易信贷和预付款，以及其他资产／负债。

储备资产 是由一个经济体的金融当局（就香港而言，即香港金融管理局）控制的对外资产，并随时可供金融当局用来应付国际收支平衡的财务需要、干预外汇市场以调节该经济体的货币汇率，以及用作其他相关目的（如维持人众对货币及经济的信心，及作为向外地借贷的基础)。

国际投资头寸 是显示一个经济体在某特定时点的对外金融资产及负债存量的资产负债表。对外金融资产及负债的差额即为该经济体的国际投资头寸净值，代表其对世界各地的净申索或净负债。国际投资头寸与国际收支平衡的金融账户完全协调，同样也按投资类别分类。资产和负债分类为直接投资、证券投资、金融衍生工具及其他投资。国际投资头寸的资产方还包括储备资产。有关投资组成部分的详细解释，请参阅国际收支平衡表内金融账户组成部分的解释。

国际投资头寸净值 是对外金融资产总值与对外金融负债总值之差。

工业生产指数 量度本地工业生产量的实际变动，即撇除价格变动因素后的本地生产量的变动情况。

实用楼面面积 指各层楼面面积总和，但不包括楼梯、公共信道空间、升降机等候处、盥洗室、厕所、厨房、及为楼宇提供升降机、空调系统、或类似设施而安装的机械所占用的空间。

获批准可动工兴建楼宇 是指获屋宇署签发《同意书》动工兴建的楼宇。这种《同意书》是发给私人发展计划（包括香港房屋协会的计划）及香港房屋委员会的私人机构参建居屋计划。

初次呈交 就一项建筑工程初次呈交建筑事务监督批准的图则。

重大修改 指经过大规模修改的建筑图则，而这些图则必须从根本上接受重新评估。

自置住房住户 是指住户拥有其居住屋宇单位的业权。

全租户 是指住户向居于别处的人士租住整个屋宇单位自住，没有分租，单位内也没有其它的住户。

合租户 是指两个或以上的住户，分别向居于别处的人士租用部分的屋宇单位居住。

二房东 是指住户向居于别处的人士租住整个屋宇单位，并把部分单位分租予其它住户。

三房客 是指住户向居于同一屋宇单位内的人士租用部分单位居住。

免租 是指住户免费在屋宇单位内居住，不论是否获得业主同意，但不包括本身是业主或由雇主提供住房的住户。

住房由雇主提供 是指住户居住在由其成员之一的雇主提供的住房，包括以象征式租金向雇主租住屋宇单位的住户。假如住户使用由雇主提供的房屋津贴租用住房，则租住权不属于“住房由雇主提供”类别。

进口货物 是指在香港以外出产或制成的货物，输入香港供本地使用或转口，以及再进口的香港产品。其货值是以到岸价值计算。

港产品出口货物 是指香港的天然产品或在香港经过制造工序，以致其基本原料的形状、性质、式样或用途受到永久改变的产品。如果产品在香港只进行简单的稀释、包装、入樽、烘干、简单装配、分类、装饰等过程，则该产品并不能以香港作为来源地。其货值是以离岸价值计算。

转口货物 是指输出曾经自外地输入香港的货物，而这些货物并没有在香港经过任何制造工序，以致永久改变其形状、性质、式样或用途。其货值是以离岸价值计算。

输往中国内地作外发加工用途的出口货物 是指那些从香港或经香港出口往中国内地加工的原料或半制成品，经加工后成为制成品，并以合约安排再进口香港。

有关外发加工从中国内地输入的进口货物 是指那些加工后从中国内地进口香港的货物，其中全部或部分原料或半制成品是以合约安排从香港或经香港出口往中国内地加工。

原产地为中国内地而涉及外发中国内地加工、并输往其它地方的转口货物 是指那些经香港转口的制成品，其中全部或部分原料或半制成品是以合约安排从香港或经香港出口往中国内地加工，而加工后的货物再进口香港。

直接投资 指一个经济体系的投资者对另一经济体系的企业所作的对外投资，并对该企业拥有持久利益及在其管理上具有相当程度的影响力或话语权。就统计计算而言，若投资者持有某企业10%或以上的表决权，便视作对该企业的管理具话语权。直接投资包括股权及投资基金份额，以及债务工具。股权及投资基金份额包括所持有分行的股本、附属及联营公司的股票、投资基金份额，以及收益再投资，即投资者应得但其分行、附属公司、联营公司或投资基金没有分发的利润。债务工具主要涉及公司之间的债务交易，包括母公司与其分行、附属公司及联营公司之间的短期及长期借贷。

外来直接投资 指境外居民在香港居民企业所作的直接投资。跨国企业在香港经营的分行或附属公司，是外来直接投资的典型例子。

向外直接投资 指香港居民投资者在境外的企业所作的直接投资。

直接投资头寸 指某一特定日子香港居民在境外投资的价值或接受外来投资的价值。

直接投资流动 指某一时段内香港居民于境外投资或接受外来投资的投入或撤走。

贷款基金 提供资金予如房屋贷款和教育贷款等贷款计划。基金收入主要来自政府一般收入帐目转拨的款项、偿还的贷款及贷款利息。

港汇指数 是量度港元相对其他主要贸易伙伴的货币汇率变动加权平均值的指数，作为反映港元相对各种选定货币强弱的整体指标。由2012年1月3日起公布的新系列港汇指数已取代旧港汇指数系列。新系列指数是以2010年1月为基期及包括15种货币(印度卢比亦被纳入新系列指数中)。

外币兑换率 指外币兑港元的电汇或现钞收市中间兑换价。

认可机构 包括持牌银行、有限制牌照银行及接受存款公司。持牌银行可接受任何金额及期限的存款。随着撤销利率限制的最后阶段在2001年7月3日生效，各类存款利率再无任何限制。至于有限制牌照银行，它们可接受金额不少于港币50万元的任何期限的定期存款。接受存款公司则可接受金额不少于港币10万元而期限不少于3个月的定期存款。有限制牌照银行及接受存款公司均无任何存款利率限制。

外币掉期存款 是指顾客在现货市场购买外币，然后存入认可机构，但同时订下远期合约，将该笔外币（本金加利息）在存款到期时售予认可机构。从分析角度来看，这类掉期存款应当作港元定期存款。

货币供应量(M_1) 是指市民持有的法定纸币和硬币加上持牌银行的客户活期存款。

货币供应量(M_2) 是指货币供应量M_1所包括的项目，加上持牌银行的客户储蓄及定期存款，再加上持牌银行发行而由非认可机构持有的可转让存款证。

货币供应量(M_3) 是指货币供应量M_2所包括的各项，加上有限制牌照银行及接受存款公司客户的存款，再加上以上两类认可机构发行而由非认可机构持有的可转让存款证。

恒生指数 是以加权资本市值法计算(即发行股数乘以股价)，该指数内的五十只成份股划分为四个行业类别指数，包括工商、金融、地产及公用事业，其涵盖市值占香港联合交易所主板所有上市股份总市值大约百分之六十。

消费物价指数 量度住户一般所购买的消费商品和服务的价格水平随时间而变动的情况。消费物价指数的按年变动率被广泛地用作反映消费者所面对的通货膨胀的指标。不同的消费物价指数数列反映消费物价转变对不同开支组别的住户的影响。甲类、乙类及丙类消费物价指数分别根据较低、中等及较高开支范围的住户的开支模式编制而成。综合消费物价指数是根据以上所有住户的整体开支模式而编制，反映消费物价转变对整体住户的影响。每个项目的开支权数，是其在住户总开支中所占的比重。开支权数是根据住户开支统计调查的结果而制订的。并会每隔五年更新一次，以确保相应的消费物价指数能准确地反映不同开支范围住户的最新开支模式。

教育程度 是指某人在学校或其它教育机构修读达到的最高教育水平，不论他／她有否完成该课程。计算教育程度时，只包括正式课程，即须最少为期一个学年，入学须具备指定的学历资格（香港公开大学的非学位、副学位、学位及研究生课程除外），以及设有考试或指定评核成绩的程序。

社会保障计划 旨在帮助社会上需要经济或物质援助的人士，应付基本及特别需要。这个无须供款的社会保障制度，包括综合社会保障援助计划、公共福利金计划、暴力及执法伤亡赔偿计划、交通意外伤亡援助计划和紧急救济。

综合社会保障援助计划 是以入息补助方法，为那些在经济上无法自给的人士提供安全网，使他们的入息达到一定水平，以应付生活上的基本需要。申请人必须符合居港规定及通过入息及资产审查。

公共福利金计划 包括普通伤残津贴、高额伤残津贴、高龄津贴及长者生活津贴。高龄津贴及伤残津贴其目的分别是为年龄在70岁或以上或严重残疾的香港居民，每月提供现金津贴，以应付因年老或严重残疾而引致的特别需要。至于长者生活津贴，旨在为年龄在65岁或以上有经济需要的香港居民，每月提供特别津贴，以补助他们的生活开支。除长者生活津贴外，在本计划下发放的津贴均无须申请人接受经济状况调查。

暴力及执法伤亡赔偿计划 的目的是提供现金援助给因暴力罪行或因执法人员使用武器执行职务以致受伤的人士或这些人士的受养人（如受害人因伤死亡）。申请人亦无须接受经济状况调查。

交通意外伤亡援助计划 的目的是向道路交通意外受害人，或这些人士的受养人（如受害人因伤死亡）迅速提供经济援助，而无须考虑计划受惠人的经济状况，或有关交通意外是因谁人的过失而造成。援助金按意外受害人的伤亡情况支付；至于财物损失，则不在援助范围内。

紧急救济 天灾或其它不幸事故（例如火灾、台风、水灾、暴雨、山泥倾泻、塌屋）的灾民，及因楼宇成为危楼而遭发出封闭令以致被着令撤离家园的受影响人士，均可获得紧急救济。

Explanatory Notes on Main Statistical Indicators

Mid-year Population is compiled using the "resident population" approach. The population estimate compiled under the "resident population" approach is referred to as the Hong Kong Resident Population, which comprises "Usual Residents" and "Mobile Residents". "Usual Residents" refer to two categories of people: (a) Hong Kong Permanent Residents who have stayed in Hong Kong for at least 3 months during the 6 months before or for at least 3 months during the 6 months after the reference time-point, regardless of whether they are in Hong Kong at the reference time-point; and (b) Hong Kong Non-permanent Residents who are in Hong Kong at the reference time-point. As for "Mobile Residents", they are Hong Kong Permanent Residents who have stayed in Hong Kong for at least 1 month but less than 3 months during the 6 months before or for at least 1 month but less than 3 months during the 6 months after the reference time-point, regardless of whether they are in Hong Kong at the reference time-point. Under the new approach, visitors are not part of the Hong Kong population.

Crude Birth Rate refers to the number of live births in a given year per 1000 mid-year population of that year.

Crude Death Rate refers to the number of deaths in a given year per 1000 mid-year population of that year.

Infant Mortality Rate refers to the number of deaths of age under one in a given year per 1000 live births in that year.

Total Fertility Rate refers to the average number of children that would be born alive to 1000 women during their lifetime if they were to pass through their childbearing ages 15-49 experiencing the age specific fertility rates prevailing in a given year.

Expectation of Life at Birth refers to the number of years of life that a person born in a given year is expected to live if he/she was subject to the prevalent mortality conditions as reflected by the set of age-sex specific mortality rates for that year.

Labour Force refers to the land-based non-institutional population aged 15 and over who satisfy the criteria for being classified as employed population or unemployed population.

Labour Force Participation Rate refers to the proportion of labour force in the total land-based non-institutional population aged 15 and over.

Employed Persons refer to those persons aged 15 and over who have been at work for pay or profit during the 7 days before enumeration or have had formal job attachment. Unpaid family workers and persons who were on leave/holiday during the 7 days before enumeration are included.

Unemployed Persons refer to those persons aged 15 and over who (a) have not had a job and have not performed any work for pay or profit during the 7 days before enumeration; and (b) have been available for work during the 7 days before enumeration; and (c) have sought work during the 30 days before enumeration. If a person aged 15 or over fulfils the conditions (a) and (b) above but has not sought work during the 30 days before enumeration because he/she believes that work is not available, he/she is still classified as unemployed, being regarded as a so-called "discouraged worker". Unemployed population also includes persons without a job who have sought work but have not been available for work because of temporary sickness; and persons without a job who have been available for work but have not sought work because they have made arrangements to take up a new job or to start business on a subsequent date; or were expecting to return to their original jobs.

Unemployment Rate refers to the proportion of unemployed persons in the labour force.

Monthly Employment Earnings refer to earnings from all jobs during the month before enumeration. For employees, they include wage and salary, bonus, commission, tips, housing allowance, overtime allowance, attendance allowance and other cash allowances. However, back pays are excluded. For employers and self-employed, they refer to amounts drawn from the self-owned enterprise for personal and household use. If information on the amounts drawn for personal and household use is not available, data on net earnings from business would be collected instead.

Gross Domestic Product (GDP) is a measure of the total value of production of all resident producing units of an economy in a specified period (typically a year or a quarter), before deducting the consumption of fixed capital.

Per Capita GDP is obtained by dividing the total GDP in a year by the population of that economy in the same year.

Gross National Income (GNI) (formerly known as Gross National Product (GNP) is a measure of the total income earned by residents of an economy from engaging in various economic activities, irrespective of whether the economic activities are carried out within the economic territory of the economy or outside. In other words, in compiling GNI, income earned by residents from engaging in various economic activities within or outside the economic territory are included, whereas income earned by non-residents from engaging in economic territory are excluded. GNI is computed as follows:

GNI = GDP + Net external primary income flows
= GDP + Primary income earned by residents from outside the economic territory - Primary income earned by non-residents from within the economic territory

Per capita GNI of an economy is obtained by dividing GNI in a year by the population of that economy in the same year.

Balance of Payments (BoP) is a statistical statement that systematically summarises, for a specific time period (typically a year or a quarter), the economic transactions of an economy with the rest of the world (i.e. between residents and non-residents). A complete BoP account comprises two broad accounts : (a) the current account; and (b) the capital and financial account.

Current account measures the flows of goods, services, primary income and secondary income between residents and non-residents.

Goods under the BoP current account mainly cover general merchandise, net exports of goods under merchanting and non-monetary gold.

Services under the BoP current account mainly cover transport services, travel services, insurance and pension services, financial services, manufacturing services and other services.

Primary Income Account shows the amounts receivable and payable abroad in return for providing/obtaining use of labour, financial resources or natural resources to/from non-residents. The concepts and definitions of primary income under the current account of the BoP are the same as those of the external primary income flow under GNI.

Secondary Income Account records current transfers between residents and non-residents.

Current Transfers are transactions in which real or financial resources that are likely to be consumed immediately or shortly are provided without the receipt of equivalent economic values in return.

Capital Account measures external transactions in capital transfers, and the acquisition and disposal of non-produced, non-financial assets (such as trademarks and brand names). Examples of capital transfers include forgiveness of debts by creditors, and cash transfers involving the acquisition or disposal of fixed assets.

Financial Account records transactions in financial assets and liabilities between residents and non-residents. It shows how an economy's external transactions are financed. Transactions in the financial account are classified by function (i.e. the purpose of the investment) into direct investment, portfolio investment, financial derivatives, other investment and reserve assets.

Direct Investment refers to external investment in which an investor of an economy acquires a lasting interest and a significant degree of influence or an effective voice in the management of an enterprise located in another economy. For statistical purpose, an effective voice is taken as being equivalent to a holding of 10% or more of the voting power in an enterprise.

Portfolio Investment refers to investment in non-resident equity securities and debt securities (e.g. bonds and notes, money market instruments), other than that included in direct investment or reserve assets. Compared with direct investors, portfolio investors in equity securities and debt securities of non-resident enterprises have no lasting interest or influence in the management of the enterprises concerned. A holding of less than 10% of the voting power in an enterprise is regarded as portfolio investment.

Financial Derivatives are financial instruments that are linked to a specific financial instrument or indicator or commodity, and through which specific financial risks can be traded in financial markets in their own right. Financial derivatives include option-type contracts (e.g. warrants and options) and forward-type contracts (e.g. futures, interest rate swaps, currency swaps, forward rate agreements, forward foreign exchange contracts).

Other Investment refers to other financial claims on and liabilities to non-residents that are not classified as direct investment, portfolio investment, financial derivatives or reserve assets. Other investment includes non-marketable loans, currency and deposits, trade credits and advances, and other assets / liabilities.

Reserve Assets are external assets that are readily available to and controlled by the monetary authority of an economy (which refers to the Hong Kong Monetary Authority in the case of Hong Kong) for meeting balance of payments financing needs, for intervention in exchange markets to regulate the currency exchange rate of that economy, and for other related purposes (such as maintaining confidence in the currency and the economy, and serving as a basis for foreign borrowing).

International Investment Position (IIP) is a balance sheet showing the stock of external financial assets and liabilities of an economy at a particular time point. The difference between the external financial assets and liabilities is the net IIP of the economy, which represents either its net claim on or net liability to the rest of the world. Being fully consistent with the BoP financial account, IIP is also categorised by type of investment. Assets and liabilities are divided into direct investment, portfolio investment, financial derivatives and other investment. The asset side of IIP also includes the reserve assets. For detailed explanation on investment components, please refer to the explanatory notes on the components of the financial account of the BoP account.

Net IIP is the difference between total external financial assets and total external financial liabilities.

Index of Industrial Production measures the changes in local industrial output in real terms, i.e. changes in the volume of local production after discounting the effect of price changes.

Usable Floor Area means the aggregate of the areas of the floor or floors in a storey or a building excluding any staircases, public circulation space, lift landings, lavatories, water-closets, kitchens and any space occupied by machinery for any lift, air-conditioning system or similar service provided for the building.

Buildings with Consents to Commence Work refer to buildings with consents to commence building works issued by the Buildings Department. Such "Consents" are issued to private development projects (including Hong Kong Housing Society's projects) and Hong Kong Housing Authority's development projects under the Private Sector Participation Scheme.

First Submission refers to plans for a building project which are first submitted to the Building Authority for approval.

Major Revision refers to building plans which have been so extensively revised that they must be fundamentally reassessed.

Owner-occupier refers to a household which owns the quarters it occupies.

Sole Tenant refers to a household which rents the whole quarters it occupies from someone who lives outside the quarters without sharing it with other household(s) or subletting.

Co-tenant refers to two or more households each of which rents part of the quarters from someone who lives outside the quarters.

Main Tenant refers to a household which rents the whole quarters it occupies from someone who lives outside the quarters and sublets part of it to other household(s).

Sub-tenant refers to a household which rents part of the quarters from someone who lives in the same quarters.

Rent Free refers to a household which occupies an accommodation free, with or without the owner's permission. This does not include owner-occupiers or households occupying accommodation provided by employers.

Accommodation Provided by Employer refers to a household which occupies an accommodation provided by the employer of one of the household members. This also includes households occupying quarters leased from employers at a nominal rent. If a household member uses housing allowance given by his/her employer for renting accommodation, the tenure is not regarded as "accommodation provided by employer".

Imports are goods which have been produced or manufactured in places outside the jurisdiction of Hong Kong and brought into Hong Kong for domestic use or for subsequent re-export as well as Hong Kong products re-imported. Their values are recorded on cost, insurance and freight (c.i.f.) basis.

Domestic exports are the natural produce of Hong Kong or products of a manufacturing process in Hong Kong which has changed permanently the shape, nature, form or utility of the basic materials used in manufacture. Processes such as simple diluting, packing, bottling, drying, simple assembling, sorting, decorating, etc., do not confer Hong Kong origin. Their values are recorded on free-on-board (f.o.b.) basis.

Re-exports are products which have previously been imported into Hong Kong and which are re-exported without having undergone in Hong Kong a manufacturing process which has changed permanently the shape, nature, form or utility of the product. Their values are recorded on f.o.b. basis.

Exports to the Mainland of China for Outward Processing refer to raw materials or semi-manufactures exported from or through Hong Kong to the mainland of China for processing with a contractual arrangement for subsequent re-importation of the processed goods into Hong Kong.

Imports from the Mainland of China Related to Outward Processing refer to processed goods imported to Hong Kong from the mainland of China, of which all or part of the raw materials or semi-manufactures have been under contractual arrangement exported from or through Hong Kong to the mainland of China for processing.

Re-exports of the Mainland of China Origin to Other Places Involving Outward Processing in the Mainland of China refer to processed goods re-exported through Hong Kong, of which all or part of the raw materials or semi-manufactures have been exported from or through Hong Kong to the mainland of China for processing with a contractual arrangement for subsequent re-importation of the processed goods into Hong Kong.

Direct Investment refers to external investment in which an investor of an economy acquires a lasting interest and a significant degree of influence or an effective voice in the management of an enterprise located in another economy. For statistical purpose, an effective voice is taken as being equivalent to a holding of 10% or more of the voting power in an enterprise. Direct investment comprises equity and investment fund shares and debt instruments. Equity and investment fund shares include equity in branches, shares in subsidiaries and associates, investment fund shares and reinvestment of earnings, which consist of the investors' share of earnings not distributed by branches, subsidiaries, associates or investment fund. Debt instruments mainly involve inter-company debt transactions. These include short-term and long-term borrowing and lending of funds between parent companies and their branches, subsidiaries and associates.

Inward Direct Investment refers to direct investment in a Hong Kong resident enterprise by a non-Hong Kong resident. Typical examples of inward direct investment are multinational corporations' branches and subsidiaries operating in Hong Kong.

Outward Direct Investment refers to direct investment by a Hong Kong resident in a non-resident enterprise.

Position of Direct Investment refers to the value of investment abroad or investment received from abroad of Hong Kong residents at a specified date.

Flow of Direct Investment refers to the additions/withdrawals of investment abroad or investment received from abroad of Hong Kong residents during a period.

Loan Fund finances loans and advances for such schemes as housing loans and education loans. The main sources of income are appropriations from the General Revenue Account, loan repayments and interest on loans.

Effective Exchange Rate Index (EERI) for the Hong Kong Dollar (HKD) is an index which measures movements in the weighted average of the exchange rate of the HKD against the currencies of major trading partners of Hong Kong. It serves as an indicator for measuring the overall strength of the HKD relative to selected currencies. A new EERI series has been released as from 3 January 2012 to replace the old EERI series. This new series uses January 2010 as the base and includes 15 currencies (the Indian Rupee is added to the new series).

Exchange Rates Between the Hong Kong Dollar and Other Currencies refer to the closing middle market telegraphic transfer rates or notes rates.

Authorized Institutions include licensed banks, restricted licence banks and deposit-taking companies. Licensed banks can accept deposits of any size and any term of maturity. With the final phase of interest rate deregulation came into effect on 3 July 2001, there is no restriction on interest rate payable. As for restricted licence banks, they can accept time deposits in amounts of not less than HK$500,000 with any term of maturity. Deposit-taking companies can however accept time deposits in amounts of not less than HK$100,000 with a term of maturity of at least three months. Both restricted licence banks and deposit-taking companies have no restriction on interest rate payable.

Foreign Currency Swap Deposits refer to deposits involving customers buying foreign currencies in the spot market and placing them as deposits with authorized institutions, while at the same time entering into a contract to sell such foreign currencies (principal plus interest) forward in line with the maturity of such deposits. For most analytical purpose, they should be regarded as Hong Kong dollar time deposits.

Money Supply M_1 refers to the sum of legal tender notes and coins held by the public plus customers demand deposits placed with licensed banks.

Money Supply M_2 refers to the sum of M_1 plus customers savings and time deposits with licensed banks, plus negotiable certificates of deposits issued by licensed banks held by non-authorized institutions.

Money Supply M_3 refers to the sum of M_2 plus customer deposits with restricted licence banks (RLBs) and deposit-taking companies (DTCs) plus negotiable certificates of deposits issued by RLBs and DTCs held by non-authorized institutions.

Hang Seng Index is a market capitalization-weighted index (shares outstanding multiplied by stock price). The 50 constituent stocks of the Hang Seng Index are grouped under four sub-indices, namely Commerce and Industry, Finance, Properties and Utilities. These stocks account for about 60 percent of the total market capitalization of all stocks listed on the Main Board of the Stock Exchange of Hong Kong.

Consumer Price Index (CPI) measures the changes over time in the price level of consumer goods and services generally purchased by households. The year-on-year rate of change in the CPI is widely used as an indicator of the inflation affecting consumers. Different CPI series are compiled to reflect the impact of consumer price changes on households in different expenditure ranges. The CPI(A), CPI(B) and CPI(C) are compiled based on the expenditure patterns of households in the relatively low, medium and relatively high expenditure ranges respectively. A Composite CPI is compiled based on the overall expenditure pattern of all the above households taken together to reflect the impact of consumer price changes on the household sector as a whole. The expenditure weight of each item is the share of the item in the total expenditure of households. Derived from the results of the Household Expenditure Survey, the set of expenditure weights is updated once every five years to ensure that up-to-date expenditure patterns of households in different expenditure ranges are used in the compilation of the respective CPIs.

Educational Attainment refers to the highest level of education ever attained by a person in school or other educational institution, regardless of whether he/she had completed the course. Only formal courses are counted as educational attainment. A formal course shall be one that lasts for at least one academic year, requires specific academic qualifications for entrance (except sub-degree, associate degree, degree and post-graduate courses offered by the Open University of Hong Kong) and includes examinations or specific academic assessment procedures.

Social Security Schemes aim to provide for the basic and special needs of the members of the community who are in need of financial or material assistance. The non-contributory social security system comprises the Comprehensive Social Security Assistance Scheme, the Social Security Allowance Scheme, the Criminal and Law Enforcement Injuries Compensation Scheme, the Traffic Accident Victims Assistance Scheme and Emergency Relief.

The Comprehensive Social Security Assistance Scheme provides a safety net for those who cannot support themselves financially. It is designed to bring their income up to a prescribed level to meet their basic needs. An applicant must satisfy the residence requirements and pass both the income and assets tests.

The Social Security Allowance Scheme which includes Normal Disability Allowance, Higher Disability Allowance, Old Age Allowance and Old Age Living Allowance. Old Age Allowance and Disability Allowance provides a monthly allowance to Hong Kong residents who are 70 years of age or above or who are severely disabled to meet their special needs arising from old age or disability respectively. Old Age Living Allowance is to provide a special allowance per month to supplement the living expenses of Hong Kong residents aged 65 or above who are in need of financial support. Except for the Old Age Living Allowance, the allowances paid under the Scheme are non-means-tested.

The Criminal and Law Enforcement Injuries Compensation Scheme aims to provide ex-gratia payments to persons (or to their dependants in cases of death) who are injured as a result of a crime of violence, or by a law enforcement officer using a weapon in the execution of his duty. The Scheme is non-means-tested.

The Traffic Accident Victims Assistance Scheme aims to provide speedy financial assistance to road traffic accident victims (or to their surviving dependants in cases of death) on a non-means tested basis, regardless of the element of fault leading to the occurrence of the accident. Payments are made for personal injuries, while loss of or damage to property is not included.

Emergency Relief is provided for victims of natural and other disasters such as fire, typhoon, flood, rainstorm, landslide, house collapse, and also for evacuees of buildings and premises considered to be dangerous under Closure Orders.

25

澳门特别行政区主要社会经济指标

Main Social and Economic Indicators of Macao Special Administrative Region

简 要 说 明

一、本章资料反映澳门特别行政区主要社会、经济发展情况。内容包括：土地、人口、就业、国民经济核算、工业、能源、建筑、交通通讯、对外贸易、财政金融、物价、教育、卫生、房屋、社会保障等方面。

二、本章由澳门特别行政区政府统计暨普查局提供所有数据，国家统计局国际统计信息中心负责整理、编辑。

三、在统计工作方面，按中华人民共和国“澳门特别行政区基本法”的有关原则，澳门特别行政区保留其单独运作的统计系统，并负责编制和发布反映澳门特别行政区情况的统计数据。由于澳门和内地在使用统计名词及概念方面会有所不同，读者在比较两地数据时，请参考本章末的“主要统计指标解释”。

四、澳门特别行政区是单独的关税地区，澳门与内地之间的贸易，亦需办理进出口报关。在贸易统计方面，澳门特别行政区对外商品贸易统计数据亦包括澳门特别行政区与内地的贸易。

五、在外汇统计及与之有关的各方面，澳门元是澳门特别行政区的法定货币，因此，除澳门元以外的货币（包括人民币）均视作外币。

六、更详细的统计资料及有关的技术细节，可参阅澳门特别行政区政府统计暨普查局出版的《统计月刊》、《统计年鉴》及各专题统计出版物。

七、本章节表中的符号使用说明：“_”表示绝对数值为零；“空格”表示没有数字或未能提供；“..”表示不适用；“o”表示数据小于本表最小单位半数；“＊”或“①”等表示本表下有注解。

Brief Introduction

I. Data in this chapter reflect the major social and economic development of the Macao Special Administrative Region, including land; population; employment; national accounts; industry; energy; construction; transportation and communications; external trade; public finance and banking; prices; education; health; housing; and social security.

II. Data in this chapter are provided by the Statistics and Census Service of the Government of Macao Special Administrative Region, which are tabulated and edited by the International Statistical Information Centre of the National Bureau of Statistics.

III. According to the *Basic Law of the Macao Special Administrative Region of the People's Republic of China,* Macao Special Administrative Region maintains its independent statistical system that is responsible to comply and disseminate statistical information on the different aspect of the Special Administrative Region. As Macao and the mainland of China adopt different statistical concepts, definitions and terminology, users are advised to read the Explanatory Notes at the end of this chapter when making comparison between the mainland of China and the Macao Special Administrative Region.

IV. Macao is a separate customs territory; therefore, import and export trade between Macao and the mainland of China also requires customs declaration. In terms of trade statistics, Macao's external merchandise trade data also include trade transaction between Macao and the mainland.

V. The Macao Pataca (MOP) is the legal tender in the Macao Special Administrative Region, all other currencies (including Renminbi) are considered as foreign currencies in statistics on foreign exchange and related data.

VI. Detailed information and technical aspects are available in the *Monthly Bulletin of Statistics*, *Yearbook of Statistics* and other thematic publications published by the Statistics and Census Service of the Government of Macao Special Administrative Region.

VII. Notations used in this chapter:

"-" indicates absolute value equals zero; (blank) indicates no figure provided or not available; ".." indicates not applicable; "o" indicates less than half of the unit employed; "*" or "①"indicates footnote.

25-1 主要统计指标概况
Summary of Key Statistics

项目	Items	2008	2009	2010	2011	2012
人口及生命统计	**Population and Vital Statistics**					
年中人口 (万人)	Mid-year Population (10 000)	54.1	53.5	53.7	55.0	56.8
出生率 (‰)	Crude Birth Rate (‰)	8.7	8.9	9.5	10.6	12.9
死亡率 (‰)	Crude Death Rate (‰)	3.2	3.1	3.3	3.4	3.2
婴儿死亡率 (‰)	Infant Mortality Rate (‰)	3.2	2.1	2.9	2.9	2.5
(按每千名出生登记活产婴儿计算)	(per 1000 registered live births)					
劳动、就业	**Labour, Employment**					
劳动人口 (万人)	Labour Force (10 000)	32.7	32.3	32.4	33.6	35.0
劳动力参与率 (%)	Labour Force Participation Rate (%)	70.7	72.3	72.0	72.5	72.4
失业率 (%)	Unemployment Rate (%)	3.0	3.5	2.8	2.6	2.0
就业不足率 (%)	Underemployment Rate (%)	1.6	1.8	1.7	1.1	0.8
就业人口 (万人)	Employed Population (10 000)	31.7	31.2	31.5	32.8	34.3
建筑业	Construction	3.8	3.2	2.7	2.8	3.2
批发及零售业	Wholesale & Retail Trade	3.9	4.1	4.1	4.3	4.2
酒店及饮食业	Hotels, Restaurants & Similar Activities	4.1	4.3	4.3	4.6	5.3
文娱博彩及其他服务业	Recreational, Cultural, gaming & Other Services	7.7	7.4	7.5	8.2	9.0
对外商品贸易 (亿澳门元)	**External Merchandise Trade (100 million MOP)**					
出口	Exports	160	77	70	70	82
本地产品出口	Domestic Exports	96	30	24	24	23
再出口	Re-exports	64	47	46	46	59
进口	Imports	430	369	441	623	709
贸易价格比率 (2011=100)	Terms of Trade (2011=100)	100.7	100.2	99.3	100.0	97.7
工业生产	**Industrial Production**					
工业电力消耗量 (亿千瓦小时)	Electricity Consumption (100 million kwh)	2.1	1.6	1.6	1.7	1.8
私人建筑	**Private Sector Construction**					
新建楼宇	Completion of Buildings					
单位数目 (个)	Units (No.)	1177	3251	4527	1387	2558
总建筑面积 (万平方米)	Gross Floor Area (10 000 sq.m)	58	141	127	116	157
新动工楼宇	Construction of New Buildings					
单位数目 (个)	Units Started (No.)	2046	1547	870	2159	1592
总建筑面积 (万平方米)	Gross Floor Area (10 000 sq.m)	53	23	18	37	30
楼宇单位买卖数目 (个)	Number of Units Sold (No.)	21516	17310	29617	27624	25419
不动产买卖契约数目 (宗)	Deed of Real Estate Transacted (No.)	9712	9111	12707	10935	12339
不动产按揭贷款数目 (宗)	Real Estate Mortgage Loans (No.)	11847	8965	15127	14447	16427
运输、通讯、旅游 (万次)	**Transport, Communications, Tourism (10 000)**					
进出澳门重型货运车	Lorries Entering and Departing Macao	56.4	40.3	35.8	33.4	32.5
进出澳门的客船班	Ferry Trips Entering and Departing Macao	10.5	13.2	14.7	14.6	14.0
澳门国际机场的商业航班	Commercial Flights at Macao International Airport	4.6	3.7	3.5	3.5	3.9
登记车辆 (万辆)	Licensed Vehicles (10 000)	18.3	18.9	19.7	20.6	21.7
电话线 (万条)	Telephone Lines (10 000)	110.9	120.9	129.1	152.0	177.6
入境旅客 (万人次)	Visitors Arrival (10 000)	2293	2175	2497	2800	2808
酒店入住率 (%)	Occupancy Rate of Hotels (%)	74	71	80	84	83
财政收支、货币、金融(亿澳门元)	**Government Accounts, Money and Finance (100 million MOP)**					
财政总收入	Total Government Revenue	623	699	885	1230	1295
财政总支出	Total Government Expenditure	304	355	384	456	567
货币供应(广义货币供应量M_2)	Money Supply (M_2)					
总计	Total	1898	2122	2431	2980	3749
澳门元	MOP	541	597	680	773	909
港元	HKD	992	1138	1328	1623	2094
其他货币	Other currencies	365	387	422	583	746
本地/私人部门贷款及垫款	Domestic Loans/Advances to the Private Sector	889	973	1268	1616	1897

25-1 续表 continued

项 目		Items		2008	2009	2010	2011	2012
消费物价指数		**Consumer Price Index**						
（2008年4月至2009年3月=100）		**(April/2008 - March/2009=100)**						
综合消费价格指数		Composite Consumer Price Index		100.2	101.4	104.2	110.3	117.0
甲类消费价格指数		Consumer Price Index (A)		100.7	101.5	103.8	109.5	116.5
乙类消费价格指数		Consumer Price Index (B)		100.1	101.4	104.4	110.6	117.6
房屋（期末）		**Housing (End-period)**						
公共房屋	(套)	Public Housing	(No.)	6253	7165	8174	8376	8267
教育		**Education**						
幼儿教育学生	(人)	Student of Pre-primary Education	(person)	9127	9776	10804	11787	12669
小学生	(人)	Student of Primary Education	(person)	27483	25326	23785	22646	22231
中学生	(人)	Student of Secondary Education	(person)	39328	38222	37224	35726	33921
高等教育学生	(人)	Student of Higher Education	(person)	22156	23562	25539	26217	27776
医疗		**Health**						
医生	(人)	Doctors	(person)	1261	1292	1330	1438	1482
护士	(人)	Nurses	(person)	1415	1491	1536	1606	1751
病床	(张)	Hospital Beds	(unit)	1030	1109	1173	1222	1354
社会保障		**Social Security**						
受益人数目	(人)	Beneficiaries	(person)	250476	259280	276348	337115	343634
供款单位数目	(人)	Contributors	(person)	17175	34260	34294	19373	19885
总发放援助次数	(万次)	Number of Payments Granted	(10 000)	40.8	45.4	52.3	60.7	88.2
总发放金额	(万澳门元)	Amount Granted	(10 000 MOP)	43616	66815	74840	110225	130563
治安		**Public Security**						
罪案数目	(宗)	Number of Crimes	(No.)	13864	12406	11649	12512	12685
囚犯数目	(期末)	Number of Prisoners	(end-year)	912	930	929	1030	1112
本地生产总值		**Gross Domestic Product (GDP)**						
按以环比物量(2011年)计算		In Chained (2010) Dollars						
实际增长率	(%)	Growth Rate in Real Terms	(%)	3.4	1.7	27.5	21.8	9.9
本地生产总值	(亿澳门元)	GDP	(100 million MOP)	1867.7	1899.7	2422.1	2950.5	3244.0
人均本地生产总值	(万澳门元)	GDP per capita	(10 000 MOP)	34.6	35.5	45.1	53.7	57.0
当年价格		At Current Prices						
名义增长率	(%)	Growth Rate in Nominal Terms	(%)	14.6	2.3	33.4	30.0	18.0
本地生产总值	(亿澳门元)	GDP	(100 million MOP)	1662.7	1701.7	2269.4	2950.5	3482.2
人均本地生产总值	(万澳门元)	GDP per capita	(10 000 MOP)	30.8	31.8	42.3	53.7	61.2

25-2 按堂区划分的陆地面积
Land Area by Parish

单位：平方公里 (sq.km)

分 区	Sub-division	2008	2009	2010	2011	2012
总面积	**Total Land Area**	**29.2**	**29.5**	**29.7**	**29.9**	**29.9**
澳门半岛	**Macao Peninsula**	**9.3**	**9.3**	**9.3**	**9.3**	**9.3**
圣安多尼堂区	Santo Antonio	1.1	1.1	1.1	1.1	1.1
望德堂区	Sao Lazaro	0.6	0.6	0.6	0.6	0.6
风顺堂区	Sao Lourenco	1.0	1.0	1.0	1.0	1.0
大堂区	Se	3.4	3.4	3.4	3.4	3.4
花地玛堂区	N.S. de Fatima	3.2	3.2	3.2	3.2	3.2
氹仔	**Taipa Island**	**6.7**	**6.8**	**6.8**	**7.4**	**7.4**
路环	**Coloane Island**	**7.6**	**7.6**	**7.6**	**7.6**	**7.6**
路氹填海区	**CoTai Reclaimation Zone**	**5.6**	**5.8**	**6.0**	**5.6**	**5.6**

25-3 人口主要指标
Main Demographic Indicator

项 目	Item	2008	2009	2010	2011	2012
年中人口 (万人)	Mid-year Population (10 000 persons)	54.1	53.5	53.7	55.0	56.8
出生率 (‰)	Crude Birth Rate (‰)	8.7	8.9	9.5	10.6	12.9
死亡率 (‰)	Crude Death Rate (‰)	3.2	3.1	3.3	3.4	3.2
婴儿死亡率 (‰)	Infant Mortality Rate (‰)	3.2	2.1	2.9	2.9	2.5
自然增长率 (‰)	Natural Growth Rate (‰)	5.5	5.8	6.2	7.3	9.6
总和生育率	Total Fertility Rate	1.0	1.0	1.1	1.2	1.4
登记结婚 (宗)	Registered Marriages (case)	2778	3035	3103	3545	3783
离婚 (宗)	Registered Divorces (case)	658	782	889	998	1230
		2005 2008	2006 2009	2007 2010	2008 2011	2009-2012
出生时平均预期寿命(岁)	Life Expectancy at Birth (years)	81.9	82.2	82.3	82.3	82.4
男	Male	78.9	79.1	79.2	79.1	79.1
女	Female	84.7	85.1	85.3	85.5	85.7

25-4 经济活动人口及失业状况
Labour Force and Unemployment

项 目	Item	2008	2009	2010	2011	2012
劳动人口 (万人)	Labour Force (10 000 persons)	32.7	32.3	32.4	33.6	35.0
男	Male	17.3	16.6	16.5	17.1	18.1
女	Female	15.4	15.7	15.9	16.5	16.9
就业人口 (万人)	Employed Population (10 000 persons)	31.7	31.2	31.5	32.8	34.3
失业人口 (万人)	Unemployed Population (10 000 persons)	1.0	1.1	0.9	0.9	0.7
失业率 (%)	Unemployment Rate (%)	3.0	3.5	2.8	2.6	2.0

25-5 按行业划分的就业人口
Employed Population by Industry

单位：万人 (10 000 persons)

行业	Industry	2009	2010	2011	2012
总数	**Total**	**31.19**	**31.48**	**32.76**	**34.32**
农业、捕渔业及采矿工业	Agriculture, Fishing, Mining & Quarrying	0.11	0.06	0.08	0.08
制造业	Manufacturing	1.64	1.52	1.28	1.03
水电及气体生产供应业	Electricity, Gas & Water Supply	0.09	0.09	0.13	0.15
建筑业	Construction	3.18	2.71	2.82	3.23
批发及零售业	Wholesale & Retail Trades	4.08	4.14	4.34	4.23
酒店及饮食业	Hotels, Restaurants & Similar Activities	4.32	4.28	4.61	5.30
运输、仓储及通信业	Transport, Storage & Communications	1.62	1.82	1.60	1.60
金融业	Financial Intermediation	0.73	0.73	0.81	0.82
不动产及工商服务业	Real Estate & Business Activities	2.53	2.75	2.80	2.43
公共行政及社保事务	Public Administration & Social Security	1.97	2.14	2.30	2.51
教育	Education	1.18	1.15	1.23	1.31
医疗卫生及社会福利	Health & Social Welfare	0.75	0.81	0.85	0.86
文娱博彩及其他服务业	Recreational, Cultural, Gaming & Other Services	7.37	7.54	8.20	8.95
家务工作	Domestic Work	1.60	1.74	1.68	1.80
其他及不详	Others and Unknown	0.01	0.01	0.02	0.01

25-6 按行业划分的月工作收入中位数
Median Monthly Employment Earnings by Industry

单位：澳门元 (MOP)

行业	Occupation	2009	2010	2011	2012
总数	**Total**	**8500**	**9000**	**10000**	**11300**
制造业	Manufacturing	5000	5700	6500	7500
水电及气体生产供应业	Electricity, Gas & Water Supply	15000	16000	17500	16000
建筑业	Construction	9000	9500	10100	11700
批发及零售业	Wholesale & Retail Trade	7000	7500	8000	9000
酒店及饮食业	Hotels, Restaurants & Similar Activities	6500	7000	7500	8300
运输、仓储及通信业	Transport, Storage & Communications	8500	8500	10000	11000
金融业	Financial Intermediation	12000	13000	12000	14000
不动产及工商服务业	Real Estate & Business Activities	6000	6500	7000	8000
公共行政及社保事务	Public Administration & Social Security	19500	19500	20700	25000
教育	Education	13000	14000	15000	16000
医疗卫生及社会福利	Health & Social Welfare	10300	10000	12000	15000
文娱博彩及其他服务业	Recreational, Cultural, Gaming & Other Services	12000	12000	13000	14500
家务工作	Domestic Work	2800	2900	3000	3100

25-7 本地生产总值(当年价格)
Gross Domestic Product at Current Prices

年 份 Year	本地生产总值 GDP		实际增长率 (%)	人均本地生产总值 GDP per capita	
	(亿澳门元) (100 million MOP)	(亿美元) (100 million USD)	Growth Rate in Real Terms (%)	(澳门元) (MOP)	(美元) (USD)
1992	386.2	48.4	13.3	104122	13060
1993	443.4	55.6	5.2	115464	14491
1994	494.2	62.1	4.3	124558	15648
1995	554.2	69.5	3.3	135392	16992
1996	563.1	70.7	-0.4	135657	17029
1997	565.6	70.9	-0.3	135547	16997
1998	525.6	65.9	-4.6	124462	15599
1999	502.7	62.9	-2.4	117620	14718
2000	516.3	64.3	5.7	119911	14940
2001	523.3	65.1	2.9	120555	15007
2002	563.0	70.1	8.9	128433	15987
2003	635.8	79.3	12.6	142851	17809
2004	822.9	102.6	26.9	180108	22450
2005	944.7	117.9	8.6	198406	24767
2006	1165.7	145.7	14.4	234123	29263
2007	1450.8	180.5	14.3	278539	34661
2008	1662.7	207.3	3.4	307917	38391
2009	1701.7	213.1	1.7	317575	39775
2010	2269.4	283.6	27.5	422656	52817
2011	2950.5	367.9	21.8	537103	66982
2012	3482.2	435.8	9.9	611930	76588

注：2012年数字在日后得到更多资料时会作出修订，以往年份数字已按最新资料修订。

Note: Figures of 2012 are subject to revision as more data become available and those of previous years have already revised according to the most updated data.

25-8 支出法本地生产总值
Expenditure-based Gross Domestic Product

单位：亿澳门元 (100 million MOP)

本地生产总值组成部分	GDP Components	2008	2009	2010	2011	2012
按当年价格计算	**At Current Prices**					
私人消费支出	Private Consumption Expenditure	437.0	455.7	511.0	605.0	693.8
政府最终消费支出	Government Final Consumption Expenditure	148.2	166.9	183.8	208.8	235.8
固定资本形成总额	Gross Fixed Capital Formation	502.9	319.0	283.6	366.1	465.2
存货增加	Changes in Inventories	13.1	2.2	17.4	42.5	48.1
货物出口	Exports of Goods	167.9	86.7	83.2	89.1	110.6
减:货物进口	Less: Imports of Goods	573.2	433.3	520.3	713.2	813.3
服务出口	Exports of Services	1445.5	1515.2	2321.2	3209.5	3659.8
减:服务进口	Less: Imports of Services	478.7	410.7	610.5	857.4	917.8
本地生产总值	**GDP**	**1662.7**	**1701.7**	**2269.4**	**2950.5**	**3482.2**
人均本地生产总值 (澳门元)	**GDP per capita (MOP)**	**307917**	**317575**	**422656**	**537103**	**611930**
以环比物量(2011年)计算	**In Chained (2011) Dollars**					
私人消费支出	Private Consumption Expenditure	496.5	508.3	545.1	605.0	660.3
政府最终消费支出	Government Final Consumption Expenditure	166.8	188.8	198.0	208.8	223.3
固定资本形成总额	Gross Fixed Capital Formation	555.5	375.9	312.7	366.1	435.9
存货增加	Changes in Inventories	13.9	2.5	18.7	42.5	47.3
货物出口	Exports of Goods	189.0	97.9	90.8	89.1	109.7
减:货物进口	Less: Imports of Goods	641.2	486.7	561.8	713.2	791.9
服务出口	Exports of Services	1611.4	1674.0	2466.6	3209.5	3429.0
减:服务进口	Less: Imports of Services	513.6	450.7	646.7	857.4	869.6
本地生产总值	**GDP**	**1867.7**	**1899.7**	**2422.1**	**2950.5**	**3244.0**
人均本地生产总值 (澳门元)	**GDP per capita (MOP)**	**345892**	**354521**	**451089**	**537103**	**570074**

注：2012年数字在日后得到更多资料时会作出修订，以往年份数字已按最新资料修订。

Note: Figures of 2012 are subject to revision as more data become available and those of previous years have already revised according to the most updated data.

25-9 生产法本地生产总值
Production-based Gross Domestic Product

单位: 亿澳门元 (100 million MOP)

经济活动	Economic Activities	2005	2007	2008	2009	2010	2011
第二产业	**Secondary Sector**	**106.0**	**203.9**	**198.1**	**125.6**	**108.4**	**121.3**
采矿业	Mining and Quarrying	0.1	0.1	o	o	o	0.1
制造业	Manufacturing	30.0	30.7	23.8	16.9	12.7	13.2
电力、煤气及水供应	Electricity, Gas and Water Supply	13.3	12.3	13.7	14.6	15.5	15.9
建筑业	Construction	62.6	160.8	160.6	94.0	80.2	92.1
第三产业	**Tertiary Sector**	**592.9**	**861.5**	**952.0**	**1028.2**	**1353.4**	**1764.4**
批发零售、维修、酒店、餐厅及酒楼业	Wholesale, Retail, Repair, Hotels and Restaurants	75.6	109.8	141.4	162.1	218.8	294.2
运输、仓储及通信业	Transport, Storage and Communications	33.4	42.6	39.3	41.3	53.6	61.4
金融保险、不动产、租赁及商业服务	Financial Intermediation, Real Estate, Renting and Business Activities	157.9	243.0	262.5	273.6	283.8	335.9
公共行政、社会服务及个人服务（包括博彩业）	Public Administration, Other Community, Social and Personal Services (Including gambling)	325.9	466.0	508.9	551.1	797.2	1073.0
生产法本地生产总值（基本价格）	**Production-based GDP at Basic Prices**	**698.9**	**1065.4**	**1150.2**	**1153.8**	**1461.9**	**1885.8**
加产品税	**Add: Taxes on Products**	**193.2**	**339.1**	**450.5**	**471.2**	**730.7**	**1060.5**
生产法本地生产总值（市场价格）	**Production-based GDP at Current Market Prices**	**892.1**	**1404.5**	**1600.7**	**1625.0**	**2192.6**	**2946.3**
支出法本地生产总值（市场价格）	**Expenditure-based GDP at Current Market Prices**	**944.7**	**1450.8**	**1662.7**	**1701.7**	**2269.4**	**2950.5**
统计差异(%)	**Statistical Discrepancy (%)**	**-5.6**	**-3.2**	**-3.7**	**-4.5**	**-3.4**	**-0.1**

注：2011年数字在日后得到更多资料时会作出修订，以往年份数字已按最新资料修订。
Note: Figures of 2011 are subject to revision as more data become available and those of previous years have already revised according to the most updated data.

25-10 生产法本地生产总值结构
Structure of Production-based Gross Domestic Product

单位: % (%)

经济活动	Economic Activities	2005	2007	2008	2009	2010	2011
第二产业	**Secondary Sector**	**15.2**	**19.1**	**17.2**	**10.9**	**7.4**	**6.4**
采矿业	Mining and Quarrying	o	o	o	o	o	o
制造业	Manufacturing	4.3	2.9	2.1	1.5	0.9	0.7
电力、煤气及水供应业	Electricity, Gas and Water Supply	1.9	1.2	1.2	1.3	1.1	0.8
建筑业	Construction	9.0	15.1	14.0	8.1	5.5	4.9
第三产业	**Tertiary Sector**	**84.8**	**80.9**	**82.8**	**89.1**	**92.6**	**93.6**
批发零售、维修、酒店、餐厅及酒楼业	Wholesale, Retail, Repair, Hotels and Restaurants	10.8	10.3	12.3	14.0	15.0	15.6
运输、仓库及通信业	Transport, Storage and Communications	4.8	4.0	3.4	3.6	3.7	3.3
金融、保险、不动产、租赁及商业服务	Financial Intermediation, Real Estate, Renting and Business Activities	22.6	22.8	22.8	23.7	19.4	17.8
公共行政、社会服务及个人服务（包括博彩业）	Public Administration, Other Community, Social and Personal Services (Including gambling)	46.6	43.7	44.2	47.8	54.5	56.9
以基本价格按生产法估算的本地生产总值	**Production-based GDP at Basic Prices**	**100.0**	**100.0**	**100.0**	**100.0**	**100.0**	**100.0**

注：2011年数字在日后得到更多资料时会作出修订，以往年份数字已按最新资料修订。
Note: Figures of 2011 are subject to revision as more data become available and those of previous years have already revised according to the most updated data.

25-11 电力、燃料及水消费量
Consumption of Electricity, Fuels and Water

项 目	Item	2008	2009	2010	2011	2012
电力 （万千瓦小时）	**Electricity (10 000 kwh)**					
住户	Domestic	63673	68229	69657	76568	79205
工业	Industrial	20660	16477	16445	16772	17948
商业及公共照明	Commercial and Public light	246839	261624	279446	292308	323329
燃料	**Fuels**					
重油 （万公升）	Fuel Oil (10 000 litres)	16136	20095	7134	9801	8768
轻柴油 （万公升）	Gas Oil and Diesel (10 000 litres)	15863	14819	14782	15653	17472
汽油 （万公升）	Gasoline (10 000 litres)	6352	6893	7478	8171	8709
液化石油气 （公吨）	L.P.G. (ton)	40128	39740	40744	42908	43615
水 （万立方米）	**Water (10 000 cu.m)**	**6746**	**6812**	**6715**	**7055**	**7528**

25-12 按用途划分的建成私人建筑
Completion of Private Sector Construction by End-use

项 目	Item	2008	2009	2010	2011	2012
住宅	Residential					
单位数目(个)	Number of Units	1099	3096	4066	1099	2443
建筑面积(万平方米)	Gross Floor Area(10 000 sq.m)	14.7	48.4	51.5	12.9	32.5
商业及办公室	Commercial and Office					
单位数目(个)	Number of Units	49	129	427	231	100
建筑面积(万平方米)	Gross Floor Area(10 000 sq.m)	5.1	5.5	4.2	5.3	4.6
工业	Industrial					
单位数目(个)	Number of Units	2	2	-	38	-
建筑面积(万平方米)	Gross Floor Area(10 000 sq.m)	1.2	1.8	-	3.9	-
其他用途	Others					
单位数目(个)	Number of Units	27	24	34	19	15
建筑面积(万平方米)	Gross Floor Area(10 000 sq.m)	37.4	85.0	71.4	94.3	119.7
总计	Total					
单位数目(个)	Number of Units	1177	3251	4527	1387	2558
建筑面积(万平方米)	Gross Floor Area(10 000 sq.m)	58.4	140.6	127.2	116.3	156.8

25-13 按用途划分的新动工私人建筑
New Private Sector Construction by End-use

项 目	Item	2008	2009	2010	2011	2012
住宅	Residential					
单位数目(个)	Number of Units	1937	1429	781	2053	1526
建筑面积(万平方米)	Gross Floor Area(10 000 sq.m)	32.3	13.2	9.9	21.0	17.9
商业及办公室	Commercial and Office					
单位数目(个)	Number of Units	93	69	79	86	49
建筑面积(万平方米)	Gross Floor Area(10 000 sq.m)	4.9	1.0	1.3	0.8	0.7
工业	Industrial					
单位数目(个)	Number of Units	1	37	1	3	1
建筑面积(万平方米)	Gross Floor Area(10 000 sq.m)	0.6	2.6	0.6	1.0	1.1
其他用途	Others					
单位数目(个)	Number of Units	15	12	9	17	16
建筑面积(万平方米)	Gross Floor Area(10 000 sq.m)	15.6	6.2	6.6	14.0	10.8
总计	Total					
单位数目(个)	Number of Units	2046	1547	870	2159	1592
建筑面积(万平方米)	Gross Floor Area(10 000 sq.m)	53.3	22.9	18.4	36.7	30.4

25-14 零售业销售额
Value of Retail Sales

单位：亿澳门元 (100 million MOP)

项　目	Item	2008	2009	2010	2011	2012
销售总额	**Total Value of Sales**	**193.91**	**223.54**	**306.42**	**434.79**	**529.61**
百货公司	Department Stores	23.71	33.36	44.23	62.94	75.87
超级市场	Supermarkets	17.41	19.07	21.22	26.16	33.46
汽车	Motor Vehicles	16.21	15.28	22.11	29.69	35.67
钟表金饰	Watches, Clocks and Jewellery	36.05	48.09	78.34	123.09	157.95
成人服装	Adults' Clothing	16.68	20.93	28.01	39.24	49.46
车用燃料	Automotive Fuels	8.69	6.81	7.80	10.04	11.90
家用燃料	Fuel for Household Use	7.53	4.93	6.10	6.63	7.09
家庭电器	Household Electric Appliances	4.89	5.30	6.43	6.85	8.41
药房	Pharmacy	5.49	5.88	7.91	11.63	14.01
其他	Others	57.25	63.89	84.27	118.52	135.79

25-15 按出入境方式统计的对外商品贸易
External Merchandise Trade by Mode of Transport

单位：万吨 (10 000 tons)

项　目	Mode of Transport	2008	2009	2010	2011	2012
入境①	**Imports ①**					
海路	Sea	309.6	169.1	169.2	238.4	362.8
空路	Air	1.7	1.3	1.4	1.0	0.6
陆路	Land	226.1	133.6	100.4	89.4	112.1
其他②	Others ②	7518.2	7777.6	7630.7	7947.0	8566.4
总数	**Total**	**8055.6**	**8081.6**	**7901.6**	**8275.8**	**9041.9**
出境①	**Exports ①**					
海路	Sea	27.0	15.9	20.8	26.7	21.9
空路	Air	3.6	2.5	2.8	2.0	1.1
陆路	Land	10.7	8.1	10.2	19.6	19.5
其他②	Others ②	17.7	14.8	13.3	12.9	14.1
总数	**Total**	**59.1**	**41.4**	**47.0**	**61.2**	**56.5**

注：①包括转运货物。
②包括邮递及以管道运输方式进出澳门的货物。
Notes:①Including transit goods.
②Including external merchandise trade by post and via pipeline.

25-16 集装箱流量
Container Flow

单位：数目 (number)

项　目	Item	2008	2009	2010	2011	2012
入境	Inward	50948	41554	43317	50228	56188
出境	Outward	43546	26553	26571	28535	35082
转口	Trans-shipment	2534	1112	1313	916	615

25-17　海路集装箱总吞吐量
Seaborne Container Throughput

单位：标准集装箱　　(TEU)

项　目	Item	2008	2009	2010	2011	2012
入境	Inward	66306	53071	55390	64490	73056
出境	Outward	57334	34574	35090	37199	46705
转口	Trans-shipment	2697	903	838	300	165

25-18　通信服务
Communications

项　目	Item	2008	2009	2010	2011	2012
邮递服务　（万件）	**Postal Services　(10 000)**					
信件邮件	Mails	3034	3069	3136	3331	3224
包裹	Parcels	0.8	0.8	0.8	0.8	0.8
电话服务　（万户）	**Telephone Services　(10 000)**					
固网电话用户	Fixed-lined Telephone Users	17.6	17.1	16.8	16.6	16.3
移动电话用户	Mobile Telephone Users	39.6	42.0	45.9	52.5	56.5
储值卡	Stored Value GSM Cards	53.7	61.7	66.3	82.8	104.9
对外电话通讯量　（万分钟）	**International Calls　(10 000 minutes)**					
拨出	Outgoing	26707	25795	31026	34880	38817
拨入	Incoming	20621	19635	23134	24976	26459
互联网	**Internet Services**					
登记用户　（万户）	Registered Subscribers　(10 000)	12.9	14.3	17.0	20.9	23.2
总使用时数　（万小时）	Total Hours Used　(10 000 hours)	25291	34042	42277	52761	67840

25-19　对外商品贸易主要指标
Principal Indicators of External Merchandise Trade

单位：亿澳门元　　(100 million MOP)

贸易种类	Trade Type	2008	2009	2010	2011	2012
出口	Exports	160.3	76.7	69.6	69.7	81.6
本地产品出口	Domestic Exports	95.8	29.7	23.9	23.9	22.8
转口	Re-exports	64.4	47.0	45.7	45.8	58.7
进口	Imports	430.3	369.0	441.2	622.9	709.3
进出口总额	Total Trade	590.6	445.7	510.8	692.6	790.9
进出口差额	Trade Balance	-270.1	-292.3	-371.6	-553.2	-627.7
出口/进口比率（%）	Exports-to-Imports Ratio(%)	37.2	20.8	15.8	11.2	11.5

25-20 商品进口主要原产地和商品出口主要目的地

Merchandise Imports and Exports by Major Country/Region

单位：亿澳门元 (100 million MOP)

主要国家/地区	Major Country/Region	2008	2009	2010	2011	2012
进口(原产地)	**Imports (Origin)**					
中国内地	Mainland China	169.3	115.7	137.2	191.2	232.0
中国香港	Hong Kong, China	43.7	40.4	46.3	75.9	82.1
欧盟	European Union	71.0	78.1	99.6	155.1	166.5
日本	Japan	36.4	30.4	38.1	39.1	42.4
中国台湾	Taiwan, China	14.2	11.2	10.8	13.3	14.0
美国	United States of America	23.8	22.2	26.2	37.3	36.8
出口(目的地)	**Exports (Destination)**					
美国	United States of America	64.0	13.1	7.8	5.6	5.1
欧盟	European Union	15.9	6.3	4.1	3.8	3.2
中国内地	Mainland China	19.7	11.2	11.0	11.0	13.7
中国香港	Hong Kong, China	31.6	30.1	30.0	31.1	41.0

25-21 财政收入

Government Revenue

单位：万澳门元 (10 000 MOP)

项　目	Items	2008	2009	2010	2011	2012①
经常收入	**Current Revenue**					
直接税	Direct Taxes	4299083	4519032	6884921	9839496	11196269
间接税	Indirect Taxes	188348	149140	220229	334217	495670
费用、罚款及其他金钱制裁	Fees, Fines and Other Penalties	128147	105608	140678	175144	157372
财产收益	Property Income	276385	380106	209202	366229	315132
转移	Transfers	595882	585199	391734	575618	722882
耐用品的出售	Sales of Durable Goods	1018	867	470	630	189
劳务及非耐用品的出售	Sales of Services and Non-durable Goods	132414	152813	64192	79432	31880
其他经常收入	Other Current Revenue	130846	170645	27448	49126	17304
资本收入	**Capital Revenue**					
投资资产的出售	Sales of Fixed Capital	3942	593	10930	23875	7867
转移	Transfers	-	-	-	-	-
财务资产	Financial Assets	29405	10942	138584	24401	3537
财务负债	Financial Liabilities	-	-	-	-	-
其他资本收入	Other Capital Revenue	431171	895506	747885	821637	-
非从支付中扣减的退回	Reimbursements Not Deducted from Payments	9294	16637	12533	7427	1727
指定帐目	**Autonomous Agencies**	-	-	-	-	-
总数	**Total**	**6225934**	**6987088**	**8848805**	**12297232**	**12949828**

注：①数字在日后得到更多资料时会作出修订。
Note: ①Figures are subject to revision as more data become available.

25-22 财政支出
Government Expenditure

单位：万澳门元 (10 000 MOP)

项 目	Items	2008	2009	2010	2011	2012①
经常支出	**Current Expenditure**					
工薪	Payroll	841647	905630	922194	1083892	710841
货物及劳务	Goods and Services	455521	560783	611914	733880	358342
利息	Interest	2958	1590	-	-	-
经常转移	Current Transfers	1105450	1307277	1548439	1460190	2851110
其他经常支出	Other Current Expenditure	123092	259544	156091	150737	123426
资本支出	**Capital Expenditure**					
投资	Investments	329120	416191	538641	935225	1407614
资本转移	Capital Transfers	11123	7493	5291	5222	9105
财务活动	Financial Transactions	175431	87484	56822	190186	213313
其他资本支出	Other Capital Expenditure	-	-	-	-	-
指定帐目	**Autonomous Agencies**	**-**	**-**	**-**	**-**	**-**
总数	**Total**	**3044343**	**3545992**	**3839391**	**4559332**	**5673750**

注：①数字在日后得到更多资料时会作出修订。
Note: ①Figures are subject to revision as more data become available.

25-23 货币供应
Money Supply

单位：亿澳门元(年底数字) (100 million MOP (as at end of year))

项 目	Items	2008	2009	2010	2011	2012
狭义货币供应量M_1	**Money Supply (M_1)**	**247.3**	**306.1**	**347.3**	**362.4**	**476.2**
分类一：澳门元	Classification 1: MOP	130.1	149.7	158.8	178.7	207.3
港元	HKD	103.5	145.4	173.4	175.4	260.9
其他货币	Other Currencies	13.6	10.9	15.1	8.3	8.0
分类二：流通货币(澳门元)	Classification 2: Currency in Circulation (MOP)	44.0	49.1	54.1	60.8	74.6
活期存款	Demand Deposits	203.3	257.0	293.2	301.6	401.6
广义货币供应量$M_2$①	**Money Supply (M_2) ①**	**1897.9**	**2122.3**	**2430.5**	**2979.6**	**3749.3**
分类一：澳门元	Classification 1: MOP	541.0	597.5	680.4	772.9	909.2
港元	HKD	992.4	1137.8	1328.1	1623.3	2094.2
其他货币	Other Currencies	364.5	387.0	422.1	583.4	745.9
分类二：狭义货币供应量$M_1$②	Classification 2: Money Supply (M_1) ②	247.3	306.1	347.3	362.4	476.2
准货币负债③	Quasi-Monetary Liabilities (QML)③	1650.6	1816.3	2083.2	2617.2	3273.1
储蓄存款	Savings Deposits	582.6	825.0	899.4	844.3	1063.8
通知存款	Notice Deposits	13.1	8.4	6.5	4.1	4.1
定期存款	Time Deposits	1054.9	982.3	1176.7	1765.4	2202.6

注：① $M_2 = M_1 +$ 准货币负债。
② 货币供应量M_1只包括流通货币及活期存款。储蓄存款则变为准货币负债的组成部分。
③ 准货币负债：包括储蓄存款、通知存款、定期存款、其他存款及存款证明书。

Notes: ① $M_2 = M_1$ + Quasi-Monetary Liabilities (QML)
② The definition of M1 has been revised. Saving Deposits are reclassified as component of the Quasi-Monetary Liabilities (QML), while M_1 includes only Currency in Circulation and Demand Deposits.
③QML:Quasi-Monetary Liabilities, which consist of savings deposits, notice deposits, time deposits, other deposits and certificates of deposit.

25-24 外币兑换率
Exchange Rates

单位：一单位外币兑换的澳门元 (MOP per unit of foreign currency)

项　目	Items	2008	2009	2010	2011	2012
年内平均数字	**Average for the Year**					
澳元	Australian Dollar	6.8552	6.3269	7.3560	8.2814	8.2701
欧元	Euro	11.8092	11.1309	10.6088	11.1685	10.2612
韩圆	Korean Won	0.0074	0.0063	0.0069	0.0072	0.0071
美元	US Dollar	8.0206	7.9842	8.0022	8.0186	7.9899
新台币	Taiwan Dollar	0.2548	0.2418	0.2540	0.2731	0.2701
英镑	Pound Sterling	14.8965	12.5159	12.3650	12.8609	12.6559
港元	Hong Kong Dollar	1.0300	1.0300	1.0300	1.0300	1.0300
日元	Japanese Yen	0.0776	0.0854	0.0913	0.1006	0.1002
马来西亚林吉特	Malaysian Ringgit	2.4124	2.2669	2.4884	2.6241	2.5868
新西兰元	New Zealand Dollar	5.7341	5.0721	5.7722	6.3496	6.4663
人民币	P.R. China Renminbi	1.1546	1.1688	1.1818	1.2387	1.2662
新加坡元	Singapore Dollar	5.6788	5.4955	5.8747	6.3855	6.3931
瑞士法郎	Swiss Franc	7.4326	7.3721	7.6883	9.0878	8.5141
年底数字	**As at End of Year**					
澳元	Australian Dollar	5.5103	7.1671	8.1437	8.1308	8.3038
欧元	Euro	11.2787	11.4645	10.6642	10.3673	10.5628
韩圆	Korean Won	0.0063	0.0069	0.0071	0.0069	0.0075
美元	US Dollar	7.9824	7.9878	8.0158	8.0047	7.9840
新台币	Taiwan Dollar	0.2437	0.2483	0.2749	0.2644	0.2749
英镑	Pound Sterling	11.5326	12.8428	12.3732	12.3308	12.9053
港元	Hong Kong Dollar	1.0300	1.0300	1.0300	1.0300	1.0300
日元	Japanese Yen	0.0884	0.0864	0.0984	0.1030	0.0930
马来西亚林吉特	Malaysian Ringgit	2.3021	2.3342	2.5996	2.5257	2.6070
新西兰元	New Zealand Dollar	4.6102	5.7920	6.1826	6.1888	6.5772
人民币	P.R. China Renminbi	1.1678	1.1698	1.2103	1.2619	1.2828
新加坡元	Singapore Dollar	5.5520	5.6938	6.2205	6.1591	6.5314
瑞士法郎	Swiss Franc	7.5569	7.7128	8.5753	8.5111	8.7496

25-25 消费物价指数
Consumer Price Index

2008年4月至2009年3月=100 (04/2008-03/2009=100)

项 目	Items	权数 Weight	2008	2009	2010	2011	2012
综合消费价格指数	**Composite Consumer Price Index**						
总指数	**Global Index**	**100.00**	**100.23**	**101.40**	**104.25**	**110.30**	**117.04**
食品及非酒精饮料	Food and Non-alcoholic Beverages	32.78	97.19	102.57	107.41	116.16	126.06
烟酒	Alcoholic Beverages and Tobacco	1.12	99.34	109.08	114.23	115.59	150.61
服装、鞋	Clothing and Footwear	6.75	95.04	104.07	110.84	118.30	122.15
住房及燃料	Housing and Fuels	22.82	99.05	97.80	98.21	101.58	108.45
家居设备及用品	Household Goods and Furnishings	3.13	99.26	101.44	102.94	107.60	114.98
医疗	Health	2.90	98.68	102.08	106.57	113.04	119.61
交通	Transport	7.88	102.82	96.87	102.97	111.97	114.91
通讯	Communications	3.52	97.32	95.64	92.30	82.45	79.01
康乐及文化	Recreation and Culture	5.93	97.41	100.55	104.56	109.95	112.75
教育	Education	5.16	119.84	107.21	99.42	100.93	101.17
其他商品及服务	Miscellaneous Goods and Services	8.02	99.78	104.22	110.61	120.63	127.63
甲类消费价格指数	**Consumer Price Index (A)**						
总指数	**Global Index**	**100.00**	**100.65**	**101.45**	**103.77**	**109.49**	**116.49**
食品及非酒精饮料	Food and Non-alcoholic Beverages	36.94	97.11	102.60	107.54	116.33	126.31
烟酒	Alcoholic Beverages and Tobacco	1.44	98.76	109.23	114.74	115.97	151.88
服装、鞋	Clothing and Footwear	4.82	95.41	104.17	110.95	118.25	122.36
住房及燃料	Housing and Fuels	27.22	100.11	98.11	98.32	101.51	107.42
家居设备及用品	Household Goods and Furnishings	2.19	98.41	101.93	103.47	108.21	114.46
医疗	Health	2.71	99.09	102.76	107.31	114.05	121.13
交通	Transport	5.78	102.92	95.65	100.85	109.38	113.01
通讯	Communications	4.22	97.02	95.64	92.45	82.74	79.10
康乐及文化	Recreation and Culture	4.71	97.04	100.53	105.02	110.73	114.05
教育	Education	4.00	119.91	107.13	99.13	101.74	102.86
其他商品及服务	Miscellaneous Goods and Services	5.96	98.54	103.17	108.31	116.49	123.30
乙类消费价格指数	**Consumer Price Index (B)**						
总指数	**Global Index**	**100.00**	**100.12**	**101.37**	**104.38**	**110.63**	**117.61**
食品及非酒精饮料	Food and Non-alcoholic Beverages	32.59	97.22	102.58	107.42	116.20	126.06
烟酒	Alcoholic Beverages and Tobacco	1.06	98.67	108.60	113.85	115.44	149.96
服装、鞋	Clothing and Footwear	7.63	94.89	103.87	110.59	117.90	121.97
住房及燃料	Housing and Fuels	20.76	99.28	97.82	98.08	101.59	109.57
家居设备及用品	Household Goods and Furnishings	3.60	98.83	101.24	102.50	107.01	114.68
医疗	Health	2.91	98.09	101.68	106.54	113.43	120.26
交通	Transport	8.04	103.65	96.17	102.74	112.49	116.34
通讯	Communications	3.32	97.38	95.50	92.08	81.95	78.38
康乐及文化	Recreation and Culture	6.45	97.90	100.88	104.78	110.28	112.86
教育	Education	5.03	117.68	106.04	99.00	100.43	100.47
其他商品及服务	Miscellaneous Goods and Services	8.60	99.69	104.17	110.56	120.41	127.36

25-26 按开支五等分位及商品与服务分类统计的每户双周平均消费开支

Average Biweekly Household Expenditure by Quintile Expenditure Group and Section of Goods and Services

商品与服务分类	Goods and Services	总数 Total		最低五分位 The Lowest 20%		第二五分位 The Second 20%	
		澳门元 MOP	百分比 (%)	澳门元 MOP	百分比 (%)	澳门元 MOP	百分比 (%)
消费开支	**Total Expenditure**	**8827**	**100.0**	**2714**	**100.0**	**5431**	**100.0**
食品及非酒精饮料	Food and Non-alcoholic Beverages	2414	27.4	842	31.0	1684	31.0
烟酒	Tobacco and Alcoholic Beverages	72	0.8	36	1.3	61	1.1
服装、鞋	Clothing and Footwear	445	5.0	54	2.0	167	3.1
住房及燃料	Housing and Fuels	1811	20.5	947	34.9	1452	26.7
家居设备及日用品	Housing Equipment and Routine Maintenance of the House	226	2.6	32	1.2	66	1.2
医疗	Health	205	2.3	64	2.4	111	2.0
运输	Transport	583	6.6	76	2.8	239	4.4
通讯	Communications	279	3.2	103	3.8	211	3.9
康乐及文化	Recreation and Culture	412	4.7	64	2.4	195	3.6
教育	Education	786	8.9	141	5.2	523	9.6
杂项商品及服务	Miscellaneous Goods and Services	711	8.1	98	3.6	276	5.1
外地消费	Consumption Expenses outside Macao	883	10.0	256	9.4	445	8.2
住户数目	**Number of Households**	**167187**	**100.0**	**33438**	**20.0**	**33438**	**20.0**

25-26 续表 continued

商品与服务分类	Goods and Services	第三五分位 The Third 20%		第四五分位 The Fourth 20%		最高五分位 The Highest 20%	
		澳门元 MOP	百分比 (%)	澳门元 MOP	百分比 (%)	澳门元 MOP	百分比 (%)
消费开支	**Total expenditure**	**7551**	**100.0**	**10235**	**100.0**	**18201**	**100.0**
食品及非酒精饮料	Food and Non-alcoholic Beverages	2300	30.5	2986	29.2	4259	23.4
烟酒	Tobacco and Alcoholic Beverages	70	0.9	90	0.9	103	0.6
服装、鞋	Clothing and Footwear	290	3.8	523	5.1	1193	6.6
住房及燃料	Housing and Fuels	1671	22.1	2005	19.6	2978	16.4
家居设备及日用品	Housing Equipment and Routine Maintenance of the House	142	1.9	267	2.6	621	3.4
医疗	Health	168	2.2	241	2.4	438	2.4
运输	Transport	364	4.8	625	6.1	1609	8.8
通讯	Communications	280	3.7	342	3.3	461	2.5
康乐及文化	Recreation and Culture	309	4.1	495	4.8	995	5.5
教育	Education	801	10.6	934	9.1	1531	8.4
杂项商品及服务	Miscellaneous Goods and Services	481	6.4	817	8.0	1885	10.4
外地消费	Consumption Expenses outside Macao	676	9.0	909	8.9	2129	11.7
住户数目	**Number of Households**	**33437**	**20.0**	**33437**	**20.0**	**33437**	**20.0**

注：2007/2008住户收支调查结果。

Note: Results of the 2007/2008 Household Budget Survey.

25-27 按受教育程度统计14岁及以上人口
Population Aged 14 and Over by Educational Attainment

项目	Item	2001人口普查 Census 2001		2006中期人口统计 By-census 2006		2011人口普查 Census 2011	
		万人 (10 000 persons)	构成 (%)	万人 (10 000 persons)	构成 (%)	万人 (10 000 persons)	构成 (%)
总计	**Total**	**34.97**	**100.0**	**43.36**	**100.0**	**49.20**	**100.0**
男	Male	16.45	47.0	20.97	48.4	23.35	47.5
女	Female	18.52	53.0	22.39	51.6	25.85	52.5
从未入学/学前教育	No Schooling/Pre-primary Education	2.10	6.0	2.06	4.7	1.63	3.3
男	Male	0.48	1.4	0.50	1.1	0.37	0.7
女	Female	1.62	4.6	1.56	3.6	1.26	2.6
小学	Primary Education	13.64	39.0	13.28	30.6	12.14	24.7
男	Male	6.63	19.0	6.59	15.2	5.78	11.8
女	Female	7.01	20.0	6.69	15.4	6.35	12.9
初中	Junior Secondary Education	9.45	27.0	12.07	27.8	12.30	25.0
男	Male	4.43	12.7	6.00	13.8	6.10	12.4
女	Female	5.02	14.3	6.07	14.0	6.19	12.6
高中	Senior Secondary Education	6.63	18.9	10.43	24.0	14.09	28.6
男	Male	3.32	9.5	5.16	11.9	6.73	13.7
女	Female	3.31	9.5	5.27	12.1	7.36	15.0
高等教育	Higher Education						
高等专科	Non-university Degree	0.75	2.1	0.64	1.5	0.99	2.0
男	Male	0.29	0.8	0.26	0.6	0.46	0.9
女	Female	0.46	1.3	0.38	0.9	0.53	1.1
大学	University	2.39	6.8	4.86	11.2	8.02	16.3
男	Male	1.29	3.7	2.44	5.6	3.88	7.9
女	Female	1.10	3.2	2.42	5.6	4.13	8.4
特殊教育	Special Education	0.02	0.1	0.03	0.1	0.04	0.1
男	Male	0.01	o	0.02	o	0.03	o
女	Female	0.01	o	0.01	o	0.02	o

25-28 按教育机构类别统计的注册学生人数
Students Enrolment by Type of Educational Institutions

单位：人 (person)

类别	Type	2008/2009	2009/2010	2010/2011	2011/2012	2012/2013
幼儿、小学、中学及高等教育	**Pre-primary, Primary, Secondary and Higher Education**	**98094**	**96886**	**97352**	**96376**	**96597**
幼儿	Pre-primary Education	9127	9776	10804	11787	12669
小学	Primary Education	27483	25326	23785	22646	22231
中学	Secondary Education	39328	38222	37224	35726	33921
高等教育	Higher Education	22156	23562	25539	26217	27776
特殊教育	**Special Education**	**471**	**502**	**551**	**560**	**582**

25-29 医疗卫生条件
Health

项　目	Item	2008	2009	2010	2011	2012
医护人员　　（人）	**Medical Personnel in Health Care (person)**					
医生	Doctors	1261	1292	1330	1438	1482
牙科技术员	Odontologists	78	71	67	64	60
护士	Nurses	1415	1491	1536	1606	1751
诊断及治疗助理员	Diagnostic and Therapeutic Technical Assistants	449	450	412	405	465
卫生服务助理员	Health Service Assistants	857	995	980	1038	1050
每千人口对医生	Number of Doctors per 1000 population	2.3	2.4	2.5	2.6	2.5
医疗机构和病床	**Health Care Establishments and Beds**					
医院　　（所）	Hospitals (unit)	3	3	4	4	4
病床　　（张）	Hospital Beds (unit)	1030	1109	1173	1222	1354
每千人口的病床数	Number of Beds per 1000 population	1.9	2.1	2.2	2.2	2.3

25-30 按住所租住权划分的住户数目
Number of Households by Tenure of Accommodation

单位：户　　　　(household)

项　目	Item	1998/1999	2002/2003	2007/2008
自置	Owner-occupier	87887	104382	121534
租客	Tenant	21248	17727	35910
二房东	Main Tenant	233	214	..
三房客	Sub-tenant	269	151	..
合租者	Co-tenant	6355	3315	..
由雇主提供	Provided by Employer	2721	1023	1853
免租	Rent-free	9140	7520	7890

25-31 社会保障基金发放资料
Payment Granted by Social Security Fund

发放种类	Type of Payment	2010		2011		2012	
		次数 Numbe of Payments	金额（万澳门元） Amount (10 000 MOP)	次数 Numbe of Payments	金额（万澳门元） Amount (10 000 MOP)	次数 Numbe of Payments	金额（万澳门元） Amount (10 000 MOP)
总计	**Total**	**523134**	**74840**	**606855**	**110225**	**882441**	**130563**
养老金	Old Age Pension	457216	64479	522288	97340	783143	114143
残疾金	Disability Pension	15035	2311	17962	3431	24507	4447
额外给付	Special Payment	34347	5286	52331	7023	58676	9358
失业津贴	Unemployment Benefit	6219	1304	3228	721	2830	601
疾病津贴	Sickness Allowance	2526	272	2724	332	2609	305
出生津贴	Birth Allowance	4256	426	4488	456	6232	623
结婚津贴	Marriage Allowance	2480	248	2585	259	2784	278
丧葬津贴	Funeral Subsidy	826	107	1139	148	1490	194
肺尘埃沉着病	Compensation for Pneumoconiosis		82	4	99		108
因工作关系所引起的债权	Credit Advances to Workers in Enterprises with Financial Claims		258	99	399	165	501
特别援助	Special Aid	132	68	7	19		7

主要统计指标解释

本地生产总值 反映每年在澳门特区生产的货物和提供各种服务的总量。本年鉴中的本地生产总值用支出法及生产法估算，支出法等于私人消费支出、政府最终消费支出、固定资本形成总额、库存变化和货物及服务出口净值（出口减进口）的总和。而生产法等于各经济行业的增加值总额的总和，这种方法可以评估澳门特区的产业结构。

婴儿死亡率 参考期内年龄在 1 岁或以下的死亡人数与出生活婴数目的千分比。

自然增长率 参考期内出生人数和死亡人数差额与平均人口之千分比。

出生率 参考期内出生活婴数目与平均人口之千分比。

死亡率 参考期内死亡人数与平均人口之千分比。

幼儿、小学、中学教育 指有系统的，且主要专为儿童及青少年开办的，由幼儿教育至中学教育的课程；中学教育包括职业技术教育。

幼儿教育 为期 3 年，对象是年龄 3-5 岁的儿童。在报名当年的 12 月 31 日年满 3 岁的幼儿可报读幼儿教育第一年。

小学教育 为期 6 年，完成幼儿教育或在报名当年的 12 月 31 日年满 6 岁的儿童可报读小学教育第一年。就读小学的最高年龄为 15 岁。

中学教育 由两个阶段组成：初中教育及高中教育。大学预科不纳入中学教育。

1）初中教育 为期 3 年，合格完成小学教育者可以入读。就读初中最大年龄为 18 岁，但在特别情况下，经教育机构决定，可以逾越此年限。

2）高中教育 为期 3 年，合格完成初中教育者可以入读。就读高中最大年龄为 21 岁，但在特别情况下，经教育机构决定，可以逾越此年限。

职业技术教育 以培训初级及中级程度的技术及专业人员为目的之课程。

高等教育 指透过理论、实践等在科学、文化及技术领域提供的培训教育；高等教育包括大学教育及高等专科教育。

特殊教育 指为有需要人士提供适合其身心发展的受教育机会，包括为资优学生和身心存在障碍的学生(如精神、感官、身体、沟通等方面有特殊教育需要人士)所开办的课程。

劳动人口 在参考期内可参与生产商品或提供服务的年龄在 16 岁及以上人士。包括就业人士及失业人士。

就业人口 在参考期内为赚取报酬、利润或家庭收入而工作最少一小时的年龄在 16 岁及以上人士。包括没有上班但与雇主保持正式工作联系的雇员，因某些原因而暂时没有上班的公司东主或股东。

失业人口 在参考期内没有工作或与雇主没有正式的工作联系、可随时接受有酬工作或自己做生意、在过去 30 日寻找工作的年龄在 16 岁及以上人士。

就业不足人口 在参考期内不论其职业身份，非自愿地工作少于 35 小时，并可随时接受更多的工作或正在寻找更多工作的就业人士。

劳动力参与率 劳动人口占年龄在 16 岁及以上人士的百分比。

失业率 失业人口占劳动人口的百分比。

就业不足率 就业不足人口占劳动人口的百分比。

旅客 指任何非以澳门特区为常居地的人士，连续在澳门的逗留时间少于一年，其旅游目的并非受雇于澳门特别行政区的居民实体。

酒店入住率 入住客房数量与可供应客房数量之百分比。

进口 将产自外地的货物输入澳门特区，但再进口和转运制度下输入者除外。

出口 将货物输出澳门特区，但暂时出口和转运制度下输出者除外。

本地产品出口 将原产地为澳门特区的任何货物输出澳门特区。

再出口 指原进口的货物未经加工输出澳门特区；或虽加工，但不能取得澳门特区产地资格。

转运 货物经过澳门特区而运到下一目的地。

原产地 农业产品种植之国家／地区、矿产开采之国家／地区、工业产品生产之国家／地区，被视为原产地国家／地区。若工业产品的制造工序于两个或以上的国家／地区进行，应以进行最后转变成型工序的国家／地区为原产地，再包装、分类及混合等工序不能构成最后转变成型工序；当产品入口国对相关货物产地来源有特定规定时，应遵从有关规定。

目的地 目的地是指货物实际最后到达的国家或地区(不论在运输途中有或没有中断)。如有中间国家或地区，只要不在中间国家或地区内进行商业交易，最后到达的国家或地区都可被视为目的地。

贸易价格比率指数 即货物出口单位价格指数与货物进口单位价格指数之比率。

单位 包括住宅、商业、办公室、工业、停车位、酒店及其他单位。

建筑面积 相等于所有楼层楼面面积之总和。楼面面积从外墙起量度，包括大堂、楼梯、升降机所占面积以及所有公用地方面积。

居民消费价格指数 反映澳门特区住户于购买一篮子之指定商品或服务时，在不同时间该等商品或服务之价格变动。

狭义货币供应量 M_1 为流通货币及活期存款之和。

广义货币供应量 M_2 指狭义货币供应量 M_1 加上准货币负债。准货币负债指储蓄存款、通知存款、定期存款、其他存款和存款证明书。

财务活动 由财务资产及财务负债组成。

Explanatory Notes on Main Statistical Indicators

Gross Domestic Product (GDP) reflects the total value of goods produced and services provided by the Macao Special Administrative Region in a year. GDP estimates in this statistical yearbook are compiled under both the expenditure and the production approaches. The expenditure-based GDP is measured as the sum of household consumption expenditure; government final consumption expenditure; gross fixed capital formation; changes in inventories; and net exports (exports less imports) of goods and services. The production-based GDP, which is measured as the sum of gross value added of all economic activities, can be used to evaluate the sectoral structure of Macao.

Infant Mortality Rate Number of infants died under one year old per 1,000 live births within the reference period.

Rate of Natural Increase Difference between births and deaths per 1,000 population within the reference period.

Crude Birth Rate Live births per 1,000 population within the reference period.

Crude Mortality Rate Deaths per 1,000 population within the reference period.

Pre-primary, Primary and Secondary Education Refers to systematic education designed and intended for children and young people by which they may progress from pre-primary through secondary education; secondary education also covers vocational-technical education.

Pre-primary Education Has a duration of 3 years and designated for children aged 3-5 years old. Children reaching 3 years old as at 31st December of the enrolment year are eligible to the first year of pre-primary education.

Primary Education Has a duration of 6 years. Children completing pre-primary education or reaching 6 years old as at 31st December of the enrolment year are eligible to the first year of primary education. The maximum age of attending primary education is 15.

Secondary Education Comprises 2 stages, viz. junior secondary and senior secondary. Pre-university course is not considered as secondary education.

(1)Junior secondary education has a duration of 3 years. Students completing primary education are eligible. The maximum age for this level is 18; however, under special circumstances, schools can accept enrolment outside this age limit.

(2)Senior secondary education has a duration of 3 years. Students completing junior secondary are eligible. The maximum age for this level is 21; however, under special circumstances, schools can accept enrolment outside this age limit.

Vocational Technical Education Aims to provide vocational and technical training to elementary and intermediate personnel.

Higher Education Refers to instruction by theory, practice and the like in science, culture and technology; it includes university education and post-secondary education providing associate degree or diploma programmes.

Special Education Refers to education designed and intended for students who have special needs, such as gifted children and students with mental, sensory, corporal and communication problems, etc., to cope with their mental and physical development.

Economically Active Populaition Individuals aged 16 and above who are available to participate in the production of goods and/or services during the reference period. It comprises the employed and the unemployed.

Employed Population Individuals aged 16 and above who work for pay, profit or family gains for at least 1 hour during the reference period. Including employees who are absent from work but have formal job attachment to employer, as well as company owners or shareholders who are temporary away from work because of particular reason.

Unemployed Population Individuals aged 16 and above who do not have a job or formal job attachment during the reference period, are available to work for pay or to start own business, and have sought work during the last 30 days.

Underemployed Population Irrespective of status in employment, employed persons who work involuntarily for less than 35 hours during the reference period, and are available to take on additional work or looking for extra work.

Labour Force Participation Rate The percentage share of economically active poopulation (labour force) to the population aged 16 and above.

Unemployment Rate The percentage share of the unemployed to the labour force.

Underemployment Rate The percentage share of the underemployed to the labour force.

Visitor Any person taking a trip to a main destination outside his/her usual environment, for less than a year, for any main purpose other than to be employed by a resident entity in the place visited (i.e. Macao).

Occupancy Rate of Hotels The percentage share of occupied rooms to the total number of available rooms of the hotel sector.

Imports Entry of foreign produced merchandise to Macao, excluding re-imports and transit.

Exports Merchandise transported out of Macao, excluding temporary exports and transit goods.

Domestic Exports Transport of Macao produced merchandise out of Macao.

Re-exports Transport of merchandise previously imported out of Macao, without processing; even with processing, is not qualified to use Macao as the origin of the

merchandise.

Transit Merchandise passing by Macao to the next destination.

Country of Origin Country or territory where the crops are grown, minerals are mined and products are manufactured. If a production process is carried out in two or more countries or territories, the origin will be the country or territory where the processing of the merchandise takes its final form. Repacking, sorting or mixing is not considered as the final phase of processing. When a country has specific rules regarding the country of origin on merchandise imports, those rules shall prevail.

Country of Destination The final country or territory where the goods are delivered, irrespective of interruption during transportation. As far as no commercial exchange has taken place in the transit country or territory, the final country or territory arrived is considered as the destination.

Terms of Trade Index Ratio of the unit value index of exports of goods to that of imports of goods.

Building Unit Including residential, commercial, office and industrial units, parking spaces, hotel and other units.

Gross Floor Area The sum of the area of each floor of the building, measured to the outer surface of the outer walls including the area of lobbies, stairs, lift landings and communal space.

Consumer Price Index reflects the price change of a representative "basket" of goods and services consumed by households of Macao at different periods.

Money Supply (M_1) refers to the sum of currency in circulation and demand deposits.

Money Supply (M_2) refers to the sum of money supply (M_1) and quasi-monetary liabilities; the latter consist of savings deposits, notice deposits, time deposits, other deposits and certificates of deposit.

Financial Transactions comprise financial assets and financial liabilities.

附录一

APPENDIX I

台湾省主要社会经济指标

Main Social and Economic Indicators of Taiwan Province

简 要 说 明

一、本章资料反映台湾地区主要社会、经济发展情况。内容包括：土地、人口、就业、国民经济核算、工业、能源、建筑、交通通讯、对外贸易、财政金融、物价、教育、卫生、房屋、社会保障等方面。

二、本章数据主要来自《台湾主计月报》、《台湾统计年鉴》，国家统计局国际统计信息中心负责整理、编辑。

三、更详细的统计资料及有关的技术细节，可参阅台湾地区政府出版的《主计月报》、《统计年鉴》及各专题统计出版物。

Brief Introduction

I. Data in this chapter reflect the major social and economic development of the Taiwan, including land; population; employment; national accounts; industry; energy; construction; transportation and communications; external trade; public finance and banking; prices; education; health; housing; and social security.

II. Data in this chapter are mainly abstracted from the Monthly Bulletin of Statistics, Yearbook of Statistics, which are tabulated and edited by the International Statistical Information Centre of the National Bureau of Statistics.

III. Detailed information and technical aspects are available in the Monthly Bulletin of Statistics, Yearbook of Statistics and other thematic publications published by the Directorate General of Budget, Accounting and Statistics, Executive Yuan.

附录1-1 主要统计指标概况
Summary of Key Statistics

指标		Item		2008	2009	2010	2011	2012
人口		**Population**						
户籍登记人口数①	(万人)	Year-end Population①	(10 000 persons)	2304	2312	2316	2323	2332
人口自然增长率	(‰)	Natural Growth Rate	(‰)	2.40	2.07	0.91	1.88	3.23
人口密度①	(人/平方公里)	Population Density①	(persons/sq.km)	637	639	640	642	644
性别比①	(女=100)	Sex Ratio①	(female=100)	102	101	101	101	100
劳动、就业		**Labour Force and Employment**						
劳动力人口	(万人)	Labour Force	(10 000 persons)	1085	1092	1107	1120	1134
劳动力参与率	(%)	Labour Force Participation Rate	(%)	58.3	57.9	58.1	58.2	58.4
男		Male		67.1	66.4	66.5	66.7	66.8
女		Female		49.7	49.6	49.9	50.0	50.2
工业就业人口比率	(%)	Employed Persons at Industry as Percentage of Total	(%)	36.8	35.9	35.9	36.3	36.2
服务业就业人口比率	(%)	Employed Persons at Services as Percentage of Total	(%)	58.0	58.9	58.8	58.6	58.8
失业率	(%)	Unemployment Rate	(%)	4.1	5.9	5.2	4.4	4.2
工业及服务业月人均薪资	(新台币元)	Average Monthly Per Capita Wage	(NT$)	44424	42275	44536	45749	45888
工业		Industry		43233	40032	42869	43946	44280
服务业		Services		45450	44114	45930	47269	47233
生活环境		**Habitation**						
月人均用电量	(千瓦小时)	Average Monthly Per Capita Consumption of Electricity	(kwh)	145	146	147	150	145
月人均用水量	(立方米)	Average Monthly Per Capita Consumption of Water	(cu.m)	11.0	10.7	11.0	11.0	11.0
公共安全		**Law and Order**						
刑案发生率	(件/10万人)	Reported Crimes	(Case/100 000 persons)	1972	1673	1607	1499	1364
犯罪人口率	(人/10万人)	Number of Offenders	(person/100 000 persons)	1179	1135	1164	1123	1126
刑案破获率	(%)	Crimes Uncover	(%)	77.3	80.7	79.7	79.5	84.0
少年疑犯人数(12-17岁)	(人)	Young Offenders Between 12 and 17	(person)	11283	10762	11102	13103	15078
火灾发生次数	(次)	Fires	(case)	2886	2621	2186	1772	1574
死伤人数	(人)	Deaths and Injuries	(person)	405	413	391	385	428
机动车肇事率	(件/万辆)	Traffic Accidents of Motor Vehicles	(case/10 000 units)	81	87	102	107	107
道路交通事故伤亡人数		Casualties in Traffic Accidents						
死亡	(人)	Deaths	(person)	2224	2092	2047	2117	2040
受伤	(人)	Injuries	(person)	227423	246994	293764	315201	318418
保险		**Insurance**						
全民健保参保人数	(万人)	National Health Insurance	(10 000 persons)	2292	2303	2307	2320	2328
社保参保人数	(万人)	Social Insurance	(10 000 persons)					
公教人员保险		Government Employees' and School Staffs' Insurance		59	60	60	59	59
劳工保险		Labour Insurance		880	903	940	973	971
农民保险		Farmer Insurance		157	154	151	148	145

附录1-1 续表 1 continued

指标	Item	2008	2009	2010	2011	2012
工业	**Industry**					
受雇者劳动生产力指数(2006年=100)	Productivity Index (2006=100)	105.7	106.3	124.0	128.2	127.2
工业生产指数 (2006年=100)	Indices of Industrial Production (2006=100)	105.9	97.3	123.5	129.7	129.6
制造业	Manufacturing	106.7	98.2	126.2	132.7	132.4
建筑业	Construction	90.3	73.1	65.9	71.1	76.4
工业生产价值 (新台币亿元)	Gross Industry Product (NT$ 100 million)	139777	114496	147160	153505	148557
商业及对外贸易	**Business and External Trade**					
营利事业家数① (万家)	Number of Enterprises① (10 000 unit)	117.9	118.6	121.4	124.4	126.9
营利事业销售额 (新台币亿元)	Sales Revenue (NT$100 million)	354099	301443	363712	380032	377480
货物进出口额 (亿美元)	Total Value of Merchandise Trade (USD100 million)	4961	3780	5258	5897	5717
出口	Exports	2556	2037	2746	3083	3012
进口	Imports	2404	1744	2512	2814	2705
出（入)超	Trade Surplus (Trade Deficit)	152	293	234	268	307
对日出（入)超	with Japan	-290	-217	-339	-340	-286
对美出（入)超	with United States	45	54	61	106	94
对内地及港出（入)超	with Mainland and Hong Kong	667	581	772	788	751
外销订单 (亿美元)	Order (USD100 million)	3517	3224	4067	4361	4410
运输通信	**Transportation and Communications**					
交通运输客运人数 (亿人)	Passenger Traffic (100 million persons)					
铁路	Railway	6.9	7.2	7.8	8.6	9.3
公路	Highway	10.5	10.4	11.1	11.6	11.9
航空 (万人)	Airway (10 000 persons)					
省内	Domestic	985	923	973	1048	1068
省外	Non-domestic	2320	2310	2774	2909	3287
高速公路收费站通行车辆数（万辆次)	Vehicles for Motorway Transportation (10 000 unit-times)	54355	53957	55506	57123	57351
每百人机动车辆数① (辆)	Vehicles per 100 Persons① (unit)	91.6	92.4	93.8	95.7	95.8
港埠货物装卸量 (万计费吨)	Inward and Outward Movements Cargo (10 000 tons)	66828	60575	65540	67900	69080
旅游 (万人次)	**Tourism (10 000 person-times)**					
出省旅游人数	Outbound Tourists	847	814	942	958	1024
来台湾旅客人数	Inbound Tourists	385	440	557	609	731
财政、金融	**Public Accounts and Finance**					
赋税实征净额② (新台币亿元)	Revenue② (NT$100 million)	17604	15303	16222	17646	17967
直接税 (%)	Direct Tax (%)	65.1	62.4	62.1	62.1	60.3
间接税 (%)	Indirect Tax (%)	34.9	37.6	37.9	37.9	39.7
外汇存底① (亿美元)	Foreign Exchange Reserve (USD100 million)①	2917.1	3482.0	3820.1	3855.5	4031.7
汇率	Exchange Rate (NT$ to one unit of foreign currency)					
1美元③ (新台币)	US Dollar③	32.91	32.08	30.42	30.32	29.08
1日元③ (新台币)	Japanese Yen③	0.3656	0.3491	0.3753	0.3925	0.3383
货币总计数$M_2$① (新台币亿元)	Money Supply M_2 ① (NT$100 million)	277505	293556	309538	324519	335743
年增率 (%)	Average Annual Growth Rate (%)	7.2	5.8	5.4	4.8	3.5
存款① (新台币亿元)	Deposits① (NT$100 million)	278652	294486	310057	323022	333003
放款与投资① (新台币亿元)	Loans and Investment① (NT$100 million)	213315	214823	228037	241729	255488

附录1-1 续表 2 continued

指 标	Item	2008	2009	2010	2011	2012
再贴现率① (年息百分比率)	Rediscount Rate① (% annual)	2.000	1.250	1.625	1.875	1.875
股价指数 (1966年=100)	Stock Price Index (1966=100)	7024	6460	7950	8156	7481
国际收支余额 (亿美元)	Balance of Payments (USD 100 million)	262.7	541.3	401.7	62.4	154.8
经常帐户	Current Account	275.1	429.2	398.7	412.3	495.5
资本帐户	Capital Account	-3.3	-1.0	-1.2	-1.2	-1.0
金融帐户	Financial Account	-16.6	134.7	-3.6	-320.5	-315.0
价格指数年增长率 (2006年=100)(%)	**Price Indices Annual Growth Rate(2006=100)(%)**					
批发	Wholesale Trade Price	5.2	-8.7	5.5	4.3	-1.2
消费者	Consumer Price	3.5	-0.9	1.0	1.4	1.9
进口	Imports Price	8.8	-9.6	7.0	7.7	-1.3
出口	Exports Price	-2.1	-6.6	2.0	0.1	-1.6
国民核算 (新台币亿元)	**National Accounts (NT$100 million)**					
本地居民生产总值	Gross National Product(GNP)	129348	128951	139817	140627	144892
本地生产总值	Gross Domestic Product(GDP)	126202	124811	135521	136743	140369
最终消费	Final Consumption Expenditure	91736	91936	95666	99330	102027
固定资本形成总额	Gross Fixed Capital Formation	26659	23536	28882	28435	27403
商品及服务出口	Exports of Goods and Services	92087	77992	100101	104002	103390
减：商品及服务进口	Less: Imports of Goods and Services	85884	67201	90509	94953	92920
GDP增长率 (%)	GDP Growth Rate (%)	0.7	-1.8	10.7	4.1	1.3
农业	Agriculture	0.1	-3.0	1.8	7.2	-5.8
工业	Industry	0.2	-4.2	23.1	5.7	0.9
服务业	Services	1.1	-0.5	5.5	3.0	0.8
产业结构 (%)	Industry Structure (%)					
农业	Agriculture	1.6	1.7	1.6	1.8	1.9
工业	Industry	29.1	28.9	31.0	29.8	29.0
服务业	Services	69.4	69.4	67.4	68.4	69.2
人均本地居民生产总值(新台币元)	Per Capita GNP at Current Market Prices (NT$)	562439	558751	604199	606321	622814
人均本地居民生产总值 (美元)	Per Capita GNP at Current Market Prices (USD)	17833	16901	19090	20574	21035
居民储蓄总值 (新台币亿元)	Gross Deposits (NT$100 million)	36681	35620	44298	41867	40862
储蓄率 (%)	Deposit Rate (%)	28.36	27.62	31.68	29.77	28.20

注：①为年底数。②为年度资料。③卖出汇率，且为年底数。

Notes: ①Year-end data. ②Annual data. ③Selling rate, year-end data.

附录1-2　面积和人口主要指标

Main Indicators of Area and Population

资源来源：台湾省《统计月报》（以下各表同）。

Source: Monthly Statistics Bulletin, Taiwan Province. The same applies in the following tables.

项　目	Item	2008	2009	2010	2011	2012
土地面积（万平方公里）	Area (10 000 sq.km)	3.6	3.6	3.6	3.6	3.6
户籍登记人口数（万人）	Year-end Population (10 000 persons)	2303.7	2312.0	2316.2	2322.5	2331.6
男	Male	1162.6	1163.7	1163.5	1164.6	1167.3
女	Female	1141.1	1148.3	1152.7	1157.9	1164.3
粗出生率 (‰)	Crude Birth Rate (‰)	8.64	8.29	7.21	8.48	9.86
粗死亡率 (‰)	Crude Death Rate (‰)	6.25	6.22	6.30	6.59	6.63
人口自然增长率 (‰)	Natural Population Growth Rate (‰)	2.40	2.07	0.91	1.88	3.23
一般生育率 (‰)	Fertility Rate (‰)	31	31	27	32	
结婚率 （对/千人）	Marriage Rate (couple/1000 persons)	6.73	5.07	6.00	7.13	6.16
离婚率 （对/千人）	Divorce Rate (couple/1000 persons)	2.43	2.48	2.51	2.46	2.41
期望寿命 （岁）	Life Expectancy at Birth (year old)					
男	Male	75.59	76.03	76.13	75.98	
女	Female	81.94	82.34	82.55	82.65	
人口的年龄分布 (%)	Age-specific Distribution (%)					
0-14岁	0-14	16.95	16.34	15.65	15.08	14.63
15-64岁	15-64	72.62	73.03	73.61	74.04	74.22
65岁及以上	65 and Over	10.43	10.63	10.74	10.89	11.15
性别比 （女=100）	Sex Ratio (female=100)	101.89	101.34	100.94	100.57	100.26
人口密度(人/平方公里)	Population Density (persons/sq.km)	636.6	638.8	640.0	641.7	644.2

附录1-3　劳动力和就业状况

Labour Force and Employment

项　目	Item	2008	2009	2010	2011	2012
劳动力总计 （万人）	Labour Force (10 000 persons)	1085.3	1091.7	1107.0	1120.0	1134.1
男	Male	617.3	618.0	624.2	630.4	636.9
女	Female	468.0	473.7	482.8	489.6	497.2
就业人数 （万人）	Employment (10 000 persons)	1040.3	1027.9	1049.3	1070.9	1086.0
男	Male	590.2	577.6	588.0	600.6	608.3
女	Female	450.1	450.2	461.3	470.2	477.7
就业者行业构成 (%)	Distribution of Employment by Industry(%)	100.0	100.0	100.0	100.0	100.0
农、林、渔、牧业	Agriculture, Forestry, Fishery and Animal Husbandry	5.1	5.3	5.2	5.1	5.0
工业	Industry	36.8	35.8	35.9	36.3	36.2
矿业及土石采取业	Mining and Quarrying	0.06	0.05	0.04	0.04	0.04
制造业	Manufacturing	27.7	27.1	27.3	27.5	27.4
电力及燃气供应业	Electricity, Gas	0.3	0.3	0.3	0.3	0.3
用水供应及污染整治业	Water Supply and Pollution Management	0.7	0.7	0.7	0.7	0.8
建筑业	Construction	8.1	7.7	7.6	7.8	7.8
服务业	Services	58.0	58.9	58.8	58.6	58.8
批发及零售业	Wholesale and Retail Trades	17.0	16.9	16.6	16.5	16.6
运输及仓储业	Transport, Storage, Communications	4.0	3.9	3.9	3.8	3.8
金融及保险业	Finance, Insurance	4.0	4.0	4.1	4.0	3.9
咨讯及通讯传播	Information and Communication	2.0	2.0	2.0	2.0	2.1
住宿及餐饮业	Hotels and Restaurants	6.6	6.7	6.9	6.8	6.9
教育服务业	Education	5.8	6.0	5.9	5.9	5.8
公共行政	Public Administration	3.3	3.7	3.7	3.6	3.5
失业人数 （万人）	Unemployment (10 000 persons)	45.0	63.8	57.7	49.1	48.1
失业率 (%)	Unemployment Rate (%)	4.1	5.8	5.2	4.4	4.2

附录1-4　本地居民生产总值
Gross National Product

年份 Year	本地居民生产总值 Gross National Product			人均本地居民生产总值 Per Capita Gross National Product	
	新台币亿元 NT $100 million	实际年增长率 % Annual Growth Rate over the Preceding Year %	亿美元① USD 100 million①	新台币元 NT $	美元① USD①
2004	117374	6.4	3511	518280	15503
2005	120311	3.8	3739	529313	16449
2006	125552	5.5	3860	550099	16911
2007	132433	6.0	4033	577869	17596
2008	129348	0.5	4101	562439	17833
2009	128951	-1.1	3901	558751	16901
2010	139817	10.5	4418	604199	19090
2011	140627	3.6	4772	606321	20574
2012	144892	1.6	4894	622814	21035

注：①按当年汇率折算。
Note: ①Adjusted by current exchange rate of the year.

附录1-5　本地生产总值支出构成
Expenditure on Gross Domestic Product

单位：%　(%)

年份 Year	本地生产总值（新台币亿元） Gross Domestic Product (NT$ 100 million)	居民消费 Household Consumption Expenditure	政府消费 Government Consumption Expenditure	固定资本形成总额 Gross Fixed Capital Formation	存货增加 Changes in Inventories	货物及服务出口 Exports of Goods and Services	减：货物及服务进口 Less: Imports of Goods and Services
2004	113653	59.9	12.7	22.8	0.9	61.4	57.7
2005	117403	60.4	12.5	22.5	0.3	62.5	58.1
2006	122435	59.2	12.0	22.3	0.4	68.0	61.9
2007	129105	58.1	11.8	22.0	0.1	72.1	64.1
2008	126202	60.3	12.4	21.1	1.3	73.0	68.1
2009	124811	60.7	13.0	18.9	-1.2	62.5	53.8
2010	135521	58.5	12.4	21.3	1.1	73.8	66.8
2011	136743	60.2	12.4	20.8	-0.1	76.1	69.4
2012	140369	60.3	12.1	19.5	0.3	73.7	66.2

附录1-6　本地生产总值产业构成
Gross Domestic Product by Kind of Economic Activity

单位：%　(%)

年份 Year	本地生产总值（新台币亿元） Gross Domestic Product (NT$ 100 million)	农业 Agriculture Forestry, Animal Husbandry and Fishery	工业 Industry			
				制造业 Manufacturing	水电燃气及污染治理业 Water/Electricity/Gas /Pollution Treatment	建筑业 Construction
2004	113653	1.68	31.75	26.81	1.99	2.53
2005	117403	1.67	31.26	26.53	1.93	2.42
2006	122435	1.61	31.33	26.46	1.84	2.72
2007	129105	1.49	31.38	26.52	1.62	2.78
2008	126202	1.60	29.05	24.83	1.18	2.88
2009	124811	1.73	28.92	23.77	2.04	2.69
2010	135521	1.64	31.00	25.90	1.80	2.81
2011	136743	1.81	29.76	25.11	1.58	2.85
2012	140369	1.87	28.97	24.26	1.53	2.85

附录1-6 续表 continued

单位：% (%)

年 份 Year	服务业 Services	批发及零售业 Wholesale and Retail Trades	金融及保险业 Finance& Insurance	不动产业 Real Estate	咨讯及通讯传播业 Information& Communication
2004	66.57	17.08	7.56	8.15	3.59
2005	67.08	17.63	7.66	8.16	3.49
2006	67.06	17.88	7.28	8.54	3.39
2007	67.12	18.22	7.26	8.53	3.44
2008	69.35	18.95	7.26	8.78	3.61
2009	69.35	18.70	6.42	9.18	3.73
2010	67.36	18.33	6.31	8.60	3.55
2011	68.43	18.86	6.51	8.58	3.54
2012	69.16	18.74	6.52	8.67	3.59

附录1-7 农业生产指数
Indices of Agricultural Production

(2006年=100) (2006=100)

年 份 Year	总指数 Total	种植业 Crops	林 业 Forestry	畜牧业 Livestock	渔 业 Fishery
2004	105.3	101.0	114.8	100.5	118.7
2005	99.3	91.4	89.8	97.6	116.3
2006	100.0	100.0	100.0	100.0	100.0
2007	97.6	93.5	68.5	97.6	105.7
2008	92.7	93.0	63.4	93.2	91.4
2009	91.0	93.9	64.4	92.9	83.2
2010	92.7	96.2	59.2	94.1	84.6
2011	96.4	102.4	60.9	97.2	83.3

附录1-8 主要农产品产量
Output of Major Crops

单位：万吨 (10 000 tons)

年份 Year	稻米 Rice	槟榔 Pinang	菠萝 Pineapple	芒果 Mango	甘蔗 Sugarcane	茶叶 Tea	花生 Peanuts	香蕉 Banana
2004	143.4	14.3	45.8	18.2	112.9	2.0	6.8	19.0
2005	146.7	13.8	44.0	15.0	87.5	1.9	5.4	14.9
2006	155.8	14.2	49.2	19.1	65.1	1.9	7.2	21.4
2007	136.3	13.4	47.7	21.5	72.1	1.8	5.2	24.2
2008	145.7	14.4	45.2	17.7	70.7	1.7	5.5	20.8
2009	157.8	14.3	43.5	14.0	61.3	1.7	5.7	17.3
2010	145.1	13.2	42.0	13.5	66.5	1.7	6.5	28.8
2011	166.6	12.9	40.1	16.9	65.4	1.7	6.8	30.6

附录1-9 工业生产指数
Indices of Industrial Production

2006年=100 (2006=100)

年 份 Year	总指数 General	矿业 Mining	制造业 Manufacturing	电力和燃气业 Electricity& Gas	供水业 Water	建筑业 Construction
2004	92.05	116.20	92.31	93.74	96.71	82.36
2005	95.51	105.28	95.69	97.72	97.24	91.73
2006	100.00	100.00	100.00	100.00	100.00	100.00
2007	107.77	82.96	108.34	102.97	100.27	99.52
2008	105.85	79.07	106.65	101.11	98.49	90.30
2009	97.30	72.43	98.15	97.83	96.25	73.07
2010	123.50	83.25	126.22	102.81	97.55	65.90
2011	129.71	80.09	132.68	105.07	97.75	71.10
2012	129.64	83.80	132.42	105.07	97.16	76.36

附录1-10 主要工业产品产量
Output of Major Industrial Products

年 份 Year	冷冻肉类及加工食品(万吨) Frozen Meat and Prepared Foods (10 000 tons)	碳酸饮料 (万升) Sodas (10 000 litre)	饲料 (万吨) Feed (10 000 tons)	各种成衣 (万打) Wearing Apparel (10 000 dozens)	纸板 (万吨) Cardboard (10 000 tons)	合成纤维 (万吨) Synthetic Fibre (10 000 tons)	玻璃纤维 (万吨) Glass Fibre (10 000 tons)
2004	37.6	38326.4	518.8	1395.9	355.5	310.5	25.2
2005	43.1	38379.6	521.8	1135.9	337.8	266.7	25.0
2006	43.9	34478.9	518.3	1039.9	335.1	246.4	25.9
2007	45.4	30286.9	510.9	920.6	340.6	240.1	27.0
2008	43.8	28402.4	516.5	744.5	291.0	194.8	25.9
2009	46.8	31055.4	523.0	606.0	277.5	201.4	19.5
2010	47.0	29709.9	526.1	660.6	285.0	216.6	22.6
2011	49.0	31010.1	533.6	547.6	293.1	187.1	26.4
2012	50.0	29240.0	533.1	473.2	307.4	184.3	26.2

附录1-10 续表 1 continued

年 份 Year	陶瓷瓷砖 (万平方米) Tile (10 000 sq.m)	水泥 (万吨) Cement (10 000 tons)	钢坯 (万吨) Billet (10 000 tons)	便携式电脑 (万台) Portable Computer (10 000 units)	显示器 (万台) Display (10 000 units)	主机板 (万片) Main Board (10 000 units)
2004	5229.9	1905.0	1865.6	662.8	387.7	3098.6
2005	5308.5	1989.1	1773.8	441.6	280.3	2636.8
2006	5288.9	1929.4	1942.3	305.1	187.5	2208.4
2007	4905.6	1895.7	1983.9	126.2	175.8	1927.8
2008	3938.0	1733.0	1922.2	76.1	124.0	2334.0
2009	3119.2	1591.8	1556.6	37.9	118.2	2463.7
2010	3580.0	1630.1	2049.8	33.3	133.1	2473.6
2011	3851.2	1685.2	2287.9	329.3	136.3	2608.6
2012	4097.8	1580.8	2108.3	74.1	136.4	2688.9

附录1-10 续表 2 continued

年 份 Year	光碟片 (亿片) Discs (100 million units)	印刷电路板 (万平方英尺) Printing Circuit Board (10000 sq.feet)	电子电容器 (亿只) Electron Capacitor (100 million units)	汽车 (万辆) Car (10 000 units)	数控机床 (台) NC Machine Tools (unit)	发电量 (亿千瓦小时) Electric Power (100 million kwh)
2004	103.1	55939.2	2642.1	42.9	8692	2057.0
2005	104.1	64184.4	2375.7	44.5	10054	2142.7
2006	117.2	68548.8	2182.9	30.6	10708	2220.1
2007	111.8	69296.2	2429.4	28.5	12404	2287.9
2008	94.7	71634.9	2525.2	18.2	12699	2252.6
2009	92.8	73759.4	1663.7	22.9	3628	2174.9
2010	88.6	110478.9	1998.9	30.5	9558	2331.1
2011	75.2	116336.2	1766.2	34.7	12944	2386.6
2012	69.0	123919.0	1652.4	34.3	11483	2372.9

附录1-11 能源生产和消费
Production and Consumption of Energy

单位：亿升标准油 (100 000 kl oil equivalent)

项 目	Item	2008	2009	2010	2011	2012
能源总供给	**Total Supply**	**1391.62**	**1362.58**	**1425.01**	**1382.36**	**1407.60**
自产能源	Indigenous Energy	30.10	28.60	27.96	28.64	30.73
原油	Crude Oil	0.16	0.16	0.14	0.11	0.11
天然气	Natural Gas	3.18	3.12	2.63	2.93	3.93
生质能及废弃物	Biomass and waste	20.99	19.84	19.03	19.14	18.61
水力发电	Hydro Power	4.12	3.58	4.01	3.82	5.42
再生能源①	Renewables①	1.66	1.89	2.15	2.63	2.66
进口能源	Imported Energy	1361.52	1333.98	1397.05	1353.72	1376.95
煤及煤产品	Coal & Coal Products	419.99	382.51	417.48	433.78	417.88
原油及石油产品	Crude Oil & Petroleum Products	704.51	715.19	713.76	638.11	675.07
液化天然气	L.N.G	118.79	115.89	145.26	159.86	166.94
核能发电	Nuclear	118.23	120.39	120.56	121.97	117.06
能源总需求	**Total Demand**	**1391.62**	**1362.58**	**1425.01**	**1382.36**	**1407.68**
本地能源消费	Total Consumption	1090.65	1067.68	1133.86	1119.25	1115.37
能源部门	Energy Sector	81.16	78.02	80.98	80.78	79.13
运输部门	Transportation Sector	127.72	129.06	133.30	135.24	132.63
工业部门	Industrial Sector	404.51	376.63	420.91	431.60	425.67
农业部门	Agricultural Sector	11.03	9.62	9.44	9.67	9.97
住宅部门	Residential Sector	122.86	122.55	122.49	124.90	121.35
服务业部门	Services Sector	126.10	121.73	124.77	123.83	123.04
非能源消费②	Non-energy Use②	217.28	230.07	241.98	213.22	223.59

注：①再生能源包括太阳光电、风力发电和太阳热能。
②非能源消费仅含润滑油、柏油、溶剂油。

Note: ①The renewables include geothermal electricity, solar photovoltaic and wind energy.
②Non-energy use refers to lubricating oil, asphalt and solvent oil consumption.

附录1-12　按用途分批准动工的建筑物面积
Floor Space of Authorized Construction Projects by Purpose

单位：万平方米　(10 000 sq.m)

年份 Year	总计 Total	商业类 Business	工业、仓储类 Industrial & Stores	休闲、文教类 Recreation & Culture and Education	办公、服务类 Office & Service	住宿类 Accommodation 宿舍 Dormitory	住宿类 Accommodation 住宅 Residence
2007	3602	92	616	200	277	60	2158
2008	3272	100	536	206	355	23	1842
2009	2654	119	482	223	258	44	1352
2010	2401	56	443	128	208	20	1332
2011	2589	86	601	150	133	24	1325
2012	2776	61	506	152	193	17	1574

附录1-13　铁路和公路客货运量
Railway and Highway Passenger and Freight Traffic

年份 Year	铁路 Railway 客运量(亿人) Passenger Traffic (100 million persons)	铁路 Railway 客运周转量(亿人公里) Passenger Kilometres (100 million p-km)	铁路 Railway 货运量(亿吨) Freight Traffic (100 million tons)	铁路 Railway 货物周转量(亿吨公里) Freight Ton-kilometres (100 million ton-km)	公路 Highway 客运量(亿人) Passenger Traffic (100 million persons)	公路 Highway 客运周转量(亿人公里) Passenger Kilometres (100 million p-km)	公路 Highway 货运量(亿吨) Freight Traffic (100 million tons)	公路 Highway 货物周转量(亿吨公里) Freight Ton-kilometres (100 million ton-km)
2004	5.20	120.51	0.17	9.09	10.19	157.78	5.49	310.29
2005	5.31	122.55	0.19	9.82	10.13	161.00	5.62	312.10
2006	5.54	123.52	0.19	9.97	10.14	163.86	5.94	312.18
2007	6.03	157.69	0.17	8.90	10.21	159.79	6.18	305.47
2008	6.90	190.66	0.17	9.33	10.54	157.83	6.04	301.60
2009	7.19	192.77	0.14	7.76	10.39	158.82	5.97	290.71
2010	7.79	209.31	0.15	8.73	11.10	163.07	6.28	296.32
2011	8.64	228.26	0.15	8.53	11.59	170.33	6.38	295.51
2012	9.25	242.08	0.14	8.33	11.64	175.55	6.53	298.50

附录1-14　邮政及电信营运量
Post&Telecommunication Services

项目	Item	2008	2009	2010	2011	2012
邮政	**Post**					
函件 (亿件)	Letters (100 million pieces)					
收寄	Received	26.5	26.3	27.3	27.8	27.1
投递	Mailing	31.9	29.4	30.1	31.7	31.7
包裹 (万件)	Parcels (10 000 pieces)					
收寄	Received	2426.9	2535.1	2635.2	2721.4	2794.6
投递	Mailing	2622.9	2698.0	2932.6	3019.2	3060.1
电信	**Telecommunications**					
市内电话用户数 (万户)	Number of Local (Urban) Telephone Subscribers (10 000 subscribers)	1308.2	1282.1	1269.6	1267.9	1241.1
公共电话话机数 (万部)	Number of Public Telephones (10 000 subscribers)	9.6	9.1	8.8	8.2	7.8
移动电话用户数 (万户)	Number of Mobile Telephones Subscribers (10 000 subscribers)	2541.3	2695.9	2784.0	2886.2	2944.9
无线寻呼机用户数 (万户)	Number of Subscribers of Paging Services (10 000 subscribers)	113.7	112.1	109.5	91.2	57.5
数字式低功率无线电话用户数 (万户)	Digital Low-power Wireless Telephones Subscribers (10 000 subscribers)	145.9	137.4	91.7	81.7	77.4
综合业务数字网用户数(万户)	Number of Subscribers of ISDN (10 000 subscribers)	7.0	8.9	10.6	12.3	11.8
国际互联网用户数 (万户)	Number of Subscribers of Internet Services (10 000 subscribers)	602.7	566.8	588.8	609.2	698.8
国际电话去话分钟数 (万分钟)	International Outgoing Call (10 000 minutes)	399388	419273	465085	466671	494147

附录1-15 货物进出口额
Total Imports and Exports

年 份 Year	按新台币计算（亿元）(NT $ 100 million)			按美元计算（亿美元）(USD 100 million)		
	进出口总额 Total	出口 Exports	进口 Imports	进出口总额 Total	出口 Exports	进口 Imports
2004	117539	60972	56567	3511	1824	1688
2005	122517	63745	58772	3810	1984	1826
2006	138837	72793	66043	4267	2240	2027
2007	152997	80879	72118	4659	2467	2193
2008	155615	80104	75511	4961	2556	2404
2009	124661	67089	57572	3780	2037	1744
2010	166003	86568	79435	5258	2746	2512
2011	173220	90416	82804	5897	3083	2814
2012	169215	89000	80215	5717	3012	2705

附录1-16 货物出口去向和进口来源
Destination of Exports and Origin of Imports

单位：亿美元 (USD 100 million)

项 目	Item	2008	2009	2010	2011	2012
出口去向	**Exports (Major Destination)**					
中国香港	Hong Kong, China	326.9	294.5	378.1	400.8	379.3
日 本	Japan	175.6	145.0	180.1	182.3	189.9
韩 国	Korea, Rep.	87.1	73.0	106.8	123.8	118.4
新加坡	Singapore	116.8	86.1	121.0	168.8	200.9
马来西亚	Malaysia	55.1	40.6	59.5	68.9	65.6
泰 国	Thailand	49.1	38.3	52.9	61.4	65.7
法 国	France	17.3	13.7	17.0	17.4	15.6
德 国	Germany	57.3	47.0	65.1	68.7	56.5
意大利	Italy	24.5	17.9	24.5	24.6	18.3
英 国	United Kingdom	36.3	29.8	36.2	46.2	50.7
加拿大	Canada	18.5	14.6	19.5	25.7	25.1
美 国	United States	307.9	235.5	314.7	363.6	329.8
澳大利亚	Australia	34.9	23.5	31.3	36.5	36.5
印度尼西亚	Indonesia	35.7	32.3	45.1	48.4	51.9
菲律宾	Philippines	47.8	44.3	59.8	69.6	88.8
越 南	Vietnam	79.5	59.9	75.3	90.3	84.3
沙特阿拉伯	Saudi Arabia	9.9	6.7	10.0	16.9	18.5
荷 兰	Netherlands	45.7	42.3	52.6	45.8	44.1
进口来源	**Imports (Major Origin)**					
中国香港	Hong Kong, China	14.9	11.2	16.3	16.8	26.6
日 本	Japan	465.1	362.2	519.2	522.0	475.7
韩 国	Korea, Rep.	131.7	105.1	160.6	178.6	150.7
新加坡	Singapore	48.3	48.1	76.4	79.5	81.1
马来西亚	Malaysia	67.6	45.5	77.0	86.0	78.4
泰 国	Thailand	32.5	26.8	38.3	43.9	37.0
法 国	France	22.9	17.8	22.5	27.3	29.6
德 国	Germany	74.7	56.7	82.6	94.3	77.5
意大利	Italy	16.4	18.3	19.5	23.0	20.3
英 国	United Kingdom	19.2	12.3	16.7	19.3	18.4
加拿大	Canada	17.9	11.5	15.3	20.2	16.2
美 国	United States	263.3	181.5	253.8	257.6	236.0
澳大利亚	Australia	82.7	59.7	89.2	109.1	92.9
印度尼西亚	Indonesia	72.9	51.8	60.2	74.3	73.3
菲律宾	Philippines	22.4	16.1	23.2	24.1	21.0
越 南	Vietnam	12.1	9.2	12.8	18.5	22.9
沙特阿拉伯	Saudi Arabia	151.7	86.6	118.6	138.5	147.9
荷 兰	Netherlands	23.5	18.6	32.0	29.4	36.2

附录1-17 出口与进口货物分类
Composition of Exports and Imports

单位：亿美元 (USD 100 million)

年 份 Year	出口 Exports 出口额 Total	农产品 Agricultural Products	农产加工品 Processed Agricultural Products	工业产品 Industrial Products	进口 Imports 进口额 Total	资本设备 Capital Goods	原材料 Agricultural & Industrial Raw Materials	消费品 Consumer Goods
2004	1823.7	3.9	20.8	1798.9	1687.6	351.9	1187.5	148.2
2005	1984.3	3.8	21.1	1959.4	1826.1	334.9	1321.8	169.4
2006	2240.2	3.5	18.5	2218.2	2027.0	333.1	1528.0	165.9
2007	2466.8	4.1	18.7	2444.0	2192.5	343.6	1677.7	171.3
2008	2556.3	5.4	21.7	2529.2	2404.5	315.1	1908.7	180.7
2009	2036.7	5.0	18.5	2013.3	1743.7	247.8	1325.1	170.8
2010	2746.0	7.5	21.7	2716.8	2512.4	406.4	1895.7	210.2
2011	3082.6	9.0	26.7	3046.9	2814.4	393.5	2172.9	247.9
2012	3011.8	8.9	30.7	2972.3	2704.7	362.6	2087.7	254.5

附录1-18 来台旅游人数
Inbound Tourists

项 目	Item	2008	2009	2010	2011	2012
来台旅游人数（万人次）	**Inbound Tourists(10 000 person-times)**	**384.5**	**439.5**	**556.7**	**608.8**	**731.1**
华 侨	Overseas Chinese	88.3	162.5	233.2	249.9	348.0
外国人	Foreigners	296.3	277.0	323.6	358.9	383.2
平均每人停留时间（夜）	**Average Length of Stay (Nights)**	**7.3**	**7.2**	**7.1**	**7.1**	**6.9**

附录1 19 居民消费价格分类指数
Consumer Price Indices

2011年=100 (2011=100)

年 份 Year	总指数 General Index	食品 Food	服装 Clothing	居住 Housing	交通 Transportation	医药保健 Medicines and Medical Care	教育娱乐 Education and Entertainment	杂项 Miscellaneous
2005	92.9	88.0	96.2	95.8	94.4	88.4	99.3	86.5
2006	93.5	87.4	92.8	96.6	96.0	91.3	99.4	90.1
2007	95.2	89.9	95.4	97.5	97.7	94.9	100.0	91.7
2008	98.5	97.6	96.3	99.0	99.9	97.0	101.3	93.3
2009	97.7	97.2	95.6	98.7	95.9	97.6	99.5	95.8
2010	98.6	97.8	97.2	99.2	98.6	98.2	99.5	98.6
2011	100.0	100.0	100.0	100.0	100.0	100.0	100.0	100.0
2012	101.9	104.2	102.5	101.1	100.4	100.9	100.7	102.3

附录1-20 各级政府财政收入净额
Net Revenue of Treasury

单位：新台币亿元 (NT $ 100 million)

项目	Item	2007	2008	2009	2010	2011
总计	**Total**	**22448**	**22316**	**21136**	**21155**	**23061**
税收收入	Tax	16859	17106	14835	15658	17040
营业盈余及事业收入	Revenue from Enterprises and Institutions	2918	2649	3309	2865	2940
其他收入	Other Revenue	2671	2561	2992	2632	3082
财产孳息收入	Revenue from Profit of Public Properties	151	142	141	161	143
规费收入	Fees	966	943	920	965	963
罚款及赔偿收入	Revenue from Fines & Indemnities	446	467	414	430	417
捐献及赠与收入	Receipts from Donations and Contributions	78	89	87	122	93
资本收回及售价收入	Return of Properties and Sales of Public Properties	557	504	722	535	672
杂项收入	Miscellaneous Revenues	472	416	708	419	795

附录1-21 各级政府财政支出净额
Net Expenditures of Treasury

单位：新台币亿元 (NT $ 100 million)

项目	Item	2007	2008	2009	2010	2011
总计	**Total**	**22902**	**23436**	**26709**	**25668**	**26128**
一般政务支出	General Administration	3440	3505	3574	3684	3760
国防支出	National Defence	2559	2622	2977	2869	2890
教育科学文化支出	Expenditures on Education, Science and Culture	4926	4955	5815	5543	5887
经济发展支出	Economic Development	3833	4323	6019	5170	4735
社会福利支出	Social Welfare	3722	3681	3886	4154	4469
社区发展及环境保护支出	Community Development and Environmental Protection	873	822	916	894	888
退休抚恤支出	Retirement Pension and Bereavement Payments	2007	2022	2053	2010	2130
债务支出	Obligations	1394	1347	1295	1196	1211
杂项支出	Miscellaneous	149	159	173	148	157

附录1-22 政 府 公 债
Government Bonds

单位：新台币亿元 (NT $ 100 million)

年份 Year	合计 Total			台湾省级政府发行 Taiwan Provincial			市级发行 Municipal Government		
	发行额 Issues	偿还额 Redemption	余额 Outstanding	发行额 Issues	偿还额 Redemption	余额 Outstanding	发行额 Issues	偿还额 Redemption	余额 Outstanding
2004	5070	2428	28527	4650	2394	27292	420	34	1234
2005	4690	1794	31422	4450	1612	30131	240	183	1292
2006	4680	2255	33847	4400	2137	32393	280	118	1454
2007	4022	2670	35198	3932	2225	34100	90	446	1098
2008	4387	2224	37362	4100	2103	36097	287	121	1265
2009	4956	2608	39709	4700	2502	38296	256	107	1414
2010	6293	2659	43343	6100	2520	41876	193	140	1467
2011	6400	3299	46444	6200	2980	45096	200	319	1348
2012	6884	3983	49345	6650	3982	47763	234		1581

附录1-23 金融概况
Principal Financial Indicators

年 份 Year	货币供应量M_1 (新台币亿元) Money Supply M_1 (NT $100 million)	流动性负债 (新台币亿元) Liquid Liabilities (NT $100 million)	储备货币 (新台币亿元) Reserve Money (NT $100 million)	主要金融机构存款 (新台币亿元) Deposits (NT $100 million)	主要金融机构放款与投资(新台币亿元) Loans and Investments (NT $100 million)	再贴现率 (年息%) Rediscount Rate (% annual)	汇率(卖出价) (新台币/美元) Exchange Rates of Selling (NT $/USD)
2004	73680	298903	17177	231484	179640	1.75	31.78
2005	78711	324487	17585	246116	193602	2.25	32.88
2006	82226	350416	18832	258115	201539	2.75	32.65
2007	82200	368449	19475	260525	206269	3.38	32.49
2008	81537	388220	21254	278652	213315	2.00	32.91
2009	105116	416730	23040	294486	214823	1.25	32.08
2010	114571	445196	25018	310057	228037	1.63	30.42
2011	118302	469541	27209	323022	241729	1.88	30.32
2012	124184	496117	29021	333003	255488	1.88	29.08

附录1-24 股 票 交 易
Transactions of Listed Stock

单位：新台币亿元 (NT $ 100 million)

年 份 Year	上 市 股 票 Listed Stock			总成交额 Total Turnover	日平均成交额 Average Daily Turnover in Value	股价指数(年平均) (1966年=100) Stock Price Index (year average) (1966=100)
	上市公司数(家) Number (unit)	总面值① Total Par Value①	总市值① Total Market Value①			
2004	697	50313	139891	238754	955	6033.78
2005	691	53900	156339	188189	762	6092.27
2006	688	54949	193770	239004	964	6842.04
2007	698	55586	215273	330439	1338	8509.56
2008	718	56904	117065	261154	1049	7024.06
2009	741	57729	210336	296805	1183	6459.56
2010	758	58113	238114	282187	1124	7949.63
2011	790	60268	192162	261974	1061	8155.79
2012	809	62580	213522	202382	810	7481.34

注：① 年底数。
Note:①Year-end data.

附录1-25 入学率和教育经费
Net Enrolment Rate and Public Expenditure for Education

单位：% (%)

年 份 Year	粗入学率(6-21岁) Gross Enrolment Rate (aged 6-21)			每千人口高等教育学生数② Higher Education Student per 1000 Population②	15岁以上人口识字率③ Percentage of Literate Aged 15 and Over③	教育经费占GNP比重 Public Expenditure for Education as % of GNP	政府教育经费占政府支出比重 Government Expenditures on Education as % of Total Government Expenditure
	初等教育 (6-11岁) Primary Education (aged 6-11)	中等教育 (12-17岁) Secondary Education (aged 12-17)	高等教育① (18-21岁) Higher Education① (aged 18-21)				
2004	100.8	98.3	78.1	58.8	97.2	5.6	19.7
2005	100.3	97.9	82.0	58.7	97.3	5.7	20.0
2006	99.5	99.1	83.6	59.1	97.5	5.6	21.2
2007	100.8	98.7	85.3	59.2	97.6	5.4	20.8
2008	100.7	99.2	83.2	59.4	97.8	5.7	20.5
2009	101.4	99.0	82.2	58.7	97.9	6.1	19.9
2010	99.7	100.3	83.8	58.6	98.0	5.5	20.1
2011	100.4	100.0	83.4	58.5	98.2	5.7	20.4
2012	101.4	99.0	84.4	58.2	98.3		

注：① 不含五专前三年、研究所及进修教育。②不含五专前三年。③年底资料。
Note: ①Exclude the first three years of five-year junior college program, postgraduate study and continuing education.
② Exclude the first three years of five-year junior college program. ③ Year-end data.

附录1-26 科技人员数和科研开发经费
Number of Research Staff, Technicians and Supporting Personnel and Expenditures for R&D

年份 Year	科技人员数(人) Number of Research Staff, Technicians and Supporting Personnel (person)				科研开发经费 Expenditures for Research and Experimental Development			每万人口研究人员数(人) Number of Research Staff per 10 000 People (person)	研究人员平均一年使用经费(新台币万元) Expenditures for R&D per Research Staff per year (10000 NT)
	总计 Total	研究人员 Research Staff	技术人员 Technicians	支援人员 Assistants	金额(新台币亿元) Total (NT $100 million)	占GDP比重 As % of GDP	政府投入经费所占比重 As % of Government Subsidies		
2004	187001	108891	60425	17684	2632.71	2.32	33.6	48.0	242
2005	195721	115954	62298	17469	2809.80	2.39	31.5	50.9	242
2006	212483	126168	67715	18600	3070.37	2.51	31.4	55.2	243
2007	228551	135918	72709	19924	3313.86	2.57	29.9	59.2	244
2008	240876	143862	77117	19897	3514.05	2.78	28.2	62.4	244
2009	256019	154818	80163	21038	3671.74	2.94	28.9	67.0	237
2010	272563	164874	86667	21022	3949.60	2.90	27.5	71.2	240
2011	287565	173654	91579	22332	4132.90	3.02	26.2	74.8	238

附录1-27 医院、病床和医务人员情况
Medical Facilities and Health Personnel

年份 Year	医疗机构(所) Number of Medical Care Facilities (unit)	病床数(床) Number of Beds (bed)	每万人病床数(床) Number of Beds per 10 000 Population (bed)	从业医务人员数(人) Number of Health Personnel (person)	每万人拥有医务人员(人) Number of Health Personnel per 10 000 Population (person)
2004	19240	143343	63.18	192611	84.89
2005	19433	146382	64.29	199734	87.72
2006	19682	148962	65.12	206959	90.47
2007	19900	150628	65.61	214748	93.54
2008	20174	152901	66.37	223623	97.07
2009	20306	156740	67.79	233553	101.02
2010	20691	158922	68.61	241156	104.12
2011	21135	160472	69.09	250258	107.75

附录1-28 家庭主要设备普及率
Percent of Families Owning Household Appliances

单位：% (%)

年份 Year	彩色电视机 Colour TV Sets	洗衣机 Washing Machines	电话机 Telephone Sets	移动电话 Mobile Phones	空调 Air Conditioners	有线电视频道设备 Cable TV Sets	家用电脑 Home Computers	家用汽车 Automobiles
2004	99.5	96.9	97.6	85.7	85.7	78.5	62.4	58.0
2005	99.5	96.7	97.6	86.2	85.7	79.0	63.2	58.4
2006	99.6	97.1	97.4	88.0	87.5	79.8	66.1	59.1
2007	99.4	97.5	96.7	88.9	87.6	79.9	67.1	58.7
2008	99.4	97.3	96.0	89.8	87.6	81.7	69.3	58.4
2009	99.6	97.4	95.9	90.6	88.3	88.4	70.5	59.2
2010	99.4	97.8	95.7	90.6	89.1	83.0	71.3	57.8
2011	99.2	97.6	96.1	91.7	88.8	82.9	71.9	59.1

附录二
APPENDIX II

我国经济、社会统计指标同世界主要国家和地区比较

A Comparison of Indicators of Economy and Society Among the People's Republic of China and Other Countries/Regions

简 要 说 明

一、世界主要国家和地区的大部分数据经过联合国等国际组织的调整，口径基本可比。

二、一些国家和地区的最新数据是初步数或估计数。

三、中国数据均未包括香港特别行政区、澳门特别行政区和中国台湾省。

四、本篇数据主要取自有关国际组织的数据库、光盘、年报、月报，每张表均附有资料来源。中国数据除特别说明外，均来自国际组织数据库。

五、一些数据的合计数或相对数，因受进位的影响，不一定等于分项累计数。

六、“空格”表示无该项数据或该项统计数据不详。

Brief Introduction

I. Data for major foreign countries/regions have been adjusted by international organizations such as the United Nations, and the scope and coverage are therefore comparable.

II. The latest data for a certain countries/regions are preliminary or estimated statistics.

III. All data of China do not cover Hong Kong SAR, Macao SAR and Taiwan Province.

IV. Data in this chapter are mainly from databases, CD-ROMs, yearbooks and monthly publications of international organizations. Data for China are all taken from international organization databases unless otherwise specified.

V. Some aggregations or rates/ratios may not add up to the sum of the series because of rounding.

VI. The symbol "(blank)" indicates that data are not available.

附录2-1　2011年国土面积和人口
Surface Area and Population in 2011

资料来源：世界银行数据库。
Source: World Bank Database.

国家和地区	Country or Region	国土面积 (万平方公里) Surface Area (10 000 sq.km)	年中人口数 (万人) Mid-year Population (10 000 persons)	人口增长率 (%) Population Growth (annual %)	人口密度 (人/平方公里) Population Density (persons/sq.km)
世　界	**World**	**13427.2**	**697374**	**1.16**	**54**
中　国	China	960.0	134735	0.48	140
中国香港	Hong Kong, China	0.1	707	0.05	6787
中国澳门	Macao, China		56	2.20	19848
孟加拉国	Bangladesh	14.4	15049	1.20	1156
文　莱	Brunei Darussalam	0.6	41	1.74	77
柬埔寨	Cambodia	18.1	1431	1.17	81
印　度	India	328.7	124149	1.37	418
印度尼西亚	Indonesia	190.5	24233	1.02	134
伊　朗	Iran	174.5	7480	1.11	46
以色列	Israel	2.2	777	1.85	359
日　本	Japan	37.8	12782	0.29	351
哈萨克斯坦	Kazakhstan	272.5	1656	1.43	6
韩　国	Korea, Rep.	10.0	4978	0.74	513
老　挝	Laos	23.7	629	1.40	27
马来西亚	Malaysia	33.1	2886	1.60	88
蒙　古	Mongolia	156.4	280	1.59	2
缅　甸	Myanmar	67.7	4834	0.78	74
巴基斯坦	Pakistan	79.6	17675	1.80	229
菲律宾	Philippines	30.0	9485	1.69	318
新加坡	Singapore	0.1	518	2.09	7405
斯里兰卡	Sri Lanka	6.6	2087	1.04	333
泰　国	Thailand	51.3	6952	0.57	136
越　南	Viet Nam	33.1	8784	1.04	283
埃　及	Egypt	100.2	8254	1.73	83
尼日利亚	Nigeria	92.4	16247	2.52	178
南　非	South Africa	121.9	5059	1.18	42
加拿大	Canada	998.5	3448	1.04	4
墨西哥	Mexico	196.4	11479	1.20	59
美　国	United States	983.2	31159	0.72	34
阿根廷	Argentina	278.0	4076	0.87	15
巴　西	Brazil	851.5	19666	0.87	23
委内瑞拉	Venezuela	91.2	2928	1.53	33
捷　克	Czech Rep.	7.9	1050	-0.23	136
法　国	France	54.9	6543	0.55	119
德　国	Germany	35.7	8180	0.03	235
意大利	Italy	30.1	6072	0.40	206
荷　兰	Netherlands	4.2	1669	0.47	495
波　兰	Poland	31.3	3853	0.91	127
俄罗斯联邦	Russian Fed.	1709.8	14296	0.40	9
西班牙	Spain	50.6	4617	0.23	93
土耳其	Turkey	78.4	7364	1.21	96
乌克兰	Ukraine	60.4	4571	-0.36	79
英　国	United Kingdom	24.4	6274	0.77	259
澳大利亚	Australia	774.1	2232	1.17	3
新西兰	New Zealand	26.8	441	0.85	17

附录2-2 按三次产业分就业人员构成
Employment by Type of Industry

资料来源：世界银行数据库。
Source: World Bank Database.
单位：% (%)

国家和地区	Country or Region	第一产业 Primary Industry		第二产业 Secondary Industry		第三产业 Tertiary Industry	
		2005	2010	2005	2010	2005	2010
中　国	China	44.8	36.7	23.8	28.7	31.4	34.6
中国香港	Hong Kong, China	0.3	0.2①	15.1	12.4①	84.7	87.4①
中国澳门	Macao, China	0.1		25.0	16.0①	74.7	84.0①
孟加拉国	Bangladesh	48.1		14.5		37.4	
柬埔寨	Cambodia		54.2		16.2		29.6
印　度	India	55.8	51.1	19.0	22.4	25.2	26.6
印度尼西亚	Indonesia	44.0	38.3	18.7	19.3	37.2	42.3
伊　朗	Iran	24.7	21.2②	30.3	32.2②	44.8	46.5②
以色列	Israel	2.0	1.7①	21.4	20.4①	75.7	77.1①
日　本	Japan	4.4	3.7	27.9	25.3	66.4	69.7
哈萨克斯坦	Kazakhstan	32.4	28.3	18.0	18.7	49.6	53.0
韩　国	Korea, Rep.	7.9	6.6	26.8	17.0	65.2	76.4
马来西亚	Malaysia	14.6	13.3	29.7	27.6	55.6	59.2
蒙　古	Mongolia	39.9	40.0①	16.8	14.9①	43.3	45.0①
巴基斯坦	Pakistan	43.0	44.7②	20.3	20.1②	36.6	35.2②
菲律宾	Philippines	36.0	33.2	15.6	15.0	48.5	51.8
新加坡	Singapore	1.1	1.1①	21.7	21.8①	77.3	77.1①
斯里兰卡	Sri Lanka	30.7	32.7	25.6	24.2	38.4	40.4
泰　国	Thailand	42.6	38.2	20.2	20.6	37.1	41.0
埃　及	Egypt	30.9	28.2	21.5	25.3	47.5	46.3
南　非	South Africa	7.5	4.9	25.6	24.5	66.6	61.9
加拿大	Canada	2.7	2.4②	22.0	21.5②	75.3	76.5②
墨西哥	Mexico	14.9	13.1	25.5	25.5	59.0	60.6
美　国	United States	1.6	1.6	20.6	16.7	77.8	81.2
阿根廷	Argentina	1.1	1.3	23.5	23.2	75.1	75.0
巴　西	Brazil	20.5	17.0①	21.4	22.1①	57.9	60.7①
委内瑞拉	Venezuela	9.7	8.7	20.8	22.1	68.7	68.9
捷　克	Czech Rep.	4.0	3.1	39.5	38.0	56.5	58.9
法　国	France	3.6	2.9	23.7	22.2	72.3	74.4
德　国	Germany	2.4	1.6	29.8	28.4	67.8	70.0
意大利	Italy	4.2	3.8	30.8	28.8	65.0	67.5
荷　兰	Netherlands	3.2	2.8	19.6	15.9	72.4	71.6
波　兰	Poland	17.4	12.8	29.2	30.2	53.4	56.9
俄罗斯联邦	Russian Fed.	10.2	9.7①	29.8	27.9①	60.0	62.3①
西班牙	Spain	5.3	4.3	29.7	23.1	65.0	72.6
土耳其	Turkey	29.5	23.7	24.8	26.2	45.8	50.1
乌克兰	Ukraine	19.4	15.8②	24.2	23.4②	56.4	60.7②
英　国	United Kingdom	1.3	1.2	22.2	19.1	76.3	78.9
澳大利亚	Australia	3.6	3.3①	21.3	21.1①	75.1	75.5①
新西兰	New Zealand	7.1	6.6①	22.0	20.9①	70.7	72.5①

注：①2009年数据。②2008年数据。
Note:①Data refer to 2009.②Data refer to 2008.

附录2-3 失业率
Unemployment Rate

资料来源：国际货币基金组织IFS数据库。
Source: IMF IFS Database.
单位：% (%)

国家和地区	Country or Region	2000	2005	2009	2010	2011	2012
中　　国①	China①	3.1	4.2	4.3	4.1	4.1	4.1
中国香港	Hong Kong, China	5.0	5.6	5.2	4.3	3.4	3.3
中国澳门	Macao, China	6.8	4.1	3.5	2.8	2.6	2.0
文　　莱	Brunei Darussalam		4.1	3.5	2.7		
以 色 列	Israel	8.8	9.0	7.5	6.7	5.6	6.8
日　　本	Japan	4.7	4.4	5.1	5.1	4.6	4.4
哈萨克斯坦	Kazakhstan	12.8	8.1	6.6	5.8	5.4	5.3
韩　　国	Korea, Rep.	4.4	3.7	3.6	3.7	3.4	3.2
马来西亚	Malaysia	3.1	3.6	3.6	3.3	3.1	3.0
巴基斯坦	Pakistan	7.8	7.7				
菲 律 宾	Philippines	11.2	11.4	7.5	7.3	7.0	7.0
新 加 坡	Singapore	3.7	4.1	4.3	3.1	2.9	2.8
斯里兰卡	Sri Lanka	7.6	7.7	5.7	4.9		
泰　　国	Thailand	2.4	1.9	1.5	1.0	0.7	0.7
埃　　及	Egypt	9.0	11.0	9.4	9.0	12.0	12.7
南　　非	South Africa	25.0	23.9	23.9	24.9	24.9	25.1
加 拿 大	Canada	6.8	6.8	8.3	8.0	7.5	7.2
墨 西 哥	Mexico	1.6	3.6	5.5	5.4	5.2	5.0
美　　国	United States	4.0	5.1	9.3	9.6	9.0	8.1
阿 根 廷	Argentina	14.7	11.6	8.7	7.8	7.5	7.2
巴　　西	Brazil	9.2	9.8	8.1	6.7	6.0	5.5
委内瑞拉	Venezuela	14.0	12.2	7.9	8.5	8.5	7.8
捷　　克	Czech Rep.	9.0	8.9	8.1	9.0	8.5	8.6
法　　国	France	8.5	8.9	9.2	9.3	9.2	9.9
德　　国	Germany	6.9	11.7	7.8	7.1	6.5	6.8
意 大 利	Italy	10.2	7.7	7.8	8.4	8.4	10.7
荷　　兰	Netherlands	2.6	6.5	4.8	5.5	5.4	6.4
波　　兰	Poland	14.0	18.2	11.0	12.1	12.4	12.8
俄罗斯联邦	Russian Fed.	10.7	7.6	8.4	7.5	6.6	5.5
西 班 牙	Spain	14.1	9.2	18.0	20.1	21.6	25.1
土 耳 其	Turkey	6.6	10.6	14.0	11.9	9.8	9.2
乌 克 兰	Ukraine	11.7	7.2	8.8	8.1	7.9	7.5
英　　国	United Kingdom	5.5	4.9	7.6	7.9	8.1	
澳大利亚	Australia	6.3	5.1	5.6	5.2	5.1	5.2
新 西 兰	New Zealand	5.9	3.9	6.4	6.5	6.6	6.9

注：①城镇登记失业率。
Note:①Registered unemployment rate in urban areas.

附录2-4 国内生产总值及其增长率
Gross Domestic Product and Its Growth Rate

资料来源：国际货币基金组织WEO数据库。
Source: IMF WEO Database.

国家和地区	Country or Region	2012 国内生产总值①（亿美元）GDP① (100 million USD)	国内生产总值增长率（%）GDP Growth Rate (%)				
			2005	2009	2010	2011	2012
世　界	**World**	**717073**	**4.58②**	**-0.59②**	**5.22②**	**3.95②**	**3.15②**
中　国	China	82270	11.31	9.21	10.45	9.30	7.80
中国香港	Hong Kong, China	2630	7.39	-2.46	6.79	4.85	1.44
孟加拉国	Bangladesh	1227	6.30	5.91	6.40	6.51	6.05
文　莱	Brunei Darussalam	166	0.39	-1.76	2.60	2.21	1.30
柬埔寨	Cambodia	142	13.25	0.09	6.10	7.08	6.45
印　度	India	18248	9.05	5.04	11.23	7.75	3.99
印度尼西亚	Indonesia	8782	5.69	4.63	6.22	6.49	6.23
伊　朗	Iran	5489	4.66	3.95	5.90	3.03	-1.87
以色列	Israel	2409	4.73	1.11	4.98	4.61	3.10
日　本	Japan	59640	1.30	-5.53	4.65	-0.57	2.00
哈萨克斯坦	Kazakhstan	1964	9.70	1.18	7.25	7.50	5.04
韩　国	Korea, Rep.	11559	3.96	0.32	6.32	3.63	2.02
老　挝	Laos	92	6.77	7.50	8.10	8.00	8.30
马来西亚	Malaysia	3035	4.98	-1.51	7.15	5.08	5.61
蒙　古	Mongolia	103	7.25	-1.27	6.37	17.51	12.28
缅　甸	Myanmar	531	13.57	5.14	5.35	5.46	6.30
巴基斯坦	Pakistan	2319	8.96	1.72	3.07	3.04	3.68
菲律宾	Philippines	2504	4.78	1.15	7.63	3.91	6.59
新加坡	Singapore	2765	7.37	-0.79	14.78	5.16	1.32
斯里兰卡	Sri Lanka	594	6.24	3.54	8.02	8.25	6.41
泰　国	Thailand	3656	4.64	-2.33	7.81	0.08	6.44
越　南	Viet Nam	1381	8.44	5.32	6.78	5.89	5.02
埃　及	Egypt	2567	4.47	4.67	5.15	1.78	2.22
尼日利亚	Nigeria	2687	5.39	6.96	7.98	7.36	6.33
南　非	South Africa	3843	5.28	-1.53	3.09	3.46	2.55
加拿大	Canada	18191	3.11	-2.80	3.17	2.57	1.84
墨西哥	Mexico	11771	3.18	-5.99	5.31	3.92	3.95
美　国	United States	156848	3.07	-3.07	2.39	1.81	2.21
阿根廷	Argentina	4750	9.18	0.85	9.16	8.87	1.90
巴　西	Brazil	23960	3.16	-0.33	7.53	2.73	0.87
委内瑞拉	Venezuela	3824	10.32	-3.20	-1.49	4.18	5.54
捷　克	Czech Rep.	1961	6.75	-4.51	2.49	1.89	-1.25
法　国	France	26087	1.83	-3.15	1.66	1.69	0.03
德　国	Germany	34006	0.84	-5.07	4.02	3.10	0.87
意大利	Italy	20141	0.93	-5.49	1.72	0.37	-2.37
荷　兰	Netherlands	7731	2.05	-3.67	1.63	0.99	-0.88
波　兰	Poland	4877	3.62	1.63	3.88	4.32	2.05
俄罗斯联邦	Russian Fed.	20220	6.39	-7.80	4.50	4.30	3.40
西班牙	Spain	13521	3.59	-3.74	-0.32	0.42	-1.42
土耳其	Turkey	7945	8.40	-4.83	9.16	8.50	2.62
乌克兰	Ukraine	1762	3.00	-14.80	4.10	5.17	0.15
英　国	United Kingdom	24405	2.77	-3.97	1.80	0.92	0.17
澳大利亚	Australia	15418	3.11	1.42	2.62	2.44	3.58
新西兰	New Zealand	1697	3.12	-1.64	1.75	1.42	2.54

注：①按汇率法计算。②按购买力平价法加权。

Note:①Estimated by market exchange rate.②Estimated by PPP.

附录2-5 农业生产指数
Agricultural Production Indices

资料来源：联合国粮农组织数据库。
Source: United Nations Food and Agriculture Organization Database.

(2004-2006年=100) (2004-2006=100)

国家和地区	Country or Region	农业 Agriculture			食品 Food		
		2009	2010	2011	2009	2010	2011
世　界	**World**	**109.7**	**112.3**	**115.6**	**110.3**	**112.8**	**115.9**
中　国	China	115.0	118.3	122.6	115.3	118.9	123.0
孟加拉国	Bangladesh	121.4	129.4	132.2	121.7	129.7	131.3
文　莱	Brunei Darussalam	105.5	113.5	115.3	105.7	113.7	115.4
柬埔寨	Cambodia	136.6	148.0	154.7	136.4	147.8	154.5
印　度	India	113.1	124.0	130.6	113.0	122.8	129.2
印度尼西亚	Indonesia	119.2	120.4	124.5	120.4	121.1	124.8
伊　朗	Iran	106.2	105.8	113.9	106.0	105.9	114.1
以色列	Israel	104.2	104.0	105.6	105.1	104.8	106.0
日　本	Japan	96.2	93.5	92.6	96.3	93.7	92.7
哈萨克斯坦	Kazakhstan	122.9	106.8	140.5	124.6	107.9	142.6
韩　国	Korea, Rep.	108.5	101.8	100.7	108.6	101.9	100.8
老　挝	Laos	130.6	130.8	140.0	130.9	131.3	140.9
马来西亚	Malaysia	109.4	112.1	120.3	114.3	116.7	125.0
蒙　古	Mongolia	146.6	116.6	127.3	147.1	115.3	126.4
缅　甸	Myanmar	127.9	131.4	138.1	128.0	130.9	137.5
巴基斯坦	Pakistan	112.7	110.4	116.5	114.7	113.3	118.0
菲律宾	Philippines	111.9	112.5	114.7	112.1	112.7	114.9
新加坡	Singapore	101.9	95.3	102.7	101.9	95.3	102.7
斯里兰卡	Sri Lanka	111.7	122.6	117.2	113.8	124.0	117.3
泰　国	Thailand	113.6	114.7	122.2	115.3	116.9	124.1
越　南	Viet Nam	117.0	119.8	126.7	116.2	118.6	125.4
埃　及	Egypt	116.5	109.6	113.4	117.8	110.5	114.4
尼日利亚	Nigeria	89.8	100.2	101.9	90.0	100.1	102.3
南　非	South Africa	114.3	116.3	116.5	114.9	116.9	117.0
加拿大	Canada	105.0	102.8	103.9	105.0	103.4	104.5
墨西哥	Mexico	103.9	107.5	106.0	104.4	107.8	105.7
美　国	United States	105.1	105.7	101.5	106.8	106.5	102.6
阿根廷	Argentina	95.6	115.4	115.5	95.6	115.5	115.1
巴　西	Brazil	116.6	122.1	127.7	117.7	123.2	128.1
委内瑞拉	Venezuela	105.2	105.2	107.5	105.3	105.3	107.6
捷　克	Czech Rep.	96.4	90.4	95.8	96.5	90.5	95.9
法　国	France	97.7	97.7	99.1	97.7	97.8	99.2
德　国	Germany	107.0	103.3	104.2	107.0	103.3	104.2
意大利	Italy	99.3	96.9	94.5	99.3	97.0	94.6
荷　兰	Netherlands	109.0	111.2	115.0	109.1	111.3	115.1
波　兰	Poland	105.8	100.4	102.4	105.8	100.4	102.4
俄罗斯联邦	Russian Fed.	108.9	93.9	116.0	108.9	93.8	115.9
西班牙	Spain	97.3	101.0	104.8	97.7	101.3	105.0
土耳其	Turkey	105.5	110.0	116.4	107.4	111.3	117.6
乌克兰	Ukraine	109.5	106.7	129.1	109.5	106.7	129.2
英　国	United Kingdom	100.1	101.9	104.6	100.0	101.8	104.5
澳大利亚	Australia	100.6	99.5	107.7	102.7	101.5	107.6
新西兰	New Zealand	102.3	103.1	105.2	103.2	104.3	106.6

附录2-6 工业生产指数
Industry Production Indices

资料来源：联合国数据库。
Source: United Nations Database.

(2005年=100) (2005=100)

国家和地区	Country or Region	总指数 General Index			其中：制造业 of Which: Manufacturing		
		2010	2011	2012	2010	2011	2012
中国香港	Hong Kong, China				89.3	89.9	89.2
中国澳门	Macao, China	45.2	45.1	41.6	30.6	38.8	49.3
孟加拉国	Bangladesh	148.4	173.2	189.9	148.9	181.1	198.5
印　度	India	152.4	156.8	158.4	159.3	164.1	166.0
印度尼西亚	Indonesia				113.3	119.6	
以色列	Israel	126.1	128.7	133.9	125.1	127.9	133.9
日　本	Japan	94.8	92.4	92.2	94.5	92.1	91.9
韩　国	Korea, Rep.	139.3	147.5	148.8	140.1	148.5	149.7
马来西亚	Malaysia	107.1	108.4	112.6	112.2	117.3	122.9
蒙　古	Mongolia	113.7	107.8	107.3	120.3	106.2	108.3
巴基斯坦	Pakistan				111.1	112.4	
菲律宾	Philippines				93.6	94.6	101.8
新加坡	Singapore				141.2	152.2	152.7
斯里兰卡	Sri Lanka				126.5	162.6	
泰　国	Thailand				126.9	115.3	118.2
越　南	Viet Nam	156.1	166.7	173.9	167.2	182.4	183.3
埃　及	Egypt				129.8②	129.4②	131.3②
南　非	South Africa				100.9	103.5	105.6
加拿大	Canada	88.2	92.1		83.0	85.6	
墨西哥	Mexico	105.5①	109.7①	113.6①	105.9	111.2	116.0
美　国	United States	95.9	99.3	103.2	93.1	96.5	100.6
阿根廷	Argentina				141.8	157.3	
巴　西	Brazil	115.0	115.4	112.4	114.6	114.8	111.7
委内瑞拉	Venezuela				102.5②	104.3②	107.4②
捷　克	Czech Rep.	110.4	116.9	116.0	113.0	121.5	120.8
法　国	France	89.0	90.8	88.7	86.4	89.5	86.6
德　国	Germany	104.2	110.9	110.1	105.2	113.4	112.2
意大利	Italy	89.0	89.2	83.8	88.9	89.4	83.5
荷　兰	Netherlands	106.7	106.2	105.7	105.7	109.2	108.5
波　兰	Poland	134.4	143.4	145.2	142.0	152.9	155.1
俄罗斯联邦	Russian Fed.	112.1	117.4	120.4	114.1	121.5	126.5
西班牙	Spain	83.4	81.9	77.0	82.0	80.9	75.8
土耳其	Turkey	116.1	127.8	131.1	114.4	126.5	129.3
乌克兰	Ukraine	93.8	101.0	99.2	91.5	98.9	95.3
英　国	United Kingdom	90.8	90.3	88.2	93.9	95.9	94.5
澳大利亚	Australia	112.5	111.9	114.3	100.7	100.7	99.6
新西兰	New Zealand	95.9	96.6	95.9	87.6	87.9	89.7

注：①包括建筑业。②不包括石油精炼业。
Notes: ①Including construction.②Excluding petroleum refineries.

附录2-7　居民消费价格指数
Consumer Price Indices

资料来源：国际货币基金组织数据库。
Source: IFS Database.

(2005年=100)　　(2005=100)

国家和地区	Country or Region	2007	2008	2009	2010	2011	2012
中　　国	China	106.4	112.6	111.9	115.6	121.8	125.0
中国香港	Hong Kong, China	104.1	108.5	109.2	111.8	117.6	122.4
中国澳门	Macao, China	111.0	120.6	122.0	125.4	132.7	140.8
孟加拉国	Bangladesh	116.5	126.9	133.7	144.6	160.1	174.1
文　　莱	Brunei Darussalam	101.1	103.2	104.3	104.7	106.8	
柬 埔 寨	Cambodia	114.3	142.9	141.9	147.6	155.7	160.2
印　　度	India	112.9	122.3	135.6	151.9	165.4	180.8
印度尼西亚	Indonesia	120.4	132.1	138.5	145.6	153.4	160.0
伊　　朗	Iran	131.2	164.7	187.0	205.9	248.4	316.3
以 色 列	Israel	102.6	107.4	110.9	113.9	117.9	119.9
日　　本	Japan	100.3	101.7	100.3	99.6	99.3	99.3
韩　　国	Korea, Rep.	104.8	109.7	112.8	116.1	120.7	123.4
老　　挝	Laos	111.6	120.1	120.2	127.4	137.0	142.9
马来西亚	Malaysia	105.7	111.5	112.1	114.0	117.7	119.6
蒙　　古	Mongolia	114.6	143.3	152.3	167.8	183.7	
缅　　甸	Myanmar	162.0	205.4	208.5	224.6	235.8	
巴基斯坦	Pakistan	116.1	139.7	158.7	180.8	202.3	221.9
菲 律 宾	Philippines	108.5	117.5	122.4	127.1	133.0	137.2
新 加 坡	Singapore	103.1	109.9	110.5	113.6	119.6	125.0
斯里兰卡	Sri Lanka	127.4	156.2	161.6	171.7	183.2	195.7
泰　　国	Thailand	107.0	112.8	111.8	115.5	119.9	123.6
埃　　及	Egypt	117.7	139.2	155.6	173.1	190.5	204.1
尼日利亚	Nigeria	114.1	127.3	142.0	161.4	178.9	200.8
南　　非	South Africa	112.1	125.0	133.9	139.6	146.6	154.9
加 拿 大	Canada	104.2	106.7	107.0	108.9	112.0	113.7
墨 西 哥	Mexico	107.7	113.3	119.3	124.2	128.5	133.7
美　　国	United States	106.2	110.2	109.9	111.7	115.2	117.6
阿 根 廷	Argentina	120.7	131.1	139.3	154.3	168.9	185.9
巴　　西	Brazil	108.0	114.1	119.7	125.7	134.0	141.3
捷　　克	Czech Rep.	105.5	112.2	113.4	115.0	117.2	121.1
法　　国	France	103.2	106.1	106.2	107.8	110.1	112.3
德　　国	Germany	103.9	106.6	107.0	108.2	110.4	112.6
意 大 利	Italy	103.9	107.4	108.2	109.9	112.9	116.4
荷　　兰	Netherlands	102.8	105.4	106.6	108.0	110.5	113.2
波　　兰	Poland	103.5	108.0	112.2	115.2	120.1	124.6
俄罗斯联邦	Russian Fed.	119.6	136.4	152.3	162.8	176.5	185.4
西 班 牙	Spain	106.4	110.7	110.4	112.4	116.0	118.8
土 耳 其	Turkey	120.2	132.7	141.0	153.1	163.0	177.5
乌 克 兰	Ukraine	123.1	154.1	178.6	195.4	210.9	212.1
英　　国	United Kingdom	104.7	108.5	110.8	114.5	119.6	123.0
澳大利亚	Australia	106.0	110.6	112.6	115.8	119.7	
新 西 兰	New Zealand	105.8	110.0	112.3	114.9	120.0	120.8

附录2-8 货物进出口额
Total Imports and Exports

资料来源：世界贸易组织数据库。
Source: World Trade Organization Database.
单位：亿美元 (100 million USD)

国家和地区	Country or Region	2011		2012	
		出口 Exports	进口 Imports	出口 Exports	进口 Imports
世　界	**World**	**182910**	**184870**	**183230**	**185670**
中　国	China	18984	17435	20488	18181
中国香港	Hong Kong, China	4556	5109	4934	5542
中国澳门	Macao, China	9	79	10	91
孟加拉国	Bangladesh	244	362	251	341
文　莱	Brunei Darussalam	124	29	135	35
柬埔寨	Cambodia	70	93	82	110
印　度	India	3029	4645	2932	4894
印度尼西亚	Indonesia	2008	1762	1881	1902
伊　朗	Iran	1305	618	955	565
以色列	Israel	678	758	632	755
日　本	Japan	8232	8554	7986	8858
哈萨克斯坦	Kazakhstan	876	371	923	445
韩　国	Korea, Rep.	5552	5244	5479	5196
老　挝	Laos	22	24	24	27
马来西亚	Malaysia	2281	1875	2274	1966
蒙　古	Mongolia	48	66	44	67
缅　甸	Myanmar	92	90	94	110
巴基斯坦	Pakistan	254	440	246	442
菲律宾	Philippines	483	637	520	654
新加坡	Singapore	4095	3658	4084	3797
斯里兰卡	Sri Lanka	102	203	95	191
泰　国	Thailand	2226	2288	2295	2476
越　南	Viet Nam	969	1068	1146	1138
埃　及	Egypt	305	589	294	698
尼日利亚	Nigeria	1145	560	1140	510
南　非	South Africa	980	1216	873	1228
加拿大	Canada	4521	4634	4548	4749
墨西哥	Mexico	3496	3611	3709	3805
美　国	United States	14804	22659	15473	23354
阿根廷	Argentina	840	739	812	685
巴　西	Brazil	2560	2370	2426	2333
委内瑞拉	Venezuela	928	482	973	600
捷　克	Czech Rep.	1629	1521	1565	1406
法　国	France	5965	7200	5691	6737
德　国	Germany	14740	12549	14071	11674
意大利	Italy	5233	5588	5002	4859
荷　兰	Netherlands	6671	5990	6558	5907
波　兰	Poland	1887	2106	1834	1960
俄罗斯联邦	Russian Fed.	5220	3238	5293	3354
西班牙	Spain	3066	3766	2922	3322
土耳其	Turkey	1349	2408	1525	2365
乌克兰	Ukraine	685	826	685	846
英　国	United Kingdom	5025	6737	4684	6804
澳大利亚	Australia	2704	2437	2568	2609
新西兰	New Zealand	377	371	373	383

附录2-9 国际收支（2012年）
Balance of Payments (2012)

资料来源：国际货币基金组织IFS数据库。
Source: IMF IFS Database.

单位：亿美元 (100 million USD)

国家和地区	Country or Region	经常帐户差额 Current Account, net	资本帐户差额 Capital Account, net	金融帐户差额 Financial Account, net	储备和相关项目 Reserves and Related Items	净误差和遗漏 Net Errors and Omissions
中　国	China	1931.39	42.72	-210.89	-965.52	-797.71
中国香港①	Hong Kong, China①	141.39	-2.60	142.83	111.53	4.04
孟加拉国①	Bangladesh①	-1.62	5.12	-8.21	-18.14	-11.71
印度尼西亚	Indonesia	-241.83	0.37	-247.08	1.65	-5.62
以色列	Israel	-1.98	6.73	76.25	-0.87	71.50
日　本①	Japan①	1190.64	4.97	941.36	1766.24	-254.25
哈萨克斯坦①	Kazakhstan①	141.10	0.09	82.97	2.95	-58.23
韩　国	Korea, Rep.	433.35	6.02	443.09	118.55	3.72
马来西亚①	Malaysia①	317.70	-0.63	238.22	311.56	-78.85
蒙　古①	Mongolia①	-27.60	1.14	-27.23	0.28	-0.76
巴基斯坦	Pakistan	-20.72	1.95	-25.63	-20.17	-6.85
菲律宾	Philippines	71.26	1.36	31.05	92.36	-41.57
斯里兰卡①	Sri Lanka①	-46.15	1.64	-51.58	-54.76	-7.07
越　南①	Viet Nam①	2.36		-52.41	11.51	-54.77
尼日利亚①	Nigeria①	86.89		54.04	3.06	-32.85
南　非	South Africa	-136.83	0.33	-34.95	47.09	101.54
加拿大	Canada	-669.98	-1.40	-637.01	17.29	34.37
墨西哥①	Mexico①	-92.49	…	-262.08	178.47	-169.60
美　国	United States	-4749.70	64.36	-3997.43	44.64	687.91
阿根廷	Argentina	4.80	0.38	1.69	-34.48	-3.49
巴　西	Brazil	-542.46	-18.77	-557.39	188.99	3.84
委内瑞拉	Venezuela	110.16	…	78.33	-8.46	-31.83
捷　克	Czech Rep.	-47.31	26.53	-20.40	41.86	0.37
法　国	France	-600.98	-2.96	-1258.66	54.95	-654.73
德　国	Germany	2384.57	0.45	3016.49	17.01	631.47
意大利	Italy	-152.11	49.49	-88.84	18.81	13.78
荷　兰	Netherlands	769.13	-1.25	868.10	-1.40	100.23
波　兰	Poland	-173.60	109.53	-96.87	111.86	-32.80
俄罗斯联邦	Russian Fed.	747.98	-52.76	602.99	300.20	-92.23
西班牙	Spain	-148.16	84.60	-7.29	29.28	56.27
土耳其	Turkey	-475.21	-0.44	-464.07	228.20	11.58
乌克兰①	Ukraine①	-102.33	0.98	-91.61	-24.54	9.74
英　国	United Kingdom	-903.74	58.53	-767.32	116.30	77.89
新西兰①	New Zealand①	-66.86	330.95	-5.97	4.20	-270.06

注：①2011数据。
Note:①Data refer to 2011.

附录2-10 外汇储备
Foreign Exchange Reserves

资料来源：国际货币基金组织数据库。
Source: International Monetary Fund Database.
单位：亿美元 (100 million USD)

国家和地区	Country or Region	2000	2005	2009	2010	2011	2012
中　　国	China	1656	8189	23992	28473	31811	33116
中国香港	Hong Kong, China	1075	1242	2558	2686	2853	3172
中国澳门	Macao, China	33	67	184	237	340	166
孟加拉国	Bangladesh	15	28	95	99	78	114
文　　莱	Brunei Darussalam	4	4	10	12	21	30
柬 埔 寨	Cambodia	5	10	27	32	33	42
印　　度	India	373	1310	2586	2678	2629	2617
印度尼西亚	Indonesia	283	329	606	900	1036	1059
以 色 列	Israel	232	278	591	693	731	740
日　　本	Japan	3472	8288	9970	10363	12212	11936
哈萨克斯坦	Kazakhstan	16	61	202	247	247	216
韩　　国	Korea, Rep.	959	2100	2652	2869	2982	3169
老　　挝	Laos	1	2	5	6	7	
马来西亚	Malaysia	274	694	929	1023	1290	1349
蒙　　古	Mongolia	2	3	12	21	22	39
缅　　甸	Myanmar	2	8	51	57	70	
巴基斯坦	Pakistan	15	98	99	131	135	93
菲 律 宾	Philippines	130	158	375	540	657	717
新 加 坡	Singapore	795	1155	1858	2237	2354	2568
斯里兰卡	Sri Lanka	10	26	45	66	62	63
泰　　国	Thailand	319	505	1336	1657	1652	1711
越　　南	Viet Nam	34	91	160	121	131	
埃　　及	Egypt	129	205	309	324	137	104
尼日利亚	Nigeria	99	283	424	323	326	438
南　　非	South Africa	58	183	324	354	398	412
加 拿 大	Canada	290	307	426	449	528	552
墨 西 哥	Mexico	351	730	941	1149	1375	1535
美　　国	United States	312	378	505	521	519	499
阿 根 廷	Argentina	244	227	429	466	401	368
巴　　西	Brazil	324	532	2319	2806	3434	3621
委内瑞拉	Venezuela	126	235	177	92	60	60
捷　　克	Czech Rep.	130	291	397	403	379	424
法　　国	France	321	240	277	362	261	304
德　　国	Germany	497	398	369	374	381	380
意 大 利	Italy	224	235	345	357	342	348
荷　　兰	Netherlands	70	71	86	89	92	108
波　　兰	Poland	263	405	734	863	897	1003
俄罗斯联邦	Russian Fed.	243	1757	4058	4329	4412	4731
西 班 牙	Spain	295	86	128	133	258	282
土 耳 其	Turkey	223	504	692	790	767	983
乌 克 兰	Ukraine	11	190	255	333	304	226
英　　国	United Kingdom	342	359	380	493	562	649
澳大利亚	Australia	168	410	330	328	360	379
新 西 兰	New Zealand	36	87	140	151	152	158

附录2-11 国际旅游收支
Expenditures and Receipts of International Tourism

资料来源：世界银行WDI数据库。
Source: World Bank WDI Database.

单位：亿美元 (100 million USD)

国家和地区	Country or Region	国际旅游支出 International Tourism Expenditures			国际旅游收入 International Tourism Receipts		
		2009	2010	2011	2009	2010	2011
世 界	**World**	**9280**	**10098**	**11245**	**10306**	**11201**	**11562**
中 国	China	471	598	790	426	502	533
中国香港	Hong Kong, China	157	175	191	203	272	337
中国澳门	Macao, China	10	12		184	282	
孟加拉国	Bangladesh	7	8	8	1	1	1
文 莱	Brunei Darussalam	5			3		
柬埔寨	Cambodia	2	3	3	12	13	18
印 度	India	93	105	137	111	142	175
印度尼西亚	Indonesia	69	84	97	61	76	90
伊 朗	Iran	101	157		23	31	
以色列	Israel	39	44	46	43	55	56
日 本	Japan	348	393	398	125	154	125
哈萨克斯坦	Kazakhstan	13	15	19	12	12	15
韩 国	Korea, Rep.	164	197	217	133	138	172
老 挝	Laos	1	2	2	3	4	4
马来西亚	Malaysia	72	79	108	172	183	196
蒙 古	Mongolia	2	3	4	3	3	3
缅 甸	Myanmar	1	1	1	1	1	3
巴基斯坦	Pakistan	11	14	19	10	10	11
菲律宾	Philippines	33	42	44	29	32	38
新加坡	Singapore	158	186	211	94	141	180
斯里兰卡	Sri Lanka	7	8	9	8	10	14
泰 国	Thailand	57	72	73	198	238	309
越 南	Viet Nam	11	15	17	31	45	56
埃 及	Egypt	29	27	26	118	136	93
尼日利亚	Nigeria	62	84	95	8	7	7
南 非	South Africa	64	81	84	87	103	107
加拿大	Canada	302	368	410	156	183	199
墨西哥	Mexico	87	90	97	125	126	123
美 国	United States	1057	1098	1173	1495	1651	1859
阿根廷	Argentina	58	64	73	45	56	61
巴 西	Brazil	129	193	251	56	62	68
委内瑞拉	Venezuela	25	24	31	11	8	8
捷 克	Czech Rep.	42	42	47	79	80	85
法 国	France	458	484	553	589	563	652
德 国	Germany	931	912	1004	475	491	534
意大利	Italy	344	331	357	419	401	454
荷 兰	Netherlands	211	198	209	179	187	210
波 兰	Poland	79	91	89	98	100	116
俄罗斯联邦	Russian Fed.	237	301	369	124	132	170
西班牙	Spain	228	227	232	597	590	675
土耳其	Turkey	46	55	55	246	248	281
乌克兰	Ukraine	38	41	48	43	47	54
英 国	United Kingdom	611	614	646	386	407	459
澳大利亚	Australia	219	275	335	280	323	342
新西兰	New Zealand	26	30	35	46	49	55

附录2-12 货币汇率(年平均价)
Exchange Rate (Period Average)

资料来源：世界银行WDI数据库。
Source: World Bank WDI Database.
单位：1美元合本币数 (local currency unit per US dollar)

国家和地区	Country or Region	2000	2005	2009	2010	2011	2012
中 国	China	8.28	8.19	6.83	6.77	6.46	6.31
中国香港	Hong Kong, China	7.79	7.78	7.75	7.77	7.78	7.76
中国澳门	Macao, China	8.03	8.01	7.98	8.00	8.02	7.99
孟加拉国	Bangladesh	52.14	64.33	69.04	69.65	74.15	81.86
文 莱	Brunei Darussalam	1.72	1.66	1.46	1.36	1.26	1.25
柬埔寨	Cambodia	3840.75	4092.50	4139.33	4184.92	4058.50	4033.00
印 度	India	44.94	44.10	48.41	45.73	46.67	53.44
印度尼西亚	Indonesia	8421.78	9704.74	10389.94	9090.43	8770.43	9386.63
伊 朗	Iran	1764.87	8963.96	9864.30	10254.18	10616.31	12175.55
以色列	Israel	4.08	4.49	3.93	3.74	3.58	3.86
日 本	Japan	107.77	110.22	93.57	87.78	79.81	79.79
哈萨克斯坦	Kazakhstan	142.13	132.88	147.50	147.35	146.62	149.11
韩 国	Korea, Rep.	1130.96	1024.12	1276.93	1156.06	1108.29	1126.47
老 挝	Laos	7887.64	10655.17	8516.05	8258.77	8030.06	
马来西亚	Malaysia	3.80	3.79	3.53	3.22	3.06	3.09
蒙 古	Mongolia	1076.67	1205.25	1437.80	1357.06	1265.52	1357.58
缅 甸	Myanmar	6.52	5.82	5.58	5.64	5.44	
巴基斯坦	Pakistan	53.65	59.51	81.71	85.19	86.34	93.40
菲律宾	Philippines	44.19	55.09	47.68	45.11	43.31	42.23
新加坡	Singapore	1.72	1.66	1.46	1.36	1.26	1.25
斯里兰卡	Sri Lanka	77.01	100.50	114.95	113.06	110.57	127.62
泰 国	Thailand	40.11	40.22	34.29	31.69	30.49	31.08
越 南	Viet Nam	14167.75	15858.92	17065.08	18612.92	20509.75	
埃 及	Egypt	3.47	5.78	5.55	5.62	5.93	6.06
尼日利亚	Nigeria	101.70	131.27	148.90	150.30	154.74	156.81
南 非	South Africa	6.94	6.36	8.47	7.32	7.26	8.21
加拿大	Canada	1.49	1.21	1.14	1.03	0.99	1.00
墨西哥	Mexico	9.46	10.90	13.51	12.64	12.42	13.17
美 国	United States	1.00	1.00	1.00	1.00	1.00	1.00
阿根廷	Argentina	1.00	2.90	3.71	3.90	4.11	4.54
巴 西	Brazil	1.83	2.43	2.00	1.76	1.67	1.95
委内瑞拉	Venezuela	0.68	2.09	2.15	2.58	4.29	4.29
捷 克	Czech Rep.	38.60	23.96	19.06	19.10	17.70	19.58
法 国	France	1.09	0.80	0.72	0.76	0.72	0.78
德 国	Germany	1.09	0.80	0.72	0.76	0.72	0.78
意大利	Italy	1.09	0.80	0.72	0.76	0.72	0.78
荷 兰	Netherlands	1.09	0.80	0.72	0.76	0.72	0.78
波 兰	Poland	4.35	3.24	3.12	3.02	2.96	3.26
俄罗斯联邦	Russian Fed.	28.13	28.28	31.74	30.37	29.38	30.84
西班牙	Spain	1.09	0.80	0.72	0.76	0.72	0.78
土耳其	Turkey	0.63	1.34	1.55	1.50	1.68	1.80
乌克兰	Ukraine	5.44	5.13	7.79	7.94	7.97	7.99
英 国	United Kingdom	0.66	0.55	0.64	0.65	0.62	0.63
澳大利亚	Australia	1.73	1.31	1.28	1.09	0.97	0.97
新西兰	New Zealand	2.20	1.42	1.60	1.39	1.27	1.23

附录2-13 能源平衡表(2011年)
Energy Balance Sheet (2011)

资料来源：国际能源机构数据库。
Source:IEA Database.

单位：万吨标准油 (10 000 TOE)

国家和地区	Country or Area	能源生产量 Energy Production				进口 Imports				
		总计 Total	煤和煤制品 Coal & Coal Products	原油,凝析油和给料 Crude, NGL and Feedstocks	天然气 Nature Gas	总计 Total	煤和煤制品 Coal & Coal Products	原油,凝析油和给料 Crude, NGL and Feedstocks	天然气 Nature Gas	电 Electricity
世界	**World**		**394296**	**410635**	**281324**		**67144**		**85607**	
中国	China		190249	20320	8626		10057		2585	
中国香港	Hong Kong,China						798		249	
孟加拉国	Bangladesh		50	6	1649		42			
文莱	Brunei Darussalam			786	1071					
柬埔寨	Cambodia						2			
印度	India		25316	4421	3837		6098		1271	
印度尼西亚	Indonesia		21568	4660	7997		4			
伊朗	Iran		78	21925	12598		3		1172	
以色列	Israel	468	3		352	2501	738	1407	58	
日本	Japan	4754		67	320	43668	10899	18032	9760	
哈萨克斯坦	Kazakhstan		5123	8242	2475		7		331	
朝鲜	Korea,Dem.		1818				14			
韩国	Korea,Rep.	4545	96	69	41	28164	7946	12754	4198	
马来西亚	Malaysia		179	3139	4612		1355		717	
蒙古	Mongolia		1808	29						
缅甸	Myanmar		78	89	994					
巴基斯坦	Pakistan		146	348	2657		171			
菲律宾	Philippines		498	72	307		652			
新加坡	Singapore								750	
斯里兰卡	Sri Lanka						17			
泰国	Thailand		613	1638	2335		1035		879	
越南	Viet Nam		2493	1525	739		82			
埃及	Egypt			3566	4980		109			
尼日利亚	Nigeria			14168	2933					
南非	South Africa		14314	7	49		97		277	
加拿大	Canada	40887	3361	17274	13280	8071	589	3498	2498	125
墨西哥	Mexico	22770	599	15953	4219	5114	388	37	1487	5
美国	United States	179219	53970	36123	53455	69368	821	52367	8024	450
阿根廷	Argentina		5	3298	3419		191		619	
巴西	Brazil		210	11248	1417		1310		866	
委内瑞拉	Venezuela		166	15801	2384				191	
白俄罗斯	Belarus			163	18		3		1660	
捷克	Czech Republic	3171	2041	33	15	2114	217	703	764	90
法国	France	13621	9	109	51	15644	1027	6445	4090	82
德国	Germany	12549	4614	346	900	23354	2937	9244	7319	439
意大利	Italy	3107	6	562	692	16821	1549	7845	5762	407
荷兰	Netherlands	6451	173	5773		17896	1513	5979	1648	177
波兰	Poland	6922	5646	68	385	4997	874	2474	966	58
俄罗斯联邦	Russian Fed.		18779	51265	55624		1448			
西班牙	Spain	3112	229	10	5	12245	970	5748	3087	68
土耳其	Turkey	3326	1856	234	63	8930	1541	1796	3614	41
乌克兰	Ukraine		3470	340	1552		842		3618	
英国	United Kingdom	12980	1099	5328	4070	15097	2014	5947	4521	75
澳大利亚	Australia	30833	23089	2046	4950	4633	3	2597	561	
新西兰	New Zealand	1596	288	231	348	728	9	531		

2-13 续表 continued

单位：万吨标准油 (10 000 TOE)

国家和地区	Country or Area	出口 Exports					国际运输燃料 Bunkers		库存变化	一次能源供应量
		总计 Total	煤和煤制品 Coal& Coal Products	原油,凝析油和给料 Crude, NGL and feedstocks	天然气 Nature Gas	电 Electricity	海运 Sea	空运 Air	Changes in Stocks	TPES
世界	**World**		**-71206**		**-85942**					
中国	China		-873		-255					
中国香港	Hong Kong,China									
孟加拉国	Bangladesh									
文莱	Brunei Darussalam				-764					
柬埔寨	Cambodia									
印度	India		-196							
印度尼西亚	Indonesia		-17858		-4034					
伊朗	Iran		-5		-789					
以色列	Israel	-436		-28		-36	-35	-85	19	2433
日本	Japan	-1483	-69				-411	-542	-171	45815
哈萨克斯坦	Kazakhstan		-1491		-495					
朝鲜	Korea,Dem.		-226							
韩国	Korea,Rep.	-5479		-74			-882	-415	-174	25759
马来西亚	Malaysia		-20		-2559					
蒙古	Mongolia		-1491							
缅甸	Myanmar				-864					
巴基斯坦	Pakistan									
菲律宾	Philippines		-307							
新加坡	Singapore									
斯里兰卡	Sri Lanka									
泰国	Thailand									
越南	Viet Nam		-1368							
埃及	Egypt				-836					
尼日利亚	Nigeria				-2084					
南非	South Africa		-4795							
加拿大	Canada	-23941	-2005	-11863	-7676	-447	-60	-102	751	25608
墨西哥	Mexico	-8794	-1	-7861	-21	-11	-93	-274	-26	18697
美国	United States	-23738	-6339	-1084	-3465	-129	-2687	-2182	292	220272
阿根廷	Argentina		-1		-17					
巴西	Brazil									
委内瑞拉	Venezuela		-166							
白俄罗斯	Belarus									
捷克	Czech Republic	-924	-492	-2	-14	-237		-33	-38	4290
法国	France	-3140	-10	-23	-438	-567	-262	-579	-138	25145
德国	Germany	-4087	-97	-38	-1650	-471	-270	-772	-57	30716
意大利	Italy	-2786	-19	-143	-10	-15	-309	-307	-12	16514
荷兰	Netherlands	-14573	-340	-208	-4002	-99	-1460	-350	-209	7755
波兰	Poland	-1474	-911	-30	-2	-103	-14	-48	-121	10262
俄罗斯联邦	Russian Fed.		-7804		-16078					
西班牙	Spain	-1711	-95		-148	-121	-846	-250	41	12590
土耳其	Turkey	-778			-59	-33	-41	-119	100	11418
乌克兰	Ukraine		-403							
英国	United Kingdom	-7719	-70	-3397	-1421	-21	-222	-1088	-147	18900
澳大利亚	Australia	-22595	-18405	-1647	-2333		-63	-339	-490	11980
新西兰	New Zealand	-397	-153	-239			-30	-77	-22	1800

附录2-14 中国主要指标居世界位次①

Ranking of China in the World in Terms of Main Indicators①

资料来源：联合国数据库，联合国粮农组织数据库。
Sources: United Nations Database, FAO Database.

指 标	Item	1978	1990	2000	2005	2010	2011	2012
国内生产总值	**Gross Domestic Product**	**10**	**11**	**6**	**5**	**2**	**2**	**2**
人均国民总收入②	**Per Capita GNI②**	**175(188)**	**178(200)**	**141(207)**	**128(208)**	**121(215)**	**114(214)**	**112(214)**
进出口贸易额	**Total Value of Imports and Exports**	**29**	**15**	**8**	**3**	**2**	**2**	**2**
货物出口总额	Total merchandise-Exports	31	14	7	3	1	1	1
货物进口总额	Total merchandise-Imports	29	17	8	3	2	2	2
主要工业产品产量	**Volume of Production of Major Industrial Products**							
钢	Crude Steel	5	4	1	1	1	1	1
煤	Coal	3	1	1	1	1	1	1
原 油	Crude Petroleum	8	5	5	5	4	4	4
发电量	Electricity	7	4	2	2	1	1	1
水 泥	Cement	4	1	1	1	1	1	1
化 肥	Fertilizer	3	3	1	1	1	1	
棉 布	Woven Cotton Fabrics	1	1	2	1	1	1	1
主要农业产品产量	**Volume of Production of Major Agricultural Products**							
谷 物	Cereals	2	1	1	1	1	1	
肉 类	Meat	3	1	1	1	1	1	
籽 棉	Seed Cotton	2	1	1	1	1	1	
大 豆	Soybeans	3	3	4	4	4	4	
花 生	Groundnuts in Shell	2	2	1	1	1	1	
油菜籽	Rapeseeds	2	1	1	1	1	2	
甘 蔗	Sugar Cane	7	4	3	3	3	3	
茶 叶	Tea	2	2	2	1	1	1	
水 果③	Fruits③	9	4	1	1	1	1	

注：①本表资料来源于国际组织，仅供参考。②括号中所列数为参与排序的国家和地区数。 ③不包括瓜类。
Notes: ①Data in this table are all from international organizations, for reference only.② The number in parentheses indicates the number of countries or territories which the ranking is based on.③Excludes melons.

中国统计出版社最新资料书简目

（仅供参考，以最后出书为准）

统计资料

中国统计年鉴 -2013

中国统计摘要 -2013

国际统计年鉴 -2013

2013 中国发展报告

中国第三产业统计年鉴 -2013

中国区域经济统计年鉴 -2013

中国劳动统计年鉴 -2013

中国社会统计年鉴 -2013

中国城市统计年鉴 -2013

中国建筑业统计年鉴 -2013

中国人口和就业统计年鉴 -2013

中国工业经济统计年鉴 -2013

中国商品交易市场统计年鉴 -2013

中国房地产统计年鉴 -2013

中国能源统计年鉴 -2013

中国民政统计年鉴 -2013

中国贸易外经统计年鉴 -2013

2013 中国地区经济监测报告

中国科技统计年鉴 -2013

中国农村统计年鉴 -2013

中国农产品价格调查年鉴 -2013

中国高技术产业统计年鉴 -2013

中国教育经费统计年鉴 -2013

中国农村贫困监测报告 -2013

全国农产品成本收益资料汇编 -2013

中国科学技术协会统计年鉴 -2013

工业企业科技活动资料 -2013

大中型批发零售和住宿餐饮企业统计年鉴 -2013

中国价格统计年鉴 -2013

第二次全国 R&D 资源清查资料汇编 - 工业企业卷

中国住户调查年鉴 -2013

中国县域统计年鉴 -2013

中国农村全面建设小康监测报告 -2013

第二次全国 R&D 资源清查资料汇编 - 综合卷

中国人才资源统计报告 -2011

中国零售和餐饮连锁企业统计年鉴 -2013

中国民族统计年鉴 -2013

2010 年中国第六次人口普查公报

2013 年省级综合统计年鉴系列

北京　天津　河北　山西　内蒙古　辽宁　吉林
黑龙江　上海　江苏　浙江　安徽　福建　江西
山东　河南　湖北　湖南　广东　广西　海南　重庆
四川　贵州　云南　西藏　陕西　甘肃　青海　宁夏
新疆　新疆生产建设兵团

2013 年市（县）级综合统计年鉴系列

天津滨海新区　石家庄　唐山　邯郸　太原　大同
长治　阳泉　晋城　朔州　晋中　运城　忻州　临汾
呼和浩特　通辽　包头　沈阳　大连　长春　吉林市
四平　哈尔滨　黑龙江垦区　上海浦东新区　南京
苏州　无锡　常州　徐州　南通　泰州　宿迁
连云港　盐城　镇江　淮安　江阴　丹阳　杭州
宁波　绍兴　台州　温州　金华　嘉兴　衢州
舟山　福州　福州经济技术开发区　宁德
厦门经济特区　南昌　上饶　济南　青岛　潍坊
枣庄　郑州　洛阳　三门峡　南阳　商丘　武汉
宜昌　十堰　荆州　咸宁　长沙　广州　东莞　惠州
深圳　桂林　南宁　柳州　来宾　河池　海口
三亚　成都　绵阳　贵阳　昆明　庆阳　西安　兰州
银川　乌鲁木齐

2010 年人口普查资料系列

中国 2010 年人口普查资料　北京　天津　河北
山西　内蒙古　辽宁　吉林　黑龙江　上海　江苏
浙江　安徽　福建　江西　山东　河南　湖北　湖南
广东　广西　海南　重庆　四川　贵州　云南　西藏
陕西　甘肃　青海　宁夏　新疆　新疆生产建设兵团
宁波　昆明

中国分县 2010 年人口普查资料

中国分乡镇、街道 2010 年人口普查资料

广东省各市 2010 年人口普查资料丛书

山西省各市 2010 年人口普查资料丛书

河南省各市 2010 年人口普查资料丛书

New Statistical Yearbooks Published by China Statistics Press

National Statistical Yearbook

China Statistical Yearbook-2013

China Statistical Abstract-2013

International Statistical Yearbook-2013

China Development Report-2013

China Statistical Yearbook of the Tertiary Industry-2013

China Statistical Yearbook for Regional Economy-2013

China Social Statistics Yearbook-2013

China City Statistical Yearbook-2013

China Labour Statistical Yearbook-2013

China Population and Employment Statistics Yearbook-2013

China Industry Economy Statistical Yearbook-2013

China Statistical Yearbook on Construction-2013

China Real Estate Statistics Yearbook-2013

China Energy Statistical Yearbook-2013

Statistical Yearbook of China Commodity Exchange Market-2013

China Trade and External Economics Statistical Yearbook-2013

China Regional Economic Monitoring Report-2013

China Civil Affairs' Statistical Yearbook-2013

China Rural Statistical Yearbook-2013

China Yearbook of Agricultural Price Survey-2013

China Educational Finance Statistical Yearbook-2013

Poverty Monitoring Report of Rural China-2013

China Science and Technology Statistical Yearbook-2013

China Statistics Yearbook on High Technology Industry-2013

Statistics on Science and Technology Activity of Industry Enterprises-2013

China Agricultural Production Cost and Yield Data-2013

China Price Yearbook-2013

China County Statistical Yearbook-2013

China Yearbook of Rural Household Survey-2013

Statistical Yearbook of China Chain Stores of Retail Trades and Catering Services-2013

Statistical Yearbook of Large and Medium-sized Enterprises of Wholesale & Retail Trades and Hotels & Catering Services-2013

The Second National Census of Research and Experimental Development Resources

China's Ethnic Statistical Yearbook-2013

Statistical Communique of the National Bureau of Statistics of People's Republic of China on Major Figures of the 2010 Population Census

China Human Resources Report-2011

Provincial Statistical Yearbook in 2013

Beijing Tianjin Hebei Shanxi Inner Mongolia Liaoning Jilin Heilongjiang Shanghai Jiangsu Zhejiang Anhui Fujian Jiangxi Shandong Henan Hubei Hunan Guangdong Guangxi Hainan Chongqing Sichuan Guizhou Yunnan Tibet Shaanxi Gansu Qinghai Ningxia Xinjiang Xinjiang PC Corps

City (or County) Statistical Yearbook in 2013

Tianjin Binhai New Area Shijiazhuang Tangshan Handan Taiyuan Datong Changzhi Yangquan Jincheng Shuozhou Jinzhong Yuncheng Xinzhou Linfen Hohhot Tongliao Baotou Shenyang Dalian Changchun Jilin Siping Harbin Heilongjiang Shanghai Pudong Nanjing Suzhou Wuxi Changzhou Xuzhou Nantong Taizhou Suqian LianyunGang Yancheng Zhenjiang Jiangyin Danyang Hangzhou Ningbo Shaoxing Taizhou Wenzhou Jinhua Jiaxing Quzhou Zhoushan Fuzhou Fuzhou Ningde Xiamen Nanchang Shangrao Jinan Qingdao Weifang Zaozhuang Zhengzhou Luoyang Sanmenxia Nanyang Shangqiu Wuhan Yichang Shiyan Jingzhou Xianning Changsha Guangzhou Dongguan Huizhou Shenzhen Guilin Nanning Liuzhou Laibin Hechi Haikou Sanya Chengdu Mianyang Guiyang Kunming Qingyang Xi'an Lanzhou Yinchuan Urumqi

Data on Population Census in 2010

Tabulation on the 2010 Population Census of China

Beijing Tianjin Hebei Shanxi Inner Mongolia Liaoning Jilin Heilongjiang Shanghai Jiangsu Zhejiang Anhui Fujian Jiangxi Shandong Henan Hubei Hunan Guangdong Guangxi Hainan Chongqing Sichuan Guizhou Yunnan Tibet Shaanxi Gansu Qinghai Ningxia Xinjiang Xinjiang PC Corps Ningbo Kunming

Tabulation on the 2010 Population Census by County

Tabulation on the 2010 Population Census by Township

Guangdong Cities Series

Shanxi Cities Series

Henan Cities Series

Address: No.57 Yuetan Nanjie, Sanlihe, Beijing 100826, P. R. China
China Statistics Press, National Bureau of Statistics of China
Editorial Department: Tel: 008610-63376877, 63376861
E-mail: yearbook@gj.stats.cn
Distribution Department: Tel: 008610-63376907, 68783171
Website http://csp.stats.gov.cn

呼伦贝尔

“拥抱冬天、享用冰雪”大型实景演出

呼伦贝尔市得名于境内呼伦湖（亦称达赉湖）和贝尔湖，与俄罗斯、蒙古国毗邻，是中国唯一的中俄蒙三国交界地区，素有“鸡鸣闻三国”的美誉。如果把祖国的版图比作雄鸡，那么呼伦贝尔就是雄鸡冠上的一颗明珠。

地域辽阔，风光旖旎。这里是全国少有的生态系统保存完好的地区之一，呼伦贝尔大草原、大森林、大水域、大冰雪、大口岸、大民俗构成了呼伦贝尔独特的自然景观。正因为草原的垄断性、森林的天然性、野生动物的珍奇性、古迹民族性和民俗的独特性，被列为“全国六大重点旅游开发区”之一，是一家列为国家草原旅游区进行重点开发的地区。

俯瞰成吉思汗广场

矿产丰富，资源富饶。全市已经查明或初步查明资源储量的矿产 52 种，矿产地 411 处，全市煤、锰、铜、钼、金、银、铅、锌、铟、镉、水泥用大理石、白云岩、膨润土、芒硝、天然碱、矿泉水 16 中矿产保有资源储量排名居自治区 12 个盟市前列。其潜在总值、人均占有量及单位国土面积赋存量高于自治区及全国平均水平。

经济建设正在崛起。2012 年，全市地区生产总值完成 1335.82 亿元，比上年增长 13.5%。地方财政总收入达到 137.27 亿元，增长 20.0%；规模以上工业总产值完成 1085.99 亿元，同比增长 25.5%；社会消费品零售总额完成 398.76 亿元，比上年增长 16.0%，全年共接待国内外旅游者 1433 万人次（含一日游），增长 23.0%；限额以上固定资产投资完成 899.02 亿元，城镇居民人均可支配收入 19492 元，农牧民人均纯收入 8807 元。

改革开放取得重大进展。森工集团和地方林业六局剥离企业办社会职能改革扎实推进，集体林权制度改革主体任务和森工集团主辅分离基本完成。财政、金融、农村牧区、文化、医药卫生和事业单位等改革不断深化。引进神华集团、中国黄金、同联制药、阜丰科技和大连万达等 38 家国内外大型企业集团。努力提升对俄蒙开放水平，蒙古国领事馆设立工作取得突破，海拉尔国际航空口岸落地签证业务获得批准。满洲里国家重点开发开放试验区建设全面启动，中蒙跨境经济合作区前期工作稳步推进。

生态环境保护持续加强。全面落实草原生态保护补助奖励政策，实施天然林保护、三北防护林等重点工程，森林覆盖率达到 51.3%。承办了第九届中国城市森林论坛，荣获“国家森林城市”称号。呼伦贝尔市已被国家发改委批准为低碳试点城市。

社会建设发展步伐加快。各级各类教育均衡发展，中小学校舍安全工程全部完成，教育水平整体提升。创新型呼伦贝尔建设扎实推进，荣获“全国科技进步先进市”称号。覆盖城乡居民的基本医疗卫生制度初步建立，基本医疗保障、基本药物供应保障、基本医疗服务和公共卫生服务体系不断完善。

呼伦贝尔市这个昔日“幽静的历史后院”，已经站在祖国北疆改革的前沿。而今站在新的历史起点上，全面贯彻内蒙古自治区“8337”发展思路，将继续以“美丽发展、科学崛起、共享繁荣”为努力方向，以推进新型工业化、城镇化、农牧业产业化为工作主线，以深化改革、扩大开发、优化发展环境为持续动力，抓住机遇，乘胜而上，同社会各界的有识之士一起，努力建设幸福呼伦贝尔。

夏日草原

鹤岗

鹤岗市位于黑龙江省东北部，地处小兴安岭向三江平原过渡地带，北隔黑龙江与俄罗斯相望，东南临松花江与佳木斯接壤，西屏小兴安岭与伊春为邻，处在黑龙江、松花江、小兴安岭“两江一岭”围成的金三角区域。全市面积约 1.5 万平方公里，下辖萝北、绥滨两个边境县和六个行政区，人口 110 万，其中市区人口 70 万，城镇化率为 84%。

鹤岗是一座缘煤而兴的资源型城市。煤炭、石墨、粮食、木材等重要资源富集。煤炭地质储量 26 亿吨，是优质动力煤、化工煤重要产地；石墨储量 6 亿多吨，品位高、开发条件优良，居世界前列、亚洲首位，年产石墨 30 万吨，产量占全国的 1/3，出口占全国的 1/2；拥有黑土良田 800 多万亩，年产粮食 90 亿斤，其中优良稻米加工能力 650 多万吨，约占黑龙江全省的 1 / 5；林地面积 66 万公顷，城市森林覆盖率达 70%。还有陶砾页岩、硅石等 30 余种非金属矿产资源。鹤岗的旅游资源十分丰富，拥有大界江、大森林、大冰雪、大湿地、大农业、大矿山、大石林，原生态保存完好。龙江三峡是黑龙江省十大旅游景区之一，有 3 个国家级原始森林公园、国家矿山地质公园，以及黑龙江流域博物馆、名山旅游名镇、太平沟黄金古镇、金顶山石林、苇场湿地等风景区，市区有“五湖一河”滨水景区。

鹤岗是一座构成多元的板块经济城市。除地方经济外，有六大中省直企业。龙煤集团鹤岗分公司是黑龙江四大煤炭企业之一；黑龙江农垦总局宝泉岭农垦管理局是黑龙江省东部四大垦区之一；省森工总局鹤北林业局是黑龙江省森工系统效益最好的林业生产企业之一；华能鹤岗发电公司装机容量 120 万千瓦，是国家一级火力发电企业；中海油化学公司一期投资 36.8 亿元的化肥基地正在建设，2013 年投产；中铁资源集团石墨产业基地已开工建设。

鹤岗是黑龙江省对俄开放的前沿阵地。与俄罗斯有 235 公里的边境线，有 2 个国家一类口岸，萝北口岸年吞吐能力 43 万吨，是黑龙江省距哈尔滨市最近的沿边对俄口岸。

鹤岗是一座具有革命传统和创业历史的城市。鹤岗是全国解放最早的城市之一，曾是全国解放的大后方，是新中国医学和电影的摇篮，中国医科大学第一、二分校和八一电影厂的前身就在鹤岗。鹤岗留下了十万官兵、百万知青开垦北大荒的足迹。建国初期原苏联援建的 156 个工业项目中有 3 个建在鹤岗，这里有新中国的第一对竖井——新一矿。

近几年，鹤岗抢抓机遇，被列入国家“资源型城市转型试点”、“大小兴安岭林区生态保护与经济转型规划”，以及正在推进的“蒙东沿边经济开放带”等国家发展战略，被列入黑龙江省“八大经济区”的“东部煤电化基地规划区”、“两大平原农业综合开发实验区”、“北国风光特色旅游开发区”和“东北亚经济贸易开发区”等发展战略。

黑河

生态托起魅力黑河

高楼林立的东部新城区

在祖国东北边陲，美丽的黑龙江畔，坐落着一座新兴的口岸城市——黑河。黑河辖区面积6.8万平方公里，人口175万，辖北安市、五大连池市、嫩江县、孙吴县、逊克县和爱辉区，代管五大连池风景区。区位独特，有“中俄之窗”、“欧亚之门”之称，与俄罗斯远东第三大城市、阿穆尔州首府布拉戈维申斯克市隔黑龙江相望，1992年被批准为全国首批沿边开放城市，设有3个国家一类口岸，以及国家级边境经济合作区和中俄边民互市贸易区。文化鲜明，百年前的“万国商埠”，成为中俄文化的交融地，形成欧陆文化与民俗文化、知青文化、红色文化多元交融格局，是中俄风情之都。生态良好，有林地327万公顷，森林覆盖率47.6%。拥有世界闻名的火山、矿泉和大界江、大森林、大湿地、大冰雪等资源，是中国优秀旅游城市。五大连池风景区被誉为“天然的火山博物馆”和“打开的火山教科书”，获得2项世界级和17项国家级桂冠。资源富集，拥有耕地2880万亩，是国家重要商品粮基地、绿色食品主产区，人均水资源占有量是全国的3.5倍，风能蕴藏量超过300万千瓦，生物质资源年产量60万吨以上，素有“地质摇篮”和“矿产之乡”美誉，发现矿产95种，潜在经济价值1万亿元以上。

近年来，黑河坚持生态发展，实现绿色崛起，打好文化、区位、生态和资源“四张牌”，建设中俄风情之都、中俄合作高地、休闲养生福地、植财生金宝地“一都三地”魅力黑河，促进了经济社会可持续发展。2012年，全市生产总值同比增长13.1%，全社会固定资产投资增长35.2%，社会消费品零售总额增长15.6%，对外贸易进出口总值增长15.9%，公共财政预算收入增长14.9%，万元地区生产总值综合能耗下降4.3%。

坚持无污染新型化工业之路。大力发展新能源、新材料、新医药等产业，云计算数据中心、北安上海电气设备制造二期、嫩江凯迪生物质发电等项目开工。叫停环保不达标企业，倾力打造罕达汽煤矿、多宝山铜矿“绿色矿山”。2012年，规模以上工业增加值增长20.5%。

坚持无公害农业特色化之路。调整种植结构，扩大绿色有机无公害农产品面积，获得绿色有机食品认证80个，正在建设黑河（孙吴）健康产业园。2012年，粮食总产突破80亿斤，首次被国家评为粮食生产先进市，正在打造我国北方高纬寒地特色农业品牌。

坚持林业可持续产业化之路。整体纳入大小兴安岭生态功能区，在全国地级市中首个设立碳汇专项基金。实施“一退三还”行动，让青山还树，湿地还水，草原还绿。从俄罗斯引进大果沙棘、蓝靛果忍冬等高纬寒地小浆果品种，大力发展北药、森林食品开发和特色养殖等林业产业。2012年，林业产业产值增长20%。

坚持旅游与文化产业融合之路。与布市共同制定“中俄双子城”旅游规划，开发中俄边境风情游、火山康疗养生游、瑷珲历史文化游、森林湿地生态游特色产品。2012年，接待国内外旅游者增长12.1%。已连续承办四届中俄文化大集，上升为中俄国家级文化交流项目。

坚持城市建设与生态惠民之路。构筑“西山、北水、东湿地”城市生态格局，建设“百里界江、万顷湿地、山水环绕、一线多岛”沿江生态长廊，正在推进国家园林城、卫生城和环保模范城“三城联创”。倡导绿色生活方式，推出东北三省唯一便民自行车服务。城市绿化覆盖率达到32.5%，高于全省平均水平13.5个百分点，跻身中国十佳空气质量城市排行榜。

黑河，不断在前行中校对坐标，加快构建具有黑河特色的生态主导型产业体系，用绿色支撑跨越发展，以生态托起城市未来，打造中俄边境线上的璀璨明珠，成为黑龙江省新的经济增长极。

黑河与俄罗斯布拉戈维申斯克市一水相连

苏州

苏州工业园区金鸡湖畔

人间天堂　魅力苏州

苏州地处江苏省东南部，东临上海，南接浙江，西抱太湖，北依长江，是我国重要的历史文化名城和重点风景旅游城市、长江三角洲重要的中心城市之一。苏州——一座让世界阅读了 2500 年的东方水城以古典园林的精巧内涵和创新志远的向上精神，布局了现代经济的版图，实现了东方与西方的对接。

名城苏州

苏州自有文字记载以来的历史已有 4000 多年，是全国首批 24 个历史文化名城之一。距今已有 2500 年历史的苏州古城，目前仍坐落在春秋时代的位置上，基本保持着“水路并行、河街相邻”的双棋盘格局，“三纵三横一环”的河道水系和“小桥流水、粉墙黛瓦、史迹名园”的独特风貌，充满江南水乡风情。全市现有市级以上文物保护单位 731 处，其中国家级 34 处、省级 138 处。保留完好的古典园林 60 余处，其中拙政园、留园、狮子林、网师园、环秀山庄、沧浪亭、艺圃、耦园、退思园等 9 座园林列入世界文化遗产。

大城苏州

苏州市下辖张家港市、常熟市、昆山市、太仓市、吴江区、吴中区、相城区、姑苏区、高新区（虎丘区）和工业园区。全市总面积 8488 平方公里， 2012 年末全市户籍总人口 647.8 万人，常住人口 1054.9 万人。

2012 年 9 月，以原平江、沧浪、金阊三区合并为姑苏区，吴江撤市建区为标志，苏州迈出“大城时代”新步伐。此轮行政区划调整，使苏州市区面积由 3254.7 平方公里扩大到 4474.4 平方公里，地区生产总值占全市比重由 37.9% 提高至 50% 左右。

魅力苏州

千百年来，苏州以她旖旎的风光和博大的胸怀，接纳了世界各地朋友，从而也丰富了自己的文化内涵，成为人们向往的东方文化、艺术、经济、贸易中心之一，使“人间天堂”的美誉闻名遐迩。改革开放以来，苏州进一步走向世界。迄今为止，已同意大利、加拿大、日本、美国、罗马尼亚等 21 个国家缔结了 43 对友好城市。2012 年末，共有 145 家世界 500 强企业落户苏州，众多世界 500 强企业纷至沓来，积极参与苏州经济建设，在谋求转型升级和创新发展中发挥着巨大的作用。

苏州积极举办国际性、全国性大会和各类会展。2001 年 APEC 财长会议；2004 年世界遗产大会；

苏州博物馆　　高铁始发

苏州高新区

2011 首届太湖文化论坛；2012 年第二届中非民间论坛；2013 年第四届中欧政党高层论坛以及中国苏州电子博览会、中国国际纳米技术产业发展论坛暨纳米技术成果展等相继在苏成功举办，在吸引八方来客的同时尽展魅力苏州的风采。

创新苏州

创新引领发展，转型成就未来。苏州坚持走新型工业化、经济国际化、城乡一体化发展之路，藉此赢得先机、赢得优势。一是城市综合实力不断增强。2012 年，苏州以占全国不足 0.1% 的国土面积，创造了占全国 2.3% 的国内生产总值、2.2% 的财政收入、7.9% 的进出口总额、8.2% 的实际利用外资。苏州城市综合竞争力在全国名列前茅。二是产业结构不断优化。苏州积极实施产业转型升级，以产业培育为中心，形成先进制造业与现代服务业“双轮驱动”的发展新格局。2012 年三次产业结构比为 1.6:54.2:44.2。服务业内部结构不断优化，现代服务业加快发展。新兴产业扩容增效，先进制造业提速发展。以新兴、高新为代表的先进制造业，通过产业结构的不断优化和产业层次的不断提升，成为推动工业经济增长的强力引擎。三是体制保障持续强化。苏州始终坚持发挥市场在资源配置中的基础性作用，为加快经济结构调整和发展方式转变提供内生动力与体制保障。全市所有制结构不断优化，私营经济和外资经济成为发展的主导力量。张家港的沙钢集团、昆山的仁宝、纬氏等产值超千亿元的企业集团成为引领发展的火车头。产业竞争力不断提高，传统产业基础雄厚，新兴产业发展迅速，在全省乃至全国都有竞争优势，并从加工、制造逐步走向创新、创造。

幸福苏州

苏州是被国家发改委列为城乡一体化发展综合配套改革联系点以及中澳管理项目的试点城市，近年来城乡一体化进程明显加快，城乡居民生活水平稳步提升，新型工业化、农业现代化、城乡发展一体化同步推进，强农惠农富农政策推动城乡协调发展。2012 年苏州城乡居民收入比为 1.9 ：1，城乡居民收入比在全国保持领先。

城乡居民生活环境不断改善。自 2000 年获得“国家环保模范城市”称号以来，全市上下牢固树立“生态立市、环境优先”战略，2007 年被住建部列为“创建国家生态园林城市试点城市”。2009 年“三区三城”建设目标的提出，又为苏州生态环境发展注入了新的内涵。日前苏州市荣膺“国家生态市”称号，苏州及所辖县级市、区均已建成了国家生态市（县、区），成为在全国率先建成生态城市群的地级市。国际花园城市、国家环保模范城市、全国文明城市、中国十大魅力城市、国家园林城市……一个个荣誉称号印证着苏州人幸福家园的美好。

融传统文化与现代文化、民族文化与全球文化于一体的苏州，正以“崇文睿智，开放包容，争先创优，和谐致远 ”的苏州精神，助推着新一轮的发展，谱写着“中国梦”苏州篇章。

苏州国际科技园

昆山

首届中国国际进口产品博览会开幕式

2012年，昆山坚持以科学发展观为指导，紧紧围绕打造“三大名城”的总定位，牢固树立“改革、创新、责任、担当”的理念，大力弘扬“敢于争第一、勇于创唯一”的新昆山精神，全力增创“七大领先优势”，经济社会发展呈现“运行平稳、转型加快、质量提升、民生改善”的良好态势。全年实现地区生产总值2725.32亿元，增长11.2%；工业总产值8520.51亿元，增长6.5%；公共财政预算收入220.28亿元，增长10%；服务业增加值1069.61亿元，增长15.2%；实际利用外资18亿美元，注册内资251亿元；城乡居民人均收入实现两位数增长。实现台湾电电公会大陆地区“综合实力极力推荐城市”四连冠。连续四年位列福布斯中国大陆最佳县级城市排行榜首位。

1. **全力保持经济平稳较快发展**。组织开展春季、夏季、秋季重大产业项目联合开工开业活动，推进重大项目加快建设。全年完成固定资产投资770.04亿元，增长19.2%。突出抓好外贸工作，实现进出口总额865.68亿美元，其中出口555.17亿美元，分别增长1.2%和4.1%。加快培育新的消费热点，社会消费品零售总额493.62亿元，增长17.3%。

2. **大力推进经济转型升级**。新兴产业快速发展。通过整合资源、政策倾斜，推动新兴产业快速成长，新兴产业产值占规模以上工业比重达37%，比上年提高7.3个百分点。服务经济量质齐升。全市服务业增加值占地区生产总值比重较上年提高2.2个百分点。成功举办首届中国国际进口产品博览会、第七届中国零售商大会、第七届国际发明展览会、世界电子竞技大赛全球总决赛等系列展会。全市上市企业增至10家。

3. **着力增强创新驱动能力**。协同创新能力增强。工业技术研究院获批国家技术转移示范机构，阳澄湖科技园获批筹建省级大学科技园。新增产学研联合体68家、企业研发机构157家。高新技术产业产值占规模以上工业的比重达43.7%。创新成果不断显现。新增专利申请3.2万件、授权2.05万件，其中发明专利授权884件，增长90.9%，万人发明专利拥有量突破12件。高端人才加速集聚。新增国家“千人

2012世界电子竞技大赛（WCG）全球总决赛

古镇千灯

计划”人才28人（累计59人）、省“双创”人才9人（累计43人）。新增院士工作站2家、国家级博士后科研工作站分站3家。

4. **扎实推进文化强市建设**。精心塑造文化品牌。举办国际文化旅游节、国际啤酒节、昆剧艺术节等活动，全民健身行动项目荣获世界卫生组织健康城市最佳实践奖。完善公共文化服务体系。深化国家公共文化服务体系示范区创建，基本形成覆盖城乡的三级公共文化设施网络。大力发展文化创意产业。成功举办2012中国动画年会，全国版权示范城市创建工作通过验收，3家企业被认定为国家文化出口重点企业。

12345城市服务中心

5. **切实加强社会建设管理**。突出“学有优教、病有良医、老有颐养、住有宜居、劳有厚得”和“收入多元、保障多重、生活多彩”的“五有三多”目标，形成社会和谐发展新优势。扎实推进富民增收。完善低收入群体增收政策措施，发放创业小额贷款3.1亿元。低保标准提高到每人每月590元。不断完善公共服务。深入开展教师置换式轮岗交流；大力推进养老服务，新增养老床位1706张；加快完善城乡住房保障体系，开工建设农村动迁安置房373万平方米，发放住房公积金贷款19.4亿元。

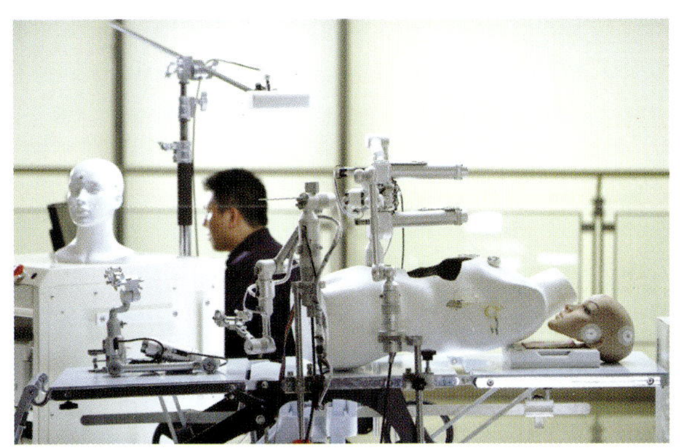

机器人研究所

6. **不断提升城市功能品质**。规划体系加快完善。城市公共交通、高铁公共走廊带、养老服务设施等一批专项规划编制完成。功能设施加快建设。昆山杜克大学获批挂牌，文化艺术中心一期、体育中心游泳综合馆建成试运行。交通体系加快优化。上海轨道交通11号线花桥段完成土建施工，中环快速化工程扎实推进。新投放出租车200辆、公共自行车3000辆。环境面貌加快改善。新增绿化面积1600万平方米。昆山被评为“长三角最佳慢生活旅游名城”。

2013年，我们将以党的十八大精神为指引，深入贯彻落实科学发展观，大力弘扬“敢于争第一、勇于创唯一”的新昆山精神，始终秉承“开放、融合、创新、卓越”的城市精神，进一步提振精气神，深化改革创新，扩大对外开放，强化责任担当，更高层次统筹推进经济、政治、文化、社会、生态文明建设，更高水平推进率先基本实现现代化，继续走在现代化建设的前列。

开发区夏驾河公园

丹阳

丹阳，丹凤朝阳之意，位于江苏省南部，东邻常州市武进区、新北区，西接镇江市丹徒区、句容市，南与金坛市接壤，北接镇江新区，并与扬中市隔江相望。总面积1059平方公里，户籍人口80.8万人，辖13个镇和1个省级开发区。

丹阳历史悠久，是董永与七仙女传说的发源地，境内的凤凰山遗址表明6000多年前就有先民在此生活。战国时期设云阳邑，公元前221年秦朝建立后，设云阳县，不久改名为曲阿县。唐天宝元年（742年），因当时境内生长着众多的“赤杨树”，“赤”与“丹”同义，“杨”与“阳”谐音，后取“丹凤朝阳”之意，定名丹阳。西晋玉乳泉、唐中和铜钟、南朝石刻、北宋嘉山寺、明朝万善塔等众多名胜古迹是丹阳悠久历史的有效见证。丹阳人杰地灵、人文荟萃，名人志士，贤臣良将，代不乏人。丹阳是春秋时期伟大德者、智者和贤者——季子的隐居之地，也是南朝齐梁两代帝王的故里。唐代大诗人许浑，近现代著名教育家、上海复旦大学创始人马相伯，著名社会科学家、教育家戴伯韬，著名书画家、美术教育家吕凤子，语言学泰斗吕叔湘，以及对革命事业作出过贡献的共产党人夏霖、黄竞西、管文蔚和匡亚明等一大批名人志士均出自丹阳。

通过多年的努力，丹阳已成为沪宁线上新兴的工贸城市，经济基本竞争力位居全国百强县（市）前列，综合实力不断提升，先后荣获“中国和谐城市”、“中国特色魅力城市200强”等称号，是全国首家“国家旅游产业创新发展实验市”。

一、发展提速、质量提升、效益提高正成为丹阳发展的主趋势。2012年全市实现地区生产总值830.5亿元，增长13.1%；一般预算收入50.09亿元，增长21.8%；工业销售收入2086.25亿元，增长19.2%；全社会固定资产投资395.41亿元，增长21.3%；财政总收入118.16亿元，增长15.2%。企业和产业规模不断壮大，目前拥有亿元企业171家，10亿企业15家，百亿企业4家，相继建成“中国眼镜生产基地”、“中国眼镜出口基地”、“江苏省五金工具出口基地”和“国家级车辆灯具检测重点实验室”、“中国汽车零部件制造基地”、“全国汽车零部件出口基地”、“中国鞋业基地”、“国家汽摩配件生产示范区”。眼镜产业成为国家行业标准的制定者，五金工具产业正从普通工具钢向模具钢、特钢发展，木业产业夺得国内同行业10大品牌中的三块，汽车零部件产业正从零部件制造走向整车制造。同时，新材料、新能源、装备制造、新医药等新兴产业逐步形成规模，成为新的亮点。尤其是新材料产业，与国家大飞机项目形成了紧密的合作关系，解决了国内主要行业许多急需的功能纤维、高性能金属和新型化工等材料，并创建了航空航天产业园和院士工作站，正打造我市第一个千亿级产业群。为进一步促进产业集聚集约发展，

全国首屈一指的眼镜交易市场——中国眼镜城　　开发区科技创业园

丹阳正在全力打造“6+1”重点产业园区，其中“6”是指高新技术产业园、生命科学产业园、航空航天产业园、家纺产业园、汽车零部件产业园、先进装备制造产业园，“1”是指开发区。

二、创新驱动、人才带动、金融推动已成为丹阳发展的主动力。丹阳连续8年被评为全国科技进步先进县（市），是国家知识产权示范城市创建市，科技创新专项资金设立、争取省重大科技成果转化专项扶持资金、“国家科技兴贸基地”建设等多个方面在全省县级市领先，煤制乙二醇、平面转立体电影、商用陀螺仪、大型熔模铸造、第三代消防车、光扩散综合膜、玻纤单丝连续毡、高速工具钢水平连铸等200多项技术和成果填补国内空白，20多项技术达到国际先进水平。加快引进高层次人才，目前拥有108个海归创业创新团队、238多名高层次人才，其中6人入选国家“千人计划”，43人入选省“双创计划”，被评为省高层次人才创新创业基地。与中科院排名前10位的研究所中的7家建立了战略合作关系，40多名院士在丹阳担任特别顾问。同时，构建起科技型企业、科研院所、金融机构三者强强联合的“金三角”模式，在金融创新上形成亮点。积极鼓励企业上市，共有上市企业9家，总市值突破600亿元，还有拟上市企业34家，立足于上市的企业70多家。在全省首创天工惠农小额贷款公司，目前共有10家小额贷款组织，农民资金互助合作社15家，并成立了1家村镇银行。积极发展风投、担保公司，年担保能力突破100亿元。

三、优化服务、强化开放、深化改革已成为丹阳发展主抓手。强化服务环境建设，在行政审批过程中推行“一站式服务、一票制收费、一车制勘察、一表制审批”制度，成为沪宁线上收费项目最少、收费标准最低的城市，吸引德国汉高、法国欧尚、美国AIG、德国贺利氏等世界500强企业先后落户。2012年实现进出口总额26.51亿美元，增长13.1%。同时，积极鼓励企业“走出去”，全市境外投资规模继续保持全省县（市）前列。坚持以制度建设为发展“保驾护航”，近年来相继形成了大项目领导挂钩扶持、“飞地”工业、“万人问卷”、党务公开目录、领导班子和领导干部绩效考核等一批有创新、有特色的制度。

四、统筹发展、共享发展、和谐发展正成为丹阳发展的主基调。城镇化率由48%提高到58%，形成“一城两区、一体两翼”的城市布局。2009年获得了“国家卫生城市”称号，国家生态市创建工作已通过环保部考核验收。在加快城市建设的基础上，创新举措，加快新农村建设，构建“新市区—新市镇—新社区”三级城镇体系。以练湖为代表的新市区建设，以界牌为代表的“全镇一体化”新市镇建设，金桥村、群楼村等为代表的一批新社区建设正在加快推进。同时，积极解决社会发展和民生领域的突出问题，集中力量办好公开承诺的民生实事。2012年城镇居民可支配收入30120元，增长13.1%；农民人均纯收入15171元，增长13%。社会保障体系日趋完善，全面实施新型农村社会养老保险制度，累计参保人数达22万余人，建立了覆盖城乡、惠及全民的社会养老保障体系，基本做到了“应保尽保”。基本医疗保险人数超过16万人，农村合作医疗人数超过60万人。城镇劳动保障三大保险参保率达到99%以上。各项社会事业走在全省前列，是全省首批教育基本现代化县市，连续9次被授予“江苏省平安县（市、区）”荣誉称号。

沪宁高铁丹阳站　　新农村建设

武进

国际花园城　人居新天地

横林地板城

近年来，武进区按照“规划立镇、产业强镇、功能兴镇、特色活镇、生态建镇”的总体思路，以建设“特色、富裕、文明、生态、宜居”的小城镇为目标，集中力量、聚焦资源，加快小城镇建设步伐，打响“国际花园城，人居新天地”的城市品牌，城镇面貌实现精彩“蝶变”。

洛阳镇新貌

注重规划引领，建设理念日趋科学。组织科研院所、规划设计单位以及知名专家，按照区域经济、社会协调发展的需要，加强规划编研，制定各镇《小城镇建设三年（2010-2012年）行动纲要》，科学确定核心镇区范围，统筹路网等基础设施建设，集中布局重点项目，合理配置科教文卫等公共配套和服务类设施，城镇建设日益规范有序，人居环境和空间景观得到切实优化。

注重产业支撑，发展活力更加强劲。围绕建设“一镇一品”、加大镇工业集中区的产业和资源整合力度，支持重点企业做大做强，精心培育本地主导产业、主导园区，争取每个镇都有一个较强影响力和竞争力的产业名片，形成了邹区灯具、洛阳机电、横林地板、遥观轨道交通、嘉泽花木等规模优势明显、业界知名度高的特色产业，成功打造了乡镇经济亮点纷呈的“武进板块”。

注重配套完善，品质档次越发凸显。加快镇区入口、景观大道、休闲公园、健身广场、文化中心、时尚街区、农贸市场、高档小区、星级宾馆、工业集中区等“十个一”及综合体项目的建设进度，不断

村级活动广场

遥观镇一角

霞蒲村全貌

提升城镇综合服务功能，增强要素集聚和辐射带动能力，构建生活居住、商贸服务、产业发展等功能协调联动的新型城镇格局，2012年城市化水平达到56%，宜居宜业的新市镇环境初步形成。

注重特色营造，崭新格局加快构建。坚持差异化发展道路，结合区位、产业、文化、自然资源、乡土风情等特点，因地制宜，充分挖掘，建设一批特色鲜明、个性独特的小城镇。横山桥、湟里、雪堰等3个市级中心镇发挥地理优势，明确小城市的发展定位，致力打造区域性的物流重镇、商贸强镇；横林、邹区、洛阳等镇利用良好的产业基础，在做精做优主导产业方面下足功夫，镇域经济得到全面繁荣。

注重绿色生态，魅力形象有效彰显。以生态创建为抓手，积极开展生态环境建设，全面实施“治水、治气、治污、治绿”工程，加强核心区景观建设和营造，先后创成全国生态示范区、国际花园城市、全国生态区，顺利实现“三年三大步”；13个镇创成国家生态镇，6个镇创成国家卫生镇，5个镇创成江苏省园林小城镇，展现了蓝天碧水、文明整洁、宜居宜业的城镇新形象。

新天地公园

江苏

经济发展稳中有进
转型升级加快推进

苏州工业园区（来自苏州工业园区网站）

2012年，江苏全省上下牢牢把握主题主线和稳中求进的工作总基调，积极应对国际经济形势严峻和国内经济下行压力加大的挑战，统筹推进稳增长、控物价、调结构、惠民生、抓改革、促和谐各项工作，经济运行呈现稳中有进的态势，增速总体平稳，质量稳步提升，结构不断优化，民生继续改善，物价涨幅回落，在加快转型升级中平稳较快发展，一些重要指标实现了新突破。

经济总量突破5万亿元：继2008年、2010年全省生产总值分别突破3万亿元、4万亿元后，2012年突破5万亿元大关，达到5.4万亿元，比上年增长10.1%。

人均GDP突破1万美元：全省人均生产总值达到68347元，按当年汇率折算为10827美元，列全国各省区首位，标志着全省经济社会发展进入了一个新的重要阶段。

公共财政预算收入超过5800亿元：全省公共财政预算收入5861亿元，比上年增长13.8%。税收收入占公共财政预算收入比重达到81.6%，比上年提高1.5个百分点。

粮食总产量实现“九连增”：全年粮食总产量达3372.5万吨，比上年增加64.7万吨。

R&D经费支出占GDP比重达2.3%：全省R&D经费支出达到1288亿元，占GDP比重达2.3%，比上年提高0.1个百分点。

固定资产投资突破3万亿元：全年固定资产投资（不含农户）达3.17万亿元，列全国各省区市首位，比上年增长20.5%。

社会消费品零售总额突破1.8万亿元：全省社会消费品零售总额达18215亿元，比上年增长15%。

进出口总额超过5400亿美元：全年实现进出口总额达5481亿美元，比上年增长1.5%；其中出口总额突破3200亿美元，达3285亿美元，增长5.1%。

高新技术产业产值和战略性新兴产业销售收入均突破4万亿元：全年高新技术产业产值达4.5万亿元，比上年增长17.3%；战略性新兴产业销售收入达40060亿元，比上年增长19.6%。

城乡居民收入分别超过2.9万元和1.2万元：全年城镇居民人均可支配收入达29677元，比上年增长12.7%；农村居民人均纯收入达12202元，增长12.9%。

2013年江苏经济运行有望实现平稳开局，稳中有进的态势将进一步巩固。实现2013年经济社会的平稳发展，要认真落实中央宏观调控政策措施，紧紧围绕主题主线，以提高经济增长质量和效益为中心，稳中求进、开拓创新、扎实开局，深化改革开放，强化创新驱动，加快经济转型升级，着力保障和改善民生，增强经济发展的内生活力和动力，实现经济持续健康发展和社会和谐稳定。

连云港港夜景全景（摄影：樊豹声）

莆田

人兴业茂　清风明月

莆田城区夜景

莆田荔港立交桥

莆田市地处福建省沿海中部，陆域面积4200平方公里，海域面积1.1万平方公里，现有人口320多万人。近五年，莆田市GDP和财政总收入平均增幅分别居福建省前茅，其他主要经济指标增幅也位居福建省前列。与此同时，莆田市空气质量也是风景独好，连续2年排名福建省首位，先后荣获“国家园林城市”、“全国绿化模范城市”称号，湄洲岛国家旅游度假区和九龙谷国家森林公园被国家林业局授予“中国生态文明示范基地”和“国家生态文明教育基地”荣誉，形成了“GDP上去了、空气变好了”的良性循环，取得了经济发展与生态保护的双赢，呈现出人兴业茂、清风明月的良好发展态势。

一是在城乡规划中注重资源特色。立足于自然资源优势，提出构建“一心为源”、“二岛添辉”、“三湾环绕”、“四水相依”、“五山簇拥”的“一二三四五”宜居城市格局。秉承“既要GDP，也要好空气”的理念，以“前人栽树、后人乘凉”的使命感、责任感和“今人栽树、今人护树、今人乘凉”的现实感、紧迫感，重视传承保护山体、河流、生物多样性等自然景观要素，努力为子孙后代留下可耕之田、可喝之水、可兴之业、可游之海。

二是在产业发展中注重质量效益。发挥湄洲湾、兴化湾、平海湾港口优势，重点培育临港金（钢铁）、木（木材浆纸）、水（LNG及石油储备）、火（电力能源）、土（煤炭）“五行”基地。根据人多地少的实际，着力打造“海西瑞士”、“电子义乌”，大力扶持“科技小巨人企业”，推动产业向精细化发展，努力在实现发展的同时，不污染、不冒烟，还有一个蓝蓝的天；加快发展海洋经济，依托南日群岛资源优势和风电基础设施，探索设立全国“海洋牧场”试点，形成“风行海西、鲍打天下”的生动局面；做大做强以古典工艺家具、油画、金银珠宝这“三驾马车”为主的工艺美术产业，大力发展文化创意产业，文化产业增加值占GDP比重连续2年保持福建省首位。

三是在城乡建设中注重集约绿色。以在福建省率先开展城乡一体化综合配套改革试验为契机，把“现代骨、传统魂、自然衣”的理念和原则贯穿于城乡发展的全过程，努力探索出一条集约、智能、绿色、低碳的新型城镇化道路。按照“田园风光、都市生活”的思路，坚持城乡发展与生态环境相结合、与社会和谐相结合、与文化传承相结合，加快推进城乡一体化发展，着力构建滨海宜居港城，让人们在生活富足的同时，还能看到青山绿水、清风明月，享受到更多的“绿色福利”。

莆田绶溪公园

繁昌

繁昌经济开发区一隅

皖江城市带承接产业转移示范区核心区——中国繁昌

繁昌县隶属安徽省芜湖市，面积590平方公里，人口28万，现辖6镇3个园区（省级繁昌经济开发区、省级孙村经济开发区，省循环经济示范基地——芜湖循环经济产业园）。

繁昌历史悠久、文化深厚

繁昌古称“春谷”，西汉建县，至今已有2100多年历史。境内先后出土春秋早期青铜器、楚铜贝范及宋代瓷器等国家一、二级文物100多件，现有全国重点文物保护单位3处，其中“繁昌人字洞”是迄今亚欧大陆发现最早的古人类活动遗址，距今已有250万年。1949年4月，人民解放军百万雄师渡江第一船在此登陆。

繁昌区位优越、交通便捷

繁昌临江近海，处在安徽省经济最活跃的芜马铜经济带和皖江城市带承接产业转移示范区核心区，素有“皖南门户”之称。境内有长江“黄金水道”22公里，常年可行驶万吨级船只，共有大小码头24座，年货物吞吐量7000万吨。沪铜铁路、沿江高速公路、沿江高等级公路在此交汇，宁安城际铁路和芜湖长江二桥建成后，将进一步提升繁昌承东启西、连南接北的区位优势。

长江货运码头

繁昌资源丰富、物产丰饶

拥有燃料、金属、化工、冶金辅助材料等矿产7大类34个品种。四季分明、气候温和、雨量充沛、光照充足，孕育了极为丰富的动植物资源，驰名中外的“长江三鲜”（鲥鱼、刀鱼、螃蟹）即产于此。

繁昌山川俊美、风景秀丽

繁昌“有山有水有文化，宜业宜游宜家人”。国家级森林公园、国家4A级旅游景区—马仁奇峰，被誉为“皖南张家界，江滨小黄山”。享有“小九华”之称的五华山，以自然风光和宗教文化享誉周边。获港板子矶自古为“吴楚关锁”，列“长江二十四矶之首”。

繁昌科学发展、社会进步

改革开放以来，全县干部群众解放思想，开拓创新，经济社会又好又快发展，2006年成为全省第一个工业县，近年来一直位居全省科学发展先进县前列。先后荣获全国文明县城、全国文化先进县、全国科技进步先进县、全国社会治安综合治理先进县等10多项国家级荣誉称号。

当前，繁昌正处在转变发展方式的攻坚期、城乡一体化发展的加速期、全面建成小康社会的关键期，全县上下在党的十八大精神指引下，牢固树立在转型中加快发展、在发展中加快转型理念，紧紧围绕“全省领跑、率先小康”目标，深入开展“千日攻坚、转型跨越”行动，重点实施工业强县“双百”、产业转型升级“323”、高端要素聚集、全域繁昌建设、生态强县建设、文化强县建设、幸福繁昌建设、社会管理创新等八大工程，努力开创科学发展的新局面。

马仁奇峰

美好乡村示范点

安定公园一角

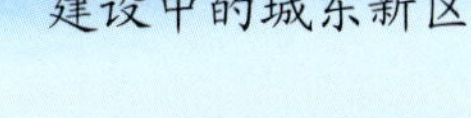

建设中的城东新区

东营

加快建设生态文明典范城市

9000 米超深钻机

党的十八大对生态文明建设作出重大部署，提出努力建设美丽中国。东营是山东省纳入国家《黄河三角洲高效生态经济区发展规划》和《山东半岛蓝色经济区发展规划》的市，牢牢抓住实施黄蓝国家战略的机遇，坚定不移走生态文明发展道路，确立了建设经济繁荣发达、城市秀美宜居、社会文明和谐、人民富裕幸福的生态文明典范城市的奋斗目标。全市上下弘扬担当精神，奋力开拓创新，推动了经济社会又好又快发展，生态文明典范城市建设取得重大进展。2012 年，全市实现生产总值 3000.7 亿元，比上年增长 12.1%，人均 14.5 万元；固定资产投资 1963 亿元，增长 23.4%；公共财政预算收入 158.7 亿元，增长 17.3%。

全面构筑生态系统。坚持生态优先、环境立市，加快构筑森林环抱、水系环绕、湿地相间、绿茵棋布、鱼鸟共生的生态系统。实施了造林 35 万亩的 11 处生态林场建设，正在建设 200 平方公里沿黄生态林带，规划建设 175 平方公里沿海生态林带，打造环城森林。投资 34 亿元实施金湖银河生态工程，开挖 31.4 公里生态河道，引黄河水自流入城，建设 3500 公顷湖面和湿地，实现了大河大湖大海相贯通。实施百万亩湿地修复工程，建设一批湿地公园，打造"东方湿地之城"。推进城市绿化，城市绿化覆盖率达到 41.2%，2011 年被评为国家园林城市。

大力发展生态产业。发挥土地等资源优势，加强与泰国正大、印尼佳发、江西正邦等大企业集团的战略合作，发展高效生态农业，打造"北方鱼米之乡"。大闸蟹养殖达到 100 万亩，海参开发 24 万亩，奶牛存栏 7.3 万头，工厂化食用菌生产能力 30 万吨。推动传统工业生态化改造，积极培育石油化工、造纸等 10 大循环产业链，大力发展新兴产业，规模以上工业总产值、主营业务收入双双突破万亿元，高新技术产业比重达到 32.4%；培育了一批千亿级产业集群，橡胶子午胎产能占到全国的四分之一，石油装备制造业产值占到全国的三分之一。突破发展文化旅游、现代物流等现代服务业，建设了黄河口生态旅游区、孙子文化旅游度假区和一批物流园区。

加快建设生态城市。按照黄河三角洲中心城市定位，展开中心城"一城五组团"布局，统筹推进城镇和新型农村社区建设，城镇化率达到 62.08%，城镇化质量在全国地级以上城市中居前列。强化节能减排，加强城乡环境综合整治，实施建筑生态化改造，推广可再生能源应用技术，发展绿色交通，创建全省首个低碳生态示范城市。着力保障和改善民生，每年办一批民生实事，提高人民群众生活质量和水平。2012 年，城乡居民收入分别达到 30953 元、11489 元。

目前，全市上下正向着率先全面建成小康社会、率先建成生态文明典范城市的奋斗目标阔步前进。

东营城市建设

招远

以经营城市为重点　以村镇建设为补充
招远市形成城镇化发展新格局

招远标志性建筑——黄金阁

招远市金泉河

近年来，山东省招远市坚持把“城镇化带动”作为经济社会发展的重要战略举措和统筹城乡发展的强力引擎，立足自身实际，以构建生态宜居现代城镇体系为目标，以经营城市为重点，以村镇建设为补充，努力实施城镇化发展战略，积极探索以城带乡、城乡融合、加快招远城镇化进程的新路子。

一、以科学规划为龙头推进城镇化工作。

一是城市总体规划。按照“中国金都”总体定位，进一步加快完善城市总体规划、控制性详细规划和各专项规划编制，围绕城市“东扩北展”发展战略，结合龙青高速的建设，着重抓好主城区、开发区、滨海科技产业园、东城新区及罗山旅游区等重点区域规划，近三年来共投入资金3000多万元，组织编制了各类规划300余项，市区规划控制区覆盖率达到100%。二是乡镇总体规划。立足当前，着眼长远，根据乡镇各自的区位优势、资源优势、产业优势和经济结构、人口分布、社会发展水平等因素进行合理定位，以促进经济社会又好又快发展为根本出发点，坚持高起点规划，高水平设计，着力增强规划的前瞻性、科学性，建成各具特色的工业主导型城镇、特色旅游型城镇、生态农业型城镇等。三是农村社区总体规划。顺应农村人口、产业、生产要素聚集的规律和经济社会长远发展的要求，重点规划建设一批中心村，大力推进新型社区建设。

二、以经营城市为重点推进城镇化工作。

一是深入开展城乡环境大整治。按照“突出重点、解决热点、攻克难点、点面结合”的原则，以城市出入口、主干街道、城中村、城乡结合部为重点，以城市环境卫生、市容市貌整顿为突破口，全面加强环境综合整治。二是不断加大城市管理力度。以“美化城市环境、改善人居质量、促进经济发展、打造宜居城市”为目标，积极优化城市管理运行机制，不断深化制度建设。三是加快推进重点城建项目。在重点城建工程建设的基础上，加快规划展馆、党校等一批城市标志性建筑建设进度，全面提升档次和品位。四是进一步完善住房保障体系。严格执行房地产开发项目建设条件意见书制度和竣工综合验收备案制度，加强商品房预售资金和存量房交易资金监管。

三、以村镇建设为纽带推进城镇化工作。

一是有重点地发展小城镇。各镇结合各自的特点、自然条件、发展趋势及其在市域的地位和作用，选准方向，科学定位，精心培育，为城镇发展提供坚实基础。二是进一步完善新型农村社区建设。结合新农村建设，通过强村并弱村、大村并小村等措施，逐步将空心村、矿区村、规模较小的村等向镇驻地、经济强村和中心村聚集，规划建设宜居宜业的新型农村社区。三是加快基础设施配套步伐。结合现代城镇体系构建，实行城乡能源、交通、通信、水利、流通、环保、防灾等基础设施统一布局和建设。积极推进了城市供水、燃气、供热、污水和垃圾处理向周边村镇延伸，努力形成城乡一体的新型基础设施体系。

蚕庄镇社区建设　　金岭镇

赤壁

建设强而优中等城市
从“陆水湖”走向“大海”

美丽的陆水湖

三国古城赤壁地处武汉城市圈和长株潭城市群结合部，素有“湖北南大门”之称，享有“鱼米之乡”、“楠竹之乡”、“茶麻之乡”、“猕猴桃之乡”美誉，是闻名中外的三国赤壁之战发生地，也是茶马文化源头之一。

赤壁古战场摩崖石刻

近年来，在中央和湖北省委、省政府的坚强领导下，我们紧紧围绕建设“强而优中等城市”的奋斗目标，积极推进产业振兴、城市升级、民生改善和党的建设，去稳竞进，学创争先，经济发展生机勃勃，社会事业和谐进步，综合经济实力跻身湖北省县域经济发展第一方阵。2012年，实现地区生产总值244.5亿元，同比增长14.0%；地方公共财政预算收入10.8亿元，同比增长35.0%；规模以上工业增加值115.05亿元，同比增长18.9%；城镇居民人均可支配收入17676元，增长14.1%；农民人均纯收入9615元，增长13.8%。先后荣获全国双拥模范城、全国科技进步先进县市、中国优秀旅游城市、中国诗词之乡和湖北省县域经济发展先进县市、扩大开放先进县市、湖北省森林城市、卫生城市、园林城市等荣誉称号。

山水赤壁

实施产业振兴，打造区域经济中心。坚持把产业振兴作为第一要务，努力打造区域性经济中心，不断增强赤壁可持续发展、建设强而优中等城市的硬支撑。

推进城市升级，建设美好幸福赤壁。坚持以城市升级为载体，不断提升城市商业价值、历史文化价值和情感价值，努力让城市宜居宜业。

着力民生改善，增进人民群众福祉。我们立足于从群众身边的事入手，围绕“底线民生”、“基本民生”、“热点民生”，人民幸福感和安全感明显增强。

未来十年是赤壁科学发展、跨越式发展的重要战略机遇期和“黄金十年”。我们将坚定不移地贯彻落实科学发展观，坚持工业兴市、农业稳市、旅游旺市、开放活市、人才强市，以提高经济增长质量和效益为中心，求真务实、改革创新，争取早日建成强而优中等城市，为建设美丽中国增姿添彩。

生态茶园

防城港

远眺防城港，北部湾大道沿线景色

广西防城港市：宜居宜业宜游之城

防城港市是一座坐落于中国大陆海岸线最西南端的边海之城，是中国唯一的京族聚居区，是西部第一大海港，是我国唯一与东盟海陆河相连的城市。

近年来，防城港市紧抓北部湾经济区建设、东兴国家重点开发开放试验区建设、中国—东盟自贸区建设等历史机遇，大力弘扬和践行“敬海敬山敬人，开放开明开拓”的港城精神，加速打造宜居宜业宜游之城，走出了一条经济发展与生态文明双赢的路子。

城在海中　海在城中

防城港市结合“三岛三湾”独特地貌特征，确立了“三岛三湾一核心六组团”的城市主框架，以“四沿线、四片区、两景观、两改造”为重点，将海湾、岛屿、山地、丘陵、田园等海洋资源统一规划，全力打造“城在海中、海在城中”的全海景生态海湾城。如今，置身港城，在家中倚窗可见碧海，阳台能观白鹭，放眼皆是青山绿水。

防城港市还注重向城市、景区注入文化元素，打造海洋文化名市。如突出京族文化、马援文化、阿波节文化和边关风情，将东兴江平、防城那良和京族三岛、竹山古榕部落等文化景点，开发成一湾两岛（珍珠湾和江山半岛、京岛）海洋文化景点景区；把十里金滩、十里白浪滩建设成海洋文化经典景区和东盟国际风情旅游天堂；打造了国内首个以海洋为主题的、面积最大、名家荟萃的大型书法石刻主题文化公园—海洋诗书苑等等。

青山常在　绿水长流

长期以来，防城港市坚守一个永不言弃的理念：优惠政策可以给足，但环保门槛丝毫不能放松。“十一五”期间，全市关停一批不符合产业政策的企业；对东湾、西湾进行全面的清淤和入海截污治理，强化海域“净化器”即两岸红树林、滩涂生态的修复。建设城镇污水生活垃圾处理系统，全市县级以上城镇基本实现污水集中处理。全市饮用水源地水质达标率为100%；近岸海域海水水质、地表水水质达标率为100%；城市环境空气质量全年均达到二级标准，优良率达100%，而且连续5年实现了3个100%。如今，数万只白鹭栖息在港口红沙村渔鹭园、东兴巫头村万鹤山、防城鲤鱼江村等地，世界三大红树林示范保护区之一、世界唯一的金花茶自然保护区花落防城港，防城港市被评为广西园林城市，成为“中国白鹭之乡”、“中国长寿之乡”和“中国氧都”。

美丽港城　前景更美

“十一五”期间，防城港市生产总值、财政收入、固定资产投资增速居广西首位；先后荣获“中国最具国际影响力城市”、“中国十大最关爱民生城市”、“中国十佳和谐可持续发展城市”等称号。2012年，农民人均纯收入达7539元，连续五年全区排名第一；港口吞吐量实现历史性突破，进入亿吨大港行列；工业增加值、财政收入、社会消费品零售总额、城镇居民人均可支配收入等17项经济指标总量或增幅位居广西前列。

展望美好的明天，防城港市将贯彻落实以港立市、以开放兴市、以工贸强市、以文化旅游旺市的发展思路，努力打造现代化钢铁基地、有色金属基地、能源化工基地、粮油食品基地、商贸物流基地、滨海旅游胜地，加快建设新兴港口工业城市、重要门户城市和海洋文化名市。

仙人山公园

来宾

2012 年来宾市加快经济社会跨越发展

来宾市河南工业园配套设施完备的标准厂房

来宾市位于广西中部，素有桂中之称。2002 年 12 月 28 日成立，辖兴宾区、象州县、武宣县、忻城县、金秀瑶族自治县和合山市，总面积 1.34 万平方公里。2012 年人口 260 万人，其中壮、瑶等少数民族人口占 75%。

近年来，来宾市坚持“环境立市、工业强市、城建塑市、农业稳市、商贸旺市”发展战略，实施科技创新驱动发展，可持续发展能力不断增强，呈现一片生机勃勃的发展景象，逐步实现经济转型升级发展。2012 年完成地区生产总值 514 亿元，同比增长 11.7%，连续十年保持两位数增长。

工业经济再上新台阶。不断引进新技术和加大资金投入，发展循环经济，优化升级产业结构，增强企业竞争力，推进工业化与信息化融合发展。2012 年全市完成全部工业总产值 622 亿元，增长 9.2%。完成工业投资 175.9 亿元、更新改造投资 188.3 亿元，分别增长 36.8% 和 49.9%。新兴产业产值 205 亿元，增长 25.0%，占工业总产值比重达 33.1%。工业产业结构进一步优化，工业成为经济转型升级的主力军。

农业综合实力稳步提升。加快建设桂中治旱乐滩水库引水灌区工程和桂中农村土地整治重大工程，完善农业基础设施。扎实推进农业产业化，大力发展特色优势农业，提高农业生产组织化程度，构建新型农业经营和服务体系，不断提升农业综合实力。2012 年全市农林牧渔业总产值 204.03 亿元，增长 8.0%。粮食总产量 76.84 万吨，增长 4.5%。甘蔗面积 268 万亩，同比增加 12.96 万亩。市级以上重点龙头企业达 51 家，农产品品牌达 114 个。

来宾市城北区鸟瞰图

来宾市武宣县千亩油葵种植基地

商贸物流服务业取得佳绩。充分发挥桂中得天独厚的区位和交通优势，加快建设桂中交通枢纽，大力发展商贸物流业，建设区域性商贸物流中心，推动经济转型，实现经济跨越发展。2012年，全市社会消费品零售总额突破百亿元，达到109.53亿元，增长16.0%；全市港口吞吐量首次突破1千万吨，达到1048万吨。

县域经济竞相发展。统筹发展县域经济，兴宾区做大制糖及综合利用产业，2012年生产总值继续保持全区第1位；象州县大力提升“蔗、桑、谷、林”四大优势产业，“温泉”和“凉泉”旅游成为广西热点；武宣县矿产品加工、冶炼、制糖三大产业逐步壮大，国画石、休闲观光、特色农业发展取得重大进展，荣获“中国观赏石之乡”称号；忻城县石材、桑蚕、金银花等特色产业稳步发展，成功举办第五届土司文化旅游节；金秀县大力实施“旅游强县”战略，打造“圣堂仙境，生态瑶都”品牌，获评“广西优秀旅游县”和“中国长寿之乡”；合山市高举“转型”旗帜，实施“多元发展”战略，荣获“中国观赏石之乡”称号；来华投资区大力发展高新产业，取得显著实效。

城镇建设取得新突破。全市完成城建投资138.75亿元，增长55.9%。全市城镇建成区面积138.6平方公里，城镇人口77.71万人，城镇化率36.40%。完成12个乡镇总规、2个建制镇控规和595个村屯的规划或修编工作，完成30个社会主义新农村示范村和321个改造村的建设任务。

和谐社会建设取得新成就。大力发展社会事业，完成教育投资17.92亿元。城乡基本社会保险覆盖率达100%，社会养老保险制度实现全覆盖。全市新农合参合率达98.94%，所有村级卫生所全面建成投入使用。注重生态文明建设，实施“绿满八桂”造林绿化工程，全市森林覆盖率达52.51%。加强备用水源建设和保护，城市水环境、空气质量、环境噪声等指标均控制在国家标准要求范围内。

来宾市兴宾区桥巩乡农作物间套种连片示范基地（甘蔗套种花生）

铜川

城市公园

提速转型发展　成就大美铜川

铜川1958年建市，辖3区、1县和1个省级经济技术开发区，面积3882平方公里，人口84万，城镇化率60.4%，居陕西前茅。

铜川因煤而兴，先矿后市，是西北地区重要的能源建材基地。建市以来累计输出原煤5亿多吨、水泥1亿多吨，为国家经济发展作出了重要贡献。但长期以资源性产业为主的高消耗、高排放、低效率的粗放型发展方式，给这个老工业基地带来了严重的环境污染，曾被媒体称为“卫星上看不见”的城市。环境污染等问题严重制约着铜川的持续健康发展。近年来，铜川市以科学发展观为指导，以转型为统领，抓住被列入全国资源型可持续发展试点城市、关天经济区次核心城市、陕甘宁革命老区振兴规划区成员城市、全国老工业基地调整改造规划城市等历史机遇，调结构、转方式、提质量、优环境，走出了一条转型发展与生态文明“双赢”的路子。

依托煤、延伸煤、超越煤，着力打造煤电铝水泥联产联营循环经济产业链，跳出了“挖煤卖资源、烧石头卖水泥”的老路。大力发展食品加工、医药制造、装备制造、旅游休闲等接续产业，支撑转型发展的能力加强。全市主要经济指标增速连续十年位居全省前列，2012年GDP、地方财政收入分别是2002年6.9倍和11.3倍；城乡居民收入分别是2002年4.9倍和4.6倍。

以寸进之功、负重致远，推动生态环境持续改善。全市森林覆盖率达到45.1%，高于全国24个百分点，城市建成区绿化覆盖率为42.65%，绿地率为36.25%，人均公共绿地面积10.24平方米，成功创建为全国绿化模范城市和省级园林城市。随着生态环境的改善，野生动物种群由1998年的97种增至140种。铩羽而去的灰椋鸟又飞回了铜川，黑鹳超过百余只，玉皇阁湿地成为远近闻名的“天鹅湖”，沮河流域栖息过冬的珍稀候鸟逐年增加。今年7月3日，中国首次秦岭以北跨气候带放飞朱鹮实验在铜川进行，32只原来“居住”在中国南方，由人工繁育并经过野化训练的朱鹮在这里成功放飞。

重拳出击，治污降霾，城市品质有效提升。累计关闭拆除54条污染水泥生产线和500多家“十五小”企业，在全国率先实现了水泥大市无立窑的目标。树立可持续发展理念，提高项目准入门槛，不要污染的GDP。城市二级和二级以上优良天数从2005年的229天增加到2012年的329天，连续5年保持在300天以上，成为陕西设区市中“蓝天”增幅最大地城市。城市科学化、精细化管理步伐加快，国家卫生城市创建工作深入推进，一个绿色、清洁、品质的新铜川正在形成。

作为黑色煤炭的富集地、青色陶瓷的发祥地、红色革命的根据地、金色佛教的兴盛地、绿色生态的养生地，铜川站在新的起点上，着力推进绿色发展、循环发展、低碳发展，努力打造设经济强、文化兴、生态美的全国知名休闲养生城市，建设天蓝、地绿、水净的美好家园。

香山景区　　薛家寨风光

韩城

韩城古城

站在新起点　建设新韩城 深入推进韩城省内 计划单列市试点工作

韩城位于陕西省关中平原东北部，是世界文化名人、史圣司马迁的家乡，中国历史文化名城、中国优秀旅游城市，是陕西重要的能源工业城市，是全国首屈一指的花椒生产基地。

2012年，是韩城实行省内计划单列市试点的第一年。我们以党的十八大精神为指引，全面落实科学发展观，以建设“美丽韩城”为目标，按照“站在新起点、建设新韩城”的新要求和“定规划、拉框架、优环境、引项目、惠民生、促和谐”的基本思路，推动经济社会又好又快发展。全市生产总值完成233.2亿元、增长13.6%，人均生产总值超过9000美元，高于全国平均水平；财政总收入达到30.2亿元，增长10.1%；城镇居民人均可支配收入和农民人均纯收入分别增长16%和18%，达到24717元和8852元，双双超过全国平均水平。主要抓了六项工作：

一是定规划。把编制规划作为计划单列的首要任务，遵照省领导“生态型、宜居型”批示精神，高起点、高境界、高品位编制新一轮城市总规。全面修编园区、景区总规和详规，启动建制镇规划编制工作，以全域规划引领跨越发展。

二是上项目。面对经济下行的严峻形势，坚持项目带动保增长。实施重点项目58个，总投资380亿元，累计完成投资110亿元。下半年集中开工项目26个，总投资88亿元。全社会固定资产投资完成156.6亿元，增长30%。

三是保工业。成立新型工业园区筹备领导小组，编制完成了园区总规和控规。设立1000万元保增长基金，减免价格调节基金，促销保产稳市场。规模以上工业总产值达到553.4亿元，增长15.4%。

四是优环境。把治理生态环境、优化投资环境作为提升形象的重要举措。组织开展龙门地区环境综合治理，完成了108国道环境改造提升任务。修订了招商引资优惠政策，规范了征地拆迁标准和土地供应方式，投资环境进一步优化。

五是促和谐。坚持民生为先，狠抓民生十大工程建设，养老、低保、医保实现扩面提标。按照“合理诉求尽快解决到位、政策法规宣传解释到位、困难群众及时帮扶到位、违法行为依法处置到位、工作责任严格追究到位”的思路，一批信访突出问题得到化解。以侦破重大刑事治安案件为突破口，着力净化法治环境，群众安全感和满意率全省排名前列。

六是求创新。启动新型工业园区建设，重组文化景区管理机构，理顺体制，简政放权。加强和规范工程招投标、土地招拍挂、财政预算管理，推动各项工作的法制化、规范化。出台城中村改造办法，扫除机制障碍，加快城市建设步伐；开展土地清查清理，盘活城市存量资产，建设新韩城的基础更加坚实。

韩城市新城区鸟瞰图

兰州

美丽兰州

《敦煌韵》——千手观音

兰州是甘肃省会，著名的黄河之都、山水名城，古丝绸之路的商埠重镇，新欧亚大陆桥的重要节点城市，黄河上游重要的经济中心，是一座既有古老文明，又具现代气息的西部特色城市。伴随着改革开放和西部大开发战略的深入推进，特别是兰州新区获批全国第五个、西北第一个国家级新区，兰州在区域经济合作发展中的辐射带动作用日益凸显。

龙园之夏

近年来，在甘肃省委、省政府的正确领导下，全市上下坚持以科学发展观为统领，抢抓机遇，开拓进取，经济总量连年跃上新台阶。2007-2012五年间全市各项主要经济指标年均增速保持两位数以上增长，生产总值年均增长12.69%，工业增加值年均增长12.26%，固定资产投资额年均增长28.15%，社会消费品零售总额年均增长17.3%，地区财政收入年均增长24.81%，三次产业增加值占生产总值的比重由3.56:45.86:50.58调整为2.89:47.60:49.51。

黄河水车

2012年全市经济发展稳中求进，取得了令人振奋的成就，全年实现生产总值1564.41亿元，增长13.4%。第一产业增加值45.14亿元，增长

兰州新区

兰州全景

7.6%；第二产业增加值744.70亿元，增长12.2%；第三产业增加值774.57亿元，增长14.8%；规模以上工业增加值538.15亿元，增长11.5%；固定资产投资额1239.18亿元，增长42.34%；社会消费品零售总额749.12亿元，增长17.1%；城镇居民人均可支配收入18443元，增长15.61%；农民人均纯收入6224元，增长18.51%。其中多项经济指标增速位居全国省会城市前列，经济总量占全省近30%，呈现出总量扩大、增速提升、活力增强、开放发展的良好态势。

夜色金城

当前，全市正处于机遇和政策叠加、势头和前景看好的快速发展期。全市将以“经济实力雄厚、生态环境良好、文明程度一流、建设水准较高、城市管理有序”的魅力城市为目标，以开放开发为动力，以招商引资为突破，以项目建设为支撑，促进城市结构大调整，三次产业大转型，推动兰州向着更高的台阶迈进，加快把兰州打造成为区域性特大中心城市、全省经济发展重要增长极和宜居宜业宜游的魅力城市。

湿地公园

海北州

碧波荡漾青海湖

保护生态　科学发展
奋力打造山川秀美民富州强新海北

在绵延千里的祁连山脚下、圣洁美丽的青海湖北岸，镶嵌着一颗璀璨的草原明珠---青海省海北藏族自治州。这片养育了28万各族人民、孕育了“两弹一星”精神、诞生了世界经典名曲《在那遥远的地方》的高原热土，正和着科学发展的节拍，在建设藏区跨越发展和长治久安先行区的新征程上锐意进取、阔步前行。特别是党的十八大以来，在党和国家支持藏区跨越发展等惠民政策的指引下，海北州紧紧围绕保护生态、科学发展、改善民生的历史任务，着力推动跨越发展、绿色发展、和谐发展、统筹发展，巩固提升了经济社会又好又快发展的良好势头。2012年，实现地区生产总值95.97亿元、增长16.3%，完成地方财政公共预算收入4.9亿元、增长30.6%，州县属固定资产投资达到72.76亿元、增长42.1%，实现社会消费品零售总额13.1亿元、增长16.7%，城镇居民人均可支配收入达到20669元、增长13.9%，农牧民人均纯收入达到7436元、增长20.9%。

坚持抓创新增驱动，经济转型步伐加快。围绕打造高原现代生态畜牧业示范区，扎实推进示范村和科技试验示范园建设，大力开展集约化经营，探索走出了生产经营方式转变、经济生态效益共赢的“双转双赢”的畜牧业发展新路子。围绕发展特色工业，全力推进工业集中发展区建设，初步形成了煤炭开发、水电、有色金属选冶、农畜产品加工和煤炭物流为主的特色工业发展新格局。围绕建设高原生态旅游示范区，打造了中国原子城、浪漫金银滩、百里油菜花海、高原海滨藏城、东方瑞士等旅游精品品牌，是全省4A级景区全覆盖的地区，成为全省重要的高原生态旅游目的地。

坚持谋民利解民忧，民生水平持续提升。教育“两基”人口覆盖率达100%，全面完成了中小学教育布局调整。建立了覆盖全民的医保框架体系，实现了城镇职工医疗保险省州“一卡通”，新农合人均筹资标准、医疗卫生机构经费保障等水平稳步提升。城镇登记失业率控制在3.22%。群众生活条件持续改善，农牧区砖混结构住房比例达75%，牧区人畜饮水半径缩小到1.2公里，通电、通讯和广播电视覆盖率达100%，96.6%的乡镇通油路、54%的村实现道路硬化。80%的牧户实现定居、围栏、棚圈、饲草料地及水、电、路“七配套”。

坚持保生态谋长远，生态环境更加美丽。大力实施环青海湖流域等重点生态工程，全面落实草原生态保护奖补机制，着力发展绿色、循环、低碳的生态经济，不断加强城镇农村污染防治，生态成为了“美丽海北”最亮丽的名片。

坚持抓管理强服务，社会大局和谐稳定。严格实行领导干部大接访、“三官两员”进村入户、“三调联动”大调解和偏远地区设立便民服务站等机制，健全完善宗教事务依法管理、社会管理和寺院内部民主管理“三位一体”长效机制，扎实推进社会服务管理模式创新，社会大局和谐稳定。

海北这片高原热土生机盎然、蓄势勃发。全州各族人民将大力弘扬新青海精神和“两弹”研制基地精神，坚持科学发展，推动后发赶超，一个山川秀美、民富州强的新海北即将矗立在广袤无垠的金银滩草原上。

祁连山下好牧场

百里油菜花海

乌鲁木齐

中国—亚欧博览会主会场　国际博览中心

亚心之都

乌鲁木齐，古准噶尔蒙古语意为“优美的牧场”，是新疆维吾尔自治区首府，全疆的政治、经济、文化中心，中国西部对外开放的重要门户，新亚欧大陆桥中国西段的桥头堡。地处亚欧大陆腹地，天山山脉中段北麓，准噶尔盆地南缘，著名的亚洲地理中心位于乌鲁木齐南郊30公里处，故有“亚心之都”之称。

全市行政区总面积1.4万平方公里，现建成区384平方公里。常住人口335万人，流动人口100万左右，居住着汉、维吾尔、哈萨克、回、蒙古等47个民族。市区人口占总人口的90%以上，具有典型的“大城市、小郊区”特点。

新疆国际大巴扎

多年来，在市委市政府的领导下，在各族人民群众不懈的努力下，乌鲁木齐市利用自身良好的区位优势，丰富的资源优势、独特的旅游文化优势以及巨大的市场潜力优势，在经济发展、社会稳定、民生建设、民族团结、生态文明建设等各个领域都取得了巨大的成就，开创了跨越式发展和长治久安的新局面，经济社会呈现出欣欣向荣的喜人局面。

天山牧场

改革开放30多年来，特别是中央新疆工作座谈会以来，在自治区党委、自治区政府正确领导下，乌鲁木齐市认真贯彻落实中央、自治区党委一系列重大决策部署，坚持“富民强市、和谐稳定”总体战略方向，围绕城市发展定位，按照经济“三年翻一番、五年新突破、十年大跨越”的总体要求，加速实施“四大战略”（新型工业化、服务业现代化、城市国际化和乌昌经济一体化）、构建“五大经济圈”（乌鲁木齐核心经济圈，昌吉市、五家渠市、呼图壁县经济圈，石河子市、玛纳斯县经济圈，昌吉州东部四县市经济圈，吐鲁番经济圈）、建设“六大组团”（会展片区组团、高铁片区组团、空港片区组团、高新区北区和古牧地组团、经济开发区白鸟湖新区组团、米东区化工园组团）、抓好“十大项目”（大气污染治理、棚户区改造、新区建设、轨道交通、绕城高速、区域电网改造、政法维稳基础设施建设），全力推动科学跨越、后发赶超，全力打造全疆引领之地、首善之城，首府经济社会全面步入跨越式发展和长治久安轨道。特别是2012年，乌鲁木齐市GDP、固定资产投资、社会消费品零售总额、农牧民人均纯收入、金融机构贷款余额等8项主要经济指标增速在全国27个省会城市中位列榜首，成为乌鲁木齐市社会经济发展史上最快的阶段。

回顾过去，展望未来，随着贯彻落实中央新疆工作座谈会精神的不断深入，以及新一轮援疆工作的扎实推进，乌鲁木齐市发展也将迎来前所未有的历史性发展机遇。全市上下将以党的十八大精神为指引，奋力拼搏，为把乌鲁木齐市建成西部中心城市、面向中亚的现代化国际商贸中心、多民族和谐宜居城市、天山绿洲生态园林城市、区域重要的综合交通枢纽的宏伟目标而努力奋斗！

乌鲁木齐

昌吉

经济的腾飞　谱写美丽新篇章

天山下的明珠美丽昌吉

光阴荏苒、春华秋实，岁月如歌、成就辉煌。经济的腾飞抒写了辉煌业绩，成果跃然展现了沧桑巨变。昔日的农业大市、鱼米之乡，实现了向文化名市、生态美市、科教兴市、产业强市的华丽转身和绿色崛起。

综合实力，举足轻重。在历届市委、市政府的正确领导下，昌吉市的社会经济水平已是今非昔比，综合实力显著增强。从地区生产总值来看，2012 年昌吉市实现地区生产总值 260.36 亿元，比 1983 年的 1.78 亿元翻了 7.19 番，年均增长 18.76%；2012 年平均每月创造的生产总值相当于 1983 年全年生产总值的 12.2 倍。

积极转变、精心谋划，产业结构不断优化。改革开放以来，昌吉市积极转变方式，精心调整产业结构，着力提高经济发展质量。从三次产业增加值看，2012 年昌吉市三次产业增加值分别为 33.2 亿元、130.29 亿元和 96.87 亿元，与 1983 年相比，分别翻了 5.94 番、7.6 番和 7.4 番，年均增长 15.3%、19.9% 和 19.4%。从三次产业结构看，2012 年，昌吉市三次产业结构进一步调整为 12.7：50：37.3。第一产业所占比重不断下降，二、三产业比重不断上升，产业结构逐步趋向现代化，昌吉市的经济综合竞争力不断提升。

现代农牧业稳步发展，农村经济欣欣向荣。近年来，昌吉市不断加大农业生产投入，农村经济已从单一经营向综合经营方面快速转变，农业生产新技术进一步普及和推广，现代农牧业发展步伐明显加快。农村经济总量明显扩大。2012 年，昌吉市农林牧渔业总产值 40.7 亿元，比 1983 年的 0.52 亿元翻了 6.29 番，年均增长 16.2%。

工业经济快速发展，优势日趋凸显。近年来，昌吉市委、市政府紧紧抓住发展机遇，加快推进重点产业发展，不断提升产业发展带动能力。新型工业化主导地位日益凸显。全市工业企业由 1983 年 100 家，扩大到 2012 年的 489 家，翻了 2.29 番。截止 2012 年末，昌吉市产值超亿元企业达到 59 家，40 家企业被确定为自治州百家“小巨人”重点培育企业。工业总产值（现价）扩张到 325.89 亿元，较 1983 年翻了 8.2 番，年均增长 21.7%。

现代服务业推波助澜，第三产业繁荣活跃。近年来，昌吉市在现代服务业发展水平不断提升的助推下，第三产业增加值由 1983 年 0.57 亿元增加到 2012 年 96.87 亿元，翻了 7.4 番，年均增长 19.4%。

投资规模迅速扩大，发展动力不断增强。近年来，昌吉市委、市政府大力实施项目带动战略，以大项目带动大发展，城镇投资、农村投资、房地产投资全面开花，固定资产投资进入快速扩张期，对国民经济增长的贡献率逐年提高，成为拉动经济增长的主要动力。2012 年，全社会固定资产投资达 138.18 亿元，较 1983 年翻了 8.33 番，年均增长 22%。固定资产投资的扩大，为全市经济发展积蓄了能量，增强了发展后劲。

历沧海桑田，革故鼎新创伟业；得天时地利，继往开来奠宏基；扬人和优势，乘风破浪谋跨越。回首过去，展望未来，我们坚信，在昌吉市委、市政府的正确领导下，团结带领全市各族人民，干在实处，走在前列，创新业绩，转方式、破难题，谋赶超、促崛起，奋力实现科学发展新跨越，为加快把昌吉市建设成为“幸福昌吉”“美丽昌吉”而努力奋斗、顽强拼搏！

冰灯节　花儿美食街　昌吉市人民政府广场